Wertpapier-Compliance in der Praxis

Eine Kommentierung aktueller Rechtspflichten

Herausgegeben von

Hartmut T. Renz, Dirk Hense und Andreas Marbeiter

Mit Beiträgen von
Prof. Dr. Heiko Ahlbrecht, Frank Michael Bauer, Georg Baur,
Dr. Markus Benzing, Kathrin Berberich, Dr. Lucina Berger,
Dr. Denise Blessing, Hans-Georg Bretschneider,
Michael Brinkmann, Klaus M. Brisch, Dr. Hagen Christmann,
Lennart Dahmen, Julia Dost, Dr. Ernst Thomas Emde,
Dr. Gregor Evenkamp, Dr. Erasmus Faber, Ute Foshag, Andreas Gehrke,
Dr. Ulrich L. Göres, Dr. Bernd Graßl, Norbert Haak,
Peggy Hachenberger, Dirk Hense, Dr. Heiner Hugger,
Jochen Kindermann, Max Kleinhans, Oliver Knauth, Michael Leibold,
Dr. Carsten Lösing, Dr. Uwe Lüken, Andreas Marbeiter,
Florian Marbeiter, Dr. Richard Mayer-Uellner, Ludger Migge,
Dr. Tobias Nikoleyczik, Dr. Robert Oppenheim, David Paal,
Dr. David Pasewaldt, Stephan Peterleitner, Giovanni Petruzzelli,
Dr. Thomas Preuße, Dr. Lars Röh, Dr. Barbara Roth, Dr. Holger Schäfer,
Dr. Petra Schaffner, Axel Schiemann, Dr. Sven H. Schneider,
Hilmar Schwarz, Thomas Steidle, Dr. Christian Wagemann, Oliver Welp,
Jens Welsch, Prof. Dr. Jürgen Wessing, Paul Bernd Wittnebel

2., neu bearbeitete und wesentlich erweiterte Auflage

ERICH SCHMIDT VERLAG

Bibliografische Information der Deutschen Nationalbibliothek
Die Deutsche Nationalbibliothek verzeichnet diese Publikation
in der Deutschen Nationalbibliografie; detaillierte bibliografische
Daten sind im Internet über http://dnb.d-nb.de abrufbar.

Weitere Informationen
zu diesem Titel finden Sie im Internet unter
ESV.info/978-3-503-16568-1

Offizielle Zitierweise:

Bearbeiter, in: Renz/Hense/Marbeiter (Hrsg.), Wertpapier-Compliance in der Praxis, 2. Aufl. 2019, Kapitel …, Rn…

1. Auflage 2010
2. Auflage 2019

Gedrucktes Werk: ISBN 978-3-503-16568-1
eBook: ISBN 978-3-503-16570-4

Alle Rechte vorbehalten
© Erich Schmidt Verlag GmbH & Co. KG, Berlin 2019
www.ESV.info

Dieses Papier erfüllt die Frankfurter Forderungen
der Deutschen Nationalbibliothek und der Gesellschaft für das
Buch bezüglich der Alterungsbeständigkeit und entspricht
sowohl den strengen Bestimmungen der US Norm Ansi/Niso
Z 39.48-1992 als auch der ISO-Norm 9706.

Druck und Bindung: Hubert & Co., Göttingen

Vorwort

Über zehn Jahre hat es nunmehr gedauert, bis die zweite Version der Richtlinie über Märkte für Finanzinstrumente (Markets in Financial Instruments Directive kurz „MiFID") zum 03.01.2018 in Kraft getreten ist.

Ziel der Aufsichtsbehörden bleibt es einerseits, das insb. durch die weltweite Finanzkrise 2008 beschädigte Vertrauen durch eine gravierende Verschärfung der aufsichtsrechtlichen Vorgaben weiter zu festigen, andererseits aber auch zukünftigen (Finanzmarkt-)Krisen vorzubauen. Eine maßgebliche Leitlinie dabei war vor allem die Herstellung einer größtmöglichen Transparenz für den Anleger, damit sich dieser jederzeit fair behandelt fühlen und eigene Entscheidungen treffen kann.

Angesichts derart ambitionierter Ziele verwundert es nicht, dass die Erstellung der Richtlinie sieben Jahre in Anspruch genommen hat und die Einführung zuletzt in 2016 (erneut) verschoben wurde. So umfasst die Regelung dabei mit all ihren Zusätzen etliche tausend Seiten.

Die nationale Umsetzung der Richtlinie in deutsches Recht wie auch die Anwendung der flankierenden und unmittelbar geltenden Verordnung (MiFIR) stellen damit eine weitere Zäsur dar, welche nach der MiFID in dieser Tragweite niemand erwartet hätte. Dies wäre ohne die vorangegangenen Krisen politisch wahrscheinlich nicht umsetzbar gewesen.

So hat die Implementierung der MiFID II in das nationale Recht zu einer ganzheitlichen Überarbeitung insb. des Wertpapierhandelsgesetzes geführt, welche dessen Struktur insgesamt nicht nur erweitert, sondern tatsächlich vollständig verändert hat. Für die bislang bereits sehr umfangreichen Mindestanforderungen an Compliance (MaComp) gilt das Gleiche. Weiter wird die Handhabung dadurch erschwert, dass nicht erst mit der MiFIR oder MAR wesentliche Vorschriften in unmittelbar geltenden Verordnungen geregelt und somit nicht mehr Teil eines im Wesentlichen einheitlichen Rechtsaktes sind, wie wir es zuvor gewohnt waren. Dies ist zugleich auch eine besondere Herausforderung an die nationalen Aufsichtsbehörden, denn die aktuellen Kosten für die Regulierung sind nicht erst seit heute ein wesentlicher Faktor in den durch die Niedrigzinsphase ohnehin bereits belasteten Bilanzen der Geldhäuser. Ein potenzielles „Gold Plating" in Deutschland wird somit unmittelbar zu einem Bumerang in Bezug auf erhebliche Wettbewerbsnachteile im internationalen Kontext und könnte dadurch – wenngleich mit einigem Zeitverzug – den eigentlichen Zielen der Finanzmarktstabilität sogar kontraproduktiv entgegenstehen. Aber nicht nur die Transformation der Vorgaben auf nationaler Ebene ist eine Herausforderung, auch die operative Interpretation und Umsetzung in den Häusern der Finanzdienstleister ist für eine Compliance-Organisation eine enorme Herausforderung.

Fakt ist: Die neuen Vorgaben haben den europäischen Wertpapiermarkt nach wohl einheitlicher Auffassung somit auch fundamental verändert. Neben den alles überlagernden ausgeweiteten Transparenzbestimmungen werden diese in jedem Falle Auswirkungen auf die Stabilität und Integrität der Finanzmärkte haben. Wesentliche Änderungen ergeben sich aber vor allem auch für den algorithmischen Handel, Market-Making-Aktivitäten sowie Anforderungen an Sicherungsmaßnahmen. Ebenfalls hervorzuheben ist der Umstand, wonach Research nunmehr kostenpflichtig ist.

Angesichts fortlaufender punktueller Veränderungen des Rechtsrahmens stellte sich aus Sicht der Herausgeber seit Veröffentlichung der Erstauflage bereits nach nur wenigen Jahren die Frage des richtigen Zeitpunktes für eine Neuauflage. Angesichts der massiv angestiegenen Vielzahl und Häufigkeit sowie der schon angekündigten Veränderung des Rechtsrahmens und flankierender Auslegungshinweise bestand aus unserer Sicht jedoch das Problem, dass eine solche im Zeitpunkt des Erscheinens zu wesentlichen Teilen veraltet gewesen und für den Leser keinen großen und langanhaltenden Mehrwert geschaffen hätte.

Wegen der erheblichen Auswirkungen der Regulierung existieren bislang kaum Kommentierungen und Auslegungshilfen der neuen Vorschriften. Dies ist aus Sicht der Unternehmen, Kanzleien, Verbände und anderen Betroffenen jedoch angesichts der strikten Erwartungshaltung gegenüber diesen Adressaten besonders problematisch.

Aus diesem Grund ist es ein Ziel des vorliegenden Handbuches, dem Leser durch eine einfache und verständliche Kommentierung nach Themenbereichen eine schnelle und praktische Orientierung zu ermöglichen. Dazu wurden die Themenbereiche wie in der Vorauflage nach Themen- bzw. Fragestellungen in der Praxis aufgeteilt und dabei gesetzesübergreifend und ganzheitlich erörtert. Neben dem Anspruch einer praktischen Orientierung mit Praktikerhinweisen wurde auch darauf geachtet, dem interessierten Leser durch Fundstellen eine weitergehende Lektüre zu ermöglichen und die dargelegten Auffassungen zu belegen. Insoweit schließt die vorliegende Praxis-Kommentierung erneut die Lücke zwischen klassischen Kommentaren und reinen Handbüchern.

Wie bereits für die Vorauflage konnten maßgebliche Experten aus der kreditwirtschaftlichen Praxis in (Wertpapierdienstleistungs-)Unternehmen als auch führenden Kanzleien, Wirtschaftsprüfungsgesellschaften sowie erneut der BaFin als Autoren gewonnen werden. Angesichts der veränderten Themenbereiche hat sich jedoch auch deren Anzahl von über 40 auf mehr als 50 Autoren erweitert. Das blieb nicht ohne Auswirkungen auf den Umfang des Werkes. Daher haben wir im Interesse eines in der Praxis handhabbaren Umfangs die Beiträge zu derzeit weniger relevanten Themen aus der Vorauflage gestrichen, um sämtliche erforderlichen neuen Beiträge angemessen berücksichtigen zu können. Natürlich bleibt eine Themenauswahl immer durch subjektive Prioritäten beeinflusst, wir hoffen aber, dass dieses Werk insgesamt eine ideale Bandbreite für die Ziele unserer Leser beinhaltet.

Ihre Herausgeber, im Dezember 2018

| Hartmut T. Renz | Dirk Hense | Andreas Marbeiter |

Inhaltsverzeichnis

Vorwort V
Autorenübersicht XI

Teil I
Theoretische Grundlagen, Gesetzliche Rahmenbedingungen und Allgemeine Normen

1 Compliance im Rahmen einer ordnungsgemäßen Geschäftsorganisation
  Hans-Georg Bretschneider 3

2 Die Compliance-Organisation – Wahrnehmung und Umsetzung von Aufsichtsrecht in Zeiten wachsenden Drucks auf die Unternehmens-GuV
  Andreas Marbeiter 33

3 Compliance und operationelle Risiken
  Thomas Steidle 59

4 Der Compliance-Bericht
  Jens Welsch, Julia Dost 87

5 Internes Kontrollsystem Compliance – Gestaltungsmöglichkeiten zur Überwachung von Compliance-Grundsätzen, -Mitteln und -Verfahren
  Jens Welsch, Ute Foshag 111

6 Compliancerelevante Institutionen und Rechtsinstrumente
  Georg Baur 137

7 Das Pflichtenprogramm des AktG und des KWG
  Ernst Thomas Emde, Markus Benzing 153

8 Die Compliance-Funktion in den MaComp
  Lennart Dahmen, Jochen Kindermann 183

9 Strafrechtliche Aspekte der Compliance in Kreditinstituten
  Jürgen Wessing, Heiner Hugger, Heiko Ahlbrecht, David Pasewaldt 205

10 Erbringung von Bankgeschäften und Finanzdienstleistungen durch ausländische Institute in Deutschland
   Jochen Kindermann 257

Teil II
Praxisteil

A Anlegerschutz und Beratung im Kundengeschäft

1. Retail-Compliance – Organisation und Funktionsweise von Compliance im Privatkundengeschäft
   David Paal, Florian Marbeiter 285

2. Pflichten zur Information der Kunden
   Hagen Christmann, Max Kleinhans 315

3. Kunden- und Produktklassifizierung
   Michael Brinkmann 333

4. PRIIPs-Basisinformationsblätter, wesentliche Anlegerinformationen, Produktinformationsblätter, Vermögensanlageinformationsblätter
   Gregor Evenkamp, Thomas Preuße 349

5. Dokumentationspflichten
   Michael Brinkmann 409

6. Product Governance
   Frank Michael Bauer 429

7. Finanzportfolioverwaltung
   Paul Bernd Wittnebel 471

B Sonstige Organisationspflichten

1. Interessenkonflikte
   Holger Schäfer 495

2. Zuwendungen im Wertpapiergeschäft
   Barbara Roth, Denise Blessing 537

3. Anforderungen an die Eignung von Mitarbeitern
   Axel Schiemann 571

4. Transparenzpflichten (Vor- und Nachhandelstransparenz unter MiFID II)
   Erasmus Faber 603

5. Algorithmischer Handel und Hochfrequenzhandel
   Stephan Peterleitner 633

6. Meldepflichten („Transaction Reporting")
   Hilmar Schwarz 671

7. Anlageempfehlungen und Anlagestrategieempfehlungen/Finanzanalyse
   Andreas Gehrke 685

8. Schutz der Finanzinstrumente und Gelder von Kunden
   Ludger Michael Migge 711

9 Datenschutzrecht und Speicherlösungen für Dokumente und Daten
 Klaus M. Brisch 793

10 Marktauftritt, Werbung und Produktkommunikation
 Uwe Lüken 827

C Markttransaktionen

1 Marktinfrastruktur
 Michael Leibold 851

2 Bestmögliche Ausführung von Kundenaufträgen (§ 82 WpHG) (Best-Execution)
 Dirk Hense, Giovanni Petruzzelli, Carsten Lösing 871

3 Marktmissbrauchsrecht
 Oliver Knauth 893

4 Persönliche Geschäfte und Geschäfte von Führungspersonen
 Christian Wagemann 971

5 M&A-Transaktionen
 Tobias Nikoleyczik, Bernd Graßl 1013

6 Ad-hoc-Publizität
 Ulrich L. Göres 1027

7 Mitteilungspflichten (§§ 33 ff. WpHG)
 Sven H. Schneider, Lucina Berger 1047

D Arbeitsrecht und Personalwesen

1 Compliance- und Unternehmensrichtlinien
 Petra Schaffner, Richard Mayer-Uellner 1083

2 Antikorruptions-Compliance für Banken
 David Pasewaldt 1107

3 Die Regulierung von Vergütungsstrukturen in Kreditinstituten
 Kathrin Berberich, Peggy Hachenberger 1139

Teil III
Interne Revision und Compliance

1 Verhältnis von Wertpapier-Compliance zu anderen Funktionen des Risikomanagements
 Lars Röh, Robert Oppenheim 1169

2 Prüfungshandlungen im Rahmen der Wertpapier-Compliance durch die Interne Revision unter dem MiFID II Regime
 Oliver Welp 1193

Anhang

Synopse
Norbert Haak 1267

Stichwortverzeichnis 1333

Autorenübersicht

Prof. Dr. Heiko Ahlbrecht ist Fachanwalt für Strafrecht und Honorarprofessor an der Wilhelm Leibniz Universität Hannover. Sein Tätigkeitsschwerpunkt liegt in der Verteidigung und Interessenvertretung in Wirtschafts- und Steuerstrafverfahren, insb. im internationalen Kontext.

Frank Michael Bauer LL. M. oec. ist Syndikusrechtsanwalt und seit Mai 2017 Leiter der Rechtsabteilung der Sparkasse KölnBonn. Er vertritt das Unternehmen als Mitglied in diversen Projekten und Arbeitskreisen des DSGV und anderen Fachgremien. Bis Mai 2017 leitete er für den DSGV das Projekt zur Umsetzung der MiFID II/MiFIR. Er hält seit Jahren Seminare zu wertpapier- und kapitalmarktrechtlichen Themen und veröffentlicht regelmäßig Fachbeiträge. Er ist u. a. Dozent der Management-Akademie der s-Finanzgruppe und der Sparkassenakademie NRW.

Georg Baur ist seit 1995 auf dem Gebiet des Kapitalmarktrechts aktiv und befasst sich u. a. intensiv mit Compliance-Fragen und der Europäischen Finanzmarktaufsicht. Seit 2015 ist er in die Geschäftsleitung des Bundesverbandes Öffentlicher Banken Deutschlands, VÖB, berufen und dort u. a. für die Bereiche Bankenregulierung, Recht und Kapitalmarkt verantwortlich. Derzeit ist er zudem Mitglied der Securities and Markets Stakeholder Group von ESMA, die die Aufsichtsbehörde bei der Gestaltung ihrer Aufsichtspraxis berät.

Dr. Markus Benzing ist Partner der Kanzlei Freshfields Bruckhaus Deringer LLP in Frankfurt am Main und berät Mandanten der Finanzbranche zu allen Fragen des Finanzaufsichtsrechts. Er unterstützt Mandanten (insb. börsennotierte Gesellschaften) darüber hinaus in kapitalmarktrechtlichen Fragestellungen (z. B. zur Compliance mit dem Marktmissbrauchsregime der MAR) und vertritt Mandanten in Verwaltungsverfahren vor verschiedenen Aufsichtsbehörden, etwa der EZB (im Rahmen des Einheitlichen Aufsichtsmechanismus, SSM) und der BaFin, sowie vor nationalen und europäischen Gerichten.

Kathrin Berberich ist Rechtsanwältin und seit über 26 Jahren in der Bankenaufsicht, schwerpunktmäßig im Bank- und Kapitalmarktrecht sowie Bankaufsichtsrecht, tätig. Seit 2002 ist sie in leitender Verantwortung für diese Themenbereiche im Genossenschaftsverband – Verband der Regionen e. V. und seit 2011 neben der Verbandstätigkeit auch als Gesellschafterin der GRA Rechtsanwaltsgesellschafts mbH für diese Themen verantwortlich.

Dr. Lucina Berger LL. M. (Yale) ist Rechtsanwältin in Frankfurt am Main und Partnerin der Kanzlei Hengeler Mueller. Zu ihren Tätigkeitsschwerpunkten zählen das Gesellschafts- und Kapitalmarktrecht.

Dr. Denise Blessing ist Rechtsanwältin bei Dechert LLP in München. Sie berät im Bereich Financial Services mit Fokus auf Investment-, Wertpapier- und Bankaufsichtsrecht, regulatorische Compliance, Assetmanagement und Finanzvertriebsrecht. Sie verfügt über umfassende Beratungserfahrung betreffend nationale und internationale Gesellschaften sowie Banken und Finanzinstitute zu aufsichtsrechtlichen Fragen im Bereich der Zulassung und Organisation von Instituten und Fondsgesellschaften, zum grenzüberschreitenden Vertrieb von Finanzprodukten sowie zur Gestaltung Compliance-konformer Prozese und Verträge. Vor ihrem Eintritt bei Dechert LLP war sie als Vice President in einer internationalen Großbank und als Rechtsanwältin in einer international ausgerichteten deutschen Anwaltskanzlei tätig. Sie ist Mitglied des Vorstands der Rechtsanwaltskammer München und hat zahlreiche Publikationen zum Finanzrecht veröffentlicht.

Hans-Georg Bretschneider ist Rechtsanwalt und war über 20 Jahre in leitenden Verantwortungen der verschiedenen Compliance-Funktionen tätig. Zuletzt als Syndikusanwalt und Leiter Compliance bei der Fürst Fugger Privatbank AG. Davor als Spezialist für Compliance und Forensik Berater unterschiedlicher Banken in den Themenfeldern Anti-Money Laundering-, CTF-, Fraud- sowie Capital Markets Compliance. Dazu gehörten auch die Vertretung der Governance gegenüber den Regulatoren und der Aufbau eines Beschwerdemanagements im Customer Relationship Management. Seit 2006 fünf Jahre Leiter Compliance der Landesbank Baden-Württemberg. Ab Anfang der 90er-Jahre als Leiter des Legal Risk Managements der HypoVereinsbank AG am Aufbau und der Umsetzung der Konzern-Compliance beteiligt und Leiter des CTF-Office.

Michael Brinkmann ist Prokurist und Leiter des Vorstandsstabes der Vereinigte Volksbank Münster, vormals Verbandsprüfer beim Rheinisch-Westfälischen Genossenschaftsverband mit Schwerpunkt der Depotprüfung. Weiterhin ist er als Referent beim Finanzkolloquium Heidelberg tätig und Mitautor mehrerer Veröffentlichungen in den Bereichen Compliance und Beschwerdemanagement.

Klaus M. Brisch LL. M. (USA) ist Partner „Global Head Technology" der internationalen Anwaltskanzlei DWF. Er ist Fachanwalt für Informationstechnologie und berät Unternehmen im gesamten Bereich des Informations- und Kommunikationsrechts, des Internetrechts und des elektronischen Geschäftsverkehrs. Die Beratungsschwerpunkte von Brisch liegen in den Bereichen IT-Compliance, Cyber-Security, Datenschutz und Datensicherheit. Ferner begleitet er innovative Technologieprodukte und Services bei ihrer Entwicklung und Markteinführung.

Dr. Hagen Christmann ist Bereichsleiter Recht und Steuern beim Bundesverband öffentlicher Banken, VÖB, in Berlin. Zuvor war er im VÖB als Bereichsleiter Kapitalmarkt u. a. für die Begleitung der Umsetzung von MiFID II und PRIIPS-VO verantwortlich.

Lennart Dahmen ist Rechtsanwalt und Senior Associate bei Allen & Overy LLP, vormals tätig bei Simmons & Simmons LLP und Weil, Gotshal & Manges, LLP. Schwerpunkte seiner Beratungstätigkeit sind das Bank-, Wertpapier- und Investmentaufsichtsrecht.

Julia Dost ist als Senior Managerin bei PricewaterhouseCoopers im Bereich Financial Services tätig und schwerpunktmäßig für die Beratung im Zusammenhang mit MiFID und Compliance verantwortlich.

Dr. **Ernst Thomas Emde** ist Partner der Kanzlei Freshfields Bruckhaus Deringer in Frankfurt. Sein Tätigkeitsfeld ist der Finanzdienstleistungssektor, einschließlich der Aufsicht über Banken und Kapitalmärkte. In jüngerer Zeit hat er sich intensiv mit Compliance-Fragen, sog. Internal Investigations, und Konflikten zwischen Aufsichtsbehörden sowie beaufsichtigten Unternehmen befasst. Dr. Emde hält regelmäßig Vorträge zu Themen auf seinem Tätigkeitsfeld und nimmt hierzu in wissenschaftlichen Fachbeiträgen Stellung.

Dr. **Gregor Evenkamp** ist Rechtsanwalt und Partner bei Clifford Chance in Frankfurt am Main. Er berät in- und ausländische Mandate im Hinblick auf deutsches und europäisches Bank- und Kapitalmarktrecht, insb. Bankaufsichtsrecht, Investmentrecht und Wertpapierrecht. Außerdem berät er bei der Strukturierung und Dokumentation von strukturierten Produkten, Verbriefungstransaktionen und alternativen Investments. Einen weiteren Schwerpunkt stellt die Beratung im Bereich des Investmentrechts bzw. von kollektiven Anlagemodellen dar. In seiner Tätigkeit deckt er dabei insb. Fragen zur Umsetzung der MiFID II, AIFM-Richtlinie oder der Prospektrichtlinie in das deutsche Recht ab.

Dr. **Erasmus Faber** ist Compliance Officer bei der Barclays Bank PLC in London. Er ist im Bereich Regulatory Compliance tätig und hat zuvor in diversen Compliance-Positionen in Frankfurt und New York gearbeitet.

Ute Foshag LL.M. (Georgetown), Attorney-at-Law (New York) und Rechtsanwältin ist Teamleiterin im Fachbereich Allgemeines Recht bei der Deutschen Kreditbank AG. Zuvor war sie Abteilungsdirektorin im Geschäftsbereich Kapitalmärkte im Bundesverband Öffentlicher Banken Deutschlands e. V. und als Rechtsanwältin in Deutschland und den USA in den Bereichen Gesellschafts- und Kapitalmarktrecht sowie M&A tätig.

Andreas Gehrke ist Country Compliance Head für alle Geschäftseinheiten der ABN AMRO Bank-Gruppe in Deutschland. Zuvor war er in leitenden Compliance-Positionen bei verschiedenen deutschen und internationalen Banken und Finanzdienstleistern tätig.

Dr. Ulrich L. Göres ist Rechtsanwalt und seit August 2017 Leiter Financial Crime Risk Management bei der HSBC und Konzerngeldwäschebeauftragter. In dieser Funktion berichtet er direkt an die Vorstandsvorsitzende. Neben diesen Tätigkeiten ist er u. a. Programmverantwortlicher des von ihm begründeten Programms zum Certified Compliance Professional (CCP) der Frankfurt School of Finance & Management, und Mitherausgeber der Corporate Compliance Zeitschrift (CCZ). Von 2014 bis 2016 etablierte und verantwortete Dr. Göres als Konzerngeldwäschebeauftragter die konzernweite Anti-Financial Crime Funktion in der Deutsche Bank AG. Vor seinem Wechsel zur Deutsche Bank war Dr. Göres für die Erste Group Bank AG als Chief Compliance Officer & Group General Counsel konzernweit für die Bereiche Compliance, Legal & Security verantwortlich. Er berichtete in dieser Funktion direkt an den Chief Risk Officer im Vorstand der Erste Group. Vor dieser Funktion hatte Dr. Göres eine Reihe von hochrangigen Compliance-Funktionen in Deutschland, Großbritannien und den USA inne, darunter u. a. innerhalb der Commerzbank AG als Stellvertreter des Head of Group Compliance und als Regional Head Compliance of the US & The Americas.

Dr. Bernd Graßl LL. M. ist Rechtsanwalt und Partner der Kanzlei GLNS in München. Er ist schwerpunktmäßig im Aktien- und Kapitalmarktrecht tätig und ist durch eine Vielzahl von Veröffentlichungen in diesen Bereichen hervorgetreten. Dr. Graßl ist regelmäßig als Referent zu praxisrelevanten Themen tätig.

Norbert Haak war als Compliance-Beauftragter von 2005 bis 2013 bei der Sparkasse Bremen beschäftigt. Davor war er in leitender Position in der Abwicklung des Geld- und Devisenhandels sowie im Auslandgeschäft tätig. Ab 2013 als Berater für WpHG-Compliance tätig.

Peggy Hachenberger ist Rechtsanwältin und Fachanwältin für Arbeitsrecht und seit über 20 Jahren im Bereich Recht mit Schwerpunkt Arbeits- und Dienstvertragsrecht im Genossenschaftsverband – Verband der Regionen e. V. tätig. Daneben berät und vertritt sie seit über 15 Jahren als Rechtsanwältin in der GRA Rechtsanwaltsgesellschaft mbH Aufsichtsräte und Geschäftsleiter von Kreditgenossenschaften in allen arbeitsrechtlichen, einschließlich vergütungsrelevanten, Themen.

Dirk Hense LL. M. ist Rechtsanwalt/Syndikus und Leiter Compliance Central Europe Barclays Corporate & Investment Banking sowie Markets Compliance Barclays Europe (exkl. UK). Er lehrt als Dozent an der Frankfurt School of Finance und Management und hält regelmäßig Vorträge zu kapitalmarktrechtlichen Fragestellungen. Herr Hense ist Mitglied des Organisationskommittees der jährlichen TECC Conference und Fachbeirat von Compliance Business. Ferner doziert und publiziert er regelmäßig zu kapitalmarktrechtlichen Fragestellungen.

Dr. Heiner Hugger LL.M. ist Rechtsanwalt, Fachanwalt für Strafrecht und Partner bei Clifford Chance in Frankfurt am Main. Er leitet die deutsche Praxisgruppe „White Collar, Regulatory & Compliance" der Kanzlei. Mit seinem Team berät und vertritt er Mandanten bei Ermittlungen, behördlichen oder gerichtlichen Verfahren, Compliance- und Betrugsbekämpfungsmaßnahmen sowie allen sonstigen Fragen im Zusammenhang mit strafrechtlichen oder sonstigen Sanktionen. Er hält regelmäßig Vorträge und ist Autor zahlreicher Veröffentlichungen zu Themen des Wirtschaftsstrafrechts und der Compliance.

Jochen Kindermann ist Rechtsanwalt und Partner bei Simmons & Simmons in Frankfurt. Sein Beratungsschwerpunkt liegt im Bereich Aufsichtsrecht und Asset Management. Zuvor war Herr Kindermann u. a. als Compliance Officer bei mehreren Finanzdienstleistern tätig.

Max Kleinhans LL.M. (Glasgow) ist Referent im Bereich Kapitalmarkt des Bundesverbands Öffentlicher Banken Deutschlands (VÖB). Er betreut dort u. a. den Arbeitskreis Compliance sowie den Arbeitskreis MaRisk-Compliance. Darüber hinaus ist er insb. mit den Themen MiFID II-Anlegerschutz, PRIIPs-VO und Benchmark-VO befasst.

Oliver Knauth ist seit 18 Jahren als Compliance-Beauftragter und Syndikusanwalt in der Finanzindustrie tätig. Beginnend als Referent in der Rechtsabteilung des Deutschen Sparkassen- und Giroverbandes wechselte er im Jahr 2000 für zehn Jahre in den Bereich Legal & Compliance bei verschiedenen internationalen Investmentbanken und begleitete dabei u. a. die Umsetzung der Vorschriften des Marktmissbrauchsrechts. Danach übernahm er für sieben Jahre regionale Verantwortung als Leiter Compliance bei einer führenden internationalen Ratingagentur. Derzeit ist Oliver Knauth bei einer kleineren Europäischen Ratingagentur als Leiter Legal & Compliance tätig und begleitet die Ausbildung im Bereich Capital Markets Compliance als Dozent an der Frankfurt School of Finance and Management.

Michael Leibold ist seit über zehn Jahren als Rechtsanwalt (Syndikusrechtsanwalt) mit den Beratungsschwerpunkten Financial Markets, Research und Kartellrecht-Compliance für die LBBW Landesbank Baden-Württemberg, Stuttgart, tätig. Zuvor hat er für verschiedene Arbeitgeber der Finanzdienstleistungsbranche – darunter eine amerikanische Fondsgesellschaft in Frankfurt am Main – mit den Schwerpunkten Bank- und Kreditsicherungsrecht als Rechtsanwalt gearbeitet. Vor seinem Studium an den Universitäten Freiburg i. Breisgau und Konstanz hat er die Ausbildung zum Bankkaufmann bei der Deutschen Bank AG absolviert.

Dr. Carsten Lösing ist Rechtsanwalt und Local Partner bei White & Case. Er berät seit mehr als acht Jahren Banken, Wertpapierdienstleistungsunternehmen und sonstige Finanzdienstleister in finanz- und wertpapieraufsichtsrechtlichen Fragen. Vor seiner Tätigkeit als Rechtsanwalt war er knapp vier Jahre als Unternehmensberater im Bankenbereich tätig. Er ist Referent und Autor verschiedener Veröffentlichungen im Finanz- und Zahlungsdiensteaufsichtsrecht

Dr. Uwe Lüken ist Partner bei Bird & Bird LLP in Düsseldorf. Er ist schwerpunktmäßig im Marken- und Kennzeichenrecht tätig und berät umfangreich Finanzdienstleister. Er ist Mitherausgeber von „Stöckel/Lüken: Handbuch Marken- und Designrecht".

Andreas Marbeiter ist Geschäftsführer der GenoTec GmbH. 15 Jahre lang verantwortete er zuvor als Fachbereichsleiter in der Commerzbank AG verschiedene Bereiche der Compliance. 2012 wechselte er dann in die Genossenschaftliche Finanzgruppe zu dem bundesweit größten Anbieter für Auslagerungs- und Unterstützungsleistungen im regulatorischen Beauftragtenwesen.

Florian Marbeiter ist für die Deutsche Bank AG tätig und betreut in seiner Funktion als Compliance-Officer im Privat- und Firmenkundengeschäft primär den Firmenkundenbereich (u. a. die Bereiche M&A und DCM sowie das Zins- und Währungsmanagement). Nach seiner Ausbildung zum Bankkaufmann (IHK) studierte er Betriebswirtschaft und Recht. Im Anschluss an das Studium arbeitete er als Private Banking Berater in der Deutsche Bank AG, wo er vermögende Privatkunden betreut hat, ehe er dann in die Compliance-Abteilung der Deutsche Bank AG wechselte.

Dr. **Richard Mayer-Uellner** ist Rechtsanwalt und Partner bei CMS Hasche Sigle. Er ist spezialisiert auf öffentliche Übernahmen sowie Aktien- und Kapitalmarktrecht. Er berät fortlaufend zu Fragen der Corporate Governance und kapitalmarktrechtliche Compliance sowie im Konzernrecht. Zu seinen Mandanten zählen börsennotierte und nicht börsennotierte Aktiengesellschaften, deren Organe und Aktionäre.

Ludger Michael Migge LL.M (Medienrecht), Rechtsanwalt, verfügt über 25 Jahre Erfahrung in leitenden Positionen der Funktionen Vorstandsstab, Recht und Compliance in Industrieunternehmen sowie der Immobilien- und Finanzwirtschaft. Aktuell ist er für ein bedeutendes deutsches Kreditinstitut in der Compliance tätig. Zuvor war er sechs Jahre für die Bundesanstalt für Finanzdienstleistungsaufsicht in der Aufsicht über Finanzdienstleistungsunternehmen und Kreditinstitute tätig. In diesem Buch gibt er nur seine eigene fachliche Einschätzung wieder.

Dr. **Tobias Nikoleyczik** ist Rechtsanwalt und Partner der Kanzlei GLNS in München. Er ist schwerpunktmäßig im Aktien- und Kapitalmarktrecht tätig und ist durch eine Vielzahl von Veröffentlichungen in diesen Bereichen hervorgetreten. Er ist regelmäßig als Referent zu praxisrelevanten Themen tätig.

Dr. **Robert Oppenheim** ist seit 2013 Rechtsanwalt bei der Kanzlei lindenpartners. Er unterstützt Institute bei der Beachtung ihrer Wertpapier- und Compliancepflichten sowie der Einhaltung aufsichtsrechtlicher Kapitalanforderungen. Robert Oppenheim ist Fachanwalt für Bank- und Kapitalmarktrecht.

David Paal ist Compliance-Officer bei der Deutsche Bank AG im Privat- und Firmenkundengeschäft und leitet das Team zur Betreuung des Firmenkundenbereichs (u. a. M&A und DCM sowie das Zins & Währungsmanagement). Zuvor war er bei der BaFin und als Compliance-Beauftragter in der Genossenschaftlichen Finanzgruppe tätig. Daneben ist Herr Paal Lehrbeauftragter an der Hochschule Mainz für Risikomanagement und Compliance, ist Seminarreferent und publiziert regelmäßig Fachbeiträge zu Compliance-Themen.

Dr. David Pasewaldt LL.M. ist Rechtsanwalt und Counsel bei Clifford Chance in Frankfurt am Main in der Praxisgruppe „White Collar, Regulatory & Compliance". Er berät Banken und Unternehmen zu allen Fragen des Wirtschaftsstrafrechts. Ein Schwerpunkt seiner Beratung ist die Verteidigung in behördlichen und gerichtlichen Verfahren, insb. wegen Vorwürfen der Korruption, Verstößen gegen das Kapitalmarktstrafrecht und der Steuerhinterziehung. Er hält regelmäßig Vorträge und ist Autor zahlreicher Veröffentlichungen zu Themen des Wirtschaftsstrafrechts. Er ist Dozent an der Frankfurt School of Finance & Management im Rahmen der Zertifikatsstudiengänge „Certified Compliance Professional (CCP)" und „Certified Fraud Manager (CFM)". Zudem ist er Mitglied im Arbeitskreis Unternehmensstrafrecht des DICO (Deutsches Institut für Compliance e. V.) und im Arbeitskreis Compliance der EBS Law School.

Stephan Peterleitner ist Senior Compliance Officer im Bereich CIB Global Markets Compliance Germany der Deutsche Bank AG in Frankfurt am Main. Zuvor leitete er als stellvertretender Compliance-Beauftragter die Abteilung Compliance der Boerse Stuttgart, die für die Funktionen Capital Markets Compliance, AML sowie Fraud verantwortlich zeichnete.

Giovanni Petruzzelli ist als Managing Director und Head of DWS Compliance für die DWS GmbH & Co. KGaA in Frankfurt tätig.

Dr. Thomas Preuße ist Leiter des Bereichs Kapitalmärkte beim Bundesverband Öffentlicher Banken Deutschlands e. V. Im Rahmen seiner Tätigkeit begleitet er die wichtigen kapitalmarktrechtlichen Themen, insb. auch das Prospekt- und Schuldverschreibungsrecht. Zuvor war er beim Deutschen Derivate Verband als Direktor Recht und Regulierung tätig. Bei der Norddeutschen Landesbank Girozentrale war er im dortigen Investment Banking u. a. mit der rechtlichen Ausgestaltung von Fremd- und Eigenemissionen der Bank befasst. Er ist Herausgeber des Berliner Kommentars zum Schuldverschreibungsgesetz, Mitherausgeber des Berliner Kommentars zur WpDVerOV und Autor im Berliner Kommentar zum Wertpapierprospektgesetz.

Hartmut T. Renz ist Rechtsanwalt und verantwortet seit 2016 als Group Chief Compliance Officer der LBBW Landesbank Baden-Württemberg in Stuttgart deren globale und konzernweite Compliance-Funktion. Zuvor hat er u. a. mehr als zehn Jahre als Compliance-Beauftragter/Group Compliance Officer Capital Markets die Compliance-Stelle bei der Landesbank Hessen-Thüringen Girozentrale (Helaba) in Frankfurt geleitet.

Dr. Lars Röh ist Rechtsanwalt und seit 2008 Partner bei lindenpartners in Berlin. Vorher war er in der Rechtsabteilung des Deutschen Sparkassen- und Giroverbandes (DSGV) tätig, wo er bis 2007 für den Bereich Kapitalmarktrecht verantwortlich war. Zu seinen Beratungsschwerpunkten gehört die Begleitung von Banken, Sparkassen und kreditwirtschaftlichen Verbänden bei aufsichtsrechtlichen Fragen im Zusammenhang mit Organisations- und Compliance-Pflichten nach dem WpHG und dem KWG.

Dr. **Barbara Roth** ist Chief Compliance Officer und Geldwäschebeauftragte bei der UniCredit Bank AG. Nach dem Studium der Rechts- und Wirtschaftswissenschaften arbeitete Dr. Roth als Rechtsanwältin in diversen internationalen Großkanzleien in München, Düsseldorf und New York. 2007 wechselte sie zur UniCredit Bank AG und verantwortete ab 2011 den Bereich „Compliance Corporate and Investment Banking Division" (CIB) und beriet in dieser Funktion das Senior Management der Bank zu allen Compliance-relevanten Themen. Seit April 2016 ist sie Chief Compliance Officer (gem. MaComp und gem. MaRisk) und Geldwäschebeauftragte der UniCredit Bank, einschließlich der Auslandsniederlassungen, und berichtet in dieser Funktion direkt an den CEO der Bank.

Dr. **Holger Schäfer** ist Referatsleiter im Bereich der Wertpapieraufsicht der BaFin. Seine Tätigkeit umfasst die Aufsicht über Wertpapierdienstleistungsunternehmen im Hinblick auf die Einhaltung der Wohlverhaltens- und Organisationspflichten.

Dr. **Petra Schaffner** ist Rechtsanwältin und Partnerin bei CMS Hasche Sigle. Sie unterstützt Unternehmen in allen Fragen des Gesellschaftsrechts, einschließlich von Transaktionen. Sie hat langjährige Erfahrung bei der Entwicklung und Implementierung von Compliance-Strukturen, der Beratung von Organen im Hinblick auf Legalitäts- und Organisationspflichten und Corporate-Governance Strukturen in Unternehmensgruppen.

Axel Schiemann ist Partner der internationalen Rechtsanwaltskanzlei Latham & Watkins LLP. Er ist spezialisiert auf die Bereiche Bank- und Finanzmarktaufsichtsrecht. Seine Beratungsschwerpunkte umfassen die Themen MiFIR/MiFID II, CRR/CRD IV, M&A-Transaktionen im Finanzsektor, Emissionen von regulatorischem Eigenmitteln, Restrukturierung von Kredit- und Finanzdienstleistungsinstituten, FinTech-Innovationen sowie aufsichtsrechtliche Prüfungen und Maßnahmen.

Dr. **Sven H. Schneider** LL.M. (Berkeley), Attorney-at-Law (New York) ist Rechtsanwalt in Frankfurt am Main und Partner der Kanzlei Hengeler Mueller. Zu seinen Tätigkeitsschwerpunkten zählen das Gesellschafts- und Kapitalmarktrecht sowie das Bankaufsichtsrecht und Compliance. Dr. Schneider hat zahlreiche Publikationen in diesen Bereichen veröffentlicht.

Hilmar Schwarz ist seit 1996 in verschiedenen Funktionen in der Beratungs- und Finanzdienstleisterbranche tätig, seit 2002 in der Deutsche WertpapierService Bank AG (dwpbank). Seit 2015 hat er in der dwpbank den Aufbau und die Leitung der Abteilung Compliance übernommen und ist Compliance-Beauftragter (WpHG, MaRisk), ferner Geldwäsche-Beauftragter und Beauftragter zum Schutz der Kundenfinanzinstrumente. Er ist in diversen Verbandsgremien zu den Themen Compliance und Geldwäsche aktiv.

Thomas Steidle ist seit dem 01.01.2018 im Ruhestand. Er war zuvor 17 Jahre in leitender Funktion im Finanzdienstleistungsbereich bei der Commerzbank AG, Sal. Oppenheim und dem Deutsche Bank Konzern im Bereich Compliance tätig. In seiner jeweiligen Funktion war er Mitglied des Arbeitskreises Compliance und AML im BdB bzw. BVI.

Dr. **Christian Wagemann** LL.M. (Illinois) ist Rechtsanwalt und Leiter der Abteilung Corporate Functions Compliance der Deutsche Bank AG. Er studierte von 1994 bis 2001 Rechtswissenschaften in Greifswald, Freiburg i. Br. und Urbana-Champaign, Illinois.

Oliver Welp ist seit Oktober 1999 für das Bankhaus Metzler in der Konzernrevision tätig. Dort ist er als Leiter der Konzernrevision für die Planung, Steuerung und Durchführung von konzernweiten Prüfungen verantwortlich. Er ist Mitglied in Arbeitsgruppen des Verbands der Auslandsbanken, des Bundesverband Investment und Asset Management e.V. und Leiter des Arbeitskreises „Revision des Wertpapiergeschäftes" beim Deutschen Institut für Interne Revision e.V. (DIIR). Daneben ist Welp als Referent und freier Autor für Fachartikel zu den Bereichen Wertpapier- und MaRisk-Compliance, aufsichtsrechtlichen Anforderungen im Wertpapiergeschäft und Revision aktiv.

Jens Welsch war bis 2016 Compliance-Beauftragter der Bremer Landesbank, mit Projektleitungserfahrung in den Großprojekten Euro-Einführung, Jahr-2000-Umstellung und der MiFID I-Einführung. Seit 2017 Projektmanager bei der NORD/LB für die Themen BCBS 239 und MiFID II.

Prof. Dr. **Jürgen Wessing** ist Fachanwalt für Strafrecht und Honorarprofessor an der Heinrich-Heine-Universität Düsseldorf. Er ist tätig als Koordinator oder Verteidiger in Umfangsverfahren von mehrjähriger Dauer sowie in der Präventions-, Compliance- und Krisenberatung.

Paul Bernd Wittnebel ist. stv. Leiter Compliance der Sparkasse Krefeld. Er ist bereits seit 1994 in die Entwicklung der einzelnen Compliance-Themen involviert, ist seit vielen Jahren als Referent tätig und Autor zahlreicher Veröffentlichungen zu Compliance und Finanzmarktthemen.

Teil I

Theoretische Grundlagen, Gesetzliche Rahmenbedingungen und Allgemeine Normen

I.1

Compliance im Rahmen einer ordnungsgemäßen Geschäftsorganisation

Hans-Georg Bretschneider

Inhaltsübersicht

1	Einleitung.	1
2	Die „ordnungsgemäße" Geschäftsorganisation.	2–7
3	Gesetzliche Organisationspflichten und Compliance	8–19
3.1	Geschäftsleitung (Vorstand)	10–14
3.2	Aufsichtsorgan	15–19
4	Die „ordnungsgemäße" Compliance-Funktion.	20–46
4.1	Die Dauerhaftigkeit und Wirksamkeit	20–23
4.2	Die Kompetenz.	24–25
4.3	Die Unabhängigkeit	26–30
4.4	Das Mittelerfordernis	31–32
4.5	Zugang zu Informationen und Informationsorganisation	33–46
5	Compliance und Risikomanagement	47–78
5.1	Das Interne Kontrollsystem (IKS)	48–54
5.2	Unschärfen in den Zuständigkeiten	55–69
5.3	Die Compliance-Funktion im Unternehmensverbund.	70–74
5.4	Die ordnungsgemäß organisierte Basis-Compliance.	75–78
6	Die integrierte Compliance	79–86
6.1	Der Chief Compliance Officer (CCO)	82–84
6.2	Das Compliance-Komitee	85–86
7	Konsequenzen mangelhafter Umsetzung der Organisationspflichten	87–88
8	Fazit.	89
9	Literaturverzeichnis	

1 Einleitung

„Ein Institut muss über eine **ordnungsgemäße Geschäftsorganisation** verfügen, die die Einhaltung der vom Institut zu beachtenden gesetzlichen Bestimmungen und der betriebswirtschaftlichen Notwendigkeiten gewährleistet" (§ 25a Abs. 1 Satz 1 Kreditwesengesetz/KWG). Ein Teil dieser geforderten Geschäftsorganisation ist ein zu errichtendes „Internes Kontrollsystem" (IKS), das als Bestandteil eine Compliance-Funktion aufzuweisen hat (§ 25a Abs. 1 Satz 3 Nr. 3c KWG). Um den Beitrag dieser Compliance-Funktion an der Geschäftsorganisation und ihrer Ordnungsgemäßheit wird es im Folgenden gehen.

1

Der Begriff „**Compliance**" bleibt in diesen Forderungen noch unscharf. Dass die Einhaltung der gesetzlichen Bestimmungen und betriebswirtschaftlichen Notwendigkeiten gewährleistet (!) werden müssen, gibt noch keinen Hinweis, wie eine Compliance beschaffen sein muss und was eine Compliance-Funktion zur Ordnungsgemäßheit beitragen soll. Dem geneigten, dazu Verpflichteten bleibt nur der mühsame Weg über die Lektüre der einschlägigen Verordnungs- und norminterpretierenden Verwaltungsvorschriften und – häufig – deren teleologische Auslegung, also nach Sinn und Zweck der Normen.

2 Die „ordnungsgemäße" Geschäftsorganisation

Der Gesetz- und Verordnungsgeber hat in einer direkten normativen Verknüpfung von §§ 80 Abs. 1 und 81 WpHG; der Verordnung zur Konkretisierung der Verhaltensregeln und Organisationsanforderungen für Wertpapierdienstleistungsunternehmen (WpDVerOV) sowie der **Delegierten Verordnung (EU) 2017/565**[1] und schließlich des § 25a Abs. 1 KWG mehr oder weniger deutliche Äußerungen seines Regelungswillens hinterlassen. Dieser kann aber lediglich Orientierung geben, was eine Geschäftsorganisation zu einer ordnungsgemäßen macht und was (noch) nicht.

2

Bereits der Begriff „**ordnungsgemäß**", der der deutschen Kodifizierungsgewohnheit wohlig vertraut scheint, macht bei genauerem Hinsehen Probleme. Welche Kriterien müssen erfüllt sein, um etwas „ordnungsgemäß" zu machen? Die in § 25a Abs. 1 Satz 3 KWG dem Wort „insbesondere" folgenden Regelbeispiele weisen auf einen Ordnungsrahmen hin, in dem sich die Geschäftsorganisation zu bewegen hat. Er umfasst neben vielfältigen Rechts- und Verwaltungsnormen insb. pragmatische Forderungen an ein Finanzinstitut, wie es sich konstituieren muss, um „die gesetzlichen Bestimmungen zu beachten" und „die betriebswirtschaftlichen Notwendigkeiten zu gewährleisten". An diesen Zielen hat sich die Praxis zu orientieren. Anzustrebende Eigenschaften dieser Praxis, wie „angemessen, wirksam, geeignet und kompetent" sind an der Wirklichkeit zu messen und mit Leben zu füllen.

3

Die vom Gesetzgeber im ursprünglichen § 33 Abs. 1 Satz 1 und Abs. 2 Satz 1 WpHG gewählte Verweisungstechnik, die in den § 80 Abs. 1 des nunmehr anzuwendenden WpHG

4

---

1 Die Delegierte Verordnung (EU) 2017/565 der EU-Kommission v. 25.04.2016 regelt die organisatorischen Anforderungen an Wertpapierfirmen in 91 Artikeln, weiteren Anhängen, Übersichtstabellen und Beispielen und trat am 03.01.2018 in Kraft. Sie entfaltet unmittelbare Gesetzeskraft im EU-Bereich. Diese Verordnung spezifiziert die WpDVerOV und geht wegen des Verbotes der Doppelregelung der WpDVerOV vor.

übernommen wurde, ist allerdings nicht unproblematisch[2]. Zum einen leidet darunter die Übersichtlichkeit und zum anderen wendet sich § 25a KWG nicht allein an Wertpapierdienstleister, sondern allgemein an Finanzinstitute. Darüber hinaus werden Sicherungssysteme gegen Geldwäsche und Zinsänderungsrisiken eingemengt. Die unterschiedlichen Schutzrichtungen von WpHG und KWG verkomplizieren die Materie weiter: Hat das WpHG das Funktionieren des Kapitalmarkts und den Schutz der Anleger im Auge, so schützt das KWG das Funktionieren des Finanzinstituts und damit die ihm anvertrauten Vermögenswerte. Dies könnte jedoch ein Hinweis dafür sein, dass es die Absicht des Gesetzgebers ist, Compliance in beide Richtungen wirken zu lassen. Dann müsste Compliance auch Schutzinstrument des KWG sein. Der Normtext des § 80 WpHG („Darüber [über § 25a KWG] hinaus muss es …") lässt ihn nicht als lex specialis zu § 25a KWG erscheinen, sondern als dessen Erweiterung. Damit lässt sich der **Pflichtenkreis von Compliance** nicht auf das Wertpapierrecht beschränken. Unsicherheiten hinsichtlich Überschneidungen und Doppelanforderungen bleiben. Erschwert wird die praktische Umsetzung von einer Vielzahl unbestimmter Rechtsbegriffe und auslegungsbedürftiger Regelungen auf der Tatbestandsseite und erheblichen Ermessens- und Öffnungsspielräumen auf der Rechtsfolgenseite.

5   In Text der Delegierten Verordnung 565/2017 gibt die Europäische Kommission in Art. 21 Hinweise, welche **organisatorischen Anforderungen** sie erfüllt sehen möchte;
 – Entscheidungsfindungsprozesse und eine Organisationsstruktur, bei der Berichtspflichten sowie zugewiesene Funktionen und Aufgaben klar dokumentiert sind, schaffen und auf Dauer umsetzen;
 – sicherstellen, dass alle relevanten Personen die Verfahren, die für eine ordnungsgemäße Erfüllung ihrer Aufgaben einzuhalten sind, kennen;
 – angemessene interne Kontrollmechanismen, die die Einhaltung von Beschlüssen und Verfahren auf allen Ebenen der Wertpapierfirma sicherstellen, schaffen und auf Dauer umsetzen;
 – Mitarbeiter beschäftigen, die über die Fähigkeiten, Kenntnisse und Erfahrungen verfügen, die zur Erfüllung der ihnen zugewiesenen Aufgaben erforderlich sind;
 – auf allen maßgeblichen Ebenen der Wertpapierfirma eine reibungslos funktionierende interne Berichterstattung und Weitergabe von Informationen einführen und auf Dauer sicherstellen;
 – angemessene und systematische Aufzeichnungen über ihre Geschäftstätigkeit und interne Organisation führen;
 – für den Fall, dass relevante Personen mehrere Funktionen bekleiden, dafür sorgen, dass dies diese Personen weder daran hindert noch daran hindern dürfte, die einzelnen Funktionen ordentlich, ehrlich und professionell zu erfüllen.

6   Hieraus eine die **Organisationspflichten** einhaltende Umsetzung zu finden, ist „Hohe Schule" der Geschäftsleitung. Besondere Anforderungen an die Umsetzungspflichten wurden durch den § 81 WpHG (neu) eingeführt, der den § 25c KWG auf spezielle Wertpapierdienstleistungspflichten erweitert. Insb. Erfahrungen, gespeist aus langjähriger Praxis

---

2   *Fuchs*, in: Kommentar zum WpHG § 33 Rn. 11.

sowie zielorientierter Gestaltungswillen lassen die Geschäftsleiter die Ordnung finden, die dem individuellen Wertpapierdienstleistungsunternehmen angemessen ist.

Ordnet eine solchermaßen in die Pflicht genommene Geschäftsleitung die nicht immer in direktem Bezug stehenden Regelungsinhalte nach Regelungszielen, geforderten Eigenschaften, Organisationsmitteln und vorzunehmenden Handlungen, so wird ihr am ehesten fassbar, welche Ordnung und welche Kraft der Geschäftsorganisation beigemessen werden muss. Mit einem tradierten Risikomanagement, bestehend aus (Risiko-)Controlling und interner Revision, ergänzt durch eine Rechtsabteilung ist dieses Ziel nicht (mehr) erreichbar. Hinzutreten muss eine breit angelegte **prozessorientierte Prävention**, die sich auf Erkenntnisse tieferer Analysen der Gefährdungssituation stützt. *7*

3 Gesetzliche Organisationspflichten und Compliance

Die mit Ordnungsmäßigkeitskriterien gespickten Regelungen erwähnen Compliance nur in Verbindung mit der Compliance-Funktion und dem Compliance-Beauftragten. Verfolgt man die ihnen zugewiesenen Maßnahmen und Verfahren, die dauerhaft und wirksam einzurichten sind, regelmäßig überwacht und bewertet werden müssen und kompetent und unabhängig zu erfüllen sind, dann hat man den Pfad zum Beitrag zur Ordnungsmäßigkeit betreten. *8*

Der europäische Verordnungsgeber hat im Art. 22 der Delegierten Verordnung 565/2017 **Aufgaben** benannt, mit der sie die Compliance-Funktion betraut sehen möchte:
– ständige Überwachung und regelmäßige Bewertung der Angemessenheit und Wirksamkeit der [...] eingeführten Maßnahmen, Strategien und Verfahren sowie der Schritte, die zur Behebung etwaiger Defizite der Wertpapierfirma bei der Einhaltung ihrer Pflichten unternommen wurden;
– Beratung und Unterstützung der für Wertpapierdienstleistungen und Anlagetätigkeiten zuständigen relevanten Personen im Hinblick auf die Einhaltung der Pflichten der Wertpapierfirma gemäß der Richtlinie 2014/65/EU;
– mindestens einmal jährlich Berichterstattung an das Leitungsorgan über die Umsetzung und Wirksamkeit des gesamten Kontrollumfelds für Wertpapierdienstleistungen und Anlagetätigkeiten, über die ermittelten Risiken sowie über die Berichterstattung bezüglich der Abwicklung von Beschwerden und über die ergriffenen oder zu ergreifenden Abhilfemaßnahmen;
– Überwachung der Prozessabläufe für die Abwicklung von Beschwerden und Berücksichtigung von Beschwerden als Quelle relevanter Informationen im Zusammenhang mit den allgemeinen Überwachungsaufgaben.

Wie Compliance diese Aufgaben in die Black Box der ordnungsgemäßen Geschäftsorganisation einbringen soll oder sogar muss, bleibt offen. Als Frage bleibt: welche Geschäftsorganisation erreicht die Erfüllung der Regelungsziele am besten? Und zwar „angemessen, wirksam, dauerhaft, klar, transparent, regelmäßig, kontinuierlich, prozessbegleitend und unverzüglich".

Die Forderung nach der Sachkunde gemäß § 85 Abs. 5 und 6 i. V. m. der WpHG-Mitarbeiteranzeigeverordnung (WpHGMaAnzV) mag noch ohne organisatorische Festlegung zu *9* erfüllen sein. Doch wie sieht es mit der **Unabhängigkeit** und **Wirksamkeit** und den **Kompetenzen** aus? Die Verfügung des Zugangs zu Informationen muss im Zug von Prüfungs- und Kontrollhandlungen eingerichtet werden. Doch ist das nicht eine Selbstverständlichkeit? Wie sieht das in der Vor-Prüfungszeit aus und wie spielen diese Pflichten zusammen und wie ergänzen sie sich zielgerichtet? Welche Geschäftsorganisation erfüllt bei welchem Wertpapierdienstleister den gesetzgeberischen Willen? (Siehe: Die „ordnungsgemäße" Compliance-Funktion)

Nähern wir uns der Lösung „von oben nach unten":

3.1 Geschäftsleitung (Vorstand)

10 § 25a Abs. 1 Satz 2 KWG konstatiert unmissverständlich: „Die Geschäftsleiter sind für die ordnungsgemäße Geschäftsorganisation des Instituts verantwortlich…". Adressat der §§ 80 WpHG und Art. 21 ff. Del. Verordnung 2017/565 hingegen ist das „Wertpapierdienstleistungsunternehmen" oder die „Wertpapierfirma". Dieses wird durch die Geschäftsleitung (den Vorstand) in eigener Verantwortung geleitet (§ 26 BGB und § 76 Abs. 1 AktG, ggf. analog). Entsprechend des Prinzips der Gesamtverantwortung haben sich die Mitglieder zu einigen, welche Geschäftsorganisation in ihrem Unternehmen ordnungsgemäß ist (**horizontale Compliance-Verantwortung**). Eine vollständige Pflichtendelegation an einzelne Vorstandsmitglieder oder nachgeordnete Abteilungen scheidet daher aus.[3]

11 Ebenso verhält es sich in Bezug auf die Compliance-Funktion: „**Die Compliance-Funktion ist ein Instrument der Geschäftsleitung**" (MaComp BT 1.1.2). Das Geschäftsleitungsorgan selbst muss also die organisatorischen Voraussetzungen schaffen, die Compliance-Funktion einrichten, einen Compliance-Beauftragten ernennen und sich diesen Funktionen als eigenes Instrument bedienen. Damit ist klar: Compliance ist Chefsache! Zwar stehen die Geschäftsleiter in ihrer Gesamtverantwortung allein in der Pflicht, sie sind jedoch nicht allein gelassen, wenn sie gewährleisten, dass eine angemessene, dauerhafte und wirksame Compliance-Funktion aufgebaut und „betreut" wird. Maßstab für die Ausgestaltung sind Art, Umfang, Komplexität und Risikogehalt ihres Geschäfts sowie Art und Spektrum der von ihnen angebotenen Wertpapierdienstleistungen (sog. doppelte Proportionalität). Die Schaffung einer entsprechenden Compliance-Organisation führt allein noch nicht dazu, dass im einzelnen Versagensfall Organisationsverschulden entfällt. Jedoch kann dies dazu führen, dass dem Vorstand die Beweisführung erheblich erleichtert wird, da er damit doch alles getan habe, um Verstöße zu unterbinden[4]. Vielmehr ist es so, dass die Geschäftsleitung mit der Einrichtung der Compliance-Organisation erst die Voraussetzung geschaffen hat, um ihren Pflichten hinsichtlich einer ordnungsgemäßen Organisation gerecht werden zu können. Die Grenze des dazu einzusetzenden zumutbaren Aufwands setzt § 25a Abs. 1 KWG, mit dem Gebot der Einhaltung der gesetzlichen Bestimmungen und der Gewährleistung der betriebswirtschaftlichen Notwendigkeiten. Vor diesem Hintergrund hat die Geschäftsleitung die Compliance-Funktion (-Organisation) nicht nur zu schaffen, sondern sie hat ihr den Platz im internen Kontrollsystem zuzuweisen und zu sichern, auf

---

3 *Fleischer*, in: CCZ 1/2008, S. 3.
4 *Spindler*, in: WM 20/2008, S. 915.

dem sie die bestmögliche Wirkung erzielt. Darüber hinaus ist sie aufgerufen, die Funktionen ständig zu fördern und regelmäßig zu überwachen.

Dazu gehört, neben der organisatorischen Einrichtung, zumindest die Auswahl von Personen mit entsprechenden Fachkenntnissen, die angemessene Anzahl von Compliance-Mitarbeitern und die Ausstattung mit Technik, Kompetenzen und Mitteln. Andernfalls droht eine **Asymmetrie der Proportionalität**. Dies alles ist mit einer angemessenen vertikalen Überwachung zu sichern. Hinzutreten sollte die Schaffung und Förderung einer vertrauensvollen Compliance-Kultur, in der jeder Mitarbeiter im Unternehmen bei Ausübung seiner Tätigkeit Gesetze, Anweisungen und Prozesse beachtet (**vertikale Compliance-Verantwortung**).

12

Ein Kernelement einer ordnungsgemäßen Geschäftsorganisation ist die Installierung eines Strategieprozesses, ausgehend von einer durch die Geschäftsleiter aufzustellenden Geschäftsstrategie. Zu berücksichtigen sind externe und interne Einflussfaktoren. Zu diesen zählen, unter vielen anderen auch, die Erkenntnisse aus der Risikoanalyse, die von der Compliance-Funktion erstellt wurde. Diese münden nicht nur in den Compliance-Überwachungsplan ein, sondern bestimmen auch die darüber hinausgehende Bemessung der Compliance-Risikotragfähigkeit und der personellen und technisch-organisatorischen Ressourcen. Hierzu ist Compliance aufgerufen eine **Compliance-Strategie** zu erstellen. Diese unterstützt, spezifiziert und ergänzt die Geschäftsstrategie der Geschäftsleiter. Dies setzt aber voraus, dass dem Compliance-Beauftragten vorher die aktuelle Geschäftsstrategie zur Kenntnis übergeben wurde.

13

Diese entsprechend enge „Abstimmung" der Strategien hilft insb. auch die Sachkunde der Compliance-Funktion hinsichtlich der Erschließung neuer Geschäftsfelder, Dienstleistungen, Märkte und Handelsplätze oder der Auflage neuer Finanzprodukte sowie der Einführung neuer Werbestrategien im Bereich der Wertpapierdienstleistungen präventiv einzubringen (MaComp BT 1.2.4. Nr. 3).

14

3.2 Aufsichtsorgan

Das Verhältnis der Compliance-Funktion zum Aufsichtsorgan (Aufsichtsrat/Verwaltungsrat) berührt zwei Pflichtenkreise, aus denen organisatorische Rückschlüsse zu finden sein könnten: Art. 25 Abs. 3 der Del. Verordnung 2017/565 weist in Erweiterung des § 90 AktG der Wertpapierfirma die Pflicht zu sicher zu stellen, „dass das Aufsichtsorgan, soweit ein solches besteht, regelmäßig **schriftliche Berichte** zu den in den Art. 22, 23 und 24 behandelten Themen erhält." Gemeint sind dabei allgemein Risikoberichte, in die die Compliance-Berichte einfließen können, um schließlich eine Gesamtrisikodarstellung zu erhalten. Eine besondere Stellung der Compliance-Funktion oder des Beauftragten gegenüber dem Aufsichtsorgan ergibt sich daraus allerdings nicht. Der Compliance-Beauftragte hat dann seine Pflicht erfüllt, wenn er seinen Bericht an die Geschäftsleiter übergibt, und diese haben ihre Pflicht erfüllt, wenn sie quasi als „Bote" des Compliance-Beauftragten den Bericht an das Aufsichtsorgan weiterleiten. Der Compliance-Beauftragte sollte nur zusätzlich darauf achten, später den entsprechenden Protokollauszug der Aufsichtsratssitzung zu erhalten, aus dem hervorgeht, dass das Aufsichtsorgan zumindest Kenntnis vom Bericht genommen hat.

15

16 In umgekehrter Richtung hat die Einfügung des § 25d in das KWG eine aktive Einbindung des Aufsichtsorgans in die Überwachung des Risikomanagements bewirkt. Da, wie oben beschreiben, Compliance Teil des IKS im Risikomanagement ist, erstreckt sich die „Einbindung" des Aufsichtsorgans auch auf Compliance. (Andernfalls wäre eine sachgerechte Wahrnehmung der Überwachungsfunktion des Aufsichtsorgans auch nicht gewährleistet). Allerdings handelt es sich dabei richtigerweise nur um einen **Auskunftsanspruch des Aufsichtsorgans** gegenüber der Compliance-Funktion, nicht um ein Recht der Compliance-Funktion gegenüber dem Aufsichtsorgan. Dieses Auskunftsrecht von „oben nach unten" bezieht sich nicht nur auf eine vergangenheitsbezogene Überwachung, sondern auch präventiv in Form der Überwachung durch Einflussnahme auf die Geschäftsleiter. Hier ist insb. an die Einsichtnahme in die Risikoanalyse der Compliance-Funktion zu denken.

17 Eine **Ausdehnung der organisatorischen Pflichten des Aufsichtsorgans** könnte sich allerdings aus Art. 25 der Del. Verordnung 2017/565 ergeben: Unter den Beschreibungen der Zuständigkeiten der Geschäftsleitung und im Hinblick auf eine Spezifizierung des Art. 16 Abs. 2 der Richtlinie 2014/65/EU werden Plichten auf das Aufsichtsorgan ausgeweitet. Ob die Einschränkung, dass die dort behandelten Pflichten „gegebenenfalls" (auch) das Aufsichtsorgan betreffen, also Rücksicht auf die nationalen Besonderheiten der Stellung dieses Organs nimmt, ist offen und bedarf weiterer Klärung. Eine Ausweitung der Aufsichtsratspflichten auf die Organisations- und Direktionspflichten der Geschäftsleiter, insb. auch auf die Pflichten der Compliance-Funktion und den Beauftragten würde jedenfalls dem deutschen Rechtsverständnis widersprechen.[5]

18 Eine besondere Ausprägung der „Zusammenarbeit" von Compliance (-Beauftragtem) und Aufsichtsorgan ergibt sich jedoch aus der Pflicht, Änderungen des Compliance-Berichts, die durch die Geschäftsleiter verursacht wurden, durch die Compliance-Funktion gesondert zu dokumentieren (MaComp BT 1.2.2.4 Satz 1). Das Aufsichtsorgan ist über diese Änderungen zu informieren (Satz 2). Es erhält also in diesem Fall den einen **„Dissens-Bericht"**.

19 Der Deutsche Corporate Governance Kodex in der Fassung v. 07.02.2017 beleuchtet das Verhältnis Compliance zum Aufsichtsrat aus dem **Pflichtenkreis des Vorstands zum Aufsichtsorgan**: Nr. 3.4. Satz 3 postuliert, „dass der Vorstand den Aufsichtsrat regelmäßig, zeitnah und umfassend über alle für das Unternehmen relevanten Fragen [...] der Compliance informiert". Auch dies verlangt keine organisatorische Lösung in Verbindung mit Compliance. Wohl aber berührt dies die Notwendigkeit, den Vorstand seinerseits regelmäßig, zeitnah und umfassend zu relevanten Fragen der Compliance zu unterrichten, um sicherzustellen, dass das Aufsichtsorgan selbst die Compliance betreffenden Themen ordnungsgemäß zur Kenntnis erhält.

---

5 Allerdings sind in der Delegierten Verordnung (EU) 2017/565 der EU-Kommission einige Beispiele nicht rechtskonformer Fälle niedergelegt, wie auch die Schaffung von Dauerschuldverhältnissen.

4 Die „ordnungsgemäße" Compliance-Funktion

4.1 Die Dauerhaftigkeit und Wirksamkeit

Die Compliance-Funktion muss nach Gesetz und Verordnung **vier zentrale Kriterien** erfüllen: Dauerhaftigkeit, Wirksamkeit, Unabhängigkeit und Kompetenz. Eine ordnungsgemäße Geschäftsorganisation hat diese Kriterien nicht nur widerzuspiegeln, sie müssen gelebt werden.

20

Das Kriterium der **Dauerhaftigkeit** will eine Ad hoc-Compliance vermeiden, die nur dann zusammentritt, wenn konkreter Anlass gegeben scheint. Dass dies nicht dem gesetzlichen Compliance-Bild entspricht, steht außer Frage. Wie aber die Dauerhaftigkeit sicherstellen? Die Verankerung in einer schriftlich fixierten Ordnung, wie z. B. Anweisungen und die Visualisierung in einem Organisationschart setzen einen Anschein von gewisser Dauer. Doch als noch verhältnismäßig junge Disziplin in Finanzinstituten erleidet die Compliance-Funktion nicht selten ein organisatorisches Wanderleben. Ein „nimm du sie, ich tu es mir nicht an", „gib sie ihm, er hat für seine Hierarchie noch zu wenig" oder „nimm sie ihm weg, er hat schon zu viel" ist nicht selten geübte Praxis in Organisationen.

21

Meinte der Gesetzgeber also eher **Stetigkeit**? Wollte er die Compliance aus der Gefahr, ein „Spielball" zu sein, schützen, um damit ein erhöhtes Maß an Standfestigkeit und Meinungsfreiheit zu erzielen? Eine Compliance-Funktion, die herumgeschoben wird wie ein unliebsames geerbtes Möbelstück muss zwangsläufig Rücksicht nehmen, um Nachsicht zu erhalten.

22

In Verbindung mit dem weiteren Kriterium der **Wirksamkeit** ist es durchaus naheliegend, „dauerhaft" im Sinn von „stetig = standhaft" im besten Wortsinn zu verstehen. Denn wenn eine Compliance-Funktion geschützt ist vor wiederholten Umorganisationen, kann sie auch unangenehm „aufdecken, kontrollieren und abhelfen". Wenn sie diese von ihr vom Gesetz erwarteten Aktionen standhaft durchführt, kann sie auch wirksam werden. Und wirksam ist sie dann, wenn es ihr gelingt, zeitnah die ihr in Art. 22 der Del. Verordnung 2017/565 i. V. m. Art. 16 Abs. 2 der Richtlinie 2014/65/EU auferlegten Aufgaben zu erfüllen. Dabei ist die zeitliche Nähe der Maßnahme oder Vorkehrung zum eintretenden Erfolg als wesentliches Merkmal der Wirksamkeit anzusehen. Eine durch endlose Debatten und Eskalationsschleifen errungene Maßnahme oder Vorkehrung kann das Kriterium der Wirksamkeit rasch ins Gegenteil verkehren. Hat deshalb ein Compliance-Beauftragter ein **Durchgriffsrecht** durch Hierarchien oder durch fremde Verantwortungsbereiche hindurch? Soweit geht der EU-Verordnungsgebergeber nicht. Die Del. Verordnung 2017/565 gesteht in Art. 22 Abs. 3c dem Compliance-Beauftragten lediglich zu, dass er ad hoc und direkt das Leitungsorgan informiert, wenn er ein erhebliches Risiko feststellt, dass die Wertpapierfirma ihre Pflichten gemäß der Richtlinie 2014/65/EU nicht erfüllt. Die im bisherigen § 12 Abs. 3 Satz 2 WpDVerOV niedergelegte Berechtigung geeignete und erforderliche vorläufige Maßnahmen zu treffen, um eine konkrete Gefahr der Beeinträchtigung von Kundeninteressen bei der Erbringung von Wertpapierdienstleistungen abzuwenden, nimmt der EU-Verordnungsgeber nicht auf. Die BaFin hatte die Einschränkung auf das Kundeninteresse auch in der Vergangenheit nicht aufgenommen und spielt den Ball an die Geschäftsleiter zurück: „Die Mitarbeiter der Compliance-Funktion müssen mit den, zur wirksamen Ausübung ihrer Tätigkeit erforderlichen Befugnissen ausgestattet werden" (MaComp BT

23

1.3.1.2. Nr. 1). Es steht also der Geschäftsleitung frei aus ihrem Direktionsrecht spezielle Befugnisse einzuräumen. Das gibt der Compliance-Funktion ein hohes Maß an Verantwortung, nimmt aber den Geschäftsleitern ihre Verantwortung nicht ab.

4.2 Die Kompetenz

24 Eine wirksame Compliance-Funktion erfordert über die zeitnahe Aktion hinaus auch die ihr in die Hand gegebenen Werkzeuge (Vorkehrungen, Maßnahmen, Zugang, Kontrollen) ohne Ängstlichkeit, falsche Rücksichtnahmen, konsequent und transparent einzusetzen. Konsequent spricht die EU-Kommission in ihrer Commission Delegated Regulation (EU) 2017/565 in Art. 22 Abs. 3a von „necessary authority". **Necessary authority** wurde in der deutschen Version mit „notwendige Befugnisse" übersetzt. Dieser Begriff bewegt sich zwischen den Synonymen „Berechtigung" und „Ermächtigung". Der gemeinsame Sinnzusammenhang ist somit die durch Ermächtigung abgeleitete Macht, um ein Recht wahrzunehmen. Die Ermächtigung kann nur durch die Geschäftsleitung erfolgen, die damit ihre unmittelbare Compliance-Verantwortung wahrnimmt.

Hierfür müsste notwendigerweise Autorität (necessary authority) delegiert werden. Eine wichtige, wenn nicht sogar die zentrale Stellschraube ist die organisatorische Hervorhebung.

25 Damit ist jedoch noch nicht die Hierarchie festgelegt, in der die Compliance-Funktion dauerhaft (stetig, standhaft) und wirksam agieren kann. Erfahrungsgemäß ist einer hoch angesiedelten Funktion in einer Organisation entsprechend hohe Aufmerksamkeit sicher. Dies beinhaltet naturgemäß mehr Nähe zur Geschäftsleitung und mehr **abgeleitete Macht** (**„Ermächtigung"**), denn untergeordnete Einstufung. Anders gewendet, bedeutet tiefere Aufhängung weniger (natürliche) Nähe und geringere (abgeleitete) Macht. Zwingend notwendig ist eine hohe hierarchische Aufhängung allerdings aus dem Erfordernis der Dauerhaftigkeit und Wirksamkeit nicht, wenn die Geschäftsleitung selbst unmittelbare Nähe, das heißt häufige Kontakte zum Compliance-Beauftragten hält. Sollte sich eine Geschäftsleitung jedoch außerstande sehen, sich intensiv mit den sehr komplizierten Compliance-Inhalten auseinander zu setzen und wegen der Komplexität und Größe der Bank dies auch nicht können, dann sollte sie eine unmittelbare hierarchische Aufhängung der Compliance-Funktion an die Geschäftsleitung wählen. Kurzum: Je intensiver sich ein zuständiger Geschäftsleiter mit Compliance beschäftigt, desto weiter entfernt kann die organisatorische Aufhängung sein und umgekehrt. Wie intensiv diese Auseinandersetzung sein muss, hängt wiederum von Art, Umfang und Komplexität der Geschäftstätigkeit des Wertpapierdienstleisters ab.

4.3 Die Unabhängigkeit

26 Eng mit dieser Entscheidung verknüpft ist ein weiteres wichtiges Kriterium: Die „Unabhängigkeit" der Compliance-Funktion (nicht nur des Compliance-Beauftragten). Unstreitig ist, dass die Compliance-Funktion nicht in Organisationseinheiten eingebunden sein darf, die diese zu kontrollieren, zu beraten und zu unterstützen hat. Bedeutet aber „Unabhängigkeit" gleichzeitig Weisungsfreiheit? Diese Begriffe hängen eng zusammen. Wer Weisungen widersprechen und unbeachtet lassen kann, ist tatsächlich unabhängig. Gilt dies auch

gegenüber der Geschäftsleitung? Wohl nicht, denn dies griffe in die unternehmerische Freiheit der Geschäftsleitung ein, die in der Direktionsbefugnis ihre Ausprägung findet. Wie wir jedoch bereits feststellten: Die Geschäftsleitung selbst ist die Compliance-Verantwortliche, lediglich die Funktion ist delegiert. So ist es folgerichtig, diese Funktion dem **Weisungsrecht der Geschäftsleitung** zu unterwerfen. Dies gilt insb. für die Weisungshoheit in disziplinarischen Dingen. Eine Weisungsfreiheit hätte sonst letztlich die Unkündbarkeit der Compliance-Mitarbeiter zur Folge. Dies wäre ein unverhältnismäßiger Eingriff in die Geschäftsführungsfreiheit/-hoheit. Im Übrigen fehlt dazu eine gesetzliche Grundlage. Gewisse aufsichtsrechtliche Einschränkungen, etwa in Form einer Meldung mit Begründung einer (beabsichtigten) Kündigung an die BaFin sind denkbar. Eine andere Einschränkung ist in den MaComp BT 1.3.3. 4. Nr. 4 bereits gefordert: die einseitige verlängerte Kündigungsfrist. Beide Maßnahmen bestärken die Unabhängigkeit und den Mut zu unpopulären Vorkehrungen und Maßnahmen durch die Compliance-Funktion.

Auch hinsichtlich der fachlichen Weisungsfreiheit kann gegenüber der Geschäftsleitung nichts anderes gelten als bei disziplinarischen Weisungen. Allerdings ist die Geschäftsleitung hier gut beraten, die fachlichen Ansichten der Compliance-Mitarbeiter gründlich zu bedenken. Es ist ratsam, abweichende „Ansagen" zu dokumentieren. Gegebenenfalls mündet diese Ansage dann in den Dissens-Bericht ein (siehe Rn. 18). *27*

Da Geschäftsleiter es bevorzugen, sich von disziplinären Pflichten zu entbinden, besteht die Gefahr, dass disziplinäre und fachliche Weisungsabhängigkeit auseinanderfallen. Einer fachlichen Direktanbindung an die Geschäftsleitung, stünde die disziplinäre Anbindung an eine andere Einheit gegenüber.⁶ *28*

Diese **organisatorische Asymmetrie** kann die Unabhängigkeit und damit die Wirksamkeit der Compliance-Funktion erheblich beeinträchtigen. Die Interessen des fachlichen Weisungsgebers (Geschäftsleiter) und die des disziplinären Weisungsgebers (Ressortleiter) müssen nicht übereinstimmen, obgleich sie es, im Interesse des Wertpapierdienstleistungsunternehmens, sollten. Ein solch wünschenswerter Gleichklang ist abhängig von dem Bild, das der Ressortleiter nach oben weitergibt. Es wird allerdings problematisch, wenn die Ansichten zwischen ihm und dem Compliance-Beauftragten nicht übereinstimmen. Auch wenn er den Informationsfluss an die Geschäftsleitung nicht wird auf Dauer verhindern können, so wird er im Konfliktfall, insb., wenn er Betroffener ist, diesen doch beeinflussen. Seine disziplinären Einflussmittel sind Bonus, Patronage, Unterstützung, Zugang zu Informationen; oder der Entzug von allem und alle denkbaren Zwischenstufen. Dann wird sich der Compliance-Beauftragte von Fall zu Fall zu entscheiden haben, was nicht immer zugunsten einer **ungefilterten Information** an den zuständigen Geschäftsleiter oder die Geschäftsleitung ausfallen dürfte. Brisant wird diese Asymmetrie bezüglich der mindestens einmal jährlich zu erstattenden Berichte an Geschäftsleitung und Aufsichtsorgan. Sollen beide Organe gleichlautende Berichte erhalten, würde eine Einflussnahme des Ressortleiters auch das Aufsichtsorgan, an der gutgläubigen Geschäftsleitung vorbei, betreffen. *29*

---

6 *Spindler,* in: WM 20/2008, S. 914 sieht hier die Gefahr der Filterwirkung.

30 Das Unabhängigkeitserfordernis als wichtiges Kriterium einer ordnungsgemäß eingerichteten Compliance-Funktion legt es nahe, dies auch nach außen durch eine **Gleichbehandlung mit anderen Einheiten** des Risikomanagements zu dokumentieren.

4.4 Das Mittelerfordernis

31 Damit die Compliance-Funktion ihre Aufgaben ordnungsgemäß und unabhängig wahrnehmen kann, stellen die Wertpapierfirmen sicher, dass die Compliance-Funktion über die **notwendigen Ressourcen** verfügt (Del. Verordnung 2017/565 in Art. 22 Abs. 3a). Die Mittel sollen also der Unabhängigkeit und Ordnungsmäßigkeit (Dauerhaftigkeit und Wirksamkeit) dienen. Das macht es erforderlich, dass die Mittelvergabe selbst nicht neue Abhängigkeiten schafft. In aller Regel werden die Mittel in einem Finanzinstitut im Voraus angemeldet, mit der Gesamtheit der zur Verfügung stehenden Mittel nach Prioritäten geordnet und portioniert, um schließlich zugewiesen zu werden. Ein solcher Prozess zieht sich oft über mehrere Monate hin und wird nicht selten zum Spielplatz von Ranküne und Politik. Da sowohl der Priorisierungsprozess als auch der Zuweisungsprozess naturgemäß Top-down stattfindet, ist es außerordentlich wichtig, in diesem Prozess nicht zu „down" organisatorisch angesiedelt zu sein, da Augenhöhe den Argumenten Kraft verleiht. Hängt die Zuweisung aber von anderen ab, die diese Augenhöhe innehaben, ist die Unabhängigkeit vom Wechselspiel der Interessen abhängig.

32 Auch die **laufenden Kosten** spielen für die Unabhängigkeit und Wirksamkeit eine wichtige Rolle. Um reaktionsschnell Maßnahmen und Vorkehrungen ergreifen zu können, müssen Mittel in der Compliance-Organisation vorgehalten werden. Sei es für externen Rechtsrat, externe Kontrollhandlungen oder Verhandlungen mit Aufsichtsbehörden, Informationsdienste, IT-Release, Reisebudget, Seminare, Tagungen und vieles mehr. Natürlich können diese Mittel auch in der Verantwortungsebene der Geschäftsleitung vorgehalten werden, doch dies verlässt die Aufgaben einer Geschäftsleitung und ist nur bei kleinen, wenig komplexen Wertpapierdienstleistungsunternehmen überhaupt praktikabel.

4.5 Zugang zu Informationen und Informationsorganisation

33 Die „Verfügung eines Zugangs zu allen für die Compliance-Funktion einschlägigen Informationen" (Del. Verordnung 2017/565 in Art. 22 Abs. 3a) legt den Schluss nahe, dass der Verordnungsgeber die Kontrollpflichten von Compliance im Auge hatte. Unstreitig muss Compliance jedoch präventiv, also zeitlich den Kontrollen weit vorgelagert aktiv sein und zunehmend in Echtzeit kontrollieren, beraten und unterstützen. Hier genügt die Befugnis zur „Verfügung" eines Zugangs nicht. Als Bestandteil ihrer Pflichten im Präventionsumfeld des IKS benötigt die Compliance-Funktion **Vorab-Informationen**, die ihr zugetragen werden müssen, da diese ihr naturgemäß nicht bekannt sind. Das bedarf einer **internen Informationsorganisation** im Besonderen[7] die als „institutsinterne Vorgabe" durch die Geschäftsleiter als Baustein einer ordnungsgemäßen Geschäftsorganisation eingerichtet werden sollte.

---

7 *Buck-Heeb*, in: CCZ 1/2009, S. 18.

In Bezug auf Informationsorganisationspflichten sieht § 25a Abs. 1 Satz 3 Nr. 1b KWG dezidiert vor, dass das interne Kontrollsystem auch die **Kommunikation der Risiken** umfasst. Über die Verweisung des § 80 Abs. 1 Satz 1 WpHG auf § 25a Abs. 1 KWG gilt dies auch für Wertpapierdienstleistungsunternehmen.

34

Da in arbeitsteiligen Organisationen mannigfaltige Wissensaufspaltungen naturgemäß sind, ist eine Informationsorganisation unumgänglich. Dies meint nicht die speziellen Informationsorganisationspflichten aufgrund Insiderinformationen und andere, die eine spezielle Informationsorganisationen benötigen, die in der Regel IT-getrieben sind. Hier geht es um die **allgemeinen Informationsorganisationspflichten**, die besondere Relevanz für die Organisationsform bezüglich Compliance haben.

35

Die allgemeinen Informationen in einer Organisation wirken windrosenartig in vier Richtungen:

36

– Zum Leitungsorgan hin (Reporting);
– vom Leitungsorgan in die Organisation (Wahrnehmung der Direktionsbefugnis);
– von der Compliance-Funktion zu den Mitarbeitern in Bank und Konzern (Wahrnehmung des Beratungs- Unterstützungs- und Schulungsauftrags);
– von den Mitarbeitern in Bank und Konzern zur Compliance-Funktion (Wahrnehmung der Pflicht zur Informationsweitergabe gemäß Art. 21 Abs. 1e der Del. Verordnung 2017/565).

Die dazu notwendigen Organisationspflichten wurden vom BGH den Banken auferlegt. Im Wesentlichen hat der BGH die Wirkungen der Wissenszurechnung und die **Pflicht zur Informationsweitergabe, -speicherung und -abfrage** postuliert.[8]

37

4.5.1 Vermeidung der Pflichtverletzung der Geschäftsleitung durch angemessene Information

Die der US-amerikanischen Judikatur entlehnte „Business Judgement Rule" gibt der Geschäftsleitung einen nicht zu kontrollierenden Freiraum, um der Dynamik des Marktgeschehens Rechnung tragen zu können (§ 93 AktG; ggf. analog). Diese findet ihre Grenzen in den Grundsätzen ordnungsgemäßer Unternehmensführung. Eine wesentliche Ausprägung ist, dass die unternehmerische Entscheidung auf der Grundlage angemessener Informationen erfolgen muss. Die Geschäftsleitung ist verpflichtet, alle ihr zur Verfügung stehenden Erkenntnisquellen auszuschöpfen[9]. Sie trifft eine unmittelbare „informationelle Sorgfaltspflicht"[10] und die Verantwortung eine „ordnungsgemäße Organisation des Wissens" zu erstellen[11]. Als Konsequenz wird es im Hinblick auf Compliance unumgänglich sein, im Unternehmen eine entsprechende Organisation von Informationsflüssen vorzusehen. Dass das **Informationsmanagement** eines Unternehmens ein Teil der Compliance-

38

---

8   BGH V ZR 246/87, NJW 1990, 975.
9   Kölner Kommentar zu § 93 Rn. 58.
10 *Schneider*, in: Handbuch der Kapitalmarktinformation § 3 Rn. 74.
11 *Buck-Heeb*, in: Hauschka (Hrsg.): Corporate Compliance § 2 Rn. 12.

Aufgaben ist, (und deshalb Eingang in das Compliance Management System finden sollte), ist inzwischen allgemein anerkannt.[12]

4.5.2 Die Compliance-Funktion in der Informationsorganisation

39 Eine **hinreichende Informationsorganisation** setzt stets einen entsprechenden Informationsfluss voraus; was bedeutet, dass sichergestellt sein muss, dass im Wertpapierdienstleistungsunternehmen eingehende, entstehende und umlaufende Informationen allen entscheidungsbefugten Personen zugänglich zu machen sind.[13] Entscheidungsbefugt sind auch alle Kompetenzträger unterhalb der Geschäftsleitung. Das „Zugang-haben" (Del. Verordnung 2017/565 in Art. 22 Abs. 3a) ist die wertneutrale Seite des aktiven „**zugänglich machen**". Das „Zugang-haben" deutet auf allgemeine Zugangsmöglichkeit hin, wohingegen ein „zugänglich machen" eine „Einbindung in den Informationsfluss" benötigt. So auch die BaFin in ihrer normkonkretisierenden Verwaltungsvorschrift MaComp BT 3.1.3.2 Nr. 1.

40 Auf den ersten Blick wirkt das Erfordernis des Informationszugangs wie eine Selbstverständlichkeit. Wer zu kontrollieren hat, muss Zugang zu Informationen haben. Diese Kontrollpflichten sind aber nur ein – wenn auch ein wichtiger – Teilaspekt der Compliance-Pflichten. Dieser Teilaspekt ist eine Pflicht aus der Zeit, als sich die Compliance-„Stelle" ausschließlich mit dem Abgleich von Daten zur Kontrolle von Mitarbeitergeschäften und Manipulationen zu beschäftigen hatte. Inzwischen hat sich die Compliance-Stelle zur Compliance-Funktion gemausert mit zahlreich hinzugetretenen Pflichten. Der Weg über die Angemessenheits-, Geeignetheits- und Wirksamkeitsüberwachung und -Bewertung führt zur Beratung und Unterstützung aller Mitarbeiter eines Wertpapierdienstleistungsunternehmens der Nach-MiFID I-Zeit. Der weitere Weg zur Verbraucherschutzinstanz im Zuge von MiFID II ist vollendet und der zum **Servicegeber im Informations-, Organisations- und Konfliktmanagement** ist vorgezeichnet. Und dies jeweils und vor allem mit präventiver Wirkung!

41 Vorbeugendes Handeln bedarf einer frühen Verankerung in der Prozesskette. Diese beginnt mit ersten Informationen aufgrund von ersten Kontakten. Da diese Erstkontakte nicht zu den Primäraufgaben von Compliance zählen, spielt die **Informationsweiterleitungspflicht** im Unternehmen eine wichtige Rolle.[14] Sofern die bei einem Mitarbeiter oder Geschäftsleiter vorliegende Information für eine andere Person in der Gesamtorganisation erkennbar relevant ist, ist sie an jene Person weiterzuleiten.[15] In einer komplexen, arbeitsteiligen Organisation, wie bei den weitaus meisten Wertpapierdienstleistungsunternehmen, wird die Erkennbarkeit häufig auf eine Erkennbarkeit „aufgrund Zufalls" oder „Einschaltung zur Problemlösung" reduziert. Damit entsteht eine bedeutende potenzielle Informationslücke. Diese gilt es, so weit wie möglich zu vermeiden. Der kürzeste und unmittelbare Informationsweg ist naturgemäß der sicherste. Jede Zwischenschaltung von Instanzen führt, da wir

---

12 *Rodewald/Unger*, in: BB 2007, S. 1629 ff.
13 *Rodewald/Unger*, in: BB 2006, S. 113.
14 *Buck-Heeb*, in: Hauschka (Hrsg.): Corporate Compliance, § 2 Rn. 27.
15 *Buck-Heeb*, in: Hauschka (Hrsg.): Corporate Compliance, § 2 Rn. 18. Jetzt auch Art. 21 Abs. 1e der Del. Verordnung 2017/565.

es mit Menschen zu tun haben, zu Fehlern, entsprechend dem beliebten Kinderspiel „Stille Post". Was am Ende dieses Informationskettenspiels bei allerbester Absicht der korrekten Weitergabe herauskommt, führt dann zu großer Erheiterung. Was im Spiel zum Lacher wird, wird im Unternehmen zu einer unangenehmen Haftungsfrage aufgrund Wissenszurechnung.

Gesteigert wird die Bedeutung der unmittelbaren Information (**Primärinformation**) durch den Umstand, dass Compliance früh und schnell zu reagieren hat. Die Prävention lebt aus zeitlichem Vorlauf und schneller Intervention. Nähe zur Interventionsinstanz (Eskalationsinstanz) im Sinn einer unabhängigen Wahrnehmung der Compliance-Funktionspflichten erhöht die Risikomanagementfähigkeit und ist Faktor der Angemessenheit der Informationsgrundlage der Geschäftsleitung (§ 93 Abs. 1 Satz 2 AktG, ggf. analog). *42*

Im Reporting von unten nach oben, vom Compliance-Beauftragten zur Geschäftsleitung, ist die unmittelbare Informations*abfrage* inzwischen geübte Praxis. Gilt dies auch für die Informations*weitergabe* von der Geschäftsleitung zum Compliance-Beauftragten? Ist der Organisationsaufbau durch die Geschäftsleitung so gestaltet, dass der für sie unabdingbare Informationsfluss für die notwendige Tatsachengrundlage stets gewährleistet ist? Auf den Organisationspunkt gebracht: Wo muss die Compliance-Funktion platziert sein, damit von dieser und an diese alle relevanten Informationen **unverfälscht** fließen? *43*

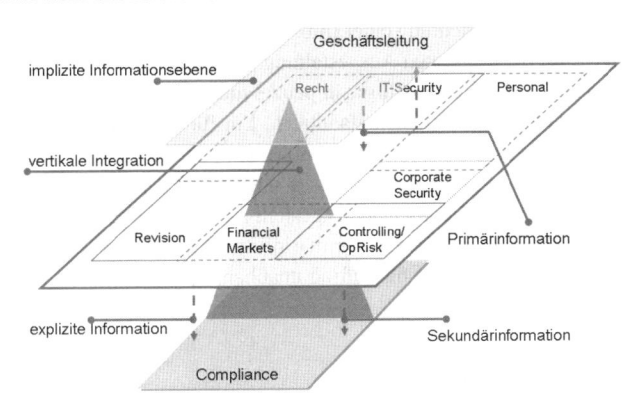

Abb. 1: Informationsasymmetrie einer untergeordneten Compliance

Im Gleichlauf der geänderten Mindestanforderungen an das Risikomanagement (MaRisk) und der Einführung eines MaRisk-Compliance-Beauftragten ist deutliche Bewegung in die Informationsweitergabe von der Geschäftsleitung zur Compliance (-Funktion) gekommen. Parallel zur **Pflicht der Geschäftsleiter**, Weisungen und Beschlüsse der Geschäftsleitung, die für die Compliance-Funktion wesentlich sind, Compliance bekanntzugeben, konstatieren die MaComp in BT 3.1.1.2. Nr. 2: „Soweit für die Aufgabenerfüllung der Compliance-Funktion erforderlich und gesetzlich zulässig, soll dem Compliance-Beauftragten das Recht eingeräumt werden, an Sitzungen der Geschäftsleitung oder des Aufsichtsorgans (soweit vorhanden) teilzunehmen". Darüber hinaus sollen interne Berichte, also auch Berichte der Wirtschaftsprüfer, die für die Compliance-Funktion relevant sein können, zugänglich gemacht werden. *44*

4.5.3 Optimierung der Informationsorganisation durch dezentrale Compliance-Mentoren

45 Informationen, die nicht durch eine Informationsorganisation systematisch und systemisch gelenkt werden, fließen in den hierarchischen Bahnen. In diese ist die Compliance-Funktion, (außerhalb ihrer eigenen Hierarchie) nicht eingeklinkt. Bislang war Compliance darauf angewiesen, ihre Akzeptanz und Bekanntheit durch Trainings- und Schulungsmaßnahmen herzustellen. Dabei kam sie nicht nur zu den automatisierten Insiderinformationen, sondern – als Nebeneffekt – auch zu den allgemeinen Informationen, die für Beratung und Unterstützung unentbehrlich sind. Es gilt diese Unregelmäßigkeit in einen **Regelkreislauf** einzubinden. Dazu ist aus jeder relevanten Geschäfts-, Fach- oder Stabseinheit ein befähigter und williger Mitarbeiter für die Zusammenarbeit mit Compliance zu gewinnen. Diese dezentralen Compliance-Mentoren spielen die Rolle von Beratern, werden gesondert und zielgerichtet persönlich geschult, tragen die Anliegen von Compliance in ihre Heimateinheiten und versorgen Compliance mit Informationen zu den Nöten des Bankalltags. Damit kann eine gesteigerte Wirksamkeit und Unmittelbarkeit hergestellt werden. Die dezentralen Compliance-Mentoren übernehmen selbst keine Compliance-Verantwortung und ersetzen keine Pflichten der Compliance-Funktion.

4.5.4 Organisationsableitung

46 Die rechtlich erforderliche Einrichtung einer Informationsorganisation sollte nicht abstrakt bleiben, sondern bedarf der konkreten Ausgestaltung. Ausgangspunkt sollte die Erfassung und Dokumentation der **Informationsflüsse in prozessualer Form** sein und deren Niederlegung in einem allgemein zugänglichen Handbuch. Ein für die Effektivität, die Fortentwicklung und die Schulung der Informationsnutzer zu beauftragender Verantwortlicher kann der Compliance-Beauftragte sein, muss es aber nicht. Die Compliance-Funktion selbst jedoch ist so hierarchisch deutlich herausgestellt zu organisieren, dass sie im direkten Zugriff oder in der direkten Weitergabe der Primärinformation liegt, um so ihren ordnungsgemäßen Beratungs- und Unterstützungsauftrag unabhängig und wirksam leisten zu können.

5 Compliance und Risikomanagement

47 Welche organisatorische Rolle hat eine ordnungsgemäße Compliance-Funktion in einem Wertpapierdienstleistungsunternehmen und/oder in einem Finanzinstitut zu übernehmen?

Ausgangspunkt ist das Risikomanagement des § 25a Abs. 1 KWG, das in den MaRisk konkretisiert wird.

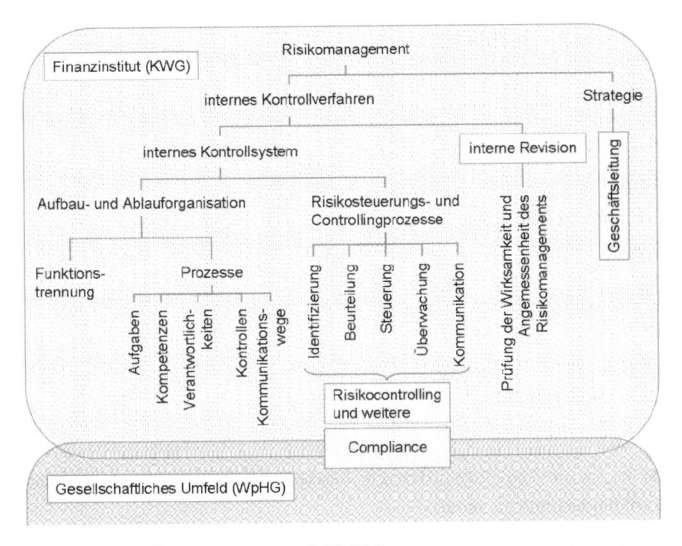

Abb. 2: Controlling und Risikomanagement nach MaRisk

5.1 Das Interne Kontrollsystem (IKS)

Gemäß COSO-I-Modell (Committee of the Sponsoring Organizations of the Treadway Commission) lassen sich die **Bestandteile des Internen Kontrollsystems (IKS)** in fünf aufeinander aufbauende Ebenen gliedern:[16]

- Einrichtung eines Kontrollumfelds mit entsprechender Einstellung zu Kontrollen durch Vorbildfunktion der Geschäftsleitung
- Risikobewertung zur individuell risikoorientierten und ökonomischen Vorgehensweise
- Definition und Umsetzung von Kontrollaktivitäten
- Transparente Information und Kommunikation Top-down über Ziele und Strategie sowie Bottom-up über Ergebnisse und Mängel zur Berücksichtigung bei der Steuerung
- Überwachung der Maßnahmen und Verfahren und der Nachhaltigkeit der Prozesse

48

Nach den Handlungsanweisungen und Ordnungsmäßigkeitskriterien der § 80 Abs. 1 WpHG und der Delegierten Verordnung 2017/565 i. V. m. § 25a Abs. 1 KWG findet sich die Compliance-Funktion in diesem Kontrollsystem wieder. Natürlich nur in ihrer Verantwortungszuweisung. Diese betrifft vornehmlich die Beratung, Unterstützung und Kontrolle der Verhaltens-, Informations- und Berichtspflichten nach dem WpHG. Ein Großteil dieser Pflichten richtet sich nach innen und bleibt innerhalb des Unternehmens. Diese Pflichten dienen ausschließlich und unmittelbar dem Wohl des Unternehmens. Sie richten sich zum großen Teil gegen **operationelle Risiken**. Diese zu beherrschen, ist Aufgabe einer Reihe von Verantwortungseinheiten in einem Unternehmen, die sich teilweise erheblich überschneiden, und doch sind sie bei genauerem Hinsehen mit eigener Natur ausgestattet.

49

---

16 IDW Prüfungsstandard 261.

50 Dies sind insb., aber nicht abschließend:
- Personalwesen
- IT Security
- Corporate Security
- Risiko-Controlling
- Mid Office (Financial Markets)
- Interne Revision
- Vertriebsunterstützung
- Meldewesen
- Rechtswesen
- Nachhaltigkeitsmanagement
- Datenschutz

51 Folgerichtig ist es Gemeingut geworden die bankspezifische Compliance (insoweit) als Teil des Risikomanagements zu sehen.

52 Ein nicht unerheblicher Teil der Compliance-Pflichten dient jedoch nicht unmittelbar und nicht ausschließlich dem Unternehmen, sondern mittelbar, aber auch unmittelbar den Kunden. **Interessenkonfliktmanagement im Kundeninteresse**, Informationspflichten zur Anlageberatung, Sachgerechtigkeitsprüfungen bei Erstellung und Darbietung von Analysen, Informationsgestaltungspflichten für Privatkunden und vieles mehr verlassen den unmittelbaren Unternehmenszweck.

53 Im Ausgleich der widerstreitenden Interessen hat eine Compliance-Funktion eine wichtige Aufgabe. Es kann im Extremfall vorkommen, dass dieser Ausgleich zu Ungunsten des Unternehmens entschieden werden muss. In dieser **Schnittstelle zwischen Unternehmens- und Kundeninteressen** wiegt das Reputationsrisiko besonders schwer. Das Aufzeigen und managen dieses Risikos ist zentrale Aufgabe einer Compliance im Sinne von „Integrity Services". Dies verlässt aber das IKS und greift in einen „Außenbereich".

54 Diese Entwicklung wird in Anbetracht der komplexen Sorgfalts- und Aufklärungspflichten gegenüber Kunden weiter zunehmen. Die Wertpapierdienstleister sollten sich zeitnah Gedanken machen, welche Konsequenzen dies für die interne Organisation hat.

5.2 Unschärfen in den Zuständigkeiten

55 Im Organisationsmanagement ist allgemein anerkannt, dass sich die Organisationsstruktur an der Strategie auszurichten hat (structure follows strategy). Warum nicht auch in der **Organisation des Risikomanagements**?

56 Klare Schnittstellen in den Zuständigkeiten, oder besser: in den Verantwortlichkeiten, sind zwischen Rechtsbereich, Interner Revision, Operational Risk Controlling, IT Security, Corporate Security und Compliance nicht erreichbar und oft auch nicht wünschenswert. Risiken, die mit unterschiedlichen Managementzielen betrachtet und analysiert werden, können tiefere Erkenntnisse hervorbringen.

Diese **Unschärfen in den einzelnen Verantwortlichkeiten** gilt es jedoch zu erkennen und zu nutzen; letztlich auch, um Doppelverantwortungen zu vermeiden. 57

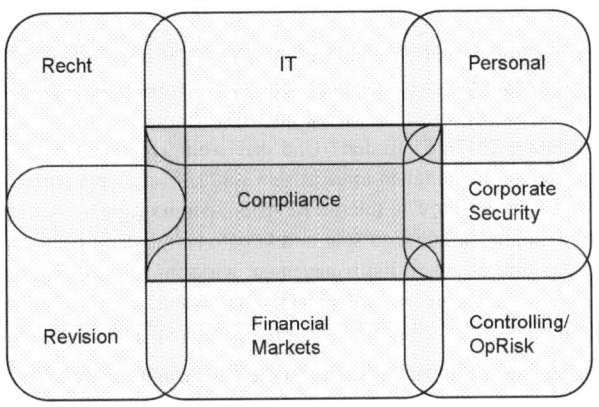

Abb. 3: Unschärfen in den Zuständigkeiten

Weitet man den funktionalen Ansatz, der hinsichtlich einer bankspezifischen Compliance unstreitig ist, auf das interne Kontrollsystem aus, so bestimmt sich die Zuständigkeit nach der Antwort auf die Fragen: Wer steht in welcher Verlaufsphase des Risikos dem Risiko am nächsten? Wer erfüllt wann welche Risikomanagementaufgaben kraft seiner Natur am besten und was schließt sich aus? 58

5.2.1 Rechtswesen

Die Compliance-Funktion wird in der Regel mit Rechtsrisiken in Verbindung gebracht. Art. 22 der Delegierten Verordnung 2017/565 fügt allerdings konkrete Verantwortlichkeiten hinzu, was zur Folge hat, dass überschneidend zu den Rechtsrisiken weitere Risiken aus der „Nichteinhaltung der Vorschriften (Compliance)" hinzutreten. Als Hüterin der WpHG-Regeln und Setzerin eigener interner Rechtsnormen war eine organisatorische Zuweisung in das Rechtswesen in der Vergangenheit durchaus sachgerecht. Neben diesen Aufgaben sind aber weitere im Sinne eines **präventiven Interessenausgleichs** getreten. 59

Es gehört zu den zentralen Pflichten der Compliance-Funktion die inzwischen sehr komplexen Regeln zum Management von Interessenkonflikten zu erfassen, zu bewerten und deren Umsetzung und Einhaltung zu begleiten und zu überwachen. Insb. sind die Mitarbeiter entsprechend zu schulen und bei der Anwendung zu beraten und zu unterstützen. Besonders herausgehoben, nicht zuletzt veranlasst durch beträchtliche Erfahrungen mit geschädigten Anlegern, sollen Interessenkonflikte mit Anlegern wirksam durch Vorkehrungen und Maßnahmen erkannt und vermieden werden. In § 80 Abs. 1 WpHG und in der Delegierten Verordnung 2017/565 weist der Gesetzes- und Verordnungsgeber dies lediglich allgemein dem Wertpapierdienstleistungsunternehmen zu. Doch wer ist in der Position, diese Pflicht neutral zu erbringen? Es muss zwangsläufig eine Einheit als **Brücke zwischen Wertpapierdienstleister und Kunde** treten. Darf dies die Rechtsabteilung? Für sie träte ein eigener Interessenkonflikt auf, denn ihre originäre Aufgabe ist die Beratung des Unternehmens im Unternehmensinteresse und seine Vertretung vor Gericht, falls erforderlich. Hier 60 tritt der klassische Konflikt von Legalität und Legitimität zutage: Der Verkauf der ausgefallenen Wertpapiere an Anleger war seinerzeit (vor der Finanzkrise) oft legal, doch war er auch legitim?

61 Wer soll sich für die Legitimität zuständig fühlen? Die Vertriebseinheit selbst und ihre Vertriebsunterstützung werden sicher bemüht sein, die Interessen des Kunden zu achten; doch erreichen sie einen angemessenen Grad an Unabhängigkeit, die Art. 22 Abs. 2 der Delegierten Verordnung 2017/565 fordert? Und dies wohlgemerkt in beide Richtungen. Selbst wenn dieses Idealbild alltäglich erreicht sein sollte, wird eine Vertriebseinheit sich nicht selbst kontrollieren dürfen. Die Interne Revision, deren originäre Aufgabe die (prozessunabhängige) Prüfung ist, käme zu spät und könnte lediglich ex post Veränderungen verlangen. Wenn das Interessenkonfliktmanagement wirksam sein soll, muss es nahe der **Echtzeit** kontrollieren, somit **prozessintegriert**. Dies wiederum ist originäre Aufgabe einer Compliance-Funktion. Sie wirkt präventiv prozessbildend und -begleitend.

62 Zentrale Vorkehrung dieses Ziel zu erreichen, ist die **Überwachung der Vertriebsvorgaben** (§ 80 Abs. 1 Nr. 3a WpHG). Zur Überwachung gehört auch die Einbringung des Fachrates bei der Erstellung der Vorgaben im Allgemeinen. Zur Überwachung der regelgerechten Umsetzung sind die Einsichtnahme und die Einflussnahme auf die Vertriebsvorgaben der nachgeordneten Vertriebsinstanzen notwendig. Eng verknüpft mit dieser Mitwirkungs- und Überwachungspflicht ist die Einbeziehung bei der Festlegung der Grundsätze zur **Ausgestaltung des Vergütungssystems** für relevante Personen (MaComp BT 1.2.3. Nr. 6/2).

63 Die MaComp (BT 1.3.3.3) behandelt eine Zuweisung der Compliance-Funktion zur Rechtseinheit restriktiv, lässt aber ein Feld der Ausnahmen zu. Allerdings wird auch eine durchaus feinsinnig austarierte Unterscheidung von disziplinärer und fachlicher Zuordnung keinen befriedigenden Interessengleichklang schaffen, sondern eher neue Probleme (siehe dazu die Kriterien der Unabhängigkeit). Bei nicht-komplexen Wertpapierdienstleistungsunternehmen kann dies durchaus anders gewertet werden (siehe dazu die späteren Ausführungen zur Basis Compliance).

5.2.2 Risk Controlling/Operational Risk Management/Mid Office

64 Das **Management der operationellen Risiken** ist in aller Regel dem Controlling beigestellt. Das Controlling soll allen am Zielprozess beteiligten Instanzen Instrumente und (aufgearbeitete) Informationen zur Verfügung stellen, damit diese ihre zugewiesenen Rollen in ihrer jeweiligen Zielerreichung wahrnehmen können. Damit steht die Analyse der Risiken im Vordergrund mit deren Hilfe die Bank zu steuern ist. Dies ist ein fundamentaler Bestandteil für eine **wirksame und ökonomische Prävention**; aber noch keine Prävention an sich. Die Unterstützungshandlungen der Compliance-Mitarbeiter im Vorfeld von Transaktionen sind nicht abgebildet. Besonders deutlich wird dies, wenn eine Hauptpflicht der Compliance-Funktion, die Schulung und das Training hinzutritt.

Vorsicht ist geboten bei möglicher Personenidentität mit dem MaRisk-Compliance-Beauftragten. Eine Anbindung dieser Funktion in eine andere Kontrolleinheit ist möglich (MaRisk AT 4.4.2 Nr. 3), unterliegt aber dem strengen Maßstab der Unabhängigkeit und Wirksamkeit der Compliance-Funktion (MaComp BT 1.3.3.2. Nr. 1).

Nicht zuletzt das Management von Reputationsrisiken, die im Steuerungskreis von Controlling in aller Regel nicht erfasst sind, aber zum zentralen Managementziel von Compliance gehört, zeigt die unterschiedlichen Wirkrichtungen. 65

5.2.3 Interne Revision

Die Interne Revision ist, wie in § 25a Abs. 1 Satz 3 KWG und MaRisk AT 1.1 festgelegt, 66
nicht Bestandteil des internen Kontrollsystems (IKS) sondern wesentlicher Bestandteil des Internen Kontrollverfahrens, das neben dem IKS steht und durch die Interne Revision kontrolliert wird. In der praktischen Auswirkung dieser logischen Verantwortungsverteilung des Gesetzes gibt es allerdings **unvermeidbare Überschneidungen**. Während die Interne Revision ausschließlich prozessunabhängig tätig werden darf (MaRisk AT 4.4), ist **Compliance integraler Initiations- und Kontrollbestandteil der Geschäftsprozesse.** Der Internen Revision steht die Nachschau zu, die die Verbesserung der Prozesse aufgrund gewonnener Prüfergebnisse zum Ziel hat; der Compliance-Funktion dagegen die Vorbeugung durch „richtige" Prozesse im Sinn einer Prozesshygiene. Damit ist Compliance zwangsläufig in die operative Arbeit einbezogen, (wenn auch nicht verantwortlich), was die Interne Revision zu vermeiden hat, um ihre Prüfabhängigkeit wahren zu können. Eine enge Abstimmung der Prüfungs- und Kontrollhandlungen widerspricht nicht den unterschiedlichen Aufgaben und Arbeitsweisen und liegt im Interesse der betriebswirtschaftlichen Notwendigkeiten. Auch ein Austausch der Berichte ist zielführend und gefordert.

5.2.4 Organisationshinweis

Es wird erkennbar, dass die Zuweisung verschiedener Pflichten im Risikomanagement und 67
deren verschiedene Aktivitätszeiten und Intensitäten es erforderlich machen, Compliance als Risikomanagementeinheit eigener Art zu begreifen. Damit liegt es nahe, die Compliance-Funktion auch als eigenständige Einheit zu organisieren. Die historisch bereits etablierten Einheiten eignen sich nicht, oder nicht befriedigend, in einem komplexen, arbeitsteiligen und prozessorganisierten Wertpapierdienstleistungsunternehmen eine wirksame Compliance zu beherbergen.

Nicht zu übersehen sind jedoch auch deutliche Überschneidungen in den Pflichtenkreisen 68
der beschriebenen Risikomanagementeinheiten. Wenn diese Überschneidungen als **Synergiepotenzial** verstanden werden (bei klar definierten Verantwortlichkeiten) und nicht als Abgrenzungsdefizite, erwächst aus den Unschärfen Erkenntnistiefe.

Voraussetzung sollte sein, dass verschiedene „Spielregeln" eingehalten werden: 69
– Grundlegend ist eine enge vertrauensvolle Abstimmung der einzelnen Risikomanagementeinheiten.
– Es ist ein gemeinsames Compliance-Verständnis (insb. auch mit den Geschäftsleitern) zu entwickeln, aus dem eine Compliance-Strategie abgeleitet wird, die wiederum in ein Compliance Management System einmündet.
– Verbindliche Kommunikationswege und -procedere sind zu definieren, wie regelmäßige Jour fixe, Compliance-Komitee, Bring-Informationen und zeitnahe Hinweise auf risikorelevante Ereignisse.

– Compliance sollte seine Kontrollvorhaben im Rahmen der WpHG-Verfahren mit der Internen Revision abstimmen, um Doppelarbeit und Doppelbelastung der zu Kontrollierenden zu vermeiden.
– Ein sich anschließender Austausch über Erkenntnisse und Erfahrungen ist hilfreich.
– Die Erstellung von Risikoanalysen sollte ein Gemeinschaftswerk sein (unter Führung der dafür verantwortlichen Compliance).

5.3 Die Compliance-Funktion im Unternehmensverbund

70 Konzernrechtliche Pflichten der WpHG-Compliance-Funktion sind nicht eindeutig geregelt: § 25a Abs. 3 KWG stellt die Wertpapierdienstleister unter die besonderen organisatorischen Pflichten für Kreditinstitute. Damit ist alles bisher Gesagte auch für Töchter anwendbar, es sei denn, in deren Heimatländern gelten **abweichende Vorschriften**.

71 Die MaComp (BT 1.3.2.2.) gibt einen pragmatischen Hinweis: „Die Abs. 1 und 2 [des § 25a KWG] gelten für Institutsgruppen, Finanzholding-Gruppen und gemischte Finanzholding-Gruppen sowie Unterkonsolidierungsgruppen nach Art. 22 der Verordnung (EU) Nr. 575/2013 mit der Maßgabe entsprechend, dass die Geschäftsleiter des übergeordneten oder zur Unterkonsolidierung verpflichteten Unternehmens für die ordnungsgemäße Geschäftsorganisation der Institutsgruppe, Finanzholding-Gruppe, gemischten Finanzholding-Gruppe oder der Unterkonsolidierungsgruppe verantwortlich sind". Damit entfallen die Unsicherheiten aus dem alten Begriff des „Konzernrahmens" aus dem nunmehr aufgehobenen Abs. 1a des § 25a KWG.

5.3.1 Organisationspflichten

72 Niederlassungen mit Wertpapierdienstleistungen sind entsprechend ihrer Mutter/Head Office mit einer Compliance-Funktion auszustatten, es sei denn, sie genießen die Befreiungsklausel des § 25 Abs. 3 Satz 3. Auch hier gilt es, ein **Auseinanderfallen von disziplinärer und fachlicher Zuständigkeit** zu vermeiden, auch wenn das aufgrund der räumlichen Trennung ungleich schwerer zu erreichen ist, als im Mutterunternehmen. Gegebenenfalls sind **regelmäßige Abstimmungsprozesse** zwischen dem Leiter der Niederlassung (General Manager) und dem Leiter der Compliance im Head Office herzustellen. Eine Verdoppelung der Verantwortung allerdings ist zu vermeiden. Sollte die Personalausstattung im Head Office eine permanente Direktbetreuung im Sinn von disziplinärer Führung und fachlicher Anleitung praktikabel machen, so ist dieser Ausgestaltung der Vorzug zu geben. Die Zwischenschaltung eines regionalen Head of Compliance zur direkteren Betreuung der lokalen Compliance-Beauftragten wird bei großen Wertpapierdienstleistungsunternehmen sinnvoll sein. Auch hier ist dem Grundsatz der ungeteilten Verantwortung der Vorzug zu geben. Stets müssen die lokalen, divisionalen oder funktionalen Compliance-Beauftragten in eine durchgängige, bis zur Konzernleitung reichende Berichtslinie eingebunden sein.[17] Hinzutreten müssen Vorgaben von Compliance-Mindeststandards, angepasste Kontrollverfahren, regelmäßige Kontrollen vor Ort, Gespräche mit dem General Manager und transparente IT-Unterstützung.

---

17 *Fleischer*, in: CCZ 1/2008, S. 6.

5.3.2 Gesellschaftsrechtliche Grenzen

Hinsichtlich der definierten und relevanten Tochterunternehmen allerdings sind **gesellschaftsrechtliche Grenzen** zu beachten, die in Konkurrenz zu den Organisationspflichten der Konzerngeschäftsleitern treten können. Dies schlägt sich in einer reduzierten Compliance-Verantwortung der Konzernleitung nieder, deren Organisationspflichten nicht weiter reichen können als ihre rechtlichen Einflussmöglichkeiten[18]. In einem Vertrags- und Eingliederungskonzern sind die Einflussmöglichkeiten durch Weisungen zu erzwingen. In einem faktischen Konzern ist dies nur noch über Umwege möglich. So verlangt der Deutsche Corporate Governance Kodex in 4.1.3 auch lediglich, dass der Vorstand auf die Beachtung der gesetzlichen Bestimmungen und unternehmensinternen Regelungen im Konzernunternehmen „hinwirkt". Dies ist über die Personalkompetenz im Aufsichtsrat des Tochterunternehmens möglich. Ein derartiger Eskalationsmechanismus mag im Extremfall für die Initialisierung einer Compliance-Organisation noch greifen, taugt aber nicht für die dann folgenden Reporting-, Kontroll- und Risikoüberwachungsprozesse. Hier muss sich der Konzern-Compliance-Beauftragte um **Akzeptanz** bei den Tochtergeschäftsleitungen (mit wohlwollender Unterstützung der Konzerngeschäftsleitung) bemühen.

73

Besondere Aufmerksamkeit ist geboten, wenn durch die ausländischen Töchter und Niederlassungen **extraterritoriale Rechtseinflüsse auf die Mutter** wirken.

74

5.4 Die ordnungsgemäß organisierte Basis-Compliance

Gemäß § 25a Abs. 1 Satz 4 KWG und Abschn. 1 der Delegierten Verordnung 2017/565 muss sich die Ausgestaltung des Risikomanagements und die zu treffenden Vorkehrungen an Art, Umfang, Komplexität und Risikogehalt der Geschäftstätigkeit ausrichten. Zu beachten ist, dass sich diese Einschränkung nur auf die Ordnungsmäßigkeit im alten § 33 Abs. 1 Satz 2 Nr. 1 WpHG genannten Maßnahmen bezog. Nunmehr sind alle anderen Maßnahmen, Vorkehrungen und Verfahren des § 80 WpHG und die im Abschn. 1 der Delegierten Verordnung 2017/565 beschriebenen auch für kleine Wertpapierdienstleister verbindlich. So insb. die Vorkehrungen zur Kontinuität und Regelmäßigkeit, zum Interessenkonfliktmanagement, zum Beschwerdemanagement, zum Hinweisgebersystem, zur Berichterstattung an Geschäftsleitung und Aufsichtsrat und hinsichtlich der Beseitigung von Unzulänglichkeiten durch Prozess- und Organisationsmaßnahmen. Immer noch ein beachtlicher Pflichtenkatalog.

75

Ob dazu eine Compliance-Funktion, wenn auch **nur aus einer Person bestehend**, notwendig ist, liegt in der Organisationsverantwortung der Geschäftsleitung. Die EU-Richtlinie 2004/39/EG Abs. 15 gibt Hinweise: Liegen Risikomanagement und Compliance-Funktion in der Hand einer Person, so gefährdet dies nicht zwangsläufig die Unabhängigkeit der einzelnen Funktionen. So können Bedingungen, wonach die mit der Compliance-Funktion betrauten Mitarbeiter nicht gleichzeitig auch die von ihnen überwachten Aufgaben wahrnehmen sollen und wonach das Verfahren zur Bestimmung der Vergütung der Mitarbeiter nicht die Gefahr der Beeinträchtigung ihrer Objektivität bergen sollte, bei kleinen Wertpa-

76

---

18   *Fleischer*, in: CCZ 1/2008, S. 6.

pierfirmen unverhältnismäßig sein. Diese Grundlinie greifen die MaComp in BT 1.3.3.1 ff. detailreich auf.

77 Doch Vorsicht: Damit ist aber auch das **Gebot der Funktionstrennung** gemäß § 25a Abs. 1 Satz 3 Nr. 3a KWG aufgehoben. Eine Unsichtbarkeit der Compliance-Funktion könnte die Folge sein. Ob das dem Sinn und Zweck der Norm entspricht, bleibt der weiteren Entwicklung normeninterpretierender Verwaltungsvorschriften überantwortet.

78 In Folge der besonderen und detailreichen Pflichtenzuweisung im Umfeld von Geschäftsorganisation und -Verfahren an die Geschäftsleiter, zeichnet sich ab, dass die **Übernahme der Compliance-Funktion durch einen Geschäftsleiter** in besonders zu beantragenden Ausnahmefällen auf Zustimmung der Regulatoren treffen wird.

6 Die integrierte Compliance

79 Die bisherigen Ausführungen haben gezeigt, dass die Strukturen einer (Kapitalmarkt-)Compliance, nämlich Funktion und Beauftragungswesen, die Kriterien der Ordnungsmäßigkeit zu erfüllen haben. Wirksamkeit, Unabhängigkeit, Kompetenz, Mittelhoheit und zeitnahe Primärinformation kosten einen Preis: die Stellung innerhalb der Gesamtorganisation. Dies wohlverstanden im Sinne eines Alleinstellungsmerkmals. Das WpHG, aber auch die, im Zuge von MiFID II veröffentlichten EU-Verordnungen halten sich mit direkten Aussagen dazu bedeckt. Sie wollen es offensichtlich im Sinn einer ordnungsgemäßen Ausgestaltung der **Organisationsbefugnis der Geschäftsleitung** überlassen. Die MaComp BT 1.1. Nr. 4 geben einen zaghaften Hinweis, dass sich die Bedeutung der Compliance-Funktion in ihrer Stellung in der Unternehmensorganisation widerspiegeln soll.

80 Das KWG selbst gibt als Ausgestaltung zur ordnungsgemäßen Geschäftsorganisation in § 25h (Interne Sicherungsmaßnahmen) den gesetzgeberischen Willen zur Integration vor: „Die Funktion des Geldwäschebeauftragten [...] und die Pflichten zur Verhinderung der sonstigen strafbaren Handlungen [...] werden im Institut von einer Stelle wahrgenommen". Zum Beritt des Geldwäschebeauftragten soll demnach aus Gründen des Sach- und Fachzusammenhangs, neben der Bekämpfung der Geldwäsche weitere Verantwortungsfelder gehören: Außenwirtschaftsfragen wie Embargos und Sanktionen, Terrorismusbekämpfung und die Bekämpfung interner und externer „sonstiger strafbarer Handlungen". (Datenschutz sollte nicht in die Verantwortung integriert sein, wohl aber in eine unmittelbare Nachbarschaft, da enge Abstimmung und gegenseitige Unterstützung Erfolgsfaktoren sind.) Alle diese Themengebiete haben erhebliche Schnittmengen und Synergiepotenziale. Beschränkt auf **Synergiepotenziale mit der Compliance-Funktion** fallen Marktmanipulation und Prävention betrügerischer Handlungen ins Auge, aber auch Customer Due Diligence (sorgfältige Überwachung der Marktteilnehmer), Know Your Customer (Angemessenheits- und Geeignetheitsprüfungen und Zielkundendefinition bei Neuprodukten), risikobasierter Ansatz, Zuverlässigkeitsprüfungen von Mitarbeitern, Korrespondenzbeziehungsmanagement sowie Schulungen und Kontrollen von Beratern im Zuge der erhöhten Haftungen aufgrund des Schuldverschreibungsgesetzes. Laut einer Marktstudie[19] können deutsche Banken deutlich weniger Synergien zwischen den Geldwäschethemengebieten

---

19 Banking-Studie der Steria Mummert Consulting AG, Kernthema Compliance, Art. 21.

und der Compliance-Funktion realisieren als die Banken europäischer Nachbarländer. Hier liegt das Verhältnis 30 % zu 52 %. Neben der Optimierung des Ressourceneinsatzes und eines einheitlichen und damit effektiveren Ansatzes zur Prävention gibt eine integrierte Compliance aus einer Hand ein vollständiges Bild der (Compliance-)Risikosituation und ermöglicht so einen besseren Wissens- und Erfahrungsaufbau.

Ob die MaRisk in AT 4.4.2 diesen Schritt zur integrierten Compliance geht, muss (noch) offenbleiben. Die Formulierungen deuten lediglich auf eine **zentrale Compliance-Risikomanagementposition**, die auf Verhinderung der Gefährdung des Vermögens des Instituts gerichtet ist. Die WpHG-typischen Verhaltensregeln und Organisationspflichten werden in der MaRisk nicht normkonkretisiert. 81

Eine einheitliche Verantwortung zur „Steuerung des Compliance-Risikos" empfiehlt jedoch die EBA-Leitlinien zur Internen Governance (GL 44) in Art. 28 Nr. 3: „Ein Institut sollte eine ständige und effektive Compliance-Funktion einrichten und eine Person benennen, die für diese Funktion im gesamten Institut sowie gruppenweit zuständig ist („Compliance-Beauftragte"). In kleineren und weniger komplexen Instituten kann diese Funktion auch mit der Risikocontrolling- oder mit den Unterstützungsfunktionen (z. B. Personal- oder Rechtsabteilung u. ä.) kombiniert oder von ihnen unterstützt werden."

6.1 Der Chief Compliance Officer (CCO)

Eine integrierte Compliance hat in einem Finanzinstitut mehr Gewicht als die Summe der Einzelthemen. Damit hat auch der Leiter dieser Compliance Gewicht. Er bleibt Beauftragter, gleichermaßen für Geldwäscheprävention als auch als für (Kapitalmarkt-)Compliance. Diese zwei Hüte auf einem Kopf sind sachlich möglich, solange die eine Verantwortung 82

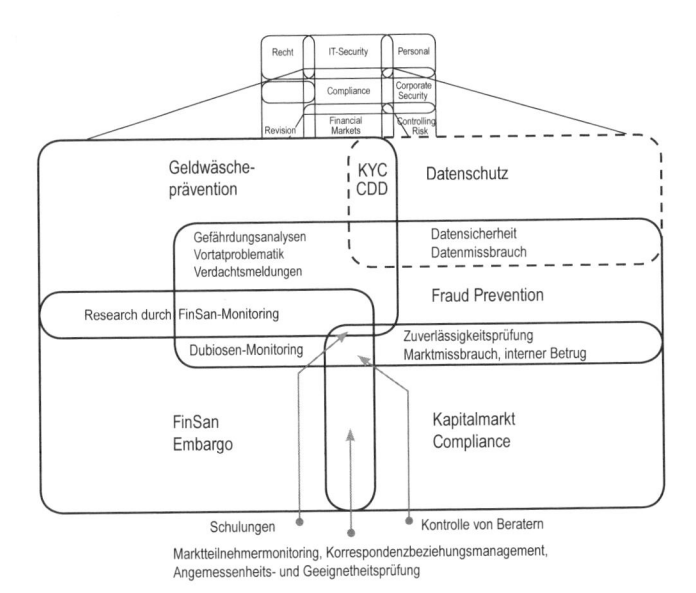

Abb. 4: Die integrierte Compliance-Organisation

nicht zu Lasten der anderen Verantwortung geht. Der anzustrebende Ausgleich hebt ohne viel Zutun Synergien und erreicht tiefere Analysen, breitere Einsetzbarkeit von Mensch und IT und mehr Effizienz. Diesen Weg vertiefen die MaRisk mit ihrem speziellen MaRisk-Compliance-Beauftragten. Durch seine Verantwortungen treten insb. die **Regelungsidentifizierung und -bewertung** hinzu, was ein ganzheitliches Compliance-Risikobild ermöglicht.

83   Insb. in der Funktion des Chief Compliance Officers, aber abgeschwächt auch für alle Mitarbeiter der Compliance-Funktion stellt sich die Frage nach den **Fachkenntnissen**, die für eine ordnungsgemäße und unabhängige Erfüllung der Aufgaben erforderlich sind. (Die Delegierte Verordnung 2017/565 in Abs. 3a bezieht die notwendigen Fachkenntnisse nur auf die Mitarbeiter der Compliance-Funktion). Wegen der zunehmenden Komplexität der Materie ist die Vorbildung als Jurist sicher hilfreich, aber zwingend ist sie nicht (siehe auch § 3 WpHGMaAnzV). Neben angemessenen Rechts- und Produktkenntnissen, sind Kenntnisse und Fertigkeiten der Kommunikation, der Gestaltung der Informationsprozesse und -systeme, soziale Intelligenz und die ausgeprägte Fähigkeit, Geschäftsmodelle und Risikopotenziale zu erkennen und zu analysieren, erforderlich. V. a. aber braucht ein CCO Mut. Ein Charakter, der leicht einknickt oder es jedem recht machen will, ist fehl am Platz. In Anbetracht der Fachkenntnisse und Fähigkeiten ist die Zeit der weggelobten oder „zwischengeparkten" Compliance-Officer im Ehrenamt vorbei.

84   Ob Finanzinstitute dem Vorbild der Industrie folgen, und diese integrierende Leitungsposition mit der sich international durchsetzenden Bezeichnung „Chief Compliance Officer" bedenken und **einem Mitglied der Geschäftsleitung zuordnen**, bleibt der Organisationsverantwortung der Leitungsorgane (insb. des Aufsichtsorgans) anvertraut. In Industrieunternehmen wächst diese Position in jüngster Zeit aus der Korruptionsbekämpfung, früher eher aus dem Außenwirtschaftsrecht oder der Kartellüberwachung. Das Ziel der Geschäftsleitungen dieser Unternehmen ist nicht uneigennützig: Die herausgehobene Stellung dient nicht nur nach innen zum Zeichen an die Mitarbeiter, dass es der Geschäftsleitung ernst ist mit Compliance, sondern auch nach außen mit dem Zeichen, dass Kunden und Geschäftspartner Vertrauen haben sollen in die Integrität des Unternehmens. Eine Tendenz in diese Richtung zeichnet sich durch die hervorgehobene Stellung der Geschäftsleitung in Fragen der Einhaltung des Rechts (Compliance) in der Delegierten Verordnung 2017/565 und in den §§ 81 WpHG und 25c KWG ab.

6.2 Das Compliance-Komitee

85   Der Erfolg der Verfahren, Grundsätze und Maßnahmen von Compliance hängt stark von ihrer Akzeptanz im (Wertpapierdienstleistungs-)Unternehmen ab. Kann Compliance die Akzeptanz der Arbeitsebene noch durch gute Beratung, Unterstützung und Schulung erreichen, so stellt sich in der oberen Führungsebene zunehmend die Einflussfrage, die sich leicht zu einer Machtfrage auswachsen kann. Sie auszutragen ist zumindest kontraproduktiv. Ihr aus dem Weg zu gehen, ebenso. Auf der anderen Seite aber bedarf die Weite der vom Gesetz an Compliance gestellten Erwartungen umfassendes Know-how. Es reicht von der Kenntnis der (weltweiten) Geschäftsaktivitäten und deren Prozesse bis zu tiefen Einsichten in (potenzielle) Risiken. Dieses Know-how ist im Unternehmen vorhanden; es zu instrumentalisieren ist Aufgabe der Geschäftsleitung. Dies könnte in einem von der Ge-

schäftsleitung einzusetzenden Komitee zielführend gelingen. Ein solches Compliance-Komitee sollte sich aus den weiteren Einheiten des IKS und weiterer Wissens- und Fachkenntnisträger zusammensetzen:
- Leiter Recht (Chief Legal Counsel)
- Leiter Risiko-Controlling (zuständig auch für operationelle Risiken)
- Leiter Interne Revision (nur beratend, ohne Stimmrecht)
- Leiter Personal
- Leiter Kommunikation
- Chief Compliance Officer (Compliance Beauftragter/Geldwäschebeauftragter/MaRisk-Compliance-Beauftragter)

Die Einberufung und Führung sollte dem CCO obliegen, da seine Verantwortungsthemen behandelt werden. Ziel ist, eine permanente Vernetzung und eine **tiefe Verankerung des Compliance Management Systems** im Finanzinstitut/Wertpapierunternehmen zu erreichen. Das Compliance Komitee bündelt und koordiniert alle compliance-relevanten Aktivitäten der anderen Funktionen mit der Compliance-Funktion im Sinn des Risikomanagements der MaRisk (IKS plus Interne Revision), einschließlich Regulationsidentifizierung und Wesentlichkeitsbestimmung. Es muss allerdings stets darauf geachtet werden, dass das Komitee nicht die Unabhängigkeit des Compliance-Beauftragten/Geldwäschebeauftragten/MaRisk-Compliance-Beauftragten aushöhlt.

86

7 Konsequenzen mangelhafter Umsetzung der Organisationspflichten

Weder § 25a KWG, mit seinem Normziel, die dem Institut anvertrauten Vermögenswerte zu schützen, noch §§ 80 ff. WpHG, mit deren Normziel das Funktionieren des Finanz- und Kapitalmarkts zu gewährleisten, sind **Schutzgesetze** mit Wirkung zugunsten Dritter. Das heißt, die Nichteinhaltung dieser Normen kann nicht von Dritten zur Betreibung von zivilrechtlichen Ansprüchen verwendet werden.

87

Geschäftsleiter sehen sich allerdings strafrechtlichen Konsequenzen ausgesetzt (insb. Untreue § 266 StGB). Allerdings scheitert dies schon am fehlenden Vorsatz, oder genauer: dem Nachweis dieses Vorsatzes. Neben den KWG-inhärenten bankenaufsichtsrechtlichen Sanktionen, weisen §§ 81 WpHG und 25c KWG den Weg in das **Nebenstrafrecht** (insb. in den Auffangtatbestand des § 130 Ordnungswidrigkeitengesetz). Denn insoweit genügt die fahrlässige Verletzung von Aufsichtspflichten durch die Geschäftsleitung. Zu den maßgeblichen Pflichten zählen insb. die Auswahl und Kontrolle der Mitarbeiter, die Einrichtung einer (ordnungsgemäßen) Compliance-Funktion und die Schaffung von Strukturen zur Steuerung und Kontrolle.[20]

88

8 Fazit

Die Schlussfolgerungen dieses Beitrags, wie eine „ordnungsgemäße" Compliance organisiert sein sollte, um ihren Beitrag zur ordnungsmäßigen Geschäftsorganisation zu leisten, ist in der folgenden Abbildung dargestellt. Es entspricht einem Ideal für ein Wertpapier-

89

---
20 *Fuchs*, in: Kommentar zum WpHG, § 33 WpHG, Rn. 184.

dienstleistungsunternehmen, das nicht unter die Öffnungsklausel für eine Basis-Compliance fällt.

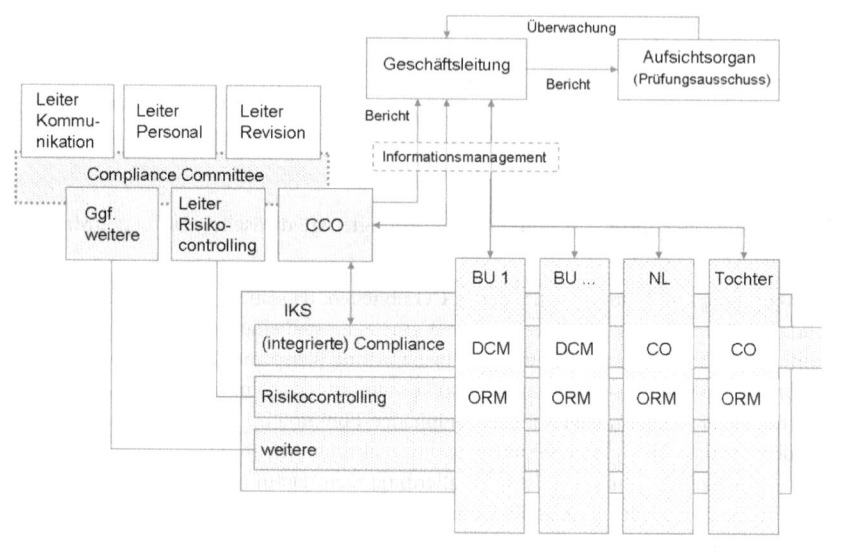

Abb. 5: Idealbild einer ordnungsgemäßen (integrierten) Compliance[21]

---

[21] CCO = Chief Compliance Officer, BU = Business Unit, NL = Niederlassung, DCO = Dezentraler Compliance Officer/Mentor, CO = Compliance Officer, ORM = Operational Risk Manager.

9 Literaturverzeichnis

Fuchs (Hrsg.): Wertpapierhandelsgesetz (WpHG) – Kommentar, München 2009.

Habersack/Mülbert/Schlitt (Hrsg.): Handbuch der Kapitalmarktinformation, 2. Aufl., München 2013.

Hauschka (Hrsg.): Corporate Compliance, Handbuch der Haftungsvermeidung im Unternehmen, 3. Aufl., München 2016.

Kölner Kommentar zum Aktiengesetz: Kölner Komm AktG Band 2 Teil 1: §§ 76–94 AktG, 3. Aufl., Köln 2009.

I.2

Die Compliance-Organisation – Wahrnehmung und Umsetzung von Aufsichtsrecht in Zeiten wachsenden Drucks auf die Unternehmens-GuV

Andreas Marbeiter

Inhaltsübersicht

1	Welche Einstellungen prägen die Compliance, welche Veränderungen hat es gegeben?...	1–4
2	Welche Faktoren beeinflussen bzw. definieren die Wirksamkeit einer Compliance-Funktion?..	5–7
3	Effektivität der Compliance......................................	8–15
3.1	Konnte die Compliance-Funktion in den letzten Jahren einen Mehrwert erzielen?...	8
3.2	Welchen „Return on Compliance-Investment" haben die Banken in den letzten Jahren erhalten?...................................	9
3.3	Ist die Idee einer effizienten Compliance also gescheitert?...............	10–12
3.4	Welche Realitäten existieren in der aktuellen Unternehmenswelt?.........	13–15
4	Der weitere Weg der Compliance zu einem integrierten Bestandteil eines effizienten Risikomanagementsystems............................	16–20
4.1	Aktuelle Grundvoraussetzungen für eine erfolgreiche Unternehmens-Compliance aus Sicht der European Banking Authority................	16–18
4.2	Weitere aufsichtliche Ansätze zur Erhöhung einer Management-Attention für Compliance-Maßnahmen..	19
4.3	Das Fazit aus Sicht der Regulatoren................................	20
5	Welche Spielräume haben die Aufsichtsbehörden der Compliance-Organisation eingeräumt...	21–23
5.1	Die Bedeutung des „Three-Lines-Of-Defense"-Modells.................	21
5.2	Voraussetzungen..	22–23
6	Abschließende Anmerkungen.....................................	24–27
7	Literaturverzeichnis	

1 Welche Einstellungen prägen die Compliance, welche Veränderungen hat es gegeben?

1995 trat das Wertpapierhandelsgesetz (WpHG) in Kraft. Mit dem WpHG wurde einer internationalen Entwicklung der Finanzmärkte Rechnung getragen, die sich bereits damals in einem dynamischen Wandlungsprozess befanden. In den letzten gut 20 Jahren hat sich diese Dynamik in einer Art und Weise gezeigt, die alle Marktteilnehmer, ganz gleich ob Finanzdienstleister, Anleger oder aber auch die Regulatoren, vor immer neue, komplexere und bisweilen auch sehr unschöne Herausforderungen gestellt hat. Nicht selten sprechen die Betroffenen von einem regulatorischen Tsunami, der über die Finanzwelt hereingebrochen ist. In der ersten Ausgabe dieses Buches wurden folgende Aspekte seinerzeit als wichtigste Ziele des WpHG definiert und entsprechend behandelt:

– internationale Standards zum Schutze der Kunden
– Definition von Verhaltensregeln für die Erbringung von Wertpapierdienstleistungen
– Fokussierung speziell auf die Mitarbeiter von Finanzdienstleistungsunternehmen (z. B. durch die abgeleiteten Leitsätze für Mitarbeitergeschäfte, Interessenkonfliktmanagement)
– Schutz vor dem unlauteren Ausnutzen von Insiderinformationen.

Seitdem hat sich die Compliance in den Unternehmen weiterentwickelt. Das betrifft sowohl die Erfahrung der in den Compliance-Abteilungen der Banken tätigen Mitarbeiter, die Größe der Compliance-Abteilungen per se aber leider auch die damit verbundenen Kosten. Mit dem letzten Punkt ist auch die größte Konstante der letzten Jahre angesprochen: Compliance ist bleibt zunächst einmal ein Cost-Center. Und diese Kosten sind seit der Finanzmarktkrise kontinuierlich angestiegen.

So beziffert z. B. eine Studie der Firma KPMG[1] den Anstieg der direkten Kosten für Regulierung bei deutschen Kreditinstituten seit 2010 um eine Milliarde € auf 4,8 Milliarden €. Hinzu kommen indirekte Opportunitäten aufgrund höherer Kapital- und Liquiditätsanforderungen in Höhe von ca. sieben Milliarden € sowie die Bankenabgabe in Höhe von ca. 0,6 Milliarden €. Alles in allem summierten sich diese Kosten Ende 2015 auf über zwölf Milliarden € und lagen damit um zehn Prozent über den Kosten von 2010 – Tendenz steigend. Spätestens mit dem WpHG war die Compliance nunmehr nicht mehr nur ein notwendiges, sondern auch ein teures Übel.

Zum Startschuss der Compliance in Deutschland war es schwierig, für die Aufgabe hinreichend qualifizierte Mitarbeiter zu finden. Sowohl in Bezug auf das theoretische Wissen eines Compliance-Officers als auch in der operativen Umsetzung der Anforderungen gab es in den Anfangsjahren erheblichen Nachholbedarf. Die Compliance-Community war überschaubar, die Nachfrage nach guten Compliance-Mitarbeitern überstieg das Angebot an qualifizierten Kräften bei weitem. Zumindest in dieser Hinsicht hat die Entwicklung der letzten Jahre Abhilfe geschaffen. Nicht zuletzt durch die regulatorischen Anforderungen an das Kompetenzprofil[2] sowie durch zahlreiche, darauf spezialisierte Ausbildungs- und Stu-

---

1 Studie der Firma *KPMG*: Auswirkungen regulatorischer Anforderungen, 9/2014.
2 Siehe z. B. künftig § 87 WpHG (i. s. F. ab Januar 2018) i. V. m. WpHGMaAnzV auf Grundlage von ESMA/2015/1886.

diengänge ist die Zahl fachlich qualifizierter Compliance-Mitarbeiter angewachsen. Das Problem ist aktuell ein anderes: Die Regulatoren haben ihre Anforderungen an das Profil und die Wirksamkeit einer Compliance mit einer stetig steigenden, persönlichen Haftung für die Compliance-Officers gekoppelt. In Verbindung mit immer komplexeren Modellen – sowohl auf Seiten der Unternehmen wie auf Seiten der Aufsichtsbehörden – macht dies den Markt für fachlich und operativ gleichermaßen erfahrene Compliance-Kollegen wieder ähnlich eng wie in den Anfangsjahren.

3 Parallel zu den Anforderungen, die sich für den jeweiligen Compliance-Mitarbeiter persönlich ergeben, haben die internationalen Aufsichtsbehörden die fachliche Komplexität sowie das zu kontrollierende Geschäfts- und Transaktionsvolumen erheblich ausgeweitet. So sind beispielsweise die mittlerweile im Rahmen des Anlegerschutzes zu berücksichtigenden Verfahren und Kontrollen in einem Maße gestiegen, wie es noch vor zehn Jahren schwer vorstellbar gewesen ist.

MiFID II[3] definiert Dimensionen, deren Umsetzung – in Bezug auf die Organisation, den operativen Prozessablauf, die strategischen und geschäftspolitischen Komponenten sowie all deren Dokumentationen – höchst erfahrene Geschäftsprozessanalysten sowie ausgefeilte interne Kontrollsysteme erfordert. Zudem haben sich die persönlichen Haftungsrisiken für Compliance-Mitarbeiter dadurch erhöht, dass Behörden immer stärker auf eine Durchsetzung z. B. in Form von Ordnungswidrigkeitsverfahren im Falle von möglichen Verstößen abstellen. Dies reflektiert insb. die Höhe von Strafen und Sanktionen per se inklusive zivilrechtlich durchsetzbarer Schadensersatzansprüche. Gerade im Bereich der Geldwäscheprävention zeigen sich hier zuletzt inflationäre Tendenzen.

Ein weiteres Beispiel stellt die seit Juli 2016 in Kraft gesetzte Marktmissbrauchsverordnung (MAR)[4] dar. Waren die Control-Rooms der Compliance-Abteilungen in früheren Jahren auf die Kontrolle der Mitarbeitergeschäfte, den Eigenhandel und mögliche Insidergeschäfte fokussiert, sind mit der MAR täglich alle Wertpapier- und Derivatetransaktionen sowohl von Mitarbeitern als auch von Kunden auf mögliche marktmanipulative Sachverhalte hin zu kontrollieren. Dies bedeutet für viele Häuser eine „Verzigfachung" des Kontrollvolumens und ist ohne intelligente Systeme nicht mehr darstellbar.

4 Kurzum: Compliance ist ein stetig wachsendes Cost-Center. Die regulatorische Komplexitäten und das zu überwachende „Geschäftsvolumen" steigen dramatisch und damit auch die Kosten. Mittlerweile sind zur Bewältigung der komplexen Aufgaben zwar hinreichend viele und fachlich gut ausgebildete Compliance-Kollegen vorhanden. Die verschärften, persönlichen Haftungsrisiken haben jedoch leider auch eine abschreckende Wirkung. An dieser Stelle sei daher die Frage erlaubt, ob die Aufsichtsbehörden und auch die Compliance selbst aktuell noch die Ziele erreichen bzw. umsetzen können, die der Compliance-Gesetzgebung eigentlich zugrunde liegen. Immerhin ist auch in den nächsten Jahren von einem Umsetzungsdruck für novellierte und neue Vorgaben auszugehen. Damit einhergehen dürften noch höhere Komplexitäten im operativen Compliance-Geschäft mit entsprechenden Fehler- und Haftungsrisiken. Gleichzeitig werden die Herausforderungen hin-

---

3 Markets in Financial Instruments Directive II v. 03.07.2014.
4 Market Abuse Regulation EU-Verordnung 596/2014.

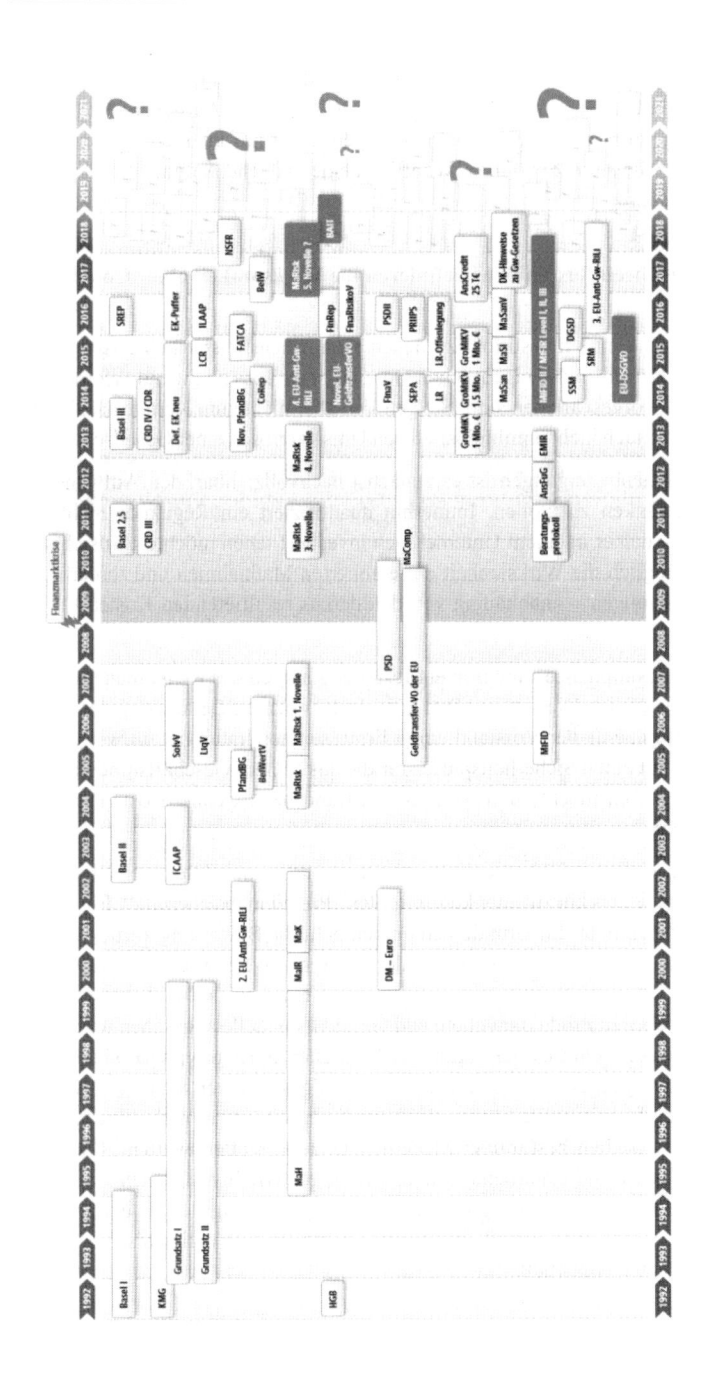

Abb. 1: Beauftragtenwesen: Der Druck steigt

sichtlich einer optimierten Gewinn- und Verlustrechnung (GuV) im Finanzdienstleistungssektor weiter steigen. Daraus resultiert die berechtigte Forderung nach einem intelligenten und operativ kreativen Umgang in der Umsetzung von Compliance-Aufgaben und Prozessen, um die nachfolgend skizzierten Herausforderungen[5] nicht nur fachlich, sondern auch betriebswirtschaftlich meistern zu können. Wahrlich keine einfache Aufgabe für die Compliance der nächsten Jahre.

2 Welche Faktoren beeinflussen bzw. definieren die Wirksamkeit einer Compliance-Funktion?

Compliance-Kosten sind eine Investition, zu denen Finanzdienstleister keine Alternative haben. Sie sind zum Betreiben des eigentlichen Geschäftsbetriebes zwingend erforderlich, weil sie regulatorisch vorgeschrieben sind. Sie gehören aber nicht zum Kerngeschäft einer Bank. Sie tragen somit auch nicht unmittelbar zu den Umsatzerlösen einer Gesellschaft bei.

Aufgrund dieser Rahmenbedingungen ist es zunächst nachvollziehbar, den Aufwand auf ein Minimum beschränken zu wollen. Immerhin quantifiziert ein Regulator nicht den pekuniären Aufwand, den er in einem Unternehmen investiert sehen möchte. Aufsichtsbehörden beurteilen lediglich die Wirksamkeit der etablierten Maßnahmen und fordern ggf. qualitative Nachbesserungen – unabhängig von den daraus resultierenden Kosten für das Unternehmen.

Tatsache ist, dass die Compliance-Funktion ein fester Bestandteil des Risikomanagements eines Finanzdienstleisters ist. Dies ist insofern gut, als dass bei der Bemessung des firmenindividuellen Risikoappetits der Vorstand einen Ermessensspielraum hat, in wie weit er sich und seinem Institut einen Sicherheitspuffer für die aus seinem Geschäftsmodell resultierenden Risiken schaffen möchte und welchen Aufwand bzw. welche Kosten er dafür bereit ist, zu investieren.

In der Praxis zeigen sich dabei Umsetzungsvarianten von der absoluten aufsichtsrechtlichen „Minimalvariante" bis hin zu einer komfortablen „Premiumabsicherung". Ein richtig oder falsch gibt es dabei nicht. Im Grunde genommen geht die Bewertung zurück auf die einfache Formel, was – unter Berücksichtigung der Stärken und Schwächen in der implementierten Organisation eines Hauses – insgesamt als angemessen und wirksam vor dem Hintergrund der betriebenen Produktangebote und Geschäftsmodelle angesehen wird. Rein psychologisch betrachtet wohnt es der Natur des Menschen inne, gewisse Risiken auch ohne Absicherung zu tragen, um die sich ergebenden Erfolgsaussichten nicht „unnötig" zu schmälern. Dennoch gibt es eine Reihe von Risiken, die entweder gar nicht eingegangen oder nur durch das Einziehen bestimmter Sicherheitsnetze akzeptiert werden. Für diese Absicherungsmaßnahmen sind Unternehmen auch bereit, gewisse Investitionen zu tätigen. Deren Höhe variiert je nach Risikoneigung unter Berücksichtigung der zu erwartenden Schadenshöhen und Eintrittswahrscheinlichkeiten und kommt in minimalen bis komfortableren „Risikopuffern" zum Ausdruck.

---

5 Darstellung GenoTec GmbH „Point of Compliance" (01/2017).

Führungskräfte, die für die entsprechenden (Investitions-)Entscheidungen in die Sicherungsmaßnahmen eines Instituts verantwortlich sind, haben demzufolge die vollkommen verständliche Erwartungshaltung,
- die Risiken zu kennen, die sich aus dem Kerngeschäft ihres Unternehmens ergeben,
- die externen und die internen Einflussfaktoren zu kennen, die sich auf eine mögliche Materialisierung der Risiken auswirken und
- einen Zusammenhang zwischen den Aufwänden der Absicherung und den am Ende verbleibenden Ertragspotenzialen aus den Positionen zu kennen, für die diese Aufwände betrieben werden.

Je besser und umfänglicher die Analyse der dem Kerngeschäft innewohnenden Risikofaktoren aufbereitet ist und je detaillierter die Aufnahme der Angemessenheit sowie der Wirksamkeit der zur Abwehr dieser Risiken etablierten Sicherungsmaßnahmen ist, umso zielgenauer lassen sich die Kosten für das Risikomanagement und die Compliance-Funktion sowie die verbleibenden Restrisiken in einem angemessenen Umfang ermitteln. Dabei sind folgende Aufwände voneinander zu separieren:
- Der Aufwand für die Ermittlung der Risiken und der Aufnahme der etablierten Sicherungsmaßnahmen.
- Der Aufwand für die fortlaufende Aufrechterhaltung der operativen Sicherungsmaßnahmen. Dies sind sowohl Aufwände, die durch den Betrieb technischer Systeme entstehen, wie auch Aufwände, die durch Mitarbeiter im Rahmen ihrer Kontrollhandlungen selbst zu erbringen sind.

Zu berücksichtigende Parameter sind:
- Eine Analyse der den Geschäftsmodellen innewohnenden Risiken kann ohne Einbeziehung der für Entwicklung und Design sowie Vertrieb und Abwicklung verantwortlichen Einheiten von Produkten und Dienstleistungen nicht vorgenommen werden.
- Die Verantwortung für Analyse und Bewertung der sich daraus ergebenden Risiken ist von einer unabhängigen Einheit vorzunehmen. Hierfür hat der Regulator gemeinhin die Compliance-Funktion auserkoren.
- Die Compliance-Funktion zeichnet sich verantwortlich für die Definition und das Vorschlagen von Sicherungsmaßnahmen und Kontrollen, die geeignet sind, dem Eintreten der identifizierten Risiken angemessen und wirksam entgegenzutreten.
- Die Sicherungsmaßnahmen und somit alle mit diesen Maßnahmen operativ verbundenen Kontrollhandlungen sind nicht ausschließlich in der Compliance-Funktion anzusiedeln, sondern auch innerhalb der „produzierenden" und „vertreibenden" Einheiten.
- Den verantwortlichen Geschäftsfeldleitern werden diese Maßnahmen vorgelegt. Sie sind zur Kenntnis zu nehmen bzw. empfohlene Umsetzungen bewusst zu genehmigen.[6]

---

6   Siehe z. B. § 4 Risikomanagement (3) Geldwäschegesetz („Verantwortlich für das Risikomanagement sowie für die Einhaltung der geldwäscherechtlichen Bestimmungen in diesem und anderen Gesetzen sowie in den aufgrund dieses und anderer Gesetze ergangenen Rechtsverordnungen ist ein zu benennendes Mitglied der Leitungsebene. Die Risikoanalyse und interne Sicherungsmaßnahmen bedürfen der Genehmigung dieses Mitglieds."

Diese Vorgehensweise verdeutlicht, dass eine wirksame Compliance-Funktion mitnichten das Ergebnis einer einzelnen Einheit mit Namen Compliance ist. Sondern sie ist das Ergebnis einer in sich funktionierende Gesamtorganisation, in der jede einzelne Einheit ihre definierte Rolle wirksam zu erfüllen hat. Die Kosten einer wirksamen Compliance sind somit insgesamt betrachtet auch höher anzusetzen als es der Kostenrahmen für die Compliance-Abteilung widergibt. Umso mehr drängt sich den Unternehmensverantwortlichen natürlich die Frage auf, ob Erwartungshaltungen an eine Compliance-Risiko-Absicherung in der Praxis auch immer erfüllt wurden? Und ob sich somit der „Ertrag" für die Compliance-Investitionen auch rentiert hat? Sollte dies nicht der Fall sein, worin liegen die Gründe dafür? Alleine die Aufsichtsbehörden aufgrund ihres „Regulierungstsunamis" der letzten Jahre für gestiegene Kosten verantwortlich zu machen ist ein wenig zu kurz gesprungen. Die Kehrseite dieser Medaille sind bisweilen noch immer unzureichend effiziente, interne Organisationsstrukturen in den Häusern selbst. Welche Erkenntnisse haben die praktischen Entwicklungen seit der Finanzmarktkrise somit Vorständen und Compliance-Officern gebracht und wie werden Sie umgesetzt?

3 Effektivität der Compliance

3.1 Konnte die Compliance-Funktion in den letzten Jahren einen Mehrwert erzielen?

8   Diese Frage ist so alt wie die Compliance-Funktion in Deutschland: Gibt es einen Mehrwert durch die Compliance und wie kann dieser quantifiziert und beziffert werden? Einfachster Erklärungsansatz ist der Hinweis auf den aktuellen Strafkataloge und das „Einsparpotenzial" vermiedener Strafzahlungen infolge einer guten Compliance. So wirklich überzeugen kann dieses Argument jedoch nicht. Speziell für den Fall, dass tatsächlich keine Verfehlungen mit finanziellen Konsequenzen eingetreten sind, ist ein direkter und ausschließlicher Bezug auf die Leistung der Compliance-Abteilung nicht so einfach abzuleiten. Immerhin kennen wir dies ja auch aus sportlichen Bereichen, wo Erfolge ja bekanntlich viele Väter haben. Deshalb bemühen sich immer mehr Spezialisten, das viel zitierte Reputationsrisiko näher zu beziffern. Keine leichte Aufgabe, denn nach welchen Faktoren lassen sich entgangene Erträge oder Geschäftsrückgänge ausschließlich auf einen möglichen Compliance-Skandal zurückführen? Immerhin einen guten Ansatz gibt es diesbezüglich zumindest bei börsennotierten Unternehmen. Im Juni 2015 hat eine Studie des „European Systemic Risk Board" die Kursentwicklung von börsennotierten Banken mit anhängigen Rechtsstreitigkeiten seit September 2013 ins Verhältnis mit der Kursentwicklung jener Banken ohne entsprechende Verfahren ins Verhältnis gesetzt. Im Ergebnis kommt die Untersuchung zu dem Resultat, dass die Marktkapitalisierung jener Häuser um ca. 54 Milliarden € höher liegen würde, wenn sie dem Trend jener Banken ohne Verfahren 1:1 gefolgt wären (siehe nachfolgende Grafik).[7]

---

7   *European Systemic Risk Board*: „Report on misconduct risk in the banking sector", 6/2015.

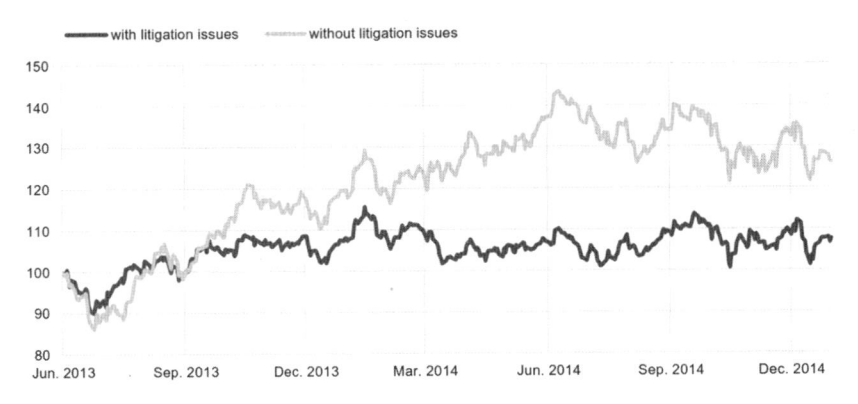

Sources: Credit Suisse and Bloomberg.
Notes: EU G-SIBs in the "litigation issues" group are: BNP Paribas, Crédit Agricole, Natixis, Société Générale, Deutsche Bank, HSBC, Barclays, Lloyds Banking Group, Royal Bank of Scotland and Standard Chartered. EU G-SIBs with no pending litigation are: Unicredit, Santander, Banco Bilbao Vizcaya Argentaria and Nordea.

Abb. 2: Kursentwicklung von börsennotierten Banken mit/ohne anhängigen Rechtsstreitigkeiten

Mit der Marktkapitalisierung ergibt sich somit eine feste, kalkulierbare Größe, die sich institutsindividuell skalieren lässt. Eine weitere Größe ergibt sich aus der betragsmäßigen Festlegung des Reputationsrisikos. Auf Grundlage von auferlegten Strafen der amerikanischen Securities and Exchange Commission (SEC) aus den Jahren 1978 bis 2002 für annährend 600 Firmen wurde ein Kostenfaktor für den Gegenwert von Einbußen infolge von Reputationsverlusten ermittelt. Dieser beträgt in etwa zusätzlich das 7,5 fache an finanziellen Schäden jener Summe, die durch die SEC als Strafe für das Vergehen selbst festgelegt wurde.[8]

3.2 Welchen „Return on Compliance-Investment" haben die Banken in den letzten Jahren erhalten?

Wie dargestellt haben sich die Kosten für die Compliance in den letzten Jahren um mehr als zehn Prozent erhöht. Wie sah die „Rendite" für dieses Investment aus?

Zugegeben, der nachfolgende Vergleich kann keinen Anspruch auf Allgemeingültigkeit reklamieren, denn:

– Die zunehmende Komplexität der Regulatorik hat die Eintrittswahrscheinlichkeit für aufsichtsrechtliches Fehlverhalten erhöht.
– Die Sanktionsfreudigkeit der Behörden hat in den letzten Jahren erheblich zugenommen, denn diese Einnahmequellen sind doch zu verführerisch gewesen.
– Die Bereitschaft der Unternehmen, vermehrt in einen „Versicherungs- oder Risikopuffer" durch höhere Compliance-Budgets zu investieren, ist folglich auch angewachsen.

---

[8] Siehe *Karpoff/Lee/Martin*: The Cost to Firms for Cooking the Books, in: Journal of Financial and quantitative Analysis, Vol 43 (3) 09/2008, S. 581–612.

Und dennoch ist der Trend an sich beachtlich. Die nachfolgende Grafik verdeutlicht die Entwicklung der aufsichtsrechtlichen Sanktionen aus den Jahren 2009 bis 2014 sowohl weltweit wie in Europa.[9]

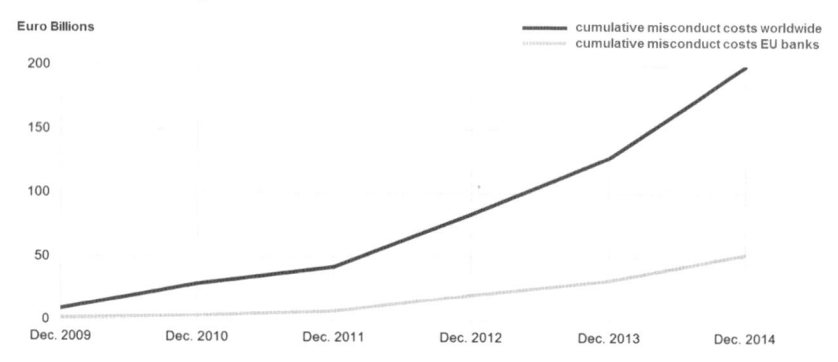

Abb. 3: Entwicklung der aufsichtsrechtlichen Sanktionen

Tatsächlich ist die kumulierte Summe an Straf- und Vergleichszahlungen sowie Entschädigungszahlungen weltweit auf über 500 Milliarden € angewachsen. In der EU sind es immerhin ca. 50 Milliarden €. Ausschließlich auf Basis dieser Zahlen auf den Punkt gebracht, muss die Botschaft zur Aussage einer „Rendite" auf Compliance-Investitionen für Unternehmen eigentlich lauten, dass einem zehn prozentigen Anstieg auf der Aufwandsseite ein weitaus höherer Anstieg an Strafzahlungen gegenübersteht.

3.3 Ist die Idee einer effizienten Compliance also gescheitert?

10 Vordergründig betrachtet spricht die vorgenannte Ratio nicht zwingend für den Erfolg einer effektiven und effizienten Compliance. Auf externe, das Ergebnis „verfälschende" Einflussfaktoren wurde vorstehend ja bereits hingewiesen. Aber auch unternehmensintern gibt es eine ganze Reihe von Faktoren, die es zu berücksichtigen gilt. Eine ausschließlich monetäre Betrachtung als Kriterium für die Bewertung der Effizienz einer Compliance-Funktion, wie unter 3.2 beschrieben, ist per se nicht aussagekräftig genug.

Der bereits erwähnte „Report on misconduct risk in the banking sector" des European Systemic Risk Board aus dem Jahre 2015 sowie die Ausarbeitung der „G30 – Group of thirty" mit dem Thema „Banking Conduct and Culture" ebenfalls aus dem Jahre 2015 verdeutlichen die wesentlichen Aspekte/Auswirkungen auf die Compliance-Kultur anschaulich.

---

9   Siehe *Conduct Cost Project Research Foundation*: FT, Financial Conduct Authority und ESRB Calculation.

Der „Report on misconduct risk in the banking sector"[10] analysiert das Entstehen und die Folgen des Verhaltensrisikos aus einer macro-prudenziellen Perspektive. Er beleuchtet den inneren Antrieb, mit dem eine Firma und deren Mitarbeiter agieren. Die Konsequenz des inneren Antriebs mündet in der Art und Weise, wie die Kunden eines Unternehmens letzten Endes behandelt werden, welche Produkte angeboten werden und wie z. B. eine Beratung hierzu erfolgt. Der zweite, durch den Report beleuchtete Aspekt, ist der Einfluss und die Wirksamkeit, die sich durch Strafzahlungen in ihrer aktuellen Ausprägung auf ein Unternehmen und dessen Mitarbeiter ergeben. Damit schlägt der Report auch eine Brücke zu den europäischen Initiativen des Financial Stability Boards (FSB), des Basel Committee on Banking Supervision (BCBS) und letzten Endes der European Banking Authority (EBA), die durch den kürzlich etablierten Supervisory Review and Evaluation Process (SREP) die Kapitalanforderungen an Finanzinstitute von klar definierten Faktoren abhängig zu machen versucht. Dazu gehört auch die Bewertung von Governance-Strukturen und institutsweiten Kontrollen. Die EBA denkt in Zusammenarbeit mit dem European Systemic Risk Board über einen Ansatz nach, Kosten für Fehlverhalten im Rahmen eines „Stress-Szenarios" zu kalkulieren. Dieser Ansatz geht weit über das Vorhandensein ausschließlicher Compliance-Kontrollaktivitäten hinaus. Auch das „Risk Board" verfolgt den Ansatz, Fehlverhalten(konsequenzen) nach Möglichkeit durch präventive Maßnahmen zu verhindern – anstatt sich über nachgelagerte Kontrollen mit den Folgen eines identifizierten Fehlverhaltens auseinandersetzten zu müssen. Die jüngsten Finanzskandale haben eindrucksvoll belegt, dass die Kosten für die Gesellschaft und die Stabilität der Märkte mittlerweile dramatische Ausmaße angenommen haben. Die Ergebnisse der Analyse sind dabei nicht wirklich überraschend:

– Die Furcht vor Strafzahlungen alleine ist nicht geeignet, Fehlverhalten effektiv zu unterbinden. Der Grund dafür ist in erster Linie das limitierte Risiko für verantwortliche Führungskräfte.
– Außerdem besteht die Gefahr, dass ein sich gerade entwickelndes Fehlverhalten für Führungskräfte nicht erkennbar ist. Die Gründe liegen in unangemessenen Systemen und Kontrollverfahren oder schlicht in der Angst der Mitarbeiter vor den möglichen Sanktionen – auch für sie selbst.
– Darüber hinaus sind folgende Einflussfaktoren identifiziert worden:
  – Strafzahlungen haben lediglich Einfluss auf das „Kurzzeit-Gedächtnis", eine mittel- bis langfristige Implikation wird weitestgehend nicht wahrgenommen. Das verhindert eine angemessene Kalibrierung des moralischen Kompasses.
  – Aufsichtsbehörden wird im Erlassen von Strafzahlungen ein „Umgang mit Augenmaß" nachgesagt. Finanziell empfindliche Strafzahlungen werden als recht unwahrscheinlich angesehen.
  – Selbst im Falle der Entdeckung eines Fehlverhaltens wird davon ausgegangen, dass eine Bestrafung nicht oder nur sehr moderat vorgenommen wird.

---

10 Siehe *European Systemic Risk Board*: Report on misconduct risk in the banking sector, 6/2015.

- Der „Herdentrieb" sorgt dafür, dass beobachtetes Marktverhalten von Wettbewerbern auch für den Fall des Überschreitens rechtlicher Grenzen kopiert wird, solange das wahrgenommene Wettbewerbsverhalten zu keinen (strafrechtlichen) Konsequenzen geführt hat.
- Ein begrenzter Wettbewerb verschärft diese Konstellation, denn der Verbraucher hat in diesen Fällen kaum eine Wahl, sich für andere Produkte oder einen anderen Weg einer Beratung zu entscheiden.
- Aber auch Berichts- und Kontrollstrukturen spielen eine wesentliche Rolle. So wurde z. B. festgestellt, dass
  - unvollständige oder gehemmte Informationsflüsse den verantwortlichen Entscheidern kein angemessenes und erforderliches Gesamtbild für ihre Entscheidungen vermitteln,
  - das Zusammenspiel von Vorstand, Senior-Management und Compliance-Funktion noch immer nicht optimal funktioniert,
  - immer komplexer werdenden Produkten und Geschäftsmodellen mit immer einfacheren Kontrollstrukturen begegnet wird („Häkchen machen").

40 von 52 im Rahmen einer jährlichen Risikostudie befragten Banken haben bestätigt, dass unangemessene Kontroll- und Sicherungsmechanismen sowie ein Ungleichgewicht zwischen dem verkaufsgetriebenen Front-Office und der firmenweiten Risikokultur zu erheblichen operationellen Verlusten geführt hat. Schlüssel und größte Herausforderung zugleich wird in einer Stärkung der Risikokultur und der Schaffung angemessener Governance und Kontrollstrukturen gesehen, die nicht ausschließlich auf die Benennung einer Compliance-Funktion reduziert ist.

12 Die Ausarbeitung der „G30 – Group of thirty" mit dem Thema „Banking Conduct and Culture" stellt einen unmittelbaren Zusammenhang zwischen einer nachhaltigen Wettbewerbsfähigkeit und einer auf Vertrauen basierenden Compliance-Kultur in der Finanzdienstleistungsindustrie her. Die Group of 30 ist ein privates, internationales Gremium, bestehend aus führenden Personen aus dem Finanzwesen und der Wissenschaft. Dazu gehören führende Persönlichkeiten verschiedener Nationalbanken, dem IWF und der Weltbank[11]. Das ausschließliche Vorhalten eines Corporate Governance Papiers in Unternehmen wird als nicht ausreichend erachtet. Vielmehr ist es wichtig, wie die täglichen Gewohnheiten und Arbeitsabläufe das Handeln der Mitarbeiter und Führungskräfte beeinflusst. Es reicht nicht aus, hohe bzw. höchste Standards und Prinzipien zu definieren. Die eigentliche Herausforderung ist es, sie auch zu leben. Auch im Anlegerschutz greift der Satz, dass nicht alles, was legal ist, auch gleich legitim ist. Die BaFin hat ihn sich zu eigen gemacht und auch die genannte Studie beruft sich auf ihn. In der Studie lautet der Satz: „Just because it is legal does not mean it is right." Das ist ein deutlicher Fingerzeig darauf, dass eine der größten Herausforderungen nach wie vor die Identifikation und Bewertung von maßgeblichem Verhalten und seinen Entscheidungen in den sog. „Grauzonen" der Rechtsprechung ist, wenn es darum gehen soll, eine angemessen wirksame Compliance-Kultur in seinem Unternehmen zu etablieren. In der Realität heißt das, dass im Zweifel jegliche Art von Kontrollen und Kontrollhandlungen vergebliche Liebesmühe ist, wenn

---

11 Abrufbar unter http://group30.org/members (letzter Abruf am 12.04.2018).

sich die zu kontrollierenden Tätigkeiten entweder gerade noch im Bereich der rechtlich zulässigen Grauzonen bewegen oder sich die daraus resultierenden Konsequenzen und Absichten schlicht außerhalb der Kontrollen liegen. Die Studie kommt zu folgenden wesentlichen Schlussfolgerungen:
– Ein konsequentes Umsetzen unumstößlicher Rechtsgrundsätze ist zwingend erforderlich, insb. im Zusammenhang mit den komplexen Herausforderungen der Verhältnismäßigkeit und der Haftung Einzelner im Verhältnis zur Haftung ihrer Institutionen.
– Darüber hinaus ist die dauerhafte Einbettung einer substantiell optimierten Compliance-Kultur in den operativen Handlungen, die auch per se kontrolliert und überwacht wird, unumgänglich.
– Auf Dauer wird sich ein Wettbewerbsvorteil für jene Firmen etablieren, die sich das Vertrauen ihrer Kunden sowie ihrer Führungskräfte und Mitarbeiter in eine starke und robuste Risikokultur erarbeiten.

Die Group of 30 definiert folgende Handlungsfelder, die dazu beitragen können, diese Ziele auch in die Tat umzusetzen:
1. Die Einstellung und eine nachhaltige Verpflichtung darauf.
   Dazu gehört zunächst eine mittelfristig ausgerichtete Definition der Firmenziele. Darauf aufbauend muss eine intern und extern Zieltransparenz erschaffen werden. Dies ist Aufgabe der Führungsmannschaft und impliziert die Identifikation und den Umgang mit möglichen Problemen und Verstößen gegen diese Grundsätze und Werte.
2. Steuerung und Rechenschaft
   Die Führungsmannschaft soll ihre eigenen Handlungen zur Überwachung, Steuerung und Einhaltung der Werte transparent gestalten und damit auch ihre eigene, höchstpersönliche Verpflichtung sichtbar machen.
3. Leistung und Anreizsysteme
   Ein ausgewogener Umgang sowohl bei Erfolgen wie Misserfolgen in Bezug auf die etablierten Anreizsysteme stärkt die Glaubwürdigkeit im Umgang mit definierten Unternehmenswerten.
4. Mitarbeiterentwicklung
   Sowohl in Einstellungsprozessen als auch in der Mitarbeiterschulung und -entwicklung ist eine stärke Berücksichtigung jener persönlichen Fähigkeiten erforderlich, die sich aus der Wahrnehmung und Befolgung von Verhaltensregeln und Maßstäben ergeben.
5. Das „Modell der drei Verteidigungslinien"
   Mittlerweile auch in der deutschen Bankenlandschaft nicht mehr wegzudenken ist das Modell der drei Verteidigungslinien. Es stellt insb. die zwingende notwendige Wahrnehmung von Verantwortung in jeder einzelnen Einheit eines Instituts in den Vordergrund – ganz gleich ob Front-Office, Compliance/Middle-Office und Revision.

Ohne ein erfolgreiches und aufeinander abgestimmtes Zusammenspiel dieser drei Verteidigungslinien ist eine robuste und gleichermaßen effektive und effiziente Compliance-Kultur nicht zu etablieren. Gerade diese positiven Effekte lassen sich im Umgang und in der Kommunikation mit Aufsichtsbehörden und Prüfern erfolgreich nutzen, um den grundsätzlichen Umgang mit Werten und Kulturen zu demonstrieren und somit auch die eigene Position für den Fall zu stärken, falls doch einmal ein Fehler passiert. Letzten Ende gehören

Fehler nun einmal zum täglichen Arbeiten dazu und lassen sich durch keine Kontrolle der Welt zu 100 % ausschließen. Der Umgang mit Fehlern jedoch ist mittlerweile schon längst eine eigene Wissenschaft geworden, die nicht jeder fehlerfrei beherrscht.

3.4 Welche Realitäten existieren in der aktuellen Unternehmenswelt?

13 Ethik und Compliance im Unternehmensalltag ist nicht leicht zu messen. Im April 2017 hat dies zuletzt die „Ernst & Young GmbH Wirtschaftsprüfungsgesellschaft" versucht, indem sie rund 4.100 Unternehmen in 41 Ländern der Regionen Europa, Mittlerer Osten, Indien und Afrika befragt hat[12]. In Deutschland wurden 100 Befragungen durchgeführt, wobei hinsichtlich der durchschnittlichen Anzahl der Mitarbeiter der befragten Firmen knapp 50 % bei über 5.000 Angestellten lag. Dabei ging es sowohl um die aktuelle Wahrnehmung der in der Firma etablierten, ethischen Standards als auch um den Einfluss der steigenden Regulierung auf das Unternehmen und den Wachstumskurs der Firma.

14 Wenig überraschend dürfte das Statement von mehr als der Hälfte der befragten Unternehmen sein, dass die Regulierung in den letzten zwei Jahren zugenommen und sich dies überwiegend als Wachstumsbremse ausgewirkt hat. Bedenklich wird dieses Bild jedoch, wenn es um die Auswirkungen auf die etablierten Ethikstandards in den Firmen geht. Trotz gestiegener Regulierung sieht noch nicht einmal ein Viertel der befragten Manager eine Verbesserung der Ethikstandards. Vor zwei Jahren lag diese Quote noch bei über einem Drittel. Und dies liegt nicht daran, dass die eigenen Standards bereits als sehr hoch und somit kaum optimierungswürdig angesehen werden. Im Gegenteil: Nur knapp ein Viertel der Manager bezeichnet die eigenen Ethikstandards als sehr hoch. Was aber bedeuten diese Aussagen? Folgende zugespitzte Thesen leiten sich ab:

– Die steigende Regulierung in Deutschland verursacht höhere Kosten für die Unternehmen und wirkt sich bisweilen als wettbewerbsnachteilige Wachstumsbremse aus.
– Das Ziel der steigenden Regulierung wird dabei nur bedingt erreicht, denn höhere Ethikstandards werden nur zu knapp einem Fünftel bewirkt.
– Die mit den zu etablierenden Regulierungen verbundenen Vorgaben finden in den Unternehmen, bei deren Mitarbeitern und Führungskräften nur eingeschränkt Akzeptanz.
– Zusammengefasst passen Ziele und tatsächliche Wirkung der Regulierungsvorgaben in dieser Lesart nicht wirklich zusammen und erfüllen ihren Zweck wenn überhaupt nur eingeschränkt.
– Daraus folgt: Die mit der Einführung und Umsetzung der Regulierung betrauten Compliance-Abteilungen machen keinen guten Job, denn trotz höherer Kosten wird das Ziel der Regulierung nicht nachhaltig im Unternehmen vermittelt. Demzufolge werden die Regularien nicht wirklich beachtet. Das Risiko von Fehlverhalten und den daraus resultierenden Strafzahlungen wird trotz höherer Compliance-Kosten nicht geringer.

Dabei wäre doch genau in diesen Zeiten eine sowohl effektive wie gleichzeitig effiziente Umsetzung von Compliance-Maßnahmen extrem von Nöten.

---

12 *EY*: EMEIA Fraud Survey – Ergebnisse für Deutschland. 4/2017.

Die Studie liefert weitere Indizien, die die Effizienz in Frage stellt: Gut 40% der Unternehmen sind der Meinung, dass Bestechung bzw. korrupte Methoden hierzulande weit verbreitet sind. Die Korruptionswahrnehmung ist im Vergleich zu 2015 sprunghaft angestiegen. Dort waren es nur 26% der Befragten, die diese Wahrnehmung hatten. Noch bedenklicher ist diese Wahrnehmung im europäischen Vergleich, wo der Wert zum dritten Mal in Folge gesunken ist und aktuell bei 33% liegt. Und selbst dieser Wert wäre unter dem Blickwinkel der Compliance-Kultur kein wirkliches Ruhmesblatt.

Allerdings dürfen diese Zahlen nicht unwidersprochen bleiben. Wenn es um die Motivation und die Grundlagen für unethisches Verhalten geht, ist bei über zwei Dritteln der befragten Unternehmen hauptursächliche Rechtfertigung, das Unternehmen über einen Wirtschaftsabschwung zu retten. Die Top Drei der „beliebtesten Unterstützer" sind das Organisieren von Unterhaltungsdienstleistungen, das Überreichen persönlicher Geschenke oder sogar die Nutzung von Barzahlungen.

Ausschließlich auf den persönlichen Vorteil fokussierte Motive finden sich bei „nur" gut zehn Prozent der Befragten wieder. Diese zehn Prozent können sich zur Förderung der eigenen Karriere oder dem Verschaffen von finanziellen Vorteilen sogar vorstellen, sowohl externe Stellen (z.B. Auditoren und Regulierer) oder das eigene Management mit falschen Informationen zu versorgen. In Europa liegen damit nur Unternehmen in der Türkei, der Slowakei und Irland vor Deutschland.

Haben Compliance-Abteilungen vor diesem Hintergrund überhaupt eine reelle Chance, strafbare Verfehlungen zu verhindern und falls ja, mit welchen Ansätzen, Mitteln und Methoden wäre dies möglich? Ist es der richtige Ansatz seitens der Regulierungsbehörden, immer mehr und komplexere Vorgaben zu erlassen, wo schon alleine der administrative Aufwand zur unternehmensinternen und unternehmensindividuellen Umsetzung Unsummen verschlingt? Zudem begründet die Erwartungshaltung von prüferisch nachvollziehbaren Dokumentationen über durchgeführte Kontrollhandlungen zwar den Drang nach beanstandungsfreien Überwachungen. Jedoch steht dabei oft genug das Ziel im Vordergrund, ein Testat der (gesetzlichen) Prüfung ohne wesentliche Mängel zu erhalten. Das Selbstbild oder die eigene Wahrnehmung von Führungskräften in Unternehmen in Bezug auf die Unternehmenskultur spielt auch eine bisweilen leider unvorteilhafte Rolle, wenn sie z.B. nur bedingt „realitätskongruent" sein sollte. Wie kann aber vor dem Hintergrund dieser Zahlen, Daten und Fakten gemessen werden, ob und wie die etablierten Kontrollen in der operativen Welt des Unternehmens tatsächlich die gewünschten Effekte erzielen? Mit welchen Methoden kann diese Zielerreichung optimiert werden? Wie kann eine Compliance-Kultur für ein Unternehmen den Mehrwert erzielen, für den die Investitionen in die Compliance getätigt werden?

4 Der weitere Weg der Compliance zu einem integrierten Bestandteil eines effizienten Risikomanagementsystems

4.1 Aktuelle Grundvoraussetzungen für eine erfolgreiche Unternehmens-Compliance aus Sicht der European Banking Authority

Der Unmut der Branche über die ständig wachsenden Anforderungen der Aufsichtsbehörden in Zusammenhang mit den gleichermaßen steigenden Kosten für die Umsetzung wächst immer weiter. Im Zuge der europäischen Standardisierungstendenzen der Regulatoren geht – zumindest gefühlt – immer mehr der Grundsatz der Proportionalität verloren. Zugleich sorgen finanzpolitische Rahmenbedingungen wie das Zinsniveau für einen weiteren Druck auf die GuV der Finanzdienstleister. Für viele Unternehmen und Führungskräfte ein Teufelskreis. Welche vernünftigen Lösungsansätze gibt es, um aus Compliance-Sicht nicht für ein engagiertes Etablieren von Compliance-Maßnahmen den Mut zu verlieren? Wie können Führungskräften positiver geprägte Blickwinkel eröffnet werden, wenn es um einen messbaren „Return on Investment" für Compliance geht?

17 Die aktuelle Realität dürfte infolge der zuvor beschriebenen Szenarien deutlich sein: Es gibt nicht den **einen** Lösungsansatz, um den Herausforderungen einer gleichermaßen effektiven und effizienten Compliance zu begegnen. Es ist auch nicht zwingend erforderlich, mit jeder Gesetzesnovelle die Investitionskosten in eine Compliance-Abteilung weiter zu steigern. Zwei Handlungsfelder erscheinen dagegen sehr vielversprechend:

– Die Wahrnehmung der Compliance-Verantwortung muss erhöht und gestärkt werden. Dabei stehen zunächst einmal all jene Mitarbeiter und Führungskräfte, für die eine wirkungsvolle Compliance eigentlich eine Schutzfunktion darstellen soll, auch für sich selbst in der Pflicht. Denn ohne aktive Mithilfe aller ist eine nachhaltige Compliance-Kultur zum Schutze aller nicht möglich.

– Die Standard-Compliance-Prozesse können optimiert werden. Damit sind (u. a.) die Vorgehensweise der Compliance-Abteilung bei der Identifikation risikorelevanter Abläufe, der Definition angemessener Sicherungsmaßnahmen zur Risikoabwehr inklusive der Allokation von Verantwortlichkeiten und den fortlaufenden Kontrollhandlungen zur Sicherung der Wirksamkeit dieser Maßnahmen gemeint.

Und tatsächlich geben gerade die Aufsichtsbehörden entsprechende Fingerzeige, dass sie genau diese Knackpunkte bereits erkannt haben und in der Zukunft auf eine entsprechende Berücksichtigung in der Umsetzung der Compliance-Praxis hinwirken wollen.

18 Es ist relativ einfach, die Kosten für die Implementierung von Compliance-Maßnahmen und Compliance-Personal zu identifizieren. Eine Quantifizierung des faktischen Nutzens als „Gegenrechnung" blieb jedoch oftmals im Ansatz der „nicht erlassenen Strafen" als Kalkulationsgröße stecken (siehe oben). Und da die Kosten für Compliance in manchen Augen ohnehin nur ein nicht zu vermeidendes, „regulatorisches Übel" sind, waren weitere Analysen nicht erforderlich. Aus diesem Grund hat die European Banking Authority nunmehr einen Prozess installiert, der die Kosten einer unangemessenen Compliance auch monetär messbar macht. Dargelegt sind diese Effekte in den „Leitlinien zu gemeinsamen Verfahren und Methoden für den aufsichtlichen Überprüfungs- und Bewertungsprozess" – kurz SREP genannt.[13] Im Rahmen dieses Bewertungsprozesses sollen alle Institute unter Aufsicht auf Grundlage ihrer Größe, Struktur und der internen Organisation sowie aufgrund von Art, Umfang und Komplexität ihrer Geschäfte in vier Kategorien eingeteilt werden. Die Kategorisierung sollte die Bewertung des Systemrisikos widerspiegeln, das die Institute für das Finanzsystem darstellen. Nachfolgendes Schaubild der EBA verdeutlicht die relevanten Komponenten:[14]

---

13 EBA/GL/2014/13 v. 19.12.2014.
14 Quelle: Eigene Darstellung der Grundsätze der EBA.

I.2 Die Compliance-Organisation

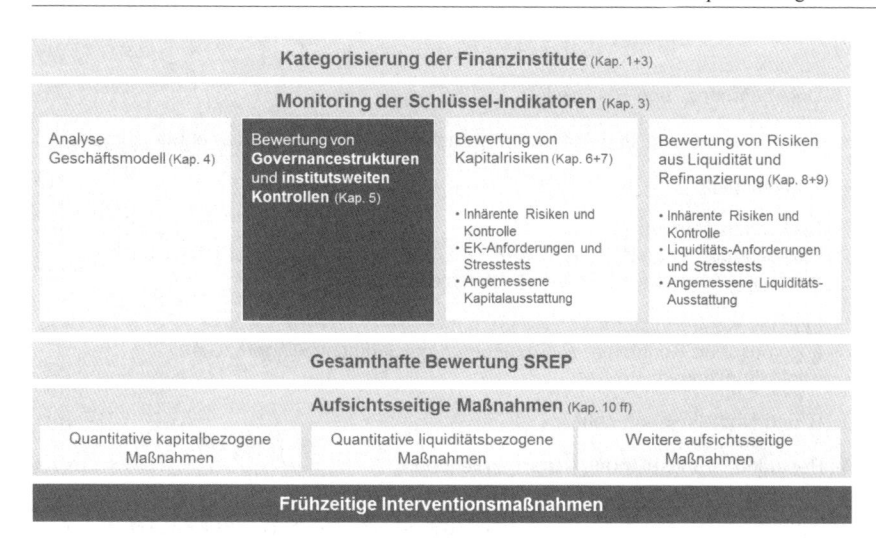

Kategorisierung der Finanzinstitute (Kap. 1+3)			
Monitoring der Schlüssel-Indikatoren (Kap. 3)			
Analyse Geschäftsmodell (Kap. 4)	Bewertung von **Governancestrukturen** und **institutsweiten Kontrollen** (Kap. 5)	Bewertung von Kapitalrisiken (Kap. 6+7) • Inhärente Risiken und Kontrolle • EK-Anforderungen und Stresstests • Angemessene Kapitalausstattung	Bewertung von Risiken aus Liquidität und Refinanzierung (Kap. 8+9) • Inhärente Risiken und Kontrolle • Liquiditäts-Anforderungen und Stresstests • Angemessene Liquiditäts-Ausstattung
Gesamthafte Bewertung SREP			
Aufsichtsseitige Maßnahmen (Kap. 10 ff)			
Quantitative kapitalbezogene Maßnahmen	Quantitative liquiditätsbezogene Maßnahmen		Weitere aufsichtsseitige Maßnahmen
Frühzeitige Interventionsmaßnahmen			

Abb. 4: Auswirkungen auf aufsichtsseitige Überwachung – Das SREP-Rahmenmodell

Interessant aus Compliance-Sicht wird die Umsetzung bei der Bewertung der Governance-Strukturen und den institutsweiten Kontrollen. Immerhin wird die Bewertung dieser Komponenten dazu beitragen, unter welche „aufsichtliche Fürsorge" ein Institut gestellt werden kann. Das kann bis hin zu Kapitalaufschlägen führen. Damit wären Kosten für „Non-Compliance" ein Stück weit leichter kalkulierbar. Alles in allem sollte dies einen Ansporn geben, die tatsächliche Compliance-Kultur in einem Institut zu hinterfragen und eigene Systeme zu definieren, anhand derer auch der Erfolg der Compliance-Maßnahmen messbar wird. Immerhin ist es besser, ein eigenes System zur Messung von Compliance-Erfolgen zu etablieren, als darauf zu warten, was sich ggf. die Aufsicht diesbezüglich einfallen lässt. Gerade in der „Anfangsphase" der Umsetzung von SREP ist davon auszugehen, dass auch die Aufsichtsbehörden z. B. in Ermangelung von Fakten oder statistischen Messgrößen bei der Beurteilung einer Compliance-Kultur subjektive Eindrücke und Wahrnehmungen auf sich wirken lassen. Diese Eindrücke können jedoch durch proaktive Aufbereitung von Compliance-Maßnahmen der Unternehmen in proaktiver Art und Weise geprägt werden. Ohne in Details zu gehen, hat die BaFin auf einer öffentlichen Sitzung im Mai 2016[15] die Überschriften definiert, aufgrund derer sie sich künftig ein Bild über den Bewertungsprozess machen möchte:

---

15 *BaFin Konferenz*: Neues SREP Konzept der Aufsicht, Präsentation v. 04. 05. 2016.

I. Unternehmens- und Risikokultur

II. Zusammensetzung und Aufgabenwahrnehmung durch die Unternehmensorgane

III. Vergütungspolitik

IV. Risikomanagement:
Risikoappetit- und strategie, ICAAP und ILAAP (Internal Capital bzw. Liquidity Adequacy Assessment Process), Stresstestprogramm

V. Internes Kontrollsystem:
angemessene Kontrollen, Risikosteuerungs- und controllingprozesse, Kontrollfunktionen, IR

VI. IT und Notfallmanagement

VII. Restrukturierungsplanung sofern anwendbar

Abb. 5: SREP-Bewertung Governance und Kontrolle (BaFin-Konferenz – Neues SREP Konzept der Aufsicht v. 04.05.2016)

Es ist dies der Brückenschlag der Behörden zwischen dem Ansatz einer quantitativen und einer qualitativen Aufsicht. Ziel ist, am Ende einen für alle Institute vergleichbaren und meßbaren Ansatz zu bekommen.

4.2 Weitere aufsichtliche Ansätze zur Erhöhung einer Management-Attention für Compliance-Maßnahmen

19 Auch wenn sich das Vereinigte Königreich in absehbarer Zeit aus dem Gestaltungsrahmen einer gemeinsamen, europäischen Idee verabschiedet und sich somit der Einfluss auf die künftige Regulierung verändern dürfte, lohnt doch ein Blick auf die Einführung des Senior Managers Regimes (SMR). Das SMR ist von der Bank von England und der Financial Conduct Authority (FCA) am 19.04.2016 veröffentlicht worden.[16] Ziel ist es, dem Senior-Management eines Instituts die ausdrückliche Verantwortung für eine erfolgreiche Implementierung einer gelebten Compliance-Kultur zu übertragen. Dies geht soweit, dass im Falle eines Verstoßes auch die Führungskraft zur Verantwortung gezogen würde, in deren Verantwortungsbereich der Verstoß entstanden ist ("presumption of responsibility"). Die Führungskraft muss danach darlegen können, alle sachgemäßen und angemessenen Sicherungsmaßnahmen etabliert zu haben, die einem Eintreten des Verstoßes entgegenwirken können. Andernfalls würden entsprechende Sanktionen auch gegen ihn als Führungskraft greifen. Die verantwortlichen Stellen in UK versprechen sich davon eine bessere „Incentivierung" von Führungskräften, indem die Vermeidung möglicher Fehlverhalten zu einem persönlichen Anliegen wird. Durch diese Strategie, „Betroffene" stärker zu „Beteiligten" zu machen, dürften sich Führungskräfte künftig nicht mehr so einfach hinter der „Kollektivstrafe", die ausschließlich das Unternehmen betrifft, verstecken können.

---

16 Abrufbar unter https://www.fca.org.uk/news/press-releases/fca-publishes-final-rules-make-those-banking-sector-more-accountable (letzter Abruf am 21.03.2018).

4.3 Das Fazit aus Sicht der Regulatoren

Compliance ist kein Kavaliersdelikt. Massives Fehlverhalten gefährdet die Integrität der Finanzmärkte und des Systems. Trotz aller Bemühungen und Investitionen in die Compliance in der Vergangenheit sind die Behörden mit den erzielten Ergebnissen noch nicht zufrieden. In Zusammenarbeit mit verschiedenen Fachgremien wie BIS, G30 oder ESRB suchen die Behörden nach Lösungsansätzen, um die Steuerung von Compliance-Risiken effektiver zu machen. Auch die Regulatoren haben mittlerweile eingesehen, dass ein fortlaufendes sich Überbieten von neuen Gesetzen und Regeln lediglich die Komplexität und die Kosten in die Höhe treibt, ohne dabei zwingend die Sicherheit zu erhöhen. Die Idee, durch strengere und noch mehr Regularien in Verbindung mit höheren Sanktionen eine gleichermaßen disziplinierende wie abschreckende Wirkung zu entfalten, hat sich in der Praxis nicht wirklich bewährt. Wenn sie überhaupt eine Kraft entwickelt, dann die den Finanzhaushalt der Regulatoren etwas zu entspannen. Nachhaltige Finanzmarktintegrität jedoch muss anders aussehen. Mit den nunmehr angesprochenen Maßnahmen sollen Transparenz, Verantwortung und Front-to-End-Betrachtungen für bereichsübergreifende Arbeitsprozesse im Rahmen einer integrierten Unternehmens-Compliance gefördert werden. Eine holistische Betrachtungsweise einer Compliance-Kultur hievt die noch immer sehr fragmentierten, bestehenden Compliance-Maßnahmen und Kontrollen auf ein neues Sicherheitslevel. In Verbindung mit dem betriebswirtschaftlichen Nutzen von sog. Selbst-Kontrollen – wie sie bereits in den vertriebsorientierten operativen Bereichen (oftmals vergleichbar mit Qualitätsmanagement) umgesetzt werden – sollen gedankliche Anreize für einen modernen Kontrollansatz der Compliance-Funktion geschaffen werden. Die Betrachtungsweise von Compliance als notwendiges Übel wird einer modernen Compliance-Kultur schon längst nicht mehr gerecht. So ganz angekommen ist dies aber in den Köpfen von Führungskräfte offensichtlich noch nicht.

Um diesen Gedanken in der täglichen Praxis den erforderlichen Stellenwert zu verschaffen, sollen Führungskräfte mit einer „Erinnerung" an ihre persönliche Verantwortung dazu gebracht werden, durch eigene Vorbildfunktionen die Compliance-Kultur zu einem festen Unternehmenswert im täglichen Geschäft werden zu lassen. Zudem werden die mathematisch ausgerichteten Risikomanager eines Instituts dazu gebracht, Bonus oder Malus einer nicht funktionsfähigen Corporate Governance eigenkapitalmäßig zu quantifizieren und den entsprechend Erfolg ihrer Maßnahmen zu messen und zu dokumentieren.

Es ist aber nicht ausschließlich der Druck über eine persönliche Haftung, durch den eine verbesserte Compliance-Wahrnehmung erreicht werden soll. Analysiert man die Zielsetzungen der regulatorischen Vorgaben nicht nur unter rein inhaltlichen, sondern auch unter prozessualen Aspekten, so fällt folgendes auf: Es entwickelt sich ein immer größerer gemeinsamer Nenner, auf welche Art und Weise die Wahrnehmung der Compliance-Funktionen vorgenommen werden soll. Mittlerweile spielt es keine Rolle mehr, ob es um eine Beauftragten-Funktion nach dem Wertpapierhandelsgesetz, dem Geldwäschegesetz, der MaRisk oder künftig auch nach der Informationssicherheit und dem Datenschutz geht. Alle Funktionen müssen sich in ihrem Wirken auf die von ihnen analysierten Risikoszenarien in der Umsetzung des Geschäftsmodells stützen. Alle müssen im Einvernehmen mit den verantwortlichen Vorständen geeignete Sicherungsmaßnahmen etablieren. Und alle Funktionen können bei der fortlaufenden Überwachung auf Kontrollen und Ergebnisse anderer Bereiche zurückgreifen. Damit sollen unnötige Redundanzen abgeschafft werden. Somit liegt es nunmehr auch in der Kreativität der Compliance-Officer, diese Vorlage durch Einbeziehung bestehender Strukturen und Schärfung vorhandener Profile zu nutzen und sich nicht (ausschließlich) auf Forderungen nach mehr Ressourcen und Personal zur Umsetzung neuer Regularien zu stützen. Die Effizienz der Compliance-Kontrollen kann durch diese Ansätze nachhaltig verbessert werden und in der Summe steigt zugleich die Effektivität etablierter Kontrollen und Sicherungsmaßnahmen.

5 Welche Spielräume haben die Aufsichtsbehörden der Compliance-Organisation eingeräumt

5.1 Die Bedeutung des „Three-Lines-Of-Defense"-Modells

21 Tatsächlich folgt die aufsichtsrechtliche Praxis bereits einer pragmatischen Lesart, um eine Compliance im Unternehmen im Sinne der zuvor beschriebenen Grundsätze umzusetzen. Sie verbinden sich mit den Begriffen „holistischen Ansatz" oder auch „integrierte Compliance". Dreh- und Angelpunkt dieses Modells ist das Modell der sog. drei Verteidigungslinien („Three-Line-Of-Defense"). Dieses Modell hat sich mittlerweile fest etabliert und liefert eine Blaupause für die Umsetzung von immer mehr Beauftragtenthemen. Abb. 6 verdeutlicht die Rollen der jeweiligen Verteidigungslinien und die Bedeutung eines wirksamen Internen Kontrollsystems:[17]

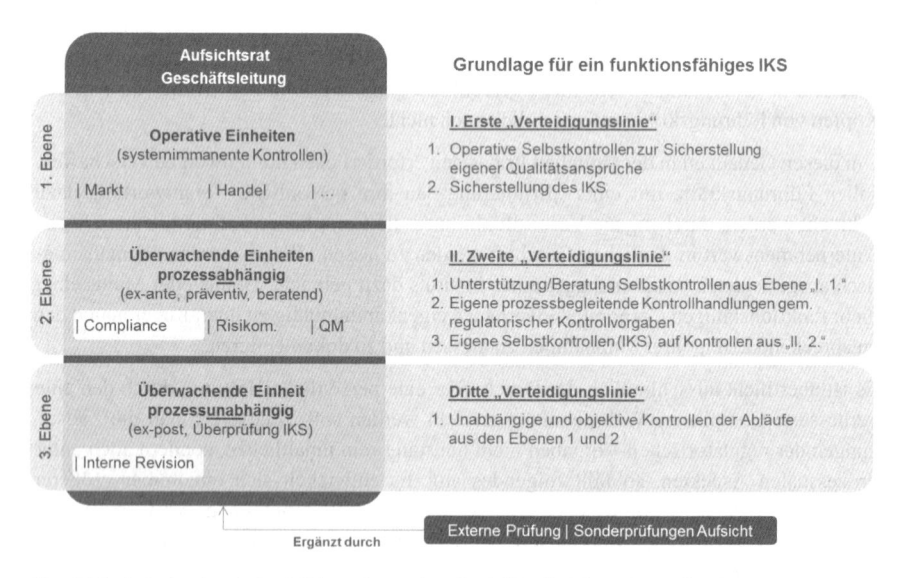

Abb. 6: Die drei „regulatorischen" Schutzebenen einer Bank (Quelle: Eigene Darstellung)

---

17 Siehe auch Beitrag zu Compliance und IKS v. *Renz/Frankenberger*: Aufgaben einer Compliance-Organisation im Rahmen des Internen Kontrollsystems (IKS) – Verantwortlichkeiten und Schnittstellen für Kredit- und Wertpapierdienstleistungsinstitute", in: Compliance-Berater 11/2015, S. 420 ff.

Jedoch ist eine erfolgreiche Implementierung dieses Modells in der Praxis nicht trivial. Zunächst liegt es in der Verantwortung der Compliance-Funktion, alle erforderlichen Kontrollhandlungen zu installieren und deren Angemessenheit und Wirksamkeit zu gewährleisten. Dabei muss auch auf Kontrollhandlungen anderer Bereiche zurückgegriffen werden. Falls diese nicht vorhanden sind, müssen sie ggfs. dort sogar erst eingerichtet werden.

Die aktuellen regulatorischen Vorgaben lassen in ihrer Gestaltung und in ihrem Umfang mittlerweile zu, dass der Compliance-Verantwortlich bereichsübergreifende Kontrollmaßnahmen vornehmen kann. Bedingt ist, dass sie in ihrer Wirkungsweise der Aufgabenerfüllung der Compliance-Funktion zugerechnet werden können, ohne von dieser selbst operativ betrieben werden zu müssen. Dieses Zusammenspiel jedoch muss „wasserdicht" konzipiert werden. In Verbindung mit den Optionen, die durch die BaFin z. B. der Compliance-Funktion nach WpHG in der MaComp[18] oder den Beauftragten der Zentralen Stelle über die (aktuell noch gültigen) Hinweise der DK[19] zugestanden werden, ist dies mittlerweile sehr gut möglich. Compliance kann sich zur Wahrung und Erfüllung ihrer eigenen Überwachungsverantwortungen den Kontrollergebnissen anderer Einheiten bedienen.

5.2 Voraussetzungen

Wichtig ist auf alle Fälle, dass Prüfungshandlungen auf Grundlage einer schriftlich fixierten Kontrollplanung erfolgen (siehe BT 1.3.2.1 der MaComp). Dort steht, dass Kontrollhandlungen nicht nur computer- oder aktenbasiert sein müssen, sie sollen auch Vor-Ort-Prüfungen oder andere eigene Prüfungen vorsehen. Dabei können sich diese eigenen Prüfungen durchaus auf Angemessenheit, Plausibilität und Wirksamkeit von Kontrollergebnissen aus Einheiten der ersten Verteidigungslinie stützen, ohne die Kontrollen zu duplizieren. Eine stichprobenbasierte Funktionsprüfung etablierter Schlüsselkontrollen im Internen Kontrollsystem der ersten Verteidigungslinie kann somit nicht nur betriebswirtschaftlich höchst effizient, weil ergänzend anstatt duplizierend, sein. Sie erhöht zudem das Sicherheitsnetz für Kontrollerkenntnisse, indem neben den Kontrollen der operativen Einheiten auch noch der andere Blickwinkel der unabhängigen Compliance-Funktion ergänzend hinzukommt. Quasi „veredelt" wird dieses sich ergänzende Vorgehen der ersten und zweiten Verteidigungslinie durch die finale und schlussendlich prozessunabhängige Prüfung der Internen Revision. Auch für den Bereich der Geldwäsche- und Betrugsprävention ist dieses Vorgehen ausdrücklich erwünscht, denn die DK Hinweise besagen unter Punkt 84 „Aufgaben und Verantwortungsbereiche": „In die Überwachung sind grundsätzlich alle wesentlichen Bereich des Instituts unter Berücksichtigung der Risiken der einzelnen Geschäftsbereiche einzubeziehen. Der Geldwäschebeauftragte nimmt die Überwachung auch durch eigene risikobasierte Prüfungshandlungen oder durch Prüfungshandlungen Dritter vor." Wie kann sich eine Compliance-Funktion diese Vorgaben operativ zunutze machen?

22

---

18 MaComp = Mindestanforderungen an die Compliance-Funktion – Rundschreiben 04/2010 (GZ WA 31 – WP 2002 – 2009/0010).
19 Auslegungs- und Anwendungshinweise der Deutschen Kreditwirtschaft zur Verhinderung von Geldwäsche, Terrorismusfinanzierung und „sonstigen strafbaren Handlungen" v. 01.02.2014.

23 Damit keine Missverständnisse aufkommen: Die dargestellten Optionen zielen nicht darauf ab, ohne weitere Prüfung eine Ressourcen-Kürzung auf Seiten der Compliance zu rechtfertigen. Das Ziel dieser Vorgehensweise muss sein, die Effektivität und nachhaltig einer Compliance im Unternehmen insgesamt zu erhöhen. Durch die hier beschriebenen Herangehensweisen besteht zudem die berechtigte Hoffnung – bei optimaler Umsetzung – die Effizienz einer Compliance gleichermaßen nachhaltig erhöhen. Jedoch sind für den Erfolg dieser Strategie mehrere Prämissen zu berücksichtigen. Folgende Vorbedingungen sind unausweichlich:

- Eine detaillierte Risikoanalyse muss die relevanten Verfahren und Prozesse abbilden und eine genaue Bewertung der Wirksamkeit der etablierten Sicherheitsmaßnahmen und Kontrollen enthalten. Sollten bereits in dieser Phase Zweifel an der Wirksamkeit etablierter Sicherungsmaßnahmen vorhanden sein, ist eine genaue Prüfung (und ggf. Änderung) unabdinglich. Unwirksame Sicherungsmaßnahmen machen die Kontrollprozesse der Compliance-Funktion insgesamt fehleranfällig.
- Die Compliance-Funktion muss sich selbst von der fortlaufenden Wirksamkeit der Kontroll- und Sicherungsmaßnahmen im Rahmen eigener Stichprobenprüfungen überzeugen, wenn sie sich auf deren Ergebnisse stützen will.
- Es muss ein von Umfang und Angemessenheit her uneingeschränkt wirksames Internes Kontrollsystem im Institut und somit auch in den operativen Bereichen der ersten und zweiten Verteidigungslinie etabliert sein.
- Die Einheiten – Mitarbeiter und Führungskräfte – der ersten Verteidigungslinie müssen sich ihrer Rolle und Verantwortung im Rahmen des Internen Kontrollsystems des gesamten Unternehmens bewusst sein.

Daher kommt einer transparenten Aufnahme der Prozesse im Unternehmen mit ihren jeweiligen Schnittstellen im Falle von Aufgaben- und/oder Verantwortungsübergaben an andere Bereiche oder Einheiten eine wesentliche Bedeutung zu. Mögliche Gefahrenstellen an Schnittpunkten sind danach zu bewerten, wo sich hohe „Folgefehler" in den prozessual nachgelagerten Bereichen ergeben können. Dies sind die Punkte, an denen die sog. Schlüsselkontrollen mit höchster Präzision zu setzen sind. Gelingt dies, konzentriert sich der wesentliche Kontrollaufwand auf diese Schlüsselstellen und reduziert somit den Kontrollaufwand für die übrigen Vorgänge. Aufwandsreduzierungen sind somit insgesamt tatsächlich möglich, jedoch steigt das Fehlerrisiko für den Fall, dass die Schlüsselkontrollen unangemessen oder nachlässig durchgeführt werden. Damit lässt sich das gesamte Thema auf einen gemeinsamen Nenner bringen: Das Compliance-Risiko ist nur beherrschbar, wenn sich alle Führungskräfte und Mitarbeiter eines Unternehmens als Gefahrengemeinschaft betrachten. Denn:

- Auch wenn eine Compliance-Funktion noch so viel kontrolliert, Fehlverhalten lässt sich durch ausschließlich nachgelagerte Kontrollen nicht verhindern.
- Das Verantwortungsbewusstsein jedes einzelnen Mitarbeiters und jeder Führungskraft in der sog. ersten Verteidigungslinie ist unverzichtbar, wenn tatsächlich eine nachhaltige und robuste Compliance-Kultur in einem Unternehmen Fehlverhalten und seine Konsequenzen verhindern soll.
- Compliance ist ein Thema von Führung, Vorbildfunktion und gelebter Verantwortung in allen Bereichen eines Instituts.

- Compliance ist kein isoliertes Thema eines eigenen Unternehmensbereiches, sondern eine integrierte Funktion.
- Compliance muss in allen Teilen und Bereichen eines Unternehmens vorhanden und transparent sein.
- Führungskräfte und Mitarbeiter aller Unternehmensbereiche müssen den Wert und die Bedeutung ihrer Handlungsweisen auch im Kontext einer unternehmensweiten Compliance kennen und einschätzen lernen.
- Bereichsübergreifende Tätigkeiten und Prozesse sind als gesamthafte „Front-to-End-Prozesse" zu identifizieren, um jedem Prozessbeteiligten seinen Anteil an den Ergebnissen inkl. des potenziellen Risikogehalts für den Fall von Fehlverhalten zu verdeutlichen. Hierzu bieten sich die Risikoanalysen, die mittlerweile in fast allen regulatorisch definierten Bereichen vorgeschrieben sind, geradezu vorbildlich an.
- Sanktionen für ursächliches Fehlverhalten dürfen nicht nur den „Fehlerverursacher" treffen. Sie sind auch auf das Verhalten der jeweils für diese Person verantwortlichen Führungskraft in der Prozesskette zu reflektieren.
- Das Zusammenspiel zwischen Internem Kontrollsystem sowie den drei Verteidigungslinien ist essenziell.
- Die Compliance-Funktion kann ihre Kontrollen aufteilen:
  - Prüfungshandlungen, die ihrer Funktion „höchst persönlich" immanent innewohnen.
  - Prüfungshandlungen in Form von Funktionsprüfungen, die sich auf die Wirksamkeitsprüfungen etablierter Schlüsselkontrollen der ersten Verteidigungslinie fokussieren.

6 Abschließende Anmerkungen

Die Compliance-Funktion steht am Scheideweg. Die Generation der aktuellen Compliance-Officer und Mitarbeiter haben es selbst in der Hand, in welche Richtung der Zug weiterfahren soll. Die eigentliche Herausforderung ist nicht der Regulator mit seinen noch immer sehr komplexen, immer noch steigenden Anforderungen. Tatsächlich liefern Behörden auch Vorlagen für eine kreative Interpretation und Umsetzung von Compliance. Sie müssen jedoch auch entsprechend aufgegriffen werden. Ein ständiges „Jammern" in Bezug auf das regulatorisch getriebene, ungezügelte Kostenwachstum für Compliance stärkt das Vertrauen in die Umsetzungsfähigkeit der Compliance nicht wirklich. Vielmehr ist es nunmehr gefordert, unternehmensintern den Umgang mit den steigenden Kosten in Verbindung mit der Wirksamkeit (Nutzen) der Compliance zu koppeln.

Vorbei die Zeiten, in den man glaubte, Compliance wäre unantastbar, weil ohne Compliance ein Unternehmen sich vor Verstößen und Strafen nicht mehr retten könnte. Das bedeutet allerdings nicht, dass die Existenz von Compliance und der Nutzen einer funktionierenden Compliance negiert werden würde. Immer mehr drängt sich anstelle des „Ob" das „Wie" in den Vordergrund: Wie kann ein Unternehmen eine nachhaltige und in Bezug auf die Kosten angemessene Compliance-Kultur etablieren?

Viele Firmen sind nicht mehr bereit, steigende Kosten im Bereich der Compliance unhinterfragt zu akzeptieren, ungeachtet der Umsetzungskomplexität. Viele Firmen verhängen aus Kostengründen mittlerweile Einstellungsstopps, die auch die Compliance betreffen. Dies war aufgrund der Furcht vor regulatorischen Sanktionen in der Vergangenheit noch anders. Das Aufblähen des Personalkörpers Compliance wurde vielerorts noch als Allheilmittel angesehen, sich ein regulatorisches „Wohlwollen" zu sichern. Leider hat sich diese Vorgehensweise jedoch nicht als die wasserdichte Versicherung gegen Verfehlungen mit pekuniären oder reputativen Folgen herausgestellt.

25 Eine fortschreitende Digitalisierung erlaubt auch in Compliance immer mehr die Nutzung alternativer – erst standardisierter und dann automatisierter – Kontrollmethoden. In der Folge lassen sich die persönlichen Kontrollen der Compliance-Officer zurückfahren, der Einsatz von Mitarbeitern in Kontrollfunktionen reduziert sich. Damit geraten die Compliance-Budgets immer weiter unter Druck. Die Compliance-Officer sind gefordert, clevere Lösungen zu finden. Dazu gehört auch, operative Lösungen zu bieten, die auf das Unternehmen insgesamt und auf die in Verbindung mit den identifizierten Risikoprofilen etablierten Prozessabläufe passen. Sicherungsmaßnahmen müssen in diese Prozessabläufe integriert und primärverantwortlich dort etabliert sein, wo sie originär wahrgenommen werden. Die Konsequenzen einer Nichtbeachtung sind entsprechend transparent zu machen und nicht ausschließlich in der Compliance-Abteilung zu verankern.

Ohne den berühmten Blick über den Tellerrand hinaus geht dies natürlich nicht. Sehr lange hat die Aufsicht die Philosophie gefördert, dass Compliance einen juristischen Hintergrund benötigt. Dies hat dazu geführt, dass Compliance-Problematiken sehr oft fast ausschließlich juristisch betrachtet wurden. Dies hat sich auch in den Ausschreibungen der Stellenangebote für Compliance-Beauftragte niedergeschlagen. Zwar gilt auch heute: Ohne juristische Unterfütterung ist eine Compliance nicht zu leisten. Für einen innovativen Weg der Compliance-Funktion kommt es aber immer mehr darauf an, Compliance eben nicht nur juristisch oder rein kontrollierend anzulegen oder als isolierte Überwachungsabteilung zu sehen. Compliance muss – vor dem Hintergrund steigender Komplexität und wachsenden Ertragsdrucks – immer mehr einem betriebswirtschaftlichen, das heißt kosten- und vor allem nutzenorientierte – Ansatz folgen und bei der Implementierung der regulatorischen Sollvorgaben die Gegebenheiten einer Firma berücksichtigen. Es geht nicht mehr um das Know-how in der Beurteilung von Paragrafen alleine, sondern es ist eine Expertise gefordert, die Inhalte der Paragrafen in Prozesse und Personen transferiert. Dazu müssen betriebliche Abläufe analysiert und bewertet, Schwachstellen identifiziert und Aufwände in ein Verhältnis zu ihrem Nutzen gesetzt werden. Und wenn dieser nicht erkennbar oder quantifizierbar ist, muss sich so lange damit beschäftigt werden, bis sich hier nutzbare Komponenten identifizieren lassen. In diesem Sinne erweitert sich der Charakter von Compliance in eine Aufgabe, in deren Mittelpunkt der Know-how-Transfer steht und wie dieses Know-how optimal eingesetzt werden kann. Dies geht ohne Berücksichtigung betriebswirtschaftlicher Aspekte nicht mehr.

26 Die Compliance-Funktion tut gut daran, sich selbstkritisch zu hinterfragen, wie angemessen sie sich selbst auf diesem herausfordernden Weg aufgestellt sieht. Die (vorgehend dargestellten) Analysen lassen rein statistisch betrachtet Raum für Optimierungen.

Welche Exzellenz erfordert es aber, die Compliance einer Firma entsprechend zu optimieren? Auf alle Fälle braucht es mehr als eine rein juristische Kompetenz in der Funktion des Compliance-Office. Organisatorische und analytische Kompetenzen sind wesentliche Fähigkeiten, ohne die sich Identifikation und Optimierung von Prozessen und Schlüsselstellen in Betriebsabläufen nicht durchführen lassen. Eine bereichsübergreifende Verzahnungen von Prozessabläufen einerseits sowie eine gemeinsame Wahrnehmung von persönlichen Verantwortungen auf Ebene der Mitarbeiter und Führungskräfte andererseits sind die wesentlichen Bausteine. Diese im ersten Schritt zu identifizieren und aufzunehmen erfordert eine hohe Prozesskompetenz. Die Entwicklung von darauf aufbauenden und ineinandergreifenden Kontrollkonzepten mehrerer Unternehmensbereiche bedarf darüber hinaus einer hohen fachlichen Kompetenz. Die Identifikation potenzieller Kontroll- und Verständnislücken, die es hierbei zu schließen gilt, ist in Verbindung mit der Ermittlung des erforderlichen Umsetzungsaufwandes eine weitere Herkulesaufgabe. Schlussendlich bedarf die Implementierung dieser Konzepte eines hohen kommunikativen Geschickes. Die Kenntnis und Berücksichtigung betriebswirtschaftlicher Effekte kann hierbei extrem nützlich sein.

Effektivität und Effizienz der etablierten Maßnahmen dürfen dabei keine Gegensätze bilden, sondern – erfolgreich dargestellt – steigern die Akzeptanz für die Etablierung neuer Compliance-Prozesse. Erhöhte Effektivität bei gleichzeitiger Reduktion des Aufwandes muss die Richtschnur sein. Dies alles muss Einzug in die Profile einer Compliance-Funktion haben.

Wer in der heutigen Zeit höchstpersönlich die Verantwortung und die Haftung in der Rolle eines Compliance-Beauftragten übernimmt, muss sich des Rückhaltes der gelebten Kultur im Unternehmen versichern und mit welchen Methoden diese gefestigt und gefördert wird. Natürlich ist der Compliance-Beauftragte selbst ein wesentlicher Faktor, auf welche Art und Weise er die Compliance-Kultur weiter fördern und festigen will. Ein Abgleich, in wie weit ein Beauftragter mit seiner Persönlichkeit in die etablierten und gelebten Kulturen eines Unternehmens passt und in wie weit diese Kulturen aktuell bereits zu einer effektiven Compliance beitragen, erscheint somit sinnvoll. Sollten sich bereits in dieser Phase einer beabsichtigten Amtsübernahme Diskrepanzen ergeben, kann die Rolle eines Beauftragten in der aktuellen Zeit ein Himmelfahrtskommando sein, für das sich immer weniger qualifizierte Fachkräfte interessieren werden. Das wäre jedoch für die Schärfung eines innovativen Compliance-Profils kontraproduktiv.

Auch eine Compliance muss den „Return on Investment" nachweisen können. Ansatzpunkte für eine entsprechende Quantifizierung dieser Zahlen haben die Aufsichtsbehörden mittlerweile eröffnet. Nun liegt es an den Praktikern, den eingeräumten Handlungsspielraum zu nutzen.

7 Literaturverzeichnis

BaFin Konferenz: Neues SREP Konzept der Aufsicht, Präsentation v. 04.05.2016.

EY: EMEIA Fraud Survey – Ergebnisse für Deutschland, 4/2017.

Karpoff/Lee/Martin: „The Cost to Firms for Cooking the Books", in: Journal of Financial and quantitative Analysis, Vol 43 (3) 09/2008, pp. 581–612.

KPMG: Auswirkungen regulatorischer Anforderungen (September 2014).

Renz/Frankenberger: Aufgaben einer Compliance-Organisation im Rahmen des Internen Kontrollsystems (IKS) – Verantwortlichkeiten und Schnittstellen für Kredit- und Wertpapierdienstleistungsinstitute, in: Compliance-Berater 11/2015, S. 420–425.

I.3

Compliance und operationelle Risiken

Thomas Steidle

Inhaltsübersicht

1	Die Entwicklung der Aufgabenstellung von Compliance in den letzten 20 Jahren in Deutschland	1–12
1.1	Entwicklung Mitte der 90er-Jahre bis 2010	1–5
1.2	Das Jahr 2010 und die MaComp	6–7
1.3	Das Jahr 2012 und die MaRisk	8–11
1.4	Compliance zwischen interner Kontrollfunktion und Verantwortung	12
2	Compliance als Bestandteil des Risikomanagements der Bank	13–15
2.1	Entwicklung und heutiger Stand	13–14
2.2	Folgen des Verständnisses von Compliance als Bestandteil des Risikomanagements	15
3	Compliance und operationelle Risiken	16–37
3.1	Definition operationelles Risiko	17
3.2	Compliance-Risiko	18
3.3	Risikoanalyse/Risikoidentifizierung	19–20
3.4	Methoden der Risikoidentifizierung	21–28
3.5	Möglichkeiten der Risikobewertung eines Compliance-Risikos	29–34
3.6	Folgen für die Aufbauorganisation	35–37
4	Fazit	38–39
5	Literaturverzeichnis	

1 Die Entwicklung der Aufgabenstellung von Compliance in den letzten 20 Jahren in Deutschland

1.1 Entwicklung Mitte der 90er-Jahre bis 2010

Der Begriff Compliance stammt aus dem angelsächsischen Rechtskreis und wird gemeinhin verstanden als das Handeln einer natürlichen oder juristischen Person in Übereinstimmung mit den Gesetzen und/oder aufsichtsrechtlichen Vorschriften.   *1*

Im Gegensatz zum angelsächsischen Rechtskreis, der den Begriff Compliance und die mit dem Begriff verbundene Funktion und Organisation bereits sehr viel früher kannte, wurde erst Mitte der 90er-Jahre der Begriff Compliance auch in Deutschland offiziell erwähnt, allerdings nicht in dem als Art. 1 des zweiten Finanzmarktförderungsgesetzes zum 01.01.1995 in Kraft getretenen Wertpapierhandelsgesetzes (WpHG) selbst, sondern zunächst nur mittelbar in der Gesetzesbegründung.[1]   *2*

Die mit einer fehlenden klaren Begriffsdefinition verbundene weite Interpretationsmöglichkeit der Aufgabenstellung und der Funktion Compliance hatte allerdings in Deutschland nicht dazu geführt, dass eine möglichst allumfassende Compliance-Organisation in den Banken und Wertpapierdienstleistungsunternehmen die Folge war, sondern ein eher sehr begrenztes Verständnis einer Compliance-Funktion und deren Aufgabenstellung zunächst entstand.[2]   *3*

Der Begriff Compliance und die mit dem Begriff verbundene Tätigkeit fand seine weitere Ausprägung im Verlauf der späten 90er-Jahre in der Richtlinie zur Konkretisierung der Organisationspflichten von Wertpapierdienstleistungsunternehmen gem. § 33 Abs. 1 WpHG[3], in den Anforderungen der Verlautbarung des BAKred zum Thema Mitarbeitergeschäfte[4] einschließlich zeitlich späterer Textfassungen sowie durch die Richtlinie zur Konkretisierung der §§ 31 und 32 WpHG für das Kommissions-, Festpreis- und Vermittlungsgeschäft der Kreditinstitute.[5] Die vorstehenden aufsichtsrechtlichen Leitplanken hatten zwar aufgrund der Diskussion über die Richtlinien bzw. die Verlautbarung das Betätigungsfeld einer Compliance-Funktion und die Aufbau- und Ablauforganisation von Compliance näher konkretisiert. Zugleich bewirkten die aufsichtsrechtlichen Vorgaben aber eine Beschränkung des Begriffs der Compliance-Funktion auf die mit den Richtlinien verbundenen Anforderungen und deren „Umsetzung" innerhalb einer Bank bzw. des Wertpapierdienstleistungsunternehmens. Häufig wurde hierbei zu Beginn der Entwicklung von Compliance die Ausübung der Compliance-Funktion als eine Art spezialisierte Rechtsberatung in Bezug auf das WpHG und dessen Anforderungen betrachtet, verbunden mit einzelnen spezifischen organisatorischen Überwachungsaufgaben durch die Compliance-Funktion, wie z. B. die Überwachung der Mitarbeitergeschäfte. Dies mag auch ein Grund dafür sein, dass lange Zeit und in vielen Banken Compliance nicht als eine eigenständige   *4*

---

1 Beschlussempfehlung und Bericht des Finanzausschusses v. 15.06.1994, BT-Drs. 12/7918.
2 Wird durch die spätere Entwicklung und die Einführung von AT 4.4.2 in den MaRisk BaFin Rundschreiben 10/2012 (BA) – Mindestanforderungen an das Risikomanagement – MaRisk mittelbar bestätigt (siehe unten).
3 Auch Compliance-Richtlinie genannt.
4 Erstmals bekanntgemacht seitens BAKred in der Fassung v. 30.12.1993.
5 Auch Wohlverhaltensrichtlinie genannt.

Organisationseinheit verstanden und dementsprechend auch nicht in der Aufbauorganisation als eigenständige Funktion berücksichtigt, sondern als eine Art Annex zur Rechtsabteilung interpretiert wurde. Vor allen Dingen wurde für eine längere Zeit der Begriff Compliance und die Ausübung der Tätigkeit der Compliance-Funktion nicht als eine Risikomanagementfunktion verstanden, was zur Folge hatte, dass kein systematischer, ganzheitlicher Ansatz mit der Tätigkeit der Compliance-Funktion verbundenen war, und die Aufgabenstellung der Compliance-Funktion eher unspezifisch und in Teilen auch mit sachfremden Aufgaben und Themen durch das Management betraut wurde. Eine über die Zeitachse betrachtete historische Entwicklung, die in vielen Unternehmen auch heute noch Business seitig in Bezug auf die Compliance-Funktion und deren Aufgaben negative Nachwirkungen hat. So ist nach Auffassung des Verfassers selbst heute noch bis in die Spitzen des oberen Managements nicht jedem immer bewusst und klar, worin die Aufgabe der Compliance-Funktion konkret besteht und bis zu welchem Grad das Business oder der Servicebereich eine eigene originäre Verantwortung hat und ab welchem Punkt die Verantwortung von Compliance beginnt.

5 Zu Beginn des Jahrhundertwechsels trat eine Veränderung in der Sichtweise der Tätigkeit von Compliance ein. Dies betraf zunächst übergeordnet die grundsätzliche Definition von Compliance und der mit der Compliance-Funktion verbundenen Aufgaben im Sinne einer weiten, praktisch alle Gesetze einer Bank betreffenden Compliance-Definition. So wurde insb. in dem Consultative Document „The compliance function in banks" des Basel Committee on Banking Supervision aus Oktober 2003 in der Einführung des zur Diskussion gestellten Papiers unter Ziffer 2 unmissverständlich zum Ausdruck gebracht, dass Compliance sich zu einer spezifischen Risikomanagement Funktion in den vorausgegangenen Jahren entwickelt hat.[6] Es dauerte sodann nochmals eineinhalb Jahre bis das endgültige Papier des Committees im April 2005 veröffentlicht wurde, wobei der ausdrückliche Hinweis auf die Risikomanagement Funktion von Compliance in der Einführung nicht mehr enthalten war. Zugleich wurde aber unter der inhaltlichen Konkretisierung der Verantwortung einer Compliance-Funktion gemäß dem „Principle 7: Compliance function responsibilities"[7] die spezifische Vorgehensweise einer Risikomanagement Funktion in Bezug auf die Tätigkeit von Compliance in einer weiter detaillierten Form dargestellt. Insb. wurde dort die Identifizierung, Messung und Bewertung des jeweiligen Compliance-Risikos in den Vordergrund gestellt. Die inhaltliche Tätigkeit der Compliance-Funktion hatte damit eine wesentliche Erweiterung erfahren, nämlich weg von der reinen Umsetzung spezifischer gesetzlicher oder aufsichtsrechtlicher Vorschriften, hin zu einem aktiven Management der mit diesen Vorschriften verbundenen Risiken, deren Identifizierung, und Bewertung sowie

---

6   Bank for International Settlements, Basel Committee on Banking Supervision, Consultative Document – The compliance function in banks – issued for comment by 31 January 2004, October 2003. Dort ist u. a. in der Einführung unter Ziffer 2 folgendes aufgeführt: „.... *Although compliance with laws, rules and standards has always been important, compliance risk management has become more formalized within the past few years and has emerged as a distinct risk management discipline.*"

7   Bank for International Settlements, Basel Committee on Banking Supervision – Compliance and the compliance function in banks – April 2005, Principle 7: Compliance function responsibilities Ziffern 37–41 und Ziffer 43.

dem Ergreifen von Maßnahmen einschließlich eines kontinuierlichen Monitorings[8]. Eine neue Sichtweise der mit der Compliance-Funktion verbundenen Aufgaben fand in den folgenden Jahren in einigen aufsichtsrechtlichen Vorgaben im Ausland und in der Richtlinie 2006/73/EG der Kommission v. 10.08.2006 unter Art. 6, Einhaltung der Vorschriften („Compliance") sodann seinen Niederschlag.[9] Letzteres wurde in dem Gesetz zur Umsetzung der Richtlinie über Märkte für Finanzinstrumente und der Durchführungsrichtlinie der Kommission (Finanzmarktrichtlinie-Umsetzungsgesetz) und in der Verordnung zur Konkretisierung der Verhaltensregeln und Organisationsanforderungen für Wertpapierdienstleistungsunternehmen (Wertpapierdienstleistungs-Verhaltens- und Organisationsverordnung – WpDVerOV) in deutsches Recht für den Wertpapierdienstleistungsbereich umgesetzt.

1.2 Das Jahr 2010 und die MaComp

Mit dem Inkrafttreten des BaFin Rundschreibens 4/2010 (WA) – MaComp v. 07.06.2010[10] hatte erstmals die BaFin sich zur Aufgabenstellung der Compliance-Funktion innerhalb eines Wertpapierdienstleistungsunternehmens konkretisierend geäußert. Sie hat hierbei wesentliche Kriterien für die Aufbauorganisation einer Compliance-Funktion festgelegt[11] und die Aufgabenstellung von Compliance im Rahmen der Ablauforganisation nochmals stark in Richtung Kontrollfunktion betont[12]. Zwar war bereits zuvor aus dem Wortlaut des WpHG in § 33 Abs. 1 Satz 2 Nr. 1 und 5 WpHG sowie aus § 12 WpDVerOV die Pflicht zur Überwachung seitens Compliance in Bezug auf die Vorschriften des WpHG dem Gesetz zu entnehmen. Gleichwohl wurde dies nach Auffassung des Verfassers nicht als konkrete Kontrollhandlungsanweisung im Sinne eines systematischen Vorgehens und als Bestandteil eines übergeordneten internen Kontrollsystems verstanden. Erst durch die Konkretisierung der Kontrollhandlungen in den MaComp unter BT 1.2.1, durch die geforderten Vor-Ort Prüfungen oder andere eigene Prüfungen (ein alleiniges Abstellen auf die Prüfungen der internen Revision reicht nicht aus) und die 2nd Level Kontrollen von Compliance,

6

---

8   Siehe hierzu auch Protokoll zur Sitzung des Fachgremiums MaRisk am 24.04.2013 in Bonn (BaFin), in dem mit zur Begründung der MaRisk Compliance Funktion auf das Papier der Bank for International Settlement aus April 2005 verwiesen wird (siehe Fußnote 7).
9   So z. B. Rundschreiben CSSF 04/155 der Aufsichtskommission des Finanzsektors in Luxemburg v. 27.09.2004 betreffend die Compliance-Funktion; Rundschreiben der Eidg. Bankenkommission: Überwachung und interne Kontrolle v. 26.09.2006 unter Compliance-Funktion, Rn. 100–112.
    Richtlinie 2006/73/EG der Kommission v. 10.08.2006 zur Durchführung der Richtlinie 2004/39/EG des Europäischen Parlaments und des Rates in Bezug auf die organisatorischen Anforderungen an Wertpapierfirmen und die Bedingungen für die Ausübung ihrer Tätigkeit sowie in Bezug auf die Definition bestimmter Begriffe für die Zwecke der genannten Richtlinie.
10 Siehe BaFin Rundschreiben 4/2010 (WA) – MaComp in der nunmehr aktuellen Fassung v. 08.03.2017.
11 Siehe hierzu BaFin Rundschreiben 4/2010 (WA) – BT 1 MaComp.
12 Siehe hierzu BaFin Rundschreiben 4/2010 (WA) – BT 1.2.1 Überwachungsaufgaben der Compliance-Funktion; die MaComp haben im Übrigen die Best-Practice-Leitlinien für Wertpapier-Compliance, Stand Juni 2008 des Bundesverband Deutscher Banken in der damaligen Ausprägung quasi obsolet gemacht.

wurde klar ersichtlich, dass die Compliance-Funktion Bestandteil des internen Kontrollsystems eines Wertpapierdienstleistungsunternehmens ist. Es ist heute unstritig, dass Compliance entsprechend dem Verweis in § 33 Abs. 1 Satz 1 WpHG (alte Fassung) auf § 25a Abs. 1 Satz 3 KWG und im Sinn der MaComp Bestandteil des internen Kontrollsystems eines Wertpapierdienstleistungsunternehmens gemäß WpHG[13] ist.

7 Schutzzweck des WpHG ist einerseits die Ordnungsmäßigkeit des Funktionierens des Kapitalmarktes als solches[14] und andererseits der Schutz des Anlegers als Individuum.[15]

1.3 Das Jahr 2012 und die MaRisk

8 Aufgrund der Überarbeitung der Eigenkapitalvorschriften sowie der Fassung der Liquiditätsvorschriften, die auf internationaler Ebene in Basel III festgelegt und im Folgenden auch in europäisches Recht in den Vorschriften CRD II-IV umgesetzt wurden, war eine Novelle der MaRisk erforderlich.[16] Es wurden allerdings aufgrund der Bankenkrise nicht nur die Eigenkapital- und Liquiditätsvorschriften geändert bzw. neu gefasst sondern Vorschriften zur Corporate Governance ausgeweitet und weiter spezifiziert. Die bis dato bestandene Coporate Governance wurde auch von anderen Institutionen mit als eine Ursache für die Bankenkrise angesehen, weshalb auch von der Europäischen Bankenaufsicht (EBA) Vorschläge zur Verbesserung der Corporate Governance im September 2011 veröffentlicht wurden.[17]

In Deutschland wurden die Anforderungen aus den gesetzlichen Vorgaben einerseits im KWG selbst vollzogen, wie insb. die Anforderung zur Sicherstellung einer allgemeine Compliance nach § 25a Abs. 1 Satz 1 KWG sowie die Einrichtung einer allgemeinen über das WpHG hinausgehenden Compliance-Funktion nach § 25a Satz 1 Nr. 3c KWG, wobei die Einrichtung der allgemeinen Compliance-Funktion auf die Guidelines on Internal Governance der European Banking Authority (EBA) zurückzuführen ist[18]. In § 25a Abs. 1 Satz 1 Nr. 3 KWG wurde auch klar zum Ausdruck gebracht, dass die Compliance-Funktion Bestandteil des internen Kontrollsystems ist. Näher spezifiziert wurden allerdings sodann die Anforderungen zum Risikomanagement und zu Compliance in der vierten MaRisk Novelle. Die CRD IV Regelungen sowie die Guidelines on Internal Governance der EBA haben auch in anderen Ländern eine Veränderung der bis dato gesetzlichen oder aufsichtsrechtlichen Vorgaben an die Compliance-Funktion zur Folge gehabt.[19]

---

13 *Birnbaum,* in: Krimphove/Kruse (Hrsg.): MaComp – Einleitung 3a; *Steidle,* in: Renz/Hense (Hrsg.): Organisation der Wertpapier-Compliance-Funktion, S. 152 ff., Rn. 10.
14 Ergibt sich insb. aus den Regelungen zum Insiderrecht des WpHG §§ 12 ff. WpHG.
15 Zeigt sich insb. in den Anleger schützenden Normen der § 31 ff WpHG (alte Fassung).
16 *Hannemann/Schneider/Weigl:*Mindestanforderungen an das Risikomanagement (MaRisk), 4., überarbeitete und erweiterte Aufl., S. 18.
17 European Banking Authority, EBA Guidelines on Internal Governance (GL 44), 27. 09. 2011.
18 European Banking Authority, EBA Guidelines on Internal Governance (GL 44), 27. 09. 2011; siehe auch *Hannemann/Schneider/Weigl:* Mindestanforderungen an das Risikomanagement (MaRisk), 4., überarbeitete und erweiterte Aufl., S. 393.
19 Siehe hierzu auch Circular CSSF 12/552 as amended by Circulars CSSF 13/563, CSSF 14/597 and CSSF 16/642 mit dem die bis dato geltende Regelung für Compliance CSSF 04/155 aufgehoben wurde.

Mit der vierten MaRisk Novelle v. 14.12.2012[20] wurde unter AT 4.4.2 ein neues Compliance-Modul eingeführt, durch das der durch CRD IV-Umsetzungsgesetz erweiterte § 25a Abs. 1 Satz 3 Nr. 3 KWG und die darin enthaltene Pflicht zur Errichtung einer über das WpHG hinausgehende Compliance-Funktion konkretisiert wird.[21]

Das Handlungspostulat der Compliance-Funktion nach MaRisk ist es gemäß AT 4.4.2 „Risiken, die sich aus der Nichteinhaltung rechtlicher Regelungen und Vorgaben ergeben können, entgegenzuwirken". Im Gegensatz zu dem ersten Entwurf der vierten MaRisk Novelle der BaFin, die der Compliance-Funktion durch den Wortlaut praktisch bereits eine generelle Garantenpflicht auferlegt hätte[22], hat diese nach Abwägung der von der Kreditwirtschaft vorgetragenen Argumente das Handlungspostulat dahingehend abgemildert, dass die Compliance-Funktion auf die Einhaltung der wesentlichen rechtlichen Regelungen und Vorgaben und entsprechender Kontrollen „hinzuwirken" und nicht darüber hinaus „Sorge zu tragen hat". Dem zweiten Anliegen der Kreditwirtschaft in Bezug auf die neue Compliance-Funktion, den Umfang der Pflicht der Compliance-Funktion auf die wesentlichen „aufsichtsrechtlichen" Regelungen und Vorgaben zu beschränken, ist hingegen die BaFin nicht gefolgt.[23] Diese fehlende Einschränkung führt zu einer quantitativ massiven Ausweitung des Verantwortungsbereichs der Compliance-Funktion.[24]

Mit der Einführung von AT 4.4.2 in den MaRisk hat die BaFin das Aufgabenfeld von Compliance in Deutschland inhaltlich wesentlich ausgeweitet, da nunmehr nicht nur die kapitalmarktrechtlichen Regelungen und Annex Normen des WpHG Gegenstand einer Compliance-Tätigkeit sind, sondern auch alle anderen als wesentlich einzustufenden Gesetze und Normen eines KWG regulierten Unternehmens. Was als wesentlich einzustufen ist, hängt natürlich zunächst in einem ersten Schritt von dem jeweiligen Geschäftsmodell des regulierten Unternehmens ab. Daneben hat die BaFin selbst in dem Anschreiben zur Novelle der MaRisk aus Dezember 2012 zur Frage der Wesentlichkeit von gesetzlichen Regelungen Stellung bezogen und hierbei beispielhaft die Normenbereiche aufgeführt, denen bereits nach bisherigem Verständnis ein Compliance-Risiko inne wohnt (z.B. WpHG, GwG). Darüber hinaus werden als wesentliche rechtliche Regelungen und Vorgaben solche Regularien angesehen, denen ein wesentliches Compliance-Risiko anhaftet.[25] Letzteres dürfte allerdings nicht wirklich weiterhelfen, da in AT 4.2.2 das Compliance-Risiko allgemein mit der Nichteinhaltung rechtlicher Regelungen und Vorgaben umschrieben wird.

9

---

20   BaFin Rundschreiben 10/2012 (BA) – Mindestanforderungen an das Risikomanagement – MaRisk.
21   *Hannemann/Schneider/Weigl*: Mindestanforderungen an das Risikomanagement (MaRisk), 4., überarbeitete und erweiterte Aufl., S. 393.
22   Vgl. BaFin, Konsultation 01/2012 – Überarbeitung der MaRisk, erster Entwurf v. 26.04.2012.
23   Vgl. hierzu *Hannemann/Schneider/Weigl*: Mindestanforderungen an das Risikomanagement (MaRisk), 4., überarbeitete und erweiterte Aufl., S. 396.
24   Aus Sicht des Verfassers scheint die Aufsichtsbehörde in Luxemburg eine nicht ganz so weite Verantwortlichkeit der Compliance-Funktion zu sehen. Siehe hierzu: Circular CSSF 12/552 as amended by Circulars CSSF 13/563 and CSSF 14/597 Sub-section 6.2.6.2 Tz. 135.
25   Anschreiben der BaFin v. 14.12.2012 an die Verbände zur Änderung der MaRisk unter dem gleichen Datum, Geschäftszeichen BA 54-FR 2210-2012/0002.

10 Es wird daher eher auf den Sinn und Zweck der MaRisk abzustellen sein, nach dem es um den Schutz der Vermögenslage des KWG regulierten Unternehmens geht, einschließlich der Kapitalausstattung sowie Ertrags- und Liquiditätslage des Instituts. Danach dürfte es sich dann um wesentliche Gesetze und Regularien handeln, wenn deren Nichtbeachtung zu einer Gefährdung der Vermögenslage des Instituts führen kann.[26] Mit dieser weiten gesetzlichen Zuständigkeit ist die Quantität der von einer Compliance-Funktion zu identifizierenden und zu überwachenden gesetzlichen und aufsichtsrechtlichen Regelungen exponentiell gestiegen. Wenn man darüber hinaus bedenkt, dass für Compliance-Funktionen in international tätigen Banken diese Aufgabenstellung in der Praxis (selbst wenn es sich bei den MaRisk nicht um eine exterritoriale Regelung handelt) sich nicht nur auf deutsche Regelungen bezieht, sondern sodann auch auf alle globalen Regelungen, so ist dies eine massive Ausweitung des Verantwortungsbereichs einer Compliance-Funktion in Bezug auf die zu überwachende materielle Rechtslage.

11 Die BaFin hat mit der Regelung unter AT 4.2.2 quasi die bereits in anderen westlichen Ländern bestehende weite Auffassung einer Compliance-Zuständigkeit nachgezogen[27], wobei allerdings nunmehr in Deutschland zwei Compliance-Funktionen nebeneinanderstehen.

1.4 Compliance zwischen interner Kontrollfunktion und Verantwortung

12 Die auf so breiter aufsichtsrechtlicher Basis und Kompetenz bestehende Einigkeit über die Zuständigkeit und Verantwortung einer Compliance-Funktion nach MAComp und MARisk ist sicherlich müßig zu hinterfragen. Trotzdem seien an dieser Stelle ein paar kritische Anmerkungen des Verfassers erlaubt.

Aus Sicht des Verfassers ist die Compliance-Funktion von den das interne Kontrollsystem abdeckenden Funktionen diejenige mit dem am wenigstens klar definierten Verantwortungsbereich und ist ein nicht klar definierter „Zwitter". Daran ändert auch die neue Regelung unter AT 4.2.2 nichts. Im Gegenteil: das der Compliance-Funktion innewohnende Dilemma wird jetzt in einem noch größeren Maße sichtbar. Die Compliance-Funktion soll einerseits „darauf hinwirken", dass das Institut wirksame Verfahren zur Einhaltung der wesentlichen Regelungen und Vorgaben sowie entsprechende Kontrollen implementiert. Andererseits liegt, was richtig und selbstverständlich ist, die Verantwortung für die Einhaltung der Gesetze und aufsichtsrechtlichen Regelungen weiterhin bei der Geschäftsleitung. Die Geschäftsleitung kann die Verantwortung gerade nicht auf die Compliance-Funktion delegieren. Diese Konstellation führt aber immer im Fall des Versagens zu

---

26 So auch *Hannemann/Schneider/Weigl:*Mindestanforderungen an das Risikomanagement (MaRisk), 4. überarbeitete und erweiterte Aufl., S. 397.
27 Vergleiche z. B. die alte Fassung des Rundschreibens der CSSF 04/155 der Aufsichtskommission des Finanzsektors in Luxemburg v. 27. 09. 2004 betreffend die Compliance-Funktion, zwischenzeitlich überarbeitet und in dem Circular CSSF 12/552 as amended by Circulars CSSF 13/563, CSSF 14/597 and CSSF 16/642 neu geregelt mit dem die bis dato geltende Regelung für Compliance CSSF 04/155 aufgehoben wurde; Rundschreiben der Eidg. Bankenkommission: Überwachung und interne Kontrolle v. 26. 09. 2006 unter Compliance-Funktion Rn. 100–112 – jetzt FinMa Rundschreiben 2008/24 Überwachung und interne Kontrolle Banken.

Streitigkeiten über die interne Verantwortung für die aufgetretenen Missstände und das „hinreichende Hinwirken" der Compliance-Funktion. Wenn man weiterhin bedenkt, dass die Budget-Hoheit für die Implementierung von aufsichtsrechtlich konformen Prozessen einschließlich der im Prozess zu implementierenden Kontrollen (1st level Kontrollen) nicht bei Compliance, sondern eigentlich bis auf ganz wenige Ausnahmen[28] immer bei der Geschäftsführung liegt, befindet sich die Compliance-Funktion von vorneherein immer in der Defensive. Wenn seitens der Aufsicht als eines der Probleme der Finanzkrise in 2008 eine mangelhafte Corporate Governance der Institute erkannt wurde, dann sollte das Problem unmittelbar beim verantwortlichen Adressaten platziert und nicht über eine vermeintliche Verantwortung einer Compliance-Funktion zur rechtskonformen Hinwirkung von Gesetzen und Vorgaben gesehen werden. Warum nicht die Geschäftsleitung direkt verantwortlich machen, die dann ihrerseits ja innerbetrieblich sich entsprechend organisieren und einer Compliance-Funktion bedienen kann? Aus dem Konsultationspapier der BaFin v. 15.04.2016 zur Überarbeitung der MaRisk entnimmt der Verfasser unter AT 3 Tz. 2, dass auch die BaFin weiterhin Veranlassung sieht, nochmals stärker die Verantwortung der Geschäftsleiter für ihren jeweiligen Zuständigkeitsbereich zu betonen.[29]

Auch ist die begriffliche Etablierung einer weiteren Compliance-Funktion nach MaRisk neben der bis dato bekannten Compliance-Funktion nach WpHG/MaComp für ein besseres Verständnis des Verantwortungsbereichs von Compliance nach MaRisk nicht hilfreich gewesen. War schon zuvor aus der historischen Entwicklung der Compliance-Funktion nach dem WpHG (siehe oben) die Vermittlung der Aufgabenstellung sowie der Verantwortung der Compliance-Funktion und der sich daraus abzuleitenden Aufbauorganisation einschließlich Personal- und Sachbudget ein mühsamer und langer Lernprozess, so entstand zumindest zu Beginn mit der Begrifflichkeit Compliance nach MaRisk, ohne weitere konkrete Erläuterungen seitens der Aufsicht, ein diffuses Bild dieser neuen Compliance-Funktion. Auch hat die Erwähnung in dem Rundschreiben an die Verbände v. 14.12.2012 weiterer bis dato bereits fest in Prozesse etablierter Gesetze einschließlich der hierfür zu implementierenden Funktionen mit zum Teil direkten Berichtspflichten an die Geschäftsleitung, wie das GwG mit der Funktion des Geldwäschebeauftragten, den Datenschutz und den Compliance-Beauftragten nach WpHG, nicht zu einem besseren Verständnis der Verantwortung und der wesentlichen Weiterung der Aufgabenstellung von MaRisk Compliance geführt.

Last but not least sieht der Verfasser mit der in den MaRisk an die Compliance-Funktion übertragenen Verantwortung die Gefahr einer Überforderung der Compliance-Funktion. Die Geschäftsmodelle und die entsprechenden Prozesse der Banken, insb. international tätiger Banken sind hoch komplex und spezialisiert. Dies erfordert hoch spezialisierte Mitarbeiter in einzelnen Geschäftsbereichen, sowohl für die dort getätigten Geschäfte, als auch für die einzuhaltenden Prozesse und ihre Abwicklung. Diese Mitarbeiter sind in ihrer

---

28 Gem. MaComp sind dies die Mitarbeitergeschäfte.
29 Konsultationspapier der BaFin v. 15.04.2016 zur Überarbeitung der MaRisk unter AT 3 Tz. 2 heißt es: „Ungeachtet der Gesamtverantwortung der Geschäftsleitung für die ordnungsgemäße Geschäftsorganisation und insb. für ein angemessenes und wirksames Risikomanagement ist jeder Geschäftsleiter für die Einrichtung angemessener Kontroll- und Überwachungsprozesse in seinem jeweiligen Zuständigkeitsbereich verantwortlich".

Eigenschaft als Spezialisten tätig, und dies ist nun einmal die Folge der Arbeitsteilung, den Generalisten in ihrer Kenntnis der Materie weit überlegen. Die Komplexität wird durch grenzüberschreitende Prozesse, insb. durch Outsourcing oder durch die das „Legal Entity Prinzip" negierende Aufbauorganisation erschwert. Dies bedeutet, dass die in den einzelnen Geschäftsprozessen zu beachtenden Gesetzen und Vorgaben nicht auf Deutschland beschränkt sind. Die einzelnen nationalen Regelungen mögen zwar ähnliche Ziele verfolgen, sind aber in der Ausprägung im Detail verschieden. Es ist daher schon vermessen anzunehmen, dass durch die Einrichtung einer Compliance-Funktion nach MaRisk, deren Mitarbeiter aufgrund der Quantität der zu beachtenden Gesetze und Vorgaben nicht Spezialisten sein können, die zuvor bemängelte Corporate Governance Problematik behoben werden kann.[30] Mit der Einrichtung einer Compliance-Funktion nach MaRisk und der gesetzlichen Allzuständigkeit werden die Probleme nicht gelöst sondern nur verschoben.

2 Compliance als Bestandteil des Risikomanagements der Bank

2.1 Entwicklung und heutiger Stand

13 Es besteht durch die gesetzlichen und aufsichtsrechtlichen Änderungen in den letzten Jahren[31], insb. denen der MaComp, des KWG und der MaRisk, kein Zweifel daran, dass die Compliance-Funktion Bestandteil des Risikomanagements eines Wertpapierdienstleisters oder eines KWG regulierten Instituts ist. Zwar ist das Compliance-Risiko in den MaRisk spezifisch nicht unter den klassischen Risikoarten aufgeführt[32]. Unter AT 4.2 wird aber von den Compliance-Risiken gesprochen. Ebenso sprechen die MaComp, ohne dies weiter zu definieren, von Compliance-Risiken[33]. Eine abschließende und klare Definition für ein einheitliches Verständnis eines Compliance-Risikos scheint es allerdings nicht zu geben.[34] Die Compliance-Funktion ist weiterhin im KWG und in den MaRisk als Einheit des internen Kontrollsystems aufgeführt.[35] In den MaComp ist dies zwar nicht ausdrücklich erwähnt, lässt sich aber aus der dortigen Beschreibung der notwendigen Tätigkeit den Compliance-Funktion im Rahmen der Überwachungshandlungen ableiten.

Als Bestandteil des Risikomanagements und des internen Kontrollsystems hat sich die Compliance-Funktion mit ihrer Ablauforganisation an die an sie adressierten Pflichten (und dies ist unabhängig ob nach MaComp oder MaRisk) zu orientieren. Die wesentlichen Bestandteile der erforderlichen Ablauforganisation sind sowohl in den MaRisk als auch in den MaComp aufgeführt.[36] Diese sind

---

30 Die CSSF hat hier in ihrem Rundschreiben Circular CSSF 12/552 as amended by Circulars CSSF 13/563, CSSF 14/597 and CSSF 16/642 in der Sub-section 6.2.6.2 Tz. 135 aus Sicht des Verfassers einer pragmatischeren und wohl auch realistischeren Ansatz.
31 Anders noch zum Zeitpunkt der Veröffentlichung der 1. Aufl. dieses Buches.
32 Siehe MaRisk unter AT 2.2 Tz. 1.
33 Siehe BT 1.2.1 Tz. 2 Überwachungsaufgaben der Compliance-Funktion.
34 Siehe hierzu Protokoll zur Sitzung des Fachgremiums MaRisk am 24.04.2013 in Bonn (BaFin) Thema: Compliance Funktion unter Ziffer 2.
35 Siehe MaRisk AT 3 Tz. 1.
36 Siehe MaRisk unter 4.3.2 Risikosteuerungs- und controllingprozesse; MaComp BT 1 ff, wobei innerhalb der BT 1 MaComp die Risikosteuerungshandlungen der Ablauforganisation mehr beschreibend und nicht in der systematischen Reihenfolge eines Risikomanagements aufgeführt

- Risikoidentifizierung (Risikoanalyse),
- Risikobewertung (Bewertung des identifizierten Compliance-Risikos auf der Basis einer definierten Bewertungsmatrix, um die qualitativen Compliance-Risiken von ihrem Risikograd zu bewerten und vergleichbar zu machen)
- Risikosteuerung (Maßnahmen zur Vermeidung des identifizierten Compliance-Risikos),
- Risikoüberwachung (Kontrollen und sonstige Überwachungshandlungen) und
- Kommunikation (Berichterstattung).

Alles sind klassische Prozessschritte einer Ablauforganisation des Risikomanagements.

Ein Risikomanagementsystem in dem all diese Prozessschritte in einer logischen und systematischen Folge behandelt sind, ist das COSO Enterprise Risk Management System (COSO ERM).[37] Ähnlich der Prüfungsansatz von Compliance-Management-Systemen gemäß IDW PS 980, wenn auch aus Sicht des Verfassers nicht in der kausalen Stringenz und Systematik von COSO ERM.[38]

14

Überträgt man die grundsätzlichen Prozessschritte der zweiten Dimension von COSO ERM auf Compliance, dann sieht die Ablauforganisation von Compliance wie folgt aus:
1. Erhebung des Business Modells mit all seinen Ausprägungen und Dienstleistungen.
2. Analyse der für das Business Modell und die Dienstleistungen wesentlichen Gesetze, Vorgaben und aufsichtsrechtlichen Anforderungen.
3. Risikoanalyse in Bezug auf die für das Business Modell und die Dienstleistungen implementierten Prozesse, schriftlichen Verfahren und Dokumentationen sowie Arbeitsanweisungen und deren Übereinstimmung mit den unter Ziffer 2 geforderten Anforderungen.
4. Risikobewertung in Bezug auf die Feststellungen aus der Risikoanalyse.
5. Risikomitigierung der festgestellten Mängel und Lücken durch vorzuschlagende Maßnahmen, die von Compliance an die Geschäftsbereiche und deren Organisationseinheit zu adressieren sind sowie kontinuierliche Beratung der Geschäfts- und Servicebereiche.
6. Risikoüberwachung durch Prozess integrierte Kontrollen und sonstige Prozess unabhängige Überwachungshandlungen.
7. Regelmäßige Berichterstattung an die Geschäftsleitung über die identifizierten Risiken und den Stand der Mitigierungsmaßnahmen.
8. Permanentes und sich ständig wiederholendes Monitoring der gesamten Veränderungen, die eine Auswirkung auf die Compliance-Risiken haben könnten (Implementierung eines sich permanent wiederholenden Prozesses anhand dessen die sich fortlaufend

---

sind; *Steidle*: Kontrollpflichten von Compliance, Rn. 15, in: Renz/Hense (Hrsg.): Organisation der Wertpapier-Compliance-Funktion, 1. Aufl. 2012.

[37] Vgl. hierzu Committee of Sponsoring Organizations of the Treadway Commission, Enterprise Risk Management (COSO ERM); *Bungartz:*Handbuch Interne Kontrollsysteme (IKS), Steuerung und Überwachung von Unternehmen, 2. neu bearbeitete und erweiterte Aufl. 2011, S. 473 ff.

[38] Vgl. hierzu Grundsätze ordnungsgemäßer Prüfungen von Compliance Management Systemen (IDW PS 980).

verändernden Parameter, wie Gesetzgebung, Änderungen von Business Prozessen, neuen Dienstleistungen des Instituts verfolgt und dem Risikomanagementprozess zugeführt werden).

Zwischen den einzelnen Prozessschritten der Ablauforganisation bestehen kausale Abhängigkeiten, die im jeweils nächstfolgenden Prozessschritt zu berücksichtigen sind. Diese Ablauforganisation lässt sich sowohl auf die Compliance-Funktion nach MaComp als auch nach MaRisk anwenden, wobei es im Rahmen des Umfangs der Beratungsleistung und der Überwachungsmaßnahmen und Kontrollen zwischen den Anforderungen nach MaComp und MaRisk – letztere beinhaltet geringere Kontrollhandlungen von der MaRisk Compliance-Funktion – graduelle Unterschiede gibt.

2.2 Folgen des Verständnisses von Compliance als Bestandteil des Risikomanagements

15 Nachdem durch die gesetzlichen Änderungen in den letzten Jahren festgelegt wurde, dass die Compliance-Funktion Bestandteil des Risikomanagements eines KWG bzw. WpHG regulierten Instituts ist, verändert sich das Blickfeld der Compliance-Funktion hin zu Fragen in Bezug auf eventuelle Gemeinsamkeiten mit anderen Risikomanagement-Funktionen in der Ablauforganisation und welche Folgen dies auch für die Aufbauorganisation haben kann oder sollte.

– Haben Compliance-Risiken mit den sonstigen Risikoarten eines Instituts etwas gemein und wenn ja, was bzw. wo sind die Gemeinsamkeiten bzw. die eher trennenden Unterschiede?
– Welche methodischen Ansätze könnten ggf. auch für das Risikomanagement von Compliance Geltung erlangen und
– welche Daten, die für die Identifizierung und Bewertung der sonstigen Risiken einer Bank erhoben werden, können eine zusätzliche Informationsquelle für das Identifizieren und Bewerten von Compliance-Risiken darstellen?

Daran schließt sich zuletzt die Frage an, ob die identifizierten und bewerteten Compliance-Risiken quantifiziert werden können und mit Eigenkapital der Bank zu unterlegen sind.

3 Compliance und operationelle Risiken

16 Die nachfolgenden Ausführungen beschäftigen sich mit der Thematik der Anforderungen an die Compliance-Funktion und dem Management des Compliance-Risikos, der Definition des operationellen Risikos und das Verhältnis von Compliance zur Funktion operational Risk.

Den anderen „klassischen" Risikokategorien[39], deren Vorgehensweise, Risikoerhebung und Risikoberichte soll hier nicht weiter nachgegangen werden. Diese Risiken setzen sich mit den aus den Geschäften des Instituts sich ergebenden Risiken auseinander, nicht jedoch mit den aus den Geschäftsprozessen des Instituts ergebenden Risiken. Diese sind daher nicht weiter Gegenstand der nachfolgenden Überlegungen. Erwähnt sei allerdings noch,

---

39 MaRisk v. 14.12.2012 unter AT 2.2 Tz. 1 a.–c.

dass einzelne Ergebnisse der Risikoidentifizierung aus diesen Risikokategorien durchaus wertvolle Informationen/Risikoindikatoren für Compliance enthalten können, nämlich dann, wenn aus den ermittelten Geschäftsrisiken ggf. auf ein Fehlverhalten des Instituts bzw. dessen Mitarbeitern geschlossen werden kann.[40]

3.1 Definition operationelles Risiko

Unter dem Begriff operationelles Risiko (OpRisk) wird „die Gefahr von Verlusten, die infolge der Unangemessenheit oder des Versagens von internen Verfahren, Menschen und Systemen oder infolge externer Ereignisse eintreten", verstanden.[41]

Gemäß § 269 Abs. 1 Satz 2 SolvV sind hierin auch die Rechtsrisiken im Sinne der Gefahr eines Verlustes aufgrund der Verletzung geltenden Rechts enthalten. Nicht zu den operationellen Risiken gehören bisher weiterhin Reputationsrisiken und strategische Risiken.[42]

3.2 Compliance-Risiko

Trotz der zwischenzeitlich neu ins Leben gerufenen Compliance-Funktion nach MaRisk, der Klarstellung, dass es sich bei der Compliance-Funktion um eine Funktion des Risikomanagements und des internen Kontrollsystems handelt sowie den Ausführungen der BaFin zur Compliance-Funktion nach MaComp, existiert derzeit keine abschließende, einheitliche oder gar gesetzliche Definition eines Compliance-Risikos.[43] Eine Konkretisierung des Compliance-Risikos lässt sich daher nur mittelbar aus den bankaufsichtsrechtlichen bzw. gesetzlichen Vorschriften der (Funktions-)Beschreibung zu den Organisationspflichten einer Bank oder eines Wertpapierdienstleistungsunternehmens in Deutschland ableiten. Gemäß § 33 Abs. 1 Nr. 1 WpHG (alte Fassung – heutiger § 80 Abs. 1 Nr. 1 WpHG, textlich verändert und ohne die Compliance-Funktion ausdrücklich zu erwähnen, woraus

---

40 Solche Überlegungen könnten z. B. für die Überwachungshandlungen von Compliance im Zusammenhang mit der Überwachung von Marktmanipulationen von Interesse sein.
41 Vgl. § 269 Abs. 1 Satz 1 SolvV; die verwendete Definition erfolgt in Anlehnung an Basel II und deren Entsprechung auf europäischer Ebene in der Bankenrichtlinie CRD; siehe hierzu auch Empfehlung des Fachgremiums Empfehlung des Fachgremiums OpR zur OpR Definition (v. 05.03.2008); *Schäl*: Management von operationellen Risiken, 2011, S. 14, 15.
42 Siehe hierzu auch Baseler Ausschuss für Bankenaufsicht, Internationale Konvergenz der Kapitalmessung und Eigenkapitalforderungen, überarbeitete Rahmenvereinbarung in der Fassung der Übersetzung der Deutschen Bundesbank, Juni 2004, unter V. A. Nr. 644; *Kaiser/Kasprowicz*, in: Zeitschrift für das gesamte Kreditwesen 2009, S. 132 ff.; zwischenzeitlich scheinbar abweichend European Banking Authority (2014) Draft Guidlines for common procedures and methodologies for the supervisory review and evaluation process Tz. 225 a; ebenso erwähnt in: *Einhaus*: Reputationsrisiken im Kontext von Regulierung und bankbetrieblicher Praxis – ein Überblick, in: Hofmann: Basel III Risikomanagement und Bankenaufsicht, S. 358, 1. Aufl. 2015.
43 Siehe dazu MaRisk v. 14.12.2012 unter AT 4.4.2 Tz. 1 Satz 1 – „Risiken aus der Nichteinhaltung rechtlicher Regelungen und Vorgaben"; MaComp BT 1 ff, wobei auch hier nur das Compliance-Risiko umschrieben, aber nicht konkret definiert wird; siehe hierzu auch Protokoll zur Sitzung des Fachgremiums MaRisk am 24.04.2013 in Bonn (BaFin) Thema: Compliance-Funktion unter Ziffer 2; die MaRisk führt auch das Compliance-Risiko nicht als eigenständige Risikoart unter AT 2.2 auf. Siehe hierzu auch *Haberhauer*: Compliance Risiko – Was ist das? Ein Blick in die Bank in: CCZ 2/2017, S. 78 ff.

sich allerdings aus Sicht des Verfassers in Verbindung mit der Neufassung der MaComp gemäß Rundschreiben 05/2018 sowie Art. 22 DV keine Änderung des aus dem alten Text gezogenen Umkehrschlusses – siehe unten ergibt) hat ein Wertpapierdienstleistungsunternehmen *„angemessene Grundsätze aufzustellen, Mittel vorzuhalten und Verfahren einzurichten, die darauf ausgerichtet sind, sicherzustellen, dass das Wertpapierdienstleistungsunternehmen selbst und seine Mitarbeiter den Verpflichtungen dieses Gesetzes nachkommen, wobei insb. eine dauerhafte und wirksame Compliance-Funktion einzurichten ist, die ihre Aufgaben unabhängig wahrnehmen kann"*. Im Umkehrschluss lässt sich daraus ableiten, dass unter dem Compliance-Risiko die Gefahr eines Verstoßes durch das Unternehmen als juristische Person oder durch die Mitarbeiter des Unternehmens gegen das WpHG, nebst den hierzu zur weiteren Detailregelung erlassenen Rechtsverordnungen, verstanden wird.[44] Dem entspricht auch die anfängliche Definition des Compliance-Risikos in dem Entwurf der BaFin zu den Mindestanforderungen an Compliance (MaComp) in der Fassung v. 04.05.2009 unter AT 3.2 Ziffer 2. Hierin wird das Compliance-Risiko als das für ein Wertpapierdienstleistungsunternehmen bestehende Risiko definiert, welches darin besteht, dass das Unternehmen selbst oder dessen Mitarbeiter den Verpflichtungen des WpHG nicht oder nicht vollumfänglich nachkommt (sog. Compliance-Risiko)[45]. In den nachfolgenden Entwurfsfassungen der BaFin unter AT 3.2 mit Datum des 07.09.2009 ist dies allerdings nur noch in abgeschwächter Diktion aufgeführt sowie in der Konsultationsfassung 17/2009 unter der Ziffer AT 3.2 gar nicht mehr erwähnt, obwohl in der Gliederung unter Ziffer AT 3.2 noch die Überschrift „erfasste Risiken, Zielrichtung der MaComp" unverändert geblieben war[46]. Dafür befand sich unter AT 1 Ziffer 2 Satz 2 (Vorbemerkung) ein mittelbarer Hinweis auf das Compliance-Risiko. Der Text ist in der damals veröffentlichen endgültigen Fassung des Rundschreibens 4/2010 (WA) der BaFin v. 07.06.2010 unverändert geblieben.[47]

Ebenso, allerdings auf einem insg. breiteren Ansatz und mit einem anderen Schutzzweck (Vermeidung eines Schadens bei der Bank) die MaRisk unter AT 4.4.2 Tz. 1, die *„von Risiken, die sich aus der Nichteinhaltung rechtlicher Regelungen und Vorgaben ergeben können"*, sprechen.[48]

Es ist daher das allgemeine Verständnis, abgeleitet aus den aufsichtsrechtlichen und gesetzlichen Vorgaben, dass unter dem Compliance-Risiko die Nichtbeachtung und Verletzung

---

44 *Fuchs (Hrsg.)*, in: Kommentar zum Wertpapierhandelsgesetz, München 2016, § 33 Rn. 69 und 70; weiter gefasst v. *Held*, in: MiFID Praktikerhandbuch Clouth/Lang, 2007 Rn. 442.
45 BaFin Entwurf der Mindestanforderungen an Compliance (MaComp) in der Fassung v. 04.05.2009.
46 Die Beibehaltung der Überschrift in der Gliederung war ein Redaktionsversehen, welches korrigiert wurde.
47 Rundschreiben 4/2010 (WA) Mindestanforderungen an die Compliance-Funktion und die weiteren Verhaltens-, Organisations- und Transparenzpflichten nach §§ 31 ff WpHG für Wertpapierdienstleistungsunternehmen (MaComp).
48 *Haberbuber*: Compliance Risiko – Was ist das? Ein Blick in die Bank, in: CCZ 2/2017, S. 78 ff. mit Verweis auf European Banking Authority, EBA Guidelines on Internal Governance (GL 44), 27.09.2011.

geltenden Rechts und Vorgaben sowie sonstiger Industriestandards durch das Unternehmen selbst oder durch dessen Mitarbeiter verstanden wird.[49]

Das Compliance-Risiko wurde in der Vergangenheit häufiger – die Sichtweise dürfte sich aufgrund der zwischenzeitlichen gesetzlichen und aufsichtsrechtlichen Regelungen überholt haben – als ein Bestandteil des operationellen Risikos betrachtet, wobei jedoch gerade die im Rahmen von Verstößen gegen Compliance-Grundsätze und Prinzipien entstehende Reputationsschäden nicht Gegenstand des operationellen Risikos bisher sind. Dies ist aufgrund Basel II[50] immer noch so, auch wenn dies teilweise in einzelnen Unterlagen aufgrund anderer Handhabung in einzelnen Banken in der Praxis bzw. aus Erwägungen der sachlichen Nähe zwischen dem Verlust an Reputation und dem operationellen Risiko anders erwähnt wird.[51]

Betrachtete man weiterhin die Organisationspflichten gemäß § 33 Abs. 1 Nr. 1 WpHG i. V. m. § 12 Abs. 3 Nr. 1 WpDVerOV (jeweils alte Fassung), insb. aber die des § 33 Abs. 1 Nr. 6 WpHG (alte Fassung), so wurde dort die Verpflichtung der Angemessenheit und Wirksamkeit der organisatorischen Maßnahmen an das Dienstleistungsunternehmen aufgestellt, die von der Compliance-Funktion zu überwachen und regelmäßig zu bewerten war. Mit Konkretisierung der Organisationspflichten in § 33 WpHG (alte Fassung – siehe hierzu jetzt die neue Fassung der MaComp unter AT 6[52] mit Verweis auf § 80 Abs. 1 WpHG sowie BT 1 MaComp mit Bezug zu § 80 Abs. 1 WpHG, Art. 22 DV) und letztendlich auch durch die MaRisk unter AT 4.4.2 Tz. 1[53] wurde die abstrakte Risikobeschreibung des Compliance-Risikos in eine konkrete Handlungsanweisung, nämlich der Überwachung und Bewertung des Compliance-Risikos transformiert.

Eine Bewertung und Überwachung setzt aber voraus, dass man die von den operativ verantwortlichen (Geschäfts-) Bereichen implementierten Grundsätze und Vorkehrungen auf deren Zielerreichung hin (Erfüllung der Anforderungen des WpHG bzw. der wesentlichen gesetzlichen Regelungen) analysiert.

Beschäftigt man sich weiter im Detail mit den einzelnen Prozessschritten der Ablauforganisation des Risikomanagements wird ersichtlich, dass mit dem 3 Prozessschritt seitens Compliance eine Risikoanalyse der bestehenden Ablauforganisation zu erfolgen hat mit dem Ziel, die Transformation von abstrakten gesetzlichen Regelungen und aufsichtsrechtlichen Vorgaben in die Ablauforganisation des Wertpapierdienstleisters bzw. des KWG

---

49   Siehe dazu auch das Rundschreiben Circular CSSF 12/552 as amended by Circulars CSSF 13/563, CSSF 14/597 and CSF 16/642 in der Subsection 6.2.6. Tz. 131; FinMa unter V. Geschäftsführung C. Compliance (Normeneinhaltung) Tz. 98.
50   Basel Committee on Banking Supervision 2006, Internal Convergence of Capital Measurement and Capital Standards – A Revised Framework, June 2006 Tz. 644.
51   Basel Committee on Banking Supervision 2014, Review of the Principles for the Sound Management of Operational Risk, 06.10.2014, S. 9.
52   BaFin Rundschreiben 05/2018 (WA) – Mindestanforderungen an die Compliance – Funktion und weitere Verhaltens-, Organisations- und Transparenzpflichten – MaComp.
53   Auch wenn unter AT 4.4.2 die Angemessenheit der Verfahren nicht erwähnt wird, sondern nur von der Wirksamkeit der Verfahren gesprochen wird – aus Sicht des Verfassers eine sprachliche Ungenauigkeit.

regulierten Instituts zu analysieren und im Hinblick auf potenzielle Compliance-Risiken zu bewerten.

Die Transformation der abstrakten gesetzlichen Regelungen und Vorgaben auf die Ebene des individuellen Unternehmens und dessen Handeln erfolgt durch die Implementierung von IT-technischen oder manuellen Prozessen, schriftlichen Verfahrensbeschreibungen und Arbeitsanweisungen. An dieser Stelle sei der Hinweis erlaubt, dass aufgrund der technischen Gegebenheiten die Prozesse sich nicht frei gestalten lassen sondern sich an den IT-technischen Gegebenheiten des jeweiligen Unternehmens zu orientieren haben. Ein kritischer Punkt der bei der Implementierung von gesetzlichen Änderungen, zumindest was das Kontrollumfeld und den dafür erforderlichen Datenhaushalt angeht, in der ersten Stufe der Implementierung nicht ausreichend beachtet wird.

Es sei an dieser Stelle trotz der zwischenzeitlich erfolgten Klarstellung durch die MaComp[54] ebenfalls darauf hingewiesen, dass der Prozess der Transformation von abstrakten gesetzlichen Regelungen in interne Prozesse durch Erstellung der mit der Ablauforganisation des Business verbundenen Dokumentation einschließlich solcher schriftlichen Unterlagen wie Prozessbeschreibungen, Guidelines, Policies, Arbeitsanweisungen in der Verantwortung des jeweiligen Geschäftsbereichs liegt.[55] Der Hinweis ist deshalb wichtig, da aus den operativen Bereichen zum Teil immer noch die Auffassung vertreten wird, dass die Erstellung einer das Risiko mindernde Dokumentation in der Verantwortung von Compliance liege. Dem ist aber nicht so, was sich einerseits unzweifelhaft aus den Gesetzestexten des § 33 Abs. 1 Nr. 1 WpHG i. V. m. § 12 Abs. 3 Nr. 1 WpDVerOV (jeweils alte Fassung) sowie der MaComp unter BT 1.4.2 und BT 1.4.3 ableiten lässt und andererseits sich grundsätzlich auch nicht mit der Aufgabenstellung von Compliance als neutrale Funktion vereinbaren lässt, nämlich der Bewertung und Überwachung der Grundsätze und Vorkehrungen, ohne einem potenziellen Interessenkonflikt ausgesetzt zu sein. Letzteres wäre aber der Fall, würde Compliance seine selbst erstellten Grundsätze und Vorkehrungen bewerten und überwachen.

Verantwortlich für die Implementierung der Prozesse, der Erstellung von Verfahrensbeschreibungen und Arbeitsanweisung ist die Geschäftsleitung bzw. der jeweils betroffene Geschäftsbereich. In der Regel ist dies der „Chief Operating Officer" des Unternehmens oder des Geschäftsbereichs. Compliance hat hier ausdrücklich eine beratende Funktion bei den Wertpapierdienstleistungsunternehmen.[56] Für die Compliance-Funktion nach MaRisk ist dies bisher nicht unmittelbar sondern nur mittelbar unter AT 4.4.2 Tz. 1 ausgedrückt worden.[57]

---

54 Siehe hierzu MaComp BT 1.2.4 Tz. 2 (auch in der neuen Fassung unverändert geblieben).
55 siehe auch Konsultationspapier der BaFin v. 15.04.2016 zur Überarbeitung der MaRisk unter AT 3 Tz. 2.
56 So ausdrücklich erwähnt in den MaComp unter BT 1.2.3 Tz. 1 und 5.
57 Siehe MaRisk v. 14.12.2012 unter AT 4.4.2 Tz. 1.

3.3 Risikoanalyse/Risikoidentifizierung

Der Rahmen der klassischen sequentiellen Vorgehensweise des Risikomanagements nämlich Risikoidentifikation, Risikobewertung, Risikosteuerung, Risikoüberwachung und Reporting zeigt den Weg zu einer Plattform eines integrierten Risikomanagements und einer engeren Zusammenarbeit von Compliance und operationellem Risiko.

19

Die ersten beiden Schritte des Risikomanagements von Compliance, nämlich die Aufnahme des gesamten Businessmodells des Instituts bzw. des Wertpapierdienstleistungsunternehmens und seiner Produkte und Dienstleistungen sowie die Erfassung der hierfür zu beachtenden Gesetze und aufsichtsrechtlichen Vorgaben, um daraus die abstrakten Anforderungen an die zu implementierenden konkreten Prozesse abzuleiten, wird hier nicht weiter erörtert. Hier besteht keine direkte Nähe zu OpRisk.

Aufgabe von OpRisk als auch von Compliance ist die Identifizierung des jeweils spezifischen Risikos und die darauf zu ergreifenden Maßnahmen. Während das operationelle Risiko auf die Gefahr von quantitativen Risiken aus u. a. mangelhaften, unzureichenden oder nicht gegebenen Prozessen und Systemen abstellt[58], steht bei dem Compliance-Risiko die qualitative Gefahr der Nichteinhaltung bzw. Verletzung spezifisch gesetzlicher Vorschriften im Fokus. Der Unterschied einer notwendigen Quantifizierung von Risiken und den eventuell schwierig zu bewertenden qualitativen Risiken von Compliance darf nicht den Blick dafür verstellen, dass zum Teil die Basis für die Identifizierung der Risiken bei beiden Risikoarten gleich ist.[59]

Eine Basis (neben der Schadensdatenbank) für eine entsprechende Identifizierung des Risikos ist beim operationellem Risiko neben anderen Risikoursachen (z. B. externe Ereignisse) die Ablauforganisation und die dazugehörigen Prozesse der jeweiligen Bank bzw. des Wertpapierdienstleistungsunternehmens. Diese gilt es im Hinblick auf die spezifischen operationellen Risiken im Hinblick auf die Angemessenheit der Verfahren oder des Potenzials einer Gefährdung hin zu analysieren.

Nichts anderes gilt aber auch für die Compliance-Funktion. Mit anderen Worten: Compliance hat durch Produkt- und Prozessanalysen die Schwachstellen, Mängel und Risiken der Ablauforganisation und deren Prozesse im Hinblick auf eine akute oder potenzielle Gefährdung der Einhaltung der gesetzlichen Erfordernisse zu erheben und herauszuarbeiten.[60]

---

58 Vgl. § 269 Abs. 1 Satz 1 SolvV; die verwendete Definition erfolgt in Anlehnung an Basel II und deren Entsprechung auf europäischer Ebene in der Bankenrichtlinie CRD; siehe hierzu auch Empfehlung des Fachgremiums Empfehlung des Fachgremiums OpR zur OpR Definition (v. 05.03.2008); siehe dazu auch Baseler Ausschuss für Bankenaufsicht, Internationale Konvergenz der Kapitalmessung und Eigenkapitalforderungen, überarbeitete Rahmenvereinbarung in der Fassung der Übersetzung der Deutschen Bundesbank, Juni 2004, wird unter V. A. Nr. 644 vom Versagen interner Verfahren, Menschen und Systemen gesprochen.

59 Siehe hierzu auch *Gramlich/Renz,* in: Risk, Compliance & Audit 2009, S. 24 ff., insb. S. 25 und 26.

60 Siehe Compliance Intelligence, Praxisorientierte Lösungsansätze für die risikobewusste Unternehmensführung, Stuttgart 2009, S. 17 und 52 ff. – hier allerdings in Bezug auf die Risikoidentifizierung von Financial Risks.

Sind die abstrakten gesetzlichen Regelungen und Vorgaben in dem Institut oder Wertpapierdienstleistungsunternehmen nicht oder nicht vollständig durch Prozesse, Verfahrensbeschreibungen und Arbeitsanweisungen (organisatorische Maßnahmen) organisatorisch umgesetzt, sind die Mittel und Verfahren in dem Unternehmen unangemessen bzw. nicht wirksam. Betrachtet man nunmehr die Definition des operationellen Risikos und das Verständnis über das Compliance-Risiko, so stellt man fest, dass zwischen dem operationellen Risiko und dem Compliance-Risiko insoweit eine Übereinstimmung vorliegt. Während bei dem operationellen Risiko der Blick auf den Eintritt eines potenziellen materiellen Schadens gerichtet ist und die Gefahr des materiellen Schadens des Instituts im Vordergrund steht, setzt das Compliance-Risiko früher an, nämlich bei der Einhaltung und Beachtung der gesetzlichen Regeln und Vorgaben. Ursache ist aber bei beiden die Unangemessenheit oder das Versagen der internen Verfahren mit Blickrichtung auf die gesetzlichen Regelungen und Vorgaben (mangelhafte manuelle oder IT-technische Prozesse, mangelhafte Verfahrensbeschreibungen, fehlende oder nicht ausreichende Arbeitsanweisungen). Die gemeinsame Basis ist die Analyse der Ablauforganisation und deren Prozesse. Ein erster Schritt für ein integriertes Risikomanagement wäre daher eine Annäherung in den Prozessen der Risikoidentifizierung von operationellem Risiko und Compliance im Rahmen der Analyse der Ablauforganisation und deren Prozesse.

Bereits im Jahre 2005 hat das Basel Committee on Banking Supervision in seinem Papier „Compliance and the compliance function in Banks" darauf hingewiesen, dass zwischen dem Compliance-Risiko und bestimmten Aspekten des operationellen Risikos ein Zusammenhang bestehe und zwischen den beiden separaten Funktionen, sofern getrennte Verantwortungsbereiche eingerichtet sind, eine enge Kooperation anzustreben sei[61]. So zukunftsweisend die Sichtweise des Basler Ausschusses gewesen ist[62], hat es doch erst eine Zeit gebraucht, um innerhalb des Kreises der mit der Compliance-Funktion oder mit den Compliance-Themen außerhalb des Unternehmens betrauten Personen ein breiteres Verständnis von Compliance als einen Bestandteil des Risikomanagements zu entwickeln. Zwischenzeitlich wird auch von der Aufsichtsbehörde (BaFin) die bestehende Nähe zwischen operational Risk und Compliance in Bezug auf die Überwachung und Bewertung der in dem Institut oder dem Wertpapierdienstleistungsunternehmen zu implementierenden internen Verfahren gesehen.[63]

20 Aus Sicht des Verfassers ergeben sich aus dieser partiellen Deckungsgleichheit der Aufgaben und Anforderungen 3 Anmerkungen.

Erstens sollte im Rahmen der Ablauforganisation des Unternehmens die Zusammenarbeit und der Informationsaustausch von OpRisk und Compliance institutionalisiert werden, um

---

61 Bank for International Settlements, Basel Committee on Banking Supervision – Compliance and the compliance function in banks – April 2005, Introduction unter Ziffer 8.
62 Basel Committee on Banking Supervision verfolgt diesen alten Ansatz in seinen Guidelines Corporate governance principles for banks aus July 2015 nicht explizit weiter, auch wenn unter Principle 7 Risk identification, monitoring und controlling unter Ziffer 114 bei der Identifizierung und Bewertung von quantitativen und qualitativen Risiken gesprochen wird.
63 *Schöppe*, BaFin Referat BA 55, in „die Brüder und Schwestern des OpRisk" Vortrag v. 10.05.2012; *Haberhauer*: Compliance Risiko – Was ist das? Ein Blick in die Bank, in: CCZ 2/2017, S. 82.

die vorhandenen Synergien in Bezug auf die Risikoanalyse der Prozesse zu heben. Es besteht in der Regel bei dem Personalbudget immer eine Ressourcenknappheit, sodass es sinnvoll erscheint hier die Kräfte der Bereiche an dieser Stelle zu bündeln. Nach den Erfahrungen des Verfassers in der Praxis wird dies bisher in den Instituten und Wertpapierdienstleistungsunternehmen noch nicht oder zu wenig gemacht[64].

Zweitens sollte der Regulator die nicht näher definierte und ungeklärte Schnittstelle zwischen dem operationellen Risiko und einem Compliance-Risiko versuchen zu definieren. Die Abgrenzung zwischen operationellem Risiko und dem Compliance-Risiko soll das Bewusstsein für eine klare Aufteilung der jeweiligen Verantwortungsbereiche herbeiführen, nicht aber den Blick dafür verstellen, in welcher Form beide Funktionseinheiten im Interesse eines integrierten Risikomanagements zusammenarbeiten können und sollen.

Drittens sollten die OpRisk Schadensfälle bzw. „fast Schadensfälle" auch an Compliance zur Information gehen, da diese wiederum einen Rückschluss auf ein potenzielles Compliance-Risiko zulassen könnten.

3.4 Methoden der Risikoidentifizierung

Methoden der Risikoidentifizierung im Bereich operationelles Risiko sind u. a. eine Prozessanalyse, eine Analyse der Risiken anhand von definierten wesentlichen Risikoindikatoren (Key Risk Indicator – KRI), eine Szenarioanalyse, ein Self Assessment Verfahren sowie empirisch gestütztes Erfahrungswissen aus der Schadensfällen in der Vergangenheit aus einer internen und/oder externen Verlustdatensammlung. Diese methodischen Ansätze lassen sich für die Identifizierung eines Compliance-Risikos ebenfalls anwenden.

21

Prozessanalyse von Compliance
Die Prozessanalyse ist ein Vorgang mit dem der Ist-Zustand eines dynamischen Ablaufs erhoben wird, verbunden mit einer anschließenden kritischen Beurteilung über bestehende Mängel oder potenzielle Risiken eines Prozesses. Die Analyse erfolgt im Hinblick auf das zu identifizierende Compliance-Risiko gegenüber dem Prozessziel, nämlich einen gesetzesrobusten und die gesetzlichen Anforderung unterstützenden Prozess zu haben, in Abhängigkeit von der zuvor festgelegten Definition des Compliance-Risikos (Scope).[65] Organisationsmittel für eine Prozessanalyse können wiederum bestimmte Aufnahme- und Analysetechniken sein, die die Compliance-Funktion in die Lage versetzen, Mängel oder Risiken in den bestehenden Abläufen zu identifizieren. Werkzeuge für eine Prozessaufnahme können Interviews, Fragebogen oder auch Self Assessments, Beobachtungen, Dokumentenauswertungen, Datenerhebungen sowie Referenzbankmodelle sein. Als Analyse-

22

---

64 Anders wohl die Anforderungen der CSSF in Circular CSSF 12/552 as amended by Circulars CSSF 13/563, CSSF 14/597 and CSSF 16/642 da dort unter in der Sub-section 4.1.4.2 Risk Committee Tz. 50, die Einrichtung eines Risk Committees unter Berücksichtigung von Compliance vorgesehen ist.
65 Allgemein zur Prozessanalyse *Olfert/Steinbuch*: Organisation, 13. Aufl. 2003, S. 310 ff. sowie zu Organisationstechniken, S. 74 ff.

techniken[66] sind die Grundlagenanalyse, Checklisten-Technik, Benchmarking und Schwachstellenanalyse zu nennen.

23 *Risikoidentifizierung anhand eines Self Assessments*
Compliance-Risiken lassen sich gemäß den vorherigen Ausführungen zur Aufnahmetechnik ebenso im Rahmen eines Self Assessment-Verfahrens ermitteln. Hierzu sind entsprechende Fragebögen auf Seiten der Compliance-Funktion zu erstellen, die in den jeweiligen dem Assessment unterliegenden Geschäfts-, Service-, Stabs- oder Abwicklungsbereich zu erheben sind. Ein solches Compliance Assessment Verfahren sollte mit dem jeweiligen Bereich zusammen durchgeführt werden. Anhand der Auswertung der Fragebögen in Bezug auf den angegebenen Ist-Zustand in Relation zu einen vorher definierten Sollzustand, der aus Sicht von Compliance erforderlichen Ablauforganisation einschließlich der hierzu notwendigen Prozesse, lässt sich ein spezifisches qualitatives Compliance-Risiko des befragten Bereiches identifizieren.

24 Self Assessment-Verfahren sind ebenfalls eine Methodik zur Identifizierung von operationellen Risiken.[67] Für ein integriertes Risikomanagement von operationellem Risiko und von Compliance ist dementsprechend anzustreben im Rahmen eines Self Assessment Verfahrens sowohl operationelle Risiken als auch die Compliance-Risiken zu erheben, um die in Anspruch genommenen Bereiche nur einmal mit einer entsprechenden Erhebung in dem festzulegenden Turnus zu belasten.

25 *Sonstige Risikoerkenntnisquellen zur Identifizierung von Compliance-Risiken*
Informationsquellen für eine Identifizierung von Compliance-Risiken sind weiterhin die Daten
– der Verlustdatenbank der operationellen Risikofunktion,
– des Beschwerdemanagements,
– der Risikoberichte der anderen klassischen Risikomanagementbereiche,
– einer Meldungen oder Hinweise im Zusammenhang mit einer Whistle Blowing–Information,
– der internen Revisionsberichte sowie
– der externen Prüfungsberichte.

26 Diese Informationsquellen können im Hinblick auf mögliche, in den Prozessen eher punktuell befindliche, Schwachstellen hin analysiert werden. Aus der Untersuchung der in den vorbenannten Informationsquellen aufgeführten Daten, Fakten und Gegebenheiten lässt sich eine Herleitung von möglichen Mängeln bzw. Compliance-Risiken durchführen. Im Rahmen der Schwachstellenanalyse erfolgt dementsprechend ein Umkehrung von Ursache und Wirkung, indem von den Ergebnissen her auf mögliche Ursachen/Risiken geschlossen

---

66 Siehe hierzu auch *Kagermann/Küting/Weber*: Handbuch der Revision 2006, analytische Prüfungshandlungen S. 241 ff.

67 *Kaiser/Schmidt*: Einführung von Methoden und Prozessen zum Management und Controlling operationeller Risiken, in: Zeitschrift für das gesamte Kreditwesen 2007, S. 619 ff; *Kaiser/Kaprowicz*: Integriertes Management operationeller Risiken, in: Zeitschrift für das gesamte Kreditwesen 2009, S. 132 ff.; *Bohlender*: Quantifizierung operationeller Risiken 2008, S. 75–76.

I.3 Compliance und operationelle Risiken

wird. Auch hier zeigt sich eine der Erhebung des operationellen Risikos vertraute Vorgehensweise.[68]

Risikoidentifizierung anhand von qualitativen Risikoindikatoren von Compliance   27
Für die Identifizierung abstrakter Compliance-Risiken lassen sich auch Risikofaktoren und -indikatoren festlegen, die eine qualitative Aussage darüber geben, ob grundsätzlich bei deren Vorliegen oder Fehlen die Eintrittswahrscheinlichkeit eines gesetzlichen Verstoßes bzw. des spezifisch definierten Compliance-Risikos höher oder niedriger ist. Dies erfolgt durch die Erhebung und Bewertung von qualitativen Anforderungen an eine spezifisch definierte Compliance-Ablauforganisation und deren Prozesse. Da die Risikoindikatoren bei Compliance weitestgehend keine quantitativen Faktoren bzw. Indikatoren sind, sind methodologisch qualitative Mindest- bzw. Best Practice Standards von Compliance zu definieren, um anhand dieser Standards einen Ist-Soll-Abgleich vornehmen zu können. In Abhängigkeit von dem Grad der Abweichung von einem Mindeststandard bzw. der Nähe zu einem definierten Best-Practice-Modell wird das potenzielle Risiko des Eintritts eines nicht Compliance adäquaten Verhaltens oder Prozesses in Risikoklassen (gering, mittel und hoch) ermittelt.[69] Zu den abstrakten Risikoindikatoren, die die Wahrscheinlichkeit des Eintritts eines Compliance-Risikos aus Sicht von Compliance verringern oder im Umkehrschluss erhöhen, zählen beispielhaft:

Tab. 1: Beispiele für abstrakte Risikoindikatoren   *28*

Die vollständige Erfassung und Analyse der gesetzlichen Anforderungen sowie das Monitoring möglicher Gesetzesänderungen. Hierzu gehört:
– Das Bestehen eines geordneten Prozesses, wie Gesetze erfasst, mit den bereits bestehenden gesamthaften Prozessen der Bank oder des Wertpapierdienstleistungsunternehmens abgeglichen, deren Auswirkungen auf die Ablauforganisation analysiert und in Prozesse überführt werden.
– Klare Zuordnung von Prozessverantwortlichkeiten im Rahmen der Erfassung, Analyse und Überführung der Gesetze in Prozesse.
Qualität der Geschäfts- und Transaktionsprozesse. Dies beinhaltet:
– Vollständige Abbildung/Umsetzung der gesetzlichen Anforderungen in den geschäftlichen oder transaktionsbezogenen Prozessen (unterstützen die Prozesse die Einhaltung der Compliance-relevanten Vorschriften?)
– Vollständige schriftliche fixierte Ordnung (SFO) Aktuelle Prozessbeschreibung Aktuelle Arbeitsanweisung Compliance-Richtlinien/Policies Monitoringprozess bezüglich der Aktualität der SFO

---

68   Siehe hierzu Bericht BaFin/Bundesbank über die Industrieaktion AMA operationelles Risiko 2005 v. 29.05.2005, S. 11.
69   Siehe auch zu ähnlichen Ansätzen *Haberhauer:* Compliance Risiko – Was ist das? Ein Blick in die Bank, in: CCZ 2/2017, S. 78 ff.

> Komplexität der Prozesse sowie der jeweilige Grad der manuellen oder technischen Durchführung.
>
> – Der Grad des Risikos bei einer manuellen Umsetzung ist abhängig von der Leistungsfähigkeit und Disziplin der mit der Aufgabe betrauten Mitarbeiter bzw. von der Fehleranfälligkeit für fahrlässige oder vorsätzliche Handlungsweisen bzw. Verstößen.
>
> – Ein maschineller Prozess schaltet den Faktor von menschlichem Versagen zum größeren Teil aus, ist aber wiederum abhängig von der Komplexität der Technik und der Menge der Schnittstellen zu anderen
> Systemen,
> Datenzuliefersystemen,
> der Datenqualität.
>
> Der Grad der Umsetzung von Qualitätssicherungsprozessen auf der Ebene des für den Prozess verantwortlichen Bereiches z. B. durch Schulung der Mitarbeiter, vor- oder gleichgeschalteten 1st Level Kontrollen sowie eine geringe Fehlerquote bei nachgelagerten 1st Level Kontrollen.

3.5 Möglichkeiten der Risikobewertung eines Compliance-Risikos

29 Diese beispielhaft genannten Risikoindikatoren können nach einer vorher festgelegten Bewertungssystematik zu einer Einstufung/Bewertung der Eintrittswahrscheinlichkeit in eine Risikoklasse wie z. B. gering, mittel oder hoch führen.

30 Dem Eintrittsszenario lässt sich sodann ein Auswirkungs- oder Schadensszenario zuordnen. Zur Ermittlung der potenziellen Auswirkung bzw. des Schadens werden die möglichen Folgen bei Eintritt des Compliance-Risikos untersucht[70]. Die Frage, die es dementsprechend zu beantworten gilt, ist, wie die Folgen jeweils aussehen könnten, wenn das zuvor ermittelte spezifische Compliance-Risiko sich tatsächlich verwirklichen würde. Hierbei sind drei Typen von Auswirkungen bzw. Schäden in der Regel denkbar:

1. Gerichtliche (sowohl straf- als auch zivilrechtliche), behördliche oder disziplinarische Strafen aufgrund der Verwirklichung des Compliance-Risikos,
2. die aus dem Verstoß gegen das Compliance-Risiko potenziell resultierenden Reputationsschäden,
3. unmittelbare monetäre Vertrags- oder Transaktionsschäden gegenüber dem Dritten (Kunden).

31 Den drei genannten Schadenstypen können im Rahmen der Bewertung der Auswirkung weiterhin folgende Auswirkungs- oder Schadensszenarien beigeordnet werden, die dazu beitragen sollen, eine Schätzung des Ausmaßes der Auswirkung bzw. des Schadens zu erhalten. Folgende Elemente können hierbei berücksichtigt werden:

---

70 Siehe hierzu auch *Withus*: Betriebswirtschaftliche Grundsätze für Compliance Management Systeme, Hamburg 2014, S. 124 ff.

I.3 Compliance und operationelle Risiken

- Die Ausbreitung der potenziellen Schäden (z. B. Einzelfall oder betrifft ein Vielzahl von Kunden),
- die zeitliche Ausdehnung von potenziellen Schäden (wie lange würde sich ein solcher Schaden auswirken z. B. bei Reputationsrisiken) (Persistenz),
- die Ungewissheit bezüglich der tatsächlichen Auswirkungen über ein identifiziertes Compliance-Risiko (Unmittelbare/mittelbare Schäden, theoretische Schadensmöglichkeit),
- die Möglichkeit, Schäden durch Wiederherstellung des vorherigen Zustands auszuräumen (Reversibilität),
- die Kosten der Beseitigung von entstandenen Schäden bzw. der Verhinderung des weiteren Eintritts.

Anhand der vorstehenden Faktoren lässt sich eine qualitative Schätzung der Auswirkung bzw. des Schadens in eine Risikoklasse (gering, mittel, hoch) vornehmen. 32

Die vorstehenden Methoden der Identifizierung von Compliance-Risiken und deren jeweilige Bewertung können zu einer Gesamtbeurteilung eines Compliance-Risikos zusammengeführt werden. Hierzu ist eine Bewertungssystematik für alle gemäß den vorstehenden Ausführungen ermittelten Risiken herzustellen, um die im Rahmen des jeweiligen Werkzeugs oder der Analysetechnik identifizierten und jeweils bewerteten Compliance-Risiken miteinander und zueinander in ein Verhältnis zu setzen. 33

Eintrittswahrscheinlichkeit und Auswirkung/Schadensgeneigtheit lassen sich nach jeweiliger Bewertung/Schätzung auf der Basis vorstehender Erläuterungen aggregieren und zu einem potenziellen Compliance-Risiko in einer Risiko Matrix zusammenfassen. Durch die Kombination von Eintrittswahrscheinlichkeit und Schadensgeneigtheit wird eine qualitative Risikobewertung eines potenziellen Compliance-Risikos bezüglich Compliance-relevanter Prozesse hergestellt. Mit einer derartigen Risiko Matrix lässt sich auch die spezifische Anforderung einer Bewertung in Bezug auf die bestehenden Verfahren und Mittel durch die Compliance-Funktion zur Umsetzung der aus der Verordnung zur Konkretisierung der Verhaltensregeln und Organisationsanforderungen für Wertpapierdienstleistungsunternehmen (Wertpapierdienstleistungs-Verhaltens- und Organisationsverordnung – WpDVerOV) sich ergebenden Pflichten einer Bank oder eines Wertpapierdienstleistungsunternehmens erfüllen. Die sich an die Risikoidentifizierung und Bewertung anschließenden Maßnahmen zur Minimierung der Compliance-Risiken lassen sich in Abhängigkeit von der ermittelten Risikoeinstufung Risiko orientiert und adäquat abarbeiten. 34

3.6 Folgen für die Aufbauorganisation

Die vorstehenden Ausführungen zeigen zum einen im Rahmen der Risikoidentifizierung in Teilen eine Nähe zwischen der Risikoanalyse von Compliance und von Operational Risk. Zum anderen besteht zumindest in Bezug auf spezifisch ermittelte Risikoindikatoren der 35 anderen klassischen Risikomanagementfunktion die Möglichkeit eines Hinweises auf ein potenzielles Compliance-Risiko.[71]

36 Um den Austausch von Informationen und Daten zwischen den einzelnen Risikomanagementfunktion einschließlich Compliance im Sinne eines gesamthaften Risikomanagements eines KWG regulierten Instituts bzw. eines Wertpapierdienstleistungsunternehmens zu intensivieren und sicherzustellen, ist es angezeigt den Informationsaustausch zwischen den Bereichen zu institutionalisieren.

Organisatorisch kann dies durch Verankerung eines sog. Risk Committees erfolgen[72], das von dem Chief Risk Officer in der Geschäftsleitung zu leiten und zu managen ist. An dieses Risk Committee haben alle Risikomanagementbereich regelmäßig in dem vorgesehenen Turnus zu berichten und in den Sitzungen sich über die wesentlichen Risiken des Instituts bzw. des Dienstleistungsunternehmens zu informieren. Das Risk Committee sollte ebenfalls die Teilnahme der internen Revision vorsehen.

Die Institutionalisierung eines solchen Informationsflusses hat weiterhin den Vorteil, dass die das interne Kontrollsystem eines Instituts bzw. Wertpapierdienstleistungsunternehmens darstellenden Bereiche quasi gezwungen sind, sich auch mit den jeweils anderen Risiken inhaltlich zu beschäftigen und ggf. daraus auch Transferleistungen für den eigenen Bereich zu vollziehen. Aus Sicht des Verfassers besteht derzeit in der Praxis immer noch ein zu isoliertes Denken und Handeln der einzelnen, das interne Kontrollsystem umfassenden Bereiche. Um dieses Nebeneinander aufzubrechen, um ein besseres Verständnis zwischen den einzelnen Risikocontrollingfunktionen herzustellen und um Datenhaushalte zu verschlanken, erscheint eine Institutionalisierung des Informationsaustauschs eine sinnvolle organisatorische Maßnahme zu sein.

Es ist für eine effiziente und effektive Risikosteuerung einer Bank bzw. eines Wertpapierdienstleistungsunternehmens in der mittelbaren Zukunft aus Qualitäts-, Zeit und Kostengründen sinnvoll und notwendig, eine Integration aller risikoorientierter Organisationseinheiten unter Einbeziehung von Compliance innerhalb eines Unternehmens einschließlich der von der jeweiligen Einheit erhobenen Daten, der gewonnenen Risikoerkenntnisse und deren Bewertung herbeizuführen. Die Integration der Compliance-Risiken und deren Bewertung in ein gesamthaftes übergeordnetes Risikomanagement der Bank kann für die nachhaltige Wahrnehmung der Compliance-Risiken durch das Management des Unternehmens nur von Vorteil sein. Für eine Integration aller Risiken zu einer einheitlichen Risikomatrix wird allerdings noch ein erheblicher Arbeitsaufwand in den Banken und Wertpapierdienstleistungsunternehmen zu leisten sein, um heterogene Prozesse, unterschiedliche Risikodefinitionen, Vorgehensweisen und Bewertungen, unkoordinierte (IT-)Projekte

---

71 Beispiele hierfür können sein: Daten über Counterparty und Liquidity Risk im Rahmen von Marktmanipulationsszenarien und z. B. Konzentrationsgrenzen im Rahmen des Asset Managements.

72 So z. B. vorgesehen von der CSSF in Circular CSSF 12/552 as amended by Circulars CSSF 13/563, CSSF 14/597 and CSSF 16/642. Unter in der Sub-section 4.1.4.2 Risk Committee Tz. 50 ist die Einrichtung eines Risk Committees verbindlich unter Berücksichtigung von Compliance vorgesehen.

sowie ein uneinheitliches Reporting zu einem zum Wohle des Unternehmens gesamthaften Risikomanagement zusammenzuführen.

Eine Überleitung der qualitativen Compliance-Risiken in eine eigenständige quantitative Risikogröße Compliance (und nicht als Bestandteil eines operationellen Risikos) ist seit Veröffentlichung der ersten Auflage dieses Buches und ungeachtet der gesetzlichen Änderungen in der Zwischenzeit bisher noch nicht erfolgt.[73] Das quantitative Compliance-Risiko ist allenfalls ein integraler Bestandteil des operationellen Risikos und wird als solches auf Management Ebene nicht ausreichend transparent. Dies ist vor dem Hintergrund steigender aufsichtsrechtlicher Anforderungen sowie höherer Strafkataloge[74] der Wahrnehmung des Compliance-Risikos nicht dienlich. Das operationelle Risiko stand in der Vergangenheit zu Beginn der Quantifizierung von qualitativen operationellen Risiken allerdings vor gleichen Problemen. Es ist dementsprechend denkbar, dass in mittelbarer Zukunft auch qualitative Compliance-Risiken, einer eigenständigen quantitativen Bewertung unterzogen werden können.[75] Was auf den ersten Blick als eine weitere Erschwernis der Tätigkeit einer Compliance-Funktion aussieht, kann aber gerade aufgrund der Quantifizierung der Risiken mittelfristig zu einer Verstärkung der Sensibilisierung des Themas Compliance beitragen. Mit einer Quantifizierung der Compliance-Risiken wird eine Kommunikationsplattform und Schnittstelle zu den betriebswirtschaftlichen Steuerungsinstrumenten eines Unternehmens hergestellt, was der Wahrnehmung der Compliance-Risiken auf Managementebene nur dienlich sein kann.

37

4 Fazit

Fasst man die zuvor aufgeführten Methoden einer Risikoidentifizierung von Compliance-Risiken zusammen, so ergibt sich einerseits eine starke inhaltliche Nähe der Ermittlung/Identifizierung des spezifischen qualitativen Compliance-Risikos zur Methodik der Ermittlung/Identifizierung des operationellen Risikos. Andererseits zeigt sich die Notwendigkeit des Informationsaustauschs zwischen den Funktionen Compliance und operationellem Risiko innerhalb einer Bank oder eines Wertpapierdienstleistungsunternehmens. Dementsprechend sollten insb. die Funktionen Compliance und operationelles Risiko stärker als bisher miteinander verzahnt werden, um sowohl bei der Identifizierung der Risiken als auch bei der Analyse der Risiken voneinander zu profitieren und um den Aufwand für die die jeweiligen Bereiche, die von der Aufnahme der Risiken und den Analysen betroffen sind, zu reduzieren.

38

Schließlich sei noch darauf hingewiesen, dass beide Funktionen im Rahmen der Analyse der Prozesse zugleich auch zur Verbesserung von Prozessabläufen auch unter ökonomi-

39

---

73   Siehe Aufstellung zu den operationellen Risiken, *Schäl*: Management von operationellen Risiken, 2011, S. 55.
74   Als Beispiel seien hier die Änderungen in der MiFID II und UCITS V genannt.
75   Vgl. dazu auch die Erörterungen zum Thema Reputationsrisiken. *Einhaus:* Reputationsrisiken im Kontext von Regulierung und bankbetrieblicher Praxis – ein Überblick, in: Hofmann (Hrsg.): Basel III, Risikomanagement und neue Bankenaufsicht, 2015, S. 311–340.

schen Gesichtspunkten einen Beitrag leisten können, womit ein zusätzlicher Added Value auch von Compliance erreicht werden kann und soll.[76]

---

[76] Siehe Compliance Intelligence, Praxisorientierte Lösungsansätze für die risikobewusste Unternehmensführung, Stuttgart 2009, S. 58 ff.

5 Literaturverzeichnis

Bohlender: Quantifizierung operationeller Risiken, Saarbrücken 2008.

Einhaus: Reputationsrisiken im Kontext von Regulierung und bankbetrieblicher Praxis – ein Überblick, in: Hofmann (Hrsg.): Basel III, Risikomanagement und neue Bankenaufsicht, 2015, S. 311–340.

Fuchs (Hrsg.): Wertpapierhandelsgesetz Kommentar, 2. Aufl., München 2016.

Haberhauer: Compliance Risiko – Was ist das? Ein Blick in die Bank in: CCZ 2/2017, S. 78–83.

Hannemann/Schneider/Weigl: Mindestanforderungen an das Risikomanagement (MaRisk), 4., überarbeitete und erweiterte Aufl., Stuttgart 2013.

Kagermann/Küting/Weber: Handbuch der Revision, Stuttgart 2006

Kaiser/Kasprowicz: Integriertes Management operationeller Risiken, in: Zeitschrift für das gesamte Kreditwesen 3/2009, S. 132–135.

Renz/Hense (Hrsg.): Organisation der Wertpapier-Compliance-Funktion, Berlin 2012.

Schäl: Management von operationellen Risiken, 2011.

Olfert/Steinbuch: Organisation, 13. Aufl., München 2003.

I.4

Der Compliance-Bericht

Jens Welsch und Julia Dost

Inhaltsübersicht

1	Die Anforderungen nach Art. 22 der Delegierten Verordnung (EU) 2017/565	1–11
2	Gestaltung eines Prozesses zur Berichtserstellung	12–37
2.1	Prozessgestaltung und Beteiligte	14–18
2.2	Inhalte des Berichts	19–25
2.3	Struktureller Aufbau der Berichterstattung der WpHG-Verfahren am Beispiel der Erstellung von Informationen einschließlich Marketingmitteilungen nach § 63 Abs. 6 WpHG	26–37
3	Berichtsformen	38–45
3.1	Schriftliche Berichtsformen	39–42
3.2	Grafische Berichtsformen	43–44
3.3	Mündliche Berichtsformen	45
4	Beispiele für Berichtsformen	46–68
4.1	Praxisbeispiel: Deskriptiver Funktionsbericht	47–49
4.2	Praxisbeispiel: Zusammengefasster Bericht der Compliance-Funktionen	50–53
4.3	Praxisbeispiel: Steuerungsbericht unter Berücksichtigung von Risiko-Aspekten	54–60
4.4	Praxisbeispiel: Erweiterter Steuerungsbericht unter Berücksichtigung von KPIs	61–65
4.5	Praxisbeispiel: Compliance-Cockpit	66–68
5	Literaturverzeichnis	

1 Die Anforderungen nach Art. 22 der Delegierten Verordnung (EU) 2017/565

Jedes Wertpapierdienstleistungsunternehmen ist verpflichtet, die gesetzlich in § 80 WpHG und in § 25a Abs. 1 und § 25e KWG genannten und in der Verordnung (EU) 2017/565 aufgeführten Organisationspflichten einzuhalten. Hierzu gehört, dass das Institut angemessene Grundsätze aufstellen, Mittel vorhalten und Verfahren einrichten muss, die darauf ausgerichtet sind, sicherzustellen, dass das Institut selbst und seine Mitarbeiter den gesetzlichen Verpflichtungen im Rahmen der Wertpapier(neben)dienstleistungserbringung nachkommen. Es ist zu diesem Zweck eine dauerhafte und wirksame Compliance-Funktion einzurichten, die ihre Aufgaben unabhängig wahrnehmen kann.[1]

Diese Compliance-Funktion nimmt der Compliance-Beauftragte im Auftrag der Geschäftsführung wahr. Er steht der Geschäftsführung beratend und unterstützend zur Seite und trägt dafür Sorge, dass die Prozesse und Verfahren die Einhaltung der aufsichtsrechtlichen Anforderungen aus dem WpHG[2] und eine ordnungsgemäße Dienstleitung gegenüber den Kunden gewährleisten. Außerdem informiert er die Geschäftsführung und das Aufsichtsorgan in regelmäßigen Zeitabständen, mind. jährlich, in Form eines schriftlichen Berichts, über die Entwicklungen in den Geschäftsbereichen mit Bezug zum Wertpapiernebendienstleistungsgeschäft.[3]

Die Compliance-Funktion wurde bereits in 2007 durch die MiFID I[4] weiterentwickelt und im WpHG ins deutsche Recht umgesetzt. Die Compliance-Funktion bekam eine bedeutendere Rolle: Neben den damaligen „klassischen Compliance-Themen" (wie der Formulierung von Mitarbeiterleitsätzen und der Überwachung der Mitarbeitergeschäfte) kamen zusätzlich die Aufgaben der Vorbeugung vor Verstößen gegen das WpHG sowie der laufenden Überwachung der Einhaltung dieses Gesetzes hinzu. Außerdem gewann die Unterstützungs- und Beratungsfunktion der Compliance-Funktion an Bedeutung als auch der neue, umfangreichere Compliance-Bericht. Diese größere Bedeutung der Compliance-Funktion spiegelt sich weiterhin auch in den Anforderungen an die Compliance-Funktion nach MiFID II[5] wieder. Mit Inkrafttreten von MiFID II und der Umsetzung im deutschen

---

1 Art. 22 der Delegierten Verordnung (EU) 2017/565.
2 Im Folgenden werden unter „WpHG", „WpHG-Compliance", „WpHG-Anforderungen" und „WpHG-Verfahren" alle relevanten Anforderungen aus MiFID II/ MiFIR verstanden, die Gegenstand der Compliance-Funktion sind. Zur Vereinfachung wird vom „WpHG" gesprochen, da der Großteil der Anforderungen dort in das deutsche Recht umgesetzt wurde.
3 Vgl. *Hense/Renz*, 2008, S. 181–185 und Art. 22 der Delegierten Verordnung (EU) 2017/565.
4 Die Anforderungen aus MiFID I stehen im Wesentlichen in der Richtlinie 2004/39/EG des europäischen Parlaments und des Rates v. 21.04.2004, der Richtlinie 2006/73/EG der Kommission v. 10.08.2006 und der Verordnung (EG) Nr. 1287/2006 der Kommission v. 10.08.2006. Die Umsetzung in das deutsche Recht erfolgte im Wesentlichen im Wertpapierhandelsgesetz (WpHG) und der ergänzenden Verordnung zur Konkretisierung der Verhaltensregeln und Organisationsanforderungen für Wertpapierdienstleistungsunternehmen (WpDVerOV).
5 Die Anforderungen aus MiFID II stehen im Wesentlichen in der Richtlinie 2014/65/EU des europäischen Parlaments und des Rates v. 15.05.2014, der Delegierten Verordnung (EU) 2017/565 der Kommission v. 25.04.2016 und der Delegierten Richtlinie (EU) 2017/93 der Kommission v. 07.04.2016 nebst ergänzenden Level II/III Dokumenten. Ergänzend hierzu sind in der MiFIR (Verordnung (EU) Nr. 600/2014 des europäischen Parlaments und des Rates v. 15.05.2014 nebst ergänzenden Level II/III Dokumenten) Anforderungen zur Marktinfrastruktur

Recht zum 03.01.2018 wird die Compliance-Funktion nicht mehr im WpHG geregelt, sondern in der direkt anwendbaren Delegierten Verordnung (EU) 2017/565 in Art. 22.

4 Der Compliance-Beauftragte hat der Geschäftsleitung zumindest einmal jährlich einen Bericht über die Angemessenheit und Wirksamkeit der Grundsätze, Mittel und Verfahren zu übermitteln, der insb. Angaben enthält, ob geeignete Maßnahmen getroffen wurden, um Verstöße des Wertpapierdienstleistungsunternehmens oder seiner Mitarbeiter gegen Verpflichtungen des WpHG zu beheben oder Risiken eines solchen Verstoßes zu beseitigen.[6]

5 Der mind. jährlich zu erstellende Compliance-Bericht ist neben der Geschäftsführung auch dem Aufsichtsorgan zu übergeben. Der Adressatenkreis ist somit häufig sehr heterogen, da dem Aufsichtsorgan unter Umständen auch fachfremde Personen bzw. Externe zugehörig sind, die mit den Anforderungen des WpHG und den Prozessen der Bank nicht so vertraut sind wie die Geschäftsführung.[7]

6 Die BaFin hat die aus der Finanzkrise gewonnenen Erkenntnisse über Mängel in den Vertriebsabteilungen vieler Wertpapierdienstleistungsunternehmen zum Anlass genommen, weitere und konkretere Anforderungen an die Compliance-Funktion zu definieren und den Instituten anhand von Empfehlungen und Soll-Vorschriften geeignete Verfahren und Maßnahmen im Bereich Compliance aufzuzeigen. Die Anforderungen an die Compliance-Funktion wurden in 2010 erstmals in den Mindestanforderungen an die Compliance-Funktion und die weiteren Verhaltens-, Organisations- und Transparenzpflichten nach §§ 31 ff. WpHG für Wertpapierdienstleistungsunternehmen (MaComp) formuliert und in den Folgejahren weiter konkretisiert und ausgestaltet. Nach weiteren Anpassungen liegt derzeit die MaComp in der aktuellen Fassung v. 19.04.2017 vor.

7 Die MaComp führen zu einer stärkeren Professionalisierung und konkreteren Ausgestaltung der Compliance-Funktion:
– Die Compliance-Funktion soll als fester Bestandteil des Internen Kontrollsystems (IKS) an der Identifizierung, Beurteilung, Steuerung, Überwachung und Kommunikation von Risiken aus dem Wertpapierdienstleistungs- und -nebendienstleistungsgeschäft mitwirken.[8]
– Die Anforderungen an die Ausstattung der Compliance-Funktion, insb. hinsichtlich der fachlichen Qualifikation des Compliance-Beauftragten, seiner Vergütung und seiner Stellung in der Bank sind gestiegen.[9]
– Die Compliance-Funktion soll regelmäßig eigene Überwachungshandlungen auf der Grundlage eines Überwachungsplans durchführen. In die Überwachungshandlungen sind alle wesentlichen Bereiche der Wertpapierdienstleistungen und Wertpapiernebendienstleistungen unter Berücksichtigung des Risikogehalts der Geschäftsbereiche regelmäßig einzubeziehen.[10]

(z.B. Meldepflichten/Transparenzpflichten) festgelegt. Die Umsetzung in das deutsche Recht erfolgt im Wesentlichen im Wertpapierhandelsgesetz (WpHG) und ergänzenden Verordnungen.
6   Art. 22 Abs. 2 der Delegierten Verordnung (EU) 2017/565 v. 25.04.2016.
7   MaComp BT 1.2.2.
8   MaComp AT 7 Nr. 2.
9   MaComp BT 1.3.1.
10 MaComp BT 1.3.2.1.

- Der Compliance-Bericht wird Berichtspflichten zu bestimmten Themen zu erfüllen haben. Weitere anlassbezogene ad-hoc-Berichte können im Einzelfall erforderlich sein.[11]
- Zur Stärkung des Compliance-Beauftragten ist eine Dokumentation der Überstimmungen wesentlicher Bewertungen und Empfehlungen des Compliance-Beauftragten durch die Geschäftsleitung in dem Bericht vorgesehen.[12]
- Durch die Geschäftsleitung veranlasste, inhaltliche Änderungen des Compliance-Berichts sind gesondert zu dokumentieren. Über diese Änderungen ist der Vorsitzende des Aufsichtsorgans zu informieren.[13]

Um der Berichtspflicht gerecht zu werden, hat Compliance regelmäßig eine Bewertung der Grundsätze, Mittel und Verfahren durchzuführen. Zunächst muss die Compliance-Funktion identifizieren, welche Prozesse und Verfahren zur Erfüllung der gesetzlichen Pflichten notwendig sind und welche Abteilungen in diese Prozesse und Verfahren involviert sind. Im nächsten Schritt beurteilt die Compliance-Funktion laufend und anlassbezogen die Compliance-Regelungen und Prozesse und den Bedarf an weiteren Regelungen, um die Einhaltung des WpHG sicherzustellen. Dabei bewertet Compliance zeitnah die Kontrollberichte und -ergebnisse der Geschäftsbereiche und nimmt auch eigene Kontrollhandlungen in den Fachabteilungen vor.

Neben der Compliance-Berichterstattung nach der Delegierten Verordnung (EU) 2017/565 und BT 1 MaComp haben sich auch weitere Compliance-Anforderungen entwickelt: Seit dem 01.01.2013 sind alle Kreditinstitute und Finanzdienstleistungsinstitute zur Einrichtung einer Compliance-Funktion nach AT 4.4.2 der Mindestanforderungen an das Risikomanagement (MaRisk) verpflichtet. Diese Compliance-Funktion soll allgemein auf die Überwachung und Implementierung wirksamer Verfahren und Kontrollen zur Einhaltung der für das Institut wesentlichen rechtlichen Regelungen und Vorgaben ausgerichtet werden und Risiken aus der Nichteinhaltung solcher Bestimmungen entgegenwirken.[14] Der Compliance-Beauftragte nach den MaRisk hat ebenfalls mind. jährlich bzw. anlassbezogen an die Geschäftsführung einen Compliance-Bericht zu erstatten und ihn an das Aufsichtsorgan weiterzuleiten. Diese neue Anforderung aus den MaRisk führte dazu, dass viele Wertpapierdienstleistungsunternehmen versucht haben, Synergien zwischen den beiden selbständigen Compliance-Funktionen zu heben, Risikoanalysen anzugleichen und auch die Berichte zu vereinheitlichen bzw. zusammenzuführen, um den Berichtsadressaten einen besseren Überblick über die verschiedenen Compliance-Themen zu geben.

Im Folgenden zeigen wir auf, wie eine Compliance-Berichterstattung ausgestaltet und aufgebaut werden kann, um allen Adressaten einen Überblick über die Angemessenheit und Wirksamkeit der von der Bank eingerichteten Grundsätze, Mittel und Verfahren zu geben und notwendige Maßnahmen aufzuzeigen und dem gestiegenen Anspruch an Compliance-Berichte Rechnung zu tragen.

---

11 MaComp BT 1.2.2 Nr. 2.
12 MaComp BT 1.3.3 Nr. 2.
13 MaComp BT 1.2.2 Nr. 4.
14 MaRisk AT 4.4.2.

11 **Praxis-Tipp:**

Die Bedeutung des Compliance-Berichts ist nicht zu unterschätzen, insb. auch mit Blick auf seine Schutzfunktion für das Institut. Denn von organisatorischen Defiziten und Verstößen durch Mitarbeiter gegen das WpHG kann eine Gefahr für das Institut sowie die Geschäftsleitung und das Aufsichtsorgan ausgehen. Ein gut gegliederter, übersichtlicher, hinreichend ausführlicher Compliance-Bericht kann Missstände und Risiken darstellen und Maßnahmen zu deren Beseitigung aufzeigen. Durch diese hohe Transparenz kann zwischen allen Beteiligten Vertrauen in die Funktionsfähigkeit der Betriebsorganisation geschaffen werden. Darüber hinaus ist ein hinreichend ausführlicher Compliance-Bericht wichtig für die Enthaftung des Compliance-Beauftragten im Rahmen der sog. „Garanten-Haftung".

2 Gestaltung eines Prozesses zur Berichtserstellung

12 Der Prozess zur Erstellung eines Compliance-Berichts kann – je nach den institutsindividuellen Rahmenbedingungen – eine hohe Komplexität mit engen zeitlichen Restriktionen aufweisen. Die Berichtserstellung im engeren Sinne wird ihren Fokus in der redaktionellen Berichtserstellung sowie der Berichterstattung an Geschäftsleitung und Aufsichtsorgan haben (siehe unten Phasen 2 bis 5). Im weiteren Sinne können auch die im Berichtszeitraum entstehenden Ergebnisse aus der Überwachungstätigkeit hinzugezählt werden, denn der Jahresbericht kann als gewichtete Sammlung der Einzelergebnisse aufgefasst werden. Mithin können sich für die technische Berichtserstellung Synergien ergeben, wenn es gelingt, das Berichtsformat der unterjährigen Einzelberichte automatisch in einen Gesamtbericht zu überführen.

13 **Praxis-Tipp:**

Die Terminplanung ist eine der wichtigsten Komponenten für die Berichterstellung. In vielen Instituten wird sich das Aufsichtsorgan im Rahmen seiner Sitzung zum Jahresabschluss auch mit dem Compliance-Bericht befassen. Jedenfalls ist die Terminplanung für den Bericht von dem Termin der Vorlage im Aufsichtsorgan zurückzurechnen.

2.1 Prozessgestaltung und Beteiligte

2.1.1 Phase 1: Sammlung von Ergebnissen aus der Compliance-Überwachung

14 Compliance überwacht und bewertet die Angemessenheit und Wirksamkeit der Grundsätze, Mittel und Verfahren. Zumindest die wesentlichen Ergebnisse aus dieser Überwachungstätigkeit werden in Vermerkform dokumentiert und mit den für das jeweilige Thema verantwortlichen Stellen hinsichtlich einer objektiven Ergebnisqualität abgestimmt. Beteiligte dieser Phase sind neben dem Compliance-Beauftragten die Bereichsleiter und Sachbearbeiter der Einheiten, in denen WpHG-Verfahren Anwendung finden. Die Phase selbst entspricht dem jährlichen Turnus der Berichterstattung und entspricht damit, sofern nicht anderes vereinbart wurde, dem Zeitraum 01.01. bis 31.12. eines Jahres.

2.1.2 Phase 2: Redaktionelle Erstellung des Compliance-Berichts

In der redaktionellen Phase werden durch den Compliance-Beauftragten die Ergebnisvermerke des Berichtsjahres zusammengetragen und für eine ganzheitliche Darstellung aufbereitet. Beteiligte sind neben dem Compliance-Beauftragten die Mitarbeiter der Compliance-Stelle. Der für diese Aufgabe zu planende Zeitraum hat sich an den in der Regel vorgegebenen Berichtsterminen der Geschäftsleitung und des Aufsichtsorgans zu orientieren.

15

2.1.3 Phase 3: Qualitätskontrolle des Berichtsentwurfs

Der Berichtsentwurf sollte auf Sachbearbeiterebene besprochen werden, um Akzeptanz und Übereinstimmung mit den Sacharbeitern bei Feststellungen, Empfehlungen und konkreten Aufträgen herzustellen. Diese Vorabkommunikation soll außerdem eine Diskussion zu Feststellungen und Fachfragen nach der Befassung mit dem Bericht durch die Geschäftsleitung bzw. das Aufsichtsorgan vermeiden. Für die Qualitätskontrolle sollten zwei bis drei Wochen eingeplant werden, um im Zweifelsfall Nachprüfungen für eine zutreffende Berichterstattung vornehmen zu können.

16

2.1.4 Phase 4: Bericht an die Geschäftsleitung

Der Berichterstattung an die Geschäftsleitung ist formal in Art. 22 der Verordnung (EU) 2017/565 sowie im BT 1.2.2 geregelt. Auch, wenn die Geschäftsleitung insgesamt für die Einhaltung des Gesetzes verantwortlich ist, wird Compliance einen direkten Ansprechpartner in der Geschäftsleitung haben, mit dem der Bericht vorzubesprechen ist. Aus diesem Gespräch können sich noch weitere Aspekte für die Berichterstattung ergeben. Danach wird der Bericht – mit einem zeitlichen Vorlauf – der Geschäftsleitung zur Kenntnisnahme zur Verfügung gestellt. Über die Kenntnisnahme wird ein Protokoll erstellt, das der Compliance-Beauftragte zur Dokumentation seiner Tätigkeit zu seinen Unterlagen nimmt.

17

2.1.5 Phase 5: Bericht an das Aufsichtsorgan

Unterlagen für das Aufsichtsorgan sollten diesem in der Regel mit einem zeitlichen Vorlauf von einigen Wochen zur Verfügung gestellt werden. Über die Befassung des Aufsichtsorgans mit dem Bericht wird ein Protokoll erstellt, das der Compliance-Beauftragte zur Dokumentation zu seinen Unterlagen nimmt. Aus unserer Sicht erscheint es sachgerecht, den Compliance Beauftragten zur der Sitzung einzuladen, in der die Befassung mit dem Bericht erfolgt.

18

2.2 Inhalte des Berichts

Der Compliance-Bericht lässt sich in vier Teile untergliedern. Die einzelnen Berichtsteile liefern dem Leser neben dem Tätigkeitsbericht des Compliance-Beauftragten eine Beschreibung der Organisation und Ausgestaltung der Compliance-Funktion sowie eine kurze Zusammenfassung der Ergebnisse:

19

20 Aufbau des Compliance-Berichts:

Tab. 1: Compliance-Bericht

A   Management-Summary

B   Beschreibung und Entwicklung der Compliance-Funktion

C   Darstellung der WpHG-Verfahren

D   Darstellung der Compliance-Verfahren

E   Anlagen

21 Die **Management Summary** sollte einen Überblick über den Erhebungsgegenstand, die an den Prozessen beteiligten Abteilungen, die Erhebungsergebnisse (Angemessenheit und Wirksamkeit) sowie die angewandten Bewertungsmaßstäbe geben. In diesem Abschnitt sind die Feststellungen und empfohlenen Maßnahmen von Compliance so darzustellen, dass die Geschäftsleitung und das Aufsichtsorgan die Einhaltung der einzelnen WpHG-Anforderungen und bestehende Unzulänglichkeiten nachvollziehen können. Maßnahmen zur Behebung von Defiziten sind mit Terminierung bis zur Abstellung aufzuführen.

22 In der Beschreibung der **Compliance-Funktion** wird auf die Organisation und Ausgestaltung der Compliance-Funktion im Institut eingegangen. Dabei soll auf die organisatorische Einbindung, die Angemessenheit der Personal- und Sachausstattung der Compliance-Funktion[15], den Umfang der Zuständigkeiten sowie das Vorgehen bei der Wahrnehmung der einzelnen Compliance-Aufgaben abgestellt werden.

23 Die Darstellung und Bewertung der Grundsätze, Mittel und Verfahren zur Einhaltung der einzelnen WpHG-Anforderungen wird bei der Darstellung der **WpHG-Verfahren** vorgenommen. Der Bericht sollte, sofern nach Art der erbrachten Wertpapierdienstleistungen oder Wertpapiernebendienstleistungen einschlägig, insb. Angaben zu den in § 6 Abs. 1 Satz 1 WpDPV geregelten Sachverhalten zugrundeliegenden Verfahren enthalten, soweit die Compliance-Funktion diesbezüglich Fehler festgestellt hat oder die Verfahren von wesentlicher Bedeutung für das Unternehmen sind. Hier ist auch auf die von Compliance durchgeführten Erhebungen und Prüfungshandlungen sowie etwaige Feststellungen einzugehen. Jedes WpHG-Verfahren wird nach der Darstellung der vorliegenden Regelungen, Prozesse, Kontrollen und Erkenntnisse hinsichtlich der Angemessenheit und Wirksamkeit der Grundsätze, Mittel und Verfahren bewertet. Festgestellte Verstöße gegen Anforderungen des WpHG und die zur Abstellung getroffenen Maßnahmen sind darzustellen und zu bewerten.[16] Außerdem ist der wesentliche Schriftwechsel mit der BaFin als zuständige Aufsichtsbehörde dazustellen.[17]

---

15 MaComp BT 1.2.2 Nr. 6.
16 Der Bericht soll auch erforderliche Maßnahmen und Strategien beschreiben, zu denen im Berichtszeitraum gewonnene Erkenntnisse Anlass geben; dies betrifft im Berichtszeitraum ergriffene Maßnahmen und für den Zeitraum danach anstehende Maßnahmen (MaComp BT 1.2.2 Nr. 6).
17 MaComp BT 1.2.2 Nr. 6.

Die klassischen Compliance-Themen mit den zugehörigen Ergebnissen aus der laufenden Überwachung werden unter den **Compliance-Verfahren** beschrieben. Hier finden sich „hoheitliche" Berichtsinhalte wieder, die ausschließlich durch Compliance und meist ohne aktives Mitwirken der Fachbereiche wahrgenommen werden. Dazu zählen die laufende Überwachung der Mitarbeitergeschäfte, das Führen eines Insiderverzeichnisses, einer Watch-List und Restricted-List sowie das Management von compliance-relevanten Informationen. *24*

Je nach der Art, Umfang und Komplexität der erbrachten Wertpapierdienstleistungen und -nebendienstleistungen der Bank und der vorgenommenen Erhebungen durch die Compliance-Funktion kann es hilfreich sein, weitere Unterlagen wie den Organisationsplan, hinzugezogene Quellen u. a. als **Anlagen** dem Bericht beizufügen, um dem geneigten Leser ein noch umfassenderes Bild zu verschaffen. *25*

2.3 Struktureller Aufbau der Berichterstattung der WpHG-Verfahren am Beispiel der Erstellung von Informationen einschließlich Marketingmitteilungen nach § 63 Abs. 6 WpHG

Der Aufbau der Berichterstattung sollte bei allen WpHG-Verfahren eine einheitliche Reihenfolge haben, um den Lesern die Informationsaufnahme zu erleichtern. Als Gliederung eines Abschnittes ist folgende Reihenfolge denkbar: *26*

1. Kurze Beschreibung der WpHG-Anforderungen
2. Nennung aller betroffenen Abteilungen
3. Nennung der schriftlichen Grundsätze und Anweisungen
4. Kurze Beschreibung der Prozesse und Kontrollen
5. Darstellung der Ergebnisse der Erhebungen oder Prüfungshandlungen durch Compliance
6. Weitere zu beachtende Faktoren: Schulungen, Prüfungen Dritter o. ä.
7. Bewertung der Angemessenheit und Wirksamkeit
8. Aufzeigen von notwendigen Maßnahmen

In der kurzen Beschreibung der **WpHG-Anforderungen** soll dem Leser ein Überblick über die aufsichtsrechtlichen Pflichten des Instituts gegeben werden. Dabei geht es nicht um die vollständige Darstellung aller aufsichtsrechtlichen Regelungen, sondern um einen Überblick der wesentlichen Pflichten. *27*

Die Nennung der betroffenen **Abteilungen** zeigt auf, wie viele Abteilungen von der WpHG-Anforderung betroffen sind bzw. welche Abteilungen die Einhaltung dieser Pflichten zu verantworten haben. *28*

Basis für die Erfüllung der WpHG-Pflichten sind die schriftlichen **Grundsätze** und Verfahren. Sollten einzelne Arbeitsanweisungen oder Richtlinien unvollständig sein, wäre das hier darzustellen. *29*

Bei der Beschreibung der **Prozesse und Kontrollen** und der Wirksamkeit dieser installierten Kontrollen soll der Leser einen Eindruck über die Arbeitsabläufe und die Verlässlich- *30* keit der Prozesse erhalten, die die Einhaltung des WpHG gewährleisten. Hierbei bietet es sich an, auch auf Dokumentationen aus dem IKS zurückzugreifen.

31 Für die Beurteilung der Angemessenheit und Wirksamkeit der WpHG-Anforderungen werden eigene Prüfungshandlungen durch Compliance sinnvoll und notwendig sein. So muss durch Stichproben überprüft werden, ob gewisse Aufzeichnungspflichten oder Kontrollen in dem geforderten Rahmen vorgenommen werden. Die Darstellung der **Ergebnisse der Erhebungen und Kontrollen** dient insb. der nachvollziehbaren Dokumentation zur Wirksamkeit der eingeschalteten Kontrollen.

32 Der Compliance-Beauftragte kann sich bei der Erhebung und Bewertung auch auf **Kontrollen der Geschäftsbereiche**, der Risikomanagementfunktion sowie der Internen Revision stützen und deren Ergebnisse für die Beurteilung verwenden oder weiterverwerten.[18]

33 Die Berichterstattung schließt mit einer **Bewertung der Angemessenheit und Wirksamkeit** der Grundsätze, Mittel und Verfahren. Der Compliance-Beauftragte sollte bei dieser Bewertung ein aggregiertes Gesamtergebnis über alle Abteilungen, die eine aufsichtsrechtliche Anforderung zu erfüllen haben, anstreben, sodass der Leser erkennen kann, ob eine einzelne WpHG-Anforderung von allen Abteilungen eingehalten wurde. Es ist ggf. auf einzelne Abteilungen bzw. Bereiche einzugehen, wenn dort besondere Mängel oder Verstöße aufgedeckt wurden.

34 Soweit sich aus der Erhebung notwendige **Maßnahmen** zur Behebung von organisatorischen Mängeln oder Verstößen ergeben, sind diese im Bericht darzustellen. Dabei erscheint es notwendig, konkrete Maßnahmen zu formulieren und einen Termin vorzugeben, zu welchem die Umsetzung der Maßnahmen kontrolliert werden soll.

35 Eine Berichterstattung zu der Erstellung von Informationen einschließlich Marketingmitteilungen nach § 63 Abs. 6 WpHG nach diesem Muster könnte beispielsweise wie folgt aussehen:

> **Muster:** **Erstellung von Informationen einschließlich Marketingmitteilungen nach § 63 Abs. 6 WpHG** *Alle Informationen einschließlich Marketingmitteilungen, die Wertpapierdienstleistungsunternehmen Kunden zugänglich machen, müssen redlich und eindeutig sein und dürfen nicht irreführend sein. Marketingmitteilungen müssen eindeutig als solche erkennbar sein (§ 63 Abs. 6 WpHG). Bei allen Informationen, die sich an Privatkunden, professionelle Kunden oder potenzielle Privatkunden richten, sind zudem die ergänzenden Anforderungen an faire, klare und nicht irreführende Informationen aus Art. 44 der Verordnung (EU) 2017/565 zu beachten.*
>
> *Verantwortlich für die Erstellung von Informationen einschließlich Marketingmitteilungen ist die Abteilung Produktmanagement im Bereich Vertriebsmanagement.*
>
> *Der Erstellungsprozess von Informationen einschließlich Marketingmitteilungen und die vorzunehmenden Kontrollhandlungen sind in der Arbeitsanweisungen „AA Infor-*

---

18 Die MaComp merken an, dass die durch den Compliance-Beauftragten vorzunehmenden Überwachungshandlungen sich **nicht ausschließlich** auf Prüfungsergebnisse der Internen Revision stützen dürfen (MaComp BT 1.2.1.2 Nr. 3).

mationen einschließlich Marketingmitteilungen nach § 63 Abs. 6 WpHG" geregelt. Die Arbeitsanweisung enthält alle relevanten Arbeitsprozesse und berücksichtigt die aktuellen Anforderungen des § 63 Abs. 6 WpHG i. V. m. Art. 44 der Verordnung (EU) 2017/565.

Das Produktmanagement erstellt Informationen/Marketingmitteilungen für bankweite Vertriebsmaßnahmen. Bei jeder erstellen Information/Marketingmitteilung kommt ein 4-Augenprinzip zum Tragen: Ein Mitarbeiter des Produktmanagements erstellt das Dokument und ein zweiter Mitarbeiter überprüft die Einhaltung der gesetzlichen Anforderungen anhand einer Checkliste und dokumentiert die Kontrollhandlungen durch Ablage der bearbeiteten Checkliste in einem Sammelordner. Soweit einzelne Vertriebsendstellen ergänzende Informationen einschließlich Marketingmitteilungen erstellen und nutzen möchten, sind diese Unterlagen vor Nutzung an das Produktmanagement zur Prüfung und Freigabe zu übersenden.

Compliance hat sich von der Vollständigkeit der Checkliste überzeugt und anhand einer Stichprobe von fünf Informationen/Marketingmitteilungen (Grundgesamtheit: 50 erstellte Informationen/Marketingmitteilungen im Jahr 2017) überprüft, ob die gesetzlichen Anforderungen in den erstellten Unterlagen eingehalten wurden. Es ergaben sich hierbei keine Beanstandungen.

Feststellungen aus der Prüfung der Internen Revision oder des externen Prüfers ergaben sich im Jahr 2017 nicht. Es ergab sich zudem kein Schriftverkehr mit der BaFin.

Im Herbst 2015 wurden alle relevanten Mitarbeiter aus Abteilung Produktmanagement in Bezug auf die Anforderungen an Informationen einschließlich Marketingmitteilungen letztmalig in Rahmen einer Fresh-Up-Schulung geschult. Die Mitarbeiterqualifikation ist gegeben.

Die Angemessenheit und Wirksamkeit der Grundsätze, Mittel und Verfahren ist bei der Erstellung von Informationen einschließlich Marketingmitteilungen nach § 63 Abs. 6 WpHG gegeben.

Je nach Art, Umfang, Komplexität und Risikogehalt der erbrachten Wertpapierdienstleistungen und -nebendienstleistungen kann die Berichterstattung noch detaillierter oder in komprimierter Form erfolgen.

Praxis-Tipp:

Zur Gewährleistung einer umfassenden Bewertung aller Grundsätze, Mittel und Verfahren und aller beteiligten Abteilungen sowie einer vollständigen Berichterstattung empfiehlt es sich, die gesetzlichen Anforderungen und alle betroffenen Abteilungen der Bank in einer Matrix gegenüberzustellen. Nun können pro Feld für jede Abteilung (eingetragen in den Spalten) die relevanten WpHG-Anforderungen (eingetragen in den Zeilen) mit einem „x" für relevant bzw. einem „-" für nicht anwendbar gekennzeichnet werden. Diese Übersicht ist in zwei Richtungen auswertbar: Sie zeigt auf, welche verschiedenen WpHG-Anforderungen eine einzelne Abteilung zu erfüllen hat und welche Abteilungen eine einzelne WpHG-Anforderung zu erfüllen haben. Diese Matrix gibt dem Compliance-Beauftragten die Möglichkeit, die Vollständigkeit seiner laufenden Überwachung und Bewertung sicherzustellen.

3 Berichtsformen

38 Grundsätzlich stehen mit schriftlichen, grafischen und mündlichen Berichtsformen unterschiedliche Möglichkeiten zur Verfügung, einen Compliance-Bericht zu verfassen. In der Praxis ist mit Blick auf die komplexe Materie der schriftlichen Berichtsform der Vorzug zu geben. Diese ermöglicht auch eine hinreichende Dokumentation. Zur besseren Übersichtlichkeit oder Fokussierung können sich allerdings auch Mischformen ergeben.[19]

3.1 Schriftliche Berichtsformen

39 Es gibt verschiedenste Formen, einen Sachverhalt schriftlich zu fixieren, weiterzugeben und zu dokumentieren.

40 Eine der einfachsten Formen ist der **schriftliche Vermerk (Aktennotiz)**. In Papierform ist er in der Regel dokumentecht und dauerhaft. In Verbindung mit Insideraspekten wird ein handschriftlicher Vermerk am ehesten dem Anspruch einer „strengen" Vertraulichkeit gerecht werden. Die Kenntnisnahme des Empfängers kann durch Handzeichen mit Datum dokumentiert werden. Schriftstücke, bei denen man sichergehen will, dass sie nicht im Nachhinein geändert werden, lassen sich mit einer Parafe versehen. Soll ein Dokument vertraulich versendet werden, so kann man es durch ein Siegel in der Art sichern, dass über die Falzkante eines Briefumschlages eine Unterschrift gesetzt wird, die dann mit einem Tesafilm abgeklebt wird.

41 Die **E-Mail** kann als elektronischer Vermerk in ähnlicher Art ausgestaltet werden wie ein schriftlicher Vermerk. Der Vorteil ist in der hohen Übermittlungsgeschwindigkeit zu sehen. Die Dokumentation zur Zustellung und die Ablage ist etwas einfacher als beim schriftlichen Vermerk. Eine strenge Vertraulichkeit im Zusammenhang mit Insiderinformationen muss durch zusätzlichen Aufwand erreicht werden, beispielsweise durch geeignete Verschlüsselungssysteme. Einer hohen Systemanfälligkeit durch Computer-Viren und -Trojaner ist Rechnung zu tragen.

42 Für den offiziellen an die Geschäftsleitung und das Aufsichtsorgan gerichteten Compliance-Bericht wird am ehesten ein **schriftlicher Bericht** in Papierform in Frage kommen. Als Visitenkarte des Compliance-Beauftragten kann er folgende Bestandteile haben:
- Titel
- Berichtszeitraum
- Ersteller mit Rufnummer
- Ort, Datum
- Inhaltsverzeichnis
- Die fachliche Berichterstattung (Inhalte siehe oben)
- Unterschrift
- Anlagen mit Organisationsplänen und hinzugezogenen Quellen

---

[19] Zu weiterführenden Anregungen der Berichtsgestaltung vgl. *Haub*, 2001.

3.2 Grafische Berichtsformen

Die elektronischen Medien machen neben der reinen Textform eine Visualisierung von Sachverhalten möglich. Oftmals lassen sich komplexe Sachverhalte leichter vermitteln, wenn man auf **Grafiken, Tabellen, Organigramme, Datenmodelle, Datenflusspläne, Struktogramme** oder **Entscheidungsbäume** zurückgreift. Bei farbiger Gestaltung ist darauf zu achten, dass diese auch in schwarz/weiß bzw. Grauabstufungen gut lesbar bleiben. Damit Aussagen nicht verloren gehen, können Farbflächen zur besseren Unterscheidung auch mit Mustern unterlegt werden. *43*

In der Praxis kommt es zunehmend vor, dass komplexe Berichte mit zusammenfassenden Übersichten versehen werden. Für eine **Präsentation** des Compliance Berichts in den Gremien wird dieser ausgehändigt. Häufig wird der Bericht aber zu komplex für eine direkte Befassung sein. Hier bietet es sich dann an, eine begleitende und hervorhebende Aufbereitung in Form von **Folien** oder einer **Beamer-Präsentation** vorzubereiten. *44*

3.3 Mündliche Berichtsformen

Ein persönliches – ggfs. fernmündliches – **Gespräch** kann ebenfalls eine Berichtsform im Rahmen der Zwischenberichterstattung sein. Zwei Aspekte sind hier hervorzuheben: Die Dringlichkeit und die Wichtigkeit. Im Falle der Dringlichkeit sind Fallkonstellationen denkbar, bei denen keine Zeit ist, einen Sachverhalt in Schriftform abzufassen. Und bei wichtigen Inhalten muss geprüft werden, ob der Sachverhalt im Nachhinein durch ein Protokoll dokumentiert werden sollte, insb. auch mit Blick auf ein einvernehmliches Verständnis zwischen allen Beteiligten (Sender-Empfänger-Problematik). *45*

4 Beispiele für Berichtsformen

In den vergangenen Jahren haben sich die Anforderungen an die Compliance-Funktion sowie der Berichterstattung sehr stark erhöht. Dabei können fünf Entwicklungsstadien unterschieden werden: *46*

– Deskriptiver Funktionsbericht
– Zusammengefasster Bericht der Compliance-Funktionen
– Steuerungsbericht unter Berücksichtigung von Risiko-Aspekten
– Erweiterter Steuerungsbericht unter Berücksichtigung von KPIs
– Compliance-Cockpit

4.1 Praxisbeispiel: Deskriptiver Funktionsbericht

Ursprünglich lieferte der Compliance-Beauftragte dem Vorstand einen rein deskriptiven Bericht als Ergebnis seiner Beurteilung der Angemessenheit und Wirksamkeit ab. Mit der Verstetigung der Aufgabe und der zunehmenden Erfahrung sind in der Regel Zeitreihenvergleiche hinzugekommen. *47*

Die nachfolgende Übersicht zeigt das Ergebnis einer Compliance-Bewertung in Form einer Ergebnismatrix mit Ampelsystematik als Anlage und Übersicht zu einem deskriptiven Bericht. In der ersten der beiden Spalten werden die WpHG-Anforderungen genannt. In *48* den nachfolgenden Spalten werden die einzelnen Geschäftsfelder (GF) dargestellt, in wie weit sie mit dem jeweiligen WpHG-Verfahren Berührung haben. Unter der Überschrift „Zentrale Stelle" werden die jeweiligen Stabs- oder Betriebsbereiche gebündelt, die bestimmte WpHG-Aufgaben wahrnehmen. Die Felder selbst werden farbig ausgefüllt: Im Beispiel sind bei den weißen (grün) Feldern der Grundsätze, Mittel und Verfahren angemessen und wirksam. Die hell-grauen Felder (gelb) stellen Bereiche dar, bei denen die Grundsätze, Mittel und Verfahren grundsätzlich angemessen und wirksam sind. Bei den schwarzen Feldern (rot) sind die Grundsätze, Mittel und Verfahren nicht angemessen und wirksam. Bei den grauen Feldern finden WpHG-Anforderungen keine Anwendung.

Ergebnismatrix Angemessenheit und Wirksamkeit der Grundsätze, Mittel und Verfahren

Anforderungen		Wertung				
Themen aus MiFID / WpHG	WpHG (Stand 3. Januar 2018)	GF 1	GF 2	GF 3	GF 4	zentrale Stelle
1. Allgemeine Organisationspflichten						
2. Anlegerschutz						
Kundenkategorisierung	§ 67 WpHG			rot		
Informationen einschließlich Werbemitteilungen	§ 63 Abs. 6 WpHG					
Allgemeine Informationspflichten	§ 63 Abs. 7 WpHG					
Kostentransparenz	§ 63 Abs. 7 WpHG					
Zuwendungen	§ 70 WpHG					
Execution Only	§ 63 Abs. 11 WpHG					
Einholung Kundenangaben und Angemessenheitstest	§ 63 Abs. 10 WpHG					
Einholung Kundenangaben und Geeignetheitstest	§ 64 Abs. 3 WpHG					
Basisinformationsblatt	§ 64 Abs. 2 WpHG	rot				
Geeignetheitserklärung	§ 64 Abs. 4 WpHG					
Bearbeitung von Kundenaufträgen	§ 69 WpHG					
Berichterstattung	§ 63 Abs. 12 WpHG					
3. Markttransparenz & Meldepflichten						

Legende:

Grundsätze, Mittel und Verfahren sind angemessen und wirksam.	grün
Grundsätze, Mittel und Verfahren sind grundsätzlich angemessen.	gelb
Grundsätze, Mittel und Verfahren sind nicht angemessen und wirksam.	rot
Die WpHG-Anforderung ist nicht anwendbar auf diesen Bereich.	grau

Abb. 1: Deskriptiver Funktionsbericht
Quelle: Eigene Darstellung

4.2 Praxisbeispiel: Zusammengefasster Bericht der Compliance-Funktionen

Viele Institute haben den ursprünglich allein arbeitenden WpHG-Compliance-Beauftragten in einer neuen Organisationseinheit mit anderen Compliance-Funktionen zusammengeführt. Hier steht der Compliance-Beauftragte einer **integrierten Compliance** vor der Herausforderung, für sein Reporting neue Kriterien zur prägnanteren Darstellung der Compliance-Funktionen finden. Darüber hinaus mag es **Gruppen- oder Konzernstrukturen** geben, die eine zusätzliche Aggregation der festgestellten **Compliance-Risiken** über die verschiedenen Unternehmensteile hinweg erfordern.

I.4 Der Compliance-Bericht

In der nachfolgenden Abb. 2 ist der Zusammenhang einer funktionsübergreifenden Berichterstattung dargestellt. Aus den Risiko- bzw. Gefährdungsanalysen der einzelnen Funktionen werden die risikoorientierten Überwachungshandlungen kalibriert. Hier mag es Themen geben, die per se nicht die Kritikalität wie andere Themen besitzen. So ist ein Insiderverstoß bedeutender als ein fehlerhaftes Beratungsprotokoll. Aus der entsprechenden Überwachungshandlung folgt ein Audit-Bericht. Enthält dieser Einzelbericht ein kritisches Ergebnis, so kann er direkt dem Vorstand als **Ad-hoc-Bericht** zur Verfügung gestellt werden. Ansonsten werden die Ergebnisse der einzelnen Audit-Berichte z. B. quartalsweise aggregiert im regulären Compliance-Bericht dargestellt. Eine kurze Summary zeigt dem Entscheidungsträger das Compliance-Risiko auf einen Blick. Über eine Ampelsystematik kann der Leser für die kritischen Themen in separate Anlagen geführt werden.

51

Integrierter Compliance-Bericht

52

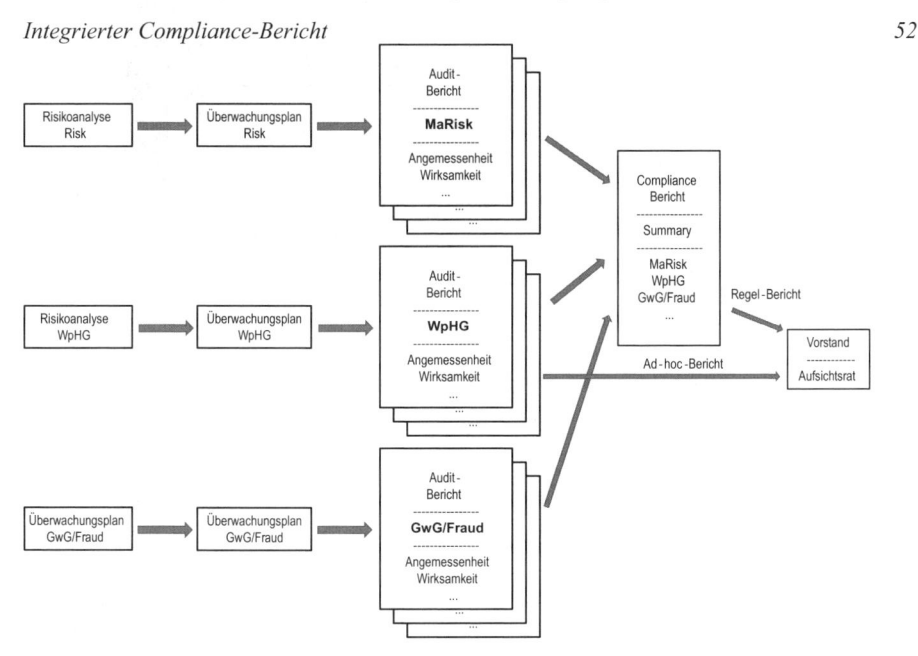

Abb. 2: Beispiel für einen integrierten Compliance-Bericht
Quelle: Eigene Darstellung

4.3 Praxisbeispiel: Steuerungsbericht unter Berücksichtigung von Risiko-Aspekten

53

Die Compliance-Risiken sind Teilelement der operationellen Risiken. So gibt es einzelne Häuser, die versuchen, die Compliance-Aspekte in einem **integrierten Compliance- und Risikobericht** abzubilden. Zur Wahrung seiner Unabhängigkeit „bedient" sich der Compliance-Beauftragte dieser Berichterstattung. Hier besteht die Herausforderung darin, einen geeigneten Maßstab zu finden, der die Compliance-Risiken untereinander aber auch im Vergleich zu anderen operationellen Risiken abbilden kann. Als Hilfsmittel kann auf eine **Risikomatrix** zurückgegriffen werden:

54

101

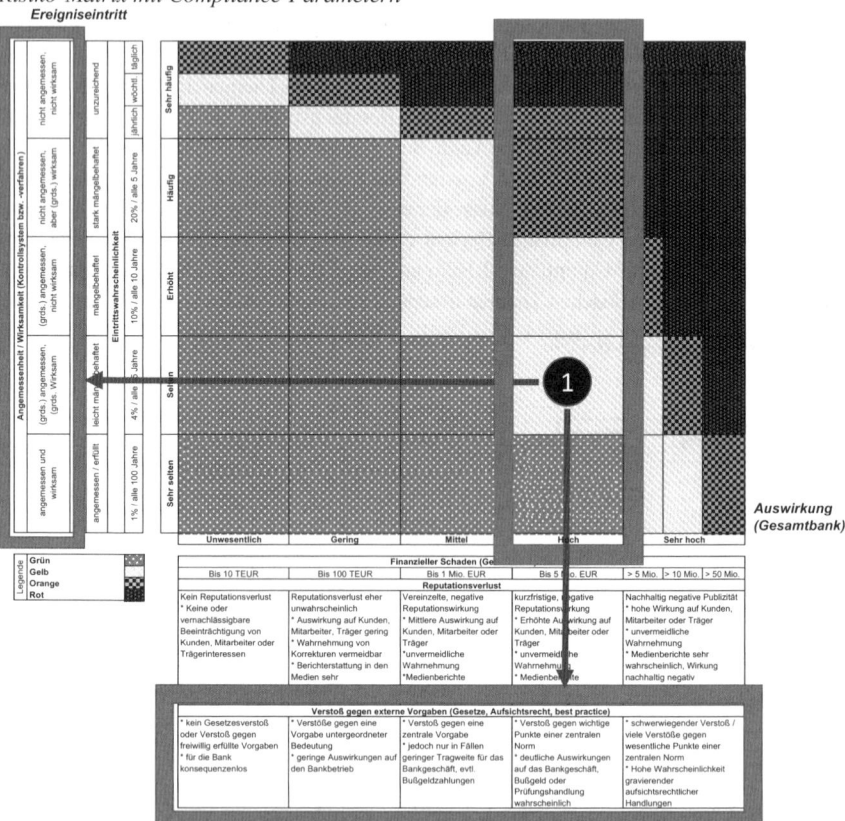

55 *Risiko-Matrix mit Compliance-Parametern*

Abb. 3: Beispiel für eine Risiko-Matrix mit Compliance-Parametern
Quelle: Eigene Darstellung

56 Die Risikomatrix in Abb. 3 zeigt eine typische Risikomatrix, wie sie in vielen Häusern verwendet wird. Auf der Ergebniseintrittsseite sind die Eintrittswahrscheinlichkeiten abgetragen, auf der Auswirkungsseite der finanzielle Schaden. Die Skala der Eintrittswahrscheinlichkeit ist die einer ex-ante-Betrachtung: Ich will eine Aussage für die Zukunft treffen und bediene mich hierzu der Eintrittswahrscheinlichkeit. Ergebnisse aus Überwachungshandlungen sind bereits eingetreten – eine ex-post-Betrachtung. Auf der Auswirkungsskala wird der Verstoß gegen eine externe Vorgabe verankert. Sie kann differenziert werden z. B. zwischen Gesetzen, Aufsichtsrecht oder best practice. Das WpHG wäre dann eine Norm in der vierten Spalte von rechts. Der Kreuzpunkt zwischen der Norm und der aus der Überwachungshandlung festgestellte Zustand der Angemessenheit und Wirksamkeit ergibt das Bewertungsergebnis. Im konkreten Fall liegt ein Verstoß gegen eine zentrale Norm (WpHG) vor. Die Angemessenheit ist gegeben. Bei der Wirksamkeit haben sich zu hohe Fehlerquoten ergeben.

Die Dokumentation sollte anhand eines methodisch standardisierten **Audit-Berichts**[20] vorgenommen werden. Die Struktur für einen solchen Audit-Bericht kann wie in Abb. 4 dargestellt skizziert werden:

Beispiel für die Gliederung eines Audit-Berichts

Titelseite	Compliance-Audit
	Überwachungshandlung
	zur
	Prüfung der ... (Überwachungsthema)
	Zeitpunkt / Dauer der Überwachungshandlung
	Überwachungszeitraum
	Stichprobe
	Durchgeführt von:
	Im Bereich:
	Ort, Datum
	Unterschrift Compliance-Beauftragter / MA Compliance
	Verteiler

---

20 Die Abgrenzung zwischen den Begriffen Überwachung, Kontrolle und Prüfung ist in den aufsichtsrechtlichen Quellen unscharf und wird zum Teil synonym eingesetzt. Im praktischen Beispiel wurde der Bericht „Compliance-Audit-Bericht" genannt, um eine Abgrenzung zum Revisions-Prüfungsbericht zu finden. Denn aufgrund einer Stichprobenbeurteilung ist der Audit-Bericht weiter gefasst als die Darstellung einer prozessnahen Kontrolle.

Seite 2

A Präambel

Der vorliegende Bericht ist Bestandteil der gesetzlichen Berichtspflicht des Compliance-Beauftragten gegenüber Vorstand und Aufsichtsrat. Bewertet wird die Angemessenheit und Wirksamkeit der in der Bank implementierten Grundsätze, Mittel und Verfahren zur Einhaltung der gesetzlichen und aufsichtsrechtlichen Normen, mit dem Ziel, etwaige Defizite zu identifizieren und die zu deren Behebung erforderlichen Maßnahmen einzuleiten und deren Umsetzung zu überwachen.

B Management-Summary

Ziel der Überwachungshandlung ist die Kontrolle der Angemessenheit und Wirksamkeit der im nachstehenden Tableau aufgeführten Verfahren.

Der vorliegende Bericht wurde mit dem verantwortlichen Fachbereich am tt.mm.jj (einvernehmlich) besprochen.

Das Ergebnis lässt sich wie folgt feststellen:
Prüfungsnummer / Thema / Feststellung / Bewertung gem. Matrix

Seite 3

C Grundlagen für die Durchführung der Überwachungshandlung

Kurzdarstellung der gesetzlichen Pflichten.

Verweis auf die betroffenen Bearbeitungsprozesse und Arbeitsanweisungen:
Prozessnummer / Prozessbezeichnung / Arbeitsanweisung
...

Seite 4

D Durchführung der Überwachungshandlung

Abb. 4: Beispiel für die Gliederung eines Audit-Berichts
Quelle: Eigene Darstellung

59 Die nachfolgende Abb. 5 zeigt ein Beispiel für einen zusammengefassten Bericht der Compliance-Funktionen. Dieser übergeordnete Bericht ist ein **Steuerungsbericht**. Er zeigt dem Vorstand, ob das **Compliance-Management-System** einwandfrei arbeitet. Es zeigt darüber hinaus, in welchen Hauptthemen Risiken aufgetreten sind und wie die Tendenz der **Risikoentwicklung** durch den Compliance-Beauftragten eingeschätzt wird. Bei Feststellungen können ergänzende Kommentierungen angebracht werden. Ggf. kann der diesem Bericht zu Grunde liegende Audit-Bericht als Anlage beigefügt werden. Der Vorteil dieser Berichterstattung liegt darin, dass der Vorstand sehr strukturiert und übersichtlich den Zustand der Compliance erfassen kann.

I.4 Der Compliance-Bericht

Bericht der Compliance-Funktionen

Lagebild zu den Compliance-Pflichten in der MUSTER-BANK und deren Risiken	Stand: 31.12.16	Stand: 31.12.17	Kommentar
Aufbauorganisation Aussage zur Angemessenheitder Aufbauorganisation; Personalausstattung, Budgetausstattung, Kompetenzen, Aufgaben, Verantwortlichkeiten, organisatorische Unabhängigkeit.	●→	●→	
Ablauforganisation Aussage zur Angemessenheitder Ablauforganisation; Aktualität und Vollständigkeit der Prozesse, Angemessenheit des zentralenIKS, Abdeckung der aufsichtsrechtlichen, gesetzlichen und normativen Anforderungen an das Themengebiet.	●→	○↘	Im BereichWpHG-Compliance wurde Prozesse nicht termingerecht fertiggestellt; siehe Anlage X
Überwachungshandlungen Aussage zuden Überwachungshandlungen; Status der Durchführung von Audithandlungen, Kontrollhandlungen bzw. Self-Asssessments, sofern relevant.	●↘	○↘	Im Bereich WpHG / Kundenklassifizierung ergaben sich wiederholt hohe Fehlerquoten; siehe Anlage Y
Risikomanagement Aussagezum Risikostatus zu geringen, mittleren, hohen und (besonders) schwerwiegenden Risiken, die aus den Überwachungshandlungen resultieren oder eigeninitiativ vom Fachbereich gemeldet wurden; Status zu übernommenen Restrisiken von den Fachbereichen und Status zu Terminüberschreitungen zu vereinbarten Maßnahmen.	●→	●→	
Schulung Aussage zum Awareness-Management; Statuszur Einhaltung der Schulungsplanung; Erfüllungsgrad der Schulungen.	●→	●→	

Legende
- ● *Grün (angemessen und wirksam)*
- ○ *Gelb (grundsätzlich angemessen, (grundsätzlich / nicht) wirksam)*
- ○ *Orange (nicht angemessen aber grundsätzlich wirksam bzw. nicht angemessen und nicht wirksam)*
- ● *Rot (nicht angemessen und nicht wirksam)*
- ↗ *Erwartetes Risiko steigt*
- → *Erwartetes Risiko gleichbleiben*
- ↘ *Erwartetes Risiko sinkt*

Abb. 5: Zusammengefasster Bericht der Compliance-Funktionen
Quelle: Eigene Darstellung

4.4 Praxisbeispiel: Erweiterter Steuerungsbericht unter Berücksichtigung von KPIs

Seit einiger Zeit wird die weitere Vermessung von Compliance diskutiert. Nach dem Motto: „Was Du nicht messen kannst, kannst Du nicht lenken" wird versucht, mittels sog. **KPI**s – „**Key Performance Indikatoren**" – den Nutzen und die Effektivität des Compliance-Bereichs zu belegen. Damit würden die Compliance-KPI eine positive Wirkung nach außen und nach innen haben: Nach außen beweisen sie dem Vorstand und dem Aufsichtsrat, dass die Compliance-Maßnahmen einen konkreten Mehrwert bringen und zweitens, dass diese Maßnahmen wirken.[21]

62 Abzuleiten ist die Anforderung am **Compliance-Erfolg** – der Erreichung der Compliance-Ziele. Minimalistisch betrachtet ist der Compliance-Erfolg, dass sich die Mitarbeiter an die internen und externen Regeln halten. Jäkel leitet einen weiter gefassten Begriff aus dem US-amerikanischen Verständnis der DOJ (US-Departement of Justice) und der SEC (US-Securities and Exchange Commission) ab. Danach ist Compliance-Erfolg

– wenn die Unternehmensleitung und die leitenden Angestellten eindeutige Signale in Bezug auf Compliance im Sinne von Kommunikation und Verhalten senden,
– wenn die Unternehmensleitung und die leitenden Angestellten so ihre Verpflichtung zur „**Compliance-Kultur**" leben,
– wenn die Manager und Angestellten sich nach dem Verhalten der Unternehmensleitung ausrichten und
– wenn diese Compliance-Selbstverpflichtung im Unternehmen unter dem Mittel-Management und den Angestellten implementiert ist.[22]

63 Bei der Gestaltung von KPIs sollten diese so genau wie möglich auf Ziele und Anforderungen des Bereichs eingestellt werden. Eine Methode zur Zielformulierung ist die **SMART-Methode**; sie ist in der Lage, Ziele messbar zu machen:

– S	Spezifisch	Ziele müssen so präzise wie möglich definiert sein
– M	Messbar	Ziele müssen messbar sein
– A	Akzeptiert	Ziele müssen relevant sein
– R	Realistisch	Ziele müssen erreichbar sein
– T	Terminiert	Es muss ein Zeitpunkt gesetzt werden, zu dem das Ziel erreicht sein sollte[23]

64 Auf dieser Basis könnte man dann Input-bezogene Größen (Qualität der Compliance-Organisation mit Menschen, Prozessen und Ressourcen; z. B. Schulungen, Befragungen zur Kenntnis und Akzeptanz von Compliance-Regelungen) und Output-bezogene Größen (z. B. Verstöße, bereitgestellte Compliance-Ressourcen oder die Hierarchie-Ebene, auf der der Compliance-Officer verankert ist) abbilden.[24]

65 In der Praxis hat sich gezeigt, dass es immer schwieriger wird, gegenüber Dritten steigende **Personalressourcen** zu vermitteln. Vor diesem Hintergrund macht es Sinn, in der Gefährdungsanalyse und dem Überwachungsplan Messpunkte zum Ressourcenbedarf zu definieren. Einerseits muss anhand der Gefährdungsanalyse transparent werden, in welchem Umfang neue aufsichtsrechtliche Vorgaben zu zusätzlichen Aufgaben und Personentagen

---

21 Vgl. *Jäkel*, 2016, S. 2–3.
22 Vgl. *Jäkel*, 2016, S. 3–4.
23 Vgl. Jäkel, 2016, S. 5.
24 Vgl. Jäkel, 2016, S. 6–7.

(PT) führen werden. Andererseits kann z. B. ein Parameter definiert werden, der monatlich darüber Auskunft gibt, um wie viele Tage die Durchführung der Überwachungshandlungen im Vorlauf oder im Verzug ist. Auch Kennziffern zu Fehltagen, angeordneter Mehrarbeit und Überstunden können zur Beurteilung der Ressourcensituation hilfreich sein. In einer Zeitreihendarstellung wären diese KPIs in der Lage, zu knappe Personalressourcen deutlich sichtbar zu machen.

4.5 Praxisbeispiel: Compliance-Cockpit

In vielen Instituten werden die WpHG-Compliance-Anforderungen wohl noch tendenziell manuell bearbeitet. Unterstützungsleistungen durch Access-Anwendungen und Excel-Auswertungen sind weit verbreitet. Eine Berichterstattung erfolgt in der Regel in Word oder PowerPoint-Formaten.

Mit ständig wachsenden aufsichtsrechtlichen Compliance-Anforderungen, einem umfassen Prozessmodell mit internem Kontrollsystem und einem Risikomodell steigt der Bedarf an einer integrierten technischen Unterstützungsplattform, die folgende Melde-, Überwachungs-, Berichts- und Dokumentationsanforderungen erfüllen kann:

– Erfassung sämtlicher Compliance-Funktionen; Offenheit für neue Compliance-Funktionen.
– Konzern- bzw. gruppenweite Abbildung und Anwendung.
– Mandantenfähigkeit, um Tochtergesellschaften den Zugang gewähren zu können.
– Dezentrale Erfassung von Meldungen.
– Hinterlegung von Überwachungsplänen, Ableitung und Durchführungsüberwachung der einzelnen Audit-Aufträge.
– Abbildung relevanter Prozesse sowie deren Kontrollen und Schlüsselkontrollen.
– Berücksichtigung eines Risikomodells.
– Dezentrale Erfassung der Ergebnisse von Kontrollen durch Führungskräfte.
– Zentrale Erfassung von Compliance-Überwachungshandlungen.
– Maßnahmenverfolgung aus Überwachungshandlungen.
– Erfassung von Präventionsmaßnahmen/Wissensmanagement und Schulungen.
– Automatische Generierung von KPIs und Versendung von Eskalationsmeldungen an einen definierten Verteiler.
– Berichterstattung von KPIs im Online-Monitor.
– Automatische Generierung von Quartalsberichten (Papierform) zur Befassung im Vorstand und Aufsichtsrat.
– Revisionssichere Dokumentation.

Das Compliance-Risiko ist Bestandteil der operationalen Risiken und fällt damit in den Anwendungskreis der **BCBS 239**. Hinter BCBS steht das „**Basel Committee on Banking Supervision**". Ziel dieses Ausschusses ist es, einen Beitrag für hohe und einheitliche Standards der Bankenaufsicht zu leisten. Das Papier mit der Nummer 239 befasst sich mit der „**Risikodatenaggregation** und der **Risikoberichterstattung**". Dabei wirkt eine Nebenbedingung zur Steigerung der Datenqualität darauf hin, **IDV – individuelle Daten-**

verarbeitung (Excel-Tabellen, „Bleistiftersatz") – durch IT-System-Lösungen zu verbessern; manuelle Eingriffe in die Risikoberichterstattung sollen mit Blick auf eine geringere Fehlerwahrscheinlichkeit reduziert werden. Diese Forderung gilt zunächst erst einmal für die großen, von der EZB beaufsichtigten Institute. Auch, wenn das Compliance-Risiko vom Gewicht her in der Tendenz eher ein kleineres Risiko ist, so ist durchaus vorstellbar, dass mittelfristig die Entwicklung für große Institute dahin gehen wird, auch die Compliance-Berichterstattung IT-technisch besser zu unterstützen.[25]

---

25 Vgl. *Baseler Ausschuss für Bankenaufsicht,* 2013.

5 Literaturverzeichnis

Baseler Ausschuss für Bankenaufsicht (BCBS): Rundschreiben 239 – Grundsätze für die effektive Aggregation von Risikodaten und die Risikoberichterstattung, Bank für internationalen Zahlungsausgleich, Januar 2013. Grundsatz 3 befasst sich mit der Genauigkeit und Integrität von Risikodaten-Aggregationskapazitäten. Danach sollen Daten möglichst auf automatisierter Basis aggregiert werden, um die Fehlerwahrscheinlichkeit so gering wie möglich zu halten.

Bundesanstalt für Finanzdienstleistungsaufsicht (BaFin): Rundschreiben 5/2018 (WA) Mindestanforderungen an die Compliance-Funktion und die weiteren Verhaltens-, Organisations- und Transparenzpflichten nach §§ 31 ff. WpHG für Wertpapierdienstleistungsunternehmen (MaComp) v. 08.03.2017.

Bundesanstalt für Finanzdienstleistungsaufsicht (BaFin): Rundschreiben 10/2012 (BA) Mindestanforderungen an das Risikomanagement (MaRisk) v. 14.12.2012.

Delegierte Verordnung (EU) 2017/565 v. 25.04.2016.

Haub: Die Visitenkarte der Revision – Berichterstatter, Kommunikation, Schlussbesprechung, Psychologie, 2. erw. u. überarb. Aufl., Hamburg/Frankfurt am Main, 2001.

Hense/Renz: Die Wandlung der Compliance-Funktion unter besonderer Beachtung der neuen Berichtspflicht an das Senior-Management im Wertpapierdienstleistungsunternehmen, in: CCZ 5/2008, S. 181–185.

Jäkel: Compliance Management Systeme – Messen und gemessen werden, in: Compliance-Manager, Ausg. 3/2016, abrufbar unter http://www.compliance-manager.net/fachartikel/messen-und-gemessen-werden-925088589 (letzter Abruf am 27.03.2017).

Wertpapierdiensteistungs-Prüfungsverordnung – WpDPV: Verordnung über die Prüfung der Wertpapierdienstleistungsunternehmen nach § 89 des Wertpapierhandelsgesetzes v. 17.01.2018.

Wertpapierhandelsgesetz in der ab dem 03.01.2018 gültigen Fassung (auf Basis der Änderungen aus dem 2. Finanzmarktnovellierungsgesetz v. 23.06.2017).

I.5

Internes Kontrollsystem Compliance – Gestaltungsmöglichkeiten zur Überwachung von Compliance-Grundsätzen, -Mitteln und -Verfahren

Jens Welsch und Ute Foshag

Inhaltsübersicht

1	Gestaltungsmöglichkeiten eines Internen Kontrollsystems für Compliance...	1–22
1.1	Was sind Strategien, Maßnahmen und Verfahren?....................	6–12
1.2	Theoretische Grundkonzeption eines IKS-Comp.....................	13–15
1.3	Modell der drei Verteidigungslinien	16–22
2	Verantwortlichkeit für Compliance Aufgaben	23–27
2.1	Geschäftsleitung und Compliance	24–26
2.2	Fachbereiche..	27
3	Checklisten als Hilfsmittel einer strukturierten Überwachung und Bewertung	28–51
3.1	Verfahren zur Überwachung der Verordnung.......................	31–34
3.2	Beispiel Checkliste zu den Transaktionsmeldungen	35–51
4	Überwachung, Bewertung und Maßnahmennachverfolgung.............	52–68
4.1	Methoden der Compliance-Überwachung	54–58
4.2	Methoden der Compliance-Bewertung............................	59–65
4.3	Methoden zur Maßnahmenformulierung und -nachverfolgung	66–68
5	Literaturverzeichnis	

1 Gestaltungsmöglichkeiten eines Internen Kontrollsystems für Compliance[1]

Die gesetzlichen Organisationspflichten legen umfassende **Überwachungs- und Bewertungstätigkeiten** für Compliance fest. Danach muss die Compliance-Funktion die vom Wertpapierdienstleistungsunternehmen eingeführten **Maßnahmen, Strategien** und **Verfahren** auf ihre **Angemessenheit** und **Wirksamkeit** ständig überwachen und regelmäßig bewerten. Das gilt auch für die zur Behebung von Defiziten getroffenen Maßnahmen.[2]

Die praktische Umsetzung der Überwachungs- und Bewertungsanforderungen ist in weiten Bereichen nicht definiert. Daher muss sich jedes Institut eigene Definitionen und eine eigene, die jeweilige Risikolage berücksichtigende Systematik geben. Es bietet sich an, hier auf best-Practice-Ansätze zurückzugreifen, z. B. auf den IDW-Standard 980 oder die ISO 19600 für Compliance-Management-Systeme.

Der in Abb. 1 dargestellte „WpHG-Kubus" kann die für eine Risikoanalyse wesentlichen Dimensionen als Rahmen schematisch darstellen. Er nimmt die Dimensionen Wertpapierdienst- und Nebendienstleistungen, Kundengruppen sowie die vorhandenen Geschäftsfelder (inkl. relevanter Stabs- und Betriebsbereiche) eines Instituts auf. Anstatt von Geschäftsfeldern (Aufbauorganisation) könnten hier auch die Prozesse oder Kontrollen (Ablauforganisation) abgebildet werden. Gedanklich kann man sich vorstellen, dass der Kubus aus vielen kleinen weißen und durchsichtigen Bauklötzen besteht. Ist eine dreidimensionale Konstellation zutreffend, dann wird ein weißer Klotz vergeben, z. B. für den Fall, dass das Finanzdienstleistungsunternehmen Anlageberatung mit Privatkunden im Geschäftsfeld 1 durchführt. Trifft dieser Sachverhalt nicht zu, dann gibt es einen durchsichtigen Klotz. Das daraus entstehende fragmentierte Gebilde zeigt die Betroffenheit und damit die Risikosituation des Instituts. Die weißen Bausteine sind dann durch Grundsätze, Mittel und Verfahren zu definieren.

---

1 Die Autoren stellen in diesem Beitrag ausschließlich ihre persönliche Meinung dar.
2 Art. 22 Abs. 2 Delegierte Verordnung (EU) 2017/565 der Kommission v. 25. 04. 2016.

Kunden

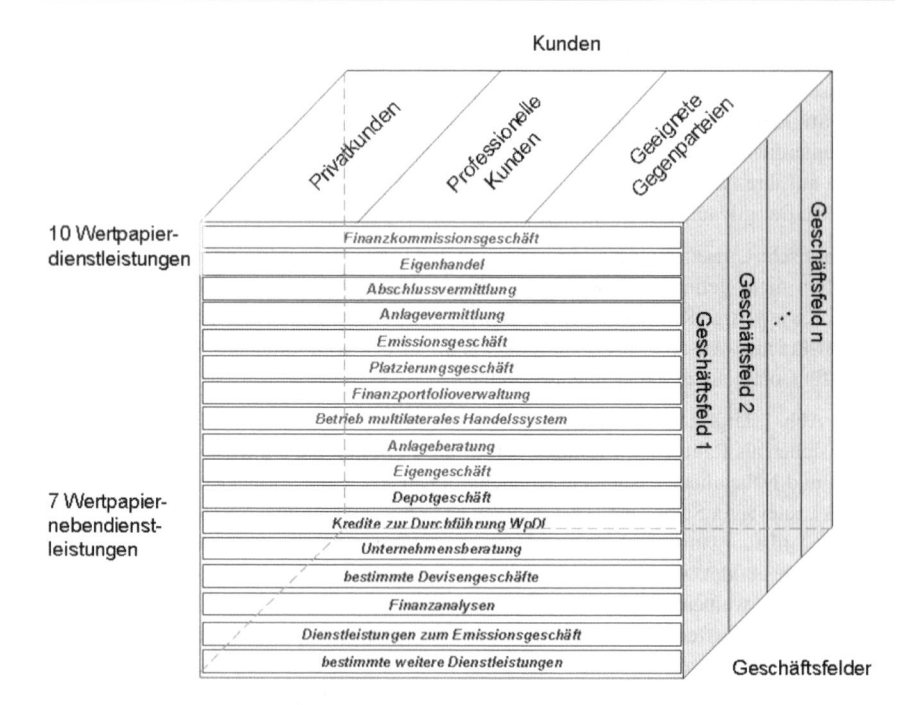

10 Wertpapierdienstleistungen
- Finanzkommissionsgeschäft
- Eigenhandel
- Abschlussvermittlung
- Anlagevermittlung
- Emissionsgeschäft
- Platzierungsgeschäft
- Finanzportfolioverwaltung
- Betrieb multilaterales Handelssystem
- Anlageberatung
- Eigengeschäft

7 Wertpapiernebendienstleistungen
- Depotgeschäft
- Kredite zur Durchführung WpDl
- Unternehmensberatung
- bestimmte Devisengeschäfte
- Finanzanalysen
- Dienstleistungen zum Emissionsgeschäft
- bestimmte weitere Dienstleistungen

Achsen: Privatkunden, Professionelle Kunden, Geeignete Gegenparteien; Geschäftsfeld 1, Geschäftsfeld 2, ..., Geschäftsfeld n; **Geschäftsfelder**

Abb. 1: WpHG-Kubus
Quelle: Eigene Darstellung

4   Es sind eine Reihe von Fragen zu klären:
   – Was sind Maßnahmen? Was sind Strategien? Was sind Verfahren und wie grenzen sie sich zu den Prozessen nach Mindestanforderungen an das Risikomanagement (MaRisk) ab?
   – Was ist Überwachung? Welchen Umfang soll sie haben? Welche Ressourcen schonenden Differenzierungsmöglichkeiten gibt es?
   – Anhand welcher Kriterien kann eine Bewertung von Maßnahmen, Strategien und Verfahren durchgeführt werden?
   – Welche Möglichkeiten gibt es zur Systematisierung der Verfahren, um mit den zur Verfügung stehenden Ressourcen eine Überwachung nach institutsindividueller Risikolage vorzunehmen?
   – Wie kann eine Duplizierung der Überwachungstätigkeit zwischen Revision und Compliance vermieden werden?

5   Es empfiehlt sich zur Gestaltung der Gesamtkonzeption eine Abstimmung mit den Anforderungen der MaRisk mit ihren Ausführungen zum Internen Kontrollsystem (IKS) und zur Internen Revision vorzunehmen. Im Ergebnis lässt sich dann ein IKS-Compliance (IKS-Comp) zur Überwachung der Einhaltung der Vorschriften des WpHG definieren.

1.1 Was sind Strategien, Maßnahmen und Verfahren?

Auf Basis einer Gefahrenanalyse nimmt die Compliance-Funktion unter Berücksichtigung der Art, des Umfangs, der Komplexität und des Risikogehalts der Geschäfte des Wertpapierdienstleistungsunternehmens eine Beurteilung vor, auf deren Grundlage sie ein risikobasiertes Überwachungsprogramm erstellt.[3] In diesem Zusammenhang muss die Compliance Funktion ein Programm erstellen, das alle Bereiche der Wertpapierdienstleistungen, Anlagetätigkeiten, sowie aller relevanten Nebendienstleistungen der Wertpapierfirma abdeckt.[4] Dabei muss das Überwachungsprogramm Prioritäten festlegen, die anhand der Compliance-Risikobewertung bestimmt werden, sodass eine umfassende Überwachung der Compliance-Risiken sichergestellt wird.[5]

Für die betriebliche Praxis können die oben genannten Begriffe wie folgt diskutiert werden:

1. Die Verordnung führt den Begriff der **Compliance-Strategie** neu ein, konkretisiert ihn aber nicht hinreichend für die praktische Anwendung: „Die Wertpapierfirmen legen angemessene Strategien ... fest, die darauf ausgelegt sind, jedes Risiko einer etwaigen Missachtung der in der Richtlinie 2014/65/EU festgelegten Pflichten durch die Wertpapierfirma sowie die damit verbundenen Risiken aufzudecken, und setzen diese auf Dauer um...".[6] Aus der Anforderung können aber die Elemente „Angemessenheit", „Risikoorientierung", und „Nachhaltigkeit" i. S. von Dauerhaftigkeit abgeleitet werden. Die Aufsicht wird erwarten, dass ein strategisches Element in der Organisation verankert wird. Ob dieses eine eigenständige Compliance-Strategie oder eine Berücksichtigung von Compliance-Elementen in den bestehenden Geschäftsstrategien ist, bleibt offen. Der Plural-Begriff „Strategien" lässt vermuten, dass die Compliance-Anforderung als Nebenbedingung in den jeweiligen Geschäftsstrategien Berücksichtigung finden kann.

Eine Strategie hat einen dynamischen Charakter und beschreibt in der Regel, mit welchen Maßnahmen ich mittel- bis langfristig welches strategische Ziel erreichen möchte. Danach könnten folgende Aspekte als durch die gesetzlichen Vertreter festgelegte Ziele im Rahmen der Strategie aufgegriffen werden:

- Gesamtverantwortung des Vorstands
- Verantwortung des Compliance-Beauftragten (**Hinwirkungspflicht**, Sicherstellungspflicht; hat Bedeutung für den Umfang der **Garantenhaftung**)
- Prinzipien – z. B. „Null-Toleranz-Prinzip"
- Themenspektrum (Kern-Compliance/erweitertes Compliance)
- Zentrale oder dezentrale Organisationsstruktur
- Geltungsbereich im Konzern (National/International/Umgang mit sich widersprechenden Rechtsnormen)
- Arbeitsteilung/Verantwortungsübergänge zwischen der Linie, Compliance, dem internen Kontroll-System und der Revision.

---

3 Art. 22 Abs. 2 Satz 2 Delegierte Verordnung (EU) 2017/565.
4 Art. 22 Abs. 2 Satz 2 Delegierte Verordnung (EU) 2017/565.
5 Art. 22 Abs. 2 Satz 3 Delegierte Verordnung (EU) 2017/565.
6 Art. 22 Abs. 1 Satz 1 Delegierte Verordnung (EU) 2017/565.

Das strategische Ziel könnte dann sein, einen „Ganzheitlichen Compliance-Ansatz", „Praxisnähe, Verständlichkeit und Lösungsorientierung" oder „eine Maximale Durchdringung" zu erreichen.

9   Zur Sicherstellung einer guten Wirksamkeit sollte darauf geachtet werden, dass die strategischen Pläne für Governance, Risikomanagement und Compliance zueinander schlüssig sind und sich nicht widersprechen.

10 Es bietet sich an, die strategischen Festlegungen im Rahmen eines „Code of Conduct" bzw. der betrieblichen „Ethik-Grundsätze" zu konkretisieren.

11 2. Die Verordnung greift den Begriff der **Compliance-Maßnahme** auf: „Die Wertpapierfirmen ... führen angemessene Maßnahmen ... ein, um dieses [Compliance-] Risiko auf ein Mindestmaß zu beschränken und die zuständigen Behörden in die Lage zu versetzen, ihre Befugnisse im Rahmen dieser Richtlinie wirksam auszuüben."[7] Auch diese Maßnahmen werden nicht weiter spezifiziert. In Orientierung am IDW PS 980 als best-Practice-Standard können folgende Beispiele genannt werden:[8]
    – Hinweisgeberverfahren (Prävention)
    – Kontrollen
    – Funktionstrennungen
    – Berechtigungskonzepte
    – Genehmigungsverfahren und Unterschriftenregelungen
    – Vorkehrungen zum Vermögensschutz und andere Sicherheitskontrollen
    – Unabhängige Gegenkontrollen (4-Augen-Prizip)
    – Job-Rotation

12 3. Unter **Verfahren** können sämtliche Anforderungen der Verordnung verstanden werden, die vom Wertpapierdienstleistungsunternehmen und seinen Mitarbeitern zu beachten sind. Beispiele sind: Finanzanalysen, Best-Execution oder Überwachung von Insidergeschäften. Diese Verfahren müssen nicht zwingend deckungsgleich sein mit den organisatorischen Prozessen. Abb. 2 zur „Abgrenzung von Verfahren und Prozessen" zeigt den schematischen Prozessablauf für den Kauf von Aktien. Dabei wird zwischen Eigen- und Kundenhandel unterschieden. Der Kundenhandel wird wiederum differenziert nach Kundengeschäften und Mitarbeitergeschäften. Das Compliance-Verfahren zur Überwachung von Insidergeschäften, hier in der konkreten Aufgabe der Kontrolle dieser Aktienkäufe zur Watchlist, nimmt eine Querfunktion zum eigentlichen betriebswirtschaftlichen Prozess ein.

---

7 Art. 22 Abs. 1 Satz 1 Delegierte Verordnung (EU) 2017/565.
8 Institut der Wirtschaftsprüfer (2011), S. 23.

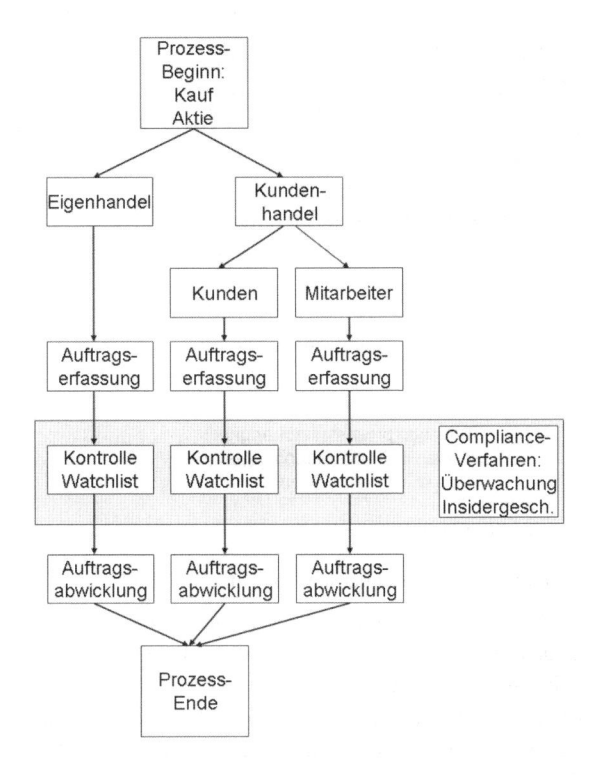

Abb. 2: Abgrenzung von Verfahren und Prozessen
Quelle: Eigene Darstellung

1.2 Theoretische Grundkonzeption eines IKS-Comp

Die MaComp[9] stellen klar, dass die Compliance-Funktion Bestandteil des internen Kontrollsystems nach § 25a Abs. 1 Satz 3 Nr. 1 KWG ist und im Bereich der Wertpapierdienstleistungen eines Wertpapierdienstleistungsunternehmens für die Identifizierung, Beurteilung, Steuerung, Überwachung und Kommunikation des Compliance-Risikos zuständig ist.[10] Dabei bezieht sich das sog. Compliance-Risiko auf das Management des für Wertpapierdienstleistungen bestehenden Risikos, dass Wertpapierdienstleistungsunternehmen und deren Mitarbeiter den ihnen auferlegten Verhaltenspflichten nicht (vollumfänglich) nachkommen.[11]

13

---

9   Mindestanforderungen an die Compliance-Funktion und weitere Verhaltens-, Organisations- und Transparenzpflichten (MaComp) in der am Fassung v. 19. 04. 2018. (Detaillierte Ausführungen zu den MaComp siehe Kapitel I.8 in diesem Werk.)
10 Vgl. MaComp AT 7 – Verhältnis von WpHG zu KWG.
11 Vgl. MaComp AT 1 Ziffer 2 zu Risiken und Zielrichtung der MaComp.

```
                    ┌─────────────────────────────────────┐
                    │      internes Kontrollverfahren     │
                    │     (= internes Überwachungssystem) │
                    └─────────────────────────────────────┘
                         │                      │
          ┌──────────────┴────────┐   ┌─────────┴──────────┐
          │ Prozessintegrierte    │   │ Prozessunabhängige │
          │ Überwachungsmaßnahmen │   │ Überwachungsmaßnahmen │
          │ (Internes Kontrollsystem (IKS)) │ │                │
          └───────────────────────┘   └────────────────────┘
```

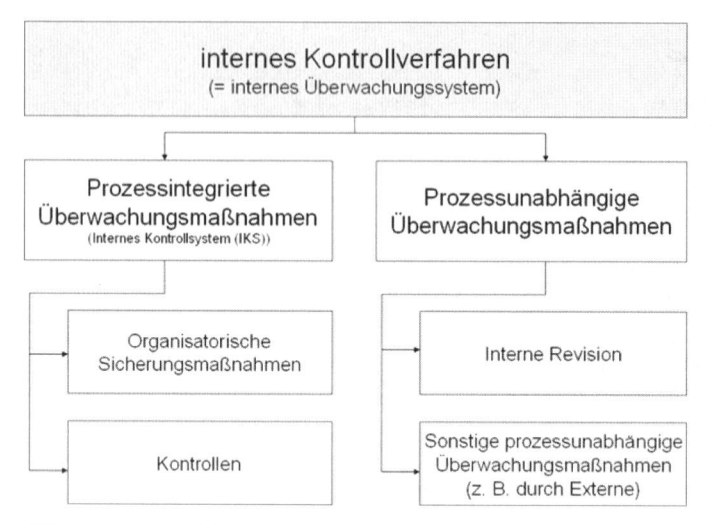

Abb. 3: Regelungsbereiche der internen Kontrollverfahren

14 In diesem Zusammenhang stellt sich die Struktur der internen Kontrollverfahren:[12]

15 Die internen Kontrollverfahren setzen sich aus dem prozessintegrierten internen Kontrollsystem und der prozessunabhängigen Internen Revision zusammen. Im Einzelnen stellen sich die Kontroll- und Prüfungstätigkeiten dieser Einheiten folgendermaßen dar:

1. **Revision** ist die prozessunabhängige Überwachung der wesentlichen Prozesse und Aktivitäten. Diese Tätigkeit des Prüfens und Bewertens wird von der Internen Revision als Organisationseinheit wahrgenommen. Sie darf weder als Überwachungsträger in den Arbeitsablauf integriert sein, noch darf sie für das Ergebnis des überwachten Prozesses verantwortlich sein. Sie prüft insb. auch die prozessintegrierten Überwachungsmaßnahmen.

2. **Sonstige prozessunabhängige Überwachungsmaßnahmen** können durch die Geschäftsleitung selbst vorgenommen werden. In der Praxis delegiert die Geschäftsleitung diese Überwachungsmaßnahmen auf spezielle Funktionsträger oder auf Externe.

---

12 Vgl. auch IDW Prüfungsstandard zur Feststellung und Beurteilung von Fehlerrisiken und Reaktionen des Abschlussprüfers auf die beurteilten Fehlerrisiken (IDW PS 261), Abb. 2 Stand 14.06.2016 und *Helfer/Ulrich*: Interne Kontrollsysteme in Banken und Sparkassen, S. 94–96. Dort wird allerdings das interne Überwachungssystem als Teil des Internen Kontrollsystems dargestellt. Dies dürfte nicht ganz der Darstellung in § 25a Abs. 1 Satz 3 Nr. 1 KWG entsprechen.

3. **Organisatorische Sicherungsmaßnahmen** sind laufende automatische Einrichtungen. Diese umfassen fehlerverhindernde Maßnahmen, die sowohl in die Aufbau- als auch in die Ablauforganisation des Instituts integriert sind (z.B. Organigramme, Stellenbeschreibungen, Prüfziffernberechnungen, Zutrittskontrollen (räumlich), Passworte, Berechtigungskonzepte und Zugriffskontrollen (Systeme)).
4. **Kontrollen** sind prozessintegrierte Überwachungsmaßnahmen. Hierbei kann es sich um manuelle oder maschinelle Kontrollen handeln. Kontrollen sollen die Wahrscheinlichkeit des Auftretens von Fehlern in den Arbeitsabläufen vermindern bzw. aufgetretene Fehler aufdecken. Kontrollen können vorgeschaltet, gleichgeschaltet oder nachgeschaltet sein.

Prozessintegrierte Kontrollen können sowohl direkt im Verlauf des Prozesses erfolgen, oder aber auch zeitnah dem Prozess nachgelagert sein. In Bezug auf die Compliance-Funktion eines Wertpapierdienstleistungsunternehmens bedeutet dies, dass die Compliance-Funktion folgende Überwachungsmaßnahmen vornehmen kann:

– Prozessgestaltend zusammen mit dem Fachbereich im Rahmen der beratenden Tätigkeit von Compliance, z.B. bei der Änderung von Prozessen aufgrund geänderter gesetzlicher oder tatsächlicher Rahmenbedingungen

– Nach Abschluss der fachbereichsinternen Kontrollen über die Einhaltung der WpHG Vorschriften

1.3 Modell der drei Verteidigungslinien

Rangol[13] stellt ein von PricewaterhouseCoopers entwickeltes Konzept vor, das auf drei „Compliance-Verteidigungslinien" basiert, die jeweils auf unterschiedlichen Unternehmensebenen verankert werden:

Die **erste Compliance-Linie** wirkt unmittelbar in den **operativen Geschäftsbereichen**. Compliance-spezifische Vorkehrungen und Maßnahmen werden in die Geschäftsabläufe und internen Systeme integriert. Die Geschäftsaktivitäten werden anhand definierter Compliance-Risikoindikatoren und Schlüsselkontrollen überwacht. Die Ergebnisse werden in Kontrollberichten für den Compliance-Beauftragten dokumentiert.

Die **zweite Compliance-Linie** wird durch die Tätigkeiten des **Compliance-Beauftragten** ausgefüllt. Zentrale Compliance-Aufgaben auf dieser Ebene sind die

– Analyse des Compliance-Bedarfs, z.B. durch Veränderungen der Marktbedingungen oder Veränderungen der rechtlichen Vorgaben.

– Analyse und Bewertung der Kontrollberichte der Geschäftsfelder.

– Beratung und Unterstützung bei der Ausgestaltung neuer Produkte und Dienstleistungen.

Bestimmte Geschäftsaktivitäten werden direkt durch den Compliance-Beauftragten überwacht, z.B. Mitarbeiter- und Eigenhandelsgeschäfte im Hinblick auf die Einhaltung des Insiderhandelsverbotes. Ob und inwieweit Compliance neben den eigenen Kontrollen und

---

13 Vgl. *Rangol*: Unternehmensweiter Risikocheck als Basis, in: Börsen-Zeitung, 11.12.2007, S. 20 sowie *Rangol*: Compliance „post MiFID" – bestechend anders!, in: pwc: financial services, Januar 2009, S. 4–6.

den Prüfungen der Internen Revision noch eigene Prüfungen der Geschäftsbereiche durchführen sollte, hängt von den Ergebnissen der Risikoanalyse und der Geschäftsstruktur des jeweiligen Unternehmens ab.

20 Auf der **dritten Compliance-Linie** überprüft die Interne **Revision** turnusgemäß die Angemessenheit und Wirksamkeit der Gesamtheit der auf der ersten und zweiten Stufe getroffenen Maßnahmen.

21 Die Gesamtverantwortung für die Einhaltung der Verordnung geregelten Pflichten obliegt der Geschäftsleitung[14]. Sie ist mind. einmal jährlich durch den Compliance-Beauftragten über die Wirksamkeit der getroffenen Maßnahmen, Verstöße und Schwachstellen sowie deren Behebung zu unterrichten.

22 Für die Praxis kann das Konzept der drei Verteidigungslinien wertvolle Anregungen für betriebliche Gestaltungsansätze geben. Ergänzend können folgende Aspekte diskutiert werden:
– Compliance übt eine Überwachungsaufgabe aus. Hier ist zu differenzieren: Bei den Verfahren, die zu überwachen sind, handelt es sich einerseits um prozessintegrierte Überwachungsmaßnahmen für Compliance-Aufgaben, bei denen Compliance kontrollierend tätig wird. Diese können auch als „Tagesgeschäft" bezeichnet werden. Hier geht es um die mit einem sehr hohen Risiko behafteten Themen, die eine 100%-Überwachung benötigen. Hierzu zählen in der Regel die Überwachung der Insidergeschäfte, Mitarbeitergeschäfte, Marktmanipulation und Leerverkäufe, die bei Verstoß ggf. ein unverzügliches Handeln erforderlich machen. Bei einem Großteil der Verfahren wird Compliance – vergleichbar mit der Revision – prozessunabhängig aktiv in Form von „Prüfungen". Auf Basis eines Risiko orientierten Überwachungsplans verschafft sich Compliance einen eigenen Eindruck, ob die weiteren Vorkehrungen – z. B. für die Verhaltenspflichten des WpHG – eingehalten werden.
– Das WpHG ist weiter gefasst als das allgemeine IKS: Danach hat Compliance der Geschäftsleitung nicht nur über die Wirksamkeit sondern auch über die Angemessenheit der Grundsätze, Mittel und Verfahren zu berichten.
– Die von Compliance zu überwachenden Grundsätze, Mittel und Verfahren können bezüglich Prüfungsgegenstand, Prüfungsblickwinkel und Kriterien zur Tätigkeit der Internen Revision (Prozesse, IKS) abweichen. Für die Interne Revision gibt es Definitionen zur Prüfungstätigkeit, z. B. in Bezug auf Prüfungspläne, Stichprobenumfänge. Für Compliance-Überwachungen gibt es dieses ausdifferenzierte Regelwerk (noch) nicht. Es bietet sich an, in den jeweiligen internen Richtlinien die Schnittstellen zu definieren und eine Aufgabenabgrenzung vorzunehmen.

2 Verantwortlichkeit für Compliance Aufgaben

23 Basis für die Selbstbestimmung der Aufteilung von Aufgaben und Befugnissen der Compliance-Funktion nach WpHG und Risikomanagementfunktionen innerhalb eines Instituts ist der funktionale Compliance-Ansatz. Dieser ist sowohl in der MiFID als auch im WpHG

---

14 MaComp AT 4.

verankert. Die Aufgabenverteilung können die Institute daher, im Rahmen des gesetzlich Vorgegebenen, vornehmen. Dabei spielen Geschäftsumfang und Geschäftsmodell eine wesentliche Bedeutung. Im Folgenden soll dargestellt werden, wie die Aufgabe der Einhaltung der Vorschriften des WpHG in der Praxis wahrgenommen werden sollte.

2.1 Geschäftsleitung und Compliance

Art. 21 der Verordnung (EU) 2017/565 legt die dort festgeschriebenen Organisationspflichten dem Wertpapierdienstleistungsunternehmen auf. Damit ist die grundsätzliche und umfassende Verantwortlichkeit der Geschäftsleitung gemeint. § 2 Abs. 4 WpHG definiert den Begriff des Wertpapierdienstleistungsunternehmens. Dazu gehören Kreditinstitute, Finanzdienstleistungsinstitute und Unternehmen nach § 53 Abs. 1 Satz 1 KWG, die gewerbsmäßig Wertpapierdienstleistungen und -nebendienstleistungen erbringen. 24

Die Verantwortlichen für diese Institute sind die Geschäftsleiter[15] nach § 1 Abs. 2 KWG. Deutlich herausgestellt wird die Gesamtverantwortung der Geschäftsleitung auch in AT 4 der MaComp.[16]

Die Verordnung (EU) 2017/565 schreibt eine Delegation einiger Organisationspflichten an die Compliance-Funktion vor. Gemäß Art. 22 Abs. 2 der Verordnung ist das Wertpapierdienstleistungsunternehmen verpflichtet, eine dauerhafte, wirksame und unabhängig arbeitende Compliance-Funktion einzurichten. Die Aufgaben der Compliance-Funktion im Einzelnen werden dann konkretisiert und normiert. Die Compliance-Funktion muss einerseits ständig überwachen und regelmäßig bewerten und zwar die Angemessenheit und Wirksamkeit der Maßnahmen, Strategien und Vorkehrungen, als auch die Schritte, die zur Behebung etwaiger Defizite unternommen werden müssen. Darüber hinaus ist die Compliance-Funktion für die Beratung und Unterstützung der für Wertpapierdienstleistungen und Anlagetätigkeiten zuständigen Personen und die Einhaltung von damit verbundenen Pflichten aus der Richtlinie 2014/65/EU zuständig. Andererseits muss die Compliance-Funktion auch Prozessabläufe für die Überwachung von Beschwerden übernehmen. In Bezug auf die Aufdeckung von Gefahren und Risiken einer Gesetzesverletzung beratend und unterstützend tätig sein. Konkret heißt das, dass die Compliance-Funktion die Fachbereiche dabei berät, wie Abläufe oder Kontrollen gestaltet werden sollten, um Verstöße gegen gesetzliche Vorschriften zu verhindern. Zumindest diese konkreten Aufgaben sind an die Compliance-Funktion zu delegieren, letztverantwortlich bleibt jedoch die Geschäftsleitung. 25

Verantwortliche Person für die Compliance-Funktion ist der Compliance Beauftragte[17]. Er ist vom Wertpapierdienstleistungsunternehmen zu benennen und für die Compliance-Funktion als auch für die Berichte an Geschäftsleitung und Aufsichtsorgan verantwortlich.[18] Der Compliance-Beauftragte ist damit der „Vertreter" der Compliance-Funktion gegenüber Geschäftsleitung und Aufsichtsorgan. 26

---

15 *Boos/Fischer/Schulte-Mattler* (Hrsg.): Kreditwesengesetz, 5. Aufl., § 1 Rn. 209.
16 Detaillierte Ausführungen zu den MaComp finden sich in diesem Buch im Kapitel I.8.
17 Vgl. Art. 22 Abs. 3 Ziffer b) Verordnung (EU) 2017/565.
18 Vgl. Art. 22 Abs. 3 Ziffer b) Verordnung (EU) 2017/565.

2.2 Fachbereiche

27 Originär sind die Fachbereiche für die Einhaltung der sie betreffenden Vorschriften verantwortlich. Zu den Aufgaben der Compliance-Funktion gehört jedoch auch die beratende Unterstützung der operativen Einheiten im Hinblick auf die Einhaltung der Vorschriften des WpHG. Da die Compliance-Funktion Teil des Internen Kontrollsystems nach § 25a Abs. 1 KWG ist[19], und damit nicht prozessunabhängig sein muss, kann sie, als Teil ihrer Aufgaben, Geschäftsprozesse der Fachbereiche beeinflussen bzw. die Fachbereiche bei der Einführung von eigenen Kontrollmechanismen beraten. Daneben gibt es in Wertpapierdienstleistungsinstituten auch Aufgaben bzw. Kontrollhandlungen die originär von der Compliance-Funktion selbst wahrgenommen werden.[20] Hierzu gehören beispielsweise die Überwachung von Insider-/Mitarbeitergeschäften, die Marktmanipulations- und die Leerverkaufsüberwachung. In diesen Bereichen ist die Compliance-Funktion selbst dafür verantwortlich, ordnungsgemäße Kontrollmechanismen zu etablieren. Eine Überprüfung dieser Kontrollmechanismen findet nur durch die Interne Revision statt.

3 Checklisten als Hilfsmittel einer strukturierten Überwachung und Bewertung

28 Durch die Überwachung und Bewertung der Angemessenheit und Wirksamkeit der Maßnahmen, Strategien und Verfahren[21] zur Einhaltung der gesetzlichen Vorschriften wird eine Art „Gefährdungsanalyse" durchgeführt, die sich aus zwei Komponenten zusammensetzt.

29 Bei der Aufgabe der **Überwachung** sollten institutsintern die Schnittstellen der Compliance-Funktion und der Internen Revision definiert werden. Die Compliance-Funktion und die Interne Revision sind Teil der internen Kontrollverfahren eines Instituts[22] wobei jedoch die Compliance-Funktion, anders als die Interne Revision, auch Teil des Internen Kontrollsystems ist.[23] Diese Unterscheidung spiegelt sich darin wider, dass die im Rahmen des Interne Kontrollsystems enthaltenen Überwachungsmechanismen Bestandteil des zu überwachenden Prozesses sind, die Interne Revision, die keinen Teil des Internen Kontrollsystems darstellt, prozessunabhängig überwacht.[24] Da die Compliance-Funktion nicht prozessunabhängig kontrollieren muss[25], kann sie Geschäftsprozesse und Kontrollmechanismen aktiv beeinflussen oder mitgestalten.[26] Die Interne Revision dagegen prüft die Geschäftsvorgänge in den Instituten prozessunabhängig, risikoorientiert und in festgelegten Zeitabständen. Dennoch agieren beide Einheiten eigenverantwortlich und nicht weisungsgebunden. Für die Compliance-Funktion ist dies in Art. 22 Abs. 2 der Verordnung (EU) 2017/565 durch die Anforderung der Unabhängigkeit der Compliance-Funktion festgelegt. Zur Ver-

---

19 Vgl. AT 7 Ziffer 2 der MaComp.
20 Vgl. BT 1.2.1 der MaComp.
21 Zu den Überwachungsvorkehrungen vgl. AT 6.2 Ziffer 1. der MaComp.
22 Vgl. AT 1 Ziffer 1 der MaRisk.
23 Vgl. AT 7 Ziffer 2 der MaComp.
24 *Hannemann/Schneider/Hanenberg* (Hrsg.): Mindestanforderungen an das Risikomanagement (Ma-Risk), 4. Aufl., AT 1 S. 58 f.
25 Vgl. BT 1.2.1.2 Ziffer 2 MaComp.
26 Vgl. BT 1.2.1.2 Ziffer 8 MaComp und *Eis*: It takes two to tango, Compliance und Interne Revision: getrennt auftreten, vereint schlagen, in: pwc financial services, Ausgabe Januar 2009, S. 10.

meidung von Doppelarbeit sowohl auf der Seite der überwachenden Einheiten als auch auf Seite der überwachten Fachbereiche sollten die Interne Revision und die Compliance-Funktion auf Prüfungsergebnisse des anderen zurückgreifen können.[27] Bereits nach der im Rahmen der MiFID I-Umsetzung von der BaFin aufgehobenen „Compliance-Richtlinie"[28] war die Interne Revision verpflichtet, alle Feststellungen zu compliance-relevanten Sachverhalten der Compliance-Stelle mitzuteilen. Ein solches Zurückgreifen auf Prüfungsergebnisse entbindet jedoch weder Compliance noch die Interne Revision davon, unabhängig voneinander festzulegen, welche Überprüfungen sie jeweils vornehmen.[29] In der Praxis besteht Einvernehmen in der Ansicht, dass Compliance in Kenntnis der Ergebnisse anderer Prüfeinheiten z. B. seine Stichprobenumfänge reduzieren kann.

Neben der Überprüfung der Einhaltung der gesetzlichen Vorschriften durch das Wertpapierdienstleistungsunternehmen hat die Compliance-Funktion eine **ständige Überwachung und regelmäßige Bewertung** der Angemessenheit und Wirksamkeit der Grundsätze und Vorkehrungen zur Einhaltung der Verordnung vorzunehmen.[30] Um eine wirksame regelmäßige Bewertung vorzunehmen, sollte eine Standardisierung der in regelmäßigen Abständen vorgenommenen Bewertung angestrebt werden, sodass sich aus den Bewertungen vergleichbare und damit aussagekräftige Bewertungsergebnisse herleiten lassen.[31] Eine solche Standardisierung kann insb. durch einheitliche Kontrollverfahren erreicht werden, wie beispielsweise die nachfolgend aufgeführten Checklisten. Als Bewertungsgrundlagen dienen der Compliance-Funktion die Ergebnisse der von den Fachbereichen im Rahmen der Checklisten abgefragten Informationen. Diese schriftlichen Informationen können durch persönliche Interviews der Verantwortlichen der Fachbereiche mit Mitarbeitern der Compliance-Funktion ergänzt werden. Darüber hinaus können beispielsweise auch Kundenbeschwerden oder die Fehlerhäufigkeit bei bestimmten Verfahren als Grundlage der Bewertung der Angemessenheit und Wirksamkeit von Grundsätzen und Verfahren herangezogen werden. Neben den Prüfungsergebnissen der Internen Revision können auch die Ergebnisse der externen Revision, des Risikocontrollings oder des Managements des operationellen Risikos ergänzend herangezogen werden.

3.1 Verfahren zur Überwachung der Verordnung

Zur Überwachung und Bewertung der sich aus den gesetzlichen Vorschriften ergebenden Pflichten bietet sich die Anwendung von IKS-Comp-Checklisten an. Bei der Erstellung der Checklisten werden zunächst die sich aus Vorschriften für Wertpapierdienstleistungsunternehmen ergebenden Pflichten herausgearbeitet. Für jede dieser Pflichten, wird dann eine

---

27 Die durch die Compliance-Funktion vorzunehmenden Überwachungshandlungen dürfen allerdings nicht ausschließlich auf die Prüfungsergebnisse der Internen Revision gestützt werden (vgl. BT 1.2.1.2 Ziffer 3 der MaComp), wie sich auch die Interne Revision nicht ausschließlich auf die Ergebnisse der Prüfung der Compliance-Funktion berufen kann.
28 Richtlinie zur Konkretisierung der Organisationspflichten von Wertpapierdienstleistungsunternehmen gemäß § 33 Abs. 1 WpHG v. 25. 10. 1999.
29 Gemäß BT 1.3.2.1 der MaComp hat die Compliance-Funktion einen Überwachungsplan zu erstellen.
30 Art. 22 Abs. 2 Ziffer a) Verordnung (EU) 2017/565.
31 Zu Bewertungsmethoden im Detail siehe unter 4.2.

eigene Checkliste erstellt. Die Checklisten richten sich an die Fachbereiche, welche für die Einhaltung der jeweiligen Anforderungen der Verordnung fachlich zuständig sind. Dies ist natürlich abhängig vom Geschäftsmodell des jeweiligen Instituts bzw. von der dortigen Aufgabenverteilung. Formal müssen auf jeder Checkliste die verantwortliche Organisationseinheit und derjenige genannt sein, der die in der Checkliste enthaltenen Informationen verantwortlich erstellt hat. Zu unterzeichnen ist die jeweilige Checkliste dann vom Fachbereichsleiter und Bereichsleiter.

32 Die IKS-Comp-Checklisten enthalten die gesetzlichen Soll-Anforderungen, die der zuständige Fachbereich zu erfüllen hat, um eine Verletzung der gesetzlichen Vorschriften zu vermeiden. Sie müssen an die Geschäftstätigkeit und die Geschäftsabläufe des verwendenden Instituts angepasst werden. Die Checklisten sollten in Form von zu beantwortenden Fragen aufgebaut sein, sodass der kontrollierende Fachbereich durch Beantwortung der einzelnen Fragen nachvollziehen kann, ob die gesetzlichen und aufsichtsrechtlichen Anforderungen erfüllt sind. Ergänzend enthalten die Checklisten neben der allgemeinen Kontrolle auch Angaben zur absoluten Anzahl der Geschäftsvorfälle, der Anzahl der kontrollierten Geschäftsvorfälle, der Anzahl der Fehler und den Fehlerschwerpunkten. Darüber hinaus sollten in die Checkliste Zusatzinformationen aufgenommen werden, wie beispielsweise Prüfungsergebnisse von internen oder externen Prüfungseinheiten, Beschwerden oder Anfragen, auch von Aufsichtsbehörden.

33 Die von den Fachbereichen komplettierten Checklisten werden der Compliance-Funktion vorgelegt und dort bewertet. Dazu können zusätzliche Informationen oder Nachfragen zu Einzelheiten der Checklisten in Interviews mit den Fachbereichen ergänzt werden. Darüber hinaus bleibt es der Compliance-Funktion unbenommen, wenn sie hierzu Anlass oder Bedarf sieht, eigene Kontrollen durchzuführen. Das Ergebnis der Bewertung von Angemessenheit und Wirksamkeit der Strategien und Verfahren sollte von der Compliance-Funktion ebenfalls in den Checklisten vermerkt werden. Daneben sollte der eventuelle Handlungsbedarf notiert werden, sodass sowohl von Seiten des Fachbereichs, als auch der Compliance-Funktion nachgehalten werden kann, ob die festgelegten Maßnahmen auch durchgeführt werden.

34 Diese Informationen ermöglichen dem Fachbereich selbst und der Compliance-Funktion eine Einschätzung, ob die im Institut etablierten Grundsätze und Verfahren zur Einhaltung der Vorschriften des WpHG diese effektiv gewährleisten. Insb. wird durch eine regelmäßige und mit Hilfe der Checklisten systematische Überprüfung der Einhaltung der Vorschriften der Verordnung ein Kontrollmechanismus mit Kontinuität etabliert.

3.2 Beispiel Checkliste zu den Transaktionsmeldungen

35 Am Beispiel des Verfahrens „Meldungen von Geschäfte mit Finanzinstrumenten, die an einem organisierten Markt zugelassen oder in den Handel eines inländischen regulierten Marktes einbezogen sind", soll nachfolgend eine Checkliste dargestellt werden.

36 Zunächst muss festgestellt werden, ob das Institut, seine Zweigniederlassungen und Tochterunternehmen meldepflichtige Unternehmen sind und an welche Aufsichtsbehörde die Meldungen ggf. zu erbringen sind. Hierzu können folgende Kontrollfragen gestellt werden:

I.5 Internes Kontrollsystem Compliance

1.	Meldepflicht des Unternehmens, seiner Zweigniederlassungen und Töchter	37
1.1	Ist die (Bank) ein Wertpapierdienstleistungsunternehmen (WpDLU)?	
1.2	An welche Aufsichtsbehörde muss die Hauptstelle des WpDLU melden?	
1.3	Meldepflicht von unselbständigen Niederlassungen	
1.3.1	Gibt es eine unselbständige EU-Zweigniederlassung, die nach dieser Definition meldepflichtige Geschäfte abschließt und werden sie an die Aufsichtsbehörde des Gastlandes gemeldet, egal in welchem Land Geschäft zustande kam?	
1.3.2	Gibt es eine unselbständige Nicht-EU-Zweigniederlassung, die nach dieser Definition meldepflichtige Geschäfte abschließt und werden sie an die BaFin gemeldet?	
1.4	Meldet ein selbständiges Tochterunternehmen selbst oder werden deren Meldungen von denen des WpDLU mit erfasst?	

In einem zweiten Prüfungsschritt sollte festgestellt werden, ob das Institut Geschäfte vornimmt, die der Meldepflicht unterfallen. Dazu bietet sich folgendes Prüfungsschema an: 38

2.	Meldepflichtige Geschäftsarten	39
	Ist sichergestellt, dass Transaktionsmeldungen erfolgen, bei	
2.1	– (börslichen oder außerbörslichen) Eigengeschäften der (Bank)?	
2.2	– Finanzkommissionsgeschäften?	
2.3	– Eigenhandelsgeschäften (Festpreisgeschäften)?	
2.4	– Abschlussvermittlungen?	
2.5	– Finanzportfolioverwaltungen, die Verwaltung einzelner oder mehrerer in Finanzinstrumenten angelegter Vermögen mit eigenem Entscheidungsspielraum des Verwaltenden, welches dieser	
2.5.1	a) selbst für seinen Kunden im Wege eines Finanzkommissionsgeschäftes abschließt?	
2.5.2	b) für eigene Rechnung als Dienstleistung für seinen Kunden abschließt?	
2.5.3	c) im Rahmen des Entscheidungsspielraumes nicht selbst sondern über ein meldepflichtiges Drittinstitut ausführt?	

3.	Meldepflichtige Geschäftsgegenstände	40
3.1	Werden bei den Meldungen alle Finanzinstrumente erfasst, die an einem organisierten Markt zugelassen oder in den regulierten Markt einer inländischen Börse einbezogen sind?	

3.	Meldepflichtige Geschäftsgegenstände
3.1.1	Wertpapiere
3.1.2	Geldmarktinstrumente
3.1.3	Derivate
3.1.3.1	alle Derivate, die an der Eurex gehandelt werden (z. B. Zinsderivate, Aktienderivate, Aktienindexderivate, Volatilitätsindexderivate, Exchange Traded Funds-Derivate, Inflationsderivate ...)
3.1.3.2	Kreditderivate, die dem Transfer von Kreditrisiken dienen
3.1.3.3	alle sonstigen Derivate, wie z. B. Strom- und Warenderivate, sofern dies keine Kassageschäfte sind
3.1.4	Rechte auf Zeichnung von Wertpapieren
3.1.5	Übernahmeangebote/Squeeze Outs, wenn das Kauf-/Verkaufsgeschäft (Barabfindungsangebot/aktienumtauschendes Angebot) im Rahmen der Übernahme bzw. des Squeeze-Outs stattfindet und die meldepflichtige (Bank) selbst Beteiligter ist
3.2	Ist (durch Einbindung in den „NPP" = Neu-Produkt-Prozess der Bank) sichergestellt, dass neue Produktarten von den Meldungen miterfasst werden?
3.3	Werden im bei Kompensationsgeschäften (auf Käufer- und Verkäuferseite tritt derselbe Handelsteilnehmer auf) systemseitig entsprechende Meldungen unterdrückt?
3.4	Wertpapierfinanzierungsgeschäfte, bei denen bereits bei Abschluss des schuldrechtlichen Vertrags eine Rücknahmeverpflichtung des Veräußerers vereinbart wird, sind von der Meldpflicht ausgenommen. Bsp.: Leihe, echte Repro-, Buy-sell- back- bzw. Sell-buy back-Geschäfte
3.5	Ist sichergestellt, dass im Zusammenhang mit give-up/take-up-Geschäften an der Eurex die mit der Order beauftragten meldepflichtigen Parteien ihrer Meldepflicht nachkommen unabhängig davon, ob diese in den späteren Abwicklungsprozess eingebunden sind?

41 Die Meldungen müssen der vorgeschriebenen Form entsprechen. Dies soll durch die folgenden Kontrollfragen sichergestellt werden:

42

4.	Form und Inhalt der Meldung
4.1	Wird für die Mitteilung ein korrekter Meldesatz mit korrekter Feldbeschreibungen erstellt?
4.1.1	Erfolgt die Bezeichnung des Wertpapiers oder Derivats und der Wertpapierkennnummer korrekt?
4.1.2	Werden Datum und Uhrzeit korrekt angegeben?

I.5 Internes Kontrollsystem Compliance

4.	Form und Inhalt der Meldung	
4.1.3	Sind die Angaben zu Kurs, Stückzahl und Nennbetrag der Wertpapiere oder Derivate zutreffend angegeben?	
4.1.4	Können die Beteiligten ordnungsgemäß identifiziert werden?	
4.1.5	Werden die Angaben zum Handel richtig angegeben?	
4.1.6	Werden alle Kennzeichen zur Identifikation des Geschäftes angegeben?	
4.1.7	Werden alle Geschäfte auf eigene Rechnung korrekt gekennzeichnet?	
4.1.8	Enthalten die Mitteilungen die zusätzlichen Angaben?	
4.2	Ist sichergestellt, dass fehlerhafte Mitteilungen identifiziert, storniert und korrigiert erneut mitgeteilt werden?	

5.	Übermittlung der Meldung	*43*
5.1	Werden die Mitteilungen im vorgeschriebenen technischen Format übermittelt?	
5.2	Werden die vorgeschriebenen Datenträger und Übertragungswege eingehalten?	
5.3	Ist ein Verfahren für Nachmeldungen festgelegt?	

Ergänzend – nicht zuletzt mit Blick auf die weiteren Anforderungen der MaRisk – können *44* noch Informationen zur IT-Unterstützung, internen Dokumentation, Aufbewahrung der Daten, Qualifikation der Mitarbeiter, Auslagerung und Verfahren für die Aktualisierung der Checklisten aufgenommen werden. Dies könnte wie folgt dargestellt werden:

6.	IT-Unterstützung	*45*
6.1	Wird als Unterstützung für die Meldungen von Handelsgeschäften die Software eines Anbieters genutzt?	
6.1.1	Wurden Anbieter verglichen, ist dokumentiert wie die Entscheidung getroffen wurde?	
6.1.2	Liegen Verträge vor, wurden diese geprüft? Gibt es Wartungsvereinbarungen?	
6.2	Liegt ein Fachkonzept für das elektronische Meldewesen vor? Ist dies ordnungsgemäß dokumentiert?	
6.2.1	Enthält es Angaben zu den Schnittstellen der IT Systeme in der Bank?	
6.2.2	Welche IT-Systeme sind für das Verfahren im Einsatz?	
6.2.3	Ist die Überwachung der technischen Funktion der Systeme gewährleistet?	

6.		**IT-Unterstützung**
	6.2.4	Liegt ein Testbericht zur Funktionsfähigkeit vor? Hat der für die Meldung zuständige Fachbereich (ggf. Handelsabwicklung) diesen durchgeführt und das System funktionsfähig übernommen?
	6.2.5	Sind alle für das Meldewesen notwendigen Felder im IT-System erfasst?
	6.3	Ist eine ausreichende Systemverfügbarkeit und -sicherheit sowie Kontinuität der Infrastruktur gewährleistet?
	6.3.1	Existiert ein Notfallkonzept? Sichert dies die Meldungen innerhalb der gesetzlichen Frist?
	6.4	Gibt es für die manuellen Eingaben in das Meldesystem eine Arbeitsanweisung?
	6.4.1	Wie werden die täglichen Eingaben in Summe protokolliert? Gibt es Ausdrucke? Werden die Meldungen gespeichert?
	6.4.2	Findet eine Kontrolle im Vier-Augen-Prinzip statt, ist auf dem Handelszettel vermerkt, dass die Meldung stattfand?
46	**7.**	**Mitarbeiterqualifikation**
		Sind die mit dem Verfahren betrauten Mitarbeiter ordnungsgemäß aus- und weitergebildet?
47	**8.**	**Auslagerung**
	8.1	Ist das Verfahren auf Externe ausgelagert und wenn ja, sind alle formellen und materiellen Vorgaben nach § 25a KWG eingehalten?
	8.2	Wer steuert den Dienstleister (Ansprechpartner)?
	8.3	Bei wesentlichen Auslagerungen: Liefert der Dienstleister einen regelmäßigen Risikobericht an den die auslagernde Stelle und wurde dieser Bericht analysiert? Bei festgestellten Risiken in WpHG-Verfahren: Wurden Maßnahmen zur Risikoreduzierung veranlasst?
48	**9.**	**Datenarchivierung und -aufbewahrung**
	9.1	Werden alle für das Verfahren maßgeblichen Daten hinreichend dokumentiert, historisiert und archiviert?
	9.2	Werden die Aufbewahrungsfristen eingehalten?

10.	Verfahrensänderungen	*49*
10.1	Haben sich die rechtlichen Rahmenbedingungen (Gesetz/Verordnung) im Prüfungszeitraum geändert?	
10.2	Hat die BaFin im Berichtszeitraum Verlautbarungen, Richtlinien, Rundschreiben, Auslegungsentscheidungen, Merkblätter oder sonstige Veröffentlichungen mit Handlungsbedarf für Sie veröffentlicht?	
10.3	Hat sich die Aufbau- oder Ablauforganisation im Berichtszeitraum mit Auswirkung auf das Verfahren geändert oder sind solche Maßnahmen beabsichtigt?	
10.4	Wurden daraus resultierende Änderungen rechtzeitig und in Schriftform initiiert?	
10.5	Besteht ein zeitkritischer Verzug bei der Umsetzung von Maßnahmen und wenn ja, welche Eskalationsmaßnahmen wurden initiiert?	
10.6	Ist sichergestellt, dass Compliance in die Änderung des Verfahrensablaufs eingebunden ist?	
10.7	Haben sich aus dem NPP Anforderungen für das WpHG-Verfahren ergeben und wurden sie berücksichtigt?	

11.	Interne Ordnung	*50*
	Liegt eine aktuelle Arbeitsanweisung vor?	

12.	Berichtswesen an Vorstand und Aufsichtsrat	*51*
	Ist eine ordnungsgemäße Darstellung des Verfahrens im Rahmen des jährlichen Compliance-Berichts an den Vorstand u. den Aufsichtsrat vorgesehen?	

4 Überwachung, Bewertung und Maßnahmennachverfolgung

Die Compliance-Funktion hat die **Angemessenheit** und **Wirksamkeit** der eingerichteten *52* Maßnahmen, Strategien und Verfahren zu **Überwachen** und zu **bewerten**. Im Rahmen der Überwachung ist neben der Plausibilitätsprüfung auch eine Vor-Ort-Kontrolle der von den Fachabteilungen vorgenommenen Überwachungshandlungen erforderlich. Diese Kontrollen sind zumindest stichprobenartig vorzunehmen. Die Überwachungshandlungen sind mit den Kontrollhandlungen der Geschäftsbereiche sowie der Risikomanagementfunktion zu koordinieren.[32] Soweit Defizite in den Maßnahmen, Strategien und Verfahren festgestellt werden, hat die Compliance-Funktion die notwendigen **Maßnahmen**, die **zur Behebung von Defiziten** im Bereich der bestehenden organisatorischen Vorkehrungen notwendig sind, zu ermitteln und die damit verbundene Implementierung von Maßnahmen zu überwa-

---

32 Vgl. MaComp BT 1.2.1.2 Ziffer 7.

chen und regelmäßig zu bewerten.[33] Zur Überprüfung ist wiederum die Vornahme von entsprechenden Überwachungshandlungen erforderlich.[34]

53 Für die Praxis ergeben sich Gestaltungsspielräume für das einzurichtende Überwachungssystem: Entsprechend der institutsindividuellen Rahmenbedingungen wird es sich anbieten, entweder einen zentralen Ansatz oder eine Mischform aus dezentraler Kontrolle mit zentraler Bewertung zu verfolgen.

4.1 Methoden der Compliance-Überwachung

54 Es bietet sich an, die in Kapitel 1.2 genannten Überwachungsmethoden organisatorische Sicherung, Kontrolle und Prüfung auch für Compliance anzuwenden:

4.1.1 Organisatorische Sicherung

55 In Anlehnung die in Kapitel 1.2 beschriebene Definition einer organisatorischen Sicherung als vorbeugende, verlustverhütende, unmittelbare Überwachung können im Zusammenhang mit Compliance folgende Beispiele genannt werden:
– Schlüsselverzeichnis für den Zugang von Compliance-Räumen, in denen sich streng vertrauliche Unterlagen (z. B. Insiderverzeichnis) befinden
– Unterschriftenregelungen, z. B. in Bezug auf Verdachtsanzeigen
– Regelungen für die Entsorgung von vertraulichen Compliance-Unterlagen
– Regelungen zur Funktionstrennung
– Elektronische Zugangsbarrieren für Vertraulichkeitsbereiche (Handelsräume)

4.1.2 Kontrolle

56 In Anlehnung an die in Kapitel 1.2 genannten Definitionen kann die Begrifflichkeit an dieser Stelle weiter operationalisiert werden in der Form, dass unter Kontrolle die vorbeugende und unmittelbare Überwachung eines Arbeitsvorganges verstanden werden kann. Sie ist entweder mit diesem gekoppelt oder findet im Anschluss an ihn statt. Kontrollen können laufend, periodisch oder fallweise vorgenommen werden oder sich „aus sich selbst heraus" ergeben. Die zahlreichen Einzelkontrollen sollen weitgehend schlüssig miteinander verbunden sein. Um sie deutlich zu machen und das Kontrollbewusstsein der Mitarbeiter zu schärfen, sind die erforderlichen Kontrollen in den Arbeitsablaufbeschreibungen oder in den arbeitsordnenden Regelungen besonders herausgestellt. Die Kontrolle hat sicherzustellen, dass Fehler bei der Abwicklung der Kundenaufträge ausgeschlossen werden und dass die von der Geschäftsleitung gegebenen Anweisungen eingehalten werden. Beispiele hierfür sind:
– Vier-Augen-Prinzip
  (Qualitätskontrolle bei der Erstellung von Werbeunterlagen)
– Arbeitsteilung

---

33 Art. 22 Abs. 2 Ziffer a) Verordnung (EU) 2017/565.
34 MaComp BT 1.2.1.2 Ziffer 8.

(Trennung der Verantwortlichkeiten für die Erstellung von Verbreitung von Finanzanalysen; die Verbreitung darf erst erfolgen, wenn alle formalen Anforderungen durch den Ersteller erfüllt sind)
– Vorgesetztenkontrolle (Dienstaufsicht)
(Dokumentationsqualität bei der Anlageberatung)
– Kontrolle durch Kunden
(Abrechnung des Wertpapiergeschäfts)
– Programmierte Kontrollen
(Kompatibilität der Risikoklasse des Wertpapiers zur festgelegten Risikoneigung des Kunden)

4.1.3 Prüfung

Prüfung als Tätigkeit beschreibt die rückschauende, mittelbare Befassung mit abgeschlossenen betrieblichen Tatbeständen. Diese Tätigkeit ist der Internen Revision als Organisationseinheit vorbehalten, der hierfür nach MaRisk ein ausgeklügeltes System Prüfungsplanung (Risikoorientierung, Prüfungsturnus …) zur Verfügung steht. 57

Im Rahmen der Überwachungstätigkeit und High-Level-Controls des Compliance-Beauftragten kann es sinnvoll sein, auf das Prüfungsinstrumentarium der Revision zurückzugreifen. Dabei ist zu berücksichtigen, dass die Anforderungen teilweise voneinander abweichen, z. B. 58

– Die Revision prüft risikoorientiert alle drei Jahre. Compliance muss grundsätzlich sämtliche Maßnahmen, Strategien und Verfahren jährlich prüfen. Ausnahme: Die Begehung von Geschäftsstellen kann im fünf-Jahres-Rhythmus erfolgen.
– Die Revision prüft Prozesse. Compliance prüft Maßnahmen, Strategien und Verfahren. Hier kann es Abweichungen geben, wenn z. B. bei Compliance der Fokus nicht auf den Gesamtprozess sondern nur auf einzelne Prozess-Schritte gerichtet ist (Kontrolle lediglich des einzelnen Prozess-Schritts Mitarbeitergeschäfte gegen Beobachtungsliste)
– Die Revision kann zu einer differenzierten Bewertung gelangen. Compliance muss zu einer deutlicheren Ja-Nein-Beurteilung kommen, ob die Maßnahmen, Strategien und Verfahren geeignet sind, die gesetzlichen Anforderungen zu erfüllen.

4.2 Methoden der Compliance-Bewertung

Für eine qualitätssichere Bewertung muss Compliance die Aspekte Vollständigkeit, Angemessenheit und Wirksamkeit berücksichtigen. Compliance muss zu einem klaren Ergebnis kommen, ob die Maßnahmen, Strategien und Verfahren die gesetzlichen Anforderungen erfüllen – oder nicht erfüllen: 59

4.2.1 Vollständigkeit und Prüfungsplanung

In einem ersten Schritt erfolgt die Abgrenzung über die zu berichtenden Sachverhalte. Dabei ist hausindividuell festzulegen, welche der oben genannten Verfahren in welchen Organisationseinheiten Anwendung finden. 60

61 Die MaComp fordern, dass die Überwachungshandlungen nicht nur anlassbezogen, sondern auf der Grundlage eines Überwachungsplans regelmäßig erfolgen. In die Überwachungshandlungen sind danach alle wesentlichen Bereiche der Wertpapierdienstleistungen unter Berücksichtigung des Risikogehalts der Geschäftsbereiche einzubinden.[35]

4.2.2 Angemessenheit

62 Zur Beurteilung der Angemessenheit der Maßnahmen, Strategien und Verfahren werden alle relevanten Prozesse aufgenommen und in den jeweiligen Prozessen integrierte manuelle sowie maschinelle Kontrollen identifiziert. Zur Beurteilung der schriftlichen Regelungen ist außerdem eine Aufnahme und Auswertung aller relevanten Arbeitsanweisungen durchzuführen und in Bezug auf die gesetzlichen Anforderungen hin abzugleichen (z. B. anhand von IKS-Comp-Checklisten).

4.2.3 Wirksamkeit

63 Zur Beurteilung der Wirksamkeit hat sich Compliance davon zu überzeugen, dass die definierten Prozesse eingehalten werden und dass die Kontrollen funktionieren. Zur Beurteilung können weitere Informationen herangezogen werden, insb. Kundenbeschwerden, Anfragen von Aufsichtsbehörden, Prüfungsergebnisse der internen und externen Revision. Anlassbezogen kann Compliance ergänzende Stichproben vornehmen.

4.2.4 Praxisbeispiel für eine Bewertungsskala

64 Die Compliance-Risiken sind Bestandteil der operationalen Risiken. Dementsprechend bietet es sich an, bei der Bewertung dieser Risiken auf die Methoden des Risikocontrollings zurückzugreifen. In der Regel wird es für die Institute eine Risikomatrix geben. Die Bewertungskriterien „Eintrittswahrscheinlichkeit" und „finanzieller Schaden" können als Parameter für die Gefährdungsanalyse übernommen werden (ex-ante-Betrachtung). Zur Bewertung von Überwachungshandlungen kann die Matrix um ein weiteres Bewertungskriterien-Paar ergänzt werden: „Verstoß gegen externe Vorgaben (Gesetze, Aufsichtsrecht, Best Practice)" und „Angemessenheit/Wirksamkeit (Kontrollsystem bzw. -verfahren)". Anhand der Check-Listen lassen sich die Ergebnisse dann anhand der Risikomatrix einwerten: Für Verstöße gilt grundsätzliche die 4. Spalte, da ein Verstoß i. d. R. eine zentrale Norm – also das WpHG – betrifft. Je nachdem, wie die Angemessenheit und Wirksamkeit vorliegen, kann auf den entsprechenden Schnittpunkt eingewertet werden. Als Ergebnis erhält man eine Ampelfarbe, die für das Compliance-Reporting übernommen werden kann.

---

[35] Zur Ausgestaltung eines Überwachungsplans vgl. MaComp Abschn. BT 1.3.2.1 Überwachungsplan.

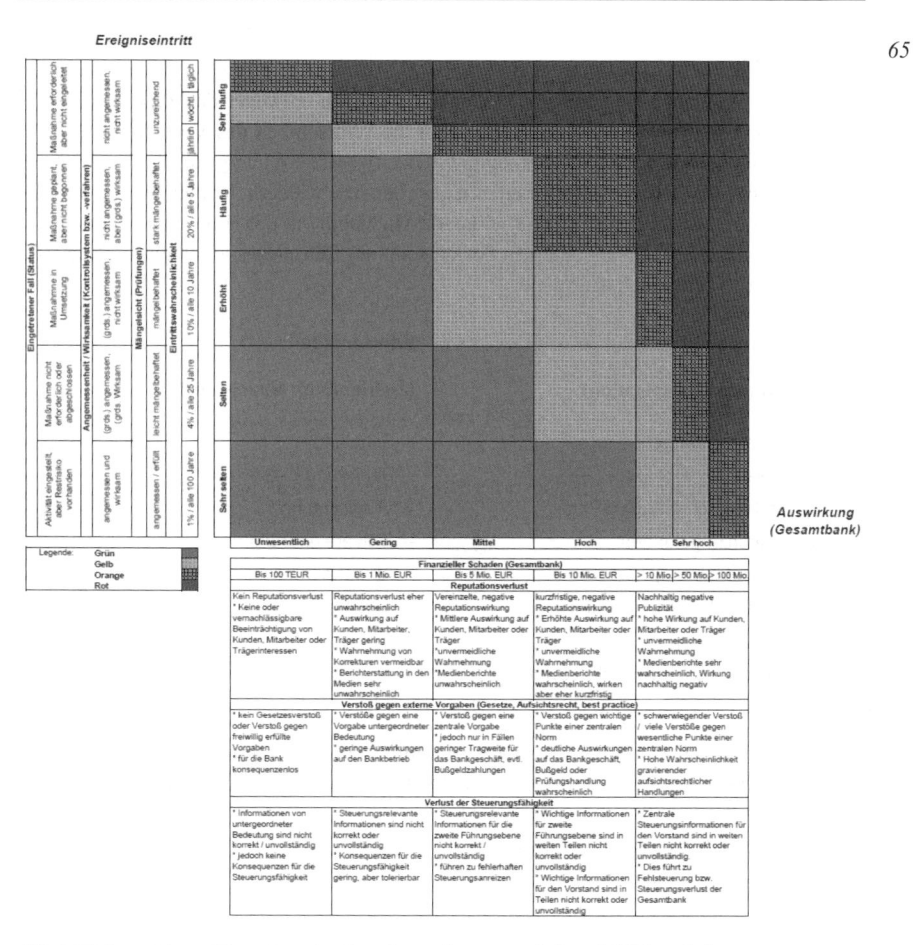

Abb. 4: Risikomatrix zur Einwertung der Compliance-Angemessenheit und -Wirksamkeit

4.3 Methoden zur Maßnahmenformulierung und -nachverfolgung

Wenn der Compliance-Beauftragte zu dem Ergebnis kommt, dass Defizite bei den Maßnahmen, Strategien und Verfahren vorliegen, so hat er die notwendigen Maßnahmen, die zur Behebung dieser Defizite erforderlich sind, zu ermitteln und die damit verbundene Implementierung von Maßnahmen zu überwachen und regelmäßig zu bewerten. Zur Überprüfung ist wiederum die Vornahme von entsprechenden Überwachungshandlungen erforderlich.[36]

---

36 Vgl. MaComp: BT 1.2.1.2 Ziffer 8.

67 **Praxis-Tipp:**

Die von Compliance eingeleiteten Maßnahmen müssen entweder das Ziel verfolgen, die Angemessenheit des Verfahrens und/oder die Wirksamkeit des Verfahrens herzustellen. Hierzu sind der Kreativität kaum Grenzen gesetzt. Wichtig für die Glaubwürdigkeit eines Compliance-Beauftragten ist es, bei sich wiederholenden Mangel-Feststellungen immer noch eine stärker wirkende Maßnahme in der Hinterhand zu haben. Die Maßnahmen sollten angemessen dosiert sein, um führungspsychologische Nebenwirkungen zu vermeiden. Beispiele:

Angemessenheit	**Wirksamkeit**
(Zielrichtung: Organisation)	**(Zielrichtung: Mitarbeiter)**
– Arbeitsanweisungen	– Schulung
– Formulare	– Belehrung
– Kontrolle durch 4-Augen-Prinzip	– Verpflichtung
– Kompetenzregelungen	– Zielvereinbarung
– Funktionstrennung	– Abmahnung
– Verfahrens-Programmierung	– Versetzung
– Automatisierung	– Einstellung zusätzlicher Mitarbeiter
– Zentralisierung/Dezentralisierung	

68 Je nach Umfang der institutsindividuellen Compliance-Anforderungen bietet es sich an, hierzu eine IT-gestützte Lösung zur Überwachung und Dokumentation einzuführen. Diese sollte Auskunft geben über folgende Aspekte:

– Datum der Feststellung durch Compliance
– Beschreibung der Defizite
– Maßnahmen zur Defizitbeseitigung
– Datum der Beauftragung
– Empfänger der Beauftragung (Umsetzungsverantwortlicher)
– Termin zur Umsetzung
– Datum der Nachprüfung durch Compliance
– Ergebnis der Nachprüfung
– Kommentar

5 Literaturverzeichnis

Boos/Fischer/Schulte-Mattler (Hrsg.): KWG, CRR-VO, 5. Aufl. 2016.

Eis: It takes two to tango, Compliance und Interne Revision: getrennt auftreten, vereint schlagen, in: pwc financial services, Ausgabe Januar 2009, S. 10.

Hannemann/Schneider/Hanenberg (Hrsg.): Mindestanforderungen an das Risikomanagement (MaRisk), 4. Aufl., 2013.

Helfer/Ulrich (Hrsg.): Interne Kontrollsysteme in Banken und Sparkassen, Finanz Colloquium Heidelberg, 2008.

Institut der Wirtschaftsprüfer: IDW-Prüfungsstandard zur Feststellung und Beurteilung von Fehlerrisiken und Reaktionen des Abschlussprüfers auf die beurteilten Fehlerrisiken (IDW PS 261) v. 14.06.2016.

Institut der Wirtschaftsprüfer: IDW Prüfungsstandard: Grundsätze ordnungsmäßiger Prüfung von Compliance Management Systemen (IDW PS 980) v. 11.03.2011.

Rangol: Unternehmensweiter Risikocheck als Basis, in: Börsen-Zeitung, 11.12.2007, S. 20.

Rangol: Compliance „post MiFID" – bestehend anders!, in: pwc: financial services, Januar 2009, S. 4–6.

Delegierte Verordnung (EU) 2017/565 der Kommission v. 25.04.2016 zur Ergänzung der Richtlinie 2014/65/EU des Europäischen Parlaments und des Rates in Bezug auf die organisatorischen Anforderungen an Wertpapierfirmen und die Bedingungen für die Ausübung ihrer Tätigkeit sowie in Bezug auf die Definition bestimmter Begriffe für die Zwecke der gemeinsamen Richtlinie.

Markets in Financial Instruments Directive, Richtlinie 2004/39/EG des Europäischen Parlaments und des Rates v. 21.04.2004 über Märkte für Finanzinstrumente, die zum 03.01.2018 durch die Richtlinie 2014/65/EU (MiFID II) ersetzt wird.

Rundschreiben 05/2018 der Bundesanstalt für Finanzdienstleistungsaufsicht Mindestanforderungen an die Compliance-Funktion und weitere Verhaltens-, Organisations-und Transparenzpflichten (MaComp), v. 19.04.2018

Wertpapierhandelsgesetz – Gesetz über den Wertpapierhandel (WpHG) in der Fassung v. 10.07.2018.

I.6

Compliancerelevante Institutionen und Rechtsinstrumente

Georg Baur

Inhaltsübersicht

1	Einführung	1–5
2	Nationaler Rechtsrahmen	6–22
2.1	Gesetz und Rechtsverordnung	6–8
2.2	Aufsicht	9–19
2.3	Zivilrecht und Aufsichtsrecht	20
2.4	Marktstandards, Usancen, Soft law	21–22
3	Europäischer Rechtsrahmen	23–37
3.1	Rechtsakte der Europäischen Union	23–29
3.2	Europäische Aufsicht	30–37
4	Internationale Dimension	38–43
4.1	G20 und Financial Stability Board	38–39
4.2	IOSCO	40–41
4.3	Baseler Ausschuss für Bankenaufsicht	42
4.4	Ausländische Rechtsordnungen	43
5	Literaturverzeichnis	

1 Einführung

Der für den Compliance-Bereich relevante Rechts- und Aufsichtsrahmen ist außerordentlich weit. Dies liegt zum einen an der dynamischen Entwicklung, die die Compliance-Tätigkeit seit etwa Mitte der 90er-Jahre in Deutschland erfahren hat. Hiermit verbunden ist eine Erweiterung des Verständnisses von Compliance über das ursprüngliche Kerngebiet der Wertpapier-Compliance im wertpapierhandelsrechtlichen Sinne hinaus. Zum anderen hat aber auch das Kapitalmarktrecht einen enormen Bedeutungszuwachs und eine tiefgehende Auffächerung erfahren. Als dritte Dimension tritt hinzu, dass der Großteil des compliance-relevanten Rechtsrahmens inzwischen europäischen Ursprungs ist.

1

In der Entwicklung des Kapitalmarktrechts stellt die Finanzmarktkrise ab 2007 und ihre anschließende gesetzgeberische und regulatorische Bewältigung eine Zäsur dar. Die weitere Europäisierung des gesetzgeberischen und aufsichtlichen Rahmens hat mit der Gründung der europäischen Finanzaufsichtsbehörden EBA, ESMA und EIOPA im Jahr 2011 eine institutionelle Verfestigung erfahren. Zugleich kann man bei Revisionen der geltenden europäischen Rechtsgrundlagen eine Verlagerung weg von der national umzusetzenden Richtlinie hin zu der unmittelbar anwendbaren Verordnung konstatieren. Dossiers wie die Richtlinie über Märkte für Finanzinstrumente aus dem Jahr 2004 werden in ihrer revidierten Fassung zumindest in einen Richtlinien- und einen Verordnungsteil aufgespalten (MiFID II und MiFIR). Bei anderen Regelwerken wie etwa des Prospektrechts oder bei der Regulierung von Benchmarks kommt gleich die Form der unmittelbare Geltung beanspruchenden Verordnung zum Zug. Schließlich führt der Wunsch nach einem Zusammenwachsen des Marktes und die Sorge, nationale Gesetzgeber oder Behörden könnten sich dem widersprechende Sonderlösungen zu eigen machen zu einer zuvor nie dagewesenen komplexen Schachtelung und Detaildichte der Regelungen schon auf der europäischen Ebene.

2

Ein Rechtsanwender kann sich daher längst nicht mehr auf die Sichtung nationaler Gesetze, Verordnungen und aufsichtlicher Regelung beschränken. Nicht selten sind ehemals deutsche Normen durch die sie ersetzenden europäischen Regelungen obsolet geworden, in anderen Fällen sind sie als nationaler Umsetzungsakt im Lichte des europäischen Rechts zu lesen. Die europäischen Regelungen weisen wiederum allein durch die Existenz mehrerer Gesetzes- und Regulierungsebenen einen für die Praxis regelmäßig herausfordernden Komplexitätsgrad auf.

3

Ein Beispiel mag dies veranschaulichen. Die Eigengeschäfte von Führungskräften sind grundlegend in Art. 19 MAR[1] geregelt. Art. 19 wird auf der europäischen Ebene von Detailvorschriften flankiert, die sich in einer Delegierten Verordnung[2] und einer Durchfüh-

4

---

1 Verordnung (EU) Nr. 596/2014 des Europäischen Parlaments und des Rates v. 16.04.2014 über Marktmissbrauch (Marktmissbrauchsverordnung) und zur Aufhebung der Richtlinie 2003/6/EG des Europäischen Parlaments und des Rates und der Richtlinien 2003/124/EG, 2003/125/EG und 2004/72/EG der Kommission, Abl. Nr. L 173, S. 1 v. 12.06.2014.
2 Art. 7 bis 10 der Delegierten Verordnung (EU) 2016/522 der Kommission v. 17.12.2015 zur Ergänzung der Verordnung (EU) Nr. 596/2014 des Europäischen Parlaments und des Rates im Hinblick auf eine Ausnahme für bestimmte öffentliche Stellen und Zentralbanken von Drittstaaten, die Indikatoren für Marktmanipulation, die Schwellenwerte für die Offenlegung, die zuständige Behörde, der ein Aufschub zu melden ist, die Erlaubnis zum Handel während eines

rungsverordnung³ finden. Weitere Detailfragen der Anwendung hat ESMA in den diesbezüglichen Q&A⁴ beantwortet. Auf nationaler Ebene ist mit Inkrafttreten der unmittelbar anwendbaren Marktmissbrauchsverordnung zwar die bisherige Regelung in § 15a WpHG a. F. entfallen, gleichwohl gibt es weiterhin Bedarf für erläuternde FAQ aus Sicht der nationalen Aufsichtsbehörde.[5]

5 Schließlich ist in Folge der wirtschaftlichen Globalisierung und vor allem im internationalen Bemühen um die Bewältigung der Finanzmarktkrise eine spürbare Internationalisierung der Aufsichtsbemühungen zu verzeichnen. Diese Entwicklung ist zum einen mit dem Namen der International Organization of Securities Commissions (IOSCO) verknüpft. Nicht selten beeinflussen Arbeiten von IOSCO zunächst die europäische Rechtsetzungsebene und wirken damit mittelbar auf die Entwicklung des in Deutschland anwendbaren Kapitalmarktrechts ein. Von noch größerem politischen Gewicht und Einfluss auf die Rechtsentwicklung war aber in der letzten Dekade der Einfluss der Zusammenkunft der wichtigsten Industrie- und Schwellenländer im Rahmen der G20 und dem die politische Führung der vertretenden Länder vorbereitendem Financial Stability Board (FSB). Dort hatte man sich etwa intensiv mit einer Regulierung nicht börsennotierter Derivate auseinandergesetzt, die maßgeblichen politischen Einfluss auf die europäische EMIR-Verordnung ausgeübt hat.

2 Nationaler Rechtsrahmen

2.1 Gesetz und Rechtsverordnung

6 Der nationale Rechtsrahmen wird zunächst durch die förmlichen Gesetze bestimmt. Soweit einzelne Gesetze es zulassen, können konkretisierende Regelungen in Rechtsverordnungen geschaffen werden. Verordnungsgeber kann, etwa im Bereich des Wertpapierhandelsgesetzes, sowohl das zuständige Bundesministerium der Finanzen sein[6] als auch die Bundesanstalt für Finanzdienstleistungsaufsicht.[7] Nach Verfassungsgrundsätzen muss bereits Inhalt, Zweck und Ausmaß der erteilten Ermächtigung im Gesetz selbst bestimmt werden.[8] Damit

---

  geschlossenen Zeitraums und die Arten meldepflichtiger Eigengeschäfte von Führungskräften, Abl. Nr. L 88 S. 1 v. 05. 04. 2016.
3 Art. 1 bis 3 der Durchführungsverordnung (EU) 2016/523 der Kommission v. 10. 03. 2016 zur Festlegung technischer Durchführungsstandards im Hinblick auf das Format und die Vorlage für die Meldung und öffentliche Bekanntgabe der Eigengeschäfte von Führungskräften gemäß Verordnung (EU) Nr. 596/2014 des Europäischen Parlaments und des Rates, Abl. Nr. L 88, S. 19 v. 05. 04. 2016.
4 Questions and Answers on the Market Abuse Regulation, ESMA/2016/1644, Stand 20. 12. 2016.
5 FAQ zu Eigengeschäften von Führungskräften nach Art. 19 der Marktmissbrauchsverordnung (EU) Nr. 596/2014 (Stand: 16. 12. 2016), www.bafin.de.
6 Z.B. die Verordnung zur Konkretisierung von Anzeige-, Mitteilungs- und Veröffentlichungspflichten sowie der Pflicht zur Führung von Insiderverzeichnissen nach dem Wertpapierhandelsgesetz v. 13. 12. 2004 (WPAIV), BGBl. I S. 3576.
7 Z.B. die Verordnung über die Prüfung der Wertpapierdienstleistungsunternehmen nach § 36 des Wertpapierhandelsgesetzes v. 16. 12. 2004 (WpDPV), BGBl. I S. 3515.
8 Art. 80 GG.

kann eine Detailregelung in einer Verordnung nicht über den bereits im Gesetz bestimmten Rahmen hinausgehen und ist stets an ihm zu messen.

Für die Gesetze, die europäische Richtlinien umsetzen, ist es typisch, dass die Regelungen auf Stufe 1 des europäischen Gesetzgebungsverfahrens sich in dem Umsetzungsgesetz selbst, die Regelungen auf Stufe 2 des Verfahrens sich in Rechtsverordnungen wiederfinden. Damit wird es möglich, bei Änderungen des jeweiligen europäischen Basisrechtsaktes auch national zeitlich adäquat zu reagieren. Insb. können Änderungen der Durchführungsbestimmungen auf der zweiten Stufe des europäischen Rechtsetzungsverfahrens vergleichsweise zügig ohne Änderung eines formalen Gesetzes in Deutschland nachvollzogen werden. 7

Bei der Interpretation deutscher Gesetze und Rechtsverordnungen, denen europäisches Recht zugrunde liegt, sind die europäischen Regelungen als Auslegungshilfe im Sinne einer richtlinienkonformen Auslegung[9] heranzuziehen. Dabei handelt es sich jedoch weiterhin um eine Interpretation des nationalen Rechts. Die Orientierung an den europäischen Vorgaben findet also ihre Grenzen u. a. im möglichen Wortsinn des nationalen Rechts.[10] Dies wird besonders augenfällig, wenn ein Verstoß gegen die auszulegende Rechtsnorm als Straftat oder als Ordnungswidrigkeit verfolgt werden kann. Hier gelten nach Art. 103 Abs. 2 GG enge Grenzen für die Auslegung, da eine Tat nur dann bestraft werden kann, wenn die Straftat vorher gesetzlich bestimmt war. 8

2.2 Aufsicht

Die nationale Aufsicht über Wertpapierdienstleistungsunternehmen und Kreditinstitute, die Wertpapierdienstleistungen erbringen, obliegt der Bundesanstalt für Finanzdienstleistungsaufsicht. Anders als im Bankenaufsichtsrecht, das inzwischen mit Inkrafttreten des Single Supervisory Mechanism (SSM) eine nach systemischer Relevanz differenzierte gespaltene Aufsichtszuständigkeit kennt, ist im Bereich der Wertpapier- und Marktaufsicht bislang nur in begrenztem Umfang eine unmittelbare europäische Aufsicht eingeführt worden. Allerdings hat die Europäische Kommission zwischenzeitlich vorgeschlagen, die Kompetenzen insb. der Europäischen Wertpapier- und Marktaufsicht (ESMA) deutlich auszuweiten (vgl. hierzu unten, 3.2.2.1.). 9

2.2.1 Bundesanstalt für Finanzdienstleistungsaufsicht

Zum 01.05.2002 ist aus den ehemaligen Aufsichtsämtern für das Kreditwesen, für das Versicherungswesen und den Wertpapierhandel die Bundesanstalt für Finanzdienstleistungsaufsicht (BaFin) errichtet worden[11], die ihre Dienstsitze in Bonn und, für Wertpapieraufsicht, Asset Management und Verbraucherschutz, in Frankfurt am Main hat. Ihr Ziel ist ein stabiles, funktionierendes und integres Finanzsystem. Beaufsichtigt werden derzeit 10

---

9   *Assmann*, in: Assmann/Schneider, Einl., Rn. 74 ff.; *Hirte/Heinrich*, in: KK, Einl. Rn. 56, 109; *Nettesheim*, in: Grabitz/Hilf/Nettesheim, Art. 288 AEUV, Rn. 137 ff.
10 *Müller/Christensen*, Juristische Methodik, Band II, Europarecht, Rn. 588; *Hirte/Heinrich*, in: KK, Einl., Rn. 109 f.
11 § 1 FinDAG.

rund 1.630 Banken, 720 Finanzdienstleister, 400 Kapitalverwaltungsgesellschaften und etwa 6.300 inländische Fonds.[12] Die Bundesanstalt untersteht der Rechts- und Fachaufsicht des Bundesministeriums der Finanzen.[13]

11 Nach § 4 Abs. 4 Finanzdienstleistungsaufsichtsgesetz nimmt die Bundesanstalt ihre Aufgaben und Befugnisse nur im öffentlichen Interesse wahr. Damit ist sie nicht zur Durchsetzung einzelner privater Interessen zu instrumentalisieren. Dies gilt auch für den Auftrag, kollektive Verbraucherinteressen zu schützen (§ 4 Abs. 1a FinDAG).

12 Gleichwohl haben in der Praxis Beschwerden von Kunden, die an die BaFin gerichtet werden, auch für den Compliance-Beauftragten des betroffenen Hauses Bedeutung. Denn die BaFin kann diese zum Anlass für Nachfragen oder Untersuchungen bei einzelnen oder einer Vielzahl von Instituten machen.[14]

13 Die laufende Überwachung der Einhaltung der Pflichten des WpHG[15] erfolgt in erster Linie durch Verwaltungsakte gegenüber den Beaufsichtigten. Hierzu gehören z. B. Auskunftsverlangen nach § 6 Abs. 3 WpHG[16] oder die Anordnung einer Sonderprüfung nach § 88 Abs. 1 WpHG. Daneben sind Allgemeinverfügungen möglich, die sich an eine unbestimmte Anzahl von Adressaten richten. Beispiele hierfür sind die von der BaFin ausgesprochenen zeitlich beschränkten Leerverkaufsverbote[17] aus Anlass der Finanzmarktkrise, die Allgemeinverfügung zu Nettingvereinbarungen im Anwendungsbereich des deutschen Insolvenzrechts[18] nach § 4a WpHG, jetzt § 14 WpHG und Produktinterventionen aus Anlegerschutzgründen nach § 15 WpHG. Dieses Instrument wurde 2017 mit Beschränkungen für den Vertrieb sog. Contracts for Difference erstmals genutzt.[19]

14 Neben die laufende Überwachung treten Rechtsetzungsbefugnisse, soweit die BaFin ausdrücklich zum Erlass einer Rechtsverordnung ermächtigt wird. Schließlich sind als weitere wesentliche Maßnahmen Veröffentlichungen wie Richtlinien, Bekanntmachungen, Mitteilungen oder Schreiben der BaFin zu nennen, in denen die Bundesanstalt ihre Aufsichtspraxis und ihre Rechtsauffassung erläutert.

15 Mit Ausnahme von Rechtsverordnungen hat die BaFin nicht die Befugnis, für die Marktteilnehmer bindende Regelungen zu erlassen. Solche Veröffentlichungen der BaFin sind vielmehr als norminterpretierende Verwaltungsvorschriften einzuordnen.[20] Sie sind für die

---

12 Zitiert nach „Die BaFin stellt sich vor", abrufbar unter www.bafin.de.
13 § 2 FinDAG.
14 *Döhmel*, in: Assmann/Schneider, vor § 3, Rn. 26.
15 Näher hierzu *Döhmel*, in: Assmann/Schneider, zu § 4 WpHG.
16 Mit dem Zweiten Gesetz zur Novellierung von Finanzmarktvorschriften auf Grund europäischer Rechtsakte (Zweites Finanzmarktnovellierungsgesetz – 2. FiMaNoG) v. 23.06.2017 (BGBl. I S. 1693 wird das WpHG mit Wirkung zum 03.01.2018 eine umfassende Neustrukturierung erfahren. Die dann geltenden Normen sind jeweils hinter dem Schrägstrich zitiert.
17 Zuletzt Allgemeinverfügung v. 29.05.2009 zur Verlängerung der Regelungen der Allgemeinverfügungen der Bundesanstalt für Finanzdienstleistungsaufsicht (BaFin) v. 19. und 21.08.2008, abrufbar unter www.bafin.de.
18 Allgemeinverfügung v. 09.06.2016, www.bafin.de.
19 Allgemeinverfügung gemäß § 4b Abs. 1 WpHG bezüglich sog. „contracts for difference" (CFDs) v. 08.05.2017, www.bafin.de.
20 *Haussner*, in: KK, § 35, Rn. 177 ff.

Marktteilnehmer nicht verbindlich. In ihnen kann die Aufsicht lediglich für den Regelfall beurteilen, ob die gesetzlichen Anforderungen erfüllt sind.[21] Umgekehrt bindet sich die Aufsicht nach verwaltungsrechtlichen Prinzipien an die selbst vorgenommene Auslegung.[22] Ein Verhalten, das diesen Regeln entspricht, kann daher von der Aufsicht nicht moniert werden. Aus ihnen kann bei Abweichungen auch kein Anscheinsbeweis für ein Fehlverhalten begründet werden.[23] Ein abweichendes Verhalten ist somit in der Praxis unter die geltenden bindenden Rechtsnormen zu subsumieren. Bei der Auslegung dieser Norm wird die in den Dokumenten zum Ausdruck kommende gängige Aufsichtspraxis aber Gewicht haben. Den Veröffentlichungen kommt damit in der Praxis, ungeachtet der rechtlichen Einordnung, große faktische Bedeutung zu.

Derzeit kennt die deutsche Rechtsordnung keine geltende BaFin-Richtlinie mehr. Dies war bis zur Umsetzung der Richtlinie über Märkte für Finanzinstrumente in das deutsche Recht im Jahre 2007 anders. Mit Inkrafttreten des neuen Rechts sind die bis zu diesem Zeitpunkt geltenden Richtlinien aufgehoben worden, um so Europarechtskonformität sicherzustellen. Den Regelungen der Richtlinien soll aber nach Auffassung der BaFin trotz ihrer Aufhebung zum Teil weiterhin Marktstandardcharakter zukommen.[24] Materiell einer Richtlinie nach § 88 Abs. 4 WpHG gleichkommen[25] dürften die „Mindestanforderungen an Compliance"[26], mit denen die zuvor auf einzelne Schreiben verstreuten Rechtsinterpretationen im compliance-relevanten Bereich zentral gesammelt wurden und die fortwährend zu einem Kompendium der aufsichtlichen Rechtsinterpretationen ausgebaut werden. *16*

Für die Praxis bedeutsam ist, dass die Spitzenverbände der betroffenen Wirtschaftskreise bei Erlass von Richtlinien ein Konsultationsrecht haben[27]. Damit soll die Praxisnähe der Regelungen gesichert werden. Inzwischen ist es darüber hinaus üblich, dass nicht nur Richtlinien, sondern auch sonstige Schreiben der Aufsicht, soweit sie von allgemeiner Bedeutung für die Marktbeteiligten sind, vor Erlass konsultiert werden. *17*

In jüngster Zeit hat sich zudem eine neue Praxis der Veröffentlichung von Fragen und Antworten herausgebildet. Diese Texte werden auf der Webseite der BaFin veröffentlicht und, sofern hierzu Anlass besteht, aktualisiert. Sie können rein technische Fragen beantworten, geben teilweise aber auch die Rechtsauffassung und Auslegungspraxis der BaFin wieder. Damit haben auch sie für die Aufsichtsbehörde selbstbindende Wirkung. Die zunehmende Nutzung von FAQ ist allerdings zweischneidig. Mit ihnen wird der Aufsicht die Möglichkeit gegeben, schnell auf allgemein interessierende Fragen Antwort zu geben. Dies ist gerade in Zeiten einer rasanten Rechtsentwicklung für die Anwender von prakti- *18*

---

21 Für Richtlinien ausdrücklich § 35 Abs. 4 Satz 1 WpHG/§ 88 Abs. 4 WpHG n. F.
22 *Harter*, in: Just/Voß/Ritz/Becker, § 35, Rn. 10.
23 *Koller*, in: Assmann/Schneider, § 35 Rn. 6.
24 Schreiben der BaFin zur Aufhebung der Wohlverhaltens-Richtlinie, der Compliance-Richtlinie und der Mitarbeiter-Leitsätze v. 23. 10. 2007, abrufbar unter www.bafin.de.
25 So wohl auch *Harter*, in: Just/Voß/Ritz/Becker, § 35, Rn. 10, a. A. *Haussner*, in: KK, § 35, Rn. 184: Orientierungshilfen, die mit den Betroffenen ausgehandelt werden.
26 Mindestanforderungen an die Compliance-Funktion und die weiteren Verhaltens-, Organisations- und Transparenzpflichten nach §§ 31 ff. WpHG für Wertpapierdienstleistungsunternehmen -Rundschreiben 4/2010 (WA) – MaComp, www.bafin.de.
27 § 35 Abs. 4 Satz 2 / § 88 Abs. 4 Satz 2 WpHG n. F.

schem Vorteil. Erkauft wird dies jedoch durch eine für Kasuistik typische Unübersichtlichkeit des geltenden Aufsichtsrechts.

2.2.2 Börsenaufsicht

19 Die Börsenaufsicht ist in Deutschland Sache der Länder. Diese haben die Errichtung einer Börse zu genehmigen und sind für die Rechtsaufsicht zuständig. Die an den Börsen eingerichteten Handelsüberwachungsstellen übernehmen die Überwachung des Handels und der Börsengeschäftsabwicklung. Schnittstellen zwischen Börsenaufsicht und der Tätigkeit der BaFin bestehen insb. im Bereich der Überwachung der Kursmanipulation. Bei der Überwachung des Handels können sich hier wertvolle Hinweise ergeben, die an die BaFin weitergeleitet werden. Nicht zum börslichen Handel gehört der Betrieb eines multilateralen Handelssystems, das als Wertpapierdienstleistung eingeordnet wird und daher ebenfalls nach den §§ 72 ff. WpHG von der BaFin überwacht wird.

2.3 Zivilrecht und Aufsichtsrecht

20 Auch zivilrechtliche Aspekte sind in Ausübung der Compliance-Funktion zu beachten. Dies gilt in besonderem Maße für die Retail-Compliance. Zu nennen sind hier insb. das Kommissionsrecht in den §§ 383 ff. HGB sowie die Regelungen des Depotgesetzes. Konkretisiert werden die gesetzlichen Vorgaben durch die Allgemeinen Geschäftsbedingungen der Banken, die Sonderbedingungen für Wertpapiergeschäfte und diejenigen für Termingeschäfte. Mit der Ausbreitung des Aufsichtsrechts seit Anfang der 90er-Jahre werden diese Regelungen teils durch aufsichtsrechtliche Pflichten ergänzt, mitunter aber auch verdrängt. Ein Beispiel für eine Ablösung zivilrechtlicher Regelungen sind die früheren Ausführungen der Sonderbedingungen für Wertpapiergeschäfte zur Auswahl des Ausführungsplatzes einer Wertpapierorder, die neben den aufsichtlichen Anforderungen an eine bestmögliche Kundenausführung (Best Execution) keinen Platz mehr hatten und zu streichen waren.

2.4 Marktstandards, Usancen, Soft law

21 Mitbestimmend für die Compliance-Praxis sind zudem ungeschriebene und in Dokumenten niedergelegte Marktusancen und -standards. Im kaufmännischen Geschäftsverkehr sind die Gewohnheiten und Gebräuche gemäß § 346 HGB bei der Auslegung kaufmännischen Handelns und bei Willenserklärungen zu beachten. Auch bei der Interpretation aufsichtlicher Pflichten kommt den Üblichkeiten am Markt Bedeutung zu. So können zulässige Marktpraktiken gemäß Art. 13 MAR[28] bei der Prüfung eines bestimmten Verhaltens auf Marktmissbräuchlichkeit Berücksichtigung finden. Wenn Marktteilnehmer ausgehend von Üblichkeiten Erwartungen an das Handeln eines Anderen stellen dürfen, kann dies im Einzelfall auch für die Interpretation aufsichtlicher Pflichten relevant sein.

22 Ohne normativen Charakter zu haben, können auch am Markt anerkannte Empfehlungen oder Leitlinien für die Rechtsfindung Bedeutung erlangen. Wegen der fehlenden formalen Bindungswirkung spricht man hier von „soft law". Zu nennen wären beispielhaft Empfeh-

---

28 Verordnung (EU) Nr. 596/2014, s. o. Fn. 1.

lungen der Börsensachverständigenkommission[29] oder öffentliche Selbstverpflichtungen der Kreditwirtschaft.[30]

3 Europäischer Rechtsrahmen

3.1 Rechtsakte der Europäischen Union

Die im Kapitalmarktrecht relevanten Rechtsakte der Europäischen Union sind in Rechtsakte des Rates und des Parlaments (Art. 289 AEUV), in delegierte Rechtsakte der Kommission, Regulierungsstandards (beides Art. 290 AEUV) und Durchführungsstandards (Art. 291 AEUV) zu unterscheiden. Rechtsakte des Rates und des Parlaments sowie delegierte Rechtsakte können grundsätzlich die Gestalt einer Richtlinie oder einer Verordnung annehmen, werden aber heutzutage meist als Verordnung ergehen bzw. bestehen aus einem Paket von Verordnung und Richtlinie. 23

Grundlegende Rechtsakte sind Verordnungen oder Richtlinien, die auf Initiative der Europäischen Kommission gemeinsam von Rat und Parlament als Kolegislatoren erlassen werden. EU-Richtlinien haben grundsätzlich keine bindende Wirkung für die Marktteilnehmer, sondern verpflichten lediglich die nationalen Gesetzgeber zur Umsetzung der Regelung.[31] Allerdings entfalten Einzelbestimmungen von Richtlinien unter bestimmten Voraussetzungen nach der Rechtsprechung des Europäischen Gerichtshofes (EuGH) auch ohne Umsetzung in nationales Recht unmittelbare Wirkung. Dies ist der Fall, wenn sie hinreichend bestimmt sind, inhaltlich unbedingt sind und vom Mitgliedstaat nicht innerhalb der Frist oder nicht ordnungsgemäß umgesetzt wurden.[32] EU-Verordnungen sind hingegen unmittelbar anwendbar und bedürfen keiner Umsetzung in nationales Recht. In den letzten Jahren bildet sich im Kapitalmarktrecht eine starke Tendenz zum Erlass von Verordnungen heraus. Hintergrund ist der Wunsch nach einer beschleunigten Harmonisierung des Rechtsrahmens. 24

In den Gesetzgebungsakten von Rat und Parlament (1. Stufe) kann der Kommission die Befugnis übertragen werden, detailliertere Rechtsakte zur Ergänzung der Vorschriften zu erlassen (2. Stufe). Hiervon machen die Kolegislatoren im Kapitalmarktrecht reichen Gebrauch. So hat die Kommission z. B. in der MiFID II 21 mal die Befugnis erhalten, einen 25

---

29 Die Börsensachverständigenkommission (BSK) berät das Bundesministerium der Finanzen in Fragen der Kapitalmarktpolitik. Der BSK gehören Vertreter der Anlegerschutzverbände, Kreditinstitute, Versicherungen, Investmentgesellschaften, Börsen, Industrie, Deutschen Bundesbank, Wissenschaft und des Länderarbeitskreises Börsen an. Das Sekretariat der BSK ist bei der Deutsche Börse AG angesiedelt.
30 So haben sechs Verbände der Kreditwirtschaft im Dezember 2016 auf „Grundsätze für die Emission von „bonitätsabhängigen Schuldverschreibungen" zum Vertrieb an Privatkunden" geeinigt, deren Einhaltung von der BaFin lt. ihrer Pressemitteilung v. 16.12.2016 beobachtet wird, vgl. unter www.bafin.de.
31 Art. 288 Abs. 3 AEUV.
32 *Nettesheim*, in: Grabitz/Hilf/Nettesheim, Art. 288 AEUV, Rn. 137 ff.; *Hirte/Heinrich*, in: KK, Einl. Rn. 47.

delegierten Rechtsakt zu erlassen.³³ In der Praxis wird die Kommission regelmäßig vor Erlass eines delegierten Rechtsakts die zuständige europäische Aufsichtsbehörde, in diesem Kontext also meist ESMA, um Rat bitten, der seinen Niederschlag dann in einem „technical advice" von ESMA an die Kommission findet. Dieser technische Rat ist für die Kommission von großem praktischem Einfluss, rechtlich für sie aber nicht bindend.

26 Ferner können die Gesetzgebungsakte auch vorsehen, dass ESMA als Aufsichtsbehörde zwingend in den Rechtsetzungsprozess einzubinden ist (ebenfalls 2. Stufe). Erlassen werden die Rechtsakte anschließend jedoch wieder durch die Kommission als Verordnung oder Beschluss. Auch hierfür liefert die MiFID II Beispiele. Die Kommission listet 18 technische Regulierungsstandards und 10 technische Durchführungsstandards auf.³⁴ Sie unterscheiden sich im Hinblick auf die Einbindung von Rat und Parlament in den Rechtsetzungsprozess, nicht aber im Hinblick auf ihre Rechtswirkung nach Erlass durch die Kommission. Entscheidender Unterschied zu einem delegierten Rechtsakt ist aber in beiden Fällen, dass die Aufsichtsbehörde den entscheidenden Einfluss auf die inhaltliche Gestaltung der Regelung ausübt und die Kommission grundsätzlich darauf beschränkt ist, die von ESMA ausgearbeiteten Regeln zu erlassen. Die Einzelheiten der unterschiedlichen Verfahren sind in den Verordnungen niedergelegt, die die Basis für die Tätigkeit der europäischen Aufsichtsbehörden bilden.³⁵

3.1.1 Artikel und Erwägungsgründe

27 Den Artikeln einer Richtlinie oder Verordnung werden Erwägungsgründe vorangestellt. Diese sind nicht Teil des von den Mitgliedstaaten umzusetzenden Rechtsaktes, können aber als Interpretationshilfe herangezogen werden.³⁶ Ihre Bedeutung geht aber über die der Gesetzesbegründung in der deutschen Rechtstradition hinaus. Deutlich wird dies neben ihrer Mitveröffentlichung im Amtsblatt auch daran, dass die Erwägungen teils Details enthalten, die im eigentlichen Normtext keinen Niederschlag gefunden haben. Nicht selten sind solche Formulierungen Ausfluss einer politischen Kompromisslösung zwischen unterschiedlichen Positionen. Der Kompromiss besteht darin, diesen Aspekt „nur" in die Erwägungsgründe, aber nicht in einen der Artikel aufzunehmen.

---

33 Europäische Kommission: „Implementing and delegated acts: full list", abrufbar unter https://ec.europa.eu/info/law/markets-financial-instruments-mifid-ii-directive-2014-65-eu/amending-and-supplementary-acts/implementing-and-delegated-acts_en (letzter Abruf am 05.07.2018).
34 S.o. Fn.33.
35 Art. 10 ff. für technische Regulierungsstandards, Art. 15 für technische Durchführungsstandards, jeweils der ESMA-Verordnung (Verordnung (EU) Nr. 1095/2010 des Europäischen Parlaments und des Rates v. 24.11.2010 zur Errichtung einer Europäischen Aufsichtsbehörde (Europäische Wertpapier- und Marktaufsichtsbehörde), zur Änderung des Beschlusses Nr. 716/2009/EG und zur Aufhebung des Beschlusses 2009/77/EG der Kommission), Abl. Nr. L 331, S. 84 v. 15.12.2010.
36 *Lutter*, in: JZ 1992, S. 593, 600.

3.1.2 Sprache

Obwohl alle Sprachfassungen der Richtlinien und Verordnungen der EU gleichermaßen Rechtskraft entfalten, ist die deutsche Fassung in der Praxis oftmals eine Übersetzung eines englischen Arbeitstextes. Es kann daher im Einzelfall aufschlussreich sein, den englischen Text und ggf. ergänzend auch andere Sprachfassungen des Dokuments bei der Auslegung zu Rate zu ziehen.[37]

28

3.1.3 Nationale Umsetzung einer Richtlinie

Die Umsetzungsspielräume für den nationalen Gesetzgeber sind angesichts des hohen Detailgrades der Regelungen inzwischen auch bei einer Richtlinie auf erster und zweiter Stufe des Verfahrens begrenzt. Nicht selten schlägt sich das in äußerst detaillierten deutschen Normen nieder. Ursächlich hierfür ist der Wunsch des europäischen Gesetzgebers, die Harmonisierung des europäischen Marktes durch detaillierte Umsetzungsvorgaben und die Einengung nationaler Spielräume, sei es in Gestalt von explizit eingeräumten Wahlrechten, sei es durch Ausnutzung von Auslegungsspielräumen, zu befördern. Dieser Antritt ist angesichts des politischen Integrationsziels verständlich, führt jedoch in den nationalen Rechtsordnungen nicht selten zu Brüchen mit angrenzenden Rechtsgebieten, die dem nationalen Gesetzgeber vorbehalten sind, wie etwa dem Zivil- und Strafrecht.

29

3.2 Europäische Aufsicht

Im Rahmen der politischen Bewältigung der Finanzmarktkrise ab 2007 hat sich der politische Wille gebildet, aus den zuvor agierenden Ausschüssen der nationalen Regulierungsbehörden im Banken-, Versicherungs und Wertpapierbereich Aufsichtsbehörden mit eigener Rechtspersönlichkeit zu schaffen. Anfang 2011 hat das Europäische System für die Finanzaufsicht ESFS seine Arbeit aufgenommen. Es besteht aus der Europäischen Bankenaufsichtsbehörde EBA in London, der Europäischen Aufsichtsbehörde für das Versicherungswesen und die betriebliche Altersversorgung EIOPA in Frankfurt, der Europäischen Wertpapier- und Marktaufsichtsbehörde ESMA in Paris und dem Europäischen Ausschuss für Systemrisiken, der bei der EZB in Frankfurt angesiedelt ist. Die drei erstgenannten Aufsichtsbehörden bilden zudem für übergreifende Aufgaben einen gemeinsamen Ausschuss. Aufgaben, Instrumente und Strukturen der drei Aufsichtsbehörden sind in Errichtungsverordnungen geregelt, deren Strukturen parallel angelegt sind. Inzwischen hat die Europäische Kommission allerdings Vorschläge vorgelegt, die insb. die Kompetenzen der ESMA deutlich ausweiten und ihre Organisation „europäisieren" wollen.[38] Die folgende Darstel-

30

---

37 Zur Sprachproblematik bei der Auslegung europäischen Rechts allgemein *Müller/Christensen*, Juristische Methodik II, Rn. 338.

38 Proposal for a Regulation of the European Parliament and of the Council amending Regulation (EU) No 1093/2010 establishing a European Supervisory Authority (European Banking Authority); Regulation (EU) No 1094/2010 establishing a European Supervisory Authority (European Insurance and Occupational Pensions Authority); Regulation (EU) No 1095/2010 establishing a European Supervisory Authority (European Securities and Markets Authority); Regulation (EU) No 345/2013 on European venture capital funds; Regulation (EU) No 346/2013 on European social entrepreneurship funds; Regulation (EU) No 600/2014 on markets in financial instru-

lung folgt dem Status quo und konzentriert sich pars pro toto auf ESMA als die im Kapitalmarktbereich relevanteste Behörde.[39]

3.2.1 Organisation von ESMA

31 Als Organe von ESMA sind vor allem der Rat der Aufseher, der Verwaltungsrat, der Vorsitzende und der Exekutivdirektor zu nennen. Im Rat der Aufseher[40] fallen die wesentlichen Entscheidungen der Aufsichtsbehörde. Er setzt sich im Wesentlichen aus den Leitern der nationalen Aufsichtsbehörden zusammen. Jede nationale Aufsichtsbehörde verfügt über eine Stimme. Das Gremium trifft seine Beschlüsse grundsätzlich mit einfacher Mehrheit. Abweichend hiervon werden Beschlüsse im Zusammenhang mit Regulierungs- und Durchführungsstandards mit qualifizierter Mehrheit gefasst. Damit besteht für einzelne Aufsichtsbehörden – anders als die Praxis unter der Vorgängerinstitution CESR – kein Vetorecht mehr.

32 Der Verwaltungsrat übernimmt administrative Aufgaben und wacht insb. darüber, dass die Behörde ihre Aufträge ausführt (Art. 47 der Verordnung). Nach außen vertreten wird die Behörde durch einen Vorsitzenden, der die Arbeit des Rates der Aufseher vorbereitet. Die Behördenleitung übernimmt der Exekutivdirektor. Vorsitzender und Exekutivdirektor sind unabhängig und vollzeitbeschäftigt. Die aus 30 Vertretern der betroffenen Interessengruppen bestehende „Securities and Markets Stakeholders Group" hat die Aufgabe, den Dialog zwischen ESMA und den Marktteilnehmern sicherzustellen und zu grundsätzlichen Aufsichtsfragen zu beraten.

3.2.2 Aufgaben und Befugnisse

3.2.2.1 Gestaltung des Rechtsrahmens

33 ESMA spielt neben den eigentlichen aufsichtlichen Funktionen auch eine bedeutende Rolle bei der Gestaltung des europäischen Kapitalmarktrechts. Die Behörde wirkt beratend bei delegierten Rechtsakten der Europäischen Kommission mit und arbeitet technische Regulierungs- und Durchführungsstandards inhaltlich aus.[41] Darüber hinaus ist sie nach Art. 16 der ESMA-Verordnung berechtigt, Leitlinien und Empfehlungen zu erlassen. Diese entfalten gegenüber den nationalen Aufsichtsbehörden und den Finanzmarktakteuren zwar keine rechtliche Bindungswirkung, Art. 16 Abs. 3 ESMA-VO erwartet aber, dass die betroffenen

---

ments; Regulation (EU) 2015/760 on European long-term investment funds; Regulation (EU) 2016/1011 on indices used as benchmarks in financial instruments and financial contracts or to measure the performance of investment funds; and Regulation (EU) 2017/1129 on the prospectus to be published when securities are offered to the public or admitted to trading on a regulated market (COM(2017)536).

39 Ausführlicher *Baur/Boegl*, Die neue europäische Finanzmarktaufsicht – Der Grundstein ist gelegt, in: BKR 2011, S. 177; *Walla*, Die Europäische Wertpapier- und Marktaufsichtsbehörde (ESMA) als Akteur bei der Regulierung der Kapitalmärkte Europas – Grundlagen, erste Erfahrungen und Ausblick, in: BKR 2012, S. 265; *Hitzer/Hauser*, ESMA-Ein Statusbericht, in: BKR 2015, S. 52; *Döhmel*, in: Assmann/Schneider, § 7a, Rn. 4 ff.
40 ESMA-VO (Fn. 31), Art. 40 ff.
41 Siehe hierzu bereits oben, 3.1.

Stellen alle erforderlichen Anstrengungen unternehmen, um den Leitlinien und Empfehlungen nachzukommen. Die nationalen Behörden müssen binnen zwei Monaten (nach Veröffentlichung der Übersetzungen) mitteilen, ob sie den Vorgaben entsprechen oder ihr anderweitiges Vorgehen begründen. Leitlinien werden dann 60 Tage nach dem Stichtag für die Rückmeldung der Behörden für anwendbar erklärt („2+2"). Grundsätzlich kann ESMA auch Finanzakteure verpflichten, eine Rückmeldung über die Anwendungsbereitschaft abzugeben. In der Praxis ist hierauf aber bislang in allen Fällen expressis verbis verzichtet worden. Die ESMA-Leitlinien lassen sich vor dem Hintergrund dieses „comply or explain"-Mechanismus dem Bereich des soft law zuordnen.[42] Es ist in der Praxis von Bedeutung, dass ESMA Leitlinien nicht nur in den Fällen einer expliziten entsprechenden Anordnung im gesetzten europäischen Recht, sondern nach der Generalklausel des Art. 9 Abs. 2 der ESMA-VO auch in sonstigen Fällen verabschieden kann.

3.2.2.2 Aufsichtliche Funktionen

ESMA hat des Weiteren die Aufgabe, bestimmte Marktteilnehmer selbst zu beaufsichtigen *34* und in den anderen Fällen die Aufsicht der nationalen Behörden zu koordinieren und zu überwachen.

Unmittelbar europäische Aufsicht übt ESMA über die europäischen Ratingagenturen aus[43]. *35* Auch die Betreiber von Transaktionsregistern nach der europäischen Derivateverordnung EMIR werden zentral von ESMA beaufsichtigt.[44] Im Übrigen bleibt es zunächst bei der Aufsicht durch nationale Behörden. ESMA ist insoweit damit betraut, für eine kohärente Aufsicht und harmonisierte Rechtsanwendung in Europa zu sorgen. Hierzu verfügt sie über weitgehende Auskunftsrechte gegenüber den nationalen Aufsichtsbehörden und anderen nationalen Stellen (Art. 35 ESMA-VO). Um eine gemeinsame Aufsichtskultur zu schaffen, kann ESMA nach Art. 29 Stellungnahmen an die nationalen Behörden abgeben, die Anwendung von Regulierungs- und Durchführungsstandards sowie der eigenen Leitlinien überprüfen, den Austausch und die Schulung des Aufsichtspersonals befördern sowie auf Grundlage einer Generalklausel in Art. 29 Abs. 2 auch sonstige Instrumente entwickeln, die die Konvergenz der Aufsicht in Europa erhöhen.

Gebrauch macht ESMA von dieser Generalklausel vor allem mit der Herausgabe von *36* „Fragen und Antworten" zu zahlreichen regulatorischen Einzelfragen. Q&A erfordern keine vorherige Konsultation, sondern werden, ggf. nach Anhörung von Experten in einem beratenden Gremium („Consultative Working Group") zum jeweiligen Thema, auf die Webseite von ESMA gestellt. Sie erläutern die von ESMA vertretenen Rechtsauffassungen und geben Hinweise zur praktischen Handhabung. Ihrem Charakter nach sind sie daher in erster Linie an die nationalen Aufsichtsbehörden gerichtet, die ihre Aufsichtspraxis hieran

---

42 Walla (Fn. 34), S. 267.
43 Art. 21 der Verordnung (EU) Nr. 513/2011 des Europäischen Parlaments und des Rates v. 11.05.2011 zur Änderung der Verordnung (EG) Nr. 1060/2009 über Ratingagenturen, Abl. Nr. L 145, S. 30 v. 31.05.2011.
44 Art. 55 ff. der Verordnung (EU) Nr. 648/2012 des Europäischen Parlaments und des Rates v. 04.07.2012 über OTC-Derivate, zentrale Gegenparteien und Transaktionsregister, Abl. Nr. L 201, S. 1 v. 27.07.2012.

zu messen haben. Sie entfalten jedoch auch faktische Wirkung gegenüber den betroffenen Finanzmarktakteuren. Ihre inzwischen regelmäßige Nutzung als Aufsichtsinstrument ist zweischneidig.[45] Den Q&A vergleichbar, aber bezogen auf eine isolierte aufsichtliche Frage, hat ESMA auch rechtserläuternde Erklärungen („Statements") veröffentlicht, z. B. zum Vertrieb von Schuldverschreibungen, die einem Bail-in nach BRRD unterliegen können.[46]

37 Weitere Befugnisse sind gegen nationale Aufsichtsbehörden gerichtete Maßnahmen bei Verstoß gegen Unionsrecht (Art. 17 ESMA-VO), Maßnahmen im Krisenfall (Art. 18 ESMA-VO) oder Handlungen zur Streitbeilegung zwischen nationalen Behörden (Art. 19 ESMA-VO). Schließlich kann ESMA nach Art. 9 Abs. 3 Warnungen veröffentlichen, wenn Gefahren für den Markt oder Marktteilnehmer drohen, oder im Rahmen der sog. Produktintervention nach Art. 40 MiFIR vorübergehende Maßnahmen ergreifen.

4 Internationale Dimension

4.1 G20 und Financial Stability Board

38 Die G20 ist die Gruppe der 20 wichtigsten Industrie- und Schwellenländer. Ursprünglich ein informeller Zusammenschluss der Finanzminister und Leiter der Notenbanken wurde das Zusammentreffen angesichts des Wunsches nach einer international koordinierten Bewältigung der Finanzmarktkrise auch auf die Staats- und Regierungschefs erweitert. Einigungen im Rahmen der G20 haben politischen Charakter. Ihren gesetzgeberischen Niederschlag müssen die Verabredungen anschließend in europäischer und deutscher Gesetzgebung finden.

39 Das Financial Stability Board (FSB) versteht sich als Bindeglied zwischen den G20 und den Regulatoren und Standardsetzern. Es hat die Aufgabe, das globale Finanzsystem zu überwachen, mögliche Schwachstellen zu identifizieren und Gegenmaßnahmen zu entwickeln. In diesem Rahmen wirkt es an der Entwicklung und der Umsetzung der von den G20 zur Stabilität des Finanzsystems getroffenen Beschlüsse mit. Darüber hinaus koordiniert und fördert das FSB den Informationsaustausch zwischen den verschiedenen nationalen Behörden. Entscheidende Impulse sind von dem FSB bisher neben der Fortentwicklung des Bankenaufsichtsrechts auch auf die Entwicklung des Rechtsrahmens für außerbörsliche Derivate und auf die Regulierung des Schattenbankensystems ausgegangen.

4.2 IOSCO

40 Die Wertpapier-Aufsichtsbehörden haben sich weltweit im Rahmen der International Organization of Securities Commissions (IOSCO) zusammengeschlossen. Ziel von IOSCO ist es, gemeinsame Aufsichtsstandards zu entwickeln, die dazu beitragen, für gerechte, effiziente und integre Märkte zu sorgen, den Informationsaustausch unter den Aufsichtsbehör-

---

45 Siehe hierzu schon oben Fn. 18 zu den „Fragen und Antworten" der BaFin.
46 ESMA Statement „MiFID practices for firms selling financial instruments subject to the BRRD resolution", ESMA/2016/902 v. 02.06.2016.

den zu befördern und Standards sowie eine effektive Überwachung internationaler Wertpapiertransaktionen zu erreichen.

IOSCO veröffentlicht auf ihrer Webseite[47] zahlreiche Dokumente, die teils die tatsächliche Praxis der Aufsichtsbehörden bei bestimmten Fragen referieren, teils aber auch darüber hinausgehen und Prinzipien bzw. Standards formulieren. Diese dienen wiederum den nationalen Aufsichtsbehörden, in Europa ggf. auch den auf europäischer Ebene zusammengeschlossenen Aufsichtsbehörden, als Grundlage für ihre Meinungsfindung und Aufsichtspraxis. Aber die Dokumente von IOSCO entfalten keine bindende Wirkung. Angesichts der breiten Mitgliedschaft von IOSCO, die über 90 % der weltweiten Finanzmärkte umfasst, sind die niedergelegten Prinzipien regelmäßig in den entwickelten Finanzmärkten, wie etwa Deutschland, ohnehin durch nationales Recht oder durch die Übung an den Finanzmärkten erfüllt. Gleichwohl sind Tendenzen erkennbar, IOSCO-Prinzipien zukünftig deutlicheres Gewicht zukommen zu lassen. IOSCO hat sich bereits ausführlich mit den Aufgaben einer Compliance-Funktion befasst.[48]

41

4.3 Baseler Ausschuss für Bankenaufsicht

Für den Compliance-Bereich relevant ist zudem der Baseler Ausschuss für Bankenaufsicht, der sich ebenfalls verschiedentlich mit der Compliance-Funktion in Banken auseinandergesetzt hat.[49] Maßgeblich waren zuletzt die „Corporate Governance Principles for Banks" v. 08.07.2015, in denen eine unabhängige Compliance-Funktion als Schlüsselkomponente der zweiten Verteidigungslinie einer Bank definiert wird.[50]

42

4.4 Ausländische Rechtsordnungen

Im praktischen Alltag der Compliance-Funktion nicht unberücksichtigt bleiben sollte die nationale Rechtsentwicklung in anderen Mitgliedstaaten der Europäischen Union und über diesen Rechtskreis hinaus auch weltweit. Insb. die nicht gemeinschaftsrechtlich geforderten Regelungen der Financial Conduct Authority (FCA)[51] im Vereinigten Königreich und Regelungen der SEC[52] in den USA können für die tägliche Praxis Bedeutung erlangen. Dies gilt naturgemäß vor allem für grenzüberschreitend tätige Institute. Wenn nationale Regelungen voneinander abweichen, müssen im Interesse der Effizienz Möglichkeiten gesucht werden, allen betroffenen Rechtsordnungen mit einer möglichst einheitlichen Handhabung gerecht zu werden. Auch bei rein innerdeutschen Sachverhalten kann die Aufsichtspraxis anderer Aufsichtsbehörden von Interesse sein. Insb. der Handhabung der englischen FCA wird in der Praxis in Einzelfragen großes Gewicht beigemessen. Die FCA fasst ihre Aufsichtspraxis in ihrem auch online zugänglichen Handbook[53] zusammen.

43

---

47 www.iosco.org.
48 Compliance Function at Markets Intermediaries, März 2006.
49 Compliance and the Compliance Function and Banks, April 2005, abrufbar unter www.bis.org/publ/bcbs113.pdf (letzter Abruf am 05.07.2018).
50 Prinzip 9, abrufbar unter http://www.bis.org/bcbs/publ/d328.htm (letzter Abruf am 05.07.2018).
51 www.fca.org.uk.
52 www.sec.gov.
53 https://www.handbook.fca.org.uk/.

5 Literaturverzeichnis

Assmann/Schneider: Wertpapierhandelsgesetz, 6. Aufl., Köln 2012.

Grabitz/Hilf/Nettesheim: Das Recht der Europäischen Union EUV/AEUV, Loseblatt (Stand Januar 2016).

Hirte/Möllers: Kölner Kommentar zum WpHG (zitiert: KK), 2. Aufl., Köln 2014.

Just/Voß/Ritz/Becker: WpHG, München 2015.

Lutter: Die Auslegung angeglichenen Rechts, in: JZ 1992, S. 593–607.

Möllers: Europäische Methoden- und Gesetzgebungslehre im Kapitalmarktrecht, in: ZEuP 2008, S. 480–505.

Müller/Christensen: Juristische Methodik. Band II. Europarecht, 2. Aufl., Berlin 2007.

I.7

Das Pflichtenprogramm des AktG und des KWG

Dr. Ernst Thomas Emde und Dr. Markus Benzing

Inhaltsübersicht

1	Einführung: Die Compliance-Funktion als Teil der Bankorganisation.	1–3
2	Die Pflichten einer Bank in der Rechtsform der Aktiengesellschaft als Bezugspunkt der Compliance-Funktion	4–40
2.1	Pflichten nach dem Aktiengesetz	5–11
2.2	Weitere gesetzliche Pflichten	12–13
2.3	Aktien- und bankaufsichtsrechtliche Anforderungen an die Unternehmensorganisation sowie an das Risikomanagement von Instituten und ihr Verhältnis zueinander	14–35
2.4	Unternehmensinterne Vorgaben	36
2.5	Einhaltung von Verträgen	37
2.6	Der Deutsche Corporate Governance Kodex und die Anforderungen des § 161 AktG	38–40
3	Das für Genossenschaftsbanken geltende Rechtsregime	41
4	Das für Sparkassen und Landesbanken geltende Rechtsregime	42
5	Das für Zweigniederlassungen geltende Regime	43–49
5.1	Zweigniederlassungen deutscher Institute im Ausland	43–45
5.2	Zweigniederlassungen ausländischer Institute im Inland	46–49
6	Literaturverzeichnis	

1 Einführung: Die Compliance-Funktion als Teil der Bankorganisation

Sowohl der Begriff der Compliance als auch ihre Funktion sind Produkte neuerer rechtspolitischer Entwicklungen. Das damit verbundene organisatorische Konzept hat daher im deutschen Unternehmensrecht erst sukzessive rechtliche Verankerung gefunden. Auf der Ebene des Gesellschaftsrechts ist diese Entwicklung nach wie vor im Fluss, inzwischen aber Gegenstand einer breiten wissenschaftlichen Diskussion.[1] Einstweilen kennt weder das AktG bzw. das GmbHG noch das Recht der Personengesellschaften oder das GenG den Begriff Compliance. Allerdings haben sich sämtliche Unternehmensformen, die auf den vorgenannten Gesetzeswerken basieren oder sich im öffentlichen Recht herausgebildet haben, der Installierung einer Compliance-Funktion geöffnet. Im Hinblick auf die Finanzdienstleistungsbranche wird man konstatieren können, dass die Notwendigkeit einer Compliance-Funktion mittlerweile unumstritten ist und sich auch die Konturen ihres Verantwortungsbereichs sowohl durch Maßnahmen des deutschen sowie des europäischen Gesetzgebers als auch durch flankierende Aktivitäten der BaFin sowie der europäischen Aufsichtsbehörden verfestigt und verdeutlicht haben.[2] Insb. in Bezug auf Kredit- und Finanzdienstleistungsinstitute (nachfolgend schlicht Institute) in der Rechtsform der Aktiengesellschaft wirken § 25a Abs. 1 KWG und § 91 Abs. 2 AktG gleichgerichtet auf die Etablierung einer Compliance-Funktion hin, die – eingebettet in das Risikomanagement des betreffenden Instituts – dafür verantwortlich ist, dass die gesetzlichen Bestimmungen sowie die unternehmensinternen Leitlinien und sonstigen Vorgaben eingehalten werden.[3] Für die Teilmenge der börsennotierten Institute werden diese Vorgaben nochmals ausdrücklich durch den Textabschnitt 4.1.3 des Deutschen Corporate Governance Kodex (DCGK) bestätigt. Noch wesentlich darüber hinaus gehen die für Wertpapierdienstleistungsinstitute geltenden Organisationspflichten der §§ 63 ff. und insb. des § 80 WpHG, die der Compliance-Funktion für diesen Teilbereich der Finanzdienstleistungsbranche im Zusammenspiel mit Art. 22 MiFID-II-DVO[4] als unmittelbar anwendbarem EU-Tertiärrecht[5] sowie den von der BaFin

---

1   Als Beispiele aus der umfangreichen Literatur seien nur genannt: *Nietsch*: Compliance-Risikomanagement als Aufgabe der Unternehmensleitung, in: ZHR (180) 6/2016, S. 733 ff.; *Paefgen*: „Compliance" als gesellschaftsrechtliche Organpflicht?, in: WM 10/2016, S. 433 ff.
2   Näher hierzu in jüngerer Zeit *Bundesanstalt für Finanzdienstleistungsaufsicht (BaFin)*: Rundschreiben 09/2017 (BA), Mindestanforderungen an das Risikomanagement – MaRisk v. 27.10.2017 mit Erläuterungen in Anlage 1; *EBA*: Leitlinien zur internen Governance gemäß der Richtlinie 2013/36/EU v. 26.09.2017, EBA/GL/2017/11.
3   *Mertens/Cahn*, in: Kölner Kommentar zum AktG, 3. Aufl., Köln 2010, § 91 Rn. 31; *Kort*, in: Großkommentar AktG, 5. Aufl., Berlin 2015, § 91 Rn. 98.
4   Delegierte Verordnung (EU) 2017/565 v. 25.04.2016 zur Ergänzung der Richtlinie 2014/65/EU in Bezug auf die organisatorischen Anforderungen an Wertpapierfirmen und die Bedingungen für die Ausübung ihrer Tätigkeit sowie in Bezug auf die Definition bestimmter Begriffe für die Zwecke der genannten Richtlinie, ABl. L 87 v. 31.03.2017, S. 1. Vgl. auch aus der Zeit vor der MiFID II: *ESMA*: Leitlinien zu einigen Aspekten der MiFID-Anforderungen an die Compliance-Funktion, ESMA/2012/388 v. 25.06.2012.
5   Zum Begriff: *Geismann*, in: v. der Groeben/Schwarze/Hatje (Hrsg.): Europäisches Unionsrecht, 7. Aufl., Baden-Baden 2015, Art. 290 Rn. 3 f.

erlassenen Mindestanforderungen an die Compliance[6] spezifische Struktur und Gestalt verleihen.[7]

2   Die ausdrückliche Verankerung der Compliance-Funktion in § 25a Abs. 1 Satz 3 Nr. 3c KWG, Art. 22 Abs. 2 MiFID II-DVO sowie in den MaRisk und den MaComp stellt eine branchenspezifische Organisationsanweisung dar, die für andere Wirtschaftssektoren nicht gilt, da sie keinen entsprechenden Niederschlag in den rechtsformbezogenen Organisationsvorgaben des deutschen Gesellschaftsrechts gefunden hat. Unternehmen, die außerhalb des Finanzdienstleistungssektors angesiedelt sind und daher nicht dem KWG und dem WpHG sowie den Normkonkretisierungen der MaRisk und der MaComp unterworfen sind, haben mithin hinsichtlich der Entscheidungen darüber, ob und inwieweit sie eine Compliance-Einheit schaffen wollen, einen Gestaltungsspielraum, der den Instituten nicht zusteht. Er dürfte von der Errichtung einer umfassend verantwortlichen eigenen Organisationseinheit Compliance in Großunternehmen bis hin zur Wahrnehmung der Compliance-Funktion durch die Leitungsebene, die Rechtsabteilung oder die Revision in Kleinunternehmen reichen. Zwischen diesen beiden Extremen besteht eine Vielzahl von Gestaltungsvarianten, in denen die Compliance-Funktion unterschiedlich breit definiert und organisatorisch in unterschiedlichem Maße ausgestattet und verselbständigt werden kann. Es versteht sich, dass dementsprechend auch das Verhältnis der Compliance-Funktion zur Rechtsabteilung sowie zur Internen Revision unterschiedliche Ausprägungen haben kann.[8]

3   An dieser Stelle sei hervorgehoben, dass das Pflichtprogramm des § 25a Abs. 1 Satz 3 KWG zwar rechtsformunabhängig für sämtliche Kredit- und Finanzdienstleistungsinstitute gilt[9], gleichwohl aber in seiner Ausgestaltung mit den rechtsformabhängigen Besonderheiten des jeweiligen Gesellschafts- bzw. Unternehmenstyps umgehen muss. Die damit verbundenen Herausforderungen sind umso größer, je weiter entfernt die Rechtsform des jeweiligen Instituts von der der Aktiengesellschaft ist, an der sich sowohl § 25a KWG als auch und insb. die MaRisk sowie MaComp orientieren. In besonderer Weise bestehen diese Herausforderungen bei Instituten, die keine dualistische Organisationsstruktur und damit keine Unterscheidung zwischen Leitungs- und Aufsichtsorganen besitzen; dies trifft namentlich auf GmbHs und Personengesellschaften zu. In Ansehung dieser Gegebenheiten wenden sich die folgenden Ausführungen schwerpunktmäßig den Instituten in der Rechtsform der Aktiengesellschaft zu und untersuchen für diesen gängigen Fall des Kredit- und

---

6   *Bundesanstalt für Finanzdienstleistungsaufsicht (BaFin)*: Mindestanforderungen an die Compliance-Funktion und die weiteren Verhaltens-, Organisations- und Transparenzpflichten nach §§ 31 ff. WpHG für Wertpapierdienstleistungsunternehmen (MaComp), Rundschreiben 4/2010 v. 07.06.2010, zuletzt geändert am 08.03.2017. Vgl. auch Konsultation 15/2017 (WA) v. 02.11.2017 zur Anpassung der MaComp an die Umsetzung von MiFID II.

7   Die Frage, inwieweit Compliance eine organisationsinterne Selbstschutzmaßnahme von Unternehmen vor Haftungs- sowie Reputationsrisiken ist und inwieweit Compliance dem Schutz des Marktes vor unternehmerischen Fehlverhalten dient, ist an dieser Stelle nicht zu entscheiden.

8   Siehe hierzu im Einzelnen *Mülbert/Wilhelm*: Risikomanagement und Compliance im Finanzmarktrecht – Entwicklung der aufsichtsrechtlichen Anforderungen, in: ZHR (178) 05/2014, S. 522 f.

9   Darüber hinaus gilt es in modifizierter Form auch für Kapitalverwaltungsgesellschaften i. S. d. § 17 KAGB; vgl. hierzu *Swoboda*, in: Weitnauer/Boxberger/Anders, KAGB, 2. Aufl., München 2017, § 28 Rn 18.

Finanzdienstleistungsinstituts die rechtspolitische sowie die norminterpretierende Interaktion zwischen den branchenbezogenen Organisationsvorgaben des KWG und den rechtsformbezogenen Organisationsvorgaben des AktG (siehe unter 2.), ehe sodann Besonderheiten dargelegt werden, die für Genossenschaftsbanken (siehe unter 3.) sowie Sparkassen und Landesbanken gelten (siehe unter 4.). Den Abschluss bildet ein Exkurs zum Rechtsregime für Zweigniederlassungen (siehe unter 5.).

2 Die Pflichten einer Bank in der Rechtsform der Aktiengesellschaft als Bezugspunkt der Compliance-Funktion

Versteht man Compliance als Einhaltung von geltenden Regeln und die Compliance-Funktion dementsprechend als Verantwortlichkeit für die Regeleinhaltung seitens der Entscheidungsträger eines Unternehmens[10], so ist die Compliance-Funktion eines Instituts dafür verantwortlich, sicherzustellen, dass das Unternehmen und namentlich sein Vorstand der aktienrechtlichen Legalitätspflicht genügen. Die aktienrechtliche Dogmatik versteht hierunter die dem Vorstand obliegende Pflicht sicherzustellen, dass sämtliche Entscheidungsträger ihre spezifischen Pflichten nach dem Aktiengesetz, aber auch alle sonstigen das Unternehmen und seine Mitarbeiter bindenden Rechtspflichten sowie darüber hinaus alle internen Vorgaben beachten.[11] Soweit der Vorstand die diesbezüglichen Pflichten nicht selbst erfüllen und ihre Einhaltung nicht selbst kontrollieren muss, kann er diese Verantwortung einer ihm vorzugsweise direkt unterstellten Compliance-Einheit auferlegen.[12]

4

2.1 Pflichten nach dem Aktiengesetz

2.1.1 Vorstandspflichten

Das Aktiengesetz enthält eine Vielzahl von Pflichtzuweisungen, die sich teils an die Gesellschaft, teils an den Vorstand oder die Vorstandsmitglieder ausdrücklich richten, teils aber auch keinen Pflichtadressaten benennen. In jedem dieser Fälle ist letztlich der Vorstand aufgrund seiner Leitungs- und Geschäftsführungspflicht in der Verantwortung für die Einhaltung dieser Pflichten. Allerdings kann er sich hierzu – in unterschiedlichem Ausmaß – der Mitarbeiter des Unternehmens bedienen und ist nur in jenen Fällen, in denen das Gesetz ihn selbst oder einzelne Mitglieder des Vorstands anspricht, in seiner Delegationsbefugnis beschränkt.

5

---

10 In dieser Richtung *Hauschka/Moosmayer/Lösler*, in: Hauschka/Moosmayer/Lösler (Hrsg.): Corporate Compliance, 3. Aufl., München 2016, § 1 Rn. 2 und *Fleischer*, in: Spindler/Stilz, AktG, 3. Aufl., München 2015, § 91 Rn. 47; in Anlehnung an das US-amerikanische Compliance-Modell von einer generellen Haftungsvermeidungsverantwortlichkeit ausgehend *Theisen*, in: Information und Berichterstattung des Aufsichtsrats, 4. Aufl., Stuttgart 2007, S. 87.

11 Zur Legalitätspflicht des Vorstands *Spindler*, in: Münchener Kommentar zum Aktiengesetz, 4. Aufl., München 2014, § 93 Rn. 63 ff.; *Arnold*: Verantwortung und Zusammenwirken des Vorstands und Aufsichtsrats bei Compliance-Untersuchungen, in: ZGR 1/2014, S. 78 f.

12 Zur Delegation der Compliance-Funktion von der Geschäftsleitung auf eine nachgeordnete eigene Organisationseinheit siehe *Schmitt-Husson*, in: Hauschka/Moosmayer/Lösler (Hrsg.): Corporate Compliance, 3. Aufl., München 2016, § 6; zu den Besonderheiten im Finanzdienstleistungssektor siehe unten 2.3.2.

Zu den nicht delegierbaren Pflichten des Vorstands gehören insb.:
- Meldepflichten gegenüber dem Handelsregister nach §§ 36 Abs. 1, 195 Abs. 1, 200 Abs. 1 AktG,
- die Pflicht zur Gründungsprüfung gem. § 33 Abs. 1 AktG,
- die Insolvenzantragspflicht gem. § 92 Abs. 2 AktG,
- die Erfüllung gewisser steuerlicher Pflichten nach §§ 93, 137 ff., 140 ff., 149 ff. AktG i. V. m. § 34 Abs. 1 AO,
- die Berichtspflicht gegenüber dem Aufsichtsrat nach § 90 AktG,
- die Pflicht sicherzustellen, dass die erforderlichen Handelsbücher geführt werden gem. § 91 Abs. 1 AktG,
- die Pflicht, ein Risikofrüherkennungssystem einzurichten gem. § 91 Abs. 2 AktG,
- die Pflicht zur Vorbereitung und Ausführung von Hauptversammlungsbeschlüssen gem. § 83 AktG,
- die Pflicht zur Einberufung von Hauptversammlungen gem. §§ 92 Abs. 1, 121 Abs. 2 AktG,
- die Pflicht zur Vorlage zustimmungspflichtiger Geschäfte an den Aufsichtsrat gem. § 111 Abs. 4 Satz 2 AktG,
- die Pflicht zur Vorlage von Jahresabschluss, Lagebericht und Gewinnverwendungsvorschlag an den Aufsichtsrat gem. § 170 AktG,
- die Pflicht zur Unterbreitung von Beschlussvorschlägen an die Hauptversammlung gem. § 124 Abs. 3 Satz 1 AktG

sowie die allgemeine Pflicht zur Leitung der Gesellschaft nach § 76 AktG. Über die oben aufgezählten Aufgaben hinaus umfasst die Leitungs- oder Führungsverantwortung des Vorstands insb. die Verantwortung für strategische Grundentscheidungen und mithin den Kern der Unternehmensplanung und -führung. Sie besteht weiterhin darin, das Unternehmen in funktionsfähige und aufeinander abgestimmte Einheiten zu gliedern und den unternehmensinternen Informationsfluss zu sichern (sog. Unternehmenskoordination). Schließlich gehören zur Unternehmensleitung auch die Verantwortung für die Besetzung von Führungspositionen, das Treffen wesentlicher Einzelentscheidungen sowie die Kontrolle der dem Vorstand nachgeordneten Entscheidungsebenen.[13]

6 Unterzieht man den Pflichtenkatalog des Vorstands einer strukturierenden Würdigung, so wird rasch deutlich, dass die im Aktiengesetz einzeln aufgeführten Pflichtaufgaben einen recht heterogenen Charakter und gewiss auch unterschiedliche Bedeutung haben. Während manche eher formale Fragen betreffen und gesamthaft betrachtet von minderer Wichtigkeit sind, ist das genaue Gegenteil bei den Organisations- und sonstigen Leitungsaufgaben des Vorstands der Fall. Sie stellen den Kernbereich der Vorstandsverantwortung dar und werden aus diesem Grunde eingehender gewürdigt. Da allerdings die Organisations- und Leitungspflichten des Vorstands eines Kredit- oder Finanzdienstleistungsinstituts in § 25a

---

13 *Spindler*, in: Münchener Kommentar zum Aktiengesetz, 4. Aufl., München 2014, § 76 Rn. 16 f.; *Schmitt-Husson*, in: Hauschka/Moosmayer/Lösler (Hrsg.): Corporate Compliance, 3. Aufl., München 2016, § 6 Rn. 15 ff.

KWG eine branchenspezifische Regelung höheren Detaillierungsgrades gefunden haben als in den aktienrechtlichen Parallelvorschriften – insb. §§ 76 und 91 Abs. 2 AktG –, wird dies im Zusammenhang mit der Darstellung der Pflichten nach § 25a KWG geschehen (dazu siehe unten 2.3).

Über die Leitungsaufgaben hinaus obliegt dem Vorstand auch die Geschäftsführung des Unternehmens. Hierunter versteht man in Abgrenzung zur Leitung jedes Handeln für die Gesellschaft, gleich ob tatsächlicher oder rechtlicher Natur, sowie alle ihm zugrundeliegenden Beschlüsse.[14] Anders als die Leitungsaufgabe kann der Vorstand die Geschäftsführungsfunktion nach Maßgabe von Satzung und Geschäftsordnung delegieren.[15] 7

Für die Compliance-Funktion folgt aus dem Vorangegangenen, dass sich der Vorstand zwar bei der Erfüllung der ihm obliegenden Pflichten eines Compliance-Beauftragten als Gehilfen bedienen kann, sich aber durch eine derartige Delegationsentscheidung nicht aus seiner eigenen Pflichtenstellung als Kontrollverantwortlicher für die Recht- und Pflichtgemäßheit des Handelns und der Geschäftstätigkeit des Unternehmens lösen kann. Für die effektive Wahrnehmung der Compliance-Funktion bedeutet dies, dass es sich hierbei aktienrechtlich gesehen nicht um eine Leitungs- sondern um eine Geschäftsführungsaufgabe handelt, die dem Vorstand nicht von Gesetzes wegen zur eigenverantwortlichen Wahrnehmung aufgegeben worden ist. Gleichwohl erscheint es auch aus der Perspektive der nicht delegierbaren Kontrollverantwortung des Vorstands für die Compliance-Funktion sachgerecht, dem Compliance-Beauftragten eine direkte Berichtspflicht und ein damit korrelierendes, direktes Berichtsrecht gegenüber dem Vorstand einzuräumen. So gesehen erweist sich dieser in der Tat von AT 4.4.2 Tz. 7 der MaRisk vorgezeichnete Weg als sinnbehaftete, sektorspezifische Konkretisierung einer auch aktienrechtlich gebotenen Kompetenzverteilung.[16] 8

Besondere Herausforderungen wirft die Installierung einer funktionsfähigen Compliance-Einheit im Konzern auf. Einerseits ist nämlich der Konzernvorstand letztlich in Bezug auf sämtliche Konzerngesellschaften für die Einhaltung von Normen und unternehmensinternen Vorgaben verantwortlich, andererseits aber stellt das geltende Konzernrecht dem auf Konzernebene Compliance-Verantwortlichen keine wirksamen rechtlichen Instrumente zur Durchsetzung der Compliance-Anforderungen gegenüber den Beteiligungsgesellschaften zur Verfügung.[17]

---

14 Im Einzelnen hierzu *Spindler*, in: Münchener Kommentar zum Aktiengesetz, 4. Aufl., München 2014, § 77 Rn. 6.
15 Vgl. *Spindler*, in: Münchener Kommentar zum Aktiengesetz, 4. Aufl., München 2014, § 77 Rn. 61 ff.
16 Auf einem anderen Blatt steht, inwieweit sich die Berichtspflicht des Compliance-Beauftragten gegenüber dem Aufsichtsorgan in das herkömmliche Kompetenzgefüge der Aktiengesellschaft einpassen lässt, dem der direkte Zugang nachgeordneter Führungsebenen zum Aufsichtsorgan strukturell fremd ist.
17 Zur Organisation der Compliance-Funktion und Compliance im Konzern: § 25c Abs. 4b Satz 2 Nr. 3e KWG sowie *Verse*: Compliance im Konzern, in: ZHR (175) 02-03/2011, S. 401 ff.; *Wundenberg*: Compliance und die prinzipiengeleitete Aufsicht über Bankengruppen, Tübingen 2012, S. 168 ff.

2.1.2 Aufsichtsratspflichten

9 Das Aktiengesetz verpflichtet nicht nur den Vorstand, sondern auch den Aufsichtsrat. Allerdings beschränken sich die Pflichten des Aufsichtsrats im Wesentlichen auf eine punktuelle Mitwirkung an Leitungsentscheidungen sowie auf die Kontrolle des Vorstands (vgl. § 111 AktG). Im Hinblick auf die Compliance-Funktion folgt hieraus, dass sie sich nicht auf die Überwachung der Pflichterfüllung der Aufsichtsratsmitglieder erstreckt. Als eine dem Vorstand nachgeordnete Unternehmenseinheit kann es nicht Aufgabe der Compliance-Funktion sein zu überwachen, ob und in welcher Weise das Kontrollorgan des Vorstands seine Kontroll- und Leitungspflichten erfüllt. Ungeachtet dieser kompetenziellen Grenzen jeder Compliance-Einheit sei doch im Hinblick auf die Compliance-ähnliche Kontrollfunktion des Aufsichtsrats gegenüber dem Vorstand darauf hingewiesen, dass der Bundesgesetzgeber in Reaktion auf Fehlentwicklungen in der Finanzdienstleistungsbranche, die zur Finanzmarktkrise beigetragen haben, im Jahr 2009 das Gesetz zur Angemessenheit der Vorstandsvergütung (VorstAG) verabschiedet und hierdurch eine Reihe von Änderungen im Aktiengesetz bezüglich der Vergütung von Vorstandsmitgliedern vorgenommen hat. Eine gleichgerichtete rechtspolitische Entwicklung hat branchenbezogen im KWG, im VAG und im KAGB stattgefunden. Als pars pro toto und ungeachtet der Unterschiede zwischen den Regimen im Einzelnen sei auf § 25a Abs. 1 Nr. 6 und Abs. 5 KWG iVm der InstitutsVergV hingewiesen.[18]

10 Die wohl bedeutendsten aktienrechtlichen Änderungen finden sich in § 87 AktG. Gemäß Abs. 1 dieser Bestimmung ist der Aufsichtsrat nunmehr verpflichtet, bei der Festsetzung der Gesamtbezüge der Vorstandsmitglieder dafür zu sorgen, dass diese in einem angemessenen Verhältnis zu den Aufgaben und Leistungen der einzelnen Vorstandsmitglieder sowie zur Lage der Gesellschaft stehen und die übliche Vergütung nicht ohne besondere Gründe übersteigen. Die Bestimmung ordnet ferner an, dass die Vergütungsstruktur bei börsennotierten Gesellschaften auf eine nachhaltige Unternehmensentwicklung auszurichten ist und variable Vergütungsbestandteile dementsprechend eine mehrjährige Bemessungsgrundlage haben sollen. § 87 Abs. 2 AktG reduziert die Anforderungen an eine Herabsetzung der Vorstandsvergütung durch den Aufsichtsrat und gibt diesem auf, Vergütungskürzungen herbeizuführen, sofern sich die Lage der Gesellschaft so wesentlich verschlechtert hat, dass die Weitergewährung der bisherigen Bezüge unbillig wäre.[19]

11 Die durch das VorstAG vorgenommenen Änderungen der Vergütungsregelungen des Aktiengesetzes haben einen entsprechenden Niederschlag in Änderungen und Verschärfungen der Anforderungen und Empfehlungen des Corporate Governance Kodex gefunden. Die Durchsetzung der konzeptionellen Änderungen der Vorstandsvergütung sowie der parallelen Vorgaben und Empfehlungen des DCGK (dazu siehe unten 2.6.) sind zwar organisationsrechtlich eine Aufgabe der Compliance-Einheit im Unternehmen, funktionell aber eine Compliance-Aufgabe des Aufsichtsrates.

---

18   Näher hierzu siehe unten unter 2.3.2.3.
19   Näher hierzu *Fleischer*, in: Spindler/Stilz, AktG, 3. Aufl., München 2015, § 87 Rn. 59 ff.

2.2 Weitere gesetzliche Pflichten

Über die im Aktiengesetz festgelegten Pflichten hinaus gebietet es die Legalitätspflicht des Vorstands, auch die sonstigen Vorgaben des geltenden Rechts – einschließlich etwa anwendbarer Vorschriften ausländischen Rechts[20] – zu beachten. Zu nennen sind insofern im Hinblick auf Kredit- und Finanzdienstleistungsinstitute vor allem die Bestimmungen des WpHG, auf die hier nicht einzugehen ist,[21] sowie die des KWG. Auch wenn das KWG nahezu durchweg die Institute als solche als Normadressaten bezeichnet, richtet es sich in einzelnen Fällen doch direkt an die Mitglieder der Geschäftsleitung. Dies gilt insb. für die Verpflichtung, Großkredite nur auf der Basis eines einstimmigen Beschlusses sämtlicher Geschäftsleiter zu gewähren (§§ 13 Abs. 2 und 13 a Abs. 2), die analoge Verpflichtung in § 15 Abs. 1 für Organkredite, die Auskunftspflichten der Geschäftsleiter nach § 44 Abs. 1 sowie § 44c Abs. 1 und insb. § 25a KWG (dazu siehe unten 2.3) sowie § 25c Abs. 3, 4a, 4b KWG. Die übrigen Handlungs-, Informations- und Organisationspflichten des KWG sind zwar nicht expressis verbis an die Geschäftsleiter, sondern an die Institute selbst adressiert, begründen damit aber gleichwohl einen entsprechenden Pflichtenkreis der verantwortlichen Geschäftsleiter.

12

Außerhalb der Sondervorschriften für Institute finden sich Rechtspflichten für Unternehmen und damit für ihre verantwortlichen Geschäftsleiter in nahezu sämtlichen Bereichen des Zivil- und Wirtschaftsrechts. Hervorzuheben sind insofern Vorgaben des Kartell- und Wettbewerbsrechts, des Arbeits-, Sozial- und Steuerrechts sowie die wirtschaftsaufsichtsrechtlichen Bestimmungen in der Gewerbeordnung. Besondere Bedeutung kommt darüber hinaus den Bilanzierungsvorschriften des HGB, namentlich § 264 sowie ggf. auch § 290, und neuerdings auch der Pflicht nach § 289 f. HGB zur Abgabe einer Erklärung zur Unternehmensführung zu (näher hierzu siehe unten 2.6). In jüngerer Zeit hat des Weiteren § 130 OWiG – häufig i.V.m §§ 9 und 30 OWiG – Bedeutung erlangt, der die Unterlassung erforderlicher Aufsichtsmaßnahmen in einem Unternehmen mit Geldbuße sanktioniert und damit ein weiteres Feld für die Compliance-Funktion schafft.[22] Auch wenn all diese Pflichten sich nicht spezifisch an die Branche der Bank- und Finanzdienstleister richten, gelten sie doch – branchenunabhängig – auch dort und stellen damit ebenfalls einen Befassungsgegenstand für die Überwachungstätigkeit der Compliance-Funktion dar.

13

---

20 *Kort*, in: GroßkommentarAktG, 5. Aufl., Berlin 2015, § 91 Rn. 121; *Cichy/Cziupka*: Compliance-Verantwortung der Geschäftsleiter bei Unternehmenstätigkeit mit Auslandsbezug, in: BB 25/2014, S. 1482 ff.
21 Siehe hierzu Kapitel I.6 *Baur*.
22 Vgl. hierzu etwa *Baum*, in: Hastenrath (Hrsg.): Compliance-Kommunikation, Berlin 2017, S. 29 ff. und BGH v. 09. 05. 2017 – 1 StR 265/16, AG 2018, S. 39 f. Eine Pflicht zur Einrichtung einer Compliance-Funktion folgt aus § 130 OWiG allerdings jedenfalls nicht unmittelbar, vgl. *Rogall*, in: Karlsruher Kommentar zum OWiG, 5. Aufl., München 2014, § 130 Rn. 57.

2.3 Aktien- und bankaufsichtsrechtliche Anforderungen an die Unternehmens-organisation sowie an das Risikomanagement von Instituten und ihr Verhältnis zueinander

2.3.1 § 91 Abs. 2 AktG und § 25a KWG als gesetzliches Rahmenprogramm

2.3.1.1 § 91 Abs. 2 AktG

14 Die unternehmerische Leitungsverantwortung der Vorstandsmitglieder verpflichtet diese, eine gesetzmäßige und satzungskonforme Organisationsstruktur des Unternehmens einzurichten. Der Vorstand hat dabei für eine möglichst reibungslose Ablauforganisation in den einzelnen unternehmerischen Teilbereichen zu sorgen. Welcher Art von Unternehmensorganisation er sich dabei bedient (z. B. einer Spartenorganisation, einer funktionalen Aufgabenverteilung oder einer Kombination aus beidem), bleibt seinem Leitungsermessen vorbehalten. Hinsichtlich der Delegation von Aufgaben hat der Vorstand aufgrund seiner Organisationsgewalt sicherzustellen, dass die der Gesellschaft obliegenden Aufgaben jeweils durch hinreichend qualifiziertes Personal tatsächlich erfüllt werden. Sog. Leitungsentscheidungen dürfen – wie dargelegt – nicht delegiert werden.

15 Gemäß § 91 Abs. 2 AktG hat der Vorstand geeignete Maßnahmen zu treffen und insb. ein Überwachungssystem einzurichten, um Entwicklungen frühzeitig zu erkennen, die den Fortbestand der Gesellschaft gefährden können. In Bezug auf die Auswahl der geeigneten Maßnahmen steht dem Vorstand ein gewisser unternehmerischer Ermessensspielraum zu. Wesentliche Komponenten eines Risikosteuerungssystems sind eine klare Aufgabenzuweisung, eine ausreichende Dokumentation und ein funktionierendes Berichtssystem. Üblicherweise werden die Aufgaben eines solchen Überwachungssystems von den Abteilungen Revision, Controlling und Compliance in unterschiedlicher Verantwortungsverteilung wahrgenommen.

Zweck und Bedeutung der in § 91 Abs. 2 AktG niedergelegten Organisationspflichten bestehen insb. in der Fehlervermeidung, der Fehlerfrüherkennung und in der Zuordnung von Verantwortung für begangene Fehler. Da all dies in einem komplexen arbeitsteiligen Organismus, wie er § 91 Abs. 2 AktG als Leitbild vorschwebt, nur mittels einer adäquaten Funktionsverteilung und einer auf sie bezogenen Steuerungs- und Kontrollbefugnis der übergeordneten Funktionsträger gegenüber den nachgeordneten Funktionsträgern zu bewerkstelligen ist, ordnet § 91 Abs. 2 AktG die Schaffung einer transparenten und funktionsteiligen Organisation mit klarer Leitungs- und Kontrollverantwortung an.[23]

2.3.1.2 Das aufsichtsrechtliche Rahmenprogramm von CRD-IV und § 25a KWG

16 Der normative Pflichtenkatalog der Geschäftsleiter, aber auch bestimmter leitender Mitarbeiter von Instituten ist seit den Zeiten der Finanzmarktkrise durch eine Reihe von rechtsetzenden Initiativen auf europäischer sowie auf nationaler Ebene signifikant erweitert und konkretisiert worden. Auf europäischer Ebene ist insoweit zuförderst die sog. CRD-IV-Richtlinie zu nennen, deren Art. 73 und 74 die Institute über den Transmissionsriemen der nationalen Rechtsetzung dazu verpflichten, ein dem jeweiligen Geschäftsmodell und dem

---

23 *Mertens/Cahn*, in: Kölner Kommentar zum AktG, 3. Aufl., Köln 2010, § 91 Rn. 36 ff.; *Spindler*, in: Münchener Kommentar zum Aktiengesetz, 4. Aufl., München 2014, § 91 Rn. 68.

jeweiligen Kapitalbedarf angemessenes Risikomanagement einzurichten und die EBA dazu zu ermächtigen, insoweit konkretisierende Leitlinien zu erlassen.[24] Letzteres ist im November 2016 durch die „Guidelines on ICAAP and ILAAP information collected for SREP purposes"[25] geschehen. Flankiert werden die EBA-Leitlinien durch Leitlinien der EZB zur Kapital- und Liquiditätssteuerung der Institute, die derzeit als Entwurf vorliegen.[26] Während Art. 73f CRD-IV insb. von § 25a KWG umgesetzt werden, findet sich die nationale Entsprechung der EBA- sowie der EZB-Leitlinien in den letztmalig im Oktober 2017 aktualisierten MaRisk sowie in dem 2018 veröffentlichten überarbeiteten Leitfaden zur „Aufsichtlichen Beurteilung bankinterner Risikotragfähigkeitskonzepte und deren prozessualer Einbindung in die Gesamtbanksteuerung (ICAAP)" der BaFin. Auch wenn die Abstimmung der MaRisk sowie der Leitlinien der BaFin zur aufsichtlichen Beurteilung bankinterner Risikotragfähigkeitskonzepte mit den Leitlinien von EBA und EZB nicht in jeder Nuance bereits gelungen ist und daher den EBA- sowie den EZB-Leitlinien auch in Zukunft ein gewisser Erkenntniswert zukommen dürfte, wird sich die folgende Betrachtung auf das nationale Normen- und Leitlinienkorsett des § 25a KWG und der MaRisk konzentrieren.

2.3.1.3 § 25a KWG und sein Verhältnis zu § 91 Abs. 2 AktG

Vorstandsmitglieder von Instituten, die in der Rechtsform der Aktiengesellschaft organisiert sind, unterliegen hinsichtlich der Anforderungen an die Unternehmensorganisation, insb. im Hinblick auf die Verpflichtung zur Einrichtung eines Risikomanagementsystems, einem doppelten Pflichtenregime: dem des § 91 Abs. 2 AktG sowie dem des § 25a KWG.[27]

17

Gemäß § 25a Abs. 1 Satz 1 KWG muss ein Institut über eine ordnungsgemäße Geschäftsorganisation verfügen, welche die Einhaltung der zu beachtenden gesetzlichen Bestimmungen und der betriebswirtschaftlichen Notwendigkeiten gewährleistet. Die doppelte Zielstellung des § 25a Abs. 1 Satz 1 KWG macht deutlich, dass sich die Organisationspflichten der Geschäftsleiter eines Instituts nicht darin erschöpfen, für die Einhaltung des geltenden Rechts Vorsorge zu treffen, sondern sich auch und gerade darauf erstrecken, den Betrieb der jeweiligen Bank so zu organisieren, dass deren Geschäftszweck – im Zweifel die Erzielung eines angemessenen Gewinns – realisierbar erscheint. Als unabdingbares Instrument der doppelten Gewährleistungspflicht der verantwortlichen Geschäftsleiter sieht § 25a Abs. 1 Satz 3 KWG dabei ein wirksames und angemessenes Risikomanagement des Instituts an.

---

24 U.a. *EBA*: Leitlinien zur internen Governance gemäß der Richtlinie 2013/36/EU v. 26.09.2017, EBA/GL/2017/11.
25 *EBA*: ICAAP and ILAAP information collected for SREP purposes, EBA/GL/2016/10.
26 *EZB*: Entwurf eines Leitfadens der EZB für den internen Prozess zur Beurteilung der Angemessenheit des Kapitals und der Liquidität (ICAAP und ILAAP), abrufbar unter https://www.bankingsupervision.europa.eu/legalframework/publiccons/html/icaap_ilaap.de.html (letzter Abruf am 27.03.2018).
27 Für Kreditinstitute, die das Wertpapiergeschäft betreiben sowie für Wertpapierdienstleistungsinstitute statuieren §§ 63 ff. WpHG n. F. zusätzliche Organisationspflichten (siehe dazu im Einzelnen Kapitel I.6 *Baur*).

18 Damit stellt sich die Frage des Verhältnisses von § 91 Abs. 2 AktG zu § 25a Abs. 1 KWG.[28] Der erste Anschein mag dafür sprechen, in § 25a Abs. 1 KWG ohne weiteres die lex specialis zu erblicken, deren Anwendung der des § 91 Abs. 2 AktG ipso jure vorgeht. Indes erweist ein Blick auf die Gesetzgebungsgeschichte sowie auf die Systematik der Vorschriften, dass ihr Verhältnis komplizierter ist, auch wenn beide Vorschriften ursprünglich innerhalb eines halben Jahres erlassen wurden und einen ähnlichen Regelungsgegenstand haben.

§ 25a Abs. 1 KWG wurde durch das 6. KWG-Änderungsgesetz v. 22. 10. 1997 eingefügt, mit dem Art. 10 der Wertpapierdienstleistungsrichtlinie und Art. 4 der Kapitaladäquanzrichtlinie in deutsches Recht umgesetzt wurden. Demgegenüber erfolgte die Normierung einer ausdrücklichen Pflicht zum Ergreifen geeigneter Maßnahmen, um existenzgefährdende Entwicklungen ausdrücklich erkennen zu können in § 91 Abs. 2 AktG im Rahmen des Gesetzes zur Kontrolle und Transparenz im Unternehmensbereich (KonTraG) v. 27. 04. 1998 als Reaktion auf Krisen bei einigen bekannten deutschen Aktiengesellschaften, ohne dass es insoweit europäische Umsetzungspflichten gegeben hätte. Der Gesetzgeber hat sich bei Erlass des § 91 Abs. 2 AktG auch nicht auf die seinerzeit neue Regelung des § 25a Abs. 1 KWG bezogen, obschon beide Vorschriften ein ähnliches Regelungsziel verfolgten. Bereits aus diesem Grunde wäre es entstehungsgeschichtlich verfehlt, von einer „Gesamtintention" des Gesetzgebers zu sprechen. Hinzu kommt überdies, dass der Gesetzgeber in der amtlichen Begründung zu einer späteren Änderung von § 25a KWG ausgeführt hat, über die nach § 25a Abs. 1 Satz 1 KWG erforderliche ordnungsgemäße Geschäftsorganisation hinaus könnten weitere gesetzliche oder aus dem Postulat ordnungsgemäßer Geschäftsführung ableitbare organisatorische Pflichten bestehen.[29] Die in Rede stehende Gesetzesbegründung verweist insoweit ausdrücklich auf § 91 Abs. 2 AktG.

In systematischer Hinsicht ist überdies zu bedenken, dass es sich bei § 91 Abs. 2 AktG um eine rechtsformspezifische Regelung handelt, wohingegen § 25a Abs. 1 KWG eine branchenspezifische Regelung ist. Auch dieser Gesichtspunkt begründet Zweifel daran, ob es zutreffend wäre, § 91 Abs. 2 AktG im Anwendungsbereich des § 25a KWG von vorneherein jegliche Bedeutung abzusprechen. Es fügt sich in dieses Bild, dass auch die Rechtsprechung dazu zu neigen scheint, das Pflichtenprogramm von Vorständen einer Bank, die in der Rechtsform der Aktiengesellschaft organisiert ist, sowohl aus § 91 Abs. 2 AktG als auch aus § 25a Abs. 1 KWG abzuleiten.

Inhaltlich stellt § 25a Abs. 1 KWG indes eine Konkretisierung des § 91 Abs. 2 AktG dar. Die Vorschrift des KWG geht hinsichtlich der Ausgestaltung und des Detaillierungsgrades, aber auch in Bezug auf die inhaltlichen Vorgaben über die aktienrechtlichen Anforderungen hinaus. Bei einer Gegenüberstellung der Anforderungen beider Vorschriften sind keine Erfordernisse des § 91 Abs. 2 AktG ersichtlich, die nicht auch in § 25a Abs. 1 KWG

---

28 Zu dieser Thematik auch *Schneider/Schneider*: Der Aufsichtsrat der Kreditinstitute zwischen gesellschaftsrechtlichen Vorgaben und aufsichtsrechtlichen Anforderungen, in: NZG 2/2016, S. 41 ff. sowie *Spindler*, in: Münchener Kommentar Aktiengesetz, 4. Aufl., München 2014, § 91 Rn. 38 ff.

29 Gesetzentwurf der Bundesregierung zur Umsetzung der Richtlinie 2002/87/EG des Europäischen Parlaments und des Rates v. 16. 12. 2002 (Finanzkonglomeraterichtlinie-Umsetzungsgesetz) v. 12. 08. 2004, BT-Drs. 15/3641, S. 47.

enthalten wären. Der Vorstand einer Bank, der ein Risikofrüherkennungssystem eingerichtet hat, das den Voraussetzungen des § 25a Abs. 1 KWG genügt, kommt damit zugleich seiner entsprechenden Pflicht nach § 91 Abs. 2 AktG nach. Die Gestaltung des Risikofrüherkennungssystems wird damit inhaltlich von § 25a KWG vorgegeben, während § 91 Abs. 2 AktG zugleich die – aktienrechtliche – Verantwortlichkeit des Vorstands für diesen Bereich regelt. In diesem Sinne kann davon gesprochen werden, dass § 25a Abs. 1 AktG für Aktiengesellschaften, die ein Kredit- oder Finanzdienstleistungsinstitut betreiben, eine lex specialis darstellt, die die Anforderungen des § 91 Abs. 2 AktG branchenspezifisch konkretisiert.

2.3.2 Das Risikomanagement als Kern des § 25a KWG und der MaRisk

§ 25a Abs. 1 KWG differenziert das Konzept der ordnungsgemäßen Geschäftsorganisation in den Sätzen 2 bis 6 im Einzelnen aus und weist in Satz 2 die Verantwortung für die Errichtung einer derartigen Geschäftsorganisation jedem einzelnen Geschäftsleiter und damit im Falle einer Aktiengesellschaft dem Vorstand als Organ zu. Eine von dieser Verantwortung entlastende Delegation der Organisationsaufgaben auf einzelne Vorstandsmitglieder ist mithin ebenso wenig wie im Falle des § 91 Abs. 2 AktG möglich. M.a.W.: § 25a Abs. 1 KWG und § 91 Abs. 2 AktG statuieren echte Leitungsaufgaben des Vorstands iSd § 76 Abs. 1 AktG. *19*

Unabdingbare Komponenten einer ordnungsgemäßen Geschäftsorganisation sind das Risikomanagement, die Instrumente zur Bestimmung der finanziellen Lage des Instituts und die vollständige Dokumentation seiner Geschäftstätigkeit.[30]

Die BaFin hat ihrerseits sowohl die Vorgaben des § 25a Abs. 1 KWG an die Binnenorganisation von Kreditinstituten als auch das Gebot des Gesetzgebers, die Organisation jeder Bank müsse die Einhaltung der jeweiligen betriebswirtschaftlichen Notwendigkeiten gewährleisten, zum Anlass genommen, ein Rundschreiben zu veröffentlichen, in dem die aus Sicht der BaFin zur Umsetzung der Anforderungen des § 25a KWG gebotenen organisatorischen Maßnahmen zusammengefasst sind – die sog. Mindestanforderungen für das Risikomanagement der Kreditinstitute, kurz MaRisk.[31] *20*

Das wirksame Risikomanagement besteht laut Gesetz aus den Bausteinen Strategie, internes Kontrollsystem (einschließlich Compliance-Funktion) sowie interne Revision und setzt eine angemessene personelle sowie technisch-organisatorische Ausstattung des Instituts und ein angemessenes Notfallkonzept voraus. Was das im Einzelnen aus der Sicht der BaFin bedeutet, legen die MaRisk dar.

---

30   Eingehend zu § 25a die Kommentierung von *Braun,* in: Boos/Fischer/Schulte-Mattler (Hrsg.): KWG/CRR-VO, 5. Aufl., München 2016 sowie die Kommentierung von *Hellstern* und *Maasmann/Weber* zu § 25a in Luz/Neuß/Schaber/Schneider/Wagner/Weber (Hrsg.): KWG und CRR, 3. Aufl., Stuttgart 2015 jeweils mit Nachweisen.

31   Die BaFin hat erstmals im Jahre 2005 Mindestanforderungen für das Risikomanagement veröffentlicht und diese in der Zwischenzeit verschiedentlich überarbeitet. Die aktuelle Fassung findet sich im Rundschreiben 09/2017 (BA) v. 27.10.2017.

2.3.2.1 Geschäfts- und Risikostrategie (§ 25a Abs. 1 Satz 3 Nr. 1 KWG und AT 4.2 MaRisk)

21 § 25a Abs. 1 Satz 3 Nr. 1 KWG stellt die Anforderungen an die Geschäftsstrategien von Kreditinstituten in den Zusammenhang des Risikomanagements und verlangt nicht mehr, aber auch nicht weniger als die Festlegung der Geschäftsstrategie im Lichte der Risikostrategie sowie der Risikotragfähigkeit des jeweiligen Instituts. Welche Methoden die Geschäftsleitung zur Beurteilung der Risikotragfähigkeit anwendet, ist in der Vergangenheit weitgehend den Instituten überlassen gewesen. Indes hat sich dies mit der Installierung von EBA und EZB als europäischen Bankaufsichtsbehörden geändert. Wie oben dargelegt, haben beide Institutionen ihre Vorstellungen zum Risikomanagement und zu Risikotragfähigkeitsprüfungen in Leitlinien verankert, die die BaFin ihrerseits zum Ausgangspunkt für ihre eigenen Leitlinien zur aufsichtlichen Beurteilung interner Risikotragfähigkeitskonzepte benutzt hat.[32] Diese Leitlinien haben für die Institute de facto normative Bindungswirkung, da Abweichungen von der BaFin in der Regel als Fehler bei der Risikosteuerung qualifiziert werden dürften. Im Übrigen müssen die Institute die tatsächlichen Annahmen, von denen sie bei der internen Risikotragfähigkeitsprüfung ausgehen, nachvollziehbar begründen und dafür Sorge tragen, dass die Angemessenheit der Methoden mind. einmal im Jahr durch die fachlich zuständigen Mitarbeiter überprüft wird (MaRisk AT 4.1).

22 Aus dem Umstand, dass die Risikotragfähigkeit ihrerseits eine quantitative Größe ist, folgt, dass nur quantifizierbare Risiken in die Risikotragfähigkeitsbetrachtung einbezogen werden (können).[33] Sofern sich einzelne Risiken, die in das Risikotragfähigkeitskonzept einbezogen werden sollen, mit den vorhandenen Mitteln des Instituts nicht angemessen quantifizieren lassen, hat das Institut eine Plausibilisierung durchzuführen, d. h. eine qualifizierte Expertenschätzung, aufgrund derer ein entsprechender Risikobetrag festgelegt wird.[34] In die Bestimmung der Risikotragfähigkeit sind auch sog. „Worst-case"-Szenarien einzubeziehen, also ungewöhnliche oder seltene, eventuell auch bisher nicht eingetretene Szenarien. Sofern es wesentliche Risiken gibt, die nicht in das Risikotragfähigkeitskonzept einbezogen werden, sind diese festzulegen und ist ihre Nichtberücksichtigung nachvollziehbar zu begründen (MaRisk AT 4.1 Tz. 4). Welche Risiken als wesentlich einzustufen sind, hat das Institut unter Berücksichtigung des eigenen Risikoprofils selbst zu bestimmen.[35]

---

32 Siehe Rn. 16.
33 Auch wenn Reputationsrisiken und andere nicht quantifizierbare Risiken daher nicht in die risikoorientierte Strategie i. S. d. § 25a Abs. 1 Satz 1 Nr. 1 KWG einbezogen werden müssen, hat ein funktionierendes Risikomanagement sie gleichwohl zu berücksichtigen. Wie noch zu zeigen sein wird (siehe unten 2.3.2.3) ist der gegebene Ort hierfür die Compliance-Funktion als Teil des Internen Kontrollsystems i. S. d. § 25a Abs. 1 Satz 3 KWG.
34 So ausdrücklich MaRisk AT 4.1 Tz. 5. Auch in der Literatur wird es als ausreichend angesehen, dass die Risiken annähernd quantifiziert werden konnten, z. B. durch Schätzungen (*Braun*, in: Boos/Fischer/Schulte-Mattler (Hrsg.): 5. Aufl., München 2016, § 25a Rn. 130, 138 ff.).
35 *Braun*, in: Boos/Fischer/Schulte-Mattler (Hrsg.): KWG/CRR-VO, 5. Aufl., München 2016, § 25a Rn. 123. Gemäß MaRisk AT 4.1. Tz. 4 müssen wesentliche Risiken nur dann nicht berücksichtigt werden, wenn das jeweilige Risiko nicht sinnvoll durch zusätzliches Deckungskapital begrenzt werden kann. Dies soll nach der Erläuterung der BaFin im Allgemeinen bei Liquiditätsrisiken der Fall sein.

Die unter Beachtung der Risikotragfähigkeit von der Geschäftsleitung festzulegende Stra- 23
tegie ist nach den MaRisk eine zweifache: Parallel zur Geschäftsstrategie und konsistent
mit dieser hat die Geschäftsleitung eine Risikostrategie zu entwickeln, die die in der
Geschäftsstrategie wiederzufindenden Ziele und Planungen der wesentlichen Geschäftsaktivitäten sowie die Risiken wesentlicher Auslagerungen von Aktivitäten und Prozessen
berücksichtigt und – ggf. unterteilt in Teilstrategien – die Ziele der Risikosteuerung, insb.
die Begrenzung von Risikokonzentrationen, umfasst. Die Entwicklung beider Strategien
und die Gewährleistung ihrer Umsetzung ist ureigene Aufgabe der Geschäftsleitung (MaRisk AT 4.2 Tz. 1 und 2). Beide Strategien sind ebenso wie die Methoden zur Bestimmung
der Risikotragfähigkeit mind. einmal im Jahr zu überprüfen und ggf. anzupassen. Sie sind
dem Aufsichtsorgan des Instituts zur Kenntnis zu geben und mit diesem zu erörtern
(MaRisk AT 4.2 Tz. 5).

2.3.2.2 Das interne Kontrollsystem (§ 25a Abs. 1 Satz 3 Nr. 3 KWG und AT 4.3 sowie BT 1 MaRisk) und die Compliance-Funktion

Das vom Vorstand einzurichtende interne Kontrollsystem stellt den Dreh- und Angelpunkt 24
des Risikomanagements einer Bank dar. Dementsprechend enthalten die MaRisk eine
Reihe von Vorgaben sowohl zur Ausgestaltung der Aufbau- und Ablauforganisation als
auch zur Risikosteuerung. Die organisatorische Grundnorm ist insoweit das in BTO Tz. 3
verankerte Gebot der Trennung der Bereiche Markt und Handel von der Marktfolge, der
das Risikocontrolling zuzuordnen ist.

Die Risikosteuerungs- und Controllingprozesse müssen nach den MaRisk eine Identifizierung, Beurteilung, Steuerung sowie Überwachung und Kommunikation der wesentlichen
Risiken gewährleisten. Insofern werden die Vorgaben von Art. 76 CRD-IV konkretisiert.
Diese Prozesse sollen in ein integriertes System zur Ertrags- und Risikosteuerung („Gesamtbanksteuerung") eingebunden werden (MaRisk AT 4.3.2 Tz. 1). Wechselwirkungen
zwischen den unterschiedlichen Risikoarten sollen berücksichtigt werden.

Für die im Rahmen der Risikotragfähigkeit zu berücksichtigenden Risiken sind mind. 25
einmal jährlich regelmäßig angemessene „Szenariobetrachtungen" und Stresstests anzustellen (MaRisk AT 4.3.3).[36] Die Risikoberichterstattung an die Geschäftsleitung, die in
den MaRisk detailliert geregelt ist, hat die Ergebnisse dieser Szenariobetrachtungen bzw.
Stresstests sowie eine Darstellung und Beurteilung der Risikosituation zu umfassen.

Unter Risikogesichtspunkten wesentliche Informationen sind nach den MaRisk unverzüg- 26
lich an die Geschäftsleitung, die jeweiligen Verantwortlichen und ggf. die Interne Revision
weiterzuleiten, sodass geeignete Maßnahmen bzw. Prüfungshandlungen frühzeitig eingeleitet werden können (MaRisk AT 4.3.2 Tz. 4). Die Geschäftsleitung hat wiederum das
Aufsichtsorgan vierteljährlich über die Risikosituation in angemessener Weise schriftlich
zu informieren (MaRisk AT 4.3.2 Tz. 3).

---

36 Die „Stresstests" sind für die wesentlichen Risiken – Ausfallrisiken, Marktpreisrisiken, Liquiditätsrisiken und operationelle Risiken – durchzuführen und müssen auch Risikokonzentrationen und Risiken aus außerbilanziellen Geschäftskonstruktionen berücksichtigen.

27 Besondere Bedeutung messen sowohl § 25a Abs. 1 KWG als auch die MaRisk neben dem Risikocontrolling und der Internen Revision der Compliance-Funktion bei. Bereits der Gesetzestext selbst, vor allem aber die MaRisk lassen keinen Zweifel daran, dass Gesetzgeber und Aufsicht diese Organisationseinheiten als die zentralen organisatorischen Säulen der bankinternen Risikosteuerung und Risikokontrolle betrachten. Die prominente Rolle, die insoweit auch der Compliance-Funktion zukommt, haben Gesetzgeber und BaFin in den vergangenen Jahren sukzessive stärker akzentuiert und hervorgehoben. Insb. die Einfügung der Compliance-Funktion in die von § 25a Abs. 1 Satz 3 KWG geforderten Komponenten des Internen Kontrollsystems sowie die Konkretisierung der Anforderungen an die Ausgestaltung der Compliance-Funktion in MaRisk AT 4.4.2 dokumentieren, dass die Compliance-Funktion inzwischen nicht mehr lediglich ein anglo-amerikanischer Import für die organisatorische Ausgestaltung von Wertpapierdienstleistungsunternehmen ist, sondern auch in jeder Kreditbank einen angemessenen Platz beansprucht.

Auf einen kurzen Nenner gebracht wird man sagen können, dass die Compliance-Funktion innerhalb des internen Kontrollsystems zeitlich gesehen vor der nachträglich prüfenden Internen Revision für die Einhaltung der für das Institut wesentlichen rechtlichen Regelungen – seien es Rechtsnormen, seien es Leitlinien der Aufsichtsbehörden oder interne Vorgaben – verantwortlich ist und hierfür geeignete Verfahren einzurichten sind.[37] Die Compliance-Funktion der Kreditinstitute erweist sich damit als integraler Bestandteil der Prozessorganisation, dem eine umso höhere Bedeutung zukommt als sich – wie bereits dargelegt – manche Geschäftsrisiken von vornherein den Instrumenten der quantitativen Risikosteuerung entziehen und deshalb der geschäftsbegleitenden Überwachung durch die Compliance-Funktion bedürfen. Im Übrigen ist die nachlaufende Kontrolltätigkeit der Internen Revision auch weder zeitlich noch strukturell geeignet, die risikosteuernde und -begrenzende Wirkung einer funktionierenden Compliance-Einheit zu substituieren.

28 Indes ist mit dieser Feststellung keine Aussage darüber verbunden, auf welcher Hierarchieebene die Compliance-Funktion angesiedelt ist und ob sie in andere Organisationseinheiten – wie etwa die Rechtsabteilung oder die interne Revision – eingebettet oder diesen gleichgeordnet ist. Während § 25a Abs. 1 KWG die Frage offen lässt und auch die MaRisk die Entscheidung hierüber lange in das Organisationsermessen der Institute gestellt haben, spricht die neue Fassung der MaRisk insoweit eine andere Sprache. Nach AT 4.2.2 ist die Compliance-Funktion unmittelbar der Geschäftsleitung zu unterstellen und zumindest bei systemrelevanten Instituten als eigene Organisationseinheit einzurichten. Die neuen MaRisk folgen damit einem Compliance-Konzept, welches die MaComp bereits seit langem für Wertpapierdienstleistungsunternehmen vorgesehen hat.

29 Führt man sich die insb. bei Wertpapierdienstleistungsunternehmen aber auch bei herkömmlichen Kreditinstituten, teils durch die gesetzlichen Rahmenbedingungen, teils durch

---

37 *Bitterwolf*, in: Reischauer/Kleinhans, KWG-Kommentar, Loseblattwerk mit Aktualisierung 8/17, Berlin 2017, Anlage 1 zu § 25a, Anm. 5 zu AT 4.4.2 sowie *Mülbert/Wilhelm*: Risikomanagement und Compliance im Finanzmarktrecht – Entwicklung der aufsichtsrechtlichen Anforderungen, in: ZHR (178) 05/2014, S. 521 weisen zutreffend darauf hin, dass die Aufgabenzuweisung der MaRisk (AT 4.4.2 Tz. 1) an die Compliance-Funktion enger ist und sich lediglich auf „für das Institut wesentliche rechtliche Regelungen und Vorgaben" bezieht.

die Vorgaben der Aufsichtsbehörden hervorgehobene und akzentuierte Bedeutung der Compliance-Funktion für eine ordnungsgemäße Geschäftsorganisation vor Augen, so liegt die Einschätzung nahe, dass diese branchenbezogene Aussage bis zu einem gewissen Grad verallgemeinerungsfähig ist. Anders ausgedrückt ist zu erwarten, dass die Konturierung der Compliance-Funktion im Finanzdienstleistungssektor maßstabs- und beispielsetzend für die zukünftigen Anforderungen an eine ordnungsgemäße Unternehmensorganisation sein werden. Anlass für diese Annahme besteht nicht nur im Hinblick auf andere stark regulierte Wirtschaftsbereiche, wie etwa die Energie- oder die Telekommunikationsindustrie, sondern darüber hinaus auch für all jene Bereiche wirtschaftlichen Handelns, die keiner gesteigerten Staatsaufsicht unterliegen. Auch dort nämlich ist zu beobachten, dass die ständig wachsenden Haftungsrisiken der Unternehmen sowie die parallel dazu zunehmenden Sorgfaltsanforderungen an die Geschäftsleitungen die Bedeutung einer internen Organisationseinheit, deren Funktion in der Eindämmung von Haftungs- und sonstigen Geschäftsrisiken liegt, stetig steigern wird.

2.3.2.3 Vergütungssysteme (AT 7.1 MaRisk)

Wohl kaum ein Sektor der bankgeschäftlichen Tätigkeit hat in den vergangenen Jahren ähnlich für öffentliche Aufmerksamkeit gesorgt und auch ähnliche rechtspolitische Aufmerksamkeit erfahren wie die Vergütungspolitik der Kreditinstitute sowie einiger anderer Unternehmen in der Finanzdienstleistungsbranche, namentlich der Private Equity-Unternehmen und der Hedge Fonds-Manager. Excessive variable Vergütungen angestellter Manager, die kein eigenes unternehmerisches Risiko trugen, sind nicht ohne Grund als eine Ursache der extremen Risikobereitschaft mancher Finanzdienstleister und damit indirekt auch als Auslöser der im Jahre 2007 beginnenden Finanzmarktkrise identifiziert worden. 30

Die Reaktion von Politik und Recht hat nicht lange auf sich warten lassen und auf der nationalen Ebene ihren spezifischen Niederschlag in § 25a Abs. 1 Satz 3 Nr. 6 Abs. 5, Abs. 5a KWG und der aufgrund der Rechtsverordnungsermächtigung des § 25a Abs. 6 KWG erlassenen Institutsvergütungsverordnung gefunden.[38] Auf einen kurzen Nenner gebracht, bricht das angesprochene Normenkonvolut radikal mit dem Prinzip der Privatautonomie in Vergütungsangelegenheiten und statuiert eine Vielzahl von qualitativen und quantitativen Begrenzungen sowohl für die Festgehälter als auch für die variablen Vergütungen von leitenden Mitarbeitern von Instituten.

Bereits das in § 25a Abs. 1 Satz 3 Nr. 6 KWG sowie in § 5 InstitutsVergV niedergelegte Prinzip der Angemessenheit der Vergütung und der Vergütungssysteme installiert einen Kontrollmaßstab, der im deutschen Wirtschaftsleben singulär ist. Die Konkretisierung dieses Kontrollmaßstabs durch das Verbot, Vergütungssysteme so auszugestalten, dass sie einen Anreiz für die Mitarbeiter bieten, unverhältnismäßig hohe Risiken einzugehen und das Gebot, die Risikotragfähigkeit, die Kapitalplanung und die Ertragslage des Instituts zu berücksichtigen (§§ 5 Abs. 1 und 7 Abs. 1 InstitutsVergV), verschärfen das Konzept noch wesentlich. Über diese Anforderungen hinaus begrenzen § 25a Abs. 5 KWG sowie § 7

---

38 Siehe hierzu auch die Auslegungshilfe zur Institutsvergütungsverordnung der BaFin (Stand: 15.02.2018) sowie die Kommentierung von *Glasow*: Vergütung, in: Binder/Glos/Riepe (Hrsg.): Handbuch Bankaufsichtsrecht, Köln 2018, § 12.

InstitutsVergV die Zahlung variabler Vergütungen quantitativ und qualitativ sowohl für den einzelnen Mitarbeiter als auch im Hinblick auf die Gesamthöhe der zahlbaren variablen Vergütungen. In quantitativer Hinsicht gilt insoweit, dass die variable Vergütung grundsätzlich 100 % der fixen Vergütung des einzelnen Mitarbeiters nicht überschreiten darf; auf besonderen Beschluss der Hauptversammlung kann diese Grenze auf max. 200 % der fixen Vergütung heraufgesetzt werden (§ 25a Abs. 5 Satz 5–8 KWG). Zusätzliche Restriktionen gelten gem. §§ 17 ff. InstitutsVergV für die Mitarbeiter sog. bedeutender Institute.[39] Bedeutende Institute müssen zum einen die Kalibrierung ihrer variablen Vergütungssysteme in nochmals verschärfter Form an dem Prinzip der Risikobegrenzung ausrichten und dürfen zum anderen variable Vergütungen an all jene Mitarbeiter, die als Risikoträger zu qualifizieren sind, nur gestreckt über einen Zeitraum von mind. drei Jahren auszahlen (§§ 18–20 InstitutsVergV).

Die Verantwortung für die Kontrolle der angemessenen Ausgestaltung des Vergütungssystems sowie der Vergütungen für exponierte Mitarbeiter weist § 25d Abs. 12 KWG bei bedeutenden Instituten dem Vergütungskontrollausschuss des Aufsichtsrats zu. Zudem haben die Institute zur Kontrolle der Angemessenheit der Vergütungssysteme einen Vergütungsbeauftragten einzusetzen, der den Aufsichtsrat zu unterstützen und ihm Auskunft zu erteilen hat (§ 24 Abs. 1 u. 2 InstitutsVergV). Einmal jährlich hat der Vergütungsbeauftragte einen Bericht über die Angemessenheit des Vergütungssystems zu verfassen und diesen der Geschäftsleitung und dem Aufsichtsrat oder dem Vergütungskontrollausschuss vorzulegen.

2.3.3 Rechtsqualität der MaRisk sowie sonstiger Leitlinien und Verlautbarungen von BaFin, EBA und EZB

31 Bei den MaRisk handelt es sich um Verlautbarungen der BaFin, die keine Rechtsnormen sind, sondern sog. norminterpretierende Verwaltungsvorschriften und die daher grundsätzlich nur verwaltungsinterne Wirkung entfalten.[40] Im Rahmen des allgemeinen Gleichbehandlungsgrundsatzes (Art. 3 Abs. 1 GG) kann und muss sich die BaFin jedoch bei der Auslegung der unbestimmten Rechtsbegriffe des § 25a KWG für die Durchführung ihrer aufsichtsrechtlichen Aufgaben an dem von ihr selbst gesetzten Maßstab der MaRisk orientieren. Für die MaComp sowie für sonstige Verlautbarungen und Auslegungshilfen der BaFin gilt nichts anderes. Auch Leitlinien („Guidelines"), Berichte und Auslegungshilfen von EBA[41] und EZB[42] entfalten gegenüber Instituten und ihren Mitarbeitern keine un-

---

39 Gem. § 17 InstitutsVergV ist ein Institut insb. dann bedeutend, wenn seine Bilanzsumme nachhaltig mind. EUR 15 Mio. beträgt (Abs. 1), es als potenziell systemgefährdend eingestuft wurde (Abs. 2 Nr. 2) oder es von der zuständigen Aufsichtsbehörde aus besonderen Gründen als bedeutend eingestuft wurde (Abs. 3).
40 *Bitterwolf*, in: Reischauer/Kleinhans, KWG-Kommentar, Loseblattwerk mit Aktualisierung 8/17, Berlin 2017, Anhang 1 zu § 25a Rn. 2.
41 Vgl. zur Bindungswirkung der EBA-Leitlinien *Rötting/Lang*: Das Lamfalussy-Verfahren im Umfeld der Neuordnung der europäischen Finanzaufsichtsstrukturen, in: EuZW 01/2012, S. 8.
42 Zur Bindungswirkung der EZB-Leitlinien *Glos/Benzing*: Institutioneller Rahmen: SSM und nationale Aufsicht, in: Binder/Glos/Riepe (Hrsg.): Handbuch Bankaufsichtsrecht, Köln 2018, § 2 Rn. 206 f.

mittelbare rechtliche Bindungswirkung. Zwar sollen im Hinblick auf die Leitlinien der EBA auch Finanzinstitute alle erforderlichen Anstrengungen zu deren Umsetzung unternehmen (Art. 16 Abs. 3 UAbs. 1 EBA-VO). Allerdings sind nur die nationalen Aufsichtsbehörden nach der Bestätigung der Anwendung der Leitlinien in einem sog. „Comply or explain"-Verfahren verpflichtet, sie gegenüber den aufsichtspflichtigen Unternehmen und Personen durchzusetzen. Zwar existiert ein solcher Mechanismus für die Leitlinien der EZB nicht. Jedoch soll sich die Bindung der nationalen Aufsichtsbehörden hieran bereits aus ihrer hierarchischen Unterordnung unter die EZB ergeben (vgl. auch Art. 6 Abs. 5a, SSM-VO).[43] Infolgedessen kommen die Institute in der Praxis nicht umhin, sich auch die Leitlinien und Auslegungshilfen der EBA und EZB zu eigen zu machen.

Dem Rechtscharakter der MaRisk als Interpretationshilfe zu §25a KWG trägt auch die BaFin Rechnung, indem sie in ihrem einführenden Erläuterungsschreiben zu den MaRisk darauf hinweist, dass diese kein starres Anforderungsraster aufstellen, das für jede Bank und jede Situation in derselben Weise gilt, sondern vielmehr Prinzipien formulieren, die nach dem Grundsatz der Proportionalität sinnhaft umgesetzt werden sollen (MaRisk AT 1 Tz. 2). Die BaFin hat damit eine bewusste und richtige Abwendung von früheren Verlautbarungen vorgenommen, die häufig den falschen Anspruch erhoben hatten, den Kreditinstituten starre Verhaltensvorgaben zu erteilen. Die MaRisk sollen demgegenüber „einen flexiblen und praxisnahen Rahmen für die Ausgestaltung des Risikomanagements der Institute" bilden. Ihnen liegt das Leitprinzip der „doppelten Proportionalität" zugrunde, wonach sie abhängig von Größe, Geschäftsstrategie und Risikostruktur eines Instituts angewendet werden müssen und wonach ihre Prüfung ebenfalls auf risikoorientierter Basis erfolgt. Ob dem hehren Grundsatz der Proportionalität in der Verlautbarungspraxis von EBA, EZB und BaFin sowie in der Aufsichtspraxis der Behörden tatsächlich Rechnung getragen wird, erscheint mehr als zweifelhaft, kann hier aber nicht vertieft werden.[44] *32*

Als norminterpretierende Verwaltungsvorschriften haben die MaRisk keine unmittelbare Bindungswirkung gegenüber Dritten, konkret den Kreditinstituten, an die sie adressiert sind. Anordnungen der BaFin gegenüber Instituten im Zusammenhang mit tatsächlichen oder vermeintlichen MaRisk-Abweichungen basieren mithin rechtlich gesehen auf der Prämisse, es liege zugleich ein Verstoß gegen §25a Abs. 1 KWG vor. Allerdings bringt die BaFin durch die MaRisk zum Ausdruck, was sie im allgemeinen unter einem angemessenen Risikomanagement versteht. Auch wenn die BaFin – richtigerweise – nicht den Standpunkt vertritt, jede Abweichung von den MaRisk sei ipso jure eine Pflichtwidrigkeit, werden die Institute doch gut beraten sein, davon auszugehen, dass aus der Sicht der BaFin eine MaRisk-Abweichung zumindest die Vermutung eines Verstoßes gegen §25a KWG nahelegt. In der Tat wird man sagen müssen, dass sich zahlreiche MaRisk-Bestimmungen als Konkretisierung von §25a KWG darstellen und MaRisk-Abweichungen (im Rahmen *33*

---

43 *Ohler*, Bankenaufsicht und Geldpolitik in der Währungsunion, München 2015, § 5 Rn. 190.
44 Kritisch insoweit *Fischer*, in: Risikobereich und Haftung: Haftung und Abberufung von Vorstand und Aufsichtsorgan bei Kredit- und Finanzdienstleistungsinstituten, in: Krieger/Schneider (Hrsg.): Handbuch Managerhaftung, 3. Aufl., Köln 2017, Rn. 23.21 und Stellungnahme der Deutschen Kreditwirtschaft zur 5. MaRisk-Novelle, abrufbar unter https://bankenverband.de/media/files/20160427_DK_Stellungnahme_5_MaRisk-Novelle_final.pdf (letzter Abruf am 27.03.2018), S. 6.

des Verhältnismäßigkeitsgrundsatzes) insoweit zugleich einen Gesetzesverstoß konstituieren, dessen Abstellung die BaFin gem. § 25a Abs. 1 Satz 8 KWG von dem betreffenden Institut verlangen kann. Anders verhält es sich indes mit jenen Bestimmungen der MaRisk, die einen den Gesetzesbefehl überschreitenden Optimierungscharakter haben oder die das ebenfalls in § 25a Abs. 1 KWG verankerte Gebot betreffen, den „betrieblichen Notwendigkeiten" organisatorisch Rechnung zu tragen.

Der skizzierten Rechtslage entsprechend hat die BaFin keinen die Gerichte bindenden Beurteilungsspielraum zur Ausfüllung der unbestimmten Rechtsbegriffe des § 25a KWG. Die Gerichte sind mithin bei der Nachprüfung eines Verstoßes gegen § 25a KWG zu einer eigenen Auslegung der relevanten Rechtsbegriffe des § 25a KWG berechtigt und verpflichtet, ohne hierbei an die Konkretisierungen der Norm durch die MaRisk gebunden zu sein. Allerdings neigt die Rechtsprechung dazu, sich die in den MaRisk niedergelegten Auslegungen des § 25a KWG durch die BaFin im Zweifel zu eigen zu machen. In dieses Bild fügt sich, dass der Bundesgerichtshof (zwar in einem strafrechtlichen Verfahren) die Pflichtwidrigkeit des Handelns von Bankvorständen mit Verstößen gegen die Vorgängervorschrift der MaRisk, der Verlautbarungen BAKred, begründet hat.[45] Anders ausgedrückt tendiert die Rechtsprechung dazu, die Verlautbarungen der BaFin als in der Finanzbranche anerkannte Erkenntnisse und Erfahrungssätze zu betrachten und sie aufgrund dessen in den aufsichtsrechtlichen sowie den gesellschaftsrechtlichen Pflichtenkanon von Bankvorständen zu inkorporieren. In der Praxis ist mithin an diesem Maßstab zu messen, ob Vorstände ihre Pflichten eingehalten haben.

34 Aus dem Vorangegangenen folgt, dass die MaRisk sowie andere behördliche Verlautbarungen ungeachtet ihrer fehlenden rechtlichen Bindungswirkung gleichwohl einen bedeutenden Einfluss auf die Entscheidungen sowohl der ordentlichen Gerichte als auch der Verwaltungsgerichte darüber haben, ob das Handeln der Organe sowie der sonstigen Mitarbeiter von Instituten den geltenden Sorgfaltsanforderungen genügt. Wie groß die Ausstrahlungswirkung und damit die faktische Bindungswirkung der MaRisk, der MaComp sowie der sonstigen Verlautbarungen und Auslegungshilfen der BaFin, aber auch der entsprechenden Leitlinien und Auslegungshilfen von EBA und EZB im Einzelnen ist, hängt maßgeblich davon ab, ob es sich bei den betreffenden Vorgaben um Texte handelt, die es unternehmen, gesetzliche Organisations- und Verwaltungspflichten aus der Sicht der Verwaltungspraxis zu interpretieren oder ob ihr Akzent eher darauf liegt, das in manchen Normen enthaltene Gebot zu konkretisieren, den Geschäftsbetrieb einer Bank so einzurichten, dass er „die Einhaltung der … betriebswirtschaftlichen Notwendigkeiten gewährleistet" (§ 25a Abs. 1 Satz 1 KWG). Je nach Stoßrichtung der betreffenden behördlichen Vorgabe können die Rechtsfolgen einer Nicht-Befolgung unterschiedlich sein.

Es versteht sich, dass auch die Compliance-Funktion der Frage Rechnung tragen muss, ob ein „Verstoß" gegen die MaRisk oder gegen eine andere behördliche Verlautbarung oder Leitlinie eo ipso zugleich einen Rechtsverstoß darstellt oder möglicherweise als bloße Nicht-Beachtung einer behördlichen Optimierungsempfehlung weder zivilrechtliche noch

---

45 BGH v. 25.01.2012 – XII ZR 139/09, NJW 2012, S. 1214; restriktiver in Bezug auf die zivilrechtliche Haftung wegen Verstößen gegen die MaRisk: *Dengler*: Die MaRisk-Anforderungen und ihre Auswirkungen auf die Vorstandshaftung, in: WM 43/2014, S. 2038 f.

aufsichtsrechtliche Konsequenzen hat. Konkret bedeutet dies, dass die Compliance-Funktion die Beachtung gesetzeskonkretisierender Vorgaben der MaRisk sowie anderer aufsichtsbehördlicher Verlautbarungen und Leitlinien kontrollieren und sicherstellen muss, während sie hinsichtlich der Umsetzung und Beachtung von Optimierungsempfehlungen der Aufsichtsbehörden einen wesentlich größeren Beurteilungs- und Handlungsspielraum besitzt.

2.3.4 Das Rahmenprogramm des § 25c KWG

Neben den Pflichten des § 91 Abs. 2 AktG und des § 25a KWG begründen § 25c Abs. 4a Nr. 3c KWG und § 25c Abs. 4b Satz 2 Nr. 3e KWG ebenfalls Pflichten des Geschäftsleiters zur Unterhaltung einer Compliance-Funktion. Dieser muss demnach dafür Sorge tragen, dass das interne Kontrollsystem eines Instituts bzw. einer Institutsgruppe eine Compliance-Funktion umfasst. Diese persönlichen Pflichten des Geschäftsleiters aus § 25c Abs. 4a und 4b KWG wurden durch das Gesetz zur Abschirmung von Risiken und zur Planung der Sanierung und Abwicklung von Kreditinstituten und Finanzgruppen[46] eingefügt und ergänzen den durch das CRD-IV Umsetzungsgesetz[47] kurz zuvor in Kraft gesetzten § 25a Abs. 1 Satz 3 Nr. 3c KWG.

35

Inhaltlich knüpfen die Mindeststandards nach § 25c Abs. 4a, 4b KWG an diejenigen des Instituts gemäß § 25a Abs. 1 Satz 3 Nr. 3c KWG an, wonach das Institut ein internes Kontrollsystem mit einer Compliance-Funktion unterhalten muss.[48] Vor Einfügung des § 25c Abs. 4a, 4b KWG ergab sich diese wesentliche Pflicht des Geschäftsleiters bereits aus der MaRisk und wurde ohne inhaltliche Veränderung in Gesetzesrang erhoben.[49] Aus den Gesetzesmaterialien ergibt sich darüber hinaus, dass es der wesentliche Zweck von § 25c Abs. 4a, b KWG ist, eine gesetzliche Basis für die hinreichende strafrechtliche Verfolgung von Geschäftsleitern bei schwerwiegenden Missständen im Risikomanagement zu schaffen.[50] Die Strafbarkeit dieser Verstöße regelt nun § 54a Abs. 1 KWG. Parallel zu § 25a KWG[51] gilt auch für die Verpflichtung des Geschäftsleiters zur Unterhaltung einer Compliance-Funktion aufgrund von § 25c KWG, dass die Anforderungen institutsbezogen auszulegen sind und die Ausgestaltung der Compliance-Funktion von der Größe, Geschäftsstrategie und Risikostruktur eines Instituts abhängt.[52]

---

46 Gesetz zur Abschirmung von Risiken und zur Planung der Sanierung und Abwicklung von Kreditinstituten und Finanzgruppen v. 07.08.2013, BGBl. I S. 3090.
47 CRD IV-Umsetzungsgesetz v. 28.08.2013, BGBl. I S. 3395.
48 *Albert*, in: Reischauer/Kleinhans, KWG-Kommentar, Loseblattwerk mit Aktualisierung 8/17, Berlin 2017, § 25c Rn. 196.
49 BT-Drs. 17/12601, S. 43 f.
50 Begründung RiskAbschG, BR-Drs. 94/13, BT-Drs. 17/12601, S. 56 f.
51 Vgl. Rn. 32.
52 *Albert*, in: Reischauer/Kleinhans, KWG-Kommentar, Loseblattwerk mit Aktualisierung 8/17, Berlin 2017, § 25c Rn. 196.

2.4 Unternehmensinterne Vorgaben

36 Bekanntermaßen erschöpft sich die Leitungs- und Geschäftsführungsverantwortung des Vorstands eines Instituts nicht darin, Rechtspflichten zu erfüllen, sondern bezieht sich insb. auf unternehmerische Gestaltungsentscheidungen, sei es im Einzelfall, sei es in der Form von generalisierten Organisations- und Verhaltensanweisungen. Zu Letzteren gehören insb. Geschäftsordnungen sowie sämtliche Formen von Kompetenzrichtlinien und personenbezogenen Kompetenzzuweisungen.

Grundsätzlich obliegt die Pflicht zur Kontrolle, ob all diese Vorgaben und Maßnahmen von den Mitarbeitern beachtet werden, dem Vorstand als dem für die Kontrolle der unternehmensinternen Vorgänge Letztverantwortlichen. Allerdings kann der Vorstand sich zur Erfüllung auch dieser Kontrollaufgabe in weitem Umfang einer Compliance-Einheit bedienen und wird hierzu bei größeren Unternehmen, in denen er selbst insoweit nicht die zeitliche Kapazität besitzt, verpflichtet sein. Wie bereits dargelegt, gilt dies insb. für Institute, in denen die Einrichtung einer Compliance-Funktion verpflichtend ist und dieser ohnehin die Verantwortung sowohl für die Umsetzung und Einhaltung der geltenden rechtlichen Rahmenbedingungen einschließlich der MaRisk sowie sonstiger behördlicher Vorgaben und Verlautbarungen obliegt. Es liegt daher nahe und entspricht allgemeiner Praxis, auch die Verantwortung für die Einhaltung unternehmensinterner Vorgaben und Entscheidungen der Compliance-Funktion zu übertragen. Der Compliance-Beauftragte und seine Mitarbeiter haben mithin zu prüfen und sicherzustellen, dass Satzungen, Geschäftsordnungen, Kompetenzrichtlinien, Kompetenzzuweisungen, aber auch Einzelentscheidungen des Vorstands oder sonstiger Kompetenzträger von den Entscheidungsadressaten beachtet und umgesetzt werden. Soweit es hierbei zu Kompetenzüberschneidungen und Kompetenzkonflikten zwischen der Compliance-Funktion einerseits und andererseits der Rechtsabteilung oder dem Risikocontrolling kommt, sind diese letztendlich vom Vorstand zu entscheiden. Der Vorstand seinerseits hat insofern ein erhebliches Gestaltungsermessen, welches erst dann überschritten sein dürfte, wenn es der Compliance-Funktion aus der Hand genommen wird, ihre in den MaRisk und den MaComp umrissene Aufgaben angemessen wahrzunehmen.

2.5 Einhaltung von Verträgen

37 Ebenso wie die Einhaltung externer Rechtspflichten und unternehmensinterner Vorgaben gehört auch die Einhaltung von Verträgen zu den wesentlichen Unternehmenspflichten. Auch insoweit kann der letztverantwortliche Vorstand eine Compliance-Einheit einrichten und dieser die Aufgabe übertragen, zu überwachen, ob die entscheidungsverantwortlichen Organisationseinheiten abgeschlossene Verträge korrekt erfüllen.

2.6 Der Deutsche Corporate Governance Kodex und die Anforderungen des § 161 AktG

38 Eine besondere Facette im Pflichtenprogramm börsennotierter Aktiengesellschaften sowie auch sonstiger Aktiengesellschaften, deren Aktien in einem multilateralen Handelssystem i. S. d. § 2 Abs. 8 Satz 1 Nr. 8 WpHG – bspw. dem Freiverkehr – gehandelt werden und die andere an den Wertpapiermärkten gehandelte Wertpapiere emittiert haben (im Folgenden:

kapitalmarktorientierte Unternehmen), ist der deutsche Corporate Governance Kodex.[53] Während sich der Kodex ursprünglich lediglich an börsennotierte Aktiengesellschaften richtete, gilt er seit einigen Jahren auch für sonstige sog. kapitalmarktorientierte Unternehmen.[54]

Der Kodex gibt eine Reihe von bestehenden gesetzlichen Pflichten einer Aktiengesellschaft in komprimierter und transparenter Form wieder und erteilt den Adressaten darüber hinaus Empfehlungen sowie Anregungen. Sowohl die Normadressaten des § 161 AktG, die börsennotierten Aktiengesellschaften, als auch die des § 289 f. HGB, wiederum die börsennotierten Aktiengesellschaften sowie zusätzlich die sonstigen kapitalmarktorientierten Unternehmen, sind verpflichtet, den Aktionären und dem Kapitalmarkt über die Einhaltung des Kodex sowie über Abweichungen von Kodexempfehlungen und die hierfür maßgeblichen Gründe einmal jährlich zu berichten (§ 161 Abs. 1 Satz 1 AktG). Die Empfehlungen des Kodex stellen damit nicht anders als jene Kodexvorgaben, die lediglich bestehende gesetzliche Pflichten paraphrasieren, für Vorstand und Aufsichtsrat de facto ein Pflichtenprogramm dar, dessen Erfüllung nur um den Preis einer öffentlichen Abweichungserklärung entronnen werden kann. Es überrascht nicht, dass die Unternehmen von ihrer Befugnis, Kodexempfehlungen zu ignorieren, angesichts ihrer Verpflichtung, dies öffentlich zu erklären und ggfs. auch in der Hauptversammlung zu rechtfertigen, nur selten und nur dosiert Gebrauch machen.[55]

Es versteht sich, dass auch die Überwachung der Einhaltung der Kodexempfehlungen eine typische Aufgabe der Compliance-Funktion ist. Allerdings ist insoweit einzuschränken, dass die Verantwortlichkeit für die Einhaltung der Kodex-Vorgaben zur Vorstandsvergütung eine nicht auf die Compliance-Abteilung delegierbare Zuständigkeit des Aufsichtsrats ist.

Folgende Empfehlungen des Kodex erscheinen in diesem Zusammenhang besonders bedeutsam:

– elektronische Übermittlung von Hauptversammlungsunterlagen und Einberufungsentscheidungen (2.3.1)
– Erleichterung der Wahrnehmung von Aktionärsrechten (2.3.2 und 3)
– Konkretisierung von Informations- und Berichtspflichten des Vorstands durch den Aufsichtsrat (3.4)
– Festlegung eines angemessenen Vergütungssystems für den Vorstand seitens des Aufsichtsrats und laufende Überprüfung des Systems (4.2.2)
– Offenlegung der Gesamtvergütung eines jeden Vorstandsmitglieds in einem Vergütungsbericht als Teil des Corporate Governance Berichts unter Angabe der von der Gesellschaft erbrachten Nebenleistungen (4.2.5)
– Offenlegung von Interessenskonflikten der Vorstandsmitglieder (4.3.3)

39

---

53 Fassung v. 07.02.2017.
54 Näher zum Anwendungsbereich *Koch*, in: Hüffer/Koch, AktG, 12. Aufl., München 2016, § 161 Rn. 6 ff.
55 Ebenso und näher hierzu *Koch*, in: Hüffer/Koch, AktG, 12. Aufl., München 2016, § 161 Rn. 3.

- Übernahme von Nebentätigkeiten seitens der Vorstandsmitglieder nur mit Zustimmung des Aufsichtsrats (4.3.4)
- Regelung der Tätigkeit des Aufsichtsrats durch eine Geschäftsordnung (5.1.3)
- regelmäßige Kommunikation zwischen Aufsichtsratsvorsitzendem und Vorstand (5.2)
- Delegation von Aufsichtsratsbefugnissen auf Ausschüsse mit fachlich qualifizierten Mitgliedern (5.3)
- Regelungen zur Rekrutierung und Vergütung des Aufsichtsrats (5.4)
- Berichtspflicht des Aufsichtsrats und seiner Mitglieder über etwaige Interessenskonflikte (5.5)
- Angaben in der Rechnungslegung über Aktienoptionsprogramme, Beteiligungen der Gesellschaft an Drittunternehmen und Beziehungen zu nahestehenden Aktionären (7.1)
- Prüfung des Aufsichtsrats, ob zwischen dem Abschlussprüfer und seinen Mitarbeitern einerseits sowie dem Unternehmen und seinen Organmitgliedern andererseits spezifische geschäftliche, finanzielle, persönliche oder sonstige Beziehungen bestehen (7.2.1)
- Erteilung des Prüfungsauftrages durch den Aufsichtsrat (7.2.2)
- unverzügliche Berichtspflicht des Prüfers gegenüber dem Aufsichtsrat über wesentliche Feststellungen und Vorkommnisse bei der Abschlussprüfung (7.2.3)

40   Über die Entsprechenserklärung gem. § 161 AktG hinaus haben die börsennotierten wie auch die sonstigen kapitalmarktorientierten Unternehmen nunmehr gem. § 289 f. Abs. 2 HGB in ihrem Lagebericht eine Erklärung zur Unternehmensführung aufzunehmen, die folgende Komponenten enthalten muss:

1. relevante Angaben zu Unternehmensführungspraktiken, die über die gesetzlichen Anforderungen hinaus angewandt werden, nebst Hinweis, wo sie öffentlich zugänglich sind
2. eine Beschreibung der Arbeitsweise von Vorstand und Aufsichtsrat sowie der Zusammensetzung und Arbeitsweise von deren Ausschüssen; sind die Informationen auf der Internetseite der Gesellschaft öffentlich zugänglich, kann darauf verwiesen werden
3. bei börsennotierten Aktiengesellschaften die Festlegungen nach § 76 Abs. 4 und § 111 Abs. 5 des Aktiengesetzes und die Angabe, ob die festgelegten Zielgrößen während des Bezugszeitraums erreicht worden sind, und wenn nicht, Angaben zu den Gründen
4. die Angabe, ob die Gesellschaft bei der Besetzung des Aufsichtsrats mit Frauen und Männern jeweils Mindestanteile im Bezugszeitraum eingehalten hat, und wenn nicht, Angaben zu den Gründen, sofern es sich um folgende Gesellschaften handelt:
    a) börsennotierte Aktiengesellschaften, die auf Grund von § 96 Abs. 2 und 3 des Aktiengesetzes Mindestanteile einzuhalten haben oder
    b) börsennotierte Europäische Gesellschaften (SE), die auf Grund von § 17 Abs. 2 oder § 24 Abs. 3 des SE-Ausführungsgesetzes Mindestanteile einzuhalten haben
5. bei Aktiengesellschaften im Sinne des Abs. 1, die nach § 267 Abs. 3 Satz 1 und Abs. 4 bis 5 große Kapitalgesellschaften sind, eine Beschreibung des Diversitätskonzepts, das im Hinblick auf die Zusammensetzung des vertretungsberechtigten Organs und des

Aufsichtsrats in Bezug auf Aspekte wie beispielsweise Alter, Geschlecht, Bildungs- oder Berufshintergrund verfolgt wird, sowie der Ziele dieses Diversitätskonzepts, der Art und Weise seiner Umsetzung und der im Geschäftsjahr erreichten Ergebnisse

3 Das für Genossenschaftsbanken geltende Rechtsregime

Wie bereits dargelegt ist der Pflichtenkatalog für Genossenschaftsbanken und insb. ihre Vorstände in weiten Bereichen deckungsgleich mit dem für Banken und Finanzdienstleistungsinstitute in der Rechtsform der Aktiengesellschaft. Allerdings gelten die Bestimmungen des Aktiengesetzes als solche nicht für Genossenschaftsbanken. Dementsprechend finden auch die mit § 161 AktG verknüpften Anforderungen des DCGK sowie die des § 289 f. HGB auf Genossenschaftsbanken keine Anwendung.

41

Die damit konstatierten Divergenzen im Pflichtenkatalog von Geschäftsbanken einerseits und Genossenschaftsbanken andererseits erscheinen indes auf den ersten Blick gravierender als sie es tatsächlich sind. Zum Ersten ist insoweit darauf hinzuweisen, dass die Unterschiede in der Organisationsverfassung zwischen der Genossenschaft und der Aktiengesellschaft durch die branchenspezifischen Vorgaben des KWG und des WpHG weithin eingeebnet werden. Zum Zweiten unterliegt auch der Vorstand einer Genossenschaftsbank nach den insoweit maßgeblichen Bestimmungen des Genossenschaftsgesetzes – namentlich §§ 24 ff. GenG – ähnlichen rechtlichen Bedingungen wie der Vorstand einer Aktiengesellschaft. Zum Dritten finden die Rechtsgedanken des Aktiengesetzes auch auf die Konkretisierung der Stellung von Vorstand und Aufsichtsrat einer Genossenschaftsbank insoweit Anwendung, als die dem Grunde nach vergleichbare Organstruktur der Genossenschaft hierzu Anlass und Raum bietet.[56] Schließlich ist auch darauf hinzuweisen, dass der Deutsche Genossenschafts- und Raiffeisenverband einen eigenen Corporate Governance Kodex für Genossenschaften entwickelt hat[57], der sich an den des DCGK anlehnt.[58]

Im Lichte der skizzierten rechtlichen Rahmenbedingungen zeigt sich, dass die Compliance-Funktion in einer Genossenschaftsbank im Wesentlichen denselben Zuschnitt wie in einer vergleichbaren Geschäftsbank in der Rechtsform der Aktiengesellschaft hat. Konkret bedeutet dies, dass Unterschiede in der Konfigurierung der Compliance-Funktion eher größenabhängig als rechtsformabhängig sind: Während große Genossenschaftsbanken mit einer ausdifferenzierten Binnenorganisation einer eigenen, dem Vorstand unterstellten Compliance-Einheit bedürfen, erscheint es zumindest bei sehr kleinen Instituten vertretbar, die Compliance-Funktion personell mit den sonstigen Stabsabteilungen zusammenzulegen oder sie von vornherein der Geschäftsleitung zu übertragen.

---

56 Vgl. hierzu *Fandrich*, in: Pöhlmann/Fandrich/Bloehs, Genossenschaftsgesetz, 4. Aufl., München 2012, Rn. 13 ff. der Einführung.
57 Einsehbar unter Deutscher Corporate Governance Kodex des DGRV, abrufbar unter https://www.eb.de/content/dam/f0591-0/EvB/wir_ueber_uns/PDF/CGK_des_DGRV.pdf (letzter Abruf am 27.03.2018).
58 Näher hierzu *Fandrich*, in: Pöhlmann/Fandrich/Bloehs, Genossenschaftsgesetz, 4. Aufl., München 2012, Rn. 16 der Einführung.

4 Das für Sparkassen und Landesbanken geltende Rechtsregime

42 Sparkassen und Landesbanken sind – bis auf wenige Ausnahmen insb. in Form der als Aktiengesellschaften organisierten sog. freien Sparkassen – als Anstalten des öffentlichen Rechts organisiert. Aufgrund dieser Rechtsform unterliegen sie einerseits nicht den mit § 161 AktG verknüpften Anforderungen des DCGK sowie des § 289 f. HGB. Andererseits ist aber ihr Pflichtenkatalog dennoch in weiten Bereichen deckungsgleich mit dem für Institute in der Rechtsform der Aktiengesellschaft.[59] Weiterhin gilt auch für Sparkassen und Landesbanken, genauso wie für Genossenschaftsbanken, dass die mit dieser Feststellung konstatierten Divergenzen im Pflichtenkatalog zu dem von Geschäftsbanken aus den oben unter 3. dargelegten Gründen weit weniger gravierend sind als sie es auf den ersten Blick erscheinen mögen.

Allerdings wird man konstatieren müssen, dass die anstaltsrechtliche Organisationsform es trotz des auch im Bereich der Sparkassen und Landesbanken typischen Dualismus zwischen einem Vorstand als Leitungsorgan und einem Verwaltungsorgan als Kontrollorgan nicht im gleichen Umfang wie im Falle der Genossenschaftsbanken zulässt, Anleihen im Aktienrecht aufzunehmen oder gar aktienrechtliche Normen schlicht analog anzuwenden.[60] Indes dürften die damit angesprochenen Grenzen der Analogiefähigkeit des Aktienrechts für die Ausgestaltung der Compliance-Funktion kaum wesentlich sein. Insoweit nämlich ist darauf hinzuweisen, dass zahlreiche Sparkassen- und Landesbankengesetze die betreffenden Vorstände einem ähnlichen Pflichtenregime unterwerfen wie demjenigen, das für Vorstände einer Aktiengesellschaft gilt. Angesichts dieses Befundes sowie der ohnehin gemeinsamen Maßstäbe setzenden Vorgaben des § 25a KWG wird man auch für jene Sparkassengesetze, die keinen den §§ 76 und 93 AktG nachgebildeten Pflichtenmaßstab des Vorstands ausdrücklich definieren, von einem inhaltsgleichen Pflichtenkonzept ausgehen können. Inwieweit man diese Feststellung auf den Gedanken einer Gesamtanalogie zum Sparkassenrecht der übrigen Länder sowie zum Aktiengesetz und zum KWG stützt oder Ableitungen aus der Struktur der anstaltsrechtlichen Pflichtenstellung des Vorstands vornimmt, mag hier dahinstehen.

Im Lichte der skizzierten rechtlichen Rahmenbedingungen gilt auch für Sparkassen und Landesbanken, dass die Compliance-Funktion im Wesentlichen denselben Zuschnitt hat wie in einer vergleichbaren Geschäftsbank in der Rechtsform der Aktiengesellschaft. Konkret bedeutet dies, dass auch im öffentlich-rechtlichen Bankensektor Unterschiede in der Konfigurierung der Compliance-Funktion eher größenabhängig als rechtsformabhängig sind: Während Landesbanken sowie große Sparkassen mit einer ausdifferenzierten

---

59 Für den Sektor der öffentlich-rechtlichen Kreditinstitute ergeben sich sowohl aus den Sparkassengesetzen der Länder als auch aus den Public Corporate Governance Kodizes der Länder und Kommunen spezielle Anforderungen. Allerdings scheint weitgehende Einigkeit darüber zu herrschen, dass diese sich mit den Grundgedanken des DCGK decken; in dieser Richtung etwa *Schürnbrand*: Public Corporate Governance Kodex für öffentliche Unternehmen, in: ZIP 23/2010, S. 1107 sowie *Brandi/Gieseler*: Der Aufsichtsrat in Kreditinstituten – Persönliche Voraussetzungen, Sanktionen und Ausschüsse nach geltendem Recht und CRD IV, in: NZG 34/2012, S. 1324.
60 Ebenso *Schlierbach*, Das Sparkassenrecht in der Bundesrepublik Deutschland, 5. Aufl., Stuttgart 2003, S. 30.

Binnenorganisation einer eigenen, dem Vorstand unterstellten Compliance-Einheit bedürfen, erscheint es bei kleinen Sparkassen vertretbar, die Compliance-Funktion personell mit den sonstigen Stabsabteilungen zusammenzulegen oder sie von vornherein der Geschäftsleitung zu übertragen.

Unterschiede zwischen dem Pflichtenprogramm von Landesbanken und insb. von Sparkassen zu dem der Geschäftsbanken sowie daraus resultierende zusätzliche Überwachungsanforderungen für die Compliance-Funktion folgen allerdings aus der besonderen Zwecksetzung der Sparkassen und weithin auch der Landesbanken. Anders als Geschäftsbanken nämlich dienen sämtliche öffentlich-rechtlichen Kreditinstitute nicht alleine erwerbswirtschaftlichen Zwecken, sonders zumindest auch den Interessen der Allgemeinheit. Der damit angesprochene öffentliche Auftrag der öffentlich-rechtlichen Kreditinstitute ist zwar von Land zu Land in Nuancen unterschiedlich akzentuiert, beschreibt aber doch aufs Ganze gesehen eine zusätzliche Pflichtenbindung der Institute, die zumal im Bereich der Sparkassen auch den Kreis der zulässigen Geschäfte einschränken (können).

Es liegt auf der Hand, dass auch die Beachtung dieser zusätzlichen sparkassen- bzw. landesbankenspezifischen Begrenzungen der Geschäftstätigkeit zum Gegenstand der Compliance-Funktion gehört.

5 Das für Zweigniederlassungen geltende Regime

5.1 Zweigniederlassungen deutscher Institute im Ausland

Die aktienrechtlichen Compliance-Pflichten des Vorstands erstrecken sich ohne weiteres auch auf ausländische Zweigniederlassungen der Aktiengesellschaft. Entsprechend erfassen die Pflichten auch die Einhaltung ausländischen Rechts.[61]   *43*

Aus bankaufsichtsrechtlicher Sicht ist Deutschland nach dem Herkunftslandprinzip (vgl. ErwG 19, Art. 33 CRD IV) für die Aufsicht über die gem. § 24a KWG notifizierten und daher den sog. „europäischen Pass" nutzenden Zweigniederlassungen deutscher Institute im EWR-Ausland zuständig. Entsprechend gelten für die Zweigniederlassung auch die Bestimmungen des KWG und die Anforderungen der MaRisk (AT 2.1 Tz. 1). Dazu gehören auch die Bestimmungen zur Compliance-Funktion in AT 4.4.2. Die Compliance-Funktion soll daher auch die Einhaltung ausländischen Rechts sicherstellen.[62]   *44*

Gleiches gilt mit Einschränkungen nach dem WpHG und der MaComp, die insoweit die Vorgaben der MiFIR/MiFID II umsetzen. Gem. Art. 35 Abs. 8 MiFID II hat der Aufnahmemitgliedstaat der Zweigniederlassung eines EWR-Instituts sicherzustellen, dass die Zweigniederlassung die Pflichten gem. Art. 24, 25, 27 und 28 MiFID II und den Art. 14 bis 26 MiFIR sowie die mitgliedstaatlichen Umsetzungsregelungen einhält (vgl. § 90 Abs. 1 WpHG). Hierbei handelt es sich im Wesentlichen um Wohlverhaltenspflichten, Transparenzpflichten und Meldepflichten. Grund für die Anwendung des Rechts des Aufnahmemitgliedstaats ist nach ErwG 90 der MiFID II, dass die zuständige Behörde des Aufnahmemitgliedstaats aufgrund der größeren Nähe zu der Zweigniederlassung besser in der Lage

---

61   Vgl. Rn. 16.
62   Vgl. z. B. *EBA*: Leitlinien zur internen Governance gemäß der Richtlinie 2013/36/EU v. 26.09.2017, EBA/GL/2017/11., Ziff. 196.

ist, Verstöße gegen die Vorschriften für den Geschäftsbetrieb der Zweigniederlassung aufzudecken und zu ahnden.

Hieraus folgt im Umkehrschluss, dass Deutschland als Herkunftsmitgliedstaat der im EWR niedergelassenen Zweigniederlassung des deutschen Instituts im Einklang mit dem Herkunftslandprinzip (Art. 35 Abs. 1 UAbs. 2 MiFID II) die übrigen, insb. die organisatorischen Pflichten des WpHG zu überwachen hat. Entsprechend finden auch die Bestimmungen des AT sowie BT 1 (Organisatorische Anforderungen und Aufgaben der Compliance-Funktion), BT 2 (Überwachung von Mitarbeitergeschäften), BT 5 (Produkt-Governance-Anforderungen), BT 8 (Anforderungen an Vergütungssysteme) und das neue Modul BT 9 (Interessenkonflikte im Zusammenhang mit Staffelprovisionen) der MaComp für im EWR ansässige Zweigniederlassungen deutscher Wertpapierdienstleistungsunternehmen Anwendung (AT 3.1).[63]

45 Hinsichtlich Zweigniederlassungen deutscher Institute in einem Drittstaat gilt im Grundsatz dasselbe wie für Zweigniederlassungen in einem EWR-Staat. Entsprechend differenziert die MaRisk auch nicht zwischen diesen Arten von Zweigniederlassungen, sondern erstreckt ihre Geltung auf beide (AT 2.1 Tz. 1).

5.2 Zweigniederlassungen ausländischer Institute im Inland

46 Aktienrechtliche Anforderungen spielen für Zweigniederlassungen ausländischer Institute in Deutschland naturgemäß keine Rolle. Aus aufsichtsrechtlicher Sicht ist zwischen Zweigniederlassungen von EWR-Instituten und von Drittstaatsinstituten zu differenzieren.

5.2.1 Deutsche Zweigniederlassungen von EWR-Instituten

47 Spiegelbildlich zu dem oben unter 5.1 Gesagten werden deutsche Zweigniederlassungen von EWR-Instituten grundsätzlich von ihrem Herkunftsmitgliedstaat beaufsichtigt. Sie bedürfen daher nach den Regelungen zum sog. europäischen Pass keiner Erlaubnis nach dem KWG (§ 53b Abs. 1 Satz 1 KWG). Deutsches Aufsichtsrecht gilt für sie nur im in § 53b Abs. 3 Satz 1 KWG angeordneten Umfang. Dabei handelt es sich um Vorschriften, die aus Gründen des Allgemeininteresses auch für passberechtigte Zweigniederlassungen gelten (vgl. § 53b Abs. 2 Satz 1 KWG sowie ErwG 21, Art. 36 Abs. 1, Art. 44 CRD IV). Die umfangreichen Pflichten des § 25a KWG zählen mit Ausnahme der Dokumentationspflicht gem. § 25a Abs. 1 Satz 6 Nr. 2 KWG nicht dazu. Insb. gilt § 25a Abs. 1 Satz 3 Nr. 3c) KWG (Compliance-Funktion) nicht. Folgerichtig findet auch die MaRisk (und damit auch AT 4.4.2) keine Anwendung auf deutsche Zweigniederlassungen von EWR-Instituten (AT 2.1 Tz. 1). Die Compliance-Organisation der Zweigniederlassung wird daher vom Herkunftsmitgliedstaat geregelt und überwacht.

48 Die Einhaltung insb. der Wohlverhaltenspflichten durch die Zweigniederlassung wird indes von Deutschland als Aufnahmemitgliedstaat beaufsichtigt. Entsprechend gelten die Pflichten des 11. Abschn. des WpHG mit Ausnahme der Organisationspflichten auch für Zwei-

---

63 Vgl. auch Konsultation 15/2017 (WA) v. 02.11.2017 zur Anpassung der MaComp an die Umsetzung von MiFID II.

gniederlassungen gem. § 53b KWG (§ 90 Abs. 1 Satz 1 WpHG). Die MaComp gilt, soweit nicht eine Ausnahme einschlägig ist. Ausgenommen werden AT 4 bis AT 7, AT 9, BT 1, BT 2, BT 5 (soweit hier die § 80 Abs. 9 bis 13 WpHG betreffenden Anforderungen konkretisiert werden), BT 8 (die Vorschriften zum Handeln im bestmöglichen Kundeninteresse und zu Empfehlungen von bestimmten Finanzinstrumenten und strukturierten Einlagen bleiben indes anwendbar), BT 9, BT 11 (soweit die Anforderungen an Finanzportfolioverwalter, Vertriebsbeauftragte und Compliance-Beauftragte betroffen sind) und BT 12. Gegenüber der bisherigen Fassung der MaComp neu anwendbar sind daher insb. die Module AT 1 bis AT 3 (Vorbemerkung, Quellen und Anwendungsbereich (insoweit klarstellend)) und das neue Modul BT 10 (Zuwendungen).

5.2.2 Deutsche Zweigstellen von Drittstaatsinstituten

Nach ErwG 23 CRD IV sollten die Vorschriften für Zweigstellen von Kreditinstituten mit Sitz in einem Drittland in allen Mitgliedstaaten gleich sein. Allerdings enthält die CRD – im Gegensatz zur MiFIR/MiFID II – gerade kein Drittstaatenregime. Die Mitgliedstaaten genießen daher Regelungsautonomie, dürfen aber für Zweigstellen von Drittstaateninstituten kein günstigeres Regime einführen als das für Zweigniederlassungen von EWR-Kreditinstituten geltende (Art. 47 Abs. 1 CRD IV). Zudem profitieren Drittstaaten-Zweigstellen nicht vom sog. europäischen Pass.[64]

49

Das KWG regelt die Behandlung von Drittstaatenzweigstellen in § 53 KWG.[65] Die deutsche Zweigstelle gilt danach als Kreditinstitut oder Finanzdienstleistungsinstitut (§ 53 Abs. 1 Satz 1 KWG), sodass die Regelungen des KWG vollumfänglich mit den von § 53 Abs. 2 KWG vorgesehenen Modifikationen Anwendung finden. Das WpHG vollzieht diese Fiktion in § 2 Abs. 10 WpHG nach und definiert als Wertpapierdienstleistungsunternehmen auch Zweigstellen gem. § 53 KWG. Folgerichtig gelten für diese sowohl die MaRisk (AT 2.1, Tz. 1) als auch die MaComp (AT 3.1) ebenfalls in vollem Umfang. Die Drittstaatenzweigstelle hat daher auch eine Compliance-Funktion einzurichten.

---

64   Zum sog. Pass „light" gem. Art. 47 Abs. 3 MiFIR vgl. *Nemeczek/Pitz*, EBLR 2018, S. 425 (453).
65   Für den grenzüberschreitenden Dienstleistungsverkehr von Drittstaateninstituten gilt § 2 Abs. 5 KWG. Die Parallelnorm im WpHG ist § 91 WpHG.

6 Literaturverzeichnis

Bundesanstalt für Finanzdienstleistungsaufsicht (BaFin): Rundschreiben 09/2017 (BA), Mindestanforderungen an das Risikomanagement – MaRisk v. 27.10.2017 mit Erläuterungen in Anlage 1.

Bundesanstalt für Finanzdienstleistungsaufsicht (BaFin): Mindestanforderungen an die Compliance-Funktion und die weiteren Verhaltens-, Organisations und Transparenzpflichten nach §§ 31 ff. WpHG für Wertpapierdienstleistungsunternehmen (MaComp), Rundschreiben 4/2010 v. 07.06.2010, zuletzt geändert am 08.03.2017.

Cichy/Cziupka: Compliance-Verantwortung der Geschäftsleiter bei Unternehmenstätigkeit mit Auslandsbezug, in: BB 25/2014, S. 1482–1485.

Dengler: Die MaRisk-Anforderungen und ihre Auswirkungen auf die Vorstandshaftung, in: WM 43/2014, S. 2032–2040.

Mülbert/Wilhelm: Risikomanagement und Compliance im Finanzmarktrecht – Entwicklung der aufsichtsrechtlichen Anforderungen, in: ZHR (178) 05/2014, S. 502–546.

Wundenberg: Compliance und prinzipiengeleitete Aufsicht über Bankengruppen, Tübingen 2012.

I.8

Die Compliance-Funktion in den MaComp

Lennart Dahmen und Jochen Kindermann

Inhaltsübersicht

1	Einführung	1–6
2	Allgemeiner Teil: Allgemeine Organisatorische Anforderungen nach § 80 Abs. 1 WpHG	7–29
2.1	Vorbemerkung, Quellen, Anwendungsbereich (AT 1 bis 3)	7–10
2.2	Gesamtverantwortung der Geschäftsleitung (AT 4)	11–13
2.3	Zusammenarbeit mehrerer Wertpapierdienstleistungsunternehmen (AT 5)	14–15
2.4	Allgemeine Anforderungen nach § 80 Abs. 1 WpHG (AT 6)	16–25
2.5	Verhältnis § 63 ff. WpHG zu §§ 25a, 25 e KWG (AT 7)	26–27
2.6	Aufzeichnungspflichten und Anforderungen an das Outsourcing (AT 8 und AT 9)	28–29
3	Besondere Anforderungen nach § 63 ff. WpHG	30–70
3.1	Stellung und Aufgaben von Compliance (BT 1.1)	32–34
3.2	Aufgaben der Compliance-Funktion (BT 1.2)	35–47
3.3	Organisatorische Anforderungen an die Compliance Funktion (BT 1.3)	48
3.4	Wirksamkeit der Compliance-Funktion (BT 1.3.1)	49–54
3.5	Dauerhaftigkeit der Compliance-Funktion (BT 1.3.2)	55–57
3.6	Unabhängigkeit der Compliance-Funktion (BT 1.3.3)	58–67
3.7	Auslagerung der Compliance-Funktion (BT 1.3.4)	68–70
4	Literaturverzeichnis	

1 Einführung

Am 07.06.2010 hat die Bundesanstalt für Finanzdienstleistungsaufsicht (BaFin) ein erstes *1*
Rundschreiben mit *Mindestanforderungen an die Compliance-Funktion und die weiteren Verhaltens-, Organisations- und Transparenzpflichten nach § 31 ff. WpHG für Wertpapierdienstleistungsunternehmen (MaComp)* veröffentlicht. Erklärtes Ziel der BaFin war es, mit den MaComp ein flexibles Kompendium zu schaffen, das die Verwaltungspraxis zu den Regelungen des (damaligen) 6. Abschnitts des Wertpapierhandelsgesetzes (WpHG) zusammenführt (AT 1 Ziffer 3).

Regulatorische Veränderungen haben mehrere Überarbeitungen der MaComp nötig werden *2*
lassen: Neufassungen der MaComp veröffentlichte die BaFin zum 09.06.2011, 31.08.2012 und 30.11.2012. Zum 07.01.2014 veröffentlichte die BaFin Änderungen an den Modulen AT und BT 1 der MaComp, sowie ein neues Modul BT 8. Auch am 07.05.2014 wurden Änderungen an der MaComp veröffentlicht. Am 07.08.2014 veröffentlichte die BaFin eine weitere Anpassung der MaComp, bei der insb. der Besondere Teil 1.3.4 zur Auslagerung der Compliance-Funktion oder einzelner Compliance-Tätigkeiten überarbeitet wurde. Dem folgte am 08.03.2017 eine weitere Überarbeitung der MaComp. Im November 2017 schließlich reagierte die BaFin auf das Inkrafttreten der deutschen Umsetzung der Regelungen der Zweiten Richtlinie über Märkte für Finanzinstrumente (MiFID II)[1], die in Deutschland durch das Zweite Finanzmarktnovellierungsgesetz[2] umgesetzt wurden und am 03.01.2018 in Kraft traten. Die so überarbeitete Fassung der MaComp hat die BaFin am 19.04.2018 veröffentlicht und am 09.05.2018 ein weiteres Mal geändert.[3]

Durch die MiFID II haben sich wesentliche Änderungen ergeben: Rechtsquelle für die *3*
Aufgaben der Compliance Funktion sind nunmehr nicht WpHG und Wertpapierdienstleistungs-Verhaltens- und Organisationsverordnung (WpDVerOV)[4], sondern das WpHG und die Delegierte Verordnung (EU) 2017/565 der Kommission v. 25.04.2016 zur Ergänzung der Richtlinie 2014/65/EU des Europäischen Parlaments und des Rates in Bezug auf die organisatorischen Anforderungen an Wertpapierfirmen und die Bedingungen für die Ausübung ihrer Tätigkeit sowie in Bezug auf die Definition bestimmter Begriffe für die Zwecke der genannten Richtlinie (DV). Die DV ist europaweit unmittelbar anwendbar.[5] Die Regelung zahlreicher Themen in der DV, die zuvor der WpDVerOV vorbehalten waren, soll europaweite Kohärenz sicherstellen und eine umfassende Betrachtung sowie

---

1 Richtlinie 2014/65/EU des Europäischen Parlaments und des Rates v. 15.05.2014 über Märkte für Finanzinstrumente sowie zur Änderung der Richtlinien 2002/92/EG und 2011/61/EU (Amtsblatt der Europäischen Union L 173/349 v. 12.06.2014).
2 Zweites Gesetz zur Novellierung von Finanzmarktvorschriften auf Grund europäischer Rechtsakte (Zweites Finanzmarktnovellierungsgesetz 2. FiMaNoG) v. 23.06.2017 (BGBl. I, S. 1693).
3 Die MaComp in dieser Fassung ist Gegenstand dieses Beitrags.
4 Vgl. Neufassung der Verordnung zur Konkretisierung der Verhaltensregeln und Organisationsanforderungen für Wertpapierdienstleistungsunternehmen (Wertpapierdienstleistungs- Verhaltens- und Organisationsverordnung – WpDVerOV) v. 17.10.2017 (BGBl. I, S. 3566).
5 Vgl. Art. 288 des Vertrages über die Arbeitsweise der Europäischen Union.

einen kompakten Zugang zu den Bestimmungen durch Personen, die diesen Pflichten unterliegen, sowie durch Anleger, garantieren.[6]

4   Auch die Überarbeitungen der MaComp haben den Charakter dieses Rundschreibens als Kompendium nicht verändert (AT 1 Ziffer 3). Weiterhin werden als mit dem Rundschreiben verfolgte Ziele in AT 1 Ziffer 2 genannt:
   – Förderung des Vertrauens der Anleger in das ordnungsgemäße Funktionieren der Wertpapiermärkte,
   – Schutz der Gesamtheit der Anleger,
   – Schutz der institutionellen Funktionsfähigkeit der Kapitalmärkte,
   – Schutz des Wertpapierdienstleistungsunternehmens und seiner Mitarbeiter,
   – Minderung des Risikos von aufsichtsrechtlichen Maßnahmen, Schadenersatzansprüchen und Reputationsschäden.

5   Begrifflich lehnen sich die MaComp an die Mindestanforderungen für das Risikomanagement (MaRisk) an. Ebenso wie diese sind sie **kein materielles Recht**, sondern Auslegungen gesetzlicher Bestimmungen durch die Aufsichtsbehörde, auch wenn derartigen Richtlinien zumindest teilweise verordnungsähnliche rechtliche Bindungswirkung im Außenverhältnis zuerkannt wird.[7] Als solche binden sie zwar die BaFin selbst, nicht aber die Gerichte in der Rechtsauslegung.[8] Inhaltlich sind die MaComp eine Fortentwicklung von älteren, mit der Umsetzung der Richtlinie über Märkte für Finanzinstrumente (MiFID)[9] aufgehobenen Auslegungshinweisen der BaFin, insb. der sog. Compliance-Richtlinie.[10]

6   Die MaComp gliedern sich in zwei Teile, einen über *Allgemeine Organisatorische Anforderungen für Wertpapierdienstleistungsunternehmen* (AT) und einen über *Besondere An-*

---

6   Vgl. Erwägungsgrund 2 der DV.
7   Zu Rechtsnatur und Wirkung der MaRisk siehe *Hannemann/Schneider/Hanenberg*, Mindestanforderungen an das Risikomanagement, 2. Aufl., S. 17 f.; *Schlette/Bouchon*, in: Fuchs (Hrsg.): WpHG, 2. Aufl., § 35 Rn. 16.
8   Vgl. BGHZ 147, 343: lediglich norminterpretierende, aufsichtsbehördliche Verwaltungsvorschrift, die weder für vertragliche Verpflichtungen noch für die Zivilgerichte unmittelbare rechtliche Bedeutung habe (zur Wohlverhaltensrichtlinie); ähnlich OLG Düsseldorf NJW-RR 2004, 409; Vgl. *Assmann*, in: Assmann/Schneider (Hrsg.): WpHG, 6. Aufl., Einl. Rn. 67; *Schlette/Bouchon*, in: Fuchs (Hrsg.): WpHG, 2. Aufl., § 35 Rn. 16; *Harter*, in: Just/Voß/Ritz/Becker (Hrsg.): WpHG, § 35 Rn. 10.
9   Richtlinie 2004/39/EG des Europäischen Parlaments und des Rates v. 21.04.2004 über Märkte für Finanzinstrumente, zur Änderung der Richtlinien 85/611/EWG und 93/6/EWG des Rates und der Richtlinie 2000/12/EG des Europäischen Parlaments und des Rates und zur Aufhebung der Richtlinie 93/22/EWG des Rates (Amtsblatt der Europäischen Union L 145/1 v. 30.04.2004).
10 Richtlinie gemäß § 35 Abs. 6 WpHG zur Konkretisierung der Organisationspflichten von Wertpapierdienstleistungsunternehmen gemäß § 33 Abs. 1 WpHG v. 25.10.1999 (Bundesanzeiger Nr. 210 v. 06.11.1999, S. 18453). Als Folge der Änderungen des Gesetzes zur Umsetzung der Richtlinie über Märkte für Finanzinstrumente und der Durchführungsrichtlinie der Kommission (Finanzmarktrichtlinie-Umsetzungsgesetz, FRUG, BGBl. I, S. 1330) wurde die Compliance-Richtlinie aufgehoben. Die BaFin hat bei der Aufhebung am 23.10.2007 erklärt, dass „die Einhaltung der Compliance-Richtlinie [...] weiterhin als angemessenes Verfahren im Sinne von § 33 Abs. 1 Satz 2 Nr. 1 und 3 WpHG" angesehen wird und „die in der Richtlinie [festgelegten] Bestimmungen im Sinne von sog. „best practice" weiterhin [...] herangezogen werden."

forderungen nach §§ 63 ff. WpHG (BT). Die Teile sind **modular aufgebaut** (vgl. AT 1 Ziffer 5). Einzelne Abschnitte können daher zukünftig verändert oder ausgetauscht werden, ohne dass der Rest des Rundschreibens davon berührt wird.[11] Dadurch sind gezielte Anpassungen an veränderte rechtliche oder tatsächliche Rahmenbedingungen möglich.[12] Die MaComp erheben keinen Anspruch auf Vollständigkeit (AT 1 Ziffer 4). Die für die Stellung und die Aufgaben von Compliance maßgeblichen Auslegungen des § 80 Abs. 1 WpHG und des Art. 22 der DV finden sich in AT und in BT 1.

2 Allgemeiner Teil: Allgemeine Organisatorische Anforderungen nach § 80 Abs. 1 WpHG

2.1 Vorbemerkung, Quellen, Anwendungsbereich (AT 1 bis 3)

In AT 1 beschreibt die BaFin ausführlich den Sinn und Zweck der MaComp.[13] In AT 2 werden eine Reihe von „Rechtsquellen und Auslegungen" aufgeführt, die den durch die MaComp „konkretisierten"[14] gesetzlichen Vorgaben zugrunde liegen. Eine besondere Bedeutung haben dabei die MiFID II und ihre Durchführungsbestimmungen, insb. die DV, in deren Umsetzung die durch die MaComp ausgelegten gesetzlichen Bestimmungen ihren derzeitigen Wortlaut erhalten haben. Der Wortlaut und die Erläuterungen dieser europäischen Rechtsakte sind bei der Auslegung heranzuziehen, um eine **europarechtskonforme Auslegung** sicherzustellen.[15]

7

Die MaComp richten sich an Wertpapierdienstleistungsunternehmen im Sinne des § 2 Abs. 10 WpHG (AT 3.1). Ebenfalls erfasst werden grundsätzlich Zweigniederlassungen im Sinne des § 53b KWG und Kapitalverwaltungsgesellschaften (KVG) im Sinne von § 17 KAGB, soweit sie Dienstleistungen und Nebendienstleistungen gem. § 20 KAGB erbringen. Für Zweigniederlassungen und KVGen gilt aber, dass die MaComp nur eingeschränkt Anwendung finden.[16] Nicht erfasst werden Unternehmen, die einen Ausnahmetatbestand nach § 3 WpHG erfüllen. In AT 3.2 wird hervorgehoben, dass der heterogenen Unternehmensstruktur und der Vielfalt der Geschäftsaktivitäten von Wertpapierdienstleistungsunternehmen Rechnung getragen werden soll und zahlreiche **Öffnungsklauseln** eine vereinfachte Umsetzung ermöglichen. Kleinere Wertpapierdienstleistungsunternehmen mit geringem Interessenkonfliktpotenzial sollen also nicht den gleichen Anforderungen unterliegen wie große Universal- und Investmentbanken. Die Notwendigkeit zu dieser Differen-

8

---

11 Hiervon hat die BaFin bei der bisherigen Änderungen der MaComp auch Gebrauch gemacht (vgl. Rn. 2).
12 Zum entsprechenden Aufbau der MaRisk siehe *Hannemann/Schneider/Hanenberg* (Hrsg.): Mindestanforderungen an das Risikomanagement (MaRisk), 2. Aufl., S. 24 ff.
13 Siehe hierzu bereits in der Einführung.
14 In AT 1 Ziffer 1 wird festgehalten, dass das Rundschreiben Regelungen des 6. Abschnitts „präzisiert". Beide Formulierungen sind nicht ganz treffend, da die gesetzlichen Bestimmungen von der Aufsicht nur ausgelegt, nicht aber verändert werden können.
15 Zur europarechtskonformen Auslegung EuGH, Urteil v. 05.10.2004 (Rs C-397–403/01), in: ZIP 2004, S. 2342 ff., zur besonderen Bedeutung bei der Auslegung des WpHG eingehend *Assmann*, in: Assmann/Schneider, WpHG, 6. Aufl., Einl. Rn. 75 ff. mit zahlreichen Nachweisen.
16 Insb. die hier gegenständlichen Ausführungen zum Compliance-Beauftragten in BT 1 der MaComp finden auf diese keine Anwendung.

zierung folgt aus § 80 Abs. 1 Satz 3 WpHG in Verbindung mit Art. 21 Abs. 1 Satz 2 DV, der für die Organisation eines Wertpapierdienstleistungsunternehmens verlangt, „die Art, den Umfang und die Komplexität ihrer Geschäfte sowie die Art und das Spektrum der im Zuge dieser Geschäfte erbrachten Wertpapierdienstleistungen und Anlagetätigkeiten zu berücksichtigen".

9   Jedoch ist die Verwendung des Wortes „Öffnungsklauseln" in diesem Modul missverständlich. Der Begriff Öffnungsklauseln deutet auf Ausnahmen von einer Regel hin. Die BaFin geht offenbar davon aus, dass ein Wertpapierdienstleistungsunternehmen begründen muss, warum es nicht alle denkbaren Compliance-Maßnahmen trifft.[17] Diese Begründung wäre so zu dokumentieren, dass sie vom Wirtschaftsprüfer und der BaFin nachvollzogen werden kann. Dies entspricht nicht dem Wortlaut von Art 21 Abs. 1 Satz 2 DV, der von einem Wertpapierdienstleistungsunternehmen eine **Selbsteinstufung** verlangt. Begründet und dokumentiert werden muss demnach zwar die Selbsteinstufung, ein Unternehmen muss aber nicht dokumentieren, warum auf einzelne Vorkehrungen verzichtet wurde.

10 Die MaComp enthalten ausschließlich Auslegungen der Vorschriften des Wertpapierhandelsrechts und betreffen damit allein die Wertpapier-Compliance. Bereiche wie Betrugs- und Geldwäscheprävention sind nicht erfasst.[18]

2.2 Gesamtverantwortung der Geschäftsleitung (AT 4)

11 Die Gesamtverantwortung für die Einhaltung der im WpHG und der DV geregelten Pflichten liegt nach AT 4 Satz 1 bei der Geschäftsleitung. Sie ist für die ordnungsgemäße Geschäftsorganisation und deren Weiterentwicklung zuständig (Satz 2). Dies gilt auch für ausgelagerte Aktivitäten und Prozesse (Satz 3). Dies spiegelt die Pflichtenzuweisung in § 80 Abs. 1 WpHG wider, wonach das Wertpapierdienstleistungsunternehmen die organisatorischen Pflichten nach § 25a Abs. 1 und § 25e KWG einhalten muss. Gemäß § 25a Abs. 1 Satz 2 KWG i.V.m. § 1 Abs. 2 Satz 1 KWG sind die Geschäftsleiter für die ordnungsgemäße Geschäftsorganisation des Instituts verantwortlich. Die MaComp spezifiziert dies insoweit, als dass sie die Verantwortung für die Einhaltung der dem Unternehmen zugewiesenen wertpapierrechtlichen Pflichten der Geschäftsleitung zuweisen. Insb. muss das Wertpapierdienstleistungsunternehmen ein Mitglied der Geschäftsleitung bestimmen, dass für die Überwachung und Aufrechterhaltung der jeweiligen organisatorischen Anforderungen im Unternehmen zuständig ist (Art. 25 Abs. 1 UAbs. 2 DV).

12 Zwar sehen das WpHG und die DV eine **Delegation** einiger Organisationspflichten an die Compliance-Funktion vor, doch stellt AT 4 Satz 4 klar, dass auch dann die Geschäftsleitung verantwortlich bleibt. Gleichzeitig enthält die DV in Art. 25 Abs. 2 und Abs. 3 DV **Kontrollinstrumente**, die es der Geschäftsleitung und dem Aufsichtsorgan (soweit vorhanden) erleichtern, ihrer Verantwortung nachzukommen. So hat das Wertpapierdienstleistungs-

---

17 In AT 1, Ziffer 6 weist die BaFin darauf hin, dass es für bestimmte Öffnungsklauseln ausdrückliche Anordnungen gibt, etwaige Abweichungen zu schriftlich begründen.
18 Am 15.03.2018 hat die BaFin die Konsultation 5/2018 – Auslegungs- und Anwendungshinweise zum Geldwäschegesetz begonnen (Geschäftszeichen GW 1-GW 2000–2017/0002), die zu einem ähnlichen Kompendium führen wird.

unternehmen sicher zu stellen, dass die Geschäftsleitung und das Aufsichtsorgan in angemessenen Zeitabständen, zumindest einmal jährlich, Berichte der mit der Compliance-Funktion betrauten Mitarbeiter erhalten. Verantwortlich für die Berichte und die Compliance-Funktion ist der **Compliance-Beauftragte**, BT 1.1, Ziffer 3.

Die Einhaltung der wertpapierrechtlichen Vorschriftenist grundsätzlich systematisch zu überprüfen und zu überwachen. Dies hat im Rahmen eines einzurichtenden „Internen Kontrollsystems" zu geschehen (vgl. Art 21 Abs. 1c) DV).[19]

13

2.3 Zusammenarbeit mehrerer Wertpapierdienstleistungsunternehmen (AT 5)

Bei der Erbringung von Wertpapierdienstleistungen können auch mehrere Wertpapierdienstleistungsunternehmen zusammenarbeiten, beispielsweise im Falle der Weiterleitung eines Kundenauftrages an ein zweites Unternehmen. Für diese Fälle dürfen nach AT 5 Satz 1 und Satz 2 die kooperierenden Wertpapierdienstleistungsunternehmen darauf vertrauen, dass das jeweilige andere seine aufsichtsrechtlichen Pflichten erfüllt. Dieser Grundsatz entspricht – wie in Satz 3 festgestellt – der gesetzlichen Festlegung in § 71 Nr. 2 WpHG. Satz 4 schränkt dies jedoch ein: Wertpapierdienstleistungsunternehmen sollen nicht auf die Einhaltung der Vorschriften durch das andere Unternehmen vertrauen können, sofern „offensichtliche Anhaltspunkte" vorliegen, dass dieses seinen aufsichtsrechtlichen Pflichten nicht „nachkommt".

14

Es bleibt unklar, was daraus für das Verhältnis von zwei kooperierenden Wertpapierdienstleistungsunternehmen folgt. Müssen sie Vorkehrungen treffen, um mögliches Fehlverhalten zu erkennen? Eine solche Überwachungspflicht dürfte nicht zu erfüllen sein. Angesichts des eindeutigen Wortlauts des § 71 Nr. 2 WpHG, der das Vertrauen auf die Angaben des Partnerunternehmens schützt, kann dies aber auch nicht gemeint sein. Die Einschränkung in Satz 4 dürfte vielmehr auf offensichtliche Fälle mit erheblichen Pflichtverletzungen zielen.

15

2.4 Allgemeine Anforderungen nach § 80 Abs. 1 WpHG (AT 6)

Entsprechend den Anforderungen des § 80 Abs. 1 WpHG wird in AT 6 Ziffer 1 Satz 1 festgelegt, dass „ein Wertpapierdienstleistungsunternehmen **angemessene Grundsätze aufzustellen, Mittel vorzuhalten und Verfahren einzurichten** [hat], um sicherzustellen, dass [es] selbst und seine Mitarbeiter den Verpflichtungen des WpHG nachkommen." Um dies zu gewährleisten, ist eine **Compliance-Funktion** einzurichten, „die ihre **Aufgaben unabhängig wahrnehmen** kann" (Ziffer 1 Satz 2).

16

In Ziffer 1 Satz 2 wird klargestellt, dass die Compliance-Funktion „**prozessbegleitend und präventiv**" tätig sein soll. Die Compliance-Funktion allein kann nur eingeschränkt Verstöße gegen das WpHG verhindern. Das Tätigkeitsmerkmal „prozess*begleitend*" beinhaltet daher, dass von ihr in erster Linie die operativen Abteilungen unterstützt werden sollen.

17

---

19 Vgl. in diesem Buch Kapitel I.5 *Welsch/Foshag*, Internes Kontrollsystem Compliance.

Diese Unterstützung dient einer gesetzeskonformen Gestaltung der Prozesse.[20] Zunächst sind also die operativen Bereiche selbst für die Einhaltung der sie betreffenden Normen des WpHG durch Selbstkontrollen verantwortlich (Ziffer 2 Satz 2). Zugleich ist auch sicherzustellen, dass die übrigen operativen Abteilungen zumindest stichprobenartig überprüft werden – sei es von der Compliance-Funktion oder einer anderen Abteilung wie etwa der Handelsabwicklung (Ziffer 2 Satz 3).

18 Allerdings gibt es auch Aufgaben der Compliance-Funktion, die als „originäre" Aufgaben von Compliance bezeichnet werden können, so beispielsweise die Überwachung von Mitarbeitergeschäften (siehe BT 1.2.1.2 Ziffer 2 (**Kernbereich Compliance**)). Bei diesen Aufgaben findet keine Prozessbegleitung statt, sondern die Compliance-Funktion gestaltet den Prozess selbst.

19 Darüber hinaus können die Charakteristika „prozessbegleitend" und „präventiv" dazu dienen, die Aufgaben der Compliance-Funktion von denen der Internen Revision abzugrenzen.[21] Die **Interne Revision** prüft prozessunabhängig und risikoorientiert[22]; die Compliance-Funktion dagegen muss nicht prozessunabhängig sein und kann daher die Geschäftsprozesse und Kontrollen beeinflussen und mitgestalten.[23]

20 Ziffer 3 legt den Schwerpunkt der Überwachung der Compliance-Funktion auf die zur Einhaltung der Vorschriften des WpHG[24] und der DV getroffenen Vorkehrungen. Die spezifischen Anforderungen an die Compliance-Funktion werden in BT 1 der MaComp dargestellt (vgl. dazu unter Rn. 30 ff.).

2.4.1 Aufbau und Ablauforganisation (AT 6.1)

21 AT 6.1 verbindet die in AT 6 eingeforderten organisatorischen Maßnahmen mit der in § 80 Abs. 1 Nr. 2 WpHG getroffenen Wertung. Danach sind Vorkehrungen zu treffen, um **Interessenkonflikte** bei der Erbringung von Wertpapierdienstleistungen zu vermeiden. Dieser Grundsatz der Vermeidung von Interessenkonflikten ist auch zentraler Regelungsgehalt des § 63 Abs. 2 WpHG und dient dem Kundenschutz. Insb. § 63 Abs. 2 WpHG verpflichtet das Wertpapierdienstleistungsunternehmen, sofern eine Vermeidung der Interessenkonflikte nicht möglich ist, diese dem Kunden offen zu legen.

22 Die unter AT 6 Ziffer 1 eingeforderten organisatorischen Maßnahmen haben sich daran zu orientieren, inwieweit Wertpapierdienstleistungsunternehmen und deren Mitarbeiter Interessenskonflikten unterliegen können oder Zugang zu **compliance-relevanten Informationen** haben. Der Begriff der „compliance-relevanten Information" wird in der MaComp

---

20 Gemäß Art. 22 § 33 Abs. 1 Nr. 1 WpHG i. V. m. § 12 Abs. 3 Nr. 1 WpDVerOV soll die Compliance-Funktion überwachend und bewertend tätig werden.
21 Zur Abgrenzung siehe im Detail in diesem Buch Kapitel III.1 *Röh, Oppenheim*, Verhältnis von Wertpapier-Compliance zu anderen Funktionen des Risikomanagements, Interner Revision und Rechtsabteilung.
22 Siehe MaRisk AT 4.4.3 Ziffer 3.
23 *Eis*, It takes two to tango: Compliance und Interne Revision: getrennt auftreten, vereint schlagen, pwc financial services, Ausgabe Januar 2009, S. 9 ff.
24 Auch soweit die MaComp hier „insbesondere" die Verhaltensregelungen des 11. Abschnitts nennt, ist der Tätigkeitsbereich der Compliance-Funktion nicht auf diese beschränkt.

selbst nicht ausdrücklich definiert.[25] Zwar umfasst der Begriff Insiderinformationen im Sinne des Art. 7 Abs. 1 der Marktmissbrauchsverordnung[26], aber eben auch „andere vertrauliche Informationen". Die BaFin spezifiziert zumindest den Begriff der Insiderinformation insoweit, als dass unter diesen Begriff *insbesondere* Kenntnisse über die im Emittentenleitfaden[27] (Kapitel IV 2.2.4, S. 56 f.) aufgeführten Sachverhalte fallen, soweit sie die übrigen Definitionsmerkmale des Begriffs erfüllen. Aber auch diese (Teil-)Definition ist nicht abschließend.

Weiterhin fallen unter den Begriff der compliance-relevanten Information auch die bestimmungsmäßige Möglichkeit zur Kenntnisnahme von Kundenaufträgen, soweit diese durch den Abschluss von Eigengeschäften des Unternehmens oder Mitarbeitergeschäften zum Nachteil des Kunden verwendet werden kann (insb. zum Vor-, Mit- oder Gegenlaufen). Vor dem Hintergrund, dass die BaFin den regelmäßigen Zugang von Mitarbeitern zu compliance-relevanten Informationen als Auslöser der Notwendigkeit, die Compliance-Funktion als selbstständige Organisationsfunktion einzurichten, ansieht (vgl. BT 1.3.3.4, Ziffer 1), wäre eine abschließende Definition wünschenswert gewesen. *23*

2.4.2 Mittel und Verfahren (AT 6.2)

Die in AT 6.2 genannten notwendigen Mittel und Verfahren zur Einhaltung der wertpapierrechtlichen Vorschriften ergeben sich aus § 80 WpHG sowie aus Art. 22 Abs. 2 DV. Eine Ausnahmeregelung von den in Ziffer 1 angesprochenen Maßnahmen findet sich für kleinere Wertpapierdienstleistungsunternehmen in Ziffer 2. Sofern sie „in der Regel nicht über compliance-relevante Informationen verfügen" und „ihre Mitarbeiter in der Regel keinem Interessenkonflikt unterliegen", haben sie lediglich „allgemeine Maßnahmen für den Fall vorzusehen, dass sie in Einzelfällen solche Informationen erhalten". *24*

Die in Ziffer 3 aufgeführten Maßnahmen und Instrumente waren bereits in der Compliance-Richtlinie enthalten und sind zwischenzeitlich in der Praxis als Marktstandard etabliert.[28] *25*

---

25 Der Begriff entstammte der Richtlinie des Bundesaufsichtsamtes für den Wertpapierhandel zur Konkretisierung der Organisationspflichten von Wertpapierdienstleistungsunternehmen gemäß § 33 Abs. 1 WpHG v. 25. 10. 1999, die mit der Umsetzung des Finanzmarkt-Richtlinie-Umsetzungsgesetz am 01. 11. aufgehoben wurde.
26 Verordnung (EU) Nr. 596/2014 des Europäischen Parlaments und des Rates v. 16. 04. 2014 über Marktmissbrauch (Marktmissbrauchsverordnung) und zur Aufhebung der Richtlinie 2003/6/EG des Europäischen Parlaments und des Rates und der Richtlinien 2003/124/EG, 2003/125/EG und 2004/72/EG der Kommission (Amtsblatt der Europäischen Union L 173/1 v. 12. 06. 2014).
27 Emittentenleitfaden der BaFin (2013), abrufbar unter https://www.bafin.de/SharedDocs/Downloads/DE/Leitfaden/WA/dl_emittentenleitfaden_2013.html (letzter Abruf am 18. 06. 2018).
28 Siehe auch *Sethe,* in: Assmann/Schneider (Hrsg.): WpHG, 5. Aufl., § 15b Rn. 7.

Hierzu gehören organisatorische Maßnahmen wie „**Chinese Walls**"[29], Beschränkungen des „**Wall Crossings**"[30] und **Beobachtungs- und Sperrlisten**[31].

2.5 Verhältnis § 63 ff. WpHG zu §§ 25a, 25 e KWG (AT 7)

26 AT 7 Ziffer 1 wiederholt die Festlegung in § 80 Abs. 1 Satz 1 WpHG, wonach die organisatorischen Anforderungen des § 25a Abs. 1 und § 25e KWG auch für die Erbringung von Wertpapierdienstleistungen gelten. Die ordnungsgemäße Geschäftsorganisation nach § 25a Abs. 1 KWG umfasst insb. ein **angemessenes und wirksames Risikomanagement**[32], an das vor allem folgende Anforderungen gestellt werden:

– Festlegung von Strategien,
– Verfahren zur Ermittlung und Sicherstellung der Risikotragfähigkeit– Einrichtung interner Kontrollverfahren, inklusive der Etablierung eines Internen Kontrollsystems (IKS) und einer Internen Revision,
– angemessene personelle und technisch-organisatorische Ausstattung des Instituts,
– Festlegung eines angemessenen Notfallkonzeptes, sowie
– angemessene, transparente und auf eine nachhaltige Entwicklung des Instituts ausgerichtete Vergütungssysteme.

27 Bei den **internen Kontrollverfahren** differenziert das KWG ausdrücklich zwischen dem **IKS** und der **Internen Revision**, wobei das IKS insb.

– aufbau- und ablauforganisatorische Regelungen mit Abgrenzung der Verantwortungsbereiche sowie
– Prozesse zur Identifizierung, Beurteilung, Steuerung, Überwachung und Kommunikation von Risiken

umfasst. Dabei soll das IKS **prozessabhängig**, die Interne Revision dagegen **prozessunabhängig** sein[33]. In Ziffer 2 stellt die BaFin klar, dass die Compliance-Funktion Bestandteil

---

29 Chinese Walls begrenzen Informationen auf bestimmte Bereiche eines Unternehmens durch funktionale oder räumliche Trennung oder Zugangsbeschränkungen. Eine Durchbrechung dieser Trennung soll nur aufgrund eines gezielten „Wall Crossing" stattfinden.
30 Das sog. „Wall Crossing" beschreibt den bereichsüberschreitenden Informationsfluss. Ein solches ist grundsätzlich nur dann statthaft, wenn sich die Informationsweitergabe auf das erforderliche Maß beschränkt („need to know").
31 Die Beobachtungsliste (watch-list) ist eine von der Compliance-Funktion vertraulich geführte nicht öffentliche und laufend aktualisierte Liste von Unternehmen oder Wertpapieren und Derivaten zu denen im eigenen Unternehmen Informationen über compliance-relevante Tatsachen vorliegen. Die Sperrliste (restricted-list) ist eine innerhalb des eigenen Unternehmens nicht geheim geführte Liste meldepflichtiger Werte. Sie dient dazu, den Mitarbeitern des Wertpapierdienstleistungsunternehmens Beschränkungen für Mitarbeiter- und Eigengeschäfte deutlich zu machen.
32 Der Gesetzgeber knüpft hier an den weiten Begriff des Risikomanagements an, vgl. hierzu *Hannemann/Schneider/Hanenberg* (Hrsg.): Mindestanforderungen an das Risikomanagement (MaRisk), 2. Aufl., S. 16 f.
33 *Hannemann/Schneider/Hanenberg* (Hrsg.): Mindestanforderungen an das Risikomanagement (MaRisk), 2. Aufl., S. 17.

des IKS ist.[34] Dies entspricht auch der in AT 6 Ziffer 1 enthaltenen Wertung, wonach die Compliance-Funktion **prozessbegleitend** tätig ist.

2.6 Aufzeichnungspflichten und Anforderungen an das Outsourcing (AT 8 und AT 9)

Die **Aufzeichnungspflichten** sind von der BaFin bereits vor einiger Zeit festgehalten worden. Sie sind entsprechend der Vorgaben der MiFID 2 und der DV angepasst worden. Hier beschränken sich die MaComp in AT 8 daher auf einen Verweis auf das *Verzeichnis der Mindestaufzeichnungspflichten gemäß § 83 Abs. 11 WpHG* v. 18.04.2018 die wiederum auf Anhang 1[35] zur DV basieren. 28

Die Ausführungen zu den Anforderungen an das **Outsourcing**[36] beschränken sich im Wesentlichen auf einen Verweis auf die relevanten Auslagerungsvorgaben. Zu beachten ist insb., dass sich die Anforderungen an die Auslagerung nunmehr aus §§ 25b KWG, 80 Abs. 6 WpHG, AT 9 MaRisk und den Art. 30, 31 und 32 der DV ergeben.

Besondere Anforderungen ergeben sich weiterhin für die Auslagerung der Compliance-Funktion, die in BT 1.3.4 genauer dargestellt werden. Besonders erwähnt sei in diesem Zusammenhang auch AT 9 der MaRisk mit den dort genannten erheblichen Einschränkungen bei der Auslagerung insb. der Compliance-Funktion. 29

3 Besondere Anforderungen nach § 63 ff. WpHG

Das Modul BT 1 erläutert die Anforderungen an die Organisation und Tätigkeit der Compliance-Funktion und „präzisiert" (vgl. AT 1, Ziffer 1) so die sich aus § 80 Abs. 1 WpHG, Art. 22 und Art. 26 Abs. 7 DV ergebenden Anforderungen. Die BaFin weist explizit darauf hin, dass hier aufgrund ausdrücklicher Anordnung das **Proportionalitätsprinzip** nach Art. 22 Abs. 1 DV Anwendung findet. Verpflichtete haben daher „die Art, den Umfang und die Komplexität ihrer Geschäfte sowie die Art und das Spektrum der im Zuge dieser Geschäfte erbrachten Wertpapierdienstleistungen und Anlagetätigkeiten" bei der Ausgestaltung der Compliance-Funktion zu berücksichtigen. 30

Zu beachten ist, dass sich seit dem Inkrafttreten der MiFID II und deren begleitender Rechtsakte die Aufgaben der Compliance-Funktion nicht mehr aus dem WpHG ergeben. Vielmehr ist Art. 22 DV nun die zentrale Norm, die Aufgaben und Ausstattung der Compliance-Funktion festlegt. 31

---

34   Siehe hierzu auch in diesem Buch Kapitel I.5 *Welsch/Foshag*, Internes Kontrollsystem Compliance.
35   Unter https://www.bafin.de/SharedDocs/Downloads/DE/Rundschreiben/dl_rs_0518_MaComp_anlage_at8.html?nn=9021442 lässt sich nunmehr bei der BaFin eine Excel-Liste mit den Mindestaufzeichnungen im Format der DV abrufen (letzer Abruf am 18.06.2018).
36   Zu Outsourcing im Wertpapiergeschäft in jüngerer Zeit *Klanten*, in: *Grundmann/Kirchner/Raiser/Schwintowski/Weber/Windbichler (Hrsg.)*: Festschrift für Eberhard Schwark zum 70. Geburtstag, Unternehmensrecht zu Beginn des 21. Jahrhunderts, S. 488 ff.

3.1 Stellung und Aufgaben von Compliance (BT 1.1)

32 In BT 1.1 werden grundsätzliche Feststellungen über die **Integration der Compliance-Funktion in das Wertpapierdienstleistungsunternehmen** getroffen. Die Feststellung in Ziffer 1 Satz 1 ist dabei eine bloße Wiederholung des Gesetzestextes. Bereits Art. 22 Abs. 2 DV legt ausdrücklich fest, dass eine „permanente und wirksame, unabhängig arbeitende Compliance-Funktion" einzurichten ist Die Compliance-Funktion ist „**Instrument der Geschäftsleitung**" (Ziffer 2 Satz 1). Diese kann ihre Verantwortung für die Compliance-Funktion also nicht delegieren (siehe auch AT 4 Satz 4).

33 Ziffer 2 Satz 2 stellt klar, dass organisatorisch dennoch die **Unterstellung unter ein einzelnes Geschäftsleitungsmitglied** möglich ist. Eine rechtliche Grundlage für das in Ziffer 2 Satz 3 genannte Auskunftsrecht des Vorsitzenden des Aufsichtsorgans gegenüber dem Compliance-Beauftragten fehlt. Es passt auch nicht so recht zu der Zuweisung der Verantwortung für die Compliance-Funktion an die Geschäftsleitung. Die Festlegung dürfte aber keine praktische Bedeutung haben. Das Aufsichtsorgan wird Auskünfte unabhängig von den MaComp ohnehin erhalten können.

34 Die Pflicht zur **Benennung eines Compliance-Beauftragten** und seine Verantwortung „für die Compliance-Funktion sowie die Berichte an die Geschäftsleitung und das Aufsichtsorgan" ist in Art. 22 Abs. 3 lit. b DV normiert. Diese Verantwortung des Compliance-Beauftragten besteht „unbeschadet der Gesamtverantwortung der Geschäftsleitung".

3.2 Aufgaben der Compliance-Funktion (BT 1.2)

35 Das Modul BT 1.2 erläutert die der Compliance-Funktion in Art. 22 Abs. 2 DV zugewiesenen Aufgabenbereiche. Die Compliance-Funktion ist demnach für die folgenden Aufgaben zuständig:

- **Überwachung und regelmäßige Bewertung** der Angemessenheit und Wirksamkeit der im Unternehmen aufgestellten Grundsätze und Verfahren,
- **Berichterstattung an das Leitungsorgan**,
- **Beratung und Unterstützung**,
- **Überwachung** der Prozessabläufe für die Abwicklung von Beschwerden und Berücksichtigung von Beschwerden.

Zur Erfüllung der Überwachungs- und Beratungsaufgaben der Compliance-Funktion soll diese eine Risikoanalyse vornehmen, auf dessen Grundlage dann ein risikobasiertes Überwachungsprogramm von ihr erstellt wird. Das Überwachungsprogramm legt Prioritäten fest, die anhand der Compliance-Risikobewertung bestimmt werden, sodass die umfassende Überwachung der Compliance-Risiken sichergestellt wird.

36 Die BaFin beschreibt die **Überwachungsaufgaben** der Compliance-Funktion in BT 1.2.1. So soll die Compliance-Funktion die im Unternehmen aufgestellten Grundsätze und eingerichteten Verfahren sowie die zur Behebung von Defiziten getroffenen Maßnahmen einschließlich der Prozessabläufe für die Abwicklung von Beschwerden überwachen und bewerten (Ziffer 1). Grundlage hierzu bilden regelmäßige risikobasierte Überwachungshandlungen, mit denen sichergestellt werden soll, dass die aufgestellten Grundsätze und Verfahren eingehalten werden und das nötige Bewusstsein für Compliance-Risiken ge-

schärft wird (Ziffer 2). Schließlich weist die BaFin der Compliance-Funktion ausdrücklich die Verantwortung dafür zu, Interessenskonflikte zu vermeiden (Ziffer 3).

In BT 1.2.1.1 stellt die BaFin detaillierte Vorgaben zur Durchführung der in Art. 22 Abs. 2 UAbs. 1 DV vorgesehenen **Risikoanalyse** auf, die maßgeblich für Umfang und Schwerpunkt der Tätigkeit der Compliance-Funktion ist. Eine solche Analyse ist regelmäßig durchzuführen, im Bedarfsfall sind auch Ad-hoc Prüfungen vorzunehmen, auch um aufkommende Risiken, etwa durch die Erschließung neuer Geschäftsfelder, in die Betrachtung mit einzubeziehen (Ziffer 1). Kernbestandteil der Risikoanalyse ist das Risikoprofil des Unternehmens, das die Compliance-Funktion auf Basis von Art, Umfang und Komplexität der angebotenen Wertpapierdienstleistungen und Wertpapiernebendienstleistungen sowie der Arten der gehandelten und vertriebenen Finanzinstrumente unter Berücksichtigung der aus der Überwachung der Beschwerdeabwicklung resultierenden Informationen ermittelt (Ziffer 2). 37

Es obliegt der Compliance-Funktion zu überprüfen, ob die in den Organisations- und Arbeitsanweisungen festgelegten Kontrollhandlungen durch die Fachbereiche regelmäßig und ordnungsgemäß ausgeführt werden. Einzelheiten zu diesen Überwachungshandlungen regelt Modul BT 1.2.1.2 der MaComp. 38

In Bezug auf die Überwachung der Angemessenheit und Wirksamkeit kann sich die Compliance-Funktion auf geeignete Quellen und Instrumente stützen (Ziffer 4). Als Beispiel werden hier aggregierte Risikomessungen genannt. Liegen keine geeigneten Instrumente oder Quellen vor, so sind eigene Prüfungen vorzunehmen. Der Compliance-Beauftragte hat dabei risikoorientiert zu bestimmen, welche **Vor-Ort-Prüfungen** die Compliance-Funktion selbst vornimmt. 39

Die Überwachungshandlungen der Compliance-Funktion sind mit den Kontrollen der Geschäftsbereiche und den Prüfungshandlungen der Internen Revision zu koordinieren (Ziffer 7). Sie dürfen aber nicht ausschließlich auf die Prüfungsergebnisse der Internen Revision gestützt werden (Ziffer 3). Dies schließt nicht aus, dass Compliance und Interne Revision auf Prüfungsergebnisse der anderen Einheit zurückgreifen.[37] Die **Durchführung der Überwachungshandlungen** der Compliance-Funktion soll kontinuierlich, möglichst prozessbegleitend oder zumindest zeitnah erfolgen (Ziffer 7 Satz 2).[38] 40

Stellt die Compliance-Funktion Defizite in den Grundsätzen und Vorkehrungen fest, so hat sie gemäß Ziffer 8 41
– die notwendigen Maßnahmen zur Behebung von Defiziten bei bestehenden Vorkehrungen zu ermitteln,
– die Geschäftsleitung darüber zu informieren,
– die mit der Implementierung verbundenen Maßnahmen zu überwachen und regelmäßig zu bewerten,
– entsprechende Überwachungshandlungen zur Überprüfung vorzunehmen.

---

37 Schon gemäß der Compliance-Richtlinie Ziffer 4.2 letzter Satz war die Interne Revision verpflichtet, alle Feststellungen zu compliance-relevanten Sachverhalten der Compliance-Stelle mitzuteilen.
38 Die Interne Revision dagegen prüft risikoorientiert und prozessunabhängig (MaRisk AT 4.4.3).

42 Die Berichtspflichten der Compliance-Funktion werden in BT 1.2.2 näher spezifiziert. Wie schon in Art. 22 Abs. 2 lit. c DV normiert, hat der Compliance-Beauftragte mind. einmal jährlich an die Geschäftsleitung und das Aufsichtsorgan zu **berichten** (Ziffern 1 und 3).[39] Darüber hinaus können auch im Einzelfall anlassbezogene ad-hoc Berichte erforderlich sein (Ziffer 2).

43 Der **Compliance-Bericht** soll sich auf alle relevanten Geschäftsbereiche erstrecken und sollte zumindest den in der MaComp vorgeschriebenen Inhalt haben (Ziffern 5 und 6). Dies umfasst insb.:

– Eine Zusammenfassung der durchgeführten Prüfungen,
– Eine Beschreibung identifizierter Risiken,
– Eine Darstellung regulatorischer Änderungen,
– Angaben zum wesentlichen Schriftwechsel mit den Aufsichtsbehörden, und
– Angaben zur Angemessenheit der Ausstattung der Compliance-Funktion.

44 Die Berichte an die Geschäftsleitung sind auch an das Aufsichtsorgan zu übermitteln (Ziffer 3 Satz 1), wobei diese Übergabe durch die Geschäftsleitung erfolgen soll (vgl. BT 1.2.2 Ziffer 3 Satz 2). Inhaltliche Änderungen des Berichts, die durch die Geschäftsleitung veranlasst werden, sind gesondert zu dokumentieren und der Vorsitzende des Aufsichtsorgans ist darüber zu informieren (Ziffer 4). Der Vorsitzende des Aufsichtsorgans ist über die Änderungen zu informieren.

45 Die Beratungsaufgaben der Compliance-Funktion werden in BT 1.2.3 spezifiziert. Die MaComp nennt hier insb. die Unterstützung bei Mitarbeiterschulungen, die tägliche Betreuung der Mitarbeiter und die Mitwirkung bei der Erstellung neuer Grundsätze und Verfahren (Ziffer 1). Ebenfalls regelt die MaComp Einzelheiten Schulungsinhalten (Ziffer 2), Häufigkeit und Teilnehmerkreis (Ziffer 3) und Aktualisierungspflichten (Ziffer 4). Schließlich sollen Mitarbeiter der Compliance-Funktion auch für Fragen zur Verfügung stehen, die sich aus der täglichen Arbeit ergeben (Ziffer 5).

46 Weiter umfasst die Beratung der operativen Bereiche, dass die **Compliance-Funktion in bestimmte Aufgaben einzubeziehen** ist. Details hierzu ergeben sich aus BT 1.2.4. Insb. soll die Compliance-Funktion in die Entwicklung von relevanten Grundsätzen und Verfahren einbezogen werden (Ziffer 1) und sicherstellen, dass entwickelte Arbeitsanweisungen gesetzlichen Vorgaben entsprechen. Durch die Einbindung der Compliance-Funktion soll sichergestellt werden, dass diese ihre Sachkenntnis einbringen kann. Dies bedingt auch das Recht, in die Produktgenehmigungsprozesse für neue Produkte eingreifen zu können (Ziffer 3).

47 Auch soll die Geschäftsleitung die Geschäftsbereiche bestärken, die Compliance-Funktion in ihre Tätigkeit einzubeziehen (Ziffer 4). So ergibt sich ein vielfältiger Aufgabenbereich für die Compliance-Funktion: Neben Aufgaben, bei denen die Einbindung von Compliance schon seit jeher gängige Praxis ist, wie beispielsweise die Ermittlung der Kriterien zur Bestimmung der **Compliance-Relevanz der Mitarbeiter**, wurden auch Aufgaben in den

---

39 Zu Einzelheiten des Compliance-Berichts siehe in diesem Buch Kapitel I.4 *Welsch/Dost*, Der Compliance-Bericht.

Katalog aufgenommen, bei denen dies vor Einführung der MaComp nicht in allen Instituten gängige Praxis war. Hierzu gehören z. B. die Festlegung der Grundsätze der **Vertriebsziele** und **Bonuszahlungen** oder die **Erschließung neuer Geschäftsfelder**. Auch der **Produktüberwachungsprozess**, die Ausgestaltung von Prozessen für **Mitarbeitergeschäfte**, **Grundsätze zur Auftragsausführung und -weiterleitung** gehören hierzu (vgl. Ziffer 6). Die frühzeitige Einbindung der Compliance-Funktion soll Verstöße gegen gesetzliche Bestimmungen verhindern (Ziffer 2 Satz 2).

3.3 Organisatorische Anforderungen an die Compliance Funktion (BT 1.3)

Nach Art. 22 Abs. 2 DV haben Wertpapierfirmen eine permanente und wirksame, unabhängig arbeitende Compliance-Funktion einzurichten. Die BaFin füllt diese Vorgaben aus organisatorischer Hinsicht in BT 1.3 mit Leben und schafft detaillierte Vorgaben zur Compliance-Funktion. 48

3.4 Wirksamkeit der Compliance-Funktion (BT 1.3.1)

Art. 22 Abs. 2 DV sieht vor, dass die Compliance-Funktion „wirksam" arbeitet. BT 1.3.1 eröffnet den Wertpapierdienstleistungsunternehmen hier einen gewissen Spielraum: Sie müssen unter Berücksichtigung der individuellen Umstände des Unternehmens abwägen, welche Vorkehrung insb. mit Blick auf die Organisation und Ausstattung der Compliance-Funktion „am besten" geeignet sind, um die **Wirksamkeit** sicherzustellen. Faktoren, die in diese Abwägung mit einfließen können, sind u. a. die Art der Dienstleistungen, die Wechselwirkung zwischen Geschäftsfeldern, das Spektrum und Volumen der Wertpapierdienstleistungen, die Art der Finanzinstrumente, die Art der Kunden, die Anzahl der Mitarbeiter, und die grenzüberschreitenden Tätigkeiten des Unternehmens. 49

Für die wirksame Aufgabenerfüllung der Compliance-Funktion ist es zudem wichtig, dass diese über **angemessene Mittel** verfügt (BT 1.3.1.1 Ziffer 1 Satz 1). Ziffer 1 Satz 2 führt hierzu aus, dass die Mittel am Geschäftsmodell und an Umfang und Art und den daraus resultierenden Aufgaben der Compliance-Funktion zu orientieren sind. Eine hinreichende IT-Ausstattung der Compliance-Funktion war der BaFin einen separaten Hinweis wert (Ziffer 1 Satz 3). 50

Werden Geschäftsbereichen einzelne Budgets zugewiesen, so muss auch die Compliance-Funktion ein angemessenes eigenes **Budget** zur Verfügung haben (Ziffer 2 Satz 1). Das Budget kann konzernweit einheitlich bestimmt werden (Ziffer 2 Satz 2). 51

Durch die Zuweisung eines eigenen Budgets an die Compliance-Funktion kann diese selbständig entscheiden, wofür die Mittel verwendet werden sollen, um die Aufgaben zu erfüllen. Da der Compliance-Beauftragte vor der Festlegung des Budgets zu hören ist (Ziffer 2 Satz 2), kann er der Geschäftsleitung mitteilen, ob er zusätzliche budgetrelevante Maßnahmen für erforderlich hält. Weiterhin ist das Budget an Änderungen der Geschäftsaktivitäten anzupassen (Ziffer 3 Satz 1). Es ist Aufgabe der Geschäftsleitung die Angemessenheit des Budgets und der Mitarbeiterzahl für die Compliance-Funktion zu prüfen (Zif- 52 fer 3 Satz 2). Wesentliche **Budgetkürzungen** sind schriftlich zu begründen und das Aufsichtsorgan ist darüber zu informieren (Ziffer 2 Satz 4 und 5).[40]

53 Vorgaben zu den **Befugnissen der Compliance-Mitarbeiter** finden sich in BT 1.3.1.2. Es ist sicherzustellen, dass die Mitarbeiter mit allen erforderlichen Befugnissen ausgestattet sind, die die wirksame Wahrnehmung ihrer Tätigkeit ermöglichen. Dies umfasst insb. uneingeschränkte Auskunfts-, Einsichts- und Zugangsrechte. Anderen Mitarbeitern steht insoweit kein Verweigerungsrecht zu (Ziffer 1). Dem Compliance-Beauftragten ist zudem Zugang zu internen und externen Prüfungsberichten und anderen Berichten an die Geschäftsleitung zu gewähren. Soweit zu seiner Aufgabenerfüllung erforderlich, soll der Compliance-Beauftragte auch an Sitzungen der Geschäftsleitung und des Aufsichtsorgans teilnehmen dürfen (Ziffer 2). Schließlich hat die Geschäftsleitung die Mitarbeiter der Compliance-Funktion bei der Aufgabenerfüllung zu unterstützen (Ziffer 3 Satz 1).

54 BT 1.3.1.3 erfordert, dass die Mitarbeiter der Compliance-Funktion über die **erforderlichen Kenntnisse** für den ihnen zugewiesenen Aufgabenbereich verfügen (Ziffer 1). Dies umfasst auch regelmäßige Schulungen, um sicherzustellen, dass die Mitarbeiter ihre Fachkenntnisse aufrechterhalten (Ziffer 2). Gefordert werden Kenntnisse über:
– Rechtsgrundlagen und Verwaltungsvorschriften und relevante aufsichtsrechtliche Bestimmungen (dies umfasst auch Verlautbarungen der europäischen Aufsichtsbehörde ESMA),
– Organisation und Zuständigkeit der BaFin,
– Anforderungen an und Ausgestaltung von angemessenen Prozessen zur Aufdeckung von Verstößen gegen aufsichtsrechtliche Bestimmungen,
– Aufgaben und Verantwortlichkeiten der Compliance-Funktion,
– Ausgestaltungen von Vertriebsstrukturen,
– Aufbau- und Ablauforganisation,
– gehandelte oder vertriebene Finanzinstrumente,
– Anforderungen bei der Erbringung von Dienstleistungen mit Auslandsbezug (soweit relevant),
– Verständnis algorithmischer Handelssysteme und Handelsalgorithmen (soweit relevant).

3.5 Dauerhaftigkeit der Compliance-Funktion (BT 1.3.2)

55 Die Wirksamkeit der Compliance-Funktion wird durch die Dauerhaftigkeit der Funktion flankiert. Regelungen hierzu, die die Vorgabe aus Art. 22 Abs. 2 DV ausfüllen, enthält BT 1.3.2. Hierzu gehört, dass der Compliance-Beauftragte einen **qualifizierten Vertreter** hat (Ziffer 2). Durch die Aufnahme der Aufgaben und Befugnisse der Compliance-Funktion in die **Arbeits- und Organisationsanweisungen** des Wertpapierdienstleistungsunternehmens (Ziffer 3) wird sichergestellt, dass diese den Mitarbeitern des Unternehmens bekannt sind und sich die Compliance-Funktion bei der Durchsetzung ihrer Befugnisse darauf berufen kann. Weiterhin soll das Wertpapierdienstleistungsunternehmen Angaben zum Überwachungsplan und den Berichtspflichten der Compliance-Funktion, sowie eine Be-

---

40 Was aber eine „wesentliche" Kürzung darstellt, spezifiziert die BaFin nicht.

schreibung des risikobasierten Überwachungsansatzes in die hausinterne Dokumentation aufnehmen.

Weitere Details zum **Überwachungsplan** enthält BT 1.3.2.1. Sämtliche Überwachungshandlungen der Compliance-Funktion[41] sollen nicht nur anlassbezogen, sondern auf Grundlage des Überwachungsplans regelmäßig (wiederkehrend oder fortlaufend) erfolgen (Ziffer 1). Der Plan muss eine Prüfung der Tätigkeit des Unternehmens auf Einhaltung der maßgeblichen WpHG-Vorschriften umfassen und auch die Grundsätze, Verfahren und Kontrollmechanismen beurteilen (Ziffer 2).[42] Der Überwachungsplan weist die Schwerpunkte für die Überwachungshandlungen nach Maßgabe der Risikoanalyse aus (Ziffer 3). Selbstredend muss der Überwachungsplan an Veränderungen im Risikoprofil des Unternehmens angepasst werden (Ziffer 5). *56*

Die BaFin stellt klar (BT 1.3.2.2), dass auch im Unternehmensverbund die Verantwortlichkeit für die Compliance-Funktion beim Wertpapierdienstleistungsunternehmen selbst verbleibt, auch wenn das Unternehmen Aufgaben der Compliance-Funktion ausgelagert hat. Dieser Hinweis ist vor allem klarstellend zu verstehen, folgt der Verbleib der Verantwortlichkeit insoweit doch allgemeinen Erwägungen zur Auslagerung bei regulierten Unternehmen.[43] *57*

3.6 Unabhängigkeit der Compliance-Funktion (BT 1.3.3)

Bereits Art. 22 Abs. 2 DV verlangt, dass die Compliance-Funktion „unabhängig" arbeitet. Das grundsätzliche Verständnis der BaFin über die notwendige Unabhängigkeit wird in BT 1.3.3 dargelegt, bevor BT 1.3.3.1 – BT 1.3.3.4 weitere Einzelheiten regeln: *58*

- Die Compliance-Funktion erfüllt ihre Aufgaben unabhängig von anderen Geschäftsbereichen und ist hinsichtlich ihrer Überwachungsaufgaben von der Geschäftsleitung unabhängig. Andere Geschäftsbereiche dürfen keine Weisungsrechte oder andere Einflussmöglichkeiten gegenüber der Compliance-Funktion haben (Ziffer 1),
- Überstimmungen wesentlicher Bewertungen und Empfehlungen des Compliance-Beauftragten sind zu dokumentieren[44] (Ziffer 2),
- Sofern das Unternehmen aufgrund des Proportionalitätsgrundsatzes von bestimmten Regelungen abweichen, hat es regelmäßig zu überprüfen, inwieweit dies die Wirksamkeit der Compliance-Funktion beeinträchtigt (Ziffer 3).

Die **Trennung der Compliance-Funktion von den überwachten Geschäften** (BT 1.3.3.1, Ziffer 1) folgt unmittelbar aus Art. 22 Abs. 3d) DV. Der Compliance-Beauftragte und die in der Compliance-Funktion tätigen Mitarbeiter dürfen keine Tätigkeiten in Ge- *59*

---

41 Vgl. hierzu unter Rn. 35 ff.
42 Damit orientiert sich die Prüfung (auch) an dem Umfang der jährlichen Prüfung nach § 62 WpHG und der WpDPV.
43 Vgl. insoweit etwa § 25b Abs. 2 Satz 1 KWG oder § 36 Abs. 5 KAGB.
44 Die BaFin erwähnt die Empfehlung des Compliance-Beauftragten, ein bestimmtes Finanzinstrument nicht zu vertreiben als mögliche „wesentliche Empfehlung".

schäfts- oder Handelsbereichen übernehmen.[45] Allerdings erlaubt Art. 22 Abs. 4 DV hiervon Abweichungen, wenn es aufgrund der Art, des Umfangs und der Komplexität ihrer Geschäfte sowie der Art und des Spektrums ihrer Wertpapierdienstleistungen und Anlagetätigkeiten unverhältnismäßig wäre, hier strikt zu trennen und sichergestellt ist, dass die Compliance-Funktion weiterhin einwandfrei ihre Aufgabe erfüllt. Die BaFin legt dar, dass dies insb. der Fall sein kann, wenn die Compliance-Funktion keine volle Personalstelle erfordert (Ziffer 3). In einem solchen Fall soll auch ein Geschäftsleiter die Rolle des Compliance-Beauftragten „in Personalunion" wahrnehmen können (Ziffer 4). Als angemessene Alternative bringt die BaFin insoweit auch die Auslagerung der Compliance-Funktion ins Gespräch (Ziffer 6). Grundsätzlich sollen auch Mitarbeiter, die Zugriff auf „compliance-relevante" Informationen haben, nicht an Wertpapierdienstleistungen beteiligt sein, die sie überwachen (Ziffer 7), wobei auch hier wieder Ausnahmen nach dem Grundsatz der Proportionalität möglich sind (Ziffern 8 und 9).

60   Eine **Kombination der Compliance-Funktion mit anderen Kontrollfunktionen** „auf gleicher Ebene" ist grundsätzlich möglich. Die BaFin erwähnt explizit Geldwäscheprävention und Risikocontrolling. Kombinationen sind aber zu begründen und prüfungssicher zu dokumentieren (BT 1.3.3.2, Ziffer 1). Lediglich eine Anbindung an die interne Revision ist nicht ohne weiteres möglich: Die interne Revision soll schließlich auch die Compliance-Funktion überwachen (Ziffer 2). Nach Absprache mit der BaFin können aber auch von diesem Prinzip Ausnahmen zulässig sein (Ziffer 3).

61   Auch eine **Kombination der Compliance-Funktion mit der Rechtsabteilung** kann grundsätzlich zulässig sein (BT 1.3.3.3). Die Ausführungen der BaFin legen aber nahe, dass dies wohl für kleine Wertpapierdienstleistungen der Fall sein dürfte, die den Proportionalitätsgrundsatz anwenden können (Ziffer 1). Größere Wertpapierdienstleistungsunternehmen, insb. solche, die Eigenhandel und Emissionsgeschäfte in „nicht unerheblichem Umfang" erbringen, können nicht von dieser Erleichterung profitieren.

62   In BT 1.3.3.4 macht die BaFin Ausführungen zu sonstigen Maßnahmen, mit denen die Unabhängigkeit der Compliance-Funktion gesichert werden soll. Insb. führt die BaFin hier aus, dass die Einrichtung der Compliance-Funktion als eigenständige Organisationseinheit erforderlich ist, soweit Mitarbeiter des Unternehmens regelmäßig Zugang zu compliance-relevanten Informationen im Sinne von AT 6.1 haben. Ausnahmen können aufgrund Größe des Unternehmens oder Art, Umfang, Komplexität oder Risikogehalt der Geschäftstätigkeit des Unternehmens oder Art und Spektrum der angebotenen Dienstleistungen genutzt werden. Grundlage für die Inanspruchnahme dieser Ausnahme bildet eine Abwägung der durch die compliance-relevanten Informationen bestehenden Interessenkonflikte.

63   Von besonderer Bedeutung sind die Ausführungen über die **Stellung der Compliance-Funktion** in der Unternehmensorganisation in Ziffer 3. Tätigt ein Wertpapierdienstleistungsunternehmen die folgenden Geschäfte in nicht unerheblichem Umfang, so soll der Compliance-Beauftragte organisatorisch und disziplinarisch unmittelbar dem für die Compliance-Funktion zuständigen Geschäftsleitungsmitglied unterstellt sein (Ziffer 3):

---

45   *Held*, in: Ellenberger/Schäfer/Clouth/Lang (Hrsg.): Praktikerhandbuch Wertpapier- und Derivategeschäft, 2. Aufl., Rn. 1510.

- Eigenhandel (§ 2 Abs. 8 Nr. 2c) WpHG),
- Emissionsgeschäft (§ 2 Abs. 8 Nr. 5 WpHG),
- M&A-Beratung und -Dienstleistungen (§ 2 Abs. 9 Nr. 3 WpHG),
- Erstellung, Verbreitung oder Weitergabe von Finanzanalysen oder vergleichbarer Anlageempfehlungen (§ 2 Abs. 9 Nr. 5 WpHG),
- Dienstleistungen im Zusammenhang mit dem Emissionsgeschäft (§ 2 Abs. 9 Nr. 6 WpHG).

Damit stellt die BaFin ausdrücklich fest, dass sie für bestimmte Wertpapierdienstleistungsunternehmen eine besondere **hierarchische Einbindung** der Compliance-Funktion erwartet. Die BaFin erwartet, dass sich die Rolle des Compliance-Beauftragten hinsichtlich Stellung, Befugnissen und Vergütung an den Rollenprofilen für den Leiter der internen Revision, des Risikocontrollings und der Rechtsabteilung orientiert, wenn auch die Empfehlung hinsichtlich der Vergütung unter den Vorbehalt von Unterschieden in der Personal- und übrigen Verantwortung gestellt wird. 64

Darüber, ob Unabhängigkeit eine bestimmte **Bestellungszeit** (24 Monate) oder eine längere **Kündigungsfrist** (12 Monate) voraussetzt (Ziffer 4), mag man streiten. Da diese Bestimmung bewusst auf eine Empfehlung beschränkt ist, dürfte dies zumindest nicht unverhältnismäßig sein. 65

Mit der Ziffer 6 soll dem besonderen **Problem von erfolgsbezogenen Vergütungen** bei Compliance-Mitarbeitern begegnet werden.[46] Solche vom Erfolg von Wertpapiergeschäften abhängige Vergütungsbestandteile können zu einem Konflikt zwischen monetären Interessen des Mitarbeiters auf der einen Seite mit notwendigen Compliance-Maßnahmen auf der anderen Seite führen. Als Beispiel mag ein Geschäft dienen, das möglicherweise auf Insiderinformationen beruht und im Fall seiner Durchführung die Vergütung des mit der Prüfung betrauten Compliance-Mitarbeiters erhöht. Die notwendige Maßnahme kann ein Absehen von dem Geschäft sein, und diese Maßnahme hat dann eine geringere Vergütung des Mitarbeiters zur Folge. Er müsste seine Entscheidung also in einem Interessenkonflikt treffen. 66

Die MaComp versuchen, die Entstehung solcher Konflikte zu verhindern, indem in Ziffer 6 Satz 2 festgehalten wird, dass eine erfolgsbezogene Vergütung nur zulässig ist, „soweit sie keine Interessenkonflikte begründet". Die Ergänzung in Ziffer 6 Satz 1, dass „die Vergütung der Mitarbeiter der Compliance-Funktion […] grundsätzlich nicht von der Tätigkeit derjenigen Mitarbeiter abhängen [darf], die sie überwachen" ist ein Beispiel für einen regelmäßigen Interessenkonflikt, den es zu verhindern gilt. Die geforderten „wirksamen Vorkehrungen" bei Inanspruchnahme der Ausnahme nach Art. 22 Abs. 3e) DV (Ziffer 6 67

---

46 Siehe allgemein zur Vergütung auch Verordnung über die aufsichtsrechtlichen Anforderungen an Vergütungssysteme von Instituten (BGBl. I, S. 4270), die zuletzt durch Art. 1 der Verordnung v. 25.07.2017 (BGBl. I S. 3042) geändert worden ist. Vergleichbare Ausführungen finden sich auch in den Leitlinien für solide Vergütungspolitiken unter Berücksichtigung der OGAW-Richtlinie (ESMA/2016/575) und den Leitlinien für solide Vergütungspolitiken unter Berücksichtigung der AIFMD (ESMA/2016/579) der European Securities and Markets Authority (ESMA).

Satz 3) und deren „prüfungstechnisch nachvollziehbare" Dokumentation dürften in der Praxis wenig Bedeutung erlangen. Es ist schwer vorstellbar, dass eine erfolgsabhängige Vergütung zwar einen Interessenkonflikt bei Compliance-Mitarbeitern begründet, dieser Konflikt die ordnungsgemäße Aufgabenerfüllung der Compliance-Funktion aber nicht gefährdet. Denkbar wäre jedoch beispielsweise, die Vergütung vom Gesamterfolg des Wertpapierdienstleistungsunternehmens abhängig zu machen.[47]

3.7 Auslagerung der Compliance-Funktion (BT 1.3.4)

68 Grundsätzlich kann das Wertpapierdienstleistungsunternehmen Aktivitäten oder Prozesse auslagern, vgl. § 25b KWG. Dies betrifft auch die Compliance-Funktion oder einzelne Compliance-Tätigkeiten. Hierfür gibt aber BT 1.3.4 weitere Voraussetzungen vor, die insoweit einzuhalten sind. Zuvorderst darf die **Auslagerung** nicht dazu führen, dass aufsichtsrechtliche Anforderungen umgangen werden – diese sind weiterhin vollumfänglich einzuhalten. Die Geschäftsleitung des Auslagerungsunternehmens bleibt auch im Falle einer Auslagerung verantwortlich (Ziffer 1). Dies gilt auch, soweit ein externer Compliance-Beauftragter bestellt wird. Folgende Grundregeln sind dabei einzuhalten:

– Die Auslagerung darf nicht dazu führen, dass die Verantwortung des Compliance-Beauftragten auf mehrere Personen verteilt wird.
– Der Compliance-Beauftragte kann vom auslagernden Unternehmen als auch vom Auslagerungsunternehmen die ausreichende sachliche und personelle Ausstattung verlangen.
– Auch im Falle einer Auslagerung übt der Compliance-Beauftragte seine Tätigkeit unabhängig aus.

69 Unter der Verantwortung und Leitung des Compliance-Beauftragten kann die Compliance-Funktion eines Wertpapierdienstleistungsunternehmens aus eigenen Mitarbeitern, Mitarbeitern dritter Unternehmen, Mitarbeitern des Auslagerungsunternehmens und freiberuflich tätigen Spezialisten bestehen. Dies erfordert aber:

– Den Abschluss geeigneter Service-Level Agreements und Policies,
– Sicherstellung von Weisungsrechten des Compliance-Beauftragten,
– Beschränkung der Fragmentierung der Compliance-Funktion auf Fälle technischer oder fachlicher Notwendigkeit.

70 Ein Auslagerungsunternehmen muss mit der gebotenen Sorgfalt ausgewählt werden, insb. muss sichergestellt werden, dass die gesetzlichen Rahmenbedingungen aus §§ 25b KWG, 80 Abs. 1, Abs. 6 sowie Art. 30 und 31 DV auch im Falle der Auslagerung erfüllt werden (Ziffer 2, 3). Das auslagernde Wertpapierdienstleistungsunternehmen ist dafür verantwortlich, dass der Dienstleister und seine Mitarbeiter die gesetzlichen Anforderungen insb. hinsichtlich Fachkenntnis, Zugangsrechten, Organisation und Kompetenz erfüllen. Insb. darf die Auslagerung nicht die Dauerhaftigkeit der Compliance-Funktion beeinträchtigen (Ziffer 3). Der gewählte Dienstleister muss Gewähr dafür bieten, dass er die Compliance-Tätigkeiten fortlaufend und nicht nur anlassbezogen und in der erforderlichen Qualität und

---

47 Vgl. *Röh*, in: BB 2008, S. 398, 403; a. A. *Koller*, in: Assmann/Schneider (Hrsg.): WpHG, 6. Aufl., § 33 Rn. 31. Weniger restriktiv wohl: *Baur*, in: Just/Voß/Ritz/Becker (Hrsg.): WpHG, § 33 Rn. 38; *Fuchs*, in: Fuchs (Hrsg.): WpHG. 2. Aufl. 2016, Rn. 83.

dem nötigen Umfang (insb. bei Prüfungen vor Ort) auszuüben (Ziffer 4). Schließlich obliegt dem Wertpapierdienstleistungsunternehmen auch die Überwachung der sachgerechten Aufgabenerfüllung durch den Dienstleister (Ziffer 5).

4 Literaturverzeichnis

Assmann/Schneider (Hrsg.): Wertpapierhandelsgesetz, Kommentar, 6. Aufl., Köln 2012.

Boos/Fischer/Schulte-Mattler (Hrsg.): Kreditwesengesetz, 5. Aufl., München 2016.

Eis: It takes two to tango, Compliance und Interne Revision: getrennt auftreten, vereint schlagen, pwc financial services, Ausgabe Januar 2009, S. 9.

Ellenberger/Schäfer/Clouth/Lang (Hrsg.): Praktikerhandbuch Wertpapier- und Derivategeschäft, Heidelberg 2009.

Fuchs (Hrsg.): Wertpapierhandelsgesetz, Kommentar, 2. Aufl., München 2016

Grundmann/Kirchner/Raiser/Schwintowski/Weber/Windbichler (Hrsg.): Festschrift für Eberhard Schwark zum 70. Geburtstag, Unternehmensrecht zu Beginn des 21. Jahrhunderts, München 2009.

Hannemann/Schneider/Hanenberg: Mindestanforderungen an das Risikomanagement (MaRisk), 2. Aufl., Stuttgart 2008.

Just/Voß/Ritz/Becker (Hrsg.): Wertpapierhandelsgesetz, Kommentar, München 2015.

Röh: Compliance nach der MiFID – zwischen höherer Effizienz und mehr Bürokratie, in: BB 2008, S. 398.

Richtlinie 2014/65/EU des Europäischen Parlaments und des Rates v. 15.05.2014 über Märkte für Finanzinstrumente sowie zur Änderung der Richtlinien 2002/92/EG und 2011/61/EU Mindestanforderungen an die Compliance-Funktion und weitere Verhaltens-, Organisations- und Transparenzpflichten (MaComp), Fassung v. 19.04.2018.

Richtlinie 2006/73/EG der Kommission v. 10.08.2006 zur Durchführung der Richtlinie 2004/39/EG des Europäischen Parlaments und des Rates in Bezug auf die organisatorischen Anforderungen an Wertpapierfirmen und die Bedingungen für die Ausübung ihrer Tätigkeit sowie in Bezug auf die Definitionen bestimmter Begriffe für die Zwecke der genannten Richtlinie (Amtsblatt der Europäischen Union L 241/26 v. 02.09.2006)

Richtlinie gemäß § 35 Abs. 6 WpHG zur Konkretisierung der Organisationspflichten von Wertpapierdienstleistungsunternehmen gemäß § 33 Abs. 1 WpHG v. 25.10.1999 (Bundesanzeiger Nr. 210 v. 06.11.1999, S. 18453).

Delegierte Verordnung (EU) 2017/565 der Kommission v. 25.04.2016 zur Ergänzung der Richtlinie 2014/65/EU des Europäischen Parlaments und des Rates in Bezug auf die organisatorischen Anforderungen an Wertpapierfirmen und die Bedingungen für die Ausübung ihrer Tätigkeit sowie in Bezug auf die Definition bestimmter Begriffe für die Zwecke der genannten Richtlinie

Wertpapierhandelsgesetz in der Fassung der Bekanntmachung v. 09.09.1998 (BGBl. I S. 2708), das zuletzt durch Art. 14 des Gesetzes v. 17.08.2017 (BGBl. I S. 3202).

I.9

Strafrechtliche Aspekte der Compliance in Kreditinstituten

Prof. Dr. Jürgen Wessing, Dr. Heiner Hugger, Prof. Dr. Heiko Ahlbrecht und Dr. David Pasewaldt

Inhaltsübersicht

1	Allgemeine Grundlagen	1–29
1.1	Haftungsrisiken für Führungskräfte	2–27
1.2	Haftungsrisiken für Kreditinstitute	28–29
2	Auswahl besonderer Problemfelder und Mitarbeiterhaftung	30–56
2.1	Untreue bei Kreditvergabe	30–36
2.2	Beihilfe zur Steuerhinterziehung von Bankkunden	37–39
2.3	Beteiligung an Geldwäsche durch Kunden	40–42
2.4	Marktmissbrauch	43–45
2.5	Verstöße gegen das Kreditwesengesetz	46–48
2.6	Korruptionsstraftaten	49–56
3	Vermeidungsstrategien	57–70
3.1	Erforderliche Aufsichtsmaßnahmen nach § 130 OWiG	58–65
3.2	Vorbereitung auf Durchsuchungen	66–70
4	Ausblick und Fazit	71
5	Literaturverzeichnis	

1 Allgemeine Grundlagen

Compliance-Systeme und die zunehmende Entwicklung einer Kultur von Compliance in Kreditinstituten sind nicht primär von zivilrechtlichen Fragen geprägt. Auch und gerade aus den **strafrechtlichen Rahmenbedingungen** der Geschäftstätigkeit von Kreditinstituten folgt die zwingende Notwendigkeit, ein derartiges System zu errichten und zu pflegen. Die Rechtsgrundlage für die Pflicht zur Einrichtung eines Compliance-Systems ist umstritten.[1] Das LG München I hat im Jahr 2013 im Siemens/Neubürger-Urteil entschieden, dass die mangelhafte Einrichtung eines Compliance-Systems bzw. dessen unzureichende Überwachung Pflichtverletzungen der einzelnen Vorstandsmitglieder Pflichtverletzungen darstellen.[2] Damit bejaht die Rechtsprechung eine Rechtspflicht. Der Gesetzgeber hat an vielen Stellen Überwachungs- und Aufsichtspflichten für Leitungspersonen geregelt, deren Verletzungen sanktionsbewährt sind. Zu nennen ist § 130 OWiG, wonach sich in Verbindung mit § 9 OWiG bestimmte Führungskräfte ahnbar machen können, wenn sie die zur Vermeidung von Ordnungswidrigkeiten und Straftaten erforderlichen Aufsichtspflichten nicht einhalten. Auch spezialgesetzlich existieren Regelungen: Während § 91 Abs. 2 AktG für Aktiengesellschaften die Pflicht zur Einrichtung eines Überwachungssystems zur Erkennung von unternehmensgefährdenden Entwicklungen regelt, betrifft § 80 Abs. 1 WpHG die Einrichtung einer Compliance-Funktion in Wertpapierdienstleistungsunternehmen. Mindestanforderungen an die Compliance-Funktion werden von der BaFin in dem Rundschreiben 5/2018 (MaComp) konkretisiert.[3] Die **Berührungspunkte zwischen Compliance und Strafrecht** sind gerade im Banken- und Finanzsektor vielfältig und ausgeprägt. Zum einen bestehen für Kredit- und Finanzdienstleistungsinstitute umfangreiche gesetzlich definierte Compliance-Vorgaben mit detaillierten Kontroll-, Dokumentations- und Mitteilungspflichten, deren Verletzung in der Regel mit Geldbußen sanktioniert wird. Zum anderen entscheiden die Compliance-Richtlinien des Unternehmens, ihre Ausprägung ebenso wie ihre Einhaltung oder Nichteinhaltung, darüber, ob die allgemeinen straf- und ordnungswidrigkeitenrechtlichen Vorschriften zur Anwendung kommen. Das reicht von der Verhängung einer Geldbuße gegen Führungskräfte wegen Verletzung der Aufsichtspflicht im Unternehmen (vgl. 1.1.1.2) bis zu der Frage der Pflichtwidrigkeit eines Verhaltens im Rahmen des Straftatbestandes der Untreue (vgl. 2.1). Die Vergangenheit hat gezeigt, dass Kundenkontakte auch zu der steuerstrafrechtlichen Verantwortlichkeit der Mitarbeiter im Finanzinstitut führen können (vgl. 2.2). Besondere Vorsicht für den Bankmitarbeiter ist auch dann geboten, wenn das Geld, welches der Bankkunde anlegen möchte, aus einer Straftat stammt. Eine Strafbarkeit wegen Geldwäsche liegt hier nicht fern (vgl. 2.3). Daneben kommen Marktmissbrauch und Verstöße gegen das KWG in Betracht (vgl. 2.4 und 2.5). Schließlich zeigt sich ein besonderes – durch Einführung des Geschäftsherrenmodell (§ 299

1

---

1 Zum Diskussionsstand vgl. *Hauschka/Moosmayer/Lösler:* Corporate Compliance, 3. Aufl., München 2016, § 1, Rn. 30 ff. m. w. N.; *Moosmayer:* Compliance, 3. Aufl., München 2015, Rn. 10.
2 LG München I v. 10. 12. 2013 – 5 HK O 1387/10, in: NZG 2014, S. 345 ff.
3 *Bundesanstalt für Finanzdienstleistungsaufsicht (BaFin):* Rundschreiben 5/2018 (WA) Mindestanforderungen an die Compliance-Funktion und die weiteren Verhaltens-, Organisations- und Transparenzpflichten nach §§ 63 ff. WpHG für Wertpapierdienstleistungsunternehmen (MaComp) v. 19. 04. 2018, geändert am 09. 05. 2018.

StGB) im Jahr 2015 noch verschärftes – Strafbarkeitsrisiko für den Bankmitarbeiter im Bereich der Korruption (vgl. 2.6).

Nicht erst seit der großen Finanzkrise, in der vor allem Banken in den Fokus einer kritischen Öffentlichkeit geraten sind, ist dort erkannt worden, dass strafrechtliche Gefahren schon im Vorfeld zu minimieren sind. Dieses Kapitel will Ihnen ein Gespür für und einen Überblick über die spezifischen **strafrechtlichen Risikobereiche** vermitteln, einschließlich der Folgen, die das Unternehmen selbst und seine Mitarbeiter aufgrund von strafbarem Verhalten treffen können. Ziel ist, einen Beitrag zur Identifizierung typischer Problemfelder zu leisten und eine Orientierung für die **strafrechtliche Compliance-Beratung** und Organisation von Kreditinstituten zu bieten.

1.1 Haftungsrisiken für Führungskräfte

1.1.1 Haftung bei Taten von Mitarbeitern

1.1.1.1 Beteiligung an Straftaten und Ordnungswidrigkeiten

2 Auch in Kreditinstituten besteht für Führungskräfte ein Risiko, wegen eigener Täterschaft und auch Beteiligung an Straftaten oder Ordnungswidrigkeiten von Mitarbeitern zu haften, wenn ihnen in Bezug auf solche Taten Vorsatz oder Fahrlässigkeit vorgeworfen werden kann.

3 **Vorsatz** setzt nicht etwa voraus, dass man von einer fremden Tat weiß oder sie sogar beabsichtigt. Sog. bedingter Vorsatz liegt schon dann vor, wenn eine Tat für möglich gehalten und „billigend in Kauf genommen" wird.[4] Wenn Führungskräfte Vorsatz in Bezug auf **Straftaten von Mitarbeitern** haben, können sie grundsätzlich in zwei Beteiligungsformen selbst strafbar sein:

– Als Täter („Täter hinter dem Täter") können sie insb. unter den Schlagworten der Täterschaft kraft „organisatorischer Machtapparate"[5] oder der „Geschäftsherrenhaftung"[6] (vgl. 1.1.3.3) strafbar sein.

---

4 *Fischer*, Strafgesetzbuch, 65. Aufl., München 2018, § 15 Rn. 9 ff.
5 Das Schlagwort der Täterschaft kraft „organisatorischer Machtapparate" findet sich auch beim BGH, der der Meinung ist, dass ein sog. „Hintermann" Täter fremder Taten wird, wenn er „durch Organisationsstrukturen bestimmte Rahmenbedingungen ausnutzt, innerhalb derer sein Tatbeitrag regelhafte Abläufe auslöst" (BGH v. 26.07.1994 – 5 StR 98/94, BGHSt 40, 218, 236). Das Zitat stammt aus einem Urteil, in dem es eigentlich um die Verantwortlichkeit des Nationalen Verteidigungsrats für Todesschüsse von DDR-Grenzsoldaten ging. Als deutlicher Wink mit dem Zaunpfahl heißt es dort aber auch (BGH v. 26.07.1994 – 5 StR 98/94, BGHSt 40, 218, 237): „Auch das Problem der Verantwortlichkeit beim Betrieb wirtschaftlicher Unternehmen lässt sich so lösen."
6 Unter diesem Schlagwort wird „eine generelle Garantenpflicht (…) leitender Funktionäre im Betrieb zur Verhinderung von betriebsbezogenen Straftaten nachgeordneter Betriebsangehöriger" angenommen. Wenn Sie als Führungskraft gegen Straftaten von Mitarbeitern nicht einschreiten, riskieren Sie deshalb, wegen Unterlassens selbst für die Taten haftbar gemacht zu werden. Vgl. *Lackner/Kühl*, Strafgesetzbuch, 29. Aufl., München 2018, § 13 Rn. 14 m. w. N.

– Als **Teilnehmer** können sie wegen Anstiftung (§ 26 StGB) oder Beihilfe (§ 27 StGB) strafbar sein. **Anstiftung** soll nicht nur bei einer ausdrücklichen Aufforderung zur Tat, sondern auch bei einer „konkludenten Aufforderung" vorliegen können,[7] z. B. bei einer scheinbaren Abmahnung an einen Mitarbeiter. **Beihilfe** soll nicht nur geleistet werden können, indem man selbst Hand anlegt („physische Beihilfe"), sondern auch, indem man den Täter psychisch in seinem Tatentschluss bestärkt („psychische Beihilfe"), z. B. durch bloßes (Zustimmung vermittelndes) „Dabeistehen" oder „Dabeisein".[8]

Wenn Führungskräfte Vorsatz in Bezug auf **Ordnungswidrigkeiten von Mitarbeitern** haben, können sie wegen des Einheitstätersystems des Ordnungswidrigkeitenrechts (§ 14 OWiG)[9] neben diesen auch als Täter haften.

Auch wegen **Fahrlässigkeit** (einfacher Fahrlässigkeit[10] oder Leichtfertigkeit[11]) können Führungskräfte für Straftaten oder Ordnungswidrigkeiten von Mitarbeitern als „Nebentäter" haften, wenn – aufgrund gesetzlicher Anordnung (vgl. §§ 15 StGB, 10 OWiG) – auch fahrlässiges Verhalten strafbar oder ordnungswidrig ist, wie z. B. der nach § 54 Abs. 2 KWG strafbare (einfach) fahrlässige Verstoß gegen eine Erlaubnispflicht für Bankgeschäfte (vgl. 2.5) oder der nach § 120 Abs. 14 i. V. m. § 119 Abs. 3 Nr. 1 WpHG ordnungswidrige leichtfertige Verstoß gegen das Erwerbs- und Veräußerungsverbot für Insider (vgl. 2.4.1). Zwar können Führungskräfte sich nach dem sog. **Vertrauensgrundsatz**[12] in der Regel darauf verlassen, dass Mitarbeiter keine Straftaten oder Ordnungswidrigkeiten begehen. Das setzt jedoch eine sorgfältige Auswahl, Schulung, Führung und Überwachung der Mitarbeiter voraus.[13] Außerdem können sie sich dann nicht mehr auf den Vertrauensgrundsatz berufen und müssen zur Vermeidung einer Haftung als „Nebentäter" eingreifen, wenn sie konkrete Anhaltspunkte dafür haben, dass Mitarbeiter unsorgfältig arbeiten oder gar Straftaten oder Ordnungswidrigkeiten begehen.[14]

4

---

7 Vgl. *Fischer*, Strafgesetzbuch, 65. Aufl., München 2018, § 26 Rn. 3 m. w. N.; *Hoyer*, in: SK-StGB, 148. Ergänzungslieferung, Köln 2014, § 26 Rn. 10.
8 Vgl. *Lackner/Kühl*, Strafgesetzbuch, 29. Aufl., München 2018, § 27 Rn. 4 m. w. N.
9 Vgl. *Gürtler*, in: Göhler, Ordnungswidrigkeitengesetz, 17. Aufl., München 2017, § 14 Rn. 1.
10 Vgl. *Lackner/Kühl*, Strafgesetzbuch, 29. Aufl., München 2018, § 15 Rn. 35: „Fahrlässig handelt, wer entweder die Sorgfalt außer Acht lässt, zu der er nach den Umständen und seinen persönlichen Verhältnissen verpflichtet und fähig ist, und deshalb die Tatbestandsverwirklichung nicht erkennt (unbewusste Fahrlässigkeit [...]) oder wer die Tatbestandsverwirklichung für möglich hält, jedoch pflichtwidrig und vorwerfbar im Vertrauen darauf handelt, dass sie nicht eintreten werde (bewusste Fahrlässigkeit [...])".
11 *Fischer*, Strafgesetzbuch, 65. Aufl., München 2018, § 15 Rn. 20: „Der Begriff bezeichnet einen erhöhten Grad der Fahrlässigkeit, der in etwa der groben Fahrlässigkeit des bürgerlichen Rechts entspricht."
12 *Sternberg-Lieben/Schuster*, in: Schönke/Schröder, Strafgesetzbuch, 29. Aufl., München 2014, § 15 Rn. 217; vgl. ferner Lackner/Kühl, Strafgesetzbuch, 29. Aufl., München 2018, § 15 Rn. 40 m. w. N.
13 *Sternberg-Lieben/Schuster*, in: Schönke/Schröder, Strafgesetzbuch, 29. Aufl., München 2014, § 15 Rn. 152.
14 *Sternberg-Lieben/Schuster*, in: Schönke/Schröder, Strafgesetzbuch, 29. Aufl., München 2014, § 15 Rn. 217.

1.1.1.2 Ordnungswidrige Verletzung der Aufsichtspflicht

5   Nach §§ 130, 9 OWiG kann gegen bestimmte Führungskräfte wegen ordnungswidriger Aufsichtspflichtverletzung eine Geldbuße verhängt werden, wenn sie
- vorsätzlich oder fahrlässig die **Aufsichtsmaßnahmen** unterlassen, die erforderlich sind, um Straftaten oder Ordnungswidrigkeiten im Betrieb oder Unternehmen zu verhindern, **und**
- sodann eine solche Straftat oder Ordnungswidrigkeit (sog. **Anknüpfungstat**) begangen wird, die durch gehörige Aufsicht verhindert oder wesentlich erschwert worden wäre.

Nach § 130 Abs. 3 OWiG bestimmt sich das Höchstmaß der Geldbuße nach dem Delikttyp der Anknüpfungstat. Grundsätzlich beträgt es bei Straftaten 1 Mio. €[15] und entspricht bei Ordnungswidrigkeiten dem Höchstmaß der für die Anknüpfungstat angedrohten Geldbuße.[16]

6   Allerdings ist anerkannt, dass selbst rechtlich ausreichende und angemessene Aufsichtsmaßnahmen nicht mit absoluter Sicherheit jeden „**Ausreißer**" eines Fehlverhaltens von Arbeitnehmern verhindern können.[17] Nicht zuletzt für solche Fälle sollten zu Beweiszwecken Aufsichtsmaßnahmen in geeigneter Weise dokumentiert werden, damit sie dargelegt und belegt werden können, wenn es zur Verteidigung erforderlich werden sollte.

1.1.2 Haftung bei Entscheidungen in Kollegialorganen

7   Unternehmensleitung beruht auf Kollegialentscheidungen. Das gilt im Banken- und Finanzsektor ebenso wie in anderen Branchen auch. Die maßgeblichen Entscheidungen werden in der Regel durch Beschluss eines Gremiums, beispielsweise des Vorstandes, getroffen. Stimmen alle Beteiligten einer strafwürdigen Entscheidung zu, macht sich jeder Einzelne strafbar. Die Ja-Stimme jedes Einzelnen war für die Entscheidung kausal, da sie nicht hinweggedacht werden kann, ohne dass der Erfolg entfiele. Insoweit verhält es sich bei Kollegialentscheidungen nicht anders als bei der Entscheidung eines einzelnen Entscheidungsträgers. Wie ist es aber, wenn eine Mehrheitsentscheidung ein strafwürdiges Verhalten auslöst? Wie muss der neu in die Verantwortung gewachsene Vorstand mit den früheren Entscheidungen – so sie gesetzeswidrig waren – umgehen? Was ist mit der „falschen" Entscheidung des Kollegen in dessen Ressort? Schon die ersten Überlegungen zeigen, dass sich im Zusammenhang mit der Frage der strafrechtlichen Haftung bei Entscheidungen in Kollegialorganen diffizile Probleme auftun. Für deren Bewältigung gibt nicht zuletzt die grundlegende Entscheidung des BGH im „**Lederspray-Fall**" eine Richtschnur, in dem es um die strafrechtliche Verantwortlichkeit mehrerer Geschäftsführer für Gesundheitsschäden infolge des Vertriebs eines Ledersprays zur Schuhpflege ging.[18] Lassen Sie uns die Entscheidung im Einzelnen nachverfolgen:

---

15   § 130 Abs. 3 Satz 1 OWiG.
16   § 130 Abs. 3 Satz 3 OWiG.
17   *Rogall*, in: Karlsruher Kommentar zum Gesetz über Ordnungswidrigkeiten, 4. Aufl., München 2014, § 130 Rn. 46.
18   BGH v. 06.07.1990 – 2 StR 549/89, BGHSt 37, 106 ff.

1.1.2.1 Ressort- versus Gesamtverantwortung

Praktisch von hoher Bedeutung ist die Antwort auf die Frage, ob und inwieweit die Mitglieder der Führungsebene eines Unternehmens auch für Verhaltensweisen verantwortlich sind, die nicht aus ihren eigenen Geschäfts- und Aufgabenbereichen herrühren, sondern aus demjenigen einer anderen Führungsperson. Ausgangspunkt ist der Grundsatz, dass die strafrechtliche Verantwortlichkeit einer Führungsperson an den von ihr betreuten Geschäftsbereich anknüpft. Die Rechtsprechung hat erkannt, dass in großen und komplexen Organisationen – wie es auch Finanzinstitute sind – das Prinzip der Allzuständigkeit, welches eine Organstellung grundsätzlich auslöst, im Tagesgeschäft praktisch nicht durchgehalten werden kann. Deshalb gelten das **Prinzip der Ressortverantwortung** und die sich daraus ergebende Limitierung der strafrechtlichen Verantwortung. Dem liegt der Vertrauensgrundsatz zugrunde, wonach sich die Vorstandsmitglieder grundsätzlich darauf verlassen dürfen, dass sich ihre Vorstandskollegen ordnungsgemäß verhalten.[19] Was sich im Ressort des Kollegen abspielt, liegt auch strafrechtlich grundsätzlich (nur) in dessen Verantwortung.[20]

8

Aber: eben nur grundsätzlich. Zunächst verbleiben auch bei einer Verteilung der Verantwortung auf verschiedene Ressorts bei dem einzelnen Vorstandsmitglied *Überwachungs*pflichten. Diese zwingen jedes einzelne Vorstandsmitglied zum Eingreifen, wenn Anhaltspunkte dafür bestehen, dass die Erfüllung der der Gesellschaft obliegenden Aufgaben durch die zuständige Leitungsperson nicht mehr gewährleistet ist.[21] In bestimmten Fällen kann die Ressortverantwortung in die **Gesamtverantwortung** uneingeschränkt zurückfallen. Unter welchen Voraussetzungen dies geschehen kann, hat der BGH im „Lederspray-Fall" aufgezeigt. Dort ist im Falle einer **ressortübergreifenden Krise** eine Generalverantwortung und Allzuständigkeit der Geschäftsleitung gesehen worden. Der Grundsatz der Generalverantwortung greife (wieder) ein, wenn aus besonderem Anlass, wie etwa in Krisen- und Ausnahmesituationen, das Unternehmen als Ganzes betroffen ist. Dann sei die Geschäftsführung insgesamt zum Handeln berufen.[22] In einer solchen Krisensituation des Unternehmens bleibt somit die Aufteilung in unterschiedliche Ressorts außer Betracht und vermag nicht die Verantwortung der einzelnen nicht ressortzuständigen Führungsperson für die Unternehmensführung insgesamt auszuschließen. Das LG München I hat in der grundlegenden Siemens/Neubürger-Entscheidung wichtige Erwägungen zu der Gesamtverantwortung des Vorstands hinsichtlich der Einrichtung und Umsetzung eines Compliance-Systems angestellt:[23] Danach ist der Vorstand im Rahmen seiner Gesamtverantwortung für die Einhaltung des Legalitätsprinzips verantwortlich. Daraus resultiert die Pflicht zur Schaffung eines funktionierenden Compliance-Systems und zur Überwachung von dessen Effizienz. Werden Vorfälle bekannt, ist der Gesamtvorstand verpflichtet, sich umfassend zu informieren. Zudem ist der gesamte Vorstand dafür verantwortlich zu überprüfen, ob das implementierte System geeignet ist, Rechtsverstöße zu unterbinden.

9

---

19 Vgl. *Roxin*, Strafrecht Allgemeiner Teil, Band I, § 24 Rn. 26 ff.
20 Vgl. BGH v. 06. 07. 1990 – 2 StR 549/89, BGHSt 37, 106.
21 BGH v. 15. 10. 1996 – VI ZR 319/95, in: NJW 1997, S. 130, 132.
22 BGH v. 15. 10. 1996 – VI ZR 319/95, BGHSt 37, 106, 123 ff.
23 LG München I v. 10. 12. 2013 – 5 HK O 1387/10, in: NZG 2014, S. 345.

Im Bankbereich wäre eine zur Gesamtverantwortung aller Mitglieder der Leitungsebene führende Krisensituation beispielsweise eine existenzbedrohende finanzielle Schieflage der Bank, die aus einem gescheiterten Kreditengagement resultiert. Den Leitlinien der Rechtsprechung folgend könnte bei Verursachung einer solchen finanziellen Krise einer Bank – beispielsweise durch Herausgabe von Rettungskrediten ohne Prüfung von deren Sinnhaftigkeit aus der Sicht des Institutes und somit unter Verstoß gegen § 18a KWG – eine strafrechtliche Verantwortung nicht nur des für Kreditvergaben zuständigen Vorstandsmitglieds, sondern, unabhängig von der Ressortverteilung, auch aller anderen Vorstandsmitglieder der Bank gegeben sein, also etwa auch des Personal- oder Rechnungswesenvorstandes.[24]

Die Gesamtverantwortung der Führungspersonen wird, wie der BGH betont hat, grundsätzlich nicht dadurch eingeschränkt, dass innerhalb der Führungsebene ein Hierarchieverhältnis besteht, innerhalb dessen ein bestimmtes Führungsmitglied eine dominierende Stellung einnimmt.[25] Der (zu) starke Vorstandsvorsitzende, der „eigenmächtig" in die Ressorts seiner Vorstandskollegen hinein entscheidet, kann damit nicht nur seine eigene, sondern auch die Strafbarkeit der anderen Vorstandsmitglieder begründen.

Während der Lederspray-Fall die strafrechtliche Produkthaftung betrifft, hat der BGH auch in den Bereichen Steuern[26] und Insolvenzantragspflicht[27] den Grundsatz der Allzuständigkeit und Generalverantwortung bejaht.

10 Ihre **Grenzen** findet die strafrechtliche Haftung aufgrund des Prinzips der Gesamtverantwortung allerdings im **subjektiven Bereich**. Zur Begründung der Strafbarkeit reicht der Umstand, dass eine Person sich durch ihr Votum an einem Beschluss des Kollegialorgans beteiligt hat, allein nicht aus. Hinzukommen muss der Vorsatz zum Zeitpunkt der Tat. Die Art des Vorsatzes (dolus directus 1. Grades, dolus directus 2. Grades, dolus eventualis) richtet sich nach dem jeweiligen Delikt. In den meisten Fällen reicht Eventualvorsatz in Form einer billigenden Inkaufnahme der tatbestandlichen Voraussetzungen aus. Das bedeutet, dass das jeweilige Mitglied des Kollegialorgans die Entscheidung des anderen Mitglieds bzw. deren Umsetzung für möglich halten und billigen muss. Dagegen ist die Kenntnis darüber, dass es sich um strafbares Verhalten handelt, für die Bejahung des Vorsatzes nicht erforderlich. Beurteilt ein Vorstandsmitglied die Entscheidung oder Entscheidungsumsetzung eines anderen Vorstandsmitglieds als strafrechtlich irrelevant, kennt aber alle dahinter stehenden Umstände, entfällt die Strafbarkeit nur ausnahmsweise, wenn der Irrtum unvermeidbar war, § 17 Satz 1 StGB. Aufgrund der jederzeit möglichen Einholung von Rechtsrat ist im Regelfall nicht von einer Unvermeidbarkeit auszugehen.

Genügt nach der jeweils einschlägigen Strafvorschrift auch fahrlässiges Verhalten (vgl. 1.1.1.1), muss der einzelnen Führungsperson über die reine Beteiligung am Zustandekommen eines Beschlusses des Kollegialorgans hinaus eine eigene Fahrlässigkeit zur Last gelegt werden können. Da ein an sich nur für ein bestimmtes Ressort zuständiges Mitglied des Kollegialorgans naturgemäß nicht alle Geschäftsfelder des Unternehmens überblicken

---

24 Vgl. *Carl*, in: Struwe (Hrsg.): Schlanke § 18 KWG-Prozesse, 3. Aufl., Heidelberg 2011, Rn. 928.
25 BGH v. 15.10.1996 – VI ZR 319/95, BGHSt 37, 106, 124 f.
26 BGH v. 08.11.1989 – 3 StR 249/89, in: wistra 1990, S. 97.
27 BGH v. 01.03.1993 – II ZR 61/92, jetzt II ZR 81/94, in: NJW 1994, S. 2149.

kann, dürfen keine übertriebenen Anforderungen an die einzuhaltenden Sorgfaltspflichten oder das Wissen um die Strafwürdigkeit der Entscheidung gestellt werden.

Speziell für Entscheidungen über **Kreditvergaben durch ein mehrköpfiges Gremium** hat der BGH klargestellt,[28] dass ein Vorstandsvorsitzender sich in der Regel ohne eigene Nachprüfungen auf den Bericht des zuständigen Kreditsachbearbeiters und des Kreditvorstands verlassen darf. Eine eigene strafrechtliche Haftung des Vorstandsvorsitzenden, aber auch jedes anderen Vorstandsmitglieds kommt demnach dann nicht in Betracht, wenn das Vorstandsmitglied, in dessen Ressort die Entscheidung fällt, seinen Kollegen für eine Entscheidung wesentliche Tatsachen nicht mitteilt oder gar vorenthält. Anders ist dies jedoch, wenn es um hohe – für das Institut existenzgefährdende – Risiken geht oder sich aus dem Bericht des zuständigen Vorstandsmitglieds und der Beschlussvorlage Zweifel ergeben.[29] Hieraus folgt eine wichtige Verpflichtung für die einzelne Führungsperson. Sobald sich in einer Sitzung des Gremiums anhand der Beschlussvorlagen Anhaltspunkte ergeben, die Zweifel an der Richtigkeit und Rechtmäßigkeit der beabsichtigten Entscheidung begründen, sind die Mitglieder des Gremiums zur Nachfrage und Nachforschung angehalten. Bleiben solche erkennbaren Anhaltspunkte unbeachtet, greift in einer Krisensituation die strafrechtliche Gesamtverantwortung in vollem Umfang. Immer in der auch strafrechtlichen Verantwortung und Haftung ist das Vorstandsmitglied, das, und sei es durch Zufall, konkrete Kenntnis von rechtswidrigem Verhalten in einem anderen Ressort erhält. Kritisch und nur im Einzelfall zu beantworten ist die Frage, ab wann Anhaltspunkte eine Intensität erreichen, die das Tätigwerden eines ressortfremden Verantwortlichen erzwingt. Das ist sicherlich der Fall, wenn Evidenz besteht, dem Vorgang die ihm innewohnende Problematik sozusagen auf der Stirn geschrieben steht, wenn man also bewusst wegsehen müsste. Unterhalb dieser Schwelle sollten zumindest ernsthafte Klärungsversuche mit dem Ressortvorstand oder auch dem Vorsitzenden erfolgt und auch dokumentiert sein.

1.1.2.2 Alternative Kausalität

Im Zusammenhang mit Mehrheitsentscheidungen kann es dazu kommen, dass die Ja-Stimme eines Vorstandsmitglieds für die strafwürdige Umsetzung einer Entscheidung nicht entscheidungserheblich ist. Dies ist der Fall, wenn auch seine Nein-Stimme zu keiner anderen Entscheidung geführt hätte. Es ist denkbar, dass sich der Betroffene dann auf die (übliche) conditio-sine-qua-non-Formel beruft und vorträgt, dass auch bei einem Hinwegdenken seiner Stimme der Straftatbestand erfüllt worden wäre, dass also ein „Nein" von seiner Seite aus nichts geändert hätte. In diesem Fall nimmt die h. M. eine Korrektur der oben genannten Kausalitätsformel vor und bejaht eine (alternative) Kausalität auch dann, wenn eine Ursache zwar alternativ, aber nicht kumulativ mit den anderen Ursachen hinweggedacht werden kann, ohne dass der Erfolg entfiele.[30]

---

28 BGH v. 06.04.2000 – 1 StR 280/99, BGHSt 46, 30, 35; BGH v. 15.11.2001 – 1 StR 185/01, BGHSt 47, 148, 156.
29 BGH v. 06.04.2000 – 1 StR 280/99, BGHSt 46, 30, 35; BGH v. 15.11.2001 – 1 StR 185/01, BGHSt 47, 148, 156; sowie *Fischer*, Strafgesetzbuch, 65. Aufl., München 2018, § 266 Rn. 71.
30 BGH v. 30.03.1993 – 5 StR 720/92, BGHSt 39, 195, 198.

1.1.2.3 Haftung für Unterlassen bei Stimmenthaltung

13 Ein Sonderproblem stellt die strafrechtliche Haftung des Vorstandsmitglieds dar, welches sich in der Sitzung der Stimme enthält. Hat sich auch diese Person strafbar gemacht, wenn die ohne seine Stimme zustande gekommene Vorstandsentscheidung strafwürdig ist? Da in einem solchen Fall keine Zustimmung aktiv erklärt wird, das Vorstandsmitglied vielmehr untätig bleibt, kommt von vorneherein nur eine **Strafbarkeit wegen Unterlassens** in Betracht. Ein Unterlassen muss aber genauso wie aktives Tun für die Verwirklichung eines Straftatbestandes kausal sein. Im Unterlassungsbereich wird **Kausalität** dann angenommen, wenn bei Vornahme der gebotenen Handlung (das wäre in unserem Zusammenhang ein Votum gegen die strafwürdige Unternehmensentscheidung) die Verwirklichung des Straftatbestandes mit an Sicherheit grenzender Wahrscheinlichkeit verhindert worden wäre. Im Falle der Stimmenthaltung ist das keine leicht zu beantwortende Frage, wie ein simples **Beispiel** zeigt:

14 Der Vorstand der X-Bank AG besteht aus den drei Mitgliedern A, B und C. Für die Wirksamkeit eines Vorstandsbeschlusses sind die Stimmen aller drei Mitglieder erforderlich. Als in einer Vorstandssitzung besprochen wird, ob eine bestimmte Geschäftsaktivität mit möglicherweise schädigenden Folgen für das Unternehmen beendet werden soll (z. B. ein sich massiv verschlechterndes Kreditengagement), stimmt lediglich A mit Ja, während B und C sich der Stimme enthalten. Bei der späteren strafrechtlichen Aufarbeitung des nunmehr gescheiterten Engagements bringen B und C vor, dass ihre Stimmenthaltung für das Unterbleiben des Vorstandsbeschlusses, der für die Beendigung des Engagements und die Verhinderung eines Schadens für das Kreditinstitut notwendig gewesen wäre, nicht kausal gewesen sei. Denn auch wenn einer der beiden mit Ja gestimmt hätte, wäre der Beschluss wegen der Stimmenthaltung des jeweils anderen und der erforderlichen Ja-Stimmen aller drei Vorstandsmitglieder nicht zustande gekommen.

15 Wie solche Konstellationen zu beurteilen sind, hat der BGH ebenfalls im „Lederspray-Fall" entschieden. Die Beurteilung fällt danach zulasten desjenigen aus, der sich seiner Stimme enthält. Wenn die zur Schadensabwendung gebotene Maßnahme nur durch das Zusammenwirken mehrerer Beteiligter zustande kommen kann, so setzt jeder, der es trotz seiner Mitwirkungskompetenz unterlässt, einen Beitrag zu leisten, eine Ursache dafür, dass die gebotene Maßnahme unterbleibt. Auf diese Weise will die Rechtsprechung verhindern, dass sich Vorstandsmitglieder, die sich pflichtwidrig einer Stimme enthalten, durch Verweis auf die pflichtwidrige Stimmenthaltung ihrer Kollegen der strafrechtlichen Haftung entledigen können. Für die Mitglieder der Führungsebene eines Unternehmens hat dies weit reichende Folgen und begründet **Handlungspflichten**: Bei erkannter Schadensgeneigtheit einer laufenden Geschäftsaktivität genügt reine Passivität nicht. Nur wenn später nachvollziehbar ist, dass versucht worden ist, die Vorstandskollegen – wenn auch vergeblich – mit allem Nachdruck von der Einstellung der Aktivität zu überzeugen, tritt keine strafrechtliche Haftung ein.

1.1.2.4 Haftung des negativ Votierenden?

16 Eine Befreiung von der strafrechtlichen Verantwortung kommt nach Ansicht des BGH nur in Frage, wenn ein Beteiligter alles ihm Mögliche und Zumutbare getan hat, um den

gebotenen Beschluss zu erwirken. Hierzu gehört der **volle Einsatz der Mitwirkungsrechte** des jeweiligen Mitglieds des Kollegialorgans. Jedes Mitglied ist – auch wenn die konkret zur Entscheidung stehende Sachfrage nicht zu seinem Ressort gehört – zur eigenen Nachprüfung und Aufklärung von Zweifeln verpflichtet. Bei Unterlassung der erforderlichen Nachprüfungen tritt Strafbarkeit ein.[31] Umgekehrt ist das jeweilige Mitglied frei von Strafbarkeit, wenn es alles ihm Mögliche und Zumutbare geleistet hat. Denn von niemandem kann etwas ihm Unmögliches oder Unzumutbares verlangt werden. Die strafrechtlichen Anforderungen können nicht weiter gehen, als Handlungsmöglichkeiten in rechtlicher und tatsächlicher Hinsicht bestehen.[32]

1.1.3 Exkurs: spezifische Haftungsrisiken eines Compliance Officers

Manchmal brennt es sogar bei der Feuerwehr. Derartige Missgeschicke erzeugen schwere Kompetenzzweifel. Ein **Compliance-Officer** (CO) sollte dies tunlichst vermeiden. Ob Versäumnisse, die ihm persönlich anzukreiden sind, auch Konsequenzen straf- oder ordnungswidrigkeitenrechtlicher Art nach sich ziehen, ist Gegenstand dieses Unterabschnitts. Wenn ein **aktives Tun** des CO in Rede steht, ergeben sich keine Besonderheiten. Der CO kann, wie jeder andere, Straf- oder Bußgeldtatbestände durch eigenhändiges Tun verwirklichen. Mangels regelmäßiger Beteiligung am operativen Geschäft[33] dürfte dieser Aspekt jedoch nur eine untergeordnete Bedeutung haben. Praktisch relevanter ist, inwieweit ein CO in die Bredouille gerät, wenn Mitarbeiter infolge seiner Untätigkeit Straftaten oder Ordnungswidrigkeiten begehen.

17

1.1.3.1 Strafbares oder ordnungswidriges Unterlassen: Allgemeines zur Garantenpflicht

Ein strafbares oder ordnungswidriges Unterlassen setzt voraus, dass der Täter rechtlich dafür einzustehen hat, dass ein zum Tatbestand gehörender Erfolg nicht eintritt (§ 13 StGB, § 8 OWiG). Eine solche **Einstandspflicht** wird gemeinhin als **Garantenpflicht** bezeichnet. Alle Erfolgsabwendungspflichten lassen sich auf den Grundgedanken zurückführen, dass eine bestimmte Person in besonderer Weise zum Schutz des gefährdeten Rechtsguts aufgerufen ist und dass sich alle übrigen Beteiligten auf das helfende Eingreifen dieser Person verlassen dürfen.[34]

18

Eine solche Einstandspflicht kann sich aus Rechtsnormen oder der tatsächlichen **Übernahme eines bestimmten Aufgabenkreises** ergeben, welcher durch arbeitsvertragliche Pflichten, Integritätsklauseln oder einen internen Verhaltenskodex konturiert werden

19

---

31 Vgl. *Carl*, in: Struwe (Hrsg.): Schlanke § 18 KWG-Prozesse, 3. Aufl., Heidelberg 2011, Rn. 928.
32 Auf diese Begrenzung der Handlungspflichten hat auch der BGH im „Lederspray-Fall" hingewiesen; vgl. BGH v. 06.07.1990 – 2 StR 549/89, BGHSt 37, 106, 125 f.
33 Vgl. *Bundesanstalt für Finanzdienstleistungsaufsicht (BaFin):* Rundschreiben 5/2018 (WA) Mindestanforderungen an Compliance-Funktion und die weiteren Verhaltens-, Organisations- und Transparenzpflichten nach §§ 63 ff. WpHG für Wertpapierdienstleistungsunternehmen (MaComp) v. 07.06.2010, geändert am 08.03.2017, BT 1.3.3.1.
34 BGH v. 25.07.2000 – 1 StR 162/00, in: NJW 2000, S. 3013, 3014.

kann.³⁵ Weitere Voraussetzung für die Annahme einer Garantenstellung soll ein besonderes Vertrauensverhältnis sein, das den Übertragenden gerade dazu veranlasst, dem Verpflichteten besondere Schutzpflichten zu überantworten.³⁶ § 80 Abs. 1 Satz 2 Nr. 1 WpHG i. V. m. § 12 WpDVerOV verpflichtet Wertpapierdienstleistungsunternehmen dazu, eine dauerhafte und wirksame Compliance-Funktion einzurichten. Damit existiert eine normative Grundlage, auf die man eine Garantenpflicht von Compliance-Verantwortlichen zumindest teilweise und bereichsspezifisch stützen kann. Zu den Pflichten eines CO, die für die Begründung einer Garantenstellung ebenfalls von Bedeutung sind, zählen typischerweise: Implementierung, Dokumentation und Weiterentwicklung des Compliance-Systems, Beratung der Unternehmensleitung in allen compliance-relevanten Fragen, Schulung und Information der Mitarbeiter sowie die Einrichtung einer Whistleblower-Hotline (vgl. 3.1.4).³⁷ Anzeigepflichten nach § 23 WpHG und § 43 GwG sind ebenfalls denkbar.³⁸ Die Pflicht, die hier die mit Abstand wichtigste Rolle spielt, ist diejenige, die Einhaltung der zum Teil sehr weitgehenden und drittschützenden Compliance-Regeln zu überwachen sowie Verstöße der Unternehmensleitung zu melden. insb. im Bankenbereich gibt es zahlreiche Monitoring-Pflichten, zu denen z. B. die EDV-gestützte Kontrolle von Geschäftsverbindungen und Transaktionen zählt.³⁹ Ob die Meldepflicht gegenüber der Geschäftsleitung rechtlich auf „schwerwiegende" Verstöße beschränkt ist, ist umstritten.⁴⁰ Zur Reduzierung von Haftungsrisiken sollte als Grundsatz jedenfalls praktisch gelten: im Zweifel melden.

1.1.3.2 Der CO als Überwachergarant und möglicher Täter

20 Der CO könnte **Unterlassungstäter** eines straf- bzw. ordnungswidrigkeitenrechtlich relevanten Compliance-Verstoßes sein, wenn er die Macht besäße, Mitarbeiter im Sinne eines Verbots oder Gebots zumindest vorläufig anzuweisen, um das Hineinlaufen in einen Krisenfall zu verhindern. Teilweise wird ein solches **Weisungsrecht** bejaht.⁴¹ Regelmäßig

---

35 Vgl. BGH v. 17.07.2009 – 5 StR 394/08, in: NJW 2009, S. 3173, 3174; *Kraft/Winkler*, in: CCZ 2009, S. 29, 32.
36 BGH v. 17.07.2009 – 5 StR 394/08, in: NJW 2009, S. 3173, 3174.
37 Vgl. *Bürkle*: Compliance-Beauftragten-System, in: Hauschka/Moosmayer/Lösler (Hrsg.): Corporate Compliance, 3. Aufl., München 2016, § 36 Rn. 34 ff. Da der Begriff des CO (noch) keine scharfen Konturen hat, ist vor apodiktischen Pauschalaussagen zu warnen, vgl. *Grützner*, in: NJW-Editorial, Heft 43/2009. Zu weiteren Konturierungsbemühungen vgl. *Bundesanstalt für Finanzdienstleistungsaufsicht (BaFin)*: Rundschreiben 5/2018 (WA) Mindestanforderungen an Compliance-Funktion und die weiteren Verhaltens-, Organisations- und Transparenzpflichten nach §§ 63 ff. WpHG (MaComp) v. 19.04.2018, geändert am 09.05.2018, BT 1.2.
38 *Vogel*, in: Assmann/Schneider (Hrsg.): WpHG, 6. Aufl., Köln 2012, § 10 Rn. 8 ff.
39 Vgl. *Gebauer*: Compliance in der Banken- und Wertpapierdienstleistungsbranche, in: Hauschka/Moosmayer/Lösler (Hrsg.): Corporate Compliance, 3. Aufl., München 2016, § 48 Rn. 25.
40 *Illing/Umnuß*, in: CCZ 2009, S. 1, 5.
41 *Campos Nave/Vogel*, in: BB 2009, S. 2546, 2550; *Veil*, in: WM 2008, S. 1093, 1098. Vgl. auch Bundesanstalt für Finanzdienstleistungsaufsicht (BaFin): Rundschreiben 5/2018 (WA) „Mindestanforderungen an Compliance-Funktion und die weiteren Verhaltens-, Organisations- und Transparenzpflichten nach §§ 63 ff. WpHG (MaComp) v. 19.04.2018, geändert am 09.05.2018, BT 1.2.1 Nr. 3: „Interventionsrechte".

ist es allerdings der Geschäftsführung vorbehalten, Abhilfemaßnahmen zu ergreifen.[42] Auch über die Verhängung von Sanktionen entscheidet der CO in der Regel nicht. Steht es ihm aber im Einzelfall nicht zu, ein „Machtwort" zu sprechen, sind seine Verhinderungsmöglichkeiten und Handlungspflichten darauf beschränkt, unverzüglich die entscheidungskompetenten Stellen zu **informieren**.[43] Der CO ist dann als sog. Überwachergarant einzustufen. Aufgrund organisatorischer Verselbstständigung und weitgehender Prüfungsbefugnisse verfügt er jedoch häufig über einen **Wissensvorsprung** gegenüber der Geschäftsleitung. Dieser verschafft ihm Informations- und Herrschaftsmacht. Unter Rekurs auf diese Kriterien wird vorgetragen, dass Betriebsbeauftragte, deren Kompetenzen denen eines CO weitgehend ähneln, Täter und nicht bloß Teilnehmer eines Unterlassungsdelikts sein können, was für die Strafzumessung relevant ist.[44]

In einem **viel beachteten obiter dictum** bestätigt der **BGH** die strafrechtliche Verantwortung des CO: Dieser habe regelmäßig eine Garantenpflicht im Sinne des § 13 StGB (vgl. zuvor 1.1.3.1), unternehmensbezogene Straftaten von Unternehmensangehörigen zu verhindern, „die aus dem Unternehmen heraus begangen werden und diesem erhebliche Nachteile durch Haftungsrisiken oder Ansehensverlust bringen können." Dies sei, so der BGH, die notwendige Kehrseite der gegenüber der Unternehmensleitung übernommenen Pflicht, Rechtsverstöße und insb. Straftaten zu unterbinden.[45]

Woraus genau der BGH die Garantenstellung des CO ableitet, wird jedoch aus dem Urteil nicht ganz klar. Zunächst könnte sich die Garantenstellung aus den Grundsätzen der „Geschäftsherrenhaftung" (vgl. 1.1.1.1) ergeben. Dies erscheint jedoch aus vielerlei Gründen problematisch. Es stellt sich insb. die Frage, ob die Geschäftsherrenhaftung in Bezug auf den CO überhaupt Anwendung finden kann. Dieser verfüge nämlich, im Gegensatz zur Geschäftsleitung, über keine Weisungsbefugnis. Diese sei jedoch Voraussetzung für eine Geschäftsherrenhaftung.[46] Außerdem räume diese nur eine Weisungsmöglichkeit gegenüber nachgeordneten Mitarbeitern ein. Dies führe dann aber zu Problemen hinsichtlich von Weisungen gegenüber anderen Mitgliedern der Geschäftsführung. Des Weiteren könne ein Organ der Geschäftsführung auch keine schädigenden Handlungen von Mitgliedern des Aufsichtsrates unterbinden.[47] Überträgt man diese Grundsätze also auf den CO, muss man eine Garantenstellung aufgrund einer Geschäftsherrenhaftung wohl ablehnen.

---

42   *Illing/Umnuß*, in: CCZ 2009, S. 1, 4; *Lösler*, in: WM 2008, S. 1098, 1102.
43   Vgl. *Thomas*, in: CCZ 2009, S. 239, 240.
44   Umstritten. Pro Täterschaft vgl. z. B. *Ransiek*, in: Kindhäuser/Neumann/Paeffgen (Hrsg.): Strafgesetzbuch, Band 2, 5. Aufl., Baden-Baden 2017, § 324 Rn. 66; a. A. etwa OLG Frankfurt v. 22.05.1987 – 1 Ss 401/86, in: NJW 1987, S. 2753.
45   BGH v. 17.07.2009 – 5 StR 394/08, in: NJW 2009, S. 3173, 3175. Kritisch bis ablehnend: *Campos Nave/Vogel*, in: BB 2009, S. 2546, 2547 f.; *Rolshoven/Hense*, in: BKR 2009, S. 425, 426 f.; *Stoffers*, in: NJW 2009, S. 3176. Vgl. zu den Argumenten der Kritiker in grundsätzlicher Hinsicht die überzeugenden Ausführungen von *Böse*, in: NStZ 2003, S. 636, 638 (Charakteristika eines Betriebsbeauftragten) und *Schünemann*, in: Leipziger Kommentar, Bd. I, 12. Aufl., Berlin 2007, § 14 Rn. 68 (§ 130 OWiG als bloßer Auffangtatbestand).
46   *Zapfe*, Compliance und Strafverfahren, Frankfurt am Main 2013, S. 53 f.
47   *Schneider/Gottschaldt*, in: ZIS 2011, S. 573, 574.

Als weiterer Anknüpfungspunkt käme der Arbeitsvertrag des CO in Betracht. Allein der Umstand, dass Compliance- bzw. Integritätsklauseln im Arbeitsvertrag vereinbart werden, reiche jedoch für die Annahme einer Garantenstellung nicht aus.[48] Es könne sich jedoch auch nicht um eine originäre Garantenstellung handeln. Dagegen spreche, dass grundsätzlich die Organe eines Unternehmens für die Überwachung von Gefahren verantwortlichen seien. Diese könnten dann ihre Pflichten an andere Personen delegieren.[49] Entscheidend sei, ob der CO die Pflichten, die im Arbeitsvertrag begründet sind, auch tatsächlich übernimmt. Im Ergebnis entstehe eine Garantenpflicht des CO also durch eine Delegation von Pflichten durch die Geschäftsherren, die durch einen Akt der Übernahme geprägt seien.[50] Ob eine Garantenpflicht im Ergebnis bestehe, sei jedoch nicht allgemein bestimmbar, sondern müsse anhand jedes Einzelfalles neu geklärt werden. Es reiche nicht aus, dass der CO als solcher bezeichnet ist. Vielmehr müsse sein konkreter Aufgabenbereich analysiert werden.[51]

Die nur knappen und undifferenzierten Ausführungen des BGH geben keinen Anlass zu hektischem Aktionismus oder gar Hysterie.[52] Sie sollten einen CO aber dazu veranlassen, auf der Implementierung klarer Berichtslinien für Problemfälle (z. B. Straftatverdacht gegenüber der Geschäftsleitung) und einer präzisen Definition seines Aufgabenkreises (im Arbeitsvertrag und/oder in der Stellenbeschreibung) zu bestehen.

1.1.3.3 Verhinderung betriebsbezogener Straftaten und Ordnungswidrigkeiten

21 Um die Strafbarkeitsrisiken des CO im Bereich des Unterlassens besser einschätzen zu können, lohnt es sich, die Garantenpflichten derjenigen mit in den Blick zu nehmen, die für die Leitung eines Kredit- oder Finanzdienstleistungsinstituts verantwortlich sind. Die umstrittene Lehre von der **„Geschäftsherrenhaftung"** (vgl. 1.1.1.1) besagt, dass es sich bei einem geschäftlichen Betrieb um eine insgesamt vom Geschäftsherrn zu überwachende Gefahrenquelle handelt.[53] Geht es speziell darum, Straftaten und Ordnungswidrigkeiten von Mitarbeitern zu verhindern, sollen sich Überwachungs- und Einschreitpflichten nur auf

---

48 *Fischer*, Strafgesetzbuch, 65. Aufl., München 2018, § 13 Rn. 39; *Gaede*, in: Kindhäuser/Neumann/Paeffgen (Hrsg.): Strafgesetzbuch, Band 1, 5. Aufl., Baden-Baden 2017, § 13 Rn. 31.

49 *Wittig*, Wirtschaftsstrafrecht, 4. Aufl., München 2017, § 6 Rn. 58d.

50 Vgl. *Knierim*, in: Wabnitz/Janovsky, Handbuch Wirtschafts- und Steuerstrafrecht, 4. Aufl., München 2014, 5. Kapitel Rn. 53; *Stree/Bosch*, in: Schönke/Schröder, Strafgesetzbuch, 29. Aufl., München 2014, § 13 Rn. 53a, die ein „Übernahmeelement" fordern.

51 Vgl. BGH v. 14.10.2014 – VI ZR 466/13; *Hennecke*: Der Compliance-Beauftragte als Straftatenverhinderer – Baustein der Unternehmenshaftung?, in: FS Wessing, München 2016: Nach Ansicht von *Hennecke* sind die Ausführungen zum konkreten BGH-Urteil zwar zivilrechtlicher Natur, lassen sich aber auch auf die strafrechtliche Garantenstellung übertragen.

52 Eine Garantenpflicht setzt – wie oben ausgeführt – die Übernahme eines spezifischen Aufgabenkreises voraus. Der Übernehmende muss sich nur „beim Wort nehmen lassen". Hierdurch ergibt sich eine begrenzte Reichweite seiner Verantwortlichkeit; ihm obliegt grundsätzlich keine „Rundumverteidigung"; vgl. dazu allgemein *Freund*, Strafrecht AT, 2. Aufl., Berlin/Heidelberg 2009, § 6 Rn. 84.

53 *Schall*, Grund und Grenzen der strafrechtlichen Geschäftsherrenhaftung, in: FS Rudolphi, Neuwied 2004, S. 267, 279.

betriebsbezogene Verstöße beziehen, die Betriebsangehörige im Zusammenhang mit den ihnen übertragenen Aufgaben begehen.[54] Exzesstaten, die ein Mitarbeiter im ausschließlichen Eigeninteresse gelegentlich am Arbeitsplatz begeht (z. B. sexuelle Belästigung oder Beleidigung), sind insoweit nicht erfasst. Es ist allerdings zu beachten, dass der Geschäftsherr unter Untreuegesichtspunkten die Pflicht haben kann, Mitarbeiter zur Vermeidung von Vermögensschäden zu beaufsichtigen und entsprechende Verstöße zu unterbinden.[55] Unter Beachtung dieser und der vom BGH angedeuteten Grundsätze bestünde z. B. eine Garantenpflicht von Kredit- und Finanzdienstleistungsunternehmen zur Verhinderung von Betrugs- und Untreuehandlungen, Geldwäsche, Beihilfe zur Steuerhinterziehung, Straftaten und Ordnungswidrigkeiten nach KWG und DepotG, Wettbewerbsverstößen, Korruptionsdelikten etc. Damit ist aus Sicht des CO in diesem Bereich die strafrechtliche „Obergrenze" bestimmt: Selbst wenn ihn die Geschäftsleitung qua Delegation in die Überwachung der „Gefahrenquelle Kreditinstitut" mit einbezieht, kann er bei der Verhinderung von Straftaten und Ordnungswidrigkeiten keine weitergehenden Pflichten als diese haben. Die Möglichkeit, Überwachungspflichten zu übertragen (z. B. durch Weisung), ist allgemein anerkannt. Die Unternehmensleitung wird hierdurch jedoch nicht von ihren eigenen Kontroll- und Sicherungspflichten entbunden.

Schließt ein Kredit- oder Finanzdienstleistungsinstitut Verträge, die sog. Integritätsklauseln beinhalten, können sich für die Unternehmensleitung und den CO auch hieraus Handlungspflichten ergeben. Vorausgesetzt ist jedoch, dass zwischen den Vertragspartnern ein besonderes Vertrauensverhältnis und ein Kräftegleichgewicht bestehen.[56]

1.1.3.4 Unterlassen einer geeigneten Abwehrhandlung

Wenn Mitarbeiter eines Kreditinstituts eine Straftat oder Ordnungswidrigkeit begangen haben, heißt das noch lange nicht, dass der als Überwachergarant einzustufende CO hierfür zur Verantwortung zu ziehen ist. Zunächst müsste er eine ihm mögliche und zur Erfolgsabwendung geeignete Handlung unterlassen haben. Ferner müsste sein Unterlassen für den Erfolgseintritt kausal geworden sein. Die sich daraus ergebenden Fragen werden anhand zweier Beispielsfälle aufgezeigt:

– Der CO erfährt im Rahmen seiner Kontrolltätigkeit von einer geplanten oder bereits im Gange befindlichen Straftat bzw. Ordnungswidrigkeit, die gegen Kunden des Kreditinstituts gerichtet ist. Er unterlässt es jedoch, die Geschäftsführung hierüber zu informieren.

– Der CO versäumt es, regelmäßige Schulungen durchzuführen und interne Richtlinien der aktuellen Gesetzeslage und höchstrichterlichen Rechtsprechung anzupassen (vgl. dazu 3.1.3). Mitarbeiter, die Straftaten oder Ordnungswidrigkeiten begangen haben, berufen sich auf entsprechende Wissensdefizite.

22

---

54 Vgl. *Stree/Bosch*, in: Schönke/Schröder, Strafgesetzbuch, 29. Aufl., München 2014, § 13 Rn. 53, der den Missbrauch einer betrieblichen Stellung verlangt.
55 Vgl. RG v. 13. 04. 1942 – 2 D 78/42, RGSt 76, 115.
56 BGH v. 25. 07. 2000 – 1 StR 162/00, in: NJW 2000, S. 3013 f.; *Fischer*, Strafgesetzbuch, 65. Aufl., München 2018, § 13 Rn. 40; *Schlösser*, in: wistra 2006, S. 446 ff.

1.1.3.5 Quasi-Kausalität

23 Bei der **Ursächlichkeit des Pflichtenverstoßes** ist hypothetisch zu fragen, was geschehen wäre, wenn sich der Unterlassende pflichtgemäß verhalten hätte.[57] Nur wenn der strafrechtlich relevante Erfolg mit an Sicherheit grenzender Wahrscheinlichkeit verhindert worden wäre, kann man dem Täter/Teilnehmer die Unterlassung anlasten (vgl. 1.1.2.2). Um diese Frage beantworten zu können,[58] bedarf es hinsichtlich des ersten Beispielsfalles unter 1.1.3.4 einer dahin gehenden Prognose, wie sich die vom CO pflichtgemäß informierten Personen höchstwahrscheinlich verhalten hätten: Wären sie eingeschritten oder hätten sie das in Rede stehende Verhalten – möglicherweise aufgrund abweichender Bewertung – toleriert? Es liegt auf der Hand, dass es diesbezüglich keinen allgemeingültigen Erfahrungssatz gibt,[59] sondern immer auf die Besonderheiten des jeweiligen Falles abzustellen ist. Doch jedenfalls bei eindeutigen Verstößen liegt der Schluss nahe, dass der Geschäftsherr auf die Verhinderung des Verstoßes hingewirkt hätte.[60]

24 Bei positiver Kenntnis bevorstehender oder im Gange befindlicher Straftaten ist ein CO deshalb gut beraten, unverzüglich seinen **Vorgesetzten zu informieren**. Tut er dies nicht und kommt es zu betriebsbezogenen Straftaten oder Ordnungswidrigkeiten zu Lasten Dritter oder kollektiver Rechtsgüter, macht er sich wegen eines entsprechenden Unterlassungsdelikts strafbar. Ist das dem CO vorgesetzte Vorstandsmitglied in die Vorgänge verwickelt oder weigert dieses sich, etwas zu unternehmen, ist eine Information an den Vorstandsvorsitzenden oder an den Gesamtvorstand angezeigt.[61] Scheidet diese Möglichkeit aus, ist auch die Einschaltung des zuständigen Aufsichtsgremiums in Betracht zu ziehen.[62] Eine umfassende Rechtspflicht zum „externen Whistleblowing" (z. B. durch Einschaltung der Staatsanwaltschaft) besteht hingegen nicht.[63]

25 Hat ein CO es wie im zweiten Beispielsfall unter 1.1.3.4 versäumt, Mitarbeiter zu schulen oder über Gesetzesänderungen zu informieren und begehen diese Personen anschließend Straftaten oder Ordnungswidrigkeiten, ist mit folgendem Vorwurf zu rechnen: Bei pflichtgemäßem Handeln des CO wären die Gesetzesverletzungen ausgeblieben! Dazu ist Folgendes zu sagen: Unkenntnis schützt (zumeist) nicht vor Strafe bzw. Bußgeld. Der unmittel-

---

57 BGH v. 19.04.2000 – 3 StR 442/99, in: NJW 2000, S. 2754, 2757.
58 Laut *Altenhain*, in: NStZ 2001, S. 189, 191, ist diese Frage „unbeantwortbar".
59 Vgl. *Kraft/Winkler*, in: CCZ 2009, S. 29, 33.
60 Ergänzend sei darauf hingewiesen, dass nach Vorstellung der BaFin „Überstimmungen wesentlicher Entscheidungen des Compliance-Beauftragten durch die Geschäftsführung" zu dokumentieren sein sollen (Bundesanstalt für Finanzdienstleistungsaufsicht (BaFin): Rundschreiben 5/2018 (WA) Mindestanforderungen an Compliance-Funktion und die weiteren Verhaltens-, Organisations- und Transparenzpflichten nach §§ 63 ff. WpHG (MaComp) vom 19.04.2018, geändert am 09.05.2018, BT 1.3.3 Nr. 2).
61 Vgl. *Bürkle*, in: Hauschka/Moosmayer/Lösler (Hrsg.): Corporate Compliance, 3. Aufl., München 2016, § 8 Rn. 16.
62 Vgl. – bezogen auf den Aufsichtsrat – BGH, in: NJW 2009, S. 3173, 3175; *Thomas*, in: CCZ 2009, S. 239, 240. Siehe auch das Rundschreiben der BaFin zu „Mindestanforderungen an Compliance-Funktion und die weiteren Verhaltens-, Organisations- und Transparenzpflichten nach §§ 63 ff. WpHG (MaComp)" 19.04.2018, geändert am 09.05.2018, BT 1.2.2 Nr. 3: Berichtspflicht gegenüber dem Aufsichtsorgan.
63 So auch *Bürkle*, in: CCZ 2010, S. 4, 10. Eine Ausnahme gilt in den Fällen des § 138 StGB.

bare Täter kann sich grundsätzlich nicht damit entlasten, das Gesetz nicht gekannt zu haben. Gesetzeskenntnis wird insoweit fingiert. Gesetzlich schlägt sich dies in den §§ 17 StGB und 11 Abs. 2 OWiG nieder. Diese Bestimmungen besagen, dass die Unkenntnis, durch das eigene Verhalten etwas Unerlaubtes zu tun, nichts an der straf- bzw. ordnungswidrigkeitenrechtlichen Verantwortlichkeit ändert, sofern der entsprechende Irrtum – man spricht hier von einem **Verbotsirrtum** – vermeidbar war (z. B. durch die Einholung von Expertenrat). Während es im Fall einer unterlassenen Schulung, die das geltende Recht betrifft, inkonsequent wäre, dem CO die strafrechtliche Verantwortung für die Gesetzesunkenntnis Dritter aufzubürden, könnte man bei einer unterlassenen Information über eine Gesetzesänderung zu einem anderem Ergebnis kommen: Ein Argument wäre, dass die Mitarbeiter durch den CO von eigenen Erkundigungspflichten entbunden werden sollen und darauf vertrauen dürfen, dass dieser sie zeitnah über Neuerungen informiert.

Fehlende Quasi-Kausalität kann sich aber auch aus den Tatumständen ergeben. Sind die Taten heimlich und unter Anwendung von Verschleierungstechniken begangen worden, spricht nichts für die Annahme, dass diese im Fall einer Gesetzesunterweisung durch den CO mit an Sicherheit grenzender Wahrscheinlichkeit unterblieben wären. 26

1.1.3.6 Vorsatz und Fahrlässigkeit

In vielen Fällen kann der untätig gebliebene CO nur dann strafrechtlich belangt werden, wenn er **vorsätzlich**, also zumindest mit bedingtem Vorsatz gehandelt hat. Diese Form des Vorsatzes setzt voraus, dass jemand es für möglich gehalten und „billigend in Kauf genommen" hat, dass in Folge seines Unterlassens eine Straftat oder Ordnungswidrigkeit begangen wird (vgl. 1.1.1.1).[64] Die Vorsatz-Frage kann virulent werden, wenn bereits gesicherte Erkenntnisse über strukturelle Verfehlungen vorliegen und trotz naheliegender Wiederholungsgefahr nicht adäquat reagiert wird.[65] Fehlt es am Vorsatz, kommt nur eine **fahrlässige Begehung** in Betracht. Das setzt wiederum voraus, dass die in Rede stehende Tat fahrlässig begangen werden kann, was gesetzlich angeordnet sein muss (vgl. 1.1.1.1). 27

1.1.3.7 Täter oder Teilnehmer

Zuletzt stellt sich die Frage, ob der CO durch sein Unterlassen selbst zum Täter wird oder doch nur als Teilnehmer zu qualifizieren ist. Dieses Problem stellt sich, da der CO in der Regel von der Tat eines anderen erfährt und es unterlässt, die Tat eines aufzudecken. Es liegt also ein aktives Tun eines anderen vor, was einer Täterschaft des CO entgegenstehen könnte. Die Klärung dieser Frage ist dabei von großer Bedeutung, da es bei einer Beihilfe zu einer weiteren Milderung der Strafe kommen kann.[66]

---

64 *Wybitul*, in: BB 2009, S. 2590, 2591, weist darauf hin, dass die Vorsatzanforderungen bei der Beihilfe vergleichsweise gering sind und befürchtet die Einleitung vorschneller Ermittlungsverfahren gegen CO. Wenngleich der Gehilfe keine Einzelheiten kennen muss, so muss er aber doch zumindest die wesentlichen Merkmale der Haupttat (Unrechts- und Angriffsrichtung) erkennen, vgl. *Fischer*, Strafgesetzbuch, 65. Aufl., München 2018, § 27 Rn. 22.
65 *Thomas*, in: CCZ 2009, S. 239, 240.
66 Vgl. § 27 Abs. 2 Satz 2 StGB.

Ob und wann es zu einer Bestrafung wegen Beihilfe durch Unterlassen kommt, ist allerdings stark umstritten. Teilweise wird vertreten, dass ein Unterlassen immer zur Täterschaft führe, wenn keine persönlichen Voraussetzungen oder subjektive Merkmale fehlen.[67] Täter sei derjenige, der eine Garantenstellung innehabe und daneben die sonstigen Tatbestandsvoraussetzungen erfülle.[68] Nach anderer Ansicht sei immer von einer Beihilfe auszugehen, da die Tatherrschaft beim aktiv Handelnden liege.[69] Die Rechtsprechung nimmt in Anlehnung an die subjektive Formel eine Gesamtwürdigung vor, in der vor allem auf die innere Sicht des Unterlassenden in Bezug auf die Tat des anderen abgestellt wird. Entscheidend sei danach, ob der Garant die Tat als eigene oder eine fremde Tat unterstützen will.[70] Diese Grundsätze lassen sich auch auf den CO übertragen. Dieser wird im Regelfall nur Kenntnis von der Tat eines anderen erlangen. Verschweigt er die Tat dann gegenüber den Verantwortlichen, macht er sich die Tat nicht zu eigen, sondern unterstützt die fremde Tat durch sein Schweigen. Daher kommt man bei Befolgung der Ansicht des BGH zu einer Beihilfe durch Unterlassen. Die Rechtsprechung des BGH durfte in der Vergangenheit zwar „wenig gesichert" erscheinen.[71] In Anbetracht der Tatsache, dass der 5. Senat aber in seiner Entscheidung v. 17.07.2009[72] von einer Beihilfe durch Unterlassen ausging, kann damit gerechnet werden, dass er in Zukunft in vergleichbaren Fällen auch so entscheiden wird.

1.1.3.8 Zeitpunkt der Tat

Geht man mit der Ansicht des BGH und entscheidet sich für eine Beihilfe durch Unterlassen, muss beachtet werden, dass der CO nicht auf unbeschränkte Zeit zur Abwendung des Erfolges verpflichtet sein kann. Maßgeblich dafür ist, ob die Tat bereits vollendet bzw. beendet ist. Bei einem Betrug bestünde etwa dann keine Handlungspflicht mehr, wenn der CO erst nach Eintritt des Vermögensschadens von der Tat erfährt. Handelt es sich bei der Vortat um ein Korruptionsdelikt, so sei der CO hingegen bis zum Erhalt des letzten Vorteils durch den Amtsträger oder dem Scheitern der Unrechtsvereinbarung zum Einschreiten verpflichtet.[73]

1.1.3.9 Fazit

28   Ein guter CO ist wachsam und zuverlässig. Diese Qualitäten schützen ihn gleichzeitig vor Strafbarkeitsrisiken, denen er sich als Überwachergarant grundsätzlich ausgesetzt sieht. Etwaige Unachtsamkeiten begründen nicht automatisch eine strafrechtliche Verantwortung, führen aber schnell zu Reputationsschäden. Die Diskussion um die Reichweite der strafrechtlichen Verantwortung eines CO hat mit dem oben erwähnten obiter dictum des

---

67 *Fischer*, Strafgesetzbuch, 65. Aufl., München 2018, § 13 Rn. 94 ff.
68 *Roxin*, Strafrecht AT II, 9. Aufl., Berlin 2015, § 25 Rn. 267 ff.
69 *Lackner/Kühl*, Strafgesetzbuch, 29. Aufl., München 2018, § 27 Rn. 5 m. w. N.
70 Vgl. BGH v. 25.09.1991 – 3 StR 95/91, in: NJW 1992, S. 1246, 1247; BGH v. 06.11.2002 – 5 StR 281/01, BGHSt 48, 77, 97; BGH v. 12.02.2009 – 4 StR 488/08, in: NStZ 2009, S. 321, 322.
71 BGH v. 06.11.2002 – 5 StR 281/01, in: NJW 2003, S. 522, 527.
72 BGH v. 17.07.2009 – 5 StR 394/08, in: NJW 2009, S. 3173, 3175.
73 *Schneider/Gottschaldt*, in: ZIS 2011, S. 573, 577 m. w. N.

BGH erst begonnen. Unternehmensjuristen sollten ihren Fortgang mit besonderer Aufmerksamkeit verfolgen.

1.2 Haftungsrisiken für Kreditinstitute

1.2.1 Unternehmensgeldbuße

Die Folgen von Straftaten oder Ordnungswidrigkeiten können nicht nur die verantwortlichen Mitarbeiter, sondern auch das Kreditinstitut treffen. Deutlich wird das bei der Geldbuße nach § 30 OWiG, die gegen juristische Personen oder Personenvereinigungen und damit auch gegen Kreditinstitute verhängt werden kann (sog. **Verbandsgeldbuße**). § 30 Abs. 1 OWiG bestimmt, dass eine Straftat oder Ordnungswidrigkeit (sog. Anknüpfungstat) eines vertretungsberechtigten Organs einer juristischen Person – beispielsweise des Geschäftsführers einer GmbH oder des Mitglieds des Vorstands einer AG – dann zu einer Geldbuße gegen das Unternehmen führen kann, wenn durch die Tat Pflichten verletzt wurden, die der juristischen Person (also dem Unternehmen, für das gehandelt wurde) als solcher obliegen. Genauso wird durch § 30 OWiG sanktioniert, wenn die juristische Person durch die Straftat oder Ordnungswidrigkeit bereichert wurde oder bereichert werden sollte. Eine solche Geldbuße kann ein Kreditinstitut empfindlich treffen. Die Geldbuße kann neben dem Ahndungsteil auch einen Abschöpfungsteil enthalten. Was den Ahndungsteil der Geldbuße anbelangt, bestimmt sich nach § 30 Abs. 2 OWiG das Höchstmaß der Geldbuße nach dem Delikttyp der Anknüpfungstat. Es beträgt grundsätzlich bei vorsätzlichen Straftaten 10 Mio. €, bei fahrlässigen Straftaten 5 Mio. € und entspricht bei Ordnungswidrigkeiten grundsätzlich dem Höchstmaß der für die Anknüpfungstat angedrohten Geldbuße[74]. Es verzehnfacht sich jedoch, wenn die Vorschrift auf § 30 Abs. 2 Satz 3 OWiG verweist. Ein solcher Verweis ist in § 130 Abs. 3 Satz 2 OWiG enthalten, sodass eine Verbandsgeldbuße bei Aufsichtspflichtverletzungen 10 Mio. € betragen kann, wenn die Anknüpfungstat mit Strafe bedroht ist.[75] Nach § 120 WpHG[76], § 56 Abs. 6b KWG und § 56 Abs. 2 GwG kann das Höchstmaß für Geldbußen, die gegen juristische Personen oder Personenvereinigungen verhängt werden, noch höher ausfallen, insb. wenn es nach einem Anteil vom Gesamtumsatz berechnet wird.[77] Was den Abschöpfungsteil der Geldbuße anbelangt, kann nach § 30 Abs. 3 i. V. m. § 17 Abs. 4 OWiG, wenn der wirtschaftliche Vorteil, der dem Unternehmen aus der Tat zugeflossen ist, das gesetzliche Regelhöchstmaß

29

---

74 Vgl. speziell zur Zumessung der Geldbuße bei Ordnungswidrigkeiten nach § 120 Abs. 17, 18 und Abs. 24 WpHG die WpHG-Bußgeldleitlinien II der BaFin (Stand: Februar 2017).

75 Vgl. *Rogall*, in: Karlsruher Kommentar zum Gesetz über Ordnungswidrigkeiten, 4. Aufl., München 2014, § 30 Rn. 132; vgl. *Gürtler*, in: Göhler, Ordnungswidrigkeitengesetz, 17. Aufl., München 2017, § 130 Rn. 28a.

76 Zu den entsprechenden Gesetzesänderungen durch das Erste Finanzmarktnovellierungsgesetz (1. FiMaNoG) v. 30. 06. 2017 (noch zu § 39 WpHG a. F.), siehe *Pasewaldt/Baedorff*, in: Börsen-Zeitung v. 30. 04. 2016, S. 13.

77 So kann z. B. gegenüber einer juristischen Person oder einer Personenvereinigung wegen eines Verstoßes gegen das Verbot der Marktmanipulation der höhere Betrag von 15 Mio. € oder 15 % des Gesamtumsatzes des letzten Geschäftsjahres vor der Behördenentscheidung verhängt werden. Je nach Höhe des erzielten wirtschaftlichen Vorteils in diesen Fällen können die vorgenannten Höchstbeträge auch überschritten werden, da dann die Geldbuße auch das Dreifache des erzielten wirtschaftlichen Vorteils betragen kann.

übersteigt, auch eine höhere Geldbuße festgesetzt. Darüber hinaus kann bei bestimmten Verstößen gegen das KWG, das WpHG und GwG bei der Bemessung der Geldbuße bis zum Zweifachen[78] oder bis zum Dreifachen[79] des gezogenen wirtschaftlichen Vorteils zugrundegelegt werden.

Die Verbandsgeldbuße kann selbst dann festgesetzt werden, wenn gegen den verantwortlich Handelnden ein Strafverfahren nicht eingeleitet oder eingestellt oder im Verfahren von der Verhängung einer Strafe gegen ihn persönlich abgesehen wurde (§ 30 Abs. 4 OWiG). Man spricht in diesem Fall von einer **selbständigen Verbandsgeldbuße**.

In einem aktuellen Urteil hat der BGH darauf hingewiesen, dass es bei der Bemessung einer Verbandsgeldbuße mildernd zu berücksichtigen ist, wenn das Unternehmen seiner Pflicht, Rechtsverletzungen aus seiner Sphäre zu unterbinden, genügt und ein effizientes Compliance-Management zur Vermeidung von Rechtsverstößen eingerichtet hat.[80] Dabei sollen auch solche Regelungen und betriebsinternen Abläufe sanktionsmildernd wirken können, die ein Unternehmen nach der Aufdeckung und der Einleitung von behördlichen Ermittlungen eingerichtet hat, um in der Zukunft vergleichbare Rechtsverstöße deutlich zu erschweren.

1.2.2 Einziehung von Taterträgen

30 Soweit keine Unternehmensgeldbuße verhängt wird (§ 30 Abs. 5 OWiG), kann gegen ein Unternehmen eine Einziehungsanordnung[81] ergehen, wenn es durch eine Straftat (§ 73b StGB) oder eine Ordnungswidrigkeit (§ 29a Abs. 2 OWiG) eines Angestellten oder Beauftragten oder auch Dritten etwas erlangt. Durch eine solche Einziehungsanordnung wird das sog. **Brutto-Erlangte** abgeschöpft, ohne dass Aufwendungen abgezogen werden können, die in diesem Zusammenhang gemacht wurden (§ 73 Abs. 1, § 73d StGB, § 29a Abs. 3 und 4 OWiG).

Laut Gesetzesbegründung soll das Erlangte dabei in zwei Schritten bestimmt werden: Nachdem in einem ersten Schritt die gesamten Vermögenswerte festgestellt worden sind, die den Tatbeteiligten oder Drittbegünstigten durch die Tat zugeflossen sind, sollen Gegenleistungen oder anderen Aufwendungen in einem zweiten, wertenden Schritt bestimmt werden.[82] Ein Abzugsverbot soll für die Aufwendungen bestehen, die willentlich und bewusst für die Vorbereitung und Begehung der Straftat getätigt wurden. Erbringt der Täter jedoch auch nicht zu beanstandende Leistungen, sollen Aufwendungen dafür abgezogen werden können.[83] Bei der Bestimmung der Abzugsfähigkeit soll es also laut Gesetzesbegrün-

---

78 Siehe § 120 Abs. 17 Satz 3, Abs. 19 Satz 3, Abs. 20 Satz 3 WpHG, § 56 Abs. 2 Nr. 2 GwG sowie § 56 Abs. 6c KWG.
79 Vgl. § 120 Abs. 18 Satz 3, Abs. 21 Satz 3, Abs. 22 Satz 3 WpHG bei Verstößen gegen das Marktmanipulationsverbot.
80 BGH v. 09. 05. 2017 – 1 StR 265/16, in: WuW 2017, S. 456, 457.
81 Das Recht der strafrechtlichen Vermögensabschöpfung wurde zum 01. 07. 2017 reformiert (siehe BGBl. I 2017, S. 872 ff.). Dabei wurde der bislang verwendete Begriff des Verfalls durch den Begriff der Einziehung ersetzt.
82 Gesetzentwurf der Bundesregierung, BT-Drs. 18/9525, S. 67 f.
83 Gesetzentwurf der Bundesregierung, BT-Drs. 18/9525, S. 68.

dung entscheidend darauf ankommen, ob ein Rechtsgeschäft oder eine Handlung als solches verboten oder ob nur die Art oder Weise der Ausführung verboten ist.[84]

Streitig ist, ob auf die Einziehung das europäische Doppelverfolgungsverbot nach Art. 54 SDÜ anzuwenden ist[85] oder ob eine Einziehungsanordnung selbst dann noch in Betracht kommt, wenn wegen derselben Tat bereits zuvor im Ausland eine abschöpfende Sanktion gegen das Unternehmen verhängt worden ist.[86] Laut Gesetzesbegründung sollen Zahlungen auf ausländische Abschöpfungsentscheidungen im Rahmen von §§ 73 ff. StGB außer Betracht bleiben und „etwaige Unbilligkeiten" bei der Vollstreckung (im Rahmen des § 459g Abs. 5 StPO) berücksichtigt werden.[87]

2 Auswahl besonderer Problemfelder und Mitarbeiterhaftung

2.1 Untreue bei Kreditvergabe

Seit einiger Zeit schon haben Strafverfolgungsbehörden und Strafjustiz ein wachsames und strenges Auge auf die Vergabe von Krediten. Grund hierfür ist nicht zuletzt ein stark verbessertes Know-how der bankmäßigen Abläufe auf Seiten der Ermittlungsbehörden und der Justiz: auf Wirtschaftsstrafrecht spezialisierte Schwerpunktstaatsanwaltschaften und Spezialdienststellen bei der Polizei sowie Wirtschaftsstrafkammern an den Gerichten tragen zu einer effektiven Verfolgung von Straftaten auch im Bankenbereich bei **riskanten Kreditbewilligungen** ohne gewissenhafte Prüfung der Bonität des Kreditnehmers oder der Werthaltigkeit der geleisteten Sicherheiten können unter dem Aspekt der Untreue gemäß § 266 StGB strafbar sein, sofern die Rückzahlungsforderung gegen den Kreditnehmer auszufallen droht. Wenn von Anfang an – also zum Zeitpunkt des Vertragsschlusses – die Realisierungs-Chance eines vermögenswerten Anspruchs einen Minderwert darstellt, besteht schon von Vornherein ein „wirklicher" Schaden und es kommt für die Bejahung oder Verneinung des endgültigen Schadens nicht auf die tatsächliche Nichtrückzahlung an.[88]

31

Die Rechtsprechung verkennt allerdings nicht, dass der notwendige unternehmerische Handlungsspielraum durch eine extensive Auslegung der Untreuevorschrift nicht zu sehr eingeschränkt werden darf. In seiner grundlegenden Entscheidung im **„Ulmer Sparkassen-Fall"** aus dem Jahr 2000[89] hat der BGH darauf hingewiesen, dass jede Kreditgewährung ihrer Natur nach mit einem Risiko behaftet sei. Bei einer Kreditvergabe seien auf der Grundlage umfassender Informationen diese Risiken gegen die sich daraus ergebenden

32

---

84 Vgl. *Trüg*, in: NJW 2017, S. 1913, 1915. Die Begründung des Gesetzentwurfs nennt hier mehrere Beispiele. So sollen bei Betäubungsmitteldelikten keine Aufwendungen abzugsfähig sein, während bei Betrugs- oder Korruptionsdelikten ein Abzug von Aufwendungen für beanstandungsfreie Werkleistungen in Betracht komme (BT-Drs. 18/9525, S. 68).
85 Vgl. Rübenstahl in: Leipold/Tsambikakis/Zöller, Anwaltkommentar StGB, 2. Aufl., Heidelberg 2015, § 73 Rn. 62 (noch zur Rechtslage vor dem 01.07.2017).
86 Vgl. LG Darmstadt v. 14.05.2007 – 712 Js 5213/04 – 9 KLs, BeckRS 2007, 16611, unter Ziffer V.
87 Vgl. Beschlussempfehlung und Bericht des Ausschusses für Recht und Verbraucherschutz, BT-Drs. 18/11640, S. 78.
88 *Fischer*, Strafgesetzbuch, 65. Aufl., München 2018, § 266 Rn. 160.
89 BGH v. 06.04.2000 – 1 StR 280/99, BGHSt 46, 30 ff.

Chancen abzuwägen. Der entscheidende Satz folgt im Anschluss: „Ist diese Abwägung sorgfältig vorgenommen worden, kann eine Pflichtverletzung nicht deshalb angenommen werden, weil das Engagement später notleidend wird."[90] In einer weiteren Grundsatzentscheidung aus dem Jahr 2001 – diesmal waren Vorstandsmitglieder der Sparkasse Mannheim angeklagt – hat der BGH diese Leitlinien bestätigt.[91] Seitdem sind diese Leitlinien gefestigt und immer wieder praktizierte Rechtsprechung. Dies bestätigt der BGH in ähnlicher Weise in seinem Urteil v. 12.10.2016.[92] Der Untreuetatbestand sei grundsätzlich nur auf eindeutige Fälle pflichtwidrigen Handels anzuwenden. Eine Pflichtverletzung müsse für eine Untreuestrafbarkeit evident sein.[93] Dabei stellt der 5. Strafsenat fest, dass es nicht automatisch zu einer Strafbarkeit führen könne, wenn eine Entscheidung getroffen wird, die sich im Nachhinein als falsch herausstellt. Eine Strafbarkeit könne aber dann vorliegen, wenn die Entscheidungsgrundlagen nicht sorgfältig ermittelt und die Grenzen von unternehmerischen Risiken auf unverantwortliche Art und Weise überschritten wurden.[94]

33 Die Strafbarkeit wegen Untreue durch Kreditvergabe hängt – abgesehen von Fragen des Vermögensschadens und des Vorsatzes, auf die hier nicht weiter eingegangen werden kann – maßgeblich von **Umfang, Tiefe und Sorgfalt der Bonitäts- bzw. Risikoprüfung** ab.

Der BGH hat Kriterien entwickelt, aus denen sich tatsächliche Anhaltspunkte für eine unzureichende Kreditwürdigkeitsprüfung ergeben können. Eines dieser Kriterien ist die Vernachlässigung von Informationspflichten.[95]

34 § 18 KWG und der neu eingeführte § 18a KWG konkretisieren die Anforderungen an die Informationspflicht im Rahmen einer Bonitätsprüfung.[96]

Nach § 18 Satz 1 KWG darf ein Kreditinstitut einen Kredit, der insgesamt 750.000 € oder 10 % des haftenden Eigenkapitals überschreitet, grundsätzlich nur dann gewähren, wenn es sich von dem Kreditnehmer die wirtschaftlichen Verhältnisse, insb. durch Vorlage der Jahresabschlüsse, offen legen lässt.[97] § 18a KWG enthält zum einen den Inhalt des alten § 18 Abs. 2 KWG a. F., wonach Kreditinstitute vor Abschluss eines Verbraucherdarlehensvertrags die Kreditwürdigkeit des Darlehensnehmers prüfen müssen. Es ist davon auszugehen, dass die Rechtsprechung zum alten § 18 KWG a. F. hinsichtlich der „alten Pflichten", die nun in § 18a KWG geregelt sind, fortgilt.

---

90 BGH v. 06.04.2000 – 1 StR 280/99, BGHSt 46, 30, 34. Dazu auch *Fischer*, Strafgesetzbuch, 65. Aufl., München 2018, § 266 Rn. 70.
91 BGH v. 15.11.2011 – 1 StR 185/01, BGHSt 47, 148, 149 f.
92 BGH, Urt. v. 12.10.2016 – 5 StR 134/15, in: NStZ 2017, S. 227 ff.
93 BGH, Urt. v. 12.10.2016 – 5 StR 134/15, in: NStZ 2017, S. 227, 229 f.
94 BGH, Urt. v. 12.10.2016 – 5 StR 134/15, in: NStZ 2017, S. 227, 230 f.
95 BGH v. 06.04.2000 – 1 StR 280/99, BGHSt 46, 30, 34. Anmerkung: Die zitierten Entscheidungen beziehen sich auf die alte Fassung des § 18 Satz 1 KWG.
96 Durch das Gesetz zur Umsetzung der Wohnimmobilienkreditrichtlinie und der Änderung handelsrechtlicher Vorschriften wurde im Jahr 2016 die neue Vorschrift § 18a KWG geschaffen.
97 § 18 Satz 2 und Satz 4 KWG sehen Ausnahmen von dieser Pflicht des Kreditinstituts vor. § 18 Satz 3 KWG regelt eine Ausnahme von der Pflicht zur laufenden Offenlegung.

Zum anderen konkretisiert § 18a KWG die Anforderungen an die Kreditwürdigkeitsprüfung bei Verbraucherdarlehensverträgen. Es ist eine Frage der Zeit, wann die Rechtsprechung ihre Untreue-Rechtsprechung auf Verstöße gegen § 18a KWG erweitern wird. Um eine Strafbarkeit wegen Untreue zu verhindern, sollte sich das Verhalten in der Praxis unbedingt an den Pflichten des § 18a KWG orientieren.

2.1.1 Verstoß gegen § 18 Satz 1 KWG

Eine Verletzung der Informations- und Offenlegungspflichten nach § 18 Satz 1 KWG führt zwar, wie der BGH in seinen Grundsatzentscheidungen klargestellt hat, nicht automatisch zur Annahme einer Pflichtverletzung im Sinne des § 266 StGB, entfaltet insoweit aber eine wichtige **Indizwirkung**.[98] Jedenfalls bei gravierenden Verstößen gegen die banktypische Informations- und Prüfungspflicht soll eine Pflichtverletzung im Sinne des § 266 StGB vorliegen.[99]

35

2.1.2 Verstöße gegen § 18a KWG

Inhalt

Nach § 18a Abs. 1 Satz 1 KWG müssen Kreditinstitute vor dem Abschluss eines Verbraucherdarlehensvertrags die Kreditwürdigkeit des Darlehensnehmers prüfen. Im Übrigen konkretisiert der Gesetzgeber in § 18a KWG die gegenüber einem Verbraucher vorzunehmende Kreditwürdigkeitsprüfung. Die Anforderungen an die Kreditwürdigkeitsprüfung sind davon abhängig, ob der Abschluss eines Immobiliar-Verbraucherdarlehensvertrags oder eines Allgemein-Verbraucherdarlehensvertrags bezweckt ist.[100] Die Anforderungen an die Prüfung der Kreditwürdigkeit vor dem Abschluss eines Immobilar-Verbraucherdalehensvertrages sind strenger, da es hier regelmäßig um für den Verbraucher hohe Beträge geht. Bei Immobiliar-Verbraucherdarlehensverträgen muss es wahrscheinlich sein, dass der Darlehensnehmer seinen Verpflichtungen ordnungsgemäß nachkommt. Laut Gesetzesbegründung ist eine positive Feststellung erforderlich, dass der Kreditnehmer die Darlehensverpflichtung voraussichtlich erfüllen kann.[101] Zu beachten ist, dass der wirtschaftliche Wert des zu erwerbenden Grundstücks bzw. der zu erwerbenden Immobilie nicht mehr allein ausschlaggebend für die Bonität des Verbrauchers ist, § 18a Abs. 4 Satz 3 KWG. Dagegen hindern nur erhebliche Zweifel an der Kreditwürdigkeit des Darlehensnehmers das Kreditinstitut daran, einen Allgemein-Verbraucherdarlehensvertrag abzuschließen.

36

Untreuerelevante Verstöße

Wie in der bisherigen Rechtsprechung zu § 18 KWG a. F. dürfte auch nicht jeder zivilrechtliche Verstoß gegen § 18a KWG untreuerelevant sein. Es sind zwei Stufen zu unterschei-

37

---

98 BGH v. 06.04.2000 – 1 StR 280/99, BGHSt 46, 30, 32; 47, 148, 150.
99 BGH v. 15.11.2001 – 1 StR 185/01, BGHSt 47, 148, 152. Siehe dazu auch *Carl*, in: Struwe (Hrsg.): Schlanke § 18 KWG-Prozesse, 3. Aufl., Heidelberg 2011, Rn. 800 ff. und 824; *Schuman*, in: Müller-Gugenberger (Hrsg.): Wirtschaftsstrafrecht: Handbuch des Wirtschaftsstraf- und Ordnungswidrigkeitenrechts, 6. Aufl., Köln 2015, § 67 Rn. 12 ff.
100 Legaldefinition des Immobiliar-Verbraucherdarlehensvertrags und des Allgemein-Verbraucherdarlehensvertrags in § 491 BGB.
101 Drs. 18/5922, S. 97.

den: Auf der ersten Stufe muss die Pflichtverletzung festgestellt werden. Auf der zweiten Stufe ist zu fragen, ob die Pflichtverletzung gravierend ist. Nur im Falle der Bejahung beider Fragen kann eine Untreue vorliegen.

Schon die Feststellung der Pflichtverletzung kann Probleme bereiten, da § 18a KWG viele unbestimmte Rechtsbegriffe[102] enthält, deren Auslegung mit viel Unsicherheit verbunden ist. Beispielhaft für die Unbestimmtheit der Norm sei der Begriff der „Wahrscheinlichkeit" in § 18a Abs. 1 Satz 2 KWG genannt: Möglich wäre eine Auslegung als mit an Sicherheit grenzender Wahrscheinlichkeit, dass der Kreditnehmer seinen Pflichten ordnungsgemäß nachkommt. Andererseits könnte ähnlich wie im Polizei- und Ordnungsrecht ein relativer Wahrscheinlichkeitsmaßstab angelegt werden: Je höher der Kredit, desto höher muss die Wahrscheinlichkeit sein, dass der Darlehensnehmer seinen Pflichten ordnungsgemäß nachkommt.[103]

Zugunsten des Adressaten dürfte – zumindest bis zu einer endgültigen Klärung der Begriffe durch die höchstrichterliche Rechtsprechung – von einem weiten Rahmen der Vertretbarkeit auszugehen sein.

Exkurs

38 Anders ging der BGH in Bezug auf § 93 Abs. 1 Satz 1 AktG vor. Hier entschied er, dass bei einem Verstoß gegen § 93 Abs. 1 Satz 1 AktG stets eine „gravierende" bzw. „evidente" Pflichtverletzung vorläge.[104] § 93 Abs. 1 AktG räume einem Unternehmen einen so weiten Entscheidungsspielraum ein („Business Judgment Rule"), dass für eine gesonderte Prüfung kein Raum mehr sei. Im Gegensatz zu § 18a KWG, läge bei einer Verletzung der zivilrechtlichen Vorschrift des § 93 Abs. 1 AktG automatisch eine Pflichtwidrigkeit im Sinne des § 266 StGB vor. Dadurch müssten Aufsichtsräte und Zivilgerichte bei der Prüfung des § 93 Abs. 1 Satz 1 AktG in Zukunft berücksichtigen, dass die Annahme einer Pflichtverletzung gleichzeitig zur Erfüllung des objektiven Tatbestandes des § 266 StGB führe.[105] Dabei ist außerdem § 93 Abs. 1 Satz 2 AktG zu beachten, der einen „sicheren Hafen" definiere. Werden dessen Voraussetzungen eingehalten, sei eine Pflichtverletzung nicht anzunehmen. Andererseits begründe die Überschreitung gegen die Informationspflichten keine Pflichtverletzung; diese werde dadurch aber indiziert.[106] Als Maßstab zur Einhaltung der Informationspflicht führt der BGH aus, dass in einer konkreten Entscheidungssituation alle Informationsquellen, die verfügbar sind, ausgeschöpft werden müssten, um so Vor- und Nachteile der ausstehenden Entscheidung miteinander abzuwägen.[107]

---

102 Beispiele für unbestimmte Rechtsbegriffe: § 18a Abs. 1 Satz 2 KWG: „erhebliche Zweifel", „Wahrscheinlichkeit"; § 18a Abs. 2 KWG: „deutliche Erhöhung"; § 18a Abs. 3 Satz 1 KWG: „erforderlichenfalls"; § 18a Abs. 3 Satz 2: „angemessen"; zur Auslegung der unbestimmten Rechtsbegriffe: *Feldhusen*, in: BKR 2016, S. 441, 446 ff. zu den „erheblichen Zweifeln".
103 Vgl. *Feldhusen*, in: BKR 2016, S. 441, 446 ff., der deutlich macht, dass auch der Begriff der „erheblichen Zweifel" bei weitem nicht eindeutig ist.
104 BGH v. 12. 10. 2016 – 5 StR 134/15, in: NJW 2017, S. 578.
105 *Müller-Michaels*, in: BB 2017, S. 82.
106 BGH v. 12. 10. 2016 – 5 StR 134/15, in: NJW 2017, S. 578, 579 f.
107 BGH v. 12. 10. 2016 – 5 StR 134/15, in: NJW 2017, S. 578, 580.

Dokumentation
Die Vornahme der Kreditwürdigkeitsprüfung ist gem. § 18a Abs. 5, 7 Satz 2 KWG zu dokumentieren. Die Verletzung dieser Dokumentationspflicht dürfte im Regelfall nicht zu einer untreuerelevanten Pflichtverletzung führen. Zwar kann auch die Verletzung von Buchführungspflichten im Einzelfall untreuerelevant sein, wenn hierdurch entweder die Durchsetzung berechtigter Ansprüche erschwert oder verhindert wird oder wenn die fehlerhafte Buchführung die Geltendmachung unberechtigter Ansprüche durch Dritte erleichtert.[108] Diese Fallgruppen sind aber im Falle einer fehlerhaften Dokumentation der Kreditwürdigkeitsprüfung nicht einschlägig: Nicht die mangelhafte Dokumentation gefährdet die Durchsetzung des berechtigten Anspruchs auf Kreditrückzahlung, sondern die eventuell fehlende Bonität des Kreditnehmers. Die Zahlung von Zinsen ist gem. § 505d Abs. 1 Satz 1, 2 BGB wegen der fehlenden Kreditwürdigkeitsprüfung beschränkt, nicht wegen der fehlenden Dokumentation. Schließlich sieht sich der Kreditgeber infolge der mangelhaften Dokumentation auch keinen ungerechtfertigten Ansprüchen Dritter ausgesetzt. Der Anspruch auf Auszahlung des Kredits ist aufgrund der Wirksamkeit des Vertrags nicht ungerechtfertigt.

39

Doch Vorsicht: Auch wenn die Verletzung der Dokumentationspflicht in diesem Fall an sich keine untreuerelevante Pflichtverletzung darstellt, ist in der Praxis unbedingt auf eine sorgfältige Dokumentation und Aufbewahrung dieser Dokumente zu achten, um strafrechtlichen Haftungsrisiken zu entgehen.[109] Denn laut Gesetzesbegründung kann aus einer fehlenden Dokumentation auf eine unterbliebene Kreditwürdigkeitsprüfung geschlossen werden.[110] Eine mit aller Sorgfalt und Genauigkeit vorgenommene Kreditwürdigkeitsprüfung nützt also bei fehlender Dokumentation nur wenig. Das führt in strafrechtlicher Hinsicht faktisch zum Leerlaufen eines der wichtigsten Strafverfahrensgrundsätze: Der Grundsatz „in dubio pro reo" wird in sein Gegenteil verkehrt.[111]

Anwendung des § 18a KWG auf den Unternehmer?
Sowohl der Wortlaut als auch der gesetzgeberische Hintergrund[112] sprechen dafür, dass § 18a KWG nur im Verhältnis des Kreditinstituts zum Verbraucher gilt. Aber auch in einem vertraglichen Unternehmer-Unternehmer-Verhältnis kann § 18a KWG als Orientierungshilfe hinsichtlich des „Wie" der auch hier vorzunehmenden Kreditwürdigkeitsprüfung dienen. Eine (hoffnungsvoll) zu erwartende Konkretisierung der unbestimmten Rechtsbegriffe durch die Rechtsprechung ist also für alle Kreditverträge – auch solche, an denen kein Verbraucher beteiligt ist – relevant. Auch im Unternehmer-Unternehmer-Verhältnis sollte daher auf eine sorgfältige Dokumentation unbedingt geachtet werden.

40

---

108 BGH v. 26.04.2001 – 5 StR 587/00, in: NJW 2001, S. 3638, 3640.
109 *Bitterwolf*, in: Reischauer/Kleinhans, KWG, § 18a, Rn. 13 (Stand: Mai 2016); *Wessing*, in: BankPraktiker 2017, S. 470, 473.
110 Drs. 18/5922, S. 99 f.
111 *Wessing*, in: BankPraktiker 2017, S. 470, 473.
112 Hintergrund ist die Umsetzung der Wohnimmobilienkreditrichtlinie, die eine Lücke im Verbraucherschutzrecht schließen sollte.

2.1.3 Mindestanforderungen an das Risikomanagement (MaRisK)

41 Ergänzt werden die Prüfungspflichten nach § 18 KWG durch die von der BaFin zur Konkretisierung des § 25a Abs. 1 KWG erlassenen **„Mindestanforderungen an das Risikomanagement" (MaRisk)**.[113] In die MaRisk wurden die zuvor schon bestehenden „Mindestanforderungen an das Kreditgeschäft der Kreditinstitute" (MaK) integriert.[114] Hier finden sich ebenfalls Vorgaben an das Verfahren der Kreditbearbeitung und der dabei einzurichtenden Kontrollmechanismen. Mit den MaRisk verhält es sich im Prinzip nicht anders als mit § 18 und § 18a KWG: Bei Nichteinhaltung liegt ein starkes Indiz für pflichtwidriges Verhalten im Rahmen des § 266 Abs. 1 StGB vor.[115] Die exakte Befolgung dieser Vorgaben muss somit durch die Kreditinstitute sichergestellt sein; ansonsten besteht im Wege einer **faktischen Umkehr der Beweislast** eine hohe Wahrscheinlichkeit, dass Ermittlungsbehörden und Gerichte auch von einer strafrechtlich relevanten Pflichtverletzung ausgehen. Hier setzt zum wiederholten Male Compliance an: Nicht nur sollten Mechanismen eingeführt werden, die eine gesetzeskonforme Kreditvergabeprüfung sicherstellen, darüber hinaus sollte dieser Prozess auch zur strafrechtlichen Absicherung dokumentiert sein. Der Einwand, dass ja die Ermittlungsbehörden Fehler nachweisen müssten und nicht der Betroffene seine Unschuld, übersieht die Realität von Ermittlungsverfahren, in denen es oft genug „in dubio contra reum" heißt. Dass der Gesetzgeber immer mehr dazu tendiert Beweislastumkehren gesetzlich zu regeln, zeigt sich in Art. 5 Abs. 2 DSGVO. Die Norm gibt dem Verantwortlichen eine Rechenschaftspflicht auf, die Voraussetzungen des Abs. 1 nachweisen zu können. Dies wird in Art. 24 DSGVO noch deutlicher, der den Verantwortlichen dazu verpflichtet, technische und organisatorische Maßnahmen umzusetzen, damit der Nachweis erbracht werden kann, dass die Verarbeitung gemäß der Verordnung erfolgt ist.

2.1.4 Warnhinweise

42 Damit ist aber noch nicht gesagt, auf welche konkreten Punkte die Kreditinstitute in der Praxis ihre Aufmerksamkeit legen müssen. Es können verschiedene **Warnhinweise** genannt werden, deren Beachtung und Verarbeitung das Risiko eines Strafverfahrens minimieren. Solche Warnhinweise im Vorfeld einer Kreditvergabe oder im Rahmen der Überprüfung des laufenden Engagements können u. a. sein:[116]
– wirtschaftliche Probleme und Engpässe beim Kreditnehmer,
– persönliche Nähe zwischen Kreditsachbearbeiter und Kreditnehmer,

---

113 Eingeführt mit BaFin-Rundschreiben 18/2005 und zuletzt geändert mit BaFin-Rundschreiben 10/2012. Es existiert ein Konsultationsentwurf zu einer MaRisk-Novelle von Februar 2016, abrufbar unter https://www.bafin.de/SharedDocs/Veroeffentlichungen/DE/Konsultation/2016/kon_0216_marisk-novelle_2016.html. (Stand: 03.04.2018). Die MaRisk-Novelle soll nach dortiger Information der BaFin im zweiten Quartal 2017 veröffentlicht werden.
114 MaRisk, Absch. BTO 1: Kreditgeschäft.
115 *Wessing*, in: Struwe (Hrsg.): Schlanke § 18 KWG-Prozesse, 3. Aufl., Heidelberg 2011, Rn. 1076.
116 Ausführlich dazu *Wessing*, in: Struwe (Hrsg.): Schlanke § 18 KWG-Prozesse, Heidelberg 2011, Rn. 1101 ff.

- zögerliche, verweigerte oder unvollständige Vorlage der angeforderten Unterlagen seitens des Kreditnehmers,
- Überschreitung der für Kreditvergaben bestehenden Kompetenzgrenzen durch Mitarbeiter,
- unmotivierter Wechsel des Kreditinstituts durch den Kreditnehmer,
- besondere Sparten der Kreditvergabe (z. B. Baubranche) oder
- atypische Finanzierungen durch den Kreditnehmer (Hereinnahme anderer Personen zum Ausgleich von Mängeln der eigenen Bonität).

All diese und ähnliche Warnzeichen sollten vom Kreditinstitut durch vollständige Aufklärung verarbeitet werden. Bei mangelnder Kooperation des Kreditnehmers sollte ein Kreditverhältnis erst gar nicht begründet werden. Ein bereits bestehendes Kreditverhältnis sollte in diesem Falle in letzter Konsequenz vom Institut aufgekündigt werden. Denn die aufgezeigten Prüfungspflichten und Strafbarkeitsrisiken bestehen natürlich auch während des laufenden Engagements.

2.1.5 Compliance

Compliance bedeutet mithin die Umsetzung der von der Rechtspraxis und Rechtsprechung entwickelten Grundsätze in ein **Frühwarnsystem mit präventiver Wirkung**. Durch reines Studium der Gesetzesvorschriften Rechtstreue zu garantieren, funktioniert nicht. Es muss eine Struktur geschaffen werden, die ihre Handlungsanweisungen und Kontrollmechanismen auf der Kenntnis strafrechtlich anfälliger Abläufe in Verbindung mit der aktuellen Gesetzes- und Rechtsprechungslage aufbaut. 43

2.2 Beihilfe zur Steuerhinterziehung von Bankkunden

Vorwürfe der strafbaren Steuerhinterziehung (§ 370 AO) drohen Mitarbeitern von Kreditinstituten nicht nur dann, wenn bezweifelt wird, dass die Steuererklärungen der Institute selbst zutreffend und vollständig sind. Vielmehr droht das auch dann, wenn Zweifel in Bezug auf Steuererklärungen von Geschäftspartnern (insb. von Kunden) bestehen, vor allem in der Form von Vorwürfen der strafbaren Beihilfe im Sinne des § 27 StGB. Auch solche Vorwürfe sind in den letzten Jahren wieder durch den Ankauf von Datenträgern mit entwendeten Daten[117] durch deutsche Behörden und durch die Veröffentlichung der sog. „Panama Papers" zunehmend in den Fokus gerückt. 44

Eine **Beihilfe** (§ 27 StGB) kann grundsätzlich in jeder Handlung liegen, die die Straftat eines anderen erleichtert oder fördert (vgl. 1.1.1.1). Zwar ist umstritten, unter welchen Voraussetzungen **berufsbedingtes Verhalten** wie insb. von Mitarbeitern von Kreditinstituten eine Strafbarkeit wegen Beihilfe begründen kann.[118] Doch wird eine generelle Straf- 45

---

117 Kritisch zu solchen Beweiserhebungsmethoden bei der Strafverfolgung *Hugger*, in: NZWiSt 2017, S. 260 ff.
118 *Fischer*, Strafgesetzbuch, 65. Aufl., München 2018, § 27 Rn. 16.

losigkeit berufsbedingten Verhaltens von der Rechtsprechung nicht anerkannt.[119] Dies begründet in der Praxis deshalb ein Haftungsrisiko, weil Kunden zuweilen zur eigenen Entlastung darauf verweisen, sie seien doch allein dem Ratschlag von Mitarbeitern von Kreditinstituten gefolgt. Gerade im Zusammenhang mit der Frage der Strafbarkeit von Bankmitarbeitern wegen Beihilfe zur Steuerhinterziehung von Kunden beim **Kapitaltransfer ins Ausland** hat der BGH allerdings die Rechtsprechung entwickelt, dass ein berufsbedingtes Handeln grundsätzlich nur in den beiden folgenden Fallgruppen zur Beihilfestrafbarkeit führt:[120]

- Zielt das Handeln des Kunden ausschließlich darauf ab, eine Steuerhinterziehung zu begehen, und weiß der Bankmitarbeiter das, ist sein Tatbeitrag als Beihilfehandlung zu werten.
- Hält es der Bankmitarbeiter lediglich für möglich, dass der Kunde eine Steuerhinterziehung begehen will, ist sein Handeln regelmäßig noch nicht als Beihilfe zu werten. Eine Beihilfe des Bankmitarbeiters liegt in diesem Fall vielmehr erst dann vor, wenn das von dem Bankmitarbeiter erkannte Risiko strafbaren Verhaltens des Kunden derart hoch ist, dass er sich mit seiner Mitwirkung „die Förderung eines erkennbar tatgeneigten Täters angelegen sein" lässt.

Die Förderung eines erkennbar tatgeneigten Täters hat der BGH[121] z. B. in einem Fall angenommen, in dem ein Bankmitarbeiter ein Verschleierungssystem zur Wahrung der Anonymität von Kunden genutzt (keine Nennung des Namens der Kunden auf Formularen etc.) und hierdurch sein Verhalten dem deliktischen Ziel der Kunden angepasst habe. Ferner hat die Rechtsprechung eine strafbare Beihilfe eines Bankmitarbeiters angenommen, wenn dieser bewusst gegen vom Gesetzgeber erlassene Schutzgesetze verstößt, die gerade der Durchsetzung des Steueranspruchs dienen.[122] Das gilt insb. für § 154 Abs. 1 AO, nach dem „[n]iemand [...] auf einen falschen oder erdichteten Namen für sich oder einen Dritten ein Konto errichten oder Buchungen vornehmen lassen, Wertsachen (Geld, Wertpapiere, Kostbarkeiten) in Verwahrung geben oder verpfänden oder sich ein Schließfach geben lassen" darf.[123] Nach einer Entscheidung des BFH[124] besteht ein strafrechtlicher Anfangsverdacht einer Steuerhinterziehung jedoch nicht schon allein deshalb, weil Geld- oder Kapitalanlagen im Ausland über ein deutsches Kreditinstitut in banküblicher Weise mit offener Namensangabe abgewickelt werden, wenn sie im Wege direkter Überweisung vom legitimationsgeprüften Konto eines namentlich bekannten Kunden einer Bank auf ein Konto einer Auslandsbank durchgeführt werden, es sei denn, aus den gesamten Umständen der Transaktion ergeben sich Anhaltspunkte für eine verschleierte oder anonyme Anlage.

---

119 BGH v. 01.08.2000 – 5 StR 624/99, BGHSt 46, 107, 113; BGH v. 18.06.2003 – 5 StR 489/02, in: wistra 2003, S. 385, 388; *Fischer*, Strafgesetzbuch, 65. Aufl., München 2018, § 27 Rn. 17 ff.
120 BGH v. 01.08.2000 – 5 StR 624/99, BGHSt 46, 107, 112; *Joecks*, in: Joecks/Jäger/Randt, Steuerstrafrecht, 8. Aufl., München 2015, § 370 Rn. 519.
121 BGH v. 01.08.2000 – 5 StR 624/99, BGHSt 46, 107, 113 f.
122 Vgl. BVerfG v. 23.03.1994 – 2 Bv. 396/94, in: NJW 1994, S. 2079, 2080; *Ransiek*, in: Kohlmann, Steuerstrafrecht, 57. Ergänzungslieferung, Köln 2017, § 370 Rn. 162, 174 ff.
123 *Joecks*, in: Joecks/Jäger/Randt, Steuerstrafrecht, 8. Aufl., München 2015, § 370 Rn. 526.
124 BFH v. 06.02.2001 – VII B 277/00, in: DStR 2001, S. 350, 353 f.

Eine bereits eingetretene Strafbarkeit wegen Beteiligung an einer Steuerhinterziehung kann 46
durch eine sog. **Selbstanzeige** nachträglich aufgehoben werden (§ 371 AO). Die Anforderungen an eine strafbefreiende Selbstanzeige sind in den letzten Jahren durch die BGH-Rechtsprechung[125] und die Gesetzgebung[126] wesentlich verschärft worden.[127] Nach § 371 Abs. 1 AO muss die erfolgreiche Selbstanzeige nun zumindest alle unverjährten Steuerstraftaten der letzten zehn Kalenderjahre einer Steuerart in vollem Umfang erfassen. Es darf auch kein Sperrgrund nach § 371 Abs. 2 AO vorliegen. Ist eine an sich wirksame Selbstanzeige wegen des Sperrgrunds der Hinterziehung von mehr als 25.000 € oder weil ein besonders schwerer Fall vorliegt nicht möglich, kann unter Umständen aber eine Einstellung des Verfahrens nach § 398a AO in Betracht kommen. Das setzt voraus, dass die hinterzogene Steuer, die angefallenen Hinterziehungszinsen und ein nach der Höhe des Hinterziehungsbetrags gestaffelter Zuschlag von 10, 15 oder 20 % der hinterzogenen Steuer gezahlt wurden.

Nach der Rechtsprechung sind auch strafbefreiende Selbstanzeigen des Gehilfen einer Steuerstraftat grundsätzlich möglich (sog. **Gehilfenselbstanzeige**),[128] was insb. auch dann gilt, wenn Mitarbeitern von Kreditinstituten Beihilfe zur Steuerhinterziehung von Kunden vorgeworfen wird. Da eine Selbstanzeige ein persönlicher Strafaufhebungsgrund ist, wirkt sie nur dann zugunsten des Mitarbeiters eines Kreditinstituts, wenn sie durch ihn selbst erstattet wird, und nicht etwa ausschließlich durch einen Kunden.[129] Auch eine Einstellung nach § 398a AO ist für den Gehilfen möglich.[130] Es sollte sorgfältig erwogen werden, ob ein Mitarbeiter eines Kreditinstituts vor einer solchen Gehilfenselbstanzeige den betroffenen Kunden informiert, da in diesem Fall in der Praxis das Risiko besteht, dass Vorwürfe der Strafvereitelung (§ 258 StGB) und der Verdunkelung (§ 112 Abs. 2 Nr. 3 StPO) erhoben werden.

2.3 Beteiligung an Geldwäsche durch Kunden

Die Bekämpfung der Geldwäsche durch die organisierte Kriminalität ist in den letzten 47
Jahren ein zentrales rechtspolitisches Anliegen gewesen. Seinen Niederschlag hat dies im Straftatbestand des § 261 StGB gefunden sowie im flankierenden GwG, das einen umfangreichen Katalog von Kontroll-, Dokumentations- und Anzeigepflichten für die im Banken-

---

125 Vgl. BGH v. 02.12.2008 – 1 StR 416/08, BGHSt 53, 71 ff. zur Strafzumessung; vgl. BGH v. 20.05.2010 – 1 StR 577/09, BGHSt 55, 180 ff. zur Teilselbstanzeige.
126 Durch das Schwarzgeldbekämpfungsgesetz v. 28.04.2011 und das Gesetz zur Änderung der Abgabenordnung und des Einführungsgesetzes zur Abgabenordnung v. 22.12.2014.
127 Vgl. *Habetha*, in: Leitner/Rosenau, Wirtschaft- und Steuerstrafrecht, 1. Aufl., Baden-Baden 2017, § 371 AO Rn. 5 ff.; vgl. *Joecks*, in: Joecks/Jäger/Randt, Steuerstrafrecht, 8. Aufl., München 2015, § 371 Rn. 12 f.
128 BGH v. 03.06.1954 – 3 StR 302/53, BGHSt 7, 336, 340; OLG Hamburg, v. 21.11.1985 – 1 Ss 108/85, in: wistra 1986, S. 116, 117; *Riegel/Kruse*, in: NStZ 1999, S. 325, 325 f.; vgl. *Harder*, in: Wabnitz/Janovsky, Handbuch Wirtschafts- und Steuerstrafrecht, 4. Aufl., München 2014, 22. Kapitel Rn. 116; *Habetha*, in: Leitner/Rosenau, Wirtschaft- und Steuerstrafrecht, 1. Aufl., Baden-Baden 2017, § 371 AO Rn. 55, *Rübenstahl/Schebach*, in: wistra 2016, S. 97, 98.
129 Vgl. *Joecks*, in: Joecks/Jäger/Randt, Steuerstrafrecht, 8. Aufl., München 2015, § 371 Rn. 40.
130 Vgl. *Habetha*, in: Leitner/Rosenau, Wirtschaft- und Steuerstrafrecht, 1. Aufl., Baden-Baden 2017, § 398a AO, Rn. 18 m.w.N.

und Finanzsektor tätigen Institute normiert und damit **Compliance-Anforderungen auf gesetzlicher Ebene** aufstellt. § 261 StGB will seinem erklärten Zweck nach die Einschleusung von aus kriminellen Taten stammenden Vermögenswerten in den legalen Wirtschaftskreislauf verhindern und Straftäter wirtschaftlich isolieren. Doch auch die Mitarbeiter einer Bank können in den Verdacht der Beteiligung an einer Geldwäsche geraten.

48   Nach § 261 Abs. 2 Nr. 1 StGB kann sich derjenige strafbar machen, der sich oder einem Dritten einen aus einer in Abs. 1 dieser Vorschrift genannten Straftat stammenden Gegenstand verschafft.[131] Da Verschaffen die Erlangung der tatsächlichen Verfügungsgewalt über den Gegenstand bedeutet,[132] liegt eine objektive Tathandlung beispielsweise vor, wenn ein Bankangestellter Geldbeträge, die aus einer Vortat im Sinne des § 261 Abs. 1 StGB stammen, annimmt. § 261 Abs. 2 Nr. 2 1. Var. StGB stellt das Verwahren unter Strafe, um den Gegenstand aus Abs. 1 für sich oder einen Dritten zur Verfügung zu halten. Für Bankmitarbeiter kann dieser Straftatbestand relevant werden, wenn die Bank inkriminierte Wertpapiere bzw. Wertgegenstände in ihrem Depot in Gewahrsam hält. Somit erfüllen Bankangestellte unter bestimmten Umständen schon berufsbedingt den objektiven Tatbestand der Geldwäsche im Rahmen ihrer täglichen Arbeit.[133] Für die Strafbarkeit muss hinzukommen, dass der betreffende Mitarbeiter es für möglich hält, dass die vom Kunden übergebenen Gelder oder Wertgegenstände aus einer Straftat stammen. Für den gewissenhaften und redlichen Bankmitarbeiter ist das Strafbarkeitsrisiko einer **vorsätzlichen Geldwäsche** daher eher gering. Verschärft wird die Situation jedoch dadurch, dass nach § 261 Abs. 5 StGB die Strafbarkeit schon dann eintritt, wenn der Täter **leichtfertig** die Herkunft des Geldes nicht erkennt. Im vorliegenden Zusammenhang handelt z. B. ein Bankangestellter leichtfertig, wenn er ein Geschäft abwickelt, das im Vergleich mit anderen Transaktionen Auffälligkeiten von einem solchen Grad ausweist, dass sich ein Bezug zu Straftaten geradezu aufdrängen muss.[134] Auch hier muss ein Compliance-System Hilfestellung leisten: Neben dem abstrakten Hinweis an die Mitarbeiter darauf, dass schon leichtfertige Unkenntnis hinsichtlich der kriminellen Herkunft eines Gegenstands für eine Strafbarkeit wegen Geldwäsche ausreicht muss ein gutes System den Mitarbeitern Hinweise geben, wie **Gefahrensituationen aus dem Geldwäschebereich** zu erkennen sind.

49   Für die **Vermeidung von Strafbarkeitsrisiken** kommt es darauf an, bestimmte Verdachtsmomente, die auf eine kriminelle Herkunft von Vermögensgegenständen hindeuten, ernst zu nehmen. Das setzt in einem ersten Schritt bei der Bank Kenntnisse der typischen Erscheinungsformen der Geldwäsche voraus. Von zentraler Bedeutung sind hier Verlautbarungen, Berichte und Empfehlungen der offiziellen Stellen wie der der „Zentralstelle für

---

131   Der BGH stellte in seiner Entscheidung v. 20. 05. 2015 (NJW 2015, S. 3254) Folgendes fest: Bei Giralgeld, welches sowohl aus rechtmäßigen Zahlungseingängen als auch aus von § 261 Abs: 1 Satz 2 StGB erfassten Straftaten stammt, handelt es sich insgesamt um einen „Gegenstand", der aus Vortaten „herrührt", wenn der aus der Straftat stammende Anteil bei wirtschaftlicher Betrachtungsweise nicht völlig unerheblich ist.
132   *Fischer*, Strafgesetzbuch, 65. Aufl., München 2018, § 261 Rn. 24.
133   Vgl. zu dieser Problematik *Schröder/Textor*, in: Fülbier/Aepfelbach/Langweg (Hrsg.): Geldwäschegesetz, 5. Aufl., Köln 2006, § 261 StGB Rn. 75 ff.
134   So *Schröder/Textor*, in: Fülbier/Aepfelbach/Langweg (Hrsg.): Geldwäschegesetz, 5. Aufl., Köln 2006, § 261 StGB Rn. 91.

Finanztransaktionsuntersuchungen" (auch Financial Intelligence Unit), der BaFin oder der FATF (Financial Action Task Force on Money Laundering). In einem zweiten Schritt muss dafür Sorge getragen werden, dass die für die Durchführung der bankmäßigen Geschäfte zuständigen Mitarbeiter entsprechend geschult werden. Selbstverständlich gehört auch die Beachtung der gesetzlichen Compliance-Vorgaben des GwG hierhin. Bei strikter Einhaltung aller Verpflichtungen, insb. der Anzeigepflicht bei Verdachtsfällen gemäß § 43 GwG, wird das Risiko strafrechtlicher Vorwürfe minimiert. Dazu kommt, dass Kreditinstitute i. S. d. § 1 Abs. 1 KWG ein Risikomanagement einrichten müssen, das die Aufgabe hat Geldwäsche zu verhindern, vgl. § 4 Abs. 1 i. V. m. § 2 Abs. 1 Nr. 1 GwG. Darüber hinaus sind sie gem. § 7 Abs. 1 GwG dazu verpflichtet einen Geldwäschebeauftragten zu bestellen, der die Einhaltung der geldwäscherechtlichen Vorschriften zu überwachen hat.[135]

2.4 Marktmissbrauch

Bei Insiderdelikten (dazu 2.4.1) und Marktmanipulation (dazu 2.4.2) drohen Mitarbeitern von Kreditinstituten straf- oder ordnungswidrigkeitenrechtliche Vorwürfe. Die **BaFin** ist für die Verfolgung von Ordnungswidrigkeiten zuständig (§ 121 WpHG i. V. m. § 36 Abs. 1 Nr. 1 OWiG). Wenn sie wegen Insiderdelikten oder Marktmanipulationen Sanktionen verhängt, muss sie diese Entscheidungen grundsätzlich nach § 125 WpHG auf ihrer Internetseite bekanntmachen. 50

Bei einem Verdacht einer Straftat muss die BaFin unverzüglich Anzeige bei der zuständigen **Staatsanwaltschaft** erstatten (§ 11 Satz 1 WpHG), die dann für die strafrechtlichen Ermittlungen zuständig ist (vgl. § 11 Satz 3 WpHG). In der Praxis nimmt die BaFin jedoch oft auch im Strafverfahren nicht unerheblich Einfluss auf den weiteren Verfahrensverlauf.[136]

Vorwürfe strafbarer Insiderdelikte und Marktmanipulation drohen Mitarbeitern von Kreditinstituten nicht nur bei Eigengeschäften, sondern auch bei Wertpapiergeschäften im Auftrag von Kunden: Die Ermittlungsbehörden können an strafbare **Beihilfe** gemäß § 27 StGB denken. Insoweit dürfte die vom BGH zur Frage der Beihilfe zur strafbaren Steuerhinterziehung von Kunden entwickelte Rechtsprechung (vgl. 2.2) relevant sein, nach der ein **berufsbedingtes Verhalten** grundsätzlich nur zur Beihilfestrafbarkeit führt, wenn

– entweder das Handeln des Kunden ausschließlich darauf abzielt, eine Straftat zu begehen, und der Mitarbeiter des Kreditinstituts das weiß
– oder der Mitarbeiter eine Straftat lediglich für möglich hält und er sich mit seiner Mitwirkung die Förderung des Kunden als eines erkennbar tatgeneigten Täters angelegen sein lässt.[137]

Zur Reduzierung strafrechtlicher Risiken ist mithin Vorsicht und Zurückhaltung nicht erst bei Wissen um einen deliktischen Tatplan eines Kunden geboten, sondern bereits bei

---

135 Diese Änderung ergibt sich aus der Umsetzung der 4. EU-Geldwäscherichtlinie.
136 Dazu z. B. sehr kritisch *Feigen*, Strafjustiz durch die BaFin, in: Arbeitsgemeinschaft Strafrecht des Deutschen Anwaltsvereins, Strafverteidigung im Rechtsstaat, Baden-Baden 2009, S. 466 ff.
137 Vgl. *Hilgendorf/Kusche*, in: Park, Kapitalmarktstrafrecht, 4. Aufl., Baden-Baden 2017, Teil 3, Kapitel 5.5, Rn. 75 ff.

konkreten tatsächlichen Anhaltspunkten dafür. Weitere Informationen dazu in Kapitel II.C.3 Marktmissbrauchsrecht von Oliver Knauth in diesem Buch.

2.4.1 Insiderdelikte

51 Nach § 119 Abs. 3 WpHG[138] können Verstöße gegen die Insiderverbote des Art. 14 Marktmissbrauchsverordnung[139] unter bestimmten Voraussetzungen Straftaten oder Ordnungswidrigkeiten sein, wenn sie vorsätzlich[140] oder leichtfertig begangen werden:
- **Verbot des Tätigen von Insidergeschäften** (Art. 14 Buchst. a Marktmissbrauchsverordnung);
- **Verbot der Empfehlung an Dritte**, Insidergeschäfte zu tätigen, und **Verbot der Anstiftung von Dritten** zu Insidergeschäften (Art. 14 Buchst. b Marktmissbrauchsverordnung);
- **Verbot des unrechtmäßigen Offenlegens von Insiderinformationen** (Art. 14 Buchst. c Marktmissbrauchsverordnung). Die Offenlegung im Rahmen der normalen Ausübung der Berufstätigkeit ist nicht unrechtmäßig (Art. 10 Abs. 1 Marktmissbrauchsverordnung).

Ein Verstoß kann nur bei Vorsatz strafbar sein (§ 119 Abs. 1 WpHG, § 15 StGB), und zwar unabhängig davon, ob er von einem Primär- oder Sekundärinsider[141] begangen wird. Bei Leichtfertigkeit kann eine Ordnungswidrigkeit vorliegen (§ 120 Abs. 14 WpHG). Bei einfacher Fahrlässigkeit können Verstöße weder Straftaten noch Ordnungswidrigkeiten sein.

Umstritten ist, inwieweit in extremen Ausnahmesituationen ein **Nothilferecht** bestehen könnte, aufgrund dessen Mitarbeiter von Kreditinstituten Insiderinformationen dazu verwenden dürfen, eine Schädigung von Kunden abzuwenden.[142]

2.4.2 Marktmanipulationen

52 Nach § 119 Abs. 1, § 120 Abs. 2 Nr. 3, § 120 Abs. 15 Nr. 2 WpHG können Verstöße gegen die Marktmanipulationsverbote des Art. 15 i. V. m. Art. 12 Marktmissbrauchsverordnung

---

138 Geändert durch das Zweite Finanzmarktnovellierungsgesetz zum 03.01.2018, BGBl. I 2017, S. 1693.
139 Verordnung (EU) Nr. 596/2014, ABl. 2014, L 173, S. 1 ff.
140 Nach Ansicht des EuGH ergebe sich der Vorsatz desjenigen, der ein Insidergeschäft tätige, implizit aus den objektiven Tatbestandsmerkmalen des Verstoßes (EuGH v. 23.12.2009 – C-45/08 – „Spector Photo Group NV", in: BKR 2010, S. 65, 70, mit Urteilsbesprechung von *Rolshoven/Renz/Hense*, in: BKR 2010, S. 74 sowie *Opitz*, in: BKR 2010, S. 71). Diese widerlegbare Vermutung wird in Art. 9 Marktmissbrauchsverordnung für bestimmte Fälle bereits gesetzlich widerlegt, solange es sich nicht um einen Umgehungsfall handelt (vgl. *Klöhn*, in: AG 2016, S. 423, 433).
141 Vgl. *Trüg*, in: Leitner/Rosenau, Wirtschafts- und Steuerstrafrecht, 1. Aufl., Baden-Baden 2017, § 38 WpHG, Rn. 105, 144 ff. (noch zu § 38 WpHG a. F.).
142 Dagegen: *Hilgendorf/Kusche*, in: Park, Kapitalmarktstrafrecht, 4. Aufl., Baden-Baden 2017, Teil 3, Kapitel 5.4, Rn. 76; *Sethe*, in: Assmann/Schütze, Handbuch des Kapitalanlagerechts, 4. Aufl., München 2015, § 8 Rn. 135. Dafür: *Hopt/Kumpan*, in: Schimansky/Bunte/Lwowski (Hrsg.): Bankrechts-Handbuch, 5. Aufl., München 2017, § 107 Rn. 188.

unter bestimmten Voraussetzungen Straftaten oder Ordnungswidrigkeiten sein, wenn sie vorsätzlich oder leichtfertig begangen werden:
- Eine **Strafbarkeit** setzt bei allen verbotenen Marktmanipulationshandlungen einen Erfolg der Einwirkung auf den Preis oder die Berechnung eines Referenzwertes und Vorsatz voraus (§ 119 Abs. 1 WpHG). In besonders schweren Fällen, wie beispielsweise in Fällen der gewerbsmäßigen Begehung, gilt nach § 119 Abs. 5 WpHG ein erhöhter Strafrahmen mit einer Freiheitsstrafe zwischen einem Jahr und zehn Jahren. Solche Fälle stuft der Gesetzgeber damit jetzt als Verbrechen (§ 12 Abs. 1 StGB) ein. Auch der Versuch ist strafbar (§ 119 Abs. 4 WpHG).
- Eine **Ordnungswidrigkeit** setzt keinen Erfolg der Preiseinwirkung voraus, aber
  - Vorsatz oder Leichtfertigkeit (§ 120 Abs. 15 WpHG) und
  - bei Verstößen gegen § 38 WpHG[143] i. V. m. Art 15 i. V. m. Art. 12 Marktmissbrauchsverordnung Vorsatz (§ 120 Abs. 2 Nr. 3 WpHG).

Neben den straf- und ordnungswidrigkeitenrechtlichen Vorschriften des WpHG sind in der Praxis bei Vorwürfen der Marktmanipulation insb. auch die Regelungen des § 22 BörsG zum **Sanktionsausschuss** relevant.[144] Er kann Sanktionen insb. bei Verstößen gegen börsenrechtliche Vorschriften verhängen, die Spezialregelungen zu den Marktmanipulationsverboten des Art. 15 i. V. m. Art. 12 Marktmissbrauchsverordnung enthalten können.[145]

2.5 Verstöße gegen das Kreditwesengesetz

Das KWG enthält in §§ 54 bis 55b Strafvorschriften und in § 56 Bußgeldvorschriften. insb. ist es nach § 54 Abs. 1 Nrn. 1 und 2 KWG strafbar, entgegen einem Verbot nach § 3 KWG oder ohne eine nach § 32 Abs. 1 Satz 1 KWG erforderliche Erlaubnis Bankgeschäfte zu betreiben oder Finanzdienstleistungen zu erbringen, und zwar nicht nur bei Vorsatz sondern auch bei (einfacher) Fahrlässigkeit (§ 54 Abs. 2 KWG).

53

Bedeutsam sind ferner insb. §§ 55a und 55b KWG, nach denen es strafbar ist, vorsätzlich (§ 15 StGB) entgegen § 14 Abs. 2 Satz 10 KWG Angaben unbefugt zu verwerten oder zu offenbaren, die im Fall von sog. Millionenkrediten einem Unternehmen von der Deutschen Bundesbank nach § 14 Abs. 2 KWG mitgeteilt werden. Es handelt sich um den einzigen Bereich, in dem das **Bankgeheimnis** nach deutschem Recht strafbewehrt und nicht nur zivilrechtlich begründet ist.[146]

54

---

143 § 12 erweitert den Anwendungsbereich von Art. 15 i. V. m. 12 Abs. 1 Marktmissbrauchsverordnung in bestimmten Fällen (bestimmte Waren, Emissionsberechtigungen und ausländische Zahlungsmittel), die zuvor in § 20a Abs. 4 WpGH in der Fassung vor dem 03. 07. 2016 erfasst waren.
144 Vgl. *Hugger/Pasewaldt*, in: WM 2016, S. 726, 727.
145 Vgl. z. B. § 17 der Börsenordnung der Eurex, abrufbar unter https://www.eurexchange.com/blob/113020/5ef30445e92eee59916f80d899ab383d/data/exchange_de.pdf_ab_2017_05_10.pdf (letzter Abruf am 03. 04. 2018), der Verstöße gegen die „Marktintegrität" untersagt.
146 Allerdings werden daneben durch verschiedene andere Vorschriften wie § 17 UWG, § 404 AktG, § 203 Abs. 2 StGB Geheimnisse geschützt, zu denen unter Umständen auch Bankkundendaten gehören können; vgl. *Tiedemann*, in: NJW 2003, S. 2213, 2213 f.; ferner *Tiedemann*, in: ZIP 2004, S. 294, 296 f.

55 § 59 KWG besagt, dass die Vorschrift des § 30 OWiG zur **Unternehmensgeldbuße** (vgl. dazu 1.2.1) auch für bestimmte **ausländische Unternehmen** mit Sitz in einem anderen Staat des Europäischen Wirtschaftsraums (§ 53b Abs. 1 Satz 1 und Abs. 7 Satz 1 KWG) gilt, die über eine Zweigniederlassung oder im Wege des grenzüberschreitenden Dienstleistungsverkehrs in Deutschland tätig sind (die also vom sog. Europäischen Pass Gebrauch machen). Insoweit ist umstritten, ob der Anwendungsbereich des § 30 OWiG sich ohnehin auf ausländische Unternehmen erstreckt[147] oder erst durch § 59 KWG auf die dort geregelten ausländischen Unternehmen erstreckt wird.[148]

2.6 Korruptionsstraftaten

56 Ebenso wie die Bekämpfung der Geldwäsche ist die Korruptionsbekämpfung eines der großen Themen des Strafrechts und der Strafverfolgung in den letzten Jahren. Viele Aufsehen erregende Fälle haben das Bewusstsein der Öffentlichkeit und der Politik auf diese Problematik gelenkt. Wie auf kaum einem anderen Gebiet des Strafrechts ist der Gesetzgeber hier aktiv gewesen. Ein Beispiel dafür ist § 25h KWG: Die Vorschrift verpflichtet Kreditinstitute dazu ein angemessenes Risikomanagement und interne Sicherungsmaßnahmen einzuführen, um Straftaten wie Geldwäsche, Terrorismusfinanzierung oder andere strafbare Handlungen, die zu einer Gefährdung des Vermögens des Instituts führen können, zu verhindern. Durch internationale Abkommen und europäische Vorgaben veranlasst ist die Strafbarkeit wegen Korruptionsdelikten stetig ausgeweitet worden, insb. durch Einbeziehung der Korruption im internationalen Verkehr. Die Vergangenheit hat gezeigt, dass sich Korruption in nahezu allen Feldern des Wirtschaftslebens abspielen kann.[149] Auch Kreditinstitute bleiben hiervon nicht verschont. Die **Korruptionsprävention** gehört heute zu den **Schwerpunkten von Compliance-Strategien** in den unterschiedlichsten Branchen, auch bei Finanzdienstleistern und Kreditinstituten.[150] Die Bemühungen werden hier in der Regel auf die Verhinderung korruptiver Praktiken in der eigenen Geschäftstätigkeit sowie auf die Verhinderung des Missbrauchs der Dienstleistungen des Kreditinstituts zu Korruptionszwecken gerichtet sein, wobei sie insoweit schon an die Geldwäschebekämpfung grenzen. Unerlässlich sind dafür Kenntnisse der **Struktur und Ausprägung der Korruptionsdelikte und ihrer Anwendungsbereiche in der Praxis**.

---

147 So z.B. *Gürtler*, in: Göhler, Ordnungswidrigkeitengesetz, 17. Aufl., München 2017, § 30 Rn. 1; *Hugger*, in: Ahlbrecht u.a., Internationales Strafrecht in der Praxis, Heidelberg 2008, Teil 7 Rn. 1140 m.w.N.; vgl. ferner *Rogall*, in: Karlsruher Kommentar zum Gesetz über Ordnungswidrigkeiten, 4. Aufl., München 2014, § 30 Rn. 19, 30.
148 So *Reischauer/Kleinhans*, Kreditwesengesetz, Berlin 2009, § 59 Rn. 1; *Szagunn/Haug/Ergenzinger*, in: Kohlhammer-Kommentare, Gesetz über das Kreditwesen, 6. Aufl., Stuttgart 1997, § 59 Rn. 3.
149 Kürzlich wurde dies durch die Einführung spezieller Straftatbestände zur Bekämpfung der Korruption im Gesundheitswesen wieder deutlich, §§ 299a, 299b StGB.
150 Siehe z.B. die Erklärung der Wolfsberg Gruppe gegen Korruption von 2017, abrufbar unter https://www.wolfsberg-principles.com/sites/default/files/wb/pdfs/wolfsberg-standards/3.%20Wolfsberg-Group-ABC-Guidance-June-2017.pdf (letzter Abruf am 03.04.2018).

2.6.1 Korruptionsdelikte im öffentlichen Bereich (§§ 331 ff. StGB)

Zunächst ist die Korruption nach den §§ 331 ff. StGB von Relevanz. Die Besonderheit liegt darin, dass Personen „im Amt" hierin verwickelt sind.

2.6.1.1 Allgemeines

Die klassischen Korruptionsdelikte der §§ 331 ff. StGB umfassen Bestechungshandlungen im Zusammenhang mit Amtsträgern und Beamten. Geschützt wird das Vertrauen der Bevölkerung in die Unkäuflichkeit und Unparteilichkeit von Trägern staatlicher Funktionen und damit auch die Sachlichkeit von Entscheidungen der staatlichen Verwaltung. Die §§ 331 ff. StGB sind **spiegelbildlich** ausgestaltet; strafbar ist derjenige, der besticht (Vorteilsgewährung, § 333 StGB, und Bestechung, § 334 StGB) und derjenige, der sich bestechen lässt (Vorteilsannahme, § 331 StGB, und Bestechlichkeit, § 332 StGB). Wichtig für das Verständnis der §§ 331 ff. StGB sind einige zentrale Begriffe, die im Folgenden erläutert werden sollen.

57

2.6.1.2 Amtsträger, Europäischer Amtsträger oder für den öffentlichen Dienst besonders Verpflichteter

Die Anwendbarkeit der §§ 331 ff. StGB setzt voraus, dass ein **Amtsträger, ein Europäischer Amtsträger** oder **ein für den öffentlichen Dienst besonders Verpflichteter** bestochen wird bzw. sich bestechen lässt. Die verschiedenen Begriffe sind in § 11 Abs. 1 Nr. 2, 2a und 4 StGB gesetzlich definiert. Im Bankenbereich ist insb. der Begriff des Amtsträgers nach § 11 Abs. 1 Nr. 2 StGB von Relevanz. Die Rechtsprechung hat diesen tief ausdifferenziert, und zwar mit für den „gesunden Menschenverstand" oftmals verblüffenden Ergebnissen.[151] Nach § 11 Abs. 1 Nr. 2c) StGB ist Amtsträger auch derjenige, der ohne Beamter zu sein oder in einem öffentlich-rechtlichen Amtsverhältnis zu stehen, sonst dazu bestellt ist, bei einer Behörde oder bei einer sonstigen Stelle Aufgaben der öffentlichen Verwaltung wahrzunehmen. Nach Auffassung der Rechtsprechung zählen hierzu auch die **Vorstandsmitglieder von Sparkassen und Landesbanken** und zwar ohne Rücksicht auf ihren konkreten Aufgabenbereich,[152] sodass diese Personen taugliche Täter einer Vorteilsannahme gem. § 331 StGB und einer Bestechlichkeit gem. § 332 StGB sind. Zugleich können sie auch auf der Passivseite der Korruption auftauchen mit der möglichen Folge, dass Dritte sich im Falle von Zuwendungen an sie wegen Vorteilsgewährung (§ 333 StGB) oder Bestechung (§ 334 StGB) strafbar machen. Korruptionsgefahren lauern im Finanzbereich somit gleich in zwei Richtungen – bestechen und bestochen werden. Letzteres stellt eine besondere Gefahr für Organe öffentlich-rechtlicher Finanzinstitute dar. Dabei ist nicht nur der inzwischen sprichwörtliche Flachbildschirmfernseher die Fußangel, sondern auch politische Gefälligkeiten und Versorgungsideen aus dem kommunalen Umfeld stehen im Visier der Staatsanwälte.

58

---

151 Näheres dazu *Fischer*, Strafgesetzbuch, 65 Aufl., München 2018, § 11 Rn. 12 ff.
152 BGH v. 10.03.1983 – 4 StR 375/82, BGHSt 31, 264, 269, 271. Aus der strafrechtlichen Kommentarliteratur u. a. *Eser*, in: Schönke/Schröder, Strafgesetzbuch, 29. Aufl., München 2014, § 11 Rn. 21; *Fischer*, Strafgesetzbuch, 65. Aufl., München 2018, § 11 Rn. 22b.

Seitdem der Europäische Amtsträger in die §§ 331 ff. StGB als bestechliche Person einbezogen wurde, hat das ehemalige EUBestG für die Korruption im europäischen Kontext keine Bedeutung mehr. Für Korruption im außereuropäischen Zusammenhang ist das Gesetz zur Bekämpfung internationaler Bestechung (IntBestG) relevant.

§ 2 IntBestG regelt die Bestechung ausländischer Abgeordneter im Zusammenhang mit internationalem geschäftlichen Verkehr. Deutschen Amtsträgern werden somit solche eines anderen Mitgliedstaates der EU oder eines sonstigen ausländischen Staates gleichgestellt. Die Folge daraus ist, dass der Straftatbestand der Bestechung und Bestechlichkeit auch dann verwirklicht werden kann, wenn zwar kein deutscher Amtsträger, dafür aber ein ausländischer Amtsträger in die Unrechtsvereinbarung verwickelt ist.[153] Siehe dazu auch das Kapitel II.D.2 Antikorruptions-Compliance für Banken von David Pasewaldt in diesem Buch.

2.6.1.3 Handlungsmodalitäten

Ein Amtsträger kann die passive Form der Korruption erfüllen, wenn er einen Vorteil fordert, sich versprechen lässt oder annimmt. Die Handlungsmodalität des „Forderns" ist bereits im Falle eines einseitigen Verlangens eines Vorteils erfüllt,[154] ohne dass ein anderer den Vorteil versprechen oder anbieten muss. Das bedeutet, dass das Fordern eines Vorteils selbst dann zur Strafbarkeit führen kann, wenn der Adressat der Forderung ablehnend reagiert. Dagegen erfordern die anderen Handlungsmodalitäten, die durch den Amtsträger verwirklicht werden können, stets ein zweiseitiges Verhalten. Der Amtsträger lässt sich einen Vorteil versprechen, wenn er das Vorteilsangebot annimmt.[155] Die Handlungsmodalität des Annehmens ist erfüllt, wenn der Amtsträger den Vorteil tatsächlich entgegennimmt.[156]

Spiegelbildlich dazu regeln die §§ 333 f. StGB die Aktivseite der Amtsträgerkorruption. Auch hier sind drei Handlungsmodalitäten denkbar. Der Täter muss dem Amtsträger gegenüber einen Vorteil anbieten, versprechen oder gewähren. Auch hier ist die erste Tatbestandsvariante des Anbietens einseitig ausgestaltet, sodass der Tatbestand selbst dann verwirklicht ist, wenn der Täter eine einseitige, auf den Abschluss einer Vereinbarung zielende Erklärung abgibt und der Amtsträger das Angebot ausschlägt.[157] Für die Erfüllung des Versprechens und Gewährens ist ein zweiseitiges Handeln notwendig. Die beiden Tatbestandsvarianten korrespondieren mit dem Sichversprechenlassen und dem Annehmen auf der Amtsträger- bzw. Passivseite.

---

153 Zu beachten ist, dass im IntBestG lediglich die Bestechung ausländischer Amtsträger geregelt ist. Eine spiegelbildliche Regelung zur Bestechlichkeit existiert nicht.
154 *Heine/Eisele*, in: Schönke/Schröder, Strafgesetzbuch, 29. Aufl., München 2014, § 331 Rn. 25.
155 *Heine/Eisele*, in: Schönke/Schröder, Strafgesetzbuch, 29. Aufl., München 2014, § 331 Rn. 26.
156 *Heine/Eisele*, in: Schönke/Schröder, Strafgesetzbuch, 29. Aufl., München 2014, § 331 Rn. 27.
157 *Korte*, in: Münchener Kommentar zum StGB, 2. Aufl. 2014, § 333 Rn. 10.

2.6.1.4 Vorteil

Vorteil im Sinne der §§ 331 ff. StGB als Gegenleistung für die Dienstausübung oder für eine konkrete pflichtwidrige Diensthandlung ist jede Leistung, auf die der Amtsträger keinen Rechtsanspruch hat und die seine wirtschaftliche, rechtliche oder auch nur persönliche Lage objektiv verbessert.[158] Die Zuwendung kann **materieller Art** sein, wie z. B. Geldzahlungen, Sachwerte, Einladungen zu Veranstaltungen oder Urlaubsreisen. Aber auch Vorteile **immaterieller Art** sind denkbar, wie z. B. Ehrungen, Ehrenämter[159] oder sexuelle Zuwendungen.[160] Im Hinblick auf die Befriedigung des Ehrgeizes und höheres Ansehen als korruptionsrelevante Vorteile hat der BGH darauf hingewiesen, dass die objektive Messbarkeit und Darstellbarkeit in diesem Bereich zweifelhaft sei und ins Unbestimmte abgleite.[161] Vom Vorteilsbegriff der §§ 331 ff. StGB erfasst sind auch **Drittvorteile**, d. h. Vorteile, die nicht dem Amtsträger selbst gewährt werden, sondern einer anderen individuellen oder juristischen Person, wobei aber ein Konnex zwischen dem Empfänger des tatsächlichen Vorteiles und dem Amtsträger bestehen muss. Eine Einschränkung erfährt der Vorteilsbegriff insoweit, als dass **sozialadäquate Vorteile** nicht erfasst sind, sodass eine Strafbarkeit wegen Korruption in solchen Fällen ausscheidet.[162] Demgemäß fallen Leistungen, die der Höflichkeit und Gefälligkeit entsprechen, nicht unter den Begriff des Vorteils. Zu diesen sozialadäquaten Leistungen zählen etwa die Einladung zu einem Getränk anlässlich einer Besprechung mit dem Amtsträger oder die Überlassung eines geringwertigen Werbeartikels. Keine Vorteile sind auch tätigkeitsnotwendige Zuwendungen wie – kostenmäßig angemessene – Geschäftsessen. Differenzierter zu beurteilen sind hingegen notwendige Repräsentationsauftritte, wie beispielsweise die im Jahr 2008 strafrechtlich diskutierte Einladung von Regierungsmitgliedern zu Spielen der Fußballweltmeisterschaft zum Zwecke der Repräsentierung des Landes in der Öffentlichkeit.[163] Zwar sind die im Zuge der Einladung angebotenen Eintrittskarten nach Auffassung des BGH als Vorteile im Sinne der §§ 331 ff. StGB zu qualifizieren, weil mit der Wahrnehmung der Einladung nicht allein Repräsentationsaufgaben verbunden sind, sondern auch der persönliche Genuss des „Live-Erlebnisses" eines Spiels einer Fußball-WM. Jedoch wird bei Repräsentationsauftritten – wie auch in dem hier angeführten Fall der WM-Karten – die Einladung in der Regel nicht ausgesprochen, um auf die Dienstausübung des Amtsträgers Einfluss zu nehmen.[164]

2.6.1.6 Unrechtsvereinbarung

Damit ist die Überleitung zum Kern der Korruptionsdelikte gegeben, nämlich zur **Unrechtsvereinbarung**. Die Vorteilszuwendung muss mit der Dienstausübung des Amtsträgers inhaltlich verknüpft sein. Zwischen beiden muss ein **Gegenseitigkeitsverhältnis**

---

158 Vgl. *Fischer*, Strafgesetzbuch, 65. Aufl., München 2018, § 331 Rn. 11 ff.
159 *Fischer*, Strafgesetzbuch, 65. Aufl., München 2018, § 331 Rn. 11e.
160 BGH v. 09. 09. 1988 – 2 StR 352/88, in: NJW 1989, S. 914.
161 BGH v. 23. 05. 2002 – 1 StR 372/01, in: NJW 2002, S. 2801, 2804.
162 *Fischer*, Strafgesetzbuch, 65. Aufl., München 2018, § 331 Rn. 25 ff.
163 Dazu BGH v. 14. 10. 2008 – 1 StR 260/08, in: NJW 2008, S. 3580 („EnBW-Freikarten").
164 So auch der BGH im „EnBW-Freikarten-Fall": BGH v. 14. 10. 2008 – 1 StR 260/08, in: NJW 2008, S. 3580, 3582 ff.

bestehen. Ziel der Vorteilszuwendung muss es sein, auf eine künftige Dienstausübung Einfluss zu nehmen oder eine vergangene Dienstausübung zu honorieren. Dabei ist zu unterscheiden:

Besteht die Verknüpfung nur mit der allgemeinen Dienstausübung, so handelt es sich um einen Fall von Vorteilsannahme (§ 331 StGB) oder Vorteilsgewährung (§ 333 StGB). Unter den Begriff der Dienstausübung fallen alle Handlungen, durch die ein Amtsträger im öffentlichen Dienst die ihm übertragenen Aufgaben wahrnimmt. Es muss weder ein Bezug zu einer konkreten Diensthandlung bestehen,[165] noch kommt es darauf an, ob die Dienstausübung pflichtgemäß oder pflichtwidrig ist.[166] Erfasst wird von den §§ 331, 333 StGB bereits die „Klimapflege" bzw. das „Anfüttern" zur Schaffung des allgemeinen Wohlwollens des Amtsträgers.[167] Als Indizien gelten u. a. dienstliche Berührungspunkte zwischen Vorteilsgeber und Amtsträger, sowie die Heimlichkeit des Vorgangs.[168]

Das bedeutet allerdings nicht, dass Zuwendungen in jeglicher Form ausgeschlossen sind. Dies verdeutlicht ein Urteil des OLG Düsseldorf v. 29.04.2015.[169] Das OLG stellte fest, dass zwischen der beteiligten AG und der Stadt Düsseldorf zwar eine „Pflege der guten Beziehungen" angestrebt worden sei, jedoch ohne jeden Gegenleistungsgedanken. Dies hätte u. a. daran gelegen, dass Geschenke nicht aus aktuell dienstlichen Belangen verteilt worden waren, sondern bei wiederkehrenden Ereignissen (Geburtstag/Weihnachten). Zudem war der Angeklagte Vorstand einer 100-prozentigen Stadttochter („Teil der „Stadt") und nicht eines Drittunternehmens.[170] Daher könne man davon ausgehen, dass eine „Atmosphäre der Geneigtheit" gegenüber dem Tochterunternehmen ohnehin bestand.[171]

Bezieht sich die Unrechtsvereinbarung hingegen auf eine konkrete Diensthandlung, die zudem pflichtwidrig ist, sind die Vorschriften der Bestechlichkeit (§ 332 StGB) und Bestechung (§ 334 StGB) mit ihren fühlbar höheren Strafrahmen anzuwenden.

2.6.2 Korruptionsdelikte im privaten Bereich (§ 299 StGB)

61   Korruptive Praktiken finden sich nicht nur im öffentlichen Sektor. Auch im privaten Geschäftsverkehr können diese mit der Folge erheblicher Ausmaße auftauchen. Die im Jahr 1997 im Zuge einer Verschärfung der Korruptionsdelikte neu eingeführte Vorschrift der Bestechlichkeit und Bestechung im geschäftlichen Verkehr (§ 299 StGB) stellt diese Praktiken unter Strafe. Für Banken weniger relevant, aber ein ernstzunehmendes Zeichen dafür, dass der Gesetzgeber Korruption auf allen Ebenen verhindern bzw. verfolgen will, sind die im Jahr 2016 eingeführten Vorschriften der §§ 299a und b StGB, die die Strafbarkeit von Korruption im Gesundheitswesen ausdrücklich unter Strafe stellen.

---

165   Vgl. *v. Heintschel-Heinegg*, in: BeckOK, StGB, § 331 Rn. 10 (Stand: 01.02.2018).
166   *Korte*, in: Münchener Kommentar zum StGB, 2. Aufl. 2014, § 331 Rn. 88.
167   Vgl. BGH v. 28.10.2004 – 3 StR 301/03, in: NJW 2004, S. 3569, 3571.
168   Vgl. BGH v. 14.10.2008 – 1 StR 260/08, BGHSt 53, 6, 16 f.; BGH v. 21.06.2007 – 4 StR 99/07, in: NStZ 2008, S. 216, 218; BGH v. 21.06.2007 – 4 StR 69/07, in: NStZ-RR 2007, S. 309. 310 f.
169   OLG Düsseldorf v. 29.04.2015 – III-1 Ws 429/14, BeckRS 2015, 09347.
170   OLG Düsseldorf v. 29.04.2015 – III-1 Ws 429/14, BeckRS 2015, 09347, Rn. 12 ff.
171   OLG Düsseldorf v. 29.04.2015 – III-1 Ws 429/14, BeckRS 2015, 09347, Rn. 27.

2.6.2.1 Allgemeines

§ 299 StGB stellt verschiedene Rechtsgüter unter Schutz. Hierbei ist zwischen dem Wettbewerbsmodell nach § 299 Abs. 1 Nr. 1 und Abs. 2 Nr. 1 StGB und dem neu eingeführten Geschäftsherrenmodell nach § 299 Abs. 1 Nr. 2 und Abs. 2 Nr. 2 StGB zu differenzieren. § 299 StGB schützt in seiner **Wettbewerbsvariante** jedenfalls den **freien, lauteren Wettbewerb**. Nach wohl herrschender Meinung sind auch die **Vermögensinteressen der Mitbewerber** (zumindest mittelbar) geschütztes Rechtsgut.[172] Die **Geschäftsherrenvariante** des § 299 StGB stellt das **Vermögen des Geschäftsherrn** und dessen **Interesse an einem loyalen und unbeeinflussten Verhalten seines Arbeitnehmers** unter Schutz.[173] Da bei § 299 StGB keine Beschränkung auf korruptive Vorgänge unter Einbeziehung eines Amtsträgers besteht, ist diese Vorschrift für **alle Kreditinstitute in der privaten Wirtschaft** von Interesse. § 299 StGB enthält in seinen beiden Absätzen jeweils zwei Straftatbestände, deren Spiegelbildlichkeit den klassischen Korruptionsdelikten nachgebildet ist. Nach Abs. 1 besteht eine Strafbarkeit für Angestellte oder Beauftragte eines Unternehmens, die im geschäftlichen Verkehr einen Vorteil als Gegenleistung für eine unlautere Bevorzugung eines anderen im inländischen oder ausländischen Wettbewerb fordern, sich versprechen lassen oder annehmen. Nach Abs. 2 macht sich derjenige strafbar, der dem Angestellten oder Beauftragten für eine solche Bevorzugung einen Vorteil anbietet, verspricht oder gewährt. Wie bei den §§ 331 ff. StGB besteht also eine spiegelbildliche Strafbarkeit sowohl auf Geber- als auch auf Nehmerseite.

62

2.6.2.2 Angestellter oder Beauftragter eines Unternehmens

Täter der Bestechlichkeitsdelikte im geschäftlichen Verkehr und Adressat der Bestechlichkeit im geschäftlichen Verkehr kann nur ein Angestellter oder Beauftragter eines Unternehmens sein. Angestellter ist, wer vertraglich oder faktisch in einem Dienstverhältnis zum Inhaber des Geschäftsbetriebs steht und dessen Weisungen unterworfen ist.[174]

63

Beauftragter eines Unternehmens kann man nur dann sein, wenn man weder Geschäftsinhaber noch Angestellter des Unternehmens ist. Erforderlich ist eine Berechtigung bzw. Verpflichtung, für den Betrieb geschäftlich zu handeln und unmittelbar oder mittelbar Einfluss auf die im Rahmen des Geschäftsbetriebs anfallenden Entscheidungen ausüben zu können.[175] Auf die zivilrechtliche Wirksamkeit einer Beauftragung kommt es nicht an, sondern vielmehr auf die tatsächlichen Verhältnisse.[176]

2.6.2.3 Handlungsmodalitäten

Die Handlungsmodalitäten der Korruptionsdelikte im privaten Bereich entsprechen denjenigen der zuvor erörterten §§ 331 StGB.[177] Auf die Ausführungen ist also zu verweisen. Als

64

---

172 *Fischer*, Strafgesetzbuch, 65. Aufl. 2018, § 299 Rn. 2.
173 Drs. 18/6389, S. 15.
174 *Krick*, in: Münchener Kommentar zum StGB, 2. Aufl. 2014, StGB § 299 Rn. 4 m. w. N.
175 *Krick*, in: Münchener Kommentar zum StGB, 2. Aufl. 2014, StGB § 299 Rn. 5 m. w. N.
176 *Krick*, in: Münchener Kommentar zum StGB, 2. Aufl. 2014, StGB § 299 Rn. 6.
177 Vgl. *Fischer*, Strafgesetzbuch, 65. Aufl. 2018, § 331 Rn. 17, § 332 Rn. 4, § 333 Rn. 3, § 334 Rn. 3.

Korruption im privaten Bereich können die dargestellten Handlungen nur strafbar sein, wenn sie im geschäftlichen Verkehr erfolgen.

2.6.2.4 Inhalt der Unrechtsvereinbarung

65 Im Zentrum steht auch bei § 299 StGB die **Unrechtsvereinbarung**. Hinsichtlich der Unrechtsvereinbarung ist zwischen dem (alten) Wettbewerbsmodell und dem neu eingeführten Geschäftsherrenmodell zu unterscheiden.

Die Unrechtsvereinbarung liegt in der **Wettbewerbsvariante** der jeweiligen Nr. 1 in der Verknüpfung des Vorteils mit einer unlauteren Bevorzugung im Wettbewerb. Bei der Bestimmung des Vorteilsbegriffs kann auf die Auslegung im Rahmen der §§ 331 ff. StGB zurückgegriffen werden. Die Unrechtsvereinbarung muss sich auf eine unlautere Bevorzugung im inländischen oder ausländischen Wettbewerb beziehen. Eine **Wettbewerbslage** setzt ein Konkurrenzverhältnis voraus, bei dem zwischen mind. zwei Wettbewerbern zu entscheiden ist. An diesem Merkmal fehlt es z. B., wenn ein Bankkunde dem zuständigen Bankangestellten eine Zahlung von 1.000 € dafür anbietet, dass der Bankangestellte ihm, ohne eine vorige Kreditwürdigkeitsprüfung durchzuführen, einen Kredit bei der Bank verschafft. Denn Kreditnehmer stehen normalerweise nicht in einem Konkurrenzverhältnis zueinander.[178] **Bevorzugung** ist jede Besserstellung des Vorteilsgebers oder eines Dritten, auf die dieser keinen Anspruch hat. **Unlauter** ist die Bevorzugung, wenn sie geeignet ist, Mitbewerber durch Umgehung der Regeln des Wettbewerbs und durch Ausschaltung der Konkurrenz zu schädigen. Die unlautere Bevorzugung im Wettbewerb ist ein Tatbestandsmerkmal, das nicht tatsächlich vorliegen muss. Laut BGH ist es gewissermaßen „subjektiviert". Dies bedeutet, dass es ausreicht, wenn sich die Beteiligten eine unlautere Bevorzugung im Wettbewerb vorstellen. Tatsächlich muss keine unlautere Bevorzugung im Wettbewerb vorliegen.[179] Der Wortlaut des § 299 Abs. 1 Nr. 1, Abs. 2 Nr. 1 StGB bestätigt diese Ansicht, da der Gesetzgeber hinsichtlich der Bevorzugung den Konjunktiv benutzt.[180]

66 In der vom Gesetzgeber im Jahr 2015 eingeführten **Geschäftsherrenvariante** bezieht sich die Unrechtsvereinbarung auf einen Vorteil als Gegenleistung für eine vertragliche Pflichtverletzung des Arbeitnehmers gegenüber dem Arbeitgeber. Dem oben genannten Fall, in dem ein Kunde dem zuständigen Bankmitarbeiter einen Vorteil verspricht, damit dieser ihm einen Kredit bei der Bank verschafft, ohne vorher die Kreditwürdigkeit des Kunden zu überprüfen, liegt eine Unrechtsvereinbarung nach der Geschäftsherrenvariante zugrunde. Es ist zu beachten, dass eine vertragliche Pflichtverletzung über die Annahme des Vorteils hinaus erforderlich ist. Es reicht also nicht aus, wenn die Annahme des Vorteils lediglich einen Verstoß gegen interne Compliance-Regelungen darstellt.[181]

Nichtsdestotrotz weitet das neue Geschäftsherrenmodell die Strafbarkeit extrem aus. Dies wird zu Recht mit verschiedenen Argumenten kritisiert. Laut *Bielefeld* und *Wengenroth* ist

---

178 Allerdings ist eine Strafbarkeit nach dem neuen Geschäftsherrenmodell denkbar, dazu sogleich unter Rn. 57.
179 BGH v. 29.04.2015 – 1 StR 235/14, in: NZWiSt 2016, S. 64.
180 „bevorzuge".
181 Dies ergibt sich aus der Gesetzesbegründung (Drs. 18/4350, S. 21).

der Wortlaut der Norm so weit gefasst, dass viele nicht strafwürdige Fallgestaltungen nunmehr strafbar sind.[182] Teilweise wird damit argumentiert, dass die vorhandenen zivilrechtlichen und strafrechtlichen Regelungen bereits ausgereicht hätten, um Vertragsverletzungen des Arbeitnehmers zu begegnen.[183] Ebenso sei das strafrechtliche Bestimmtheitsgebot in Bezug auf die genaue Bestimmung von vertraglichen Pflichtverletzungen in Gefahr.[184] Durch die Abhängigkeit der Strafbarkeit von der Verletzung vertraglicher Vereinbarungen erhalte der Arbeitgeber faktisch eine Gestattung dafür, die Strafvorschrift des § 299 StGB unkontrolliert auszufüllen.[185] Trotz dieser berechtigten Kritik muss zum jetzigen Zeitpunkt das Geschäftsherrenmodell akzeptiert werden. Der Umgang der Gerichte mit dieser weitreichenden Erweiterung der Strafbarkeit sollte beobachtet werden. Die im Kreditinstitut für das Compliance-Management Verantwortlichen müssen im Unternehmen unbedingt darüber aufklären, dass künftig jedes vertragliche Fehlverhalten korruptionsrelevant sein kann, wenn dafür der Erhalt eines Vorteils in Aussicht gestellt wird.

3 Vermeidungsstrategien

Zur Reduzierung des Risikos einer Haftung für Compliance-Verstöße empfiehlt sich zum einen, die nach § 130 OWiG (vgl. 1.1.1.2) erforderlichen Aufsichtsmaßnahmen – in dokumentierter Form – zu ergreifen (dazu nachstehend 3.1). International tätige Unternehmen müssen dabei zunehmend auch auf ausländische Vorgaben achten, wie beispielsweise den UK Criminal Finances Act 2017[186], der in bestimmten Fällen sogar die Förderung der Hinterziehung ausländischer, also auch deutscher Steuern, unter Strafe stellt. Zum anderen empfiehlt es sich für eine angemessene Vorbereitung auf Durchsuchungen und sonstige Ermittlungsmaßnahmen zu sorgen (dazu nachstehend 3.2).

67

---

182 *Bielefeld/Wengenroth*, in: CB 2015, S. 367, 368.
183 Vgl. *Dann*, in: NJW 2016, S. 203, 204.
184 Vgl. *Dann*, in: NJW 2016, S. 203, 204.
185 Vgl. *Walther*, in: NZWiSt 2015, S. 255, 257.
186 Der UK Criminal Finances Act 2017 trat am 30.09.2017 in Kraft. Das Gesetz ist abrufbar unter http://www.legislation.gov.uk/ukpga/2017/22/contents/enacted (letzter Abruf am 03.04.2018). Die Verteidigungsmöglichkeiten von Unternehmen gegen den Vorwurf der strafbaren Förderung von Steuerhinterziehung hängen von angemessenen Präventionsmaßnahmen im Unternehmen ab.

3.1 Erforderliche Aufsichtsmaßnahmen nach § 130 OWiG

68 Nach § 130 OWiG sind auf **fünf**[187] **Stufen**[188] Aufsichtsmaßnahmen erforderlich:
- erstens eine sorgfältige Personalauswahl bei Einstellung und Beförderung;
- zweitens eine sachgerechte Organisation und Aufgabenverteilung;
- drittens eine angemessene Aufklärung und Schulung;
- viertens eine ausreichende Überwachung;
- fünftens ein angemessenes Einschreiten bei Fehlverhalten.

Dabei sind nicht von allen Unternehmen nach Ausgestaltung und Umfang identische Aufsichtsmaßnahmen gefordert. Doch sind in jedem Unternehmen auf allen fünf Stufen Aufsichtsmaßnahmen erforderlich, die angesichts seiner individuellen Besonderheiten (Größe, Unternehmensorganisation etc.) wirtschaftlich vertretbar und ausreichend wirksam sind.[189]

Allerdings können und sollten durchgehend nur solche Aufsichtsmaßnahmen ergriffen werden, die rechtlich zulässig sind, insb. nach **Arbeits- und Datenschutzrecht**.[190]

---

[187] Es kommen auch andere Einteilungen in Betracht: Die Leitlinien des britischen Justizministeriums zum UK Bribery Act nennen sechs Prinzipien (vgl. Guidance about procedures which relevant commercial organisations can put into place to prevent persons associated with them from bribing, abrufbar unter https://www.justice.gov.uk/downloads/legislation/bribery-act-2010-guidance.pdf (letzter Abruf am 03.04.2018), dazu etwa *Hugger/Pasewaldt*, in: CCZ 2011, S. 23 f.; siehe auch *Hugger/Pasewaldt*, in: RIW 2018, S. 115 ff. Der im Oktober 2016 aktualisierte Entwurf der Regierungsleitlinien zum Criminal Finances Act 2017 stellt ebenfalls auf sechs Prinzipien ab, abrufbar unter https://www.gov.uk/government/uploads/system/uploads/attachment_data/file/560120/Tackling_tax_evasion_-_Draft_government_guidance_for_the_corporate_offence_of_failure_to_prevent_the_criminal_facilitation_of_tax_evasion.pdf (letzter Abruf am 03.04.2018]). Die US Sentencing Commission nennt in sieben Stufen absolute Mindestanforderungen an ein Compliance-Programm, wenn es für eine Sanktionsmilderung berücksichtigt werden soll: (1.) Aufstellen klarer Regeln, (2.) Verantwortlichkeit hochrangiger Unternehmensmitarbeiter für das Compliance-Programm, (3.) sorgfältige Auswahl der zuständigen Verantwortlichen, (4.) Information und Schulung aller Unternehmensmitarbeiter, (5.) Überwachung der Einhaltung und fortlaufende Aktualisierung der Compliance-Regelungen, (6.) Schaffung einer entsprechenden Unternehmenskultur und (7.) Einschreiten bei Fehlverhalten, vgl. § 8B2.1 der US Sentencing Commission Compliance Recommendations, abrufbar unter https://www.ussc.gov/guidelines/2016-guidelines-manual/2016-chapter-8#NaN (letzter Abruf am 03.04.2018). Siemens bezeichnet ein Drei-Säulen-Modell mit den Stichworten „Prevent", „Detect" und „Respond", vgl. Siemens Sustainability Information 2016, S. 31 ff., abrufbar unter https://www.siemens.com/investor/pool/en/investor_relations/siemens_sustainability_information2016.pdf (letzter Abruf am 03.04.2018).

[188] *Rogall*, in: Karlsruher Kommentar zum Gesetz über Ordnungswidrigkeiten, 4. Aufl., München 2014, § 130 Rn. 42; *Gürtler*, in: Göhler, Ordnungswidrigkeitengesetz, 17. Aufl., München 2017, § 130 Rn. 11.

[189] *Gürtler*, in: Göhler, Ordnungswidrigkeitengesetz, 17. Aufl., München 2017, § 130 Rn. 10 und 12; *Achenbach*, in: Achenbach/Ransiek/Rönnau, Handbuch Wirtschaftsstrafrecht, 4. Aufl., Heidelberg 2015, I 3 Rn. 49; *Rogall*, in: Karlsruher Kommentar zum Gesetz über Ordnungswidrigkeiten, 4. Aufl., München 2014, § 130 Rn. 39 ff.

[190] Vgl. dazu im Einzelnen *Hugger/Simon*, Compliance im Personalmanagement, in: Wieland/Grüninger/Steinmeyer, Handbuch Compliance-Management, 2. Aufl., Berlin 2014, S. 411 ff.

3.1.1 Sorgfältige Personalauswahl

Eine sorgfältige Personalauswahl ist sowohl bei der **Neueinstellung** als auch bei der **Beförderung** von Arbeitnehmern geboten. Dabei ist die Prüfung nicht nur auf die professionelle Qualifikation sondern auch auf die Integrität der Bewerber zu richten.

69

In jedem Fall empfiehlt sich eine **sorgfältige Prüfung der Bewerbungsunterlagen** (Lebensläufe, Zeugnisse etc.), vor allem bei Neueinstellungen. Die praktische Erfahrung in Fällen späteren Fehlverhaltens zeigt, dass nicht selten relevante Auffälligkeiten (z. B. Lücken in Lebensläufen oder Manipulationen an Zeugnissen) übersehen worden sind.

Zudem können sich **weitere Recherchen** empfehlen, jedenfalls bei der Besetzung von besonders sensiblen Positionen. Zumindest sollte der Name des Bewerbers in eine Internet-Suchmaschine (z. B. Google) eingegeben werden. Das führt in der Praxis zuweilen zu aufschlussreichen Erkenntnissen (z. B. über Medienberichte zu Strafverfahren gegen einen Bewerber), die für die Besetzung der Position relevant sind.

3.1.2 Sachgerechte Organisation und Aufgabenverteilung

Zuständigkeiten, Befugnisse und Abläufe im Unternehmen müssen sachgerecht sowie möglichst genau, klar und lückenlos geregelt sein. Das gilt gerade auch für den Bereich der unternehmensinternen Aufsicht, die Compliance-Verstöße verhindern soll. Sie sollte einer bestimmten Stelle (z. B. der Compliance-Abteilung) zugewiesen und mit angemessenen persönlichen und sachlichen Ressourcen ausgestattet sein. Zudem empfehlen sich für besonders compliancerelevante Vorgänge spezifische Ablauforganisationen (z. B. Check-Listen und Muster für Kreditvergaben [vgl. 2.1], Berater-Verträge, Geschenke und Einladungen zu Veranstaltungen etc.). Siehe dazu auch das Kapitel II.D.2 Antikorruptions-Compliance für Banken von David Pasewaldt in diesem Buch.

70

3.1.3 Angemessene Schulung

Die Mitarbeiter müssen angemessen geschult werden, und zwar nicht nur zu den Aufgaben, Befugnissen und Abläufen im Unternehmen, sondern auch und vor allem zu den rechtlichen Rahmenbedingungen, insb. über rechtliche Verbote und Gebote, die sie bei ihrer Arbeit zu beachten haben. Eine Schulung sollte sofort bei Tätigkeitsbeginn erfolgen und anschließend regelmäßig aktualisiert werden.

71

Zu einer solchen Schulung dienen insb. auch – stets aktualisierte – **Compliance-Richtlinien**, die allerdings für das Unternehmen „maßgeschneidert" sein und spezifisch alle Rechtsbereiche und -ordnungen berücksichtigen sollten, die für das Unternehmen relevant sind. Compliance-Richtlinien sollten für alle betroffenen Mitarbeiter jederzeit in schriftlicher Form verfügbar sein (z. B. im Ausdruck oder im Intranet des Unternehmens).

Zudem sollten die Compliance-Richtlinien in – anfänglichen und fortlaufenden – **Schulungen** vermittelt werden. Dabei kommen nicht nur persönliche Schulungsveranstaltungen in Betracht, sondern auch Schulungen mit Hilfe elektronischer Medien (z. B. in der Form von „E-Learning and E-Assessment", „Webcast Trainings" oder „Alerter"-E-Mails zu neueren Entwicklungen). Die Richtlinien und Schulungen sollten sich sowohl auf die für das jeweilige Unternehmen relevanten Regelungsbereiche beziehen (z. B. Bank- und Kapitalmarkt-, Geldwäsche-, Außenwirtschafts- und Antikorruptionsrecht) als auch auf korrektes Verhalten bei Durchsuchungen und sonstigen Ermittlungsmaßnahmen (dazu nachstehend 3.2.3).

Es empfiehlt sich eine **Dokumentation** der Teilnahme der einzelnen Arbeitnehmer an Compliance-Schulungen, damit später erforderlichenfalls nachgewiesen werden kann, dass die Compliance-Richtlinien von den Arbeitnehmern zur Kenntnis genommen und verstanden worden sind.

3.1.4 Ausreichende Überwachung

72 Die Überwachung der Arbeitnehmer erfordert nicht nur **regelmäßige Kontrollen**. Vielmehr sind auch **unregelmäßige und unvorhersehbare Stichproben** (z. B. durch Prüfung geschäftlicher Korrespondenz) erforderlich.[191]

73 In der Praxis schaffen sich immer mehr Unternehmen **Hinweisgebersysteme**, mit deren Hilfe Arbeitnehmer oder Dritte Fehlverhalten melden können („Whistleblowing"), bei deren Einrichtung allerdings insb. die arbeits- und datenschutzrechtlichen Anforderungen zu beachten sind, die in den jeweils betroffenen Rechtsordnungen unterschiedlich sein können. Für Kreditinstitute besteht nach § 25a Abs. 1 Satz 6 Nr. 3 KWG eine Verpflichtung, über ein Hinweisgebersystem zu verfügen, über das auch anonyme Meldungen abgegeben werden können.[192] Auch das WpHG und das GwG sehen solche Hinweisgebersysteme vor (§ 58 WpHG, § 6 Abs. 5 GwG). Ein solches System kann über **technische Lösungen** (z. B. spezielle Telefonnummern, E-Mail-Adressen oder Internet- oder Intranet-Seiten) errichtet werden. Eine andere Möglichkeit ist, dass Unternehmen **Ombudsleute**[193] beauftragen, Hinweise auf Fehlverhalten entgegen zu nehmen und an bestimmte Stellen im Unternehmen weiter zu geben. Dabei sollte allerdings klargestellt werden, ob und inwieweit Hinweisgeber Ombudsleute an der Weitergabe von Informationen zu ihrer Identität oder zu gemeldeten Sachverhalten hindern können oder ob und inwieweit Hinweise in behördlichen oder gerichtlichen Verfahren rechtlich geschützt sind (z. B. unter den Schlagworten „Beschlagnahmefreiheit" oder „Auskunftsverweigerungsrecht").[194] Das LG Bochum hat das Bestehen eines Durchsuchungs- und Beschlagnahmeverbots bei einer anwaltlichen Ombudsperson verneint.[195] In jedem Fall sollten die Aufgaben und Befugnisse von Ombudsleuten klar geregelt und begrenzt sein. Ferner sollten Ombudsleute selbst angemessen aufgeklärt und geschult werden (insb. zu den rechtlichen Grenzen von privaten Untersuchungen für Unternehmen).

---

191 *Achenbach*, in: Achenbach/Ransiek/Rönnau, Handbuch Wirtschaftsstrafrecht, 4. Aufl., Heidelberg 2015, I 3 Rn. 51; *Rogall*, in: Karlsruher Kommentar zum Gesetz über Ordnungswidrigkeiten, 4. Aufl., München 2014, § 130 Rn. 64; *Pelz*, in: Hauschka/Moosmayer/Lösler, Corporate Compliance, 3. Aufl., München 2016, § 5 Rn. 27.
192 Vgl. dazu *Renz/Rohde-Liebenau*, in: BB 2014, S. 692 ff.
193 Hierzu ausführlich *Joussen*, in: Röhrich, Methoden der Korruptionsbekämpfung, Berlin 2008, S. 49 ff.
194 *Hauschka/Greeve*, in: BB 2007, S. 165, 169 und 171 f.; *Bürkle*, in: DB 2004, S. 2158 ff.; *Joussen*, in: Röhrich, Methoden der Korruptionsbekämpfung, Berlin 2008, S. 49, 56.
195 LG Bochum v. 16.03.2016 – II-6 Qs 1/16, in: NStZ 2016, S. 500 ff. mit Anm. *Sotelsek*; dazu kritisch *Szesny*, in: CCZ 2017, S. 25 ff.

Falls auf Grund von Hinweisen oder aus anderen Gründen ein **konkreter Verdacht** für Straftaten oder Ordnungswidrigkeiten besteht, muss ihm in rechtlich zulässiger und angemessener Weise nachgegangen werden. Dabei sind geeignete Ermittlungsmethoden zu ergreifen, die mit einem vertretbaren wirtschaftlichen Aufwand verfügbar und rechtlich zulässig sind. In Betracht kommen insb. die Befragung des Arbeitnehmers und Dritter (Geschäftspartner, Wettbewerber etc.), die Durchsicht von Unterlagen (z. B. Korrespondenz, Buchhaltungsunterlagen, Telekommunikationsrechnungen mit Verbindungsdaten etc.) oder elektronischen Daten (E-Mails und andere Dateien), Anfragen bei Auskunfteien[196] sowie Recherchen in öffentlich verfügbaren Quellen (Internet, Register etc.). Die Ermittlungsmaßnahmen müssen nicht nur die in Deutschland geltenden rechtlichen Grenzen einhalten, sondern auch die anderer ggf. betroffener Länder. Das muss insb. sichergestellt sein, soweit externe Dienstleister (z. B. Detekteien) für die Ermittlungen eingesetzt werden.

74

3.1.5 Angemessenes Einschreiten bei Fehlverhalten

Selbst wenn die Aufsichtsmaßnahmen in einem Unternehmen allen rechtlichen Anforderungen genügen, kann Fehlverhalten von Arbeitnehmern des Unternehmens nicht völlig ausgeschlossen werden.[197] Wird ein solches Fehlverhalten festgestellt, muss das Unternehmen es nicht nur effektiv für Gegenwart und Zukunft abstellen, sondern auch in angemessener und arbeitsrechtlich zulässiger Weise für die Vergangenheit sanktionieren.[198] Erforderlich ist insb. auch eine **vorherige Androhung** der Sanktionen,[199] wodurch klargestellt wird, dass die einschlägigen rechtlichen und unternehmensinternen Regelungen verbindlich und nicht lediglich unverbindliche Verhaltensempfehlungen sind. Allerdings wird es wohl ausreichen, die möglichen Sanktionen dem Rahmen nach anzudrohen, und nicht erforderlich sein, einen schematischen „Sanktionenkatalog" aufzustellen, der für bestimmte Verfehlungen bestimmte Sanktionen vorsieht. insb. ist es nicht erforderlich, einen genauen Ablaufplan für mögliche Sanktionen festzulegen. Es reicht ein mehr oder weniger abstrakter Hinweis darauf, dass der Arbeitgeber die geeigneten Maßnahmen ergreifen wird, um Fehlverhalten zu sanktionieren.

75

3.2 Vorbereitung auf Durchsuchungen

Ein Verdacht von strafbaren oder ordnungswidrigen Compliance-Verstößen kann zu Durchsuchungen in Kreditinstituten führen. Fehlerhaftes Verhalten im Zusammenhang mit

76

---

196 Insb. bei Auskunfteien muss sichergestellt werden, dass die Ermittlungen nicht unbeabsichtigt bekannt werden, indem die Auskunfteien offene Anfragen an Betroffene richten.
197 *Rogall*, in: Karlsruher Kommentar zum Gesetz über Ordnungswidrigkeiten, 4. Aufl., München 2014, § 130 Rn. 46.
198 *Gürtler*, in: Göhler, Ordnungswidrigkeitengesetz, 17. Aufl., München 2017, § 130 Rn. 11; *Rogall*, in: Karlsruher Kommentar zum Gesetz über Ordnungswidrigkeiten, 4. Aufl., München 2014, § 130 Rn. 65 f.
199 *Gürtler*, in: Göhler, Ordnungswidrigkeitengesetz, 17. Aufl., München 2017, § 130 Rn. 11; *Rogall*, in: Karlsruher Kommentar zum Gesetz über Ordnungswidrigkeiten, 4. Aufl., München 2014, § 130 Rn. 65 f.; kritisch *Achenbach*, in: Frankfurter Kommentar zum Kartellrecht, 88. Ergänzungslieferung, Köln 2017, § 81 GWB 2013 Rn. 191 f.

solchen Durchsuchungen kann seinerseits wieder zu strafrechtlichen Vorwürfen führen (z. B. der Strafvereitelung gemäß § 258 StGB, des Bruchs eines Beschlagnahme-Siegels gemäß § 136 Abs. 2 StGB etc.). Eine angemessene Vorbereitung auf Durchsuchungen rundet deshalb eine vollständige Compliance-Organisation ab. Zu diesem Zweck empfiehlt es sich, in angemessenem Umfang organisatorische Maßnahmen zu ergreifen (dazu 3.2.1), schriftliche Unterlagen zu erstellen (dazu 3.2.2) und Schulungen durchzuführen (dazu 3.2.3).

3.2.1 Organisatorische Maßnahmen

77 Im Unternehmen sollten insb. die folgenden organisatorischen Maßnahmen ergriffen werden:

– **Zuständigkeitsverteilung**: Es sollte klar geregelt sein, wer im Falle einer Durchsuchung vor Ort für die Kommunikation mit den Ermittlungsbehörden und die Maßnahmen im Unternehmen zuständig ist. Dabei hat es sich in der Praxis bewährt, ein „Kern-Team" (zur Führung und Koordination) und ein „erweitertes Team" (zur Begleitung der Ermittlungsbeamten durch die Räume, zum Kopieren zu beschlagnahmender Unterlagen etc.) festzulegen. Zum Kern-Team sollten in der Regel insb. Vertreter der Rechts- und Compliance-Abteilung, der Revisionsabteilung, der IT-Abteilung und – soweit vorhanden – der Kommunikationsabteilung gehören. Dabei sollten in ausreichender Anzahl Stellvertreter vorgesehen werden, um für mögliche Abwesenheitsfälle Vorsorge zu treffen.

– **Ablaufplanung**: Es sollte insb. geregelt sein, dass und wie im Falle einer Durchsuchung schnellstmöglich das „Kern-Team" zu informieren ist (durch Pforten- und Empfangspersonal oder sonstige Mitarbeiter) und Anfragen (von Medien, Geschäftspartnern etc.) weiterzuleiten sind (z. B. an das „Kern-Team" oder die Kommunikationsabteilung).

– **Raumplanung**: Es sollte festgelegt sein, welche Räume den Ermittlungsbehörden als Arbeitsplatz vor Ort angeboten werden und dem „Kern-Team" als Arbeitsplatz („War-Room") zur Verfügung stehen sollen.

78 Darüber hinaus sollten insb. die folgenden organisatorischen Maßnahmen zu **externen Beratern** ergriffen werden:

– **Rechtsanwälte**: In der Praxis ist zu beobachten, dass Ermittlungshandlungen bei Durchsuchungen mit erheblich weniger Komplikationen verlaufen, sobald externe Rechtsanwälte anwesend sind. Deshalb sollte jedenfalls festgelegt werden, welche externen Rechtsanwälte im Falle einer Untersuchung als **Unternehmensanwälte** vor Ort tätig werden. Da die Ermittlungsbehörden in der Praxis nicht selten versuchen, noch während der Durchsuchung an Ort und Stelle formelle Vernehmungen durchzuführen, sollte möglichst zudem festgelegt werden, welche externen Rechtsanwälte als **Zeugenbeistände von Mitarbeitern** tätig werden können, falls erforderlich.

– **Krisenkommunikationsberater**: Eine Durchsuchung bringt insb. auch erheblich Reputationsrisiken mit sich. Deshalb sollte überlegt werden, inwieweit Krisenkommunikationsberater beauftragt werden sollen, soweit nicht die unternehmensinterne Kommunikationsabteilung über ausreichende Ressourcen und Expertise verfügt.

3.2.2 Schriftliche Unterlagen

Vor dem Hintergrund der organisatorischen Maßnahmen sollten zumindest die folgenden schriftlichen Unterlagen vorgehalten werden:

- **Telefonlisten** der unternehmensintern zuständigen Personen (z. B. des „Kern-Teams") und der externen Rechtsanwälte, die im Fall einer Durchsuchung schnellstmöglich zu informieren sind (vgl. 3.2.1), wobei jeweils in ausreichender Anzahl Kontaktpersonen aufgelistet sein müssen, um für mögliche Abwesenheitsfälle Vorsorge zu treffen;
- **Merkblätter** zum Verhalten bei Durchsuchungen, die „maßgeschneidert" für das Unternehmen und die jeweiligen Adressaten zumindest für die folgenden Personengruppen vorgehalten werden: Rechts- und Compliance-Abteilung; Geschäftsleitungsmitglieder und sonstige relevante Führungskräfte; Pforten- und Empfangspersonal;
- **Muster** für im Fall von Durchsuchungen möglicherweise erforderliche Unterlagen, wie z. B. „Document-Retention-Notice" (Hinweise zur Aufbewahrung und Vernichtung von Dokumenten), Pressemitteilung und Sprechzettel mit „Questions & Answers" für Anfragen (z. B. von Medien oder Geschäftspartnern).

3.2.3 Schulungen

Schließlich sollten Schulungen zum richtigen Verhalten bei Durchsuchungen erfolgen. Empfehlenswert sind zumindest auf den Schulungsbedarf der jeweiligen Teilnehmer abgestimmte **Workshops** für die relevanten Mitarbeiter-Gruppen, insb. für die Rechts- und Compliance-Abteilung und für Geschäftsleitungsmitglieder und sonstige relevante Führungskräfte. Darüber hinaus sind z. B. Schein-Durchsuchungen („**Mock-Dawn-Raids**") möglich, bei denen zu Schulungszwecken in Form eines praktischen Rollenspiels das richtige Verhalten im Durchsuchungsfall erprobt wird.

4 Ausblick und Fazit

Zum Schluss ist noch ein Blick auf das seit Ende Juli 2017 geltende Wettbewerbsregistergesetz zu werfen, dessen Einführung die Notwendigkeit eines funktionierenden Compliance-Systems unterstreicht. Bestimmte, dem Unternehmen zuzurechnende Straftaten können zum Ausschluss von öffentlichen Vergabeverfahren führen, §§ 123 f. GWB. Bisher ist es in vielen Fällen für den öffentlichen Auftraggeber schwierig, solche Strafbarkeiten festzustellen, was daran liegt, dass dieser nur auf Umwegen[200] zu den für den Ausschluss notwendigen Informationen kommt. Dies hat zur Folge, dass der Ausschluss vom Vergabeverfahren heutzutage nicht effektiv durchgesetzt werden kann. Diese Lücke wird demnächst das Wettbewerbsregister füllen. Es handelt sich um ein bundesweites Register, in welchem die wesentlichen ausschlussrelevanten Straftaten vermerkt werden. Es ist daher damit zu rechnen, dass der Ausschluss vom öffentlichen Vergabeverfahren künftig häufiger und effektiver durchgesetzt werden kann.

---

200 Vereinzelt gibt es Landeskorruptionsregister. Daneben kann der Auftraggeber (hinsichtlich bestimmter Straftaten) einen Auszug aus dem Gewerbezentralregister anfordern oder den Auftragnehmer auffordern, einen Auszug aus dem Bundeszentralregister vorzulegen.

Daraus und aus den Erwägungen des gesamten Kapitels ergibt sich, dass Compliance-Systeme heute zwingender Teil der Unternehmensstruktur und Unternehmenskultur. Aus letzterer ergibt sich die Wirksamkeit: Ohne eine wirklich gewollte, nicht als Fessel für unternehmerische Entscheidungen begriffene Compliance versagt die fein geschliffene und von externen Experten durchgeprüfte Compliance-Mechanik. Das heißt in der Praxis, dass die Führungsebene zuerst und eindeutig hinter der Idee der Compliance stehen muss. Sie muss wollen, dass Compliance bis in die tiefsten Verästelungen des Unternehmens akzeptiert und gelebt wird. Das wird bewirken, dass das Finanzinstitut ebenso wie die dort tätigen Personen strafrechtliche Probleme vermeiden. Über kurz oder lang wird sich das zum Wettbewerbsvorteil entwickeln.

5 Literaturverzeichnis

Achenbach/Ransiek/Rönnau: Handbuch Wirtschaftsstrafrecht, 4. Aufl., Heidelberg 2015.

Ahlbrecht/Böhm/Esser/Hugger/Kirsch/Rosenthal: Internationales Strafrecht in der Praxis, Berlin 2008.

Altenhain: Anmerkung zu BGH Urt. v. 19.04.2000 – 3 StR 442/99, in: NStZ 2001, *S. 189–191.*

Assmann/Schneider: Wertpapierhandelsgesetz, 6. Aufl., Köln 2012.

Assmann/Schütze: Handbuch des Kapitalanlagerechts, 4. Aufl., München 2015.

Böse: Die Garantenstellung des Betriebsbeauftragten, in: NStZ 2003, *S. 636–641.*

Bürkle: Grenzen der strafrechtlichen Garantenstellung des Compliance-Officers, in: CCZ 2010, *S. 4–12.*

Bürkle: Weitergabe von Informationen über Fehlverhalten in Unternehmen (Whistleblowing) und Steuerung auftretender Probleme durch ein Compliance-System, in: DB 2004, *S. 2158–2161.*

Campos Nave/Vogel: Die erforderliche Veränderung von Corporate Compliance-Organisationen im Hinblick auf gestiegene Verantwortlichkeiten des Compliance Officers, in: BB 2009, *S. 2546–2551.*

Dann, Und immer ein Stück weiter – Die Reform des deutschen Korruptionsstrafrechts, in: NJW 2016, *S. 203–206.*

Feigen: Strafjustiz durch die BaFin?, in: Arbeitsgemeinschaft Strafrecht des Deutschen Anwaltsvereins, Strafverteidigung im Rechtsstaat, Baden-Baden 2009, *S. 466–479.*

Fischer: Strafgesetzbuch, 65. Aufl., München 2018.

Freund: Strafrecht Allgemeiner Teil, 2. Aufl., Berlin/Heidelberg 2009.

Fülbier/Aepfelbach/Langweg: Kommentar zum Geldwäschegesetz, 5. Aufl., Köln 2006.

Göhler: Ordnungswidrigkeitengesetz, 17. Aufl., München 2017.

Grützner: Compliance erreicht den BGH, in: NJW-Editorial, Heft 43/2009.

Hauschka/Moosmayer/Lösler: Corporate Compliance, 3. Aufl., München 2016.

Hauschka/Greeve: Compliance in der Korruptionsprävention – was müssen, was sollen, was können die Unternehmen tun?, in: BB 2007, *S. 165–173.*

Hefendehl/Hohmann: Münchener Kommentar zum Strafgesetzbuch, Band 5, 2. Aufl., München 2014.

Hennecke: Der Compliance-Beauftragte als Straftatenverhinderer – Baustein der Unternehmenshaftung?, in: Festschrift für Jürgen Wessing zum 65. Geburtstag, *S. 557–569.*

Hugger: Beweiserhebungsmethoden bei der Strafverfolgung von Steuerhinterziehung unter Ausnutzung internationaler Finanzdienstleistungen – ein Standpunkt, in: NZWiSt 2017, *S. 260–261.*

Hugger/Pasewaldt: Sanktionsverfahren der Börsen und Einstellungsmöglichkeiten, nach dem Opportunitätsprinzip, in: WM 2016, *S. 726–728.*

Hugger/Pasewaldt: UK Bribery Act: erste Verurteilung nach neuem britischen Korruptionsstrafrecht, in: CCZ 2011, *S. 23–24.*

Hugger/Pasewaldt: UK Bribery Act und Korruptionsermittlungen britischer Strafverfolgungsbehörden, in: RIW 2018, *S. 115–120.*

Hugger/Simon: Compliance im Personalmanagement, in: Wieland/Grüninger/Steinmeyer, Handbuch Compliance-Management, 2. Aufl., Berlin 2014, *S. 411–440.*

Illing/Umnuß: Die arbeitsrechtliche Stellung des Compliance Managers – insb. Weisungsunterworfenheit und Reportingpflichten, in: CCZ 2009, *S. 1–8.*

Jaeger/Kokott/Pohlmann/Schroeder/Kulka: Frankfurter Kommentar zum Kartellrecht, Band VI, 88. Lieferung (April 2017), Köln 2017.

Joecks/Jäger/Randt: Steuerstrafrecht, 8. Aufl., München 2015.

Joecks/Miebach: Münchener Kommentar zum Strafgesetzbuch, Band 1, 3. Aufl., München 2017.

Kindhäuser/Neumann/Paeffgen: Strafgesetzbuch, Band 1 und 2, 5. Aufl., Baden-Baden 2017.

Klöhn: Ad-hoc-Publizität und Insiderverbot im neuen Marktmissbrauchsrecht, AG 2016, S. 423–434.

Kohlmann: Steuerstrafrecht, Band I: §§ 369–376 AO, 57. Ergänzungslieferung (März 2017), Köln 2017.

Kraft/Winkler: Zur Garantenstellung des Compliance-Officers – Unterlassungsstrafbarkeit durch Organisationsmangel, in: CCZ 2009, *S. 29–33*

Lackner/Kühl: Strafgesetzbuch, 29. Aufl., München 2018.

Laufhütte: Strafgesetzbuch Leipziger Kommentar, Band 1, 12. Aufl., Berlin 2007.

Leitner/Rosenau: Wirtschaft- und Steuerstrafrecht, Baden-Baden 2017.

Lösler: Zu Rolle und Stellung des Compliance-Beauftragten, in: WM 2008, *S. 1098–1104.*

Moosmayer: Compliance: Praxisleitfaden für Unternehmen, 3. Aufl., München 2015.

Müller-Gugenberger: Wirtschaftsstrafrecht Handbuch des Wirtschaftsstraf- und Ordnungswidrigkeitenrechts, 6. Aufl., Köln 2015.

Müller-Michaels: Kommentar zu BGH, Urt. v. 12.10.2016 – 5 StR 134/15, in: BB 2017, *S. 82.*

Opitz: Der EuGH und die Unschuldsvermutung bei Insiderdelikten – Europa auf dem Wege in die Verdachtsstrafe, Anmerkung zu EuGH, Urt. v. 23.12.2009 – C-45/08, in: BKR 2010, *S. 71–74.*

Park: Kapitalmarktstrafrecht, 4. Aufl., Baden-Baden 2017.

Reischauer/Kleinhans: Kreditwesengesetz, II. Band: Kommentar ab § 32, KWG-Verordnungen, Grundsätze, Ergänzende Vorschriften, Ergänzungslieferung 1/09 (Februar 2009), Berlin 2009.

Riegel/Kruse: Strafbefreiende Selbstanzeige nach § 371 AO durch Bankmitarbeiter, in: NStZ 1999, *S. 325–329.*

Renz/Rohde-Liebenau: Die Hinweisgeber-Regelung des § 25a KWG – Erste Erfahrungen –, in: BB 2014, *S. 692–697.*

Röhrich: Methoden der Korruptionsbekämpfung, Berlin 2008.

Rolshoven/Hense: Anmerkung zu BGH, Urt. v. 17.07.2009 – 5 StR 394/08, BKR 2009, *S. 425–428.*

Rolshoven/Renz/Hense: Vorsatz bei Insidergeschäften, Anmerkung zu EuGH, Urt. v. 23.12.2009 – C-45/08, in: BKR 2010, *S. 74–77.*

Roxin: Strafrecht Allgemeiner Teil, Band I: Grundlagen Aufbau der Verbrechenslehre, 3. Aufl., München 1997.

Rübenstahl/Schebach: Zur Vollständigkeit der Selbstanzeige des Gehilfen, in: wistra 2016, *S. 97–102.*

Rudolphi/Horn/Günther/Samson: Systematischer Kommentar zum Strafgesetzbuch, Band 1: Allgemeiner Teil, §§ 1–45b StGB, 8. Aufl., 148. Lieferung (Dezember 2014), Köln 2014.

Schall, Grund und Grenzen der strafrechtlichen Geschäftsherrenhaftung, Festschrift zum 70. Geburtstag für Hans-Joachim Rudolphi, Neuwied 2004, *S. 267–283.*

Schimansky/Bunte/Lwowski (Hrsg.): Bankrechts-Handbuch, Band II, 5. Aufl., München 2017.

Schlösser, Vertraglich vereinbarte Integritätsklauseln und strafrechtliche Haftung der Unternehmensleistung, in: wistra 2006, *S. 446–452.*

Schneider/Gottschaldt: Offene Grundsatzfragen der strafrechtlichen Verantwortlichkeit von Compliance-Beauftragten im Unternehmen, in: ZIS 2011, *S. 573–577.*

Schönke/Schröder: Strafgesetzbuch, 29. Aufl., München 2014.

Senge: Karlsruher Kommentar zum Gesetz über Ordnungswidrigkeiten, 4. Aufl., München 2014.

Sotelsek: Anmerkung zu LG Bochum, Beschl. v. 16.03.2016, in: NStZ 2016, *S. 502–504.*

Stoffers: Anmerkung zu BGH, Urt. v. 17.07.2009 – 5 StR 394/08, in: NJW 2009, *S. 3176–3177.*

Struwe: Schlanke § 18 KWG-Prozesse, 3. Aufl., Heidelberg 2011.

Szagunn/Haug/Ergenzinger: Gesetz über das Kreditwesen, 6. Aufl., Stuttgart 1997.

Szesny: Beschlagnahme von Unterlagen beim Ombudsmann?, in: CCZ 2017, *S. 25–31.*

Thomas: Anmerkung zu BGH, Urt. v. 17.07.2009 – 5 StR 394/08, in: CCZ 2009, *S. 239–240.*

Tiedemann: Neue Aspekte zum strafrechtlichen Schutz des Bankgeheimnisses, in: NJW 2003, *S. 2213–2215.*

Tiedemann: Strafrechtliche Bemerkungen zu den Schutzgesetzen bei Verletzung des Bankgeheimnisses, in: ZIP 2004, *S. 294–297.*

Trüg: Die Reform der strafrechtlichen Vermögensabschöpfung, in: NJW 2017, S. 1913–1918.

Veil: Compliance-Organisationen in Wertpapierdienstleistungsunternehmen im Zeitalter der MiFiD, in: WM 2008, S. 1093–1098.

v. Heintschel-Heinegg: Beck'scher Onlinekommentar StGB, 37. Edition, München 2018.

Wabnitz/Janovsky: Handbuch des Wirtschafts- und Steuerstrafrechts, 4. Aufl., München 2014.

Walther: Anmerkungen zur geplanten Neufassung von § 299 StGB, in: NZWiSt 2015, S. 255–258.

Wittig: Wirtschaftsstrafrecht, 4. Aufl., München 2017.

Wybitul: Strafbarkeitsrisiken für Compliance-Verantwortliche, in: BB 2009, S. 2590–2593.

Zapfe: Compliance und Strafverfahren: Das Spannungsverhältnis zwischen Unternehmensinteressen und Beschuldigtenrechten, Frankfurt am Main 2013.

I.10

Erbringung von Bankgeschäften und Finanzdienstleistungen durch ausländische Institute in Deutschland

Jochen Kindermann

Inhaltsübersicht

1	Einleitung.	1
2	Rechtliche Grundlagen	2
3	Systematik der Erlaubnispflichten	3–19
3.1	Inlandsbezug.	6–12
3.2	Gewerbsmäßigkeit	13–14
3.3	Qualifikation der Tätigkeit als Bankgeschäft oder Finanzdienstleistung	15–19
4	Antragsformalitäten	20
5	Maßnahmen bei unerlaubter Erbringung von Bankgeschäften oder Finanzdienstleistungen	21–22
6	Varianten des Marktzugangs	23–37
6.1	Tochterunternehmen	24
6.2	Zweigstelle.	25–29
6.3	Repräsentanz	30–31
6.4	Grenzüberschreitende Dienstleistung.	32–34
6.5	Befreiung von der Erlaubnis nach § 2 Abs. 4 KWG	35–37
7	EU-Pass	38–53
7.1	Anwendbarkeit der Regelungen des KWG.	40–49
7.2	Anwendbarkeit der Regelungen des WpHG.	50–53
8	Drittlandpassport, Art. 39 MiFID II, Art. 46–49 MiFIR	54–60
8.1	Drittlandmarktzugang auf nationaler Ebene	55
8.2	Drittlandmarktzugang auf europäischer Ebene	56–60
9	Literaturverzeichnis	

1 Einleitung

Die Geschäftsaktivitäten von Kreditinstituten und Finanzdienstleistern (sog. *Institute*, § 1 Abs. 1b Kreditwesengesetz (KWG)) enden regelmäßig nicht an den Landesgrenzen ihrer Hauptniederlassung (sog. *Herkunftsstaat*, § 1 Abs. 4 KWG); es entspricht vielmehr mittlerweile dem Regelfall, dass die Institute grenzüberschreitend aktiv werden und ihre Dienstleistungen auch in anderen Ländern des Europäischen Wirtschaftsraumes (EWR)[1] und in Drittstaaten[2] anbieten. Das Angebot von Dienstleistungen in einem fremden Rechtskreis birgt zusätzliche Risiken, die frühzeitig zu erfassen und zu bewerten sind. Es bedarf daher einer umfassenden Vorbereitung und einer laufenden Kontrolle, um ein ordnungsgemäßes Verhalten auch bei Auslandsaktivitäten sicherstellen zu können.

Dieser Beitrag soll insb. ausländischen Instituten, die beabsichtigen in Deutschland Bankgeschäfte oder Finanzdienstleistungen zu erbringen, einen ersten Überblick über die anwendbaren Regularien verschaffen. Dabei ist zu berücksichtigen, dass sich mit der MiFID II die regulatorische Basis in Bezug auf die Niederlassungsfreiheit erheblich verändert hat.

Die Errichtung von Zweigniederlassungen oder die Erbringung grenzüberschreitender Dienstleistungen durch in Deutschland ansässige Institute in anderen Mitgliedstaaten des EWR oder in Drittstaaten folgt der gleichen Systematik, die auch für ausländische Institute gilt, die in Deutschland Dienstleistungen erbringen wollen. Kurz sei darauf hingewiesen, dass die Absicht der Errichtung einer Zweigniederlassung und die Erbringung grenzüberschreitender Dienstleistungen innerhalb des EWR (§ 24 KWG i. V. m. § 6 AnzV) oder in einem Drittland (§ 24 Abs. 1 Nr. 6 KWG) eine Anzeigepflicht auslöst.

2 Rechtliche Grundlagen

- Kreditwesengesetz (KWG): §§ 1, 2 Abs. 4; 24; 24a, 32, 53, 53a, 53b.
- Anzeigenverordnung (AnzV): §§ 12, 15.
- Wertpapierhandelsgesetz (WpHG): §§ 83, 90.
- Rundschreiben 5/2018 – Mindestanforderungen an die Compliance-Funktion und die weitere Verhaltens-, Organisations- und Transparenzpflichten (MaComp), Stand: 19. 04. 2018.
- Richtlinie über Märkte für Finanzinstrumente sowie zur Änderung der Richtlinien 2002/92/EG und 2011/61/EU (MiFID II), 2014/65/EU: Art. 4 Nr. 30, Art. 6 Abs. 3, Art. 16 Abs. 11, 12, 34, 35, 36, 37, 39, 40, 41.
- Verordnung 600/2014 über Märkte für Finanzinstrumente und zur Änderung der Verordnung (EU) Nr. 648/2012 (MiFIR), Art. 46–48.
- Delegierte Verordnung 2017/1018/EU v. 29. 06. 2016 zur Ergänzung der Richtlinie 2014/65/EU des Europäischen Parlaments und des Rates über Märkte für Finanzin-

---

1 Der EWR umfasst die Mitgliedstaaten der Europäischen Union sowie die anderen Vertragsstaaten des Abkommens über den Europäischen Wirtschaftsraum, § 1 Abs. 5a Satz 1 KWG.
2 Drittstaaten im Sinne des KWG sind alle anderen Staaten außer den Staaten des EWR, § 1 Abs. 5a Satz 2 KWG.

strumente durch technische Regulierungsstandards zur Präzisierung der Angaben, die von Wertpapierfirmen, Marktbetreibern und Kreditinstituten zu übermitteln sind.
- Durchführungsverordnung 2017/2382/EU v. 14.12.2017 zur Festlegung technischer Durchführungsstandards in Bezug auf Standardformulare, Mustertexte und Verfahren für die Übermittlung von Angaben nach Maßgabe der Richtlinie 2014/65/EU des Europäischen Parlaments und des Rates.
- Delegierte Verordnung 2017/586/EU zur Ergänzung der Richtlinie 2014/65/EU des Europäischen Parlaments und des Rates durch technische Regulierungsstandards für den Informationsaustausch zwischen den zuständigen Behörden im Rahmen der Zusammenarbeit bei der Überwachung, bei Überprüfungen vor Ort und bei Ermittlungen.
- Delegierte Verordnung 2017/590/EU zur Ergänzung der Richtlinie 2014/65/EU zur Ergänzung der Verordnung (EU) Nr. 600/2014 des Europäischen Parlaments und des Rates durch technische Regulierungsstandards für die Meldung von Geschäften an die zuständigen Behörden.
- Delegierte Verordnung 2017/1943 zur Ergänzung der Richtlinie 2014/65/EU durch technische Regulierungsstandards in Bezug auf Informationen und Anforderungen für die Zulassung von Wertpapierfirmen.
- Durchführungsverordnung 2017/1945/EU v. 19.06.2017 zur Festlegung technischer Durchführungsstandards für Mitteilungen von und an Wertpapierfirmen, die eine Zulassung beantragen oder besitzen, gemäß der Richtlinie 2014/65/EU des Europäischen Parlaments und des Rates.

3 Systematik der Erlaubnispflichten

3 Ausländischen Instituten, die beabsichtigen Bankgeschäfte oder Finanzdienstleistungen in Deutschland zu erbringen, stehen verschiedene Marktzugangsformen zur Verfügung. Ob eine Erlaubnis oder lediglich eine Anzeige der Tätigkeit erforderlich ist und welche Anforderungen einzuhalten sind, hängt vom Herkunftsland ab in dem das Institut bereits zugelassen ist.

4 Das folgende Schema gibt einen Überblick[3] über die Systematik der Marktzugangsformen und den **korrelierenden Erlaubnis- bzw. Zulassungsnormen** des KWG:

---

3   Ausnahmetatbestände, insb. die des § 2 KWG, bleiben in der Darstellung unberücksichtigt.

I.10 Erbringung von Bankgeschäften und Finanzdienstleistungen durch ausländische Institute

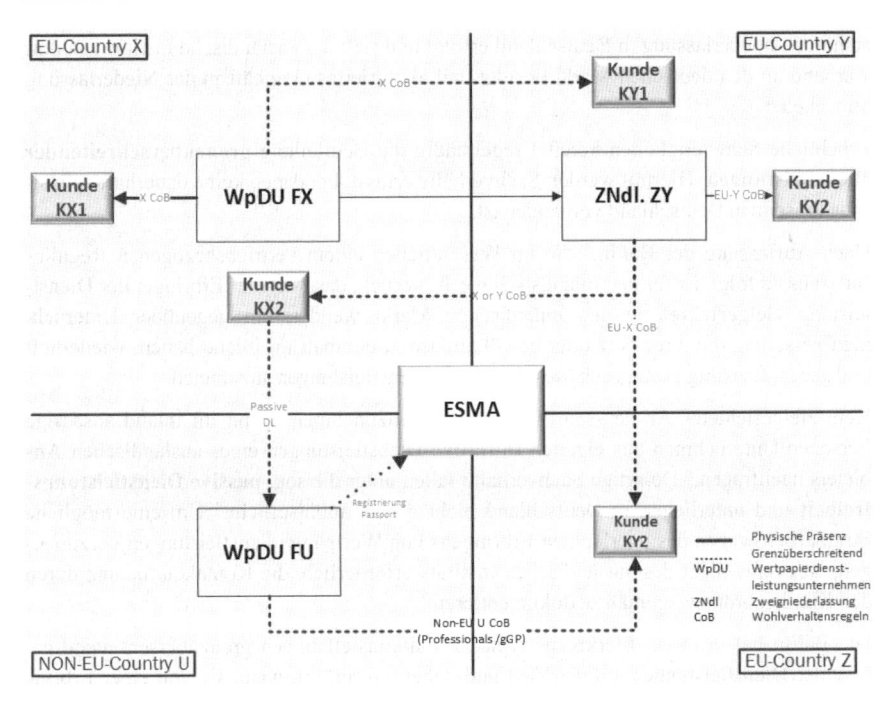

Abb. 1: Marktzugangsformen und die korrelierenden Erlaubnis- bzw. Zulassungsnormen des KWG

Vor der Erbringung von Dienstleistungen oder der Eingehung von Geschäften mit Unternehmen/Personen, die ihren Sitz oder gewöhnlichen Aufenthalt in Deutschland haben, hat das ausländische Institut zunächst zu prüfen, ob die beabsichtigte Tätigkeit einer Erlaubnispflicht in Deutschland unterliegt. 5

Hierfür wesentlich sind insb. die §§ 32 ff., 1 ff., 53 ff. des KWG und die von der Bundesanstalt für Finanzdienstleistungsaufsicht (BaFin) veröffentlichten Merkblätter zu den einzelnen Wertpapierdienstleistungen.

Eine Erlaubnispflicht nach § 32 KWG für die beabsichtigte Dienstleistung wird grundsätzlich ausgelöst, soweit
– im Inland
– gewerbsmäßig oder in einem Umfang, der einen in kaufmännischer Weise eingerichteten Geschäftsbetrieb erfordert
– Bankgeschäfte betrieben oder Finanzdienstleistungen erbracht werden.

3.1 Inlandsbezug

Nur die Erbringung erlaubnispflichtiger Dienstleistungen im Inland löst eine Erlaubnispflicht nach den Vorschriften des KWG aus. 6

Von einem Inlandsbezug ist jedenfalls dann auszugehen, wenn die Erbringung der Bankgeschäfte oder Finanzdienstleistungen durch eine **physische Präsenz** in Form einer unselbstständigen Niederlassung in Deutschland erfolgt und sich das ausländische Institut von dort werbend an den deutschen Markt wendet und akquiriertes Geschäft in der Niederlassung abwickelt.[4]

Erhebliche Schwierigkeiten bereitet regelmäßig die Beurteilung **grenzüberschreitender Dienstleistungen**. Hiermit werden Sachverhalte erfasst, bei denen keine dauerhafte physische Präsenz in Deutschland vorhanden ist.

7   Nach Auffassung der BaFin,[5] die im Wesentlichen einem vertriebsbezogenen Regulierungsansatz folgt, ist für den Inlandsbezug erforderlich, dass sich der Erbringer der Dienstleistung **zielgerichtet** an den inländischen Markt wendet, um gegenüber Unternehmen/Personen, die ihren Sitz oder gewöhnlichen Aufenthalt im Inland haben, wiederholt und geschäftsmäßig Bankgeschäfte oder Finanzdienstleistungen anzubieten.

Kein zielgerichtetes An-den-Markt-Wenden ist anzunehmen, wenn im Inland ansässige Personen/Unternehmen aus **eigener Initiative** Dienstleistungen eines ausländischen Anbieters nachfragen.[6] Derartige Sachverhalte fallen unter die sog. **passive Dienstleistungsfreiheit** und unterliegen in Deutschland nicht der Erlaubnispflicht.[7] Um eine mögliche Strafbarkeit wegen des unerlaubten Erbringens von Wertpapierdienstleistungen vorzubeugen, ist es aus Sicht des ausländischen Instituts erforderlich, die Kontaktaufnahme durch den Kunden ordnungsgemäß zu dokumentieren.

Die BaFin hat in ihrem Merkblatt[8] typische Fallkonstellationen grenzüberschreitend erbrachter Dienstleistungen aufgegriffen und näher ausgeführt, wann sie von einer Erbringung einer erlaubnispflichtigen Tätigkeit im Inland ausgeht.[9]

Kundenbesuche von (freien) Mitarbeitern des ausländischen Instituts

8   Von einer Erlaubnispflicht geht die BaFin u. a. dann aus, wenn Mitarbeiter eines ausländischen Instituts zielgerichtet Besuche potenzieller Kunden vornehmen, um diesen erlaubnispflichtige Dienstleistungen anzubieten. Hierzu zählt auch das oben genannte „Fly in". Keine Erlaubnispflicht besteht, wenn die Nachfrage für einen solchen Besuch vom Kunden ausgeht. Letztere Sachverhaltskonstellation unterfällt der passiven Dienstleistungsfreiheit und ist als solche erlaubnisfrei.

---

4   Vgl. *Boos/Fischer/Schulte-Mattler (Hrsg.):* KWG, 5. Aufl. 2016, § 53, Rn. 30.
5   Vgl. BaFin-Merkblatt: Hinweise zur Erlaubnispflicht nach § 32 Abs. 1 KWG i. V. m. § 1 Abs. 1 und Abs. 1a KWG von grenzüberschreitend betriebenen Bankgeschäften v. 01.04.2015.
6   Vgl. *Luz,* in: Goldbeck, Kreditwesengesetz (KWG), § 32, Rn. 12.
7   Vgl. BaFin-Merkblatt: Hinweise zur Erlaubnispflicht nach § 32 Abs. 1 KWG i. V. m. § 1 Abs. 1 und Abs. 1a KWG von grenzüberschreitend betriebenen Bankgeschäften v. 01.04.2015, zuletzt ergänzt am 24.01.2018.
8   Vgl. BaFin-Merkblatt: Hinweise zur Erlaubnispflicht nach § 32 Abs. 1 KWG i. V. m. § 1 Abs. 1 und Abs. 1a KWG von grenzüberschreitend betriebenen Bankgeschäften v. 01.04.2015, zuletzt ergänzt am 24.01.2018.
9   Vgl. BaFin-Merkblatt: Hinweise zur Erlaubnispflicht nach § 32 Abs. 1 KWG i. V. m. § 1 Abs. 1 und Abs. 1a KWG von grenzüberschreitend betriebenen Bankgeschäften v. 01.04.2015, zuletzt ergänzt am 24.01.2018.

Vermittlung durch inländische Institute oder (freie) Mitarbeiter

Gewinnt ein ausländisches Institut Kunden in Deutschland durch Aufbau und Nutzung einer Vertriebsorganisation über inländische Institute oder (freie) Mitarbeiter, ist ebenfalls von der Erbringung einer erlaubnispflichtigen Tätigkeit auszugehen. Zu beachten ist, dass dies selbst dann gilt, wenn das im Inland tätige Institut oder der im Inland tätige (freie) Mitarbeiter selbst über eine Erlaubnis für die vermittelnde Tätigkeit verfügt. Unabhängig vom Status eines solchen Vermittlers, begründet also allein schon die Zwischenschaltung eines Vermittlers grundsätzlich eine entsprechende Erlaubnispflicht für das ausländische Institut, sofern die vertraglichen Bindungen oder die tatsächliche Ausgestaltung des Geschäftsverhältnisses darauf schließen lassen, dass das inländische Institut oder der (freie) Mitarbeiter als Vertriebsnetz genutzt werden. *9*

Post/Telefax/E-Mail

Werden potenzielle in Deutschland ansässige (Neu-)Kunden direkt über den Postweg oder mittels Telefax/E-Mail durch ein ausländisches Institut angesprochen, ist ebenfalls von einer Erlaubnispflicht auszugehen. Anders ist dies wiederum, wenn sich der Kunde eigeninitiativ an das ausländische Institut wendet und bspw. verschiedene Angebote zur Prüfung einholt. Auch wenn der Kunde im Rahmen einer bereits bestehenden Geschäftsverbindung weiterhin mit Informationen über die Produktpalette versorgt wird, soll keine Erlaubnispflicht bestehen. *10*

Internetangebote

Für die Erlaubnispflicht von Internetangeboten kommt es entscheidend darauf an, ob die über das Internet angebotene Dienstleistung nach dem inhaltlichen Zuschnitt der Website auf den deutschen Markt ausgerichtet ist. Für eine entsprechende Ausrichtung der Website kommt es nicht auf die technische Verbreitung im Internet an, sondern auf eine Gesamtbetrachtung ihres Inhalts. Indizien sind u. a. die Domainkennzeichnung, Sprache, Produktbeschreibung, Finanz- oder sonstige länderspezifische Kundeninformationen und rechtliche Rahmenbedingungen, Preisangaben und Zahlungsmodalitäten sowie Nennung deutscher Ansprechpartner. Insb. die Tatsache des tatsächlichen Absatzes der angebotenen Dienstleistungen gegenüber in Deutschland ansässigen Kunden sprechen für ein zielgerichtetes Wenden an den deutschen Markt. *11*

Werbung

Die Erlaubnispflicht bestimmter Werbemaßnahmen hängt maßgeblich von ihrer inhaltlichen Ausgestaltung ab. Die BaFin beurteilt den konkreten Sachverhalt im Rahmen einer Gesamtbetrachtung und orientiert sich daran, ob noch davon ausgegangen werden kann, dass der Kunde aus eigener Initiative an das ausländische Institut herangetreten ist. Eine Erlaubnispflicht wäre vor diesem Hintergrund bspw. dann ausgelöst, wenn die Anzeigen bereits Aussagen über die konkrete Dienstleistung enthalten, um diese potenziellen Kunden anzubieten. Anders zu beurteilen ist dies bei Anzeigen, die abstrakt werbenden Charakter *12* haben, wie eine allgemein gehaltene Bewertung des ausländischen Instituts (Sympathiewerbung).

Obwohl der vertriebsbezogene Ansatz der BaFin von der herrschenden Literatur[10] nicht geteilt wird – diese vertritt den institutsbezogenen Ansatz, nach dem eine Erlaubnispflicht nach § 32 KWG zumindest eine gewisse Präsenz im Inland erfordert – empfiehlt es sich, die Vorgaben zu Erlaubnispflichten strikt zu beachten, um sich nicht der Gefahr möglicher BaFin Sanktionen wegen unerlaubter Erbringung von Bankgeschäften oder Finanzdienstleistungen auszusetzen. Die Tendenz in der Rechtsprechung zu dieser Frage, geht ebenfalls in Richtung einer Bestätigung der Verwaltungspraxis.[11]

3.2 Gewerbsmäßigkeit

13 Die erlaubnispflichtigen Dienstleistungen müssen ferner gewerbsmäßig oder in einem Umfang betrieben werden, die einen kaufmännischen Geschäftsbetrieb erforderlich machen. Von einem gewerbsmäßigen Betreiben der erlaubnispflichtigen Dienstleistungen ist auszugehen, wenn diese auf eine gewisse zeitliche Dauer ausgerichtet sind und mit Gewinnerzielungsabsicht erfolgen.[12] Auf Grund des Entgeltcharakters dieses handelsrechtlichen Gewerbebegriffs, hat die Anknüpfung an einen in kaufmännischer Weise eingerichteten Geschäftsbetrieb an Bedeutung verloren und kommt nur noch dann zum Tragen, wenn die Gewinnerzielungsabsicht oder Entgeltlichkeit von vorneherein zu verneinen sind.

Ob für den Betrieb der Geschäfte ein in kaufmännischer Weise eingerichteter Geschäftsbetrieb erforderlich ist, richtet sich allein danach, ob nach bankwirtschaftlicher Verkehrsauffassung die Einrichtung eines solchen Betriebs objektiv erforderlich ist.

14 Die BaFin hat in ihren **Merkblättern zu den einzelnen Bankgeschäften und Finanzdienstleistungen** zu dieser Frage Stellung genommen und festgelegt, wann die Einrichtung eines in kaufmännischer Weise eingerichteten Geschäftsbetriebs regelmäßig erforderlich sein wird.[13]

---

10 Vertiefend hierzu *Vahldiek,* in: Boos/Fischer/Schulte-Mattler (Hrsg.): KWG Kommentar, 3. Aufl., § 53, Rn. 163 ff.
11 Vgl. *Vahldiek,* in: Boos/Fischer/Schulte-Mattler (Hrsg.): KWG, § 53 Rn. 163.
12 Dazu ausführlich *Fischer,* in: Boos/Fischer/Schulte-Mattler (Hrsg.): KWG, § 32 Rn. 5a ff.
13 Vgl. BaFin-Merkblätter mit Hinweisen zu folgenden Tatbeständen: Anlageberatung (Stand: 05.01.2009), Anlagevermittlung (Stand: 13.07.2017), Platzierungsgeschäft (Stand: 25.07.2013); Anlageverwaltung (Stand: 26.07.2013); Finanzportfolioverwaltung (Stand: 11.06.2014); Eigenhandel und Eigengeschäfte (Stand: 15.01.2018); Drittstaateneinlagevermittlung (Stand: 08.12.2009); Finanzkommissionsgeschäft (Stand: 04.05.2017), Betrieb eines multilateralen Handelssystems (Stand 25.07.2013); Abschlussvermittlung (Stand: Dezember 2009); Depotgeschäft (Stand: Oktober 2009); Tätigkeit als zentraler Kontrahent (Stand: März 2009); Finanzierungsleasing (Stand 19.01.2009); Factoring (Stand: 05.01.2009), Einlagengeschäft (Stand 11.03.2014); E-Geld-Geschäft (Stand: Januar 2009); Kreditgeschäft (Stand: 02.05.2016); Garantiegeschäft (Stand: 08.01.2009); Darlehensrückkaufgeschäft (Stand Januar 2009); Emissionsgeschäft (Stand: 24.07.2013); Pfandbriefgeschäft (Stand: 14.09.2015); Diskontgeschäft (Stand: 06.01.2009); Factoring (Stand Januar 2009). Sämtliche Merkblätter sind abrufbar über die Homepage der BaFin unter www.bafin.de (letzter Abruf am 18.06.2018).

Beim Betreiben des Einlagengeschäfts ist dies bspw. regelmäßig der Fall, wenn entweder der Einlagenbestand bei mehr als fünf Einzelanlagen die Summe von 12.500 € überschreitet oder unabhängig von der Summe des Einlagenbestands mehr als 25 Einzeleinlagen bestehen.[14] Beim Kreditgeschäft geht die BaFin von der Erforderlichkeit eines in kaufmännischer Weise eingerichteten Geschäftsbetriebs aus, wenn entweder mehr als 100 Darlehen ausgereicht werden oder bei einem Gesamtdarlehensvolumen von über 500.000 € bei mind. 21 Darlehen.[15]

Für die Ermittlung des Erfordernisses eines in kaufmännischer Weise eingerichteten Geschäftsbetriebs sollte im Einzelfall das entsprechende Merkblatt der BaFin für die jeweilige Dienstleistung zu Rate gezogen werden.

3.3 Qualifikation der Tätigkeit als Bankgeschäft oder Finanzdienstleistung

Eine Erlaubnispflicht besteht weiter nur dann, wenn die Tätigkeit eine nach den Vorschriften des KWG erlaubnispflichtige Dienstleistung erfasst also entweder als Bankgeschäft nach § 1 Abs. 1 Satz 2 KWG oder als Finanzdienstleistung nach § 1 Abs. 1a Satz 2 KWG zu qualifizieren ist.

15

Im Einzelnen ist für die folgenden Tätigkeiten eine KWG-Erlaubnis erforderlich:

Bankgeschäfte

Einlagengeschäft, Pfandbriefgeschäft, Kreditgeschäft, Diskontgeschäft, Finanzkommissionsgeschäft, Depotgeschäft, Darlehenserwerbsgeschäft, Garantiegeschäft, Girogeschäft, Emissionsgeschäft und Geschäfte, deren Tätigkeit als zentraler Gegenpartei i. S. d. § 1 Abs. 31 KWG gilt.

16

Finanzdienstleistungen

Anlagevermittlung, Anlageberatung, Betrieb eines multilateralen Handelssystems, Platzierungsgeschäft, Betrieb eines organisierten Handelssystems, Abschlussvermittlung, Finanzportfolioverwaltung, Eigenhandel mit seinen Varianten Market Making, systematischer Internalisierung, Eigenhandel für andere und Hochfrequenzhandel, Drittstaateneinlagenvermittlung, Sortengeschäft, Kreditkartengeschäft, Factoring, Finanzierungsleasing, Anlageverwaltung, eingeschränktes Verwahrgeschäft und Eigengeschäft nach § 1 Abs. 1a Satz 3 KWG.

17

Erfasst ist im Übrigen auch das Eigengeschäft soweit es keine Dienstleistung für andere darstellt, soweit es gewerbsmäßig betrieben wird oder einen kaufmännischen Geschäftsbetrieb erfordert und nicht bereits aus anderen Gründen eine Erlaubnispflicht besteht.

Von erheblicher praktischer Relevanz ist auch die Änderung des § 32 Abs. 1a KWG, der nunmehr auch das Eigengeschäft als Mitglied oder Teilnehmer eines organisierten Marktes oder eines MTF oder den mittels direktem elektronischen Zugangs zu einem Handelsplatz

18

---

14 BaFin-Merkblatt Hinweise zum Tatbestand des Einlagengeschäfts (Stand: Januar 2009).
15 BaFin-Merkblatt Hinweise zum Tatbestand des Kreditgeschäfts (Stand: Januar 2009).

oder den Handel mit Warenderivaten, Emissionszertifikaten oder Derivaten auf Emissionszertifikate unter Erlaubnis stellt.

19 Unter Berücksichtigung der Übergangsfrist bis zum 02.07.2018 folgt aus der Regelung erheblicher Handlungsbedarf für Drittlandunternehmen. Diese konnten bislang Mitglied einer deutschen Börse sein und Eigengeschäfte tätigen ohne bislang einer deutschen Erlaubnispflicht zu unterliegen. Mit Einführung der MiFID II ist es grundsätzlich für sie erforderlich, eine Freistellung nach § 2 Abs. 4 KWG oder eine vollständige Erlaubnis zu beantragen. Von besonderer Bedeutung ist in diesen Fällen auch die Abgrenzung zum Eigenhandel für andere gemäß § 1 Abs. 1a Nr. 4c) KWG. Konkret stellt sich hier die Frage, wie Sachverhalte zu bewerten sind, bei denen Drittlandunternehmen Eigenhandel für andere als Mitglied einer deutschen Börse betreiben.

4 Antragsformalitäten

20 Nachdem bislang der Antrag zur Erlaubnis der Erbringung von Finanzdienstleistungen formlos auf der Grundlage des „Merkblatts über die Erteilung einer Erlaubnis zum Erbringen von Finanzdienstleistungen gemäß § 32 Abs. 1 KWG" gestellt werden konnte, ist auch hier mit der MiFID II eine Änderung eingetreten.

Details über die Voraussetzungen der Erlaubniserteilung und zum Ablauf des Erlaubnisverfahrens finden sich neuerdings auf der BaFin Website, die wiederum auf die Durchführungsverordnung 2017/1945/EU und die Delegierte Verordnung 2017/1943/EU verweist.[16] Die BaFin weist in diesem Zusammenhang ausdrücklich darauf hin, dass Erlaubnisanträge, welche nicht die einschlägigen Formulare verwenden negativ beschieden werden.

5 Maßnahmen bei unerlaubter Erbringung von Bankgeschäften oder Finanzdienstleistungen

21 Soweit die beabsichtigte Tätigkeit des ausländischen Instituts der Erlaubnispflicht unterfällt, ist die entsprechende KWG-Erlaubnis bei der BaFin vor Aufnahme der beabsichtigten Tätigkeit einzuholen.

Die Aufnahme von Bankgeschäften oder Finanzdienstleistungen ohne eine entsprechende Erlaubnis ist strafbar (vgl. § 54 KWG). Zu beachten ist, dass die Strafbarkeit auch dann ausgelöst wird, wenn der bestehende Erlaubnisumfang überschritten wird. Die fahrlässige Begehung kann mit einer Freiheitsstrafe von bis zu einem Jahr oder mit Geldstrafe geahndet werden; die vorsätzliche Ausübung kann eine Freiheitsstrafe von bis zu drei Jahren nach sich ziehen.

22 Des Weiteren kann die BaFin als zuständige Behörde die **sofortige Einstellung der unerlaubt betriebenen Geschäfte** und die **Abwicklung** der bereits ausgeführten Geschäfte sowohl gegenüber dem Unternehmen, als auch gegenüber der Geschäftsleistung verlangen (vgl. § 37 KWG). Darüber hinaus ist die BaFin hinsichtlich der Vorgehensweise

---

16 Vgl. BaFin-Website: https://www.bafin.de/DE/Aufsicht/BankenFinanzdienstleister/Zulassung/Wertpapierhandel/wertpapierhandel_node.html (letzter Abruf am 18.06.2018).

bei der Abwicklung gegenüber dem Institut weisungsbefugt; auf Antrag der BaFin kann das Registergericht (bei fehlender Zuständigkeit auch die BaFin) eine geeignete Person als Abwickler bestellen und ihn mit entsprechenden Kompetenzen ausstatten.

Ausländische Institute, die gegen deutsche Erlaubnispflichten verstoßen, müssen im Übrigen auch in ihrem **Herkunftsstaat mit Sanktionen** rechnen. Derartige Verstöße werden im Regelfall auch im Herkunftsstaat als unzureichende Erfüllung von Organisationspflichten angesehen.

6 Varianten des Marktzugangs

Steht fest, dass die zu erbringende Tätigkeit eine Erlaubnispflicht unter dem KWG auslöst, stellt sich die Frage, welche Marktzugangsform das ausländische Institut wählt. 23

Die folgenden Marktzugangsformen stehen ihm dabei grundsätzlich zur Verfügung:
- Physische Präsenz: Tochterunternehmen oder Zweigstelle, Repräsentanz
- Grenzüberschreitender Dienstleistungsverkehr

6.1 Tochterunternehmen

Das ausländische Institut kann erlaubnispflichtige Dienstleistungen in Deutschland durch ein in Deutschland ansässiges Tochterunternehmen erbringen. Das Tochterunternehmen unterliegt als rechtlich selbstständige Einheit uneingeschränkt der Erlaubnispflicht, mit der Folge, dass eine eigene Erlaubnis für die Tochterunternehmung bei der BaFin zu beantragen ist. 24

6.2 Zweigstelle[17]

Ein ausländisches Institut kann nach dem KWG erlaubnispflichtige Dienstleistungen in Deutschland auch durch eine Zweigstelle erbringen. 25

Damit von einer Zweigstelle im Sinne des deutschen Aufsichtsrechts ausgegangen werden kann, müssen kumulativ die folgenden Merkmale erfüllt sein (vgl. § 53 Abs. 1 KWG):
- dauernde physische Präsenz
- rechtliche Unselbstständigkeit vom Gesamtunternehmen (Niederlassung)
- räumliche Selbstständigkeit von der Hauptniederlassung im Ausland
- Betreiben erlaubnispflichtiger Dienstleistungen durch die Zweigstelle

Eine **dauernde physische Präsenz** der Zweigstelle in Deutschland erfordert, dass diese auf eine gewisse Dauer angelegt und aus sachlichen und personellen Mitteln des Unternehmens aufgebaut ist. Die Zweigstelle muss im Inland körperlich vorhanden sein und eine feste Adresse besitzen, an die Kunden Post zustellen können (sog. *Ortsfestigkeit*). 26

---

17 § 53 KWG verwendet den Begriff der Zweigstelle für Niederlassungen von Unternehmen mit Sitz in einem Drittstaat; Niederlassungen aus dem EWR werden im KWG als Zweigniederlassung bezeichnet.

Es ist darauf zu achten, die Zweigstelle als rechtlich unselbstständige Unternehmung vom Gesamtunternehmen auszugestalten. Rechtlich selbstständige Unternehmen können keine Zweigstellen im Sinne des KWG sein.

27 Das weitere Erfordernis einer räumlichen Selbstständigkeit der Zweigstelle ist in der Regel schon aufgrund der räumlichen Trennung der Zweigstelle von der Hauptniederlassung gegeben. Soweit die für die gesellschaftsrechtliche Registrierung zuständigen Handelsregister eine Eintragung mangels ausreichender Selbständigkeit der Zweigstelle ablehnen, entbindet dieses nicht von der Pflicht die regulatorischen Anforderungen zu erfüllen.

Die Zweigstelle muss ferner in Deutschland **erlaubnispflichtige Dienstleistungen betreiben**. Ob die angebotene Dienstleistung unter den Katalog der erlaubnispflichtigen Dienstleistungen fällt, ist im Einzelfall anhand des beabsichtigten Geschäftsmodells zu entscheiden.[18]

28 Liegen die Voraussetzungen für eine Zweigstelle vor, wird diese für die Zwecke des KWG als Institut angesehen (**Fiktion der Institutseigenschaft** nach § 53 KWG).[19] Die Zweigstelle ist infolgedessen Gegenstand sämtlicher aufsichtsrechtlicher Pflichten, die einem Institut unter deutschem Aufsichtsrecht auferlegt werden. Erleichterte Pflichten bestehen für Zweigstellen von Unternehmen mit Sitz in einem der Länder, die ein entsprechendes Abkommen mit der Europäischen Gemeinschaft geschlossen haben oder die in eine bilaterale Vereinbarung mit der Bundesrepublik Deutschland eingetreten sind (vgl. § 53c KWG).[20] Unterhält das ausländische Institut im Inland **mehrere Zweigstellen** sind alle Zweigstellen als ein einziges Institut anzusehen (§ 53 Abs. 1 Satz 2 KWG). Aus verwaltungstechnischen Gründen ist eine Stelle (sog. *Kopfstelle*) zu benennen, die im Verkehr mit den Behörden das fingierte Institut nach außen vertritt.

29 Die Unterhaltung einer Zweigstelle bedarf ebenso wie die Tochterunternehmung der **Erlaubnis nach § 32 KWG** zum Betreiben von Bankgeschäften und/oder Finanzdienstleistungen (vgl. § 53 Abs. 2 Satz 1 KWG). Unterhält das ausländische Institut mehrere Zweigstellen im Inland, bedarf nur die erste Zweigstelle einer Erlaubnis nach § 32 KWG. Für die weiteren Zweigstellen im Inland ist lediglich eine Anzeige nach § 53 Abs. 2 Nr. 7 KWG an die BaFin und die Bundesbank erforderlich.

6.3 Repräsentanz

30 Ausländische Institute können in Deutschland auch Repräsentanzen errichten (§ 53a KWG).

---

18 Siehe unter 3.3.
19 Zu den Folgen der Institutsfunktion, vgl. 4.1 Anwendbarkeit der Regelungen des KWG.
20 Derartige Abkommen bestehen bislang mit den USA (Verordnung v. 21.04.1994, abgedr. in: Consbruch/Fischer, KWG, Nr. 2.09 lit. a) und Nr. 21.02), Japan (Verordnung v. 13.12.1995, abgedr. in: Consbruch/Fischer, KWG, Nr. 2.09 lit. b) und Nr. 21.03) und Australien (Verordnung v. 02.06.1999, abgedr. in: Consbruch/Fischer, KWG, Nr. 2.09 lit. c)).

Repräsentanzen sind Einrichtungen, die ihrerseits **keine erlaubnispflichtigen Dienstleistungen und** auch **keine Teilakte** davon erbringen und nur beratende und beobachtende Funktionen wahrnehmen.[21] Sie unterliegt infolgedessen keiner laufenden Aufsicht.

Der Radius der Aktivitäten der Repräsentanz beschränkt sich auf allgemeine Werbung und Kontaktpflege, sowie die Sammlung volkswirtschaftlicher und anderer Daten über das geschäftliche Umfeld in Deutschland. In diesem Zusammenhang ist darauf zu achten, dass die Tätigkeit von Repräsentanzen bei der Anbahnung von Geschäftsbeziehungen nicht so weit geht, dass der Geschäftsabschluss von der Repräsentanz vorgenommen wird oder die Repräsentanz als Vertreterin oder Botin des ausländischen Instituts auftritt.[22] Eine Tätigkeit als Erklärungsbotin des Kunden wird dagegen als zulässig erachtet.[23] *31*

Zur Errichtung einer Repräsentanz genügt eine entsprechende **Anzeige** gegenüber der BaFin gemäß § 15 AnzV.

6.4 Grenzüberschreitende Dienstleistung

Der Marktzugang in Deutschland kann auch im Wege des grenzüberschreitenden Dienstleistungsverkehrs erfolgen. Dabei erbringt das ausländische Institut erlaubnispflichtige Bankgeschäfte oder Finanzdienstleistungen in Deutschland, ohne dass es dort eine physische Präsenz unterhält. *32*

Es bestehen unterschiedliche Möglichkeiten für den Zugang nach Deutschland: Institute, die ihren Sitz in der EU haben, können einen Antrag gemäß Art. 34 Abs. 2 MiFID2 stellen, sog. *Passporting*. Neu mit der MiFID II eingeführt wurde die Möglichkeit auch aus Drittländern heraus grenzüberschreitend Dienstleistungen zu erbringen (hierzu unter 8.). Schließlich besteht die Möglichkeit einer Befreiung von der Erlaubnispflicht nach § 2 Abs. 5 KWG.

Der grenzüberschreitende Marktzugang kann in unterschiedlichen Formen stattfinden:[24] *33*
– Der ausländische Dienstleistungserbringer entsendet Mitarbeiter zum Zweck der Erbringung erlaubnispflichtiger Dienstleistungen nach Deutschland (in der EU als „**aktiver Dienstleistungsverkehr**" bezeichnet).

---

21 Auf Grund des eingeschränkten Betätigungsfelds der Repräsentanzen nimmt ihre Bedeutung in Deutschland stetig ab. Zum 17.12.2009 waren nur noch 79 Repräsentanzen bei der BaFin registriert.
22 Vgl. *Schwennicke/Auerbach (Hrsg.):* KWG Kreditwesengesetz Kommentar, § 53a, Rn. 5.
23 Vgl. *Vahldiek,* in: Boos/Fischer/Schulte-Mattler *(Hrsg.):* KWG Kommentar, 3. Aufl., § 53a, Rn. 17.
24 Vgl. zum unterschiedlichen Verständnis der Begrifflichkeit die Ausführungen von *Steck/Campbell,* Die Erlaubnispflicht für grenzüberschreitende Bankgeschäfte und Finanzdienstleistungen, in: ZBB 2006, S. 354, 355.

– Der Dienstleistungserbringer bleibt im Ausland, erbringt aber gegenüber Kunden in Deutschland erlaubnispflichtige Dienstleistungen. Typisch wäre insoweit der Webauftritt, der sich an deutsche Kunden richtet und über den diese Finanzinstrumente angeboten bekommen (in der EU als „**Korrespondenzdienstleistungsverkehr**" bezeichnet).

– Der Kunde selber wendet sich an ein Institut im Ausland und fragt dort erlaubnispflichtige Dienstleistungen nach (in der EU als „**passiver Dienstleistungsverkehr**" bezeichnet).

34 Die aufsichtsrechtliche Einordnung der Erlaubnispflichtigkeit grenzüberschreitender Aktivitäten stößt in der aufsichtsrechtlichen Praxis immer wieder auf Probleme[25], die sich an der Frage der Inlandsbezogenheit der beabsichtigten Tätigkeit entscheiden. Insoweit ist auf das Merkblatt der BaFin zur Erlaubnispflichtigkeit nach § 32 KWG[26] zu verweisen, indem **typische Sachverhalte** aufgegriffen und erläutert werden, in denen die BaFin die Tätigkeit eines ausländischen Instituts in Deutschland als erlaubnispflichtig einstuft.[27]

6.5 Befreiung von der Erlaubnis nach § 2 Abs. 4 KWG

35 Selbst wenn die beabsichtigte Tätigkeit des ausländischen Instituts entsprechend den obigen Ausführungen eine KWG-Erlaubnis erfordert, besteht für das Institut grundsätzlich die Möglichkeit, eine Befreiung von der Erlaubnispflicht bei der BaFin gem. § 2 Abs. 4 KWG zu beantragen.

Die BaFin sieht von einer Erlaubnispflicht jedoch nur ab, wenn das Unternehmen wegen der Art der von ihm betriebenen Geschäfte keiner Aufsicht bedarf. Ob die Voraussetzungen hierfür vorliegen, entscheidet die BaFin anhand der Umstände des Einzelfalls, jedoch können für die Beurteilung die folgenden Kriterien herangezogen werden: Art der Geschäfte, der Kundenkreis und potenzielle mit der Tätigkeit einhergehende Risiken für Dritte.[28]

36 Des Weiteren ist erforderlich, dass das Institut in seinem Herkunftsstaat von der/den dort zuständigen Behörde(n) effektiv nach den internationalen Standards beaufsichtigt wird und die zuständige(n) Behörde(n) des Herkunftsstaates mit der BaFin befriedigend zusammenarbeitet/zusammenarbeiten.

In der bisherigen Verwaltungspraxis hat die BaFin eine Befreiung regelmäßig gewährt, wenn die erlaubnispflichtige Tätigkeit nur als Hilfs- oder Nebengeschäft von untergeordneter Bedeutung betrieben wird. Ferner kommt eine Befreiung grundsätzlich bei Geschäften zwischen institutionellen Anlegern und Banken (mit Ausnahme des Finanztransfergeschäf-

---

25 Vertiefend hierzu *Steck/Campbell*, in: ZBB 2006, S. 354, 354 ff.
26 BaFin-Merkblatt: Hinweise zur Erlaubnispflicht nach § 32 Abs. 1 KWG i. V. m. § 1 Abs. 1 und Abs. 1a KWG von grenzüberschreitend betriebenen Bankgeschäften, Stand: April 2005.
27 Vgl. BaFin-Merkblatt: Hinweise zur Erlaubnispflicht nach § 32 Abs. 1 KWG i. V. m. § 1 Abs. 1 und Abs. 1a KWG von grenzüberschreitend betriebenen Bankgeschäften, Stand: April 2005.
28 Vgl. *Schäfer*, in: Boos/Fischer/Schulte-Mattler *(Hrsg.):* KWG, 3. Aufl., § 2, Rn. 40.

tes) in Betracht sowie bei Geschäften mit Privatkunden, wenn die Geschäfte über die Vermittlung eines inländischen Kreditinstituts zustande kommen.[29]

Selbst wenn die BaFin eine Befreiung nach § 2 Abs. 4 KWG erteilt, ist jedoch zu berücksichtigen, dass diese mit Auflagen versehen werden kann. Von dieser Möglichkeit macht die Verwaltungspraxis häufig Gebrauch. Die Auflagen können u. a. vorsehen, dass bestimmte aufsichtsrechtliche Vorschriften, von denen das Gesetz an sich bei Vorliegen einer Befreiung nach § 2 Abs. 4 KWG befreien würde, weiter eingehalten werden müssen.[30]

37

Eine bislang noch nicht dagewesene Situation stellt der Austritt des Vereinigten Königreichs (Brexit) dar. Hier ist zu berücksichtigen, dass das Vereinigte Königreich kein EU-Mitgliedsstaat mehr ist, soweit es die Europäische Union verlässt. Für diesen Fall stellt sich die Frage, ob mittels einer Befreiung nach § 2 Abs. 4 KWG eine Erlaubnispflicht für Institute aus dem Vereinigten Königreich umgangen werden kann, die sich ansonsten mit dem Austritt einstellen würde. Mangels einer Einigung der Parteien über die Austrittsmodalitäten ist derzeit unklar, ob die Möglichkeit einer Befreiung nach § 2 Abs. 4 KWG nach dem Austritt besteht oder ob andere Regelungen einen erleichterten Zugang in die EU erlauben. Zum Stand der Drucklegung scheint die BaFin eine eher abwartende Haltung eingenommen zu haben, bis die Modalitäten des Austritts feststehen.

7 EU-Pass

Unter dem sog. EU-Pass, auch Europäischer Pass genannt, können ausländische Einlagenkreditinstitute, E-Geld-Institute und Wertpapierhandelsunternehmen mit Sitz in einem anderen EWR-Mitgliedstaat ohne weitere Erlaubnis, erlaubnispflichtige Dienstleistungen gegenüber Unternehmen/Personen, die ihren Sitz oder gewöhnlichen Aufenthalt in Deutschland haben, erbringen (vgl. § 53b KWG). Der EU-Pass ist Ausfluss des freien Binnenmarktes innerhalb der EU.

38

Zwar richtet sich das Verfahren zur Erlangung des EU-Passes nach dem Recht des **Herkunftsstaats**[31], im Wesentlichen sind hierfür jedoch die folgenden Voraussetzungen zu erfüllen:

39

– Qualifikation als Einlagenkreditinstitut gemäß Art. 4 Nr. 1a Bankenrichtlinie[32] oder Wertpapierhandelsunternehmen nach § 1 Abs. 3d Satz 2 KWG
– Sitz des Instituts in einem anderen Staat des EWR
– Zulassung im Herkunftsstaat für die geplanten Geschäfte
– Richtlinienkonforme Aufsicht im Herkunftsstaat

Die für das Betreiben aufsichtspflichtiger Dienstleistungen im Rahmen eines EU-Passes in Frage kommenden Marktzugangsformen, sind zum einen die Erbringung der aufsichts-

---

29 Weitere Hinweise finden sich im BaFin-Merkblatt: Hinweise zur Erlaubnispflicht nach § 32 Abs. 1 KWG i. V. m. § 1 Abs. 1 und Abs. 1a KWG von grenzüberschreitend betriebenen Bankgeschäften, Stand: April 2005).
30 Vgl. *Schäfer*, in: Boos/Fischer/Schulte-Mattler *(Hrsg.):* KWG, 3. Aufl., § 2, Rn. 44 f.
31 Herkunftsstaat ist der Staat, in dem die Hauptniederlassung eines Instituts zugelassen ist. § 1 Abs. 4 KWG. Dieser leitet sich von Art. 1 Abs. 1 Nr. 55 der MiFID ab.
32 Bankenrichtlinie 2006/48/EG.

pflichtigen Dienstleistungen mittels einer **Zweigniederlassung** in Deutschland, zum anderen im Wege des **grenzüberschreitenden Dienstleistungsverkehrs**.

7.1 Anwendbarkeit der Regelungen des KWG

40 Zweigniederlassungen, die auf Basis eines EU-Passes aufsichtspflichtige Dienstleistungen in Deutschland erbringen und ausländische Institute mit Sitz in einem EWR-Mitgliedstaat, die solche Dienstleistungen grenzüberschreitend auf Basis eines EU-Passes erbringen, unterliegen grundsätzlich der Aufsicht des Herkunftsstaates.

Auf die Zweigniederlassungen sind jedoch im Wesentlichen die folgenden Vorschriften des KWG anzuwenden (vgl. nach § 53b Abs. 3 KWG):[33]

Millionenkredite (§§ 14, 22 KWG)

41 Zweigniederlassungen sind zur Meldung von Millionenkrediten verpflichtet. Zu beachten ist, dass nur Kredite deren Vergabe auf Rechnung der Zweigniederlassung erfolgt, unter die Meldepflicht fallen. An die Hauptniederlassung vermittelte Geschäfte lösen keine Meldepflicht aus. Diese sind aber ggf. von der Hauptniederlassung nach dem Recht des Herkunftsstaates zu melden.

Werbung (§ 23 KWG)

42 Der Begriff Werbung ist weit aufzufassen. Sie erfasst bspw. auch die Werbung mit der Sicherheit von Einlagen.[34] Nicht erfasst ist jedoch die Werbung im Rahmen von Wertpapierdienstleistungen; insoweit geht § 36b WpHG als lex specialis vor.

Sicherungseinrichtungen (§ 23a KWG)

43 Die Zweigniederlassung muss ihre Kunden über die Zugehörigkeit/fehlende Zugehörigkeit zu einer Sicherungseinrichtung informieren.

Anzeigepflichten (§ 24 Abs. 1 Nr. 5, 7 KWG)

44 Die Verlegung der Niederlassung oder ihres Sitzes sowie die Einstellung des Geschäftsbetriebs erfordern eine entsprechende Anzeige an die BaFin. Obwohl diese Anzeigpflicht nicht europarechtskonform ist – Art. 25 f. Bankenrichtlinie und Art. 32 MiFID regeln die Anzeigepflichten abschließend – sollte die Anzeigpflicht zur Vermeidung von Sanktionen beachtet werden.

---

33 Eine detaillierte Übersicht findet sich bei *Vahldiek*, in: Boos/Fischer/Schulte-Mattler *(Hrsg.)*: KWG, 3. Aufl., § 53b, Rn. 101 ff.
34 Vgl. *Fischer*, in: Boos/Fischer/Schulte-Mattler *(Hrsg.)*: KWG, 3. Aufl., § 23, Rn. 9b.

Automatisierter Abruf von Kontoinformationen (§ 24c KWG)

Die Verpflichtung von Zweigniederlassungen zur Ermöglichung des automatisierten Abrufs von Kontoinformationen löst ebenfalls Fragen nach der Europarechtskonformität aus. Der Anwendungsbereich ist aber jedenfalls auf solche Konten zu beschränken, die tatsächlich von der Zweigniederlassung in Deutschland geführt werden. Konten, die im Ausland geführt werden, sind dagegen von der Regelung auszunehmen. 45

Monatsausweise und weitere Angaben (§ 25 KWG)

Die Erstellung von Finanzinformationen ist erforderlich soweit es sich um Meldungen zu den Bilanzstatistiken handelt, da diese nach Art. 29 Abs. 1 Bankenrichtlinie und Art. 85 Abs. 1 MiFID für statistische Zwecke verlangt werden dürfen. 46

Aufzeichnungspflichten (§ 25a Abs. 1 Satz 6 Nr. 2 KWG)

Die Aufzeichnungspflichten, die eine vollständige Dokumentation der Geschäftstätigkeit und eine lückenlose Überwachung ermöglichen, sind von der Zweigniederlassung ebenfalls einzuhalten. Bei der Dauer der Aufbewahrung sollte darauf geachtet werden, dass sich die genannte fünfjährige Aufbewahrungsdauer durch speziellere Regelungen regelmäßig auf längere Zeiträume erstreckt, z. B. zehn Jahre für Buchungsbelege oder Anlageberatungsprotokolle. 47

Schaffung und Einhaltung von Geldwäschepräventionsmaßnahmen zur Verhinderung von Geldwäsche und Terrorismusfinanzierung, Geldwächerechtliche Pflichten, §§ 25h Abs. 1 bis 3, 25i bis 25k, 25m KWG

Einschreiten gegen ungesetzliche Geschäfte und Verfolgung (§§ 37, 44c KWG)

Die BaFin kann im Falle des Betreibens unerlaubter Geschäfte die sofortige Einstellung des Geschäftsbetriebs der Zweigniederlassung und die unverzügliche Abwicklung anordnen. Die BaFin ist berechtigt, Auskünfte über alle Geschäftsangelegenheiten zu verlangen. 48

Auskünfte und Prüfungen (§ 44 Abs. 1, 6, § 44a Abs. 1, 2 KWG)

Die Zweigniederlassung und ihre Beschäftigten sind verpflichtet, Auskünfte zu erteilen und Unterlagen über alle Geschäftsaktivitäten vorzulegen, soweit diese in den Zuständigkeitsbereich der BaFin fallen. 49

Maßnahmen bei Gefahr, Insolvenz, Moratorien (§ 46–46h, 48u KWG) und deren sofortige Vollziehbarkeit (§ 49 KWG).

Hier ist zu beachten, dass diese Vorschriften auf die Zweigniederlassung nur bedingt Anwendung finden können, da Zweigniederlassungen per se nicht Gegenstand eines Insolvenzverfahren sein können und über Zweigniederlassungen von Kreditinstituten ein Sekundärinsolvenzverfahren ausgeschlossen ist.

Obwohl die Zweigniederlassung ausländische Institute mit Sitz in einem anderen Staat des EWR der Aufsicht der Herkunftsstaates unterliegt, wird die Einhaltung der anwendbaren Vorschriften in der Praxis von der BaFin überwacht, die auf Grund der Sachnähe besser in der Lage ist, Verstöße aufzudecken und zu verfolgen.[35]

7.2 Anwendbarkeit der Regelungen des WpHG

50 Zwar sind Zweigniederlassungen ausländischer Institute mit Sitz in einem anderen EWR-Mitgliedstaat keine Wertpapierdienstleistungsunternehmen im Sinne des § 2 Abs. 10 WpHG da sie nicht eigenständige Träger von Rechten und Pflichten sein können[36], dennoch sind auf sie eine Reihe von Vorschriften des WpHG anwendbar.[37]

Von besonderer Bedeutung sind dabei die in §§ 63 ff. WpHG normierten **Wohlverhaltensregeln**, die im Wesentlichen mit Ausnahme der Regelungen zur Organisation der Zweigniederlassung, der Aufsicht durch die BaFin unterliegen (vgl. § 90 WpHG).[38]

51 **Nicht anwendbar** sind insoweit die Regelungen zu den Interessenkonflikten (§ 63 Abs. 2 WpHG), den Vorgaben zu multilateralen oder organisierten Handelssystemen (§§ 72 bis 78 WpHG), über Organisationspflichten (§ 80 Abs. 1 bis 6 und 9 bis 13 WpHG), zu Geschäftsleitern (§ 81 WpHG), zur Vermögensverwahrung und zu Finanzsicherheiten (§ 84 WpHG), den Anlagestrategieempfehlungen und Anlageempfehlungen (§ 85 WpHG), den Anzeigepflichten (§ 86 WpHG) sowie ausgewählte Aspekte zum Einsatz von Mitarbeitern in der Anlageberatung, als Vertriebsbeauftragte, in der Finanzportfolioverwaltung oder als Compliance-Beauftragte (§ 87 Abs. 1 Satz 2 bis 4 und Abs. 3 bis 8 WpHG).

52 Für die möglichen Varianten der Anwendung der Wohlverhaltensregeln kann folgende Darstellung verwendet werden:

---

35 Vgl. Erwägungsgrund 32 der MiFID. Im Detail dazu Renz/Dippel, MiFID Praktikerhandbuch, S. 401, Rn. 931.
36 Vgl. *Vahldiek,* in: Boos/Fischer/Schulte-Mattler *(Hrsg.):* KWG, 3. Aufl., § 53b KWG Rn. 135.
37 Vertiefend hierzu *Renz/Dippel,* MiFID Praktikerhandbuch, S. 399 ff.
38 Zur komplexen Abgrenzung der anwendbaren Wohlverhaltenspflichten, insb. wenn die Zweigniederlassung ihre Dienstleistungen im Herkunftsland oder in einem anderen Mitgliedsland des EWR anbietet vgl. CESR-Konsultationspapier „The Passport under MiFID", CESR/06-669, S. 7 ff. sowie vertiefend Renz/Dippel, MiFID Praktikerhandbuch, S. 406 ff. Rn. 954.

I.10 Erbringung von Bankgeschäften und Finanzdienstleistungen durch ausländische Institute

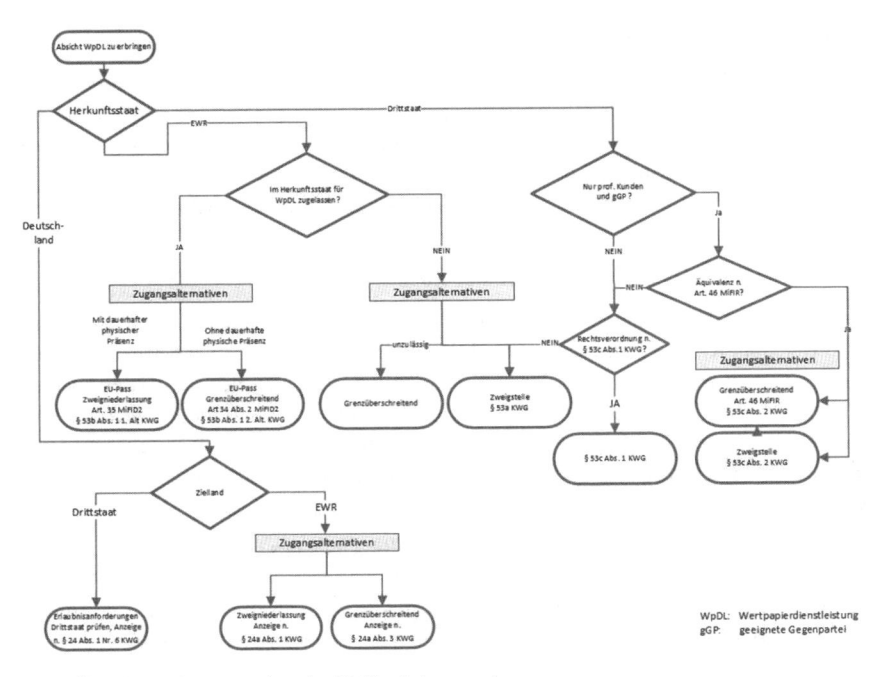

Abb. 2:[39] Varianten der Anwendung der Wohlverhaltensregeln

Die Grafik erfasst die unterschiedlichen Varianten des Marktzugangs (grenzüberschreitend oder mit physischer Präsenz). Problematisch sind dabei die Fälle, in denen Mitarbeiter der Zweigniederlassung in einem anderen EU-Land (hier Zwnl ZY) erlaubnispflichtige Wertpapierdienstleistungen in dem Herkunftsland des Wertpapierdienstleistungsunternehmens (FX) erbringen (1) bzw. Mitarbeiter der Zweigniederlassung in einem anderen EU-Land (hier Zwnl ZY) in einem dritten EU-Land Wertpapierdienstleistungen erbringen (2) und schließlich die Varianten, in denen sich Mitarbeiter eines Wertpapierdienstleistungsunternehmens in unterschiedlichen EU-Ländern, die Aufgabenerbringung teilen (3).

In den Fällen 1 und 2 sollen nach Auffassung der ESMA die Wohlverhaltensregeln des Herkunftslandes relevant sein, was vor dem Hintergrund der organisatorischen Zuständigkeit der Aufsicht des Herkunftsstaates für das gesamte Wertpapierdienstleistungsunternehmen angebracht erscheint. Für den Fall 3 der gemeinsamen Erbringung hatte CESR in seinem Papier eine Abstimmung der Aufsichtsbehörden vorgeschlagen. In der Praxis besteht letztlich jedoch oft Unklarheit hinsichtlich der Anwendung der jeweiligen Wohlverhaltensregeln.

53

---

39 Vgl. hierzu das Konsultationspapier 06-669 der CESR „The Passport under MiFID" v. 15.12.2006.

275

8 Drittlandpassport, Art. 39 MiFID II, Art. 46–49 MiFIR

54 Mit der MiFID II wird erstmalig auch der Zugang in die EU für Drittlandunternehmen möglich. Ziel war es über den EU-Pass hinaus ebenfalls den Marktzugang aus Drittländern auf EU-Ebene zu harmonisieren. Nach umfassenden Diskussionen der hierfür relevanten Regeln, hat die Thematik mit dem Brexit an erheblicher Relevanz gewonnen, da sie insb. für das Vereinigte Königreich eine Variante des Marktzugangs darstellen könnte.

8.1 Drittlandmarktzugang auf nationaler Ebene

55 Bislang waren Drittlandunternehmen, die Wertpapierdienstleistungen in der EU anbieten wollten darauf festgelegt, entweder eine physische Präsenz in Form einer neuen regulierten Unternehmung zu schaffen, die dann in der EU unter Nutzung des EU-Passes auch in anderen EU-Mitgliedsländern tätig werden konnte oder es bestand die Möglichkeit eine Zweigstelle auf der Grundlage von § 53 KWG zu gründen. Derartige Zweigstellen sind wie ein selbständiges Institut zu behandeln, können jedoch von dem Europäischen Pass keinen Gebrauch machen.

Eine besondere Situation ergibt sich aufgrund der Regelung des § 53c KWG. Diese erlaubt es Marktteilnehmern aus Staaten, mit denen die Bundesrepublik Deutschland eine entsprechende Vereinbarung geschlossen hat, so zu beaufsichtigen, als seien es Unternehmungen aus dem EWR. Insofern kann von den besonderen Anforderungen des § 53 KWG abgesehen werden oder es kann die Unternehmung vergleichbar mit einem auf der Basis eines EU-Passes agierenden Institut beaufsichtigt werden. Letzteres läuft im Wesentlichen auf eine Herkunftslandaufsicht hinaus, wobei das Unternehmen jedoch in einem Drittland registriert ist. Von dieser Möglichkeit haben in der Vergangenheit Zweigstellen aus den USA, Japan und Australien Gebrauch gemacht.

8.2 Drittlandmarktzugang auf europäischer Ebene

56 Mit der Neuregelung des Drittlandzugangs erfolgt zumindest für Wertpapierdienstleistungen zwischen professionellen Kunden und geeigneten Gegenparteien eine Harmonisierung. Es wird damit erstmalig die Erbringung von Wertpapierdienstleistungen aus Drittländern sowohl auf grenzüberschreitender Basis als auch über eine Zweigniederlassung in die EU möglich. Hinsichtlich gekorener professioneller Kunden und Privatkunden verbleibt es jedoch bei den nationalen Regelungen. Von der grundsätzlichen Möglichkeit nach Art. 39 Abs. 1 MiFID II auch den Zugang zu Privatkunden ohne physische Präsenz zu erlauben, hat der deutsche Gesetzgeber keinen Gebrauch gemacht, vgl. § 53c Abs. 2 KWG.

57 Der Zugang für Drittlandunternehmen soweit sie sich auf geeignete Gegenparteien und professionelle Kunden beschränken, erfordert eine Registrierung nach Art. 46 ff. MiFIR. Folgende Anforderungen sind u. a. zu erfüllen:

- Bestehen einer Erlaubnis zur Erbringung der relevanten Wertpapierdienstleistungen im Heimatland, die auch in der EU erbracht werden sollen
- Bestehen einer Kooperationsvereinbarung zwischen den Aufsichtsbehörden des Drittlands und der ESMA u. a. zum Austausch relevanter Informationen
- Vorhandensein eines Gleichwertigkeitsbeschlusses der EU-Kommission in Bezug auf das Drittland, der wiederum folgendes voraussetzt:
  - Hinreichende Eigenkapitalanforderungen an Wertpapierdienstleistungsunternehmen
  - Angemessene Organisationsanforderungen
  - Angemessen Wohlverhaltensregeln
  - Marktmissbrauchs- und Insiderregelwerke
  - Berücksichtigung der Empfehlungen der Financial Action Task Force (FATF) in Bezug auf Geldwäscherei und Terrorismusfinanzierung
  - Austausch von Steuerinformationen nach Art. 26 OECD Model Tax Convention

Von besonderer Wichtigkeit und höchst umstritten ist dabei das Erfordernis der Äquivalenz der Aufsichtsregime zwischen der EU und dem Drittland. Von einer Gleichwertigkeit ist nur dann auszugehen, wenn das im Drittland zugelassene Unternehmen im Bereich der Aufsichts- und Wohlverhaltensregeln rechtsverbindliche Anforderungen erfüllt, die den Anforderungen der MiFID, der MiFIR, der Richtlinie 2013/36/EU, und den hierzu erlassenen Durchführungsmaßnahmen gleichwertig sind und soweit es im Drittland ein wirksames, gleichwertiges System der Anerkennung von Wertpapierfirmen gibt, die nach ausländischen Vorschriften zugelassen sind, Art. 47 Abs. 1 MiFIR. Kriterien für die Gleichwertigkeit der Aufsichts- und Wohlverhaltensregeln eines Drittlands sind unter Art. 47 Abs. 1a–e MiFIR aufgeführt. Das Verfahren der ESMA zur Feststellung des Vorliegens der vorgenannten Voraussetzungen folgt Art. 51 Abs. 2 MiFIR der wiederum auf die Verordnung 182/2011/EU.[40] 58

Letztlich steht die Feststellung der Äquivalenz vollständig im Ermessen der EU-Kommission und kann im Übrigen jederzeit auch wieder zurückgenommen werden. So lange es seitens der ESMA keine Feststellung zur Äquivalenz in Bezug auf ein Drittland gibt, erlaubt Art. 47 Abs. 4 UA 5 MiFIR den Mitgliedsländern die Anwendung der nationalen Regelungen zum Markzugang von geeigneten Gegenparteien und professionellen Kunden. Im Umkehrschluss kann hieraus auch entnommen werden, dass das Vorliegen eines Gleichwertigkeitsbeschlusses in Bezug auf ein Land nationale Regelungen des Marktzugangs verdrängt.

Eine Übergangsregelung schafft in diesen Fällen jedoch Art. 54 Abs. 1 MiFIR. Danach sind Drittlandfirmen berechtigt, bis zu drei Jahre nachdem die EU-Kommission die Gleichwertigkeit festgestellt hat, gemäß den nationalen Regelungen weiterhin Wertpapierdienstleistungen zu erbringen. Marktteilnehmer, die bspw. über eine Freistellung nach § 2 Abs. 5 KWG verfügen, wären auch nach einer Äquivalenzentscheidung noch bis zu drei Jahre berechtigt, die Wertpapierdienstleistungen im Umfang ihrer Freistellung zu erbringen. 59

---

40 Verordnung 182/2011/EU zur Festlegung der allgemeinen Regeln und Grundsätze, nach denen die Mitgliedstaaten die Wahrnehmung der Durchführungsbefugnisse durch die Kommission kontrollieren.

Unklar ist jedoch, ob eine negative Entscheidung der EU-Kommission zur Gleichwertigkeit auch automatisch den Entzug der Freistellung umfasst.

Nach Antragstellung zur Registrierung durch das Drittlandunternehmen hat die ESMA die Vollständigkeit des Antrags innerhalb von 30 Tagen zu bewerten. Innerhalb von 180 Tagen ab Antragsübermittlung hat ESMA das Drittlandunternehmen zu informieren, ob es den Antrag bewilligt.

60 Im Falle einer Registrierung des Drittlandunternehmens resultieren hieraus erhebliche Folgepflichten. Hierzu zählt Kunden vorab darüber zu informieren, dass es dem Drittlandunternehmen nicht gestattet ist, Dienstleistungen gegenüber anderen Kundengruppen als geeigneten Gegenparteien und professionellen Kunden zu erbringen als auch, dass sie keiner Aufsicht in der EU unterliegen. Sie haben ihren Kunden außerdem für den Fall von Streitigkeiten einen Gerichtsstand oder ein Schiedsgericht in der EU anzubieten. Zweigniederlassungen unterliegen in dem Land der Aufsicht, in dem die Zweigniederlassung errichtet wurde. Auch haben Sie umfassende organisatorische Maßnahmen einzuhalten.

Mit erfolgreichem Abschluss der Registrierung ist das Drittlandunternehmen grundsätzlich berechtigt, in der EU grenzüberschreitend tätig zu werden. Bevor das Drittlandunternehmen jedoch tatsächlich die registrierte Wertpapierdienstleistung erbringen darf, verlangt § 53c Abs. 2 KWG jedoch das Durchlaufen des Notifizierungsverfahrens nach § 53b KWG.[41]

---

41 Vgl. zu den Anforderungen unter 7.

9 Literaturverzeichnis

Boos/Fischer/Schulte-Mattler (Hrsg.): KWG, 5. Aufl. München, 2016.

Schwennicke/Auerbach (Hrsg.): Kreditwesengesetz (KWG) mit Zahlungsdiensteaufsichtsgesetz (ZAG) und Finanzkonglomerate-Aufsichtsgesetz (FKAG), 3. Aufl., München 2016.

Steck/Campbell: Die Erlaubnispflicht für grenzüberschreitende Bankgeschäfte und Finanzdienstleistungen, in: ZBB 2006, S. 354, 355.

Teil II

Praxisteil

A

Anlegerschutz und Beratung im Kundengeschäft

II.A.1

Retail-Compliance – Organisation und Funktionsweise von Compliance im Privatkundengeschäft

David Paal und Florian Marbeiter

Inhaltsübersicht

1	Einleitung.	1
2	Was ist Retail-Compliance?	2–38
2.1	Wodurch zeichnet sich das Retailgeschäft aus?	3–8
2.2	Welche Funktion hat Compliance im Retailgeschäft?.	9–19
2.3	Qualitätsrisiken.	20–22
2.4	Risikoart (Einzelfall/Prozess)	23–24
2.5	Grundlagen der Risikosteuerung im Retailgeschäft – Was bedeutet Management von Compliance-Risiken?.	25–31
2.6	Grundkonzept/Basisstrategie für Compliance im Retailgeschäft – Schwerpunktsetzung.	32–38
3	Wie erfüllt die Compliance-Funktion im Retailgeschäft ihre Aufgaben? Beratungs- und Überwachungskonzept	39–48
3.1	Wie sieht die Zusammenarbeit abstrakt aus?	40–48
4	Begleitungs- und Kontrollkonzept, Überwachungsplan und Abgrenzung zur Internen Revision	49–57
4.1	Begleitungs- und Kontrollkonzept.	50
4.2	Überwachungsplan und Compliance-Ranking	51–55
4.3	Abgrenzung zur Internen Revision	56–57
5	Fazit/Ausblick	58–60
6	Literaturverzeichnis	

1 Einleitung

Nicht zuletzt die letzte Finanzmarktkrise in den Jahren 2008/2009, die Prokon-Insolvenz, die Erweiterung der Aufgaben der BaFin um den Verbraucherschutz sowie die Möglichkeiten der BaFin, den Produktvertrieb einzuschränken oder zu verbieten haben eine breite und intensive Diskussion ausgelöst, was Banken dürfen und was nicht. Zudem stellt sich daran anschließend die Frage, selbst wenn eine Dienstleistung erbracht werden darf, ob sie aus ethischen bzw. Reputationsgesichtspunkten tatsächlich auch erbracht werden sollte. Wenig verwunderlich ist dabei, dass ein Teil der Diskussionen die Compliance-Funktion zum Thema hat. Dabei stehen die Wohlverhaltenspflichten (Conduct-Rules) im Mittelpunkt der Diskussion, insb. im sog. Retailgeschäft.

1

Presse, Öffentlichkeit und Politik sehen Kleinanleger aufgrund der Vorkommnisse der jüngeren und etwas älteren Vergangenheit weiterhin als besonders schützenswert an. Die Compliance-Funktion soll – zumindest in Teilen – zum Anlegerschutz beitragen. Als unabhängig einzurichtende und dauerhaft wirksame Stelle erscheint Compliance prädestiniert, die Achtung des Kundeninteresses zu überwachen.

Dieser Ansatz findet sich auch in verschiedenen Publikationen und Initiativen wieder. Dazu zählen beispielsweise die MaComp, erstmals publiziert im Jahre 2010, die Best Practice Leitlinien des Bundesverbandes deutscher Banken (BdB) aus 2011, aber auch das Kleinanlegerschutzgesetz aus 2015 und nicht zuletzt die Anforderungen aus der MiFID II bezogen auf den Anlegerschutz. Den dort formulierten Anforderungen kann an vielen Stellen entnommen werden, dass sie vor allem auf das Retailgeschäft abzielen. Als wesentliche Änderungen seien hier beispielsweise die Aufzeichnung elektronischer Kundenkommunikation inkl. Telefonaufzeichnung, welche zu Geschäftsabschlüssen bzw. der Erteilung einer Order führen kann, die neuen Anforderungen im Rahmen der Product Governance, wie z. B. die Zielmarktbestimmung, oder auch die Pflicht zur Erstellung einer sog. Geeignetheitserklärung im Rahmen der Anlageberatung, welche das 2009 eingeführte Beratungsprotokoll ersetzt genannt.

Der nachfolgende Beitrag soll einen Überblick über die Struktur und die Kundenbedürfnisse, aber auch die organisatorischen und prozessualen Anforderungen an die Behandlung des Retailgeschäfts in Wertpapierdienstleistungsunternehmen liefern. Dabei wird insb. auf die Bedeutung der Beratungs- und Kontrollfunktion von Compliance eingegangen, wie sie gesetzlich und aufsichtsrechtlich definiert wird. Die Ausführungen sind vor allem als Diskussions- und Thesenpapier zu verstehen, in dem Praktiker ihre Erfahrungen und Denkansätze einzubringen versuchen. Die praktischen Erfahrungen werden in einem vergleichsweise großen Retail-Vertrieb gesammelt. Viele der diskutierten Ideen können daher möglicherweise nur bedingt auf kleinere Institute oder Compliance-Einheiten übertragen werden. Im Übrigen wird aus Gründen der sprachlichen Vereinfachung der Begriff „Bank" für die betroffenen Finanzdienstleistungs- oder Wertpapierdienstleistungsunternehmen genutzt.

2 Was ist Retail-Compliance?

2 Allgemeine Aufgabe der Compliance-Funktion ist das Management bzw. die Steuerung von Compliance-Risiken des Unternehmens.[1] Sie ist somit Bestandteil des Internen Kontrollsystems.[2] Was unter Steuerung des Compliance-Risikos zu verstehen ist, lässt sich aus Art. 22 Abs. 2 der delegierten Verordnung (EU) 2017/565 der Kommission v. 25.04.2016 zur Ergänzung der MiFID II in Bezug auf die organisatorischen Anforderungen an Wertpapierfirmen und die Bedingungen für die Ausübung ihrer Tätigkeit entnehmen. Die Compliance-Funktion identifiziert, überwacht, bewertet und (sofern erforderlich) eskaliert oder berichtet die aus den Geschäftstätigkeiten des Unternehmens und seiner Mitarbeiter entstehenden Risiken. Die Compliance-Funktion operiert damit vorrangig unternehmens- und/oder geschäftsfeldbezogen. In einer Bank, die Retailgeschäft betreibt, betreut daher auch immer öfter eine spezielle Retail-Compliance-Einheit die Geschäftseinheiten, die für das operative Geschäft mit Retail-Kunden zuständig sind.

Im weiteren Verlauf dieses Kapitels werden vor allem private Kunden (Privatpersonen), aber auch kleine und mittelständische Unternehmen, Kommunen oder einige Körperschaften des öffentlichen Rechts als Retail-Kunden verstanden, da diese typischer Weise als Privatkunden im Sinne des § 67 Abs. 3 WpHG eingestuft werden. Nicht umfasst sind jedoch Kunden des Investment-, Corporate- oder des sog. „Wholesale"-Bankings.

2.1 Wodurch zeichnet sich das Retailgeschäft aus?

3 Dem Retailgeschäft werden typischerweise unterschiedliche Geschäftssegmente zugerechnet. Hierbei handelt es sich regelmäßig um die Bereiche Personal und Private Banking, das Firmenkundengeschäft sowie je nach Art, Umfang und Definition des Geschäftsbetriebes auch das Geschäft mit vermögenden Privatkunden (Wealth Management). Allen gemeinsam ist, dass ein wesentlicher Schwertpunkt der Tätigkeit in der Anlageberatung, Vermögensverwaltung oder der Ausführung von Wertpapiertransaktionen (beratungsfreies Geschäft) liegt.

Auf eine eindeutige, abgrenzende Definition dieser Segmente wird verzichtet. Stattdessen werden im Weiteren zwei wesentliche Geschäftssegmente unterschieden, wobei das Massengeschäft im Zentrum der Betrachtung stehen wird:

– Individualgeschäft: Wealth Management

– Massengeschäft: Private und Personal Banking sowie Firmenkunden

4 Im Individualgeschäft erwarten die Kunden aufgrund ihrer relativ komplexen Vermögensverhältnisse spezielle Anlagestrategien. Das Produktangebot ist den Bedürfnissen dieser Klientel entsprechend vielfältiger und differenzierter. Auch Dienstleistungen umfassen ein breiteres Spektrum – bis hin zu speziellen Nebendienstleistungen wie z. B. Offshore-Banking-Lösungen und Betreuung von Family Offices. In aller Regel verfügen diese Kunden über mehrere Bankverbindungen. Sie können damit die verschiedenen Angebote relativ gut vergleichen und ihr Anbieterportfolio sachgerecht diversifizieren. Es ist daher

---

1 Vgl. Best Practice-Leitlinien für Wertpapier-Compliance des Bundesverbandes deutscher Banken (BdB), Stand Mai 2011.
2 Vgl. § 25a Abs. 1 Satz 3 Nr. 3 KWG.

davon auszugehen, dass diese Kunden erfahrener und sachkundiger sind als klassische Retail-Kunden.

Im Vergleich hierzu sind die Kundenbedürfnisse im Massengeschäft weniger anspruchsvoll: Die Interessenlage und die Vermögensverhältnisse dieser Kunden sind in der Regel vergleichsweise weniger komplex. Zur Erfüllung der Kundenbedürfnisse eignen sich daher stärker standardisierte Anlagestrategien und weniger komplexe Anlagemodelle. In vielen Fällen verfügen die Kunden nur über eine Bankverbindung und/oder eine relativ geringe Transparenz hinsichtlich der Qualität unterschiedlicher Anbieter. Daraus kann geschlossen werden, dass dieses Kundensegment nicht zwingend über den gleichen Kenntnis- und Erfahrungsschatz wie das Wealth-Management-Klientel verfügt. Der Vorteil von weniger komplexen Kundenbedürfnissen liegt auf der Hand: es ist einer Bank möglich, mit standardisierten Produkte dennoch sehr passgenau den Zielen und Wünschen dieser Kunden zu entsprechen. Die Standardisierung des Produktangebotes im Massengeschäft geht einher mit einer Standardisierung der notwendigen Prozesse sowie einer Zentralisierung der Produktmanagement- und Vertriebssteuerungsfunktionen. Durch starke zentrale Hierarchien werden Zieldefinitionen, Ertragserwartungen und Erfolgskontrollen im Sinne einer effizienten Geschäftssteuerung sichergestellt. 5

Im Ergebnis führt dies sowohl zu einer deutlich reduzierten Komplexität der Dienstleitung wie auch erheblich günstigeren Produktionsprozessen. Die Erbringung der Beratungs-, Vermögensverwaltungs- oder Orderausführungsdienstleistung bzw. die Erstellung, der Einkauf und das Angebot von Wertpapierproduktensind einheitlich strukturiert und prozessorientiert. Sie lässt dem einzelnen Betreuer typischer Weise einen eher geringen Handlungsspielraum. Da potenzielle Abweichungen jedoch mit höheren Risiken sowohl für Kunde wie Institut verbunden sind, erfordert die Einhaltung ein höheres Prozesscontrolling durch die zentralen Steuerungsfunktionen. Sie dienen dazu, die jeweiligen Zielsetzungen wirksam umzusetzen und die Sicherstellung der Wahrung von Kundeninteressen zu gewährleisten. 6

Die Unterschiede in der Produkt-, Prozess- und Dienstleistungswelt wirken sich auch auf die Geschäftsorganisation bzw. Geschäftsstrukturen der beiden Hauptsegmente aus. Im sog. „Massengeschäft" muss das Effizienzdenken im Sinne einer quantitativen Kosten-/Nutzen-Betrachtung im Vordergrund stehen. Erfahrungsgemäß sind hier die durchschnittlichen Transaktionsvolumina geringer, wodurch die Banken dazu gezwungen werden, ihren Prozess- und Entwicklungsaufwand kostenmäßig darauf abzustimmen. Die Prozesse müssen robust und einfach umsetzbar sein. Allerdings darf die hieraus resultierende quantitative Tragfähigkeit der Prozesse den Kundenbedürfnissen nicht zuwiderlaufen. Somit besteht das Risiko, dass Effizienzüberlegungen gegenüber Qualitätsgesichtspunkten zu stark dominieren, insb. vor dem aktuell bestehenden Zinsumfeld und dem u. a. auch daraus resultierenden Kostendruck, dem sich die Banken stellen müssen. Daher müssen bei der Prozessgestaltung trotz aller Standardisierung die Kundenbedürfnisse in angemessener Weise im Fokus stehen und von den verantwortlichen Geschäftseinheiten berücksichtigt werden. Die Compliance-Funktion kann ihre „Schutzfunktion" nur wahrnehmen, wenn sie frühzeitig in die Entwicklung und Überarbeitung solcher Prozesse einbezogen wird, um auf einen Einklang mit den geforderten Qualitätsstandards (unter berücksichtigen aller gesetzlichen und aufsichtsrechtlichen Anforderung) hinwirken zu können. 7

8 Das Individualgeschäft ist demgegenüber durch deutlich größere Transaktionsvolumina der einzelnen Kunden gekennzeichnet. Effizienzüberlegungen spielen auch eine Rolle, eröffnen aber einen deutlich größeren Spielraum in ihrer Umsetzung. Dies ist allerdings auch zwingend gefordert, denn Produkte und Dienstleistungen müssen höheren Anforderungen gerecht und viel individueller erbracht werden. Der Handlungsspielraum des einzelnen Betreuers ist im Regelfall größer. Die Prozesse müssen Abweichungen zulassen bzw. breiter definiert sein. Entsprechend steht die qualitative Tragfähigkeit im Vordergrund der Planung und Steuerung des Geschäfts.

2.2 Welche Funktion hat Compliance im Retailgeschäft?

9 In diesem Umfeld muss Compliance die Angemessenheit und Wirksamkeit der Grundsätze und Vorkehrungen überwachen und regelmäßig bewerten.[3] Compliance soll die Geschäftsbereiche und Mitarbeiter dahingehend beraten und unterstützen, dass im Unternehmen eine angemessene Organisation vorhanden ist, um dem Risiko einer Verletzung der Verpflichtungen aus dem europäischen wie nationalen Recht durch das Unternehmen vorzubeugen.[4] Kurz gesprochen: Die Compliance-Funktion muss Risiken erkennen, sie managen und ihrem Eintreten durch die Etablierung geeigneter Vermeidungs- oder Regelungsmaßnahmen entgegenwirken.

2.2.1 Compliance-Risiko im Retailgeschäft

10 Eine Legaldefinition des Compliance-Risikos sieht das WpHG, die WpDVerOV oder die MaComp nicht vor. Allerdings spricht die WpDVerOV in ihrer alten Fassung von dem Risiko oder der Gefahr einer „… Verletzung des Wertpapierhandelsgesetzes und der in entsprechenden Verordnungen geltenden Verpflichtungen …".[5] AT 1 der MaComp wird hierbei sogar noch etwas konkreter, indem als Zielsetzung der normen-konkretisierenden Regelungen der MaComp formuliert wird, sie seien „… zur Minderung des Risikos von aufsichtsrechtlichen Maßnahmen, Schadenersatzansprüchen gegenüber dem Unternehmen und Reputationsschäden aufgrund von Verletzungen der Regelungen des 11. Abschnitts des WpHG."[6] Insofern kann man hieraus schließen, das Compliance-Risiko bestehe darin, dass eine Bank den europäischen wie nationalen Vorschriften, bspw. des WpHG (insb. der Wohlverhaltensregeln des 11. Abschnittes), nicht oder nicht ausreichend nachkomme.

11 Grundsätzlich lassen sich sämtliche dieser Pflichten hinsichtlich ihrer Zielrichtung in marktschützende und kundenschützende Normen aufteilen.[7] Der Marktschutz beinhaltet dabei Themen wie Insiderhandelsverbot, Verbot der Marktmanipulation, Verpflichtung zur Veröffentlichung von Insiderinformationen (ad-hoc-Publizität) oder die Verpflichtung zur

---

3   Vgl. Art. 22 Abs. 2 der delegierten Verordnung (EU) 2017/565 der Kommission v. 25.04.2016.
4   Vgl. Best Practice-Leitlinien für Wertpapier-Compliance des Bundesverbandes deutscher Banken (BdB), Stand Mai 2011.
5   Vgl. § 12 Abs. 1 WpDVerOV.
6   Vgl. MaComp AT 1.
7   Vgl. Best Practice-Leitlinien für Wertpapier-Compliance des Bundesverbandes deutscher Banken (BdB), Stand Mai 2011.

Meldung von Beteiligungen und wird vornehmlich über Verbote bzw. Verpflichtungen mit Strafandrohung gewährleistet.

Der Kundenschutz wird im Wesentlichen auf nationaler Ebene durch die sog. Wohlverhaltensregeln des 11. Abschnitts des WpHG bzw. organisatorischen Anforderungen der delegierten Verordnung (EU) 2017/565 der Kommission v. 25. 04. 2016 bestimmt. Hier werden Verhaltensanforderungen oder -gebote definiert. Wesentliche Themen sind die Anforderungen an Kundeninformationen einschließlich Werbung, die Anlageberatung bzw. das Beratungsfreies Geschäft sowie die Vermögensverwaltung, aber auch an die Best Execution und Orderausführung und die Vermeidung von Interessenkonflikten.

12

Auch die MaComp stellt explizit auf diese kundenschützende Intention ab.[8] Dort wird klargestellt, dass der Schutzzweck der MaComp nicht nur auf aufsichtsrechtliche Risiken beschränkt ist, sondern auch den Schutz vor zivilrechtlichen Schäden sowie auch vor Reputationsschäden beinhaltet, die aufgrund einer Nichterfüllung der Regelungen des WpHG für das Wertpapierdienstleitungsunternehmen entstehen können.

13

2.2.2 Schutz vor Marktmissbrauch

Schutz vor Marktmissbrauch im Retail-Bereich hat mit dem Inkrafttreten der europäischen Marktmissbrauchsverordnung (MAR) eine erweiterte Bedeutung bekommen. Dies betrifft zum einen die Themen Insiderhandel und Marktmanipulation. Der Schwerpunkt dieser Themen liegt typischerweise in den handelsnahen Bereichen des Investmentbankings. Doch auch im Retail-Bereich bestehen klassische Konstellationen dolosen Verhaltens von Mitarbeitern oder Kunden, die auch in ihrem Umfang nicht zu unterschätzen sind. Die MAR erweitert somit das zu betrachtende Spektrum von Wertpapiertransaktionen gegenüber der bislang geltenden Reichweite von Mitarbeiter- und Eigenhandelsgeschäften auch auf den Kundenhandel.

14

Dabei gibt es im Bereich des Insiderhandels zwei Grundkonstellationen zu betrachten:
– Der Insiderhandel oder der Verdacht des Insiderhandels eines Kunden;
– Der Insiderhandel oder der Verdacht des Insiderhandels eines Mitarbeiters.

15

Der Verdacht des Insiderhandels durch einen Kunden zeichnet sich in der Praxis zumeist dadurch aus, dass der Kunde vor kursrelevanten Ereignissen (z. B. Unternehmensübernahmen, Veröffentlichung von Bilanzzahlen) für ihn hinsichtlich Art und Größe untypische Wertpapiergeschäfte tätigt und hierfür oft zusätzliche Geldmittel zur Verfügung stellt. Compliance wird in der Regel über die vertriebsnahen Geschäftseinheiten mit Kundenkontakt auf diese Fälle aufmerksam gemacht, kann aber auch durch den Einsatz von Überwachungssystemen mittels eigener Analysen (z. B. Überwachung von Kundentransaktionen) auffällige Transaktionen identifizieren.

Marktmissbräuchliches Verhalten kann durch den Berater selbst entstehen, wenn dieser Kundenorders entgegennimmt und eigene Orders vorschaltet, parallelschaltet oder dagegen laufen lässt in dem Bewusstsein, dass die entgegengenommenen Orders preissensitiv sein können. In diesen Fällen erfolgt „naturgemäß" nur äußerst selten eine Information aus dem

---

8   Vgl. MaComp AT 1.

Vertrieb. Compliance muss daher – in der Regel systembasierte – Mechanismen entwickeln, durch die beispielsweise bei entsprechenden Anzeichen Transaktionen von Kunden und Mitarbeitern gegeneinander abgeglichen werden.

16 Verdachtsanzeigen wegen Marktmanipulation im Retail-Bereich sind häufig im Bereich von Wertpapieren mit sehr geringem Marktwert (Penny Stocks) oder Werten mit geringen Handelsvolumina (marktenge Werte) zu finden. Das „Pushen" dieser Werte geschieht „transaktionstechnisch" zumeist durch gegenläufige Wertpapieraufträge, von denen eine Seite limitiert, die gegenläufige Order dagegen unlimitiert in den Markt gegeben wird. Zudem können ergänzende Kriterien (z. B. Penny Stocks in Kundenbeständen) wesentliche Anhaltspunkte liefern. Eine weitere Art der Marktmanipulation, die häufiger im Retail Banking vorkommen kann, sind die sog. Wash-Sales, also der zeitgleiche Verkauf und Kauf des gleichen Wertpapiers ohne den Wechsel des wirtschaftlichen Eigentümers (In-sich-Geschäft). Diese Vorgehensweise kann dazu dienen, Handelsaktivitäten in einem Titel zu fingieren und damit weitere Anleger „anzulocken". Durch die erhöhte Nachfrage steigt der Wert des Titels, woraufhin der „Manipulateur" eine bestehende Position mit einem künstlich herbei geführten höheren Wert veräußert und Kursgewinne erzielt.

17 Zur Integrität der Finanzmärkte im Retail-Bereich tragen aber auch Anforderungen an bestimmten Veröffentlichungspflichten bei, wie z. B. die Veröffentlichung von Anlageempfehlungen im Sinne der (MAR). Mit diesen Anforderungen soll gewährleistet werden, dass sowohl zeitlich wie inhaltlich eine Informationsgleichheit am Kapitalmarkt herrscht, sodass Anleger fundierte Anlageentscheidungen treffen können. Außerdem sollen Anleger bzw. Empfänger von Anlageempfehlungen die Inhalte solcher Empfehlungen in objektiver Darstellungsweise erhalten und über potenzielle Interessenkonflikte im Rahmen der Erstellung dieser Anlageempfehlungen informiert werden.

2.2.3 Kundenschutz

18 Bei den marktschützenden Regelungen sind die zugrundeliegenden Tatbestände und Strukturen unabhängig vom Geschäftssegment vergleichbar und die gesetzlichen Regeln (z. B. Insiderhandelsverbot) faktisch identisch. Dies gilt für die kundenschützenden Regelungen nur begrenzt. Die anwendbaren Tatbestände sind je nach Kunden- bzw. Geschäftssegment teilweise sehr unterschiedlich. Auch ist der gesetzliche Hintergrund differenzierter.

So spielen zivilrechtliche Regelungen – wie Treuepflichten und Verhaltenspflichten gegenüber Kunden oder Kundengruppen – eine wichtige Rolle. Aufsichtsrechtlich ist der Schutz von Verbrauchern, nachvollziehbar durch die erweiterte Zielsetzung der BaFin und die damit einhergehende Einführung der Abteilung VBS (Verbraucherschutz) in der Wertpapieraufsicht, eine der bedeutendsten Aufgaben im Retailgeschäft.

19 Wie bereits erwähnt werden im Retail-Segment Dienstleistungen wie Anlageberatung, Vermögensverwaltung oder beratungsfreie Orderausführung erbracht. Hiermit gehen verschiedene Zusatzdienstleistungen einher, die man als vorvertriebliche bzw. nachvertriebliche Leistungen bezeichnen kann und die jeweils auch eigene Wohlverhaltenspflichten auslösen. Vorvertrieblich wären bspw. die Zur-Verfügung-Stellung von bestimmten Kun-

deninformationen, die Kundenakquisition (z. B. das Verbot des „cold calling")[9] oder auch die Einholung von bestimmten Kundeninformationen sowie der Produkteinkauf zu nennen. Nachvertrieblich fallen insb. Aufgaben wie die Bestätigung bzw. Abrechnung des Geschäftes oder die Depotverwahrung an. Beide Stufen, vorvertrieblich wie nachvertrieblich, haben gemein, dass eine Vielzahl von Dokumentationsanforderungen erfüllt werden müssen. Beispielhaft sei hier die Zur-Verfügung-Stellung einer Geeignetheitserklärung vor Vertragsschluss im Rahmen der Anlageberatung zu nennen.

2.3 Qualitätsrisiken

Die kundenschützenden Regelungen stehen im Fokus der Retail-Compliance. Schwerpunkt der Tätigkeit ist dabei die Vermeidung bzw. Vorbeugung von (strukturellen) Interessenkonflikten, die sich aus einer defizitären Organisation ergeben können sowie das Management von Interessenkonflikten, die im Geschäftsablauf (operativ) entstehen. *20*

Im Retailgeschäft steht der Konflikt zwischen Bank-/Bankmitarbeiter- und Kundeninteresse im Vordergrund – also die (potenzielle) Verletzung von Wohlverhaltensregelungen zu Gunsten des Vertriebsinteresses der Bank. Es dürfen allerdings auch potenzielle Interessenkonflikte zwischen Kunden nicht vernachlässigt werden. Solche Interessenkonflikte können bspw. dann auftreten, wenn zwei Firmenkunden das gleiche Zielobjekt, etwa ein anderes Unternehmen, erwerben möchten und von den gleichen Betreuern innerhalb der Bank bedient werden. Primär besteht jedoch die Gefahr, dass Kunden ein unangemessenes und/oder ungeeignetes Produkt bzw. eine unangemessene und/oder ungeeignete Dienstleistung angeboten wird. Diese Umstände können als qualitative Risiken bezeichnet und mehreren Risikothemen zugeordnet werden:

– **Nachhaltigkeit**: Bei diversen Dienstleistungen, etwa in der Anlageberatung, aber auch bei der Vertriebsunterstützung im Marketing, besteht die Gefahr, dass der Vertrieb kurzfristige Ertragsüberlegungen über langfristige Abwägungen stellt und Kunden Dienstleistungen anbietet bzw. Geschäfte empfiehlt, die nur unzureichend mit ihren Interessen vereinbar sind. *21*
Schon aus haftungsrechtlichen Gründen muss daher der Vertrieb bei der Beratung der Kunden oder bei der Gestaltung vertriebsunterstützender Maßnahmen und Werbung u. a. auch die Laufzeit oder die inhärenten Risiken des Produkts berücksichtigen, da sich haftungsrechtliche Risiken in der Regel mit erheblicher zeitlicher Verzögerung realisieren. Insofern sind Vertriebsprozesse auch unter dem Gesichtspunkt mittel- und langfristiger Qualität auszugestalten. Denn je größer die Zufriedenheit des Kunden mit seinem Produkt ist, umso geringer ist das zivilrechtliche Risiko der Bank. Außerdem reduzieren qualitativ hochwertige Prozesse aufsichtsrechtliche Risiken.
– **Transparenz**: §§ 63 und 70 WpHG, die BGH-Rechtsprechung zur Offenlegung von Provisionen[10] sowie Art. 50 der delegierten Verordnung (EU) 2017/565 der Kommission v. 25.04.2016 schaffen Vorgaben für die Kostentransparenz von Produkten. § 82 WpHG und die Berichtspflichten zur Ausführung von Kundenaufträgen aus der delegierten

---

9 Vgl. Allgemeinverfügung der BaFin bezüglich der Werbung in Form des „cold calling" v. 27.07.1999.
10 Vgl. BGH XI ZR 191/10; BGH III ZR 308/15.

Verordnung (EU) 2017/565 der Kommission v. 25.04.2016 (Art. 59) sollen stärkere Transparenzstandards für die Orderausführung, -abrechnung und -abwicklung schaffen. Zusätzlich regeln § 63 Abs. 6 und Art. 44 der delegierten Verordnung (EU) 2017/565 der Kommission v. 25.04.2016 Anforderungen an die Darstellung von Kundeninformationen einschließlich Werbung, die bspw. auf eine transparentere Darstellung von Produkteigenschaften oder Chancen und Risiken hinwirken.

Neben diesen Pflichten ist Transparenz darüber hinaus eine prinzipiell nach außen gerichtete Methode im Interessenkonfliktmanagement. Sie gilt praktisch als letzter Ausweg zur Sicherstellung der „Fairness", wenn die Vermeidung oder Regelung von Interessenkonflikten nicht (mehr) möglich ist. Aus dieser Offenlegung folgt allerdings, dass bestehende organisatorische oder administrative Maßnahmen nicht ausreichend sind, um mit hinreichender Gewissheit sicherzustellen, dass die Risiken für eine Verletzung der Interessen des Kunden abgewendet werden. Dementsprechend sollten Vermeidungs- und Regelungsstrategien im Hinblick auf Interessenkonflikte regelmäßig überprüft werden. Im Retail-Bereich besteht diesbezüglich ein starker durch Gesetzgebung, Regulatoren und Rechtsprechung motivierter Konkretisierungsdrang. Er resultiert insb. daraus, dass Retail-Kunden aufgrund ihrer regelmäßig geringeren Kenntnisse und Erfahrungen Hintergründe im Marktgeschehen oder der internen Organisation sowie dem Zusammenwirken der Bank mit Externen, bspw. Vertriebspartnern, weniger nachvollziehen können.

– **Geeignetheit/Angemessenheit**: Die Regelungen zur Geeignetheit und Angemessenheit nach § 64 Abs. 3 und § 63 Abs. 10 WpHG sowie die ergänzenden Bestimmungen in den MaComp und der delegierten Verordnung (EU) 2017/565 der Kommission v. 25.04.2016 setzen die Standards für die Erbringung von Dienstleistungen wie Anlageberatung, Vermögensverwaltung und Beratungsfreies Geschäft. § 63 Abs. 6 WpHG, Art. 44 der delegierten Verordnung (EU) 2017/565 der Kommission v. 25.04.2016 und weitere speziellere Auslegungsregeln der BaFin stellen Grundsätze hinsichtlich der Verständlichkeit von Informations- und Marketingmaterial auf.

Dabei sind die Regelungen zur Geeignetheit und Angemessenheit die auf die Unternehmensorganisation und ihre Prozesse ausgerichteten Anforderungen an das Interessenkonfliktmanagement. Durch diese Anforderungen wird der Begriff der interessengerechten Beratung und Orderausführung konkretisiert und ein Rahmenprozess vorgegeben. Geeignetheit und Angemessenheit sind damit elementar für das Retailgeschäft.

– **Vermeidung schadhaften Verhaltens**: Die mannigfaltige untergerichtliche Rechtsprechung zum Thema Churning („Provisionstreiberei") sowie das als Marktstandard etablierte Regelbeispiel aus der ehemaligen Wohlverhaltensrichtlinie des Bundesaufsichtsamtes für den Wertpapierhandel (BAWe – eine der Vorgängerbehörden der BaFin) liefern Anhaltspunkte, ab wann häufige (Tausch-)Transaktionen bei Kunden als sittenwidrige Schädigung anzusehen sind[11]. Dieser Punkt ist in engem Zusammenhang mit der Angemessenheit und Geeignetheit von Anlageempfehlung im Rahmen der Anlageberatung zu verstehen, da eine angemessene und geeignete Wertpapieranlage einem schadhaften Verhalten entgegenwirkt. Der Compliance-Funktion kommt dabei auch eine wesentliche Rolle zu, da diese auch Churning-Kontrollen durchzuführen hat.

---

11 Vgl. § 826 BGB.

- Hinsichtlich Kundeninformation und Marketing stellen die Regelungen im UWG, des § 63 Abs. 6 WpHG, des Art. 44 der delegierten Verordnung (EU) 2017/565 der Kommission v. 25.04.2016 und des BT 3 MaComp Grundsätze zur Sicherstellung redlicher, eindeutiger und nicht irreführender Informationen auf.
  Die Verhinderung dolosen Verhaltens zum Schutz von Kunden ist aktives Interessenkonfliktmanagement. Die Realisierung von Interessenkonflikten soll verhindert bzw. zumindest für die Zukunft ausgeschlossen werden.

- **Auftragsausführung**: Neben den bereits angeführten Regelungen zur Transparenz setzt das WpHG mit seinem Gebot der bestmöglichen Ausführung von Kundenaufträgen (Best Execution) auch einen Standard zur Offenlegung von Ausführungswegen sowie – zumindest für den Retail-Bereich – auch zur Wahl bzw. zum Angebot marktgerechter Ausführungsbedingungen.[12] Dabei handelt es sich sowohl um ein organisatorisches als auch ein technisches Thema. Dies gilt insb. vor dem Hintergrund der zukünftigen Notwendigkeit der Veröffentlichung der Top 5 Handelsplätze pro Wertpapiergattung.

Diesen Risikothemen bzw. Compliance-Risiken können wiederum einzelne Compliance-Prozesse zugeordnet werden. Die nachfolgende Darstellung zeigt eine beispielhafte Zuordnung der jeweiligen Risiken und Prozesse im Retail-Segment, wodurch eine Annäherung an wesentliche Risikothemen in verschiedenen Prozessabschnitten dargestellt werden kann:

Vertriebsprozesse	Produkt-management	Kunden-information	Beratung / Verkauf	After Sales Services
	Marketing / Kundenkommunikation			
	Vertrieb / Vertriebssteuerung			

| Risikothemen | ➢ Zielmarkt ➢ Vertriebs-strategie ➢ Kostenstruktur ➢ Product Governance | ➢ Redlich / Eindeutig / Nicht Irreführend ➢ Kosten-transparenz ➢ Produkt-transparenz | ➢ Nachhaltigkeit ➢ Vermeidung von Interessen-konflikten ➢ Angemessenheit ➢ Geeignetheit ➢ Risiko-aufklärung | ➢ Redlich / Eindeutig / Nicht Irreführend ➢ korrekte Abrechnung / Verbuchung |

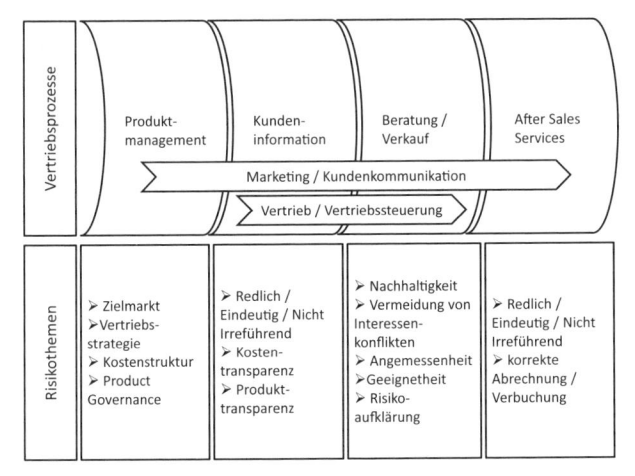

Abb. 1: Risiken im Vertriebsprozess
Quelle: Eigene Darstellung

2.4 Risikoart (Einzelfall/Prozess)

Die beschriebenen Risiken können sich grundsätzlich manifestieren bezüglich
- einzelner Geschäftsvorgänge oder
- Prozessen bzw. der Organisation.

---

12 Vgl. § 82 WpHG.

Einzelne Geschäftsvorfälle können das Risiko in sich bergen, dass eine Dienstleistung gegenüber einem Kunden fehlerhaft erbracht wurde. Ein Beispiel wäre ein Kundengespräch, in dem der Kunde durch den Berater fehlerhaft beraten oder informiert wird, weil der Berater einzelne Vorgaben (bewusst oder unbewusst) nicht ausreichend beachtet hat. Grundsätzlich besteht in diesem (Einzel-)Fall kein systemisches Risiko, sondern das Risiko im Einzelfall durch Kunden in Anspruch genommen zu werden oder dass bei internen wie externen Prüfungen (z. B. regelmäßige Prüfung des Depot- und WpHG-Geschäfts, Vor-Ort-Prüfungen durch die BaFin oder die Interne Revision) entsprechende Defizite festgestellt werden. Zu beachten ist jedoch, dass auch festgestellte Defizite in einer Vielzahl von Einzelfällen zu einem Prozess- oder Organisationsrisiko führen können. Beispielsweise kann eine Vielzahl von „Fehlberatungen" ein Defizit im Schulungskonzept oder im Vergütungssystem bedeuten. Insoweit können die Grenzen dieser Risikoarten fließend sein.

24 Das Prozess- oder Organisationsrisiko bezeichnet die Gefahr, dass Geschäftsabläufe, Entscheidungsprozesse und Hierarchien, Systeme sowie geschäftsbereichsinterne Kontrollprozesse oder -systeme so strukturiert sind, dass nicht nur im Einzelfall Qualitätsmängel bei der Erbringung von Dienstleitungen entstehen können. Mögliche Beispiele sind das Fehlen von Anweisungen und Kontrollmechanismen zur angemessenen Beratung oder Information von Kunden, ein ungenügender Produktauswahlprozess oder die fehlerhafte Entwicklung von Marketingmaterialien. Zwar geht es auch hier um einzelne ungeeignete Produkte oder einzelne unzureichende Werbemittel, die in den Vertrieb gelangen. Allerdings werden sie zentral für eine Vielzahl von Fällen produziert, sodass bei zentralen Fehlern dezentral „Flächenschäden" entstehen können. Im Gegensatz zu den Risiken einzelner Geschäftsvorfälle ist das Prozess- und Organisationsrisiko daher als systemisches Risiko anzusehen.

2.5 Grundlagen der Risikosteuerung im Retailgeschäft – Was bedeutet Management von Compliance-Risiken?

25 Eine der Hauptaufgaben von Compliance ist die Überwachung und die Bewertung von Risiken hinsichtlich möglicher Verletzungen von Anforderungen aus europäischem wie nationalem Recht sowie die Beratung im Hinblick auf die Einhaltung dieser Anforderungen.[13] Darüber hinaus wird weiterhin festgelegt, dass Compliance auch Teil des Internen Kontrollsystems gemäß § 25a Abs. 1 Satz 3 Nr. 1 KWG ist.[14] Hier werden die Aufgaben einer internen Kontrollfunktion beschrieben: Sie umfasst Prozesse zur „Identifizierung, Beurteilung, Steuerung sowie Überwachung und Kommunikation" der jeweils von ihr zu überwachenden Risiken. Diese Anforderungen bestehen zunächst für Kreditinstitute im Allgemeinen.[15] Folglich sind die im KWG genannten Begriffe der „Identifizierung, Beurteilung, Steuerung sowie Überwachung und Kommunikation" mit den Inhalten von Art. 22 der delegierten Verordnung (EU) 2017/565 der Kommission v. 25. 04. 2016 und BT 1.2.1.1 MaComp bedeutungsgleich.

---

13 Vgl. Art. 22 Abs. 2 der delegierten Verordnung (EU) 2017/565 der Kommission v. 25. 04. 2016.
14 Vgl. AT 7 MaComp.
15 Vgl. § 1 Abs. 1 KWG.

2.5.1 Identifizierung und Überwachung

Notwendig für die anfängliche und wiederkehrende Identifizierung und Überwachung von Compliance-Risiken ist die Kenntnis und Nachvollziehbarkeit der Geschäftsprozesse einerseits und der Geschäftsvorfälle andererseits.

26

Hinsichtlich der Geschäftsprozesse bedeutet dies, dass grundsätzlich (nicht nur im Retailgeschäft) schriftlich fixierte Prozess- und Systembeschreibungen vorliegen müssen, damit Compliance die Möglichkeit hat, die praktische Tätigkeit und Kontrollen in den operativen Einheiten anhand der Beschreibungen nachvollziehen und bewerten zu können.

Besondere strukturelle Relevanz im Retailgeschäft hat die Nachvollziehbarkeit der einzelnen Geschäftsvorfälle. Im Gegensatz zum Investmentbanking, in dem einzelne Geschäfte umfangreich und individuell dokumentiert werden müssen, ist im Retailgeschäft aufgrund der Masse an Geschäftsvorfällen in den dezentralen Geschäftseinheiten zumeist nur ein standardisiertes Dokumentationsverfahren sinnvoll, welches im Regelfall stark systemabhängig ist. Eine Compliance-Funktion im Retail-Bereich sollte daher vor allem einen systematischen Ansatz entwickeln, um die Daten, die für die wiederkehrende Identifizierung von Risiken notwendig sind, rechtzeitig und vollständig zu erhalten. Die Überwachung kann Compliance durch die eigenständige Auswertung zur Verfügung gestellter Daten, die Nutzung vorhandener Systeme und/oder die Schaffung spezieller Schnittstellen zwischen Compliance-Systemen in bestehende Geschäftssysteme darstellen.

27

2.5.2 Beurteilung und Analyse

Für die Überwachung und Beratung durch Compliance gilt der Grundsatz der Risikoorientierung.[16] Compliance muss insofern eine Risikoanalyse und -bewertung der Tätigkeit der Unternehmenseinheiten vornehmen, um die notwendigen Überwachungsschwerpunkte bestimmen zu können.

28

Zu berücksichtigen sind in diesem Zusammenhang die Geschäftsstrategie des Unternehmens und die besonderen Impulse oder Aktivitäten der einzelnen Geschäftseinheiten, die gemeinsam den „Risikoappetit" bestimmen. Hierfür ist die Geschäftsleitung in ihrer Gesamtheit verantwortlich. Sie bestimmt einerseits die betriebswirtschaftlichen Leitlinien der Geschäftsausübung. Andererseits muss sie aber auch den Rahmen bzw. den Grad der innerhalb der Geschäftsstrategie zu beachtenden rechtlichen Vorgaben inkl. einer Risikotoleranz für den Geschäftsbetrieb festlegen und kontrollieren.[17]

Je höher das resultierende Compliance-Risiko ist, umso notwendiger und umfangreicher sind die durchzuführenden Überwachungsaufgaben, sowohl durch die Geschäftseinheiten als auch durch die Compliance-Funktion. Im Retailgeschäft steht bei der Bestimmung des „Risikoappetits" die Vertriebs- und Produktstrategie, aber auch das bestehende Regelungs- und Kontrollumfeld im Fokus der Analyse, deren Ausgestaltung elementar für mögliche Verstöße gegen die Wohlverhaltensregeln des WpHG ist.

---

16 Vgl. Art 22 der delegierten Verordnung (EU) 2017/565 der Kommission v. 25.04.2016.
17 Vgl. § 25a Abs. 1 Satz 1 KWG.

2.5.3 Kommunikation

29 Unter den Begriff der Kommunikation fällt der Informationsaustausch mit der Geschäftsleitung und den Geschäftseinheiten über die Ergebnisse der Überwachung und der Risikoanalyse. Ein Hauptziel der Compliance-Funktion ist in diesem Zusammenhang die Sensibilisierung der Mitarbeiter und der Geschäftsleitung für Compliance-Vorgaben, also die Schaffung einer Compliance-Kultur. Compliance muss hierbei die Geschäftseinheiten mit dem Umfang der Risiken und den Folgen möglicher Verstöße gegen Compliance-Vorgaben vertraut machen, damit die Geschäftseinheiten bestimmen können, inwieweit sie Risiken eingehen wollen, können und dürfen. Compliance muss die Geschäftseinheiten aber auch auf Grenzen hinsichtlich des Eingehens bestimmter Risiken hinweisen und in Extremfällen eine Eskalation (bis hin zur Geschäftsleitung) herbeiführen.

30 Die Beratung schlägt sich zunächst in schriftlichen Anleitungen (Arbeitsanweisungen, Verhaltenskodizes, Richtlinien) nieder, aber insb. auch in der Prozesseinbindung oder in Schulungsmaßnahmen. Ein besonderes Augenmerk ist insb. auf Prozessveränderungen zu legen, welche intern oder extern veranlasst sein können. Bei intern veranlassten Veränderungen von bestehenden Prozessen ist zunächst die Motivation hinter der angedachten Veränderung zu verstehen. Hierzu ist Compliance frühzeitig in den Planungsprozess einzubeziehen. Daraufhin muss Compliance bewerten, welche Risiken in den veränderten Zielprozessen stecken können. Diese Risiken muss Compliance kommunizieren und dahingehend beratend tätig werden, wie Zielprozesse gestaltet werden können, damit sich die identifizierten Risiken entweder vermeiden lassen oder auf ein Mindestmaß reduziert werden können. Solche Sachverhalte können bspw. dann auftreten, wenn Vertriebsprozesse verändert, aber auch Vergütungsgrundsätze angepasst werden. Ähnliches gilt auch für extern veranlasste Prozessänderungen. Solche treten typischer Weise aufgrund von veränderten rechtlichen Rahmenbedingungen auf. In solchen Fällen sollte Compliance beim Verständnis der veränderten rechtlichen Anforderungen und deren Auswirkungen auf die bestehende Geschäftsorganisation unterstützen. Bei der Gestaltung der zu ändernden Geschäftsprozesse sollte Compliance ebenso beratend einbezogen werden.

31 In diesen Zusammenhängen besteht für die Compliance-Funktion im Retailgeschäft die Herausforderung, die flächendeckende Sensibilisierung der Mitarbeiter sicherzustellen. Hierbei sollte Compliance grundsätzlich auf die Ressourcen der zentralen Vertriebssteuerungseinheiten zurückgreifen und sich mit diesen abstimmen, da diese die originäre Verantwortung für die Vermeidung und Regelung von Compliance-Risiken und die Etablierung einer Compliance-Kultur tragen. Allerdings sollte Compliance stets auch in Kontakt zum tatsächlich Geschehen in den dezentralen Einheiten bleiben, damit eventuelle Fehlentwicklungen und Verbesserungsmöglichkeiten frühzeitig erkannt werden und Gegenmaßnahmen eingeleitet werden können. Dabei sind eigene Kontrollen vor Ort ein wichtiges Element, da sie als Orientierung und Erkenntnis dienen, ob und wie die relevanten Vorgaben der Zentrale tatsächlich umgesetzt und eingehalten werden. Ein weiteres wichtiges Element sind die vorgenannten Compliance-Schulungen, da sie einen guten Eindruck über die bestehende Sensibilität der Mitarbeiter liefern bzw. diese Sensibilität erhöhen können. Daneben können sich (themen-)individuelle Schulungen als Maßnahme zur Abarbeitung von festgestellten Defiziten eigenen.

2.6 Grundkonzept/Basisstrategie für Compliance im Retailgeschäft – Schwerpunktsetzung

In den bisherigen Ausführungen wurden wesentliche Zusammenhänge und Grundbegriffe erläutert und dargestellt. Im Ergebnis charakterisieren und dominieren folgende Hauptthemen die Compliance-Tätigkeit im Retail-Bereich, in deren Rahmen sich eine effektive Compliance-Funktion entsprechend positionieren muss: *32*

– zentrale Steuerung von Compliance-Risiken eines dezentral agierenden Vertriebes,
– Arbeit im Rahmen eines stark auf Standardisierung ausgerichteten Prozess- und Produktumfeldes,
– Steuerung des Organisationsrisikos einflussreicher zentraler Geschäftssteuerungseinheiten und Berücksichtigung von Einzelfallrisiken sowie
– inhaltliche Ausrichtung der Risikosteuerung auf das Risiko der Verletzung kundenschützender Regelungen (im Gegensatz zum Risiko der Verletzung marktschützender Regelungen).

2.6.1 Reaktion auf Dezentralität des Vertriebs: Zentrale Überwachung

Die Steuerung von Compliance-Risiken eines dezentral agierenden Retail-Vertriebs ist für die Compliance-Funktion mit einer logistischen Herausforderung verbunden. Die Kundenbetreuung erfolgt in den einzelnen Filialen durch Berater, deren Anzahl deutlich höher ist als die Anzahl der Compliance-Mitarbeiter. Eine Betreuung einzelner Geschäftsvorfälle bzw. einzelner Berater scheidet sowohl aus Risikogesichtspunkten als auch aus dem Blickwinkel der Ressourceneffizienz aus. Unbenommen ist die Auseinandersetzung mit Einzelfällen durch Compliance, wenn diese als Eskalation an Compliance berichtet werden, bspw. einzelne Kundenbeschwerden oder besonders schwere Verstöße durch Mitarbeiter. *33*

Trotzdem kann sich Compliance nicht ausschließlich auf die indirekte Beratung dieser Einheiten durch Entwicklung von Vorgaben gegenüber den zentralen Vertriebssteuerungsfunktionen verlassen. Hierdurch könnte ansonsten eine „Compliance-Lücke" entstehen, in der Compliance Gefahr liefe, mögliche Risikoentwicklungen zu spät oder nicht wahrnehmen zu können, mit der Folge einer zu späten Einleitung adäquater Maßnahmen.

Compliance sollte sich daher zumindest teilweise auch unmittelbar um die Betreuung der dezentralen Einheiten kümmern. Dies kann durch eigene Kontrollen hinsichtlich der Einhaltung zentraler Vorgaben geschehen. Um der Dezentralität von Compliance-Risiken gerecht zu werden, muss Compliance die Entwicklung und Einhaltung der Compliance-Kultur vor Ort überwachen. Hierfür sind je nach Art und Umfang des Geschäftsbetriebs erhebliche Ressourcen notwendig. Um die Kosten für Compliance nicht unangemessen in die Höhe zu treiben, ist ein risikobasierter Beratungs- und Kontrollansatz notwendig, welcher auch Kriterien für die Auswahl von Überwachungs- und Beratungshandlungen vor Ort umfasst. Dazu bieten sich bspw. Fehler- oder Beschwerdehäufungen, Prüfungsergebnisse anderer Kontrolleinheiten oder überdurchschnittlich starke oder schwache Vertriebsergebnisse pro Geschäftseinheit an. *34*

2.6.2 Reaktion auf Standardisierung: Prozesseinbindung und Fokussierung auf Prozessrisiken

35 Das Retailgeschäft wird immer häufiger durch eine hohe Standardisierung bei der Erbringung der Wertpapierdienstleistungen, der damit verbundenen Akquisitions- und Betreuungsprozesse, der Steuerung des Produktvertriebs und der Entwicklung von Produkten geprägt. Damit Compliance die aus der Standardisierung resultierenden Risiken steuern kann, sollte Compliance auf mehreren Ebenen tätig werden.

Eine Einbindung in die Prozessentwicklung kann sicherstellen, dass Compliance-Aspekte frühzeitig und möglichst kostenneutral berücksichtigt werden. Compliance sollte aber auch in der Lage sein, die Prozesse und die ergänzenden Kontrollen der Geschäftseinheiten nach ihrer Implementierung selbst zu kontrollieren. Bei der Bestimmung des Umfangs der Compliance-Aktivitäten ist jedoch darauf zu achten, dass die Hauptverantwortung für die Geschäftsprozesse und der damit verbundenen Risiken in den Vertriebseinheiten bleibt.[18]
Eine zu starke Verwicklung in Geschäftsprozesse könnte die Unabhängigkeit der Compliance-Funktion gefährden und das Kontrollumfeld unwirksam erscheinen lassen. Weiterhin lässt sich nur dadurch eine effektive Beratung zu und Kontrolle von Risiken nicht nur im Rahmen des einzelnen Geschäftsvorgangs, sondern auch im Rahmen der Prozesssteuerung sicherstellen.

2.6.3 Reaktion auf starke Hierarchien: Information des Managements und Eskalation

36 Das Retailgeschäft ist durch starke zentrale Hierarchien gekennzeichnet. Zentrale Entscheidungen haben aufgrund der hohen Standardisierung eine (relativ) höhere Hebelwirkung als dies z.B. im Investmentbanking der Fall ist. Dies kann zur Folge haben, dass eventuelle Fehler auf einer dezentralen Ebene schwerer korrigierbar sind und sich in einer Vielzahl von Fällen auswirken. Eine starke Compliance-Kultur in der Führungsebene, die in dem Gedanken der Verantwortung des oberen Managements für die Compliance seiner Entscheidungen begründet ist, ist insofern wünschenswert.

37 Compliance sollte daher mit den geschäftlichen Entscheidungsträgern einen engen Kontakt pflegen. Dies bedeutet insb. auch die Nutzung von Eskalationsverfahren und die ständige Information der Führungsebene über Compliance-relevante Vorgänge und eventuelle Fehlentwicklungen auf den unteren Entscheidungsebenen. Ein Top-Down-Ansatz ist hierbei für Compliance vorteilhaft. Die Ansprache der unteren Führungsebenen oder der einzelnen Mitarbeiter (Bottom up) dient der Fehlerbehebung im Einzelfall – genügt aber nicht der Unterstützung der Geschäftsleitung bei der Sicherstellung der Gesamt-Compliance im Unternehmen. Nur der zusätzliche Kontakt mit beiden Führungsebenen ermöglicht es, ein gesamthaften Bild des Verständnisses der Risikosituation in den Geschäftseinheiten zu erlangen und effektiv auf eine Verbesserung hinwirken zu können.

---

18   Vgl. § 25a Abs. 1 Satz 2 KWG.

2.6.4 Reaktion auf das Risiko der Verletzung kundenschützender Regelungen: Qualitätskontrolle und Prozesskontrolle

Im Retail-Bereich herrschen die kundenschützenden Regelungen und die hieraus resultierenden Risiken vor. Inhaltlich ist die Compliance-Tätigkeit daher weniger auf die Überprüfung der Verletzung von Strafnormen oder das aktive Management von Interessenkonflikten im Einzelfall ausgerichtet; dies ist primäre Aufgabe der Geschäftsbereiche. Der Schwerpunkt liegt vielmehr auf der grundsätzlichen Sicherstellung von Mindestanforderungen an die Qualität von Produkten und Dienstleistungen gegenüber Kunden.

Die Compliance-Funktion muss also nicht die Einhaltung im Einzelfall sicherstellen, sondern sollte vor allem die organisatorischen Maßnahmen zur Sicherstellung der Einhaltung der relevanten Vorgaben überwachen,[19] d. h. seine Tätigkeit auf die Vermeidung eines „Organisationsverschuldens" fokussieren. Zu diesem Zweck sollte Compliance vor allem prozessuale (systematische) Kontrollen vornehmen, in deren Mittelpunkt der Funktionsgrad des jeweiligen Produktes bzw. die Qualität des Prozesses und damit der Dienstleistung steht. Die Tätigkeit der Compliance-Funktion im Retailgeschäft sollte daher möglichst auf eine prozessuale Qualitätskontrolle ausgerichtet werden.

3 Wie erfüllt die Compliance-Funktion im Retailgeschäft ihre Aufgaben? Beratungs- und Überwachungskonzept

Neben der Frage, welche Geschäftsmodelle und Unternehmensstrukturen, welche Risiken und Themen und schließlich welche Compliance-Strategie den Begriff Retail-Compliance ausmachen (siehe Abschn. 2), spielt die Frage der praktischen Umsetzung dieser Ansätze eine wichtige Rolle, d. h. die Frage nach dem Beratungs- und Überwachungskonzept.

Dazu soll zunächst dargestellt werden, welche Handlungsalternativen der Compliance-Funktion abstrakt zur Verfügung stehen. Danach sollen einige konkrete Prozesse als Beispiel für dieses Handlungsmodell vorgestellt werden.

3.1 Wie sieht die Zusammenarbeit abstrakt aus?

3.1.1 Grundlagen: Risikoorientierung

Ausgangspunkt ist wiederum, wie oben bereits beschrieben, die gesetzliche Aufgabenzuweisung in Art. 22 der delegierten Verordnung (EU) 2017/565 der Kommission v. 25.04.2016. Es geht um das Management bzw. die Steuerung von Compliance-Risiken. Eine Konkretisierung erfolgt in den MaComp in BT 1.2 „Aufgaben der Compliance-Funktion" insb. durch folgende Punkte:

- „Die Compliance-Funktion überwacht und bewertet die im Unternehmen aufgestellten Grundsätze und eingerichteten Verfahren sowie die zur Behebung von Defiziten getroffenen Maßnahmen."[20]

---

19 Vgl. Art. 22 der delegierten Verordnung (EU) 2017/565 der Kommission v. 25.04.2016.
20 BT 1.2.1 MaComp.

– „Das Wertpapierdienstleistungsunternehmen stellt sicher, dass die Compliance-Funktion ihren Beratungspflichten nachkommt. Zu diesen zählen u. a. die Unterstützung bei Mitarbeiterschulungen, die tägliche Betreuung von Mitarbeitern und die Mitwirkung bei der Erstellung neuer Grundsätze und Verfahren innerhalb des Wertpapierdienstleistungsunternehmens."[21]

41 Compliance sollte im Rahmen seiner Beratungsaufgabe darauf achten, sich im Rahmen seiner begleitenden Tätigkeit dem operativen Geschäft nicht zu sehr zu nähern. Insb. sollte sichergestellt sein, dass Compliance keine Entscheidungen im operativen Geschäft anstelle der Geschäftseinheiten trifft.

Damit die notwendige Neutralität und Unabhängigkeit gewahrt bleibt, ist die Beratung durch die Überwachung zu ergänzen. Die Compliance-Funktion sollte sich möglichst häufig, aber unter risikobasierten Gesichtspunkten, einen Überblick über die aktuellen compliance-relevanten Tätigkeiten im Unternehmensbereich verschaffen.

Um eine Risikoorientierung in den Compliance-Tätigkeiten zu erzielen, muss Compliance ermitteln, in welchen Geschäftsprozessen die größten Risiken bestehen. Hieraus entstehen die Schwerpunkte der Beratungs- und Überwachungsaufgaben.

3.1.2 Bewertungssystematik – Risikoanalyse

42 Die Kontrollhandlungen der Compliance-Funktion sind auf Grundlage eines risikobasierten Überwachungsprogramms durchzuführen. Insofern sollte Compliance eine Methode zur Bewertung der relevanten Prozesse entwickeln. Als Ausgangspunkt zur Risikodefinition muss in regelmäßigen Abständen eine Risikoanalyse durchgeführt werden.[22] Eine Vorgehensweise zur Identifikation wesentlicher Risiken bei der Erbringung von Wertpapierdienstleistungen und -nebendienstleistungen könnte wie folgt gewählt werden:

43 – **Erster Schritt: Bestimmung des Compliance-Risikos und der Risikoarten**
Das übergeordnete, allgemeine Compliance-Risiko wird durch den thematischen Arbeitsbereich der Compliance-Funktion (z. B. MiFID II, WpHG) bestimmt. In Abhängigkeit vom Arbeitsbereich sind die konkreten Risikoarten zu definieren. Wie bereits oben beschrieben fallen hierunter insb. Haftungsrisiken, aufsichtsrechtliche Risiken, strafrechtliche Risiken oder Reputationsrisiken. Im Retail-Bereich sind diese Risiken den verschiedenen erbrachten Wertpapierdienstleistungen und -nebendienstleistungen, wie z. B. der Anlageberatung, der Vermögensverwaltung, der Orderentgegennahme (beratungsfreies Geschäft oder Execution only), der Orderausführung (Best Execution) und der Depotführung, zuzuordnen. Diesen Dienstleistungen können dann bestimmte Risikoquellen zugeordnet werden.

– **Zweiter Schritt: Bestimmung der Risikoquellen**
Als Risikoquellen sind die speziellen Manifestierungen der einzelnen Risikoarten innerhalb der Geschäftsprozesse zu verstehen. Compliance-Risikoquellen im Retail-Banking können sich insb. aus der Nicht-Berücksichtigung folgender Themen in den Geschäfts-

---

21 BT 1.2.3 MaComp.
22 Vgl. Art. 22 Abs. 2 der delegierten Verordnung (EU) 2017/565 der Kommission v. 25. 04. 2016; BT 1.2.1.1 MaComp.

prozessen ergeben: Kundeninteressen, Nachhaltigkeit, Transparenz, Geeignetheit/Angemessenheit, Vermeidung schadhaften Verhaltens, Auftragsausführung. Dieser zweite Schritt ist ein Zwischenschritt, um den allgemeinen, abstrakten Risikoarten spezifische Compliance-Themen zuzuordnen. Auch hier können Unterkategorisierungen vorgenommen werden (z. B. ist das Churning ein Unterfall der Angemessenheit/Geeignetheit).

– **Dritter Schritt: Definition betroffener Prozesse**
Danach sind die relevanten Prozesse und die jeweiligen Prozessverantwortlichen zu identifizieren, in denen sich die entsprechenden Risikothemen niederschlagen können. Für das Retailgeschäft sind dies insb. der Depoteröffnungsprozess, der Beratungsprozess (inklusive beratungsfreiem Geschäft und Vermögensverwaltung), Erstellung von Marketingunterlagen, Einkauf oder die Produktion neuer Produkte im Vertrieb, der Vertriebsprozess, der Vertriebssteuerungsprozess, das Beschwerdemanagement, der Orderausführungsprozess sowie Abwicklungs- und Abrechnungsprozesse. Hier ist insb. die Doppelgliedrigkeit des Retailgeschäfts hinsichtlich zentraler und dezentraler Prozesse zu berücksichtigen, da einige der oben genannten Prozesse sowohl zentral als auch dezentral ablaufen.

– **Vierter Schritt: Risikobewertung**
Nach Bestimmung der jeweiligen Kriterien für Risikoart, Risikoquellen und Risikoprozesse können abschließend die einzelnen Kriterien mit quantitativen wie qualitativen Risikofaktoren bewertet und verknüpft werden. Quantitative Kriterien sind typischer Weise Fallzahlen (z. B. Anzahl von produzierten Beratungsdokumentationen, Anzahl der Anlageberater oder Filialen), Beschwerde oder Fehlerquoten. Qualitative Faktoren sind bspw. Feststellungen in Prüfungen anderer Funktionen (Selbstkontrollen, Interne Revision, Depot-/WpHG-Prüfung), eigene Kontrollergebnisse oder auch Erfahrungswerte und Erkenntnisse aus dem Beratungsalltag.

3.1.3 Beratungs- und Überwachungssystematik – Welche Vorgehensweisen gibt es?
Zunächst ist zu bestimmen, welche Kontrollen im Rahmen des Internen Kontrollsystems existieren. Grundsätzlich kommen folgende Kontrollarten in Frage, die auch Beratungscharakter aufweisen: 44
– **Konzeptionelle Begleitung/Kontrolle:** Diese Kontrolle dient der Sicherstellung der sachgerechten Einbeziehung compliance-relevanter Themen und Aspekte bei der Erstellung interner Organisations- und Arbeitsanweisungen und bei der Konzeption von IT-Systemen. Sie entspricht den in BT 1.2.3 MaComp dargestellten Compliance-Aufgaben. Durch die Beratung wird kontrolliert, ob aufsichtsrechtliche Vorgaben bzw. bankinterne Rahmenvorgaben in den konkreten Arbeitsanweisungen und Systembeschreibungen ausreichend berücksichtigt und umgesetzt sind.
Die Zielsetzung dieser Kontrollart ist die präventive Qualitätssicherung auf Prozessbasis. Sie ist damit der Entwicklung bzw. der Anpassung eines Geschäftsprozesses tendenziell zeitlich vorgelagert. Beispiele für diese Kontrolle sind die Beratung im Rahmen der Entwicklung eines Produktfreigabeprozesses oder eines Vertriebskontrollprozesses sowie (relevante) systemtechnische Änderungen.

- **Geschäftsprozessimmanente Begleitung/Kontrolle:** Diese Art von Kontrolle dient der Fehlervermeidung und Fehlerbehebung auf Geschäftsvorfallebene. Sie ist eine Form der Beratungs- und Überwachungsmaßnahmen, die unter BT 1.2.4 beschrieben werden. Überprüft wird ein einzelner Geschäftsvorfall im Hinblick auf seine Übereinstimmung mit den Arbeitsanweisungen bzw. gesetzlichen/aufsichtsrechtlichen Regelungen. Die Ausführung dieser Kontrolle kann manuell oder systemgesteuert (z. B. durch entsprechende Sperren oder Warnhinweise bei prozessunterstützten Tools) erfolgen. Zielsetzung ist die Qualitätssicherung auf Einzelfallbasis. Daher ist ihr Einsatz entweder ratsam, wenn im Einzelfall ein hohes Risiko erwartet wird oder wenn aus dem Einzelfall eine Vielzahl von Folgeerscheinungen resultieren kann.
  Beispiele für eine systemische Kontrolle bei im Einzelfall erwartetem hohem Risiko können Systemhinweise oder Sperren bei der Abfrage von Kenntnissen und Erfahrungen im beratungsfreien Geschäft bei der Prüfung der Angemessenheit einer Anlageentscheidung sein. Hier erscheinen beispielsweise Warnhinweise bei fehlenden Kenntnissen/Erfahrungen oder einer nicht ausreichenden Risikoeinstufung des Kunden. Beispiel für eine prozessimmanente Kontrolle, aus der eine Vielzahl von Folgeerscheinungen resultieren kann, ist die Aufnahme eines neuen Produktes in den Vertrieb oder die Erstellung von Marketingunterlagen.
- **Prozesskontrolle:** Diese Art von Kontrolle dient der Minimierung von Prozessrisiken bereits bestehender Prozesse. Sie ist eine Form der Überwachungsmaßnahmen, die unter BT 1.2.1.2 beschrieben sind. Der Beratungscharakter ist weniger ausgeprägt als bei den beiden vorgenannten Kategorien.
  Die Kontrolle eines Geschäftsprozesses erfolgt im Regelfall in mehrere Stufen. Zunächst werden mögliche Risikoaspekte eines Prozesses identifiziert. Anschließend wird der Prozess auf potenzielle Fehler in den einzelnen Geschäftsvorfällen überprüft. Dann wird bewertet, ob die festgestellten Fehler als Realisierung eines Prozessrisikos anzusehen sind oder ob es sich um zufällige Einzelfehler handelt. Werden anhand der Fehler Prozessrisiken festgestellt, sind risikoreduzierende Maßnahmen aufzuzeigen und einzuleiten.
  Mit Hilfe der Prozesskontrolle wird also eine Arbeits- und Organisationsanweisung im Hinblick auf ihre Fehleranfälligkeit geprüft. Im Gegensatz zur konzeptionellen Kontrolle handelt es sich um einen bereits laufenden Geschäftsvorfall. Zielsetzung ist die Beantwortung der Frage, ob oder inwieweit die tatsächliche Umsetzung gelungen ist.

3.1.4 Zusammenwirken von Selbstkontrollen der operativen Bereiche und Compliance-Kontrollen

45 Nachdem die Grundlagen bestimmt sind – Compliance verfügt über eine entsprechende Kontroll- und Bewertungssystematik – stellt sich die Frage, wie das Modell der Zusammenarbeit mit den Geschäftseinheiten ausgestaltet werden kann.

46 *Kern-Compliance-Bereich*
  Der Kern-Compliance-Bereich zeichnet sich dadurch aus, dass Compliance die jeweiligen Themen bzw. Risiken eigenverantwortlich steuert. Auf eine formale Zusammenarbeit mit den Geschäftseinheiten wird in weiten Teilen verzichtet; die Zusammenarbeit beschränkt

II.A.1 Retail-Compliance

sich tendenziell auf eine informative Einbeziehung der Geschäftseinheiten – im Sinne einer guten, allgemeinen Zusammenarbeit.

Eigenverantwortlichkeit der Compliance-Funktion bedeutet konkret: Compliance legt selbständig die Regeln fest, die bei der Behandlung oder Bearbeitung der entsprechenden Themen anzuwenden sind. Compliance erlässt hierzu Policies, Guidelines oder Arbeitsanweisungen, definiert Arbeitsabläufe oder Prozesse und führt die Prozesse aus.

Mögliche Compliance-Kern-Bereiche im Retailgeschäft sind die Überwachung der Kunden- und Mitarbeitergeschäfte (insb. im Hinblick auf marktmissbräuchliche Praktiken); die Überwachung besonders sensibler Interessenkonflikte, wie beispielsweise Interessenkonflikte zwischen Kunden, die das gleiche Zielobjekt (z. B. ein anderes Unternehmen) erwerben wollen, die Beurteilung neuer Produkte und Prozesse (Neue Produkte Prozess/New Product Approval) und die Durchführung von Vor-Ort Prüfungen in den einzelnen Filialen.

Ob bzw. in welchem Umfang Kern-Compliance-Themen vorliegen, wird grundsätzlich durch die jeweilige Geschäftsstrategie bestimmt und damit von der Komplexität und des Umfangs des Geschäfts. Das Compliance-Risiko im Retailgeschäft wird daher insb. durch folgende Größen bestimmt:

– die Größe des Unternehmens,
– die unterschiedlichen Kundengruppen,
– Kundengröße und -anzahl,
– Umfang der Produkt- und Servicepalette,
– Produktentwicklungs-/-einkaufsprozess,
– Beratungs-/Vertriebs-/Vertriebssteuerungsprozess und
– Investmentprozess (inkl. Portfoliomanagementprozess und Anlagepolitik)

Bei sehr kleinen Finanzdienstleistern mit geringem Risikopotenzial im Retail-Bereich kann durchaus die Situation eintreten, dass Kern-Compliance-Aufgaben in keinem nennenswerten Umfang vorliegen. Im Gegensatz hierzu erfordert ein großer Retail-Vertrieb, der unterschiedlichen Kundengruppen komplexe Produkte anbietet, mit einer hohen Wahrscheinlichkeit die eigenverantwortliche Durchführung von Kern-Compliance-Aufgaben durch eine organisatorisch selbständige Compliance-Einheit.

Im Ergebnis lässt sich zum Bereich der Kern-Compliance festhalten, dass dies der Bereich ist, in dem Compliance weitgehend eigeninitiativ tätig wird. Die Compliance-Funktion führt Auswertungen und Analysen selbständig aus und ist hierbei nicht Teil- oder Unterprozess einer Geschäfts- oder Vertriebseinheit.

Selbstkontrollen der operativen Bereiche
Zunächst sind die operativen Bereiche für die Einhaltung der Vorschriften und die Durchführung von Kontrollen (Selbstkontrollen oder 1st Level Kontrollen), verantwortlich.[23] Solche Kontrollen betreffen insb. solche Prozesse, die die Einhaltung der aufsichtsrechtlichen Wohlverhaltensregeln sicherstellen sollen. Im Retail-Bereich fallen hierunter vor allem folgende Prozesse:

---

23 Vgl. AT 6 MaComp.

- dezentraler Beratungs- und Vertriebsprozess,
- zentraler Vertriebssteuerungsprozess,
- Grundsätze zur bestmöglichen Ausführung von Kundengeschäften und deren Umsetzung (Best Execution)
- Produktgestaltungs-/Produkteinkaufs-/Produktauswahlprozesse,
- Erstellung von Produktinformationen oder Marketing-Material sowie
- zentrale Prozesse zur Anlageberatung und Vermögensverwaltung.

Zunächst müssen die operativen Einheiten allgemeine Leitlinien und Grundsätze mittels Policies und Guidelines definieren, die einerseits als Mindeststandard für die durchzuführenden Geschäftsprozesse, andererseits aber auch für die begleitenden Kontrollen im Geschäftsbereich fungieren. Solche Regelungen müssen festlegen, wer für die Durchführung der jeweiligen Kontrollen verantwortlich ist, in welchen Turni diese durchgeführt werden, wie umfangreich die Kontrollen sein sollen (z. B. Stichprobenumfang) und wie eine Dokumentation der Durchführung und der Ergebnisse erfolgt. Zudem muss geregelt werden, wie mit etwaige Feststellungen kommuniziert und ggf. eskaliert werden und welche Maßnahmen zur Abhilfe der Feststellungen getroffen wurden. Schließlich ist auch die Information und Einbeziehung von Compliance zu definieren.

Durch konzeptionelle Kontrollen bzw. durch ihre Beratungstätigkeit begleitet die Compliance-Funktion die Entwicklung oder Änderung von Arbeitsanweisungen und Prozessbeschreibungen und stellt sicher, dass ihre Mindestanforderungen ausreichend berücksichtigt werden. Zudem verarbeitet die Compliance-Funktion die Ergebnisse der Kontrollen der operativen Einheiten in der eigenen Risikoanalyse und überwacht die Angemessenheit und Wirksamkeit von zur Abhilfe von Feststellungen getroffenen Maßnahmen. In jedem Fall ist zu beachten, dass es sich bei den betroffenen Prozessen um Prozesse der Geschäftseinheiten handelt. Compliance kann Teil dieser Prozesse sein, verantwortet sie aber nicht.

3.2 Kontrolltätigkeiten von Compliance

48 Um die eigene Kontrolltätigkeit auszuüben, hat Compliance grundsätzlich die Möglichkeit, die Funktionsfähigkeit von Kontrollen der operativen Einheiten zu überwachen. Dabei wird im Rahmen einer Kontrollhandlung nachvollzogen, ob die Kontrollen im jeweils verantwortlichen operativen Fachbereich gem. der in den zugehörigen Arbeitsanweisungen definierten Verfahren ausgeführt wurden (insb. im Hinblick auf den Turnus, den Umfang, aber auch die Feststellungen und getroffenen Maßnahmen). Auch hier kann Compliance risikobasiert vorgehen und sich auf solche Geschäftsprozesse und deren Kontrollen fokussieren, welche im Rahmen der Risikoanalyse als besonders riskant definiert wurden.

Daneben hat Compliance die Möglichkeit, eigene Kontrollen durchzuführen, welche nicht auf Kontrollen der operativen Einheiten basieren. Solche Kontrollen werden typischer Weise anlassbezogen durchgeführt, bspw. wenn besondere Vorkommnisse aus dem operativen Geschäft eskaliert werden. Im Übrigen können solche Kontrollen bspw. auch in zeitlichem Zusammenhang mit der Einführung von neuen Produkten oder Prozessen erfolgen, um deren Funktionsfähigkeit und Einhaltung von etwaigen Vorgaben oder Einschränkungen zu testen.

Die Compliance-Funktion muss ihre Kontrollen, Vorgehensweisen, Dokumentationsverfahren und Eskalationsmechanismen ebenso beschreiben und in Arbeitsanweisungen festhalten, wie die operativen Bereiche auch. Zudem muss die Compliance-Funktion, basierend auf ihrer Risikoanalyse, einen jährlichen Überwachungsplan aufstellen und nach diesem die Durchführung der einzelnen Kontrollhandlungen sicherstellen. Dabei sind sowohl personelle wie auch zeitliche Kapazitäten vorzuhalten, um auch anlassbezogene Kontrollen durchführen zu können.

4 Begleitungs- und Kontrollkonzept, Überwachungsplan und Abgrenzung zur Internen Revision

In den bisherigen Ausführungen wurde dargestellt, welche Fragestellungen vorab behandelt werden sollten, damit die Tätigkeit der Compliance-Funktion im Retailgeschäft effizient festgelegt werden kann. Die Ergebnisse dieser Überlegungen sollten abschließend in ein umfassendes und konsistentes Kontroll- und Begleitungskonzept überführt werden.

49

Darin sind vor allem die einzusetzenden Instrumente bzw. Kontrollarten[24] zu bestimmen sowie die Zusammenarbeit mit den Geschäftseinheiten in Bezug auf diese Instrumente.[25] Auch fließen in ein solches Modell die Erkenntnisse aus einer durchzuführenden Compliance-Risikoanalyse ein.

Nachfolgend soll nun dargestellt werden, wie die Compliance-Funktion ihre Kontrollen im Rahmen eines Kontroll- oder Überwachungsplans gemäß BT 1.1.3 MaComp plant und eine Abgrenzung zur Internen Revision[26] aussehen könnte.

4.1 Begleitungs- und Kontrollkonzept

Das Begleitungs- und Kontrollkonzept ist die abstrakte Grundlage der Arbeit der Compliance-Funktion. In ihm wird dargelegt, wie die Compliance-Funktion ihre Aufgaben im Retailgeschäft erfüllt. Seine wesentlichen Komponenten sind:

50

– Die Bestimmung der grundsätzlichen Möglichkeiten zur Begleitung und Kontrolle der Geschäftseinheiten (Begleitungs- und Kontrollsystematik),
– Die Festlegung der Risikokriterien einer compliance-spezifischen Risikoanalyse unter besonderer Berücksichtigung der identifizierten Qualitätsrisiken (z. B. Nachhaltigkeit, Transparenz, Geeignetheit/Angemessenheit, Vermeidung schadhaften Verhaltens, Auftragsausführung) und
– Die allgemeine Definition der Schnittstellen zu den Geschäftseinheiten sowie der jeweiligen Interaktionsformen.

Durch die schriftliche Fixierung lassen sich grundsätzliche Missverständnisse hinsichtlich der jeweiligen Verantwortungsbereiche der Compliance-Funktion und der Geschäftseinheiten vermeiden. Außerdem kann die Compliance-Funktion ihre resultierende Tätigkeit gegenüber internen und externen Prüfern ableiten und erläutern; ihre Tätigkeit wird prü-

---

24 Siehe Abschn. 3.1.2.
25 Siehe Abschn. 3.1.4.
26 Siehe Teil III: Interne Revision und Compliance.

fungstechnisch nachvollziehbar. Das Konzept sollte dabei möglichst als Grundsatzpapier konzipiert werden, das durch die Erstellung von Policies, Guidelines, Arbeitsanweisungen und Prozessbeschreibungen mit Leben gefüllt wird. Das Konzept ist im Prinzip die abstrakte Basis der Compliance-Tätigkeit.

4.2 Überwachungsplan und Compliance-Ranking

51 Der Überwachungsplan ist im Vergleich zum Begleitungs- und Kontrollkonzept die konkrete Grundlage der (geplanten) Compliance-Tätigkeit. Die Kontrollen oder Überwachungshandlungen sollten auf Basis eines solchen Kontroll- oder Überwachungsplans regelmäßig erfolgen.[27] Im Kontrollplan erfolgt die zeitliche, organisatorische und inhaltliche Festlegung der Überwachungs- bzw. Kontrolltätigkeit der Compliance-Funktion auf Detailebene. In diesem Plan laufen die zuvor beschriebenen Kontroll- und Risikoaspekte in Bezug auf das Instrument der Überwachungskontrolle zusammen:

- das Compliance-Risiko bzw. die retail-spezifischen Compliance-Themen, die in der Risikoanalyse berücksichtigt werden,
- die konkreten (tatsächlichen) Formen der Zusammenarbeit mit den Geschäftseinheiten und
- die in der Struktur des Retailgeschäfts begründete organisatorische Trennung zwischen den zentralen und dezentralen Geschäftseinheiten.

52 Im Mittelpunkt des Überwachungsplans stehen grundsätzlich compliance-eigene Kontrollhandlungen. Die Beratung bzw. die konzeptionelle oder geschäftsimmanente Begleitung der Geschäftseinheiten finden hingegen weniger Berücksichtigung im Überwachungsplan, da sie anlassbezogen (ad hoc) entstehen und damit nur sehr begrenzt planbar sind. Ursachen sind zumeist Änderungen der rechtlichen Rahmenbedingungen oder geschäftsbezogene Anlässe, aber auch die Unterstützung bei der Abarbeitung von Feststellungen von internen wie externen Prüfungsergebnissen.

Hieraus ergeben sich die einzelnen Kontrollobjekte (z. B. einzelne Dienstleistungen oder Geschäftseinheiten). Auf Ebene dieser Kontrollobjekte wird für jedes Risikothema (z. B. Nachhaltigkeit, Transparenz, Geeignetheit/Angemessenheit, Vermeidung schadhaften Verhaltens, Auftragsausführung – oder jeweils zugehörige Detailaspekte) eine Risikogewichtung vorgenommen. Dabei wird in der Regel das Risiko zentraler Kontrollobjekte, aufgrund der „Hebelwirkung" zentraler Entscheidungen im Retailgeschäft[28] höher ausfallen als bei dezentralen Kontrollobjekten.

53 In Abschn. 2.6.1 wurde dargestellt, dass die Dezentralität des Vertriebs und der hieraus erwachsenden Risiken eine Besonderheit des Retailgeschäfts darstellen. Dieser spezifischen Anforderung kann Compliance im Falle eines großen (hierarchisch klar strukturierten) dezentralen Vertriebs durch eine weitere Differenzierung der Kontrollobjekte sachgerecht begegnen, indem Kontrollen auf möglichst vielen oder allen hierarchischen Ebenen vorgenommen werden. Dies gilt insb. für Risikothemen, die sich durch ein in typischer Weise eintretendes hohes Risiko im Einzelfall auszeichnen (z. B. Kontrolle von Beratungs-

---

27 Vgl. BT 1.3.2.1 MaComp.
28 Siehe Abschn. 2.4.

dokumentationen). Auf diese Weise lassen sich bei Auffälligkeiten die (hierarchisch) Verantwortlichen besser identifizieren bzw. die jeweiligen Compliance-Risiken zielgenauer steuern. Der Grad der Differenzierung des Kontrollplans ist damit ein wesentliches Kriterium zur Steuerung des für das Retailgeschäft typischen Risikos, das sich aus der Dezentralität des Vertriebs ergibt.

Diese hierarchisch differenzierende Vorgehensweise muss nicht auf ausgewählte Risikothemen beschränkt bleiben. In Abhängigkeit von den vorhandenen Compliance-Kapazitäten kann die beschriebene Vorgehensweise mit dem Ziel erweitert werden, die einzelnen Vertriebseinheiten insgesamt aus Compliance-Sicht zu bewerten. Hier hat sich in der Praxis bereits ein sog. Compliance-Ranking bewährt.

Grundidee eines solchen Rankings ist, dass die verschiedenen Risikothemen auf allen (hierarchischen) Ebenen jeweils durch Compliance bewertet werden. Danach werden die Einzelbewertungen zu einer Gesamtgröße aggregiert. Die Aggregation sollte dabei gewichtet erfolgen, damit die unterschiedliche Risiko-Intensität der einzelnen Themen ausreichend berücksichtigt wird. Eine Schwierigkeit stellt hierbei die Andersartigkeit der jeweiligen Risiken dar. Eine einfache Addition voneinander unabhängiger Risikowerte ist wenig sinnvoll. Faktisch würden „Äpfel mit Birnen" verglichen. Mathematisch gesprochen müssen daher die verschiedenen Risikogrößen auf denselben Nenner gebracht werden.

Im Retailgeschäft bietet sich diesbezüglich die Grundlogik eines Rankings an, weil dieses Bewertungsverfahren häufig zur Steuerung des Vertriebserfolgs der einzelnen Vertriebseinheiten verwendet wird (d. h. die Kontrollobjekte kennen und akzeptieren die Steuerungs-Logik) und sachgerecht auf die beschriebene Problematik anwendbar ist: Vor der beschriebenen Aggregation wird für jedes Risikothema ein Ranking erstellt, d. h. die auf der jeweiligen Ebene betrachteten Vertriebseinheiten werden gemäß ihres individuellen Risikos in eine Reihenfolge gebracht. Geschieht dies für jedes Risikothema, ist der gewünschte „gleiche Nenner" vorhanden und die gewichtete Aggregation kann vorgenommen werden. Nachteil dieser Vorgehensweise ist, dass die zwischen den Einheiten bestehenden quantitativen Unterschiede nur teilweise wiedergegeben werden. In der Praxis hat sich gezeigt, dass dieser Nachteil mit zunehmender Anzahl der Risikothemen unbedeutend wird und ein breit definiertes Ranking verlässliche Aussagen zur Compliance-Affinität der betrachteten Vertriebseinheit liefert.

Mittels der abgeleiteten Grundstruktur des Kontrollplans sowie einer möglichst differenzierten Betrachtung der (dezentralen) Vertriebseinheiten kann Compliance für die zu kontrollierenden Themen und Einheiten (Kontrollobjekte) eine Prioritätenliste aufstellen. Diese Liste ist dann Grundlage der notwendigen Detailplanung nachfolgenden beispielhaften Kriterien:
– Umfang der Kontrolle im Sinne notwendiger Ressourcen seitens Compliance (und der Vertriebseinheiten)
– Form (z. B. Datenanalyse, Interviews, schriftliche Befragungen)
– Ort/Lokation (Zentral und/oder vor Ort)
– Art (Stichprobenprüfung oder Grundgesamtheit)
– Reihenfolge/Zeitpunkt

Insb. beim letztgenannten Punkt ist darauf zu achten, dass die Prüfungen anderer – interner und externer – Prüfer/Einheiten berücksichtigt werden. So sollte zumindest eine Konkurrenz zu benachbarten Abteilungen (z. B. Geldwäscheprävention) vermieden werden. Im Idealfall sollten diese internen Prüfungen sogar zur Realisierung von Synergie-Effekten aufeinander abgestimmt werden (interne Revision siehe nachfolgend).

Die jährlichen Prüfungen nach § 89 WpHG durch externe Prüfer sind in diesem Zusammenhang auch zu nennen. Die Nutzung von Synergien ist hier nur bedingt möglich. Allerdings sollten diese Prüfungshandlungen vor allem nicht mit dezentralen Compliance-Kontrollen kollidieren, da dies bei dezentralen Mitarbeitern (nachvollziehbar) auf Unverständnis stößt.

4.3 Abgrenzung zur Internen Revision

56 Die Compliance-Funktion wird wie jede andere Bankeinheit durch die interne Revision geprüft – insb. in Hinblick auf die Funktionsfähigkeit des Internen Kontrollsystems. Auch wenn sich bei einer rein oberflächlichen Betrachtung der Internen Revision und der Compliance-Funktion eine Reihe von Gemeinsamkeiten ergeben können, so ist eine Abgrenzung beider Funktionen zur Erhaltung der Unabhängigkeit (beider Funktionen) folglich notwendig. Die bisherigen Ausführungen haben auch gezeigt, dass die Kontrollen der Compliance-Funktion durchaus in Konkurrenz zu Revisionsprüfungen treten können. Außerdem verfolgen Revision und Compliance in vielen Bereichen die gleichen (fachlichen) Ziele. Eine fachliche und zeitliche Abstimmung und Zusammenarbeit liegt also ebenfalls nahe.

57 Es überrascht daher nicht, dass sich die MaComp zu dieser bankinternen Schnittstelle dezidiert äußert. Es wird darauf hingewiesen, dass Überwachungshandlungen von Compliance mit den Kontrollhandlungen der internen Revision zu koordinieren sind.[29] Auch können Compliance und Revision gemeinsam Prüfungen durchführen. Zudem kann Compliance Ergebnisse der Revision für eigene Zwecke verwenden. Lediglich eine Einschränkung ist bei der Ausgestaltung der Zusammenarbeit zu beachten: Die von Compliance vorzunehmenden Überwachungshandlungen dürfen nicht ausschließlich auf Prüfungsergebnisse der internen Revision gestützt werden.

Eine Mindestabgrenzung gegenüber der Revision ist damit also auch aus Sicht des WpHG notwendig: Compliance muss zumindest in Teilbereichen eigene Überwachungshandlungen durchführen. Compliance darf seine eigenen Tätigkeiten nicht auf eine Doppelung der Tätigkeiten der Internen Revision reduzieren, sondern muss eigene Schwerpunkte setzen. Diese ergeben sich vor allem aus der speziellen Funktion von Compliance als Risikomanagement-Funktion für wertpapierrechtliche Qualitätsrisiken.

5 Fazit/Ausblick

58 Aufgrund der Tatsache, dass es sich bei Retailkunden um die schutzbedürftigsten (Privat-)Kunden handelt, steht das Retail Banking häufig im Fokus der Öffentlichkeit und der Regulatoren.

---

29 Vgl. MaComp BT 1.2.1.2, BT 1.3.2.2.

So wurden bereits mit Einführung der MiFID im Jahr 2007 die für das Retailgeschäft typischen Prozesse und Strukturen verstärkt diskutiert. Themen wie die Gestaltung von Produkten und deren Preisfeststellung, die genauen Bedingungen der Kundenkommunikation, -information und Werbung, der Vertrieb von Produkten, insb. im Hinblick auf die Angemessenheit und Geeignetheit von Anlageempfehlungen, sowie Bedingungen für die Orderausführung von Kundenorders insb. bei Retailkunden rückten in den Vordergrund. Einen Schwerpunkt bildeten dabei die Aufgaben, die im Rahmen des Interessenkonfliktmanagements in diesen Bereichen wahrzunehmen sind. Die MiFID II greift viele dieser Themen auf und erhöht deren Vorgaben zur Umsetzung in der Praxis gegenüber MiFID I noch weiter. Gerade die verbraucherschützenden Vorschriften stehen für das Retailgeschäft an oberster Stelle. Die dort weiter fortschreitende Präzisierung der kundenschützenden Organisationsanforderungen schlagen sich auch im 11. Abschnitt des WpHG nieder. Dabei ist jedoch zu beachten, dass nicht nur die Inhalte der Richtlinie selbst und des nationalen Rechts berücksichtigt werden müssen, sondern auch eine Vielzahl delegierter Verordnungen zur Konkretisierung der Regelungen der MiFID II unmittelbar in den jeweiligen Mitgliedstaaten gelten.

Mit dieser Präzisierung der Anforderungen entwickeln sich auch die Aufgaben der Compliance-Funktion weiter.

Mit der Umsetzung von weiteren europäischen Initiativen wie der MAR oder der PRIIP-Verordnung werden bereits bestehende europäische wie nationale Rechtsgrundlagen neu geregelt. Folglich wird die wertpapierrechtliche und regulatorische Ebene im Retail-Bereich auch zukünftig in Bewegung bleiben. Beispielhaft sei hier die Gründung des Verbraucherschutzbereichs innerhalb der BaFin und ihre Produktinterventionsrechte genannt.

All diese Entwicklungen werden die Finanzdienstleistungsindustrie auch weiterhin beschäftigen – insb. auch die Compliance-Funktion. Doch nicht nur neue regulatorische Anforderungen stellen Banken, sowie deren Compliance Funktion, vor neue Herausforderungen. Auch die immer weiter voranschreitende Digitalisierung hält immer mehr Einzug in Banken, insb. im Retailbanking. So bieten einige Banken bereits diverse digitale Dienstleistungen an, angefangen beim mobilen Banking bis hin zur digitalen Vermögensverwaltung. Dadurch ist Compliance auch im Bereich der Digitalisierung immer mehr gefragt, sei es auf der Beratungs- oder der Kontrollebene.

In den obigen Ausführungen wurden zu diesem Zweck diverse Thesen und Modelle vorgestellt, die sich insb. damit beschäftigten, welche Besonderheiten das Retailgeschäft aus Compliance-Sicht aufweist, welche speziellen Risiken sich hieraus ergeben und wie diesen Risiken begegnet werden kann. Wesentliches Ergebnis ist ein umfassendes risikobasiertes Begleitungs- und Kontrollkonzept, das die identifizierten Compliance-Themen und unterschiedlichen Risiko-Bereiche systematisch erfasst und ihnen angemessene Kontrollarten zuordnet.

Dieses theoretische Konzept ist vor dem Hintergrund der jeweiligen Gegebenheiten – Art, Umfang und Komplexität der Geschäftstätigkeit – mit Leben zu füllen. Dies kann nur gelingen, wenn die Bedürfnisse der betreuten und kontrollierten Geschäftseinheiten ausreichend berücksichtigt werden. Auch wenn die Unabhängigkeit der Compliance-Funktion immer gegeben sein muss: Ohne eine Mindestakzeptanz wird Compliance nur sehr schwer erfolgreich sein können. Allerdings wird Compliance auch nur dann als Gesprächspartner und Berater ernst genommen, wenn Compliance seine Kompetenz nachweisen kann. Kompetenz bedeutet Kenntnis der Realität, Kenntnis des Möglichen und Aufzeigen pragmatischer Lösungen.

6 Literaturverzeichnis

Bundesanstalt für Finanzdienstleistungsaufsicht (BaFin): Rundschreiben 05/2018 (WA) – Mindestanforderungen an die Compliance-Funktion und weitere Verhaltens-, Organisations- und Transparenzpflichten – MaComp v. 09.05.2018.

Bundesanstalt für Finanzdienstleistungsaufsicht (BaFin): Allgemeinverfügung gemäß § 36b Abs. 1 und Abs. 2 WpHG bezüglich der Werbung in Form des „cold calling" v. 27.07.1999 BGH v. 19.07.2011 – XI ZR 191/10, beck-online 2011; BGH v. 23.06.2016 – III ZR 308/15, openJur 2016.

Bundesverband Deutsche Banken (BdB): Best-Practice-Leitlinien für Wertpapier-Compliance vom Juni 2011.

Europäische Kommission: Delegierte Verordnung (EU) 2017/565 der Kommission v. 25.04.2016 zur Ergänzung der Richtlinie 2014/65/EU des Europäischen Parlaments und des Rates in Bezug auf die organisatorischen Anforderungen an Wertpapierfirmen und die Bedingungen für die Ausübung ihrer Tätigkeit sowie in Bezug auf die Definition bestimmter Begriffe für die Zwecke der genannten Richtlinie.

II.A.2

Pflichten zur Information der Kunden

Dr. Hagen Christmann und Max Kleinhans

Inhaltsübersicht

1	Einleitung	1
2	Informationen über das Unternehmen und seine Dienstleistungen	2–11
2.1	Allgemeine Angaben	3
2.2	Grundsätze für den Umgang mit Interessenkonflikten	4
2.3	Dienstleistungsangebot	5
2.4	Vermögensverwaltung	6
2.5	Ausführung von Orders	7
2.6	Kosten und Zuwendungen	8–11
3	Produktinformationen	12–13
4	Rechtzeitigkeit und Aktualisierung	14–15
5	Form	16
6	Inhaltliche Anforderungen an Kundeninformationen	17–46
6.1	Begriffe: Informationen, insb. Marketingmitteilungen und Finanzanalysen	19–24
6.2	Zugänglich machen (gegenüber Kunden)	25–27
6.3	Erkennbarkeit	28
6.4	Redlich, eindeutig, nicht irreführend	29–46
7	Dokumentation	47
8	Praxistipps	48
9	Literaturverzeichnis	

1 Einleitung

Kreditinstitute treffen eine Reihe von Informations- und Aufklärungspflichten gegenüber dem Kunden. Diese können sich zunächst aus der zivilrechtlichen Rechtsbeziehung ergeben. Als Kommissionär ist das Institut nach Handelsrecht verpflichtet, dem Kunden nach Ausführung des Geschäfts eine Abrechnung zu erteilen. Als depotverwahrende Stelle ist das Institut nach Auftragsrecht gehalten, Auskunft und Rechenschaft zu erteilen, insb. durch den Depotauszug, aber auch bei Ereignissen, die für den Kunden von Bedeutung sein können. Beispielsfälle hierfür zählt Nr. 16 der Sonderbedingungen für Wertpapiergeschäfte auf. Weitere Informationspflichten können sich aus allgemeinem Recht ergeben, etwa bei einem Vertragsschluss am Telefon aus dem Fernabsatzrecht.

Neben die zivilrechtlichen Pflichten treten die aufsichtsrechtlichen Informationspflichten, die durch die PRIIPs-Verordnung, die MiFID II, und ihre deutsche Umsetzung (2. FiMaNoG) überarbeitet wurden (§ 63 Abs. 6 ff. WpHG). Diese Pflichten erstrecken sich anders als bisher nicht nur auf Privatkunden, sondern weitgehend auch auf professionelle Kunden und geeignete Gegenparteien. Konkretisiert werden die Vorgaben durch sog. Level II[1] und Level III[2]-Vorschriften.

Die aufsichtsrechtlichen Pflichten betreffen Informationen über die Bank und ihre Dienstleistungen, Produktinformationen und über einzelne Geschäfte. Dabei handelt es sich um Regelungen zur Frage, „ob" solche Informationen erforderlich sind. Sie umschreiben also den Gegenstand der gesetzlichen Informationspflichten. Die inhaltlichen Standards, die zum einen das „wie" der Pflichterfüllung betreffen, darüber hinaus aber auch auf freiwillige Informationen Anwendung finden, haben in § 63 Abs. 6 ff. WpHG ihren Niederschlag gefunden. Diese Informationspflichten sollen im Mittelpunkt dieses Kapitels stehen.

Weitere aufsichtliche Informationspflichten ergeben sich aus Sonderregelungen, etwa hinsichtlich der Aufklärung über einen bestehenden spezifischen Interessenkonflikt nach § 63 Abs. 2 WpHG[3], über Zuwendungen aus § 70 WpHG und in Bezug auf die Ausführungsgrundsätze der Bank aus § 82 Abs. 6 und 7 WpHG. Sonderregelungen finden sich auch zu Finanzanalysen und Anlageempfehlungen im engeren und weiteren Sinn.[4]

2 Informationen über das Unternehmen und seine Dienstleistungen

Das Wertpapierdienstleistungsunternehmen ist nach § 63 Abs. 7 WpHG verpflichtet, seinen Kunden Informationen über sich und seine Dienstleistungen zu geben. Die Vorgaben werden in Art. 47 MiFID II DVO weiter spezifiziert.

---

[1] Z. B. Art. 44 ff. der direkt gültigen Delegierten Verordnung (EU) 2017/565 (MiFID II-DVO).
[2] Z. B. ESMA Q&A on MiFID II and MiFIR on Investor Protection.
[3] Im Zusammenhang mit Informationspflichten bei Interessenkonflikten, gibt es darüber hinaus eine Regelung zu besonderen Informationspflichten bei Eigenemissionen in Art. 41 Abs. 4 MiFID II-DVO.
[4] Art. 20 Verordnung (EU) Nr. 596/2014 (Marktmissbrauchsverordnung).

2.1 Allgemeine Angaben

3   Kleinanlegern bzw. potenziellen Kleinanlegern sind Informationen u. a. zu Namen und Anschrift der Wertpapierfirma, den nutzbaren Kommunikationswegen wie etwa Telefon, Fax oder E-Mail, und ein Hinweis auf das Anlegerentschädigungs- und Einlagensicherungssystem, dem sich das Institut angeschlossen hat, zu geben. Einzelheiten sind dem Verordnungstext in Art. 47 Abs. 1 lit. a bis i MiFID II-DVO zu entnehmen. Die Angaben erhalten Kunden üblicherweise bei Begründung der Geschäftsbeziehung. In jedem Fall müssen Kunden oder potenzielle Kunden die Informationen aber rechtzeitig vor Erbringung von Wertpapierdienstleistungen oder Nebendienstleistungen erhalten.[5]

2.2 Grundsätze für den Umgang mit Interessenkonflikten

4   Hinzu tritt bei Kleinanlegern nach Art. 47 Abs. 1 lit. h MiFID II-DVO die Pflicht, Grundsätze für den Umgang mit Interessenkonflikten darzustellen. Einzelheiten des organisatorischen Ablaufs müssen dabei nicht dargestellt werden, es bietet sich jedoch ein Hinweis auf die Existenz der Compliance-Funktion an. Zudem ist es üblich, typische, für Kleinanleger relevante Interessenkonflikte kurz darzustellen. Es handelt sich hierbei um eine *abstrakte* Informationspflicht. Bei Interessenkonflikten, die nicht durch organisatorische Maßnahmen zu vermeiden sind, muss nach § 63 Abs. 2 WpHG einem Kunden die allgemeine Art und Herkunft von Interessenkonflikten und die zur Begrenzung der Risiken der Beeinträchtigung der Kundeninteressen unternommen Schritte eindeutig dargelegt werden.

2.3 Dienstleistungsangebot

5   Darüber hinaus sind alle Kunden in geeigneter Form über wesentliche Aspekte der angebotenen Dienstleistungen zu unterrichten.[6] In der Praxis erfolgt dies für das Standardgeschäft mit Retailkunden (Kommissionsgeschäft, Festpreisgeschäft) durch Aushändigung der von den kreditwirtschaftlichen Verbänden erarbeiteten Broschüre „Basisinformationen über Wertpapiere und weitere Kapitalanlagen" sowie durch die Sonderbedingungen für Wertpapiergeschäfte und diejenigen für Termingeschäfte. Bei besonderen Geschäftstypen, wie etwa der Wertpapierleihe, kann eine weitergehende Information erforderlich werden.

2.4 Vermögensverwaltung

6   Für die Vermögensverwaltung gelten spezifische Informationspflichten, die sich aus Art. 47 Abs. 2 und 3 MiFID II-DVO sowie § 64 WpHG ergeben. Hervorzuheben ist die Pflicht, zur Bewertung der Leistung der Wertpapierfirma durch den Kunden, eine Bewertungs- und Vergleichsmethode festzulegen, deren Grundlage die Anlageziele des Kunden sowie die Art der im Kundenportfolio enthaltenen Finanzinstrumente sind.

---

5   Art. 47 Abs. 1 Satz 2 MiFID II-DVO.
6   § 63 Abs. 7 WpHG.

2.5 Ausführung von Orders

Aufzuklären ist ferner über die für die Ausführung der Kundenorders in Betracht kommenden Ausführungsplätze (§ 63 Abs. 7 Satz 1 WpHG). Die Vorgabe, dass eine Kundenweisung Vorrang vor den Grundsätzen der Bank genießt, gibt es nicht mehr.

7

2.6 Kosten und Zuwendungen

2.6.1 Allgemeines

Über Kosten und Nebenkosten sind Kunden nach § 63 Abs. 7 und Abs. 9 Satz 1 WpHG sowie Art. 50 f. der MiFID II-DVO zu informieren.[7] Die Kostenangaben müssen die produkt- und die dienstleistungsbezogenen Kosten transaktionsbezogen (und kundenspezifisch) möglichst vollständig erfassen. Eine standardisierte Form der Kostendarstellung ist zulässig.[8]

8

Wirken mehrere Wertpapierdienstleister an der Wertpapier(neben)dienstleistung mit, so ist jedes Unternehmen für die Erfüllung der Transparenzanforderungen verantwortlich.[9]

2.6.2 Zeitpunkt der Kosteninformation

Grundsätzlich bedarf es einer Information des Kunden zu drei Zeitpunkten. Zuerst bedarf es der Information rechtzeitig[10] vor der Erbringung der Wertpapier(neben)dienstleistung (sog. ex-ante-Transparenz).

9

Sodann bedarf es ggf. einer Korrektur vorgenommener Schätzungen, sobald die tatsächlichen Kosten nach Erbringung der Wertpapier(neben)dienstleistung feststehen. Eine nachträgliche Information muss auch zu Zuwendungen ergehen, wenn im Vorfeld lediglich die Berechnungsmethode transparent gemacht wurde.[11]

Unabhängig davon ist für jeden Kunden jährlich[12] ein Kosten- (und Zuwendungs)report zu erstellen. Hierbei sind auch die fortlaufend erhaltenen Zuwendungen, die auf Dienstleistungen früherer Perioden zurückzuführen sind, aufzunehmen.[13]

2.6.3 Inhalt der Kosteninformation

Die Kosteninformation muss eine Gesamtkostenangabe enthalten.[14] Diese muss sowohl prozentual als auch absolut, d. h. meist als Euro-Betrag, die tatsächlichen Kosten und Nebenkosten der Wertpapier(neben)dienstleistung, die vom Dienstleister oder Dritten erhoben werden, und aus dem Produkt, z. B. für dessen Erstellung und Verwaltung, umfassen. Ausgenommen sind nur solche Kosten, die durch das Marktrisiko entstehen, welches direkt

10

---

7   Daneben hat ESMA Q&A zu den Kosteninformationen veröffentlicht.
8   § 63 Abs. 7 Satz 2 WpHG.
9   Art. 50 Abs. 7 MiFID II-DVO.
10   Siehe unter 4.
11   § 70 Abs. 1 Satz 3 WpHG.
12   Art. 50 Abs. 9 MiFID II-DVO.
13   § 70 Abs. 1 Satz 4 WpHG.
14   Art. 50 Abs. 2 MiFID II-DVO.

die Basisvermögenswerte beeinflusst. Umfasst ist dagegen die Differenz zwischen dem Preis, den der Dienstleister bezahlt hat, und dem Preis für den Kunden – einschließlich Zu- und Abschlägen.[15] Ein Netting von Kosten ist – für den Kostenausweis – nicht möglich.[16] Schätzungen sind nur dann zulässig, wenn die Kosten nicht ermittelt werden können.[17]

Gesondert darzustellen sind auch die erhaltenen Zuwendungen. Dies sind alle Provisionen, Gebühren, sonstige Geldleistungen, aber auch nichtmonetären Vorteile, die der Wertpapierdienstleister von Dritten im Zusammenhang mit der Erbringung der Dienstleistung erhält oder gewährt.[18] Da nicht-monetäre Zuwendungen die Gesamtkostenangabe nicht unmittelbar erhöhen, sind diese – bei Geringfügigkeit zumindest generisch – gesondert darzustellen. Weiterhin offen ist, ob Zuwendungen als Teil der Produktkosten[19] oder der Dienstleistungskosten oder völlig separat[20] darzustellen sind. Mangels klarer Vorgaben dürften alle Varianten bis auf weiteres zulässig sein.

Problematisch ist in der Praxis, dass die unterschiedliche Berechnung von produktbezogenen Kosten nach MiFID II[21] und der PRIIPs-VO[22] zu abweichenden Kostendarstellungen in der ex-ante-Kosteninformation gegenüber dem Basisinformationsblatt nach PRIIPs führt.

Neben der Gesamtkostenangabe als solcher sind die Auswirkung der Gesamtkosten auf die Rendite zu veranschaulichen[23], wobei Kostenspitzen und -schwankungen darzustellen sind. Erforderlich ist zudem eine eigene Beschreibung dieser Veranschaulichung.[24]

Die Kostenpositionen müssen nicht einzeln aufgeschlüsselt werden. Der Kunde kann eine solche Aufstellung jedoch anfordern.[25]

2.6.4 Erleichterungen

11 Grundsätzlich sind die Informationen gegenüber allen Kunden zu erbringen. Art. 30 MiFID II, der Erleichterungen für Geschäfte mit geeigneten Gegenparteien vorsieht, nimmt die Kostentransparenz, Art. 24 Abs. 4 MiFID II, ausdrücklich von Erleichterungen aus. Art. 50 Abs. 1 der MiFID II-DVO lässt jedoch gegenüber professionellen Kunden und geeigneten Gegenparteien Ausnahmen auf Basis bilateraler Vereinbarungen zu.[26] Wie weit Vereinbarungen über Kostentransparenzerleichterungen gehen dürfen, ist nicht abschließend gere-

---

15 Erwägungsgrund 79 Satz 5 MiFID II-DVO.
16 Erwägungsgrund 79 Satz 4 MiFID II-DVO.
17 Art. 50 Abs. 8 MiFID II-DVO.
18 § 70 Abs. 1 Satz 4 WpHG.
19 Vgl. PRIIPs-Verordnung.
20 So ESMA Q&A on MiFID II and MiFIR on Investor Protection Topics Nr. 7.
21 ESMA Q&A on MiFID II and MiFIR on Investor Protection Topics Nr. 7.
22 PRIIPs-DVO v. 08. 03. 2017, Anhang VI.
23 Art. 50 Abs. 10 MiFID II-DVO.
24 Art. 50 Abs. 10 Satz 3 lit. c).
25 § 63 Abs. 7 Satz 5 WpHG.
26 Weitergehend findet sich im nationalen Recht in § 68 Abs. 1 Satz 1 WpHG ausdrücklich eine umfassende Ausnahme der § 63 Abs. 3 und 9 WpHG für Geschäfte mit geeigneten Gegenparteien.

gelt. Einerseits gelten deutliche Einschränkungen für die Portfolioverwaltung und Anlageberatung[27], andererseits war es die Intention im Normsetzungsverfahren, Anbietern ein erhebliches Maß an Flexibilität zu erhalten.[28]
In der Praxis sind Marktstandards für die (erleichterte) Kosteninformation bisher nicht ersichtlich. Innerhalb von Finanzverbünden wird zumindest im Interbankengeschäft eine Vereinfachung angestrebt.

3 Produktinformationen

Nach § 63 Abs. 7 WpHG, Art. 48 MiFID II-DVO sind Kunden und potenzielle Kunden allgemein über Art und Risiken der Finanzinstrumente, in die sie investieren könnten, zu informieren. Dabei ist nach diesen Vorschriften eine standardisierte Information möglich, grundsätzlich also keine Information über das konkret in Betracht kommende Instrument erforderlich.[29] In der Praxis des Retailgeschäfts wird diese Grundinformation in grundsätzlich ausreichender Weise über die Broschüren „Basisinformationen über Wertpapiere und weitere Vermögensanlagen" hergestellt.[30] Diese enthalten zu den verschiedenen Arten von Wertpapieren wie Aktien, Schuldverschreibungen, Fonds oder Zertifikate Darstellungen der typischen Eigenschaften der Instrumente und der mit ihnen verbundenen Risiken. 12

Der Gesetzgeber fordert darüber hinaus auch Angaben über die Volatilität und Marktenge eines Wertes[31], Angaben über den Bezug von Prospekten[32] sowie über etwaige Garantien, Kapitalschutz und ggf. Garantiegeber.[33]

Darüber hinaus gibt es für den Vertrieb von Finanzinstrumenten unterschiedliche gesetzliche Vorschriften zu kurzen, leicht verständlichen Informationsblättern, die einem Kunden zur Verfügung zu stellen sind. Hierzu gehören beispielsweise die Vorschriften über verpackte Anlageprodukte für Privatkunden nach Verordnung (EU) Nr. 1286/2014 (PRIIPs) und das Produktinformationsblatt nach § 64 Abs. 2 Satz 1 WpHG. Diese Regelungen finden neben den Vorschriften des § 62 Abs. 6 WpHG und Art. 44 MiFID II-DVO Anwendung. 13

4 Rechtzeitigkeit und Aktualisierung

Nach § 63 Abs. 7 Satz 1 WpHG sind die Informationen rechtzeitig zur Verfügung zu stellen. In Art. 46 Abs. 1 MiFID II-DVO wird konkretisiert, dass die zu übermittelnden Informationen vor Vertragsschluss zu übereichen sind. Die Möglichkeit unter bestimmten Voraussetzungen die standardisierten Informationen auch nach Vertragsschluss zu übersenden, ist nach neuer Rechtslage somit ausgeschlossen. Insb. mit Blick auf die ex ante- 14

---

27 Art. 50 Abs. 1 MiFID II-DVO.
28 ESMA Final Report, ESMA/2014/1569, S. 114.
29 § 63 Abs. 7 Satz 2 WpHG.
30 Weitergehende Pflichten können sich auf Grund eines abgeschlossenen Beratungsvertrages ergeben.
31 Art. 48 Abs. 2 lit. b MiFID II-DVO.
32 Art. 48 Abs. 3 MiFID II-DVO.
33 Art. 48 Abs. 5 MiFID II-DVO.

Kostentransparenz, liegt hierin eine der größten Herausforderungen in der Umsetzung der MiFID II.

15 Ergeben sich wesentliche Änderungen im Hinblick auf die zur Verfügung gestellten Informationen, sind diese zu aktualisieren.[34] Bezüglich Informationen in Marketingmitteilungen ist die Wertpapierfirma verpflichtet sicherzustellen, dass diese im Einklang mit den übrigen Informationen sind, die dem Kunden gesetzlich übermittelt werden.[35]

5 Form

16 Die Informationen nach Art. 48 MiFID II-DVO sind auf einem dauerhaften Datenträger zur Verfügung zu stellen. Dies ist jedes Medium, dass die Information für eine angemessene Dauer speichert und eine unveränderte Wiedergabe derselben ermöglicht.[36] Unter bestimmten Umständen, und wenn der Kunde dem ausdrücklich zugestimmt hat, kann die Information auch auf einer Webseite zur Verfügung gestellt werden. Das Nähere regelt Art. 3 Abs. 2 MiFID II-DVO.

6 Inhaltliche Anforderungen an Kundeninformationen

17 § 63 Abs. 6 WpHG und Art. 44 MiFID II-DVO enthalten Vorgaben, auf welche Art und Weise die Informationen erbracht werden müssen. Dies betrifft nicht nur die Angaben nach § 63 Abs. 7 WpHG, sondern auch freiwillig erbrachte Informationen, insb. Marketingmitteilungen, die gemäß § 63 Abs. 6 Satz 2 WpHG eindeutig als solche erkennbar sein müssen.

18 Die allgemeine Regelung in § 63 Abs. 6 WpHG, genauso wie die die detaillierten Regelungen des Art. 44 MiFID II-DVO finden im Verkehr mit Kleinanlegern, Privatkunden und professionellen Kunden Anwendung. Lediglich für Informationen, die Wertpapierdienstleistungsunternehmen an geeignete Gegenparteien richten, sind sie nicht einschlägig.

6.1 Begriffe: Informationen, insb. Marketingmitteilungen und Finanzanalysen

19 Zu unterscheiden sind „Information", „Marketingmitteilung" und „Finanzanalyse" (jetzt: „Anlageempfehlungen"), wobei „Information" der Oberbegriff ist.

6.1.1 Information

20 Der Wortlaut der Regelungen erfasst sämtliche Informationen, unabhängig von ihrer Erscheinungsform. Erfasst werden somit grundsätzlich neben schriftlichen Materialien auch elektronische Informationen z. B. auf einer Webseite, aber auch mündlich erbrachte Informationen, z. B. in Rundfunk und Fernsehen, sowie Flipcharts, Thekenaufsteller, Handouts etc.[37]

---

34 Art. 46 Abs. 4 MiFID II-DVO.
35 Art. 46 Abs. 5 MiFID II-DVO.
36 Art. 4 Abs. 1 Nr. 62 MiFID II, § 2 Abs. 43 WpHG.
37 So bereits: *Renz/Thiel*: Marketinginformationen, in: Ellenberger/Schäfer/Clouth/Lang, 2. Aufl. 2009, Rn. 993.

Die Informationen müssen sich allerdings auf die Tätigkeit oder das Produktangebot einer 21
Bank als Wertpapierdienstleister beziehen, sonst wäre der Anwendungsbereich des WpHG
nicht eröffnet. Reine unternehmensbezogene Imagewerbung bleibt also außen vor.[38] Pressemitteilungen und andere Äußerungen, wie Ad-hoc-Mitteilungen, sind grundsätzlich nicht
erfasst, da ihnen regelmäßig die Zielrichtung fehlt, Kunden oder potenzielle Kunden der
Bank in dieser Eigenschaft auf Wertpapierdienstleistungen anzusprechen.[39]

Bei der Auslegung der Regelungen kann im Einzelfall nach der Art des Kommunikations- 22
mittels und der Art der zu vermittelnden Information unterschieden werden. Unterschiede
ergeben sich etwa hinsichtlich des Zwecks einer Publikation (neutrale Information/Werbung), ihrer Länge (Broschüre, kleine Anzeige in Printmedien), des gewählten
Mediums (elektronische Medien, Printmedien, Broschüre, Gespräch).[40]

Auf Informationsmaterialien, mit denen das Institut spezialgesetzlich ausgeprägten Be- 23
richtspflichten nachkommt (Depotauszüge, Berichte des Vermögensverwalters), sind die
§§ 63 Abs. 6 WpHG und Art. 44 MiFID II-DVO ebenfalls nach Sinn und Zweck nicht
anwendbar. Auch für Wertpapier- und Verkaufsprospekte, wesentliche Anlegerinformationen, Basisinformationsblätter sowie Vermögensinformationsblätter finden die Regelungen
keine Anwendung, da spezialgesetzliche Regelungen vorgehen.[41] Nicht erfasst sind auch
unternehmensinterne Informationen, soweit diese nicht an Kunden weitergegeben werden.[42]

6.1.2 Marketingmitteilung

Bei einer Marketingmitteilung handelt es sich um eine Information i. S. v. § 63 Abs. 6 24
WpHG, der eine absatzfördernde Zielrichtung eigen ist, die Adressaten also zum Erwerb
eines Finanzinstruments oder zur Beauftragung einer Wertpapierdienstleistung bewegen
will.[43] Ist diese Motivation erkennbar, erwartet das Publikum keine neutrale Information.

6.2 Zugänglich machen (gegenüber Kunden)

Das Merkmal „zugänglich machen" in § 63 Abs. 6 WpHG setzt eine bewusste Entschei- 25
dung zur Verbreitung des Materials durch das Wertpapierdienstleistungsunternehmen voraus. Praktisch relevant wird dies für Material, das für geeignete Gegenparteien, aber nicht
für Privatkunden, professionelle Kunden oder potenzielle Kunden erstellt worden ist.
Verschafft sich ein Kunde aus eigenem Antrieb heraus Kenntnis von Informationen, die
sich erkennbar nur an geeignete Gegenparteien richten und aus diesem Grunde nicht unter
Beachtung des Art. 44 MiFID II-DVO erstellt worden sind, liegt kein Verstoß gegen die

---

38 MaComp-Entwurf, BT 3.1.1, Ziff. 1.
39 A. A. wohl *Zeidler*, in: WM 2008, S. 238, 239, der allerdings für eine deutlich differenzierte
    Handhabung der rechtlichen Anforderungen eintritt.
40 Vgl. hierzu bereits die Begründung zum Regierungsentwurf des Finanzmarktrichtlinie-Umsetzungsgesetzes FRUG, BT-Drs. 16/4028, S. 63.
41 MaComp-Entwurf, BT 3.2, Ziff. 5.
42 So bereits: *Renz/Thiel*: Marketinginformationen, in: Ellenberger/Schäfer/Clouth/Lang, 2. Aufl.
    2009, Rn. 997.
43 MaComp-Entwurf, BT 3.1.1, Ziff. 1.

Informationspflichten vor. Auf eine Webseite, die eine Zugangsbeschränkung für Privatkunden und professionellen Kunden oder einen gut sichtbaren, zu bestätigenden Hinweis darauf vorsieht, dass die Informationen nicht für Privatkunden und professionelle Kunden eingestellt wurden, sind die Regelungen des Art. 44 MiFID II-DVO z. B. nicht anwendbar.[44]

26 Setzt ein Wertpapierdienstleistungsunternehmen im Internet einen Link auf das Material eines Dritten, das auf Finanzinstrumente oder Wertpapierdienstleistungen Bezug nimmt, entstehen Zurechnungsfragen. Soweit der Dritte selbst ein Wertpapierdienstleistungsunternehmen ist und etwa als Emittent in Absprache mit einer vertreibenden Bank Informationsmaterial für bestimmte Kundengruppen erstellt, wird sich das verlinkende Unternehmen auf die Einhaltung der Regelungen durch den Dritten verlassen können.[45] Geht das vertreibende Institut aber über die Zielgruppe des Emittenten hinaus und vertreibt gegen die Absprache Material auch an Privatkunden, hat es selbst für die Ordnungsmäßigkeit des vertriebenen Materials zu sorgen.

27 Handelt es sich bei dem Dritten nicht um ein Wertpapierdienstleistungsunternehmen, kann nicht von einer Beachtung des WpHG ausgegangen werden. Entscheidend wird für die vertreibende Bank dann sein, ob die Information wegen einer unzureichenden Quellenangabe bei unbefangener Betrachtung als ihre eigene erscheint oder ob der Dritte selbst ein Absatzinteresse hat und daher für den Leser dem Lager der Bank zuzurechnen ist, wie es etwa bei produktspezifischen Informationen des Emittenten als Anbieter des Produkts der Fall sein dürfte.[46]

6.3 Erkennbarkeit

28 Marketingmitteilungen müssen eindeutig als solche erkennbar sein, vgl. § 63 Abs. 6 Satz 2 WpHG. Eine wörtliche Kennzeichnung als „Werbung" ist hierzu allerdings nicht zwingend erforderlich. Der werbliche Charakter des Dokuments kann sich vielmehr auch aus seinem Gesamtbild, nach Inhalt und Form, ergeben.[47] Kennzeichnungspflichtig können dagegen persönlich adressierte Kundenanschreiben sein, wenn sie werblicher Natur sind, dies aber nicht ohne weiteres zu erkennen ist.[48]

6.4 Redlich, eindeutig, nicht irreführend

29 Sämtliche Kundeninformationen müssen nach § 63 Abs. 6 Satz 1 WpHG redlich, eindeutig und nicht irreführend sein. Im Detail macht Art. 44 MiFID II-DVO nähere Vorgaben. Von diesen Regelungen ist hervorzuheben:

---

44 MaComp-Entwurf, BT 3.2, Ziff. 4.
45 MaComp-Entwurf, BT 3.2, Ziff. 3.
46 MaComp-Entwurf, BT 3.2, Ziff. 3. Auf Wertpapier- und Verkaufsprospekte des Emittenten finden die Regelungen keine Anwendung, s. o. bei Fn. 42.
47 Nach den MaComp-Entwurf, BT 3.1.1, Ziff. 2, sollen „ihrem Anschein nach objektive" Beiträge in Kundenzeitschriften kennzeichnungspflichtig sein. Wenn aber die Kundenzeitschrift in ihrer Gesamtheit schon als Werbung erkennbar ist, ist eine Kennzeichnungspflicht einzelner Beiträge wohl entbehrlich.
48 MaComp-Entwurf, BT 3.1.1, Ziff. 2.

6.4.1 Verständlichkeit

Die dargebotenen Informationen müssen ausreichend und in einer Art und Weise dargestellt werden, dass sie für einen durchschnittlichen Angehörigen der Gruppe, an die sie gerichtet sind bzw. zu der sie wahrscheinlich gelangen, verständlich sind (Art. 44 Abs. 2 lit. d MiFID II-DVO). Art. 44 Abs. 2 lit. e MiFID II-DVO stellt zudem klar, dass alle Materialien durchgängig in derselben Sprache verfasst sein müssen. Eine Ausnahme ist dann möglich, wenn der Kunde sich bereit erklärt hat Informationen in mehreren Sprachen zu akzeptieren. Möglich ist, dass die Informationen auf eine spezifische Kundengruppe zugeschnitten wird[49], etwa auf den Kreis sog. Heavy Trader. Wird sie nur dieser Kundengruppe zugänglich gemacht, kann ein tieferes Verständnis von Märkten vorausgesetzt werden, das beim durchschnittlichen Kunden nicht vorhanden sein dürfte.

30

6.4.2 Angemessene Relation von Vorteilen und Risiken

Die Informationen müssen redlich und deutlich auf etwaige Risiken hinweisen, wenn sie Vorteile hervorheben. Nur dann gelten die Informationen als zutreffend. (Art. 44 Abs. 2 lit. b MiFID II-DVO). Der Grundsatz der Proportionalität muss gewahrt sein. Je deutlicher die Vorteile herausgestellt werden, desto mehr muss auch auf die Risiken eingegangen werden.[50] Die Bezugnahme auf einen Vorteil kann auf unterschiedliche Art und Weise erfolgen (z. B. sprachlich oder drucktechnisch).[51] Nicht ausgeschlossen ist, dass Vor- und Risiken auf verschiedenen Seiten dargestellt werden, wenn die Darstellung insgesamt als gleichwertig zu betrachten ist.[52] Auch bei der Werbung bestimmt der Grad der Anpreisung des Instruments das Gewicht und die Stellung, mit der auf Risiken hinzuweisen ist.

31

6.4.3 Wichtige Punkte, Aussagen und Warnungen

Wichtige Punkte, Aussagen oder Warnungen dürfen nicht verschleiert, abgeschwächt oder unverständlich gemacht werden (Art. 44 Abs. 2 lit. e MiFID II-DVO). Ein durchschnittliches Mitglied der angesprochenen Kundengruppe muss die Darstellung nachvollziehen können. Damit kann Vorsicht von englischen, dem Publikum nicht ohne Weiteres geläufigen Fachausdrücken geboten sein. Es empfiehlt sich, das Wort „Risiko" zu benutzen, um einen eindeutigen Warneffekt zu erreichen. Bei Hinweisen auf eine „Garantie" sind nach den MaComp die Modalitäten zu erläutern.[53]

32

6.4.4 Vergleiche

Bei einem Vergleich muss die Darstellung ausgewogen und der Vergleich aussagekräftig sein. Die Basis für den Vergleich (wesentliche Fakten und Hypothesen) müssen angegeben werden.[54]

33

---

49 MaComp-Entwurf, BT 3.3.1, Ziff. 2.
50 MaComp-Entwurf, BT 3.3.3., Ziff. 2.
51 MaComp-Entwurf, BT 3.3.3., Ziff. 3.
52 MaComp-Entwurf, BT 3.3.3 Ziff. 2.
53 MaComp-Entwurf, BT 3.3.1, Ziff. 1.
54 Art. 44 Abs. 3 MiFID II-DVO.

6.4.5 Darstellung von Wertentwicklungen

34 Regelungen zur Darstellung einer früheren Wertentwicklung, der Simulation einer früheren Wertentwicklung und zur Darstellung künftiger Wertentwicklungen finden sich in Art. 44 Abs. 4 bis 6 MiFID II-DVO:

6.4.5.1 Frühere Wertentwicklung

35 Aussagen zu einer früheren Wertentwicklung dürfen nicht im Vordergrund der Information stehen.[55] Die MiFID II-DVO trifft keine Bestimmung über die konkrete Art und Weise der Darstellung. Es sind Angaben in absoluten Werten oder prozentual ausgedrückt möglich. In den MaComp wird eine Angabe eines Durchschnittswerts für den gesamten Beobachtungszeitraum mit dem Argument abgelehnt, dies ermögliche keine Rückschlüsse auf Volatilität und Risiko der Anlage.[56] Auch annualisierte Durchschnittswerte werden in den MaComp bei im Wert schwankenden Finanzinstrumenten als meist unzureichend angesehen.[57]

36 Um zu verhindern, dass ein nicht repräsentativer Zeitraum für die Darstellung ausgewählt wird, ist grundsätzlich auf die *unmittelbar* vorausgehenden fünf Jahre[58] Bezug zu nehmen. Dabei stellt sich die Frage, welcher Zeitraum verstreichen darf, bevor eine Angabe zur Wertentwicklung nicht mehr das Unmittelbarkeitserfordernis erfüllt. Die Frage hat große praktische Bedeutung, da sich hiernach bestimmt, wie schnell das Informationsmaterial neu aufgelegt werden muss. Dies hat wesentliche Auswirkungen auf die Marketingkosten.

Die Verordnung geht an dieser Stelle durchgehend von Jahreszeiträumen aus. Insoweit dürfte eine Unmittelbarkeit nicht mehr angenommen werden können, wenn der letzte abgebildete Zeitpunkt mehr als ein Jahr zurückliegt. Eine andere „harte" zeitliche Grenze lässt sich der Regelung nicht entnehmen. Allerdings ist in diesem Zusammenhang auch zu beachten, dass das Informationsmaterial auch bei der Abbildung der Wertentwicklung redlich und nicht irreführend bleiben muss. Sollten nach Redaktionsschluss Entwicklungen eingetreten sein, die die Darstellung bei objektiver Betrachtung als nicht mehr angemessen erscheinen lassen, etwa starke Kursverluste, ist die weitere Verbreitung der Darstellung nicht mehr opportun.[59]

Ansonsten bestimmt sich die Unmittelbarkeit auch danach, welche Informationsmedien gewählt werden. Zu berücksichtigen ist dabei nicht nur die je nach Medium unterschiedliche verkehrsübliche Produktionszeit, sondern auch der unterschiedliche Umgang mit dem Material. Bei schriftlichem Informationsmaterial kann sowohl der Produktionsvorlauf einige Zeit in Anspruch nehmen als auch die Zeit, bis die Auflage aufgebraucht ist. Bei schnellen elektronischen Medien wird umgekehrt für den Regelfall ein strengerer Maßstab

---

55 Art. 44 Abs. 4 lit. a MiFID II-DVO.
56 MaComp-Entwurf, BT 3.3.4.1.1, Ziff. 3. Dagegen ist einzuwenden, dass sich solche Hinweise ggf. aus den übrigen Informationen ergeben können.
57 MaComp-Entwurf, BT 3.3.4.1.1, Ziff. 3.
58 Art. 44 Abs. 4 lit. b MiFID II-DVO.
59 MaComp-Entwurf, BT 3.3.2, Ziff. 1.

an die Aktualität angelegt werden können.[60] Die MaComp empfehlen einen deutlichen Hinweis auf den Erstellungszeitpunkt.[61]

Zwingende Aussagen zu dem Beginn der Jahreszeiträume sind dem Gesetz nicht zu entnehmen. Die Darstellung kann sich damit an Kalenderjahren, Halbjahren oder Quartalen, aber auch an beliebigen anderen Zeitpunkten, z. B. des Redaktionsschlusses der Information orientieren. *37*

Angaben über einen längeren Zeitraum als fünf Jahre sind möglich, wobei auch hier ganze Zwölfmonatszeiträume anzugeben sind.[62] Neben die gesetzlichen Vorgaben können ergänzend auch weitere Performanceangaben treten.[63] Diese dürfen aber die gesetzlichen Angaben in Inhalt und Form nicht in den Hintergrund drängen.[64] *38*

Bei Finanzinstrumenten, die noch nicht fünf Jahre am Markt sind, müssen Angaben zu dem gesamten verfügbaren Zeitraum gemacht werden.[65] Ist das Instrument erst weniger als ein Jahr am Markt, ist eine Wertentwicklungsangabe grundsätzlich ausgeschlossen.[66] Dies gilt insb. für Marketingmitteilungen, da hier das Absatzinteresse des Erstellers greift und damit wegen des erhöhten Risikos einer unredlichen Darstellung das Verbot, Wertentwicklungsverläufe für kürzere Zeiträume als ein Jahr anzugeben. Handelt es sich dagegen um eine wertungsfreie Information des Kunden, ist dem Informationsinteresse des Kunden Vorrang zu geben und eine Angabe sowohl mündlich, als auch in textbasiertem Informationsmaterial möglich, etwa auf einer Webseite mit Performanceangaben.[67] *39*

Zusätzlich sind der Referenzzeitraum und die Informationsquelle eindeutig anzugeben.[68] Bei Instrumenten in einer anderen Währung als Euro oder Angaben in einer anderen Währung ist diese dem Kleinanleger anzugeben und ein Hinweis aufzunehmen, dass die Rendite sich aufgrund von Währungsschwankungen verändern kann.[69] *40*

Wird die Bruttowertentwicklung angegeben, muss auch angegeben werden, wie sich Provisionen, Gebühren und andere Entgelte auswirken.[70] Aus dem Wortlaut, der auf die Angabe einer Bruttowertentwicklung abstellt, lässt sich jedoch nicht entnehmen, dass die konkrete Höhe der Kosten anzugeben ist, da der Verordnungsgeber nicht unmittelbar die Angabe einer Nettowertentwicklung verlangt oder die Bruttowertangabe verboten hat. Die BaFin verlangt jedoch quantifizierte Angaben und nicht nur den Hinweis, *dass* sich diese Kosten mindernd auf die Wertentwicklung auswirken. Wegen der Schwierigkeiten eines exakten *41*

---

60 MaComp-Entwurf, BT 3.3.2, Ziff. 1: Bei Online-Datenbanken unter Umständen sogar Echtzeit. Eine Ausnahme wird für Vertriebsmaterialien nach Abschluss der Zeichnungsfrist gemacht. Hier ist es den Emittenten nicht zumutbar, die Angaben aktuell zu halten. In diesem Fall verlangt die BaFin die Angabe des Erstellungszeitpunkts.
61 MaComp-Entwurf, BT 3.3.2, Ziff. 2.
62 Art. 44 Abs. 4 lit. b MiFID II-DVO.
63 Wie hier MaComp (Fn. 16), BT 3.3.4.1.6.
64 MaComp-Entwurf, BT 3.3.4.1.6.
65 Art. 44 Abs. 4 lit. b MiFID II-DVO.
66 MaComp-Entwurf, BT 3.3.4.1.4.
67 MaComp-Entwurf, BT 3.3.4.1.5.
68 Art 44 Abs. 4 lit. c MiFID II-DVO.
69 Art 44 Abs. 4 lit. e MiFID II-DVO.
70 Art 44 Abs. 4 lit. f MiFID II-DVO.

Ausweises von Kosten, die von noch unbekannten Faktoren wie dem Wert des Instruments zum Kaufzeitpunkt und der Dauer der Verwahrdauer (Depotgebühren) abhängen, ist eine exemplarische Darstellung möglich.[71] Zudem ist eine deutliche Warnung erforderlich, dass sich die Zahlenangaben auf die Vergangenheit beziehen und frühere Wertentwicklungen kein verlässlicher Indikator für künftige Ergebnisse sind.[72]

6.4.5.2 Simulationen früherer Wertentwicklung

42 Backtesting ist zulässig, muss aber auf der tatsächlichen Entwicklung eines Underlyings[73] beruhen, wobei hierfür die für die historische Performance geltenden zeitlichen Einschränkungen zu beachten sind. Darüber hinaus ist eine deutliche Warnung erforderlich, dass die Angaben sich auf simulierte frühere Wertentwicklung beziehen und somit kein verlässlicher Indikator für zukünftige Ergebnisse sind.[74]

6.4.5.3 Künftige Wertentwicklung

43 Angaben zur künftigen Wertentwicklung dürfen nicht auf einer früheren simulierten Wertentwicklung beruhen oder hierauf Bezug nehmen. Sie müssen auf angemessenen, objektiven Daten fußen. Referenzieren sie auf der Bruttowertentwicklung, muss deutlich angegeben werden, wie sich Provisionen, Gebühren und andere Entgelte auswirken.[75] Neu ist, dass die Informationen auf (sowohl positiven als auch negativen) Szenarien mit unterschiedlichen Marktbedingungen beruhen und die Art und Risiken der in der Analyse einbezogenen Arten von Instrumenten widerspiegeln müssen.[76] Darüber hinaus muss eine deutliche Warnung enthalten sein, die darlegt, dass derartige Prognosen kein verlässlicher Indikator für zukünftige Wertentwicklungen sind.[77]

---

71 Hierzu MaComp-Entwurf, BT 3.3.4.1.7 Ziff. 2: Typisierende Anlage von 1.000 € bei einem Anlagezeitraum von fünf Jahren unter Berücksichtigung des institutseigenen Preistableaus oder marktüblicher Durchschnittswerte. Ersteres wird in Betracht kommen, wenn die Information von dem depotführenden Institut stammt, letzteres, wenn einen Emittenten die Informationspflicht trifft. An die Ermittlung der Durchschnittswerte sollten keine überspannten Anforderungen gestellt werden. Entscheidend ist, ob die zur Berechnung herangezogenen Preise marktüblich sind. Ausreichend sein dürfte daher eine Schätzung, die sich an am Markt üblichen Gebührenmodellen orientiert. Allerdings sind die herangezogenen Preise offenzulegen, damit der Leser hieraus Schlüsse für seine individuelle Berechnung ziehen kann.
72 Art. 44 Abs. 4 lit. d MiFID II-DVO.
73 Art. 44 Abs. 5 MiFID II-DVO. Nach den MaComp-Entwurf, BT 3.3.4.1.8, Ziff. 3, ist es nicht möglich, die Wertentwicklung eines in seiner Zusammensetzung von Ermessensentscheidungen abhängigen Index als Basis heranzuziehen.
74 Art. 44 Abs. 5 lit. c MiFID II-DVO.
75 Art. 44 Abs. 6 lit. c MiFID II-DVO.
76 Art. 44 Abs. 6 lit. d MiFID II-DVO.
77 Art. 44 Abs. 6 lit. e MiFID II-DVO.

6.4.6 Steuern

Wenn Aussagen zur Besteuerung enthalten sind, hat ein Hinweis auf die Abhängigkeit von der persönlichen Situation des Kunden und die Möglichkeit künftiger Änderungen zu erfolgen.[78]

44

6.4.7 Nennung der Behörde

Der Name der zuständigen Behörde darf dem Leser nicht nahelegen, dass Produkte oder Dienstleistungen von der Aufsicht gebilligt oder genehmigt worden sind oder werden.[79]

45

6.4.8 Weitergehende Regelungen für Werbemitteilungen

Werbemitteilungen unterliegen zusätzlichen Anforderungen.[80] Die Informationen in einer Werbemitteilung dürfen nicht in Widerspruch zu denjenigen Informationen stehen, die dem Kunden im Zuge der Erbringung von Wertpapierdienstleistungen oder -nebendienstleistungen zur Verfügung gestellt werden. Insb. müssen sie daher mit Informationen etwaiger Term Sheets übereinstimmen. Bei Angaben zu Entgelten empfiehlt sich daher ein Hinweis auf ihren Geltungszeitraum.

46

§ 4 Abs. 10 WpDVerOV enthält darüber hinaus Regelungen für Werbemitteilungen, die unmittelbar auf Herbeiführung eines Vertragsabschlusses gerichtet sind. Insb. müssen solche Werbemitteilungen in diesem Fall alle notwendigen Informationen nach § 5 Abs. 1 und 2 WpDVerOV enthalten. Im Übrigen wird auf den Wortlaut der Regelung verwiesen.

7 Dokumentation

Kundeninformationen sind aufzuzeichnen.[81] Für Werbemitteilungen ergibt sich Gleiches mittelbar aus Art. 72 MiFID II-DVO. Dabei reicht für beide Informationstypen nach § 9 Abs. 3 WpDVerOV die Aufbewahrung eines Exemplars sowie die Aufzeichnung, an welchen Kundenkreis sich die Mitteilung richtet. Letzte Information kann sich bereits aus dem Dokument selbst ergeben. Nach § 83 Abs. 8 WpHG sind die Aufzeichnungen soweit erforderlich für fünf Jahre ab Erstellung aufzubewahren. Eine Verlängerung der fünfjährigen Frist um 2 Jahre kann unter bestimmten Voraussetzungen von der BaFin veranlasst werden. Nach Ablauf der Frist, sind die Aufzeichnungen zu löschen.

47

---

78 Art. 44 Abs. 7 MiFID II-DVO.
79 Art. 44 Abs. 8 MiFID II-DVO.
80 § 4 Abs. 9 und 10 WpDVerOV.
81 Art. 16 Abs. 6 MiFID II, § 83 WpHG.

8 Praxistipps

48 1. Um die Einhaltung der gesetzlichen Anforderungen zu gewährleisten, ist eine Beteiligung der Compliance-Funktion bei der Konzeption der Kundeninformationen üblich geworden. Erhöhte Compliance-Relevanz haben dabei vor allem die Informationen über
   – potenzielle Interessenkonflikte und
   – die Erwerbskosten der Finanzinstrumente im Retailvertrieb.
2. Im praktischen Umgang mit den einzelnen inhaltlichen Anforderungen an Kundeninformationen empfiehlt sich die Aufstellung interner Organisationsrichtlinien. Diese können Aussagen treffen zu
   – den Zuständigkeiten und Abstimmungserfordernissen,
   – der prozessualen Umsetzung im Haus (Freigabeerfordernisse, Zulässigkeit dezentralen Marketings Interne Überprüfung, Dokumentationsabläufe),
   – den betroffenen Produkten (Welche Finanzinstrumente des WpHG werden vertrieben, Erweiterung auf Finanzinstrumente, die nicht dem WpHG unterliegen) und
   – den institutseigenen Informationsmedien (Erweiterung auf Informationsmedien für den eigenen Gebrauch zur Vermeidung von Widersprüchen).
3. Insb. die für Retailkunden konzipierten Informationstexte unterliegen in vielen Häusern einem dezidierten, institutsinternen Produkteinführungsprozess. Dieser erfolgt unter Beteiligung der Compliance-Funktion. In diesem Rahmen wird geprüft
   – Produkteigenschaften und -risiken,
   – Preistransparenz sowie
   – Verständlichkeit und Rechtmäßigkeit des vorgesehenen Informationsmaterials für den Kunden.

9 Literaturverzeichnis

Ellenberger/Schäfer/Clouth/Lang: Praktikerhandbuch Wertpapier- und Derivatgeschäft, 2. Aufl., Heidelberg 2009.

Zeidler: Marketing nach MiFID, in: WM 2008, S. 238.

II.A.3

Kunden- und Produktklassifizierung

Michael Brinkmann

Inhaltsübersicht

1	Einleitung..	1
2	Rechtliche Grundlagen......................................	2
3	Einordnung der Anleger und der angebotenen Wertpapierarten:...........	3–10
3.1	Privatkunden..	3
3.2	Professionelle Kunden	4–7
3.3	Geeignete Gegenparteien	8–10
4	Kriterien für die Herauf- (Opt-up) bzw. Herabstufung (Opt-down) von Kunden..	11–22
4.1	Gekorener professioneller Kunde	14–21
4.2	Gekorene Gegenpartei.......................................	22
5	Einstufungsgrundsätze	23–25
6	Geschäftspolitische Entscheidung über die Kundenkategorisierung	26–28
7	Folgen der Kundenklassifizierung für die Produktklassifizierung	29–36
7.1	Anforderungen an die Kundenkategorie Privatkunden	33–35
7.2	Übersicht über die Anforderungen in den einzelnen Kundenkategorien	36
8	Literaturverzeichnis	

1 Einleitung

Ab dem 03.01.2018 gelten für alle Wertpapierdienstleistungsunternehmen neue gesetzliche Regelungen im Zusammenhang mit Wertpapiergeschäften. Es handelt sich dabei um Vorgaben der MiFID II, die ergänzt werden durch die Finanzmarktverordnung MiFIR (Markets in Financial Instruments Regulations). Gesetz und Verordnung enthalten zahlreiche Regelungen, die den Anlegerschutz stärken, aber auch neue Vorgaben, die bisher nicht reguliert wurden. Zum Teil wurden Regelungen der MiFID I auch verschärft. MiFID II/MiFIR sollen die Effizienz, die Widerstandsfähigkeit und die Integrität der Finanzmärkte verbessern u. a. durch mehr Transparenz und einem stärkeren Anlegerschutz. Das übergeordnete Ziel besteht jedoch darin, gleiche Wettbewerbsbedingungen auf den Finanzmärkten zu schaffen. Daneben besteht die sog. „Delegierte Verordnung", die zusammen mit MiFID II und MiFIR zu lesen ist. Sie bildet die Ergänzung in Bezug auf die organisatorischen Anforderungen an Wertpapierdienstleistungsunternehmen und die Bedingungen für die Ausübung ihrer Tätigkeit sowie in Bezug auf die Definition bestimmter Begriffe für die Zwecke der Richtlinie.[1]

1

In diesem Zusammenhang wurde auch die gesetzliche Verpflichtung für Wertpapierdienstleistungsunternehmen, ihre Kunden in bestimmte Kundenkategorien einzuordnen, verändert. Es verbleibt die Dreiteilung in die Kundengruppen „Privatkunde", „Professioneller Kunde" und „geeignete Gegenpartei" mit dem Vorteil für die Institute, nicht für jeden Kunden den gleichen Pflichtenkatalog vorhalten zu müssen. Für den Kunden bietet die neue Einteilung in drei Gruppen das Schutzbedürfnis, das er benötigt vom wenig informierten Kleinanleger über den semiprofessionellen Marktteilnehmer bis zu am Kapitalmarkt tätigen Unternehmen und Banken. Die Erfahrungen mit diesem neuen System haben aber auch Probleme mit sich gebracht. Die Vorteile, die die Dreiteilung der Kundengruppen mit sich bringt, schaffen insofern Leidensdruck bei jedem Institut, da diese ein deutliches Mehr an Verwaltungs- und Überwachungsaufgaben nach sich ziehen. So nutzten viele Wertpapierdienstleistungsinstitute die Möglichkeit nach dem alten § 31a Abs. 5 WpHG, vor allem professionelle Kunden als Privatkunden einzustufen. Diese Möglichkeit fällt mit dem neuen § 67 WpHG nun weg. Gleichwohl kann gem. § 67 Abs. 5 WpHG ein professioneller Kunde mit dem Wertpapierdienstleistungsunternehmen eine Einstufung als Privatkunde vereinbaren. Nach dem Wortlaut „Vereinbaren" besteht nun kein einseitig auszuübendes Wahlrecht mehr, sondern eine gemeinsame Vereinbarung zwischen Institut und Kunde. Teile des Regelungswerkes lassen aber auch einen anderen Interpretationsspielraum zu. Demnach habe der professionelle Anleger einseitig die Möglichkeit auf das Schutzniveau eines Privatkunden umgestuft zu werden. Lt. DelVO haben aber auch Institute, das Recht, Kunden von sich aus einzustufen. Insoweit besteht noch Handlungsbedarf für eine eindeutige Aussage.

---

1 Delegierte Verordnung (EU) v. 25.04.2016 Europäische Kommission.

2 Rechtliche Grundlagen

2
- §§ 67, 68 WpHG (Wertpapierhandelsgesetz)
- Art. 45, 71 Delegierte Verordnung EU zur Ergänzung der MiFD II-Richtlinie 2014/65/EU
- Art. 30, Anhang II MiFID II (Richtlinie 2014/65 EU)
- § 2 WpDVerOV-E (in der Fassung des Referentenentwurfes)

3 Einordnung der Anleger und der angebotenen Wertpapierarten:

3.1 Privatkunden

3 In vielen Kreditinstituten wurden die Kunden bisher – unabhängig, ob im Wertpapier- oder im Kreditgeschäft – ausschließlich in Privatkunden und Firmenkunden eingeordnet. Ein Privatkunde oder Verbraucher im Sinne des § 13 BGB ist jede natürliche Person, die ein Rechtsgeschäft zu einem Zwecke abschließt, der weder ihrer gewerblichen noch ihrer selbstständigen beruflichen Tätigkeit zugerechnet werden kann. Firmenkunden sind demnach diejenigen Kunden, die keine Privatkunden im Sinne des BGB sind.

Anders ist die Definition im WpHG. Gem. § 67 Abs. 3 WpHG sind Privatkunden diejenigen Kunden, die keine professionellen Kunden sind. Nach dieser Negativ-Definition der MiFID, die eine Art Auffangtatbestand darstellt, geht die Kategorie „Privatkunde" über natürliche Personen hinaus und umfasst auch kleine und mittlere Unternehmen unabhängig von ihrer Rechtsform. Während Privatkunden das **volle Schutzniveau** beanspruchen können, sind Teile der Vorschriften in der MiFID gegenüber professionellen Kunden nicht anzuwenden. Die geeigneten Gegenparteien haben das geringste Schutzniveau. Höchstmögliches Schutzniveau, bedeutet, alle Bestimmungen zum Anlegerschutz sind von den Instituten in vollem Umfang anzuwenden. **Uneingeschränkte** Anwendung finden für die Privatkunden insb. die Informationspflichten, die Pflicht zur kundengünstigsten Ausführung und Informationen über die Bearbeitung von Kundenaufträgen. Dazu gehören Informationen über die Wertpapierfirma und ihre Dienstleistungen, Finanzinstrumente und vorgeschlagene Anlagestrategien, Kosten und Nebenkosten sowie Ausführungsplätze für Wertpapiergeschäfte.

3.2 Professionelle Kunden

4 Hierbei handelt es sich um Kunden, die über **ausreichende Erfahrungen**, Kenntnisse und Sachverstand verfügen, um ihre Anlageentscheidungen zu treffen und die damit verbundenen Risiken angemessen beurteilen zu können.

5 § 67 Abs. 2 WpHG definiert dabei folgende Kunden, die im Inland oder Ausland zulassungs- oder aufsichtspflichtig sind, um auf den Finanzmärkten tätig werden zu können als professionelle Kunden:

- Sonstige zugelassene oder beaufsichtigte Finanzinstitute
- Wertpapierdienstleistungsunternehmen
- Versicherungsunternehmen
- Organismen für gemeinsame Anlagen und ihre Verwaltungsgesellschaften,

- Pensionsfonds und ihre Verwaltungsgesellschaften
- Börsenhändler und Warenderivatehändler
- Sonstige institutionelle Anleger, deren Haupttätigkeiten nicht unter die o. a. Aufzählung fallen
- Nationale und regionale Regierungen sowie Stellen der öffentlichen Schuldenverwaltung auf nationaler oder regionaler Ebene
- Zentralbanken, internationale und überstaatliche Einrichtungen wie die Weltbank, der Internationale Währungsfonds, die Europäische Zentralbank, die Europäische Investmentbank und andere vergleichbare internationale Organisationen
- Andere nicht zugelassene bzw. beaufsichtigte institutionelle Anleger, deren Haupttätigkeit in der Investition in Finanzinstrumente besteht, und Einrichtungen, die die Verbriefung von Vermögenswerten und andere Finanzierungsgeschäfte betreiben
- Unternehmen, die mind. zwei der drei nachfolgenden Kriterien überschreiten:
  - 20 Mio. € Bilanzsumme
  - 40 Mio. € Umsatzerlöse
  - 2 Mio. € Eigenkapital

Fondsgesellschaften und ihre Verwaltungsgesellschaften wurden bei dieser Aufzählung bewusst aus dem Gesetz herausgenommen, da sich für Fondsgesellschaften mit dem Kapitalanlagegesetzbuch (KAGB) seit Juli 2013 eigene Definitionen bestehen. Das KAGB spricht nicht vom professionellen Kunden, sondern vom professionellen Anleger und dem semi-professionellen Anleger.

§ 1 Abs. 19 Nr. 32 KAGB definiert professionelle Anleger als jeden Anleger im Sinne der MiFID-Richtlinie, kennt darüber hinaus aber auch noch den „Semiprofessionellen Anleger". Nach § 1 Abs. 19 Nr. 33 ist das jeder

a. Anleger, der sich verpflichtet, mind. 200.000 € zu investieren,
b. schriftlich in einem vom Vertrag über die Investitionsverpflichtung getrennten Dokument angibt, dass er sich der Risiken im Zusammenhang mit der beabsichtigten Verpflichtung oder Investition bewusst ist,
c. dessen Sachverstand, Erfahrungen und Kenntnisse die AIF-Verwaltungsgesellschaft oder die von ihr beauftragte Vertriebsgesellschaft bewertet, ohne von der Annahme auszugehen, dass der Anleger über die Marktkenntnisse und -erfahrungen der in MiFID II genannten Anleger verfügt,
d. bei dem die AIF-Verwaltungsgesellschaft oder die von ihr beauftragte Vertriebsgesellschaft unter Berücksichtigung der Art der beabsichtigten Verpflichtung oder Investition hinreichend davon überzeugt ist, dass er in der Lage ist, seine Anlageentscheidungen selbst zu treffen und die damit einhergehenden Risiken versteht und dass eine solche Verpflichtung für den betreffenden Anleger angemessen ist und
e. dem die AIF-Verwaltungsgesellschaft oder die von ihr beauftragte Vertriebsgesellschaft schriftlich bestätigt, dass sie die unter c) genannte Bewertung vorgenommen hat und die unter d) genannten Voraussetzungen gegeben sind.

Semiprofessionelle Anleger sind aber auch Geschäftsleiter und bestimmte Mitarbeiter von AIF-Verwaltungsgesellschaften bzw. Mitglieder der Geschäftsführung oder des Vorstandes einer extern verwalteten Investmentgesellschaft, sofern in das jeweils von ihnen verwaltete Investmentvermögen investiert werden soll.

Schließlich ist ein semiprofessioneller Anleger jeder Anleger, der sich verpflichtet, mind. 10 Mio. € in ein Investmentvermögen zu investieren.

Leider ist der Begriff „Eigenkapital" weder im WpHG noch in der WpDVerOV-E definiert. Daher sollte man vom bilanziellen Eigenkapital nach § 272 HBG ausgehen.

6 Erfüllt ein Kunde eines der vorstehenden Kriterien, ist er kraft Gesetz Professioneller Kunde und als solcher vom Institut zu behandeln. Man spricht in diesem Fall auch von einem **„geborenen" Professionellen Kunden.** Die Kundenstruktur bei den Wertpapierdienstleistungsunternehmen ist besonders in der Gruppe der Professionellen Kunden wesentlich heterogener. So findet man dort auch Stiftungen, Vereine, öffentliche Institutionen bzw. Städte und Gemeinden. Daher darf ein Wertpapierdienstleistungsunternehmen nicht davon ausgehen, dass diese Kunden automatisch als erfahren gelten. Vielmehr ist auch hier auf das tatsächliche Wissen abzustellen.

7 Wichtig ist, dass der Kunde darauf hinzuweisen ist, dass er – vom Grundsatz her jederzeit – die Möglichkeit hat, als Privatkunde behandelt zu werden. Er kann in diesem Falle mit dem Institut vereinbaren, wonach er entweder für alle oder nur für eine bzw. mehrere Arten von Produkten als Privatkunde gelten will. Diese vom Kunden gewünschte „Herunterstufung" bezeichnet man im Fachjargon als „Opt-down". So gelangt der Professionelle Kunde in den Genuss des höheren Schutzes für Privatkunden. Aus Vereinfachungsgründen schließen viele Institute die Wahlmöglichkeit des „Opt-down" für einzelne oder mehrere Arten von Produkten aus und vereinbaren mit dem Kunden die Einstufung für die gesamte Kunden-/ Geschäftsbeziehung vorzunehmen. Die verschiedenen Möglichkeiten des „Optdown" und des „Opt-up" werden im Folgenden noch dargestellt.

3.3 Geeignete Gegenparteien

8 Die Kundenkategorie „Geeignete Gegenpartei" ist eine Teilmenge der Professionellen Kunden. Bei den Geeigneten Gegenparteien ergibt sich der deutlich reduzierte Pflichtenkatalog des Instituts gegenüber den Professionellen Kunden aus § 68 WpHG. So brauchen z. B. Teile der allgemeinen und besonderen Verhaltensregeln der §§ 63 und 64 WpHG und weitere Vorschriften gem. § 69 Abs. 1 sowie Teile der §§ 70, 82, 83 und 87 WpHG nicht beachtet werden. Nähere Bestimmungen, insb. zu der Form und dem Inhalt einer Vereinbarung der Herabstufung ergeben sich aus Art. 71 der Delegierten Verordnung. Die Einstufung eines Kunden als geeignete Gegenpartei kommt allerdings ausschließlich für die nachfolgend aufgeführten Wertpapierdienstleistungen in Betracht:
– Finanzkommissionsgeschäfte
– Abschlussvermittlung
– Anlagevermittlung
– Eigenhandel sowie damit in direktem Zusammenhang stehende Wertpapierdienstleistungen

9 Ist ein Kunde als Geeignete Gegenpartei eingestuft und erbringt das Institut gegenüber diesem Kunden darüber hinaus andere Wertpapierdienstleistungen, wie z. B. Anlagebe-

ratung oder Finanzportfolioverwaltung, so muss der Kunde hinsichtlich dieser Wertpapierdienstleistung als Professioneller Kunde behandelt werden.

Geeignete Gegenparteien kraft Gesetz (sog. „geborene" Geeignete Gegenparteien) sind Unternehmen, die in § 67 Abs. 4 WpHG benannt sind. Vor allem gehören dazu: 10
- Wertpapierdienstleistungsunternehmen
- sonstige zugelassene oder beaufsichtigte Finanzinstitute
- Versicherungsunternehmen

4 Kriterien für die Herauf- (Opt-up) bzw. Herabstufung (Opt-down) von Kunden

Das System der Kundenkategorisierung gewährleistet eine gewisse Durchlässigkeit der Kundenkategorien. 11

Kunden, die kraft Gesetz einer der drei möglichen Kategorien zugeordnet sind, müssen nicht unbedingt in dieser Kategorie verbleiben. Vielmehr lässt die MiFID durch ein **flexibles System** sowohl Herauf- als auch Herabstufungen zu. 12

Herabstufung (Opt-down) bedeutet, dass die Umstufung von einer niedrigeren in eine höher geschützte Kundengruppe erfolgt. Die Umstufungen basierten bisher im Wesentlichen auf dem System des Entscheidungsrechts des Wertpapierdienstleistungsunternehmens. So konnten Herabstufungen teilweise ohne Einverständnis des Kunden vorgenommen werden. 13
„§ 31a Abs. 5 WpHG alte Fassung":

> Ein Wertpapierdienstleistungsunternehmen kann ungeachtet der Abs. 2 und 4 geeignete Gegenparteien als professionelle Kunden oder Privatkunden und professionelle Kunden als Privatkunden einstufen. Das Wertpapierdienstleistungsunternehmen muss seine Kunden über eine Änderung der Einstufung informieren.

Dieses Entscheidungsrecht wird auch der MiFID II aufrechterhalten, ist nun allerdings in Art. 45 Nr. 3 der Delegierten Verordnung geregelt:

> „Die Wertpapierfirmen können einen Kunden entweder von sich aus oder auf Antrag des betreffenden Kunden folgendermaßen behandeln: a) als professionellen Kunden oder Kleinanleger, wenn der Kunde gemäß Art. 30 Abs. 2 der Richtlinie 2014/65/EG als geeignete Gegenpartei eingestuft werden könnte; b) als Privatkunden, wenn der Kunde gemäß Anhang II Abschn. I der Richtlinie 2014/65/EU als professioneller Kunde gilt."

Für den Kunden entsteht dadurch kein Nachteil, solange die Institute keine unterschiedlichen Transaktionskosten für die einzelnen Kundenkategorien berechnen. Auch wird sich kaum ein Kunde gegen ein „mehr" an Schutzbedürftigkeit wehren.

Beim Kundenwunsch hingegen ist zu beachten, dass sein Wunsch nach einer Herabstufung für eine Bank verpflichtend ist. Einem Heraufstufungswunsch des Kunden muss die Bank allerdings nicht unbedingt folgen.

4.1 Gekorener professioneller Kunde

14 Kunden, die nach § 67 Abs. 3 WpHG Privatkunden sind, können auf schriftlichen Antrag des Privatkunden eine Einstufung als Professioneller Kunde erreichen. Man spricht in diesem Fall von einem **gekorenen** Professionellen Kunden. Diese Vereinbarung ist auch möglich für einzelne Dienstleistungen oder Finanzprodukte. Voraussetzung für ein „Opt-up" ist in diesem Fall allerdings, dass sich das Institut durch eine angemessene Beurteilung des Sachverstandes sowie der Erfahrungen und der Kenntnisse des Kunden davon vergewissert hat, dass der Kunde in Anbetracht der Art der geplanten Geschäfte nach **vernünftigem Ermessen** in der Lage ist, seine Anlageentscheidung selbst zu treffen und die damit verbundenen Risiken versteht. Zur Beurteilung müssen mind. zwei von drei Kriterien erfüllt sein, an denen man das Opt-up festmacht:

- Der Kunde hat an dem relevanten Markt während des letzten Jahres durchschnittlich pro Quartal 10 Geschäfte von erheblichem Umfang getätigt.
- Das Portfolio des Kunden, welches Bankguthaben und Finanzinstrumente umfasst, übersteigt 500.000 €.
- Der Kunde hat mind. ein Jahr lang einen Beruf im Finanzsektor ausgeübt, der Kenntnisse über die in Betracht kommenden Geschäfte und Wertpapierdienst- oder Wertpapiernebendienstleistungen voraussetzt. Beispielsweise wären hier Berufe wie Börsenmakler, Market Makler oder Bankkaufleute mit Schwerpunkt „Kapitalmarktgeschäfte" vorstellbar.

15 Auch mit Einführung von MiFID II gibt es kleine Klarstellung, wie der Begriff „Geschäfte in erheblichem Umfang" ausgelegt wird. Jedenfalls sollte er in angemessener Relation zum Mindestguthaben von 500.000 € (siehe Spiegelstrich 2) stehen. So ist denkbar, mind. 3 % des Mindestdepotbestandes von 500.000 €, also mind. 10 Geschäfte à 15.000 €, als angemessen anzusehen. M.E. denkbar wäre auch die Lösung, dass man die verlangten 40 Geschäfte pro Jahr in Relation zu den 500.000 € Mindestvermögen setzt, sodass eine Erheblichkeit bei Geschäften von 12.500 € oder mehr anzunehmen ist.[2] Erfüllt ein Kunde die Kriterien, sind gem. § 67 Abs. 6 WpHG folgende Maßnahmen zu beachten:

16 Der Kunde muss gegenüber dem Institut gem. 2 Abs. 2 WpDVerOV-E **schriftlich** beantragen, generell oder für eine bestimmte Art von Geschäften, Finanzinstrumenten oder Wertpapierdienstleistungen oder für ein bestimmtes Geschäft oder für eine bestimmte Wertpapierdienstleistung als Professioneller Kunde behandelt zu werden. Für das Institut besteht die Verpflichtung den Kunden eindeutig und schriftlich auf die rechtlichen Folgen der Einstufungsänderung hinzuweisen. Dazu gehört insb. darauf hinzuweisen, welches Schutzniveau und welches Anlegerentschädigungsrecht der Kunde verliert. Dabei ist die Kenntnisnahme vom Kunden schriftlich in einem vom Vertrag getrennten Dokument bestätigen zu lassen.

Aus diesem Grund waren Wertpapierdienstleistungsinstitute bei Anträgen von Privatkunden auf Höherstufung eher **zurückhaltend**. Nicht bei allen Kunden, die eine Behandlung als Professioneller Kunde wünschen, darf von vornherein davon ausgegangen werden, dass

---

2 *Spindler/Kasten*: Der neue Rechtsrahmen für den Finanzdienstleistungssektor – die MiFID und ihre Umsetzung, in: WM 2006, S. 1797, 1798.

Marktkenntnisse und -erfahrungen vorhanden sind, die denen der geborenen Professionellen Kunden vergleichbar sind. Insofern soll die Behandlung als Professioneller Kunde **nur auf Antrag** dann zulässig sein, wenn sich das Institut davon vergewissert hat, dass dieser in Anbetracht der Art der geplanten Geschäfte oder Dienstleistungen nach vernünftigem Ermessen in der Lage ist, seine Anlageentscheidung selbst zu treffen und die damit einhergehenden Risiken zu verstehen. Prüfen brauchen Institute die Einstufung eines Kunden, der als Professioneller Kunde eingestuft werden möchte, nur dann, wenn dieser Angaben macht, die zu Veränderungen führen. Informiert ein professioneller Kunde das Wertpapierdienstleistungsunternehmen nicht über alle Änderungen, die seine Einstufung als professioneller Kunde beeinflussen können, begründet eine darauf beruhende fehlerhafte Einstufung keinen Pflichtverstoß des Wertpapierdienstleistungsunternehmens.

Wünsche nach Heraufstufung von Privatkunden zu Professionellen Kunden waren bei Banken bisher eher zurückhaltend, hat man aus Praktikabilitätsgründen und wegen der Schwierigkeiten im Zusammenhang der Überwachung der Einhaltung der Kriterien die Kunden lieber als Privatkunden eingestuft. Vor dem Hintergrund mit der auch mit MiFID II erforderlichen Dokumentation der Anlageempfehlung (Geeignetheitserklärung) während jeder Anlageberatung und Aushändigung vor Abschluss des Geschäftes und der nach wie vor erschwerten Telefonberatung, könnte sich die Geschäftspolitik aber ändern. *17*

Wie kann man zu dieser Einschätzung kommen?
Die Zeiten sind schnelllebiger geworden und haben sich in der Zeit zwischen der Einführung der MiFID und der Aktualisierung durch MiFID II für Banken und Kunden deutlich verändert: Die Erträge aus dem zinsabhängigen Geschäft sind für Banken in der langen Zeit der anhaltenden Niedrig- und Negativzinsphase deutlich zusammengeschmolzen – Provisions- und Zahlungsverkehrserträge sind zu wesentlichen Ertragsquellen von Banken geworden. Dazu kommen die sich immer weiter verschärfenden Eigenkapitalregulierungen der Aufsicht, die eher zu einer Begrenzung des Kreditgeschäftes führen. Auf der anderen Seite haben Kunden durch Einführung von Bereitstellungsprovisionen für z. B. offene Kreditlinien und Preisänderungen bzw. -erhöhungen der Banken im Dienstleistungsbereich das nach der Bankenkrise seit 2008 stark beeinträchtigte Vertrauen gegenüber Banken noch nicht wiedererlangt. Sollte nun also von der Empfehlung, Kunden möglichst als Privatkunden einzustufen, abgewichen werden, sollten für die Überwachung der Kriterien für die Hochstufung technische Lösungen geschaffen werden.

Art. 45 Nr. 1 der Delegierten Verordnung sieht vor, dass Wertpapierfirmen Neu- und Altkunden grundsätzlich bei einer Neueinstufung über ihre Einstufung informieren.

In Nr. 2 besteht die Verpflichtung, Kunden auf einem dauerhaften Datenträger über ein etwaiges Recht, eine andere Einstufung zu verlangen, hinzuweisen und vor allem, jegliche daraus erwachsende Einschränkung des Kundenschutzniveaus. Da sich eine Einschränkung des Kundenschutzniveaus nur bei Heraufstufungen ergibt, hat der Gesetzgeber damit automatisch ausgedrückt, dass diese Informationspflicht nicht bei Herabstufungen erforderlich ist. Insoweit können Wertpapierfirmen, die ausschließlich die Kundenklassifizierung „Privatkunden" beibehalten wollen, auf die entsprechende Information in der Kundeninformationsbroschüre verzichten.

Fallbeispiele zur Herauf- und Herabstufung:

18 **Fallbeispiel 1:**
Kunde Waldmann ist Förster, verfügt aufgrund einer Erbschaft über 750.000 € Bankguthaben und tätigt schon seit zwei Jahren mehr als zehn Umsätze von insgesamt knapp 25.000 € pro Quartal in Optionsscheinen mit mäßigem Erfolg. Er sieht sich selbst als Börsenexperte und hat davon gehört, dass Institute ihre Kunden klassifizieren. Da er die langen Aufklärungs- und Beratungsgespräche lästig findet, möchte er gern ein „Professioneller" Kunde sein. Dieses Statement habe er sich mit der Zeit auch verdient.

Im vorliegenden Fall wird ein Institut den Wunsch des Kunden **ablehnen**, wenngleich die Kriterien für eine Umstufung auf ihn zutreffen. Der Umstand der Erbschaft, das Motiv der Umstufung für den Kunden und der Beruf des Kunden, der nicht auf Sachkenntnis schließen lässt, birgt die Gefahr von **Haftungsrisiken**, wenn der Kunde aufgrund einer Einstufung kraft Vereinbarung als Professioneller Kunde Schutzniveau verliert.

19 **Fallbeispiel 2:**
Kunde Liebig ist Professioneller Kunde kraft Gesetz, da er ein Unternehmen betreibt, das im vorletzten Geschäftsjahr 42 Mio. € Umsatzerlöse erzielt hat und über bilanzielle Eigenmittel von rund 2,5 Mio. € verfügt. Die Bilanzsumme des Unternehmens beläuft sich auf 20 Mio. €. Im Folgejahr sinken die Umsatzerlöse auf 38 Mio. €. Durch einen Verlust sinken die Eigenmittel auf nur noch 1,6 Mio. €.

Wenngleich ein Institut das Vorliegen der Voraussetzungen gem. § 67 Abs. 2 Nr. 2 WpHG nicht von sich aus prüfen muss, sondern nur, wenn es positiv Wissen davon erlangt, kann man davon ausgehen, dass mit Eingang des neuen Jahresabschlusses in der Kreditabteilung der Tatbestand „Wissen erlangt" erfüllt ist. So muss es eine Schnittstelle zwischen der Kreditabteilung und der Wertpapierabteilung geben, denn im vorliegenden Fall wäre der Kunde nicht mehr Professioneller Kunde. Vorteilhaft wäre es deshalb, einen Verantwortungsbereich im Institut zu schaffen, der reagiert, wenn die Voraussetzungen gem. § 67 Abs. 2 Nr. 2 WpHG nicht mehr vorliegen. So ist beispielsweise der Kunde über die Umstufung zu unterrichten.

20 *Professioneller Kunde wünscht Opt-down*
„Geborene" professionelle Kunden haben die Möglichkeit, auf **Wunsch** als Privatkunden behandelt zu werden. Dabei haben die Kunden die Wahl, mit dem Institut zu vereinbaren, dass er entweder für alle oder nur für bestimmte Arten von Produkten als Privatkunde gelten will.

21 **Fallbeispiel:**
Kunde Müller ist Professioneller Kunde kraft Gesetzes, da er Börsenhändler ist. Allerdings wünscht dieser Kunde – um sein hohes Schutzniveau nicht zu verlieren – nur in Rentenpapieren ein Professioneller Kunde zu sein. Beim Kauf von Aktien oder gar bei Finanztermingeschäften wünscht er die Herabstufung zum Privatkunden.

Szenarien wie in diesem Fall sind durchaus denkbar und vom WpHG auch vorgesehen. Die Folge wäre, dass ein Kunde in bestimmten Fällen als Privatkunde und in anderen Fällen als Professioneller Kunde anzusehen wäre, wodurch das Wertpapiergeschäft mit einem solchen Kunden durch die differenzierte Einstufung **kompliziert** zu handhaben wäre. Daher gehen viele Institute dazu über, den Kunden nur insgesamt für alle Bereiche und alle Finanzinstrumente in ein und die gleiche Kategorie einzustufen. Wenn es der Wunsch des Kunden ist, in einzelnen Bereichen als Privatkunde behandelt zu werden, sollte man den Kunden insgesamt als Privatkunden einstufen.

4.2 Gekorene Gegenpartei

Geeignete Gegenpartei können auch professionelle Kunden nach § 67 WpHG sein (Gekorene Gegenpartei). Dabei kann es sich um sonstige nicht zulassungs- oder aufsichtspflichtige Unternehmen handeln, die große Unternehmen nach der Definition im Sinne der Voraussetzungen der Geeigneten Gegenpartei sind. 22

Formale Anforderungen bestehen ebenso für die „Heraufstufung" zur geeigneten Gegenpartei. Diese findet man in Art. 71 Abs. 5 Delegierte Verordnung. Auch hier ist ein entsprechender Antrag der potenziellen Gegenpartei auf Behandlung als geeignete Gegenpartei erforderlich. Im Anschluss muss das Institut dem Kunden einen deutlich schriftlichen Hinweis auf die Folgen eines solchen Antrags für den Kunden einschließlich des damit ggf. einhergehenden Verlustes zukommen lassen. Auch hier hat der Kunde – wie bei der Heraufstufung zum professionellen Kunden – schriftlich zu bestätigen, dass er beantragt, entweder generell oder hinsichtlich einer oder mehrerer Wertpapierdienstleistung(en) bzw. eines Geschäftes oder einer Art von Geschäft bzw. Produkt als geeignete Gegenpartei behandelt zu werden und dass er sich den Folgen des Verlustes des bisherigen Schutzniveaus bewusst ist.[3]

Da die Differenzierung zwischen Professionellen Kunden und Geeigneten Gegenparteien für die Anlageberatung keine Rolle spielt, entscheiden sich viele Institute, diese Möglichkeit des Opt-up **nicht zuzulassen**.

5 Einstufungsgrundsätze

Nach § 2 Abs. 1 WpDVerOV-E müssen Wertpapierdienstleistungsunternehmen die notwendigen organisatorischen Vorkehrungen treffen, insb. Grundsätze aufstellen, Verfahren einrichten und Maßnahmen ergreifen, um Kunden nach § 67 des WpHG einzustufen und die Einstufung professioneller Kunden aus begründetem Anlass überprüfen zu können. 23

Die vielfältigen Möglichkeiten des Opt-up und Opt-down verursachen im Institut nicht nur einen **erheblichen Aufwand** organisatorischer Art, sondern führen auch zu Verwirrung bei den Mitarbeitern, zu Auseinandersetzungen und Fehlern. Daher erfolgt in vielen Instituten vor der Implementierung organisatorischer Regelungen eine Kosten-/Nutzenanalyse, inwieweit die vielfältigen Regelungen vorteilhaft für das Institut und für den Kunden sind. Der Nutzen ist sicherlich, dem Kunden zu dienen. Dazu gehören der Wunsch der Privatkun- 24

---

[3] Art. 71 Abs. 5 Buchstaben a und b DelVO.

den, möglichst als professionell zu gelten, um lästigen Befragungen aus dem Weg zu gehen oder weil es das Selbstbewusstsein stärkt, aber auch die Sorge der professionellen Kunden, Schutz zu verlieren und schließlich der Wunsch nach differenzierter Einstufung entsprechend dem jeweiligen Finanzinstrument.

25 Insb. sind Sparkassen und Genossenschaftsbanken dazu übergegangen, auf die sehr komplexe Kundenkategorisierung zu verzichten und eine **einheitliche** Einstufung aller Kunden – mit Ausnahme von Wertpapierdienstleistungsunternehmen, mit denen sie in der Regel das Eigenanlagengeschäft durchführen – als Privatkunden vorzusehen. Damit genießen alle Kunden das höchste Schutzniveau. In der Außendarstellung kann dies mit der **positiven Bereitschaft** des Instituts zur umfangreichen Beratung und Aufklärung verbunden werden. Die einheitliche Kundenbehandlung führt auch dazu, dass erhebliche organisatorische und individuelle Aufwendungen vermieden werden. Gleichwohl haben sich die Zeiten verändert, sodass immer mehr Institute nun auch Professionelle Kunden zulassen möchten.

6 Geschäftspolitische Entscheidung über die Kundenkategorisierung

26 Die Grundsätze zur Kundenentscheidung bedürfen der Formulierung und **Beschlussfassung** durch die Geschäftsleitung des Instituts. Dabei ist die Festlegung wichtig, wie sich das Institut bei der Einstufung der Kunden verhält und inwieweit Herauf- oder Herabstufungen zugelassen werden sollen. In der Regel schaffen IT-Dienstleister und Wertpapierabwickler für die Kundenkategorisierung technische Auswahlfelder und systemtechnische Voraussetzungen. Nachstehend ein Beispiel für eine Genehmigung durch die Geschäftsleitung:

> „Unsere Kunden werden nach den gesetzlichen Vorgaben in Privatkunden, Professionelle Kunden und Geeignete Gegenparteien eingestuft. Von der gesetzlich vorgesehenen Möglichkeit einer Abweichung von diesen Vorgaben machen wir keinen Gebrauch. Sofern ein Professioneller Kunde mit dem Wunsch an uns herantritt, als Privatkunde eingestuft zu werden, werden wir dies mit dem Kunden entsprechend vereinbaren. Der Professionelle Kunde wird dann insgesamt als Privatkunde eingestuft. Eine Einstufung als Privatkunde für einzelne Finanzinstrumente oder Wertpapierdienstleistungen bieten wir nicht an. Die Möglichkeit eines Privatkunden, sich als Professionellen Kunden einstufen zu lassen, bieten wir ebenfalls nicht an.
>
> Musterhausen, den 29. September 2018
>
> *Die Geschäftsleitung"*

27 Für den Compliance-Beauftragten eines Instituts besteht die Verpflichtung, die Einhaltung der Grundsätze zur Kundenkategorisierung mind. jährlich zu prüfen. Seine **Kontrollhandlungen** und die laufende Überwachung aus dem Bereich der Wertpapierkontrolle stellen sicher, dass eine ordnungsgemäße EDV-technische Erfassung der entsprechenden Kundenkategorien erfolgt.

28 Privatkunden, „geborene" und „gekorene" Professionelle Kunden und Geeignete Gegenparteien sind Konstrukte, die die Anlageberatung entsprechend dem Schutzniveau der Kunden für die Institute **erleichtern** soll. Die Vielzahl der Möglichkeiten des Opt-up und

Opt-down und das unterschiedliche Schutzniveau bergen allerdings **Unsicherheiten** bei Bank und Kunden. Die Einstufungsgrundsätze, die ein Institut wählt, sollten daher wohl überlegt sein.

7 Folgen der Kundenklassifizierung für die Produktklassifizierung

Die **Produktvielfalt** und die vielfältigen, detaillierten Regulierungen beispielsweise von Anlage- und Altersvorsorgeprodukten in Deutschland, die die Vermögensberater in den Instituten beachten müssen, ist kaum noch zu überblicken und setzt mittlerweile ein umfangreiches **Spezial**wissen voraus. Unterschiedliche Produktstrukturen bedeuten letztlich auch immer unterschiedliche Anlegerprofile. So können die Anleger der unterschiedlichen Kundenkategorien entsprechend ihrem Anlagehorizont und ihrem Chancen-/Risikoprofil auf eine Vielzahl von Vermögensanlagen zurückgreifen, die ihren Markterwartungen und Anlagewünschen entsprechen. Die Produktvielfalt geht bereits heute mit ausreichenden Informationen einher, um den Anleger eine auf seine persönlichen und wirtschaftlichen Verhältnisse zugeschnittene Anlageentscheidung zu ermöglichen. 29

Dazu gehören insb.: 30
- eine klare Vorstellung des Anlegers über Maßnahmen zur Verhinderung von Interessenkonflikten
- die Sicherstellung ausreichender Transparenz beim Vertrieb und die jeweilige Kostenstruktur einzelner Anlageprodukte
- im Falle der Anlageberatung die Beachtung der Grundsätze der anleger- und objektgerechten Beratung gemäß den Vorgaben der MiFID und der Rechtsprechung

Letztlich haben die Anleger bereits heute die Möglichkeit, auf Grundlage umfassender Informationen das Anlagerisiko angemessen einschätzen zu können, denn schon die Vorgaben aus MiFID I sorgen in Europa schon seit dem Jahr 2007 dafür, dass die Anleger vor dem Kauf von Vermögensanlageprodukten mittels umfangreicher Informationsmaterialien beispielsweise über Produktrisiken und Vertriebsrisiken unterrichtet werden. 31

Unbenommen von dem aus der jeweiligen Kundeneinstufung folgenden Pflichtumfang bleibt die **grundsätzliche Verpflichtung** der Institute, alle Wertpapierdienstleistungen mit der erforderlichen Sachkenntnis, Sorgfalt und Gewissenhaftigkeit im Interesse ihrer Kunden zu erbringen. Neben der geschilderten Dreiteilung der Kunden in bestimmte Kundenkategorien hängen die Informations- und Beratungspflichten auch davon ab, welche Wertpapierdienstleistungen erbracht werden: Vermögensverwaltung, Anlageberatung oder beratungsfreies Geschäft. 32

7.1 Anforderungen an die Kundenkategorie Privatkunden

Privatkunden genießen das **höchste Schutzniveau**. Ihnen gegenüber sind die weitgehenden Informations- und Beratungspflichten des WpHG zu erfüllen. Damit verbunden ist, dass die Institute in einem größeren Umfang als bisher Angabe vom Kunden einholen müssen, um ihn seiner Einstufung als Privatkunde entsprechend anleger- und anlagegerecht beraten zu können. 33

7.1.1 Kundeninformationen

34 Ausgehend von dem für alle Kunden geltenden Grundsatz, dass Kundeninformationen redlich, eindeutig und nicht irreführend sein müssen, werden bereits seit der Einführung von MiFID I im Jahr 2007 allen Bestandskunden und gleichzeitig Privatkunden ein umfangreiches Informationspaket zur Verfügung gestellt. Dazu gehören:
– Informationen über das Institut und seine Dienstleistung
– Aktuelle Fassung der Sonderbedingungen für Wertpapiergeschäfte und Ausführungsgrundsätze des Instituts
– Informationen über Kosten und Nebenkosten des Instituts bei der Erbringung von Wertpapierdienst und -nebendienstleistungen
– Informationen über Zuwendungen
– Informationen über den Umgang des Instituts mit möglichen Interessenskonflikten
– Ggf. neue Aushändigung der neuen Auflage der Basisinformation über Vermögensanlagen in Wertpapieren

Diese Informationen erhalten auch die Professionellen Kunden.

7.1.2 Geeignetheits- und Angemessenheitsprüfung

35 Wie bereits erwähnt, müssen die Institute ihre Kunden je nach Wertpapierdienstleistungsgeschäft (Anlageberatung, Vermögensverwaltung, beratungsfreies Geschäft usw.) und ggf. je nach Produktgruppe intensiver befragen. Z. B. müssen Institute Privatkunden bei der Anlageberatung nach ihren Kenntnissen und Erfahrungen befragen sowie Angaben über die finanziellen Verhältnisse und die Anlageziele erbitten. Damit können die Institute dann die Geeignetheit und Angemessenheit eines Finanzinstruments unter Berücksichtigung des jeweiligen Kundenprofils (risikoscheu, risikobereit usw.) beurteilen.

7.2 Übersicht über die Anforderungen in den einzelnen Kundenkategorien

36 Tab. 1: Übersicht über die Kundenkategorien

	Privatkunden	Professionelle Kunden	Geeignete Gegenparteien
Beschreibung zur Abgrenzung der Kundenkategorien	Negativabgrenzung, d. h. alle Kunden, die keine Professionellen Kunden und keine Geeigneten Gegenparteien sind	Kunden, die über ausreichende Erfahrungen, Kenntnisse und Sachverstand verfügen, um ihre Anlageentscheidung selbst zu treffen und die damit verbundenen Risiken angemessen beurteilen zu können	Wertpapierdienstleist.-unternehmen Kreditinstitute Versicherungsges. Fondsgesellschaften Pensionsfonds Finanzinstitute Nationale und regionale Regierungen Zentralbanken

II.A.3 Kunden- und Produktklassifizierung

	Privatkunden	Professionelle Kunden	Geeignete Gegenparteien
Charakteristikum	Berücksichtigung umfangreicher Anlegerschutzbestimmungen	Berücksichtigung umfangreicher Anlegerschutzbestimmungen	Eingeschränkte Berücksichtigung Anlegerschutzbestimmungen
1.) Anlageberatung (§ 64 WpHG, Art. 54, 55 Delegierte Verordnung)	Eignungs- und Angemessenheitsprüfung d. h. Befragung nach Kenntnissen und Erfahrungen unter Berücksichtigung von Ausbildung und Beruf, finanziellen Verhältnissen, Anlagezielen und Risikobereitschaft	Eignungsprüfung, d. h. Befragung nach Anlagezielen und Risikobereitschaft; Unterscheidung zwischen Pflichten bei geborenen und gekorenen Professionellen Kunden wegen der Angaben zu den finanziellen Verhältnissen Grundsätzlich gilt die Vermutung, dass sowohl die erforderlichen Kenntnisse und Erfahrungen vorhanden sind, als auch, dass die Anlagerisiken finanziell tragbar sind. (Art. 54 Abs. 3 Unterabs. 2 Delegierte Verordnung und Anhang II Abschn. I der MiFID)	Eignungsprüfung wie bei Professionellen Kunden, aber es gilt die Vermutung, dass sowohl die erforderlichen Kenntnisse und Erfahrungen vorhanden sind, als auch, dass die Anlagerisiken finanziell tragbar sind. Art. 54 Abs. 3 Unterabs. 2 Delegierte Verordnung und Anhang II Abschn. I der MiFID II i. V. m. § 67 Abs. 4 WpHG
2.) Geeignetheitserklärung gem. § 64 Abs. 4 WpHG, Art. 54 Abs. 12 Delegierte Verordnung	Ja, ist erforderlich	Nein, ist nicht erforderlich	Nein, ist nicht erforderlich
Beratungsfreies Geschäft nach § 63 Abs. 10 WpHG, Art. 55, 56 Delegierte Verordnung	Angemessenheitsprüfung, d. h. Befragung nach Kenntnissen und Erfahrungen unter Berücksichtigung von Ausbildung und Beruf	Angemessenheitsprüfung – ja, aber es besteht die Vermutung, dass erforderliche Kenntnisse und Erfahrungen vorhanden sind, um die Risiken zu erfassen (Art. 56 Abs. 1 Delegierte Verordnung)	Keine Prüfung gem. § 68 Abs. 1 i. V. m. § 63 Abs. 10 WpHG, Art. 55, 56 Delegierte Verordnung

8 Literaturverzeichnis

Spindler/Kasten: Der neue Rechtsrahmen für den Finanzdienstleistungssektor – die MiFID und ihre Umsetzung, in: WM 2006, S. 1749–1757.

Delegierte Verordnung (EU) v. 25. 04. 2016 Europäische Kommission.

Delegierte Verordnung der Europäischen Kommission, Art 71 Abs. 5 Buchstaben a und b DelVO.

II.A.4

PRIIPs-Basisinformationsblätter, wesentliche Anlegerinformationen, Produktinformationsblätter, Vermögensanlageinformationsblätter

Dr. Gregor Evenkamp und Dr. Thomas Preuße

Inhaltsübersicht

1	Überblick über die unterschiedlichen Kurzinformationen	1–5
2	Kurzinformationen auf europäischer Rechtsgrundlage	6–61
2.1	PRIIPs-Basisinformationsblätter	6–26
2.2	Wesentliche Anlegerinformationen, §§ 164 ff., §§ 268, 270 KAGB	27–45
2.3	Zusammenfassung zum Prospekt	46–61
3	Kurzinformationen auf deutscher Rechtsgrundlage	62–89
3.1	Produktinformationsblätter	62–79
3.2	Vermögensanlageinformationsblätter, §§ 13 VermAnlG	80–89
4	Literaturverzeichnis	

1 Überblick über die unterschiedlichen Kurzinformationen[1]

Kurzinformationen für Anleger, die im Nachgang der ab 2008 um sich greifenden „Finanzkrise" (häufig auch als Verbraucherschutzinformation oder Beipackzettel bezeichnet)[2] erstmals angestoßen wurden[3], dienen dem Ziel, Anlegern die wesentliche Struktur eines bestimmten Finanzprodukts transparent zu veranschaulichen, und so produktübergreifend einen Vergleich verschiedener Investitionsmöglichkeiten zu ermöglichen. Gerade diese Vergleichbarkeit von Produkten miteinander soll einen hohen Grad an Anlegerschutz gewährleisten. Sämtlichen Kurzinformationen gemeinsam ist der Zweck, Anleger in kurzer und verständlicher Form über das jeweils angebotene Produkt zu informieren, um ihnen eine (informierte) Anlageentscheidung zu erleichtern.[4]

Sowohl auf rein nationaler als auch auf europäischer Ebene bestehen diesbezügliche Anforderungen, deren Umsetzung und Einhaltung die Praxis der Wertpapier-Compliance immer stärker mitprägen.

Im Rahmen der Umsetzung der Richtlinie 2009/65/EG zur Koordinierung der Rechts- und Verwaltungsvorschriften betreffend bestimmte Organismen für gemeinsame Anlagen in Wertpapieren (OGAW) in das deutsche Recht[5] hat der Gesetzgeber mit Wirkung zum 01.07.2011 erstmals eine Verpflichtung geschaffen, in Form der sog. wesentlichen Anlegerinformationen („**WAI**") vorvertragliche Kurzinformationen außerhalb eines (Verkaufs-)Prospekts zu erstellen und Anlegern zur Verfügung zu stellen. Ebenfalls mit Wirkung zum 01.07.2011 erfolgte durch das Gesetz zur Stärkung des Anlegerschutzes und Verbesserung der Funktionsfähigkeit des Kapitalmarktes eine entsprechende Verpflichtung im Zusammenhang mit Finanzinstrumenten. Danach ist im Fall einer Anlageberatung dem Kunden rechtzeitig vor dem Abschluss eines Geschäfts über Finanzinstrumente ein kurzes und leicht verständliches Informationsblatt über jedes Finanzinstrument zur Verfügung zu stellen, auf das sich eine Kaufempfehlung bezieht („**PIB**").[6] Nur ein knappes Jahr später wurde dann im Zuge der Regulierung der Produkte des sog. „grauen Kapitalmarkts"[7] durch das Vermögensanlagegesetz („**VermAnlG**") mit Wirkung zum 01.06.2012 eine entspre-

---

1 Unter Mitarbeit von Werner Radziwill, Rechtsanwalt im Team des Autors Dr. Gregor Evenkamp bei Clifford Chance.
2 Vgl. bereits *Vollmuth/Evenkamp:* Beipackzettel für Finanzinstrumente – Patentrezept für mehr Anlegerschutz?, in: RdF 2011, S. 8.
3 Zum Konzept „Anlegerschutz durch Kurzinformation" siehe beispielsweise auch das „Regulatory Tool 8: Short-Form or Summary Disclosure" in dem Final Report „Regulation of Retail Structured Products" der International Organization of Securities Commissions vom Dezember 2013, abrufbar unter www.iosco.org (letzter Abruf am 19.09.2018).
4 Vgl. *Preuße/Seitz/Lesser:* Konkretisierung der Anforderungen an das Produktinformationsblatt, in: BKR 2014, S. 70, 71; vgl. zur Entstehungsgeschichte auch *Gerold/Kohleick:* Aktuelle europäische Vorgaben für das Basisinformationsblatt, in: RdF 2017, S. 276, 276 f.
5 Gesetz zur Umsetzung der Richtlinie 2009/65/EG zur Koordinierung der Rechts- und Verwaltungsvorschriften betreffend bestimmte Organismen für gemeinsame Anlagen in Wertpapieren (OGAW-IV-Umsetzungsgesetz).
6 Vgl. etwa Pressemitteilung Nr. 166 v. 23.07.2009 des Bundesverbraucherschutzministeriums: „Aigner stellt Produktinformationsblatt für bessere Finanzberatung vor."
7 Vgl. etwa *Müchler:* Die neuen Kurzinformationsblätter, Haftungsrisiken im Rahmen der Anlageberatung, in: WM 2012, S. 974.

chende Pflicht eingeführt, wonach ein Anbieter, der im Inland Vermögensanlagen öffentlich anbietet, vor dem Beginn des öffentlichen Angebots neben dem Verkaufsprospekt auch ein Vermögensanlagen-Informationsblatt („**VIB**") erstellen muss.

3   Zuletzt wurde im Zuge der Novellierung des Investmentrechts durch das Kapitalanlagegesetzbuch („**KAGB**") die Verpflichtung zur Erstellung von WAI mit Wirkung zum 22.07.2013 auf den Bereich der sog. Alternativen Investmentfonds ausgedehnt.

4   Eine weitere Kurzinformation, die nicht nur eine Beschreibung des jeweiligen Wertpapiers, sondern auch Angaben über die Emittentin und die mit einer Investition verbundenen wesentlichen Risiken enthalten muss, ist die Zusammenfassung zum (Wertpapier-)Prospekt, deren Inhalt sich nach § 5 Abs. 2 und Abs. 2a Wertpapierprospektgesetz („**WpPG**") und Art. 24 und Anhang XXII EU-Prospektverordnung richtet.[8] Die Zusammenfassung als Kurzinformation stellt aber insoweit einen Sonderfall dar, als sie nicht als weiteres Dokument neben dem Prospekt steht, sondern einen integralen Teil davon bildet.

5   Eine neue Herausforderung für die Wertpapier-Compliance ergibt sich nun insb. durch die Einführung von standardisierten PRIIPs-Basisinformationsblättern durch die PRIIPs Regulierung für diejenigen Marktteilnehmer, wie die Emittenten von solchen Wertpapieren, die bisher aufgrund nationaler Rechtsgrundlagen noch keiner (unmittelbaren) Verpflichtung zur Erstellung von Informationsblättern für Anleger unterlagen.[9]

2   Kurzinformationen auf europäischer Rechtsgrundlage

2.1 PRIIPs-Basisinformationsblätter

6   Am 03.07.2012 hat die Europäische Kommission mit der sog. „PRIPs-Initiative" (*Packaged Retail Investment Products* – PRIPs), die Teil eines Katalogs von Rechtsnormen zur Verbesserung des Verbraucherschutzes ist, einen Vorschlag für eine Verordnung über Basisinformationsblätter für Anlageprodukte (PRIPs-Verordnungsvorschlag[10]) veröffentlicht, der die EU-weite Einführung eines Basisinformationsblatts (*Key Information Document* – KID) für Anlageprodukte vorsieht. Gerade mit dieser Anwendbarkeit auf sämtliche Anlageprodukte geht diese Initiative deutlich über die bereits bestehenden Vorgaben an Kurzinformationen, wie das in der (Anlage-)Beratung zu Finanzinstrumenten zu verwendende PIB, hinaus.[11]

---

8   Vgl. hierzu bereits *Elsen/Jäger:* Revision der Prospektrichtlinie – Überblick wesentlicher Neuerungen, in: BKR 2010, S. 97, 99.

9   Vgl. bereits *Herkströter/Kimmich:* Produktinformationsblätter im Lichte des neuen BaFin-Rundschreibens – ein nationaler Vorgriff auf die europäische PRIP-Verordnung?, in: RdF 2014, S. 9, 14, die resümieren, dass die Vorgaben der PRIIPs-Verordnung sehr detailliert seien, wohingegen die Vorgaben zu den PIBs „high-level" erschienen.

10 Abrufbar unter http://ec.europa.eu/internal_market/finservices-retail/docs/investment_products/20120703-proposal_de.pdf (letzter Abruf am 19.09.2018).

11 Vgl. Erwägungsgrund 6 der PRIIPs-Verordnung und aus der Literatur *Loritz:* Produktinformationsblätter nach dem neuen EU-Verordnungsvorschlag („PRIPs-Initiative") – Gedanken zur Konkretisierung von Zielsetzungen und Inhalt, in: WM 2014, S. 1513, 1513.

Rechtsgrundlagen
Die PRIIPs-Regulierung, die auf Level 1 durch die Verordnung (EU) Nr. 1286/2014 des Europäischen Parlaments und des Rates v. 26.11.2014 über Basisinformationsblätter für verpackte Anlageprodukte für Kleinanleger und Versicherungsanlageprodukte (PRIIP) („**PRIIPs-Verordnung**"), die am 09.12.2014 im EU-Amtsblatt veröffentlicht wurde[12], verkörpert wird, führt Basisinformationsblätter für bestimmte Anlageprodukte ein, und verpflichtet PRIIP-Hersteller, seit 01.01.2018 Basisinformationsblätter zu erstellen. Diese Basisinformationsblätter sollen auf höchstens drei Seiten dem Anleger die wesentlichen Merkmale eines Finanzprodukts aufzeigen und somit produktübergreifend einen Vergleich verschiedener Investitionsmöglichkeiten erlauben. Ziel ist es, den Anlegerschutz zu stärken und durch mehr Transparenz das Vertrauen von Kleinanlegern in den Finanzmarkt wiederherzustellen.

Während die PRIIPs-Verordnung planungsgemäß bereits ab dem 31.12.2016 gelten sollte, wurde der Geltungsbeginn nach Ablehnung der am 30.06.2016 veröffentlichten Entwürfe der Level-2-Maßnahmen, die den Inhalt der PRIIPs-KIDs präzisieren sollten,[13] zunächst durch den Ausschuss für Wirtschaft und Währung des Europäischen Parlaments am 01.09.2016 und anschließend durch das Europäische Parlament am 14.09.2016[14], um 12 Monate auf den 01.01.2018 verschoben.[15] Vor diesem Hintergrund wurden die bisherigen Entwürfe punktuell im Hinblick auf die Kritikpunkte des Europäischen Parlaments und unter Einbindung der europäischen Finanzaufsichtsbehörden European Banking Authority („**EBA**"), European Securities and Markets Authority („**ESMA**") und European Insurance and Occupational Pensions Authority („**EIOPA**", gemeinsam die „**ESAs**")[16] überarbeitet.

Am 08.03.2017 hat die Europäische Kommission den überarbeiteten Entwurf einer Verordnung zur Ergänzung der PRIIPs-Verordnung durch technische Regulierungsstandards

---

12 Verordnung (EU) Nr. 1286/2014 des Europäischen Parlaments und des Rates v. 26.11.2014 über Basisinformationsblätter für verpackte Anlageprodukte für Kleinanleger und Versicherungsanlageprodukte (PRIIP), abrufbar unter https://eur-lex.europa.eu/legal-content/DE/TXT/PDF/?uri=CELEX:32014R1286&from=DE (letzter Abruf am 19.09.2018).

13 Entwurf der Verordnung zur Ergänzung der PRIIPs-Verordnung durch technische Regulierungsstandards für die Darstellung, den Inhalt, die Überprüfung und die Überarbeitung von Basisinformationsblättern sowie die Bedingungen für die Erfüllung der Verpflichtung zur Bereitstellung solcher Dokumente v. 30.06.2016, abrufbar unter https://ec.europa.eu/transparency/regdoc/rep/3/2016/DE/3-2016-3999-DE-F1-1.PDF (letzter Abruf am 19.09.2018) samt Anhänge abrufbar unter http://ec.europa.eu/transparency/regdoc/rep/3/2016/DE/3-2016-3999-DE-F1-1-ANNEX-1.PDF (letzter Abruf am 19.09.2018).

14 Vgl. die offizielle Pressemitteilung, abrufbar unter http://europa.eu/rapid/press-release_IP-16-3632_en.htm (letzter Abruf am 19.09.2018).

15 Verordnung (EU) 2016/2340 des Europäischen Parlaments und des Rates v. 14.12.2016 zur Änderung der Verordnung (EU) Nr. 1286/2014 über Basisinformationsblätter für verpackte Anlageprodukte für Kleinanleger und Versicherungsanlageprodukte im Hinblick auf den Geltungsbeginn, abrufbar unter https://eur-lex.europa.eu/legal-content/DE/TXT/PDF/?uri=CELEX:32016R2340&from=DE (letzter Abruf am 19.09.2018).

16 Siehe auch das entsprechende Mandatsschreiben der Europäische Kommission an die ESAs, abrufbar unter https://esas-joint-committee.europa.eu/Publications/Letters/Ares%206353871_Letter%20to%20EBA%20ESMA%20and%20EIOPA%20-%20PRIIPs%20draft%20RTS.pdf (letzter Abruf am 19.09.2018).

für die Darstellung, den Inhalt, die Überprüfung und die Überarbeitung von Basisinformationsblättern sowie die Bedingungen für die Erfüllung der Verpflichtung zur Bereitstellung solcher Dokumente veröffentlicht. Dabei betraf die Überarbeitung insb. die Regelungen zu PRIIPs mit verschiedenen Anlageoptionen (sog. Multi-Option Products – MOPs), die Umstände, unter denen der gesonderte Warnhinweis in Hinblick auf die Komplexität eines Produkts aufzunehmen ist sowie die Darstellung der Kosten und die Performance-Szenarien. Insb. ist im Vergleich zum ursprünglichen Entwurf ein viertes Performance-Szenario eingeführt worden, welches zusätzlich zu den bestehenden drei „normalen" Szenarien, dem Anleger eine Stresssituation veranschaulichen soll.

Das Europäische Parlament und der Rat haben den überarbeiteten Entwurf nicht weiter beanstandet, sodass die Delegierte Verordnung (EU) 2017/653 zur Ergänzung der PRIIPs-Verordnung durch technische Regulierungsstandards für die Darstellung, den Inhalt, die Überprüfung und die Überarbeitung von Basisinformationsblättern sowie die Bedingungen für die Erfüllung der Verpflichtung zur Bereitstellung solcher Dokumente v. 08.03.2017 (die „**Ergänzungs-Verordnung**"[17], gemeinsam mit der PRIIPs-Verordnung als die „**PRIIPs-Regulierung**" bezeichnet) zeitgleich mit der PRIIPs-Verordnung am 01.01.2018 in Kraft getreten ist.

Die Vorgaben der PRIIPs-Regulierung werden dabei insb. durch die „Mitteilung der Kommission – Leitlinien zur Anwendung der Verordnung (EU) Nr. 1286/2014 des Europäischen Parlaments und des Rates über Basisinformationsblätter für verpackte Anlageprodukte für Kleinanleger und Versicherungsanlageprodukte (PRIIP)" v. 07.07.2017 (die „**PRIIP-Leitlinien**"[18]) konkretisiert. Mit diesen PRIIP-Leitlinien sollen die Umsetzung und Befolgung der PRIIPs-Verordnung aus Sicht der Europäischen Kommission weiter vereinfacht werden, indem einer unterschiedlichen Auslegung ihrer Bestimmungen in der Union entgegengewirkt wird.[19]

Weiter konkretisiert werden die Vorgaben der PRIIPs-Regulierung, beispielsweise in Hinblick auf die Methode zur Bestimmung des Kreditrisikos oder die Methode zur Berechnung der Kosten, durch die von den ESAs erstmals am 04.07.2017 veröffentlichten und seitdem fortlaufend (zuletzt am 19.07.2018) aktualisierten Fragen und Antworten zum PRIIPs Basisinformationsblatt.[20]

---

17 Abrufbar unter http://eur-lex.europa.eu/legal-content/DE/TXT/PDF/?uri=CELEX:32017R0653 &from=DE. Die Ergänzungs-Verordnung wurde in der Folge mehrfach berichtigt; so wurde insb. am 12.04.2017 eine Berichtigung der Ergänzungs-Verordnung mit umfangreichen Korrekturen und Klarstellung veröffentlicht, abrufbar unter http://eur-lex.europa.eu/legal-content/EN/TXT/?uri=CELEX:32017R0653R(02) (letzter Abruf am 19.09.2018).
18 Abrufbar unter http://eur-lex.europa.eu/legal-content/DE/TXT/PDF/?uri=CELEX:52017XC0707(02) &from=EN (letzter Abruf am 19.09.2018).
19 So Ziffer 3 der PRIIP-Leitlinien.
20 *Questions and Answers (Q&A) on the PRIIPs KID* der ESAs v. 20.11.2017 (JC 2017 49), abrufbar unter https://esas-joint-committee.europa.eu/Publications/Technical%20Standards/Questions%20and%20Answers%20on%20th%20PRIIPs%20KID.pdf (letzter Abruf am 19.09.2018).

2.1.1 Anwendungsbereich/Adressat/Zuständige Behörde

Sachlicher Anwendungsbereich 8

PRIIPs

Der Begriff *PRIIPs* bezeichnet in Übereinstimmung mit der PRIIPs-Verordnung zwei Arten von Produktkategorien, nämlich die verpackten Anlageprodukte für Kleinanleger (im Englischen abgekürzt als *Packaged Retail Investment Products* („**PRIP**")) und die Versicherungsanlageprodukte (gemeinsam „**PRIIPs**").[21] Nach Art. 4 Nr. 1 der PRIIPs-Verordnung bezeichnet der Begriff „verpacktes Anlageprodukt für Kleinanleger" oder „PRIP" eine Anlage, *„bei der unabhängig von der Rechtsform der Anlage der dem Kleinanleger rückzuzahlende Betrag Schwankungen aufgrund der Abhängigkeit von Referenzwerten oder von der Entwicklung eines oder mehrerer Vermögenswerte, die nicht direkt vom Kleinanleger erworben werden, unterliegt"*.

Auf eine Positivliste, welche Finanzprodukte für Kleinanleger als PRIP qualifizieren, verzichtet der europäische Gesetzgeber und verlangt stattdessen vom Hersteller eine Beurteilung, ob ein Produkt vom Anwendungsbereich erfasst ist oder nicht.[22]

Um ein Produkt als PRIP einzuordnen, müssen daher verschiedene Voraussetzungen kumulativ erfüllt sein: Es muss sich bei dem Produkt um (1) ein Anlageprodukt handeln, (2) welches eine Verpackungs- oder Strukturierungskomponente aufweist, und (3) das zumindest auch Kleinanlegern zugänglich gemacht wird.

Anlageprodukt 9

Der Begriff des Anlageproduktes ist grundsätzlich weit und unabhängig von Rechtsform, Bezeichnung oder Zweckbestimmung zu verstehen.[23] Erfasst sein sollen grundsätzlich alle „von der Finanzdienstleistungsbranche aufgelegten Produkte, die Kleinanlegern Investmentmöglichkeiten bieten", wie Erwägungsgrund 6 der PRIIPs-Verordnung deutlich macht. Hinsichtlich der Qualifikation als Anlageprodukt kommt es zudem aus Sicht des Europäischen Gesetzgebers nicht darauf an, ob ein Produkt fungibel (also auf Übertragbarkeit im Handelsverkehr angelegt) oder nicht fungibel, verbrieft oder unverbrieft ist, und ob es sich um ein Finanzinstrument im Sinne der Richtlinie 2014/65/EU des Europäischen Parlaments und des Rates v. 15.05.2014 über Märkte für Finanzinstrumente sowie zur Änderung der Richtlinien 2002/92/EG und 2011/61/EU („**MiFID II**"[24]) handelt.

---

21 Vgl. zu den Versicherungsanlageprodukten auch *Beyer:* Unionsrechtliche Neuregelung der Beratungs- und Informationspflichten für Versicherungsanlageprodukte, in: VersR 2016, S. 293.
22 Vgl. Gerold/Kohleick: Aktuelle europäische Vorgaben für das Basisinformationsblatt, in: RdF 2017, S. 276, 277 mit Verweis auch auf Nr. 5 der PRIIP-Leitlinien.
23 Vgl. *Andresen/Gerold*, Basisinformationsblatt-PRIIPs-Verordnung: Neuer EU-weiter Standard der Produktinformationen für Verbraucher, BaFin Journal, August 2015, S. 31, 32.
24 Abrufbar unter http://eur-lex.europa.eu/legal-content/DE/TXT/PDF/?uri=CELEX:32014L0065 &from=DE (letzter Abruf am 19.09.2018).

Wie auch in der Literatur[25] hervorgehoben wird, soll die PRIIPs-Verordnung unter Anlegerschutzgesichtspunkten also möglichst umfassend gelten und nicht nur Finanzinstrumente im Sinne der MiFID II, sondern grundsätzlich alle Anlageprodukte erfassen.[26] Daher sind nicht nur Wertpapiere, wie Inhaberschuldverschreibungen und Namensschuldverschreibungen nach deutschen Recht, sondern auch Wertpapiere nach ausländischem Recht, wie beispielsweise Wertrechte nach Schweizer oder Schwedischem Recht, Schuldscheindarlehen, OTC-Derivate (wohl selbst wenn diese lediglich zu Absicherungszwecken erworben werden[27]), Investmentfonds, Lebensversicherungspolicen mit einem Anlageelement und selbst sog. strukturierte Einlagen (*structured deposits*) als Anlageprodukte im Sinne von Art. 4 Nr. 1 der PRIIPs-Verordnung anzusehen, da es sich jeweils um Anlagen handelt, bei denen Anlegern Investmentmöglichkeiten geboten werden. Und auch von Zweckgesellschaften ausgegebene Finanzinstrumente, die der Begriffsbestimmung von PRIIP entsprechen, sollten in den Anwendungsbereich der PRIIPs-Verordnung fallen.

10 *Verpackungs-/Strukturierungskomponente*
Ein Anlageprodukt ist grundsätzlich dann als „verpacktes Anlageprodukt" zu qualifizieren, „wenn der rückzuzahlende Betrag Schwankungen aufgrund der Abhängigkeit von Referenzwerten oder von der Entwicklung eines oder mehrerer Vermögenswerte unterliegt".[28]

Entscheidend kommt es darauf an, dass der durch das Produkt versprochene Rückzahlungsbetrag an den Investor nicht von vornherein der Höhe nach feststeht. Der Begriff „Rückzahlungsbetrag" ist dabei nach allgemeinem Verständnis weit zu verstehen, und umfasst nicht nur den Nennbetrag bzw. den tatsächlich für den Erwerb aufgebrachten Betrag (Kaufpreis), sondern die Gesamtsumme der Leistungen des Herstellers an den Investor.[29]

Erwägungsgrund 6 der PRIIPs-Verordnung macht in diesem Zusammenhang deutlich, dass „strukturierte Produkte" unter die verpackten Anlageprodukte für Kleinanleger fallen. Diese „strukturierten Produkte" sind als Anlageform aus Sicht des europäischen Gesetzgebers dadurch gekennzeichnet, dass Anlagen nicht direkt durch den Erwerb oder das Halten von Vermögenswerten selbst getätigt werden, sondern stattdessen „diese Produkte zwischen den Kleinanleger und die Märkte treten, indem Vermögenswerte verpackt oder

---

25 Vgl. *Loritz*, Produktinformationsblätter nach dem neuen EU-Verordnungsvorschlag („PRIPs-Initiative") – Gedanken zur Konkretisierung von Zielsetzungen und Inhalt, in: WM 2014, S. 1513, 1513; *Preuße/Seitz/Lesser:* Konkretisierung der Anforderungen an das Produktinformationsblatt, in: BKR 2014, S. 70, 71.
26 Vgl. Erwägungsgrund 6 der PRIIPs-Verordnung.
27 Tatsächlich scheint auf europäischer Ebene noch nicht abschließend geklärt, ob ein *Absicherungs*zweck nicht gerade einer Einordung als *Anlage*produkt entgegensteht.
28 Art. 4 Nr. 1 PRIIPs-Verordnung.
29 Einer weiten Auslegung könnte entgegen gehalten werden, dass begrifflich eine *Rück*zahlung nur im Hinblick auf den Nennbetrag bzw. den tatsächlich für den Erwerb aufgebrachten Betrag (Kaufpreis) erfolgen kann. Darüber hinausgehenden Zinserträgen oder sonstigen, performanceabhängigen Zahlungen könnte es am Charakter der Rückzahlung fehlen, da der Anleger diesen Betrag nie selbst aufgewendet hat. Eine solch enge Auslegung widerspräche aber dem Sinn und Zweck der PRIIPs-Verordnung insb. vor dem Hintergrund des Anlegerschutzes sämtliche Produkte zu erfassen, bei denen das *Produkt zwischen Kleinanleger und den Markt tritt*, mithin eine Umverpackung vorliegt; vgl. Satz 2 des Erwägungsgrundes 6 der PRIIPs-Verordnung.

ummantelt werden, sodass die Risiken, die Produktmerkmale oder die Kostenstrukturen nicht die gleichen sind wie bei direktem Halten. Durch diese Verpackung ist es Kleinanlegern möglich, Anlagestrategien zu verfolgen, die andernfalls für sie nicht zugänglich oder undurchführbar wären; aber zudem können hier zusätzliche Informationen nötig sein, insb. um Vergleiche zwischen verschiedenen Arten der Verpackung von Anlagen zu ermöglichen."

Ist damit das Vorliegen eines „strukturierten Produkts" im Sinne der PRIIPs-Verordnung maßgeblich für eine Einordnung als PRIP, so ist dieser für den sachlichen Anwendungsbereich der PRIIPs-Verordnung zentrale Begriff selbst nicht definiert.[30]

Aktien oder Staatsanleihen stellen bereits nach Auffassung des europäischen Gesetzgebers keine PRIPs dar und sollten daher vom Anwendungsbereich der Verordnung ausgenommen sein, da diese Vermögenswerte direkt gehalten werden und es hier bereits an einer Verpackung fehlt.[31] Aktien (und andere mitgliedschaftliche Anteile) sind auch schon deshalb nicht als PRIP anzusehen, da sie nicht auf „Rückzahlung" ausgelegt sind, sondern gesellschaftsrechtlich geprägt sind. Und auch einfache fest- oder variabel verzinsliche Schuldverschreibungen und Schuldscheindarlehen sind mangels „Verpackung" typischerweise nicht als PRIIPs anzusehen[32], was dem Umstand Rechnung trägt, dass der dem Anleger rückzuzahlende Betrag im Falle derart ausgestalteter Produkte gerade keinen Schwankungen aufgrund der Abhängigkeit von Referenzwerten oder von der Entwicklung eines oder mehrerer Vermögenswerte unterliegt. Demgegenüber weisen sog. Zertifikate wie Aktienanleihen oder Bonuszertifikate, die die Entwicklung von beispielsweise Aktien oder Aktienindizes abbilden, ebendiese Abhängigkeit von Referenzwerten auf und sind damit als „verpackte Anlageprodukte" anzusehen.

Im Rahmen des technischen Workshops der Europäischen Kommission zur Umsetzung der PRIIPs Regulierung, der am 11.07.2016 in Brüssel stattgefunden hat, machte die Europäischen Kommission bereits in diesem Zusammenhang deutlich, dass eine Konkretisierung der Bestimmung von Produkten als „strukturiert" im Sinne der PRIIPs-Verordnung von europäischer Ebene nicht zu erwarten sei, sondern dies vielmehr den nationalen Behörden überlassen sei.[33] Dementsprechend weist die Europäische Kommission in ihren PRIIP-Leitlinien v. 07.07.2017 folgerichtig darauf hin, dass die Ermittlung der Produkte, die die Bestimmungen der PRIIPs-Verordnung erfüllen müssen, „Aufgabe der Hersteller von

---

30 Zum weiteren europäischen Kontext bzw. der nationalen Umsetzung siehe etwa *Nastold*, in: Martinek/Semler/Flohr, Handbuch des Vertriebsrechts, § 49. Finanzdienstleistungen und Recht des Vertriebs von Finanzdienstleistungsprodukten, 4. Aufl. 2016, Rn. 56.
31 Vgl. Erwägungsgrund 7 PRIIPs-Verordnung.
32 Die International Capital Markets Association („**ICMA**") geht in diesem Zusammenhang sogar von einem (europäischen) Marktkonsens aus: „In terms of the scope of products that fall within the definition PRIIPs as being „packaged" [...], there currently seems to be a market consensus that basic fixed or floating rate notes are not PRIIPs and that features such as an exotic currency, a guarantee, a put or a call would not, on their own, result in such securities being characterised as PRIIPs (to the extent made available to retail investors)", so die International Capital Markets Association (ICMA), Quarterly Report, Fourth Quarter 2016 (Issue 43, 12 October 2016), S. 26.
33 Die Präsentationen des Workshops sind abrufbar unter https://ec.europa.eu/info/events/workshop-implementation-priips-framework-2016-jul-11_en (letzter Abruf am 19.09.2018).

Anlageprodukten für Kleinanleger und Versicherungsprodukten sowie der Personen, die Kleinanleger über diese Produkte beraten oder diese Produkte an Kleinanleger verkaufen" sei.[34]

11 | **Best Practice-Tipp:**

Auch wenn die Prüfung der Einstufung als „strukturiertes Produkt" im Sinne der PRIIPs-Verordnung für einen Großteil von Produkten in der Regel relativ einfach ist, wird im deutschen Markt davon ausgegangen, dass die „Gemeinsame Auslegungshilfe zur insolvenzrechtlichen Behandlung bestimmter Verbindlichkeiten von CRR-Instituten nach § 46f Abs. 5–7 KWG n. F." der Bundesanstalt für Finanzdienstleistungsaufsicht („**BaFin**"), der Deutschen Bundesbank und der Bundesanstalt für Finanzmarktstabilisierung v. 05.08.2016, geändert am 07.11.2016, (die „**Auslegungshilfe**")[35] zur Orientierung bei der Einordung eines Anlageprodukts als „strukturiertes Produkt" herangezogen werden kann.

Grundsätzlich wird in der Auslegungshilfe danach differenziert, ob es sich für den Anleger um Forderungen handelt, bei denen die Rück- oder Zinszahlung oder die Höhe des Rück- oder Zinszahlungsbetrages vom Eintritt oder Nichteintritt eines zum Zeitpunkt der Begebung des Schuldtitels noch unsicheren Ereignisses abhängig ist oder die Erfüllung in anderer Weise erfolgt als durch Geldzahlung. Gerade an die Unsicherheit aufgrund der Abhängigkeit von Referenzwerten oder von der Entwicklung eines oder mehrerer Vermögenswerte knüpft auch die PRIIPs-Verordnung an.

Danach wäre beispielsweise eine festverzinsliche Schuldverschreibung oder eine Stufenzinsanleihe nicht als strukturiert anzusehen, während demgegenüber eine festverzinsliche Anleihe mit einer Zinsobergrenze oder ein Wertpapier, dessen Berechnungsgrundlage für die Rückzahlung ein Derivat enthält, strukturiert wäre und damit in den sachlichen Anwendungsbereich der PRIIPs-Verordnung fallen würde.

12 *Zeitlicher Anwendungsbereich/Fehlende Übergangsregelung*
Die PRIIPs-Verordnung enthält keine spezifische Übergangsregelung für PRIIPs, die bei Inkrafttreten der PRIIPs-Verordnung bereits auf dem Markt sind.

Während anfänglich einzelne Stimmen vor diesem Hintergrund des Fehlens von Übergangsregelungen schlicht darauf abstellen wollten, ob ein PRIIP Kleinanlegern erstmals nach Inkrafttreten der PRIIPs-Verordnung angeboten wird, ist es angesichts der durch die Regulierung bezweckten Verbesserung der Transparenz der PRIIP jedoch naheliegend davon auszugehen, dass grundsätzlich auch sog. Bestandprodukte von der PRIIPs-Verordnung erfasst werden.

---

34 So Ziffer 5 der PRIIP-Leitlinien.
35 BaFin/Bundesbank/FMSA, Gemeinsame Auslegungshilfe zur insolvenzrechtlichen Behandlung bestimmter Verbindlichkeiten von CRR-Instituten nach § 46f Abs. 5–7 KWG n. F., 05.08.2016 (geändert am 07.11.2016), Geschäftszeichen R 1, abrufbar unter https://www.bafin.de/SharedDocs/Veroeffentlichungen/DE/Merkblatt/mb_160805_Auslegungshilfe_46 f.html?nn=9021442 (letzter Abruf am 19.09.2018).

In ihren PRIIP-Leitlinien stellt die Europäische Kommission dann auch klar, dass die PRIIPs-Verordnung (auch) in Bezug auf solche PRIIP gilt, die Kleinanlegern „vor dem 1. Januar 2018 und nach diesem Datum weiterhin" im Sinne der PRIIPs-Verordnung angeboten werden.[36] Sollten also Bestandprodukte Kleinanlegern wie nachfolgend beschrieben angeboten werden, ist auch für diese Produkte ein Basisinformationsblatt zu erstellen und zur Verfügung zu stellen.

Angebot (auch) an Kleinanleger 13
Von der PRIIPs-Verordnung sind grundsätzlich diejenigen strukturierten Produkte und Versicherungsanlageprodukte als PRIIP erfasst, die sich (auch) an sog. Kleinanleger wenden. Nur wenn ein PRIIP ab dem 01.01.2018 Kleinanlegern nicht mehr angeboten wird, ist kein Basisinformationsblatt erforderlich.[37]

Der Begriff des Kleinanlegers wird dabei in Art. 4 Nr. 6 der PRIIPs-Verordnung unter Rückgriff auf Art. 4 Abs. 1 Nr. 11 der MiFID II definiert als Kunde, der kein professioneller Kunde ist. Dabei ist „Kunde" jede natürliche oder juristische Person, für die eine Wertpapierfirma Wertpapierdienstleistungen oder Nebendienstleistungen erbringt; und dieser Kunde ist „professionell", wenn er die in Anhang II der MiFID II genannten Kriterien erfüllt (d.h. beispielsweise ein Rechtssubjekt ist, das zugelassen ist, um an den Finanzmärkten tätig zu werden, ein großes Unternehmen, oder eine Regierung ist).

Außerdem ist gemäß Art. 4 Nr. 6b der PRIIPs-Verordnung ein Kleinanleger ein Kunde im Sinne der Richtlinie 2002/92/EG (Vermittler-Richtlinie), wenn dieser nicht als professioneller Kunde im Sinne der MiFID II angesehen werden kann.[38] Entsprechend besteht keine Pflicht zur Abfassung eines Basisinformationsblatts bei Produkten, die lediglich für institutionelle Anleger konzipiert sind.[39]

Nach Art. 5 Abs. 1 der PRIIPs-Verordnung hat der PRIIP-Hersteller, bevor solchen Kleinanlegern ein PRIIP angeboten wird, ein Basisinformationsblatt für dieses Produkt im Einklang mit den Anforderungen der PRIIPs-Verordnung abzufassen und es auf seiner Website zu veröffentlichen. Der Begriff „angeboten" wird in der PRIIPs-Verordnung nicht weiter ausgeführt, allerdings legen die Erwägungsgründe 1 („Kleinanlegern wird zunehmend eine breite Palette von verpackten Anlageprodukten für Kleinanleger und Versicherungsanlageprodukten […] *angeboten*, wenn sie erwägen, eine Anlage zu tätigen.") und 2 („Eine Verbesserung der Transparenz der PRIIP, die Kleinanlegern *angeboten* werden, ist eine wichtige Maßnahme des Anlegerschutzes […]") der PRIIPs-Verordnung nahe, dass ein aktivistisches Element gefordert wird.

---

36 Siehe Ziffer 11 der PRIIP-Leitlinien.
37 Siehe Ziffer 12 der PRIIP-Leitlinien.
38 Vgl. auch *Litten:* PRIIPs: Anforderungen an Basisinformationsblätter, in: DB 2016, S. 1679, 1680.
39 Erwägungsgrund 7 und 12 bzw. Art. 4 Nr. 1 der PRIIPs-Verordnung und so auch die Aussage auf dem Workshop der Europäischen Kommission, abrufbar unter https://ec.europa.eu/info/system/files/cross-cutting-priips-kid-rts-questions-11072016_en.pdf (letzter Abruf am 19.09.2018): „*Q 3: What are typical examples where there is no KID obligation? A: PRIIPs sold to a professional investor*".

Gerade vor diesem Hintergrund lässt sich gut vertreten, dass die bloße wertpapierprospektrechtlich vorgesehene Veröffentlichung eines Wertpapierprospekts oder von sog. Endgültigen Angebotsbedingungen im Sinne des Wertpapierprospektgesetzes („**WpPG**") auf der Internetseite der Emittentin als Hersteller noch kein „Anbieten" im Sinne der PRIIPs-Verordnung darstellt.

In diesem Zusammenhang könnte jedenfalls bei nicht-börsennotierten Wertpapieren auch das „Auslegungsschreiben der BaFin zum Begriff des öffentlichen Angebots von Wertpapieren im Sinne des § 2 Nr. 4 WpPG im Rahmen des Sekundärmarkthandels von Wertpapieren"[40] entsprechend herangezogen werden. Danach stellt „die Bekanntgabe weitergehender, nicht lediglich werblicher Informationen in Bezug auf [die] Wertpapiere auf der Internetseite des Emittenten, wenn und soweit der Emittent sich nach den jeweiligen Emissionsbedingungen zu ihrer Veröffentlichung verpflichtet hat oder er nach gesetzlichen Vorschriften [...] dazu verpflichtet ist" kein öffentliches Angebot im Sinne des WpPG dar. Unter Heranziehung dieser Auslegung liegt unter diesen Umständen auch kein „Anbieten" bzw. „Wenden an Kleinanleger" im Sinne der PRIIPs-Verordnung vor.

Bei börsennotierten Wertpapieren hingegen liegt wohl jedenfalls bei einer Notierung an einem regulierten bzw. organisierten Markt ein Angebot im Sinne des Art. 5 Abs. 1 der PRIIPs-Verordnung vor, sofern der Hersteller oder ein vom ihm damit beauftragter Dritter entsprechende Verkaufskurse für das PRIIP stellt. Anderes gilt nur im Fall der Verwendung von Verkaufsbeschränkungen, die deutlich machen, dass das jeweilige Wertpapier nach den Zielmarktkriterien des Herstellers ausschließlich für geeignete Gegenparteien oder professionelle Kunden konzipiert ist.

14 **Best Practice-Tipp:**

Da ein Angebot eines PRIIP (auch) an Kleinanleger gemäß Art. 5 Abs. 1 der PRIIPs-Verordnung insb. zu der Pflicht zur Erstellung eines Basisinformationsblatts führt ist, sind ggf. Maßnahmen zur Kundengruppenbegrenzung und Zielmarktbestimmung zur Vermeidung eines Angebots (auch) an Kleinanleger sinnvoll:

Neuemissionen
Bei der Neuemission von Produkten, die lediglich für institutionelle Anleger konzipiert sind, ist es ggf. sinnvoll, bereits in dem jeweiligen Angebotsdokument, wie dem Wertpapierprospekt, entsprechende Verkaufsbeschränkungen aufzunehmen, wonach kein Angebot bzw. Verkauf an im Europäischen Wirtschaftsraum ansässige Kleinanleger erfolgen darf. Hilfreich ist beispielsweise auch die Wahl einer hohen Denominierung der Wertpapiere von 100.000 € oder die entsprechende Verschlüsselung dieser Produkte als „nicht an Kleinanleger gerichtet" in Ordersystemen.

---

40 BaFin, Auslegungsschreiben zum Begriff des öffentlichen Angebots von Wertpapieren im Sinne des § 2 Nr. 4 WpPG im Rahmen des Sekundärmarkthandels von Wertpapieren, Geschäftszeichen PRO 1 – Wp 2030 – 2012/0013 v. 24.06.2013, abrufbar unter https://www.bafin.de/SharedDocs/Veroeffentlichungen/DE/Auslegungsentscheidung/WA/ae_130624_oeffentliches_angebot_WpPG.html (letzter Abruf am 19.09.2018).

II.A.4 Standardisierte Kurzinformationen

Bestandsprodukte
Gerade das Fehlen von (expliziten) Übergangsregelungen für PRIIPs, die bei Inkrafttreten der PRIIPs-Verordnung bereits auf dem Markt sind, führt dazu, dass die Überlegungen, wann ein Bestandprodukte als PRIIPs tatsächlich Kleinanlegern angeboten wird, besonders wichtig sind. Jedenfalls dann, wenn ein PRIIP nicht mehr vom PRIIP-Hersteller erworben werden kann, und vom PRIIP-Hersteller lediglich „Rückkaufpreise" angeboten bzw. auf einer Internetseite veröffentlicht werden, wird dieses PRIIP auch nicht mehr (vom PRIIP-Hersteller) angeboten. Für derartig „ausverkaufte" Produkte ist daher auch kein Basisinformationsblatt zu erstellen.

Vertriebsketten/Zurechenbarkeit von fremden „Angebotsaktivitäten"
Hersteller von PRIPPs, die – wie in Vertriebsketten üblich – nicht in direktem Kontakt mit dem Endanleger stehen, sollten zusätzlich ggf. Maßnahmen ergreifen, um zu verhindern, dass ihnen das ungewollte Anbieten des Produkts an Kleinanleger über einen Anbieter in der Vertriebskette zugerechnet wird. Denn jedenfalls wenn der Hersteller beispielsweise entsprechende vertragliche Beschränkungen in die Vertriebsverträgen aufgenommen hat, die auch auf mögliche (Unter-)Vertriebspartner abstrahlen, sollte sich ein Hersteller das Fehlverhalten eines Anbieters in der Vertriebskette nicht zurechnen lassen müssen.

Räumlicher Anwendungsbereich
Die PRIIPs-Verordnung legt keinen räumlichen Anwendungsbereich fest, sodass die Anwendbarkeit der PRIIPs-Verordnung gerade bei grenzüberschreitenden Sachverhalten nicht eindeutig ist.[41]

In diesem Zusammenhang stellt die Europäische Kommission in ihren PRIIP-Leitlinien v. 07.07.2017 jedoch klar, dass die PRIIPs-Verordnung Anwendung auf alle PRIIP-Hersteller und Personen, die über PRIIP beraten oder PRIIP verkaufen findet, wenn diese PRIIP Kleinanlegern innerhalb des Gebiets der Europäischen Union angeboten werden; dies gilt auch für Rechtsträger und Personen aus Drittländern. Wenn Kleinanleger innerhalb des Gebiets der Union beschließen, ein Drittland-PRIIP zu zeichnen oder zu erwerben, gelten folglich die Anforderungen der PRIIPs-Verordnung. In diesen Fällen muss gemäß Art. 13 Abs. 1 der PRIIPs-Verordnung die Person, die über das PRIIP berät oder es verkauft, dem Kleinanleger ein Basisinformationsblatt zur Verfügung stellen.[42]

Jedenfalls aber dann, wenn ein PRIIP Kleinanlegern außerhalb der Union angeboten wird, entfällt unabhängig von der Domizilierung des Anlegers, die Verpflichtung, ein Basisinformationsblatt zur Verfügung zu stellen.[43]

---

41 Vgl. Art. 5 bzw. 13 der PRIIPs-Verordnung.
42 So Ziffer 10 der PRIIP-Leitlinien.
43 Deutlich insoweit die Europäische Kommission im Rahmen ihres Workshops v. 11.07.2016: *„Q 1: What are typical examples where there is no KID obligation? A: PRIIPs offered to non EU/EEA clients, e.g. outside the EU/EEA."*, abrufbar unter https://ec.europa.eu/info/system/files/cross-cutting-priips-kid-rts-questions-11072016_en.pdf (letzter Abruf am 19.09.2018) und in Ziffer 10 der PRIIP-Leitlinien.

16 PRIIP-Hersteller
Die PRIIPs-Verordnung wendet sich insb. an die Hersteller von PRIIPs. Denn da die Basisinformationsblätter der Ausgangspunkt für Anlageentscheidungen von Kleinanlegern sind, haben PRIIP-Hersteller eine erhebliche Verantwortung gegenüber Kleinanlegern und müssen dafür Sorge tragen, dass die Basisinformationsblätter nicht irreführend oder fehlerhaft sind oder mit den einschlägigen Teilen der PRIIP-Vertragsunterlagen nicht übereinstimmen.[44]

Gerade vor dem Hintergrund dieser Haftpflicht[45] eines PRIIP-Herstellers ist die eindeutige Identifikation des Herstellers eines PRIIP von großer Bedeutung.

Nach Art. 4 Nr. 4 der PRIIPs-Verordnung ist „Hersteller von verpackten Anlageprodukten für Kleinanleger und Versicherungsanlageprodukten" oder „PRIIP-Hersteller" (a) ein Rechtsträger oder eine natürliche Person, der bzw. die PRIIP auflegt (b), bzw. ein Rechtsträger oder eine natürliche Person, der bzw. die Änderungen an einem bestehenden PRIIP, einschließlich Änderungen seines Risiko- und Renditeprofils oder der Kosten im Zusammenhang mit einer Anlage in das PRIIP, vornimmt.

Hier könnte man sich zunächst am Wortlaut von lit. (a) orientieren und einer formellen Betrachtungsweise folgend stets auf die Emittentin eines Wertpapiers bzw. den Aussteller abstellen.[46] Hierdurch wäre (auch aus Sicht der zuständigen Behörde) stets eine eindeutige Festlegung des Herstellers eines PRIIP gewährleistet.

Gerade die in lit. (b) der Definition des Herstellers implizit angelegte Möglichkeit, insb. das Risiko- und Renditeprofil oder die Kosten zu prägen, legt dabei jedoch nahe, zutreffender auf eine materielle Betrachtungsweise abzustellen und für die Qualifikation als Hersteller die Möglichkeit einer prägenden Einflussnahme auf das PRIIP zu fordern.[47]

Beide Ansätze führen in der Praxis regelmäßig zu demselben Ergebnis und identifizieren zuverlässig den Hersteller von standardisierten Produkten wie bei Investmentfonds (die Kapitalverwaltungsgesellschaft), Wertpapieren (die Emittentin) oder standardisierten

---

44 Erwägungsgrund 22 der PRIIPs-Verordnung.
45 Weitere Aspekte, die die Haftpflicht eines PRIIP-Herstellers betreffen, die von der PRIIPS-Verordnung nicht erfasst werden, sollten durch das anwendbare nationale Recht geregelt werden; vgl. Erwägungsgrund 23 der PRIIPs-Verordnung.
46 Eine formelle Betrachtungsweise kann beispielsweise auch auf den Wortlaut der Folgenabschätzung der Europäischen Kommission zum Vorschlag der PRIIPs-Regulierung v. 03.07.2012 gestützt werden, wo auf die Person, die das PRIIP produziert, abgestellt wird, abrufbar unter http://eur-lex.europa.eu/legal-content/EN/TXT/PDF/?uri=CELEX:52012SC0187&from=EN (letzter Abruf am 13.06.2018); dort Seite 72.
47 Diese materielle Betrachtungsweise wird beispielsweise durch den Wortlaut der „Consultation by Commission Services on legislative steps for the Packaged Retail Investment Products initiative", abrufbar unter http://ec.europa.eu/internal_market/consultations/docs/2010/prips/consultation_paper_en.pdf (letzter Abruf am 19.09.2018); dort Seite 5) oder auch der Folgenabschätzung der Europäischen Kommission (siehe Fußnote 44; dort Seite 12) gestützt werden, wo jeweils auf den „Konstrukteur" des PRIIP abgestellt wird. In diese Richtung im Ergebnis auch *Buck-Heeb:* Der Product-Governance-Prozess – MiFID II, Kleinanlegerschutzgesetz und die Auswirkungen, in: ZHR 179 (2015), S. 782, 803 f. und *Geier/Druckenbrodt:* Product Governance: MiFID II, PRIIP, Kleinanlegerschutzgesetz – quo vadis?, in: RdF 2015, S. 21, 22.

Bankdarlehen (die Darlehensgeberin). Hingegen kann die Identifikation bei individuell strukturierten und verhandelten Verträgen oder Auftragsprodukten schwierig sein, also beispielsweise bei der Emission eines durch einen Auftraggeber strukturierten Wertpapiers durch eine Emittentin, sog. „white label"-Produkte, oder allgemein auch bei der Emission von Wertpapieren durch eine Zweckgesellschaft. Jedenfalls dann, wenn die (formelle) Emittentin aber über keinerlei prägende Einflussnahme auf das PRIIP verfügt, und sich beispielsweise wegen fehlender Ressourcen keine Strukturierungsergebnisse des Dritten (reflektiert) zu eigen machen kann, liegt es nahe, nicht die Emittentin, sondern den Dritten als Hersteller des PRIIP anzusehen.

Für PRIIP-Hersteller zuständige Behörde 17

Die PRIIPs-Regulierung enthält keine Vorgaben zur Bestimmung der für den PRIIP-Hersteller im Zusammenhang mit dem Basisinformationsblatt zuständigen Behörde; insb. fehlt es an einem mit der europäischen Prospektrichtlinie vergleichbaren Konzept eines „Herkunftsmitgliedstaats" und der damit verbundenen (eindeutigen) Bestimmbarkeit der zuständigen Behörde.

Vor diesem Hintergrund scheinen verschiedene Anknüpfungspunkte zur Bestimmung der für den PRIIP-Hersteller im Zusammenhang mit dem Basisinformationsblatt zuständigen Behörde denkbar. So könne man an die Angebotsländer des jeweiligen PRIIPs anknüpfen, was in der Praxis aber ggf. zu einer Vielzahl von zuständigen Behörden führen würde.

Unter der Annahme, dass vom europäischen Gesetzgeber letztlich immer eine eindeutige Bestimmung (nur) einer zuständigen Behörde gewollt ist, wäre hier eine Anknüpfung an den Ort der Produktion des PRIIP oder an den Sitz des PRIIP-Herstellers eindeutiger, auch wenn dies zu Unsicherheiten bei PRIIP-Herstellern mit Sitz in einem Drittstaat führen könnte. Zudem bietet sich – in Anlehnung an die europäische Prospektrichtlinie – ein Abstellen auf den Herkunftsstaat des Herstellers an. Jedenfalls dann, wenn ein PRIIP-Hersteller seinen (Haupt-)Sitz in einem EU Mitgliedstaat hat, erscheint die Anknüpfung an diesen Sitz am zielführendsten. Dieser Ansatz scheint auch dem Verständnis der Europäische Kommission zu entsprechen, die in ihren PRIIP-Leitlinien v. 07.07.2017 formuliert, dass aus ihrer Sicht „in das Basisinformationsblatt lediglich Angaben über die zuständige Behörde des PRIIP-Herstellers aufgenommen werden [müssen], d.h. Angaben über die zuständige Behörde des Mitgliedstaats, in dem der PRIIP-Hersteller niedergelassen ist, und zwar unabhängig davon, ob der PRIIP-Hersteller seine Tätigkeiten über Grenzen hinweg ausübt oder nicht".[48]

Bereitstellung des Basisinformationsblatts 18

Jede Person, die über ein PRIIP berät oder es verkauft, hat den betreffenden Kleinanlegern das Basisinformationsblatt (gemäß Art. 13 der PRIIPs-Verordnung) rechtzeitig – grundsätzlich auf Papier oder bei Vorliegen weiterer Voraussetzungen auf einem sog. dauerhaftem Datenträger oder auf der Website – zur Verfügung zu stellen, bevor diese Kleinanleger durch einen Vertrag oder ein Angebot im Zusammenhang mit diesem PRIIP gebunden sind. Nur ausnahmsweise ist auch eine Bereitstellung (unmittelbar) nach Abschluss eines PRIIPs-Kaufs zulässig, sofern nämlich der Kleinanleger entscheidet, den PRIIPs-Verkäufer zu

---

48 So Ziffer 22 der PRIIP-Leitlinien.

kontaktieren und die Transaktion mittels Fernkommunikation zu tätigen, eine Bereitstellung vor Abschluss der Transaktion nicht möglich ist und der Kleinanleger dem Prozedere trotz Hinweis auf Alternativen zustimmt.[49]

Die weiteren Vorgaben an die Bereitstellung des Basisinformationsblatts werden als technische Regulierungsstandards in der Ergänzungs-Verordnung geregelt.[50]

Sofern das Basisinformationsblatt überarbeitet wurde, sind dem Kleinanleger auf Nachfrage auch vorherige Fassungen zur Verfügung zu stellen.

2.1.2 Inhalte des Basisinformationsblatts

19 Der Inhalt des Basisinformationsblatts ergibt sich detailliert aus den Art. 8 ff. der PRIIPs-Verordnung und wird durch die Ergänzungs-Verordnung samt Anhängen weiter konkretisiert. Allgemein gilt in diesem Zusammenhang, dass das Basisinformationsblatt präzise, redlich und klar sein muss und nicht irreführend sein darf. Es hat die wesentlichen Informationen zu enthalten und mit etwaigen verbindlichen Vertragsunterlagen, mit den einschlägigen Teilen der Angebotsunterlagen und mit den Geschäftsbedingungen des PRIIP übereinzustimmen.

Das Basisinformationsblatt ist als kurze Unterlage abzufassen, die prägnant formuliert ist und ausgedruckt höchstens drei Seiten Papier im DIN-A4-Format umfasst, um für Vergleichbarkeit zwischen den verschiedenen PRIIPs zu sorgen. Aus Sicht des europäischen Gesetzgebers ist das Basisinformationsblatt in einer Weise zu präsentieren, die leicht verständlich ist, und den Schwerpunkt auf die wesentlichen Informationen legt, die Kleinanleger benötigen. Es ist insoweit für diese Zwecke unmissverständlich und sprachlich sowie stilistisch so zu formulieren, dass das Verständnis der Informationen erleichtert wird, insb. durch eine klare, präzise und verständliche Sprache. Da es vielen Kleinanlegern schwerfällt, die Fachterminologie des Finanzbereichs zu verstehen, sollte besonders auf das in dem Informationsblatt verwendete Vokabular und den Schreibstil geachtet werden. Außerdem sollten Kleinanleger in der Lage sein, das Basisinformationsblatt zu verstehen, ohne andere nicht die Vermarktung betreffende Informationen zur Hilfe ziehen zu müssen.

PRIIP-Hersteller haben sich bei der Erstellung des Basisinformationsblatts an die Reihenfolge und Überschriften der Abschnitte zu halten, wie sie durch die in Anhang I der Ergänzungs-Verordnung enthaltenen Mustervorlage vorgegeben sind; Anpassungen, insb. der Überschriften oder der Reihenfolge der Abschnitte, sind unzulässig:[51]

---

49 Siehe hierzu Art. 13 Abs. 3 PRIIPs-Verordnung und die weitere Konkretisierung in Art. 17 der Ergänzungs-Verordnung; vgl. auch *Litten:* PRIIPs: Anforderungen an Basisinformationsblätter, in: DB 2016, S. 1679, 1680.
50 Vgl. Art. 17 der Ergänzungs-Verordnung.
51 Deutlich insoweit die Europäische Kommission in Ziffer 20 ihrer PRIIP-Leitlinien.

Basisinformationsblatt

Zweck
Dieses Informationsblatt stellt Ihnen wesentliche Informationen über dieses Anlageprodukt zur Verfügung. Es handelt sich nicht um Werbematerial. Diese Informationen sind gesetzlich vorgeschrieben, um Ihnen dabei zu helfen, die Art, das Risiko, die Kosten sowie die möglichen Gewinne und Verluste dieses Produkts zu verstehen, und Ihnen dabei zu helfen, es mit anderen Produkten zu vergleichen..

Produkt
[Name des Produkts][Name des PRIIP-Herstellers][gegebenenfalls: ISIN oder UPI]
[Website des PRIIP-Herstellers] Weitere Informationen erhalten Sie telefonisch unter [Telefonnummer] [Für den PRIIP-Hersteller in Sachen Basisinformationsblatt zuständige Behörde][Erstellungsdatum des Basisinformationsblatts]

[(Ggf.) Warnhinweis Sie sind im Begriff, ein Produkt zu erwerben, das nicht einfach ist und schwer zu verstehen sein kann.]

Um welche Art von Produkt handelt es sich?

Art

Ziele

Kleinanleger-Zielgruppe

[Versicherungsleistungen und Kosten]

Welche Risiken bestehen und was könnte ich im Gegenzug dafür bekommen?

Risikoindikator	Beschreibung des Risiko-/Renditeprofils Gesamtrisikoindikator Mustervorlage und Erläuterungen zum Gesamtrisikoindikator gemäß Anhang III, einschließlich zum möglichen höchsten Verlust: Kann ich das gesamte angelegte Kapital verlieren? Besteht die Gefahr, dass zusätzliche finanzielle Verpflichtungen oder Verbindlichkeiten auf mich zukommen? Gibt es einen Kapitalschutz, der vor Marktrisiken schützt?
Performance-Szenarien	Mustervorlagen und Erläuterungen zu den Performance-Szenarien gemäß Anhang V, ggf. mit Informationen über die Bedingungen für die Renditen, die Kleinanleger erhalten, oder über eingebaute Leistungshöchstgrenzen, sowie ein Hinweis darauf, dass sich die Steuervorschriften des Herkunftsmitgliedstaats des Kleinanlegers auf den tatsächlich ausgezahlten Betrag auswirken können.

Was geschieht, wenn [Name des PRIIP-Herstellers] nicht in der Lage ist, die Auszahlung vorzunehmen?
Aufklärung darüber, ob ein Sicherungssystem vorhanden ist, Name des Sicherungsgebers oder des Betreibers des Anleger-Entschädigungssystems und Informationen darüber, welche Risiken gedeckt und welche nicht gedeckt sind.

Welche Kosten entstehen?	
Kosten im Zeitverlauf	Mustervorlage und Erläuterungen gemäß Anhang VII
Zusammensetzung der Kosten	Mustervorlage und Erläuterungen gemäß Anhang VII
	Erläuterungen zu den erforderlichen Informationen über sonstige Vertriebskosten

Wie lange sollte ich die Anlage halten, und kann ich vorzeitig Geld entnehmen?
Empfohlene [vorgeschriebene Mindest-]Haltedauer: [x]
Informationen über die Möglichkeit, die Anlage vorzeitig aufzulösen, Bedingungen hierfür und ggf. anwendbare Gebühren und Vertragsstrafen. Aufklärung über die Folgen bei Auflösung vor Ende der Laufzeit oder vor Ablauf der empfohlenen Haltedauer.

Wie kann ich mich beschweren?

Sonstige zweckdienliche Angaben

Abb. 1: Anhang I der Ergänzungs-Verordnung

Die Mustervorlage enthält dabei keine Vorgaben in Bezug auf die Länge der einzelnen Abschnitte und die Anordnung der Seitenumbrüche.

Der **Abschnitt „Allgemeine Angaben"** des Basisinformationsblatts (vgl. Art. 1 der Ergänzungs-Verordnung) hat allgemeine Informationen in Bezug auf den PRIIP-Hersteller, den

Namen des PRIIP und die jeweils zuständige Behörde zu enthalten. Zudem ist das Datum der Erstellung oder, sofern das Basisinformationsblatt anschließend überarbeitet wurde, das Datum der letzten Überarbeitung des Basisinformationsblatts anzugeben.

Der Abschnitt schließt ggf. mit einem Hinweis ab, wonach das Produkt nicht einfach ist und für Kleinanleger möglicherweise schwer zu verstehen sein kann. Nach Erwägungsgrund 18 der PRIIPs-Verordnung sollte ein Produkt „insbesondere dann als nicht einfach und als schwer zu verstehen gelten, wenn es in zugrunde liegende Vermögensgegenstände investiert, in die Kleinanleger normalerweise nicht anlegen, wenn zur Berechnung der endgültigen Anlagerendite mehrere unterschiedliche Verfahren verwendet werden, wodurch sich die Gefahr von Missverständnissen beim Kleinanleger erhöht, oder wenn die Anlagerendite die Verhaltensmuster der Kleinanleger ausnutzt, indem sie beispielsweise eine verlockende Festverzinsung bietet, auf die eine viel höhere bedingte variable Verzinsung folgt, oder eine iterative Formel."

Über die Vorgabe in Erwägungsgrund 18 und Art. 8 Nr. 3 lit. b der PRIIPs-Verordnung hinweg sieht Art. 1 der Ergänzungs-Verordnung vor, dass der Hinweis bei jedem PRIIP aufzunehmen ist, das entweder ein Versicherungsanlageprodukt ist, welches die Anforderungen gemäß Art. 30 Abs. 3(a) der Richtlinie 2016/97/EU[52] nicht erfüllt, oder ein PRIIP ist, das die Anforderungen gemäß Art. 25 Abs. 4(a)(i) bis (iv) der MiFID II nicht erfüllt, und damit ein komplexes Finanzinstrument ist.

Im **Abschnitt „Um welche Art von Produkt handelt es sich?"** des Basisinformationsblatts (vgl. Art. 2 der Ergänzungs-Verordnung) sind insb. die Rechtsform des PRIIP, die Rückzahlungsmodalitäten und die wesentlichen Produktmerkmale anzugeben. Zudem ist beispielsweise der Kleinanlegertyp, an den das PRIIP vermarktet werden soll, zu beschreiben; diese Beschreibung des Kleinanlegertyps beinhaltet Informationen über die Zielgruppe von Kleinanlegern, die der PRIIP-Hersteller insb. im Hinblick auf die Bedürfnisse, Eigenschaften und Ziele des Kundentyps, für den das PRIIP geeignet ist, festgelegt hat. Diese Festlegung wird in Anbetracht der Fähigkeit der Kleinanleger, Anlageverluste zu verkraften, ihrer Präferenzen bezüglich des Anlagehorizonts, ihrer theoretischen Kenntnisse über und ihrer früheren Erfahrung mit PRIIP, der Finanzmärkte sowie der Bedürfnisse, Eigenschaften und Ziele potenzieller Endkunden getroffen.[53]

In dem **Abschnitt „Welche Risiken bestehen und was könnte ich im Gegenzug dafür bekommen?"** des Basisinformationsblatts (vgl. Art. 3 der Ergänzungs-Verordnung) ist insb. die Höhe des mit dem PRIIP verbundenen Risikos in Form einer Risikoklasse unter Verwendung eines sog. Gesamtrisikoindikators auf einer numerischen Skala von 1 bis 7 aufzunehmen. Der Gesamtrisikoindikator, der gemäß den Bestimmungen der Ergänzungs-Verordnung auf einer Kombination des Marktrisiko-Werts (MRM) und des Kreditrisiko-Werts (CRM) basiert und damit neben Elemente in Bezug auf das PRIIP auch auf den

---

52 Richtlinie 2016/97/EU des Europäischen Parlaments und des Rates v. 20.01.2016 über Versicherungsvertrieb, abrufbar unter http://eur-lex.europa.eu/legal-content/DE/TXT/PDF/?uri=CELEX:32016L0097&from=DE (letzter Abruf am 19.09.2018).
53 Durch die Verschiebung des Geltungsbeginns der PRIIPs-Verordnung auf den 01.01.2018 besteht nun die Möglichkeit, einen Gleichlauf mit den Zielmarktvorgaben von MiFID II zu erreichen.

PRIIP-Hersteller beinhaltet, soll dem Kleinanleger helfen, das mit dem Produkt verbundene Risiko im Vergleich zu anderen Produkten einzuschätzen. Er zeigt, wie hoch die Wahrscheinlichkeit ist, dass Anleger bei diesem Produkt Geld verlieren, weil sich die Märkte in einer bestimmten Weise entwickeln oder der Hersteller nicht in der Lage ist, den Anleger auszubezahlen.

Dementsprechend gibt Anhang III der Ergänzungs-Verordnung eine Darstellung des Gesamtrisikoindikators vor:

Abb. 2: Anhang III der Ergänzungs-Verordnung

Darüber hinaus sind in diesem Abschnitt des Basisinformationsblatts und in Abhängigkeit von der Mindesthaltedauer des PRIIP vier geeignete Performance-Szenarien gemäß Anhang IV der Ergänzungs-Verordnung darzustellen. Diese vier Performance-Szenarien entsprechen einem optimistischen, einem mittleren und einem pessimistischen Szenario sowie einem Stressszenario, das dem Anleger den Fall extremer Marktbedingungen veranschaulichen soll.

In den **Abschnitt 3 „Was geschieht, wenn XY Bank nicht in der Lage ist, die Auszahlung vorzunehmen?"** des Basisinformationsblatts (vgl. Art. 4 der Ergänzungs-Verordnung) ist die Angabe aufzunehmen, ob der Kleinanleger aufgrund des Ausfalls des PRIIP-Herstellers oder eines anderen Rechtsträgers als dem PRIIP-Hersteller einen finanziellen Verlust erleiden kann, dabei ist auch die Identität dieses Rechtsträgers anzugeben; zudem ist zu erläutern, ob der vorgenannte Verlust durch ein Entschädigungs- oder Sicherungssystem für Anleger gedeckt ist und ob dieser Schutz irgendwelchen Beschränkungen oder Bedingungen unterliegt. Bei Inhaberschuldverschreibungen ist in diesem Zusammenhang ggf. auf § 46f Abs. 6 Satz 1 KWG einzugehen.

Abschnitt 4 „Welche Kosten entstehen?" des Basisinformationsblatts (vgl. Art. 5 der Ergänzungs-Verordnung) enthält eine Darstellung der Kosten, aufgeschlüsselt nach einmaligen Kosten, laufenden Kosten und zusätzlichen Kosten. Die Methodik der Berechnung der Kosten ist dabei ebenso vorgegeben wie die Darstellung der Kosten (vgl. Anhang VI bzw. VII der Ergänzungs-Verordnung). Die Darstellung enthält die kumulierten Kosten als monetäre und prozentuale Beträge für standardisierte Zeiträume sowie eine prozentuale Aufschlüsselung dieser Kosten.

In **Abschnitt 5 „Wie lange sollte ich die Anlage halten, und kann ich vorzeitig Geld entnehmen?"** des Basisinformationsblatts (vgl. Art. 6 der Ergänzungs-Verordnung) sind insb. die Gründe der Auswahl der empfohlenen oder vorgeschriebenen Mindesthaltedauer kurz zu beschreiben; zudem sind Informationen über Gebühren und Sanktionen, die bei Desinvestitionen vor der Fälligkeit oder an einem anderen festgelegten Termin als der empfohlenen Haltedauer anfallen, aufzunehmen.

In **Abschnitt 6 „Wie kann ich mich beschweren?"** des Basisinformationsblatts (vgl. Art. 7 der Ergänzungs-Verordnung) ist die Vorgehensweise für eine Beschwerde über das Produkt oder über das Verhalten des PRIIP-Herstellers oder der Person, die zu dem Produkt berät oder es verkauft, aufzunehmen. Hierbei ist der Link zur entsprechenden Website für solche Beschwerden bzw. die aktuelle Postanschrift und eine E-Mail-Adresse, unter der solche Beschwerden eingereicht werden können, anzugeben.

Abschnitt 7 „Sonstige zweckdienliche Angaben" des Basisinformationsblatts (vgl. Art. 8 der Ergänzungs-Verordnung) ermöglicht den Hinweis auf zusätzliche Informationsunterlagen, die zur Verfügung gestellt werden können. In diesem Abschnitt ist dann beispielsweise anzugeben, ob solche zusätzlichen Informationsunterlagen aufgrund einer gesetzlichen Vorschrift oder nur auf Anfrage des Kleinanlegers bereitgestellt werden.

Best Practice-Tipp: *21*

Trotz Beschränkung auf höchstens drei Seiten im DIN-A4-Format und der detaillierten Vorgaben an den Inhalt des Basisinformationsblatts gibt es in der Praxis Möglichkeiten, ein Basisinformationsblatt weiter auszugestalten. Dabei muss das Basisinformationsblatt jedoch als eigenständige (regulatorische) Unterlage stets von Werbematerialien deutlich zu unterscheiden sein und darf keine Querverweise auf Marketingmaterial enthalten.

Schriftgröße
In dem Basisinformationsblatt sind „Buchstaben in gut leserlicher Größe" zu verwenden. Eine konkrete Vorgabe der Schriftgröße findet sich jedoch nicht. In der Praxis macht es ggf. Sinn, sich an der vom Bundesministerium der Finanzen veröffentlichten Gebrauchsanleitung zur Erstellung von Produktinformationsblättern für zertifizierte Altersvorsorgeverträge und Basisrentenverträge[54] zu orientieren und im Fließtext eine Schriftgröße von Arial 8,5 pt. bzw. eine entsprechende Schriftgröße zu verwenden.

Verwendung von Farbe
In dem Basisinformationsblatt dürfen Farben verwendet werden, soweit sie die Verständlichkeit der Informationen nicht beeinträchtigen, falls das Blatt in Schwarz und Weiß ausgedruckt oder fotokopiert wird.

---

54 Abrufbar unter http://www.bundesfinanzministerium.de/Content/DE/Downloads/BMF_Schreiben/Weitere_Steuerthemen/Altersvorsorge/2016-06-29-Muster-Produktinformationsblatt-Altersvorsorgevertraege-Zertifizierungsgesetz-Designmanual.pdf?__blob=publicationFile&v=1 (letzter Abruf am 19. 09. 2018).

> *Verwendung von Unternehmensmarke/Logo*
> Wird die Unternehmensmarke oder das Logo des PRIIP-Herstellers oder der Gruppe, zu der er gehört, verwendet, darf sie bzw. es den Kleinanleger weder von den in dem Informationsblatt enthaltenen Informationen ablenken noch den Text verschleiern.

2.1.3 Veröffentlichung und Sprache

22 Sprache
Nach Art. 7 der PRIIPs-Verordnung ist ein Basisinformationsblatt grundsätzlich in der Amtssprache des Mitgliedstaats abzufassen, in dem das PRIIP vertrieben wird. Falls es in einer anderen Sprache erstellt wurde, ist es in die Amtssprache des Mitgliedstaats zu übersetzen, wobei die Übersetzung den Inhalt des ursprünglichen Basisinformationsblatts zuverlässig und genau wiederzugeben hat.

23 *Veröffentlichung des Basisinformationsblatts*
Das Basisinformationsblatt ist vom PRIIP-Hersteller nach Art. 5 Abs. 1 PRIIPs-Verordnung im öffentlichen Bereich auf seiner Webseite zu veröffentlichen.[55]

2.1.4 Aktualisierung

24 Der PRIIP-Hersteller hat gemäß Art. 10 der PRIIPs-Verordnung regelmäßig die in dem Basisinformationsblatt enthaltenen Informationen zu überprüfen und das Informationsblatt zu überarbeiten, wenn sich bei der Überprüfung herausstellt, dass Änderungen erforderlich sind.

Weitere Vorgaben, insb. die besonderen Bedingungen, unter denen die in dem Basisinformationsblatt enthaltenen Informationen überprüft werden müssen, oder die Fälle, in denen Kleinanleger über ein überarbeitetes Basisinformationsblatt für ein von ihnen erworbenes PRIIP unterrichtet werden müssen sowie die Mittel, mit denen die Kleinanleger zu unterrichten sind, sind in den technischen Regulierungsstandards festzulegen.

Danach überprüfen PRIIP-Hersteller die Informationen, die im Basisinformationsblatt enthalten sind, (i) bei jeder Veränderung, die sich tatsächlich oder wahrscheinlich erheblich auf die im Basisinformationsblatt enthaltenen Informationen auswirkt, (ii) sowie mind. alle zwölf Monate nach dem Datum der Erstveröffentlichung des Basisinformationsblatts. Neben einer turnusmäßigen Überprüfung ist ein Basisinformationsblatt daher bei jeder Veränderung, die sich tatsächlich oder wahrscheinlich erheblich auf die im Basisinformationsblatt enthaltenen Informationen auswirkt, zu überprüfen. Im Rahmen der Überprüfung wird geprüft, ob die im Basisinformationsblatt enthaltenen Informationen nach wie vor präzise, redlich, klar und nicht irreführend sind.[56] Insb. wird in diesem Zusammenhang auch überprüft, ob sich die Marktrisiko- oder Kreditrisikobewertungen des PRIIP geändert haben, und ob die kombinierte Wirkung einer solchen Änderung bedingt, dass das PRIIP in

---

55 Vgl. Antwort 4 zu den Fragen und Antworten zum PRIIPs Basisinformationsblatt.
56 Art. 15 Nr. 2 der Ergänzungs-Verordnung.

eine andere Klasse des Gesamtrisikoindikators eingestuft werden muss als die Klasse, die ihm in dem zu überprüfenden Basisinformationsblatt zugewiesen wurde.[57]

Wenn die Überprüfung ergibt, dass Änderungen des Basisinformationsblatts vorgenommen werden müssen[58], ist das Basisinformationsblatt unverzüglich zu überarbeiten. Dabei sind diejenigen Abschnitte zu aktualisieren, die von solchen Änderungen betroffen sind. Der PRIIP-Hersteller veröffentlicht das überarbeitete Basisinformationsblatt dann auf seiner Website.

2.1.5 Sanktionen

Aus Sicht des europäischen Gesetzgebers sind Basisinformationsblätter der Ausgangspunkt für Anlageentscheidungen von Kleinanlegern, weshalb PRIIP-Hersteller insb. dafür Sorge tragen müssen, dass die Basisinformationsblätter nicht irreführend oder fehlerhaft sind oder mit den einschlägigen Teilen der PRIIP-Vertragsunterlagen nicht übereinstimmen. Um diesen quasi Schutzanspruch der Anleger effektiv auszugestalten, hat der nationale Gesetzgeber zu gewährleisten, dass Kleinanlegern ein wirksamer Rechtsbehelf zur Verfügung steht.

25

Die PRIIPs-Verordnung sieht daher neben Grundzügen einer zivilrechtlicher Haftung der PRIIP-Hersteller[59], eine Reihe verwaltungsrechtlicher Sanktionen und Maßnahmen vor, die – unbeschadet der Aufsichtsbefugnisse der zuständigen Behörden und des Rechts der Mitgliedstaaten strafrechtliche Sanktionen vorzusehen und zu verhängen – von den europäischen Mitgliedstaaten festzulegen sind.[60]

Diese Sanktionen und Maßnahmen müssen nach dem Willen des europäischen Gesetzgebers „wirksam, verhältnismäßig und abschreckend sein".[61] Dazu zählen z. B. bei Verstößen gegen den durch Art. 8 Abs. 1–3 der PRIIPs-Verordnung vorgegebenen Inhalt eines Basisinformationsblatts, die Aussetzung oder das Verbot der Vermarktung des PRIIP, eine öffentliche Warnung mit Angaben zu der für den Verstoß verantwortlichen Person und der Art des Verstoßes (*Naming and Shaming*) oder auch die Verfügung des Verbots, ein Basisinformationsblatt bereitzustellen, das nicht den Anforderungen der Art. 6, 7, 8 oder 10 der PRIIPs-Verordnung genügt, und der Verpflichtung, eine neue Fassung des Basisinformationsblatts zu veröffentlichen. Zudem können hohe Geldbußen verhängt werden. Mit-

---

57 Art. 15 Nr. 2 lit. b der Ergänzungs-Verordnung.
58 Beispielsweise im Fall des Erreichens bzw. Unterschreitens produktinterner Barrieren oder, in Bezug auf Änderungen der Marktrisiko- oder Kreditrisikobewertungen des PRIIP, im Fall dass „die kombinierte Wirkung einer solchen Änderung bedingt, dass das PRIIP in eine andere Klasse des Gesamtrisikoindikators eingestuft werden muss als die Klasse, die ihm in dem zu überprüfenden Basisinformationsblatt zugewiesen wurde"; vgl. Art. 15 Nr. 2 lit. b der Ergänzungs-Verordnung.
59 Ausweislich des Erwägungsgrunds 22 der PRIIPs-Verordnung soll sichergestellt werden, dass alle Kleinanleger in der Union das gleiche Recht haben, für Schäden infolge einer Nichteinhaltung der Vorgaben der PRIIPs-Verordnung Ersatzansprüche geltend zu machen.
60 So Art. 22 Abs. 1 Satz der PRIIPs-Verordnung.
61 Vgl. *Litten:* PRIIPs: Anforderungen an Basisinformationsblätter, in: DB 2016, S. 1679, 1683.

gliedstaaten sind zudem berechtigt, zusätzliche Sanktionen oder Maßnahmen sowie höhere Geldbußen vorzusehen.

Diese Vorgaben sind vom deutschen Gesetzgeber bereits mit Wirkung zum 31.12.2016[62] durch das Erste Gesetz zur Novellierung von Finanzmarktvorschriften auf Grund europäischer Rechtsakte (das „**Erste Finanzmarktnovellierungsgesetz**") in das WpHG integriert worden. Die BaFin ist die für diese verwaltungsrechtlichen Sanktionen und Maßnahmen zuständige Behörde. So kann die BaFin beispielsweise gemäß § 39 Abs. 4b WpHG Verstöße gegen den durch Art. 8 Abs. 1–3 der PRIIPs-Verordnung vorgegebenen Inhalt eines Basisinformationsblatts als Ordnungswidrigkeit mit einer Geldbuße von bis zu 700.000 € ahnden. Gegenüber einer juristischen Person oder einer Personenvereinigung kann darüber hinaus eine höhere Geldbuße verhängt werden; diese darf den höheren der Beträge von fünf Millionen Euro und 3 % des Gesamtumsatzes, den die juristische Person oder Personenvereinigung im der Behördenentscheidung vorausgegangenen Geschäftsjahr erzielt hat, nicht überschreiten. Über die vorgenannten Beträge hinaus kann die Ordnungswidrigkeit mit einer Geldbuße bis zum Zweifachen des aus dem Verstoß gezogenen wirtschaftlichen Vorteils geahndet werden. Der wirtschaftliche Vorteil umfasst erzielte Gewinne und vermiedene Verluste und kann geschätzt werden.

2.1.6 Verhältnis zum Wertpapierprospekt

26 Basisinformationsblätter, die in Bezug auf (übertragbare) Wertpapiere in Sinne § 2 Nr. 1 WpPG erstellt werden, treten mit ihrer Zielsetzung, dem Anleger die wesentlichen Merkmale des jeweiligen Wertpapiers aufzuzeigen, zwangsläufig in Konkurrenz zu der sog. Zusammenfassung eines (Wertpapier-)Prospekts, die neben einer Beschreibung des jeweiligen Wertpapiers aber auch Angaben über die Emittentin und die mit einer Investition verbundenen wesentlichen Risiken enthalten muss; vgl. § 5 Abs. 2 und Abs. 2a WpPG und Art. 24 und Anhang XXII EU-Prospektverordnung.

Der europäische Gesetzgeber hat dieses Spannungsverhältnis erkannt und in der neuen Verordnung des Europäischen Parlaments und des Rates betreffend den Prospekt, der beim öffentlichen Angebot von Wertpapieren oder bei deren Zulassung zum Handel zu veröffentlichen ist (die „**EU-Prospektverordnung 2017**"[63]), auf die sich die Europäische Kommission, der Europäische Rat und das Europäische Parlament am 08.12.2016 geeinigt haben, und die in den meisten Teilen ab 21.07.2019 anwendbar sein wird[64], geregelt.

So ist beispielsweise die Emittentin der Wertpapiere nach Art. 7 der EU-Prospektverordnung 2017 berechtigt, den wertpapierbezogenen Teil in der Zusammenfassung (teilweise)

---

62 Als dem Datum des planungsgemäßen, dann aber verschobenen Geltungsbeginns der PRIIPs-Verordnung.

63 Verordnung (EU) 2017/1129 des Europäischen Parlaments und des Rates v. 14.06.2017 über den Prospekt, der beim öffentlichen Angebot von Wertpapieren oder bei deren Zulassung zum Handel an einem geregelten Markt zu veröffentlichen ist und zur Aufhebung der Richtlinie 2003/71/EG, abrufbar unter https://eur-lex.europa.eu/legal-content/DE/TXT/PDF/?uri=CELEX:32017R1129&from=DE (letzter Abruf am 19.09.2018).

64 Vgl. Art. 49 Abs. 2 der EU-Prospektverordnung 2017, der bestimmt welche Regelungen seit dem 20.07.2017, welche ab dem 21.07.2018 und welche ab dem 21.07.2019 gelten.

durch die in einem Basisinformationsblatt enthaltenen Angaben nach Art. 8 Abs. 3 lit. (c) bis (i) der PRIIPs-Verordnung zu ersetzen. Zudem kann der nationale Gesetzgeber diese Ersetzung in den Prospektbilligungsverfahren sogar verpflichtend vorsehen.

Die Angaben aus dem Basisinformationsblatt sind dabei als eigenständiger Teil in die Zusammenfassung des (Wertpapier-)Prospekts aufzunehmen und sollen auch durch ihr Seiten-Layout deutlich als Inhalt eines Basisinformationsblatts erkennbar sein.[65]

2.2 Wesentliche Anlegerinformationen, §§ 164 ff., §§ 268, 270 KAGB

Bereits mit Wirkung zum 01.07.2011 hat der deutsche Gesetzgeber im Rahmen der Umsetzung[66] der Richtlinie 2009/65/EG zur Koordinierung der Rechts- und Verwaltungsvorschriften betreffend bestimmte Organismen für gemeinsame Anlagen in Wertpapieren („**OGAW-IV Richtlinie**"[67]) in das deutsche Recht eine Verpflichtung geschaffen, vorvertragliche Kurzinformationen in Form der sog. wesentlichen Anlegerinformationen („**WAI**") außerhalb eines (Verkaufs-)Prospekts zu erstellen und Anlegern zur Verfügung zu stellen.

27

Während diese Verpflichtung zunächst nur im Zusammenhang mit Organismen für gemeinsame Anlagen in Wertpapieren als Wertpapierfonds galt, sieht das KAGB nunmehr seit dem 22.07.2013 eine entsprechende Pflicht für sämtliche offenen und geschlossenen Publikums-Investmentvermögen – und damit beispielsweise auch für offene Immobilienfonds oder geschlossene Schiffsfonds als sog. Alternative Investmentfonds („**AIF**") vor.

Da alternative Investmentfonds *per definitionem* nicht der OGAW-Richtlinie unterliegen und auch die maßgebliche Richtlinie 2011/61/EU v. 08.06.2011 über die Verwalter alternativer Investmentfonds und zur Änderung der Richtlinien 2003/41/EG und 2009/65/EG und der Verordnungen (EG) Nr. 1060/2009 und (EU) Nr. 1095/2010 (die „**AIFM-Richtlinie**"[68]) keine Pflicht zur Erstellung und Veröffentlichung von Kurzinformationen vorsieht, hat der deutsche Gesetzgeber in Einklang mit Erwägungsgrund 71 der AIFM-Richtlinie

---

65 Vgl. hierzu auch *Bronger/Scherer:* Das neue europäische Prospektrecht – (Geplante) Änderungen und ihre Auswirkungen, WM 2017, 460.
66 Gesetz zur Umsetzung der Richtlinie 2009/65/EG zur Koordinierung der Rechts- und Verwaltungsvorschriften betreffend bestimmte Organismen für gemeinsame Anlagen in Wertpapieren (OGAW-IV-Umsetzungsgesetz), BT-Drs. 17/4510.
67 Richtlinie 2009/65/EG des europäischen Parlaments und des Rates v. 13.07.2009 zur Koordinierung der Rechts- und Verwaltungsvorschriften betreffend bestimmte Organismen für gemeinsame Anlagen in Wertpapieren (OGAW); Verordnung (EU) Nr. 583/2010 der Kommission v. 01.07.2010 zur Durchführung der Richtlinie 2009/65/EG des Europäischen Parlaments und des Rates im Hinblick auf die wesentlichen Informationen für den Anleger und die Bedingungen, die einzuhalten sind, wenn die wesentlichen Informationen für den Anleger oder der Prospekt auf einem anderen dauerhaften Datenträger als Papier oder auf einer Website zur Verfügung gestellt werden. Abrufbar unter http://ec.europa.eu/internal_market/investment/docs/ucits-directive/directive_2009_65_ec_de.pdf (letzter Abruf am 19.09.2018).
68 Abrufbar unter http://eur-lex.europa.eu/legal-content/DE/ALL/?uri=CELEX:32011L0061 (letzter Abruf am 19.09.2018).

weitergehende Regelungen zur Erstellung von WAI auch für alternative Publikums-Investmentvermögen getroffen.[69]

Rechtsgrundlagen

28 Die WAI sollen den Anleger in die Lage versetzen, Art und Risiken des angebotenen Anlageproduktes zu verstehen und auf dieser Grundlage eine fundierte Anlageentscheidung zu treffen.

Im Zusammenhang mit der Pflicht zur Erstellung von WAI und deren inhaltlichen Ausgestaltung differenziert das KAGB zwischen den verschiedenen Typen von Investmentvermögen im Sinne von § 1 Abs. 1 KAGB.[70]

So hat eine inländische Kapitalverwaltungsgesellschaft, die mind. ein inländisches Investmentvermögen in Übereinstimmung mit der OGAW-Richtlinie[71] oder einen AIF verwaltet oder zu verwalten beabsichtigt, gemäß § 164 Abs. 1 Satz 1 KAGB für die von ihr verwalteten offenen Publikumsinvestmentvermögen neben einem Verkaufsprospekt auch WAI zu erstellen. Die jeweils aktuelle Fassung der WAI ist dem am Erwerb eines Anteils oder einer Aktie interessierten Anleger bzw. dem Publikum auf der Internetseite der Kapitalverwaltungsgesellschaft zugänglich zu machen. Gleiches gilt für eine EU-Verwaltungsgesellschaft, also eine Verwaltungsgesellschaft mit Sitz in einem anderen Mitgliedstaat der Europäischen Union oder einem anderen Vertragsstaat des Abkommens über den Europäischen Wirtschaftsraum[72], die mind. einen inländischen OGAW verwaltet oder zu verwalten beabsichtigt.

Dabei gilt § 164 KAGB nur für offene (inländische) Publikumsinvestmentvermögen, und damit für OGAW und solche AIF, deren Anteile vor Beginn der Liquidations- oder Auslaufphase auf Ersuchen eines Anteilseigners direkt oder indirekt aus den Vermögenswerten des AIF und nach den Verfahren und mit der Häufigkeit, die in den Vertragsbedingungen oder der Satzung, dem Prospekt oder den Emissionsunterlagen festgelegt sind,

---

69 Vgl. *Busse*, in: Frankfurter Kommentar zum KAGB, § 270 KAGB, Rn. 13.
70 Investmentvermögen ist jeder Organismus für gemeinsame Anlagen, der von einer Anzahl von Anlegern Kapital einsammelt, um es gemäß einer festgelegten Anlagestrategie zum Nutzen dieser Anleger zu investieren und der kein operativ tätiges Unternehmen außerhalb des Finanzsektors ist; vgl. § 1 Abs. 1 Satz 1 KAGB. Siehe auch das „Auslegungsschreiben zum Anwendungsbereich des KAGB" und zum Begriff des „Investmentvermögens" (Geschäftszeichen Q 31-Wp 2137-2013/0006) der BaFin v. 14.06.2013 (zuletzt geändert am 09.03.2015), abrufbar unter https://www.bafin.de/SharedDocs/Veroeffentlichungen/DE/Auslegungsentscheidung/WA/ae_130614_Anwendungsber_KAGB_begriff_invvermoegen.html (letzter Abruf am 19.09.2018).
71 Damit lösen die WAI das 2004 durch das Gesetz zur Modernisierung des Investmentwesens und zur Besteuerung von Investmentvermögen (*Investmentmodernisierungsgesetz*) umgesetzte europäische Konzept eines vereinfachten Verkaufsprospekts ab, das insb. vor dem Hintergrund der unklaren Haftung für die Verwendung gekürzter Verkaufsunterlagen umstritten war; vgl. auch Baur/Tappen/*v. Ammon/Izzo-Wagner (Hrsg.):* Investmentgesetze Großkommentar, 3. Aufl. 2014, KAGB, § 166, Rn. 2; Emde/Dornseifer/Dreibus/Hölscher/*Rozok:* Investmentgesetz, 1. Aufl. 2013, § 42, Rn. 54.
72 Vgl. § 1 Abs. 17 KAGB.

zurückgekauft oder zurückgenommen werden.[73] Sämtliche AIF, die keine offenen AIF sind und damit den Anlegern vor Beginn der Liquidations- oder Auslaufphase keine entsprechenden Lösungsrechte gewähren, werden als geschlossene AIF bezeichnet. Im Zusammenhang mit WAI für geschlossene (inländische) Publikums-AIF enthalten §§ 268 und 270 KAGB spezielle Vorgaben, die insb. die Vorgaben des § 166 KAGB an Inhalt, Form und Gestaltung der WAI modifizieren; vgl. § 270 Abs. 1 KAGB.

Besonderheiten gelten jedoch für sog. Spezial-AIF, also gemäß § 1 Abs. 6 KAGB solche AIF, deren Anteile auf Grund von schriftlichen Vereinbarungen mit der Verwaltungsgesellschaft oder auf Grund der konstituierenden Dokumente des AIF nur erworben werden dürfen von professionellen Anlegern (im Sinne des § 1 Abs. 19 Nummer 32 KAGB) und von semiprofessionellen Anlegern (im Sinne des § 1 Abs. 19 Nummer 33 KAGB). Denn sofern sich inländische offene und geschlossene Spezial-AIF ausschließlich an professionelle Anleger wenden, besteht keine Verpflichtung zur Erstellung und Zugänglichmachung von WAI. Richten sich die Spezial-AIF hingegen auch an semiprofessionelle Anleger, können WAI erstellt werden, die dann das Basisinformationsblatt gemäß der PRIIPs-Verordnung ersetzen.

2.2.1 Anwendungsbereich/Adressat/Zuständige Behörde

Sachlicher Anwendungsbereich   29

Vom sachlichen Anwendungsbereich der Pflicht zur Erstellung der WAI sind zunächst offene und geschlossene (inländische) Publikumsinvestmentvermögen erfasst. Während die gesetzlichen Anforderungen unter dem KAGB hinsichtlich der Erstellung von WAI für OGAW und offene Publikums-AIF als Publikumsinvestmentvermögen und deren Inhalt, Form und Gestaltung weitgehend der schon unter dem Investmentgesetz geltenden Rechtslage entsprechen[74], sind die Anforderungen bei geschlossenen Publikums-AIF erst durch das KAGB eingeführt worden.[75]

Seit dem 31. 12. 2016 sind dem am Erwerb eines Anteils oder einer Aktie eines Spezial-AIF interessierten semiprofessionellen Anleger gemäß § 307 Abs. 5 KAGB rechtzeitig vor Vertragsschluss entweder WAI nach § 166 bzw. § 270 KAGB oder ein Basisinformationsblatt gemäß der PRIIPs-Verordnung zur Verfügung zu stellen. Danach können also WAI erstellt werden, die dann das an sich erforderliche Basisinformationsblatt gemäß der PRIIPs-Verordnung ersetzen.[76]

---

73 Vgl. Art. 1 Abs. 2 der Delegierten Verordnung (EU) Nr. 694/2014 der Kommission v. 17. 12. 2013 zur Ergänzung der Richtlinie 2011/61/EU des Europäischen Parlaments und des Rates im Hinblick auf technische Regulierungsstandards zur Bestimmung der Arten von Verwaltern alternativer Investmentfonds; abrufbar unter http://eur-lex.europa.eu/legal-content/DE/TXT/PDF/?uri=CELEX:32014R0694&from=DE (letzter Abruf am 19. 09. 2018).
74 Vgl. Emde/Dornseifer/Dreibus/Hölscher/*Rozok*, § 42, Rn. 108 ff. (zu Form, Länge und Darstellung) und 112 (hinsichtlich Immobilien-Sondervermögen und Infrastruktur-Sondervermögen).
75 Vgl. auch *Burgard/Heinemann:* Das neue Kapitalanlagegesetzbuch, in: WM 2014, S. 821, 828 f.
76 Deutlich insoweit die Gesetzesbegründung der Bundesregierung zum Ersten Finanzmarktnovellierungsgesetz, BT-Drs. 18/7482 v. 08. 02. 2016, S. 68, die insofern die nunmehr „im Kapitalanlagegesetzbuch ausdrücklich geregelte[n] Möglichkeit von AIF-Kapitalverwaltungsgesellschaften, wesentliche Anlegerinformationen für Spezial-AIF zu erstellen" hervorhebt.

Hintergrund der Schaffung dieses Wahlrechts ist die Regelung in Art. 32 der PRIIPs-Verordnung, wonach Verwaltungsgesellschaften und Investmentgesellschaften im Sinne der OGAW-IV Richtlinie sowie Personen, die über die OGAW-Anteile beraten oder diese verkaufen, bis zum 31. 12. 2019 von den Verpflichtungen zur Erstellung von Basisinformationsblättern ausgenommen sind. Wenn ein Mitgliedstaat Vorschriften bezüglich des Formats und des Inhalts des Basisinformationsblatts gemäß den Vorgaben zu WAI in der OGAW-IV Richtlinie auf Investmentvermögen anwendet, die keine OGAW sind und die Kleinanlegern angeboten werden, so gilt die Ausnahme auch für Verwaltungsgesellschaften, Investmentgesellschaften und Personen, die Kleinanleger über Anteile dieser Investmentvermögen beraten oder diese an Kleinanleger verkaufen. Denn grundsätzlich wäre gemäß der PRIIPs-Verordnung auch für Anteile und Aktien von Spezial-AIF, die semiprofessionellen Anlegern als Kleinanlegern[77] angeboten werden, in Deutschland ein Basisinformationsblatt zu erstellen.[78] Da der deutsche Gesetzgeber bereits durch § 164 KAGB – der systematisch für alle offenen (inländischen) Publikumsinvestmentvermögen (und damit auch AIF) gilt – und § 268 KAGB für geschlossene inländische Publikums-AIF die Verpflichtung zur Erstellung von WAI eingeführt hat, sind diese ebenso wie OGAW bis zum 31. 12. 2019 von den Verpflichtungen zur Erstellung von Basisinformationsblättern ausgenommen.

Mit Wirkung zum 31. 12. 2016 hat der deutsche Gesetzgeber durch das Erste Finanzmarktnovellierungsgesetz mit § 307 Abs. 5 KAGB auch in Bezug auf Spezial-AIF[79], für die bis dahin keine Pflicht zur Erstellung von WAI bestand[80], die Möglichkeit geschaffen, anstelle der Basisinformationsblätter nach der PRIIPs-Verordnung WAI für ihre semiprofessionellen Anleger zu erstellen. Hierdurch soll Kapitalverwaltungsgesellschaften ermöglicht werden, ggf. bereits implementierte Prozesse und Verfahren zur Erstellung der WAI für

---

77 Insoweit werden auch die semiprofessionellen Anleger im Sinne des KAGB im Kontext der europäischen Regelungen weiterhin als Kleinanleger behandelt; vgl. zum Sonderweg „semiprofessionelle Anleger" auch *Moritz/Klebeck/Jesch (Hrsg.):* Frankfurter Kommentar zum Kapitalanlagerecht, Band 1 – Kommentar zum Kapitalanlagegesetzbuch, Frankfurt 2016, § 1, Rn. 439 ff.
78 Vor dem Hintergrund der Verschiebung des Geltungsbeginns der PRIIPs-Verordnung hatte die BaFin mit Schreiben v. 07. 02. 2017 (BaFin, WA 41-Wp 2137-2013/0307) ihre Verwaltungspraxis dahingehend klargestellt, dass sie bis zum Geltungsbeginn der PRIIPs-Verordnung das ihr nach § 5 Abs. 6 KAGB eingeräumte Ermessen im Fall eines Verstoßes gegen § 307 Abs. 5 KAGB (also semiprofessionellen Anleger entweder WAI oder ein Basisinformationsblatt zur Verfügung zu stellen) dahingehend ausüben wird, dass sie diesbezüglich keine Durchsetzungsanordnung erlassen wird.
79 Handelt es sich um einen offenen Spezial-AIF, so sind WAI gemäß § 166 KAGB zu erstellen; handelt es sich um einen geschlossenen Spezial-AIF gemäß § 270 KAGB, der in Teilen auch auf § 166 KAGB verweist; vgl. So Gesetzesbegründung der Bundesregierung zum Ersten Finanzmarktnovellierungsgesetzes, BT-Drs. 18/7482 v. 08. 02. 2016, S. 75.
80 Vgl. insofern *Burgard/Heinemann:* Das neue Kapitalanlagegesetzbuch, WM 2014, 821, 829, die richtigerweise darauf hinweisen, dass bei Spezial-AIF weder ein Verkaufsprospekt noch wesentliche Anlegerinformationen zu erstellen sind und professionelle und semiprofessionelle Anleger Auskunft (lediglich) durch die im Rahmen des Vertriebs bestehenden (umfänglichen) Informationspflichten nach § 307 KAGB erhalten.

verwaltete Publikums-AIF auch für Spezial-AIF zu nutzen und so den Umsetzungsaufwand zu reduzieren.[81]

Damit können die WAI auch für Investmentvermögen, die keine OGAW sind, übergangsweise die Basisinformationsblätter nach der PRIIPs-Verordnung ersetzen. Über § 307 Abs. 5 KAGB hinaus besteht aber gerade kein Wahlrecht. Soweit also eine Verpflichtung nach nationalem Recht besteht, WAI zur Verfügung zu stellen und der Hersteller damit nach Art. 32 der PRIIPs-Verordnung bis zum 31.12.2019 nicht zur Erstellung eines Basisinformationsblatt gemäß der PRIIPs-Verordnung verpflichtet ist, darf er WAI nicht durch ein Basisinformationsblatt ersetzen.[82]

Auch für AIF, die dem Recht eines anderen Mitgliedstaates der Europäischen Union oder eines anderen Vertragsstaates des Abkommens über den Europäischen Wirtschaftsraum unterliegen („**EU-AIF**") und AIF, die dem Recht eines Drittstaates unterliegen („**ausländische AIF**") sind gemäß § 318 Abs. 5 KAGB WAI zu erstellen, soweit der Vertrieb dieser Investmentvermögen an Privatanleger in Deutschland beabsichtigt ist. Für offene EU-AIF und offene ausländische AIF gilt § 166 Abs. 1 bis 5 KAGB und für geschlossene EU-AIF und geschlossene ausländische AIF gilt § 270 KAGB entsprechend. Die besonderen Anforderungen an die WAI für die Immobilien-Sondervermögen und Dach-Hedgefonds sind zu beachten.

Räumlicher Anwendungsbereich

Das KAGB legt hinsichtlich der Pflicht zur Erstellung von WAI keinen expliziten räumlichen Anwendungsbereich fest, knüpft jedoch in § 164 Abs. 1 bzw. § 268 Abs. 1 des KABG zunächst an inländische Kapitalverwaltungsgesellschaften und EU-Verwaltungsgesellschaften an. Aus dem weiteren Kontext wird dabei deutlich, dass es sich um inländische Investmentvermögen handeln muss, die von der Kapitalverwaltungsgesellschaft bzw. der EU-OGAW Verwaltungsgesellschaft verwaltet werden.[83]

Der räumliche Anwendungsbereich der Vorgaben des KAGB einschließlich der Vorgaben an das Anzeigeverfahren und der Pflicht zur Erstellung von WAI ist jedoch auch in Bezug auf EU-AIF und ausländische AIF eröffnet, soweit der Vertrieb dieser Investmentvermögen an Privatanleger in Deutschland beabsichtigt ist.

Zuständige Behörde

Die OGAW-Kapitalverwaltungsgesellschaft oder die EU-OGAW-Verwaltungsgesellschaft hat der BaFin gemäß § 164 Abs. 4 KAGB für die von ihr verwalteten inländischen OGAW neben dem Verkaufsprospekt auch die WAI unverzüglich nach erstmaliger Verwendung einzureichen. Zudem sind sämtliche Änderungen der wesentlichen WAI ebenfalls unverzüglich nach erstmaliger Verwendung der BaFin einzureichen. Die WAI eines Publikums-

---

81 Vgl. Gesetzesbegründung der Bundesregierung zum Ersten Finanzmarktnovellierungsgesetz, BT-Drs. 18/7482 v. 08.02.2016, S. 75.
82 Vgl. Ziffer 13 der PRIIP-Leitlinien und aus der Literatur *Gerold/Kohleick:* Aktuelle europäische Vorgaben für das Basisinformationsblatt, RdF 2017, 276, 279.
83 Vgl. *Patzner/Schneider-Deters*, in: Frankfurter Kommentar zum KAGB, 1. Aufl. 2016, § 166 KAGB, Rn. 7.

AIF sind sogar bereits gemäß § 316 Abs. 1 Nr. 4 KAGB im Rahmen des Vertriebsanzeigeverfahrens der BaFin einzureichen.

Demgegenüber sind die WAI eines Spezial-AIF nicht bei der BaFin einzureichen; insofern sind sie – anders als die in § 307 Abs. 1 KAGB genannten Informationen – nicht Bestandteil des Vertriebsanzeigeverfahrens gemäß § 321 KAGB. Dennoch ist die BaFin für etwaige Sanktionen im Zusammenhang mit den WAI zuständig.

33 *Bereitstellung der WAI*
Die WAI sind dem am Erwerb eines Anteils oder einer Aktie interessierten Privatanleger und semiprofessionellen Anlegern (gemäß § 297 Abs. 1 bzw. 2 KAGB bzw. § 307 Abs. 5 KAGB) rechtzeitig – gemäß § 297 Abs. 4 KAGB entweder auf einem sog. dauerhaften Datenträger oder einer Internetseite sowie auf Verlangen in Papierform – vor Vertragsschluss in der geltenden Fassung kostenlos zur Verfügung zu stellen. Bei Anteilen oder Aktien an einem Dach-Hedgefonds oder von EU-AIF oder ausländischen AIF, die hinsichtlich der Anlagepolitik Anforderungen unterliegen, die denen von Dach-Hedgefonds vergleichbar sind, sind die WAI dem am Erwerb interessierten Privatanleger gemäß § 297 Abs. 6 Satz 1 KAGB auszuhändigen.

Vor dem Hintergrund des mit dieser Vorgabe bezweckten Anlegerschutzes kann die Verpflichtung zur Bereitstellung der WAI zwar vertraglich nicht ausgeschlossen werden, jedoch kann der Anleger auf die Bereitstellung im Einzelfall – und damit nicht für eine Vielzahl von Erwerbsvorgängen – verzichten.[84]

Werden Anteilen oder Aktien im Rahmen eines Investment-Sparplans in regelmäßigem Abstand erworben, so sind die WAI gemäß § 297 Abs. 7 Satz 2 KAGB nur im Zusammenhang mit dem auf den erstmaligen Erwerb des Investmentvermögens zur Verfügung zu stellen.

2.2.2 Inhalte der wesentlichen Anlegerinformationen

34 Während Inhalt, Form und Gestalt der WAI bei offenen Publikumsinvestmentvermögen allgemein in § 166 KAGB geregelt ist, und in Bezug auf Publikumsinvestmentvermögen in Form von Immobilien-Sondervermögen und Dach-Hedgefonds durch spezielle Vorgaben ergänzt wird, stellen die §§ 268, 270 KAGB eigenständige Vorgaben im Zusammenhang mit geschlossenen Publikums-AIF dar, die die Regelungen für offene Publikumsinvestmentvermögen modifizieren.[85]

Format und Reihenfolge der Angaben in den WAI sind verbindlich vorgegeben. So beschränkt die Verordnung (EU) Nr. 583/2010 der Kommission v. 01.07.2010 zur Durchführung der Richtlinie 2009/65/EG des Europäischen Parlaments und des Rates im Hinblick auf die wesentlichen Informationen für den Anleger und die Bedingungen, die einzuhalten

---

84 Vgl. *Emde/Dornseifer/Dreibus/Hölscher/Müchler:* Investmentgesetz, 1. Aufl. 2013, § 121, Rn. 16; *Zingel,* in: Baur/Tappen (Hrsg.): Investmentgesetze Großkommentar, 3. Aufl. 2014, KAGB § 297 Rn. 7.
85 Vgl. auch Weitnauer/Boxberger/Anders/*Polifke*, 2. Aufl. 2017, KAGB § 166 Rn. 2; vgl. ferner zu WAI bei geschlossenen Fonds *Jäger/Maas/Renz:* Compliance bei geschlossenen Fonds – Ein Überblick, in: CCZ 2014, S. 63, 66.

sind, wenn die wesentlichen Informationen für den Anleger oder der Prospekt auf einem anderen dauerhaften Datenträger als Papier oder auf einer Website zur Verfügung gestellt werden (die „**OGAW-WAI-Verordnung**"[86]) den Umfang der WAI für OGAW auf höchstens zwei DIN-A4-Seiten[87] bzw. bei strukturierten OGAW höchstens drei DIN-A4-Seiten.[88] Eine entsprechende Begrenzung gilt gemäß § 166 Abs. 4 Satz 2 KAGB für WAI in Bezug auf offene Publikums-AIF bzw. gemäß § 270 Abs. 2 KAGB geschlossene Publikums-AIF.[89] Ausweislich der Gesetzesbegründung zu der Änderung des § 307 KAGB sollte diese Begrenzung der Seitenzahl zudem auch für (freiwillige) WAI von Spezial-AIF gelten, die ein Basisinformationsblatt nach der PRIIPs-Verordnung ersetzen.[90]

Allgemein sollen die WAI den Anleger in die Lage versetzen, Art und Risiken des angebotenen Anlageproduktes zu verstehen und auf dieser Grundlage eine fundierte Anlageentscheidung zu treffen. Dabei muss der Anleger die wesentlichen Merkmale verstehen können, ohne dass hierfür zusätzliche Dokumente herangezogen werden müssen. Die WAI müssen redlich und eindeutig und dürfen nicht irreführend sein. Sie müssen mit den einschlägigen Teilen des Verkaufsprospekts übereinstimmen. Sie sind kurz zu halten und in allgemein verständlicher und Sprache abzufassen.[91] Dabei ist eine für den durchschnittlichen Anleger verständliche Ausdrucksweise und damit eine Kleinanlegern angemessener Sprache zu verwenden; auf technische Termini ist zu verzichten, wenn stattdessen eine allgemein verständliche Sprache verwendet werden kann. Jedoch muss auch die Wesensart der verwendeten Sprache Vergleiche mit anderen Fondsprodukten zulassen.[92]

Um Vergleiche der verschiedenen Produkte zu ermöglichen, sind die WAI in einem einheitlichen Format zu erstellen. So müssen die WAI gemäß §§ 166 Abs. 2, 270 Abs. 1

---

86 Verordnung (EU) Nr. 583/2010 der Kommission v. 01.07.2010 zur Durchführung der Richtlinie 2009/65/EG des Europäischen Parlaments und des Rates im Hinblick auf die wesentlichen Informationen für den Anleger und die Bedingungen, die einzuhalten sind, wenn die wesentlichen Informationen für den Anleger oder der Prospekt auf einem anderen dauerhaften Datenträger als Papier oder auf einer Website zur Verfügung gestellt werden, abrufbar unter http://eur-lex.europa.eu/legal-content/DE/TXT/PDF/?uri=CELEX:32010R0583&from=DE (letzter Abruf am 19.09.2018).
87 So Art. 6 OGAW-WAI-Verordnung.
88 So Art. 37 OGAW-WAI-Verordnung. In diesem Zusammenhang bezeichnet strukturierte OGAW solche OGAW, die für die Anleger zu bestimmten vorher festgelegten Terminen nach Algorithmen berechnete Erträge erwirtschaften, die an die Wertentwicklung, Preisänderungen oder sonstige Bedingungen der Finanzvermögenswerte, Indizes oder Referenzportfolios gebunden sind, oder OGAW mit vergleichbaren Merkmalen (vgl. Art. 36 Abs. 1 zweiter Unterabs. der OGAW-WAI-Verordnung).
89 Vgl. hierzu auch *Busse*, in: Frankfurter Kommentar zum KAGB, 1. Aufl. 2016, § 270 KAGB, Rn. 37.
90 Vgl. die Gesetzesbegründung der Bundesregierung zum Ersten Finanzmarktnovellierungsgesetz, BT-Drs. 18/7482 v. 08.02.2016, S. 75.
91 Vgl. hierzu die entsprechenden Richtlinien des Ausschusses der Europäischen Aufsichtsbehörden für das Wertpapierwesen (*Committee of European Securities Regulators* – „**CESR**") *CESR's guide to clear language and layout for the Key Investor Information Document*; abrufbar unter https://www.esma.europa.eu/system/files_force/library/2015/11/10_1320.pdf (letzter Abruf am 19.09.2018).
92 So Erwägungsgrund 4 der OGAW-WAI-Verordnung.

KAGB folgende Angaben zu den wesentlichen Merkmalen des betreffenden Investmentvermögens enthalten:
1. Identität des Investmentvermögens und der für das Investmentvermögen zuständigen Behörde,
2. kurze Beschreibung der Anlageziele und der Anlagepolitik,
3. Risiko- und Ertragsprofil der Anlage,
4. Kosten und Gebühren,
5. bisherige Wertentwicklung und ggf. Performance-Szenarien,
6. eine Erklärung darüber, dass die Einzelheiten der aktuellen Vergütungspolitik auf einer Internetseite veröffentlicht sind, wie die Internetseite lautet und dass auf Anfrage kostenlos eine Papierversion der Internetseite zur Verfügung gestellt wird; die Erklärung umfasst auch, dass zu den auf der Internetseite einsehbaren Einzelheiten der aktuellen Vergütungspolitik eine Beschreibung der Berechnung der Vergütung und der sonstigen Zuwendungen sowie die Identität der für die Zuteilung der Vergütung und sonstigen Zuwendungen zuständigen Personen, einschließlich der Zusammensetzung des Vergütungsausschusses, falls es einen solchen Ausschuss gibt, gehört und
7. praktische Informationen und Querverweise.

36 *Offene Publikumsinvestmentvermögen im Sinne § 164, 166 KAGB*
Für die inländischen OGAW bestimmen sich die weiteren Vorgaben an Inhalt, Form und Gestalt der WAI unmittelbar nach der OGAW-WAI-Verordnung. Ausweislich des Erwägungsgrunds 4 soll die OGAW-WAI-Verordnung gewährleisten, dass „das Dokument mit wesentlichen Informationen für den Anleger das Interesse letzterer auch wecken kann und aufgrund seines Formats, seiner Aufmachung und der Qualität sowie der Wesensart der verwendeten Sprache Vergleiche zulässt". Die OGAW-WAI-Verordnung zielt zudem auf die Gewährleistung der Kohärenz des Formats des WAI und insb. der Aufmachung identischer Rubriken ab.

Im Zusammenhang mit der Erstellung der WAI sind durch die Mustervorlage im Konsultationspapier der CESR[93] sowohl die Reihenfolge als auch die Überschriften der Abschnitte vorgegeben, wobei die Mustervorlage keine Vorgaben in Bezug auf die Länge der einzelnen Abschnitte und die Anordnung der Seitenumbrüche enthält. Sofern die OGAW-WAI-Verordnung es nicht anders vorschreibt, dürfen keine sonstigen Informationen oder Erklärungen hinzugefügt werden. Anders aber als bei Basisinformationsblättern sind im eingeschränkten Umfang sogar Querverweise zum Prospekt möglich, indem beispielsweise die Risiken detailliert dargelegt werden (vgl. Art. 14 der OGAW-WAI-Verordnung). Querverweise auf andere Informationsquellen, einschließlich des Prospekts sowie des Jahresberichts oder der Halbjahresberichte, können gemäß Art. 21 der OGAW-WAI-Verordnung in die WAI aufgenommen werden, sofern sämtliche Informationen, die für das Verständnis der Anleger in Bezug auf die wesentlichen Anlagebestandteile grundlegend sind, bereits

---

93 Vgl. hierzu auch das Konsultationspapier *CESR's template for the Key Investor Information document*, CESR/10–1321, abrufbar unter https://www.esma.europa.eu/sites/default/files/library/2015/11/10_794.pdf (letzter Abruf am 19.09.2018).

Gegenstand des Dokuments selbst sind. In der WAI können sogar mehrere verschiedene Querverweise verwendet werden, die allerdings auf ein Minimum zu beschränken sind.

Der **Titel „Wesentliche Anlegerinformationen"** hat klar oben auf der ersten Seite des Dokuments mit wesentlichen Informationen für den Anleger zu erscheinen. 37

Dem Titel hat eine **Erläuterung** mit folgendem Wortlaut zu folgen: *„Gegenstand dieses Dokuments sind wesentliche Informationen für den Anleger über diesen Fonds. Es handelt sich nicht um Werbematerial. Diese Informationen sind gesetzlich vorgeschrieben, um Ihnen die Wesensart dieses Fonds und die Risiken einer Anlage in ihn zu erläutern. Wir raten Ihnen zur Lektüre dieses Dokuments, sodass Sie eine fundierte Anlageentscheidung treffen können."*

Die **Einordnung des OGAW**, einschließlich der Anteilsklasse oder eines Teilfonds, ist an sichtbarer Stelle vorzunehmen. Im Falle eines Teilfonds oder einer Anteilsklasse ist die Bezeichnung des OGAW nach der Bezeichnung des Teilfonds oder Anteilsklasse anzugeben.

Der **Name** der Verwaltungsgesellschaft ist anzugeben.

Darüber hinaus kann in Fällen, in denen die Verwaltungsgesellschaft aus rechtlichen, administrativen oder vertriebsmäßigen Gründen einer Unternehmensgruppe angehört, der Name dieser Gruppe angegeben werden. Eine Unternehmensmarke kann ebenfalls aufgenommen werden, sofern sie den Anleger nicht am Verständnis der wesentlichen Elemente der Anlage hindert oder den Vergleich der Anlageprodukte erschwert.

Der Abschnitt der WAI mit dem **Titel „Ziele und Anlagepolitik"** muss die in Abschn. 1 von Kapitel III der OGAW-WAI-Verordnung genannten Informationen enthalten. Eine besondere Herausforderung in der Compliance-Praxis stellt dabei die Einhaltung der Vorgaben des Art. 7 der OGAW-WAI-Verordnung dar, der einen detaillierten, aber nicht abschließenden Katalog von in die WAI aufzunehmenden Aspekten vorgibt.[94] Denn neben der Angabe der Hauptkategorien der in Frage kommenden Finanzinstrumente und einer Bestimmung des Anlageziels in Bezug auf branchenspezifische, geografische oder andere Marktsektoren bzw. in Bezug auf spezifische Vermögenswertkategorien, sind insb. auch die spezifischen Vermögensverwaltungstechniken „Hedging", „Arbitrage" oder „Leverage" darzustellen.

Besondere Anforderungen gelten zudem bei sog. strukturierten OGAW. So ist dem Anleger in einen strukturierten OGAW gemäß Art. 36 Abs. 2 der OGAW-WAI-Verordnung eine Erläuterung der Funktionsweise der Formel und der Berechnung der Erträge zu geben, wobei für Details der verwendeten Algorithmen und deren Funktionsweise gemäß Art. 7 Abs. 2 lit. b) der OGAW-WAI-Verordnung auf den Verkaufsprospekt verwiesen werden kann. Der Erläuterung ist eine Illustration von mind. drei Szenarien der potenziellen OGAW-Wertentwicklung beizufügen. Dabei sind zweckmäßige Szenarien zu wählen, die die Umstände aufzeigen, unter denen mit der Formel eine niedrige, mittlere oder hohe und

---

94 Dabei ist gerade auch die Auswahl der darzustellenden Aspekte auf heftige Kritik in der Literatur gestoßen, vgl. zu § 42 InVG, Emde/Dornseifer/Dreibus/Hölscher/*Rozok*, § 42 Rn. 64 f. und Weitnauer/Boxberger/Anders/*Polifke*, 2. Aufl. 2017, KAGB § 166, Rn. 11.

ggf. auch eine negative Rendite für den Anleger erwirtschaftet wird. Hierdurch soll der Anleger in die Lage versetzt werden, sämtliche Auswirkungen des der Formel zugrunde liegenden Berechnungsmechanismus in jeder Hinsicht verstehen zu können.

Sollte entweder im Prospekt oder in anderen Marketingunterlagen des OGAW ein Mindestzeitraum für das Halten von OGAW-Anteilen empfohlen oder sollte festgestellt werden, dass ein Mindestzeitraum für das Halten von OGAW-Anteilen ein wichtiger Bestandteil der Anlagestrategie ist, ist eine Erklärung mit folgendem Wortlaut aufzunehmen: *„Empfehlung: Dieser Fonds ist unter Umständen für Anleger nicht geeignet, die ihr Geld innerhalb eines Zeitraums von [...] aus dem Fonds wieder zurückziehen wollen.'"*[95]

Der Abschnitt der WAI mit dem **Titel „Risiko- und Ertragsprofil"** muss die in Abschn. 2 von Kapitel III der OGAW-WAI-Verordnung genannten Informationen enthalten. Danach ist für den Anleger ein synthetischer Indikator (*Synthetic Risk and Reward Indicator – SRRI*), mit einer Klassifizierung der Risiko- und Ertragsaussichten des OGAW aufzunehmen.[96] Das Risiko- und Ertragsprofil wird nach den Vorgaben der ESMA grundsätzlich auf Basis der Wertentwicklung der letzten fünf Jahre ermittelt und richtet sich nach der Volatilität des OGAW.[97] Dieser synthetische Indikator wird ergänzt um eine erläuternde Beschreibung und seine Hauptbeschränkungen sowie um eine erläuternde Beschreibung der Risiken, die für den OGAW wesentlich sind und die vom Indikator nicht angemessen erfasst werden. In diesem Zusammenhang sind Gründe für die Einstufung des OGAW in eine bestimmte Kategorie kurz zu erläutern.

Der Abschnitt der WAI mit dem **Titel „Kosten"** muss die in Art. 10 bis 14 der OGAW-WAI-Verordnung genannten Informationen – und damit insb. eine erläuternde Beschreibung der Kostenkategorien – enthalten. In Tabellenform sind dabei *„Einmalige Kosten vor und nach der Anlage"*, *„Laufende Kosten"* und *„An die Wertentwicklung des Fonds gebundene Gebühren"* aufzuführen.[98] Dabei sind alle Elemente der Kostenstruktur so klar wie möglich darzustellen, sodass sich die Anleger ein Bild vom kombinierten Kosteneffekt machen können. Es ist zudem eine Erklärung dahingehend aufzunehmen, dass der Anleger über die aktuellen Ausgabeauf- und Rücknahmeabschläge von seinem Finanzberater oder der für ihn zuständigen Stelle informiert werden kann.

Der Abschnitt der WAI mit dem **Titel „Wertentwicklung in der Vergangenheit"** muss die in Abschn. 4 von Kapitel III der OGAW-WAI-Verordnung genannten Informationen enthalten. Danach sind Informationen über die frühere Wertentwicklung des OGAW in

---

95 Kritisch ist in diesem Zusammenhang, dass die Formulierung auf Fonds mit unbegrenzter Laufzeit zugeschnitten ist. Für Laufzeitfonds wäre hier ein Spielraum und damit die Möglichkeit, von der vorgegebenen Formulierung abweichen zu können, wünschenswert gewesen; so auch Weitnauer/Boxberger/Anders/*Polifke*, 2. Aufl. 2017, KAGB § 166, Rn. 17.
96 Siehe hierzu auch die Ausführungen von CEST in *Guidelines on the methodology for the calculation of the synthetic risk and reward indicator in the Key Investor Information Document*; abrufbar unter https://www.esma.europa.eu/document/guidelines-methodology-calculation-synthetic-risk-and-reward-indicator-in-key-investor.
97 Ausführlich zum *Synthetic Risk and Reward Indicator,* Weitnauer/Boxberger/Anders/*Polifke*, 2. Aufl. 2017, KAGB § 166, Rn. 20 ff.
98 Vgl. zur Kostendarstellung ausführlich Weitnauer/Boxberger/Anders/*Polifke*, 2. Aufl. 2017, KAGB § 166, Rn. 27 ff.

einem Balkendiagramm zu präsentieren, das die Wertentwicklung des OGAW in den letzten zehn Jahren darstellt. Diese grundsätzliche Vorgabe wird für OGAW, für die noch keinerlei Daten über die Wertentwicklung in diesem Zeitraum vorliegen, modifiziert. Die Aufmachung des Balkendiagramms ist zudem durch vorgegebene Erklärungen, wie beispielsweise einen Warnhinweis auf den begrenzten Aussagewert des Diagramms im Hinblick auf die künftige Wertentwicklung, an deutlich sichtbarer Stelle zu ergänzen. Bei der Berechnung der Wertentwicklung ist nach Art. 16 der OGAW-WAI-Verordnung von einer Wiederanlage der Ausschüttungen auszugehen, was eine Vergleichbarkeit ausschüttender und thesaurierender Fonds ermöglicht.[99] Gemäß Art. 17 bzw. Art. 18 Abs. 4 der OGAW-WAI-Verordnung sind dabei wesentliche Änderungen der Ziele und Anlagepolitik sowie vorhandene Benchmarks anzugeben.

Der Abschnitt der WAI mit dem **Titel „Praktische Informationen"** muss die in Abschn. 5 von Kapitel III der OGAW-WAI-Verordnung genannten Informationen, wie den Namen der Verwahrstelle oder den Hinweis darauf, wo und wie weitere praktische Informationen erhältlich sind, einschließlich der Angabe, wo die aktuellsten Anteilspreise abrufbar sind, enthalten.

Die **Zulassung** des OGAW wird mit folgender Erklärung bekannt gegeben: *„Dieser Fonds ist in [Name des Mitgliedstaats] zugelassen und wird durch [Name der zuständigen Behörde] reguliert."*

Wenn der OGAW von einer Verwaltungsgesellschaft verwaltet wird, die Rechte gemäß Art. 16 der OGAW IV Richtlinie ausübt, kann eine zusätzliche Erklärung aufgenommen werden: *„[Name der Verwaltungsgesellschaft] ist in [Name des Mitgliedstaats]zugelassen und wird durch [Name der zuständigen Behörde] reguliert."*

Die Information über die Veröffentlichung wird mit folgender Erklärung bekannt gegeben: *„Diese wesentlichen Informationen für den Anleger sind zutreffend und entsprechen dem Stand von [Datum der Veröffentlichung]."*

Besonderheiten bei offenen AIF-Publikumsinvestmentvermögen wie Immobilien-Sondervermögen und Dach-Hedgefonds

38

Für offene AIF-Publikumsinvestmentvermögen, die wie beispielsweise Immobilien-Sondervermögen oder Dach-Hedgefonds keine OGAW sind, ist die OGAW-WAI-Verordnung entsprechend und vom deutschen Gesetzgeber durch die Vorgaben der § 166 Abs. 5 bis 8 KAGB modifiziert anzuwenden. Danach hat die Verwaltungsgesellschaft beispielsweise gemäß § 166 Abs. 5 KAGB in den WAI eine Gesamtkostenquote auszuweisen. Die Gesamtkostenquote stellt eine einzige Zahl dar, die auf den Zahlen des vorangegangenen Geschäftsjahres basiert. Sie umfasst sämtliche vom Investmentvermögen im Jahresverlauf getragenen Kosten und Zahlungen im Verhältnis zum durchschnittlichen Nettoinventarwert des Investmentvermögens und wird in den wesentlichen Anlegerinformationen unter der Bezeichnung „laufende Kosten" zusammengefasst; sie ist als Prozentsatz auszuweisen.

---

99 Weitnauer/Boxberger/Anders/*Polifke*, 2. Aufl. 2017, KAGB § 166, Rn. 33.

39 *Geschlossene Publikumsinvestmentvermögen im Sinne § 270 KAGB*
Für geschlossene Publikums-AIF ist die OGAW-WAI-Verordnung entsprechend und vom deutschen Gesetzgeber durch die Vorgaben der § 270 Abs. 2 Satz 1 KAGB modifiziert anzuwenden. Sofern beispielsweise bereits feststeht, in welche konkreten Vermögensgegenstände investiert wird, ist zusätzlich zu den in Art. 7 Abs. 1 der OGAW-WAI-Verordnung genannten Mindestangaben eine Beschreibung dieser Vermögensgegenstände erforderlich. Andernfalls ist darauf hinzuweisen, dass noch nicht feststeht, in welche konkreten Vermögensgegenstände investiert werden soll (*blind pool*). Zudem ist im Zusammenhang mit der Darstellung des Risiko- und Ertragsprofils auf die wesentlichen Risiken, die Einfluss auf das Risikoprofil des geschlossenen Publikums-AIF haben, hinzuweisen.

40 *Offene und geschlossene Spezial-AIF*
Für (freiwillige) WAI bei Spezial-AIF, die das Basisinformationsblatt nach der PRIIPs-Verordnung ersetzen, gelten ausweislich der Gesetzesbegründung zu der Änderung des § 307 KAGB, die Anforderungen an offene Publikums-AIF bzw. geschlossene Publikums-AIF entsprechend.

41 **Best Practice Tipp:**

Trotz Beschränkung auf zwei Seiten bzw. drei Seiten DIN-A4-Format und der detaillierten Vorgaben an den Inhalt der WAI gibt es in der Praxis Möglichkeiten, ein WAI weiter auszugestalten. Die Ausgestaltung des WAI darf jedoch dessen Tragweite nicht beeinträchtigen oder vermuten lassen, dass es sich dabei um eine Werbung handelt oder dass die beigefügten Werbeunterlagen von gleicher, wenn nicht höherer Bedeutung für den Kleinanleger sind (so Erwägungsgrund 3 der OGAW-WAI-Verordnung).

Schriftgröße
In den WAI sind „Buchstaben in gut leserlicher Größe" (vgl. Art. 5 Abs. 1 der OGAW-WAI-Verordnung) zu verwenden. Eine konkrete Vorgabe der Schriftgröße findet sich jedoch nicht. In der Praxis macht es ggf. Sinn, sich an der vom Bundesministerium der Finanzen veröffentlichten Gebrauchsanleitung zur Erstellung von Produktinformationsblättern für zertifizierte Altersvorsorgeverträge und Basisrentenverträge zu orientieren und im Fließtext eine Schriftgröße von Arial 8,5 pt. bzw. eine entsprechende Schriftgröße zu verwenden.

Verwendung von Farbe
Wenn in den WAI Farben verwendet werden, sollten sie die Verständlichkeit der Informationen nicht beeinträchtigen, falls das Dokument mit wesentlichen Informationen für den Anleger in Schwarz und Weiß ausgedruckt bzw. fotokopiert wird.

Verwendung von Unternehmensmarke/Logo
Wird das Logo der Unternehmensmarke der Verwaltungsgesellschaft oder der Gruppe, zu der sie gehört, verwendet, darf es den Anleger weder ablenken noch den Text verschleiern.

2.2.3 Veröffentlichung und Sprache

Sprache 42

Gemäß Art. 94 Abs. 1b der OGAW-IV Richtlinie sind WAI grundsätzlich in der Amtssprache des Mitgliedstaats abzufassen, in dem der OGAW vertrieben wird. Bei einem Vertrieb des OGAW in einem anderen EU-Mitgliedsstaat ist es in die oder in eine der Amtssprachen des jeweiligen Aufnahmemitgliedstaats oder in eine von den zuständigen Behörden dieses Mitgliedstaats akzeptierte Sprache zu übersetzen.

In Anlehnung an diesen Grundsatz sind auch die WAI nach dem KAGB in deutscher Sprache zu erstellen.

Veröffentlichung der WAI 43

Die WAI sind von der Kapitalverwaltungsgesellschaft bzw. EU-Verwaltungsgesellschaft nach § 164 Abs. 1 Satz 1 KAGB dem Publikum auf der eigenen Internetseite in der jeweils aktuellen Fassung zugänglich zu machen. Gleiches gilt zudem gemäß § 301 KAGB, der auch auf Kapitalverwaltungsgesellschaften und EU-Verwaltungsgesellschaften Bezug nimmt, für ausländischen AIF-Verwaltungsgesellschaften, die ein WAI zu erstellen haben.

2.2.4 Aktualisierung

Grundsätzlich sind die WAI stets auf dem neuesten Stand zu halten, wie in § 268 Abs. 2 Satz 1 KAGB für den Bereich der geschlossenen Investmentvermögen ausdrücklich geregelt oder in den Art. 22 und 23 der OGAW-WAI-Verordnung ausgeführt. 44

Gemäß Art. 22 der OGAW-WAI-Verordnung hat eine Management- oder Investmentgesellschaft sicherzustellen, dass die WAI für den Anleger mind. alle zwölf Monate überprüft werden. Neben dieser turnusmäßigen Überprüfung findet vor jeder vorgeschlagenen Änderung des Prospekts, der Vertragsbedingungen des Fonds bzw. der Satzung der Investmentgesellschaft eine Überprüfung statt, sofern diese Änderung nicht bereits Gegenstand der Überprüfung war.[100]

Eine Überprüfung findet vor oder nach jeder Änderung statt, die als für die in den WAI enthaltenen Angaben grundlegend angesehen wird. Geht aus einer Überprüfung hervor, dass die WAI geändert werden müssen, ist gemäß Art. 23 der OGAW-WAI-Verordnung unverzüglich eine überarbeitete Fassung zur Verfügung zu stellen. Resultiert eine Änderung aus dem erwarteten Ergebnis einer Entscheidung der Verwaltungsgesellschaft, einschließlich Änderungen des Prospekts, der Vertragsbedingungen des Fonds bzw. der Satzung der Investmentgesellschaft, ist die überarbeitete Fassung der WAI vor dem Wirksamwerden der Änderungen zur Verfügung zu stellen.

---

100 Ausweislich des Erwägungsgrunds 11 der OGAW-WAI-Verordnung sollten die WAI „so eingehend und oft geprüft und überarbeitet werden [...], wie es notwendig ist, um sicherzustellen, dass es die Anforderungen an die wesentlichen Informationen für den Anleger im Sinne von Art. 78 Abs. 2 und Art. 79 Abs. 1 der Richtlinie 2009/65/EG weiterhin einhält. Zur Demonstration einer guten Praxis sollten die Verwaltungsgesellschaften die WAI überarbeiten, bevor sie eine Initiative ergreifen, die zu einer großen Zahl neuer Anleger führen könnte, die Anteile am Fonds erwerben."

Die WAI, einschließlich der angemessen überarbeiteten Darstellung der früheren Wertentwicklung des OGAW, sind spätestens 35 Kalendertage nach dem 31. Dezember jeden Jahres zu veröffentlichen.

Entsprechendes gilt für offene und geschlossene Publikumsinvestmentvermögen gemäß § 166 Abs. 4 Satz 2 bzw. § 270 Abs. 2 Satz 1 KAGB, die beide insoweit auch auf die Art. 22 und 23 der OGAW-WAI-Verordnung – und damit die vorstehenden Anforderungen an OGAW – verweisen.

2.2.5 Sanktionen

45 Vorsätzliche oder fahrlässige Verstöße gegen die Anforderungen im Zusammenhang mit der Erstellung und Veröffentlichung der WAI können gemäß § 340 Abs. 2 KAGB als Ordnungswidrigkeiten geahndet werden.

So handelt ordnungswidrig, wer vorsätzlich oder fahrlässig beispielsweise entgegen der gesetzlichen Vorgaben des KAGB die WAI nicht, nicht richtig oder nicht vollständig erstellt oder dem Publikum nicht, nicht richtig oder nicht vollständig zugänglich macht (§ 340 Abs. 2 Nr. 38 oder Nr. 73 KAGB) oder entgegen § 164 Abs. 4 Satz 1 KAGB die WAI oder entgegen § 164 Abs. 5 KAGB eine Änderung der WAI nicht, nicht richtig, nicht vollständig oder nicht rechtzeitig bei der BaFin einreicht (§ 340 Abs. 2 Nr. 40 KAGB). Neu ist insofern die Vorschrift im Zusammenhang mit Spezial-AIF, wonach ordnungswidrig handelt, wer vorsätzlich oder fahrlässig entgegen § 307 Abs. 5 KAGB die WAI dem semiprofessionellen Anleger nicht rechtzeitig zur Verfügung stellt, falls er kein Basisinformationsblatt gemäß der PRIIPS-Verordnung zur Verfügung stellt (§ 340 Abs. 2 Nr. 79a KAGB).

Die Ordnungswidrigkeit kann in diesen Fällen gemäß § 340 Abs. 7 KAGB mit einer Geldbuße bis zu einer Million Euro geahndet werden; gegenüber einer juristischen Person oder einer Personenvereinigung kann über diesen Betrag hinaus eine Geldbuße in Höhe bis zu 2 % des jährlichen Gesamtumsatzes verhängt werden. Darüber hinaus kann die Ordnungswidrigkeit mit einer Geldbuße bis zur Höhe des Zweifachen des aus dem Verstoß gezogenen wirtschaftlichen Vorteils geahndet werden. Der wirtschaftliche Vorteil umfasst auch vermiedene wirtschaftliche Nachteile und kann geschätzt werden.

Verstöße gegen die Hinweis- und Informationspflichten der §§ 297 ff. KAGB, die insb. auch die Pflicht zur Bereitstellung der WAI vorsehen, können ggf. letztlich sogar zu einer Untersagung des Vertriebs von Anteilen oder Aktien dieser Investmentvermögen in Deutschland führen.

Entsprechende bestandskräftige Maßnahmen und unanfechtbar gewordene Bußgeldentscheidungen der BaFin, kann die BaFin gemäß § 341a KAGB nach Unterrichtung des Adressaten der Maßnahme oder Bußgeldentscheidung auf ihrer Internetseite bekanntmachen. In der Bekanntmachung sind Art und Charakter des Verstoßes und die für den Verstoß verantwortlichen natürlichen Personen und juristischen Personen oder Personenvereinigungen zu benennen (*Naming and Shaming*).

2.3 Zusammenfassung zum Prospekt

Die Zusammenfassung zum Prospekt verfolgt ein mit den zuvor genannten Kurzinformationen gemeinsames Ziel. Sie soll den Anleger über die wesentlichen Merkmale und Risiken, die auf den Emittenten und das Wertpapier zutreffen, informieren.[101] Zudem sollen die allgemeinen Bedingungen des Angebotes einschließlich einer Schätzung der Kosten enthalten sein.[102] Sie tritt daher zwangsläufig in Konkurrenz mit den anderen in diesem Beitrag behandelten Kurzinformationen.[103]

46

Das **Verhältnis der Zusammenfassung zum Prospekt mit den anderen Kurzdokumenten** ist nicht abschließend geklärt. Zuletzt konnte sich der europäische Gesetzgeber bei der Überarbeitung der europäischen Prospektrichtlinie nicht dazu durchringen, die Zusammenfassung zum Prospekt jedenfalls in den Fällen, in denen verpflichtend ein anderes Kurzdokument zu erstellen ist, entfallen zu lassen.[104] Daher müssen beispielsweise für Wertpapiere, die der PRIIPs-Verordnung[105] und dem europäischen Prospektrecht unterfallen, vom Emittenten zwei Kurzdokumente (das PRIIPs-KID und Zusammenfassung) verpflichtend erstellt werden.

> **Best Practice Tipp:**
>
> Emittenten sollten auf die Konsistenz der Informationen in der Zusammenfassung zum Prospekt und ggf. weiteren Kurzdokumenten achten.

47

2.3.1 Rechtsgrundlagen

Die Pflicht, eine Zusammenfassung zum Prospekt zu erstellen, ergibt sich aus dem sog. Wertpapierprospektrecht, § 5 Abs. 2 und Abs. 2a Wertpapierprospektgesetz (WpPG) und Art. 24 und Anhang XXII EU-Prospektverordnung. Sie ist originär mit der Pflicht verbunden, einen Prospekt oder Basisprospekt zu erstellen. Die Grundlage bildet die EU-Prospektrichtlinie („**Richtlinie 2010/73/EU**")[106], die in Deutschland in das **Wertpapierprospektgesetz** umgesetzt wurde. Die durchführenden Vorschriften (Level 2) finden sich in der EU-Prospektverordnung („**EU-Prospektverordnung**").[107] Die **ESMA** veröffentlicht zudem

48

---

101 Vgl. Erwägungsgrund 15 Richtlinie 2010/73/EU.
102 Vgl. Erwägungsgrund 15 Richtlinie 2010/73/EU.
103 Siehe auch oben 2.1.6.
104 Vgl. Art. 7 Verordnung (EU) 2017/1129.
105 Zum Anwendungsbereich siehe vorstehend unter Ziffer 2.1.1 (*Anwendungsbereich/Adressat/Zuständige Behörde*).
106 Richtlinie 2010/73/EU des Europäischen Parlaments und des Rates v. 24.11.2010 zur Änderung der Richtlinie 2003/71/EG betreffend den Prospekt, der beim öffentlichen Angebot von Wertpapieren oder bei deren Zulassung zum Handel zu veröffentlichen ist, abrufbar unter http://eur-lex.europa.eu/LexUriServ/LexUriServ.do?uri=OJ:L:2010:327:0001:0012:DE:PDF (letzter Abruf am 19.09.2018).
107 Verordnung (EG) Nr. 809/2004 v. 29.04.2004 zur Umsetzung der Richtlinie 2003/71/EG des Europäischen Parlaments und des Rates betreffend die in Prospekten enthaltenen Angaben sowie die Aufmachung, die Aufnahme von Angaben in Form eines Verweises und die Veröffentlichung solcher Prospekte sowie die Verbreitung von Werbung, abrufbar unter http://eur-lex.

regelmäßig einen **Fragen-Antwort-Katalog** zu speziellen Auslegungsfragen im Wertpapierprospektrecht (Level 3).[108]

Das europäische Prospektrecht wird derzeit novelliert. **Ab Juli 2019** wird eine unmittelbar geltende europäische EU-Prospektverordnung[109] („**EU-Prospektverordnung 2017**") die heutige EU-Prospektrichtlinie ablösen. Das deutsche Wertpapierprospektgesetz wird aufgrund der unmittelbaren Geltung der neuen EU-Prospektverordnung weitgehend obsolet werden. Lediglich einige Ausnahmebestimmungen, Haftungsregelungen und Bußgeldvorschriften bedürfen noch einer nationalen Umsetzung. Nach Art. 7 der EU-Prospektverordnung 2017 wird es auch weiterhin Zusammenfassung zum Prospekt geben.

49 **Best Practice-Tipp:**

Die Prospektzusammenfassung nach der EU-Prospektverordnung 2017 wird zukünftig stärker an das PRIIPs-KID angelehnt. Aus Art. 7 EU-Prospektverordnung 2017 lässt sich die folgende Gliederung entnehmen:

Zusammenfassung

1. Einleitung und Warnhinweise
   - Bezeichnung der Wertpapiere
   - Emittent, Zuständige Behörde
   - Datum, Warnhinweise

2. Basisinformationen über den Emittenten/Anbieter
   - Wer ist der Emittent der Wertpapiere?
   - Welches sind die wesentlichen Finanzinformationen über den Emittenten?
   - Welches sind die zentralen Risiken, die dem Emittenten zu eigen sind?

3. Basisinformationen über die Wertpapiere
   - Welches sind die wichtigsten Merkmale der Wertpapiere?
   - Wo werden die Wertpapiere gehandelt?
   - Wird für die Wertpapiere eine Garantie gestellt?
   - Welches sind die zentralen Risiken, die den Wertpapieren eigen sind?

---

europa.eu/legal-content/DE/TXT/PDF/?uri=CELEX:02004R0809-20130828&from=EN (letzter Abruf am 19.09.2018).

108 Zuletzt Q&A Prospectuses, 28. Version, März 2018, abrufbar unter https://www.esma.europa.eu/sites/default/files/library/esma31-62-780_qa_on_prospectus_related_topics.pdf (letzter Abruf am 19.09.2018).

109 Verordnung (EU) 2017/1129 des Europäischen Parlaments und des Rates v. 14.06.2017 über den Prospekt, der beim öffentlichen Angebot von Wertpapieren oder bei deren Zulassung zum Handel an einem geregelten Markt zu veröffentlichen ist und zur Aufhebung der Richtlinie 2003/71/EG, abrufbar unter http://eur-lex.europa.eu/legal-content/DE/TXT/PDF/?uri=CELEX:32017R1129&from=DE (letzter Abruf am 19.09.2018).

4. Basisinformationen über Angebot/Zulassung
   - Zu welchen Konditionen und nach welchem Zeitplan kann ich in dieses Wertpapier investieren?
   - Weshalb hat der Emittent diesen Prospekt erstellt?

2.3.2 Anwendungsbereich/Adressat/Zuständige Behörde

Anwendungsbereich 50
Die Prospektzusammenfassung ist Bestandteil des Prospektes, § 5 Abs. 3 WpPG. Sie ist daher immer dann zu erstellen, wenn die **Pflicht besteht, einen Wertpapierprospekt zu erstellen**. Das muss geschehen, wenn Wertpapiere entweder öffentlich angeboten oder zum Börsenhandel an einem organisierten/regulierten Markt zugelassen werden sollen.

Best Practice-Tipp:

Öffentliches Angebot: Jede Mitteilung an das Publikum in jedweder Form und auf jedwede Art und Weise, die ausreichende Informationen über die Angebotsbedingungen und die anzubietenden Wertpapiere enthält, um den Anleger in die Lage zu versetzen, über den Kauf oder die Zeichnung der Wertpapiere zu entscheiden (§ 2 Nr. 4 WpPG). Der Begriff ist grundsätzlich weit zu verstehen, im Zweifel geht das Wertpapierprospektrecht von einem öffentlichen Angebot aus.[110] Das begriffliche Gegenstück ist die sog. Privatplatzierung, bei dem die Wertpapiere nur einem begrenzten Personenkreis angeboten werden.[111]

organisierter/regulierter Markt: Der in § 2 Nr. 16 verwandte Begriff „Organisierter Markt" entspricht inhaltlich dem regulierten Markt im Sinne des Art. 4 Abs. 1, Ziff. 14 MiFID[112]. An der Frankfurter Wertpapierbörse sind beispielsweise die Marktsegmente „General Standard" oder „Prime Standard" gesetzlich geregelte Marktsegmente. Der „Open Market" (Freiverkehr) ist dagegen kein regulierter Markt. Er wird von der Börse selbst reguliert.

Wertpapiere: Der Begriff ist in § 2 Nr. 1 definiert. Er entspricht nicht dem klassisch deutschen Wertpapierbegriff, insb. ist eine Verbriefung hiernach nicht zwingend erforderlich.[113] Es genügt die Kapitalmarktfähigkeit, also deren Fungibilität. Wertpapiere im Sinne des § 2 Nr. 1 sind Aktien, Anleihen und Zertifikate nach deutschem Recht. Keine Wertpapiere sind etwa Namensschuldverschreibungen oder Schuldscheindarle-

---

110 Vgl. Assmann/Schlitt/*v. Kopp-Colomb/Schneider (Hrsg.): WpPG/VermAnlG*, § 2 WpPG, Rn. 38.
111 Vgl. *Just/Voß/Ritz/Zeising*, WpPG, § 2, Rn. 102.
112 Richtlinie 2004/39/EG des Europäischen Parlaments und des Rates v. 21.04.2004 über Märkte für Finanzinstrumente, abrufbar unter http://eur-lex.europa.eu/LexUriServ/LexUriServ.do?uri= OJ:L:2004:145:0001:0044:DE:PDF (letzter Abruf am 19.09.2018).
113 Vgl. Assmann/Schlitt/*v. Kopp-Colomb/Schneider* (Hrsg.): *WpPG/VermAnlG*, § 2 WpPG, Rn. 5 ff.

hen, da diese mittels Abtretung übertragen werden und ihnen daher die Fungibilität fehlt.[114]

Die Pflicht, eine Zusammenfassung zu erstellen ist also unmittelbar mit der Pflicht, einen Wertpapierprospekt zu erstellen, verknüpft. Die Zusammenfassung ist kein eigenständiges Dokument im engeren Sinn, sie bezieht sich immer auf den zugrundeliegenden Wertpapierprospekt.

51 *Adressat*
Der Adressat der Pflicht zur Erstellung einer Zusammenfassung ist deckungsgleich mit dem der Pflicht zur Erstellung eines Wertpapierprospektes. Dies sind also entweder der **Anbieter** oder der **Zulassungsantragsteller** für Wertpapiere. Der Anbieter ist die Person oder Gesellschaft, die Wertpapiere öffentlich anbietet, **§ 2 Nr. 10 WpPG**. Zulassungsantragsteller ist die Person, die die Zulassung zum Handel an einem organisierten/regulierten Markt beantragt, **§ 2 Nr. 11 WpPG**. Der **Emittent** eines Wertpapieres kann auch Anbieter oder Zulassungsantragsteller sein, er muss dies aber nicht sein. Es ist grundsätzlich denkbar, dass beide Funktionen auch von einem Dritten ausgeübt werden, der Emittent also keinen originären Pflichten aus dem WpPG unterliegt. In der Praxis findet man allerdings häufiger den Fall, dass das Angebot (= der Vertrieb) der Wertpapiere durch Dritte erfolgt, während Begebung und Börsenzulassung durch den Emittenten erfolgen. In diesem Fall ist der Emittent auch Zulassungsantragsteller und damit zur Erstellung eines Wertpapierprospektes und einer Zusammenfassung verpflichtet.[115]

52 *Zuständige Behörde*
Die Zusammenfassung zum Wertpapierprospekt ist Prospektbestandteil. Sie muss daher wie der gesamte Wertpapierprospekt vor Veröffentlichung gebilligt werden. Dies ergibt sich aus § 13 Abs. 1 WpPG. In Deutschland ist hierfür die Bundesanstalt für Finanzdienstleistungsaufsicht die zuständige Behörde, § 13 Abs. 1 Satz 2 WpPG.

2.3.3 Inhalte der Zusammenfassung

53 Die Inhalte der Zusammenfassung sind vergleichsweise streng geregelt. Hierfür gibt es in der EU-Prospektverordnung[116] den Annex XXII, der Inhalt, Reihenfolge und teilweise sogar feste Formulierungen vorgibt. Der Ersteller der Zusammenfassung muss sich hieran halten. Da die Zusammenfassung als Prospektbestandteil der Billigung der BaFin unterliegt, wird dies von der Aufsicht geprüft.

---

114 Vgl. zur Einordnung ausländischer Wertpapiere: Assmann/Schlitt/*v. Kopp-Colomb/Schneider* (Hrsg.): WpPG/VermAnlG, § 2 WpPG, Rn. 13 ff.
115 Vgl. näher zum Vertrieb durch Finanzintermediäre: Assmann/Schlitt/*v. Kopp-Colomb/Schneider (Hrsg.):* WpPG/VermAnlG, § 3 WpPG, Rn. 37 ff.
116 Verordnung (EG) Nr. 809/2004 v. 29.04.2004 zur Umsetzung der Richtlinie 2003/71/EG des Europäischen Parlaments und des Rates betreffend die in Prospekten enthaltenen Angaben sowie die Aufmachung, die Aufnahme von Angaben in Form eines Verweises und die Veröffentlichung solcher Prospekte sowie die Verbreitung von Werbung, abrufbar unter http://eur-lex.europa.eu/legal-content/DE/TXT/PDF/?uri=CELEX:02004R0809-20130828&from=EN (letzter Abruf am 19.09.2018).

> **Beispiel:** 54
> **Eine Zusammenfassung gliedert sich nach Annex XXII. wie folgt:**
> Abschnitt A – Einleitung und Warnhinweise
> Abschnitt B – Emittent und etwaige Garantiegeber
> Abschnitt C – Wertpapiere
> Abschnitt D – Risiken
> Abschnitt E – Angebot
>
> Jeder Abschnitt enthält im Annex XXII. eine Vielzahl von Unterpunkten, die die Inhalte im jeweiligen Abschnitt detailliert festlegen. Zusammenfassungen weisen daher in der Praxis je nach emittiertem Finanzinstrument eine erhebliche Länge auf. 30 Seiten und mehr sind durchaus üblich.

Aus dem Beispiel ergeben sich **zwei wesentliche Unterschiede** zu den anderen in diesem Beitrag beschriebenen Kurzdokumenten: 55

– Die Zusammenfassung weist eine erheblich größere Länge und Informationsdetaillierung auf. Sie ist aufgrund dessen kein „Kurzdokument" im eigentlichen Sinne. Dies liegt vor allem an den detaillierten regulatorischen Vorgaben im Annex XXII. Der europäische Gesetzgeber hat diese überschießende Tendenz erkannt und in Art. 7 der neuen EU-Prospektverordnung 2017, die ab 21. 07. 2019 anwendbar ist, die Zusammenfassung inhaltlich gestrafft und eine Begrenzung auf 7 DIN-A4 Seiten eingeführt (Art. 7 Abs. 3 EU-Prospektverordnung 2017).

– Die Zusammenfassung enthält mit Abschn. B auch Informationen zum Emittenten selbst, während dies bei den PRIIPs-Basisinformationsblättern und den Produktinformationsblättern abgesehen von Nennung des Namens des Emittenten nicht der Fall ist. Dieser Unterschied wird auch mit der Anwendbarkeit der neuen EU-Prospektverordnung fortbestehen, vgl. Art. 7 Abs. 6 EU-Prospektverordnung 2017.

2.3.4 Veröffentlichung und Sprache

Veröffentlichung 56
Die Zusammenfassung muss, wie auch der Prospekt, vom Anbieter oder Zulassungsantragsteller veröffentlicht werden. Dies richtet sich nach § 14 Abs. 2 WpPG. Danach besteht die Möglichkeit und Pflicht zur Veröffentlichung in einer Wirtschafts- oder Tageszeitung (Nr. 1), der Ausgabe in gedruckter Form (Nr. 2) oder der Veröffentlichung auf der Internetseite des Emittenten, der Zahlstelle oder des organisierten Marktes, für den die Zulassung beantragt wird (Nr. 3).

In der Praxis hat sich mittelweile die Veröffentlichung im Internet fast ausnahmslos durchgesetzt. Zu beachten ist, dass bei dieser Veröffentlichungsform nach § 14 Abs. 5 WpPG auf Verlangen des Anlegers eine Papierversion kostenlos zur Verfügung gestellt werden muss.

57 *Sprache*
Das Sprachregime für Prospekte und die Zusammenfassung ist in § 19 WpPG geregelt. Insb. in Fällen eines grenzüberschreitenden Angebotes muss entschieden werden, in welcher Sprache der Prospekt und die Zusammenfassung zu verfassen sind.

58 **Exkurs:**
Im europäischen Prospektrecht ist der sog. europäische Pass für Wertpapiere verankert. Dies ermöglicht im Grundsatz auf Basis eines einmal gebilligten Prospektes ein europaweites Angebot von Wertpapieren, vgl. § 17 WpPG. Die Zusammenfassung nimmt hierbei eine wichtige Rolle ein. Sie ist in bestimmten Fällen das einzige prospektrechtliche Dokument, dass in die jeweilige Landessprache zu übersetzen ist, während der Prospekt ansonsten in einer in Finanzkreisen gebräuchlichen Sprache (Englisch) verfasst werden kann, vgl. aus deutscher Sicht § 19 Abs. 3 WpPG.

59 Die Zusammenfassung ist für Emittenten, deren Herkunftsstaat Deutschland ist und die nur im Inland öffentlich anbieten oder zum Handel zugelassen werden, in deutscher Sprache zu verfassen. In grenzüberschreitenden Fällen, also bei einen Angebot in einem anderen/weiteren EU-Mitgliedstaat oder einer dortigen Zulassung zum Handel, kann vom jeweiligen Aufnahmestaat eine Übersetzung der Zusammenfassung in die Landessprache gefordert werden. Für den Fall, dass Wertpapiere aus einem anderen EU-Mitgliedstaat auch in Deutschland angeboten werden, schreibt § 19 Abs. 4 WpPG eine Zusammenfassung in deutscher Sprache vor. Danach besteht also die Möglichkeit, dass die Zusammenfassung für ein Wertpapier in mehreren Sprachfassungen existiert.

2.3.5 Aktualisierung

60 Die Zusammenfassung wird im Regelfall einmalig kurz vor dem Emissionstag erstellt. Sie ist aus Sicht der Praxis anschließend eher ein statisches Dokument, d. h. die Angaben beziehen sich grundsätzlich auf den Emissionszeitpunkt des Wertpapieres. Nach § 16 WpPG müssen diese Angaben bis zum endgültigen Ende des öffentlichen Angebotes oder, falls diese später erfolgt, der Einführung in den Handel an einem organisierten Markt, aktuell gehalten werden. Andernfalls ist die Zusammenfassung zu ergänzen, § 16 Abs. 2 WpPG.[117]

§ 16 WpPG definiert hierfür einen eigenen Maßstab: Nicht jeder neuer Umstand oder jede Unrichtigkeit führt zu einer Aktualisierungspflicht, sondern nur „wichtige" Umstände oder „wesentliche" Unrichtigkeiten. Eventuelle neue Tatsachen müssen im Einzelfall anhand dieses Maßstabes beurteilt werden.[118]

---

117 Assmann/Schlitt/v. Kopp-Colomb/*Seitz/Scholl* (Hrsg.): WpPG/VermAnlG, § 16 WpPG, Rn. 21 ff.
118 Vgl. bspw. Assmann/Schlitt/v. *Kopp-Colomb/Schneider (Hrsg.):* WpPG/VermAnlG, § 16 WpPG, Rn. 21 ff.

2.3.6 Sanktionen

Vorsätzliche oder fahrlässige Verstöße gegen die Pflicht, eine Zusammenfassung als Prospektbestandteil zu veröffentlichen, können nach § 35 Abs. 1 Nr. 6 WpPG mit einem Bußgeld geahndet werden. Der Tatbestand der nicht vollständigen Veröffentlichung eines Prospektes dürfte erfüllt sein, da, bei formaler Betrachtung[119], gesetzlich vorgeschriebene Angaben in Form der Zusammenfassung fehlen.

61

3 Kurzinformationen auf deutscher Rechtsgrundlage
3.1 Produktinformationsblätter
3.1.1 Rechtsgrundlagen

Zum 01.07.2011 wurde durch das Gesetz zur Stärkung des Anlegerschutzes und Verbesserung der Funktionsfähigkeit des Kapitalmarktes die Verpflichtung eingeführt, im Fall einer Anlageberatung dem Kunden rechtzeitig vor dem Abschluss eines Geschäfts über Finanzinstrumente ein kurzes und leicht verständliches **Informationsblatt** (auch **Produktinformationsblatt** oder **PIB** genannt) über jedes Finanzinstrument zur Verfügung zu stellen, auf das sich eine Kaufempfehlung bezieht.

62

Die entsprechende gesetzliche Regelung findet sich in **§ 64 Abs. 2 WpHG**. Eine europäische Entsprechung hat die Vorschrift nicht, sie wurde als rein nationale Regelung eingeführt. **§ 4 WpDVerOV** konkretisiert die Regelung des § 64 Abs. 2 WpHG näher. Die BaFin hat zudem zwei **Rundschreiben** veröffentlicht, in denen sie ihre Auffassung zu einzelnen Aspekten der PIB mitteilt.[120]

3.1.2 Anwendungsbereich/Adressat/Zuständige Behörde

Anwendungsbereich

Ein PIB muss **Privatkunden** ausgehändigt werden, denen ein Finanzinstrument zum Erwerb empfohlen wurde. Es ist nicht entscheidend, ob der Privatkunde das Finanzinstrument auch tatsächlich kauft.[121] Ausgenommen hiervon sind Anteile an Investmentvermögen, für diese sind die „Wesentlichen Anlegerinformationen" (siehe oben 2.2) bereitzustellen. Ebenso sind Vermögensanlagen im Sinne des VermAnlG ausgenommen, für diese sind die Vermögensanlageinformationsblätter (§§ 13 VermAnlG ff.) zu veröffentlichen.

63

---

119 Vgl. *Assmann*/Schlitt/v. Kopp-Colomb (Hrsg.): WpPG/VermAnlG, § 35 WpPG, Rn. 38.
120 Noch zur alten Fassung des WpHG/WpDVerOV: BaFin-Rundschreiben 6/2011 (WA) zu den Informationsblättern nach § 31 Abs. 3a, 9 WpHG und § 5a WpDVerOV v. 01.06.2011, abrufbar unter https://www.bafin.de/SharedDocs/Veroeffentlichungen/DE/Rundschreiben/rs_1106_wa_informationsblaetter.html (letzter Abruf am 19.09.2018) und BaFin-Rundschreiben 4/2013 (WA) – Auslegung gesetzlicher Anforderungen an die Erstellung von Informationsblättern gemäß § 31 Abs. 3a WpHG/§ 5a WpDVerOV v. 26.09.2013 („**PIB-Rundschreiben 2013**"; abrufbar unter https://www.bafin.de/SharedDocs/Veroeffentlichungen/DE/Rundschreiben/rs_1304_produktinformationsblaetter_wa.html) (letzter Abruf am 19.09.2018).
121 Vgl. Assmann/Schneider/*Koller*, WpHG, § 31, Rn. 123.

64 **Best Practice-Tipp:**
Ab dem 01.01.2018 wird der Anwendungsbereich **weiter eingeschränkt**. Für alle Finanzinstrumente, die der PRIIPs-Verordnung unterfallen (siehe oben 2.1.1), entfällt die Pflicht zur Aushändigung eines PIBs, vgl. § 64 Abs. 2 WpHG n. F. PIBs sind dann im Wesentlichen **nur noch für Aktien und einfache Anleihen** zu erstellen. Die praktische Bedeutung der PIBs wird daher ab dem 01.01.2018 wesentlich abnehmen.

65 *Adressat*
Adressat der Pflichten des § 64 Abs. 2 WpHG ist das Wertpapierdienstleistungsunternehmen, das die **Wertpapierdienstleistung der Anlageberatung** erbringt. Das unterscheidet das Produktinformationsblatt vom Basisinformationsblatt, bei dem der Hersteller (z. B. der Emittent) des Finanzinstrumentes auch zu dessen Erstellung und Veröffentlichung verpflichtet ist. In der Praxis hat es sich gleichwohl etabliert, dass der Emittent auch das Produktinformationsblatt erstellt und den vertreibenden Wertpapierdienstleistungsunternehmen zur Verfügung stellt.

Aus der Zuordnung der Pflicht zum vertreibenden Wertpapierdienstleistungsunternehmen und der in der Praxis erfolgenden Erstellung durch den Emittenten des Finanzinstrumentes ergeben sich Folgeprobleme: So muss das vertreibende Wertpapierdienstleistungsunternehmen bei einem solchen **Drittbezug** von Produktinformationsblättern diese inhaltlich auf Übereinstimmung mit den aufsichtsrechtlichen Anforderungen prüfen. Die BaFin lässt aber in dem Fall, dass der erstellende Emittent selbst ein beaufsichtigtes Wertpapierdienstleistungsunternehmen ist, eine Bestätigung dessen, dass das Produktinformationsblatt gemäß dem geltenden Aufsichtsrecht erstellt ist, ausreichen (sog. Prüfungsbescheinigung oder Konformitätserklärung). Diese Bestätigung kann entweder durch die interne Revision oder einen Wirtschaftsprüfer ausgestellt werden.[122]

66 *Zuständige Behörde*
Für die Beaufsichtigung der Pflichten aus § 64 Abs. 2 WpHG ist die BaFin zuständig, vgl. § 6 WpHG.

3.1.3 Inhalte des Produktinformationsblattes

67 Die **Inhalte des Produktinformationsblattes** sind in § 4 WpDVerOV näher ausgestaltet. Insb. sollen
- die Art des Finanzinstrumentes
- seine Funktionsweise
- dessen Risiken
- die Aussichten für die Kapitalrückzahlung unter verschiedenen Marktbedingungen (Szenarien) und
- die Kosten

---

122 Vgl. näher zum Drittbezug: PIB-Rundschreiben 2013, Ziffer 1.

dargestellt werden.[123] Die genannten Angaben sind als **Regelbeispiele** ausgeformt. Diese Angaben müssen in einem Informationsblatt grundsätzlich enthalten sein. Für die detailliertere **Gliederung der Produktinformationsblätter** hat sich in der Praxis der von der Deutschen Kreditwirtschaft entwickelte Standard durchgesetzt.[124] Dieser wurde auch von der BaFin grundsätzlich anerkannt.[125]

Der **Wesentlichkeitsgrundsatz** (vgl. § 4 Abs. 1 Satz 2 WpDVerOV) schränkt den Umfang und die Detaillierung der im Informationsblatt darzustellenden Angaben über ein Finanzinstrument ein. Genannt werden müssen die wesentlichen Informationen, nicht sämtliche Informationen über ein Finanzinstrument. Diese Einschränkung ist notwendig und dem beschränkten maximalen Umfang eines Informationsblattes von zwei bzw. drei Seiten geschuldet.

Was eine wesentliche Information ist, muss jeweils vor dem Hintergrund der entsprechenden konkreten Angabe gemessen werden. Dabei sind Informationen, von denen die **Investitionsentscheidung des Anlegers** maßgeblich abhängen wird, eher als wesentlich einzustufen. So sind beispielsweise Informationen, die die Ausfallmöglichkeit eines Finanzinstrumentes beschreiben oder dessen Erträge signifikant beeinflussen können, aus Sicht des Anlegers wohl als tragend anzusehen. Dagegen sind Informationen, die beispielsweise bestimmte Abwicklungsmodalitäten des Finanzinstrumentes betreffen, eher als unwesentlich einzustufen. Für den Bereich der **Risikoangaben** verlangt die BaFin zudem eine Gewichtung derselben nach Verlusthöhe und Eintrittswahrscheinlichkeit.[126]

Best Practice Tipp:

Die Angaben im Informationsblatt müssen mit den **Angaben im Wertpapierprospekt** vereinbar sein. Sie dürfen also den Angaben im Wertpapierprospekt bzw. ggf. den Endgültigen Bedingungen nicht widersprechen. Dies bedeutet nicht, dass die Angaben in beiden Dokumenten mit denselben Worten oder Begriffen beschrieben werden müssen. Wertpapierprospekte und Endgültige Bedingungen werden regelmäßig eine technischere Sprache verwenden als das Informationsblatt. Die Angaben im Informationsblatt können und müssen wesentlich knapper gehalten und entsprechend den gesetzlichen Anforderungen in einer einfacheren Sprache formuliert werden als die Angaben in einer ggf. ausführlicheren Darstellung im Prospekt.[127]

68

---

123 Vgl. näher *Preuße*/Zingel, WpDVerOV, § 5a, Rn. 16 ff.
124 Vgl. näher *Preuße*/Zingel, WpDVerOV, § 5a, Rn. 32; Pressemitteilung der DK v. 14.03.2011, abrufbar unter https://die-dk.de/themen/pressemitteilungen/mehr-transparenz-vergleichbarkeit-und-wettbewerb-bei-der-anlageberatung-kreditwirtschaft-legt-standard-fuer-produktinformationsblatt-vor-05a0f6/ (letzter Abruf am 19.09.2018).
125 *Richter:* Erstellung und Einsatz von Produktinformationsblättern, in: CRP 2014, S. 176 ff.
126 PIB-Rundschreiben 2013, Ziff. 3.2.3.1.; *Preuße/Seitz/Lesser:* Konkretisierung der Anforderungen an das Produktinformationsblatt, in: BKR 2014, S. 70, 75.
127 Vgl. *Preuße/Seitz/Lesser:* Konkretisierung der Anforderungen an das Produktinformationsblatt, in: BKR 2014, S. 70, 74.

69 Der Grundsatz der **Verständlichkeit** legt fest, in welcher Art und Weise Informationsblätter erstellt werden müssen. Dies ist vor dem Hintergrund des **angesprochenen Kundenkreises** zu beurteilen.[128] Bei einem breiten Vertrieb eines Finanzinstrumentes ist der Maßstab der Verständlichkeitsprüfung der Empfängerhorizont eines durchschnittlich informierten Privatanlegers.[129] Das BaFin-Rundschreiben[130] führt dazu aus, dass grundsätzlich keine besonderen sprachlichen oder fachlichen Vorkenntnisse seitens des Anlegers hinsichtlich des Verständnisses von Finanzinstrumenten vorausgesetzt werden können. Aufgrund der systematischen Stellung des § 64 Abs. 2 WpHG darf aber das Informationsniveau in den „Basisinformationen über Wertpapiere und weitere Kapitalanlagen" entsprechend § 64 Abs. 7 WpHG vorausgesetzt werden.[131]

70 **Best Practice-Tipp:**

Es ist zulässig, den **Adressatenkreis des Informationsblattes einzuschränken**. Hiernach kann das Informationsblatt als nur für bestimmte Empfängergruppen geeignet gekennzeichnet werden, die etwa besonders qualifiziert und/oder erfahren sind.[132] Dies muss deutlich hervorgehoben und an prominenter Stelle erfolgen. Das entsprechende Finanzinstrument kann anderen Anlegern außerhalb des genannten Adressatenkreises dann nicht mehr empfohlen werden. Erfolgt eine solche Einschränkung, wären grundsätzlich auch komplexere Beschreibungen in einem Informationsblatt gesetzeskonform, wenn sie für den bezeichneten Empfängerkreis verständlich sind.[133]

71 *Art des Finanzinstrumentes*

Bei der Beschreibung der **Art des Finanzinstrumentes** soll die übergeordnete Produktkategorie angegeben werden.[134] Da das Informationsblatt für einen durchschnittlich informierten Anleger verständlich sein muss, sind hiermit nicht die im Kapitalmarkt- oder Aktienrecht verwandten Wertpapiergattungsbegriffe[135] gemeint, da diese teilweise sehr feingliedrig und technisch aus Sicht der jeweiligen Regulierung oder Verwendungsart gefasst sind. Nicht zulässig dürften zudem werbliche Produktbezeichnungen sein, da diese dem Anleger in der Regel nicht die Zuordnung des Finanzinstrumentes zu einer übergeordneten Produktkategorie ermöglichen.

Ferner sollen unter dieser Rubrik die Wertpapierkennnummer (WKN) und die International Securities Identification Number (ISIN) oder, wenn diese nicht vorhanden ist, eine andere

---

128 Vgl. *Preuße/Seitz/Lesser:* Konkretisierung der Anforderungen an das Produktinformationsblatt, in: BKR 2014, S. 70, 73 f.
129 *Preuße/Schmidt:* Anforderungen an Informationsblätter nach § 31 Abs. 3a WpHG, in: BKR 2011, S. 265, 268.
130 PIB-Rundschreiben 2013, Ziff. 3.1.1.
131 Vgl. *Preuße/Seitz/Lesser:* Konkretisierung der Anforderungen an das Produktinformationsblatt, in: BKR 2014, S, 70, 73.
132 Vgl. *Preuße/Seitz/Lesser*, in: BKR 2014, S. 70, 73.
133 Vgl. *Preuße/Seitz/Lesser:* Konkretisierung der Anforderungen an das Produktinformationsblatt, in: BKR 2014, S. 70, 73.
134 PIB-Rundschreiben 2013, Ziff. 3.2.1.
135 Vgl. Schwark/Zimmer/*Heidelbach*, § 32 BörsG, Rn. 46 ff. und § 2 WpPG, Rn. 30 ff.

eindeutige Identifizierungsmöglichkeit angegeben werden.[136] Der Emittent des Finanzinstrumentes soll bezeichnet sowie seine Branche und Homepage benannt werden.[137] Zudem soll, wenn das Finanzinstrument zum Börsenhandel zugelassen ist, das Marktsegment benannt werden.[138]

Funktionsweise 72
Das Informationsblatt muss eine verständliche **Funktionsbeschreibung** enthalten. Die Funktionsbeschreibung muss das konkrete Finanzinstrument abbilden, die Beschreibung nur der zugehörigen Produktgruppe ist nach Auffassung der BaFin nicht ausreichend.[139] Die Funktionsbeschreibung soll die wesentlichen Merkmale des Finanzinstrumentes darstellen. Bei **Anleihen** wären dies die hiermit verbundenen wesentlichen Leistungsversprechen und deren grundsätzliche Ausgestaltung. Eine Darstellung aller in den Anleihe-/Vertragsbedingungen getroffenen Vereinbarungen würde das Informationsblatt hingegen überfrachten. Bei **Aktien** wäre dies die Beschreibung der mitgliedschaftlichen Position des Anlegers. Teil der Funktionsbeschreibung ist zudem die Angabe der wichtigsten **Produktdaten**. Bei Anleihen wären dies beispielsweise Emissionstag, Rückzahlungstag, Zinszahlungstage, Nennbetrag, Zinssatz, Emissionskurs.

Risiken 73
Im Informationsblatt sind die produktspezifischen **Risiken** des Finanzinstrumentes zu nennen und zu erläutern.[140] Das gilt, wie für alle Informationen im Informationsblatt, nicht einschränkungslos. Darzustellen sind die **wesentlichen, typischen Risiken**.[141] Diese sind zudem nach ihrer Bedeutung zu gewichten, d. h. in die entsprechende Reihenfolge zu bringen. Kriterien hierfür sind beispielsweise die mögliche Verlusthöhe und die Eintrittswahrscheinlichkeit des Risikos.[142]

Inhaltlich müssen die wesentlichen Risiken in einer für den Anleger verständlichen Weise beschrieben werden. Unzulässig ist die bloße Aufzählung, ohne weitere Erläuterung oder ohne Relevanz für das dem Informationsblatt zugrundeliegende Finanzinstrument.[143] Aufgrund der vorgeschriebenen Kürze des Informationsblattes kann allerdings nur eine **prägnante Erläuterung des Risikos** mit dessen Auswirkungen für den Anleger gemeint sein.

---

136 PIB-Rundschreiben 2013, Ziff. 3.2.1.
137 PIB-Rundschreiben 2013, Ziff. 3.2.1.
138 PIB-Rundschreiben 2013, Ziff. 3.2.1.
139 PIB-Rundschreiben 2013, Ziff. 3.2.2.
140 Vgl. § 5a Abs. 1, Nr. 3 WpDVerOV; *Preuße/Seitz/Lesser:* Konkretisierung der Anforderungen an das Produktinformationsblatt, in: BKR 2014, S. 70, 75; *Preuße/Schmidt:* Anforderungen an Informationsblätter nach § 31 Abs. 3a WpHG, Anforderungen an Informationsblätter nach § 31 Abs. 3a WpHG, in: BKR 2011, S. 265, 267.
141 § 5a Abs. 1 Satz 2 WpDVerOV; vgl. näher *Preuße/Seitz/Lesser:* Konkretisierung der Anforderungen an das Produktinformationsblatt, in: BKR 2014, S. 70, 75; *Preuße/Schmidt:* Anforderungen an Informationsblätter nach § 31 Abs. 3a WpHG, in: BKR 2011, S. 265, 267.
142 PIB-Rundschreiben 2013, Ziff. 3.2.3.1.
143 PIB-Rundschreiben 2013, Ziff. 3.2.3.1.

Für weiterführende Risikohinweise muss daher auf den zugrundeliegenden Prospekt zurückgegriffen werden.[144]

74 *Szenariodarstellung*
Mittels der **Szenariodarstellung** sollen die **Aussichten der Rückzahlung des Kapitals und die erwarteten Erträge unter verschiedenen Marktbedingungen** auf einer beispielhaften Basis dargestellt werden. Ziel ist es, dem Anleger ein besseres Bild von der Funktionsweise des Finanzinstrumentes und den Auswirkungen von Marktschwankungen hierauf zu verschaffen. Die Szenarien müssen realistisch sein und es müssen die zugrundeliegenden Annahmen offengelegt werden.[145] Die Szenariodarstellung kann grundsätzlich sowohl in Textform als auch grafisch, z. B. in Tabellenform, erfolgen. Nicht zulässig sind ausschließliche Bruttobetrachtungen, die die Auswirkungen von beim Erwerb und dem Halten für den Anleger anfallenden Kosten nicht berücksichtigen.[146] Aufzunehmen ist in das Informationsblatt entweder eine Nettobetrachtung des Szenarios oder eine kombinierte Brutto-Netto-Betrachtung.[147]

75 *Kosten*
Im Informationsblatt sind die **mit der Anlage verbundenen Kosten** zu nennen.[148] Diese Informationspflicht ist aus Sicht des für die Informationsblätter grundsätzlich geltenden Wesentlichkeitsgrundsatzes[149] zu betrachten. Nicht gemeint ist die Angabe der konkreten, bei dem einzelnen Anleger individuell anfallenden Kosten, da das Informationsblatt keinen Bezug zu einem konkreten Anleger herstellt. Diese Verknüpfung ist der individuellen Anlageberatung vorbehalten. Die Kostenangaben im Informationsblatt können daher abstrakt bleiben.

3.1.4 Veröffentlichung und Sprache

76 *Veröffentlichung*
Nach § 64 Abs. 2 WpHG ist das Informationsblatt dem Privatkunden **zur Verfügung zu stellen**, eine explizite Veröffentlichungspflicht besteht nicht. Das WpHG geht vom Regelfall der Anlageberatung unter Anwesenden aus, bei der die Zurverfügungstellung in gedruckter Form möglich ist.

§ 4 Abs. 2 WpDVerOV stellt aber klar, dass auch die elektronische Zurverfügungstellung möglich ist, etwa durch Übersendung per E-Mail oder durch Hinweis auf die genaue

---

144 *Preuße/Seitz/Lesser:* Konkretisierung der Anforderungen an das Produktinformationsblatt, in: BKR 2014, S. 70, 75.
145 *Preuße/Seitz/Lesser:* Konkretisierung der Anforderungen an das Produktinformationsblatt, in: BKR 2014, S. 70, 75.
146 PIB-Rundschreiben 2013, Ziff. 3.2.4.2.
147 PIB-Rundschreiben 2013, Ziff. 3.2.4.2.
148 Beim Festpreisgeschäft wird das Geschäft zwischen dem Anleger und der Bank/Sparkasse zu einem festen oder bestimmbaren Preis vereinbart. Dieser umfasst alle Erwerbskosten und einen Erlös für die Bank/Sparkasse. Kosten im Sinne des § 5 Abs. 1 Satz 2 Nr. 5 WpDVerOV fallen daneben in der Regel nicht mehr an.
149 Vgl. Assmann/Schneider/*Koller*, WpHG, § 31, Rn. 128.

Fundstelle im Internet. Insofern findet man in der Praxis gleichwohl im Internet veröffentlichte Informationsblätter.

Sprache 77
Eine explizite **Sprachregelung** für Informationsblätter gibt es nicht. Da es sich um eine rein nationale Regelung handelt, ist der Gesetzgeber offenbar davon ausgegangen, dass dies mangels grenzüberschreitenden Bezugs entbehrlich ist. Die BaFin hat in den beiden Rundschreiben zu den Informationsblättern ebenfalls keine Konkretisierung vorgenommen.[150] Ein in deutscher Sprache verfasstes Informationsblatt sollte damit die aufsichtsrechtlichen Anforderungen erfüllen.

3.1.5 Aktualisierung

§ 64 Abs. 2 WpHG enthält keine Regelung dahingehend, ob und wann ein Informationsblatt 78 zu aktualisieren ist. Nach Auffassung der BaFin besteht aber grundsätzlich eine **Aktualisierungspflicht**. Dies folge aus dem Grundsatz der Redlichkeit und Nicht-Irreführung.[151] Insb. bei **wesentlichen Änderungen** solle das Informationsblatt unverzüglich aktualisiert werden.[152] Eine feste Aktualisierungsspanne wird allerdings nicht festgelegt.[153] Die Aktualisierungspflicht **endet** mit Abschluss der Anlageberatung. Bei einer wiederholten Anlageberatung zum gleichen Finanzinstrument muss allerdings geprüft werden, ob ein aktuelleres Informationsblatt vorliegt.[154]

3.1.6 Sanktionen

Vorsätzliche oder fahrlässige Verstöße gegen die Pflicht, ein Informationsblatt zur Verfügung zu stellen, können nach § 120 Abs. 8, Nr. 38a) WpHG § 39 Abs. 2, Nr. 15a WpHG mit einem Bußgeld geahndet werden. Gleiches gilt, wenn das Informationsblatt nicht richtig, nicht vollständig oder nicht rechtzeitig zur Verfügung gestellt wird. Die Regelung fand sich bereits in § 39 Abs. 2, Nr. 15a WpHG a. F. 79

3.2 Vermögensanlageinformationsblätter, §§ 13 VermAnlG

3.2.1 Rechtsgrundlagen

Nach § 13 ff. Vermögensanlagengesetz („**VermAnlG**") muss ein Anbieter, der Vermögensanlagen öffentlich anbietet, ein Vermögensanlagen-Informationsblatt erstellen: 80

---

150 PIB-Rundschreiben 2013; BaFin-Rundschreiben 6/2011 (WA) v. 01.06.2011.
151 Vgl. PIB-Rundschreiben 2013, 3.1.5.
152 Vgl. PIB-Rundschreiben 2013, 3.1.5.
153 Vgl. PIB-Rundschreiben 2013, 3.1.5.
154 Vgl. PIB-Rundschreiben 2013, 3.1.5.

- § 13 VermAnlG enthält die wesentlichen Regelung zum **Inhalt** des Vermögensanlagen-Informationsblatts sowie zum **Gestattungsverfahren** der BaFin.
- § 13a VermAnlG enthält Regelungen zur **Veröffentlichung** des Vermögensanlagen-Informationsblatts.
- § 14 regelt die notwendige **Hinterlegung** des Vermögensanlagen-Informationsblatts bei der BaFin.

Von der in § 13 Abs. 8 VermAnlG enthaltenen Verordnungsermächtigung hat das Bundesministerium für Finanzen bislang keinen Gebrauch gemacht.

Die BaFin hat auf Ihrer Homepage Hinweise zur Erstellung und Gestattung von Vermögensanlagen-Informationsblättern veröffentlicht.[155]

3.2.2 Anwendungsbereich

81 Ein Vermögensanlagen-Informationsblatt muss für Vermögensanlagen erstellt werden, für die kein Basisinformationsblatt nach der Verordnung (EU) Nr. 1286/2014 (PRIIPs-Verordnung) veröffentlicht werden muss. Zum Anwendungsbereich der Basisinformationsblätter siehe oben, Abschn. 2.1.

Der Begriff der **Vermögensanlage** ist in § 1 Abs. 2 VermAnlG geregelt. Dieser ist **negativ abzugrenzen**[156] gegen Wertpapiere im Sinne des Wertpapierprospektgesetzes, Anteile an Investmentvermögen im Sinne des Kapitalanlagegesetzbuches, das Einlagengeschäft nach § 1 Abs. 1 Satz 2 Nr. 1 Kreditwesengesetz sowie verpackte Anlageprodukte für Kleinanleger im Sinne der PRIIPs-Verordnung[157]. Das VermAnlG ist also gegenüber den zuvor genannten kapitalmarktrechtlichen Regelungen nur **nachrangig anwendbar**.[158]

§ 1 Abs. 2 VermAnlG legt die folgenden Anlageformen als Vermögensanlagen fest:
- Anteile, die eine Beteiligung am Ergebnis eines Unternehmens gewähren (Nr. 1)
- Anteile an einem Treuhandvermögen (Nr. 2)
- Partiarische Darlehen (Nr. 3)
- Nachrangdarlehen (Nr. 4)
- Genussrechte (Nr. 5)
- Namensschuldverschreibungen (Nr. 6)
- Sonstige Anlage, die eine Verzinsung und Rückzahlung gewähren (Nr. 7)

Nach § 2 Abs. 1 VermAnlG sind **bestimmte Vermögensanlagen** bzw. **bestimmte Angebotsformen** von der Anwendung des VermAnlG und der Pflicht zur Erstellung eines Vermögensanlagen-Informationsblattes **ausgenommen**, beispielsweise:

---

155 Abrufbar unter https://www.bafin.de/DE/Aufsicht/FinTech/VIB/vib_node.html (letzter Abruf am 19.09.2018).
156 Vgl. hierzu: Assmann/Schlitt/v. Kopp-Colomb/*Maas* (Hrsg.): WpPG/VermAnlG, § 1 VermAnlG, Rn. 27 ff.
157 Siehe hierzu Abschn. 2.1.1.
158 Assmann/Schlitt/v. Kopp-Colomb/*Maas* (Hrsg.): WpPG/VermAnlG, § 1 VermAnlG, Rn. 9; Siering/Izzo-Wagner/*v. Ammon (Hrsg.):* VermAnlG, § 1 VermAnlG Rn. 30, 36, 103.

- bestimmte Genossenschaftsanteile (Nr. 1, 1a)
- Kleinstangebote (weniger als 20 Anteile, Verkaufspreisinnerhalb von 12 Monaten maximal 100.000 €, Nr. 3a), 3b))
- Vermögensanlagen mit einen Mindestpreis von 200.000 € je Anleger (Nr. 3c)
- Angebote an professionelle Anleger (Nr. 4)

Die **Befreiungen** für bestimmte Schwarmfinanzierungen (§ 2a VermAnlG) und für bestimmte soziale Projekte (§ 2b VermAnlG) beziehen sich hingegen **nicht** auf das Vermögensanlagen-Informationsblatt, dieses muss in diesen Fällen erstellt werden. Die Befreiung für bestimmte gemeinnützige Projekte und Religionsgemeinschaften (§ 2c VermAnlG) bezieht sich hingegen auch auf das Vermögensanlagen-Informationsblatt.

3.2.3 Adressat

Zur Veröffentlichung des Vermögensanlagen-Informationsblattes ist derjenige verpflichtet, der eine Vermögensanlage im Inland öffentlich anbietet (**Anbieter**), § 13 Abs. 1, Satz 1 VermAnlG. Der Anbieter muss nicht notwendigerweise auch der Emittent[159] der Vermögensanlage sein.[160]   82

Der Begriff des Anbieters ist im VermAnlG **nicht unmittelbar definiert**. Er ist aus den Umständen der Angebotsvornahme wertend zu ermitteln.[161] Anbieter ist danach, wer über die passive Hinnahme hinaus einen aktiven Beitrag bei einem öffentlichen Angebot einer Vermögensanlage leistet.[162] Zum Begriff des öffentlichen Angebotes siehe oben den **Best Practice Tipp in Abschn. 2.3.2**. Anbieter können danach **Vertriebsgesellschaften, Vermittler und Makler** von Vermögensanlagen sein. Auch **Zweitmarktbetreiber** können den Begriff grundsätzlich erfüllen.[163] Für die gleiche Vermögensanlage können zudem mehrere (juristische oder natürliche) Personen Anbieter sein.[164] Der **Emittent** einer Vermögensanlage kann gleichzeitig auch Anbieter sein.

3.2.4 Zuständige Behörde, Gestattungsverfahren

Die Veröffentlichung eines Vermögensanlagen-Informationsblatts muss **seit dem 21.08.2017** von der BaFin **gestattet werden** (§ 13 Abs. 2 VermAnlG). Die BaFin führt in diesem Rahmen eine **Prüfung der Vollständigkeit sowie der richtigen Reihenfolge** der Angaben im Vermögensanlagen-Informationsblatt durch. Nicht Gegenstand der Prüfung der BaFin ist die inhaltliche Richtigkeit des Vermögensanlagen-Informationsblattes.   83

---

159 Vgl. § 1 Abs. 3 VermAnlG.
160 Vgl. *Assmann/Schlitt/v. Kopp-Colomb* (Hrsg.): *WpPG/VermAnlG*, *§ 13 VermAnlG, Rn. 11*; Siering/Izzo-Wagner/v. *Ammon* (Hrsg.): VermAnlG, § 1 VermAnlG Rn. 113; § 6 VermAnlG Rn. 16.
161 Assmann/Schlitt/v. Kopp-Colomb/*Maas* (Hrsg.): WpPG/VermAnlG, § 6 VermAnlG, Rn. 6; Siering/Izzo-Wagner/v. *Ammon (Hrsg.):* VermAnlG, § 6 VermAnlG Rn. 15.
162 Assmann/Schlitt/v. Kopp-Colomb/*Maas (Hrsg.):* WpPG/VermAnlG, § 6 VermAnlG, Rn. 6.
163 Assmann/Schlitt/v. Kopp-Colomb/*Maas* (Hrsg.): WpPG/VermAnlG, § 6 VermAnlG, Rn. 5.
164 Assmann/Schlitt/v. Kopp-Colomb/*Maas* (Hrsg.): WpPG/VermAnlG, § 6 VermAnlG, Rn. 4; Siering/ Izzo-Wagner/v. *Ammon (Hrsg.):* VermAnlG, § 1 VermAnlG Rn. 113.

Ist das Vermögensanlagen-Informationsblatt vollständig und enthält die Angaben und Hinweise in der richtigen Reihenfolge, **muss** die BaFin die Gestattung zur Veröffentlichung erteilen. Andernfalls untersagt die BaFin die Veröffentlichung, § 17 Abs. 3 VermAnlG.

Zuständig für die Gestattung ist bei der BaFin das **Referat WA 54**. Die Einreichung des Vermögensanlagen-Informationsblattes kann auf dem Postweg, per Telefax oder über die Melde- und Veröffentlichungsplattform der BaFin (MVP) erfolgen.[165]

3.2.5 Inhalte des Vermögensanlagen-Informationsblattes

84 Die Inhalte des Vermögensanlagen-Informationsblattes sind in § 13 Abs. 3 bis 5 VermAnlG detailliert geregelt.[166] Die folgenden **Mindestangaben und Hinweise** muss ein Vermögensanlagen-Informationsblatt in der nachfolgend genannten **Reihenfolge**[167] enthalten:

Tab. 1: Vermögensanlagen-Informationsblatt nach dem Vermögensanlagengesetz

Vermögensanlagen-Informationsblatt nach dem Vermögensanlagengesetz	
1. Warnhinweis	§ 13 Abs. 4
2. Art und genaue Bezeichnung der Vermögensanlage	§ 13 Abs. 3 Nr. 1
3. Identität des Anbieters, des Emittenten einschließlich seiner Geschäftstätigkeit und Angaben zur Identität der Internet-Dienstleistungsplattform	§ 13 Abs. 3 Nr. 2
4. Anlagestrategie, Anlagepolitik und die Anlageobjekte	§ 13 Abs. 3 Nr. 3
5. Laufzeit, die Kündigungsfrist der Vermögensanlage und die Konditionen der Zinszahlung und Rückzahlung	§ 13 Abs. 3 Nr. 4
6. Risiken der Vermögensanlage	§ 13 Abs. 3 Nr. 5
7. Emissionsvolumen, Art und Anzahl der Anteile	§ 13 Abs. 3 Nr. 6
8. Verschuldungsgrad des Emittenten auf Grundlage des letzten aufgestellten Jahresabschlusses	§ 13 Abs. 3 Nr. 7
9. Aussichten für die vertragsgemäße Zinszahlung und Rückzahlung unter verschiedenen Marktbedingungen	§ 13 Abs. 3 Nr. 8
10. Kosten und Provisionen der Vermögensanlage	§ 13 Abs. 3 Nr. 9

---

165 Vgl. näher die Hinweise auf der BaFin-Homepage zum Gestattungsverfahren, abrufbar unter https://www.bafin.de/DE/Aufsicht/Prospekte/Vermoegensanlagen/VIB/vib_artikel.html?nn=7851554 (letzter Abruf am 19.09.2018).
166 Vgl. auch die Hinweise auf der BaFin-Homepage, abrufbar unter https://www.bafin.de/DE/Aufsicht/FinTech/VIB/vib_node.html (letzter Abruf am 19.09.2018).
167 Vgl. § 13 Abs. 3 VermAnlG.

Vermögensanlagen-Informationsblatt nach dem Vermögensanlagengesetz	
11. Angaben nach § 2 Abs. 5 VermAnlG	§ 13 Abs. 3 Nr. 10
12. Hinweis darauf, dass die inhaltliche Richtigkeit des Vermögensanlagen-Informationsblatts nicht der Prüfung durch die Bundesanstalt unterliegt	§ 13 Abs. 4 Nr. 1
13. Hinweis auf den Verkaufsprospekt	§ 13 Abs. 4 Nr. 2
14. Hinweis auf den letzten offengelegten Jahresabschluss	§ 13 Abs. 4 Nr. 3
15. Hinweis darauf, dass der Anleger eine etwaige Anlageentscheidung auf die Prüfung des gesamten Verkaufsprospektes stützen sollte	§ 13 Abs. 4 Nr. 4
16. Hinweis darauf, dass Ansprüche auf der Grundlage einer in dem Vermögensanlagen-Informationsblatt enthaltenen Angabe nur dann bestehen können, wenn die Angabe irreführend oder unrichtig ist und wenn die Vermögensanlage während der Dauer des öffentlichen Angebots, spätestens jedoch innerhalb von zwei Jahren nach dem ersten öffentlichen Angebot der Vermögensanlagen im Inland, erworben wird	§ 13 Abs. 4 Nr. 5

3.2.6 Hinterlegung bei der BaFin, Frist und Form der Veröffentlichung

Vor der Veröffentlichung muss der Anbieter das Vermögensanlagen-Informationsblatt bei der BaFin **hinterlegen**. Dies ergibt sich aus § 14 Abs. 1, Satz 2 VermAnlG. Die Hinterlegung ist trotz der zuvor erfolgten Gestattung erforderlich. Die der Hinterlegung beigemessene Kontrollfunktion durch die BaFin ist aber durch das Gestattungsverfahren „ersetzt" worden. Ihr kommt nunmehr nur noch eine Aufbewahrungsfunktion zu.[168] Die Hinterlegung des Vermögensanlagen-Informationsblattes kann auf dem Postweg, per Telefax oder über die Melde- und Veröffentlichungsplattform der BaFin (MVP) erfolgen.[169]

85

Best Practice-Tipp:
Es ist ratsam, die Hinterlegung des Vermögensanlagen-Informationsblattes mittels eines deutlichen **Anschreibens an die BaFin** vorzunehmen. Die BaFin hat für diese Zwecke ein Muster veröffentlicht.[170]

86

---

168 Vgl. noch zur alten Rechtslage: *Assmann*/Schlitt/von Kopp-Colomb, WpPG/VermAnlG, § 14 VermAnlG, Rn. 16 f.
169 Vgl. näher die Hinweise auf der BaFin-Homepage zum Gestattungsverfahren, abrufbar unter https://www.bafin.de/DE/Aufsicht/Prospekte/Vermoegensanlagen/VIB/vib_artikel.html?nn=7851554 (letzter Abruf am 19.09.2018).
170 Abrufbar unter https://www.bafin.de/DE/Aufsicht/Prospekte/Vermoegensanlagen/VIB/vib_artikel.html?nn=7851554 (letzter Abruf am 19.09.2018).

87 Nach der Hinterlegung **bestätigt die BaFin** dem Anbieter den Tag des Eingangs des Vermögensanlagen-Informationsblattes und damit die erfolgte Hinterlegung (§ 14 Abs. 2 VermAnlG).

Nach der Hinterlegung des Vermögensanlagen-Informationsblattes muss dieses mind. einen Werktag vor dem öffentlichen Angebot **veröffentlicht** werden, § 13a Abs. 1 VermAnlG. Die Veröffentlichung kann auf der Internetseite des Anbieters erfolgen (**Internetpublizität**).[171] Alternativ kann der Anbieter es zur kostenlosen Ausgabe bereithalten (**Schalterpublizität**).[172]

3.2.7 Aktualisierung

88 Das Vermögensanlagen-Informationsblatt ist während der Dauer des öffentlichen Angebotes zu aktualisieren, § 13 Abs. 7 VermAnlG. Dies ist erforderlich, wenn eine Angabe hierin **unrichtig** oder **unvereinbar mit dem Verkaufsprospekt** ist. Gleiches gilt, wenn ergänzende Angaben in einem Nachtrag zum Verkaufsprospekt veröffentlicht werden und diese Auswirkungen auf eine Angabe im Vermögensanlagen-Informationsblatt haben. Die Aktualisierung soll **umgehend, d. h. unverzüglich** erfolgen.[173]

Die aktualisierte Fassung des Vermögensanlagen-Informationsblattes ist erneut zu veröffentlichen (§ 13 Abs. 7, Satz 2 VermAnlG). Zudem sind das Datum der letzten Aktualisierung und sowie die Zahl der seit der erstmaligen Erstellung erfolgten Aktualisierungen im Vermögensanlagen-Informationsblatt zu nennen.

3.2.8 Sanktionen

89 Das VermAnlG sieht in den §§ 16 ff. etliche **Eingriffsbefugnisse** der BaFin vor. Diese reichen von Auskunftspflichten des Anbieters (§ 19 VermAnlG) bis hin zur Untersagung eines öffentlichen Angebotes (§ 18 VermAnlG). Nach § 29 Abs. 1 Nr. 6 VermAnlG ist die nicht, nicht richtig, nicht vollständig oder nicht rechtzeitig erfolgte Erstellung eines Vermögensanlagen-Informationsblattes mit einem **Bußgeld** bewährt. Gleiches gilt für dessen mangelnde Aktualisierung oder Hinterlegung (§ 29 Abs. 1 Nr. 7–9 VermAnlG).

---

171 Vgl. zu den Anforderungen: Assmann/Schlitt/v. Kopp-Colomb/*Kunold* (Hrsg.): WpPG/VermAnlG, § 14 WpPG, Rn. 17.
172 Vgl. zu den Anforderungen: Assmann/Schlitt/v. Kopp-Colomb/*Kunold* (Hrsg.): WpPG/VermAnlG, § 14 WpPG, Rn. 24.
173 Vgl. *Assmann*/Schlitt/v. Kopp-Colomb (Hrsg.): WpPG/VermAnlG, § 13 VermAnlG, Rn. 102; Siering/Izzo-Wagner/*Gerlach/Schedensack (Hrsg.):* VermAnlG, § 13 VermAnlG Rn. 30.

4 Literaturverzeichnis

Andresen/Gerold: Basisinformationsblatt-PRIIPs-Verordnung: Neuer EU-weiter Standard der Produktinformationen für Verbraucher, in: BaFin Journal, August 2015, S. 31.

Assmann/Schlitt/v. Kopp-Colomb (Hrsg.): Wertpapierprospektgesetz/Vermögensanlagengesetz, 3. Aufl., Köln 2017.

Assmann/Schneider (Hrsg.): Wertpapierhandelsgesetz, 6. Aufl., Köln 2012.

BaFin/Deutsche Bundesbank/Bundesanstalt für Finanzmarktstabilisierung, Gemeinsame Auslegungshilfe zur insolvenzrechtlichen Behandlung bestimmter Verbindlichkeiten von CRR-Instituten nach § 46f Abs. 5–7 KWG n. F., 05. 08. 2016, Geschäftszeichen R 1, (abrufbar unter https://www.bafin.de/SharedDocs/Veroeffentlichungen/DE/Anlage/an_160805_Auslegungshilfe_46 f.html)

BaFin-Rundschreiben 4/2013 (WA) – Produktinformationsblätter gem. §§ 31 Abs. 3a WpHG, 5a WpDVerOV, 26. 09. 2013, abrufbar unter https://www.bafin.de/SharedDocs/Veroeffentlichungen/DE/Rundschreiben/rs_1304_produktinformationsblaetter_wa.html.

BaFin-Rundschreiben 6/2011 (WA) zu den Informationsblättern nach § 31 Abs. 3a, 9 WpHG und § 5a WpDVerOV, 01. 06. 2011. abrufbar unter https://www.bafin.de/SharedDocs/Veroeffentlichungen/DE/Rundschreiben/rs_1106_wa_informationsblaetter.html.

Baur/Tappen (Hrsg.): Investmentgesetze Großkommentar, 3. Aufl., Berlin 2014.

Beyer: Unionsrechtliche Neuregelung der Beratungs- und Informationspflichten für Versicherungsanlageprodukte, in: VersR 2016, S. 293.

Bronger/Scherer: Das neue europäische Prospektrecht – (Geplante) Änderungen und ihre Auswirkungen, in: WM 2017, S. 460.

Buck-Heeb: Der Product-Governance-Prozess – MiFID II, Kleinanlegerschutzgesetz und die Auswirkungen, in: ZHR 179 (2015), S. 782.

Burgard/Heinemann: Das neue Kapitalanlagegesetzbuch, in: WM 2014, S. 821.

Elsen/Jäger: Revision der Prospektrichtlinie – Überblick wesentlicher Neuerungen, in: BKR 2010, S. 97.

Emde/Dornseifer/Dreibus/Hölscher: Investmentgesetz, mit Bezügen zum Kapitalanlagegesetzbuch, München 2013.

Herkströter/Kimmich: Produktinformationsblätter im Lichte des neuen BaFin-Rundschreibens – ein nationaler Vorgriff auf die europäische PRIP-Verordnung?, in: RdF 2014, S. 9.

Geier/Druckenbrodt: Product Governance: MiFID II, PRIIP, Kleinanlegerschutzgesetz – quo vadis?, in: RdF 2015, S. 21.

Gerold/Kohleick: Aktuelle europäische Vorgaben für das Basisinformationsblatt nach der PRIIP-VO, RdF 2017, 276.

Just/Voß/Ritz/Zeising (Hrsg.): Wertpapierprospektgesetz und EU-Prospektverordnung, München 2009.

Jäger/Maas/Renz: Compliance bei geschlossenen Fonds – Ein Überblick, in: CCZ 2014, S. 63.

Kindermann/Scharfenberg/Koller: Zivilrechtliches Haftungsregime der einzelnen Kurzinformationsblätter, in: RdF 2013, S. 214.

Litten: PRIIPs: Anforderungen an Basisinformationsblätter, in: DB 2016, S. 1679.

Loritz: Produktinformationsblätter nach dem neuen EU-Verordnungsvorschlag („PRIPs-Initiative") – Gedanken zur Konkretisierung von Zielsetzungen und Inhalt, in: WM 2014, S. 1513.

Luttermann: Kapitalmarktrechtliche Information bei Finanzprodukten (PRIIP), Privatautonomie (Vertragskonzept) und Vermögensordnung, in: ZIP 2015, S. 805.

Moritz/Klebeck/Jesch (Hrsg.): Frankfurter Kommentar zum Kapitalanlagerecht, Band 1 – Kommentar zum Kapitalanlagegesetzbuch, Teilbände 1 und 2, Frankfurt 2016.

Müchler: Die neuen Kurzinformationsblätter, Haftungsrisiken im Rahmen der Anlageberatung, in: WM 2012, S. 974.

Nastold, in: Martinek/Semler/Flohr: Handbuch des Vertriebsrechts, § 49. Finanzdienstleistungen und Recht des Vertriebs von Finanzdienstleistungsprodukten, 4. Aufl., München 2016.

Oelkers/Wendt: Höchstrichterliche Rechtsprechung zur Vermittlung von Bank- und Versicherungsprodukten – zur Zurechnung bei selbständigen Vermittlern –, in: BKR 2014, S. 89

Oppenheim/Ulmrich: Kausalitätsvermutung im Kapitalanlageverfahren, in: WM 2017, S. 164.

Preuße/Schmidt: Anforderungen an Informationsblätter nach § WPHG § 31 Abs. WPHG § 31 Abs. 3a WpHG, in: BKR 2011, S. 265.

Preuße/Seitz/Lesser: Konkretisierung der Anforderungen an das Produktinformationsblatt, in: BKR 2014, S. 70.

Richter: Erstellung und Einsatz von Produktinformationsblättern. Hinweise zum Umgang mit den Vorgaben aus dem BaFin-Rundschreiben 4/2013 (WA) v. 26.09.2013 und dem am 02.09.2013 veröffentlichten Glossar, in: CRP 2014, S. 176.

Schlee/Maywald, PIB: Ein neues Risiko im Rahmen der Prospekthaftung?, in: BKR 2012, S. 320.

Schwark/Zimmer (Hrsg.): Kapitalmarktrechts-Kommentar, 4. Aufl., München 2010.

Seitz/Juhnke/Seibold: PIBs, KIIDs und nun KIDs – Vorschlag der Europäischen Kommission für eine Verordnung über Basisinformationsblätter für Anlageprodukte im Rahmen der PRIPs-Initiative, in: BKR 2013, S. 1.

Siering/Izzo-Wagner (Hrsg.): VermAnlG (Berliner Kommentar), 2017.

Vollmuth/Evenkamp: Beipackzettel für Finanzinstrumente – Patentrezept für mehr Anlegerschutz? in: RdF 2011, S. 8.

Weitnauer/Boxberger/Anders: Kommentar zum Kapitalanlagegesetzbuch und zur Verordnung über Europäische Risikokapitalfonds mit Bezügen zum AIFM-StAnpG, 2. Aufl. München 2017.

II.A.5

Dokumentationspflichten

Michael Brinkmann

Inhaltsübersicht

1	Einleitung	1–2
2	Rechtliche Grundlagen	3
3	Verhaltens- und Dokumentationspflichten bei der Anlageberatung	4–12
3.1	Geeignetheitsprüfung	5–8
3.2	Angemessenheitsprüfung	9–12
4	Verhaltenspflichten im beratungsfreien Geschäft gem. § 63 Abs. 10 WpHG	13–21
4.1	Angemessenheitsprüfung im beratungsfreien Geschäft	15–18
4.2	Beratungsfreies Geschäft nach Art. 25 Abs. 4 der Richtlinie 2014/65/EU i. V. m. Art. 57 Delegierte Verordnung	19–21
5	Überblick	22
6	Geeignetheitserklärung	23–24
7	Anlageberatung mittels eines Fernkommunikationsmittels	25
8	Neue Aufzeichnungspflichten	26–30
8.1	Ein- und ausgehende Gespräche	27
8.2	Organisatorische Grundsätze	28
8.3	Information von Kunden und Mitarbeitern über die Aufzeichnungspflicht	29
8.4	Überwachung der Einhaltung der neuen Aufzeichnungsregeln	30
9	Fazit	31
10	Literaturverzeichnis	

1 Einleitung

Die Verpflichtung, den Inhalt jeder Anlageberatung bei Privatkunden mittels eines Beratungsprotokolls ordnungsgemäß zu dokumentieren, wurde mit dem damaligen Gesetz zur verbesserten Durchsetzung von Ansprüchen im Fall einer Falschberatung bei Wertpapiergeschäften v. 03.07.2009 erfolgreich umgesetzt. Das Beratungsprotokoll gehört zum Alltag eines jeden Kundenberaters, und auch die Qualität der Dokumentationen hat sich in den Instituten von Jahr zu Jahr deutlich verbessert. Bei der Kommunikation Berater/Kunde hat es seitdem auch deutlich weniger Missverständnisse gegeben.

1

Mit der Einführung von MiFID II/MiFIR wird das bisher gültige Beratungsprotokoll in Deutschland durch die auf europäische Vorgaben beruhende Geeignetheitserklärung ersetzt. Wesentliche Änderungen ergeben sich dadurch nicht – nur die Ausrichtung ist eine Andere: Während das bisherige Beratungsprotokoll insb. den Verlauf des Beratungsgespräches wiedergeben sollte, stellt die Geeignetheitserklärung vor allem auf Anlageziele, Präferenzen und sonstige Merkmale des Kunden ab. Hierbei geht es vor allem um die schriftliche Erläuterung, warum die Empfehlung zum Kunden passt. Die Anforderungen gelten wie bisher nur für Privatkunden im Rahmen einer Anlageberatung. So gilt nach wie vor, dass eine Geeignetheitserklärung auch dann zu erstellen ist, wenn es nicht zum Geschäftsabschluss kommt. Eine Möglichkeit, auf die Erstellung der Geeignetheitserklärung zu verzichten, gibt es nicht.

Künftig ist eine Geeignetheitserklärung auch bei der Beratung in strukturierten Einlagen zu erstellen. Der Begriff der „strukturierten Einlagen" ist mit MiFID II neu eingeführt worden. Es handelt sich dabei nicht um Finanzinstrumente gem. WpHG – sie unterliegen dennoch den Organisations- und Verhaltenspflichten, wenn sie verkauft oder beraten werden. Um strukturierte Einlagen handelt es sich, wenn sie bei Fälligkeit in voller Höhe zurückzuzahlen sind, wobei sich die Zahlung von Zinsen oder einer Prämie, das Zinsrisiko oder das Prämienrisiko aus einer Formel ergibt, die insb. abhängig ist von einem Index, einer Indexkombination, einem Finanzinstrument, einer Ware oder einem Wechselkurs oder Kombinationen davon. Keine strukturierten Einlagen sind daher festverzinsliche Einlagen, Stufenzinseinlagen oder variabel verzinsliche Einlagen, die an einen Zinsindex gebunden sind.

Neu zu betrachten bei den Dokumentationspflichten sind mit der Einführung von MiFID II/ MiFIR ab dem 03.01.2018 aber auch die neuen Aufzeichnungspflichten zu Telefonaten und elektronischer Kommunikation – kurz „Taping" genannt. Sie besteht unabhängig von und damit ggf. neben der Pflicht zur Erstellung der Geeignetheitserklärung.

2

Die neu geregelten Aufzeichnungspflichten schaffen für fast alle Institute einen erheblichen Implementierungsaufwand, da nicht nur die elektronische Aufzeichnung vorgeschrieben ist, sondern auch die Zuordnung zu den Kunden und die Archivierung viele Häuser vor große technische und organisatorische Herausforderungen stellt. Schon lange war das „Taping" der Plan für eine gesetzliche Regelung, soll doch dadurch der Anlegerschutz weiter gestärkt und die Marktüberwachung verbessert werden. Ergänzend zur Geeignetheitserklärung besteht durch die Aufzeichnungspflichten im Interesse von Institut und Kunden noch mehr Rechtssicherheit. So ist jedenfalls gewährleistet, dass die von Kunden erteilten Aufträge mit den ausgeführten Geschäften nachgewiesen werden können.

Nähere Hinweise zum neuen Gesetz und damit verbundene Umsetzungsprobleme sollen ebenso betrachtet werden, wie die Unterschiede zu den schon bisher bekannten Dokumentationspflichten bei der Anlageberatung und beim beratungsfreien Geschäft.

2 Rechtliche Grundlagen

3 Die Delegierte Verordnung (EU) 2017/565 der Kommission v. 25.04.2016 stellt eine Ergänzung der Richtlinie 2014/65 EU des Europäischen Parlamentes dar.
- §§ 83 WpHG
    - § 96 WpHG, Art. 1 Abs. 2 Delegierte Verordnung (EU) 2017/565 (DelVO)-strukturierte Einlagen
    - § 2 Abs. 8 Nr. 10 WpHG, Art. 9 DelVO-Anlageberatung
    - §§ 63, 64 WpHG, -E, Art. 54 Abs. 12 u. Art. 55 (DelVO) – Geeignetheitserklärung/beratungsfreies Geschäft
    - Art. 24 Abs. 4a), 7 Richtlinie 2014/65/EU
    - Art. 16 Abs. 7 Richtlinie 2014/65/EU
    - Art. 25 Abs. 2,6 Richtlinie 2014/65/EU

Product-Governance-Grundlagen:
- Art. 16 Abs. 3, Art. 24 Abs. 2 Richtlinie 2014/65 EU
- §§ 63 Abs. 4, 5; 80 Abs. 9–3; 81 Abs. 4 u. 5 WpHG
- § 11f WpDVerOV-Referentenentwurf
- Konsultationspapier v. 05.10.2016 der ESMA Guidelines/Questions a. Answers

Aufzeichnungspflichten:
- Art. 16 Abs. 7 Richtlinie 2014/65 EUR
- Art. 76 DelVO
- § 83 WpHG

3 Verhaltens- und Dokumentationspflichten bei der Anlageberatung

4 Der Begriff „Anlageberatung" steht auch mit MiFID II für die Abgabe einer persönlichen, **kundenindividuellen** Empfehlung, die sich auf ein konkretes Finanzinstrument bezieht. Ausschließliche Informationen über allgemeine Verbreitungskanäle oder für die Öffentlichkeit sind dagegen nicht Anlageberatung im Sinne des Gesetzes, dessen Grundlage sich nunmehr in § 2 Abs. 8 Satz 1 Nr. 10 WpHG. Konkretisiert wurde der Begriff in Art. 9 der Delegierten Verordnung. Demnach muss die Empfehlung abzielen auf Kauf, Verkauf, Zeichnung, Tausch, Rückkauf, Halten oder Übernahme eines bestimmten Finanzinstrumentes. bzw. Ausübung bzw. Nichtausübung eines mit einem bestimmten Finanzinstrument einhergehenden Rechts betreffend Kauf, Verkauf, Zeichnung, Tausch oder Rückkauf eines Finanzinstruments.

3.1 Geeignetheitsprüfung

Im Fall der Anlageberatung für Privatkunden haben die Berater eine sog. Geeignetheitsprüfung durchzuführen. Art. 54 Abs. 2 Delegierte Verordnung legt dazu fest:

„Die Wertpapierfirmen holen bei ihren Kunden bzw. potenziellen Kunden die Informationen ein, die sie benötigen, um die wesentlichen Fakten in Bezug auf den Kunden zu erfassen und unter Berücksichtigung der Art und des Umfangs der betreffenden Dienstleistung nach vernünftigem Ermessen davon ausgehen zu können, dass das Geschäft, das dem Kunden empfohlen oder im Rahmen einer Portfolioverwaltungsdienstleistung getätigt werden soll, die folgenden Anforderungen erfüllt:

a) Es entspricht den Anlagezielen des betreffenden Kunden, auch hinsichtlich seiner Risikobereitschaft;

b) es ist so beschaffen, dass etwaige mit dem Geschäft einhergehende Anlagerisiken für den Kunden seinen Anlagezielen entsprechend finanziell tragbar sind;

c) es ist so beschaffen, dass der Kunde mit seinen Kenntnissen und Erfahrungen die mit dem Geschäft oder der Verwaltung seines Portfolios einhergehenden Risiken verstehen kann."

Insoweit haben sich dadurch keine Änderungen gegenüber der bisherigen Praxis ergeben. Ergänzend ist nun aber auch eine Geeignetheitsprüfung bei einer Anlageberatung in strukturierten Einlagen sowie bei der Vermögensverwaltung erforderlich.

Diese beinhaltet dann gem. Art. 55 der Delegierten Verordnung auch automatisch die Angemessenheitsprüfung (siehe 3.2).

MiFID II hat allerdings in Art. 54 Abs. 9 Delegierte Verordnung ergänzt, dass Wertpapierfirmen geeignete Strategien und Verfahren anwenden müssen und demonstrieren können, um sicherzustellen, dass sie in der Lage sind, die Art und Merkmale, wie Kosten und Risiken, der von ihnen für ihre Kunden ausgewählten und beurteilten Wertpapierdienstleistungen und Finanzinstrumenten nachzuvollziehen und unter Berücksichtigung von Kosten und Komplexität zu beurteilen, ob äquivalente Wertpapierdienstleistungen bzw. Finanzinstrumente dem Profil ihres Kunden gerecht werden können.

In diesem Zusammenhang wurden vor dem Hintergrund der angeblichen Häufung an Falschberatungen aus Sicht des europäischen Gesetzgebers sog. Product-Governance-Anforderungen in das neue Regelwerk nach MiFID II aufgenommen. Damit soll sichergestellt werden, dass Berater nur Finanzinstrumente anbieten und empfehlen, wenn die im Interesse des Kunden liegt. Die Product-Governance-Pflichten bestehen neben den Pflichten einer Geeignetheitsprüfung.

Die rechtlichen Anforderungen unterscheiden bei Product Governance, auch **Produktfreigabeverfahren** genannt, zwischen Wertpapierfirmen, die ein von einem anderen Unternehmen konzipiertes Finanzinstrument vertreiben oder Wertpapierfirmen, die selbst Produktersteller sind.

Schon im Produktauswahlprozess sind die Empfehlungslisten gegenüber dem Kunden so zu gestalten, dass die Risiken und die Komplexität verschiedener in Frage kommender Finanzinstrumente bzw. Wertpapierdienstleistungen den erwarteten Vorteilen entsprechen. Als Grundlage dienen die vom Emittenten gelieferten Zielmarktdaten. MiFID II sieht

413

spezielle Vorgaben im Bereich Product Governance vor. Hierzu gehört u. a., dass Wertpapierdienstleistungsunternehmen, die Finanzinstrumente zum Verkauf konzipieren, für ihre Produkte einen (positiven) Zielmarkt bestimmen müssen.

7 Entsprechend dem ESMA-Leitlinienentwurf haben die in der Deutschen Kreditwirtschaft (DK) zusammengeschlossenen Verbände sechs Kategorien aufgeführt, die Mindestanforderungen an die Bestimmung des Zielmarktes enthalten.

- Zielgruppe des Produktes
    - Privatkunde,
    - Professioneller Kunde
    - Geeignete Gegenpartei
- Kenntnisse und Erfahrungen (nähere Einzelheiten siehe unter 4)
    - Kunde mit Basiskenntnissen
    - Kunde mit erweiterten Kenntnissen
    - Kunde mit umfangreichen Kenntnissen
    - Kunde mit speziellen Kenntnissen
- Finanzielle Verlusttragfähigkeit
    - Kunde kann keine oder nur geringe Verlust des eingesetzten Kapitals tragen
    - Kunde kann Verluste bis zum vollständigen Verlust des eingesetzten Kapitals tragen
    - Kunde kann Verluste auch über das eingesetzte Kapital hinaus tragen
- Risikobereitschaft und Risiko/Rendite-Profil
    - Basis ist der Gesamtrisikoindikator der PRIIPs-Verordnung mit seinen insgesamt sieben Risikoklassen. Dieser Risikoindikator (SRI genannt) – dem eine komplexe Berechnung zugrunde liegt – soll die zentrale Risikoklassifizierung für alle Instrumente bilden. Für die Institutsgruppen, die bisher mit 5 Risikoklassen gearbeitet haben, (vor allem Volks- und Raiffeisenbanken und Sparkassen) beabsichtigen deren Verbände, eine Überleitungstabelle zu erstellen.
- Ziele des Kunden (Anlageziele und Anlagehorizont)
    - Spezifische Altersvorsorge
    - Allgemeine Vermögensbildung/Vermögensoptimierung
    - Überproportionale Teilnahme an Kursveränderungen
    - Anlagehorizont „kurzfristig" = kürzer als 3 Jahre
    - Anlagehorizont „mittelfristig" = 3–5 Jahre
    - Anlagehorizont „langfristig" = länger als 5 Jahre
- Bedürfnisse des Kunden
    - Lt. ESMA sollte hier auf kundenbezogene Aspekte abgestellt werden wie „Alter des Kunden", „Land der Steuerpflichtigkeit". In der Umsetzung des Verbändekonzeptes der Deutschen Kreditwirtschaft sollen hier aber nur produktbezogene Kriterien Eingang finden – aber auch nur dann, wenn die Initiative vom Kunden ausgeht, der

nachstehende spezielle Anforderungen äußert. Das Kriterium fließt in den technischen Abgleich nicht ein.

- Green Investment
- Ethical Investment
- Islamic banking

Die zugelieferten Produktdaten werden im Hintergrund dann technisch mit den erhobenen Kundendaten vor allem in den Bereichen Anlagezweck, Anlagedauer, Risikobereitschaft und Kenntnisse und Erfahrungen abgeglichen. Stimmt das Zielmarktkriterium mit den Wünschen des Kunden bzw. seinen Gegebenheiten überein, wird dies automatisch in der Geeignetheitserklärung dokumentiert. Sollte das Ergebnis negativ sein, wird dem Anlageberater die betreffende Abweichung angezeigt und er muss dann entscheiden und begründen, ob er das Produkt – trotz Abweichung – für geeignet hält und dem Kunden trotzdem empfiehlt. Auch der Kunde ist auf die Abweichung hinzuweisen und muss die Begründungen, warum der Anlageberater das Produkt für diesen Kunden für dennoch geeignet hält, kennen. *8*

Sofern sich der Kundenberater nicht an der Empfehlungsliste orientiert, obliegt ihm selbst die Beobachtung der Anforderungen. Dazu sollte der Kundenberater schriftlich verpflichtet werden.

Handlungsbedarf besteht in dem Fall, wo sich das Institut entscheidet, auch außerhalb des positiven Zielmarktes zu beraten oder wenn der Emittent einen negativen Zielmarkt bestimmt hat, mit deren Bedürfnissen, Merkmalen und Zielen das Produkt nicht vereinbar ist.
- Zivilrechtlich problematisch – insb. wenn der Emittent ausdrücklich einen negativen Zielmarkt beschrieben hat
- Begründung in der Geeignetheitserklärung erforderlich
- Meldung an den Emittenten erforderlich

3.2 Angemessenheitsprüfung

Art. 55 Abs. 1 Delegierte Verordnung führt enthält gemeinsame Bestimmungen für die Beurteilung der Eignung bzw. Angemessenheit: *9*

„Die Wertpapierfirmen sorgen dafür, dass sich die Informationen über die Kenntnisse und Erfahrungen eines Kunden oder potenziellen Kunden in Anlagefragen auf die nachfolgend genannten Punkte erstrecken, soweit dies nach Art des Kunden, Art und Umfang der zu erbringenden Dienstleistung und Art des in Betracht gezogenen Produkts oder Geschäfts unter Berücksichtigung der damit jeweils verbundenen Komplexität und Risiken angemessen ist:

a) Art der Dienstleistungen, Geschäfte und Finanzinstrumente, mit denen der Kunde vertraut ist;
b) Art, Umfang und Häufigkeit der Geschäfte des Kunden mit Finanzinstrumenten und Zeitraum, in dem sie getätigt worden sind;
c) Bildungsstand und Beruf oder relevanter früherer Beruf des Kunden bzw. potenziellen Kunden."

Nach wie vor gilt, dass sich das Wertpapierdienstleistungsinstitut auf die von ihren Kunden übermittelten Informationen verlassen dürfen, es sei denn ihr sind andere Tatbestände bekannt oder die Informationen des Kunden sind offensichtlich veraltet, unzutreffend oder unvollständig.

Art. 56 Abs. 1 der Delegierten Verordnung beurteilt die Angemessenheit explizit wie folgt:

„Wertpapierfirmen prüfen, ob ein Kunde über die erforderlichen Erfahrungen und Kenntnisse verfügt, um die Risiken im Zusammenhang mit dem angebotenen oder gewünschten Produkt bzw. der angebotenen oder gewünschten Wertpapierdienstleistung zu verstehen und beurteilen zu können, ob eine Wertpapierdienstleistung im Sinne von Art. 25 Abs. 3 der Richtlinie 2014/65/EU für ihn geeignet ist."

Dazu haben Wertpapierfirmen aufzuzeichnen:
- das Ergebnis der Angemessenheitsbeurteilung
- ggf. Hinweise für Kunden, sofern das Produkt möglicherweise als unangemessen für den Kunden beurteilt wurde oder der Kunde nicht ausreichende Angaben gemacht hat
- ob der Kunde den Wunsch geäußert trotz eines Hinweises auf „Unangemessenheit" bzw. nicht ausreichender Angaben die Transaktion fortführen zu wollen
- ob die Wertpapierfirma dem Wunsch des Kunden nachgekommen ist.

10
- Arten der Finanzinstrumente, mit denen der Kunde vertraut ist
- Art, Umfang, Häufigkeit und Zeitraum zurückliegender Geschäfte des Kunden mit Finanzinstrumenten
- der Ausbildung sowie zur gegenwärtigen und relevanten früheren beruflichen Tätigkeit des Kunden

11 Die Geeignetheitserklärung ist im Fall von Empfehlungen zum Kaufen und Verkaufen zur Verfügung zu stellen. Laut Gesetzesbegründung gilt dies auch für Halteempfehlungen. Die Pflicht zur Zurverfügungstellung der Geeignetheitserklärung vor Vertragserfüllung besteht unabhängig von einer ggf. bestehenden Pflicht zur Sprachaufzeichnung. Gem. § 96 WpHG gelten die Ausführungen zu Finanzinstrumenten in entsprechender Weise für strukturierte Einlagen. Demnach ist die Geeignetheitserklärung auch bei der Beratung in strukturierten Einlagen zu dokumentieren und dem Kunden vor Vertragserstellung zur Verfügung zu stellen. Eine Ausnahme benennt Art. 24 Abs. 6.

12 Wenn kumulativ nachfolgende drei Voraussetzungen erfüllt sind, besteht **ausnahmsweise** die Möglichkeit, die Geeignetheitserklärung dem Kunden auch unmittelbar **nach** Vertragsschluss zur Verfügung zu stellen (Art. 24 Abs. 6 DelVO):

a. Die Vereinbarung über den Kauf oder Verkauf wird mittels eines Fernkommunikationsmittels geschlossen, das die vorherige Übermittlung der Geeignetheitserklärung nicht zulässt,

b. der Kunde hat ausdrücklich zugestimmt, dass ihm die Geeignetheitserklärung unverzüglich nach Vertragsschluss zur Verfügung gestellt wird,

c. die Bank hat dem Kunden ausdrücklich angeboten, die Ausführung des Geschäftes zu verschieben, damit der Kunde die Möglichkeit hat, vorab die Geeignetheitserklärung zu erhalten.

4 Verhaltenspflichten im beratungsfreien Geschäft gem. § 63 Abs. 10 WpHG

Unverändert gegenüber den bisherigen Regelungen gilt auch für MiFID II/MiFIR: Ein beratungsfreies Geschäft liegt vor, wenn der Kunde seine Anlageentscheidung bezüglich eines bestimmten Finanzinstruments ohne vorherige persönliche Empfehlung des Instituts trifft. Die Dienstleistung erfolgt ausschließlich auf **eigene Veranlassung des Kunden**. Die Anforderungen für das beratungsfreie Geschäft gelten allerdings nunmehr auch für strukturierte Einlagen. Weitere gravierende Änderungen sind die neuen Anforderungen an Product Governance und die neuen Pflichten zur Aufzeichnung von Telefongesprächen und elektronischer Kommunikation.

13

Im beratungsfreien Geschäft ist der **Zielmarkt** im Rahmen des Produktfreigabeverfahrens „Product Governance" ebenfalls zu berücksichtigen. Hier beschränkt sich die Prüfung jedoch auf nur ein einziges Zielmarktkriterium, der „Kundenkategorie". So erfolgt im beratungsfreien Geschäft ein DV-technischer Abgleich zwischen den Informationen des Emittenten über die erforderlichen Kenntnisse und/oder Erfahrungen für das Produkt und den beim Institut DV-technisch hinterlegten wertpapierspezifischen Kundendaten bzgl. dessen Kenntnisse und Erfahrungen. Insgesamt bestehen vier sog. Produktkästen:

- Kunde mit Basiskenntnissen und/oder Erfahrungen mit Finanzprodukten
- Kunde mit erweiterten Kenntnissen und/oder Erfahrungen mit Finanzprodukten
- Kunde mit umfangreichen Kenntnissen und/oder Erfahrungen mit Finanzprodukten
- Kunden mit speziellen Kenntnissen und/oder Erfahrungen mit Finanzprodukten

Bei fehlender Erfahrung könnten Kunden der Kategorie 1 Basiskenntnisse durch die Aushändigung der Broschüre „Basisinformationen über Wertpapiere und weitere Kapitalanlagen" erwerben.

14

In der Kategorie 2 muss der Kunde allerdings entweder bereits Erfahrung in der gleichen Anlageform haben, die er erwerben will oder Erfahrungen über mind. zwei unterschiedlichen Anlageformen haben, um Produkte dieser Kategorie erwerben zu können.

Bei der Kategorie 3 geht man davon aus, dass der Kunde mind. zweimal Käufe in der gleichen Anlageform getätigt hat, die er erwerben will oder Erfahrungen über mind. zwei unterschiedliche Anlageformen wie Kauf von Optionsscheinen, Zertifikaten, Aktien und Investmentanteilen hat.

Bei der Kategorie 4 geht man davon aus, dass es sich um derart spezielle Wertpapiere handelt, die immer außerhalb des Zielmarktes liegen und ohne Beratung nicht erworben werden können.

Ist ein DV-technischer Abgleich im Online-Banking nicht möglich, weil der Emittent das Finanzinstrument keiner der vier Kategorien zugeordnet hat (in der Regel hinterlegen die Emittenten ihre Produktklassifizierungen zentral beim „WM-Datenservice") und eine Zuordnung nicht möglich ist, wird das Finanzinstrument gesperrt und ist im Online-Banking nicht handelbar. Im Präsenz- oder Telefongeschäft bekommt der Berater einen Hinweis, den er in der Regel übersteuern könnte, wovon allerdings dringend abzuraten ist.

Führt der DV-technische Abgleich zu einer Divergenz, d. h. z. B. der Kunde möchte ein Finanzinstrument der Kategorie 3 erwerben, hat allerdings nur Kenntnisse und Erfahrungen mit Produkten der Kategorie 2, bekommt der Kunde im Online Banking einen automatischen Warnhinweis, dass er mit seinem Anlagewunsch außerhalb der vorgesehenen Anlegerzielgruppe liegt. Ein Online-Handel ist trotzdem möglich, da dieser Hinweis übersteuert werden kann. Im Präsenz- oder Telefongeschäft erhält der Berater diesen Hinweis im System angezeigt und muss dem Kunden diesen Hinweis vorlesen.

Auch bezüglich des Zielmarktkriteriums „Kenntnisse und/oder Erfahrungen" kann ein Emittent einen negativen Zielmarkt definieren. Im Online-Banking erhält der Kunde über diese Tatsache einen Hinweis, den er trotz dieses Warnhinweises übersteuern und das Produkt erwerben kann. Im Präsenz- oder Telefongeschäft muss der Berater dem Kunden diesen Warnhinweis bekanntgeben – auch dann kann der Kunde das Produkt erwerben.

4.1 Angemessenheitsprüfung im beratungsfreien Geschäft

15 Beim beratungsfreien Geschäft dienen die Kundenangaben zur Überprüfung, ob die eigenverantwortliche Anlageentscheidung des Kunden für ihn **angemessen** ist. Angemessen ist die Anlageentscheidung dann, wenn der Kunde aufgrund seiner Kenntnisse und Erfahrung unter Berücksichtigung von Ausbildung und Beruf die mit der Anlage verbundenen Risiken beurteilen kann. Diese Überprüfung wird auch Angemessenheitsprüfung genannt.

16 Eine Geeignetheitsprüfung, wie sie in der Anlageberatung erforderlich ist, mit der Frage, ob die Anlage den Anlagezielen und der Risikobereitschaft des Kunden entspricht und diese für ihn finanziell tragbar ist, ist beim beratungsfreien Geschäft **nicht erforderlich**.

17 Im Einzelnen umfasst die Angemessenheitsprüfung § 63 Abs. 10 WpHG folgende Angaben, um die Informationen über Kenntnisse und Erfahrung des Kunden, soweit dies in Abhängigkeit von der Kundenkategorie, der Art des Finanzinstruments und der damit verbundenen Komplexität und Risiken erforderlich ist einzuholen und zu dokumentieren:

– Arten der Finanzinstrumente, mit denen der Kunde vertraut ist
– Art; Umfang, Häufigkeit und Zeitraum zurückliegender Geschäfte des Kunden mit Finanzinstrumenten
– Ausbildung sowie gegenwärtige und relevante frühere berufliche Tätigkeiten des Kunden.

18 Damit der Kunde nicht bei jedem Geschäft zu seinen Kenntnissen und seiner Erfahrung befragt werden muss, werden Informationen beim Erstkontakt über einen standardisierten Dokumentationsbogen eingeholt.

Bei der Kundenkategorie „Professioneller" Kunde und bei Geeigneten Gegenparteien ist eine Angemessenheitsprüfung nicht erforderlich.

4.2 Beratungsfreies Geschäft nach Art. 25 Abs. 4 der Richtlinie 2014/65/EU i. V. m. Art. 57 Delegierte Verordnung

19 Hierbei handelt es sich um die Ausführung von Kundenaufträgen ohne Angemessenheitsprüfung – **dem Execution Only** – für nicht komplexe Finanzinstrumente. Die Anforderungen an nicht komplexe Finanzinstrumente wurden mit MiFID II (Richtlinie 2014/65/EU) allerdings verschärft. So werden jetzt Schuldtitel und Geldmarktinstrumente als komplex

eingestuft, sofern sie eine Struktur enthalten, die es dem Kunden erschwert, die damit einhergehenden Risiken zu verstehen (Art. 25 Abs. 4 MiFID II). Da Kundenberater dies nicht selbst einschätzen können, soll eine ausführliche Liste von Schuldtiteln und Geldmarktinstrumenten veröffentlicht werden, die als komplex eingestuft werden und somit nicht mehr ohne Angemessenheitsprüfung – also im Wege des Execution only – vertrieben werden können. Strukturierte Einlagen dagegen können „nicht komplex" sein, es sei denn sie enthalten eine Struktur, die es dem Kunden erschwert, das Ertragsrisiko oder die Kosten eines Verkaufs des Produktes vor Fälligkeit zu verstehen. Für die Annahme, dass es sich um Dienstleistungen mit nichtkomplexen Instrumenten handelt, nennt Art. 25 Abs. 4 folgende Kriterien, die allesamt erfüllt sein müssen:

a) die Dienstleistungen beziehen sich auf eines der folgenden Finanzinstrumente:

   aa) Aktien, die zum Handel an einem geregelten Markt oder einem gleichwertigen Markt eines Drittlandes oder in einem MTF zugelassen sind, sofern es sich um Aktien von Unternehmen handelt, mit Ausnahme von Anteilen an Organismen für gemeinsame Anlagen, die keine OGAW sind, und Aktien, in die ein Derivat eingebettet ist;

   bb) Schuldverschreibungen oder sonstige verbriefte Schuldtitel, die zum Handel an einem geregelten Markt oder einem gleichwertigen Markt eines Drittlandes oder in einem MTF zugelassen sind, mit Ausnahme der Schuldverschreibungen oder verbrieften Schuldtitel, in die ein Derivat eingebettet ist oder die eine Struktur enthalten, die es dem Kunden erschwert, die damit einhergehenden Risiken zu verstehen;

   cc) Geldmarktinstrumente, mit Ausnahme der Instrumente, in die ein Derivat eingebettet ist oder die eine Struktur enthalten, die es dem Kunde erschwert, die damit einhergehenden Risiken zu verstehen;

   dd) Aktien oder Anteile an OGAW, mit Ausnahme der in Art. 36 Abs. 1 Unterabs. 2 der Verordnung (EU) Nr. 583/2010 genannten strukturierten OGAW;

   ee) strukturierte Einlagen mit Ausnahme der Einlagen, die eine Struktur enthalten, die es dem Kunden erschwert, das Ertragsrisiko oder die Kosten eines Verkaufs des Produkts vor Fälligkeit zu verstehen;

   ff) andere nicht komplexe Finanzinstrumente im Sinne dieses Absatzes.

   Für die Zwecke dieses Buchstabens gilt ein Markt eines Drittlandes als einem geregelten Markt gleichwertig, wenn die Anforderungen und Verfahren von Art. 4 Abs. 1 Unterabs. 3 und 4 der Richtlinie 2003/71/EG erfüllt sind;

b) die Dienstleistung wird auf Veranlassung des Kunden oder potenziellen Kunden erbracht;

c) der Kunde oder potenzielle Kunde wurde eindeutig darüber informiert, dass die Wertpapierfirma bei der Erbringung dieser Dienstleistung die Angemessenheit der Finanzinstrumente oder Dienstleistungen, die erbracht oder angeboten werden, nicht prüfen muss und der Kunde daher nicht in den Genuss des Schutzes der einschlägigen Wohlverhaltensregeln kommt. Eine derartige Warnung kann in standardisierter Form erfolgen;

d) die Wertpapierfirma kommt ihren Pflichten gemäß Art. 23 nach.

Wenn diese Kriterien gegeben sind und es sich zweifelsfrei um ein beratungsfreies Geschäft in **nichtkomplexen** Finanzinstrumenten handelt, bestehen deutlich geringere Anforderungen an ein Institut. Das beratungsfreie Geschäft in nichtkomplexen Finanzinstrumenten darf nur auf Veranlassung des Kunden und, wie der Begriff schon sagt, für nicht komplexe Finanzinstrumente angewendet werden. Dabei handelt es sich um frei handelbare Finanzinstrumente, die **keinerlei derivative Elemente** und keine Nachschusspflichten beinhalten. Hierzu gehören z. B. Aktien, die zum Handel an einem regulierten Markt zugelassen sind, Fondsanteile, Geldmarktinstrumente oder Schuldverschreibungen. Grundsätzlich ausgenommen sind allerdings z. B. Zertifikate wegen ihrer derivativen Komponenten.

Bei dieser Geschäftsart ist keine Einholung von Kundenangaben (Erfahrung, Kenntnisse, Anlageziele, finanzielle Verhältnisse, Bildung und Beruf) erforderlich. Es hat also keinerlei Angemessenheits- und/oder Geeignetheitsprüfung zu erfolgen. Gleichwohl sollten die Berater den Kunden darauf hinweisen, dass keine Angemessenheitsprüfung vorgenommen wird.

20 In der Praxis ergibt sich die Schwierigkeit, dass die Berater nicht immer in der Lage sind, sofort einzuordnen, ob das nachgefragte Produkt ein komplexes oder nichtkomplexes Finanzinstrument ist. Ein Versehen und die dann fehlende Befragung bzw. Dokumentation kann später **erhebliche Folgen** mit sich bringen. So könnte der Berater die Meinung vertreten, dass es sich beim Kauf einer Anlage mit derivativen Elementen um ein nichtkomplexes Finanzinstrument handelt und somit die Order ohne jegliche Angemessenheitsprüfung durchführen ist. Wenn das Papier erhebliche Verluste erleidet und der Anleger sich entsprechend beklagt, wird in diesem Fall ein Schadensersatz zu leisten sein.

21 Daher wählen viele Institute die Lösung, dass alle Kunden so behandelt werden, als würden sie Produkte in komplexen Finanzinstrumenten ordern, sodass **in jedem Fall** die Angemessenheitsprüfung vorgenommen wird. Damit würde man das beratungsfreie Geschäft immer nach § 63 Abs. 10 WpHG durchführen

5 Überblick[1]

22 Die nachstehenden Tabellen ergeben einen Überblick über die Kundenangaben in Abhängigkeit von der Kundenkategorie.

---

1 *Brinkmann*: Compliance – Konsequenzen aus der MiFID, Finanz Colloquium Heidelberg, 2. Aufl., S. 158 f.

II.A.5 Dokumentationspflichten

Tab. 1: Darstellung der Kundenangaben in Abhängigkeit der Kategorie Privatkunden

	Anlageberatung gemäß § 2 Abs. 8 Nr. 10 WpHG	Beratungsfreies Geschäft gemäß § § 63 Abs. 10 WpHG	Beratungsfreies Geschäft in nicht komplexen Finanzanlagen gemäß Art. 25 Abs. 4 der Richtlinie 2014/65/EU
Kenntnisse und Erfahrungen unter Berücksichtigung von Ausbildung und Beruf	Ja	ja	Nein
Finanzielle Verhältnisse	Ja	nein	Nein
Anlageziele/Risikobereitschaft	Ja	nein	Nein

Tab. 2: Darstellung der Kundenangaben in Abhängigkeit der Kategorie „geborene" Professionelle Kunden und Geeignete Gegenparteien

	Anlageberatung gemäß § 2 Abs. 8 Nr. 10 WpHG	Beratungsfreies Geschäft gemäß § 63 Abs. 10 WpHG	Beratungsfreies Geschäft in nicht komplexen Finanzanlagen gemäß Art. 25 Abs. 4 der Richtlinie 2014/65/EU
Kenntnisse und Erfahrungen unter Berücksichtigung von Ausbildung und Beruf	nein	nein	nein
Finanzielle Verhältnisse	nein	nein	nein
Anlageziele/Risikobereitschaft	ja	nein	nein

Tab. 3: Darstellung der Kundenangaben in Abhängigkeit der Kategorie „gekorene" Professionelle Kunden

	Anlageberatung gemäß § 2 Abs. 8 Nr. 10 WpHG	Beratungsfreies Geschäft gemäß § 63 Abs. 10 WpHG	Beratungsfreies Geschäft in nicht komplexen Finanzanlagen gemäß Art. 25 Abs. 4 der Richtlinie 2014/65/EU
Kenntnisse und Erfahrungen unter Berücksichtigung von Ausbildung und Beruf	Nein	Nein	nein
Finanzielle Verhältnisse	Ja[1]	Nein	nein
Anlageziele/Risikobereitschaft	Ja	Nein	nein

1   So auch Mag. Philipp H. Bohrn, Referent des Fachverbandes der Finanzdienstleister (WKO), April 2008.

6 Geeignetheitserklärung

23 Die Geeignetheitserklärung ist gem. § 64 Abs. 4 WpHG bei jeder Anlageberatung zu erstellen, die mit einem Privatkunden geführt wird.

Das bisherige nationale Beratungsprotokoll wird durch die auf europäische Vorgaben basierende Geeignetheitserklärung ersetzt. Während beim Beratungsprotokoll der wesentliche Verlauf des Beratungsgespräches dokumentiert wurde, sind bei der Geeignetheitserklärung Erläuterungen erforderlich, die sich auf Präferenzen, Anlageziele und die sonstigen Merkmale, die mit dem Kunden abgestimmt wurden, zu dokumentieren. So sind gem. Art. 54 Abs. 12 Delegierte Verordnung jeweils die Empfehlungen zu nennen mit der Begründung, warum diese jeweils für den betreffenden Kunden geeignet sind.

24 Die Auslegung zu den Anforderungen an die neue Geeignetheitserklärung sind noch nicht abschließend. Die Auslegung der BaFin zu den Anforderungen an das Beratungsprotokoll gem. BT 6 MaComp gelten nicht mehr. Eine Aktualisierung der MaComp stand bei Redaktionsschluss noch aus. Weiterhin aufsichtsrechtlich, aber auch zivilrechtlich erforderlich sind die Nachvollziehbarkeit der Geeignetheitsprüfung und damit eine Dokumentation der für die Anlageberatung zugrunde gelegten Kundenangaben. Dagegen fallen die sonst erforderlichen Angaben weg wie:

– Anlass der Anlageberatung – damit auch die Angabe einer zentralen Vertriebsmaßnahme
– Dauer des Beratungsgespräches
– Unterschrift des Kundenberaters

Die nun wegfallenden Angaben resultieren im Wesentlichen daraus, dass die Geeignetheitserklärung nicht mehr den wesentlichen Gesprächsverlauf dokumentieren soll, sondern sich im Wesentlichen auf Gründe beschränkt, warum die Empfehlung für den Kunden geeignet ist.

7 Anlageberatung mittels eines Fernkommunikationsmittels

25 Erfolgt die Anlageberatung mittels Fernkommunikationsmittel, ist das Institut verpflichtet, dem Kunden die Geeignetheitserklärung vor Vertragsabschluss zur Verfügung zu stellen. Ausnahmsweise ist eine Zurverfügungstellung direkt nach Vertragsabschluss zulässig, wenn nachstehende Voraussetzungen erfüllt sind:

a. Der Kunde muss hierzu ausdrücklich zustimmen
b. Dem Kunden muss vom Institut angeboten werden, die Ausführung des Geschäftes zu verschieben, um die Geeignetheitserklärung vorher zu erhalten.

Weggefallen ist allerdings im Falle einer nachträglichen Zurverfügungstellung das einwöchige **Rücktrittsrecht für den Kunden**.

8 Neue Aufzeichnungspflichten

26 MiFID II regelt nun die lang diskutierte Sprachaufzeichnung von telefonisch geführten Gesprächen über Finanzinstrumente, aber auch die elektronische Kommunikation mit dem Kunden sowie die persönliche Order und die Pflicht zur Aufbewahrung. Dies soll zu mehr Rechtssicherheit im Interesse der Institute und Kunden führen – schließlich kann mit der

Aufzeichnung die Übereinstimmung des Kundenauftrages mit dem tatsächlich ausgeführten Geschäft abgeglichen werden. Die Regelungen finden sich insb. in Art. 16 Abs. 7 der EU Richtlinie 65/2014, Art. 76 Delegierte Verordnung und in § 83 WpHG. Die **telefonische Aufzeichnung** ersetzt allerdings nicht die Dokumentation mittels Geeignetheitserklärung, sondern gilt ergänzend dazu.

Aufzuzeichnen sind sämtliche Telefonate und die elektronische Kommunikation, die sich auf die Annahme, Übermittlung und Ausführung von Kundenaufträgen im Bereich Wertpapierdienstleistungen beziehen. Schließt das Institut nicht ausdrücklich Kommunikationswege aus, gelten neben der Festnetz-Telefonie auch Mobiltelefone, Fax, E-Mail, Video- und Textchat, SMS, WhatsApp usw. Die Aufzeichnungspflicht gilt unabhängig davon, ob die Initiative vom Kunden oder vom Institut ausgeht und ist auch in dem Falle erforderlich, wenn es nicht zum Abschluss eines Geschäftes kommt.

Die Frage, ab wann das Gespräch aufzuzeichnen ist, wurde in der Gesetzesbegründung mit „frühzeitig" beantwortet. So sind im Beratungsgeschäft (telefonische Anlageberatung) jedenfalls die Teile des Gesprächs aufzuzeichnen, in denen Anleger über die Risiken, Ertragschancen oder die Ausgestaltung der Finanzinstrumente beraten werden. Im beratungsfreien Geschäft oder im Eigenhandel ist spätestens bei der Erteilung der Order gegenüber dem Kunden die Zusammenfassung des Geschäftsabschlusses zu bestätigen mit dem Hinweis, dass es sich um eine beratungsfreie Order handelt.

Für die Institute besteht nun die Frage, wie sie die Aufzeichnung in ihren Häusern organisatorisch umsetzen.

8.1 Ein- und ausgehende Gespräche

Da der Gesetzgeber favorisiert, dass die Gespräche **vollständig aufgezeichnet** werden, sehen einige Institute vor, eingehende und ausgehende Telefonate nur noch von „Wertpapierspezialisten" bearbeiten zu lassen. In diesem Falle wäre zu regeln, dass sobald ein Gespräch aufzeichnungspflichtig wird, eine Umleitung zum Spezialisten erfolgen müsste. Nachteil: Ist die Erreichbarkeit immer gegeben? Halten sich Mitarbeiter, die den Erstkontakt zum Kunden haben an die Vorgabe? Wird durch die durchgehende Aufnahme das Speichermedium mit vielen überflüssigen Texten zu sehr belastet? 27

Diese Nachteile könnten zum Teil ausgemerzt werden durch eine spezielle telefonische Lösung, wenn der Kunde in die Leitung kommt z. B. „bei Anliegen mit Wertpapierrelevanz wählen Sie bitte die 1". Doch sind derartige Systeme nicht besonders kundenfreundlich.

Schließlich verbleibt die Möglichkeit, dass der Mitarbeiter die Aufzeichnung per Knopfdruck selbst startet, sobald er das Geschäft für aufzeichnungspflichtig hält. Hier besteht allerdings Regelungs- und Schulungsbedarf, damit die Mitarbeiter wissen, wann der Knopfdruck zu erfolgen hat.

8.2 Organisatorische Grundsätze

Festzulegen haben die Institute ferner, welche **Kommunikationswege** außerdem genutzt werden dürfen. Viele Institute haben bereits den Eingangskanal „E-Mail" als unsicheren Kanal verworfen. Soweit E-Mail-Kommunikation zugelassen werden sollte, muss klar 28 geregelt werden, unter welchen Voraussetzungen eine Ordererteilung per E-Mail erfolgen darf, aber auch die Art der Archivierung, die Zuordnung zum Kunden und die Möglichkeit der jederzeitigen Einsehbarkeit.

Auch die Annahme von Wertpapieranliegen per Mobiltelefon haben zahlreiche Institute für sich ausgeschlossen. Selbst wenn die Aufzeichnungspflichten noch bewerkstelligt werden könnte, treten Probleme bei der nun detailhaften Erläuterung der Kosten oder bei der Pflicht der Aushändigung gesetzlich erforderlicher Informationsblätter auf.

Zu den organisatorischen Regelungen gehört auch die Verfahrensweise, wenn die Telefonie ausfällt – ein Notfallplan mit der Beschreibung ergänzender Hilfsmittel, wie z. B. handschriftliche Dokumentation.

Ferner muss eine klare Dokumentation bestehen, welche Mitarbeiter zur Aufzeichnung berechtigt sind und welche Aufzeichnungsgeräte bzw. Software von ihnen genutzt werden. Der **Aufbewahrung** der Aufzeichnungen kommt eine besondere Bedeutung zu, da die Originalaufzeichnung weder verändert, noch gelöscht werden darf und auf Wunsch jederzeit dem Kunden als Kopie zur Verfügung gestellt werden kann, wenn dieser einen Herausgabewunsch postuliert. Die Aufbewahrungszeit wurde mit 5 Jahren festgelegt. Auf Wunsch der BaFin müssen die Aufzeichnungen 7 Jahre zur Verfügung stehen.

8.3 Information von Kunden und Mitarbeitern über die Aufzeichnungspflicht

29 Sowohl Bestands-, als auch Neukunden sind darüber zu informieren, dass Telefongespräche aufgezeichnet und diese innerhalb der Aufbewahrungspflicht auch dem Kunden auf Wunsch als Kopie zur Verfügung gestellt werden. Sofern der Kunde der Aufzeichnung widerspricht, darf das Institut keine telefonischen oder mittels elektronischer Kommunikation veranlassten Wertpapierdienstleistungen erbringen, sofern diese sich auf die Annahme, Übermittlung und Ausführung von Kundenaufträgen beziehen. Im neuen **MiFID-Starterpaket** wird eine entsprechende Information für den Kunden unter der Rubrik „Bank und ihre Dienstleistungen" aufgenommen.

Die Information der Mitarbeiter ist selbstverständlich. Eine Zustimmungspflicht eines Personal- oder Betriebsrates bedarf es nicht, jedoch ist die Information an dieses Gremium empfehlenswert.

8.4 Überwachung der Einhaltung der neuen Aufzeichnungsregeln

30 Die Kontrolle der Einhaltung der Aufzeichnungs- und Aufbewahrungspflichten muss ebenso erfolgen, wie die Kontrolle der Geeignetheitserklärungen. Allerdings sind die Aufzeichnungen nur in verhältnismäßigem Umfang und **risikobasiert** zu überprüfen. In der Regel übernimmt die Compliance-Funktion (WpHG-Compliance) oder die Marktfolge bzw. Wertpapierkontrolle diese Aufgabe. Die Mitarbeiter der Kontrollgremien ist aber genau festzulegen und mit der jeweiligen Kompetenz zu belegen. Dazu sollte – egal wie die Kontrollen vorgesehen sind – der Compliance-Beauftragte immer berücksichtigt werden.

Im Hinblick auf die Einhaltung der Mitarbeiterbestimmungen, dürfen Aufzeichnungen nicht zur **Überwachung der Mitarbeiter** genutzt werden. So sind inhaltliche Kontrollen nur in Einzelfällen bei einem berechtigten Interesse erforderlich. Vielmehr haben sich die

Kontrollen darauf zu beschränken, ob eine Aufzeichnung erfolgte oder nicht. § 83 Abs. 9 WpHG sieht vor, dass die Aufzeichnungen nicht „zu anderen Zwecken genutzt werden dürfen, insb. nicht zur Überwachung des Mitarbeiters durch das Wertpapierdienstleistungsunternehmen". Sicherlich erfolgte dieser Passus aus Datenschutz- und betriebsverfassungsrechtlichen Gründen.

Bedeutet diese Formulierung, dass Compliance im Rahmen seiner Überwachungspflichten nur feststellen darf, ob eine Aufzeichnung erfolgte, jedoch nicht den Inhalt des Gespräches? Dem widerspricht allerdings Art. 76 Abs. 6 der DelVO. Denn hier wird ausdrücklich beschrieben, dass die Kontrollen auch entsprechende Gespräche mit einschließen.

Eine effektive Überwachung der **aufsichtsrechtlichen Vorgaben** kann auch aus Sicht des Autors nur in der Weise erfolgen, dass sich Compliance – zumindest in Stichproben – die Aufzeichnungen anhören darf. In seiner Stellungnahme zum Gesetzentwurf schreibt die DK: „Wir sprechen uns deshalb für eine Streichung der Passage „und dürfen nicht für andere Zwecke genutzt werden, insb. nicht zur Überwachung der Mitarbeiter durch das Wertpapierdienstleistungsunternehmen" aus."[2]

9 Fazit

Die vielen unterschiedlichen Rechtsquellen, die bei der Umsetzung von MiFID II/MiFIR zu berücksichtigen sind, sind für die Mitarbeiter in der Einführungsphase derzeit noch zu undurchsichtig. Bedeutsam wird es sein, die Regelwerke so schnell wie möglich zu vereinen.

Einfacher dagegen werden die Angaben in der Geeignetheitserklärung, die weitgehend automatisiert angestoßen wird. Voraussetzung dazu ist aber, dass dem Institut die notwendigen Kundenangaben vorliegen, damit ein Abgleich im Produktfreigabeverfahren auch möglich ist.

Die neuen Aufzeichnungspflichten treffen nun alle Institute und verursachen künftig regelmäßig hohe zusätzliche Kosten, womit erneut die Rentabilität des Wertpapiergeschäftes auf den Prüfstand gestellt wird. Kommt man vielleicht zu ganz anderen Organisationsformen bei der Abwicklung des Wertpapier- und Depotgeschäftes? Gibt es nur noch Spezialisten für diesen Bereich, ein kleiner ausgesuchter Mitarbeiterkreis – auch wenn es nur um die Annahme beratungsfreier Orders geht? Sollen Institute bei der Orderannahme gewisse Losgrößen einführen, damit defizitäre Geschäfte vermieden werden? Wie werden Kunden mit den neuen Aufzeichnungspflichten umgehen? Wie wird sich MiFID II/MiFIR auf die Kontrolleinheiten auswirken? Muss man, nachdem man zwischenzeitlich die quantitative Fehlerquote bei den Beratungsprotokollen erfolgreich eingedämmt und die Kontrollen auf „Stichprobenprüfung" verändert hat, nun wieder zu vermehrten Kontrollen kommen, die ebenfalls die Rentabilität beeinträchtigen?

---

2   Die Deutsche Kreditwirtschaft „Stellungnahme zu dem Gesetzentwurf der Bundesregierung „Entwurf eines Zweiten Gesetzes zur Novellierung von Finanzmarktvorschriften auf Grund europäischer Rechtsakte"/Zweites Finanzmarktnovellierungsgesetz – 2. FiMaNoG v. 03.03.2017 unter Federführung des BVR – Bundesverband der Volks- und Raiffeisenbanken, Berlin.

Viele Fragen, die geklärt werden müssen und sich mit der Einführung der neuen Gesetzmäßigkeit im Laufe der Zeit beantworten werden.

10 Literaturverzeichnis

Brinkmann: Compliance – Konsequenzen aus der MiFID, Finanz Colloquium Heidelberg, 2. Aufl., Köln 2008.

Die Deutsche Kreditwirtschaft: Stellungnahme zu dem Gesetzentwurf der Bundesregierung, „Entwurf eines Zweiten Gesetzes zur Novellierung von Finanzmarktvorschriften auf Grund europäischer Rechtsakte"/Zweites Finanzmarktnovellierungsgesetz – 2. FiMaNoG v. 03.03.2017 unter Federführung des BVR – Bundesverband der Volks- und Raiffeisenbanken, Berlin.

II.A.6

Product Governance

Frank Michael Bauer

Inhaltsübersicht

1	Überblick	1–2
2	Grundlagen	3–5
3	Product Governance als regulatorisches Konzept	6–10
4	Anwendungsbereich	11–28
4.1	Persönlicher Anwendungsbereich	11–16
4.2	Sachlicher Anwendungsbereich	17–18
4.3	Zeitlicher Anwendungsbereich	19–20
4.4	Anwendungsbereich bei professionellen Kunden und geeigneten Gegenparteien	21–28
5	Pflichten des Herstellers	29–72
5.1	Überblick	30
5.2	Zielmarkt	31–54
5.3	Analyse: Vermeidung von Interessenkonflikten	55–57
5.4	Prüfung der Kosten- und Gebührenstruktur des Finanzinstruments	58
5.5	Durchführung einer Szenario-Analyse („Stresstest")	59–60
5.6	Sachkunde	61–62
5.7	Effektive Kontrolle der Geschäftsleitung	63–64
5.8	Berichte der Compliance-Funktion	65–66
5.9	Information an Vertriebsstellen	67–68
5.10	Regelmäßige Überprüfung (Monitoring)	69–72
6	Pflichten der Vertriebsstellen	73–107
6.1	Überblick	75–77
6.2	Produktfreigabeverfahren	78–90
6.3	Bestimmung des Zielmarkts	91–95
6.4	Berücksichtigung des Zielmarkts beim Vertrieb	96–98
6.5	Sachkenntnis	99–100
6.6	Effektive Kontrolle der Geschäftsleitung	101–102
6.7	Compliance-Bericht	103–104
6.8	Monitoring	105
6.9	Reporting	106–107
7	Verhältnis zu anderen WpHG-Pflichten	108–110
7.1	Verhältnis zur Geeignetheitsprüfung	108–109
7.2	Verhältnis zu Vertriebsvorgaben	110
8	Rechtsfolgen bei fehlerhafter Compliance	111–127
8.1	Aufsichtsrechtliche Folgen	112–113
8.2	Zivilrechtliche Folgen	114–127
9	Fazit und Ausblick	128–129
10	Literaturverzeichnis	

1 Überblick

„Product Governance" ist ein **aufsichtsrechtliches Trendwerkzeug**: Es soll gewährleis- 1
ten, dass das richtige Produkt zum richtigen Kunden findet. Product Governance bezeichnet zusammenfassend organisatorische Pflichten zur Produktentwicklung, Zielmarktbestimmung, Produktfreigabe und -überwachung eines Wertpapierdienstleistungsunternehmens.

Product Governance ist ein zentraler Bestandteil der MiFID II[1]-Anforderungen. Jedes 2
Unternehmen soll bereits im Vorfeld des Vertriebs eines Finanzinstruments dafür Sorge tragen, dass das Produkt nur einer solchen Kundengruppe angeboten wird, zu deren Bedürfnissen es passt.[2] Dies betrifft sowohl neu aufgelegte Produkte als auch Bestandsprodukte. Ziel der Pflichten zur Product Governance ist es, durch organisatorische Regelungen frühzeitig den Anlegerschutz bei neu aufgelegten Finanzinstrumenten sicherzustellen[3] und der Gefahr entgegenzuwirken, dass der Kunde ein Produkt erhält, das nicht seinen Interessen entspricht. Product Governance greift damit prozessual deutlich den Pflichten des Wertpapierunternehmens beim sog. **„Point of Sale"** vor, also dem Aufeinandertreffen zwischen Unternehmen und Kunde. Ein **Vertriebsverbot** geht damit nicht einher. Die Zielmarktbestimmung ist ausdrücklich unabhängig von der Geeignetheits- und Angemessenheitsprüfung. Sie enthält allerdings in der konkreten aufsichtsrechtlichen Ausgestaltung starke Überschneidungen. Sie kann daher als ein **„Vorfilter"** für die nachfolgende Geeignetheits- und Angemessenheitsprüfung angesehen werden. Prozessual ermöglichen die weitreichenden inhaltlichen Überschneidungen eine einheitliche Gestaltung der Prüfschritte.

2 Grundlagen

Product Governance ist keine isolierte organisatorische Verpflichtung einer Wertpapier- 3
firma. Product Governance ist vielmehr ein **Gesamtkonzept aus korrespondierenden Pflichten** von Produktherstellern und ihren Vertriebspartner für den gesamten Lebenszyklus eines Produktes.

Wertpapierdienstleistungsunternehmen, die Finanzinstrumente zum Verkauf konzipieren 4
(Hersteller/Emittenten) sind verpflichtet, ein **Produktfreigabeverfahren** einzurichten, § 80 Abs. 9 Satz 1 WpHG. Jedes einzelne Finanzinstrument muss dieses Verfahren durchlaufen, bevor es an den Endkunden vertrieben werden darf. Kernelement dieses Verfahrens ist die Bestimmung des **Zielmarktes (target market)**. Ein Hersteller muss mit dieser

---

1 MiFID II steht für Richtlinie über Märkte für Finanzinstrumente (engl. „Markets in Financial Instruments Directive II"). Der MiFID II-Rahmen setzt sich zusammen aus der Richtlinie 2014/65/EU, OJ L 173, 15.05.2014, S. 349 ff. (nachfolgend als MiFID II bezeichnet), der EU-Verordnung 600/2014, OJ L 173, 15.05.2014, S. 84 ff. (nachfolgend als MiFIR bezeichnet). Relevant sind weitere zahlreiche Durchführungsmaßnahmen auf Level II und III, auf die nachstehend eingegangen wird.
2 *Bergmann*, in: Langenbucher/Bliesener/Spindler, Bankrechts-Kommentar, 2. Aufl. 2016, Effektengeschäft, Rn. 81 ff.
3 MiFID-Durchführungsrichtlinie (DELEGIERTE RICHTLINIE (EU) 2017/593 DER KOMMISSION) v. 07.04.2016 (OJ L 87, S. 500 ff.), nachfolgend vereinfachend DRL, Erwägungsgrund 15, Satz 1.

Zielmarktbestimmung festlegen, für welche Gruppe von Kunden das Finanzinstrument bestimmt ist.[4] Diese Pflicht zur Bestimmung des Zielmarkts trifft zunächst den Hersteller. Dieser muss die Informationen an das vertreibende Wertpapierdienstleistungsunternehmen weitergeben, Art. 16 Abs. 3 UAbs. 5 MiFID II, § 80 Abs. 11 Satz 1 WpHG.[5]

5 Wertpapierdienstleistungsunternehmen mit unmittelbarem Kundenkontakt (Distributoren oder Vertriebsstellen) haben dann durch **angemessene Vorkehrungen** dafür Sorge zu tragen, dass sie die Merkmale des von einem Hersteller bestimmten Zielmarkts **verstehen**, § 63 Abs. 5 Satz 1 WpHG. Hierzu muss der Hersteller der Vertriebsstelle ein **Informationspaket** übergeben, auf dessen Basis diese beurteilt, ob das Produkt den Bedürfnissen einer seiner Kundengruppen entspricht, Art. 24 Abs. 2 UAbs. 2 MiFID II, § 80 Abs. 11 Satz 1 WpHG.[6]

Diese Regeln gelten für den gesamten Lebenszyklus eines Produkts. Angesichts der laufenden korrespondierenden Prüfungs- und Informationspflichten ist Product Governance daher eine **Daueraufgabe**.

3 Product Governance als regulatorisches Konzept

6 Die Regulierung der Product Governance dient erklärtermaßen dem Ziel, bereits sehr früh prozessual zu gewährleisten, dass Finanzinstrumente tatsächlich an die richtigen bzw. geeigneten Kunden vertrieben werden. Aufsichtsrechtlich soll weit vorgelagert vor den bislang maßgeblich regulierten Vorgängen rund um den „**Point of Sale**", also dem Aufeinandertreffen zwischen Wertpapierdienstleistungsunternehmen und Kunde, angeknüpft werden.[7]

7 Das Ziel eines bedürfnisgerechten Produktangebots wird damit nun nicht mehr der **Privatautonomie** überlassen. Um der Gefahr entgegenzuwirken, dass der Anleger ein nicht seinen Interessen entsprechendes Produkt erhält, wird neben seine autonome Entscheidung eine aufsichtsrechtliche Vorselektion im Rahmen von Produktfreigabeverfahren gestellt.

---

4 Vgl. *Bergmann*, in: Langenbucher/Bliesener/Spindler, Bankrechts-Kommentar, 2. Aufl. 2016, Effektengeschäft, Rn. 82.

5 Grundlegend: *Lange:* Product Governance – Neue Anforderungen für die Konzeption und den Vertrieb von Finanzprodukten, in: DB 2014, S. 1723 ff.; *Buck-Heeb:* Compliance bei vertriebsbezogener Product Governance – Neuerungen durch die MiFID II bzw. das Kleinanlegerschutzgesetz, in: CCZ 2016, S. 2 ff.; *Buck-Heeb:* Der Product Governance-Prozess, – MiFID II, Kleinanlegerschutzgesetz und die Auswirkungen, in: ZHR 179 (2015), S. 782 ff.; *Busch:* Product Governance und Produktintervention unter MiFID II/MiFIR, in: WM 2017, S. 409 ff.; *Bastian/Werner*, Banken zwischen Ertragserwartungen und Regulatorik, Bericht über den Bankrechtstag am 30. 06. 2017, in: WM 2017, S. 1533 ff.; *Jordans:* Zum aktuellen Stand der Finanzmarktnovellierung in Deutschland, in: BKR 2017, S. 273 ff.

6 Vgl. *Bergmann*, in: Langenbucher/Bliesener/Spindler, Bankrechts-Kommentar, 2. Aufl. 2016, Effektengeschäft, Rn. 83.

7 Vgl. *Lange*, in: DB 2014, S. 1723, 1725 m. w. N.; vgl. *Bastian/Werner*, in: WM 2017, S. 1533, 1541, referenzierend auf *Breilmann*.

Dies stellt einen Anlegerschutzmechanismus dar, der die Privatautonomie jedenfalls beschränken kann.[8]

Solche Vorgaben sind sowohl europäisch als auch national allerdings nicht neu.[9] Auch bislang war die Wertpapier-Compliance nach BT 1.2.4 der **MaComp**[10] bei der Erschließung neuer Geschäftsfelder, Dienstleistungen, Märkte oder Handelsplätze sowie bei der Auflage neuer Finanzprodukte einzubeziehen. Nach der Vorstellung der Aufsicht bedeutet die Einbeziehung der Compliance-Funktion nicht nur das Recht zur Stellungnahme, sondern ein Recht zur Intervention[11]. *8*

Auch die **MaRisk** sahen auf Grundlage der von der europäischen Bankenaufsicht EBA[12] erstellten „Guidelines on Internal Governance" Maßnahmen hinsichtlich neuer Produkte auch unter Aspekten des Risikomanagements vor. Danach soll jedes Institut über eine gut dokumentierte Neue-Produkte-Prozess-Richtlinie verfügen (sog. **NPP**-Prozess), in der Schritte angegeben werden sollen, die vor einer Entscheidung für einen neuen Markt, ein neues Produkt, eine neue Dienstleistung oder vor einer wesentlichen Änderung eines bereits bestehenden Produkts erforderlich sind.[13] *9*

Ausgangspunkt für den weiteren Produktentwicklungsprozess in Europa, die MiFID II – Konkretisierung und die damit verbundene Ausdehnung des qualitativen und quantitativen Anwendungsbereichs der Product Governance war die vom Gemeinsamen Ausschuss der drei Europäischen Aufsichtsbehörden EIOPA, EBA und ESMA 2013 ausgearbeitete „Joint Position on Manufacturers' Product Oversight and Governance Processes"[14] sowie die von der EBA vorgelegten „Guidelines on product oversight and governance arrangements for retail banking products".[15] Auch im Zuge der Konsultation der MiFID II – Texte hat sich die ESMA von diesem weitreichenden Product Governance-Verständnis leiten lassen. *10*

Angesichts des breiten Produktspektrums bedeutet die qualitative und quantitative Detaillierung eine enorme Anforderung für die Praxis. Der Zielkonflikt zwischen aufsichtsrechtlicher Intervention und Privatautonomie wird auch im europäischen Rechtsvergleich zu beobachten bleiben.

---

8   Und daher als interventionistischer oder paternalistischer Anlegerschutzmechanismus bezeichnet wird, vgl. *Mülbert*, Anlegerschutz und Finanzmarktregulierung – Grundlagen –, in: ZHR 177 (2013), S. 160, 198; *Langenbucher*, Anlegerschutz Ein Bericht zu theoretischen Prämissen und legislativen Instrumenten, in: ZHR 177 (2013), S. 679, 697 ff.
9   Vgl. umfassend *Buck-Heeb*; Der Product Governance-Prozess, – MiFID II, Kleinanlegerschutzgesetz und die Auswirkungen, in: ZHR 179 (2015), S. 789 m. w. N.
10 Rundschreiben 4/2010 (WA) Mindestanforderungen an die Compliance-Funktion und die weiteren Verhaltens-, Organisations- und Transparenzpflichten nach §§ 31 ff. WpHG für Wertpapierdienstleistungsunternehmen – MaComp, zuletzt geändert am 08. 03. 2017, dort BT 1.2.4.
11 *Buck-Heeb*, in: ZHR 179 (2015), auch unter Verweis auf *Schäfer*, in: BKR 2011, S. 187, 191.
12 European Banking Authority.
13 EBA, Guidelines on Internal Governance v. 27. 09. 2011, C 23. New Products, TZ. 2 Satz 1, S. 36; detailliert siehe *Buck-Heeb*, in: ZHR 179 (2015), S. 792.
14 Joint Position, JC-2013-77 abrufbar unter www.esma.europa.eu(letzter Abruf am 08. 06. 2017); vgl. hierzu detailliert *Buck-Heeb*, in: ZHR 179 (2015), 794.
15 EBA, Final Report, EBA/GL/2015/18), abrufbar unter https://www.eba.europa.eu (letzter Abruf am 08. 06. 2017); EBA/CP/2014/37, abrufbar unter: www.esma.europa.eu (letzter Abruf am 08. 06. 2017); vgl. hierzu detailliert *Buck-Heeb*, in: ZHR 179 (2015), 795.

4 Anwendungsbereich

4.1 Persönlicher Anwendungsbereich

11 Product Governance schafft ein **komplementäres System** von Verpflichtungen zwischen Produkthersteller und ihren Vertriebsstellen, das für den gesamten **Lebenszyklus** von Produkten gelten soll. Normadressat sind die der MiFID II unterliegenden Produkthersteller und Vertriebsstellen von Finanzinstrumenten und Dienstleistungen.

12 Die Product Governance Regeln betreffen zunächst **Produkthersteller**. Eine unmittelbare Definition des „Herstellers" („manufacturers") ist auf Level I, also unmittelbar im Richtlinientext der MiFID II, nicht enthalten.

13 Erste Definitionsansätze der Aufsichtsbehörden sahen **Hersteller** im weitestmöglichen Ansatz als „any natural or legal person that is responsible for the development and issuance of a product or any natural or legal person that makes changes to, or combines, products".[16]

14 Betroffen sind danach jedenfalls „Wertpapierfirmen, die Finanzinstrumente zum Verkauf an Kunden[17] konzipieren".[18] Wertpapierfirmen sind diejenigen Unternehmen, die Wertpapierdienstleistungen erbringen (Art. 4 Abs. 1 Nr. 1 MiFID II). Zu den Wertpapierdienstleistungen[19] zählen insb. die Anlageberatung, die Anlagevermittlung und die Portfolioverwaltung. Die weitere Wertpapierdienstleistung der „Ausführung von Aufträgen im Namen von Kunden" umfasst ausdrücklich auch „den Abschluss von Vereinbarungen über den Verkauf von Finanzinstrumenten, die von einer Wertpapierfirma oder einem Kreditinstitut zum Zeitpunkt ihrer Emission ausgegeben werden".[20]

15 Erst auf Level II, mit den Erwägungsgründen der Delegierten Richtlinie, wird ersichtlich, wie der Begriff des **Herstellers** konkret zu verstehen ist. Wertpapierfirmen, die Finanzinstrumente schaffen, entwickeln, begeben und/oder gestalten, sollen danach als Produktentwickler („**manufacturer**"; „Konzepteure" in der Terminologie der WpDVerOV)[21] anzusehen sein.[22] Wertpapierfirmen sollen ausdrücklich auch dann als Produktentwickler anzusehen sein, wenn sie Emittenten aus dem Unternehmenssektor beraten.[23]

16 Als **Vertriebsstellen** („**distributors**", „Distributoren" in der Terminologie der WpDVerOV)[24] sind demgegenüber Wertpapierfirmen anzusehen, die dem Kunden Finanz-

---

16 ESA, Joint Position of the European Supervisory Authorities on Manufacturers' Product Oversight & Governance Processes, JC-2013-77, Ziff. 6, S. 2; siehe auch ESMA Opinion, Structured Retail Products – Good Practices for product governance arrangements, ESMA/2014/332 v. 27.03.2014, Annex 1, Ziff. 1.e, S. 1; siehe hierzu detailliert *Buck-Heeb*, in: ZHR 179 (2015), S. 803.
17 MiFID II – DRL, Erwägungsgrund 15 Satz 2.
18 Vgl. *Lange*, in: DB 2014, S. 1723, 1726 m. w. N.
19 Siehe Anhang I Abschn. A MiFID II, vgl. hierzu ebenfalls *Lange*, in: DB 2014, S. 1723 ff.
20 Siehe Art. 4 Abs. 1 Nr. 5 MiFID II. Diese erweiterte Definition kann – in Abwesenheit des Erbringens anderer Wertpapierdienstleistungen – nicht zuletzt auch für Produkthersteller relevant werden; vgl. *Lange*, in: DB 2014, S. 1723 ff.
21 Nachfolgend vereinfachend als „Hersteller" bezeichnet.
22 MiFID II – DRL, Erwägungsgrund 15.
23 MiFID II – DRL.
24 Nachfolgend vereinfachend als „Vertriebsstellen" bezeichnet.

instrumente und Dienstleistungen anbieten.[25] Weiter gelten die Product Governance-Verpflichtungen auch für Unternehmen, die nicht der MiFID II unterliegen, aber im Rahmen der MiFID II als Erbringer von Wertpapierdienstleistungen zugelassen werden können.[26]

4.2 Sachlicher Anwendungsbereich

Der sachliche Anwendungsbereich der Product Governance-Regeln greift sehr weit. Die Vorgaben sollen im Interesse des Anlegerschutzes für **alle auf den Primär- und Sekundärmärkten verkauften Produkte** gelten.[27] Unerheblich soll sein, welche Art von Produkt oder Dienstleistung verkauft wird und welche Anforderungen für die Vertriebsstelle gelten. Dieser weit greifende Ansatz korrespondiert mit dem ebenfalls breiten Anwendungsbereich, den parallel die EBA in ihren „Guidelines on product oversight and governance arrangements for retail banking products" vorsieht (Final Report, EBA/GL/2015/18).[28] *17*

Der Umfang der jeweiligen Pflichten unterliegt aber dem **Verhältnismäßigkeitsgrundsatz** und richtet sich dabei insb. nach der Komplexität des Produkts.[29] *18*

Praxis-Tipp:

Danach fallen grundsätzlich **alle Finanzinstrumente** in den sachlichen Anwendungsbereich der Product Governance. Er gilt auch für **strukturierte Einlagen**.

Ebenso gelten die Regeln für **alle Wertpapierdienstleistungen**, also grundsätzlich auch beratungsfreie und execution-only-Geschäfte, allerdings unter Berücksichtigung des Verhältnismäßigkeitsgrundsatzes.

4.3 Zeitlicher Anwendungsbereich

Die Product Governance-Regelungen gelten für den gesamten **Lebenszyklus** eines Produkts oder einer Dienstleistung. *19*

Produkte, die vor dem 03.01.2018 konzipiert wurden, aber weiterhin gehandelt werden (**Bestandsprodukte**), unterfallen nach der ESMA zunächst nicht dem Product Governance-Regime. Danach wären Hersteller zunächst nicht verpflichtet, zum Januar 2018 einen Zielmarkt zur Verfügung zu stellen. Folge wäre jedoch, dass es nach Inkrafttreten der MiFID II den Vertriebsstellen obläge, eine Zielmarktbestimmung vorzunehmen. Erst nach der ersten turnusmäßigen Überprüfung der Product Governance soll die Pflicht zur Ziel-

---

25 Vgl. MiFID II – DRL, Erwägungsgrund 15 Satz 2.
26 MiFID II – DRL, Erwägungsgrund 16.
27 MiFID II – DRL, Erwägungsgrund 18.
28 Vgl. EBA, European Banking Autorithy, EBA/GL/2015/18, abrufbar unter https://www.eba.europa.eu (letzter Abruf am 08.06.2017), dort Rn. 6 und 10.
29 MiFID II – DRL, Erwägungsgrund 18.

marktbestimmung dann auch für die Bestandsprodukte, die weiterhin vertrieben werden sollen, auf die Produktentwickler übergehen.[30]

20 | **Praxis-Tipp:**

Zahlreiche Hersteller haben daher erklärt, dass sie von den dargestellten Erleichterungen für die von ihnen aufgelegten und weiter vertriebenen Produkte keinen Gebrauch machen und bereits zum 03.01.2018 Zielmärkte definieren werden.

Für Vertriebsstellen wird es empfehlenswert sein, den weiteren Vertrieb von Bestandsprodukten von der (technischen) Zulieferung von Zielmarktdaten abhängig zu machen. Dies empfiehlt sich insb. auch für Vertriebsvereinbarungen mit Nicht-EU–Emittenten.

4.4 Anwendungsbereich bei professionellen Kunden und geeigneten Gegenparteien

21 Die Regelungen zur Product Governance enthalten keine speziellen Regelungen zur Erleichterung des Geschäftsverkehrs mit Professionellen Kunden und Geeigneten Gegenparteien.

Für Geschäfte mit Geeigneten Gegenparteien gilt daher grundsätzlich die allgemeine Regelung nach § 68 Abs. 1 Satz 1 WpHG: Danach sind zahlreiche Vorgaben des § 63 Abs. 1 WpHG bei Geschäften mit Geeigneten Gegenparteien nicht zu beachten.

22 Aufsichtsrechtlich wird dieser Status in den Leitlinien der ESMA weiter präzisiert.[31] Dabei wird unterschieden zwischen dem Vertrieb an Professionelle Kunden und Geeignete Gegenparteien, die einerseits Instrumente zur **Weiterveräußerung** erwerben und andererseits Instrumente als Endkunden erwerben.

23 Im Fall der **Weiterveräußerung** kann der Emittent den Vertrieb an den Professionellen Kunden bzw. die Geeignete Gegenpartei unbeachtet lassen, da dieser nur als **Zwischenschritt** für den Vertrieb an die Endkunden anzusehen ist. Für den Zielmarkt ist allein auf die **Endkunden** abzustellen.[32]

24 | **Praxis-Tipp:**

Vertreibt ein Hersteller ein Produkt über ein weiteres Wertpapierdienstleistungsunternehmen, muss er den Zielmarkt nur für den (End-)Kunden des Wertpapierdienstleistungsunternehmens bestimmen. Eine Zielmarktbestimmung im Hinblick auf den zwischenzeitlichen Erwerb durch das Wertpapierdienstleistungsunternehmen ist nicht erforderlich.

---

30 ESMA, Leitlinien zu den Product Governance-Anforderungen nach MiFID II v. 02.06.2017, ESMA/35-43-620 (abrufbar unter www.esma.europa.eu), Leitlinie 65.
31 ESMA Guidelines on MiFID II product governance requirements, ESMA 35-43-620, Leitlinie 76 ff.
32 ESMA, Guidelines on MiFID II product governance requirements, ESMA 35-43-620, Leitlinien 76 ff.; vgl. auch DSGV Projekt MiFID II, Umsetzungsleitfaden MiFID II, Version 1.0, Stand Mai 2017, S. 79.

Anders ist dies hingegen, wenn das Produkt durch den Professionellen Kunden/die Geeignete Gegenpartei als **Endkunde** erworben wird.[33] Bei der Zielmarktbestimmung ist dann auf die Person des Professionellen Kunden/der Geeigneten Gegenpartei abzustellen. *25*

Erleichterungen sollen nach der ESMA nur bei geborenen professionellen Kunden dergestalt möglich sein, dass Kenntnisse und Erfahrungen unterstellt werden können.[34] Dies ist im Vergleich zu den Level II – Regelungen zur Geeignetheitsprüfung und zur Kostentransparenz inkonsistent, da dort bei **allen Professionellen Kunden** das Vorliegen der erforderlichen Kenntnisse und Erfahrungen angenommen werden kann.[35] *26*

Bis zur einer Umsetzung der Leitlinien in nationales Recht sollte es daher – auch angesichts der parallelen Praxis aus MiFID I – als zulässig anzusehen sein, dass Kenntnisse und Erfahrungen bei allen Professionellen Kunden unterstellt werden können. *27*

5 Pflichten des Herstellers

Die Product Governance-Regelungen der MiFID II beziehen sich einerseits auf die **Hersteller** (manufacturer), andererseits auf die **Vertriebsstellen** (distributor). *28*

Die Regelungen sind in Deutschland bereits mit dem Kleinanlegerschutzgesetz implementiert worden[36] und nun in §§ 63 Abs. 4 und 5 WpHG, 80 Abs. 9 bis 13 WpHG und § 11 f. WpDVerOV implementiert worden. Sie lehnen sich eng an den Wortlaut der MiFID II-Vorgaben an. Zu beachten ist, dass die gesetzlichen Anforderungen im Lichte der Durchführungsbestimmungen nach Level II und der ESMA-Guidelines[37] auszulegen sein werden, wobei die Umsetzung der ESMA-Guidelines in nationales Aufsichtsrecht durch die BaFin noch aussteht. Und natürlich stehen die dargestellten Regelungsinhalte auch unter dem Vorbehalt der noch nicht abgeschlossenen aufsichtsrechtlichen Entwicklung. *29*

5.1 Überblick

Der Hersteller ist während des gesamten Lebenszyklus eines Produktes zur nachfolgend dargestellten Product Governance verpflichtet, im Einzelnen: *30*
- Kernelement: Bestimmung eines **Zielmarkts (target market)** für das konzipierte Produkt,
- Vermeidung von **Interessenkonflikten**,

---

33 ESMA, Guidelines on MiFID II product governance requirements, ESMA 35-43-620, Leitlinien 76 ff.; vgl. auch DSGV Projekt MiFID II, Umsetzungsleitfaden MiFID II, Version 1.0, Stand Mai 2017, S. 79.
34 ESMA, Guidelines on MiFID II product governance requirements, ESMA 35-43-620, Leitlinien 81 und 82.
35 Vergleich zu Art. 54 Abs. 3 UAbs. 1 (Geeignetheitsprüfung) bzw. Art. 56 Abs. 1 UAbs. 2 (Angemessenheitsprüfung) der MiFID-Durchführungsrichtlinie, unterstützenswerte Arbeitshypothese des DSGV-Umsetzungsprojekts.
36 Vgl. hierzu detailliert *Buck-Heeb*, Compliance bei vertriebsbezogener Product Governance – Neuerungen durch die MiFID II bzw. das Kleinanlegerschutzgesetz, in: CCZ 2016, S. 2 f.
37 ESMA, Guidelines on MiFID II product governance requirements, ESMA 35-43-620, Leitlinien 1 ff.

- Festlegung einer **Vertriebsstrategie**,
- der **Kosten- und Gebührenstruktur** des Finanzinstruments und
- einer **Szenarioanalyse** („**Stresstest**").
- Er muss durch **organisatorische Vorgaben** sicherstellen, dass die Anforderungen an Product Governance eingehalten werden.
- Jeder Vertriebsstelle müssen geeignete **Informationen** zur Verfügung gestellt werden, damit diese ihren eigenen Pflichten – etwa den vom Hersteller bestimmten Zielmarkt zu verstehen und zu überprüfen – nachkommen kann.
- Das Finanzinstrument und der Zielmarkt müssen während der Laufzeit des Produkts regelmäßig überprüft und aktualisiert werden (sog. **Monitoring**).
- Schließlich muss der Zielmarkt ggf. auch dem Kunden kommuniziert werden.

Insgesamt gilt für den Umfang der jeweils zu erfüllenden Pflichten der **Verhältnismäßigkeitsgrundsatz**, § 11 Abs. 1 WpDVerOV. Entscheidend sind die Eigenschaften des Finanzinstruments unter Berücksichtigung des jeweiligen Zielmarkts.

5.2 Zielmarkt

31 Kernelement der Product Governance ist die Bestimmung eines **Zielmarkts** für Produkte.

5.2.1 Regulatorische Vorgaben

32 Folgende regulatorische Vorgaben sind zu berücksichtigen:
- Ein Zielmarkt ist für „**jedes Finanzinstrument**" festzulegen, § 80 Abs. 9 Satz 2 WpHG.
- Ein Zielmarkt ist „für **Endkunden innerhalb der jeweiligen Kundengattung**" festzulegen, § 80 Abs. 9 Satz 2 WpHG.
- Die Zielmarktbestimmung ist unabhängig von der Geeignetheitsprüfung/Angemessenheitsprüfung.
- Dabei sind „**alle einschlägigen Risiken für den Zielmarkt** zu bewerten", § 80 Abs. 9 Satz 3 WpHG.
- Darüber hinaus ist sicherzustellen, dass die „beabsichtigte **Vertriebsstrategie** dem (…) Zielmarkt entspricht", § 80 Abs. 9 Satz 4 WpHG.
- Ein Finanzinstrument muss den **Bedürfnissen, Eigenschaften und Zielen seines Zielmarkts** entsprechen, § 11 Abs. 7 Satz 2 WpDVerOV.
- Zudem müssen die mit ihm verbundenen **Kosten und Gebühren** den Bedürfnissen, Merkmalen und Zielen des Zielmarkts entsprechen (§ 11 Abs. 11 Nr. 1 WpDVerOV):
  - U.a. darf die Kosten- und Gebührenstruktur nicht der Renditeerwartung des Kunden entgegen laufen, etwa wenn Kosten und Gebühren alle erwarteten Steuervorteile aufheben (§ 11 Abs. 1 Nr. 2 WpDVerOV),
  - und die Kostenstruktur muss hinreichend transparent sein, insb. darf sie nicht die Kosten verschleiern oder unverständlich kompliziert sein (§ 11 Abs. 1 Nr. 3 WpDVerOV).

Weiter gilt für Hersteller, die ihre Finanzinstrumente über andere Wertpapierdienstleistungsunternehmen vertreiben:
- **Bedürfnisse und Eigenschaften** der potenziellen Kunden sind auf Grundlage der Kenntnisse und Erfahrungen zu bestimmen,
- Hierfür maßgebliche **theoretische Kenntnisse und Erfahrungen** des Herstellers umfassen das Produkt, vergleichbare Produkte und die Finanzmärkte, § 11 Abs. 8 WpDVerOV.

5.2.2 Zielmarktkonzept

Im Interesse einer einheitlichen und praktischen Gestaltung haben sich die Verbände der Deutschen Kreditwirtschaft (DK), der DDV und der BVI auf ein Zielmarktkonzept verständigt. Dieses Zielmarktkonzept ist auch mit der Aufsicht erörtert worden und erfüllt u. a. auch die Anforderungen der Leitlinien. 33

Folgende Kriterien werden berücksichtigt:
- Kundenkategorie
- Kenntnisse und/oder Erfahrungen, die der Kunde für den Erwerb des Wertpapiers haben muss
- Finanzielle Verlusttragungsfähigkeit des Kunden
- Risiko-/Renditeprofil des Kunden
- Anlageziel des Kunden
- Anlagehorizont des Kunden
- ggf. spezielle Kundenanforderungen, die im Einzelfall vom Kundenberater zu berücksichtigen sind.

Das Zielmarktkonzept ist auch aus der Notwendigkeit heraus entwickelt worden, für den institutsinternen Produktauswahlprozess nicht nur die Anforderungen der MiFID II, sondern auch des parallelen regulatorischen Umfelds zu berücksichtigen: Exemplarisch seien hier nur die PRIIPS-VO und die OGAW-Richtlinie genannt.[38] Nur am Rande sei hier erwähnt, dass ein regulatorischer Gleichlauf und Konsistenz zwischen PRIIPS und MiFID im Interesse einer „besseren Regulierung" wünschenswert gewesen wäre. 34

---

38 Vgl. im Überblick *Jordan*, in: BKR 2017, S. 273, 276 m. w. N.

Abb. 1: Zielmarktkonzept der Deutschen Kreditwirtschaft, des DDV und des BVI, Stand April 2017

35 Die vorgenannten Kriterien sind auch im Zielmarktkonzept der Verbände berücksichtigt worden.

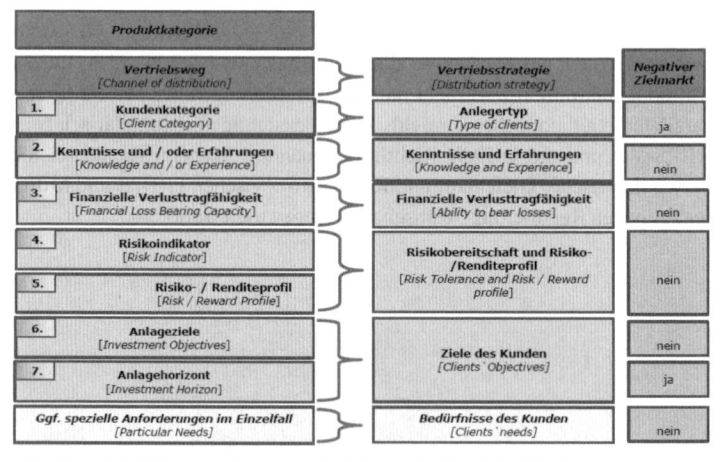

Abb. 2: Zielmarktkonzept der Deutschen Kreditwirtschaft, des DDV und des BVI, Stand April 2017

5.2.2.1 Kriterium: Produktkategorie

Aufsichtsrechtlich ist die Angabe einer **Produktkategorie** nicht erforderlich. Sie ist gleichwohl als übergeordnetes Kriterium aufgenommen worden, auch angesichts des übergreifenden Ansatzes des Konzepts.

36

5.2.2.2 Kriterium: Vertriebsweg

Wie dargestellt ist sicherzustellen, dass die „beabsichtigte **Vertriebsstrategie** dem (…) Zielmarkt entspricht", § 80 Abs. 9 Satz 4 WpHG. Die Vertriebsstrategie steht insoweit in engem Zusammenhang mit dem Zielmarkt, ist aber nicht originärer Bestandteil der Zielmarktdefinition.

37

Nach den ESMA Leitlinien ist im Rahmen der Vertriebsstrategie jedenfalls eine Einordnung erforderlich, in welcher **Vertriebsform** (Beratung, beratungsfreies Geschäft, Execution only) das betreffende Produkt vertrieben werden soll.

> **Praxis-Tipp:**
>
> Zu berücksichtigen ist, dass es sich hierbei ausschließlich um die schon aus der MiFID I bekannten Geschäftsarten handelt. Auch wenn es praktisch häufig fehlerhaft so bezeichnet wird, stellt das beratungsfreie Geschäft im Sinne der MiFID II kein „execution only" dar. Bei letzterer Geschäftsart handelt es sich vielmehr nach den regulatorischen Vorgaben schon seit der MiFID I um ein Angebot einer eingeschränkten, nicht-komplexen Produktpalette, vgl. Art. 25 Abs. 4 lit. a MiFID II.
>
> Praktisch wichtig wird hier sein, ob im Rahmen der Product Governance ein Produkt auf für das beratungsfreie Geschäft, namentlich für das Geschäft von Selbstentscheidern, angeboten wird. Diese Pflicht obliegt sowohl den Herstellern als auch den Vertriebsstellen.

38

5.2.2.3 Kriterium 1: Kundenkategorie

Die Darstellung der Kundenkategorien (client category) dient der Abbildung der aufsichtsrechtlichen Mindestanforderungen an die **Zielgruppe** des Produkts. Hier sollen – nach der aufsichtsrechtlichen Einschätzung der ESMA – mind. die **Kundenkategorien** nach MiFID I abgebildet werden, also Privatkunden, Professionelle Kunden und Geeignete Gegenparteien.[39]

39

> **Praxis-Tipp:**
>
> Im Zielmarktkonzept wird diese Differenzierung nach Kundenkategorien aufgegriffen. Die Ausprägungen entsprechen der Kundenkategorien nach MiFID I/MiFID II:
> – Privatkunden

40

---

39 ESMA Guidelines zur Product Governance nach MiFID II (nachfolgend vereinfachend ESMA Guidelines), ESMA 35-43-620 v. 02.06.2017, Leitlinie 18 a.

- Professionelle Kunden
- Geeignete Gegenparteien

Gleichzeitig kann ein **negatives** Zielmarktkriterium aufgeführt werden:
- Nicht geeignet für Privatkunden.

Angesichts des aus MiFID I bekannten Stufenverhältnisses der Kundenkategorien sind Produkte, die für einen Vertrieb an Privatkunden ausgerichtet sind, auch unproblematisch für einen Vertrieb an Professionelle Kunden und Geeignete Gegenparteien eröffnet. Umgekehrt gilt dies jedoch nicht.

5.2.2.4 Kriterium 2: Kenntnisse und/oder Erfahrungen

41 Weiter soll angegeben werden, welche **Kenntnisse und Erfahrungen** (knowledge and/or experience) die (End-)Kunden des Produkts haben sollten. Hervorzuheben ist, dass ESMA die Möglichkeit sieht, dass Kenntnisse und Erfahrungen jeweils kompensiert werden können (z. B. können geringere Erfahrungen durch vertiefte Kenntnisse ausgeglichen werden).[40]

42 **Praxis-Tipp:**

Das Verbändekonzept sieht eine Abbildung entsprechend der geschilderten „**Filterfunktion**" nur in **grundsätzlichen Ausprägungen** vor:
- Kunde mit Basiskenntnissen und/oder Erfahrungen mit Finanzprodukten,
- Kunde mit erweiterten Kenntnissen und/oder Erfahrungen mit Finanzprodukten,
- Kunde mit umfangreichen Kenntnissen und/oder Erfahrungen mit Finanzprodukten,
- Kunde mit speziellen Kenntnissen und/oder Erfahrungen mit hochspeziellen Finanzprodukten.

Diese Clusterung trägt der Tatsache Rechnung, dass in einem – gerade im deutschen Markt verbreiteten – mehrteiligen Vertriebsprozess der Hersteller mangels unmittelbaren Kundenkontakts nicht regelmäßig über präzise Detailinformationen zu den genauen Kenntnissen und Erfahrungen auf Kundenseite verfügt. Die Clusterung ermöglicht jedoch eine sachgerechte Gruppierung des Kriteriums.

Die Zuordnung von Produktgruppen zu den einzelnen Ausprägungen soll möglichst weitgehend auf Basis eines noch zu entwickelnden Branchenstandards erfolgen. Beispielhafte Produktzuordnungen können der nachstehenden Übersicht des Verbändekonzepts entnommen werden.

---

40 ESMA Guidelines, Leitlinie 18 b.

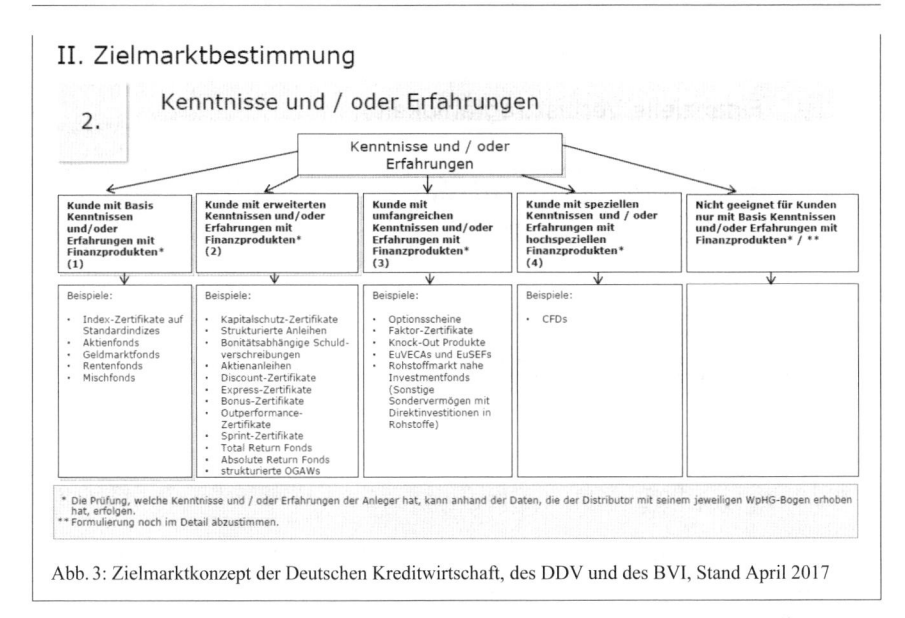

II. Zielmarktbestimmung

2. Kenntnisse und / oder Erfahrungen

Kunde mit Basis Kenntnissen und/oder Erfahrungen mit Finanzprodukten* (1)	Kunde mit erweiterten Kenntnissen und/oder Erfahrungen mit Finanzprodukten* (2)	Kunde mit umfangreichen Kenntnissen und/oder Erfahrungen mit Finanzprodukten* (3)	Kunde mit speziellen Kenntnissen und / oder Erfahrungen mit hochspeziellen Finanzprodukten* (4)	Nicht geeignet für Kunden nur mit Basis Kenntnissen und/oder Erfahrungen mit Finanzprodukten* / **
Beispiele: • Index-Zertifikate auf Standardindizes • Aktienfonds • Geldmarktfonds • Rentenfonds • Mischfonds	Beispiele: • Kapitalschutz-Zertifikate • Strukturierte Anleihen • Bonitätsabhängige Schuldverschreibungen • Aktienanleihen • Discount-Zertifikate • Express-Zertifikate • Bonus-Zertifikate • Outperformance-Zertifikate • Sprint-Zertifikate • Total Return Fonds • Absolute Return Fonds • strukturierte OGAWs	Beispiele: • Optionsscheine • Faktor-Zertifikate • Knock-Out Produkte • EuVECAs und EuSEFs • Rohstoffmarkt nahe Investmentfonds (Sonstige Sondervermögen mit Direktinvestitionen in Rohstoffe)	Beispiele: • CFDs	

* Die Prüfung, welche Kenntnisse und / oder Erfahrungen der Anleger hat, kann anhand der Daten, die der Distributor mit seinem jeweiligen WpHG-Bogen erhoben hat, erfolgen.
** Formulierung noch im Detail abzustimmen.

Abb. 3: Zielmarktkonzept der Deutschen Kreditwirtschaft, des DDV und des BVI, Stand April 2017

Das Kriterium der Kenntnisse und/oder Erfahrungen ist originärer Prüfungsbestandteil für die Angemessenheits- und die Geeignetheitsprüfung. Ob und in welcher Tiefe dieses Kriterium für die Zielmarktprüfung überhaupt heranzuziehen ist, ist daher im Gesetzgebungsverfahren nicht unumstritten gewesen. Schlussendlich kann eine Diskussion um eine mögliche Ermächtigungsgrundlage angesichts einer gestuften Betrachtung unter Berücksichtigung des Verhältnismäßigkeitsgrundsatzes jedoch dahinstehen. 43

5.2.2.5 Kriterium 3: Finanzielle Verlusttragfähigkeit

Nach den ESMA Guidelines sollen auch die finanziellen Verhältnisse mit dem Fokus auf der finanziellen Verlusttragfähigkeit Mindestanforderung einer Zielmarktbestimmung sein.[41] Auch dieses Kriterium ist Kernbestandteil der Geeignetheitsprüfung. Analog zum Vorgehen bei den Kenntnissen und Erfahrungen kann auch hier die finanzielle Verlusttragfähigkeit seitens des Emittenten jedoch kategorisiert werden. 44

---

41 ESMA Guidelines, Leitlinie 18 c.

II. Zielmarktbestimmung

3. Finanzielle Verlusttragfähigkeit

Der Anleger kann keine bzw. nur geringe Verluste des eingesetzten Kapitals tragen.	Der Anleger kann Verluste tragen (bis zum vollständigen Verlust des eingesetzten Kapitals).	Der Anleger kann Verluste auch über das eingesetzte Kapital hinaus tragen.	Nicht für Anleger, die keine oder nur geringe Verluste des eingesetzten Kapitals erleiden können*
↓	↓		
Produkte mit Kapitalschutz / mit Rückzahlung zum Nennwert	Produkte ohne Kapitalschutz / Rückzahlung nicht gesichert		

* Formulierung noch im Detail abzustimmen.

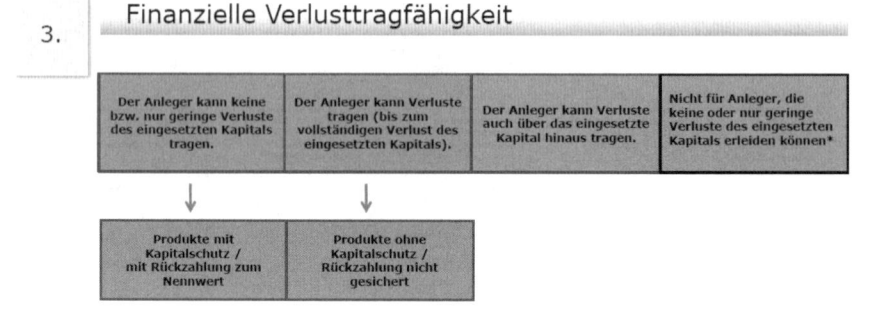

Abb. 4: Zielmarktkonzept der Deutschen Kreditwirtschaft, des DDV und des BVI, Stand April 2017, S. 10

---

45 | **Praxis-Tipp:**

Das Zielmarktkonzept sieht hinsichtlich der finanziellen Verlusttragfähigkeit drei Ausprägungen vor:

– Der Anleger kann keine bzw. nur geringe Verluste des eingesetzten Kapitals tragen.
– Der Anleger kann Verluste tragen (bis zum vollständigen Verlust des eingesetzten Kapitals).
– Der Anleger kann Verluste auch über das eingesetzte Kapital hinaus tragen.

Den drei Ausprägungen liegt ein Stufenverhältnis zugrunde: Die letztgenannten Ausprägungen enthalten auch die vorgenannten. Ersetzt wird damit die vereinzelt gängige Bezeichnung „Kapitalschutz". Letztgenannte Ausprägung betrifft Finanzinstrumente mit Nachschusspflicht.

Auch zur finanziellen Verlusttragfähigkeit ist ein negativer Zielmarkt möglich:
– Nicht für Anleger, die keine oder nur geringe Verluste des eingesetzten Kapitals erleiden können.

5.2.2.6 Kriterium 4 und 5: Risikoindikator und Risiko-Rendite Profil

46 Nach den ESMA Guidelines soll weiter eine grundsätzliche Risikobereitschaft dargestellt werden.[42] Regulatorisch soll so der Vorgabe entsprochen werden, „alle einschlägigen Risiken für den Zielmarkt zu bewerten", § 80 Abs. 9 Satz 3 WpHG. Zur Gewährleistung einer Einheitlichkeit und auch zur besseren Verständlichkeit empfiehlt sich insoweit eine Heranziehung des Risikoindikators nach PRIIPs.

---

42 ESMA Guidelines, Leitlinie 18 d.

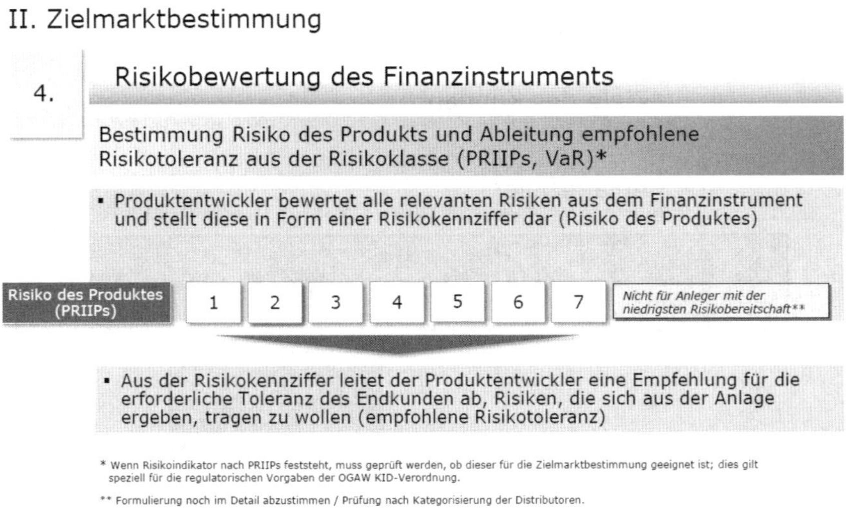

II. Zielmarktbestimmung

4. Risikobewertung des Finanzinstruments

Bestimmung Risiko des Produkts und Ableitung empfohlene Risikotoleranz aus der Risikoklasse (PRIIPs, VaR)*

- Produktentwickler bewertet alle relevanten Risiken aus dem Finanzinstrument und stellt diese in Form einer Risikokennziffer dar (Risiko des Produktes)

| Risiko des Produktes (PRIIPs) | 1 | 2 | 3 | 4 | 5 | 6 | 7 | Nicht für Anleger mit der niedrigsten Risikobereitschaft** |

- Aus der Risikokennziffer leitet der Produktentwickler eine Empfehlung für die erforderliche Toleranz des Endkunden ab, Risiken, die sich aus der Anlage ergeben, tragen zu wollen (empfohlene Risikotoleranz)

* Wenn Risikoindikator nach PRIIPs feststeht, muss geprüft werden, ob dieser für die Zielmarktbestimmung geeignet ist; dies gilt speziell für die regulatorischen Vorgaben der OGAW KID-Verordnung.
** Formulierung noch im Detail abzustimmen / Prüfung nach Kategorisierung der Distributoren.

Abb. 5: Zielmarktkonzept der Deutschen Kreditwirtschaft, des DDV und des BVI, Stand April 2017

Praxis-Tipp:

Die Risikobewertung des Finanzinstruments und die hierzu korrespondierende Risiko- und Renditeprofile des Kunden dienen der Abbildung der Kriterien 4 und 5. Beide Ausprägungen basieren auf dem **Gesamtrisikoindikator** der PRIIPs-Verordnung (Synthetic Risk Indicator – **SRI**), der – wie dargestellt – aus 7 Risikoklassen besteht, die von 1 (niedrigste Risikokennziffer) bis 7 (höchste Risikokennziffer) reicht. Dem SRI liegt eine komplexe Berechnungsmethode zugrunde.[43]

Auch für dieses Kriterium kann nach dem Zielmarktkonzept ein negatives Zielmarktkriterium vorgesehen werden:
– Nicht für Anleger mit der niedrigsten Risikobereitschaft.

47

5.2.2.7 Kriterium 6: Anlageziele

Weiter muss ein Finanzinstrument den **Bedürfnissen**, Eigenschaften und **Zielen** seines Zielmarkts entsprechen, § 11 Abs. 7 Satz 2 WpDVerOV. In den Guidelines hat ESMA die beiden Kriterien Ziele (Anlageziele – investment objectives) und Bedürfnisse zusammengefasst.[44]

Zunächst sind generelle Anlageziele erfassbar.

48

---

43 Die hier aufgrund des PRIIPs-Hintergrundes nicht detailliert untersucht werden soll. Einführend *Litten:* PRIIPs: Anforderungen an Basisinformationsblätter, in: DB 2016, S. 1679 ff. m. w. N.
44 ESMA Guidelines, Leitlinie 18 e.

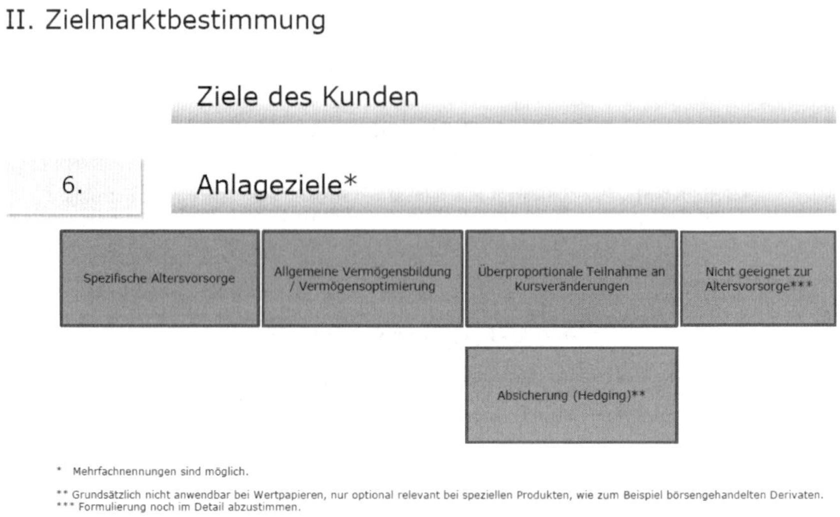

II. Zielmarktbestimmung

Ziele des Kunden

6. Anlageziele*

- Spezifische Altersvorsorge
- Allgemeine Vermögensbildung / Vermögensoptimierung
- Überproportionale Teilnahme an Kursveränderungen
- Nicht geeignet zur Altersvorsorge***

- Absicherung (Hedging)**

* Mehrfachnennungen sind möglich.
** Grundsätzlich nicht anwendbar bei Wertpapieren, nur optional relevant bei speziellen Produkten, wie zum Beispiel börsengehandelten Derivaten.
*** Formulierung noch im Detail abzustimmen.

Abb. 6: Zielmarktkonzept der Deutschen Kreditwirtschaft, des DDV und des BVI, Stand April 2017, S. 13

49 **Praxis-Tipp:**

Die Ausprägungen für die Anlageziele sind grundsätzlich kumulativ möglich. In die Ausprägung „spezifische Altersvorsorge" können beispielsweise solche Finanzinstrumente eingeordnet werden, die speziell für Altersvorsorge konzipiert wurden und gesondert zertifiziert sind (Bsp. Riester-Produkte).

Beispielhafte Produkte für das Anlageziel „Überproportionale Teilnahme an Kursveränderungen" können etwa Hebelprodukte sein.

Weiter ist auch ein mögliches negatives Zielmarktkriterium vorgesehen:
- Nicht geeignet zur Altersvorsorge.

Schließlich ist auch noch ein Feld aufgenommen worden, um Absicherungsinteressen darzustellen:
- Absicherung/Hedging.

5.2.2.8 Kriterium 7: Anlagehorizont

50 Der Anlagehorizont stellt dann die weitere Konkretisierung der Ziele des Kunden dar. Die Ausprägungen des Zielmarktkriteriums Anlagehorizont sind kumulativ verwendbar. Ein Finanzinstrument kann daher sowohl für Kunden mit einem Anlagehorizont „kurzfristig", „mittelfristig" und „langfristig" gedacht sein.

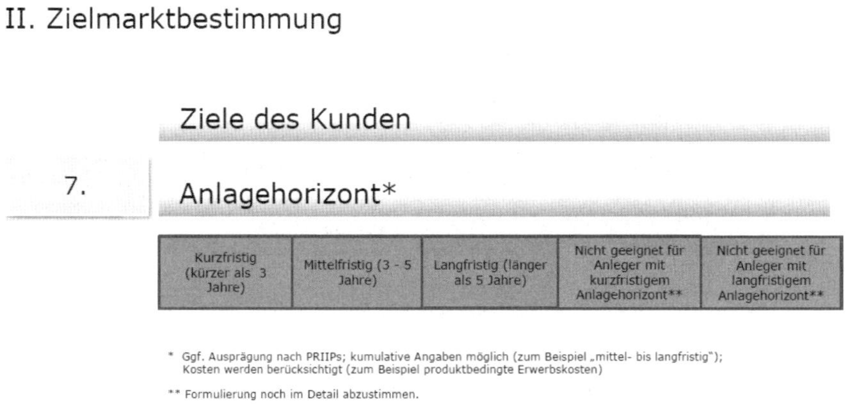

II. Zielmarktbestimmung

Ziele des Kunden

7. Anlagehorizont*

Kurzfristig (kürzer als 3 Jahre)	Mittelfristig (3 - 5 Jahre)	Langfristig (länger als 5 Jahre)	Nicht geeignet für Anleger mit kurzfristigem Anlagehorizont**	Nicht geeignet für Anleger mit langfristigem Anlagehorizont**

* Ggf. Ausprägung nach PRIIPs; kumulative Angaben möglich (zum Beispiel „mittel- bis langfristig"); Kosten werden berücksichtigt (zum Beispiel produktbedingte Erwerbskosten)

** Formulierung noch im Detail abzustimmen.

Abb. 7: Zielmarktkonzept der Deutschen Kreditwirtschaft, des DDV und des BVI, Stand April 2017, S. 14

Praxis-Tipp:

Neben den dargestellten Zeithorizonten für kurzfristige, mittelfristige und langfristige Anlagehorizonte sind auch hier negative Zielmarktkriterien vorgesehen:
- Nicht geeignet für Anleger mit kurzfristigem Anlagehorizont.
- Nicht geeignet für Anleger mit langfristigem Anlagehorizont.

51

5.2.2.9 Kriterium: Ggf. spezielle Anforderungen im Einzelfall

Weiter sieht das Zielmarktkonzept noch beispielhafte genannte spezielle Anforderungen im Einzelfall, aber auch ein offenes Feld vor, um dem aufsichtsrechtlichen Interesse an mögliche spezielle Anforderungen im Einzelfall zu entsprechen. „Nachhaltige" und „ethische" Anlage sind ausdrücklich in den ESMA Guidelines erwähnt.[45]

52

---

45   ESMA Guidelines, S. 17.

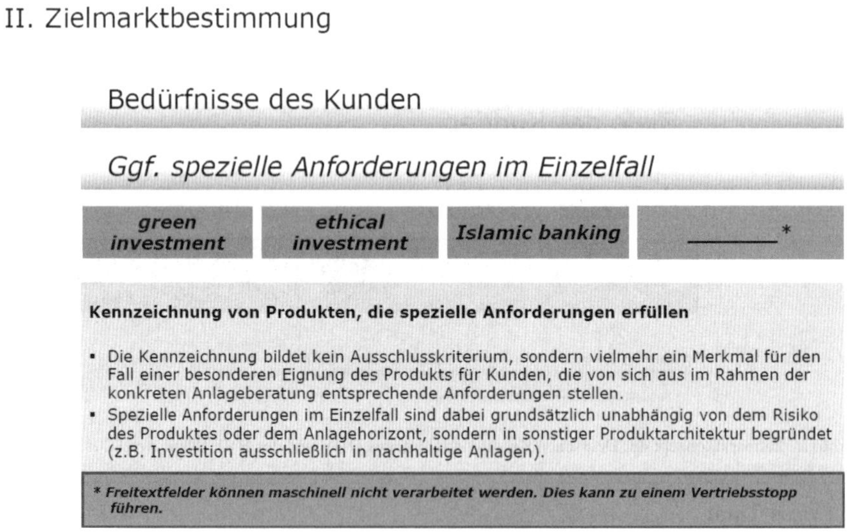

II. Zielmarktbestimmung

Bedürfnisse des Kunden

Ggf. spezielle Anforderungen im Einzelfall

| green investment | ethical investment | Islamic banking | _____* |

Kennzeichnung von Produkten, die spezielle Anforderungen erfüllen

- Die Kennzeichnung bildet kein Ausschlusskriterium, sondern vielmehr ein Merkmal für den Fall einer besonderen Eignung des Produkts für Kunden, die von sich aus im Rahmen der konkreten Anlageberatung entsprechende Anforderungen stellen.
- Spezielle Anforderungen im Einzelfall sind dabei grundsätzlich unabhängig von dem Risiko des Produktes oder dem Anlagehorizont, sondern in sonstiger Produktarchitektur begründet (z.B. Investition ausschließlich in nachhaltige Anlagen).

* Freitextfelder können maschinell nicht verarbeitet werden. Dies kann zu einem Vertriebsstopp führen.

Abb. 8: Zielmarktkonzept der Deutschen Kreditwirtschaft, des DDV und des BVI, Stand April 2017, S. 15

53 **Praxis-Tipp:**

Das Kriterium wird in drei Ausprägungen und einem Freitextfeld abgebildet:
- Green investment.
- Ethical investment.
- Islamic banking.
- [ ] FREITEXTFELD

Diese Ausprägungen bilden keine Ausschlusskriterien, sondern Merkmale für den Fall einer besonderen Eignung des Finanzinstruments für Kunden, die von sich aus im Rahmen der konkreten Anlageberatung entsprechende Angaben machen. Diese sind dann im Rahmen der anlagegerechten Beratung zu berücksichtigen. Die Kriterien können kumulativ erfüllt sein.

5.2.3 Praxisbeispiele

54 **Praxis-Tipp:**

Praktische Umsetzungsbeispiele für die Beschreibung eines Zielmarkts ohne Berücksichtigung der vorgenannten Kriterien könnten dann nach dem Zielmarktkonzept im Freitextfeld administriert werden.

III. Umsetzungsbeispiele

Der **strukturierte OGAW (Fonds)** richtet sich an Privatkunden, Professionelle Kunden und Geeignete Gegenparteien [1.], die das Ziel der Vermögensbildung / -optimierung verfolgen [6.] und einen langfristigen Anlagehorizont von mehr als fünf Jahren haben [7.]. Bei dem vorliegenden strukturierten OGAW handelt sich um ein Produkt für Anleger mit erweiterten Kenntnissen und/oder Erfahrungen mit Finanzprodukten. [2.]. Der potentielle Anleger könnte einen finanziellen Verlust tragen [3.] und legt keinen Wert auf einen Kapitalschutz [3.]. Der strukturierte OGAW fällt bei der Risikobewertung auf einer Skala von 1 (sicherheitsorientiert; sehr geringe bis geringe Rendite) bis 7 (sehr risikobereit; höchste Rendite) [5.] in Risikoklasse 2 [4.].

III. Umsetzungsbeispiele

Das **Indexzertifikat** richtet sich an Privatkunden, Professionelle Kunden und Geeignete Gegenparteien [1.], die das Ziel der Vermögensbildung / -optimierung verfolgen [6.] und einen mittel- bis langfristigen Anlagehorizont haben [7.]. Bei dem vorliegenden Indexzertifikat handelt sich um ein Produkt für Anleger mit Basis Kenntnissen und/oder Erfahrungen mit Finanzprodukten. [2.]. Der Anleger kann finanzielle Verluste tragen (bis zum vollständigen Verlust des eingesetzten Kapitals) [3.] und legt keinen Wert auf einen Kapitalschutz [3.]. Das Index-Zertifikat fällt bei der Risiko- und Renditebewertung auf einer Skala von 1 (sicherheitsorientiert; sehr geringe bis geringe Rendite) [5.]. bis 7 (sehr risikobereit; höchste Rendite) in Risikoklasse 3 [4.]."

Abb. 9: Zielmarktkonzept der Deutschen Kreditwirtschaft, des DDV und des BVI, Stand April 2017, S. 16 und 17

5.3 Analyse: Vermeidung von Interessenkonflikten

Auch im Rahmen der Konzeption von Finanzinstrumenten muss der übergreifende Compliance-Ansatz der Vermeidung von Interessenkonflikten berücksichtigt werden. Der Hersteller muss konkret auf Dauer wirksame Vorkehrungen treffen, damit die Produktentwicklung den **Anforderungen an den Umgang mit Interessenkonflikten** entspricht, § 11 Abs. 2 Satz 1 WpDVerOV. Hierzu gehören auch die Anforderungen an die vereinnahmte Vergütung. Im Einzelnen darf die Produktgestaltung sich mit ihren Merkmalen
– nicht nachteilig für den Kunden auswirken und
– es dem Hersteller nicht ermöglichen, eigene Risiken aus dem Basiswert auf den Kunden abzuwälzen.

Mögliche Interessenkonflikte sind zu analysieren und Gefahren für die Marktintegrität zu berücksichtigen, § 11 Abs. 3 WpDVerOV. Insb. ist zu bewerten, ob das Finanzinstrument ggf. dazu führen kann, dass Kunden benachteiligt werden, weil sie eine Gegenposition zu der Position übernehmen, die zuvor von dem Entwickler gehalten wurde oder die dieser nach dem Verkauf halten will, § 11 Abs. 3 Satz 2 WpDVerOV.

Praxis-Tipp:

Konkret hat der Hersteller sicherzustellen, dass die eigenen Risiken oder Ausfallwahrscheinlichkeiten in Bezug auf etwa den Basiswert des Finanzinstruments durch Konzeption des Finanzinstruments nicht gezielt gemindert oder verlagert wird, wenn der Hersteller den Basiswert bereits für eigene Rechnung hält.

Die Einhaltung der Anforderungen an die Vermeidung von Interessenkonflikten sollte hier – auch angesichts der zivilrechtlichen Risiken für den Emittenten – Best Practice sein. Gleichwohl empfiehlt sich ein Abgleich mit den detaillierteren MiFID II – Anforderungen zur Interessenkonfliktvermeidung.

5.4 Prüfung der Kosten- und Gebührenstruktur des Finanzinstruments

58 Im Produktfreigabeverfahren ist der Hersteller verpflichtet, die Kosten- und Gebührenstruktur des Finanzinstruments zu überprüfen. Die mit dem Finanzinstrument verbundenen Kosten und Gebühren müssen den Bedürfnissen, Merkmalen und Zielen des Zielmarkts entsprechen (§ 11 Abs. 11 Nr. 1 WpDVerOV):

– U.a. darf die Kosten- und Gebührenstruktur nicht der Renditeerwartung des Kunden entgegen laufen, etwa wenn Kosten und Gebühren alle erwarteten Steuervorteile aufheben (§ 11 Abs. 1 Nr. 2 WpDVerOV),
– und muss die Kostenstruktur hinreichend transparent sein, insb. darf sie nicht die Kosten verschleiern oder unverständlich kompliziert sein (§ 11 Abs. 1 Nr. 3 WpDVerOV).

Sämtliche drei, vorrangig die konkret gefassteren beiden letztgenannten Anforderungen, sind kumulativ zu erfüllen.

5.5 Durchführung einer Szenario-Analyse („Stresstest")

59 Weiter ist der Entwickler verpflichtet, das Produkt unter „Stress" zu testen. Das Produkt muss einer **Szenarioanalyse** unterzogen werden, bei der das **Risiko einer negativen Entwicklung** des Produkts bewertet wird. Weiter sollen auch die Umstände bewertet werden, unter denen eine solche Entwicklung eintreten kann, § 11 Abs. 9 WpDVerOV.

Als negative Umstände nennt § 11 Abs. 9 Satz 2 WpDVerOV beispielhaft:
– Das Marktumfeld verschlechtert sich.
– Das Emittentenausfallrisiko des Produktentwicklers oder eines an der Entwicklung beteiligten Dritten realisiert sich.
– Das Finanzinstrument erweist sich als unwirtschaftlich (wirtschaftlich nicht lebensfähig).
– Die Nachfrage nach dem Finanzinstrument ist erheblich höher als erwartet, sodass die Ressourcen des Produktentwicklers und/oder des Markt des Basiswertes belastet werden.

60 **Praxis-Tipp:**

Ziel des Stresstests ist die Analyse, wie sich das Produkt bei einem sich verschlechternden Marktumfeld entwickelt. Diese Anforderung wird im Anwendungsbereich der PRIIPS-VO bei verpackten Anlageprodukten durch die Berechnung und Darstellung der in den KIDs enthaltenen Performance Szenarien weitgehend abgebildet.

Ein vorgegebenes Format oder Pflicht-Prüfungspunkte jenseits davon sind nicht vorgeschrieben. Daher empfiehlt sich, die dargestellten Punkte intern zu analysieren und zu dokumentieren.

5.6 Sachkunde

Weiter muss der Hersteller sicherstellen, dass die relevanten, an der Entwicklung eines Finanzinstruments (maßgeblich) beteiligten **Mitarbeiter über die notwendige Sachkunde** verfügen, um das Produkt und seine Risiken zu verstehen, § 11 Abs. 5 WpDVerOV. *61*

Praxis-Tipp: *62*

An der Konzeption von Finanzinstrumenten maßgeblich beteiligt dürften praktisch ausschließlich die Mitarbeiter sein, die auftragsgemäß die Konzeption/Herstellung von Produkten verantworten. Nicht maßgeblich beteiligt dürften Mitarbeiter in Unternehmensbereichen sein, die hierbei ggf. unterstützend mitwirken.

Praktisch empfiehlt sich hier eine Einbindung der betroffenen Mitarbeiter in die Qualifikations- und Schulungsprogramme für Vertriebsbeauftragte, Anlageberater und Compliance-Beauftragte.

5.7 Effektive Kontrolle der Geschäftsleitung

Ferner ist sicherzustellen, dass die Geschäftsleitung eine effektive Kontrolle über den Produktfreigabe- und Produktüberwachungsprozess besitzt, § 81 Abs. 4 Satz 1 WpHG. Die Geschäftsleitung hat insoweit das Produktfreigabeverfahren wirksam zu überwachen. *63*

Praxis-Tipp: *64*

Anknüpfungspunkt können hier praktisch Informations-, Teilnahme- und Vetorechte aus dem Produktfreigabeverfahren/Produktausschuss sein.

Bereits heute dürfte – wenn auch nicht so granular – eine Anbindung an die Geschäftsleitung im Rahmen der NPP-Prozesse nach MaRisk für neue Dienstleistungen und wesentlich geänderte Produktlinien gewährleistet sein. Praktisch ist empfehlenswert, diese Berichtslinien hier fortzuentwickeln.

Unter Verhältnismäßigkeitsgesichtspunkten empfiehlt sich jedoch die Gewährleistung einer effizienten Geschäftsleitungskontrolle durch Rahmenbeschlüsse im Rahmen der Produktfreigabeverfahren.

5.8 Berichte der Compliance-Funktion

Weiter sollen die Berichte der Compliance-Funktion an die Geschäftsleitung systematisch Informationen über die entwickelten Finanzinstrumente und die damit verbundene Ver- *65* triebsstrategie enthalten. Diese Berichte sind auf Anforderung auch der BaFin zu übergeben, § 81 Abs. 4 Satz 2 und 3 WpHG.

> **66 Praxis-Tipp:**
>
> Wesentliche Ergebnisse des Produktfreigabeverfahrens sollten auch im Compliance-Bericht behandelt werden. Hier ist auch empfehlenswert, für diesen Prozess die Kontroll- und insb. die Beratungsfunktion von Wertpapier-Compliance jeweils angemessen darzustellen: Es steht zu erwarten, dass die Berichte zur implementierten Product Governance perspektivisch Schwerpunkte des Compliance-Berichts darstellen werden.
>
> In der Gesamtschau wird den Entscheidungen im Rahmen des Produktfreigabeverfahrens eine **Indizfunktion** für die Compliance-Kultur im Unternehmen zukommen.

5.9 Information an Vertriebsstellen

67 Die Produktentwickler sind weiter verpflichtet, ihren Vertriebsstellen über die von ihnen entwickelten Finanzinstrumente **Informationen zur Verfügung zu stellen**. Umfasst sind nach § 80 Abs. 11 Satz 1 WpHG für alle Vertriebsunternehmen:
- sämtliche erforderliche und sachdienliche Informationen über das Finanzinstrument,
- die angemessene Vertriebsstrategie,
- das Produktgenehmigungsverfahren (praktisch wohl die wesentlichen Ergebnisse des Prozesses),
- der definierte Zielmarkt.

Die Informationen müssen es einer **Vertriebsstelle ermöglichen, die Finanzinstrumente zu verstehen**, sodass sie ordnungsgemäß empfohlen oder verkauft werden können, § 11 Abs. 12 WpDVerOV.

> **68 Praxis-Tipp:**
>
> Praktisch werden die regulatorisch beispielhaft genannten Informationsinhalte in die weiteren Komponenten und Dienstleistungen aufgenommen werden, die Teil der **Vertriebsvereinbarungen** zwischen Hersteller und Vertriebsstelle sind. Hierzu zählen auch die regulatorisch erforderlichen Informationsblätter (PRIIPs-KID, wAI, PIB etc.), allerdings auch weiteres Werbe- oder Informationsmaterial.

5.10 Regelmäßige Überprüfung (Monitoring)

69 Der Hersteller muss die Entwicklung und regelmäßige Überprüfung der Product Governance regelmäßig überprüfen, um deren Belastbarkeit sicherzustellen, § 80 Abs. 13 Satz 1 WpHG. Es ist sicherzustellen, dass die Wertpapier-Compliance die Entwicklung und regelmäßige Überprüfung überwacht, damit mögliche Verstöße gegen die gesetzlichen Anforderungen erkannt werden, § 80 Abs. 13 Satz 2 WpHG.

II.A.6 Product Governance

Außerdem sind die vom Produktentwickler auf den Markt gebrachten Finanzinstrumente regelmäßig zu überprüfen, § 80 Abs. 10 WpHG. Dabei ist zu bewerten, ob ein Finanzinstrument
- nach wie vor den Bedürfnissen, Eigenschaften und Zielen des Zielmarkts entspricht, § 80 Abs. 10 Satz 2 WpHG und
- ob es tatsächlich für den festgelegten Zielmarkt angeboten wird, oder ob es Kunden erreicht, deren Bedürfnissen, Eigenschaften und Zielen es nicht entspricht, § 11 Abs. 13 Satz 1 WpDVerOV.

Der Hersteller muss dabei auch festlegen, **wie häufig Finanzinstrumente zu überprüfen sind**. Als relevante Faktoren sind dabei vor allem die Komplexität des Produkts oder der innovative Charakter der mit ihm verfolgten Strategie zu berücksichtigen, Art. 9 Abs. 15 Satz 2 MiFID II – DRL-E. Jedoch sollte dies **mind. einmal jährlich** erfolgen. 70

Weiter muss der Hersteller auch zentrale Ereignisse bestimmen, die das Risiko oder die Ertragserwartung beeinflussen können, wie etwa
- das Überschreiten einer Schwelle, die das Ertragsprofil des Finanzinstruments beeinflussen wird oder
- die Solvenz von Emittenten bzw. Herstellern, deren Wertpapiere oder Garantien die Wertentwicklung des Finanzinstruments beeinflussen können, § 11 Abs. 14 WpDVerOV.

Sollte ein solches Ereignis eintreten, so muss ein Produktentwickler **angemessene Maßnahmen** ergreifen, nach § 11 Abs. 5 WpDVerOV etwa 71
- die Information der eigenen Kunden und ggf. der Vertriebsstellen über das Ereignis und seine Auswirkungen,
- eine Überprüfung des Produktgenehmigungsprozesses,
- Prüfung des Verzichts auf den weiteren Vertrieb des betroffenen Finanzinstruments,
- Prüfung einer Änderung der Vertragsbedingungen,
- Überprüfung der Angemessenheit der Vertriebswege, wenn ein Finanzinstrument nicht wie geplant vertrieben wird,
- Kontaktaufnahme mit dem Distributor, um eine Veränderung des Vertriebsprozesses zu erörtern,
- Prüfung einer Kündigung der Vertragsbeziehungen zu einem Distributor,
- eine Unterrichtung der BaFin

Praxis-Tipp: 72

Viele der dargestellten Maßnahmen stellen bereits bislang Best Practice dar. Absehbar ist jedoch, dass – in angemessenem Verhältnis zum eingetretenen Ereignis – auch ein Kanon von Möglichkeiten erforderlich werden kann. Hier ist für die Compliance-Funktion empfehlenswert, ggf. auch stufenweise getroffene Maßnahmen prüferisch nachvollziehbar zu dokumentieren.

> Für Produktentwickler ist auch hier empfehlenswert, Kommunikationsformen und die Art der (stufig) zu treffenden Maßnahmen zum Gegenstand seiner Vertriebsvereinbarungen mit den Vertriebsstellen zu machen.

6 Pflichten der Vertriebsstellen

73 **Komplementär** zu den dargestellten Product Governance – Regeln für die Hersteller bestehen entsprechende **Anforderungen an die Vertriebsstellen**, also diejenige Wertpapierfirma, die „Finanzinstrumente anbietet oder empfiehlt":[46] Nicht nur eine herstellende, sondern auch eine vertreibende Wertpapierfirma hat nach der MiFID II Maßnahmen zur Product Governance zu ergreifen. Die Erstreckung der Product Governance auf die Vertriebsstelle ist auch konsequent, da nicht der Hersteller, sondern die Vertriebsstelle den unmittelbaren Kontakt mit dem ein Finanzprodukt erwerbenden Kunden hat.[47]

74 Der Wertpapier-Compliance kommt im Kontext der Pflichten der Vertriebsstellen zur Product Governance eine besondere Bedeutung zu. Sie resultiert aus den weitreichenden Rechten und Berechtigungen, die der Compliance-Funktion in der gesamten Prozesskette eines Product-Governance-Zyklus eingeräumt wird, beginnend mit der Mitwirkung im Genehmigungsverfahren, mit der Beratung, der Verantwortlichkeit der Geschäftsleitung, der systematischen Einbindung in den Compliance-Bericht und die fortlaufende Einbindung im Beschwerdemanagement. Compliance soll nicht nur in seiner **Überwachungsfunktion**, sondern auch in seiner **Präventivfunktion** eingebunden sein.[48]

6.1 Überblick

75 Überblicksartig dargestellt obliegt der Vertriebsstelle – **komplementär** zu den Anforderungen an den Hersteller – die ihr mitgeteilten Informationen im Rahmen des Vertriebs zu berücksichtigen. Grundsätzlich trifft auch die Vertriebsstelle die Pflicht, einen eigenen Zielmarkt für die von ihr vertriebenen Finanzprodukte zu bestimmen. Im Falle einer Übernahme des Zielmarkts des Herstellers kann nach Auffassung der ESMA der Zielmarkt zwar übernommen werden, allerdings ist er zumindest zu plausibilisieren.[49]

76 Weiter hat die Vertriebsstelle aus den Erfahrungen mit dem Vertrieb des Produkts resultierende Mitteilungspflichten an den Hersteller. Diese sollen dazu dienen, dass dieser sein eigenes Product Governance-Verfahren noch einmal überprüfen und beurteilen kann, ob er beispielsweise den Zielmarkt richtig bestimmt, sein Finanzinstrument richtig konzipiert hat oder eventuell Anpassungen vornehmen muss (sog. **Review-Prozess**). Gleichzeitig soll der

---

46 Art. 16 Abs. 3 UAbs. 6 sowie Art. 24 Abs. 2 UAbs. 2 der MiFID II.
47 *Buck-Heeb:* Compliance bei vertriebsbezogener Product Governance – Neuerungen durch die MiFID II bzw. das Kleinanlegerschutzgesetz, in: CCZ 2016, S. 2 ff.
48 Vgl. auch *Buck-Heeb*, in: CCZ 2016, 3.
49 ESMA Guidelines, Leitlinie 36 ff.: „(…) 36. The distributor on the other hand has to specify the actual target market (…) 37. distributors should conduct a **thorough analysis** of the characteristics of their client base (…); siehe auch Bastian/Werner, a.a.O., unter Referenz auf Breilmann, S. 1541 (Hervorhebungen durch Verfasser).

Informationsrückfluss dem Hersteller ermöglichen, die gewonnenen Kenntnisse bei der Konzeption neuer Finanzinstrumente zu berücksichtigen.[50]

Dieser Informationsfluss wird aufgrund der in Deutschland über 2,3 Millionen verfügbaren Finanzinstrumente allein mit ISIN[51] voraussichtlich eine hohe praktische Herausforderung darstellen.

Im Einzelnen treffen die Vertriebsstelle danach folgende Verpflichtungen, die sich über den gesamten Zeitraum des Vertriebs eines Produkts erstrecken:
– Im Vorfeld des Vertriebs ist die **Produktpalette** freizugeben. Dabei sind angemessene Vorkehrungen zu treffen, die u. a. sicherstellen, dass der Zielmarkt mit der Vertriebsstrategie und beides mit den Kundenbedürfnissen übereinstimmen.
– Dazu ist die **Vertriebsstrategie** festzulegen.
– In einzelnen Konstellationen ist auch der **Zielmarkt** festzulegen.
– Beim Vertrieb hat die Vertriebsstelle den **Zielmarkt** zu **berücksichtigen**.
– Sie muss – korrespondierend – **organisatorische Vorkehrungen** treffen, um die Erfüllung der Anforderungen an die Product Governance zu gewährleisten.
– Die Vorkehrungen für die Product Goverance sind regelmäßig zu überprüfen (sog. **Monitoring**, siehe oben).
– Laufend sind **Informationen** mit den Herstellern **auszutauschen**, deren Produkte vertrieben werden.
– Schließlich gibt es eine besondere Verantwortung und Pflichten bei Vertriebsketten, d. h. wenn mehrere Distributoren zusammenarbeiten, die nicht alle Kundenkontakt haben.

Insgesamt gilt für den Umfang der jeweils zu erfüllenden Pflichten der **Verhältnismäßigkeitsgrundsatz**, § 12 Abs. 1 WpDVerOV. Entscheidend sind die Eigenschaften des Finanzinstruments, die Wertpapierdienstleistung und der jeweilige Zielmarkt des Produkts.

6.2 Produktfreigabeverfahren

Korrespondierend zu den Pflichten des Herstellers finden auch bei der Vertriebsstelle wesentliche Teile des Produktfreigabeverfahrens im Vorfeld des Vertriebs an den Kunden statt. Nach den Leitlinien der ESMA sollen die Vertriebsstellen entscheiden, welche Produkte sie in ihr **Produktsortiment** aufnehmen.[52] Nach Maßgabe des Verhältnismäßigkeitsgrundsatzes sind die Anforderungen an eine Produktfreigabe je nach Wertpapierdienstleistung unterschiedlich ausgestaltet.

> **Praxis-Tipp:**
>
> Korrespondierend mit den Product-Governance-Vorgaben für den Emittenten kommt auch dem Produktausschuss bzw. dem Produktfreigabeverfahren der Vertriebsstelle eine herausragende Bedeutung zu.

---

50 *Bastian/Werner*, Banken zwischen Ertragserwartungen und Regulatorik, Bericht über den Bankrechtstag am 30.06.2017, in: WM 2017, S. 1541.
51 *Bastian/Werner* unter Referenz auf *Breilmann*, S. 1541.
52 ESMA Guidelines, Leitlinie 31.

Praktisch empfehlenswert ist auch hier die Weiterentwicklung der bisherigen Produktfreigabeverfahren:
- Informations-, Teilnahme- und Vetorechte für die beteiligten Organisationseinheiten, insb. die Wertpapier-Compliance, sollten gewährleistet sein.
- Bereits heute dürfte – wenn auch nicht so granular – eine Anbindung an die Geschäftsleitung im Rahmen der NPP-Prozesse nach MaRisk für neue Dienstleistungen und wesentlich geänderte Produktlinien gewährleistet sein. Praktisch ist empfehlenswert, diese Berichtslinien hier fortzuentwickeln.
- Soweit noch nicht geschehen, sollten dafür auch Satzungsänderungen zur Aufgabenwahrnehmung (Bsp. Berücksichtigung des Zielmarkts, genereller Marktentwicklungen etc.) vorgesehen werden.
- Zur kann auch empfehlenswert sein (?), die (allgemeine) Strategie des Depot-A-Geschäfts des Instituts zu berücksichtigen.

80 **Praxis-Tipp:**

Im Rahmen des Produktbewertungsprozesses spielt zwar das (Vorhandensein) des Zielmarktkriteriums eine entscheidende Rolle.

Gleichwohl sind für die Arbeit des Produktausschusses praktisch auch weiterhin relevante Kriterien für eine Produktbewertung heranzuziehen wie beispielhaft etwa:
- Bewertung Emittent/Fondsgesellschaft (incl. Rating),
- Bewertung Produkt- und Servicequalität,
- Breite von Informationen und Dienstleistungen nach Vertriebsvereinbarungen,
- Bewertung der Qualität von Werbe- und Informationsmaterialien (incl. Support, Verständlichkeit für Zielgruppe).

Differenziert werden kann insoweit nach einem Produktsortiment für das **beratungsfreie Geschäft** und einem Produktsortiment für das **Beratungsgeschäft**.

6.2.1 Beratungsfreies Geschäft

81 Beim Produktportfolio, das im Wege des beratungsfreien Geschäfts, etwa im Wege des Online-Banking oder gegenüber Selbstentscheidern angeboten wird, ist durch die Vertriebsstelle grundsätzlich zu entscheiden, ob das gesamte Produktspektrum für diese Geschäftsart eröffnet werden soll.

82 **Praxis-Tipp:**

Im Sinne wohlverstandenen Anlegerschutzes hat der Kunde hier ja noch im Rahmen der Angemessenheitsprüfung, die ggf. elektronisch durchgeführt wird, auf Risikohinweise zu reagieren und von einem Produkterwerb Abstand zu nehmen.

Praktisch empfiehlt sich auch diese grundsätzliche Entscheidung für den Produktausschuss.

Gleichwohl kann eine Vertriebsstelle auch entscheiden, eine Produkte oder Gattungen auch nicht in ihr Portfolio für das beratungsfreie Geschäft aufzunehmen.

> **Praxis-Tipp:**
> Dies ist jedoch nur dann empfehlenswert, wenn dies insb. im Selbstentscheider-Geschäft technisch selektierbar und prüfbar ist.

Für das Produktportfolio im beratungsfreien Geschäft ist weiter aber die vom Hersteller festgelegte **Vertriebsstrategie** zu berücksichtigen. Hierbei ist vom Hersteller ja festgelegt worden, ob ein Produkt nur in der Beratung, beratungsfrei oder im Rahmen von execution only vertrieben werden soll.[53] *83*

Diese Festlegung im Rahmen der Product Governance des Herstellers ist im Rahmen der Product Governance der Vertriebsstelle nun gesondert zu prüfen. Und die Vertriebsstelle kann nach ESMA ausdrücklich und ohne weiteres von der Vertriebsstrategie des Herstellers abweichen, wenn sie das **Schutzniveau erhöht**. Dies kann etwa dadurch erfolgen, dass ein vom Hersteller für das beratungsfreie Geschäft konzipierte Produkt nur in der Beratung vertrieben werden soll.[54]

Weicht die Vertriebsstelle allerdings unter **Absenkung des Schutzniveaus** von der Vertriebsstrategie des Herstellers ab (etwa durch Freigabe eines für Beratungsgeschäfte vorgesehenen Produkts für beratungsfreies Geschäft), sind aufsichtsrechtlich weitere Maßnahmen erforderlich. Es bedarf dann *84*
- einer sorgfältigen Prüfung und Begründung
- und einer **Information** des Herstellers über die Entscheidung.[55]

> **Praxis-Tipp:** *85*
> Auch wenn praktisch die Vertriebsstrategie der Vertriebsstelle nachrangig erscheint, stellt sie doch praktisch einen zentralen Baustein der Product Governance dar. Denn hier wird deutlich sichtbar, wie Vertriebsstellen mit Vorgaben des Emittenten faktisch umgehen.
>
> Praktisch wird es danach gerade im beratungsfreien Geschäft regelmäßig empfehlenswert sein, im Regelfall nicht unter Absenkung des Schutzniveaus von der Vertriebsstrategie des Herstellers abzuweichen. Wird davon abgewichen, sind detaillierte Begründungen empfehlenswert.

---

53 Vgl. Ausführungen oben unter 5.2.2.2.
54 ESMA Guidelines, Leitlinie 50.
55 ESMA Guideline, Leitlinie 51: „(…) ESMA expects that the distributor would do so only after a **thorough analysis** of the features of the products and the target clients. Moreover, this decision should be reported to the manufacturer as part of the distributor's obligation to provide the manufacturer with sales information in a way that the manufacturer can take it into account (…)"(Hervorhebung d. Verf.).

6.2.2 Beratungsgeschäft

86 Parallel ist für das Produktportfolio im Beratungsgeschäft durch die Vertriebsstelle grundsätzlich zu entscheiden, welches Produktspektrum ggf. auch für welches Kundensegment in dieser Geschäftsart angeboten werden soll.

87 **Praxis-Tipp:**
Hier sind unter strategischen Gesichtspunkten u. a. auch die Anforderungen im Rahmen der Qualitätsverbesserung von Zuwendungen, u. a. an das breite Produktspektrum, zu berücksichtigen.

88 Eine konkrete Produktauswahl für das **aktive Produktportfolio** kann dann – wie häufig auch bislang – durch den Produktausschuss genehmigt werden.

Praxis-Tipp:
Hierbei sollte zur Abbildung der organisatorischen Anforderungen auf Basis einer detaillierten Satzung, einem regelmäßigen Sitzungsrhythmus und Einbindung und Interventionsrechten von Geschäftsleitung und Wertpapier-Compliance vorgegangen werden. Folgende Punkte können gesondert zu berücksichtigen sein:
- (Technische) Zurverfügungstellung von **Zielmarktdaten** (insb. von Nicht-EU-Emittenten).
- Berücksichtigung der **Kostenstruktur**[56] (siehe oben) für die konkrete Produktauswahl.

89 Für das aktive Produktportfolio im Beratungsgeschäft ist ebenfalls die vom Hersteller festgelegte **Vertriebsstrategie** zu berücksichtigen. Der Hersteller hat festgelegt, ob ein Produkt nur in der Beratung, beratungsfrei oder im Rahmen von execution only vertrieben werden soll.[57]

Diese Festlegung im Rahmen der Product Governance des Herstellers ist im Rahmen der Product Governance der Vertriebsstelle nun gesondert zu prüfen. Und die Vertriebsstelle kann nach ESMA ausdrücklich und ohne weiteres von der Vertriebsstrategie des Herstellers abweichen, wenn sie das **Schutzniveau erhöht**. Dies kann hier etwa dadurch erfolgen, dass ein vom Hersteller für das beratungsfreie Geschäft konzipierte Produkt nur in der Beratung vertrieben werden soll.[58]

Eine Abweichung unter **Absenkung des Schutzniveaus** (siehe oben) ist dann für das Beratungsangebot nicht möglich.

Diese Anforderungen sind auch für das **passive Produktportfolio** im Beratungsgeschäft zu berücksichtigen (etwa für Private Banking).

---

56 Vgl. Ausführungen oben unter 5.4.
57 Vgl. Ausführungen oben unter 5.2.2.2.
58 ESMA Guidelines, Leitlinie 50.

> **Praxis-Tipp:**
> Auch hier empfiehlt es sich, zur Abbildung der organisatorischen Anforderungen, einzelne Produkte oder Produktgattungen durch Entscheidung des Produktausschusses in das passive Dienstleistungsangebot zu übernehmen.

90

6.3 Bestimmung des Zielmarkts

Vertriebsstellen müssen weiter den Zielmarkt anhand der von den Herstellern erhaltenen Informationen sowie den Informationen über die eigenen Kunden bestimmen, § 12 Abs. 3 WpDVerOV. Komplementär soll die Bestimmung des Zielmarkts der Vertriebsstelle nach denselben Kriterien erfolgen, die für die Zielmarktbestimmung des Herstellers relevant sind.[59]

91

6.3.1 Pflichtenkreis bei vorliegendem Zielmarkt

Eine eindeutige Rechtspflicht für die Vertriebsstelle, bei einem vorliegenden Zielmarkt einen eigenen Zielmarkt zu bestimmen, besteht nach der MiFID II nicht. Nach der Richtlinie selbst ist die Vertriebsstelle verpflichtet, den vom Hersteller bestimmten Zielmarkt zu „berücksichtigen", Art. 24 Abs. 2 UAbs. 2 MiFID II.

92

Darüber hinausgehend[60] hat ESMA unter Referenz auf Art. 10 Abs. 1 UAbs. 3 der MiFID-Durchführungsrichtlinie gefordert, dass der Zielmarkt vom Hersteller zwar übernommen werden kann, allerdings ist er zumindest mit der spezifischen Kenntnis der Kunden zu **konkretisieren** und zu **plausibilisieren**.[61]

Eine doppelte Zielmarktprüfung ist allerdings nach der ESMA dann entbehrlich, wenn der Hersteller den Zielmarkt auf Basis eines gemeinsamen Konzepts bestimmt hat, das von Herstellern und Distributoren gemeinsam entwickelt wurde.[62]

6.3.2 Pflichtenkreis bei fehlendem Zielmarkt

Wenn der Hersteller keinen Zielmarkt bestimmt hat, muss jedoch die Vertriebsstelle einen Zielmarkt bestimmen, § 12 Abs. 3 WpDVerOV.

93

Unterliegt insb. der Hersteller nicht der MiFID II, ist die Vertriebsstelle verpflichtet, sich ausreichende und verlässliche Informationen über das Produkt zu besorgen, § 12 Abs. 6

---

59 Vgl. ESMA Guidelines, Leitlinie 34; vgl. Ausführungen oben unter 5.2.
60 So auch *Sethe/Brenncke*, in: Schäfer/Sethe/Lang, Handbuch der Vermögensverwaltung, 2. Aufl. 2016, Rn. 84 ff.
61 ESMA Guidelines, Leitlinie 36 ff.: „(…) 36. The distributor on the other hand has to specify the actual target market (…) 37. distributors should conduct a **thorough analysis** of the characteristics of their client base (…)"; siehe auch Bastian/Werner, unter Referenz auf Breilmann, S. 1541 (Hervorhebungen durch Verfasser).
62 ESMA Guidelines, Leitlinie 39: „This could, for example, occur where the manufacturer and the distributor jointly develop a common target market standard for the products they usually exchange."

Satz 1 WpDVerOV. Der Maßstab, der für die Informationsbeschaffung anzulegen ist, bestimmt sich nach § 12 Abs. 6 Satz 2 ff. WpDVerOV.

94 **Praxis-Tipp:**

Hier wird zur Vermeidung von Risiko und Aufwand praktisch zu erwarten sein, dass Zielmarktdaten von Nicht-MiFID II – Emittenten über Vertriebsvereinbarungen zum notwendigen Bestandteil der (Daten-)Zulieferung an Vertriebsstellen gemacht werden.

Daher steht nicht zu erwarten, dass Vertrieb bei fehlendem Emittentenzielmarkt praktisch häufig vorkommen wird.

95 Gleichwohl ist aber die Aussage der ESMA sehr kritisch zu bewerten, nach der eine Vertriebsstelle ohne geeignete Informationen das Produkt nicht in ihr Portfolio aufnehmen sollte.[63] Versteht man diese Aussage als Vertriebsverbot, bedürfte dies einer entsprechenden Ermächtigungsgrundlage, keiner aufsichtsrechtlichen Konkretisierung in Level III. Und angesichts eines weltweiten Produktspektrums von Nicht-MiFID II- Emittenten legt dies für Vertriebsstellen zur Risikovermeidung nahe, die Produktauswahl kategorisch einzuschränken. Die damit verbundenen Einschränkungen der Auswahlmöglichkeiten sind nicht im Interesse wohlverstandenen Anlegerschutzes.

6.4 Berücksichtigung des Zielmarkts beim Vertrieb

96 Die Vertriebsstelle muss sicherstellen, dass
- das Produkt mit dem Zielmarkt einschließlich seiner Bedürfnisse, Merkmale und Ziele der als Zielmarkt definierten Kundengruppe sowie
- der Zielmarkt mit der beabsichtigten Vertriebsstrategie übereinstimmt, § 63 Abs. 4 Satz 1 WpHG.

Der konkrete Pflichtenkreis ist dann unter Berücksichtigung des **Verhältnismäßigkeitsgrundsatzes** je nach Art der Dienstleistung/Vertriebsstrategie zu bestimmen.

Bei der **Anlageberatung** hat die Vertriebsstelle einen Abgleich der Daten ihres Kunden mit dem ermittelten Zielmarkt vorzunehmen.[64]

97 **Praxis-Tipp:**

Dieser ist praktisch auch aufgrund der Datenlage regelmäßig vollständig möglich.

---

63 ESMA Guidelines, Leitlinie 63: „Where the distributor is not in a position to obtain in any way sufficient information on products manufactured by entities not subject to the MiFID II product governance requirements, the firm would be unable to meet its obligations under MiFID II and, consequently, **should refrain from including them in its product assortment**." (Hervorhebung d. Verfasser).

64 ESMA Guidelines, Leitlinie 37 f.

In der **Portfolio-Anlageberatung** wird nicht geprüft, ob jedes einzelne Produkt dem Zielmarkt entspricht. Vielmehr wird der Zielmarkt bei der Portfolio-Betrachtung berücksichtigt.[65] Abweichungen müssen nicht an den Hersteller berichtet werden. 98

Gleiches gilt für die **Vermögensverwaltung/Finanzportfolioverwaltung**, da sie auf denselben Grundprinzipien beruht.[66]

Für den Fall von Execution-Only-Orders ist auch nach der ESMA ein Abgleich mit Kenntnissen und Erfahrungen gewöhnlich nicht möglich.[67] Ein Zielmarktabgleich ist daher nicht erforderlich.

6.5 Sachkenntnis

Die Vertriebsstelle hat weiter sicherzustellen, dass die relevanten Mitarbeiter die notwendige **Sachkenntnis** haben, um das zu vertreibende Produkt einschließlich seiner Risiken ebenso wie den Zielmarkt mit seinen Bedürfnissen, Eigenschaften und Zielen zu verstehen (§ 12 Abs. 10 i. V. m. § 11 Abs. 5 WpDVerOV).[68] 99

Praxis-Tipp: 100

Praktisch empfiehlt sich hier auch aus organisatorischen Gründen eine Aufnahme und Qualifizierung der relevanten Mitarbeiter nach der Mitarbeiter-AnzeigeVO. Dies kann als „Vertriebsmitarbeiter" oder als „Anlageberater" (für den Fall von Teilnahmen an Anlageberatungen) im Sinne der VO erfolgen.

6.6 Effektive Kontrolle der Geschäftsleitung

Weiter hat die **Geschäftsleitung** auch der Vertriebsstelle eine **effektive Kontrolle** über den Produktfreigabe- und Überwachungsprozess zu besitzen, um zu entscheiden, welche Produkte und Dienstleistungen an einen Zielmarkt vertrieben werden (§ 81 Abs. 4 Satz 1 WpHG).[69] 101

---

65 ESMA Guidelines, Leitlinie 53: „(…) permissible deviations between the target market identification and the individual eligibility of the client may occur if the recommendation or sale of the product fulfils the suitability requirements conducted with a **portfolio view**(…)" (Hervorhebung durch Verfasser).
66 Siehe ebenfalls ESMA Guidelines, Leitlinien 53 ff. Meldepflichtig sind allerdings negative Zielmärkte, Leitlinie 55.
67 ESMA Guidelines, Leitlinie 45: „(…) where they only conduct execution services under the execution-only regime, not even the assessment of clients' knowledge and experience will usually be possible (…)."
68 Vgl. Ausführungen oben unter 5.6.
69 Vgl. Ausführungen oben unter 5.7.

102 | **Praxis-Tipp:**
Anknüpfungspunkte können auch hier – korrespondierend zu den oben dargestellten Pflichten beim Emittenten – praktische Informations-, Teilnahme- und Vetorechte aus dem Produktfreigabeverfahren/Produktausschuss sein.

Bereits heute dürfte – wenn auch nicht so granular – eine Anbindung an die Geschäftsleitung im Rahmen der NPP-Prozesse nach MaRisk für neue Dienstleistungen und wesentlich geänderte Produktlinien gewährleistet sein. Praktisch ist empfehlenswert, diese Berichtslinien hier fortzuentwickeln.

Denkbar sind etwa Einbeziehungen des Vorstands oder der relevanten Vorstandsdezernate durch regelmäßige Information über die Agenda oder Teilnahmerechte/Vetorechte bei Sitzungen des Produktausschusses.

Unter Verhältnismäßigkeitsgesichtspunkten empfiehlt sich auch hier die Gewährleistung einer effizienten Geschäftsleitungskontrolle durch Rahmenbeschlüsse im Rahmen der Produktfreigabeverfahren.

6.7 Compliance-Bericht

103 Ferner haben die Berichte der Compliance-Funktion an die Geschäftsleitung systematisch Informationen über die vertriebenen Produkte und Dienstleistungen zu enthalten (§ 81 Abs. 4 Satz 2 WpHG). Diese Berichte sind der BaFin auf deren Anforderung hin zur Verfügung zu stellen (§ 81 Abs. 4 Satz 3 WpHG).[70]

104 | **Praxis-Tipp:**
Wesentliche Ergebnisse des Produktfreigabeverfahrens sollten auch hier im WpHG-Compliance-Bericht behandelt werden. Hier ist auch empfehlenswert, für diesen Prozess die Kontroll- und insb. die Beratungsfunktion von Wertpapier-Compliance angemessen darzustellen: Es steht zu erwarten, dass die Berichte zur implementierten Product Governance perspektivisch Schwerpunkte des Compliance-Berichts darstellen werden.

Kontrollen hinsichtlich der Entwicklung und regelmäßigen Überprüfung der Produktüberwachungskriterien sind empfehlenswert. Insb. ist aber angesichts des prozessbegleitenden, beratenden Ansatzes von Compliance ein Schwerpunkt auf die frühzeitige Erkennung von und sachgerechten Umgang mit Risiken zu legen.

In der Gesamtschau wird auch hier den Entscheidungen im Rahmen des Produktfreigabeverfahrens eine **Indizfunktion** für die Compliance-Kultur im Unternehmen zukommen.

---

70 Vgl. Ausführungen oben unter 5.8.

6.8 Monitoring

Die Vertriebsstelle hat ihre Produktfreigabevorkehrungen regelmäßig zu überprüfen, § 80 Abs. 13 Satz 1 WpHG. Es hat sicherzustellen, dass seine Compliance-Funktion die Überprüfung der Vorkehrung überwacht und etwaige Risiken frühzeitig erkennt, § 80 Abs. 13 Satz 2 WpHG.

105

Die zu vertreibenden Produkte und Dienstleistungen sind regelmäßig und unter Einbeziehung potenzieller Risiken zu überprüfen. Dabei ist auch zu bewerten, ob die gewählte Vertriebsstrategie weiterhin geeignet ist, § 12 Abs. 9 Satz 1 i. V. m. § 11 Abs. 13 Satz 1 WpDVerOV.

6.9 Reporting

Angesichts des laufenden, korrespondierenden Product Governance-Prozesses ist die Vertriebsstelle verpflichtet, dem Hersteller Informationen über seine Verkäufe und sein Produkt-Monitoring übermitteln, um das Monitoring des Produktentwicklers zu unterstützen, § 12 Abs. 11 WpDVerOV. Regulatorisch wird jedoch nicht abschließend vorgegeben, welche Informationen zurückgemeldet werden sollen. Folgende Reporting-Inhalte für Mitteilungen an den Hersteller werden beispielhaft genannt:

106

– Informationen darüber, in welchem Umfang das Finanzinstrument außerhalb des vom Hersteller festgelegten Zielmarktes verkauft wurde.
– Aggregierte Angaben über die Art des Anlegers, an den das Produkt vertrieben wurde.
– Zusammenfassung der Beschwerden im Zusammenhang mit dem Produkt.
– Ein Feedback ausgewählter Kunden zu dem Produkt („Kundenstichprobe").

Damit gehören sowohl qualitative als auch quantitative Rückmeldungen zum Reporting-Regime.

> **Praxis-Tipp:**
> Unter Beachtung des Verhältnismäßigkeitsgrundsatzes ist eine Meldung von Einzeldaten nicht erforderlich. Aussagefähig können für den Hersteller nur Rückmeldungen gewisser Relevanz sein. Mögliche Schwellenwerte sind aktuell noch in aufsichtsrechtlicher Klärung.

107

7 Verhältnis zu anderen WpHG-Pflichten

7.1 Verhältnis zur Geeignetheitsprüfung

Die Product Governance, insb. die Zielmarktbestimmung, ist unabhängig von der Geeignetheitsprüfung. Das Verhältnis der Product-Governance-Pflichten, insb. der Zielmarktbestimmung, zur Geeignetheitsprüfung nach § 64 Abs. 4 WpHG wird im Gesetz nicht ausdrücklich erläutert.[71] Aufsichtsrechtlich sind im Rahmen der Product Governance Organisationspflichten und im Rahmen der Geeignetheitsprüfung Verhaltenspflichten betroffen,

108

---

71 Vgl. aber Erwägungsgrund 71 Satz 5 MiFID II.

sodass Wechselwirkungen aus formaler Sicht ausgeschlossen sein könnten. Allerdings bezieht sich die Pflicht zur Product Governance auf den Zielmarkt und damit auf die betreffende Kundengruppe. Weiter könne die Zielmarktbestimmung eine Geeignetheitsprüfung schon deshalb nicht ersetzen, weil diese im Verhältnis zur Geeignetheitsprüfung ein „Minus" darstelle.[72] Dem ist zuzustimmen, da sich der Zielmarkt nicht auf einen einzelnen Kunden bezieht, sondern typisierend festgestellt wird.[73]

109 Auch in der Gesetzesbegründung zum Kleinanlegerschutzgesetz wurde betont, dass die bestehenden WpHG-Pflichten nicht von den Neuregelungen zur Produktfreigabe berührt werden und somit neben diesen weiter bestehen. Dies galt insb. für die „Pflicht zur Prüfung der konkreten Geeignetheit einer Wertpapierdienstleistung im Rahmen der Anlageberatung".[74]

7.2 Verhältnis zu Vertriebsvorgaben

110 Offen ist weiterhin[75] auch das Verhältnis der Product Governance zur Organisationspflicht zu den Vertriebsvorgaben nach § 80 Abs. 1 Nr. 3 WpHG.

Als problematisch werden solche Vertriebsvorgaben angesehen, die sich auf den Absatz eines einzelnen Produkts oder einer Produktgruppe beziehen. Product Governance wird jedoch immer die Produktauswahl betreffen. Die BaFin hat noch 2014 betont, dass dann keine Vertriebsvorgabe gegeben sei, wenn die Produktbeschränkung allein der Qualitätssicherung in der Anlageberatung dient, da beispielsweise Mitarbeiter gezielt zu bestimmten Produkten geschult werden und nur für diese Anlagen ein Research erfolgt.[76] Hier würden die Kundeninteressen „nicht durch das Streben nach Gewinnmaximierung tangiert, sodass die Ziele des Gesetzgebers gewahrt bleiben."[77]

Absehbar ist, dass sich dieser Prozess – auch durch die erforderliche Zielmarktermittlung und angesichts der erforderlichen Qualitätssicherung – verstärken wird.

8 Rechtsfolgen bei fehlerhafter Compliance

111 Fehlerhafte Product Governance kann weitreichende Folgen haben. Jenseits der konkret zu benennenden, primär aufsichtsrechtlichen Folgen ist die Art und Weise der Implementierung der Product Governance ein Ausweis für die Compliance-Kultur des Wertpapierdienstleistungsunternehmens.

---

72 Vgl. *Buck-Heeb*, in: CCZ 2016, S. 9, mit weiteren Nachweisen.
73 Vgl. *Buck-Heeb* siehe auch *Geier/Druckenbrodt*, Product Governance: MiFID II, PRIIP, Kleinanlegerschutzgesetz – quo vadis?, Recht der Finanzinstrumente, 1.2015, S. 21 ff., 26.
74 Begr. ReE, BT-Drs. 18/3994, S. 54.
75 Auf diesen Umstand hat bereits *Buck-Heeb* zur Vorgängernorm hingewiesen, in: CCZ 2016, S. 2 ff., 9.
76 *Rüsche*, in: BaFin-Journal v. 03.11.2014, abrufbar unter www.bafin.de.
77 *Rüsche*, a. a. O.; vgl. hierzu *Buck-Heeb*, in: CCZ 2016, S. 9.

8.1 Aufsichtsrechtliche Folgen

Bereits aufsichtsrechtlich kann eine fehlerhafte Product Governance infolge einer unzureichenden Compliance weitreichende Folgen haben. In der Bußgeldnorm nach § 120 Abs. 8 Nr. 30 WpHG sind bei einem Verstoß gegen §§ 63 Abs. 4 WpHG als Sanktionen nach § 120 Abs. 20 hohe Geldbußen (bis zu 5 Millionen € oder prozentual am Jahresumsatz bzw. bis zum Zweifachen des aus dem Verstoß gezogenen wirtschaftlichen Vorteils) vorgesehen: Ergänzend kann die BaFin die allgemeinen Maßnahmen ergreifen – die Einhaltung der Product Governance – Vorgaben wird gemäß §§ 62, 89 WpHG überwacht.[78]

112

In extremen Fällen hat die Aufsichtsbehörde zudem die Möglichkeit einer **Produktintervention**. Sie kann entweder Vertriebs- oder Verkaufsbeschränkungen oder ein vollständiges Produktverbot verhängen, § 4b WpHG. Voraussetzung dafür ist aber, dass Tatsachen die Annahme rechtfertigen, dass ein Finanzinstrument oder ein vergleichbares Produkt erhebliche Bedenken für den Anlegerschutz aufwirft oder eine Gefahr für das ordnungsgemäße Funktionieren und die Integrität der Finanz- und Warenmärkte begründet.

113

8.2 Zivilrechtliche Folgen

Welche zivilrechtlichen Folgen eine Nichtbeachtung der aufsichtsrechtlich vorgegebenen Product-Governance-Regelungen mit sich bringt, ist bislang noch nicht ausgelotet. In diese Richtung weisende Rechtsprechung liegt nicht vor. Und die wenigen Stimmen in der Fachliteratur, die dieses Thema beleuchtet haben, beurteilen unterschiedlich, ob hier spezielle Haftungsgefahren für die Hersteller und/oder den Vertreiber drohen.[79]

114

8.2.1 Ansprüche des Kunden gegen den Hersteller

8.2.1.1 Vertragliche Ansprüche

Vertragliche Ansprüche des Kunden gegenüber dem Hersteller kommen regelmäßig nicht in Betracht. Es mangelt in der Regel an einer direkten vertraglichen Beziehung, denn der Anleger wird das Produkt im Rahmen einer Anlageberatung oder eines beratungsfreien Geschäft unmittelbar von der Vertriebsstelle erwerben. Nur wenn das Finanzinstrument direkt vom Hersteller erworben wird und die Vertriebsstelle dabei lediglich als Vertreter oder Bote des Herstellers fungiert, sind vertragliche Ansprüche denkbar.[80]

115

Auch das Vorliegen eines **Vertrags mit Schutzwirkung für Dritte**[81] ist nicht anzunehmen. Denn die Voraussetzungen für diese von der Rechtsprechung entwickelte Einbeziehung eines Dritten in die aus einem bilateralen Vertrag folgenden Schutz- und Sorgfaltspflichten liegen nicht vor.[82] Regelmäßig wird der Anleger nicht schutzbedürftig sein, da Ansprüche seinerseits gegen die Vertriebsstelle bestehen. Nur wenn der Anleger gegenüber

116

---

78 Vgl. zur Rechtslage nach dem Kleinanlegerschutzgesetz *Buck-Heeb*, in: CCZ 2016, S. 2 ff., 10.
79 Grundlegend *Buck-Heeb*, in: ZHR 179 (2015), S. 812 ff.; Ablehnend zu Haftungsgefahren Lange, in: DB 2014, S. 1723, 1929.
80 Zutreffend *Buck-Heeb*, S. 812.
81 Zum Vertrag mit Schutzwirkung für Dritte vgl. nur BGH, NJW 2015, S. 2737 ff., Rn. 25 m. w. N.
82 Zutreffend und grundlegend *Buck-Heeb*, a. a. O., S. 812 f.

der Vertriebsstelle mangels Haftungsanspruchs keinen Regress nehmen kann, kann eine Schutzbedürftigkeit vorliegen.[83] Diese Fallgestaltung dürfte jedoch praktisch höchst selten sein.

8.2.1.2 Deliktische Ansprüche: § 823 Abs. 1 BGB bzw. Produkthaftung

117 Ein Anspruch des Endkunden gegenüber dem Hersteller ist deswegen rechtlich schwer herzuleiten, weil dem Endkunden durch eine fehlerhafte Product Governance allenfalls das Rechtsgut Vermögen verletzt wird. Selbst wenn man eine Heranziehung der Grundsätze der Produzentenhaftung nach § 823 Abs. 1 BGB unter Annahme des Inverkehrbringens eines „gefährlichen" Produkts bejahte,[84] so sind doch durch Produkthaftungspflichtverletzungen nur diejenigen Schäden zu ersetzen, die an Rechtsgütern im Sinne des § 823 Abs. 1 BGB eingetreten sind.[85] Dazu zählt nach ganz herrschender Auffassung das Vermögen des Kunden nicht, das allein bei einer fehlerhaften Product Governance gefährdet sein könnte.[86]

8.2.1.3 Deliktische Ansprüche: § 823 Abs. 2 BGB i. V. m. Schutzgesetz

118 Ansprüche aus § 823 Abs. 2 BGB in Verbindung mit einem Schutzgesetz aus den Product Governance-Regelungen des WpHG werden, sofern man mit der ganz herrschenden Auffassung eine entsprechende Einordnung der Verkehrspflichten ablehnt, zumeist am Fehlen eines Schutzgesetzes scheitern. § 80 Abs. 9 ff. WpHG wird, wie vorher § 33 Abs. 3b–d WpHG a. F., als Organisationsnorm, wie auch die anderen WpHG-Organisationsregelungen, kein Schutzgesetz im Sinne des § 823 Abs. 2 BGB sein können.[87] Die Regelung bezieht sich nicht auf den Schutz eines einzelnen Anlegers, sondern lediglich auf denjenigen der Anlegerschaft als solcher.[88]

Selbst für die noch enger auf den Schutz der Kunden bezogenen Verhaltenspflichten des WpHG ist umstritten, ob sie Schutzgesetzeigenschaft haben können. Der BGH lehnt das[89] schon mit dem Argument ab, die „Schaffung eines individuellen Schadensersatzanspruchs (müsse) sinnvoll und im Lichte des haftungsrechtlichen Gesamtsystems tragbar erscheinen".[90]

Dies muss richtigerweise auch für die Schutzgesetzeigenschaft der Product Governance-Pflichten zu einer Ablehnung einer deliktischen Haftung über § 823 Abs. 2 BGB führen.[91] Zwar werden in Bezug auf die Product Governance regelmäßig keine vertraglichen An-

---

83 Richtig *Buck-Heeb*, in: ZHR 179 (2015), S. 813 m. w. N.
84 Vgl. hierzu grundlegend *Buck-Heeb*, in: ZHR 179(2015), S. 814 f.
85 BGHZ 179, 157 ff, Rn. 12; *Staudinger-Hager*, BGB, § 823 BGB Rn. 2; *Buck-Heeb*, in: ZHR 179 (2015), S. 815.
86 Zutreffend und vertiefend *Buck-Heeb*, in: ZHR 179 (2015), S. 815.
87 Zum Diskussionsstand *Assmann/Schneider-Koller*, WpHG, 6. Aufl. 2012, § 33 WpHG Rn. 6; Kölner Kommentar zum WpHG, *Meyer/Paetzel/Will*, 2. Aufl. 2014, § 33 WpHG Rn. 276.
88 *Buck-Heeb:* Kapitalmarktrecht, 8. Aufl. 2016, Rn. 640 ff.
89 Zutreffend angeführt v. *Buck-Heeb*, in: ZHR 179 (2015), S. 816.
90 *Buck-Heeb:* Kapitalmarktrecht, 8. Aufl. 2016, Rn. 640, 640 ff.
91 Siehe auch hier *Buck-Heeb*, in: ZHR 179 (2015), S. 816.

sprüche des Kunden gegenüber dem Hersteller bestehen. Denkbar sind aber doch solche gegenüber der Vertriebsstelle. Hinzu kommt, dass – sähe man hier eine Schutzgesetzeigenschaft – hier eine Beeinträchtigung des Vermögens geschützt würde. Das allerdings reicht nach ständiger Rechtsprechung des BGH für eine Anspruchsbegründung nicht aus.[92] Im Ergebnis können die Product Governance – Pflichten danach keine Schutzgesetzeigenschaft nach § 823 Abs. 2 BGB begründen.

8.2.2 Ansprüche des Kunden gegenüber der Vertriebsstelle

8.2.2.1 Vertragliche Ansprüche

Regelmäßig steht der Anleger jedoch in einer vertraglichen Beziehung zur Vertriebsstelle. Aus dem regelmäßig dem Produkterwerb zugrunde liegenden Auskunfts- oder Beratungsvertrag können daher Pflichten der Vertriebsstelle in Bezug auf die Zielmarktprüfung oder weitere Verhaltenspflichten aus der Product Governance abzuleiten sein. Fraglich ist jedoch, inwieweit die aufsichtsrechtlichen Product Governance-Pflichten Auswirkungen auf die zivilrechtlichen Pflichten der Vertriebsstellen entwickeln. *119*

So ist in der Literatur umstritten, ob die aufsichtsrechtlichen Konkretisierungen nach §§ 33 Abs. 3 b-3 d WpHG a. F. eine Konkretisierung von zivilrechtlichen Pflichten darstellen.[93]

Der BGH hat eine Konkretisierungswirkung für diejenigen Fälle bejaht, in den „tragende Grundprinzipien des Aufsichtsrechts" betroffen sind.[94] Ein Beispiel für eine solche aufsichtsrechtliche Regelung soll nach der Ansicht des XI. Zivilsenats etwa das Zuwendungsverbot darstellen. Fraglich ist jedoch, ob die Product Governance-Regelungen ebenfalls solche Grundprinzipien bzw. ein allgemeines Rechtsprinzip darstellen. *120*

Dagegen spricht, dass es sich bei den Pflichten zur Product Governance nicht um Verhaltens-, sondern Organisationspflichten handelt. Diese wirken sich nicht unmittelbar auf das zivilrechtliche bilaterale Vertragsverhältnis aus.[95] So handelt es sich etwa bei der Pflicht der Vertriebsstelle, angemessene Vorkehrungen zum Informationserhalt sicherzustellen, nur um eine Vorbereitungshandlung für dessen Vertragserfüllung gegenüber dem Kunden. Die Vertragserfüllung selbst betrifft im Rahmen eines Auskunftsvertrags die Pflicht zur richtigen oder vollständigen Information „über diejenigen tatsächlichen Umstände, die für den Anlageentschluss des Interessenten von besonderer Bedeutung sind".[96] Ebenfalls ist im Rahmen eines Anlageberatungsvertrags die Pflicht zur anleger- und anlagegerechter Beratung betroffen. *121*

Zivilrechtlich besteht daher dem Kunden gegenüber derzeit keine Pflicht zur Einhaltung bestimmter Regeln bei einem Produktfreigabeverfahren oder zur Zielmarktbestimmung. Der Endkunde hat lediglich einen zivilrechtlichen Anspruch auf eine anleger- und anlagegerechte Beratung bzw. auf eine richtige Auskunft.[97] Auch unsorgfältiges Verhalten der *122*

---

92 BGH, in: WM 2009, S. 825 ff., Rn. 21.
93 Vgl. *Fuchs:* Wertpapierhandelsgesetz, 2. Aufl. 2016, Rn. 182e ff. m. w. N.
94 BGH, in: WM 2014, S. 1382 ff, Rn. 35 ff., vgl. auch *Wiechers*, in: WM 2015, S. 457, 461 f.
95 Vgl. zutreffend *Buck-Heeb*, in: ZHR 179 (2015), S. 817.
96 Vgl. nur BGH, in: WM 2009, S. 739 ff., Rn. 11.
97 So zutreffend auch *Buck-Heeb*, in: ZHR 179 (2015), S. 817.

Vertriebsstelle im Zusammenhang mit den Informationen des Herstellers vermag keine zivilrechtlichen Ansprüche des Kunden gegenüber der Vertriebsstelle auszulösen. Immerhin muss die Vertriebsstelle nach dem WpHG den Zielmarkt des Herstellers verstehen und berücksichtigen, was einen gewissen Pflichtenstandard voraussetzt. Zudem hat die Vertriebsstelle grundsätzlich einen eigenen Zielmarkt zu erstellen und diesen im Rahmen des Vertriebs zu berücksichtigen. Die Verletzung dieser Pflichten kann dann zwar keine unmittelbare Vertragsverletzung begründen; sie kann jedoch ein Indiz für die Verletzung der Pflichten aus der anleger- und anlagegerechten Beratung sein.

123 Fraglich ist weiter, ob der Verkauf von Produkten außerhalb des Zielmarkts den Verdacht eines gleichzeitig erfolgten Beratungsfehlers indiziert.[98] Dies ist jedoch abzulehnen, da beide Verfahren grundsätzlich unabhängig voneinander sind.[99] Aufsichtsrechtlich ist zudem – wie das Rückmelderegime zeigt – ein Verkauf jenseits des Zielmarkts möglich, ohne dass dies eine Pflichtverletzung indizierte. Maßstab muss hier aufsichtsrechtlich die Geeignetheitsprüfung und zivilrechtliche die konsequente Einhaltung der Grundsätze der anleger- und anlagegerechten Beratung sein. So kann im praktischen Einzelfall eine Abweichung etwa Asset Allocation-Gesichtspunkten gerechtfertigt sein – sie sollte jedoch begründet werden.

124 Die Pflichten der Vertriebsstelle können aber in dem Fall bestehen, dass der Kunde ein Produkt außerhalb des Zielmarkts erwirbt. Sowohl im Rahmen eines Auskunfts- als auch eines Anlageberatungsvertrages wird insofern eine entsprechende **Warnpflicht** der Vertriebsstelle zu bejahen sein.[100] Die Tatsache eines solchen Erwerbs außerhalb des vom Hersteller festgelegten Zielmarkts wird als ein Umstand zu sehen sein, der „für den Anlageentschluss des Interessenten von besonderer Bedeutung"[101] ist. Eine Verletzung dieser Pflicht kann insoweit zu einer Pflichtverletzung und einer Haftung nach § 280 Abs. 1 BGB führen.[102]

8.2.2.2 Deliktische Ansprüche

125 Deliktische Ansprüche gegen die Vertriebsstelle können sich nicht aus § 823 Abs. 1 BGB ergeben, da regelmäßig nur das Vermögen des Kunden, nicht aber ein Rechtsgut i. S. v. § 823 Abs. 1 BGB geschädigt sein wird. Die Überlegung, ob bei fehlerhafter Product Governance der Vertriebsstelle eine **Verkehrspflicht** verletzt sein könnte, wird schon daran scheitern, dass nach ganz h. M. auch hierfür ein Rechtsgut i. S. v. § 823 Abs. 1 BGB verletzt sein muss.[103]

126 Ein Anspruch aus § 823 Abs. 2 BGB setzt die Verletzung eines **Schutzgesetzes** voraus. Dabei scheidet allerdings §§ 80 Abs. 9–13 WpHG wie §§ 33a abs. 3b–d WpHG a. F. als ein solches Schutzgesetz aus, weil diese Regelung lediglich eine Organisationsvorschrift dar-

---

98 Siehe vertiefend *Buck-Heeb*, in: ZHR 179 (2015), S. 817 m. w. N.
99 So auch *Buck-Heeb*, in: ZHR 179 (2015), S. 817.
100 Siehe auch *Brenncke*, in: WM 2015, S. 1173, 1180; ebenfalls *Buck-Heeb*, a. a. O., in: ZHR, S. 818.
101 So etwa BGH, in: WM 2009, S. 739 ff., Rn. 11.
102 Zutreffend *Buck-Heeb*, in: ZHR 179 (2015), S. 818.
103 Vgl. zum Meinungsstand *Palandt-Sprau*, BGB, 76. Aufl. 2017, § 823 Rn. 11 ff., 22.

stellt. Die Regelung bezieht sich daher nicht unmittelbar auf einen Individualschutz, sondern sie soll die Anlegerschaft als solche schützen.[104] Abzulehnen ist eine Schutzgesetzeigenschaft im Einklang mit der BGH-Rechtsprechung auch deshalb, weil im vorliegenden Zusammenhang vertragliche Ansprüche gegenüber der Vertriebsstelle bestehen, sodass es einer solchen deliktischen Haftung nicht bedarf.[105]

In Betracht kann ein Anspruch aus § 826 BGB kommen: Allerdings sind nur schwerlich Fälle denkbar, in denen eine vorsätzliche sittenwidrige Schädigung eines Kunden durch eine fehlerhafte Product Governance erfolgt. Denn die Product Governance bezieht sich schließlich nicht auf den einzelnen Kunden, sondern allenfalls auf die dadurch ausgewählte Kundengruppe. Sofern hier aber eine fehlerhafte Auswahl erfolgt ist, ergeben sich regelmäßig noch keine direkten Konsequenzen für den Kunden. Erst durch eine fehlerhafte Beratung im Rahmen eines zivilrechtlichen Anlageberatungsvertrags kann eine Pflichtverletzung und Schädigung des Kunden erfolgen Insoweit bemisst sich auch hier Anspruch regelmäßig nach den Grundsätzen der anleger- und anlegergerechten Beratung. 127

Parallel bestimmt sich auch im Falle eines beratungsfreien Geschäfts eine Pflichtverletzung und Schädigung weniger durch die Zielmarktbestimmung als vielmehr aufsichtsrechtlich durch eine fehlerhafte Angemessenheitsprüfung und zivilrechtlich durch Verstöße gegen die Grundsätze der anlage- bzw. objektgerechten Beratung.

9 Fazit und Ausblick

Product Governance erfährt durch die MiFID II eine neue Bedeutungsebene. Inhaltlich und organisatorisch sollten die dargestellten Umsetzungsschritte daher trotz aller noch bestehenden rechtlichen Unsicherheiten implementiert werden. 128

Im Interesse einer verhältnismäßigen Implementierung sollte dabei der Fokus auf möglichst einfache Prozesse gesetzt werden, die gleichwohl der Wertpapier-Compliance umfassende Informations- und Interventionsrechte einräumen. Im Gesamtbild wird es nicht darauf ankommen, ob eine Checkliste bei mündelsicheren Wertpapieren hundertprozentig abgearbeitet ist, sondern ob die Stimme der Wertpapier-Compliance im internen Product Governance Prozess zu einem angepassten Vertrieb führt. Praktisch wird dies wohl weniger Produktentwicklungsstopps als zu zielgerichteterem Vertrieb an professionellere Kundengruppe führen.

Der Gesetzgeber ist wiederum gefragt, ob nicht ein **„Zuviel" an Regulierung** erreicht ist, da neben den unbestrittenen Positivwirkungen auf den Anlegerschutz neben Aufwänden und Kosten auch faktische Negativwirkungen für den Kunden, etwa durch eine Beschränkung der Angebotspalette, bestehen.[106] 129

Ob aufsichtsrechtliche Einschränkungen der Privatautonomie den zielführenden Weg eines wohlverstandenen Anlegerschutzes im europäischen und internationalen Vergleich darstellen, wird Diskussionsschwerpunkt der nächsten Jahre sein.

---

104 Zutreffend *Buck-Heeb*, in: ZHR 179 (2015), S. 818.
105 Zutreffend *Buck-Heeb*, in: ZHR 179 (2015), S. 818 m. w. N.
106 Vgl. schon *Buck-Heeb*, in: CCZ, 2016, S. 11.

10 Literaturverzeichnis

Bastian/Werner: Banken zwischen Ertragserwartungen und Regulatorik, Bericht über den Bankrechtstag am 30.06.2017, in: WM 2017, S. 1533–1543.

Bergmann, in: Langenbucher/Bliesener/Spindler, Bankrechts-Kommentar, 2. Aufl. 2016, Effektengeschäft, Rn. 81 ff.

Buck-Heeb: Compliance bei vertriebsbezogener Product Governance – Neuerungen durch die MiFID II bzw. das Kleinanlegerschutzgesetz, in: CCZ 2016, S. 2–10.

Buck-Heeb: Der Product Governance-Prozess – MiFID II, Kleinanlegerschutzgesetz und die Auswirkungen, in: ZHR 179 (2015), S. 782–820.

Buck-Heeb: Kapitalmarktrecht, 8. Aufl. 2016.

Busch: Product Governance und Produktintervention unter MiFID II/MiFIR, in: WM 2017, S. 409–420.

EBA: Guidelines on product oversight and governance arrangements for retail banking products (Final Report, EBA/GL/2015/18), abrufbar unter https://www.eba.europa.eu (letzter Abruf am 08.06.2017).

ESA: Joint Position of the European Supervisory Authorities on Manufacturers' Product Oversight & Governance Processes, JC-2013-77, abrufbar unter www.esma.europa.eu (letzter Abruf am 08.06.2017).

ESMA Opinion: Structured Retail Products – Good Practices for product governance arrangements, ESMA/2014/332 v. 27.03.2014, abrufbar unter www.esma.europa.eu (letzter Abruf am 08.06.2017).

ESMA: Leitlinien zu den Product Governance-Anforderungen nach MiFID II v. 02.06.2017, ESMA/35-43-620, abrufbar unter www.esma.europa.eu.

Geier/Druckenbrodt: Product Governance: MiFID II, PRIIP, Kleinanlegerschutzgesetz – quo vadis?, in: Recht der Finanzinstrumente 1/2015, S. 21–28.

Jordans: Zum aktuellen Stand der Finanzmarktnovellierung in Deutschland, in: BKR 2017, S. 273–279.

Lange: Product Governance – Neue Anforderungen für die Konzeption und den Vertrieb von Finanzprodukten, in: DB 2014, S. 1723–1729.

Langenbucher: Anlegerschutz Ein Bericht zu theoretischen Prämissen und legislativen Instrumenten, in: ZHR 177 (2013), S. 679–701.

Mülbert: Anlegerschutz und Finanzmarktregulierung – Grundlagen –, in: ZHR 177 (2013), S. 160–211.

Schäfer/Sethe/Lang: Handbuch der Vermögensverwaltung, 2. Aufl. 2016.

Sethe/Brenncke: Europarechtliche Grundlagen des Aufsichtsrechts der Vermögensverwaltung, in: Schäfer/Sethe/Lang, Handbuch der Vermögensverwaltung, 2. Aufl. 2016., Rn. 84 ff.

II.A.7

Finanzportfolioverwaltung

Paul Bernd Wittnebel

Inhaltsübersicht

1	Einleitung	1
2	Definition Finanzportfolioverwaltung	2
3	Gesetzliche Grundlagen	3–6
3.1	Wertpapierhandelsgesetz WpHG	3
3.2	Wertpapierdienstleistungs-Verhaltens- und Organisationsverordnung WpDVerOV	4
3.3	Kreditwesengesetz KWG	5
3.4	Bürgerliches Gesetzbuch BGB	6
4	Vertragliche Grundlagen	7
5	Pflichten des Finanzportfolioverwalters	8
6	Prozesse	9–17
6.1	Interne Maßnahmen vor Aufnahme der Finanzportfolioverwaltung	10
6.2	Exploration, Information, Risikoaufklärung und Beratung vor Vertragsabschluss	11
6.3	Vorbereitung und Umsetzung von Anlageentscheidungen	12–17
7	Reporting	18–21
8	Insiderrecht und Marktmanipulation	22–25
8.1	Insiderrecht	22–24
8.2	Marktmanipulation	25
9	Umgang mit Interessenkonflikten	26–27
9.1	Interessenkonflikte können im Tagesgeschäft	26
9.2	Prävention von Interessenkonflikten	27
10	Zuwendungen	28
11	Überwachung durch Compliance	29–31
12	Fazit	32
13	Literaturverzeichnis	

1 Einleitung

Eine Vielzahl von Gründen bewegt Kunden in zunehmend stärkerem Maße, sich nicht mehr selbst um die Anlage ihres Vermögens zu kümmern, sondern diese Aufgabe an qualifizierte Experten in Finanzdienstleistungsinstituten abzugeben. Um die oftmals vorrangigen Anliegen eines Kapitalerhalts, eines Inflationsausgleich, einer über zahlreiche Assetklassen hinweg geforderten Diversifikation oder einer angemessenen Performance selber zu erfüllen, fehlt es der anspruchsvollen Klientel oftmals an eigener Expertise. Auch wird der Anspruch, die eigene Freizeit zu maximieren und nicht mit der komplexen Materie von Anlagegeschäften zu belasten, priorisiert. Nicht zu vergessen sei bereits an dieser Stelle der Wunsch von Kunden, sich aus ihrer eigenen Warte heraus möglicher Interessenkonflikte bei der Geldanlage zu entledigen, indem der Entscheidungsprozess in andere Hände gelegt wird.

Mehr und mehr erkennen aber auch Finanzdienstleistungsinstitute die Notwendigkeit, entsprechenden Kundenwünschen mit dem Angebot einer eigenen Finanzportfolioverwaltung zu begegnen und sich hierdurch die Möglichkeit zu eröffnen, stabile und planbare Ergebnisbeiträge zu generieren.

2 Definition Finanzportfolioverwaltung

Die Finanzportfolioverwaltung ist definiert als „die Verwaltung einzelner oder mehrerer in Finanzinstrumenten angelegter Vermögen für andere mit Entscheidungsspielraum"[1], wobei die tatsächliche Durchführung von Transaktionen ohne vorherige Absprache mit dem Anleger als wesentliches Kennzeichen anzusehen ist, welches eine Finanzportfolioverwaltung z. B. vom Erwerb eines Investmentfondsanteils unterscheidet. Diese Definition erfährt im Rahmen der Umsetzung der MiFID 2 keine Änderungen.[2]

Der Begriff der Verwaltung enthält grundsätzlich ein Zeitmoment und ist auf eine gewisse Dauerhaftigkeit ausgelegt, beschränkt sich also nicht in einer einzelnen Anlageentscheidung.[3]

Nach einmaliger Festlegung der Anlagegrundsätze durch den Anleger, bei welchen er dem Finanzportfolioverwalter, für den sich im Alltag der Begriff des „Vermögensverwalters" eingebürgert hat, die Rahmenbedingungen hinsichtlich der Risikobereitschaft und von Anlagezielen vorgibt, übernimmt der Vermögensverwalter treuhänderisch die Verantwortung für den bereitgestellten Vermögensanteil.

Die Finanzportfolioverwaltung definiert sich demnach als auf Zeit gerichtete Geschäftsbesorgung in Form von Verwaltung und Betreuung des Vermögens eines Dritten.

Für die erbrachte Dienstleistung erhält der Finanzportfolioverwalter eine Vergütung, deren Höhe sich an Parametern wie Art und Umfang der zur Verfügung gestellten Vermögenswerte oder auch der erzielten Performance – ggfs. im Vergleich zu einer definierten Benchmark – bemisst.

---

1 § 2, Abs. 3 Nr. 7 WpHG.
2 § 2, Abs. 8 Nr. 7 WpHG.
3 BaFin, „Merkblatt Finanzportfolioverwaltung", Stand: Juni 2014.

Der Finanzportfolioverwalter erstattet dem Anleger in definierten Abständen Bericht über die von ihm durchgeführten Transaktionen und die Performance der Anlagen (Reporting).

3 Gesetzliche Grundlagen

3.1 Wertpapierhandelsgesetz WpHG

3   Das WpHG definiert Wertpapierdienst- und -nebendienstleistungen und regelt den Handel mit Finanzinstrumenten.

Die Finanzportfolioverwaltung wird in § 2 Abs. 3 Nr. 7 definiert als „die Verwaltung einzelner oder mehrerer in Finanzinstrumenten angelegter Vermögen für andere mit Entscheidungsspielraum".

§ 63 Abs. 10 WpHG gibt Mindestinformationen vor, welche dem Kunden vor Erbringung der Wertpapierdienstleistung mitzuteilen sind.

§ 63 Abs. 12 WpHG regelt die Berichtspflichten und die notwendige Übermittlung an den Kunden auf einem dauerhaften Datenträger.

Die Geeignetheitserklärung im Rahmen der Finanzportfolioverwaltung ist in § 64 Abs. 8 normiert.

3.2 Wertpapierdienstleistungs-Verhaltens- und Organisationsverordnung WpDVerOV

4   Die allgemeinen Regelungen des WpHG werden in der WpDVerOV konkretisiert.

§ 10 WpDVerOV führt die für die Finanzportfolioverwaltung relevanten Vorgaben aus.

3.3 Kreditwesengesetz KWG

5   Die Definition der Finanzportfolioverwaltung in § 1 Abs. 1a Satz 2 Nr. 3 des KWG führt als Kriterien die

– Verwaltung einzelner Vermögen
– in Finanzinstrumenten angelegt
– für andere
– mit Entscheidungsspielraum

an.

Die Verwaltungstätigkeit muss sich somit auf einzelne Kundenvermögen beziehen. Dies setzt jedoch nicht voraus, dass für jeden Kunden ein eigenes Portfolio geführt wird.[4]

Eine Finanzportfolioverwaltung liegt auch dann vor, wenn neben anderen Vermögensgegenständen auch Finanzinstrumente gem. § 1 Abs. 11 KWG enthalten sind. Eine ausschließliche Anlage in Finanzinstrumenten ist nicht erforderlich.

---

4   BVerwG 6 C 29.03 v. 22.09.2004 bzw. 8 C 10.09 v. 24.02.2010.

Die Anlage „für andere" grenzt die eigene Vermögensanlage von der Finanzportfolioverwaltung ab. Die Tätigkeit der Geschäftsführung einer Kapitalgesellschaft, das Vermögen der Gesellschaft anzulegen, erfolgt im eigenen Namen und für eigene Rechnung der Gesellschaft, welche durch die Geschäftsführung lediglich vertreten wird und stellt insofern keine Finanzportfolioverwaltung dar.

Demgegenüber ist der Tatbestand einer Finanzportfolioverwaltung bei Investmentclubs in der Form der GbR als gegeben anzusehen.[5]

Eine unentgeltliche Verwaltung von Vermögen, auch wenn dieses ganz oder teilweise in Finanzinstrumenten angelegt ist, liegt nicht vor, wenn diese im engsten Familienkreis erbracht wird.

3.4 Bürgerliches Gesetzbuch BGB

Die Finanzportfolioverwaltung stellt eine entgeltliche Geschäftsbesorgung nach § 675 BGB dar, wobei der Finanzportfolioverwalter als Vertreter nach § 164 ff. handelt.

4 Vertragliche Grundlagen

Der Vertrag über die Finanzportfolioverwaltung wird in der Praxis i. d. R. als Vermögensverwaltungsvertrag bezeichnet, was hier im Folgenden auch übernommen wird.

Der Vermögensverwaltungsvertrag stellt die Basis der Tätigkeit des Finanzportfolioverwalters dar und definiert hierzu zunächst möglichst eindeutig die Vermögensteile, welche der Tätigkeit des Finanzportfolioverwalters unterliegen sollen.

Die definierten Vermögensteile sind vom übrigen Vermögen des Anlegers zu separieren und auf gesonderten Konten bzw. Depots auszuweisen, weshalb sich zur konkreten Benennung der Vermögensteile die Angabe der entsprechenden Konto-/Depotnummern anbietet.

Ergänzend ist die Höhe des zu verwaltenden Vermögensteils anzugeben und die Art, auf welche Weise dieses beigebracht wird. In Frage kommen hierbei Bareinlagen und/oder vorhandene Bestände in Finanzinstrumenten. Die Art der Bereitstellung des zu verwaltenden Vermögens kann – zumindest in der Anfangsphase der Finanzportfolioverwaltung – Einfluss auf die Performance haben.

Im Weiteren gibt der Anleger dem Finanzportfolioverwalter Richtlinien auf, welche sich auf dessen Tätigkeit erheblich auswirken. Diese Richtlinien beschränken die dem Finanzportfolioverwalter übertragene Vollmacht i. S. § 665 BGB.

Ein wesentlicher Bestandteil der Richtlinien, aber keine gesetzliche Verpflichtung, ist die Beschreibung von Art und Umfang der Risiken, welche der Finanzportfolioverwalter einzugehen berechtigt sein soll.

Zu den Vorgaben im Rahmen der Anlageziele gehören Maximalquoten für einzelne Assetklassen, Währungsanteile, die geografische Allokation, Wünsche bezüglich einer Gewich-

---

[5] Merkblatt „Investmentclubs", BaFin, Stand Juli 2013.

tung einzelner Branchen, Vorstellungen zu Ausschüttungen oder auch ganz und gar individuelle Richtlinien zum Ausschluss einzelner Länder, Branchen oder Emittenten.

In zunehmendem Maße werden konkrete Vorgaben zu ESG-Kriterien (Environment Social Governance, Umwelt, Soziales, Unternehmensführung) in die Grundsätze zur Anlage der Vermögenswerte aufgenommen.[6]

Im Vermögensverwaltungsvertrag sind die Auskunfts- und Mitwirkungspflichten des Anlegers zu benennen.

Einen weiteren Bestandteil stellen Regelungen zur Vergütung, zur Benchmark, zu Kündigungs-, Verfügungs-, Teilverfügungs- und evtl. Mitspracherechten dar.

Die allgemeinen Geschäftsbedingungen sind, ebenso wie die Sonderbedingungen für Wertpapiergeschäfte, ebenfalls Vertragsbestandteil. Auf die „Kundeninformationen zu Geschäften in Wertpapieren und weiteren Finanzinstrumenten" sollte verwiesen werden.

Der Vermögensverwaltungsvertrag beinhaltet darüber hinaus Regelungen zum ordentlichen und außerordentlichen Reporting, Haftungsbestimmungen und Vorgaben zum Umgang mit der Orderabwicklung.

Der Vermögensverwaltungsvertrag sollte in jedem Fall schriftlich ausgefertigt und vom Kunden unterschrieben werden.

Im Rahmen von Reportinggesprächen mit dem Kunden, i. d. R. wenigstens im Rahmen eines Gespräches aus Anlass des Jahresberichts, sollte die dem Kunden empfohlene Strategie daraufhin überprüft werden, ob diese noch zu den Anliegen und der persönlichen Situation des Kunden passt.

Informationen aus diesem Gespräch und die daraufhin ausgesprochene Empfehlung, die Strategie beizubehalten oder zu ändern, sollten nachvollziehbar dokumentiert werden.

5 Pflichten des Finanzportfolioverwalters

8 Der Finanzportfolioverwalter hat bereits vor Vertragsabschluss die allgemeinen Verhaltensregeln des WpHG zu beachten.[7]

So ist der Kunde vor Vertragsabschluss über das Wertpapierdienstleistungsunternehmen und die angebotenen Dienstleistungen, Ausführungsplätze, Kosten und Nebenkosten zu informieren. Diese Informationen werden dem Kunden über die „Kundeninformationen zu Geschäften in Wertpapieren und weiteren Finanzinstrumenten" dargelegt.

Ergänzend ist der Kunde über die Risiken, welche mit den im Rahmen der Finanzportfolioverwaltung einzusetzenden Arten von Finanzinstrumenten und vorgeschlagenen Anlagestrategien zu informieren.

Die Informationen sind so zu erbringen, dass diese für den Kunden verständlich sind.

---

6 „ESG Perception and Integration Practices", Research Agentur Novethic, Dezember 2010.
7 § 31 WpHG.

Die Anlagerichtlinien des Kunden sind zu beachten. Die Interessen des Kunden sind bei allen durch den Finanzportfolioverwalter zu tätigenden Geschäften zu beachten und zu priorisieren.

Die Beachtung steuerlicher Auswirkungen für den Kunden gehört grundsätzlich nicht zu den Aufgaben des Finanzportfolioverwalters. Sollten diese vertraglich gesondert vereinbart worden sind, sind die Grenzen zur steuerlichen Beratung[8] zu beachten.

Der Finanzportfolioverwalter ist für die Einhaltung der vertraglichen Vorgaben haftbar. Er hat hierbei nach bestem Wissen und Gewissen und mit der angebrachten Sorgfalt vorzugehen. Eine Haftung für die aus seinen Handlungen resultierenden Ergebnisse ist jedoch auf Schäden beschränkt, welche aufgrund von Abweichungen von den Anlagerichtlinien entstehen.

Die Haftung des Finanzportfolioverwalters erstreckt sich bei nicht sachgerechter oder nicht den Anlagerichtlinien entsprechenden Handlungen auf den Ersatz entstandener Verluste, den Ersatz entgangener Gewinne und den Ausgleich von durch fehlerhafte Transaktionen entstandenen steuerlichen Mehrbelastungen.[9]

6 Prozesse

Die Arbeitsprozesse im Umfeld der Finanzportfolioverwaltung sind vielfältig und lassen sich grob gliedern in

- Interne Maßnahmen vor Aufnahme der Finanzportfolioverwaltung
- Exploration, Information, Risikoaufklärung und Beratung vor Vertragsabschluss
- Vorbereitung und Umsetzung von Anlageentscheidungen
- Reporting

6.1 Interne Maßnahmen vor Aufnahme der Finanzportfolioverwaltung

Die Finanzportfolioverwaltung stellt eine erlaubnispflichtige Tätigkeit dar. Ab einer Verwaltung von mehr als 3 Portfolios oder bei einem verwalteten Gesamtvermögen von mehr als 500.000,00 € ist eine schriftliche Erlaubnis der BaFin erforderlich.[10]

Das Wertpapierdienstleistungsunternehmen hat sicherzustellen, dass die mit der Finanzportfolioverwaltung betrauten Mitarbeiter ausreichend qualifiziert sind und regelmäßig über neue Entwicklungen geschult werden.[11] Ansonsten darf der Mitarbeiter nicht in der Finanzportfolioverwaltung eingesetzt werden.[12] Gleiches gilt, falls der Mitarbeiter nicht über die notwendige Zuverlässigkeit verfügt.

Auf Basis der aktuellen Rechtslage kommt es nach wie vor zu Diskussionen, ob die genannten Vorschriften der WpHGMaAnzVO auch auf die Mitarbeiter in der Finanzportfo-

---

8 § 5 StBerG.
9 § 249 BGB.
10 § 32 Abs. 1 Satz 1 KWG.
11 § 1 WpHGMaAnzVo bzw. Art. 4 MAR-STOR-VO.
12 § 87 Abs. 3 WpHG.

lioverwaltung Anwendung finden. Hier wird der Gesetzgeber mit Umsetzung der MiFID II in nationales Recht[13] eine entsprechende Klarstellung vornehmen.[14]

Nach dieser unterliegen auch die Mitarbeiter, welche in der Finanzportfolioverwaltung tätig sind, definierten Qualifikationsanforderungen.[15] Hierbei handelt es sich insb. um Kenntnisse der Funktionsweisen und Risiken der eingesetzten Finanzinstrumente und aufsichtsrechtlicher Regelungen. Die Überwachung der Einhaltung dieser Qualifikationsanforderungen wird verpflichtend.[16] Eine Meldung der betroffenen Mitarbeiter analog des Verfahrens für Anlageberater, Vertriebsbeauftragte und Compliance-Beauftragte wird jedoch nicht erforderlich.

Die im Angebot einer Finanzportfolioverwaltung einzusetzenden Unterlagen müssen den Anforderungen an Informationen genügen. Werbemitteilungen sind als solche kenntlich zu machen.[17]

6.2 Exploration, Information, Risikoaufklärung und Beratung vor Vertragsabschluss

11 Vor Vertragsabschluss hat der Finanzportfolioverwalter den Kunden nach seinen Kenntnisse und Erfahrungen in Bezug auf Geschäfte mit Finanzinstrumenten, seinen Anlagezielen und seinen finanziellen Verhältnissen zu befragen. Auf Basis der erhaltenen Informationen ist der Finanzportfolioverwalter in der Lage, dem Kunden eine geeignete Anlagestrategie vorzustellen und diesen hinsichtlich der Auswahl der Strategie zu beraten und bezüglich der Risiken der Strategie und der in der Umsetzung einzusetzenden Finanzinstrumente aufzuklären.[18] Der Kunde ist über das Wertpapierdienstleistungsunternehmen und die angebotenen Dienstleistungen zu informieren.

Eine Beratung ist nur dann zulässig, wenn der Finanzportfolioverwalter vom Kunden ausreichende Informationen erhalten hat, um die Risikotragfähigkeit zu beurteilen und eine Geeignetheit der empfohlenen Dienstleistung feststellen zu können.

Liegen dem Finanzportfolioverwalter keine ausreichenden Informationen vor und der Kunde verweigert weitere Angaben, welche zur Beurteilung erforderlich sind, darf eine Beratung nicht vorgenommen werden.

Der Finanzportfolioverwalter ist nicht verpflichtet, die Angaben des Kunden zu verifizieren. Allerdings müssen die Angaben des Kunden so weit als möglich zumindest plausibilisiert werden.[19]

---

13 § 1b WpHGMaAnzV-E.
14 § 76 WpHG.
15 „Diskussionsentwurf der Bundesanstalt für Finanzdienstleistungsaufsicht" zur „Verordnung zur Änderung der WpHG-Mitarbeiteranzeigeverordnung".
16 V.II. und V.IV Guidelines for the assessment of knowledge and competence, ESMA71-1154262120-153.
17 Vgl. BT 3 MaComp.
18 § 31 Abs. 4 WpHG.
19 BT 7.5 und 7.6 MaComp.

Die Inhalte des Beratungsgespräches sowie dessen Ergebnis sind vom Finanzportfolioverwalter zu dokumentieren. Diese Dokumentation sollte aus Haftungsgründen den Anforderungen an ein Beratungsprotokoll genügen.[20]

Abweichungen zwischen dieser Dokumentation und den späteren Inhalten des Vermögensverwaltungsvertrages sollten nicht vorkommen bzw. sind zumindest erläuterungsbedürftig. Hierbei kommt einer nachvollziehbaren Dokumentation besondere Bedeutung bei.

Die Strategien zu Vermögensverwaltungsverträgen basieren – bei aller Individualität der Vereinbarungen – auf wenigen standardisierten Angeboten, welche sich im Wesentlichen in der Ausprägung der einzugehenden Risiken unterscheiden. Im Rahmen des Beratungsgespräches wird dem Kunden i. d. R. eine solche, zu seinen Anlagezielen passende Basisstrategie empfohlen und ggfs. um persönliche Ausgestaltungswünsche des Kunden ergänzt.

Der Einsatz von Basisstrategien ist für den Finanzportfolioverwalter eine für den wirtschaftlichen Erfolg wichtige Stellschraube, erleichtert diese Standardisierung doch die nachfolgenden Prozesse in erheblichem Maße.

Die internen Prozesse, welche zur Auswahl der angebotenen Strategien maßgeblich waren, sollten ausführlich dokumentiert und dem Kunden erläutert werden.

6.3 Vorbereitung und Umsetzung von Anlageentscheidungen

Ausgehend von den Basisstrategien sind Prozesse zu definieren, auf welchen die Auswahl von Finanzinstrumenten zur Umsetzung der Strategien basiert. *12*

Diese Strategien orientieren sich insb. an der Hausmeinung des Finanzdienstleistungsinstituts und müssen diese abbilden, um diskretionäre Entscheidungen von Finanzportfolioverwaltern zu unterbinden und reproduzierbare und transparente Beschlusswege sicherzustellen.

Im Umfeld von Bewertungen als Teilmärkten, welche die in publizierten Hausmeinungen *13* recherchierbaren Kursziele z. T. deutlich hinter sich gelassen haben, lassen sich Strategien, welche auf „long only" gerichtet sind, schwerlich argumentieren.

Die Dokumentationen jeder Einzelentscheidung müssen einer kritischen Würdigung durch *14* Compliance, interner und externer Revision und nicht zuletzt im Streitfall auch des Anlegers standhalten und sind entsprechend sorgfältig zu erstellen.

Nachdem in der dargestellten Weise Entscheidungen getroffen wurden, sind diese schnellstmöglich als Order ins System einzustellen. Hierdurch wird der Zeitraum, in welchem aufgrund der üblicherweise hohen Volumina tendenziell compliance-relevante Informationen vorliegen, möglichst gering zu halten.

Bei der Bewertung der Vertraulichkeit der noch nicht umgesetzten Beschlüsse aus der Finanzportfolioverwaltung sind neben dem zur Verfügung stehenden Anlageuniversum auch die zu handelnden Finanzinstrumente individuell zu betrachten. Auch die Art der Abwicklung ist hierbei von Bedeutung.

---

20 § 34 Abs. 2a WpHG i. V. m. § 14 Abs. 6 WpDVerOV und BT 6 MaComp.

Soweit eine mögliche Kursrelevanz der Information nicht ausgeschlossen werden kann, ist durch geeignete Maßnahmen sicherzustellen, dass der Kreis der über die anstehenden Transaktionen informierten Mitarbeiter möglichst klein gehalten wird. Die Information ist – ebenso wie die Namen der Informationsträger – Compliance zur weiteren Bearbeitung zu überlassen.

Schon bei einer möglicherweise vorhandenen Kursrelevanz sind auch elektronische Wege so abzuschirmen, dass eine Kenntnisnahme weiterer Mitarbeiter ausgeschlossen wird. Denkbar sind z. B. Zugriffsbeschränkungen auf Speichermedien der Finanzportfolioverwaltung und der Ausschluss von Zugriffsrechten Dritter auf die E-Mail-Kommunikation der an der Entscheidungsfindung beteiligten Personen.

Die Entscheidungsfindung kann automatisiert, durch Einzelpersonen oder speziell eingerichtete Ausschüsse erfolgen.

Nach Entscheidungsfindung gilt es, die Order möglichst zeitnah umzusetzen. Daher kommt einer unverzüglichen Kontrolle, ob die Entscheidungen die individuellen Vorgaben der Kunden in den Vermögensverwaltungsverträgen berücksichtigen, wesentliche Bedeutung zu.

Erst nach Durchführung einer derartigen Kontrolle sollte das endgültige Ordervolumen ermittelt und am vorgesehenen Handelsplatz eingestellt werden.

15 Bei der Wahl des Handelsplatzes ist aufgrund der üblicherweise deutlich vom Standard abweichenden Volumina der Einsatz der für Privatkunden genutzten Best-Ex-Policy nur eingeschränkt sinnvoll. Vielmehr sollten die Kriterien für die Auswahl der Handelsplätze im Rahmen des Prozesses festgelegt werden und die Umsetzung entsprechend durch den Finanzportfolioverwalter durchgeführt werden.

Die Gleichbehandlung der Kunden ist bei der Orderabwicklung sicherzustellen. Dieser Grundsatz stößt bereits bei einer nur geringen Anzahl verwalteter Einzelvermögen an seine Grenzen. Die zeitgleiche Erteilung der aus den Anlageentscheidungen resultierenden Order wird erheblich erschwert, wenn nicht sogar unmöglich gemacht. Hieraus resultieren Unterschiede in den abgerechneten Kursen, was letztlich bei verschiedenen Einzelvermögen, welche auf gleicher Basis geführt werden, zu Unterschieden in der Performance und – je nach Vergütungsmodell – möglicherweise sogar zu unterschiedlichen Kosten führt. Dieser Zustand ist mit dem Gleichbehandlungsgrundsatz nicht in Einklang zu bringen.

16 Als Lösung hat sich für die Problematik die Blockorder durchgesetzt. Hierbei werden sämtliche aus der Umsetzung von Anlageentscheidungen entstehenden Order zusammengefasst und über ein „Sammeldepot" (Blockorder-Depot) an den Markt gegeben.

Die sich ergebende (Mischkurs-)Abrechnung wird anschließend anteilsmäßig auf die betroffenen Einzelvermögen aufgeteilt. Hierdurch können sämtliche Kunden sowohl hinsichtlich der Kosten, als auch der Ausführungszeit und der abgerechneten Kurse exakt gleich gehalten werden.

Sofern Blockorder Verwendung finden, sollte der Kunde bereits vorab hierüber und über die sich möglicherweise hieraus ergebenden Nachteile informiert werden. Hierzu bietet sich der Vermögensverwaltungsvertrag als Informationsmedium an.[21]

Bei Nutzung einer Blockorder ist besonderes Augenmerk auf eine korrekte Abrechnung gegenüber dem Kunden zu legen, wobei hier insb. die Angabe des Ausführungszeitpunktes und des Handelsplatzes angesprochen werden soll.

Auch auf die Besonderheiten der Meldung derartiger Transaktionen nach Art. 26 der Verordnung (EU) Nr. 600/2014 des Europäischen Parlaments und des Rates v. 15.05.2014 sei hier aufmerksam gemacht.

Aufgrund der vielfältigen Unterschiede zu einer üblichen Einzelorder, welche i. d. R. automatisch über den Depotführer gemeldet wird, ist dieser Bereich der Finanzportfolioverwaltung fehleranfällig und bietet sich daher für Überwachungshandlungen durch Compliance bzw. nachgeschaltet auch für Prüfungen der Revision an.

Zur Abwicklung der Order einer Vielzahl von Einzelportfolios ist der Einsatz eines Portfoliomanagementsystems zweckmäßig, welches neben der korrekten Abrechnung und Buchung auch die Limitüberwachung und das Reporting unterstützt. Die Einrichtung der Institutsparameter eines derartigen Portfoliomanagementsystems sollte zwingend von außerhalb der mit der Finanzportfolioverwaltung betrauten Bereiche erfolgen. Vor Produktionsbeginn erscheint die Einbindung von Compliance und ggfs. der (IT-)Revision sinnvoll.

17

Ein Zugriff der Finanzportfolioverwalter auf die Benchmarkparametrisierung, das Buchungssystem sowohl auf Konten-, als auch auf Depotebene und Eingriffe in das Reporting sind hierbei zu unterbinden. Auch der Zugriff auf die Rechteverwaltung sollte den Finanzportfolioverwaltern keinesfalls möglich sein.

Bei der Ausgestaltung der Berechtigungen in einem Portfoliomanagementsystem ist der Schutz des Kunden und des Instituts vor Defraudationen gegenüber der Anwenderfreundlichkeit klar zu priorisieren. Eine Funktionstrennung sollte auf jeder Ebene des Prozesses, wie auch in den IT-Anwendungen sichergestellt sein.

In der Praxis hat sich im Prozess der Finanzportfolioverwaltung die Aufteilung in ein Front-Office, welches die Kundenberatung, -akquise und -betreuung vornimmt und zumeist an der Entwicklung der Anlageentscheidungen beteiligt ist und ein Back-Office zur Buchung, Abrechnung und Kontrolle bewährt. Dort wird auch das Reporting erstellt und ohne vorherige Zugriffsmöglichkeit der Finanzportfolioverwalter dem Kunden zugeleitet.

7 Reporting

Der Kunde ist im Rahmen der Finanzportfolioverwaltung regelmäßig über die getätigten Transaktionen und die Entwicklung seines verwalteten Vermögens zu unterrichten. An den inhaltlichen Anforderungen an die periodischen Berichte wird sich mit Umsetzung der MiFID II keine Änderung ergeben.[22]

18

---

21 § 10 WpDVerOV.
22 Art. 60 Abs. 2 MiFID II – DVO.

Die Periodizität des Reportings hängt u. a. davon ab, welche Finanzinstrumente im Rahmen der Finanzportfolioverwaltung eingesetzt werden und ob kreditorische Elemente Anwendung finden.

Bei einer rein auf Guthabenbasis geführten Finanzportfolioverwaltung ist eine halbjährliche Berichterstattung als Minimum vorgegeben.[23] Der Kunde kann jedoch auf Antrag ein vierteljährliches Reporting verlangen, weshalb sich dieses auch als Standard etabliert hat.

Mit Umsetzung der MiFID II wird der Turnus generell auf 3 Monate verkürzt.[24]

19 Die Wahl des „richtigen" Reportingturnus sollte von den persönlichen Umständen des Kunden abhängig gemacht werden. Grundsätzlich erscheint eine vierteljährliches Reporting als „Königsweg", um dem Kunden einerseits einen zeitnahen Überblick über den Stand seiner Finanzportfolioverwaltung zu ermöglichen, andererseits den häufig genannten Beweggrund zur Entscheidung für eine Finanzportfolioverwaltung, von eben diesen Verwaltungstätigkeiten entlastet zu werden, nicht zu konterkarieren.

Letztlich dürfte bei Mandaten mit hohen Volumina bzw. Kunden mit besonders ausgeprägter Chancenorientierung eine Tendenz zu monatlichem Reporting vorherrschen.

Dürfen in der Finanzportfolioverwaltung auch Geschäfte auf kreditorischer Basis oder Finanzinstrumente mit Hebelwirkung eingesetzt werden, ist ein monatlicher Turnus sogar vorgeschrieben.

Ausschlaggebend für ein monatliches Reporting ist nicht der tatsächliche Einsatz der vorgenannten Instrumente, sondern die vertraglich zugestandene Möglichkeit, diese einzusetzen.

Aufgrund der klaren Abgrenzung in der WpDVerOV ist zu untersuchen, ob auch Anlagezertifikate, welche aufgrund einer Notierung des Underlyings nahe von Schwellen, die wiederum Triggerereignisse auslösen, temporär eine Hebelwirkung entwickeln, eine monatliche Reportingpflicht auslösen.

Mit Umsetzung der MiFID II kann die Reportingverpflichtung auch unabhängig von der dreimonatigen Berichtsperiode durch Bereitstellung in einem Online-System erfüllt werden[25], welcher als dauerhafter Datenträger einzustufen ist und dem Kunden Zugang zu allen geschuldeten Informationen über die Kundenvermögenswerte[26] bietet. Beim Einsatz eines derartigen Systems ist die Nutzung des Online-Systems nachvollziehbar zu dokumentieren. Insb. ist sicherzustellen, dass der Kunde mind. einmal im betreffenden Berichtsturnus die Anwendung genutzt und sein Portfolio aufgerufen hat.

20 Fallen „erhebliche Verluste" in der Finanzportfolioverwaltung an, ist dem Kunden unverzüglich ein ad-hoc-Reporting zur Verfügung zu stellen.[27]

---

23 § 9 Abs. 2 WpDVerOV.
24 Art. 60 Abs. 3 MiFID II – DVO.
25 Art. 60 Abs. 3a MiFID II – DVO.
26 Art. 63 Abs. 2 MiFID II – DVO.
27 § 9 Abs. 5 WpDVerOV.

Dieser „erhebliche Verlust" sollte im Vermögensverwaltungsvertrag konkretisiert werden, wobei eine Abhängigkeit von der gewählten Risikostrategie des Kunden berücksichtigt werden sollte.

Ergänzend zu der bisherigen individuell zu konkretisierenden Definition des „erheblichen Verlusts" wird mit Umsetzung der MiFID II eine ad-hoc-Berichtspflicht ausgelöst, wenn der Wert des verwalteten Portfolios im Verglich zu seinem Anfangsbestand der Berichtsperiode[28] um 10 % gefallen ist. Weitere ad-hoc-Berichtspflichten werden mit Erreichen weiterer Verlustschwellen in 10 % Schritten ausgelöst.[29]

Die Mindestinhalte des regelmäßigen Reportings sind in § 9 Nr. 2 WpDVerOV normiert. *21*

– Name des Wertpapierdienstleistungsunternehmens
– Name oder sonstige Bezeichnung des Kontos des Privatkunden
– Zusammensetzung und Bewertung des Finanzportfolios mit Einzelangaben zu jedem gehaltenen Finanzinstrument, seinem Marktwert oder, wenn dieser nicht verfügbar ist, dem beizulegenden Zeitwert
– dem Kontostand zum Beginn und zum Ende des Berichtszeitraums sowie der Wertentwicklung des Finanzportfolios während des Berichtszeitraums
– Gesamtbetrag der in dem Berichtszeitraum angefallenen Gebühren und Entgelte, mind. aufgeschlüsselt in Gesamtverwaltungsgebühren und Gesamtkosten im Zusammenhang mit der Leistungserbringung sowie einen Hinweis, dass eine detailliertere Aufschlüsselung auf Anfrage übermittelt wird
– Vergleich der Wertentwicklung während des Berichtszeitraums unter Angabe einer Vergleichsgröße, falls eine solche zwischen dem Wertpapierdienstleistungsunternehmen und dem Kunden vereinbart wurde
– Gesamtbetrag der Dividenden-, Zins- und sonstigen Zahlungen, die während des Berichtszeitraums im Zusammenhang mit dem Kundenportfolio eingegangen sind
– Informationen über sonstige Maßnahmen des Unternehmens, die Rechte in Bezug auf im Finanzportfolio gehaltene Finanzinstrumente verleihen, und für jedes in dem Berichtszeitraum ausgeführte Geschäft die in § 8 Abs. 2 Satz 2 Nr. 3 bis 12 aufgeführten Angaben, es sei denn, der Kunde hat verlangt, die Informationen jeweils gesondert für jedes ausgeführte Geschäft zu erhalten.

Neben dem regelmäßigen und ggfs. ad-hoc-Reporting ist der Kunde unverzüglich auf einem dauerhaften Datenträger über jede getätigte Transaktion zu informieren.[30]

Die Erstellung und Sichtung der Reportings sollte – ebenso wie die Zuständigkeit für Geld- und Stückebuchungen – durch eine vom Finanzportfolioverwalter unabhängige, also auch nicht seiner Weisungskompetenz unterliegenden, Stelle erfolgen. Als weitergehende Maßnahmen zur Vermeidung jeder Eingriffsmöglichkeit ist ein Zugriff des Finanzportfolioverwalters auf die Reporting auszuschließen, solange diese nicht auf dem Postweg zum Kunden sind.

---

28 In der Definition von Art. 60 Abs. 3 MiFID II – DVO.
29 Art. 62 Abs. 1 MiFID II – DVO.
30 § 31 Abs. 8 WpHG i. V. m. § 8 Nr. 2 WpDVerOV.

Natürlich sollte der Finanzportfolioverwalter unmittelbar nach erfolgtem Versand über die Reportings in Kenntnis gesetzt werden, um sich auf Reaktion von Kunden, mit welchem bereits am Folgetag unabhängig von der Performance des verwalteten Vermögens auszugehen ist, angemessen vorbereiten zu können.

8 Insiderrecht und Marktmanipulation

Grundsätzliches zu Insiderrecht und Marktmanipulation siehe Kapitel II.C.3 in diesem Buch.

8.1 Insiderrecht

22 Eine „Insiderinformation" ist eine nicht öffentlich bekannte präzise Information, die direkt oder indirekt einen oder mehrere Emittenten von Finanzinstrumenten oder ein oder mehrere Finanzinstrumente betrifft und die, wenn sie öffentlich bekannt würde, geeignet wäre, den Kurs dieser Finanzinstrumente oder den Kurs damit verbundener derivativer Finanzinstrumente erheblich zu beeinflussen.[31] Eine „präzise Information" liegt in einer Reihe von Umständen, die bereits gegeben sind oder bei denen man vernünftigerweise erwarten kann, dass sie in Zukunft gegeben sein werden, oder in einem Ereignis, das bereits eingetreten ist oder dessen Eintritt vernünftigerweise erwartet werden kann, wenn diese Informationen darüber hinaus spezifisch genug sind, um einen Schluss auf die mögliche Auswirkung dieser Reihe von Umständen oder dieses Ereignisses auf die Kurse der Finanzinstrumente zuzulassen.[32] Kursrelevant sind Informationen, die „ein verständiger Anleger wahrscheinlich als Teil der Grundlage seiner Anlageentscheidungen nutzen würde."[33]

23 Der Begriff des „verständigen Anlegers" wird nicht näher definiert. Ebenso findet sich in den Verordnungstexten kein Hinweis, welche zu erwartende Marktbewegung konkret als „erhebliche Beeinflussung" zu werten ist. Hierzu wird weitverbreitet die Ansicht vertreten, dass eine Kursbewegung bei Aktien, welche in einem nationalen Leitindex vertreten sind, von +/– 3 %, bei „Nebenwerten" von +/– 5 % und bei Rentenwerten von +/– 150 BP als erheblich anzusehen ist.

Die Ausnutzung von Insiderinformationen ist verboten. Insb. ist es untersagt, Insidergeschäfte zu tätigen oder dies zu versuchen und Dritten Insidergeschäfte zu empfehlen oder sie hierzu zu verleiten. Auch die unberechtigte Offenlegung von Insiderinformationen ist verboten.[34]

Die Insiderhandelsverbote sind auch im Rahmen der Finanzportfolioverwaltung zu beachten und zwar sowohl auf Ebene des Finanzportfolioverwalters, als auch auf Ebene des Kunden.

24 Die Ausübung der Überwachungsfunktion auf Indikationen, die auf mögliche Insidergeschäfte hinweisen, ist eine wesentliche Aufgabe von Compliance. Um dieser Überwa-

---

31 Art. 7 Abs. 1(a) MAR.
32 Art. 7 Abs. 2 Satz 1 MAR.
33 Art. 7 Abs. 4 Satz 1 MAR.
34 Art. 14 MAR.

chungstätigkeit nachkommen zu können ist ein unverzüglicher Informationsfluss durch die mit der Finanzportfolioverwaltung betrauten Einheiten an Compliance sicherzustellen. Insb. ist Compliance über Beschlüsse zu geplanten Transaktionen und über deren Umsetzung zeitnah zu informieren.

Ob hier eine unverzügliche, auch untertätige Information an Compliance notwendig ist, kann nicht allgemeingültig gesagt werden, sondern hängt vielmehr vor Art und Umfang der Finanzportfolioverwaltung ab. Um hier die instituts-individuellen Ansprüche an den Informationsfluss zu definieren ist eine gründliche Untersuchung der sich ergebenden potenziellen Risiken im Rahmen der regelmäßigen Erhebung des Interessenkonfliktpotenzials und möglicher Quellen compliance-relevanter Informationen durchzuführen.

Nach Analyse der Ergebnisse dieser Erhebung, welche in aller Regel jährlich bzw. anlassbezogen zusätzlich unterjährig stattfindet, kann das interne Regelwerk auf fundierter Basis festgelegt werden.

Die vorgenannte Analyse wird ebenfalls Auskunft darüber geben, in welcher Form der Vertraulichkeitsbereich „Finanzportfolioverwaltung" zu definieren ist.

Jedweder compliance-relevante Informationsfluss aus diesem Vertraulichkeitsbereich ist vorab durch Compliance zu genehmigen, wobei diese Genehmigungen nur äußerst restriktiv vergeben werden sollten.

Insb. ist ein Informationsfluss zwischen den für die Finanzportfolioverwaltung zuständigen Bereichen und der internen Einheiten, die für den Eigenhandel, das Research und die Vertriebssteuerung zuständig sind, sowie zu den beratenden Einheiten zu unterbinden.

8.2 Marktmanipulation

Mit zunehmender Professionalisierung der handelnden Personen kann die Anfälligkeit für den Einsatz marktmanipulativer Maßnahmen zur Erlangung von (Performance-)Vorteilen zunehmen. Dies kann durchaus auch fahrlässig geschehen.

Als wesentliche präventive Maßnahme ist die intensive und regelmäßige Schulung sämtlicher Mitarbeiter in Front- und Back-Office des für die Finanzportfolioverwaltung zuständigen Bereiches anzusehen.

Durch Kenntnis der einschlägigen Rechtsvorschriften wird eine Sensibilisierung der Mitarbeiter erreicht. Ebenso werden diese in die Lage versetzt, bereits in der operativen Einheit wirksame Kontrollen durchzuführen (1st level of defence)[35] und auf diese Weise das Institut, die Kunden und auch die handelnden Kollegen zu schützen.

Nachgeschaltet erfolgt eine laufende, zeitnahe Überwachung durch Compliance, welche durch technische Überwachungssysteme zu unterstützen ist.[36]

---

35 *Rangol*, in: Börsen-Zeitung v. 11.12.2007 und „Compliance post MiFID" in: pwc:financial services, Januar 2009.
36 Art. 16 Abs. 2 MAR, konkretisiert durch die Delegierte Verordnung der Kommission v. 09.03.2016 zur Ergänzung der Verordnung (EU) Nr. 596/2014.

9 Umgang mit Interessenkonflikten

9.1 Interessenkonflikte können im Tagesgeschäft

26 Interessenskonflikte können im Tagesgeschäft einer Bank an vielfältigen Stellen entstehen und Auswirkungen auf unterschiedliche Bereiche haben. Auch die Finanzportfolioverwaltung kann von Interessenkonflikten tangiert werden.

Kunden werden mögliche Interessenkonflikte in allgemeiner Art im Rahmen der Aushändigung der Institutsinformationen informiert. Auf Nachfrage erhält der Kunde eine detaillierte Ausfertigung der Conflict Of Interest Policy, in welcher dann auch Maßnahmen zur Vermeidung von bzw. zum Umfang mit Interessenkonflikten enthalten sind.

Eine Bank hat Interessenkonflikte möglichst zu vermeiden[37] und wirksame Vorkehrungen zu treffen, um Interessenkonflikte zu erkennen und eine Beeinträchtigung von Kundeninteressen zu vermeiden.[38] Ebenso sind organisatorische Maßnahmen zu treffen, wie mit unvermeidbaren Interessenkonflikten umzugehen ist.

Die Compliance-Funktion erhebt regelmäßig, mind. einmal jährlich mögliche Interessenkonflikte, analysiert diese und aktualisiert bei Bedarf die Conflict Of Interest Policy.

Die Analyse, ob Interessenkonflikte einschlägig wurden und ob möglicherweise Kundeninteressen verletzt wurden, erfolgt im Rahmen der laufenden Überwachung durch Compliance.

9.2 Prävention von Interessenkonflikten

27 Als eine wesentliche Maßnahme bei der Prävention von Interessenkonflikten stellt sich der Einsatz von fachlich qualifiziertem und hinreichend sensibilisierten Personal in der Erbringung der Finanzportfolioverwaltung in Verbindung mit der Implementierung einer stringenten und wirksamen Kontrolle im operativen Bereich (1st Level) dar. Damit einher geht die übliche Funktionstrennung in Front- und Back-Office und die damit verbundenen Kontrollhandlungen.

In der Praxis ist ein Unterstellungs- bzw. Abhängigkeitsverhältnis zwischen Front- und Back-Office ebenso zu vermeiden, wie ein Qualifikationsgefälle zwischen den genannten Bereichen, welches die Durchführung effektiver Kontrollen verhindert.

Eine weitere wesentliche präventive Maßnahme ist die Schaffung von Informationsbarrieren, welche den Verbleib sensibler Informationen im jeweiligen Vertraulichkeitsbereich sicherstellt und Compliance in die Lage versetzt, den Informationsfluss zu überwachen, zu unterbinden oder im Rahmen der sehr restriktiven Handhabung des Wall-Crossings zu erlauben.

In Abhängigkeit vom Geschäftsumfang kann eine räumliche Trennung des Bereiches Finanzportfolioverwaltung von anderen sensiblen Bereichen ebenso eine wirksame Prävention darstellen, wie Zutrittskontrollen oder technische Sicherungsmaßnahmen im Bereich der Telekommunikation.

---

37 § 31 Abs. 1 WpHG.
38 § 33 Abs. 1 Ziffer 3 WpHG.

Wesentlich für die Wirksamkeit der Präventionsmaßnahmen ist auch die Installation von Zugriffsbeschränkungen auf die Daten des Bereiches Finanzportfolioverwaltung. Auf Daten, welche (geplante) Handelsaktivitäten erkennen lassen, sollte bis auf den Bereich des Front- und ggfs. Middle-Office keine weitere Einheit Zugriff haben. Das Back-Office i. d. R. benötigt nur Zugang zu Transaktionen, welche bereits an die Börse/den Handelspartner übermittelt wurden und bereits abgerechnet oder aber im Orderbuch ersichtlich sind. Aufgrund der Volumina der gesammelten Aufträge der Finanzportfolioverwaltung (Blockorder) und der sich daraus ergebenden Kursrelevanz ist dieser Bereich als besonders sensibel anzusehen.

10 Zuwendungen

Werden im Rahmen der Portfolioverwaltung neben der vereinbarten Gebühr noch zusätzliche Zuwendungen entgegengenommen, so sind die Kunden hierüber aufzuklären[39] 28

Üblicherweise wird diese Information Teil des Vermögensverwaltungsvertrages.

Gerade die Entgegennahme von Zuwendungen kann einen möglichen Interessenkonflikt darstellen und ist in der Überwachungstätigkeit durch Compliance intensiv zu betrachten.

Mit der Umsetzung der MiFID II wird die Entgegennahme von Zuwendungen im Rahmen der Finanzportfolioverwaltung weitestgehend untersagt.[40]

Ausgenommen sind kleinere nicht-monetäre Vorteile, die geeignet sind, die Qualität der für den Kunden erbrachten Dienstleistung zu verbessern und von ihrem Umfang und ihrer Art her die Verpflichtung des Instituts zum Handeln im bestmöglichen Kundeninteresse nicht beeinträchtigen. Damit geht der deutsche Gesetzgeber im Referentenentwurf zu FiMaNoG II über die in der Durchführungsrichtlinie definierte Anforderung hinaus.[41]

Bei der Beurteilung der Zulässigkeit der Entgegennahme eines nicht-monetären Vorteils wird wohl ein strenger Maßstab anzulegen sein,[42] wie auch eine nicht abschließende Aufstellung von generell als geringfügig zu betrachtenden nicht-monetären Vorteilen nahelegt.[43]

Durch das Verbot von Zuwendungen im Zusammenhang mit der Finanzportfolioverwaltung wird die bislang oftmals praktizierte Mischkalkulation bei der Festsetzung von Gebühren für die Finanzportfolioverwaltung ausgeschlossen. Für den Kunden bedeutet dies eine markante Verbesserung im Bereich der Kostentransparenz.

Das genannte Zuwendungsverbot ist nicht dahingehend auszulegen, dass der Einsatz von Finanzinstrumenten in der Finanzportfolioverwaltung ausgeschlossen ist, wenn diese provisioniert werden. Vielmehr ist die erhaltene Zuwendung so schnell wie nach vernünftigem

---

39 § 9 Abs. 2 Nr. 4 WpDVerOV.
40 § 55 Abs. 14 WpHG.
41 Art. 12 Abs. 3e MiFID II-DRL.
42 Stellungnahme zu dem Gesetzentwurf der Bundesregierung „Entwurf eines Zweiten Gesetzes zur Novellierung von Finanzmarktvorschriften auf Grund europäischer Rechtsakte" (Zweites Finanzmarktnovellierungsgesetz – 2. FiMaNoG) v. 03.03.2017.
43 § 6 Abs. 1 WpDVerOV-E.

Ermessen üblich an den Kunden auszukehren.[44] Dies ist in einer geeigneten Policy niederzulegen.[45] Zudem ist der Kunde über die ausgekehrten Zuwendungen zu unterrichten.[46]

11 Überwachung durch Compliance

29 Der Abschluss und die Aufrechterhaltung eines Finanzportfoliovertrages setzen ein unbedingtes Vertrauen in den Anbieter der Finanzdienstleistung voraus. Dieses Vertrauen wächst teils über Jahrzehnte bzw. Generationen und rechtfertigt umfangreiche qualitätssichernde Maßnahmen. Im Gegenzug erhält der Anbieter langfristigen Zugang zu einer planbaren und stabilen Ertragsquelle.

Neben dem Einsatz zuverlässiger und sehr gut qualifizierter Mitarbeiter und effizienten Kontrollen auf Level 1 ist auch eine umfangreiche Überwachung Teil dieser Maßnahmen zur Sicherstellung einer gleichbleibend hohen Qualität.

30 Auf der Ebene von Compliance bietet sich aufgrund der Vielzahl regulierter Einzelsachverhalte eine mehrstufige Strategie der Überwachung an.[47]

Die Umsatztätigkeit sollte Teil der täglichen/laufenden Überwachung in einem ersten Schritt zumindest Front- und Parallelrunning, Abgleiche mit der Beobachtungsliste und Auffälligkeiten mit Bezug zur Marktmanipulation beinhalten.

Die umfangreiche Liste weiterer relevanter Sachverhalte, die Bedeutung der einzelnen Mandate und die im Raum stehenden Volumina dürften regelmäßig dazu führen, für Compliance einen jährlichen Turnus bei der umfänglichen Überwachung der Finanzportfolioverwaltung vorzusehen.

Neben der Kontrolle der Einhaltung der aufsichtsrechtlichen Gebote ist vor dem Hintergrund des Schutzes der Kundeninteressen auch auf weitergehende „weiche" Faktoren abzustellen.

Hierzu kann gehören, Anlageentscheidungen in einen Kontext mit der Tätigkeit oder den Aufgaben des Kunden zu setzen. So wäre der Kauf von Rüstungsaktien für das Depot einer Stiftung mit mildtätigem Hintergrund ebenso schwer vermittelbar, wie der Kauf von Aktien von Aktien eines Kohleproduzenten für den Vorsitzenden einer Umweltstiftung. Im Zweifel können mit solch unüberlegten Investitionsentscheidungen auf Seiten des Finanzportfolioverwalters Kunden in ernsthafte Argumentationsnöte gebracht werden, wenn z. B. Investitionen in Anlagen eines Emittenten erfolgen, bei welchem der betreffende Kunde selbst Organmitglied ist.

Die Nachvollziehbarkeit von Investitionsentscheidungen ist sicherzustellen, um jede diskretionäre Entscheidung der Finanzportfolioverwalter zu unterbinden und die kontinuierliche Ausrichtung an der Hausmeinung zu gewährleisten.

---

44 § 55 Abs. 14 Satz 4 WpHG.
45 § 69 Abs. 8 WpHG.
46 § 55 Abs. 14 Satz 5 WpHG.
47 Vgl. auch *Lang/Renz*, in: Schäfer/Sethe/Lang (Hrsg.): Handbuch der Vermögensverwaltung, 2. Aufl., München 2016, Seite 398 ff.

Ein Schwerpunkt der Überwachungstätigkeit durch Compliance dürfte regelmäßig die *31* Einhaltung der Reportingverpflichtungen sein. Neben der Vollständigkeit des Reportings sind hierbei die zeitnahe Zur-Verfügungstellung und der Ausschluss des Zugriffs der Vermögensverwalter zu überwachen. Die Inhalte des Reportings und – damit verbunden – die Zugriffsrechte auf Programme, welche Reporting, Abrechnung und Buchung steuern stellen ebenso eine weitere Aufgabe im Rahmen der Überwachung durch Compliance dar, wie die Besonderheiten beim Ad-hoc-Reporting und die zur Ermittlung der Basisgrößen für die Einhaltung der Verlustschwellen verbundenen Prozesse. In diesem Zusammenhang sind auch die Einhaltung und Überwachung der Anlagegrundsätze und individuellen Kundenvereinbarungen näher zu untersuchen. Letztlich sollte das Reporting auf eine Empfänger-gerechte Darstellung, insb. auch der Performance-Darstellung Teil der Überwachungshandlungen sein.

Ein weiterer Schwerpunkt im Rahmen der Überwachung durch Compliance sollte der Umgang mit Interessenkonflikten sein. Hierbei sind neben den Interessenkonflikten zwischen dem Institut, sonstigen Kunden, Eigengeschäften der Mitarbeiter und der Finanzportfolioverwaltung auch Interessenkonflikte zwischen den einzelnen Mandaten innerhalb der Finanzportfolioverwaltung zu betrachten. Insb. sollte ein „Abladen" von Wertpapierbeständen, welches regelmäßig eher nicht im Interesse der Kunden der Finanzportfolioverwaltung liegen dürfte, untersucht werden.

Die Compliance-Überwachungshandlungen sollten bereits bei der vor dem Vertragsabschluss einsetzenden Informationspflichten beginnen und auch die Nachvollziehbarkeit der Dokumentation umfassen.

Die Überwachung der Prozesse zur Umsetzung von Anlageentscheidungen, deren Durchführung, Aufteilung auf die einzelnen Mandate und korrekte Meldung und Abrechnung fügen sich als weitere Bausteine in ein umfassendes Ergebnis der Kontrollen der 2. Verteidigungslinie, Compliance, ein.

Zunächst ist der Prozess, welcher überhaupt mögliche Anlageentscheidungen vorbereitet dahingehend zu untersuchen, ob die Entscheidungen auf transparenter und regelbasierter Grundlage zustande kommen.

Bei der Umsetzung von Anlageentscheidungen sind die Auswahl Börsenplatzes und vorhandenes Marktbeeinflussungspotenzial Teil der Überwachung, welche sich in der Folge auch auf die Gleichbehandlung der Kunden bei der Aufteilung auf die einzelnen Mandate fortsetzt.

Die vorgenannten Überwachungen sollten sich sowohl auf die korrekte Soll-Darstellung in internen Arbeitsanweisungen, wie auch in den in Stichproben zu untersuchenden Arbeitsergebnisse beziehen.

12 Fazit

Die Finanzportfolioverwaltung steht vor großen Umbrüchen. Neben der zunehmenden *32* Regulierung ist – nicht zuletzt aufgrund der höheren Kostentransparenz und dem Zuwendungsverbot – mit tendenziell sinkenden Margen zu rechnen. Gleichzeitig tritt durch das Aufkommen der Robo-Advisor eine völlig neue Konkurrenz auf den Markt, welcher sich nicht mehr und nicht weniger auf die Fahnen geschrieben hat, als die „Demokratisierung der Vermögensverwaltung". Als weiterer Mitbewerber tritt in zunehmendem Maße das Social Trading[48] auf. Durch die letztgenannten neuen Alternativen zur klassischen Vermögensverwaltung und gleichzeitigem Abwandern des High-End-Segments der UHNI (Ultra-High-Net-worth-Individuals) zu spezialisierten Family-Offices wird der Wettbewerb intensiver. Gleichzeitig wächst jedoch die Grundgesamtheit der für die Finanzportfolioverwaltung in Frage kommenden Bevölkerungsteile durch die massive Absenkung der Eintrittsschwellen. Am Ende verbleibt ein ertragreiches, auf Vertrauen basierendes Geschäft, dessen Erträge jedes Bemühen um einen langfristigen Verbleib im Wettbewerb rechtfertigen sollte.

---

48   *Renz/Wittnebel*: Die Klugheit der Massen, in: rendite. Das Anlagemazin der Börsen-Zeitung, Dezember 2015.

13 Literaturverzeichnis

Schäfer/Sethe/Lang (Hrsg.): Handbuch der Vermögensverwaltung, 2. Aufl., München 2016.

B

Sonstige Organisationspflichten

II.B.1

Interessenkonflikte

Dr. Holger Schäfer[1]

---

[1] Dieser Artikel gibt ausschließlich die persönliche Auffassung des Autors wieder.

Inhaltsübersicht

1	Einleitung	1–5
2	Europarechtlicher Hintergrund und Regelung im deutschen Recht	6–16
2.1	Europarechtlicher Hintergrund	6–7
2.2	Regelung im deutschen Recht	8–16
3	„Beteiligte" an Interessenkonflikten/Beteiligtenkonstellationen	17–26
3.1	„Beteiligte" an Interessenkonflikten	17
3.2	Beteiligtenkonstellationen des § 80 WpHG	18–20
3.3	Weitere Interessenkonflikte des § 80 WpHG	21–24
3.4	Interessenkonflikte innerhalb der Unternehmensgruppe	25
3.5	Keine abschließende Regelung	26
4	Begriff des Interessenkonflikts	27–38
4.1	Allgemeine Voraussetzungen	27–33
4.2	Kundeninteressen	34–38
5	Einzelne Interessenkonflikte/materielle Anknüpfungspunkte	39–55
5.1	Einführung	39–41
5.2	Einzelne materielle Anknüpfungspunkte der DVO	42–55
6	Grundsätze für den Umgang mit Interessenkonflikten	56–70
6.1	Allgemein	56
6.2	In schriftlicher Form	57
6.3	*Wirksame* Grundsätze	58
6.4	Größe/Geschäftsumfang	59
6.5	*Angemessene* Grundsätze	60
6.6	Dauerhafte Grundsätze	61
6.7	Interessenkonflikt bei Gruppenzugehörigkeit	62
6.8	Aktualisierung	63–68
6.9	Bericht an die Geschäftsleitung	69–70
7	Analyse des Interessenkonfliktpotenzials („Konfliktregister") als Teil der Grundsätze	71–79
7.1	Generelle Anforderungen	71–74
7.2	Inhaltliche Anknüpfungspunkte bzgl. der aufzunehmenden Konflikte	75–79
8	Vorkehrungen und Maßnahmen zum Umgang mit Interessenkonflikten („conflict policy") als Teil der Grundsätze	80–160
8.1	Organisatorische Vorkehrungen, Maßnahmen	80–85
8.2	Vermeidung oder Bewältigung von Interessenkonflikten	86–91
8.3	Angemessene Maßnahmen/Maßnahmenkatalog	92–136
8.4	Spezielle Vorgaben bei Finanzanalysen und Marketingmitteilungen	137–142
8.5	Zusätzliche allgemeine Anforderungen bei der Emissionsübernahme, Platzierung und Finanzwirtschaftsberatung	143–160
9	Offenlegungspflicht als Teil der Grundsätze	161–174
10	Die Rolle von Compliance	175–180

11   Aufsichtsrechtliche Prüfung 181–194
11.1 Jährliche Prüfung („Regelprüfung")............................ 182–189
11.2 Wertpapierdienstleistungsprüfungsverordnung (WpDPV) – Fragebogen. . . 190–191
11.3 Prüfungsbegleitungen   192
11.4 Prüfung durch die BaFin selbst oder durch Beauftragte   193
11.5 Prüfungen ohne Anlass („WpHG-Sonderprüfungen")..................   194
12   Ordnungswidrigkeitenrecht/Verwaltungsmaßnahmen................. 195–196
13   Literaturverzeichnis

1 Einleitung

Interessenkonflikte werden als „Grundproblem der Fremdgeschäftsführung"[1] angesehen und zwar nicht nur in zivilrechtlicher, sondern auch in aufsichtsrechtlicher Hinsicht. Soweit ein Wertpapierdienstleistungsunternehmen für Kunden Wertpapierdienstleistungen oder Wertpapiernebendienstleistungen erbringt, können es selbst und seine Mitarbeiter auch eigene Interessen verfolgen, die mit den aus der Fremdgeschäftsführung erwachsenden Treuepflichten nicht vereinbar sind. Hier werden Interessenkonflikte als „funktionsimmanent" angesehen.[2] Die Tatsache, dass zwischen verschiedenen Marktteilnehmern unterschiedliche Interessen bestehen, ist nicht per se als verwerfliches Verhalten eines Wertpapierdienstleistungsunternehmens zu bewerten.

1

Dennoch muss sich ein Wertpapierdienstleistungsunternehmen um die Vermeidung von Interessenkonflikten bemühen. Da eine völlige Vermeidung jedoch häufig nicht möglich ist bzw. nur unter einem weitgehenden Verzicht auf die Erbringung von Wertpapierdienstleistungen realisierbar wäre, verlangt der Gesetzgeber dies, das sei bereits vorweggenommen, grundsätzlich nicht.[3]

2

Entscheidend ist nach der gesetzlichen Konzeption der Umgang mit Interessenkonflikten. Die Auflösung des Spannungsverhältnisses zwischen diesen divergierenden Interessen ist Gegenstand der Interessenkonfliktsteuerung bzw. des Interessenkonfliktmanagements. Diese sind in sog. „Grundsätzen" festzulegen.

3

Eine zentrale Rolle bei dem Umgang mit Interessenkonflikten kommt hierbei dem Compliance-Beauftragten bzw. der Compliance-Funktion der Wertpapierdienstleistungsunternehmen zu.

4

Letztlich soll durch eine angemessene Interessenkonfliktsteuerung das Vertrauen der Anleger in die Marktintegrität geschützt werden.[4] Davon wieder profitieren die einzelnen Wertpapierdienstleistungsunternehmen.

5

2 Europarechtlicher Hintergrund und Regelung im deutschen Recht

2.1 Europarechtlicher Hintergrund

Die Thematik der Interessenkonflikte und der Interessenkonfliktsteuerung ist sehr stark europarechtlich initiiert und beeinflusst.

6

Das galt bereits für die bis zum 02.01.2018 unter dem Regime von MiFID I geltenden Regelungen.[5]

Eine noch stärkere Rolle spielen europarechtliche Normen jedoch in den ab dem 03.01.2018 geltenden Vorgaben.

---

1 *Assmann*, in: ÖBA, S. 40.
2 *Meyer/Paetzke/Will*, in: Kölner Kommentar zum WpHG, 2. Aufl. 2014, § 33 WpHG (a. F.) Rn. 137.
3 Vgl. etwa *Fuchs*, in: Wertpapierhandelsgesetz-Kommentar, 2. Aufl. 2016, § 31 (a. F.) Rn. 60.
4 *Fuchs*, in: Wertpapierhandelsgesetz-Kommentar, 2. Aufl. 2016, § 31 WpHG (a. F.) Rn. 45.
5 Die wesentlichen Normen waren hier Art 13 Abs. 3, 6 und 10, Art. 18 MiFID I sowie Art. 21, 22, 23 DRL MiFID.

7   Art. 16 Abs. 3 MiFID II („organisatorische Anforderungen") verlangt dabei von den Wertpapierdienstleistungsunternehmen, dass sie auf Dauer wirksame organisatorische und verwaltungsmäßige Vorkehrungen für angemessene Maßnahmen treffen, um zu verhindern, dass Interessenkonflikte im Sinne des Art. 23 MiFID II den Kundeninteressen schaden.

Der hier angesprochene Art. 23 enthält spezielle Regelungen zu dem Thema Interessenkonflikte. Hierzu gehören insb. die Nennung der Beteiligten an Interessenkonflikten sowie Vorgaben zur Analyse und zum Umgang mit derartigen Konflikten.

Ergänzend hierzu enthalten die Art. 33 bis 41 der Delegierten Verordnung (DVO), die einen eigenen Abschn. 3 zum Thema „Interessenkonflikte" bilden, Konkretisierungen der beiden vorstehend genannten MiFID-Vorschriften.[6]

2.2 Regelung im deutschen Recht[7]

2.2.1 Rechtliche Vorgaben

8   Bereits die bis zum 02.01.2018 geltenden rechtlichen Vorgaben zeichneten sich durch eine sehr ausdifferenzierte Regelung der Materie aus. Der Gesetzgeber hatte zudem zum Ausdruck gebracht, dass der Begriff der Interessenkonflikte „weit zu verstehen" ist.[8]

Regelungen zur Thematik Interessenkonflikte sowie deren Steuerung fanden sich insb. im WpHG[9], der WpDVerOV[10] sowie in den MaComp.[11]

9   Bei den ab dem 03.01.2018 geltenden Regelungen hat sich insb. der Schwerpunkt der Regelungsorte zu Interessenkonflikten verlagert. Das Gros der Vorgaben ist nun den europarechtlichen Normen unmittelbar zu entnehmen.

10 Zwar enthält das WpHG noch Regelungen zu Interessenkonflikten, die vor allem Art 16 und Art. 23 MiFID II umsetzen, so insb. die §§ 63 Abs. 2 und 80 Abs. 1 Satz 2 Nr. 2 WpHG.

Keine Vorgaben mehr enthält hingegen die WpDVerOV. Diese Lücke füllen nun die europarechtlichen Regelungen insb. der Art. 33–41 DVO, die unmittelbar heranzuziehen sind, aus.

11 Darüber hinaus finden sich – wie bereits unter dem MiFID I Regime – Ausprägungen der Interessenwahrungspflicht in einer Reihe weiterer Vorschriften des WpHG.[12] Hinzu kom-

---

6   Sofern die europarechtlichen Vorgaben den Begriff der „Wertpapierfirma" verwenden, wird dieser im Folgenden durch „Wertpapierdienstleistungsunternehmen" ersetzt.
7   Die folgenden Ausführungen beziehen sich grundsätzlich auf die ab dem 03.01.2018 einschlägigen bzw. anwendbaren Normen. Die bis dahin geltenden Regelungen werden allerdings mittels Verweis miteinbezogen.
8   Begr. Reg. E BT-Drs. 16/4028, S. 63.
9   Insb. in § 31 Abs. 2 WpHG (a. F.)(Handeln im Interesse des Kunden), § 33 Abs. 1 Satz 2 Nr. 3 WpHG (a. F.)(Organisationspflicht), § 33b Abs. 3 WpHG (a. F.)(Mitarbeitergeschäfte).
10 Insb. in § 5 Abs. 2 Satz 2 Nr. 1h) WpDVerOV, § 13 WpDVerOV.
11 *BaFin-Rundschreiben 4/2010 (WA)* – Mindestanforderungen an die Compliance-Funktion und die weiteren Verhaltens-, Organisations- und Transparenzpflichten nach §§ 31 ff. WpHG für Wertpapierdienstleistungsunternehmen (MaComp) v. 07.06.2010, aktualisiert am 19.04.2018.
12 Vgl. etwa *Fuchs* (Hrsg.), in: Wertpapierhandelsgesetz-Kommentar, 2. Aufl. 2016, § 31 WpHG Rn. 41 ff.

men, auch dies galt bereits vor dem 03.01.2018, Gesetze mit Wertpapierbezug außerhalb des WpHG, die (explizit oder inzident) Regelungen zu Interessenkonflikten enthalten.[13]

Auch wenn sich der Anknüpfungspunkt geändert hat, ist damit jedoch kein Wechsel in der Systematik bzw. grundsätzlichen Behandlung von Interessenkonflikten verbunden.[14]   *12*

Wie bereits unter dem MiFID I – Regime[15] ergänzen die Verhaltenspflichten die internen Organisationspflichten zur Identifikation und zum Management von Interessenkonflikten. Die zentrale Organisationsnorm zum Thema Interessenkonflikte stellt nunmehr § 80 Abs. 1 Satz 2 Nr. 2 WpHG dar. Diese wirkt im „Zusammenspiel" mit der Verhaltensregel des § 63 Abs. 2 WpHG (Offenlegung von Interessenkonflikten).[16]

Zudem regelt § 63 Abs. 1 WpHG, dass Wertpapierdienstleistungsunternehmen Wertpapierdienstleistungen und -nebendienstleistungen ehrlich, redlich und professionell im „bestmöglichen Interesse" ihrer Kunden zu erbringen haben. § 31 Abs. 1 WpHG (a.F.) enthielt eine ähnliche Regelung, verlangte aber im Gegensatz zur neuen Vorschrift nur ein Handeln im „Interesse" der Kunden.   *13*

Wie schon unter der Vorgängerregelung hat sich der Gesetz- und Verordnungsgeber für eine umfangreiche Normierung der Thematik „Interessenkonflikte" und die Bildung von Fallgruppen entschieden.   *14*

Hinweis:
Der hohe Detaillierungsgrad hat den Vorteil, dass sich Compliance-Beauftragte jetzt besser an den gesetzlichen Regelungen „entlang hangeln" können als dies mit einer oder wenigen generalklauselartigen Formulierungen der Fall wäre.

Den auf MiFID II beruhenden gesetzlichen Vorgaben lässt sich zudem, auch das galt bereits für die Vorgängerregelungen, die Betonung eines „proaktives Interessenkonfliktmanagements" entnehmen.   *15*

2.2.2 Grundstruktur der Regelung von Interessenkonflikten

Das Zusammenwirken der unterschiedlichen Regelungen führt im Ergebnis, wie auch bereits in den Vorgängerregelungen, zu folgendem mehrstufigen Verfahren im Hinblick das Vorliegen und den Umgang mit Interessenkonflikten:[17]   *16*

1. Identifikation der Interessenkonflikte
2. Ergreifen von Maßnahmen zur Bewältigung dieser Konflikte
3. Ggf. Offenlegung der Interessenkonflikte

---

13 Vgl. etwa § 27 KAGB.
14 Deshalb können etwa die Inhalte der Kommentarliteratur zu WpHG (a.F.) und WpDVerOV (a.F.) weiterhin bei Auslegungsfragen herangezogen werden.
15 Dies waren die Verhaltenspflichten des § 31 Abs. 2 WpHG (a.F.) und die Organisationspflichte des § 33 Abs. 1 Satz 2 WpHG (a.F.).
16 *Fuchs,* in: Wertpapierhandelsgesetz-Kommentar, 2. Aufl. 2016, § 33 WpHG (a.F.) Rn. 91 zur Vorgängerregelung: „Zusammenspiel"; siehe auch *Röh,* § 13, in: WpDVerOV (a.F.) Rn. 2 ff.
17 Begründung zur WpDVerOV (a.F.), S. 19.

Mit diesem „Dreistufenmodell" soll letztendlich das Ziel, die Beeinträchtigung von Kundeninteressen zu vermeiden, verwirklicht werden.

3 „Beteiligte" an Interessenkonflikten/Beteiligtenkonstellationen

3.1 „Beteiligte" an Interessenkonflikten

17 Der Gesetzgeber benennt in § 80 Abs. 1 Satz 2 Nr. 2 1. HS WpHG, inhaltlich eng an Art. 23 MiFID II angelehnt, die Beteiligten an Interessenkonflikten. Diese sind
- das Wertpapierdienstleistungsunternehmen selbst einschließlich seiner
  - Geschäftsleitung[18]
  - Mitarbeiter
  - vertraglich gebundenen Vermittler[19]
  - mit ihm direkt oder indirekt durch Kontrolle im Sinne des Art. 4 Abs. 1 Nummer 37 der Verordnung (EU) Nr. 575/2013 verbundenen Personen und Unternehmen
- die Kunden des Wertpapierdienstleistungsunternehmens.

3.2 Beteiligtenkonstellationen des § 80 WpHG

18 Die Beteiligten werden in § 80 Abs. 1 Satz 2 Nr. 2 WpHG zudem den für die Wertpapierdienstleistungsunternehmen aus Sicht des Gesetzgebers relevanten beiden Grundkonstellationen zugeordnet.

19 Den klassischen Fall von Interessenkonflikten stellen solche zwischen Wertpapierdienstleistungsunternehmen einschl. Mitarbeiter und Kunden (sog. „horizontale Interessenkonflikte"[20]). Hierzu gehören:
- Interessenkonflikte zwischen Wertpapierdienstleistungsunternehmen und Kunden
- Interessenkonflikte zwischen Mitarbeitern des Wertpapierdienstleistungsunternehmens und Kunden. Hierzu gehören zudem Konflikte, die aus privaten Tätigkeiten von Mitarbeitern resultieren, so z. B. bei Investments des Mitarbeiters an Gesellschaften, bei denen eine Beteiligung des Arbeitgebers besteht oder – weitergehend – einer irgendwie gearteten Mitarbeit insb. in leitender Position.
- Interessenkonflikte zwischen vertraglich verbundenen Vermittlern und Kunden
- Interessenkonflikte zwischen mit dem Wertpapierdienstleistungsunter-nehmen direkt oder indirekt durch Kontrolle i. S. d. Art. 4 Abs. 1 Nr. 37 der Verordnung (EU) 575/2013 verbundenen Personen und Unternehmen

20 Eine weitere Grundkonstellation bilden Interessenkonflikte zwischen verschiedenen Kunden untereinander (sog. „vertikale Interessenkonflikte"[21]). Denkbar sind derartige Fallge-

---

18 Die Geschäftsleitung wurde in § 33 Abs. 1 Satz 1 (a. F.) nicht explizit erwähnt.
19 Die vertraglich gebundenen Vermittler wurden in § 33 Abs. 1 Satz 1 (a. F.) nicht explizit erwähnt.
20 *Fett*, in: Schwark, § 33 WpHG (a. F.) Rn. 34; zu weiteren Klassifizierungen von Interessenkonflikten siehe *Faust*, Bankrechtshandbuch § 109 Rn. 26a ff.
21 *Fett*, in: Schwark, § 33 WpHG (a. F.) Rn. 34.

staltungen beispielsweise bei Fragen der zeitlichen Priorität bei der Auftragsausführung oder der Zuteilung von Aktien im Rahmen von Neuemissionen bei Überzeichnung.

3.3 Weitere Interessenkonflikte des § 80 WpHG

§ 80 Abs. 1 Satz 2 Nr. 2 2. HS. WpHG am Ende weist zudem auf drei weitere Interessenkonfliktkonstellationen hin. 21

3.3.1 Zuwendungen

Die erste Fallgruppe betrifft solche Interessenkonflikte, die durch die Annahme von Zuwendungen Dritter verursacht werden. 22

Hinweis:
Die explizite Regelung der Zuwendungsthematik im Rahmen der Interessenkonflikte und nicht nur in einem eigenen Zuwendungsparagrafen (jetzt § 70 WpHG, vorher § 31a WpHG (a. F.)).

3.3.2 Vergütungsstruktur des Wertpapierdienstleistungsunternehmens

Von gleicher Bedeutung ist die zweite in § 80 Abs. 1 Satz 2 Nr. 2 2. HS WpHG neugenannte Fallgruppe. Sie betrifft Konflikte, deren Ursache in der eigenen Vergütungsstruktur der Wertpapierdienstleistungsunternehmen liegt. Gemeint sind hier etwa diejenigen, die als „bad practice" eingestuft werden.[22] 23

3.3.3 Sonstige Anreizstrukturen

Als dritte Fallkonstellation führt § 80 Abs. 1 Satz 2 Nr. 2 2. HS WpHG sonstige Anreizstrukturen des Wertpapierdienstleistungsunternehmens, die zu Interessenkonflikten führen können, auf. 24

3.4 Interessenkonflikte innerhalb der Unternehmensgruppe

Art. 34 Nr. 1 DVO weist zudem darauf hin, dass das Wertpapierdienstleistungsunternehmen, sofern es Teil einer Gruppe ist, allen Umständen Rechnung tragen muss, von denen es weiß oder wissen müsste und die aufgrund der Struktur und der Geschäftstätigkeiten anderer Gruppenmitglieder einen Interessenkonflikt nach sich ziehen könnten.[23] 25

3.5 Keine abschließende Regelung

Die gesetzliche Regelung des § 80 Abs. 1 Satz 2 Nr. 2 WpHG ist nicht abschließend, sondern erlaubt wie bereits § 13 WpDVerOV (a. F.), weitere Fallgruppen bzw. Beteiligtenkonstellationen. 26

---

22 Vgl. hierzu etwa Strukturen i. S. d. BT 8 MaComp.
23 Die Regelung bezieht sich zwar auf die Grundsätze, kann aber bei der Sichtung der Beteiligtenkonstellationen nicht außer Acht gelassen werden.

4 Begriff des Interessenkonflikts

4.1 Allgemeine Voraussetzungen

27 Sowohl der europäische als auch der nationale Gesetz- und Verordnungsgeber haben auf eine Legaldefinition des Begriffs „Interessenkonflikt" verzichtet.

Ebenso wenig finden sich, abgesehen von den noch darzustellenden Fallgruppen, übergreifende allgemeine Anforderungen.

28 Generell kann allerdings gesagt werden, dass ein Interessenkonflikt immer dann vorliegt, „wenn bestimmte Parteien bestimmte Ziele erreichen wollen, eine vollständige Realisierung aber nur für die eine Partei möglich ist".[24]

29 Von den Regelungen des WpHG erfasst werden gemäß § 80 Abs. 1 Satz 2 Nr. 2 1. HS WpHG allerdings nur Interessenkonflikte, die im Zusammenhang mit der Erbringung einer Wertpapierdienstleistung oder -nebendienstleistung oder einer Kombination davon stehen.

30 Dabei geht es jedoch nur um solche Konflikte, die die *individuellen* Interessen der Wertpapierdienstleistungsunternehmen und ihrer Kunden betreffen.[25]

31 Nicht im Regelungsbereich des Themenkreises Interessenkonflikte liegen deshalb grundsätzlich *öffentliche* Interessen.[26]

Hinweis:
Öffentliche Interessen stellen etwa volkswirtschaftliche Interessen des Staates bzw. der Allgemeinheit wie z. B. die Funktionsfähigkeit und Stabilität des Kapitalmarktes dar.[27]

32 Der Interessenkonfliktbegriff des WpHG umfasst allerdings nicht sog. „Kleinst- oder Minimalkonflikte".[28] Eine etwaige Benachteiligung des Kunden muss deshalb ins Gewicht fallen.[29]

33 Ebenso wenig beachtlich sind Interessenkonflikte, die nur theoretisch in einem Wertpapierdienstleistungsunternehmen denkbar sind.[30]

---

24 Vgl. etwa *Fuchs,* in Fuchs (Hrsg.): Wertpapierhandelsgesetz-Kommentar, 2. Aufl. 2016, § 31 WpHG (a. F.) Rn. 50.

25 Vgl. etwa *Fuchs,* in Fuchs (Hrsg.): Wertpapierhandelsgesetz-Kommentar, 2. Aufl. 2016, § 31 WpHG (a. F.) Rn. 53.

26 *Fuchs*, in: Fuchs (Hrsg.): Wertpapierhandelsgesetz-Kommentar, 2. Aufl. 2016, § 31 WpHG (a. F.) Rn. 53, der allerdings eine Ausnahme von diesem Grundsatz dann annimmt, wenn „die öffentlichen Interessen in den rechtlich verbindlichen Verhaltenspflichten selbst zum Ausdruck kommen und sich im konkreten Einzelfall an die Beteiligten des Dienstleistungsverhältnisses richten".

27 Instruktiv das Beispiel bei *Fuchs,* in: Fuchs (Hrsg.): Wertpapierhandelsgesetz-Kommentar, 2. Aufl. 2016, § 31 WpHG (a. F.) Rn. 53, 55a.

28 Vgl. *Fuchs*, in Fuchs (Hrsg.): Wertpapierhandelsgesetz-Kommentar, 2. Aufl. 2016, § 31 WpHG (a. F.) Rn. 52.

29 *Koller*, in: WpHG-Kommentar, 6. Aufl. 2012, § 33 WpHG (a. F.) Rn. 39.

30 *Fuchs*, in Fuchs (Hrsg.): Wertpapierhandelsgesetz-Kommentar, 2. Aufl. 2016, § 31 WpHG (a. F.) Rn. 52; Möllers, in: Kölner Kommentar zu WpHG, 2. Aufl. 2014, § 31 WpHG (a. F.) Rn. 130; *Koller*, in: WpHG-Kommentar, 6. Aufl. 2012, § 31 WpHG (a. F.) Rn. 41 ff.

Hinweis:
So spielen in einem Wertpapierdienstleistungsunternehmen, das die Wertpapierdienstleistung „Anlagenberatung" nicht erbringt (Discountbroker), daraus resultierende Interessenkonflikte keine Rolle.

4.2 Kundeninteressen

Der besondere Schutz des Gesetzgebers im Wertpapierbereich gilt den Kundeninteressen. Ein Interessenkonflikt i. S. d. WpHG setzt daher immer die Gefahr einer Benachteiligung von Kundeninteressen voraus. Diese haben immer Vorrang, ihre Beeinträchtigung soll vermieden werden.[31]   *34*

Die Gefahr für Kunden bei unterschiedlichen Interessen liegt darin, dass sich das Wertpapierdienstleistungsunternehmen bei seinen Entscheidungen von sachfremden Erwägungen leiten lässt, die sich zuungunsten des Kunden auswirken.[32]   *35*

Die rechtlichen Vorgaben differenzieren bei der Frage, was ein Interessenkonflikt ist[33], nicht danach, ob es sich auf Kundenseite um Privatkunden i. S. d. § 67 Abs. 3 WpHG, professionelle Kunden nach § 67 Abs. 2 WpHG oder geeignete Gegenparteien i. S. d. § 67 Abs. 4 WpHG handelt.[34]   *36*

In Fällen der gesetzlichen oder rechtsgeschäftlichen Stellvertretung ist grundsätzlich der Vertretene als Kunde anzusehen.   *37*

Objektiver oder subjektiver Maßstab. Maßgebend für die Frage, ob ein Interessenkonflikt vorliegt, ist ein objektiver Maßstab. Es kommt somit nicht darauf an, ob nach Auffassung eines Kunden ein Interessenkonflikt vorliegt, sondern es müssen objektive Kriterien hierfür vorliegen.[35]   *38*

5 Einzelne Interessenkonflikte/materielle Anknüpfungspunkte

5.1 Einführung

Zwar enthalten die gesetzlichen Vorgaben keine expliziten generellen Anforderungen an das Vorliegen von Interessenkonflikten. Art 34 DVO nennt allerdings „Situationen", hinsichtlich derer die Institute (im Rahmen der Interessenkonfliktanalyse, siehe hierzu u. Rn 71 ff.) prüfen müssen, ob sie auf die Wertpapierdienstleistungsunternehmen (oder eine der anderen Beteiligten, s. o. Rn 17 ff.) „zutreffen". De facto handelt es sich hierbei um einen Katalog von materiellen Anknüpfungspunkten hinsichtlich denkbarer Interessenkonflikte.   *39*

---

31 *Koller*, in: WpHG-Kommentar, 6. Aufl. 2012, § 33 WpHG (a. F.) Rn. 39.
32 *Meyer/Paetzke/Willl*, in: Kölner Kommentar zum WpHG, 2. Aufl. 2014, § 33 WpHG (a. F.) Rn.
33 Anders bei der Offenlegung von Interessenkonflikten (siehe unter 9.).
34 Erwägungsgrund (46) DVO: „Interessenkonflikte sollten nur für die Erbringung von Wertpapier- oder Nebendienstleistungen durch Wertpapierfirmen geregelt werden. Ob es sich bei dem Kunden, für den die Dienstleistung erbracht wird, um einen Kleinanleger, einen professionellen Anleger oder eine geeignete Gegenpartei handelt, ist in diesem Zusammenhang unerheblich".
35 *Röh*, § 13, in: WpDVerOV (a. F.) Rn 13.

Anknüpfungspunkt ist also nicht die Kategorisierung i. S. von Beteiligtenkonstellationen.
Die Fallgruppen a, b, d, e betreffen dabei vertikale Interessenkonflikte, bei der Fallgruppe c handelt es sich um einen horizontalen Interessenkonflikt.

Hinweis:
Materiell sind die Fallgruppen des Art. 33 MiFID II DVO mit den Regelungen des § 13 Abs. 2 Satz 1 WpDVerOV (a. F.) weitgehend identisch. Eine Ausnahme bildet Art. 33e) DVO.

40 Allerdings ist dieser Katalog der DVO, wie bereits bei § 13 Abs. 2 Satz 1 Nr. 1 WpDpV (a. F.), nicht abschließend[36] Das Wertpapierdienstleistungsunternehmen muss nach Art. 33 DVO nämlich „zumindest der Frage Rechnung tragen", ob eine der nachstehend genannten „Situationen" vorliegt. Mit anderen Worten hat es seine Geschäftstätigkeit und -Organisation zumindest hinsichtlich dieser fünf Fallgruppen zu überprüfen.

41 Entscheidend ist nach Art. 33 sowie 34 Nr. 2a) DVO zudem nicht, dass die Interessenkonflikte tatsächlich auftreten und Kundeninteressen beeinträchtigen, sondern dass sie auftreten und den Interessen eines Kunden „abträglich sein" bzw. „entstehen" können.

5.2 Einzelne materielle Anknüpfungspunkte der DVO

5.2.1 Art. 33 Nr. a) DVO – Erzielung eines finanziellen Vorteils oder Vermeidung eines Verlusts zu Lasten des Kunden:

42 Gemäß Art. 33a DVO, der § 13 Abs. 1 Nr. 1 WpDVerOV (a. F.) entspricht, kann ein Interessenkonflikt dann vorliegen, wenn das Wertpapierdienstleistungsunternehmen oder eine der genannten Personen „wahrscheinlich ... zu Lasten von Kunden einen *finanziellen* Vorteil erzielen oder finanziellen Verlust vermeiden wird". Hierbei handelt es sich um die wahrscheinlich am häufigsten anzutreffende Konfliktlage der Interessenkonfliktthematik.

Beispiele:
- Kaufempfehlungen für Finanzinstrumente, die das Wertpapierdienstleistungsunternehmen zuvor erworben hat mit dem Ziel, diese nach durch die Empfehlung eingetretenen Kurssteigerung wieder zu verkaufen („Scalping").[37]
- Empfehlung von entgeltlichen Geschäften bzw. Wertpapiertransaktionen allein zu dem Zweck, die eigenen Provisionseinnahmen künstlich zu steigern („Churning").[38]
- Platzierung von für Privatkunden ungeeignete Finanzinstrumente durch das die Emission begleitende Wertpapierdienstleistungsunternehmen, um Verluste aus einer von dem Unternehmen gegebenen Platzierungsgarantie zu vermeiden.[39]

---

36 Siehe auch *Koller*, in: WpHG-Kommentar, 6. Aufl. 2012, § 33 WpHG (a. F.) Rn. 39.
37 *Röh*, § 13, in: WpDVerOV (a. F.) Rn. 19.
38 *Fuchs*, in: Wertpapierhandelsgesetz-Kommentar, 2. Aufl. 2016, § 31 WpHG (a. F.) Rn. 86; *Meyer/Paetzke/Will*, in: Kölner Kommentar zum WpHG, 2. Aufl. 2014, § 33 WpHG (a. F.) Rn. 144.
39 *Röh*, § 13, in: WpDVerOV (a. F.), Rn. 19.

Eine Einschränkung besteht hier allerdings, wie bei § 13 Abs. 1 Nr. 1 WpDVErOV (a. F.), dahingehend, dass nicht schon wegen eines Gewinns, eines Vorteils oder der Vermeidung eines Nachteils auf einen generellen Interessenkonflikt zu schließen ist. Mit anderen Worten begründet die Tatsache eine Vergütung zu verlangen, allein noch keinen Interessenkonflikt.[40]

43

Entscheidend ist vielmehr, dass gleichzeitig ein möglicher Nachteil für den Kunden erkennbar ist.[41] Würde man nämlich etwa das Vergütungsinteresse eines Wertpapierdienstleistungsunternehmens als ausreichend ansehen, um einen Interessenkonflikt zu begründen, müsste ein solcher bei der Erbringung von Wertpapierdienstleistungen und -nebendienstleistungen wohl in der Regel bejaht werden.[42] Diese Fälle zu erfassen ist aber nicht das Anliegen der einschlägigen normativen Vorgaben.

Zudem muss zwischen dem Vorteil für das Wertpapierdienstleistungsunternehmen und dem Nachteil für den Kunden keine Stoffgleichheit bestehen, sie müssen also hinsichtlich der Höhe nicht identisch sein.[43]

44

5.2.2 Art. 33b) DVO Abweichung eigenes Interesse – Kundeninteresse

Art. 33 Buchstabe b DVO regelt, wie auch § 13 Abs. 1 Nr. 2 WpDVerOV (a. F.), den Fall, dass ein Wertpapierdienstleistungsunternehmen oder eine der genannten Personen am Ergebnis einer für den Kunden erbrachten Dienstleistung oder eines im Namen des Kunden getätigten Geschäfts ein Interesse hat, das nicht mit dem Interesse des Kunden an diesem Ergebnis übereinstimmt;

45

Beispiele:
- Interesse eines Wertpapierdienstleistungsunternehmens (wegen höherer Provisionen oder Margen), eigene Produkte bzw. solche von Kooperationspartnern anstatt solche von Wettbewerbern zu vertreiben.[44]
- Schaffung von Anreizen durch das Wertpapierdienstleistungsunternehmen selbst, um bestimmte Produkte verstärkt zu vertreiben.

Von der Regelung, die teilidentisch mit Buchstabe a (vorher: § 13 Abs. 1 Nr. 1 WpDVerOV (a. F.)) ist, werden im Gegensatz zu dieser auch *immaterielle* Interessen erfasst.[45]

46

---

40 *Meyer/Paetzke/Will*, in: Kölner Kommentar zum WpHG, 2. Aufl. 2014, § 33 WpHG (a. F.) Rn. 144.
41 Begründung zur WpDVerOV (a. F.), S. 20.
42 *Fuchs*, in: Wertpapierhandelsgesetz-Kommentar, 2. Aufl. 2016, § 31 WpHG (a. F.) Rn. 52.
43 *Meyer/Paetzke/Will*, in: Kölner Kommentar zum WpHG, 2. Aufl. 2014, § 33 WpHG (a. F.) Rn. 144; *Koller,* in: WpHG-Kommentar, 6. Aufl. 2012, § 33 WpHG (a. F.) Rn. 39; *Röh*, § 13, in: WpDVerOV (a. F.) Rn. 19.
44 *Meyer/Paetzke/Will*, in: Kölner Kommentar zum WpHG, 2. Aufl. 2014, § 33 WpHG (a, F.) Rn. 145; *Röh,* § 13, in: WpDVerOV (a. F.), Rn. 21.
45 *Koller*, in: WpHG-Kommentar, 6. Aufl. 2012, § 33 WpHG (a. F.) Rn. 8.

Hinweis:
Diese Fallgruppe dürfte von begrenzter praktischer Bedeutung sein und Nr. 1 die größere Bedeutung erlangen. Zu denken wäre hier etwa an ethische Interessen wie z. B. green investments.[46]

47 Ein weiterer Unterschied zu Buchstabe a wird bei der Regelung des Buchstaben b darin gesehen, dass der hier von dem Wertpapierdienstleistungsunternehmen erzielte Vorteil nicht unmittelbar mit einem Nachteil des Kunden „korrespondiert", sondern es sich vielmehr um ein „mittelbares Profitieren" handele.[47]

Hinweis:
Diese Abgrenzung dürfte schwierig, aber, da auf jeden Fall Buchstabe a einschlägig wäre, nicht von allzu hoher Relevanz sein.

5.2.3 Art. 33 Nr. c) DVO Bevorzugung bestimmter Kundeninteressen gegenüber anderen Kunden

48 Gemäß Art 33 c) DVO können, die Regelung ist mit § 13 Abs. 1 Nr. 3 WpDVerOV (a. F.) identisch – auch finanzielle oder sonstiger Anreize, die Interessen eines Kunden oder einer Kundengruppe über die Interessen anderer Kunden zu stellen, einen Interessenkonflikt begründen.

49 Hierbei handelt es sich zwar um einen Interessenkonflikt Kunde – Kunde. Das Wertpapierdienstleistungsunternehmen hat eigentlich aufgrund der zu beiden Kunden bestehenden Geschäftsbeziehung auch beider Interessen zu wahren. Dennoch hat es an der Bevorzugung eines Kunden oder einer Kundengruppe selbst ein Interesse.[48]

Beispiele:
- Bevorzugung (bevorzugte Zuteilung) „guter" Kunden bei Zeichnungen von Neuemissionen (und Überzeichnung).[49]
- Wertpapierdienstleistungsunternehmen ist im Zusammenhang mit Beteiligungsverkäufen als Berater des Verkäufers und gleichzeitig als Berater oder Finanzier des Käufers tätig.[50]

---

46 Siehe hierzu auch *Bilitewski/Haase*, in: die bank 2010, S. 46.
47 *Meyer/Paetzke/Will*, in: Kölner Kommentar zum WpHG, 2. Aufl. 2014, § 33 WpHG (a. F.) Rn. 145.
48 *Röh*, § 13, in: WpDVerOV (a. F.), Rn. 22; *Koller*, in: WpHG-Kommentar, 6. Aufl. 2012, § 33 WpHG (a. F.) Rn. 42.
49 *Röh*, § 13, in: WpDVerOV (a. F.), Rn. 23, *Meyer/Paetzke/Will*, in: Kölner Kommentar zum WpHG, 2. Aufl. 2014, § 33 WpHG (a, F.) Rn. 149.
50 *Meyer/Paetzke/Will*, in: Kölner Kommentar zum WpHG, 2. Aufl. 2014, § 33 WpHG (a. F.) Rn. 150; *Röh*, § 13, in: WpDVerOV (a. F.), Rn. 23.

5.2.4 Art. 33d) DVO Konkurrenzverhältnis zwischen Wertpapierdienstleistungsunternehmen und Kunden

Eine weitere Interessenkonfliktsituation kann nach Art 33 d) DVO, die Regelung entspricht § 13 Abs. 1 Nr. 4 WpDVerOV (a. F.) – vorliegen, wenn das Wertpapierdienstleistungsunternehmen oder eine der genannten Personen dem gleichen Geschäft nachgeht wie der Kunde. Bei dieser Fallgruppe konkurrieren die Wertpapierdienstleistungsunternehmen bei Eigengeschäften mit ihren eigenen Kunden.[51]

Beispiele:
- Erwerb oder Veräußerung von Wertpapieren durch ein Wertpapierdienstleistungsunternehmen in Kenntnis von Kundenaufträgen (sog. „Frontrunning").[52]
- Ein Spezialfall des Frontrunning ist gegeben, wenn der private Auftrag gleichzeitig erteilt wird (sog. „Parallelrunning").[53]

Die unter diese Regelung fallenden Konflikte dürften i. d. R. jedoch bereits von Nr. 1 und 2 erfasst sein.[54]

5.2.5 Art. 33e) DVO Zuwendung über die hierfür übliche Provision oder Gebühr hinaus

Art. 33e) umfasst Fallkonstellationen, in denen ein Wertpapierdienstleistungsunternehmen oder eine der genannten Personen aktuell oder künftig von einer nicht mit dem Kunden identischen Person in Bezug auf eine für den Kunden erbrachte Dienstleistung einen Anreiz in Form von finanziellen oder nicht-finanziellen Vorteilen oder Dienstleistungen erhält.

Die Regelung weicht insofern von der Regelung des § 13 Abs. 1 Nr. 5 WpDVerOV (a. F.) ab, als letztere nur die Fälle erfasste, in denen Wertpapierdienstleistungsunternehmen im Zusammenhang mit der für einen Kunden erbrachten Dienstleistung *über die hierfür übliche Provision oder Gebühr hinaus* von einem Dritten eine Zuwendung im Sinne von § 31d Abs. 2 WpHG (a. F.) erhalten oder in Zukunft erhalten könnten. Die Reichweite war insoweit geringer als bei Art. 33e) DVO.

Als unüblich werden in der Literatur für § 13 Abs. 1 Nr. 5 WpDVerOV (a. F.) Provisionen angesehen, die mehr als 50 % über denen der Vergleichsgruppe liegen.[55]

---

51 *Röh*, § 13 WpDVerOV (a. F.), Rn. 24.
52 *Röh*, § 13, in: WpDVerOV (a. F.), Rn. 24; Zum Begriff vgl. etwa Fuchs, in: Wertpapierhandelsgesetz-Kommentar, 2. Aufl. 2016, § 33 WpGH alt, Rn. 167; *Zieschang*, in: Park § 263 StGB; KK Rn. 148 subsumiert diese Fälle unter „sonstige Konflikte".
53 *Röh*, § 13 in: WpDVerOV (a. F.), Rn. 24; *Zieschang*, in: Park § 263 StGB; KK Rn. 148 subsumiert diese Fälle unter „sonstige Konflikte".
54 *Koller*, in: WpHG-Kommentar, 6. Aufl. 2012, § 33 WpHG (a. F.) Rn. 42; a. A. wohl *Meyer/Paetzke/Will*, in: Kölner Kommentar zum WpHG, 2. Aufl. 2014, § 33 WpHG (a. F.) Rn. 146.
55 Vgl. etwa *Röh* § 13, in: WpDVerOV (a. F.), Rn. 25.

54 In Art. 33e) wird, ohne dies explizit zu benennen, letztlich der Zuwendungsthematik Rechnung getragen, die der deutsche Gesetzgeber in § 80 Abs. 1 Satz 2 Nr. 2 aufgegriffen hat (siehe bereits o. Rn 52)

55 Durch die Regelung erfasst werden sollen Anreize für einen Vertrieb bestimmter Produkte durch *Dritte*. Derartige Dritte sind etwa die Fonds- oder Zertifikateanbieter, deren Finanzinstrumente ein Wertpapierdienstleistungsunternehmen vertreibt.

Beispiel:
- Ein Wertpapierdienstleistungsunternehmen vertreibt Fremdprodukte, die von dem Anbieter dieser Produkte an das Unternehmen gezahlten Provisionen übersteigen die für vergleichbare Konkurrenzprodukte gezahlten Provisionen derart, dass sie Einfluss auf die durch das Wertpapierdienstleistungsunternehmen ausgesprochenen Anlageempfehlungen haben.[56]

---

6 Grundsätze für den Umgang mit Interessenkonflikten

6.1 Allgemein

56 Art. 34 Abs. 1 Nr. 1 Satz 1 DVO verlangt, wie bereits § 13 Abs. 2 Nr. 1 WpDVerOV (a. F.), von den Wertpapierdienstleistungsunternehmen, dass sie Grundsätze für den Umgang mit Interessenkonflikten festlegen. Zu diesen Grundsätzen gehören zum einen die Analyse des Interessenkonfliktpotenzials sowie zweitens die zum Umgang mit den Interessenkonflikten eingeleiteten Vorkehrungen und Maßnahmen. Diese Grundsätze müssen gewissen Anforderungen genügen.

6.2 In schriftlicher Form

57 So hat die Festlegung der Grundsätze durch das Wertpapierdienstleistungsunternehmen in schriftlicher Form zu erfolgen.

6.3 *Wirksame* Grundsätze

58 Die weitere Vorgabe „wirksamer" Grundsätze weist darauf hin, dass die Grundsätze bzw. die daraus resultierenden Maßnahmen nicht nur eine Formalie darstellen, die „abgehakt" wird, sondern ihren Zweck, die Kundeninteressen zu schützen, erfüllen können müssen.

6.4 Größe/Geschäftsumfang

59 Die Grundsätze müssen außerdem der Größe und Organisation des Wertpapierdienstleistungsunternehmens Rechnung tragen. Auch Art, Umfang und Komplexität seiner Geschäfte müssen hier Berücksichtigung finden. Mit diesen Vorgaben wird dem Verhältnis-

---

56 *Meyer/Paetzke/Will*, in: Kölner Kommentar zum WpHG, 2. Aufl. 2014, § 33 WpHG (a. F.) Rn. 147.

mäßigkeitsgrundsatz dahingehend Rechnung getragen, dass auf diese Charakteristika der Wertpapierdienstleistungsunternehmen Rücksicht genommen werden kann.

Hinweis:
Als „Faustformel" gilt hier, dass mit einem gesteigerten Interessenkonfliktpotenzial gesteigerte organisatorische Anforderungen einhergehen.

6.5 *Angemessene* Grundsätze

Das Erfordernis „angemessener" Grundsätze stellt eine weitere Ausprägung des Verhältnismäßigkeitsgrundsatzes dar. *60*

6.6 Dauerhafte Grundsätze

Die Wertpapierdienstleistungsunternehmen müssen die von ihnen festgelegten Grundsätze auf Dauer umsetzen. Es geht hier also nicht am anlassbezogenes Handeln, sondern um ein permanentes Auseinandersetzen mit der Interessenkonfliktthematik. *61*

6.7 Interessenkonflikt bei Gruppenzugehörigkeit

Ist das Wertpapierdienstleistungsunternehmen Teil einer Gruppe, müssen diese Grundsätze gemäß Art. 34 Abs. 1 Satz 2 DVO darüber hinaus allen Umständen Rechnung tragen, von denen das Wertpapierdienstleistungsunternehmen weiß oder wissen müsste und die aufgrund der Struktur und der Geschäftstätigkeiten anderer Gruppenmitglieder einen Interessenkonflikt nach sich ziehen könnten. *62*

6.8 Aktualisierung

Nach Art. 34 Abs. 5 Satz 1 DVO muss die Überprüfung der „Grundsätze" regelmäßig, mind. jedoch einmal Jährlich erfolgen. *63*

Unterjährige Beurteilungen können gerade bei Instituten mit komplexer Struktur und umfangreichem Wertpapiergeschäft sinnvoll sein.

Hinweis:
Liegt eine gründliche Grundanalyse vor, sind die Folgeanalysen mit vertretbarem Aufwand zu bewerkstelligen.

Unabhängig von regelmäßigen Intervallüberprüfungen hat das Wertpapierdienstleistungsunternehmen anlassbezogene Überprüfungen und Aktualisierungen vorzunehmen. *64*

Unverzichtbar oder zumindest hilfreich für die Überprüfungen ist ein funktionierender Informationsfluss in den Instituten, der sicherstellt, dass die verantwortlichen Personen, i. d. R. der Compliance-Beauftragte bzw. Mitarbeiter der Compliance-Funktion, nicht entsprechenden Nachrichten „hinterherlaufen" müssen.[57] *65*

---

57 So auch *Haußwald*: Compliance-Organisation: Neuausrichtung – ein aktuelles Thema?, in: BankPraktiker S. 302, 305.

66 Bei relevanten Veränderungen, etwa bei Änderungen des Geschäftsmodells, muss das Wertpapierdienstleistungsunternehmen konsequenterweise die Bestandsaufnahme aktualisieren.[58]

67 Häufig werden derartige Änderungen zu einer Zunahme potenzieller Interessenkonflikte führen, wie z. B. bei der Aufnahme einer eigenen Vermögensverwaltung durch ein Wertpapierdienstleistungsunternehmen.

68 Denkbar ist jedoch auch, dass das Interessenkonfliktpotenzial sinkt, etwa bei der Aufgabe von einzelnen Geschäftsfeldern. Beispiele hierfür sind die Einschränkung des Beratungsgeschäfts bei Finanzinstrumenten im Hinblick auf bestimmte Produkte, der Verzicht auf eine Beratung in der Fläche oder die vollständige Aufgabe der Anlageberatung oder sogar des kompletten Wertpapiergeschäfts.

6.9 Bericht an die Geschäftsleitung

69 Art. 35 Nr. 1 DVO verlangt von den Wertpapierdienstleistungsunternehmen, die von oder im Namen der Unternehmen erbrachten Arten von Wertpapier- oder Nebendienstleistungen bzw. Anlagetätigkeiten, bei denen ein den Interessen eines oder mehrerer Kunden in erheblichem Maße abträglicher Interessenkonflikt aufgetreten ist bzw. bei noch laufenden Dienstleistungen oder Tätigkeiten auftreten könnte, aufzuzeichnen.

Diese Aufzeichnungen sind zudem regelmäßig zu aktualisieren.

70 Nach Nr. 2 der Vorschrift erhält die Geschäftsleitung regelmäßig, mind. aber einmal jährlich, schriftliche Berichte über „die in diesem Artikel erläuterten Situationen", d. h. die vorstehend genannten Aufzeichnungen. Diese sind zudem, dies stellt eine Neuerung dar, zu erläutern.

Hinweis:
Der Bericht an die Geschäftsleitung kann im Rahmen des gemäß Art. 22 Abs. 2c) DVO, BT 1.2.2 MaComp jährlich durch den Compliance-Beauftragte zu erstellenden und der Geschäftsleitung zu übergebenden Bericht übermittelt werden.

7 Analyse des Interessenkonfliktpotenzials („Konfliktregister") als Teil der Grundsätze

7.1 Generelle Anforderungen

71 Um Interessenkonflikte ganz oder weitgehend zu vermeiden oder sie steuern zu können, müssen Wertpapierdienstleistungsunternehmen diese kennen. Ausgangspunkt eines effektiven Interessenkonfliktmanagements ist deshalb die gründliche Analyse des Konfliktpotenzials.

---

58 *Haußwald*: Compliance-Organisation: Neuausrichtung – ein aktuelles Thema?, in: BankPraktiker 6/2008, S. 304; siehe auch Best-Practice-Leitlinien für Wertpapier-Compliance des BdB, S. 16.

Diese Erkenntnisse bzw. die Analyse des Interessenkonfliktpotenzials sind folgerichtig als wesentlicher Bestandteil in die von Art. 34 Abs. 1 DVO geforderten Grundsätze für den Umgang mit Interessenkonflikten aufzunehmen.

72

Art. 34 Abs. 2a) DVO verlangt deshalb, inhaltlich wie § 13 Abs. 2 Nr. 1 WpDVerOV (a. F.) dass in den nach 34 Abs. 1 DVO zu erstellenden Grundsätzen für den Umgang mit Interessenkonflikten im Hinblick auf die Wertpapierdienstleistungen, Anlagetätigkeiten und Nebendienstleistungen, die von oder im Namen des Wertpapierdienstleistungsunternehmens erbracht werden, festgelegt wird, unter welchen Umständen ein Interessenkonflikt, der den Interessen eines oder mehrerer Kunden *erheblich* schaden könnte, vorliegt oder entstehen könnte.

Hinweis:
Üblicherweise wird bei dieser Interessenkonfliktanalyse von dem „Konfliktregister" gesprochen.[59]

Die Notwendigkeit einer solchen Identifizierung der in einem Wertpapierdienstleistungsunternehmen vorliegenden Interessenkonflikte ergibt sich zudem aus § 80 Abs. 1 Satz 2 Nr. 2 1. HS. 1. Alt. WpHG, wonach ein Wertpapierdienstleistungsunternehmen auf Dauer wirksame Vorkehrungen für angemessene Maßnahmen treffen muss, um die in der Vorschrift genannten Interessenkonflikte (siehe hierzu o. 3.) „zu erkennen".

73

Mit dem Erfordernis von „Vorkehrungen" verlangt der Gesetzgeber organisatorische Regelungen als Grundlage der von den Wertpapierdienstleistungsunternehmen vorzunehmenden Interessenkonflikt-analyse.

74

7.2 Inhaltliche Anknüpfungspunkte bzgl. der aufzunehmenden Konflikte

Bezugspunkt der Interessenkonfliktanalyse sind die Wertpapierdienstleistungen, Anlagetätigkeiten und Nebendienstleistungen, die von oder im Namen des Wertpapierdienstleistungsunternehmens erbracht werden.

75

Das Wertpapierdienstleistungsunternehmen soll hierbei sein „Augenmerk insb. auf die Finanzanalyse und Anlageberatung, den Eigenhandel, die Portfolioverwaltung und die Unternehmensfinanzierung, einschließlich der Übernahme der Emission oder des Verkaufs bei einer Wertpapieremission und der Beratung bei Fusionen und Unternehmenskäufen richten", da diese Bereich als besonders konfliktträchtig einzustufen sind.[60]

76

Dieses besondere Augenmerk ist insb. dann angebracht, wenn die Wertpapierfirma oder eine Person, die direkt oder indirekt durch Kontrolle mit der Firma verbunden ist, mit zwei oder mehr der genannten Tätigkeiten betraut ist.[61]

77

---

59 Vgl. etwa *Röh*, § 13, in: WpDVerOV (a. F.), Rn. 27.
60 Erwägungsgrund 47 Satz 1 DVO MiFiD II; ähnlich bereits EG 26 der DRL MiFID I und Begründung zur WpDVerOV alt, S. 20: „Anlageberatung, Handel einschließlich Eigenhandel und Eigengeschäft, Finanzportfolioverwaltung, Unternehmensfinanzierung, Emissions- und Platzierungsgeschäft sowie M&A Geschäft".
61 Erwägungsgrund 47 Satz 2 DVO MiFiD II.

78 Weitere Voraussetzung ist, dass der Interessenkonflikt den Interessen eines oder mehrerer Kunden „erheblich" schaden könnte. Die Einschränkung einer „erheblichen" Kundenschädigung lässt die Außerachtlassung marginalen Schadenspotenzials zu.

79 Art. 33 DVO verlangt die Feststellung der „Arten von Interessenkonflikten", die bei Erbringung von Wertpapier- und Nebendienstleistungen oder bei einer Kombination daraus auftreten und den Interessen eines Kunden abträglich sein können.[62]

Unter „Arten von Interessenkonflikten" sind abstrakt mögliche Interessenkonflikte in dem jeweiligen Wertpapierdienstleistungsunternehmen zu verstehen.

Hinweis:
Die Anforderung ermöglicht die Verwendung standardisierter Ausführungen zu Interessenkonflikten durch Wertpapierdienstleistungsunternehmen mit identischem oder sehr ähnlichem Geschäftsmodell.

8 Vorkehrungen und Maßnahmen zum Umgang mit Interessenkonflikten („conflict policy") als Teil der Grundsätze

8.1 Organisatorische Vorkehrungen, Maßnahmen

80 Die Analyse der im Wertpapierdienstleistungsunternehmen vorliegenden Interessenkonflikte ist Ausgangspunkt für das weitere Vorgehen hinsichtlich des Umgangs mit Interessenkonflikten. Der Gesetzgeber setzt hier zunächst auf organisatorische Maßnahmen, mit denen die Institute diese Konflikte „in den Griff bekommen sollen".

81 Ein Wertpapierdienstleistungsunternehmen muss nämlich gemäß (der Organisationsnorm des) § 80 Abs. 1 Satz 2 Nr. 3 WpHG auf Dauer wirksame „Vorkehrungen für angemessene Maßnahmen" treffen, um Interessenkonflikte bei der Erbringung von Wertpapierdienstleistungen und Wertpapiernebendienstleistungen nicht nur zu erkennen sondern auch mit ihnen umzugehen.

82 Art. 34 Abs. 2b) DVO verwendet in diesem Zusammenhang die Begriffe „Verfahren" und „Maßnahmen". Die Vorschrift verlangt von den Wertpapierdienstleistungsunternehmen nämlich in den Grundsätzen die Festlegung der einzuleitenden „Verfahren" sowie der zu treffenden „Maßnahmen" beim Umgang mit den Interessenkonflikten.

83 Art. 34 Abs. 4 DVO hingegen spricht, wie Art. 23 Abs. 2 MiFiD II und wenngleich im Zusammenhang mit der Offenlegung, von „organisatorischen und administrativen Vorkehrungen" zur Verhinderung oder Bewältigung von Interessenkonflikten.

Hinweis:
Zwischen den Begriffen „(organisatorische) Vorkehrungen" und „(administrativen) Verfahren" dürfte praktisch kein Unterschied bestehen. Gemeint sind in allen Fällen fest installierte organisatorische Regelungen. Hierzu gehören Organisations- und Arbeitsanweisungen.

---

62 § 80 Abs. 1 Satz 2 Nr. 2 1. HS. 2. Alt. verwendet den Begriff nicht, er findet sich aber in § 63 Abs. 2 WpHG.

Die zu treffenden Vorkehrungen müssen gemäß § 80 Abs. 1 Satz 2 Nr. 2 WpHG wirksam sein. Auch hier gilt, wie bei dem Erfordernis wirksamer Grundsätze (s. o. Rn 58), dass die Vorkehrungen nicht nur eine Formalie darstellen, sondern materiell effektiv sein müssen. *84*

Sie müssen nach § 80 Abs. 1 Satz 1 Nr. 2 WpHG außerdem „auf Dauer" angelegt sein.[63] *85*

Auch Art. 34 Abs. 1 Satz 1 DVO spricht von einer Festlegung der Grundsätze für den Umgang mit Interessenkonflikten „auf Dauer".

Gemeint ist damit wie bei den „Grundsätzen" (s. o. Rn. 61) das Erfordernis eines permanenten Prozesses.

8.2 Vermeidung oder Bewältigung von Interessenkonflikten

Zwar müssen die Wertpapierdienstleistungsunternehmen gemäß § 80 Abs. 1 Satz 2 Nr. 2 WpHG Vorkehrungen für angemessene Maßnahmen treffen, um Interessenkonflikte zu „vermeiden". *86*

Ebenso spricht Art. 34 Abs. 2 Ziff. b 1. Alt. DVO im Zusammenhang mit den in die Grundsätze aufzunehmenden Verfahren und Maßnahmen davon, wie Konflikte „zu verhindern" sind. *87*

Allerdings würde dies, darauf wurde einleitend bereits hingewiesen, bei vielen Wertpapierdienstleistungsunternehmen zur erheblichen Einschränkungen bis hin zur Eistellung des Wertpapiergeschäfts führen. Das jedoch ist nicht Ziel des Gesetz- bzw. Verordnungsgebers. *88*

Der Gesetzgeber hat diesen Bedenken in § 80 Abs. 1 Satz 2 Nr. 2 2. Alt. WpHG dadurch Rechnung getragen, dass ein Wertpapierdienstleistungsunternehmen als Alternative („oder") zur Vermeidung von Interessenkonflikte diese „regeln" kann.[64] *89*

In der Sache genauso Art. 34 Abs. 2b) DVO, wonach in den Grundsätzen für den Umgang mit Interessenkonflikten festzulegen ist, welche Verfahren einzuleiten und welche Maßnahmen zu treffen sind, um diese Konflikte zu verhindern „*oder zu bewältigen*". *90*

Angesichts der teils erheblichen Folgen, die eine konsequente Vermeidung von Interessenkonflikten mit sich bringen würde, dürften der Umgang mit und die Bewältigung von Interessenkonflikten für die meisten Wertpapierdienstleistungsunternehmen die vorzugswürdige Variante sein. *91*

---

63 § 33 Abs. 1 Satz 2 Nr. 3 WpHG (a. F.), § 13 Abs. 2 Satz 1 WpDVerOV (a. F.) sprechen davon, dass Wertpapierdienstleistungsunternehmen Grundsätze für den Umgang mit Interessenkonflikten dauerhaft anwenden müssen.
64 Auch § 33 Abs. 1 Satz 2 Nr. 2 (a. F.), § 13 Abs. 2 Nr. 2 WpDVerOV (a. F.) gingen mit der Formulierung, dass Interessenkonflikte „zu bewältigen" seien, von der Möglichkeit der Nichtvermeidung aus.

8.3 Angemessene Maßnahmen/Maßnahmenkatalog

8.3.1 Angemessene Maßnahmen (Grundsatz)

92 Die „Vorkehrungen" sind gem. § 80 Abs. 1 Satz 2 Nr. 1 WpHG Grundlage der zu ergreifenden „Maßnahmen" („Vorkehrungen *für* ... Maßnahmen"). Die Vorschrift enthält jedoch keine konkretisierenden Ausführungen zu dem Maßnahmenbegriff bzw. dessen Inhalten. Unter „Maßnahmen" sind letztendlich die Instrumente der Institute zu verstehen, derer sie sich zwecks eines sachgerechten Umgang mit ihren Interessenkonflikten bedienen.

93 Hinsichtlich der inhaltlichen Präzisierung hilft Art. 34 Abs. 3 DVO weiter. Satz 1 der Vorschrift formuliert den zentralen Gedanken zum Inhalt der Maßnahmen und damit zur Bewältigung von Interessenkonflikten enthält. Danach sind die Verfahren und Maßnahmen, auf die in Abs. 2 Buchstabe b) Bezug genommen wird, so auszugestalten, dass relevante Personen, die mit Tätigkeiten befasst sind, bei denen ein Interessenkonflikt im Sinne von Abs. 2 Buchstabe a besteht, diese Tätigkeiten mit einem Grad an Unabhängigkeit ausführen, der der Größe und dem Betätigungsfeld des Wertpapierdienstleistungsunternehmens und der Gruppe, der diese angehört, sowie der Höhe des Risikos, dass die Interessen von Kunden geschädigt werden, angemessen ist.[65]

94 Art. 34 Abs. 3 Satz 3 DVO wiederum enthält, wie § 13 Abs. 3 Satz 2 WpDVerOV (a. F.), einen Katalog von fünf Maßnahmen, mit denen die Gewährleistung des geforderten Grades an Unabhängigkeit erreicht werden soll.

95 Die Reglung ist – wie bei § 13 Abs. 3 Satz 3 WpDVerOV (a. F.)[66] – allerdings nicht abschließend. Dies ergibt sich aus der Formulierung „... schließen die Maßnahmen folgendes ein".

96 Die Maßnahmen müssen nach § 80 Abs. 1 Satz 2 WpHG zudem angemessen sein.

97 Sämtliche identifizierten Interessenkonflikte mit Beeinträchtigungspotenzial für den Kunden sowie die geeigneten Maßnahmen zur Vermeidung von Interessenkonflikten bzw. zum Umgang mit diesen sind Inhalt der sog. „Conflict-policy".[67]

8.3.2 Einzelne Maßnahmen

8.3.2.1 Verhinderung oder Kontrolle eines Informationsaustauschs

98 Zu diesen Maßnahmen gehören, der Sache nach identisch mit § 13 Abs. 2 Satz 1 WpDVerOV (a. F.) gemäß Art. 34 Abs. 3 Satz 2a) DVO wirksame Verfahren, die den Austausch von Informationen zwischen relevanten Personen, deren Tätigkeiten einen Inte-

---

65 Ähnlich § 13 Abs. 3 Satz 1 WpDVerOV (a. F.), „wonach die Maßnahmen ... so ausgestaltet sein mussten, dass Mitarbeiter interessenkonfliktträchtige Tätigkeiten mit der Gefahr einer Beeinträchtigung von Kundeninteressen so vornehmen können, dass ein angemessenes Maß an Unabhängigkeit ohne unsachgemäße Einflussnahme gewahrt ist".

66 Nach § 13 Abs. 3 Satz 3 WpDDVerOV (a. F.) musste das Wertpapierdienstleistungsunternehmen, sofern eine oder mehrerer dieser Maßnahmen nicht ausreichen, um den erforderlichen Grad an Unabhängigkeit zu erzielen nicht erzielt wird, dafür „notwendige alternative oder zusätzliche Maßnahmen" treffen.

67 Begr. WpDVerOV (a. F.), S. 20.

ressenkonflikt nach sich ziehen könnten, verhindern oder kontrollieren, wenn dieser Informationsaustausch den Interessen eines oder mehrerer Kunden abträglich sein könnte.

Verhindert oder kontrolliert werden soll dabei nicht der generelle Austausch von Informationen, sondern nur derjenigen, die den Kundeninteressen abträglich sind, d. h. diese beeinträchtigen können. Ausreichend ist also das Schädigungspotenzial und nicht die tatsächliche Beeinträchtigung. *99*

Welche Informationen dies sind, geht weder aus § 80 WpHG noch aus den Art. 33 bis 41 DVO MiFID II hervor. *100*

Naheliegender Anknüpfungspunkt ist hier der zentrale und langjährig etablierte Begriff der „compliance-relevanten Informationen". Von Bedeutung in diesem Zusammenhang sind insb. diejenigen Mitarbeiter, die Zugang zu derartigem Wissen haben. Insb. bei dieser Mitarbeitergruppe besteht die Gefahr von nicht gesetzeskonformem Verhalten. *101*

Zu den „compliance-relevanten Informationen" gehören zum einen Insiderinformationen i. S. d. Art. 7 Marktmissbrauchsverordnung.[68] *102*

Aber auch andere vertrauliche Informationen können compliance-relevante Informationen darstellen. So etwa die Kenntnis von Kundenaufträgen, die durch den Abschluss von Eigengeschäften des Unternehmens oder Mitarbeitergeschäften zum Nachteil des Kunden verwendet werden kann (Vor-, Mit- oder Gegenlaufen).[69] *103*

Der Austausch dieser Informationen muss zwischen relevanten Personen, deren Tätigkeiten einen Interessenkonflikt nach sich ziehen könnten, stattfinden.[70] *104*

Es muss ein Bezug zu deren dienstlichen „Tätigkeiten" bestehen. Gemeint dürften hier die bestimmungsmäßigen Aufgaben dieses Personenkreises sein. Nicht umfasst von dem Begriff wird deshalb etwa doloses gesetzeswidriges Handeln. *105*

Die Tätigkeiten müssen einen Interessenkonflikt nach sich ziehen können. Ob dies tatsächlich der Fall ist, spielt keine Rolle. *106*

Ziel der in Art. 34 Abs. 3 Satz 2a) DVO geforderten Verfahren ist zum einen die „Verhinderung" des Informationsaustauschs. Als zweite Alternative sehen die gesetzlichen Vorgaben die „Kontrolle" des Austauschs der Informationen vor. *107*

Zur Erfassung und Überwachung von compliance-relevanten Informationen und zur Verhinderung eines unerwünschten Informationsflusses kommt eine Reihe von Maßnahmen und Instrumenten in Betracht. *108*

Die Einrichtung von Vertraulichkeitsbereichen in den Wertpapierdienstleistungsunternehmen dürfte dabei das „in der Praxis mit Abstand wichtigste Instrument zur Verhinderung des Einflusses von Interessenkonflikten auf die Tätigkeit von Mitarbeitern" sein.[71] *109*

---

68 Der Begriff der Insiderinformation war früher in § 13 Abs. 1 Satz 1 WpHG (a. F.) definiert; darauf bezog sich auch MaComp AT 6.1 unter Hinweis auf den Emittentenleitfaden, Kapitel IV 2.2.4, S. 56–57.
69 MaComp AT 6.1.
70 Eine Reihe von Beispielen führt *Röh,* § 13, in: WpDVerOV (a. F.), Rn. 47 an.
71 *Röh,* § 13, in: WpDVerOV (a. F.), Rn. 46.

Ziel der Errichtung von sog. „Chinese Walls" ist es, dass Informationen den organisatorischen Bereich, in dem sie eingetreten sind, gar nicht oder nur unter ganz bestimmten Voraussetzungen verlassen. Damit tragen sie dazu bei, die Auswirkungen von Interessenkonflikten möglichst gering zu halten.

Hierdurch soll nämlich die ununterbrochene und uneingeschränkte interessenkonfliktfreie Handlungsfähigkeit der einzelnen Bereiche des Wertpapierdienstleistungsunternehmens gewährleistet werden, indem das in einem Bereich entstandene compliance-relevante Informationsaufkommen auf diesen Bereich beschränkt bleibt.

Der jeweilige Bereich hat dabei in eigener Verantwortung im Einvernehmen mit der Compliance-Funktion alle Vorkehrungen zu treffen, um die Vertraulichkeit der compliance-relevanten Informationen sicherzustellen.[72]

110 Als organisatorische Maßnahme kommt hier die *Trennung* von Vertraulichkeitsbereichen in Betracht.[73]

111 Diese kann zum einen durch die räumliche Trennung derselben erreicht werden. Zu denken ist hier zunächst an die Unterbringung der verschiedenen Vertraulichkeitsbereiche in verschiedenen Gebäuden, Stockwerken oder Räumen.

Die räumliche Trennung ist eine relativ leicht vorzunehmende und zu überwachende Maßnahme, die alleine allerdings kaum dazu geeignet sein dürfte, den etwaigen Fluss vertraulicher Informationen zu stoppen.[74]

112 Die Trennung von Vertraulichkeitsbereichen geht regelmäßig mit der Schaffung von Zutrittsbeschränkungen einher.[75]

113 Auch dürfen vertrauliche Unterlagen nicht unbeaufsichtigt für Dritte zugänglich sein.[76]

114 Gleichermaßen unabdingbar ist die Regelung von Zugriffsberechtigungen auf Daten.[77]

115 Eine weitere zentrale organisatorische Maßnahme stellt die funktionale Trennung dar.[78] Üblicherweise werden deshalb z. B. Kundenhandel und Eigengeschäft voneinander getrennt.[79]

116 Vertraulichkeitsbereiche werden grundsätzlich dauerhaft eingerichtet.[80]

117 Denkbar und erforderlich können aber auch zeitlich begrenzte Bereiche („ad hoc-Vertraulichkeitsbereiche") sein.[81]

---

72 MaComp AT 6.2 Tz 3 a.
73 *Röh,* § 13, in: WpDVerOV (a. F.), Rn. 46.
74 So auch *Faust*: Bankrechts-Handbuch, § 109 Rn. 80.
75 *Meyer/Paetzke/Will,* in: Kölner Kommentar zum WpHG, 2. Aufl. 2014, § 33 WpHG (a. F.) Rn. 55.
76 *Röh,* § 13, in: WpDVerOV (a. F.), Rn. 56.
77 Vgl. etwa *Meyer/Paetzke/Will,* in: Kölner Kommentar zum WpHG, 2. Aufl. 2014, § 33 WpHG (a. F.) Rn. 176; MaComp AT 6.2 Tz 3 a.
78 *Röh,* § 13, in: WpDVerOV (a. F.); MaComp AT 6.2 Tz 3 a.
79 *Röh,* § 13, in: WpDVerOV (a. F.) MaComp AT 6.2 Tz 3 a.
80 *Röh,* § 13, in: WpDVerOV (a. F.), Rn. 49, 51.
81 *Röh,* § 13, in: WpDVerOV (a. F.), Rn. 49, 52.

Zwar müssen compliance-relevante Informationen grundsätzlich in dem jeweiligen Vertraulichkeitsbereich verbleiben. Die Einrichtung derartiger Bereiche bedeutet allerdings nicht, dass hier jegliche Informationsweitergabe unzulässig ist. In einem auf vielen Geschäftsfeldern tätigen und arbeitsteilig organisierten Wertpapierdienstleistungsunternehmen kann die Hinzuziehung von Mitarbeitern aus anderen Bereichen oder die bereichsübergreifende Informationsweitergabe notwendig sein.[82] Das ist insb. bei komplexen Transaktionen mit hohem Schwierigkeitsgrad und/oder hohen Risiken der Fall. Nur ein dahin gehender Informationsfluss macht häufig die Ausschöpfung der gesamten Produktpalette überhaupt erst möglich.[83]

118

Vor diesem Hintergrund ist die bereichsüberschreitende Weitergabe von Informationen und die Einschaltung von Mitarbeitern aus anderen Bereichen („Wall Crossing") dann zulässig, wenn sich die Informationsweitergabe auf das erforderliche Maß beschränkt („Need-to-Know-Prinzip").[84] Marktsensibles Wissen darf nur an die Personen weitergegeben werden, die es für die Aufgabenerfüllung benötigen und auch nur in dem Umfang, in dem sie die Informationenbrauchen.

119

Der bereichsüberschreitende Informationsfluss sollte immer unter Beteiligung des Compliance-Beauftragten erfolgen. Die Weitergabe der Informationen wird deshalb sinnvollerweise durch die zuständige Compliance-Einheit (bereits im Vorfeld) begleitet und geschieht in Abstimmung mit dieser.[85] Sie ist zu dokumentieren.

120

Zur Überwachung der Eigenhandels- und Mitarbeitergeschäfte und damit mittelbar der Beobachtung, ob die Vertraulichkeitsbereiche zwischen den verschiedenen compliance-relevanten Bereichen des Wertpapierdienstleistungsunternehmens eingehalten wurde, dient die Beobachtungsliste (watch list). Sie ist eine nicht öffentliche, laufend aktualisierte Liste von Finanzinstrumenten, zu denen im Wertpapierdienstleistungsunternehmen compliance-relevante Informationen vorliegen. Die Bobachtungsliste ist von der Compliance-Funktion streng vertraulich zu führen. Die hier enthaltenen Werte unterliegen grundsätzlich keinen Handels- oder Beratungsbeschränkungen.[86]

121

Eine derartige Liste kann jedoch nur ihren Zweck erfüllen, wenn sie auf aktuellem Stand und vollständig ist. Das wird dadurch sichergestellt, dass Mitarbeiter des Wertpapierdienstleistungsunternehmens, bei denen in Ausübung ihrer Tätigkeit compliance-relevante Informationen anfallen, dazu verpflichtet sind, unverzüglich eine entsprechende Meldung zur watch list zu veranlassen.[87]

122

---

82 *Bülow*, in: die bank 1997, S. 290, 291.
83 MaComp AT 6.2 Tz 3 b.
84 *Meyer/Paetzke/Will*, in: Kölner Kommentar zum WpHG, 2. Aufl. 2014, § 33 WpHG (a. F.) Rn. 177; MaComp AT 6.2 Tz 3 b.
85 *Bülow*, in: die bank 1997, S. 290, 292; Faust, Bankrechtshandbuch, § 109 Rn. 84.
86 *Meyer/Paetzke/Will*, in: Kölner Kommentar zum WpHG, 2. Aufl. 2014, § 33 WpHG (a. F.) Rn. 151 f.; *Fuchs*, in: Wertpapierhandelsgesetz-Kommentar, 2. Aufl. 2016, § 33 WpHG (a. F.) Rn. 133 ff.; MaComp AT 6.2 Tz 3c).
87 *Meyer/Paetzke/Will*, in: Kölner Kommentar zum WpHG, 2. Aufl. 2014, § 33 WpHG (a. F.) Rn. 151 f.; *Fuchs*, in: Wertpapierhandelsgesetz-Kommentar, 2. Aufl. 2016, § 33 WpHG (a. F.) Rn. 133 ff.; MaComp AT 6.2 Tz 3c).

123 Neben der Beobachtungsliste führen Wertpapierdienstleistungsunternehmen häufig eine sog. Sperrliste (restrictet list). Im Gegensatz zur Beobachtungsliste ist diese nicht geheim zu halten.[88]

124 Auch Mischformen beider Listen, etwa eine bekannt gemachte watch list, als Überwachungsinstrumente aufsichtsrechtlich zulässig.

8.3.2.2 Verhinderung oder Kontrolle einer Beteiligung eines Mitarbeiters

125 Die in Art 34 Abs. 3 Satz 2b) DVO genannten Maßnahmen sehen, ähnlich wie § 13 Abs. 3 Satz 2 Nr. 5 WpDVerOV (a. F.), die gesonderte Überwachung relevanter Personen, deren Hauptaufgabe darin besteht, Tätigkeiten im Namen von Kunden auszuführen oder Dienstleistungen für Kunden zu erbringen, deren Interessen möglicherweise kollidieren oder die in anderer Weise unterschiedliche Interessen – einschließlich der des Wertpapierdienstleistungsunternehmens – vertreten, die kollidieren könnten, vor.

126 Zu derartigen Maßnahmen kann z. B. die Einrichtung getrennter Berichtslinien der entsprechenden Mitarbeiter gehören.[89] Auch die Überwachung der Mitarbeitergeschäfte dient diesem Zweck.[90]

Nicht ausgeschlossen ist damit allerdings ein „Wall Crossing", das durch Compliance zugelassen wurde. Bei einem Zuständigkeitswechsel muss jedoch ein besonderes Augenmerk auf etwaig entstehende neue Interessenkonflikte gelegt werden.[91]

8.3.2.3 Sicherstellung der Unabhängigkeit der Vergütung

127 Art 34 Abs. 3 Satz 2c) verlangt, ähnlich wie § 13 Abs. 3 Satz 2 Nr. 2 WpDVerOV (a. F.), Maßnahmen zur Beseitigung jeder direkten Verbindung zwischen der Vergütung relevanter Personen, die sich hauptsächlich mit einer Tätigkeit beschäftigen, und der Vergütung oder den Einnahmen anderer relevanter Personen, die sich hauptsächlich mit einer anderen Tätigkeit beschäftigen, wenn bei diesen Tätigkeiten ein Interessenkonflikt entstehen könnte.

128 Hier ist etwa an die Vergütung von Kontrolleinheiten wie die Compliance-Funktion zu denken, bei denen die Vergütung der Mitarbeiter nicht an den Erfolg derjenigen Mitarbeiter gekoppelt sein darf, die überwacht werden.

129 Grundsätzlich unbedenklich sind i. d. R. „variable Gehaltsbestandteile" in die Ergebnisse der im Vertrieb beschäftigten Mitarbeiter im Rahmen einer Beteiligung am Gesamtbetriebsergebnis nur mittelbar einfließen, solange der variable Bestandteil von untergeordneter Bedeutung ist.[92]

---

88 Vgl. etwa *Meyer/Paetzke/Will*, in: Kölner Kommentar zum WpHG, 2. Aufl. 2014, § 33 WpHG (a. F.) Rn. 151 f.; *Fuchs*, in: Wertpapierhandelsgesetz-Kommentar, 2. Aufl. 2016, § 33 WpHG (a. F.) Rn. 137; MaComp AT 6.2 Tz 3 c.
89 Begr. WpDVerOV (a. F.), S. 22.
90 *Schlicht*, in: BKR 2006, S. 469, 472.
91 *Schlicht*, in: BKR 2006, S. 469, 472.
92 Zur Thematik variable Vergütungsmodelle siehe auch *Röh*, in: BB 2008, S. 398, 406.

8.3.2.4 Unsachgemäße Einflussnahme

Nach Art 34 Abs. 3 Satz 2d) sind, wie nach § 13 Abs. 3 Satz 2 Nr. 3 WpDVerOV (a. F.), Maßnahmen zu treffen, die jeden ungebührlichen Einfluss auf die Art und Weise, in der eine relevante Person Wertpapier- oder Nebendienstleistungen erbringt oder Anlagetätigkeiten ausführt, verhindern oder einschränken.   *130*

Die Regelung enthält keine Legaldefinition oder Erläuterung dazu, was unter einem „ungebührlichen" Einfluss zu verstehen ist. Der Begriff dürfte allerdings dem der „unsachgemäße Einflussnahme" in § 13 Abs. 3 Satz 2 Nr. 3 WpDVerOV (a. F.) entsprechen. Gemeint sind in beiden Fällen Beeinflussungen, die dem Sinn und Zweck der Regelung und der Interessenkonfliktsteuerung, die Beeinträchtigung von Kundeninteressen zu verhindern, zuwiderlaufen.   *131*

Hierbei spielt es keine Rolle, ob die Beeinflussung durch andere Mitarbeiter des Instituts bzw. Konzerns oder instituts- oder konzernfremde Personen erfolgt.[93] Deshalb dienen etwa Regelungen zum Umgang von Mandatsträgern bei börsennotierten Unternehmen der Verhinderung eines entsprechenden Einflusses.[94]   *132*

Ziel der Maßnahmen ist die Verhinderung oder Einschränkung des ungebührlichen Einflusses.   *133*

8.3.2.5 Widerstreitende Interessen

Die in Art. 34 Abs. 3 Satz 2e) angeführte Maßnahme, die § 13 Abs. 3 Satz 2 Nr. 4 WpDVerOV (a. F.) entspricht – soll die gleichzeitige oder unmittelbar nachfolgende Einbeziehung einer relevanten Person in verschiedene Wertpapier- oder Nebendienstleistungen bzw. Anlagetätigkeiten verhindern oder kontrollieren, wenn diese Einbeziehung ein ordnungsgemäßes Konfliktmanagement beeinträchtigen könnte.   *134*

Die Anforderung einer „gleichzeitigen oder unmittelbar nachfolgenden" Einbeziehung dürfte dem in § 13 Abs. 3 Satz 2 Nr. 4 WpDVerOV (a. F.) vorhandenen Erfordernis eines „engen zeitlichen Zusammenhangs" weitgehend entsprechen.   *135*

8.3.2.6 Weitere Maßnahmen

Soweit mit einer oder mehrerer dieser Maßnahmen der erforderliche Grad an Unabhängigkeit nicht erzielt wird, sind dafür notwendige alternative oder zusätzliche Maßnahmen zu treffen.   *136*

8.4 Spezielle Vorgaben bei Finanzanalysen und Marketingmitteilungen

Art. 36 und 37 DVO enthalten zusätzliche Vorgaben bezüglich Finanzanalysen oder Marketingmitteilungen. Art 36 DVO definiert hierbei zunächst die beiden Begriffe, Art 37 enthält zusätzliche organisatorische Anforderungen.   *137*

---

93   Begr. WpDVerOV (a. F.), S. 21.
94   *Schlicht*, in: BKR 2006, S. 469, 473.

8.4.1 Einführung, Definitionen

138 So sind nach Art. 36 Nr. 1 DVO (für die Zwecke des Art. 37) Finanzanalysen Analysen oder andere Informationen, in denen für ein oder mehrere Finanzinstrumente oder die Emittenten von Finanzinstrumenten explizit oder implizit eine Anlagestrategie empfohlen oder vorgeschlagen wird, einschließlich aller für Informationsverbreitungskanäle oder die Öffentlichkeit bestimmter Stellungnahmen zum aktuellen oder künftigen Wert oder Preis dieser Instrumente, sofern folgende Bedingungen erfüllt sind:
- die Analysen oder Informationen werden als Finanzanalysen oder Ähnliches betitelt oder beschrieben oder aber als objektive oder unabhängige Erläuterung der in der Empfehlung enthaltenen Punkte dargestellt (Buchstabe a)
- würde die betreffende Empfehlung von einer Wertpapierfirma an einen Kunden ausgegeben, würde sie keine Anlageberatung im Sinne der Richtlinie 2014/65/EU darstellen (Buchstabe b).

139 Gemäß Art. 36 Nr. 2 Satz 1 1. HS DVO wird eine unter Nummer 35 des Art. 3 Abs. 1 der Verordnung (EU) Nr. 596/2014 fallende Empfehlung, die die in Abs. 1 genannten Bedingungen nicht erfüllt, für die Zwecke der Richtlinie 2014/65/EU als Marketingmitteilung behandelt.

Die Wertpapierdienstleistungsunternehmen, die eine solche Empfehlung erstellen oder verbreiten, haben, das bestimmt der 2. HS der Vorschrift, dafür zu sorgen, dass sie eindeutig als solche gekennzeichnet wird.

Darüber hinaus haben die Wertpapierdienstleistungsunternehmen nach Art. 36 Nr. 2 Satz 2 DVO sicherzustellen, dass jede derartige Empfehlung (d. h. auch jede mündliche Empfehlung) einen klaren und deutlichen Hinweis darauf enthält, dass sie nicht in Einklang mit Rechtsvorschriften zur Förderung der Unabhängigkeit von Finanzanalysen erstellt wurde und auch keinem Handelsverbot im Anschluss an die Verbreitung von Finanzanalysen unterliegt.

8.4.2 Zusätzliche organisatorische Vorgaben bei Finanzanalysen und Marketingmitteilungen

140 Nach Art. 37 Abs. 1 DVO müssen Wertpapierdienstleistungsunternehmen, die auf eigene Verantwortung oder auf Verantwortung eines Mitglieds ihrer Gruppe Finanzanalysen erstellen oder erstellen lassen, die im Anschluss daran unter den Kunden der Wertpapierfirma oder in der Öffentlichkeit verbreitet werden sollen oder aller Wahrscheinlichkeit nach verbreitet werden, sicherstellen, dass in Bezug auf die an der Erstellung dieser Analysen beteiligten Finanzanalysten sowie in Bezug auf andere relevante Personen, deren Aufgaben oder Geschäftsinteressen mit den Interessen der Personen, an die die Finanzanalysen weitergegeben werden, kollidieren könnten, alle in Art. 34 Abs. 3 DVO genannten Maßnahmen getroffen werden.

Die Verpflichtungen im ersten Unterabs. gelten dabei auch in Bezug auf Empfehlungen im Sinne von Art. 36 Abs. 2 DVO.

Gemäß Art. 37 Abs. 2 DVO haben Wertpapierdienstleistungsunternehmen, auf die sich Abs. 1 Unterabs. 1 bezieht, Vorkehrungen zu treffen, die so angelegt sind, dass sie die Erfüllung der folgenden Bedingungen gewährleisten: 141

- Finanzanalysten und andere relevante Personen, die den wahrscheinlichen Zeitplan oder Inhalt einer Finanzanalyse kennen, die für die Öffentlichkeit oder für Kunden nicht zugänglich ist und aus den öffentlich verfügbaren Informationen nicht ohne Weiteres abgeleitet werden kann, können persönliche oder im Namen einer anderen Person, einschließlich der Wertpapierfirma, getätigte Geschäfte mit Finanzinstrumenten, auf die sich die Finanzanalyse bezieht, oder mit damit verbundenen Finanzinstrumenten nur als Marktmacher in gutem Glauben und im normalen Verlauf des „Market-Making" oder in Ausführung eines unaufgeforderten Kundenauftrags nur dann tätigen, wenn die Empfänger der Finanzanalyse ausreichend Gelegenheit hatten, auf diese zu reagieren; (Buchstabe. a)
- in den von Buchstabe a nicht abgedeckten Fällen können Finanzanalysten und alle anderen an der Erstellung von Finanzanalysen beteiligten relevanten Personen nur unter außergewöhnlichen Umständen und mit vorheriger Genehmigung eines Mitarbeiters der Rechtsabteilung oder der Compliance-Funktion der Wertpapierdienstleistungsunternehmen ein den aktuellen Empfehlungen zuwiderlaufendes persönliches Geschäft mit den Finanzinstrumenten, auf die sich die Finanzanalyse bezieht, oder damit verbundenen Finanzinstrumenten tätigen; (Buchstabe b)
- es ist eine physische Trennung zwischen den an der Erstellung von Finanzanalysen beteiligten Finanzanalysten und anderen relevanten Personen, deren Aufgaben oder Geschäftsinteressen mit den Interessen der Personen, an die die Finanzanalysen weitergegeben werden, kollidieren können, gegeben oder es werden, wenn dies angesichts der Größe und Organisation der Firma sowie der Art, des Umfangs und der Komplexität ihrer Tätigkeit nicht angebracht ist, geeignete alternative Informationsschranken entwickelt und umgesetzt; (Buchstabe c)
- Wertpapierdienstleistungsunternehmen Finanzanalysten und andere an der Erstellung von Finanzanalysen beteiligte relevante Personen nehmen keine Anreize von Personen an, die ein wesentliches Interesse am Gegenstand der Finanzanalysen haben; (Buchstabe d)
- Wertpapierdienstleistungsunternehmen, Finanzanalysten und andere an der Erstellung von Finanzanalysen beteiligte relevante Personen versprechen Emittenten keine für sie günstige Analyse (Buchstabe e)
- vor der Weitergabe von Finanzanalysen ist es Emittenten, relevanten Personen mit Ausnahme von Finanzanalysten und sonstigen Personen nicht gestattet, den Entwurf dieser Analyse auf die Korrektheit der darin dargestellten Sachverhalte oder einen anderen Zweck hin zu überprüfen, wenn der Entwurf eine Empfehlung oder einen Zielpreis enthält, es sei denn, es geht darum, die Einhaltung der rechtlichen Pflichten durch das Wertpapierdienstleistungsunternehmen zu kontrollieren. Für die Zwecke dieses Absatzes ist ein „damit verbundenes Finanzinstrument" jedes Finanzinstrument, dessen Preis stark durch Preisbewegungen bei einem anderen Finanzinstrument, das Gegenstand der Finanzanalyse ist, beeinflusst wird; diese Bedeutung schließt ein Derivat dieses anderen Finanzinstruments ein. (Buchstabe f)

142 Nach Art. 37 Abs. 3 DVO sind Wertpapierdienstleistungsunternehmen, die die von einer anderen Person erstellten Finanzanalysen an die Öffentlichkeit oder ihre Kunden weitergeben, von den Anforderungen des Abs. 1 ausgenommen, wenn folgende Kriterien erfüllt sind:
- Die Person, die die Finanzanalyse erstellt, gehört nicht zu der Gruppe, der das Wertpapierdienstleistungsunternehmen angehört (Buchstabe a);
- das Wertpapierdienstleistungsunternehmen ändert die in der Finanzanalyse enthaltenen Empfehlungen nicht wesentlich ab (Buchstabe b)
- das Wertpapierdienstleistungsunternehmen stellt die Finanzanalyse nicht als von ihm erstellt dar Buchstabe c);
- das Wertpapierdienstleistungsunternehmen vergewissert sich, dass für den Ersteller der Finanzanalyse Bestimmungen gelten, die den Anforderungen dieser Verordnung für die Erstellung von Finanzanalysen gleichwertig sind, bzw. dass er Grundsätze im Sinne dieser Anforderungen festgelegt hat (Buchstabe d).

8.5 Zusätzliche allgemeine Anforderungen bei der Emissionsübernahme, Platzierung und Finanzwirtschaftsberatung

8.5.1 Allgemeine Anforderungen

8.5.1.1 Zusätzliche Anforderungen bzgl. der Emissionsübernahme, der Platzierung und der Finanzwirtschaftsberatung

Art. 38 DVO enthält – dies stellt eine Neuerung dar – spezifische zusätzliche Anforderungen bzgl. der Emissionsübernahme, der Platzierung und der Finanzwirtschaftsberatung.

143 Nach Art. 38 Abs. 1 DVO müssen Wertpapierdienstleistungsunternehmen, die die Finanzwirtschaftsberatung im Sinne von Anhang I Abschn. B Nummer 3, Emissions- oder Platzierungsdienstleistungen im Zusammenhang mit Finanzinstrumenten bieten, vor der Entscheidung, ein Angebot anzunehmen, Vorkehrungen zur Unterrichtung des Emittenten treffen und zwar über :
- die verschiedenen, bei der Wertpapierfirma verfügbaren Finanzierungsalternativen, mit Angabe der Geschäftskosten, die mit jeder Alternative verbunden sind (Buchstabe a);
- den Zeitpunkt und das Verfahren bezüglich der Finanzwirtschaftsberatung über die Preisgestaltung des Angebots(Buchstabe b);
- den Zeitpunkt und das Verfahren bezüglich der Finanzwirtschaftsberatung über die Platzierung des Angebots; (Buchstabe c);
- Einzelheiten über die Zielgruppe der Anleger, denen die Firma die Finanzinstrumente anbieten möchte; (Buchstabe d);
- die Berufsbezeichnungen und Abteilungen der relevanten Personen, die an der Erbringung der Finanzwirtschaftsberatung über den Preis und die Zuteilung beteiligt sind (Buchstabe e) und
- die Vorkehrungen des Wertpapierdienstleistungsunternehmens zur Verhinderung oder Bewältigung von Interessenkonflikten, die entstehen können, wenn die Wertpapierfirma die relevanten Finanzinstrumente mit ihren Wertpapierkunden oder mit ihrem Eigenhandelsbuch platziert (Buchstabe f).

Gemäß Art. 38 Abs. 2 DVO müssen Wertpapierdienstleistungsunternehmen über ein zentralisiertes Verfahren verfügen, um jegliche Emissionsübernahme- und Platzierungstätigkeiten zu identifizieren und derlei Informationen aufzuzeichnen, einschließlich des Datums, an dem das Wertpapierdienstleistungsunternehmen über potenzielle Emissionsübernahme- und Platzierungsaktivitäten informiert wurde. Die Wertpapierdienstleistungsunternehmen müssen alle potenziellen Interessenkonflikte identifizieren, die durch andere Aktivitäten des Unternehmens oder des Konzerns entstehen, und entsprechende Bewältigungsverfahren implementieren. In Fällen, in denen ein Wertpapierdienstleistungsunternehmen einen Interessenkonflikt durch die Umsetzung geeigneter Verfahren nicht bewältigen kann, darf sich das Wertpapierdienstleistungsunternehmen an der Tätigkeit nicht beteiligen. 144

Nach Art. 38 Abs. 3 DVO haben Wertpapierdienstleistungsunternehmen, die ausführende und analytische Dienstleistungen erbringen und Emissionsübernahme- und Platzierungsaktivitäten durchführen, sicherzustellen, dass sie über ausreichende Kontrollen zur Bewältigung von potenziellen Interessenkonflikten zwischen diesen Aktivitäten und zwischen ihrer verschiedenen Kunden, die diese Dienstleistungen erhalten, verfügen. 145

8.5.1.2 Darlehen bei Emissionsübernahme und Platzierung

Art. 42 Abs. 1 DVO enthält zusätzliche Anforderungen bezüglich der Vergabe von Darlehen oder einer Kreditvergabe im Zusammenhang mit einer Emissionsübernahme und einer Platzierung. 146

Nach Abs. 1 muss ein Wertpapierdienstleistungsunternehmen, falls ein vorheriges Darlehen oder ein Kredit für den Emittenten durch eine Wertpapierfirma, oder ein Unternehmen innerhalb derselben Gruppe, mit dem Erlös einer Emission zurückgezahlt werden soll, über Vorkehrungen zur Identifizierung und Verhinderung oder Bewältigung jeglicher Interessenkonflikte, die infolgedessen auftreten können, verfügen.

Falls sich die getroffenen Vorkehrungen zur Verwaltung von Interessenkonflikten als unzureichend erweisen und nicht gewährleistet werden kann, dass der Emittent vor Schäden geschützt ist, müssen Wertpapierdienstleistungsunternehmen – das bestimmt Abs. 2 der Vorschrift – den Emittenten über die spezifischen Interessenkonflikte, die im Zusammenhang mit ihren Aktivitäten, oder derer von Gruppenunternehmen, in einer Funktion als Kreditanbieter unterrichten, wie auch über ihre Aktivitäten im Zusammenhang mit den Wertpapierangeboten. 147

Die Grundsätze eines Wertpapierdienstleistungsunternehmens für den Umgang mit Interessenkonflikten müssen nach Abs. 3 zudem den Austausch von Informationen mit Gruppenunternehmen, die als Kreditanbieter fungieren, erfordern, soweit dies nicht gegen Informationsbarrieren, die von dem Unternehmen zum Schutz der Interessen eines Kunden eingerichtet wurden, verstoßen würde. 148

8.5.1.3 Aufzeichnungen bzgl. Emissionsübernahme oder Platzierung

Art 43 DVO enthält Anforderungen an die *im Zusammenhang mit einer* Emissionsübernahme oder Platzierung zu erstellenden Aufzeichnungen. 149

Wertpapierdienstleistungsunternehmen sind hiernach dazu angehalten, Inhalt und Zeitpunkt der von Kunden erhaltenen Anweisungen aufzuzeichnen. Für jede Tätigkeit müssen die getroffenen Entscheidungen bezüglich Mittelzuweisung aufgezeichnet werden, um für einen vollständigen Prüfungsweg zwischen den in Kundenkonten registrierten Bewegungen und den von der Wertpapierfirma erhaltenen Anweisungen zu sorgen. Insb. ist die zuletzt erfolgte Mittelzuweisung für jeden Wertpapierkunden deutlich zu begründen und aufzuzeichnen. Der vollständige Prüfungsweg der wesentlichen Schritte im Emissionsübernahme- und Platzierungsverfahren muss den zuständigen Behörden auf Anfrage zur Verfügung gestellt werden.

8.5.2 Zusätzliche Anforderungen bezüglich der Preisgestaltung der Angebote bei der Emission von Finanzinstrumenten

150 Art. 39 DVO enthält zusätzliche Vorgaben bzgl. der Preisgestaltung der Angebote hinsichtlich der Emission von Finanzinstrumenten.

Nach Abs. 1 müssen Wertpapierdienstleistungsunternehmen über Systeme, Kontrollen und Verfahren zur Identifizierung und Verhinderung oder Bewältigung von Interessenkonflikten verfügen, die im Zusammenhang mit dem Ansetzen eines zu niedrigen oder zu hohen Preises einer Emission, oder durch Beteiligung der relevanten Parteien hierbei, entstehen. Insb. müssen Wertpapierfirmen als Mindestanforderung interne Vorkehrungen treffen und auf Dauer umsetzen, um Folgendes zu gewährleisten:

– dass die Preisgestaltung des Angebots nicht die Interessen anderer Kunden oder die firmeneigenen Interessen in einer Weise fördert, die mit den Interessen des Emittenten im Widerspruch stehen könnte (Buchstabe a) und

– das Verhindern oder die Bewältigung einer Situation, in der Personen, die für das Erbringen von Dienstleistungen für die Wertpapierkunden der Firma verantwortlich sind, an Entscheidungen bezüglich Finanzwirtschaftsberatung über die Preisgestaltung für den Emittenten unmittelbar beteiligt sind (Buchstabe b).

151 Gemäß Art. 39 Abs. 2 DVO müssen Wertpapierdienstleistungsunternehmen Kunden darüber informieren, wie die Empfehlung bezüglich des Angebotspreises und der damit verbundenen Zeitpunkte bestimmt wurde. Insb. muss die Wertpapierfirma den Emittenten über jegliche Absicherungs- und Stabilisierungsstrategien, die sie gedenkt in Bezug auf das Angebot durchzuführen, informieren und mit ihm besprechen, einschließlich inwiefern sich diese Strategien auf die Interessen des Emittenten auswirken könnten. Ferner müssen Wertpapierfirmen während des Angebotsprozesses alle angemessenen Maßnahmen ergreifen, um den Emittenten über Entwicklungen bezüglich der Preisgestaltung der Emission auf dem Laufenden zu halten.

8.5.3 Art. 40 DVO Zusätzliche Anforderungen bezüglich der Platzierung

152 Zusätzliche Anforderungen bezüglich der Platzierung enthält Art. 40 DVO.

Nach Abs. 1 der Vorschrift müssen Wertpapierdienstleistungsunternehmen, die Finanzinstrumente platzieren, wirksame Vorkehrungen treffen und auf Dauer umsetzen, um zu verhindern, dass Platzierungsempfehlungen unsachgemäß von bestehenden oder künftigen Beziehungen beeinflusst werden.

Gemäß Abs. 2 müssen Wertpapierdienstleistungsunternehmen wirksame interne Vorkehrungen treffen und auf Dauer umsetzen, um Interessenkonflikte zu verhindern oder zu bewältigen, die entstehen, wenn Personen, die für das Erbringen von Dienstleistungen für die Wertpapierkunden der Firma verantwortlich sind, an Entscheidungen bezüglich Mittelzuweisungsempfehlungen für den Emittenten unmittelbar beteiligt sind. *153*

Abs. 3 bestimmt, dass Wertpapierdienstleistungsunternehmen von Dritten keine Zahlungen oder sonstigen Vorteile annehmen dürfen, es sei denn, solche Zahlungen oder Vorteile stehen im Einklang mit den Anforderungen von Art. 24 der MiFID II. Insb. folgende Methoden gelten als nicht konform mit diesen Anforderungen und sind daher als inakzeptabel zu betrachten: *154*

– eine Mittelzuweisung, die gemacht wurde, um einen Anreiz für die Zahlung von unverhältnismäßig hohen Gebühren für nicht im Zusammenhang stehende, von der Wertpapierfirma erbrachte Dienstleistungen („Laddering") zu schaffen, wie beispielsweise vom Wertpapierkunden bezahlte unverhältnismäßig hohe Gebühren oder Provisionen, oder eine unverhältnismäßig hohe Anzahl an Geschäften auf normaler Provisionsebene, die vom Wertpapierkunden als Ausgleich für den Erhalt einer Zuteilung der Emission zur Verfügung gestellt wird (Buchstabe a)

– eine Mittelzuweisung, die einem leitenden Angestellten oder einem Vorstandsmitglied eines bestehenden oder potenziellen Emittenten als Gegenleistung für die künftige oder vergangene Vergabe von Finanzwirtschaftsgeschäften zugeteilt wurde („Spinning")(Buchstabe b)

– eine Mittelzuweisung, die ausdrücklich oder implizit vom Erhalt künftiger Aufträge oder vom Kauf anderweitiger Dienstleistungen der Wertpapierfirma durch einen Wertpapierkunden, oder jedes Unternehmen, in welchem der Anleger ein Vorstandsmitglied ist, abhängig ist (Buchstabe c).

Nach Abs. 4 müssen Wertpapierdienstleistungsunternehmen Grundsätze für den Umgang mit Mittelzuweisungen, die das Verfahren zur Entwicklung von Mittelzuweisungsempfehlungen darlegen, festlegen und auf Dauer umsetzen. Die Grundsätze für den Umgang mit Mittelzuweisungen müssen dem Emittenten vor seiner Zustimmung, jegliche Platzierungsdienstleistungen in Anspruch zu nehmen, zur Verfügung gestellt werden. Die Grundsätze müssen wichtige, zu diesem Zeitpunkt verfügbare Informationen über die vorgeschlagene Mittelzuweisungsmethodik für die Emission darlegen. *155*

Abs. 5 verlangt von den Wertpapierdienstleistungsunternehmen, den Emittenten an Diskussionen über das Platzierungsverfahren teilhaben zu lassen, damit das Unternehmen in der Lage ist, die Interessen und Ziele des Kunden nachvollziehen und berücksichtigen zu können. Das Wertpapierdienstleistungsunternehmen muss für ihre vorgeschlagene Mittelzuweisung je nach Art des Kunden für das Geschäft gemäß den Grundsätzen für den Umgang mit Mittelzuweisungen die Zustimmung des Emittenten einholen. *156*

8.5.4 Zusätzliche Anforderungen bzgl. Beratung, Vertrieb und Eigenplatzierung

157 Art. 41 DVO normiert zusätzliche Anforderungen bezüglich Beratung, Vertrieb und Eigenplatzierung

So müssen Wertpapierdienstleistungsunternehmen gemäß Art. 41 Abs. 1. Satz 1 DVO über Systeme, Kontrollen und Verfahren zur Identifizierung und Bewältigung von Interessenkonflikten verfügen, die bei der Erbringung von Wertpapierdienstleistungen für einen Wertpapierkunden zur Teilhabe bei einer neuen Emission entstehen, wenn die Wertpapierfirma Provisionen, Gebühren oder jegliche finanziellen oder nicht-finanziellen Vorteile in Bezug auf das Einrichten der Emission erhält. Jegliche Provisionen, Gebühren oder finanzielle oder nicht-finanzielle Vorteile müssen nach Satz 2 den Anforderungen in Art. 24 Abs. 7, 8 und 9 der MiFID II entsprechen und in den Grundsätzen des Wertpapierdienstleistungsunternehmens für den Umgang mit Interessenkonflikten dokumentiert werden und sich in den Vorkehrungen der Firma in Bezug auf Anreize widerspiegeln.

158 Nach Art. 41 Abs. 2 DVO müssen Wertpapierdienstleistungsunternehmen, die sich mit der Platzierung von Finanzinstrumenten befassen, welche von ihnen selbst oder von Unternehmen derselben Gruppe an ihre eigenen Kunden ausgestellt wurden, einschließlich ihrer bestehenden Einleger im Falle von Kreditinstituten, oder Wertpapierfonds, die von Unternehmen ihres Konzerns verwaltet werden, wirksame Vorkehrungen zur Identifizierung, Verhinderung oder Bewältigung von potenziellen Interessenkonflikten, die im Zusammenhang mit dieser Art von Tätigkeit entstehen, treffen und auf Dauer umsetzen. Solche Vorkehrungen müssen Überlegungen beinhalten, die Tätigkeit zu unterlassen, wenn Interessenkonflikte nicht angemessen bewältigt werden können, um somit schädigende Auswirkungen auf die Kunden vermieden werden.

159 Art. 41 Abs. 3 DVO verlangt von den Wertpapierdienstleistungsunternehmen, falls eine Offenlegung von Interessenkonflikten erforderlich ist, den Anforderungen in Art. 34 Abs. 4 DVO Folge leisten, einschließlich einer Erklärung zur Art und Ursache der mit dieser Art von Tätigkeit verbundenen Interessenkonflikte, und Einzelheiten über die spezifischen, mit solchen Praktiken verbundenen Risiken zur Verfügung stellen, damit Kunden eine fundierte Anlageentscheidung treffen können.

160 Gemäß Abs. 4 der Regelung stellen Wertpapierdienstleistungsunternehmen, die ihren Kunden von ihnen selbst oder von anderen Unternehmen der Gruppe begebene Finanzinstrumente anbieten, die bei der Berechnung der Aufsichtsanforderungen gemäß der Verordnung (EU) Nr. 575/2013 des Europäischen Parlaments und des Rates[95], der Richtlinie 2013/36/EU des Europäischen Parlaments und des Rates[96] oder der Richtli-

---

95 Verordnung (EU) Nr. 575/2013 des Europäischen Parlaments und des Rates v. 26.06.2013 über Aufsichtsanforderungen an Kreditinstitute und Wertpapierfirmen und zur Änderung der Verordnung (EU) Nr. 648/2012 (ABl. L 176 v. 27.06.2013, S. 1).
96 Richtlinie 2013/36/EU des Europäischen Parlaments und des Rates v. 26.06.2013 über den Zugang zur Tätigkeit von Kreditinstituten und die Beaufsichtigung von Kreditinstituten und Wertpapierfirmen, zur Änderung der Richtlinie 2002/87/EG und zur Aufhebung der Richtlinien 2006/48/EG und 2006/49/EG (ABl. L 176 v. 27.06.2013, S. 338).

nie 2014/59/EU des Europäischen Parlaments und des Rates[97] berücksichtigt werden, diesen Kunden zusätzliche Informationen zur Erläuterung der Unterschiede zur Verfügung, die das Finanzinstrument im Hinblick auf Ertrag, Risiko, Liquidität und das Schutzniveau gemäß der Richtlinie 2014/49/EU des Europäischen Parlaments und des Rates[98] im Vergleich zu Bankeinlagen aufweist.

9 Offenlegungspflicht als Teil der Grundsätze

Die gesetzgeberische Konzeption sieht, wie bereits dargelegt, vor, dass die Wertpapierdienstleistungsunternehmen die Beeinträchtigung von Kundeninteressen primär durch organisatorische Maßnahmen verhindern sollen.   *161*

Allerdings ist es denkbar, dass die organisatorischen Vorkehrungen nach § 80 Abs. 1 Satz 2 Nr. 2 WpHG nicht ausreichen, um zu gewährleisten, dass Interessenkonflikte bzw. die Beeinträchtigung von Kundeninteressen vermieden wird.   *162*

Dafür kann es verschiedene Gründe geben wie etwa private Informationsweitergaben oder die Nichtbefolgung von Arbeitsanweisungen.[99] Dieses „Restrisiko" ist aber kaum gesetzgebungstechnisch einfangbar.

Ob die organisatorischen Vorkehrungen ausreichend sind, ist gemäß § 63 Abs. 2 Satz 1 WpHG „nach vernünftigem Ermessen" zu beurteilen.   *163*

Für den Fall, dass die organisatorischen Regelungen nach dieser Bewertung nicht als ausreichend angesehen werden sieht die Verhaltensregel des § 63 Abs. 2 Satz 1 WpHG, wie bereits § 31 Abs. 1 Nr. 2 WpHG (a. F.), eine Offenlegungspflicht der Institute vor.   *164*

Die Wertpapierdienstleistungsunternehmen müssen allerdings, darauf weist Art. 34 Abs. 4 Satz 1 DVO explicit hin, sicherstellen, dass die Unterrichtung der Kunden gemäß Art. 23 Abs. 2 der MiFID II nur als Ultima Ratio angewandt wird,   *165*

Bei dieser Unterrichtung muss das Wertpapierdienstleistungsunternehmen gemäß Art. 34 Abs. 4 Satz 2 DVO deutlich angeben, dass die wirksamen organisatorischen und administrativen Vorkehrungen, die die Wertpapierfirma zur Verhinderung oder Bewältigung dieses Konflikts getroffen hat, nicht ausreichen, um mit hinreichender Sicherheit zur gewährleisten, dass die Interessen des Kunden nicht geschädigt werden.   *166*

Im Rahmen der Offenlegungspflicht hat ein Wertpapierdienstleistungsunternehmen einem Kunden nach § 63 Abs. 2 Satz 1 1. Alt. WpHG zum einen die „allgemeine Art und Herkunft" von Interessenkonflikten offenzulegen. Wegen des Begriffs kann auf die obigen Ausführungen verwiesen werden (s. o. Rn 79)   *167*

---

97 Richtlinie 2014/59/EU des Europäischen Parlaments und des Rates v. 15. 05. 2014 zur Festlegung eines Rahmens für die Sanierung und Abwicklung von Kreditinstituten und Wertpapierfirmen und zur Änderung der Richtlinie 82/891/EWG des Rates, der Richtlinien 2001/24/EG, 2002/47/EG.
98 Richtlinie 2014/49/EU des Europäischen Parlaments und des Rates v. 16. 04. 2014 über Einlagensicherungssysteme (ABl. L 173 v. 12. 06. 2014, S. 149).
99 *Koller,* in: WpHG-Kommentar, 6. Aufl. 2012, § 31 WpHG (a. F.) Rn 10.

Nicht offenbart werden muss hingegen der konkrete Einzelkonflikt, d. h. z. B. die Geschäftsbeziehung zu einem anderen Kunden oder konkrete Geschäfte des Wertpapierdienstleistungsunternehmens.

168 Gemäß § 63 Abs. 2 Satz 12. Alt. WpHG umfasst die Offenlegungspflicht zudem die Darlegung der durch das Institut zur „Begrenzung der Risiken der Beeinträchtigung der Kundeninteressen unternommenen Schritte". Der Begriff der „Schritte" umfasst die von den Wertpapierdienstleistungsunternehmen vorgesehenen Vorkehrungen, Verfahren und Maßnahmen (s. o.)

Hinweis:
Die Offenlegungspflicht hinsichtlich der durch das Wertpapierdienstleistungsunternehmen unternommenen Schritte ist neu in das WpHG eingeführt worden.

169 Das Wertpapierdienstleistungsunternehmen muss die Offenlegung vornehmen, bevor es Geschäfte für den Kunden durchführt.

170 Die Darlegung hat gemäß § 63 Abs. 2 Satz 1 WpHG eindeutig zu erfolgen. Sie darf deshalb nicht un- oder missverständlich oder aber abgeschwächt vorgenommen werden.

171 Gemäß § 63 Abs. 2 Satz 2 Nr. 2 WpHG muss die Offenlegung so detailliert sein, dass der Kunde in die Lage versetzt wird, seine Entscheidung über die Wertpapierdienstleistung oder Wertpapiernebendienstleistung, in deren Zusammenhang der Interessenkonflikt auftritt, in Kenntnis der Sachlage zu treffen. Mit anderen Worten soll es ihm ermöglicht werden, aufgrund der Unterrichtung über tatsächliche oder potenzielle Interessenkonflikte eine Anlageentscheidung über die Wertpapierdienstleistung oder Wertpapiernebendienstleistung, in deren Zusammenhang der Interessenkonflikt auftritt, auf informierter Grundlage zu treffen.[100] Hierzu sind „hinreichende Details" anzugeben.[101] Auf dieser Grundlage soll der Kunde entscheiden, ob er die Leistung des Wertpapierdienstleistungsunternehmens trotz der Konfliktlage in Anspruch nehmen will.

172 Die Offenlegungspflicht bedeutet andererseits jedoch nicht, dass das Wertpapierdienstleistungsunternehmen alle Details, etwa auch über interne Strukturen oder Arbeitsabläufe den Kunden offenbaren muss.

173 § 63 Abs. 2 Satz 2 Nr. 2 WpHG neu enthält, wie bereits § 13 Abs. 4 Satz 1 WpDVerOV (a. F.), zudem die Verpflichtung, die Offenlegung unter Berücksichtigung der Einstufung des Kunden im Sinne des § 67 WpHG, d. h. als Privatkunde, professioneller Kunde oder geeignete Gegenpartei vorzunehmen.

Nicht erforderlich ist allerdings die Bereithaltung von drei unterschiedlichen Offenlegungsvarianten, sofern man sich einheitlich an der für den Privatkunden zugedachten Version orientiert.

174 Die Offenlegung hat gemäß § 63 Abs. 2 Satz 2 Ziff. 1 WPHG, die Vorgabe entspricht § 13 Abs. 4 Satz 2 WpDVerOV (a. F.), mittels eines dauerhaften Datenträgers erfolgen.

---

100 So bereits die Regelung des § 13 Abs. 4 Satz 1 WpDVerOV (a. F.).
101 Begründung zur WpDVerOV (a. F.) S. 22.

Hinweis:
Letztlich werden sich bei der Umsetzung der drei gesetzlich vorgegebenen Stufen Branchenstandards entwickeln. Dennoch müssen auch individuelle Eigenschaften der Wertpapierdienstleistungsunternehmen beachtet werden.
Standardisierungen werden insb. im genossenschaftlichen Sektor und bei Sparkassen auftreten, bei denen ähnliche Geschäftsmodelle bei einer größeren Gruppe von Instituten anzutreffen sind.

10 Die Rolle von Compliance

Eine zentrale Rolle bei Analyse der Interessenkonflikte und dem Umgang mit diesen kommt der Compliance-Funktion bzw. den Compliance-Beauftragten der Wertpapierdienstleistungsunternehmen zu. *175*

Anknüpfungspunkt hierfür sind Art. 16 Abs. 2 MiFID II sowie § 80 Abs. 1 Satz 3 WpHG, Art. 22 DVO als Nachfolgeregelungen von § 33 Abs. 1 Nr. 2 WpHG (a. F.). Konkretisierungen enthalten die MaComp.

Zu den Aufgaben der nach Art. 22 Nr. 2a) DVO von den Wertpapierdienstleistungsunternehmen einzurichtenden Compliance-Funktion gehört die ständige Überwachung und regelmäßige Bewertung der Angemessenheit und Wirksamkeit der gemäß Abs. 1 Unterabs. 1 eingeführten Maßnahmen, Strategien und Verfahren sowie der Schritte, die zur Behebung etwaiger Defizite der Wertpapierfirma bei der Einhaltung ihrer Pflichten unternommen wurden. *176*

Gemäß BT 1.2.1 Nr. 1 MaComp überwacht und bewertet die Compliance-Funktion die im Unternehmen aufgestellten Grundsätze und Verfahren sowie die zur Behebung von Defiziten getroffenen Maßnahmen.

Nach BT 1.2.1 Nr. 2 1. HS. MaComp hat die Compliance-Funktion durch regelmäßige risikobasierte Überwachungshandlungen darauf hinzuwirken, dass den aufgestellten Grundsätzen und eingerichteten Verfahren, somit den Organisations- und Arbeitsanweisungen des Wertpapierdienstleistungsunternehmens, nachgekommen wird. *177*

Die zentrale Vorschrift für die Thematik Interessenkonflikte enthält BT 1.2 Nr. 3 Satz 1 MaComp, wonach es Aufgabe der Compliance-Funktion ist, dafür Sorge zu tragen, dass Interessenkonflikte vermieden werden bzw. unvermeidbaren Interessenkonflikten ausreichend Rechnung getragen wird. Dies gilt nach Satz 2 insb. hinsichtlich der Wahrung der Kundeninteressen. *178*

Des Weiteren hat die Compliance-Funktion – so Satz 3 – darauf hinzuwirken, dass organisatorische Vorkehrungen im Unternehmen getroffen werden, um die unzulässige Weitergabe von compliance-relevanten Informationen im Sinne von AT 6.1 der MaComp zu verhindern.

Umfang und Schwerpunkt der Tätigkeit der Compliance-Funktion sind gemäß BT 1.2.1.1 MaComp auf Basis einer Risikoanalyse festzulegen. Die Compliance-Funktion führt eine solche Risikoanalyse in regelmäßigen Abständen durch, um die Aktualität und Angemessenheit der Festlegung zu überprüfen. Neben der regelmäßigen Überprüfung identifizierter *179*

Risiken ist im Bedarfsfall eine Ad-hoc-Prüfung vorzunehmen, um aufkommende Risiken in die Betrachtung mit einzubeziehen. Aufkommende Risiken können z. B. solche aus der Erschließung neuer Geschäftsfelder oder aufgrund von Änderungen in der Struktur des Wertpapierdienstleistungsunternehmens sein.

180 Art. 22 Nr. 2c) DVO verlangt mind. einmal jährlich eine Berichterstattung an das Leitungsorgan über die Umsetzung und Wirksamkeit des gesamten Kontrollumfelds für Wertpapierdienstleistungen und Anlagetätigkeiten, über die ermittelten Risiken sowie über die Berichterstattung bezüglich der Abwicklung von Beschwerden und über die ergriffenen oder zu ergreifenden Abhilfemaßnahme. BT 1.2.2 MaComp konkretisiert diese Anforderung.

11 Aufsichtsrechtliche Prüfung

181 Sowohl die Interessenkonfliktsteuerung als auch die Anforderungen an die Compliance-Funktion sind Gegenstand aufsichtsrechtlicher Überwachung.

11.1 Jährliche Prüfung („Regelprüfung")

182 So legt das Wertpapierhandelsgesetz in der zentralen Prüfungsnorm des § 89 WpHG – die unter grundsätzlicher Beibehaltung der Systematik § 36 WpHG (a. F.) ersetzt – verschiedene Prüfungspflichten für die Wertpapierdienstleistungsunternehmen fest.

183 Gemäß § 89 Abs. 1 WpHG ist die Einhaltung der dort genannten Pflichten jährlich durch einen geeigneten Prüfer zu prüfen ist.

Der Prüfungspflicht unterliegen alle Wertpapierdienstleistungsunternehmen, die in dem Berichtszeitraum tatsächlich Wertpapierdienstleistungen erbracht haben.

Gegenstand der Prüfung sind u. a. die vorstehend dargestellten Pflichten.

184 Unverzüglich nach Beendigung der Prüfung ist der BaFin (sowie der deutschen Bundesbank) nach § 89 Abs. 2 Satz 1 WpHG ein Prüfungsbericht einzureichen, sofern dieser von der BaFin angefordert wird.

185 Für Wertpapierdienstleistungsunternehmen, die einem genossenschaftlichen Prüfungsverband oder einem Sparkassen- und Giroverband angehören, erfolgt die Prüfung gemäß § 89 Abs. 1 Satz 5 WpHG grundsätzlich durch die jeweiligen genossenschaftlichen Prüfungsverbände oder die Prüfungsstellen der Sparkassen- und Giroverbände. Diese gelten qua Gesetz als geeignete Prüfer.

186 Die BaFin kann zudem gegenüber dem Prüfer, das regelt § 89 Abs. 4 Satz 1, 2 WpHG, Inhalte der Prüfung bestimmen sowie insb. Prüfungsschwerpunkte festsetzen. Ein solcher Schwerpunkt könnte etwa die die Interessenkonfliktsteuerung durch Compliance sein.

187 Der Prüfer hat die BaFin zudem gemäß § 89 Abs. 4 Satz 3 WpHG bei schwerwiegenden Verstößen unverzüglich zu unterrichten.

188 Konkretisierungen hierzu enthält, wie bereits die Vorgängerprüfungsverordnung, die „Verordnung über die Prüfung der Wertpapierdienstleistungsunternehmen nach § 89 Abs. 6 WpHG (Wertpapierdienstleistungs-Prüfungsverordnung – WpDPV)" v. 17.01.2018.

Nach § 4 Abs. 1 WpDPV umfasst die Prüfung die Einhaltung der in § 89 Abs. 1 Satz 1 und Satz 2 WpHG genannten Anforderungen in allen Teilbereichen der Wertpapierdienstleistungen und Wertpapiernebendienstleistungen.

Damit werden auch die Organisations- und Verhaltensregeln von der Prüfung umfasst.

Nach § 6 Abs. 1 WpDPV sind im Prüfbericht u. a. „im Einzelnen" darzustellen: *189*

- 16. die nach den §§ 67, 69 Abs. 1, 80 des Wertpapierhandelsgesetzes sowie nach den Art. 21 und 22 der Delegierten Verordnung EU Nr. 20177565 erforderlichen Vorkehrungen und Maßnahmen sowie die Organisation des Wertpapierdienstleistungsunternehmens ...
- 17. Die Einhaltung zusätzlicher Anforderungen an das Interessenkonfliktmanagement beim Emissions- und Platzierungsgeschäft nach den Art. 38 bis 43 der Verordnung (EU) Nr. 2017565.

11.2 Wertpapierdienstleistungsprüfungsverordnung (WpDPV) – Fragebogen

§ 89 Abs. 2 Satz 2 WpHG bestimmt, dass die wesentlichen Prüfungsergebnisse in einem *190*
Fragebogen zusammenzufassen und dem Prüfungsbericht beizufügen sind. Gemäß Satz 3 ist der Fragebogen auch dann bei der BaFin (und der deutschen Bundesbank) einzureichen, wenn ein Prüfungsbericht nicht angefordert wird.

Die WpDPV konkretisiert die Anforderungen an den Inhalt des Fragebogens. Vorgaben zu Ausfüllen enthält eine Anlage zur WpDpV. Die im Fragebogen enthaltenen Fragen decken allerdings nicht den gesamten 11. Abschn. des WpHG ab, sondern nur Themengebiete, die zum Zeitpunkt der Erstellung der Verordnung von der BaFin als besonders relevant eingestuft wurden. Somit ist der Fragebogen zwar kein Spiegelbild der gesamten Vorschriften des 11. Abschnitts.[102]

Eine gewisse Auffangfunktion kommt hier allerdings der Frage 52 zu, wonach „weitere Mängel und prüfungsrelevante Ergebnisse, die für die Beurteilung der Ordnungsmäßigkeit der erbrachten Wertpapierdienstleistungen von Bedeutung und nicht durch die Nummern 1 bis 51 abgedeckt sind", erfasst werden müssen.

Hinweis:
Der Fragebogen erfüllt zudem die Funktion eines Grobrasters. Da mehr als 2.000 Prüfungsberichte im Bereich der Banken, Sparkassen und Finanzdienstleistungsinstitute pro Jahr erstellt werden müssen, hilft der Fragebogen bei der Entscheidung, welche Prüfungsberichte von der BaFin anzufordern und auszuwerten sind. Der Fragebogen ist somit Teil eines risikoorientierten Aufsichtssystems, dem die BaFin folgt.

In dem Fragebogen sind insb. folgende Nummern von Relevanz für die Thematik „Interes- *191*
senkonflikte":

- 10a Interessenkonfliktmanagement (geeignete Vorkehrungen zur Vermeidung von Interessenkonflikten und zur Darlegung von unvermeidbaren Interessenkonflikten); Offenle-

---

102   Siehe hierzu (zum Vorgängerfragebogen) auch *Sinning/Walter/Wätke*, in: WPg 2008, S. 605.

gung von Interessenkonflikten (§ 80 Abs. 1 Satz 2 Nr. 2 WpHG; Art 33–35 Del. VO (EU) 2017/565, § 63 Abs. 2 WpHG)
- 10b Ausgestaltung der Vergütung ohne Beeinträchtigung des Kundeninteresses (Art. 27 del. VO (EU) 2017/565)
- 11 zusätzliche Anforderungen an das Interessenkonfliktmanagement im Emissions- und Platzierungsgeschäft (Art. 38–43 del. VO (EU) 2017/765)
- 12 Verfahren und Maßnahmen zur Sicherstellung eines ordnungsgemäßen Umgangs mit Interessenkonflikten bei der Konzeption von Finanzinstrumenten …

11.3 Prüfungsbegleitungen

192 § 89 Abs. 4 Satz 4 WpHG ermöglicht der BaFin die Teilnahme an Prüfungen, weshalb ihr der Beginn der Prüfung rechtzeitig mitzuteilen ist. Die sog. „Prüfungsbegleitung" ändert zwar nichts an der Verantwortlichkeit der Prüfer für eine ordnungsgemäße Prüfung. Dennoch wird die Aufsichtsbehörde i. d. R. auch eigene Erkenntnisse gewinnen und verwerten.

Während die Auswertung der Prüfungsberichte einen wesentlichen Teil der Überwachungstätigkeit der BaFin ausmacht, muss auch eine Aufsichtstätigkeit vor Ort durchgeführt werden. Das WpHG sieht hierzu in § 89 Abs. 4 Satz 4 WpHG vor, dass Mitarbeiter der BaFin an Prüfungen teilnehmen können. Derartige Teilnahmen oder Prüfungsbegleitungen dienen u. a. dazu, sich Abläufe vor Ort anzuschauen oder sich technische Systeme erläutern zu lassen.

Die Abläufe von Prüfungsbegleitungen sind gesetzlich nicht geregelt und werden individuell angepasst.

Hinweis:
Prüfungsbegleitungen der BaFin sind im Gegensatz zu den Regelprüfungen nicht kostenpflichtig.

11.4 Prüfung durch die BaFin selbst oder durch Beauftragte

193 Unabhängig hiervon kann die Aufsichtsbehörde nach § 89 Abs. 5 WpHG Prüfungen selbst oder durch Beauftragte durchführen. Hierüber ist das Wertpapierdienstleistungsunternehmen rechtzeitig zu unterrichten. Die Kosten einer derartigen Prüfung trägt das Unternehmen.

11.5 Prüfungen ohne Anlass („WpHG-Sonderprüfungen")

194 Daneben ist die BaFin gemäß § 88 Abs. 1 WpHG ermächtigt, Prüfungen ohne besonderen Anlass (sog. WpHG-Sonderprüfungen) vorzunehmen.

Hinweis:
Diese Prüfungen sind kostenpflichtig und von den Wertpapierdienstleistungsunternehmen zu tragen.

12 Ordnungswidrigkeitenrecht/Verwaltungsmaßnahmen

Eine ordnungswidrigkeitsrechtliche Absicherung eines Teilspektrums im Bereich der Interessenkonflikte erfolgt über § 120 Abs. 8 Nr. 97 WpHG. Danach handelt ordnungswidrig, wer vorsätzlich oder fahrlässig entgegen § 80 Abs. 1 Satz 2 Nummer 1, auch in Verbindung mit dem auf Grundlage von Art. 23 Abs. 4 in Verbindung mit Art. 89 der Richtlinie 2014/65/EU erlassenen delegierten Rechtsakt der Europäischen Kommission, keine Vorkehrungen trifft.   195

Allerdings besteht neben den Pflichtenappellen des Ordnungswidrigkeitenrechts die Möglichkeit der Anwendung des verwaltungsrechtlichen Instrumentariums durch die BaFin.   196

13 Literaturverzeichnis

Assmann: Interessenkonflikte aufgrund von Zuwendungen, in: ZBB 2008, S. 21–28.

Assmann: Interessenkonflikte und „Inducements" im Lichte der Richtlinie über Märkte für Finanzinstrumente (MiFID) und der MiFID-Durchführungsrichtlinie, in: ÖBA 2007, S. 40–54.

Fuchs (Hrsg.): Wertpapierhandelsgesetz-Kommentar, 2. Aufl. 2016.

Haußwald: Compliance-Organisation: Neuausrichtung – ein aktuelles Thema?, in: BankPraktiker 06/2008, S. 302–307.

Koller, in: Assmann/Schneider (Hrsg.): WpHG-Kommentar, 6. Aufl. 2012.

Loy: Interessenkonflikte, in: Clouth/Lang (Hrsg.): MiFID Praktikerhandbuch, Köln 2007, S. 257–269.

Renz/Stahlke: Effizienter Umgang mit Interessenkonflikten, in: BankPraktiker Beilage 01/2007, S. 32–37.

Sinning/Walter/Wätke: Neuerungen bei der Prüfung des Wertpapierdienstleistungsgeschäfts nach § 36 Abs. 1 WpHG – unter besonderer Berücksichtigung der Neufassung der WpDPV sowie des IDW EPS 521 n. F., in: WPg 2008, S. 600–609.

II.B.2

Zuwendungen im Wertpapiergeschäft

Dr. Barbara Roth und Dr. Denise Blessing

Inhaltsübersicht

1	Einleitung...	1
2	Rechtliche Grundlagen...	2–27
2.1	Bestehen eines Zusammenhangs mit einer Wertpapierdienstleistung oder Wertpapiernebendienstleistung...	3–4
2.2	Leistender und Empfänger der Zuwendung................................	5
2.3	Per se zulässige Leistungen..	6–9
2.4	Anforderungen an die Zulässigkeit von Zuwendungen...................	10–27
3	Best Practice: Umsetzung der Anforderungen in der Zuwendungspraxis.....	28–46
3.1	Bisherige Rechtslage unter MiFID I.....................................	28–33
3.2	Änderungen durch MiFID II...	34–46
4	Ausblick...	47
5	Fazit..	48
6	Literaturverzeichnis	

1 Einleitung

Die gesetzlichen Leitplanken für den Umgang mit Zuwendungen im Wertpapiergeschäft wurden erstmals im Zuge der MiFID* identifiziert und später durch das Gesetz zur Umsetzung der Finanzmarktrichtlinie[1] in nationales Recht umgesetzt. Für das Recht der Zuwendungen im Wertpapiergeschäft war bis Ende 2017 § 31d WpHG a. F.[2] die zentrale Rechtsnorm, mit der Art. 26 der MiFID-Durchführungsrichtlinie[3] ins deutsche Recht übertragen wurde. Die MiFID II[4] übernimmt im Wesentlichen den Wortlaut des Art. 26 MiFID-Durchführungsrichtlinie, führt jedoch in qualitativer Hinsicht zu kleinen, aber nicht unwesentlichen Änderungen. Diese ergeben sich zum einen aus der delegierten Richtlinie v. 07.04.2016[5] (nachfolgend MiFID II-DR) und den Q&As der ESMA zu Anlegerschutzthemen nach MiFID II[6] (nachfolgend Q&A) sowie auf nationaler Ebene aus dem Zweiten Finanzmarktnovellierungsgesetz[7] (nachfolgend 2. FiMaNoG), der am 23.10.2017 veröffentlichten Verordnung zur Konkretisierung der Verhaltensregeln und Organisationsanforderungen[8] (nachfolgend WpDVerOV) und dem aktualisierten Rundschreiben der BaFin zu den Mindestanforderungen an die Compliance-Funktion und weitere Verhaltens-, Organisations- und Transparenzpflichten v. 19.04.2018[9] (nachfolgend neue MaComp).

1

---

*   Richtlinie 2004/39/EG des Europäischen Parlamentes und des Rates v. 21.04.2005, ABl. Nr. L 145, S. 1 ff. (nachfolgend „MiFID I").

1   Gesetz zur Umsetzung der Richtlinie über Märkte für Finanzinstrumente und der Durchführungsrichtlinie der Kommission v. 16.07.2007, BGBl. I 2007, S. 1330 ff. (nachfolgend „FRUG").

2   WpHG a. F. bezieht sich im Folgenden auf die vor Inkrafttreten des 2. FiMaNoG bis zum 02.01.2018 geltende Rechtslage.

3   Richtlinie 2006/73/EG der Kommission zur Durchführung der Richtlinie 2004/39/EG, ABl. Nr. L 241/26 v. 02.09.2009.

4   Richtlinie 2014/65/EU des Europäischen Parlaments und des Rats v. 15.05.2014 über Märkte für Finanzinstrumente sowie zur Änderung der Richtlinien 2002/92/EG und 2011/61/EU, ABl. Nr. L 173 v. 12.06.2014, S. 349 ff. (nachfolgend „MiFID II").

5   Delegierte Richtlinie (EU) 2017/593 der Kommission zur Ergänzung der Richtlinie 2014/65/EU des Europäischen Parlaments und des Rates im Hinblick auf den Schutz der Finanzinstrumente und Gelder von Kunden, Produktüberwachungspflichten und Vorschriften für die Entrichtung bzw. Gewährung oder Entgegennahme von Gebühren, Provisionen oder anderen monetären oder nicht-monetären Vorteilen v. 07.04.2016 (nachfolgend „MiFID II-DR"), ABl. Nr. L 87/500 v. 31.03.2017.

6   Questions and Answers on MiFID II and MiFIR investor protection and intermediaries topics (ESMA35-43-349) v. 23.03.2018 (nachfolgend „Q & A").

7   Zweites Gesetz zur Novellierung von Finanzmarktvorschriften auf Grund europäischer Rechtsakte v. 23.06.2017, BGBl. I 2017, S. 1693 ff. (nachfolgend „2. FiMaNoG").

8   Verordnung zur Konkretisierung der Verhaltensregeln und Organisationsanforderungen für Wertpapierdienstleistungsunternehmen v. 17.10.2017, BGBl. I 2017, S. 3566 ff. (nachfolgend „WpDVerOV").

9   Rundschreiben 05/2018 (WA) der BaFin – Mindestanforderungen an die Compliance-Funktion und weitere Verhaltens-, Organisations- und Transparenzpflichten nach §§ 63 ff. WpHG für Wertpapierdienstleistungsunternehmen (nachfolgend „neue MaComp") – v. 19.04.2018.

Die hiernach eingeführten Zuwendungsstandards gelten im Grundsatz für alle Kundengruppen im Sinne des § 31a WpHG a.F. bzw. § 67 WpHG[10]. Eine Ausnahme besteht lediglich bei bestimmten Geschäften[11] mit institutionellen Kunden, wie beispielsweise Banken, WPDU, Versicherungsunternehmen oder Kapitalverwaltungsgesellschaften (sog. geeignete Gegenparteien).[12] Soweit WPDU anderweitige Wertpapier(neben)-dienstleistungen erbringen (z. B. Anlageberatungs- oder Vermögensverwaltungsdienstleistungen) oder der jeweilige Kunde statt einer Klassifizierung als geeignete Gegenpartei zum professionellen Kunden oder Privatkunden herabgestuft ist, finden die Vorgaben für Zuwendungen dagegen volle Anwendung.

Die im Zuge der MiFID II eingeführten Verschärfungen betreffen dabei ein Kernelement des Vertriebs von Finanzinstrumenten, nämlich die Leistung von Zuwendungen an die Vertriebsstellen. Dementsprechend war die Besorgnis der betroffenen Branche zunächst groß, dass im Rahmen der MiFID II – dem britischem Vorbild folgend – ein Totalverbot von Zuwendungen eingeführt werden könnte.[13] Diese Befürchtungen haben sich – zumindest für den Bereich der Anlageberatung – weitestgehend nicht bewahrheitet. Vielmehr hat es der deutsche Gesetzgeber dabei belassen, die unabhängige Honoraranlageberatung als Alternativmodell zur klassischen, provisionsgestützten Anlageberatung einzuführen und deren Erbringung an besondere Verhaltenspflichten zu knüpfen.[14] Dies gilt allerdings nicht für die Wertpapierdienstleistung der Finanzportfolioverwaltung. So unterliegen Vermögensverwalter seit 03. 01. 2018 einem nahezu vollständigen Provisionsverbot. Die Anbieter von Vermögensverwaltungsleistungen sind daher gezwungen, ihre etablierten Vertriebsmodelle neu aufzusetzen und mit ihren Kunden neue Vergütungsregelungen zu vereinbaren. Hinzu kommen gestiegene Anforderungen an die Transparenz und Offenlegung von Zuwendungen sowie an den Nachweis zur Eignung der erforderlichen Qualitätsverbesserung.

In der Finanzbranche stellen sich daher verstärkt die Fragen nach der Identifikation und Behandlung von Zuwendungen im Zusammenhang mit der Erbringung von Wertpapierdienstleistungen, nach Strategien zur hinreichenden Offenlegung dieser Zuwendungen gegenüber dem Endkunden, nach dem Ausschluss potenzieller Interessenkonflikte zulasten der Kunden und nach der geeigneten internen Dokumentation dieser Vorgänge.

---

10 „WpHG" bezieht sich im Folgenden auf die mit Inkrafttreten des 2. FiMaNoG seit 03. 01. 2018 geltende Rechtslage.
11 Gemäß § 31b Abs. 1 Satz 1 WpHG a.F. bzw. § 68 Abs. 1 Satz 1 WpHG sind WPDU nur dann nicht an die Anforderungen des § 31d WpHG a.F. bzw. § 70 WpHG gebunden, wenn gegenüber der geeigneten Gegenpartei das Finanzkommissionsgeschäft, die Anlage- und Abschlussvermittlung oder der Eigenhandel erbracht wird.
12 Siehe zum Begriff der geeigneten Gegenpartei im Einzelnen § 31a Abs. 4 WpHG a.F. bzw. § 67 Abs. 4 WpHG.
13 Vgl. Erwägungsgrund 76 der MiFID II, wonach die nationalen Mitgliedstaaten die Annahme oder Gewährung von Zuwendungen grundsätzlich auch weiter einschränken oder sogar verbieten können.
14 Gesetz zur Förderung und Regulierung einer Honorarberatung über Finanzinstrumente (Honoraranlageberatungsgesetz) v. 15. 07. 2013, BGBl. I 2013, S. 2390 ff.

Das nachfolgende Kapitel stellt die bis zum 02.01.2018 bestehenden Verhaltenspflichten bei Zuwendungssachverhalten dem seit 03.01.2018 geltenden Aufsichtsrahmen nach MiFID II gegenüber. Hierdurch soll es betroffenen Instituten ermöglicht werden, einschlägige Lücken zu erkennen und einen Zuwendungsprozess zu etablieren, der die neuen MiFID II-Anforderungen berücksichtigt.

2 Rechtliche Grundlagen

Die (aufsichtsrechtliche) Zulässigkeit von Zuwendungen im Zusammenhang mit der Erbringung von Wertpapierdienstleistungen oder Wertpapiernebendienstleistungen wurde seit dem 01.11.2007 durch § 31d WpHG a.F. geregelt. Dieser war als Verbotsnorm mit Ausnahmemöglichkeit ausgestaltet. Nach § 31d Abs. 1 Satz 1 WpHG a.F. durfte ein Wertpapierdienstleistungsunternehmen[15] im Zusammenhang mit der Erbringung von Wertpapierdienstleistungen oder -nebendienstleistungen keine Zuwendungen von Dritten annehmen oder an Dritte gewähren, die nicht Kunden dieser Dienstleistung waren. Als WPDU im Sinne der Vorschrift galten gemäß § 2 Abs. 4 WpHG a.F. insb. Kreditinstitute und Finanzdienstleistungsinstitute, nach § 2a Abs. 1 WpHG a.F. aber nicht Versicherungsunternehmen (Nr. 4) und auch keine Kapitalverwaltungsgesellschaften nach dem KAGB[16]. Basierend auf dem 2. FiMaNoG ergeben sich die Anforderungen für Zuwendungen seit dem 03.01.2018 aus § 70 WpHG sowie ergänzend aus den konkretisierenden Vorschriften der §§ 6 und 7 WpDVerOV[17]. Mit der WpDVerOV werden insb. die noch nicht im 2. FiMaNoG berücksichtigten Vorgaben der MiFID II-DR im Wege einer 1:1-Umsetzung in nationales Recht überführt. Zur Identifizierung der aus der MiFID II resultierenden Änderungen, werden im Folgenden zunächst die für Zuwendungssachverhalte einschlägigen Voraussetzungen nach „alter" Rechtslage dargestellt und im Anschluss mit den seit 03.01.2018 geltenden Anforderungen verglichen.

2.1 Bestehen eines Zusammenhangs mit einer Wertpapierdienstleistung oder Wertpapiernebendienstleistung

2.1.1 Bisherige Rechtslage unter MiFID I

Nach bisheriger Rechtslage waren Zuwendungen gemäß § 31d Abs. 1 Satz 1 WpHG a.F. grundsätzlich verboten, wenn ein Zusammenhang mit einer Wertpapierdienstleistung oder Wertpapiernebendienstleistung bestand. Eine ausdrückliche Regelung, wie eng oder konkret der Zusammenhang zwischen Zuwendung und Dienstleistungserbringung sein soll, ergab sich aus § 31d Abs. 1 Satz 1 WpHG a.F. allerdings nicht. Aufgrund der Gesetzesintention, Interessenkonflikte von Instituten zulasten ihrer Kunden weitestgehend zu vermeiden, ging die überwiegende Ansicht bislang von einem weiten Anwendungsbereich der Vorschrift aus.[18] Auf die enge zeitliche oder sachliche Nähe einer Zahlung oder Leistung zu

---

15 Nachfolgend „WPDU".
16 *Fuchs,* in: Fuchs (Hrsg.): WpHG, 2. Aufl. 2016, § 2 Rn. 154.
17 Verordnung zur Konkretisierung der Verhaltensregeln und Organisationsanforderungen für Wertpapierdienstleistungsunternehmen, a.a.O. (Fn. 9).
18 Vgl. z.B. *Rozok, in:* BKR 2007, S. 217, 219; *Fuchs,* in: Fuchs (Hrsg.): WpHG, 2. Aufl. 2016, § 31d, Rn. 10; *Koch,* in: Schwark/Zimmer, KMRK, 4. Aufl. 2010, § 31d WpHG, Rn. 28.

einer bestimmten Wertpapierdienstleistung kam es daher nicht an.[19] Mithin wurde eine geldwerte Leistung nicht erst dann zu einer Zuwendung im Sinne der Vorschrift, wenn sie einer oder mehreren konkreten Wertpapierdienstleistungen zugeordnet werden konnte. Grundsätzlich genügte auch der Zusammenhang mit einer unbestimmten Vielzahl von Wertpapierdienstleistungen auch unterschiedlicher Art gegenüber einer unbestimmten Vielzahl von Kunden.

Grundsätzlich wurde der in § 31d Abs. 1 Satz 1 WpHG a. F. vorausgesetzte Zusammenhang immer dann bejaht, wenn eine geldwerte Leistung von einem oder an ein WPDU erbracht wird, die potenziell geeignet ist, eine Verhaltensbeeinflussung bei dem WPDU zu bewirken oder gar einen Interessenkonflikt bei der Erbringung von Wertpapierdienstleistungen durch den Leistungsempfänger hervorzurufen.[20]

4   Der Zusammenhang im Sinne des § 31d Abs. 1 Satz 1 WpHG a. F. wurde dagegen beispielsweise regelmäßig dann verneint, wenn eine geldwerte Leistung ausschließlich im Zusammenhang mit anderen Dienstleistungen (z. B. Kredit- oder Versicherungsvermittlung), aus rein gesellschaftsrechtlichen Gründen (z. B. Dividendenzahlung oder Bestehen eines Gewinnabführungsvertrags) oder aufgrund anderweitiger individualvertraglicher Gründe (z. B. Vergleichszahlungen) erbracht wurde.[21] Allerdings konnte wiederum jeder der genannten Sachverhalte eine relevante Zuwendung im Sinne des WpHG sein, wenn sie – und sei es nur mittelbar – im Zusammenhang mit einer Wertpapierdienstleistung erbracht wurde. Dies bedeutete für die Rechtspraxis insb., dass Vertriebsprovisionen an WPDUs unabhängig vom Zahlungsweg und von der formalen Benennung als Zuwendungen anzusehen waren. So wäre beispielsweise nach bisheriger Rechtslage auch die Dividendenzahlung einer Vertriebsgesellschaft, an der ein Produktemittent und mehrere WPDUs beteiligt waren, zumindest dann als Zuwendung im Sinne von § 31d Abs. 1 Satz 1 WpHG a. F. zu beurteilen gewesen, wenn die Dividendenhöhe – vorbehaltlich etwaiger gesellschaftsrechtlicher Schwierigkeiten einer solchen Konstruktion – individuell an dem Vertriebserfolg der beteiligten WPDU bemessen wurde.

2.1.2 Änderungen durch MiFID II

Art. 24 Abs. 9 MiFID II und die nationale Umsetzung in § 70 Abs. 1 WpHG sehen hinsichtlich des erforderlichen Zusammenhangs keine Änderungen zur bisherigen Rechtslage vor. Angesichts des erklärten Regelungsziels der MiFID II, die Möglichkeiten von Anreizzahlungen weiter zu begrenzen, ist jedoch davon auszugehen, dass auch Zuwendungen mit lediglich mittelbarem oder indirektem Wertpapierdienstleistungsbezug (z. B. Einladungen zu Produktschulungen oder Konferenzen, die Bereitstellung von Marketingmaterial oder IT-Systemen etc.) weiterhin als zuwendungsrelevant eingestuft werden sollten.

---

19   *Rozok,* in: Clouth/Lang, MiFID-Praktikerhandbuch, 2007, S. 219, 228.
20   *Koller,* in: Assmann/Schneider (Hrsg.): WpHG, 6. Aufl. 2012, § 31d, Rn. 10 f.
21   Vgl. *Koller* a. a. O., der zutreffend verschiedene Fallgestaltungen differenziert.

2.2 Leistender und Empfänger der Zuwendung

2.2.1 Bisherige Rechtslage unter MiFID I

Sachlich richtete sich das grundsätzliche Zuwendungsverbot des § 31d Abs. 1 Satz 1 WpHG a. F. an WPDU. Sie durften im Zusammenhang mit Wertpapierdienstleistungen keine Zuwendungen an Dritte gewähren oder von Dritten erhalten. Dritte im Sinne dieser Regelung waren alle natürlichen Personen und Unternehmen[22], die nicht in das Rechtsverhältnis einbezogen waren, das sich aus der von dem WPDU erbrachten Wertpapierdienstleistung ergab.[23] Dies konnten auch natürliche Personen sein[24], z. B. Mitarbeiter eines WPDU.

5

Beispiel:
Die A-Bank vertrieb Anlagezertifikate über die B-Bank. Für erfolgreiche Geschäftsabschlüsse zahlte die A-Bank an Mitarbeiter der B-Bank Vermittlungsprämien. Bei diesen Vermittlungsprämien handelte es sich um Zuwendungen im Sinne des § 31d WpHG a. F.

2.2.2 Änderungen durch MiFID II

Der persönliche Anwendungsbereich des § 31d WpHG a. F. bzw. seiner im Zuge der MiFID II eingeführten Nachfolgevorschrift des § 70 Abs. 1 WpHG bleibt unverändert. Damit setzt das Vorliegen einer aufsichtsrelevanten Zuwendung auch weiterhin das Bestehen eines Drei-Personen-Verhältnisses voraus.

2.3 Per se zulässige Leistungen

2.3.1 Notwendige Kosten

2.3.1.1 Bisherige Rechtslage unter MiFID I

Nach § 31d Abs. 5 WpHG a. F. waren Gebühren und Entgelte, die die Erbringung von Wertpapierdienstleistungen erst ermöglichten oder dafür notwendig waren und die nicht gegen die allgemeine Interessewahrungspflicht des § 31 Abs. 1 WpHG a. F. verstießen, von dem grundsätzlichen Verbot des § 31d Abs. 1 WpHG a. F. ausgenommen. Entgegen dem etwas unscharfen Wortlaut der Norm kam es gerade nicht auf die Einstufung einer Zahlung als (öffentlich-rechtliche) Gebühr oder die Bezeichnung als Entgelt an, sondern lediglich darauf, ob diese Leistung Voraussetzung für die Erbringung der Dienstleistung war und im Übrigen durch die Zahlung oder den Empfang dieser Leistung keine Interessenkonflikte begründet wurden.[25] Es konnte sich dabei beispielsweise um die Kosten von Zentral- oder Sammelverwahrern, Abwicklungskosten, Handelsplatzgebühren, behördliche oder gesetzliche Gebühren handeln.[26] Jegliche Kosten und Entgelte, die von dem betroffenen WPDU

6

---

22 Also auch andere Wertpapierdienstleistungsunternehmen.
23 Begründung zum FRUG (BT-Drs. 16/4028, S. 130).
24 Ebenda.
25 *Fuchs,* in: Fuchs (Hrsg.): WpHG, 2. Aufl. 2016, § 31d, Rn. 13.
26 RegBegr., BT-Drs. 16/4028, S. 68.

selbst erhoben oder beeinflusst werden konnten, waren dagegen keine notwendigen Kosten im Sinne von § 31d Abs. 5 WpHG a. F.[27]

2.3.1.2 Änderungen durch MiFID II

Der bisherige § 31d Abs. 5 WpHG a. F. wurde – von redaktionellen Anpassungen abgesehen – unverändert in § 70 Abs. 7 WpHG überführt. Eine inhaltliche Änderung ist ausweislich der Gesetzesbegründung nicht angezeigt.[28]

2.3.2 Zahlung im Auftrag des Kunden

2.3.2.1 Bisherige Rechtslage unter MiFID I

7   Um eine Zuwendung handelte es sich nach bisheriger Rechtslage nicht, wenn ein WPDU gemäß § 31 Abs. 1 Satz 2 WpHG a. F. eine Leistung von einem Dritten annahm, der dazu vom Kunden der Dienstleistung beauftragt worden war oder das WPDU einem solchen Dritten eine Leistung im Auftrag des Kunden gewährte. Regelmäßig setzte dies eine entsprechende ausdrückliche Beauftragung und Bevollmächtigung des Dritten durch den Kunden der Wertpapierdienstleistung voraus.[29] Mit Blick auf das Verbot von überraschenden Klauseln gemäß § 305c Abs. 1 BGB bestanden erhebliche Bedenken dagegen, dass ein Institut im Rahmen von Allgemeinen Geschäftsbedingungen solche Kundenweisungen bzw. -Bevollmächtigungen wirksam vereinbaren konnte.

8   § 31 Abs. 1 Satz 2 WpHG a. F. sprach von einer Beauftragung des Dritten durch den Kunden. Nach engem Verständnis dieser Vorschrift hätte demnach beispielsweise der Bankkunde den Emittenten eines Anlagezertifikates, das der Kunde erwerben wollte, damit beauftragen müssen, der Bank den Ausgabeaufschlag des Zertifikates auszuzahlen. Eine solche Vorgehensweise war jedoch schon deswegen unpraktikabel, weil der Kunde im Regelfall keinen Kontakt mit dem Produktersteller oder Emittenten hatte.

Denkbar waren solche Kundenweisungen daher weniger im standardisierten Kundengeschäft, sondern vielmehr eher im Bereich stärker individualisierter Wertpapierdienstleistungen wie beispielsweise einer individuellen Vermögensverwaltung im gehobenen Privatkundensegment. Aus Gründen der Rechtssicherheit empfahl es sich, den entsprechenden Zahlungsauftrag oder Annahmeauftrag des Kunden schriftlich zu fixieren und zu dokumentieren. Zugleich musste jedoch bei der Vorbereitung eines solchen Dokumentes beachtet werden, dass eine weitgehende Vorformulierung des Kundeneinverständnisses für eine unbestimmte Vielzahl von Verträgen regelmäßig dazu führen konnte, dass die Klausel als allgemeine Geschäftsbedingung nach § 305 BGB zu werten war. Daher war es wichtig, dass der Inhalt und Wortlaut mit dem Kunden möglichst intensiv besprochen und mit diesem verhandelbar war.

9   Außerdem war es zivilrechtlich erforderlich, dass dem Kunden die wesentlichen Inhalte der von ihm erteilten Bevollmächtigung und des Zahlungsauftrags in verständlicher Form

---

27 *Fuchs,* in: Fuchs (Hrsg.): WpHG, 2. Aufl. 2016, § 31d, Rn. 14.
28 RegBegr., BT-Drs. 18/10936, S. 238.
29 Ebenda.

bekannt waren. Hierfür war es unumgänglich, dass der Kunde über Höhe und Berechnungsmodalitäten der von oder an den Dritten zu leistenden Zahlungen informiert war. Damit wurde im Ergebnis der gleiche Transparenzmaßstab angelegt wie für eine Offenlegung nach § 31d Abs. 1 Satz 1 Nr. 2 WpHG a. F. Vereinfacht gesagt durfte der Kunde nicht vom WPDU dazu gebracht werden, in Unkenntnis der tatsächlich anfallenden Zahlungen von Dritten solche Zahlungen im Interesse des WPDU freizuzeichnen.

2.3.2.2 Änderungen durch MiFID II

Die MiFID II führt im Hinblick auf die Person des Dritten zu einer Konkretisierung des Anwendungsbereichs. So soll bei der unabhängigen Anlageberatung und Vermögensverwaltung eine Zahlung „im Auftrag des Kunden" nur dann zulässig sein, wenn der Betrag und Turnus der entsprechenden Zahlung zwischen dem Kunden und dem WPDU vereinbart und gerade nicht durch einen Dritten bestimmt wurde.[30] Dies wäre nach Erwägungsgrund 75 der MiFID II der Fall, wenn der Kunde die Rechnung einer Firma direkt oder über einen im Verhältnis zum WPDU „unabhängigen Dritten" (z. B. einen im Auftrag des Kunden handelnden Wirtschaftsprüfer oder Rechtsanwalt) bezahlt. Entscheidend dürfte demnach sein, in welchem „Lager" der Dritte steht und wieviel Gestaltungsspielraum der Kunde im Hinblick auf die Zahlungsmodalitäten hatte. Damit dürfte auch außerhalb der in Erwägungsgrund 75 der MiFID II explizit erwähnten unabhängigen Anlageberatung und Portfolioverwaltung ein Verweis auf die Ausnahmeregelung der „Zahlung im Auftrag des Kunden" nur dann greifen, wenn das WPDU nachvollziehbar darlegen kann, dass zu dem (zahlenden) Dritten im Hinblick auf die gegenüber dem Kunden erbrachte Wertpapierdienstleistung keine Verbindung besteht und der Kunde die Konditionen der jeweiligen Gebühren aushandeln konnte. Formulierungen in allgemeinen Geschäftsbedingungen oder Rahmenvereinbarungen, wonach sich der Kunde standardmäßig damit einverstanden erklärt, dass eine zwischen dem Produktgeber und dem WPDU festgelegte Provision direkt an das WPDU geleistet wird, dürften damit in Zukunft noch schwerer zu rechtfertigen sein.

> **Praxistipp:**
>
> Aufgrund der o. g. Einschränkungen hinsichtlich der Zulässigkeit von vorformulierten Vereinbarungen sollten WPDU ihre Vertragsdokumentation und Zuwendungsprozesse kritisch überprüfen und ggf. anpassen. Anweisungs- oder Zustimmungsgestaltungen zugunsten von Direktzahlungen des Emittenten an das WPDU sollten vor dem Hintergrund der gestiegenen Anforderungen der MiFID II an die Voraussetzung „im Auftrag des Kunden" möglichst sparsam eingesetzt werden. Denkbar wären entsprechende Abreden unter Umständen im Spezialbereich, also z. B. bei der Strukturierung und Beratung von maßgeschneiderten Anlagelösungen für Profis, da hier die Vertragsparität gewöhnlich stärker ausgeprägt ist und damit dem Kunden eine höhere Einflussmöglichkeit bei der Leistungs- und Preisgestaltung zukommt.

---

30 Erwägungsgrund 75 der MiFID II.

2.4 Anforderungen an die Zulässigkeit von Zuwendungen

10 Sofern Leistungen im Zusammenhang mit Wertpapierdienstleistungen nicht notwendige Kosten gemäß § 31d Abs. 5 WpHG a. F. bzw. § 70 Abs. 7 WpHG sind, handelt es sich sowohl nach bisheriger als auch nach neuer Rechtslage um Zuwendungen, die grundsätzlich verboten sind. Zuwendungen sind gemäß § 70 Abs. 1 Satz 1 WpHG nur ausnahmsweise zulässig, wenn sie

– darauf ausgelegt sind, die Qualität der für den Kunden erbrachten Dienstleistung zu verbessern (Qualitätsverbesserung),

– der ordnungsgemäßen Erbringung der Dienstleistung im Interesse des Kunden nicht entgegen stehen (Ausschluss von Interessenkonflikten) und

– dem Kunden vor der Erbringung der Wertpapierdienstleistung nach Existenz, Art und Umfang in umfassender, zutreffender und verständlicher Weise offen gelegt wurden (Transparenz).

2.4.1 Ausnahme: Unabhängige Honorar-Anlageberatung und Finanzportfolioverwaltung

11 Abweichend zur Rechtslage unter MiFID I statuiert die MiFID II ein nahezu vollständiges Provisionsverbot für die Wertpapierdienstleistungen der unabhängigen Anlageberatung und der Vermögensverwaltung. WPDUs, die entsprechende Dienstleistungen anbieten, ist damit von vornherein die Annahme von Zuwendungen untersagt, ohne dass es auf eine etwaige Qualitätsverbesserung oder Offenlegung ankäme. Ausgenommen vom Zuwendungsverbot sollen gemäß Art. 24 Abs. 7b) Satz 2 MiFID II und Art. 24 Abs. 8 Satz 2 MiFID II sog. kleinere nicht-monetäre Zuwendungen sein. Solche geringfügigen nicht-monetären Vorteile können gemäß Art. 12 Abs. 3 der MiFID II-DR z. B. sein:

– Produktinformationen,

– Marketingmaterial im Zusammenhang mit Neuemissionen,

– Teilnahme an Schulungs- und Fortbildungsveranstaltungen sowie

– Bewirtungsaufwendungen im Bagatellbereich[31]

Ergänzend hierzu sieht § 64 Abs. 5 Satz 3 WpHG vor, dass monetäre Zuwendungen ausnahmsweise dann angenommen werden dürfen, wenn das empfohlene Finanzinstrument nicht provisionsfrei erhältlich ist und empfangene Zahlungen schnellstmöglich an den Kunden ausgekehrt werden. Die in der MiFID II vorgesehene Bereichsausnahme für geringfügige nicht-monetäre Vorteile findet sich im deutschen Umsetzungsgesetz überraschenderweise nur für die Vermögensverwaltung (vgl. § 64 Abs. 7 Satz 2 WpHG), nicht hingegen für die unabhängige Honorar-Anlageberatung (vgl. § 64 Abs. 5 WpHG).

Praxis-Tipp:

12 Die rechtlichen Rahmenbedingungen für den Umgang mit Zuwendungen im Rahmen der unabhängigen Beratung und Vermögensverwaltung sind bislang noch nicht in allen

---

31 Vgl. zu den Beispielen möglicher kleinerer nicht-monetärer Vorteile auch die nahezu identische Auflistung in § 6 Abs. 1 WpDVerOV sowie die Vortragsunterlage der BaFin zu Zuwendungen im Rahmen der Informationsveranstaltung v. 17.06.2016, S. 6.

Details geklärt. Anbieter entsprechender Dienstleistungen sollten daher die weiteren rechtlichen Entwicklungen im Auge behalten und einschlägige Zuwendungssachverhalte identifizieren. Für Vermögensverwalter wird das Zuwendungsverbot vielfach zu einer grundlegenden Neuausrichtung ihres Geschäftsmodells führen. Um entsprechende Einnahmeverluste z. B. aus bisher vereinnahmten Bestandsprovisionen auszugleichen, wird ein Großteil der betroffenen Institute nur die Möglichkeit haben, ihre mit dem Kunden vereinbarten Verwaltungsgebühren oder Performance-Fees zu erhöhen. Ob die Einbußen im Provisionsbereich hierdurch vollständig kompensiert werden können, mag jedoch angesichts eines zu erwartenden Kostenanstiegs beim Zuwendungsmanagement bezweifelt werden. So müssen Honorar-Anlageberater und Vermögensverwalter im Rahmen ihrer Geschäftsorganisation zusätzlich sicherstellen, dass die für den jeweiligen Kunden zugeflossenen Provisionen an diesen weitergegeben und diesem regelmäßig reported werden.

2.4.2 Qualitätsverbesserung der Kundenleistung

2.4.2.1 Bisherige Rechtslage unter MiFID I

Weder die MiFID I noch § 31d WpHG a. F. gaben bislang eine abschließende Antwort auf die Frage, wann eine Zuwendung über die hinreichende Qualitätsausrichtung verfügt. Die Formulierung in § 31d Abs. 1 Satz 1 Nr. 1 WpHG a. F., dass eine Zuwendung lediglich auf eine Verbesserung der Qualität „ausgelegt" sein muss, macht immerhin deutlich, dass es jedenfalls in der Vergangenheit nicht erforderlich war, jede konkrete Zuwendung in einen entsprechenden Kausalzusammenhang mit der Qualitätsverbesserung einer konkreten Kundendienstleistung zu stellen. Es war nach bisheriger Rechtslage auch nicht erforderlich, dass die verbesserte Dienstleistung eine Wertpapierdienstleistung oder -nebendienstleistung im Sinne von § 2 Abs. 3, 3 a WpHG a. F. darstellte. Die Verbesserung konnte sich also auch auf Dienst- und Serviceleistungen rund um die von einem WPDU angebotenen Wertpapierdienstleistungen beziehen, beispielsweise durch das Zurverfügungstellen weitergehender Informationsmöglichkeiten für den Kunden oder die Bereitstellung effizienter und hochwertiger Infrastrukturen wie etwa die Standortausstattung, der Einsatz von IT-Systemen oder die Vorhaltung von Kommunikationseinrichtungen.[32]

13

Die Zulässigkeit von Zuwendungen setzte „lediglich" voraus, dass diese zumindest objektiv geeignet waren, die Dienstleistungsqualität zugunsten des Kunden zu verbessern.[33] Die zunächst in § 31d Abs. 4 WpHG a. F.[34] vorgesehene Regelung, wonach bei Zuwendungen im Zusammenhang mit einer unvoreingenommen erbrachten Anlageberatung oder allgemeinen Empfehlung grundsätzlich vermutet werden konnte, dass diese Zuwendungen auf eine Qualitätsverbesserung ausgerichtet sind, wurde bereits im Zuge des Anlegerschutz- und Funktionsverbesserungsgesetzes gestrichen.[35] In der Konsequenz musste seitdem das

14

---

32 RegBegr., BT-Drs. 16/4028, S. 67.
33 *Fuchs*, in: Fuchs (Hrsg.): WpHG, 2. Aufl. 2016, § 31d, Rn. 25.
34 Gemeint ist § 31d WpHG in der bis zum 07.04.2011 gültigen Fassung.
35 Gesetz zur Stärkung des Anlegerschutzes und Verbesserung der Funktionsfähigkeit des Kapitalmarkts v. 05.04.2011, BGBl. I 2011, S. 538 ff.

Merkmal der Qualitätsverbesserung durch die Institute positiv gegenüber der Aufsicht dargelegt werden.

15 Die Bundesanstalt für Finanzdienstleistungsaufsicht (nachfolgend BaFin) hatte zum Nachweis der Qualitätsverbesserungseignung einen nicht abschließenden Katalog an möglichen Maßnahmen entwickelt.[36] Gemäß AT 8.2.2 MaComp a. F. kamen in der Vergangenheit folgende Fallgruppen („Cluster") als Anknüpfungspunkt für eine Qualitätsverbesserung in Betracht:

– Effiziente und hochwertige Infrastruktur (z. B. Standortausstattung, Aufrechterhaltung eines weit verzweigten Filialsystems, Einsatz von IT-Systemen (Hardware/Software) oder Bereitstellung von Kommunikationseinrichtungen)
– Personalressourcen (z. B. Beschäftigung und Vergütung qualifizierter Mitarbeiter im Bereich der Anlageberatung, Kundenbetreuung sowie in qualitätsverbessernden Funktionen wie der Rechtsabteilung, Compliance-Funktion, Internen Revision, und zwar in dem ggf. durch Schätzung zu ermittelnden Umfang, in dem das Aufgabenspektrum der Mitarbeitertätigkeit darauf ausgerichtet ist, die Qualität der für den Kunden erbrachten Dienstleistungen im Sinne des § 31d WpHG a. F. zu sichern oder zu verbessern; Gewährung von Sondergratifikationen, sofern diese ausschließlich an die Erreichung qualitativer Ziele gekoppelt sind)
– Qualifizierung und Information der Mitarbeiter (z. B. Qualifizierung durch Schulungen, Bereitstellung von Fortbildungsunterlagen, Einsatz von E-Learning-Systemen; Information durch Zuleitung von Finanzanalysen, Produktinformationsveranstaltungen, Zugriff auf Drittinformations- und -verbreitungssysteme, sonstige Bereitstellung von Informationsmaterialien)
– Information der Kunden (z. B. Erstellung, Aktualisierung und Vorhaltung von Produktinformationsunterlagen; Bereitstellung und Pflege leistungsfähiger Internetportale mit aktuellen Marktdaten, Charts, Research-Material, Veranstaltungskalender, Währungsrechner, Renditerechner, Value-at-risk-Kalkulator, Break-even-Rechner, Rohstoffeinheiten-Rechner, Zinsrechner; Kundeninformationsveranstaltungen zu spezifischen Markt- und Anlagethemen)
– Qualitätssicherungs- und -verbesserungsprozesse (z. B. Prozesse zur Genehmigung und Einführung neuer Produkte und Geschäftsaktivitäten; Mitschnitt und Auswertung von Beratungsgesprächen; Prüfungen und Anzeigen der Unternehmen in Zusammenhang mit der Datenbank nach § 34d WpHG a. F.)

WPDU mussten auf Verlangen der BaFin darlegen können, wie die vereinnahmten monetären Zuwendungen für Maßnahmen der Qualitätsverbesserung im Einzelnen verwendet wurden.[37] Nach bisheriger Aufsichtspraxis der BaFin kam auch die Qualitätssicherung als Maßnahme der Qualitätsverbesserung in Betracht. So war auch die Verwendung vereinnahmter monetärer Zuwendungen für Sachmittel, Personalressourcen oder sonstige Infra-

---

36 Vgl. Rundschreiben 4/2010 (WA) der BaFin – Mindestanforderungen an die Compliance-Funktion und die weiteren Verhaltens-, Organisations- und Transparenzpflichten nach §§ 31 ff. WpHG für Wertpapierdienstleistungsunternehmen (nachfolgend „MaComp") – v. 07.06.2010 (in der Fassung v. 08.03.2017).
37 AT 8.2.2 Ziff. 6 MaComp a. F.

struktur (einschließlich der Vorhaltung einer Compliance-Funktion oder anderer Kontrolleinheiten) anerkennungsfähig und konnte entsprechend zugeordnet werden.[38]

2.4.2.2 Änderungen durch MiFID II

Art. 24 Abs. 9 MiFID II übernimmt im Wesentlichen die bestehende Regelungssystematik des § 31d WpHG a. F., führt jedoch im Hinblick auf den Nachweis der Qualitätsverbesserungseignung zu einer deutlichen Verschärfung. So können Zuwendungen – außerhalb der unabhängigen Anlageberatung und der Finanzportfolioverwaltung – grundsätzlich zwar auch weiterhin vereinnahmt werden. Anders als bislang liegt eine qualitätsverbessernde Zuwendung gemäß Art. 11 Abs. 2 Satz 1a) bis c) MiFID II-DR seit 3. 1. 2018 jedoch nur noch dann vor, wenn:

– ein zusätzlicher oder besserer Service für den *jeweiligen* Kunden erbracht wird,
– die Zuwendung nicht nur dem Institut, den Gesellschaftern oder dessen Mitarbeitern zugutekommt, ohne einen *materiellen Vorteil* für den *betreffenden* Kunden zu haben, und
– im Falle von laufenden Zuwendungen, der *betreffende* Kunde im Gegenzug einen dauerhaften Vorteil erhält.

Darüber hinaus darf die Zuwendung im Verhältnis zum Kundennutzen nicht unverhältnismäßig sein und die unvoreingenommene Dienstleistungserbringung nicht gefährden.[39] Zudem müssen Institute die vorgenannten Voraussetzungen solange erfüllen, wie sie die jeweiligen Zuwendungen erhalten bzw. gewähren. Dies bedeutet, dass insb. für regelmäßige Zahlungsflüsse aus Bestandsprovisionen ein fortlaufender Kundenmehrwert nachvollziehbar dokumentiert werden sollte. Eine Pflicht, das verbesserte Qualitätsniveau kontinuierlich weiter zu verbessern, besteht hingegen nicht.[40] Als Anknüpfungspunkte für eine Qualitätsverbesserungseignung nennt Art. 11 Abs. 2 Satz 1a) MiFID II-DR drei Beispielsfälle, bei deren Vorliegen von einer zulässigen Zuwendung ausgegangen werden kann:

– die Erbringung einer Anlageberatung + Zugang zu einem breiten Produktspektrum (einschließlich von Drittanbietern),
– die Erbringung einer Anlageberatung + Angebot einer dauerhaften mind. jährlichen Geeignetheitsprüfung der vom Kunden gehaltenen Finanzinstrumente oder alternativ Angebot eines anderen dauerhaften Service mit Kundenmehrwert, oder
– beratungsfreie Dienstleistung („Selbstentscheider") + Zugang zu einem breiten Produktspektrum (einschließlich von Drittanbietern) + Bereitstellung von Informations-Tools mit Kundenmehrwert (z. B. zur Beobachtung oder Anpassung der Asset-Allokation) oder alternativ Übermittlung regelmäßiger Kosten-/Performance-Reportings.[41]

---

38 AT 8.2.3 MaComp a. F.
39 Vgl. Art. 11 Abs. 2 Satz 1 und Satz 2 MiFID II-DR.
40 Vgl. Erwägungsgrund 23 der MiFID II-DR.
41 Vgl. hierzu auch die Vortragsunterlage der BaFin zu Zuwendungen im Rahmen der Informationsveranstaltung v. 17. 06. 2016, S. 10 ff.

2.4.2.3 Qualitätsverbesserungskriterien nach WpDVerOV

17 § 6 Abs. 2 WpDVerOV deckt sich weitgehend mit den in Art. 11 Abs. 2 Satz 1 MiFID II-DR genannten Voraussetzungen, unter denen Anreize die Qualität für den Kunden verbessern können. Abweichend vom Wortlaut des Art. 11 Abs. 2 Satz 1b) MiFID II-DR verlangt § 6 Abs. 2 Satz 1 Nr. 2 WpDVerOV einen „konkreten Vorteil" für den jeweiligen Kunden. Der Nachweis eines – wie in Art. 11 Abs. 2 MiFID II-DR erwähnten – „materiellen" Mehrwerts ist dagegen nicht erforderlich. Dies dürfte einerseits eine Erleichterung gegenüber der MiFID II-DR darstellen, als Institute keinen geldwerten bzw. gegenständlichen Vorteil belegen müssen, was im Informations- und Dienstleistungsbereich ohnehin schwierig wäre. Andererseits deutet der Wortlaut des § 6 Abs. 2 Satz 1 Nr. 2 WpDVerOV auch auf eine Verschärfung hin, da ein *konkreter* und damit individueller Kundennutzen darzulegen ist. Wie die Deutsche Kreditwirtschaft zu Recht kritisiert, geht der deutsche Gesetzgeber damit über das angestrebte Ziel einer 1:1-Umsetzung hinaus.[42] Ferner moniert die Deutsche Kreditwirtschaft zutreffend, dass nach der Begründung zum Referentenentwurf zur WpDVerOV die Erfüllung der gesetzlich geforderten Kostenoffenlegungspflichten – abweichend von Art. 11 Abs. 2 Satz 1a) iii) MiFID II-DR – gerade keine taugliche Qualitätsverbesserungsmaßnahme im Sinne des § 6 Abs. 2 Satz 1 Nr. 1c) bb) WpDVerOV darstellen soll.[43]

18 Neben den vorgenannten inhaltlichen Abweichungen führt § 6 WpDVerOV auch zu einer Erweiterung der vorgesehenen Qualitätsverbesserungskriterien. Zusätzlich zu den in Art. 11 Abs. 2 Satz 1a) MiFID II-DR aufgeführten Fallgruppen sieht § 6 Abs. 2 Satz 1 Nr. 1d) WpDVerOV vor, dass auch ein verbesserter Zugang zu Beratungsdienstleistungen wie etwa durch die Bereitstellung eines weitverzweigten regionalen Filialnetzwerkes eine taugliche Qualitätsverbesserungsmaßnahme darstellen kann. Hierdurch solle – so die Begründung zum Referentenentwurf der WpDVerOV – eine Verfügbarkeit in der Fläche und damit qualifizierte Beratungsleistungen auch in ländlichen Regionen sichergestellt werden.[44] Ob jedoch die Zurverfügungstellung eines entsprechenden Beratungsangebots zur Rechtfertigung von Provisionszahlungen künftig herangezogen werden kann, ist zweifelhaft. So kommt der Fachbereich Europa des Deutschen Bundestags in einer kritischen Ausarbeitung zur aktuellen Fassung von § 6 Abs. 2 WpDVerOV zu dem Ergebnis, dass die Bereitstellung einer regionalen Filialberaterinfrastruktur nicht mit Europarecht vereinbar sei.[45] Danach könne zwar ein verbesserter Zugang zu Beratungsdienstleistungen noch als individueller Kundenvorteil angesehen werden, wohingegen dies bei einem regionalen

---

42 Vgl. hierzu S. 5 f. der Stellungnahme der Deutschen Kreditwirtschaft v. 30.05.2017 zum Entwurf der WpDVerOV v. 09.05.2017. Danach hätte der Europäische Gesetzgeber bewusst von einer Regelung abgesehen, die Qualitätsverbesserungseignung – wie noch in Ziff. 2.15 Tz. 10 Technical Advice des Final Report, ESMA's Technical Advice to the Commission on MiFID II and MiFIR v. 19.12.2014 (ESMA/2014/1569), vorgesehen – „on a case-by-case basis" nachzuweisen.
43 Vgl. hierzu die Begründung zu § 6 Abs. 2 WpDVerOV in der Fassung des Referentenentwurfs v. 09.05.2017, wonach für eine Übermittlung im Sinne von § 6 Abs. 2 Satz 1 Nr. 1c) bb) die bloße Erfüllung der Pflichten nach § 63 Abs. 7 WpHG nicht genügen soll.
44 Vgl. die Begründung zu § 6 WpDVerOV in der Fassung des Referentenentwurfs v. 09.05.2017.
45 Vgl. die Ausarbeitung des Fachbereichs Europa zur geplanten Neufassung von § 6 Abs. 2 WpDVerOV und ihrer Vereinbarkeit mit Unionsrecht v. 26.04.2017 (Az.: PE 6 – 3000 – 18/17).

Filialberatungsangebot nicht per se der Fall sei. Zur Begründung führt der Fachbereich Europa aus, dass letztendlich eine Beratung nur den vor-Ort-ansässigen Kunden zugutekäme, in der Regel aber nicht den Kunden, die in anderen Regionen wohnen oder tätig sind.[46] Da Art. 11 Abs. 2 MiFID II – im Unterschied zur Rechtslage unter MiFID I – einen unmittelbaren Zusammenhang zwischen einer konkreten Zuwendung und einer konkreten Wertpapierdienstleistung an einen bestimmten Kunden voraussetze, käme eine Qualitätsverbesserung insoweit nicht in Betracht.[47]

Da der deutsche Gesetzgeber entgegen der Einwände des Fachbereichs Europa den Wortlaut des § 6 Abs. 2 Satz 1 Nr. 1d) WpDVerOV unverändert beibehalten hat, sollte es für WPDU daher grundsätzlich möglich sein, eine Qualitätsverbesserung mit einem entsprechenden Beratungsangebot zu belegen. Eine andere Frage ist, ob sich auch die Rechtsprechung der vom Gesetzgeber vertretenen Rechtsauslegung anschließen oder in einem etwaigen künftigen gerichtlichen Verfahren die Ansicht des Fachbereichs Europa übernehmen wird. Gegen die Ansicht des Fachbereichs lässt sich anführen, dass auch andere explizit in Art. 11 Abs. 2 MiFID II-DR genannte Fallgruppen nicht zwingend zu einer tatsächlichen Qualitätsverbesserung im Einzelfall führen müssen. So wird beispielsweise das in Art. 11 Abs. 2a) ii) MiFID II-DR vorgesehene Angebot einer jährlichen Beratung mehrheitlich unerfahrenen Kunden nützen, die mangels ausreichender eigener Anlageerfahrung einen erhöhten Informationsbedarf aufweisen. Für Kunden mit ausgeprägtem Finanzwissen wird eine solche Dienstleistung dagegen – wenn überhaupt – nur einen eingeschränkten Mehrwert bieten. Bis zu einer abschließenden gerichtlichen Klärung, sollten WPDU bei einem Rückgriff auf die Qualitätsverbesserungsmaßnahme des § 6 Abs. 2 Satz 1 Nr. 1d) WpDVerOV nachvollziehbar belegen, warum und in welcher Weise die zur Verfügung gestellte Beratungsinfrastruktur eine flächendeckende Inanspruchnahme ermöglicht und damit einen echten Mehrwert für Kunden begründet.

19

Praxis-Tipp:

Die neuen Zuwendungsanforderungen des Art. 24 Abs. 9 MiFID II werden aller Voraussicht nach – trotz der zumindest äußerlichen Ähnlichkeit mit § 31d WpHG a. F. – zu nicht unerheblichen Prozessanpassungen führen.

Am stärksten ins Gewicht fallen dürften hierbei die erhöhten Qualitätsverbesserungsanforderungen im Fall von vereinnahmten oder gewährten Bestandsprovisionen, insb. bzgl. des hiermit verbundenen Erfordernisses eines dauerhaften Kundennutzens. Erschwerend kommt hinzu, dass Art. 11 Abs. 2 MiFID II-DR einen zusätzlichen oder höherwertigen Service für den „jeweiligen" bzw. „betreffenden" Kunden verlangt. Unter Praktikabilitätsgesichtspunkten dürfte dies nicht so zu verstehen sein, dass Institute für *jeden einzelnen* Kunden individuell eine Qualitätsverbesserung belegen müssen. Es dürfte daher ausreichen, aber auch erforderlich sein, eine nach Wertpapier-

---

46 Ausarbeitung des Fachbereichs Europa zur geplanten Neufassung von § 6 Abs. 2 WpDVerOV und ihrer Vereinbarkeit mit Unionsrecht v. 26. 04. 2017 (Az.: PE 6 – 3000 – 18/17), S. 17 ff.
47 Ausarbeitung des Fachbereichs Europa zur geplanten Neufassung von § 6 Abs. 2 WpDVerOV und ihrer Vereinbarkeit mit Unionsrecht v. 26. 04. 2017 (Az.: PE 6 – 3000 – 18/17), S. 18 f.

dienstleistung und Kundengruppe[48] differenzierende Zuordnung vorzunehmen. Erbringt ein WPDU beispielsweise sowohl Vermittlungsdienstleistungen als auch (nichtunabhängige) Anlageberatungen gegenüber Kunden und erhält es hierfür von Produktgebern jeweils Provisionen, so kann eine Qualitätsverbesserung nur im Verhältnis zu dem entsprechenden Kunden erfolgen. D. h. die Vereinnahmung von Bestandsprovisionen im Rahmen der Anlagevermittlung kann nur mit Vorteilen gerechtfertigt werden, die auch Kunden dieser Wertpapierdienstleistung zugutekommen. Allerdings wäre es denkbar, den Erhalt regelmäßiger Zuwendungen aus Anlagevermittlungsleistungen damit zu rechtfertigen, dass der Kunde (als Zusatzservice) z. B. jährlich eine Anlageberatung in Anspruch nehmen kann, um seine Asset-Allokation einer objektiven Prüfung zu unterziehen.[49] Darüber hinaus sollte gewährleistet sein, dass Zuwendungen nach Kundengruppen im Sinne des § 31a WpHG a. F. bzw. § 67 WpHG erfasst werden. Hierdurch könnte vor dem Hintergrund des erforderlichen Qualitätsnachweises für den „*jeweiligen*" Kunden sichergestellt werden, dass eine für Geschäfte mit Profis anfallende Provision nicht zur Begründung einer Qualitätsverbesserung gegenüber Privatkunden angeführt wird und umgekehrt. IT-seitig sollten WPDU eine entsprechende Zuwendungsinfrastruktur einrichten, die eine betragsgenaue Erfassung aller angefallenen und gewährten Zuwendungen sowie eine kundenindividuelle Zuordnung ermöglicht. Außerdem ist sicherzustellen, dass erhaltene Zuwendungen in einem angemessenen Verhältnis zu der für den Kunden erreichten Qualitätsverbesserung stehen. Als problematisch könnten sich hierbei unter Umständen Vertriebsvereinbarungen erweisen, die beispielsweise für die (einmalige) Kundenzuführung eine verhältnismäßig hohe „Tippgeber-Fee" zugunsten des WPDU vorsehen. Hier sollte revisionssicher dokumentiert werden, für welche qualitätsverbessernden Maßnahmen entsprechende Provisionen eingesetzt werden. Denkbar wäre z. B. darzulegen, dass das WPDU nicht nur den Zugang zu entsprechenden Produktpartnern ermöglicht, sondern diese auch im Rahmen eines bankinternen Due Dilligence-Prozesses einer regelmäßigen Qualitätsüberprüfung unterzieht.[50] Vereinnahmte Zuwendungen könnten hierdurch zusätzlich mit einem entsprechend erhöhten Personal- und Sachaufwand gerechtfertigt werden. Eine Anpassung und ggf. ein Zuwendungsverzicht sollte dagegen bei solchen Kooperationsvereinbarungen erfolgen, bei denen die vom WPDU einbehaltenen Provisionen in einem auffälligen Missverhältnis zu der für den Kunden erbrachten Leistung stehen,

---

[48] Gemäß 31 a WpHG a. F. bzw. § 67 WpHG werden Kunden in Privatkunden, professionelle Kunden und geeignete Gegenparteien unterschieden.

[49] Mangels konkreter Umsetzungsempfehlungen des europäischen und nationalen Gesetzgebers lassen sich derzeit nur indikative Aussagen zum Qualitätsnachweis treffen. Es ist jedoch zu erwarten, dass die ESMA im Rahmen der laufend aktualisierten Q&As entsprechende Aufsichtsstandards entwickeln wird.

[50] Anknüpfungspunkte für ein Vertriebspartner-Assessment könnten z. B. sein: eine Beschränkung von Kooperationen auf BaFin-lizenzierte/-registrierte Unternehmen, ein Produktüberwachungsprozess mit Zielmarktabgleich, die Qualität und Verständlichkeit der verfügbaren Produktinformationen des Vertriebspartners oder die Einhaltung von Compliance-Standards beim Produktgeber (z. B. durch Vorhaltung klarer Organisationsvorschriften zum Umgang mit Korruption, Geldwäsche, Interessenkonflikten und Datenschutz etc.).

also z. B. wenn das Zuwendungsvolumen den Aufwand für die Qualitätssicherung um ein Mehrfaches übersteigt.

2.4.3 Offenlegungsverpflichtung

2.4.3.1 Bisherige Rechtslage unter MiFID I

Existenz, Art und Umfang der Zuwendung waren dem Kunden gemäß § 31d Abs. 1 Nr. 2 WpHG a. F. bislang vor der Erbringung der Wertpapierdienstleistung oder -nebendienstleistung in umfassender, zutreffender und verständlicher Weise offen zu legen. Bei dieser Regelung handelte es sich systematisch nicht nur um eine Verhaltenspflicht des WPDU, sondern weitergehend auch um eine Voraussetzung für die Zulässigkeit der gezahlten oder empfangenen Zuwendung. Der Kunde sollte seine Anlageentscheidung in Kenntnis dieser Information treffen können.[51] 20

Der Kunde war nach bisheriger Rechtslage zunächst darüber zu informieren, welche Arten von Zuwendungen dem WPDU überhaupt bei der Erbringung von Wertpapierdienstleistungen zufließen können. Er war also vor allem darüber aufzuklären, ob einmalige Vertriebsprovisionen und/oder zusätzlich laufende Provisionselemente von einem Produktemittenten gezahlt werden. Des Weiteren waren alle weiteren geldwerten Zuwendungen offen zulegen, also auch IT-Unterstützung, Schulungsmaßnahmen, Marketinghilfen, Incentives, Prämienwettbewerbe etc. 21

Für die Offenlegung war es bislang ausreichend, wenn das WPDU eine Zusammenfassung der wesentlichen Bestandteile der Vereinbarungen über Zuwendungen aushändigte und dem Kunden auf Nachfrage weitere Details anbot (§ 31d Abs. 3 WpHG a. F.). Das Gesetz sah damit grundsätzlich ein zweistufiges Transparenzmodell vor. Es war also bislang ausreichend, den Kunden zunächst beispielsweise über das Bestehen, die Art, die Berechnungsgrundsätze und Spannen (z. B. „von…bis… %") von Zuwendungen aufzuklären (Stufe 1). Auf Nachfrage waren aber nähere Details zu nennen (Stufe 2). Dies erfolgte im Idealfall durch konkrete Zahlenangaben in absoluter (€-Angaben) oder relativer Form („X % von Y €"). Dies galt zumindest dann, wenn dem WPDU zum Zeitpunkt der Leistungserbringung die zuwendungsrelevanten Tatsachen bereits bekannt waren. Bei solchen Zuwendungen, deren konkrete Höhe z. B. erst nach dem Ablauf eines Berechnungszeitraumes oder nach Eintreten bestimmter Voraussetzungen (z. B. keine Kündigung eines Fondssparplanes im laufenden Kalenderjahr) ermittelt werden konnten, war es dagegen üblich (und wohl auch aufsichtsrechtlich weitgehend anerkannt), lediglich ungefähre Angaben oder eine begründete Schätzung zur Höhe der Zuwendung zu machen. So genügte bei Fondssparplänen mit ungewisser Laufzeit beispielsweise für die Erläuterung der Bestandsprovisionen regelmäßig die Angabe der Zuwendungen für das erste Jahr der Laufzeit verbunden mit dem Hinweis, dass sich die laufenden Vergütungselemente typischerweise proportional mit dem jeweiligen Kundenbestand entwickeln. 22

---

51 Unzutreffend insofern *Koller*, in: Assmann/Schneider (Hrsg.): WpHG, 6. Aufl. 2012, § 31d, Rn. 44, der die Offenlegung „in die Kategorie der Warnungen" verlegt und erläuternde Erklärungen unter Umständen als unzulässige „Abschwächungen" kritisiert. Diese Auffassung findet keinen Anhaltspunkt in den Gesetzgebungsmaterialien.

23 Die Offenlegung hatte gemäß § 31d Abs. 1 Satz 1 Nr. 2 WpHG a. F. vor Erbringung der Wertpapierdienstleistung zu erfolgen. Damit war nicht zwingend gemeint, dass vor jeder individuellen Wertpapierdienstleistung die Offenlegung wiederholt werden musste. Grundsätzlich genügte auch eine einmalige oder auch jährliche Offenlegung.[52] Das WPDU musste allerdings sicherstellen, dass die Darstellung „umfassend und zutreffend"[53] ist. Wenn also neue Zuwendungselemente hinzukamen, andere wegfielen oder sich Änderungen der Zuwendungskonditionen ergaben, war dem Kunden vor Erbringung der nächstfolgenden Wertpapierdienstleistung eine aktuelle Zusammenfassung offenzulegen.

2.4.3.2 Änderungen durch MiFID II

24 Für die Offenlegung von Zuwendungen gelten nach dem aktuellen Regelungskonzept der MiFID II sowohl die allgemeinen Kostentransparenzanforderungen als auch die speziellen Bestimmungen für Anreize. Die Bestimmungen zur Kostentransparenz finden sich dabei in Art. 24 Abs. 4c) MiFID II i. V. m. Art. 50 der delegierten Verordnung v. 25. 04. 2016[54] (nachfolgend MiFID II-DV), die Vorgaben zu Anreizzahlungen ergeben sich aus Art. 24 Abs. 9 MiFID II i. V. m. Art. 11 MiFID II-DR. Auf nationaler Ebene finden sich die Regelungen zur Kostentransparenz in § 63 Abs. 7 WpHG und zur Offenlegung von Zuwendungen in § 70 WpHG, der insoweit den bisherigen § 31d WpHG a. F. ersetzt. Dies führt dazu, dass Institute bei Zuwendungssachverhalten seit Januar 2018 neben den spezifischen Anforderungen für Provisionszahlungen zusätzlich die Vorschriften zur Kostentransparenz beachten müssen.

25 Im Hinblick auf die erforderliche Offenlegung gegenüber dem Kunden sieht Art. 24 Abs. 9 MiFID II – im Unterschied zur bisherigen Regelung des § 31d Abs. 3 WpHG a. F. – keine Möglichkeit einer zusammengefassten Offenlegung mehr vor. Vielmehr sind dem Kunden vor der Wertpapierdienstleistungserbringung grundsätzlich die tatsächlich von ihm (individuell) zu tragenden Kosten und Gebühren betragsgenau offenzulegen. Eine generische Beschreibung ohne Wertangabe ist nur im Zusammenhang mit geringfügigen nicht-monetären Vorteilen zulässig. Andere nicht-monetäre Zuwendungen (z. B. Sach- oder Serviceleistungen) müssen demgegenüber vom Institut bepreist und separat offengelegt werden.[55] Für den Fall, dass gewährte oder erhaltene Zahlungen nicht im Vorfeld beziffert werden können, genügt es gemäß Art. 11 Abs. 5 UAbs. 1b) MiFID II-DR – entsprechend der nach § 31d WpHG a. F. geltenden Rechtslage – dem Kunden im ersten Schritt nur die Berechnungsmethode mitzuteilen und die genaue Zuwendungshöhe nachträglich (d. h. ex-post) offenzulegen. Bei fortlaufend geleisteten Zahlungen (z. B. Bestandsprovisionen) sind Kunden zudem mind. jährlich auf individueller Basis über die tatsächlich angefallenen Vorteile

---

52 *Rozok*, in: BKR 2007, S. 217, 225; *Fuchs,* in: Fuchs (Hrsg.): WpHG, 2. Aufl. 2016, § 31d, Rn. 37.
53 § 31d Abs. 1 Satz 1 Nr. 2 WpHG a. F.
54 Delegierte Verordnung (EU) 2017/565 der Kommission zur Ergänzung der Richtlinie 2014/65/EU des Europäischen Parlaments und des Rates in Bezug auf die organisatorischen Anforderungen an Wertpapierfirmen und die Bedingungen für die Ausübung ihrer Tätigkeit sowie in Bezug auf die Definition bestimmter Begriffe für die Zwecke der genannten Richtlinie v. 25. 04. 2016 (nachfolgend „MiFID II-DV"), ABl. Nr. L 87/1 v. 31. 03. 2017.
55 Art. 11 Abs. 5 UAbs. 1a) MiFID II-DR.

zu informieren. Eine generische Beschreibung ohne konkrete Wertangabe ist auch hier nur bei geringfügigen nicht-monetären Zuwendungen möglich.[56]

Gemäß Art. 24 Abs. 4 UAbs. 1c) MiFID II müssen Institute, die Finanzinstrumente empfehlen oder anbieten bzw. ein PRIIPs-KID/OGAW-KIID zur Verfügung stellen, im Vorfeld einer Wertpapierdienstleistung sowohl über die Kosten der Dienstleistungserbringung als auch über alle mit dem Finanzinstrument verbundenen Kosten informieren (sog. Ex-ante-Kostenoffenlegung). Auch Wertpapierfirmen, die kein Finanzinstrument empfehlen oder anbieten[57] bzw. nicht verpflichtet sind, dem Kunden ein KID/KIID zukommen zu lassen, müssen zumindest die Dienstleistungskosten offenlegen. Die Dienstleistungs- und Produktkosten sind zu aggregieren und sowohl als Geldbetrag als auch in Prozent auszuweisen.[58] Zahlungen Dritter sind gemäß Art. 50 Abs. 2 UAbs. 2 MiFID II-DV im Rahmen der Dienstleistungskosten getrennt aufzuführen und zu beziffern. Gemäß Art. 50 Abs. 8 MiFID II-DV sind für die Ex-ante-Kostenoffenlegung grundsätzlich die tatsächlich entstandenen Kosten als Näherungswert für die zukünftig erwarteten Kosten zugrunde zu legen. Fehlen Informationen zu den tatsächlichen Kosten, sind diese mittels nachvollziehbarer Annahmen zu schätzen und im Rahmen der Ex-post-Kostenoffenlegung zu überprüfen. Bei Bestehen einer laufenden Geschäftsbeziehung sind Kunden zudem jährlich über alle angefallenen Kosten und Zuwendungen individualisiert zu informieren (sog. Ex-post-Kostenoffenlegung).[59] Zusätzlich müssen Institute gemäß Art. 50 Abs. 10 MiFID II-DV ihren Kunden z. B. mittels einer Tabelle oder einer Grafik die kumulative Wirkung der Gesamtkosten auf die Rendite veranschaulichen und erläutern.

2.4.3.3 Zwischenergebnis

Im Ergebnis ist damit festzustellen, dass die Offenlegungspflichten bzgl. vereinnahmter und gewährter Zuwendungen sowohl in quantitativer als auch in qualitativer Hinsicht deutlich erweitert werden. So müssen gemäß Art. 11 Abs. 5 MiFID II-DR neben Geldleistungen künftig auch nicht-monetäre Vorteile bewertet und gegenüber dem Kunden in Euro und Prozent offengelegt werden. Eine lediglich allgemeine Beschreibung in Textform ist nur noch im Zusammenhang mit sog. geringfügigen nicht-monetären Vorteilen zulässig. Aufgrund der Streichung des Privilegs der zusammengefassten Offenlegung nach § 31d Abs. 3 WpHG a. F., sind Institute zukünftig gehalten, Kunden schon frühzeitig über die tatsächlich anfallenden Zuwendungen zu informieren. Die Offenlegung vereinnahmter und

---

56 Art. 11 Abs. 5 UAbs. 1c) MiFID II-DR.
57 Das Kriterium „empfehlen" oder „anbieten" ist nach der ESMA grundsätzlich weit auszulegen und ist standardmäßig bei der Anlageberatung und Finanzportfolioverwaltung, bei allgemeinen Empfehlungen oder Werbemitteilungen zu Finanzinstrumenten sowie bei Bestehen einer Vertriebs-/Platzierungsvereinbarung mit dem Emittenten zu bejahen. Kein „Empfehlen" bzw. „Anbieten" soll dagegen bei der reinen passiven Orderausführung (sog. execution-only) vorliegen; vgl. hierzu Ziff. 2.14. Rn. 18 (S. 102 f.) des Konsultationspapiers „MiFID II/MiFIR" der ESMA (ESMA/2014/549) v. 22.05.2014; zu den Kostentransparenzanforderungen nach MiFID II allgemein siehe *Roth/Blessing*, WM 2016, 1157 ff. sowie die Vortragsunterlage der BaFin zur Kostentransparenz im Rahmen der Informationsveranstaltung v. 17.06.2016.
58 Vgl. Art. 24 Abs. 4 UAbs. 2 MiFID II, Art. 50 Abs. 2 UAbs. 2 MiFID II-DV.
59 Art. 50 Abs. 9 MiFID II-DV.

gewährter Vorteile erfolgt hierbei im Rahmen des Kostenreportings. Statt wie früher müssen Kunden dann grundsätzlich schon auf ex-ante Basis detailliert über die konkrete (bzw. ersatzweise geschätzte) Zuwendungshöhe informiert werden. Das bisher häufig praktizierte Zweistufenmodell, bei dem Kunden lediglich auf Nachfrage detaillierte Angaben mitgeteilt werden mussten, ist seit Januar 2018 überholt. Vielmehr muss Kunden heute sowohl dann, wenn diesen ex-ante statt des genauen Zuwendungsbetrags nur die Berechnungsmethode offengelegt wurde, als auch dann, wenn das Institut fortlaufend Anreize erhält oder gewährt, unaufgefordert ex-post die tatsächliche Höhe der angefallenen Provisionen mitgeteilt werden. Noch nicht abschließend geklärt ist derzeit, ob eine Offenlegung vor jeder Transaktion erfolgen muss oder ob in bestimmten Fällen ausnahmsweise Informationen zu Provisionssätzen auch standardisiert zur Verfügung gestellt werden können (z. B. mittels des MiFID-Starterpakets oder des Preis- und Leistungsverzeichnisses). Dies wäre beispielsweise denkbar im reinen Telefon-/Onlinegeschäft[60] oder bei Geschäften mit professionellen Kunden oder geeigneten Gegenparteien[61], die aufgrund ihrer Professionalität typischerweise weniger schutzbedürftig sind als Retail-Kunden. Es bleibt daher abzuwarten, ob die ESMA oder BaFin im Rahmen der noch ausstehenden Etablierung einer Verwaltungspraxis Fallgruppen für eine „Offenlegung-light" entwickeln wird oder ob es stattdessen (was zu befürchten ist) bei dem Modell einer transaktionsbasierten, personalisierten Zuwendungsoffenlegung bleibt.

Beispiel:
Der Kunde K investiert über den Anlagevermittler A 25.000 € in einen Investmentfonds. Der Fonds erhebt einen Ausgabeaufschlag i. H. v. 5 % und eine jährliche Management-Fee i. H. v. 0,5 %. Darüber hinaus fallen keine Ausstiegskosten oder anderweitigen Kosten auf Fondsebene an. Die Kapitalverwaltungsgesellschaft leistet an A aus dem vereinnahmten Ausgabeaufschlag eine Rückvergütung i. H. v. 3 % für die Kundenzuführung (sog. Finders Fee oder Arrangement Fee). Die Kosten können nach Auffassung der ESMA wie folgt dargestellt werden:[62]

Kosten und Gebühren	Einmalige Kosten		Fortlaufende Kosten	
Alle Kosten im Zusammenhang mit dem Finanzinstrument	5 %	1.250 €	0,5 %	125 €

---

60 Vgl. hierzu beispielsweise § 64 Abs. 4 WpHG, der bei Anlageberatungen mittels Fernkommunikationsmitteln ausnahmsweise eine Bereitstellung der Geeignetheitserklärung nach Vertragsschluss erlaubt.

61 Anknüpfungspunkt für potenzielle Erleichterungen bei Geschäften mit Profis und geeigneten Gegenparteien könnte z. B. Art. 50 Abs. 1 UAbs. 2 und UAbs. 3 MiFID II-DV sein, der unter bestimmten Voraussetzungen eine beschränkte Anwendung der Kostenanforderungen zulässt. Da Art. 11 Abs. 5 UAbs. 2 MiFID II-DR seinerseits auf Art. 50 MiFID II-DV verweist, könnte man argumentieren, dass eine Vereinfachungsmöglichkeit auch bzgl. der Zuwendungsoffenlegung besteht.

62 Vgl. hierzu Ziff. 2.14. Rn. 50 (S. 110 f., Example 4) des Konsultationspapiers „MiFID II/MiFIR" der ESMA (ESMA/2014/549) v. 22. 05. 2014.

Alle Kosten im Zusammenhang mit der Wertpapierdienstleistungserbringung, davon Zahlungen durch Dritte (Arrangement Fee)	(3 %)	750 €	(0 %)	0 €
Aggregierte Gesamtkosten	5 %	1.250 €	0,5 %	125 €

3 Best Practice: Umsetzung der Anforderungen in der Zuwendungspraxis
3.1 Bisherige Rechtslage unter MiFID I

Nach § 14 Abs. 2 Nr. 5 WpDVerOV a. F. hatte das WPDU bisher die Umstände aufzuzeichnen, aus denen sich ergab, dass die Zuwendungen darauf ausgelegt waren, die Qualität der für den Kunden erbrachten Dienstleistung zu verbessern. 28

WPDU waren daher bereits in der Vergangenheit gehalten, sich zur Erfüllung ihrer Pflichten aus § 31d WpHG a. F. zunächst einen Überblick über alle geleisteten bzw. erhaltenen Arten von Zuwendungen zu verschaffen. Ergänzend hierzu verlangte die BaFin in ihren bisherigen MaComp, dass Institute zur Erfüllung ihrer Aufzeichnungspflicht ein Zuwendungs- und Verwendungsverzeichnis hinsichtlich aller im Rahmen der Wertpapierdienstleistungserbringung angenommener Zuwendungen vorhalten.[63] Dabei war im Zuwendungsverzeichnis zwischen vereinnahmten monetären und nicht-monetären Zuwendungen zu unterscheiden. An das Institut geleistete monetäre Zuwendungen mussten zusätzlich unter Angabe der entsprechenden Höhe in einem Verwendungsverzeichnis bestimmten Qualitätsverbesserungsmaßnahmen („Cluster") zugeordnet werden.[64]

3.1.1 Bisherige Fallgruppen zur Qualitätsverbesserung gemäß AT 8.2 MaComp a. F.

Gemäß AT 8.2.2 MaComp a. F. kamen folgende Fallgruppen in Betracht: 29
– Effiziente und hochwertige Infrastruktur (z. B. Standortausstattung, Aufrechterhaltung eines weit verzweigten Filialsystems, Einsatz von IT-Systemen (Hardware/Software) oder Bereitstellung von Kommunikationseinrichtungen)
– Personalressourcen (z. B. Beschäftigung und Vergütung qualifizierter Mitarbeiter im Bereich der Anlageberatung, Kundenbetreuung sowie in qualitätsverbessernden Funktionen wie der Rechtsabteilung, Compliance-Funktion, Internen Revision, und zwar in dem ggf. durch Schätzung zu ermittelnden Umfang, in dem das Aufgabenspektrum der Mitarbeitertätigkeit darauf ausgerichtet ist, die Qualität der für den Kunden erbrachten Dienstleistungen im Sinne des § 31d WpHG a. F. zu sichern oder zu verbessern; Gewäh-

---

63 Vgl. hierzu AT 8.2.1 und AT 8.2.2 des Rundschreibens 4/2010 (WA) der BaFin – Mindestanforderungen an die Compliance-Funktion und die weiteren Verhaltens-, Organisations- und Transparenzpflichten nach §§ 31 ff. WpHG für Wertpapierdienstleistungsunternehmen (nachfolgend „MaComp a. F.") – v. 07.06.2010 (in der Fassung v. 08.03.2017).
64 Siehe hierzu im Einzelnen AT 8.2.1 und AT 8.2.2 MaComp a. F. sowie *Roth/Blessing*, in: CCZ 2017, S. 163, 169 f.

rung von Sondergratifikationen, sofern diese ausschließlich an die Erreichung qualitativer Ziele gekoppelt sind)
- Qualifizierung und Information der Mitarbeiter (z. B. Qualifizierung durch Schulungen, Bereitstellung von Fortbildungsunterlagen, Einsatz von E-Learning-Systemen; Information durch Zuleitung von Finanzanalysen, Produktinformationsveranstaltungen, Zugriff auf Drittinformations- und -verbreitungssysteme, sonstige Bereitstellung von Informationsmaterialien)
- Information der Kunden (z. B. Erstellung, Aktualisierung und Vorhaltung von Produktinformationsunterlagen; Bereitstellung und Pflege leistungsfähiger Internetportale mit aktuellen Marktdaten, Charts, Research-Material, Veranstaltungskalender, Währungsrechner, Renditerechner, Value-at-risk-Kalkulator, Break-even-Rechner, Rohstoffeinheiten-Rechner, Zinsrechner; Kundeninformationsveranstaltungen zu spezifischen Markt-und Anlagethemen)
- Qualitätssicherungs- und -verbesserungsprozesse (z. B. Prozesse zur Genehmigung und Einführung neuer Produkte und Geschäftsaktivitäten; Mitschnitt und Auswertung von Beratungsgesprächen; Prüfungen und Anzeigen der Unternehmen in Zusammenhang mit der Datenbank nach § 34d WpHG a. F.)

30 Die vorgenannten Fallgruppen waren nach der MaComp a. f. nicht abschließend und konnten durch weitere Qualitätsverbesserungsmaßnahmen ergänzt werden. Darüber hinaus konnten nach bisheriger Aufsichtspraxis der BaFin vereinnahmte Zuwendungen auch mit Maßnahmen zur Qualitätssicherung oder zur Erfüllung der bestehenden Organisationspflichten nach § 33 Abs. 1 WpHG a. F. (heute § 80 WpHG) gerechtfertigt werden.[65]

3.1.2 Zuwendungsarten

Um die bislang und gegenwärtig geforderte Unterscheidung zwischen monetären und nicht-monetären Zuwendungen sowie ihre Qualitätsverbesserungseignung sicherzustellen, müssen WPDU ihre mit Dritten bestehenden Zahlungsströme identifizieren. Nachfolgend sollen die häufigsten Zuwendungsarten kurz beschrieben werden:

3.1.2.1 Vertriebsprovisionen

31 Dabei handelt es sich um die auch für den Kunden offensichtlichste Form der Zuwendung, die zumeist in Form einer Rückvergütung von Ausgabeaufschlägen oder Agios vom Produktemittenten an das Vertriebsinstitut geleistet wird. Es handelt sich dabei um Zuwendungen, die in einem engen zeitlichen und sachlichen Zusammenhang mit einer konkreten Kundendienstleistung und mithin im Zusammenhang mit einer Wertpapierdienstleistung oder -nebendienstleistung stehen.

---

65 Als Beispiele nennt hier AT 8.2.3 MaComp a. F. die Verwendung für entsprechende Sachmittel, Personalressourcen oder sonstige Infrastruktur, wie beispielsweise die Compliance-Funktion oder andere Kontrolleinheiten.

3.1.2.2 Bestandsbezogene Zuwendungen

Die für Vertriebsprovisionen angestellten Erwägungen gelten sinngemäß auch für auf einen Bestand abstellende oder sonstige laufende Vergütungselemente. Auch laufende Vertriebsprovisionen haben ihren Anlass in einer oder mehreren Kundendienstleistungen, da sie im Grunde einer Ursprungsdienstleistung zeitlich nachgelagerte Vertriebsfolgeprovisionen sind. Während bei Vertriebsprovisionen der inhaltliche und zeitliche Zusammenhang mit einer konkreten Wertpapierdienstleistung häufig einfach herzustellen sein wird, ist dies bei laufenden, bestandsorientierten Vergütungen eher schwierig. Aufgrund ihrer zeitlichen Streckung steht bei diesen Zuwendungen – anders als bei einmaligen Provisionszahlungen – häufig die langfristige Finanzierung der etablierten personellen und sachlichen Einrichtungen des WPDU im Vordergrund. Nach bisheriger Rechtslage konnten solche laufenden Vergütungselemente die Qualität der Dienstleistung dann verbessern, wenn sie zur Einrichtung oder für den Unterhalt effizienter und hochwertiger Infrastrukturen für den Erwerb und die Veräußerung von Finanzinstrumenten eingesetzt wurden.[66]

32

3.1.2.3 Sachzuwendungen

Neben den eigentlichen Vertriebs- und Vertriebsfolgeprovisionen gibt es in der Praxis auch regelmäßig sog. nicht-monetäre Zuwendungstypen. Diese Zuwendungsform hat zwar eine eher untergeordnete wirtschaftliche Bedeutung, ist aber mit Blick auf etwaige Interessenkonflikte und Offenlegungsanforderungen nicht minder sorgfältig zu analysieren. Um Sachzuwendungen handelt es sich beispielsweise, wenn der Emittent eines Finanzinstruments seinem Vertriebspartner kostenfrei oder vergünstigt Werbe- oder Schulungsmaterialien zur Verfügung stellt, ihn mit Werbegeschenken für dessen Kunden versorgt oder ihm technische Hilfsmittel (z. B. Analyse- und Informationstools) an die Hand gibt. Auch Sachprämien des Emittenten an Mitarbeiter des Vertriebspartners im Rahmen von sog. Vertriebswettbewerben waren Zuwendungen im Sinne von § 31d Abs. 2 WpHG a. F. Auch die Finanzierung oder Veranstaltung von Schulungen, Seminaren oder Kundenmessen durch Produktemittenten oder Vertriebspartner war als Zuwendung anzusehen.[67]

33

3.2 Änderungen durch MiFID II

Gemäß Art. 11 Abs. 4 MiFID II-DR bzw. § 70 Abs. 1 Satz 2 WpHG gelten für WPDU seit Januar 2018 erhöhte Begründungspflichten im Hinblick auf den Nachweis der Qualitätsverbesserungseignung. So müssen WPDU belegen können, dass alle gewährten oder erhaltenen Gebühren, Provisionen oder nicht-monetären Vorteile dazu bestimmt sind, die Qualität der *jeweiligen* Dienstleistung für den jeweiligen Kunden zu verbessern.[68]

34

---

66 Vgl. RegBegr., BT-Drs. 16/4028, S. 67.
67 Vgl. RegBegr., BT-Drs. 16/4028, S. 67.
68 Siehe Art. 11 Abs. 2 MiFID II-DR sowie zur nationalen Umsetzung § 70 Abs. 1 Satz 2 WpHG und § 6 WpDVerOV.

3.2.1 Qualitätsverbesserungskriterien nach MiFID II

35 Wie bereits ausgeführt spricht die Auslegung des Wortlauts von Art. 11 Abs. 2 MiFID II-DR bzw. § 70 Abs. 1 Satz 2 WpHG für ein engeres Verständnis im Hinblick auf den geforderten Zusammenhang zwischen Zuwendung und Qualitätsverbesserung.[69] Ausgehend von den Erwägungen des Fachbereichs Europa setzt Art. 11 Abs. 2 MiFID II-DR – im Unterschied zur früheren Rechtslage unter MiFID I – einen unmittelbaren Zusammenhang zwischen der gewährten bzw. vereinnahmten Zuwendung und der an den jeweiligen Kunden erbrachten Wertpapierdienstleistung voraus.[70] Für die praktische Umsetzung bedeutet dies, dass Zuwendungen gegenwärtig nur noch dann gerechtfertigt werden können, wenn sie eine den Regelbeispielen des Art. 11 Abs. 2 MiFID II-DR vergleichbaren Mehrwert für den betreffenden Kunden im jeweils zugrundeliegenden Dienstleistungsverhältnis aufweisen. Ein lediglich allgemeiner Zusammenhang genügt danach voraussichtlich nicht mehr. Auch die bislang in AT 8.2.3 MaComp a. F. vorgesehene Anerkennungsfähigkeit von Zuwendungen, die zur Erfüllung gesetzlicher Organisationspflichten verwendet werden, findet sich in der aktualisierten Fassung der MaComp v. 19.04.2018 nicht mehr. Vielmehr verlangt BT 10.2 der aktuellen MaComp, dass der Verwendungsnachweis für die Qualitätsverbesserungen entsprechend der einschlägigen Regelbeispiele des § 6 Abs. 2 Satz 1 Nr. 1 WpDVerOV auf die einzelnen, für den betreffenden Kunden erbrachten Wertpapierdienstleistungen aufzuschlüsseln ist.[71] Eine Qualitätsverbesserung setzt damit – anders als früher – im Grundsatz eine über das gesetzlich Notwendige hinausgehende Leistung voraus.

3.2.2 Beispiele möglicher Qualitätsverbesserungsmerkmale

36 Die bislang in AT 8.2.2 MaComp a. F. aufgeführten Fallgruppen dürften auf Basis der Kriterien der neuen MaComp nicht mehr pauschal genügen, um eine Qualitätsverbesserung im Einzelfall zu rechtfertigen. Maßgeblich wird insofern sein, ob und inwieweit die jeweilige Qualitätsverbesserungsmaßnahme einen den in Art. 11 Abs. 2 MiFID II-DR bzw. § 6 Abs. 2 WpDVerOV genannten Fallgruppen entsprechenden Regelungsgehalt aufweist.[72] So wird beispielsweise der pauschale Einsatz von Drittmitteln zur Aufrechterhaltung des allgemeinen Geschäftsbetriebs vermutlich nicht genügen, da es hier am notwendigen unmittelbaren Kundennutzen fehlt. Eine Qualitätsverbesserung läge aber ggf. dann vor, wenn das WPDU eine über das gesetzlich geforderte Maß hinausgehende Erreichbarkeit oder Verfügbarkeit von Dienstleistungen (z. B. durch eine 24/7-Kundenbetreuung) ermöglicht.

---

69 Siehe hierzu im Einzelnen die Ausführungen unter 2.4.2.2.
70 Vgl. die Ausarbeitung des Fachbereichs Europa zur Neufassung von § 6 Abs. 2 WpDVerOV und ihrer Vereinbarkeit mit Unionsrecht v. 26.04.2017 (Az.: PE 6 – 3000 – 18/17), S. 15 ff.
71 Vgl. hierzu auch den am 09.05.2017 veröffentlichten Referentenentwurf des Bundesministeriums der Finanzen zur Änderung der WpDVerOV, nach dem die bloße Einhaltung der aus § 63 Abs. 7 WpHG (Kundeninformationen einschließlich Kostenoffenlegung) resultierenden Pflichten für die Übermittlung regelmäßiger Kosten-/Performance-Reportings im Sinne von Art. 11 Abs. 2b) iii) MiFID II-DR bzw. § 6 Abs. 2 Satz 1 Nr. 1c) bb) WpDVerOV nicht genügen soll.
72 Vgl. zu den Anforderungen bei einer Ausweitung der in Art. 11 Abs. 2a) i) bis iii) MiFID II-DR genannten Beispielsfälle auch die Ausarbeitung des Fachbereichs Europa zur Neufassung von § 6 Abs. 2 WpDVerOV und ihrer Vereinbarkeit mit Unionsrecht v. 26.04.2017 (Az.: PE 6 – 3000 – 18/17), S. 17.

Auch die in AT 8.2.2 MaComp a. F. erwähnte Verwendung von Zuwendungen für IT-Systeme (Hard-/Software) und Kommunikationseinrichtungen dürfte ohne einen individualisierbaren Kundenmehrwert für sich allein nicht mehr genügen. Eine Rechtfertigung käme aber unter Umständen dann in Betracht, wenn die entsprechenden Vorrichtungen zu einem leichteren Zugang oder einer verbesserten Inanspruchnahme von Dienstleistungen für die angesprochene Kundengruppe führt (z. B. in Form von webbasierten Informations- und Beratungstools, mehrsprachigen Kommunikationsfunktionen für ausländische Kunden oder automatischen Benachrichtigungssystemen beispielsweise bei Depotveränderungen oder Über-/Unterschreiten bestimmter Kursschwellen etc.). Mit Blick auf die in AT 8.2.2 MaComp a. F. genannte Fallgruppe „Information der Kunden" wird man zukünftig danach differenzieren müssen, ob es sich um gesetzlich vorgeschriebene Pflichtunterlagen (z. B. das Basisinformationsblatt oder Wertpapierprospekt) oder hierüber hinausgehende Zusatzinformationen mit Kundenmehrwert handelt. Insofern dürften die in AT 8.2.2 MaComp a. F. beispielhaft angeführten Maßnahmen wie die Bereitstellung leistungsfähiger Internetportale mit aktuellen Marktdaten, Charts, Research-Material, Währungsrechner, Renditerechner etc. auch weiterhin taugliche Qualitätsverbesserungsinstrumente darstellen, sofern der objektive Informationsgehalt und nicht die Vertriebsförderung im Vordergrund steht.

3.2.3 Zwischenergebnis

Ob die bislang in AT 8.2.2 MaComp a. F. geregelten Qualitätsverbesserungsmaßnahmen auch zukünftig noch herangezogen werden können – bzw. mit welchen Einschränkungen – ist derzeit noch unklar. Dies wird davon abhängen, welche Konkretisierungen die ESMA über künftige Level-3-Maßnahmen (Q&As, Guidelines) vornehmen bzw. wie die deutsche BaFin ihre bestehende Verwaltungspraxis anpassen werden. Eine besondere Herausforderung dürfte für WPDU hierbei in der Rechtfertigung von laufenden Provisionszahlungen, insb. von Bestandsprovisionen, liegen. Aufgrund der Notwendigkeit eines korrespondierenden fortlaufenden Kundenvorteils, ist hier ein hoher argumentativer Aufwand zu erwarten. So werden laufende Provisionszahlungen künftig nur noch dann zulässig sein, wenn diesen ein fortlaufender Kundennutzen (z. B. in Form regelmäßiger Beratungs-, Informations- oder sonstiger zusätzlicher Serviceleistungen) gegenübersteht. Insb. WPDU, die einen Großteil ihrer laufenden Einnahmen aus (in der Regel einmalig erbrachten) Vermittlungsaktivitäten generieren, müssen sich überlegen, welche Qualitätsverbesserungsmaßnahmen diese häufig in der Vergangenheit erbrachten Dienstleistungen in der Zukunft rechtfertigen.[73]

37

---

73 Nach hier vertretener Auffassung gelten die gestiegenen Anforderungen für den Qualitätsverbesserungsnachweis erst seit dem 03.01.2018. Für abgeschlossene Zuwendungssachverhalte, bei denen Zuwendungen zwar 2018 vereinnahmt oder gewährt werden, aber auf Wertpapierdienstleistungen zurückzuführen sind, die 2017 erbracht wurden, dürften damit weiterhin die nach § 31d WpHG a. F. geltenden Zulässigkeitskriterien Anwendung finden. Nach den aktuellen Q&A der ESMA (ESMA35-43-349) v. 23.03.2018 gelten jedoch die neuen Zuwendungsvorgaben für nach dem 03.01.2018 entgegengenommene, fortlaufende Anreize auch dann, wenn diese auf Finanzinstrumenten beruhen, die vor dem 3.1.2018 erworben wurden.

3.2.4 Interessenkonflikte

38 Gemäß Art. 11 Abs. 2 Satz 2 MiFID II-DR bzw. § 70 Abs. 1 Satz 1 Nr. 1 WpHG dürfen Zuwendungen nicht die Kundeninteressen oder die ordnungsgemäße Dienstleistungserbringung beeinträchtigen. Darüber hinaus ist nach Art. 11 Abs. 2 Satz 1a) MiFID II-DR sicherzustellen, dass vereinnahmte Zuwendungen „in angemessenem Verhältnis" zum entsprechenden Kundenvorteil stehen. Hier ist eine Einzelfallbetrachtung hinsichtlich der bestehenden Vergütungsstruktur erforderlich. Problematisch dürften in diesem Zusammenhang insb. einmalige oder regelmäßige Provisionszahlungen von Produktemittenten oder Vertriebspartnern sein, die im Verhältnis zur gegenüber dem Kunden erbrachten Dienstleistung einen sehr großen Umfang einnehmen. WPDU könnten solche verhältnismäßig hohen Zuwendungen ggf. durch die Erbringung von zusätzlichen Serviceangeboten ausgleichen oder Kunden einen Teil der erhaltenen Provisionen ausbezahlen.

3.2.5 Dokumentation

39 Gemäß § 6 Abs. 3 WpDVerOV i. V. m. § 70 Abs. 1 Satz 2 WpHG müssen WPDU künftig nachweisen können, dass *jegliche* von ihnen vereinnahmten oder gewährten Zuwendungen dazu bestimmt sind, die Qualität der *jeweiligen* Dienstleistung für den Kunden zu verbessern. Der Wortlaut deutet darauf hin, dass – anders als nach früherer Rechtslage – die Qualitätsverbesserung bei derjenigen Dienstleistung eintreten muss, die für die Zuwendungsleistung kausal war.[74]

3.2.5.1 Zuwendungsverzeichnis

40 Nach § 6 Abs. 3 Nr. 1 WpDVerOV müssen Institute alle Gebühren, Provisionen und nichtmonetären Vorteile, die sie im Zusammenhang mit der Erbringung von Wertpapier- oder Nebendienstleistungen von einem Dritten erhalten, in einem internen Verzeichnis erfassen. Im Unterschied zur bisherigen Verwaltungspraxis der BaFin müssen auch nicht-monetäre Zuwendungen, die nicht nur geringfügig im Sinne des § 6 Abs. 1 WpDVerOV sind, betragsmäßig beziffert werden. Für geringfügige nicht-monetäre Zuwendungen genügt dagegen eine generische Beschreibung ohne Wertangabe.[75] Gemäß BT 10.1 der aktuellen MaComp ist das Zuwendungsverzeichnis fortlaufend zu führen und jährlich unverzüglich nach Abschluss des Geschäftsjahres fertigzustellen. Eine Aufzeichnung der WPDU-seitig *gewährten* Vorteile ist dagegen nicht ausdrücklich vorgeschrieben.[76] Ob es sich hierbei um eine gewollte Differenzierung handelt oder lediglich um ein Redaktionsversehen, ist derzeit noch unklar. Für eine auch gewährte Zuwendungen umfassende Auslegung könnte der systematische Vergleich mit § 6 Abs. 3 Nr. 2 WpDVerOV sprechen. Dieser bezieht im Hinblick auf das zusätzlich zu erstellende Verwendungsverzeichnis explizit auch die geleisteten Zuwendungen mit ein. Ein solcher Verwendungsnachweis lässt sich jedoch in der Praxis nur dann vollständig führen, wenn diese Zuwendungen auch vorab in einem Zuwen-

---

74 Vgl. hierzu auch die Ausarbeitung des Fachbereichs Europa zur Neufassung von § 6 Abs. 2 WpDVerOV und ihrer Vereinbarkeit mit Unionsrecht v. 26.04.2017 (Az.: PE 6 – 3000 – 18/17), S. 14 ff.
75 Vgl. BT 10.1 neue MaComp.
76 Siehe hierzu auch *Roth/Blessing*, in: CCZ 2017, S. 163, 169 f.

dungsverzeichnis erfasst wurden. Da jedoch auch BT 10.1 der aktuellen MaComp die Führung eines Zuwendungsverzeichnisses nur für von Dritten angenommene Zuwendungen verlangt, dürfte es aufsichtsrechtlich gegenwärtig ausreichend sein, auf eine weitergehende Dokumentation zu verzichten. Gleichwohl müssen WPDU schon zur Erfüllung ihrer Aufzeichnungspflichten im Rahmen des Verwendungsverzeichnisses auch die gewährten Zuwendungen identifizieren.[77] Zunächst einmal hat sich das WPDU damit einen Überblick über die Zuwendungen zu machen, die es selbst an Dritte leistet oder von Dritten erhält. Zu diesem Zweck empfiehlt es sich zu ermitteln, mit welchen Drittanbietern Vertriebsvereinbarungen bestehen und welche Zuwendungen auf Grundlage dieser Vertriebsvereinbarungen geleistet werden. Bei der Erfassung und Dokumentation sollte gemäß BT 10.1 der MaComp zwischen monetären Zuwendungen aus Vertriebsprovisionen, Bestandsprovisionen, Vermittlungsprovisionen und sonstigen Provisionen einerseits und nach nicht-monetären und ggf. geringfügigen nicht-monetären Vorteilen andererseits unterschieden werden.

3.2.5.2 Verwendungsverzeichnis

Gemäß § 6 Abs. 3 Nr. 2 WpDVerOV müssen WPDU ferner aufzeichnen, wie erhaltene oder gewährte Zuwendungen die Qualität der Dienstleistungen für die betreffenden Kunden verbessern und welche Schritte unternommen wurden, um eine ehrliche, redliche, professionelle und am Kundeninteresse ausgerichtete Wertpapierdienstleistungserbringung sicherzustellen. Dies soll nach dem Wortlaut von § 6 Abs. 3 Nr. 2a) WpDVerOV auch für Zuwendungen gelten, deren Erhalt oder Gewährung lediglich *beabsichtigt* ist. Damit werden die bisherigen nach AT 8.2.2 MaComp a. F. für Verwendungsverzeichnisse geltenden Anforderungen deutlich verschärft. Anders als nach aktueller Aufsichtspraxis sind im Verwendungsverzeichnis künftig neben allen gewährten Zuwendungen auch nicht-monetäre Zuwendungen zu berücksichtigen. Darüber hinaus sieht § 6 Abs. 3 Nr. 2a) WpDVerOV zusätzlich die Erfassung sog. beabsichtigter Zuwendungen vor. Wie ein belastbarer Qualitätsverbesserungsnachweis für zukünftige Vorteile geführt werden kann, bei denen zum Erfassungszeitpunkt noch nicht feststeht, ob bzw. wann sie dem WPDU zur Verfügung stehen, ist gegenwärtig offen.[78] Eine gewisse Erleichterung dürfte hier die in BT 10.2 vorgesehene Möglichkeit darstellen, die für die betreffenden Kunden erreichte Qualitätsverbesserung für gewährte und beabsichtigte Zuwendungen generisch zu beschreiben. Ungeachtet dessen müssen WPDU ihre hausinternen Prozesse entsprechend erweitern und in der Zukunft geplante Vergütungen nebst der tatsächlich vorgesehenen Qualitätsverbesserungsmaßnahme angemessen dokumentieren. Dies gilt z. B. für solche Zuwendungen, die erst bei Vorliegen bzw. Nichtvorliegen bestimmter Voraussetzungen entstehen oder fällig werden (Erreichen einer bestimmten Haltedauer, Nichtausübung von Kündigungs-/Anfechtungsrechten etc.). Hierzu ist erforderlich, dass sich WPDU einen umfassenden Überblick über ihre aktuellen und beabsichtigten Vertriebsvereinbarungen verschaffen und beabsichtigte Zuwendungen entsprechend identifizieren.

41

---

77 *Roth/Blessing*, in: CCZ 2017, S. 163, 169 f.
78 Siehe hierzu auch *Roth/Blessing*, in: CCZ 2017, S. 163, 170.

3.2.5.3 Maßnahmenverzeichnis

42 Zusätzlich zur bisherigen Verwaltungspraxis verlangt die BaFin in ihren aktuellen MaComp, dass WPDU in einem fortlaufenden Maßnahmenverzeichnis die einzelnen Schritte dokumentieren, die unternommen wurden, um die Erfüllung der Pflicht, ehrlich, redlich und professionell im bestmöglichen Interesse ihrer Kunden zu handeln, nicht zu beeinträchtigen. Bei der Beschreibung ist bezogen auf die jeweilige Wertpapierdienstleistung oder Wertpapiernebendienstleistung zwischen einmaligen, wiederkehrenden und dauernden Maßnahmen zu differenzieren.[79]

43 Nähere Informationen, wie detailliert das Maßnahmenverzeichnis zu führen ist und ob dieses kundenspezifisch ausgestaltet sein muss, ergeben sich aus der MaComp nicht. Die in BT 10.3 MaComp verwendete Formulierung „im bestmöglichen Interesse *ihrer* Kunden" deutet jedoch darauf hin, dass – im Unterschied zum Verwendungsverzeichnis – eine Konkretisierung nach Kundengruppen nicht erforderlich ist, sondern vielmehr eine generische Beschreibung der allgemein zum Schutz der Kundeninteressen ergriffenen einmaligen, wiederkehrenden und dauernden Maßnahmen ausreichend ist.

3.2.5.4 Ansätze für die Dokumentation

44 Es bleibt grundsätzlich dem WPDU überlassen, in welcher Weise es den erforderlichen Zusammenhang zwischen einer Zuwendung und deren Ausrichtung auf eine Qualitätsverbesserung darstellt. Eine Möglichkeit für die wirtschaftlich bedeutende Gruppe der Vertriebs- und Vertriebsfolgeprovisionen besteht darin, den Aufwand, den ein WPDU für die Erbringung von Wertpapierdienstleistungen hat, zu quantifizieren und diesem Betrag die erhaltenen Zuwendungen gegenüberzustellen. Das nachfolgende Beispiel soll die hierfür denkbaren Prüfungsschritte illustrieren:

Best Practice-Tipp 1:

Beispiel für eine Dokumentation des Aufwands für Beratung und Information von Kunden im Zusammenhang mit dem Vertrieb von Fonds, Zertifikaten und Anleihen

1. Die A-Bank hält insgesamt 50 Kundenberater-Stellen vor.
2. Diese sind zu durchschnittlich 50 % mit Beratung, Information von Kunden der A-Bank sowie der Fortbildung in Bezug auf Fonds, Zertifikaten und Anleihen befasst.
3. Bemessung des zeitlichen Aufwands für beratungsbezogene Wertpapierdienstleistungen

Kundenberatungen auf Kundeninitiative (Bestandskunden)	16.000 h
Vermögensanalyse-Gespräche (Neukunden)	3.000 h
Strategiegespräche nach Depotjahresauszug	2.000 h
Allgemeine Kundeninformationen (z. B. bei Steueränderungen, Änderungen der persönlichen oder wirtschaftlichen Verhältnisse des Kunden etc.)	1.000 h

---

79 Vgl. BT 10.3 neue MaComp.

Beraterschulungen/-fortbildungen (interne Kosten)	1.000 h
Kundenveranstaltungen	1.000 h
Gesamtaufwand	24.000 h

1. Bei 1.600 Jahresarbeitsstunden je Berater und einem internen Vollkostenansatz (inkl. Lohnnebenkosten, anteiligen Raumkosten und IT-Kosten) von 110 € entsprechen 40.000 h/p. a. einem Aufwand von 4,4 Mio. €.
2. Dazu kommen ca. 200.000 € nicht in den Vollkostenansatz umgelegter Kosten für Fortbildungen, Schulungen, Kundenveranstaltungen.
3. Der jährliche Gesamtaufwand der A-Bank im Zusammenhang mit beratungsbezogenen Kundendienstleistungen beträgt damit 4,6 Mio. €.
4. Diesem Aufwand stehen jährliche Einnahmen aus Vertriebsprovisionen (Agios und Ausgabeaufschläge) in Höhe von 2,5 Mio. € und aus Vertriebsfolgeprovisionen in Höhe von 1,3 Mio. € gegenüber.

Um eine Qualitätsverbesserungseignung zu begründen, müssen WPDU entsprechend den in Art. 11 Abs. 2 MiFID II-DR bzw. § 6 Abs. 2 WpDVerOV vorgegebenen Fallgruppen zukünftig darlegen, welchen konkreten Mehrwert die erhaltene Zuwendung für den Kunden der jeweiligen Wertpapierdienstleistung mit sich bringt. Der infolge der MiFID II geforderte unmittelbare Zusammenhang verlangt nach gegenwärtiger Kenntnislage keinen auf den individuellen Kunden ausgerichteten Qualitätsnachweis. Vertretbar, aber auch erforderlich dürfte jedoch sein, dass WPDU die Qualitätsverbesserung innerhalb vordefinierter Kundengruppen für bestimmte Wertpapierdienstleistungen darlegen. Ob hierfür eine rein an den Kundengruppen des § 31a WpHG a. F. bzw. § 67 WpHG ausgerichtete typisierende Betrachtung genügt, ist noch nicht geklärt.[80] Wahrscheinlicher dürfte jedoch sein, dass eine bloße Unterscheidung nach Privatkunden, professionellen Kunden und geeigneten Gegenparteien angesichts der innerhalb dieser Kundengruppen bestehenden Besonderheiten (z. B. bzgl. Anlageziele, Risikoneigung, Anlagehorizont, Beratungsbedarf, Handelsaktivität, Vermögensverhältnisse etc.) zu generisch ist. So gibt es beispielsweise finanzaffine Privatkunden, die aufgrund ihrer Anlageerfahrung eher wie professionelle Kunden agieren und daher regelmäßig keine oder nur in sehr geringem Umfang Beratungsleistungen in Anspruch nehmen. Demgemäß wird gegenüber diesem Privatkundensegment ein Qualitätsverbesserungsnachweis in der Regel weniger über das Angebot hochwertiger Beratungs- und Informationsdienstleistungen zu führen sein. Stattdessen können gegenüber solchen Kunden unter Umständen ein verbesserter Zugang zu „exotischen" bzw. am Markt schwer zugänglichen Finanzprodukten oder auch die Bereitstellung effizienter webbasierter Informationstools anerkennungsfähige Maßnahmen darstellen. Auch innerhalb der Kundengattung Profis und geeignete Gegenpartei können Zusatzangebote für ein bestimmtes Kundensegment einen echten Mehrwert begründen, wohingegen andere Kunden derselben Gruppe (z. B. aufgrund abweichendem Nutzerverhalten oder Anlageprofil) von diesen

45

---

80 Vgl. insoweit BT 10.2 der neuen MaComp, der die Bildung homogener Kundengruppen ausdrücklich zulässt.

nicht profitieren. So dürfte ein Hedgefonds-Manager, der für die von ihm verwalteten Fonds Investments tätigt, nahezu keinen Beratungsbedarf aufweisen, dafür aber an einer schnellen und preisgünstigen Orderabwicklung interessiert sein. Demgegenüber kann bei anderen institutionellen Kunden wie z. B. Versicherungsunternehmen und Stiftungen aufgrund besonderer gesetzlicher oder stiftungsrechtlicher Anforderungen ein hochspezialisierter Beratungsbedarf bestehen, der nur über entsprechend qualifiziertes Personal abgedeckt werden kann. Um nachweisen zu können, worin die Qualitätsverbesserung für den jeweiligen Kunden besteht, sollten WPDU daher Kriterien festlegen, wie die gesetzlich vorgesehenen Kundengruppen weiter unterteilt werden können.

3.2.5.5 Einführung eines Prozesses für bestehende und neue Zuwendungsarten

46 Nicht ausdrücklich vorgeschrieben, aber häufig sinnvoll wird es sein, wenn ein WPDU einen internen Arbeitsprozess definiert und einführt, mit dem sichergestellt wird, dass sämtliche (neuen/beabsichtigten) Zuwendungen, die im Geschäftsbetrieb des WPDU vorkommen, erfasst, bewertet und dokumentiert werden. Gerade bei größeren Instituten wird dies schon deshalb erforderlich sein, weil mitunter verschiedene Geschäftsbereiche (z. B. Privatkundengeschäft und Wertpapierhandel) betroffen sind.

Best Practice-Tipp 2:

Beispiel für einen internen Prozess „Zuwendungs-Compliance" in der A -Bank
1. Die Geschäftsbereiche Privatkundengeschäft, Firmenkundengeschäft und Wertpapierhandel haben die Pflicht, vorhandene, geänderte und neue/beabsichtigte Zuwendungen zu erfassen und in einem definierten Format zu dokumentieren. Dieses Format umfasst insb.:
   - Beschreibung der Zuwendung (z. B. Vertriebsprovision)
   - Art der Zuwendung (monetär, nicht-monetär, geringfügig nicht-monetär)
   - Erläuterung der Methodik, Berechnung und Zahlungsweise (einschließlich Angabe, ob es sich um eine einmalige oder dauerhafte Zuwendung handelt)[81]
   - Benennung der durch den Geschäftsbereich getroffenen Vorkehrungen zur Vermeidung von Interessenkonflikten
   - Erläuterung, in welcher Weise die Zuwendung auf eine Qualitätsverbesserung für den Kunden der jeweiligen Wertpapier(neben)-dienstleistung ausgerichtet ist
   - Erläuterung, ob und warum die Qualitätsverbesserung für den Kunden im angemessenen Verhältnis zum Umfang der erhaltenen/gewährten Zuwendung steht
2. Die Rechtsabteilung und die Compliance-Stelle prüfen die Einhaltung der gesetzlichen Anforderungen sowie die Notwendigkeit weiterer Maßnahmen z. B. zur Vermeidung von Interessenkonflikten. Wenn diese Voraussetzungen erfüllt sind, erfolgt ein positives Votum.

---

81 Laufende Zuwendungen müssen gemäß Art. 11 Abs. 2c) MiFID II-DR bzw. § 6 Abs. 2 Nr. 3 WpDVerOV durch einen fortlaufenden Vorteil für den betreffenden Kunden gerechtfertigt sein und unterliegen damit erhöhten Anforderungen hinsichtlich des Qualitätsverbesserungsnachweises.

3. Die Geschäftsbereiche, die Compliance-Stelle und die Rechtsabteilung bilden gemeinsam einen Zuwendungsausschuss. In diesem Ausschuss werden die von den Geschäftsbereichen eingebrachten und von der Rechtsabteilung und der Compliance-Stelle positiv votierten Zuwendungsarten nochmals nach übergeordneten Gesichtspunkten geprüft, um beispielsweise konzernweite und geschäftsfeldübergreifende Prinzipien („Zuwendungs-Policy") zu implementieren.
4. Die vom Zuwendungsausschuss freigegebenen Zuwendungen werden zentral in einer von den Geschäftsbereichen geführten Datenbank erfasst, auf die die Compliance-Stelle und die Rechtsabteilung einen Lesezugriff erhalten.
5. Der Zuwendungsausschuss veranlasst eine jährliche Vollständigkeits- und Aktualitätsabfrage bei den Geschäftsbereichen, um die Aktualität der Datenbank zu gewährleisten.
6. Die Compliance-Stelle führt in regelmäßigen Abständen eine Second-Level-Kontrolle durch, um die Einhaltung des Prozesses und die Vollständigkeit zu überprüfen.

4 Ausblick

Die in diesem Beitrag getroffenen Annahmen zeigen, dass der Themenkomplex Zuwendungen trotz zwischenzeitlich erfolgter Klarstellungen weiterhin viele Anwendungsfragen aufwirft. So ist im Hinblick auf die am Wortlaut des § 6 Abs. 2 Nr. 1d) WpDVerOV geübte Kritik des Fachbereichs Europa[82] beispielsweise unklar, ob die Bereitstellung eines weitverzweigten Filialberaternetzwerks eine gerichtsfeste Qualitätsverbesserungsmaßnahme darstellen kann bzw. unter welchen Voraussetzungen über die in § 6 Abs. 2 Nr. 1 WpDVerOV ausdrücklich genannten Regelbeispiele hinaus weitere Fallgruppen gebildet werden können. Auch die praktische Umsetzung der vorgesehenen Erweiterung des Verwendungsnachweises auf *beabsichtigte* erhaltene und gewährte Zuwendungen dürfte ohne weitere Konkretisierung für WPDU schwer lösbar sein. Es bleibt daher zu hoffen, dass die ESMA zeitnah auf Level-3-Ebene ihre Q&As zu Anlegerschutzthemen nach MiFID II[83] ergänzt und entsprechende Handlungsempfehlungen formuliert. Solche Best-Practice-Beispiele sollten klare Leitlinien vorgeben, welche Maßnahmen – insb. im Hinblick auf laufende Zuwendungen – eine Qualitätsverbesserung begründen können und anhand welcher Kriterien die Verhältnismäßigkeit zwischen erhaltener bzw. gewährter Zuwendung und Kundenvorteil bestimmt werden kann.

47

5 Fazit

Die im Rahmen der MiFID II erweiterten Regelungen für Zuwendungen stellen Banken und andere WPDU vor zusätzliche Herausforderungen im Vertrieb von Finanzinstrumen-

48

---

82 Vgl. die Ausarbeitung des Fachbereichs Europa zur Neufassung von § 6 Abs. 2 WpDVerOV und ihrer Vereinbarkeit mit Unionsrecht v. 26. 04. 2017 (Az.: PE 6 – 3000 – 18/17).
83 Questions and Answers on MiFID II and MiFIR investor protection and intermediaries topics (ESMA35-43-349) v. 23. 03. 2018.

ten. Das für unabhängige Honorar-Anlageberater und Vermögensverwalter eingeführte nahezu vollständige Provisionsverbot wird zu einer weiteren Marktverdichtung auf Anbieterseite führen. So werden insb. kleinere Häuser ohne alternative Vergütungsmodelle oder Vertriebskooperationen kaum in der Lage sein, entsprechende Einnahmeeinbußen aufzufangen. Es ist daher zu befürchten, dass die überbordende Regulierung viele WPDU zu einer Verdichtung ihrer Angebots- und Produktpalette zwingen wird und zeitintensive Geschäftsfelder wie beispielsweise Anlageberatungen gegenüber Privatkunden künftig nicht mehr oder nur noch über digitale Plattformen angeboten werden, um so dem gestiegenen Kostendruck bei gleichzeitig rückläufigen Provisionserträgen standzuhalten.

Die zusätzlichen Anforderungen an das Zuwendungsmanagement erfordern künftig noch mehr eine enge Einbindung der Compliance-Stelle und vielfach auch der Rechtsabteilung bei der Einführung neuer und der Änderung bestehender Zuwendungstypen sowie bei der Etablierung neuer Vertriebsmodelle insgesamt. Durch geeignete Arbeitsanweisungen, Vertraulichkeitsbereiche, Überwachungs- und Stichprobenmodelle und nicht zuletzt eine ständige Schulung und Sensibilisierung der Mitarbeiter ist sicherzustellen, dass WPDU Zuwendungssachverhalte eindeutig identifizieren und analysieren. Sofern eine Qualitätsverbesserung nicht nachweisbar oder zweifelhaft ist, sollten WPDU angemessene Vorkehrungen treffen, um eingehende Provisionszuflüsse künftig zu unterbinden bzw. über entsprechende Weiterleitungsvereinbarungen an den Kunden auszukehren.

6 Literaturverzeichnis

Assmann/Schneider (Hrsg.): Kommentar zum WpHG, 6. Aufl., Köln 2012.

Bundesanstalt für Finanzdienstleistungsaufsicht (BaFin): Rundschreiben 4/2010 (WA) Mindestanforderungen an die Compliance-Funktion und die weiteren Verhaltens-, Organisations- und Transparenzpflichten nach §§ 31 ff. WpHG für Wertpapierdienstleistungsunternehmen (MaComp) v. 07. 06. 2010 in der Fassung v. 08. 03. 2017).

Bundesanstalt für Finanzdienstleistungs-aufsicht (BaFin): Rundschreiben 05/2018 (WA) Mindestanforderungen an die Compliance-Funktion und weitere Verhaltens-, Organisations- und Transparenzpflichten nach §§ 63 ff. WpHG für Wertpapierdienstleistungsunternehmen (MaComp) v. 19. 04. 2018.

Bundesanstalt für Finanzdienstleistungsaufsicht (BaFin): Informationsveranstaltung zu den Level 2-Entwürfen v. 07. 04. 2016 betreffend die Richtlinie 2014/65/EU („MiFID II") zum Thema Zuwendungen v. 17. 06. 2016.

Bundesanstalt für Finanzdienstleistungsaufsicht (BaFin): Informationsveranstaltung zu den Level 2-Entwürfen v. 07. 04. 2016 betreffend die Richtlinie 2014/65/EU („MiFID II") zum Thema Kostentransparenz v. 17. 06. 2016.

Clouth/Lang: MiFID-Praktikerhandbuch, Köln 2007.

Fuchs (Hrsg.): Kommentar zum WpHG, 2. Aufl., München 2016.

Roth/Blessing: Die neuen Vorgaben zur Kostentransparenz nach MiFID II, in: WM 25/2016, S. 1157 ff.

Roth/Blessing: Die neuen Vorgaben zur Kostentransparenz nach MiFID II, in: WM 25/2016, S. 1157–1163.

Rozok: Tod der Vertriebsprovisionen oder Alles wie gehabt? Die Neuregelungen über Zuwendungen bei der Umsetzung der Finanzmarktrichtlinie, in: BKR 6/2007, S. 217–225.

Schwark/Zimmer (Hrsg.): Kapitalmarktrechts-Kommentar, 4. Aufl., München 2010.

II.B.3

Anforderungen an die Eignung von Mitarbeitern

Axel Schiemann

Inhaltsübersicht

1	Einleitung..	1
2	Rechtlicher Rahmen	2–9
2.1	Europarechtliche Ebene...	3–4
2.2	Ebene des nationalen Rechts	5–8
2.3	Zusammenfassende Übersicht	9
3	Allgemeiner Grundsatz..	10–12
3.1	Erfasster Personenkreis	10–11
3.2	Erforderliche Sachkunde..	12
4	Besondere Anforderungen an Geschäftsleiter..................	13–27
4.1	Erfasster Mitarbeiterkreis	14
4.2	Anforderungen an die fachliche Eignung......................	15–18
4.3	Anforderungen an die Zuverlässigkeit.........................	19–20
4.4	Anforderungen an die zeitliche Verfügbarkeit	21–24
4.5	Pflicht zur laufenden Überwachung............................	25
4.6	Anzeige- und Meldepflichten	26
4.7	Sanktionen	27
5	Besondere Anforderungen an Inhaber von Schüsselfunktionen............	28
6	Besondere Anforderungen an Mitarbeiter in der Anlageberatung	29–49
6.1	Erfasster Mitarbeiterkreis	30
6.2.	Anforderungen an die Sachkunde	31–36
6.3	Anforderungen an die Zuverlässigkeit.........................	37–42
6.4	Anzeige- und Meldepflichten	43–49
6.5	Sanktionen	50–54
7	Besondere Anforderungen an Vertriebsmitarbeiter............	55–61
7.1	Erfasster Mitarbeiterkreis	55
7.2	Anforderungen an die Sachkunde	56–58
7.3	Anforderungen an die Zuverlässigkeit.........................	59
7.4	Anzeige- und Meldepflichten	60
7.5	Sanktionen	61
8	Besondere Anforderungen an Mitarbeiter in der Finanzportfolioverwaltung	62–69
8.1	Erfasster Mitarbeiterkreis	63
8.2	Anforderungen an die Sachkunde	64–66
8.3	Anforderungen an die Zuverlässigkeit.........................	67
8.4	Anzeige- und Meldepflichten	68
8.5	Sanktionen	69
9	Besondere Anforderungen an Vertriebsbeauftragte	70–76
9.1	Erfasster Mitarbeiterkreis	70
9.2	Anforderungen an die Sachkunde	71–73
9.3	Anforderungen an die Zuverlässigkeit.........................	74
9.4	Anzeige- und Meldepflichten	75

9.5	Sanktionen	76
10	Besondere Anforderungen an Compliance-Beauftragte	77–85
10.1	Erfasster Mitarbeiterkreis	78
10.2	Anforderungen an die Sachkunde	79–82
10.3	Anforderungen an die Zuverlässigkeit	83
10.4	Anzeige- und Meldepflichten	84
10.5	Sanktionen	85
11	Fazit	86
12	Literaturverzeichnis	

1 Einleitung

Vorgaben an die Eignung der Mitarbeiter von Wertpapierdienstleistungsunternehmen haben nicht erst im Nachgang zur Finanzkrise Einzug in das Aufsichtsrecht gehalten. Bereits unter MiFID I[1] gab es Regelungen über die Anforderungen an Mitarbeiter von Wertpapierdienstleistungsunternehmen.[2] In Folge der Finanzkrise in den Jahren 2008 und 2009 sind diese sowohl auf nationaler Ebene als auch – mit zeitlichem Versatz – auf europäischer Ebene nicht unerheblich erweitert und detaillierter gefasst worden. Die Vorschriften sollen vor allem der Verbesserung des Anlegerschutzes dienen und einheitliche Mindeststandards für das Schutzniveau setzen.

2 Rechtlicher Rahmen

Der aufsichtsrechtliche Rahmen für die Anforderungen an die Eignung von Mitarbeitern von Wertpapierdienstleistungsunternehmen ergibt sich aus einem Ineinandergreifen verschiedener europarechtlicher und nationaler Rechtsakte sowie aufsichtsrechtlicher Verlautbarungen.

2.1 Europarechtliche Ebene

Aus Art. 21 Abs. 1 lit. d der Delegierten Verordnung (EU) 2017/565[3] ergibt sich ein allgemeiner Grundsatz, wonach Wertpapierfirmen nur solche Mitarbeiter beschäftigen sollen, die über Fähigkeiten, Kenntnisse und Erfahrungen verfügen, die zur Erfüllung der ihnen zugewiesenen Aufgaben erforderlich sind.

Ergänzend hat der europäische Gesetzgeber spezielle Regelungen für Mitglieder des Leitungsorgans (vgl. Art. 9 (1) MiFID II i.V.m. Art. 88, 91 CRD IV)[4] sowie für Mitarbeiter in der Anlageberatung und Vertriebsmitarbeiter (vgl. Art. 25 Abs. 1 MiFID II) getroffen. Anders als der allgemeine Grundsatz in Art. 21 Abs. 1 lit. d MiFID II Delegierte Verordnung sind diese Regelungen nicht unmittelbar anwendbares Recht, sondern bedürfen der Umsetzung durch die nationalen Gesetzgeber. Konkretisierende Level-2-Regelungen gibt

---

1   Richtlinie 2004/39/EG des europäischen Parlaments und des Rates v. 21.04.2004 über Märkte für Finanzinstrumente, zur Änderung der Richtlinien 85/611/EWG und 93/6/EWG des Rates und der Richtlinie 2000/12/EG des Europäischen Parlaments und des Rates und zur Aufhebung der Richtlinie 93/22/EWG des Rates („MiFID I").
2   Art. 13 Abs. 1 MiFID I i.V.m. Art. 5 Abs. 1 lit. d) der Richtlinie 2006/73/EG der Kommission v. 10.08.2006 zur Durchführung der Richtlinie 2004/39/EG des Europäischen Parlaments und des Rates in Bezug auf die organisatorischen Anforderungen an Wertpapierfirmen und die Bedingungen für die Ausübung ihrer Tätigkeit sowie in Bezug auf die Definition bestimmter Begriffe für die Zwecke der genannten Richtlinie (MiFID I DVRL).
3   Delegierte Verordnung (EU) 2017/565 der Kommission v. 25.04.2016 zur Ergänzung der Richtlinie 2014/65/EU des Europäischen Parlaments und des Rates in Bezug auf die organisatorischen Anforderungen an Wertpapierfirmen und die Bedingungen für die Ausübung ihrer Tätigkeit sowie in Bezug auf die Definition bestimmter Begriffe für die Zwecke der genannten Richtlinie („**MiFID II Delegierte Verordnung**").
4   Richtlinie 2014/65/EU des Europäischen Parlaments und des Rates v. 15.05.2014 über Märkte für Finanzinstrumente sowie zur Änderung der Richtlinien 2002/92/EG und 2011/61/EU („MiFID II").

es zu diesen Vorschriften nicht. Allerdings haben die EBA und die ESMA am 26.09.2017 gemeinsame Leitlinien für die Prüfung der Eignung von Mitgliedern von Leitungsorganen und Inhabern von Schlüsselfunktionen veröffentlicht („**ESMA-Leitlinien für Leitungsorgane und Inhaber von Schlüsselfunktionen**").[5] Darüber hinaus hat die ESMA am 03.01.2017 konkretisierende Leitlinien für die Beurteilung von Kenntnissen und Kompetenzen von Vertriebsmitarbeitern und Mitarbeitern in der Anlageberatung erlassen („**ESMA-Leitlinien für Vertriebsmitarbeiter und Anlageberater**").[6] Die Leitlinien richten sich nicht nur an die zuständigen Aufsichtsbehörden, sondern sind zugleich an die in den Anwendungsbereich der Leitlinien einbezogenen Institute adressiert.[7] Sie enthalten u. a. Kriterien und organisatorische Vorgaben für die Beurteilung der Geeignetheit.

2.2 Ebene des nationalen Rechts

5 Auf Ebene des nationalen deutschen Rechts findet sich in § 25a Abs. 1 Nr. 4 KWG i. V. m. Ziffer 1 von AT 7.1. MaRisk ein der Regelung in Art. 21 Abs. 1 lit. d MiFID II Delegierte Verordnung vergleichbarer allgemeiner Grundsatz.[8] Hiernach haben die Institute sicherzustellen, dass die Mitarbeiter sowie deren Vertreter abhängig von ihren Aufgaben, Kompetenzen und Verantwortlichkeiten über die erforderlichen Kenntnisse und Erfahrungen verfügen.

6 Für Geschäftsleiter wird diese allgemeine Regelung durch die Regelung in § 25c Abs. 1 KWG konkretisiert. Hiernach müssen Geschäftsleiter fachlich geeignet und zuverlässig sein und der Wahrnehmung ihrer Aufgaben ausreichend Zeit widmen. Das Vorliegen der fachlichen Eignung ist dabei regelmäßig anzunehmen, wenn eine dreijährige leitende Tätigkeit bei einem Institut von vergleichbarer Größe und Geschäftsart nachgewiesen wird. Die Bestellung und Abberufung von Geschäftsleitern ist der BaFin gemäß § 24 Abs. 1 Nr. 1 bzw. Nr. 2 KWG i. V. m. §§ 4 ff. AnzV anzuzeigen. Die BaFin hat diese Vorgaben in einem Merkblatt[9] konkretisiert.

7 Die sich aus Art. 25 Abs. 1 MiFID II und den ESMA-Leitlinien ergebenden europarechtlichen Vorgaben für Mitarbeiter in der Anlageberatung und Vertriebsmitarbeiter hat der

---

5 *European Securities and Markets Authority/European Banking Authority*, "Joint ESMA and EBA Guidelines on the assessment of the suitability of the management body and key function holders under Directive 2013/36/EU and 2014/65/EU (EBA/GL/2017/12)" v. 26.09.2017.

6 *European Securities and Markets Authority,* Leitlinien für die Beurteilung von Kenntnissen und Kompetenzen (ESMA/2015/1886) v. 03.01.2017.

7 In den Anwendungsbereich der Leitlinien für Vertriebsmitarbeiter und Anlageberater fallen gemäß deren Abschn. I u. a. Wertpapierfirmen im Sinne von Art. 4 Abs. 1 Nr. 1 der Richtlinien 2014/65/EU sowie Wertpapierfirmen und Kreditinstitute, die ihren Kunden strukturierte Einlagen verkaufen oder ihre Kunden zu strukturierten Einlagen beraten. In den Anwendungsbereich der Leitlinie für Leitungsorgane und Inhaber von Schlüsselfunktionen fallen Kreditinstitute und Wertpapierfirmen im Sinne der Verordnung (EU) Nr. 575/2013 sowie teilweise Institute im Sinne der Richtlinie 2014/65/EU.

8 *Bundesanstalt für Finanzdienstleistungsaufsicht (BaFin)*: Rundschreiben 09/2017 (BA) – Mindestanforderungen an das Risikomanagement („MaRisk") v. 27.10.2017.

9 *Bundesanstalt für Finanzdienstleistungsaufsicht (BaFin)*: Merkblatt zu den Geschäftsleitern gemäß KWG, ZAG und KAGB v. 04.04.2016 (zuletzt geändert am 31.01.2017).

deutsche Gesetzgeber in § 87 WpHG sowie in der WpHG-Mitarbeiteranzeigeverordnung umgesetzt. Die nationalen Regelungen sehen neben den Vorgaben für Mitarbeiter in der Anlageberatung und Vertriebsmitarbeiter auch Vorgaben für Mitarbeiter in der Portfolioverwaltung, Vertriebsbeauftragte und Compliance-Beauftragte vor.[10] Die erfassten Mitarbeiter müssen besondere Sachkundeanforderungen erfüllen und über die erforderliche Zuverlässigkeit verfügen, wobei je nach Mitarbeiterkategorie unterschiedliche Anforderungen an die Sachkunde gestellt werden. Mitarbeiter in der Anlageberatung und Vertriebsbeauftragte sowie die Compliance-Beauftragten müssen zudem der BaFin angezeigt werden. Für Mitarbeiter in der Anlageberatung gilt ferner, dass Beschwerden von Privatkunden der BaFin zu melden sind. Ergänzende Konkretisierungen werden sich in der Neuffassung der MaComp[11] finden. Da sich diese bei Redaktionsschluss noch in Überarbeitung befanden wird auf diese im Folgenden nicht im Detail eingegangen werden.

Die Vorgaben aus den Leitlinien für Leitungsorgane und Inhaber von Schlüsselfunktionen haben bisher keinen spezifischen Eingang in das nationale Recht gefunden. Jedenfalls mit Blick auf die Geschäftsleiter und Compliance-Beauftragten existieren allerdings insoweit schon jetzt Regelungen, die sich inhaltlich in vielen Punkten mit den Vorgaben der Leitlinien decken. *8*

2.3 Zusammenfassende Übersicht

Der Rechtsrahmen für die Vorgaben an die Qualifikation von Mitarbeitern von Wertpapierdienstleistungsunternehmen stellt sich damit wie folgt dar: *9*

Tab. 1: Rechtsrahmen für die Anforderungen an die Eignung von Mitarbeitern

Mitarbeiterkategorie	Maßgebliche Regelungen	Vorgaben
Sämtliche Mitarbeiter	– Art. 21 Abs. 1 MiFID II Delegierte Verordnung – § 25a Abs. 1 KWG i. V. m. Ziffer 2 AT 7.1 MaRisk	– Allgemeine Anforderung an die Sachkunde
Geschäftsleiter	– § 25c Abs. 1 KWG – Merkblatt BaFin zu Geschäftsleitern – Leitlinien Mitglieder von Leitungsorganen und Inhaber von Schlüsselfunktionen	– Fachliche Eignung – Zuverlässigkeit – Anzeige gegenüber BaFin

---

10 Vgl. auch die Vorgaben in BT 7.3. des BaFin Rundschreibens 4/2010: Mindestanforderungen an die Compliance-Funktion und die weiteren Verhaltens-, Organisations- und Transparenzpflichten nach §§ 31 ff. WpHG für Wertpapierdienstleistungsunternehmen (MaComp). Mit der Erweiterung und Neufassung von § 87 WpHG und der WpHGMaAnz sind diese Vorgaben allerdings weitestgehend auf gesetzlicher Ebene geregelt und die MaRisk insoweit überholt.

11 *Bundesanstalt für Finanzdienstleistungsaufsicht* (BaFin): Rundschreiben 05/2018 (WA) – Mindestanforderungen an die Compliance-Funktion und weitere Verhaltens-, Organisations- und Transparenzpflichten (MaComp).

Mitarbeiterkategorie	Maßgebliche Regelungen	Vorgaben
Inhaber von Schlüsselfunktionen	– Leitlinien für Mitglieder von Leitungsorganen und Inhaber von Schlüsselfunktionen	– Besondere Anforderungen an die Sachkunde – Besondere Anforderungen an die Zuverlässigkeit
Compliance-Beauftragte	– § 87 Abs. 5 WpHG – §§ 3, 4–8 WpHGMaAnzV – Leitlinien Mitglieder von Leitungsorganen und Inhaber von Schlüsselfunktionen	– Besondere Anforderungen an die Sachkunde – Besondere Anforderungen an die Zuverlässigkeit – Anzeige zum Mitarbeiterregister
Mitarbeiter in der Anlageberatung	– § 87 Abs. 1 WpHG – §§ 1, 4–8 WpHGMaAnzV – Leitlinien für Vertriebsmitarbeiter und Anlageberater	– Besondere Anforderungen an die Sachkunde – Besondere Anforderungen an die Zuverlässigkeit – Anzeige zum Mitarbeiterregister – Meldung von Beschwerden
Vertriebsmitarbeiter	– § 87 Abs. 2 WpHG – §§ 1a, 4–6 WpHGMaAnzV – Leitlinien für Vertriebsmitarbeiter und Anlageberater	– Besondere Anforderungen an die Sachkunde – Besondere Anforderungen an die Zuverlässigkeit
Mitarbeiter in der Finanzportfolioverwaltung	– § 87 Abs. 3 WpHG – §§ 1b, 4–6 WpHGMaAnzV	– Besondere Anforderungen an die Sachkunde – Besondere Anforderungen an die Zuverlässigkeit
Vertriebsbeauftragte	– § 87 Abs. 4 WpHG – §§ 2, 4–8 WpHGMaAnzV	– Besondere Anforderungen an die Sachkunde – Besondere Anforderungen an die Zuverlässigkeit – Anzeige zum Mitarbeiterregister

3 Allgemeiner Grundsatz

3.1 Erfasster Personenkreis

10   Gemäß den ESMA-Leitlinien für Leitungsorgane und Inhabern von Schlüsselfunktionen ist Mitarbeiter jede natürliche Person (einschließlich vertraglich gebundener Vermittler), die die einschlägigen Dienstleistungen für Kunden im Namen der Firma erbringt. Auf Ebene des nationalen Rechts fehlt eine Definition. Gewisse Orientierung bietet allerdings die

frühere Legaldefinition in den Regelungen über Mitarbeitergeschäfte (vgl. § 33b Abs. 1 WpHG a. F.). Als Mitarbeiter galten hiernach:
- die Mitglieder der Leitungsorgane, die persönlich haftenden Gesellschafter und vergleichbare Personen, die Geschäftsführer sowie die vertraglich gebundenen Vermittler im Sinne des § 2 Abs. 10 Satz 1 KWG,
- die Mitglieder der Leitungsorgane, die persönlich haftenden Gesellschafter und vergleichbare Personen sowie die Geschäftsführer der vertraglich gebundenen Vermittler,
- alle natürlichen Personen, derer sich das Wertpapierdienstleistungsunternehmen oder dessen vertraglich gebundene Vermittler bei der Erbringung von Wertpapierdienstleistungen, insb. aufgrund eines Arbeits-, Geschäftsbesorgungs- oder Dienstverhältnisses, bedienen, und
- alle natürlichen Personen, die im Rahmen einer Auslagerungsvereinbarung unmittelbar an Dienstleistungen für das Wertpapierdienstleistungsunternehmen oder dessen vertraglich gebundene Vermittler zum Zweck der Erbringung von Wertpapierdienstleistungen beteiligt sind.

Die Regelung ist im Zusammenhang mit der Umsetzung der MiFID II gestrichen worden, da die Vorschriften über Mitarbeitergeschäfte (nunmehr: „persönliche Geschäfte") in die MiFID II Delegierten Verordnung übernommen wurden. Dass mit der Streichung eine inhaltliche Änderung des Mitarbeiterbegriffs für Zwecke des § 87 WpHG beabsichtigt gewesen wäre, ist nicht ersichtlich.   *11*

3.2 Erforderliche Sachkunde

Aus den allgemeinen Vorgaben gem. Art. 21 Abs. 1 lit. d MiFID II Delegierte Verordnung und § 25a Abs. 1 Nr. 4 KWG i. V. m. Ziffer 2 AT 7.1. MaRisk ergibt sich, dass die Mitarbeiter von Wertpapierdienstleistungsunternehmen über ausreichende theoretische Kenntnisse, praktische Fähigkeiten und Erfahrung verfügen müssen, um die ihnen zugewiesenen Aufgaben, Kompetenzen und Verantwortlichkeiten sachgerecht wahrnehmen zu können. Welches Qualifikationsniveau der einzelne Mitarbeiter konkret aufweisen muss, ist dabei eine Frage des Einzelfalls. Neben den Aufgaben, Kompetenzen und Verantwortlichkeiten, die dem jeweiligen Mitarbeitern zugewiesen sind, sind hierbei die betriebsinternen Erfordernisse sowie die Geschäftsaktivitäten und die Risikosituation des jeweiligen Instituts zu berücksichtigen (vgl. Ziffer 1 AT 7.1 MaRisk).   *12*

Die allgemeinen Vorgaben sind für sämtliche Mitarbeiter zu beachten und einzuhalten – unabhängig davon, welche Tätigkeit diese ausüben. Die Vorgaben bedingen eine angemessene Aus- und Fortbildung der Mitarbeiter bzw. die Einstellung entsprechend qualifizierten Personals.

4 Besondere Anforderungen an Geschäftsleiter

Die Anforderungen an Geschäftsleiter sind in § 25c Abs. 1 KWG dahingehend konkretisiert und ergänzt, dass diese fachlich geeignet und zuverlässig sein müssen und der Wahrnehmung ihrer Aufgaben ausreichend Zeit widmen müssen.   *13*

4.1 Erfasster Mitarbeiterkreis

14 Bei den Geschäftsleitern handelt es sich gemäß § 1 Abs. 2 KWG um diejenigen natürlichen Personen, die nach Gesetz, Satzung oder Gesellschaftsvertrag zur Führung der Geschäfte und zur Vertretung eines Instituts oder eines Unternehmens in der Rechtsform einer juristischen Person oder einer Personenhandelsgesellschaft berufen sind.

Wie die BaFin in ihrem Merkblatt zu den Geschäftsleitern klarstellt, gelten die Anforderungen an Geschäftsleiter entsprechend für stellvertretende Geschäftsleiter und Verhinderungsvertreter nach sparkassenrechtlichen Vorschriften.[12]

4.2 Anforderungen an die fachliche Eignung

15 Fachliche Eignung zur Leitung eines Institutes verlangt gemäß § 25c Abs. 1 Satz 2 KWG, dass der Geschäftsleiter für die maßgeblichen Geschäfte über ausreichende theoretische und praktische Kenntnisse verfügt und Leitungserfahrung hat.

16 Das Merkblatt der BaFin zu Geschäftsleitern konkretisiert diese Anforderungen wie folgt:

Theoretische Kenntnisse

– Ausreichende theoretische Kenntnisse können durch abgeschlossene Berufsausbildungen, Studiengänge und Lehrgänge mit volkswirtschaftlichem, betriebswirtschaftlichem, steuerrechtlichen, allgemeinrechtlichen und bankwirtschaftlichen Inhalten nachgewiesen werden (wie z. B. eine Berufsausbildung als Bankkaufmann und ein Studium der Betriebs- oder Volkswirtschaft).

– Auch eine hinreichend breit angelegte Berufspraxis kann grundsätzlich die theoretischen Kenntnisse vermitteln.

Praktische Kenntnisse

– Für den Nachweis der fachlichen Eignung muss der Geschäftsleiter über praktische Erfahrungen in Bankgeschäften bzw. Finanzdienstleistungen verfügen. Insb. Berufserfahrung im Kreditgeschäft (Kreditinstitute) und dem Risikomanagement ist dabei nach Auffassung der Bundesanstalt unverzichtbar.

– Es muss sich um herausgehobene, d. h. entsprechend hierarchisch hoch angesiedelte, mit entsprechenden Kompetenzen versehene, Tätigkeiten handeln.

Leitungserfahrung:

– Dem (zukünftigen) Geschäftsleiter muss in seinem Berufsleben die Leitung von Unternehmen oder Leitung von Organisationseinheiten übertragen worden sein, in denen dem (zukünftigen) Geschäftsleiter Mitarbeiter unterstellt waren, und er Eigenverantwortung mit Entscheidungskompetenz ausgeübt hat.

– Bei den Unternehmen muss es sich nicht zwingend um Institute handeln. Die Bundesanstalt beurteilt anhand der Größe der Unternehmen, der Anzahl der unterstellten Mitarbeiter und der eingeräumten und auch ausgeübten Kompetenzen, inwieweit die erworbene Leitungserfahrung ausreichend für die Leitung des anzeigenden Instituts anzusehen ist.

---

12 *Bundesanstalt für Finanzdienstleistungsaufsicht (BaFin)*: Merkblatt zu den Geschäftsleitern gemäß KWG, ZAG und KAGB v. 04. 04. 2016 (zuletzt geändert am 31. 01. 2017, Abschn. I.2).

– Die Bundesanstalt beurteilt anhand der Größe der Unternehmen, der Anzahl der unterstellten Mitarbeiter und der eingeräumten und auch ausgeübten Kompetenzen, inwieweit die erworbene Leitungserfahrung ausreichend für die Leitung des anzeigenden Instituts anzusehen ist.

Wie die BaFin in ihrem Merkblatt zu den Geschäftsleitern klarstellt, bemessen sich die Anforderungen an die fachliche Eignung dabei nach der Größe und Struktur des Instituts sowie der Art und Vielfalt der von dem Institut betriebenen Geschäfte und werden anhand des Einzelfalls beurteilt.[13]

Gemäß § 25c Abs. 1 Satz 3 KWG besteht eine Regelvermutung, dass ein Geschäftsleiter zur Leitung eines Instituts fachlich geeignet ist (ohne die theoretischen und praktischen Kenntnisse sowie die Leitungserfahrung im Einzelnen vertieft zu beurteilen), wenn die betreffende Person mind. drei Jahre bei einem Institut vergleichbarer Größe und Geschäftsart leitend tätig war. Die Größe eines Instituts bemisst sich dabei nach dem BaFin-Merkblatt grundsätzlich nach der Bilanzsumme, jedoch bezieht die BaFin auch weitere Kriterien, wie z. B. die Anzahl der Mitarbeiter, das Kreditvolumen, das betreute Depotvolumen oder die Kundenzahl in die Beurteilung der vergleichbaren Größe ein.[14]

17

Von der Regelvermutung kann nach dem BaFin-Merkblatt auch dann ausgegangen werden, wenn eine Person in der einer Position, die hierarchisch unmittelbar unter der Ebene der Geschäftsleitung angesiedelt ist, leitend tätig war oder ist.

Ergänzend sind die Leitlinien für Leitungsorgane und Inhaber von Schlüsselfunktionen zu berücksichtigen, aus deren Vorgaben für die Prüfung der fachlichen Eignung von Geschäftsleitern sich noch einmal deutlich weitergehende Anforderungen ergeben.[15] U. a. sind nach diesen auch Persönlichkeitsmerkmale und „Softskills" in die Geeignetheitsprüfung einzubeziehen (wie z. B. Authentizität, Kommunikationsfähigkeit, Loyalität, Verhandlungsfähigkeiten, Teamfähigkeit, Stressresistenz und Verantwortungsbewusstsein).[16] Ein besonderer Schwerpunkt wird zudem auf die „geistige Unabhängigkeit" des Geschäftsleiters gelegt.[17] Aus den Leitlinien ergibt sich ferner, dass nicht nur die einzelnen Geschäftsleiter die Anforderungen an die Eignung erfüllen müssen, sondern alle Geschäftsleiter

18

---

13 *Bundesanstalt für Finanzdienstleistungsaufsicht*, „Merkblatt zu den Geschäftsleitern gemäß KWG, ZAG und KAGB" v. 04.01.2016 (zuletzt geändert am 31.01.2017), Abschn. II, Ziffer 1.
14 *Bundesanstalt für Finanzdienstleistungsaufsicht*, „Merkblatt zu den Geschäftsleitern gemäß KWG, ZAG und KAGB" v. 04.01.2016 (zuletzt geändert am 31.01.2017), Abschn. II, Ziffer 1 lit. a.
15 *European Securities and Markets Authority/European Banking Authority*, "Joint ESMA and EBA Guidelines on the assessment of the suitability of the management body and key function holders under Directive 2013/36/EU and 2014/65/EU (EBA/GL/2017/12)" v. 26.09.2017, Titel III, Abschn. 6.
16 *European Securities and Markets Authority/European Banking Authority*, "Joint ESMA and EBA Guidelines on the assessment of the suitability of the management body and key function holders under Directive 2013/36/EU and 2014/65/EU (EBA/GL/2017/12)" v. 26.09.2017, Titel III, Abschn. 6, Tz. 61 i. V. m. Annex II.
17 *European Securities and Markets Authority/European Banking Authority*, "Joint ESMA and EBA Guidelines on the assessment of the suitability of the management body and key function holders under Directive 2013/36/EU and 2014/65/EU (EBA/GL/2017/12)" v. 26.09.2017, Titel III, Abschn. 9.

gemeinsam über ausreichende fachliche Kenntnisse und Erfahrungen verfügen, um das Institut zu leiten.[18]

Die Leitlinien enthalten dabei auch Präzisierungen, wie bei der Prüfung der Eignung vorzugehen ist.[19]

4.3 Anforderungen an die Zuverlässigkeit

19 Wann Geschäftsleiter als zuverlässig bzw. unzuverlässig anzusehen sind, ist gesetzlich nicht geregelt. Nach dem BaFin-Merkblatt ist Unzuverlässigkeit anzunehmen, wenn persönliche Umstände nach der allgemeinen Lebenserfahrung die Annahme rechtfertigen, dass diese die sorgfältige und ordnungsgemäße Tätigkeit als Geschäftsleiter beeinträchtigen können.[20] Zu berücksichtigen sei dabei das persönliche Verhalten sowie das Geschäftsgebaren unter strafrechtlichen, finanziellen, vermögensrechtlichen und aufsichtsrechtlichen Aspekten. Kriterien für die mangelnde Zuverlässigkeit können nach dem BaFin-Merkblatt z. B. sein:

– Aufsichtliche Maßnahmen der BaFin, die gegen den Geschäftsleiter oder ein Unternehmen, in dem der Geschäftsleiter tätig war oder ist, gerichtet sind oder waren
– Straftaten im Vermögensbereich und im Steuerbereich oder besonders schwere Kriminalität und Geldwäschedelikte
– Verstöße gegen Ordnungsvorschriften
– Interessenkonflikte[21]

20 Wenn entsprechende Umstände eintreten oder eingetreten sind, beurteilt die BaFin jeweils im Einzelfall, ob die Zuverlässigkeit des Geschäftsleiters in Bezug auf die Ausübung der Tätigkeit nicht oder nicht mehr vorhanden ist. Die Zuverlässigkeit von Geschäftsleitern wird dabei unterstellt, wenn keine Tatsachen erkennbar sind, welche die Unzuverlässigkeit begründen, d. h. die Zuverlässigkeit muss nicht positiv nachgewiesen werden.

Weitere Konkretisierungen insb. für den nicht-strafrechtlichen Bereich ergeben sich aus den ESMA-Leitlinien für Leitungsorgane und Inhaber von Schlüsselfunktionen.[22] Hiernach sind bei der Prüfung der Zuverlässigkeit auch Faktoren zu berücksichtigen wie das Verhal-

---

18 *European Securities and Markets Authority/European Banking Authority*, "Joint ESMA and EBA Guidelines on the assessment of the suitability of the management body and key function holders under Directive 2013/36/EU and 2014/65/EU (EBA/GL/2017/12)" v. 26.09.2017, Titel III, Abschn. 2.

19 *European Securities and Markets Authority/European Banking Authority*, "Joint ESMA and EBA Guidelines on the assessment of the suitability of the management body and key function holders under Directive 2013/36/EU and 2014/65/EU (EBA/GL/2017/12)" v. 26.09.2017, Titel VII.

20 *Bundesanstalt für Finanzdienstleistungsaufsicht*, „Merkblatt zu den Geschäftsleitern gemäß KWG, ZAG und KAGB" v. 04.01.2016 (zuletzt geändert am 31.01.2017), Abschn. II, Ziffer 2.

21 Vgl. hierzu *Bundesanstalt für Finanzdienstleistungsaufsicht*, „Merkblatt zu den Geschäftsleitern gemäß KWG, ZAG und KAGB" v. 04.01.2016 (zuletzt geändert am 31.01.2017), Abschn. II, Ziffer 3.

22 *European Securities and Markets Authority/European Banking Authority*, "Joint ESMA and EBA Guidelines on the assessment of the suitability of the management body and key function

ten der Geschäftsleiter in Bezug auf die Kooperation mit Aufsichtsbehörden und die Gründe für die Beendigung vorheriger beruflicher Tätigkeiten.

4.4 Anforderungen an die zeitliche Verfügbarkeit

Die Vorgabe in § 25c Abs. 1 KWG, dass Geschäftsleiter der Wahrnehmung ihrer Aufgaben ausreichend Zeit widmen müssen, bedeutet nicht nur, dass die betreffende Person in der Lage sein muss, die erforderliche Zeit aufzuwenden, sondern sie muss die erforderliche Zeit auch tatsächlich aufwenden. *21*

Nach dem Merkblatt der BaFin sind in die Betrachtung alle beruflichen Haupt- und Nebentätigkeiten sowie alle Verwaltungs- und Aufsichtsratsmandate einzubeziehen (unter Berücksichtigung der Vor- und Nachbereitungszeiten sowie Reisezeiten), nicht hingegen Ehrenämter und dem Privatbereich zuzuordnende Tätigkeiten.[23] *22*

Weitere Konkretisierungen, welche Aspekte bei der Prüfung der ausreichenden zeitlichen Verfügbarkeit zu berücksichtigen sind, ergeben sich aus den ESMA-Leitlinien für Leitungsorgane und Inhaber von Schlüsselfunktionen, in denen unter anderem auf ein Benchmarking der EBA verwiesen wird.[24] *23*

Für Geschäftsleiter von bedeutenden Instituten sind ferner die formellen Mandatsbegrenzungen in § 25c Abs. 2 KWG zu beachten.[25] Die Anforderungen an die zeitliche Verfügbarkeit gelten dabei unabhängig von den für Geschäftsleiter geltenden Mandatsbeschränkungen gemäß § 25c Abs. 2 KWG, d.h. der Geschäftsleiter soll vor dem Hintergrund des Erfordernisses der zeitlichen Verfügbarkeit auch dann gehindert sein, ein weiteres Mandat anzunehmen, wenn die Mandatsbegrenzung nach § 25c Abs. 2 KWG noch nicht erreicht ist. *24*

4.5 Pflicht zur laufenden Überwachung

Eine Pflicht zur regelmäßigen Prüfung des Fortbestehens der Eignung von Geschäftsleitern war auf Ebene des nationalen deutschen Rechts bisher nicht ausdrücklich geregelt. Allerdings ist eine solche Pflicht nunmehr in den Leitlinien für Leitungsorgane und Inhaber von Schlüsselqualifikationen vorgesehen. Hiernach ist die Eignung von Geschäftsleitern nicht nur bei deren Bestellung und Wiederbestellung zu prüfen, sondern es ist laufend zu *25*

---

holders under Directive 2013/36/EU and 2014/65/EU (EBA/GL/2017/12)" v. 26.09.2017, Abschn. 8.
23 *Bundesanstalt für Finanzdienstleistungsaufsicht*, „Merkblatt zu den Geschäftsleitern gemäß KWG, ZAG und KAGB" v. 04.01.2016 (zuletzt geändert am 31.01.2017), Abschn. II, Ziffer 4.
24 *European Securities and Markets Authority/European Banking Authority*, "Joint ESMA and EBA Guidelines on the assessment of the suitability of the management body and key function holders under Directive 2013/36/EU and 2014/65/EU (EBA/GL/2017/12)" v. 26.09.2017, Titel III, Abschn. 4, Tz. 43.
25 Vgl. hierzu *Bundesanstalt für Finanzdienstleistungsaufsicht*, „Merkblatt zu den Geschäftsleitern gemäß KWG, ZAG und KAGB" v. 04.01.2016 (zuletzt geändert am 31.01.2017), Abschn. II, Ziffer 5.

überwachen, ob Tatsachen vorliegen, die eine Überprüfung der Eignung angezeigt erscheinen lassen.[26]

4.6 Anzeige- und Meldepflichten

26 Gemäß § 24 Abs. 1 Nr. 1 KWG ist der BaFin und der Deutschen Bundesbank die Absicht der Bestellung eines Geschäftsleiters unter Angabe der Tatsachen, die für die Beurteilung der Zuverlässigkeit, der fachlichen Eignung und der ausreichenden zeitlichen Verfügbarkeit für die Wahrnehmung der jeweiligen Aufgaben wesentlich sind, sowie der Vollzug, die Aufgabe oder die Änderung einer solchen Absicht anzuzeigen. Anzuzeigen ist ferner das Ausscheiden eines Geschäftsleiters. Nähere Details zu den zu verwendenden Formularen und beizufügenden Unterlagen ergeben sich aus §§ 5 ff. AnzV.

4.7 Sanktionen

27 Erfüllen die Geschäftsleiter die Anforderungen nicht bzw. nicht mehr, kann die BaFin gemäß § 36 Abs. 1 KWG deren Abberufung verlangen oder – als *ultima ratio* – die Erlaubnis des Instituts nach § 35 KWG aufheben.

5 Besondere Anforderungen an Inhaber von Schüsselfunktionen

28 Besondere Vorgaben für die an Inhaber von Schlüsselqualifikationen zu stellenden Anforderungen, ergeben sich bisher alleine aus den Leitlinien für Leitungsorgane und Inhaber von Schlüsselfunktionen. Hiernach gelten die Vorgaben für Geschäftsleiter weitestgehend entsprechend für Inhaber von Schlüsselfunktionen.[27] Die Vorgaben gelten allerdings nur für Kreditinstitute und Wertpapierfirmen im Sinne der Verordnung (EU) 575/2013.

Zu den Inhabern von Schlüsselfunktionen zählen dabei diejenigen Mitarbeiter, die bedeutenden Einfluss auf die Führung des Instituts ausüben, ohne zu den Geschäftsleitern zu gehören. Hierzu gehören insb. die Leiter der internen Kontrollfunktionen (d. h. diejenigen Mitarbeiter, die auf der höchsten Hierarchieebene das operative Geschäft in den unabhängigen Bereichen Risikomanagement, Compliance und Innenrevision leiten) sowie alle weiteren Mitarbeiter die bei risikoorientierter Betrachtung Schlüsselfunktionen ausüben.

6 Besondere Anforderungen an Mitarbeiter in der Anlageberatung

29 Besondere Vorgaben und Anforderungen gelten gemäß § 87 Abs. 1 WpHG auch für Mitarbeiter in der Anlageberatung.

---

26 *European Securities and Markets Authority/European Banking Authority*, "Joint ESMA and EBA Guidelines on the assessment of the suitability of the management body and key function holders under Directive 2013/36/EU and 2014/65/EU (EBA/GL/2017/12)" v. 26.09.2017, Titel II, Abschn. 1, Tz. 28.

27 *European Securities and Markets Authority/European Banking Authority*, "Joint ESMA and EBA Guidelines on the assessment of the suitability of the management body and key function holders under Directive 2013/36/EU and 2014/65/EU (EBA/GL/2017/12)" v. 26.09.2017, Titel III, Abschn. 3.

6.1 Erfasster Mitarbeiterkreis

Die Anforderungen gelten für alle Mitarbeiter, die mit der Anlageberatung betraut sind. Unter Anlageberatung ist dabei gemäß § 2 Abs. 8 Satz 1 Nr. 10 WpHG die Abgabe von persönlichen Empfehlungen an Kunden oder deren Vertreter zu verstehen, die sich auf Geschäfte mit bestimmten Finanzinstrumenten beziehen, sofern die Empfehlung auf eine Prüfung der persönlichen Umstände des Anlegers gestützt oder als für ihn geeignet dargestellt wird und nicht ausschließlich über Informationsverbreitungskanäle oder für die Öffentlichkeit bekannt gegeben wird. Erfasst werden auch solche Mitarbeiter, die strukturierte Einlagen an Kunden verkaufen oder Kunden über solche beraten (vgl. § 1 Abs. 7 WpHGMaAnzV). 30

Nicht ausdrücklich geregelt ist, welche Mitarbeiter erfasst sind, wenn die Anlageberatung von mehreren Mitarbeitern arbeitsteilig erbracht wird. Nach den ESMA-Leitlinien für Vertriebsmitarbeiter und Anlageberater fallen jedenfalls Mitarbeiter aus dem Anwendungsbereich heraus, die Geschäftsabwicklungsfunktionen ausführen und keinen direkten Kundenkontakt haben.

6.2 Anforderungen an die Sachkunde

6.2.1 Inhaltliche Anforderungen

Die erfassten Mitarbeiter müssen gem. § 1 Abs. 2 WpHGMaAnzV ausreichende Kenntnisse und Erfahrungen insb. in den Bereichen Kundenberatung, rechtliche Grundlagen und fachliche Grundlagen aufweisen. Im Einzelnen umfasst dies folgende Themenbereiche: 31

Kundenberatung
- Bedarfsermittlung
- Lösungsmöglichkeiten
- Produktdarstellung und -information
- Serviceerwartungen des Kunden, Besuchsvorbereitung, Kundenkontakte, Kundengespräch, Kundenbetreuung

Rechtliche Grundlagen
- Vertragsrecht
- Vorschriften des Wertpapierhandelsgesetzes und des Kapitalanlagegesetzbuchs, die bei der Anlageberatung oder der Anbahnung einer Anlageberatung zu beachten sind sowie Kenntnis der diesbezüglichen internen Anweisungen
- Verwaltungsvorschriften, die von der BaFin zur Konkretisierung von § 64 Abs. 3 und 4 WpHG erlassen worden sind

Fachliche Grundlagen
- Funktionsweise des Finanzmarktes einschließlich der Auswirkungen des Finanzmarktes auf den Wert und die Preisbildung von Finanzinstrumenten sowie des Einflusses von wirtschaftlichen Kennzahlen oder von regionalen, nationalen oder globalen Ereignissen auf die Märkte und auf den Wert von Finanzinstrumenten

- Merkmale, Risiken und Funktionsweise der Finanzinstrumente einschließlich allgemeiner steuerlicher Auswirkungen für Kunden im Zusammenhang mit den Geschäften, der Bewertung von für die Finanzinstrumente relevanten Daten sowie der spezifischen Marktstrukturen, Handelsplätze und der Existenz von Sekundärmärkten
- Wertentwicklung von Finanzinstrumenten einschließlich der Unterschiede zwischen vergangenen und zukünftigen Wertentwicklungsszenarien und die Grenzen vorausschauender Prognosen
- Grundzüge der Bewertungsgrundsätze für Finanzinstrumente
- Kosten und Gebühren, die für den Kunden im Zusammenhang mit den Finanzinstrumenten insgesamt anfallen und die in Bezug auf die Anlageberatung und andere damit zusammenhängende Dienstleistungen entstehen
- Grundzüge des Portfoliomanagements einschließlich der Auswirkungen der Diversifikation, bezogen auf individuelle Anlagealternativen
- Aspekte des Marktmissbrauchs und der Bekämpfung der Geldwäsche

32   Die erforderlichen Kenntnisse betreffend die fachlichen Grundlagen müssen sich auf die Arten von Finanzinstrumenten bzw. strukturierte Einlagen beziehen, die das Wertpapierdienstleistungsunternehmen anbietet oder die Gegenstand der Anlageberatung durch den Mitarbeiter sein können.

Die erforderliche praktische Erfahrung bedeutet, dass der Mitarbeiter durch seine vorherige Tätigkeit erfolgreich nachgewiesen hat, dass er in der Lage ist, Anlageberatungsdienstleistungen sachgerecht zu erbringen. Der Mitarbeiter muss diese vorherige Tätigkeit mind. über einen Zeitraum von sechs Monaten, gerechnet auf der Basis von Vollzeitäquivalenten, ausgeübt haben. Die vorherige Tätigkeit kann auch in einer Tätigkeit in der Anlageberatung unter der Aufsicht eines anderen Mitarbeiters bestehen, wenn Intensität und Reichweite der Aufsicht im angemessenen Verhältnis zu den Kenntnissen und praktischen Anwendungen des beaufsichtigten Mitarbeiters stehen und der beaufsichtigende Mitarbeiter

- mit der Anlageberatung betraut ist,
- die dafür und für eine Aufsicht notwendige Sachkunde hat,
- die notwendigen Mittel für eine Aufsicht zur Verfügung hat und
- die Anlageberatung gegenüber dem Kunden verantwortlich erbringt.

Die Tätigkeit unter Aufsicht darf nicht länger als über einen Zeitraum von vier Jahren ausgeübt werden.

6.2.2 Nachweis der Sachkunde

6.2.2.1 Geeignete Nachweise

33   Die erforderliche Sachkunde ist durch Abschluss- oder Arbeitszeugnisse, ggf. in Verbindung mit Stellenbeschreibungen, durch Schulungs- oder Weiterbildungsnachweise oder in anderer geeigneter Weise nachzuweisen (vgl. § 1 Abs. 6 WpHGMaAnzV).

Es empfiehlt sich insoweit bei internen Schulungen den Inhalt, die zeitliche Dauer und die Teilnehmer konkret zu dokumentieren, um Sachkundenachweise führen zu können. In der Praxis fertigen einige Institute zu Dokumentationszwecken, aber auch zur „Aufwertung" hausinterner Schulungsmaßnahmen, eigene Schulungszertifikate, die den Mitarbeitern ausgehändigt werden.

Die Sachkunde kann auch durch Befähigungs- und Ausbildungsnachweise, die von einer Behörde eines anderen Mitgliedstaats der Europäischen Union oder des Abkommens über den Europäischen Wirtschaftsraum ausgestellt oder anerkannt wurden, nachgewiesen werden, soweit diese in dem jeweiligen Staat erforderlich sind, um als Mitarbeiter eines Wertpapierdienstleistungsunternehmens mit einer der relevanten Tätigkeiten vergleichbaren Tätigkeit betraut zu werden (vgl. § 5 WpHGMaAnzV).

6.2.2.2 Privilegierte Berufsabschlüsse

Bei bestimmten Berufsqualifikationen gilt die erforderliche Sachkunde als nachgewiesen (vgl. § 4 Nr. 1 und Nr. 2 WpHGMaAnzV): *34*

1. Abschlusszeugnis eines wirtschaftswissenschaftlichen Studiengangs der Fachrichtungen Banken, Finanzdienstleistungen oder Kapitalmarkt, wenn darüber hinaus eine fachspezifische Berufspraxis nachgewiesen werden kann, die gewährleistet, dass der Mitarbeiter den an die Sachkunde zu stellenden Anforderungen genügt. Als Abschlusszeugnis gilt jeder Hochschul- oder Fachhochschulabschluss sowie jeder gleichwertige Abschluss,
2. Abschlusszeugnis als Bank- oder Sparkassenbetriebswirt einer Bank- oder Sparkassenakademie,
3. Abschlusszeugnis als Sparkassenfachwirt (Sparkassenakademie) oder Bankfachwirt (Sparkassenakademie),
4. Abschlusszeugnis als Geprüfter Bankfachwirt, Fachwirt für Finanzberatung (IHK), Investment-Fachwirt (IHK), Fachberater für Finanzdienstleistungen (IHK) oder als Geprüfter Fachwirt für Versicherungen und Finanzen oder
5. Abschlusszeugnis als Bank- oder Sparkassenkaufmann, Investmentfondskaufmann oder als Kaufmann für Versicherungen und Finanzen Fachrichtung Finanzdienstleistungen.

6.2.2.3 Keine „Alte-Hasen-Regelung"

Für Mitarbeiter in der Anlageberatung, die seit dem 01. Januar 2006 ununterbrochen in dieser Position tätig waren, enthielt § 4 Satz 2 WpHGMaAnzV a. F. eine Vermutungsregel, dass sie die erforderliche Sachkunde besitzen (sog. „Alte-Hasen-Regelung"). Im Zusammenhang mit der Umsetzung von MiFID II wurde diese Regelung gestrichen, da weder Art. 25 Abs. 5 MiFID II noch die ESMA-Leitlinien eine solch weitgehende Übergangsregelung vorsehen. Daher unterliegen nunmehr auch langjährige Mitarbeiter den Sachkundeanforderungen. *35*

6.2.3 Regelmäßige Prüfungspflicht und kontinuierliche Weiterbildung

Gemäß § 1 Abs. 1 Satz 2 WpHGMaAnzV ist die erforderliche Sachkunde kontinuierlich zu wahren und auf den neusten Stand zu bringen. *36*

Die Sachkunde ist hierfür mind. einmal jährlich unter Berücksichtigung von Veränderungen der gesetzlichen Anforderungen und des Angebots an Wertpapierdienstleistungen, Wertpapiernebendienstleistungen und Finanzinstrumenten zu prüfen. Dies erfordert, dass die Institute mind. einmal jährlich eine interne oder externe Überprüfung des Weiterbildungs- und Erfahrungsbedarfs ihrer Mitarbeiter vornehmen, die regulatorischen Entwicklungen bewerten und die notwendigen Maßnahmen ergreifen, um diesen Anforderungen nachzukommen. Es empfiehlt sich, dieses Vorgehen im Rahmen der jährlichen Mitarbeitergespräche oder Leistungsbeurteilung zu dokumentieren.

Es ist zudem zu gewährleisten, dass die Mitarbeiter ihre Kenntnisse und Kompetenzen wahren und auf den neuesten Stand bringen, indem sie sich einer kontinuierlichen Weiterbildung im Hinblick auf eine angemessene Qualifikation unterziehen und an speziellen Schulungen teilnehmen.

6.3 Anforderungen an die Zuverlässigkeit

37   Gemäß § 87 Abs. 1 bis Abs. 4 WpHG müssen die Mitarbeiter in der Anlageberatung zudem die erforderliche Zuverlässigkeit aufweisen.

6.3.1 Inhaltliche Anforderungen

38   Der Begriff der Zuverlässigkeit ist im WpHG nicht definiert. § 6 WpHGMaAnzV gibt lediglich Beispiele vor, wann ein Mitarbeiter in der Regel als nicht zuverlässig anzusehen ist. Hiernach fehlt es in der Regel an der erforderlichen , wenn der Mitarbeiter in den letzten fünf Jahren vor dem Beginn der Tätigkeit wegen eines Verbrechens oder wegen Diebstahls, Unterschlagung, Erpressung, Betrug, Untreue, Geldwäsche, Urkundenfälschung, Hehlerei, Wucher, einer Insolvenzstraftat, einer Steuerhinterziehung oder aufgrund der in § 119 WpHG aufgeführten Tatbestände rechtskräftig verurteilt worden ist.

39   Bei den in § 6 WpHGMaAnzV genannten Fällen handelt es sich lediglich um Regelbeispiele. Es ist daher nicht ausgeschlossen, dass trotz Vorliegens eines Regelbeispiels der Mitarbeiter als zuverlässig anzusehen bzw. trotz Nichtvorliegens eines der Regelbeispiele aus anderen Gründen von einer Unzuverlässigkeit auszugehen ist. Die Zuverlässigkeit ist vielmehr im Einzelfall zu prüfen, wobei das Vorliegen eines Regelbeispiels die Unzuverlässigkeit des betreffenden Mitarbeiters indiziert bzw. das Nichtvorliegen dessen Zuverlässigkeit.

40   In Ermangelung entsprechender Regelungen im WpHG liegt es nahe, sich bei der Beurteilung an dem Zuverlässigkeitsbegriff der GewO (vgl. § 35 GewO) und den hierzu entwickelten Rechtsgrundsätzen anzulehnen. Unzuverlässig ist hiernach, wer nach dem Gesamteindruck seines Verhaltens keine Gewähr dafür bietet, dass er sein Gewerbe in Zukunft ordnungsgemäß, d. h. entsprechend der gesetzlichen Vorschriften und unter Beachtung der guten Sitten, ausüben wird. Unter Berücksichtig der Wertungen des § 6 WpHGMaAnzV

und der besonderen Vertrauensempfindlichkeit der Finanzbranche lassen sich hieraus die folgenden Eckpunkte für die Zuverlässigkeitsprüfung ableiten:[28]

- Die Tatsachen, aus denen sich die Unzuverlässigkeit ergeben soll, müssen zu der Einschätzung führen, dass der Betroffene seine Tätigkeit in Zukunft nicht mehr zuverlässig ausüben wird.
- Es muss es sich um Vorfälle von einer gewissen Erheblichkeit handeln, die nicht nur als einmalige, geringfügige Entgleisungen anzusehen sind.
- Die Vorfälle müssen einen Bezug zu einer Tätigkeit im Finanzsektor haben. Dies dürfte vor allem bei Eigentums- und Vermögensdelikten sowie Wirtschaftsstraftaten der Fall sein. Dazu gehören insb. auch Zuwiderhandlungen gegen deutsches und europäisches Kartellrecht. Auch eine Insolvenz des Mitarbeiters oder eines von ihm geführten Unternehmens können eine Unzuverlässigkeit begründen.
- Ein außerdienstliches Fehlverhalten eines Mitarbeiters kann ebenso wie eine dienstliche Pflichtverletzung zu dessen aufsichtsrechtlicher Unzuverlässigkeit führen, wenn sie nach den oben dargelegten Maßstäben relevant ist.

6.3.2 Nachweis der Zuverlässigkeit

Die maßgeblichen Regelungen enthalten keine Vorgaben, wie die Zuverlässigkeit nachzuweisen ist. Die Institute haben insoweit einen weiten Ermessensspielraum. Es bietet sich an, sich bei der Prüfung an die für die geldwäscherechtliche Zuverlässigkeitsprüfung entwickelten Standards anzulehnen.

41

In der Praxis werden der Prüfung als Mindeststandard häufig polizeiliche Führungszeugnisse zugrunde gelegt. Diese führen zwar nicht alle Straftaten auf, aber es lassen sich zumindest Straftaten einer gewissen Schwere entnehmen. Verweigert der Mitarbeiter die Vorlage eines polizeilichen Führungszeugnisses, sollte grundsätzlich von einer mangelnden Zuverlässigkeit ausgegangen werden.

Häufig werden für die Zuverlässigkeitsprüfung auch der Lebenslauf und eine schriftliche Bestätigungen des Mitarbeiters herangezogen. Abhängig von der Art der Tätigkeit kann es auch angezeigt sein, die Mitarbeiter einen Nachweis über geordnete Vermögensverhältnisse erbringen zu lassen bzw. diese anhand einschlägiger Register zu überprüfen. Insb. Eintragungen in das Insolvenzverzeichnis können in diesem Zusammenhang Zweifel an der Zuverlässigkeit des potenziellen Arbeitnehmers begründen.

6.3.3 Keine Pflicht zur regelmäßigen Prüfung

Anders als bei den Anforderungen an die Sachkunde obliegt dem Wertpapierdienstleistungsunternehmen keine Pflicht zur regelmäßigen aktiven Kontrolle nach der Erstprüfung der Zuverlässigkeit. Bei konkreten Anzeichen für eine mögliche Unzuverlässigkeit muss es diesen allerdings nachgehen.

42

---

28 Vgl. *Eufinger*: Aufsichtsrechtliche Bestimmungen des Finanzmarkts zur Zuverlässigkeit von Personen und ihre arbeitsrechtliche Umsetzung, in: WM 33/2017, S. 1581, 1582 f.

6.4 Anzeige- und Meldepflichten

43 Unternehmen, die Wertpapierdienstleistungen erbringen, müssen nach § 87 Abs. 1, 7 WpHG i. V. m. §§ 7, 8 WpHGMaAnzV ihre Anlageberater sowie etwaige Beschwerden von Privatkunden an das Mitarbeiter- und Beschwerderegister der BaFin melden.

6.4.1 Meldung von Mitarbeitern

44 Gemäß § 87 Abs. 1 Satz 2 WpHG hat das Wertpapierdienstleistungsunternehmen der BaFin den Mitarbeiter und – sofern das Wertpapierdienstleistungsunternehmen über Vertriebsbeauftragte im Sinne des Abs. 4 verfügt – den aufgrund der Organisation des Wertpapierdienstleistungsunternehmens für den Mitarbeiter unmittelbar zuständigen Vertriebsbeauftragten anzuzeigen, bevor der Mitarbeiter die Tätigkeit aufnimmt. Konkretisierende Regelungen zur Einreichung und zum Inhalt der Anzeigen finden sich in § 7 und § 8 WpHGMaAnzV. Hiernach ist in der Anzeige u. a. die Tätigkeit, der Familienname, der Geburtsname, der Vorname, der Geburtstag und -ort des Mitarbeiters und der Tag des Beginns der anzeigepflichtigen Tätigkeit anzugeben.

45 Ebenso ist jede Veränderung der Verhältnisse, die in der Erstanzeige mitgeteilt wurden, der BaFin mitzuteilen (vgl. § 87 Abs. 1 Satz 3 WphG). Die Änderungsanzeige ist gem. § 8 Abs. 3 Satz 1 WpHGMaAnzV innerhalb eines Monats, nachdem die Änderung eingetreten ist, bei der BaFin einzureichen.

Ist ein Mitarbeiter nicht mehr länger in der angezeigten Tätigkeit tätig, muss auch dies unter Nennung des Tages der Beendigung der BaFin angezeigt werden (vgl. § 8 Abs. 3 Satz 2 WpHGMaAnzV).

6.4.2 Meldung von Beschwerden
6.4.2.1 Inhalt der Meldepflicht

46 Weiterhin muss der BaFin gemeldet werden, wenn sich Privatkunden im Zusammenhang mit der Tätigkeit eines Mitarbeiters in der Anlageberatung beschweren (vgl. § 87 Abs. 1 Satz 4 WpHG). Die Anzeige einer Beschwerde muss u. a.
– das Datum, an dem die Beschwerde gegenüber dem Wertpapierdienstleistungsunternehmen erhoben worden ist,
– den Namen des Mitarbeiters sowie
– die Bezeichnung und Anschrift (Straße, Hausnummer, Postleitzahl, Ort, Sitzstaat) der Zweigstelle, Zweigniederlassung oder sonstigen Organisationseinheit, der der Mitarbeiter zugeordnet ist oder für welche er überwiegend oder in der Regel seine Tätigkeit ausübt,

enthalten. Es ist nur die Tatsache der Erhebung einer Beschwerde anzuzeigen, der Inhalt ist nicht mitzuteilen.

Die Anzeige hat spätestens innerhalb von sechs Wochen zu erfolgen, nachdem die Beschwerde gegenüber dem Wertpapierdienstleistungsunternehmen erhoben worden ist.

6.4.2.2 Beschwerdebegriff

In der Praxis stellt sich die nicht immer einfach zu beantwortende Frage, wann eine zu meldende Beschwerde vorliegt. Die gesetzlichen Regelungen bieten hierfür nur wenig Orientierungshilfe. In der Regelung des § 87 Abs. 1 Satz 4 WpHG wird auf den Beschwerdebegriff des allgemeinen Beschwerdeverfahrens in Art. 26 der MiFID II Delegierten Verordnung verwiesen. Zwar enthalten diese Regelungen auch keine Konkretisierung des Beschwerdebegriffs. Hilfreich ist der Verweis allerdings insoweit, als dass hiermit klargestellt ist, dass für den Zweck des § 87 Abs. 1 Satz 4 WpHG grundsätzlich der gleiche Beschwerdebegriff gilt wie für das allgemeine Beschwerdeverfahren. Für die Frage, wann eine Unmutsäußerung eines Kunden eine Beschwerde darstellt, kann somit auf die zum allgemeinen Beschwerdeverfahren entwickelten Grundsätze verwiesen werden.[29]

47

In Abweichung von Art. 26 der MiFID II Delegierten Verordnung werden nach § 87 Abs. 1 Satz 4 WpHG allerdings nur Beschwerden „gegen einen mit der Anlageberatung betrauten Mitarbeiter, die aufgrund dessen Tätigkeit erhoben werden" erfasst. Die Unmutsäußerung des Kunden muss somit einen Bezug zu der konkreten Wertpapierdienstleistung „Anlageberatung" aufweisen. Dies ist weit auszulegen. Erfasst werden auch Handlungen im Vorfeld (z. B. bei der Geeignetheitsprüfung) und im Nachgang der Anlageberatung (z. B. bei der Weiterleitung der Order). Häufig wird sich die Beschwerde dabei auf einen namentlich genannten Anlageberater beziehen. Erforderlich für die Einstufung als Beschwerde ist dies aber nicht. Nicht erfasst werden demgegenüber Beschwerden, die sich auf Handlungen außerhalb der unmittelbaren Einflusssphäre des Anlageberaters beziehen (z. B. bei Fehlern bei der Abwicklung durch das Back Office). Nicht erfasst sind ferner Unmutsäußerungen, die keinen Bezug zu einer konkreten Beratungssituation aufweisen (z. B. Beschwerden über negative Entwicklungen einzelner Finanzinstrumente). In der Praxis kann es sich empfehlen, die Erkenntnisse des Beschwerderegisters zu den einzelnen betroffenen Mitarbeitern im Rahmen des Mitarbeitergespräches und zur Dokumentation von Maßnahmen zur Sachkunde bzw. Zuverlässigkeit aufzunehmen.

48

6.4.3 Technische Hinweise zum Einreichungsverfahren

Die Meldungen sind der BaFin auf elektronischem Weg über das MVP-Portal der BaFin einzureichen (vgl. § 7 WphGMaAnzV). Zu den Einzelheiten der Registrierung für das MVP-Portal, den technischen Verfahren und Spezifikationen hat die BaFin zahlreiche Informationen veröffentlicht, die auf der Webseite der BaFin abrufbar sind.[30]

49

---

29 Vgl. hierzu: *Schäfer*: Beschwerde, Beschwerdebearbeitung und Beschwerdeanzeigen – ein Beitrag zur Auslegung der §§ 33 Abs. 1 Satz 2 Nr. 3 und 34d Abs. 1 Satz 4 und Abs. 5 WpHG, in: WM 25/2012, S. 1157.
30 Vgl. https://www.bafin.de/DE/Aufsicht/BankenFinanzdienstleister/Anzeige-Meldepflichten/MitarbeiterBeschwerderegister/mitarbeiterbeschwerderegister_node.html (letzter Abruf am 11.04. 2018).

6.5 Sanktionen

50 Die BaFin kann Wertpapierdienstleistungsunternehmen nach § 87 Abs. 6 Satz 1 Nr. 1 WpHG untersagen, einen Mitarbeiter in der angezeigten Tätigkeit zu beschäftigen, wenn Tatsachen vorliegen, aus denen sich ergibt, dass der Mitarbeiter nicht mehr die Anforderungen an Sachkunde und Zuverlässigkeit erfüllt. Diese Untersagung gilt solange, bis die gesetzlichen Anforderungen wieder erfüllt werden.[31]

51 Gemäß § 87 Abs. 6 Satz 1 Nr. 2 WpHG kann die BaFin außerdem, wenn sich Tatsachen ergeben, dass ein Mitarbeiter gegen die Bestimmungen des 11. Abschnitts des WpHG (Verhaltenspflichten, Organisationspflichten, Transparenzpflichten), die bei der Durchführung seiner Tätigkeit zu beachten sind, verstoßen hat, das Wertpapierdienstleistungsunternehmen und den Mitarbeiter verwarnen (lit. a) oder dem Wertpapierdienstleistungsunternehmen untersagen, den Mitarbeiter für eine Dauer von bis zu zwei Jahren in der angezeigten Tätigkeit einzusetzen (lit. b).

52 Unter Berücksichtigung des Proportionalitätsgrundsatzes soll die vorübergehende Untersagung der Tätigkeit als einschneidendere Maßnahme nur bei gewichtigen Verstößen in Betracht kommen.[32] Solche schwerwiegenden Verstöße können nach der Vorstellung des Gesetzgebers bei eklatanter Verletzung von Kundeninteressen oder Missachtung elementarer Pflichten vorliegen. Beispielsweise soll es einen gewichtigen Verstoß darstellen, wenn Kunden Geschäfte empfohlen werden, deren Zweck bei sachlicher Betrachtung hauptsächlich darin liegt, Gebühren oder Zuwendungen anfallen zu lassen, oder wenn Kunden von für sie günstigen Finanzinstrumenten abgeraten wird, ohne dass hierfür nachvollziehbare Gründe vorliegen.[33] Vertriebsbeauftragte sollen zeitweise von ihrer Tätigkeit ausgeschlossen werden können, wenn der Vertriebsbeauftragte auf Mitarbeiter in der Anlageberatung enormen Verkaufsdruck ausübt, sodass das Kundeninteresse völlig in den Hintergrund tritt.[34]

53 Die Anordnungen gemäß § 87 Abs. 6 Satz 1 WpHG kann die BaFin auf ihrer Internetseite öffentlich bekannt machen, wenn diese Veröffentlichung nicht dazu geeignet wäre, den berechtigten Interessen des Unternehmens zu schaden (vgl. § 87 Abs. 6 Satz 2 WpHG). Der Name des Mitarbeiters darf in keinem Fall veröffentlicht werden.

Gegen Anordnungen der BaFin sind Widerspruch und Anfechtungsklage des Wertpapierdienstleistungsunternehmens als Normadressat statthaft. Die aufschiebende Wirkung entfällt jedoch, wenn sie sich gegen die (oben genannten) Anordnungen gemäß § 87 Abs. 6 Satz 1 WpHG richten (vgl. § 87 Abs. 6 Satz 4 WpHG).

54 Neben den Sanktionen des § 87 WpHG kann die BaFin nach § 120 Abs. 8 WpHG Bußgelder gegen Wertpapierdienstleistungsunternehmen erlassen, wenn diese Institute (i) Mitarbeiter trotz fehlender Sachkunde und Zuverlässigkeit mit einer der in § 87 WpHG genann-

---

31 Zu den arbeitsrechtlichen Kündigungsmöglichkeiten in diesem Fall, vgl. *Heitmann*: Die Arbeitgeberkündigung eines Anlageberaters unter besonderer Beachtung bankaufsichtsrechtlicher Anforderungen, in: RdA 2017, S. 166 ff. (m. w. N.).
32 BegrRegE, BT-Drs. 17/3628, S. 23.
33 BegrRegE, BT-Drs. 17/3628, S. 23.
34 BegrRegE, BT-Drs. 17/3628, S. 23.

ten Tätigkeiten betrauen (Nr. 134), (ii) gegen eine Anzeigepflicht aus § 87 WpHG verstoßen (Nr. 135) oder (iii) einer vollziehbaren Anordnung der BaFin nach § 87 Abs. 6 Satz 1 Nr. 1 oder Nr. 2 lit. b WpHG zuwiderhandeln (vgl. Nr. 136). Das Bußgeld kann bis zu fünf Millionen Euro betragen (vgl. § 120 Abs. 20 Satz 1 WpHG). Gegenüber einer juristischen Person kann ein Bußgeld darüber hinaus in Höhe von bis zu 10 Prozent des Gesamtumsatzes im der Entscheidung vorangegangenen Geschäftsjahr verhängt werden (vgl. Satz 2). Daneben kann die Ordnungswidrigkeit mit einer Geldbuße bis zum Zweifachen des aus dem Verstoß gezogenen wirtschaftlichen Vorteils geahndet werden (vgl. Satz 3). Entsprechende Vorfälle können der BaFin zudem Anlass geben, die Einhaltung der Anforderungen an eine ordnungsgemäße Geschäftsorganisation im Sinne von § 25a KWG in Frage zu stellen.

7 Besondere Anforderungen an Vertriebsmitarbeiter

7.1 Erfasster Mitarbeiterkreis

Der Begriff des Vertriebsmitarbeiters umfasst solche Mitarbeiter, die Kunden über Finanzinstrumente, strukturierte Einlagen, Wertpapierdienstleistungen oder Wertpapiernebendienstleistungen informieren (vgl. § 87 Abs. 2 WpHG). Ob die Informationen auf Nachfrage des Kunden oder auf Initiative des Instituts erteilt werden, ist nach den ESMA-Leitlinien dabei unerheblich. Allerdings fallen unter den Begriff des Vertriebsmitarbeiters nur solche Mitarbeiter, die die Informationen den Kunden direkt erteilen, d. h. im unmittelbaren Kundenkontakt stehen. Erforderlich ist zudem eine gewisse eigene inhaltliche Informationsleistung des Mitarbeiters. Die ESMA-Leitlinien für Vertriebsmitarbeiter und Anlageberater nehmen insoweit beispielhaft folgende Mitarbeiter aus dem Anwendungsbereich aus:

55

– Mitarbeiter, die Kunden nur darauf hinweisen, wo sie Informationen finden können.
– Mitarbeiter, die Broschüren und Faltblätter an Kunden verteilen, ohne zusätzliche Informationen zu deren Inhalt zu erteilen oder ohne in der Folge Wertpapierdienstleistungen gegenüber diesen Kunden zu erbringen.
– Mitarbeiter, die nur Informationen wie die Wesentlichen Anlegerinformationen auf Anfrage des Kunden überreichen, ohne zusätzliche Informationen zu deren Inhalt zu erteilen oder ohne in der Folge Wertpapierdienstleistungen gegenüber diesen Kunden zu erbringen.

7.2 Anforderungen an die Sachkunde

7.2.1 Inhaltliche Anforderungen an die Sachkunde

Gemäß § 1a Abs. 2 WpHGMaAnzV haben Vertriebsmitarbeiter insb. in folgenden Sachgebieten über Kenntnisse und praktische Erfahrung zu verfügen:

56

Rechtliche Grundlagen

– Vorschriften des Wertpapierhandelsgesetzes über Merkmale und Umfang von Wertpapierdienstleistungen und Wertpapiernebendienstleistungen sowie Kenntnis der diesbezüglichen internen Anweisungen.

- Vorschriften des Wertpapierhandelsgesetzes und des Kapitalanlagegesetzbuchs, die bei der Erteilung von Informationen über Finanzinstrumente, strukturierte Einlagen sowie der Erbringung von Wertpapierdienstleistungen und Wertpapiernebendienstleistungen an Kunden von Wertpapierdienstleistungsunternehmen zu beachten sind.

Fachliche Grundlagen

- Funktionsweise des Finanzmarktes einschließlich der Auswirkungen des Finanzmarktes auf den Wert und die Preisbildung von Finanzinstrumenten sowie des Einflusses von wirtschaftlichen Kennzahlen oder von regionalen, nationalen oder globalen Ereignissen auf die Märkte und auf den Wert von Finanzinstrumenten.
- Merkmale, Risiken und Funktionsweise der Finanzinstrumente einschließlich allgemeiner steuerlicher Auswirkungen für Kunden im Zusammenhang mit den Geschäften, der Bewertung von für die Finanzinstrumente relevanten Daten sowie der spezifischen Marktstrukturen, Handelsplätze und der Existenz von Sekundärmärkten.
- Wertentwicklung von Finanzinstrumenten einschließlich der Unterschiede zwischen vergangenen und zukünftigen Wertentwicklungsszenarien und die Grenzen vorausschauender Prognosen.
- Grundzüge der Bewertungsgrundsätze für Finanzinstrumente.
- Kenntnisse über die Summe der Kosten und Gebühren, die für den Kunden im Zusammenhang mit den Geschäften anfallen und die im Zusammenhang mit der Erbringung von Wertpapierdienstleistungen und Wertpapiernebendienstleistungen entstehen.

7.2.2 Nachweis der Sachkunde

57 Die erforderliche Sachkunde ist durch Abschluss- oder Arbeitszeugnisse, ggf. in Verbindung mit Stellenbeschreibungen, durch Schulungs- oder Weiterbildungsnachweise oder in anderer geeigneter Weise nachzuweisen (vgl. § 1a Abs. 6 WpHGMaAnzV). Die Ausführungen zum Nachweis der Sachkunde von Anlageberatern gelten insoweit entsprechend (vgl. Abschn. 4.2.2 oben). Die Privilegierung gemäß § 4 Satz 1 Nr. 1, 2 WpHGMaAnzV gelten allerdings nur unter der Voraussetzung, dass bei diesen Ausbildungen die für sie maßgeblichen Kenntnisse vermittelt werden.

7.2.3 Regelmäßige Prüfungspflicht und kontinuierliche Weiterbildung

58 Gemäß § 1a Abs. 1 Satz 2 WpHGMaAnzV ist die erforderliche Sachkunde mind. einmal jährlich zu prüfen und durch kontinuierliche Weiterbildung sicherzustellen, dass die Sachkunde gewahrt bleibt. Die Ausführungen zu den Vorgaben für Anlageberater gelten insoweit entsprechend (vgl. Abschn. 4.2.3 oben).

7.3 Anforderungen an die Zuverlässigkeit

59 Vertriebsmitarbeiter müssen gem. § 87 Abs. 2 WpHG zudem die erforderliche Zuverlässigkeit aufweisen. Die Ausführungen zu der erforderlichen Zuverlässigkeit von Mitarbeitern in der Anlageberatung gelten insoweit entsprechend (vgl. Abschn. 4.2.3 oben).

7.4 Anzeige- und Meldepflichten

Anders als bei den Anlageberatern besteht bei Vertriebsmitarbeitern allerdings keine Anzeige- und Meldepflicht.   60

7.5 Sanktionen

Hinsichtlich der Sanktionen bei Nichteinhaltung der besonderen Anforderungen an die Vertriebsmitarbeiter gilt das zu den Mitarbeitern der Anlageberatung Ausgeführte entsprechend (vgl. Abschn. 4.5. oben).   61

8 Besondere Anforderungen an Mitarbeiter in der Finanzportfolioverwaltung

Im Zusammenhang mit der Umsetzung der MiFID II sind die besonderen Sachkundeanforderungen – über die europarechtlichen Vorgaben hinaus – auf Mitarbeiter in der Finanzportfolioverwaltung erweitert worden (vgl. § 87 Abs. 3 WpHG). Der Gesetzgeber hielt dies für erforderlich, da diese Mitarbeiter Zugang zu Kundengeldern haben, für den Kunden Anlageentscheidungen treffen und über das Vermögen der Kunden verfügen können.[35] Außerdem hätten die Finanzdienstleistungsunternehmen nach der Einführung der erhöhten Anforderungen an die Anlageberatung die Anlageberatung vermehrt durch die Finanzportfolioverwaltung ersetzt.[36]   62

8.1 Erfasster Mitarbeiterkreis

Eine konkretisierende Regelung, welche Mitarbeiter von den Regelungen erfasst sein sollen, findet sich weder im WpHG noch in dem WpHGMaAnzV. Die ESMA-Leitlinien bieten insoweit ebenfalls keine Orientierung, da sich diese lediglich auf Mitarbeiter in der Anlageberatung und Vertriebsmitarbeiter beziehen.   63

Aus der Begründung des Gesetzgebers lässt sich jedoch ableiten, dass die Anforderungen primär für solche Mitarbeiter gelten, die die maßgeblichen Anlageentscheidungen treffen und Zugriff auf Kundegelder haben, während reine Abwicklungstätigkeiten nicht erfasst sein dürften.

8.2 Anforderungen an die Sachkunde

8.2.1 Inhaltliche Anforderungen

Die Anforderungen an die Sachkunde sind an die Anforderungen an Mitarbeiter in der Anlageberatung angelehnt. Im Einzelnen müssen die Mitarbeiter über angemessene Sachkunde in folgenden Bereichen verfügen: 64

---

35 Begr. Reg. Entw. BT-Drs. 18/10936 S. 248.
36 Begr. Reg. Entw. BT-Drs. 18/10936 S. 248.

> **Rechtliche Grundlagen**
>
> – Vertragsrecht.
> – Verwaltungsvorschriften, die von der BaFin zur Konkretisierung von § 64 Abs. 3 WpHG erlassen worden sind.
>
> **Fachliche Grundlagen**
>
> – Funktionsweise des Finanzmarktes einschließlich der Auswirkungen des Finanzmarktes auf den Wert und die Preisbildung von Finanzinstrumenten sowie des Einflusses von wirtschaftlichen Kennzahlen oder von regionalen, nationalen oder globalen Ereignissen auf die Märkte und auf den Wert von Finanzinstrumenten.
> – Merkmale, Risiken und Funktionsweise der Finanzinstrumente einschließlich allgemeiner steuerlicher Auswirkungen für Kunden im Zusammenhang mit den Geschäften, der Bewertung von für die Finanzinstrumente relevanten Daten sowie der spezifischen Marktstrukturen, Handelsplätze und der Existenz von Sekundärmärkten.
> – Wertentwicklung von Finanzinstrumenten einschließlich der Unterschiede zwischen vergangenen und zukünftigen Wertentwicklungsszenarien und die Grenzen vorausschauender Prognosen.
> – Grundzüge der Bewertungsgrundsätze für Finanzinstrumente.
> – Kosten und Gebühren, die für den Kunden im Zusammenhang mit den Finanzinstrumenten insgesamt anfallen und die in Bezug auf die Anlageberatung und andere damit zusammenhängende Dienstleistungen entstehen.
> – Grundzüge des Portfoliomanagements einschließlich der Auswirkungen der Diversifikation, bezogen auf individuelle Anlagealternativen.
> – Aspekte des Marktmissbrauchs und der Bekämpfung der Geldwäsche.

8.2.2 Nachweis der Sachkunde

65 Die erforderliche Sachkunde ist durch Abschluss- oder Arbeitszeugnisse, ggf. in Verbindung mit Stellenbeschreibungen, durch Schulungs- oder Weiterbildungsnachweise oder in anderer geeigneter Weise nachzuweisen (vgl. § 1b Abs. 6 WpHGMaAnzV). Die Ausführungen zum Nachweis der Sachkunde von Anlageberatern gelten insoweit entsprechend (vgl. Abschn. 4.2.2 oben).

8.2.3 Regelmäßige Prüfungspflicht und kontinuierliche Weiterbildung

66 Gemäß § 1b Abs. 1 Satz 2 WpHGMaAnzV ist die erforderliche Sachkunde mind. einmal jährlich zu prüfen und durch kontinuierliche Weiterbildung sicherzustellen, dass die Sachkunde gewahrt bleibt. Die Ausführungen zu den Vorgaben für Anlageberater gelten insoweit entsprechend (vgl. Abschn. 4.2.3 oben).

8.3 Anforderungen an die Zuverlässigkeit

67 Mitarbeiter in der Finanzportfolioverwaltung müssen gem. § 87 Abs. 3 WpHG zudem die erforderliche Zuverlässigkeit aufweisen. Die Ausführungen zu der erforderlichen Zuverlässigkeit von Mitarbeitern in der Anlageberatung gelten insoweit entsprechend (vgl. Abschn. 4.2.3 oben).

8.4 Anzeige- und Meldepflichten

Anders als bei Mitarbeitern in der Anlageberatung bestehen bei Mitarbeitern in der Finanzportfolioverwaltung allerdings keine Anzeige- und Meldepflichten. 68

8.5 Sanktionen

Hinsichtlich der Sanktionen bei Nichteinhaltung der besonderen Anforderungen an die Mitarbeiter in der Portfolioverwaltung gilt das zu den Mitarbeitern der Anlageberatung Ausgeführte entsprechend (vgl. Abschn. 4.5. oben). 69

9 Besondere Anforderungen an Vertriebsbeauftragte

9.1 Erfasster Mitarbeiterkreis

Vertriebsbeauftragte sind gem. § 87 Abs. 4 WpHG Mitarbeiter, die mit der Ausgestaltung, Umsetzung oder Überwachung von Vertriebsvorgaben im Sinne von § 80 Abs. 1 Satz 2 Nr. 3 WpHG betraut sind. Der weit auszulegende Begriff des Vertriebsbeauftragten erfasst alle Personen, die in den Organisationseinheiten oder auf den verschiedenen betrieblichen Ebenen des Unternehmens Vertriebsvorgaben aufstellen, umsetzen oder deren Einhaltung überwachen.[37] Entscheidend ist, inwieweit die Möglichkeit besteht, unmittelbar oder mittelbar auf die Prozesse der Anlageberatung einzuwirken.[38] Abhängig von der Größe, Organisations- oder Hierarchiestruktur eines Instituts können dies beispielsweise Filialleiter sowie regionale oder zentrale Vertriebsverantwortliche sein. 70

9.2 Anforderungen an die Sachkunde

9.2.1 Inhaltliche Anforderungen

Die Sachkundeanforderungen für Vertriebsbeauftragte richten sich grundsätzlich an der erforderlichen Sachkunde eines Mitarbeiters in der Anlageberatung mit der Maßgabe aus, dass auf diejenigen Wertpapierdienstleistungen, Wertpapiernebendienstleistungen, Finanzinstrumente, strukturierte Einlagen und Geschäfte abzustellen ist, für die der Mitarbeiter Vertriebsvorgaben ausgestaltet, umsetzt oder überwacht (vgl. § 2 Abs. 2 WpHGMaAnzV). Es kann insoweit auf die obigen Ausführungen verwiesen werden. 71

9.2.2 Nachweis der Sachkunde

Die erforderliche Sachkunde ist durch Abschluss- oder Arbeitszeugnisse, ggf. in Verbindung mit Stellenbeschreibungen, durch Schulungs- oder Weiterbildungsnachweise oder in anderer geeigneter Weise nachzuweisen (vgl. § 2 Abs. 4 WpHGMaAnzV). Die Ausführungen zum Nachweis der Sachkunde von Anlageberatern gelten insoweit entsprechend (Abschn. 4.2.2 oben). 72

---

37 BegrRegE, BT-Drs. 17/3628, S. 23.
38 BegrRegE, BT-Drs. 17/3628, S. 23.

9.2.3 Regelmäßige Prüfungspflicht und kontinuierliche Weiterbildung

73 Gemäß § 2 Abs. 1 Satz 2 WpHGMaAnzV ist die erforderliche Sachkunde mind. einmal jährlich zu prüfen und durch kontinuierliche Weiterbildung sicherzustellen, dass die Sachkunde gewahrt bleibt. Die Ausführungen zu den Vorgaben für Anlageberater gelten insoweit entsprechend (vgl. Abschn. 4.2.3 oben).

9.3 Anforderungen an die Zuverlässigkeit

74 Vertriebsbeauftragte müssen gem. § 87 Abs. 4 WpHG zudem die erforderliche Zuverlässigkeit aufweisen. Die Ausführungen zu der erforderlichen Zuverlässigkeit von Mitarbeitern in der Anlageberatung gelten insoweit entsprechend (vgl. Abschn. 4.2.3 oben).

9.4 Anzeige- und Meldepflichten

75 Gemäß § 87 Abs. 4 Satz 2 WpHG sind die Vertriebsbeauftragten der BaFin zu melden. Die Ausführungen in Abschn. 4.4.1 und 4.4.3 zur Meldung der Anlageberater gelten insoweit entsprechend. In Bezug auf die Vertriebsbeauftragten enthält § 87 WpHG allerdings keine Pflicht zur Meldung von Beschwerden, die sich auf Geschäftsbereiche des betreffenden Vertriebsbeauftragten beziehen.

9.5 Sanktionen

76 Hinsichtlich der Sanktionen bei Nichteinhaltung der besonderen Anforderungen an die Vertriebsbeauftragten gilt das zu den Mitarbeitern der Anlageberatung Ausgeführte entsprechend (vgl. Abschn. 4.5. oben).

10 Besondere Anforderungen an Compliance-Beauftragte

77 Besondere Anforderungen an Compliance-Beauftragte ergeben sich aus § 87 Abs. 5 Satz 1 WpHG i. V. m. § 3 Abs. 1 WpHGMaAnzV. Für Institute im Anwendungsbereich der Leitlinie für Leitungsorgane und Inhaber von Schlüsselfunktionen sind ergänzend die Vorgaben an die Eignung von Inhabern von Schlüsselfunktionen zu beachten. Die folgende Darstellung beschränkt sich auf die Vorgaben, die sich aus den Regelungen in § 87 Abs. 5 Satz 1 WpHG i. V. m. § 3 Abs. 1 WpHGMaAnzV ergeben. Hinsichtlich der Vorgaben, die sich aus der Leitlinie für Leitungsorgane und Inhaber von Schlüsselfunktionen ergeben, wird auf die Ausführungen unter Abschn. 5 verwiesen.

10.1 Erfasster Mitarbeiterkreis

78 Die besonderen Anforderungen an Compliance-Beauftragte beziehen sich gem. § 87 Abs. 5 Satz 1 WpHG auf diejenigen Mitarbeiter, die gem. Art. 22 Abs. 2 MiFID II-DVO vom Leitungsorgan des Instituts mit der Verantwortlichkeit für die Compliance-Funktion im Sinne von Art. 22 (2) und (3) lit. d MiIFD II-DVO und für die Berichte an die Geschäftsleitung nach Art. 25 (2) MiIFD II-DVO beauftragt wurden.

10.2 Anforderungen an die Sachkunde

10.2.1 Inhaltliche Anforderungen

Gemäß § 3 Abs. 1 WpHGMaAnzV müssen Compliance-Beauftragte insb. über folgende Kenntnisse und praktische Erfahrung verfügen: 79

Rechtliche Grundlagen

- Rechtsvorschriften, die vom Wertpapierdienstleistungsunternehmen bei der Erbringung von Wertpapierdienstleistungen und Wertpapiernebendienstleistungen einzuhalten sind.
- Verwaltungsvorschriften, die von der Bundesanstalt zur Konkretisierung des Wertpapierhandelsgesetzes erlassen worden sind.
- Kenntnisse der Anforderungen und Ausgestaltung angemessener Prozesse von Wertpapierdienstleistungsunternehmen zur Verhinderung und zur Aufdeckung von Verstößen gegen aufsichtsrechtliche Bestimmungen.
- Kenntnisse der Aufgaben und Verantwortlichkeiten und Befugnisse der Compliance-Funktion und des Compliance-Beauftragten.
- Soweit Mitarbeiter des Wertpapierdienstleistungsunternehmens aufgrund ihrer Tätigkeit Kenntnis von Insiderinformationen erlangen können, Kenntnisse der Handelsüberwachung und der Vorschriften des Abschn. 3 des Wertpapierhandelsgesetzes.
- Soweit von dem Wertpapierdienstleistungsunternehmen Wertpapierdienstleistungen mit Auslandsbezug erbracht werden, Kenntnisse der hierbei zu beachtenden besonderen rechtlichen Anforderungen.

Fachliche Grundlagen

- Kenntnisse der Grundzüge der Organisation und Zuständigkeiten der Bundesanstalt.
- Kenntnisse sämtlicher Arten von Wertpapierdienstleistungen und Wertpapiernebendienstleistungen, die durch das Wertpapierdienstleistungsunternehmen erbracht werden, sowie der von ihnen ausgehenden Risiken.
- Kenntnisse der Funktionsweisen und Risiken der Arten von Finanzinstrumenten, in denen das Wertpapierdienstleistungsunternehmen Wertpapierdienstleistungen oder Wertpapiernebendienstleistungen erbringt.
- Erkennen möglicher Interessenkonflikte und ihrer Ursachen und Kenntnisse verschiedener Ausgestaltungsmöglichkeiten von Vertriebsvorgaben sowie der Aufbau- und Ablauforganisation des Wertpapierdienstleistungsunternehmens und von Wertpapierdienstleistungsunternehmen im Allgemeinen.

10.2.2 Nachweis der Sachkunde

Die erforderliche Sachkunde des Compliance-Beauftragten ist Gemäß § 4 Abs. 2 WpHGMaAnzV durch Abschluss- oder Arbeitszeugnisse, ggf. in Verbindung mit Stellenbeschreibungen, durch Schulungs- oder Weiterbildungsnachweise oder in anderer geeigneter Weise nachzuweisen. Die Ausführungen zum Nachweis der Sachkunde von Anlageberatern gelten insoweit entsprechend (vgl. Abschn. 4.2.2 oben). 80

Bei folgenden Berufsqualifikationen gilt die erforderliche Sachkunde als nachgewiesen (vgl. § 4 Nr. 4 WpHGMaAnzV): 81

1. Abschlusszeugnis eines Studiums der Rechtswissenschaft, wenn darüber hinaus eine fachspezifische Berufspraxis nachgewiesen werden kann, die gewährleistet, dass der Mitarbeiter den an die Sachkunde zu stellenden Anforderungen genügt.
2. Abschlusszeugnis eines wirtschaftswissenschaftlichen Studiengangs der Fachrichtungen Banken, Finanzdienstleistungen oder Kapitalmarkt, wenn darüber hinaus eine fachspezifische Berufspraxis nachgewiesen werden kann, die gewährleistet, dass der Mitarbeiter den an die Sachkunde zu stellenden Anforderungen genügt. Als Abschlusszeugnis gilt jeder Hochschul- oder Fachhochschulabschluss sowie jeder gleichwertige Abschluss.
3. Abschlusszeugnis als Bank- oder Sparkassenbetriebswirt einer Bank- oder Sparkassenakademie.

10.2.3 Regelmäßige Prüfungspflicht und kontinuierliche Weiterbildung

82 Eine regelmäßige Pflicht zur Prüfung der Sachkunde von Compliance-Beauftragten ist gesetzlich nicht vorgesehen. Allerdings legen die Leitlinien der ESMA für Leitungsorgane und Inhaber von Schlüsselfunktionen eine regelmäßige Überprüfung nahe.

10.3 Anforderungen an die Zuverlässigkeit

83 Vertriebsbeauftragte müssen gem. § 87 Abs. 5 WpHG zudem die erforderliche Zuverlässigkeit aufweisen. Die Ausführungen zu der erforderlichen Zuverlässigkeit von Mitarbeitern in der Anlageberatung gelten insoweit entsprechend (vgl. Abschn. 4.2.3 oben).

10.4 Anzeige- und Meldepflichten

84 Gemäß § 87 Abs. 5 Satz 2 WpHG sind die Vertriebsbeauftragten der BaFin zu melden. Die Ausführungen in Abschn. 4.4.1 und 4.4.3 zur Meldung der Anlageberater gelten insoweit entsprechend.

10.5 Sanktionen

85 Hinsichtlich der Sanktionen bei Nichteinhaltung der besonderen Anforderungen an die Vertriebsmitarbeiter gilt das zu den Mitarbeitern der Anlageberatung Ausgeführte entsprechend (vgl. Abschn. 4.5. oben).

11 Fazit

86 Die Vorschriften über die Anforderungen an die Sachkunde und Zuverlässigkeit stellen Vorgaben auf, deren materieller Kerngehalt bereits aus betriebswirtschaftlichen Gründen eine Selbstverständlichkeit sein sollte. Es ist dabei nachvollziehbar, dass der Gesetzgeber im Sinne eines wirksamen Verbraucherschutzes und einer Vereinheitlichung der Mindeststandards über allgemeine Grundsätze hinaus für besonders relevante Bereiche detailliertere Regelungen schafft. Gewisse Zweifel verbleiben allerdings, ob der weite Anwendungsbereich und die Detailtiefe, wie sie die Vorschriften im Zusammenhang mit der Umsetzung der MiFID II – über die Vorgaben der MiFID II hinaus – erlangt haben, tatsächlich

erforderlich und zielführend sind. In der Praxis dürften die Vorschriften primär zu weiterem Verwaltungsaufwand und zu einer Formalisierung von Anforderungen führen, deren materiellen Gehalt die meisten Institute ohnehin aus eigenem betriebswirtschaftlichem Interesse erfüllen.

12 Literaturverzeichnis

Eufinger: Aufsichtsrechtliche Bestimmungen des Finanzmarkts zur Zuverlässigkeit von Personen und ihre arbeitsrechtliche Umsetzung, in: WM 33/2017, S. 1581 ff.

Schäfer: Beschwerde, Beschwerdebearbeitung und Beschwerdeanzeigen – ein Beitrag zur Auslegung der §§ 33 Abs. 1 Satz 2 Nr. 3 und 34d Abs. 1 Satz 4 und Abs. 5 WpHG, in: WM 25/2012, S. 1157 ff.

II.B.4

Transparenzpflichten (Vor- und Nachhandelstransparenz unter MiFID II)

Dr. Erasmus Faber

Inhaltsübersicht

1	Einleitung	1–5
2	Vorhandelstransparenz	6–30
2.1	Vorhandelstransparenzanforderungen für Handelsplätze und Betreiber von Handelsplätzen	7–19
2.2	Vorhandelstransparenzanforderungen für systematische Internalisierer	20–30
3	Nachhandelstransparenz	31–64
3.1	Nachhandelstransparenz für Eigenkapitalinstrumente	32–33
3.2	Nachhandelstransparenz für Nichteigenkapitalinstrumente	34–35
3.3	Inhalt der zu veröffentlichenden Informationen	36–38
3.4	Aufgeschobene Veröffentlichung von Geschäften	39–49
3.5	Meldehierarchie	50–56
3.6	Veröffentlichungskanal	57
3.7	Assisted Reporting	58
3.8	Extraterritorialität	59–62
3.9	Herausforderungen	63–64
4	Zusammenfassung	65

1 Einleitung

Das Kapitel „Transparenzpflichten" beschäftigt sich schwerpunktmäßig mit den zentralen Vorgaben innerhalb von MiFID II[1] bzw. MiFIR[2], die sich auf Transparenzpflichten für Handelsplätze und Betreiber von Handelsplätzen sowie für systematische Internalisierer („SI") und Wertpapierfirmen, die außerhalb eines Handelsplatz („OTC") handeln, beziehen. *1*

Als grundsätzliche Anmerkung muss vorangestellt werden, dass mit dem neuen Transparenzregime zur Vermeidung von Aufsichtsarbitrage ein einheitlicher europäischer Rechtsrahmen geschaffen wurde, da sich die wesentlichen Vorgaben in der unmittelbar in allen Mitgliedsstaaten geltenden Verordnung (EU) Nr. 600/2014 des europäischen Parlaments und des Rates v. 15.05.2014 über Märkte für Finanzinstrumente und zur Änderung der Verordnung (EU) Nr. 648/2012 („MiFIR") sowie den ebenfalls unmittelbar geltenden zugehörigen Level II Maßnahmen, der Delegierten Verordnung (EU) 2017/567 v. 18.05.2016, der Delegierten Verordnung (EU) 2017/587 der Kommission v. 14.07.2016 („RTS 1"), der Delegierten Verordnung (EU) 2017/583 der Kommission v. 14.07.2016 („RTS 2") und der Delegierten Verordnung (EU) 2017/577 der Kommission v. 13.06.2016 („RTS 3"), befinden. Es wird daher auf eine explizite Betrachtung der Umsetzung in Deutschland und anderen Mitgliedstaaten verzichtet[3] und die Transparenzpflichten werden ausschließlich aus pan-europäischer Perspektive betrachtet. *2*

Für die Betrachtung der Transparenzvorgaben unter MiFID II bzw. MiFIR ist es weiterhin wichtig, diese im Vergleich mit den Transparenzvorgaben unter MiFID I[4] zu betrachten. Unter MiFID I existierte für Wertpapierfirmen lediglich eine Vor- und Nachhandelstransparenz umfassende Transparenzpflicht für Aktien, die an einem organisierten Markt gehandelt wurden.[5] *3*

Wie im Folgenden en dètail aufgezeigt wird, erweitert MiFIR hingegen die Vor- und Nachhandelstransparenzanforderungen („Pre- and Post-trade Transparency") sowohl auf eigenkapitalähnliche Produkte wie Aktienzertifikate, börsengehandelte Fonds, Zertifikate und andere vergleichbare Finanzinstrumente sowie auf derivative Produkte auf der Eigenkapitalproduktseite, als auch grundsätzlich auf Nichteigenkapitalinstrumente wie Schuldverschreibungen, strukturierte Finanzprodukte, Emissionszertifikate und deren derivative Varianten. Des Weiteren, den grundsätzlichen Vorgaben von MiFID II folgend, werden die *4*

---

1 Richtlinie 20014/65/EU des Europäischen Parlaments und des Rates v. 15.05.2014 über Märkte für Finanzinstrumente sowie Änderung der Richtlinien 2002/92/EG und 2011/61/EU („MiFID II").
2 Verordnung (EU) Nr. 600/2014 des europäischen Parlaments und des Rates v. 15.05.2014 über Märkte für Finanzinstrumente und zur Änderung der Verordnung (EU) Nr. 648/2012 („MiFIR").
3 Länderspezifische Regelungen wie beispielsweise hinsichtlich der Ausnutzung des Ermessensspielraums, der den nationalen Aufsichtsbehörden bei der Gewährung von verspäteten Veröffentlichungen eingeräumt wurde, werden entsprechend berücksichtigt.
4 Richtlinie 2004/39/EG des Europäischen Parlaments und des Rates v. 21.04.2004 über Märkte für Finanzinstrumente, zur Änderung der Richtlinien 85/611/EWG und 93/6/EWG des Rates und der Richtlinie 2000/12/EG des Europäischen Parlaments und des Rates und zur Aufhebung der Richtlinie 93/22/EWG des Rates („MiFID I").
5 Art. 27 ff. MiFID I.

Transparenzpflichten auch auf Finanzprodukte, die über ein multilaterales Handelssystem (multilateral trading facility, „MTF") oder ein organisiertes Handelssystem (organised trading facility, „OTF") gehandelt werden, ausgedehnt.

5 Eine verbesserte Transparenz zur Vermeidung von schädlichem sozioökonomischen Verhalten und ein verbesserter Anlegerschutz sind zentrale Anliegen von MiFID II.[6] Die angesprochene Ausweitung der Vor- und Nachhandelstransparenzanforderungen soll gewährleisten, dass Anleger und Investoren in angemessenem Umfang über potenzielle und getätigte Geschäfte in Finanzprodukten informiert sind und dass gleichzeitig der Preisbildungsprozess nicht durch eine fragmentierte Liquidität zum Nachteil von Anlegern Schaden nimmt.[7] Darüber hinaus soll sie gleiche Wettbewerbsbedingungen zwischen den verschiedenen EU-weiten Handelsplätzen sicherstellen. Die erweiterten Transparenzpflichten sind elementarer Baustein der neuen Finanzmarktregulierung und zugleich einer der Bereiche, der die größten Veränderungen durch MiFID II im Vergleich zu MiFID I erlebt. Die neuen Transparenzpflichten stellen somit eine große Herausforderung für die Akteure an den Finanzmärkten dar.

Diese Herausforderungen sollen nun anhand der wesentlichen Neuregelungen der Vor- und Nachhandelstransparenz betrachtet werden.

2 Vorhandelstransparenz

Rechtsgrundlagen der Vorhandelstransparenz für Handelsplätze
Level 1: Art. 3, 4, 5, 8, 9, 12, 13 MiFIR

Level 2: Art. 6–11 Delegierte Verordnung (EU) 2017/567, RTS 1, RTS 2

Rechtsgrundlagen der Vorhandelstransparenz für systematische Internalisierer
Level 1: Art. 14, 15, 16, 17, 18, 19 MiFIR

Level 2: Art. 6–16 Delegierte Verordnung (EU) 2017/567, RTS 1, RTS 2

6 Vorhandelstransparenz dient der Offenlegung von verbindlichen Kursofferten und des Interesses am Markt, in bestimmten Finanzinstrumenten zu handeln, um den Marktteilnehmern ein möglichst realistisches Bild der Liquidität der Finanzinstrumente zu vermitteln und somit eine ordnungsgemäße und marktgerechte Preisfindung zu gewährleisten. Die Vorgaben für Handelsplätze bzw. Betreiber von Handelsplätzen und die Vorgaben für systematische Internalisierer unterscheiden sich dabei wesentlich und sind daher gesondert zu betrachten. Für Wertpapierfirmen, die keine systematischen Internalisierer sind und keinen Handelsplatz betreiben, bestehen keine Vorhandelstransparenzverpflichtungen.

2.1 Vorhandelstransparenzanforderungen für Handelsplätze und Betreiber von Handelsplätzen

7 Bevor die Vorhandelstransparenzpflichten für Handelsplätze und Betreiber von Handelsplätzen (dazu zählen regulierte Märkte, multilaterale Handelssysteme und organisierte

---

6 Vgl. Erwägungsgrund 1 MiFIR und Erwägungsgrund 4 MiFID II.
7 Vgl. Erwägungsgrund 1 RTS 1 und Erwägungsgrund 1 RTS 2.

Handelssysteme, diese und ihre Betreiber werden im Folgenden auch nur als „Handelsplätze" bezeichnet) betrachtet werden, kann als Bemerkung vorangestellt werden, dass Handelsplätze verpflichtet sind, den Wertpapierfirmen, die selber Transparenzpflichten unterliegen, Zugang zu den zu veröffentlichenden Informationen zu angemessenen kaufmännischen Bedingungen zu ermöglichen und die Marktdaten in diskriminierungsfreier Weise bereitzustellen.[8] Dies gilt auch für Nachhandelsoffenlegungen,[9] wobei Handelsplätze die Informationen für Vor- und Nachhandelstransparenz gesondert offenlegen müssen.[10] Nach Ablauf von 15 Minuten muss der Zugang zu den offengelegten Transparenzdaten kostenfrei ermöglicht werden.[11]

2.1.1 Vorhandelstransparenz für Eigenkapitalinstrumente

Die Vorhandelstransparenzpflicht für Eigenkapitalinstrumente ist in Art. 3 MiFIR sowie in RTS 1 geregelt und wurde im Vergleich zu MiFID I von ausschließlich Aktien auch auf eigenkapitalähnliche Instrumente wie Aktienzertifikate, börsengehandelte Fonds, Zertifikate und andere vergleichbare Finanzinstrumente ausgeweitet. Nicht von den Transparenzpflichten umfasst sind Primärmarkttransaktionen wie die Ausgabe, Zuteilungen oder Zeichnungen von Wertpapieren oder die Herstellung und Rücknahme von Anteilen an ETFs.[12]

8

Handelsplätze sind demnach verpflichtet, laufend die Bandbreite der aktuellen Geld- und Briefkurse und die Tiefe der Handelspositionen zu diesen Kursen,[13] die über ihre Systeme mitgeteilt werden, zu veröffentlichen. Dies gilt auch für sämtliche verbindliche Interessensbekundungen.[14] Die zu veröffentlichenden Informationen unterscheiden sich nach Art des Handelssystems und sind in Anhang I, Tabelle 1 von RTS 1 für jeweils Orderbuch-, Kursnotierungs- und Hybridsysteme sowie auf periodischen Auktionen basierende Handelssysteme aufgelistet. Beispielhaft seien hier die Gesamtzahl der Aufträge, Notierungen und verbindliche Kursofferten mit dazugehörigen Volumina oder die fünf besten Geld- und Briefpreisniveaus genannt.

9

2.1.2 Vorhandelstransparenz für Nichteigenkapitalinstrumente

Die Vorhandelstransparenz für Nichteigenkapitalinstrumente ist in Art. 8 MiFIR und in RTS 2 normiert. Sie umfasst Schuldverschreibungen, strukturierte Finanzprodukte, Emissionszertifikate und derivative Varianten sowohl von Eigen- als auch von Fremdkapitalprodukten. Es handelt sich hierbei um ein vollkommen neues Transparenzregime, das unter MiFID I nicht existiert hat.

10

---

8 Art. 3(3) und Art. 8(3) MiFIR, Art. 13 MiFIR, Art. 6–8 Delegierte Verordnung (EU) 2017/567.
9 Art. 6(2) MiFIR.
10 Art. 12 MiFIR.
11 Art. 13 (1) MiFIR.
12 *ESMA*, Q&A on MiFID II and MiFIR transparency topics, ESMA70-872942901-35, i.d.F. v. 15.11.2017, Frage 4 auf S. 21, https://www.esma.europa.eu/sites/default/files/library/esma70-872942901-35_qas_transparency_issues.pdf (letzter Abruf am 12.04.2018).
13 Die Tiefe der Handelspositionen entspricht der Größe des Anteils des Marktes, der zu den gegebenen Kursen handeln würde.
14 Im Sinne von Art. 2 (2)(1) Nr. 33 MiFIR.

11 Handelsplätze sind auch bei Nichteigenkapitalinstrumenten verpflichtet, laufend die Bandbreite der aktuellen Geld- und Briefkurse und die Tiefe der Handelspositionen zu diesen Kursen, die über ihre Systeme mitgeteilt werden, zu veröffentlichen. Dies gilt ebenfalls für verbindliche Interessensbekundungen. Die zu veröffentlichenden Informationen unterscheiden sich wiederum nach Art des Handelssystems und sind in Anhang I von RTS 2 für jeweils Orderbuch-, Kursnotierungs-, sprachbasierte Maklersysteme, Hybridsysteme und auf periodischen Auktionen basierende Handelssysteme aufgelistet. Beispielhaft seien hier die aggregierte Zahl der Order und die dazugehörigen Volumina, die beste Geld- und Briefpreisnennung oder Kaufs- und Verkaufsofferten samt dazugehörigen Volumina genannt.

Derivategeschäfte mit nichtfinanziellen Gegenparteien, die zu Absicherungszwecken der Gegenpartei dienen und durch die die objektiv messbaren Risiken verringert werden, sind von der Vorhandelstransparenz ausgenommen.[15]

2.1.3 Ausnahmen von der Vorhandelstransparenz

12 Der Gesetzgeber hat erkannt, dass es Umstände gibt, in denen eine Ausnahme von der Vorhandelstransparenzpflicht erforderlich sein kann, um zu verhindern, dass durch die Offenlegung von Risikopositionen die Liquidität im Markt als unbeabsichtigte Folge untergraben wird.[16] Die Ausnahmen von der Vorhandelstransparenz, auch als sog. „Waiver" bezeichnet, stehen nur zur Verfügung, wenn die zuständigen nationalen Aufsichtsbehörden in Ausübung ihres Ermessensspielraums die Inanspruchnahme individueller Ausnahmen durch einen Handelsplatz genehmigt hat.[17] Handelsplätze müssen dies mit entsprechender Vorlaufzeit beantragen,[18] da die nationalen Aufsichtsbehörden zusätzlich zu ihrer eigenen Prüfung die ESMA über jede individuelle Ausnahme, die sie zu genehmigen beabsichtigen, mind. vier Monate vor Inkrafttreten der Ausnahme unterrichten und die ESMA innerhalb von zwei Monaten eine unverbindliche Stellungnahme dazu abgeben muss.[19] Im September 2017 hat die ESMA jedoch in einer öffentlichen Stellungnahme bekanntgegeben, dass es aufgrund der Komplexität und der hohen Anzahl individueller Stellungnahmen,[20] die sie abzugeben hat, unwahrscheinlich ist, dass sie bis Ende des Jahres 2017 alle Anträge zur Ausnahme von den Vorhandelstransparenzpflichten bewertet und mit einer Stellungnahme versehen an die zuständige Aufsichtsbehörde zurück gesandt haben wird.[21] Die ESMA wird die Ausnahmen von der Eigenkapitalvorhandelstransparenz priorisieren und die natio-

---

15 Art. 8(1) Satz 4 MiFIR.
16 Erwägungsgrund 2 RTS 1 und Erwägungsgrund 2 RTS 2.
17 Art. 4(1) und Art. 9(1) MiFIR.
18 Die FCA hat bspw. eine Mindestvorlaufzeit von fünf Monaten verhängt, um die Anträge entsprechend prüfen zu können, vgl. *FCA*, Policy Statement PS17/05 i.d.F. v. 31.03.2017, S. 25, https://www.fca.org.uk/publication/policy/ps17-05.pdf (letzter Abruf am 12.04.2018).
19 Vgl. Art. 4(4) und Art. 9(2) MiFIR.
20 Es handelt sich hierbei um ungefähr 700 (Stand Ende September 2017) Anträge.
21 *ESMA*, Public Statement: Joint work plan of ESMA and NCAs for opinions on MiFID II pre-trade transparency waivers and position limits, ESMA70-154-356, 28.09.2017, https://www.esma.europa.eu/sites/default/files/library/esma70-154356_public_statement_revised_work_plan_waivers_and_ position_limits.pdf (letzter Abruf am 12.04.2018).

nalen Aufsichtsbehörden werden die Anträge, für die bis zum Inkrafttreten von MiFID II und MiFIR keine Stellungnahme der ESMA vorliegt, im eigenen Ermessen vorläufig genehmigen oder ablehnen.

Der Gesetzgeber hat der ESMA das Recht eingeräumt, die von den zuständigen Behörden genehmigten Ausnahmeregeln zwei Jahre nach ihrem Inkrafttreten einer Überprüfung zu unterziehen und eine Stellungnahme über ihre weitere Anwendbarkeit abzugeben.[22] Darüber hinaus können die zuständigen nationalen Aufsichtsbehörden erteilte Ausnahmegenehmigungen jederzeit widerrufen, falls sie der Meinung sind, dass die Ausnahme in einer Weise genutzt wird, die von ihrem ursprünglichen Zweck abweicht, oder wenn sie zu der Auffassung gelangen, dass die Ausnahme genutzt wird, Vorhandelstransparenzvorgaben zu umgehen.[23]

13

2.1.3.1 Ausnahmen für Eigenkapitalinstrumente

Die Ausnahmen von der Vorhandelstransparenz sind in Art. 4 MiFIR normiert. Alle vier möglichen Arten von Ausnahmen sind bereits von MiFID I bekannt, jedoch werden zwei der Ausnahmen unter MiFIR wesentlich eingeschränkt.

14

Zu den Ausnahmen, die weiterhin im selben Umfang wie unter MiFID I ermöglicht werden, gehören (i) Aufträge, die ein großes Volumen im Vergleich zum marktüblichen Geschäftsumfang aufweisen (sog. „large in scale (LIS) waiver")[24] sowie (ii) Aufträge, die sich noch im Orderverwaltungssystem des Handelsplatzes befinden und noch nicht veröffentlicht wurden (sog. „order management system waiver")[25]. Die Berechnung, ab wann ein im Vergleich zum marktüblichen Geschäftsumfang großes Volumen vorliegt, ist in Art. 7 RTS 1 sowie in Anhang II, Tabellen 1 und 2 von RTS 1 geregelt. Dabei wird bei Aktien, Aktienzertifikaten, Zertifikaten und anderen vergleichbaren Instrumenten auf den durchschnittlichen Tagesumsatz (ATD) abgestellt und entsprechend Mindestvolumina angegeben, die als Schwellenwert erreicht bzw. überschritten werden müssen, damit die Voraussetzungen des LIS Waivers gegeben sind. Für börsengehandelte Fonds wurde eine einheitliche Auftragsgröße von 1.000.000 € festgelegt, ab der ein Auftrag als „large in scale" gilt.[26]

Die beiden weiteren Ausnahmen, (i) bei einem Handel, der zu einem (vom unter Liquiditätsaspekten wichtigstem Markt abgeleiteten)[27] Referenzkurs[28] stattfindet (sog. „reference price waiver")[29] sowie (ii) bei Geschäften, bei denen der Preis zwischen den Parteien

15

---

22 Dies gilt für die Ausnahmegenehmigung für Eigenkapitalinstrumente, vgl. Art. 3(7) MiFIR. Ein entsprechender Vorbehalt für Nichteigenkapitalinstrumente existiert nicht.
23 Art. 4(5) und 9(4) MiFIR.
24 Art. 4(1)(c) MiFIR.
25 Art. 4(1)(d) MiFIR, vgl. dazu auch die Konkretisierungen in Art. 8 RTS 1.
26 Art. 7(2) RTS 1.
27 Zur Bestimmung dieses Marktes sei auf die Ausführungen in Art. 4 RTS 1 verwiesen.
28 Definiert als Mid-Preis zwischen Geld- und Briefkurs bzw. dem Öffnungs- oder Schlusskurs bei Transaktionen außerhalb der Öffnungszeiten des Handelsplatzes, vgl. Art. 4(2) MiFIR.
29 Art. 4(1)(a) MiFIR.

ausgehandelt wird, (sog. „negotiated price waiver"),[30] gelten zwar weiterhin, sind jedoch mit einer wichtigen Einschränkung belegt. Der Gesetzgeber hat aus den negativen Erfahrungen mit übermäßig großen und unkontrollierten „Dark Pools" gelernt und beide Ausnahmen unter einen sog. doppelten Volumenbegrenzungsmechanismus gestellt, um zu verhindern, dass die Kursbildung durch eine uneinheitliche Anwendung dieser Ausnahmen unverhältnismäßig stark beeinträchtigt wird.[31]

16 Der Mechanismus bedeutet, dass (i) der Prozentsatz des Handels eines Finanzinstruments, das unter Inanspruchnahme eines dieser beiden Waiver an einem Handelsplatz durchgeführt (und somit nicht offengelegt) wird, auf maximal 4 % des unionsweiten Handelsvolumens der vorangegangenen (rollierenden) 12 Monate beschränkt wird (volume cap pro Handelsplatz) und gleichzeitig, dass (ii) der Prozentsatz des aggregierten Handelsvolumen an allen EU-weiten Handelsplätzen zusammen, das unter Inanspruchnahme der Waiver durchgeführt wird, 8 % des unionsweiten Handelsvolumens der vorangegangenen 12 Monate nicht überschreiten darf (volume cap für alle Handelsplätze zusammen). Die ESMA ist dazu verpflichtet, monatlich die entsprechenden Handelsplatzdaten zu konsolidieren und zu veröffentlichen. Die nationalen Aufsichtsbehörden würden bei Überschreiten der Volumenbegrenzungen den betroffenen Handelsplätzen die erteilten Genehmigungen innerhalb von zwei Arbeitstagen für einen Zeitraum von sechs Monaten entziehen. Transaktionen in illiquiden Märkten sind vom doppelten Volumenbegrenzungsmechanismus ausgenommen.

2.1.3.2 Ausnahmen für Nichteigenkapitalinstrumente

17 Auch für die neu eingeführte Vorhandelstransparenz für Nichteigenkapitalinstrumente hat der Gesetzgeber aus den gleichen Beweggründen Ausnahmeregelungen erlassen, um die Liquidität im Markt und den Preisfindungsprozess nicht ungewollt zu beinträchtigen. Art. 9 MiFIR erlaubt es den zuständigen Aufsichtsbehörden, in ihrem Ermessen Anträgen auf eine Befreiung von der Vorhandelstransparenz bei folgenden sechs Szenarien zu entsprechen:

1. Es handelt sich um einen im Vergleich zum marktüblichen Geschäftsumfang großen Auftrag („large in scale (LIS) waiver").[32]
2. Es handelt sich um einen Auftrag, der mittels eines Auftragsverwaltungssystems des Handelsplatzes getätigt wird und noch nicht veröffentlicht ist („order management system waiver").[33]
3. Es handelt sich um eine verbindliche Interessensbekundung, die über den typischen Umfang des Instruments hinausgeht (über der sog. „size specific to the instrument" (SSTI) liegt) und bei der ein Liquiditätsgeber unangemessenen Risiken ausgesetzt

---

30 Art. 4(1)(b) MiFIR, ausführliche Bestimmungen dazu sowie die Definition eines ausgehandelten Geschäfts finden sich in Art. 5 und 6 RTS 1.
31 Vgl. Art. 5 MiFIR.
32 Art. 9(1)(a) 1. Alternative MiFIR. Die LIS berechnet sich gem. Art. 3 und Art. 13(2) RTS 2 nach Maßgabe der Tabellen in Anhang III von RTS 2.
33 Art. 9(1)(a) 2. Alternative MiFIR.

würde. Dabei berücksichtigen die Aufsichtsbehörden, ob es sich um Groß- oder Kleinanleger handelt.[34]
4. Es handelt sich um Derivate, die nicht der Handelspflicht gem. Art. 28 MiFIR unterliegen oder um Finanzinstrumente, für die kein liquider Markt besteht.[35]
5. Es handelt sich um einen Auftrag zur Ausführung eines Exchange for Physical.[36]
6. Es handelt sich um ein Auftragspaket, bei dem mind. eine Komponente entweder (i) illiquide ist, (ii) als LIS gilt oder (iii) über die SSTI hinausgeht.[37] Bei Auftragspaketen, die zu Befreiung berechtigen, können die Aufsichtsbehörden in ihrem Ermessen anstelle einer Befreiung des gesamten Auftragspakets auch nur eine Befreiung des entsprechenden qualifizierten Teilgeschäfts von der Vorhandelstransparenz genehmigen.[38] Zur Konkretisierung der Vorgaben, die Auftragspakete erfassen, hat die Europäische Kommission einen delegierten Rechtsakt erlassen.[39]

Die Berechnung, wann ein Auftrag im Vergleich zum marktüblicher Geschäftsumfang als großvolumig gilt, wann der typische Umfang eines Finanzinstruments erreicht oder überschritten ist und wann kein liquider Markt für ein Finanzinstrument besteht, richtet sich gem. der Verweise in Art. 3, 5 und 6 RTS 2 nach Art. 13 RTS 2, der wiederum auf Anhang III von RTS 2 verweist, wo auf 85 Seiten sämtliche Schwellenwerte und Handelsperzentile, die für diese Bestimmung notwendig sind, für alle Unteranlageklassen in Tabellen aufgelistet sind.

18

Es gilt noch zu beachten, dass bei Inspruchnahme des SSTI Waivers (also bei verbindlichen Interessensbekundungen, die über dem typischen Umfang eines Finanzinstruments liegen, aber noch nicht als großvolumig gelten) dennoch eine eingeschränkte Offenlegungspflicht besteht. Betroffene Handelsplätze müssen in diesen Fällen mind. einen indikativen Vorhandelsgeld- und -briefkurs, der nahe am Kurs der Handelsinteressen liegt, veröffentlichen.[40]

Abschließend sei noch angemerkt, dass die zuständigen Behörden die Vorhandelstransparenzpflichten für Nichteigenkapitalinstrumente auch vorübergehend aussetzen können, falls ein erheblicher Rückgang an Liquidität für eine gesamte Anlageklasse auf allen Handelsplätzen der EU festzustellen ist.[41] Ein erheblicher Rückgang an Liquidität wird bei liquiden Märkten vermutet, wenn das Durchschnittsvolumen der letzten 30 Kalendertage

19

---

34 Art. 9(1)(b) MiFIR. Die SSTI berechnet sich gem. Art. 5(1) und Art. 13(3) RTS 2 nach Maßgabe der Tabellen in Anhang III von RTS 2.
35 Art. 9(1)(c) MiFIR. Die Frage, wann kein liquider Markt vorliegt, richtet sich gem. Art. 6 und Art. 13(1) RTS 2 nach den Maßgaben der Tabellen in Anhang III von RTS 2.
36 Art. 9(1)(d) MiFIR, eingeführt durch die MiFIR-Erweiterungsverordnung (EU) 2016/1033 v. 23.06.2016. Zur Definition von Exchange for Physical siehe Art. 2(1)(48) MiFIR.
37 Art. 9(1)(e) MiFIR, eingeführt durch die MiFIR-Erweiterungsverordnung (EU) 2016/1033 v. 23.06.2016.
38 Art. 9(2a) MiFIR eingeführt durch die MiFIR-Erweiterungsverordnung (EU) 2016/1033 v. 23.06.2016.
39 Delegierte Verordnung (EU) 2017/2194 v. 14.08.2017.
40 Art. 8(4) MiFIR. Der indikative Vorhandelskurs gilt als nah am Kurs der Handelsinteressen, wenn die Handelsplätze die Informationen gem. Art 5(2) RTS 1 veröffentlichen.
41 Art. 9(4) MiFIR, Art. 16 RTS 2.

unterhalb der Grenze von 40% des Durchschnittsvolumens der letzten 12 Monate vor diesen 30 Tagen lag; bei illiquiden Märkten unterhalb von 20%.[42]

2.2 Vorhandelstransparenzanforderungen für systematische Internalisierer

20 Die wesentliche Anforderung an systematische Internalisierer (SIs) im Rahmen der Vorhandelstransparenzvorgaben ist die Verpflichtung, verbindliche Kursofferten offenzulegen (sog. Quotierungspflicht), sofern die entsprechenden Voraussetzungen gegeben sind. Diese Verpflichtung wird insb. im Bereich der Eigenkapitalinstrumente von weiteren Anforderungen flankiert, die im Folgenden ebenfalls betrachtet werden.

Allen Anforderungen an SIs ist gemeinsam, dass ausschließlich Finanzinstrumente, die an einem Handelsplatz zum Handel zugelassen sind („traded on a trading venue, TOTV") von den Vorgaben erfasst sind. Zur Frage, wann ein derivatives OTC Finanzinstrument als TOTV zu betrachten ist, hat ESMA am 22.05.2017 eine Meinung veröffentlicht,[43] in der sie klargestellt hat, dass solche OTC Derivate als TOTV zu betrachten sind, wenn sie dieselben Referenzdaten gemäß RTS 23[44] wie gelistete Derivate aufweisen.

21 Die Vorhandelstransparenzanforderungen für systematische Internalisierer unterscheiden sich wesentlich, wenn es sich um Instrumente handelt, für die es einen liquiden Markt gibt oder wenn es sich um illiquide Instrumente handelt. Darauf wird gesondert einzugehen sein.

Im Gegensatz zu den bereits betrachteten Anforderungen an Handelsplätze gibt es bei systematischen Internalisierern weniger Ausnahmen und Einschränkungen, weshalb auf eine Darstellung dieser in einem gesonderten Kapitel verzichtet wird.

Zur Klarstellung sei darauf noch hingewiesen, dass Wertpapierfirmen, die für ein erfasstes Finanzinstrument kein systematischer Internalisierer (oder Betreiber eines Handelsplatzes) sind, keinen Vorhandelstransparenzpflichten unterliegen.

2.2.1 Vorhandelstransparenz für Eigenkapitalinstrumente

22 Die Vorhandelstransparenzanforderung für SIs in Eigenkapital- und eigenkapitalähnlichen Finanzinstrumenten erfasst – wie bei Handelsplätzen – neben Aktien auch Instrumente wie Aktienzertifikate, börsengehandelte Fonds, Zertifikate und andere vergleichbare Finanzinstrumente, sofern diese TOTV sind. Die Vorgaben sind in Art. 14, 15 und 17 MiFIR sowie in RTS 1 normiert.

In liquiden Märkten sind systematische Internalisier mit zwei wesentlichen Vorgaben und korrespondierenden Pflichten konfrontiert:

Zunächst unterliegen SIs gem. Art. 14 MiFIR einer Quotierungspflicht und müssen ihre verbindlichen Kursofferten regelmäßig und kontinuierlich während ihrer üblichen Handels-

---

42 Art. 16(1) und (2) RTS 2.
43 *ESMA*, Opinion: OTC derivatives traded on a trading venue, ESMA70-156-117, 22.05.2017, https://www.esma.europa.eu/sites/default/files/library/esma70-156-117_mifir_opinion_on_totv. pdf (letzter Abruf am 03.07.2018).
44 Delegierte Verordnung (EU) 2017/585 v. 14.07.2016.

zeiten offenlegen. Es besteht dabei die Pflicht, die Kursofferten den übrigen Marktteilnehmern zu angemessenen kaufmännischen Bedingungen[45] und in leicht zugänglicher Weise bekanntzumachen.[46] SIs steht es dabei frei, ob sie sich dafür eines genehmigten Veröffentlichungsmechanismus („Approved Publication Arrangement, APA") bedienen oder die Kursofferten mittels eigener Vorkehrungen wie einer eigenen Website bekanntmachen, solange sie in einem von Menschen lesbaren und verständlichen Format bekanntgemacht werden.[47] Systematische Internalisierer können das Volumen bzw. die Volumina wählen, zu denen sie Kursofferten abgeben, die Kursofferte muss dabei jedoch mind. 10% der Standardmarktgröße („SMS")[48] betragen.[49] Jede Offerte muss dabei für ein Handelsvolumen einen verbindlichen Geld- und/oder Briefkurs beinhalten, der die vorherrschenden Marktbedingungen für das betreffende Finanzinstrument widerspiegelt.[50] Die Kursofferten können jederzeit aktualisiert und in außergewöhnlichen Marktbedingungen auch zurückgezogen werden.[51]

Des Weiteren sind systematische Internalisierer generell verpflichtet, von Kunden erhaltene Aufträge zu den im Zeitpunkt des Auftragseingangs quotierten Preisen auszuführen.[52] Sie können die Aufträge innerhalb einer veröffentlichten und marktnahen Spanne auch zu einem besseren Kurs ausführen.[53] In diesem Zusammenhang sei erwähnt, dass SIs auch hier den Vorgaben zur bestmöglichen Ausführungen von Kundenaufträgen gem. Art. 27 MiFID II unterliegen. Für Aufträge von professionellen Kunden gelten diese Vorgaben nicht, sofern vom Marktpreis abweichende Bedingungen vereinbart wurden oder wenn die Ausführung in mehreren Wertpapieren Teil ein und desselben Geschäfts ist.[54] 23

Diese beiden zentralen Verpflichtungen unterliegen jedoch drei wesentlichen Einschränkungen: 24

Gem. Art. 14(2) MiFIR bestehen für systematische Internalisierer die obig erörterten Vorhandelstransparenzpflichten lediglich für Aufträge bis zur Standardmarktgröße. Für sämtliche Aufträge, die über der Standardmarktgröße liegen, müssen somit weder verbindliche Kursofferten veröffentlicht werden, noch besteht dadurch logischerweise eine Verpflichtung zur Ausführung zu den nun nicht mehr zu veröffentlichenden Kursen.

Des Weiteren sind systematische Internalisierer berechtigt, den Zugang zu ihren Kursofferten einzuschränken und im Einklang mit ihrer Geschäftspolitik und in objektiver, nicht-

---

45 Vgl. dazu Art. 6 Delegierte Verordnung (EU) 2017/567.
46 Art. 15(1) MiFIR.
47 Art. 13 Delegierte Verordnung (EU) 2017/567.
48 Zur Berechnung der SMS siehe Art. 14(4) MiFIR, sie entspricht dem arithmetischen Durchschnittswert der ausgeführten Order von in Klassen zusammengefassten Finanzinstrumenten. Tabelle 3 von RTS 1 listet die Standardmarktgröße für unterschiedliche durchschnittliche Geschäftswerte auf. Die nationale Behörde des liquidesten Marktes für jedes Instrument muss die Einstufung jedes Jahr veröffentlichen.
49 Art. 14(3) MiFIR.
50 Art. 14(3) MiFIR.
51 Art. 15(1) MiFIR.
52 Art. 15(2) MiFIR.
53 Art. 15(2) MiFIR.
54 Art. 15(3) MiFIR.

diskriminierender Weise zu entscheiden, welchen Kunden sie Zugang zu ihre Offerten gewähren oder mit welchen Kunden sie eine Geschäftsbeziehung aufnehmen oder beenden wollen.[55] Dazu muss ein SI klare Standards vorgegeben, welche Kriterien und Erwägungen, wie bspw. der Kreditstatus, das Gegenparteirisiko oder Auswirkungen auf die Endabrechnung, hierbei berücksichtigt werden. So ist es beispielsweise nicht möglich, einen Kunden nur deshalb vom Zugang zu einer Kursofferte auszunehmen, weil es sich um einen Wettbewerber handelt. Darüber hinaus können SIs zur Vermeidung von Klumpenrisiken die Anzahl der Geschäfte mit ein und demselben Kunden in nicht-diskriminierender Weise limitieren. Es ist ebenfalls möglich, die Gesamtzahl der gleichzeitig ausgeführten Geschäfte mit unterschiedlichen Kunden in nicht-diskriminierender Weise zu beschränken, sofern Zahl oder/und Volumen der Kundenaufträge erheblich über der Norm liegt.[56]

Die dritte und letzte Einschränkung der Vorhandelstransparenzpflicht für Eigenkapitalinstrumente betrifft Finanzinstrumente, für die kein liquider Markt besteht. Die Bestimmung des liquiden Marktes richtet sich dabei nach Art. 1 bis 3 der Delegierten Verordnung (EU) 2017/567. Falls kein liquider Markt besteht, sind systematische Internalisierer lediglich verpflichtet, ihren Kunden auf Anfrage Kursofferten anzubieten. Darüber hinausgehende Verpflichtungen bestehen nicht. Auf der Kehrseite besteht für SIs dafür keine Möglichkeit, von der Verpflichtung, auf Anfrage Kursofferten anzubieten, ausgenommen zu werden oder diese weiter einzuschränken.

2.2.2 Vorhandelstransparenz für Nichteigenkapitalinstrumente

25 Auch bezüglich der von den Vorhandelstransparenzanforderungen erfassten Nichteigenkapitalinstrumenten gilt für systematische Internalisierer dasselbe wie für Handelsplätze: Schuldverschreibungen, strukturierte Finanzprodukte, Emissionszertifikate oder Derivate (inklusive Derivate auf Eigenkapitalinstrumente) sind nunmehr auch erfasst. Systematische Internalisierer unterliegen gem. Art. 18 MiFIR und den konkretisierenden Vorgaben in RTS 2 sowie Art. 12–16 der Delegierten Verordnung (EU) 2017/567 grundsätzlich einer Quotierungspflicht für besagte Finanzinstrumente sowie der Verpflichtung zur Ausführung von Kundenaufträgen zu den quotierten Preisen.

26 Diese Quotierungspflicht ist jedoch im Vergleich zur Quotierungspflicht bei Eigenkapitalprodukten eingeschränkt und verpflichtet SIs in liquiden Märkten lediglich dazu, ihren Kunden auf Anfrage eine verbindliche Kursofferte zugänglich zu machen, wenn der SI mit der Abgabe einer solchen Kursofferte einverstanden ist.[57] In diesen Fällen muss ein SI die Kursofferten seinen anderen Kunden (und nicht, wie bei Eigenkapitalinstrumenten, anderen Marktteilnehmern, die nicht zwingend Kunden des SIs sein müssen) zu angemessenen

---

55 Art. 17 (1) MiFIR.
56 Art. 17(2) MiFIR. Die Frage, ab wann die Zahl oder/und das Volumen von Aufträgen erheblich über der Norm liegt, wurde vom Gesetzgeber in Art. 15 Delegierte Verordnung (EU) 2017/567 beantwortet. Es ist demnach davon auszugehen, wenn ein systematischer Internalisierer die Zahl oder das Volumen dieser Aufträge nicht ausführen kann, ohne sich einem unangemessenen Risiko auszusetzen.
57 Art. 18(1) MiFIR.

kaufmännischen Bedingungen und in leicht zugänglicher Weise bekanntmachen.[58] Die Kursofferten können jederzeit aktualisiert und in außergewöhnlichen Marktbedingungen auch zurückgezogen werden,[59] müssen jedoch i. d. R. den vorherrschenden Marktbedingungen entsprechen.[60]

An die Quotierungspflicht ist die Verpflichtung für SIs gekoppelt, Geschäfte mit anderen Kunden zu den veröffentlichten Kursofferten abzuschließen, wenn sie diese Kurse den Kunden angezeigt haben und sofern das Geschäftsvolumen nicht über dem typischen Umfang des Finanzinstruments (über der sog. „size specific to the instrument (SSTI)")[61] liegt.[62] SIs können das Geschäft in begründeten Fällen auch zu besseren Preisen durchführen, sofern sich diese in einer veröffentlichten, marktnahen Preisspanne befinden.[63] Dabei ist wieder anzumerken, dass SIs auch hier den Vorgaben zur bestmöglichen Ausführung von Kundenaufträgen gem. Art. 27 MiFID II unterliegen.

Bei Auftragspaketen gelten die Vorhandelstransparenzanforderungen – unbeschadet der Verpflichtung zum Geschäftsabschluss gem. Art. 18(2) MiFIR – nur für das Auftragspaket im Ganzen und nicht für jeden einzelnen Teilauftrag.[64]   27

Wie bei der Quotierungspflicht bei Eigenkapitalinstrumenten existieren auch hier signifikante Einschränkungen der Vorgaben: 28

Gem. Art. 18(10) MiFIR sind systematische Internalisierer von sämtlichen gerade angesprochenen Vorhandelstransparenzpflichten ausgenommen, wenn sie Geschäfte abschließen, die über dem typischen Umfang des Finanzinstruments (über der SSTI) liegen. Es entfällt demnach sowohl die Quotierungspflicht, als auch die gekoppelte Verpflichtung, ein Geschäft zu den quotierten Preisen abzuschließen.

Systematische Internalisierer sind auch bei Nichteigenkapitalinstrumenten berechtigt, den Kundenkreis mit Zugang zu ihren Kursofferten einzuschränken, sofern dies im Einklang mit ihrer Geschäftspolitik in objektiver, nicht-diskriminierender Weise geschieht. Es müssen dabei klare Kriterien und Standards vorgegeben werden, nach welchen wirtschaftlichen Erwägungen, wie bspw. Kreditstatus, Gegenparteirisiko oder Auswirkungen auf die Endabrechnung, der SI eine Geschäftsbeziehung aufnimmt oder beendet.[65] Des Weiteren kann ein SI auch die Anzahl der Geschäfte limitieren, die er mit Kunden nach Abgabe einer Kursofferte eingeht, sofern dies auf transparente und nicht-diskriminierende Art und Weise erfolgt.[66]

Sehr umfassende Einschränkungen können schließlich auch bei Finanzinstrumenten vorliegen, für die kein liquider Markt existiert: 29

---

58 Art. 18(8) MiFIR.
59 Art. 18(3) MiFIR.
60 Art. 18(9) MiFIR.
61 Die SSTI berechnet sich gem. der Verweiskette Art. 9(5)(d) und Art. 9(1)(b) MiFIR sowie Art. 5(1) und Art. 13(3) RTS 2 nach Maßgabe der Tabellen in Anhang III von RTS 2.
62 Art. 18(6) MiFIR.
63 Art. 18(9) MiFIR.
64 Art. 18(11) MiFIR.
65 Art. 18(5) MiFIR.
66 Art. 18(7) MiFIR.

Zunächst sind SIs bei illiquiden Instrumenten lediglich verpflichtet, dem Kunden eine Kursofferte zu veröffentlichen, der sie angefragt hat (sofern der SI insgesamt eingewilligt hat, eine Quotierung abzugeben). Eine darüber hinausgehende Verpflichtung, diese Kursofferte anderen Kunden zugänglich zu machen, besteht bei illiquiden Instrumenten nicht.[67]

Des Weiteren können die zuständigen nationalen Aufsichtsbehörden SIs auch noch von diesem Erfordernis befreien, sofern die Bedingungen für eine Befreiung von der Vorhandelstransparenzpflicht für Handelsplätze gem. Art. 9(1) MiFIR vorliegen.[68] Die BaFin hat am 15.11.2017 den Entwurf einer Allgemeinverfügung als Konsultation veröffentlicht, die, sofern entsprechend final umgesetzt, alle Befreiungsmöglichkeiten gem. Art. 9(1) MiFIR gestattet und somit von SIs in Anspruch genommen werden können.[69] Dazu gehören, wie bereits besprochen, (i) großvolumige Geschäfte (LIS) und Aufträge, die noch unveröffentlicht in Ordermanagementsystemen gehalten werden, (ii) Interessensbekundungen, die über der SSTI liegen und unangemessene Liquiditätsrisiken mit sich ziehen, (iii) Derivate, die nicht der Handelspflicht gem. Art. 27 MiFIR unterliegen, (iv) Exchange for Physical sowie (v) Auftragspakete bei Vorliegen einer der in Art. 9(1)(e) MiFIR aufgelisteten entsprechenden Bedingung. Es bleibt abzuwarten, wie mit der Ausnahme unter Art. 9(1)(c) Alternative 2 MiFIR (andere Finanzinstrumenten, für die kein liquider Markt besteht) umzugehen sein wird, da die Voraussetzung „kein liquider Markt" bereits als notwendiges Kriterium gem. Art. 18(2) MiFIR gegeben sein muss, um überhaupt den Anwendungsbereich der Befreiungen gem. Art. 9(1) MiFIR zu eröffnen. Die BaFin scheint somit immer die vollständige Befreiung von der Vorhandelspflicht zu genehmigen, sofern es sich um ein illiquides Finanzinstrument handelt. Dies erscheint jedoch nicht dem Regelungsziel von MiFIR zu entsprechen und dürfte von der BaFin so nicht gewollt sein. Es bleibt daher abzuwarten, ob dies vom finalen Wortlaut der Allgemeinverfügung noch erfasst ist.

30   Eine abschließende Einschränkung ist in Art. 18(6) MiFIR normiert. Bei Finanzinstrumenten, die unter eine gewisse Liquiditätsschwelle fallen, können die Vorhandelstransparenzpflichten vorübergehend vollständig entfallen. Dies liegt gem. Art. 9(4) MiFIR und Art. 16 RTS 2 im Ermessen der zuständigen Behörden, die bei einem erheblichen[70] Rückgang der Liquidität an allen Handelsplätzen der EU in einer Anlageklasse eine vorübergehende Aussetzung der Vorhandelstransparenzpflichten beschließen können.

---

67   Art. 18(2) MiFIR.
68   Vgl. dazu die Ausführungen in Kapitel 2.1.3.2 „Ausnahmen für Nichteigenkapitalinstrumente".
69   *BaFin*, Systematische Internalisierer: BaFin plant Befreiung von der Quotierungspflicht bei illiquiden Finanzinstrumenten, Meldung v. 15.11.2017, https://www.bafin.de/SharedDocs/Veroeffentlichungen/DE/Meldung/2017/meldung_171115_allgvfg_systematische_internalisierer.html (letzter Abruf am 12.04.2018).
70   Bei einem monatlichen Durchschnittsvolumen von weniger als 40% bzw. 20% des Durchschnittsvolumens der letzten 12 Kalendermonate, vgl. Art. 16 RTS 2.

3 Nachhandelstransparenz

Rechtsgrundlagen der Nachhandelstransparenz
Level 1: Art. 6, 7, 10, 11, 20, 21 MiFIR

Level 2: RTS 1, RTS 2

Unter Nachhandelstransparenz versteht man die Verpflichtung, den Markt und alle Teilnehmer möglichst zeitnah über getätigte Geschäfte zu informieren, um Anleger und Investoren über das tatsächliche Handelsvolumen am Markt zu informieren. Die Veröffentlichung der Nachhandelsdaten erfolgt dabei über ein sog. genehmigtes Veröffentlichungssystem (Approved Publication Arrangement, „APA"). Im Gegensatz zur Pflicht zur Meldung von Geschäften an Aufsichtsbehörden gem. Art. 26 MiFIR (sog. „Transaction Reporting") sorgen diese Transparenzpflichten für eine Publikation an alle Marktteilnehmer und nicht nur an die Aufsichtsbehörden. *31*

In diesem Kapitel werden primär die Pflichten, die sich für systematische Internalisierer und für Wertpapierfirmen bei sog. Over the Counter („OTC") Geschäften ergeben, die also nicht an Handelsplätzen (RM, OTF, MTF) abgewickelt werden, betrachtet. Die Transparenzpflichten für Handelsplätze werden hier nicht spezifisch herausgearbeitet, sind in wesentlichen Teilen jedoch gleichlaufend mit den Nachhandelstransparenzpflichten für Wertpapierfirmen und systematische Internalisierer.[71]

Bevor die einzelnen vom Anwendungsbereich erfassten Finanzinstrumente betrachtet werden, muss als Vorbemerkung vorangestellt werden, dass die Transparenzverpflichtungen unter MiFIR sich ausschließlich auf Finanzinstrumente beziehen, die an einem EWR Handelsplatz zum Handel zugelassen sind, also „traded on a trading venue" („TOTV") sind. Die folgenden Erläuterungen beziehen sich somit auf OTC Geschäfte mit Finanzinstrumenten, die an einem Handelsplatz zum Handel zugelassen (TOTV) sind.

3.1 Nachhandelstransparenz für Eigenkapitalinstrumente

Die Nachhandelstransparenzpflichten für Eigenkapital- und eigenkapitalähnliche Instrumente sind in Art. 20 MiFIR sowie in RTS 1 geregelt und umfassen – im Einklang mit der Erweiterung der Vorhandelstransparenzpflichten – neben den bereits unter MiFID I erfassten Aktien nunmehr auch an einem Handelsplatz gehandelte Aktienzertifikate, börsengehandelte Fonds, Zertifikate und andere vergleichbare Finanzinstrumente (im Folgenden auch nur als „Eigenkapitalinstrumente" bezeichnet). Von der Transparenzpflicht ausgenommen hingegen sind sämtliche Geschäfte, die auch von der Pflicht zur Meldung von Geschäften gemäß Art. 26 MiFIR (auch unter dem Begriff „Transaction Reporting" ver- *32*

---

[71] Siehe zu den Nachhandelstransparenzvorgaben für Handelsplätze im Detail Art. 6, 7, 10 und 11 MiFIR. Auf diese Vorgaben beziehen sich insb. die Regelungen für SIs und OTC handelnde Wertpapierfirmen hinsichtlich der aufgeschobenen Veröffentlichung, diese gelten somit gleichermaßen für Handelsplätze wie für Wertpapierfirmen und SIs. Die reinen Offenlegungspflichten sind für Handelsplätze (Art. 6 und Art. 8 MiFIR) einerseits und Wertpapierfirmen und systematische Internalisierer (Art. 20 und Art. 21 MiFIR) andererseits im Wesentlichen identisch.

breitet) ausgenommen sind und in Art. 2(5) von RTS 22[72] aufgelistet sind. Zu diesen ausgenommen Geschäften zählen u. a. Portfoliokomprimierungen, Clearinggeschäfte, Wertpapierfinanzierungsgeschäfte oder Erwerbe im Rahmen von Dividenden-Reinvestierungsplänen. Des Weiteren sind auch u. a. Give-in und Give-up-Geschäfte sowie bilaterale Sicherheitsübertragungsgeschäfte von der Nachhandelstransparenzpflicht ausgenommen,[73] ebenso wie Primärmarktgeschäfte wie die Ausgabe, Zuteilungen oder Zeichnungen von Wertpapieren oder die Herstellung und Rücknahme von Anteilen an ETFs.[74]

33 Wertpapierfirmen, die entweder für eigene Rechnung oder im Namen von Kunden Geschäfte in den obig genannten, vom Anwendungsbereich erfassten, Finanzinstrumenten betreiben, sind verpflichtet, das Volumen, den Kurs und den Zeitpunkt der Geschäfte so nah in Echtzeit wie technisch möglich und in jedem Fall **innerhalb von einer Minute** nach Abschluss des betreffenden Geschäfts zu veröffentlichen, sofern das Geschäft während der täglichen Handelszeiten stattgefunden hat.[75] Geschäfte, die außerhalb der täglichen Handelszeiten durchgeführt werden, müssen vor Beginn des nächsten Handelstages veröffentlicht werden. Dies bedeutet eine wesentliche Verkürzung des unter MiFID I geltenden Zeitraums von drei Minuten auf eine Minute. Eine detaillierte Auflistung der zu veröffentlichenden Informationen befindet sich in Kapitel 3.3.

Wertpapierfirmen sind verpflichtet, Geschäfte als ein einziges Geschäft zu veröffentlichen; dabei sind zwei zusammengeführte Geschäftsabschlüsse, die zur gleichen Zeit und zum gleichen Preis mit einer einzigen zwischengeschalteten Partei getätigt werden, als ein einziges Geschäft anzusehen.[76]

3.2 Nachhandelstransparenz für Nichteigenkapitalinstrumente

34 Die Nachhandelstransparenzpflichten für Nichteigenkapitalinstrumente sind in Art. 21 MiFIR sowie in RTS 2 geregelt und stellen – wie bei der Vorhandelstransparenz – im Vergleich zu MiFID I eine vollkommene Neuerung dar. Von dieser Transparenzpflicht erfasst sind Geschäfte, die Wertpapierfirmen entweder für eigene Rechnung oder im Namen von Kunden mit Schuldverschreibungen, strukturierten Finanzprodukten, Emissionszertifikaten oder Derivaten (inklusive Derivate auf Eigenkapitalinstrumente) tätigen. Von der Transparenzpflicht ausgenommen hingegen sind wie bei den Eigenkapitalinstrumenten sämtliche Geschäfte, die auch von der Pflicht zur Meldung von Geschäften gemäß Art. 26 MiFIR („Transaction Reporting") ausgenommen sind und in Art. 2(5) von RTS 22[77] aufgelistet sind. Darüber hinaus sind ebenfalls Give-up und Give-in Geschäfte ausgenommen, sofern eine Wertpapierfirma einen Kunden an eine andere Wertpapierfirma

---

72 Delegierte Verordnung (EU) 2017/590.
73 Zur vollständigen Auflistung der ausgenommen Geschäfte siehe Art. 13 RTS 1.
74 *ESMA*, Q&A on MiFID II and MiFIR transparency topics, ESMA70-872942901-35, i. d. F. v. 15.11.2017, Frage 4 auf S. 21, https://www.esma.europa.eu/sites/default/files/library/esma70-872942901-35_qas_transparency_issues.pdf (letzter Abruf am 12.04.2018).
75 Art. 14(1) RTS 1.
76 Art. 12(6) RTS 1.
77 Delegierte Verordnung (EU) 2017/590.

zur Nachhandelsverarbeitung weiterleitet oder übernimmt sowie die Übertragung von Finanzinstrumenten wie bspw. einer Sicherheit in bilateralen Geschäften.[78]

Wertpapierfirmen müssen Geschäfte, die in den Anwendungsbereich der Nachhandelstransparenz fallen, soweit technisch möglich auf Echtzeitbasis und in jedem Fall **innerhalb von 15 Minuten** nach Ausführung des Geschäfts veröffentlichen, ab dem 01.01.2021 spätestens **innerhalb von 5 Minuten**.[79]

35

Wertpapierfirmen sind auch bei Nichteigenkapitalinstrumenten verpflichtet, Geschäfte als ein einziges Geschäft zu veröffentlichen; dabei sind zwei zusammengeführte Geschäftsabschlüsse, die zur gleichen Zeit und zum gleichen Preis mit einer einzigen zwischengeschalteten Partei getätigt werden, als ein einziges Geschäft anzusehen.[80]

3.3 Inhalt der zu veröffentlichenden Informationen

Der Inhalt der zu veröffentlichenden Informationen wurde im Vergleich zu MiFID I deutlich ausgeweitet. Dabei wird zwischen Feldern mit sog. Einzelheiten („fields"), den Kerninformationen des Geschäfts, und sog. Kennzeichnungen („flags"), die zusätzliche Informationen wie bspw. über eine aufgeschobene Veröffentlichung beinhalten, unterschieden. Insgesamt gibt es nunmehr neun Felder mit Einzelheiten für sowohl Eigenkapital- und eigenkapitalähnliche Instrumente als auch Nichteigenkapitalinstrumente und acht weitere Felder für Einzelheiten ausschließlich für Nichteigenkapitalinstrumente. Darüber hinaus existieren 17 Kennzeichnungen für Eigenkapital- und eigenkapitalähnliche Instrumente und 21 Kennzeichnungen für Nichteigenkapitalinstrumente. Während die Veröffentlichung aller Einzelheiten verpflichtend ist, dürfen die Kennzeichnungen nur verwendet werden, wenn die entsprechenden Voraussetzungen erfüllt sind – es ist daher auch möglich, dass keine Kennzeichnungen veröffentlicht werden. Die folgende Tabelle mit den zu veröffentlichenden Einzelheiten entspricht den Auflistungen in Anhang I, Tabelle 3 von RTS 1 und Anhang II, Tabelle 2 von RTS 2. Für eine ausführliche Beschreibung der zu veröffentlichenden Einzelheiten und weiteren Informationen zu dem bei der Veröffentlichung einzuhaltenden Format sei auf diese Anhänge verwiesen.

36

Tab. 1: Zu veröffentlichende Einzelheiten

37

Feldnamen, die sowohl unter RTS 1 als auch RTS 2 vorgeschrieben sind	Feldnamen, die ausschließlich unter RTS 2 vorgeschrieben sind
Datum und Uhrzeit des Handels	Kennziffer des Instruments
Kennung des Instruments	Preisangabe
Preis	Angabe der Menge in der Maßeinheit
Preiswährung (RTS 1)/Währung für die Preisfestsetzung (RTS 2)	Menge in Maßeinheit

---

78 Zur vollständigen Auflistung der ausgenommen Geschäfte siehe Art. 12 RTS 2.
79 Art. 7(4) RTS 2.
80 Art. 7(7) RTS 2.

Feldnamen, die sowohl unter RTS 1 als auch RTS 2 vorgeschrieben sind	Feldnamen, die ausschließlich unter RTS 2 vorgeschrieben sind
Menge	Nennbetrag
Ausführungsplatz	Nennwährung
Datum und Uhrzeit der Veröffentlichung	Art
Veröffentlichungsplatz	Zu clearendes Geschäft
Transaktionsidentifikationscode (RTS 1)/Kennung der Transaktion (RTS 2)	

38 Die Auflistung der 17 bzw. 21 Kennzeichnungen befindet sich samt Beschreibung in Anhang I, Tabelle 4 von RTS 1 und in Anhang II, Tabelle 3 von RTS 2. Es handelt sich dabei um vierstellige Abkürzungen wie bspw. „LRGS" („large in scale flag") zur Kennzeichnung von Geschäften mit einem im Vergleich zum marktüblichen Geschäftsumfang großem Volumen, bei dem eine verspätete Veröffentlichung (siehe dazu Kapitel 3.4) zulässig ist oder durchgeführt wurde oder bspw. das Änderungskennzeichen „AMND" („Amendment flag"), wenn ein bereits zuvor veröffentlichtes Geschäft nachträglich geändert wird.

ESMA hat sich in ihren Q&A zu Transparenzthemen mit der Frage auseinandergesetzt, welche Kennzeichnungen miteinander für ein Geschäft kombiniert werden dürfen,[81] da sich einige Kennzeichnungen gegenseitig ausschließen.

Aufgrund der massiv ausgeweiteten Anforderungen an die Datensätze und Datenerhebung stellt die zeitkonforme Veröffentlichung der Einzelheiten und Kennzeichnungen von Geschäften eine große Herausforderung für betroffene Wertpapierfirmen dar, deren Bewältigung insb. Investitionen in die IT-Infrastruktur benötigt.

3.4 Aufgeschobene Veröffentlichung von Geschäften

39 Der Gesetzgeber hat erkannt und eingeräumt, dass es Umstände gibt, in denen ein Aufschub der Nachhandels-Transparenzvorgaben erforderlich sein kann, um zu verhindern, dass durch die Offenlegung von Risikopositionen die Liquidität im Markt als unbeabsichtigte Folge durch mögliche Fehlsignale untergraben wird.[82] Ein solcher Aufschub (auch als „Deferral" bezeichnet) soll sicherstellen, dass es nicht zu ungewollten Marktverwerfungen kommt und dient somit der Sicherstellung eines kontinuierlichen, ordnungsgemäßen Handels und einer marktschonenden Abwicklung der Geschäfte. Unter MiFIR hat der Gesetzgeber daher die Möglichkeit eröffnet – in ausgewählten Szenarien und bei Vorliegen entsprechender Kriterien – von verschiedenen Varianten einer verspäteten Veröffentlichung Gebrauch zu machen. Es handelt sich hierbei um eine zwar inhaltlich verschiedene,

---

81 *ESMA*, Q&A on MiFID II and MiFIR transparency topics, ESMA70-872942901-35, i.d.F. v. 15.11.2017, Frage 2a auf S. 12 ff., https://www.esma.europa.eu/sites/default/files/library/esma70-8729 42901-35_qas_transparency_issues.pdf (letzter Abruf am 12.04.2018).
82 Erwägungsgrund 2 RTS 1 und Erwägungsgrund 2 RTS 2.

II.B.4 Transparenzpflichten (Vor- und Nachhandelstransparenz unter MiFID II)

aber dogmatische Parallele zu den bereits erörterten Ausnahmen von der Vorhandelstransparenzpflicht.

Die zuständigen nationalen Aufsichtsbehörden der Mitgliedsländer haben die Befugnis und das Ermessen, die unter MiFIR vorgesehenen Möglichkeiten zur aufgeschobenen Veröffentlichung den unter ihre Aufsicht fallenden Wertpapierfirmen entweder nicht, in Teilen oder vollständig zu gestatten. Die BaFin hat sich noch nicht endgültig zu ihrer Position erklärt, jedoch am 17.10.2017 eine Konsultation zu drei Allgemeinverfügungen veröffentlicht, mittels derer sie plant, die unter MiFIR vorgesehenen Möglichkeiten der verspäteten Veröffentlichung voll auszuschöpfen.[83] Von den anderen nationalen Aufsichtsbehörden hat sich die Financial Conduct Authority (FCA) Großbritanniens in einem Policy Statement bereits Ende März 2017 klar positioniert und hat ebenfalls die vollständige Anwendung aller unter MiFIR eingeräumten Möglichkeiten einer späteren Veröffentlichung erlaubt.[84] Es muss jedoch beachtet werden, dass sämtliche Gestattungen durch die nationalen Aufsichtsbehörden jederzeit widerruflich sind und einer kontinuierlichen Beobachtung der Aufsichtsbehörden unterliegen. *40*

In dem Ermessensspielraum der nationalen Aufsichtsbehörden liegt gleichzeitig das Risiko von regulatorischer Arbitrage, wenn es zu einer unterschiedlichen Anwendung in unterschiedlichen Mitgliedsstaaten kommt. Dies ist insb. unter dem Aspekt wichtig, dass bei Transaktionen zwischen zwei Firmen in unterschiedlichen Mitgliedsstaaten das Deferralregime des Mitgliedsstaates gilt, unter dessen Aufsicht sich die Firma befindet, die durch die Meldehierarchie mit der Veröffentlichungspflicht belegt ist (siehe zur Meldehierarchie und der einseitigen Veröffentlichungspflicht Kapitel 3.5 „Meldehierarchie").[85] Da mit FCA und (voraussichtlich) BaFin zwei der zentralen Aufsichtsbehörden jedoch bereits die vollständige Ausschöpfung angekündigt haben, gilt es zu vermuten, dass auch die kleineren Aufsichtsbehörden nachziehen werden. *41*

Es ist noch anzumerken, dass die Betreiber von Handelsplätzen sich gemäß Art. 7(2) Unterabs. 3 und Art. 11(1) Unterabs. 3 MiFIR eine Genehmigung der zuständigen nationalen Aufsichtsbehörde einholen müssen, bevor sie von der Gestattung einer aufgeschobenen Veröffentlichung Gebrauch machen dürfen. Für Wertpapierfirmen und systematische Internalisierer gilt dieses spezifische Genehmigungserfordernis im Falle einer Allgemeinverfügung prima facie nicht, es scheint jedoch empfehlenswert, den Gebrauch der jeweiligen Gestattung zumindest einmalig anzuzeigen. *42*

Da sich die Varianten und Möglichkeiten zur späteren Veröffentlichung für Eigenkapital- und eigenkapitalähnliche Instrumente sowie für Nichteigenkapitalinstrumente erheblich unterscheiden, werden diese im Folgenden gesondert dargelegt.

---

83 *BaFin*, Nachhandelstransparenz: BaFin will spätere Veröffentlichung von Geschäften gestatten, Meldung v. 17.10.2017, https://www.bafin.de/SharedDocs/Veroeffentlichungen/DE/Meldung/2017/meldung_171017_nachhandelstransparenz.html (letzter Abruf am 12.04.2018).
84 *FCA*, Policy Statement PS17/05 i.d.F. v. 31.03.2017, S.25, https://www.fca.org.uk/publication/policy/ps17-05.pdf (letzter Abruf am 12.04.2018).
85 Art. 15(4) RTS 1 und Art. 8(3) RTS 2.

3.4.1 Aufgeschobene Veröffentlichung von Geschäften in Eigenkapitalinstrumenten

43 Die aufgeschobene Veröffentlichung von Eigenkapital- und eigenkapitalähnlichen Instrumenten ist in Art. 7 MiFIR i. V. m. Art. 20(2) MiFIR und in Art. 15 RTS 1 normiert. Es gibt nur ein Szenario, was den Anwendungsbereich eines Aufschubs eröffnet: Es muss sich um ein Geschäft handeln, das im Vergleich zum marktüblichen Geschäftsumfang des betroffenen Finanzinstruments ein großes Volumen aufweist (sog. „large in scale (LIS)" transaction). Dabei müssen zwei Kriterien erfüllt sein, (i) muss das Geschäft zwischen einer Wertpapierfirma, die für eigene Rechnung handelt, und einer anderen Gegenpartei auf anderer Weise als über die Zusammenführung sich deckender Kundenaufträge stattfinden (kein matched principal trading) und (ii) muss der Umfang des Geschäfts der in Anhang II Tabelle 4–6 von RTS 1 festgelegten entsprechenden Mindestgröße entsprechen oder sie überschreiten, um als „large in scale" definiert zu sein. Diese Mindestgröße berechnet sich im Einklang mit dem gem. Art. 7 RTS 1 berechneten Tagesdurchschnitt der Umsätze eines Finanzinstruments.

Es findet keine Unterscheidung zwischen liquiden und illiquiden Finanzinstrumenten statt, die Möglichkeit einer aufgeschobenen Veröffentlichung richtet sich allein nach dem Kriterium der Größe des Geschäftsvolumens.

44 Es existieren unterschiedliche Fristen für eine verspätete Veröffentlichung, die sich je nach verschiedenen Schwellenwerten bei unterschiedlichen durchschnittlichen Tagesumsätzen bestimmen. Darüber hinaus wird zwischen Aktien und Aktienzertifikaten, börsengehandelten Fonds sowie Zertifikaten und anderen vergleichbaren Finanzinstrumenten unterschieden. Als Grundregel gilt, dass je größer der durchschnittliche Tagesumsatz, desto höher der Schwellenwert ist, ab dem eine spätere Veröffentlichung des Geschäfts gestattet ist und je höher der überschrittene Schwellenwert, desto länger ist die Veröffentlichungsfrist. Die Veröffentlichungsfristen betragen entweder 60 Minuten oder 120 Minuten nach Abschluss des Geschäfts oder bis zum Ende des Handelstags. Als Ausnahme gilt eine verlängerte Veröffentlichungsfrist bis zum Ende des nächsten Handelstags bei Geschäften mit einem Volumen von 25.000 € oder mehr bei Aktien und Aktienzertifikaten mit einem Tagesumsatz von unter 50.000 €. Die exakten Schwellenwerte und dazugehörigen Veröffentlichungsfristen zu den jeweiligen durchschnittlichen Tagesumsätzen sind nach Art des Finanzinstruments aufgegliedert den Tabellen 4–6 in Anhang II zu RTS 1 zu entnehmen.

Mit Blick auf die nun folgenden Ausführungen zur späteren Veröffentlichung bei Nichteigenkapitalinstrumenten sei an dieser Stelle darauf hingewiesen, dass während des Aufschubs keinerlei Informationen veröffentlicht werden müssen, die Marktteilnehmer also absolut unwissend sind und der Markt keinerlei Kenntnis über das Geschäft erlangt, das Geschäft also „im Dunkeln" stattfinden kann.

3.4.2 Aufgeschobene Veröffentlichung von Geschäften in Nichteigenkapitalinstrumenten

45 Die aufgeschobene Veröffentlichung von Nichtkapitalinstrumenten ist in Art. 11 MiFIR i. V. m. Art. 21(4) MiFIR und in Art. 8 und Art. 11 RTS 2 normiert. Im Gegensatz zu den Deferrals bei Eigenkapitalinstrumenten gibt es bei Nichteigenkapitalinstrumenten vier Szenarien, die jeweils zu einem Aufschub der Veröffentlichungspflicht führen können.

Szenarien, die eine aufgeschobene Veröffentlichung ermöglichen:
1. Es handelt sich um ein Geschäft, das im Vergleich zum marktüblichen Geschäftsumfang des betroffenen Finanzinstruments ein großes Volumen aufweist (sog. „large in scale (LIS)" transaction).[86]
2. Das Geschäft betrifft ein Finanzinstrumenten oder eine Klasse von Finanzinstrumenten, für die kein liquider Markt vorhanden ist.[87]
3. Das Geschäft geht über den typischen Umfang des Instruments hinaus und wird zwischen einer Wertpapierfirma, die für eigene Rechnung außer bei Zusammenführung sich deckender Kundenaufträge (matched principle) handelt und einer andern Gegenpartei abgeschlossen (sog. Geschäft oberhalb der „size specific to the financial instrument, SSTI").[88]
4. Es handelt sich um ein (aus lediglich Nichteigenkapitalinstrumenten bestehendes)[89] Transaktionspaket, bei dem ein oder mehrere Bestandteile eine der soeben aufgeführten drei Voraussetzungen erfüllt. Als Transaktionspaket wird u. a. ein Geschäft verstanden, das die Ausführung von zwei oder mehr Teilgeschäften umfasst, von zwei oder mehr Gegenparteien getätigt wird, jedes Teilgeschäft bedeutende wirtschaftliche und finanzielle Risiken in Bezug auf alle Teilgeschäfte umfasst und bei dem die Ausführung jedes Teilgeschäfts zeitgleich und unter der Bedingung der Ausführung aller anderen Teilgeschäfte erfolgt.[90]

Die Berechnung, ob ein Finanzinstrument als großvolumig (LIS), illiquid oder oberhalb des typischen Umfangs (>SSTI) gilt, richtet sich nach der Methodik in Art. 13 RTS 2 und Anhang III von RTS 2, in dem auf 85 Seiten die unterschiedlichen Schwellenwerte und Handelsperzentile für sämtliche betroffenen Unteranlageklassen aufgelistet werden. Wertpapierfirmen und systematische Internalisierer können diese Berechnungen entweder selber durchführen, oder das APA die Berechnung durchführen lassen. In beiden Fällen sollten die Wertpapierfirmen alle Daten spätestens innerhalb des 15 minütigen Zeitfensters an das APA melden, das bei Vorliegen einer der aufschiebenden Voraussetzungen die Veröffentlichung entsprechend blockiert. 46

Folgen 47
Der standardmäßige Aufschub für sämtliche in Frage kommende Finanzinstrumente dauert bis 19:00 Uhr des zweiten Arbeitstages nach Abschluss des Geschäfts (T+2).[91] Im Gegensatz zu der zwingenden vollkommenen Abwesenheit von Informationen für die Marktteilnehmer während der Periode der aufgeschobenen Veröffentlichung bei Eigenkapitalinstrumenten, haben die nationalen Aufsichtsbehörden bei Nichteigenkapitalinstrumenten die Möglichkeit, nach ihrem Ermessen entweder keine Informationen, eingeschränkte Informa-

---

86 Art. 11(1)(a) MiFIR und Art. 8(1)(a) RTS 2.
87 Art. 11(1)(b) MiFIR und Art. 8(1)(b) RTS 2.
88 Art. 11(1)(c) MiFIR und Art. 8(1)(c) RTS 2.
89 *ESMA*, Q&A on MiFID II and MiFIR transparency topics, ESMA70-872942901-35, i.d.F. v. 15.11.2017, Frage 4 auf S. 27 f., https://www.esma.europa.eu/sites/default/files/library/esma70-872942901-35_qas_transparency_issues.pdf (letzter Abruf am 12.04.2018).
90 Für die vollständige Definition von „Transaktionspaket" vgl. Art. 1(1) RTS 2.
91 Art. 8(1) RTS 2.

tionen oder aggregierte Informationen zu verlangen. Darüber hinaus können auch verlängerte Zeiträume genehmigt werden. Die Aufsichtsbehörden haben insofern deutlich mehr Spielraum bei der konkreten Ausgestaltung der aufgeschobenen Veröffentlichungen.

So können die Aufsichtsbehörden beispielsweise während der Zeit des standardmäßig gewährten Aufschubs (19:00 Uhr, T+2) dennoch die Veröffentlichung entweder aller Einzelheiten fordern und nur von der Veröffentlichung des Volumens absehen,[92] oder alternativ bis 9:00 am nächsten Arbeitstag (T+1) eine aggregierte tägliche Meldung des gewichteten Durchschnittspreises, des gehandelten Gesamtvolumens und der Gesamtzahl der Geschäfte fordern, sofern mind. fünf Geschäfte getätigt wurden.[93] Sie können auch jegliche Kombinationen dieser Möglichkeiten anwenden und entsprechend gestatten.[94] Zur Klarstellung sein darauf hingewiesen, dass weder BaFin noch FCA von diesen Möglichkeiten Gebrauch gemacht haben (FCA) oder dies vorhaben (BaFin). Beide Aufsichtsbehörden lassen den betroffenen Wertpapierfirmen und systematischen Internalisierern somit das Recht, innerhalb des gewährten Standardaufschubs bis 19:00 T+2 keinerlei Informationen veröffentlichen zu müssen (vergleichbar zu der „im Dunkeln" Periode während des Aufschubs bei Eigenkapitalinstrumenten).

Die nationalen Aufsichtsbehörden haben aber auch gleichzeitig das Ermessen, den Zeitraum des Aufschubs erheblich auszuweiten und können bspw. während eines verlängerten Zeitraums von vier Wochen auf eine Veröffentlichung des Volumens der getätigten Geschäfte verzichten.[95] Falls es sich bei den Finanzinstrumenten um Nichteigenkapitalinstrumente, die keine öffentlichen Schuldinstrumente sind, handelt, kann ein vierwöchiger Aufschub gestattet werden, während dessen nur jeweils am Dienstag um 9:00 Uhr eine aggregierte Meldung mit den Daten der letzten Kalenderwoche veröffentlicht werden muss, die den gewichteten Durchschnittspreis, das gehandelte Gesamtvolumen und die Gesamtzahl der Geschäfte beinhaltet.[96] Handelt es sich bei dem Nichteigenkapitalinstrument um ein öffentliches Schuldinstrument, kann der Aufschub bei dieser aggregierten Wochenübersicht sogar für einen unbestimmten und somit unlimitierten Zeitraum gestattet werden.[97] Falls ein erweiterter Aufschub ausläuft, müssen sämtliche Einzelheiten bis 9:00 des nächsten Arbeitstages veröffentlicht werden.[98] Weicht die BaFin nicht von ihrem Entwurf der Allgemeinverfügungen ab, wird sie sämtliche erweiterten Aufschubmöglichkeiten gestatten (ebenso wie die FCA).

48 Um eine bessere Übersicht zu ermöglichen, stellt die folgende Abbildung sämtliche Varianten der späteren Veröffentlichungen von Geschäften sowohl in Eigenkapital- als auch in Nichteigenkapitalinstrumenten grafisch dar:

---

92 Art. 11(1)(a)(i) RTS 2.
93 Art. 11(1)(a)(ii) RTS 2. Wurden weniger als fünf Geschäfte innerhalb einer Woche durchgeführt, können die zuständigen Aufsichtsbehörden keine aggregierte Veröffentlichung verlangen.
94 Art. 11(3)(a) MiFIR.
95 Art. 11(1)(b) RTS 2.
96 Art. 11(1)(b) und Art. 11(5) RTS 2.
97 Art. 11(1)(c) RTS 2.
98 Art. 11(2) RTS 2. Zu den abweichenden Regelungen für öffentliche und nicht-öffentliche Schuldinstrumente siehe Art. 11(2)(c) und (3) RTS 2.

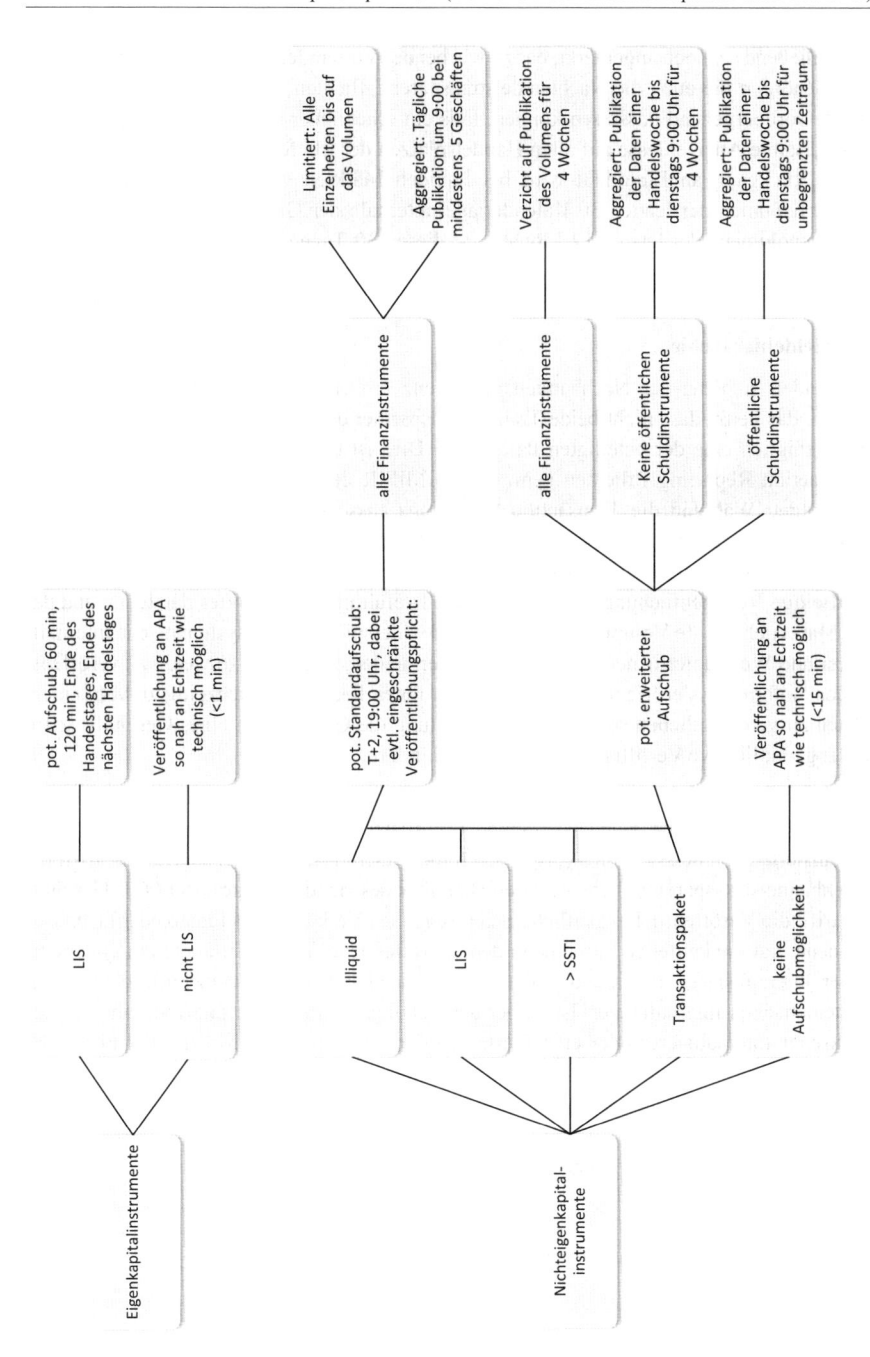

II.B.4 Transparenzpflichten (Vor- und Nachhandelstransparenz unter MiFID II)

Abb. 1: Möglichkeiten der späteren Veröffentlichung
Quelle: Eigene Darstellung

49 Abschließend sei noch angemerkt, dass – wie bei der Vorhandelstransparenz – die zuständigen Behörden die auch die Nachhandelstransparenzpflichten für Nichteigenkapitalinstrumente vorübergehend aussetzen können, falls ein erheblicher Rückgang an Liquidität für eine gesamte Anlageklasse auf allen Handelsplätzen der EU festzustellen ist.[99] Ein erheblicher Rückgang an Liquidität wird bei liquiden Märkten vermutet, wenn das Durchschnittsvolumen der letzten 30 Kalendertage unterhalb der Grenze von 40 % des Durchschnittsvolumens der letzten 12 Monate vor diesen 30 Tagen lag; bei illiquiden Märkten unterhalb von 20 %.[100]

3.5 Meldehierarchie

50 Es handelt sich bei der Nachhandelstransparenz um eine einseitige Veröffentlichungspflicht, das heißt, dass nicht beide Transaktionspartner das Geschäft veröffentlichen, sondern lediglich eine der beteiligten Parteien.[101] Dies ist im Vergleich zu den beidseitigen Transaction Reporting Pflichten gem. Art. 26 MiFIR dem unterschiedlichen Adressaten geschuldet: Während die Transaction Reportings ausschließlich an die nationalen Aufsichtsbehörden gehen und als Grundlage der Marktüberwachung dienen, bezweckt die Nachhandelstransparenz eine Zurverfügungstellung von Informationen an den Markt. Eine beidseitige Veröffentlichung würde somit eine Irreführung des Marktes darstellen und das am Markt gehandelte Volumen nicht zutreffend widerspiegeln. Für systematische Internalisierer und Wertpapierfirmen gilt es somit zu vermeiden, nicht oder zu wenig zu veröffentlichen, sofern die Veröffentlichungspflicht bei ihnen liegt und gleichzeitig zu vermeiden, Daten zu veröffentlichen sofern die Verpflichtung die Gegenpartei eines Geschäfts trifft, um sog. duplikative Veröffentlichungen zu verhindern.

51 Bei Geschäften, die an Handelsplätzen, also an geregelten Märkten (regulated markets, „RMs"), multilateralen Handelssystemen (multilateral trading facilities, „MTFs") oder organisierten Handelssystemen (organised trading facilities, „OTFs") stattfinden, trifft die Nachhandelstransparenzpflicht stets den Betreiber des Handelsplatzes. Bei OTC Geschäften trifft die Veröffentlichungspflicht in der Regel den Verkäufer des Finanzinstruments, es sei denn, nur die kaufende Firma ist in dem betreffendem Finanzinstrument ein systematischer Internalisierer. In diesem Fall trifft die Nachhandelstransparenzverpflichtung den systematischen Internalisierer. Ist keiner der Beteiligten ein Handelsplatzbetreiber, systematischer Internalisierer oder eine Wertpapierfirma in Sinne von MiFID (EU-Firma),[102] existiert keine Nachhandelstransparenzpflicht. Es gibt somit eine Meldehierarchie, bei der die Pflicht zur Veröffentlichung den Beteiligten des Geschäfts trifft, der in der folgenden Tabelle weiter oben steht:

---

99 Art. 16 RTS 2.
100 Art. 16(1) und (2) RTS 2.
101 Art. 12 (4) und (5) RTS 1, Art. 7(5) und (6) RTS 2.
102 Zur Extraterritorialität siehe Kapitel 3.7.

II.B.4 Transparenzpflichten (Vor- und Nachhandelstransparenz unter MiFID II)

Tab. 2: Meldehierarchie

	Beteiligte an der Transaktion
1.	Handelsplätze und Betreiber eines Handelsplatzes
2.	Verkaufender systematischer Internalisierer
3.	Kaufender systematischer Internalisierer
4.	Verkaufende Wertpapierfirma
5.	Kaufende Wertpapierfirma
6.	Keine der genannten Beteiligten: Keine Nachhandelstransparenzpflicht

Für den dritten Fall, dass ein kaufender systematischer Internalisierer die Veröffentlichung übernimmt, hat er die verkaufende Wertpapierfirma darüber zu informieren, um ein duplikatives Veröffentlichen zu vermeiden.[103]

Die einseitige Veröffentlichungspflicht führt zu zwei wesentlichen Problemen, die zum Teil noch ungelöst sind:

Allen Beteiligten stellt sich zunächst das Problem, dass zur Beurteilung der eigenen Veröffentlichungspflicht die Information vorliegen muss, ob die Gegenpartei in dem betreffenden Finanzinstrument als systematischer Internalisierer auftritt. Die Verpflichtung für systematische Internalisierer, die verkaufende Gegenpartei zu informieren, ist nicht sonderlich hilfreich, da diese erst nach Abschluss des Geschäfts und nach Durchführung der Veröffentlichung eintritt und somit i. d. R. nicht innerhalb der eigenen Veröffentlichungsfristen vorliegt oder berücksichtigt werden kann. ESMA hatte ursprünglich geplant, eine zentrale Datenbank zu veröffentlichen, die alle systematischen Internalisierer auf Finanzinstrumentenebene beinhaltet. Diese „golden SI Source" wurde – trotz massiver Forderungen der Industrieverbände – aufgrund von Ressourcenmangel jedoch nicht umgesetzt. Das von ESMA veröffentlichte Register der systematischen Internalisierer führt lediglich jede Wertpapierfirma als systematischen Internalisierer auf, die in nur einem einzigen Instrument als systematischer Internalisierer agiert. Das Problem, den SI-Status der Gegenpartei auf Instrumentenebene zu erhalten, wird dadurch nicht gelöst.

Da es sich hierbei um ein industrieweites Problem handelt, sind die nationalen Aufsichtsbehörden sich bewusst, dass es in Folge der Nichtveröffentlichung der „Golden SI Source" zwangsläufig zu Über- bzw. Unterveröffentlichungen kommen wird. Regulatorische Strafmaßnahmen sind in diesem Bereich bis zur Klärung des Problems daher nicht zu erwarten. Es werden derzeit mehrere Lösungsmöglichkeiten diskutiert, wie beispielsweise die Nutzung aller bei den APAs zusammenlaufenden Informationen oder die Zwischenschaltung von industrieweiten Datenbanken wie Bloomberg oder ISDA Amend. Es ist jedoch nicht zu erwarten, dass sich ein industrieweiter Standard unmittelbar nach Inkrafttreten von MiFID II und MiFIR herauskristallisiert, sondern es noch einige Zeit dauern wird, bis das Problem zuverlässig gelöst werden kann. Auch andere Varianten wie der automatisierte,

---

103 Art. 12(5) RTS 1, Art. 7(6) RTS 2.

individuelle Austausch des SI Status vor Abschluss eines Geschäfts über das elektronische FIX messaging kann das Problem nicht umfassend lösen, da bspw. alle telefonisch abgeschlossenen Geschäfte davon nicht erfasst werden können.

56 Als weiteres Problem existiert die unklare Definition des Verkäufers bei einigen Finanzinstrumenten, wie beispielsweise bei Swaps, Swaptions, Futures und Forwards. Da hier gegenläufige Geschäfte abgeschlossen werden, ist eine klare Unterscheidung nicht möglich, da beide Gegenparteien zugleich Käufer und Verkäufer von Bestandteilen der Transaktion sind. Dieses Problem gilt auch bei der Betrachtung von Transaktionspaketen. ESMA hat dieses Problem größtenteils geklärt, indem sie in ihren Q&As[104] darauf verweist, dass in den Fällen, in der Verkäufer nicht klar definiert ist, die Bestimmungen in RTS 22 gelten sollen, in denen eine Vielzahl von Szenarien besprochen und die Position des Verkäufers geklärt wird.[105] Für Transaktionspakete verbleiben in der Praxis weiterhin schwierige und ungeklärte Szenarien, die sich negativ auf eine ordnungsgemäße Veröffentlichung auswirken können.

3.6 Veröffentlichungskanal

57 Sobald ein Betreiber eines Handelsplatzes, ein systematischer Internalisierer oder eine betroffene Wertpapierfirma die erforderlichen Daten zeitgemäß an das APA übermittelt hat, enden die unmittelbaren Verpflichtungen dieser Beteiligten (sofern sich keine Änderungen an den übermittelten Daten ergeben). Die Nachhandelstransparenzvorgaben unter MiFIR sehen jedoch nicht vor, dass die APAs die Daten direkt an den Markt weitergeben, sondern diese an einen sog. „Bereitsteller konsolidierter Datenträger" (consolidated tape provider, „CTP") weiterleiten, der diese Daten in einem kontinuierlichen Live-Datenstrom konsolidiert, über den die Preis- und Handelsvolumendaten pro Finanzinstrument für die Marktteilnehmer abrufbar sind.

| Handelsplatzbetreiber, systematischer Internaliserer, Wertpapierfirma | APA | CTP | Marktteilnehmer |

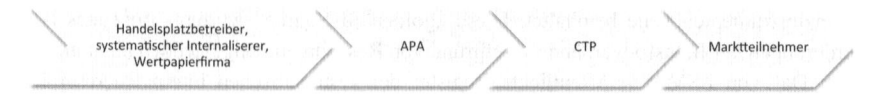

Abb. 2: Veröffentlichungskanal der Nachhandelstransparenzdaten
Quelle: Eigene Darstellung

3.7 Assisted Reporting

58 Da, wie in Kapitel 3.5 „Meldehierarchie" dargelegt, die Veröffentlichungspflicht auch Wertpapierfirmen treffen kann, die bisher keinen entsprechenden Pflichten unterlagen (wie beispielsweise Asset Manager und andere Buy-Side Firmen, die mit Nichteigenkapitalinstrumenten handeln), stellt sich aufgrund der erheblichen Investitionen in die IT-Infrastruktur für diese Beteiligten die Frage, ob sie auf die Unterstützung anderer Firmen (beispiels-

---

104 *ESMA*, Q&A on MiFID II and MiFIR transparency topics, ESMA70-872942901-35, i.d.F. v. 15.11.2017, Frage 3a auf S.19ff., https://www.esma.europa.eu/sites/default/files/library/esma70-87294290135_qas_transparency_issues.pdf.
105 Delegierte Verordnung (EU) 2017/590, Anhang I, Tabelle 2, Feld 16.

weise der Broker auf der Sell-Side) zurückgreifen können (sog. Assisted Reporting), um deren Infrastruktur für die Veröffentlichung der Transaktionsdaten an ein APA zu nutzen. ESMA hat ein entsprechendes Outsourcing an Dritte grundsätzlich bejaht, aber gleichzeitig festgehalten, dass ein solches assisted reporting die Wertpapierfirma, die ursprünglich von der Veröffentlichungspflicht betroffen ist, nicht von ihren aufsichtsrechtlichen Pflichten entbindet und dass die betroffene Wertpapierfirma stets für die ordnungsgemäße Veröffentlichung durch die Drittpartei verantwortlich ist und bei fehlerhafter Veröffentlichung haftbar gemacht werden kann.[106]

3.8 Extraterritorialität

Offen bleibt bisher noch die Frage, in welchen Fällen die Transparenzpflichten unter MiFIR bestehen, wenn es sich um grenzüberschreitende Transaktionen mit Beteiligten außerhalb der EU handelt. *59*

Grundsätzlich gilt, dass wenn es sich bei einem der Beteiligten um eine in der EU niedergelassene Wertpapierfirma, einen systematischen Internalisierer oder einen EU-Handelsplatz handelt, das Nachhandelstransparenzregime unter MiFIR greift. Jedoch hat ESMA eine Meinung veröffentlicht, in der sie klärt, wie Transaktionen, die von einer EU-Firma auf einem Handelsplatz oder mit Investmentfirmen eines Drittstaats abgewickelt werden, zu behandeln sind.[107]

Im Fall von echten OTC Geschäften mit einer nicht-EU Wertpapierfirma gelten für die EU-Firma die Nachhandelstransparenzregeln und die EU-Firma muss die entsprechende Veröffentlichung vornehmen. Für den Fall, dass die Transaktion auf einem Handelsplatz in einem Drittsaat durchgeführt wird, muss unterschieden werden, ob der Handelsplatz in seinem Drittstaat vergleichbaren Transparenzverpflichtungen unterliegt oder ob nicht. Wenn eine vergleichbare Transparenzpflicht gegeben ist, muss das Geschäft nicht durch die EU-Firma veröffentlicht werden, bei Nichtvorliegen eines äquivalenten Transparenzregimes bleibt die Veröffentlichungspflicht für die EU-Firma hingegen bestehen. *60*

ESMA hat sowohl die Kriterien, die ein Drittstaathandelsplatz für entsprechende Äquivalenzeinstufung erfüllen muss (Multilaterales System; Genehmigung durch nationale Aufsichtsbehörde, die ein Unterzeichner des IOSCO Memorandum of Understanding on Consultation and Cooperation and the Exchange of Information sein muss; Vorliegen eines Nachhandelstransparenzregimes mit zeitnaher Veröffentlichungspflicht), benannt, als auch Veröffentlichung einer Liste mit allen als äquivalent zu betrachtenden Handelsplätzen angekündigt. Diese Liste ist jedoch problematischer Weise noch nicht erschienen und wird erst sehr kurzfristig vor Inkrafttreten von MiFID II erwartet. Firmen müssen in der Zwischenzeit selber eine Äquivalenzeinschätzung treffen, wobei davon auszugehen ist, *61*

---

106 *ESMA*, Q&A on MiFID II and MiFIR transparency topics, ESMA70-872942901-35, i.d.F. v. 15.11.2017, Frage 3b auf S.19 und 21, https://www.esma.europa.eu/sites/default/files/library/esma70-872942901-35_qas_transparency_issues.pdf.
107 *ESMA*, Opinion: Determining third-country trading venues for the purpose of transparency under MiFID II/MiFIR, ESMA70-154-165, 31.05.2017, https://www.esma.europa.eu/sites/default/files/library/esma70-154-165_smsc_opinion_transparency_third_countries.pdf.

dass Handelsplätze, die bezüglich der Handelspflicht als gleichwertig eingestuft werden, auch für den Zweck der Transparenzpflichten als äquivalent zu betrachten sein dürften. ESMA hat sich in ihren Q&As auch mit der Frage beschäftigt, wie Transaktionen mit (nichtselbstständigen) EU-Niederlassungen oder (selbstständigen) EU-Tochterfirmen von nicht EU-Firmen oder Transaktionen mit nicht-EU Niederlassungen und Nicht-EU Tochterfirmen von EU-Firmen zu bewerten sind.[108] Die folgende Tabelle fasst die von ESMA gegebenen Vorgaben zusammen und zeigt auf, in welchen Konstellationen diese Beteiligten den Transparenzpflichten unter MiFID II und MiFIR unterliegen. Für die detaillierte Besprechung der Fallkonstellationen sei auf S. 55 f. der ESMA Q&As verwiesen. Die Darstellung gilt sowohl für Vor- als auch für Nachhandelstransparenzpflichten.

Tab. 3: Anwendbarkeit der Transparenzregeln bei extraterritorialen Konstellationen[1]

	Wertpapierfirma (IF)	Gegenpartei/ Kunde	Ausführungsort	MiFIR Transparenzpflicht
1.	EU-IF	EU/nicht-EU	äquivalenter Handelsplatz in Drittstaat	Nein
2.	EU-IF	nicht-EU	OTC	Ja
3.	nicht-EU Niederlassung von EU-IF	EU/nicht-EU	äquivalenter Handelsplatz in Drittstaat	Nein
4.	nicht-EU Niederlassung von EU-IF	nicht-EU	OTC	Ja
5.	nicht-EU Tochterfirma von EU-IF	EU/nicht-EU	nicht-EU Handelsplatz/OTC	Nein
6.	nicht-EU Tochterfirma von EU-IF	EU/nicht-EU	EU Handelsplatz	Ja
7.	nicht-EU Firma	EU/nicht-EU	EU Handelsplatz	Ja
8.	EU-Niederlassung von nicht-EU Firma	EU/nicht-EU	EU Handelsplatz	Ja
9.	EU-Niederlassung von nicht-EU Firma	EU/nicht-EU	äquivalenter Handelsplatz in Drittstaat	Nein
10.	EU-Niederlassung von nicht-EU Firma	nicht-EU	OTC	Ja

---

108 *ESMA*, Q&A on MiFID II and MiFIR transparency topics, ESMA70-872942901-35, i. d. F. v. 15.11.2017, Frage 2 auf S. 53 ff., https://www.esma.europa.eu/sites/default/files/library/esma70-872942901-35_qas_transparency_issues.pdf (letzter Abruf am 12.04.2018).

II.B.4 Transparenzpflichten (Vor- und Nachhandelstransparenz unter MiFID II)

	Wertpapierfirma (IF)	Gegenpartei/ Kunde	Ausführungsort	MiFIR Transparenzpflicht
11.	EU Tochterfirma von nicht-EU Firma	EU/nicht-EU	EU Handelsplatz	Ja
12.	EU Tochterfirma von nicht-EU Firma	EU/nicht-EU	äquivalenter Handelsplatz in Drittstaat	Nein
13.	EU Tochterfirma von nicht-EU Firma	nicht-EU	OTC	Ja

1   In Anlehnung an *ESMA*, Q&A on MiFID II and MiFIR transparency topics, ESMA70-872942901-35, i. d. F. v. 15.11.2017, S. 55, https://www.esma.europa.eu/sites/default/files/library/esma70-872942 901-35_qas_transparency_issues.pdf (letzter Abruf am 12.04.2018).

3.9 Herausforderungen

Abschließend gilt es kurz die Herausforderungen zusammenzufassen, denen sich die betroffenen Firmen bei der Umstellung auf das neue Nachhandelstransparenzregime unter MiFIR ausgesetzt sehen. 63

Bereits angesprochen wurde das industrieweite Problem der Abwesenheit einer zentralen Datenbank mit dem SI Status jeder Firma auf Ebene der einzelnen Finanzinstrumente, die für eine korrekte Bestimmung der Meldehierarchie unumgänglich wäre. Auch die Unklarheiten bei der eindeutigen Identifikation des Verkäufers bei ausgewählten Finanzinstrumenten wurde in Kapitel 3.5 bereits angesprochen. Wie in Kapitel 3.4 dargelegt wurde, können unterschiedliche Genehmigungen der zuständigen Behörden in Bezug auf die Möglichkeiten der aufgeschobenen Veröffentlichungen zu regulatorischer Arbitrage führen. Schließlich wurde in Kapitel 3.8 auf das Problem hingewiesen, dass ESMA bis dato noch keine Liste mit als äquivalent einzuordnenden Drittstaathandelsplätzen veröffentlicht hat und somit die betroffenen Firmen zwingt, eigenständige und mit regulatorischer Unsicherheit belegte Einstufungen selber vorzunehmen.

Darüber hinaus sieht sich die Industrie mit weiteren Herausforderungen konfrontiert, die insb. die IT-Infrastruktur betreffen, da die Anforderungen an die Datenerfassung wesentlich ausgeweitet wurden. Schließlich kann es auch zu Problemen kommen, die Veröffentlichungen zeitgerecht durchzuführen, sobald bspw. komplexere Transaktionen betroffen sind, die eine manuelle Dateneingabe oder -freigabe erfordern. Aufgrund mangelnder regulatorischer Vorgaben ist weiterhin die Behandlung von Transaktionspaketen mit großer Unklarheit für die betroffenen Firmen versehen. 64

4 Zusammenfassung

Die Transparenzpflichten unter MiFID II stellen große Herausforderungen für die betroffenen Unternehmen dar, die signifikante Investitionen vornehmen müssen, um ab 03.01.2018 rechtskonformes Verhalten gewährleisten zu können. Dabei werden insb. die 65 angesprochenen und noch ungeklärten Aspekte der Nachhandelstransparenz Regulatoren und Industrie auch noch nach dem Inkrafttreten von MiFID II und MiFIR beschäftigen.

Der Gesetzgeber hat insgesamt aber eine ausgewogene Balance zwischen Transparenz und Schutz der Wertpapierfirmen gefunden. Deutlich erhöhten Transparenzanforderungen, die einer besseren Preisfindung und einer Vergleichbarkeit der Märkte und somit dem Anlegerschutz dienen, stehen weitreichende Ausnahmen gegenüber, die schutzwürdige Interessen der Wertpapierfirmen berücksichtigen und Einschränkung der Liquidität vorbeugen sollen.

II.B.5

Algorithmischer Handel und Hochfrequenzhandel

Stephan Peterleitner

Inhaltsübersicht

1	Einleitung	1–2
2	Begriffsdefinitionen	3–5
2.1	Abgrenzung Algorithmischer Handel vs. Hochfrequenzhandel	
2.2	Algorithmischer Handel	3
2.3	Hochfrequenzhandel	4
2.4	Direkter Elektronischer Zugang	5
3	Strategien im Algorithmischen Handel und Hochfrequenzhandel	6–9
3.1	Allgemein	6
3.2	Arbitragestrategie	7–8
3.3	Liquiditätsbereitstellung mittels Algorithmen	9
4	Risiken des Algorithmischen Handel und Hochfrequenzhandel	10–18
4.1	Marktmissbräuchliche Strategien	10–15
4.2	Flash Crash	16
4.3	Systemrisiko	17
4.4	Risiko Algorithmus	18
5	Regulatorische Entwicklungen	19–56
5.1	USA	19–23
5.2	Europa – European Securities and Markets Authority	24
5.3	Bundesrepublik Deutschland – HFT-Gesetz & BaFin RS 06/2013	25–39
5.4	Europa – Markets in Financial Instruments Directive II (MiFID II)	40–56
6	Fazit	57
7	Literaturverzeichnis	

1 Einleitung

Es sollten die Geschehnisse des 06.05.2010 gewesen sein, die im Nachhinein betrachtet der Auslöser dafür waren, dass der Algorithmische Handel im Allgemeinen und der Hochfrequenzhandel im Besonderen in das Interesse der Öffentlichkeit sowie der Regulatoren rückten.

Was war passiert?

An jenem 06.05.2010 kam es in den wichtigsten Indizes der US-Märkte zu dramatischen Kursverfällen und damit einhergehend zur höchsten Volatilität in deren Geschichte.[1] Innerhalb weniger Minuten sank der S&P 500 um fast 6 %, konnte sich aber in den folgenden 30 Minuten wieder erholen. Der Dow Jones Industrial Average verlor zeitweise sogar mehr als 9 % respektive ca. 1.000 Punkte. Das Handelsvolumen an diesem Tag betrug ein Vielfaches des sonst normalen Durchschnitts. Viele Aktien fielen temporär auf einen Bruchteil ihres ursprünglichen Börsenkurses, vereinzelt betrug der Kursrückgang sogar annähernd 99 %.

Dieses Phänomen ist in der Finanzbranche unter dem Begriff „Flash Crash" bekannt. Hiermit bezeichnet man sehr starke Kurseinbrüche, die nur wenige Minuten andauern und denen meist ähnlich schnelle Erholungen folgen.

Nicht als alleinige Verursacher aber mitverantwortlich für diesen Flash Crash v. 06.05.2010 wurden im Nachhinein der Algorithmische Handel und im Besonderen der Hochfrequenzhandel gemacht.[2]

Damit einhergehend kamen die Rufe nach einer verbesserten Aufsicht über den Algorithmischen Handel sowie den Hochfrequenzhandel auf, um die damit verbundenen Risiken für die Finanzmärkte besser unter Kontrolle zu haben. In den Folgejahren führte dies zu Reformen der entsprechenden Regularien sowohl in den USA als auch in Deutschland und nicht zuletzt mit der MiFID II in ganz Europa.

1　Vgl. *Kirilenko/Kyle/Samadi/Tuzun*: The Flash Crash, The Impact of High Frequency Trading on an Electronic Market, 2014.
2　Vgl. Report CFTC and SEC, Findings Regarding the Markets Events of May 6, 2010, abrufbar unter https://www.sec.gov/news/studies/2010/marketevents-report.pdf (letzter Abruf am 16.12.2017).

2 Begriffsdefinitionen
2.1 Abgrenzung Algorithmischer Handel vs. Hochfrequenzhandel

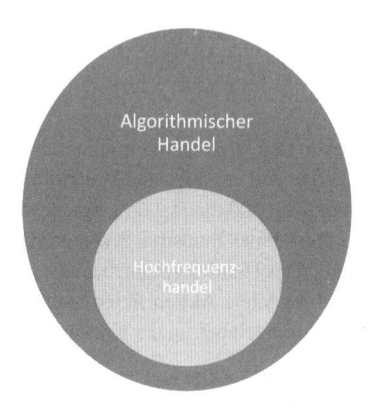

Abb. 1: Algorithmischer Handel vs. Hochfrequenzhandel
Quelle: Eigene Darstellung

2.2 Algorithmischer Handel

3   Unter dem Begriff Algorithmischer Handel ist der Handel mit einen Finanzinstrument definiert, bei dem die einzelnen Auftragskomponenten automatisch von einem Computeralgorithmus bestimmt werden, z. B.
– ob ein Auftrag eingeleitet werden soll
– Zeitpunkt, Preis (Limit) respektive Quantität (Nominale/Stück) des Auftrags

oder wie der Auftrag nach seiner Einreichung
– mit eingeschränkter oder
– gar keiner menschlichen Beteiligung (Intervention)

bearbeitet werden soll. Unter Ausschluss von Systemen, die nur zur
– Weiterleitung von Aufträgen zu einem oder mehreren Handelsplätzen
– Bearbeitung von Aufträgen ohne Bestimmung von Auftragsparametern
– Bestätigung von Aufträgen oder
– Nachhandelsbearbeitung ausgeführter Aufträge verwendet werden.[3]

> **Praxis-Tipp:**
> Die rein automatische Quotierung auf OTC-Märkten ohne direkte Orderausführung führt nicht automatisch zur Umsetzung der Anforderungen hinsichtlich des Algorithmischen Handels.

---

3   Vgl. Art. 4 Abs. 1 Nr. (39) der Richtlinie 2014/65/EU (MiFID II).

Auch fällt die Nutzung einer Chartsoftware, die so programmiert ist, dass sie stets einen akustischen und/oder visuellen Hinweis gibt, sobald der Kurs eines Finanzinstrumentes ein gewisses Muster generiert oder gleitende Durchschnitte schneidet, nicht in den Anwendungskreis des Algorithmischen Handels, sofern darauf basierend keine Entscheidungen ohne menschliche Intervention veranlasst werden

Zudem stellt die ESMA in ihren Q&A zur Implementierung der MiFID II klar, dass: Algorithmen, die lediglich dem Zweck dienen, den Händler auf ein Ereignis hinzuweisen, die Orderausführung aber noch manuell durch den Händler selbst erfolgt, nicht unter den Tatbestand des algorithmischen Handels fallen.[4]

2.3 Hochfrequenzhandel

Der Hochfrequenzhandel ist eine Unterform des Algorithmischen Handels. Diese hochfrequente algorithmische Handelstechnik ist durch folgende Merkmale gekennzeichnet:[5]

- Eine Infrastruktur, die auf eine Minimierung von Netzwerklatenzen und anderen Latenzen bei der Orderübertragung abzielt und sich dabei mind. eine der nachfolgenden Vorrichtungen bei der Eingabe algorithmischer Aufträge bedient:
- Kollokation:

    Darunter versteht man, dass Börsen und multilaterale Handelssysteme den Marktteilnehmern erlauben, ihre Computersysteme in unmittelbarer räumlicher Nähe der Computer des Handelsplatzes aufzustellen, der die Aufträge miteinander abgleicht (Matching-Engine).

- Proximity Hosting:

    Im Gegensatz zur Kollokation versteht man unter Proximity Hosting, die Unterbringung/Bereitstellung von Computersystemen nicht mehr im selben Rechenzentrum wie die Computer des Handelsplatzes, jedoch weiterhin in unmittelbarer örtlicher Nähe zur Matching-Engine.

- Direkter Elektronischer Zugang mit Hochgeschwindigkeit:

    Hierunter fallen Verbindungen, die eine Übermittlung von Mitteilungen, inklusive Einleitung, Änderung oder Löschen von Aufträgen in Sekundenbruchteilen ermöglichen (Übertragene Datenmenge pro Sekunde (Bandbreite) $\geq$ 10 Gigabit pro Sekunde).[6]

---

4   Vgl. Question 8 der Q&A on MiFID II and MiFIR market structures topics, abrufbar unter https://www.esma.europa.eu/sites/default/files/library/esma70-872942901-38_qas_markets_structures_issues.pdf (letzter Abruf am 16.12.2017).
5   Vgl. Art. 4 Abs. 1 Nr. (40) der Richtlinie 2014/65/EU (MiFID II).
6   Vgl. BaFin, Häufig gestellte Fragen zum HFT-Gesetz, Stand 28.02.2014, S. 9, abrufbar unter https://www.bafin.de/SharedDocs/Downloads/DE/FAQ/dl_faq_hft.pdf;jsessionid= 440EAD8839CEA13D5B95EC2002AC4488.2_cid363?__blob=publicationFile&v=1 (letzter Abruf am 16.12.2017).

- Die Entscheidung des Systems über die Initiierung, Generierung, das Weiterleiten („Routing") oder die Ausführung eines Auftrages ohne menschliches Zutun, und
- Ein hohes untertägiges Mitteilungsaufkommen in Form von Aufträgen, Quotes und Stornierungen
  - Dies besteht aus einer Übermittlung von durchschnittlich:
    - Mind. 2 Mitteilungen pro Sekunde in Bezug auf jedes einzelne Finanzinstrument, das an einem Handelsplatz gehandelt wird
    - Mind. 4 Mitteilungen pro Sekunde in Bezug auf alle Finanzinstrumente, die an einem Handelsplatz gehandelt werden.[7]

2.4 Direkter Elektronischer Zugang

5   Direkter Elektronischer Zugang ist definiert als eine Regelung, in deren Rahmen ein Mitglied, ein Teilnehmer oder ein Kunde („Member") eines Handelsplatzes einem anderen („Dritter") die Nutzung seines Handelscodes erlaubt, damit dieser Aufträge elektronisch direkt an den Handelsplatz übermitteln kann einschließlich der Vereinbarungen, bei denen

- die Nutzung der Infrastruktur bzw. irgendeines Verbindungssystems des „Member" durch den „Dritten" zur Übermittlung von Aufträgen Bestandteil der Vereinbarungen ist (direkter Marktzugang) oder
- eine solche Infrastruktur durch den „Dritten" nicht genutzt wird (geförderter Marktzugang).[8]

3 Strategien im Algorithmischen Handel und Hochfrequenzhandel

3.1 Allgemein

6   Unabdinglich für die Wirksamkeit und damit verbunden die Rentabilität einer Strategie des Algorithmischen Handel und Hochfrequenzhandel ist das Thema Geschwindigkeit.

Viele der Strategien basieren darauf, gegenüber dem Markt und somit anderen Marktteilnehmern einen Informationsvorsprung zu haben und durch diesen mit darauf aufbauenden Transaktionen davon zu profitieren.

Sobald der Informationsvorsprung einzelner Teilnehmer nicht mehr exklusiv und somit im Markt eingepreist ist, kann mit der ursprünglichen Information kein Profit mehr erzielt werden.

Dies führte zu einem Wettlauf der Algorithmischen Händler und Hochfrequenz Händler hinsichtlich einer schnellen Informationserkennung, -verarbeitung und nachgelagerten Orderausführung. Ergebnis war ein Wettrüsten in Sachen Rechenleistung. Das Thema Latenz wurde elementar und uferte in Faktoren wie bspw. Kollokation und Proximity Hosting aus.

---

7   Vgl. Art. 19 Abs. 1 der Verordnung (EU) 2017/565 zur Ergänzung der Richtlinie 2014/65/EU (MiFID II).
8   Vgl. Art. 4 Abs. 1 Nr. (41) der Richtlinie 2014/65/EU (MiFID II).

3.2 Arbitragestrategie

Unter Arbitrage oder gar einer Arbitragestrategie versteht man das Ausnutzen von Kursdifferenzen an unterschiedlichen Handelsplätzen. 7

In wenigen Millisekunden, die vergehen, bis sich Kurse an verschiedenen Börsen aneinander angleichen, platzieren Algorithmische Händler respektive Hochfrequenzhändler an langsamer reagierenden Börsen Orders und kaufen oder verkaufen Papiere zu Preisen, die eigentlich durch die Entwicklung des Marktes bereits veraltet sind, um sie dann nach Adjustierung zum aktualisierten Preis wieder zu verkaufen oder zu kaufen.

Mittels der hohen Rechenleistung ist es diesen Akteuren möglich, permanent viele Märkte (Börsen, MTFs, Dark Pools) zu überwachen und Arbitragemöglichkeiten zu erkennen. In dem Moment, indem eine Arbitragemöglichkeit festgestellt wurde, kauft bspw. der Algorithmus am billigeren Markt (x) und verkauft gleichzeitig dasselbe Papier zum höheren Preis am Markt (y). Der Gewinn resultiert aus der Differenz zwischen den beiden Preisen (Transaktionskosten außen vor).

Eine Weiterentwicklung dieser Strategie liegt im strategischen Arbitragehandel. Hierbei 8
wird die historische Wertentwicklung zweier Wertpapiere betrachtet und deren Korrelation bestimmt. Steigt in der Folge der Börsenpreis für Wertpapier (x), sinkt Wertpapier (y) entsprechend aufgrund seiner Korrelation zu Wertpapier (x). Entsprechend der historischen Korrelation werden je nach Kursentwicklung Long und Short Positionen in den beiden Wertpapieren aufgebaut.

Aufgrund der zur Verfügung stehenden Rechenleistung werden höchstkomplexe Risikomessungen durchgeführt und zudem Programme zur Risikominimierung angewendet. Im Ergebnis bietet sich so die Möglichkeit, einen strategischen Arbitragehandel mit einem entsprechend großen Portfolio durchzuführen.

3.3 Liquiditätsbereitstellung mittels Algorithmen

Während in früheren Jahren die Liquiditätsbereitstellung vorwiegend durch beauftragte 9
Market Maker erfolgte, übernimmt die Rolle zusehends der Algorithmische Handel sowie der Hochfrequenzhandel. Hierbei agieren diese sozusagen wie Market Maker.

Ein Market Maker ist definiert als Akteur, der Liquidität bereitstellt, um zum aktuellen Börsenpreis eine gewisse Anzahl an Stücken eines bestimmten Wertpapiers zu kaufen oder zu verkaufen.

Während Market Maker einen Vertrag mit einem Handelsplatz eingehen und sich dabei verpflichten, auch in schwierigen Marktsituationen Liquidität bereitzustellen, obliegen Algorithmische Händler sowie Hochfrequenzhändler dieser Verpflichtung nicht.

Dies hat zur Folge, dass Algorithmische Händler sowie Hochfrequenzhändler sich in schwierigen Marktsituationen, d.h. in Zeiten hoher Volatilität, eher zurückziehen und somit zu einer Liquiditätsverknappung beitragen.

Allerdings bleibt festzuhalten, dass infolge der Zunahme des Algorithmischen Handel und des Hochfrequenzhandel sich die Liquidität an den Märkten deutlich verbessert hat.

4 Risiken des Algorithmischen Handel und Hochfrequenzhandel

4.1 Marktmissbräuchliche Strategien

10 Im Gegensatz zu den im vorangegangenen Kapitel dargelegten Praktiken des Algorithmischen Handel und Hochfrequenzhandel, die für sich genommen keine missbräuchlichen Aktivitäten darstellen, bieten der Algorithmische Handel und der Hochfrequenzhandel aber durchaus auch Möglichkeiten für unerlaubte marktmissbräuchliche Strategien. Durch Händler werden entsprechende Strategien verfolgt, die darauf abzielen, den Handel gezielt zu stören, um so manipulativ Einfluss auf die Preisfindung oder die Orderabwicklung zu nehmen.

4.1.1 Ping-Aufträge

11 Unter Ping-Aufträgen versteht man die Eingabe kleiner Aufträge, um den Grad der verdeckten Aufträge in einem Orderbuch festzustellen. Diese Strategie wird vor allem dazu verwendet, um einzuschätzen, welche Positionen auf einer „Dark Platform" verbleiben.

4.1.2 Quote Stuffing

12 Als Quote Stuffing wird das Platzieren einer sehr großen Anzahl von Aufträgen und Auftragsstornierungen an einem Handelsplatz bezeichnet. Mit dieser Strategie können unterschiedliche Ziele verfolgt werden.

Zum einen kann Quote Stuffing dazu eingesetzt werden, den Handel eines Finanzinstruments an einem bestimmten Handelsplatz für einen minimalen Bruchteil zu verzögern, indem eine Vielzahl an Orders (sog. Spam-Orders) platziert und umgehend wieder storniert werden. Dies hat zur Folge, dass die Verarbeitungskapazität der Börsen-EDV überfordert ist. Die daraus resultierende Verzögerung des Handels um wenige Millisekunden, die zur Abarbeitung der Spam-Orders benötigt werden, ist für die restlichen Handelsteilnehmer im Normalfall nicht wahrnehmbar. Sie kann aber von dem Händler ausgenutzt werden, der die Spam-Orders initiiert hat, um so an einem anderen Handelsplatz in demselben Finanzinstrument eine Transaktion zu einem aktuelleren Kurs zu tätigen. Damit kann eine künstliche Latenz an einem Handelsplatz erzeugt werden, um in der Folge risikofrei Arbitrage zu betreiben.

Zum anderen kann Quote Stuffing dazu verwendet werden, um algorithmische Handelsprogramme anderer Hochfrequenzhändler bei deren Marktanalyse zu stören. Hierbei wird eine Vielzahl an Orders zuerst aufgegeben und umgehend wieder storniert, um einen Datenstrom zu generieren, den die Handelsprogramme der anderen Händler zunächst erst einmal verarbeiten müssen, um zu bestimmen, welche Aufträge im Handelssystem echt und welche Teil des Quote Stuffings sind. Dahingehend weiß der Algorithmus, der das Quote Stuffing hervorgerufen hat, von Beginn an, welche Orders echt sind, und gewinnt dadurch einen entscheidenden Zeitvorteil gegenüber den anderen Hochfrequenzhändlern.[9]

---

9 Vgl. *Kasiske*: Marktmissbräuchliche Strategien im Hochfrequenzhandel, in: WM 41/2014, S. 1933.

4.1.3 Spoofing

Beim Spoofing wird eine Anzahl großvolumiger Aufträge platziert, deren Ausführung nicht beabsichtigt ist. Dem Markt wird damit eine in der Realität nicht vorhandene Liquidität vorgetäuscht. Die Handelsteilnehmer sollen dadurch zu Transaktionen im Sinne des Initiators der Spoofing-Orders animiert werden, die sie nicht vorgenommen hätten, sofern sie nicht die durch die Fake-Orders verzerrte Orderbuchsituation als Grundlage ihrer Entscheidung herangezogen hätten.

13

Die Strategie zielt somit darauf ab, einen unzutreffenden Eindruck hinsichtlich des Angebotes oder der Nachfrage für ein bestimmtes Finanzinstrument zu erwecken, um dann für eigene Transaktionen ausgenutzt werden zu können.[10]

4.1.4 Layering

Eine Spezialform des Spoofings stellt das sog. Layering dar. Hierbei werden in sehr kurzen Zeitabständen mehrere Fake-Orders für ein Finanzinstrument mit einem jeweils an- oder absteigenden Limit platziert. Den anderen Marktteilnehmern wird dadurch suggeriert, dass sich der Kurs des Finanzinstruments in eine bestimmte Richtung bewegt, wodurch sie zu Transaktionen veranlasst werden sollen, die im Interesse des Initiators des Layerings sind.

14

> **Beispiel:**
> Im Jahr 2013 verhängten die britischen und US-amerikanischen Aufsichtsbehörden Geldbußen gegen einen Hochfrequenzhändler wegen Marktmanipulation. Der Händler hatte im Wege des algorithmischen Handels folgende Strategie verfolgt:
>
> Er platzierte zunächst eine kleine Order, die tatsächlich zur Ausführung gelangen sollte, z. B. den Kauf von 10.000 Stück des Papiers X zum Preis von 10,00 €. Daneben platzierte er eine Serie großvolumiger Orders zum Verkauf des Papiers X zu einem jeweils abfallenden Limit, die allerdings von vornherein nicht zur Ausführung gelangen sollten. Andere Marktteilnehmer – in der Regel andere Hochfrequenzhändler, deren Algorithmen die Orderbücher nach auffälligen Orders scannten – interpretierten diese Orders als Signal für einen Preisverfall bei Papier X und veranlassten daher den Verkauf von 10.000 Stück von Papier X zum Preis von 10,00 € an den Initiator des Layerings. Diese Transaktion führte dazu, dass dessen Algorithmus die großvolumigen Fake-Orders sofort stornierte.
>
> Sodann wiederholte der Algorithmus das Manöver umgehend allerdings unter verkehrten Vorzeichen. Er platzierte somit eine Verkaufsorder von 10.000 Stück des Papiers X mit einem Limit von 10,02 € und parallel eine Serie großvolumiger Orders mit aufsteigendem Limit, die den anderen Marktteilnehmern nun ein steigendes Kaufinteresse suggerierten, sodass die 10.000 Stück aus dem Bestand des Initiators des Layerings umgehend einen Abnehmer fanden.

---

10 Vgl. *Kasiske*: Marktmissbräuchliche Strategien im Hochfrequenzhandel, in: WM 41/2014, S. 1933.

> Kauf und Verkauf der Papiere erfolgten innerhalb von weniger als einer Sekunde. Zwar betrug der Gewinn aus dieser Strategie jeweils lediglich ca. 200 €, da sie an jedem Handelstag aber mehrfach durchgeführt werden konnte, erzielte der Händler damit in einem Zeitraum von sechs Wochen einen Erlös von ca. 276.000 €.[11]

4.1.5 Momentum Ignition

15 Der im oben genannten Beispiel dargestellte Händler begnügte sich damit, mehrfach Transaktionen innerhalb einer sehr geringen Preisspanne zu veranlassen, um damit einen Gewinn zu erzielen.

Spoofing und Layering können allerdings auch dazu eingesetzt werden, das Anlageverhalten einer größeren Anzahl von Handelsteilnehmern zu beeinflussen, indem diesen durch Fake-Orders das Vorhandensein eines bestimmten Markttrends, bspw. eines Kursanstiegs, suggeriert wird. Sobald die anderen Handelsteilnehmer hierauf in großer Zahl mit Käufen reagieren, führt dies tatsächlich zu einem realen Kursanstieg, den der Händler zur Auflösung von einer zuvor zu einem günstigeren Kurs aufgebauten Position nutzen kann.

Ziel dieser als Momentum Ignition bezeichneten Strategie ist es, nach Art einer sich selbst erfüllenden Prophezeiung, einen Markttrend künstlich herbeizuführen und damit im Gegensatz zu den unter 4.1.3 und 4.1.4 beschriebenen Strategien tatsächlich auf den Börsenpreis eines Finanzinstruments einzuwirken.[12]

4.2 Flash Crash

16 Wie eingangs dargestellt, kam es am 06.05.2010 an den US Börsen zu einem dramatischen Kursverfall, der sich nicht durch normales Handelsverhalten oder besondere Ereignisse erklären ließ. Dieses Marktereignis ging als Flash Crash in die Geschichte ein. Im Nachhinein wurden hierfür zwar nicht als alleinige Verursacher aber jedoch mitverantwortlich der Algorithmische Handel und im Besonderen der Hochfrequenzhandel gemacht.[13]

Durch Wechselwirkungen mit Handelsprogrammen anderer Marktteilnehmer und den daraus resultierenden positiven Rückkoppelungen kam es innerhalb von 36 Minuten zu einer außergewöhnlich hohen Volatilität.[14]

---

11 Vgl. Pressemitteilung der FCA v. 22.07.2013, abrufbar unter http://www.fca.org.uk/news/fca-fines-us-based-oil-trader (letzter Abruf am 16.12.2017).
12 Vgl. *Kasiske*: Marktmissbräuchliche Strategien im Hochfrequenzhandel, in: WM 41/2014, S. 1933.
13 Vgl. Report CFTC and SEC, Findings Regarding the Markets Events of May 6, 2010, abrufbar unter https://www.sec.gov/news/studies/2010/marketevents-report.pdf (letzter Abruf am 16.12.2017).
14 Vgl. *Kirilenko/Kyle/Samadi/Tuzun*, The Flash Crash, The Impact of High Frequency Trading on an Electronic Market, 2014.

Select Equity Indexes and Equity Index Futures
May 6, 2010
1-minute intervals

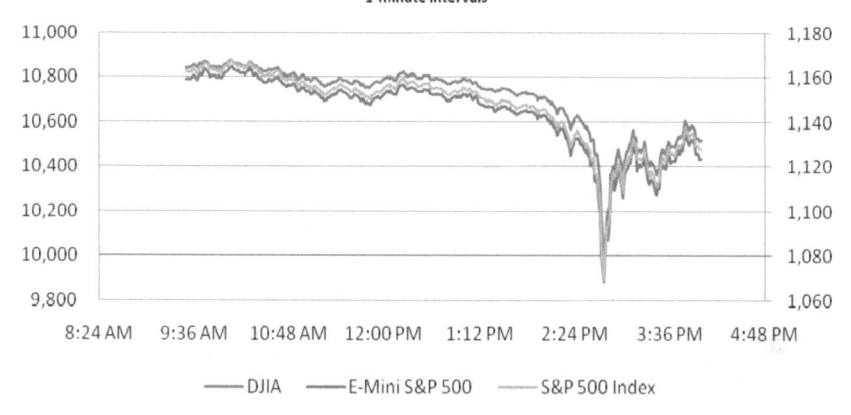

Abb. 2: Kursverlauf ausgewählter Aktien und Future Indizes, 06.05.2010
Quelle: CFTC, 2010a Findings Regarding the Markets Events of May, 6, 2010, abrufbar unter http:// www.cftc.gov/idc/groups/public/@otherif/documents/ifdocs/opa-jointreport-sec-051810.pdf (letzter am Abruf 16. 12. 2017)

Die Abb. 1 stellt die Indizesverläufe des Dow Jones Industrial Average, des E-Mini S&P 500 sowie des S&P 500 Index am 06.05.2010 im Zeitraum von 09:30 Uhr bis 15:54 Uhr dar. Bereits zwischen 09:30 Uhr bis 14:18 Uhr ist ein Abwärtstrend von ca. 2 % abzulesen. Allerdings nimmt dieser ab 14:18 Uhr exorbitant zu und endet schließlich mit einem extremen Kursverfall zwischen 14:32 Uhr und 14:45 Uhr. Im Anschluss daran können sich die Indizes wieder relativ schnell erholen.

Um seine Risiken im Portfolio abzusichern, wählte ein großer Marktteilnehmer einen automatischen Handelsalgorithmus, der zu einem Verkauf von 75.000 E-Mini S&P 500 Future Kontrakten führte (Gegenwert ca. 4,1 Mrd. US$; E-Mini S&P 500 Future Kontrakte werden ausschließlich elektronisch und mit einem 10 mal kleineren Nennwert als die original Parkett gehandelten S&P 500 Index Futures Kontrakte gehandelt). In der Folge führte dies zu einem extremen Ungleichgewicht im Orderbuch und dadurch zu einer größeren Spanne zwischen Geld-und Briefkurs. Durch die im Verhältnis zur platzierten Order geringe Liquidität im Orderbuch, begannen die Algorithmischen Händler und Hochfrequenzhändler, die sozusagen als Market Maker agierten, für ihre fortwährende Marktpräsenz eine höhere Entschädigung zu verlangen. Die Transaktionen der Händler hatten somit, anders als im Normalfall, einen direkten Einfluss auf den Preis, was den Preisrückgang des Marktes weiter beschleunigte und u. a. automatische Verkaufsorders auslöste.[15]

Um 14:45 Uhr schließlich wurde der Handel von der Chicago Mercantile Exchange nach einer Stopp Logik für fünf Sekunden ausgesetzt, um einen weiteren Preisverfall zu verhin-

---

15 Vgl. *Kirilenko/Kyle/Samadi/Tuzun*, The Flash Crash, The Impact of High Frequency Trading on an Electronic Market, 2014.

dern.[16] Neben der eigentlichen durch den Algorithmus ausgelösten Handelsaktivität im E-Mini S&P 500 Future setzte sich dieser Marktschock durch Marktteilnehmer, die Arbitragestrategien verwenden, auch auf anderen Handelsplätzen fort (vgl. Abb. 1).

4.3 Systemrisiko

17 Arbitragestrategien – wie unter 3.2 dargelegt – verringern Preisdifferenzen zwischen einzelnen Marktplätzen und verschiedenen Anlageklassen. Dies wiederum kann dazu führen, dass sich eine erhöhte Volatilität eines Einzelwertes, bspw. hervorgerufen durch den Verkauf größerer Wertpapierbestände, zu einem Marktschock entwickelt. Dies ist der verbesserten Marktdurchlässigkeit, die auf die strategische Arbitrage zurückzuführen ist, zuzurechnen.

Ein Problem besteht in der Interaktion von Algorithmen mit gleichen Strategien. Die Wahrscheinlichkeit einer höheren Relation der Entscheidungen von Algorithmen im Handel ist höher, als die Handelsentscheidungen von menschlichen Händlern. Dies resultiert aus dem Fakt, dass Computer vorprogrammiert werden müssen und ggf. gleich auf bestimmte (Handels-)Signale reagieren.[17] Diese Korrelation kann dazu führen, dass in angespannten Marktsituationen die Volatilität stärker ansteigt als es ohne den algorithmischen Handel der Fall wäre. Es besteht die Gefahr einer eigendynamischen Marktsituation (positive Rückkopplung). Die Koexistenz diverser Algorithmen verschiedener Anbieter lässt sich nur schwer in einer Testumgebung simulieren. Dies legt den Schluss nahe, dass es zu unvorhersehbaren, nicht beabsichtigten Interaktionen zwischen den Algorithmen kommen kann.

Ein weiteres Risiko besteht in der schnellen Reaktion der Hochfrequenzhändler. In einem Marktumfeld mit erhöhter Volatilität und einem unausgeglichenen Orderbuch, können Orders direkte Preisbewegungen auslösen, welche die Volatilität erhöhen. Die zusätzliche Volatilität lässt Hochfrequenzhändler schneller reagieren, was zu Spitzen in den Handelsvolumina führt und somit den Weg für Flash Crash Events bereitet.[18] Da die Algorithmen der Händler zumindest marginal unterschiedlich auf Stresssituationen (bspw. erhöhte Volatilität) reagieren, ist davon auszugehen, dass bei zunehmender Volatilität eine positive Rückkopplung der Handelsaktivität vorliegt.

4.4 Risiko Algorithmus

18 Jeder einzelne Algorithmus ist ein sehr komplexes Programm, das Marktdaten sowie Daten aus dem eigenen Portfoliobestand als Faktoren verwendet, auf deren Basis Berechnungen vornimmt und im Ergebnis daraus Orders generiert. Ob und wann eine Order generiert

---

16 Vgl. CFTC, 2010a Findings Regarding the Markets Events of May, 6, 2010, abrufbar unter http://www.cftc.gov/idc/groups/public/@otherif/documents/ifdocs/opa-jointreport-sec-051810.pdf (letzter Abruf am 16.12.2017).
17 Vgl. *Chaboud/Chiquoine/Hjalmarsson/Vega,* Rise of the Machines; Algorithmic Trading in the Foreign Exchange Market, 2014.
18 Vgl. *Kirilenko/Kyle/Samadi/Tuzun,* The Flash Crash, The Impact of High Frequency Trading on an Electronic Market, 2014.

wird, wird zuvor bei der Entwicklung des jeweiligen Algorithmus modellabhängig festgelegt.

Jedes Programm kann Fehler enthalten. Sofern diese Fehler nicht rechtzeitig erkannt werden, kann dies schwerwiegende Konsequenzen zur Folge haben, wie z. B. eine außergewöhnliche Marktsituation, die im Vorfeld der Einführung eines Algorithmus nicht entsprechend simuliert und somit ausreichend getestet wurde. In der Folge kann der Algorithmus Daten falsch interpretieren, fehlerhafte Orders in den Markt senden und damit erhebliche Positionen auf- oder abbauen und damit die Börsenpreise beeinflussen.

Geschwindigkeit und Technologie sind der maßgebliche Schlüssel für den Erfolg der Algorithmischen Händler und der Hochfrequenzhändler. Insofern ist es nur zu verständlich, dass der Code eines Algorithmus gehütet wird und nur wenigen Personen bekannt ist bzw. nur diese Zugang dazu haben. Es ist davon auszugehen, dass aufgrund der hohen Verlustrisiken eine besondere Sorgfalt bei der Programmierung an den Tag gelegt wird, allerdings können ohne entsprechende gesetzliche Rahmenbedingungen keine unabhängigen Kontrollen der Codes seitens des Regulators durchgeführt werden, was ein Risiko für den Markt bedeutet.

5 Regulatorische Entwicklungen

5.1 USA

Infolge der Vorkommnisse am 06.05.2010 trat im November 2010 das Gesetz „15c3-5 – Risk Management Controls for Brokers and Dealers with Market Access" in Kraft.[19] Dieses richtet sich im Besonderen an Hochfrequenzhändler und verbietet die Benutzung des direkten respektive ungefilterten Marktzugangs von Instituten ohne vorherige Prüfung durch den Anbieter („naked sponsored access"). Dem Hochfrequenzhändler respektive einem Kunden darf kein direkter bzw. ungefilterter Marktzugang ohne entsprechende vorab festgelegte Limitstruktur gewährt werden.

Durch die festgelegten Limite und entsprechenden Risikomanagement-Kontrollen soll ein marktmissbräuchliches Verhalten für Marktteilnehmer erschwert werden.

Zusätzlich trat zur Verbesserung der Informationslage der SEC im Oktober 2011 das Gesetz „13h-1 – Large Trader Reporting Rule" in Kraft.[20] In den Anwendungsbereich des Gesetzes fallen Händler, die mehr als 2 Mio. Stück Wertpapiere pro Kalendertag handeln oder einen Umsatz von über 20 Mio. US$ pro Kalendertag generieren. Die erweiterten Reportanforderungen treffen zusätzlich Händler, welche mehr als 20 Mio. Stück Wertpapiere oder 200 Mio. US$ pro Kalendermonat umsetzen. Da Algorithmische Händler und Hochfrequenzhändler durch hohe Handelsvolumina charakterisiert sind, fällt ein Großteil von ihnen unter diese Anforderungen. Händler, die in den Anwendungsbereich fallen, bekommen eine eindeutige Identifikationsnummer zugewiesen. Broker müssen den Ausführungszeitpunkt sowie die Identifikationsnummer für jeden Trade eines Händlers auf-

---

19 Vgl. SEC, Rule 15c3-5, abrufbar unter http://www.sec.gov/rules/final/2010/34-63241-secg.htm. (letzter Abruf am 16.12.2017).
20 Vgl. SEC, Rule 13h-1, abrufbar unter http://sec.gov/rules/final/2011/34-64976.pdf. (letzter Abruf am 16.12.2017).

zeichnen und auf Anfrage der SEC zur Verfügung stellen. Neben der besseren Überwachungsmöglichkeiten von Händlern mit hohen Handelsaufkommen, können so auch außergewöhnliche Marktereignisse wie ein Flash-Crash für Zwecke des Regulators und ggf. für die strafrechtliche Verfolgung von Händlern besser analysiert werden.

21 Bereits zum Flash Crash am 06.05.2010 griffen automatische Limits und hielten den Handel für fünf Sekunden an. Im Juli 2012 wurde ein neuer „Up-Limit Down"-Mechanismus vorerst für Einzelwerte eingeführt.[21] Weicht ein Kurs über 5 %, 10 %, 20 % oder bei einem Preis von weniger als 0,15 US$ über 75 % von seinem durchschnittlichen Kurs der letzten 5 Minuten über 15 Sekunden ab, wird der Handel in diesem Wert für 5 Minuten ausgesetzt. Die jeweiligen Volatilitätskorridore stehen in Abhängigkeit zum Preis und Handelszeitpunkt. Durch diese Maßnahme können Marktschocks, die aus der extrem kurzzeitigen Volatilität eines Einzelwertes resultieren, unterbunden werden. Eine solche Volatilität kann u.a. aus einer fehlerhaften respektive unvorsichtigen Programmierung eines Handelsalgorithmus entstehen. Außerdem ermöglicht das Aussetzen eines Wertes vom Handel eine Beruhigung der Marktsituation, da Händler die nötige Zeit bekommen, um ein Abschaltprogramm zu starten oder manuell in den Orderprozess einzugreifen.

22 Im September 2012 trat das Gesetz „613 – Consolidated Audit Trail" in Kraft.[22] Durch umfassende Reports aller Transaktionen ist es so den Aufsichtsbehörden noch besser möglich, Marktevents wie bspw. den Flash Crash zu rekonstruieren. Es verpflichtet alle Börsen in den Vereinigten Staaten, detaillierte Daten über jede Order an die SEC am Morgen des Folgetages zu liefern. Darüber hinaus bekommt jeder Händler wie schon beim „13h-1" eine individuelle Identifikationsnummer zugewiesen. Die neue Gesetzgebung umfasst neben den Daten aus „13h-1" jeden Kurs, Modifikationen, Stornierungen, Routing und Ausführung einer jeden Order. Aufgrund der hohen Stornierungs- und Modifikationsraten von Orders von Hochfrequenzhändlern ist dies von besonderem Interesse.

23 Im März 2013 wurde das Gesetz „Regulation System Compliance and Integrity" verabschiedet.[23] Neben US-Börsen und weiteren Institutionen ist der Gesetzestext explizit an algorithmische Händler und somit auch an Hochfrequenzhändler, die ein bestimmtes Handelsvolumen überschreiten, adressiert. Um Systemrisiken, die aus dem „Risiko Algorithmus" (vgl. 4.4) ergeben zu minimieren, muss der Anwenderkreis Mitarbeitern der SEC direkten, uneingeschränkten Zugang zu den Kernsystemen gewähren. Somit können Stress- und Penetrationstests anders als bisher direkt von SEC Mitarbeitern durchgeführt, Systeme laufend überwacht und ggf. unerkannte Risiken entdeckt werden.

Auf Basis der erhobenen Daten und mit Hilfe der Identifikationsnummern führte die SEC das „Market Information Data Analytics System (MIDAS)" ein.[24] Mithilfe dieses Systems

---

21 Vgl. SEC, Release No. 34-67091, abrufbar unter http://www.sec.gov/rules/sro/nms/2012/34-67091.pdf (letzter Abruf 16.12.2017).
22 Vgl., SEC, Release No. 34-67457, abrufbar unter http://www.sec.gov/rules/final/2012/34-67457.pdf (letzter Abruf am 16.12.2017).
23 Vgl. SEC, Release No. 34-69077, abrufbar unter http://www.sec.gov/rules/proposed/2013/34-69077.pdf. (letzter Abruf am 16.12.2017).
24 VGL. SEC, MIDAS, abrufbar unter http://www.sec.gov/marketstructure/midas.html (letzter Abruf am 16.12.2017).

ist es u. a. jedem möglich, die konsolidierten Handelsdaten der Hochfrequenzhändler aufzurufen und somit die Aktivität von Algorithmen, wenn auch mit einfachen Charts, zu überwachen.

5.2 Europa – European Securities and Markets Authority

Die European Securities and Markets Authority (ESMA) veröffentlichte am 24.02.2012 unter dem Titel „Systeme und Kontrollen für Handelsplattformen, Wertpapierfirmen und zuständige Behörden in einem automatisierten Handelsumfeld" die Leitlinien ESMA/2012/122 DE.

24

Diese Leitlinien beziehen sich auf:
- den Betrieb eines elektronischen Handelssystems durch Betreiber eines geregelten Marktes oder eines multilateralen Handelssystems;
- die Nutzung eines elektronischen Handelssystems, einschließlich eines Handelsalgorithmus, durch eine Wertpapierfirma für den Handel auf eigene Rechnung oder für die Ausführung von Kundenaufträgen und
- die Bereitstellung eines direkten oder eines geförderten Marktzugangs durch eine Wertpapierfirma im Rahmen der Ausführung von Kundenaufträgen.

Insgesamt besteht das ESMA Papier aus zwei Teilen und umfasst acht Leitlinien.

Die Leitlinien mit den geraden Nummern (2, 4, 6 und 8) beinhalten Anforderungen an „Wertpapierfirmen". Die ESMA erwartete von den nationalen Aufsichtsbehörden, dass die Inhalte der Leitlinien Eingang in die aufsichtsrechtlichen Regulierungs- und Überprüfungsprozesse der jeweiligen Mitgliedstaaten fanden. In Deutschland wurden die Leitlinien mit dem Rundschreiben (06/2013) – Anforderungen an Systeme und Kontrollen für den Algorithmushandel von Instituten Ende 2013 national umgesetzt (Siehe Kapitel 5.3).

Die Leitlinien mit den ungeraden Nummern (1, 3, 5 und 7) beinhalten Anforderungen an Handelsplattformen. Diese Leitlinien wurden durch die zuständigen Börsenaufsichtsbehörden der Länder und durch die BaFin als Aufseher über nicht börsenbetriebene Multilaterale Handelsplattformen bereits weitgehend vor in Kraft treten der ESMA Leitlinie umgesetzt. Vereinzelt wurden – soweit erforderlich – noch Anpassungen der Börsenordnung vorgenommen.

Die ESMA Leitlinien 2,4,6 und 8 stellen spezielle organisatorische Anforderungen an die Handelsgeschäfte der Institute in einem automatisierten Handelsumfeld – mit und ohne Kundenbezug. Die Anforderungen sind prinzipienorientiert, orientieren sich an der Best Practise für Algorithmushandel und stellen damit Mindestanforderungen an den Umgang mit diesen komplexen Verfahren. Ein Schwerpunkt der Leitlinien sind Anforderungen an eine zeitnahe Überwachung der Handelsgeschäfte. So sollen Handelssysteme sowie die Handelsalgorithmen in Echtzeit überwacht werden und zeitnah mögliche Marktmissbräuche (insb. Marktmanipulationen) erkannt werden. Außerdem sollen die Institute in der Lage sein, Aufträge automatisch sperren zu können. Des Weiteren werden besondere Anforderungen für die Bereitstellung von „Direct Market Access" (direkter Marktzugang) und „Sponsored Access" (geförderter Marktzugang) gestellt.

Die ESMA schließt in den Anwendungsbereich der von Wertpapierfirmen genutzten elektronischen Handelssysteme elektronische Systeme ein, über welche Aufträge an Handelsplattformen gesendet werden (unabhängig davon, ob die Aufträge von den Kunden der Wertpapierfirma auf elektronischen Weg übermittelt werden), sowie elektronische Systeme, welche Aufträge automatisch generieren, z. B. Handelsalgorithmen. Die Systeme eines Unternehmens können Smart Order Routers für die Weiterleitung der Aufträge an Handelsplattformen enthalten. Die ESMA Leitlinien beziehen Smart Order Routers nur im Hinblick auf die Risiken im Zusammenhang mit der Auftragseingabe ein und behandeln beispielsweise nicht Fragen im Zusammenhang mit der besten Ausführung.

Die Leitlinien beschränken sich nicht nur auf den Handel mit Aktien, sondern betreffen den Handel mit jedem Finanzinstrument (wie in MiFID definiert) in einem automatisierten Umfeld.

Die zur Erfüllung dieser Leitlinien eingerichteten Systeme und Kontrollen sollen sowohl für Handelsplattformen als auch für Wertpapierfirmen die Art, den Umfang und die Komplexität ihrer Geschäfte berücksichtigen.

5.3 Bundesrepublik Deutschland – HFT-Gesetz & BaFin RS 06/2013

5.3.1 Hochfrequenzhandelsgesetz (HFT-Gesetz)[25]

25   Mit dem am 15.05.2013 in Kraft getretenen Gesetz zur Vermeidung von Gefahren und Missbräuchen im Hochfrequenzhandel („Hochfrequenzhandelsgesetz" oder „HFT-Gesetz") wurde der algorithmische Handel erstmals einer staatlichen Aufsicht unterstellt.

Das HFT-Gesetz führte zu Änderungen an fünf Gesetzen. Die wesentlichen Änderungen der jeweiligen Gesetze sind nachfolgend dargestellt.

5.3.1.1 Änderungen im Börsengesetz (BörsG)

26   *Erweiterung der Aufsichtskompetenzen*
Durch § 3 Abs. 4 Satz 4 Nr. 5 BörsG wurde der Börsenaufsichtsbehörde sowie der Handelsüberwachungsstelle (vgl. § 7 Abs. 3 BörsG) die Möglichkeit eröffnet, von den Handelsteilnehmern, die algorithmischen Handel betreiben, bestimmte Informationen zu verlangen. Die angeforderten Informationen konnten den algorithmischen Handel im Allgemeinen, die für den Handel eingesetzten Systeme, eine Beschreibung der algorithmischen Handelsstrategien sowie Einzelheiten zu Handelsparametern und Handelsobergrenzen, denen das System unterliegt, betreffen. Über eine neue Nr. 4 in § 3 Abs. 5 Satz 3 BörsG konnte die Börsenaufsicht die Nutzung einer algorithmischen Handelsstrategie untersagen, wenn dies die in § 3 Abs. 5 Satz 2 BörsG genannten Zwecke rechtfertigte.

Durch die Änderungen sollten die Eingriffsgrundlagen der Aufsicht an die Besonderheiten des Hochfrequenzhandels adaptiert werden, um die Überwachung insgesamt zu verbessern. Dabei betraf die Untersagung der Nutzung einer algorithmischen Handelsstrategie nach Vorstellung der Regierung fehlerhafte und auf Marktmanipulation angelegte Computeral-

---

25   Vgl. *Schultheiß*, Die Neuerungen im Hochfrequenzhandel, in: WM 13/2013, S. 596.

gorithmen. Solche Programme konnten als Missstand im Sinne des § 3 Abs. 5 Satz 2 BörsG angesehen werden, der die ordnungsgemäße Durchführung des Handels an der Börse beeinträchtigt.

Elektronische Kennzeichnung
Bei Wertpapierbörsen musste die jeweilige BörsO Bestimmungen über die Kennzeichnung der durch algorithmischen Handel (§ 33 Abs. 1a Satz 1 WpHG) erzeugten Aufträge durch die Handelsteilnehmer und die Kenntlichmachung der verwendeten Algorithmen enthalten, § 16 Abs. 2 Nr. 3 BörsG.

Die Norm flankierte die erweiterten Aufsichtsbefugnisse, da für Börsenaufsichtsbehörde und Handelsüberwachungsstelle im Rahmen der Handelsüberwachung nicht ersichtlich war, ob ein Auftrag algorithmisch oder menschlich erzeugt wurde. Zumal sich Handelsteilnehmer nicht auf einen bestimmten Algorithmus beschränken mussten, sodass die Zuordnungsprobleme bei einer Vielzahl von Algorithmen erhöht wurden. Ohne die Kennzeichnungspflicht wäre die erweiterte Aufsichtskompetenz also letztlich wirkungslos gewesen.

Entgelt für übermäßige Nutzung
Nach § 17 Abs. 4 Satz 1 BörsG war der Börsenträger verpflichtet, für die übermäßige Nutzung der Börsensysteme separate Entgelte zu verlangen. Dabei wurde eine übermäßige Nutzung insb. dann angenommen, wenn unverhältnismäßig viele Eingaben, Änderungen oder Löschungen von Anträgen erfolgten. Die Höhe der Entgelte musste so bemessen sein, dass einer übermäßigen Nutzung und deren negativen Effekten entgegengewirkt wird.

a) Privatrechtliche Entgelte des Börsenträgers
§ 17 Abs. 4 BörsG enthielt ein Novum im System der Rechtsgrundlagen für Gebühren und Entgelte. Während der Börsenrat (Börsenorgan) als Adressat der Tatbestände des § 12 Abs. 2 Satz 1 Nr. 1 BörsG im Rahmen seiner Satzungsautonomie bestimmte öffentlich-rechtliche Gebühren fakultativ erheben konnte, war der Abs. 4 für den Börsenträger verpflichtend. Die Norm diente der Systemstabilität vor dem Hintergrund begrenzter Kapazitäten.

b) Ermessen: bestehende Entgeltsysteme als Maßstab
Bei der Bemessung des Entgelts hatte der Börsenbetreiber einen Ermessensspielraum, da keine absoluten Grenzwerte vorgesehen waren, sondern allein die Unverhältnismäßigkeit als Kriterium vorgegeben war. Dieser Ermessensspielraum war freilich durch den neuen § 17 Abs. 4 Satz 2 BörsG determiniert. Demnach musste durch die Höhe der Entgelte sichergestellt werden, dass negativen Auswirkungen auf die Systemstabilität und die Marktintegrität vorgebeugt wurde.

Die Deutsche Börse AG bspw. hatte auf Basis des § 17 Abs. 3 BörsG für die exzessive Nutzung von Xetra bereits ein Entgelt im Preisverzeichnis eingeführt. Für eine exzessive Nutzung war das Verhältnis von Orders zu tatsächlich ausgeführten Trades maßgeblich. Trotz der Formulierung des Regierungsentwurfs, dass „insbesondere" ein unverhältnismäßig hohes Orderaufkommen zu berücksichtigen war, war die Regelung nicht dahin zu verstehen, dass auch eine Quote von 1 den Tatbestand einer übermäßigen Nutzung erfüllte.

Ordnungsgemäße Preisbildung
§ 24 Abs. 2a BörsG verpflichtet die Börsen (§ 2 Abs. 1 BörsG), geeignete Vorkehrungen zu treffen, um auch bei erheblichen Kursschwankungen eine ordnungsgemäße Ermittlung des Börsenpreises (§ 24 Abs. 2 Satz 1 BörsG) sicherzustellen. Als geeignete Vorkehrungen gelten nach § 24 Abs. 2a Satz 2 BörsG insb. kurzfristige Änderungen des Marktmodells, kurzzeitige Volatilitätsunterbrechungen oder Limitsysteme der mit der Preisfeststellung betrauten Handelsteilnehmer.

a) Änderung des Marktmodells
Unter einem Marktmodell sind die in Börsenordnung und Geschäftsbedingungen festgehaltenen Grundprinzipien zu verstehen, die von den Börsen für die Transformation der Orders in Geschäfte definiert werden. Das Marktmodell regelt etwa die Preisfeststellung, Priorisierung von Orders, Ordertypen oder den Umfang von Informationen, die den Handelsteilnehmern zur Verfügung gestellt werden (Transparenzgrad). Eine kurzfristige Änderung des Marktmodells kann also beispielsweise darin bestehen, dass ein von Hochfrequenzhändlern vorzugsweise genutzter Ordertyp, etwa IOC-Limit-Orders (Immediate-or-Cancel), zeitweise ausgesetzt wird. Auch eine Anpassung des jeweiligen Handelssystems ist dahingehend denkbar, dass Orders zurückgewiesen werden, die außerhalb bestimmter Preisschwellen liegen.

b) Volatilitätsunterbrechung
Die Volatilitätsunterbrechung ist auch ein in den BörsO vorgesehener Schutzmechanismus, der eingreift, wenn sich die Preise außerhalb eines vorher statisch oder dynamisch definierten Preiskorridors um den Referenzpreis bewegen (vgl. §§ 92 f., §§ 97 f. BörsO der FWB). Die Unterbrechung führt zu einer Verlängerung der Aufrufphase innerhalb einer Auktion. Auf diese Weise soll den Marktteilnehmern die Möglichkeit eröffnet werden, ihre Aufträge durch Löschung, Änderung oder Neueingabe an die durch Preissprünge veränderte Marktlage anzupassen. So kann der Entstehung sehr hoher Kurssprünge vorgebeugt werden.

c) Limitsysteme für Designated Sponsors
Mit der Preisfeststellung betraute Handelsteilnehmer sind im elektronischen Handel die Designated Sponsors, die den Market Makern vergleichbar sind. Diese Handelsteilnehmer stellen im Interesse der Aufrechterhaltung der Liquidität des Marktes verbindliche Geld- und Briefkurse (Quotes) für weniger liquide Finanzinstrumente, um auch für solche Titel die Preisqualität zu gewährleisten. Das Gros des Hochfrequenzhandels entfällt auf diese Liquiditätsspender. Die Einrichtung von Limitsystemen in der BörsO diente ebenfalls dazu, die ordnungsgemäße Preisfeststellung trotz erheblicher Kursschwankungen zu gewährleisten.

d) ESMA-Leitlinien
Durch § 24 Abs. 2a BörsG sollte letztlich auch eine entsprechende Leitlinie der European Securities and Markets Authority (ESMA) kodifiziert werden. Zudem wurden die bereits teilweise in den BörsO existierenden Vorkehrungen (vgl. §§ 97 f. BörsO FWB) gesetzlich verpflichtend.

Angemessenes Order-Transaktions-Verhältnis
Durch 26a BörsG waren die Handelsteilnehmer verpflichtet, ein angemessenes Verhältnis zwischen Aufträgen und tatsächlich ausgeführten Geschäften zu gewährleisten. Dabei war

auf das jeweilige Finanzinstrument und das zahlenmäßige Volumen der jeweiligen Aufträge und Geschäfte innerhalb einer Monatsperiode abzustellen, § 26a Satz 2 BörsG. Als Indikator der Angemessenheit wurde in § 26a Satz 3 BörsG exemplarisch die wirtschaftliche Nachvollziehbarkeit des Order-Transaktions-Verhältnisses mit Blick auf die Liquidität des Finanzinstruments, die konkrete Marktlage oder die Funktion des handelnden Unternehmens genannt. Waren diese Kriterien erfüllt, indizierte dies eine echte Handelsabsicht, die einen Verstoß gegen § 26a BörsG ausschloss. Das Order-Transaktions-Verhältnis musste durch die BörsO für bestimmte Gattungen von Finanzinstrumenten konkretisiert werden, § 26a Satz 4 BörsG. Die Einhaltung dieser Vorgabe wurde durch die Handelsüberwachungsstelle (§ 7 BörsG) kontrolliert. Verstöße gegen § 26a BörsG sollten mit dem Ruhen oder dem Widerruf der Zulassung gemäß § 19 BörsG sowie Sanktionen des Sanktionsausschusses gemäß § 22 BörsG geahndet werden, § 19 Abs. 8 Satz 3 BörsG. Funktionell handelte es sich also bei der Vorschrift um eine Verbotsnorm.

a) Lücken durch unterschwellige Marktmanipulation
Die Vorschrift sollte der verbreiteten Praxis der Hochfrequenzhändler entgegenwirken, massenhaft Orders in das System einzustellen, diese dann aber kurzfristig wieder zu stornieren. Dieses Vorgehen verfolgte zum einen das Ziel, das Kurslimit anderer Marktteilnehmer auszuloten. Eine reale Handelsabsicht bestand in dieser Phase jedoch (noch) nicht. Zum anderen suggerierte die Vielzahl der kurzfristig stornierten Orders eine Liquidität, die real nicht existierte und störte damit die ordnungsgemäße Preisbildung. Da ein solches Verhalten wegen des erforderlichen Nachweises eines Manipulationsvorsatzes auf subjektiver Ebene nicht zwingend den Tatbestand des Marktmanipulationsverbots des § 20a WpHG erfüllen musste, schloss § 26a BörsG eine bislang bestehende Lücke.

b) Ruhen der Zulassung, Widerruf
Über § 19 Abs. 8 Satz 3 BörsG konnten Verstöße gegen 26a BörsG mit einem Ruhen der Zulassung für 6 Monate oder deren Widerruf durch die Geschäftsführung geahndet werden. Dabei konnte in dem durch die Formulierung in § 19 Abs. 8 Satz 3 BörsG angelegten Rangverhältnis der beiden Instrumente ein einfach-gesetzlicher Ausdruck des Verhältnismäßigkeitsprinzips gesehen werden. Ein Widerruf ohne vorausgegangene Ruhensanordnung war daher nicht möglich.

Mindestpreisänderungsgrößen
26b BörsG verpflichtete die Börsen, eine angemessene Größe von Mindestpreisänderungen (Minimum Tick Sizes) für die gehandelten Finanzprodukte festzulegen. Darunter war ein Minimum für mögliche Preisänderungen von Finanzprodukten zu verstehen. Bei der Konkretisierung dieser Mindestpreisänderungsgrößen, die in der jeweiligen BörsO erfolgten, war zu berücksichtigen, dass § 26b BörsG in einer Korrelation mit § 26a BörsG stand. Denn eine große Menge von Kleinstorders konnte das Order-Transaktions-Verhältnis erhöhen.

In der Vergangenheit konnte eine Tendenz zu immer kleineren Mindestpreisänderungsgrößen festgestellt werden, die zur Zunahme von Kleinstorders führte und somit das Order-Transaktions-Verhältnis erhöhte. Die Intention dieser Praxis lag darin, dass die kleinteilige Aufspaltung großer Handelsvolumen sich weniger intensiv auf die Kurse auswirkte und Risiken so besser organisiert werden konnten. Allerdings bedeuteten zu niedrige Mindestpreisänderungsgrößen auch eine Gefahr für die Preisbildung an den Börsen. Dies erhellte

651

vor allem mit Blick auf das Prinzip der Preis-Zeit-Priorität im fortlaufenden Handel. Dabei werden Aufträge mit gleichem Preis in der Reihenfolge ihrer Eingabe zusammengeführt (Matching). Dieser Priorisierungsmechanismus wird verfälscht, wenn zunächst die kleinteiligen Massenorders gematcht werden müssen. Als Orientierung für die Festlegung der Mindestpreisänderungsgrößen in den BörsO sollten die Selbstregulierungsinitiativen des europäischen Börsenverbandes (FESE) und das Marktmodell der Börse dienen.

5.3.1.2 Änderungen im Kreditwesengesetz (KWG)

27   *Erlaubnispflicht und Aufsicht durch die BaFin*
Nach § 1 Abs. 1a Satz 2 Nr. 4 lit. d) KWG erfasste der Begriff des Eigenhandels nunmehr auch den Hochfrequenzhandel als selbständige Kategorie. Neben den bereits existierenden Tatbeständen des Eigenhandels fiel unter diesen Begriff auch das Kaufen oder Verkaufen von Finanzinstrumenten mittels einer algorithmischen Hochfrequenzhandelsstrategie für eigene Rechnung als unmittelbarer oder mittelbarer Teilnehmer eines inländischen organisierten Marktes oder multilateralen Handelssystems, auch ohne Dienstleistung für andere. Hochfrequenzhandel wurde dabei verstanden als Einsatz von Rechnern, die in Sekundenbruchteilen Marktpreisänderungen erkannten, Handelsentscheidungen nach vorgegebenen Regeln selbständig trafen und die dazugehörigen Auftragsparameter entsprechend dieser Regeln selbständig bestimmten, anpassten und übermittelten. Die Definition war damit enger als die des § 33 Abs. 1a WpHG.

a) Irrelevanz einer Dienstleistungskomponente
Der Hochfrequenzhandel war als Finanzdienstleistung gemäß §§ 1 Abs. 1a Satz 2 Nr. 4 lit. d), 32 ff. KWG erlaubnispflichtig und wurde von der BaFin beaufsichtigt. Davor galten Hochfrequenzhändler weder als Kredit- noch als Finanzdienstleistungsinstitut im Sinne des § 1 KWG. Denn diese handelten zwar auf eigene Rechnung, betrieben den Eigenhandel dabei aber nicht als Dienstleistung für andere. Zwar agierten Hochfrequenzhändler auch als Finanzdienstleistungsinstitut und damit im Überwachungsbereich der BaFin, wenn sie als Market Maker auftraten. Allerdings war eine Beauftragung zur Tätigkeit als Market Maker (Designated Sponsor, § 76 f. BörsO FWB) an die Initiative des Unternehmens gebunden, sodass auch eine Beaufsichtigung letztlich vom Willen der Hochfrequenzhändler abhing. Eine Beschränkung der Aufsicht auf diese Konstellation war daher deutlich zu eng. Nach wie vor erlaubnis- und aufsichtsfrei waren indessen algorithmische Handelsstrategien, die nicht Hochfrequenzhandel waren und dabei auch nicht als Dienstleistung erbracht wurden.

b) Unmittelbare und mittelbare Teilnehmer
Die Differenzierung in unmittelbare und mittelbare Teilnehmer eines Marktes war begrifflich verwirrend, da die Terminologie vor allem im Zusammenhang mit dem Institut des zentralen Kontrahenten geläufig war. Unmittelbare Teilnehmer waren jedenfalls sämtliche Mitglieder und Teilnehmer eines organisierten Marktes oder multilateralen Handelssystems. Unter mittelbaren Teilnehmern wurden solche Personen verstanden, denen ein unmittelbarer Teilnehmer direkten elektronischen Zugang zum Markt oder System gewährte. Der direkte elektronische Zugang war eine Vereinbarung eines unmittelbaren Teilnehmers mit Personen über die Nutzung seiner Handels-ID für die Übermittlung von Orders. Die Orders mussten sich dabei auf Finanzinstrumente beziehen.

5.3.1.3 Änderungen im Wertpapierhandelsgesetz (WpHG)

Ausdehnung der Aufsichtskompetenzen der BaFin 28
Die Legaldefinition des Eigenhandels in § 2 Abs. 3 Satz 1 Nr. 2 WpHG wurde parallel zu der Änderung des § 1 Abs. 1a Satz 2 Nr. 4 KWG an den algorithmischen Hochfrequenzhandel adaptiert. Der Wortlaut der geänderten Vorschrift war insoweit identisch.

a) Irrelevanz einer Dienstleistungskomponente
Wie auch im Rahmen der Änderungen im KWG kam es auf das Fehlen einer Dienstleistung für andere im Eigenhandel nicht mehr an. Die in § 2 Abs. 3 Satz 1 Nr. 2 lit. d) WpHG als Eigenhandel definierten Geschäfte galten dann auch nicht als Eigengeschäft im Sinne des § 2a Abs. 1 Nr. 10 WpHG, sodass der Ausnahmetatbestand nicht griff.

b) Aufsichtsrechtlicher Gleichlauf von KWG und WpHG
Durch Änderung des § 2 Abs. 3 Satz 1 Nr. 2 WpHG wurde ein aufsichtsrechtlicher Gleichlauf von KWG und WpHG erreicht. So oblag der BaFin sowohl die Aufsicht über die Erfüllung der bankaufsichtsrechtlichen Bestimmungen des KWG nach § 33 ff. KWG als auch die Aufsicht über die Einhaltung der marktbezogenen Pflichten des WpHG nach § 4 WpHG. Insb. mussten Unternehmen, die den algorithmischen Hochfrequenzhandel betrieben, die Organisationspflichten des § 33 WpHG beachten.

Erweiterung der Kompetenzen der BaFin
Die BaFin konnte nach § 4 Abs. 3a WpHG bestimmte Informationen über den algorithmischen Handel und die eingesetzten Systeme von einem den algorithmischen Handel betreibenden Wertpapierdienstleistungsunternehmen verlangen, ohne dass für ein solches Verlangen Anhaltspunkte im Sinne § 4 Abs. 3 WpHG vorliegen mussten. Insb. konnte die Beschreibung der Handelsstrategien, der Einzelheiten zu Handelsparametern oder Handelsobergrenzen, denen das System unterlag, der wichtigsten Verfahren zur Risikokontrolle und Einhaltung der Vorgaben des § 33 WpHG sowie der Einzelheiten über die Systemprüfung verlangt werden.

Organisationspflichten
Durch § 33 Abs. 1a WpHG wurden Wertpapierdienstleistungsunternehmen, die algorithmischen Handel betreiben, verschiedene Organisationspflichten auferlegt. Diese galten neben den wegen der Änderung des § 2 Abs. 3 Satz 1 Nr. 2 WpHG nun ohnehin nach § 33 Abs. 1 WpHG bestehenden Pflichten. Daneben fand sich in § 33 Abs. 1a Satz 1 WpHG. auch eine Legaldefinition des algorithmischen Handels.

a) Anforderungen an Systeme und Risikokontrollen
Die betroffenen Unternehmen mussten über geeignete Systeme und Risikokontrollen verfügen. Diese mussten sicherstellen, dass die Handelssysteme belastbar waren, über ausreichende Kapazitäten verfügten und angemessenen Handelsschwellen und Handelsobergrenzen unterlagen (§ 33 Abs. 1a Satz 3 Nr. 1 WpHG.). Außerdem musste die Übermittlung von fehlerhaften Aufträgen oder eine Funktionsweise des Systems vermieden werden, durch die Störungen auf dem Markt verursacht oder ein Beitrag zu solchen Störungen geleistet werden konnten (§ 33 Abs. 1a Satz 3 Nr. 2 WpHG). Ferner musste das Unternehmen durch entsprechende Systeme und Risikokontrollen sicherstellen, dass die Handelssysteme nicht für einen Zweck verwendet werden konnten, der gegen die europäischen und nationalen

Vorschriften gegen Marktmissbrauch oder die Vorschriften des Handelsplatzes verstieß, mit dem sie verbunden waren (§ 33 Abs. 1a Satz 3 Nr. 3 WpHG). Letztlich mussten wirksame Notfallvorkehrungen für unvorhergesehene Störungen im Handelssystem existieren und die Überwachung und Überprüfung der Systeme sichergestellt sein (§ 33 Abs. 1a Satz 4 WpHG).

b) Dokumentationspflichten
Unternehmen, die den algorithmischen Handel betrieben, mussten jede Änderung eines zum Handel verwendeten Algorithmus dokumentieren (§ 33 Abs. 1a Satz 5 WpHG). Diese Pflicht sollte gewährleisten, dass die BaFin mögliche Verstöße gegen § 33 WpHG oder das Marktmanipulationsverbot auch dann noch nachvollziehen konnte, wenn sich die Version des Handelsprogramms zwischenzeitlich geändert hatte.

5.3.1.4 Änderungen im Investmentgesetz (InvG)

29 In § 9a InvG wurde ein Satz 3 angefügt, der § 33 Abs. 1a WpHG für entsprechend anwendbar erklärte. Damit galten diese Organisationspflichten auch für Kapitalanlagegesellschaften und selbstverwaltende Investmentaktiengesellschaften. Diese Änderung trug dem Anliegen einer lückenlosen Regulierung Rechnung. In der Tat war kein Grund ersichtlich, warum Institute, die unter das InvG fielen, nicht auch den Organisationspflichten des § 33 Abs. 1a WpHG unterworfen sein sollten, soweit sie algorithmische Handelsprogramme verwendeten. Ein Verweis auf das WpHG fand sich bisher nur für die Erbringung von Dienst- und Nebendienstleistungen im Sinne des § 7 Abs. 2 Nr. 1, 3 und 4 InvG (§ 5 Abs. 3 InvG).

Das InvG wurde am 22. 07. 2013 infolge Art. 2a AIFM-UmsG dem Gesetz zur Umsetzung der Richtlinie 2011/61/EU über die Verwalter alternativer Investmentfonds außer Kraft gesetzt.

5.3.1.5 Änderungen in der Marktmanipulations-Konkretisierungsverordnung (MaKonV)

30 In § 3 Abs. 1 MaKonV wurde eine Nr. 4 eingefügt, wonach als Anzeichen für falsche oder irreführende Signale oder die Herbeiführung eines künstlichen Preisniveaus im Sinne des § 20a Abs. 1 Satz 1 Nr. 2 WpHG auch typische algorithmische Handelspraktiken galten. Solche Handelspraktiken waren demnach Kauf- oder Verkaufsaufträge, die an einen Markt mittels eines Computeralgorithmus, der die Auftragsparameter automatisch bestimmte, übermittelt wurden, sofern diese nicht in Handelsabsicht getätigt wurden, sondern um das Funktionieren des Handelssystems zu stören oder zu verzögern, Dritten die Ermittlung echter Kauf- oder Verkaufsaufträge im Handelssystem zu erschweren oder einen falschen oder irreführenden Eindruck hinsichtlich des Angebots eines Finanzinstruments oder der Nachfrage danach zu erwecken.

a) Echte Handelsabsicht
Zum zentralen Kriterium für den Vorwurf einer Marktmanipulation nach § 20a Abs. 1 Satz 1 Nr. 2 WpHG i. V. m. § 3 Abs. 1 Nr. 4 MaKonV wurde der Nachweis der fehlenden Handelsabsicht. Allerdings konnte ein gestörtes Order-Transaktionsverhältnis das Fehlen

der Handelsabsicht indizieren. Einen konkreten Schwellenwert, ab welchem eine Indikation angezeigt ist, nannte das Gesetz nicht.

b) Berührungspunkte mit der Marktmissbrauchs-Verordnung
Die Änderung der MaKonV basierte im Wesentlichen auf dem Vorschlag der Kommission für eine Verordnung über Insider-Geschäfte und Marktmanipulation. Dort fand sich in Art. 8 Abs. 3 lit. c) eine gleichlautende Auflistung von Tatbeständen, die als Marktmanipulation galten. Dass die Regierung dem Unionsgesetzgeber hier zuvorkam, wurde mit der steigenden praktischen Bedeutung dieser Handelsstrategien und den damit einhergehenden Risiken begründet. Eine intertemporale nationale Regelung erschien daher sinnvoll.

5.3.2 BaFin Rundschreiben 06/2013[26]

5.3.2.1 Inhalt des BaFin RS 06/2013

Am 18.12.2013 – quasi als „Weihnachtsgeschenk" für die davon betroffenen Institute – trat das BaFin „Rundschreiben 06/2013 – Anforderungen an Systeme und Kontrollen für den Algorithmushandel von Instituten" in Kraft. Mit dem Rundschreiben wurden die Vorgaben der „Leitlinien ESMA/2012/122(DE)" (vgl. Kapitel 5.2) in nationales Recht umgesetzt.

Es konkretisierte die organisatorischen Pflichten gemäß § 25a KWG und gemäß § 33 Abs. 1a WpHG resultierend aus dem HFT-Gesetz, indem es die bestehenden Mindestanforderungen an das Risikomanagement (MaRisk) um Anforderungen für die Ausgestaltung des Risikomanagements der Institute im Hinblick auf den Algorithmushandel ergänzte.

Das Rundschreiben ergänzte die MaComp hinsichtlich der zusätzlichen Anforderungen an die Compliance-Mitarbeiter sowie die Vermeidung von Marktmissbrauch.

Auf dem Proportionalitätsprinzip basierend, steigerten sich die Anforderungen des Rundschreibens entsprechend des Umfangs, der Komplexität sowie Risikoträchtigkeit eines Instituts. Darüber hinaus war das Rundschreiben nicht nur institutsspezifisch sondern im Falle des Vorliegens eines Konzerns entsprechend konzernweit anzuwenden.

Unabhängig davon, ob mit dem algorithmischen Handel ein diesbezügliches „Flagging" verbunden war, galt das Rundschreiben für den kompletten algorithmischen Handel eines Instituts. Dies hatte insb. zur Folge, dass auch unverbindliche veröffentliche Quotes, für die originär kein Flagging erforderlich gewesen war, unter den Anwendungsbereich des Rundschreiben fielen.

Das seinerzeit geltende Rundschreiben fand Anwendung für alle Produkte nach dem KWG und WpHG, wenngleich der FX-Spothandel im Hinblick auf Marktmanipulation davon ausgenommen war (Kapitel 6 des Rundschreibens).

---

26 Vgl. BaFin, Rundschreiben 06/2013, Stand 18.12.2013, abrufbar unter https://www.bafin.de/SharedDocs/Veroeffentlichungen/DE/Rundschreiben/rs_1306_ba_algorithmushandel.html (letzter Abruf am 16.12.2017).

32 Die besonderen Anforderungen des Rundschreibens umfassten, dass Institute entsprechende Vorkehrungen zur Überwachung der operationellen und reputationellen Risiken im Zusammenhang mit dem algorithmischen Handel zu treffen hatten.

Auch hatte eine Überwachung des algorithmischen Handels durch das Risikocontrolling in Echtzeit zu erfolgen. Wenngleich die BaFin unter Echtzeit eine „für den jeweiligen Prozess vordefinierte Zeit" verstand. Dies bedeutete in der Praxis eine Berechnung an T+1, bspw. anhand des Value-at-Risk auf Basis der Over-Night-Bestände.

Institute waren auch dazu verpflichtet, die Aktivitäten des algorithmischen Handels in ihren Geschäftsfortführungsplan aufzunehmen (Business-Continuity-Plan) und Nachweise darüber zu erbringen, dass auch Handelsplattformen über entsprechende Notfallpläne verfügen.

Kritische IT-Zugriffsberechtigungen waren regelmäßig zu überwachen. Dies hatte bspw. zur Folge, dass der Zugang zu Algo-Systemen mind. mit Hilfe einer Zwei-Faktor-Authentisierung zu schützen war.

Darüber hinaus waren von Algorithmen erzeugte Orders und Quotes – sofern nicht extern Flagging verpflichtet – zumindest intern eindeutig als solche zu kennzeichnen.

In Ergänzung zu den MaRisk gab es weitere Bestimmungen, die es im Zusammenhang mit dem algorithmischen Handel einzuhalten gab, als da waren:
– technisch-organisatorische Ausstattung in Ergänzung zu AT 7.2 MaRisk
– Anforderungen an das Notfallkonzept in Ergänzung zu AT 7.3 MaRisk
– Genehmigungsprozesse für neue/geänderte Algos (NPA analog AT 8.1 MaRisk)

Auch galt es Anforderungen an Testverfahren und Stresstests, sowie Nachvollziehbarkeit der Entscheidungen eines Algos zu erfüllen und zu dokumentieren.

Zuletzt seien noch die erweiterten Berichtspflichten an Vorstand und Aufsichtsrat zu nennen, die sich beispielsweise aus der erstmaligen Inbetriebnahme eines Algorithmus sowie in der Folge aus dem jährlichen Validierungsbericht zum algorithmischen Handel ergaben.

5.3.2.2 Problembehaftete Anforderungen des BaFin RS 06/2013

33 Überwachung in Echtzeit
Textziffer 14 des Rundschreibens verlangte eine Überwachung durch das Risiko-Controlling in Echtzeit. Basierend auf den FAQ der BaFin wurde jedoch auf die Vorgabe einer exakten Zeitspanne verzichtet und stattdessen auf das Proportionalitätsprinzip verwiesen. In der Praxis hatte sich in der Folge eine Überwachung auf Basis des VaR der Over-Night-Bestände an T+1 etabliert.

34 Ausgestaltung des Limitsystems
Gemäß den Anforderungen des Rundschreibens musste ein Institut bei derivativen Finanzprodukten auch im untertägigen Handel in der Lage sein, die Eventualverbindlichkeiten eines Kunden in Echtzeit zu ermitteln. Des Weiteren stellte sich die Frage der adäquaten Überwachung sämtlicher Kredit-, Marktpreis- sowie Liquiditätsrisiken. Hier konnte nur ein risikobasierter Ansatz zielführend sein.

Datenhaltung und Archivierung 35
In Folge des Rundschreibens war es Vorgabe, adäquat zu dokumentieren, warum ein Algorithmus eine bestimmte Handelsentscheidung getroffen hat. Somit waren alle relevanten Marktdaten sowie auch nicht ausgeführte Aufträge und Preisempfehlungen drei Monate nach Entstehung aufzubewahren.

Vermeidung von Marktmanipulation 36
Gemäß Rundschreiben 06/2013 bestand eine Pflicht zur Vorabprüfung von Algorithmen hinsichtlich ihres Potenzials auf Marktmanipulation. Allerdings erfolgte basierend auf Tz 33 eine zeitnahe Überprüfung des Handels erst an T+1, also nach erfolgtem Geschäftsabschluss.

Vor diesem Hintergrund war eine umfassende und lückenlose Überwachung des Handels basierend auf Algorithmen seitens Compliance erst an T+1 möglich.

Deswegen waren die Institute damit beauftragt, Verfahren zu etablieren, die eine zeitnahe Meldung von Verdachtsfällen ermöglichten.

Offenlegung Source Code Dritter 37
Die Anforderung des Rundschreibens hinsichtlich der Offenlegung des Source Codes bei Algorithmen von Dritten gegenüber der Aufsicht erwies sich als praktisch nicht umsetzbar, da ein Dritter sein geistiges Eigentum in der Regel nicht offenlegen wird.

5.3.2.3 Anforderungen des BaFin RS 06/2013 an Mitarbeiter in Compliance

Aus dem Rundschreiben ergaben sich drei Anforderungen an die Compliance-Mitarbeiter 38
- Compliance war für die Einhaltung der Anforderungen zur Vermeidung von Marktmissbrauch verantwortlich
- Es war zu gewährleisten, dass die Compliance Mitarbeiter uneingeschränkten und zeitnahen Zugang zu allen Informationen erhalten, welche sie als compliance-kritisch erachteten
- Institute hatten sicherzustellen, dass die Compliance-Mitarbeiter fortlaufend ausreichend materiell ausgestattet waren, über ausreichend Budget verfügten und über hinreichend Befugnisse und Durchsetzungskraft (Seniorität), um gegen die für den Handel verantwortlichen Mitarbeiter vorzugehen

5.3.2.4 Anwendbarkeit des BaFin RS 06/2013

Das BaFin Rundschreiben 06/2013 wurde im Zuge des Inkrafttretens der MiFID II per 39
03.01.2018 außer Kraft gesetzt.

5.4 Europa – Markets in Financial Instruments Directive II (MiFID II)

Am 03.01.2018 trat die Richtlinie 2014/65/EU in Kraft. Diese Richtlinie ist besser bekannt 40
als Market in Financial Instruments Directive II respektive MiFID II.

Mit dieser Richtlinie wurden die bis 03.01.2018 nur in Deutschland gültigen Anforderungen an Institute, die Algorithmischen Handel bzw. Hochfrequenzhandel betreiben, weiterentwickelt und auf europäische Ebene gehoben.

Wie der Regulator in Erwägungsgrund 59 MiFID II darlegt, hat sich der Einsatz von Technologie für den Handel in den letzten zehn Jahren erheblich weiterentwickelt und ist mittlerweile unter den Marktteilnehmern weit verbreitet. Die Risiken, die der algorithmische Handel potenziell mit sich bringt, können jedem elektronisch betriebenen Handelsmodell innewohnen und bedürfen daher besonderer Aufmerksamkeit und Regulierung. Daher wird in Art. 17 eine Reihe von Anforderungen im Hinblick auf algorithmischen Handel betreibende Wertpapierfirmen festgelegt.

Um den potenziellen Auswirkungen von Algorithmen auf den Gesamtmarkt zu begegnen, führt die ESMA in den technischen Regulierungsstandards (RTS 6), die sie gemäß Art. 17 Abs. 7 Buchstabe a MiFID II erarbeitet hat, im Einzelnen die organisatorischen Anforderungen auf, die von allen algorithmischen Handel betreibenden Wertpapierfirmen erfüllt werden müssen, die einen direkten elektronischen Zugang (DEA) zu einem Handelsplatz bereitstellen.[27]

Nachfolgend werden die wesentlichen Vorgaben der MiFID II und des RTS 6 an den algorithmischen Handel dargestellt.

5.4.1 Allgemeine organisatorische Anforderungen

5.4.1.1 Organisationsanforderungen

41 Wertpapierfirmen haben die Aufgaben und Zuständigkeiten der Handelsabteilungen und der unterstützenden Funktionen, beispielsweise der Risikokontroll- und der Compliance-Funktion zu trennen, um sicherzustellen, dass unberechtigte Handelstätigkeiten nicht verschleiert werden können.

5.4.1.2 Aufgaben der Compliance Funktion

42 Wertpapierfirmen haben sicherzustellen, dass die Compliance-Mitarbeiter die Funktionsweise ihrer algorithmischen Handelssysteme und Handelsalgorithmen zumindest in Grundzügen verstehen. Auch müssen die Compliance-Mitarbeiter in ständigem Kontakt mit den Mitarbeitern stehen, die über genaue technische Kenntnisse der algorithmischen Handelssysteme oder Handelsalgorithmen der Firma verfügen.

Wertpapierfirmen müssen ferner sicherstellen, dass die Compliance-Mitarbeiter zu jeder Zeit entweder mit der Person bzw. den Personen, die in der Wertpapierfirma auf die „Kill-Funktion" zugreifen können, in Kontakt stehen, oder direkt auf diese Funktion oder die für die einzelnen Handelssysteme oder Handelsalgorithmen zuständigen Personen zugreifen können.

---

27 Vgl. EUR-Lex, RTS 6, Stand 19.07.2016, abrufbar unter http://ec.europa.eu/finance/securities/docs/isd/mifid/rts/160719-rts-6_de.pdf (letzter Abruf am 16.12.2017).

Wird die Compliance-Funktion ganz oder teilweise an externe Dritte ausgelagert, so hat die betreffende Wertpapierfirma diesen Dritten den gleichen Zugang zu Informationen, den sie internen Compliance-Mitarbeitern einräumen würde, zu gewähren. Wertpapierfirmen haben sicherzustellen, dass bei einer Auslagerung der Compliance-Funktion der Datenschutz gewährleistet ist sowie die Compliance-Funktion durch interne oder externe Prüfer oder durch die zuständige Behörde überprüft werden kann.

5.4.1.3 Personalausstattung

Wertpapierfirmen müssen eine ausreichende Zahl von Mitarbeitern beschäftigen, die über *43* die notwendigen Kompetenzen verfügen, um die algorithmischen Handelssysteme und Handelsalgorithmen zu verwalten, und ausreichende technische Kenntnisse in folgenden Bereiche mitbringen:

- die relevanten Handelssysteme und Handelsalgorithmen;
- die Überwachung und das Testen dieser Systeme und Algorithmen;
- die Handelsstrategien, die die jeweilige Wertpapierfirma mit Hilfe ihrer algorithmischen Handelssysteme und Handelsalgorithmen verfolgt;
- die rechtlichen Verpflichtungen, denen die jeweilige Wertpapierfirma unterliegt.

Die vorgenannten Mitarbeiter müssen diese notwendigen Kompetenzen zum Zeitpunkt der Einstellung besitzen oder erwerben sie im Anschluss daran durch Schulungen. Wertpapierfirmen müssen sicherstellen, dass die Kompetenzen dieser Mitarbeiter durch ständige Weiterbildungen auf dem neuesten Stand bleiben und diese Kompetenzen in regelmäßigen Abständen evaluieren.

Schulungsmaßnahmen müssen auf die Erfahrungen und Aufgaben der Mitarbeiter zugeschnitten sein und der Art, dem Umfang und der Komplexität der Tätigkeiten der Wertpapierfirma Rechnung tragen. Insb. die mit der Einreichung von Aufträgen befassten Mitarbeiter müssen in die dafür vorgesehenen Systeme eingewiesen und zum Thema Marktmissbrauch geschult werden.

Wertpapierfirmen haben sicherzustellen, dass die für die Risikomanagement- und die Compliance-Funktion des algorithmischen Handels zuständigen Mitarbeiter ausgestattet sind mit

- hinreichenden Kenntnissen des algorithmischen Handels und der Handelsstrategien;
- hinreichenden Kompetenzen zur Weiterbearbeitung von Informationen, die durch automatische Warnmeldungen ausgegeben werden;
- hinreichenden Befugnissen, um die für den algorithmischen Handel zuständigen Mitarbeiter zur Rechenschaft zu ziehen, wenn dieser Handel zu marktstörenden Handelsbedingungen führt oder zum Verdacht auf Marktmissbrauch Anlass gibt.

5.4.2 Belastbarkeit der Handelssysteme

5.4.2.1 Test und Einführung von Systemen und Strategien für Handelsalgorithmen

Vor der Einführung oder umfassenden Aktualisierung eines algorithmischen Handelssys- *44* tems, eines Handelsalgorithmus oder einer algorithmischen Handelsstrategie haben Wertpapierfirmen klar abgegrenzte Methodologien für die Entwicklung und das Testen solcher Systeme, Algorithmen oder Strategien festzulegen. Darüber hinaus muss jede Einführung oder umfassende Aktualisierung eines algorithmischen Handelssystems, eines Handelsalgorithmus oder einer algorithmischen Handelsstrategie von einer von der Geschäftsleitung der Wertpapierfirma benannten Person genehmigt werden.

Die Methodologien haben die Auslegungen, die Performanz, die Aufzeichnungen und die Genehmigung des algorithmischen Handelssystems, des Handelsalgorithmus oder der algorithmischen Handelsstrategie zu betreffen. Darüber hinaus haben sie die Zuständigkeiten, die Zuweisung ausreichender Ressourcen und die Verfahren zur Einholung von Anweisungen innerhalb der Wertpapierfirma zu regeln. Durch diese Methodologien wird gewährleistet, dass das algorithmische Handelssystem, der Handelsalgorithmus oder die algorithmische Handelsstrategie
- keine außerplanmäßigen Verhaltensweisen zeigt;
- den Verpflichtungen entspricht, die der Wertpapierfirma aufgrund der vorliegenden Verordnung erwachsen;
- den Regeln und Systemen der Handelsplätze entspricht, zu denen die Wertpapierfirma Zugang hat;
- nicht zur Entstehung marktstörender Handelsbedingungen beiträgt, auch unter Stressbedingungen auf den Märkten effektiv funktioniert und, sofern unter solchen Bedingungen erforderlich, die Abschaltung des algorithmischen Handelssystems oder des Handelsalgorithmus zulässt.

Darüber hinaus haben Wertpapierfirmen ihre Testmethodologien an die Handelsplätze und Märkte anzupassen, auf denen der Handelsalgorithmus verwendet werden wird. Bei wesentlichen Änderungen des algorithmischen Handelssystems oder des Zugangs zu dem Handelsplatz, auf dem das algorithmische Handelssystem, der Handelsalgorithmus oder die algorithmische Handelsstrategie eingesetzt werden soll, haben Wertpapierfirmen zusätzliche Tests vorzunehmen. Diese Vorgaben gelten nur für Algorithmen, die zur Auftragsausführung führen.

Auch sind Aufzeichnungen über alle wesentlichen Änderungen an der für den algorithmischen Handel verwendeten Software anzufertigen, aus denen hervorgeht,
- wann eine Änderung vorgenommen wurde;
- wer die Änderung vorgenommen hat;
- wer die Änderung genehmigt hat;
- worin die Änderung bestand.

Die Wertpapierfirmen haben die Konformität ihrer algorithmischen Handelssysteme und Handelsalgorithmen mit dem System eines Handelsplatzes bzw. dem System des Bereitstellers eines direkten Marktzugangs zu testen. Durch Konformitätstests soll überprüft werden, ob die grundlegenden Bestandteile des algorithmischen Handelssystems oder des Handelsalgorithmus ordnungsgemäß funktionieren und den Anforderungen entsprechen, die von dem Handelsplatz oder dem Bereitsteller des direkten Marktzugangs vorgegeben werden. Zu diesem Zweck ist durch Tests zu bestätigen, dass das algorithmische Handelssystem oder der Handelsalgorithmus plangemäß mit der Matching-Logik des Handelsplatzes interagiert und die vom Handelsplatz heruntergeladenen Datenströme in angemessener Weise verarbeitet.

Vor der Einführung eines Handelsalgorithmus haben Wertpapierfirmen zudem Obergrenzen festzulegen für:
– die Anzahl der gehandelten Finanzinstrumente;
– den Preis, den Wert und die Anzahl der Aufträge;
– die strategischen Positionen und
– die Anzahl der Handelsplätze, an die Aufträge geschickt werden.

5.4.2.2 Verwaltung im Anschluss an die Einführung

Im Anschluss an die Einführung haben Wertpapierfirmen jährlich einen Selbstbeurteilungs- und Validierungsprozess durchzuführen und erstellen auf dieser Grundlage einen Validierungsbericht. Durch diesen Prozess sollen folgende Bereiche überprüft, beurteilt und validiert werden: 45
– die algorithmischen Handelssysteme, Handelsalgorithmen und algorithmischen Handelsstrategien;
– die Unternehmensführung, die Rechenschaftspflichten und die Genehmigungsverfahren;
– die Notfallvorkehrungen;
– die Einhaltung aller Bestimmungen des Art. 17 der Richtlinie 2014/65/EU im Hinblick auf die Art, den Umfang und die Komplexität der Geschäftstätigkeit.

Im Zuge der Selbstbeurteilung ist mind. die Einhaltung der in Anhang I des RTS 6 aufgeführten Kriterien einer Analyse zu unterziehen.[28]

Die Risikomanagementfunktion einer Wertpapierfirma hat den Validierungsbericht unter Mithilfe von Mitarbeitern, die über die erforderlichen technischen Kenntnisse verfügen, zu erstellen. Die Risikomanagementfunktion hat die Compliance-Funktion über jegliche Mängel, die im Validierungsbericht aufgeführt werden, zu informieren.

Der Validierungsbericht ist von der internen Auditfunktion zu prüfen, sofern die Firma über eine solche verfügt, und wird von der Geschäftsleitung der Wertpapierfirma genehmigt.

Im Validierungsbericht aufgeführte Mängel sind zu beheben.

Im Rahmen der in Art. 9 erwähnten jährlichen Selbstbeurteilung haben Wertpapierfirmen zu überprüfen, ob ihre algorithmischen Handelssysteme und die in den Art. 12 bis 18 des RTS 6 erwähnten Verfahren und Kontrollen einem erhöhten Auftragseingang oder Marktbelastungen standhalten. Wertpapierfirmen haben Stresstests zu entwickeln nach Maßgabe der Art ihrer Handelstätigkeit und ihrer Handelssysteme. Wertpapierfirmen haben sicherzustellen, dass die Produktionsumgebung durch die Tests nicht beeinträchtigt wird. Bestandteile dieser Tests sollen sein:

---

28 Vgl. EUR-Lex, Anhang I zu RTS 6, Stand 19.07.2016, abrufbar unter http://ec.europa.eu/finance/securities/docs/isd/mifid/rts/160719-rts-6-annex_de.pdf (letzter Abruf am 16.12.2017).

– Tests mit hohen Mitteilungsvolumina unter Zugrundelegung der doppelten höchsten Anzahl an Mitteilungen, die in den vorangegangenen sechs Monaten bei der Wertpapierfirma eingegangen und von ihr ausgegangen sind;
– Tests mit hohen Handelsvolumina unter Zugrundelegung des doppelten höchsten Handelsvolumens, das die Wertpapierfirma in den vorangegangenen sechs Monaten erreicht hat.

Wertpapierfirmen haben sicherzustellen, dass alle vorgeschlagenen wesentlichen Änderungen an der Produktionsumgebung für den algorithmischen Handel vorab von einem von der Geschäftsleitung der Wertpapierfirma benannten Mitarbeiter geprüft werden. Die Gründlichkeit dieser Überprüfung hat sich nach dem Umfang der vorgeschlagenen Änderung zu richten.

Wertpapierfirmen haben Verfahren einzuführen, mit denen gewährleistet wird, dass jegliche Funktionsänderungen an ihren Systemen den für den Handelsalgorithmus zuständigen Händlern, der Compliance-Funktion und der Risikomanagementfunktion mitgeteilt werden.

5.4.2.3 Mittel zur Sicherstellung der Belastbarkeit

46 *Kill-Funktion*
Wertpapierfirmen müssen als Notfallmaßnahme jeden beliebigen Auftrag, der bei irgendeinem Handelsplatz eingereicht ist, aber noch nicht ausgeführt wurde, sofort stornieren können; ebenso müssen sie sämtliche bei einem bestimmten oder bei allen Handelsplätzen eingereichten, aber noch nicht ausgeführten Aufträge umgehend stornieren können („Kill-Funktion").

Dabei sind bei den nicht ausgeführten Aufträgen auch diejenigen einzubeziehen, die auf einzelne Händler, Handelsabteilungen oder ggf. Kunden zurückgehen.

Wertpapierfirmen müssen für jeden bei einem Handelsplatz eingereichten Auftrag feststellen können, auf welchen Handelsalgorithmus und welchen Händler, welche Handelsabteilung oder ggf. welchen Kunden er zurückgeht.

47 *Automatisiertes Überwachungssystem für die Aufdeckung von Marktmanipulation*
Wertpapierfirmen haben alle mit ihren Handelssystemen ausgeführten Handelstätigkeiten zu überwachen, einschließlich derjenigen ihrer Kunden, auf Anzeichen für mögliche Marktmanipulationen, wie sie in Art. 12 der Verordnung (EU) Nr. 596/2014 (MAD) erwähnt sind. Hierzu muss ein automatisiertes Überwachungssystem unterhalten werden, das Aufträge und Geschäfte wirksam kontrolliert, Warnmeldungen und Berichte erzeugt und, sofern angebracht, Visualisierungstools bereitstellt.

Das automatisierte Überwachungssystem hat das gesamte Spektrum der Handelstätigkeiten einer Wertpapierfirma zu erfassen und alle von ihr eingereichten Aufträge.

Sämtliche Hinweise auf verdächtige Handelstätigkeiten, die von ihrem automatisierten Überwachungssystem angezeigt wurden, hat die Wertpapierfirma in der Untersuchungsphase mit anderen von ihr ausgeführten relevanten Handelstätigkeiten abzugleichen.

Das Überwachungssystem ist mind. einmal jährlich zu überprüfen, um festzustellen, ob das System und die von ihm verwendeten Parameter und Filter den aufsichtsrechtlichen Verpflichtungen der Firma noch gerecht werden und ihren Handelstätigkeiten noch entsprechen.

Das System muss in der Lage sein, die Auftrags- und Geschäftsdaten im Nachhinein mit hinreichender Zeitgranularität auszulesen, wiederzugeben und auszuwerten. Außerdem hat es Warnmeldungen zu erzeugen, die zu Beginn oder, falls manuelle Prozesse beteiligt sind, am Ende des folgenden Handelstags bearbeitet werden. Für die Bearbeitung der erzeugten Warnmeldungen haben eine angemessene Dokumentation und angemessene Verfahren zur Verfügung zu stehen.

Die für die Überwachung der Handelstätigkeiten der Wertpapierfirma zuständigen Mitarbeiter haben der Compliance-Funktion alle Handelstätigkeiten zu melden, die gegen Richtlinien und Verfahren oder gegen aufsichtsrechtliche Verpflichtungen der Firma verstoßen könnten. Die Compliance-Funktion hat diese Angaben zu prüfen und geeignete Maßnahmen zu ergreifen. Bestandteil dieser Maßnahmen hat die Benachrichtigung des Handelsplatzes oder die Meldung verdächtiger Geschäfte oder Aufträge gemäß Art. 16 der Verordnung (EU) Nr. 596/2014 zu sein.

Notfallvorkehrungen 48

Wertpapierfirmen müssen über entsprechende Vorkehrungen verfügen, mit denen sie im Notfall den Betrieb ihrer algorithmischen Handelssysteme aufrechterhalten können. Diese Vorkehrungen sind auf einem dauerhaften Datenträger zu dokumentieren.

Die Notfallvorkehrungen haben eine wirksame Behebung von Störungen zu ermöglichen und, sofern angemessen, eine baldige Wiederaufnahme des algorithmischen Handels. Die Notfallvorkehrungen sind an die Handelssysteme der einzelnen Handelsplätze, zu denen die Wertpapierfirma Zugang hat, anzupassen und bestehen aus:

– Vorgaben der Unternehmensführung für die Entwicklung und Einführung der Notfallvorkehrungen;
– die Erfassung der möglichen widrigen Szenarien in Bezug auf den Betrieb des algorithmischen Handelssystems, beispielsweise der Ausfall von Systemen, Mitarbeitern, Arbeitsplätzen, externen Dienstleistern oder Rechenzentren oder der Verlust oder die Abänderung geschäftskritischer Daten und Unterlagen;
– Verfahren für die Verlagerung des Handelssystems an einen Back-up-Standort und das Betreiben des Handelssystems von diesem Standort aus, über den die Wertpapierfirma verfügen muss, wenn dies in Anbetracht der Art, des Umfangs und der Komplexität ihrer algorithmischen Handelstätigkeiten angemessen ist;
– Schulung der Mitarbeiter über die Notfallvorkehrungen;
– Leitlinien zur Verwendung der Kill-Funktion;
– Vorkehrungen zur Abschaltung des betreffenden Handelsalgorithmus oder Handelssystems, sofern angezeigt;
– alternative Möglichkeiten für die Bearbeitung offener Aufträge und Positionen durch die Wertpapierfirma.

Außerdem muss sichergestellt sein, dass ein Handelsalgorithmus oder Handelssystem im Zuge der Notfallvorkehrungen abgeschaltet werden kann, ohne marktstörende Handelsbedingungen zu schaffen. Die Notfallvorkehrungen sind jährlich zu überprüfen und im Rahmen der Überprüfung anzupassen.

49 *Vorhandelskontrollen bei Auftragseingabe*
Für alle Finanzinstrumente sind bei der Eingabe eines Auftrags Vorhandelskontrollen im Hinblick auf die folgenden Vorgaben durchzuführen:

- Preisbänder, mit denen Aufträge, die den festgelegten Preisparametern nicht entsprechen, automatisch gesperrt oder storniert werden und die sowohl auf der Ebene des einzelnen Auftrags als auch für einen spezifischen Zeitraum nach verschiedenen Finanzinstrumenten differenzieren;
- Auftragshöchstwerte, die verhindern, dass Aufträge mit ungewöhnlich hohem Auftragswert in das Auftragsbuch aufgenommen werden;
- Auftragshöchstvolumina, die verhindern, dass Aufträge mit ungewöhnlich großem Auftragsvolumen in das Auftragsbuch aufgenommen werden;
- Obergrenzen für Mitteilungen, die verhindern, dass eine übermäßige Anzahl von Mitteilungen über die Einreichung, Änderung oder Stornierung eines Auftrags an die Auftragsbücher geschickt wird.

In die Berechnung der Vorhandelsobergrenzen sind alle an einen Handelsplatz übermittelten Aufträge unverzüglich einzubeziehen.

Es müssen Drosselungsmechanismen für wiederholte automatische Auftragsausführungen existieren, die steuern, wie oft eine algorithmische Handelsstrategie angewendet wird. Nach einer vorab festgelegten Anzahl wiederholter Ausführungen ist das Handelssystem automatisch abzuschalten, bis es von einem eigens dafür bestimmten Mitarbeiter wieder eingeschaltet wird.

Auch sind Obergrenzen für Markt- und Kreditrisiken festzulegen; diese müssen auf ihrer Kapitalbasis, ihren Clearingvereinbarungen, ihrer Handelsstrategie, ihrer Risikotoleranz und ihrer Erfahrung sowie auf Variablen wie der Dauer ihrer Erfahrung mit algorithmischem Handel und ihrer Abhängigkeit von Drittanbietern basieren. Die Obergrenzen für Markt- und Kreditrisiken sind laufend an die Auswirkungen anzupassen, die sich aus veränderten Preis- und Liquiditätsniveaus der Aufträge auf den relevanten Markt ergeben.

Sobald festgestellt werden sollte, dass ein Händler nicht zum Handel mit einem bestimmten Finanzinstrument befugt ist, müssen die Aufträge dieses Händlers automatisch gesperrt oder storniert werden. Aufträge, die gegen ihre Risikoschwellenwerte verstoßen, müssen automatisch gesperrt oder storniert werden. Sofern angemessen, haben Risikokontrollen für einzelne Kunden, Finanzinstrumente, Händler, Handelsabteilungen oder die Wertpapierfirma als Ganzes zum Einsatz zu kommen.

Es muss Verfahren und Vorkehrungen im Zusammenhang mit Aufträgen geben, die durch die Vorhandelskontrollen der jeweiligen Wertpapierfirma gesperrt wurden, die aber dennoch übermitteln werden sollen. Diese Verfahren und Vorkehrungen haben nur unter außergewöhnlichen Umständen vorübergehend für ein spezifisches Handelsgeschäft zum

II.B.5 Algorithmischer Handel und Hochfrequenzhandel

Einsatz zu kommen. Sie müssen durch die Risikomanagementfunktion überprüft und von einem von der Wertpapierfirma benannten Mitarbeiter genehmigt werden.

Echtzeitkontrollen 50
Während Zeiten, in denen Aufträge an Handelsplätze übermittelt werden, sind in Echtzeit sämtliche unter dem Handelscode ausgeführten algorithmischen Handelstätigkeiten, einschließlich derjenigen der Kunden, auf Anzeichen für marktstörende Handelsbedingungen unter Einbeziehung sämtlicher Märkte, Anlageklassen oder Produkte, auf die sich die Tätigkeiten der Wertpapierfirma oder ihrer Kunden erstrecken, zu überwachen.

Die Echtzeitüberwachung der algorithmischen Handelstätigkeiten hat der für den Handelsalgorithmus oder die algorithmische Handelsstrategie zuständige Händler, die Risikomanagementfunktion oder eine unabhängige Risikokontrollfunktion, die für die Zwecke der vorliegenden Bestimmung eingerichtet wurde, zu übernehmen. Unabhängig davon, ob ein interner Mitarbeiter der Wertpapierfirma oder ein Dritter mit der Echtzeitüberwachung betraut wird, muss diese Risikokontrollfunktion als unabhängig gelten. Dies ist der Fall, wenn sie in keiner hierarchischen Abhängigkeitsbeziehung zum Händler steht und ihn, sofern angemessen und erforderlich, im Rahmen der Vorgaben der Unternehmensführung zur Rechenschaft ziehen kann.

Mit der Echtzeitüberwachung betraute Mitarbeiter müssen rechtzeitig auf operative und aufsichtsrechtliche Probleme reagieren und ergreifen bei Bedarf Abhilfemaßnahmen.

Wertpapierfirmen haben sicherzustellen, dass die zuständige Behörde, die relevanten Handelsplätze und, sofern anwendbar, die DEA-Bereitsteller, Clearing-Mitglieder und zentralen Gegenparteien zu jeder Zeit Verbindung zu den für die Echtzeitüberwachung zuständigen Mitarbeitern aufnehmen können. Zu diesem Zweck müssen auch für die Kontaktaufnahme außerhalb der Handelszeiten, Kommunikationswege fest stehen und regelmäßig überprüft werden, damit in einem Notfall die Mitarbeiter mit den erforderlichen Befugnissen rechtzeitig miteinander in Verbindung treten können.

Die Systeme für die Echtzeitüberwachung müssen in Echtzeit Warnmeldungen erzeugen, um die Mitarbeiter bei der Erkennung außerplanmäßiger, mit Hilfe eines Algorithmus vorgenommener Handelstätigkeiten zu unterstützen. Es muss Prozesse geben, mit denen möglichst zeitnah auf Warnmeldungen reagiert werden kann und man sich, sofern erforderlich, geordnet vom Markt zurückziehen kann. Diese Systeme haben auch Warnmeldungen in Bezug auf Algorithmen und über den DEA eingehende Aufträge, die die Notfallsicherungen („circuit breakers") eines Handelsplatzes auslösen, zu erzeugen. Echtzeit-Warnmeldungen müssen innerhalb von fünf Sekunden nach dem relevanten Ereignis erzeugt werden.

Nachhandelskontrollen 51
Nachhandelskontrollen sind kontinuierlich anzuwenden. Sofern dabei eine Unregelmäßigkeit festgestellt werden sollte, sind angemessene Maßnahmen zu ergreifen, darunter unter Umständen die Anpassung oder Abschaltung des betreffenden Handelsalgorithmus oder Handelssystems oder einen geordneten Rückzug aus dem Markt.

Die Nachhandelskontrollen haben auch die kontinuierliche Bewertung und Überwachung des effektiven Markt- und Kreditrisikos der jeweiligen Wertpapierfirma zu umfassen.

Wertpapierfirmen müssen in der Lage, ihre eigenen offenen Risiken und diejenigen ihrer Händler und Kunden in Echtzeit zu berechnen.

Bei Derivaten haben sich die Nachhandelskontrollen auch auf die Obergrenzen für die Kauf- und Verkaufspositionen zu beziehen sowie die strategischen Positionen insgesamt, wobei die Handelsobergrenzen in Einheiten festgelegt werden muss, die für die Art der jeweiligen Finanzinstrumente geeignet sind.

Die Nachhandelskontrollen sind von den Händlern vorzunehmen, die innerhalb der Wertpapierfirma für den Algorithmus und die Risikokontrollfunktion zuständig sind.

5.4.3 Direkter Elektronischer Zugang

5.4.3.1 Allgemeine Bestimmungen für den Direkten Elektronischen Zugang

52   DEA-Bereitsteller haben durch geeignete Richtlinien und Verfahren sicher zu stellen, dass der von ihren DEA-Kunden betriebene Handel den Regeln des Handelsplatzes entspricht und sie selbst als DEA-Bereitsteller den in Art. 17 Abs. 5 der Richtlinie 2014/65/EU niedergelegten Anforderungen genügen.

5.4.3.2 Kontrollpflichten der DEA-Bereitsteller

53   DEA-Bereitsteller haben den Auftragsfluss jedes einzelnen DEA-Kunden auf Marktmanipulation zu kontrollieren, Vor- und Nachhandelskontrollen durchzuführen sowie die Echtzeitüberwachung durchzuführen. Diese Kontrollen und diese Überwachung haben unabhängig und getrennt von den Kontrollen und der Überwachung durch die DEA-Kunden selbst zu erfolgen. Insb. haben die Aufträge eines DEA-Kunden stets die Vorhandelskontrollen, die vom DEA-Bereitsteller festgelegt und gesteuert werden, zu durchlaufen.

DEA-Bereitsteller können auch eigene Vorhandels- und Nachhandelskontrollen, durch einen Dritten bereitgestellte oder vom Handelsplatz angebotene Kontrollen sowie Echtzeitüberwachungen vornehmen. Die Verantwortung für die Wirksamkeit dieser Kontrollen verbleibt unter allen Umständen aber beim DEA-Bereitsteller. Des Weiteren haben DEA-Bereitsteller sicherzustellen, dass niemand außer ihnen berechtigt ist, die Parameter oder Obergrenzen der Vorhandels- und Nachhandelskontrollen und der Echtzeitüberwachung festzulegen oder zu ändern. Das Funktionieren der Vorhandels- und Nachhandelskontrollen ist durch den DEA-Bereitsteller kontinuierlich zu überwachen.

Die Obergrenzen der Vorhandelskontrollen für eingereichte Aufträge haben auf den Obergrenzen für Kredite und Risiken zu basieren, die der DEA-Bereitsteller für die Handelstätigkeiten seiner DEA-Kunden anwendet. Diese Obergrenzen hat der DEA-Bereitsteller aus der Due-Diligence-Prüfung vor Aufnahme der Geschäftsbeziehung und den anschließenden regelmäßigen Überprüfungen des DEA-Kunden abzuleiten.

Die Parameter und Obergrenzen für die Kontrollen der DEA-Kunden, die über einen geförderten Zugang verfügen, haben ebenso streng zu sein wie diejenigen für DEA-Kunden mit direktem Marktzugang (DMA).

5.4.3.3 Spezifikationen für Systeme von DEA-Bereitstellern

DEA-Bereitsteller haben sicherzustellen, dass ihre Handelssysteme ihnen ermöglichen, 54
- die Aufträge zu überwachen, die ein DEA-Kunde unter dem Handelscode des DEA-Bereitstellers einreicht;
- Aufträge von Personen automatisch zu sperren oder zu stornieren, deren Handelssysteme mit algorithmischem Handel in Zusammenhang stehende Aufträge einreichen und die nicht zur Übermittlung von Aufträgen durch den direkten elektronischen Zugang berechtigt sind;
- Aufträge für Finanzinstrumente automatisch zu sperren oder zu stornieren, für die der einreichende DEA-Kunde keine Handelsberechtigung hat, und zu diesem Zweck einzelne DEA-Kunden oder Gruppen solcher Kunden durch ein internes Kennzeichnungssystem zu identifizieren und zu sperren;
- Aufträge von DEA-Kunden automatisch zu sperren oder zu stornieren, die gegen die im Risikomanagementsystem des DEA-Bereitstellers festgelegten Schwellenwerte verstoßen, und zu diesem Zweck Risikokontrollen für einzelne DEA-Kunden, Finanzinstrumente oder Gruppen von DEA-Kunden anzuwenden;
- den Auftragsfluss von DEA-Kunden zu unterbrechen;
- die DEA-Dienste gegenüber jedem beliebigen DEA-Kunden auszusetzen oder zu kündigen, wenn der DEA-Bereitsteller nicht überzeugt ist, dass dessen fortgesetzter Zugang mit seinen eigenen Regeln und Verfahren zur Gewährleistung eines fairen und ordnungsgemäßen Handels und der Integrität des Markts vereinbar ist;
- bei Bedarf die internen Risikokontrollsysteme der DEA-Kunden jederzeit zu überprüfen.

DEA-Bereitsteller müssen über Verfahren verfügen, mit denen sie Marktstörungsrisiken und firmenspezifische Risiken bewerten, steuern und mindern können. DEA-Bereitsteller müssen wissen, welche Personen benachrichtigt werden müssen, falls ein Fehler auftritt, der zu Verstößen gegen das Risikoprofil oder zu potenziellen Verstößen gegen die Regeln des Handelsplatzes führt.

Durch die Vergabe eindeutiger Identifikationscodes haben DEA-Bereitsteller zu jeder Zeit in der Lage zu sein, ihre DEA-Kunden sowie deren Handelsabteilungen und Händler zu identifizieren, wenn diese über die Systeme des DEA-Bereitstellers Aufträge einreichen.

Wenn DEA-Bereitsteller einem DEA-Kunden gestatten, seinerseits den eigenen Kunden Zugang zu gewähren (nachgeordneter Zugang), müssen sie in der Lage sein, die Auftragseingänge der Nutznießer einer solchen Vereinbarung über nachgeordnete Zugänge voneinander zu unterscheiden, auch wenn sie deren Identität nicht kennen.

5. DEA-Bereitsteller müssen Aufzeichnungen über die von ihren DEA-Kunden eingereichten Aufträge führen und haben bei den Auftragsdaten auch Änderungen und Stornierungen, von ihren Überwachungssystemen erzeugte Warnmeldungen sowie Änderungen ihres Filterungsprozesses zu vermerken.

5.4.3.4 Regelmäßige Überprüfung von DEA-Kunden

55 DEA-Bereitsteller haben die im Rahmen ihrer Due Diligence vorgesehenen Bewertungsprozesse jährlich zu überprüfen.

Dabei haben die DEA-Bereitsteller die Angemessenheit der Systeme und Kontrollen ihrer Kunden einer jährlichen risikobasierten Neubewertung unter besonderer Berücksichtigung von Änderungen der Art, des Umfangs und der Komplexität ihrer Handelstätigkeiten oder Handelsstrategien, personeller Veränderungen, Änderungen ihrer Eigentumsstruktur, ihrer Handels- oder Bankkonten, ihres aufsichtsrechtlichen Status und ihrer finanziellen Lage zu überprüfen sowie im Hinblick darauf, ob der DEA-Kunde die Absicht geäußert hat, unter dem Zugang des DEA-Bereitstellers nachgeordnete Zugänge anzubieten.

5.4.4 Hochfrequente Algorithmische Handelstechnik

56 Wertpapierfirmen, die eine hochfrequente algorithmische Handelstechnik anwenden, haben die Angaben zu jedem Auftrag unmittelbar nach dessen Einreichung in dem Format auf, das in Anhang II des RTS 6 vorgegeben ist, aufzuzeichnen.[29]

Wertpapierfirmen, die eine hochfrequente algorithmische Handelstechnik anwenden, haben Angaben entsprechend den Standards und Formaten zu aktualisieren, die in Anhang II des RTS 6 vorgegeben sind.

Die Aufzeichnungen sind ab dem Datum, an dem der Auftrag zur Ausführung bei einem Handelsplatz oder einer anderen Wertpapierfirma eingereicht wurde, fünf Jahre lang aufzubewahren.

6 Fazit

57 Es bleibt abzuwarten, ob im Zusammenhang mit dem Algorithmischen Handel und Hochfrequenzhandel mit Inkrafttreten der MiFID II von regulatorischer Seite nun erstmals Ruhe einkehrt oder ob diese Form des Handels weiter im Fokus stehen wird und beispielsweise der ursprüngliche Vorschlag im MiFID II-Entwurf des Europäischen Parlaments, eine Mindesthaltedauer von Aufträgen im Orderbuch von 500 Millisekunden vorzuschreiben, doch noch eingeführt wird, um den Hochfrequenzhandel weiter einzuschränken.

---

29 Vgl. EUR-Lex, Anh II zu RTS 6, Stand 19.07.2016, abrufbar unter http://ec.europa.eu/finance/securities/docs/isd/mifid/rts/160719-rts-6-annex_de.pdf (letzter Abruf am 16.12.2017).

7 Literaturverzeichnis

Art. 4 Abs. 1 Nr. (39) der Richtlinie 2014/65/EU (MiFID II).

Art. 4 Abs. 1 Nr. (40) der Richtlinie 2014/65/EU (MiFID II).

Art. 4 Abs. 1 Nr. (41) der Richtlinie 2014/65/EU (MiFID II).

Art. 19 Abs. 1 der Verordnung (EU) 2017/565 zur Ergänzung der Richtlinie 2014/65/EU (MiFID II).

BaFin: Häufig gestellte Fragen zum HFT-Gesetz, Stand 28.02.2014, S. 9, abrufbar unter https://www.bafin.de/SharedDocs/Downloads/DE/FAQ/dl_faq_hft.pdf;jsessionid= 440EAD88 9CEA13D5B95EC2002AC4488.2_cid363?__blob=publicationFile&v=1 (letzter Abruf am 16.12.2017).

BaFin: Rundschreiben 06/2013, Stand 18.12.2013, abrufbar unter https://www.bafin.de/ SharedDocs/Veroeffentlichungen/DE/Rundschreiben/rs_1306_ba_algorithmushandel. html (letzter Abruf 16.12.2017).

CFTC, 2010a Findings Regarding the Markets Events of May, 6, 2010, abrufbar unter http://www.cftc.gov/idc/groups/public/@otherif/documents/ifdocs/opa-jointreport-sec-051810.pdf (letzter Abruf am 16.12.2017).

*Chaboud/Chiquoine/Hjalmarsson/Vega:*Rise of the Machines; Algorithmic Trading in the Foreign Exchange Market, 2014.

EUR-Lex: RTS 6, Stand 19.07.2016, abrufbar unter http://ec.europa.eu/finance/securities/ docs/isd/mifid/rts/160719-rts-6_de.pdf (letzter Abruf am 16.12.2017).

EUR-Lex: Anhang I zu RTS 6, Stand 19.07.2016, abrufbar unter http://ec.europa.eu/ finance/securities/docs/isd/mifid/rts/160719-rts-6-annex_de.pdf (letzter Abruf am 16.12.2017).

EUR-Lex: Anhang II zu RTS 6, Stand 19.07.2016, abrufbar unter http://ec.europa.eu/ finance/securities/docs/isd/mifid/rts/160719-rts-6-annex_de.pdf (letzter Abruf am 16.12.2017).

Kasiske: Marktmissbräuchliche Strategien im Hochfrequenzhandel, in: WM 41/2014, S. 1933.

Kirilenko/Kyle/Samadi/Tuzun: The Flash Crash, The Impact of High Frequency Trading on an Electronic Market, 2014.

Pressemitteilung der FCA v. 22.07.2013, abrufbar unter http://www.fca.org.uk/news/fca-fines-us-based-oil-trader (letzter Abruf am 16.12.2017).

Question 8 der Q&A on MiFID II and MiFIR market structures topics, abrufbar unter https://www.esma.europa.eu/sites/default/files/library/esma70-872942901-38_qas_ markets_structures_issues.pdf (letzter Abruf am 16.12.2017).

Report CFTC and SEC: Findings Regarding the Markets Events of May 6, 2010, abrufbar unter https://www.sec.gov/news/studies/2010/marketevents-report.pdf (letzter Abruf am 16.12.2017).

Schultheiß: Die Neuerungen im Hochfrequenzhandel, in: WM 13/2013, S. 596

SEC: MIDAS, abrufbar unter http://www.sec.gov/marketstructure/midas.html (letzter Abruf am 16.12.2017).

SEC: Release No. 34-67091, abrufbar unter http://www.sec.gov/rules/sro/nms/2012/34-67091.pdf (letzter Abruf am 16.12.2017).

SEC: Release No. 34-67457, abrufbar unter http://www.sec.gov/rules/final/2012/34-67457.pdf (letzter Abruf am 16.12.2017).

SEC: Release No. 34-69077, abrufbar unter http://www.sec.gov/rules/proposed/2013/34-69077.pdf. (letzter Abruf am 16.12.2017).

SEC: Rule 13h-1, abrufbar unter http://sec.gov/rules/final/2011/34-64976.pdf. (letzter Abruf 16.12.2017).

SEC: Rule 15c3-5, abrufbar unter http://www.sec.gov/rules/final/2010/34-63241-secg.htm. (letzter Abruf am 16.12.2017).

II.B.6

Meldepflichten („Transaction Reporting")

Hilmar Schwarz

Inhaltsübersicht

1	Einleitung.	1–4
2	Meldepflichtige.	5–8
3	Meldepflichtige Geschäfte.	9–16
4	Inhalte der Geschäftsmeldungen	17–30
4.1	Einzelheiten zu Personen (Felder 7 bis 27).	19–23
4.2	Einzelheiten zum Geschäft	24–26
4.3	Einzelheiten zur Gattung.	27–28
4.4	Händler, Algorithmen, Ausnahmen und Indikatoren.	29–30
5	Meldefristen	31
6	Meldewege.	32–33
7	Sanktionen	34
8	Fazit und Ausblick	35–37
9	Literaturverzeichnis	

1 Einleitung

Mit dem 2. Finanzmarktförderungsgesetz v. 26.07.1994[1] wurden im WpHG, das zum 01.01.1995 in Kraft trat, die Aufgaben des ehem. Bundesaufsichtsamtes für den Wertpapierhandel (BAWe) normiert. Dazu gehörte u.a. die Verfolgung und präventive Bekämpfung von Insider-Geschäften. Dem BAWe wurde mit dem Gesetz ein weitreiches Instrumentarium an die Hand gegeben, um Insidergeschäfte wirksam bekämpfen zu können. Zur Überwachung des Insiderverbots wurden Kreditinstitute und sonstige an einer inländischen Börse zur Teilnahme am Handel zugelassenen Unternehmen verpflichtet, ihre Transaktionen in Wertpapieren und derivativen Finanzinstrumenten zu melden.[2] Mit dem eingeführten § 9 Abs. 1 WpHG a.F. beabsichtigte der Gesetzgeber, dass das BAWe laufend die notwendigen Informationen über abgeschlossene Wertpapiergeschäfte erhält und auswerten kann. Andernfalls müsse sich die Wertpapieraufsicht bei ihren Ermittlungen lediglich auf zufällige Informationen stützen. Eine auf bloße Zufallsfunde angewiesene Aufsicht wäre allenfalls punktuell und damit in nicht ausreichendem Maße in der Lage, ihre gesetzlichen Aufgaben zu erfüllen. Das Bundesaufsichtsamt könne nicht aus eigener Erkenntnis Sachverhalten nachgehen und würde somit nicht den Kriterien genügen, die international als Gütesiegel einer effizienten Wertpapieraufsicht gelten.[3] Mit Umsetzung der Richtlinie 93/22/EWG des Rates v. 10.05.1993 über Wertpapierdienstleistungen (Wertpapierdienstleistungsrichtlinie) wurden Vorgaben zu bank- und wertpapieraufsichtsrechtlichen Vorschriften im WpHG, u.a. betreffend die Meldepflichten in § 9 WpHG a.F. mit Inkrafttreten zum 01.01.1998 umgesetzt.[4]

1

Eine weitere Änderung hat § 9 WpHG a.F. im Zuge der Anpassung an die Vorgaben des Art. 25 MiFID I[5] erfahren. Auf dieser Grundlage wurden die Vorgaben für das Meldewesen auf europäischer Ebene harmonisiert und der Austausch von Informationen zwischen den zuständigen Aufsichtsbehörden geregelt. Wesentliche Änderungen ergaben sich durch Anpassung des Kreises der Meldepflichtigen und durch die Erweiterung des Begriffs der Finanzinstrumente. Geschäfte wurden in die Meldepflicht einbezogen, die sich auf Finanzinstrumente beziehen, die in den regulierten Markt oder den Freiverkehr einbezogen sind.

2

Die bislang bedeutsamsten Änderungen im Meldewesen ergeben sich mit Anwendung der Vorgaben aus MiFID II/MiFIR[6], die zum 03.01.2018 anzuwenden sind. Die Einzelheiten zum Inhalt werden seit dem 03.01.2018 in Art. 26 MiFIR sowie in der dazugehörigen Delegierten Verordnung (EU) 2017/590[7] geregelt. Der bis zu diesem Zeitpunkt geltende § 9

3

---

1 BGBl. Jg. 1994, Teil I, Nr. 48 v. 30.07.1994, S. 1749.
2 Vgl. Gesetzesbegründung zum Zweiten Finanzmarktförderungsgesetz, BR-Drs. 12/6679 v. 27.01.1994, S. 35.
3 Vgl. Gesetzesbegründung zum Zweiten Finanzmarktförderungsgesetz, BR-Drs. 12/6679 v. 27.01.1994, S. 43.
4 BGBl. Jg. 1997 Teil I Nr. 71 v. 28.10.1997, S. 2561.
5 Richtlinie 2004/39/EG des europäischen Parlaments und Rates v. 21.04.2004.
6 Richtlinie 2014/65/EU (MiFID II) und Verordnung (EU) Nr. 600/2014 (MiFIR) des europäischen Parlaments und Rates v. 15.05.2014.
7 Delegierte Verordnung (EU) 2017/590 der Kommission v. 28.07.2016 zur Ergänzung der Verordnung (EU) Nr. 600/2014 des Europäischen Parlaments und des Rates durch technische Regulierungsstandards für die Meldung von Geschäften an die zuständigen Behörden.

WpHG a. F. wurde in weiten Teilen aufgehoben. Die verbleibenden Regelungen betreffend das Meldewesen wurden in den § 22 WpHG[8] überführt. Die Wertpapierhandel-Meldeverordnung (WpHMV) wurde gegenstandslos und damit aufgehoben. Im nationalen Recht verbleiben einzelne Ausführungsbestimmungen und die Zuständigkeitenzuweisung. Aufgrund der weitreichenden Änderungen in den Vorgaben für das Meldewesen gemäß Art. 26 MiFIR ist die Erweiterung bestehender bzw. der Aufbau neuer technischer Systeme, Infrastrukturen und Schnittstellen sowohl auf Seiten der verpflichteten Wertpapierfirmen, der Intermediäre in der Meldekette als auch bei den zuständigen Behörden notwendig. Der Umfang der zu meldenden Informationen und die damit einhergehende Anzahl der Meldefelder weiten sich deutlich aus.

4 Die Erwägungsgründe zur MiFIR verdeutlichen die Motivation für die unter Verwendung einheitlicher Standards und Formate greifenden umfassenden Transparenzverpflichtungen. Die zuständigen Aufsichtsbehörden sollen in die Lage versetzt werden, u. a. potenzielle Fälle eines Marktmissbrauchs aufzudecken und zu untersuchen sowie das faire und ordnungsgemäße Funktionieren der Märkte und die Tätigkeiten von Wertpapierfirmen zu überwachen[9], ferner Informationen zu gewinnen, anhand derer die zuständigen Behörden das Volumen der Leerverkäufe überwachen können.[10] Der europäischen Wertpapieraufsichtsbehörde ESMA wird die Zuständigkeit zugewiesen, den Informationsaustausch zwischen den zuständigen Behörden zu koordinieren. Neue Meldeverpflichtungen bestehen insb. in einem erweiterten Anwendungsbereich von Finanzinstrumenten, in neuen Datenstandards und -inhalten und Angaben zur Identifizierung der Kunden. Zudem wird für die Übertragung der Meldungen ein genehmigter Meldemechanismus eingeführt. Dieser Meldemechanismus ist ein Unternehmen, das dazu berechtigt ist, im Namen des Wertpapierdienstleistungsunternehmens Einzelheiten zu Geschäften an die zuständigen Behörden oder die Europäische Wertpapier- und Marktaufsichtsbehörde ESMA zu melden.[11]

2 Meldepflichtige

5 Die Meldepflichten gegenüber der zuständigen Behörde treffen Wertpapierfirmen gemäß der Definition in Art. 2 Abs. 1 Nr. 1 MiFIR i. V. m. Art. 4 Abs. 1 Nr. 1 MiFID II. Bereits mit Umsetzung der MiFID I wurde durch die Anknüpfung an den Begriff der Wertpapierdienstleistungsunternehmen (im Folgenden: WpDU) im Sinne von § 2 Abs. 4 Satz 1 WpHG a. F. sichergestellt, dass der Kreis der Meldepflichtigen den nach der Finanzmarktrichtlinie meldepflichtigen „Wertpapierfirmen" entspricht.[12] Gemäß § 2 Abs. 10 WpHG sind WpDU Kreditinstitute, Finanzdienstleistungsinstitute und nach § 53 Abs. 1 Satz 1 KWG tätige Unternehmen.

---

8   Zweites Finanzmarktnovellierungsgesetz v. 23. 06. 2017, BGBl. Jg. 2017 Teil I Nr. 39 v. 24. 06. 2017, S. 1693.
9   Verordnung (EU) 600/2014, Erwägungsgrund 32.
10 Verordnung (EU) 600/2014, Erwägungsgrund 34.
11 Vgl. Definition von genehmigter Meldemechanismus in § 2 Abs. 39 WpHG.
12 Vgl. Gesetzesbegründung zum Finanzmarktrichtlinie-Umsetzungsgesetz, BT-Drs. 16/4028 v. 12. 01. 2007, S. 62.

Sofern Geschäfte über Zweigniederlassungen ausgeführt werden, besteht die Meldepflicht eines WpDU für diese Geschäfte gemäß Art. 14 MiFID II-DVO 2017/590 bei der zuständigen Behörde des Herkunftsmitgliedstaats des WpDU, es sei denn, die zuständigen Behörden des Herkunfts- und des Aufnahmemitgliedstaats haben eine anderslautende Vereinbarung getroffen. 6

Die Meldepflicht für inländische zentrale Gegenparteien wird gemäß § 22 Abs. 3 WpHG beibehalten, da deren Meldungen für die Aufsichtstätigkeit der BaFin von großer Bedeutung sind, denn durch diese nach den bisherigen Erfahrungen qualitativ guten und flächendeckenden Meldungen können insb. fehlerhafte oder fehlende Meldungen von Börsenteilnehmern kompensiert werden.[13] 7

Geregelt wird in Art. 26 Abs. 1 MiFIR ferner der Informationsaustausch zwischen den zuständigen Behörden, sodass diese Informationen auch der zuständigen Behörde des für die betreffenden Finanzinstrumente unter Liquiditätsaspekten relevantesten Marktes übermittelt werden. 8

3 Meldepflichtige Geschäfte

Die Verpflichtung zur Meldung von Geschäften bezieht sich gemäß Art. 26 Abs. 2 Buchstaben a bis c MiFIR auf 9

– Finanzinstrumente, die zum Handel zugelassen sind oder die an einem Handelsplatz gehandelt werden oder für die ein Antrag auf Zulassung zum Handel gestellt wurde;
– Finanzinstrumente, deren Basiswert ein an einem Handelsplatz gehandeltes Finanzinstrument ist, und
– Finanzinstrumente, deren Basiswert ein an einem Handelsplatz gehandeltes Finanzinstrument ist.

Zur Definition der Finanzinstrumente verweist Art. 2 Abs. 9 MiFIR auf Art. 4 Abs. 1 Nummer 15 MiFID II, der auf die in Anhang I Abschn. C MiFID II genannten Instrumente verweist. 10

Als Geschäft wird der Abschluss eines Erwerbs oder einer Veräußerung eines dieser Finanzinstrumente definiert.[14] Erwerb und Veräußerungen umfassen den Kauf bzw. Verkauf eines Finanzinstruments, den Abschluss bzw. die Auflösung eines Derivatkontrakts oder die Erhöhung bzw. Herabsetzung des Nominalbetrags eines Derivatkontrakts. Die Meldepflicht gilt unabhängig davon, ob die Geschäfte an einem Handelsplatz abgeschlossen werden oder nicht.[15] 11

Die Meldepflicht knüpft an die Ausführung der Geschäfte an. Ein WpDU unterliegt der eigenen Meldepflicht, wenn es gemäß Art. 3 Abs. 1 MiFID-DVO 2017/590 eine der folgenden Leistungen erbringt oder eine der folgenden Tätigkeiten durchführt, die ein Geschäft zur Folge haben: 12

---

13 Vgl. Gesetzesbegründung zum Regierungsentwurf des Zweiten Finanzmarktnovellierungsgesetzes v. 19.12.2016 zu § 22 WpHG, S. 277.
14 Art. 2 Abs. 1 Delegierte Verordnung (EU) 2017/590.
15 Art. 26 Abs. 2 Unterabs. 2 MiFIR.

- Annahme und Übermittlung von Aufträgen, die ein oder mehrere Finanzinstrument(e) zum Gegenstand haben;
- Ausführung von Aufträgen im Namen von Kunden;
- Handel für eigene Rechnung;
- Treffen einer Anlageentscheidung im Einklang mit einem von einem Kunden erteilten Vermögensverwaltungsmandat;
- Übertragung von Finanzinstrumenten auf oder aus Konten.

Diese Definition schließt den Fall des Kommissionsgeschäfts für Kunden des WpDU ein.

13 Gemäß den Anforderungen aus Art. 3 Abs. 1 Buchstabe e MiFID II-DVO 2017/590 ist als Geschäft die Übertragung von Finanzinstrumenten auf oder aus Konten definiert. Gemäß den ESMA Guidelines on Transaction Reporting[16], Abs. 5.20.1 (S. 73) "Transferring between clients within the same firm" wird ausgeführt:

„As noted in Part I where the ownership by the underlying client does not change then no transaction report should be made. This applies regardless of whether the transfer takes place within the same Investment Firm or between two different Investment Firms or an Investment Firm and a Firm, as long as the owners are exactly the same."

Demgegenüber werden Überträge, bei denen sich der Begünstigte ändert, als Erwerb bzw. Veräußerung im Sinne des Art. 2 MiFID II-DVO 2017/590 betrachtet und sind zu melden.

Zur Erfüllung der Meldepflichten ist es deshalb notwendig, eine Kennzeichnung von jenen Depotüberträgen zu erhalten, bei denen ein Gläubigerwechsel vorliegt. Zum Zeitpunkt des Stückeeingangs ist jedoch die Meldepflicht vielfach noch unklar, da zwar der genaue Empfänger der Stücke, als Absender jedoch nur das absendende Institut angegeben ist, und ein Kennzeichen bzgl. Gläubigerwechsel nicht in der Regulierung der Geschäfte von Clearstream Banking enthalten ist. Dieses wird erst mit dem Taxbox-Eingang mehrere Tage nach dem Depotübertrag mitgegeben. Eine automatisierte Selektion der tatsächlich meldepflichtigen Depotüberträge ist daher innerhalb der Meldefrist aus den praktischen Gründen vielfach nicht möglich. Hierzu wird sich eine Aufsichts- und Verwaltungspraxis herausbilden müssen, um einerseits den gesetzlichen Anforderungen, andererseits den praktischen Gegebenheiten zu entsprechen.

14 Erfolgt eine Übermittlung von Aufträgen durch ein WpDU („übermittelnde Firma"), die ein oder mehrere Finanzinstrument(e) zum Gegenstand haben, gemäß Art. 26 Abs. 4 MiFIR i. V. m. Art. 4 MiFID II-DVO 2017/590 auf einen Dritten („Empfängerfirma"), unterliegt die Empfängerfirma den Meldepflichten und erklärt sich damit einverstanden, das aus dem betreffenden Auftrag resultierende Geschäft entweder zu melden oder die Einzelheiten des Auftrags an ein anderes WpDU zu übermitteln.[17] Die Voraussetzungen für die Übermittlung eines Auftrags – insb. das Einverständnis der Empfängerfirma betreffend –, ferner die Detailinformationen zu den übermittelten Aufträgen sind in Art. 4 MiFID II-DVO 2017/590 definiert.

---

16 ESMA: Guidelines – Transaction reporting, order record keeping and clock synchronisation under MiFID II, ESMA/2016/1452, 10. 10. 2016, korrigiert am 07. 08. 2017.
17 Art. 4 Abs. 1 Buchstabe c Verordnung (EU) 2017/590.

Ausnahmen von der Definition eines Geschäfts sind in Art. 2 Abs. 5 MiFID II-DVO 2017/590 geregelt. Von besonderer Bedeutung sind folgende Fälle:
- Wertpapierfinanzierungsgeschäfte sind ausgenommen, wenn diese bereits einer Meldepflicht gemäß Art. 4 Verordnung (EU) 2015/2365 unterliegen;[18]
- Ausgenommen sind auch die Ausgabe und Rücknahme von Anteilen an OGAW durch den Verwalter des OGAW.[19] Damit bleiben OGAW-Fondstransaktionen, die von Wertpapierfirmen mit OGAW-Verwaltungsgesellschaften als Handelspartner vorgenommen werden, von der Meldepflicht ausgenommen. Sofern ein Kauf oder Verkauf von OGAW-Fondsanteilen außerhalb der OGAW-Verwaltungsgesellschaft im Sekundärmarkt[20] erfolgt, besteht jedoch eine Meldepflicht;
- Von der Meldepflicht ausgenommen sind auch die Ausgabe, der Ablauf oder die Rücknahme eines Finanzinstruments als Ergebnis vorab festgelegter Vertragsbedingungen oder als Ergebnis obligatorischer Ereignisse, die sich dem Einfluss des Anlegers entziehen, wenn der Anleger zum Zeitpunkt der Ausgabe, des Ablaufs oder der Rücknahme des Finanzinstruments keine Anlageentscheidung trifft.[21] Dies betrifft insb. Kapitalmaßnahmen, die zu im Voraus festgelegten Bedingungen erfolgen, bei denen der Anleger keine Investitionsentscheidung treffen kann. Beispielsweise ist die Ausgabe von Bezugsrechten nicht meldepflichtig, der nachfolgende Handel in Bezugsrechten jedoch ist meldepflichtig.

15

Mit Anwendung der Regelungen von MiFID II/MiFIR ab dem 03. 01. 2018 sind Geschäfte, die ab dem 03. 01. 2018 abgeschlossen werden, gemäß den Vorgaben von Art. 26 MiFIR zu melden. Für die bis 02. 01. 2018 abgeschlossenen Geschäfte greifen die Pflichten gemäß § 9 WpHG a. F., auch wenn die Meldung erst am 03. 01. 2018 oder später erfolgt.

16

4 Inhalte der Geschäftsmeldungen

Die Meldungen müssen gemäß Art. 26 Abs. 3 MiFIR insb. die Bezeichnung und die Zahl der erworbenen oder veräußerten Finanzinstrumente, Volumen, Datum und Zeitpunkt des Abschlusses, den Kurs und Angaben zur Identifizierung der Kunden enthalten, in deren Namen das WpDU das Geschäft abgeschlossen hat. Ferner müssen Angaben zu den Personen und Computeralgorithmen in dem WpDU, die für die Anlageentscheidung und Ausführung des Geschäfts verantwortlich sind, Angaben zu der für das Geschäft in Anspruch genommenen betreffenden Ausnahme, Möglichkeiten zur Ermittlung der betreffenden Wertpapierfirmen sowie Angaben zur Ermittlung von Leerverkäufen enthalten sein. Bei nicht an einem Handelsplatz abgeschlossenen Geschäften enthalten die Meldungen im Sinne der gemäß Art. 20 Abs. 3 Buchstabe a und Art. 21 Abs. 5 Buchstabe a MiFIR anzunehmenden Maßnahmen eine Bezeichnung der Geschäftstypen. Bei Warenderivaten wird in den Meldungen angegeben, ob mit diesen Geschäften eine objektiv messbare Risikominderung gemäß Art. 57 MiFID II einhergeht.

17

---

18   Verordnung (EU) 2015/2365 des Europäischen Parlaments und des Rates v. 25. 11. 2015.
19   Art. 2 Abs. 5 Buchstabe g Verordnung (EU) 2017/590.
20   Vgl. ESMA: Guidelines – Transaction reporting, order record keeping and clock synchronisation under MiFID II, ESMA/2016/1452, 10. 10. 2016, korrigiert am 07. 08. 2017, S. 29.
21   Art. 2 Abs. 5 Buchstabe i Verordnung (EU) 2017/590.

18 Mit Art. 26 Abs. 9 MiFIR wurde ESMA ermächtigt, Entwürfe für technische Regulierungsstandards zu erarbeiten, in denen Datenstandards und -formate festgelegt werden. Auf dieser Grundlage sind Einzelheiten zu den Meldeinhalten gemäß Art. 4 Abs. 2 MiFID II-DVO 2017/590 vorgegeben. Die Spezifikation des Meldedatensatzes befindet sich in Anhang I Tabelle 2 zur MiFID II-DVO 2017/590. Weiterhin enthalten die ESMA-Leitlinien zum Transaction Reporting detaillierte Vorgaben zur Befüllung des Meldedatensatzes.[22] Die Meldedatensätze bestehen demnach aus Personen-, Geschäfts- und Gattungsdaten. Die Geschäftsmeldungen sind gemäß dieser Spezifikationen in elektronischer und maschinenlesbarer Form sowie in einer einheitlichen XML-Vorlage nach der Methodik von ISO 20022 zu übermitteln.

4.1 Einzelheiten zu Personen (Felder 7 bis 27)

19 Einzelheiten zu Personen betreffen die Identifikation des Käufers bzw. Verkäufers und Entscheidungsträgers. Ferner sind Angaben zur Übermittlung eines Auftrags vorzunehmen, wenn die dafür geltenden Voraussetzungen erfüllt sind.

20 Zur Erleichterung der Marktüberwachung werden mit MiFID II/MiFIR Pflichten zur Kundenidentifizierung eingeführt. Geschäftsmeldungen sollten daher den vollständigen Namen und das Geburtsdatum der Kunden enthalten, die natürliche Personen sind, und Kunden, die juristische Personen sind, durch ihre Legal Entity Identifier (LEI) ausweisen.[23]

21 Die Angaben zur Identifizierung natürlicher Personen richten sich nach der Staatsangehörigkeit der Person. Auf dieser Grundlage wird eine nationale Kundenkennung nach Prioritätsstufen zugewiesen.[24] Die Zuweisung nach Prioritätsstufen wird in Anhang II der MiFID II-DVO 2017/590 aufgeführt. Für u. a. deutsche Staatsbürger wird als Kennung die CONCAT-Nummer eingeführt. Diese Nummer wird aus einer Zeichenkette gebildet, die aus Geburtsdatum und den ersten fünf Buchstaben des Vor- und Nachnamens besteht.[25] Für ausländische Staatsbürger werden auch andere Kennungen gemäß der Prioritätenreihenfolge zugewiesen, so z. B. nationale Pass- oder Steuernummern.

> **Praxis-Tipp:**
> Kundenkennungen für natürliche Personen sind rechtzeitig vor Anwendung der MiFID II/MiFIR-Vorgaben bzw. nach dem 03.01.2018 vor der Ausführung eines meldepflichtigen Geschäfts zu erheben. Für ausländische Staatsbürger, für die Geschäftsmeldungen abgegeben werden, sind die Kundenkennungen gemäß Anhang II der MiFID II-DVO 2017/590 insb. mit Bezug auf nationale Pass- und Steuernummern einzuholen.

---

22 Vgl. ESMA: Guidelines – Transaction reporting, order record keeping and clock synchronisation under MiFID II, ESMA/2016/1452, 10.10.2016, korrigiert am 07.08.2017.
23 Erwägungsgrund 8 Delegierte Verordnung (EU) 2017/590.
24 Art. 6 Abs. 2 Delegierte Verordnung (EU) 2017/590.
25 Art. 6 Abs. 4 i. V. m. Art. 6 Abs. 5 Delegierte Verordnung (EU) 2017/590.

Für juristische Personen ist als Identifikation der LEI-Code einzuholen.[26] Eine Leistungserbringung für einen Kunden, der berechtigt bzw. verpflichtet ist, einen LEI-Code zu führen, der dem WpDU jedoch nicht vorliegt, darf nicht erfolgen.[27] Gemäß den ESMA-Leitlinien[28] gehören zu Personen, die berechtigt sind, einen LEI-Code zu führen, nicht nur juristische Personen im Sinne des deutschen Privatrechts, wie eingetragene Vereine, Stiftungen, Aktiengesellschaften, Gesellschaften mit beschränkter Haftung, Kommanditgesellschaften auf Aktien, sondern auch Personengesellschaften. Daraus folgernd werden z. B. OHG und KG in den Kreis der LEI-fähigen Personen einbezogen.

22

Praxis-Tipp:

Rechtzeitig vor Anwendung der MiFID II/MiFIR-Vorgaben bzw. nach dem 03.01.2018 rechtzeitig vor der Ausführung eines meldepflichtigen Geschäfts sind die Stammdaten zu juristischen Personen zu überprüfen, ob zu diesen der LEI-Code vorliegt. Kunden, die berechtigt bzw. verpflichtet sind, einen LEI-Code zu führen, müssen sich bei einer der akkreditierten Vergabestellen registrieren, die ihren Sitz im In- oder Ausland haben. Akkreditierte Vergabestellen für den LEI sind in Deutschland WM Datenservice und der Bundesanzeiger Verlag. Für die Vergabe und jährliche Verlängerung des LEI entstehen jeweils Kosten gemäß den Preis- und Leistungsverzeichnissen der Vergabestellen.

Ist der Kunde nicht die Person, die die Anlageentscheidung bezüglich dieses Geschäfts getroffen hat, wird in der Geschäftsmeldung die Person angegeben, die diese Entscheidung im Namen des Kunden getroffen hat.[29] Ferner ist die Person oder der Computeralgorithmus anzugeben, wenn die Anlageentscheidung entweder im Namen des WpDU selbst oder im Namen eines Kunden im Einklang mit einem von diesem erteilten Vermögensverwaltungsmandat getroffen wurde.[30]

23

4.2 Einzelheiten zum Geschäft

Die Inhalte der Felder 28 bis 40 des Meldedatensatzes umfassen u. a. Datum und Uhrzeit des Geschäfts, Angaben dazu, ob es sich um den Handel auf eigene Rechnung oder die Zusammenführung sich deckender Kundenaufträge handelt, die Menge bzw. Anzahl der Derivatekontrakte, die Währung, der Preis des Geschäfts, ferner der Nettobetrag, der Handelsplatz, das Land der Mitgliedschaft der Zweigniederlassung. Zudem ist der mone-

24

---

26 Während das geschäftsausführende WpDU verpflichtet ist, seinen LEI-Code zu verlängern, trifft das WpDU keine Pflicht, sicherzustellen, dass eine Verlängerung des LEI-Codes durch den Kunden oder die Gegenpartei vorgenommen wurde. Vgl. ESMA: Guidelines, ESMA/2016/1452, 10.10.2016, korrigiert am 07.08.2017, Abschn. 5.5, S. 24.
27 Art. 13 Abs. 2 Delegierte Verordnung (EU) 2017/590.
28 Vgl. ESMA: Guidelines – Transaction reporting, order record keeping and clock synchronisation under MiFID II, ESMA/2016/1452, 10.10.2016, korrigiert am 07.08.2017, Abschn. 5.5, S. 24.
29 Art. 7 Abs. 2 Delegierte Verordnung (EU) 2017/590.
30 Art. 8 und 9 Delegierte Verordnung (EU) 2017/590.

täre Wert jeglicher Zahlungen anzugeben, die der Verkäufer bei Abschluss des Geschäfts erhalten oder geleistet hat.

25 Betreffend die Meldung zu Datum und Uhrzeit der Ausführung des Geschäfts an einem Handelsplatz (Feld 28) sind die Anforderungen an den Grad der Genauigkeit gemäß Art. 3 MiFID II-DVO 2017/574 zu beachten. Bei Geschäften, die nicht an einem Handelsplatz ausgeführt werden, entsprechen Datum und Uhrzeit dem Zeitpunkt, zu dem die Parteien den Inhalt der angegebenen Felder vereinbaren.[31]

26 Feld 40 (ID für Bestandteile eines komplexen Geschäfts) beinhaltet eine interne Kennung des meldenden WpDU zur Identifikation sämtlicher Meldungen, die sich auf dieselbe Ausführung für eine Kombination von Finanzinstrumenten beziehen. Gemäß Beispiel 118 in den ESMA-Leitlinien[32] wird eine Konstellation angeführt, bei der ein WpDU Bund Futures verkauft und gleichzeitig die zugrunde liegenden Staatsanleihen kauft. Diese beiden Transaktionen sind Teil einer Strategietransaktion, die zu einem Gesamtpreis gehandelt werden.

4.3 Einzelheiten zur Gattung

27 Zu den melderelevanten, gattungs- bzw. instrumentenbezogenen Daten in den Feldern 41 bis 56 des Meldedatensatzes gehören u. a. die Bezeichnung des Finanzinstruments, die Klassifizierung, die Nennwährung, der ISIN-Code, Art der Option, der Ausübungspreis betreffend Optionen oder Optionsscheine, der Fälligkeitstermin, das Ablaufdatum und die Art der Lieferung.

28 Bei Derivaten oder anderen Instrumenten mit einem Basiswert, muss die Angabe des ISIN-Codes des Basisinstruments erfolgen, wenn der Basiswert an einem Handelsplatz zum Handel zugelassen ist oder gehandelt wird.[33]

4.4 Händler, Algorithmen, Ausnahmen und Indikatoren

29 Die Meldedetails der Felder 57 bis 65 des Meldedatensatzes umfassen u. a. Informationen zur Identifikation der Person oder des Algorithmus innerhalb der Wertpapierfirma, die oder der für die Anlageentscheidung verantwortlich ist, das Land der Zweigniederlassung, die die Aufsichtsverantwortung für die für die Anlageentscheidung verantwortliche Person hat, die Angabe, ob das Geschäft im Rahmen einer Ausnahme von den Vorhandelsanforderungen ausgeführt wurde, den Leerverkaufsindikator, den OTC-Nachhandelsindikator, ferner Indikatoren für Warenderivate und Wertpapierfinanzierungsgeschäfte.

30 Feld 62 (Leerverkaufsindikator) beinhaltet Informationen, damit die zuständigen Behörden das Volumen der Leerverkäufe überwachen können. Daher sind Geschäfte, die zum Zeitpunkt ihrer Ausführung Leerverkaufsgeschäfte oder teilweise Leerverkaufsgeschäfte sind,

---

31 Anhang I Tabelle 2 zur Delegierten Verordnung (EU) 2017/590, Beschreibung zu Feld 28.
32 Vgl. ESMA: Guidelines – Transaction reporting, order record keeping and clock synchronisation under MiFID II, ESMA/2016/1452, 10.10.2016, korrigiert am 07.08.2017, S. 220.
33 Anhang I Tabelle 2 zur Delegierten Verordnung (EU) 2017/590, Beschreibung zu Feld 47.

mit den Meldedatensätzen anzugeben.³⁴ Der Indikator für Wertpapierfinanzierungsgeschäfte (Feld 65) ist als „zutreffend" anzugeben, wenn das Geschäft in den Tätigkeitsbereich fällt, gemäß der Verordnung (EU) 2015/2365 jedoch von der Meldepflicht ausgenommen ist.

5 Meldefristen

Die Meldungen zu den meldepflichtigen Geschäften sind gemäß Art. 26 Abs. 1 MiFIR bis spätestens am Ende des folgenden Arbeitstages bei der zuständigen Behörde vorzunehmen. Diese Vorschrift entspricht damit den bis zum 03.01.2018 unter § 9 Abs. 1 WpHG a. F. geltenden Vorgaben. Die BaFin bewertet in ihrer Verwaltungspraxis im Rahmen des § 9 WpHG a. F.-Meldewesens die Meldefrist als eingehalten, wenn die Meldung am auf den Geschäftsabschluss folgenden Werktag, der kein Samstag ist, bei der BaFin eintrifft. Anknüpfungspunkt für die Einhaltung der Meldefrist ist daher der Zeitpunkt, zu dem die Meldedaten über technische Schnittstellen an die BaFin übergeben werden. Die Meldewege sind demzufolge so auszugestalten, dass der genehmigte Meldemechanismus diese zeitliche Vorgabe über zugelieferte Daten und aufgrund eigener Vorkehrungen zur Informationsübermittlung einhalten kann. Die Wertpapierfirmen sind gemäß Art. 26 Abs. 7 MiFIR neben der Vollständigkeit und Richtigkeit auch für die rechtzeitige Übermittlung an die zuständige Behörde verantwortlich, auch wenn die Meldung über einen im Namen des WpDU handelnden genehmigten Meldemechanismus oder einem Handelsplatz, über dessen System das Geschäft abgewickelt wurde, vorgenommen wird. Die Ausnahme für die Übernahme der Verantwortung besteht darin, wenn Mängel dem genehmigten Meldemechanismus oder der Handelsplatz zuzuschreiben sind. Dies entlastet die Wertpapierfirmen jedoch nicht von ihrer Pflicht, angemessene Schritte zu unternehmen, um die rechtzeitige Übermittlung der Meldungen zu überprüfen, die in ihrem Namen übermittelt wurden.

31

6 Meldewege

Gemäß Art. 26 Abs. 7 MiFIR sind die Meldungen an die zuständige Behörde entweder von dem WpDU selbst, einem in ihrem Namen handelnden genehmigten Meldemechanismus oder einem Handelsplatz, über dessen System das Geschäft abgewickelt wurde, vorzunehmen. Gemäß § 2 Abs. 39 WpHG ist ein genehmigter Meldemechanismus ein Unternehmen, das dazu berechtigt ist, im Namen des Wertpapierdienstleistungsunternehmens Einzelheiten zu Geschäften an die zuständigen Behörden oder die Europäische Wertpapier- und Marktaufsichtsbehörde zu leiten. Den genehmigten Meldemechanismus treffen gemäß § 60 WpHG Organisationspflichten, die sich insb. auf die Einhaltung der Vorgaben der Meldung an die zuständige Behörde, die Vermeidung von Interessenkonflikten, die Einrichtung von sicheren Informationsübermittlungswegen und die Prüfung der Meldungen beziehen.

32

Ein WpDU, das zur Meldung von Geschäften verpflichtet ist, kann beschließen, einen Dritten mit der Vorlage von Geschäftsmeldungen in ihrem Namen bei einem genehmigten

33

---

34 Art. 11 Delegierte Verordnung (EU) 2017/590.

Meldemechanismus zu beauftragen.[35] Der Meldemechanismus leitet die Meldedaten an die zuständigen Behörden, z. B. an die BaFin weiter.

7 Sanktionen

34 Die Bußgeldvorschriften sind in § 120 WpHG normiert. Das Bußgeldregime des bis 03.01.2018 geltenden § 39 WpHG a. F. wird damit in Umsetzung der in MiFiD II enthaltenen sanktionsrechtlichen Vorgaben umgestaltet. Gemäß Art. 70 Abs. 3 Buchstabe b Ziffer xix MiFID II gilt als Verstoß gegen die MiFIR, wenn gegen die Bestimmungen des Art. 26 MiFIR verstoßen wird. Art. 70 Abs. 6 MiFID gibt verschiedene, von den Mitgliedstaaten zu erlassende verwaltungsrechtlichen Sanktionen bei diesen Verstößen vor. § 120 Abs. 9 WpHG enthält die Bußgeldtatbestände, die der Bewehrung von Vorschriften der MiFIR dienen und setzt insofern Art. 70 Abs. 3 Buchstabe b MiFID um.[36] § 120 Abs. 9 Unterabs. 18 WpHG bestimmt als Ordnungswidrigkeit, wer entgegen Art. 26 Abs. 1 Unterabs. 1 MiFIR eine Meldung nicht, nicht richtig, nicht vollständig, nicht in der vorgeschriebenen Weise oder nicht rechtzeitig vornimmt. Gemäß § 120 Abs. 20 WpHG kann die Ordnungswidrigkeit in diesem Fall mit einer Geldbuße bis zu fünf Millionen Euro geahndet werden. Gegenüber einer juristischen Person oder Personenvereinigung kann darüber hinaus eine höhere Geldbuße i. H. v. bis zu 10 % des Gesamtumsatzes im vorangegangenen Geschäftsjahr erzielt hat, verhängt werden. Ferner kann eine Geldbuße bis zum Zweifachen des aus dem Verstoß gezogenen wirtschaftlichen Vorteils verhängt werden.

8 Fazit und Ausblick

35 Mit Anwendung der Vorgaben von MiFID II/MiFIR ab dem 03.01.2018 greifen stark erweiterte und neue Verpflichtungen zur Meldung von Geschäften gemäß Art. 26 MiFIR. Wertpapierdienstleistungsunternehmen, die weiteren in die Meldekette involvierten Akteure und nicht zuletzt die zuständigen Aufsichtsbehörden unternehmen erhebliche Anstrengungen, um ein funktionsfähiges, auf europäischer Ebene verzahntes Meldesystem zu etablieren und aufrechtzuerhalten. Die Wirkungen der Anforderungen an das Transaction Reporting schlagen sich auch auf die Kundenbeziehung der Wertpapierdienstleistungsunternehmen nieder: Die für die Geschäftsmeldungen erforderlichen Kundenidentifizierungen bedürfen vor Geschäftsabschluss eine Ansprache von Kunden, sofern nicht automatisiert zu erstellende („CONCAT"-)Identifikationsnummern zum Einsatz kommen.

36 In Detailfragen bestehen trotz umfangreicher, teils komplexer Vorgaben auf Level II mit den Delegierten Verordnungen und auf Level III mit den ESMA-Leitlinien weiterhin offene Fragen zur Umsetzung. Es wird sich eine Verwaltungspraxis der zuständigen Aufsichtsbehörden herausbilden, die im weiteren Zeitablauf die zu klärenden Punkte schließen hilft. Es bleibt abzuwarten, inwiefern die Zielstellung auf europäischer Ebene mit den Transparenzverpflichtungen aus Art. 26 MiFIR erreicht wird, insb. das faire und ordnungs-

---

35 Delegierte Verordnung (EU) 2017/571 der Kommission v. 02.06.2016, Erwägungsgrund 13.
36 Vgl. Gesetzesbegründung Zweites Finanzmarktnovellierungsgesetz v. 19.12.2016 zu § 120 WpHG.

gemäße Funktionieren der Märkte und die Tätigkeiten von Wertpapierfirmen zu überwachen.

Für die Wertpapierdienstleistungsunternehmen besteht die Herausforderung, neben dem Meldewesen gemäß Art. 26 MiFIR weitere Anforderungen an das Meldewesen zu erfüllen, so z. B. im Rahmen der Verordnung zur Transparenz von Wertpapierfinanzierungsgeschäften (SFTR), ferner des EMIR Transaction Reporting und der Meldung der Positionen in Warenderivaten. Für die Zukunft würde eine Harmonisierung der Vorgaben zum Meldewesen sowohl für die Meldepflichtigen als auch für die zuständigen Aufsichtsbehörden ein Zugewinn an Effizienz erzeugen, um dem Ziel an Markttransparenz und Marktüberwachungsmöglichkeiten noch besser gerecht zu werden.

37

9 Literaturverzeichnis

Delegierte Verordnung (EU) 2017/571 der Kommission v. 02.06.2016.

Delegierte Verordnung (EU) 2017/590 der Kommission v. 28.07.2016 zur Ergänzung der Verordnung (EU) Nr. 600/2014 des Europäischen Parlaments und Rates.

ESMA: Guidelines – Transaction reporting, order record keeping and clock synchronisation under MiFID II, ESMA/2016/1452, 10.10.2016, korrigiert am 07.08.2017.

Gesetzesbegründung zum Zweiten Finanzmarktförderungsgesetz, BR-Drs. 12/6679 v. 27.01.1994.

Gesetzesbegründung zum Finanzmarktrichtlinie-Umsetzungsgesetz, BT-Drs. 16/4028 v. 12.01.2007.

Gesetzesbegründung zum Regierungsentwurf des Zweiten Finanzmarktnovellierungsgesetzes v. 19.12.2016.

Richtlinie 2004/39/EG (MiFID I) des europäischen Parlaments und Rates v. 21.04.2004.

Richtlinie 2014/65/EU (MiFID II) des europäischen Parlaments und Rates v. 15.05.2014.

Verordnung (EU) Nr. 600/2014 (MiFIR) des europäischen Parlaments und Rates v. 15.05.2014.

Verordnung (EU) 2015/2365 des Europäischen Parlaments und des Rates v. 25.11.2015.

Zweites Finanzmarktförderungsgesetz v. 26.07.1994, BGBl. Jg. 1994 Teil I Nr. 48 v. 30.07.1994 S. 1749.

Zweites Finanzmarktnovellierungsgesetz v. 23.06.2017, BGBl. Jg. 2017 Teil I Nr. 39 v. 24.06.2017.

II.B.7

Anlageempfehlungen und Anlagestrategieempfehlungen/ Finanzanalyse

Andreas Gehrke

Inhaltsübersicht

1	Einleitung.	1–6
2	Rechtliche Grundlagen	
3	Definition.	7–18
3.1	Arten von Finanzanalysen.	10–14
3.2	Anlageempfehlung und Anlagestrategieempfehlung.	15–18
4	Rechtliche Grundlagen und Historie der Regelungen zu Anlageempfehlungen bzw. Anlagestrategieempfehlungen	19–28
4.1	Regelungen der MAD und der MiFID sowie der MAR und der MiFID II. . . .	19–24
4.2	Regelungen des WpHG.	25–28
5	Anforderungen an Anlageempfehlungen und Anlagestrategieempfehlungen. .	29–64
5.1	Inhaltliche Anforderungen.	29–30
5.2	Angaben zu Interessen und Interessenkonflikten	31–38
5.3	Platzierung der Informationen	39–41
5.4	Organisatorische Anforderungen.	42–64
6	Abgrenzung der Finanzanalyse zu anderen Informationen	65–70
6.1	Werbemitteilungen	67
6.2	Sales Notes.	68
6.3	Anlageberatung.	69
6.4	Informationen durch Journalisten	70
7	Weitergabe/öffentliche Verbreitung von Finanzanalysen	71–75
7.1	Unveränderte Weitergabe	71–73
7.2	Veränderte Weitergabe	74–75
8	Sanktionierung.	76
9	Fazit.	77–82
10	Literaturverzeichnis	

II.B.7 Anlageempfehlungen und Anlagestrategieempfehlungen/Finanzanalyse

1 Einleitung

Banken und Finanzdienstleister oder mit ihnen verbundene Unternehmen, aber auch unabhängige **Sachverständige**[1] sowie sonstige Personen, deren Haupttätigkeit in der Erstellung von Anlageempfehlungen besteht, erstellen regelmäßig Analysen über Finanzinstrumente als Service-Leistung für Ihre Kunden und Geschäftspartner, für die bzw. mit denen sie Wertpapierdienstleistungen oder Wertpapiernebendienstleistungen betreiben. In solchen geben sie neben der fundamentalen Analyse von Finanzinstrumenten auch Empfehlungen zur Anlage in (bzw. Veräußerung von) Finanzinstrumenten ab. *1*

Der Begriff Anlageempfehlung bzw. Empfehlung bzw. Vorschlag einer Anlagestrategie hat im Zusammenhang mit der Einführung der Marktmissbrauchsverordnung[2] weitestgehend den Begriff der Finanzanalyse abgelöst und wird nunmehr auch breiter gefasst. Durch das Erste Finanzmarktnovellierungsgesetz wurden die Absätze 1 bis 4 des § 34b WpHG a. F. (Analyse von Finanzinstrumenten), mit denen der deutsche Gesetzgeber seinerzeit die Richtlinie 2003/6/EG (Markmissbrauchsrichtlinie) und die Bestimmungen der Richtlinie 2003/125/EG zur Durchführung der Marktmissbrauchsrichtlinie umgesetzt hatte, aufgehoben. Die Regelungsmaterie der genannten früheren Absätze ergibt sich nunmehr unmittelbar aus Art. 20 der neuen Verordnung (EU) Nr. 596/2014 (Marktmissbrauchsverordnung), die zusammen mit der Richtlinie 2014/57/EU (sog. Marktmissbrauchsrichtlinie II) an die Stelle der bisherigen Marktmissbrauchsrichtlinie getreten ist.

Da es sich bei Anlageempfehlungen und Anlagestrategieempfehlungen nach wie vor um die Analyse von bzw. Information über Finanzinstrumente oder Emittenten von Finanzinstrumenten, verbunden mit einer direkten oder indirekten Empfehlung für eine Anlageentscheidung[3] handelt, werden im folgenden Text die Begriffe der Finanzanalyse bzw. Analyse von Finanzinstrumenten synonym zu den Begriffen Anlageempfehlung/Empfehlung bzw. Vorschlag einer Anlagestrategie und auch Research oder Research-Studie bzw. Investment-Research verwendet. *2*

In der Praxis stellen sich solche **Anlageempfehlungen** bzw. **Anlagestrategieempfehlungen** allerdings als problematisch dar, da insb. Finanzdienstleister auch andere Geschäftsarten tätigen, die mit der Erstellung von Finanzanalysen im Konflikt stehen könnten. Finanzanalysen könnten so unter dem Deckmantel vermeintlich neutraler Analysen Werbung für Geschäfte machen, welche die Finanzdienstleister gerne tätigen möchten, beispielsweise die Platzierung von Aktien oder sonstigen Finanzinstrumenten. Derartige, für die Bank positiv zu bewertende Geschäfte könnten sich für Anleger nachteilig auswirken. *3*

Der Gesetzgeber hat versucht, durch strikte Regeln zur Finanzanalyse, welche schwerpunktmäßig in § 85 WpHG verankert ist, einem Missbrauch von Finanzanalysen entgegenzuwirken. Diese wurden auch auf europäischer Ebene durch die Marktmissbrauchsverord- *4*

---

1   Vgl. Definition in Delegierte Verordnung (EU) 2016/958 der Kommission, Art. 1 Satz 1a sowie Art. 3 Abs. 1 Unterabs. 34 der Verordnung (EU) Nr. 596/2014.
2   Verordnung (EU) Nr. 596/2014 des Europäischen Parlaments und des Rates v. 16. 04. 2014 über Marktmissbrauch (Marktmissbrauchsverordnung) und zur Aufhebung der Richtlinie 2003/6/EG des Europäischen Parlaments und des Rates und der Richtlinien 2003/124/EG, 2003/125/EG und 2004/72/EG der Kommission.
3   Siehe Art. 3 Abs. 1 Nr. 35 der Verordnung (EU) Nr. 596/2014.

nung aufgegriffen, nach jüngster Rechtslage insb. in Art. 20 der Verordnung Nr. 596/2014. Hierbei geht es primär um die sachgerechte, objektive, klare und exakte Darstellung[4] von Informationen sowie die Offenlegung von Interessen und potenziellen Interessenkonflikten.

5 Für Banken und Finanzdienstleistungsinstitute wie auch für unabhängige Finanzanalysten gilt es, unter Einhaltung der einschlägigen Regeln, die unvoreingenommene, sorgfältige und sachgerechte Erstellung und Verbreitung von Anlageempfehlungen und Anlagestrategieempfehlungen zu gewährleisten. Dabei müssen Wertpapierdienstleistungsunternehmen und andere, die Anlageempfehlungen erstellen oder verbreiten, die objektive Darstellung und Weitergabe durch entsprechende **organisatorische Maßnahmen** flankieren. Jede Empfehlung muss bei einer eventuellen Nachfrage durch die zuständige Behörde begründet werden können.

6 Mit all diesen Maßnahmen wird bezweckt, den ehemals vorherrschenden Missständen in diesem Bereich wirksam zu begegnen. So war „gefärbtes" Research, begünstigt durch die finanzielle Beteiligung von Analysten an von ihren Arbeitgebern getätigten Geschäften eine der Ursachen, dass Empfehlungen an Anleger nicht so aussahen, wie es geboten gewesen wäre. Insb. kam es häufig zu einer allzu positiven Darstellung der analysierten Unternehmen.[5]

2 Rechtliche Grundlagen

- 4. Finanzmarktförderungsgesetz v. 21.06.2002 (BGBl. I 2002, S. 2010)
- Finanzmarktrichtlinie-Umsetzungsgesetz (FRUG) v. 16.07.2007
- MAD I – Marktmissbrauchsrichtlinie 2003/6/EG
- Durchführungsrichtlinie zur MAD 2003/125/EG
- MAD II – Marktmissbrauchsrichtlinie 2014/57/EU
- MAR – Marktmissbrauchsverordnung EU Nr. 596/2014
- MiFID – Finanzmarktrichtlinie 2004/39/EG
- Durchführungsrichtlinie zur MiFID 2006/73/EG
- MiFID II – Finanzmarkrichtlinie 2014/65/EU
- MiFIR – Finanzmarktverordnung EU Nr. 600/2014 – Wertpapierhandelsgesetz (WpHG) i. d. F. der Bekanntmachung v. 09.09.1998 (BGBl. I S. 2708), zuletzt geändert durch 1. Finanzmarktnovellierungsgesetz v. 30.06.2016 (BGBl. I S. 1514)
- FinAnV – Finanzanalyseverordnung v. 17.12.2004 (BGBl. I S. 3522), zuletzt geändert durch Art. 1 des Gesetzes v. 20.07.2007 (BGBl. I S. 1430) – aufgehoben zum 03.01.2018
- 1. FiMaNoG – 1. Finanzmarktnovellierungsgesetz v. 30.06.2016

---

4 Vgl. Delegierte Verordnung (EU) 2016/958 der Kommission zur Ergänzung der Verordnung (EU) Nr. 596/2014, Erwägungsgrund Nr. 1.
5 Vgl. *Baulig*, Rn. 793 mit namhaften Beispielen, wie etwa dem Fall des Merrill Lynch Star-Analysten Henry Blodget, der von der Bank zum Verkauf beabsichtigte Aktien Anlegern zum Kauf empfahl, diese hingegen in privaten E-Mails als „piece of shit" bezeichnete.

- 2. FiMaNoG-E – Regierungsentwurf des 2. Finanzmarktnovellierungsgesetzes v. 21.12.2016
- WpHG – Wertpapierhandelsgesetz i. d. F. v. 23.06.2017
- Delegierte Verordnung (EU) 2016/958
- Delegierte Verordnung (EU) 2017/565
- Delegierte Richtlinie (EU) 2017/593

3 Definition

Gemäß der Marktmissbrauchsverordnung EU 596/2014 versteht man unter Anlageempfehlungen   7

„*Informationen mit expliziten oder impliziten Empfehlungen oder Vorschlägen zu Anlagestrategien in Bezug auf ein oder mehrere Finanzinstrumente oder Emittenten, die für Verbreitungskanäle oder die Öffentlichkeit vorgesehen sind, einschließlich einer Beurteilung des aktuellen oder künftigen Wertes oder Kurses solcher Instrumente.*"[6]

Finanzanalysen sind Analysen oder andere Informationen, in denen für ein oder mehrere Finanzinstrumente oder die Emittenten von Finanzinstrumenten explizit oder implizit eine Anlagestrategie empfohlen oder vorgeschlagen wird, einschließlich aller für Informationsverbreitungskanäle oder die Öffentlichkeit bestimmter Stellungnahmen zum aktuellen oder künftigen Wert oder Preis dieser Instrumente, sofern folgende Bedingungen erfüllt sind: 8

a) *Die Analysen oder Informationen werden als Finanzanalysen oder Ähnliches betitelt oder beschrieben oder aber als objektive oder unabhängige Erläuterung der in der Empfehlung enthaltenen Punkte dargestellt;*

b) *würde die betreffende Empfehlung von einer Wertpapierfirma an einen Kunden ausgegeben, würde sie keine Anlageberatung im Sinne der Richtlinie 2014/65/EU darstellen.*[7]

Unter Anlagestrategieempfehlung bzw. Empfehlung oder Vorschlag einer Anlagestrategie wiederum versteht man   9

„*i) eine von einem unabhängigen Analysten, einer Wertpapierfirma, einem Kreditinstitut oder einer sonstigen Person, deren Haupttätigkeit in der Erstellung von Anlageempfehlungen besteht, oder einer bei den genannten Einrichtungen im Rahmen eines Arbeitsvertrags oder anderweitig tätigen natürlichen Person erstellte Information, die direkt oder indirekt einen bestimmten Anlagevorschlag zu einem Finanzinstrument oder einem Emittenten darstellt;*

ii) eine von anderen als den in Ziffer i genannten Personen erstellte Information, die direkt eine bestimmte Anlageentscheidung zu einem Finanzinstrument vorschlägt."[8]

---

6   Art. 3, Abs. 1, Nr. 35 MAR.
7   Vgl. Art. 36 Abs. 1 der Delegierten Verordnung (EU) 2017/565 der Kommission.
8   Art. 3, Abs. 1, Nr. 34 MAR.

Vormals wurden sämtliche Formen einheitlich als Finanzanalysen bezeichnet. Letztlich geht es aber stets um die – in der Praxis unterschiedlich geartete – Analyse von Finanzinstrumenten zusammen mit einer direkten oder indirekten Empfehlung zum Investment in solche.

3.1 Arten von Finanzanalysen

3.1.1 Unabhängige objektive Finanzanalysen

10 Die **objektive** und **unabhängige Finanzanalyse** ist der „Klassiker" der Finanzanalyse. Ersteller und Weitergeber von Analysen müssen diese Wertpapiernebendienstleistung ehrlich, redlich und professionell erbringen und auf mögliche Interessenkonflikte hinweisen.[9] Sie haben hierbei die in § 80 Abs. 1 Nr. 2 WpHG dargelegten **Organisationspflichten** zu erfüllen.

3.1.2 Finanzanalysen als Werbemitteilung/Marketingmitteilung

11 Bei dieser Art der Finanzanalyse müssen die Vorgaben der Art. 2 bis 6 der Delegierten Verordnung (EU) 2016/958 nicht eingehalten werden. Objektivität und Unabhängigkeit kann zwar behauptet werden (und ist i. d. R. auch vorhanden), aber es müssen keine organisatorischen Maßnahmen vorgehalten werden, die diese garantieren. Eine unter Nummer 35 des Art. 3 Abs. 1 der Verordnung (EU) Nr. 596/2014 fallende Empfehlung, die nicht unabhängig und objektiv erbracht wird, wird für die Zwecke der Richtlinie 2014/65/EU als Marketingmitteilung behandelt, und die Wertpapierfirmen, die eine solche Empfehlung erstellen oder verbreiten, haben dafür zu sorgen, dass sie eindeutig als solche gekennzeichnet wird.[10]

12 Um eine Verwechslung mit einer unabhängigen, objektiven Finanzanalyse zu vermeiden, ist die Publikation – so sie nicht durch einen deutlich erkennbaren verkaufsfördernden Charakter ohnehin klar als solche erkennbar ist – als **Werbemitteilung** oder Marketingmitteilung zu kennzeichnen und mit dem Hinweis zu versehen, dass sie nicht nach den Vorschriften zur Förderung der Unabhängigkeit und Objektivität von Finanzanalysen erstellt wurde. Außerdem ist der Hinweis aufzunehmen, dass sie damit auch keinem Handelsverbot vor Veröffentlichung (Gefahr des sog. Frontrunning) unterliegt.[11]

3.1.3 Werbung

13 Darüber hinaus kann eine Publikation auch als voreingenommene Werbeinformation ausgestaltet sein. In keinem Fall darf sie aber so ausgestaltet sein (auch nicht optisch), dass sie mit einer der vorgenannten Formen der Finanzanalyse verwechselt werden kann.

14 Im Zweifelsfall ist eine deutliche Kennzeichnung als Werbemitteilung vorzunehmen. Falls eine Werbemitteilung aufgrund ihrer Aufmachung und/oder Inhalte hingegen zweifelsfrei

---

9   Vgl. § 63 Abs. 1 WpHG.
10 Vgl. Art. 36 Abs. 2 der Delegierten Verordnung (EU) 2017/565 der Kommission.
11 Vgl. Art. 36 Abs. 2 der Delegierten Verordnung (EU) 2017/565 der Kommission.

als solche erkennbar ist (verkaufsfördernder Charakter), kann eine solche Kennzeichnung unterbleiben.

3.2 Anlageempfehlung und Anlagestrategieempfehlung

Begriff der Empfehlung und Abgrenzung zur Anlageberatung 15
Eine Anlageempfehlung oder Anlagestrategieempfehlung ist eine der Anlageentscheidung dienende Information,
- die eine Untersuchung von Wertpapieren im Sinne von § 2 Abs. 1 WpHG, sonstigen Finanzinstrumenten im Sinne von § 2 Abs. 3 WpHG oder von deren Emittenten, d. h. insb. eine Auswertung oder Bewertung von Unternehmensfinanz- oder Markthandelsdaten, und
- die eine **Empfehlung** eines Finanzinstrumentes im Hinblick auf eine Anlageentscheidung (z. B. „kaufen"/„verkaufen"/„halten" oder ein Kurs-/Preisziel)

beinhaltet, soweit diese Information nicht ausschließlich für eine konkrete, die individuellen Verhältnisse eines bestimmten Kunden berücksichtigende Anlageberatung[12] erstellt wird. Eine Anlageempfehlung liegt unabhängig von der Art und Weise der Darbietung (schriftlich, elektronisch oder auf sonstige Weise, wie z. B. im Rahmen von öffentlichen Auftritten) vor.

Unter den genannten Voraussetzungen kann auch eine Zusammenfassung von Anlageempfehlungen, eine technisch orientierte Untersuchung, die aus Kursverläufen der Vergangenheit zu erwartende künftige Entwicklungen ableitet (sog. Technische Analyse oder Chart-Analyse), oder auch ein Branchenreport, der mehrere Unternehmen behandelt, eine Anlageempfehlung bzw. Anlagestrategieempfehlung im Sinne von § 85 WpHG sein. Dies gilt insb. dann, wenn eine direkte oder indirekte Anlageempfehlung enthalten ist. 16

Keine Finanzanalyse ist dagegen beispielsweise[13] 17
- eine Anlageempfehlung die ohne eine nähere Erläuterung der betreffenden Finanzinstrumente abgegeben wird (z. B. „XY-Aktie kaufen"),
- die Portfolioempfehlung, die sich auf Regionen oder Branchen bezieht und keine einzelnen Finanzinstrumente anspricht (z. B. „Automobilaktien kaufen"),
- die Abbildung eines Kurscharts (ohne Empfehlung oder Kursziel),
- die Untersuchung eines Index (ohne Empfehlung oder Kursziel),
- die Zusammenstellung von Empfehlungen aus Analysen,
- der Bericht, der das volkswirtschaftliche, politische oder das Marktumfeld analysiert und nicht einzelne Finanzinstrumente empfiehlt,
- der Optionsscheinrechner oder ein vergleichbares Instrument, mit dessen Hilfe auf Grund von allgemein anerkannten Algorithmen statistische Daten ausgewertet werden,

---

12 Vgl. Definition von Anlageberatung in § 2 Abs. 8 Nr. 10 WpHG.
13 Vgl. Rundschreiben der BaFin Nr. 4/2010 BT 5 zur Auslegung einzelner Begriffe der §§ 31 Abs. 2 Satz 4, 34 b WpHG-alt in Verbindung mit der (inzwischen aufgehobenen) Verordnung über die Analyse von Finanzinstrumenten.

- die Darstellung eines Musterdepots, wenn die in dem Depot enthaltenen Finanzinstrumente nicht näher untersucht werden,
- eine Analyse von Waren (im Sinne von § 2 Abs. 5 WpHG) oder Warenkassamärkten,
- eine reine Produktbeschreibung,
- eine Unternehmensbeschreibung ohne Empfehlung im Hinblick auf eine Anlageentscheidung.

18 Obwohl vorgenannte Ausnahmen auf inzwischen aufgehobenen Rechtsnormen basieren, können diese dennoch auch weiterhin als Best Practice betrachtet werden. Auch wurden diese Regelungen bislang noch durch keine weiteren Regelungstexte aufgenommen. Solche sind allerdings zukünftig zu erwarten, bspw. in Form von nationalen Verordnungen oder Rundschreiben der BaFin zur Auslegung bzw. Klarstellung bestimmter Regelungsinhalte.

4 Rechtliche Grundlagen und Historie der Regelungen zu Anlageempfehlungen bzw. Anlagestrategieempfehlungen

4.1 Regelungen der MAD und der MiFID sowie der MAR und der MiFID II

19 Nach diversen Unregelmäßigkeiten, die – insb. in den USA – in den vergangenen Jahren im Zusammenhang mit Finanzanalysen aufgedeckt wurden, hielt es der deutsche Gesetzgeber bereits im Rahmen des 4. Finanzmarktförderungsgesetzes v. 21.06.2002 für notwendig, einer potenziellen Einwirkung von Fremdinteressen auf Finanzanalysen durch Einführung des § 34b WpHG a.F. entgegenzuwirken bzw. diese durch Schaffung entsprechender **Transparenz** für den Anleger offensichtlich zu machen.

20 Auch die erste Marktmissbrauchsrichtlinie 2003/6/EG sowie die Umsetzungsrichtlinie zur Marktmissbrauchsrichtlinie 2003/125/EG beinhalteten Regelungen zur sachgerechten Darbietung von Anlageempfehlungen und Offenlegung von Interessenkonflikten im Zusammenhang mit Finanzanalysen.

Die dann anschließenden Regelungen der Finanzmarktrichtlinie (MiFID – 2004/39/EG) wurden in Deutschland durch das Finanzmarktrichtlinienumsetzungsgesetz (FRUG) umgesetzt, welche auch die Regelungen im WpHG grundlegend novellierten.

21 Im Nachgang der Finanzkrise hat der europäische Gesetzgeber auf zahlreichen Gebieten des Kapitalmarktrechts Initiativen zur Verbesserung der Transparenz und Integrität der Märkte und des Anlegerschutzes ergriffen.

22 Auch die Marktmissbrauchsverordnung von 2014 – in Deutschland umgesetzt zum 03.07.2016 sowie die MiFID II (umgesetzt zum 03.01.2018) und damit einhergehende delegierte Rechtsakte haben den Sachverhalt erneut aufgegriffen und weiter konkretisiert. Dabei ist allerdings auch eine gewisse Verschärfung eingetreten.

23 Die wesentlichen Änderungen gegenüber den früheren Regeln bestehen zum Einen in der Erweiterung des Finanzanalysebegriffs auf Finanzanalysen über sämtliche Finanzinstrumente unabhängig davon, ob sie börsengehandelt werden. Dabei wird ebenfalls die Weitergabe an Kunden erfasst, auch wenn die Finanzanalyse nicht der Öffentlichkeit zugänglich gemacht werden soll. Zum anderen werden besondere Organisationsanforderungen für Wertpapierdienstleistungs-unternehmen eingeführt, die Finanzanalyse erstellen oder erstel-

len lassen. Darüber hinaus wurde die Erstellung, Verbreitung und Weitergabe von Finanzanalysen als Wertpapiernebendienstleistung eingestuft.

Die vereinfachten Regeln bei der unveränderten Weitergabe von Dritten erstellter Finanzanalysen sind mit der Marktmissbrauchsrichtlinie 2016 weggefallen, sodass nunmehr auch Weitergeber auf ihre eigenen Interessenkonflikte hinweisen müssen, es sei denn, sie gehören der selben Unternehmensgruppe an wie der Ersteller. 24

4.2 Regelungen des WpHG

4.2.1 Anlagestrategieempfehlungen und Anlageempfehlungen; Rechtsverordnung

Der Gesetzgeber sagt in § 85 WpHG zu Anlagestrategieempfehlungen und Anlageempfehlungen: 25

„(1) Unternehmen, die Anlagestrategieempfehlungen im Sinne des Art. 3 Abs. 1 Nummer 34 der Verordnung (EU) Nr. 596/2014 oder Anlageempfehlungen im Sinne des Art. 3 Abs. 1 Nummer 35 der Verordnung (EU) Nr. 596/2014 erstellen oder verbreiten, müssen so organisiert sein, dass Interessenkonflikte im Sinne des Art. 20 Abs. 1 der Verordnung (EU) Nr. 596/2014 möglichst gering sind.

Sie müssen insb. über angemessene Kontrollverfahren verfügen, die geeignet sind, Verstößen gegen die Verpflichtungen nach Art. 20 Abs. 1 der Verordnung (EU) Nr. 596/2014 entgegenzuwirken.

(2) Die Befugnisse der Bundesanstalt nach § 88 WpHG gelten hinsichtlich der Einhaltung der in Abs. 1 genannten Pflichten und der Pflichten, die sich aus Art. 20 Abs. 1 der Verordnung (EU) Nr. 596/2014 in Verbindungmit einem auf der Grundlage von Art. 20 Abs. 3 der Verordnung (EU) Nr. 596/2014 erlassenen delegierten Rechtsakt ergeben, entsprechend.

(3) Das Bundesministerium der Finanzen kann durch Rechtsverordnung, die nicht der Zustimmung des Bundesrates bedarf, nähere Bestimmungen über die angemessene Organisation nach Abs. 1 Satz 1 erlassen.

Das Bundesministerium der Finanzen kann die Ermächtigung durch Rechtsverordnung auf die Bundesanstalt übertragen."

4.2.2 Weitere rechtliche Grundlagen der Finanzanalyse

Da die **Erstellung, Verbreitung** und **Weitergabe** von Empfehlungen oder Vorschlägen von Anlagestrategien oder Anlageempfehlungen eine **Wertpapiernebendienstleistung** im Sinne des § 2 Abs. 9 Nr. 5 WpHG darstellt, gelten für von Wertpapierdienstleistungsunternehmen erstellte Finanzanalysen grundsätzlich die allgemeinen Vorschriften des elften Abschnitts des WpHG, sofern diese inhaltlich auf Finanzanalysen anwendbar sind.[14] 26

---

14 Vgl. Rundschreiben der Bundesanstalt für Finanzdienstleistungsaufsicht 4/2010 zur Auslegung einzelner Begriffe der §§ 31 Abs. 2 Satz 4, 34 b WpHG a. F. in Verbindung mit der inzwischen weggefallenen Verordnung über die Analyse von Finanzinstrumenten (Finanzanalyseverordnung – FinAnV).

27 Außer dem Wertpapierhandelsgesetz, welches schwerpunktmäßig die Zweite Europäische Finanzmarktrichtlinie (MiFID II) auf nationaler Ebene umsetzt, sind hier die Verordnung (EU) Nr. 596/2014 (Marktmissbrauchsrichtlinie MAR)[15], die Delegierte Verordnung (EU) 958/2016 und die Delegierte Verordnung (EU) 2017/565 (insb. Art. 36 und 37) zu nennen. Auch die Verordnung zur Konkretisierung der Verhaltensregeln und Organisationsanforderungen für Wertpapierdienstleistungsunternehmen (WpDVerOV) beschäftigt sich in § 7 mit den Zuwendungen im Zusammenhang mit Analysen und setzt damit in Deutschland die Anforderungen der Delegierten Richtlinie (EU) 2017/593 (Art. 13) um.

Daneben können als Best Practice noch immer herangezogen werden die Finanzanalyseverordnung (FinAnV), die Verordnung zur Änderung der Finanzanalyseverordnung v. 01.10.2007[16] sowie Auslegungsschreiben der BaFin zu einzelnen Begriffen des § 34b WpHG-alt.

Aktuell von diesen noch immer wirksam ist ein Auslegungsschreiben der BaFin v. 21.12.2007, welches in BT 5 der MaComp aufgegangen ist.[17]

28 Die FinAnV ist mit Wirksamwerden der MiFID II zum 03.01.2018 weggefallen bzw. aufgehoben worden[18], was aber nicht weiter problematisch ist, da sich ihr Regelungsinhalt größtenteils unmittelbar aus der Delegierten Verordnung (EU) Nr. 2016/958[19] ergibt. Es sind weitere Konkretisierungen zu erwarten.

5 Anforderungen an Anlageempfehlungen und Anlagestrategieempfehlungen

5.1 Inhaltliche Anforderungen

29 Finanzanalysen müssen – mit Ausnahme der reinen Werbemitteilung (sofern eine solche nicht den Anschein einer unvoreingenommenen Information erweckt) – nach den einschlägigen Regeln des WpHG, der Delegierten Verordnung (EU) Nr. 2016/958 eine Reihe von inhaltlichen Anforderungen erfüllen.

30 – Sie müssen Angaben über den oder die Ersteller und Verantwortliche(n) – dabei jeweils alle an der Erstellung der Empfehlung beteiligten natürlichen Personen (sowie dessen bzw. deren Berufsbezeichnung und juristische Person ihres Arbeitgebers) enthalten.

---

15 Vgl. Art. 20 der MARi.
16 Vgl. Begründung Erste Verordnung zur Änderung der Finanzanalyseverordnung v. 01.10.2007.
17 Vgl. Schreiben der Bundesanstalt für Finanzdienstleistungsaufsicht v. 21.12.2007 zur Auslegung einzelner Begriffe der §§ 31 Abs. 2 Satz 4, 34 b Wertpapierhandelsgesetz (WpHG a. F.) in Verbindung mit der Verordnung über die Analyse von Finanzinstrumenten (Finanzanalyseverordnung – FinAnV).
18 Art. 25 des Zweiten Finanzmarktförderungsgesetzes v. 23.06.2017 – Bundesgesetzblatt Teil I 2017 Nr. 39 24.06.2017, S. 1693.
19 Delegierte Verordnung (EU) 2016/958 der Kommission v. 09.03.2016 zur Ergänzung der Verordnung (EU) Nr. 596/2014 des Europäischen Parlaments und des Rates im Hinblick auf die technischen Regulierungsstandards für die technischen Modalitäten für die objektive Darstellung von Anlageempfehlungen oder anderen Informationen mit Empfehlungen oder Vorschlägen zu Anlagestrategien sowie für die Offenlegung bestimmter Interessen oder Anzeichen für Interessenkonflikte.

II.B.7 Anlageempfehlungen und Anlagestrategieempfehlungen/Finanzanalyse

- Kreditinstitute oder Finanzdienstleistungsuntenehmen sowie Zweigniederlassungen ausländischer Institute müssen die Bezeichnung der öffentlichen Stelle angeben, deren Aufsicht sie unterliegen. Unternehmen, die nicht zu diesen Gruppen gehören, sondern lediglich den Vorschriften einer Selbstregulierung eines Berufsstandes unterliegen, haben auf diese Vorschriften hinzuweisen.
- Sie müssen – am besten deutlich (drucktechnisch) hervorgehoben – folgende Angaben enthalten:
  - Datum der **ersten Veröffentlichung** dieser Finanzanalyse
  - **Datum und Uhrzeit** der darin angegebenen **Preise** von Finanzinstrumenten
  - die zeitlichen **Bedingungen** (insb. Häufigkeit) vorgesehener **Aktualisierungen** (sowie die Änderung bereits angekündigter derartiger Bedingungen)
  - einen Hinweis auf den Zeitpunkt eigener Finanzanalysen aus den der Veröffentlichung vorausgegangenen **zwölf Monaten**, die sich auf dieselben Finanzinstrumente oder Emittenten beziehen und eine **abweichende Empfehlung** für eine bestimmte Anlageentscheidung enthalten. Die Veränderungen gegenüber der letzten (abweichenden) Empfehlung sind kenntlich zu machen.
- Sie müssen Angaben über alle wesentlichen **Informationsquellen** machen. Alle wesentlichen Informationsquellen sind klar und unmissverständlich anzugeben. Dabei ist darauf hinzuweisen, falls Zweifel an der Zuverlässigkeit einer Quelle bestehen.
- Sie müssen eine **Trennung** vornehmen zwischen **Tatsachen**, **eigenen Werturteilen, Schätzungen, Stellungnahmen, Werturteilen Dritter** und **anderen Arten nicht sachbezogener Informationen** (diese Trennung ist auch optisch hervorzuheben). Die wesentlichen Grundlagen und Maßstäbe eigener Werturteile sind dabei anzugeben.
- Es sind Angaben der genutzten **Bewertungsgrundlagen und -methoden bzw. -modellen** zu machen.
- Die Bedeutung der Empfehlungen für bestimmte **Anlageentscheidungen** ist zu **erläutern**.
- Falls die Analyse **vor Veröffentlichung dem Emittenten zugänglich** gemacht und danach verändert wurde, ist in der Analyse ein entsprechender **Hinweis** hierauf zu machen. Eine Weitergabe einer Zusammenfassung der Finanzanalyse an den Emittenten vor Veröffentlichung darf aber nur unter Weglassen des Kursziels bzw. der Anlageempfehlung erfolgen.
- Es sind Hinweise auf mögliche **Interessenkonflikte** (z. B. Beteiligungen über 0,5 % sowie über 5 % am Grundkapital des Emittenten, Teilnahme an öffentlichen Angeboten für diesen Emittenten in den letzten 12 Monaten, Betreuermandate, Market Making, Liquiditätsspender etc.) aufzunehmen. Dies bezieht sich sowohl auf die natürliche Person des Sachverständigen bzw. „Autors" der Finanzanalyse als auch auf die juristische Person, für die dieser arbeitet.
- Bei Weitergabe inhaltlich unveränderter Finanzanalysen, die durch die Muttergesellschaft oder ein verbundenes Unternehmen in einem anderen Staat erstellt wurde, ist die Angabe der Heimataufsichtsbehörde (bei Auslandskreditinstitut) des Erstellers anzugeben. Zudem ist zu nennen, wer für die Weitergabe der Analyse in Deutschland verantwortlich ist. Dieser hat sich vorab davon zu überzeugen, dass die Analyse dem geltenden

Recht des Erstellerstaates genügt und dieses den deutschen Regeln gleichwertig ist. Zudem ist auf die zuständige Aufsichtsbehörde des Weitergebenden hinzuweisen (siehe hierzu auch Abschn. 7.1). Mit Einführung der Marktmissbrauchsverordnung hat der Weitergebende außerdem auf eigene Interessenkonflikte hinzuweisen, was eine deutliche Verschärfung gegenüber den früheren Regelungen darstellt.

Weitere inhaltliche Anforderungen, die aber nicht zwangsweise in jeder einzelnen Empfehlung, sondern ggf. an anderen Stellen, z. B. der Website des Erstellers gemacht werden können, sind:

- Eine Liste aller Research-Veröffentlichungen des Erstellers aus den letzten 12 Monaten, welche jeweils Tag der Verbreitung, Identität des Erstellers, Kursziel und den relevanten Marktpreis zum Zeitpunkt der Empfehlung enthält.
- Eine Zusammenfassung aller Bewertungsgrundlagen oder Methoden bzw. Modelle, die zur Bewertung eines Finanzinstrumentes oder zur Festsetzung eines angestrebten Kursziels geführt haben.

5.2 Angaben zu Interessen und Interessenkonflikten[20]

31 (1) Anlageempfehlungen und Anlagestrategieempfehlungen sind **unvoreingenommen** zu erstellen.

Personen, die Empfehlungen erstellen oder weitergeben, haben daher alle Beziehungen und Umstände offen zu legen, bei denen damit gerechnet werden kann, dass diese die Objektivität der Empfehlung beeinträchtigen könnten.

In der Finanzanalyse sind solche Umstände oder Beziehungen, die Interessenkonflikte begründen können, weil sie die Unvoreingenommenheit
1. der Ersteller,
2. der für die Erstellung verantwortlichen oder mit diesen verbundenen Unternehmen oder
3. der sonstigen für Unternehmen im Sinne der Nummer 2 tätigen und an der Erstellung mitwirkenden Personen oder Unternehmen gefährden könnten, anzugeben. Dies gilt insb. für nennenswerte finanzielle Interessen oder erhebliche Interessenkonflikte in Bezug auf solche Finanzinstrumente oder Emittenten, die Gegenstand der Finanzanalyse sind.

32 (2) Unternehmen müssen Umstände und Beziehungen, die Interessenkonflikte begründen könnten, zumindest insoweit angeben, wie Informationen über die Interessen oder Interessenkonflikte
1. den Personen, die an der Erstellung der Empfehlung beteiligt waren, bekannt waren oder hätten bekannt sein können oder
2. solchen (nicht an der Erstellung beteiligten) Personen bekannt sind, die vor der Veröffentlichung oder Weitergabe Zugang zur Finanzanalyse haben oder hätten haben könnten.

---

20   Vgl. Art. 5 und 6 der Delegierten Verordnung (EU) 2016/958.

Bei natürlichen Personen als Erstellern sind jeweils auch etwaige Interessen oder Interessenkonflikte aller eng mit ihnen verbundenen Personen zu berücksichtigen.

(3) Offenlegungspflichtige Informationen über Interessen oder Interessenkonflikte liegen insb. vor, wenn *33*

1. wesentliche Beteiligungen zwischen den erstellenden Personen oder Unternehmen und den Emittenten, die selbst oder deren Finanzinstrumente Gegenstand der Finanzanalyse sind, bestehen oder

2. diese Personen oder Unternehmen

   a) Finanzinstrumente, die selbst oder deren Emittenten Gegenstand der Finanzanalyse sind, an einem Markt durch das Einstellen von Kauf- oder Verkaufsaufträgen betreuen,

   b) innerhalb der vorangegangenen zwölf Monate an der Führung oder Mitführung eines Konsortiums für eine Emission im Wege eines öffentlichen Angebots von solchen Finanzinstrumenten beteiligt waren, die selbst oder deren Emittenten Gegenstand der Finanzanalyse sind,

   c) innerhalb der vorangegangenen zwölf Monate gegenüber Emittenten, die selbst oder deren Finanzinstrumente Gegenstand der Finanzanalyse sind, an eine Vereinbarung über Dienstleistungen im Zusammenhang mit Wertpapierdienstleistungen oder Wertpapiernebendienstleistungen (insb. Investmentbanking-Geschäften) gebunden waren oder in diesem Zeitraum aus einer solchen Vereinbarung eine Leistung oder ein Leistungsversprechen erhielten, soweit von der Offenlegung dieser Informationen keine vertraulichen Geschäftsinformationen betroffen sind (relevant sind hierbei federführende oder mitführende Stellung),

   d) mit Emittenten, die selbst oder deren Finanzinstrumente Gegenstand der Finanzanalyse sind, eine Vereinbarung zu der Erstellung der Finanzanalyse getroffen haben oder

   e) sonstige bedeutende finanzielle Interessen in Bezug auf die Emittenten haben, die selbst oder deren Finanzinstrumente Gegenstand der Finanzanalyse sind.

Als wesentlich im Sinne des Satzes 1 Nr. 1 gilt eine Beteiligung in Höhe von mehr als 0,5 % des Grundkapitals einer Aktiengesellschaft sowie eine weitere Offenlegung, wenn dieser Wert die 5 %-Marke übersteigt. Der Offenlegung kann ein niedrigerer Schwellenwert von nicht weniger als 0,5 % des Grundkapitals einer Aktiengesellschaft zugrunde gelegt werden, sofern dieser Schwellenwert angegeben wird. In der Schweiz beispielsweise gilt ein Schwellenwert von 3 %. *34*

(4) Für die Erstellung von Finanzanalysen verantwortliche Kreditinstitute, Finanzdienstleistungsinstitute, nach § 53 Abs.1 Satz 1 des Kreditwesengesetzes tätige Unternehmen oder Zweigniederlassungen im Sinne des § 53b des Kreditwesengesetzes (Zweigniederlassungen von Auslandsbanken) haben zusätzlich *35*

1. interne organisatorische und regulative Vorkehrungen zur Prävention oder Behandlung von Interessenkonflikten in allgemeiner Weise anzugeben (insb. die Einrichtung von Informationsschranken),

2. zu offenbaren, wenn die Vergütung der Personen oder Unternehmen im Sinne des Abs. 1 Satz 2 Nr. 1 oder 3 von Investmentbanking-Geschäften des eigenen oder mit diesem verbundener Unternehmen abhängt und zu welchen Zeitpunkten und Preisen diese Personen Anteile des Emittenten, der selbst oder dessen Finanzinstrumente Gegenstand der Finanzanalyse sind, vor deren Emission erhalten oder erwerben, und

3. vierteljährlich eine Übersicht über die in ihren Finanzanalysen enthaltenen Empfehlungen zu veröffentlichen, in der sie die Anteile der auf „Kaufen", „Halten", „Verkaufen" oder vergleichbare Anlageentscheidungen gerichteten Empfehlungen den Anteilen der von diesen Kategorien jeweils betroffenen Emittenten gegenüberstellen, für die sie in den vorangegangenen zwölf Monaten wesentliche Investmentbanking-Dienstleistungen erbracht haben.

36 Investmentbanking-Dienstleistungen sind beispielsweise die Emission von Wertpapieren und Derivaten, der Handel mit und die Platzierung von Wertpapieren und Derivaten, das Asset Management (gehobene Vermögensanlage), die Beratung von Firmen bzgl. ihrer Eigen- und Fremdkapitalstruktur sowie das Mergers & Acquisitions-Geschäft (Fusionen und Übernahmen).

37 Im Sinne des § 85 WpHG sind bei den anzugebenden Investmentbanking-Dienstleistungen v. a. M&A-Mandate sowie Wertpapier-/Derivate-Platzierungen gemeint.

38 (5) Die für die Erstellung verantwortlichen Unternehmen können offen zu legende Interessen oder Interessenkonflikte der Personen oder Unternehmen im Sinne des Abs. 1 Satz 2 Nr. 3 als eigene oder als fremde Interessen oder Interessenkonflikte angeben.

5.3 Platzierung der Informationen

39 Während die meisten der unter 5.1 und 5.2 zu machenden Informationen zwingend und auch einzig sinnvoll in der jeweiligen Finanzanalyse zu erteilen sind, können einige der Angaben auch auf anderem Wege, beispielsweise auf der Internetseite des Erstellers oder Verteilers der Finanzanalyse gemacht werden. Dies ist insb. dann der Fall, soweit Angaben nach Art. 4, 5 und 6 der Delegierten Verordnung (EU) 2016/958 gemessen am Umfang der Finanzanalyse unverhältnismäßig wären.[21]

40 Dabei muss in der einzelnen Finanzanalyse aber ein deutlicher Hinweis auf den Ort (z. B. Internet-Seite) gegeben werden, wo diese Informationen kostenfrei, unmittelbar und einfach zugänglich sind.

41 Für die Darstellung an einer anderen Stelle als der jeweiligen Finanzanalyse eignen sich insb. solche, die für sämtliche Finanzanalysen (bzw. sämtliche Finanzanalysen zum selben Emittenten) grundsätzlich gleich sind:
– Informationen über die bei der Erstellung genutzten Bewertungsgrundlagen und -methoden. Diese Informationen ist regelmäßig allgemeiner Natur, da die Finanzanalyse i. d. R. nach den stets gleichen Grundlagen und Methoden erfolgt.

---

21 Vgl. Delegierte Verordnung (EU) 2016/958 Art. 6 Abs. 4.

- Die Erläuterung der Bedeutung der Empfehlung zum „Erwerb", „Halten" oder „Veräußerung" und deren zeitlichen Rahmen sowie die Warnung vor etwaigen Risiken und eine Empfindlichkeitsanalyse in diesem Zusammenhang.
- Informationen über sonstige Geschäftstätigkeiten des Erstellers bzw. Verteilers, welche ggf. einen Interessenkonflikt zu der Finanzanalyse darstellen könnten (z. B. Eigenhandel in Finanzinstrumenten des betreffenden Emittenten).
- Vierteljährliche Informationen über die Anteile der Anlageempfehlungen „Kaufen", „Halten", „Verkaufen" in den vergangenen 12 Monaten sowie Angaben über Wertpapierdienstleistungen für den Emittenten der analysierten Finanzinstrumente in den vergangenen 12 Monaten.

5.4 Organisatorische Anforderungen

Für die **Erstellung** bzw. **Verbreitung** von Finanzanalysen verantwortliche Personen oder Unternehmen haben die notwendigen Vorkehrungen zu treffen, um auf Verlangen der Bundesanstalt für Finanzdienstleistungsaufsicht die sachgerechte Erstellung der Finanzanalyse nachvollziehbar darlegen zu können.[22]

Sie müssen so organisiert sein, dass Interessenskonflikte vermieden oder zumindest minimiert werden. Sie müssen insb. über angemessene Kontrollverfahren verfügen, die sicherstellen, dass die Finanzanalyse sachgerecht erstellt und dargeboten wird. Dies geht aber auch bis zur hierarchischen, funktionalen und informatorischen Trennung des Bereiches Research von anderen Bankbereichen durch Informationsbarrieren (Chinese Walls).[23]

Der Umfang der vorzuhaltenden organisatorischen Maßnahmen ist dabei im Zusammenhang zu sehen mit der Art, Größe und dem Geschäftsumfang des erstellenden bzw. verteilenden Unternehmens.

Der kostenfreie Bezug von Finanzanalysen durch ein Unternehmen, das Wertpapierdienstleistungen im Rahmen eines kombinierten Dienstleistungsbezuges bezieht, stellt sich ebenfalls als problematisch dar. So war es z. B. über viele Jahre üblich, von Brokern, über die die Ausführung von Wertpapierorders geleitet wurde, quasi als kostenfreie Zugabe Finanzanalysen zu beziehen.

Im Rahmen der Neuregelungen von sog. Zuwendungen durch die MiFID II soll Investment Research nicht mehr als zulässige nicht monetäre Zuwendung im geringen Umfang erlaubt sein. Vielmehr wird postuliert, dass der Bezieher des Produktes oder der Dienstleistung, also der Endkunde, für diese zahlt, anstatt dass der Finanzdienstleister von einem Produktproduzenten, Broker etc. eine Rückvergütung erhält.

---

22 Vgl. Art. 3 Abs. 3 der Delegierten Verordnung (EU) 2016/958.
23 Vgl. *Göres*, Die Interessenkonflikte von Wertpapierdienstleistern und -analysten bei der Wertpapieranalyse – Schriftenreihe der Bankrechtlichen Vereinigung, Band 23.

47 Die neue Rechtslage mit Einführung der MiFID II[24] verlangt, dass Research vom Anbieter separat bepreist wird, d. h. dass er das Zurverfügungstellen von Analysen preislich separiert von anderen Dienstleistungen ausweist.

Für den Bezieher der Analysen ergeben sich zwei Möglichkeiten:
– zum einen kann er Research durch direkte Zahlung aus eigenen Mitteln beziehen
– eine weitere Möglichkeit ist, dass er den Bezug von Research dem Endkunden in Rechnung stellt. Dabei hat er für jeden Kunden ein sog. Research-Budget zu bilden, aus welchem die Bezahlung erfolgt. Die jeweiligen geschätzten Kosten sind dem Kunden offenzulegen. Sollte das Budget nicht aufgebraucht werden, d. h. für den Bezug von Research insgesamt weniger ausgegeben werden als veranschlagt war, so ist dem Kunden der Restbetrag auszukehren. Zudem hat die Wertpapierfirma die Qualität der erworbenen Analysen regelmäßig zu bewerten anhand belastbarer Qualitätskriterien und ihrer Fähigkeit, zu besseren Anlageentscheidungen beizutragen.

48 Im Rahmen der Prüfung nach § 89 WpHG wird regelmäßig auch die Finanzanalyse und die Einhaltung der einschlägigen Organisationspflichten geprüft.

5.4.1 Ausgewählte Organisationspflichten

49 – Verhinderung oder Kontrolle eines Informationsaustauschs zwischen Analysten und anderen Mitarbeitern, deren Tätigkeiten einen Interessenskonflikt nach sich ziehen könnten.
– Unabhängigkeit der Vergütung der Analysten von Transaktionen des Hauses
– Verhinderung einer unsachgemäßen Einflussnahme anderer Personen auf die Tätigkeit der Analysten
– Verhinderung oder Kontrolle einer Beteiligung eines Analysten in engem zeitlichem Zusammenhang mit einer Finanzanalyse
– Verbot von Geschäften in betreuten Werten

„(1) Wertpapierdienstleistungsunternehmen, die auf eigene Verantwortung oder auf Verantwortung eines Mitglieds ihrer Unternehmensgruppe Finanzanalysen über Finanzinstrumente im Sinne des § 2 Abs. 2b des Wertpapierhandelsgesetzes oder über deren Emittenten erstellen oder erstellen lassen, die unter ihren Kunden oder in der Öffentlichkeit verbreitet werden sollen oder deren Verbreitung wahrscheinlich ist, müssen sicherstellen, dass ihre Mitarbeiter, die an der Erstellung der Finanzanalyse beteiligt sind oder deren bestimmungsgemäße Aufgaben oder wirtschaftliche Interessen mit den Interessen der voraussichtlichen Empfänger der Finanzanalyse in Konflikt treten können, ihrer Tätigkeit mit einem Grad an Unabhängigkeit nachkommen, der der Höhe des Risikos für eine Beeinträchtigung von Interessen der Empfehlungsempfänger

---

24 siehe Delegierte Richtlinie (EU) 593/2017-Kommission v. 07.04.2016 zur Ergänzung der Richtlinie 2014/65/EU des Europäischen Parlaments und des Rates im Hinblick auf den Schutz der Finanzinstrumente und Gelder von Kunden, Produktüberwachungspflichten und Vorschriften für die Entrichtung bzw. Gewährung oder Entgegennahme von Gebühren, Provisionen oder anderen monetären oder nicht-monetären Vorteilen.

sowie der Größe und dem Gegenstand des Wertpapierdienstleistungsunternehmens und seiner Unternehmensgruppe angemessen ist. Hierzu müssen Wertpapierdienstleistungsunternehmen die erforderlichen Vorkehrungen treffen für

1. die wirksame Verhinderung oder Kontrolle eines Informationsaustauschs zwischen Mitarbeitern, die an der Erstellung von Finanzanalysen beteiligt sind und anderen Mitarbeitern, deren Tätigkeiten einen Interessenskonflikt nach sich ziehen könnten, sofern der Informationsaustausch die Interessen von Empfängern der Finanzanalyse beeinträchtigen könnte,
2. die Unabhängigkeit der Vergütung von Finanzanalysten von der Vergütung anderer Mitarbeiter oder den von diesen erwirtschafteten Unternehmenserlösen oder Prämien, sofern die Verknüpfung einen Interessenskonflikt auslösen könnte,
3. die Verhinderung einer unsachgemäßen Einflussnahme anderer Personen auf die Tätigkeit der Finanzanalysten,
4. die Verhinderung oder Kontrolle einer Beteiligung von Finanzanalysten an anderen Wertpapierdienstleistungen oder Wertpapiernebendienstleistungen in engem zeitlichen Zusammenhang mit der Erstellung einer Finanzanalyse, sofern die Beteiligung ein ordnungsgemäßes Interessenskonfliktmanagement beeinträchtigen könnte, und
5. eine gesonderte Überwachung der Finanzanalysten im Hinblick auf ihre Unabhängigkeit und Unvoreingenommenheit.

Soweit mit diesen Vorkehrungen der nach erforderliche Grad an Unabhängigkeit nicht erzielt wird, können weitere Maßnahmen erforderlich sein.

(2) Die Wertpapierdienstleistungsunternehmen müssen mit organisatorischen Vorkehrungen gewährleisten, dass

1. die Geschäfte von Mitarbeitern, die an der Erstellung der Finanzanalyse beteiligt sind, überwacht werden,
2. sie selbst und ihre Mitarbeiter, die an der Erstellung der Finanzanalyse im Sinne des Abs. 1 Satz 1 beteiligt sind, keine Zuwendungen von Personen annehmen, die ein wesentliches Interesse am Inhalt der Finanzanalyse haben,
3. Emittenten keine für sie günstige Empfehlung versprochen wird,
4. Entwürfe für Finanzanalysen, die bereits eine Empfehlung oder einen Zielpreis enthalten, vor deren Weitergabe oder Veröffentlichung dem Emittenten, Mitarbeitern, die nicht an der Erstellung der Analyse beteiligt sind, oder Dritten nicht zugänglich gemacht werden, soweit dies nicht der Überwachung der Einhaltung gesetzlicher Anforderungen durch das Wertpapierdienstleistungsunternehmen dient.

(3) Die vorgenannten Pflichten gelten auch für Wertpapierdienstleistungsunternehmen, die eine von einem Dritten erstellte Finanzanalyse öffentlich verbreiten oder an ihre Kunden weitergeben, es sei denn,

1. der Dritte, der die Analyse erstellt, gehört nicht zur selben Unternehmensgruppe, und

2. das Wertpapierdienstleistungsunternehmen)
   a) ändert die in der Finanzanalyse enthaltenen Empfehlungen nicht wesentlich ab,
   b) stellt die Finanzanalyse nicht als von ihm erstellt dar und
   c) vergewissert sich, dass für den Ersteller der Finanzanalyse Bestimmungen gelten, die den Anforderungen der Absätze 1 und 2 gleichwertig sind, oderdieser Grundsätze im Sinne dieser Anforderungen festgelegt hat."

5.4.2 Weitergabe von Empfehlungen

50 Bei der Weitergabe von Empfehlungen ergeben sich ggf. gesonderte Verpflichtungen. Man unterscheidet zunächst zwischen der Weitergabe **durch den Ersteller** selbst oder durch einen Dritten. bei ersterem sind die vorgenannten Verpflichtungen lediglich zu ergänzen um den Zeitpunkt (Datum und Uhrzeit), wann die Empfehlung erstmalig weitergegeben wurde.

Davon zu unterscheiden ist die **Weitergabe durch einen Dritten**. Dieser Dritte hat dabei die Identität des Erstellers sowie sämtliche Tatbestände zu erwähnen, die eine objektive Darstellung der Empfehlung beinträchtigen könnte. Zudem ist auch hier der Zeitpunkt der erstmaligen Weitergabe zu nennen.

Handelt es sich bei dem Dritten um ein Kreditinstitut oder eine Wertpapierfirma, so müssen auch dessen zuständige Behörden sowie seine eigenen Interessenkonflikte genannt werden. Eine Ausnahme von letzterem gilt nur für lediglich innerhalb derselben Gruppe erstellte Empfehlungen.

Sonderformen bei der Weitergabe stellen **Zusammenfassungen von Empfehlungen** und **wesentlich veränderte Empfehlungen** dar.

51 Wird nicht die eigentliche Anlageempfehlung, sondern lediglich eine Zusammenfassung weitergegeben, so muss diese klar und nicht irreführend sein und darf den Charakter der Original-Empfehlung nicht verfälschen. Zudem ist sie klar und deutlich als Zusammenfassung zu kennzeichnen und auf die Quelle der ursprünglichen Empfehlung sowie auf den Ort zu verweisen, wo diese kostenfrei zugänglich ist.

52 Wird eine wesentlich veränderte Empfehlung weitergegeben, so hat diese einen eindeutigen Hinweis auf die Veränderungen zu enthalten. Auch hier ist auf den Ort zu verweisen, wo die ursprüngliche Empfehlung kostenfrei zugänglich ist. Zudem gelten für die Weitergeber wesentlich veränderter Empfehlungen hinsichtlich der Änderungen die Art. 2 bis 5 der Delegierten Verordnung (EU) 2016/958 analog.

5.4.3 Handlungsempfehlungen/Best Practice

53 **Informationsaustausch/Trennung von Vertraulichkeitsbereichen**

Es ist insgesamt wichtig, dass Finanzanalysen sachgerecht erstellt und dargeboten werden.[25] Daher müssen (potenzielle) Interessenkonflikte adäquat gehandhabt werden. Zur

---

25 Vgl. *Roth*, in: Kapitalmarkt Compliance, Rn. 169.

Verhinderung bzw. Kontrolle des Informationsaustausches sollte der Bereich „Research" bzw. „Finanzanalysen" hierarchisch und organisatorisch, besser aber zudem noch physisch getrennt sein von anderen Bereichen, die Wertpapierdienstleistungen oder -nebendienstleistungen erbringen (**Chinese Walls/Informationsbarrieren**). Besonders relevant erscheint hierbei eine Trennung von den Bereichen „Sales", „Eigenhandel", „Kundenhandel", Corporate Finance sowie der Vermögensverwaltung. Der Informationsfluss zwischen Vertraulichkeitsbereichen kann in der üblichen Weise durch Beobachtungsliste (Watchlist), Sperrliste (Restricted List) und ggf. weitere Maßnahmen überwacht werden.[26]

Unabhängigkeit von Finanzanalysten 54

Es sollte arbeitsvertraglich geregelt sein, dass die Vergütung der Analysten nicht von einzelnen Transaktionen abhängt und auch nicht in direktem Zusammenhang stehen mit den Ergebnissen der Abteilungen Sales, Kundenhandel, Eigenhandel oder Corporate Finance/Unternehmensfinanzierungen. Je nach Art und Umfang der Geschäftstätigkeit sowie organisatorischer Aufstellung eines Unternehmens sind weitere Bereiche/Abteilungen denkbar, deren Ergebnis keinen direkten Einfluss auf die Vergütung von Analysten haben darf. Eine Abhängigkeit der Analystenvergütung vom Gesamtergebnis des Unternehmens ist aber nicht zu beanstanden.

Es sollte organisatorisch verhindert werden, dass in unangemessener Weise Einfluss auf 55
Analysten genommen wird. So gilt es zu vermeiden, dass Analysten neben ihrer fachlichen Berichtslinie an das Research Management weitere Berichtslinien zu den Geschäftseinheiten haben.

Außerdem dürfen keinerlei Weisungen erfolgen, nach welchen a) Research für einen 56
bestimmten Emittenten aufgenommen wird oder b) die Empfehlung bzw. das Resultat der Empfehlung für Finanzanalysen vorgegeben wird.

Zuwendungen an Finanzanalysten 57

Zuwendungen an Finanzanalysten obliegen einer besonders strengen Kontrolle. Es ist in der Praxis denkbar und angeraten, dass jegliche Form von Zuwendungen, welche über beispielsweise ein Essen mit Vertretern eines Emittenten hinausgehen, grundsätzlich untersagt wird bzw. besonderer Genehmigungen durch das Research Management und/oder Compliance bedarf. Insb. sollte die Übernahme von Reise- und Unterbringungskosten von Analysten durch Emittenten grundsätzlich unterbleiben.[27]

Wall Crossing von Finanzanalysten 58

Es sollte ein geeignetes **Wall-Crossing-Verfahren** vorgehalten werden, welches klar den Prozess regelt, der ablaufen muss, wenn beispielsweise ein Analyst im Rahmen einer Wertpapierplatzierung an einer Roadshow des Emittenten teilnehmen soll.

Hierbei gilt es immer auch zu bedenken, dass ein Analyst, der bei einer Roadshow einge- 59
setzt wird, ggf. auf absehbare Zeit für weiteres Research in Werten des betreffenden Emittenten blockiert wird. Insofern sollte das Prinzip der Unabhängigkeit der Analysten nur in sehr gut begründeten Einzelfällen durchbrochen werden.

---

26 Vgl. *Roth*, in: Kapitalmarkt Compliance, Rn. 243.
27 Vgl. BT5.7 der MaComp.

60 Ein Wall Crossing Prozess kann beispielsweise darin bestehen, dass bei entsprechender Notwendigkeit – entgegen dem generellen Verbot – ein den jeweiligen Vertrauensbereich überschreitender Informationsfluss compliance-relevanter Informationen zulässig ist. Dabei wird der Informationsfluss unter Einbezug der Compliance-Funktion auf die zur Erfüllung der Aufgaben erforderlichen Informationen beschränkt (**Need to know-Prinzip**). Zudem ist jeweils die Einschaltung und Genehmigung seitens des Research Senior Management notwendig, also von jemandem, der entscheiden kann, ob die möglichen Restriktionen des betreffenden Finanzanalysten (sie/er könnte ggf. für einige Zeit keine Studien mehr in dem betreffenden Wert erstellen) gegenüber einem Beisein bei einer Roadshow o. ä. gerechtfertigt ist.

61 Geschäfte in Finanzinstrumenten durch Finanzanalysten

Eigengeschäfte von Analysten in von ihnen betreuten Werten unterliegen sehr hohen Kontrollanforderungen hinsichtlich des zeitlichen Zusammenhangs von Finanzanalysen und Geschäfte in den betreffenden Werten.

62 Um zu vermeiden, dass es in **zeitlichem Zusammenhang** zwischen der Analyse eines Emittenten und Geschäften in Finanzinstrumenten des Emittenten zu einem potenziellen Interessenskonflikt kommt, empfiehlt es sich, die Eigengeschäfte der Finanzanalysten stark zu reglementieren. So ist es beispielsweise möglich, eigene Wertpapiergeschäfte von Analysten in von ihnen betreuten Werten generell nicht zuzulassen.

63 Dies würde auch der Anforderung entsprechen, dass Beteiligungen von Analysten in von ihnen betreuten Werten als potenzieller Interessenskonflikt in der Finanzanalyse aufzuführen wären. Wo keine Geschäfte genehmigt sind, kann auch keine angabepflichtige Beteiligung existieren. Der Fall, dass ein Analyst bei einer Neueinstellung einen Wertpapierbestand in zu betreuenden Werten mitbringt, könnte dadurch gelöst werden, dass man eine Veräußerung der Beteiligung zur Einstellungsbedingung macht. Es müsste jedem, der mit der Erstellung oder Verbreitung von Anlageempfehlungen oder Anlagestrategieempfehlungen beschäftigt ist, eingängig sein, dass aktive Geschäfte oder gar nennenswerte Beteiligungen in den analysierten Werten stets als Interessenkonflikt gewertet werden und daher Verständnis dafür zeigen, wenn vorgenannte Aktivitäten sehr restriktiv bis hin zum Verbot gehandhabt werden.

64 Es ist mithin sogar vorstellbar, dass die Eigengeschäfte aller Analysten hinsichtlich der Gesamtheit der von der Research-Abteilung analysierten Werte generell untersagt werden können. Der Hintergrund hierfür ist, dass die Analysten i. d. R. eng beieinander sitzen und das **Handelsverbot** einzelner Analysten durch eine großzügigere Handhabung ausgehebelt werden könnte (Beispiel: Chemie-Analyst darf keine Geschäfte in Chemie-Titeln tätigen, informiert aber dem Automobil-Analysten, was er gerade schreibt. Dieser darf Geschäfte in Chemie tätigen. Im Falle einer Analyse auf einen Automobil-Emittenten machen sie es umgekehrt.).

6 Abgrenzung der Finanzanalyse zu anderen Informationen

65 Die Finanzanalyse ist von anderen Informationen abzugrenzen, welche von Banken und Finanzdienstleistern herausgegeben werden und welche ebenfalls einen teils analytischen, aber insb. einen empfehlenden Charakter haben. Dabei ist bei diesen Informationen jeweils bedeutend, dass sie nicht unter dem Grundsatz der Unvoreingenommenheit gemacht werden und nicht den Regeln folgen, welche für die Finanzanalyse gelten. Mit der Marktmissbrauchsverordnung MAR ist diese Differenzierung aber nunmehr zunehmend schwieriger geworden, sodass nunmehr auch bisher nicht als Finanzanalysen angesehene Publikation, wie bspw. Sales Notes oder Morning Notes grundsätzlich die hohen Anforderungen erfüllen müssen, sofern sie veröffentlicht oder einem breiten Verteilerkreis zugänglich gemacht werden. Eine gewisse Ausnahme gilt nur noch für solche derartigen Ausarbeitungen, die nicht zur allgemeinen Verbreitung, sondern lediglich zur Verwendung in der Anlageberatung gedacht sind.[28]

Für alle von Banken und Finanzdienstleistern an ihre Kunden herausgegebenen Informationen gilt aber, dass sie deutlich und redlich sein müssen und nicht irreführend sein dürfen. 66

Näheres zu sonstigen Informationen an Kunden findet sich in den Kapiteln zu Marketingmaterial sowie Anforderungen an Kundeninformationen (Kapitel 3.1.2 und 3.1.3).

6.1 Werbemitteilungen

Reine Werbemitteilungen i. S. d. § 31 Abs. 2 Satz 4 Nr. 2 WpHG, welche als solche klar 67 erkennbar sind bzw. deutlich als solche gekennzeichnet sind, und welche auch optisch nicht mit Finanzanalysen verwechselt werden können, unterliegen nicht den Bestimmungen für Finanzanalysen.

Es gilt jedoch darauf hinzuweisen, dass solche Marketing-Mitteilungen nicht im Einklang mit den Rechtsvorschriften zur Förderung der Unabhängigkeit von Finanzanalysen erstellt wurden und auch keinem Handelsverbot vor Verbreitung von Finanzanalysen unterliegen.

6.2 Sales Notes

sog. Sales Notes werden regelmäßig nicht von Finanzanalysten bzw. Sachverständigen[29] 68 erstellt, sondern von Sales-Mitarbeitern oder Mitarbeitern des Wertpapierhandels. Diese haben möglicherweise aber gleiche oder ähnliche Qualifikationen wie Finanzanalysten, geben allerdings ihre eigene Meinung wieder und erheben bei ihren Empfehlungen grundsätzlich nicht den Anspruch auf Unabhängigkeit und Unvoreingenommenheit. Waren nach vorheriger Lesart – also vor Einführung der MAR – die Regelungen des § 34b WpHG und der FinAnV nicht anwendbar, so hat sich mit Einführung der Marktmissbrauchsrichtlinie eine grundlegende Änderung ergeben: der Begriff der Anlageempfehlung bzw. Anlagestrategieempfehlung ist nunmehr weiter gefasst als der alte Finanzanalyse-Begriff. Somit unterliegen nunmehr jegliche Äußerungen, die eine direkte oder indirekte Empfehlung erhalten, den einschlägigen Regeln der MAR sowie der Delegierten Verordnung (EU) 2016/958.[30]

---

28 Vgl. *Renz/Leibold*, in: Jahrbuch Treasury und Private Banking 2017/2018, Roland Eller Training GmbH, S. 423–436.
29 Siehe Art. 1, Satz 1a der Delegierten Verordnung (EU) 2016/958.
30 Siehe ESMA Q&A 2016-419 v. 01.04.2016 sowie ESMA Q&A 2016-1520 v. 26.10.2016.

6.3 Anlageberatung[31]

69 Die Anlageberatung grenzt sich von den übrigen empfehlenden Informationen und insb. von der Finanzanalyse dadurch ab, dass sie die persönlichen Umstände eines Anlegers berücksichtigt und also dementsprechend individualisiert ist. Insofern sind für solche, einzelnen Anlegern erteilte Anlageberatungen die Regeln des § 34b WpHG sowie der MAR und der delegierten Rechtsakte nicht einschlägig. Entsprechende Hinweise müssen also nicht erfolgen, hingegen entstehen die einschlägigen Anlageberatungs-Dokumentationspflichten.

6.4 Informationen durch Journalisten

70 Journalisten sind qua Gesetz von den Anforderungen des § 85 WpHG sowie der FinAnV ausgenommen. Durch das Gebot der **Pressefreiheit**[32] wird unterstellt, dass Journalisten i. d. R. keine anderen Tätigkeiten als journalistische Arbeit wahrnehmen sowie bei ihnen i. d. R. keine Interessenkonflikte bestehen. Es liegt auf der Hand, dass es zu Interessenkonflikten kommen kann, wenn beispielsweise Emittenten Journalisten zu Werbezwecken einsetzten oder ihnen Aufträge erteilen. Außerdem könnten Journalisten Interessenkonflikte haben bzgl. Finanzinstrumenten, in denen sie privat handeln oder Positionen halten, wenn ihnen aus der Offenlegung oder Verbreitung der Information ein Vorteil erwächst.

7 Weitergabe/öffentliche Verbreitung von Finanzanalysen

7.1 Unveränderte Weitergabe

71 Wird eine von einem Dritten (einer anderen Unternehmensgruppe als der Weitergebende angehörenden) erstellte Finanzanalyse unverändert oder nicht wesentlich verändert weitergegeben, so ist in der Finanzanalyse auf den ursprünglichen Ersteller hinzuweisen und diese als fremdes Produkt auszuweisen. Die eigene (des Weitergebenden) Heimataufsichtsbehörde ist zusätzlich zur Heimataufsichtsbehörde des Erstellers zu nennen. Allerdings obliegt es dem Verteiler auch zu prüfen, dass der Verfasser der Finanzanalyse der MiFID vergleichbaren Regularien unterliegt.

So könnte ein Weitergabevermerk – zu den obligatorischen Angaben des Erstellers – beispielsweise folgendermaßen aussehen:

„In Deutschland weitergegeben/verteilt durch XYZ Bank, beaufsichtigt durch die Bundesagentur für Finanzdienstleistungsaufsicht."

72 Werden Analysen eines Dritten, der kein mit dem Wertpapierdienstleistungsunternehmen verbundenes Unternehmen ist, ohne wesentliche Änderungen übernommen und wird die Urheberschaft des Dritten nicht kenntlich gemacht, liegt hingegen eine eigene Finanzanalyse vor.

---

31 Vgl. Definition von Anlageberatung in § 2 Abs. 3 Nr. 9 WpHG.
32 Siehe Art. 21 der Verordnung (EU) 596/2014.

In dem Fall, dass die weitergebende Person/Unternehmen nicht zur selben Gruppe gehört wie der Ersteller, hat der Weitergeber zusätzlich auf eigene Interessenkonflikte hinzuweisen.

7.2 Veränderte Weitergabe

Bei einer veränderten Weitergabe von Finanzanalysen hat der Weitergebende die Pflicht, die gemachten Änderungen deutlich zu kennzeichnen und auf einen Ort zu verweisen, wo die unveränderte Finanzanalyse abgerufen werden kann.

Zudem ist er verpflichtet, zusätzlich zu den vom Ersteller gemachten Angaben gem. Art. 8 Abs. 1 Punkt b die ihn selbst betreffenden Angaben zu diesen Regelungen zu machen, insb. den Hinweis auf ihn betreffende potenzielle Interessenkonflikte zuzusetzen.

8 Sanktionierung

Die Bußgeldvorschriften des § 120 Abs. 8 Nr. 31 und 32 WpHG stufen Verstöße gegen § 85 WpHG als Ordnungswidrigkeit ein und bedrohen diese mit einem Bußgeld von bis zu 5 Mio. € bei natürlichen Personen. Bei juristischen Personen oder Personenvereinigungen kann ein Bußgeld bis zu 10 % des Gesamtumsatzes des Vorjahres verhängt werden. Sollte zudem noch ein wirtschaftlicher Vorteil aus dem Verstoß gezogen worden sein, so kann darüber hinaus im Falle eines organisatorischen Defizits, welches sich gleich auf eine Vielzahl erstellter oder weitergegebener Finanzanalysen auswirkt, schnell ein empfindliches Bußgeldniveau erreicht werden.

9 Fazit

Als Reaktion auf zahlreiche Skandale im Zusammenhang mit Finanzanalysen wurde mit den Regelungen zur Finanzanalyse dem Wunsch des Marktes nach unabhängigen, objektiven und unvoreingenommenen Finanzanalysen entsprochen.

Viele der Regelungen sind rein deskriptiv, d. h. sie stellen Anforderungen dar, welche Inhalte – auch schon rein optisch – in einer Analyse enthalten sein müssen.

Einige davon sind statisch und für jede Analyse gleich, weshalb sie auch beispielsweise auf der Internetseite des Erstellers platziert werden können.

Andere Regeln stellen Anforderungen dar, welche Informationen in einzelnen Analysen zu geben sind, und hierbei hängt der Umfang und die Gestaltung maßgeblich von Art und Umfang der betriebenen Geschäftsarten und der damit zusammenhängenden potenziellen Interessenskonflikte ab. Auch wechseln die Inhalte hier je nach analysiertem Finanzinstrument oder Emittent. Diese dynamischen Regeln stellen einen hohen Anforderungsgrad an die Organisation, da beispielsweise umfangreiche Datenbanken vorgehalten und gepflegt werden müssen.

Letztendlich werden bereits seit der Implementierung der MiFID I umfangreiche organisatorische Anforderungen gestellt an Kreditinstitute, Finanzdienstleister und sonstige Unternehmen oder Personen, die Finanzanalysen erstellen oder verbreiten. Diese sind allesamt dafür gedacht, die Unabhängigkeit der Finanzanalyse und der mit ihr betrauten Personen zu gewährleisten. Mit Einführung der Marktmissbrauchsverordnung sowie der MiFID II und der MiFIR wurden diese Regeln noch stärker detailliert und konkretisiert. Insb. wurde mit den Begrifflichkeiten Anlagestrategieempfehlung und Anlageempfehlung das Spektrum der regulierten Informationen noch ausgeweitet.

Auch hat sich hinsichtlich der Verpflichteten für die Benennung potenzieller Interessenkonflikte ein Paradigmenwechsel ergeben: galt diese Verpflichtung bisher lediglich für Ersteller von Anlageempfehlungen, so erstreckt sie sich seit Gültigkeit der Marktmissbrauchsrichtlinie auch auf die Weitergeber von Empfehlungen oder solche, die Zusammenfassungen von Analysen verbreiten.

82 Insb. für Banken stellen diese Organisationspflichten, beispielsweise eine Informationsbarriere (Chinese Wall) um den Bereich Finanzanalyse sowie Kontrolle von Mitarbeitergeschäften von und Zuwendungen an Finanzanalysten, zwar kein komplettes Neuland dar, sondern gehören vielmehr zur Best Practice von Unternehmen, die den Umgang mit Interessenkonflikten und ihre Reputation ernst und wichtig nehmen. Der hohe Grad an Komplexität der Organisationspflichten könnte aber dazu führen, dass sich der Kreis der Empfehlungen erstellenden Institute, Dienstleister oder Sachverständiger mit der Zeit einschränkt.[33] Doch auch die neuen Anforderungen für die Weitergabe und Zusammenfassung bereits von Dritten erstellten Researchs lassen Zweifel an einer Verhältnismäßigkeit der Anforderungen in Bezug auf das mit der Analyse verfolgten Zieles aufkommen und laufen auch Gefahr, die Übersichtlichkeit für Anleger eher zu verschlechtern als zu verbessern.

---

33 Vgl. *Renz/Leibold*, in: Jahrbuch Treasury und Private Banking 2017/2018, Roland Eller Training GmbH, S. 423–436.

10 Literaturverzeichnis

4. Finanzmarktförderungsgesetz i.d.F. der Bekanntmachung v. 21.06.2002 (BGBl. I 2002, S. 2010).

Bambring: Schadensersatzhaftung für fehlerhafte Finanzanalysen, in: Bucerius Law Journal, November 2007, 3/2007, *S. 104–111.*

Baulig: Compliance: Konsequenzen verschärfter Vorgaben aus WpHG und Bankaufsicht, 4. Aufl., Heidelberg 2012.

Begründung Erste Verordnung z. Änderung d. Finanzanalyseverordnung v. 01.10.2007.

Durchführungsrichtlinie zur MAD 2003/125/EG.

Durchführungsrichtlinie zur MiFID 2006/73/EG.

Erstes Finanzmarktnovellierungsgesetz v. 30.06.2016

Finanzanalyseverordnung (FinAnV) i.d.F. der Bekanntmachung v. 17.12.2004 (BGBl. I S. 3522), zul.t geänd. d. Art. 1 d. Gesetzes v. 20.07.2007 (BGBl. I S. 1430).

Finanzmarktrichtlinie-Umsetzungsgesetz (FRUG) v. 16.07.2007.

Flamand: Bestandsaufnahme des regulatorischen Rahmens für Finanzanalysen – eine Übersicht, erschienen in DVFA-Finanzschriften Nr. 11/08.

Göres: Die Interessenkonflikte von Wertpapierdienstleistern und -analysten bei der Wertpapieranalyse, in: Schriftenreihe der Bankrechtlichen Vereinigung, Band 23, 2013.

MaComp – Mindestanforderungen an die Compliance-Funktion und die weiteren Verhaltens-, Organisations- und Transparenzpflichten nach §§ 31 ff. WpHG für Wertpapierdienstleistungsunternehmen, Bafin Rundschreiben 4/2010, zul. geänd. a. 08.03.2017.

MAD – Marktmissbrauchsrichtlinie 2003/6/EG.

MAD II – Marktmissbrauchsrichtlinie 2014/57/EU.

MAR – Marktmissbrauschverordnung (EU) Nr. 596/2014.

MiFID – Finanzmarktrichtlinie 2004/39/EG.

MiFID II – Finanzmarktrichtlinie.

Renz/Leibold: Auswirkungen der MAD II/MAR und des 1. FiMaNoG auf die Research-Erstellung und Research-Verwendung, in: Jahrbuch Treasury und Private Banking 2017/2018, Roland Eller Training GmbH, *S. 423–436.*

Schreiben der BAFin v. 21.12.2007 zur Auslegung einzelner Begriffe der §§ 31 Abs. 2 Satz 4, 34 b WpHG in Verbindung mit der Verordnung über die Analyse von Finanzinstrumenten (Finanzanalyseverordnung – FinAnV).

Schwark/Zimmer (Hrsg.): Kapitalmarktrechtskommentar, 4. Aufl., München 2010.

Szesny/Kuthe: Kapitalmarkt Compliance, Heidelberg 2014.

WpHG-E – Regierungsentwurf des zweiten Finanzmarktnovellierungsgesetzes v. 21.12.2016

II.B.8

Schutz der Finanzinstrumente und Gelder von Kunden

Ludger Michael Migge

Inhaltsübersicht

1	Inhalte und rechtlichen Grundlagen	1–4
2	Umsetzungsrahmen	5–52
2.1	Entwicklung des aufsichtsrechtlichen Umfelds	5–21
2.2	Empfehlungen der IOSCO zum Schutz von Kundenvermögen	22–30
2.3	Grenzüberschreitend geführte Geldkonten	31–34
2.4	Grenzüberschreitend verwahrte Finanzinstrumente	35–38
2.5	Anforderungen an Auslagerungen	39–46
2.6	Aufsichtsrechtliche Prüfung	47–52
3	Schutz des Kundenvermögens nach MiFID II	53–139
3.1	Single Officer: Der neue Beauftragte für den Kundenschutz	55–65
3.2	Besondere Informationspflichten	66–83
3.3	Neue Akzente beim Schutz von Kundenfinanzinstrumenten	84–93
3.3.4	Beschränkungen für die Belastung von Finanzinstrumenten	94–95
3.4	Besondere Bestimmungen für den Schutz von Geldern	96–109
3.5	TTCA: Title Transfer Collateral Arrangements	110–121
3.6	SFT: Securities Financing Transactions	122–139
4	Folgerungen	140–141
5	Literaturverzeichnis	

II.B.8 Schutz der Finanzinstrumente und Gelder von Kunden

1 Inhalte und rechtlichen Grundlagen

Das folgende Kapitel des Compliance-Handbuchs fokussiert die wesentlichen, durch MiFID II[1] und die Delegierten Rechtsakte der Kommission zu MiFID II[2] veränderten Regelungen zum Schutz der berechtigten Interessen eines Bankkunden an den ihm rechtlich und/oder wirtschaftlich zustehenden Finanzinstrumenten und den für das Wertpapiergeschäft zweckgebundenen Geldern sowie die ihm von seinem Institut zu diesem Zweck zu übermittelnden Informationen.

1

Diese Regelungen haben enge inhaltliche Bezüge zum Depotgeschäft nach § 2 Abs. 9 Nr. 1 des Wertpapierhandelsgesetzes (WpHG)[3] sowie zur Verwahrstellenfunktion für OGAW- und AIF-Fonds nach §§ 68 ff.; 80 ff. des Kapitalanlagegesetzbuchs (KAGB)[4]. Eine Behandlung der über den genannten Fokus hinausgehenden Aufgaben der WpHG-Compliance-Funktion in der Überwachung des Depotgeschäfts und der Verwahrstellenfunktionen erfolgt in diesem Kontext nicht.

Für die Compliance-Praxis sollte es hilfreich sein, den für die ab 03. 01. 2018 erforderliche Anwendung der genannten Rechtsakte und der sie transformierenden deutschen Normen relevanten weiteren aufsichtsrechtlichen Rahmen aufzuzeigen, die wesentlichen neuen Themen und Fragestellungen zu skizzieren, um sodann aus den Delegierten Rechtsakten vorläufige Folgerungen zu ziehen und Hinweise zu geben, die als Grundlage für individuelle Compliance-Ansätze oder Compliance-Konzepte eines Instituts zur Sicherstellung seiner Pflichten zum Schutz des Kundenvermögens dienen können.

Die Begrenztheit des zur Verfügung stehenden Raums bedingt eine weitere inhaltliche Beschränkung. Eine Ableitung von Interpretationen relevanter Normen sowie von Ansätzen und Konzepten erfolgt nicht in jedem Themenbereich so detailliert, wie es in dem Abschnitt zum Single Officer geschieht.

---

1 Richtlinie 2014/65/EU des europäischen Parlaments und des Rates v. 15. 05. 2014 über Märkte für Finanzinstrumente, ABl. L 173 v. 12. 06. 2014, S. 349, in konsolidierter Fassung zum 23. 06. 2016 einschließlich der Berichtigungen bis zum 10. 03. 2017.
2 Delegierte Verordnung (EU)2017/565 der Kommission v. 25. 04. 2016 zur Ergänzung der Richtlinie 2014/65/EU des Europäischen Parlaments und des Rates in Bezug auf die organisatorischen Anforderungen an Wertpapierfirmen und die Bedingungen für die Ausübung ihrer Tätigkeit sowie in Bezug auf die Definitionen bestimmter Begriffe für die Zwecke der genannten Richtlinie, ABl. L 87 v. 31. 03. 2017, S. 1 (Delegierte Verordnung) sowie die Delegierte Richtlinie (EU) 2017/593 der Kommission v. 07. 04. 2016 zur Ergänzung der Richtlinie 2014/65/EU des Europäischen Parlaments und des Rates im Hinblick auf den Schutz der Finanzinstrumente und Gelder von Kunden, Produktüberwachungspflichten und Vorschriften für die Entrichtung bzw. Gewährung oder Entgegennahme von Gebühren, Provisionen oder anderen monetären oder nicht monetären Vorteilen, ABl. L 87 v. 31. 03. 2017, S. 500 (Delegierte Richtlinie).
3 Verweise auf das WpHG beziehen sich auf das Gesetz über den Wertpapierhandel (Wertpapierhandelsgesetz – WpHG) i. d. F. d. Bekanntmachung v. 09. 09. 1998 (BGBl. I S. 2708), zuletzt geändert durch das Zweite Gesetz zur Novellierung von Finanzmarktvorschriften auf Grund Europäischer Rechtsakte (2. FiMaNoG) v. 23. 06. 2017 (BGBl. I S. 1693).
4 Verweise auf das KAGB beziehen sich auf das Kapitalanlagegesetzbuch (KAGB) v. 04. 07. 2013 (BGBl. I S. 1981), zuletzt geändert durch Art. 6 des Gesetzes v. 17. 07. 2017 (BGBl. I S. 2394).

Die Tragfähigkeit der vorgeschlagenen Auslegungen und Hinweise auch in den anderen Themenbereichen, kann auf Basis dieser exemplarischen Darstellung sicherlich dennoch auch von den Kollegen überprüft und nachvollzogen werden, die keine Syndikusrechtsanwälte sind. Es sollte jedoch immer beachtet sein, dass ‚Schönheit' nur im Auge des Betrachters liegt und Gleiches auch bei der Art und Weise der Wahrung der jeweiligen Interessen eines Instituts gilt.

Praxis-Tipp:

Sofern im Folgenden Hinweise zu einem Vorgehen oder zur Umsetzung aufsichtsrechtlicher Anforderungen gegeben werden, wird nicht jeweils erneut ausgeführt, dass

- vor jeder Umsetzung aufsichtsrechtlicher Anforderungen zunächst eine geschäftspolitische Überprüfung mit einer sowohl begründeten, als auch dokumentierten Entscheidung erfolgen sollte, welche aufsichtsrechtlich relevanten Geschäfte überhaupt und falls ja, wo mit welchen Kunden und in welchem Umfang zukünftig getätigt werden sollen;
- erst die relevanten Geschäftsprozesse als solche, auch unter dem Aspekt der neuen Anforderungen, auf Aktualität und Effizienz überprüft werden sollten;
- es nach der Erfahrung in der Regel ökonomisch ineffizient ist, den Fokus der Umsetzung aufsichtsrechtlicher Anforderungen darauf zu richten, ggf. problematische Tätigkeiten zu kaschieren und/oder aufsichtsrechtliche Vorgaben dafür zu umgehen;
- es zur nachhaltigen Erfüllung aufsichtsrechtlicher Anforderungen notwendig ist, die relevanten operativen Geschäftsprozesse, die für sie notwendigen Ressourcen, Verfahren und Mittel individuell zu definieren, ihre Nutzung zu beschreiben, die korrespondierenden Anweisungen für die Mitarbeiter zu erstellen sowie angemessene, aufeinander abgestimmte Überwachungspläne für jede der *Three Lines of Defense* zu entwickeln.

---

2 Gesonderte Bestimmungen zum Schutz der Finanzinstrumente und Gelder von Kunden waren bereits in der MiFID I[5] und in den sie in nationales Recht transformierenden Bestimmungen des § 34a WpHG und der bisherigen §§ 9; 14a WpDVerOV[6] in bisheriger Fassung enthalten. Diese Regelungen werden in der MiFID II fortgeführt und in den sie weiter konkretisierenden Delegierten Rechtsakten der Kommission angepasst und ergänzt.

---

5 Art. 13 Abs. 7. und 8. der Richtlinie 2004/39/EG des europäischen Parlaments und des Rates v. 21.04.2004 zu Märkten für Finanzinstrumente (ABl. L 145 v. 30.04.2004, S. 1) sowie konkretisierend in den Art. 16 bis 20 der Richtlinie 2006/73/EG des Europäischen Parlaments und des Rates v. 10.08.2005 zur Durchführung der Richtlinie 2004/39/EG (ABl. L 241 v. 02.09.2006, S. 26).

6 Verordnung zur Konkretisierung der Verhaltensregeln und Organisationsanforderungen für Wertpapierdienstleistungsunternehmen (Wertpapierdienstleistungs-Verhaltens- und Organisationsverordnung – WpDVerOV) v. 20.07.2007 (BGBl. I S. 1432), zuletzt geändert durch Art. 16 Abs. 4 des Gesetzes v. 30.06.2016 (BGBl. I S. 1514).

Von den drei zuvor genannten europäischen Rechtsakten bedürfen nur die MiFID II selbst sowie die Delegierte Richtlinie der Kommission der Umsetzung in nationales Recht der Mitgliedstaaten. Die Delegierte Verordnung der Kommission gilt dagegen ohne weiteren Beschluss des Bundestages unverändert auch in Deutschland.

Zur Transformation ihrer in diesem Kapitel relevanten Richtlinien-Bestimmungen liegt das Zweite Gesetz zur Novellierung von Finanzmarktvorschriften auf Grund europäischer Rechtsakte (Zweites Finanzmarktnovellierungsgesetz – 2. FiMaNoG)[7] ebenso (vorläufig) abschließend vor, wie die vollständig überarbeitete WpDVerOV v. 17.10.2017; die WpDPV gibt es dagegen bisher nur im Entwurf.[8]

3

Hervorzuheben ist, dass die Auslegung und Anwendung von MiFID II, ihrer Delegierten Rechtsakte sowie der sie in nationales Recht umsetzenden Normen nach der Rechtsprechung des Europäischen Gerichtshofs (EuGH) nicht aus der Perspektive, nicht nach der Tradition, nicht nach der Systematik und nicht nach den Begrifflichkeiten des nationalen Rechts, sondern originär nach ihren in den Erwägungsgründen genannten europäischen Zielsetzungen sowie den europäisch definierten Begriffen erfolgen muss. Insb. ist dabei das Ziel der Rechtsharmonisierung im Binnenmarkt beachten.

4

2 Umsetzungsrahmen

2.1 Entwicklung des aufsichtsrechtlichen Umfelds

2.1.1 Depotgesetz von 1896

Die Rechte und Pflichten der Kreditinstitute bei der Führung von Wertpapierdepots werden von Bankmitarbeitern wie Bankkunden primär mit dem Depotgesetz[9] und den Sonderbedingungen für Wertpapiergeschäfte[10] ihres jeweiligen Kreditinstituts assoziiert. Diese Sicht korrespondiert jedoch nicht mehr mit dem relevanten und komplexen aufsichtsrechtlichen Umfeld.

5

Das Depotgesetz trat zum 30.07.1896 als eine Folgerung des Reichsgesetzgebers aus der Analyse der Ursachen des Börsenkrachs des Jahres 1873[11] in Kraft, an den sich bis in die

6

---

7 Zweites Gesetz zur Novellierung von Finanzmarktvorschriften auf Grund Europäischer Rechtsakte (2. FiMaNoG) v. 23.06.2017 (BGBl. I S. 1693).
8 Verordnung zur Konkretisierung der Verhaltensregeln und Organisationsanforderungen für Wertpapierdienstleistungsunternehmen i.d.F. d. Bekanntmachung v. 17.10.2017 (BGBL. I, S. 3566 (WpDVerOV)) sowie der Diskussionsentwurf der Bundesanstalt für Finanzdienstleistungsaufsicht v. 29.05.2017 Verordnung über die Prüfung der Wertpapierdienstleistungsunternehmen nach § 89 WpHG (DisE BaFin WpDPV).
9 Gesetz über die Verwahrung und Anschaffung von Wertpapieren (Depotgesetz – DepotG) i.d.F. d. Bekanntmachung v. 11.01.1995 (BGBl I S. 34), zuletzt geändert durch Art. 12 des Gesetzes v. 30.06.2016 (BGBl. I S. 1514).
10 Abrufbar unter https://www.beck-online.beck.de/?vpath=bibdata/komm/BunteHdbAGBBanken_3/ges/SoBedWertP2 007/cont/BunteHdbAGBBanken.SoBedWertP2007.htm (letzter Abruf am 30.03.2017).
11 Der Börsenkrach des Jahres 1873 beendete auch im damaligen Deutschen Reich die sog. Gründerzeit. Sie war volkswirtschaftlich durch eine längere Phase konjunktureller Überhitzung mit einer Vielzahl sehr spekulativer oder sogar betrügerischer Gründungen börsengehandelter

1890er-Jahre die Große Depression anschloss. Ausgelöst durch weitere historische wie zeitgenössische, internationale wie nationale Finanzmarktkrisen sowie durch die Rechtsentwicklung in der Europäischen Union, hat das Depotgesetz seither vielfältige Anpassungen erfahren.

7   Der Charakter des Depotgesetzes als rein deutsches Privatrecht änderte sich dadurch bis heute nicht. Es regelt nach wie vor nur, wie das Eigentum an Wertpapieren[12] zwischen Privatpersonen und/oder Unternehmen in Deutschland, insb. unter Einschaltung von Kreditinstituten als Dienstleistern, im Interesse eines raschen und effektiven Handels erworben, übertragen oder belastet werden kann, sowie wie Wertpapiere zwischen diesen einzelnen Transaktionen für den jeweiligen Eigentümer in Deutschland verwahrt werden können.

Die Geltung des deutschen Depotrechts endet jedoch, auch in der Europäischen Union, an den noch real existierenden deutschen Außengrenzen. Dem typischen deutschen Wertpapierkunden und Depotinhaber ist dies in der Regel ebenso wenig bewusst, wie die damit für ihn verbundenen konkreten tatsächlichen und rechtlichen Folgewirkungen und Risiken für seine Berechtigungen und Rechtspositionen in Bezug auf seine jenseits der deutschen Außengrenzen verwahrten, verwalteten und/oder gehandelten Finanzinstrumente.[13]

2.1.2 Depotgeschäft und MiFID

8   Die Definition des Art. 4 Abs. 1 Nr. 2 MiFID I, Annex I Abschn. B Nr. (1) erweiterte ab dem Jahr 2007 auch den deutschen aufsichtsrechtlichen Begriff des Depotgeschäfts. Er beschränkte sich nicht mehr auf die klassischen Wertpapiere im Sinne des Depotgesetzes, sondern erstreckte sich auf Finanzinstrumente nach Art. 4 Abs. 1 Nr. 17 MiFID I, Annex I Abschn. C.

Die deutsche Transformationsgesetzgebung und die Aufsichtspraxis der Bundesanstalt für Finanzdienstleistungsaufsicht (BaFin) spiegeln diesen Wandel damals wie heute nicht angemessen wieder. Die Definition des Depotgeschäfts in § 1 Abs. 1 Satz 2 Nr. 5 KWG[14] spricht immer noch von Wertpapieren und das Merkblatt der BaFin zum Depotgeschäft[15]

Aktiengesellschaften geprägt. Nach dem deutsch-französischen Krieg und der Reichsgründung von 1871 wurde sie zudem durch die Überliquidität der französischen Reparationszahlungen befeuert. Die nachfolgende starke Abkühlung des Wirtschaftswachstums führte in den meisten industrialisierten europäischen Staaten zu deflationären Entwicklungen, die bis in die 1890er-Jahre anhielten.

12 Der Wertpapierbegriff nach § 1 Abs. 1 des DepotG ist nicht identisch mit der Definition des Finanzinstruments nach § 2 Abs. 4 WpHG i. d. F. d. 2. FiMaNoG. Wertpapiere im Sinne des Depotgesetzes bilden nur eine kleinere Teilmenge der Finanzinstrumente.

13 Vgl. Directorate-General for Internal Policies of the European Parliament, Policy Department A Economic and Scientific Policy: Cross-border issues of securities law: European efforts to support securities markets with a coherent legal framework, Mai 2011, S. 13 ff. – IPA/ECON/NT/2011-09.

14 Gesetz über das Kreditwesen (Kreditwesengesetz – KWG) i. d. F. d. Bekanntmachung v. 09.09.1998 (BGBl. I S. 2776), zuletzt geändert durch Art. 5 des Gesetzes v. 23.12.2016 (BGBl. I S. 3171).

15 BaFin, Merkblatt – Hinweise zum Tatbestand des Depotgeschäfts v. 06.01.2009, zuletzt geändert am 17.02.2014, Abschn. 1. a).

legt in Abschn. 1. a) immer noch den Wertpapierbegriff des § 1 Abs. 1 DepotG zugrunde. § 2 Abs. 9 Nr. 1 WpHG, der dagegen von Finanzinstrumenten spricht, wird insoweit weiter ignoriert.

Man wäre geneigt, über diese ‚Unschärfe' hinwegzusehen, hätte sie nicht wesentliche Auswirkungen. Das genannte Merkblatt der BaFin führt in Abschn. 1. b) aus, dass der Tatbestand des Depotgeschäfts *nicht* die Verwahrung verwahrfähiger Wertpapiere voraussetzt. Sondern sie ist „*alternativ*" auch gegeben, wenn Wertpapiere nur verwaltet werden:

9

> „Die beiden Tatbestandsmerkmale „Verwahrung" und „Verwaltung" stehen alternativ zueinander; jede Variante begründet für sich allein das Depotgeschäft im Sinne von § 1 Abs. 1 Satz 2 Nr. 5 KWG: Wer Wertpapiere im Sinne dieser Bestimmung verwahrt, betreibt das Depotgeschäft, auch wenn er diese Wertpapiere nicht verwaltet; und wer Wertpapiere im Sinne dieser Bestimmung verwaltet, betreibt das Depotgeschäft, auch wenn er diese Wertpapiere nicht verwahrt."

Folgt man der Vorgabe des EuGHs, dass nationales Recht, auch dasjenige, das bereits vor dem Wirksamwerden einer europäischen Regelung bestand, unionsrechtskonform auszulegen ist,[16] begründet auch die Verwaltung von *nicht-verwahrfähigen* Finanzinstrumenten im Sinne des Annexes I Abschn. C der MiFID II das Depotgeschäft nach Abschn. B Nr. (1).

Diese Betrachtungsweise wird in dem neuen § 2 Abs. 9 Nr. 1 WpHG deutlich. Das 2. FiMaNoG integriert darin erstmals die bereits in der MiFID I enthaltene beispielhafte Aufzählung der mit der Verwahrung und Verwaltung verbundenen Dienstleistungen und schränkt nun nach den Vorgaben der MiFID II, Annex I Abschn. B Nr. (1) den Kreis der relevanten Unternehmen ein:

10

> „die Verwahrung und Verwaltung von Finanzinstrumenten für andere einschließlich Depotverwahrung und verbundener Dienstleistungen wie Cash-Management oder die Verwaltung von Sicherheiten mit Ausnahme der Bereitstellung und Führung von Wertpapierkonten auf oberster Ebene (zentrale Kontenführung) gemäß Abschn. A Nr. 2 des Anhangs zur Verordnung (EU) Nr. 909/2014)."

Das Wort „*und*" ist nach wie vor nicht im Sinne von ‚kumulativ' zu verstehen, sondern als eine Aufzählung. Wesentlich ist ferner, dass Zentralverwahrer (CSD) nur dann *nicht* Verwahrer im Sinne des Depotgeschäfts sind, wenn sie ‚letzter Verwahrer' sind.

Sind sie außerhalb ihrer CSD-Funktion nur als Unterverwahrer in dem Sinne tätig, dass nach ihnen noch eine weitere Verwahrstufe bei einem Dritten folgt, sind und blieben sie Verwahrer im Sinne des Depotgeschäfts und Teil der Verwahrkette. Diese Differenzierung ist bei der aufsichtsrechtlichen Beurteilung von Verwahrketten unter dem Aspekt des Kundenschutzes ein wichtiger Aspekt.

---

16 Vgl. u. a. EuGH, Urteil v. 10. 04. 1984 (v. Colson u. Kamann), 14/83, Slg. 1984, 1891, Rn. 26 sowie Urteil v. 15. 01. 2014, (Association de médiation sociale) – C-176/12, Slg. 2014, I-0000, Rn. 38 m. w. N. Die unionsrechtlich anerkannte Grenze der Contra Legem-Auslegung liegt in diesem Falle nicht vor.

11 **Praxis-Tipp:**

Da die Bestimmungen der Delegierten Richtlinie zu MiFID II über den Schutz des Kundenvermögens nicht zwingend an den aufsichtsrechtlichen Tatbestand des Depotgeschäftes im Sinne des Annexes I Abschn. B Nr. (1) MiFID II anknüpfen, sondern daran, dass Kreditinstitute über Finanzinstrumente und Gelder ihrer Kunden tatsächlich und/oder rechtlich verfügen können, kommt es für ihre Anwendung nicht darauf an, ob diese tatsächliche Verfügungsbefugnis im Rahmen eines Depot-(Verwahrung und/oder Verwaltung) oder eines anderen Wertpapier(neben)dienstleistungsvertrags oder eines anderen Kontenvertrags begründet ist, auch wenn der Depotvertrag tatsächlich ihr Hauptanwendungsfeld ist.

2.1.3 Harmonisierungsversuche für das Depotrecht

12 An letztlich erfolglosen Versuchen internationaler Organisationen wie UNIDROIT und der *Hague Conference on Private International Law*, die in den globalen Finanzzentren jeweils geltenden nationalen Wertpapier- und Depotrechte durch völkerrechtliche Verträge an die Globalisierung der Kapitalmärkte anzupassen, fehlte es nicht.[17] Die von ihnen vorgelegten Konventionen wurden jedoch bisher nur von wenigen Staaten anerkannt und ratifiziert.

13 In der Europäischen Union konnte mit der *Richtlinie 98/26/EG des Europäischen Parlaments und des Rates v. 19.05.1998 über die Wirksamkeit von Abrechnungen in Zahlungssowie Wertpapierliefer- und Abrechnungssystemen* sowie mit der *Richtlinie 2002/47/EG des Europäischen Parlaments und des Rates über Finanzsicherheiten* für einige wichtige Ausschnitte des privaten Wertpapierrechts Teilfortschritte erzielt werden.[18]

14 Nach dem *Ersten* und *Zweiten Giovannini Report*[19] zur Harmonisierung von Settlement und Clearing im Wertpapierrecht der Jahre 2001 und 2003 waren dann auch in der damaligen Europäischen Gemeinschaft im Wesentlichen Fehlschläge und Stillstand zu verzeichnen. Erst fünf Jahre später wurden dann die Richtlinien 98/26/EG und 2002/47/EG durch die Richtlinie 2009/44/EG des Europäischen Parlaments und des Rates v. 06.05.2009 modernisiert.

---

17 International Institute for the Unification of Private Law: UNIDROIT Convention on Substantive Rules for Intermediated Securities v. 09.10.2009; Hague Conference on Private International Law: Convention on the Law Applicable to Certain Rights in Respect of Securities Held with an Intermediary v. 05.07.2006.

18 Vgl. Directorate-General for Internal Policies of the European Parliament, Policy Department A Economic and Scientific Policy: Cross-border issues of securities law: European efforts to support securities markets with a coherent legal framework, May 2011, S. 29 ff. – IPA/ECON/NT/2011-09.

19 The Giovannini Group, Cross-border clearing and settlement arrangements in the European Union, Brussels, November 2001; The Giovannini Group, Second Report on EU Clearing and Settlement Arrangements, Brussels, April 2003; vgl. Directorate-General for Internal Policies of the European Parliament, Policy Department A Economic and Scientific Policy: Cross-border issues of securities law: European efforts to support securities markets with a coherent legal framework, May 2011, S. 32 ff. – IPA/ECON/NT/2011-09.

Weitere fünf Jahre später wurde der Abbau der rechtlich-strukturellen Unterschiede in der 15
Europäischen Union konkret fortgeführt. Es wurde die *Vorordnung (EU) Nr. 909/2014 des
Europäischen Parlaments und des Rates v. 23. 07. 2014 zur Verbesserung der Wertpapierlieferungen und -abrechnungen in der Europäischen Union und über Zentralverwahrer*
(CSDR) erlassen, welche gestuft bis zum Jahr 2025 in Kraft tritt. Im folgenden Jahr wurde
dann die *Verordnung (EU) 2015/2365 des Europäischen Parlaments und des Rates
v. 25. 11. 2015 über die Transparenz von Wertpapierfinanzierungsgeschäften und der
Weiterverwendung* (SFTR) verabschiedet, die in 2017 final wirksam wurde.

Die zuvor genannten Rechtsakte, die sie umsetzenden Gesetze der Mitgliedstaaten sowie 16
die in neuester Zeit von der Kommission vermehrt erlassenen konkretisierenden Delegierten Rechtsakte schaffen eine komplexe Infra- und Regelungsstruktur für die Abwicklung
von Transaktionen in Finanzinstrumenten. Sie wird in der Regel nur noch von entsprechend
spezialisierten Kreditinstituten bereitgestellt und beherrscht werden, aber in ihrer Bedeutung und ihren tatsächlichen Auswirkungen auf die Rechtspositionen der Kunden weder
von den Bankmitarbeitern im lokalen Front oder Back Office, noch von ihren Kunden
selbst durchschaut.

Die Europäische Zentralbank (EZB) hegt die Hoffnung, dass neben der weiteren Umset- 17
zung der CSDR auch die Einführung ihres Abwicklungssystems TARGET2-Securities zur
integrierten Durchführung der Wertpapierübertragungen mit Zentralbankgeld in der Europäischen Union der fortbestehenden Rechtszersplitterung in den Mitgliedstaaten faktisch
entgegenwirken und diese faktisch bedeutungsloser werden lässt. Man darf dies skeptisch
betrachten.[20] Daraus ist jedoch zu ersehen, dass zentralen europäischen IT-Infrastrukturen
und Softwaresystemen eine effektivere harmonisierende Kraft zugeschrieben wird, als
(europäischen) Rechtsnormen.

2.1.4 Dualität von Privatrecht und Aufsichtsrecht

Die zuvor skizzierten Normbereiche geben die Marktinfrastruktur (Beteiligte, Clearing, 18
Settlement) und den aufsichtsrechtlichen Rahmen für die privatrechtlichen, d. h. vertraglichen und eigentumsrechtlichen Beziehungen zwischen denen vor, die miteinander Transaktionen mit oder in Bezug auf Finanzinstrumente, insb. deren Kauf und Verkauf, ausführen.

Sie definieren jedoch nicht einheitlich, was ‚Eigentum' als solches ist oder über welche
Rechte und Pflichten ein ‚Eigentümer' eines Finanzinstrumentes verfügt. Ebenso fehlen
harmonisierte Bestimmungen dafür, nach welchen rechtlichen Regeln Finanzinstrumente,
insb. Wertpapiere, für den Berechtigten in der Europäischen Union verwahrt und verwaltet
werden. Vorgaben dafür sind nach wie vor dem jeweiligen nationalen Recht der Mitglied-

---

20 Vgl. Directorate-General for Internal Policies of the European Parliament, Policy Department A Economic and Scientific Policy: Cross-border issues of securities law: European efforts to support securities markets with a coherent legal framework, May 2011, S. 30 – IPA/ECON/NT/2011-09.

staaten der Europäischen Union/des EWR vorbehalten und damit traditionell unterschiedlich.[21]

19 Auch die für das Finanzaufsichtsrecht so typisch gewordenen detaillierten Organisations- und Verhaltenspflichten für die Kreditinstitute gegenüber ihren Kunden, deren Einhaltung von den nationalen und europäischen Aufsichtsbehörden mit hoheitlichen Eingriffs- und Anordnungsrechten überwacht werden, sind in den skizzierten Normenbereichen bisher weitgehend nicht enthalten oder wie in Deutschland in der veralteten und nicht mehr angepassten Depotbekanntmachung zivilrechtlich basiert.

20 Ferner darf nicht vergessen werden, dass auch die Geltung des harmonisierten Aufsichtsrechts der Europäischen Union an ihren real existierenden Außengrenzen endet – wo immer diese auch in Zukunft verlaufen werden. Die Vereinigten Staaten von Amerika, Japan, China, Indonesien, Brasilien etc. haben jeweils nicht nur ihre eigenen unterschiedlichen Privatrechtsordnungen, sondern auch ihre eigenen vorrangigen Aufsichtsrechtsordnungen, -traditionen und -interessen.

Diese globale ‚Kleinstaaterei' in der ökonomischen Globalisierung ist sowohl für die operativen Bereiche als auch für die Compliance-Funktionen der Kreditinstitute die eigentliche Herausforderung. Sie betrifft sowohl die unterschiedlichen gesetzlichen und vertraglichen nationalen Privatrechtsordnungen, als auch ihr jeweiliges hoheitliches Pendant, die jeweiligen Aufsichtsrechtsordnungen. Die Europäische Union/der EWR hat zudem das besondere Handicap, dass sie zwar ein einheitliches Wertpapieraufsichtsrecht, derzeit aber noch über 28 unterschiedliche Privatrechtsordnungen im Wertpapiergeschäft verfügt und diese mangels entsprechender Kompetenzen ihrer Organe nur äußerst eingeschränkt harmonisieren kann.

21 Die nationalen Werftpapieraufsichtsbehörden haben dieses Problem schon seit längerem erkannt und sich in der *International Organization of Securities Commissions* (IOSCO) zusammengeschlossen. IOSCO befasst sich aber nicht mit der Auflösung privatrechtlicher Unterschiede, auch wenn sie diese bei der Entwicklung neuer aufsichtsrechtlicher Ansätze und Standards berücksichtigt.

IOSCO beobachtet die internationalen Finanz- und Kapitalmärkte und analysiert ihre Entwicklungen und Tendenzen ebenso wie die jeweiligen Lösungen in den betroffenen nationalen Aufsichtsrechtsordnungen. Sie bietet den Mitgliedern ferner eine interne Plattform für den Austausch von praktischen Erfahrungen im Interesse gemeinsamer Ansätze und (unverbindlicher) Standards für eine möglichst harmonisierte globale Aufsichtspraxis.

Die Aufsichtsstandards der IOSCO sind daher rechtlich nicht bindende Empfehlungen, d. h. versuchte faktisch-globale Harmonisierung. Trotz ihrer Unverbindlichkeit entwickeln sie dennoch eine nicht zu unterschätzende faktische Wirkung. Dies wird nachfolgend in Bezug auf ihre Grundsätze zum Schutz der Finanzinstrumente und Gelder von Kunden skizziert.

---

21 Vgl. Directorate-General for Internal Policies of the European Parliament, Policy Department A Economic and Scientific Policy: Cross-border issues of securities law: European efforts to support securities markets with a coherent legal framework, May 2011, S. 13 ff. - IPA/ECON/NT/2011-09.

2.2 Empfehlungen der IOSCO zum Schutz von Kundenvermögen

Die Kommission bat die *European Securities and Markets Authority* (ESMA) am 23.04.2014, ihr Hinweise und Vorschläge für von der Kommission zu erlassende Delegierte Rechtsakte zu MiFID II zu unterbreiten. ESMA folgte diesem Wunsch und publizierte zur Erarbeitung der Vorschläge ein Konsultationspapier.[22] Basierend auf den Ergebnissen dieser öffentlichen Konsultation übergab sie der Kommission unter anderen ihren Final Report v. 19.12.2014, der unter anderen konkrete Empfehlung zum Schutz von Kundenvermögen enthält.[23]

ESMA führt darin aus,[24] dass sie die Empfehlungen der IOSCO FR01/2014 vom Januar 2014 zum Schutz von Kundenvermögen[25] als Grundlage herangezogen habe und, dass sie empfehle, die von der IOSCO niedergelegten acht Prinzipien in die Delegierten Rechtsakte der Kommission einzubeziehen, sofern diese Prinzipien für die Schutzziele von MiFID II relevant seien.

Aus diesem Grund ist es für die Compliance-Praxis sinnvoll, sich mit diesen Empfehlungen der IOSCO zumindest in Grundzügen vertraut zu machen. Aus ihnen kann ein detaillierteres Bild über das aus aufsichtsrechtlicher Perspektive global Angestrebte gewonnen werden, als dies bei der isolierten Auslegung und Anwendung der verkürzten Texte der Delegierten Rechtsakte der Kommission und den teilweise noch knapperen nationalen Umsetzungstexten möglich ist.

Dies gilt jedenfalls insoweit, als die Themen und korrespondierenden Empfehlungen der IOSCO in MiFID II inkorporiert wurden. Auch die IOSCO *Means of Implementation*, welche diese acht Prinzipien operationalisieren, können für die Compliance-Praxis wertvolle Hinweise geben.

Die IOSCO schließt mit den Empfehlungen FR01/2014 zum Schutz von Kundenvermögen an ihre früheren Feststellungen[26] zu diesem Thema an, die ein umfassendes Bild dieser Problematik zeichnen. Gleiches gilt für den Consultation Report[27] und seine Anhänge, die den Empfehlungen FR01/2014 vorbereitend vorausgingen.

Der Vollständigkeit halber sei für Interessierte auch auf die Publikationen der IOSCO zur Verwahrung von Vermögen Kollektiver Anlagevehikel hingewiesen.[28]

---

22 ESMA, Consultation Paper MiFID II/MiFIR v. 22.05.2014 – ESMA/2014/549.
23 Vgl. ESMA, Final Report, ESMAs Technical Advice to the Commission on MiFID II and MiFIR v. 19.12.2014, ESMA/2014/1569, S. 62 ff.
24 Vgl. ESMA, Final Report, ESMAs Technical Advice to the Commission on MiFID II and MiFIR v. 19.12.2014, ESMA/2014/1569, S. 63 Rn. 2. bis 4.
25 The Board of the International Organization of Securities Commissions, Final Report, Recommendations Regarding the Protection of Client Assets, FR01/2014, January 2014.
26 IOSCO, Report of the IOSCO Technical Committee, Client Asset Protection, August 1996.
27 The Board of the International Organization of Securities Commissions, Consultation Report, Recommendations Regarding the Protection of Client Assets, CR02/2014, February 2013.
28 The Board of the International Organization of Securities Commissions, Consultation Report, Principles regarding the Custody of Collective Investment Schemes' Assets, CR07/2014, October 2014 sowie Final Report, Standards for the Custody of Collective Investment Schemes' Assets, FR25/2015, November 2015.

25 In der Einleitung[29] zu ihren Empfehlungen verweist IOSCO auf die aufsichtsrechtlichen Erkenntnisse und Erfahrungen aus den globalen Insolvenzen von Lehman Brothers und MF Global.

In diesen mehrfach grenzüberschreitenden Insolvenzverfahren verloren viele (ausländische), insb. US-amerikanische Privatkunden erhebliche Teile ihrer Wertpapierbestände, weil sie den jeweiligen nationalen Insolvenzverwaltern und national zuständigen Gerichten in den jeweiligen Staaten nicht final nachweisen konnten, dass und welche Wertpapiere ihnen zustanden und damit nicht den jeweiligen Insolvenzmassen zuzurechnen waren.

Insb. die Insolvenzverwalter waren mit allen rechtlichen Mitteln bestrebt, möglichst viele Vermögenswerte in der Insolvenzmasse zu halten. Solche Situationen könnten durch die Umsetzung ihrer Empfehlungen nach Ansicht der IOSCO in Zukunft verhindert werden.

26 Als wesentliche Ursachen für die erheblichen Verluste der Kunden identifizierte IOSCO (i) die grenzüberschreitenden, internationalen Verwahrketten, (ii) die mit ihnen verbundene (kumulative) Anwendbarkeit einer Vielzahl von unterschiedlichen nationalen Rechtssystemen sowie (iii) den von den Depotbanken vielfach nicht unterbundenen unbewussten/unaufgeklärten Verzicht der Depotinhaber auf einen ihnen in den anzuwendenden Rechtssystemen jeweils zustehenden Schutz.

Als grundsätzlich Verantwortliche für den aus ihrer Sicht zu stärkenden Schutz der Kunden und ihres Vermögens nennt IOSCO in erster Linie (i) die an der jeweiligen Verwahrkette beteiligten Institute, natürlich nur im Rahmen ihrer gesetzlich auferlegten und ggf. vertraglich übernommenen Pflichten, sowie in zweiter Linie (ii) die nationalen Aufsichtsbehörden, die zu diesem Zweck über die erforderlichen Kenntnisse und Überwachungskonzepte verfügen müssten.

27 Basierend hierauf sind für einen effektiven globalen Schutz der Depotinhaber entscheidend: (i) eine vollständige Dokumentation der jeweiligen nationalen Rechtspositionen des Depotinhabers in Relation zu seiner (Heimat-)Rechtsordnung sowie, (ii) dass ein Depotinhaber auf einen ihm jeweils zustehenden rechtlichen Schutz nur ausdrücklich verzichten und/oder (iii) seine Zustimmung zu einer Belastung seiner Vermögenswerte nur ausdrücklich erklären kann, wenn er (iv) zuvor über die Folgen und Risiken seines Verzichts/seiner Erklärung informiert wurde.

28 Die von IOSCO als Folgerungen aus ihren Analysen entwickelten und von ESMA aufgegriffenen acht Prinzipien werden von IOSCO in *Means of Implementation* weiter operationalisiert. Diese entsprechen funktional den *Guidelines* und *Opinions* von ESMA.

29 Nach dem Glossar der IOSCO-Empfehlungen FR01/2014 ist der Begriff der „*client assets*" definiert als:

„assets (or an analogous term) in respect of which the intermediary has an obligation (either contractual or regulatory) to safeguard for its securities or derivatives clients, including, to the extent appropriate, client positions, client securities and money (including margin money) held by an intermediary for or on behalf of a client."

---

29 Vgl. The Board of the International Organization of Securities Commissions, Final Report, Recommendations Regarding the Protection of Client Assets, FR01/2014, January 2014, S. 1, 2.

Die MiFID II und den zu ihr erlassenen Delegierten Rechtsakten seitens ESMA und der Kommission in weiten Teilen zugrunde gelegten acht Prinzipien von IOSCO lauten:

1. An intermediary should maintain accurate and up-to-date records and accounts of client assets that readily establish the precise nature, amount, location and ownership status of client assets and the clients for whom the client assets are held. The records should also be maintained in such a way that they may be used as an audit trail.
2. An intermediary should provide a statement to each client on a regular basis detailing the client assets held for or on behalf of such client.
3. An intermediary should maintain appropriate arrangements to safeguard the clients' rights in client assets and minimize the risk of loss and misuse.
4. Where an intermediary places or deposits client assets in a foreign jurisdiction, the intermediary should understand and take into account the foreign regime to the extent necessary to achieve compliance with applicable domestic requirements.
5. An intermediary should ensure that there is clarity and transparency in the disclosure of the relevant client asset protection regime(s) and arrangements and the consequent risks involved.
6. Where the regulatory regime permits clients to waive or to modify the degree of protection applicable to client assets or otherwise to opt out of the application of the client asset protection regime, such arrangements should be subject to the following safeguards:
    a. The arrangement should only take place with the client's explicit, recorded consent.
    b. Before such consent is obtained, the intermediary should ensure that the client has been provided with a clear and understandable disclosure of the implications and risks of giving such consent.
    c. If such arrangements are limited to particular categories of clients, clear criteria delineating those clients that fall within such categories should be defined.
7. Regulators should oversee intermediaries' compliance with the applicable domestic requirements to safeguard client assets.
8. Where an intermediary places or deposits client assets in a foreign jurisdiction, the regulator should, to the extent necessary to perform its supervisory responsibilities concerning applicable domestic requirements, consider information sources that may be available to it, including information provided to it by the intermediaries it regulates and/or assistance from local regulators in the foreign jurisdiction.

Es wurde bereits dargelegt, dass mit dem Abschluss und der Abwicklung grenzüberschrei- *30* tender Wertpapiergeschäfte sowie der grenzüberschreitenden Verwahrung und Verwaltung von Kundenvermögen nicht unerhebliche Risiken und Unsicherheiten, sowohl für das Kreditinstitut, als auch für seine Kunden verbunden sind. Bei ihrer Ermittlung und Überwachung sollte, wie nachfolgend, grundsätzlich zwischen Finanzinstrumenten und Geldern differenziert werden.

2.3 Grenzüberschreitend geführte Geldkonten

31 Die mit üblichen Girokonten verbundenen Risiken sind auch für Privatkunden grundsätzlich erkennbar und nachvollziehbar.

Diese Gelder stehen dem Kreditinstitut als *Einlagen* aufsichtsrechtlich zur Verfügung. Es darf die Einlagen grundsätzlich im eigenen Interesse verwenden und sie fallen bei einer Insolvenz des Kreditinstituts in seine Insolvenzmasse. Der Kontoinhaber kann seine Guthaben nicht aus der Insolvenzmasse aussondern oder sonst herausverlangen. Er ist grundsätzlich auf die der Höhe nach beschränkte staatliche Einlagensicherung, die freiwilligen Zahlungen ergänzender freiwilliger Sicherungseinrichtungen des Kreditinstituts und/oder eine in der Regel geringe Insolvenzquote verwiesen.

Es stellt sich daher die Frage, warum Art. 2 und 4 der Delegierten Richtlinie gesonderte Vorgaben für den Schutz von Kundengeldern enthalten, insb.

- besteht nach Art. 4 Abs. 2 eine grundsätzliche Verpflichtung des Kreditinstituts zu prüfen, ob ein anderes Kreditinstitut, an welches es Kundengelder weiterleiten möchte oder soll, insb. noch ausreichend solvent ist, oder
- beschränkt Art. 4 Abs. 3 die Konzentration von Geldern eines Kunden in derselben Bankengruppe, welcher der Wertpapierdienstleister angehört, auf 20 %.

32 Festzuhalten ist, dass Kreditinstitute, die über eine Erlaubnis für das Einlagengeschäft verfügen, selbst nicht in der Annahme von Kundengeldern beschränkt sind, auch wenn sie für ihre Kunden die Verwahrung und Verwaltung von Finanzinstrumenten ausführen. Sofern sie die Kundengelder jedoch zweckbestimmt zur Abwicklung von Wertpapiergeschäften an andere Kreditinstitute weiterleiten wollen, müssen sie grundsätzlich prüfen, ob ihr Kunde im konkreten Fall Gefahr läuft, seine Gelder in einer anderen Insolvenzmasse zu verlieren.[30]

Bei Kreditinstituten mit (Hauptgeschäfts-)Sitz in der Europäischen Union wird diese Gefahr aufgrund des von der EZB verantworteten *Single Supervisory Mechanism* (SSM) wohl nicht gegeben sein. Aber diese Pflicht wird praktisch relevant, wenn das Empfängerinstitut seinen Sitz in einem Drittstaat, z. B in Europa, in Asien, in Südamerika, in Afrika, den USA oder auch zukünftig in Großbritannien hat.

Ferner darf in diesem Kontext nicht vergessen werden, dass ein Kunde einem Kreditinstitut nicht nur Einlagen zur Verfügung stellen kann, sondern Geldkonten und/oder Gelder auch mit einer *Zweckbestimmung* versehen kann.

In diesem Fall verzeichnen sie Treuhandvermögen, welches das Kreditinstitut entsprechend separieren und kennzeichnen muss sowie nur für die vom Kunden definierten Zwecke, *nicht* aber für eigene oder sonstige Zwecke verwenden darf. Im Insolvenzfall des Kreditinstituts kann dieses *Treuhandvermögen* vom Kunden vollständig ausgesondert werden, es gehört *nicht* zur Insolvenzmasse.

---

30 Vgl. unten: Abschn. 3.4 Besondere Bestimmungen für den Schutz von Geldern.

II.B.8 Schutz der Finanzinstrumente und Gelder von Kunden

> **Beispiel:**
> Dies ist der Fall, wenn der Kunde neben seinem allgemeinen Girokonto ein gesondertes Geldkonto zur Abwicklung seiner Wertpapiergeschäfte führt oder ein separates Margin-Konto für seine Wertpapiergeschäfte unterhält, welches er von seinem Girokonto aus versorgt.

Auch in einer deutschen oder europäischen Bankengruppe kann die neue 20 %-Grenze relevant werden, wenn zu dieser Bankengruppe ein Wertpapierdienstleister ohne Erlaubnis für das Einlagengeschäft gehört, der die ihm von seinen Kunden für das von ihm durchgeführte Wertpapiergeschäft zur Verfügung gestellten Kundengelder ausschließlich an ein Kreditinstitut seiner Unternehmensgruppe weiterleiten möchte. *33*

Zukünftig dürfte er dies, sofern nicht die vorgesehene Ausnahmeregelung greift, dann nicht mehr tun, wenn er damit mehr als 20 % aller ihm anvertrauter Kundengelder an Banken seiner Unternehmensgruppe weiterleiten würde.[31]

Es ist somit im Rahmen der Bestimmungen zum Schutz von Finanzinstrumenten und Geldern von Kunden unumgänglich, neben den Verwahrketten immer auch die konkreten Geldketten, d.h. die Strukturen der Geldkonten und die konkreten Zahlungsflüsse zu betrachten und sicherzustellen, dass insb. zweckgebundene Kundengelder nicht an irgendeiner Stelle der Wertpapierabwicklung vermeidbar mit anderen Geldern des Kreditinstituts oder seiner Geschäftspartner ununterscheidbar vermischt werden und dann in eine Insolvenzmasse fallen. *34*

Nach der Einführung von TARGET2-Securities durch die EZB wird diese Problematik an praktischer Bedeutung verlieren, jedenfalls bei der Abwicklung von Transaktionen innerhalb der Mitgliedstaaten der Europäischen Union/des EWR.

2.4 Grenzüberschreitend verwahrte Finanzinstrumente

> **Beispiel:**
> Fragt man einen Privatkunden, wo beispielsweise seine Apple-Aktien seien, antwortet er typischerweise, dass sie in seinem Depot liegen. Auf die neugierige Frage, wo das denn sei, erwidert er in der Regel, dass es bei seiner Bank sei.
>
> Auf die bohrende Frage, ob er denn dort seine Apple-Aktie anschauen oder abholen könne, wird er unwillig, zieht die Augenbraue hoch und erklärt nach kurzen Nachdenken, dass er das schon glaube, ja er sei sich sicher.
>
> Äußert man dann die Vermutung, dass es gar keine einzelnen Apple-Aktien gäbe, sondern nur eine einzige oder eine Handvoll, und diese einer Firma Cede & Co. mit Sitz in New York, USA zugeordnet seien und er auch daher gar keine persönliche Apple-Aktie in seinem Depot haben könne, wird er unruhig und erklärt, dass er sich das nicht vorstellen könne, bei einem so großen Unternehmen und außerdem habe er eine Depotmitteilung seiner Bank, in der sie aufgeführt sei.

---

31 Vgl. Abschn. 3.4 Besondere Bestimmungen für den Schutz von Geldern.

> Bei der nächsten Frage, ob er glaube, dass er Eigentümer der dort aufgeführten Aktie sei, lässt er den impertinenten Fragenden wütend stehen – und ruft vielleicht seinen Kundenbetreuer bei der Bank an und fragt ihn, wo seine Apple-Aktien seien, er möchte sich davon überzeugen, dass sie da seien.

Man stelle sich weiter vor, wie dieser Kunde reagieren würde, wenn die sein Depot führende Bank versuchen würde, ihm zu erklären, dass seine Apple-Aktien derzeit leider durch den Insolvenzverwalter einer US-amerikanischen Bank, welche Teil der grenzüberschreitenden Verwahrkette zum US-amerikanischen Zentralverwahrer sei, für deren Insolvenzmasse beansprucht wird und nicht verkauft werden könnten, aber man zuversichtlich sei, dass die entsprechenden Gerichtsverfahren für den Kunden gewonnen würden.

35 Die folgende Grafik sieht einfach aus, das US-Recht ist es hingegen nicht. Der in ihr genannte CSD, d.h. der Zentralverwahrer in den USA, ist die *Depositary and Trust Company* (DTC).

Der rechtliche Eigentümer praktisch aller in den USA gelisteten Aktien ist dagegen ein spezieller Rechtsträger, die Cede & Co. als ‚*Nominee*' für die DTC. Cede & Co. wird des Öfteren als 100%ige Tochtergesellschaft der NYSE bezeichnet, ist jedoch eine ‚*Partnership*' von Angestellten der DTC mit Sitz in New York. Sie wurde von der DTC allein zu dem Zweck gegründet, im Auftrag der DTC für diese die technische Übertragung US-amerikanischer Aktien durchzuführen.

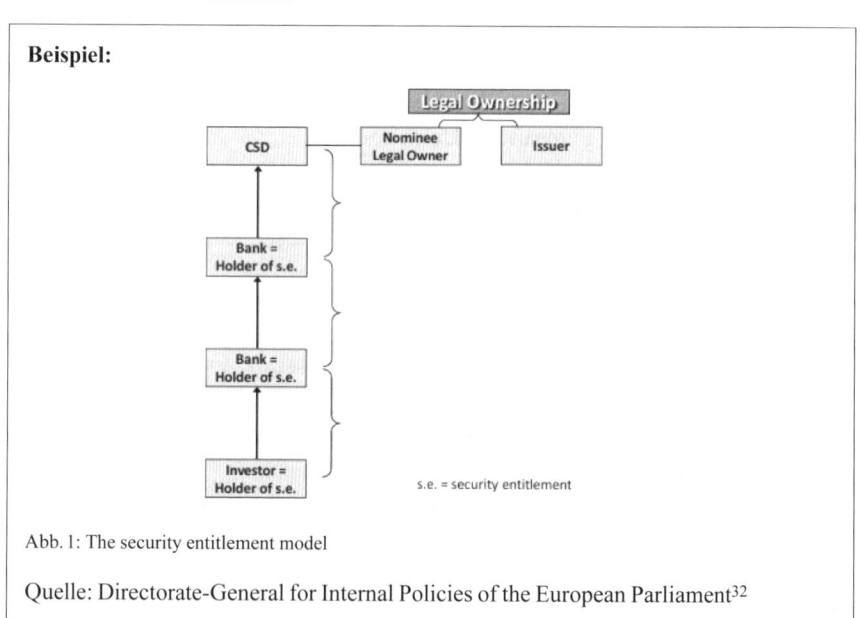

Beispiel:

Abb. 1: The security entitlement model

Quelle: Directorate-General for Internal Policies of the European Parliament[32]

---

32 Directorate-General for Internal Policies of the European Parliament, Policy Department A Economic and Scientific Policy: Cross-border issues of securities law: European efforts to

Alle in der Grafik aufgeführten Depot führenden Banken erwerben an den für sie durch den CSD verwahrten Aktien ein sog. ‚*security entitlement*'. 36

Dieses ist eher vertraglicher Rechtsnatur und erinnert an ein Treuhandverhältnis. Es ist nicht vergleichbar mit ‚*Eigentum*' im deutschen Rechtsverständnis. Bei entsprechendem Nachweis, dass das ‚*security entitlement*' nicht in das eigene Vermögen der das Depot führenden Bank gehört, was konkret eine Frage seiner Verbuchung in den Büchern der Bank ist, fällt es nicht in die Insolvenzmasse der Bank.

Die Besonderheit dieses ‚*security entitlement*' in der Verwahrkette ist, dass jedes ‚*security entitlement*' gegenüber den anderen ‚*security entitlements*' in der Kette rechtlich selbständig ist. Es gibt keine Überlappung oder sonstige Verbindungen zwischen ihnen. Dies bedeutet, dass in einer Insolvenz kein Durchgriff und kein direkter Anspruch gegenüber dem Insolvenzverwalter der insolventen Bank in der Verwahrkette besteht, sondern Ansprüche grundsätzlich nur von einem Kettenglied zum nächsten geltend gemacht werden können.

Setzt man diese Situation mit der Klausel zu ‚*Anschaffungen im Ausland*' aus den üblichen Sonderbedingungen für Wertpapiergeschäfte[33], den üblichen Kundeninformationen nach MIFID I und den skizzierten unrealistischen Erwartungen eines deutschen Privatkunden und Depotinhabers in Beziehung, werden Dilemmata deutlich. 37

Als deutscher Bankmitarbeiter könnte man sagen, das Abhandenkommen von Wertpapieren sei ein theoretischer Fall, es sei noch immer gut gegangen. In dem Fall unterschätzt der Mitarbeiter in der Welt nach Lehman Brothers und nach MF Global sowohl das Reputations- als auch das Haftungsrisiko des eigenen Kreditinstituts.

Versuchte man diese rechtliche Komplexität und die verbundenen Risiken einem deutschen Privatkunden zu erklären, würde er sowohl intellektuell als auch depotgeschäftlich alsbald ‚aussteigen' und sein Geld, vielleicht sogar mit negativer Rendite, in ein Tageskonto, in Bundesanleihen oder in Investmentfonds mit Aufschlägen investieren oder lieber konsumieren.

Weder die eine, noch die andere Konsequenz sind in der Regel erwünscht, beide erklären jedoch das von den Kreditinstituten tolerierte Informationsdefizit bei deutschen Privatkunden. Es sollte dagegen ein Anliegen der Compliance-Funktion sein, auch zu einer angemessenen, Kunden- und praxisorientierten Lösung dieser Dilemmata beizutragen. Ein Allgemeine Geschäftsbedingungen ergänzendes *Client Asset Key Information Document* oder ‚CAKID'[34] könnte ein Ansatz sein.

Das skizzierte US-amerikanische Beispiel ist kein singulärer Fall. Es gibt in Europa und weltweit weitere abweichende rechtliche Konzepte und praktische Problemfälle, die nur schwer mit deutschem Rechtsverständnis zu vereinbaren sind.[35] Dieses bewusst zu machen 38

---

    support securities markets with a coherent legal framework, May 2011, S. 16 – IPA/ECON/NT/2011-09.
33 Vgl. den Beispielstext in: Abschn. 3.2.1 Besondere Informationspflichten gegenüber Kunden.
34 Vgl. hierzu: Abschn. 3.2.1 Besondere Informationspflichten gegenüber Kunden.
35 Vgl. Directorate-General for Internal Policies of the European Parliament, Policy Department A Economic and Scientific Policy: Cross-border issues of securities law: European efforts to

und diese Rahmenbedingungen angemessen in die aktuellen Risikoanalysen der relevanten Geschäftsmodelle eines Kreditinstituts und die daraus abzuleitenden Überwachungspläne einzubeziehen, ist eine verantwortungsvolle Aufgabe der Compliance-Funktion.

2.5 Anforderungen an Auslagerungen

39 Das ist doch alles mit den entsprechenden Service Level Agreements an externe Dienstleister und Spezialisten ausgelagert, wird hierzu eingewandt werden. Aber auch insoweit werden sich mit MiFID II Veränderungen ergeben, nicht nur durch die Einführung eines besonderen neuen Beauftragten für den Schutz des Kundenvermögens (Single Officer), sondern auch durch die fortentwickelten Vorgaben für die Überwachung und verantwortliche tatsächliche Steuerung einer Auslagerung nach Art. 31 Abs. 2, insb. lit. (b) und (e) der Delegierten Verordnung durch das auslagernde Institut.

40 Danach muss zumindest ein Mitarbeiter aus dem operativen Geschäft und ein Compliance-Mitarbeiter über die jeweils erforderlichen Kapazitäten und Ressourcen verfügen, um die aufsichtsrechtliche Qualität der Dienstleistungen des Auslagerungsunternehmens fortlaufend zu beobachten, effektiv zu überwachen und die mit diesen ausgelagerten Dienstleistungen verbundenen Risiken zu steuern.

Vor dem Hintergrund der zuvor skizzierten Komplexität ist dies ohne Zweifel eine anspruchsvolle und angesichts des Wertes der betroffenen Kundenvermögen eine sehr verantwortungsvolle Aufgabe.

41 Arbeitsteilige Verfahren innerhalb eines Kreditinstituts, zwischen Kreditinstituten und/oder zwischen Kreditinstituten und sonstigen Dienstleistern, insb. im Massengeschäft, sind ein unverzichtbarer Bestandteil moderner Unternehmensführung. Dies gilt auch international, insb. in der Verwahrung und Verwaltung von Finanzinstrumenten.

In Deutschland werden die Anforderungen an Auslagerungen von Kreditinstituten grundlegend in § 25b KWG geregelt und (noch) in AT 9 der MaRisk v. 27.10.2017[36] der BaFin in Form von nur sie selbst bindenden Verwaltungsvorschriften konkretisiert. Es ist darauf hinzuweisen, dass die Überarbeitung 2017 der MaRisk nach ihrem AT 1 Nr. 4 noch auf MiFID I beruht und die insoweit relevanten Art. 30 bis 32 der Delegierten Verordnung zu MiFID II *nicht* berücksichtigt.

42 Diese (bisherige) Form der Umsetzung der europäischen Vorgaben über Auslagerungen in den Art. 13 bis 15 der Richtlinie 2006/73/EG zu MiFID I entspricht *nicht* den Anforderungen des EuGHs an eine wirksame nationale Umsetzung europäischer Richtlinien, da sie

---

support securities markets with a coherent legal framework, May 2011, S. 14 ff., 23 ff. - IPA/ECON/NT/2011-09.

36 Rundschreiben 09/2017 (BA) – Mindestanforderungen an das Risikomanagement – MaRisk i. d. F. v. 27.10.2017 – BA 54-FR 2210-2017/0002.

teilweise in Form der MaRisk als unverbindlicher Verwaltungsvorschrift[37] erfolgte.[38] Streng genommen war daher die Richtlinie 2006/73/EG in Deutschland ersatzweise unmittelbar anzuwenden.[39]

Der Gesetzgeber hat in später Einsicht in § 25b Abs. 5 KWG eine Rechtsverordnung hierfür vorgesehen, aber nicht erlassen. Die BaFin verfolgt durch die Neufassung der MaRisk 2017 weiterhin eine ‚Lösung' in Form von Verwaltungsvorschriften.[40]

Dieser nationale Ansatz hat sich durch das Wirksamwerden der Delegierten Verordnung der Kommission zum 03.01.2018 erledigt. Die Delegierte Verordnung der Kommission zu MiFID II geht in ihrem inhaltlichen Anwendungsbereich sowohl dem KWG, als auch einer auf dem Kreditwesengesetz beruhenden Rechtsverordnung, als auch der MaRisk oder MaComp als unverbindlicher Verwaltungsvorschrift der BaFin im Rechtsrange vor (Anwendungsvorrang).

43

Die Frage, ob eine Auslagerung in Bezug auf Wertpapier(neben)dienstleistungen vorliegt sowie, welche aufsichtsrechtlichen Anforderungen für eine solche Auslagerung einzuhalten sind, auch im Falle von Auslagerungen in Drittstaaten, ergeben sich daher ab 03.01.2018 nicht mehr aus dem Kreditwesengesetz, der MaRisk oder der MaComp, sondern unmittelbar aus den Art. 30 und 31 sowie, mittelbar in Bezug auf Drittstaaten, aus Art. 32 der Delegierten Verordnung.

Diese Artikel können an dieser Stelle nicht erläutert werden. Da die von MiFID II verlangten Vorkehrungen zum Schutz des Kundenvermögens ebenso, wie die Ausführung der Verwahrung und Verwaltung von Finanzinstrumenten durch Dritte selbst als „*critical or important operational functions*" im Sinne des Art. 30 der Delegierten Verordnung einstufen sind, sei jedoch auf die folgenden wesentlichen Klarstellungen und Neuerungen bei Auslagerungen für das Wertpapiergeschäft in der Delegierten Verordnung hingewiesen.

44

Danach muss das auslagernde Kreditinstitut

1. Methoden und Verfahren zur Bewertung der Leistungen des Dienstleisters sowie zur fortlaufenden Überprüfung seiner erbrachten Dienstleistungen festlegen;
2. die Ausführung der ausgelagerten Aufgaben selbst überwachen und die damit verbundenen Risiken angemessen und wirksam steuern;

---

37 Vgl. Hessischer Verwaltungsgerichtshof, Urteil v. 31.05.2006 – Az. 6 UE 3256/05, Rn. 71, WM 2007, S. 392 (393) sowie bestätigend Verwaltungsgericht Frankfurt am Main, Urteil v. 01.07.2013 – 9 K 4956/12.F, Rn 24, juris, welches diese Auffassung auch zur MaComp vertritt.
38 Vgl. EuGH, Urteil v. 15.06.1995, Rs. C-220/94. Slg. I-01589, Leitsatz 1 sowie Rn. 10; Urteil v. 07.05.2002, Rs. C-478/99, Slg. 2002, I-041447, Rn. 18, 22; Urteil v. 27.11.2003, Rs. C-429/01, Slg. 2003, I-14355, Rn. 40, 83 sowie insb. Urteil v. 20.03.1997, Rs. C96/95, Slg. 1997, I-01653, Rn. 38 und Urteil v. 20.11.2003, Rs. C-296/01, Slg. 2003, I-13909, Rn. 2.
39 Unmittelbar anwendbar sind solche Vorschriften einer Richtlinie, die nicht in nationales Recht umgesetzt wurden, die jedoch klar und genau formuliert, bedingungsunabhängig und ihrem Wesen nach geeignet sind, unmittelbare Wirkungen zu entfalten und zu ihrer Ausführung keiner weiteren Rechtsvorschriften bedürfen, EuGH Rs. 152/84-„Marshall", Slg. 1986, 723 f.
40 Die BaFin legte am 19.02.2016, geändert am 11.03.2016, die Konsultation 02/2016 – MaRisk-Novelle 2016 – BA 54-FR 2210-2016/0008 vor. Zur Neufassung der MaRisk vgl. Fn 36.

3. über die für diese Überwachung und Steuerung notwendigen Fachkenntnisse und Ressourcen verfügen;
4. die Auslagerung mit sofortiger Wirkung beenden können, wenn dies im Interesse seiner Kunden liegt;
5. sicherstellen, dass es die aufsichtsrechtlichen Pflichten in einem solchen Fall auch selbst erfüllen oder rechtzeitig auf einen geeigneten Dritten übertragen kann;
6. sicherstellen, dass es entsprechende Weisungs- und Informationsrechte gegenüber dem Auslagerungsunternehmen hat und über Rechte auf Einsichtnahme und über den Zugang zu den Büchern und Geschäftsräumen des Dienstleisters verfügt;
7. sicherstellen, dass eine Weiterverlagerung der ausgelagerten Leistungen seitens des Dienstleisters nur mit seiner schriftlichen Zustimmung erfolgen kann;
8. sicherstellen, dass es der Aufsichtsbehörde auf Verlangen alle Informationen zur Verfügung stellen kann, damit diese die Einhaltung der Anforderungen an eine ordnungsgemäße Auslagerung überwachen kann.

45 Es ist offensichtlich, dass das traditionelle deutsche Vorgehen, gestützt auf BT 2.1 Nr. 3 MaRisk die konkrete operative Überwachung der ausgelagerten Tätigkeiten der Internen Revision des Auslagerungsunternehmens zu überlassen, selbst nur in Ausnahmefällen überwachend tätig zu werden und einmal im Jahr einen Bericht nach IDW PS 951 zu erhalten, seit dem 03.01.2018 allein kein tragfähiges Verfahren mehr darstellen kann. Dies gilt nach AT 9 Nr. 5 MaRisk grundsätzlich auch für die vollständige Übertragung der insoweit bestehenden Aufgaben der Internen Revision auf das Auslagerungsunternehmen.

Bereits § 25b Abs. 2 KWG bestimmt ausdrücklich, dass das auslagernde Kreditinstitut uneingeschränkt für die Einhaltung der aufsichtsrechtlichen Vorgaben an seine ausgelagerten Tätigkeiten verantwortlich bleibt.

46 Es darf vor diesem Hintergrund sehr bezweifelt werden, dass die von einem Depot führenden Kreditinstitut veranlasste/genutzte grenzüberschreitende und globale (Unter-)Verwahrung und/oder (Unter-)Verwaltung von Finanzinstrumenten für seine Kunden auch zukünftig *nicht* als Auslagerungen zumindest eines nicht unwesentlichen Teils seiner eigenen Pflichten gegenüber den Kunden anzusehen ist.

Diese auch in den Erläuterungen der BaFin zu AT 9 Nr. 1 MaRisk 2017 noch unter Hinweis auf das Depotgesetz für Finanzverbünde *contra legem* in Deutschland begründete Ausnahme scheitert grenzüberschreitend schon daran, dass das Depotgesetz jenseits der deutschen Außengrenzen keine Anwendung findet und sich im Unionsrecht, insb. in der Delegierten Verordnung, kein Anhalt für eine solche Ausnahme erkennen lässt. Diese Folgerung wird auch durch die präzisierten Bestimmungen zum Schutz des Kundenvermögens unterstützt.

2.6 Aufsichtsrechtliche Prüfung

47 Art. 8 der Delegierten Richtlinie verlangt wie bisher, dass der Wirtschaftsprüfer eines Instituts der Aufsichtsbehörde mind. einmal jährlich über die Angemessenheit der Vorkehrungen des Instituts zum Schutz der Finanzinstrumente und Gelder seiner Kunden berichtet,

die auf Art. 16 Abs. 8, 9 und 10 der Richtlinie 2014/65/EU beruhen und in dem Kapitel II der Delegierten Richtlinie konkretisiert sind.

Die Prüfung der Organisations- und Verhaltenspflichten im Wertpapiergeschäft ist nunmehr in § 89 WpHG in der Fassung des 2. FiMaNoG enthalten. Dort findet sich jedoch kein Hinweis auf die nach Art. 8 erforderliche Angemessenheitsprüfung. Gleiches gilt für den nachfolgend skizzierten DisE BaFin zur WpDPV v. 29.05.2017.

Die wesentliche Neuerung in § 89 WpHG besteht darin, dass die bisher sog. § 36-Berichte auch bei nicht-verbandsgeprüften Instituten nur noch auf ausdrückliche Anforderung der BaFin an diese zu übersenden sind. Stattdessen ist der ausgefüllte ‚WpDPV-Fragebogen' bei der BaFin einzureichen. Dies wird auf S. 250 der Gesetzesbegründung des Regierungsentwurfs zum 2. FiMaNoG mit *„einer risikoorientierten Aufsicht"* gerechtfertigt.

Wurden im Bereich der verbandsgeprüften Sparkassen und Genossenschaftsbanken, soweit dies bisher bekannt wurde, durchschnittlich ca. 10 bis 15 % aller Prüfungsberichte jährlich von der BaFin angefordert, z. B. ab drei Feststellungen im Fragebogen, dürfte diese Neuerung über alle zu prüfenden Institute zu einer Pauschal-Aufsicht der BaFin führen. Aus dem Fragebogen sind in der Regel keine sehr aufschlussreichen Details zu ersehen, sodass die Auswahl der anzufordernden Berichte eher zufällig, denn gezielt risikoorientiert erfolgen könnte.

48

Der eigentliche Grund für diese Maßnahme dürfte eher in den seit Jahren nicht ausreichenden Aufsichtsressourcen der BaFin liegen, denn in ihrer Risikoorientierung. Nicht vergessen werden darf ferner, dass viele kleinere Institute von der jährlichen Prüfung befreit sind und nur alle zwei oder sogar nur drei Jahre nach § 89 WpHG geprüft werden.

Das Risiko für die geprüften Kreditinstitute und ihre Wirtschaftsprüfer ist also steuerbar und wohl eher gering. Und die Verletzung von Aufsichtsrecht begründet nach der Rechtsprechung des Bundesgerichtshofes in der Regel keinen Schadensersatzanspruch für einen Kunden. Es kann daher nicht ausgeschlossen werden, dass die Institute kostenorientiert beginnen, die Aufwendungen für die Compliance-Funktion aus kurzfristigem Kostenkalkül zu reduzieren.

§ 84 WpHG enthält nun die Inhalte des bisherigen § 34a WpHG zum Kundenschutz, d.h. zur getrennten Vermögensverwahrung. Auch hierzu hält die Begründung des RegE für das 2. FiMaNoG auf der S. 248 Neues, insb. Prüfungsrelevantes bereit:

49

„Auf die … Vorschriften des Depotgesetzes wird nicht mehr zurückgegriffen, um deutlicher zwischen den zivilrechtlichen Vorschriften des Depotgesetzes einerseits und den aufsichtsrechtlichen Vorgaben des § 84 WpHG und der WpDVerOV andererseits zu unterscheiden."

Dies bedeutet wohl auch, dass die Depotbekanntmachung[41] als ehemals die PrüfBV[42] ergänzende Verwaltungsvorschrift in der Prüfung der Kreditinstitute weiter an Bedeutung verlieren wird, obwohl sie traditionell und *contra legem* den Kern der bisherigen Prüfung nach § 36 WpHG bildet. Zum einen findet die PrüfBV nach ihrem §§ 1 Nr. 1; 66 Abs. 1 nur auf Kreditinstitute Anwendung, die *keine* Wertpapierdienstleistungsunternehmen sind, zum anderen wurde sie aus diesem Grunde von der BaFin bisher nicht an die seit MiFID I entwickelten neuen Verhaltenspflichten angepasst.

Auch im Rahmen der Novellierung der PrüfBV im Jahr 2015 durch die BaFin blieb die Depotbekanntmachung unverändert, obwohl sie Rechtsnormen in Bezug nimmt, die es heute so nicht mehr gibt.

50 Die BaFin hat in der Folge des 2. FiMaNoG am 29.05.2017 einen Diskussionsentwurf für eine Neufassung der WpDPV[43] nach MiFID II und weiteren europäischen Normen vorgelegt (DisE BaFin WpDPV).

Aus der Begründung zu § 1 ergibt sich zunächst, dass die Prüfung der Verwahrstellenfunktion für OGAW-Fonds nach § 68 Abs. 7 und 8 KAGB zukünftig ‚anderweitig' geregelt wird. Der schon beschrittene Weg, die Verwahrung von Sondervermögen einer selbständigen Regulierung zu unterwerfen, wird damit offensichtlich weiterverfolgt.

Offen bleibt jedoch die Frage, ob dies auch für die (Unter-)Verwahrung der Finanzinstrumente eines Investmentsondervermögens gilt oder nicht.

Der Erwägungsgrund (34) sowie der Art. 2 (1) lit. i) MiFID II sehen vor, die „*Verwahr- und Verwaltungsgesellschaften derartiger Organismen aus dem Anwendungsbereich der Richtlinie auszunehmen, da für sie besondere, unmittelbar auf ihre Tätigkeit zugeschnittene Regeln gelten*."

In der Definition des Depotgeschäfts nach dem 2. FiMaNoG ist in § 2 Abs. 9 Nr. 1 WpHG aber weiterhin keine Ausnahme für Verwahrstellen und ihre Unterverwahrer enthalten. Andererseits könnte man aus nur partiellen Verweisen der Richtlinien und Delegierten Rechtsakte für OGAW- und AIF-Sondervermögen auf MiFID I schließen, dass die MiFID I im Übrigen nicht gelten soll, aber nach der deutschen Transformation von MiFID II ist diese Frage nicht ausdrücklich und nicht klar geregelt.

Sofern also abweichend von den Vorgaben der MiFID II auch die (Unter-)Verwahrung von Finanzinstrumenten von Investmentsondervermögen unter MiFID II fällt, wäre z.B. auch

---

41 BaFin, Bekanntmachung über die Anforderungen an die Ordnungsmäßigkeit des Depotgeschäfts und der Erfüllung von Wertpapierlieferverpflichtungen v. 21.12.21998, vgl. hierzu *Miletzki, Rainer*: Die neuen Depotprüfungsbestimmungen und die Bekanntmachung zum Depotgeschäft, WM 1999, 1451 ff.

42 Verordnung über die Prüfung der Jahresabschlüsse der Kreditinstitute und Finanzdienstleistungsinstitute sowie über die darüber zu erstellenden Berichte (Prüfungsberichtsverordnung – PrüfBV) v. 11.06.2015 (BGBl. I S. 930), zuletzt geändert durch Art. 5 des Gesetzes v. 11.04.2016 (BGBl. I S. 720).

43 Verordnung über die Prüfung der Wertpapierdienstleistungsunternehmen nach § 36 des Wertpapierhandelsgesetzes (Wertpapierdienstleistungsprüfungsverordnung – WpDPV) v. 16.12.2004 (BGBl. I S. 3515), zuletzt geändert durch 27 Abs. 4 des Gesetzes v. 04.07.2013 (BGBl. I S. 1981).

eine Zuständigkeit des Single Officer für die Verwahrung und Unterverwahrung nach KAGB gegeben.

Aus dem DisE BaFin WpDPV ergibt sich aus der Begründung zu § 4 eine weitere Neuerung: *51*

„In Abs. 1 wird zudem der bisherige Satz 2, der eine Konkretisierung der Depotprüfung enthielt, gestrichen. Die für die Prüfung des Depotgeschäfts maßgeblichen Vorgaben ergeben sich zukünftig aus § 6 Abs. 1 Nummer 20 und 24 sowie aus § 6 Abs. 3 dieser Verordnung. Nähere Konkretisierungen zu den für das Depotgeschäft maßgeblichen Vorgaben erfolgen durch entsprechende Anpassungen der Verwaltungspraxis der BaFin. Vor diesem Hintergrund sind die bisher in Satz 2 vorgesehenen Konkretisierungen nicht mehr erforderlich."

Die Prüfung der Tätigkeiten des Single Officer, d.h. des neuen *„Beauftragten für die Einhaltung der Verpflichtungen in Bezug auf den Schutz von Finanzinstrumenten und Geldern von Kunden"* wird in der Nr. 18 und die Prüfung der von ihm zu überwachenden Bestimmungen in Nr. 19 sowie in Nr. 33 des neuen Fragenbogens angesprochen. Eine weitere Differenzierung der jeweiligen Pflichten erfolgt im Fragebogen nicht.

Eine weitere relevante Neuerung findet sich in § 2 Abs. 3 des DisE BaFin WpDPV: *52*

„Sonstige prüfungsrelevante Erkenntnisse im Sinne dieser Verordnung liegen insb. vor, wenn der Prüfer feststellt, dass die von der Europäischen Wertpapier- und Marktaufsichtsbehörde vorgenommene Auslegung unionsrechtlicher Anforderungen, insb. in Form von Fragen und Antworten, nicht oder vollständig berücksichtigt worden ist."

Nach der Begründung zu § 2 sollen *Sonstige Prüfungsrelevante Erkenntnisse* nicht zu einem Fehler- oder einer Mangelfeststellung durch den Prüfer führen. Weiter heißt es dort aber:

„... Durch die Darstellung der fehlenden oder nicht vollständigen Berücksichtigung der von ESMA vorgenommenen Auslegung im Prüfungsbericht und in dem beizufügenden Fragebogen soll die BaFin in die Lage versetzt werden, abschließend zu beurteilen, ob hierin ein Mangel zu sehen ist. ... Eine Berücksichtigung der Auslegung von ESMA hat dann nicht zu erfolgen, wenn die BaFin eine Auslegung für nicht oder derzeit nicht anwendbar erklärt hat."

Sollte dieser Entwurf unverändert in eine Verordnung überführt werden und bezieht man die weiteren skizzierten Äußerungen und Änderungen mit ein, dürfte die Rechtssicherheit über die geltenden aufsichtsrechtlichen Anforderungen an die Verwahrung und Verwaltung von Finanzinstrumenten für Dritte, gleich ob im klassischen Depotgeschäft oder der Verwahrung und Unterverwahrung nach KAGB und die Bewertung der jeweiligen Unternehmenspraxis im Prüfungsbericht auf absehbare Zeit jedenfalls zum Teil beseitigt sein.

3 Schutz des Kundenvermögens nach MiFID II

Der Erwägungsgrund (2) der Delegierten Richtlinie gibt den Kundenschutz als primäres aufsichtsrechtliches Ziel ihrer Bestimmungen vor: *53*

„Der Schutz der Finanzinstrumente und Gelder von Kunden ist wichtiger Bestandteil dieser Regelung, wobei Wertpapierfirmen verpflichtet sind, angemessene Vorkehrungen zum Schutz des Eigentums und der Rechte von Anlegern in Bezug auf die einer Wertpapierfirma anvertrauten Wertpapiere und Gelder zu treffen. Wertpapierfirmen sollten ordnungsgemäße und spezifische Vorkehrungen getroffen haben, um den Schutz der Finanzinstrumente und Gelder von Kunden sicherzustellen."

Erwägungsgründe europäischer Verordnungen und Richtlinien sind nach der Rechtsprechung des EuGHs nicht Bestandteil ihrer, in den jeweils nachfolgenden Artikeln enthaltenen verbindlichen Normen. Als dokumentierte Intentionen des Normgebers haben sie jedoch wesentliche Bedeutung für ihre Auslegung und Anwendung.

54 Kernaussage dieses Erwägungsgrundes ist, dass die Institute sich selbst und ihre Abläufe, Verfahren so organisieren und ihre diesbezüglichen Mittel so einsetzen müssen, dass das Eigentum und die Rechte der Kunden an ihren Finanzinstrumenten und Gelder sichergestellt sind. D. h., ein ‚Sich-Bemühen' oder ein ‚Hinwirken' ist offenbar nicht (mehr) ausreichend.

> **Praxis-Tipp:**
>
> Dieser Erwägungsgrund kann auch dahingehend interpretiert werden, dass die Kreditinstitute grundsätzlich die Verantwortung für den Eintritt des Erfolgs der von ihnen geforderten Schutzmaßnahmen tragen sollen.
>
> Dies könnte in der weiteren Entwicklung dazu führen, dass Kunden bei einer unzureichenden nationalen Umsetzung der Artikel der Delegierten Richtlinie und/oder einer unzureichenden Umsetzung der nationalen Normen durch das Kreditinstitut Schadensersatz gegen sie geltend machen könnten.

3.1 Single Officer: Der neue Beauftragte für den Kundenschutz

3.1.1 Qualifikation und Aufgaben

55 § 81 WpHG i. d. F. des 2. FiMaNoG nimmt bereits bestehende und anerkannte Pflichten der Geschäftsleiter eines Kreditinstituts als Wertpapierdienstleistungsunternehmens ausdrücklich in das WpHG auf, führt aber auch in seinem Abs. 5 eine neue Pflicht für sie ein:

„Das Wertpapierdienstleistungsunternehmen hat einen Beauftragten zu ernennen, der die Verantwortung dafür trägt, dass das Wertpapierdienstleistungsunternehmen seine Verpflichtungen in Bezug auf den Schutz von Finanzinstrumenten und Geldern von Kunden einhält. Der Beauftragte kann daneben auch weitere Aufgaben wahrnehmen."

Auch in der Gesetzesbegründung des RegE für das 2. FiMaNoG werden auf der Seite 243 keine Hinweise für die konkrete Auswahl und Benennung dieses Beauftragten, seine organisatorische Einbindung im Kreditinstitut und/oder die Festlegung seiner konkreten Aufgaben und Befugnisse gegeben. Es wird nur gesagt: *„§ 81 Abs. 5 dient der Umsetzung von Art. 7 der Delegierten Richtlinie .../EU [DR MiFID II]."* Nach der Rechtsprechung des EuGHs sind daher zur Bestimmung des gewollten Inhaltes der Regelung die europäischen Materialien heranziehen.

Art. 7 der Delegierten Richtlinie, der mit „*Regelungen im Bereich der Unternehmensführung zum Schutz der Vermögenswerte von Kunden*" überschrieben ist, gibt hierzu Informationen: 56

„Die Mitgliedstaaten stellen sicher, dass die Wertpapierfirmen die spezielle Verantwortung für Angelegenheiten, die die Einhaltung der Verpflichtungen der Firmen in Bezug auf den Schutz der Finanzinstrumente und Gelder von Kunden betreffen, auf einen einzelnen, ausreichend befähigten und befugten Beauftragten übertragen.

Die Mitgliedstaaten überlassen es den Wertpapierfirmen, unter uneingeschränkter Einhaltung dieser Richtlinie zu entscheiden, ob sich der benannte Beauftragte dieser Aufgabe ausschließlich widmen soll oder ob er seinen Verantwortlichkeiten wirksam Genüge tun kann, während er gleichzeitig weitere Verantwortlichkeiten wahrnimmt."

Hieraus ist zu entnehmen, dass (i) der Beauftragte eine „*spezielle*" Verantwortung trägt, (ii) diese Verantwortung nur auf eine „*einzelne*", also nicht mehrere Personen übertragen werden soll sowie, dass (iii) diese einzelne Person „*ausreichend befähigt und befugt*" sein muss.

Da nach diesem Text noch Fragen zur konkreten Umsetzung offen sind, ist des Weiteren auf die Erwägungsgründe der Delegierten Richtlinie zu Art. 7 zurückzugreifen. Erwägungsgrund (5) teilt mit: 57

„Die Gesamtverantwortung für den Schutz der Instrumente und Gelder von Kunden sollte einem einzelnen Beauftragten übertragen werden, um die Risiken einer Verteilung der Verantwortung auf eine Vielzahl von Abteilungen insb. in großen und komplexen Firmen zu mindern und um unbefriedigenden Situationen abzuhelfen, in denen Firmen keinen Gesamtüberblick über ihre Möglichkeiten zur Erfüllung ihrer Verpflichtungen haben.

Der Beauftragte sollte ausreichend befähigt und befugt sein, um die Pflichten wirksam und ohne Einschränkung erfüllen zu können, einschließlich der Pflicht, der Geschäftsleitung der Firma über die Wirksamkeit der Einhaltung der Anforderungen für den Schutz der Vermögenswerte von Kunden Bericht zu erstatten. Die Benennung eines einzelnen Beauftragten sollte nicht ausschließen, dass dieser weitere Funktionen wahrnimmt, sofern ihn dies nicht daran hindert, die Pflichten in Bezug auf den Schutz der Finanzinstrumente und Gelder von Kunden wirksam zu erfüllen."

Als weitere Elemente für eine sachgerechte Umsetzung des neuen § 81 Abs. 5 WpHG lassen sich daraus entnehmen, dass der Beauftrage (i) sicherstellen soll, dass auch sehr „*große*" Institute mit „*komplexer*", arbeitsteiliger Organisation jederzeit einen „*Gesamtüberblick*" über ihre „*Möglichkeiten zur Erfüllung ihrer Verpflichtungen*" haben und (ii) der „*Geschäftsleitung*" des Instituts „*über die Wirksamkeit der Einhaltung der Anforderungen*" „*Bericht erstatten*" soll.

Nach der Systematik des europäischen Rechts ist es weiterhin möglich, wenn auch mit etwas geringerem rechtlichen Argumentationsgewicht, die zugrundeliegenden Materialien von ESMA bei der Bestimmung des Regelungsziels heranzuziehen. Dies sind insb. ihre Final Reports und Consultation Papers. 58

Ihre Vorstellungen zur Konkretisierung des Art. 16 Abs. 8 bis 10 der MiFID II publizierte ESMA zunächst im Konsultationspapier v. 22. 05. 2014[44]. Ihre zum Single Officer relevanten Analyseergebnisse und Folgerungen fasste ESMA dort[45] wie folgt zusammen:

> "8. The responsibility for meeting requirements of the MiFID Implementing Directive on the safeguarding of client assets may in practice be spread across diverse areas and departments, especially in very large and complex institutions. After the first wave of the crisis in 2008, it emerged from supervisory experience that some insolvencies were complicated by the absence of a single person taking overall responsibility for the firm fulfilling its obligations under these requirements.
> 9. Notwithstanding the existing requirements relating to the compliance function under Article 6 of the MiFID Implementing Directive, there is currently no requirement under MiFID I to appoint a single officer with responsibility for operational oversight over the safeguarding of client assets. If there is insufficient seniority and oversight within a firm to raise issues relating to client assets, this could reduce the effectiveness of controls over what are often complex operations in this area, and increase the risk that senior management may receive limited or incomplete reporting on these matters
> 10. The safeguarding of client assets is an important part of the MiFID investor protection requirements. A situation where firms do not have overarching sight of their means of meeting their obligations in this area is not satisfactory. The appointment of a single officer with responsibility for matters relating to the safeguarding of client instruments and funds would reduce these risks of fragmented responsibility, in an analogous way to the requirements for the compliance function in Article 6 of the MiFID Implementing Directive (albeit in this case limited to the specific topic of client assets).
> 11. In a small firm it may be proportionate for the compliance officer to fulfil this role. Where a firm has responsibility for safeguarding a significant amount of client assets or has complex associated operations, it may be more appropriate for a separate officer to have operational oversight."

Aus den Erwägungen der Rn. 9 ergibt sich, dass der Single Officer für die Geschäftsleitung ein ‚informationelles' Gegengewicht zu den Berichten aus der operativ tätigen Organisation bilden sollte, um interessengeleitete Informationsdefizite für die Geschäftsleitung auszugleichen.

Um dieses Ziel zu erreichen, darf der Single Officer nicht weisungsgebunden in der operativen Linie stehen oder Teil der weisungsgebundenen hierarchischen Organisation sein, die er insoweit in seiner neuen Funktion zu überwachen hat. Daher führen die Argumente in Rn. 10 ESMA zu einer Analogie zur Compliance-Funktion. Diese wird in der Rn. 11 unter der Voraussetzung verfügbarer Ressourcen etabliert.

---

44 ESMA, Consultation Paper MiFID II/MiFIR v. 22. 05. 2014 – ESMA/2014/549, S. 52 ff.
45 ESMA, Consultation Paper MiFID II/MiFIR v. 22. 05. 2014 – ESMA/2014/549, S. 54, 55.

Diese Überlegungen fasste ESMA dann in dem „Draft technical advice"[46] des Consultation   59
Papers zusammen:

"Governance arrangements concerning the safeguarding of client assets
1. Investment firms should appoint a single officer with specific responsibility for matters relating to the firm's compliance with its obligations regarding the safeguarding of client instruments and funds.
2. In accordance with MiFID proportionality principle, investment firms shall decide where it is appropriate to attribute responsibilities for obligations under this proposal to a separate dedicated officer, or where it may be appropriate for the compliance officer to have operational oversight for these obligations."

ESMA stellt es den Kreditinstituten nach dem Proportionalitätsprinzip und unter konkreter Betrachtung der verfügbaren Ressourcen zunächst frei, ob diese neue Funktion vom Compliance-Officer oder einem „separate dedicated officer" wahrgenommen werden soll.

Unter Berücksichtigung der in der Konsultation vorgelegten Stellungnahmen modifizierte   60
ESMA ihren „Technical advice" für die Kommission im Final Report[47] nur noch das Erfordernis, dass der Single Officer im Hinblick auf seine Verantwortung und Überwachungstätigkeit über ausreichende Kenntnisse, Erfahrungen und Kompetenzen verfügen müsse:

"Governance arrangements concerning the safeguarding of client assets
1. Investment firms shall appoint a single officer of sufficient skill and authority with specific responsibility for matters relating to the firm's compliance with its obligations regarding the safeguarding of client instruments and funds.
2. In accordance with the MiFID proportionality principle, investment firms shall decide where it is appropriate for the officer appointed under (1) to be dedicated solely to this task, or to have additional responsibilities."

Die von Kreditinstituten vorgetragenen Bedenken, dass die Ernennung eines Single Officer eine zusätzliche Last darstelle oder daneben zumindest noch weitere Aufgaben ausführen können müsse, wies ESMA zum einen unter dem Proportionalitätsprinzip zurück bzw. gestand dies zum anderen entsprechend zu.[48]

Für die Auslegung und Anwendung des neuen § 81 Abs. 5 WpHG in der Fassung des 2.   61
FiMaNoG sind insoweit auch folgende Aussagen von ESMA[49] hilfreich:

---

46   ESMA, Consultation Paper MiFID II/MiFIR v. 22. 05. 2014 – ESMA/2014/549, S. 63.
47   ESMA, Final Report, ESMAs Technical Advice to the Commission on MiFID II and MiFIR v. 19. 12. 2014, ESMA/2014/1569, S. 74, 75.
48   ESMA, Final Report, ESMAs Technical Advice to the Commission on MiFID II and MiFIR v. 19. 12. 2014, ESMA/2014/1569, S. 65, Rn. 8. bis 10.
49   ESMA, Final Report, ESMAs Technical Advice to the Commission on MiFID II and MiFIR v. 19. 12. 2014, ESMA/2014/1569, S. 65, Rn. 11. und 12.

"11. This requirement does not oblige investment firms to establish a distinct function with sole responsibility for oversight of the safeguarding of client assets, although some may find it effective to do so. To the extent that the safeguarding of client assets already takes place within investment firms, there should be existing in-house expertise to discharge their safeguarding duties with minimal additional impact. In addition, the principle of proportionality continues to apply which allows all firms to comply with MiFID provisions in a manner, which is appropriate to the size of the firm, which would also mitigate the impact on firms of complying with this obligation. ESMA would also like to note that, in accordance with existing Article 6(3)(c) of the MiFID Implementing Directive and subject to the proportionality test, relevant persons involved in the compliance function must not be involved in the performance of services or activities they monitor. ESMA is not proposing any change to that requirement.

12. As stated in the CP, ESMA agrees that the single officer should be of a sufficient level of skill and authority in order to discharge their duties effectively and without impediment. Therefore, ESMA has clarified this within the final technical advice itself."

Mit den Hinweisen in den Rn. 11 und 12 ist daher ausreichend klargestellt, dass für den Single Officer keine neue Organisationseinheit oder Stelle geschaffen werden muss, sondern dass es primär darauf ankommt, dass die ihm zugedachte Überwachungs- und Informationsaufgabe mit geringstmöglichen Aufwand, aber effektiv und ohne Behinderungen erledigt wird.

Da ESMA es bereits im Konsultationspapier akzeptiert hatte, dass der Compliance-Officer auch die Funktion des Single Officer in Übereinstimmung mit den konkreten Umständen im Institut sowie seinen verfügbaren Ressourcen übernehmen kann, ist der Hinweis, dass er auch dann nicht in relevante operative Strukturen und Tätigkeiten eingebunden werden darf, eine Selbstverständlichkeit.

Natürlich kann auch ein anderer fachlich qualifizierter Mitarbeiter eines Instituts, insb. auf der Marktfolgeseite, die Funktion des Single Officer übernehmen, sofern er (i) in seiner Überwachungs- und Berichtsfunktion für die Geschäftsleitung unabhängig ist, (ii) nicht selbst durch ihn zu überwachende Tätigkeiten wahrnimmt und (iii) selbst nicht in die operativ relevanten ‚Weisungsketten' eingebunden ist. Andernfalls könnte er eine Aufgabe, Informationsdefizite der Geschäftsleitung aus der operativen Linie auszugleichen, nicht erfüllen.

Gegen die von ESMA und der Kommission akzeptierte Lösung, den Compliance-Beauftragten auch die Funktion des Single Officer zu übertragen, wird in der Umsetzungspraxis teilweise eingewandt, dass sich der Compliance-Beauftragte dann insoweit selbst überwachen müsste.

Insoweit haben sich im Rahmen der Compliance-Fachtagung 2017 des Bundesverbandes Öffentlicher Banken (VÖB) am 04.09.2017 in Frankfurt am Main Vertreter der BaFin mündlich dahin geäußert, dass der Single Officer in seiner Tätigkeit nicht der Überwachung der Compliance-Funktion unterliege. Diese Aussage wurde bisher jedoch nicht schriftlich bestätigt.

Im Ergebnis ist diese Meinung der BaFin jedoch fachlich konsequent und zutreffend: Bereits vor MiFID II war der Compliance-Beauftragte verpflichtet, die für den Schutz der Finanzinstrumente und der für das Wertpapiergeschäft zweckbestimmten Gelder der Kunden bestehenden aufsichtsrechtlichen Vorgaben zu überwachen. Es sei erinnert, dass auch die mit der Verwahrung und Verwaltung von Finanzinstrumenten verbundenen Dienstleistungen von den für sie geltenden Verhaltenspflichten umfasst sind – so unterfällt auch die Abwicklung der ‚Geldseite' von Transaktionen der Überwachung des Compliance-Beauftragten.

Daran ändert sich durch die Einführung der zusätzlichen Funktion des Single Officer nichts, jedenfalls lässt sich der Delegierten Richtlinie nichts Abweichendes entnehmen. In der Sache ist er ein zusätzlicher, d. h. besonderer Compliance-Beauftragter für den Schutz bestimmter Kundenassets.

Compliance-Beauftragter und Single Officer stehen auf der gleichen funktionalen Stufe: Beide werden unmittelbar von der Geschäftsleitung bestellt und berichten direkt an sie. Ihre Tätigkeiten sind in Teilen zwar redundant, aber dies ist aufsichtsrechtlich gewollt: ‚Doppelt genäht hält besser'. Beide werden zukünftig in bewährter Systematik von der *Internen Revision* als *Third Line of Defense* – unabhängig voneinander – überwacht.

Analoge Strukturen gibt es bereits in Bezug auf den sog. Compliance-Beauftragten nach MaRisk, den Geldwäsche- und den Datenschutzbeauftragten etc. Auch dort überschneiden sich Verantwortungen und Aufgaben – trotzdem wird dort nicht vertreten, dass sich die Beauftragten insoweit auch formal gegenseitig überwachen müssten – sie sollen kooperieren, ihre Überwachung im Rahmen des jeweiligen Aufsichtsrechts obliegt der Geschäftsleitung.

Ferner findet eine gegenseitige Überwachung faktisch bereits durch die teilweise kumulativen Zuständigkeiten statt. Jeweilige Defizite sollten so gegenseitig kompensiert werden. Es besteht somit weder inhaltlich, noch strukturell die Notwendigkeit einer formalen gegenseitigen Überwachung – auch nicht in dem Falle, dass der Single Officer nicht der Compliance-Funktion des Instituts zugeordnet ist.

3.1.2 Bestellungspflichtige Institute

Verdichtet man die dargestellten aufsichtsrechtlichen Beweggründe und Ziele zu einer unionsrechtskonformen Auslegung und Anwendung des neuen § 81 Abs. 5 WpHG, stellt man fest, dass die Kreditinstitute bei Beachtung der ohnehin geltenden Organisationsanforderungen relativ viel Freiheit in der Umsetzung besitzen. Wer muss nun aber einen Single Officer bestellen?

Bereits in der Einleitung wurde angemerkt, dass der Themenkomplex *Schutz der Finanzinstrumente und Gelder von Kunden* keinen ausdrücklichen Bezug zum Depotgeschäft und/oder zur Verwahrstellenfunktion hat, dass diese jedoch den Hauptanwendungsbereich beschreiben dürften. Diese Einschätzung beruht auf § 81 Abs. 5 WpHG. Er verpflichtet ohne Konkretisierung oder Beschränkung auf bestimmte Wertpapier(neben)dienstleistungen „*Wertpapierdienstleistungsunternehmen*" zur Bestellung eines Single Officer.

Wertpapierdienstleistungsunternehmen sind nach § 2 Abs. 10 WpHG „*Kreditinstitute, Finanzdienstleistungsinstitute und nach § 53 Abs. 1 Satz 1 des Kreditwesengesetzes tätige Unternehmen, die Wertpapierdienstleistungen allein oder zusammen mit Wertpapiernebendienstleistungen gewerbsmäßig oder in einem Umfang erbringen, der einen in kaufmännischer Weise eingerichteten Geschäftsbetrieb erfordert.*"

Danach ergibt sich zunächst, dass ein Institut, das ausschließlich das Depotgeschäft als Wertpapiernebendienstleistung, aber keine weiteren Wertpapierdienstleistungen erbringt, *nicht* Normadressat ist. Gleiches dürfte nach § 68 Abs. 2, Abs. 3 Satz 1 KAGB auch für Kreditinstitute gelten, die als Verwahrstelle ausschließlich das Depotgeschäft betreiben. Daraus, dass die Norm den Begriff „erbringen" verwendet, kann ferner geschlossen werden, dass eine *tatsächlich nicht* ausgeübte Erlaubnis für das Depotgeschäft allein ebenfalls nicht ausreicht.

Unklar ist die Situation der Unternehmen, die nach § 80 Abs. 2 KAGB in Verbindung mit § 32 Abs. 1b KWG als Verwahrstellen nur für AIF-Fonds ‚nur' über die Erlaubnis zur eingeschränkten Verwahrung nach § 1 Abs. 1a Satz 2 Nr. 12 KWG verfügen.

Diese Erlaubnis wird nach § 32 Abs. 1b KWG im Ergebnis aber nur erteilt, wenn das Institut ein Wertpapierdienstleistungsunternehmen[50] oder Kreditinstitut ist oder gleichzeitig wird. Nach § 2 Abs. 1 Nr. 12 KWG gelten jedoch „*Unternehmen, die das Depotgeschäft im Sinne des § 1 Abs. 1 Satz 2 Nr. 5 KWG [Bankgeschäft] ausschließlich für AIF betreiben und damit das eingeschränkte Verwahrgeschäft im Sinne des § 1 Abs. 1a Satz 2 Nummer 12 erbringen*" *nicht* als Kreditinstitut. Eine nicht sehr durchdachte und inkonsistente Regelung, die auch durch die Erläuterung der BaFin[51] nicht transparenter wird:

„Die Ausnahme in § 2 Abs. 1 Nr. 12 KWG wurde eingefügt, damit Unternehmen, die lediglich das eingeschränkte Verwahrgeschäft als Unterfall des Depotgeschäfts erbringen, nicht als Kreditinstitute, sondern als Finanzdienstleistungsinstitute gelten. Sobald jedoch das Depotgeschäft nicht ausschließlich für AIF betrieben wird, ist diese Ausnahme nicht einschlägig. Da in diesem Fall der Tatbestand des § 1 Abs. 1 Satz 2 Nr. 5 KWG erfüllt ist, wäre ein solches Unternehmen weiterhin als Kreditinstitut zu qualifizieren. Wer allerdings die Erlaubnis zum Betreiben des Depotgeschäfts hat, benötigt keine zusätzliche Erlaubnis zum eingeschränkten Verwahrgeschäft."

Rechtlich maßgebend ist dagegen, ob die eingeschränkte Verwahrung aufsichtsrechtlich als Wertpapiernebendienstleistung einzustufen ist oder nicht. Dies ist nur dann der Fall, wenn es sich um einen (Unter-)Fall des Depotgeschäfts handelt. Nach den gesetzlichen Definitionen und den zuvor zitierten Aussagen der BaFin ist dies anzunehmen.

Es bleibt also bei dem Grundsatz:

Wer neben dem Depotgeschäft oder dem eingeschränkten Verwahrgeschäft oder anderen Wertpapier*neben*dienstleistungen oder Bankgeschäften *keine* Wertpapierdienstleistung

---

50 Bundesanstalt für Finanzdienstleistungsaufsicht, Merkblatt Verwahrgeschäft, Stand: 17.07.2013, Abschn. 2.
51 Bundesanstalt für Finanzdienstleistungsaufsicht, Merkblatt Verwahrgeschäft, Stand: 17.07.2013, Abschn. 3.

nach § 2 Abs. 8 WpHG erbringt, wobei das Vorliegen einer nicht genutzten Erlaubnis für diese Geschäfte sachlich unschädlich sein dürfte, ist *kein* Wertpapierdienstleistungsunternehmen und muss *keinen* Single Officer bestellen.

Daraus folgt formal ferner:

Wer eine Wertpapierdienstleistung nach § 2 Abs. 8 WpHG, aber selbst *kein* Depotgeschäft oder *kein* eingeschränktes Verwahrgeschäft erbringt, muss *dennoch* einen Single Officer bestellen.

Dies macht materiell nur Sinn, wenn es auch in diesem Fällen grundsätzlich möglich ist, dass das Wertpapierdienstleistungsunternehmen selbst in den Besitz von Vermögenswerten (Finanzinstrumenten und/oder Treuhandgeldern) seiner Kunden gelangen kann.

Da *Einlagen* in das Vermögen des Kreditinstituts übergehen, können diese ‚Kundengelder' vorliegend grundsätzlich ausgeschlossen werden. Nach Art. 1 Abs. 2 der Delegierten Richtlinie unterfallen jedoch *strukturierte Einlagen* nach § 2 Abs. 19 WpHG dem Kapital II der Delegierten Richtlinie und damit auch der Überwachungsverantwortung des Single Officer.

Es verbleiben in diesem Fall noch Treuhandgelder/-konten, zulässige Sicherungsübereignungen, Verpfändungen von verwahrfähigen und nicht verwahrfähigen Finanzinstrumenten und Wertpapierfinanzierungsgeschäfte für die Überwachung durch den Single Officer.

Abschließend lässt sich an dieser Stelle aus der Perspektive der Verwahrung und Verwaltung von Finanzinstrumenten für Dritte festhalten, dass weder die europäischen, noch die nationalen Bestimmungen über die Unternehmen, die einen Single Officer bestellen müssen, überzeugen.

Der Vollständigkeit halber sei darauf hingewiesen, dass auch Verwalter und/oder Verwaltungsgesellschaften von OGAW- und AIF-Fonds für diejenigen ihrer Tätigkeiten, die MiFID II unterliegen, nach Art. 1 Abs. 1 der Delegierten Richtlinie insoweit der Notwendigkeit der Bestellung eines Single Officer unterliegen. 64

Ein erstes Konzept für die Implementierung der Funktion eines Single Officer, die dafür erforderlichen Prozessbeschreibungen, Organisations- und Arbeitsanweisungen könnte angesichts dieser aufsichtsrechtlichen Zusammenhänge und Erwägungen wie folgt aussehen: 65

> **Praxis-Tipp:**
>
> Die Geschäftsleitung des Wertpapierdienstleistungsunternehmens beauftragt durch formalen Beschluss eine persönlich und fachlich geeignete natürliche Person mit (i) der ungeteilten, verantwortlichen Überwachung der Erfüllung der operativen Pflichten des Instituts nach den Art. 2 bis 8 der Delegierten Richtlinie (in nationaler Umsetzung) und (ii) der regelmäßigen Berichterstattung an die Geschäftsleitung über seine diesbezüglichen Erkenntnisse.
>
> Ferner versieht ihn die Geschäftsleitung durch Beschluss mit den für seine Aufgaben erforderlichen Kompetenzen. Fachliche Eingriffs- und Weisungsrechte gegenüber den operativ verantwortlichen Organisationseinheiten sind für ihn dazu nicht erforderlich. Die Behebung von ihm festgestellter Defizite liegt, wie bisher, allein in der Verantwortung der operativen Einheiten und der Geschäftsleitung. Die Übertragung uneinge-

schränkter Informations-, Zutritts- und Zugriffsrechte gegenüber allen relevanten Organisationseinheiten der Level 1 bis 3 reicht aus.

Der Beauftragte kann gleichzeitig Compliance-Officer oder Mitarbeiter der Compliance-Funktion sein (Compliance-Ähnlichkeit der Funktion des Single Officer). Dies erspart redundante Ressourcen und Prozesse, da die genannten Pflichten im Compliance-Office ohnehin unabhängig und ganzheitlich überwacht werden müssen. Eine Besonderheit liegt nur darin, dass der Beauftragte der Geschäftsleitung eigene Berichte erstatten muss, die jedoch in die bestehende Berichtsstruktur eines Compliance-Office – unterscheidbar – eingebunden werden können.

Natürlich kann auch ein anderer fachlich qualifizierter Mitarbeiter eines Instituts, insb. auf der Marktfolgeseite, die Funktion des Single Officer übernehmen, sofern er (i) in seiner Überwachungs- und Berichtsfunktion für die Geschäftsleitung unabhängig ist, (ii) nicht selbst durch ihn zu überwachende Tätigkeiten wahrnimmt und (iii) selbst nicht in die operativ relevanten ‚Weisungsketten' eingebunden ist. Andernfalls könnte er eine Aufgabe, Informationsdefizite der Geschäftsleitung aus der operativen Linie auszugleichen, nicht erfüllen.

Unter gleichen Voraussetzungen ist es grundsätzlich auch denkbar, diese Funktion alternativ im Risikomanagement (Level 2) oder in der Internen Revision (Level 3) zu etablieren, sofern die Erledigung ihrer Aufgaben und derjenigen des Compliance-Office dadurch nicht beeinträchtigt werden. Ebenso erscheint eine Integration in eine Stabsfunktion, sofern sie funktional nicht dem operativen Bereich (Level 1), insb. nicht dem Marktbereich, zuzurechnen ist, möglich. Eine Integration in die Rechtsabteilung als operatives ‚Bollwerk' zur Abwehr von Kundenansprüchen, erscheint dagegen – vom Normzweck her betrachtet – aus den gleichen Gründen nicht zulässig, welche die BaFin vor einigen Jahren veranlassten, die grundsätzliche organisatorische Trennung von Rechtsabteilung und Compliance-Funktion durchzusetzen.

Im Rahmen seiner personellen und sachlichen Ressourcen sowie unter *Beachtung des Verbots der Selbstüberwachung* und des *Gebots der Trennung unvereinbarer Aufgaben* kann der Beauftragte auch andere, für seine konkrete Stellung im Kreditinstitut zulässige Aufgaben wahrnehmen, z. B. weitere Compliance-Aufgaben. Ausgeschlossen ist nur die Übernahme einer operativen Verantwortung in den zu überwachenden Bereichen.

Die erforderliche ungeteilte und ganzheitliche Überwachung der Erfüllung der definierten Pflichten durch den Beauftragten muss alle konkret in ihre Erfüllung faktisch involvierten Organisationseinheiten des Instituts, unter Einschluss der ausgelagerten Tätigkeiten und der fremdbezogenen Leistungen, d. h. alle relevanten internen und externen Prozesse umfassen.

Nach dem Wortlaut des Art. 8 der Delegierten Richtlinie gehören die Informationspflichten des Kreditinstituts gegenüber seinen Kunden nach Art. 49 der Delegierten Verordnung *nicht* dazu. Da die Art. 2 bis 8 der Delegierten Richtlinie jedoch ebenfalls die Beschaffung von Informationen (Art. 2 Abs. 5) sowie die darauf aufbauende Erfüllung bestimmter Informationspflichten gegenüber den Kunden umfassen und Art. 49 der Delegierten Verordnung logisch die Erfüllung der Pflichten nach Art. 2 bis 8 der

Delegierten Richtlinie im Wesentlichen voraussetzt, erscheint eine Integration der Überwachung der Erfüllung des Art. 49 der Delegierten Verordnung in die Aufgaben des Beauftragten jedoch sinnvoll und effizient.

Die Funktion des Beauftragten/Single Officer insgesamt oder definierte einzelne Aufgaben seiner Überwachungstätigkeiten können im zuvor skizzierten Rahmen sowie bei Beachtung der Vorgaben der Art. 30 ff. der Delegierten Verordnung grundsätzlich ausgelagert werden – jedoch mit der Maßgabe, die erforderliche fachliche Kompetenz und die Ressourcen für die laufende Überwachung und Steuerung dieser Auslagerung im Institut selbst vorzuhalten. Mit Rücksicht auf das Erfordernis der ungeteilten Verantwortung und Überwachung der Pflichterfüllung des Instituts, die einer organisatorischen Fragmentierung ausdrücklich entgegenwirken soll, wäre es jedoch z. B. nicht möglich, einen internen *und* einen weiteren externen Single Officer beim Auslagerungsunternehmen zu beauftragen.

Dafür, wie dennoch Lösungen für eine effiziente Arbeitsteilung (intern *und* extern) unter *ungeteilter* Verantwortung eines internen *oder* externen Single Officer implementiert werden könnten, wird auf BT 1.3.4 MaComp in bisheriger Fassung über die Auslagerung der Compliance-Funktion und einzelner Compliance-Tätigkeiten sowie das dazu gehörige Anschreiben der BaFin an die Verbände v. 07. 08. 2014 hingewiesen.[52]

3.2 Besondere Informationspflichten

3.2.1 Besondere Informationspflichten gegenüber Kunden eines Instituts

Gesonderte Informationspflichten zum Schutz der Finanzinstrumente und Gelder von Kunden waren bereits in der MiFID I[53] und in den sie in nationales Recht transformierenden Bestimmungen des § 34a WpHG und der §§ 9; 14a WpDVerOV in bisheriger Fassung enthalten. Sie wurden von deutschen Depot führenden Instituten jedoch – jedenfalls nicht bei Zugrundelegung öffentlich zugänglicher Dokumente und der *Sonderbedingungen für das Wertpapiergeschäft* – nicht immer erfüllt.

66

---

52 Vgl. BaFin, Rundschreiben 4/2010: Mindestanforderungen an die Compliance-Funktion und die weiteren Verhaltens-, Organisations- und Transparenzpflichten nach §§ 31 ff. WpHG für Wertpapierdienstleistungsunternehmen (MaComp) v. 07. 06. 2010 – WA 31 – Wp 2002 – 2009/0010, zuletzt geändert am 08. 03. 2017: BT 1.3.4 Auslagerung der Compliance-Funktion oder von einzelnen Compliance-Tätigkeiten sowie ergänzend das dazu gehörige erläuternde Anschreiben v. 07. 08. 2014, abrufbar unter https://www.bafin.de/SharedDocs/Veroeffentlichungen/DE/Rundschreiben/rs_1004_wa_macomp_anschreiben_20140807.html (letzter Abruf am 24. 03. 2017).

53 Art. 13 Abs. 7. und 8. der Richtlinie 2004/39/EG des europäischen Parlaments und des Rates v. 21. 04. 2004 zu Märkten in Finanzinstrumenten (ABl. L 145 v. 30. 04. 2004, S. 1) sowie konkretisierend in den Art. 16 bis 20 der Richtlinie 2006/73/EG des Europäischen Parlaments und des Rates v. 10. 08. 2005 zur Durchführung der Richtlinie 2004/39/EG (ABl. L 241 v. 02. 09. 2006, S. 26).

Ein Vergleich der bisherigen §§ 34a WpHG; 9; 14a WpDVerOV mit den nachfolgenden Aussagen in Sonderbedingungen für Wertpapiergeschäfte ist geeignet, diesen Eindruck zu bestätigen:

„Die Bank wird die im Ausland angeschafften Wertpapiere im Ausland verwahren lassen. Hiermit wird sie einen anderen in- oder ausländischen Verwahrer (z. B. ...) beauftragen oder eine eigene ausländische Geschäftsstelle damit betrauen. Die Verwahrung der Wertpapiere unterliegt den Rechtsvorschriften und Usancen des Verwahrungsorts und den für den oder die ausländischen Verwahrer geltenden Allgemeinen Geschäftsbedingungen."

„Die Bank wird sich nach pflichtgemäßem Ermessen unter Wahrung der Interessen des Kunden das Eigentum oder Miteigentum an den Wertpapieren oder eine andere im Lagerland übliche, gleichwertige Rechtsstellung verschaffen und diese Rechtsstellung treuhänderisch für den Kunden halten. Hierüber erteilt sie dem Kunden Gutschrift in Wertpapierrechnung („WR-Gutschrift") unter Angabe des ausländischen Staates, in dem sich die Wertpapiere befinden (Lagerland)."

„Die Bank braucht die Auslieferungsansprüche des Kunden aus der ihm erteilten WR-Gutschrift nur aus dem von ihr im Ausland unterhaltenen Deckungsbestand zu erfüllen. Der Deckungsbestand besteht aus den im Lagerland für die Kunden und für die Bank verwahrten Wertpapieren derselben Gattung. Ein Kunde, dem eine WR-Gutschrift erteilt worden ist, trägt daher anteilig alle wirtschaftlichen und rechtlichen Nachteile und Schäden, die den Deckungsbestand als Folge von höherer Gewalt, Aufruhr, Kriegs- und Naturereignissen oder durch sonstige von der Bank nicht zu vertretende Zugriffe Dritter im Ausland oder im Zusammenhang mit Verfügungen von hoher Hand des In- oder Auslands treffen sollten."

67 Solche allgemeinen und wenig konkreten Informationen allein sind zukünftig unzureichend. Sie werden durch gesonderte, ausführliche und inhaltlich spezifische Kundeninformation zumindest zu ergänzen sein.

Allgemeine Geschäftsbedingungen, welchen Inhalts auch immer, sind nach derzeitiger Einschätzung grundsätzlich (nicht mehr) dazu geeignet, die allgemeinen und besonderen aufsichtsrechtlichen Pflichten zur redlichen, eindeutigen und nicht irreführenden Information der Kunden, insb. nach der Delegierten Verordnung zu erfüllen.

Beispiel:
Die Tendenz im EU-Ausland geht seit einiger Zeit in eine andere Richtung. So verlangt z. B. die Central Bank of Ireland nach der irischen Client Asset Regulation (SI No. 104 of 2015 of March 2015), die auf MiFID I beruht, von jedem betroffenen Institut die Verwendung eines „*Client Assets Key Information Document*" („CAKID') zur sachgerechten Information der Kunden.[54]

---

54 Vgl. hierzu die diesbezüglichen Dokumente unter: http://www.centralbank.ie/regulation/ClientAssetsandInvestorMoney/Client%20Asset%20Regulations/Pages/default.aspx, zuletzt abgerufen am 21.03.2017. Ein Beispiel für ein CAKID unter MiFID I (letzter Abruf am

II.B.8 Schutz der Finanzinstrumente und Gelder von Kunden

> Dieses CAKID enthält eine zusammenfassende Darstellung der vom Institut eingesetzten Mittel und Verfahren beim Umgang mit und zum Schutz von Kundenvermögen (Finanzinstrumente und Gelder) sowie die erforderlichen Risikohinweise für den Kunden. Aber auch diese Dokumente werden nach MiFID II anzupassen und weiter zu ergänzen sein.

Die Kommission hat einen Teil der Informationspflichten der Kreditinstitute gegenüber ihren Kunden offenbar als so wesentlich angesehen, dass sie diese in Art. 49 der unmittelbar geltenden Delegierten Verordnung übernommen hat, sie also einer nationalen Umsetzung und der damit verbundenen Gefahr einer nationalen Dilution entzogen haben. Weitere, in nationales Recht zu transformierende Informationspflichten gegenüber Kunden sind in den Art. 2 bis 8 der Delegierten Richtlinie enthalten. 68

Die Erwägungsgründe (61) bis (69) sowie die Art. 44 bis 51 der Delegierten Verordnung enthalten detaillierte, aber nicht abschließende allgemeine Erläuterungen sowie besondere Vorgaben für Informationspflichten der Kreditinstitute gegenüber ihren Kunden. Für den Schutz des Kundenvermögens sind insb. die Art. 46 und 49 relevant.

Nach Art. 46 Abs. 2 der Delegierten Verordnung müssen die Informationspflichten nach Art. 49 „*rechtzeitig vor der Erbringung von Wertpapierdienstleistungen oder Nebendienstleistungen an Kunden bzw. potenzielle Kunden*" übermittelt werden.

Zur Umsetzung von MiFID II ist es für die Institute daher erforderlich, den Kunden zumindest für bisher nicht erfüllte, angepasste oder neue Informationspflichten ein ordnungsgemäßes Informationspaket zum 03.01.2018 zur Verfügung zu stellen.

Die Informationspflichten sind bereits in der Kundenakquisition sowie auch in einer bereits bestehenden Kundenbeziehung bei eintretenden Veränderungen fortlaufend zu erfüllen, Art. 46 Abs. 4 der Delegierten Verordnung. Eine Differenzierung nach Privatkunden, professionellen Kunden und geeigneten Gegenparteien erfolgt nach Art. 49 der Delegierten Verordnung in Zukunft nicht mehr. 69

Die Informationen sind nach dem Wortlaut und dem Normzweck der Bestimmungen auf die *konkrete* Situation des Kunden auszurichten. Standardisierte Darstellungen sind nur noch möglich, wo definierte Gruppen von Kunden konkret in gleicher Weise betroffen sind.

Gemessen an den jeweiligen Kenntnissen und Erfahrungen eines Kunden oder der Kundenkategorie müssen die Informationen *redlich*, *eindeutig* und *nicht irreführend* im Sinne des Art. 24 Abs. 3 der Richtlinie 2014/65/EU abgefasst sein. Je nach sachlicher Komplexität ist es ggf. angezeigt mind. zwei Versionen zu verwenden, eine für Privatkunden und eine für professionelle Kunden und geeignete Gegenparteien.

Als Maßgabe für diese von der Kommission in Erwägungsgrund (3) der Delegierten Richtlinie genannte Aufgabe, „*... den regulatorischen Rahmen für ... eine bessere Aufklä-* 70

24.03.2017); http://www.davy.ie/binaries/content/assets/davypublic/legal/cakid/roi_cakid_2015.pdf (letzter Abruf am 24.03.2017).

rung der Kunden zu präzisieren ..." kann der Erwägungsgrund (14) dienen, der von einer *„maßgeschneiderten Offenlegung der Risiken"* spricht:

> „Um Finanzinstrumente oder Gelder von Kunden vor der Aneignung durch Dritte zu schützen, die Schulden oder Gebühren eintreiben wollen, die keine Schulden oder Gebühren des Kunden sind, sollten die Wertpapierfirmen Sicherungsrechten, Pfandrechten oder Aufrechnungsrechten in Bezug auf Vermögenswerte von Kunden nur zustimmen können, wenn dies nach dem anwendbaren Recht eines Drittlands vorgeschrieben ist. Um die Kunden auf die besonderen Risiken, die für sie in solchen Fällen bestehen, aufmerksam zu machen, sollte ihnen gegenüber **eine hinreichend maßgeschneiderte Offenlegung dieser Risiken erfolgen.**" [Herv. d. d. Verf.]

71 Die den Kunden mitzuteilenden Informationen können sich auf Finanzinstrumente und Gelder gemeinsam oder nur eines von beiden beziehen, insb. auf die sie jeweils betreffenden Geschäfte und Risiken des konkreten Kunden.

Implizite, nicht ausdrücklich definierte Informationspflichten der Kreditinstitute, die entstehen, wenn sie bestimmte Geschäfte abschließen oder Maßnahmen durchführen wollen, zu denen sie die Zustimmung des Kunden benötigen, werden nachfolgend nicht gesondert betrachtet. Solche Geschäfte können Wertpapierfinanzierungsgeschäfte, Geschäfte über die Verwendung seiner Finanzinstrumente oder Sicherungsvereinbarungen über seine Finanzinstrumente sein.

72 Die nachfolgenden Informationspflichten gelten **sowohl für Konten** über **Finanzinstrumente als auch** für **Geldkonten** eines Kunden und die dort verbuchten Vermögenswerte.

Das Kreditinstitut informiert den Kunden nach der **Delegierten Verordnung**

1. darüber, wo seine Finanzinstrumente oder Gelder im Namen des Instituts von einem Dritten gehalten werden können, Art. 49 Abs. 2;
2. über die Haftung des Kreditinstituts nach dem jeweils anwendbaren nationalen Recht für Handlungen oder Unterlassungen des eingeschalteten Dritten, Art. 49 Abs. 2;
3. über die Folgen einer Zahlungsunfähigkeit des eingeschalteten Dritten für den Kunden, Art. 49 Abs. 2;
4. wenn Konten des Kunden unter Rechtsvorschriften eines Drittstaates fallen oder fallen werden und weist ihn darauf hin, dass dies seine Rechte in Bezug auf die dort verbuchten Gegenstände beeinflussen kann, Art. 49 Abs. 5;

II.B.8 Schutz der Finanzinstrumente und Gelder von Kunden

5. über die Existenz und die Bedingungen eines etwaigen Sicherungs- oder Pfandrechts oder eines Rechts auf Verrechnung, welches das *Kreditinstitut* in Bezug auf die Konten des Kunden hat oder haben könnte, Art. 49 Abs. 6;
6. sowie darüber, dass ein *Dritter* ein Sicherungsrecht oder ein Pfandrecht bzw. ein Recht auf Verrechnung in Bezug auf die Konten des Kunden haben könnte, Art. 49 Abs. 6;[55]

Das Kreditinstitut informiert den Kunden nach der **Delegierten Richtlinie** ferner
1. nach Art. 2 Abs. 3 Unterabs. 2 darüber, dass er *nicht* in den Genuss des Schutzes der Richtlinie 2014/65/EU und der Delegierten Richtlinie und damit ihrer Bestimmungen über den Schutz des Kundenvermögens kommt,
falls die Bundesrepublik Deutschland gemäß Art. 2 Abs. 3 Unterabs. 1 der Delegierten Richtlinie *nur* auf mit Art. 2 Abs. 1 lit. d) und e) der Delegierten Richtlinie ‚*gleichwertigen Anforderungen*' vertraut, es also *nicht gewährleistet ist*, dass
   – alle bei einem Dritten hinterlegten Finanzinstrumente des Kunden in den Büchern des Dritten auf Konten geführt werden, die durch ihre unterschiedliche Benennung von den Konten und Finanzinstrumenten des Dritten und des Instituts unterschieden werden können, Art. 2 Abs. 3 Unterabs. 2;
   – die bei einer Zentralbank, bei einem im Drittstaat zugelassenen Kreditinstitut oder bei einem qualifizierten Geldmarktfonds hinterlegten Gelder des Kunden auf einem oder mehreren separaten Konten geführt werden, die von anderen Konten, auf denen Geldern des Instituts geführt werden, getrennt sind, Art. 2 Abs. 3 Unterabs. 2;
2. wenn es aufgrund des *zwingenden* Rechts eines Drittlands, in dem Finanzinstrumente oder Gelder des Kunden gehalten werden, verpflichtet ist, Vereinbarungen zu schließen, welche an diesen Vermögenswerten des Kunden Sicherungsrechte, Pfandrechte oder Aufrechnungsrechte zugunsten von Dritten begründen, welche es diese Dritten ermöglichen, über diese Vermögenswerte des Kunden zu disponieren, um Forderungen einzutreiben, die nicht mit dem Kunden oder den Dienstleistungen für den Kunden in Verbindung stehen, Art. 2 Abs. 4 Unterabs. 2; und[56]
3. über die damit für den Kunden verbundenen Risiken, Art. 2 Abs. 4 Unterabs. 2.

Folgende zusätzliche Informationspflichten nach der Delegierten Verordnung gelten für **Konten** eines Kunden **für Finanzinstrumente** und die dort gebuchten Vermögenswerte. Das Institut informiert den Kunden nach der **Delegierten Verordnung**

73

---

55 Diese allgemeine Informationspflicht hat einen unmittelbaren Bezug zu der wesentlich detaillierteren und im Folgenden skizzierten Unterrichtungspflicht nach Art. 2 Abs. 4 Unterabs. 2. Nach Art. 2 Abs. 4 der Delegierten Richtlinie dürfen Institute Belastungen von Kundenvermögen nur noch dann akzeptieren, wenn diese nach nicht-abdingbarem, also zwingendem Recht des Drittstaats erforderlich sind. Belastungen, welche sich nur nach dem Willen des dortigen Vertragspartners aus Verträgen ergeben, dürfen ohne vorherige und ausdrückliche Zustimmung des betroffenen Kunden – zukünftig nicht mehr akzeptiert werden (vgl. ESMA, Final Report v. 19.12.2014 – ESMA/2014/1569, S. 72, Rn 49). Nach Art. 49 Abs. 6 der Delegierten Verordnung ist über alle Belastungen zu informieren, die zulässigen Belastungen, die mit Zustimmung des Kunden vorgenommen und die unzulässigen Belastungen. Die beiden Informationspflichten sind also nicht inhalts- oder deckungsgleich.
56 Vgl. die Erläuterungen in der vorstehenden Fußnote.

1. darüber, dass seine Finanzinstrumente von einem eingeschalteten Dritten auf einem Sammelkonto geführt werden, falls dies nach dem jeweils anwendbaren nationalen Recht zulässig ist, Art. 49 Abs. 3; und
2. in einer Warnung „*deutlich*", d.h. hervorgehoben, über die damit für den Kunden verbundenen Risiken, Art. 49 Abs. 3;
3. darüber, dass seine Finanzinstrumente, die von einem eingeschalteten Dritten gehalten werden, nicht von den eigenen Finanzinstrumenten dieses Dritten oder den eigenen Finanzinstrumenten des Kreditinstituts getrennt gehalten werden, falls diese Trennungen nach dem jeweils anzuwendenden nationalen Recht nicht möglich sind, Art. 49 Abs. 4 und
4. in einer Warnung „*deutlich*", d.h. hervorgehoben, über die damit für den Kunden verbundenen Risiken, Art. 49 Abs. 4;
5. Bevor das Institut Wertpapierfinanzierungsgeschäfte im Zusammenhang mit Finanzinstrumenten, die es im Namen eines Kunden hält, eingeht oder
bevor es die betreffenden Finanzinstrumente für eigene Rechnung oder die eines anderen Kunden verwendet,
übermittelt es dem Kunden rechtzeitig vor der Verwendung der betreffenden Instrumente auf einem dauerhaften Datenträger
– klare, vollständige und zutreffende Informationen über die Rechte und Pflichten des Kreditinstituts in Bezug auf die Verwendung der betreffenden Finanzinstrumente und die Bedingungen für ihre Rückgabe sowie
– über die damit für den Kunden verbundenen Risiken, Art. 49 Abs. 7.

Nach der **Delegierten Richtlinie** informiert das Kreditinstitut den Kunden ferner, falls
1. es ihn als professionellen Kunden oder geeignete Gegenpartei eingestuft hat und mit ihm Finanzsicherheiten in Form der Vollrechtsübertragung vereinbart,
– über die damit für ihn verbundenen Risiken sowie die Auswirkungen dieser Sicherung auf seine die Finanzinstrumente und Gelder, Art. 6 Abs. 3.

74 Die folgenden zusätzlichen Informationspflichten gelten in Bezug auf **Gelder und Geldkonten** eines Kunden. Das Kreditinstitut informiert den Kunden nach der **Delegierten Richtlinie**
1. darüber, dass es Kundengelder bei einem qualifizierten Geldmarktfonds platzieren will und holt dazu seine ausdrückliche Zustimmung ein, Art. 4 Abs. 2 Unterabs. 3; sowie
2. darüber, dass die bei einem qualifizierten Geldmarktfonds platzierten Gelder nicht den in der Delegierten Richtlinie enthaltenen Anforderungen an den Schutz von Kundengeldern entsprechen, Art. 4 Abs. 2 Unterabs. 3.

75 Die in der Delegierten Richtlinie vorgesehenen Informationspflichten der Kreditinstitute gegenüber Kunden werden vom deutschen Gesetzgeber im WpHG in der Fassung des 2. FiMaNoG und dem WpDVerOV wie folgt umgesetzt.

- § 84 Abs. 2 Satz 4 WpHG setzt die Informationspflicht nach Art. 4 Abs. 2 Unterabs. 3 der Delegierten Richtlinie um.
- § 84 Abs. 8 Satz 2 WpHG transformiert die Informationspflicht nach Art. 6 Abs. 3 der Delegierten Richtlinie.
- § 10 Abs. 6 WpDVerOV i. d. F. des RefE BMF setzt die Informationspflicht nach Art. 2 Abs. 4 Unterabs. 2 der Delegierten Richtlinie um.

Zusätzlich und nicht ganz konsistent zu den Vorgaben der Delegierten Rechtsakte bestimmt § 84 Abs. 5 Satz 2 WpHG, dass für seinen Anwendungsbereich in der Auslandsverwahrung von „Wertpapieren" § 84 Abs. 2 Satz 6 „*entsprechend*" gilt:

> „Es hat dem Kunden unverzüglich darüber zu unterrichten, bei welchem Institut und auf welchem Konto die Kunden[**wertpapiere**] verwahrt werden und ob das Institut, bei dem die Kunden[**wertpapiere**] verwahrt werden, einer Einrichtung zur Sicherung der Ansprüche von Einlegern und Anlegern angehört und in welchem Umfang die Kunden[**wertpapiere**] durch diese Einrichtung gesichert sind."

Da kein Grund ersichtlich ist, dass die Depotkunden eines Kreditinstituts weniger informiert und gesichert sein sollen, als die Depotkunden eines Wertpapierdienstleistungsunternehmens *ohne* Erlaubnis für das Depot- und/oder Einlagengeschäft, ist diese Informationspflicht auch durch Kreditinstitute zu erfüllen.

Eine Erfüllung dieser laufenden Informationspflicht ist wohl nur denkbar, wenn die möglicherweise in Art. 2 Abs. 5 der Delegierten Richtlinie und in § 10 Abs. 10 WpDVerOV vorgeschriebene Informations-‚Datenbank' die gesamte Wahrverwahrkette lückenlos umfasst.

Weder in § 84 WpHG, noch in § 10 WpDVerOV werden die Informationspflichten nach Art. 2 Abs. 3 Unterabs. 2 der Delegierten Richtlinie umgesetzt. Danach müssen

> „die Wertpapierfirmen ihre Kunden darüber unterrichten, dass sie in solchen Fällen [d. h. keine segregierten Geldkonten und/oder Konten über Finanzinstrumente, sondern nur gleichwertige Anforderungen] nicht in den Genuss der Bestimmungen der Richtlinie 2014/65/EU und der vorliegenden Richtlinie kommen."

Diese Informationspflicht knüpft an Art. 2 Abs. 4 Unterabs. 1 der Delegierten Richtlinie an, der die Mitgliedstaaten – ohne Ermessen oder Ausnahme – verpflichtet, die zur Führung von segregierten Konten für Gelder und Finanzinstrumenten in der gesamten Verwahrkette „*gleichwertigen Maßnahmen*", d. h. die „*vergleichbaren Maßnahmen, die ein gleich hohes Maß an Schutz gewährleisten*" im Sinne des Art. 2 Abs. 1 lit. d) und e) der Delegierten Richtlinie zu definieren.

In § 10 Abs. 5 des WpDVerOV ist diese unbedingte Pflicht der Mitgliedstaaten/ihrer Aufsichtsbehörden in eine reine Ermessensregelung („*kann*") transformiert. Eine Definition der Anforderungen an „gleichwertige Maßnahmen" wird *nicht* gegeben. Diese Vorgaben festzulegen wird in § 10 Abs. 4 Nr. 4 WpDVerOV für Finanzinstrumente grundsätzlich den Wertpapierdienstleistungsunternehmen überlassen.

76

Exkurs:
Wesentliche Einschränkung des Kundenschutzes durch §10 Abs. 4 Satz 2 WpDVerOV:

In der nach national deutscher Konsultation finalen Fassung des §10 Abs. 4 Satz 1 WpDVerOV geht der Verordnungsgeber in Bezug auf die Nr. 4 im Satz 2 des §10 Abs. 4 WpDVerOV *unionsrechtswidrig* sogar noch einen Schritt weiter und bestimmt, dass ein Kreditinstitut mit Sitz im Inland, das über eine Erlaubnis für das Depotgeschäft verfügt, sowie ein in der Union/EWR zugelassener Zentralverwahrer, denen ein Wertpapierdienstleistungsunternehmen seine Kundenfinanzinstrumente zur Verwahrung anvertraut hat, *nicht als Dritte im Sinne des Satzes 1 Nummer 4* gelten.

Diese Ausnahmebestimmung führt dazu, dass das Wertpapierdienstleistungsunternehmen, das einer inländischen Depotbank Finanzinstrumente seiner Kunden anvertraut – entgegen den Vorgaben der Delegierten Richtlinie – *weder* sicherstellen muss, dass (i) diese inländische Depotbank/der Zentralverwahrer segregierte Depots für seine Kunden führt, *noch* dass diese inländische Depotbank/der Zentralverwahrer (ii) „*Maßnahmen, die ein* [segregierten Kunden-Depots] *vergleichbares Schutzniveau gewährleisten*" ergreifen muss.

Für Zentralverwahrer, die nach §2 Abs. 9 WpHG – jedoch *nur* in ihrer besonderen Funktion als letzter zentraler Kontoführer – nicht mehr Verwahrer im Sinne des WpHG/der MiFID II gelten, ist dies nach MiFID II korrekt.

In Bezug auf die inländische Depotbank, wird das Wertpapierdienstleistungsunternehmen dagegen – unionsrechtswidrig – von jeder Verantwortung, auch der laufenden auslagerungsrechtlichen Überwachungs- und Steuerungsverantwortung, für das Verhalten dieser inländischen Depotbank entbunden.

Damit wird jeder Depotkunde – Privatkunden, professionelle Kunden und auch eine geeignete Gegenpartei – des Wertpapierdienstleistungsunternehmens erheblich schlechter gestellt, als unter MiFID I – man könnte insoweit auch sagen: faktisch rechtlos gestellt.

Er kann sich im Falle einer Insolvenz, einer Unterschlagung oder sonstigen Beeinträchtigung seiner Rechte nur noch deliktsrechtlich an die dritte Depotbank/den Zentralverwahrer wenden, nicht dagegen an sein depotführendes Institut, welches dem Dritten die Finanzinstrumente ggf. ‚blind' weitergeleitet hat.

Offen ist ferner, was gelten soll, wenn die inländische Depotbank die ihr anvertrauten Kunden-Finanzinstrumente dann selbst im Ausland verwahren lässt, was in großem Umfang Praxis ist. Setzen dann die Überwachungs- und Steuerungspflichten des erstverwahren Wertpapierdienstleistungsunternehmens im Interesse seiner Depotkunden wieder ein und falls ja, ab welcher Verwahrebene?

Fraglich ist ferner, ob diese Ausnahme die entgegenstehenden unionsrechtlichen Bestimmungen für die Verwahrung von Finanzinstrumenten von OGAW- und AIF-Fonds aushebeln kann, falls nicht, gebe es für Wertpapierkunden zwei radikal unterschiedliche Schutzebenen.

Auch § 4 Abs. 1 Satz 1 DepotG vermag eine solche unionsrechtwidrige Aushebelung des Kundenschutzes nicht zu rechtfertigen, weder methodisch noch, noch materiell.

Für Kundengelder wird die Segregationspflicht entgegen den Vorgaben der Delegierten Richtlinie nur für Wertpapierdienstleistungsunternehmen *ohne* Erlaubnis für das Einlagengeschäft bestimmt.[57] Eine korrespondierende Informationspflicht gegenüber den Kunden wird ebenfalls nicht bestimmt. Eine unionsrechtskonforme Umsetzung der Delegierten Richtlinie liegt insoweit nicht vor. Damit ist auch insoweit eine unmittelbare Geltung der Delegierten Richtlinie möglich.

In Deutschland lassen Erstverwahrer ab der ihnen nachfolgenden zweiten Verwahrstufe traditionell bisher keine auf den Namen ihrer einzelnen (End-)Kunden lautende segregierte Depots für Finanzinstrumente führen, sondern nur ein auf ihren eigenen Namen lautendes Omnibus-Konto für alle ihre Kunden.

Nur aus der Fiktion des § 4 Abs. 1 Satz 1 des DepotG ist dem zweiten Verwahrer in der Verwahrkette bekannt, dass es sich in diesem Depot des Erstverwahrers um Finanzinstrumente von ihm im Einzelnen unbekannten Endkunden handelt. Diese Bestimmung gilt aber nur in Deutschland. Auf die außerhalb der deutschen Grenzen im Ausland erfolgende Verwahrung der Finanzinstrumente ist diese Bestimmung – insb. eigentumsrechtlich – nicht anwendbar. Dort gilt allein das in der Regel abweichende lokale Aufsichts- und Zivilrecht.

Die Namen der einzelnen Kunden, deren Finanzinstrumente in dem Omnibus-Konto des Erstverwahrers bei dem Zweitverwahrer verbucht sind, ergeben sich nur aus der Buchführung des Erstverwahrers. Ist diese nicht mehr existent, unerreichbar, unvollständig oder sonst unzutreffend, können die Depotkunden des Erstverwahrers grundsätzlich nicht nachweisen, welche und wie viele Finanzinstrumente in dem Omnibus-Konto des Erstverwahrers beim Zweitverwahrer ihnen gehören – zur Freude eines jeden Insolvenzverwalters.

Praxis-Tipp:

Bei diesem Omnibus-System handelt es sich im Sinne der Delegierten Richtlinie, ordnungsgemäße Funktion und Buchführung unterstellt, um eine nur im Inland ‚*gleichwertige Anforderung*'.

In der grenzüberschreitenden Verwahrung kann diese Unterstellung schon aufgrund des dort gelten anderen nationalen Zivilrechts *nicht* mehr herangezogen werden.

Ob und wann Gleichwertigkeit mit dem deutschen Eigentumskonzept vorliegt oder nicht und damit dort im Sinne des § 84 Abs. 5 WpHG verwahrt werden darf oder nicht, ist im Zweifel in jedem Einzelfall gegenüber dem Kunden nachzuweisen – die Gleichwertigkeit mit dem Depotgesetz ist keine europäische Vorgabe, sondern ein deutsches *Add on*.

---

[57] Vgl. hierzu Abschn. 3.4.1.

78 In Bezug auf Gelder der Kunden könnte § 84 Abs. 1 und 2 WpHG entgegen den Vorgaben der Delegierten Richtlinie implizit entnommen werden, dass es sich bei Kundengeldern, die Kreditinstituten mit der Erlaubnis für das Einlagengeschäft entgegennehmen, immer um Einlagen handelt, mit denen das Institut, wie jeweils von ihm gewünscht, ohne vorherige Zustimmung des Kunden verfahren kann, sich also nicht an Maßgaben des Kunden zu halten braucht – jedenfalls gilt für *Einlagen* das Segregationsgebot nicht.[58] Einer solchen Interpretationen dürften jedoch die Grundsätze zur Richtlinienkonformen Auslegung Europäischen Rechts entgegenstehen.

> **Praxis-Tipp:**
> Andernfalls müssten also deutsche Institute ihren Kunden nach Art. 2 Abs. 3 Unterabs. 2 der Delegierten Richtlinie mitteilen, dass weder ihre Finanzinstrumente, noch ihre Gelder den Bestimmungen der MiFID II zum Kundenschutz unterliegen – und zwar ohne, dass die tatsächlichen Umstände diesen Nachteil zwingend erfordern.

79 Es ist aus der Compliance-Sicht mit Blick auf Risikoanalysen und Maßnahmenpläne ferner von wesentlicher Bedeutung festzuhalten, dass sich aus den Bestimmungen zu MiFID II keinerlei Anhaltspunkte dafür ergeben, dass sich die Person eines in den zuvor skizzierten Informationspflichten genannten Dritten nur auf den in der jeweiligen ‚Verwahr-', oder ‚Geldkette' unmittelbar nachgeordneten nächsten Geschäftspartner eines Kreditinstituts oder nur auf Geschäftspartner in der Europäischen Union bezieht.

> **Praxis-Tipp:**
> Es ist, wie sich aus den materiellen Regelungen, insb. Art. 2 Abs. 1 lit. c), d) und f) der Delegierten Richtlinie, klar ergibt, jeweils die gesamte ‚Verwahr-' und/oder ‚Geldkette' umfasst, ausgenommen sind nur staatliche Zentralbanken und die letzten Zentralverwahrer. Der das Kundendepot und die Kundenkonten führende Erstverwahrer ist damit grundsätzlich, jedenfalls in der Informationsbeschaffung und -weitergabe an den Kunden, für die gesamte nachfolgende nationale und internationale Institutskette verantwortlich.

3.2.2 Besondere Informationspflichten gegenüber Aufsichts- und Abwicklungsbehörden und Insolvenzverwaltern

80 Ergänzend zu den besonderen Informationspflichten der Kreditinstitute gegenüber ihren Kunden nach Art. 49 der Delegierten Verordnung werden in Art. 2 Abs. 5 der Delegierten Richtlinie erstmals Pflichten begründet, bestimmte Informationen für die zuständigen Aufsichtsbehörden, bestellte Insolvenzverwalter und die Verantwortlichen für die Abwicklung insolventer Institute „*zur Verfügung zu halten*". Diese Informationspflichten sind in dem sie umsetzenden § 10 Abs. 10 WpDVerOV enthalten:

---

58 Vgl. hierzu Abschn. 3.4.1.

II.B.8 Schutz der Finanzinstrumente und Gelder von Kunden

1. Aufzeichnungen von internen Konten und Aufzeichnungen, aus denen die Salden der für jeden einzelnen Kunden des Wertpapierdienstleistungsunternehmens gehaltenen Gelder und Finanzinstrumente hervorgehen;
2. sofern das Wertpapierdienstleistungsunternehmen Kundengelder bei einer Zentralbank, einem Kreditinstitut, einem vergleichbaren ausländischen Institut oder einem qualifizierten Geldmarktfonds hinterlegt, Angaben zu den Konten, auf denen die Kundengelder gehalten werden sowie zu den [= ihren] diesbezüglichen Vereinbarungen mit dem Wertpapierdienstleistungsunternehmen;
3. sofern das Wertpapierdienstleistungsunternehmen Finanzinstrumente von Kunden bei einem Dritten verwahrt, Angaben zu den bei Dritten eröffneten Konten und Depots sowie zu den diesbezüglichen Vereinbarungen mit dem Wertpapierdienstleistungsunternehmen;
4. Angaben zu Dritten, die ausgelagerte Aufgaben des Wertpapierdienstleistungsunternehmens ausführen und Angaben zu den ausgelagerten Aufgaben;
5. Angaben zu den relevanten Mitarbeitern des Wertpapierdienstleistungsunternehmens, die an der Verwahrung von Finanzinstrumenten und Geldern von Kunden beteiligt sind, einschließlich Mitarbeitern, die dafür verantwortlich sind, dass das Wertpapierdienstleistungsunternehmen die Anforderungen, die zum Schutz der Vermögenswerte von Kunden gelten einhält; und
6. die Vereinbarungen, die für die Feststellung der Eigentumsverhältnisse an den Vermögenswerten von Kunden relevant sind.

Vergleicht man die deutsche Fassung dieser Informationspflichten mit derjenigen der Delegierten Richtlinie fällt auf, dass es das Bemühen des Normgebers sein könnte, die Anwendbarkeit der Informationspflichten und damit auch der Inhalte auf das Verhältnis des jeweiligen (Erst-)Verwahrers zu dem ihm unmittelbar nachgelagerten Verwahrer zu beschränken und die Verantwortung des jeweiligen Verwahrers für die gesamte ihm nachfolgende Verwahr- und Geldkette auszuschließen. Dagegen ergibt sich aus dem jeweiligen Gebrauch des Plurals in der Delegierten Richtlinie und ihrem Normzweck, dass gerade dies *nicht* gewollt ist. *81*

Zweck des Art. 2 Abs. 5 der Delegierten Richtlinie ist es *nicht*, den Informations*berechtigten* die Ermittlungslast für die konkreten vollständigen Verwahr- und Geldketten aufzuerlegen, also ein Auskunftsersuchen nach dem anderen, auch im Ausland, zu erlassen – sofern letzteres überhaupt aufsichtsrechtlich zulässig ist. Der Normzweck des Art. 2 Abs. 5 der Delegierten Richtlinie wird nur erreicht, wenn jeder Verwahrer und Führer der begleitenden Geldkonten über die definierten Informationen für die *gesamten* ihm nachgelagerten Ketten verfügt.

> **Praxis-Tipp:**
> Bei der Zusammenstellung dieser Informationen wird man im ersten Schritt erkennen, dass die geordnete Verknüpfung der geforderten Daten zu den einzelnen Kunden aus den jeweiligen Verwahr- und Geldketten in der Regel eine entsprechend strukturierte relationale Datenbank erfordern dürfte. Aus der typischen Depotbuchhaltung ergeben sich diese Kunden bezogen zu verknüpfenden Daten in der Regel nicht und lassen sich

dort auch nicht geordnet verarbeiten und auf Nachfrage unverzüglich zur Verfügung stellen.

Im zweiten Schritt wird es möglich sein, die dem Erstverwahrer fehlenden Daten in den jeweiligen Ketten bei den deutschen Geschäftspartnern bis hin zum deutschen Zentralverwahrer zu erfragen. Innerhalb der Mitgliedstaaten der EU wird dies auf Sicht ebenfalls möglich sein, da alle dort verwahrenden Kreditinstitute denselben Anforderungen unterliegen.

Bei einem Unterverwahrer in einem Drittstaat außerhalb der EU/des EWR wird man dagegen in der Regel auf Unverständnis und Ablehnung stoßen. Die Verwahrer dort werden sich nicht freiwillig diesen potenziell kostenintensiven Anforderungen unterwerfen. Sie werden sich in der Regel zumindest auf den Schutz ihrer Betriebsgeheimnisse berufen. Die Beschaffung der notwendigen Informationen außerhalb der Europäischen Union wird daher zurzeit vielfach tatsächlich und/oder rechtlich unmöglich sein. Die Haltung der Kommission/der ESMA dazu bleibt abzuwarten.

82 Auch der Zeitpunkt oder die Frist, innerhalb der diese Informationen „*zur Verfügung zu halten*" sind, ist nicht eindeutig bestimmt.

Die englische Fassung der Delegierten Richtlinie spricht von „*information to be made available*", welches die deutsche Fassung mit „*zur Verfügung zu haltenden Information*" übersetzt. § 10 Abs. 10 WpDVerOV wählt die Formulierung „*auf Anfrage zur Verfügung zu stellen*".

Auf der letzteren Grundlage wird in der Praxis teilweise vorgeschlagen, die längste in § 104 Abs. 2, 4 InsO[59] in anderem Kontext genannte Frist von fünf Werktagen zur Konkretisierung anzuwenden. Dem liegt offenbar die Auffassung zu Grunde, dass es zulässig sein müsse, die vorgeschriebenen Informationen erst nach Eingang einer Anfrage zu sammeln und zusammenzustellen.

Diese nicht dem Normzweck[60] entsprechende Auslegung hat ihren nachvollziehbaren Grund vornehmlich darin, dass die betroffenen Institute, zumindest im grenzüberschreitenden Geschäftsverkehr, nicht über alle erforderlichen Informationen oder nicht in der notwendigen Granularität verfügen und die vorhandenen Informationen zudem nicht ‚auf Knopfdruck' aus einem System abrufbar sind – und bisher auch nicht verfügbar sein müssen.

Nach dem Normzweck ist es dagegen kaum zu bestreiten, dass die relevanten Informationen permanent aktuell und sofort lieferbar zur Verfügung gehalten werden müssen, da die Hoheitsträger ansonsten im Krisenfall doch ‚blind' entscheiden müssten. Bekommen sie

---

59 Insolvenzordnung (InsO) v. 05. 10. 1994 (BGBl. I S. 2866), zuletzt geändert durch Art. 24 Abs. 3 des Gesetzes v. 23. 06. 2017 (BGBl. I S. 1693).

60 Es ist schwer vorstellbar, dass die Träger hoheitlicher Aufgaben, für die diese Informationen ab dem 03. 01. 2018 für hoheitliche Tätigkeit zur Verfügung, d. h. zum sofortigen Zugriff offenstehen sollen, fünf Werktage, also längstens sieben Tage werden warten sollen, bevor sie bei einer drohenden Bankinsolvenz oder bei einer akuten Gefährdung von Kundenvermögen Entscheidungen treffen.

die Daten nicht oder nicht rechtzeitig und entscheiden falsch, wer trägt dann dafür die Verantwortung und wer hat den ggf. entstandenen Schaden auszugleichen? Auch zur Erfüllung der zuvor skizzierten Informationspflichten gegenüber den Kunden insb. nach Art. 49 der Delegierten Verordnung sind die in Art. 2 Abs. 5 der Delegierten Richtlinie aufgezählten Informationen zwingend erforderlich.

Angesichts der noch nicht klar erkennbaren praktischen Maßgaben und der Komplexität der Informationspflichten gegenüber Kunden und berechtigten Hoheitsträgern ist es gegenwärtig schwierig, erste Vorschläge für Umsetzungen in einem Institut zu unterbreiten. Eines ist aber zu erkennen, uneingeschränkte Compliance zum 03.01.2018 wird aus tatsächlichen Gründen mit an Sicherheit grenzender Wahrscheinlichkeit nicht erreicht werden.

83

Praxis-Tipp:

Zunächst sollte untersucht werden, welche Verwahr- und Geldketten das Kreditinstitut für die Durchführung des Depotgeschäfts und ggf. auch für die Ausführung der Verwahrstellenfunktion und/oder der Unterverwahrfunktion für OGAW-Fonds und/oder AIF-Fonds mit seinen Kunden nutzt.

Diese Analyse kann ergeben, dass das Kreditinstitut für Finanzinstrumente und Gelder jeweils unterschiedliche unmittelbare Geschäftspartner nutzt. Die Vereinbarungen mit ihnen liegen vor. Sie sollten ebenso wie die Dokumentation ihrer Durchführung darauf hin analysiert werden, ob darin die an die Kunden und die Hoheitsträger zukünftig zu gebenden Informationen vollständig enthalten sind.

Ist dies nicht der Fall, müssten die Vereinbarungen zusammen mit den Geschäftspartnern entsprechend ergänzt und die Dokumentationen zukünftig erweitert werden. Als Leitfaden hierfür kann die obige Übersicht und/oder der Text des Art. 2 Abs. 5 der Delegierten Richtlinie dienen.

Diese Geschäftspartner, soweit sie ihren Sitz und ihre Geschäftsaktivitäten in der Europäischen Union haben, sollten selbst an der Informationsbeschaffung interessiert sein, da sie die entsprechenden Informationspflichten gegenüber dem Kreditinstitut als ihrem eigenen Kunden haben.

Setzen die Geschäftspartner des Kreditinstituts unmittelbar selbst eigene Geschäftspartner ein, um ihre Dienstleistungen gegenüber dem Kreditinstitut zu erbringen, müssen diese Analysen in gleicherweise auch auf dieser Ebene erfolgen. Soweit alle Beteiligte ihre diesbezüglichen Aktivitäten in der Europäischen Union ausführen, unterliegen sie alle den gleichen aufsichtsrechtlichen Vorgaben. Daher sollte es dabei keine unüberwindlichen Probleme geben.

Haben die Geschäftspartner ihren Sitz und ihre Aktivitäten außerhalb der europäischen Union und gelten in diesem Drittstaat nicht ganz oder nicht teilweise ähnliche aufsichtsrechtliche Regeln, dürfte die Beschaffung der Informationen nur bei freiwilliger Mitwirkung realisierbar sein.

Wenn sich für das Kreditinstitut aus diesen Bemühungen ergibt, dass es die für die Information seiner Kunden und der Hoheitsträger erforderlichen Informationen nicht oder nicht vollständig erhält, stellt sich die Frage nach den Konsequenzen.

Im ersten Schritt müssten die jeweils betroffenen Kunden nach Art. 49 der Delegierten Verordnung über die vorliegenden Informationen sowie darüber ordnungsgemäß informiert werden, dass bestimmte, für ihre Investitions- und Risikoentscheidungen wesentlichen und aufsichtsrechtlich erforderlichen Informationen aktuell nicht beschafft werden können.

Geschieht dies nicht, könnten aus einer solchen unterlassenen Informationen bei einem kausalen Schaden der Kunden, z. B. Verlust seiner Finanzinstrumente oder Gelder in einer ausländischen Insolvenz, teure Ersatzansprüche folgen.

Im zweiten Schritt müssten die betroffenen Kunden über die für sie aufgrund des Informationsdefizits folgenden (Verlust-)Risiken informiert und gebeten werden zu entscheiden, ob sie ihre Finanzinstrumente oder Gelder dort belassen wollen oder nicht. Dazu sollten die Kunden darüber informiert werden, ob es möglich ist, ihre betroffenen Vermögenswerte an einen sicheren oder relativ sichereren Ort zu verlegen. Entscheidet sich der Kunde für eine Maßnahme, ggf. auch für eine Desinvestition, sind seine Weisungen auszuführen. Eine entsprechende Dokumentation der Vorgänge ist erforderlich.

Reagiert der Kunde nicht oder entscheidet sich der Kunde nicht, stellt sich die Frage, ob das Kreditinstitut berechtigt ist, die Situation unverändert zu lassen oder nicht.

Ist die konkrete Situation aufsichtsrechtlich zulässig, besteht nach Mitteilung aller verfügbaren, ggf. laufend aktualisierten Informationen an den Kunden aus aufsichtsrechtlicher Sicht kein Handlungsbedarf. Ob sich dies aus zivilrechtlicher Perspektive ggf. anders darstellt, ist anhand der Vereinbarungen mit und der Vollmachten des Kunden zu prüfen.

In unklaren Situationen sollte der betroffene Kunde jedenfalls so gut wie möglich weiter informiert und auf ihn unterhalb des Levels einer Anlageberatung eingewirkt werden, eine angemessene risikoorientierte Entscheidung zu treffen.

Die Möglichkeit, Kunden nicht über erkannte oder vermutete Risiken zu informieren besteht wohl nicht und könnte im Zweifel auch strafrechtliche Folgen (z. B. Untreue) haben, wenn dem Kreditinstitut im Einzelfall eine Vermögensbetreuungspflicht gegenüber einem Kunden obliegt.

Aus Compliance-Sicht sollte parallel geprüft und geschäftspolitisch entschieden werden, ob Kunden Geschäfte in Finanzinstrumenten noch ermöglicht oder empfohlen werden sollen, deren Abwicklung und/oder weitere Betreuung in Drittstaaten erfolgen müsste, aus denen keine ausreichenden Informationen für die aufsichtsrechtlich erforderliche Unterrichtung des Kunden erlangt werden können. Dies kann je nach Risikoneigung des Instituts auch bedeuten, keine Geschäfte mehr z. B. in den USA, in Japan oder China auszuführen oder zu betreuen.

Bereits aus diesen ersten Überlegungen wird deutlich, dass ein einzelnes Kreditinstitut ökonomisch nicht in der Lage ist, alle diese Fragen selbst zu lösen oder zu erledigen.

Es ist daher sinnvoll, hierfür zentrale und spezialisierte Dienstleister im Auslagerungswege einzuschalten. Diese könnten und müssten dann auch die Bereitstellung der nach Art. 2 Abs. 5 der Delegierten Richtlinie und des § 10 Abs. 10 WpDVerOV erforderlichen Informationen für die berechtigten Hoheitsträger zur Verfügung zu halten. Damit lägen dann auch die Informationen für die Unterrichtung der Kunden vor.

Zentrale Dienstleister verfügen sicherlich über eine höhere Durchsetzungskraft in der Informationsbeschaffung, als das einzelne Institut. Aber auch sie sind weder rechtlich noch faktisch in der Lage, alle Probleme in Drittstaaten zu lösen, die das europäische Aufsichtsrecht vorgibt. Es kann auch danach immer noch sinnvoll oder geboten sein, dass sich ein Kreditinstitut risikoorientiert und ökonomisch entscheidet, seinen Kunden bestimmte Geschäfte nicht mehr anzubieten.

Parallel zu den zuvor skizzierten Maßnahmen empfiehlt sich die Entwicklung einer instituts- und/oder kundengruppenspezifischen zusammengefassten Information darüber, nach welchen geschäftspolitischen Vorgaben, operativen Grundsätzen sowie mit welchen Verfahren und Mitteln das Kreditinstitut den Schutz der Vermögenswerte seiner Kunden sicherstellt.

Diese Informationsbroschüre zum Schutz des Kundenvermögens sollte zugleich als ausführliche Basisinformation für spätere kundengruppen- und/oder kundenspezifische Detailinformationen dienen können, sodass sich in zeitkritischen Fällen ausführliche Erläuterungen der relevanten Zusammenhänge bei der Erstellung konkreter Kundeninformationen im Einzelfall erübrigen. In einer solchen Broschüre könnten auch die vom Institut generell benutzten Verwahrketten, die damit verbundenen Länderrisiken sowie nicht angebundene Staaten dargestellt werden.

Auf diese Weise ließen sich fast alle zuvor genannten Informationspflichten grundsätzlich abdecken, sodass nur noch kundenspezifische Informationen im Einzelfall zu geben wären.

Als Anregung für die Erstellung solcher Informationen, die zum Teil auch von dem zentralen Dienstleister erstellt werden könnten, kann das bereits genannte CAKID der Central Bank of Ireland dienen.

3.3 Neue Akzente beim Schutz von Kundenfinanzinstrumenten

3.3.1 Ausführliche unionsrechtliche Erwägungsgründe

Der Erwägungsgrund (104) der Richtlinie 2014/65/EU zu MiFID II dokumentiert eine wesentliche Folgerung des Europäischen Parlaments und des Rates aus der Finanzkrise der Jahre 2008 und folgende: Es soll allen Anlegern, nicht nur Privatkunden im Einklang mit ihrer jeweiligen Kundenkategorie im Rahmen der Neufassung von MIFDI II ermöglicht werden, die mit ihren Investitionen verbundenen Risiken besser zu erkennen. Dies gelte auch für die Bestimmungen über den Schutz ihrer Finanzinstrumente und Gelder.

Art. 16 Abs. 8 (Schutz der Kundenfinanzinstrumente), Abs. 9 (Schutz der Kundengelder) und Abs. 10 (Verbot der Vereinbarung zur Vollrechtsübertragung von Finanzinstrumenten mit Privatkunden) in MiFID II enthalten die Grundlagen für korrespondierende Regelungen

84

in den Delegierten Rechtsakten. Bis auf den neu eingeführten Abs. 10 entsprechen sie inhaltlich den Vorgängerregelungen in Art. 13 Abs. 7 und 8 der Richtlinie 2004/39/EG zu MiFID I.

85 Die Vorgaben des Art. 13 Abs. 7 und 8 der MiFID I wurden durch die Art. 16 bis 20 der Durchführungsrichtlinie 2006/73/EG konkretisiert. In Deutschland wurden sie durch den bisherigen § 34a WpHG und unmittelbar durch die bisher geltenden §§ 9a und 14a WpDVerOV transformiert. Die deutsche Unternehmenspraxis blieb dennoch ambivalent.

Für die Umsetzung des Art. 16 Abs. 8 bis 10 MiFID II hatte die Kommission zur Sicherstellung einer einheitlichen Umsetzung im gesamten Binnenmarkt ursprünglich eine unmittelbar geltende Delegierte Verordnung vorgesehen. Auf Einwand der Mitgliedstaaten, die sich einen Umsetzungsspielraum erhalten wollten, erfolgte der Schwenk auf eine Delegierte Richtlinie. Ein grenzüberschreitendes ‚*level palying field*' ist damit nicht mehr gegeben.

Die konkretisierenden Regelungen zu Art. 16 Abs. 8 bis 10 MiFID II finden sich aktuell in den Erwägungsgründen (2) bis (14) sowie den Art. 2 bis 8 der Delegierten Richtlinie. Diese Regelungen werden – teilweise – in den §§ 81 Abs. 5, 84, 89 WpHG umgesetzt. Weitere Teile wurden im Rahmen der Neufassung der WpDVerOV 2017 transformiert.

86 Vergleicht man die Inhalte der sich entsprechenden Bestimmungen in der Richtlinie 2006/73/EG mit denjenigen der Delegierten Richtlinie und lässt die neu eingefügten Themen zunächst außer Betracht, so ist festzustellen, dass die bisherigen Texte nur in einigen wenigen Details klargestellt und ergänzt werden.

Ins Auge fallen dagegen die sehr ausführlichen neuen Erwägungsgründe, sowohl für die bekannten bisherigen Regelungen, als auch für die inhaltlich neuen Vorgaben. Diese sind nach der Rechtsprechung des EuGHs für die Auslegung und Anwendung beider Regelungsbereiche auch national maßgeblich und dürften daher ergänzt durch ESMA *Guidelines* und *Frequently Asked Questions* die Auslegung und Anwendung auch der bereits geltenden Pflichten wesentlich beeinflussen.

Zur Verdeutlichung der auch operativen Bedeutung dieser Tendenz sollen die nachfolgend skizzierten Regelungsbereiche dienen.

3.3.2 Verantwortung des Erstverwahrers für Lieferungen von Finanzinstrumenten in der Verwahrkette

87 Die Art. 2 Abs. 1 bis 3 und Art. 3 Abs. 1 bis 3 der Delegierten Richtlinie blieben im Vergleich zu der vorgehenden Durchführungsrichtlinie so gut wie unverändert. Sie gestatten es den Kreditinstituten, unter bestimmten Voraussetzungen die Finanzinstrumente der Kunden Dritten anzuvertrauen, auch Dritten im Ausland und in Drittstaaten.

In der Praxis betrachtet ein Kreditinstitut jedoch beinahe ausschließlich seinen nächsten Vertrags- und Verwahrpartner und überlässt ihm die Einschaltung und Auswahl von weiteren Verwahrern und damit aus ihrer Sicht auch die Verantwortung für die Verwahrkette.

Der bisherige Wortlaut, der in § 14a Abs. 1, 2 WpDVerOV a. F. nicht eindeutig in das deutsche Recht transformiert wurde, lässt dagegen auch eine Auslegung dahin zu, dass der Erstverwahrer für die gesamte Verwahrkette verantwortlich ist. Dieses Verständnis wird nunmehr durch den Erwägungsgrund (11), insb. Satz 2 der Delegierten Richtlinie verbindlich vorgegeben:

„Um beim Anlegerschutz einen hohen Standard zu wahren, sollten Wertpapierfirmen, die für Kunden gehaltene Finanzinstrumente auf einem oder mehreren bei einem Dritten eröffneten Konten hinterlegen, bei der Auswahl, Bestellung und regelmäßigen Überprüfung dieses Dritten sowie bei den für das Halten und die Verwahrung dieser Finanzinstrumente getroffenen Vereinbarungen mit der gebotenen Professionalität und Sorgfalt verfahren. Um sicherzustellen, dass die Finanzinstrumente jederzeit mit gebührender Sorgfalt behandelt und geschützt werden, sollten die Wertpapierfirmen im Rahmen ihrer Sorgfaltspflicht auch die Sachkenntnis und Marktreputation anderer Dritter berücksichtigen, dem der ursprüngliche Dritte, bei dem sie Finanzinstrumente hinterlegen könnten, Funktionen in Bezug auf das Halten und die Verwahrung von Finanzinstrumenten übertragen haben könnte."

Diese Tendenz, die auch eine an dieser Stelle noch nicht näher definierte Verantwortung des Erstverwahrers für einen *erfolgreichen* Schutz des Vermögens seiner Kunden umfasst, wird durch die Ergänzungen des neuen Abs. 4 des Art. 3

„Die Mitgliedstaaten stellen sicher, dass die Anforderungen der Abs. 2 und 3 auch dann gelten, wenn der Dritte Aufgaben in Bezug auf das Halten und die Verwahrung von Finanzinstrumenten einem anderen Dritten übertragen hat."

sowie des letzten Halbsatzes in Art. 2 Abs. 2 der Delegierten Richtlinie gestützt:

„Sollten die Wertpapierfirmen aufgrund anwendbarer Rechtsvorschriften, insb. von Eigentums- oder Insolvenzvorschriften, Abs. 1 dieses Artikels zum Schutz der Kundenrechte nicht einhalten können, um die Anforderungen des Art. 16 Abs. 8 und 9 der Richtlinie 2014/65/EU zu erfüllen, so verlangen die Mitgliedstaaten von den Wertpapierfirmen, Vorkehrungen zu treffen, um zu gewährleisten, dass die Vermögenswerte der Kunden geschützt sind und die in Abs. 1 dieses Artikels festgelegten Ziele erreicht werden."

Zu diesen Zielen gehören insb. folgende:

"c) sie müssen ihre internen Konten und Aufzeichnungen regelmäßig mit denen **aller Dritten**, die diese Vermögensgegenstände halten, abstimmen; [Herv. d. d. Verf.]

d) sie müssen die notwendigen Maßnahmen treffen, um zu gewährleisten, dass alle gemäß Art. 3 bei **einem Dritten** hinterlegten Finanzinstrumente von Kunden … [Herv. d. d. Verf.]

f) sie müssen angemessene organisatorische Vorkehrungen treffen, um das Risiko, dass die Vermögenswerte des Kunden oder die damit verbundenen Rechte aufgrund einer missbräuchlichen Verwendung der Vermögenswerte oder aufgrund von Betrug, schlechter Verwaltung, unzureichender Aufzeichnung oder Fahrlässigkeit verloren gehen oder geschmälert werden, so gering wie möglich zu halten."

Die letztgenannte aufsichtsrechtliche Vorsorge- und Risikominderungspflicht ist nicht auf den in der Verwahr- oder Geldkette nächsten Geschäftspartner begrenzt. Er bezieht sich im relevanten Kontext auf die gesamte Verwahrkette.

Die Vorgabe in Art. 3 Abs. 4 ist isoliert in § 10 Abs. 3 WpDVerOV enthalten. Die Umsetzung der Vorgabe in Art. 2 Abs. 2 der Delegierten Richtlinie ist bisher ebenso wenig zu erkennen, wie die bereits skizzierte korrespondierende Informationspflicht gegenüber den Kunden nach Art. 2 Abs. 3 Unterabs. 2 der Delegierten Richtlinie.

Die Umsetzung des Art. 2 Abs. 1 lit. a) bis f) der Delegierten Richtlinie in § 10 Abs. 4 Satz Nr. 1. bis 5 des WpDVerOV bleibt im Vergleich zu den detaillierten Vorgaben der Delegierten Richtlinie ebenfalls nur sehr allgemein und unvollständig und wird zudem durch den Satz 2 der Norm noch weitergehend unionsrechtswidrig eingeschränkt. Diese Defizite müssen durch die Rechtsprechung des EuGHs zur unionsrechtskonformen Auslegung und Anwendung sachlich wieder korrigiert/die Delegierte Richtlinie unmittelbar angewandt werden.

88 Die Begründung und Klarstellung der Verantwortung auch des Erstverwahrers in der gesamten Verwahrkette realisiert sich auch bei der Durchführung von Wertpapierlieferungen im Ausland.

89 **Beispiel:**
Vom Depotkunden des Erstverwahrers an der Börse in New York verkaufte US-amerikanische Aktien müssen im Auftrag des Kunden an den örtlichen Käufer geliefert werden. Solche Aktien werden in der Verwahrkette nicht in gesonderten Depots der DTC geführt, die auf den Namen des Kunden lauten, sondern in einem Sammeldepot einer US-amerikanischen Bank bei der DTC.

Dieser Sammelbestand wird bei dem bei Privatkundengeschäften üblichen Volumen in der Regel immer genügend Aktien der verkauften Art enthalten, selbst wenn der Kunde seine gerade erst selbst gekauften und sodann im Day-Trading sofort weiterverkauften Aktien dort noch nicht geliefert, d. h. gutgeschrieben erhielt.

Da weder die DTC noch der ihr vorgehende US-Verwahrer in Bezug auf das Sammeldepot weiß, wer der letzte wirtschaftlich Berechtigte ist, für den die bei ihnen hinterlegende Bank das „security entitlement" an den Aktien hält, wird sie die Lieferung auch ausführen, wenn der Kunde seine weiterverkauften Aktien, z. B. aufgrund einer Insolvenz seines Verkäufers, nie erhält. Dieses Deckungsgeschäft wird bei ihnen grundsätzlich nicht geprüft und kann dort mangels entsprechender Informationen nicht geprüft werden. Diese Lieferung erfolgt dann logischerweise zulasten eines anderen Mitberechtigten an dem Sammeldepot.

Aus der Perspektive und der Terminologie des Depotgesetzes kann man die Nichtprüfung des verfügbaren Bestandes des eigentlich lieferpflichtigen Berechtigten durch den Erstverwahrer als strafbare Depotunterschlagung nach § 34 DepotG werten. Dabei ist zu beachten, dass nur der Erstverwahrer weiß, welcher seiner Kunden der Lieferpflichtige ist.

> Die BaFin hat diese Gefahrenlage in den Jahren 2015 und 2016 konkret aufgegriffen und von den Depots als (Erst-)Verwahrer führenden Kreditinstituten in Deutschland verlangt, dass sie durch entsprechende eigene (oder ausgelagerte) Verfahren und Kontrollen auch im Ausland sicherstellen, dass im Falle von dort von ihnen geführten/veranlassten Sammelkonten oder Omnibusdepots nur dann für einen konkreten Kunden im Settlement beliefert wird, wenn dieser vor Ort tatsächlich über die entsprechenden Wertpapiere in der erforderlichen Menge verfügt. Dies erfordert bankübergreifende Daten-, Kommunikations- und Überwachungsstrukturen.
>
> Dies bedeutet, dass die Belieferung ohne Rücksicht auf die nachfolgende Anschluss-Disposition und Lieferfrist des Kunden erst dann ausgeführt werden darf, wenn er nachgewiesener Maßen selbst ausreichend Bestand hat oder die von ihm erwartete Lieferung vor Ort tatsächlich eingetroffen ist. Ein ggf. dadurch verzögertes Settlement seitens des Kunden kann für ihn Schadensersatzzahlungen an seinen Käufer wegen Verzugs oder zukünftig auch Strafzahlungen für den Erstverwahrer auslösen.
>
> Über diese Zusammenhänge muss der Kunde vom (Erst-)Verwahrer informiert werden. Ferner muss der (Erst-)Verwahrer selbst geeignete Vorkehrungen treffen, insb. international, dass sein Settlement-Auftrag beim letzten Verwahrer oder Zentralverwahrer erst ausgeführt wird, wenn die Deckungslieferung des Kunden eingegangen ist oder er dort im Übrigen genügend Bestand hat. Auch wenn der Kunde genügend Bestand auf einem anderen Depot eines weiteren Verwahrers hat, darf das Settlement erst durchgeführt werden, wenn dieser andere Bestand durch vorherige Umlegung/Depotübertrag am korrekten Lieferort eingetroffen ist.

Für diese Anforderung gab es bisher weder eine ausdrückliche europäische, noch eine deutsche Norm, wenn man von § 34 Abs. 1 DepotG absieht. Nun werden durch Art. 5 Abs. 3 der Delegierten Richtlinie diese Pflichten in der Belieferung ausdrücklich für den das Kundendepot führende erstverwahrende Kreditinstitut im Inland begründet. *90*

„Die Mitgliedstaaten sorgen dafür, dass die Wertpapierfirmen angemessene Maßnahmen ergreifen, um die unbefugte Verwendung der Finanzinstrumente von Kunden für eigene Rechnung oder für Rechnung einer anderen Person zu verhindern, beispielsweise:
a) Abschluss von Vereinbarungen mit den Kunden über die von der Wertpapierfirmen zu treffenden Maßnahmen für den Fall, dass die Rückstellungen auf dem Konto des Kunden am Erfüllungstag nicht ausreichen, wie etwa Leihe der entsprechenden Wertpapiere im Namen des Kunden oder Auflösung der Position;
b) genaue Beobachtung der eigenen voraussichtlichen Lieferfähigkeit am Erfüllungstag durch die Wertpapierfirma und Vorsehen von Abhilfemaßnahmen, für den Fall, dass die Lieferfähigkeit nicht gegeben ist; und
c) genaue Beobachtung und prompte Anforderung nicht gelieferter Wertpapiere, die am Erfüllungstag und darüber hinaus noch ausstehen."

Die Transformation dieser Vorgabe ist im WpHG nur in Form des allgemeinen Obersatzes in § 84 Abs. 4 S. 3 enthalten, die Regelmaßnahmen fehlen hier jedoch.

In § 84 Abs. 6 WpHG findet sich weiterhin nur noch die in Art. 5 Abs. 2 der Delegierten Richtlinie enthaltene Regelung für zulässige *Wertpapierfinanzierungs- und Leihgeschäfte* mit Finanzinstrumenten Dritter. Sofern deren Vorgaben eingehalten sind, können die Finanzinstrumente Dritter bei genauer Dokumentation und Zuordnung zum jeweiligen Verleiher genutzt werden. Die hierzu korrespondierende Überwachungsbestimmung und Überwachungspflicht enthält Art. 5 Abs. 4 der Delegierten Richtlinie.

Art. 5 Abs. 3 der Delegierten Richtlinie, der dort fälschlicherweise integriert wurde, betrifft dagegen nach seinem eindeutigen Wortlaut ausdrücklich nicht die Fälle der Wertpapierleihe oder Wertpapierfinanzierung bereits im Bestand des Kunden befindlicher Finanzinstrumente durch Dritte, sondern die ausstehende Belieferung von Verkaufsgeschäften über Finanzinstrumente durch den Kunden/Depotinhaber, wie im letztgenannten Beispiel skizziert.

Daher widerspricht die Beschränkung der Vorgaben des Art. 5 Abs. 3 in der Umsetzung der §§ 86 Abs. 6 WpHG; 10 Abs. 7 der WpDVerOV auf Wertpapierfinanzierungsgeschäfte und Wertpapierleihen, nicht nur der Logik, sondern auch dem eindeutigen Wortlaut und Normzweck dieses Artikels.

Formal und materiell wurde Art. 5 Abs. 3 der Delegierten Richtlinie daher in § 10 Abs. 7 WpDVerOV nicht, bzw. nicht korrekt in deutsches Recht umgesetzt. Da dieser Art. 5 Abs. 3 hinreichend klar und bestimmt genug ist, ist er nach der Rechtsprechung des EuGHs bei nationaler Nichtumsetzung unmittelbar anzuwenden.

91 Der Sache nach handelt es sich bei Art. 5 Abs. 3 der Delegierten Richtlinie um eine *Erfolgsverantwortung* des das Kundendepot führenden, erstverwahrenden Kreditinstituts. Ein bestimmter Erfolg: die Ausführung von Wertpapierlieferung für einen Kunden mit fremden Wertpapieren, muss „*verhindert*" werden. Dafür grundsätzlich geeignete Maßnahmen werden beispielhaft, aber nicht abschließend genannt.

Wird dieser aufsichtsrechtlich missbilligte Erfolg zugunsten eines Dritten vom Verwahrer des berechtigten Depotinhabers, also auch und in erster Linie vom Erstverwahrer, der allein weiß, welche Finanzinstrumente welchem seiner Kunden gehören, nicht verhindert, dürfte in der Regel der Straftatbestand des § 34 Abs. 1 DepotG gegeben sein. Der nach § 15 des Strafgesetzbuches erforderliche (zumindest bedingte) Vorsatz sollte bei fehlenden organisatorischen Vorkehrungen keine allzu große Hürde für einen Staatsanwalt sein.

92 Ob eine Verletzung dieser aufsichtsrechtlichen Pflicht durch das Kreditinstitut, seinen Unterverwahrer oder Auslagerungsdienstleister den als Eigentümer geschädigten Kunden zu Schadensersatzansprüchen berechtigt, ist noch nicht entschieden, aber wohl anzunehmen.

Der Kunde, dessen Verkäufe nicht rechtzeitig beliefert wurden, könnte den ihm entstandenen Verzögerungsschaden jedoch nur dann vom Erstverwahrer verlangen, wenn er nicht ordnungsgemäß über die aufsichtsrechtlich zwingenden Voraussetzungen für die Erfüllung seiner Wertpapiergeschäfte, insb. im Ausland, und das darin liegende Verzögerungsrisiko informiert wurde.

3.3.3 Verantwortung des Erstverwahrers für die Auswahl von Unterverwahrern

Den Kreditinstituten ist es nach wie vor gestattet, von ihnen für ihre Kunden gehaltene   93
Finanzinstrumente auf *einem* oder *mehreren* bei einem *Dritten* eröffneten Konten zu
hinterlegen, wenn sie bei *Auswahl, Bestellung* und *regelmäßiger Überprüfung* dieser *Dritten* sowie bei den für das Halten und die Verwahrung dieser Finanzinstrumente getroffenen *Vereinbarungen* mit der gebotenen Professionalität und Sorgfalt verfahren, Art. 3 der Delegierten Richtlinie.

Sie müssen dabei der Sachkenntnis und der Marktreputation Dritter sowie *allen rechtlichen Anforderungen*, die mit dem Halten der Finanzinstrumente im konkreten Fall verbunden sind und die Rechte von Kunden beeinträchtigen könnten, im Rahmen ihrer Erfolgsverantwortung ausreichend Rechnung tragen, Art. 3 Abs. 1 Unterabs. 2 der Delegierten Richtlinie.

Das WpHG in der Fassung des 2. FiMaNoG enthält keine entsprechende Bestimmung. Jedoch könnten die sehr abstrakten Grundsätze in § 84 Abs. 4 Satz 1 und 2 herangezogen werden. Die WpDVerOV 2017 enthält nach der Begründung ihres Entwurfes auf der S. 29 in § 10 Abs. 2 und 3 nur die Umsetzungen von Art. 3 Abs. 2 bis 4 der Delegierten Richtlinie, nicht aber für den zuvor skizzierte Art. 3 Abs. 1.

Diese fehlende/fehlerhafte Umsetzung ist jedoch nicht geeignet, die Kreditinstitute von der in Art. 3 Abs. 1 der Delegierten Richtlinie definierten Verantwortung von der von ihnen genutzten Verwahrkette zu entbinden. Dabei ist es gleichgültig, ob dessen Geltung durch unmittelbare Anwendung oder unionsrechtskonforme Auslegung und Anwendung begründet wird.

Praxis-Tipp:

Unabhängig davon, ob es sich nach deutscher Rechtstradition bei § 3 Abs. 2 DepotG, d. h. bei der Dritt- oder Zwischenverwahrung im Inland um eine Auslagerung des Erstverwahrers handelt oder nicht, wird ein Kreditinstitut bei der Auswahl seines nächsten Verwahrers auch im Inland, insb. bei sich daran anschließender grenzüberschreitender Verwahrung, die von seinem Geschäftspartner genutzten Verwahrketten offenlegen lassen, in angemessenem Umfang prüfen und beurteilen müssen, ob danach Anhaltspunkte dafür vorliegen, dass die berechtigten Interessen seiner Kunden in Bezug auf Finanzinstrumente und Gelder gefährdet sein könnten. Relevante Aspekte dieser Prüfung sind *insb.*

- die Sachkunde und Reputation dieser weiteren Verwahrer;
- die in Verwahrländern geltenden gesetzlichen Regeln für den Kundenschutz, um sicherzustellen, dass dieser Kundenschutz nach den Bestimmungen der Europäischen Union jedenfalls nicht ohne vorherige Information und Zustimmung des Kunden unterschritten wird.

Die Wahrung der Interessen des Kunden erfordert in Bezug auf den nächsten Verwahrer und seiner Verwahrketten Maßnahmen, welche das bisher geltende allgemeine Auslagerungsregime in Bezug auf den Schutz der Vermögenswerte des Kunden spezifisch ergänzen. Diese Tendenz entspricht den noch wesentlich weitergehenden Vorgaben in der Verwahrung und bei der Unterverwahrung der Vermögenswerte von Investmentsondervermögen.

Für die Qualifikation der vom Kreditinstitut über seine Geschäftspartner genutzten Verwahrketten kann auf die vorstehend bereits beschriebene Analyse zu den korrespondierenden Informationspflichten verwiesen werden.

Die Prozesse des Kreditinstituts zur Auswahl-, Überwachung- und Steuerung der weiteren Verwahrer in der Kette sowie ggf. die Auslagerungsverträge und Service Level Agreements mit den eingesetzten Dienstleistern müssen entsprechend angepasst werden.

Es ist, gemessen an der aktuellen Praxis, jedoch kaum vorstellbar, dass das Kundendepots führende erstverwahrende Kreditinstitut diese Pflichten ausnahmslos selbst erfüllt/erfüllen kann. Dafür fehlen ihm typischerweise die Kontakte, Quellen und spezifischen Kenntnisse. Auf der anderen Seite ist es nicht die Aufgabe seines (Unter-)Verwahrers ihm die Erfüllung seiner Pflichten von sich aus und kostenlos abzunehmen, er muss jedoch in jedem Fall seinen eigenen Informationspflichten nachkommen – sofern er in der Europäischen Union tätig ist.

Da nicht zu erwarten ist, dass die im Kreditinstitut erforderlichen Prüfungen nur grenzüberschreitende Verwahrketten ergeben, die alle europäisch-aufsichtsrechtlichen Anforderungen einhalten, insb. nicht in Drittstaaten, ist eine bewusste und gesteuerte Information/Interaktion mit im Einzelfall betroffenen Kunden zu empfehlen.

Typischerweise werden sich ferner eine Reihe geschäftspolitischer und geschäftsstrategischer Fragen ergeben, die in risikoorientiert definierte Policies münden sollten. Erst nach ihrer Klärung sollte eine definierte Umsetzung der Delegierten Richtlinie insoweit erfolgen:

– Soll nur die grundsätzlich überschaubare und im Wesentlichen risikoarme Verwahrung von Finanzinstrumenten nur in Deutschland angeboten werden?
– Falls nein, für welche Arten von Finanzinstrumenten, in welchen Mitgliedstaaten der EU soll ergänzend die Abwicklung von Wertpapiertransaktionen und die anschließende Verwahrung von Finanzinstrumenten angeboten werden?
– Kommen Angebote für oder in Drittstaaten, z. B. den USA oder zukünftig in Großbritannien, in Betracht? Falls ja, wo, mit welchen Partnern und für welche Finanzinstrumente?

In diesem Zusammenhang können sich auch Fragen z. B. in Bezug auf korrespondierende Aufklärungs- und Informationspflichten in der Anlageberatung oder der Finanzportfolioverwaltung im Hinblick auf konkrete Verwahrrisiken stellen.

Ist z. B. ein für ein empfohlenes, in einem Drittstaat verwahrtes Finanzinstrument bestehendes Verwahr- oder Verfügungsrisiko, dass z. B. über entsprechende Risiken für deutsche oder europäische Finanzinstrumente in der Europäischen Union hinausgeht, zu nennen und im Suitability Report zu dokumentieren (z. B. bei der Risikobereitschaft, der Risikotragfähigkeit des Kunden)?

Diese Frage zu bejahen würde z. B. auch bedeuten, diese Aspekte in die Qualifikation und Freigabe eines Finanzinstrumentes für die Anlageberatung zu integrieren. Auch in diesem Kontext könnte ein *Client Asset Key Information Document* (CAKID) für das Kreditinstitut vorteilhaft sein.

Hauptziel des Kreditinstituts sollte es letztlich sein, ein seine konkreten Anforderungen erfüllendes Auslagerungsunternehmen mit einem die Anforderungen erfüllenden Lagerstellen- und Kontenmanagement auszuwählen, dieses ordnungsgemäß zu überwachen und zu steuern.

3.3.4 Beschränkungen für die Belastung von Finanzinstrumenten

Auf die Frage, aus welchen Gründen und in welchem Umfang ein Kreditinstitut der Belastung der Finanzinstrumente von Kunden zugunsten Dritter zustimmen darf, geben Art. 2 Abs. 4 Unterabs. 1 sowie Erwägungsgrund (14) der Delegierten Richtlinie eine klare Antwort, die auch im § 10 Abs. 6 der WpDVerOV enthalten ist. 94

Sicherungsrechte, Pfandrechte oder Aufrechnungsrechte in Bezug auch auf Finanzinstrumente von Kunden, die einem Dritten die Möglichkeit geben, über die Finanzinstrumente des Kunden zu disponieren, um Forderungen einzutreiben, die nicht mit dem Kunden oder der Erbringung von Dienstleistungen für den Kunden in Verbindung stehen, sind unzulässig, es sei denn, sie sind durch das *zwingend anwendbare Recht eines Drittstaats*, in dem die Finanzinstrumente des Kunden gehalten werden, vorgeschrieben.

Es sind immer zwei Bedingungen für die zulässige Belastung von Finanzinstrumenten erforderlich:
– Die gesicherten Forderungen müssen aus Geschäften resultieren, die im Interesse des *konkreten* Kunden lagen.
– Die Belastung muss aufgrund des *zwingend* anzuwendenden staatlichen Rechts vorgeschrieben sein.

Beispiel:
In der internationalen Praxis war es bisher akzeptiert, dass sich (Unter-)Verwahrer im eigenen Interesse für alle Forderung gegen ihre Geschäftspartner und ihre (Depot-)Kunden unterschiedslos Sicherheiten an allen ihm anvertrauten Finanzinstrumenten bestellen ließen.

Dies ist in der Regel eine *vertragliche* Forderung, *nicht* aber im Recht des jeweiligen Staates *zwingend* vorgeschrieben. D. h. die Finanzinstrumente der Kunden sind in Mithaft auch für Verbindlichkeiten des in der Kette vorher stehenden Verwahrers. Wird dieser insolvent, stellen dessen Kunden seinem Vertragspartner verwertbare Sicherheiten, d. h. bekommen ihre Finanzinstrumente aus der Insolvenzmasse nicht oder nur zu einem geringen Gegenwert zurück.

ESMA hat sowohl in ihrem Consultation Paper[61] als auch in ihrem Final Report[62] ausgeführt, dass Belastungen von Kundenvermögen nur vorgenommen werden dürfen, wenn das jeweilige *zwingende staatliche Recht* diese Belastung jeweils vorschreibt.

> **Praxis-Tipp:**
>
> Belastungen, die auf vertraglicher Basis, aber nicht im genannten Sinne staatlich zwingend vorgeschrieben sind, sind aufsichtsrechtlich *unzulässig*, es sei denn der betroffene Kunde hat dem zuvor ordnungsgemäß zugestimmt. Die Anforderung geht auf die IOSCO Prinzipen 1 und 3 zurück.
>
> Für die Einhaltung dieser Zulässigkeitsvoraussetzung wird in jedem Einzelfall eine Kontaktaufnahme mit konkreten Informationen mit den betroffenen Kunden erforderlich sein, es sei denn, dies kann in konkreter Form bereits bei Abschluss des Depotvertrages ausreichend transparent und konkret erledigt werden.

95 Dass die zuvor skizzierten Anforderungen in Bezug auf Finanzinstrumente gelten, ist noch nicht Gemeingut. Dementsprechend besteht bei der Umsetzung von MiFID II insoweit weitergehender Analyse- und Entscheidungsbedarf.

> **Praxis-Tipp:**
>
> Die Vereinbarungen in den jeweiligen Verwahrketten sind zu untersuchen, zu dokumentieren und die unzulässigen Vertragsregelungen ggf. risikoorientiert anzupassen/anpassen zu lassen.
>
> Sofern ein Verstoß gegen diese Vorgaben außerhalb der Europäischen Union nicht abgewendet werden kann, auch nicht durch Auswahl eines alternativen Geschäftspartners, bleibt wohl kein anderer Weg, als den Kunden konkret über sein Risiko zu informieren und seine Entscheidung einzuholen, ob und ggf. in welchem Umfang er bereit ist, das Risiko zu tragen.
>
> Geschieht dies nicht und entsteht dem Kunden ein kausaler Schaden, wird auch eine entsprechende zivilrechtliche Haftung des Kreditinstituts unter Einschluss eines potenziell nicht unerheblichen Reputationsschadens in Zukunft nicht zu vermeiden sein.
>
> Konsequenz aus einer Analyse der jeweils konkreten Situation ist zunächst wieder eine geschäftspolitische und risikoorientierte Entscheidung, wo, welche Geschäfte mit welchen Geschäftspartnern gemacht werden sollen.
>
> Die für eine Umsetzung dieser Entscheidungen erforderlichen Prozesse und Anweisungen sind dann zu erstellen und zu implementieren. Nicht zuletzt ist auch ein angemessenes Monitoring der ausgewählten Geschäftspartner erforderlich.

---

61 ESMA, Consultation Paper MiFID II/MiFIR v. 22. 05. 2014 – ESMA/2014/549, S. 59 f., Rn. 43 bis 50.
62 ESMA, Final Report, ESMAs Technical Advice to the Commission on MiFID II and MiFIR v. 19. 12. 2014, ESMA/2014/1569, S. 72, vgl. Rn. 49.

Es sei darauf hingewiesen, dass auch die Organisation und Abwicklung der Überwachung dieser Anforderungen ausgelagert werden können. Es ist aber ebenso klar, dass auch diese Auslagerung laufend angemessen überwacht und gesteuert werden muss.

3.4 Besondere Bestimmungen für den Schutz von Geldern

Der Schutz der Kundengelder nach Art. 2 und 4 der Delegierten Richtlinie umfasst vier wesentliche Aspekte: 96
- Bei wem und in welcher Form dürfen Kundengelder hinterlegt oder an wen weitergeleitet werden?
- In welchem Umfang darf ein Kreditinstitut selbst Kundengelder annehmen oder in der eigenen Unternehmensgruppe hinterlegen?
- Aus welchen Gründen und in welchem Umfang darf das Kreditinstitut der Belastung von Kundengeldern zugunsten Dritter zustimmen?

3.4.1 Treuhandgelder und Trennungsprinzip

Art. 1 Abs. 3 lit (a) von MiFID II bestimmt, dass der hier relevante Art. 16 dieser Richtlinie auch für nach der Richtlinie 2013/36/EU zugelassene Kreditinstitute gilt, sofern sie Wertpapierdienstleistungen erbringen. Sie sind dann Wertpapierdienstleistungsunternehmen im Sinne der MiFID II. 97

Da Wertpapierdienstleistungsunternehmen nach der Systematik von MiFID II grundsätzlich *nicht* über eine Erlaubnis für das Einlagengeschäft verfügen, müssen sie von Kunden erhaltene Gelder zu deren Sicherheit (i) von eigenen Geldern getrennt halten und (ii) unverzüglich an ein Kreditinstitut oder eine andere der in Art. 4 Abs. 1 Unterabs. 1 der Delegierten Richtlinie genannten Institutionen weiterreichen. Wertpapierdienstleistungsunternehmen hingegen, die selbst zugleich Einlagenkreditinstitute sind, dürfen die Kundengelder nach Art. 4 Abs. 1 Unterabs. 2 der Delegierten Richtlinie selbst annehmen und halten.

Diese Ausnahmebestimmung zugunsten der Einlagenkreditinstitute unter den Wertpapierdienstleistungsunternehmen bezieht sich nach seinem Wortlaut *ausdrücklich* nur auf den Unterabs. 1 des Art. 4, somit auf das selbst ‚Halten' dürfen der vom Kunden erhaltenen Gelder durch Einlagenkreditinstitute. Dies bedeutet also nicht, dass das Einlagenkreditinstitut *vom Kunden* ggf. *mitgeteilte Zweckbindungen* für überlassene Gelder missachten darf.

Art. 16 Abs. 9 MiFID II bezieht sich nur auf das ‚Halten' von Kundengeldern:

> „Eine Wertpapierfirma, die Kunden gehörende Gelder hält, trifft geeignete Vorkehrungen, um die Rechte der Kunden zu schützen und – außer im Falle von Kreditinstituten – zu verhindern, dass die Gelder der Kunden für eigene Rechnung verwendet werden."

Auch diese Ausnahmebestimmung für die Verwendung von Geldern berechtigt das Einlagenkreditinstitut nicht, vom Kunden mitgeteilte Zweckbindungen missachten zu dürfen. Aus dem Satzeinschub lässt sich in der Auslegung und Anwendung nur folgern, dass in dem Falle, dass der Kunde dem Einlagenkreditinstitut nicht zweckgebundene Gelder als übliche Einlagen zur Verfügung stellt, es diese als Einlagen selbst verwenden kann. Da Wertpapierfirmen, die keine Einlagenkreditinstitute sind, dies auch in diesem Fall nicht dürfen, besagt der Satzeinschub nichts als ohnehin Selbstverständliches.

Erwägungsgrund (12) Satz 3 der Delegierten Richtlinie stellt ferner fest:

„… Die Diversifikationsanforderungen sollten auf im Einklang mit Art. 4 dieser Richtlinie eingelegte Kundengelder Anwendung finden. …"

Praxis-Tipp:

In der Bankpraxis verfügt sicherlich nur eine geringere Zahl von Kunden neben ihrem allgemeinen Girokonto, d. h. Einlagenkonto, über gesonderte, entsprechend zweckbestimmte Geldkonten für das Wertpapiergeschäft, z. B. über Margin-Konten in Geld, die in der Regel mit dem Einlagenkonto ausbalanciert werden.

Die Girokonten = Einlagekonten des Kunden werden nicht von den vorliegend behandelten Bestimmungen über den Schutz von Kundengeldern erfasst. Die Regelung von Einlagen erfolgt nicht in der MiFID II.

Hingegen fallen Geldkonten, die der Kunde *nur* für die Abwicklung seiner Wertpapiergeschäfte bestimmt hat oder erkennbar nutzt, z. B. für die Bereitstellung von Kaufpreisen und Margin oder für den Empfang von Kaufpreisen, Dividenden oder Rückzahlungen, als entsprechend zweckbestimmtes Treuhandvermögen unter die Bestimmungen zum Schutz von Kundengeldern.

Sofern beim Kreditinstitut Unklarheit über den Charakter eines Geldkontos bestehen sollte, d. h. ist es ein zweckgebundenes Konto oder nicht, muss es dies im eigenen Interesse sowie dem des Kunden ausreichend dokumentiert klären. Nur so lässt sich das anzuwendende Rechtsregime sicher bestimmen.

98 § 84 WpHG i. d. F. d. 2. FiMaNoG enthält in den Abs. 1 und 2 in Bezug auf Kundengelder *nur* Verhaltenspflichten für Wertpapierdienstleistungsunternehmen, die selbst *keine* Erlaubnis für das Einlagengeschäft besitzen.

Aus § 84 Abs. 2 Satz 1 WpHG ergibt sich jedoch ausdrücklich, dass solche Institute die Kundengelder bei Einlagenkreditinstituten auf getrennte *„Treuhandkonten"* legen müssen, „… bis die Gelder zum vereinbarten Zweck verwendet werden."

Für die Wertpapierdienstleistungsunternehmen *ohne* Erlaubnis für das Einlagengeschäft wird sodann in Abs. 3 ergänzend bestimmt, dass sie maximal 20 % der von Kunden erhaltenen Treuhandgelder an ein oder mehrere Einlagenkreditinstitute ihrer eigenen Unternehmensgruppe weiterleiten dürfen.

Bestimmungen über den Schutz der Kundengelder, welche von den Einlagenkreditinstituten selbst in ihrer Funktion als Wertpapierdienstleistungsunternehmen von ihren eigenen Wertpapierkunden entgegengenommen werden, sind in § 84 WpHG *nicht* enthalten.

99 Weitere Bestimmungen über den Schutz der Kundengelder finden sich in § 10 WpDVerOV 2017. Die Frage ist, ob diese auch für Wertpapierdienstleistungsunternehmen *mit* Erlaubnis für das Einlagengeschäft gelten.

§ 10 WpDVerOV adressiert „*Wertpapierdienstleistungsunternehmen*". Nach Art. 1 Abs. 3 lit (a) MiFID II und § 2 Abs. 10 WpHG sind davon auch Einlagenkreditinstitute umfasst, sofern sie selbst, wenn auch gegenüber anderen Kunden, Wertpapierdienstleistungen allein oder zusammen mit Wertpapiernebendienstleistungen erbringen. Dies ist in Deutschland die Regel.

Ferner ist trotz der Ausnahme des Art. 4 Abs. 1 Unterabs. 1 der Delegierten Richtlinie kein sachlicher Grund ersichtlich, warum Einlagenkreditinstitute die Gelder ihrer eigenen Wertpapierkunden bis zu ihrer zweckkonformen Verwendung nicht ebenfalls als ‚Treuhandgelder' auf separaten „*Treuhandkonten*" halten sollten.

Die eigenen Wertpapierkunden eines Einlagenkreditinstituts sind nicht weniger schutzwürdig, als die Kunden der Wertpapierdienstleistungsunternehmen, die keine Einlagenkreditinstitute sind. Schließlich ist die staatliche Einlagensicherung der Höhe nach begrenzt, während Treuhandgelder unbegrenzt aus einer Insolvenzmasse aussonderbar sind. Auch aus der Delegierten Richtlinie lässt sich ein insoweit geringeres Schutzniveau nicht entnehmen.

In unionsrechtskonformer Auslegung lässt sich aus § 84 WpHG also nichts Anderes entnehmen, als dass Einlagenkreditinstitute die Gelder ihrer eigenen Wertpapierkunden selbst behalten können und auch die 20 %-Grenze grundsätzlich *nicht* einzuhalten brauchen.

Wenn Einlagenkreditinstitute treuhänderisch gehaltene und für das Wertpapiergeschäft zweckgebundene Kundengelder jedoch an andere Einlagenkreditinstitute oder in Art. 4 Abs. 1 Unterabs. 1 der Delegierten Richtlinie genannten Institutionen, gleich aus welchem Grunde, weiterleiten (§ 84 Abs. 2 WpHG), sind sie in Bezug auf den Schutz dieser zweckgebundenen Kundengelder an die Verhaltenspflichten des § 10 Abs. 1, 4, 5, 9 und 10 WpDVerOV gebunden. Eine Weiterleitung an Nicht-Einlagenkreditinstitute oder ihnen gleichgestellte Institutionen, insb. auch in Drittländern, ist ohnehin ausgeschlossen. *100*

Der Hervorhebung wert ist die Nr. 5. des § 10 Abs. 4 des WpDVerOV, der Art. 2 Abs. 1 lit. f) der Delegierten Richtlinie umsetzt. Um die Rechte von Kunden an den ihnen gehörenden zweckbestimmten Geldern zu schützen ist jedes Wertpapierdienstleistungsinstitut insb. verpflichtet,

> "5. organisatorische Vorkehrungen zu treffen, um das Risiko eines Verlustes oder Teilverlustes von Kundengeldern oder […] oder damit verbundenen Rechten durch Pflichtverletzungen so gering wie möglich zu halten."

Dies bedeutet insb., dass diese Kundengelder nicht mit anderen Geldern Dritter vermischt werden dürfen.

Wenn das Einlagenkreditinstitut die so zweckgebundenen Kundengelder z. B. zur Zahlung des Kaufpreises zur Abwicklung eines Aktienkaufs des Kunden in seinem Auftrag an ein anderes Kreditinstitut weiterleiten will, ist es zur Beachtung der zuvor genannten Sorgfaltspflichten des § 10 WpDVerOV, insb. im Sinne des Art. 4 Abs. 2 Unterabschnitt 1 und 2 der Delegierten Richtlinie, verpflichtet: *101*

> „… bei der Auswahl, Bestellung und regelmäßigen Überprüfung des Kreditinstituts, der Bank oder des Geldmarktfonds, bei dem/der die Gelder platziert werden, und bei

den hinsichtlich des Haltens dieser Gelder getroffenen Vereinbarungen mit der gebotenen Professionalität und Sorgfalt zu verfahren und im Rahmen ihrer Sorgfaltspflicht die Notwendigkeit zur Diversifizierung dieser Gelder zu prüfen.

… zum Schutz der Rechte ihrer Kunden der Sachkenntnis und Marktreputation dieser Institute oder Geldmarktfonds sowie allen rechtlichen oder regulatorischen Anforderungen oder Marktpraktiken Rechnung tragen, die mit dem Halten von Kundengeldern in Zusammenhang stehen und die Rechte von Kunden beeinträchtigen könnten."

Für ‚normale' Einlagen ohne Treuhandcharakter sind diese Pflichten völlig unüblich, weil Einlagen in das Vermögen des Kreditinstituts übergehen und in dessen Insolvenz, außerhalb der begrenzten staatlichen Einlagensicherung, nur zu einer ungesicherten Insolvenzquote führen. Insb. regelmäßige Überprüfung des Kreditinstituts bei der Weiterleitung von zweckgebundenen Kundengeldern in Deutschland ein Novum,[63] auch wenn das innerhalb der Europäischen Union bei Einlagenkreditinstituten unproblematisch sein dürfte.

Problematisch ist dagegen die insoweit zumindest sehr missverständliche deutsche Transformation der Delegierten Richtlinie. Dem sollte im Wege der Grundsätze des EuGHs zur richtlinienkonformen Auslegung und Anwendung entgegengewirkt werden. Andernfalls wären in einem Schadensfall zum Nachteil eines Kunden Reputationsschäden und aufsichtsrechtliche Konsequenzen für das Kreditinstitut nicht auszuschließen.

102 Nähere Erläuterungen zu den Pflichten auch eines Einlagenkreditinstituts bei zweckgebundenen Kundengeldern enthält der Erwägungsgrund (12) der Delegierten Richtlinie:

„Platzieren Wertpapierfirmen Kundengelder bei einem Dritten, sollte die Wertpapierfirma bei der Auswahl, Bestellung und regelmäßigen Überprüfung dieses Dritten sowie bei den für das Halten und die Verwahrung der Kundengelder getroffenen Vereinbarungen mit der gebotenen Professionalität und Sorgfalt verfahren und prüfen, ob Risiken gestreut und gemindert werden müssen, ggf. indem die Kundengelder bei mehr als einem Dritten platziert werden, um die Kundenrechte zu wahren und das Verlust- und Missbrauchsrisiko zu minimieren.

Wertpapierfirmen sollten ihre Pflicht zur Prüfung einer Diversifizierung nicht umgehen, indem sie von ihren Kunden verlangen, dass diese auf den Schutz verzichten. Die Diversifikationsanforderungen sollten auf im Einklang mit Art. 4 dieser Richtlinie eingelegte Kundengelder Anwendung finden.

Die Diversifikationsanforderungen sollten nicht auf Kundengelder Anwendung finden, die lediglich für den Zweck der Ausführung eines Geschäfts für den Kunden bei einem

---

[63] In Großbritannien waren erhebliche Sanktionen der FCA Financial Conduct Authority auch für unzureichenden Schutz von Kundengeldern beinahe an der Tagesordnung. Eine Dokumentation des Falles Aviva Pension Trustees UK Limited und Aviva Wrap UK Limited ist auf der Website der FCA abrufbar unter https://www.fca.org.uk/news/press-releases/fca-fines-aviva-pension-trustees-uk-limited-and-aviva-wrap-uk-limited-8-2m. Weitere Beispielsfälle mit wesentlich höheren Strafen enthält der Custody and client money watch, No 1, February 2016 von Stephenson Harwood, abrufbar unter http://www.shlegal.com/docs/default-source/news-insights-documents/02_16_custody_and_client_money_watch.pdf?sfvrsn=2 (letzter Abruf am 24.03.2017).

Dritten platziert werden. Hat eine Wertpapierfirma Kundengelder auf ein Transaktionskonto übertragen, um für den Kunden ein bestimmtes Geschäft zu tätigen, sollten diese Gelder somit keiner Diversifikationsanforderung unterliegen, beispielsweise wenn eine Firma Gelder an eine zentrale Gegenpartei (CCP) oder Börse transferiert hat, um einen Margenausgleich vorzunehmen."

Aus diesen Materialien wird deutlich, dass die Prüfung der Solvenz der Einlagenkreditinstitute, an welche zweckgebundene Kundengelder weitergeleitet werden sollen, im Vordergrund der Sorgfalts- und Überwachungspflichten steht. *103*

Hingegen ist die Prüfung einer Diversifikation, also der Verteilung der Kundengelder auf mehr als ein Kreditinstitut, eine bei zweifelhafter Solvenz sich anschließende Frage.

Es darf davon ausgegangen werden, dass bei Anhaltspunkten für eine Insolvenzgefährdung des Empfängers in der Regel keine zweckgebundenen Kundengelder mehr, jedenfalls nicht mehr ohne ausreichende Sicherungen, transferiert werden dürfen.

Dies gilt auch bei Kundengeldern, die der Abwicklung einer Transaktion dienen. Die einzige Prüfung, die im letztgenannten Fall unterbleiben darf, ist die *Diversifikationsprüfung*.

Verwirft man richtigerweise die These, dass alle für das Wertpapiergeschäft zweckbestimmten Gelder der Kunden für das Kreditinstitut frei verfügbare Einlagen seien, und wendet die Delegierte Richtlinie nur auf die zweckbestimmten Treuhandgelder des Kunden an, stellt sich dennoch die Sinnfrage für diese Regulierung. *104*

Nachgewiesenes Treuhandvermögen kann in Deutschland grundsätzlich aus einer Insolvenzmasse ausgesondert werden. Im Ausland kann dies ggf. anders sein. Somit verbleibt im Inland für den Kunden die Gefahr einer (strafbaren) Veruntreuung durch mangelhafte Verbuchung oder Kennzeichnung der Gelder. Ob dies als alleinige Rechtfertigung ausreicht oder erforderlich ist, mag jeder selbst bewerten.

3.4.2 Obergrenze für Treuhandgelder in Unternehmensgruppen

Ein Kreditinstitut unterliegt bei Einhaltung aller aufsichtsrechtlichen (Kapital-)Anforderungen grundsätzlich keinen Beschränkungen bei der Entgegennahme von Einlagen und sonstigen bedingungslos rückzahlbaren Geldern von seinen Kunden. Wie zuvor gezeigt wurde, gelten jedoch bei für das Wertpapiergeschäft zweckgebundenen Treuhandgeldern eines Kunden auch für ein Einlagenkreditinstitut besondere Schutzpflichten. *105*

Zur Umsetzung von Art. 4 Abs. 3 der Delegierten Richtlinie, welcher für die Gesamtsumme aller zweckgebundenen Treuhandgelder eines Wertpapierdienstleistungsunternehmens ohne Einlagenerlaubnis in seiner Unternehmensgruppe eine Obergrenze von 20 % vorsieht, enthält § 84 Abs. 3 Satz 1 WpHG folgende Regelung:

„Werden die Kundengelder bei einem Kreditinstitut, einem vergleichbaren Institut mit Sitz in einem Drittstaat oder einem Geldmarktfonds, die zur Unternehmensgruppe [64] des Wertpapierdienstleistungsunternehmens gehören, gehalten, dürfen die bei einem solchen Unternehmen oder einer Gemeinschaft von solchen Unternehmen verwahrten Gelder 20% aller Kundengelder des Wertpapierdienstleistungsunternehmens nicht übersteigen."

106 Unabhängig davon, dass die Sätze 2 und 3 dieses Abs. 3 unter bestimmten Bedingungen Ausnahmen von dieser Obergrenze zulassen, stellt sich die Frage, ob diese Obergrenze auch dann eingreift, wenn ein als Wertpapierdienstleistungsunternehmen agierendes, aber einer Institutsgruppe angehörendes Einlagenkreditinstitut selbst solche Gelder vom Kunden annimmt.

Die Begründung des RegE für das 2. FiMaNoG äußert sich zu dieser Frage nicht. In den Ausführungen zu den möglichen Ausnahmefällen findet sich insoweit nur ein unspezifischer Hinweis auf die der Höhe nach begrenzte gesetzliche Einlagensicherung. Da es sich hier nicht um Einlagen, sondern um zweckgebundene Treuhandgelder handelt und das Kernargument des Tatbestands der Obergrenze die Institutsgruppe ist, dürfte die Obergrenze jedenfalls *nicht* für ein Kreditinstitut gelten, das *keiner* Unternehmensgruppe angehört.

Satz 1 und 2 des Erwägungsgrunds (13) der Delegierten Richtlinie geben weitere Hinweise zur Beantwortung der gestellten Frage:

„Um sicherzustellen, dass [zweckgebundene] Kundengelder, wie in Art. 16 Abs. 9 der Richtlinie 2014/65/EU vorgeschrieben, angemessen geschützt werden, muss eine spezifische Obergrenze für den Prozentanteil der Kundengelder festgelegt werden, die bei einem Kreditinstitut derselben Gruppe hinterlegt werden dürfen. Dies dürfte potenzielle Kollisionen mit den Sorgfaltspflichten erheblich verringern und das Ansteckungsrisiko beheben, das inhärent entsteht, wenn alle Kundengelder bei einem Kreditinstitut hinterlegt werden, das derselben Gruppe angehört wie die Wertpapierfirma."

Ratio der Bestimmung ist somit ein aufgrund von Kapital- und/oder Liquiditätsverflechtungen in einer Unternehmensgruppe bestehendes spezifisches *Ansteckungsrisiko* (contagion risk). Der Final Report von ESMA v. 19.12.2014[65] führt dazu ergänzend aus:

"ESMA acknowledges the concerns around the 20% limit on intragroup deposits of client funds. However, ESMA's view is that as part of normal existing due diligence firms should be examining the credit worthiness of credit institutions considered for selection for placing client funds."

---

64 Gemeint ist eine Institutsgruppe, Finanzholding-Gruppe oder gemischte Finanzholding-Gruppe, wie sie in § 10a Abs. 1 KWG definiert ist. Nach Art 2 (11) der Richtlinie 2013/34/EU besteht eine Gruppe aus dem höchsten/letzten Mutterunternehmen und allen ihm unmittelbar und mittelbar nachgeordneten Tochter- und Enkelunternehmen. Die Verbünde der Genossenschaften oder Sparkassen stellen mangels gesellschaftsrechtlicher Strukturen keine Unternehmensgruppe dar.

65 ESMA, Final Report, ESMAs Technical Advice to the Commission on MiFID II and MiFIR v. 19.12.2014, ESMA/2014/1569, S. 70 f., vgl. Rn. 40 bis 45, Rn. 44.

Daraus lässt sich ersehen, dass die 20%-Obergrenze für zweckgebundene Kundengelder in einem übergeordneten Kontext steht. Dieser ergibt sich aus Art. 4 Abs. 2, Unterabs. 1 und 2 der Delegierten Richtlinie. Danach müssen auch Kreditinstitute grundsätzlich im Einzelfall vor einer Weiterleitung von zweckgebundenen Kundengeldern prüfen, ob diese beim empfangenden Kreditinstitut durch eine Insolvenz gefährdet sind.

Diese Prüfungspflicht gilt auch, wenn Gelder an ein Einlagenkreditinstitut der eigenen Gruppe weitergeleitet werden. Da es ‚in der Familie' schwer ist ‚nein' zu sagen, soll die Bestimmung (i) es dem weiterleitenden Institut leichtmachen, zu diversifizieren und (ii) gleichzeitig der erhöhten Gefahr für den Kunden durch die absolute Obergrenze in allen Fällen begegnet werden.

107

Die detaillierten Erwägungen von ESMA hierzu sind in ihrem vorangegangenen Consultation Paper v. 22.05.2015[66] enthalten:

> "35. When, after considering the existing due diligence requirements in Article 18(3) of the MiFID Implementing Directive, an investment firm places a large proportion (or even all) of the client funds for which they are responsible with a credit institution in their own group, they subject these funds to significant contagion risk, in addition to the general risk of concentration arising when all funds are placed at a single institution. This is because the failure of one firm in a group is frequently followed by the failure of the other firms in the same group. If the investment firm itself fails, the other firms in the group, including the credit institution, are likely to follow suit shortly thereafter – subjecting the funds to significant risk. For example, on the failure of the investment firm Lehman Brothers International (Europe) in 2008, this was the case for various firms in the Lehman group.
>
> 36. All of the investment firm's client funds are simultaneously subject to loss or insolvency proceedings if the investment firm fails and all the client funds are held within the same group. The risk of this occurring is different to the general concentration risk addressed by the separate proposal to consider the need for diversification generally, even where investment firms deposit client money outside of their own group. If an investment firm places client money with a single institution, there is still concentration risk, but the risk of failure of that institution is separate from the risk of failure of the investment firm itself."

ESMA unterscheidet somit sachlich nachvollziehbar zwischen dem ‚*concentration risk*' und dem zusätzlichen gruppeninduzierten ‚*contagion risk*', welches das ‚*concentration risk*' nach Wahrscheinlichkeit und Ausmaß grundsätzlich erheblich verstärken kann. Diese Erhöhung von Wahrscheinlichkeit und Ausmaß ist die sachliche Rechtfertigung für die Obergrenze von 20%.

Aus der Linie dieser Begründung beantwortet sich die gestellte Frage:

---

66 ESMA, Consultation Paper MiFID II/MiFIR v. 22.05.2014 – ESMA/2014/549, S. 58 f., Rn. 35 bis 42, Rn. 35, 36.

Ein gruppenangehöriges Kreditinstitut, dass als Wertpapierdienstleistungsunternehmen selbst unmittelbar Kundengelder entgegennimmt und für den Kunden hält, unterliegt insoweit *nicht* der Obergrenze von 20 %. Es begründet dadurch nach der skizzierten Argumentation von ESMA kein das bestehende ‚*concentration risk*' erhöhendes zusätzliches ‚*contagion risk*'. Andernfalls würde es gegenüber einem nicht gruppenangehörigen Kreditinstitut ohne sachlichen Grund benachteiligt.

Praxis-Tipp:

Gehört seiner Gruppe jedoch ein weiteres Kreditinstitut an, muss das annehmende Kreditinstitut im Interesse des Kunden (zunächst) immer prüfen, ob eine Risikoerhöhung eintritt, insb. ein nicht nur theoretisches Insolvenzrisiko besteht, wenn es zweckgebunden Kundengelder an dieses zweite Kreditinstitut weitergibt.[67] In jedem Falle aber ist dann aufgrund des abstrakt gegebenen ‚*contagion risk*' die darauf abstellende Obergrenze von 20 % einzuhalten.

Gehört dieser aus zwei Kreditinstituten bestehenden Institutsgruppe noch ein weiteres Wertpapierdienstleistungsunternehmen ohne Erlaubnis für das Einlagengeschäft an, darf dieses dennoch nur maximal 20 % aller ihm anvertrauten Gelder seiner eigenen Kunden an die beiden gruppenangehörigen Kreditinstitute weiterleiten.

3.4.3 Beschränkungen für die Belastung von Treuhandgeldern

108 Auf die Frage, aus welchen Gründen und in welchem Umfang ein Kreditinstitut der Belastung zweckgebundener Kundengelder zugunsten Dritter zustimmen darf, geben Art. 2 Abs. 4 Unterabs. 1 sowie Erwägungsgrund (14) der Delegierten Richtlinie eine klare Antwort, die auch im § 10 Abs. 6 der WpDVerOV enthalten ist.

Sicherungsrechte, Pfandrechte oder Aufrechnungsrechte in Bezug auch auf zweckgebundene Gelder von Kunden, die einem Dritten die Möglichkeit geben, auch über diese Gelder des Kunden zu disponieren, um Forderungen einzutreiben, die nicht mit dem Kunden oder der Erbringung von Dienstleistungen für den Kunden in Verbindung stehen, sind unzulässig, es sei denn, sie sind durch das *zwingend anwendbare Recht eines Drittstaats*, in dem die zweckgebundenen Gelder des Kunden gehalten werden, vorgeschrieben. Diese Vorgabe gilt, wie bereits ausgeführt, auch für Finanzinstrumente von Kunden.

Es sind somit immer zwei Bedingungen für die Belastung auch von Kundengeldern erforderlich:

– Die gesicherten Forderungen müssen aus Geschäften resultieren, die im Interesse des *konkreten* Kunden lagen.
– Die Belastung muss aufgrund des *zwingend* anzuwendenden staatlichen Rechts vorgeschrieben sein.

---

67 Art. 4 Abs. 2 Unterabs. 1 E-DR-MiFID II: Pflicht zur Prüfung im Kundeninteresse erforderlicher Diversifikation.

II.B.8 Schutz der Finanzinstrumente und Gelder von Kunden

Beispiel:
In der internationalen Praxis war es bisher akzeptiert, dass sich (Unter-)Verwahrer im eigenen Interesse für alle Forderung gegen ihre Geschäftspartner und ihre (Depot-)Kunden unterschiedslos Sicherheiten an allen ihm anvertrauten Finanzinstrumenten und Geldern geben ließ. Dies ist in der Regel eine *vertragliche* Forderung, *nicht* aber im Recht des jeweiligen Staates *zwingend* vorgeschrieben. D. h. die Treuhandgelder der Kunden sind in Mithaft auch für Verbindlichkeiten des in der Kette vorher stehenden Verwahrers. Wird dieser insolvent, stellen dessen Kunden seinem Vertragspartner verwertbare Sicherheiten, d. h. bekommen ihre Treuhandgelder aus der Insolvenzmasse nicht oder nur zu einem geringen Gegenwert zurück.

ESMA hat sowohl in ihrem Consultation Paper[68] als auch in ihrem Final Report[69] ausgeführt, dass Belastungen von Kundenvermögen nur vorgenommen werden dürfen, wenn das jeweilige *zwingende staatliche Recht* diese Belastung jeweils vorschreibt.

Praxis-Tipp:
Belastungen die auf vertraglicher Basis, aber nicht im genannten Sinne staatlich zwingend vorgeschrieben sind, sind aufsichtsrechtlich *unzulässig*, es sei denn der betroffene Kunde hat dem zuvor zugestimmt. Die Anforderung geht auf die IOSCO Prinzipen 1 und 3 zurück.

Dass die zuvor skizzierten Anforderungen in Bezug auf zweckgebundene Kundengelder gelten, ist noch nicht Gemeingut. Dementsprechend besteht bei der Umsetzung von MiFID II insoweit weitergehender Analyse- und Entscheidungsbedarf.

109

Praxis-Tipp:
Die für die Verwahrketten bei Finanzinstrumenten verwendeten Geldketten zweckgebundener Kundengelder sowie die dafür aktuell in einem (Einlagen-)Kreditinstitut geltenden Prozesse und Anweisungen sind in gleicher Weise zu untersuchen, zu dokumentieren und ggf. risikoorientiert anzupassen, wie die Verwahrketten selbst.

Gibt das Kreditinstitut zweckgebundene Gelder von Kunden für das Wertpapiergeschäft an ein anderes Kreditinstitut weiter, muss es grundsätzlich prüfen, ob dieses ausreichend solvent ist und, ob ggf. eine Absicherungspflicht, d. h. eine Pflicht zur Diversifizierung im Interesse des Kunden besteht. Eine Weitergabe an ein Nicht-Kreditinstitut dürfte, mit Ausnahme der in Art. 4 Abs. 1 der Delegierten Richtlinie genannten Institutionen, generell unzulässig bzw. risikoorientiert zu unterlassen sein.

Sofern bei Kreditinstituten in der Europäischen Union/im EWR keine spezifisch bedenklichen Anhaltspunkte oder sonstigen Informationen für eine Krise oder Insolvenz-

---

68 ESMA, Consultation Paper MiFID II/MiFIR v. 22. 05. 2014 – ESMA/2014/549, S. 59 f., Rn. 43 bis 50.
69 ESMA, Final Report, ESMAs Technical Advice to the Commission on MiFID II and MiFIR v. 19. 12. 2014, ESMA/2014/1569, S. 72, vgl. Rn. 49.

gefahr vorliegen, sollte das Weiterleiten und Führen dieser Kundengelder dort vor dem Hintergrund der einheitlichen europäischen Aufsicht durch die Europäische Zentralbank unproblematisch sein.

In Drittstaaten außerhalb der Europäischen Union sollten grundsätzlich keine Gelder weitergeleitet oder geführt werden, die dort nicht separat auf den Namen des Kunden geführt oder sonst gesichert sind und unmittelbar der Abwicklung einer konkreten Transaktion dienen.

Sofern ein Verstoß gegen die Vorgaben der Delegierten Richtlinie zu zweckgebundenen Kundengeldern außerhalb der Europäischen Union nicht abgewendet werden kann, auch nicht durch alternative Geschäftspartner, bleibt wohl kein anderer Weg, als den Kunden konkret über sein Risiko zu informieren und seine Entscheidung einzuholen, ob und ggf. in welchem Umfang er bereit ist, das jeweilige Risiko zu tragen.

Geschieht dies nicht und entsteht dem Kunden ein kausaler Schaden, wird auch eine entsprechende zivilrechtliche Haftung des Kreditinstituts unter Einschluss eines potenziell nicht unerheblichen Reputationsschadens in Zukunft nicht zu vermeiden sein.

Konsequenz aus einer Analyse der jeweils konkreten Situation ist zunächst wieder eine geschäftspolitische und risikoorientierte Entscheidung, wo, welche Geschäfte mit welchen Geschäftspartnern gemacht werden sollen. Die für eine Umsetzung dieser Entscheidungen erforderlichen Prozesse und Anweisungen sind dann zu erstellen und zu implementieren. Nicht zuletzt ist auch ein angemessenes Monitoring der ausgewählten Geschäftspartner erforderlich.

Es sei darauf hingewiesen, dass auch die Organisation und Abwicklung des Verkehrs mit zweckgebundenen Kundengeldern ausgelagert werden kann. Es ist aber ebenso klar, dass auch diese Auslagerung laufend angemessen überwacht und gesteuert werden muss.

3.5 TTCA: Title Transfer Collateral Arrangements
3.5.1 Verbot der Sicherung durch Vollrechtsübertragung bei Privatkunden

110 Art. 6 der Delegierten Richtlinie befasst sich mit der *„unangemessenen Verwendung"* von *„Finanzsicherheiten"* durch Kreditinstitute in Form der *„Vollrechtsübertragung"*. Die Ausgangsregelung für diese Thematik nennt die Delegierte Richtlinie in Art. 5 Abs. 5, der auf Art. 16 Abs. 10 MiFID II verweist, der lautet:

> „Eine Wertpapierfirma schließt keine Finanzsicherheiten in Form von Rechtsübertragungen mit Kleinanlegern zur Besicherung oder Deckung bestehender oder künftiger, tatsächlicher, möglicher oder voraussichtlicher Verpflichtungen der Kunden ab."

In dem neuen § 84 Abs. 7 WpHG i. d. F. des 2. FiMaNoG lautet diese Vorgabe, ohne weitere Erläuterungen in ihrer Begründung:

> „Ein Wertpapierdienstleistungsunternehmen darf sich von Privatkunden zur Besicherung oder Deckung von Verpflichtungen der Kunden, auch soweit diese noch nicht bestehen, keine Finanzsicherheiten in Form von Vollrechtsübertragungen im Sinne des

Art. 2 Abs. 1 Buchstabe b der Richtlinie 2002/47/EG des Europäischen Parlaments und des Rates v. 06.06.2002 über Finanzsicherheiten (ABl. L 168 v. 27.06.2002, S. 43), die zuletzt durch ... geändert worden ist, gewähren lassen."

Eine Begründung für diese neue Regelung enthält der Erwägungsgrund (52) der MiFID II-Richtlinie selbst:

"Die Anforderungen an den Schutz der Vermögenswerte von Kunden sind ein entscheidendes Instrument, um Kunden bei der Erbringung von Dienstleistungen und der Ausübung von Tätigkeiten zu schützen. Eine Befreiung von diesen Anforderungen ist möglich, wenn zur Deckung bestehender oder künftiger, tatsächlicher, möglicher oder voraussichtlicher Verbindlichkeiten das uneingeschränkte Eigentum an Geldern und Finanzinstrumenten oder Geldern auf eine Wertpapierfirma übertragen wird. Diese weit gefasste Möglichkeit kann zu Unsicherheiten führen und die Effektivität der Anforderungen hinsichtlich der Sicherung von Kundenvermögen gefährden. Zumindest wenn es um die Vermögenswerte von Kleinanlegern geht, sollte daher die Möglichkeit von Wertpapierfirmen begrenzt werden, Finanzsicherheiten in Form der Vollrechtsübertragung im Sinne der Richtlinie 2002/47/EG des Europäischen Parlaments und des Rates[(4)] zum Zwecke der Besicherung oder anderweitigen Deckung von Verbindlichkeiten abzuschließen."

Daraus ergibt sich, dass die Beschränkungen für die Vereinbarung von Finanzsicherheiten bei Privatkunden nach Art. 16 Abs. 10 MiFID II sowohl für zweckgebundene Kundengelder als auch für Kundenfinanzinstrumente gelten.

Die Definition der *„Finanzsicherheit in Form von Vollrechtsübertragungen"* in Art. 2 Abs. 1 lit. b) der Richtlinie 2002/47/EG über Finanzsicherheiten in ihrer Fassung v. 15.05.2014 (Finanzsicherheitenrichtlinie):

"‚Finanzsicherheit in Form der Vollrechtsübertragung' ist die vollständige Übereignung bzw. Zession eines Finanzaktivums oder die Übertragung aller Rechte daran zum Zwecke der Besicherung oder anderweitigen Deckung von Verbindlichkeiten; hierzu gehören auch Wertpapierpensionsgeschäfte."

und diejenige der *„Finanzsicherheit"* in Art. 1 Abs. 4 lit. a):

"Finanzsicherheiten sind eine Barsicherheit, Finanzinstrumente oder Kreditforderungen."

ermöglichen dies.

Bei der Auslegung der Finanzsicherheitenrichtlinie ist jedoch zu beachten, dass sie selbst nach Art. 1 Abs. 1 lit e) *nicht* auf Verträge zwischen dem Institut und Privatkunden anzuwenden ist. Der Verweis der Delegierten Richtlinie auf sie beschränkt sich aus diesem Grunde auf die *Definition* und die *Auslegung* ihrer *nicht* in MiFID II definierten Tatbestandsmerkmale.

Somit kann auch noch die Definition der *„Barsicherheit"* in Art. 2 Abs. 1 lit. d) im Hinblick auf zweckgebundene Kundengelder zum Verständnis von MiFID II und der Delegierten Richtlinie herangezogen werden:

"‚Barsicherheit' ist ein in beliebiger Währung auf einem Konto gutgeschriebener Betrag oder vergleichbare Geldforderung, beispielsweise Geldmarkt-Sichteinlagen."
In Bezug auf den nicht deckungsgleichen Begriff der „*Finanzinstrumente*" in Art. 2 Abs. 1 lit. e) der Finanzsicherheitenrichtlinie ist jedoch die Definition der MiFID II *vorrangig* maßgeblich.

113 Art. 16 Abs. 10 MiFID II bedeutet daher, dass ein Institut sich zur Sicherung eigener Forderungen von Privatkunden keine Finanzinstrumente und/oder zweckgebundene Gelder von Kunden durch Vollrechtsübertragung zur Verfügung stellen lassen darf, gleich auf welchem Wege dies geschieht.

Nach den skizzierten Erwägungsgründen und Definitionen gilt dies auch im Kontext von Geschäften mit Eventualverbindlichkeiten, Repo- oder Pensionsgeschäften. Auch ein einfacher Depotübertrag durch den Privatkunden auf ein Depot des Depot A des Kreditinstituts dürfte als rechtsrelevanter Realakt nach dem Normzweck unzulässig sein, da der Privatkunde dadurch bis zu einem anderslautenden Gerichtsurteil die rechtliche und faktische Verfügungsbefugnis über seinen Depotinhalt als Vermögensgegenstand verliert. Entsprechendes gilt für alle zweckgebundenen Geldkonten des Kunden.

> **Praxis-Tipp:**
> Unklar scheint, ob Margin-Konten zugunsten des Kreditinstituts danach noch zulässig sind. Da diese in der Regel noch keine Vollrechtsübertragung beinhalten, sondern in der Regel nur ein Zugriffs- und Befriedigungsrecht gewähren, das einem Pfandrecht an einer Forderung vergleichbar ist, sollte diese Praxis durch das Verbot des Art. 16 Abs. 10 MiFID II im Grundsatz nicht berührt sein.

114 Damit steht das aufsichtsrechtliche Verbot für Finanzsicherheiten in der Form der Vollrechtsübertragung bei Privatkunden unverrückbar da. Das Institut ist durch dieses Verbot nicht rechtlos gestellt oder unangemessen benachteiligt, weil ihm andere effektive Sicherungsmittel, wie die Verpfändung der Finanzinstrumente oder Gelder durch den Privatkunden verbleiben.[70] Unberührt bleiben auch Vollrechtsübertragungen in Bezug auf andere Vermögenswerte.

3.5.2 Zivilrechtliche Wirkungen des Sicherungsverbots bei Privatkunden

115 Es stellt sich die Frage nach der zivilrechtlichen Bedeutung und Wirkung dieses Verbots, d. h. ob eine dennoch von dem Kreditinstitut mit seinem Privatkunden getroffene und umgesetzte sichernde Vollrechtsübertragung, z. B. an Wertpapieren, wirksam und bindend ist.

---

[70] Dies ergibt sich als Gegenschluss aus der Definition der ‚*Finanzsicherheit in Form eines beschränkten dinglichen Rechts*' nach Art. 2 Abs. 1 lit. c) der Finanzsicherheitenrichtlinie: „‚*Finanzsicherheit in Form eines beschränkten dinglichen Rechts*' ist ein Sicherungsrecht an einem Finanzaktivum durch einen Sicherungsgeber, wobei das volle oder bedingte/beschränkte Eigentum oder die Inhaberschaft an der Sicherheit zum Zeitpunkt der Bestellung beim Sicherungsgeber verbleibt."

Diese Frage ist für dieses neue Verbot noch nicht geklärt. Bisher neigte der Bundesgerichtshof in Zivilsachen, bis auf wenige Ausnahmen, nicht dazu, aufsichtsrechtlichen Bestimmungen unmittelbare zivilrechtliche Wirkung, z. B. im Sinne eines Schutzgesetzes zuzuschreiben, auf das sich ein Kunde in einer Schadensersatzklage gegen das Kreditinstitut unmittelbar berufen kann.

Maßgeblich für die Beantwortung dieser Frage ist in Deutschland § 134 des Bürgerlichen Gesetzbuchs (BGB). Er bestimmt: *116*

„Ein Rechtsgeschäft, das gegen ein gesetzliches Verbot verstößt, ist nichtig, wenn sich nicht aus dem Gesetz ein anderes ergibt."

Nicht jeder Gesetzesverstoß macht ein Rechtsgeschäft nichtig. Ob eine Gesetzesbestimmung wie der neue § 84 Abs. 7 WpHG i. d. F. des 2. FiMaNoG ein Verbotsgesetz nach § 134 BGB sein könnte, muss noch diskutiert und im Zweifel gerichtlich entschieden werden.

Keine Verbotsnormen sind z. B. reine Ordnungsvorschriften, die nur die Art und Weise des Zustandekommens eines Rechtsgeschäftes regeln. Dies ist vorliegend nicht der Fall. § 84 Abs. 7 WpHG verbietet ausdrücklich einen bestimmten Erfolg: die Vollrechtsübertragung von Finanzinstrumenten und/oder Geldern eines Privatkunden zugunsten des Kreditinstituts. *117*

Für ein Verbotsgesetz spricht es u. a., wenn es sich an beide Vertragsteile richtet. Dies ist jedoch nicht zwingend erforderlich. Der Bundesgerichtshof hat z. B. bei einer Rechtsberatung durch einen hierzu nicht Befugten, die daher unter Verstoß gegen das Rechtsberatungsgesetz erfolgte, die Nichtigkeit des Beratungsvertrages angenommen, ob wohl sich das entsprechende Verbot wörtlich nur an den Beratenden richtete (BGHZ Band 37, S. 262).

Berücksichtigt man weiterhin den Normzweck dieser europäischen Norm, dass ein Privatkunde vor Vollrechtsübertragungen seiner Finanzinstrumente und Gelder an sein Kreditinstitut in allen Situation geschützt sein soll sowie ferner, dass die rein deutsche Unterscheidung von Aufsichtsrecht und Zivilrecht in vielen anderen Mitgliedstaaten unbekannt ist, wird man die Annahme eines Verbotsgesetzes nach den Prinzipien der unionsrechtskonformen Auslegung nicht vermeiden können. Der Wortlaut der Norm steht dem auch nicht entgegen.

Würde die Sanktion der Unwirksamkeit der Vollrechtsübertragung nicht gewährt, liefe der intendierte Schutz des Privatkunden leer, weil dann die unter Verstoß dagegen gewährten Sicherheiten trotzdem verwertet werden könnten, ohne dass der Kunde sich zumindest im Nachhinein dagegen wehren könnte.

In diesem Zusammenhang stellt sich weiterhin die Frage, ob der neue § 84 Abs. 7 WpHG Rückwirkungen auf zum Zeitpunkt seines Inkrafttretens am 03. 01. 2018 bereits bestehende Vollrechtsübertragungen hat. Diese Frage ist ebenfalls noch unentschieden. *118*

Die Rechtsprechung in Zivilsachen hat im Rahmen der jeweiligen Verjährungsfristen für Ansprüche von Privatkunden in anderen Fällen schon Rückwirkungen angenommen, sofern diese vom Wortlaut einer gesetzlichen Bestimmung nicht ausdrücklich ausgeschlossen waren.

> **Praxis-Tipp:**
>
> Ferner dürfte es im Ergebnis rechtsmissbräuchlich, sittenwidrig oder ein Verstoß gegen den Grundsatz von Treu und Glauben sein, wenn ein Kreditinstitut in Kenntnis dieser neu in Kraft tretenden Bestimmung, vielleicht sogar ohne entsprechende Aufklärung des Privatkunden, noch schnell die ab dem 03.01.2018 verbotene Vollrechtsübertragung zuvor abgeschlossen hätte.
>
> Ein solches Vorgehen könnte auch geeignet sein, die aufsichtsrechtliche Zuverlässigkeit der Geschäftsleitung in Frage stellen. Es könnte im Einzelfall sogar zu deren Abberufung führen.

3.5.3 Sicherung durch Vollrechtsübertragung bei Nicht-Privatkunden

119 Dieser unmittelbare Exkurs in die MiFID II hat die Grundlagen für die neuen Regelungen der Delegierten Richtlinie in Art. 6 gelegt. § 84 Abs. 8 WpHG i. d. F. des 2. FiMaNoG setzt Art. 6 Abs. 1 um. § 84 Abs. 8 WpHG lautet:

„Soweit eine Vollrechtsübertragung zulässig ist, hat das Wertpapierdienstleistungsunternehmen die Angemessenheit der Verwendung eines Finanzinstruments als Finanzsicherheit ordnungsgemäß vor dem Hintergrund der Vertragsbeziehung des Kunden mit dem Wertpapierdienstleistungsunternehmen und den Vermögensgegenständen des Kunden zu prüfen und diese Prüfung zu dokumentieren. Professionelle Kunden und geeignete Gegenparteien sind auf die Risiken und die Folgen der Stellung einer Finanzsicherheit in Form der Vollrechtsübertragung hinzuweisen."

Zunächst fällt auf, dass diese Bestimmung auf Finanzsicherheiten an Finanzinstrumenten beschränkt ist, anders als in Art. 6 Abs. 1 der Delegierten Richtlinie. Im Gegenteil, Art. 6 Abs. 2 lit. b) und c) sprechen jeweils ausdrücklich von Kundengeldern und Kundenfinanzinstrumenten.

Der Abs. 2 des Art. 6 wird in § 10 Abs. 8 WpDVerOV umgesetzt. Dieser bezieht sich ausdrücklich auf § 84 Abs. 8 Satz 1 WpHG und damit auch nur auf Finanzsicherheiten an Finanzinstrumenten, nicht aber auf solche an zweckgebundenen Kundengeldern.

Diese nicht richtlinienkonformen Abweichungen sind durch die Grundsätze des EuGHs zur unionsrechtskonformen Auslegung des nationalen Rechts bzw. zur unmittelbaren Anwendbarkeit von Richtlinien zu überwinden.

120 Art. 6 Abs. 2 der Delegierten Richtlinie zählt die bei der erforderlichen Prüfung für professionelle Kunden und geeignete Gegenparteien sowie deren Dokumentation zwingend zu berücksichtigen drei Faktoren auf:

a) ob zwischen der Verpflichtung des Kunden gegenüber der Firma und der Verwendung von Finanzsicherheiten in Form der Vollrechtsübertragung nur eine sehr schwache Verbindung besteht, insb. auch, ob die Wahrscheinlichkeit einer Verbindlichkeit des Kunden gegenüber der Firma gering oder zu vernachlässigen ist;
b) ob die Summe der Kundengelder oder Finanzinstrumente von Kunden, die Finanzsicherheiten in Form der Vollrechtsübertragung unterliegen, die Verpflichtung des Kunden weit übersteigt oder gar unbegrenzt ist, falls der Kunde überhaupt eine Verpflichtung gegenüber der Firma hat; und
c) ob alle Finanzinstrumente oder Gelder von Kunden Finanzsicherheiten in Form der Vollrechtsübertragung unterworfen werden, ohne dass berücksichtigt wird, welche Verpflichtung der einzelne Kunde gegenüber der Firma hat.

In formalem Widerspruch zur Fassung des § 84 Abs. 8 Satz 1 WpHG nennt § 10 Abs. 8 WpDVerOV jedoch – korrekt – sowohl Kundenfinanzinstrumente als auch Kundengelder als Gegenstände von Finanzsicherheiten. Dies ist ein weiteres Argument für die richtlinienkonforme Anwendung.

Im Vergleich zu dem Verbot der Vollrechtsübertragung bei Privatkunden wird für diese Norm jedoch deutlich, dass es sich *nicht* um ein gesetzliches Verbot handelt. Normziel ist nicht die generelle Untersagung solcher Verträge mit professionellen Kunden und geeigneten Gegenparteien, sondern die Verhinderung einer unangemessenen Übersicherung zugunsten des Kreditinstituts. Es handelt sich deshalb mit hoher Wahrscheinlichkeit nicht um ein Verbots- und Schutzgesetz, sondern im Wesentlichen um eine Ordnungsvorschrift über die Vorbereitung und die Modalitäten eines Vertragsschlusses.

Da die Begründung des 2. FiMaNoG für § 84 Abs. 8 WpHG keine Erläuterungen der neuen Vorschrift enthält, kann rechtssystematisch auf die entsprechenden Erwägungsgründe (6) und (7) der Delegierten Richtlinie zurückgegriffen werden:

„(6) ... Wertpapierfirmen ist es jedoch nicht untersagt, TTCA mit anderen Anlegern als Kleinanlegern abzuschließen. In Ermangelung von Vorgaben besteht infolgedessen ein Risiko, dass Wertpapierfirmen TTCA häufiger als hinreichend gerechtfertigt in Geschäftsbeziehungen zu anderen Anlegern als Kleinanlegern nutzen, wodurch das gesamte zum Schutz der Vermögenswerte der Kunden eingerichtete System untergraben wird.
Angesichts der Auswirkungen von TTCA auf die Pflichten der Firmen gegenüber den Kunden und um sicherzustellen, dass die Schutz- und Trennungsvorschriften der Richtlinie 2014/65/EU nicht unterminiert werden, sollten Wertpapierfirmen daher die Angemessenheit von Sicherheiten in Form der Vollrechtsübertragung in ihren Geschäftsbeziehungen mit anderen Anlegern als Kleinanlegern anhand des Verhältnisses zwischen den Verpflichtungen des Kunden gegenüber der Firma und den einer TTCA unterliegenden Vermögenswerten des Kunden prüfen.

Den Firmen sollte die Verwendung von TTCA in Geschäftsbeziehungen zu anderen Kunden als Kleinanlegern nur dann gestattet sein, wenn sie nachweisen, dass die TTCA im Zusammenhang mit dem Kunden angemessen ist, und wenn sie sowohl die Risiken als auch die Auswirkung der TTCA auf seine Vermögenswerte offenlegen.

Die Firmen sollten über ein dokumentiertes Verfahren für die Verwendung von TTCA verfügen. Die Möglichkeit der Firmen, TTCA mit anderen Anlegern als Kleinanlegern abzuschließen, sollte die Pflicht, vor der Verwendung der Vermögenswerte von Kunden die ausdrückliche Zustimmung der Kunden einzuholen, nicht schmälern.

(7) Der Nachweis einer belastbaren Beziehung zwischen der im Rahmen einer TTCA übertragenen Sicherheit und der Verbindlichkeit des Kunden sollte nicht ausschließen, dass eine angemessene Sicherheit gegen die Verpflichtung des Kunden hereingenommen wird. Die Wertpapierfirmen könnten somit weiterhin eine ausreichende Sicherheit verlangen und hierzu, sofern angebracht, eine TTCA nutzen.

Diese Verpflichtung sollte die Einhaltung der Anforderungen gemäß der Verordnung (EU) Nr. 648/2012 des Europäischen Parlaments und des Rates nicht verhindern und die angemessene Verwendung von TTCA im Kontext von Geschäften mit Eventualverbindlichkeiten oder Repogeschäften für andere Kunden als Kleinanleger nicht ausschließen."

Praxis-Tipp:
Die aus diesen Erwägungen folgenden compliance-relevanten Aspekte sind:
- Das Kreditinstitut ist in der *Nachweispflicht*, d. h. hat gegenüber den Aufsichtsbehörden, *nicht* gegenüber den Zivilgerichten, die Beweislast dafür, dass die zu beachtenden Faktoren für die inhaltliche Gestaltung der Vollrechtsübertragungen im *konkreten* Fall eingehalten sind.
- Es muss für die Sicherstellung dieser Anforderungen über einen *dokumentierten Geschäftsprozess* mit geeigneten Verfahren und Mitteln verfügen. Dieser wird naturgemäß nicht in der Wertpapierabteilung, sondern in der Kreditabteilung und/oder ggf. der Rechtsabteilung als operativem Level 1 angesiedelt sein.
- Dieser Geschäftsprozess muss auch die erforderliche *Information der Kunden* vorsehen.
- Der Geschäftsprozess muss ein angemessenes *laufendes Monitoring* der Abwicklung der Finanzsicherheiten vorsehen, damit eine in ihrem Verlauf nicht mehr den Anforderungen genügende Übersicherung vermieden wird.

In der Sache selbst sollte sich vor dem Hintergrund der bisherigen Rechtsprechung des Bundesgerichtshofes in Zivilsachen im Ergebnis nicht so viel revolutionär Neues ergeben.

Für die am Kreditprozess Beteiligten dürfte es jedoch neu sein, dass sie in Bezug auf die Angemessenheit der TTCAs mit professionellen Kunden und geeigneten Gegenparteien der Überwachung des WpHG-Compliance Office und des Single Officer unterliegen. Beide sollten daher frühzeitig auf eine angemessene, ggf. standardisierte Dokumentation in den Kreditakten hinwirken.

Sofern ein Kreditinstitut zukünftig auf diese Art der Sicherung verzichten möchte, ist eine entsprechende *Arbeitsanweisung* erforderlich, die gleichzeitig die *institutsintern zulässigen Sicherungsformen* beschreibt. Ihre Einhaltung sollte angemessen überwacht werden.

3.6 SFT: Securities Financing Transactions

Mit der Verordnung (EU) Nr. 2015/2365 über die Transparenz von Wertpapierfinanzierungsgeschäften und der Weiterverwendung [von Finanzinstrumenten] v. 25.11.2015 (SFT-Verordnung) wurden Vorgaben des internationalen Finanzstabilitätsrats (FSB) zur Reduzierung von Risiken für die Finanzstabilität aus dem sog. Schattenbankensektor in der Europäischen Union umgesetzt. Wesentliche Inhalte der SFT-Verordnung sind Regelungen zur Verbesserung der Transparenz und der Kontrolle bestimmter Arten von Wertpapierleih- und Repo-Geschäften, die sowohl im Bankensektor als auch im Schattenbankensektor eine zentrale Bedeutung haben. Z.B. können Wertpapierleihen die Grundlage für zulässiges Short Selling sein.

122

Unabhängig von den eigenständigen Schutzzwecken der SFT-Verordnung für die Allgemeinheit, führt MiFID II in diesen Themenkomplex ergänzend konkrete Schutzziele für die Finanzinstrumente von Kunden ein.[71] In Art. 5 der Delegierten Richtlinie, der sich mit der Nutzung von Finanzinstrumenten der Kunden durch das Kreditinstitut selbst oder durch Dritte befasst, werden in Art. 5 Abs. 4 neue Schutzpflichten des Kreditinstituts eingeführt, falls es in den Abschluss und/oder die Abwicklung von Wertpapierleihgeschäften über Kundenfinanzinstrumente des Kunden eingebunden ist:

123

„Die Mitgliedstaaten sorgen dafür, dass die Wertpapierfirmen für alle Kunden genau festgelegte Vereinbarungen treffen, die sicherstellen, dass der Entleiher der Finanzinstrumente von Kunden angemessene Sicherheiten stellt und dass die Firma über die fortdauernde Angemessenheit dieser Sicherheiten wacht und die notwendigen Schritte unternimmt, um das Gleichgewicht mit dem Wert der Finanzinstrumente von Kunden aufrechtzuerhalten."

Die Transformation dieser Vorgaben in das deutsche Recht erfolgt in § 84 Abs. 9 WpHG i.d.F.d. RegE für das 2. FiMaNoG:

124

„Ein Wertpapierdienstleistungsunternehmen hat im Rahmen von Wertpapierleihgeschäften mit Dritten, die Finanzinstrumente von Kunden zum Gegenstand haben, durch entsprechende Vereinbarungen sicherzustellen, dass der Entleiher der Kundenfinanzinstrumente angemessene Sicherheiten stellt. Das Wertpapierdienstleistungsunternehmen hat die Angemessenheit der gestellten Sicherheiten durch geeignete Vorkehrungen sicherzustellen sowie fortlaufend zu überwachen und das Gleichgewicht zwischen dem

---

71 ESMA, Final Report, ESMAs Technical Advice to the Commission on MiFID II and MiFIR v. 19.12.2014, ESMA/2014/1569, S. 67, vgl. Rn. 34.

Wert der Sicherheit und dem Wert des Finanzinstruments des Kunden aufrechtzuerhalten."

Die Begründung des RegE des 2. FiMaNoG führt auf der Seite 249 dazu ergänzend aus:

„Mit der Regelung soll sichergestellt werden, dass Wertpapierleihgeschäfte, die Finanzinstrumente von Kunden zum Gegenstand haben, nur in besicherter Form abgeschlossen werden. Als geeignete Vorkehrung im Sinne des Satzes 2 ist auch ein vertraglich festgelegter Mechanismus anzusehen, der vorsieht, dass Sicherheiten im Rahmen der Sicherheitenverwaltung laufend an den Wert der Kundenfinanzinstrumente angepasst werden."

125 Konkretere Hinweise zu den mit diesen Regelungen intendierten Schutzpflichten des Kreditinstituts für den Kunden enthält der Erwägungsgrund (9) der Delegierten Richtlinie.

„Um im Zusammenhang mit Wertpapierfinanzierungsgeschäften (Securites Financing Transactions, im Folgenden „SFT") einen angemessenen Schutz für Kunden zu gewährleisten, sollten Wertpapierfirmen gezielte Vorkehrungen treffen, die sicherstellen, dass der Entleiher der Vermögenswerte von Kunden angemessene Sicherheiten stellt und dass die Firma darüber wacht, dass die Angemessenheit dieser Sicherheiten gewahrt bleibt.

Die Pflicht der Wertpapierfirmen zur Überwachung der Sicherheiten sollte bestehen, wenn sie Partei einer SFT-Vereinbarung sind, insb. auch dann, wenn sie beim Abschluss eines SFT als Beauftragter [als Vermittler] handeln, oder im Falle einer Dreiervereinbarung [als Vermittler] zwischen dem externen Entleiher, dem Kunden und der Wertpapierfirma."

sowie der Erwägungsgrund (10):

„Die Wertpapierfirmen sollten die vorherige ausdrückliche Zustimmung der Kunden einholen und aufzeichnen, um zweifelsfrei nachweisen zu können, wozu der Kunde seine Zustimmung erteilt hat, und um den Status der Vermögenswerte der Kunden klarstellen zu helfen. Allerdings sollte die Form der Zustimmung nicht gesetzlich vorgeschrieben werden und sollte als Aufzeichnung jedes nach nationalem Recht zulässige Beweismittel gelten.

Die Zustimmung des Kunden kann einmalig bei Aufnahme der Geschäftsbeziehung erteilt werden, solange hinreichend klar ist, dass der Kunde der Verwendung seiner Wertpapiere zugestimmt hat. Handelt eine Wertpapierfirma bei der Verleihung von Finanzinstrumenten auf Weisung des Kunden und stellt dies die Zustimmung zum Abschluss des Geschäfts dar, sollte die Wertpapierfirma einen Nachweis hierfür vorhalten."

126 Danach entstehen die zuvor skizzierten Schutzpflichten des Kreditinstituts für seinen Kunden *nur* dann, wenn einer ihrer Kunden Finanzinstrumente zur Verfügung stellt (verleiht), *nicht aber*, wenn einer ihrer Kunden Finanzinstrumente entgegennimmt (entleiht). Sie

gelten nur für den *verleihenden* Kunden, dabei jedoch für Kunden aller Kundenkategorien: Privatkunden, professionelle Kunden und geeignete Gegenparteien.[72]

Eindeutig ist ferner, dass Wertpapierleihen immer nur mit dokumentierter vorheriger Zustimmung oder aufgrund dokumentierter Anweisung des/der verleihenden Kunden von dem eingeschalteten Kreditinstitut vereinbart und/oder durchgeführt werden dürfen. Dabei sind die jeweils betroffenen oder dafür freigegebenen Finanzinstrumente der verleihenden Kunden genau zu dokumentieren. Die Zustimmung kann auch für alle oder mehrere Fälle erteilt werden. Die jeweilige Dokumentation muss mit nach nationalem Recht zulässigen Beweismitteln erfolgen. 127

Liegt eine Zustimmung oder Anweisung des verleihenden Kunden vor, muss ein *aktiver* Part des Kreditinstituts in Bezug auf die Wertpapierleihe vorliegen. 128

Dies ist der Fall, wenn das Kreditinstitut (i) selbst Partei des Vertrages ist, (ii) es den Vertrag zwischen dem eigenen Kunden und dem Dritter in irgendeiner Form vermittelt oder als Beauftragter des Kunden ausgehandelt und/oder abgeschlossen hat oder (iii) diese Aktivitäten auch in Fällen entfaltet hat, die trilateral oder multilateral geschlossen werden. Es ist kein Grund ersichtlich, warum der verleihende Kunde in einem multilateralen Arrangement nicht ebenso geschützt sein sollte.

Ein solch aktiver Part in Bezug auf ein Wertpapierleihgeschäft liegt z. B. *nicht* vor, wenn der verleihende Kunde die Leihe selbst verhandelt, abschließt und das Kreditinstitut in der Folge lediglich anweist, einen Depotübertrag zu einem Dritten vorzunehmen. In einer solchen Konstellation könnte das Kreditinstitut weder rechtlich noch tatsächlich die Pflichten wahrnehmen, die ihm Art. 5 Abs. 4 der Delegierten Richtlinie aufträgt.[73]

Ist auch diese Voraussetzung gegeben, muss das Kreditinstitut sicherstellen, dass sein Kunde (i) initial im Gegenzug bei der ‚Übergabe' seiner Finanzinstrumente an den Entleiher von diesem für sie angemessene Sicherheiten erhält, dass (ii) die Angemessenheit der gestellten Sicherheiten von ihm überwacht wird sowie, dass (iii) der Entleiher die von ihm gestellten Sicherheiten angepasst, d. h. erhöht, falls ihre Wertentwicklung den jeweiligen Wert der mit ihnen gesicherten Finanzinstrumente des Kunden nicht mehr angemessen deckt. Alle die für diese Tätigkeit erforderlichen Rechte des Kunden müssen in dem Leihvertrag enthalten sein. Dafür muss das Kreditinstitut gemäß seiner jeweiligen Rolle in dem Geschäft Sorge tragen. 129

Insofern besteht bei der Abwicklung solcher Geschäfte eine enge Verbindung zu weiteren Normen. Im deutschen Recht nach § 84 WpHG i. d. F. d. RegE für das 2. FiMaNoG sind dies die Abs. 4, 6 und 8. Abs. 7 ist auch dann nicht betroffen, wenn das Kreditinstitut sich 130

---

72 ESMA, Final Report, ESMAs Technical Advice to the Commission on MiFID II and MiFIR v. 19.12.2014, ESMA/2014/1569, S. 68, vgl. Rn. 28. bis 32.
73 ESMA, Final Report, ESMAs Technical Advice to the Commission on MiFID II and MiFIR v. 19.12.2014, ESMA/2014/1569, S. 68, vgl. Rn. 33: "*ESMA understands feedback that investment firms may be unable to monitor collateral if they are not party to an SFT agreement. The technical advice covers investment firms who are party to such an agreement. Where an investment firms is acting on a client instruction to lend securities should and where this constitutes consent to entering into the transaction, the investment firms should still evidence this in line with Article 19 of the MiFID Implementing Directive.*"

selbst Finanzinstrumente seines Kunden leiht, weil die mit der Leihe einhergehende Vollrechtsübertragung von dem Privatkunden auf das Kreditinstitut nicht zum Zwecke der Sicherung von Forderungen des Kreditinstituts *gegenüber* den Kunden erfolgt.

131 Sollte ein Kreditinstitut Wertpapierleihgeschäfte mit Privatkunden dazu nutzen wollen, um das Verbot des § 84 Abs. 7 WpHG bei Privatkunden umgehen zu wollen, ist dies nicht erfolgreich. Der Erwägungsgrund (8) der Delegierten Richtlinie bestimmt als Auslegungsmaßgabe:

„Auch wenn die Vollrechtsübertragung der Vermögenswerte von Kunden bei manchen Wertpapierfinanzierungsgeschäften erforderlich sein mag, sollte es den Wertpapierfirmen in diesem Zusammenhang doch nicht möglich sein, Vereinbarungen zu treffen, die nach Art. 16 Abs. 10 der Richtlinie 2014/65/EU untersagt sind."

132 Vorstehend wurde im Einklang mit dem Erwägungsgrund (9) Satz 2 der Delegierten Richtlinie dargestellt, dass die erläuterten neuen Schutzpflichten das Kreditinstitut auch dann treffen, wenn es selbst Finanzinstrumente seines Kunden entleiht. § 84 Abs. 9 WpHG formuliert hingegen: „... *im Rahmen von Wertpapierleihgeschäften mit Dritten, die* ...".

Art. 5 Abs. 4 der Delegierten Richtlinie stellt hingegen nur darauf ab, dass es einen Entleiher [„*borrower*"] gibt: „... *die sicherstellen, dass der Entleiher der Finanzinstrumente von Kunden angemessene Sicherheiten stellt*...". Eine Einschränkung in der Person des Entleihers ist, insb. nach der Auslegungsmaßgabe des Erwägungsgrunds (9) nicht erkennbar. Aus den ESMA-Materialien zur Entstehung der Regelung ergibt sich ebenfalls nichts Anderes.[74]

In unionsrechtskonformer Auslegung des § 84 Abs. 9 WpHG i. d. F. des 2. FiMaNoG ist daher auch das Kreditinstitut selbst als „*Dritter*" anzusehen, wenn es Finanzinstrumente seiner Kunden entleiht.

133 Nachdem somit der Pflichtenkreis der Kreditinstitute im Rahmen des Art. 5 Abs. 4 der Delegierten Richtlinie transparent ist, stellt sich die Frage, was „*Wertpapierleihgeschäfte*" im Sinne des neuen § 84 Abs. 9 WpHG nach dem 2. FiMaNoG sind.

Art. 1 Abs. 3 der Delegierten Richtlinie definiert nur das „*Wertpapierfinanzierungsgeschäft*", auf das sich ihre hier relevanten Erwägungsgründe beziehen. Sie verweist auf Geschäfte im Sinne von Art. 3 Ziffer 11 der Verordnung (EU) 2015/2365 über die Transparenz von Wertpapierfinanzierungsgeschäften und der Weiterverwendung v. 25. 11. 2015. *Wertpapierfinanzierungsgeschäfte* im Sinne der Delegierten Richtlinie sind danach:

Pensionsgeschäfte, Wertpapier- oder Warenleihgeschäfte, Kauf-/Rückkaufgeschäfte, Verkauf-/Rückkaufgeschäfte und Lombardgeschäfte.

Das 2. FiMaNoG benutzt den Terminus „*Wertpapierfinanzierungsgeschäft*" in diesem Kontext nicht, sondern verwendet den dort nicht definierten Ausdruck „*Wertpapierleihgeschäft*".

---

74 ESMA, Consultation Paper MiFID II/MiFIR v. 22. 05. 2014 – ESMA/2014/549, S. 56 f., Rn. 24 bis 26 sowie Final Report, ESMAs Technical Advice to the Commission on MiFID II and MiFIR v. 19. 12. 2014, ESMA/2014/1569, S. 68 f., vgl. Rn. 28. bis 35.

Daher sind zur Auslegung und Anwendung des neuen § 84 Abs. 9 WpHG die Grundsätze zur unionsrechtskonformen Auslegung des nationalen Rechts heranzuziehen. Danach ist auch hier die Definition des „*Wertpapierfinanzierungsgeschäft*" in der Delegierten Richtlinie maßgebend.

Die zuvor genannten *Wertpapierfinanzierungsgeschäfte* sind in der Verordnung selbst in Art. 3 Ziffern 7 bis 10 definiert. Diese Definitionen haben im Kontext von MIFID II, insb. im Rahmen des Schutzes der Finanzinstrumente und Gelder von Kunden, keine eigene Entsprechung und können daher als *Sub-Definitionen* des Verweises in Art. 1 Abs. 3 der Delegierten Richtlinie im Weiteren zugrunde gelegt werden. *134*

Danach gilt vorliegend, reduziert auf den insoweit allein relevanten Begriff des Finanzinstruments im Sinne der MiFID II:

Ein *Pensionsgeschäft* ist *135*

„ein Geschäft aufgrund einer Vereinbarung, durch die eine Gegenpartei Wertpapiere, [...] oder garantierte Rechte an Wertpapieren [...] veräußert, und die Vereinbarung eine Verpflichtung zum Rückerwerb derselben Wertpapiere bzw. [...] Rechte – oder ersatzweise von Wertpapieren [...] mit denselben Merkmalen – zu einem festen Preis und zu einem vom Pensionsgeber festgesetzten oder noch festzusetzenden späteren Zeitpunkt enthält; Rechte an Wertpapieren [...] können nur dann Gegenstand eines solchen Geschäfts sein, wenn sie von einer anerkannten Börse garantiert werden, die die Rechte an den Wertpapieren [...] hält, und wenn die Vereinbarung der einen Gegenpartei nicht erlaubt, ein bestimmtes Wertpapier [...] zugleich an mehr als eine andere Gegenpartei zu übertragen oder zu verpfänden; bei dem Geschäft handelt es sich für die Gegenpartei, die die Wertpapiere [...] veräußert, um eine Pensionsgeschäftsvereinbarung, und für die Gegenpartei, die sie erwirbt, um eine umgekehrte Pensionsgeschäftsvereinbarung."

Ein *Wertpapier-* [...] oder [...] *leihgeschäft* ist *136*

„ein Geschäft, durch das eine Gegenpartei Wertpapiere [...] in Verbindung mit der Verpflichtung überträgt, dass die die Wertpapiere [...] entleihende Partei zu einem späteren Zeitpunkt oder auf Ersuchen der übertragenden Partei gleichwertige Papiere [...] zurückgibt; für die Gegenpartei, welche die Wertpapiere [...] überträgt, ist das ein Wertpapier-[...] verleihgeschäft und für die Gegenpartei, der sie übertragen werden, ein Wertpapier-[...] entleihgeschäft."

Ein *Kauf-/Rückverkaufgeschäft* (Buy/Sell-back-Geschäft) oder *Verkauf-/Rückkaufgeschäft* *137*
(Sell/Buy-back-Geschäft) ist

„ein Geschäft, bei dem eine Gegenpartei Wertpapiere, [...] oder garantierte Rechte an Wertpapieren [...] mit der Vereinbarung kauft oder verkauft, Wertpapiere, [...] oder garantierte Rechte mit denselben Merkmalen zu einem bestimmten Preis zu einem zukünftigen Zeitpunkt zurückzuverkaufen bzw. zurückzukaufen; dieses Geschäft ist ein „Kauf-/Rückverkaufgeschäft" für die Gegenpartei, die Wertpapiere, [...] oder garantierte Rechte kauft, und ein „Verkauf-/Rückkaufgeschäft" für die Gegenpartei, die sie verkauft, wobei derartige „Kauf-/Rückverkaufgeschäfte" oder „Verkauf-/Rückkaufgeschäfte" weder von einer Pensionsgeschäftsvereinbarung noch von einer umgekehrten Pensionsgeschäftsvereinbarung im Sinne der Nummer [...] erfasst sind."

138 Ein *Lombardgeschäft* (margin lending transaction) ist

„ein Geschäft, bei dem eine Gegenpartei im Zusammenhang mit dem Kauf, Verkauf, Halten oder Handel von Wertpapieren einen Kredit ausreicht, ausgenommen sonstige Darlehen, die durch Sicherheiten in Form von Wertpapieren besichert sind."

139 Abschließend verbleibt auch in diesem Zusammenhang die Frage, ob die zuvor erläuterten Pflichten zivilrechtliche Wirkungen in dem Sinne haben, dass sich der verleihende Kunde in einer Insolvenz seines Entleihers an sein Institut wenden und von ihm Schadensersatz verlangen kann, wenn er einen Schaden deshalb erleidet, weil sein Institut bei der Vorbereitung seines Wertpapierfinanzierungsgeschäfts und -vertrages nicht sichergestellt hat, dass für ihn initial angemessene Sicherheiten bestellt und/oder während der Vertragsdauer bis zur Rückgabe seiner Finanzinstrumente eine Angemessenheit der Sicherheiten bestand.

Für einen Schadensersatzanspruch kommen sowohl ein vertragliches, als auch ein gesetzliches Schuldverhältnis in Gestalt der Verletzung eines individualschützenden Schutzgesetzes nach § 823 Abs. 2 BGB in Betracht.

Sofern ein Institut die Vermittlung und/oder Durchführung z. B. von Wertpapierleihgeschäften anbietet und vornimmt, wird im Einzelfall, gleich, ob schriftlich oder faktisch, ein Vertragsverhältnis angenommen werden können. Da aufsichtsrechtliche Pflichten nicht der zivilrechtlichen Disposition unterliegen, somit vertraglich weder aufgehoben noch geändert werden können, wären sie dann auch zivilrechtlich maßgeblich. Verletzt das Institut auch nur fahrlässig die skizzierten Pflichten, ist eine Ersatzpflicht wohl nur selten zu vermeiden.

Ergänzend könnte ein Anspruch des Kunden nach § 823 Abs. 2 BGB auch ohne vertragliche Verbindung oder bei fehlender vertraglicher Regelung der Pflichten nach § 84 Abs. 9 WpHG in neuer Fassung bestehen, wenn diese Bestimmung als Schutzgesetz im Sinne des § 823 Abs. 2 BGB anzusehen wäre.

Letzteres wäre nur dann der Fall, wenn § 84 Abs. 9 WpHG in neuer Fassung nicht nur die Allgemeinheit und die Finanzmarktstabilität, sondern auch individuelle Interessen einer definierten Personengruppe schützen soll.

Sofern der Anspruchsteller ein relevanter Kunde des Kreditinstituts ist, wozu eine Vereinbarung über ein Wertpapierdepot oder die Verwaltung von Finanzinstrumenten ausreicht, ist die Anspruchsberechtigung grundsätzlich gegeben.

Nach der gesamten Entstehungsgeschichte der neuen Bestimmung ist es nur schwer vorstellbar, dass diese Norm nur der zuständigen Aufsichtsbehörde die Arbeit erleichtern soll. Da es ferner nicht ausreicht, dass das Institut sich um den Kundenschutz bemüht, sondern diesen Erfolg „*sicherzustellen*" hat, sprechen wesentliche Aspekte für eine schadensersatzrechtliche Funktion.

II.B.8 Schutz der Finanzinstrumente und Gelder von Kunden

> **Praxis-Tipp:**
>
> Jedes Kreditinstitut muss zunächst für sich entscheiden, ob es entsprechende Verträge/Geschäfte mit/für Kunden tätigen möchte.
>
> Ist dies der Fall, muss das Kreditinstitut dafür die erforderlichen Prozesse und Verfahren implementieren und angemessen dokumentieren.
>
> Die Geschäfte als solche und ihre Abwicklung sind grundsätzlich auslagerbar, aber wohl nicht in standardisierten Verfahren, mit Ausnahme von ausführenden Buchungs- oder Transaktionsanweisungen.
>
> Die Prüf-, Überwachungs- und Kundeninformationsplichten betreffen das originäre Verhältnis zwischen den Vertragspartnern, d. h. zwischen dem Kreditinstitut und seinen verleihenden Kunden und müssen wohl beim Kreditinstitut verbleiben. Eine Abbildung solcher Geschäfte über Geschäftsbesorgungsverträge zur Wertpapierabwicklung ist derzeit *wohl* nicht sach- und kostengerecht darstellbar.
>
> Sofern solche Verträge/Geschäfte mit/für Kunden nicht getätigt werden sollen, sind entsprechende negative Anweisungen und ggf. Kontrollen der Einhaltung des Verbots zu prüfen.
>
> Funktional dem § 84 Abs. 9 WpHG in neuer Fassung vergleichbar sind die §§ 200 bis 203, 221 Abs. 7 KAGB. Als in relevantem Zusammenhang mit den besonderen Verwahrstellenfunktionen stehende Spezialregelungen gehen diese Regelungen denjenigen im WpHG grundsätzlich vor. Tatsächliche oder rechtlich zwingende Gründe einer ggf. kumulativen Anwendung sind bisher nicht ersichtlich.

4 Folgerungen

Der inhaltliche Vergleich und die Analyse der Veränderungen von MiFID I zu MiFID II sowie der früheren Durchführungsrichtlinien zu den aktuellen Delegierten Rechtsakten zeigt eine weitergehende aufsichtsrechtliche Verflechtung der einzelnen Wertpapierdienstleistungen und Wertpapiernebendienstleistungen. *140*

Für Nebendienstleistungen gelten im Grundsatz die gleichen grundlegenden Anforderungen wie für Wertpapierdienstleistungen. Die Bedeutung dieser Differenzierung für die Compliance-Praxis ist daher nur noch sehr gering. Lediglich der Grad und der Umfang der speziellen Organisations- und Verhaltenspflichten sind bei Nebendienstleistungen scheinbar noch etwas geringer.

Dies ändert sich jedoch sofort, wenn die Regulierung dieser Aktivitäten außerhalb der MiFID II einbezogen wird. Dies gilt insb. für die Verwahrung und Verwaltung im Depotgeschäft und die Verwahrstellenfunktion für OGAW- und AIF-Fonds sowie für Research, d. h. Finanzanalysen und Sonstige Research-Informationen im Sinne objektiver, nicht werblicher Kundeninformationen.

Die typisch deutsche Trennung von Aufsichtsrecht und Zivilrecht wird zunehmend aufgehoben. Insb. die Normen für den Kundenschutz zeigen normzweckorientiert sowohl eine zivilrechtliche als auch eine aufsichtsrechtliche Funktion. D. h., es muss auf Sicht davon *141* ausgegangen werden, dass sie aus der Perspektive des maßgeblichen europäischen Rechts sowohl im Verwaltungsprozess ‚subjektiv öffentliche Rechte' für Kunden verleihen, als auch im Zivilprozess ‚drittschützend' oder ‚Schutzgesetze' sind und damit zukünftig Grundlage zivilrechtlicher Haftungsansprüche gegenüber dem Kreditinstitut sein können.

Diese mögliche Zweite Dimension des Aufsichtsrechts hat aufgrund des weitgehenden Einsatzes Delegierter Verordnungen gute Chancen, sich über europäische Präjudizen auch in Deutschland zu etablieren.

Auch die im Vergleich zur Vergangenheit hohen materiellen und immateriellen Sanktionen müssen in Risikoanalysen und Maßnahmenplänen von Compliance einen sehr viel höheren Stellenwert erlangen. Vertrauen allein in die Abwehrfunktion der Rechtsabteilungen gegenüber Dritten und Kunden ist kein geeignetes oder nachhaltiges Compliance-Konzept.

5 Literaturverzeichnis

Bundesanstalt für Finanzdienstleistungsaufsicht: Merkblatt – Hinweise zum Tatbestand des Depotgeschäfts v. 06. 01. 2009, zuletzt geändert am 17. 02. 2014.

Directorate-General for Internal Policies of the European Parliament, Policy Department A Economic and Scientific Policy: Cross-border issues of securities law, European efforts to support securities markets with a coherent legal framework, Mai 2011, IPA/ECON/NT/2011-09.

European Securities and Markets Authority: Consultation Paper MiFID II/MiFIR v. 22. 05. 2014 – ESMA/2014/549.

European Securities and Markets Authority: Final Report, ESMAs Technical Advice to the Commission on MiFID II and MiFIR v. 19. 12. 2014, ESMA/2014/1569.

Hague Conference on Private International Law: Convention on the Law Applicable to Certain Rights in Respect of Securities Held with an Intermediary v. 05. 07. 2006.

International Institute for the Unification of Private Law: UNIDROIT Convention on Substantive Rules for Intermediated Securities v. 09. 10. 2009.

The Board of the International Organization of Securities Commissions: Report of the IOSCO Technical Committee, Client Asset Protection, August 1996.

The Board of the International Organization of Securities Commissions: Final Report, Recommendations Regarding the Protection of Client Assets, FR01/2014, January 2014.

The Board of the International Organization of Securities Commissions: Consultation Report, Recommendations Regarding the Protection of Client Assets, CR02/2014, February 2013.

The Board of the International Organization of Securities Commissions: Consultation Report, Principles regarding the Custody of Collective Investment Schemes' Assets, CR07/2014, October 2014.

The Board of the International Organization of Securities Commissions: Final Report, Standards for the Custody of Collective Investment Schemes' Assets, FR25/2015, November 2015.

The Giovannini Group: Cross-border clearing and settlement arrangements in the European Union, Brussels, November 2001.

The Giovannini Group: Second Report on EU Clearing and Settlement Arrangements, Brussels, April 2003.

II.B.9

Datenschutzrecht und Speicherlösungen für Dokumente und Daten

Klaus M. Brisch

Inhaltsübersicht

1	Einleitung	1–11
1.1	Datenschutz	1–10
1.2	Archivierung und Transformation	11
2	Rechtliche Grundlagen	12–86
2.1	Verbot automatisierter Kreditentscheidungen gemäß Art. 22 DS-GVO	13–16
2.2	Meldungen von Forderungen an Auskunfteien	17–24
2.3	Kreditvergabe und Scoring	25–33
2.4	Datenschutz und §§ 63 ff. WpHG	34–41
2.5	Datenschutz und § 83 WpHG	42–46
2.6	Insiderverzeichnisse und Datenschutz	47–58
2.7	Datenschutz und Verhinderung der Geldwäsche	59–72
2.8	Rechtssichere Archivierung von Kundendaten	73–83
2.9	Transformation	84–86
3	Best Practice	87–95
4	Abschluss	96–97
5	Literaturverzeichnis	

1 Einleitung

1.1 Datenschutz

Werden Kreditverträge geschlossen oder Wertpapierhandelsgeschäfte abgewickelt, wird stets eine Vielzahl unterschiedlicher Kundendaten verarbeitet. Zum Schutz vor Missbrauch dieser Daten unterfallen diese zwei parallelen Regelungsinstrumente dem Bankgeheimnis und dem Datenschutz.

Das Bankgeheimnis ist zwar gesetzlich nicht geregelt, wird vom Gesetzgeber und der Rechtsprechung aber vorausgesetzt und ist in Nr. 2 Abs. 1 AGB-Banken ausdrücklich festgeschrieben.[1] Danach ist die Bank zur Verschwiegenheit über alle kundenbezogenen Tatsachen und Wertungen verpflichtet, von denen sie Kenntnis erlangt.

In strafrechtlicher Hinsicht wird das Bankgeheimnis durch § 203 Abs. 2 Satz 1 Nr. 1 StGB abgesichert. Mit Strafe bedacht wird das Verhalten, ein fremdes Geheimnis, welches dem Täter in seiner Eigenschaft als Amtsträger anvertraut wurde, einem anderen zu offenbaren. Dieser Tatbestand umfasst jedoch nur öffentlich-rechtliche Kreditinstitute, wie z. B. die Sparkassen, nicht aber Privatbanken. Durch die Strukturreform besteht kaum noch ein Unterschied zwischen der Tätigkeit der öffentlich-rechtlichen und privaten Banken bei der Kreditvergabe, weshalb eine Amtsträgerschaft in den öffentlich-rechtlichen Banken zunehmend bezweifelt wird.[2] Trotzdem liegen die Aufgaben der öffentlich-rechtlichen Kreditinstitute im Bereich der Daseinsvorsorge und dieser Gedanke wird beispielsweise in den Sparkassengesetzen klar hervorgehoben.[3] Die unbefugte Weitergabe personenbezogener Daten ist außerdem von Art. 83 Abs. 1 Satz 1 DS-GVO i. V. m. § 42 BDSG mit Strafe bedroht.[4] Durch die am 25. 05. 2018 in Kraft getretene Datenschutzgrundverordnung (DS-GVO) sind zudem hohe Bußgelder vorgesehen, wenn personenbezogene Daten im Unternehmen nicht ausreichend geschützt werden. Erforderlich ist im Hinblick darauf eine hinreichende Verschlüsselung sämtlicher Daten.

Demgegenüber reglementiert der Datenschutz die Erhebung, Verarbeitung und Nutzung personenbezogener Daten. Als Ausfluss des informationellen Selbstbestimmungsrechts aus Art. 2 Abs. 1 i. V. m. Art. 1 Abs. 1 GG dient er der Gewährleistung des Einzelnen, selbst zu entscheiden, „wer was wann und bei welcher Gelegenheit" über ihn weiß.[5]

Anders als das Bankgeheimnis ist der Datenschutz in einer Vielzahl allgemeiner und spezialgesetzlicher Normen näher ausgestaltet. In Inhalt und Anwendungsbereich ist der Schutz datenschutzrechtlicher Vorschriften enger als beim Bankgeheimnis. Datenschutz wird nur für personenbezogene Daten und damit für Daten von natürlichen, nicht aber juristischen Personen gewährt (Art. 2 Abs. 1, 4 Nr. 1 DS-GVO).

Immer dann, wenn Kreditinstitute personenbezogene Daten ihrer (potenziellen) Kunden erheben, oder auf eine der sonstigen, in Art. 4 Nr. 2 DS-GVO aufgeführten Weisen verar-

---

1 *Schwab*, in: Dauner-Lieb/Langen (Hrsg.): BGB, § 675, Rn. 30 ff.; *Hopt*, in: Baumbach/Hopt, HGB, AGB-Banken 2, Rn. 1 f.
2 *Lencker/Eisele*, in: Schönke/Schröder, StGB, § 203 Rn. 44.
3 *Eisele*, in: ZIS 11, 358 ff.
4 *Ambs*, in: Erbs/Kohlhaas, Strafrechtl. NebenG, § 43 Rn. 1 ff.
5 BVerfGE 65, 1(43); *Di Fabio*, in: Maunz/Dürig, GG, Art. 2, Rn. 132 ff.

beiten oder nutzen, dürfen sie dies daher nur innerhalb des datenschutzrechtlichen Regelungsrahmens tun. Personenbezogene Daten sind dabei alle Informationen, die sich auf eine identifizierte oder identifizierbare natürliche Person, die „betroffene Person", beziehen (Art. 4 Nr. 1 DS-GVO). Der Begriff der „personenbezogenen Daten" ist dabei weit zu verstehen und umfasst insb. auch Wertungen sowie jede geschäftliche Information mit Personenbezug und nicht nur private und intime Informationen, gleichgültig ob sie Geheimniswert haben oder nicht.

6 Soweit personenbezogene Daten des Kunden durch Banken verwendet werden, ist dies grundsätzlich nur im Rahmen der in Art. 6 Abs. 1 DS-GVO aufgeführten Erlaubnistatbestände zulässig. Von diesen Erlaubnistatbeständen dürften insb. die Vertragsanbahnung und Vertragserfüllung (Art. 6 Abs. 1 Satz 1 lit. b.) DS-GVO), die Erfüllung rechtlicher Verpflichtungen der Bank als verantwortliche Stelle (Art. 6 Abs. 1 Satz 1 lit. c.) DS-GVO), sowie die Einwilligung durch die betroffene Person (Art. 6 Abs. 1 Satz 1 lit. a.) DS-GVO) in der Bankenpraxis die größte Relevanz entfalten. Neben diesem sog. Verbot des Datenumgangs mit Erlaubnisvorbehalt[6] müssen Banken, wenn sie personenbezogene Daten ihrer Kunden verarbeiten, aber auch weitere allgemeine datenschutzrechtliche Grundsätze beachten. Dazu zählen insb. die Grundsätze der Zweckbindung und der Erforderlichkeit sowie der Transparenz.

7 Nach dem Grundsatz der Zweckbindung ist die Bank an die durch den Gesetzgeber oder – aufgrund einer Einwilligung – den Kunden vorgegebenen Zwecke einer Verwendung von personenbezogenen Kundendaten gebunden. Ein Umgang mit den personenbezogenen Daten darf dann nur im Rahmen dieser Zwecke erfolgen und nicht auf andere oder weitere Datenverwendungen ausgedehnt werden.[7] Jede Zweckänderung oder Zweckentfremdung bedarf dann wiederum einer gesetzlichen Erlaubnis oder Einwilligung durch den Kunden.

8 Dem Erforderlichkeitsgrundsatz kommt die Aufgabe zu, die Befugnisse zum Datenumgang im Rahmen der Zweckbindung näher zu konkretisieren. Danach ist die Erhebung, Verarbeitung und Nutzung personenbezogener Kundendaten durch die Bank nur soweit zulässig, als dies zur Erreichung des Zwecks, z. B. einer Kontoeröffnung, erforderlich ist. Der Begriff der „Erforderlichkeit" ist ein unbestimmter Rechtsbegriff, der einzelfallbezogen zu konkretisieren ist. Es sind strenge Anforderungen an die Erforderlichkeit zu stellen, um den größtmöglichen Schutz gegen Eingriffe in den Persönlichkeitsbereich zu gewährleisten. Sie ist nur dann gegeben, wenn der Zweck ohne den konkreten Datenumgang nicht, nicht rechtzeitig, nicht vollständig oder nur mit unverhältnismäßigem Aufwand erreicht werden könnte.[8]

9 Aufgrund des datenschutzrechtlichen Transparenzgrundsatzes muss schließlich der Kunde die Möglichkeit haben, die Erhebung, Verarbeitung und Nutzung seiner Daten durch die Bank wirksam zu kontrollieren. Nur wenn ihm der entsprechende Datenumgang bekannt ist, kann er dessen Rechtmäßigkeit überprüfen und seine Rechte in Bezug auf den Datenumgang geltend machen. Aus dem Transparenzgrundsatz resultieren daher gesetzlich näher

---

6 *Tintemann/Möbus/Wiest*, in: VuR 2015, S. 377.
7 Bereits zur alten Rechtslage vor Inkrafttreten der DS-GVO: BVerfGE 65, 1 (46, 61).
8 *Buchner/Petri*, in: Kühling/Buchner (Hrsg.): DS-GVO BDSG, Art. 6 Rn. 15.

ausgestaltete Informationspflichten und Korrektur- bzw. Löschungsrechte des Kunden gegenüber der Bank.

Aufgrund der Vielzahl unterschiedlicher Verwendungen personenbezogener Kundendaten durch Banken, muss sich diese Darstellung notwendigerweise auf ausgewählte Themengebiete beschränken. In diesem Kapitel werden daher lediglich einige, typische Verarbeitungsprozesse näher beleuchtet und darauf aufbauend praktische Hinweise zu einem datenschutzkonformen Umgang mit Kundendaten gegeben.   10

Bedeutsam ist für Kreditinstitute auch die Möglichkeit des grenzüberschreitenden Transfers personenbezogener Daten in Drittstaaten. Voraussetzung dafür ist aber sowohl die Einhaltung allgemeiner Voraussetzungen als auch das Vorliegen eines Mindestmaßes an Datenschutz in dem Drittstaat.[9] Letzteres kann mit Inkrafttreten der DS-GVO am 25.05.2018 durch einen Angemessenheitsbeschluss der EU-Kommission i. S. d. Art. 45 DS-GVO unter Beachtung des dort genannten umfangreichen Katalogs zu berücksichtigender Anhaltspunkte festgesetzt werden. Liegt ein solcher Beschluss nicht vor, kann der Datentransfer im Einzelfall trotzdem zulässig sein, wenn eine der Ausnahmen des Art. 49 DS-GVO vorliegt. Das ist beispielsweise der Fall, wenn der Betroffene ausdrücklich eingewilligt hat, der Transfer zur Erfüllung des Vertrages notwendig ist, wichtige Gründe des öffentlichen Interesses vorliegen oder eine Übermittlung zur Geltendmachung, Ausübung oder Verteidigung von Rechtsansprüchen erforderlich ist. Speziell für den Datentransfer in die USA bestand vormals das Konzept des „Safe Harbor". Dieses sollte eine Datenübertragung in die USA erleichtern, obwohl kein angemessenes Datenschutzniveau bestand. Inhalt des Konzeptes war, dass teilnehmende Unternehmen einer selbstbindenden Datenschutzerklärung beitraten, was jährlich wiederholt werden musste. Sodann wurden die Unternehmen in eine beim Department of Commerce geführte Liste aufgenommen.[10] Durch Kommissionsbeschluss sollte das angemessene Datenschutzniveau in den USA festgestellt werden.[11]

Der EuGH hat in einer Entscheidung jedoch festgestellt, dass der vorgenannte Kommissionsbeschluss unwirksam ist. Wesentliches Argument war, dass bei Aufnahme der Unternehmen in die Liste keine Überprüfung stattfand, ob die Datenschutzgrundsätze tatsächlich beachtet wurden.[12] Es seien vielmehr wirksame Überwachungs- und Kontrollmechanismen nötig.[13] Der Datenschutz in den USA unterscheidet sich außerdem bereits systematisch vom europäischen Datenschutzrecht, da es eher deliktisch geprägt ist.[14] Aufgrund dieses Urteils kann Safe Harbor nicht mehr zur Rechtfertigung von Datentransfers in die USA verwendet werden. Zunächst soll daher auf andere Instrumente, wie Standardvertragsklauseln oder Binding Corporate Rules zurückgegriffen werden, obwohl auch diese die vom EuGH aufgestellten Anforderungen nicht gänzlich erfüllen.[15]

---

9   *Borges*, in: NJW 2015, S. 3617; vgl. auch Art. 44 DS-GVO.
10 *Borges*, in: NJW 2015, S. 3617.
11 Entscheidung der Kommission 2000/520/EG, ABl. 2000 L 215.
12 Vgl. Entscheidung der Kommission 2000/520/EG, ABl. 2000 L 215, Anh. II, FAQ 7; EuGH, Urteil v. 06.10.2015, Az. C-362/14.
13 EuGH, Urteil v. 06.10.2015, Az. C-362/14.
14 Vgl. *Post*, in: GRUR Int 2006, S. 288 f.
15 *Weichert*, in: VuR 2016, S. 1.

Als weiteres Sonderabkommen wurde zudem der sog. Privacy Shield zwischen den USA und der EU mit Durchführungsbeschluss[16] in Kraft gesetzt. Die enthaltenen materiellen Datenschutzgrundsätze entsprechen weitestgehend denen des Vorgängers. Noch immer ist eine Selbstzertifizierung durch die amerikanischen Unternehmen vorzunehmen, es ist aber eine jährliche Kontrolle der Einhaltung der Datenschutzvorgaben vorgesehen.[17] Auch der Privacy Shield ist bereits kurz nach seinem Inkrafttreten wegen seiner nur geringen Unterschiede zu Safe Harbor und einem Verstoß gegen die europäischen Grundrechte scharf kritisiert worden und seine Vereinbarkeit mit den Regelungen der DS-GVO erscheint fraglich.[18] Eine wird daher eine erneute Entscheidung des EuGH erwartet, die womöglich auf eine Aufhebung des Privacy Shields hinauslaufen könnte.[19]

Eine weitere Herausforderung für den Datenschutz werden die Austrittsverhandlungen Großbritanniens mit der EU sein. Würde Großbritannien nach dem Brexit dem EWR beitreten, müsste die DS-GVO in britisches Recht umgesetzt werden.[20] In Anbetracht der bisherigen Stellungnahmen und Ankündigungen der britischen Regierung, einen „harten" Brexit herbeiführen zu wollen, erscheint dieses Szenario eher unwahrscheinlich. Kommt es im Falle dieses letzteren Szenarios zu keinem Abkommen betreffend Datenschutz zwischen Großbritannien und der EU, wäre Großbritannien wie ein Drittland zu beurteilen.[21] Folge ist, dass wie bei einem Transfer von Daten in die USA, entweder ein Angemessenheitsbeschluss der Kommission vorliegen muss oder auf die vorgenannten alternativen Instrumente zurückgegriffen werden muss.[22]

1.2 Archivierung und Transformation

11 Neben Fragen des Datenschutzes werden in diesem Kapitel auch rechtliche Fragen der Archivierung und Transformation von Daten thematisiert. Dabei spielt insb. die Frage eine Rolle, welche Anforderungen an eine langfristige und beweissichere Archivierung von Dateien, sowie an eine rechtssichere Transformation bestehen.

2 Rechtliche Grundlagen

12 Aus datenschutzrechtlicher Sicht werden in den folgenden Abschnitten die Voraussetzungen einer automatisierten Kreditvergabe (Ziff. 2.1), der Meldungen von Forderungen an Auskunfteien (Ziff. 2.2), sowie datenschutzrechtliche Anforderungen an das Scoring thematisiert (Ziff. 2.3). Darüber hinaus wird näher auf datenschutzrechtliche Implikationen im Zusammenhang mit dem Wertpapierhandelsgesetz eingegangen (Ziff. 2.4 bis 2.6), sowie die datenschutzrechtliche Relevanz von aus dem Geldwäschegesetz resultierenden Verpflichtungen der Kreditinstitute dargestellt (Ziff. 2.7). Schließlich werden in diesem Ab-

---

16 Vom 12.07.2016, ABl. L 207, S. 1.
17 *Niklas/Faas*, in: ArbRAktuell 2016, S. 474.
18 Vgl. *Weichert*, in: ZD 2016, S. 209 ff.; *Börding*, in: CR 2016, S. 431; *Spies*, in: ZD 2016, S. 49 ff.
19 *Weichert*, in: ZD 2016, S. 217.
20 *Geminn/Schaller*: Brexit im Datenschutz?, in: ZD-Aktuell 2016, 05320.
21 *Gierschmann*, in: MMR 2016, 501.
22 *Geminn/Schaller*: Brexit im Datenschutz?, in: ZD-Aktuell 2016, 05320.

schnitt auch Rechtsfragen der Archivierung (Ziff. 2.8) sowie der Transformation von längerfristig aufzubewahrenden Dateien (Ziff. 2.9) thematisiert.

2.1 Verbot automatisierter Kreditentscheidungen gemäß Art. 22 DS-GVO

Automatische Kreditvergaben sind heute an der Tagesordnung. Dabei reicht die Bandbreite vom automatisierten Angebot einer EC- oder Kreditkarte oder der Autorisierung von Geldautomatenauszahlungen über die Einräumung eines Dispositionskredits bis hin zur **automatisierten Entscheidung über Kreditanträge**.[23] Nach Art. 22 Abs. 1 Satz 1 DS-GVO hat der Betroffene allerdings das Recht, dass Entscheidungen, die für den Betroffenen rechtliche Wirkungen entfalten oder ihn in ähnlicher Weise erheblich beeinträchtigten, nicht ausschließlich auf eine automatisierte Verarbeitung personenbezogener Daten gestützt werden. Dies kann z. B. im Rahmen der Beurteilung der beruflichen Leistungsfähigkeit, Kreditwürdigkeit, Zuverlässigkeit oder des allgemeinen Verhaltens des Betroffenen Bedeutung erlangen.[24]

13

Erforderlich ist demnach eine inhaltliche Bewertung und Entscheidung durch eine natürliche Person und nicht, dass ein Computer lediglich ausführt, was zuvor zwischen den Betroffenen vereinbart war oder von ihnen ausgeführt wird. Aus diesem Grund sind Abhebungen an Geldautomaten oder deren Verweigerung, automatische Genehmigungen von Kreditkartenverfügungen oder automatisiert gesteuerte Guthaben generell keine automatisierten Entscheidungen im Sinne von Art. 22 DS-GVO.[25]

14

Darüber hinaus muss sich die Entscheidung ausschließlich auf eine automatisierte Verarbeitung stützen. Dies ist insb. dann der Fall, wenn keine inhaltliche Bewertung und darauf gestützte Entscheidung durch eine natürliche Person stattfindet. Hat der Sachbearbeiter des Kreditinstituts daher z. B. keine eigene Befugnis, von einem automatisiert erstellten Entscheidungsvorschlag über eine Kreditvergabe abzuweichen, ist davon auszugehen, dass dies vom Verbot der automatisierten Einzelentscheidung erfasst wird.[26]

15

Allerdings sind nach Art. 22 Abs. 2 DS-GVO Ausnahmen von diesem Verbot möglich. So ist ein solches Vorgehen zulässig, wenn die Entscheidung für den Abschluss oder die Erfüllung eines Vertrages zwischen der betroffenen Person und dem Verantwortlichen erforderlich ist, wenn die automatisierte Entscheidung durch Rechtsvorschriften der Europäischen Union oder der Mitgliedstaaten, denen der Verantwortliche unterliegt, zulässig ist und diese Rechtsvorschriften angemessene Maßnahmen zur Wahrung der Rechte und Freiheiten sowie der berechtigten Interessen der betroffenen Person enthalten oder wenn die Entscheidung mit ausdrücklicher Einwilligung der betroffenen Person erfolgt. Soweit die automatisierte Entscheidungsfindung auf einer Einwilligung beruht, sind die Anforderungen der Art. 4 Nr. 11 und 7 Abs. 2 DS-GVO zu beachten. Diese verlangen insb., dass der

16

---

23 Eul, in: Roßnagel (Hrsg.): Handbuch Datenschutzrecht, Kap. 7.2, Rn. 59.
24 Bereits zur alten Rechtslage: *Scholz*, in: Simitis (Hrsg.): BDSG, § 6a, Rn. 13, Rn. 21.
25 *Buchner*, in: Kühling/Buchner (Hrsg.): DS-GVO BDSG, Art. 22, Rn. 15; *Schulz*, in: Gola, Datenschutz Grundverordnung, Art. 22, Rn. 12 ff.
26 *Buchner*, in: Kühling/Buchner (Hrsg.): DS-GVO BDSG, Art. 22 Rn. 16.

Betroffene in die Lage versetzt wird, seine Entscheidung informiert zu treffen. Ihm sind daher alle für seine Entscheidung notwendigen Informationen zur Verfügung zu stellen.[27]

2.2 Meldungen von Forderungen an Auskunfteien

17 In § 28a BDSG a. F. waren spezielle Erlaubnistatbestände für die Übermittlung von **Negativdaten** (Angaben über unbeglichene Forderungen) und **Positivdaten** (Angaben über die ordnungsgemäße Durchführung von Bankgeschäften) an Auskunfteien vorgesehen. Diese Erlaubnistatbestände waren an strenge Voraussetzungen geknüpft. Insb. war schon unter der alten Rechtslage eine Abwägung zwischen den berechtigten Interessen der übermittelnden Stellen und den schutzwürdigen Interessen der Betroffenen am Ausschluss der Übermittlung vorgesehen. Das Ergebnis dieser Abwägung war gleichwohl in Form der vorgenannten Erlaubnistatbestände durch den Gesetzgeber bereits vorweggenommen.[28]

18 Zum Inkrafttreten der DS-GVO versuchte der deutsche Gesetzgeber eine Fortgeltung des Erlaubnistatbestandes aus § 28a Abs. 1 BDSG a. F. durch Einführung des im Wortlaut gleichen § 31 Abs. 2 BDSG hinsichtlich der Übermittlung von Negativdaten zu erreichen. Im Rahmen der Überführung dieses Tatbestandes aus dem alten in das neue Recht wurde jedoch übersehen, dass die DS-GVO keine Öffnungsklausel zu Gunsten der nationalen Gesetzgeber vorsieht, welche diese zur Schaffung von Regelungen wie § 31 BDSG ermächtigt. Insofern dürfte die Regelung des § 31 BDSG nicht mit der DS-GVO vereinbar sein.[29]

19 Die Unwirksamkeit des neu geschaffenen § 31 BDSG führt jedoch nicht zu Regelungslücken hinsichtlich der Weitergabe von Negativdaten oder gar zu einer Unmöglichkeit der Weitergabe von Daten an Auskunfteien. Denn der nunmehr geltende Art. 6 Abs. 1 lit. f) DS-GVO erlaubt die Verarbeitung von Daten, wenn sie zur Wahrung berechtigter Interessen des Verantwortlichen oder eines Dritten erforderlich ist, sofern nicht die Interessen oder Grundrechte oder Grundfreiheiten der betroffenen Person, die den Schutz der personenbezogenen Daten erfordern, überwiegen.

Das Tatbestandsmerkmal „Verarbeitung" schließt die Weitergabe von Daten an Dritte ein. „Berechtigt" ist jedes rechtliche, wirtschaftliche oder ideelle Interesse, solange es nicht gegen die Rechtsordnung der Europäischen Union oder des jeweiligen Mitgliedstaats verstößt.[30]

Auch wird eine Datenweitergabe an Auskunfteien nicht am Tatbestandsmerkmal der Erforderlichkeit scheitern. Das Tatbestandsmerkmal „Erforderlichkeit" bezieht sich auf die Wahrung des berechtigten Interesses. Zum Schutz des berechtigten Interesses ist eine Datenverarbeitung stets erforderlich, wenn dieses Interesse ohne die fragliche Datenverarbeitung beeinträchtigt würde oder nicht auf andere, weniger invasive Weise gleichermaßen

---

27 *Schulz*, in: Gola, Datenschutz-Grundverordnung, Art. 6, Rn. 31.
28 Hierzu im Einzelnen: *Roßnagel*, in: NJW 2009, S. 2718.
29 *Buchner/Petri*, in: Kühling/Buchner (Hrsg.): DS-GVO BDSG, DS-GVO Art. 6, Rn. 161.
30 *Schulz*, in: Gola, Datenschutz-Grundverordnung, Art. 6 Rn. 57; *Heberlein*, in: Ehrmann/Selmayr (Hrsg.): Datenschutz-Grundverordnung, Art. 6 Rn. 22; *Buchner/Petri*, in: Kühling/Buchner (Hrsg.): DS-GVO BDSG, DS-GVO Art. 6, Rn. 146 f.

gut erreicht werden kann.[31] Damit stellt das Tatbestandsmerkmal der Erforderlichkeit praktisch keine Hürde für die Datenverarbeitung durch Auskunfteien dar.

Da unter der DS-GVO, wie dargelegt, keine gesonderten Erlaubnistatbestände mehr bestehen, aus denen sich jeweils unterschiedliche Anforderungen für die Weitergabe von Negativ- und Positivdaten entnehmen ließe, ist fraglich, welche Maßstäbe zur Beurteilung der Rechtmäßigkeit einer Datenweitergabe an Auskunfteien anzusetzen sind.

20

In diesem Zusammenhang erlangt die gemäß Art. 6 Abs. 1 lit. f) DS-GVO vorzunehmende Interessenabwägung, welche in dieser Form auch durch § 28a Abs. 1 BDSG a. F. bzw. § 31 Abs. 2 BDSG verlangt wurde[32], besondere Bedeutung. Insofern, als Art. 6 Abs. 1 lit. f) DS-GVO die Weitergabe von Daten zum Schutz berechtigter Interessen Dritter ermöglicht, ist zunächst zu beachten, dass bei restriktiver Auslegung des Art. 6 Abs. 1 lit. f) DS-GVO die vorgenannte Interessenabwägung auch dahingehend durchzuführen ist, ob dem berechtigten Interesse des Dritten an der Verarbeitung nicht überwiegende Interessen, Grundrechte oder Grundfreiheiten der betroffenen Person entgegenstehen.[33] Hinsichtlich einer Weitergabe von Schuldnerdaten an Auskunfteien dürfte sich auch aus dieser restriktiven Interpretation des Erlaubnistatbestandes kein nennenswertes Hindernis für die Datenweitergabe ergeben. Denn eine Weitergabe von Schuldnerdaten, gleich ob Negativ- oder Positivdaten, an Auskunfteien dient insb. auch dem Schutz der Funktionsfähigkeit des Wirtschaftsverkehrs. Die Erfassung der Daten dient der Risikosteuerung im Wirtschaftsverkehr und schützt insofern letztlich auch die Volkswirtschaft.[34]

Gleichwohl ist im Rahmen dieser Interessenabwägung danach zu unterscheiden, ob die Bank Positiv- oder Negativdaten über einen Kunden an Auskunfteien weiterreichen will. Dies liegt darin begründet, dass eine Interessenabwägung zu unterschiedlichen Ergebnissen kommen wird, je nachdem ob Positiv- oder Negativdaten weitergegeben werden sollen.

Soweit die Interessenabwägung hinsichtlich der Weitergabe von Positivdaten vorzunehmen ist, gilt es zu beachten, dass hier solche Daten weitergegeben werden sollen, die sich zunächst grundsätzlich positiv auf eine Einstufung der Kreditwürdigkeit des Bankkunden oder ein sonstiges Scoring auswirken können. Das alte BDSG sah vor Inkrafttreten der DS-GVO mit § 28a Abs. 2 BDSG a. F., noch einen engen Rahmen für die Weitergabe von Positivdaten vor. Die Möglichkeit der Weitergabe von Positivdaten war auf Fälle beschränkt, in denen die Weitergabe für die „Begründung, ordnungsgemäße Durchführung und Beendigung eines Vertragsverhältnisses betreffend ein Bankgeschäft" erforderlich war. Dieser restriktive Erlaubnistatbestand sah sich großer Kritik ausgesetzt. Es wurde vertreten, dass eine nur eng beschränkte Erlaubnis der Weitergabe von Positivdaten nicht zielführend sei. Schließlich läge die Weitergabe von Positivdaten, welche eine Einstufung

---

31 *Reimer,* in: Sydow, Europäische Datenschutzgrundverordnung, Art. 6 Rn. 58; *Schulz,* in: Gola, Datenschutz-Grundverordnung, Art. 6 Rn. 20.
32 *Buchner/Petri,* in: Kühling/Buchner (Hrsg.): DS-GVO BDSG, DS-GVO Art. 6 Rn. 162 ff.; *Schulz,* in: Gola, Datenschutz-Grundverordnung, Art. 6 Rn. 128 ff.
33 *Heberlein,* in: Ehmann/Selmayr (Hrsg.): Datenschutz-Grundverordnung, Art. 6 Rn. 25, *Schulz,* in: Gola, Datenschutz-Grundverordnung, Art. 6 Rn. 117 f.
34 *Schulz,* in: Gola, Datenschutz-Grundverordnung, Art. 6, Rn. 115.

eines potenziellen Vertragspartners ausschließlich positiv beeinflussen, grundsätzlich im Interesse des Betroffenen.[35]

Es steht zu erwarten, dass diese Rechtsansicht im Lichte der unter der DS-GVO vorzunehmenden Interessenabwägung neuen Zuspruch erfahren wird. Dennoch dürfte ebenso zu beachten sein, dass Angaben über den Abschluss und die ordnungsgemäße Abwicklung von Schuldverhältnissen nicht zwangsläufig ein ausschließlich positiver Informationsgehalt innewohnt. Bedient ein Schuldner eine große Anzahl bestehender Dauerschuldverhältnisse ordnungsgemäß, ist dies nicht zwangsläufig ein Indiz dafür, dass er auch in der Lage sein wird, ein weiteres Dauerschuldverhältnis ordnungsgemäß zu bedienen. Dies wird umso mehr in Fällen gelten, in denen es sich bei den in der Datenbank verzeichneten bestehenden Schuldverhältnissen um Darlehensverträge handelt und nunmehr ein weiteres Darlehen abgeschlossen werden soll. Den bereits in der Datenbank verzeichneten Daten dürfte für den Schuldner in einem solchen Fall kein ausschließlich positiver Wert innewohnen. Es wird daher abzuwarten sein, ob eine Interessenabwägung über die Weitergabe von Positivdaten im Lichte des Art. 6 Abs. 1 lit. f) DS-GVO zu weitreichenderen Erlaubnissen führen wird, als dies unter dem alten Datenschutzrecht der Fall war. Logisch konsequent erscheint letztlich nur, die von Art. 6 Abs. 1 lit. f) DS-GVO geforderte Interessenabwägung einzelfallbezogen durchzuführen. Da, wie dargelegt, die Datenweitergabe an Auskunfteien insb. dem Schutz der Funktionsfähigkeit des Wirtschaftsverkehrs und damit letztlich dem Schutz der Volkswirtschaft dient, wird die durchzuführende Interessenabwägung auch ohne die Fiktion eines grundsätzlichen Interesses der betroffenen Person an der Weitergabe von Positivdaten zur Bejahung einer Weitergabemöglichkeit führen.

21 Die Übermittlung von Negativdaten an Auskunfteien war vor Inkrafttreten der DS-GVO in § 28a Abs. 1 BDSG a. F. geregelt. Diese Norm erlaubte es Kreditinstituten, Informationen zu noch offenen Forderungen an Auskunfteien weiterzugeben, sofern die die geschuldete Leistung trotz Fälligkeit nicht erbracht war, die Übermittlung zur Wahrung berechtigter Interessen der verantwortlichen Stelle oder eines Dritten erforderlich war und weitere, genau bestimmte, eindeutige Merkmale vorlagen, aus welchen sich die Kreditunwürdigkeit der betroffenen Person unstreitig ergab. Diese Merkmale waren insb. das Vorliegen eines rechtskräftigen Urteils über diese Forderung, eines ausdrücklichen Anerkenntnisses des Betroffenen, einer Feststellung der Forderung nach § 178 InsO oder das Nichtbestreiten der Forderung durch den Schuldner trotz zweimaliger Mahnung.

Wie dargelegt, beabsichtigte der Gesetzgeber mit Inkrafttreten der DS-GVO, diesen Katalog von Erlaubnistatbeständen in Form des § 31 Abs. 2 BDSG fortgelten zu lassen. Obschon für die Schaffung des § 31 Abs. 2 BDSG eine Ermächtigungsgrundlage in der DS-GVO für den deutschen Gesetzgeber fehlt (s. o.), sollten die in dieser Norm enthaltenen Wertungen im Rahmen der gemäß Art. 6 Abs. 1 lit. f) DS-GVO durchzuführenden Interessenabwägung beachtet werden. Denn diesen Normen lag bereits eine Interessenabwägung zugrunde, in welcher einschlägige Negativmerkmale vorgegeben waren[36], die auch im Rahmen einer Interessenabwägung nach Art. 6 Abs. 1 lit. f) DS-GVO ein Interesse an der Verarbeitung begründen oder ausschließen werden.

---

35 *Buchner/Petri,* in: Kühling/Buchner (Hrsg.): DS-GVO BDSG, DS-GVO Art. 6 Rn. 164.
36 *Buchner/Petri,* in: Kühling/Buchner (Hrsg.): DS-GVO BDSG, DS-GVO Art. 6, Rn. 162.

Über die Weitergabe ihrer personenbezogenen Daten an Auskunfteien ist die betroffene 22
Person zu unterrichten, Art. 13 Abs. 1 lit. e) DS-GVO. Diese Information ist bereits im
Zeitpunkt der Datenerhebung mitzuteilen. In der Praxis hat dies also vor Abschluss des
Vertrages stattzufinden. Die Auskunfteien, an welche die Daten zum Zwecke der vorbeschriebenen Verarbeitung von Positiv- und Negativdaten übermittelt werden, sind namentlich zu bezeichnen, sofern durch die Bank bereits im Zeitpunkt des Vertragsschlusses absehbar ist, an welche konkreten Auskunfteien die Daten weitergegeben werden. Nur in den Fällen, in denen die konkreten Datenempfänger vorab nicht absehbar sind, darf die Bank als verantwortliche Stelle die absehbaren Datenweitergaben in allgemeiner Form so beschreiben, dass die betroffene Person die damit möglicherweise verbundenen Risiken abschätzen kann.[37]

Die Informationen sind der betroffenen Person in präziser, einfach verständlicher und leicht zugänglicher Form mitzuteilen, Art. 12 Abs. 1 Satz 1 DS-GVO. Die Informationen über die Datenweitergabe dürfen nur auf ausdrücklichen Wunsch der betroffenen Person mündlich erteilt werden, Art. 12 Abs. 1 Satz 3 DS-GVO.

Die bei der betroffenen Person erhobenen Daten dürfen nur für diejenigen Zwecke verar- 23
beitet werden, die vorab von der verantwortlichen Stelle eindeutig festgelegt wurden, Art. 5 Abs. 1 lit. b) DS-GVO. Überdies sind die Zwecke der Datenverarbeitung auf das notwendige Maß zu beschränken, Art. 5 Abs. 1 lit. c) DS-GVO. Für die Datenweitergabe an Auskunfteien bedeutet dies, dass nur die für die Führung der Auskunftei tatsächlich notwendigen Daten durch die Bank weitergereicht werden dürfen. Die Daten dürfen auch nur an diejenigen Auskunfteien bzw. Kategorien von Auskunfteien weitergereicht werden, welche der betroffenen Person vorab im Rahmen der Aufklärung im Sinne des Art. 13 DS-GVO mitgeteilt wurden.

Schließlich ist im Zusammenhang mit der Verarbeitung von Schuldnerdaten auch die 24
Löschungspflicht des Art. 17 DS-GVO zu beachten. Danach müssen Schuldnerdaten insb. gelöscht werden, sobald sie für die Zwecke, für welche sie verarbeitet werden, nicht mehr erforderlich sind, Art. 17 Abs. 1 lit. a DS-GVO. Hinsichtlich Positivdaten, dürfte dieser Zeitpunkt mit der ordnungsgemäßen Beendigung des Bankvertrags, hinsichtlich Negativdaten mit dem Zeitpunkt der Erfüllung der fälligen Forderung oder deren Untergang bzw. deren endgültiger Nichtdurchsetzbarkeit, erreicht sein.

2.3 Kreditvergabe und Scoring

Der Hauptanwendungsfall automatisierter Verfahren zur Entscheidung über eine Kredit- 25
vergabe und einer damit einhergehenden Bewertung von Persönlichkeitsmerkmalen besteht in sog. **Scoring-Verfahren**, bei denen aufgrund mehrerer Merkmale (z. B. Konsumverhalten, Finanzdaten, Adresse, Alter, Kinderzahl, etc.) die Kreditwürdigkeit bewertet wird. Dabei wird aus personenbezogenen Daten eines Betroffenen aufgrund mathematisch-statistischer Verfahren für diesen ein künftiges Verhalten (z. B. Rückzahlung eines Kredits) mit einem Wahrscheinlichkeitswert (Score) prognostiziert, der durch die Auswertung von

---

37   *Knyrim,* in: Ehmann/Selmayr (Hrsg.): Datenschutz-Grundverordnung, Art. 13, Rn. 29; *Bäcker,* in: Kühling/Buchner (Hrsg.): DS-GVO BDSG, DS-GVO Art. 13, Rn. 29.

Daten aus der Vergangenheit von bzw. Erfahrung mit Menschen mit vergleichbaren Merkmalen berechnet wird.[38]

2.3.1 Zulässigkeit von Scoring-Verfahren

26 Die Weitergabe und Nutzung von Daten im Rahmen von Scoring-Verfahren begegnet rechtssystematisch seit Inkrafttreten der DS-GVO in weiten Teilen denselben Problematiken wie bereits die Weitergabe von Schuldnerdaten an Auskunfteien.

Vor Inkrafttreten der DS-GVO war die Datennutzung im Rahmen mathematisch-statistischer Verfahren nach § 28b BDSG a. F. bei Vorliegen besonderer Voraussetzungen zulässig. Die Durchführung eines Scorings war immer dann zulässig, wenn der Scorewert für eine Entscheidung zur Begründung, Durchführung oder Beendigung eines Vertragsverhältnisses mit dem Betroffenen verwendet werden sollte oder, wenn er für Prognosen über ein bestimmtes zukünftiges Verhalten des Betroffenen ermittelt wurde.

Der deutsche Gesetzgeber hat mit Inkrafttreten der DS-GVO versucht, die Regelungen des § 28b BDSG a. F. in § 31 Abs. 1 BDSG zu überführen. Für die Schaffung dieser Regelung sieht die DS-GVO jedoch keinen Erlaubnistatbestand vor, sodass § 31 Abs. 1 BDSG nicht als taugliche Grundlage für die Nutzung oder Weitergabe von Daten zu Scoringzwecken in Betracht kommt (s. o. Rn. 18 ff.).[39]

27 Als Rechtsgrundlage für Datenverarbeitungen zu Scoringzwecken ist vielmehr Art. 6 DS-GVO heranzuziehen. Soweit die Bank als verantwortliche Stelle das Scoring intern zur Vorbereitung des Abschlusses eines Kreditvertrages durchführt, ist die Datenverarbeitung durch Art. 6 Abs. 1 lit. b) DS-GVO gedeckt.[40]

Ist für die Scorewert-Ermittlung – wie es in der Praxis wohl regelmäßig der Fall sein wird – eine Datenweitergabe an Dritte, beispielsweise an eine Auskunftei, erforderlich, ist Art. 6 Abs. 1 lit. f) DS-GVO die einschlägige Ermächtigungsgrundlage.[41] Es ist daher erforderlich, eine Interessenabwägung durchzuführen, durch welche ein überwiegendes Interesse der Bank als verantwortliche Stelle sowohl an der Datenerhebung, als auch an der Weitergabe der Daten an die Dritte Stelle zur Durchführung des Scorings[42] gegenüber den Interessen oder Grundrechten und Grundfreiheiten des Schuldners ermittelt werden kann.

Im Rahmen der durchzuführenden Interessenabwägung bei Datenweitergabe zu Scoringzwecken ist zunächst zu berücksichtigen, dass durch ein Scoring Ausfallrisiken minimiert und hierdurch letztlich auch die Volkswirtschaft geschützt wird (s. o. Rn. 18 ff.). Überdies dürfte es aus Schuldnerschutzgesichtspunkten geboten sein, das Vorliegen überwiegender Interessen des Schuldners an der Nichtweitergabe seiner Daten gerade nicht voreilig anzunehmen. Denn insofern, als das Scoring dazu dient Zahlungsausfallrisiken zu minimieren, trägt es insb. auch dazu bei, Schuldner, die geneigt sind, ihre eigene Zahlungsfähigkeit zu

---

38 *Weichert*, in: Däubler/Klebe/Wedde/Weichert, § 6a, Rn. 4.
39 *Buchner/Petri*, in: Kühling/Buchner (Hrsg.): DS-GVO BDSG, DS-GVO Art. 6, Rn. 161.
40 *Schulz*, in: Gola, Datenschutz-Grundverordnung, Art. 6, Rn. 128, 130; *Buchner*, in: Kühling/Buchner (Hrsg.): DS-GVO BDSG, BDSG § 31, Rn. 7.
41 *Buchner/Petri*, in: Kühling/Buchner (Hrsg.): DS-GVO BDSG, DS-GVO Art. 6 Rn. 165.
42 *Heberlein*, in: Ehmann/Selmayr (Hrsg.): Datenschutz-Grundverordnung, Art. 6 Rn. 25.

überschätzen, vor sich selbst zu schützen. Insofern dient die Durchführung eines Scorings zumindest rein objektiv auch den Interessen der von dem Scoring betroffenen Schuldner.[43]

Ferner ist im Rahmen der bei Datenweitergabe an Scoringdienstleister durchzuführenden Interessenabwägung die Qualität der weitergegebenen Daten sowie die Qualität der durchgeführten Analyse umfassend zu berücksichtigen. Bereits vor Inkrafttreten der DS-GVO konnte ein berechtigtes Interesse an der Datenweitergabe an Scoringdienstleister nämlich nur bestehen, sofern die für das Scoring verwendeten Datenbestände ein Mindestmaß an Richtigkeit und Vollständigkeit garantierten[44]. Flankierend verlangte bereits § 28b BDSG a. F., dass die zum Scoring genutzten Daten „unter Zugrundelegung eines wissenschaftlich anerkannten mathematisch-statistischen Verfahrens nachweisbar für die Berechnung der Wahrscheinlichkeit des bestimmten Verhaltens maßgeblich sind." Diese Kriterien versuchte der Gesetzgeber in Form des § 31 Abs. 1 BDSG auch für die Zeit nach Inkrafttreten der DS-GVO ausdrücklich festzuschreiben. Wie ausgeführt, ist diese Norm aber unwirksam. Dies führt jedoch auch hinsichtlich der Durchführung von Scoringmaßnahmen nicht zu Regelungslücken oder zu einem Fortfall der vorgenannten Kriterien. Denn ein berechtigtes Interesse der Bank an der Datenweitergabe zu Scoringzwecken kann nur bestehen, wenn die genutzten Daten zutreffend und vollständig sind und das Scoringverfahren anerkannten mathematisch-statistischen Daten folgt.[45] Eine Scorewertermittlung auf unzureichender Tatsachengrundlage oder mit mathematisch-statistisch nicht plausiblen Verfahren könnte den Zweck des Scoringverfahrens, eine belastbare Risikoeinschätzung über Forderungsausfälle zu liefern, nicht erreichen. Banken sind daher auch unter der DS-GVO dahingehend beweisbelastet, dass die verwendeten Daten für das Scoringverfahren relevant sind und im Rahmen des Scoringverfahrens auf mathematisch-statistisch anerkannte Weise verarbeitet werden.

28

Überdies muss ein durchzuführendes Scoring auch zwingend Eingang in die Entscheidung der Bank finden, für deren Zweck es durchgeführt werden wird. Denn die bei der betroffenen Person erhobenen Daten dürfen nur für diejenigen Zwecke verarbeitet werden, die vorab von der verantwortlichen Stelle, also der Bank, eindeutig festgelegt wurden, Art. 5 Abs. 1 lit. b) DS-GVO. Findet ein durchgeführtes Scoring keinen Eingang in die von der Bank zu treffende Entscheidung über die Kreditvergabe, war es für die Zwecke dieser Entscheidung nicht notwendig und hätte nicht durchgeführt werden dürfen, Art. 5 Abs. 1 lit. c) DS-GVO.

29

Soll das Scoring durch einen Dienstleister durchgeführt werden, dürfen die auszuwertenden Daten auch nur an diejenigen Scoringdienstleister weitergereicht werden, welche der betroffenen Person vorab im Rahmen der Aufklärung im Sinne des Art. 13 DS-GVO durch die Bank mitgeteilt wurden.

Aus dem Grundsatz der Zweckbindung nach Art. 5 Abs. 1 lit. b) DS-GVO ergibt sich eine weitere zwingend zu beachtende Anforderung. Da rechtmäßig erhobene Daten nur für

30

---

43 Weitergehend sogar *Schulz*, in: Gola, Datenschutz-Grundverordnung, Art. 6, Rn. 121, der von einem „ureigenen Interesse der betroffenen Person" spricht.
44 St. Rspr. seit BGH Urt. v. 15. 12. 1983 – III ZR 207/82, in: ZIP 1984, S. 429.
45 So auch: *Buchner/Petri*, in: Kühling/Buchner (Hrsg.): DS-GVO BDSG, DS-GVO Art. 6, Rn. 165 f.

solche Zwecke weiterverarbeitet werden dürfen, die mit dem Zweck ihrer Erhebung vereinbar sind, muss die verantwortliche Stelle für die Datenanalyse im Rahmen eines Scoring sicherstellen, dass die Daten für eine Verarbeitung in mathematisch plausibler Art und Weise tauglich sind.

Eine solche, in Ansehung des Erhebungswecks untaugliche Weiterverarbeitung von Daten wird insb. dann vorliegen, wenn allein aus isolierten Einzelangaben Zahlungsausfallrisiken „errechnet" werden sollen. Werden beispielsweise aus der Wohnanschrift der betroffenen Person Schlussfolgerungen über ihre Zahlungsfähigkeit gezogen, wird dies in der Praxis regelmäßig zu verzerrten Ergebnissen führen und dem Zweck des Scoring, eine einzelfallgerechte Risikoanalyse zu bieten, zuwiderlaufen. Denn allein aus dem Umstand, dass ein potenzieller Kreditschuldner in einer bevorzugten Wohnlage lebt, kann nicht geschlossen werden, dass er auch den angestrebten Kredit zurückzahlen kann. Umgekehrt verbrieft ein Leben eines potenziellen Schuldners in strukturschwächeren Regionen für sich allein nicht, dass dieser potenzielle Schuldner mit Sicherheit nicht in der Lage sein wird, einen gewährten Kredit zurückzuzahlen. Es wird daher im Rahmen des Scorings immer einer umsichtigen Gesamtbetrachtung verschiedener Faktoren und nicht nur der Betrachtung eines einzelnen Merkmales bedürfen.

Insofern bedurfte es, eingedenk des Grundsatzes der Zweckbindung aus Art. 5 Abs. 1 lit. b) DS-GVO auch nicht der Schaffung des, wie bereits dargelegt, unwirksamen § 31 Abs. 1 Nr. 3 BDSG durch den deutschen Gesetzgeber. Diese Norm sollte als Nachfolgernorm zu § 28b Abs. 2 Nr. 3 BDSG a. F. das Verbot, ein Scoring ausschließlich auf Grundlage von Adressdaten durchzuführen, postulieren. Auf Grundlage des Grundsatzes der Zweckbindung aus Art. 5 Abs. 1 lit. b) DS-GVO kann ein wesentlich ausdifferenzierterer Schutz der vom Scoring betroffenen Person erreicht werden.

Die Erhebung verschiedener Daten von einer betroffenen Person zum Zwecke der Durchführung eines Scorings widerspricht schließlich auch nicht dem in Art. 5 Abs. 1 lit. c) DS-GVO verankerten Grundsatz der Datenminimierung. Der Grundsatz der Datenminimierung ergänzt vielmehr den Grundsatz der Zweckbindung.[46] Er besagt, dass nur diejenigen Daten verarbeitet werden dürfen, welche zur Erreichung des Zweckes angemessen, erheblich und auf das notwendige Maß beschränkt sind. Insofern gestattet der Grundsatz der Datenminimierung mit anderen Worten, dass die zur Erreichung des Verarbeitungszwecks *erforderlichen* Daten verarbeitet werden. Er postuliert dadurch aber gerade kein Verbot, verschiedene Daten zu aggregieren. Im Gegenteil: es müssen genau so viele Daten verarbeitet werden, wie es zur Erreichung des angestrebten Zwecks erforderlich ist. Für das Scoring bedeutet dies, dass genau so viele Daten über den potenziellen Schuldner zu verarbeiten sind, dass eine an seinen Einzelfall angepasste Scorewertermittlung erfolgen kann. Erst die Erhebung weiterer Daten, welche keinen signifikanten weiteren Erkenntnisgewinn im Rahmen des mathematisch plausiblen statistischen Risikobewertungsverfahrens erlauben, verletzt den Grundsatz der Datenminimierung.

---

46 *Herbst,* in: Kühling/Buchner (Hrsg.): DS-GVO BDSG, DS-GVO Art. 5, Rn. 56 f.

2.3.2 Besonderheiten im Rahmen von Betroffenenrechten beim Scoring

Da das Scoring ein Unterfall des Profilings im Sinne des Art. 4 Nr. 4 DS-GVO ist[47], ist der betroffenen Person gemäß Art. 13 Abs. 2 lit. f) DS-GVO mitzuteilen, dass auf Grundlage ihrer personenbezogenen Daten ein Scoring durchgeführt wird. Die Mitteilung muss den Anforderungen des Art. 12 DS-GVO genügen. 31

Allerdings hat dies nicht zur Folge, dass der betroffenen Person das Recht aus Art. 22 Abs. 1 DS-GVO zusteht, der automatisierten Entscheidungsfindung im Rahmen des Vertragsschlusses nicht ausschließlich unterworfen zu sein. Denn die Durchführung eines automatisierten Scorings ist für den Abschluss eines Kreditvertrages zwischen der betroffenen Person und der Bank erforderlich, Art. 22 Abs. 2 lit. a) DS-GVO.[48] Daher trifft die Bank als verantwortliche Stelle auch keine Pflicht, auf dieses – nicht bestehende – Recht hinzuweisen. Etwas anderes gilt erst, wenn im Rahmen des Scorings besondere Kategorien personenbezogener Daten verarbeitet wurden, Art. 22 Abs. 4 DS-GVO.

Mit Inkrafttreten der DS-GVO steht von der Datenverarbeitung betroffenen Personen überdies ein umfassendes Auskunftsrecht gemäß Art. 15 DS-GVO zu. Dieses grundsätzliche Recht tritt an die Stelle bisheriger Regelungen, wie den bislang für Scorewertermittlungen einschlägigen § 34 Abs. 2 Satz 1, bzw. Satz 3 BDSG a. F. 32

Nach § 34 Abs. 2 Satz 1 BDSG a. F. war durch eine verantwortliche Stelle, die einen Scorewert für ihre Entscheidung genutzt hat, dem Betroffenen auf dessen Verlangen Auskunft über die innerhalb der letzten sechs Monate erhobenen oder erstmalig gespeicherten Wahrscheinlichkeitswerte, über die zur Berechnung der Wahrscheinlichkeitswerte genutzten Datenarten und über „das Zustandekommen und die Bedeutung der Wahrscheinlichkeitswerte einzelfallbezogen und nachvollziehbar in allgemein verständlicher Form" zu erteilen. Der Auskunftsanspruch bezog sich ausdrücklich auf übergeordnete Datenarten, also nicht auf konkrete Einzeldaten.[49] Dies konnten z. B. die Datenart „Einkommen", „verfügbares Einkommen", „Beruf" oder ähnliches sein.

Über die Kategorien der verarbeiteten personenbezogenen Daten ist auch im Rahmen des Art. 15 Abs. 1 lit. b) DS-GVO Auskunft zu erteilen. Im Rahmen des Art. 15 DS-GVO entfällt jedoch die zeitliche Beschränkung des Auskunftsanspruchs auf Scorewerte aus den vergangenen sechs Monaten. Der Auskunftsanspruch ist nunmehr zeitlich umfassend.

In der Regel wird das einer Score-Berechnung zugrundeliegende mathematisch-statistische Verfahren allerdings nicht von dem Kreditinstitut selbst, sondern von einem Dritten (z. B. SCHUFA) stammen. In diesem Fall erstreckte sich auch schon vor Inkrafttreten der DS-GVO die Auskunftspflicht auch auf diesen Drittanbieter, § 34 Abs. 2 Satz 3 BDSG a. F. Der Drittanbieter war verpflichtet, der verantwortlichen Stelle, also z. B. dem Kreditinstitut, die für die Erfüllung der Auskunftspflicht erforderlichen Informationen zu übermitteln. Wollte die verantwortliche Stelle die fällige Auskunft zu einem Wahrscheinlichkeitswert im Einzelfall nicht selbst erteilen, war sie berechtigt, den Betroffenen an den Drittanbieter zu 33

---

47 *Buchner,* in: Kühling/Buchner (Hrsg.): DS-GVO BDSG, DS-GVO Art. 4, Rn. 7.
48 *Schulz,* in: Gola, Datenschutz-Grundverordnung, Art. 22, Rn. 30; *Buchner,* in: Kühling/Buchner (Hrsg.): DS-GVO BDSG, DS-GVO Art. 22 Rn. 30.
49 *Abel,* in: RDV 2009, S. 150.

verweisen. Diesen traf damit kraft Gesetzes die Verpflichtung, dem Betroffenen unentgeltlich die entsprechende Auskunft zu erteilen.

Mit Inkrafttreten der DS-GVO folgt für Kreditinstitute, welche ein Scoring durch Drittanbieter durchführen lassen, die Pflicht, diese Drittanbieter zu nennen aus Art. 15 Abs. 1 lit. c) DS-GVO. Wurde für die Durchführung des Scorings kein Vertrag über die Durchführung einer Auftragsverarbeitung mit dem Drittanbieter geschlossen und klärt das Kreditinstitut den Schuldner auch nicht umfassend über die Modalitäten der Datenverarbeitung durch den Drittanbieter auf, trifft den Drittanbieter, welcher das Scoring durchführt, die Pflicht, den Schuldner als betroffene Person nach Maßgabe des Art. 14 Abs. 1 DS-GVO über die Einzelheiten des Scorings aufzuklären.

2.4 Datenschutz und §§ 63 ff. WpHG

34 Nach dem seit dem Jahr 1995 geltenden und im Zuge des Finanzmarktrichtlinie-Umsetzungsgesetzes (FRUG) im Jahr 2007 sowie – aufgrund der Finanzmarktkrise – durch das Schuldverschreibungs- und Falschberatungsgesetz (SchVFalschberG) im Juli 2009 umfassend überarbeitete Wertpapierhandelsgesetz (WpHG), welches im Zuge der Umsetzung von MiFID II zum 03.01.2018 durch das Zweite Gesetz zur Novellierung von Finanzmarktvorschriften auf Grund europäischer Rechtsakte v. 23.06.2017[50] neu strukturiert und erneut überarbeitet wurde, haben Banken und andere zum Wertpapierhandel zugelassene Unternehmen die Pflicht, Kunden bei Wertpapiergeschäften zu beraten.

35 Das Wertpapierdienstleistungsunternehmen ist nach § 63 Abs. 7 WpHG verpflichtet, dem Kunden rechtzeitig und verständlich Informationen sowohl über das Unternehmen selbst als auch über seine Dienstleistungen, die Finanzinstrumente, vorgeschlagene Anlagestrategien, Ausführungsplätze und alle Kosten und Nebenkosten zur Verfügung zu stellen. Die dazu erforderlichen Informationen sind konkret § 63 Abs. 7 Nr. 1 und 2 WpHG zu entnehmen. Art, Inhalt, Gestaltung und Zeitpunkt der zu erteilenden Informationen sind in den Art. 38, 39, 41, 45 bis 53, 61 und 65 der Delegierten Verordnung (EU) 2017/565 detailliert dargestellt. Vor der Erbringung anderer Wertpapierdienstleistungen als der Anlageberatung oder der Finanzportfolioverwaltung, hat ein Wertpapierdienstleistungsunternehmen gemäß § 63 Abs. 10 WpHG von den Kunden Informationen über Kenntnisse und Erfahrungen der Kunden in Bezug auf Geschäfte mit bestimmten Arten von Finanzinstrumenten oder Wertpapierdienstleistungen einzuholen, soweit diese Informationen erforderlich sind, um die Angemessenheit der Finanzinstrumente oder Wertpapierdienstleistungen für die Kunden beurteilen zu können. Kommt das Wertpapierdienstleistungsunternehmen aufgrund dieser Informationen zu dem Ergebnis, dass das vom Kunden gewünschte Finanzinstrument oder die Dienstleistung für den Kunden nicht angemessen ist, hat es dem Kunden einen entsprechenden Hinweis zu erteilen. Werden erforderliche Informationen nicht erteilt, ist der Kunde darauf hinzuweisen, dass eine Angemessenheitsbewertung nicht möglich ist. Diese Hinweise können in standardisierter Form erfolgen. Die Beurteilung der Angemessenheit sowie Art, Umfang und Kriterien der einzuholenden Informationen richten sich nach Art. 54 bis 56 der Delegierten Verordnung (EU) 2017/565.

---

50 BGBl. I, S. 1693 v. 24.06.2017.

Diese Pflichten gelten nach § 63 Abs. 11 Nr. 1 WpHG nicht, soweit das Unternehmen auf Veranlassung des Kunden Finanzkommissionsgeschäft, Eigenhandel, Abschlussvermittlung oder Anlagevermittlung in Bezug auf bestimmte Arten von Aktien, Schuldverschreibungen und andere verbriefte Schuldtitel, Geldmarktinstrumente, Anteile oder Aktien an OGAW, strukturierte Einlagen und andere nicht komplexe Finanzinstrumente vornimmt, die die in Art. 57 der Delegierten Verordnung (EU) 2017/565 genannten Kriterien erfüllen. Nach § 63 Abs. 11 Nr. 2 gelten die Pflichten weiterhin nicht, wenn die Wertpapierdienstleistung nicht gemeinsam mit der Gewährung eines Darlehens als Wertpapiernebendienstleistung erbracht wird, außer sie besteht in der Ausnutzung einer Kreditobergrenze eines bereits bestehenden Darlehens, das mit einer Überziehungsmöglichkeit gewährt wurde oder eine Überziehung durch den Darlehensnehmer gegen Entgeltzahlung geduldet wird.

Der Kunde muss zudem in geeigneter Weise, abhängig von Art und Komplexität der jeweiligen Finanzinstrumente, in Form von regelmäßigen Berichten auf einem dauerhaften Datenträger über die erbrachten Dienstleistungen unterrichtet werden. Insb. muss gemäß § 63 Abs. 12 WpHG nach Ausführung eines Geschäftes mitgeteilt werden, wo der Auftrag ausgeführt wurde sowie ob und in welcher Höhe für den Kunden Kosten anfallen. Art, Inhalt und Zeitpunkt dieser Berichtspflichten richtet sich nach Art. 59 bis 63 der Delegierten Verordnung (EU) 2017/565.

Die danach einzuholenden Informationen wurden bis zum 02.01.2018 gemäß § 6 der Verordnung zur Konkretisierung der Verhaltensregeln und Organisationsanforderungen für Wertpapierdienstleistungsunternehmen (WpDVerOV) konkretisiert. Diese wurde im Rahmen der umfangreichen vorbenannten Novellierungen jedoch aufgehoben und durch die WpDVerOV 2018 ersetzt, welche am 03.01.2018 in Kraft getreten ist.[51] Änderungen erfolgten auch bereits mittelbar durch das beschlossene Novellierungsgesetz. Die WpDVerOV 2018 umfasst weitgehende Regelungen zur Kundenklassifizierung, Zuwendungen, Organisationspflichten, Produktfreigabeverfahren, Aufzeichnungspflichten und Regelungen zum Schutz des Kundenvermögens. Die neue WpDVerOV 2018 trifft jedoch keine Aussagen mehr zu den vom Kunden einzuholenden Informationen. Diese sind fortan einzig dem WpHG zu entnehmen.

36

Das Wertpapierdienstleistungsunternehmen muss von einem Kunden nach § 64 Abs. 3 WpHG alle Informationen über Kenntnisse und Erfahrungen des Kunden in Bezug auf Geschäfte mit bestimmten Arten von Finanzinstrumenten oder Wertpapierdienstleistungen, über die finanziellen Verhältnisse des Kunden, einschließlich seiner Fähigkeit, Verluste zu tragen und über seine Anlageziele, einschließlich seiner Risikotoleranz erheben, sofern diese Informationen für eine sachgerechte Empfehlung eines Finanzinstruments oder einer Wertpapierdienstleistung erforderlich sind. Art, Umfang und Kriterien der einzuholenden Informationen richten sich nach den Art. 54 und 55 der Delegierten Verordnung (EU) 2017/565. Darüber hinaus ist laut § 64 Abs. 2 WpHG einem Privatkunden rechtzeitig vor Abschluss eines Geschäfts über Finanzinstrumente, für die kein Basisinformationsblatt nach der Verordnung (EU) Nr. 1286/2014 erstellt werden muss, ein kurzes und leicht verständliches Informationsblatt[52] zu der Kaufempfehlung zur Verfügung zu stellen.

---

51 WpDVerOV v. 17.10.2017, BGBl. I S. 3566.
52 Siehe zu Informationsblättern auch die neue Vorschrift des § 4 WpDVerOV 2018.

Zudem muss auf einem dauerhaften Datenträger vor Vertragsschluss mit dem Privatkunden eine Geeignetheitserklärung bereitgestellt werden, § 64 Abs. 4 WpHG.

37 Bei den unterschiedlichen vom Kunden einzuholenden Informationen handelt es sich jeweils um persönliche und sachliche Verhältnisse des Kunden und damit um personenbezogene Daten im Sinne von § 3 Abs. 1 BDSG. Eine Erhebung, Verarbeitung und Nutzung dieser Daten darf daher gemäß § 4 Abs. 1 BDSG nur insoweit erfolgen, als dies nach Maßgabe der §§ 63, 64 WpHG durch das Wertpapierdienstleistungsunternehmen zulässig ist oder der Kunde hierzu seine Einwilligung erteilt hat.

38 Dabei ist zu beachten, dass nach § 63 WpHG lediglich die **Befragung des Kunden** zulässig ist. Im Umkehrschluss ergibt sich daraus, dass eine Datenerhebung bei Dritten, soweit der Kunde hierzu keine Einwilligung erteilt, unterbleiben muss.

39 Darüber hinaus enthält das WpHG keine Verpflichtung des Kunden zur Auskunftserteilung gegenüber dem Wertpapierdienstleistungsunternehmen. Als Ausgleich dafür, dass sich das Wertpapierdienstleistungsunternehmen die Angaben auch nicht aus anderen Quellen beschaffen darf, hat das Wertpapierdienstleistungsunternehmen eine Fehlerhaftigkeit oder Unvollständigkeit der Angaben in einer bei der Vermittlung von Vermögensanlagen im Sinne des § 2a Vermögensanlagegesetz notwendigen Selbstauskunft nur bei Kenntnis oder grob fahrlässiger Unkenntnis der Unvollständigkeit oder Unrichtigkeit zu vertreten (vgl. § 65 Abs. 2 WpHG).

40 Bei der Befragung muss das Wertpapierdienstleistungsunternehmen darüber hinaus berücksichtigen, dass eine Erhebung, Verarbeitung und Nutzung der Informationen ohne Einwilligung des Kunden nur erfolgen darf, soweit dies zu einer angemessenen Beratung im Sinne der §§ 63 ff. WpHG erforderlich ist.

41 Schließlich ist beim Umgang mit den von dem Kunden erfragten Informationen das enge Zweckbindungsgebot zu beachten. Das Wertpapierdienstleistungsunternehmen darf die erhobenen Daten grds. nur zur Beratung in Wertpapiergeschäften nutzen. Eine gesetzliche Erlaubnis zur anderweitigen Verwendung, etwa für Werbe- und Marketingmaßnahmen, besteht dagegen grds. nicht; Art. 6 Abs. 4 DS-GVO. Anders als unter dem alten Recht, ist eine Nutzung von personenbezogenen Daten ohne Einwilligung für einen anderen Zweck, soweit es zur Wahrung berechtigter Interessen der verantwortlichen Stelle erforderlich ist und kein Grund zu der Annahme besteht, dass das schutzwürdige Interesse des Betroffenen am Ausschluss des Datenumgangs offensichtlich überwiegt, seit Inkrafttreten der DS-GVO nicht mehr zulässig.

Sofern die aus der Befragung nach § 63 WpHG resultierenden Informationen für anderweitige Zwecke genutzt werden sollen, erfordert dies regelmäßig die vorherige Einwilligung des Kunden nach Art. 6 Abs. 4 DS-GVO.

2.5 Datenschutz und § 83 WpHG

42 Ein Wertpapierdienstleistungsunternehmen muss über die Wertpapierdienstleistungen und Wertpapiernebendienstleistungen sowie die von ihm getätigten Geschäfte Aufzeichnungen erstellen (§ 83 Abs. 1 WpHG). Von dieser Aufzeichnungspflicht ist auch das Beratungsge-

spräch und damit die Angaben nach den §§ 63 ff. WpHG erfasst.⁵³ Diese Aufzeichnungen sind über einen Zeitraum von fünf Jahren aufzubewahren, wobei eine Verlängerung der Frist um weitere zwei Jahre insb. zur Beweissicherung möglich ist, vgl. § 83 Abs. 8 WpHG.

In Bezug auf die beim Handel für eigene Rechnung getätigten Geschäfte sowie die Erbringung von Dienstleistungen, die sich auf die Annahme, Übermittlung und Ausführung von Kundenaufträgen beziehen, hat das Wertpapierunternehmen zum Zwecke der Beweissicherung Telefongespräche sowie elektronische Kommunikation aufzuzeichnen, § 83 Abs. 3 WpHG. Insb. müssen die Gesprächsteile umfasst sein, in denen Risiken, Ertragschancen sowie die Ausgestaltung von Finanzinstrumenten oder Wertpapierdienstleistungen erörtert werden. Dazu dürfen ausdrücklich personenbezogene Daten erhoben, verarbeitet und genutzt werden. Für diese Gespräche dürfen gemäß § 83 Abs. 4 WpHG private Geräte oder private elektronische Kommunikation der Mitarbeiter nur verwendet werden, sofern diese Gespräche aufgezeichnet oder nach Abschluss des Gesprächs auf einen eigenen Datenspeicher kopiert werden können. Aus Anlass der umstrittenen Cum-Ex-Deals hat die Finanzaufsicht BaFin zudem am 24.05.2017⁵⁴ ein Rundschreiben veröffentlicht, nach dem Banken Chats und andere via Handelsplattformen ausgetauschte Nachrichten für zehn Jahre archivieren müssen. Diese Aufzeichnungs- und Speicherungspflicht soll sich auf die Chats und Nachrichten beziehen, soweit diese einen Bezug zu Transaktionen auf der jeweiligen Handelsplattform oder Geschäftsbeziehungen mit den an solchen Transaktionen beteiligten Parteien aufweisen. *43*

Aus datenschutzrechtlicher Sicht ist dabei zu beachten, dass sich die **Aufzeichnungs-, Protokoll- und Aufbewahrungspflichten** des § 83 WpHG auf den Zweck beschränken, der Bundesanstalt zu ermöglichen, die Einhaltung der im WpHG sowie den Verordnungen (EU) Nr. 600/2014 sowie Nr. 596/2014 geregelten Pflichten der Wertpapierdienstleistungsunternehmen zu prüfen. Außerdem müssen die Aufzeichnungen gegen nachträgliche Verfälschung und unbefugte Verwendung gesichert werden Ein Datenumgang zu anderweitigen Zwecken ist nach § 83 Abs. 9 WpHG ausgeschlossen. Insb. ist eine Überwachung der Mitarbeiter mithilfe der Aufzeichnungen nicht erlaubt. *44*

Mitarbeiter und Beauftragte sowie Neu- und Altkunden müssen vorab über die Aufzeichnung von Telefongesprächen informiert werden, vgl. § 83 Abs. 5 WpHG. Erteilt der Kunde sein Einverständnis in die Aufzeichnung während eines persönlichen Gesprächs, ist dies ebenfalls auf einem dauerhaften Datenträger zu dokumentieren, § 83 Abs. 6 WpHG. Bis zur Löschung der Aufzeichnungen steht dem Kunden das Recht zu, eine Kopie der Aufzeichnungen zu verlangen. *45*

Dagegen besteht gemäß § 34 Abs. 7 BDSG i. V. m. § 33 Abs. 2 Nr. 2 BDSG keine Pflicht des Wertpapierdienstleistungsunternehmens, dem Kunden Auskunft über die nach § 83 WpHG aufbewahrten Informationen zu erteilen, wenn dies für das Unternehmen mit einem unverhältnismäßigen Aufwand verbunden wäre, da die Daten vom Unternehmen aufgrund einer gesetzlichen Verpflichtung aufbewahrt werden. *46*

---

53 *Ebenroth/Boujong/Joost/Strohn*, HGB, § 34 WpHG, Rn. IV 345.
54 Rundschreiben 5/2017 (GW) v. 24.05.2017.

2.6 Insiderverzeichnisse und Datenschutz

47 Inlandsemittenten, MTF- und OTF-Emittenten, die nach europäischem Recht dazu verpflichtet sind, Insiderinformationen zu veröffentlichen, haben diese vor ihrer Veröffentlichung der Bundesanstalt und den Geschäftsführungen der Handelsplätze, an denen ihre Finanzinstrumente zum Handel zugelassen oder in den Handel einbezogen sind, mitzuteilen, Art. 16 Abs. 1 Satz 2 MAR-VO[55]. Die Informationen, die als Insiderinformationen zu qualifizieren sind, werden in Art. 7 Abs. 1 MAR-VO ausführlich aufgeführt. Verboten sind nach Art. 14, 15 MAR-VO das Tätigen von Insidergeschäften sowie der Versuch, die Empfehlung oder das Anstiften Dritter zum Tätigen eines Insidergeschäfts, die unrechtmäßige Offenbarung von Insiderinformationen und die Marktmanipulation sowie der Versuch dazu.

48 Die Daten, die im Zusammenhang mit dem Insiderverzeichnis erhoben, verarbeitet und genutzt werden dürfen, wurden dabei bisher gemäß § 26 Abs. 4 WpHG in § 14 der Verordnung zur Konkretisierung von Anzeige-, Mitteilungs- und Veröffentlichungspflichten, sowie der Pflicht zur Führung von Insiderverzeichnissen nach dem Wertpapierhandelsgesetz (WpAIV) konkretisiert. Die Verordnung ist nicht aufgehoben worden, wird aber größtenteils von der europäischen Marktmissbrauchsverordnung überlagert.

49 In Art. 18 Abs. 3 MAR-VO sind die Informationen aufgezählt, die mind. in das Insiderverzeichnis aufgenommen werden müssen. Demnach muss die Identität aller Personen mit Zugang zu den Insiderinformationen, der Grund der Aufnahme in die Insiderliste, das Datum und die Uhrzeit an dem diese Personen Zugang zu den Informationen erlangt haben und das Datum der Erstellung der Insiderliste angegeben werden. Dies wird durch § 14 WpAIV konkretisiert, wonach in das Insiderverzeichnis der Vor- und Nachname der mit der Führung des Insiderverzeichnisses beauftragen Personen, der Vor- und Nachname, Geburtstag und -ort, die Privat- und Geschäftsanschrift der in das Insiderverzeichnis aufzunehmenden Personen, sowie der Grund für die Erfassung dieser Personen im Verzeichnis, das Datum, seit dem die jeweilige Person Zugang zu Insiderinformationen hat und ggf. das Datum, seit dem der Zugang nicht mehr besteht, aufzunehmen. Daneben ist das Datum der Erstellung sowie ggf. der letzten Aktualisierung des Verzeichnisses festzuhalten.[56]

50 Über die in § 14 WpAIV genannten Daten hinaus dürfen mangels einer entsprechenden gesetzlichen Erlaubnis und einer dazu fehlenden datenschutzrechtlichen Erforderlichkeit keine Daten der betroffenen Personen in das Insiderverzeichnis aufgenommen werden.

51 Zu beachten ist, dass Art. 18 Abs. 1 lit. a MAR-VO die Erhebung, Verarbeitung und Nutzung der personenbezogenen Daten nur jener Personen erfasst, die, aufgrund eines Arbeitsvertrags oder anderweitig Aufgaben wahrnehmen, durch welche diese Personen Zugang zu „Insiderinformationen" haben.

52 Dies hat zur Folge, dass eine Benennung sämtlicher Personen, die für den Verzeichnispflichtigen in irgendeiner Weise tätig sind, im Regelfall nicht nur einen Verstoß gegen die

---

55 Verordnung (EU) Nr. 596/2014 v. 16. 04. 2014.
56 Kritisch hierzu unter dem Gesichtspunkt des datenschutzrechtlichen Erforderlichkeitsgrundsatzes *Steidle/Waldeck*, in: WM 2005, S. 872 f.

Pflicht zur richtigen Führung von Insiderverzeichnissen darstellt,[57] sondern auch unter datenschutzrechtlichen Gesichtspunkten unzulässig ist.

Aber auch dann, wenn eine Person in Kontakt mit Insiderinformationen kommt, ist sie nur in das Insiderverzeichnis aufzunehmen, wenn sie „bestimmungsgemäß" Zugang zu den Informationen erhält. Die aufzunehmende Person darf daher nicht nur zufällig oder bei Gelegenheit in den Besitz der Information gelangen.[58] Vor diesem Hintergrund zählen etwa IT-Mitarbeiter, die aufgrund von Administratorenrechten Zugang zum Datenbestand des Emittenten haben, nicht zu dem Kreis der „bestimmungsgemäßen Personen", da es nicht zu den Aufgaben dieses Mitarbeiterkreises gehört, sich mit dem Inhalt der insiderrelevanten Daten auseinander zu setzen.[59] Eine Erhebung, Verarbeitung oder Nutzung dieser Daten im Zusammenhang mit dem Insiderverzeichnis muss daher unterbleiben.

53

Die Erhebung, Verarbeitung und Nutzung der personenbezogenen Daten der „bestimmungsgemäßen Personen" stehen unter dem Vorbehalt der Zweckbindung und der Erforderlichkeit. Unter dem Gesichtspunkt der Zweckbindung dürfen die Daten nur für bestimmte Zwecke gespeichert werden. Die Regelung des aufgehobenen § 15b WpHG selbst enthielt keine konkreten Angaben über den Zweck der Verwendung der im Insiderverzeichnis geführten Daten.[60]

54

Allgemein wird indes davon ausgegangen, dass die Führung von Insiderverzeichnissen zugleich mehreren Zwecken dient. Zum einen kommt dem Verzeichnis eine Organisations- und Überwachungsfunktion zu, da es den zur Führung eines Verzeichnisses Verpflichteten erleichtert, innerhalb ihres Wirkungskreises den Fluss der Insiderinformation zu überwachen und damit ihren Geheimhaltungspflichten nachzukommen.[61] Gleichzeitig sind die in dem Verzeichnis geführten Personen über rechtliche Pflichten, die sich aus dem Zugang zu Insiderinformationen ergeben, sowie über Rechtsfolgen von Verstößen aufzuklären. Diese Aufklärung bewirkt, dass diesem Personenkreis im Sinne einer Abschreckungsfunktion die Konsequenzen eines Verstoßes gegen das Insiderhandelsverbot vor Augen geführt werden.[62] Das Insiderverzeichnis soll schließlich aber auch die Bundesanstalt bei der Ermittlung von Insiderinformationen unterstützen, indem in konkreten Verdachtsfällen der Kreis der Insider und damit der in Betracht kommenden Täter schneller ermittelt werden kann.[63]

55

Aus datenschutzrechtlicher Sicht ist damit festzuhalten, dass die im Verzeichnis gespeicherten Daten grundsätzlich nur zu diesen Zwecken verwendet werden dürfen. In diesem Zusammenhang ist insb. festzustellen, dass es sich nicht um ein öffentlich zugängliches Register handelt. Ein Informationsinteresse Dritter besteht nicht.[64]

56

---

57 Vgl. Emittentenleitfaden der BAFin, Stand: 28.04.2009, Kap. VII.4.1.2.
58 Vgl. Emittentenleitfaden der BAFin, Stand: 28.04.2009, Kap. VII.3.2.
59 Emittentenleitfaden der BAFin, Stand: 28.04.2009, Kap. VII.3.2.
60 *Steidle/Waldeck*, in: WM 2005, S. 871.
61 *Sethe*, in: Asmann/Schütze (Hrsg.): Handbuch des Kapitalanlagerechts, § 12, Rn. 149; *Lührs/Korff*, in: ZIP 2008, S. 2159.
62 *Sethe*, in: Asmann/Schütze (Hrsg.): Handbuch des Kapitalanlagerechts, § 12, Rn. 149; *Lührs/Korff*, in: ZIP 2008, S. 2161.
63 *Lührs/Korff*, in: ZIP 2008, S. 2160.
64 *Diekmann/Sustmann*, in: NZG 2004, S. 933.

57 Unabhängig von dem damit verbundenen Verwaltungsaufwand stellt sich aus datenschutzrechtlicher Sicht die Frage nach dem Zeitpunkt des Führens eines solchen Verzeichnisses. Die Pflicht zur Führung eines Insiderverzeichnisses setzt weder das Bestehen einer Insiderinformation, noch diesbezüglich konkrete Anhaltspunkte voraus. Sie besteht vielmehr bereits dann, wenn aufgrund einer typisierenden Betrachtungsweise die Aufgabenbeschreibung der betreffenden Person eine nur potenzielle Befassung mit Insiderinformationen vorsieht.[65] Denn aufgrund der Organisations- und Überwachungsfunktion erscheint die Aufnahme einer Person in das Insiderverzeichnisses als Eingriff in das informationelle Selbstbestimmungsrecht der Betroffenen auch dann gerechtfertigt, wenn es noch zu keiner konkreten Befassung mit Insiderinformationen gekommen ist.[66]

58 Unter dem Gesichtspunkt des datenschutzrechtlichen Grundsatzes der Datensicherheit ist durch technisch-organisatorische Maßnahmen sicherzustellen, dass die Verzeichnisse so aufbewahrt werden, dass nur die im Unternehmen für die Führung des Verzeichnisses verantwortlichen Personen, wie etwa der Vorstand, und die mit der Führung des Verzeichnisses beauftragten Personen, z. B. Compliance-Mitarbeiter, Zugriff erhalten.[67]

2.7 Datenschutz und Verhinderung der Geldwäsche

59 Geldwäsche ist gemäß § 261 StGB strafbar. Das Geldwäschegesetz (GwG), welches kürzlich im Rahmen der Umsetzung der vierten EU-Geldwäscherichtlinie und zur Ausführung der EU-Geldtransferverordnung erheblichen Veränderungen unterzogen wurde,[68] dient dazu, die Nutzung des Finanzsystems zum Zwecke der **Geldwäsche** und der **Terrorismusfinanzierung** zu verhindern. Als Erlaubnisnorm im Sinne von Art. 6 Abs. 1 lit. c) DS-GVO schränkt das GwG das grundrechtlich verbürgte informationelle Selbstbestimmungsrecht der Bankkunden ein, indem es den im Katalog des § 2 GwG aufgeführten Verpflichteten Identifizierungs-, Aufzeichnungs-, Aufbewahrungs- und Anzeigepflichten auferlegt.[69]

60 Kredit- und Finanzdienstleistungsinstitute sind nunmehr gemäß § 10 Abs. 3 GwG in bestimmten Fällen, beispielsweise bei Begründung einer Geschäftsbeziehung, dazu verpflichtet, allgemeine Sorgfaltspflichten zu beachten. Zu diesen in § 10 Abs. 1 GwG konkretisierten Sorgfaltspflichten gehört insb. die Identifizierung des Vertragspartners sowie ggf. der für ihn auftretenden Personen (§ 10 Abs. 1 lit. a) GwG).

61 Die Durchführung der **Identifizierung** muss dabei grds. bereits vor Begründung der Geschäftsbeziehung oder Durchführung der Transaktion erfolgen (§ 11 Abs. 1 Satz 1 GwG).

---

65 *Lührs/Korff*, in: ZIP 2008, S. 2163; Emittentenleitfaden der BAFin, Stand: 28.04.2009, Kap. VII.3; kritisch hierzu unter dem Aspekt einer etwaigen Vorratsdatenspeicherung *Steidle/Waldeck*, in: WM 2005, S. 871 f.
66 *Lührs/Korff*, in: ZIP 2008, S. 2162.
67 Vgl. zur Abgrenzung zwischen Insiderverzeichnis und einer „Watch List", mit der hausintern gemeldete compliance-sensitive Informationen zusammengefasst werden näher *Renz/Stahlke*, in: ZfgK 2006, S. 353 ff.
68 Gesetz zur Umsetzung der Vierten EU-Geldwäscherichtlinie, zur Ausführung der EU-Geldtransferverordnung und zur Neuorganisation der Zentralstelle für Finanztransaktionsuntersuchungen, verkündet am 23.06.2017, BGBl 2017 Nr. 39, S. 1822.
69 *Eul*, in: Roßnagel (Hrsg.): Handbuch Datenschutzrecht, Kap. 7.2, Rn. 28.

Dies kann auch noch während der Begründung der Geschäftsbeziehung abgeschlossen werden, wenn dies erforderlich ist, um den normalen Geschäftsablauf nicht zu unterbrechen, und wenn ein geringes Risiko der Geldwäsche oder der Terrorfinanzierung besteht (§ 11 Abs. 1 Satz 2 GwG). Die personenbezogenen Daten, die dabei zur Identifizierung vom Kunden zu erheben sind, werden in § 11 Abs. 4 Nr. 1 GwG abschließend normiert. Es handelt sich um Vor- und Nachnamen, Geburtsort, Geburtsdatum, Staatsangehörigkeit und Anschrift der natürlichen Person.[70]

Von der Richtigkeit der Angaben des Kunden hat sich das Kredit- bzw. Finanzierungsinstitut durch die Vorlage eines der in § 12 Abs. 1 GwG näher bezeichneten amtlichen Ausweisdokumente zu überzeugen. Die Identität des Vertragspartners muss anhand eines gültigen amtlichen Ausweises mit Lichtbild, eines elektronischen Identitätsnachweises nach § 18 des Personalausweisgesetzes oder § 78 Abs. 5 AufenthG, einer qualifizierten elektronischen Signatur nach der europäischen eIDAS-VO, eines nach der eIDAS-VO notifizierten elektronischen Identifizierungssystems oder von Dokumenten, die nach der Verordnung über die Bestimmung von Dokumenten, die zur Identifizierung einer nach dem Geldwäschegesetz zu identifizierenden Person zum Zwecke des Abschlusses eines Zahlungskontovertrags zugelassen werden, ermittelt werden. 62

Von einer Identifizierung kann grds. dann abgesehen werden, wenn der Verpflichtete den zu Identifizierenden bereits bei früherer Gelegenheit identifiziert hat und keine Zweifel darüber bestehen, ob die bereits erhobenen Angaben noch zutreffend sind (§ 11 Abs. 3 GwG). 63

Die von dem Vertragspartner erhobenen Identifikationsdaten sind gemäß § 8 Abs. 1 Nr. 1 GwG **aufzuzeichnen**. Davon umfasst ist nach § 8 Abs. 2 GwG auch die Art, die Nummer und die ausstellende Behörde des zur Überprüfung der Identität vorgelegten Dokumentes. Sofern der Kunde bei der Identifizierung nicht persönlich anwesend ist, die Identifikation anhand einer qualifizierten elektronischen Signatur erfolgte und die entsprechende Prüfung der Signatur durchgeführt wurde, ist auch deren Validierung aufzuzeichnen. 64

Kredit- und Finanzdienstleistungsinstitute haben dabei nach § 8 Abs. 2 Satz 2 GwG das Recht und die Pflicht, auch ohne Einwilligung der Betroffenen, eine vollständige **Kopie** der vorgelegten Dokumente und Unterlagen anzufertigen oder sie vollständig optisch digitalisieren zu lassen. 65

Die Aufzeichnungen sind gemäß § 8 Abs. 4 GwG für fünf Jahre aufzubewahren und danach unverzüglich zu vernichten. Nach § 8 Abs. 3 GwG können die Aufzeichnungen auch digital auf einem Datenträger abgespeichert werden. Es muss nur sichergestellt sein, dass die gespeicherten Daten mit den festgestellten Angaben und Informationen übereinstimmen, während der Dauer der Aufbewahrungsfrist verfügbar sind und jederzeit innerhalb von 48 Stunden lesbar gemacht werden können. 66

Sind unter Berücksichtigung der Anlagen 1 und 2 des GwG nur geringere Risikofaktoren feststellbar, müssen die Verpflichteten nach § 14 GwG nur vereinfachten Sorgfaltspflichten

---

70 Ein Beispiel hierfür ist die Identifikation mittels ausländischer Ausweispapiere, die z. B. in kyrillischer oder arabischer Schrift erstellt wurden, vgl. *Eul*, in: Roßnagel (Hrsg.): Handbuch Datenschutzrecht, Kap. 7.2, Rn. 35.

genügen. Bei erhöhten Risikofaktoren (vgl. Anlage 2) schreibt § 15 GwG entsprechend verstärkte Sorgfaltspflichten vor.

67 Im Sinne des datenschutzrechtlichen Zweckbindungsgebots sind die Zwecke, für die die aufgezeichneten Daten verwendet werden dürfen, in § 25 GwG normiert. Eine Verwendung der Daten zu anderen Zwecken, etwa Werbezwecken, ist dagegen ausgeschlossen.[71]

§ 18 GwG sieht die Einrichtung eines Transparenzregisters zur Erfassung und Zugänglichmachung von Angaben über den wirtschaftlich Berechtigten vor. Dieses soll als hoheitliche Aufgabe von der registerführenden Stelle elektronisch geführt werden. In § 19 GwG sind die Daten aufgeführt, die über den wirtschaftlich Berechtigten erhoben und im Transparenzregister erfasst werden sollen. Dazu gehören Name, Geburtsdatum, Wohnort und der Umfang des wirtschaftlichen Interesses. Die über das Internetregister des Transparenzregisters zugänglichen Daten werden durch § 22 GwG näher spezifiziert. Diese umfassen beispielsweise auch Eintragungen im Handels-, Partnerschafts-, Genossenschafts- oder Vereinsregister.

68 Stellt das verpflichtete Kredit- oder Finanzdienstleistungsinstitut Tatsachen fest, die darauf hindeuten, dass ein Vermögensgegenstand, der mit einer Geschäftsbeziehung, einem Maklergeschäft oder einer Transaktion im Zusammenhang steht, aus einer strafbaren Handlung stammt, die eine Vortat der Geldwäsche darstellen könnte, ist dieser Sachverhalt gemäß § 43 Abs. 1 Nr. 1 GwG unabhängig vom Wert des betroffenen Vermögensgegenstandes oder der Transaktionshöhe der Zentralstelle für Finanztransaktionsuntersuchungen zu melden. Ebenso ist gemäß § 43 Abs. 1 Nr. 2 GwG eine Meldung beim Vorliegen von Tatsachen erforderlich, dass ein Geschäftsvorfall, eine Transaktion oder ein Vermögensgegenstand im Zusammenhang mit Geldwäsche oder Terrorismusfinanzierung steht. Eine Meldung ist auch dann angezeigt, wenn der Vertragspartner seine Pflicht nicht erfüllt hat, gegenüber dem Verpflichteten offenzulegen, ob er die Geschäftsbeziehung oder die Transaktion für einen wirtschaftlich Berechtigten begründen, fortsetzen oder durchführen will, § 43 Abs. 1 Nr. 3 GwG.

Aus datenschutzrechtlicher Sicht ist dabei zum einen zu beachten, dass gemäß § 25 Abs. 4 GwG der Inhalt der Meldung nur für die Verfolgung von Geldwäsche und Terrorismusfinanzierung, für Strafverfahren wegen einer Straftat, die im Höchstmaß mit einer Freiheitsstrafe von mehr als drei Jahren bedroht ist, sowie für Besteuerungsverfahren, zum Schutz der sozialen Sicherungssysteme und für die Aufsichtsaufgaben der Aufsichtsbehörden sowie zum Zweck der Gefahrenabwehr verwendet werden darf.

69 Unter datenschutzrechtlichen Gesichtspunkten ist schließlich auch die in § 6 GwG normierte Pflicht zur **Implementierung interner Sicherungsmaßnahmen** der Kredit- und Finanzdienstleistungsinstitute zu berücksichtigen.

70 So sind nach § 7 Abs. 1 GwG Kredit- und Finanzdienstleistungsinstitute verpflichtet, einen der Geschäftsleitung unmittelbar nachgeordneten Geldwäschebeauftragten und einen Stellvertreter zu bestellen. Problematisch ist dabei die Frage, ob der Geldwäschebeauftragte zugleich betrieblicher Datenschutzbeauftragter sein kann. Die zuständigen datenschutzrechtlichen Aufsichtsbehörden gingen bislang allgemein davon aus, dass die gleichzeitige

---

71 Vgl. *OLG Hamm*, in: NJW 2000, S. 2599; *Gola/Schomerus*, in: BDSG, § 28, Rn. 12.

Tätigkeit als Geldwäsche- und als betrieblicher Datenschutzbeauftragter wegen der dabei auftretenden Interessenkollision ausgeschlossen ist.[72] Der Geldwäschebeauftragte hat umfangreiche Zugriffsrechte auf personenbezogene Daten und müsste sich dann als betrieblicher Datenschutzbeauftragter in seiner Funktion als Geldwäschebeauftragter selbst kontrollieren.[73] Es bleibt abzuwarten, ob sich mit Inkrafttreten der DS-GVO an dieser Rechtsauffassung etwas ändert. Eingedenk des Umstandes, dass die aufgezeigte Interessenkollision weiterhin besteht, ist eine Änderung der Rechtsauffassung der Datenschutzbehörden jedoch nicht zu erwarten.

Nach § 6 Abs. 2 Nr. 1 GwG zählt zu den internen Sicherungsmaßnahmen u. a. die Ausarbeitung von internen Grundsätzen, Verfahren und Kontrollen in Bezug auf den Risikoumgang, Kundensorgfaltspflichten nach §§ 10 bis 17, die Erfüllung der Meldepflicht nach § 43 Abs. 1, die Aufzeichnung und Aufbewahrung von Informationen und Dokumenten nach § 8 und die Einhaltung sonstiger geldwäscherechtlicher Vorschriften. Soweit danach Kontrollen vorgesehen sind, sind dabei zwei Aspekte zu beachten: Zum einen die Notwendigkeit der Durchführung von regelmäßigen Kontrollen durch die intern zuständige Kontrollstruktur (z. B. unabhängige Prüfung (§ 6 Abs. 2 Nr. 7 GwG), Geldwäschebeauftragter (§ 6 Abs. 2 Nr. 2 GwG)) und zum anderen der Umfang dieser Kontrollen.[74] Die Kontrollen beziehen sich dabei auch auf die Überprüfung der Zuverlässigkeit der Mitarbeiter durch geeignete Maßnahmen (§ 6 Abs. 2 Nr. 5 GwG). Allerdings sind nach dem datenschutzrechtlichen Erforderlichkeitsgrundsatz nur diejenigen Mitarbeiter einer Zuverlässigkeitsprüfung zu unterziehen, die befugt sind, Transaktionen auszuführen oder – wie Vermittler oder Außendienstmitarbeiter – zumindest daran mitzuwirken. Außerdem sollen Unternehmen, die Mutterunternehmen einer Gruppe sind, gemäß § 6 Abs. 2 Nr. 3 GwG die Schaffung von gruppenweiten Verfahren gemäß § 9 GwG herbeiführen.

71

Bei der Zuverlässigkeitskontrolle steht den Kredit- und Finanzdienstleistungsunternehmen sowohl hinsichtlich der Kontrolldichte als auch bezüglich der eingesetzten Kontrollinstrumente ein weit gefasster Beurteilungsspielraum zu. Dazu zählt auch die Entscheidung, ob und wie neben der obligatorischen Kontrolle bei Begründung des Dienst- und Arbeitsverhältnisses zusätzliche Kontrollen während eines bestehenden Dienst- und Arbeitsverhältnisses ausgeführt werden.[75] Regelmäßige Kontrollen hinsichtlich der Zuverlässigkeit während eines bestehenden Dienst- und Arbeitsverhältnisses sind allerdings nur in begründeten Ausnahmefällen erforderlich und müssen daher im Regelfall unterbleiben.[76]

72

Als weitere Änderung erfolgte eine umfangreiche Erweiterung des Bußgeldkataloges in § 56 GwG.

---

72 Vgl. z. B. Jahresbericht 2007 des Berliner Beauftragten für Datenschutz und Informationsfreiheit, S. 57; 27. Tätigkeitsbericht des Landesbeauftragten für den Datenschutz Schleswig-Holstein, S. 72.
73 Jahresbericht 2007 des Berliner Beauftragten für Datenschutz und Informationsfreiheit, S. 57.
74 BT-Drs. 16/9038, S. 43.
75 BT-Drs. 16/9038, S. 43.
76 BT-Drs. 16/9038, S. 43.

2.8 Rechtssichere Archivierung von Kundendaten

73 Vielfältige Rechtsvorschriften, wie z. B. die bisher noch geltenden § 34 WpHG[77] i. V. m. § 14 Abs. 9 WpDVerOV oder der neue § 8 Abs. 4 GwG erfordern aus unterschiedlichen Anlässen eine Archivierung von Datenbeständen.[78] Neben Problemen der Erhaltung der Lesbarkeit von elektronischen Dateien auch über einen längeren Zeitraum und der stetigen Veränderung von technisch-organisatorischen und sicherheitsrechtlichen Anforderungen an die Archivierung, steht der Anwender dabei insb. vor dem Problem, wie er den Beweiswert der Daten auch im Falle einer langfristigen Archivierung erhalten kann.

74 Oftmals werden die Dateien in unmittelbaren Zusammenhang mit ihrer erstmaligen Erstellung mit einer qualifizierten elektronischen Signatur nach dem Signaturgesetz versehen. Das Signaturverfahren bedient sich dabei einer mathematischen Transformation. Aus der zu signierenden Information wird ein Wert generiert, dessen Länge möglichst 2048 Bit betragen sollte. Dieser Wert stellt eine Art elektronischen Fingerabdruck, einen sog. **Hash-Wert**, dar.

75 Durch die qualifizierte elektronische Signierung von Dateien unmittelbar nach ihrer Erstellung lässt sich in einem etwaigen Gerichtsprozess grds. der Anschein für die Integrität und Authentizität des Dokuments bzw. der signierten Daten erbringen (§ 371a ZPO).

76 Da bisher indes der Nachweis eines abschließend sicheren Signaturverfahrens nicht erbracht werden konnte, können qualifizierte elektronische Signaturen im Laufe der Zeit ihre Sicherheit und damit ihre Beweiskraft verlieren. Anwender müssen daher rechtzeitig Maßnahmen ergreifen, um beweisen zu können, dass Dateien mit einer gültigen qualifizierten elektronischen Signatur versehen wurden, bevor entsprechende Fälschungsmöglichkeiten entstanden sind.

77 Eine Möglichkeit hierzu bildet die regelmäßige **Neusignierung** der Dateien. Wie diese zu erfolgen hat, ergibt sich aus der Signaturverordnung (SigV). Danach ist eine Neusignierung vorzunehmen, wenn die Signaturen für eine längere Zeit benötigt werden, „als die für ihre Erzeugung und Prüfung eingesetzten Algorithmen und zugehörigen Parameter als geeignet beurteilt sind" (§ 17 SigV). In diesem Fall sind „die Daten vor dem Zeitpunkt des Ablaufs der Eignung der Algorithmen oder der zugehörigen Parameter mit einer neuen qualifizierten elektronischen Signatur zu versehen", die mit „geeigneten neuen Algorithmen oder zugehörigen Passwörtern erfolgen, frühere Signaturen einschließen und einen qualifizierten Zeitstempel tragen" muss.

78 Dabei wird die Sicherheitseignung von Signatur- und Hashalgorithmen durch die Bundesnetzagentur fortlaufend und in enger Kooperation mit dem Bundesamt für Sicherheit in der Informationstechnik (BSI) festgelegt.[79]

79 Unter „Daten" im Sinne von § 17 Satz 2 SigV sind nicht nur die ursprünglichen Originaldateien zu verstehen, sondern dass an deren Stelle auch ein eindeutiger Repräsentant wie der

---

77 Ab dem 03.01.2018 § 83 WpHG.
78 Vgl. dazu auch näher *Roßnagel/Fischer-Dieskau/Jandt*, Handlungsleitfaden, S. 1 ff.
79 Vgl. z. B. Entwurf zur Bekanntmachung der Bundesnetzagentur für Elektrizität, Gas, Telekommunikation, Post und Eisenbahnen zur elektronischen Signatur nach dem Signaturgesetz und der Signaturverordnung, veröffentlicht am 15.11.2016.

Hashwert der Originaldatei neu signiert werden kann, solange die Eindeutigkeit durch die Sicherheitseignung der Hashalgorithmen bestehen bleibt.[80]

Eine Besonderheit besteht für die langfristige Aufbewahrung **elektronischer Rechnungen**. In einem vom Bundesfinanzministerium veröffentlichten Schreiben hat dieses klargestellt, dass ein Nachsignieren aus umsatzsteuerrechtlichen Gründen nicht notwendig ist.[81]

80

Um den Beweiswert einer qualifiziert elektronisch signierten Datei dauerhaft zu erhalten reicht es nicht aus, die Datei vor Ablauf der Sicherheitseignung des Signaturalgorithmus neu zu signieren. Vielmehr muss es möglich sein, im Bedarfsfall auch nach längerer Zeit die Gültigkeit der qualifizierten elektronischen Signatur überprüfen zu können. Der Anwender muss daher sicherstellen, dass alle zur Verifikation elektronisch signierter Dateien erforderlichen **Verifikationsdaten** rechtzeitig beschafft werden und über den Aufbewahrungszeitraum in beweiserhaltender Form verfügbar sind.[82] Zu den Verifikationsdaten zählen neben Zertifikaten etwa Informationen zur Gültigkeit der Zertifikate (Online-Statusabfragen oder Sperrlisten) und Zeitstempel.

81

Eine frühzeitige Verifikation ist insb. auch für die Archivierung elektronischer Rechnungen angezeigt. Die bisher geltenden Grundsätze zum Datenzugriff und zur Prüfbarkeit digitaler Unterlagen (GDPdU)[83] wurden 2014 von den Grundsätzen zur ordnungsgemäßen Führung und Aufbewahrung von Büchern, Aufzeichnungen und Unterlagen in elektronischer Form sowie zum Datenzugriff v. 14. 11. 2014 (BStBl. I S. 1450; BMF IV A 4 – S 0316/13/10003), GoBD, abgelöst.

82

Die bisherigen Ausführungen beziehen sich auf den Fall, dass das elektronische Dokument unmittelbar im Anschluss an seine Erstellung mit einer qualifizierten elektronischen Signatur versehen wurde. Davon zu unterscheiden ist der Fall, dass ein ursprünglich unsigniertes Dokument erst bei der Aufnahme in ein Archivsystem mit einer qualifizierten elektronischen Signatur versehen wird. Dadurch wird die Datei zwar nicht aufgewertet, sodass § 371a ZPO nicht zur Anwendung kommt.[84] Allerdings führt es zu einer faktischen Verbesserung der Beweislage. Im Prozess lässt sich dann die Integrität des Dokuments zumindest ab dem Zeitpunkt der Signierung mit ausreichender Sicherheit nachweisen.

83

2.9 Transformation

Gerade bei einer langfristigen Archivierung elektronischer Dateien besteht oft die Notwendigkeit, sie aus technischen oder organisatorischen Gründen in ein anderes Format zu übertragen. Problematisch ist indes, dass dann, wenn die Datei qualifiziert elektronisch signiert ist, auch die elektronische Signatur verloren geht und damit die Prüfbarkeit des Dokuments hinsichtlich seiner Unverfälschtheit und Herkunft entfällt.[85]

84

---

80 *Fischer-Dieskau/Roßnagel/Steidle*, in: MMR 2004, 451 f.
81 Schreiben des Bundesministeriums der Finanzen v. 30. 10. 2007, IV A 5 – S. 7287.
82 *Schmücker/Dujat/Häber*, Handlungsleitfaden, S. 28.
83 Schreiben des Bundesministeriums der Finanzen v. 16. 06. 2001 – IV D 2 – S 0316 – 136/01.
84 *Roßnagel/Fischer-Dieskau/Jandt/Knopp*, Langfristige Aufbewahrung, S. 51.
85 *Wilke/Jandt/Löwe/Roßnagel*, in: CR 2008, S. 607.

85 Bei der **Transformation** originär qualifiziert elektronisch signierter Dokumente finden die Regeln über die Beweiskraft von Urkunden nach §§ 371a, 415 ff. ZPO nur dann Anwendung, wenn die vorgelegte oder übermittelte Datei in dem ursprünglich gewählten Datenformat vorliegt, da anderenfalls eine ursprünglich vorhandene Signatur nicht mehr prüfbar ist.[86] Es kommt somit bei der Transformation zu einem Beweisverlust. Da ein spezieller „Tranformations-Paragraf" in der Zivilprozessordnung bislang nicht existiert, unterliegt das Zieldokument der freien richterlichen Beweiswürdigung (§ 286 ZPO). Diese lässt sich allerdings ggf. dadurch beeinflussen, dass man etwa die Zuverlässigkeit der transformierenden Stelle und des Transformationsprozesses nachweist.[87]

86 Für den Bereich der **elektronischen Rechnungsstellung** enthält Abschn. 9.2. der GoBD besondere Anforderungen an eine Transformation der elektronischen Rechnung. Eine Umwandlung aufbewahrungspflichtiger Unterlagen in ein unternehmenseigenes Format ist zulässig, wenn die maschinelle Auswertbarkeit nicht eingeschränkt wird und keine inhaltlichen Veränderungen vorgenommen werden. Es sind beide Versionen zu archivieren, derselben Aufzeichnung zuzuordnen und mit demselben Index zu verwalten. Darüber hinaus ist die konvertierte Version als solche zu kennzeichnen (9.2. GoBD). Bei elektronischen Rechnungen kann eine Belegsicherung durch die automatische Vergabe einer laufenden Nummerierung sichergestellt werden (4.1. GoBD). Die Rechnungen müssen in dem Format aufbewahrt werden, in dem sie empfangen wurden. Werden Kryptografietechniken eingesetzt, ist sicherzustellen, dass die verschlüsselten Unterlagen im unternehmenseigenen Datenspeicher entschlüsselt sind. Werden Signaturprüfschlüssel verwendet, sind auch die eingesetzten Prüfschlüssel aufzubewahren. (9.2. GoBD).

3 Best Practice

87 Vor dem Hintergrund der in Abschn. 2 dargestellten Rechtsgrundlagen lassen sich die für die Praxis zusammenfassend die nachfolgenden allgemeinen Empfehlungen ableiten.

88 Bezüglich automatisierter Kreditvergaben:
   – Sollen bei der Kreditvergabe automatisierte Verfahren der Entscheidungsvorbereitung und Entscheidungsfindung verwendet werden, muss sichergestellt werden, dass der zur Entscheidung befugte Sachbearbeiter von dem automatisiert erstellten Entscheidungsvorschlag abweichen kann und gleichzeitig dokumentiert werden, dass der Sachbearbeiter sich mit dem automatisiert erstellten Entscheidungsvorschlag über die Kreditvergabe tatsächlich auseinandergesetzt hat.
   – Ist dies nicht möglich oder nicht gewollt, müssen bei einer automatisierten Entscheidung über eine Kreditvergabe Anwendungen implementiert werden, die bei der Ablehnung eines Kreditantrags auf Anfordern des Kunden individualisierte Auskunft über die wesentlichen Gründe der Entscheidung abgeben können.

89 Bezüglich Meldungen von Forderungen an Auskunfteien:
   – Banken dürfen grundsätzlich harte Negativdaten und im Regelfall auch Positivdaten über die Begründung, ordnungsgemäße Durchführung und Beendigung eines Bankge-

---

86 *Wilke/Jandt/Löwe/Roßnagel*, in: CR 2008, S. 609.
87 Vgl. dazu ausführlich *Roßnagel/Schmidt/Wilke*, Rechtssichere Transformation, S. 1 ff.

schäfts von Banken an Auskunfteien (z. b. SCHUFA) übermitteln, ohne dass es dazu einer Einwilligung des Betroffenen bedarf. Die Bank muss durch technisch-organisatorische Maßnahmen sicherstellen, dass Daten über Giroverträge ohne Überziehungskredit sowie Daten über den Inhalt des Bankgeschäfts nicht mit übermittelt werden.

– Daten über die Abfrage von Konditionen (potenzieller) Kunden dürfen nicht ohne Einwilligung des Betroffenen an Auskunfteien übermittelt werden. Eine Einwilligung in die Datenweitergabe wird in der Praxis meist an der fehlenden Freiwilligkeit scheitern.

– Der Kunde ist vor Vertragsabschluss von der Möglichkeit der Übermittlung von Positivdaten zu unterrichten. Eine solche Unterrichtung kann z. b. im Rahmen der AGB des Kreditinstituts erfolgen, sie muss in jedem Fall im Rahmen der dem Kunden mitzuteilenden Datenschutzerklärung erfolgen.

– Nach der erstmaligen Übermittlung von Positivdaten an eine Auskunftei ist von der Bank durch entsprechende Maßnahmen sicherzustellen, dass nachträgliche Änderungen von Positivdaten innerhalb von einem Monat nach Kenntniserlangung der Auskunftei ebenfalls mitgeteilt werden.

– Darüber hinaus muss technisch-organisatorisch gewährleistet sein, dass nach Beendigung eines Bankvertrags die Positivdaten auf Verlangen des Kunden gelöscht werden.

Bezüglich Kreditvergabe und Scoring: *90*

– Soll ein Score als Ergebnis eines mathematisch-statistischen Verfahrens zur Entscheidung herangezogen werden, muss die Bank im Zweifelsfall durch eine entsprechende Dokumentation nachweisen können, dass die dazu genutzten Daten für die Ermittlung der Wahrscheinlichkeit eines bestimmten Verhaltens erheblich sind.

– Sollen Anschriftendaten in den Score mit einfließen, dürfen diese nicht als (nahezu) ausschließliche Bewertungsgrundlage herangezogen werden. Der Kunde ist über die Bewertungskriterien, die zur Berechnung des Scores herangezogen werden, vorab zu informieren. Diese Unterrichtung kann in den AGB des jeweiligen Kreditinstituts erfolgen.

– Wird das mathematisch-statistische Verfahren nicht von einem Kreditinstitut, sondern von einem Dritten (z. B. SCHUFA) durchgeführt, kann das Kreditinstitut die entsprechenden Auskünfte entweder von dem Drittanbieter selbst verlangen oder den Kunden auf den Drittanbieter verweisen. Da nach dem Gesetzeswortlaut ein Verweis auf den Drittanbieter nur „im Einzelfall" erfolgen darf, sollte ein solcher Verweis nicht in die AGB der Banken aufgenommen werden. Zugleich sollte durch vertragliche Regelungen zwischen dem Kreditinstitut und dem Drittanbieter festgelegt werden, dass dieser auf erstes Anfordern die entsprechenden Informationen zur Verfügung stellt.

Bezüglich Beratungspflicht gem. § 63 WpHG: *91*

– Soweit das Wertpapierdienstleistungsunternehmen personenbezogene Daten im Sinne von § 53 WpHG erhebt, um den Kunden angemessen beraten zu können, ist durch eine entsprechende Formulargestaltung darauf zu achten, dass nur die Daten erhoben werden, die zu einer entsprechenden Beratungsleistung erforderlich sind. Es muss dem Kunden möglich sein, dem Wertpapierdienstleistungsunternehmen an den Einzelfall angepasst ggf. auch weniger oder – etwa durch Freitextfelder – mehr Informationen als üblicher Weise vorgesehen, anzugeben.

- Ist beabsichtigt, Informationen auch bei Dritten einzuholen, bedarf es dazu einer (schriftlichen) Einwilligung des Kunden. Liegt diese nicht vor, muss eine Datenerhebung bei Dritten unterbleiben.
- Es ist durch technisch-organisatorische Maßnahmen sicherzustellen, dass die Daten ohne eine schriftliche Einwilligung des Kunden nicht zu anderen Zwecken, sondern ausschließlich zur Beratung im Sinne von § 63 WpHG genutzt werden.

92 Bezüglich Aufzeichnungs- und Aufbewahrungspflicht gem. § 83 WpHG:
- Soweit Wertpapierdienstleistungsunternehmen gem. § 83 WpHG zu einer Aufzeichnung über ein Beratungsgespräch verpflichtet sind, ist durch technisch-organisatorische Maßnahmen zu gewährleisten, dass diese grds. nur zur Wahrnehmung der gesetzlichen Prüfpflichten der BAFin verwendet werden.
- Handelt es sich um eine Anlageberatung, ist von dem Wertpapierdienstleistungsunternehmen ein Protokoll über das Beratungsgespräch zu erstellen. Eine Ausfertigung des Protokolls ist dem Kunden unverzüglich auf einem dauerhaften Datenträger, d. h. etwa auf Papier oder CD-ROM zur Verfügung zu stellen und ist vom Anlageberater zu unterzeichnen.
- Das Protokoll muss u. a. vollständige Angaben über den Anlass der Anlageberatung, die Dauer des Beratungsgesprächs, die der Beratung zugrunde liegenden Informationen über die persönliche Situation des Kunden, die Finanzinstrumente und Wertpapierdienstleistungen, die Gegenstand der Anlageberatung sind, die vom Kunden im Zusammenhang mit der Anlageberatung geäußerten wesentlichen Anliegen und deren Gewichtung sowie die im Verlauf des Beratungsgesprächs erteilten Empfehlungen und die für diese Empfehlungen genannten wesentlichen Gründe enthalten.
- Der Kunde ist über die Aufzeichnung zu informieren. Dies kann z. B. durch die Aufnahme einer entsprechenden Klausel in den AGB geschehen, die dem Kunden zur Verfügung gestellt werden.
- Es ist technisch-organisatorisch sicherzustellen, dass Aufzeichnungen nach § 83 WpHG für einen Zeitraum von mind. fünf Jahren aufbewahrt werden.

93 Bezüglich Insiderverzeichnissen:
- In das von den nach dem Wertpapierhandelsgesetz verpflichteten Unternehmen zu erstellende Insiderverzeichnis sind nur die Daten derjenigen Personen aufzunehmen, die „bestimmungsgemäß" und nicht nur zufällig oder bei Gelegenheit (wie z. B. IT-Mitarbeiter) Zugang zu Insiderinformationen erlangen. Die Aufnahme des gesamten Mitarbeiterbestands muss daher in der Regel unterbleiben.
- Eine Aufnahme in das Insiderverzeichnis kann bereits zu dem Zeitpunkt erfolgen, wenn die Aufgabenbeschreibung der betreffenden Person typischerweise eine Befassung mit Insiderinformationen vorsieht. Eine konkrete Befassung muss noch nicht erfolgt sein.
- Bei einer Aufnahme von Daten in das Insiderverzeichnis ist darauf zu achten, dass ausschließlich die in § 14 WpAIV aufgeführten Daten erfasst werden.

– Es ist durch technisch-organisatorische Maßnahmen sicherzustellen, dass die im Insiderverzeichnis gespeicherten Daten im Falle des § 15b Abs. 1 Satz 2 WpHG außer an die BAFin nicht an Dritte weitergegeben werden.
– Unternehmensintern ist technisch-organisatorisch zu gewährleisten, dass nur die im Unternehmen für die Führung der Verzeichnisse verantwortlichen oder beauftragten Personen (z. B. Vorstand, Compliance-Mitarbeiter) Zugriff auf das Insiderverzeichnis erhalten.

Bezüglich Verhinderung der Geldwäsche (nach dem aktuellen Stand des Referentenentwurfs v. 15. 12. 2016):

– Zur Verhinderung von Geldwäsche und Terrorfinanzierung dürfen im Rahmen der nach dem Geldwäschegesetz notwendigen Identifizierung von Bankkunden lediglich Name, Geburtsort, Geburtsdatum, Staatsangehörigkeit und Anschrift des Kunden erhoben und gespeichert werden.
– Bei der notwendigen Aufzeichnung der Identifikationsdaten müssen auch die Art, die Nummer und die ausstellende Behörde der zur Überprüfung der Identifizierung vorgelegten Dokumente (z. B. Personalausweis) gespeichert werden. Sofern die Identifikation mittels einer qualifizierten elektronischen Signatur erfolgt ist und überprüft wurde, ist auch deren Validierung aufzuzeichnen.
– Es besteht das Recht und die Pflicht des identifizierenden Instituts, auch ohne den Willen des Betroffenen eine Kopie der vorgelegten Dokumente und Unterlagen anzufertigen.
– Durch technisch-organisatorische Maßnahmen ist sicherzustellen, dass die gespeicherten Daten ausschließlich zur Verfolgung der in § 25 GwG normierten Zwecke verwendet werden.
– Es sollen interne Grundsätze, Verfahren und Kontrollen in Bezug auf Risikoumgang, Kundensorgfaltspflichten, die Erfüllung der Meldepflicht, die Aufzeichnung und Aufbewahrung von Informationen und die Einhaltung sonstiger geldwäscherechtlicher Vorschriften ausgearbeitet werden.
– Bei der Bestellung eines Geldwäschebeauftragen ist darauf zu achten, dass aufgrund einer bestehenden Interessenskollision der betriebliche Datenschutzbeauftragte nicht zugleich das Amt des Geldwäschebeauftragten ausübt.
– Im Rahmen einer notwendigen Zuverlässigkeitskontrolle von Mitarbeitern zur Verhinderung von Geldwäsche, besteht für Kredit- und Finanzdienstleistungsunternehmen sowohl hinsichtlich der Kontrolldichte als auch bezüglich der eingesetzten Kontrollinstrumente ein weiter Beurteilungsspielraum. Dazu zählt auch die Entscheidung, ob und wie neben der obligatorischen Kontrolle bei Begründung des Dienst- und Arbeitsverhältnisses zusätzliche Kontrollen während eines bestehenden Dienst- und Arbeitsverhältnisses ausgeführt werden. Regelmäßige, anlassunabhängige Kontrollen von im Unternehmen tätigen Mitarbeitern müssen allerdings grds. unterbleiben.

Bezüglich beweissicherer Archivierung und Transformation

– Werden Dateien zur Erhaltung ihres Beweiswerts qualifiziert elektronisch signiert, ist derzeit die Verwendung eine Schlüssellänge von 2048 Bit empfehlenswert.
– Um den Beweiswert qualifiziert elektronisch signierter Dokumente dauerhaft zu gewährleisten, ist durch technisch-organisatorische Maßnahmen sicherzustellen, dass der

Hashwert der Dateien vor Ablauf der Sicherheitseignung der jeweiligen Signatur neu signiert wird. Dabei muss sich das Kreditinstitut in regelmäßigen Abständen darüber informieren, welche Signaturalgorithmen von der Bundesnetzagentur (noch) als sicher eingestuft werden.

– Soweit das Kreditinstitut zur langfristigen Aufbewahrung elektronischer Rechnungen verpflichtet ist, ist ein Nachsignieren aus umsatzsteuerrechtlichen Gründen nicht erforderlich.

– Zur langfristigen beweissicheren Archivierung ist darüber hinaus technisch und organisatorisch zu gewährleisten, dass die Verifikationsdaten (Zertifikate, Informationen zur Gültigkeit der Zertifikate, Zeitstempel) möglichst frühzeitig beschafft und archiviert werden.

– Auch dann, wenn die Datei ursprünglich nicht qualifiziert elektronisch signiert war, kann im Einzelfall dennoch eine qualifiziert elektronische Signierung ab dem Zeitpunkt der Übernahme in das Archivsystem empfehlenswert sein. Es ist dann nachweisbar, dass ab diesem Zeitpunkt die Datei nicht mehr unbemerkt verändert werden kann.

– Werden elektronisch signierte Dateien in ein anderes Dateiformat transformiert, geht dabei auch die elektronische Signatur verloren. Es bedarf in diesem Fall besonderer technisch-organisatorischer Sicherungsmaßnahmen, die im Bedarfsfall die Zuverlässigkeit der transformierenden Stelle und des Transformationsprozesses sicherstellen.

4 Abschluss

96 Datenschutz ist Vertrauensschutz. Gerade für Kreditinstitute ist das Vertrauen der Kunden ein unschätzbares Gut. Mangelndes Vertrauen des Kunden in den Datenschutz in Kreditinstituten schädigt deren Reputation und führt sofort zu einem Wettbewerbsnachteil des Instituts. Daher kommt dem Datenschutz zu Recht eine zentrale Bedeutung zu und steht zwangsläufig im Zentrum der Compliance-Anforderungen für Kreditinstitute.

97 Die Einhaltung der komplexen datenschutzrechtlichen Anforderungen und die weite Verzweigung der einzuhaltenden Rechtsregeln in der Bankenbranche verlangen ein eng geknüpftes interdisziplinäres Netzwerk von Spezialisten. Deren Organisation und konstruktive Zusammenarbeit zur Erarbeitung von Lösungen ist eine herausragende Managementaufgabe. Da Datenschutz und die branchenspezifischen Anforderungen nicht dispositiv sind, sind die Spielräume bei der Erfüllung der Compliance-Herausforderungen eng und ohne Alternative.

5 Literaturverzeichnis

Abel: Die neuen BDSG-Regelungen, RDV 1999, S. 147–153.

Assmann/Schütze (Hrsg.): Handbuch des Kapitalanlagerechts, 3. Aufl., München 2007.

Baumbach/Hopt: Handelsgesetzbuch, 37. Aufl., München 2016.

Borges: Datentransfer in die USA nach Safe Harbor, in: NJW 2015, S. 3617-3621.

Börding: Ein neues Datenschutzschild für Europa, in: CR 2016, S. 431.

Dauner-Lieb/Langen (Hrsg.): BGB-Schuldrecht, Band II, 3. Aufl., Baden-Baden 2016.

Däubler/Klebe/Wedde/Weichert: Bundesdatenschutzgesetz, 2. Aufl., Frankfurt a. M. 2007.

Diekmann/Sustmann: Gesetz zur Verbesserung des Anlegerschutzes (Anlegerschutzverbesserungsgesetz – AnSVG), in: NZG 2004, S. 929–939.

Ebenroth/Boujong/Joost/Strohn: Handelsgesetzbuch, 2. Aufl., München 2009.

Ehmann/Selmayr (Hrsg.): Datenschutz-Grundverordnung, 1. Aufl., München 2017.

Eisele: „Mehr Sicherheit für Häuslebauer"? Strafbarkeit nach § 203 StGB bei Abtretung notleidender Forderungen durch öffentlich-rechtliche Kreditinstitute?, in: ZIS 2011, S. 354–367.

Erbs/Kohlhaas: Strafrechtliche Nebengesetze, 212. EL Januar 2017.

Fischer-Dieskau/Roßnagel/Steidle: Beweisführung am seidenen Bit-String? – Die Langzeitaufbewahrung elektronischer Signaturen auf dem Prüfstand, in: MMR 2004, S. 451–455.

Gierschmann: Was passiert, wenn Großbritannien „Drittland" wird?, in: MMR 2016, S. 501-502.

Gola: Datenschutz-Grundverordnung, 2. Aufl., München 2018.

Gola/Schomerus (Hrsg.): Bundesdatenschutzgesetz, 12. Aufl., München 2015.

Kühling/Buchner (Hrsg.): Datenschutz-Grundverordnung/BDSG, 2. Aufl., München 2018.

Lührs/Korff: Der Zeitpunkt für das Führen von Insiderverzeichnissen, in: ZIP 2008, S. 2159–2163.

Maunz/Dürig: Grundgesetz-Kommentar, 78. EL, München 2016.

Niklas/Faas: Arbeitnehmerdatenschutz: EU-US Privacy Shield – Ende der Rechtsunsicherheit bei Datentransfers in die USA?, in: ArbRAktuell 2016, S. 473-476.

Renz/Stahlke: Wird die Watch-List bei Kreditinstituten durch das Insiderverzeichnis abgelöst?, in: ZfgK 2006, S. 353–355.

Roßnagel (Hrsg.): Handbuch Datenschutzrecht, München 2003.

Roßnagel: Die Novellen zum Datenschutzrecht, in: NJW 2009, S. 2716–2722.

Roßnagel/Fischer-Dieskau/Jandt: Handlungsleitfaden zur Aufbewahrung elektronischer und elektronisch signierter Dokumente, Berlin 2007.

Roßnagel/Fischer-Dieskau/Jandt/Knopp: Langfristige Aufbewahrung elektronischer Dokumente, Baden-Baden 2007.

Roßnagel/Schmidt/Wilke: Rechtssichere Transformation signierter Dokumente – Anforderung, Konzepte und Umsetzung, Baden-Baden 2009.

Schmücker/Dujat/Häber: Leitfaden für das rechnerunterstützte Dokumentenmanagement und die digitale Archivierung von Patientenunterlagen im Gesundheitswesen, 2. Aufl., Darmstadt 2008.

Simitis (Hrsg.): Bundesdatenschutzgesetz, 8. Aufl., Baden-Baden 2014.

Sönke/Schröder: Strafgesetzbuch, 29. Aufl., München 2014.

Spies: Transatlantischer Datenschutz: Brücken schlagen über den Atlantik, in: ZD 2016, S. 49-50.

Steidle/Waldeck: Die Pflicht zur Führung von Insiderverzeichnissen unter dem Blickwinkel der informationellen Selbstbestimmung, in: WM 2005, S. 868–873.

Tintemann/Möbus/Wiest: Sind Inkassounternehmen zur Datenübermittlung nach § 28a Abs. 1 BDSG für einen anderen Forderungsinhaber berechtigt?, in: VuR 2015, S. 377.

Weichert: EU-US-Privacy-Shield-Ist der transatlantische Datentransfer nun grundrechtskonform? Eine erste Bestandsaufnahme, in: ZD 2016, S. 209-217.

Weichert: Safe Harbor – Was ist zu tun?, in: VuR 2016, S. 1.

Wilke/Jandt/Löwe/Roßnagel: Eine Beweisführung von Format – Die Transformation signierter Dokumente auf dem Prüfstand, in: CR 2008, S. 607–612.

Wolff/Brink (Hrsg.): Beck'scher Online-Kommentar Datenschutzrecht, 19. Edition, Stand: 01.02.2016.

II.B.10

Marktauftritt, Werbung und Produktkommunikation

Dr. Uwe Lüken

Inhaltsübersicht

1	Einleitung...	1
2	Rechtlicher Rahmen....................................,........	2–14
2.1	Marken- und Kennzeichenrecht................................	3–8
2.2	Patente, Designs und Urheberrechte	9–12
2.3	Das Allgemeine Persönlichkeitsrecht............................	13
2.4	Wettbewerbsrecht..	14
3	Allgemeine wettbewerbsrechtliche Anforderungen an Werbung und Marketing (UWG)	15–27
3.1	Verbot unlauterer Geschäftspraktiken	16–18
3.2	Verwendung von Telefon, E-Mail und Briefwerbung.................	19–25
3.3	Gewinnspiele	26
3.4	Vergleichende Werbung	27
4	Besondere Anforderungen für Kreditinstitute sowie bestimmte Finanzprodukte	28–45
4.1	Anforderungen an die Werbung von Kreditinstituten (KWG)............	29
4.2	Anforderungen im Zusammenhang mit Verbraucherkrediten	30–33
4.3	Anforderungen im Zusammenhang mit Wertpapierdienstleistungen........	34–38
4.4	Anforderungen im Zusammenhang mit dem öffentlichen Angebot von Wertpapieren	39–42
4.5	Anforderungen im Zusammenhang mit Investmentanteilen	43–45
5	Literaturverzeichnis	

1 Einleitung

Marketing ist ein betriebswirtschaftlicher Begriff. Er bezeichnet den Unternehmensbereich, der sich mit dem **Absatz der Produkte** des Unternehmens beschäftigt.[1] Diese Begriffsbeschreibung zeigt schon, dass es sich bei Marketing um ein sehr **weites Feld** handelt. Im Folgenden wollen wir uns auf einen, wenngleich wesentlichen Teil des Marketings konzentrieren: Die Marktkommunikation, also **Werbung und Produktkommunikation** im weiteren Sinne. Die in diesem Kapitel beschriebenen Themenkreise befassen sich mit der Frage, welche Informationen ein Unternehmen von sich heraus, insb. im Interesse der Kundengewinnung geben möchte, während sich ein anderes Kapitel (Kapitel II.A.2 *Christmann, Kleinhans* „Pflichten zur Information der Kunden") dieses Buches mit den Pflichtangaben beschäftigt, die dem Kunden zu geben sind.

Gerade bei Kreditinstituten ist die Marktkommunikation mit besonderen Schwierigkeiten verbunden. Die **Produkte** sind häufig **komplex** und Werbung muss sich auf bestimmte Parameter der Produkte beschränken. Gleichzeitig gibt es gerade für die Kommunikation im Zusammenhang mit Finanzdienstleistungen in großem Maße **spezialgesetzliche Anforderungen**, welche Informationen kommuniziert werden müssen.

Häufig werden zudem im Finanzdienstleistungsbereich Produkte vertrieben, die **von Dritten oder zusammen mit Dritten** angeboten werden. Z. B. sind bei Kreditkarten sowohl die Kreditkartenunternehmen wie MasterCard, VISA oder American Express beteiligt als auch die kartenausgebenden Banken. Hier stellen sich **markenrechtliche Fragen**, da alle Beteiligten z. B. auf dem Produkt und in der Werbung vertreten sein wollen. Auch bei Fondsprodukten Dritter, die von den Kreditinstituten vertrieben werden, stellen sich derartige Fragen.

Schließlich wird der **Wettbewerb auch unter Kreditinstituten intensiver**. Das hat zur Folge, dass sich die Werbeanstrengungen der Marktbeteiligten erhöhen und auch inhaltlich ändern. Während es früher fast ausschließlich Imagewerbung für die einzelnen Institute gab, wird heute häufig auch mit **konkreten Produkten sowie deren Konditionen und Preisen geworben**. Gerade bei dieser Art der Werbung sind jedoch deutlich stärker rechtliche Anforderungen zu beachten, insb. das **wettbewerbsrechtliche Irreführungsverbot**.

Umgekehrt führt die Verschärfung des Wettbewerbs in der Finanzdienstleistungsbranche dazu, dass sich Wettbewerber die Kommunikation und Werbung ihrer Konkurrenten genauer ansehen. Entsprechend **erhöht sich die Zahl der rechtlichen Auseinandersetzungen** auch im Finanzdienstleistungsbereich.

Schließlich entwickelt sich gerade das Wettbewerbsrecht immer stärker von einem Konkurrentenschutzrecht zu einem Recht des **Verbraucherschutzes**. Auch dies führt dazu, dass die Einhaltung der Regeln stärker überwacht wird und umgekehrt die Einhaltung der Regeln aus Unternehmenssicht wichtiger wird.

Insb. in folgenden Situationen sind die rechtlichen Anforderungen von Marketingmaßnahmen zu überdenken:

---

1 Zur Vielfalt der Marketingdefinitionen u. a. Wikipedia Stichwort „Marketing" (Stand: April 2018).

- Entwicklung von Produktnamen (z. B. Fonds-Produkte)
- Gestaltung von Werbung (z. B. Produkt-Broschüren, Flyer, Plakate, Anzeigen, Internetbanner, Website …)
- Entwicklung von gezielten Direktwerbemaßnahmen wie Mailings, Telefonaktionen, E-Mail-Versand
- Entwicklung von Gewinnspielen

In einem ersten Schritt wird der rechtliche Rahmen erläutert. Dann werden besondere Anforderungen an unterschiedliche Werbe-/Marketingformen dargestellt. Schließlich ist der letzte Teil einem besonders wichtigen Bereich der Kommunikation im Wettbewerb gewidmet: Dem Irreführungsverbot.

2 Rechtlicher Rahmen

2 Selbstverständlich sind im Rahmen der Marktkommunikation alle Anforderungen der Rechtsordnung einzuhalten. Es gibt jedoch rechtliche Regeln, die eine größere Bedeutung für die Marktkommunikation haben. Es handelt sich um gewerbliche Schutzrechte (einschließlich des Urheberrechts), das Wettbewerbsrecht und das allgemeine Persönlichkeitsrecht.

Insb. folgende Gesetze sind hervorzuheben, auf die im Folgenden noch intensiver eingegangen wird:

Allgemeine Gesetze
- Markengesetz (MarkenG)
- Patentgesetz (PatG)
- Designgesetz (DesignG)
- Urheberrechtsgesetz (UrhG)
- Gesetz gegen den unlauteren Wettbewerb (UWG)

Spezialgesetze für den Bereich der Kreditinstitute
- Kreditwesengesetz (KWG)
- Wertpapierhandelsgesetz (WpHG)
- Wertpapierprospektgesetz (WpPG)
- Investmentgesetz (InvG)
- Wertpapierdienstleistungs-Verhaltens- und -Organisationsverordnung (WpDVerOV)
- Rundschreiben 4/2010 (WA) – Mindestanforderungen an die Compliance-Funktion und die weiteren Verhaltens-, Organisations- und Transparenzpflichten nach §§ 31 ff. WpHG für Wertpapierdienstleistungsunternehmen (MaComp).[2]

---

[2] Rundschreiben noch zur Altfassung des WpHG, die Neufassung regelt die Materie statt in §§ 36 ff. nun in §§ 63 ff. WpHG. Die Rundschreiben werden jedoch regelmäßig auch inhaltlich überarbeitet und sind weiterhin zur Auslegung heranzuziehen. Aktuelle Fassung v. 08.03.2017, abrufbar über www.bafin.de (letzter Abruf am 10.03.2018).

2.1 Marken- und Kennzeichenrecht

2.1.1 Arten von Kennzeichen

Das Marken- und Kennzeichenrecht[3] hat für die Marktkommunikation eine besondere Bedeutung. Marken sind nach der gesetzlichen Definition des § 3 Abs. 1 MarkenG[4] alle Zeichen, die geeignet sind, Waren und Dienstleistungen eines Unternehmens von einem anderen zu unterscheiden. So kann der Kunde beispielsweise Produkte unterschiedlicher Kreditinstitute an deren Wortmarken (z. B. „Deutsche Bank", „Sparkasse" oder „Commerzbank"), an deren Logos (Bildmarke) oder unter Umständen auch an der Unternehmensfarbe[5] erkennen. Neben diesen Unternehmensmarken gibt es auch im Finanzbereich klassische Produktmarken wie z. B. die Bezeichnung besonderer Kontoangebote oder bestimmter Fonds.

3

Das Nebeneinander von Unternehmens- und Produktmarken zeigt bereits, dass es gerade bei Dienstleistungen wie Finanzdienstleistungen eine große Überschneidung zwischen Marken und Unternehmenskennzeichen gibt. Während Marken Unterscheidungszeichen zwischen Produkten sind, dienen Unternehmenskennzeichen der Unterscheidung von Unternehmen.[6] Bei Produktmarken lässt sich der Unterschied leichter fassen, so ist die Produktmarke „Nivea" deutlich bekannter als das Herstellerunternehmen, dessen Unternehmenskennzeichen „Beiersdorf (AG)" lautet.

Daneben sieht das MarkenG als Schutzgegenstand noch den Werktitel vor, durch den Zeichen wie „WISO" (für die ZDF-Sendung), „Handelsblatt" oder auch „Beat It" (als Titel des bekannten Musikstücks von Michael Jackson) geschützt werden. Schließlich gibt es noch einen gesonderten Schutz für geografische Herkunftsangaben wie z. B. „Champagner" oder „Lübecker Marzipan".

Sowohl der Schutz des Unternehmenskennzeichens wie auch des Werktitels entsteht mit Benutzung, eine Eintragungsmöglichkeit gibt es nicht. Im Folgenden konzentriert sich die Darstellung auf das praktisch bedeutsamste Markenrecht.

2.1.2 Entstehung und Inhalt des Markenschutzes

Markenschutz erlangt man durch Registrierung einer Marke beim zuständigen Markenamt. Die Ämter prüfen die angemeldeten Marken auf sog. absolute Schutzhindernisse, das heißt insb. auf Unterscheidungseignung und ein entgegenstehendes Freihaltebedürfnis.[7] So wäre

4

---

3 Ausführlich zu Marken und Kennzeichen: *Stöckel*, Handbuch Marken- und Designrecht, 3. Aufl. 2013.
4 Gesetz über den Schutz von Marken und sonstigen Kennzeichen – Markengesetz, in Kraft getreten am 01.01.1995.
5 Zu Farbmarken siehe *Miosga,* in: Ströbele/Hacker/Thiering (Hrsg.): MarkenG, 12. Aufl. 2018, § 3, Rn. 40 ff.
6 Näher zu dieser Unterscheidung *Lüken*, in: Stöckel, Handbuch Marken- und Designrecht, 3. Aufl. 2013, Einführung S. 47.
7 Zu den absoluten Schutzhindernisse: § 8 MarkenG sowie *Stöckel,* in: Stöckel, Handbuch Marken- und Designrecht, 3. Aufl. 2013, Teil 1 B II 2.

beispielsweise das Zeichen „Fonds" sicher nicht geeignet, Fondsprodukte verschiedener Anbieter voneinander zu unterscheiden.

Die wesentlichen Eigenschaften und gleichzeitig Schutzvoraussetzungen von Marken lassen sich stichwortartig wie folgt zusammenfassen:
– Marken dienen der Unterscheidung von Waren und Dienstleistungen, also z. B. der Unterscheidung von Anlageprodukten verschiedener Anbieter.
– Marken werden beschränkt für vom Anmelder zu definierende Waren und Dienstleistungen eingetragen, also z. B. für „Finanzwesen" oder auch für „Geldanlageprodukte" oder noch spezieller für „Fonds" oder „Derivate".
– Marken sind geprüfte Schutzrechte. Die Prüfungsentscheidung des Amtes bindet die Verletzungsgerichte.[8]
– Marken müssen benutzt werden, sonst verfallen sie. In Deutschland gibt es eine Benutzungsschonfrist von fünf Jahren, § 25 MarkenG.
– Marken geben ihrem Inhaber ein Ausschließlichkeitsrecht, d. h. er kann Dritte von der Benutzung seiner Marke ausschließen. In diesem Zusammenhang ist vor einer verbreiteten Fehlvorstellung zu warnen: Die Markeneintragung besagt nicht, dass die Marke keine Rechte Dritter verletzt. Der Inhaber einer älteren Marke kann dem Inhaber einer jüngeren Marke sehr wohl die Nutzung dieser Marke untersagen und auch die jüngere Marke löschen lassen.
– Aus Marken kann die identische oder verwechselbar ähnliche[9] Benutzung jüngerer Zeichen untersagt werden.
– Die Benutzung hat auch nachhaltige Auswirkungen auf den Schutzbereich einer Marke. Eine stark benutzte Marke kann sich gegen weiter entfernt liegende jüngere Marken durchsetzen
– Markenrechte sind national begrenzt. Eine deutsche Marke gewährt Schutz nur für Deutschland. Wer international Schutz benötigt, muss seine Marke auch international registrieren, was zu erheblichen Kosten für den Markenschutz führen kann.
– Es gilt der Prioritätsgrundsatz: Wer zuerst kommt, mahlt zuerst.

---

[8] Ständige deutsche Rechtsprechung, vgl. BGH GRUR 2009, 672, 674; BGH GRUR 2007, 780, 782 (Rn. 19); *Hacker*, in: Ströbele/Hacker/Thiering (Hrsg.): MarkenG, 12. Aufl. 2018, § 14, Rn. 19, jew. m. w. N. International und auch im Rahmen des harmonisierten europäischen Unionsrechts gibt es auch Länder, bei denen die Schutzfähigkeit einer Marke im Prozess geprüft wird. Auch nach der deutschen Praxis kann der Markenschutz im Wege eines amtlichen Löschungsverfahrens angegriffen werden, §§ 50, 54 MarkenG.

[9] Die Auslegung des Begriffs der Verwechslungsgefahr dürfte die zentrale rechtliche Frage des Markenrechts darstellen. Die Praxis entwickelt sich anhand von Rechtsprechungsfällen insb. des Europäischen Gerichtshofs sowie des Bundesgerichtshofs (Caselaw). Hierzu kann nur auf die Kommentierungen wie z. B. von *Hacker*, in: Ströbele/Hacker/Thiering (Hrsg.): MarkenG, 12. Aufl. 2018, § 9, Rn. 15 ff. oder *Fezer*, Markenrecht, 4. Aufl. 2009, § 14 MarkenG, Rn. 222 ff. verwiesen werden.

2.1.3 Umgang mit eigenen Marken

Da Marken kommunikative Aushängeschilder der Produkte des Unternehmens sind und einen erheblichen Wert[10] haben können, empfiehlt sich ein verantwortungsvoller Umgang mit den eigenen Marken. Ohne Anspruch auf Vollständigkeit lassen sich hier nur einige allgemeine Grundsätze aufstellen:

- Begründung eines adäquaten Markenschutzes: Die Begründung von Registermarken hat erhebliche Vorteile gegenüber nichtregistrierten Schutzrechten.[11] Oder anders ausgedrückt: Ein unzureichender Markenschutz kann zu erheblichen Gefahren für das Unternehmen führen, da man sich gegen ähnliche Kennzeichen von Wettbewerbern nicht durchsetzen kann. Wenn Sie beispielsweise einen neuen Fonds auf den Markt bringen, sollten Sie über die Anmeldung einer Marke nachdenken und insb. über eine Recherche nach entgegenstehenden Drittzeichen.
- Verantwortungsvolle Markenführung: Marken müssen so genutzt werden, wie sie eingetragen sind. Bei Überarbeitungen eines Logos wird deshalb regelmäßig eine Neueintragung notwendig sein. Überarbeitungen stellen eine bewusste Veränderungsmaßnahme dar. Zu verhindern sind insb. auch unbewusste Änderungen, beispielsweise die Benutzung eines Logos in unterschiedlichen Farben.
- Vorsicht bei der Verwendung von Markensymbolen wie ® oder „tm". Diese Zeichen dürfen nur verwendet werden, wenn in jedem Land der Benutzung tatsächlich Markenschutz besteht. Wenn beispielsweise eine Werbebroschüre in unterschiedlichen Ländern benutzt werden soll, muss bei Verwendung des ® in allen Ländern Markenschutz erlangt worden sein.
- Markendauerüberwachung und Beobachtung des Wettbewerbs: Marken können dem Publikum nur als Herkunftshinweis dienen, wenn sie ein Alleinstellungsmerkmal sind. Deshalb sind die relevanten Markenregister auf Neuanmeldungen Dritter zu prüfen[12] und es ist zu beobachten, dass nicht Wettbewerber identische bzw. verwechselbar ähnliche Marken einführen.

2.1.4 Umgang mit Marken Dritter

Unter Compliance-Gesichtspunkten ist der Umgang mit Marken Dritter noch deutlich wichtiger als der Umgang mit den eigenen Marken. Hier ist zwischen der bewussten und der unbewussten Nutzung von Marken Dritter zu unterscheiden.

Bewusste Nutzung von Marken Dritter

Fälle bewusster Nutzung von Marken Dritter sind häufiger als man vielleicht meinen möchte. Beispiele sind:

---

10 Die Bewertung von immateriellen Schutzrechten ist mit erheblichen Schwierigkeiten verbunden. Zur Thematik: *Deigendesch* und *Stucky*, in: Stöckel, Handbuch Marken- und Designrecht, 3. Aufl. 2013, Teil 8. Eine Bewertung der wertvollsten internationalen Marken „Best Global Brands" veröffentlicht die Agentur Interbrand jährlich auf ihrer Homepage www.interbrand.com.
11 Vgl. *Lüken*, in: Stöckel, Handbuch Marken- und Designrecht, 3. Aufl. 2013, Einführung S. 47 ff.
12 Zur Dauerüberwachung ausführlich *Stöckel*, in: Stöckel, Handbuch Marken- und Designrecht, 3. Aufl. 2013, Teil 1 C.

- der Hinweis auf Kooperationspartner
- der Verkauf von Waren, die mit Drittzeichen gekennzeichnet sind
- die Auslobung eines Preises im Rahmen eines Preisausschreibens (man schreibt ja lieber „FAZ" als „Tageszeitung")

Häufig ist diese Nutzung zulässig, in vielen Fällen findet sie im ausdrücklichen Einverständnis des Markeninhabers statt. Es gibt aber auch viele Zweifelsfragen. So ist bei der Nutzung einer Fremdmarke für ein Preisausschreiben nicht jede blickfangartige Nutzung gestattet.

Die vorliegende Darstellung erlaubt es nicht, hier ins Detail zu gehen. Zudem handelt es sich um einen Fragenkreis, der auch unter Markenrechtlern als komplex und in vielen Einzelfragen als ungelöst gilt.[13] Wichtig ist im vorliegenden Zusammenhang nur, den Leser für diesen Themenkreis zu sensibilisieren. Die Nutzung einer fremden Marke sollte deshalb immer als potenziell kritisch bewertet und Details sollten im Vorfeld mit Fachleuten geprüft werden.

In diesen Bereich fällt auch die Nutzung der regelmäßig als Marke geschützten Indizes wie z. B. DAX oder Dow Jones. Nach ständiger Rechtsprechung[14] ist bspw. die Verwendung eines Hinweises zulässig, dass es sich um ein Produkt „bezogen auf den DAX®" handele.[15] Dagegen ist es nicht zulässig, die Marke „(Div)DAX" als Teil einer eigenen Marke „Unlimited DivDAX® Indexzertifikat" zu benutzen.

8 *Unbewusste Nutzung von Marken Dritter*
Paradigmatisch für die unbewusste Nutzung von Marken Dritter ist die Einführung einer neuen Marke, die versehentlich identisch oder verwechselbar ähnlich mit einer älteren Marke eines Dritten ist. In diesem Fall besteht die erhebliche Gefahr, dass der Markeninhaber Ansprüche geltend macht und die zukünftige Unterlassung der neu eingeführten Marke verlangt. Dies kann in Deutschland sehr schneidig durch eine einstweilige Verfügung geschehen, die von den Gerichten zumeist ohne Anhörung des Antragsgegners erlassen wird. Der Schaden kann erheblich sein, wenn verletzend gebrandete Produkte oder Werbematerialien vernichtet werden müssen. Zudem kann der Markeninhaber auch Schadensersatz verlangen.

Diese Gefahr kann durch Verfügbarkeitsrecherchen[16] vor dem Launch einer neuen Marke erheblich vermindert werden. Sie kann allerdings nie ganz ausgeschlossen werden, da es nicht registrierte Schutzrechte gibt, die in einer Recherche nicht aufgefunden werden, und zudem bei Bildmarken die Recherchemöglichkeiten eingeschränkt sind. Auch hier kann die vorliegende Darstellung den Leser nur für das Problem sensibilisieren.

---

13 Vgl. beispielsweise *Fezer*, Markenrecht, 4. Aufl. 2009, § 14 MarkenG, Rn. 836 ff.; siehe auch § 23 MarkenG.
14 Bspw. BGH, Urt. v. 12. 01. 2017 – I ZR 253/14 (OLG Hamburg), BGHZ 181, 77 Rn 55.
15 BGH GRUR 2009, 1162 – DAX.
16 Ausführlich zu Recherchen *Schork,* in: Stöckel, Handbuch Marken- und Designrecht, 3. Aufl. 2013, Teil 1 E.

2.2 Patente, Designs und Urheberrechte

Anders als Marken wird mit diesen Rechten nicht die Herkunft eines Produkts, also eine 9
marktbezogene Eigenschaft geschützt, sondern der Schöpfer einer Erfindung, eines Werks
bzw. eines Musters wird für seine Schöpfungsleistung mit einem Monopolrecht „belohnt".
Konsequenterweise sind diese Schutzrechte zeitlich befristet.

Das Patentrecht, das die erfinderische Tätigkeit auf technischem Gebiet schützt (§ 1 PatG), 10
ist auf 20 Jahre begrenzt (§ 16 Abs. 1 Satz 1 PatG). Der Schöpfer eines Designs, also der
Erscheinungsform eines Erzeugnisses (§ 1 Nr. 1 DesignG) kann den Schutz maximal für
25 Jahre beantragen (§ 27 Abs. 2 DesignG). Der Schutz des Urhebers dauert dagegen
deutlich länger an, nämlich bis 70 Jahre nach dem Tod des Urhebers (§ 64 UrhG).

Das Patentrecht dürfte eher selten von Relevanz in der Marktkommunikation sein. Im 11
Finanzdienstleistungsbereich ist aber insb. an Patente für Funktionen bei Geldautomaten
oder Software- und IT-Innovationen zu denken. Geschmacksmuster sind bei der Gestaltung
von Produkten von Bedeutung, ggfs. auch bei der Gestaltung von Broschüren, Anzeigen
etc.

Die größte Bedeutung in der Marktkommunikation dürfte das Urheberrecht haben. Bilder 12
und Fotos sowie Film und Musik sind regelmäßig urheberrechtlich geschützt. Bei Verwendung derartiger Werke sollte immer sichergestellt sein, dass alle Urheberrechte eingekauft
wurden.

Urheberrechte können aber auch bei anderen Werken relevant werden, z. B. das Urheberrecht des Architekten an Geschäftsgebäuden, Hauptverwaltungen etc. Der Architekt kann
mit seinem Urheberecht insb. in einem gewissen Umfang Änderungen am Gebäude verhindern. So gab es bezogen auf den neuen Berliner Hauptbahnhof einen Rechtsstreit zwischen
der Deutschen Bahn und dem Architekten zu Änderungswünschen an der Dachkonstruktion.[17]

2.3 Das Allgemeine Persönlichkeitsrecht

Das Allgemeine Persönlichkeitsrecht beinhaltet insb. das Recht am eigenen Namen (§ 12 13
BGB) sowie das Recht am eigenen Bild (§ 22 Kunsturhebergesetz). Grundsätzlich können
Namen und Bilder nur bei Einwilligung des Betroffenen genutzt werden. Vorsicht ist
deshalb z. B. geboten, wenn Personen auf Bildern zu erkennen sind, die in der Werbung
eingesetzt werden. Hier ist peinlich genau darauf zu achten, dass schriftliche Einwilligungen vorliegen. Ein klassischer Fehler besteht darin, sich zwar die urheberrechtlichen Leistungsschutzrechte des Fotografen einräumen zu lassen, nicht aber die Einwilligung der
abgebildeten Person.

Komplexer ist die Lage bei sog. Personen der Zeitgeschichte, also z. B. bei bekannten
Politikern oder Schauspielern. Namen und Bilder von solchen Personen der Zeitgeschichte
dürfen im Regelfall auch ohne Einwilligung benutzt werden, beispielsweise in der Berichterstattung. Ausgenommen hiervon ist allerdings der vorliegend wesentliche Fall der kom-

---

17 LG Berlin GRUR 2007, 964.

merziellen Verwertung, also insb. die Wiedergabe in der Werbung. Diese ist ohne Einwilligung grundsätzlich rechtswidrig.[18]

Auch hiervon gibt es aber Ausnahmen. So hat der BGH entschieden, dass auch Werbung meinungsbildende Inhalte enthalten kann. Mit dieser Begründung hat der BGH die Werbung eines Autovermieters, die sich – ohne dessen Einwilligung – mit dem Rücktritt eines Finanzministers befasste, für zulässig befunden.[19] Ähnlich wurde auch im Fall einer Werbeanzeige eines Zigarettenproduzenten entschieden, die sich humorvoll mit der Medienberichterstattung über angebliche tätliche Auseinandersetzungen einer bekannten Persönlichkeit befasste.[20]

2.4 Wettbewerbsrecht

14 Ein besonders wichtiger Maßstab für die rechtliche Zulässigkeit der Marktkommunikation ist das Wettbewerbsrecht. Wettbewerbsrecht regelt die allgemeinen Spielregeln, die zwischen den Wettbewerbern gelten. Das Wettbewerbsrecht ist deshalb beispielsweise mit dem Reglement einer Sportveranstaltung zu vergleichen.

Aufgrund seiner großen Bedeutung befassen sich die weiteren Ausführungen im Wesentlichen mit dem Wettbewerbsrecht. Welche wettbewerbsrechtlichen Anforderungen ein Unternehmen bei Werbung und Marketing zu beachten hat, richtet sich grundsätzlich nach dem UWG. Diese werden im Folgeabschnitt 3 dargestellt. Für Kreditinstitute gelten insb. in Bezug auf die Vermarktung bestimmter Finanzprodukte Sonderregeln. Diese werden in Abschn. 4 aufgezeigt.

3 Allgemeine wettbewerbsrechtliche Anforderungen an Werbung und Marketing (UWG)

15 Einleitend wird zunächst das Verbot unlauterer Geschäftspraktiken im Allgemeinen skizziert. Anschließend wird dargestellt, worauf es bei den besonderen Marketingformen der Fernkommunikation (Nutzung von Telefon, E-Mail, Briefwerbung), der Durchführung von Gewinnspielen sowie der Vornahme vergleichender Werbung zu beachten gilt.

3.1 Verbot unlauterer Geschäftspraktiken

3.1.1 Grundprinzipien

16 Das UWG verbietet seiner Bezeichnung entsprechend geschäftliche Handlungen, die „unlauter" sind (§ 3 Abs. 1 UWG). Es gilt, eine unzulässige Beeinflussung des Kunden in seiner Kaufentscheidung zu vermeiden und den freien Wettbewerb zu fördern. Daraus folgen als grundlegende Prinzipien:
- Transparenzgebot
- Verbot der Irreführung

---

18 Z. B. OLG Hamburg NJW 1996, 1153; BGHZ 143, 214.
19 BGH GRUR 2007, 139 – Rücktritt des Finanzministers.
20 BGH GRUR 2008, 1124 – Zerknitterte Zigarettenschachtel.

– Verbot der unzulässigen Beeinträchtigung der Entscheidungsfreiheit
– Verbot der gezielten Behinderung, Herabsetzung oder Ausnutzung von Mitbewerbern

3.1.2 Verbot der Irreführung

Aufgrund seiner besonderen Bedeutung werden das Verbot der Irreführung sowie insb. der dabei anzuwendende Maßstab kurz näher dargestellt.   17

Das wettbewerbsrechtliche Irreführungsverbot stellt seit langem einen zentralen Bereich des Wettbewerbsrechts dar. Es ist in §§ 5 und 5 a UWG kodifiziert.[21] Danach sind irreführende Handlungen unlauter und damit unzulässig. Eine irreführende Angabe liegt insb. dann vor, wenn unwahre Aussagen über wesentliche Merkmale der Ware/Dienstleistung (§ 5 Abs. 1 Nr. 1 UWG), besondere Preisvorteile (§ 5 Abs. 1 Nr. 2 UWG) oder das Unternehmen des Werbenden (§ 5 Abs. 1 Nr. 3 UWG) kommuniziert werden.

Da es in vielen Fällen keine absolute Wahrheit gibt, stellt sich gerade beim Irreführungsverbot die Frage des Maßstabs. Die deutsche Rechtsprechung ging traditionell von einem „eher unmündigen, stets flüchtigen und unkritischen Verbraucher" aus.[22] Bereits wenn 10 bis 15 % der Bevölkerung eine Aussage unzutreffend verstanden, wurde dies von der Rechtsprechung als irreführend angesehen. Dies konnte nach verschiedenen Entscheidungen des EuGH[23] jedoch nicht mehr aufrecht erhalten werden. Es ist deshalb von einem durchschnittlich informierten und verständigen Verbraucher mit situationsadäquater Aufmerksamkeit auszugehen.[24] Der Unterschied der Ansätze macht sich nicht bei (den wettbewerbsrechtlich nach wie vor klaren, praktisch aber regelmäßig kaum bedeutsamen) glatt unwahren Aussagen bemerkbar, sondern bei (den praktisch viel relevanteren) Fragen auslegbarer Aussagen. Die Freiheit der Werbetexter ist damit deutlich gestiegen.

Besonders bedeutsam ist vorliegend das Verbot der Irreführung durch Unterlassen nach § 5a UWG. Danach muss derjenige, der z. B. eine Preiswerbung durchführt auf zusätzliche Kosten hinweisen, § 5 Abs. 3 Nr. 3 UWG.

3.1.3 „Black list" per se verbotener Geschäftspraktiken

In Umsetzung der EU-Richtlinie über unlautere Geschäftspraktiken[25] hat der deutsche Gesetzgeber Ende 2008 in das UWG eine „black list" von geschäftlichen Handlungen aufgenommen, die gegenüber Verbrauchern, also Privatkunden, per se verboten sind.   18

---

21 Vgl. zu den europarechtlichen Grundlagen die Kommentierung von *Bornkamm,* in: Köhler/Bornkamm/Feddersen (Hrsg.): UWG, 36. Aufl. 2018, § 5, Rn. 0.15 ff.
22 *Bornkamm,* in: Köhler/Bornkamm/Feddersen (Hrsg.): UWG, 36. Aufl., 2018, § 5, Rn. 0.60; vgl. auch Rn. 0.71, in der Bornkamm aufzeigt, dass der BGH bereits ab Mitte der 90er-Jahre eine deutlich differenzierte Herangehensweise verfolgte.
23 Insb. EuGH GRUR 1998, 795 – Gut Springenheide.
24 Vgl. BGH GRUR 2000, 619, 621 – Orient-Teppichmuster; vgl. auch die weiteren Hinweise bei *Bornkamm,* in: Köhler/Bornkamm/Feddersen (Hrsg.): UWG, 36. Aufl. 2018, § 5, Rn. 0.71.
25 Richtlinie 2005/29/EG des Europäischen Parlaments und des Rates v. 11.05.2005 über unlautere Geschäftspraktiken im binnenmarktinternen Geschäftsverkehr zwischen Unternehmen und Verbrauchern, ABl. EG L Nr. 149/22 v. 11.06.2005.

Relevant für Kreditinstitute sind hierbei insb. die Vorgaben, dass Angaben im Zusammenhang mit Verhaltenskodices zutreffen müssen und nur mit Güte- und Qualitätszeichen geworben werden darf, die auch tatsächlich verliehen worden sind (§ 3 Abs. 3 UWG i. V. m. Anhang Nr. 1–3).

3.2 Verwendung von Telefon, E-Mail und Briefwerbung

19 Wird der Kunde mit Mitteln der Fernkommunikation angesprochen, sind besondere Voraussetzungen zu beachten, damit die Marketingmaßnahme nicht als „unzumutbare Belästigung" gegen § 7 UWG verstößt.

3.2.1 Telefon

20 Beim Telefonmarketing ist zu differenzieren (§ 7 Abs. 2 Nr. 2 UWG):

Eine Privatperson darf nur angerufen werden, sofern diese zuvor ausdrücklich in den Anruf eingewilligt hat. Bei einem Gewerbetreibenden hingegen reicht eine mutmaßliche Einwilligung aus.

21 Die Anforderungen gegenüber Privatpersonen wurden durch das „Gesetz zur Bekämpfung unerlaubter Telefonwerbung und zur Verbesserung des Verbraucherschutzes bei besonderen Vertriebsformen" 2009 verschärft.[26] Der Wortlaut des § 7 Abs. 2 Nr. 2 UWG wurde dahin ergänzt, dass die Einwilligung zeitlich vor dem Anruf und ausdrücklich erteilt worden sein muss. Bereits zur vorherigen Gesetzesfassung, die lediglich eine Einwilligung vorsah, hatte die Rechtsprechung insb. in Abgrenzung zu der Werbung gegenüber Gewerbetreibenden, bei der eine mutmaßliche Einwilligung ausreicht, recht strenge Anforderungen an die Einwilligung gestellt und in aller Regel eine ausdrückliche Einwilligung verlangt.[27] Für einen Verstoß drohen erhebliche Konsequenzen: Die fehlende Einholung der vorherigen ausdrücklichen Einwilligung stellt eine Ordnungswidrigkeit dar. Sie wird mit einer Geldbuße von bis zu 300.000 € durch die Bundesnetzagentur geahndet (§ 20 UWG).

22 Gegenüber Gewerbetreibenden dagegen reicht eine mutmaßliche Einwilligung aus. Zu fragen ist, ob der Umworbene den Anruf erwartet oder ihm zumindest positiv gegenübersteht. Dies wird eher angenommen, wenn sich das beworbene Produkt auf die eigentliche geschäftliche Tätigkeit des Angerufenen bezieht oder eine laufende Geschäftsbeziehung besteht.[28]

23 Bei sämtlichen Werbeanrufen ist darauf zu achten, dass die Rufnummernanzeige nicht unterdrückt wird. Dem entspricht die Regelung des Telekommunikationsgesetz (TKG) (§ 102 Abs. 2 TKG). Verstöße können von der Bundesnetzagentur als Ordnungswidrigkeit mit einer Geldbuße von bis zu 10.000 € geahndet werden (§ 149 Abs. 1 lit. 17 e., Abs. 2 Satz 1 TGK).

---

26 BGBl. I Nr. 49/2413 v. 03. 08. 2009.
27 BGH WRP 1990, 169, 170 – Telefonwerbung II.: In dem bloßen Schweigen eines Privatkunden auf ein schriftlich angekündigtes Telefonat wurde auch nach bisherigem Recht eine Einwilligung nicht gesehen.
28 BGH WRP 1991, 470, 472 f. – Telefonwerbung IV.

3.2.2 E-Mail, SMS und MMS

Werbung mittels elektronischer Post, d. h. E-Mail, SMS und MMS, ist grundsätzlich nur zulässig, wenn der Kunde – egal ob Verbraucher oder Gewerbetreibender – vorher ausdrücklich zugestimmt hat (§ 7 Abs. 2 Nr. 3 UWG).

Besteht bereits eine Geschäftsbeziehung zu einem Kunden, gilt folgende Erleichterung (§ 7 Abs. 3 UWG): Zulässig ist die Werbung auch dann, wenn der Unternehmer die E-Mail-Adresse/Mobiltelefonnummer im Zusammenhang mit dem Produktverkauf erhalten hat, für eigene ähnliche Produkte geworben wird und der Kunde sowohl bei der Adresserhebung als auch bei jeder Verwendung klar und deutlich auf seine Möglichkeit zur jederzeitigen Untersagung der weiteren Nutzung hingewiesen wird (Opt-out-Modell).

3.2.3 Briefwerbung

Werbung per Brief ist grundsätzlich zulässig. Das gilt sowohl für die persönlich adressierte Briefwerbung, die Briefbeilagenwerbung, bei der einem Geschäftsbrief ein Werbeprospekt o. ä. beigelegt wird sowie für die Briefkastenwerbung durch Einwurf nicht adressierten Werbematerials (Flyer etc.). Unzulässig wird die Werbung erst, wenn das gleiche Werbematerial mehrfach und damit „hartnäckig" verteilt wird oder der Umworbene widersprochen hat (auch durch Aufnahme in die Robinson-Liste des Deutschen Direktmarketing-Verbandes). Werden spezielle Verteiler beauftragt, ist sicherzustellen, dass an Briefkästen angebrachte Sperrvermerke beachtet werden. Durch ein Postunternehmen verteilte Werbebriefe dagegen werden zulässigerweise auch bei angebrachtem Sperrvermerk zugestellt. Für den Postbediensteten ist nicht erkennbar, dass es sich um Werbung handelt.[29]

Zusammenfassend kann man also sagen:
- Briefwerbung ist grundsätzlich zulässig.
- E-Mail-Werbung ist nur bei vorheriger Einwilligung zulässig, wobei im Rahmen einer Geschäftsbeziehung vergleichbare Produkte zu den bereits bezogenen beworben werden dürfen (opt-out).
- Telefonwerbung ist nur bei vorheriger ausdrücklicher Einwilligung zulässig. Die Anforderungen sind hier insb. gegenüber Verbrauchern sehr streng.

3.3 Gewinnspiele

Auch bei der Durchführung von Gewinnspielen gilt es, die wettbewerbsrechtlichen Regeln zu beachten. Sämtliche Teilnahmebedingungen müssen leicht zugänglich und für den durchschnittlichen Kunden verständlich angegeben sein, §§ 5a Abs. 2, 4 i. V. m. § 6 Abs. 1 Nr. 4 TMG. Ein generelles Kopplungsverbot, das das UWG in § 4 Nr. 5 a. F. vorsah und das die Kopplung der Gewinnspielteilnahme an den Erwerb der Ware oder die Inanspruchnahme der Dienstleistung verbot, gilt heute so nicht mehr. Vielmehr darf eine Kopplungsmaßnahme nicht irreführend oder aggressiv sein.[30] Die Gesetzespassage des § 4 Nr. 5 UWG

---

29 *Köhler,* in: Köhler/Bornkamm/Feddersen (Hrsg.): UWG, 36. Aufl. 2018, § 7, Rn. 112 ff.
30 BGH GRUR 2008, 807 – Millionen-Chance.

wurde ersatzlos gestrichen; es handelte sich dem Grunde nach um eine Irreführung bzw. eine aggressive geschäftliche Handlung, die von §§ 4a, 5, 5 a II und IV erfasst ist.[31] Gesteigerte Anforderungen sind zu beachten, wenn sich das Gewinnspiel an Minderjährige richtet, es darf bspw. kein direkter Kaufappell an den Minderjährigen erfolgen, § 3 III UWG i. V. m. Anhang 3 Nr. 28, vgl. auch § 6 Abs. 2 Nr. 1 JMStV. Besondere Vorsicht ist bei Zuwendungen an Dritte, wie z. B. Absatzmittler geboten. Nach § 70 WpHG sind Sachzuwendungen an Dritte wie z. B. Anlageberater regelmäßig unzulässig.[32]

3.4 Vergleichende Werbung

27 Besondere Regeln gelten für vergleichende Werbung. Dies ist „jede Werbung, die unmittelbar oder mittelbar einen Mitbewerber oder die von einem Mitbewerber angebotenen Waren oder Dienstleistungen erkennbar macht" (§ 6 Abs. 1 UWG). Entscheidend ist, ob der durchschnittliche Kunde, an den sich die beworbenen Produkte richten, den vom Vergleich betroffenen Mitbewerber oder dessen Produkte erkennen wird.[33]

Anders als früher ist solche Werbung grundsätzlich erlaubt. Die vergleichende Werbung muss jedoch eine Reihe von Anforderungen erfüllen, insb. (vgl. § 6 Abs. 2 UWG):
– Die Angaben müssen wahr, nachprüfbar und produktrelevant sein.
– Verglichen werden darf nur mit vergleichbaren Waren und Dienstleistungen (also keine „Äpfel mit Birnen" vergleichen).
– Die Werbung darf weder auf Verwechslung angelegt sein, die Wertschätzung der Kennzeichen des Mitbewerbers unlauter beeinträchtigen oder diesen herabsetzen.

4 Besondere Anforderungen für Kreditinstitute sowie bestimmte Finanzprodukte

28 Über diese allgemeinen wettbewerbsrechtlichen Vorgaben hinaus existieren Sonderregeln für Kreditinstitute allgemein sowie insb. für Marketingmaßnahmen für bestimmte von diesen angebotene Finanzprodukte. Zu beachten sind erhöhte Anforderungen. Hintergrund ist, dass die betreffenden Finanzgeschäfte für den Kunden besonders riskant und schwer durchschaubar sind. Daher gelten für Privatkunden und professionelle Kunden häufig abgestufte Anforderungen. Die folgende Darstellung beschränkt sich auf die wichtigsten Regeln:

4.1 Anforderungen an die Werbung von Kreditinstituten (KWG)

29 Über das UWG hinaus ermächtigt § 23 KWG die Bundesanstalt für Finanzdienstleistungsaufsicht (BaFin), bestimmte Arten der Werbung zu untersagen, um „Missständen bei der Werbung der Institute" zu begegnen. Der Begriff des Missstandes ist an den Zielen des

---

31 EuGH (Erste Kammer), Urt. v. 14. 01. 2010 – C-304/08, GRUR 2010, 244; GRUR-Prax 2016, 7.
32 Dazu insb. *Rozok*, Tod der Vertriebsprovision oder Alles wie gehabt?, in: BKR 2007, S. 217 – 225.
33 Vgl. *Köhler,* in: Köhler/Bornkamm/Feddersen (Hrsg.): UWG, 36. Aufl. 2018, § 6, Rn. 79 ff.

KWG (§ 6 Abs. 2 KWG) festzumachen, insb. ist ein Missstand anzunehmen, wenn das Vertrauen in die Kreditwirtschaft beeinträchtigt werden könnte.[34] Regelmäßig kann von einem Missstand nicht bei einmaligen Handlungen ausgegangen werden, sondern es ist eine gewisse Übung oder jedenfalls die Gefahr, dass sich eine solche Übung entwickelt, erforderlich.[35]

Auf der Rechtsfolgenseite kann die BaFin sowohl Untersagungsverfügungen gegen bestimmte Institute wie auch an sämtliche Kreditinstitute gerichtete Allgemeinverfügungen erlassen. Erlassen wurden bisher lediglich zwei Allgemeinverfügungen. Untersagt wurde das „cold calling", also die unaufgeforderte telefonische Kontaktaufnahme mit Neukunden.[36] Verboten wurde auch den Bausparkassen, an Nicht-Kunden für den Nachweis von Interessenten Geld- oder Sachwerte auszuloben (bausparexterne Laienwerbung).[37]

Im Zusammenhang mit Missständen im Sinne des § 23 KWG werden zudem insb. folgende Themenkomplexe diskutiert, wobei diese Bereiche als kritisch aber gleichfalls nicht alle Aussagen dazu als problematisch angesehen werden:

– Hinweise auf Einlagensicherheit
– Hinweis auf die regulatorische Aufsicht
– Schüren von Ängsten.

Von besonderer Bedeutung ist bezogen auf die von § 23 KWG angesprochenen Missstände auch die Selbstregulierung der Kreditwirtschaft in Form der deutschen Kreditwirtschaft (DK), eine gemeinsame Einrichtung der Kreditinstitute, die deren Interessen gegenüber staatlichen Einrichtungen gesammelt vertritt.[38]

4.2 Anforderungen im Zusammenhang mit Verbraucherkrediten

Erhöhte Anforderungen insb. an die Transparenz gelten im Zusammenhang mit der Vergabe von Krediten an Verbraucher. Grund ist deren besondere Schutzbedürftigkeit.

30

Verbraucherdarlehensverträge, d. h. Verträge, mit denen ein Kreditinstitut einer Privatperson entgeltlich ein Darlehen von mind. 200 € gewährt, unterliegen den Sonderregelungen der §§ 488 ff. BGB. Danach sind im Darlehensvertrag insb. umfangreiche Informationen aufzunehmen (§ 492 BGB). Unzulänglichkeiten führen zur Nichtigkeit des Vertrages (§ 494 BGB).

Mit Wirkung ab dem 11. 06. 2010 hat der Gesetzgeber die Anforderungen an Inhalt und Bewerbung von Verbraucherdarlehen erheblich verschärft.[39] Die Regelungen dienten der

---

34 *Fischer*, in: Boos/Fischer/Schulte-Mattler (Hrsg.): KWG, 5. Aufl. 2016, § 23, Rn. 8.
35 *Fischer*, in: Boos/Fischer/Schulte-Mattler (Hrsg.): KWG, 5. Aufl. 2016, § 23, Rn. 9.
36 Allgemeinverfügung des Bundesaufsichtsamtes für den Wertpapierhandel v. 27. 07. 1999, BAnz Nr. 149.
37 Allgemeinverfügung des Bundesaufsichtsamtes für das Kreditwesen v. 18. 02. 1977.
38 Vgl. den Internetauftritt www.die-dk.de.
39 Gesetz zur Umsetzung der Verbraucherkreditrichtlinie, des zivilrechtlichen Teils der Zahlungsdiensterichtlinie sowie zur Neuordnung der Vorschriften über das Widerrufs- und Rückgaberecht v. 29. 07. 2009, BGBl. I Nr. 49/2355 v. 03. 08. 2009.

Umsetzung zweier EU-Richtlinien: Der Verbraucherkreditrichtlinie[40] sowie der Zahlungsdiensterichtlinie.[41] Erklärtes Ziel war die bessere Information der Verbraucher bei Kreditverträgen und ein Schutz vor „Lockvogelangeboten".[42] Eine erneute Änderung erfuhr das Gesetz mit Wirkung zum 13.06.2014[43], wesentlich wird nun für die Rechtsfolge des Widerrufs abschließend auf die Vorschriften des §§ 355 ff. BGB verwiesen.[44]

4.2.1 Vorvertragliche Informationspflichten (§ 491a BGB n. F.)

31   Daher hat eine Information über die wesentlichen Bestandteile des Darlehens bereits vor Vertragsschluss zu erfolgen (§ 491a BGB n. F.). Dem Verbraucher soll ermöglicht werden, verschiedene Angebote zu vergleichen und eine fundierte Entscheidung zu treffen. Sobald sich die Wahl eines bestimmten Kredits abzeichnet, müssen dem Verbraucher zusätzlich die Hauptmerkmale des Vertrags erläutert werden. Die erforderlichen Angaben sind in Art. 247 §§ 1 – 5 EGBGB näher spezifiziert. Für die vorvertragliche Information des Verbrauchers wird ein europaweit einheitliches Muster bereitgestellt, das zu verwenden ist.

Ein zentraler Punkt ist die Angabe von effektivem Jahreszins und Gesamtkosten (Art. 247 § 3 EGBGB). Diese richtet sich wiederum nach § 6 der Preisangabeverordnung (PAngV). Für die Berechnung dieses Zinses ist ein relativ umfangreicher Anforderungskatalog aufgestellt.

– Die mathematische Berechnung ist in einer Anlage niedergelegt (§ 6 Abs. 2 Satz 1 PAngV).
– Sämtliche Kosten einschließlich Vermittlungsgebühren sind zu berücksichtigen (§ 6 Abs. 3 Satz 1 PAngV), wobei die nicht zu berücksichtigenden Kosten in Form eines Ausnahmekatalogs aufgenommen sind (§ 6 Abs. 4 PAngVO n. F.).
– Zudem enthält die Vorschrift eine Anlage mit Annahmen, von denen erforderlichenfalls auszugehen ist (§ 6 Abs. 6 PAngVO n. F.).

Bereits vor Vertragsschluss sind Gesamtbetrag und effektiver Jahreszins anhand eines repräsentativen Beispiels zu erläutern (Art. 247 § 3 Abs. 3 EGBGB). Erfolgt die vorvertragliche Information in einem Telefongespräch, ist der Informationsumfang geringer (Art. 247 § 5 EGBGB).

---

40   Richtlinie 2008/48/EG des Europäischen Parlaments und des Rates v. 23.04.2008 über Verbraucherkreditverträge, ABl. EG L Nr. 133/66 v. 22.05.2008; hierzu: *Rott*, Die neue Verbraucherkredit-Richtlinie 2008/48/EG und ihre Auswirkungen auf das deutsche Recht, WM 2008, 1104; *Ady/Paetz*, Die Umsetzung der Verbraucherkreditrichtlinie in deutsches Recht und besondere verbraucherpolitische Aspekte, in: WM 2009, S. 1061, 1061 ff.
41   Richtlinie 2007/64/EG des Europäischen Parlaments und des Rates v. 13.11.2007 über Zahlungsdienste im Binnenmarkt, ABl. EG L Nr. 319/1 v. 05.12.2007.
42   Pressemitteilung des Bundesministeriums der Justiz v. 02.07.2009.
43   Gesetz zur Umsetzung der VerbrRRL und zur Änderung des Gesetzes zur Wohnraumvermittlung v. 20.09.2013, BGBl. I Nr. 58/2642 v. 27.09.2013.
44   *Schürnbrand*, in: MüKo BGB, 7. Aufl. 2017, Vor. § 491, Rn. 15.

4.2.2 Anforderungen an den Vertragsinhalt

Korrespondierend zu den vorvertraglichen Informationen gelten die gesteigerten Informationspflichten auch für den eigentlichen Vertrag (§ 492 Abs. 2 BGB n. F., Art. 247 §§ 6–13 EGBGB n. F.).

32

4.2.3 Werbung für Kreditverträge

Auch die Werbung für Verbraucherkredite ist gesondert geregelt (§ 6a PAngV). Sofern – wie regelmäßig – für den Abschluss eines Kreditvertrags mit Zinssätzen oder sonstigen Zahlen, die die Kosten betreffen, geworben wird, sind „in klarer, eindeutiger und auffallender Art und Weise anzugeben":

33

- Sollzinssatz
- Nettodarlehensbetrag
- Effektiver Jahreszins
- Vertragslaufzeit
- Ggf. Angaben zu erforderlicher Versicherung etc.

Neben diesen Angaben muss die Werbung ein Beispiel enthalten, das einen effektiven Jahreszins vorsieht, den mind. zwei Drittel der Verträge unterschreiten bzw. zumindest einhalten werden (§ 6a Abs. 4 PAngVO).

4.3 Anforderungen im Zusammenhang mit Wertpapierdienstleistungen

Für den Bereich der Wertpapierdienstleistungen sieht das Wertpapierhandelsgesetz (WpHG) in §§ 63 ff. Verhaltens-, Organisations- und Transparenzpflichten vor. Insb. enthält § 63 Abs. 6 WpHG Regelungen zu Werbemitteilungen und sonstigen herausgegebenen Informationen. Auch gilt es, besondere Aufzeichnungs- und Aufbewahrungspflichten einzuhalten (§ 83 WpHG).[45] Die Anforderungen werden weiter konkretisiert durch die Wertpapierdienstleistungs-Verhaltens- und Organisationsverordnung (WpDVerOV).[46] Die veröffentlichten Rundschreiben der BaFin, also das Rundschreiben 01/2010 (WA) zur Auslegung der Vorschriften des Wertpapierhandelsgesetzes über Informationen einschließlich Werbung von Wertpapierdienstleistungsunternehmen an Kunden[47] sowie das Rundschreiben 4/2010 (WA) – Mindestanforderungen an die Compliance-Funktion und die weiteren Verhaltens-, Organisations- und Transparenzpflichten nach §§ 31 ff. WpHG für Wertpapierdienstleistungsunternehmen v. 07.06.2010 (MaComp) stellen wesentliche Auslegungshilfen dar. Die Rundschreiben ergingen zwar zur Altfassung des WpHG und dessen §§ 36 ff., sie werden jedoch regelmäßig überarbeitet und sind somit weiterhin zur Ausle-

34

---

45 Im Einzelnen zur Neufassung: Buck-Heeb/Poelzig: Die Verhaltenspflichten (§§ 63 ff. WpHG n. F.) nach dem 2. FiMaNoG – Inhalt und Durchsetzung, in: BKR 2017, S. 485.
46 Verordnung zur Konkretisierung der Verhaltensregeln und Organisationsanforderungen für Wertpapierdienstleistungsunternehmen v. 17.10.2017.
47 Vgl. dazu auch das vorangegangene Konsultationspapier 11/2009 auf der Internetseite der BaFin veröffentlicht (www.bafin.de) mit Stellungnahmen von Marktbeteiligten und Beratern.

gung heranzuziehen. Die aktuelle Fassung des Rundschreibens 4/2010 (WA) ist auf dem Stand 08.03.2017 und abrufbar über die Homepage der BaFin: www.bafin.de.

4.3.1 Anwendungsbereich

35 Seinem Wortlaut nach betrifft die zentrale Bestimmung des § 63 Abs. 6 WpHG sämtliche Informationen von Wertpapierdienstleistungsunternehmen. Wertpapierdienstleistungsunternehmen sind gemäß der entsprechenden Legaldefinitionen insb. sämtliche Kreditinstitute, die in gewerblichem Umfang Wertpapierdienstleistungen und Wertpapierdienstnebenleistungen wie Handel mit Wertpapieren sowie deren Verwaltung und Verwahrung in Kundendepots erbringen (§ 2 WpHG). Aus dem sachlichen Anwendungsbereich des WpHG, der auf die Erbringung von Wertpapierdienstleistungen und Wertpapiernebendienstleistungen beschränkt ist, ergibt sich jedoch, dass die Sonderregeln des § 63 Abs. 6 WpHG nur auf solche Rechtsgeschäfte Anwendung finden. Dafür spricht auch der Sinn und Zweck des Gesetzes, für besonders riskante Finanzgeschäfte verschärfte Anforderungen zu stellen. Bei der Bewerbung eines Sparbuchs oder einer Festgeldanlage greift diese ratio nicht ein. Demgegenüber wird zum Teil angenommen, die Bestimmungen seien „auf *alle* Geschäfte von Wertpapierdienstleistungsunternehmen" anzuwenden.[48]

Auf Handelsgeschäfte zwischen Wertpapierdienstleistungsunternehmen untereinander sind die Bestimmungen der §§ 63 ff. WpHG nicht anwendbar (§ 95 WpHG).

4.3.2 Verhaltenspflichten nach § 63 Abs. 6 ff. WpHG

36 § 63 Abs. 6 WpHG stellt eine spezialgesetzliche Ausprägung der allgemeinen wettbewerbsrechtlichen Grundsätze des Transparenzgebots, des Irreführungsverbots sowie des Verbots der unzulässigen Einflussnahme auf die Entscheidung des Kunden dar. Für sämtliche Informationen ist sicherzustellen, dass sie „redlich, eindeutig und nicht irreführend" sind (§ 63 Abs. 6 Satz 1 WpHG). Daraus folgt insb. eine Aktualitätspflicht, sodass eine Datumsangabe immer sinnvoll ist.[49]

§ 63 Abs. 13 WpHG verweist zur Auslegung, wann Informationen als „redlich, eindeutig und nicht irreführend angesehen werden" auf die Art. 36 und 44 der Delegierten Verordnung (EU) 2017/565. Art. 44 enthält dabei Regelungen zum Umgang mit Finanzanalysen. Hier kann nicht auf alle Details eingegangen werden. Geregelt sind insb. folgende Themenkomplexe:
– Risikonennung bei Erwähnung von Vorteilen und zwar in gleich großer Schriftgröße, Abs. 2b), c)
– Gebot der Verständlichkeit für angesprochenen Personenkreis, Abs. 2d)
– Verbot von Verschleierung/Abschwächung, Abs. 2e)
– Anforderungen an Sprache, Grundsatz der gleichen Sprache, Abs. 2f)

---

48 *Koller,* in: Assmann/Schneider (Hrsg.): WpHG, 6. Aufl. 2012, § 31, Rn. 12; die BaFin nimmt in ihrem Rundschreiben 4/2010 zu diesem Themenkreis keine Stellung, obwohl sie unter Ziffer 1.1 den Anwendungsbereich der Regelungen thematisiert.
49 MaComp BT 3.3.2 Ziff. 1 a. E.

- Verpflichtung zu Aktualität und Relevanz bezogen auf das Medium, Abs. 2g)
- Anforderungen an Vergleiche, Abs. 3: aussagekräftig, ausgewogen, Angabe von Informationsquellen und benutzten Fakten
- Anforderungen an Kommunikation zu Wertentwicklung, Abs. 4–6

4.3.3 Aufzeichnungs- und Aufbewahrungspflichten nach § 83 WpHG

Im Anwendungsbereich des WpHG gelten zudem besondere Aufzeichnungs- und Aufbewahrungspflichten. 37

Sämtliche abgewickelte Geschäfte sind zu dokumentieren (§ 83 Abs. 1 WpHG). Vereinbarungen mit Kunden sind ebenfalls aufzuzeichnen (§ 83 Abs. 2 WpHG). Einzelheiten sind zudem in der bereits benannten Delegierten Verordnung (Art. 72 ff) zu entnehmen.

4.3.4 Verbot bestimmter Werbemaßnahmen durch die BaFin

In Parallele zu § 23 KWG ermächtigt § 92 WpHG die BaFin, im Fall eingetretener oder 38
auch drohender „Missstände", diese durch den Erlass von Einzel- oder Allgemeinverfügungen abzuwenden. Über das oben bereits beschriebene Verbot des „cold calling" hinaus wurde bisher keine Allgemeinverfügung erlassen.[50]

4.4 Anforderungen im Zusammenhang mit dem öffentlichen Angebot von Wertpapieren

§ 15 WpPG enthält Sonderregelungen für Werbung, die ein öffentliches Angebot von 39
Wertpapieren betrifft. Soweit § 15 WpPG reicht, geht die Bestimmung dem allgemeinen § 63 WpHG als speziellere Regelung vor.[51]

4.4.1 Bestehen einer Prospektpflicht

Dabei differenziert § 15 WpPG zwischen prospektpflichtigen und nichtprospektpflichtigen 40
öffentlichen Angeboten. Eine Prospektpflicht besteht grundsätzlich für alle öffentlich angebotenen Wertpapiere (§ 3 Abs. 1 WpPG). Ausgenommen ist lediglich ein Angebot von Wertpapieren (§ 3 Abs. 2 WpPG),
- das sich ausschließlich an qualifizierte Anleger richtet,
- das sich in jedem Staat des Europäischen Wirtschaftsraums an weniger als 150 nicht qualifizierte Anleger richtet,
- das sich an Anleger richtet, die bei jedem gesonderten Angebot Wertpapiere ab einem Mindestbetrag von 100.000 € pro Anleger erwerben können,
- sofern die Wertpapiere eine Mindeststückelung von 100.000 € haben oder
- sofern der Verkaufspreis für alle angebotenen Wertpapiere weniger als 100.000 € beträgt, wobei diese Obergrenze über einen Zeitraum von zwölf Monaten zu berechnen ist.

---

50 *Koller,* in: Assmann/Schneider (Hrsg.): WpHG, 6. Aufl. 2012, § 36b, Rn. 4.
51 So ausdrücklich § 63 Abs. 6 S. 3 WpHG.

§ 4 WpPG enthält weitere Ausnahmen von der Prospektpflicht für bestimmte Arten von Wertpapieren.

4.4.2 Werbung für prospektpflichtige Angebote

41 Bei der Werbung für prospektpflichtige Angebote sind folgende Anforderungen einzuhalten (§ 15 Abs. 2–4 WpPG):
- Es ist darauf hinzuweisen, dass es einen Prospekt gibt bzw. – sofern dieses noch nicht gebilligt und veröffentlicht worden ist (§§ 13 f. WpPG) – geben wird und wo dieser erhältlich ist/sein wird.
- Die Werbung muss klar als Werbung erkennbar sein.
- Sie darf nicht unrichtig oder irreführend sein.
- Die Angaben der Werbung müssen mit den Angaben des Prospekts übereinstimmen und dürfen zu diesen nicht im Widerspruch stehen.

4.4.3 Werbung für nicht-prospektpflichtige Angebote

42 Bei nicht-prospektpflichtigen Angeboten muss der Anbieter wesentliche Informationen über den Emittenten oder über sich selbst, die sich an qualifizierte Anleger oder besondere Anlegergruppen richten, einschließlich Informationen, die im Verlauf von Veranstaltungen betreffend Angebote von Wertpapieren mitgeteilt werden, allen qualifizierten Anlegern oder allen besonderen Anlegergruppen, an die sich das Angebot ausschließlich richtet, mitteilen (§ 15 Abs. 5 WpPG).

4.5 Anforderungen im Zusammenhang mit Investmentanteilen

43 Weitere Sonderanforderungen gelten für die Werbung für den Erwerb von Investmentanteilen. Hierunter fallen insb. Anteile an Investmentvermögen in Form von Investmentfonds, d. h. von einer Kapitalanlagegesellschaft verwaltetes Publikums-Sondervermögen nach näherer Bestimmung der §§ 1 f. InvG.

4.5.1 Erforderliche Angaben

44 Welche Pflichtangaben eine Werbung für solche Investmentanteile enthalten muss, listet § 124 Abs. 1 Satz 2 InvG auf.

Danach hat insb. jede Werbung in Textform auf die Verkaufsprospekte sowie die Stellen, wo und auf welche Weise diese erhältlich sind, hinzuweisen. Wird für Anteile an einem Fonds geworben, dessen Vertragsbedingungen oder Satzung die Anlage von mehr als 35 % des Wertes des Investmentvermögens in Schuldverschreibungen zulassen, sind die Aussteller aufzuführen. Liegt dem Investmentfonds ein Aktienindex etc. zugrunde, ist dies anzugeben. Sofern die Zusammensetzung des Investmentfonds oder die für die Fondsverwaltung verwendeten Techniken eine erhöhte Volatilität aufweisen, ist hierauf hinzuweisen.

4.5.2 Verbot bestimmter Werbemaßnahmen durch die BaFin

In Parallele zu den bereits dargestellten Regelungen in § 23 KWG und § 92 WpHG kann die BaFin auch im Hinblick auf die Werbung für Investmentanteile bestimmte Arten der Werbung untersagen. Sie soll hiervon gem. § 124 Abs. 3 InvG insb. in zwei Fallgestaltungen Gebrauch machen: Zum einen bei der Werbung mit Angaben, die in irreführender Weise den Anschein eines besonders günstigen Angebots hervorzurufen. Zum anderen bei Werbung unter Hinweis auf die Befugnisse der BaFin nach dem InvG.

45

5 Literaturverzeichnis

Ady/Paetz: Die Umsetzung der Verbraucherkreditrichtlinie in deutsches Recht und besondere verbraucherpolitische Aspekte, in: WM 2009, S. 1061–1070.

Assmann/Schneider (Hrsg.): WpHG, 6. Aufl., Köln 2012.

Boos/Fischer/Schulte-Mattler (Hrsg.): KWG, 5. Aufl., München 2016.

Buck-Heeb/Poelzig: Die Verhaltenspflichten (§§ 63 ff. WpHG n. F.) nach dem 2. FiMaNoG – Inhalt und Durchsetzung, in: BKR 2017, S. 485–528.

Fezer: Markenrecht, 4. Aufl. München 2009.

Köhler/Bornkamm/Feddersen (Hrsg.): UWG, 36. Aufl., München 2018.

Säcker/Rixecker/Oetker/Limperg (Hrsg.): Münchner Kommentar zum Bürgerlichen Gesetzbuch, Band 4: Schuldrecht, Besonderer Teil I §§ 433–534, Finanzierungsleasing, CISG, 7. Aufl. 2017.

Stöckel: Handbuch Marken- und Designrecht, 3. Aufl., Berlin 2013.

Ströbele/Hacker/Thiering (Hrsg.): MarkenG, 12. Aufl., Köln 2018.

Rozok: Tod der Vertriebsprovision oder Alles wie gehabt?, in: BKR 2007, S. 217–225.

C

Markttransaktionen

II.C.1

Marktinfrastruktur

Michael Leibold

Inhaltsübersicht

1	Systematische Internalisierung	1–13
1.1	Überblick/Einleitung	1
1.2	Rechtspflichten eines Systematischen Internalisierers	2–3
1.3	Systematischer Internalisierer und Tätigkeit der SI	4–13
2	Rechtspflichten für Systematische Internalisierer (NEK-instrumente)	14–29
2.1	Einführung	14
2.2	Vorhandelstransparenz, Art. 18 MiFIR	15–25
2.3	Nachhandelstransparenz, Art. 20, 21 MiFIR	26–29
3	Handelspflichten	30–34
3.1	Handelspflichten für Aktien	30–32
3.2	Handelspflichten für Derivate	33–34
4	Fazit	35
5	Literaturverzeichnis	

1 Systematische Internalisierung

1.1 Überblick/Einleitung[1]

Einer der zentralen Inhalte der MiFID II und MiFIR in Bezug auf die Marktinfrastruktur ist die Schaffung eines erweiterten Transparenzregimes. Durch die Systematische Internalisierung (nachfolgend SI) werden Transparenzpflichten für alle Finanzinstrumente, die an einem Handelsplatz gehandelt werden können, geschaffen.[2] Dies stellt eine Weiterentwicklung des „alten" Transparenzanspruchs der SI-Regulierung der MiFID I dar, da dieser zunächst auf börsennotierte Aktien begrenzt war.[3] Das hatte in der Praxis zur Folge, dass sich in Deutschland de facto mit Ausnahme der Deutsche Bank AG kein Systematischer Internalisierer für börsennotierte Aktien am Markt etabliert hat. Der deutsche Gesetzgeber hatte die regulatorischen Vorgaben an Systematische Internalisierer (SI) aus der MiFID I – soweit diese nicht schon über die VO (EG) Nr. 1287/2006 (MiFID I-DVO) bereits geltendes Recht waren – in den Vorschriften der §§ 32a–d WpHG a. F. umgesetzt.[4] So wird der Normadressat des Systematischen Internalisierers in § 2 Abs. 8 Satz 1 Nr. 2 lit. b) WpHG legal definiert als ein Unternehmen, das nach Maßgabe des § 2 Abs. 8 Satz 3 bis 5 WpHG, unter Verweis auf Art. 12 bis 17 MiFID II DVO, zur Durchführung von Kundenaufträgen häufig regelmäßig und auf organisierte und systematische Weise, sowie in erheblichem Umfang Eigenhandel außerhalb eines organisierten Marktes oder eines multilateralen oder organisierten Handelssystems betreibt.[5] Dabei hat die Qualifizierung des Wertpapierdienstleistungsunternehmens (im Folgenden WpDLU) als Systematischer Internalisierer erhebliche Rechtsfolgen. Das betroffene WpDLU hat die Pflichten aus den Art. 14–23 MiFIR, d. h. es muss in erster Linie die Veröffentlichung von Quotes (verbindliche Kauf- und Verkaufs-

---

[1] Dieser Beitrag weist einen Bearbeitungsstand v. 15.06.2018 auf. Die bis zu diesem Zeitpunkt veröffentlichten Dokumente haben hierin Berücksichtigung gefunden.

[2] Richtlinie 2014/65/EU des Europäischen Parlaments und des Rates v. 15.05.2014 über Märkte für Finanzinstrumente sowie zur Änderung der Richtlinien 2002/92/EG und 2011/61/EU (MiFID II – Markets in Financial Instruments Directive), Verordnung (EU) Nr. 600/2014 des Europäischen Parlaments und des Rates v. 15.05.2014 über Märkte für Finanzinstrumente und zur Änderung der Verordnung (EU) Nr. 648/2012 (MiFIR – Markets in Financial Instruments Regulation).

[3] Richtlinie 2004/39/EG des Europäischen Parlaments und des Rates v. 21.04.2004 über Märkte für Finanzinstrumente sowie, zur Änderung der Richtlinien 85/611/EWG und 93/6/EWG des Rates und der Richtlinie 2000/12/EG des Europäischen Parlaments und des Rates und zur Aufhebung der Richtlinie 93/22/EWG des Rates (MiFID I – Markets in Financial Instruments Directive). Zum 03.01.2018 wird die Richtlinie 2004/39/EG (MiFID I) durch die Richtlinie 2014/65/EU (MiFID II) ersetzt werden.

[4] WpHG a. F. (WpHG alte Fassung)/WpHG n. F. (WpHG neue Fassung): Das geänderte WpHG (n. F.) trat gemäß Art. 26 des 2. FiMaNoG (Zweites Finanzmarktnovellierungsgesetz) zu unterschiedlichen Zeitpunkten in Kraft: So traten einige Teile am Tag nach der Verkündung des 2. FiMaNoG (25.06.2017) in Kraft, andere Teile hingegen sind erst am 01.01.2018 bzw. 03.01.2018 in Kraft getreten.

[5] Delegierte Verordnung (EU) 2017/565 DER KOMMISSION v. 25.04.2016 zur Ergänzung der Richtlinie 2014/65/EU des Europäischen Parlaments und des Rates in Bezug auf die organisatorischen Anforderungen an Wertpapierfirmen und die Bedingungen für die Ausübung ihrer Tätigkeit sowie in Bezug auf die Definition bestimmter Begriffe für die Zwecke der genannten Richtlinie.

angebote) erfüllen, wie z. B. in den Fällen des Art. 14 Abs. 1 Satz 1 MiFIR – Offenlegung von verbindlichen Kursofferten für Aktien, Aktienzertifikate, börsengehandelte Fonds, Zertifikate und andere vergleichbare Finanzinstrumente. Die Quotierungspflicht rührt ebenso wie die Veröffentlichungs- und Ausführungspflicht aus der MiFID I für Systematische Internalisierer und sollte eine größtmögliche Transparenz über die internalisierten Liquiditätspools der Banken herstellen und somit eine Interaktion zwischen den Internalisierungssystemen und anderen Handelsplätzen ermöglichen. Zudem wurden Systematische Internalisierer verpflichtet, anderen Personen einen diskriminierungsfreien Zugang zu ihrem Internalisierungssystem zu gewähren. Die SI-Regelung der MiFID II/MiFIR knüpft mit wenigen Änderungen an die ursprüngliche SI-Regelungen der MiFID I an, übernimmt diese weitgehend, und dehnt dabei das Transparenzregime für Systematische Internalisierer auf Nichteigenkapitalinstrumente aus, die an einem Handelsplatz gehandelt werden, Art. 18 Abs. 1 MiFIR. Trotz der bislang bestehenden Möglichkeit, das Transparenzregime auf andere Finanzinstrumente als börsennotierte Aktien auszudehnen, hatte ursprünglich im Zuge der Umsetzung der MiFID I von den EU-Mitgliedsstaaten nur Italien hiervon Gebrauch gemacht.

1.2 Rechtspflichten eines Systematischen Internalisierers

2
- Vorhandelstransparenz:
  SI in Bezug auf liquide Finanzinstrumente setzen die Veröffentlichung von festen Kursofferten nebst der Ausführungsverpflichtung zu den veröffentlichten Kursen voraus. Dagegen begründet SI in Bezug auf illiquide Finanzinstrumente eine Offenlegungspflicht von Kursofferten nur auf Kundenanfrage hin.
- Nachhandelstransparenz:
  Die SI-Eigenschaft führt zur Ausweitung der unabhängig von der SI bestehenden Meldepflicht, Art. 21 MiFIR
- Pflicht zur Veröffentlichung von Daten über die im SI-System erzielte Ausführungsqualität
- Meldepflicht von Referenzdaten von bestimmten internalisierten Geschäften an die BaFin
- spezifische Nebenpflichten, die sich aus der Tätigkeit als Systematischer Internalisierer ergeben
- Registrierungspflicht als Systematischer Internalisierer bei der BaFin

3   Tab. 1: Rechtspflichten eines Systematischen Internalisierers

Rechtspflichten eines Wertpapierdienstleistungsunternehmens (WpDLU)	
Registrierungspflicht	– Registrierung als SI bei der BaFin (vgl. § 79 Satz 1 WpHG)
Vorhandelstransparenz für liquide Finanzinstrumente	– Quotierung – Veröffentlichung von Quotierung, Preisverzeichnis und Geschäftsbeziehungen

Rechtspflichten eines Wertpapierdienstleistungsunternehmens (WpDLU)	
	– Ausführung der Aufträge aus Quotierungen (vgl. MiFIR Art. 15 und 18)
Nachhandelstransparenz	– Ausweitung der unabhängig von SI bestehenden Meldepflicht (vgl. MiFIR Art. 21 und RTS 2 Art. 7[1])
Daten zur Ausführungsqualität	– Vierteljährliche Bereitstellung von Daten zur Qualität der Ausführung von Aufträgen (vgl. MiFID II Art. 27 Abs. 3 und RTS 27[2])
Referenzdaten	– Tägliche Abgabe von Referenzdaten über internalisierte Instrumente an Aufsichtsbehörden (vgl. MiFIR Art. 27 und RTS 23[3]) – Pflicht zur Beschaffung von ISINs für internalisierte Finanzinstrumente (vgl. RTS 23 Art. 3)
SI-Nebenpflichten	– Einhaltung des Verbots des Betriebs von SI und OTF in einer rechtlichen Einheit (vgl. MiFID II, Art. 20) – Einhaltung von speziell an SI gerichteten Handelsverboten für einzelne Instrumente (vgl. MiFID II, Art. 32 und 52)

1 Delegierte Verordnung (EU) DER KOMMISSION v. 14.07.2016 zur Ergänzung der Verordnung (EU) Nr. 600/2014 des Europäischen Parlaments und des Rates über Märkte für Finanzinstrumente durch technische Regulierungsstandards zu den Transparenzanforderungen für Handelsplätze und Wertpapierfirmen in Bezug auf Anleihen, strukturierte Finanzprodukte, Emissionszertifikate und Derivate.

2 Delegierte Verordnung (EU) DER KOMMISSION v. 08.06.2016 zur Ergänzung der Richtlinie 2014/65/EU des Europäischen Parlaments und des Rates über Märkte für Finanzinstrumente durch technische Regulierungsstandards bezüglich der Daten, die Ausführungsplätze zur Qualität der Ausführung von Geschäften veröffentlichen müssen.

3 Delegierte Verordnung (EU) DER KOMMISSION v. 14.07.2016 zur Ergänzung der Verordnung (EU) Nr. 600/2014 des Europäischen Parlaments und des Rates im Hinblick auf technische Regulierungsstandards für die Datenstandards und -formate für die Referenzdaten für Finanzinstrumente und die technischen Maßnahmen in Bezug auf die von der ESMA und den zuständigen Behörden zu treffenden Vorkehrungen.

1.3 Systematischer Internalisierer und Tätigkeit der SI

1.3.1 Systematischer Internalisierer

Die Legaldefinition eines Systematischen Internalisierers nach Art. 4 Abs. 1 Nr. 20 der MiFID II umfasst ein WpDLU, das in organisierter und systematischer Weise häufig in erheblichem Umfang Kundenaufträge für eigene Rechnung außerhalb eines geregelten Marktes (Börse), eines MTF oder eines OTF ausführt, ohne ein multilaterales System zu

4

betreiben.[6] Die Tätigkeit der SI per se wird nicht definiert. Stattdessen sind die Tatbestandsmerkmale der Tätigkeit der SI aus der Legaldefinition für einen Systematischen Internalisierer abzuleiten. Dabei ist zu berücksichtigen, dass der europäische Gesetzgeber von einem relativen Begriff des Systematischen Internalisierers ausgeht. Demnach kann ein und dasselbe WpDLU für bestimmte Finanzinstrumente Systematischer Internalisierer sein, für andere Finanzinstrumente hingegen nicht.

1.3.2 Tatbestandsmerkmale für die Tätigkeit SI

1.3.2.1 SI-fähige Finanzinstrumente

5 Sowohl Eigenkapital-Finanzinstrumente (im Folgenden EK-Instrumente) als auch Nichteigenkapital-Finanzinstrumente (im folgenden NEK-instrumente) werden von der SI erfasst. Daher sind Finanzinstrumente, die weder als EK- noch als NEK-Instrumente qualifiziert werden können, wie bspw. aktiv gemanagte Investmentfonds, von der SI-Regulierung ausgenommen. Voraussetzung ist, dass es überhaupt einen liquiden Markt für die Finanzinstrumente gibt, da ansonsten überhaupt keine SI-Schwellenwertermittlung möglich ist.

1. SI-fähige EK-Instrumente sind gemäß Art. 14 Abs. 1 MiFIR
   – Aktien
   – Aktienzertifikate
   – börsengehandelte Fonds wie z. B. ETF
   – Zertifikate i. S. v. Art. 2 Abs. 1 Nr. 27 MiFIR i. V. m. Art. 4 Abs. 1 Nr. 47 MiFID II[7]
   – andere vergleichbare Finanzinstrumente
2. SI-fähige NEK-Instrumente sind gemäß Art. 18 Abs. 1 MiFIR
   – Schuldverschreibungen
   – Strukturierte Finanzprodukte
   – Emissionszertifikate
   – Derivate, die an einem Handelsplatz gehandelt werden[8]

1.3.2.2 Ausführung von Kundenaufträgen/Handel für eigene Rechnung

6 Der Tatbestand der Internalisierung setzt eine Ausführung von Kundenaufträgen im Wege des Handels für eigene Rechnung voraus. Erfasst wird damit nur der Eigenhandel als Wertpapierdienstleitung für andere i. S. v. § 2 Abs. 8 Satz 1 Nr. 2 lit. c) WpHG. Ausgenom-

---

6 MTF/OTF – Multilateral Trading Facility, multilaterales Handelssystem/Organised Trading Facilitiy. Organisiertes Handelssystem.
7 Zertifikate (certificates) sind Wertpapiere, die auf dem Kapitalmarkt handelbar sind und im Falle der Tilgung einer Anlage zwar den Vorrang vor Aktien haben, aber nicht besicherten Anleiheinstrumenten und anderen vergleichbaren Instrumenten nachgeordnet sind, wie bspw. deutsche Genussscheine. Ausgenommen sind verbriefte Derivate wie bspw. die von Landesbanken emittierten Zertifikate.
8 ESMA stuft mit Ausnahme der strukturierten Finanzprodukte (structured finance products), bspw. alle Formen der Asset Backed Securities alle Wertpapiere, die in die Kategorie von Art. 4 Abs. 1 Nr. 44 lit. c der MiFID II fallen, als sog. securitised derivatives ein. Auch deutsche

men vom Internalisierungstatbestand bleibt das Eigengeschäft i. S. v. § 2 Abs. 8 Satz 6 WpHG, also die Anschaffung und Veräußerung von Finanzinstrumenten für eigene Rechnung, die keine Dienstleistung für andere im Sinne des § 2 Abs. 8 Satz 1 Nr. 2 WpHG darstellt, d. h. ohne Dienstleistungscharakter bzw. Kundenbezug ist.[9]

1.3.2.3 Außerhalb eines geregelten Marktes/MTF/OTF

Weiteres Tatbestandsmerkmal der Internalisierung ist, dass der Geschäftsabschluss außerhalb des geregelten Marktes (Börse), eines MTF oder eines OTF erfolgt, d. h. es muss sich um ein außerbörsliches Geschäft, also ein sog. OTC-Geschäft (Over The Counter) handeln. Das Tatbestandsmerkmal „außerbörsliches Geschäft" fehlt, sobald das Geschäft im Zusammenhang mit dem Regelwerk einer Börse/MTF/OTF steht.[10]   7

1.3.2.4 Kein multilaterales System

Das WpDLU muss sich auf bilaterale Handelstätigkeiten mit einzelnen Kunden beschränken, d. h. es darf gerade nicht die Interessen einer Vielzahl Dritter am Kauf und Verkauf innerhalb eines Systems zusammenführen, zumal sich das WpDLU dadurch dem Regelwerk einer MTF/OTF unterwerfen würde.[11]   8

1.3.2.5 Fehlende SI-Relevanz für nicht an einem Handelsplatz gehandelte NEK-Instrumente (hier vor allem im Falle der Primärmarktausnahme)

Die Legaldefinition des Art. 4 Abs. 1 Nr. 20 MiFID II sieht kein Tatbestandsmerkmal „an einem Handelsplatz gehandelt" für den Tatbestand der SI vor. Dies steht im Gegensatz zu den Vor- und Nachhandelstransparenzvorgaben gemäß Art. 18 und 21 MiFIR, die daran anknüpfen, dass das Finanzinstrument (gerade) an einem Handelsplatz gehandelt wird. Dies erscheint paradox, weil die Regulierung der SI gerade auf den Schutz der Markttransparenz und Marktliquidität am Sekundärmarkt abzielt. Nach Auffassung der ESMA/BaFin sind Geschäfte am Primärmarkt (Phase vor der Handelsaufnahme eines Finanzinstruments an einem Handelsplatz) von den SI-Pflichten ausgenommen, mit der Folge, dass Eigenhandelsgeschäfte am Primärmarkt nicht auf die SI-Schwellenwerte anzurechnen sind.[12] Die   9

Zertifikate, die oft eine derivative Struktur aufweisen, werden von der ESMA als securitised derivatives angesehen (vgl. Annex II Tabelle 4.1 zu RTS 2).
9   BaFin-Merkblatt – Hinweise zu den Tatbeständen des Eigenhandels und des Eigengeschäfts, hier Ziff. 1 lit. e), Stand. 24.10.2014. So fällt bspw. das Festpreisgeschäft i. S. v. Nr. 1 Abs. 3 der Bedingungen für Wertpapiergeschäfte, das ein WpDLU mit seinem Kunden abschließt unter das Tatbestandsmerkmal Eigenhandel, wohingegen ohne Kundenauftrag ein Eigengeschäft vorliegt.
10   ESMA, Q&A Transparency, Kapitel 6, vgl. Ziff. 3b): sog. Back-to-Back-Geschäfte, Eindeckungsgeschäfte denen ein handelsplatzgestütztes Geschäft zugrunde liegt, werden als handelsplatzgestützte Geschäfte bewertet und (gerade) nicht als außerbörsliche Geschäfte.
11   Erwägungsgrund Ziff. 19 der MiFID II DVO: Handelsplätze sind Einrichtungen, in denen (typischerweise) die Interessen einer Vielzahl Dritter am Kauf und Verkauf innerhalb des Systems zusammengeführt werden, wohingegen dies einem Systematischen Internalisierer gerade nicht gestattet sein sollte.
12   ESMA, Q & A Transparency, Kap. 1, vgl. Antwort 6.

Deutsche Kreditwirtschaft (DK) hat sich mit der BaFin dahingehend verständigt, dass die Primärmarktausnahme auch eine Befreiung von sonstigen SI-Pflichten umfasst und sich auf sämtliche nicht-handelsplatzgehandelte Finanzinstrumente erstreckt.[13]

1.3.2.6 Liquide und nicht-liquide Finanzinstrumente

10 Für die Prüfung der Schwellenwerte („Tests") ist maßgeblich, ob es sich beim betreffenden SI-fähigen Finanzinstrument um ein liquides oder ein nicht-liquides Finanzinstrument handelt. Diese Unterscheidung hat darüber hinaus auf der Rechtsfolgenseite für den Umfang der Vorhandelstransparenz Relevanz. Nach der Definition der MiFID II handelt es sich bei einem „liquiden Markt" um einen Markt für ein Finanzinstrument oder eine Kategorie von Finanzinstrumenten, auf dem kontinuierlich kauf- oder verkaufsbereite Käufer und Verkäufer verfügbar sind. Dieser Markt wird infolge der auf Level II konkretisierten Kriterien als liquide bewertet, Art. 2 Abs. 1 lfd. Nr. 17 MiFIR. Der Annex III zu RTS 2 sieht hierfür eine statische und eine periodische Liquiditätseinstufung vor. Bei der statischen Liquiditätseinstufung gilt ein Finanzinstrument per se als liquide oder als illiquide, so gelten z. B. verbriefte Derivate stets als liquide, wohingegen für die periodische Liquiditätseinstufung quantitative und/oder qualitative Kriterien heranzuziehen sind, Art. 13 Abs. 1 RTS 2. Die periodischen Liquiditätseinstufungen für alle Assetklassen werden durch die zuständigen Aufsichtsbehörden jährlich vorgenommen und jeweils zum 30.04. eines Jahres veröffentlicht. Gemäß Art. 13 Abs. 17 RTS 2 i. V. m. Art. 18 Abs. 2 lit. b) RTS 2 sind die Liquiditätseinstufungen ab dem 01.06. des betreffenden Jahres anwendbar. In der Übergangsphase sind zunächst die Liquiditätseinstufungen v. 03.01.2018 bis zum 31.05.2019 anwendbar, bis ab 01.06.2019 der Übergang zum Regelbetrieb stattfindet. Als Bewertungsparameter gelten in der Regel das durchschnittliche tägliche Handelsvolumen (ADNA), sowie die die Durchschnittsanzahl der täglichen Transaktionen (Test 1) nebst der Anzahl von Tagen, an denen der Wert im Referenzzeitraum (Test 2) tatsächlich gehandelt wurde.

1.3.2.7 SI-Schwellenwertermittlung

11 Auf der Basis der Unterscheidung zwischen liquiden und nicht-liquiden Finanzinstrumenten kann das WpDLU eine SI „in systematischer Weise häufig" und „in erheblichem Umfang" betreiben. Beide Kriterien müssen kumulativ vorliegen, damit überhaupt eine SI angenommen werden kann.
– Die Anzahl der OTC-Geschäfte mit dem betreffenden Finanzinstrument, die das WpDLU für eigene Rechnung im Kundenauftrag ausführt, lassen Rückschlüsse zu, ob „in systematischer Weise häufig" gehandelt wird. Art. 12 ff. MiFID II DVO regelt die Parameter für den „in systematischer Weise häufig"-Test:

---

13 ESMA, Q&A Transparency, Kap. 1, Antwort 6.

Tab. 2: „In systematischer Weise häufig"-Test

Art der Finanzinstrumente	OTC-Handel im Kundenauftrag	EK-Instrumente	Bonds und Derivate	SFP und Emissionsrechte
Liquide Finanzinstrumente: UND-Kriterien	– Verhältnis der Transaktionen am gesamten EU-Handel	> 0,4 %	> 2,5 %	> 4 %
	– Durchschnittliche Häufigkeit	Täglich	Wöchentlich	Wöchentlich
Nicht liquide Finanzinstrumente: ALLEINIGES Kriterium	Durchschnittliche Häufigkeit	Täglich	Wöchentlich	Wöchentlich

- Die Frage, ob „in erheblichem Umfang" gehandelt wird, bemisst sich nach dem Anteil am gesamten Umsatz des Instituts bzw. nach dem Umfang des OTC-Handels des WpDLU in Bezug auf das Gesamthandelsvolumen in der EU im betreffenden Finanzinstrument. Art. 12 ff. MiFID II DVO sieht technische Durchführungsbestimmungen für den „in erheblichem Umfang"-Test vor:

Tab. 3: „In erheblichem Umfang"

Identische Kriterien für liquide und nicht liquide Finanzinstrumente	ODER-Kriterien	EK-Instrumente	Bonds und Derivate	SFP und Emissionsrechte
	– Anteil am Gesamtumsatz des WpDLU	> 15 %	> 25 %	> 30 %
	– Anteil am Gesamtumsatz auf Handels-plätzen oder OTC innerhalb der EU	> 0,4 %	> 1 %	> 2,25 %

1.3.3 Prüfungsschema zu den einzelnen Prüfebenen

Inwieweit ein WpDLU für ein bestimmtes Finanzinstrument SI betreibt, kann anhand des nachfolgenden Prüfungsschemas beantwortet werden:

1. Liegt ein SI-fähiges Finanzinstrument (EK- oder NEK-Instrument) überhaupt vor?
2. Führt das WpDLU den Handel für eigene Rechnung auf der Grundlage eines Kundenauftrags aus (Dienstleistungscharakter)?

12

3. Handelt es sich um ein außerbörsliches Geschäft?
4. Wird das fragliche Geschäft des WpDLUs außerhalb eines multilateralen Systems betrieben?
5. Sind die Kriterien des „in systematischer Weise häufig"-Tests gegeben?
6. Sind die Kriterien des „in erheblichem Umfang"-Test gegeben?
7. Inzidente Prüfung auf Ebene (5) und (6) ob ein liquides oder ein nicht-liquides Finanzinstrument vorliegt?

1.3.4 Maßgeblicher Zeitraum

13 Es gilt vierteljährlich auf den maßgeblichen Betrachtungszeitraum für das Vorliegen der „Test"-Kriterien der zurückliegenden sechs Monate abzustellen. Gemäß Art. 17 DVO I hat das vierteljährliche Prüfungsintervall jeweils am ersten Arbeitstag der Monate Januar, April, Juli und Oktober eines Jahres zu erfolgen. Die ESMA will die EU-weiten Daten, die der Schwellenwertberechnung zugrunde liegen, erstmals am 01.08.2018 für den Referenzzeitraum v. 03.01. bis 30.06.2018, veröffentlichen.[14]

2 Rechtspflichten für Systematische Internalisierer (NEK-instrumente)

2.1 Einführung

14 Bereits die MiFID I sah gemäß § 31h Abs. 1 WpHG a. F. eine Nachhandelstransparenzpflicht der WpDLU für Geschäfte in Aktien und Aktien vertretenden Zertifikaten vor, die diese außerhalb eines organisierten Marktes oder eines multilateralen Handelssystems (MTF) abschließen. Darüber hinaus gab es auch eine Vorhandelstransparenzpflicht für Aktien und Aktien vertretende Zertifikate, die zum Handel an einem organisierten Markt zugelassen sind.[15] Aufgrund der unter 1.1 beschriebenen Ausdehnung des Transparenzregimes auf NEK-Instrumente besteht nun gemäß Art. 14 Abs. 1 i.V. m. 18 Abs. 1 MiFIR eine Vorhandelstransparenzpflicht für SI, sofern tatsächlich SI-fähige Finanzinstrumente an einem Handelsplatz i. S. v. Art. 4 Abs. 1 Nr. 24 MiFID II gehandelt werden. Sowohl Handelsplätze als auch Systematische Internalisierer sind dazu verpflichtet, vor einer Handelsaufnahme in einem Finanzinstrument sicherzustellen, dass das Finanzinstrument überhaupt über eine ISIN verfügt, sofern für dieses Finanzinstrument eine Pflicht zur Referenzdatenmeldung besteht. Darüber hinaus ist abzuklären, ob es sich um ein liquides oder nichtliquides Finanzinstrument handelt.

2.2 Vorhandelstransparenz, Art. 18 MiFIR

15 Die Vorhandelstransparenz als Teil des europäischen Transparenzregimes verfolgt den Zweck, einem potenziellen Anleger die relevanten Informationen vor Abschluss einer Transaktion zu verschaffen, die es ihm ermöglicht, sich über die gegenwärtigen Orderaufträge am Markt zu informieren, um die künftige Entwicklung der Preise besser beurteilen

---

14 ESMA, Q & A Transparency, Kap. 5, vgl. Antwort 1.
15 Fuchs, in Fuchs: WpHG-Kommentar, 2. Aufl. von 2016, § 31h a. F., Rn. 1 ff. bzw. § 31g, Rn. 4 ff.

zu können.[16] Die SI von liquiden NEK-Instrumenten zieht eine uneingeschränkte Vorhandelstransparenzpflicht i. S. v. Art. 18 Abs. 1 MiFIR nach sich. Die MiFIR gibt – anders als bei EK-Instrumenten – bei liquiden NEK-Instrumenten keine kontinuierliche Quotierungspflicht des Systematischen Internalisierers vor. Eine Quotierungspflicht des Systematischen Internalisierers wird erst durch die Quote-Anfrage eines Kunden initiiert, sofern der Systematische Internalisierer bereit ist dem Kunden einen Quote (Kursofferte) zu stellen. Eine „feste Kursofferte" i. S. v. Art. 18 Abs. 1 und 5 MiFIR beinhaltet ein rechtlich verbindliches Angebot i. S. v. § 145 BGB, da der Systematische Internalisierer die Pflicht hat, auf Quote-Anfrage eines Kunden diesem die festen Kursofferten in dem betreffenden Finanzinstrument offenzulegen. Allerdings ist der Systematische Internalisierer von NEK-Instrumenten im Gegensatz zum Systematischen Internalisierer von Aktien, Art. 15 Abs. 1 MiFIR, nicht zu einer Quotierungspflicht auf regelmäßiger und kontinuierlicher Basis verpflichtet (Quotierungspflicht bei EK-Instrument, siehe oben). Zudem besteht nur gegenüber „anderen Kunden" des Systematischen Internalisierers die Quotierungspflicht und nicht gegenüber jedermann, Art. 18 Abs. 5 Satz 1 MiFIR. Jedoch hat jedermann – argumentum e contrario – aus Art. 18 Abs. 5 Satz 4 MiFIR das Recht, Kunde des Systematischen Internalisierers zu werden, sofern nicht wirtschaftliche Gründe der Aufnahme der Kundenbeziehung entgegenstehen.[17] Die Quotes müssen lediglich die vorherrschenden Marktbedingungen abbilden, sowie die Pflicht des Systematischen Internalisierers zur bestmöglichen Auftragsausführung (Best Execution) in Bezug auf den Kunden erfüllen, Art. 18 Abs. 9 MiFIR.[18] Gemäß Art. 18 Abs. 3 MiFIR hat der Systematische Internalisierer das Recht, einen Quote jederzeit zu aktualisieren und bei außergewöhnlichen Marktbedingungen zurückzuziehen. Art. 18 Abs. 8 MiFIR regelt die Veröffentlichungspflicht der Quotes, die den anderen Marktteilnehmern zu angemessenen kaufmännischen Bedingungen zugänglich zu machen sind, wobei sich der Systematische Internalisierer Dritter z. B. Bloomberg bedienen kann. Darüber hinaus trifft den Systematischen Internalisierer eine Ausführungspflicht bis zum Höhe des SSTI zu dem quotierten Kurs auszuführen, ohne dabei in diskriminierender Weise zu begrenzen, gemäß Art. 18 Abs. 6 und 7 MiFIR.[19] Grundsätzlich hat der Systematische Internalisierer Kundenaufträge zum Kurs auszuführen, den er zum Zeitpunkt des Auftragseingangs veröffentlicht hat, Art. 18 MiFIR. Gleichwohl sind Preisverbesserungen mit Ausnahme des Art. 18 Abs. 9 Satz 2 MiFIR vor dem teleologischen Hintergrund des Markteffizienzgedankens, der dem Art. 18 MiFIR

---

16 *Just*, in: JVRB WpHG-Kommentar von 2015, § 31g a. F., Rn. 4.
17 Argumentum e contrario: Meint einen Umkehrschluss; das ist eine juristische Methode zur Auslegung einer Rechtsnorm. Der Umkehrschluss wird i. d. R. mit Hilfe der logischen Kontraposition aus einer anderen Rechtsnorm gezogen.
18 Art. 18 Abs. 9 MiFIR i. V. m. Art. 27 der MiFID II: Quotes umfassen die Verpflichtung eines WpDLU zur kostengünstigsten Auftragsausführung.
19 SSTI – size specific to the instrument, RTS 2 Annex III, Tabelle 4.2.

immanent innewohnt, untersagt.[20] Art 18 Abs. 2 MiFIR nimmt eine eingeschränkte Vorhandelstransparenzpflicht bei nicht-liquiden NEK-Instrumenten an.[21]

2.2.1 Pflicht zur Referenzdatenmeldung, Art. 27 MiFIR

16 Den Systematischen Internalisierer trifft neben der Meldepflicht nach Art. 26 MiFIR (Transaction Reporting) und der Veröffentlichungspflicht im Rahmen der Vorhandelstransparenz, eine selbständige, tägliche Referenzdatenmeldepflicht gegenüber der zuständigen Aufsichtsbehörde in Bezug auf bestimmte, von ihm internalisierte, Geschäfte. Ziel der Referenzdatenmeldung ist es, den zuständigen Aufsichtsbehörden die Informationen zu beschaffen, die sie für eine effektive Beaufsichtigung der Transaktionsmeldungen i. S. v. Art. 26 MiFIR benötigen.[22] Anhand der Referenzdatenmeldung erhält die ESMA einen Überblick über die nach Art. 26 MiFIR meldepflichtigen Instrumente. Da gemäß Art. 27 Abs. 1 MiFIR zunächst die Handelsplätze (trading venues) dazu verpflichtet werden, gegenüber der ESMA alle Finanzinstrumente zu melden, die am jeweiligen Handelsplatz zugelassen sind oder für die ein Zulassungsantrag gestellt wurde, scheiden diese Finanzinstrumente von der Pflicht zur Referenzdatenmeldung aus. Dies gilt selbst dann, wenn sie Gegenstand einer SI sind, Art. 27 Abs. 1 vorletzter Abs. MiFIR, obwohl grundsätzlich eine Referenzdatenmeldepflicht für den Systematischen Internalisierer bestünde. Da die ESMA die Referenzdaten bereits von den Handelsplätzen (trading venues) erhält, besteht für die Systematischen Internalisierer auch keine Pflicht zur Referenzdatenmeldung für Finanzinstrumente mehr, für die sie Systematischer Internalisierer sind.[23]

2.2.2 Veröffentlichungspflicht zur Ausführungsqualität

17 Ein Systematischer Internalisierer ist für die betreffenden Finanzinstrumente zwar kein Handelsplatz i. S. v. Art. 4 Abs. 1 lfd. Nr. 24 MiFID II, aber ein Ausführungsplatz i. S. v. Art. 1 RTS 27, § 11 Abs. 1 WpDVerOV.[24] Als Ausführungsplatz unterliegt auch ein Systematischer Internalisierer der Veröffentlichungspflicht von Informationen über die Qualität der Geschäftsausführung, Art. 27 Abs. 3 MiFID II, § 82 Abs. 10 und 11 WpHG Sinn und

---

20 *Fuchs*, in: Fuchs, WpHG-Kommentar, 2. Aufl. 2016, § 32c a. F., Rn. 1 ff., hier wird bei Ausführungen im Aktienbereich zwischen Privatkunden (Abs. 1 Satz 2) und Professionellen Kunden (Abs. 2) grundsätzlich unterschieden. Dabei wird im Fall des Privatkunden ein „level playing field" geschaffen, wohingegen für professionelle Kunden eine Lockerung der Preisbindung des Systematischen Internalisierers einhergeht. Für NEK-Instrumente fehlen bislang aufsichtsrechtliche Vorgaben für eine Bestimmung der marktnahen Bandbreite.
21 Art. 18 Abs. 2 MiFIR findet v. a. bei SI von FX-Derivaten Anwendung, da die ESMA FX-Derivate statisch als illiquide definiert.
22 Transaction Reporting: vgl. dazu grundlegend das Kapitel von Hilmar Schwarz.
23 Ausnahme: Im Fall einer Swaption kann der SI zur Lieferung von Referenzdaten verpflichtet sein, sofern noch keine Daten in der FIRDS-Datenbank hinterlegt sind. Eine Swaption ist eine Option, die es dem Käufer erlaubt, gegen die Zahlung einer Prämie, zu einem bestimmten Zeitpunkt, oder zu festgelegten aufeinanderfolgenden Zeitpunkten (sog. Bermuda-Swaption) in einen Zinsswap einzutreten.
24 Art. 4 Abs. 1 lfd. Nr. 24 der MiFID II: „Handelsplatz" i. S. v. eines geregelten Marktes, eines MTF oder eines OTF. Die Kategorie der Ausführungsplätze ist weiter als die der Handelsplätze.

Zweck der Veröffentlichungspflicht ist es, den anderen Marktteilnehmern die Auswahl des besten Ausführungsplatzes zu erleichtern, um ggf. auch Kunde eines Sytematischen Internalisierers zu werden.[25] Bei handelsplatzpflichtigen Aktien, Art. 23 MiFIR, und Derivaten, Art. 28 MiFIR, müssen Handelsplätze und Systematische Internalisierer die Ausführungsqualität veröffentlichen, wohingegen bei anderen Finanzinstrumenten bspw. Schuldverschreibungen, ETFs, SFPs, Emissionszertifikate sowie nicht handelsplatzpflichtige Derivate alle Ausführungsplätze veröffentlichungspflichtig sind. Die Kategorie der Ausführungsplätze ist dabei weiter zu verstehen als die der Handelsplätze, Art. 4 Abs. 1 lfd. Nr. 24 MiFID II (Börsen, MTFs und OTFs) und umfasst zusätzlich auch noch Market Maker oder Sonstige Liquiditätsgeber.

2.2.2.1 Veröffentlichungsgegenstand

- Allgemeine Informationen: umfassen Angaben zum Systematischen Internalisierer (Name, zust. Aufsichtsbehörde, Handelstage etc.) sowie zum gehandelten Finanzinstrument (ISIN, Assetklasse, Währung), nach Art. 3 RTS 27
- Preis: gem. Art. 4 RTS 27 sind für jeden Handelstag sowohl Intra-day-Preisinformationen als auch auf den ganzen Handelstag bezogene Informationen zu veröffentlichen
- Kosten: gem. Art. 5 RTS 27 müssen die Informationen über Kosten eine Beschreibung über die Art und Höhe aller Kostenbestandteile umfassen (ohne Rabatte/Discounts); Art und Umfang von Rabatten/Discounts sind in Bezug auf den Ausführungsplatz separat zu beschreiben, genauso wie Art und Wert der nicht monetären Vergünstigungen, die Kunden des Ausführungsplatzes erhalten, sowie der Gesamtwert. Ausgenommen bleiben Zuwendungen i. S. d. § 70 WpHG, die der Systematische Internalisierer einem Intermediär dafür gewährt, dass er seinem Kunden ein Produkt des systematischen Internalisierers vermittelt und das Geschäft über den Systematischen Internalisierer ausführt.
- Ausführungswahrscheinlichkeit: gem. Art. 6 RTS 27 sind für jeden Handelstag in der Berichtsperiode Informationen über jedes Finanzinstrument zu veröffentlichen, die Rückschlüsse über die Ausführungswahrscheinlichkeit auf dem jeweiligen Ausführungsplatz zulassen, wie bspw. Anzahl der Orders bzw. Quote-Anfragen (sog. „request for quote"), Anzahl bzw. Volumen der ausgeführten Geschäfte etc.
- Zusätzliche Informationspflichtangaben gelten für Systematische Internalisierer, die für die Veröffentlichung ihrer Kursofferten ein Request for Quote-System eines Handelsplatzes (Börse, MTF oder OTF) benutzen, Art. 8 RTS 27

2.2.2.2 Veröffentlichungsformate

Die speziellen Veröffentlichungsformate sind den Tabellen 1 bis 5 des Annexes zu RTS 27 zu entnehmen und der Öffentlichkeit zum Download zur Verfügung zu stellen, Art. 10 RTS 27.

---

25 Thematik: diskriminierungsfreier Systemzugang.

2.2.2.3 Veröffentlichungsperioden

20 Die Informationen sind viermal jährlich, spätestens 3 Monate nach Quartalsende des vorangegangenen Quartals zu veröffentlichen, Art. 11 RTS 27. Eine erstmalige Veröffentlichung hat grundsätzlich zum 01. 06. 2018 zu erfolgen, Art. 11 i. V. m. 12 RTS 27.

2.2.2.4 Mitteilungspflicht gegenüber der BaFin

21 Erfüllt ein WpDLU die Voraussetzungen eines Systematischen Internalisierers hat es dies gemäß § 79 Satz 1 WpHG unverzüglich der BaFin mitzuteilen. Die BaFin übermittelt ihrerseits diese Information an die ESMA, § 79 Satz 2 WpHG.

2.2.2.5 Vertriebsverbot von SI und OTF in einer rechtlichen Einheit

22 Wenn ein WpDLU die Voraussetzungen eines Systematischen Internalisierers erfüllt, dann ist ihm der Betrieb eines organisierten Handelssystems (OTF) innerhalb derselben rechtlichen Einheit verboten, § 75 Abs. 4 WpHG.

2.2.2.6 Aussetzung des Handels

23 Wenn es zu einer Handelsaussetzung in einem Finanzinstrument an einer Börse, einem MTF oder einem OTF bspw. wegen des Verdachts des Marktmissbrauchs, Verstoß gegen Ad-hoc-Publizitätspflicht etc. gekommen ist, dann kann die BaFin dies auch von einem Systematischen Internalisierer verlangen. Dasselbe gilt auch für Derivate, die mit dem betroffenen Finanzinstrument verbunden sind oder sich darauf beziehen, Art. 32 Abs. 2 und 52 Abs. 2 MiFID II.

2.2.2.7 Nachhandelstransparenzpflicht

24 Systematische Internalisierer unterliegen für die von ihnen internalisierten Geschäfte der Nachhandelstransparenzpflicht gemäß Art. 20 MiFIR, bzgl. Einzelheiten wird auf das nächste Kapitel (vgl. 2.3 Nachhandelstransparenz, Art. 20, 21 MiFIR) verwiesen.

2.2.2.8 Pflichten für Systematische Internalisierer (EK-Instrumente)

25 Das SI-Transparenzregime für EK-Instrumente kennt ebenfalls die grundsätzliche Differenzierung zwischen liquiden und nicht-liquiden Finanzinstrumenten. Es besteht eine volle Vorhandelstransparenzpflicht für liquide EK-instrumente, sodass das WpDLU als Systematischer Internalisierer – im Gegensatz zur SI von NEK-Instrumenten – kontinuierlich feste Quotes veröffentlichen und den Kunden zugänglich machen muss, Art. 14 Abs. 1, 1. Unterabs. MiFIR. Bei nicht liquiden EK-Instrumenten muss hingegen der Systematische Internalisierer erst auf Kundenanfrage hin Quotes anbieten, Art. 14 Abs. 1, 2. Unterabs. MiFIR. Das Vorhandelstransparenzregime für EK-Instrumente zeichnet sich durch zahlreiche Ausnahmeregelungen (Waiver) aus, die auf Systematische Internalisierer entsprechend anwendbar sind.

2.3 Nachhandelstransparenz, Art. 20, 21 MiFIR

Die Nachhandelstransparenzpflicht der WpDLU für außerbörsliche Geschäfte in Aktien 26
und Aktien vertretende Zertifikate sah bereits die MiFID I vor und wurde seiner Zeit in
Deutschland durch die Norm § 31h WpHG a. F. umgesetzt. Durch die MiFID II/MiFIR
erfährt die Nachhandelstransparenz eine Weiterentwicklung in Form einer Ausdehnung
ihres Anwendungsbereichs auf NEK-Instrumente. Die Nachhandelstransparenz soll den
Marktteilnehmern eine zeitnahe Information über Volumina, Preise und Abschlusszeiten
von Geschäften gewährleisten, die außerhalb eines Handelsplatzes abgeschlossen werden.

2.3.1 Nachhandelstransparenzpflicht für NEK-Instrumente

Die erfassten Finanzinstrumente entsprechen denen der Vorhandelstransparenzpflicht für 27
SI-fähige NEK-Instrumente i. S. v. Art. 18 Abs. 1 MiFIR (vgl. Ziff. 1.3.1.1). Nachhandelstransparenzpflichtige Geschäftsarten sind der Kommissionshandel, der Eigenhandel (z. B.
das Festpreisgeschäft) sowie das Eigengeschäft. Ausgenommen von der Nachhandelstransparenzpflicht sind Geschäftsvorfälle, die entweder für den Preisfindungszweck unerheblich sind oder Geschäfte mit Zentralbanken.[26]

2.3.1.1 Anwendungsbereich

Gemäß Art. 21 MiFIR werden zwar Geschäftsabschlüsse als SI beispielhaft erwähnt, aber 28
dadurch erwächst keine Prämisse, dass es sich dabei um Geschäfte im Rahmen der SI
handeln muss, um eine Nachhandelstransparenzpflicht zu begründen. Vielmehr unterliegen
alle OTC-Geschäfte in einem handelsplatzgehandelten NEK-Instrument, unabhängig
davon, ob das WpDLU eine SI betreibt oder nicht, der Nachhandelstransparenzpflicht.
Damit reicht der Anwendungsbereich bei der Nachhandelstransparenzpflicht weiter als bei
der Vorhandelstransparenzpflicht. Die Beschränkung der Nachhandelstransparenz auf
OTC-Geschäfte ist zwar nicht dem Wortlaut des Art. 21 Abs. 1 MiFIR unmittelbar zu
entnehmen, aber sie ist zum einen dem Wortlaut von Art. 7 Abs. 1 RTS-E2 und zum
anderen dem teleologischen Hintergrund der Regelung geschuldet.[27] Gemäß Art. 7 Abs. 5
RTS-E2 ist grundsätzlich der Verkäufer verpflichtet, die relevanten Geschäftsdaten des
OTC-Geschäfts zu veröffentlichen, es sei denn, es handelt sich beim Verkäufer um kein
WpDLU, dann liegt die Veröffentlichungspflicht ausnahmsweise beim Käufer, Art. 7
Abs. 1 RTS-E2. Wenn der Käufer ein Systematischer Internalisierer ist und die Verkäufer-

---

26 Ausnahmetatbestände i. S. v. Art. 12 RTS-E2 oder Geschäftsvorfälle i. S. v. Art. 2 Abs. 5 RTS-E22, die nicht als Transaktionen des Meldewesens, Art. 26 MiFIR, zu qualifizieren sind. Geschäfte mit Zentralbanken, sofern deren originäre Funktion für die Geld-, Devisen- oder Finanzmarktpolitik, Art. 14 RTS-E2 i. V. m. Art. 1 Abs. 6 MiFIR, betroffen ist.
27 „Investment firms trading outside the rules of a trading venue and market operators", Art. 7 Abs. 1 RTS-E2; *Fuchs*, in: Fuchs (Hrsg.): WpHG-Kommentar, 2. Aufl. 2016, § 31h a. F., Rn. 4 ff.: Wenn ein Handelsplatz – im Wege der ihm obliegenden Nachhandelstransparenzpflicht – für eine Veröffentlichung des Geschäfts Sorge trägt, bedarf es keiner weiteren Veröffentlichung mehr.

seite nicht, dann trifft ihn auf jeden Fall die Veröffentlichungspflicht.[28] Es steht jedoch beiden Parteien im Sinne der Privatautonomie frei eine von den Grundsätzen abweichende Vereinbarung zu treffen, vorausgesetzt beide Parteien sind veröffentlichungspflichtige WpDLU. Es fehlt jedoch eine ausdrückliche Anerkennung der Derogation der Zuständigkeit für die Nachhandelstransparenzpflicht durch Parteivereinbarung seitens der ESMA. Die Nachhandelstransparenzvorgaben von MiFID II und MiFIR erfassen nicht die Behandlung von Geschäften, die an einem Drittstatten-Handelsplatz, also außerhalb der EU, durchgeführt werden. Das jeweilige WpDLU kann die Nachhandelstransparenz gemäß Art. 20, 21 MiFIR für Geschäfte an Handelsplätzen in Drittstaaten herbeiführen, sofern diese Handelsplätze eine sog. „Äquivalenzprüfung" durch die ESMA durchlaufen haben.[29] Die ESMA wird auf Basis der Kriterien der ESMA-Opinion v. 31.05.2017 eine Liste äquivalenter Drittstaaten-Handelsplätze erarbeiten.

2.3.1.2 Veröffentlichungsprocedere

29 Wesentliche Bestandteile der Veröffentlichungspflicht im Rahmen der Nachtransparenz sind der Zeitpunkt, der Preis sowie das Volumen des Geschäftsabschlusses.[30] So hat die Veröffentlichung so nah als möglich am Echtzeitpunkt des Geschäftsabschlusses zu erfolgen, Art. 7 Abs. 4 RTS-E2, d. h. 15 Minuten nach Geschäftsausführung im Zeitraum v. 03.01.2018 bis zum 01.01.2021. Bei Geschäftsausführung im Zeitraum nach dem 01.01.2021 wird die Veröffentlichungszeitspanne – soweit technisch darstellbar – auf maximal 5 Min. nach Geschäftsausführung gekürzt.[31] Die Veröffentlichung erfolgt über ein genehmigtes Veröffentlichungssystem i. S. v. Art. 4 Abs. 1 Nr. 52 MiFID II.[32] Die BaFin kann unter bestimmten Voraussetzungen gemäß Art. 8 Abs. 1 RTS-E2 eine verzögerte Veröffentlichung erlauben, d. h. das Geschäft ist mit allen Details spätestens um 19:00 Uhr am zweiten Werktag nach Geschäftsabschluss zu veröffentlichen.[33] Außer der verzögerten Veröffentlichung gibt es noch die Möglichkeit die Nachhandelstransparenzpflicht für NEK-Instrumente vorübergehend durch die BaFin auszusetzen, Art. 21 Abs. 4 Satz 1 i. V. m. 11 Abs. 2 MiFIR. Falls die BaFin von der Aussetzung Gebrauch macht, Art. 9 Abs. 4 MiFIR, hat sie dies auf ihrer Website zu veröffentlichen und gegenüber der ESMA zu vertreten.

---

28 Wenn beide Vertragspartner SI in einem Finanzinstrument sind, dann gilt der Grundsatz, dass die Veröffentlichungspflicht den Verkäufer des Finanzinstruments trifft.
29 ESMA-Opinion dated 31.05.2017, cf. paragraph. 13: "In order to ensure legal certainty and high degree of supervisory convergence in the EU, ESMA will publish a list of trading venues that meet the criteria stated in paragraphs 10 (and 11)."
30 Art. 7 Abs. 1 RTS-E2, Tabellen 1 und 2 des Annex II zu RTS-E2.
31 MiFID I: Dagegen beträgt die Veröffentlichungszeitspanne für EK-Instrumente wie bspw. Aktien und Aktien vertretende Zertifikate nach wie vor max. 3 Minuten.
32 APA – Approved Publication Arrangement.
33 So bei illiquiden Finanzinstrumenten, wie z. B. Devisenderivate.

3 Handelspflichten

3.1 Handelspflichten für Aktien

3.1.1 Überblick/Einführung zur Handelspflicht

Eine Handelsplatzpflicht für Aktien besteht ausdrücklich gemäß dem Wortlaut des Art. 23 Abs. 1 MiFIR, d. h. alle sonstigen EK-Instrumente und NEK-Instrumente sind davon ausgenommen. Dabei fallen nur börsennotierte Aktien in den Anwendungsbereich, sodass nur diejenigen Aktien von der Vorgabe betroffen sind, die zum Handel an einem geregelten Markt (Börse) oder einem Handelsplatz (MTF) gehandelt werden.[34] Weitere Voraussetzung für die Handelspflicht ist entweder die Zulassung zum Handel an einem geregelten Markt oder die tatsächliche Handelsaufnahme an einem MTF.[35] Bei Bestehen einer Handelsplatzpflicht darf die Aktie nur an einem geregelten Markt, einem MTF, im System eines Systematischen Internalisierers oder an einem gleichwertigen Dritthandelsplatz i. S. v. Art. 25 Abs. 4 lit. a) MiFID II gehandelt werden. Von der Handelspflicht betroffen sind alle Handelsgeschäfte mit Aktien (trades in shares), das sind alle Wertpapierdienstleistungen eines WpDLU in eigenen oder fremden Namen, unabhängig von der Zuordnung des Vertragspartners in die bestehenden Kundenkategorien des WpDLU (Privatkunde, Professioneller Kunde oder Geeignete Gegenpartei).

30

3.1.2 Ausnahmen von der Handelspflicht

– Art. 23 Abs. 1 lit. a) MiFIR: wenn die Handelsgeschäfte in Aktien auf nicht systematische Weise, ad hoc, unregelmäßig und selten getätigt werden. Mangels quantitativer Kriterien auf Level II Ebene sollte das WpDLU zur Erfüllung des Ausnahmetatbestandes geeignete interne Organisationsmaßnahmen treffen, die OTC-Geschäfte in handelsplatzpflichtige Aktien grundsätzlich untersagt, beispielsweise durch eine implementierte SfO.[36]
– Art. 23 Abs. 1 lit. b) MiFIR: wenn das WpDLU Aktiengeschäfte mit einem professionellen Kunden und/oder geeigneten Gegenparteien i. S. v. § 67 Abs. 2 und 4 WpHG tätigt und die Handelsgeschäfte nicht zum Prozess der Kursfestsetzung (price discovery process), also der Preisfindung, beitragen.[37]

31

3.1.3 Rechtsfolgen der Handelspflicht

Das WpDLU darf bei Ausscheiden der o. g. Ausnahmetatbestände (vgl. 4.2 Handelspflichten für Derivate) Aktiengeschäfte nicht als OTC-Geschäfte tätigen. Vielmehr muss das betreffende WpDLU dafür Sorge tragen, dass die Aktiengeschäfte über einen geregelten

32

---

34 Art. 4 Abs. 1 Nr. 23 MiFID II: argumentum e contrario; demnach sind Aktien, die an einem „organisiertem Handelssystem" (OTF) gehandelt werden, von der Handelsplatzpflicht ausgenommen.
35 Der Antrag auf Zulassung zum Handel genügt nicht, um eine Handelspflicht zu begründen.
36 SfO: schriftlich fixierte Ordnung.
37 § 31a WpHG a. F. entspricht nunmehr dem § 67 WpHG n. F. § 67 WpHG n. F. dient der Kundenkategorisierung als Empfänger von Wertpapierdienstleistungen; Art. 2 RTS 1 definiert die Kriterien, die keinen Beitrag zur Kursfestsetzung leisten.

Markt (Börse) oder einen MTF ausgeführt werden bzw. im Wege der Anmeldung als sog. abgesprochenes Geschäft (negotiated trading) beim betreffenden Handelsplatz nachgemeldet werden.

3.2 Handelspflichten für Derivate

3.2.1 Überblick/Einführung zur Handelspflicht

33 Auf dem G20-Gipfel von Pittsburgh im Jahr 2009 wurde als Ziel festgelegt, dass der OTC-Derivatemarkt sicherer und transparenter werden solle. Neben der Clearingpflicht von Derivatekontrakten über zentrale Gegenparteien (CCP – Central Counterparties), Art. 4 EMIR, der Meldung von Derivatekontrakten an ein Transaktionsregister, Art. 9 EMIR, und der höheren Eigenkapitalanforderung an – unter Umgehung der CCP-Vorgabe – geclearte Derivate, wurde gemäß Art. 28 MiFIR die Handelspflicht für standardisierte und liquide OTC-Derivate eingeführt.[38] Damit sind fast alle Derivatekategorien, die der Clearingpflicht nach EMIR unterliegen und die von der ESMA als handelspflichtig eingestuft werden, mit Ausnahme von gruppeninternen Geschäften von der Handelspflicht betroffen.[39] Kumulative Voraussetzungen für die Annahme einer Handelspflicht für ein Derivat i. S. v. Art. 28 MiFIR sind:

- Art. 4 EMIR: es besteht für das betroffene Derivat eine Clearingpflicht
- Art. 32 MiFIR: die ESMA hat bislang nur für eine von ihr definierte Teilmenge der clearingpflichtigen OTC-Derivate eine Handelspflicht festgelegt
- Handel des betroffenen Derivats an einem Handelsplatz (Börse, MTF oder OTF)
- Art. 32 Abs. 3 MiFIR: erfordert ausreichende Liquidität des Derivats nach den Kriterien aus Art. 32 Abs. 3 MiFIR
- Art. 34 MiFIR: die ESMA veröffentlicht und aktualisiert auf ihrer Website die handelspflichtigen Derivate im ESMA-Verzeichnis[40]

3.2.2 Rechtsfolgen der Handelspflicht

34 Gemäß Art. 28 Abs. 1 MiFIR muss ein WpDLU im Falle eines handelsplatzpflichtigen Derivats, das die unter 4.2.1 benannten Voraussetzungen erfüllt, sicherstellen, dass das Geschäft über einen geregelten Markt (Börse), ein MTF, ein OTF oder einen gleichwertigen Dritthandelsplatz abgeschlossen wird.[41]

---

38 Verordnung (EU) Nr. 648/2012: EMIR – European Market Infrastracture Regulation.
39 Art. 34 MiFIR: deklaratorisches ESMA-Verzeichnis (golden source), das den „guten Glauben" von WpDLUs begründet, d. h. ein WpDLU kann sich gegenüber der BaFin auf die Richtigkeit und Vollständigkeit der im ESMA-Verzeichnis veröffentlichten Daten berufen.
40 ESMA-Verzeichnis hat nur deklaratorische Wirkung und keine konstitutive Wirkung. In der Praxis dient es als „golden Source", d. h. auf die Richtigkeit und Vollständigkeit der im ESMA-Verzeichnis veröffentlichten Daten können sich WpDLUs gegenüber der Aufsicht berufen. Vorab ist jedoch zu prüfen, ob beide Kontrahenten überhaupt der Clearingpflicht unterliegen. Falls ein Kontrahent keiner Clearingpflicht unterliegt, scheidet eine Handelspflicht aus.
41 Die geregelten Märkte (Börsen) müssen ihrerseits gewährleisten, dass das Clearing über eine CCP erfolgt, Art. 29 MiFIR i. V. m. RTS-E 26.

4 Fazit

Die Umsetzung der regulatorischen Vorgaben von MiFID II/MiFIR verändert die von MiFID I geprägte Marktinfrastruktur für WpDLUs nachhaltig. So führt die neue Regulatorik neben einer Erweiterung der Handelsplätze insb. eine Ausdehnung des Transparenzregimes für Systematische Internalisierer auf NEK-Instrumente herbei. Diese neuen Herausforderungen für WpDLUs setzen eine Compliance-Funktion voraus, die flexibel und zugleich sicher im Umgang mit den regulatorischen Neuerungen auf dem Feld der Marktinfrastruktur agiert, um eine zeitnahe und aufsichtskonforme Umsetzung der regulatorischen Vorgaben durch die betroffenen Fachbereiche zu begleiten und mitzugestalten. In einer Wertpapierdienst-leistungsbranche, die von einem zunehmenden Wettbewerbs- und Kostendruck gekennzeichnet ist, werden diese Aufgaben am Ende nur diejenigen Häuser meistern können, die über eine agile Compliance-Funktion verfügen, die die regulatorischen Herausforderungen proaktiv annimmt.

5 Literaturverzeichnis

Fuchs (Hrsg.): Kommentar zum Wertpapierhandelsgesetz (WpHG), 2. Aufl. 2016.
Just/Voß/Ritz/Becker (Hrsg.): Kommentar zum Wertpapierhandelsgesetz (WpHG), 2015.

II.C.2

Bestmögliche Ausführung von Kundenaufträgen (§ 82 WpHG) (Best-Execution)

Dirk Hense, Giovanni Petruzzelli und Dr. Carsten Lösing

Inhaltsübersicht

1	Einleitung.	1–3
2	Rechtliche Grundlagen	4–5
3	Anwendungsbereich	6–9
4	Die Festlegung der Ausführungsgrundsätze	10–30
4.1	Geeignete Gegenparteien	24
4.2	Professionelle Kunden	25
4.3	Privatkunden.	26–30
5	Sicherstellung der Einhaltung der Ausführungsgrundsätze	31–43
5.1	Nachweis der den Grundsätzen entsprechenden Ausführung	32
5.2	Regelmäßige Überprüfung	33–36
5.3	Beauftragung eines anderen Wertpapierdienstleistungsunternehmens.	37–43
6	Explizite Weisung des Kunden	44–46
7	Außerbörsliche Ausführung	47–48
8	Sanktion und Haftung	49–51
8.1	Ordnungswidrigkeiten.	50
8.2	Schutzgesetzcharakter (Zivilrechtliche Haftung)	51
9	Orderhandling.	52–65
9.1	Unverzügliche, redliche Ausführung, § 69 Abs. 1 Nr. 1 WpHG.	54–56
9.2	Zeitliche Reihenfolge bei der Ausführung vergleichbarer Aufträge.	57–58
9.3	Zusammenlegung von Kundenaufträgen mit anderen Aufträgen.	59–61
9.4	Missbrauch von Informationen anlässlich noch nicht ausgeführter Kundenaufträge (Art. 67 Abs. 3 der MiFID-Durchführungsverordnung)	62
9.5	Information der Kunden	63
9.6	Limitierte Aufträge.	64–65
10	Literaturverzeichnis	

II.C.2 Bestmögliche Ausführung von Kundenaufträgen (§ 82 WpHG) (Best-Execution)

1 Einleitung

§ 82 WpHG verpflichtet Wertpapierdienstleistungsunternehmen bei der Ausführung von Aufträgen zum Kauf oder Verkauf von Finanzinstrumenten im bestmöglichen Interesse des Kunden zu handeln (sog. Pflicht zur Best-Execution). Dies gilt indes nur insoweit, als dass der Kunde keine ausdrückliche Weisung erteilt, § 82 Abs. 4 WpHG. Seine aktuelle Form hat § 82 WpHG im Rahmen der MiFID II-Novellierung und den weitgehenden Änderungen des WpHG durch das zweite Finanzmarktnovellierungsgesetz erhalten.[1]   *1*

Gleichwohl ist die Verpflichtung zur bestmöglichen Wahrung des Kundeninteresses für Wertpapierdienstleistungsunternehmen nicht neu, sondern bestand bis zur Einführung des aktuellen § 82 WpHG durch das Zweite Finanzmarktnovellierungsgesetz bereits unter den wortgleichen Vorgängervorschriften des § 31 Abs. 1 Nr. 1 WpHG i. d. F. vor Inkrafttreten des Finanzmarktrichtlinienumsetzungsgesetzes und § 33a WpHG in der Fassung bis zum Zweiten Finanzmarktnovellierungsgesetz („WpHG a. F."). Das Gebot der bestmöglichen Ausführung dient der Funktionsfähigkeit der Kapitalmärkte und dem Schutz des Anlegerpublikums; eine eigenständige Verhaltenspflicht des Wertpapierdienstleistungsunternehmens gegenüber einem individuellen Kunden, etwa in dem Sinne, dass dieses im Einzelfall tatsächlich das bestmögliche Ergebnis erzielen müsste, besteht dagegen gerade nicht.[2] Die Änderungen des § 82 WpHG dienen im Wesentlichen der Umsetzung von MiFID II und der dazugehörigen Durchführungsrichtlinien.   *2*

Mit der Regelung soll sowohl die Funktionsfähigkeit der Kapitalmärkte und der Schutz des einzelnen Anlegers gewährleistet, als auch ein Wettbewerb zwischen der steigenden Anzahl an Ausführungsplätzen erreicht werden.[3]   *3*

2 Rechtliche Grundlagen

Die Verpflichtung zur Best Execution in der nunmehr detaillierten Form beruht auf europarechtlichen Vorgaben. Es sind deshalb sowohl europäische als auch deutsche Vorschriften bedeutsam. Dazu gehören insb. folgende Bestimmungen: *4*
- § 82 WpHG (Wertpapierhandelsgesetz)
- § 11 WpDVerOV (Verordnung zur Konkretisierung der Verhaltens- und Organisationsanforderungen für Wertpapierdienstleistungsunternehmen (Wertpapierdienstleistungs-Verhaltens- und Organisationsverordnung))
- BT 4 MaComp
- Art. 24, 27 MiFID II
- Art. 64 ff. Del. VO (EU) 2017/565 (im Folgenden „MiFID II-Durchführungsverordnung")

Gemeinschaftsrechtliche Vorgabe des § 82 sind die Art. 24 und 27 der MiFID II und die Art. 64 ff. der MiFID II-Durchführungsverordnung.   *5*

---

1 BT-Drs. 18/10936.
2 BT-Drs. 18/10936, S. 191.
3 *Koller,* in: Assmann/Schneider, § 33a WpHG, Rn. 1; *Zimmermann,* in: Fuchs, § 33a WpHG, Rn. 3.

3 Anwendungsbereich

6 Ebenso wie sämtliche andere Vorschriften des 11. Abschnitts des WpHG gilt § 82 WpHG lediglich für Wertpapierdienstleistungsunternehmen, die in § 2 Abs. 10 WpHG legaldefiniert sind, sofern diese für ihre Kunden Aufträge seiner Kunden für den Kauf oder Verkauf von Finanzinstrumenten im Sinne des § 2 Abs. 8 Satz 1 Nr. 1 bis 3 WpHG ausführt, § 82 Abs. 1 WpHG. Finanzinstrumente sind gemäß § 2 Abs. 4 WpHG:
  – Wertpapiere (§ 2 Abs. 1 WpHG)
  – Geldmarktinstrumente (§ 2 Abs. 2 WpHG)
  – Derivate (§ 2 Abs. 3 WpHG)
  – Rechte auf Zeichnung von Wertpapieren

7 Erfasst sind demnach
  – die Anschaffung oder Veräußerungen von Finanzinstrumenten im eigenen Namen für fremde Rechnung (*Finanzkommissionsgeschäft*), § 2 Abs. 8 Satz 1 Nr. 1 WpHG;
  – das kontinuierliche Anbieten des An- und Verkaufs von Finanzinstrumenten an den Finanzmärkten zu selbst gestellten Preisen für eigene Rechnung unter Einsatz des eigenen Kapitals (*Market-Making*), § 2 Abs. 8 Satz 1 Nr. 1 Buchst. a) WpHG;
  – das häufige organisierte und systematische Betreiben von Handel für eigene Rechnung in erheblichem Umfang außerhalb eines organisierten Marktes oder eines multilateralen oder organisierten Handelssystems, wenn Kundenaufträge außerhalb eines geregelten Marktes oder eines multilateralen oder organisierten Handelssystems ausgeführt werden, ohne dass ein multilaterales Handelssystem betrieben wird (*systematische Internalisierung*), § 2 Abs. 8 Satz 1 Nr. 1 Buchst. b) WpHG;
  – das Anschaffen oder Veräußern von Finanzinstrumenten für eigene Rechnung als Dienstleistung für andere (*Eigenhandel*), § 2 Abs. 8 Satz 1 Nr. 1 Buchst. c) WpHG;
  – das Kaufen oder Verkaufen von Finanzinstrumenten für eigene Rechnung als unmittelbarer oder mittelbarer Teilnehmer eines inländischen organisierten Marktes oder eines multilateralen oder organisierten Handelssystems mittels einer hochfrequenten algorithmischen Handelstechnik im Sinne von Abs. 44, auch ohne Dienstleistung für andere (*Hochfrequenzhandel*), § 2 Abs. 3 Satz 1 Nr. 3 WpHG; oder
  – die Anschaffung oder Veräußerungen von Finanzinstrumenten in fremdem Namen für fremde Rechnung (*Abschlussvermittlung*), § 2 Abs. 3 Satz 1 Nr. 3 WpHG.

Wertpapierfinanzierungsgeschäfte fallen grundsätzlich in den Anwendungsbereich des § 82 WpHG[4]; wobei die Berichtspflichten nach der Delegierten Verordnung (EU) 2017/575 hiervon ausgenommen sind.[5] Führt ein Unternehmen im Rahmen der Finanzportfolioverwaltung hingegen die Anlageentscheidungen selbst aus, gilt die Vorschrift des § 82 WpHG entsprechend.[6] Gleiches gilt nach § 82 Abs. 8 WpHG unter Beachtung der dort genannten Vorgaben im Falle der Weiterleitung von Aufträgen der Kunden seitens des Wertpapier-

---

4 Vgl. Art. 64 Abs. 1 Satz 1 Buchst. b) Del. VO 2017/565.
5 ESMA Q&A on MIFID II and MiFIR investor protection and intermediaries' topics v. 12.07.2018 (ESMA35-43-349), Best Execution, Antwort 15.
6 BT-Drs. 16/4028, S. 72; ausführlich dazu *Bauer*, in: Clout/Lang, Rn. 750 ff.

dienstleistungsunternehmens an Dritte oder falls das Unternehmen die Finanzportfolioverwaltung betreibt, ohne die Aufträge oder Entscheidungen selbst auszuführen.

Der Gesetzesbegründung zu § 33a WpHG a. F. folgend sollen die Ausgabe oder die Rücknahme von Anteilen an Sondervermögen (§§ 1 Abs. 10, 92 ff. KAGB), Investmentgesellschaften (§§ 1 Abs. 11 KAGB) und ausländischen Investmentvermögen über eine Depotbank nicht unter den Begriff des Kauf oder Verkaufs nach § 33a WpHG a. F. (nunmehr § 82 WpHG) fallen. Dies wurde damit begründet, dass sich die Preisermittlung nach der diesbezüglichen lex specialis des § 36 InvG a. F. richte.[7] Damit könne die Auftragsausführung gemäß dem von § 23 InvG a. F. i. V. m. § 41 Abs. 1 Satz 2 InvG a. F. vorgeschriebenen Verfahren unmittelbar bei der Kapitalgesellschaft erfolgen, ohne dass es dafür einer gesonderten Begründung in den Ausführungsgrundsätzen bedürfe. Dabei müsse das Wertpapierdienstleistungsunternehmen jedoch den Kunden nach § 31 Abs. 3 WpHG a. F. über alternative Ausführungsmöglichkeiten aufklären[8], also darüber, dass die Anteile auf expliziten Kundenwunsch auch beispielsweise börslich erworben werden können. 8

Es ist fraglich, ob die Gesetzesbegründung aus dem Jahr 2011 für die Auslegung überhaupt relevant ist und die auf dem lex-specialis-Gedanken beruhende Ausnahme für die Ausgabe oder die Rücknahme von Anteilen an Sondervermögen, Investmentgesellschaften und ausländischen Investmentvermögen von den Vorgaben des § 82 WpHG weiterhin maßgeblich ist: 9

Einerseits lässt sich argumentieren, dass die Ausnahme weiterhin gilt, weil sie trotz der zahlreichen Änderungen an der lex-specialis-Begründung zugrundeliegenden Vorschrift des § 36 Abs. 2 InvG a. F. auch weiterhin Bestand hat und die maßgebliche Vorschrift in § 168 Abs. 7 KAGB fortlebt. Diese Vorschrift sieht weiterhin vor, dass die Geschäftsabschlüsse für Investmentvermögen nur zu marktgerechten Bedingungen vorgenommen werden dürfen. Die Berücksichtigung dieses Gedanken stellt per se auch keinen Verstoß gegen Europarecht vor. Allerdings müssen auch die anderen europarechtlichen Vorgaben eingehalten werden. U.a. verlangt Art. 27 Abs. 1 Satz 3 MiFID II, dass die möglichen Ausführungsplätze miteinander verglichen und bewertet werden, wobei auch die Provisionen der Wertpapierfirma in die Bewertung mit einbezogen werden müssen.

Anderseits war auch die Anwendung der Ausnahmen auch früher schon mit starken Zweifeln belastet: Zunächst muss angemerkt werden, dass § 82 WpHG keine Ausnahme formuliert und insoweit eindeutig ist. Gegen das Argument der fehlenden gesetzlichen Ausnahme könnte zwar vorgebracht werden, dass eine lex-specialis-Auslegung strukturell voraussetzt, dass keine gesetzliche Ausnahme vorliegt und dass es das Wesen einer solchen Auslegung voraussetzt, dass es keine gesetzlich formulierte Ausnahme gibt. Darüber hinaus verstößt die Anwendung der in der Gesetzesbegründung aufgeführten Ausnahmen jedenfalls in ihrer Allgemeinheit gegen die Vorgaben des Gemeinschaftsrechts[9]. Bei den in der Gesetzesbegründung genannten Ausnahmen dürfte es sich oft auch um Anteile an Organismen für gemeinsame Anlagen handeln. Diese qualifizieren aber als Finanzinstrumente[10] und unter-

---

7   Zingel, in: BKR 2007, S. 173, 174 (zur Vorgängervorschrift des § 36 InvG).
8   Zingel, in: BKR 2007, S. 173, 174.
9   Art. 27 MiFID II, vgl. auch Zimmermann, in: Fuchs, § 33a WpHG, Rn. 10.
10 Anhang I Abschn. C, Abs. (3) MiFID II.

liegen insofern dem Gebot der bestmöglichen Ausführung des Art. 27 MiFID II, sodass deren Nicht-Einbeziehung in den § 82 WpHG nicht mit dem Regime des Art. 27 MiFID II vereinbar ist. So verlangt Art. 27 Abs. 1 Satz 3 MiFID II, dass die möglichen Ausführungsplätze miteinander verglichen und bewertet werden, wobei auch die Provisionen der Wertpapierfirma in die Bewertung mit einbezogen werden müssen. Art. 27 Abs. 4 und 5 MiFID II verlangen die Festlegung und Anwendung der Ausführungsgrundsätze, ggf. differenziert nach Gattung von Finanzinstrumenten, die Information der Kunden über die Ausführungsgrundsätze usw.

4 Die Festlegung der Ausführungsgrundsätze

10 Das Wertpapierdienstleistungsunternehmen muss nach § 82 Abs. 1 Nr. 1 WpHG (schriftliche) Ausführungsgrundsätze aufstellen (sog. Best Ex Policy).[11] In diesen Grundsätzen werden für jede Instrumentengattung die Einrichtungen genannt, bei denen die Wertpapierfirma Aufträge platziert oder an die sie Aufträge zur Ausführung weiterleitet, Art. 65 Abs. 5 Satz 2 MiFID II-Durchführungsverordnung. Diese sind sodann mind. einmal jährlich zu überprüfen, damit auch infolge von Veränderungen der Umstände fortlaufend das beste Ergebnis für den Kunden erzielt wird. Unter Ausführungsgrundsätzen ist dabei ein Dokument zu verstehen, welches die Strategie des Wertpapierdienstleistungsunternehmens einschließlich der wesentlichen Schritte niederlegt, das dieses einschlägt, um generalisierend das bestmögliche Ergebnis für den Kunden zu erreichen.[12]

11 Dabei ist zu beachten, dass damit nicht gemeint ist, dass das Wertpapierdienstleistungsunternehmen sicherstellen muss, dass in jedem Einzelfall eine bestmögliche Auftragsausführung erreicht wird.[13] Dies bedeutet, dass eben nicht bei jedem Kunden das bestmögliche Ergebnis erzielt werden muss, sondern die Grundsätze vielmehr sicherstellen sollen, dass dies aus einer typisierenden Betrachtung aus Sicht eines verständigen Marktteilnehmers generell der Fall ist und eine dauerhaft gute Ausführungsqualität gewährleistet werden kann.[14]

12 Die Bestimmung dessen, was das bestmögliche Ergebnis für den Kunden ist, obliegt nach billigem Ermessen dem für die Grundsätze verantwortlichen Wertpapierdienstleistungsunternehmen.[15] Es ist jedoch, wie BT 4.1 Nr. 2 der MaComp klarstellt, verpflichtet, von dem ihm eingeräumten Ermessen Gebrauch zu machen und im Rahmen der Ermessensausübung alle relevanten Ausführungsplätze und alle wesentlichen Faktoren zu berücksichtigen, die zur Bestimmung des bestmöglichen Ergebnisses von Bedeutung sind. Dieses

---

11 BaFin, MaComp BT 4.4 Nr. 6.
12 Vgl. Art. 65 Abs. 5 Del. VO (EU) 2017/565; *Dierkes,* in: ZBB 2008, S. 11, 12.
13 BaFin, Präsentation „Best Execution" v. 16.02.2017 (abrufbar unter https://www.bafin.de/SharedDocs/Downloads/DE/Veranstaltung/dl_170216_Workshop_MiFIDII_MiFIR_BestExecution.pdf?__blob=publicationFile&v=4) unter Verweis auf die ESMA-Q&A zu Best Execution; *Duve/Keller,* in: BB 2006; 2477, 2481; *Gomber/Hirschberg,* in: AG 2006, 777, 782; *Bauer,* in: Clout/Lang, Rn. 709.
14 Siehe dazu auch BT-Drs. 16/4028, S. 73; *Koller,* in: Assmann/Schneider, § 33 WpHG, Rn. 5.
15 *Koller,* in: Assmann/Schneider, § 33a WpHG, Rn. 5; *Bauer,* in: Clouth/Lang, S. 319.

II.C.2 Bestmögliche Ausführung von Kundenaufträgen (§ 82 WpHG) (Best-Execution)

Ermessen wird indes je nach Kundengruppe durch die nachfolgenden Kriterien eingeschränkt, die nach § 82 Abs. 2 WpHG insb. zu berücksichtigen sind:
- Preise der Finanzinstrumente;
- Mit der Auftragsausführung verbundene Kosten;
- Geschwindigkeit;
- Wahrscheinlichkeit der Ausführung und die Abwicklung des Auftrages;
- Umfang und Art des Auftrages.

Wie sich bereits aus der Formulierung des § 82 Abs. 2 WpHG durch die Verwendung des Wortes „insbesondere" ergibt, dürfen bei der Auswahl der Ausführungsplätze weitere Kriterien berücksichtigt werden. Doch geht aus dem Wortlaut ebenfalls hervor, dass die in § 82 Abs. 2 WpHG genannten Kriterien vorrangig zu berücksichtigen sind. *13*

Dies stellen nunmehr auch die MaComp klar. Nach deren BT 4.1 Nr. 2 können im Rahmen des Auswahlermessens neben den in § 82 Abs. 2 und 3 WpHG aufgeführten Kriterien weitere Faktoren berücksichtigt werden, soweit sie nicht der Verpflichtung zuwider laufen, das bestmögliche Ergebnis für den Kunden zu erreichen. Dabei sind insb. die von den Ausführungsplätzen veröffentlichten Berichte zur Ausführungsqualität zu berücksichtigen. Danach kann das Wertpapierdienstleistungsunternehmen auch qualitative Faktoren der Ausführungsplätze berücksichtigen. Als solche werden namentlich, aber nicht abschließend die folgenden benannt: *14*
- die Überwachung des Handels durch eine Handelsüberwachungsstelle (HüSt);
- das Beschwerdemanagement und die Beschwerdebearbeitung;
- die Handelszeiten der einzelnen Ausführungsplätze;
- die Belastbarkeit von Leistungsversprechen;
- die Verbindlichkeit von Quotes und sonstigen Preisinformationen;
- die Auswahl an Orderzusätzen und Ausführungsarten;
- das Service- und Informationsangebot für Anleger;
- die Form des Orderbuchs;
- das Counterparty Risk der Handelspartner und
- die Abwicklungssicherheit.

Ferner muss das Wertpapierdienstleistungsunternehmen diese Kriterien unter Berücksichtigung der Merkmale des Kunden, des Kundenauftrags, des Finanzinstrumentes und des Ausführungsplatzes gewichten[16], sodass die Ausführungsgrundsätze für Privatkunden durchaus anders ausgestaltet sein können als diejenigen für professionelle Kunden. Dabei müssen die Ausführungsgrundsätze nach § 82 Abs. 5 Nr. 1 WpHG Angaben zu den verschiedenen Ausführungsplätzen in Bezug auf jede Gattung von Finanzinstrumenten und ausschlaggebenden Faktoren für die Auswahl eines Ausführungsplatzes enthalten. Dabei sollten jedenfalls folgende Gattungen unterteilt werden: *15*
- Aktien;
- Schuldverschreibungen;

---

16 Siehe auf Art. 64 Abs. 1 MiFID II Durchführungsverordnung.

- Derivate und
- OTC Finanzprodukte.

16 Mithin obliegt es dem Wertpapierdienstleistungsunternehmen zu entscheiden, ob es darüber hinaus innerhalb der Gattung weitergehende Unterteilungen vornimmt. Nach BT 4.2 Nr. 1 MaComp müssen die Ausführungsgrundsätze sich indes an Art und Umfang des Wertpapierdienstleistungsgeschäfts, den Wertpapieraufträgen und der Kundenstruktur orientieren, was insb. hinsichtlich des Detaillierungsgrades und der Regelungstiefe der Ausführungsgrundsätze gilt.

17 Nach § 82 Abs. 5 Nr. 2 WpHG sind in den Ausführungsgrundsätzen zumindest jene Ausführungsplätze zu berücksichtigen, an denen das Wertpapierdienstleistungsunternehmen gleichbleibend das bestmögliche Ergebnis bei der Ausführung von Kundenaufträgen erzielen kann. Der Vergleich und die Bewertung der verschiedenen Ausführungsplätze haben gemäß BT 4.1 Nr. 1 der MaComp nach einheitlichen und nicht diskriminierenden Kriterien zu erfolgen.

18 Kommen mehrere Ausführungsplätze in Betracht, an denen gleichbleibend die besten Resultate erzielt werden können, so müssen diese nach § 82 Abs. 5 Satz 1 Nr. 2 WpHG in die Ausführungsgrundsätze aufgenommen werden. Indes kann das Wertpapierdienstleistungsunternehmen sich dennoch auf einen einzigen Ausführungsplatz festlegen, wenn dieser eines der in § 82 Abs. 2 WpHG genannten Kriterien oder, da diese nicht abschließend sind, ein anderes als Differenzierungskriterium besitzt. Derartige Kriterien, die im Falle deren besonderer Relevanz trotz fehlender Nennung sogar einbezogen werden müssen, können beispielsweise Handelszeiten[17], verbindliche Leistungsversprechen oder auch Schutzmechanismen in dem jeweiligen Regelwerk[18] sowie die übrigen in BT 4.1 Nr. 2 der MaComp genannten Kriterien sein.

19 Die Übernahme und Verwendung von Ausführungsgrundsätzen eines Dritten sind gesetzlich ungeregelt. Dies sind beispielsweise Ausführungsgrundsätze, welche von Verbandsseite erstellt wurden. Nach BT 4.2 Nr. 3 der MaComp ist die Übernahme und Verwendung von derartigen Ausführungsgrundsätzen (*Mustergrundsätze*) nur zulässig, soweit hierbei die Verpflichtung zur bestmöglichen Ausführung der Wertpapieraufträge des Wertpapierdienstleistungsunternehmens eingehalten wird. Dies setzt lt. BT 4.2 Nr. 3 der MaComp voraus, dass die bei Ausarbeitung der Mustergrundsätze zu Grunde gelegten Kriterien auf das Geschäftsmodell des Wertpapierdienstleistungsunternehmens übertragen werden können, was insb. hinsichtlich der Kundenstruktur, der gehandelten Wertpapiere, der durchschnittlichen Ordergröße, des Preismodells bzw. der den Kunden in Rechnung gestellten Kosten für die Ausführung von Wertpapieraufträgen gilt. Danach dürfen zwar dem Wortlaut nach vereinheitlichte Ausführungsgrundsätze verwendet werden. Doch müssen diese derart gestaltet sein, dass sie gleichwohl jenen Grundsätzen entsprechen, welche das Wertpapierdienstleistungsunternehmen bei deren eigenständigen Erstellung zu beachten hätte. Daraus folgt, dass es auch im Falle der Übernahme von Mustergrundsätzen zunächst einer

---

17 *Dierkes,* in: ZBB 2008, S. 11, 13.
18 *Koller,* in: Assmann/Schneider, § 33a WpHG, Rn. 5.

Analyse der individuellen Situation bedarf, um diese sodann auf deren Übertragbarkeit hin zu überprüfen.

Bei Festpreisgeschäften muss schließlich sichergestellt werden, dass ein Bezug zu regulierten Märkten oder zu multilateralen Handelssystemen etc. hergestellt wird, der ein Urteil darüber erlaubt, ob das Geschäft marktgerecht ist.[19] Die exakte Gewichtung und Differenzierung der Kriterien obliegt dabei jedoch grundsätzlich dem Unternehmen selbst. Insb. muss es diese nicht exakt vornehmen, indem es etwa Prozentzahlen angibt.[20] 20

Es steht dem Wertpapierdienstleistungsunternehmen frei, Ausführungsplätze nur für bestimmte Arten von Aufträgen und Kundengruppen herauszuarbeiten und im Übrigen die Kunden zur Erteilung von Aufträgen aufzufordern[21]. Es darf indes keinesfalls gänzlich auf die Entwicklung von Ausführungsgrundsätzen verzichtet werden. 21

Die Gestaltung der Ausführungsgrundsätze kann statisch oder dynamisch erfolgen. Bei der statischen Gestaltung werden die genannten Kriterien für jede Wertpapiergattung analysiert, festgelegt und mind. jährlich überprüft. Im Ergebnis würde somit beispielsweise die Ausführung einer im Dax notierten Aktie immer über Xetra erfolgen, sofern keine anders lautende Kundenweisung vorliegt. 22

Bei der dynamischen Gestaltung der Ausführungsgrundsätze handelt es sich um eine Verfahrensbeschreibung, auch Smart Order Routing genannt. Im Ergebnis werden die genannten Kriterien pro Geschäft analysiert und die Ausführung kann von den Umständen des Einzelfalls nach pflichtgemäßer Einschätzung der Bank, wie z. B. dem Kundenprofil, dem Finanzinstrument, den weiteren Besonderheiten des Kundenauftrags sowie dem Ausführungsplatz, abhängen. Dazu bedarf es intelligenter Systeme, welche in der Lage sind, im Einzelfall eine solche Marktanalyse für die jeweilige Wertpapiergattung durchzuführen. 23

4.1 Geeignete Gegenparteien

Nach § 68 Abs. 1 WpHG gelten die Grundsätze des § 82 WpHG nicht, wenn die genannten Wertpapierdienstleistungen gegenüber einer geeigneten Gegenpartei erbracht werden und keine anderweitige Vereinbarung mit dieser getroffen wurde. 24

4.2 Professionelle Kunden

Bei professionellen Kunden gelten für die Gewichtung der vorstehend genannten Kriterien keine besonderen, sondern nur die allgemeinen Vorgaben. Bei der Entscheidung, an welchen Ausführungsplatz der Auftrag weitergeleitet wird, sollten verschiedene Kriterien zur Erzielung des bestmöglichen Ergebnisses berücksichtigt werden; insb. sollte der Preis der Finanzinstrumente, die mit der Auftragsausführung verbundenen Kosten, die Geschwindigkeit und die Wahrscheinlichkeit der Ausführung und Abwicklung sowie den Umfang und die Art des Auftrags bei der Entscheidung einbezogen werden. Die Gewichtung der ver- 25

---

19 *Koller,* in: Assmann/Schneider, § 33a WpHG, Rn. 5.
20 Erwägungsgrund 99 Del. VO (EU) 2017/565.
21 Vgl. Erwägungsgrund Nr. 102 der Del. VO (EU) 2017/565; *Koller,* in: Assmann/Schneider, § 33a WpHG, Rn. 5.

schiedenen aufgeführten Kriterien im jeweiligen Einzelfall muss dabei nicht statisch sein, sondern kann von den Umständen des Einzelfalls nach pflichtgemäßer Einschätzung der Bank, wie z. B. dem Kundenprofil, dem Finanzinstrument, den weiteren Besonderheiten des Kundenauftrags sowie dem Ausführungsplatz, abhängen. Allerdings sollte dem für die Auftragsausführung zu zahlenden Gesamtentgelt regelmäßig besondere Bedeutung beizumessen sein.

4.3 Privatkunden

26   Anders verhält es sich indes im Hinblick auf Privatkunden. Im Hinblick auf diese ist nach § 82 Abs. 3 Satz 1 WpHG das Gesamtentgelt das maßgebliche Kriterium dafür, das bestmögliche Ergebnis im Sinne des § 82 WpHG zu erzielen. Der Begriff des Gesamtentgeltes wird in § 82 Abs. 3 Satz 2 WpHG definiert. Danach bestimmt sich dieser aus zwei unterschiedlichen Faktoren, nämlich zum einen aus dem Preis, zu dem das betroffene Finanzinstrument am jeweiligen Ausführungsplatz erworben bzw. veräußert werden kann und zum anderen aus den mit der Auftragsausführung verbundenen Kosten. Soweit Aufträge für Kleinanleger ausgeführt werden, muss bei der Übermittlung der Ausführungsgrundsätze der Schwerpunkt auf den entstehenden Gesamtkosten liegen.[22]

27   Jedoch können auch mittelbar relevante Faktoren, wie beispielsweise häufige Ordersplittung, die zu erneuten Kosten führt, relevant werden, da diese die Kosten gerade bei den für Privatkunden typischen kleineren Orders prozentual erheblich steigern können.

28   Maßgeblich ist mithin, was der Kunde zu bezahlen bzw. als Zahlung zu erwarten hat, wenn man die Vergütung, welche an das Wertpapierdienstleistungsunternehmen selbst zu erbringen ist, ausblendet. Sofern allerdings das Wertpapierdienstleistungsunternehmen bei Festpreisgeschäften selbst eine Courtage o. ä. in Rechnung stellt, ist diese in das Gesamtentgelt einzubeziehen. Indes spielen auch die anderen in § 82 Abs. 2 WpHG genannten Kriterien, wie Ausführungsgeschwindigkeit oder -wahrscheinlichkeit eine Rolle.

29   Indes ist nicht genau festgelegt, inwieweit der Ausführungsgeschwindigkeit oder -wahrscheinlichkeit gegenüber dem Kriterium des Gesamtentgeltes nach § 82 Abs. 3 Satz 2 WpHG der Vorrang einzuräumen ist. Dazu wird vertreten, dass diese Kriterien nur dann eine Rolle spielen, wenn sie den optimalen Preis im o. g. Sinne nicht negativ beeinflussen[23] und zwar selbst dann, wenn die Qualität der Ausführungsplätze anhand des Kriteriums des „Gesamtentgeltes" nicht eindeutig zu ermitteln ist[24]. Dies erscheint indes nicht zutreffend. Denn § 82 Abs. 3 WpHG, welcher das Kriterium des Gesamtentgeltes benennt, spricht nicht explizit davon, dass sich die bestmögliche Auftragsausführung ausschließlich danach bemisst, sondern führt lediglich auf, dass es sich an diesem Kriterium orientiert. Ferner differenziert § 82 Abs. 2 WpHG, welcher diesem vorangestellt ist und sämtliche vorrangig relevanten Kriterien für das bestmögliche Ergebnis benennt, nicht zwischen den, für die

---

22   Art. 65 Abs. 9 Satz 1 Del. VO (EU) 2017/565.
23   So ausdrücklich *Koller,* in: Assmann/Schneider, § 33a WpHG, Rn. 6, der insoweit auf Systematik und Wortlaut des Art. 44 Abs. 3 Satz 1 der MiFID-DRL verweist sowie *Spindler/Kasten,* in: WM 2007, S. 1797, 1802; Clout/Lang, S. 319.
24   *Koller,* in: Assmann/Schneider, § 33a WpHG, Rn. 6.

bestmögliche Auftragsausführung einzig relevanten Kundengruppen der Privatkunden und professionellen Kunden.

Diese fehlende Differenzierung/Fokussierung nur auf die Gruppe der professionellen Kunden wie auch die Voranstellung gegenüber der lex specialis für Privatkunden macht nur dann Sinn, wenn dieser für beide Gruppe grundsätzliche Relevanz besitzt. Schließlich würde bei ausschließlicher Berücksichtigung des Gesamtentgeltes die aus Kundensicht negative Situation entstehen, dass im Falle marginalster Preisvorteile sämtliche Qualitätskriterien, welche für die Ausführungsplätze ebenfalls mit erheblichen Kosten verbunden sind, völlig außer Betracht blieben, wodurch dem Richtlinienzweck der MiFID II, nämlich der Forderung des Kundeninteresses, widersprochen würde. Diese Sichtweise wird nunmehr auch durch BT 4.1 Nr. 3 MaComp gestützt. Danach kommt dem Kriterium des Gesamtentgeltes im Rahmen der Ermessensausübung eine wesentliche Bedeutung zu. Geringfügige Unterschiede im Gesamtentgelt können (aber) unberücksichtigt bleiben, sofern dies nachvollziehbar begründet wird.

30

5 Sicherstellung der Einhaltung der Ausführungsgrundsätze

Angesichts der üblicherweise automatisierten Verfahren in Wertpapierdienstleistungsunternehmen bereitet die Sicherstellung der Einhaltung der Ausführungsgrundsätze in praxi keinerlei Schwierigkeiten. Probleme entstehen lediglich insoweit, als dass eine Order in nicht automatisierte Systeme eingegeben wird. Allerdings ist es allgemein üblich und mittels Systemen regelmäßig automatisiert, den Ausführungsplatz zu dokumentieren.

31

5.1 Nachweis der den Grundsätzen entsprechenden Ausführung

Gleichwohl muss das Wertpapierdienstleistungsunternehmen die erforderlichen Maßnahmen treffen, um dem Kunden auf dessen Anfrage darlegen zu können, dass sein Auftrag entsprechend der Ausführungsgrundsätze ausgeführt wurde, § 82 Abs. 7 WpHG. Soweit die Ausführungsgrundsätze lediglich vorsehen, dass bestimmte Aufträge nur an die in den Grundsätzen niedergelegten Ausführungsplätze weitergeleitet werden können, reicht dabei der Nachweis über das entsprechende „Routing"[25]. Sofern sich das Unternehmen indes ein Ermessen hinsichtlich der verschiedenen Ausführungsplätze vorbehalten hat, muss der Nachweis sich auch auf die billige Ausübung des Ermessens erstrecken. Dies kann einerseits mittels schriftlicher Begründung zum Ausführungszeitpunkt erfolgen. Andererseits – und dies ist die in praxi regelmäßig einzig handhabbare Lösung – durch nachträgliche Plausibilisierung anhand der seinerzeit bestehenden Marktlage.[26]

32

5.2 Regelmäßige Überprüfung

Nach § 82bs. 1 Nr. 1 WpHG muss ein Wertpapierdienstleistungsunternehmen seine Ausführungsgrundsätze zumindest jährlich überprüfen. Nähere Angaben dazu, unter welchen Maßgaben diese Prüfung zu erfolgen hat, existieren von gesetzlicher Seite nicht. Mithin

33

---

25 *Zimmermann,* in: Fuchs, § 33a WpHG, Rn. 38.
26 *Zimmermann,* in: Fuchs, § 33a WpHG, Rn. 38.

wird in zutreffender Weise ausgeführt, dass es keines streng formalisierten, sondern lediglich eines schlüssigen Prozesses bedarf.[27] Daraus folgt auch, dass es den Unternehmen selbst obliegt, wie sie diese Überprüfung ausgestalten. Da diese jedoch – ebenso wie die Aufstellung der Ausführungsgrundsätze selbst der Sicherstellung einer bestmöglichen Ausführung von Kundenaufträgen dient – sollte sich die Prüfung an jener der Aufstellung der Grundsätze orientieren.[28] Dies bedeutet, dass lediglich überprüft werden muss, ob die Grundsätze in der Vergangenheit und nach den zum Überprüfungszeitraum bekannten Umständen auch für die Zukunft sicherstellen, dass regelmäßig und nicht im Einzelfall das bestmögliche Ergebnis bei der Auftragsausführung erzielt wird. Mithin sind stichprobenartige Überprüfungen von einzelnen Ausführungen ausreichend, aber auch notwendig. Dabei ist es angesichts dessen, dass die Überprüfung auch veränderten Marktumständen geschuldet ist, erforderlich, neue Ausführungsplätze in die Überprüfung mit einzubeziehen. Schließlich könnten diese nunmehr eine bessere Ausführung ermöglichen. Dies kann beispielsweise geschehen, indem stichprobenartig ermittelte Orders der Vergangenheit darauf hin überprüft werden, wie diese an einem der neuen Ausführungsplätze ausgeführt worden wären.

34 Nach BT 4.3 Nr. 2 MaComp wird empfohlen, die jährliche Überprüfung der eigenen Ausführungsgrundsätze anhand von aktuellen, aussagefähigen Marktdaten vorzunehmen. Ferner ist durch aussagefähige Stichproben zu überprüfen, ob die Ausführung von Wertpapieraufträgen an einem anderen Handelsplatz zu einer besseren Ausführung geführt hätte („Back Testing"). Sieht das Bewertungsverfahren oder die Stichprobenprüfung im Rahmen der Überprüfung der Ausführungsgrundsätze die Verwendung unverbindlicher Preisinformationen vor, hat das Wertpapierdienstleistungsunternehmen auch zu prüfen, ob die Orders regelmäßig entsprechend der zum Zeitpunkt der Ordererteilung aktuellen Geld- bzw. Briefpreise ausgeführt werden.

35 Da die Überprüfung der Ausführungsgrundsätze gemäß § 82 Abs. 1 Nr. 1 WpHG zumindest jährlich zu erfolgen hat, handelt es sich dabei um eine Mindestvoraussetzung im Sinne eines höchstens zulässigen überprüfungsfreien Zeitraums. Mithin ist eine jährliche Überprüfung gerade auch im Falle fehlender Veränderungen vorzunehmen. So ist im Falle wesentlicher unterjähriger Veränderungen des eigenen Geschäftsmodells oder des Marktumfelds eine zeitnahe Überprüfung und ggf. Anpassung der Ausführungsgrundsätze vorzunehmen, wie nunmehr durch BT 4.3 Nr. 3 MaComp klargestellt wird.

36 Sofern das Wertpapierdienstleistungsunternehmen Mustergrundsätze nutzt, kann die Bewertung und Überprüfung der Ausführungsgrundsätze nach BT 4.3 Nr. 4 MaComp auch durch den Dritten, also denjenigen, der diese erstellt hat, erfolgen. Das Wertpapierdienstleistungsunternehmen hat in diesem Fall zu überprüfen, dass der Dritte die ihm übertragenen Aufgaben ordnungsgemäß wahrnimmt. Das Wertpapierdienstleistungsunternehmen kann sich dies von einem Wirtschaftsprüfer bestätigen lassen.

---

27 *Zingel*, in: BKR 2007, S. 173, 177.
28 *Zingel*, in: BKR 2007, S. 173, 177.

5.3 Beauftragung eines anderen Wertpapierdienstleistungsunternehmens

Sofern es dazu kommt, dass ein Wertpapierdienstleistungsunternehmen ein anderes Unternehmen mit der Auftragsausführung betraut, sind die Anforderungen des § 82 Abs. 8 WpHG zu beachten. Dies kann beispielsweise im Falle der Erfüllung eines konkreten Kommissionsauftrages der Fall sein. Danach wandelt sich die Pflicht zur Erstellung von Ausführungsgrundsätzen in die Verpflichtung sicherzustellen, dass das mit der Ausführung betraute Unternehmen eine bestmögliche Ausführung für den Kunden gewährleistet, § 82 Abs. 13 WpHG i. V. m. Art. 65 MiFID II-Durchführungsverordnung. Auch diesbezüglich haben weder der deutsche noch der europäische Gesetzgeber weitere Vorgaben gemacht. Gleichwohl dürfte es jedoch alleinig zur Nachweisbarkeit der Vorkehrungen unabdingbar sein, den Vertragspartner mittels einer hinreichend konkreten Vereinbarung zur Sicherstellung einer bestmöglichen Ausführung der Aufträge zu verpflichten[29]. Diesbezüglich führt die MaComp nunmehr aus, dass das Wertpapierdienstleistungsunternehmen in seinen Ausführungsgrundsätzen unter Beachtung der in § 82 Abs. 2 und Abs. 3 WpHG normierten Kriterien für jede Gruppe von Finanzinstrumenten diejenigen Wertpapierdienstleistungsunternehmen zu bestimmen bzw. auszuwählen hat, welche mit der Ausführung der Wertpapieraufträge beauftragt werden (Auswahlgrundsätze). In den Auswahlgrundsätzen sind danach ferner die wesentlichen Wertpapierdienstleistungsunternehmen, welche mit der Ausführung der Wertpapieraufträge beauftragt werden, namentlich zu benennen, BT 4.4 Nr. 1 MaComp.

37

Die Auswahl des Wertpapierdienstleistungsunternehmens, welches mit der Ausführung beauftragt wird, hat hierbei gemäß BT 4.4 Nr. 2 MaComp insb. anhand dessen Ausführungsgrundsätzen zu erfolgen. Hierbei ist zu überprüfen, ob die Ausführungsgrundsätze des beauftragten Wertpapierdienstleistungsunternehmens eine bestmögliche Ausführung der Wertpapieraufträge gewährleisten und die Kundeninteressen in ausreichendem Maße berücksichtigt werden.

38

Nach § 82 Abs. 8 Nr. 3 WpHG obliegt es dem beauftragenden Wertpapierdienstleistungsunternehmen, sodann die Grundsätze des beauftragten Unternehmens jährlich zu überprüfen, regelmäßig im Hinblick darauf zu überwachen, ob diese die Aufträge im Einklang mit den getroffenen Vorkehrungen ausführen, und bei Bedarf etwaige Mängel zu beheben. Mithin ist es zur Erfüllung dieser Pflicht erforderlich, in den Verträgen mit den beauftragten Unternehmen Klauseln einzufügen, die im Bedarfsfalle eine entsprechende Weisung oder auch Kündigung des Vertragsverhältnisses ermöglichen. Gleichwohl muss sich in diesem Falle das beauftragende Unternehmen in einem erheblichen Maße auf das beauftragte Unternehmen verlassen können.[30]

39

Im Hinblick auf die regelmäßige Überwachung der bestmöglichen Ausführung der Aufträge hat das Wertpapierdienstleistungsunternehmen nach BT 4.4 Nr. 3 MaComp zu überprüfen, ob das mit der Ausführung beauftragte Wertpapierdienstleistungsunternehmen die Wertpapieraufträge entsprechend der Ausführungsgrundsätze des beauftragten Wertpapierdienstleistungsunternehmens ausführt, und ob die Ausführung über dieses Wertpapierdienstleistungsunternehmen dauerhaft die bestmögliche Ausführung der Wertpapierauf-

40

---

29 *Zingel,* in: BKR 2007, S. 173, 177.
30 *Zingel,* in: BKR 2007, S. 173, 177.

träge gewährleistet. Im Rahmen der Überwachungshandlungen soll stichprobenartig die tatsächliche Ausführung von Wertpapieraufträgen mit den Ausführungsgrundsätzen des beauftragten Wertpapierdienstleistungsunternehmens abgeglichen werden.

41 Im Falle dessen, dass das Wertpapierdienstleistungsunternehmen im Rahmen der Überprüfung zu der Erkenntnis gelangt, dass die Ausführungsgrundsätze des beauftragten Wertpapierdienstleistungsunternehmens eine bestmögliche Ausführung nicht mehr gewährleisten, hat das Wertpapierdienstleistungsunternehmen entweder die Aufträge an ein anderes Wertpapierdienstleistungsunternehmen zur bestmöglichen Ausführung zu leiten oder dem bisherigen Wertpapierdienstleistungsunternehmen hinsichtlich des Ausführungsplatzes eine Weisung zu erteilen, BT 4.4. Nr. 4 MaComp.

42 Nach BT 4.4 Nr. 5 MaComp ist das Wertpapierdienstleistungsunternehmen nicht verpflichtet, ein anderes Wertpapierdienstleistungsunternehmen für die Ausführung der Wertpapieraufträge auszuwählen, wenn die Auswahl durch den Kunden selbst getroffen wird, wie beispielsweise durch Auswahl des Depot führenden Unternehmens seitens des Kunden, über welches die Wertpapiergeschäfte im Rahmen der Wertpapierdienstleistungen einer Vermögensverwaltung für den Kunden auszuführen sind. Auch in diesem Fall hat das Wertpapierdienstleistungsunternehmen die Kunden in Form einer klaren und deutlichen Warnung darauf hinzuweisen, dass die Verpflichtung zur bestmöglichen Ausführung keine Anwendung findet (Art. 66 Abs. 3 Buchst. f) MiFID II-Durchführungsverordnung) und die Wertpapieraufträge unter Umständen nicht bestmöglich ausgeführt werden.

43 Jedoch ist das Wertpapierdienstleistungsunternehmen gemäß BT 4.4 Nr. 6 MaComp verpflichtet, eigene Ausführungsgrundsätze unter Beachtung der in BT 4.1 bis BT 4.3 MaComp normierten Vorgaben zu erstellen, soweit das beauftragte Wertpapierdienstleistungsunternehmen keine eigenen Ausführungsgrundsätze vorhält bzw. die Wertpapieraufträge nur auf Weisung des weiterleitenden Wertpapierdienstleistungsunternehmens ausführt.

6 Explizite Weisung des Kunden

44 Die Regelung zur bestmöglichen Ausführung von Aufträgen dient dem Schutze des Kunden. Mithin darf dieser auch über das ihm gesetzlich zuteilwerdende Schutzniveau disponieren. Zu diesem Zwecke hat der Gesetzgeber mit § 82 Abs. 4 WpHG sichergestellt, dass eine Weisung des Kunden Vorrang vor den niedergelegten Ausführungsgrundsätzen hat und das Wertpapierdienstleistungsunternehmen seiner Verpflichtung zur bestmöglichen Auftragsausführung im Falle der Befolgung der Weisung jedenfalls nachkommt.

45 Eine solche Weisung kann sowohl in Bezug auf den jeweiligen Einzelfall als auch generell erfolgen.[31] Nach Art. 66 Abs. 3 Buchst. f) MiFID II-Durchführungsverordnung sind Kunden in diesem Falle jedoch darauf hinzuweisen, dass die Grundsätze zur Auftragsausführung keine Anwendung finden. Der Hinweis muss nicht für jeden einzelnen Auftrag erteilt werden. Vielmehr kann er auch in allgemeiner Form, beispielsweise in den Ausführungsgrundsätzen selbst erfolgen[32]. Ferner ist zu beachten, dass die Verpflichtung zur bestmöglichen Auftragsausführung durch die Kundenweisung nur den Teil der Grundsätze ver-

---

31 RegBegr, BR-Drs. 833/06, S. 165.
32 *Zimmermann*, in: Fuchs, § 33a WpHG, Rn. 42.

II.C.2 Bestmögliche Ausführung von Kundenaufträgen (§ 82 WpHG) (Best-Execution)

drängt, welchen sie ausdrücklich umfasst.[33] Für die Weisung sieht das Gesetz indes **kein Formerfordernis** vor.[34] Mithin kann diese auch mündlich oder auf elektronischem Wege erteilt werden.[35]

Indes ist zu beachten, dass das Wertpapierdienstleistungsunternehmen gegen seine Pflicht, im Sinne des Kunden zu handeln, verstößt, wenn es ihn in Umgehung von § 82 Abs. 1 WpHG dazu veranlasst, eine Weisung zu erteilen, obwohl diese Weisung nach Würdigung eines verständigen Beobachters der Erzielung des bestmöglichen Ergebnisses entgegenstünde.[36] Gleichwohl ist es, wie es beispielsweise im Direktbankengeschäft regelmäßig vorgesehen ist,[37] möglich, Kundenaufträge nur dann anzunehmen, wenn diese ausdrückliche Weisungen im Hinblick auf sämtliche mit den Ausführungsgrundsätzen zu vereinbarenden Ausführungsplätzen beinhalten. Jedoch muss das Wertpapierdienstleistungsunternehmen dem Kunden in diesem Falle bei der Information nach § 82 Abs. 6 Nr. 1 WpHG weitere Informationen zur Qualität der verschiedenen Ausführungsplätze zur Verfügung stellen, die es diesem erlauben, eine qualifizierte Entscheidung zu treffen.[38] Eine solche Information muss vor allem Informationen zu den an den jeweiligen Ausführungsplätzen entstehenden Kosten und Handelsregeln enthalten.[39] Auch hier gilt selbstverständlich die Verpflichtung, den Kunden darauf hinzuweisen, dass das Gebot der bestmöglichen Auftragsausführung für das Wertpapierdienstleistungsunternehmen nicht gilt.[40]

46

7 Außerbörsliche Ausführung

Entsprechend dem Ziel den Wettbewerb zwischen den Ausführungsplätzen im Sinne des Kunden zu stärken, wie sich als Umkehrschluss aus § 82 Abs. 5 Satz 2 WpHG ergibt, können Wertpapierdienstleistungsunternehmen die Aufträge der Kunden auch außerhalb geregelter Märkte (Börse oder Multilaterale Handelssysteme) vornehmen. Jedoch bedarf es in diesem Falle nach § 82 Abs. 5 Satz 2 WpHG der ausdrücklichen Zustimmung des Kunden (sog. express consent). Beispiele dafür sind der Eigenhandel oder Interbankenhandel.[41] Eine solche Ausführung ist jedoch nur dann zulässig, wenn die Konditionen der Marktlage entsprechen, insb. der von dem Wertpapierdienstleistungsunternehmen gestellte Kurs im Moment der Annahme des Angebots durch den Kunden nicht bereits zu dessen Ungunsten überholt ist.[42]

47

Vor allem jedoch muss der Kunde sein Einverständnis mit der außerbörslichen Ausführung erklärt haben, § 82 Abs. 5 Satz 2 WpHG, nachdem er zuvor explizit auf diese Möglichkeit

48

---

33 *Zimmermann,* in: Fuchs, § 33a WpHG, Rn. 32; siehe dazu auch Erwägungsgrund 68 MiFID-DRL.
34 *Zimmermann,* in: Fuchs, § 33a WpHG, Rn. 32.
35 *Zimmermann,* in: Fuchs, § 33a WpHG, Rn. 32.
36 Erwägungsgrund 102 MiFID II-Durchführungsverordnung.
37 *Irmen,* in: Clouth/Lang, Rn. 772, 778.
38 *Bauer,* in: Clout/Lang, Rn. 721; *Irmen,* in: Clout/Lang, Rn. 778; *Marbeiter,* in: Brinkmann u. a., Rn. 115; BT-Drs. 16/4028, S. 73.
39 Siehe dazu *Irmen,* in: Clout/Lang, Rn. 779 f.
40 *Zimmermann,* in: Fuchs, § 33a WpHG, Rn. 34.
41 *Koller,* in: Assmann/Schneider, § 33a WpHG, Rn. 8.
42 *Koller,* in: Assmann/Schneider, § 33a WpHG, Rn. 8.

hingewiesen wurde. Die Regelung verlangt jedoch eine ausdrückliche Zustimmung des Kunden. Gleichwohl gibt sie dafür keine bestimmte Form vor. Daraus folgt, dass diese jedenfalls nicht durch Schweigen, wie beispielsweise in Bezug auf Änderungen der AGB der Banken, erfolgen kann. Allerdings steht die Formulierung einer Einholung für alle Geschäfte einer bestimmten Art nicht entgegen.[43] Auch widerspricht es der Vorgabe nicht, die Einholung mit anderweitigen Zustimmungen zu verbinden, sofern eine gesonderte Zustimmung oder Ablehnung zu den bestimmten Punkten unkompliziert möglich und aufgrund deren Anzahl auch absolut überschaubar ist.

8 Sanktion und Haftung

49 Die Beachtung der Regelung des § 82 WpHG ist aus Sicht des Wertpapierdienstleistungsunternehmens nicht nur im Hinblick auf die Erfüllung öffentlich-rechtlicher Vorschriften von Interesse. Denn die Vorschrift ist auch – allerdings umstrittener Auffassung[44] – ein Schutzgesetz i. S. d. § 823 Abs. 2 BGB.

8.1 Ordnungswidrigkeiten

50 Nach dem § 120 Abs. 8 Nr. 113 bis 122 WpHG stellen bestimmte Verstöße gegen § 82 WpHG Ordnungswidrigkeiten dar. Dazu zählt bspw., wenn nicht sichergestellt wird, dass ein Kundenauftrag nach den dort benannten Grundsätzen ausgeführt wird. Alle diese Ordnungswidrigkeiten können mit meiner Geldbuße bis zu 5 Mio. € geahndet werden. Darüber hinaus kann gegenüber einer juristischen Person oder Personenvereinigung eine höhere Geldbuße in Höhe von bis zu 10 % des Gesamtumsatzes, den die juristische Person oder Personenvereinigung im der Behördenentscheidung vorangegangenen Geschäftsjahr erzielt hat, verhängt werden. Weiterhin kann die Ordnungswidrigkeit zusätzlich mit einer Geldbuße bis zum Zweifachen des aus dem Verstoß gezogenen wirtschaftlichen Vorteils geahndet werden, wobei der wirtschaftliche Vorteil die erzielten Gewinne und vermiedenen Verluste umfasst und geschätzt werden kann.

8.2 Schutzgesetzcharakter (Zivilrechtliche Haftung)

51 Grundsätzlich bedarf die Beantwortung dieser Frage einer Differenzierung der einzelnen Pflichten des § 82 WpHG. Zwar begründet § 82 WpHG zumindest in wesentlichen Teilen Organisationspflichten, was grundsätzlich gegen eine Einordnung als Schutzgesetz spricht.[45] Doch ist § 82 WpHG, wie bereits zu Anfang des Beitrages ausgeführt wurde, eine Konkretisierung der Verpflichtung der allgemeinen Verhaltenspflicht des § 63 Abs. 1 WpHG. Da dieser jedenfalls als Schutzgesetz gilt, wird man einer konkretisierenden Norm jedenfalls im Hinblick auf die der Konkretisierung dienenden Bestandteile nicht den

---

43 *Koller,* in: Assmann/Schneider, § 33a WpHG, Rn. 8.
44 *Zingel,* in: BKR 2007, S. 173, 178, a. A. wegen der Kundenfokussierung von § 82 WpHG aber nicht überzeugt; *Schäfer,* in: WM 2007, S. 1872, 1878.
45 So *Zimmermann,* in: Fuchs, § 33a WpHG, Rn. 13.

Schutzgesetzcharakter absprechen können.⁴⁶ Gleichwohl wird diese Frage in praxi keine Bedeutung entfalten, da § 63 Abs. 1 WpHG nach einhelliger Auffassung als Schutzgesetz herangezogen werden kann, weshalb es grundsätzlich keines Rückgriffs auf die speziellere Norm des § 82 WpHG bedarf. Indes dürften Gerichte diesen jedenfalls, wenn auch nur indirekt aufgrund seiner Konkretisierungswirkung zur Auslegung der in § 63 Abs. 1 WpHG allgemein formulierten Pflicht heranziehen.

9 Orderhandling

Im Interesse einer Interessenwahrung mit Sachkenntnis, Sorgfältigkeit und Gewissenhaftigkeit (§ 63 Abs. 1 WpHG) hat der Gesetzgeber auch für den Bereich der Bearbeitung von Kundenaufträgen mit § 69 WpHG eine konkretisierende Regelung⁴⁷ geschaffen, die Wertpapierdienstleistungsunternehmen zur Schaffung geeigneter Vorkehrungen verpflichten. Dies gilt insb. für die Verpflichtung im bestmöglichen Interesse des Kunden zu handeln. Eine Ausnahme dazu gilt für die in § 95 WpHG genannten Unternehmen. *52*

Mit § 69 WpHG wurden dabei die Vorgaben der Art. 28 Abs. 1 MiFID II umgesetzt. Zusätzlich sind die Anforderungen des Art. 67 ff. der MiFID II-Verordnungsdurchführung zu beachten. *53*

9.1 Unverzügliche, redliche Ausführung, § 69 Abs. 1 Nr. 1 WpHG

Die Vorschrift hat überwiegend klarstellende Funktion. Denn die Pflicht zur unverzüglichen Auftragsausführung bedurfte aufgrund deren bereits bestehender Anerkennung nach bisherigem Aufsichtsrecht wie auch den zivilrechtlichen Bestimmungen des Geschäftsbesorgungs- und Kommissionsrechts, wonach Kundenaufträge ohne schuldhaftes Zögern (unverzüglich)⁴⁸ auszuführen sind, eigentlich keiner weitergehenden Regelung. Gleiches gilt für den Vorrang des Kundeninteresses vor den eigenen Handelsinteressen des Wertpapierdienstleistungsunternehmens, der sich bereits aus § 69 Abs. 1 Nr. 1 WpHG ergibt und damit lediglich eine gesonderte Form von Interessenkonflikten konkretisierend regelt. *54*

Indes bestand bislang keine Verpflichtung zur Redlichkeit im Verhältnis der Kundenaufträge zueinander. Was darunter zu verstehen ist, ergibt sich weder aus § 69 WpHG selbst noch aus der WpDVerOV. Angesichts des skizzierten Charakters der Norm dürften damit jedoch vor allem Interessenkonflikte auf horizontaler Ebene zwischen einzelnen Kunden gemeint sein. Ein solcher kann sich beispielsweise im Rahmen der Priorisierung von Aufträgen zwischen einem ertragsrelevanten Bestands- und einem weniger geschäftsrelevanten Neukunden ergeben, wenn sich in einem volatilen Markt die Frage stellt, welcher *55*

---

46 So auch *Zingel,* in: BKR 2007, 173, 178. A. A. *Zimmermann,* in: Fuchs, § 33a WpHG, Rn. 13, der insoweit ausführt, dass § 33a WpHG (nun § 82 WpHG) eine Organisationspflicht und damit kein Schutzgesetz darstelle. Dafür ließe sich auch anführen, dass die systematische Stellung im Gesetz, nämlich auf § 33 WpHG folgend und eben nicht im Zusammenhang mit den Verhaltenspflichten der §§ 31 ff. WpHG (nun §§ 63 ff. WpHG) gegen eine Schutzgesetzeigenschaft spricht.
47 *Zimmermann,* in: Fuchs, § 31c WpHG, Rn. 1; *Koller,* in: Assmann/Schneider, § 31c WpHG, Rn. 1.
48 Siehe dazu Legaldefinition in § 121 BGB.

Auftrag Vorrang hat. Da die Wertpapierdienstleistungsunternehmen Interessenkonflikte auch nach bisherigem Recht schon vermeiden sollten[49], ist auch das der Lösung dienende Mittel der Auflösung des Konflikts dergestalt, dass die Aufträge nach ihrem zeitlichen Eingang abgearbeitet werden müssen (sog. Prioritätsprinzip) bereits anerkannt.[50] Dieses ist nunmehr allerdings in § 69 Abs. 1 Nr. 2 WpHG verankert, sodass dessen Beachtung auch als redlich anzusehen ist.[51] Für § 69 Abs. 1 Nr. 1 WpHG bleibt damit faktisch lediglich der Rückgriff auf den Gleichbehandlungsgrundsatz, der eine angemessene Möglichkeit zur Vermeidung von Interessenkonflikten zwischen Kunden darstellt.[52]

56 Mithin dürfte jedenfalls eine systematische Bevorzugung einzelner Kunden bzw. Kundengruppen der Vorschrift widersprechen. Angesichts dessen, dass sich ein derartiges Verhalten in praxi jedoch kaum immer vermeiden lässt, sind sachlich differenzierte Gründe indes anzuerkennen. Gleichwohl dürfte die Relevanz der Vorschrift angesichts des in Fällen konkurrierender Wertpapiertransaktionen anzuwendenden Prioritätsprinzips in Grenzen halten. Relevant kann er aber beispielsweise bei der Frage der Zuteilung von Wertpapieren im Rahmen einer Neuemission werden. Hier kann ein solcher Konflikt zwar nach der zeitlichen Priorität, also dem Zeitpunkt des Zeichnungsauftrages geregelt werden. Gleichwohl ist angesichts der Objektivität der Kriterien auch anerkannt, diesen durch Losentscheidungen oder auch Zuteilung geringerer Stückzahlen nach einem im Vorfeld festgelegten Prinzip aufzulösen. Schließlich ist der Grundsatz der Nicht-Benachteiligung auch bei der Zusammenlegung mehrerer Kleinaufträge zu beachten. Dies wird nunmehr durch Art. 68 der MiFID II-Durchführungsverordnung bestätigt.

9.2 Zeitliche Reihenfolge bei der Ausführung vergleichbarer Aufträge

57 Durch das Gebot Kundenaufträge grundsätzlich in der Reihenfolge ihres Eingangs auszuführen (sog. Prioritätsprinzip), wird allen Kunden einerseits ein angemessener Zugriff auf die Abwicklungskapazitäten des Wertpapierdienstleistungsunternehmens gewährt. Andererseits dient dies zugleich dem Abbau von Interessenkonflikten zwischen den Kunden.[53] Ein zeitlicher Vorrang einer zuerst eingegangenen Order folgt freilich nur dann, wenn diese ohne weiteres in vertragskonformer Weise erfüllt werden kann.[54] Mithin darf in diesem Falle eine später eingegangene Order auch dann vorgezogen werden, wenn sich damit der Kurs zum Nachteil des Kunden verändert.[55] Dies ergibt sich insb. aus der Formulierung der „vorherrschenden Marktbedingungen".

58 Sofern sich demgegenüber ein Konflikt zwischen Aufträge der Kunden und dem Eigengeschäft des Wertpapierdienstleistungsunternehmens ergibt, ist nicht § 69 Abs. 2 WpHG relevant. Vielmehr ist zu dessen Lösung regelmäßig die Order des Kunden zu bevorzugen

---

49 *Möllers,* in: Kölner Kommentar WpHG § 31 WpHG, Rn. 139.
50 Vgl. nur *Schwark,* § 31 WpHG, Rn. 35 f.; *Koller,* in: BB 1978, S. 1733 ff.
51 *Zimmermann,* in: Fuchs, § 31c WpHG, Rn. 7.
52 Siehe dazu *Schwark,* § 31 WpHG, Rn. 37; *Schäfer,* § 31 WpHG, Rn. 20.
53 *Spindler/Kasten,* in: WM 2007, S. 1797, 1803; *Koller,* in: Assmann/Schneider, § 31c WpHG, Rn. 3.
54 *Ekkenga,* in: MüKo-HGB, Band V, Effektengeschäft, Rn. 518.
55 *Ekkenga,* in: MüKo-HGB, Band V, Effektengeschäft, Rn. 519.

oder eine Bevorzugung im eigenen Sinne durch die Bildung von sog. Vertraulichkeitsbereichen zu vermeiden, sodass diese in verschiedenen Bereichen abgewickelt werden.[56]

9.3 Zusammenlegung von Kundenaufträgen mit anderen Aufträgen

Nach § 69 WpHG sind die Interessen aller beteiligten Kunden zu wahren. Das Wertpapierdienstleistungsunternehmen, welches Eigengeschäfte betreibt, wird von diesem Schutz freilich nicht erfasst. Mithin genießen Kundeninteressen Vorrang.[57]

Folglich dürfen Kundenaufträge nur dann zu sog. Sammelorders zusammengefasst werden, wenn sie unter Berücksichtigung der dann entstehenden Transaktionskosten für alle Kunden mit Sicherheit günstiger[58] als Einzelorders ausgeführt werden können. Zu diesem Zwecke müssen die Wertpapierdienstleistungsunternehmen Regeln für die Auftragszuteilung entwickeln und befolgen, welche sich unter Berücksichtigung von Einfluss, Volumen und Preis mit der ordnungsgemäßen Zuteilung zusammengelegter Aufträge befasst (Art. 68 Abs. 1 Buchst. c) MiFID-Durchführungsverordnung). Es ist ferner sicherzustellen, dass die damit erworbenen Vorteile allen Kunden gleichermaßen zuteilwerden.[59]

Bei einer Zusammenlegung von Kundenaufträgen mit solchen des Eigengeschäfts gelten die gleichen Grundsätze (Art. 69 MiFID-Durchführungsverordnung). Sofern dieser Vorteil der Transaktionskosten besteht, ist er wiederum gleichmäßig zu verteilen.[60] Sofern eine Order dabei nicht vollumfänglich ausgeführt wird, sind die Kundenaufträge vorrangig zu berücksichtigen. Etwas anderes gilt nur, wenn die Order durch die Zusammenlegung mit Aufträgen des Eigengeschäfts erst möglich geworden ist. In diesem Fall darf auch das Wertpapierdienstleistungsunternehmen gleichermaßen an den Vorteilen partizipieren.[61]

9.4 Missbrauch von Informationen anlässlich noch nicht ausgeführter Kundenaufträge (Art. 67 Abs. 3 der MiFID-Durchführungsverordnung)

Art. 67 Abs. 3 der MiFID II-Durchführungsverordnung dient der Konkretisierung von § 69 WpHG und hat das sog. Vor-, Mit- oder Gegenlaufen im Fokus, wenn das Wertpapierdienstleistungsunternehmen Kenntnis einer Kundenorder besitzt, also das gezielte Abschöpfen von Vorteilen, wie beispielsweise den Kauf von Aktien im Hinblick auf eine Großorder eines Kunden in einem (illiquiden) Wert. Dieses Vorgehen widerspricht dem Grundsatz der redlichen Ausführung von Kundenaufträgen (§ 68 Abs. 1 Nr. 1 WpHG) eklatant. Gleiches gilt natürlich auch für die Ausnutzung derartiger Wissensvorteile für andere Kunden des Wertpapierdienstleistungsunternehmens. Eine Ausnahme gilt für sog. „Market Maker" und Einrichtungen, die als Geeignete Gegenparteien fungieren dürfen,

---

56 *Koller,* in: Assmann/Schneider, § 31c WpHG, Rn. 2.
57 *Koller,* in: Assmann/Schneider, § 31c WpHG, Rn. 5.
58 Abw. *Möllers,* in: Kölner-Kommentar, § 31 WpHG, Rn. 146 f.
59 *Koller,* in: Assmann/Schneider, § 31c WpHG, Rn. 5.
60 *Koller,* in: Assmann/Schneider, § 31c WpHG, Rn. 5.
61 Siehe Begründung zur WpDVerOV zu § 10 Abs. 2.

allerdings nur im Rahmen ihrer legitimen Geschäftstätigkeit und bei der pflichtgemäßen Ausführung von Aufträgen für Rechnung Dritter.[62]

9.5 Information der Kunden

63   Privatkunden i. S. d. § 67 Abs. 3 WpHG sind unverzüglich über Probleme jeglicher Art zu informieren, die sich bei der vertragskonformen Ausführung ihrer Aufträge ergeben. Zusätzlich sind sowohl Privat- als auch professionelle Kunden über die Risiken zu informieren, die bei einem Sammelauftrag dadurch entstehen, dass die Wahrscheinlichkeit oder die Schnelligkeit der Auftragsausführung sinkt.[63] Mithin schreibt Art. 68 Abs. 1 Buchst. b) der MiFID II-Durchführungsverordnung vor, dass jeder betroffene Kunde rechtzeitig darüber zu informieren ist, dass eine Zusammenlegung einzelner Aufträge nachteilig sein kann.

9.6 Limitierte Aufträge

64   Die Pflicht zur Bekanntmachung von Aufträgen in Bezug auf Aktien, die an einem organisierten Markt zugelassen sind und aufgrund der Marktbedingungen nicht unverzüglich ausgeführt werden können, § 69 Abs. 2 WpHG, dient der Markttransparenz und dem Kundeninteresse an einer Erhöhung der Ausführungswahrscheinlichkeit[64]. Nach der Gesetzesbegründung müssen die Aufträge jedoch nicht unbedingt in ein elektronisches Orderbuchsystem einfließen. Vielmehr wird der Offenlegungspflicht auch dadurch genüge getan, dass die Order an einen Skontroführer gelangt.[65] Die BaFin kann von der Bekanntmachungspflicht nach § 69 Abs. 2 Satz 3 WpHG befreien, wenn der Auftrag den marktüblichen Geschäftsumfang erheblich überschreitet.

65   Anderes gilt nach § 69 Abs. 2 WpHG nur, wenn der Kunde eine andersartige Weisung erteilt. Diese ist bei professionellen Kunden, die keinen Einblick in ihr Handelsverhalten gewähren möchten, bis die Order ausgeführt wird, der Fall. Eine solche Weisung kann mangels entgegenstehender Formulierung auch generalisierend erfolgen.

---

62   Erwägungsgrund Nr. 110 Del. VO 2017/565.
63   Begründung zur WpDVerOV § 10 Abs. 1.
64   *Fuchs,* in: Fuchs, § 31c WpHG, Rn. 24.
65   *Fuchs,* in: Fuchs, § 31c WpHG, Rn. 24.

10 Literaturverzeichnis

Assmann/Schneider (Hrsg.): Wertpapierhandelsgesetz – Kommentar, 6. Aufl., Köln 2012.

Clouth/Lang (Hrsg.): MiFID Praktikerhandbuch, Köln 2007.

Dierkes: Best execution in der deutschen Börsenlandschaft, in: ZBB 2008, S. 11–19.

Duve/Keller: MiFID: Die neue Welt des Wertpapiergeschäfts, in: BB 2006, S. 2537–2541.

Fuchs (Hrsg.): Wertpapierhandelsgesetz (WpHG) – Kommentar, 2. Aufl., München 2016.

Hirte/Möllers (Hrsg.): Kölner Kommentar zum WpHG, 2. Aufl., Köln 2014.

Langenbucher: Bankrechts-Kommentar, 2. Aufl. 2016.

Spindler/Kasten: Der neue Rechtsrahmen für den Finanzdienstleistungssektor – die MiFID und ihre Umsetzung, in: WM 2006, S. 1749–1756.

Schäfer/Hamann (Hrsg.): Kapitalmarktgesetze. Kommentar zu WpHG, BörsG, BörsZulV, WpPG, VerkProspG, WpÜG, Loseblattwerk, 7. Aktualisierung 2013.

Schäfer/Sethe/Lang: Handbuch der Vermögensverwaltung, 2. Aufl. 2016.

Schmidt/Karsten (Hrsg.): Münchener Kommentar zum Handelsgesetzbuch: HGB, Band 6: Bankvertragsrecht, 3. Aufl. 2014 bzw. 4. Aufl. 2019 (im Erscheinen).

Schwark (Hrsg.): Kapitalmarktrechts-Kommentar, 4. Aufl., München 2010 bzw. 5 Aufl. 2019 (im Erscheinen).

Wohlschlägel-Aschberger: MiFID II: Recht, Praxis, Perspektiven, 2018.

Zingel: Die Verpflichtung zur bestmöglichen Ausführung von Kundenaufträgen nach dem Finanzmarkt-Richtlinie-Umsetzungsgesetz, in: BKR 2007, S. 173–177.

II.C.3

Marktmissbrauchsrecht

Oliver Knauth

Inhaltsübersicht

1	Einleitung	1–6
2	Rechtsgrundlagen und Entstehungsgeschichte	7–9
3	Insiderrecht	10–105
3.1	Die Insiderverbote des Art. 14 MAR – Überblick	12–13
3.2	Anwendungsbereich	14–17
3.3	Begriff der Insiderinformation	18–39
3.4	Die Tatbestände des Insiderverbots nach Art. 14 MAR	40–95
3.5	Sanktionen bei Verstößen gegen das Insiderrecht	96–105
4	Insiderlisten	106–130
4.1	Hintergrund und Rechtsgrundlagen	106–109
4.2	Adressaten	110–113
4.3	Aufbau und Inhalt	114–121
4.4	Aktualisierungspflicht	122
4.5	Form und Aufbewahrung	123–125
4.6	Aufklärung und Anerkennung	126–128
4.7	Sanktionen	129–130
5	Marktmanipulationsverbot	131–195
5.1	Anwendungsbereich	133–135
5.2	Die Verbotstatbestände des Art. 12 Abs. 1 MAR – Überblick	136
5.3	Die Regelbeispiele des Art. 12 Abs. 2 MAR	137–152
5.4	Handelsgestützte Manipulation	153–177
5.5	Informationsgestützte Manipulation	178–186
5.6	Manipulation eines Referenzwertes	187–189
5.7	Sanktionen	190–195
6	Verdachtsmeldungen und Organisationspflichten zur Prävention und Aufdeckung von Marktmissbrauch	196–230
6.1	Adressaten	199–201
6.2	Organisationspflichten des Art. 16 MAR	202–209
6.3	Verdachtsanzeigen nach Art. 16 MAR	210–227
6.4	Verdachtsanzeigen nach § 23 WpHG	228
6.5	Sanktionen	229–230
7	Literaturverzeichnis	

1 Einleitung

Das Marktmissbrauchsrecht, d. h. die Themen Insiderrecht und Marktmanipulation, bilden die Ratio der zentralen Organisations- und Kontrollpflichten in einem Finanzdienstleistungsunternehmen. Sie sind die Grundlage für die Bildung von Vertraulichkeitsbereichen und Informationsbarrieren im regulierten Umfeld und bestimmen damit erheblich die Informationsflüsse im Unternehmen.

Die Verbote des Marktmissbrauchsrechts sind in einem Finanzdienstleistungsunternehmen in der Regel in einem sog. Code of Conduct, bzw. in weiteren hausinternen Verfahren umfassend geregelt. Compliance-Maßnahmen zur Kontrolle von Mitarbeitergeschäften und bei der Frontrunning-Kontrolle bauen direkt auf dem Verbot des Insiderhandels auf. Die intern oftmals geführte sog. Beobachtungs- bzw. Watch-Liste und die Sperr- bzw. Restricted-List sowie die Insiderliste dienen vorrangig der Erfassung von Insider- bzw. kurserheblicher Informationen sowie der Prävention von Insiderhandel durch die damit verbundenen Aufklärungspflichten. Die bei einem Emittenten oder in einem Finanzdienstleistungsinstitut vorhandenen Insiderinformationen führen zudem nicht selten zu potenziellen Interessenkonflikten, zu welchen entsprechende Verfahren eingerichtet werden müssen. Ferner ist die laufende Überwachungstätigkeit einer Compliance-Stelle unter den Aspekten des Marktmissbrauchsrechts und im Falle einer Auffälligkeit die Einordnung eines Verdachtsfalls zur potenziellen Erstattung einer Verdachtsanzeige erforderlich. Das Marktmissbrauchsrecht ist damit eine wesentliche Grundlage für die tägliche Compliance-Arbeit und gehört zum elementaren Handwerkszeug des Compliance-Beauftragten eines Wertpapier- bzw. Finanzdienstleistungsunternehmens.

Eine Untersuchung der Aufsichtsbehörden und anderer Ordnungsbehörden wegen Insiderhandels oder Marktmanipulation führt neben den Auswirkungen auf die internen Abläufe des betroffenen Instituts oftmals zu äußerst negativen Schlagzeilen in der Presse und damit zu einem massiven Reputationsschaden. Das gleiche gilt im Rahmen von Klagen von möglicherweise im Zusammenhang mit dem Vorwurf eines Marktmissbrauchs geschädigten Anlegern. Das Vertrauen der Kunden und der Anteilseigner in die Integrität des Instituts bzw. seiner Mitarbeiter wird hierdurch potenziell gestört. Damit werden die Geschäftsmöglichkeiten der Bank, eines Finanzdienstleistungsunternehmens oder Emittenten zumindest vorübergehend erschwert oder gemindert.

Da die Verbote von Insiderhandel und Marktmanipulation Vorschriften des Strafrechts sind hat eine zuständige Aufsichtsbehörde bei dem begründeten Verdacht eines Verstoßes die weiteren Ermittlungen an die Staatsanwaltschaft abzugeben, vgl. Art. 33 Abs. 1 Satz 2 und Abs. 2 Satz 2 MAR[1] bzw. § 11 WpHG. Ggf. drohen strafrechtliche Konsequenzen, wenn sich der Verdacht aufgrund der Ermittlungen der Staatsanwaltschaft erhärtet. Emittenten und Banken, die oftmals selbst als Emittenten am Kapitalmarkt tätig sind, sowie Wertpapierdienstleistungsunternehmen, die Kapitalmarkt-Transaktionen wie Unternehmensübernahmen, Fusionen, Kapitalerhöhungen, IPOs, etc. beratend begleiten, müssen daher mit den für sie relevanten Teilen des Marktmissbrauchsrechts vertraut sein, um die daraus resultierenden Risiken angemessen zu behandeln.

---

1 Verordnung (EU) Nr. 596/2014 v. 16.04.2014 über Marktmissbrauch (ABl. EU Nr. L 173 v. 12.06.2014).

4 Die Einhaltung des Marktmissbrauchsrechts und die damit verknüpften Organisations- und Kontrollpflichten werden nach Art. 22 MAR durch die nationalen Aufsichtsbehörden (NSAs), d. h. in Deutschland durch die Bundesanstalt für Finanzdienstleistungsaufsicht (BaFin) und die von ihr beauftragten Wirtschaftsprüfer streng überwacht. Auf europäischer Ebene überwacht und koordiniert die Europäische Wertpapieraufsichtsbehörde „European Securities and Markets Authority" (ESMA) die Tätigkeit der NSAs, vgl. Art. 24 MAR. ESMA veröffentlicht u. a. einen Jahresbericht[2] über die Verhängung verwaltungs- und strafrechtlicher Sanktionen durch die nationalen Aufsichtsbehörden, vgl. Art. 33 Abs. 1 Satz 2 und Abs. 2 Satz 2 MAR.

5 Die jeweils zuständige NSA kann bei einem Verdachtsfall diverse Erkenntnisquellen nutzen. Hierzu gehören insb.:
– eingehende Verdachtsanzeigen zu Verletzungen des Insiderhandels- und Marktmanipulationsverbotes nach § 23 WpHG bzw. Art. 16 MAR;
– Meldungen von Geschäften durch Banken und Wertpapierdienstleister gemäß Art. 26 MiFiR[3] i. V. m. § 22 WpHG;
– Mitteilungen im Rahmen der Vor- und Nachhandelstransparenz;
– Ad-Hoc-Mitteilungen der Emittenten nach Art. 17 Abs. 1 MAR und § 26 Abs. 1 WpHG;
– Meldungen der Eigengeschäfte von Führungskräften gemäß Art. 19 Abs. 3 MAR und § 26 Abs. 2 WpHG;
– Stimmrechtsmitteilungen gemäß §§ 33 ff. WpHG;
– Anzeigen gemäß § 14 WpÜG, etc.

In Deutschland geht die BaFin den Ursachen ungewöhnlicher Kursbewegungen nach und untersucht diese auf der Grundlage ihres Datenbestandes u. a. auf Anhaltspunkte für Insiderhandel oder Marktmanipulation. Liegen konkrete Anhaltspunkte stehen der BaFin gezielte Untersuchungsbefugnisse zu, wie z. B.:
– Die Anforderung bestimmter Auskünfte, die Vorlage von Unterlagen und Überlassung von Kopien (z. B. Insiderlisten, Aufzeichnungen von Telefongesprächen aus den Handelsbereichen, Dokumentation der Mitarbeitergeschäfte), vgl. § 6 Abs. 3 und § 7 Abs. 2 WpHG sowie Art. 23 Abs. 2 MAR;
– Die Ladung und Vernehmung von Personen, § 6 Abs. 3 WpHG;
– Das Betreten bzw. die Durchsuchung von Geschäfts- und Wohnräumen sowie die Beschlagnahme von Gegenständen, die als Beweismittel von Bedeutung sein können, vgl. § 6 Abs. 11 und 12 WpHG, Art. 23 Abs. 2e) MAR.[4]

Daneben stehen den Handelsüberwachungsstellen der Börsen gegenüber den Teilnehmern am Börsenhandel eigene Untersuchungsbefugnisse zu, vgl. §§ 3 und 7 BörsG.

---

2   Vgl. ESMA Jahresbericht 2017 v. 15. 06. 2018 (ESMA20-95-916), abrufbar unter www.esma.eu/press-news/esma-news/esma-publishes-2017-annual-report.
3   Verordnung (EU) Nr. 600/2014 v. 15. 05. 2014 über Märkte für Finanzinstrumente und zur Änderung der Verordnung (EU) Nr. 648/2012 (ABl. EU Nr. L 173 v. 15. 05. 2014).
4   Vgl. hierzu näher *Jordans*, in: BKR 2017, S. 273 (278).

Die Regelungen des Marktmissbrauchsrechts geben dem Anwender oft einen sehr großen 6
Auslegungsspielraum. Sie sind häufig auch erst aus einem Zusammenspiel mit den Bestimmungen anderer Bereiche des Kapitalmarktrechts verständlich. Dabei haben Regelungen auf Europäischer Ebene in den letzten Jahren entscheidend an Bedeutung gewonnen. Ziel dieses Kapitels ist es daher, Ihnen einen Überblick über die Grundlagen und Kernelemente der regulatorischen Anforderungen des heutigen Marktmissbrauchsrechts zu verschaffen. Dabei werden die relevanten Schnittstellen zu anderen Bereichen, wie z. B. den korrespondierenden Transparenzanforderungen, aufgezeigt und Hinweise für die praktische Arbeit der Compliance-Stelle gegeben. Nähere Einzelheiten zu den oft durchaus umfassend geregelten Detailfragen werden dabei allerdings oftmals nur grob (und ggf. mit weiterführenden Angaben zu den hierfür relevanten Rechtsgrundlagen) angeschnitten und können im gegebenen Rahmen nicht näher erläutert werden.

2 Rechtsgrundlagen und Entstehungsgeschichte

Die Vorschriften zum Insiderhandel haben ihren internationalen Ursprung in der US- 7
Kapitalmarktgesetzgebung durch den Securities Exchange Act von 1934, der als Folge der Weltwirtschaftskrise von 1929 entstanden ist. In Deutschland wurde das Insiderrecht 1994, anknüpfend an die sog. EU-Insiderrichtlinie[5] in den damaligen §§ 12 ff. Wertpapierhandelsgesetz (WpHG) verankert und zugleich ein gesetzliches Grundgerüst der zentralen Compliance-Anforderungen errichtet.[6] Das Verbot der Marktmanipulation bestand ursprünglich als eine Regelung des Börsenrechts und wurde 2002 in den damaligen § 20a WpHG überführt. Erste wesentliche Änderungen des Marktmissbrauchsrechts erfolgten 2004 in Deutschland aufgrund der Umsetzung der ersten EU-Marktmissbrauchsrichtlinie (Market Abuse Directive oder „MAD") durch das sog. Anlegerschutzverbesserungsgesetz.[7] Hierbei wurde das Insiderhandelsverbot verschärft und das Verbot der Marktmanipulation erweitert. Es wurden ferner die Pflichten zur Führung von Insiderlisten und zur Anzeige beim Verdacht von Insiderhandel oder Marktmanipulation neu geschaffen. Zur Konkretisierung dieser 2004 geänderten bzw. neu geschaffenen Pflichten wurden diverse Verordnungen und Rundschreiben erlassen,[8] deren Anforderungen bis Juli 2016 die Compliance-Anforderungen maßgeblich geprägt hatten.

---

5 Richtlinie 89/592/EWG des Rates v. 13. 11. 1989 zur Koordinierung der Vorschriften betreffend Insider-Geschäfte, Abl. EU Nr. L 334 v. 18. 11. 1989.
6 Siehe hierzu näher *Merkner/Sustmann*, in: AG 2012, S. 315 (316 ff.).
7 Gesetz zur Verbesserung des Anlegerschutzes v. 28. 10. 2004, BGBl. I, S. 2630.
8 Verordnung zur Konkretisierung des Verbotes der Marktmanipulation (Marktmanipulations-Konkretisierungsverordnung – MaKonV) BGBl. 2005 Teil I Nr. 15, S. 515 ff.; Verordnung über die Analyse von Finanzinstrumenten (Finanzanalyseverordnung – FinAnV), BGBl. 2004 Teil I Nr. 70, S. 3522 ff.; Verordnung zur Konkretisierung von Anzeige-, Mitteilungs- und Veröffentlichungspflichten sowie der Pflicht zur Führung von Insiderverzeichnissen nach dem Wertpapierhandelsgesetz (Wertpapierhandelsanzeige- und Insiderverzeichnisverordnung – WpAIV), BGBl. 2004 Teil I Nr. 68, S. 3376 ff., Durchführungs-Verordnung (EU) Nr. 2273/2003 v. 22. 12. 2003 zu Ausnahmeregelungen für Rückkaufprogramme und Kursstabilisierungsmaßnahmen, ABl. EU Nr. L 336, S. 33, etc.

8   Eine grundlegende Neuorientierung, Verschärfung und innereuropäische Harmonisierung des Marktmissbrauchsrechts erfolgte durch die 2014 erlassene und im Juli 2016 in Kraft getretene EU-Marktmissbrauchsverordnung (Market Abuse Regulation oder „MAR")[9] und die Richtlinie über strafrechtliche Sanktionen bei Marktmanipulation (Market Abuse Directive 2 oder „MAD 2").[10]

Durch die MAR, die unmittelbar in allen EU-Mitgliedsstaaten gilt, werden die bisherigen Vorschriften des nationalen Marktmissbrauchsrechts, d.h. zu Insiderhandel nach §§ 12 ff. WpHG a. F. und der Marktmanipulation gemäß § 20a WpHG a. F. sowie zur Führung von Insiderverzeichnissen nach § 15b WpHG a. F. und wesentliche Teile der von der BaFin zur Konkretisierung dieser Anforderungen erlassenen Verwaltungs- und Auslegungsvorschriften abgelöst. Die hierfür notwendigen Änderungen des WpHG und anderer deutscher Gesetze erfolgten durch das im Juli 2016 in Kraft getretene erste Finanzmarktnovellierungsgesetz (FiMaNoG 1).[11] In einer zweiten Stufe wurden durch das zweite Finanzmarktnovellierungsgesetz (FiMaNoG 2)[12] noch ausstehende Bestandteile der MAR und MAD 2 in deutsches Recht mit Wirkung zum 03.01.2018 umgesetzt. Hierdurch wurden die wesentlichen Rechtsquellen weiter zu einem einheitlichen europäischen Regelwerk zusammengeführt, womit ein sog. „single rulebook" umgesetzt und der Weg zu einem einheitlichen europäischen Kapitalbinnenmarkt ausgebaut wurden.[13]

9   Zu dem in der MAR geregelten Marktmissbrauchsrecht hat die ESMA diverse Leitlinien und technische Auslegungsstandards erarbeitet[14], die nunmehr die Aufsichtspraxis einheitlich in der EU prägen.[15] Die damit korrespondierenden Leitlinien der deutschen Verwaltungspraxis der BaFin hat diese in diversen FAQs[16] auf ihrer Website veröffentlicht und wird diese in ihren sog. Emittentenleitfaden[17] aufnehmen.

---

9   Verordnung (EU) Nr. 596/2014 v. 16.04.2014 über Marktmissbrauch (ABl. EU Nr. L 173 v. 12.06.2014).
10 Richtlinie 2014/57/EU v. 16.04.2014 über strafrechtliche Sanktionen bei Marktmanipulation (ABl. EU Nr. L 173 v. 12.06.2014).
11 Erstes Gesetz zur Novellierung von Finanzmarktvorschriften auf Grund europäischer Rechtsakte v. 08.02.2016, BGBl. I, S. 1514.
12 Zweites Gesetz zur Novellierung von Finanzmarktvorschriften auf Grund europäischer Rechtsakte v. 23.06.2017, BGBl. I, S. 1693.
13 Vgl. *v. der Linden*, in: DStR 2016, S. 1036 m.w.N.
14 Siehe hierzu den aktuellen Überblick auf S. 3–6 der ESMA Q&A on the Market Abuse Regulation (ESMA70-145-111, Version 7, Stand: 01.09.2017), abrufbar unter www.esma.europa.eu (letzter Abruf am 18.06.2018).
15 Auch wenn diese Leitlinien keine rechtlich zwingende Wirkung entfalten, haben die NSAs und Finanzmarktteilnehmer alle erforderlichen Anstrengungen zu unternehmen, um den Leitlinien nachzukommen, vgl. hierzu kritisch *Jordans*, in: BKR 2017, 273 (278).
16 Z.B.: Art. 17 MAR – Veröffentlichung von Insiderinformationen (FAQs) (Stand: 20.06.2017); FAQ zu Insiderlisten nach Art. 18 der Marktmissbrauchsverordnung (EU) Nr. 596/2014, 3. Version (Stand: 13.01.2017).
17 BaFin-Emittentenleitfaden (4. Aufl., 2013), abrufbar unter www.bafin.de (letzter Abruf am 18.06.2018). Die BaFin hatte z. Zt. des Redaktionsschlusses für diesen Beitrag begonnen, den Emittentenleitfaden umfassend zu überarbeiten. Die aktualisierte Fassung war jedoch noch nicht verfügbar.

3 Insiderrecht

Der Sinn des Verbots von Insiderhandel ist es, die Chancengleichheit beim Zugang zu kursrelevanten Informationen zu wahren. Anleger sollen gegenüber einem Geheimnisträger nicht übervorteilt werden. Informationen, die für Kauf- oder Verkaufsentscheidungen von wesentlicher Bedeutung sind, sollen also allen Marktteilnehmern in gleicher Weise zustehen.[18]

10

Die Arbeit der Compliance-Stelle bei einem Emittenten oder in einem Finanzdienstleistungsunternehmen besteht darin, das Unternehmen sowie dessen Geschäftsleitung und Mitarbeiter in der Anwendung des Insiderrechts zu beraten, die Implementierung entsprechenden Verfahren und organisatorischen Maßnahmen zu dessen Einhaltung zu begleiten, die Geschäftstätigkeit des Unternehmens und das Verhalten der Mitarbeiter zu kontrollieren, die Folgen eines Verstoßes zu verdeutlichen und Verstöße intern zu untersuchen und ggf. angemessen zu sanktionieren.

11

3.1 Die Insiderverbote des Art. 14 MAR – Überblick

Die Grundlagen des Insiderrechts und die für das nähere Verständnis erforderlichen Definitionen und Ausnahmetatbestände sind in den Art. 8–11 MAR geregelt. Die Insiderverbote sind in Art. 14 MAR zu finden. Danach ist es verboten:

12

- Insidergeschäfte zu tätigen oder dies zu versuchen (sog. Verwendungsverbot, Art. 14 lit. a) MAR);
- Dritten zu empfehlen, Insidergeschäfte zu tätigen, oder Dritte zu verleiten, Insidergeschäfte zu tätigen (sog. Empfehlungsverbot, Art. 14 lit. b) MAR);
- Insiderinformation unrechtmäßig offenzulegen (sog. Weitergabeverbot, Art. 14 lit. c) MAR).

Eine Verletzung dieser Insiderverbote setzt die Nutzung einer Insiderinformation, bzw. im Falle des Weitergabeverbotes, deren unbefugte Offenlegung voraus. Jemand, der aufgrund seiner Tätigkeit bei einem Emittenten von Finanzinstrumenten oder in einem Finanzdienstleistungsunternehmen aktuell über Insiderinformation verfügt, muss angesichts der Komplexität dieser umfassenden Verbote und der damit verbundenen Terminologie verstehen, welche Grenzen bei Aktivitäten zu beachten sind, die auf die Kenntnis der Insiderinformation zurückzuführen sind. Hierfür bedarf es zum Schutz des Mitarbeiters der Aufklärung und Schulung, da nicht vorausgesetzt werden kann, dass dieser mit den aktuellen Entwicklungen des Insiderrechts, den damit verbundenen Begriffsbestimmungen und deren Nuancen, sowie den jeweils anwendbaren Ausnahmeregelungen vertraut sein wird.

13

3.2 Anwendungsbereich

Der Anwendungsbereich der MAR und damit auch der Insiderverbote erstreckt sich auf alle Finanzinstrumente i. e. S. Die Definition des Terminus eines „Finanzinstruments" ergibt

14

---

18 Vgl. hierzu Erwägungsgrund Nr. 23 der MAR sowie *Klöhn*, in: AG 2016, S. 423 (424).

sich aus einem Verweis von Art. 3 Abs. 1 Nr. 1 MAR auf Art. 4 Abs. 1 Nr. 15 der MiFiD II[19]. Danach sind hiervon erfasst:
- alle übertragbaren Wertpapiere, d. h. i) Aktien und andere Wertpapiere, die Aktien entsprechen; ii), Schuldverschreibungen und sonstige verbriefte Schuldtitel oder iii) verbriefte Schuldtitel, die in Aktien oder andere Wertpapiere, die Aktien entsprechen, umgewandelt bzw. gegen diese eingetauscht werden können;
- auf Wertpapiere bezogene Derivate und
- alle in Anhang I Abschn. C der MiFiD II genannten Instrumente.

Darüber hinaus gilt die MAR auch für Kreditderivate, Referenzwerte, Waren-Spot-Kontrakte, sowie auf Emissionszertifikaten beruhende Auktionsobjekte, vgl. Art. 2 Abs. 1 Satz 2 und Abs. 2 sowie Art. 7 Abs. 1 lit. b)–d) MAR.[20]

15 Die MAR ist dabei gemäß Art. 2 Abs. 1 MAR auf alle der o. g. Finanzinstrumente[21] anwendbar, wenn diese:
- zum Handel an einem geregelten Markt zugelassen sind oder für die ein entsprechender Antrag auf Zulassung gestellt wurde;
- in einem multilateralen Handelssystem (bzw. „MTF" – Multilateral Trading Facility) gehandelt werden, zum Handel in einem MTF zugelassen sind oder für die ein entsprechender Antrag auf Zulassung gestellt wurde[22];
- in einem organisierten Handelssystem (bzw. „OTF – Organized Trading Facility") gehandelt werden;[23]
- nicht in die obigen Kategorien fallen, aber deren Kurs oder Wert von dem Kurs oder Wert eines der o. g. Finanzinstrumente abhängt oder sich darauf auswirkt (hierzu zählen beispielsweise Kreditausfall-Swaps oder Differenzkontrakte), sowie
- auf Versteigerungen von Treibhausgasemissionszertifikaten und anderen darauf beruhenden Auktionsobjekten auf einer als geregelten Markt zugelassenen Versteigerungsplattform.[24] Insb. können auch Aktivitäten hinsichtlich Waren-Spot-Kontrakte betroffen sein, sofern sie sich auf den Kurs oder den Wert eines Finanzinstrumentes auswirken.

---

19 Richtlinie 2014/65/EU v. 15.05.2014 über Märkte für Finanzinstrumente sowie zur Änderung der Richtlinien 2002/92/EU und 2011/61/EU, ABl. EU 2014, Nr. L 173/349.
20 Vgl. auch § 2 Abs. 4 Nr. 5 WpHG, der Emissionszertifikate ausdrücklich in den Begriff der Finanzinstrumente einbezieht bzw. § 2 Abs. 6 WpHG für Waren-Spot-Kontrakte. Nachfolgend wird der Begriff der „Finanzinstrumente" für alle o. g. Instrumente gemeinschaftlich verwendet.
21 Nachfolgend wird der Begriff der „Finanzinstrumente" für alle o. g. Instrumente gemeinschaftlich verwendet.
22 Hierzu zählt der Handel im sog. Freiverkehr inklusive der verschiedenen Qualitäts-Segmente wie z. B. der Entry Standard der Frankfurter Wertpapierbörse, sofern die Einbeziehung in den Freiverkehr vom Emittenten beantragt oder genehmigt wurde, vgl. *Klöhn*, in: AG 2016, S. 423 (426); *Scholz*, in: NZG 2016, S. 1286 (1287 ff.) m. w. N.
23 Die Anwendbarkeit für OTFs stellt eine Erweiterung des bisherigen Anwendungsbereichs dar, die durch das 1. FimaNoG in Deutschland umgesetzt wurde.
24 Der allergrößte Teil des CO2-Handels in der EU wird bereits (und mit weiterhin steigender Tendenz) über Börsen abgewickelt (2013: ~85%); Vgl. Thomson Reuters Point Carbon 2014, S. 4.

Durch die Einbeziehung dieser breiten Palette von Handelsplätzen in den Anwendungsbereich der MAR wird dem Umstand Rechnung getragen, dass sich Liquidität zunehmend vom Handel am geregelten Markt hin zu alternativen Handelsplattformen verlagert hat.[25] 16

Geschützt werden die in der EU betriebenen Märkte, wobei es jedoch gemäß Art. 2 Abs. 4 MAR unerheblich ist, ob die Verletzung des Insiderverbots in der EU oder in einem Drittland vorgenommen wird. 17

3.3 Begriff der Insiderinformation

Der Begriff der Insiderinformation ist nach Art. 7 Abs. 1 MAR zu verstehen als: 18
– eine nicht öffentlich bekannte präzise Information,
– die direkt oder indirekt einen oder mehrere Emittenten oder ein oder mehrere Finanzinstrumente betrifft und
– die, wenn sie öffentlich bekannt würde, geeignet wäre, den Kurs dieser Finanzinstrumente oder den Kurs damit verbundener derivativer Finanzinstrumente erheblich zu beeinflussen.

3.3.1 Präzise Information

Eine Information ist nur dann präzise, wenn damit Umstände oder Ereignisse gemeint sind, die bereits gegeben bzw. eingetreten sind. Hinreichend präzise ist eine Information daher jedenfalls, wenn sie sich auf eine bestehende Tatsache, einen spezifischen Sachverhalt oder ein Ereignis bezieht, das bereits eingetreten ist und eine hinreichende Grundlage für die Einschätzung des zukünftigen Kursverlaufes eines Insiderpapiers erlaubt. 19

Zukünftige Umstände oder Ereignisse 20
Daneben gelten Informationen nach Art. 7 Abs. 2 Satz 1 MAR auch dann als hinreichend präzise, wenn:
– man vernünftigerweise erwarten kann, dass die betreffenden Umstände oder Ereignisse in Zukunft gegeben sein bzw. eintreten werden und
– diese Informationen spezifisch genug sind, um einen Schluss auf die mögliche Auswirkung der Umstände oder des Ereignisses auf die Kurse der jeweiligen Finanzinstrumente zuzulassen.

Demnach ist ein Ereignis, dessen Eintritt nicht wahrscheinlich ist, keine präzise Information.[26] Es geht dabei regelmäßig um Vorhaben oder Absichten, die sich noch in der Planungsphase befinden und über welche noch keine abschließende Entscheidung getroffen wurde bzw. sog. zeitlich gestreckte Vorgänge. Ggf. ist eine umfassende Würdigung der bereits verfügbaren Anhaltspunkte erforderlich, aus der sich ergeben muss, dass das Eintreten des zukünftigen Ereignisses „tatsächlich erwartet werden kann". Ein aus dem US-Recht stammender, sog. Probability/magnitude-Test wird dabei nicht durchgeführt, d. h. die erfor-

---

25 Vgl. *Seibt/Wollenschläger*, in: AG 2014, S. 593 (595 f.).
26 EuGH v. 28.06.2012 – Rs. C-19/11, *Geltl/Daimler*, in: AG 2012, S. 555 (556); vgl. *Krause/Brellochs*, in: AG 2013, S. 309 (313) m. w. N.

derliche Wahrscheinlichkeit des Eintritts eines zukünftigen Ereignisses hängt nicht vom Ausmaß der erwarteten Auswirkungen auf den Börsenkurs ab.[27]

21 *Mehrstufige Entscheidungsprozesse*
Erfasst sind hiervon gemäß Art 7 Abs. 2 Satz 2 und Abs. 3 MAR auch Fälle, bei denen zur Umsetzung eines langfristigen Vorhabens ein mehrstufiger Entscheidungsprozess durchlaufen werden muss, falls der jeweilige Zwischenschritt für sich genommen die Kriterien für Insiderinformationen erfüllt. Dies kann z. B. der Fall sein, wenn eine Entscheidung einem Aufsichtsorgan (Aufsichtsrat, Verwaltungsrat, etc.) oder der Hauptversammlung des Unternehmens vorbehalten ist wie (beispielsweise bei einer Satzungsänderung, der Feststellung des Jahresabschlusses, der Entlastung des Vorstandes, etc.). Vorstufen oder Zwischenschritte, die auf ein übergeordnetes Ziel hinauslaufen, können somit ihrerseits eine Insiderinformation darstellen, wenn sie für sich genommen, d. h. ohne Rückgriff auf das künftige Ereignis, alle Tatbestandsmerkmale erfüllen.[28]

22 Im Bereich solcher mehrstufigen Entscheidungsprozesse erhöht sich daher zuweilen für Emittenten das Potenzial, dass Insiderinformationen nicht rechtzeitig, nicht vollständig oder falsch oder irreführend veröffentlicht wird. Es sind daher insb. die Bestimmungen zu sog. Ad-Hoc Mitteilungen nach Art. 17 MAR und die Rechtsprechung zur Haftung für fehlende oder fehlerhafte Kapitalmarktinformation gemäß § 826 BGB i. V. m. § 97 bzw. 98 WpHG zu beachten[29], die eng mit den Grundlagen des Insiderrechts verknüpft ist.

23 **Beispiel:**
Geltl ./. Daimler[30]: Der CEO eines börsennotierten, internationalen Automobilkonzerns teilt Mitte des Jahres seine Absicht aus dem Amt zu scheiden dem Vorsitzenden des Aufsichtsrats mit. Kurz darauf wurden weitere Mitglieder des Aufsichtsrats und des Vorstands ebenfalls darüber informiert. Mehrere Wochen später beschloss der Aufsichtsrat, dass der CEO zum Ende des Jahres aus seinem Amt ausscheiden werde und nominierte dessen Nachfolger. Die Entscheidung des Aufsichtsrats sowie die Mitteilung über die Person des Nachfolgers wurde am selben Tag als Ad-Hoc Mitteilung veröffentlicht. Der Kurs der Aktien des Unternehmens stieg im Anschluss an diese Veröffentlichung stark an.

Nach Art. 7 Abs. 2 Satz 2 i. V. m. Abs. 3 MAR kann in diesem Fall bereits die Mitteilung des Vorstandsvorsitzenden an den Vorsitzenden des Aufsichtsrates darüber, dass

---

27 Siehe Erwägungsgrund Nr. 16 der MAR; vgl. EuGH v. 28.06.2012 – Rs. C-19/11, *Geltl/Daimler*, in: AG 2012, S. 555 (556); *Krause/Brellochs*, in: AG 2013, S. 309 (313) m. w. N.
28 *Kiesewetter/Parmentier*, in: BB 2013, S. 2371 (2373); *Graßl*, in: DB 2015, S. 2066 (2067); *Seibt/Wollenschläger*, in: AG 2014, S. 593 (596).
29 Siehe hierzu näher *Buck-Heeb*, in: NZG 2016, S. 1125 ff., *Hellgardt*, in: AG 2012, S. 154 ff. m. w. N.
30 Dieser (hier vereinfacht dargestellte) Sachverhalt lag der sog. Geltl ./. Daimler-Entscheidung des EuGH v. 28.06.2012 – Rs. C-19/11, AG 2012, S. 555 zugrunde, in welcher der EuGH über die Auslegung des Begriffs der „präzisen Information" und die Behandlung mehrstufiger Entscheidungsprozesse nach dem Insiderrecht zu entscheiden hatte. Die in dieser Entscheidung festgelegten Grundsätze wurden durch die MAR aufgegriffen, vgl. *v. der Linden*, in: DStR, S. 1037 (1038); *Klöhn*, in: AG 2016, S. 423 (425); *Krause*, in: CCZ 2014, S. 248 (251).

> dieser sein Amt niederlegen werde, eine Insiderinformation darstellen, da bereits dieser Zwischenschritt einen Schluss auf die mögliche Auswirkung dieses Ereignisses auf die Kurse der Finanzinstrumente zulässt.[31]

Gerüchte 24
Durch das Inkrafttreten der MAR hat sich im Rahmen des Insiderrechts insb. im Zusammenhang mit den Pflichten zur Ad-Hoc Veröffentlichung eine Konkretisierung dahingehend ergeben, dass eine entsprechende Mitteilung für notwendig erachtet wird, wenn ein Gerücht hinreichend präzise ist, d. h. es sich so stark verdichtet hat, dass zu vermuten ist, dass sich das Gerücht auf eine bestimmte Insiderinformation stützen muss.[32] In solchen Fällen steht die Möglichkeit der Inanspruchnahme einer Selbstbefreiung des betroffenen Unternehmens von der Pflicht zur Ad-Hoc Veröffentlichung nicht länger zur Verfügung, da die Vertraulichkeit der Information nicht gewährleistet ist, vgl. Art. 17 Abs. 7 Satz 2 MAR. Demzufolge ist an der nach Ansicht der BaFin[33] bereits nach der alten Rechtslage geltenden Relevanz von Gerüchten als „präzise Information" festzuhalten, sofern sich das Gerücht auf objektiv zuverlässige Elemente und damit auf einen spezifischen Tatsachenkern im Zusammenhang mit einer Insiderinformation bezieht.

Einschätzungen, Meinungsäußerungen, Werturteile, Prognosen 25
Der Begriff der konkreten Umstände kann auch Werturteile, Meinungsäußerungen, Einschätzungen oder Prognosen erfassen. Überlappungen zum Recht der sog. Ad-Hoc Mitteilung nach Art. 17 MAR bestehen hier insb. bei Prognosen eines Emittenten. Diese werden nach Auffassung der BaFin veröffentlichungspflichtig, wenn der Eintritt des prognostizierten Ereignisses hinreichend wahrscheinlich ist, z. B. weil die Prognose aufgrund konkreter Anhaltspunkte für den weiteren Geschäftsverlauf erstellt wurde. Eine Prognose des Emittenten hat in der Regel erhebliches Kursbeeinflussungspotenzial, wenn sie von den zurückliegenden Geschäftsergebnissen oder der Markterwartung erheblich abweicht.[34]

Aber auch Einschätzungen oder Prognosen Dritter können Insiderinformation darstellen, 26
wenn sie vom Markt routinemäßig erwartet werden und zur Preisbildung von Finanzinstrumenten beitragen. Das gleiche gilt für Einschätzungen und Prognosen, die Ansichten eines anerkannten Marktkommentators oder einer Institution enthalten, welche die Preise verbundener Finanzinstrumente beeinflussen können.[35] Um festzustellen, ob sie auf der

---

31 Die Regelungen der MAR zu mehrstufigen Entscheidungsprozessen entsprechen weitgehend den durch den EuGH im Fall Geltl ./. Daimler entwickelten Grundsätzen. Vgl. zur Entscheidung des EuGH *Bachmann*, in: DB 2012, S. 2206.
32 Vgl. *Seibt/Wollenschläger*, in: AG 2014, S. 593 (600).
33 BaFin-Emittentenleitfaden (4. Aufl., 2013), S. 33 f.; vgl. auch die FAQs der BaFin zu Art. 17 MAR – Veröffentlichung von Insiderinformationen (Stand: 20.06.2017), wonach ein Gerücht dann als hinreichend präzise anzusehen ist, wenn die daraus abzuleitende Information darauf schließen lässt, dass ein Informationsleck entstanden ist; näher *Krause*, in: CCZ 2014, S. 248 (255 f.).
34 Vgl. FAQs der BaFin zu Art. 17 MAR – Veröffentlichung von Insiderinformationen (Stand: 20.06.2017), S. 6.
35 Vgl. Erwägungsgrund Nr. 28 der MAR. Vgl. FAQs der BaFin zu Art. 17 MAR – Veröffentlichung von Insiderinformationen (Stand: 20.06.2017), S. 6.

Grundlage von Insiderinformationen handeln würden, müssen die Marktteilnehmer deshalb berücksichtigen, in welchem Umfang die Informationen noch nicht öffentlich sind und welche Auswirkungen auf Finanzinstrumente möglich wären, wenn sie vor der Veröffentlichung oder Verbreitung handeln würden.

27 **Beispiel:**
Steht die Veröffentlichung einer Finanzanalyse durch einen namhaften Research-Analysten bevor, deren Inhalt geeignet ist, den Kurs des behandelten Unternehmens oder Finanzinstruments erheblich zu beeinflussen, so kann die Kenntnis über die bevorstehende Veröffentlichung eine Insiderinformation darstellen. Die Nutzung dieser Kenntnis für den Erwerb oder die Veräußerung der analysierten Finanzinstrumente, z. B. durch den Autor der Finanzanalyse oder anderer Personen, die Kenntnis von der bevorstehenden Veröffentlichung haben, können das Verwendungsverbot des Art. 14 lit. a) MAR verletzen.[36]

28 Analysen und Bewertungen, die aufgrund öffentlich verfügbarer Angaben erstellt wurden, sollen nach Erwägungsgrund Nr. 28 der MAR nicht als Insiderinformationen angesehen werden. Finanzanalysten, Journalisten oder Wirtschaftsprüfer, die einen Emittenten oder ein Finanzinstrument aufgrund öffentlich bekannter Informationen bewerten, schaffen damit keine Insiderinformation.[37]

Noch nicht veröffentlichte Kreditrating-Entscheidungen einer registrierten Kreditratingagentur zu relevanten Finanzinstrumenten bzw. Emittenten sind aufgrund spezialgesetzlicher Regelungen stets als eine Insiderinformation zu behandeln.[38]

3.3.2 Information, die nicht öffentlich bekannt ist.

29 Der Begriff der Insiderinformation gemäß Art. 7 Abs. 1 MAR setzt weiterhin voraus, dass die Information nicht öffentlich bekannt ist. Eine Information ist öffentlich bekannt, wenn eine unbestimmte Zahl von Personen Kenntnis von ihr nehmen konnte. Dabei ist es ausreichend, wenn die Information einem breiten Publikum regelmäßiger Marktteilnehmer zugänglich gemacht worden ist, z. B. über die Medien oder ein elektronisches Informations-

---

36 Vgl. auch Art. 37 Abs. 2 (a) und (b) der Delegierten Verordnung (EU) 2017/565 v. 25. 04. 2016 zur Ergänzung der Richtlinie 2014/65/EU in Bezug auf die organisatorischen Anforderungen an Wertpapierfirmen und die Bedingungen für die Ausübung ihrer Tätigkeit sowie in Bezug auf die Definition bestimmter Begriffe für die Zwecke der genannten Richtlinie, Abl. EU Nr. L 87/10. Die Abgrenzung gegenüber Fällen der Marktmanipulation, bei welchen es um die Verbreitung unrichtiger oder irreführender Informationen geht, bereitet in derartigen Fällen zuweilen Schwierigkeiten.
37 Vgl. näher *Klöhn*, in: AG 2016, S. 423 (427 f.).
38 Siehe Art. 10 Abs. 2a Satz 1 der EU-Verordnung Nr. 1060/2009 zu Kreditratingagenturen (ABl. EU Nr. L 302 v. 17. 11. 2009) in der durch VO (EU) Nr. 513/2011(ABl. EU Nr. L 145/30 v. 31. 05. 2011) und VO (EU) Nr. 462/2013, (Abl. EU Nr. L 146 v. 31. 05. 2013) geänderten Fassung.

verbreitungssystem.[39] Unerheblich ist, wer die Insiderinformation öffentlich bekannt gemacht hat, d. h. ob der Emittent selbst die der Insiderinformation zugrundeliegenden Umstände, ggf. im Rahmen einer Ad-hoc-Meldung bekannt gibt oder diese auf sonstige Weise der Öffentlichkeit zugänglich werden.

Demgegenüber ist eine Information noch nicht öffentlich bekannt, wenn sie nur in geschlossenen Nutzergruppen verbreitet ist, z. b. in einem nur in bestimmten Kreisen einschlägigen Börseninformationsdienst, Newsboard oder sozialen Netzwerk. Nach Ansicht der ESMA[40] gilt das gleiche, wenn eine Information auf einer Pressekonferenz, bzw. im Rahmen einer Hauptversammlung verbreitet wird, da nur ein begrenzter Kreis von Personen Zutritt zu einer solchen Veranstaltung erhält. Auch nicht ausreichend ist es, wenn die Information auf der Homepage des Unternehmens eingestellt wird, da hierdurch nicht hinreichend gewährleistet wird, dass die Insiderinformation zeitgleich der Öffentlichkeit bekannt wird.[41] In solchen Fällen kann daher bis zu dem Zeitpunkt, in dem die Veröffentlichung der Information erfolgt, eine Verletzung des Insiderverbots stattfinden. *30*

3.3.3 Eignung zur erheblichen Kursbeeinflussung eines Emittenten oder Finanzinstruments

Die Information muss zudem gemäß Art. 7 Abs. 1 MAR geeignet sein, den Kurs von Finanzinstrumenten oder den Kurs damit verbundener derivativer Finanzinstrumente erheblich zu beeinflussen, wenn sie öffentlich bekannt würde. *31*

Bezug der Information zu Finanzinstrumenten oder Emittenten *32*
Die Information muss daher zunächst direkt oder indirekt einen oder mehrere Emittenten oder ein oder mehrere Finanzinstrumente betreffen. Klassische Beispiele für Insiderinformationen sind danach Fälle, in welchen die Information ihren Ursprung beim Emittenten selbst hat, z. B. im Zusammenhang mit z. B. der Veräußerung von Kerngeschäftsfeldern, wesentlichen Kapital- oder Strukturmaßnahmen oder personellen Veränderungen in Schlüsselpositionen eines Emittenten.[42]

Es ist allerdings nicht zwingend erforderlich, dass die Information aus der Sphäre des Emittenten stammt. Auch den Emittenten nur mittelbar betreffende Umstände können Insiderinformationen sein, wenn sie geeignet sind, den Preis des Insiderpapiers erheblich zu beeinflussen. Hierzu zählen beispielsweise externe Ereignisse, wie Gesetzvorhaben und -änderungen, Kreditrating-Entscheidungen über einen Emittenten oder ein Finanzinstrument[43], sowie Informationen über die Rahmenbedingungen von Märkten, wie etwa Zinsbe- *33*

---

39 Nicht (länger) ausreichend ist eine sog. Bereichsöffentlichkeit, wie dies z. B. i. d. R. auf Analystenkonferenzen der Fall sein wird, vgl. hierzu näher *Klöhn*, in: AG 2016, S. 423 (426 f.).
40 Final Report of 28 September 2015: Draft technical standards on the Market Abuse Regulation, ESMA/2015/1455, Rn. 188.
41 Vgl. Final Report of 28 September 2015: Draft technical standards on the Market Abuse Regulation, ESMA/2015/1455, Rn. 188.
42 Vgl. *v. der Linden*, in: DStR 2016, S. 1036 (1037); *Graßl*, in: DB 2015, S. 2066.
43 Dies ist seit der Änderung der EU-Ratingverordnung von 2013 klargestellt – vgl. hierzu Art. 10 Abs. 2a der VO (EG) Nr. 1060/2009 zu Kreditratingagenturen (ABl. EU Nr. L 302

schlüsse von Notenbanken, Devisenkurse, Rohstoffpreise, oder etwaige Daten und Informationen über den Handel in dem jeweiligen Instrument.[44]

34 *Relevanz der Information für einen „verständigen Anleger"*
Eine Eignung zur erheblichen Kursbeeinflussung ist nach Art. 7 Abs. 4 Satz 1 MAR gegeben, wenn ein verständiger Investor die Information wahrscheinlich als Teil der Grundlage seiner Anlageentscheidungen nutzen würde.

35 Dabei ist zunächst abstrakt zu beurteilen, ob die Information überhaupt eine entsprechende Preisbeeinflussung auslösen kann. Entscheidend ist die Einschätzung der potenziellen Kursbeeinflussung und nicht die Frage, ob und in welche Richtung sich der Preis eines Insiderpapiers tatsächlich verändert, wenn die Information bekannt geworden ist. Die Beeinflussung kann nicht nur im Steigern oder Senken des Kurses bestehen, sondern z. B. auch in einer Stabilisierung des Preises entgegen der aktuellen Marktentwicklung, bei der es das Ziel sein kann, den Kurs auf dem aktuellen Niveau zu halten. Es ist daher nicht erforderlich, dass die Information es erlaubt, die Änderung des betreffenden Kurses in eine bestimmte Richtung vorauszusagen.[45] Dabei ist nach Ansicht der BaFin erforderlich, dass das Spektrum des „verständigen Anlegers" auch einen spekulativ handelnden Anleger erfasst, der nur eine kurzfristige Kursbewegung ausnutzen will.[46]

36 Im nächsten Schritt ist die Beurteilung aus Sicht des „verständigen Anlegers" durchzuführen. Als ein verständiger Investor gilt ein mit den Marktgegebenheiten vertrauter, mit allen verfügbaren Informationen ausgestatteter Anleger.[47] Nach Erwägungsgrund Nr. 14 der MAR stützen verständige Anleger ihre Anlageentscheidungen auf Informationen, die ihnen vorab zur Verfügung stehen. Die Prüfung der Frage, ob ein verständiger Anleger einen Sachverhalt oder ein Ereignis im Rahmen seiner Investitionsentscheidung wohl berücksichtigen würde, sollte folglich anhand der Ex-ante-Informationen erfolgen.[48] Eine solche Prüfung sollte auch die voraussichtlichen Auswirkungen der Informationen in Betracht ziehen, insb. unter Berücksichtigung der Gesamttätigkeit des Emittenten, der Verlässlichkeit der Informationsquelle und sonstiger Marktvariablen, die das Finanzinstrument unter den gegebenen Umständen beeinflussen dürften.[49]

37 *Erheblichkeit der Preisbeeinflussung*
Anschließend ist zu bestimmen, ob die Preisbeeinflussung im konkreten Fall auch erheblich ist. Das Merkmal der Erheblichkeit dient dazu, Fälle auszugrenzen, bei denen der erwartete Kursausschlag so niedrig ist, dass die Verwendung der Information keinen

---

v. 17. 11. 2009) in der durch VO (EU) Nr. 513/2011(ABl. L 145/30 v. 31. 05. 2011) und VO (EU) Nr. 462/2013 (Abl. EU L 146 v. 31. 05. 2013) geänderten Fassung.
44 Vgl. BaFin-Emittentenleitfaden (4. Aufl. 2013), S. 34.
45 Vgl. die EuGH-Entscheidung Lafonta/AMF v. 11.03.2015 (Az. C-628/13), in: NZG 2015, S. 432.
46 Vgl. FAQs der BaFin zu Art. 17 MAR – Veröffentlichung von Insiderinformationen (Stand: 20. 06. 2017), S. 8.
47 Ähnlich definierte der BGH in seiner IKB-Entscheidung BGH, Urteil v. 13.12.2011, in: AG 2012, S. 209, einen verständigen Anleger als einen „mit den Marktgegebenheiten vertrauten, börsenkundigen Anleger". Vgl. näher *Langenbucher*, in: AG 2016, S. 417 ff. m. w. N.
48 Siehe Erwägungsgrund Nr. 15 der MAR.
49 Siehe Erwägungsgrund Nr. 14 der MAR.

nennenswerten wirtschaftlichen Vorteil verspricht. Dabei existiert keine bestimmte Schwelle, ab welcher eine Kursbeeinflussung als erheblich anzusehen ist, weil dies sehr stark von den Charakteristika des jeweiligen Finanzinstrumentes abhängt. Ist z. B. eine Aktie generell sehr volatil und schwankt regelmäßig in einer Bandbreite von 10 % oder mehr, so fällt die Beurteilung anders aus, als bei einem sehr stabilen und liquiden Wert, für den eine erwartete Kursschwankung unter 1 % bereits erheblich sein kann.

Ein allgemeingültiger und vollständiger Katalog von Fällen mit einem erheblichen Kursbeeinflussungspotenzial lässt sich nicht aufstellen. Als Beispiele für Sachverhalte, bei welchen sich die nähere Prüfung der Frage empfiehlt, ob ein Potenzial für eine erhebliche Kursbeeinflussung in Bezug auf Aktien eines Unternehmens besteht, können jedoch typischerweise die folgenden Fälle angesehen werden[50]: 38

- Übernahmen und Fusionen;[51]
- Kapitalmaßnahmen und Dividendenzahlungen;
- den Erwerb und die Veräußerung von wesentlichen Beteiligungen;
- Periodenergebnisse wie z. B. wesentliche Änderung der Ergebnisse der Jahresabschlüsse oder Zwischenberichte gegenüber früheren Ergebnissen oder Marktprognosen;[52]
- bevorstehende Zahlungseinstellung bzw. Liquiditätsprobleme und Überschuldung, kurzfristige Kündigung wesentlicher Kreditlinien;
- die Kenntnis einer Groß-Order;[53]

Besondere Überlegungen müssen angestellt werden, wenn es nicht um Insiderinformationen in Bezug auf Aktien geht, sondern andere Arten von Finanzinstrumenten betroffen sind: 39

- Im Fall von Standard-Anleihen (z. B. fest- oder variabel verzinsliche Wertpapiere, Pfandbriefe) wird grundsätzlich ein erhebliches Preisbeeinflussungspotenzial seltener vorliegen, als bei Aktien. Es kann aber bestehen, wenn die Erfüllung der vom Emittenten eingegangenen Verpflichtungen (Zins, Tilgung) gefährdet ist, oder z. B. bei der Kenntnis einer Kreditrating-Entscheidung vor ihrer Veröffentlichung.

---

50 Vgl. *Graßl*, in: DB 2015, S. 2066 (2067).
51 Für das Jahr 2017 entfielen ca. 22 % und für 2016 ebenfalls ca. 22 % der positiven Insideranalysen auf den Bereich der Übernahmen und Fusionen, vgl. BaFin-Jahresbericht 2017, S. 132 (abrufbar unter www.bafin.de).
52 Für das Jahr 2017 entfielen ca. 33 % und für 2016 ca. 37 % der positiven Insideranalysen der BaFin den Bereich der Periodenergebnisse, vgl. BaFin Jahresbericht 2017, S. 230 (abrufbar unter www.bafin.de).
53 Vgl. hierzu insb. Art. 7 Abs. 1 lit. d) MAR für Personen, die mit der Ausführung von Aufträgen von in Bezug auf Finanzinstrumente beauftragt sind. Danach können auch Aufträge von Kunden eine Insiderinformation darstellen.

– Für strukturierte Produkte und Derivate, die sich unmittelbar auf ein Finanzinstrument beziehen, können Insiderinformationen über den Basiswert eine wesentliche Preisbeeinflussung des Derivats verursachen.[54]
– Bei Derivaten mit Bezug auf Waren bzw. Waren-Spot-Kontrakten nach Art. 7 Abs. 1 lit. b) MAR können Informationen potenziell eine erhebliche Kursbeeinflussung ergeben, welche aufgrund von Rechts- und Verwaltungsvorschriften, Handelsregeln, Verträgen und sonstigen Regeln an der jeweiligen Warenbörse bzw. auf dem organisierten Markt für Warenderivate öffentlich bekannt gegeben werden müssen. Als Beispiele hierfür werden z. B. bei Stromderivaten der Ausfall oder die Abschaltung eines Kraftwerks genannt. Bei anderen Waren wie z. B. landwirtschaftlichen Produkten kann auch z. B. die Änderung der Subventionspolitik oder die Kenntnis von Seuchen u. U. kurserheblich sein.[55]

3.4 Die Tatbestände des Insiderverbots nach Art. 14 MAR

3.4.1 Verwendungsverbot

40 Art. 14 lit a) MAR sanktioniert es, Insidergeschäfte zu tätigen (sog. Verwendungsverbot) oder dies zu versuchen. Ein Insidergeschäft liegt nach Art. 8 Abs. 1 Satz 1 MAR vor, wenn eine Person über Insiderinformationen verfügt und unter Nutzung derselben für eigene oder fremde Rechnung direkt oder indirekt Finanzinstrumente, auf die sich die Informationen beziehen, erwirbt oder veräußert.

41 Der Begriff der Nutzung einer Insiderinformation ist sehr weit gefasst. Erforderlich ist, dass eine Person im Besitz einer Insiderinformation ist und von dieser aktiv Gebrauch macht. Dies gilt insb., wenn jemand objektiv Finanzinstrumente, auf welche sich die Insiderinformation bezieht, erwirbt oder veräußert, wobei in der Regel eine Bank oder ein Wertpapierdienstleister mit der Ausführung beauftragt wird. Das Insidergeschäft erfolgt dann durch die Erteilung der Order an das jeweils ausführende Institut. Unter das Verbot fallen Geschäfte für eigene oder fremde Rechnung.[56] Untersagt sind damit alle Insidergeschäfte, gleichgültig ob der Insider diese in für sich selbst tätigt oder in Stellvertretung für Dritte.

42 **Beispiel:**
Ein Aktienhändler des Instituts erhält eine große Kundenorder für den Kauf von Aktien der X-AG. Aufgrund des Volumens der Order geht der Händler davon aus, dass der Kurs durch deren Ausführung ansteigen wird. Er baut daher auf dem Eigenhandelskonto der Bank kurz vor Ausführung der Kundenorder eine eigene Position in dem Wert auf.

43 Ein solches sog. Frontrunning[57] ist ein klassischer Fall der Verletzung des Verwendungsverbots des Art. 14 lit. a) MAR. Hier nutzt der Insider typischerweise seine Kenntnis von

---

54 Vgl. Erwägungsgrund Nr. 10 der MAR.
55 BaFin-Emittentenleitfaden (4. Aufl., 2013), S. 36.
56 Dabei werden auch Pensions- oder Wertpapierleihegeschäfte erfasst.
57 Vgl. Erwägungsgrund Nr. 30 der MAR.

Art und Umfang einer kurserheblichen (Groß-)Order eines Kunden für ein entsprechendes Geschäft, um von der aufgrund der Orderausführung erwarteten Kursänderung zu profitieren.

Wer hingegen erst nach der Erteilung eines Auftrags zum Erwerb oder der Veräußerung eines Finanzinstruments Insiderinformationen erhält, hat durch seine ursprüngliche Order nicht gegen das Verwendungsverbot verstoßen, selbst wenn das Geschäft später auf Grundlage dieser Order ausgeführt wird. In solchen Fällen kommt es auf die Kenntnis im Zeitpunkt der Ordererteilung an. Kein Verwenden ist also gegeben, wenn die Person erst nachträglich Zugriff auf die Insiderinformation erhält.[58] 44

Wenn aber eine natürliche oder juristische Person Insiderinformationen erhält und anschließend die betreffenden Finanzinstrumente erwirbt oder veräußert, die im Zusammenhang mit dieser Information stehen, sollte nach der MAR unterstellt werden, dass diese die Information genutzt hat.[59] Für eine Kausalität zwischen der Information und dem Geschäft, d. h. die Frage, ob die Information in die Entscheidung des Insiders über das Geschäft eingeflossen ist, wird also grundsätzlich vermutet, dass die Person diese Informationen genutzt hat.[60] 45

Verboten ist zudem nach Art. 8 Abs. 1 Satz 2 MAR, wenn Insiderinformationen zur Stornierung oder Änderung eines Auftrags in Bezug auf ein Finanzinstrument, auf das sich die Informationen beziehen genutzt wird, wenn der Auftrag vor Erlangen der Insiderinformationen erteilt wurde. In einem solchen Fall reicht es aus, dass die betreffende Person weiß oder wissen müsste, dass die Informationen Insiderinformationen sind. Als Maßstab gilt, was eine normale, vernünftige Person unter den gegebenen Umständen wusste oder hätte wissen müssen.[61] Dies ist insb. im Zusammenhang mit dem Beteiligungsaufbau an börsennotierten Gesellschaften zu beachten (sog. Stakebuilding). Erlangt hier der Bieter, etwa im Rahmen seiner Due Diligence-Prüfung bei der Zielgesellschaft, Kenntnis von Insiderinformationen, so darf er einen zuvor erteilten Auftrag nicht unter Nutzung seiner nachträglich erlangten Insiderkenntnisse stornieren oder abändern.[62] 46

3.4.2 Legitime Handlungen

Bestimmte Formen von Finanzaktivitäten, in denen kein Marktmissbrauch vorliegt, werden von der MAR als sog. legitime Handlungen anerkannt.[63] Sind die Voraussetzungen einer 47

---

58 Siehe Erwägungsgrund Nr. 25 der MAR.
59 Siehe Erwägungsgrund Nr. 25 der MAR.
60 Siehe Erwägungsgrund Nr. 24 und 25 der MAR, wonach diese Vermutung ausdrücklich die Verteidigungsrechte unberührt lässt, d. h. es besteht die Möglichkeit, den Nachweis einer fehlenden Kausalität zu erbringen. Damit bleibt es im Grundsatz bei der Anforderung, dass eine solche Kausalität vorliegen muss. In der Praxis ist in solchen Fällen essentiell, entsprechende Dokumentation vorzuhalten, um einen entsprechenden Nachweis erbringen zu können.
61 Siehe Erwägungsgrund Nr. 26 der MAR.
62 Vgl. *Graßl*, in: DB 2015, S. 2066 (2067); *v. der Linden*, in: DStR 2016, S. 1036 (1037); *Seibt/Wollenschläger*, in: AG 2014, S. 593 (597).
63 Vgl. Erwägungsgrund Nr. 29 der MAR. Mit der Schaffung der Tatbestände für sog. Legitime Handlungen hat der europäische Gesetzgeber die vom EuGH in seiner Entscheidung „Spector Photo Group" v. 23.12.2009 – Rs. C-45/08, in: WM 2010, S. 65 ff. entwickelten Fallgruppen in

solchen legitimen Handlung erfüllt, so wird gemäß Art. 9 Abs. 1 MAR nicht aufgrund der bloßen Tatsache, dass jemand im Besitz von Insiderinformationen ist im Wege einer Vermutungsregel unterstellt, dass dieser die Information i. S. d. Art. 14 und Art. 8 MAR „genutzt" hat, sodass keine Verletzung des Verwendungsverbots vorliegt. Gemäß Art. 9 Abs. 6 MAR kann jedoch im Einzelfall dennoch die Verletzung eines Insiderverbots gegeben sein, wenn festgestellt wird, dass sich hinter den betreffenden Handelsaufträgen, Geschäften oder Handlungen ein rechtswidriger Grund verbirgt.

48 Nachfolgend wird anhand verschiedener Beispiele verdeutlicht, wann jemand gegen das Verwendungsverbot des Art. 14 lit. a) MAR verstößt und in welchen Fällen dies ausscheidet. Hierbei wird der Katalog der sog. legitimen Handlungen des Art. 9 MAR näher erläutert, welcher lediglich eine Aufzählung besonders relevanter Fallgruppen enthält, d. h. die MAR ist insoweit nicht abschließend.[64]

49 *Geschäfte einer juristischen Person*
Von erheblicher Bedeutung für Banken und Wertpapierdienstleistungsunternehmen[65] sowie für Emittenten von Finanzinstrumenten ist die Ausnahmebestimmung des Art. 9 Abs. 1 MAR, wonach sich eine juristische Person auf eine legitime Handlung berufen kann, wenn interne Regelungen und Verfahren die bei der Ausführung eines Geschäfts handelnden natürlichen Personen wirksam von der betreffenden Insiderinformation und den sich daraus im Unternehmen ergebenden Einflüssen abschirmt.[66] Voraussetzung hierfür ist, dass:

– durch diese internen Regelungen und Verfahren (sog. Informationsbarrieren) wirksam sichergestellt wird, dass eine im Unternehmen vorhandene Insiderinformation weder zu Personen gelangt, die für das Unternehmen Finanzinstrumente erwerben oder veräußern, noch zu Personen, die diese Geschäftstätigkeit in irgendeiner Weise beeinflussen könnten;

---

    der MAR niedergelegt, vgl. *Seibt/Wollenschläger*, in: AG 2014, S. 593 (597); *v. der Linden*, in: DStR 2016, S. 1036 (1038).

64 *Von der Linden*, in: DStR 2016, S. 1036 (1038); Veil, in: ZBB 2014, S. 85 (91).
65 Diskutiert wird dies Ausnahmebestimmung insb. im Zusammenhang mit Hedging-Geschäften, bei denen sog. Ethical screens gewährleisten, dass in einem Institut kein Informationsaustausch zwischen der Abteilung, die über die Insiderinformation verfügt und der Abteilung, die für die Hedging-Geschäfte zuständig ist, stattfindet; vgl. *Kiesewetter/Parmentier*, in: BB 2013, S. 2371 (2373).
66 Die Abgrenzung, ob und inwieweit die Einhaltung der nachfolgend erläuterten Organisationspflichten im Rahmen eines potenziellen Insiderverstoßes durchschlägt, wird im Rahmen entsprechender Gerichtsverfahren auf Basis des jeweiligen Einzelfalls zu klären sein. Ein betroffenes Institut, gegen welches zuvor im Rahmen einer Untersuchung der Aufsicht wegen der Verletzung von Organisationspflichten in derselben Angelegenheit eine entsprechende verwaltungsrechtliche Sanktion verhängt wurde, kommt vermutlich in den Bereich, der diese Schwelle überschreitet.

II.C.3 Marktmissbrauchsrecht

– die Regelungen und Verfahren zu solchen Informationsbarrieren angemessen und wirksam sind und im Unternehmen eingeführt, umgesetzt und aufrechterhalten werden und
– von der juristischen Person gegenüber der beim Erwerb oder der Veräußerung der Finanzinstrumente handelnden Person keine Empfehlungen für den Erwerb oder die Veräußerung abgeben werden und sie nicht aufgefordert, angestiftet oder anderweitig beeinflusst wird.

Die Einrichtung von Vertraulichkeitsbereichen soll den Kreis der Personen, welche Zugriff auf eine Insiderinformation haben, möglichst begrenzen und kontrollierbar halten. Eine wirksame Einführung und Umsetzung angemessener interner Regelungen zu solchen Vertraulichkeitsbereichen erfordert umfassende Maßnahmen zur funktionalen, organisatorischen, (system-)technischen und räumlichen Abgrenzung der relevanten, im Unternehmen vorhandenen Geschäftsaktivitäten.[67]   50

Ggf. ist bei einem Emittenten oder einem Finanzdienstleister die Einrichtung entsprechender interner Verhaltensrichtlinien (Policies/Procedures) zum Umgang mit vertraulichen Informationen und Insiderinformationen erforderlich, um die Einhaltung dieser Maßnahmen sicherzustellen. Werden Insiderinformationen an eine Person außerhalb eines Vertraulichkeitsbereichs weitergegeben (sog. Wall Crossing), so ist dies nur zulässig, wenn es für die Bearbeitung des betreffenden Mandats notwendig ist (sog. Need-to-know-Prinzip).[68] Hierbei ist organisatorisch sicherzustellen, dass geprüft wird, ob die Weitergabe der Insiderinformation rechtmäßig im Sinne des Art. 14 lit.c) i. V. m. Art. 10 Abs. 1 MAR erfolgen kann.[69] Aufgrund der Pflicht des Art. 18 MAR Insiderlisten zu führen, ist eine entsprechend detaillierte Dokumentation erforderlich und die in einem Vertraulichkeitsbereich erfassten Geschäftsleiter und Mitarbeiter sind entsprechend über die Insiderhandelsverbote und die potenziellen Konsequenzen eines Verstoßes aufzuklären und zu unterrichten. Beim Auftreten von Informations-Lecks stellt sich zudem für einen Emittenten von Finanzinstrumenten, der sich auf eine Befreiung von der (sog. Ad-Hoc-)Pflicht zur Veröffentlichung von Insiderinformationen beruft, die Frage nach der Gültigkeit dieser Befreiung im konkreten Einzelfall.[70]   51

Für Wertpapierdienstleistungsunternehmen ergibt sich die Pflicht zur Einrichtung von Vertraulichkeitsbereichen bereits aus den allgemeinen Verhaltensregeln gemäß § 63 WpHG und insb. den Organisationspflichten des § 80 Abs. 2 bzw. Abs. 7 WpHG. Danach muss ein solches Institut u. a. zur Beachtung der Insiderverbote wirksame Vorkehrungen für angemessene Maßnahmen treffen, um Interessenkonflikte bei der Erbringung von Wertpapier-(neben-)dienstleistungen zu erkennen und zu vermeiden oder zu regeln. Dies   52

---

67 Vgl. näher AT 6.2, Nr. 3.a – 3c, des BaFin-Rundschreibens 05/2018 (WA) – Mindestanforderungen an die Compliance-Funktion und weitere Verhaltens-, Organisations- und Transparenzpflichten („MaComp") v. 19.04.2018 (WA31-Wp2002-2017/0011).
68 Vgl. zum „Wall Crossing" sowie dem „Need-to-know-Prinzip" auch AT 6.2, Nr. 3.a – 3c der MaComp.
69 Bei einer Weitergabe an Personen außerhalb des Instituts ist u. a. darauf zu achten, ob der Empfänger einer gesetzlichen Verpflichtung zur Wahrung der Vertraulichkeit unterliegt (wie z. B. bei Rechtsanwälten, Wirtschaftsprüfern, etc.) oder ob der Abschluss einer entsprechenden Vertraulichkeitsvereinbarung erforderlich ist.
70 Vgl. *Klöhn*, in: AG 2016, S. 423 (430 ff.).

erfolgt üblicherweise durch eine Trennung der jeweiligen Bereiche, in welchen regelmäßig Insiderinformationen bzw. vertrauliche Informationen anfallen (sog. private side, zu denen üblicherweise in einer Investmentbank die Abteilungen M&A, Capital Markets, etc. gehören) von den Bereichen, die typischerweise mit öffentlich zugänglichen Informationen arbeiten (sog. public side, hierzu zählen insb. die Wertpapier-Handelsbereiche und das Treasury desk).[71]

53 Zudem sind in einer Bank oder bei einem Wertpapierdienstleistungsunternehmen entsprechende Maßnahmen zur Behandlung der sich aus dem Vorhandensein von Insiderinformationen ergebenden potenziellen Interessenkonflikte erforderlich, wie. z.B. im Hinblick auf Eigengeschäfte von Führungskräften (vgl. Art 19 MAR) oder Geschäfte von Mitarbeitern in den betreffenden Finanzinstrumenten (vgl. insb. Art. 16 Abs. 2 der MiFiD II[72]). Als übliche Verfahren zur Umsetzung dieser Anforderungen werden oftmals eine interne sog. Sperrliste bzw. Restricted-List[73] oder/und eine Beobachtungs- bzw. Watch-List[74] geführt. Das Führungspersonal und die Mitarbeiter unterliegen dabei typischerweise diversen Beschränkungen sowie internen Meldepflichten.

54 *Market Making und Geschäfte als zugelassene Gegenpartei*
Eine weitere legitime Handlung gilt gemäß Art. 9 Abs. 2 lit. a) MAR für sog. Market Maker, d.h. solche Personen, die an den Finanzmärkten auf kontinuierlicher Basis ihre Bereitschaft anzeigen, durch den An- und Verkauf von Finanzinstrumenten unter Einsatz des eigenen Kapitals Handel für eigene Rechnung zu von ihr gestellten Kursen zu betreiben.[75]

55 Da ein Market Maker durch die von ihm gestellten Preise gewährleistet, dass Handelsgeschäfte in weniger liquiden Werten stattfinden können, handelt es sich hierbei um eine für die Effizienz des Kapitalmarkts bedeutende Funktion.[76] Geschäfte eines solchen Market

---

71 Vgl. auch *Krause*, in: CCZ 2014, S. 248 (252).
72 Siehe hierzu ferner Art. 29 der Delegierten Verordnung (EU) 2017/565 v. 25.04.2016 zur Ergänzung der MiFiD II in Bezug auf die organisatorischen Anforderungen an Wertpapierfirmen und die Bedingungen für die Ausübung ihrer Tätigkeit sowie in Bezug auf die Definition bestimmter Begriffe für die Zwecke der MiFiD II, § 80 Abs. 1 WpHG sowie BT 2.4 der MaComp.
73 Eine sog. Restricted List ist eine stets aktualisierte Liste meldepflichtiger Werte, die unternehmensintern geheim zu halten ist und die dazu dient den betroffenen Mitarbeitern und Bereichen des Unternehmens etwaige Beschränkungen für Mitarbeiter- und Eigengeschäfte sowie Kunden und Beratungsgeschäfte mitzuteilen, vgl. AT 6.2 Nr. 3c der MaComp.
74 Die Watch-List ist eine nicht öffentliche, laufend aktualisierte Liste von Finanzinstrumenten, zu denen im Wertpapierdienstleistungsunternehmen Compliance-relevante Informationen vorliegen. In der Watch-List erfasst eine Bank bzw. ein Wertpapierdienstleister üblicherweise sämtliche Transaktionen bzw. Mandate, bei welchen Mitarbeiter in Berührung mit Insiderinformationen kommen können, vgl. AT 6.2 Nr. 3c der MaComp.
75 Siehe Art. 3 Abs. 1 Nr. 30 MAR i. V. m. Art. 4 Abs. 1 Nr. 7 MiFiD II.
76 Vgl. Erwägungsgrund Nr. 29 der MAR; *Seibt/Wollenschläger*, in: AG 2014, S. 593 (597); Siehe zur Funktion des Market Makers auch § 96 der Börsenordnung der FWB (Stand 26.06.2017), abrufbar unter http://www.deutsche-boerse-cash-market.com/blob/1198492/ff9e4002cc01e7a35143ecc6f86bf97b/data/2017-06-26-Boersenordnung-fuer-die-frankfurter-wertpapierboerse.pdf. (letzter Abruf am 18.06.02018).

Makers, die aufgrund der im Rahmen dieser Funktion gestellten Preise durchgeführt werden, sind daher von der Vermutung ausgenommen, ggf. zu den betreffenden Finanzinstrumenten vorhandene Insiderinformationen genutzt zu haben.

Der Ausnahme für Market Maker sind gemäß Art. 9 Abs. 2 lit. a) MAR solche Geschäfte gleichgestellt, die eine Person, welche als Gegenpartei für bestimmte Finanzinstrumente zugelassen ist, im Rahmen der normalen Ausübung dieser Funktion ausführt. Eine sog. zentrale Gegenpartei ist eine juristische Person, die sog. Clearingdienstleistungen erbringt, indem sie zwischen die Parteien der auf einem oder mehreren Märkten gehandelten Kontrakte tritt und somit als Käufer für jeden Verkäufer bzw. als Verkäufer für jeden Käufer fungiert.[77]

Ausführung von Kundenaufträgen 56
Gemäß Art. 9 Abs. 2 lit. b) MAR gilt es ferner als eine legitime Handlung, wenn bei einem Intermediär, bei dem Insiderinformationen vorhanden sind, Kundenaufträge im Wertpapiergeschäft zu den von der Insiderinformation betroffenen Finanzinstrumenten ausgeführt werden, solange das Institut dabei ein evtl. vorhandenes Insiderwissen nicht in die Auftragsausführung einfließen lässt. Dies ist der Fall, wenn
– das Institut zur Ausführung von Aufträgen für Dritte zugelassen ist und
– das Geschäft dazu dient, den erhaltenen Auftrag rechtmäßig im Zuge der normalen Ausübung seiner Aufgaben auszuführen.

In den Kreis der so zugelassenen Intermediäre fallen insb. Institute, die Wertpapierdienstleistungen i. S. d. § 2 Abs. 8 Nr. 1–3 WpHG betreiben, über eine entsprechende Zulassung gemäß § 32 KWG verfügen und demgemäß der Aufsicht durch die BaFin unterliegen. Es wird als legitim angesehen, wenn ein solches Haus Kundenaufträge in einer Weise ausführt, die dem Interesse des Kunden entspricht und die für die jeweilige Art der Ausführung maßgeblichen Verhaltensregeln beachtet, durch die insb. die Trennung von etwaigen im Unternehmen vorhandenen Insiderinformationen gewährleistet wird. 57

Geschäfte zur Erfüllung einer Verpflichtung 58
Als legitime Handlung sind nach Art. 9 Abs. 3 MAR außerdem Geschäfte zur Erfüllung einer Verpflichtung einzuordnen unter der Voraussetzung, dass:
– die betreffende Verpflichtung vor dem Erhalt der Insiderinformation entstanden ist;
– die Verpflichtung auf der Erteilung eines Auftrags bzw. dem Abschluss einer Vereinbarung (Art. 9 Abs. 3 lit. a) MAR), oder aufgrund einer rechtlichen Verpflichtung oder Regulierungsauflage (Art. 9 Abs. 3 lit.b) MAR) beruht;
– die Geschäfte der Erfüllung dieser Verpflichtung dienen und
– das Geschäft im guten Glauben und nicht zur Umgehung des Verbots von Insidergeschäften durchgeführt wird.

---

77 Vgl. § 1 Abs. 1 Satz 2 Nr. 12 i. V. m. § 1 Abs. 31 KWG i. V. m. der sog. European Market Infrastructure Regulation („EMIR"), d. h. der Verordnung (EU) Nr. 648/2012 v. 04.07.2012 über OTC-Derivate, zentrale Gegenparteien und Transaktionsregister, Abl. EU Nr. L 201 v. 27.07.2012.

In einem solchen Fall fehlt es an der erforderlichen Kausalität zwischen der Insiderinformation und dem Handelsentschluss, sodass für die Ausführung des Geschäfts nicht anzunehmen ist, dass die später erlangte Insiderinformation i. S. d. Art. 14 lit. a) MAR genutzt wurde.[78]

59 **Beispiel:**
Ein Marktteilnehmer verpflichtet sich gegenüber einem anderen zum Verkauf einer bestimmten Menge Aktien zu einem bestimmten Termin und einem festgelegten Preis, ohne über die Aktien zu verfügen. Der Marktteilnehmer muss diese daher erst noch erwerben. Nach Abschluss des Vertrages, aber vor Erwerb der Aktien zur Erfüllung seiner Verbindlichkeit erhält der Veräußerer Kenntnis von Insiderinformationen über die Aktien. Aufgrund der bereits eingegangenen rechtlichen Verpflichtung zur Veräußerung der bestimmten Menge Aktien zu einem bestimmten Termin gilt die Ausführung des Geschäfts als legitime Handlung.

60 *Unternehmensübernahmen*
Ein weiterer Fall, in dem angenommen wird, dass es an der erforderlichen Kausalität zwischen der Insiderinformation und dem Handelsentschluss fehlt,[79] beschreibt Art. 9 Abs. 4 für Unternehmensübernahmen. Darin ist die Situation erfasst, dass eine Person (der „Bieter") im Zuge einer Übernahmetransaktion Insiderinformationen erhält. Die Annahme einer legitimen Handlung setzt voraus, dass:
– der Bieter die Insiderinformationen auf der Grundlage eines öffentlichen Übernahmeangebotes[80] erworben hat;
– zum Zeitpunkt der Genehmigung des Unternehmenszusammenschlusses oder der Annahme des Übernahmeangebots durch die Anteilseigner des Zielunternehmens sämtliche Insiderinformationen öffentlich gemacht worden sind oder auf andere Weise ihren Charakter als Insiderinformationen verloren haben und
– der Bieter die erlangte Insiderinformationen ausschließlich dazu verwendet, die Transaktion wie ursprünglich geplant durchzuführen und diese nicht etwa ausweitet oder in anderer Weise anpasst.

61 Diese Regelung stellt keine allgemeine Bereichsausnahme für Übernahmetransaktionen dar[81], sondern erfasst explizit die Fälle der Umsetzung eines eigenen, zuvor gefassten Erwerbsentschlusses, in denen nach der sog. Masterplan-Theorie[82] Handlungen auf der Grundlage eigener Pläne und Handelsstrategien eines Marktteilnehmers nicht als Nutzung von Insiderinformationen gelten sollten.[83] Zielgesellschaften können dementsprechend wie

---

78 Vgl. *Klöhn*, in: AG 2016, S. 423 (433).
79 Vgl. *Klöhn*, in: AG 2016, S. 423 (433).
80 Vgl. §§ 10, 35 WpÜG.
81 *Seibt/Wollenschläger*, in: AG 2014, S. 593 (598); *Klöhn*, in: AG 2016, S. 423 (433). So auch bereits nach dem alten Recht die BaFin, siehe BaFin-Emittentenleitfaden (4. Aufl., 2013), S. 39.
82 Vgl. hierzu *Krause*, in: CCZ 2014, S. 248 (252); *Seibt/Wollenschläger*, in: AG 2014, S. 593 (598).
83 Erwägungsgrund Nr. 31 der MAR.

bisher grundsätzlich alle Informationen im Rahmen einer Due Diligence-Prüfung an den Bieter weitergeben, auch wenn diese in Einzelfällen Insiderinformationen enthalten. Ferner ist es dem Bieter gestattet, Zugang zu diesen Informationen zur Vorbereitung seines öffentlichen Übernahmeangebots zu erhalten, ohne dass er gegen das Insiderrecht verstößt.[84]

Art. 9 Abs. 4 MAR ist primär für den Bieter in einem Übernahmeprozess, aber auch u. a. für Banken und Wertpapierdienstleister relevant, die börsennotierte Unternehmen z. B. bei einem Übernahmevorhaben beraten bzw. deren Umsetzung begleiten. Ein solches Institut wird in der Regel bereits ab dem Beginn der Gespräche mit dem Kunden über dessen Vorhaben und damit im Vorfeld der Unternehmensübernahme Insiderinformation erhalten. Im Vorfeld der Abgabe eines öffentlichen Übernahmeangebots stehen zunächst i. d. R. ein sog. letter of intent, um wechselseitig die erforderliche Vertraulichkeit sicherzustellen, eine entsprechende Due-Diligence Prüfung der Zielgesellschaft durch den bzw. im Auftrag des Bieters, anschließende Erwägungen über z. B. die Sondierung der Verkaufsbereitschaft von Inhabern eines größeren Aktienpaketes der Zielgesellschaft, gefolgt von ggf. der Entscheidung über einen Erwerb dieser Aktienpakete, bis hin zur Entscheidung über die Abgabe des öffentlichen Übernahmeangebots. 62

Bei der Begleitung eines solchen Übernahmevorhabens durch das beratende Institut ist jede dieser Stufen auf dem Weg zur Umsetzung des Vorhabens daraufhin zu überprüfen, ob diesbezügliches Wissen eine Insiderinformation darstellt.[85] Dies ist erforderlich, um die ordnungsgemäße Behandlung der Information beim beratenden Institut sicher zu stellen und den Informationsfluss zwischen den verschiedenen im Institut beteiligten Bereichen ordnungsgemäß zu steuern. Es empfiehlt sich daher, frühzeitig die entsprechenden organisatorischen Vorkehrungen, z. B. zur Schaffung von Vertraulichkeitsbereichen, der Erfassung in einer Insiderliste, etc. zu treffen. 63

Beteiligungserwerb 64
Die Ausnahmeregelung des Art. 9 Abs. 4 MAR zu Unternehmensübernahmen greift ausdrücklich nicht für den Beteiligungsaufbau (sog. „stake-building") im Vorfeld der Abgabe eines öffentlichen Übernahmeangebots. Wenn ein Investor also während einem Beteiligungserwerb in den Besitz von Insiderinformation gelangt und anschließend Finanzinstrumente der Zielgesellschaft erwirbt, liegt keine legitime Handlung nach Art. 9 Abs. 4 MAR vor, sodass der Investor ggf. die Aufgabe hat, die Vermutung aktiv zu widerlegen, er habe Insiderinformation für den Erwerb genutzt.[86]

---

84 Vgl. Erwägungsgrund Nr. 30 Satz 5 der MAR, vgl. auch BaFin-Emittentenleitfaden (4. Aufl., 2013), S. 39. Gegenüber der im Emittentenleitfaden verlautbarten Verwaltungspraxis ergeben sich insoweit keine Änderungen, siehe *Krause*, in: CCZ 2014, S. 248 (252) m. w. N.
85 Vgl. BaFin-Emittentenleitfaden (4. Auflage, 2013), S. 33. Danach ist anzunehmen, dass die Eignung zur Preiserheblichkeit umso größer seien, je weiter der Übernahmeprozess vorangeschritten ist.
86 *Krause*, in: CCZ 2014, S. 248 (253).

65 **Beispiel:**
Ein Aktienhändler baut seit mehreren Tagen kontinuierlich auf dem Eigenhandelsbuch der Bank eine bedeutende Position in Aktien der X-AG auf. Er erwirbt die Stücke über einen Makler, dem er eine Dauerorder erteilt hat, täglich eine bestimmte Stückzahl der Aktien zu kaufen. Zwischenzeitlich erhält er Kenntnis von einer Insiderinformation, aufgrund welcher er einen deutlichen Kursanstieg erwartet. Er fragt Compliance, ob er sich mit den bislang ausgeführten Geschäften schon strafbar gemacht hat, ob er jetzt weiterhin seine Position ausbauen kann, oder ob er sie besser auflösen sollte.

Mit den bislang über den Makler getätigten Aktienkäufen hat der Händler nicht gegen das Verwendungsverbot verstoßen, da er bei Erteilung der Dauerorder keine Kenntnis von der Insiderinformation hatte. Er ist auch rechtlich nicht verpflichtet, seine Order zu stornieren oder die bereits aufgebaute Position aufzulösen.

Aus Compliance-Sicht empfiehlt es sich, den Handel in Stücken der X-AG bis zur Veröffentlichung der Insiderinformation auf einen Nicht-Insider zu übertragen. Es erscheint auch ratsam, eine entsprechende Dokumentation zur Strategie des Händlers und den Umständen der Ordererteilung zu erstellen, um einer potenziellen Anfrage der Aufsicht oder möglichen Zweifeln, z. B. im Rahmen der jährlichen WpHG-Prüfungen vorzubeugen. Keinesfalls sollten weitere Zukäufe getätigt werden, die über den ursprünglichen Plan des Händlers hinausgehen.

66 In der Literatur wird vielfach angenommen, dass auch in Fällen des Beteiligungserwerbs weiterhin nach der Masterplan-Theorie in bestimmten Fällen an der Ursächlichkeit der Insiderinformation für das Geschäft fehlt, wenn der Beteiligungserwerb einem vorher gefassten Gesamtplan folgt und das Geschäft die bloße Umsetzung des eigenen, zuvor gefassten Erwerbsentschlusses darstellt.[87] Dies gilt z. B. für sog. face-to-face Geschäfte, bei denen ein Bieter mit einem (Groß-)Aktionär des Zielunternehmens im Vorfeld einer öffentlichen Übernahme einen (bedingten) Vertrag über einen Paketerwerb oder über die Annahme eines späteren Übernahmeangebots (sog. irrevocable undertaking) abschließt, wenn beide Parteien hinsichtlich der Insiderinformation den gleichen Kenntnisstand haben.[88] Diskutiert wird in diesem Zusammenhang auch der Fall des Squeeze out von Minderheitsaktionären in Kenntnis einer Insiderinformation.[89] Angesichts der bestehenden Vermutung für eine Nutzung von Insiderinformationen ist jedoch generell Zurückhaltung bei der Anwendung dieser Ausnahmefälle geboten.

3.4.3 Safe-Harbor Regelungen

67 Art. 5 MAR enthält Ausnahmebestimmungen für Aktienrückkaufprogramme und Kursstabilisierungsmaßnahmen, die unter bestimmten Voraussetzungen von den Insiderhandels-

---

87 Vgl. *Seibt/Wollenschläger*, in: AG 2014, S. 593 (598). *Von der Linden*, in: DStR 2016, S. 1036 (1038).
88 Vgl. *Seibt/Wollenschläger*, in: AG 2014, S. 593 (598), *Kiesewetter/Parmentier*, in: BB 2013, S. 2371 (2373 f.).
89 *Klöhn*, in: AG 2016, S. 423 (434).

verboten des Art. 14 MAR ausgenommen sind.[90] Nach der MAR[91] können der Handel mit Wertpapieren oder verbundenen Instrumenten zur Kursstabilisierung von Wertpapieren oder der Handel mit eigenen Aktien im Rahmen von Rückkaufprogrammen aus wirtschaftlichen Gründen gerechtfertigt sein und sollten daher unter bestimmten Umständen vom Verbot des Marktmissbrauch befreit sein, sofern die Maßnahmen hinreichend transparent durchgeführt werden, indem relevante Informationen zu der Kursstabilisierungsmaßnahme oder zu dem Rückkaufprogramm offengelegt werden.

Aktienrückkaufprogramme 68
Um in den Genuss der Ausnahmebestimmung des Art. 5 Abs. 1–3 MAR zu gelangen, muss ein Aktienrückkauf einen der folgenden Zwecke erfüllen:
– das Kapital des Emittenten herabzusetzen, oder
– Verpflichtungen zu erfüllen, die sich aus Schuldtiteln ergeben, die in Aktienkapital umgewandelt werden können, bzw.
– aus Belegschaftsaktienprogrammen und anderen Formen der Zuteilung von Aktien an Mitarbeiter des Emittenten oder einer Tochtergesellschaft ergeben.

Ein Aktienrückkauf des Emittenten für andere Zwecke fällt daher nicht unter die Ausnahmebestimmung und ist daher generell vom Verbot des Art. 14 MAR erfasst. Dies kann auch für einen Wertpapierdienstleister, der den Emittenten im Rahmen der Durchführung des Aktienrückkaufs berät oder die Rückkäufe für den Emittenten ausführt, mittelbar relevant werden.

Ferner gelten nach Art. 5 MAR für ein Aktienrückkaufprogramm diverse formelle Anforderungen, wie z. B. die Bekanntgabe aller Einzelheiten des Rückkaufprogramms vor Beginn des Handels, Publizität über die getätigten Käufe nach deren Ausführung, Beschränkungen auf einen maximalen Erwerbspreis und auf eine zulässige Erwerbsmenge sowie ein Verbot des Verkaufs eigener Aktien während der Durchführung des Aktienrückkaufprogramms. Durch eine gemäß Art. 5 Abs. 6 MAR erlassene Delegierte Verordnung[92] werden bestimmte Bekanntgabe- und Meldepflichten[93] des Emittenten sowie konkrete Handelsbedingungen und -beschränkungen[94] festgelegt. 69

Bei der Umsetzung des Aktienrückkaufprogramms kann der Emittent vor Ausführung der Transaktionen gegenüber der mit dem Rückkaufprogramm beauftragten Bank oder einem unabhängigen Dritten eine bindende rechtliche Verpflichtung zum Erwerb einer im Voraus 70

---

90 Gegenüber der vorherigen Rechtslage nach der (mittlerweile aufgehobenen) Verordnung (EU) 2273/2003 v. 22.12.2003 – Ausnahmeregelungen für Rückkaufprogramme und Kursstabilisierungsmaßnahmen, ABl. EU Nr. L 336 v. 23.12.2003, S. 33 ff. ergeben sich hier keine wesentlichen Änderungen; vgl. *Krause*, in: CCZ 2014, S. 248 (253).
91 Erwägungsgrund Nr. 12 der MAR.
92 Delegierte Verordnung (EU) 2016/1052 v. 08.03.2016 zur Ergänzung der Verordnung (EU) 596/2014 durch technische Regulierungsstandards für die auf Rückkaufprogramme und Stabilisierungsmaßnahmen anwendbaren Bedingungen, Abl. EU Nr. L 173, S. 34.
93 Siehe Art. 2 der Delegierten Verordnung (EU) 2016/1052 v. 08.03.2016, Abl. EU Nr. L 173, S. 34.
94 Siehe Art. 3 und 4 der Delegierten Verordnung (EU) 2016/1052 v. 08.03.2016, Abl. EU Nr. L 173, S. 34.

festgelegten Menge Aktien über einen bestimmten Zeitraum aussprechen. Übernimmt das beauftragte Institut oder der Dritte dann den Rückkauf in eigener Regie und kann diese Person insb. selbstständig über den Zeitpunkt der Ordererteilung bestimmen, ist es unschädlich, wenn das Unternehmen vor der Ausführung z. B. einer Order Kenntnis von Insiderinformationen erhält, denn die rechtliche Verpflichtung zum Erwerb der Aktien lag hier bereits vor Kenntnis der Insiderinformationen.[95]

71 *Kursstabilisierungsmaßnahmen*
Die zweite Safe-Harbor-Regelung des Art. 5 MAR betrifft den Bereich der Stabilisierung eines Finanzinstruments. Nach Art. 5 Abs. 4 MAR fällt eine Kursstabilisierung unter bestimmten Voraussetzungen ebenfalls nicht unter das Insiderverbot des Art. 14 MAR.

72 Kursstabilisierungsmaßnahmen bewirken hauptsächlich die vorübergehende Stützung des Emissionskurses unter Verkaufsdruck geratener, relevanter Wertpapiere und halten für die betreffenden Instrumente geordnete Marktverhältnisse aufrecht. Im Vordergrund steht hierbei in der Praxis die Begleitung von Emissionen mit dem Ziel, Kursausschläge zu verhindern, die den Erfolg der Platzierung gefährden oder die sich auf die spätere Marktpräsenz des Emittenten nachteilig auswirken. Typischerweise wird eine Stabilisierung z. B. im Anschluss an die Börseneinführung eines Unternehmens (dem sog. Initial Public Offering bzw. IPO) durchgeführt.[96]

73 Nach Art. 5 Abs. 4 MAR gelten diverse inhaltliche und formale Grenzen für die Durchführung zulässiger Stabilisierungsmaßnahmen, welche wiederum gemäß Art. 5 Abs. 6 MAR durch dieselbe Delegierte Verordnung[97] konkretisiert werden. Danach müssen Kursstabilisierungsmaßnahmen auf die Stützung des Börsen- oder Marktpreises der relevanten Wertpapiere abzielen. Der Stabilisierungspreis darf den Emissionspreis der Aktie nicht übersteigen (Kursbindung)[98] und die Stabilisierung darf (bei der Erstplatzierung von Aktien) nicht länger als 30 Tage ab der Aufnahme der Notierung andauern (Befristung).[99] Darüber hinaus sind umfassende Bekanntgabe- und Meldepflichten im Zusammenhang mit Stabilisierungsmaßnahmen zu beachten.[100]

---

95 Dies gilt aber nur, wenn die für die Ausführung der einzelnen Order verantwortlich zeichnende Person selbst keine Kenntnis von relevanten Insiderinformationen über die zu erwerbenden Aktien hatte und die Verpflichtung des Unternehmens zu einem Zeitpunkt ausgesprochen wurde, zu dem das Unternehmen über keine Insiderinformationen verfügte.
96 Typischerweise wird das Institut mit der Durchführung von Stabilisierungskäufen beauftragt, das den IPO als Lead-Manager begleitet hatte und das mit dem sog. Bookbuilding, d. h. dem Führen des Orderbuches bei der Emission betraut war.
97 Delegierte Verordnung (EU) 2016/1052 v. 08.03.2016, Abl. EU Nr. L 173, S. 34.
98 Art. 7 der Delegierten Verordnung (EU) 2016/1052 v. 08.03.2016, Abl. EU Nr. L 173, S. 34.
99 Art. 5 der Delegierten Verordnung (EU) 2016/1052 v. 08.03.2016, Abl. EU Nr. L 173, S. 34.
100 Art. 6 der Delegierten Verordnung (EU) 2016/1052 v. 08.03.2016, Abl. EU Nr. L 173, S. 34.

Ein in der Praxis häufig relevanter Sonderfall der Kursstabilisierung ist der sog. Greenshoe.[101] Die Delegierte Verordnung stellt für solche Fälle besondere Anforderungen.[102] So darf die Greenshoe-Option z. B. nur zur Absicherung einer Mehrzuteilung von max. 15 % des Angebots vereinbart werden. Sie darf ferner nur im Rahmen einer Überzeichnung, also um diese abzudecken,[103] und nur während des Stabilisierungszeitraums ausgeübt werden. Die Überzeichnung ist nur innerhalb der Zeichnungsfrist und zum Emissionskurs zulässig. Schließlich ist die Öffentlichkeit unverzüglich und in allen angemessenen Einzelheiten über die Ausübung der Greenshoe-Option zu unterrichten, insb. über den Zeitpunkt der Ausübung sowie Zahl und Art der Wertpapiere.

74

Für Banken oder Wertpapierdienstleister kann es im Rahmen der Ausführung von Stabilisierungsmaßnahmen mittelbar von Bedeutung sein, ob der Emittent die Anforderungen des Art. 5 MAR und der hierzu erlassenen Delegierten Verordnung erfüllt, um einer potenziellen Anwendung der Insiderverbote vorzubeugen. Ein Institut wird zudem darauf bedacht sein, entsprechende organisatorische Vorkehrungen zu treffen, um eine Ausnutzung von Insiderinformation zu verhindern.

75

Dies kann z. B. bei der Begleitung eines IPO durch die strikte Trennung der Bereiche erfolgen, welche den Emittenten bei der Emission berät (also insb. Investment Banking bzw. Corporate Finance) von den Bereichen, die für die Handelsaktivitäten bei der Börseneinführung und die anschließenden Kursstabilisierungsmaßnahmen zuständig sind. Dabei spielt die Kontrolle des Informationsflusses und die Einrichtung entsprechender Vertraulichkeitsbereiche bzw. Chinese Walls bei dem jeweiligen Institut eine bedeutende Rolle, um sicherzustellen, dass vorliegende Insiderinformationen nicht an die Handelsbereiche weitergegeben werden.

3.4.4 Weitergabeverbot

Gemäß Art. 14 lit. c. MAR ist es verboten, Insiderinformation unrechtmäßig offenzulegen. Sinn des sog. Weitergabeverbots ist es, den ordnungsgemäßen Verlauf des Wertpapierhandels bereits in einem frühen Stadium zu schützen. Das Weitergabeverbot soll ferner eine Umgehung des Verwendungsverbots verhindern, da die Nutzung einer Insiderinformation umso schwieriger zu ermitteln ist, desto weiter die Quelle der Information von der Person entfernt ist, die das Insidergeschäft ausführt.

76

Ein Wertpapierdienstleister benötigt als Folge des Weitergabeverbots daher stets aktuelle Informationen über alle Personen im Unternehmen, die mit Insiderinformationen in Berührung kommen und ist verpflichtet, organisatorische Maßnahmen zu ergreifen, um die Vertraulichkeit der Information im eigenen Haus und insb. gegenüber Dritten zu gewähr-

77

---

101 Dies ist eine Überzeichnungsreserve bzw. Mehrzuteilungsoption, aus welcher der Stabilisierungsmanager eine bestimmte Menge der Aktien zum Ausgabekurs erwerben kann. Die Aktien werden dem Stabilisierungsmanager in der Regel durch eine Wertpapierleihe des Emittenten oder anderer Wertpapierinhaber zur Verfügung gestellt.
102 Art. 8 der Delegierten Verordnung (EU) 2016/1052 v. 08. 03. 2016, Abl. EU Nr. L 173, S. 34.
103 Die Überzeichnung darf nur zu maximal 5 % des ursprünglichen Angebots über die mit der Greenshoe-Option abgedeckte Position hinausgehen.

leisten, sowie um Interessenkonflikte im Zusammenhang mit Insiderinformationen zu vermeiden.

78 *Offenlegen einer Insiderinformation*
Eine Verletzung des Weitergabeverbots durch offenlegen einer Insiderinformation setzt voraus, dass jemand die Information an einen Dritten übermittelt oder diese einem Dritten zugänglich macht. Die Form der Übermittlung bzw. Zugänglichmachung ist unerheblich, d. h. sie kann mündlich, schriftlich oder elektronisch erfolgen. Es ist auch unbeachtlich, ob der Empfänger tatsächlich von der Insiderinformation Kenntnis nimmt. Unter das Weitergabeverbot kann es daher bereits fallen, wenn jemand z. B.:
– eine E-Mail mit Insiderinformationen an andere als die Adressaten verschickt, welche die Nachricht erhalten sollten,
– an öffentlichen Plätzen, z. B. im Aufzug, Taxi, Flugzeug, der Kantine, etc. über Insiderinformationen redet, sodass ein Dritter mithören kann.

79 Für ein Zugänglichmachen reicht es aus, wenn der Insider die Voraussetzungen schafft, die einem anderen die Kenntnisnahme ermöglichen. Dies kann durch Tun oder Unterlassen erfolgen. Beispiele hierfür sind Fälle, in denen der Insider etwa einem anderen ein Passwort mitteilt, mit sich dieser den Zugang zu Insiderinformationen verschaffen kann, oder ein Dokument, das Insiderinformationen enthält, in einem Konferenzraum liegen lässt.

80 *Unrechtmäßig*
Die Offenlegung einer Insiderinformation verstößt nur dann gegen Art. 14 lit.c. MAR, wenn sie unrechtmäßig erfolgt. Dies ist gemäß Art. 10 Abs. 1 MAR der Fall, wenn eine Person über Insiderinformationen verfügt und diese gegenüber einer anderen Person offenlegt, es sei denn, die Offenlegung geschieht im Zuge der normalen Ausübung einer Beschäftigung oder eines Berufs oder der normalen Erfüllung von Aufgaben.[104]

81 Hierbei sind insb. Fälle der berufsbedingt rechtmäßigen Offenlegung von Insiderinformationen an Personen innerhalb eines Unternehmens von Bedeutung. Dabei muss eine Abwägung zwischen den Zielen des Insiderrechts und den berechtigten Interessen der Beteiligten im Einzelfall stattfinden. In der Anwendung dieser Abwägung haben sich folgende Grundsätze etabliert, die insb. für den Bereich der Banken und Wertpapierdienstleister relevant sind:
– Eine rechtmäßige Offenlegung ist anzunehmen wenn z. B. zur Bearbeitung eines Beratungsmandates zu einer Unternehmensübernahme, einer Kapitalerhöhung, einem Börsengang, etc., bestimmte Mitarbeiter des beratenden Instituts Insiderinformationen vom Kunden erhalten, um ihre Funktion sinnvoll wahrnehmen zu können.[105] Die rechtmäßige Offenlegung der Information ist innerhalb des Instituts auf die Mitarbeiter beschränkt,

---

104 Vgl. hierzu EuGH v. 22. 11. 2005 (Groongaard und Bang) – Rs. C-384/02, in: WM 2006, 612 (615) Rn. 34.
105 Die Übermittlung der Insiderinformation durch den Kunden bzw. Emittenten an die beratende Bank stellt eine rechtmäßige Weitergabe dar. Üblicherweise wird ein Emittent dabei eine entsprechende Vertraulichkeitsvereinbarung mit der beratenden Bank abschließen, um die Vertraulichkeit der (nach Art. 17 MAR an sich unverzüglich zu veröffentlichenden) Insiderinformation zu gewährleisten.

welche die Information zur Wahrnehmung ihrer Aufgaben bei der Bearbeitung des Mandats benötigen. Dabei ist darauf zu achten, dass nur solche Informationen mitgeteilt werden, die im Zusammenhang mit der jeweiligen Aufgabe notwendig sind. Gegenüber anderen Abteilungen oder Geschäftssparten innerhalb des Instituts ist eine Offenlegung der Insiderinformation grundsätzlich nicht als rechtmäßig anzusehen.

– Hat der Kunde ein relevantes Beratungsmandat einem Institut erteilt, das einem Konzern angehört, kann auch eine konzerninterne Weitergabe von Insiderinformation legitim sein, wenn andere Konzerngesellschaften und deren Mitarbeiter bei der Bearbeitung des Mandats unmittelbar beteiligt sind.

Daneben ist die Offenlegung einer Insiderinformation rechtmäßig, wenn sie in Erfüllung gesetzlich gebotener Mitteilungspflichten erfolgt. Die Offenlegung der Information kann insb. durch Regelungen des Gesellschafts- und Kapitalmarktrechts gerechtfertigt sein, wie z. B. durch die Berichtspflichten des Vorstands an den Aufsichtsrat gemäß § 90, 170 f., 337 AktG, Unterrichtungspflichten des Arbeitgebers gegenüber dem Betriebsrat gemäß § § 80 Abs. 2, 90, 92, 111 BetrVG, etc. *82*

Die Offenlegung von Insiderinformationen gegenüber externen Dritten folgt ebenfalls den in Art. 10 Abs. 1 MAR festgelegten, allgemeinen Kriterien, ist aber im Rahmen der Interessenabwägung besonders kritisch zu prüfen und erfordert jedenfalls den Abschluss einer entsprechenden Vertraulichkeitsverpflichtung des externen Dritten. Zur Veranschaulichung können hierzu insb. folgende Sachverhalte herangezogen werden: *83*

– Eine Offenlegung von Insiderinformation an externe Dritte kann gegenüber Anwälten, Notaren, Wirtschaftsprüfern, Steuerberatern und sonstigen Personen notwendig werden, um das Beratungsmandat zu erfüllen und ist insoweit als rechtmäßig anzusehen;
– Unrechtmäßig ist hingegen die Offenlegung von Insiderinformationen an Journalisten und Redakteure von Börsendiensten im Rahmen von Interviews oder zu sonstigen Zwecken der Öffentlichkeitsarbeit;
– Unrechtmäßig ist schließlich auch die Offenlegung einer Insiderinformation zu Zwecken der Anlageberatung gegenüber einem Kunden des Instituts.

Im Übrigen kann die Offenlegung einer Insiderinformation auch gegenüber externen Dritten rechtmäßig erfolgen, wenn sie in Erfüllung gesetzlicher Melde- oder Mitteilungspflichten erfolgt, wie z. B. aufgrund der Meldepflichten zur Veränderung von Stimmrechtsanteilen gemäß § 33 ff. WpHG. *84*

Marktsondierungen *85*

Sog. Marktsondierungen[106] sind als ein Sonderfall der Offenlegung von Insiderinformation an externe Dritte in Art. 11 MAR ausführlich geregelt. Nach Art. 11 Abs. 1 MAR besteht eine Marktsondierung in der Übermittlung von Informationen vor der Ankündigung eines Geschäfts an einen oder mehrere potenzielle Anleger, um das Interesse von potenziellen Anlegern an einem möglichen Geschäft und dessen Bedingungen wie seinem Umfang und seiner preislichen Gestaltung abzuschätzen. Marktsondierungen können eine Erst- oder

---

106 Auch zuweilen bezeichnet als sog. Pre-Sounding, Pilot-Fishing, Soft-Sounding oder Pre-Pre-Marketing; Vgl. *Seibt/Wollenschläger*, in: AG 2014, S. 593 (599 f.).

Zweitplatzierung relevanter Finanzinstrumente umfassen[107] und unterscheiden sich vom üblichen Handel.[108]

86 Beispiele für Marktsondierungen sind u. a. Situationen, in denen:
– ein Unternehmen auf der Verkäuferseite Gespräche mit einem Emittenten über ein mögliches Geschäft führt und beschließt, das Interesse potenzieller Anleger abzuschätzen, um die Bedingungen des potenziellen Geschäfts festzulegen;
– wenn ein Emittent beabsichtigt, die Begebung eines Schuldtitels oder eine zusätzliche Kapitalerhöhung anzukündigen, und sich das Unternehmen auf der Verkäuferseite an wichtige Investoren wendet und ihnen die vollständigen Geschäftsbedingungen mitteilt, um eine finanzielle Zusage für die Beteiligung an dem Geschäft zu erhalten;
– oder wenn die Verkäuferseite anstrebt, eine große Menge von Wertpapieren im Auftrag eines Anlegers zu veräußern und das potenzielle Interesse anderer möglicher Anleger an diesen Wertpapieren abschätzen will.[109]

87 Bei einer Offenlegung von Insiderinformationen, die im Verlauf einer solchen Marktsondierung erfolgt und welche die Anforderungen des Art. 11 Abs. 3 und 5 MAR sowie der hierzu erlassenen Delegierten Verordnung[110] erfüllt, ist nicht von einer Verletzung des Weitergabeverbots nach Art. 14 lit. c) MAR auszugehen. In einem solchen Fall wird gemäß Art. 11 Abs. 4 MAR die Offenlegung so betrachtet, dass sie im Zuge der normalen Ausübung der Beschäftigung oder des Berufs oder der normalen Erfüllung der Aufgaben einer Person vorgenommen wurde, so dass sie nicht nach Art. 10 Abs. 1 MAR als unrechtmäßig anzusehen ist.

88 Voraussetzung hierfür ist insb., dass:
– Die Marktsondierung durch bestimmte Personen erfolgt, Art. 11 Abs. 1 MAR. Dies können insb. der Emittent selbst, ein Zweitanbieter[111], oder ein Dritter sein, der im Auftrag oder für Rechnung des Emittenten oder Zweitanbieters handelt.
– Vor der Durchführung der Marktsondierung ist der Sondierende nach Art. 11 Abs. 3 MAR verpflichtet, zu prüfen, ob dabei Insiderinformationen offengelegt werden sollen, das Ergebnis seiner Prüfung und die Gründe hierfür schriftlich festzuhalten und seine Aufzeichnungen ggf. zu aktualisieren.

---

107 Siehe hierzu näher ESMA Q&A on the Market Abuse Regulation (ESMA 70-145-111, Version 7, 01. 09. 2017), S. 22–23.
108 Vgl. Erwägungsgrund Nr. 32 der MAR.
109 Siehe Erwägungsgrund Nr. 33 der MAR.
110 Delegierte Verordnung (EU) 2016/960 v. 17. 05. 2016 zur Ergänzung der Verordnung (EU) Nr. 596/2014 des Europäischen Parlaments und des Rates durch technische Regulierungsstandards für angemessene Regelungen, Systeme und Verfahren für offenlegende Marktteilnehmer bei der Durchführung von Marktsondierungen, Abl. EU Nr. L 160/29.
111 Ein solcher Zweitanbieter muss das betreffende Finanzinstrument in einer Menge oder mit einem Wert anbieten, aufgrund derer bzw. dessen sich das Geschäft vom üblichen Handel unterscheidet und sofern dies auf einer Verkaufsmethode beruht, die auf die Vorabbewertung des potenziellen Interesses möglicher Anleger ausgerichtet ist. Dies betrifft insb. Fälle eines sog. Block Trade, vgl. *Kiesewetter/Parmentier*, in: AG 2014, S. 593 (599).

- Der Sondierende hat einen engen Vorgaben entsprechenden Standardsatz von Informationen festzulegen, welche er im Rahmen der Sondierung mit allen Adressaten der Sondierung teilen will und hat dies im Rahmen eines internen Verfahrens aufzuzeichnen.[112]
- Zudem hat der Sondierende nach Art. 11 Abs. 5 MAR[113] bei der Durchführung der Sondierung detailliert aufzuzeichnen, welche Information er wann an wen übermittelt hat.[114]
- Seine Aufzeichnungen muss der Sondierende mind. fünf Jahre aufbewahren und auf Verlangen der zuständigen Aufsichtsbehörde vorlegen.
- Weiterhin hat der Sondierende gemäß Art. 11 Abs. 5 MAR vor der Offenlegung der Insiderinformationen an den Adressaten der Sondierung dessen Zustimmung zum Erhalt von Insiderinformationen einzuholen. Er hat den Adressaten zudem darüber zu belehren, dass er die Informationen vertraulich zu behandeln hat und weder für Geschäfte in den betreffenden Finanzinstrumenten noch für die Stornierung oder Änderung bereits erteilter Aufträge nutzen und dies auch nicht versuchen darf.[115] Schließlich ist der Adressat gemäß Art. 11 Abs. 6 MAR zu informieren, sobald die übermittelte Information ihre Qualität als Insiderinformation verloren hat.

Als Marktsondierung umfasst Art. 11 i. V. m. Art. 18 Abs. 2 MAR auch die Offenlegung von Insiderinformationen gegenüber den Inhabern von Finanzinstrumenten durch einen Bieter, der beabsichtigt, ein Übernahmeangebot für die Unternehmensanteile oder für einen Unternehmenszusammenschluss an Dritte zu richten, wenn die Informationen erforderlich sind, um den Inhabern der Unternehmensanteile zu ermöglichen, sich über ihre Verkaufsbereitschaft eine Meinung zu bilden und die Verkaufsbereitschaft dieser Inhaber nach vernünftigem Ermessen für den Beschluss des Bieters über sein Angebot für die Übernahme oder den Unternehmenszusammenschluss erforderlich ist.

89

3.4.5 Empfehlungs- und Verleitungsverbot

Der Dritte Verbotstatbestand des Art. 14 lit. b) MAR erfasst Fälle in denen jemand einem Dritten empfiehlt, Insidergeschäfte zu tätigen, oder Dritte dazu verleitet[116], Insiderge-

90

---

112 Art. 3 der Delegierten Verordnung (EU) 2016/960 v. 17. 05. 2016, Abl. EU Nr. L 160/29.
113 Vgl. Art. 4 der Delegierten Verordnung (EU) 2016/960 v. 17. 05. 2016, Abl. EU Nr. L 160/29.
114 Erfolgt die Sondierung telefonisch, so hat der Sondierende gemäß Art. 2 Abs. 2 der Delegierten Verordnung (EU) 2016/960 v. 17. 05. 2016, Abl. EU Nr. L 160/29, interne Verfahren hierfür einzurichten, muss gewährleisten, dass Telefonanschlüsse mit Aufzeichnungsfunktion genutzt werden und die Zustimmung der Adressaten zur Aufzeichnung des Gesprächs einholen.
115 Dies erfolgt üblicherweise im Wege einer entsprechenden Vertraulichkeits- und Nichthandelsvereinbarung mit dem Adressaten, vgl. näher *Seibt/Wollenschläger*, in: AG 2014, S. 593 (599).
116 Vgl. *Klöhn*, in: AG 2016, S. 423 (424) zur Terminologie des Art. 8 Abs. 2 MAR, welche in der deutschen Textfassung den Begriff der „Anstiftung" verwendet, was nicht mit dem Tatbestand einer Anstiftung i. S. v. § 26 StGB übereinstimmt. Hierbei dürfte es sich um einen Übersetzungsfehler handeln, weswegen hier nachfolgend anstelle von „Anstiftung" der Begriff des „Verleitens" verwendet wird. Für eine Verletzung des Empfehlungsverbots bedarf es daher keiner vorsätzlich begangenen Haupttat, vgl. *Kudlich*, in: AG 2016, S. 459 (462); *Poelzig*, in: NZG 2016, S. 492 (496).

91 Nach Art. 8 Abs. 2 MAR liegt eine Empfehlung zum Tätigen von Insidergeschäften oder die Verleitung Dritter hierzu vor, wenn eine Person über Insiderinformationen verfügt und:

a) auf der Grundlage dieser Informationen Dritten empfiehlt, Finanzinstrumente, auf die sich die Informationen beziehen, zu erwerben oder zu veräußern, oder sie dazu verleitet, einen solchen Erwerb oder eine solche Veräußerung vorzunehmen, oder

b) auf der Grundlage dieser Informationen Dritten empfiehlt, einen Auftrag, der ein Finanzinstrument betrifft, auf das sich die Informationen beziehen, zu stornieren oder zu ändern, oder sie dazu verleiten, eine solche Stornierung oder Änderung vorzunehmen.

92 Die Empfehlung oder das Verleiten kann auf vielfältige Weise geschehen. Ausreichend ist, dass der Insider den Willen des Dritten dahingehend beeinflusst, das Geschäft zu tätigen.[117] Dabei ist allerdings erforderlich, dass die Empfehlung auf den Abschluss eines Insidergeschäfts oder einen entsprechenden Auftrag durch den Dritten gerichtet ist und dass die Insiderinformation für die Empfehlung ursächlich ist. In Betracht kommen hierfür beispielsweise Fälle, in denen ein Kundenbetreuer einem Anlageberatungskunden der Bank den Kauf einer bestimmten Aktie empfiehlt, über welche er Insiderinformationen besitzt. Relevant sind aber auch Konstellationen, bei welchen eine entsprechende, auf Insiderwissen basierende Empfehlung gegenüber einem anderen Konzernunternehmen abgegeben wird.

93 Als eine besondere Ausprägung des Empfehlungsverbots ist es untersagt, eine Finanzanalyse[118] zu verbreiten oder zu veröffentlichen, welche in Kenntnis einer Insiderinformation zu dem analysierten Emittenten oder Finanzinstrument erstellt wurde.[119] In einem solchen Fall ist die Veröffentlichung der Finanzanalyse bis zur Veröffentlichung der betreffenden Insiderinformation aufzuschieben.

94 Ob der Empfehlende für seinen Rat eine Gegenleistung erhält oder erwartet, oder ob der Dritte dem Rat tatsächlich folgt und das Geschäft tätigt bzw. den Auftrag storniert, spielt für die Frage, ob der Empfehlende gegen Art. 14 lit. b) MAR verstoßen hat, keine Rolle.

95 Sofern der Dritte, gegenüber dem die Empfehlung ausgesprochen wird bzw. der verleitet wurde, weiß oder sollte wissen, dass die Empfehlung bzw. Verleitung auf einer Insiderinformation beruht, begeht er selbst eine Insiderstraftat, wenn er aufgrund der Empfehlung bzw. Verleitung handelt, d. h. entweder das entsprechende Geschäft tätigt bzw. den Auftrag

---

117 BaFin-Emittentenleitfaden (4. Aufl., 2013), S. 41.
118 Siehe hierzu näher Delegierte Verordnung (EU) 2016/958 v. 09.03.2016 zur Ergänzung der Verordnung (EU) Nr. 596/2014 im Hinblick auf die technischen Regulierungsstandards für die technischen Modalitäten für die objektive Darstellung von Anlageempfehlungen oder anderen Informationen mit Empfehlungen oder Vorschlägen zu Anlagestrategien sowie für die Offenlegung bestimmter Interessen oder Anzeichen für Interessenkonflikte, Abl. EU Nr. L 160/15.
119 Dies gilt (aus rechtlicher Sicht) nicht für die Veröffentlichung eines Kreditratings, da dieses nach Art. 3 Abs. 2 (b) der EU-Ratingagenturverordnung (ABl. EU Nr. L 302 v. 17.11.2009) ausdrücklich nicht unter den Begriff der Finanzanalyse fällt. Nicht abschließend geklärt ist diese Frage bei sonstigen Analysen (sog. Research), wenn diese außerhalb von Ratingentscheidungen von einer Kreditratingagentur regelmäßig veröffentlicht werden.

storniert (Art. 8 Abs. 3 MAR), oder die Empfehlung seinerseits weitergibt bzw. eine weitere Person verleitet (vgl. Art. 10 Abs. 2 MAR).[120] Hat er hingegen keine Kenntnis von der Insiderinformation und auch keine Anhaltspunkte dafür, dass die erhaltene Empfehlung oder Verleitung auf einer Insiderinformation beruht, so verletzt er durch Handlungen aufgrund der Empfehlung bzw. Verleitung kein Insiderverbot. Auch eine Teilnahme am Insiderverstoß des Empfehlenden kommt in nicht in Betracht, wenn der Dritte nicht erkennen konnte, dass die Empfehlung oder Verleitung in Kenntnis einer Insiderinformation erteilt wurde.

3.5 Sanktionen bei Verstößen gegen das Insiderrecht

3.5.1 Strafrechtliche Sanktionen

Der Täter ist bei einem Verstoß gegen eines der Insiderverbote des Art. 14 MAR strafrechtlichen Sanktionen ausgesetzt bzw. wird wegen einer Ordnungswidrigkeit bestraft. Diese Sanktionen sind in §§ 119 und 120 WpHG geregelt.[121] Wer vorsätzlich eines der Insiderverbote des Art. 14 MAR verletzt wird nach § 119 Abs. 3 WpHG mit Freiheitsstrafe bis zu fünf Jahren oder mit Geldstrafe bestraft.[122] Die Strafbarkeit von Verstößen gegen alle Tatvarianten der Insiderverbote gilt für sog. Primär- und Sekundärinsider gleichermaßen.[123] Damit stellen alle Varianten des Insiderverbots ein sog. Jedermanns-Delikt dar.[124]

96

Der Versuch ist gemäß § 119 Abs. 4 WpHG ebenfalls strafbar. Ein denkbarer Fall des Versuchs einer vorsätzlichen Verletzung des Verwendungsverbots ist etwa, dass der Insider eine Order zur Ausführung des verbotenen Insidergeschäfts aufgibt, die Ausführung des Geschäfts aber ausbleibt. Z. T. wird ein Versuch auch z. B. für möglich gehalten, wenn jemand unter Verwendung eines von ihm fälschlich als Insiderinformation qualifizierten, tatsächlich aber bereits öffentlich bekannten Umstands handelt.[125]

97

---

120 Solche Fälle sind gemäß Art. 10 Abs. 2 MAR der unrechtmäßigen Offenlegung einer Insiderinformation gleichgestellt.
121 Die Sanktionierung von Verstößen gegen die Insiderverbote (und Verstöße gegen das Marktmanipulationsverbot) wurde in Reaktion auf die MAD II durch das FiMaNoG I angepasst. Vgl. näher zu den Änderungen *Szesny*, in: DB 2016, S. 1420 ff., *Teigelack/Dolff*, in: BB 2016, S. 387 ff.; *Kudlich*, in: AG 2016, S. 459 ff.
122 Hierbei besteht nach Auffassung des BGH (Urteil v. 10.01.2017, 5 StR 532/16), in: WM 2017, S. 172 keine Ahndungslücke aufgrund eines in der Literatur diskutierten Fehlers des Gesetzgebers bei der Umsetzung der MAR, vgl. hierzu näher *Bülte/Müller*, in: NZG 2017, S. 205 ff. m. w. N.
123 *Poelzig*, in: NZG 2016, S. 492 (496), Jordans, in: BKR 2017, S. 273 (275); Als Primärinsider wird typischerweise jemand bezeichnet, der aufgrund seines Berufes über Insiderinformationen verfügt oder weil er z. B. dem Verwaltungs-, Leitungs- oder Aufsichtsorgan eines Emittenten angehört, vgl. Art. 8 Abs. 4 MAR. Sekundärinsider sind Personen, die Insiderinformationen unter anderen Umständen erlangen und dabei wissen, dass es sich um Insiderinformationen handelt.
124 *Szezny*, in: DB 2016, S. 1420 (1421).
125 So *Szezny*, in: DB 2016, S. 1420 (1421), wobei es hier wohl bereits am objektiven Tatbestand scheitern wird.

98 Wird ein Insiderverbot nicht vorsätzlich, sondern lediglich leichtfertig verletzt, liegt nach § 120 Abs. 14 WpHG keine Straftat, sondern eine Ordnungswidrigkeit vor. Leichtfertig handelt, wer die gebotene Sorgfalt in einem ungewöhnlich hohen Maß verletzt.[126] In der Praxis kann dieser Variante eine Auffangfunktion zukommen, wenn Vorsatz nicht nachzuweisen ist, wobei die Feststellung genügt, dass jemand grob achtlos gehandelt und nicht beachtet hat, was sich ihm aufgrund seiner Fähigkeiten und Erkenntnisse aufdrängen musste, z. B. indem er leichtfertig nicht erkennt, dass die betreffende Information eine Insiderinformation ist.

99 Gegenüber einer natürlichen Person kann bei einer leichtfertigen Verletzung des Insiderverbots gemäß § 120 Abs. 18 WpHG eine Geldbuße von bis zu fünf Millionen Euro verhängt werden.[127] Daneben kann eine juristische Person oder Personenvereinigung aufgrund einer leichtfertigen Verletzung zur Verantwortung gezogen werden, wenn eine Leitungsperson zugunsten der juristischen Person einen Verstoß begangen hat oder mangelnde Überwachung oder Kontrolle durch eine Leitungsperson dazu geführt haben, dass eine ihr unterstellte Person einen Verstoß zugunsten der juristischen Person verübt hat.[128] Gegenüber einer juristischen Person beträgt die Geldbuße bis zu 15 Mio. € oder (der jeweils höhere Betrag gilt als Obergrenze) bis zu 15 % des jährlichen (Konzern-)Gesamtumsatzes, den die juristische Person oder Personenvereinigung im Geschäftsjahr vor der Verhängung der Geldbuße erzielt hat.[129]

Ferner kann gemäß § 120 Abs. 18 Satz 3 WpHG sowohl für juristische als auch für natürliche Personen[130] eine nach § 30 OWiG anzuordnende Geldbuße bis zum dreifachen des aus dem Verstoß gezogenen wirtschaftlichen Vorteils verhängt werden. Der wirtschaftliche Vorteil umfasst gemäß § 120 Abs. 18 Satz 4 WpHG erzielte Gewinne und vermiedene Verluste und kann geschätzt werden.

100 Bei der konkreten Bußgeldzumessung gelten die Kriterien des § 17 Abs. 3 OWiG[131] und die von der BaFin zu deren Konkretisierung erlassenen WpHG Bußgeldleitlinien[132], d. h. es sind u. a. die Schwere und Dauer des Verstoßes, die Finanzkraft der verantwortlichen natürlichen oder juristischen Person (anhand der Jahreseinkünfte bzw. des Gesamtumsatzes), die Kooperationsbereitschaft und vorangegangene Taten bei der Festsetzung der Bußgeldhöhe zu berücksichtigen.[133]

3.5.2 Verwaltungsrechtliche Sanktionen und andere Maßnahmen

101 Bereits im Vorfeld einer „echten" Sanktionierung durch Freiheits- oder Geldstrafe bzw. eine Geldbuße kann die BaFin verwaltungsrechtliche Maßnahmen ergreifen. Beispiels-

---

126 *Szesny*, in: DB 2016, S. 1420 (1421).
127 *Poelzig*, in: NZG 2016, S. 492 (497).
128 Vgl. Art. 8 MAD.
129 *Poelzig*, in: NZG 2016, S. 492 (497).
130 Vgl. *Weber*, in: NJW 2017, S. 991 (994).
131 Siehe auch Art. 31 der MAD 2.
132 Vgl. BaFin-Leitlinien zur Festsetzung von Geldbußen im Bereich des Wertpapierhandelsgesetzes (WpHG-Bußgeldleitlinien II), Stand Februar 2017.
133 Vgl. *Seibt/Wollenschläger*, in: AG 2014, S. 593 (604).

weise kann die Einstellung des rechtswidrigen Verhaltens angeordnet werden (§ 6 Abs. 6 WpHG) und u. U. kann eine Verletzung der Insiderverbote die Unzuverlässigkeit von Geschäftsleitern begründen und damit zur Abberufung des Geschäftsleiters (Vgl. § 103 Nr. 1 WpHG und § 36 Abs. 1 i. V. m. § 35 Abs. 2 KWG) oder zur Versagung einer im Einzelfall ggf. erforderlichen Erlaubnis führen (§ 104 WpHG). Die BaFin ist auch befugt, Personen den Abschluss von Eigengeschäften zu verbieten (§ 6 Abs. 7 WpHG) oder ein befristetes Berufsverbot gegenüber Personen zu erlassen (§ 7 Abs. 8 WpHG). Außerdem können die Sanktionsausschüsse der Börsen auf der Grundlage des § 22 BörsG Ordnungsgelder und Handelsausschlüsse anordnen, gegen die der Verwaltungsrechtsweg offen ist.[134]

Naming and Shaming 102
Maßnahmen und Sanktionen, die wegen einer Verletzung der Insiderverbote verhängt wurden, sind von der BaFin auf ihrer Internetseite gemäß § 125 WpHG unverzüglich nach der Unterrichtung des Betroffenen für grundsätzlich einen Zeitraum von fünf Jahren zu veröffentlichen (sog. „Naming and Shaming").[135] Die Veröffentlichungspflicht des § 125 WpHG[136] erfasst lediglich Sanktionen, die von der BaFin erlassen wurden und nicht etwa Entscheidungen über Ermittlungsmaßnahmen, etwa Auskunftsersuchen oder die Anordnung zur Herausgabe von Unterlagen.[137] Nicht erfasst sind auch die von einer anderen Behörde verhängten Sanktionen, also insb. nicht die von den Strafverfolgungsbehörden erlassenen Strafurteile.[138]

Bei der Veröffentlichung ist gemäß § 125 Abs. 2 WpHG die Vorschrift, gegen die verstoßen 103 wurde und die für den Verstoß verantwortliche natürliche oder juristische Person zu benennen. Richtet sich die Entscheidung gegen eine juristische Person, sind die intern verantwortlichen natürlichen Personen nicht zu nennen, sofern sie nicht Adressat der Entscheidung sind.[139] Die BaFin kann außerdem aus Gründen des Persönlichkeitsschutzes und der Verhältnismäßigkeit nach § 125 Abs. 3 WpHG die Bekanntmachung der Identität des Betroffenen aufschieben, die Veröffentlichung in anonymisierter Form vornehmen oder ganz unterlassen.

Die Veröffentlichung der Verletzung eines Insiderverbots kann bereits vor Eintreten der 104 Rechts- und Bestandskraft der Sanktion erfolgen und ggf. ist der Veröffentlichung nach § 125 Abs. 4 WpHG ein entsprechender Hinweis beizufügen. Ferner hat die BaFin die Möglichkeit (aber nicht ist nicht verpflichtet), bereits im Vorfeld der Sanktionierung eine sog. Warnung gemäß § 6 Abs. 2 Satz 3 und Abs. 9 WpHG zu veröffentlichen.[140]

---

134 *Szezny*, in: DB 2016, S. 1420 (1425).
135 Vgl. näher *Graßl*, in: DB 2015, S. 2066 (2071); *Poelzig*, in: NZG 2016, S. 492 (499 f.); *Szezny*, in: DB 2016, S. 1420 (1424); *v. Buttlar*, in: BB 2014, S. 451 (457); *Seibt/Wollenschläger*, in: AG 2014, S. 593 (605) m. w. N.
136 Vgl. aber auch die allgemeinere Pflicht zur Veröffentlichung von Maßnahmen gemäß § 123 WpHG.
137 *Poelzig*, in: NZG 2016, S. 492 (499 f.).
138 *Seibt/Wollenschläger*, in: AG 2014, S. 593 (605).
139 *Poelzig*, in: NZG 2016, S. 492 (499 f.).
140 Bisher hat die BaFin, anders als die britische Financial Conduct Authority, ihre Entscheidungen nur ausnahmsweise bekannt gemacht, vgl. Poelzig, in: NZG 2016, S. 492 (499 f.).

3.5.3 Zivilrechtliche Haftung

105 Im Rahmen der zivilrechtlichen Haftung gilt gemäß § 826 II BGB i. V. m. § 97 bzw. 98 WpHG eine Haftung auf Schadensersatz für falsche und unterlassene Kapitalmarktinformation auf Grundlage der ursprünglich anhand von prominenten Fällen wie Infomatec[141], EM-TV[142] und Comroad[143] entwickelten und anschließend in den Fällen IKB[144] und VW/Porsche[145] bestätigten Rechtsprechung.[146] Darüber hinaus wird derzeit in der Literatur aufgrund der Neuregelung des Marktmissbrauchsrechts durch die MAR die Frage diskutiert, ob dem Marktmissbrauchsrecht nunmehr ein (bislang überwiegend abgelehnter[147]) Schutzgesetzcharakter zukommt, der eine Haftung nach § 823 Abs. 2 BGB begründet. Hierfür wird angeführt, dass die MAR den Anlegerschutz nun als ein eigenständiges Regelungsziel nennt.[148] Es bleibt abzuwarten, ob diese Auffassung in der Rechtsprechung bei künftigen Klagen durchdringen wird.

4 Insiderlisten

4.1 Hintergrund und Rechtsgrundlagen

106 Art. 18 Abs. 1 lit. a) 1 MAR regelt die Pflicht für Emittenten, sog. Insiderlisten zu führen, d. h. Verzeichnisse aller Personen, die Zugang zu Insiderinformationen haben, wenn diese Personen für sie auf Grundlage eines Arbeitsvertrags oder anderweitig Aufgaben wahrnehmen, durch die diese Zugang zu Insiderinformationen haben.

107 Die Pflicht zum Führen von Insiderlisten wurde 2004 in Deutschland aufgrund der Umsetzung der EU-Marktmissbrauchsrichtlinie (Market Abuse Directive oder „MAD")[149] durch das sog. Anlegerschutzverbesserungsgesetz eingeführt.[150] Zweck der Insiderlisten ist es, die Schaffung von Vertraulichkeitsbereichen und damit die Einhaltung der Geheimhaltungspflichten zu unterstützen,[151] indem der Informationserhalt und Informationsfluss in einem Institut nachvollziehbar festgestellt wird. Daneben erfüllt eine Insiderliste eine präventive Aufklärungs- und Abschreckungsfunktion, da die in der Insiderliste geführten Personen die mit dem Insiderrecht verbundenen Pflichten schriftlich anerkennen und über die Rechtsfolgen von Verstößen gegen die Vorschriften des Insiderrechts aufgeklärt werden müssen (Art. 18 Abs. 2 MAR). In einem möglichen späteren Ermittlungsverfahren der

---

141 BGH, Urteil v. 19.07.2004 (Infomatec), II Zr 218/03, in: BGHZ 160, S. 134.
142 BGH, Urteil v. 09.05.2005 (EM-TV), II ZR 287/02, in: NJW 2005, S. 2450.
143 BGH, Urteil v. 04.06.2007 (Comroad), II ZR 147/05, in: ZIP 2007, S. 1560.
144 BGH, Urteil v. 13.12.2011, in: AG 2012, S. 209.
145 OLG Braunschweig, Urteil v. 12.01.2016 (VW./. Porsche), 7 U 59/14, in: ZIP 2016, S. 414.
146 Näher *Buck-Heeb*, in: NZG 2016, S. 1125 ff.; *Poelzig*, in: NZG 2016, S. 492 (501) m. w. N. auch mit Blick auf die Überlappungen zum Verbot der Marktmanipulation und damit verknüpften Aspekte der EU-Prospekt- und Transparenzrichtlinie.
147 Vgl. *Poelzig*, in: NZG 2016, S. 492 (501); *Buck-Heeb*, in: NZG 2016, S. 1125 ff. m. w. N.
148 Vgl. *Poelzig*, in: NZG 2016, S. 492 (501); *Buck-Heeb*, in: NZG 2016, S. 1125ff, *Jordans*, in: BKR 2017, S. 273 (278) m. w. N.
149 Richtlinie 2003/6/EU des Europäischen Parlaments und des Rates v. 28.01.2003 über Insider-Geschäfte und Marktmanipulation (Marktmissbrauch) Abl. EU Nr. L 096 v. 12.04.2003.
150 Gesetz zur Verbesserung des Anlegerschutzes v. 28.10.2004, BGBl. I S. 2630.
151 Siehe Erwägungsgrund Nr. 56 und 57 der MAR.

BaFin oder der Strafverfolgungsbehörden gegen eine entsprechend belehrte Person wird damit der Nachweis eines (bedingt) vorsätzlichen Handelns erleichtert.[152] Des Weiteren kann die Finanzaufsicht eine Insiderliste für die Untersuchung einer potenziellen Verletzung der Insiderverbote heranziehen, da sie jederzeit deren Übermittlung verlangen kann, sodass den Insiderlisten eine für die Aufsichtstätigkeit wichtige Dokumentations- und Nachweisfunktion zukommt (Art. 18 Abs. 1 lit. c. MAR).

Flankiert wird die Regelung des Art. 18 MAR durch eine hierzu erlassene EU-Durchführungsverordnung,[153] welche die Vorgaben an das Format für die Erstellung und Aktualisierung der Insiderliste konkretisiert. Ziel des Verordnungsgebers ist hierbei, für Insiderlisten europaweit eine einheitliche Form und ein genau vorgegebenes Format einzuführen.[154] Ferner haben sowohl die ESMA,[155] als auch die BaFin[156] bereits Auslegungshinweise in Form eines FAQ-Dokuments auf ihrer Website zur Verfügung gestellt. Die frühere Wertpapierhandelsanzeige- und Insiderverzeichnisverordnung (WpAIV)[157] blieb parallel dazu zwar noch übergangsweise in ihrer bisherigen Fassung bestehen[158], ist jedoch mittlerweile vollständig abgelöst worden.

108

Die Erstellung der Insiderlisten erfordert eine umfassende interne Berichterstattung über sämtliche relevanten Vorgänge, aufgrund derer bei einem Emittenten oder Wertpapierdienstleistungsunternehmen Insiderinformationen anfallen, sowie über die bei der Bearbeitung dieser Mandate beteiligten Personen. Dementsprechend empfiehlt sich die Einführung einer entsprechenden Berichterstattung z. B. an die Compliance-Stelle. Dabei folgt das Führen von Insiderlisten strengeren (insb. formalen) Anforderungen, als dies bei einer Restricted-List oder Watch-List der Fall wäre. Auch unterscheiden sich die Zwecke dieser verschiedenen Instrumente einer Compliance Organisation in wesentlichen Aspekten.[159]

109

4.2 Adressaten

Emittenten

110

Eine Insiderliste haben nach Art. 18 Abs. 1 i. V. m. Abs. 7 MAR primär Emittenten zu führen, für deren Finanzinstrumente eine Zulassung zum Handel an einem geregelten

---

152 Siehe Erwägungsgrund Nr. 56 und 57 der MAR.
153 Durchführungsverordnung (EU) 2016/347 v. 10. 03. 2016 zur Festlegung technischer Durchführungsstandards im Hinblick auf das genaue Format der Insiderlisten und für die Aktualisierung von Insiderlisten gemäß der Verordnung (EU) Nr. 596/2014, Abl. EU Nr. L 65/49.
154 Vgl. Erwägungsgründe Nr. 1 und Nr. 2 der Durchführungs-VO (EU) 2016/347, Abl. EU Nr. L 65/49.
155 ESMA Q&A on the Market Abuse Regulation (ESMA70-145-111, Version 7, last updated on 01. 09. 2017), S. 23–24.
156 BaFin-FAQ zu Insiderlisten nach Art. 18 MAR (Stand:13. 01. 2017), S. 7,
157 Verordnung zur Konkretisierung von Anzeige-, Mitteilungs- und Veröffentlichungspflichten sowie der Pflicht zur Führung von Insiderverzeichnissen (WpAIV), BGBl I 2004, S. 3376 ff.
158 Vgl. *Simons*, in: CCZ 2016, S. 221.
159 Eine Restricted- oder Watch-List kann oftmals sehr ähnliche Daten wie die Insiderliste enthalten. Sie wird ggf. zusätzlich zur Insiderliste zur Steuerung von Vertraulichkeitsbereichen, zur Kontrolle von Mitarbeiter- und Eigengeschäften, sowie zur Identifizierung potenzieller Interessenkonflikte geführt, vgl. hierzu näher vgl. näher AT 6.2, Nr. 3.c der MaComp.

Markt erfolgt oder beantragt ist.[160] Für Emittenten, deren Finanzinstrumente an einem MTF oder OTF gehandelt werden besteht diese Pflicht nur dann, wenn der Emittent die Zulassung der Finanzinstrumente zum Handel am MTF oder OTF beantragt oder genehmigt hat, d.h. an der Notierung seiner Finanzinstrumente aktiv beteiligt gewesen ist, sodass er im Rahmen des Notierungsvorgangs die Geltung entsprechender Folgepflichten akzeptiert hat.[161] Darüber hinaus müssen nach Art. 18 Abs. 8 MAR auch Teilnehmer am Markt für Emissionszertifikate, Versteigerungsplattformen, Versteigerer und die Auktionsaufsicht eine Insiderliste erstellen.[162]

111 Ausnahme für KMU-Emittenten
Befreit von der Pflicht zur Erstellung einer Insiderliste sind Emittenten nach Art. 18 Abs. 6 MAR, wenn und soweit dessen Finanzinstrumente zum Handel an KMU-Wachstumsmärkten[163] zugelassen sind und der Emittent alle erforderlichen Vorkehrungen zur Anerkennung der insiderrechtlichen Pflichten durch die Betroffenen Personen sowie die damit verbundene Aufklärung trifft. Da der Emittent allerdings jederzeit in der Lage sein muss, der zuständigen Behörde auf Anfrage eine Insiderliste zur Verfügung zu stellen, wird der praktische Nutzen dieser Befreiung von geringer Bedeutung sein.[164]

112 Im Auftrag oder für Rechnung eines Emittenten handelnde Personen
Darüber hinaus ist nach Art. 18 Abs. 1 lit. a) MAR eine Insiderliste von Personen zu führen, die anderweitig, d.h. außerhalb eines Arbeitsvertrages Aufgaben wahrnehmen, durch welche sie bestimmungsgemäß Zugang zu Insiderinformationen erhalten. Dies betrifft vor allem Unternehmen und Dienstleister, die Interessen des Emittenten wahrnehmen oder in entsprechenden beratenden Berufen tätig sind, wie z.B. Anwälte, Wirtschaftsprüfer, Steuerberater, etc.,[165] aber auch z.B. Ratingagenturen, denen eine beratende Tätigkeit nicht gestattet ist und welche selbst direkt aufgrund der EU-Ratingverordnung zum Führen von Insiderlisten verpflichtet sind.[166] Bei einem Unternehmen, das einem Konzern angehört, ist jeweils eine Insiderliste für jede rechtlich selbständige Unternehmenseinheit bzw. juristische Person separat zu führen.

---

160 Überträgt dieser die Aufgaben zum Führen der Insiderliste auf einen externen Dritten, so bleibt der Emittent weiterhin selbst vollständig für die Erfüllung der Pflichten des Art. 18 MAR verantwortlich; vgl. ESMA Q&A on the Market Abuse Regulation (ESMA70-145-111, Version 7, last updated on 1 September 2017), S. 24.
161 *Simons*, in: CCZ 2016, S. 221 f.
162 Näher *Simons*, in: CCZ 2016, S. 221 (222).
163 Dies ist nach Art. 3 Abs. 1 Nr. 11 MAR i.V.m. Art. 4 Abs. 1 Nr. 12 der MiFiD II ein in Einklang mit Art. 33 der MiFiD II als ein Wachstumsmarkt für kleine und mittlere Unternehmen registriertes MTF.
164 Vgl. *Graßl*, in: DB 2015, S. 2066 (2069).
165 *Söhner*, in: BB 2017, S. 259; *Simons*, in: CCZ 2016, S. 221 (222). Vgl. auch ESMA Q&A on the Market Abuse Regulation (ESMA70-145-111, Version 7, last updated on 01.09.2017), S. 23–24.
166 Ratingagenturen werden ausdrücklich in Art 18 Abs. 1 lit.a. MAR genannt, vgl. aber auch Art. 10 Abs. 2a der VO (EG) No 1060/2009 zu Kreditratingagenturen v. 17.11.2009 (Abl. EU Nr. L 302) in der durch VO (EU) Nr. 513/2011 v. 31.05.2011 (Abl. EU Nr. L 145/30) und VO (EU) Nr. 462/2013 v. 31.05.2013 (Abl. EU Nr. L 146) geänderten Fassung.

Eine Bank bzw. ein Wertpapierdienstleister nimmt nicht bereits deswegen Aufgaben für *113* einen Emittenten wahr, wenn sie lediglich allgemeine Bankdienstleistungen erbringt, wie z. B. die Kontoführung oder das Kreditgeschäft.[167] Ein Handeln im Auftrag oder für Rechnung des Emittenten liegt ferner nicht vor, wenn das Institut z. B. von einem Marktteilnehmer eine Großorder über Aktien eines Emittenten erhält, die als Insiderinformation einzuordnen ist. Wird das Institut aber z. B. im Rahmen eines Börsengangs, einer Kapitalmaßnahme oder einer Kapitalmarkt-Transaktion für den Emittenten beratend tätig, unterliegt es u. U. den Anforderungen des Art. 18 MAR und hat eine Insiderliste zu führen, also insb. bei Aktivitäten in den Bereichen Corporate Finance, Mergers & Acquisitions und Capital Markets.[168]

4.3 Aufbau und Inhalt

Eine Insiderliste muss in separate Abschnitte gegliedert sein, die sich auf unterschiedliche *114* Insiderinformationen beziehen.[169] Bei Feststellung neuer Insiderinformationen sind der Insiderliste neue Abschnitte hinzuzufügen. Jeder Abschnitt der Insiderliste darf nur Angaben zu den Einzelpersonen enthalten, die Zugang zu der für diesen Abschnitt relevanten Insiderinformation haben. Dies bedeutet nicht notwendigerweise, dass jede Information in seinen Einzelheiten beschrieben werden muss, sondern es reicht aus, wenn die z. B. das Projekt bzw. Mandat, bei welchem Insiderinformationen zu einer spezifischen Transaktion anfallen so konkret umschrieben ist, dass jede Insiderinformation diesem klar zugeordnet werden kann und die Personen, welche die Möglichkeit eines Zugriffs hatten, identifiziert werden.

Zwingende Vorlage *115*
Der Aufbau und Inhalt der Insiderlisten ist in Art. 18 Abs. 3 und Abs. 4 MAR geregelt und wird in Anhang I der EU-Durchführungsverordnung 2016/347 durch eine verbindliche Vorlage konkretisiert, die von allen Verpflichteten zu verwenden ist. Nach dieser Vorlage hat die Insiderliste u. a. folgende Daten zu enthalten:
– Bezeichnung der geschäftsspezifischen oder ereignisbasierten Insiderinformation;[170]
– Datum und Uhrzeit der Einrichtung jedes Abschnitts der Insiderliste, d. h., wann die Insiderinformation identifiziert wurde;[171]
– Name und Anschrift des (zum Führen der Insiderliste) verpflichteten Unternehmens;

---

167 Dies gilt selbst dann, wenn ein Institut in diesem Zusammenhang Kenntnis von Insiderinformationen erhält, da es hier lediglich im eigenen Interesse und nicht „für den Emittenten" tätig wird.
168 Vgl. BaFin-Emittentenleitfaden (4. Aufl., 2013), S. 96 f.
169 Art. 2 Abs. 1 der Durchführungsverordnung (EU) 2016/347, Abl. EU Nr. L 65/49.
170 Hier wird oftmals in der Praxis der Name des jeweiligen Projektes verwendet, bzw. eines entsprechenden code-Namens, um zu verhindern, dass die mit dem Führen der Insiderliste betrauten Personen (z. B. Compliance-Abteilung) selbst zu Insidern werden.
171 Eintragungen sind auch bereits im Vorfeld des Erhalts einer Insiderinformation zulässig, bzw. in einem Stadium, in dem die Information noch nicht den für den Charakter einer Insiderinformation erforderlichen Konkretisierungsgrad erreicht hat. Ggf. sei aus einer solchen Vorfeld-Eintragung nicht zu schließen, dass der zum Führen der Insiderliste Verpflichtete bereits zu diesem Zeitpunkt das Vorliegen einer Insiderinformation angenommen hätte. Vgl. hierzu näher *Simons*, in: CCZ, S. 221 (223 f.).

— Vollständiger Name, nationale Identifikationsnummer,[172] Privatanschrift, private und dienstliche Telefonnummer(n) sowie Geburtsdatum der Personen, die (bestimmungsgemäß) Zugang zu den Insiderinformationen haben;[173]
— Funktion[174] der erfassten Person(en) und Grund für die Einstufung als Insider, wie z. B. die Zugehörigkeit zu einem bestimmten Vertraulichkeitsbereich oder die Tätigkeit in einem bestimmten Projekt oder Mandat;
— Datum und Uhrzeit,[175] an dem jede in der Insiderliste erfasste Person Zugang zu Insiderinformationen erlangt hat und an dem der Zugang zu der Information beendet wurde.[176]

116 *Erfasste Personen*
Die Insiderliste hat nach Art. 18 Abs. 1 lit.a) MAR primär Personen zu erfassen, die aufgrund eines Arbeitsvertrages Aufgaben wahrnehmen, durch die sie Zugang zu Insiderinformationen erhalten, die direkten oder indirekten Bezug zu einem Emittenten haben.[177] Ein Widerspruchsrecht gegen die Aufnahme in die Insiderliste besteht nicht.[178]

117 Welche Bereiche und Personen konkret mit in die Insiderliste einzubeziehen sind, hängt in der Praxis sehr stark von der Größe, den Geschäftsfeldern und der Organisation des jeweiligen Unternehmens, sowie von den hierzu eingerichteten Vertraulichkeitsbereichen ab. Die Insiderliste erfasst i. d. R. Abteilungen, die regelmäßig mit Insiderinformationen in Berührung kommen.[179] Die Insiderliste eines Emittenten wird sich dabei üblicherweise auf einen Personenkreis innerhalb der Bereiche der Geschäftsleitung, der Finanzabteilung, Shareholder&Public Relations, etc. fokussieren. Die Insiderlisten bei einer Investmentbank hingegen werden sich auf verschiedene Emittenten und das jeweilige Mandat beziehen, bei dem z. B. eine Kapitalmarkt-Transaktionen begleitet wird.

118 In die Insiderliste sind indes nur Personen aufzunehmen, die bestimmungsgemäß, d. h. aufgrund der ihnen entsprechend zugewiesenen professionellen Aufgaben Zugang zu Insiderinformationen erhalten. Bereiche, die sich zwar technisch Zugriff zu Insiderinformationen verschaffen könnten, wie z. B. IT-Administratoren, die aber keine spezifischen Aufga-

---

172 Für deutsche Staatsangehörige existiert eine solche Nummer nicht und kann daher unterbleiben, *Söhner*, in: BB 2017, S. 259 (262); vgl. hierzu BaFin-FAQ zu Insiderlisten nach Art. 18 MAR (Stand:13. 01. 2017), S. 7.
173 Hierbei werden i. d. R. Schnittstellen zu den in der Personalabteilung bereits vorgehaltenen Daten der Mitarbeiter bestehen. In der Praxis werden daher oftmals Daten aus der jeweiligen Personaldatenbank automatisiert in die Insiderliste übernommen, vgl. hierzu BaFin-FAQ zu Insiderlisten nach Art. 18 MAR (Stand: 13. 01. 2017), S. 7; *Simons*, in: CCZ 2016, S. 221 (226).
174 Hierbei wird oftmals eine Bezeichnung der Position der Person im Unternehmen verwendet wie z. B. „Vorstandsmitglied", „leitender Angestellter", etc.
175 Die Uhrzeit ist dabei jeweils in Form der sog. „Koordinierten Weltzeit" (uniform time coordinated – UTC) anzugeben, vgl. näher *Simons*, in: CCZ 2016, S. 221 (225).
176 Dabei sind kürzere urlaubs- oder krankheitsbedingte Abwesenheiten nicht anzugeben, vgl. BaFin-Emittentenleitfaden (4. Aufl., 2013), S. 100.
177 Vgl. Erwägungsgrund Nr. 57 der MAR.
178 *Simons*, in: CCZ 2016, S. 221 (224).
179 Vgl. zur Unterscheidung zwischen einem sog. Funktions-Insider gegenüber einem sog. Projekt-Insider *Simons*, in: CCZ 2016, S. 221 (223).

ben im Zusammenhang mit der Insiderinformation wahrnehmen, sind daher nicht in der Insiderliste zu erfassen.[180]

Erhält eine Person zufällig, also bei Gelegenheit der Wahrnehmung einer Aufgabe, Kenntnis von Insiderinformationen oder verschafft sie sich widerrechtlich Kenntnis davon, muss sie nicht in die Insiderliste aufgenommen werden, es sei denn, dem zur Führung der Insiderliste Verpflichteten ist diese Kenntniserlangung bekannt geworden.[181]

Permanente Insider 119
Eine separate Vorlage wird in Anhang II der EU-Durchführungsverordnung 2016/347 für sog. „permanente" Insider zur Verfügung gestellt. Soweit von dieser Vorlage Gebrauch gemacht wird, sind die „permanenten" Insider nicht separat in der o. g. Vorlage nach Anhang I der Verordnung aufzuführen.

„Permanente" Insider sind nach Art. 2 Abs. 2 dieser Verordnung Personen, die aufgrund des 120
Charakters ihrer Funktion oder Position jederzeit Zugang zu allen Insiderinformationen beim Unternehmen haben.[182] Hierzu gehören ggf. Vorstandsmitglieder, bei einem Emittenten z. B. der CFO oder der Leiter der Strategie-Abteilung und bei einer Investmentbank die Leiter der Bereiche wie z.B, Investment Banking/Corporate Finance bzw. Capital Markets, welche die jeweiligen Teams leiten, die im Unternehmen mit Insiderinformation in Berührung kommen.

Externe Dienstleister bzw. Berater 121
Soweit ein zur Führung einer Insiderliste Verpflichteter seinerseits einen weiteren Dienstleister beauftragt und dieser dadurch Zugriff zu der Insiderinformation erhält, muss der Verpflichtete in seiner Insiderliste einen Hinweis auf die Einbindung solcher Dienstleister oder die Weitergabe einer Insiderinformation an einen solchen unter Angabe des Zeitpunkts der Einbindung oder der Weitergabe aufnehmen. Dabei genügt es, wenn er einen Ansprechpartner des Dienstleisters benennt. Eine Benennung aller externen Personen, die bei einem solchen Dienstleister Zugang zu der Information erhalten, ist nicht erforderlich.

4.4 Aktualisierungspflicht

Nach Art. 18 Abs. 1 lit.b) i. V. m. Abs. 4 MAR ist eine Aktualisierung der Insiderliste (unter 122
Erfassung von Datum und Uhrzeit der Aktualisierung) unverzüglich vorzunehmen, wenn die bestehende Liste unrichtig geworden ist, weil sich:
- der Grund für die Erfassung einer Person in der Insiderliste ändert,
- eine zusätzliche Person Zugang zu bereits erfassten Insiderinformationen erlangt hat oder
- eine Person keinen Zugang mehr zu Insiderinformationen hat.

In der Insiderliste sind bei jeder Aktualisierung das Datum und die Uhrzeit der Änderung anzugeben, durch welche die Aktualisierung erforderlich wurde. Es ist davon auszugehen, dass sich die Aktualisierungspflicht auch auf Anpassungen erstreckt, die nicht ausdrücklich

---

180 *Simons*, in: CCZ 2016, S. 221 (224).
181 *Simons*, in: CCZ 2016, S. 221 (224).
182 Vgl. näher *Simons*, in: CCZ 2016, S. 221 (223).

in Art. 18 Abs. 4 MAR genannt sind, wie z. B. Namens-, oder Adressänderungen eines in der Liste erfassten Mitarbeiters, etc.[183]

4.5 Form und Aufbewahrung

123 Insiderlisten sind in elektronischer Form entsprechend den im Anhang dieser Verordnung zur Verfügung gestellten Vorlagen zu führen.[184] Die Liste muss jederzeit verfügbar und nach Art. 18 Abs. 1 lit. c. MAR innerhalb angemessener Frist auf Verlangen unverzüglich an die zuständige NSA, also in Deutschland die BaFin übermittelt werden. Dies bedeutet in der Praxis, dass eine Übermittlung in der Regel innerhalb von maximal drei Werktagen zu erfolgen hat.

124 Eine Insiderliste wird in der Regel aus einer Kombination unterschiedlicher Datenbanken bestehen. Bestimmte Daten, wie z. B. Geburtstag und – Ort sowie Privatanschrift der in der Insiderliste aufgenommenen Personen dürfen in einem anderen Verzeichnis (z. B. Personaldatenbank) vorgehalten werden, sofern bei Anforderung der Insiderliste alle gesetzlich vorgeschriebenen Angaben darin enthalten sind. Dabei ist zu gewährleisten, dass die Insiderliste zu jedem Zeitpunkt, zu dem auf sie zugegriffen wird, vollständig und aktuell ist.[185]

125 Die Aufbewahrungsfrist beträgt gemäß Art. 18 Abs. 5 MAR mind. fünf Jahre nach der Erstellung oder Aktualisierung der Insiderliste. Dabei muss sichergestellt sein, dass die die Vertraulichkeit der Insiderlisten durch die Beschränkung des Zugangs auf eindeutig festgelegte Personen (z. B. Vorstand und i. d. R. die Compliance-Abteilung) aus dem Kreis des verpflichteten Unternehmens gewährleistet ist.[186]

4.6 Aufklärung und Anerkennung

126 Die zum Führen von Insiderlisten verpflichteten Unternehmen haben nach Art. 18 Abs. 2 Satz 1 MAR alle erforderlichen Vorkehrungen zu treffen, um dafür zu sorgen, dass alle auf der Insiderliste erfassten Personen die aus den Rechts- und Verwaltungsvorschriften erwachsenden Pflichten schriftlich anerkennen und sich der Sanktionen bewusst sind, die bei Insidergeschäften oder einer unrechtmäßigen Offenlegung von Insiderinformationen Anwendung finden.

127 Die Art und Weise, sowie der Inhalt der Aufklärung und Anerkennung ist dem Emittenten bzw. dem in dessen Auftrag oder für dessen Rechnung tätigen Unternehmen überlassen. Da ein schriftliches Anerkenntnis verlangt wird ist jedenfalls der rein passive Erhalt der Aufklärung durch den Mitarbeiter nicht ausreichend. Üblich ist die Verwendung eines standardisierten Aufklärungsschreibens, welches allen betroffenen ausgehändigt und von diesen schriftlich anerkannt wird.[187] Es ist aber davon auszugehen, dass auch eine elektro-

---

183 *Simons*, in: CCZ 2016, S. 221 (229).
184 Art. 2 Abs. 3 der Durchführungsverordnung EU 2016/347, Abl. EU Nr. L 65/49.
185 Vgl. BaFin-FAQ zu Insiderlisten nach Art. 18 MAR (Stand: 13. 01. 2017), S. 7.
186 Art. 2 Abs. 3 der Durchführungsverordnung EU 2016/347, Abl. EU Nr. L 65/49.
187 Die BaFin hat hierfür einen entsprechenden Muster-Aufklärungsbogen auf ihrer Website (www.bafin.de) zur Verfügung gestellt.

nische Belehrung ausreicht, z. B. in Form einer systemgesteuerten E-Mail, bzw. ein Anerkenntnis des Mitarbeiters in Form eines entsprechend gekennzeichneten „klicks" in einem IT-gestützten Eintragungs- und Informationsprozesses.[188] Zu Prüfungszwecken empfiehlt es sich in jedem Fall, eine interne Dokumentation über die erfolgte Aufklärung und die Anerkennung der erfassten Personen vorzuhalten.

Die Aufklärung und Anerkennung ist (spätestens) bei der erstmaligen Aufnahme der Person in die Insiderliste durchzuführen. Dabei reicht die einmalige Aufklärung, d. h. eine Wiederholung ist nicht erforderlich, wenn die Person weitere Insiderinformationen erhält.[189]

128

4.7 Sanktionen

Wenn der Verpflichtete eine Insiderliste nicht, nicht richtig, nicht vollständig, nicht in der vorgeschriebenen Weise, oder nicht rechtzeitig aufstellt und aktualisiert oder auf Verlangen an die BaFin übermittelt, wird dies nach § 120 Abs. 15 Nr. 13 bzw. Nr. 14 i. V. m. Abs. 18 Satz 1 WpHG als Ordnungswidrigkeit mit einer Geldbuße in Höhe von maximal 500.000 € geahndet. Das gleiche gilt nach § 120 Abs. 15 Nr. 15 bzw. Nr. 16 i. V. m. Abs. 18 Satz 1 WpHG, wenn der Verpflichtete nicht die erforderlichen Vorkehrungen zur Anerkennung durch die betroffenen Personen und deren Aufklärung trifft oder die Aufbewahrungsfristen verletzt. Für juristische Personen beträgt der Bußgeldrahmen gemäß § 120 Abs. 18 Satz 2 Nr. 3 WpHG bis zu 1 Mio. €. Voraussetzung für die Verhängung eines solchen Bußgelds ist, dass der Täter vorsätzlich oder zumindest leichtfertig handelt.

129

Darüber hinaus stehen der zuständigen Aufsichtsbehörde die bereits o. g. weiteren Befugnisse in Form der Unterlassungsverfügung oder z. B. einer öffentlichen Verwarnung zu. Ferner gilt auch bei Verstößen gegen die die Pflichten des Art. 18 MAR, dass Maßnahmen der BaFin nach § 125 WpHG auf deren Website zu veröffentlichen sind (sog. Naming and Shaming).

130

5 Marktmanipulationsverbot

Das Marktmanipulationsverbot gemäß Art. 15 und 12 MAR dient dem Schutz der Integrität der Finanzmärkte und des Vertrauens der Öffentlichkeit in ein freies Spiel von Angebot und Nachfrage und damit in eine ordnungsgemäße, unbeeinflusste Preisbildung.[190] Es erfasst ein kursrelevantes Verhalten, welches eine Täuschung oder Irreführung der Marktteilnehmer herbeiführen kann. Im Gegensatz zu Verletzungen des Insiderrechts, bei welchen der Insider Kenntnis von wahren Informationen hat und ein bestehendes Informationsungleichgewicht ausnutzt, erzeugt der Täter einer Marktmanipulation typischerweise erst durch

131

---

188 *Simons*, in: CCZ 2016, S. 221 (227 f.).
189 *Söhner*, in: BB 2017, S. 259 (261); *Simons*, in: CCZ 2016, S. 221 (227).
190 Vgl. Folie Nr. 13 der Präsentation „Aktuelles von der BaFin: Marktmissbrauchsrecht" anlässlich der Kapitalmarktkonferenz 2017 des Institute for Law and Finance, abrufbar unter: http://www.ilf-frankfurt.de/fileadmin/user_upload/Thomas_Eufinger_Aktuelles_von_der_BaFin_Marktmissbrauchsrecht.pdf (letzter Abruf am 18. 6. 2018).

falsche oder irreführende Angaben ein solches Informationsungleichgewicht erst und ist daher meist ein informeller „Outsider".

132 Die MAR verbietet durch Art. 15 MAR Marktmanipulation und den Versuch hierzu, während Art. 12 MAR definiert, was unter einer Marktmanipulation im Sinne der MAR zu verstehen ist. Durch die MAR wird insoweit eine Vereinheitlichung des Rechtsrahmens in der EU herbeigeführt, um auf die Gefahr von Umsetzungsdifferenzen innerhalb der EU und damit verbundenen Aufsichtsarbitragen zu reagieren[191] Es handelt sich beim Marktmanipulationsverbot – wie auch bei den Insiderverboten – um eine Strafvorschrift, die sich an jedermann (natürliche und juristische Personen) richtet.

5.1 Anwendungsbereich

133 Wie auch im Insiderrecht erfassen die Art. 15 und 12 MAR alle in Art. 3 Abs. 1 Nr. 1 MAR i. V. m. Art. 4 Abs. 1 Nr. 15 der MiFID II genannten Finanzinstrumente und sonstigen Instrumente, wie z. B. auch damit verbundene derivative Finanzinstrumente oder Waren-Spot-Kontrakte sowie auf Emissionszertifikaten beruhende Auktionsobjekte. Für den Bereich des Marktmanipulationsverbots sind darüber hinaus nach § 25 WpHG explizit auch Waren und ausländische Zahlungsmittel erfasst, die an einer inländischen Börse oder einem vergleichbaren EU- bzw. EWR-Markt gehandelt werden.

134 Für Emittenten von Finanzinstrumenten ist das Marktmanipulationsverbot insb. bei der Kommunikation mit Investoren relevant, d. h. insb. bei der Erstellung von Unterlagen oder Informationen, die für Marktteilnehmer kurserheblich sein könnten, wie z. B. in Emissionsprospekten, Jahresberichten oder auf Bilanzpressekonferenzen. Ferner spielt das Marktmanipulationsverbot im Zusammenhang mit etwaigen Übernahmeplänen, bevorstehenden Kapitalmaßnahmen oder bedeutenden Transaktionen eine prägende Rolle, wie z. B. bei Kursstabilisierungsmaßnahmen im Nachgang eines IPO, oder bei einem Aktien-Rückkaufprogramm eines Emittenten. Soweit hierbei falsche oder irreführende Angaben gemacht werden, kann dies ähnlich ernste Konsequenzen durch eine etwaige Untersuchung durch die Finanzaufsicht und ggf. entsprechende staatsanwaltliche Ermittlungen zur Folge haben, wie bei einer Verletzung der Insider(handels)verbote.

135 Von Belang ist das Verbot der Marktmanipulation aber auch für andere Marktteilnehmer, insb. wenn sie z. B. im institutionellen Wertpapiergeschäft tätig sind, Emittenten bei der Durchführung von Emissionen und sonstigen Kapitalmarkt-Transaktionen begleiten, oder Finanzanalysen über Emittenten veröffentlichen. Es bestehen z. T. umfassende Regelungen zu spezifischen Handelspraktiken,[192] insb. im Bereich des Algotrading bzw. Hochfrequenzhandel, oder bei sog. Leerverkäufen, die im Rahmen solcher Handelsaktivitäten zu beachten sind. Relevant wird dies auch, z. B. beim Handel mit größeren Aktienpaketen (Block-Trades), oder bei Aktivitäten als Market Maker bzw. Designated Sponsor für bestimmte

---

191 Vgl. Erwägungsgrund Nr. 5 der MAR, näher *Schmolke*, in: AG 2016, S. 434 (436 f.).
192 Um dem Umstand Rechnung zu tragen, dass der Handel mit Finanzinstrumenten zunehmend automatisiert ist, ist es nach Erwägungsgrund Nr. 38 der MAR wünschenswert, dass in der Bestimmung des Begriffs Marktmanipulation Beispiele bestimmter missbräuchlicher Strategien angeführt werden, die im Zuge aller zur Verfügung stehenden Handelsmethoden angewandt werden können.

Finanzinstrumente. Die Bank kann zudem bei der Bearbeitung von Kundenorders oder Geschäften (wie z. B. in den Bereichen Institutional Sales, Prime Brokerage, oder Private Wealth Management) mit der Manipulation eines Kunden konfrontiert werden. In solchen Fällen unterliegt ein Institut der Pflicht zur Anzeige von Verdachtsfällen nach Art. 16 MAR. Bestimmte Praktiken im institutionellen Wertpapierhandelsgeschäft werden dementsprechend oftmals durch interne Richtlinien untersagt oder mit organisatorischen Anforderungen versehen und durch die Compliance-Stelle überwacht. Die Einzelheiten des Marktmanipulationsverbots sind dabei zuweilen durchaus komplex und sind einem durchschnittlichen Mitarbeiter eines Emittenten, einer Bank oder eines Finanzdienstleisters oftmals weniger geläufig, als die Grundzüge des Insiderrechts.

5.2 Die Verbotstatbestände des Art. 12 Abs. 1 MAR – Überblick

Art. 12 MAR regelt die folgenden Tatvarianten einer verbotenen Täuschung oder Irreführung anderer Marktteilnehmer durch: *136*

- den Abschluss eines kursrelevanten aber irreführenden Geschäfts bzw. die Erteilung einer irreführenden Order oder andere (vergleichbare) Handlungen (Art. 12 Abs. 1 lit. a. und lit. b. MAR);
- die Verbreitung von kursrelevanten aber falschen bzw. irreführenden Informationen über die Medien (Art. 12 Abs. 1 lit. c. MAR);
- die Manipulation eines Referenzwertes,[193] d. h. die Übermittlung falscher oder irreführender Angaben oder Bereitstellung falscher oder irreführender Ausgangsdaten bezüglich eines Referenzwertes, oder sonstige Handlungen durch die die Berechnung eines Referenzwertes manipuliert wird (Art. 12 Abs. 1 lit. d. MAR).

Der Versuch der Marktmanipulation ist in allen Tatvarianten ebenfalls gemäß Art. 15 MAR verboten.

5.3 Die Regelbeispiele des Art. 12 Abs. 2 MAR

In Art. 12 Abs. 2 MAR wird der Begriff der Marktmanipulation durch sog. Regelbeispiele näher konkretisiert. Diese Beispiele sollen bestimmte missbräuchliche Strategien anführen, die im Zuge aller zur Verfügung stehenden Handelsmethoden – einschließlich des algorithmischen Handels und des Hochfrequenzhandels – angewandt werden können. Sie sollen weder eine erschöpfende Aufzählung sein, noch den Eindruck erwecken, dass dieselben Strategien, wenn sie mit anderen Mitteln verfolgt würden, nicht auch missbräuchlich wären.[194] *137*

Inhaltlich sind die in Art. 12 Abs. 2 MAR erfassten Konstellationen mit den Tatbeständen der zuvor in Deutschland unter dem alten Recht erlassenen MaKonV[195] teilweise de- *138*

---

193 Das Verbot der Manipulation von Referenzwerten wurde mit der MAR in Reaktion insb. auf den sog. LIBOR-Skandal neu eingeführt vgl. *Seibt/Wollenschläger*, in: AG 2014, S. 593 (602).
194 Vgl. Erwägungsgrund Nr. 38 der MAR.
195 Verordnung zur Konkretisierung des Marktmanipulationsverbots (MaKonV), BGBl. 2005 Teil I Nr. 15, S. 515 ff, welche durch das zweite Finanzmarktnovellierungsgesetz (2. FiMaNoG) zum

ckungsgleich.[196] Als ein im Vergleich zur Marktmissbrauchsrichtlinie 2013 neues Beispiel einer verbotenen Handlung ist der algorithmische Handel ohne echte Handelsabsicht hinzugetreten.[197]

139 *Sicherung einer marktbeherrschenden Stellung*
Die Sicherung einer marktbeherrschenden Stellung in Bezug auf das Angebot oder die Nachfrage eines Finanzinstruments durch eine Person oder mehrere in Absprache handelnde Personen gilt nach Art. 12 Abs. 2 lit. a. MAR als Marktmanipulation, wenn dies tatsächlich oder wahrscheinlich eine unmittelbare oder mittelbare Festsetzung des Kaufs- oder Verkaufspreises oder andere unlautere Handelsbedingungen zur Folge hat oder hierzu geeignet ist, sog. cornering bzw. abusive squeeze.[198]

140 Typischerweise betrifft diese Fallgruppe Konstellationen, in welchen aufgrund der marktbeherrschenden Stellung faktisch die Preisbildung kontrolliert wird, was insb. auf Märkten mit geringer Liquidität relevant sein kann.[199] Als eine Marktmanipulation gilt es insb., wenn die marktbeherrschende Stellung ausgenutzt wird, um von der hierdurch beeinflussten Preisbildung zu profitieren.

141 Beispiel:
Ein Institut erzeugt durch Geschäfte an der Eurex eine Verknappung des Angebots an Bundesobligationen, mit der Folge, dass sich andere Marktteilnehmer zum Liefertermin zu überhöhten Preisen bei dem Institut eindecken müssen.[200]

142 *Manipulation von Eröffnungs- bzw. Schlusskursen*
Ferner gilt nach Art. 12 Abs. 2 lit. b. MAR der Kauf oder Verkauf von Finanzinstrumenten bei Handelsbeginn oder bei Handelsschluss an einem Handelsplatz mit der tatsächlichen oder wahrscheinlichen Folge, dass Anleger, die aufgrund der angezeigten Kurse, einschließlich der Eröffnungs- und Schlusskurse, tätig werden, irregeführt werden, als Marktmanipulation.[201]

143 Beispiel:
Ein Händler stellt wenige Minuten vor der Eröffnungsauktion eine Vielzahl von Kauf-Orders mit hohem Volumen in das Orderbuch eines Handelssystems ein und storniert

---

03.01.2018 aufgehoben wurde. Vgl. zur MaKonV näher *Knauth/Käsler,* in: WM 2006, S. 1041 ff.
196 *Teigelack,* in: BB 2012, S. 1361 (1364).
197 Vgl. *Kiesewetter/Parmentier,* in: BB 2013, S. 2371 (2375); *Seibt/Wollenschläger,* in: AG 2014, S. 593 (602).
198 Diese Regelung entspricht inhaltlich dem früheren § 4 Abs. 3 Nr. 1 MaKonV.
199 Als Ausnahme hiervon ist die Tätigkeit eines Market Makers anerkannt, der in Bezug auf ein bestimmtes Finanzinstrument Kauf- oder Verkaufsaufträge einstellt, um einen Handel erst zu ermöglichen.
200 Sog. Bobl-Squeeze. Das Institut musste sich in Folge dieser Aktivitäten mit einer äußerst kritischen Presse auseinandersetzen und vor dem Eurex-Sanktionsausschuss verantworten, vgl. z. B. https://www.zeit.de/2002/16/Peinliche_Vorladung.
201 Diese Konstellation wird z. T. auch als sog. „marking the close" bezeichnet.

diese wenige Sekunden bevor das Orderbuch zur Ermittlung des Eröffnungskurses geschlossen wird damit der Eröffnungskurs des betreffenden Finanzinstruments entsprechend höher festgesetzt wird.[202]

Manipulation im algorithmischen- bzw. Hochfrequenzhandel 144
Die MAR regelt als ein neues Beispiel für Marktmanipulation bestimmte Praktiken aus dem Bereich des sog. algorithmischen bzw. Hochfrequenzhandels. Der Begriff des „algorithmischen Handels" und des „Hochfrequenzhandels" ist in Art. 2 Abs. 1 Nr. 18 bzw. Nr. 33 MAR unter Verweis auf Art. 4 Abs. 1 Nr. 39 und Nr. 40 der MiFiD II definiert und bezeichnet – vereinfacht dargestellt – Techniken, bei denen ein Computeralgorithmus nach einer zuvor festgelegten Handelsstrategie[203] einzelne Aspekte eines Auftrags mit minimalem oder völlig ohne Eingreifen des Menschen automatisch bestimmt wird. Dabei wird typischerweise die sog. Latenzzeit, d. h. die Bearbeitungszeit einer Order, z. T. auf Sekundenbruchteile minimiert und gleichzeitig eine sehr hohe Anzahl von untertägig erteilten Aufträgen und Stornierungen bearbeitet.[204] Der algorithmische Handel ist mit verschiedenen Risiken verknüpft, z. B. wenn eine hohe Anzahl von Auftragseingaben, -änderungen oder -löschungen innerhalb eines sehr kurzen Zeitraums dazu führt, dass Handelssysteme überlastet werden. Zudem können Algorithmen auf Marktereignisse reagieren und damit weitere Algorithmen auslösen, sodass ein Kaskadeneffekt entsteht und die Volatilität von Kursen steigt.

Das Betreiben von Hochfrequenzhandel ist in Deutschland durch das seit 2013 geltende 145
sog. Hochfrequenzhandelsgesetz[205] separat erfasst und ist seitdem gemäß § 1 Abs. 1a Satz 2 Nr. 4d KWG als eine Form des Eigenhandels lizenzpflichtig. Die Erlaubnispflicht zieht u. a. bestimmte Pflichten im Hinblick auf Risikomanagement und Eigenkapital, separate Aufzeichnungspflichten nach § 80 Abs. 3 WpHG sowie Meldepflichten gegenüber der Aufsicht nach sich.[206]

Als Marktmanipulation verboten ist dabei nach Art. 12 Abs. 2 lit. c MAR[207] die Erteilung 146
von Kauf- oder Verkaufsaufträgen an einen Handelsplatz, einschließlich deren Stornierung oder Änderung, mittels aller zur Verfügung stehenden Handelsmethoden, auch in elektronischer Form, beispielsweise durch algorithmische und Hochfrequenzhandelsstrategien, indem sie:

---

202 Vgl. Final Report – ESMA's technical advice on possible delegated acts concerning the Market Abuse Regulation v. 03.02.2015, ESMA/2015/224, S. 18.
203 Gängig ist z. B. eine Arbitrage-Strategie, mit welcher Kursdifferenzen an unterschiedlichen Handelsplätzen genutzt werden. Vgl. näher *Kasiske*, in: WM 2014, S. 1933.
204 Siehe Erwägungsgrund Nr. 39 der MiFiD II, vgl. *Kasiske*, in: WM 2014, S. 1933.
205 Gesetz zur Vermeidung von Gefahren und Missbräuchen im Hochfrequenzhandel v. 07.05.2013, BGBl. I S. 1162, vgl. hierzu näher *Schultheiß*, in: WM 2013, S. 596 ff.
206 Ferner finden sich im Rahmen des BörsG Regelungen (siehe §§ 16 Abs. 2 Nr. 3, 24 Abs. 2a BörsG), durch die Störungen des Marktes im Zusammenhang mit Hochfrequenz- oder algorithmischem Handel vorgebeugt werden soll.
207 Diese Regelung ähnelt inhaltlich dem früheren § 3 Abs. 1 Nr. 4 MaKonV.

i) das Funktionieren des Handelssystems des Handelsplatzes tatsächlich oder wahrscheinlich stört oder verzögert,

ii) Dritten die Ermittlung echter Kauf- oder Verkaufsaufträge im Handelssystem des Handelsplatzes tatsächlich oder wahrscheinlich erschwert, auch durch das Einstellen von Kauf- oder Verkaufsaufträgen, die zur Überfrachtung oder Beeinträchtigung des Orderbuchs führen, oder

iii) tatsächlich oder wahrscheinlich ein falsches oder irreführendes Signal hinsichtlich des Angebots eines Finanzinstruments oder der Nachfrage danach oder seines Preises setzt, insb. durch das Einstellen von Kauf- oder Verkaufsaufträgen zur Auslösung oder Verstärkung eines Trends.

und die zu einer unmittelbaren oder mittelbaren Festsetzung des Kaufs- oder Verkaufspreises oder anderen unlauteren Handelsbedingungen bzw. einer Irreführung über angezeigte Kurse, einschließlich der Eröffnungs- und Schlusskurse führt.

147 **Beispiel:**
Ein Händler erwirbt Optionen für ein Finanzinstrument und setzt daraufhin einen Algorithmus für ein Handels-Programm in Gang, das darauf programmiert ist, eine Vielzahl an überpreisten Kaufangeboten für das Finanzinstrument zu erzeugen und diese sofort wieder zu stornieren, bevor sie jemand annehmen kann. Da diese Phantom-Angebote aber trotzdem gesehen werden, entsteht die Illusion, dass eine Vielzahl von Händlern am Kauf des Finanzinstruments interessiert seien und dass die Preise für das Instrument bald bedeutsam steigen werden. Andere Händler reagieren auf diese Illusion und im Folgenden steigt der Preis aufgrund dessen tatsächlich. Der Händler, der hinter dem Algorithmus steht kann nun aus den vorher erworbenen Optionen – die noch zum unmanipulierten Preis gekauft wurden – bedeutende Profite erzielen (sog. „Spoofing").

148 Weitere Praktiken, des Hochfrequenzhandels werden von der ESMA in Leitlinien[208] als problematisch im Hinblick auf das Verbot der Marktmanipulation bezeichnet:
– sog. Quote-Stuffing: Eingabe einer großen Zahl von Aufträgen und/oder Auftragsstornierungen oder -aktualisierungen, um die anderen Handelsteilnehmer zu verunsichern, deren Prozesse zu verlangsamen und die eigene Strategie zu verschleiern.

---

208 Leitlinien zu Systeme und Kontrollen für Handelsplattformen, Wertpapierfirmen und zuständigen Behörden in einem automatisierten Handelsumfeld v. 04.02.2012, ESMA/2012/122, abrufbar unter: https://www.esma.europa.eu/sites/default/files/library/2015/11/esma_2012_122_de_0.pdf.

- sog. Ping-Aufträge: Die Eingabe kleiner Aufträge, um den Grad der verdeckten Aufträge festzustellen; dies wird vor allem verwendet, um einzuschätzen, welche Positionen auf einer „Dark Platform" verbleiben.
- sog. Momentum Ignition: Eingabe von Aufträgen oder einer Auftragsserie mit der Absicht, einen Trend auszulösen oder zu verschärfen und andere Handelsteilnehmer zu ermutigen, den Trend zu beschleunigen oder zu erweitern, um eine Gelegenheit für die Auflösung oder Eröffnung einer eigenen Position zu einem günstigen Preis zu schaffen.

Scalping 149
Art. 12 Abs. 2 lit. d. MAR regelt das sog. Scalping, d. h. das Verbot der Ausnutzung eines gelegentlichen oder regelmäßigen Zugangs zu den traditionellen oder elektronischen Medien durch Abgabe einer Stellungnahme zu einem Finanzinstrument (oder indirekt zu dessen Emittenten), wobei zuvor Positionen bei diesem Finanzinstrument eingegangen wurden und anschließend Nutzen aus den Auswirkungen der Stellungnahme auf den Kurs dieses Finanzinstruments gezogen wird, ohne dass der Öffentlichkeit gleichzeitig dieser Interessenkonflikt ordnungsgemäß und wirksam mitgeteilt wird.[209]

Beispiel: 150
Ein bekannter Börsenexperte analysiert im Rahmen eines ‚Börsenspiels' regelmäßig Musterdepots und nimmt zur aktuellen Entwicklung einzelner Aktien Stellung. Vor seiner nächsten Stellungnahme erwirbt er selbst eine bestimmte Aktie, die er anschließend positiv analysiert und für das Musterdepot zum Kauf empfiehlt, ohne gleichzeitig anzugeben, dass er selbst in die Aktie investiert hat.[210]

Ziel der Verbreitung der Stellungnahme oder des Gerüchts ist in solchen Fällen, eine entsprechende Reaktion der Anleger hervorzurufen, um ggf. den Wert der selbst gehaltenen Instrumente zu beeinflussen und anschließend einen entsprechenden Gewinn zu realisieren. Dabei kommt es nicht darauf an, ob die Gerüchte zutreffen oder die Meinungen sachlich begründet, vertretbar oder unvertretbar sind. Ferner ist es unbeachtlich, ob die eingegangene Position eine Kauf- oder Verkaufsposition ist. 151

Manipulation von Auktionsobjekten 152
Schließlich gilt es nach Art. 12 Abs. 2 lit. e. MAR als ein Beispiel für Marktmanipulation, wenn der Kauf oder Verkauf von Emissionszertifikaten oder deren Derivaten auf dem Sekundärmarkt vor der Versteigerung gemäß der Verordnung (EU) Nr. 1031/2010[211] zur

---

209 Diese Regelung entspricht inhaltlich dem früheren § 4 Abs. 3 Nr. 2 MaKonV.
210 Sog. „Prior"-Fall, (OLG Frankfurt/M v. 15.03.2000 – 1 Ws 22/00 = in: NJW 2001, S. 982) der als TV-Börsenexperte bestimmte Aktien zum Kauf empfahl, die er zuvor selbst erworben hatte. Vgl. auch als weitere prominente Fälle des sog. Scalping „Opel" (BGH, Urteil v. 06.11.2003 – 1 StR 24/03, in: BGHSt 48, S. 373 = DB 2004, S. 64) und „SdK" (OLG München v. 03.03.2011 – 2 Ws 87/11 = in: NJW 2011, S. 3664).
211 Verordnung (EU) Nr. 1031/2010 v. 12.11.2010 über den zeitlichen und administrativen Ablauf sowie sonstige Aspekte der Versteigerung von Treibhausgasemissionszertifikaten gemäß der Richtlinie 2003/87/EG über ein System für den Handel mit Treibhausgasemissionszertifikaten in der Gemeinschaft, Abl. EU Nr. L 302/1.

Folge hat, dass der Auktionsclearingpreis für Auktionsobjekte auf anormaler oder künstlicher Höhe festgesetzt wird oder dass Bieter, die auf den Versteigerungen bieten, irregeführt werden.

5.4 Handelsgestützte Manipulation

153 Die sog. handelsgestützte Manipulation erfasst eine Täuschung der Marktteilnehmer durch tatsächliche oder fiktive Handelsaktivitäten, durch welche z. B. eine höhere Handelsaktivität oder ein erhöhter Umsatz bzw. eine erhöhte Liquidität in einem Finanzinstrument vorgespiegelt wird, um damit andere Marktteilnehmer zu einer Reaktion zu bewegen, die sich auf den Kurs auswirkt.[212] Hierfür spielen wiederum die Liquidität in dem Finanzinstrument, die Transparenz des Handelns, die Art der Ausführung und die dabei gültigen Handelsregeln (z. B. Börsenregeln) eine Rolle. Regelmäßig findet eine handelsgestützte Manipulation in eher illiquiden Werten statt, da dort schon kleinere Orders oder Geschäfte ein irreführendes Signal für Angebot oder Nachfrage darstellen können.

154 Verboten ist gemäß Art. 12 Abs. 1 lit. a. MAR der Abschluss eines Geschäfts, die Erteilung eines Handelsauftrags sowie jede andere Handlung:
– die falsche oder irreführende Signale hinsichtlich des Angebots, der Nachfrage oder des Preises eines Finanzinstruments gibt oder bei denen dies wahrscheinlich ist (Art. 12 Abs. 1 lit. a. i. MAR);
– durch die ein anormales oder künstliches Preisniveau eines oder mehrerer Finanzinstrumente erzielt wird oder bei denen dies wahrscheinlich ist (Art. 12 Abs. 1 lit.a. ii. MAR);

es sei denn, die handelnde Person weist nach, dass das Geschäft, der Auftrag oder die Handlung legitime Gründe hat und im Einklang mit einer zulässigen Marktpraxis gemäß Art. 13 MAR steht.

155 Nach Art. 12 Abs. 1 lit. b. MAR ist ferner der Abschluss eines Geschäfts, die Erteilung eines Handelsauftrags sowie jegliche sonstige Tätigkeit oder Handlung an Finanzmärkten verboten, die unter Vorspiegelung falscher Tatsachen oder unter Verwendung sonstiger Kunstgriffe oder Formen der Täuschung den Kurs eines oder mehrerer Finanzinstrumente beeinflusst oder hierzu geeignet ist.

5.4.1 Indikatoren für manipulative Handelsaktivitäten

156 Im Anhang I zur MAR werden die Verbote des Art. 12 Abs. 1 lit. a. und b. MAR anhand von sog. Indikatoren näher konkretisiert. Diese Indikatoren stellen nach Art. 12 Abs. 3 MAR eine nicht abschließende Liste von Umständen dar, unter denen anzunehmen ist, dass eine Vorspiegelung falscher Tatsachen, eine Sicherung bestimmter Kurse, oder eine sonstiger

---

212 Es bestehen z. T. erhebliche Überlappungen zwischen den einzelnen Tatbestandsvarianten, sodass die Unterscheidung zwischen der sog. handels- und informationsgestützten Manipulation in der MAR keine große Trennschärfe aufweist, vgl. näher *Schmolke*, in: AG 2016, S. 434 (441 f.) m. w. N.

Form der Täuschung vorliegen kann.²¹³ Durch die Delegierte EU-Verordnung 2016/522 werden diese Indikatoren ergänzt und weiter präzisiert.²¹⁴

Der Katalog in Anhang I der MAR kann in der Praxis zwar grundsätzlich als Prüfraster für das Vorliegen einer handelsgestützten Manipulation dienen. Sind die Voraussetzungen eines der dort genannten Indikatoren gegeben, ist allerdings nicht zwingend eine handelsgestützte Manipulation anzunehmen, sondern sie sind lediglich bei einer Beurteilung der spezifischen Umstände des Einzelfalls durch die zuständigen Behörden entsprechend zu berücksichtigen,²¹⁵ d. h. es handelt sich letztlich um ein deutliches Anzeichen für manipulative Handelsaktivitäten, die auf das Vorliegen einer handelsgestützten Manipulation hindeuten. Insb. kann eine in Frage stehende Aktivität aber als legitim angesehen werden, wenn die handelnde Person nachweisen kann, dass ihre Gründe für den Abschluss der betreffenden Geschäfte oder die Ausführung der fraglichen Handelsaufträge legitim waren und einer auf dem betreffenden Markt akzeptierten Praxis entsprachen.²¹⁶ *157*

Bedeutender Anteil des Tagesgeschäftsvolumens *158*
Als Indikatoren für eine handelsgestützte Manipulation gemäß Art. 12 Abs. 1 lit. a. und b. MAR werden in Anhang I A. der MAR insb. Handelsaufträge oder abgewickelte Geschäfte genannt:

– die einen bedeutenden Teil des Tagesvolumens der Transaktionen mit dem entsprechenden Finanzinstrument ausmachen, vor allem dann, wenn dies zu einer erheblichen Veränderung des Kurses führt (Anhang I. A. a. der MAR).²¹⁷
In diese Kategorie fallen auch Geschäfte oder Aufträge, die den unzutreffenden Eindruck wirtschaftlich begründeter Umsätze erwecken.²¹⁸ Wirtschaftlich begründet sind beispielsweise Arbitrage-Geschäfte, bei denen Preisdifferenzen an verschiedenen Märkten ausgenutzt werden und das sog. Intra-Day-Trading, bei dem ein untertägiger Preistrend ausgenutzt wird. Wird hingegen keine legitime Handels- oder Anlagestrategie verfolgt, kann ein Umsatz als nicht mehr wirtschaftlich begründet anzusehen sein, insb. wenn die Aktivität mit dem Ziel einer Preisbeeinflussung erfolgt.

---

213 Dabei folgen diese Indikatoren nicht notwendigerweise der herkömmlichen Kategorisierung in Fälle der informations- oder handelsgestützten Manipulation. Vgl. hierzu näher Schmolke, AG 2016, S. 434 (441 f.) m. w. N.
214 Siehe Art. 4 und Anhang II der Delegierten Verordnung (EU) 2016/522 v. 17. 12. 2015 zur Ergänzung der Verordnung (EU) Nr. 596/2014 im Hinblick auf (…) die Indikatoren für Marktmanipulation (…), Abl. EU Nr. L 88/1.
215 Erwägungsgrund Nr. 6 der Delegierten Verordnung (EU) 2016/522, Abl. EU Nr. 88/1, *Kiesewetter/Parmentier*, in: BB 2013, S. 2371 (2375); *Teigelack*, in: BB 2012, S. 1361 (1364), *Graßl*, in: DB 2015, S. 2066 (2071).
216 Erwägungsgrund Nr. 8 der Delegierten Verordnung (EU) 2016/522, Abl. EU Nr. 88/1.
217 Ein fester Grenzwert, ab dem ein Anteil am Tagesgeschäftsvolumen bedeutend ist, existiert nicht. In der Regel betrifft dies aber Geschäfte oder Orders, deren Volumen offenkundig gegenüber dem ‚üblichen' Handelsgeschehen in dem jeweiligen Wert heraussticht und bei welchen typischerweise ein erhebliches Preisbeeinflussungspotenzial besteht. Anhang I. A. a) MAR entspricht inhaltlich dem vorherigen § 3 Abs. 1 Nr. 1a MaKonV.
218 Vgl. Anhang II Abschn. 1 Nr. 1 der Delegierten Verordnung (EU) 2016/522, Abl. EU Nr. 88/1. Diese Fälle waren zuvor separat im früheren § 3 Abs. 2 Nr. 3 MaKonV geregelt.

159 **Bedeutende Kauf- oder Verkaufsposition**
Als Indikator für eine Marktmanipulation gelten ferner Handelsaufträge oder abgewickelte Geschäfte:
- die von Personen erteilt werden, welche bedeutende Kauf- oder Verkaufspositionen in Bezug auf ein Finanzinstrument innehaben, und die zu wesentlichen Änderungen des Kurses dieses Finanzinstruments führen (Anhang I. A. b. der MAR);[219]

160 Als Marktmanipulativ werden beispielsweise ungedeckte Leerverkäufe[220] mit einem hohen Volumen angesehen, die ohne Erfüllungsabsicht zu Zwecken der Kursbeeinflussung durchgeführt werden (sog. „bear raid" oder „short squeeze").[221]

161 **Beispiel:**
Einer der bekanntesten Short-Squeeze-Fälle war VW im Jahr 2008, nachdem Porsche Ende Oktober mitgeteilt hatte, dass sein Anteil an VW von 35 % auf 42,6 % angestiegen sei und man sich darüber hinaus über Optionen weitere 31,5 % Anteilsbesitz gesichert habe. Zu dieser Zeit befanden sich gerade mal 6 % der Stammaktien im Streubesitz. Hedgefonds hatten seinerzeit über Leerverkäufe auf fallende VW-Kurse spekuliert, die Zahl der ausgeliehenen Stammaktien soll deutlich über dem verfügbaren Streubesitz, d. h. ca. bei 12 % gelegen haben. Als nun Porsche mit der oben genannten Meldung auf den Markt kam, war für die Leerverkäufer leicht auszurechnen, dass es schwer werden würde, die „leer" veräußerten Aktien wieder zurückzukaufen. Ein Run unter den Leerverkäufern auf die VW-Aktie setzte ein und ließ den Kurs von ca. 200 € innerhalb von nur zwei Tagen auf ca. 1.000 € steigen.

---

219 Eine bedeutende Kauf- oder Verkaufsposition kann z. B. aufgrund von Optionsgeschäften, oder aufgrund von offenen Verpflichtungen aus Leerverkäufen oder Wertpapierleihegeschäften entstehen. Der Gedanke dieser Fallgruppe ist, dass eine Manipulation nahe liegt, wenn jemand bereits eine größere Handelsposition in einem Instrument aufgebaut hat und nun durch weitere Geschäfte deren Preis beeinflusst. Anhang I. A. b) MAR entspricht inhaltlich dem vorherigen § 3 Abs. 1 Nr. 1b MaKonV.
220 Während die Durchführung von Leerverkäufen generell als eine Handelstätigkeit angesehen wird, die zur Markteffektivität und Marktliquidität beiträgt und dem Entstehen von Spekulationsblasen entgegenwirken kann, können dennoch potenziell wesentliche Gefahren für gelistete Unternehmen und deren Aktionäre sowie für das Finanzsystem insgesamt durch spekulative, sog. ungedeckte Leerverkäufe entstehen. Siehe näher zum Begriff des Leerverkaufs: *Weick-Ludewig/Sajnovits*, in: WM 2014, S. 1521 ff.
221 Ziel derartiger bear raids ist es, andere Anleger zum Ausstieg aus dem attackierten Aktientitel zu bewegen und weitere Kursrückgänge zu bewirken, die dann dem Leerverkäufer eine günstige, häufig verspätete Deckung seiner Short-Positionen ermöglichen.

In diesem Zusammenhang sind die Vorschriften zur Leerverkaufsregulierung und das Verbot der sog. ungedeckten Leerverkäufe[222] zu beachten, die in Reaktion auf die Bankenkrise 2008/2009 entstanden sind.[223] *162*

Umkehrung von Positionen innerhalb kurzer Zeit *163*
Ein weiterer Indikator für eine Marktmanipulation sind Handelsaufträge oder abgewickelte Geschäfte:

– die Umkehrungen von Positionen innerhalb eines kurzen Zeitraums beinhalten und einen beträchtlichen Teil des Tagesvolumens der Transaktionen mit dem entsprechenden Finanzinstrument ausmachen und mit einer erheblichen Veränderung des Kurses eines Finanzinstruments in Verbindung stehen könnten (Anhang I. A. d. der MAR);[224]

– die durch ihre Häufung innerhalb eines kurzen Abschnitts des Handelstages eine Kursveränderung bewirken, auf die eine gegenläufige Preisänderung folgt (Anhang I. A. e. der MAR);[225]

Diese Fallgruppen sind insb. relevant, wenn aufgrund einer bestimmten Handelsaktivität eine erhebliche Kursänderung zu beobachten ist, d. h. der Kurs nicht nur marginal erhöht, erniedrigt, oder künstlich beibehalten wird. Die Beurteilung im konkreten Fall kann dabei stark von der generell vorhandenen Volatilität des Finanzinstruments, der Verfassung des Gesamtmarktes oder der Branche und von zusätzlichen Faktoren abhängen. In ruhigen, gleichförmigen Marktsituationen kann eine Kursbewegung von 1 oder 2 % als erheblich eingestuft werden, während dieselbe Schwankung in unruhigen, volatilen Märkten als unauffällig gelten wird. Es ist daher erforderlich, dass man die Handelsaktivität im Kontext mit den aktuellen Marktverhältnissen und Handelsmechanismen in dem betreffenden Segment bzw. Instrument betrachtet. Von Bedeutung ist außerdem, ob das Volumen wirtschaftlich legitime Gründe hat oder ob es lediglich der Preisbeeinflussung dient. *164*

Beispiel: *165*
Bei einer Großorder würde es dem üblichen Handelsgeschehen widersprechen, wenn diese innerhalb kurzer Zeit im vollen Umfang ausgeführt wird, statt sie marktschonend in kleinen Schritten während eines oder mehrerer Tage zu bearbeiten.

Beispiel: *166*
Ein sog. Market Maker stellt regelmäßig verbindliche Geld- und Briefkurse (sog. Quotes) für ein Finanzinstrument an der Börse und tätigt in dieser Funktion sowohl Käufe als auch Verkäufe, die in dem betreffenden Wert einen erheblichen Teil des

---

222 Verordnung (EU) Nr. 236/2012 v. 14.03.2012 über Leerverkäufe und bestimmte Aspekte von Credit Default Swaps („EU-LeerverkaufsVO"), Abl. EU Nr. L 86/1. Sowohl ESMA als auch BaFin haben entsprechende FAQs zur EU-LeerverkaufsVO veröffentlicht.
223 Im Spätsommer 2008 wurden Leerverkäufer für massive Kursverluste der US-Investmentbanken Lehman Brothers und Bear Stearns verantwortlich gemacht und sogar als „Brandbeschleuniger" der weltweiten Finanzmarktkrise 2008 geschmäht.
224 Anhang I. A. d) der MAR entspricht inhaltlich dem vorherigen § 3 Abs. 1 Nr. 1c MaKonV.
225 Anhang I. A. e) der MAR entspricht inhaltlich dem vorherigen § 3 Abs. 1 Nr. 1d MaKonV.

Tagesgeschäftsvolumens ausmachen können.[226] Durch diese Aktivität soll eine ausreichende Liquidität in dem Instrument gewährleistet bzw. das Handelsvolumen des Instruments erhöht werden.[227] Die Geschäfte stehen ggf. im Einklang mit den hierzu geltenden Börsenregeln und dienen dazu, den Markt zu fördern und positiv zu gestalten. Die Tätigkeit eines Instituts als Market Maker ist zudem in der Regel gegenüber dem Markt transparent. Soweit derartige Handelsaktivitäten im Rahmen der gültigen Börsenregeln erfolgen sind sie daher nicht als manipulativ einzuordnen.

167 *Window dressing*
Ein weiteres Indiz für ein manipulatives Handelsgeschehen betrifft Geschäfte, die in größerem Umfang genau oder ungefähr zu einem Zeitpunkt in Auftrag gegeben oder abgewickelt werden, zu dem Referenzkurse, Abrechnungskurse und Bewertungen berechnet werden, und dies zu Kursveränderungen führt, die sich auf diese Kurse und Bewertungen auswirken (Anhang I. A. g. der MAR).[228]

168 **Beispiel:**
Ein Portfoliomanager beeinflusst durch Geschäfte zum Zeitpunkt des Schlusspreises am Quartalsende die Kursfeststellung und erreicht damit eine höhere Quartalsbewertung eines von ihm verwalteten Portfolios (sog. window dressing).

169 **Beispiel:**
Emittiert ein Institut z. B. Optionsscheine, die mit einer Knock-out-Schwelle ausgestattet sind, kann durch entsprechende Geschäfte im Basiswert der Referenzpreis so beeinflusst werden, dass der Optionsschein wertlos wird. Entscheidend ist in einem solchen Fall der wirtschaftliche Hintergrund der Geschäfte. Hat der Emittent des Optionsscheins z. B. lediglich seine als Absicherungsposition (sog. Hedge) aufgebaute Kassa- oder Derivatpositionen kurz vor der Fälligkeit des Optionsscheins aufgelöst, so handelt es sich um ein nicht unübliches und u. U. (aus der Sicht des Emittenten) wirtschaftlich sinnvolles Verhalten. Erfolgt die Handelsaktivität und die damit einhergehende Preisbeeinflussung hingegen mit Blick auf die Erreichung der Knock-out-Schwelle, so ist dies als ein Anzeichen für eine handelsgestützte Manipulation zu werten.

170 In dieser Fallgruppe werden Situationen erfasst, in welchen tatsächliche Geschäfte getätigt oder Geschäftsaufträge erteilt werden, wohingegen sich das mit Art. 12 Abs. lit.d MAR neu

---

226 Z. B. als sog. Designated Sponsor bei der Frankfurter Wertpapierbörse (FWB) gemäß § § 23 ff. der Börsenordnung für die FWB oder als Market Maker an der Eurex Ziff 3.3 der Börsenordnung für die Eurex, welche die Zulassung sowie Rechte und Pflichten eines Market Makers regeln.
227 Eine rechtliche Verpflichtung hierzu besteht weder im Prime- noch im General Standard. Für die Mehrzahl der Werte wird es jedoch notwendig sein, dass der Emittent mind. einen Designated Sponsor für den fortlaufenden Handel verpflichtet, um die Liquidität zu erhöhen. Die Präsenz im fortlaufenden Handel ist Voraussetzung für die Aufnahme in die Auswahlindizes der Deutschen Börse.
228 Anhang I. A. g) der MAR entspricht inhaltlich dem vorherigen.§ 3 Abs. 1 Nr. 1e MaKonV.

eingeführte Verbot der Manipulation von Referenzwerten auf die Variante der informationsgestützten Manipulation bezieht, bei der durch die Übermittlung falscher oder irreführender Informationen die Ausgangsdaten für die Feststellung des jeweiligen Referenzwertes verzerrt werden.

Painting the tape 171
Ein Indiz für eine Manipulation kann ferner der Umfang sein, in dem erteilte Handelsaufträge die Darstellung der besten Geld- oder Briefkurse eines Finanzinstruments verändern oder allgemeiner die den Marktteilnehmern verfügbare Darstellung des Orderbuchs verändern und vor ihrer eigentlichen Abwicklung annulliert werden (Anhang I. A. f. MAR),[229] sog. painting the tape.

Beispiel: 172
Indem eine ungewöhnlich große Kauforder mit einem Limit etwas über dem aktuellen Niveau eingestellt wird, kann u. U. für die anderen Marktteilnehmer ein Signal erzeugt werden, dass ein großes Interesse eines institutionellen Marktteilnehmers vorhanden ist und somit der Kurs des Wertpapiers vermutlich stark steigen wird. Um noch an dem vermuteten Preisanstieg teilnehmen zu können, werden andere Marktteilnehmer verleitet, nun tatsächlich Kauforders oberhalb des Limits der vermeintlichen Großorder einzustellen. Sobald auf diese Weise ein höherer Preis bewirkt wurde, wird der Manipulateur seine Großorder löschen. Die Rücknahme der Order ist ein Indiz dafür, dass die Order nicht ernstlich gewollt war, sondern der Marktmanipulation diente.

Pre-arranged trades 173
Des Weiteren gelten getätigte Geschäfte, die nicht zu einer Änderung des wirtschaftlichen Eigentümers des Finanzinstruments führen, als Indiz für eine handelsgestützte Manipulation (Anhang I. A. c. der MAR),[230] sog. wash sales, wozu auch die Fälle von sog. pre-arranged trades oder improper matched orders gehören.[231]

Beispiel: 174
Zwei Marktteilnehmer decken gleichzeitig an der Börse sowohl die Geld- als auch die Briefseite mit gegenläufigen Orders ab, woraufhin ein entsprechendes Geschäft zustande kommt. Hierdurch kann gegenüber anderen Marktteilnehmern eine erhöhte Handelsaktivität signalisiert werden, d. h. es entsteht der Anschein, an dem betreffenden Wertpapier bestehe im Markt ein reges Interesse. Bei einer vorherigen Absprache des Preises kann es evtl. auch zu künstlichen, nicht der Marktlage entsprechenden Kursen kommen.

---

229 Anhang I. A. f) der MAR entspricht inhaltlich dem vorherigen § 3 Abs. 1 Nr. 2 MaKonV.
230 Anhang I. A. f) der MAR entspricht inhaltlich dem vorherigen § 3 Abs. 1 Nr. 3 MaKonV.
231 Vgl. hierzu Abschn. 1 Nr. 3 c. der Delegierten VO (EU) 2016/522 v. 17. 12. 2015, Abl. EU Nr. L 88/1. Diese Fälle waren unter der MaKonV separat in § 3 Abs. 2 Nr. 2 MaKonV geregelt. Ca. 82 % der positiven Marktmanipulationsanalysen der BaFin betrafen 2017 derartige vorgetäuschte Aktivitäten, wie insb. bei pre-arranged trades oder Insichgeschäften, vgl. BaFin-Jahresbericht 2017, S. 131.

175 Bei solchen Geschäften ist das entscheidende Unrechtsmerkmal die vorherige Absprache zweier Parteien. Als Ausnahme ist dabei ausdrücklich die Möglichkeit geregelt, innerhalb der Marktregularien ein solches Geschäft anzukündigen.[232]

5.4.2 Zulässige Marktpraxis

176 Gemäß Art. 13 Abs. 2 MAR besteht die Möglichkeit der Anerkennung einer sog. zulässigen Marktpraxis,[233] d. h. das Verbot der handelsgestützten Manipulation nach Art. 12 Abs. 1 lit. a. MAR gilt nicht, wenn die Handlung mit der zulässigen Marktpraxis auf dem betreffenden Markt vereinbar ist und der Handelnde hierfür legitime Gründe hat. Kriterien hierfür hat ESMA gemäß Art. 13 Abs. 7 MAR im Wege einer delegierten Verordnung konkretisiert.[234] Für die handelsgestützte Manipulation nach Art. 12 Abs. 1 lit. b. MAR greift diese Ausnahmevorschrift ausdrücklich nicht.[235]

177 Die jeweilige nationale Aufsichtsbehörde hat, wenn sie eine Geschäftspraktik als möglicherweise zulässige Marktpraxis qualifiziert, die ESMA in einem in Art. 13 Abs. 2–5 MAR näher geregelten Notifikationsverfahren in Kenntnis zu setzen. Vor der Anerkennung einer solchen Geschäftspraktik oder Gepflogenheit als zulässige Marktpraxis durch die zuständige (nationale) Behörde kann sich ein Marktteilnehmer nicht auf eine solche Praxis als Ausnahme nach Art. 13 MAR berufen.[236] Bislang hat die BaFin jedoch noch keine Marktpraxis offiziell anerkannt,[237] sodass die Ausnahmebestimmung derzeit praktisch nicht relevant ist. Die ESMA wird gemäß Art. 13 Abs. 9 MAR zulässige Marktpraktiken im Anwendungsbereich der MAR auf ihrer Website veröffentlichen und dabei angeben, in welchen Mitgliedstaaten sie anwendbar sind.

5.5 Informationsgestützte Manipulation

178 Eine Manipulation von Finanzinstrumenten, oder der Versuch hierzu, kann nach Art. 12 Abs. 1 MAR auch durch die Verbreitung falscher oder irreführender Informationen erfolgen. Dies kann im Erfinden offensichtlich falscher Informationen, aber auch in der absichtlichen Unterschlagung wesentlicher Sachverhalte sowie in der wissentlichen Angabe unrichtiger Informationen bestehen.[238]

---

232 Eine solche Möglichkeit ist beispielsweise in § 3 Abs. 2 der Bedingungen für Geschäfte an der FWB vorgesehen.
233 Diese Regelung soll gewährleisten, dass die Verfolgung von Marktmanipulation mit der Fortentwicklung der Kapitalmärkte im Einklang steht und Veränderungen oder Modernisierungen des Handels nicht behindert.
234 Delegierte Verordnung (EU) 2016/908 v. 26.02.2016 zur Ergänzung der Verordnung (EU) Nr. 596/2014 des Europäischen Parlaments und des Rates durch technische Regulierungsstandards für die Kriterien, das Verfahren und die Anforderungen für die Festlegung einer zulässigen Marktpraxis und die Anforderungen an ihre Beibehaltung, Beendigung oder Änderung der Bedingungen für ihre Zulässigkeit, Abl. EU Nr. L 153/3.
235 Vgl. *Teigelack*, in: BB 2012, S. 1361 (1364).
236 Ein solcher Antrag auf Anerkennung einer Marktpraxis kann auch noch gestellt werden, wenn bereits ein Verfahren wegen des Verdachts auf Marktmanipulation eingeleitet wurde.
237 *Teigelack*, in: BB 2012, S. 1361 (1364).
238 Erwägungsgrund Nr. 47 der MAR.

Das Verbot der informationsgestützten Manipulation erfasst nach Art. 12 Abs. 1 lit. c. MAR die Verbreitung von Informationen einschließlich der Verbreitung von Gerüchten über die Medien oder auf anderem Wege, die: *179*

– falsche oder irreführende Signale hinsichtlich des Angebots oder des Kurses eines Finanzinstruments oder der Nachfrage danach geben, oder bei denen dies wahrscheinlich ist, oder die

– ein anormales oder künstliches Kursniveau eines oder mehrerer Finanzinstrumente herbeiführen, oder bei denen dies wahrscheinlich ist,

wenn die Person, die diese Informationen verbreitet hat, wusste oder hätte wissen müssen, dass sie falsch oder irreführend waren.

Falsche oder irreführende Informationen *180*
Der Begriff der Information ist sehr weit gefasst und erfasst nicht nur die Verbreitung von Tatsachen, sondern grundsätzlich auch die Verbreitung von Werturteilen, Meinungen oder z. B. Prognosen, wie etwa Kauf- oder Verkaufsempfehlungen, auch wenn sie ohne Angabe von Gründen erfolgen. Es sind ausdrücklich sogar Gerüchte erfasst, sodass die Frage, ob die zugrundeliegende Information frei erfunden ist oder einen sachlichen Grund hat, in den Hintergrund tritt.

Zu einem falschen oder irreführenden Signal für andere Marktteilnehmer kann es führen, wenn die zugrundeliegenden Informationen nicht den objektiven Gegebenheiten entsprechen, indem z. B. nicht vorhandene Umstände als vorhanden bezeichnet werden, bei denen also eine gegenteilige Interpretation nicht mehr möglich ist. Signale sind ferner irreführend, wenn die ihnen zugrundeliegenden Informationen zwar inhaltlich richtig sind, aber aufgrund ihrer Darstellung beim Empfänger eine falsche Vorstellung über den Sachverhalt nahelegen. Dabei kommt es auf den Gesamtzusammenhang und das falsche Gesamtbild der Information für das Anlegerpublikum an.[239] Ausreichend sind hierbei auch Teilangaben, die durch das Weglassen bestimmter Aspekte ein falsches Gesamtbild entstehen lassen. *181*

Verbreitung über die Medien oder auf anderem Wege *182*
Eine Manipulation nach Art. 12 Abs. 1 lit. c. MAR setzt voraus, dass der Täter die Informationen über die Medien oder auf anderem Wege verbreitet. Die Verbreitung über die Medien schließt ausdrücklich die Verbreitung von Informationen über das Internet mit ein, so wie auf Websites sozialer Medien oder in anonymen Blogs, die als gleichwertig mit der Verbreitung über traditionellere Kommunikationskanäle, wie z. B. bei Erklärungen auf Pressekonferenzen oder Analystenveranstaltungen, betrachtet werden.[240] Die Form der Erklärung ist dabei nicht von Bedeutung, d. h. sie kann schriftlich, mündlich, oder in anderer Form erfolgen.[241]

Potenzielle Erheblichkeit für Angebot oder Nachfrage bzw. das Kursniveau *183*
Erforderlich ist außerdem, dass die verbreitete Information durch ihre Verbreitung hinsichtlich des Angebots, der Nachfrage oder des Kursniveaus eines Finanzinstruments „Signale" gibt, bzw. sich auf das Kursniveau potenziell auswirkt. Dabei ist davon auszugehen, dass

---

239 Vgl. BaFin-Emittentenleitfaden (4. Aufl., 2013), S. 89.
240 Siehe Erwägungsgrund Nr. 48 der MAR.
241 BaFin-Emittentenleitfaden (4. Aufl., 2013), S. 89.

eine solche potenzielle Auswirkung i. d. R. besteht, wenn sich die falsche oder irreführende Information und damit das „Signal" auf Umstände bezieht, die bereits unter der früheren Rechtslage als „bewertungserheblich" eingestuft wurden, wie insb.:
- Insiderinformationen, die nach Art. 17 MAR zu veröffentlichen sind;[242]
- Angaben zu Entscheidungen oder Kontrollerwerben, die nach §§ 10, 35 des Wertpapiererwerbs- und Übernahmegesetzes (WpÜG) zu veröffentlichen sind;[243]
- Diverse emittentenbezogene Vorgänge, wie z. B. bedeutende Kooperationen bzw. der Erwerb oder die Veräußerung wesentlicher Beteiligungen, Liquiditätsprobleme, Veränderungen in personellen Schlüsselpositionen des Unternehmens, Rechtsstreitigkeiten von besonderer Bedeutung, etc.[244]

184 Noch weitgehend ungeklärt ist die Frage, ob und inwieweit bei einem unrechtmäßigen Verschweigen von Angaben über solche bewertungserheblichen Umstände eine Irreführung durch Unterlassen vorliegt und inwieweit dies vom Verbot der Marktmanipulation erfasst und damit strafrechtlich relevant ist, wenn und soweit eine entsprechende Rechtspflicht zur Veröffentlichung der Information besteht.[245] Die BaFin scheint der Ansicht zu sein, dass auch Tatbestände der Unterlassung vom Marktmanipulationsverbot erfasst sind.[246] Im Hinblick auf die Veröffentlichungspflichten eines Emittenten greift zudem in solchen Fällen eine mögliche Schadensersatzpflicht wegen einer Unterlassung der unverzüglichen Veröffentlichung von Insiderinformationen gemäß § 97 WpHG.

185 Das bereits o. g. Verbot des Art. 12 Abs. 2 lit d. MAR (Scalping), bei welchem aus den Auswirkungen einer erwarteten Stellungnahme ein persönlicher Nutzen gezogen werden soll, stellt jedenfalls eine für die informationsgestützte Manipulation typische Fallgruppe dar. Diesem Bereich zuzuordnen sind auch die in Anhang 1 Abschn. B der MAR genannten Indikatoren[247] für manipulatives Handeln durch Vorspiegelung falscher Tatsachen sowie durch sonstige Kunstgriffe oder Formen der Täuschung zuzuordnen, bei denen Aufträge oder Geschäfte durch:

---

242 Vgl. den früheren § 2 Abs. 2 MaKonV. Primär sind hier Konstellationen prekär, in denen ein Emittent von der Befreiung von der Veröffentlichung einer Insiderinformation Gebrauch macht und z. B. aufgrund eines Informationslecks Gerüchte entstehen, durch welche die Information verfälscht wird. Dabei korrespondiert die Möglichkeit von der Befreiung von der Veröffentlichung der Insiderinformation mit dem Marktmanipulationsverbot, da diese Befreiung nur eingreift, solange die Aufschiebung nicht geeignet ist, die Öffentlichkeit irrezuführen, vgl. Art. 17 Abs. 4 lit.b. MAR.
243 Vgl. den früheren § 2 Abs. 2 MaKonV.
244 Vgl. den früheren § 2 Abs. 3 und Abs. 4 MaKonV.
245 Vgl. hierzu näher *Sajnovits/Wagner*, in: WM 2017, S. 1189 ff. m. w. N.
246 Vgl. Folie Nr. 15 der Präsentation „Aktuelles von der BaFin: Marktmissbrauchsrecht" anlässlich der Kapitalmarkt-Konferenz 2017 des Institute for Law and Finance, abrufbar unter: http://www.ilf-frankfurt.de/fileadmin/user_upload/Thomas_Eufinger_Aktuelles_von_der_BaFin_Marktmissbrauchsrecht.pdf (letzter Abruf am 18. 6. 2018).
247 Die Spezifikation des Annex 1 Abschn. B bezieht sich ausdrücklich nur auf Art. 12 Abs. 1 lit.b. MAR, sodass die Abgrenzung zwischen informations- und handelsgestützter Manipulation insoweit verschwimmt. Vgl. näher *Schmolke*, in: AG 2016, S. 434 (444).

- die Verbreitung falscher oder irreführender Informationen, oder
- unrichtige oder verzerrte oder nachweislich von materiellen Interessen beeinflusste Anlageempfehlungen[248] begleitet werden.

Presse-Privileg 186

In Art. 21 MAR wird klargestellt, dass bei der der Verbreitung von Informationen die Regeln der Pressefreiheit und der Freiheit der Meinungsäußerung in anderen Medien sowie der journalistischen Berufs- und Standesregeln zu berücksichtigen sind, wenn die Verbreitung für journalistische Zwecke oder andere Ausdrucksformen in den Medien erfolgt, es sei denn,

- den betreffenden Personen erwächst unmittelbar oder mittelbar ein Vorteil oder Gewinn aus der Offenlegung oder Verbreitung der Information, oder
- die Weitergabe oder Verbreitung erfolgt in der Absicht, den Markt in Bezug auf das Angebot von Finanzinstrumenten, die Nachfrage danach oder ihren Kurs irrezuführen.

5.6 Manipulation eines Referenzwertes

Nach Art. 12 Abs. 1 lit. d. MAR ist die Übermittlung falscher oder irreführender Angaben oder Bereitstellung falscher oder irreführender Ausgangsdaten bezüglich eines Referenzwertes, oder sonstige Handlungen durch die die Berechnung eines Referenzwertes manipuliert wird, verboten. Durch dieses neu eingeführte Verbot wird der Anwendungsbereich der Manipulationstatbestände erweitert, da der Preis von vielen Finanzinstrumenten auf der Grundlage von Referenzwerten, wie z. B. den Interbanken-Referenzzinssätzen LIBOR, Euribor sowie Ölpreisbewertungen und Börsenindizes gebildet werden.[249] 187

Der Begriff des „Referenzwertes" bezeichnet nach Art. 2 Abs. 1 Nr. 29 MAR einen Kurs, Index oder Wert, welcher: 188

- der Öffentlichkeit zugänglich gemacht oder veröffentlicht wird und
- periodisch oder regelmäßig durch die Anwendung einer Formel auf den Wert eines oder mehrerer Basiswerte oder -preise (einschließlich geschätzter Preise, tatsächlicher oder geschätzter Zinssätze oder sonstiger Werte), oder auf Erhebungsdaten ermittelt bzw. auf der Grundlage dieser Werte bestimmt wird und
- auf den bei der Festsetzung des für ein Finanzinstrument zu entrichtenden Betrags oder des Wertes eines Finanzinstruments Bezug genommen wird.

Art. 12 Abs1 lit. d. MAR deckt die informationsgestützte Variante der Manipulation bei der Berechnung eines Referenzwertes ab.[250] Es kommt dabei nicht auf die Art der übermittelten Angaben oder Daten an, sofern diese in die Berechnung des Referenzwertes bestimmungsgemäß einfließen. Der Begriff der „Berechnung" ist nach dem Willen des Verordnungsgebers weit gefasst und erstreckt sich auch auf die Entgegennahme und Bewertung sämtlicher 189

---

248 Vgl. hierzu Art. 20 MAR.
249 Dieser Sondertatbestand wurde unter dem Eindruck der LIBOR-Manipulationen spezifisch geregelt; Vgl. *Seibt/Wollenschläger*, in: AG 2014, S. 593 (602).
250 Vgl. *Schmolke*, in: AG 2016, S. 434 (442).

Daten, die in Zusammenhang mit der Ermittlung des betreffenden Referenzwerts stehen.[251] Erforderlich ist ferner, dass derjenige, der die Ausgangsdaten bereitgestellt hat oder Informationen übermittelt hat, wusste oder zumindest hätte wissen müssen, dass diese falsch oder irreführend waren.

Flankiert wird das Verbot der Manipulation eines solchen Referenzwertes durch die sog. EU Benchmark-Verordnung,[252] in welcher Standards für die Erstellung eines Referenzwertes festgelegt werden.

5.7 Sanktionen

190 *Strafrechtliche Sanktionen*
Bei einer Verletzung des Verbots der Marktmanipulation drohen dem Täter ähnlich einschneidende Sanktionen wie im Insiderrecht. Eine (bedingt) vorsätzliche Verletzung des Marktmanipulationsverbots ist eine Straftat, die nach § 119 Abs. 1 WpHG mit Freiheitsstrafe von bis zu fünf Jahren oder Geldstrafe sanktioniert wird.[253] Der Versuch der Marktmanipulation ist gemäß § 119 Abs. 4 WpHG ebenfalls strafbar. Eine besondere Manipulationsabsicht oder gar Bereicherungsabsicht ist dabei nicht erforderlich.[254] Als Erfolg der Marktmanipulation ist das Eintreten einer Kursbeeinflussung allerdings Voraussetzung der Strafbarkeit.[255] Ist ein solcher Einwirkungserfolg nicht nachweisbar, liegt lediglich eine Ordnungswidrigkeit vor.

191 Die banden- oder gewerbsmäßige Marktmanipulation stellt nach § 119 Abs. 5 WpHG einen eigenen Tatbestand mit einer Freiheitsstrafe von mind. einem Jahr bis zu zehn Jahren dar. Entsprechendes gilt für Marktmanipulationen, die Mitarbeiter von Aufsichtsorganen, Wertpapierdienstleistungsunternehmen, Börsen und Betreibern von Handelsplätzen in Ausübung ihrer Tätigkeit begehen. Die Ausgestaltung dieser Strafvorschrift als Verbrechenstatbestand (vgl. § 12 StGB) führt dazu, dass eine Verfahrensbeendigung durch Strafbefehl, Einstellung wegen Geringfügigkeit (§ 153 StPO) oder Geldauflage (§ 153a StPO) gesetzlich ausgeschlossen sind, unabhängig davon, wie leichtgewichtig der Einzelfall erscheinen mag.[256]

---

251 Vgl. Erwägungsgrund Nr. 44 der MAR. Demgegenüber deckt das in Anhang I. A. g. MAR angesprochene Indiz für Marktmanipulation die Fälle ab, in denen die Manipulation des Kurses eines Finanzinstruments durch Geschäfte oder Aufträge erfolgt.
252 Verordnung (EU) Nr. 2016/1011 v. 08.06.2016 über Indizes, die bei Finanzinstrumenten und Finanzkontrakten als Referenzwert oder zur Messung der Wertentwicklung eines Investmentfonds verwendet werden, Abl. (EU) L 171/1.
253 Ob ein Verstoß gegen das Verbot der Marktmanipulation auch durch die pflichtwidrige Unterlassung einer erforderlichen Kapitalmarktinformation begangen werden kann ist derzeit in der Literatur umstritten, vgl. hierzu näher *Sajnovits/Wagner*, in: WM 2017, S. 1189 ff. m. w. N.
254 Vgl. kritisch zum Vorsatzerfordernis bei Marktmanipulation nach der MAR: Schmolke, in: AG 2016, S. 434 (442 ff.) m. w. N.
255 *Poelzig*, in: NZG 2016, S. 492 (495).
256 *Szesny*, in: DB 2016, S. 1420 (1423).

Geldbußen bei Ordnungswidrigkeiten | 192

Leichtfertig begangene Verstöße gegen das Verbot der Marktmanipulation oder solche, bei denen keine Kursbeeinflussung als Erfolg der Manipulation festgestellt wird, werden nach § 120 Abs. 15 Nr. 2 WpHG als Ordnungswidrigkeit gegenüber einer natürlichen Person gemäß § 120 Abs. 18 Satz 1 WpHG mit einer Geldbuße von bis zu 5 Mio. € geahndet.[257] Die Schwelle zur Leichtfertigkeit ist erreicht, wenn der Täter grob achtlos gehandelt hat und nicht beachtet hat, was sich unter den Voraussetzungen seiner Fähigkeiten und Erkenntnisse hätte aufdrängen müssen. Die leichtfertige Begehung stellt in der Praxis einen Auffangtatbestand dar, wenn sich nicht abschließend feststellen lässt, ob der Täter vorsätzlich gehandelt hat.[258] Wie beim Insiderhandel kann auch hier in der Praxis die Abgrenzung zwischen (bußgeldbedrohter) Leichtfertigkeit und (nicht sanktionierter) einfacher Fahrlässigkeit Schwierigkeiten bereiten.

Gegenüber juristischen Personen gilt der bereits oben im Rahmen des Abschnitts zum Insiderhandelsverbot geschilderte Bußgeldrahmen des § 120 Abs. 18 Satz 2 WpHG in Höhe von bis zu 15 Mio. € bzw. 15 % des jährlichen Gesamtumsatzes. Darüber hinaus kann auch bei Verstößen gegen das Marktmanipulationsverbot eine weitere Geldbuße bis zum dreifachen des aus dem Verstoß gezogenen wirtschaftlichen Vorteils verhängt werden. | 193

Verwaltungsrechtliche Sanktionen | 194

Im Bereich der Verwaltungsrechtlichen Sanktionen verfügt die Aufsicht bei Verstößen gegen das Marktmanipulationsverbot – wie bereits oben im Abschnitt zum Insiderrecht dargestellt – über umfassende Befugnisse gemäß § 6 WpHG. Hierzu gehört auch das neu eingeführte, sog. Naming and Shaming nach § 125 WpHG.

Zivilrechtliche Haftung | 195

Im Rahmen der zivilrechtlichen Haftung bestehen bei Verstößen gegen das Verbot der Marktmanipulation wiederum Überschneidungen mit der Haftung nach § 826 II BGB i. V. m. §§ 97 bzw. 98 WpHG für falsche oder unterlassene Kapitalmarktinformation. Bislang sind Art. 15 und 12 MAR nicht als ein sog. Schutzgesetz anerkannt, auf das sich Ansprüche von Anlegern nach § 823 Abs. 2 BGB stützen könnten, wenn sie im Glauben an Informationen über Finanzinstrumente, welche auf einer Marktmanipulation beruhen, investiert haben.

6 Verdachtsmeldungen und Organisationspflichten zur Prävention und Aufdeckung von Marktmissbrauch

Nach Art. 16 MAR bestehen spezifische Organisationspflichten zur Aufdeckung und Prävention von Insidergeschäften bzw. Marktmanipulation für Betreiber von Märkten oder Handelsplätzen bzw. gewerbsmäßige Wertpapierhändler oder -vermittler. Daneben regelt | 196

---

257 Weitere spezifische Ordnungswidrigkeitstatbestände sind in § 120 Abs. 2 Nr. 3 i. V. m. § 25 WpHG für Marktmanipulationen im Hinblick auf Waren und ausländische Zahlungsmittel geregelt.
258 Vgl. BaFin-Emittentenleitfaden (4. Aufl., 2013), S. 94.

Art. 16 MAR die Pflicht zur unverzüglichen Meldung eines entsprechenden Verdachtsfalls durch diese Marktteilnehmer an die jeweils zuständige Aufsichtsbehörde.[259]

197 Zweck der Organisationspflichten des Art. 16 MAR ist es, bei der Aufdeckung von Marktmissbrauch wirksam vorgehen zu können und hierdurch letztendlich der BaFin bzw. anderen NSAs die Überwachung der Einhaltung der Verbote von Insidergeschäften und Marktmanipulation zu erleichtern. Hierfür bedarf es geeigneter Systeme zur Überwachung von Aufträgen und Geschäften, die für die Überwachung von Marktmissbrauch vorgegebenen Parametern entsprechend Warnmeldungen ausgeben können, damit weitere Ermittlungen zu möglichen Insidergeschäften, möglicher Marktmanipulation oder dem Versuch hierzu vorgenommen werden können.[260]

198 Nähere Einzelheiten zu den Anforderungen des Art. 16 MAR sind in einer delegierten EU-Verordnung festgelegt.[261] Die ESMA hat zudem in ihren Technical Standards[262] sowie in einem Q&A-Dokument weitere Hinweise zur Anwendung des Art. 16 MAR veröffentlicht.[263]

6.1 Adressaten

199 Die Anforderungen richten sich nach Art. 16 Abs. 1 MAR an:
- Betreiber von Märkten, d. h. Personen, die das Geschäft eines geregelten Marktes verwalten und/oder betreiben[264] wozu insb. die Börsen zählen;
- Wertpapierfirmen, die einen Handelsplatz betreiben, d. h. Betreiber eines MTF oder OTF.

200 Daneben richten sich die Anforderungen des Art. 16 Abs. 2 MAR an Unternehmen, die gewerbsmäßig Geschäfte in Finanzinstrumenten vermitteln oder ausführen. Dies betrifft insb. alle Unternehmen, die Wertpapierdienstleistungen nach § 2 Abs. 8 WpHG betreiben. Es fallen darunter ausdrücklich Unternehmen, die algorithmischen Handel bzw. Hochfrequenzhandel oder professionell Eigenhandel betreiben und sog. systematische Internalisie-

---

259 Der frühere § 10 WpHG a. F. wurde durch das FiMaNoG 1 neu gefasst und bezieht sich im neuen § 23 WpHG nicht länger auf die Anzeige eines Verdachts von Insidergeschäften bzw. Marktmanipulation, sondern regelt nun speziell die Pflicht zur Meldung des Verdachts einer Verletzung der Anforderungen der EU-Leerverkaufsverordnung 236/2012 v. 14.03.2012, Abl. EU Nr. L 86 v. 24.03.2012, S. 1. Die hierzu früher von der BaFin erlassene WpAIV ist damit obsolet.
260 Vgl. Erwägungsgrund Nr. 1 der Delegierten Verordnung (EU) 2016/957 v. 09.03.2016 zur Ergänzung der Verordnung (EU) Nr. 596/2014 im Hinblick auf technische Regulierungsstandards für die geeigneten Regelungen, Systeme und Verfahren sowie Mitteilungsmuster zur Vorbeugung, Aufdeckung und Meldung von Missbrauchspraktiken oder verdächtigen Aufträgen oder Geschäften, Abl. EU Nr. L 160/1.
261 Delegierte Verordnung (EU) 2016/957 v. 09.03.2016, Abl. EU Nr. L 160/1.
262 ESMA Final Report „Draft technical standards on the Market Abuse Regulation" v. 28.09.2015 (ESMA/2015/1455).
263 Question 6, S. 11 f. des ESMA Q&A on the Market Abuse Regulation (ESMA70-145-111, Version 7, last updated on 01.09.2017).
264 Siehe Art. 4 Abs. 1 Nr. 18 und Nr. 21 sowie Art. 44 ff. der MiFID II.

rer.²⁶⁵ Außerdem sind Unternehmen erfasst, die als Kapitalverwaltungsgesellschaften Investmentfonds (z. B. AIFs oder UCITS-Fonds) verwalten.²⁶⁶

Nicht von Art. 16 Abs. 2 MAR erfasst sind Unternehmen, die lediglich als Emittenten am Kapitalmarkt teilnehmen und selbst keine Wertpapierdienstleistungen erbringen. Tätigen diese jedoch z. B. über eine eigene Handels- bzw. Treasury-Abteilung professionell Eigenhandelsgeschäfte direkt an einem Handelsplatz als Teil ihrer Geschäftstätigkeit (z. B. bei einem Industrieunternehmen, das Hedge-Geschäfte abschließt), kann dies ein Indikator dafür sein, dass es sich um ein von Art. 16 MAR erfasstes Unternehmen handelt.²⁶⁷ *201*

6.2 Organisationspflichten des Art. 16 MAR

Regelungen, Systeme und Verfahren zur Aufdeckung und Prävention von Marktmissbrauch *202*

Durch die Pflichten des Art. 16 Abs. 1 Satz 1 und Abs. 2 Satz 1 MAR zur Aufdeckung und Prävention von (versuchtem) Marktmissbrauch werden bestehende, allgemeine Organisationspflichten für Betreiber von Märkten oder Handelsplätzen sowie für gewerbsmäßige Wertpapierhändler bzw. -Vermittler um spezifische Anforderungen mit einem besonderen Fokus auf die Aufdeckung und Prävention von Insiderhandel und Marktmanipulation ergänzt. Art. 16 Abs. 1 Satz 1 MAR verweist dabei auf Art. 31 und 54 der MiFiD II, wonach Wertpapierfirmen und Marktteilnehmer, die ein MTF oder OTF betreiben, sowie Betreiber eines geregelten Marktes bereits wirksame Vorkehrungen und Verfahren vorhalten müssen, um Verhaltensweisen eines Mitglieds, Teilnehmers oder Nutzers, die auf (versuchten) Insiderhandel oder Marktmanipulation hindeuten könnten, zu erkennen.

Die erforderlichen Regelungen, Systeme und Verfahren zur Vorbeugung und Aufdeckung von (versuchtem) Marktmissbrauch sind so auszugestalten²⁶⁸, dass sie: *203*
– einzelne und vergleichende Untersuchungen zu allen innerhalb der Handelssysteme ausgeführten Geschäften und erteilten, stornierten oder abgeänderten Aufträgen ermöglichen.

Bei gewerbsmäßigen Wertpapierhändlern oder -Vermittlern gilt die Überwachungspflicht auch für die außerhalb eines Handelsplatzes getätigten Geschäfte und erteilten, stornierten oder abgeänderten Aufträge. Hierzu gehören z. B. auch OTC gehandelte Derivate, deren Basiswert an einem geregelten Markt, einem MTF oder OTF gehandelt wird.²⁶⁹

---

265 Question 6, S. 11 f. des ESMA Q&A on the Market Abuse Regulation (ESMA70-145-111, Version 7, last updated on 01.09.2017).
266 Question 6, S. 11 f. des ESMA Q&A on the Market Abuse Regulation (ESMA70-145-111, Version 7, last updated on 01.09.2017).
267 Question 6, S. 11 f. des ESMA Q&A on the Market Abuse Regulation (ESMA70-145-111, Version 7, last updated on 01.09.2017).
268 Art. 3 Abs. 1 der Delegierten Verordnung (EU) 2016/957 v. 09.03.2016, Abl. EU Nr. L 160/1.
269 S. 34, Rn. 139 des ESMA Final Report „Draft technical standards on the Market Abuse Regulation" v. 28.09.2015 (ESMA/2015/1455).

- das gesamte Spektrum der Handelsaktivitäten abdecken.
- Warnmeldungen produzieren, mit denen Tätigkeiten angezeigt werden, die weitere Untersuchungen zur Aufdeckung von (versuchtem) Marktmissbrauch erforderlich machen.

204 Die Systeme und Verfahren sind danach so einzurichten, dass sie alle Aufträge und Geschäfte im Zusammenhang mit allen Arten von Finanzinstrumenten erfassen.[270] Dies gilt unabhängig davon, in welcher Eigenschaft jemand einen Auftrag erteilt oder ein Geschäft ausführt und unabhängig von der Art der betroffenen Kunden. Das Monitoring ist dabei sowohl mit Blick auf Insiderhandel als auch ausdrücklich im Hinblick auf die Indikatoren für eine (handelsgestützte) Marktmanipulation des Anhang I der MAR und der Delegierten Verordnung 2016/522[271] einzurichten und zu unterhalten.[272]

205 Die im Unternehmen eingeführten Regelungen und Verfahren müssen gewährleisten, dass in angemessenen Umfang „personelle", d. h. durch Personal des verpflichteten Unternehmens durchgeführte Untersuchungen vorgenommen werden können. Dies gilt explizit sowohl im Hinblick auf die Vorbeugung von Marktmissbrauch,[273] als auch bezüglich der Überwachung, Aufdeckung und Identifizierung verdächtiger Geschäfte und Aufträge.[274] Die Umsetzung dieser Anforderungen beim betroffenen Handelsteilnehmer verlangt ein Mindestmaß an Detailtiefe innerhalb des Überwachungsprozesses[275] und sollte in jedem Fall einer menschlichen Überwachung unterliegen. Eine solches Monitoring wird üblicherweise in einer Stabsabteilung durchgeführt, welche von den Interessen der Geschäftsbereiche unabhängig ist, wie z. B. dem Bereich Compliance, der Rechtsabteilung, oder einer mit dem Risikomanagement betrauten Abteilung.

206 *Automatisiertes Monitoring*
Daneben erfordert ein solches Monitoring i. d. R. einen gewissen Grad an Automatisierung.[276] Dabei ist nachvollziehbar zu belegen, dass die eingerichteten Systeme zur Aufdeckung von Marktmissbrauch geeignet sind und in einem angemessenen Verhältnis zu Umfang, Größe und Art der Geschäftstätigkeit stehen.[277] Automatisierte Überwachungssysteme werden danach zwar z. B. für kleinere Wertpapierhändler oder -Vermittler nicht

---

270 Vgl. Art. 2 Abs. 2 bzw. Abs. 4 der Delegierten Verordnung 2016/957 v. 09.03.2016, Abl. EU Nr. L 160/1.
271 Delegierte Verordnung (EU) 2016/522 v. 17.12.2015 zur Ergänzung der Verordnung (EU) Nr. 596/2014 im Hinblick auf (…) die Indikatoren für Marktmanipulation (…), Abl. EU Nr. L 88/1.
272 Art. 5 Abs. 1 der Delegierten Verordnung 2016/957 v. 09.03.2016, Abl. EU Nr. L 160/1.
273 Art. 3 Abs. 5 der Delegierten Verordnung 2016/957 v. 09.03.2016, Abl. EU Nr. L 160/1.
274 Art. 3 Abs. 4 der Delegierten Verordnung 2016/957 v. 09.03.2016, Abl. EU Nr. L 160/1.
275 S. 36, Rn. 148 des ESMA Final Report „Draft technical standards on the Market Abuse Regulation" v. 28.09.2015 (ESMA/2015/1455).
276 Siehe Erwägungsgrund Nr. 1 der Delegierten Verordnung 2016/957 v. 09.03.2016, Abl. EU Nr. L 160/1. Eine Kombination aus automatischer und menschlicher Überwachung erscheint der ESMA als am besten geeignet, vgl. S. 37, Rn. 151 des ESMA Final Report „Draft technical standards on the Market Abuse Regulation" v. 28.09.2015 (ESMA/2015/1455).
277 Art. 2 Abs. 5 lit. a der Delegierten Verordnung 2016/957 v. 09.03.2016, Abl. EU Nr. L 160/1; Vgl. Question 6, S. 11 f. des ESMA Q&A on the Market Abuse Regulation (ESMA70-145-111, Version 7, last updated on 01.09.2017).

zwingend vorausgesetzt.²⁷⁸ Es bedarf aber ggf. besonderer Gründe dafür, warum von der Einrichtung eines automatisierten Monitoring abgesehen wird und einer entsprechend robusten Rechtfertigung gegenüber der Aufsichtsbehörde.

Für Betreiber von Märkten oder Handelsplätzen ist ausdrücklich vorgegeben, dass die eingerichteten Systeme eine Software umfassen müssen, die über ausreichende Kapazität²⁷⁹ für ein verzögertes automatisches Auslesen, Wiederabrufen und Analysieren von Orderbuchdaten verfügt. 207

Untersuchung von Warnmeldungen 208
Sobald ein potenziell verdächtiger Sachverhalt aufgrund einer im Rahmen der Überwachungstätigkeit des Unternehmens erzeugten Warnmeldung identifiziert wurde, ist das Unternehmen gehalten, unverzüglich die erforderlichen Nachforschungen anzustellen, um auf Basis aller relevanten Tatsachen eine Grundlage für die objektive Einschätzung des Sachverhalts zu erhalten, diese sorgfältig zu untersuchen und dies nachvollziehbar zu dokumentieren. Das verpflichtete Unternehmen kann sich dabei auf die intern bzw. öffentlich verfügbaren Informationen und Fakten stützen und ist nicht verpflichtet, darüber hinaus gehende Informationen, insb. von externen Stellen, z. B. durch Anfragen an andere Unternehmen, Institute, Behörden, etc. einzuholen.²⁸⁰

Auslagerung 209
Das verpflichtete Unternehmen kann die Analyse von Transaktionen und Orders an einen kompetenten Dritten auslagern.²⁸¹ Es kann insb. Aufgaben bei der Überwachung, Aufdeckung und Identifizierung von (versuchten) Insidergeschäften bzw. Marktmanipulationen auf eine andere juristische Person übertragen, die derselben Gruppe angehört.²⁸² Bei der Analyse von Daten, wie Order- und Geschäftsdaten, und der Erstellung entsprechender Warnmeldungen können auch externe Dienstleister genutzt werden.²⁸³

Durch die Möglichkeit einer solchen Übertragung soll es den betroffenen Unternehmen gestattet sein, Ressourcen und Kompetenzen innerhalb einer Gruppe zu bündeln und Überwachungssysteme gemeinsam zu entwickeln und aufrechtzuerhalten. Ggf. bedarf es hierfür einer schriftlichen Vereinbarung²⁸⁴ und das Unternehmen, das diese Aufgaben überträgt, bleibt in vollem Umfang für die Erfüllung aller Pflichten verantwortlich.

---

278 Vgl. hierzu näher S. 36, Rn. 149 f. des ESMA Final Report „Draft technical standards on the Market Abuse Regulation" v. 28.09.2015 (ESMA/2015/1455).
279 Vgl. Art. 3 Abs. 3 der Delegierten Verordnung 2016/957 v. 09.03.2016, Abl. EU Nr. L 160/1. Dies gilt insb. für Wertpapierfirmen, die algorithmischen Handel betreiben.
280 Vgl. S. 36, Rn. 146 des ESMA Final Report „Draft technical standards on the Market Abuse Regulation" v. 28.09.2015 (ESMA/2015/1455).
281 Abschn. 6.4 des ESMA Final Report „Draft technical standards on the Market Abuse Regulation" v. 28.09.2015 (ESMA/2015/1455).
282 Siehe Erwägungsgrund Nr. 4 und Art. 3 Abs. 6 der Delegierten Verordnung 2016/957 v. 09.03.2016, Abl. EU Nr. L 160/1.
283 Siehe Art. 3 Abs. 6 und Abs. 7 der Delegierten Verordnung 2016/957 v. 09.03.2016, Abl. EU Nr. L 160/1.
284 Diese Vereinbarung muss spezifische Anforderungen nach Art. 3 Abs. 6 und Abs. 7 der Delegierten Verordnung 2016/957 v. 09.03.2016, Abl. EU Nr. L 160/1, erfüllen.

6.3 Verdachtsanzeigen nach Art. 16 MAR

210 Nach Art. 16 Abs. 1 Satz 2 und Abs. 2 Satz 2 MAR und Art. 5 ff. der Delegierten Verordnung 2016/957 ist eine Meldung des verpflichteten Unternehmens an die zuständige Behörde unverzüglich erforderlich, sobald der begründete Verdacht besteht, dass durch ein Geschäft oder ein Auftrag ein Marktmissbrauch oder der Versuch hierzu begangen wurde.

211 *Begründeter Verdacht*
Die Einschätzung, ob ein begründeter Verdacht eines (versuchten) Marktmissbrauchs durch ein Geschäft oder einen Auftrag (inkl. der Stornierung oder Änderung) vorliegt, hat der verpflichtete Marktteilnehmer auf Basis seines Kenntnisstands zur Zeit der Entscheidung über eine Verdachtsmeldung zu treffen. Der Verpflichtete hat dabei die z. Zt. der Entscheidung intern und öffentlich bekannten und verfügbaren Fakten über die betreffenden Geschäfte oder Aufträge zu berücksichtigen.[285]

Die Entscheidung über die Erstattung einer Verdachtsanzeige ist unabhängig davon, ob es sich um Geschäfte bzw. Aufträge auf eigene oder fremde Rechnung handelt oder welcher Kundentyp (institutionell, privat) aktiv ist. Soweit es sich um einen Sachverhalt mit mehreren unterschiedlichen Beteiligten handelt, ist jeder Beteiligte selbst dafür verantwortlich, die ihm bekannten Informationen ggf. im Wege einer Verdachtsanzeige an die zuständige Behörde zu übermitteln. Annahmen oder Vermutungen (z. B. über Umstände aus der Sphäre eines Dritten) sollten bei der Untersuchung und Meldung der Fakten vermieden werden.

212 Für den Grad der Wahrscheinlichkeit, ab der die Verdachtsschwelle überschritten ist, existiert keine exakte Vorgabe. Von einem Verdacht sollte aber grundsätzlich auszugehen sein, wenn ein Verstoß durch entsprechende Geschäfte oder Aufträge aufgrund konkreter Tatsachen als überwiegend wahrscheinlich erscheint. Soweit zur Einschätzung, ob ein begründeter Verdacht vorliegt, nähere Analysen erforderlich sind, müssen diese unverzüglich durchgeführt werden.

213 Identifiziert ein Verpflichteter vor der Ausführung einer Kundenorder einen begründeten Verdacht und erstattet dementsprechend eine Verdachtsanzeige nach Art. 16 MAR, ist die Ausführung des Kundenauftrags abzulehnen, wenn das Institut oder Unternehmen hierdurch offensichtlich selbst einen strafrechtlich- oder als Ordnungswidrigkeit zu ahndenden Verstoß gegen das Marktmissbrauchsverbot begehen würde.

214 In weniger eindeutigen Fällen wird die Ausführung des Geschäfts jedoch als zulässig angesehen, da es dann nicht mehr als zumutbar erscheint, mit der Ausführung des Geschäfts bis zur abschließenden Klärung der Hintergründe abzuwarten.[286] Ggf. kann das Institut auch vertraglich zur unverzüglichen Ausführung einer Kundenorder verpflichtet sein, sodass die Ablehnung der Ausführung das Risiko einer zivilrechtlichen Haftung gegenüber

---

285 Art. 5 Abs. 3 der Delegierten Verordnung 2016/957 v. 09. 03. 2016, Abl. EU Nr. L 160/1.Vgl. ESMA Final Report „Draft technical standards on the Market Abuse Regulation" v. 28. 09. 2015 (ESMA/2015/1455), S. 36, Rn. 146.
286 Bei der Schaffung der Pflicht zur Meldung von Verdachtsfällen wurde ein solches Ausführungsverbot zwar erwogen. Im Ergebnis wurde aber die Anzeigepflicht als das mildere Mittel angesehen.

dem Auftraggeber auslösen kann. Der verpflichtete Marktteilnehmer steht deshalb bei seiner Entscheidung über die Ausführung einer verdächtigen Order nicht selten unter einem erheblichen Zeitdruck und ist möglicherweise nicht in der Lage, alle relevanten Umstände zu berücksichtigen.

Unverzüglichkeit der Verdachtsanzeige 215
Unverzüglichkeit bedeutet in der Praxis, dass die Übermittlung der Verdachtsanzeige ohne schuldhaftes Zögern erfolgt, sobald ein begründeter Verdacht für einen (versuchten) Marktmissbrauch vorliegt.[287] Dem verpflichteten Marktteilnehmer ist dabei nicht gestattet, unterschiedliche Verdachtsfälle zu sammeln und z. B. im Rahmen einer wöchentlichen Meldung an die zuständige Aufsichtsbehörde zu übermitteln.[288]

Sofern ein Verdacht nachträglich, d. h. erst mit einer wesentlichen Verzögerung nach der Ausführung des Auftrags bzw. Geschäfts identifiziert wird, ist dies entsprechend nachträglich an die zuständige Aufsichtsbehörde zu melden. Dabei ist erforderlich, dass der verpflichtete Marktteilnehmer in seiner Verdachtsanzeige die Verzögerung auf Nachfrage begründen kann.[289] In einem Fall, in dem sich nach der Erstattung einer Verdachtsanzeige zusätzliche Fakten zu einem bereits gemeldeten Fall ergeben, die zur Ergänzung des Sachverhalts beitragen, ist diese Information ebenfalls an die zuständige Behörde zu übermitteln.[290] 216

Zuständige Behörde 217
Für Betreiber von Märkten und Handelsplätzen ist die zuständige Behörde nach Art. 22 Satz 3 MAR danach zu ermitteln, auf welchem Hoheitsgebiet die verdächtige Handlung ausgeführt wurde. Einbezogen sind Handlungen im Ausland, wenn sie sich auf Instrumente beziehen, die an einem Markt oder Handelsplatz im Hoheitsgebiet zugelassen sind oder für welche diese Zulassung beantragt wurde.

Für professionelle Wertpapierhändler oder -Vermittler ist nach Art. 16 Abs. 3 MAR die Behörde des EU-Mitgliedsstaates zuständig, in dem diese registriert sind oder in dem sie ihre Hauptniederlassung haben. Bei Handlungen in einer EU-Zweigniederlassungen ist die Behörde des Mitgliedsstaats zuständig, in dem die Zweigniederlassung unterhalten wird.

---

[287] Art. 6 Abs. 1 der Delegierten Verordnung 2016/957. Die ursprünglich noch im Rahmen des Konsultationspapiers propagierte Frist von zwei Wochen wurde zugunsten der Anforderung der „Unverzüglichkeit" fallen gelassen, kann aber als Empfehlung noch herangezogen werden. Vgl. S. 35, Rn. 141 des ESMA Final Report „Draft technical standards on the Market Abuse Regulation" v. 28.09.2015 (ESMA/2015/1455).
[288] S. 35, Rn. 143 des ESMA Final Report „Draft technical standards on the Market Abuse Regulation" v. 28.09.2015 (ESMA/2015/1455).
[289] Art. 6 Abs. 2 der Delegierten Verordnung 2016/957; Vgl. S. 35, Rn. 142 des ESMA Final Report „Draft technical standards on the Market Abuse Regulation" v. 28.09.2015 (ESMA/2015/1455).
[290] Art. 6 Abs. 3 der Delegierten Verordnung 2016/957 v. 09.03.2016, Abl. EU Nr. L 160/1; Vgl. S. 35, Rn. 145 des ESMA Final Report „Draft technical standards on the Market Abuse Regulation" v. 28.09.2015 (ESMA/2015/1455).

6.3.1 Inhalt der Verdachtsanzeige

218 Die inhaltlichen Mindestanforderungen an eine Verdachtsanzeige ergeben sich aus Art. 7 der Delegierten Verordnung 2016/957, in deren Annex I ein verpflichtendes Muster für die Übermittlung einer Verdachtsanzeige nach Art. 16 MAR (sog. „STOR")[291] bereitgestellt wird.[292]

219 Das in Annex I der Delegierten Verordnung 2016/957 bereitgestellte Muster der STOR ist in sechs Abschnitte gegliedert. Danach sind in der Verdachtsanzeige folgende Angaben erforderlich:
– Die Identifikation des verpflichteten Unternehmens, d.h. die volle Bezeichnung der Firma mit Rechtsform und Geschäftsanschrift, sowie die Identifikation des Mitarbeiters, der im Unternehmen für die Erstattung der Verdachtsanzeige verantwortlich ist und Angaben zur Position des Mitarbeiters im Unternehmen.
– Eine Beschreibung des Auftrags oder Geschäfts, mit Angaben zu der Art des Auftrags und der Handelstätigkeit. Dabei ist insb. die Eigenschaft anzugeben, in der das Unternehmen agiert, d.h. ob die Anzeige ein Handeln für eigene Rechnung oder Kundenhandel betrifft. Hierzu sind nach dem verpflichteten Muster der STOR Einzelangaben zur Ausführung bzw. Auftragserteilung erforderlich, d.h.:
    – Datum und Uhrzeit der Auftragserteilung bzw. der Geschäftsausführung,
    – Bezeichnung des betroffenen Finanzinstruments (z.B. durch ISIN),
    – Bezeichnung des Marktes oder Handelsplatzes (z.B. Börse, OTF, MTF),
    – Angabe der Geschäftsart (z.B. Kauf/Verkauf),
    – Angaben zum Preis und Volumen (insb. im sog. Blockhandel) des Geschäfts oder Auftrags,
    – Ggf. weitere Auftragsmerkmale (z.B. Limitierung, Preis, Währung),
    – Bei Derivaten Informationen z.B. zum Basisinstrument, Basispreis, Fälligkeit, etc.

---

291 Durch die Ausweitung der Meldepflicht in der MAR auch auf Aufträge (ggü. § 10 WpHG a.F., der lediglich Geschäfte erfasste) werden aus den früheren STRs (Suspicious Transaction Reports) nun STORs (Suspicious Transaction and Order Reports).
292 Die verpflichteten Unternehmen haben dabei so viele der vorgegebenen Felder auszufüllen, wie möglich und soweit die Information für sie mit vertretbarem Aufwand verfügbar ist. Vgl. S. 39, Rn. 166 des ESMA Final Report „Draft technical standards on the Market Abuse Regulation" v. 28.09.2015 (ESMA/2015/1455).

– Die Art des Verdachts mit der Angabe, ob (versuchter) Insiderhandel oder (versuchte) Marktmanipulation betroffen ist, sowie eine Bezeichnung der Gründe, weshalb der Verdacht besteht, dass durch ein Geschäft oder einen Auftrag (bzw. dessen Stornierung oder Änderung) hiergegen verstoßen wurde.[293]
– Angaben zur Identifizierung der an der Erteilung des Auftrags bzw. der Ausführung des Geschäfts beteiligten Personen und nähere Informationen zur Klärung Ihrer Rolle bei dem Geschäft bzw. Auftrag, d.h. Vor- und Nachnamen bzw. Firma mit Angabe der Rechtsform bei juristischen Personen, Anschrift, Tag der Geburt, ggf. Konto- oder Depotnummer, Nationale Kundenidentifikationsnummer, etc.

Die Angaben sind im vorgegebenen Muster detailliert und eindeutig auszufüllen.[294] Weitere Angaben und Belege, die für die zuständige Behörde als relevant gelten könnten, sind der Verdachtsanzeige beizufügen.[295]

6.3.2 Form und Übermittlung der Verdachtsanzeige

Die Verdachtsanzeige ist elektronisch unter Verwendung des verpflichtenden Musters an das jeweils national verfügbare, elektronische Melde- und Veröffentlichungsplattform Portal (MVP-Portal) zu übermitteln.[296] Die BaFin hat hierzu ein entsprechendes MVP-Portal eingerichtet und weitere Erläuterungen zu den Einzelheiten der Übermittlung bereitgestellt.[297] Vor der Abgabe der ersten Verdachtsmeldung ist erforderlich, dass der Meldepflichtige die Zulassung zur Teilnahme am elektronischen Meldeverfahren „Verdachtsmeldungen" schriftlich durch Übermittlung eines unterschriebenen Antragsformulars beantragt.

220

6.3.3 Verschwiegenheitspflicht

Da eine laufende Untersuchung nicht gefährdet werden soll[298] ist es nicht gestattet, dass die Person, auf die sich die Verdachtsanzeige bezieht von der Anzeige oder von einer daraufhin eingeleiteten Untersuchung unterrichtet wird.[299] Betrifft der Verdachtsfall das Geschäft eines Kunden, so darf der Kunde ebenfalls nicht darüber informiert werden. Gegenüber

221

---

293 Beispielhaft wird hierzu in Annex I der Delegierten Verordnung 2016/957 v. 09.03.2016, Abl. EU Nr. L 160/1, eine Beschreibung der betreffenden Orderbuch-Aktivitäten bzw. für OTC-Derivate detaillierte Angaben zu den verdächtigen Aufträgen oder Geschäften im jeweiligen Basiswert und der Verbindung zum Kurs des OTC-Derivates verlangt.
294 Art. 7 Abs. 2 Satz 1 der Delegierten Verordnung 2016/957 v. 09.03.2016, Abl. EU Nr. L 160/1.
295 Art. 7 Abs. 2 Satz 2 lit. e. der Delegierten Verordnung 2016/957 v. 09.03.2016, Abl. EU Nr. L 160/1.
296 Art. 8 Abs. 1 der Delegierten Verordnung 2016/957 v. 09.03.2016, Abl. EU Nr. L 160/1.
297 Siehe das Informationsblatt der BaFin zum MVP-Fachverfahren zur Übermittlung von Verdachtsmeldungen nach Art. 16 Abs. 1 und 2 MAR unter: https://www.bafin.de/DE/DieBaFin/Service/MVPportal/Verdacht_MAR/verdacht_mar_node.html (letzter Abruf am 18.06.2018).
298 Vgl. S. 39, Rn. 162 des ESMA Final Report „Draft technical standards on the Market Abuse Regulation" v. 28.09.2015 (ESMA/2015/1455).
299 Art. 5 Abs. 5 der Delegierten Verordnung 2016/957 v. 09.03.2016, Abl. EU Nr. L 160/1.

dem Kunden sind daher im Fall der Ablehnung eines Geschäfts oder einer Order entweder andere (zutreffende) oder schlicht keine Gründe anzugeben.[300]

Darüber hinaus hat ein meldepflichtiges Unternehmen Verfahren einzurichten, mit denen gewährleistet wird, dass die Information zur Übermittlung der Verdachtsmeldung nicht gegenüber der Person, auf die sich die Verdachtsanzeige bezieht, offengelegt wird.[301] Ferner ist durch diese Verfahren zu gewährleisten, dass die Information über die Verdachtsanzeige intern nur gegenüber Personen offengelegt wird, die aufgrund ihrer Funktion oder Position innerhalb des meldepflichtigen Unternehmens hiervon Kenntnis haben müssen. Extern sollte die Übermittlung ebenfalls auf Basis des „need-to-know"-Prinzips erfolgen und sollte durch eine entsprechende vertragliche oder berufliche Verschwiegenheitspflicht (z.B, eines beratenden Rechtsanwalts) geschützt sein.

6.3.4 Weitere administrative Anforderungen

222 *Regelmäßige Überprüfung*
Es sind jährliche Audits und interne Überprüfungen der beim verpflichteten Unternehmen eingerichteten internen Regelungen, Systeme und Verfahren sowie ggf. deren Aktualisierung durchzuführen.[302] Dabei ist in der Praxis insb. darauf zu achten, dass etwaige Änderungen in der Geschäftstätigkeit des verpflichteten Unternehmens durch entsprechende Anpassungen der intern eingerichteten Systeme und Verfahren sowie des (automatisierten) Monitoring abgebildet sind.

223 Ferner sind nicht gemeldete „potentiell verdächtige" Aufträge und Geschäfte in einer nachgelagerten Kontrolle zu sichten und unabhängig zu bewerten, um ggf. rückblickend erneut über die Notwendigkeit einer Verdachtsmeldung zu entscheiden. Die wiederholte Sichtung soll der Justierung der Überwachungssysteme, der Schärfung des Urteilsvermögens der Verpflichteten für die Bewertung späterer verdächtiger Aufträge und Geschäfte, sowie als Beleg für die Erfüllung der Pflichten aus Art. 16 MAR dienen.[303]

224 *Durchführung interner Schulungen*
Ferner ist erforderlich, dass ein verpflichtetes Unternehmen regelmäßige, effiziente und umfassende Schulungen zu den Insider- und Marktmanipulationsverboten durchführt.[304] Diese Schulungen richten sich insb. an das Personal, das an der Überwachung, Aufdeckung und Identifizierung von möglichen Insidergeschäften bzw. Marktmanipulation beteiligt ist, d. h. solche Mitarbeiter oder Teams, welche beim verpflichteten Unternehmen mit der Ausführung des (automatisierten) Monitorings, der Aus- und Bewertung von Warnmeldungen und anderen potenziellen Verdachtsfällen, sowie der Erstellung und Übermittlung von STORs befasst sind.

---

300 In der Praxis wird die Ausführung eines Geschäfts bzw. einer Order jedoch zumeist bereits erfolgt sein, bevor entsprechende Verdachtsmomente soweit analysiert sind, dass das verpflichtete Unternehmen bereits zu dem Schluss gelangt, eine Verdachtsanzeige zu erstatten.
301 Art. 5 Abs. 4 der Delegierten Verordnung 2016/957 v. 09.03.2016, Abl. EU Nr. L 160/1.
302 Art. 2 Abs. 5 der Delegierten Verordnung 2016/957 v. 09.03.2016, Abl. EU Nr. L 160/1.
303 S. 37–38, Rn. 155 des ESMA Final Report „Draft technical standards on the Market Abuse Regulation" v. 28.09.2015 (ESMA/2015/1455).
304 Art. 4 Abs. 1 der Delegierten Verordnung 2016/957 v. 09.03.2016, Abl. EU Nr. L 160/1.

Ferner sind beim verpflichteten Unternehmen entsprechende Schulungen für Personal in den „front- und middle-office"-Abteilungen durchzuführen, die mit dem Abschluss und der Bearbeitung von Aufträgen bzw. der Ausführung von Geschäften befasst sind. Der Umfang der hiervon betroffenen Bereiche und Mitarbeiter hängt dabei stark von der Art und dem Umfang der jeweiligen Geschäftstätigkeit des Unternehmens ab und ist daher individuell festzulegen.[305]

225

Bei Betreibern von Märkten oder Handelsplätzen sind angemessene Schulungen außerdem für Mitarbeiter durchzuführen, die an der Vorbeugung von Marktmissbrauch beteiligt sind,[306] wobei die Abgrenzung zwischen Mitarbeitern, die lediglich Prävention von Marktmissbrauch betreiben, gegenüber solchen, die mit der Aufdeckung und Identifikation von Marktmissbrauch betraut sind, in der Praxis oft nicht durchzuhalten sein dürfte.

Die Schulungen sollten regelmäßig durchgeführt werden und inhaltlich umfassend und robust sein, wobei der Aufwand in einem angemessenen Verhältnis zu Art, Größe und Umfang der Geschäftstätigkeit festzulegen ist. Dabei ist inhaltlich ggf. darauf zu achten, dass Mitarbeiter z. B. in betroffenen Front-Office Bereichen auch mit Verhaltensweisen vertraut gemacht werden, die den Versuch eines Insiderhandels oder einer Marktmanipulation darstellen könnten.[307]

226

Angemessene Dokumentation und Aufbewahrung von Unterlagen

227

Es ist erforderlich, dass das verpflichtete Unternehmen die erforderlichen Regelungen, Systeme und Verfahren zur Identifizierung, Prävention von Marktmissbrauch und zur Meldung von Verdachtsfällen schriftlich dokumentiert.[308] Die dokumentierten Informationen sind für einen Zeitraum von fünf Jahren aufzubewahren.

Dies umfasst insb. die Dokumentation über die erstatteten STORs selbst. Außerdem sollte zum Zweck der Nachvollziehbarkeit eine angemessene Dokumentation über die intern eingerichteten Verhaltensrichtlinien (inkl. etwaiger Änderungen und Aktualisierungen) und die im Rahmen des (automatisierten) Monitoring getroffenen Maßnahmen vorgehalten werden. Daneben ist eine angemessene Dokumentation zu durchgeführten Analysen über nicht gemeldete „potentiell verdächtige" Aufträge und Geschäfte aufzubewahren.[309] Dabei hat ein verpflichtetes Unternehmen zwar nicht Aufzeichnungen über jede Warnmeldung vorzuhalten. Eine Dokumentation ist aber zu Fällen erforderlich, die anschließend näher analysiert und untersucht wurden, weil sie anfänglich verdächtig zu sein schienen, auch wenn der Verdacht später ausgeräumt wurde.[310]

---

305 Vgl. S. 38, Rn. 157–161 des ESMA Final Report „Draft technical standards on the Market Abuse Regulation" v. 28.09.2015 (ESMA/2015/1455).
306 Art. 4 Abs. 2 der Delegierten Verordnung 2016/957 v. 09.03.2016, Abl. EU Nr. L 160/1.
307 Vgl. S. 38, Rn. 160 des ESMA Final Report „Draft technical standards on the Market Abuse Regulation" v. 28.09.2015 (ESMA/2015/1455).
308 Art. 2 Abs. 5 der Delegierten Verordnung 2016/957 v. 09.03.2016, Abl. EU Nr. L 160/1.
309 Vgl. S. 36–40, Rn. 148, 155 und 170 des ESMA Final Report „Draft technical standards on the Market Abuse Regulation" v. 28.09.2015 (ESMA/2015/1455) wonach ESMA einen „audit trail relating to the whole activity" verlangt.
310 S. 38, Rn. 155 des ESMA Final Report „Draft technical standards on the Market Abuse Regulation" v. 28.09.2015 (ESMA/2015/1455).

6.4 Verdachtsanzeigen nach § 23 WpHG

228　Eine weitere Anzeigepflicht gilt nach § 23 WpHG bei Verstößen gegen das sog. Leerverkaufsverbot nach der EU-Leerverkaufs-Verordnung.[311] Die Pflicht zur Erstattung einer solchen Verdachtsanzeige trifft Wertpapierdienstleistungsunternehmen, Kreditinstitute, Kapitalverwaltungsgesellschaften und Betreiber von außerbörslichen Märkten, an denen Finanzinstrumente gehandelt werden.

Danach ist bei dem begründeten Verdacht, dass durch ein Geschäft gegen Art. 12, 13 oder 14 der EU-Leerverkaufs-Verordnung[312] verstoßen wurde, eine unverzügliche Mitteilung an die BaFin zu erstatten. Die BaFin hat hierfür ebenfalls auf ihrer Website ein standardisiertes Meldeformular bereitgestellt.

6.5 Sanktionen

229　Nach §§ 120 Abs. 15 Nr. 3–5 i. V. m. Abs. 18 Satz 1 WpHG kann es als Ordnungswidrigkeit mit einem Bußgeld von bis zu 1 Mio. € geahndet werden, wenn ein nach Art. 16 MAR verpflichtetes Unternehmen vorsätzlich oder leichtfertig:
– Wirksame Regelungen, Systeme und Verfahren nicht schafft oder nicht aufrechterhält;
– Eine Verdachtsmeldung nicht, nicht richtig, nicht vollständig, nicht in der vorgeschriebenen Weise oder nicht rechtzeitig vornimmt.

230　Darüber hinaus stehen der zuständigen Aufsichtsbehörde die bereits im Rahmen des Insiderhandelverbots o. g. weiteren Befugnisse in Form der Unterlassungsverfügung oder z. B. einer öffentlichen Verwarnung zu. Ferner gilt auch bei Verstößen gegen die die Pflichten des Art. 16 MAR, dass Maßnahmen der BaFin nach § 125 WpHG auf deren Website zu veröffentlichen sind (sog. Naming and Shaming).

311　Verordnung (EU) Nr. 236/2012 v. 14.03.2012, Abl. EU Nr. L 86/1.
312　Verordnung (EU) Nr. 236/2012 v. 14.03.2012, Abl. EU Nr. L 86/1.

7 Literaturverzeichnis

Bachmann: Ad-hoc Publizität nach „Geltl", in: DB 2012, S. 2206–2011.

BaFin-Jahresbericht 2017 (abrufbar unter www.bafin.de).

BaFin-Präsentation: „Aktuelles von der BaFin: Marktmissbrauchsrecht" anlässlich der Kapitalmarktkonferenz 2017 des Institute for Law and Finance, abrufbar unter: http://www.ilf-frankfurt.de/fileadmin/user_upload/Thomas_Eufinger_Aktuelles_von_der_BaFin_Marktmissbrauchsrecht.pdf (letzter Abruf am 18. 6. 2018).

Buck-Heeb: Neuere Rechtsprechung zur Haftung wegen fehlerhafter oder fehlender Kapitalmarktinformation, in: NZG 2016, S. 1125–1133.

Bülte/Müller: Ahndungslücken im WpHG durch das erste Finanzmarktnovellierungsgesetz und ihre Folgen, in: NZG 2017, S. 205–214.

ESMA Jahresbericht 2017 v. 15. 06. 2018 (ESMA20-95-916), abrufbar unter www.esma.eu/press-news/esma-news/esma-publishes-2017-annual-report.

Hellgardt: Europarechtliche Vorgaben für die Kapitalmarktinformationshaftung – de lege lata und nach Inkrafttreten der Marktmissbrauchsverordnung, in: AG 2012, S. 154–168.

Graßl: Die neue Marktmissbrauchsverordnung der EU, in: DB 2015, S. 2066–2072.

Jordans: Zum aktuellen Stand der Finanzmarktnovellierung in Deutschland, in: BKR 2017, S. 273–279.

Kasiske: Marktmissbräuchliche Strategien im Hochfrequenzhandel, in: WM 2014, S. 1933–1940.

Kiesewetter/Parmentier: Verschärfung des Marktmissbrauchsrechts – ein Überblick über die neue EU-Verordnung über Insidergeschäfte und Marktmanipulation, in: BB 2013, S. 2371–2379.

Klöhn: Ad-Hoc-Publizität und Insiderverbot im neuen Marktmissbrauchsrecht, in: AG 2016, S. 423–434.

Krause: Kapitalmarktrechtliche Compliance: Neue Pflichten und drastisch verschärfte Sanktionen nach der EU-Marktmissbrauchsverordnung, in: CCZ 2014, S. 248–260.

Krause/Brellochs: Insiderrecht und Ad-hoc-Publizität im europäischen Rechtsvergleich, in: AG 2013, S. 309–339.

Kudlich: MADness takes its toll – Ein Zeitsprung im Europäischen Strafrecht?, in: AG 2016, S. 459–465.

Knauth/Käsler: § 20a WpHG und die Verordnung zur Konkretisierung des Marktmanipulationsverbotes (MaKonV), in: WM 2006, S. 1041–1052.

Langenbucher: In Brüssel nichts Neues? – Der „verständige Anleger" in der Marktmissbrauchsverordnung, in: AG 2016, S. 417–422.

Merkner/Sustmann: Reform des Marktmissbrauchsrechts: Die Vorschläge der Europäischen Kommission zur Verschärfung des Insiderrechts, in: AG 2012, S. 315–324.

Poelzig: Durchsetzung und Sanktionierung des neuen Marktmissbrauchsrechts, in: NZG 2016, 492–502.

Sajnovits/Wagner: Marktmanipulation durch Unterlassen? – Untersuchung der Rechtslage unter MAR und FiMaNoG sowie deren Konsequenzen für Alt-Taten, in: WM 2017, S. 1189–1199.

Seibt/Wollenschläger: Revision des Marktmissbrauchsrechts, in: AG 2014, S. 593–608.

Schmolke: Das Verbot der Marktmanipulation nach dem neuen Marktmissbrauchsregime, in: AG 2016, S. 434–445.

Scholz: Ad-Hoc-Publizität und Freiverkehr, in: NZG 2016, S. 1286–1291.

Simons: Die Insiderliste (Art. 18 MMVO), in: CCZ 2016, S. 221 ff.

Söhner: Praxis-Update Marktmissbrauchsverordnung: Neue Leitlinien und alte Probleme, in: BB 2017, S. 259–266.

Szesny: Das Sanktionsregime im neuen Marktmissbrauchsrecht, in: DB 2016, S. 1420–1425.

Schultheiß: Die Neuerungen im Hochfrequenzhandel, in: WM 2013, S. 596–602.

Teigelack: Insiderhandel und Marktmanipulation im Kommissionsentwurf einer Marktmissbrauchsverordnung, in: BB 2012, S. 1361–1364.

Teigelack/Dolff: Kapitalmarktrechtliche Sanktionen nach dem Regierungsentwurf eines Ersten Finanzmarktnovellierungsgesetzes – 1. FimanoG, in: BB 2016, S. 387–393.

Von Buttlar: Die Stärkung der Aufsichts- und Sanktionsbefugnisse im EU-Kapitalmarktrecht: ein neues „field of dreams" für Regulierer?, in: BB 2014, S. 451–461.

Von der Linden: Das neue Marktmissbrauchsrecht im Überblick, in: DStR 2016, S. 1036–1041.

Veil: Europäisches Insiderrecht 2.0 – Konzeption und Grundsatzfragen der Reform durch MAR und CRIM-MAD, in: ZBB 2014, S. 85–96.

Weber: Die Entwicklung des Kapitalmarktrechts in 2016/2017, in: NJW 2017, S. 991–996.

Weick-Ludewig/Sajnovits: Der Leerverkaufsbegriff nach der Verordnung (EU) Nr. 236/2012 (EU-LVVO), in: WM 2014, S. 1521–1528.

Rechtsquellen (Deutschland)

Zweites Gesetz zur Novellierung von Finanzmarktvorschriften auf Grund europäischer Rechtsakte v. 23.06.2017, BGBl. I S. 1693 ff. („Finanzmarktnovellierungsgesetz II – FiMaNoG 2").

Erstes Gesetz zur Novellierung von Finanzmarktvorschriften auf Grund europäischer Rechtsakte v. 08.02.2016, BGBl. I S. 1514 ff. („Finanzmarktnovellierungsgesetz I – FiMaNoG 1").

Gesetz zur Vermeidung von Gefahren und Missbräuchen im Hochfrequenzhandel v. 07.05.2013, BGBl. I S. 1162.

Gesetz zur Verbesserung des Anlegerschutzes v. 28.10.2004, BGBl. I S. 2630 („Anlegerschutzverbesserungsgesetz").

Börsenordnung der FWB (Stand 26.06.2017), abrufbar unter http://www.deutsche-boerse-cash-market.com/blob/1198492/ff9e4002cc01e7a35143ecc6f86bf97b/data/2017-06-26-Boersenordnung-fuer-die-frankfurter-wertpapierboerse.pdf (letzter Abruf am 18.6.2018).

BaFin FAQ zu Art. 17 MAR – Veröffentlichung von Insiderinformationen (Stand: 20.06.2017).

BaFin FAQ zu Insiderlisten nach Art. 18 der Marktmissbrauchsverordnung (EU) Nr. 596/2014, 3. Version (Stand: 13.01.2017) (letzter Abruf am 18.6.2018).

BaFin-Rundschreiben 05/2018 (WA) – Mindestanforderungen an die Compliance-Funktion und weitere Verhaltens-, Organisations- und Transparenzpflichten v. 19.04.2018 (WA 31-WP 2002-2017/0011) („MaComp"), abrufbar unter www.bafin.de (letzter Abruf am 18.6.2018).

BaFin-Emittentenleitfaden (4. Aufl., 2013), abrufbar unter www.bafin.de (letzter Abruf am 18.6.2018).

BaFin Muster-Aufklärungsbogen, abrufbar unter: www.bafin.de (letzter Abruf am 18.6.2018).

BaFin-Leitlinien zur Festsetzung von Geldbußen im Bereich des Wertpapierhandelsgesetzes (WpHG-Bußgeldleitlinien II), Stand Februar 2017, abrufbar unter www.bafin.de (letzter Abruf am 18.6.2018).

Verordnung über die Analyse von Finanzinstrumenten (Finanzanalyseverordnung – FinAnV), BGBl. 2004 Teil I Nr. 70, S. 3522 ff. (aufgehoben).

Verordnung zur Konkretisierung des Verbotes der Marktmanipulation (Marktmanipulations-Konkretisierungsverordnung – MaKonV) BGBl. 2005 Teil I Nr. 15, S. 515 ff. (aufgehoben)

Verordnung zur Konkretisierung von Anzeige-, Mitteilungs- und Veröffentlichungspflichten sowie der Pflicht zur Führung von Insiderverzeichnissen nach dem Wertpapierhandelsgesetz (Wertpapierhandelsanzeige- und Insiderverzeichnisverordnung – WpAIV), BGBl. 2004 Teil I Nr. 68, S. 3376 ff. (aufgehoben).

Rechtsquellen (EU)

Richtlinie 2014/57/EU v. 16.04.2014 über strafrechtliche Sanktionen bei Marktmanipulation, ABl. EU Nr. L 173 v. 12.06.2014 („Market Abuse Directive II – MAD II").

Richtlinie 2014/65/EU v. 15.05.2014 über Märkte für Finanzinstrumente sowie zur Änderung der Richtlinien 2002/92/EG und 2011/61/EU, ABl. EU Nr. L 173/349 („MIFID II").

Richtlinie 2003/6/EG v. 28.01.2003 über Insider-Geschäfte und Marktmanipulation (Marktmissbrauch), ABl EU Nr. L 096 v. 12.04.2003 („Market Abuse Directive – MAD").

Richtlinie 89/592/EWG des Rates v. 13.11.1989 zur Koordinierung der Vorschriften betreffend Insider-Geschäfte, Abl. EU Nr. L 334 („EU-Insiderrichtlinie").

Verordnung (EU) Nr. 596/2014 v. 16.04.2014 über Marktmissbrauch, ABl. EU Nr. L 173 („Market Abuse Regulation – MAR").

Verordnung (EU) Nr. 600/2014 v. 15.05.2014 über Märkte für Finanzinstrumente und zur Änderung der Verordnung (EU) Nr. 648/2012, ABl. EU Nr. L 173 („MiFiR").

Verordnung (EU) Nr. 1011/2016 v. 08.06.2016 über Indizes, die bei Finanzinstrumenten und Finanzkontrakten als Referenzwert oder zur Messung der Wertentwicklung eines Investmentfonds verwendet werden, Abl. EU Nr. L 171/1 („EU-Benchmark-Verordnung").

Verordnung (EU) Nr. 236/2012 v. 14.03.2012 über Leerverkäufe und bestimmte Aspekte von Credit Default Swaps, Abl. EU Nr. L 86/1 („EU-LeerverkaufsVO").

Verordnung (EU) Nr. 648/2012 v. 04.07.2012 über OTC-Derivate, zentrale Gegenparteien und Transaktionsregister, Abl. EU Nr. L 201 ("European Market Infrastructure Regulation – EMIR").

Verordnung (EU) Nr. 1060/2009 zu Kreditratingagenturen (ABl. EU L 302 v. 17.11.2009) in der durch VO (EU) Nr. 513/2011 (ABl. EU Nr. L 145/30 v. 31.05.2011) und VO (EU) Nr. 462/2013 (Abl. EU Nr. L 146 v. 31.05.2013) geänderten Fassung („Ratingagentur-Verordnung").

Delegierte Verordnung (EU) 2016/908 v. 26.02.2016 zur Ergänzung der Verordnung (EU) Nr. 596/2014 durch technische Regulierungsstandards für die Kriterien, das Verfahren und die Anforderungen für die Festlegung einer zulässigen Marktpraxis und die Anforderungen an ihre Beibehaltung, Beendigung oder Änderung der Bedingungen für ihre Zulässigkeit, Abl. EU Nr. L 153/3.

Delegierte Verordnung (EU) 2017/565 v. 25.04.2016 zur Ergänzung der Richtlinie 2014/65/EU in Bezug auf die organisatorischen Anforderungen an Wertpapierfirmen und die Bedingungen für die Ausübung ihrer Tätigkeit sowie in Bezug auf die Definition bestimmter Begriffe für die Zwecke der genannten Richtlinie, Abl. EU Nr. L 87/10.

Delegierte Verordnung (EU) 2016/522 v. 17.12.2015 zur Ergänzung der Verordnung (EU) Nr. 596/2014 des Europäischen Parlaments und des Rates im Hinblick auf (…) die Indikatoren für Marktmanipulation (…), Abl. EU Nr. L 88/1.

Delegierte Verordnung (EU) 2016/1052 v. 08.03.2016 zur Ergänzung der Verordnung (EU) Nr. 596/2014 durch technische Regulierungsstandards für die auf Rückkaufprogramme und Stabilisierungsmaßnahmen anwendbaren Bedingungen, Abl. EU Nr. L 173.

Delegierte Verordnung (EU) 2016/958 v. 09.03.2016 zur Ergänzung der Verordnung (EU) Nr. 596/2014 im Hinblick auf die technischen Regulierungsstandards für die technischen Modalitäten für die objektive Darstellung von Anlageempfehlungen oder anderen Informationen mit Empfehlungen oder Vorschlägen zu Anlagestrategien sowie für die Offenlegung bestimmter Interessen oder Anzeichen für Interessenkonflikte, Abl. EU Nr. L 160/15.

Delegierte Verordnung (EU) 2016/957 v. 09.03.2016 zur Ergänzung der Verordnung (EU) Nr. 596/2014 im Hinblick auf technische Regulierungsstandards für die geeigneten Regelungen, Systeme und Verfahren sowie Mitteilungsmuster zur Vorbeugung, Aufdeckung und Meldung von Missbrauchspraktiken oder verdächtigen Aufträgen oder Geschäften, Abl. EU Nr. L 160/1.

Delegierte Verordnung (EU) 2016/960 v. 17.05.2016 zur Ergänzung der Verordnung (EU) Nr. 596/2014 durch technische Regulierungsstandards für angemessene Regelungen, Systeme und Verfahren für offenlegende Marktteilnehmer bei der Durchführung von Marktsondierungen, Abl. EU Nr. L 60/29.

Durchführungsverordnung (EU) 2016/347 v. 10.03.2016 zur Festlegung technischer Durchführungsstandards im Hinblick auf das genaue Format der Insiderlisten und für die Aktualisierung von Insiderlisten gemäß der Verordnung (EU) Nr. 596/2014, Abl. EU Nr. L 65/49.

ESMA Final Report „Draft technical standards on the Market Abuse Regulation" v. 28.09.2015 (ESMA/2015/1455), abrufbar unter www.esma.europa.eu.

ESMA Q&A on the Market Abuse Regulation (ESMA70-145-111, Version 7, last updated on 01.09.2017), S. 22–23, abrufbar unter www.esma.europa.eu (letzter Abruf am 18.6.2018).

ESMA Final Report – ESMA's technical advice on possible delegated acts concerning the Market Abuse Regulation v. 03.02.2015, ESMA/2015/224, abrufbar unter www.esma.europa.eu.

ESMA Leitlinien zu Systemen und Kontrollen für Handelsplattformen, Wertpapierfirmen und zuständige Behörden in einem automatisierten Handelsumfeld v. 04.02.2012, ESMA/2012/122, abrufbar unter https://www.esma.europa.eu/sites/default/files/library/2015/11/esma_2012_122_de_0.pdf.

Rechtsprechung

EuGH, Urteil v. 11.03.2015 (Az. C-628/13), NZG 2015, S. 432. („Lafonta/AMF").

EuGH Urteil v. 28.06.2012 – Rs. C-19/11, AG 2012, S. 555 („Geltl/Daimler").

EuGH, Urteil v. 23.12.2009 – Rs. C-45/08, WM 2010, S. 65ff („Spector Photo Group").

EuGH, Urteil v. 22.11.2005 – Rs. C-384/02, WM 2006, 612 („Groongaard und Bang").

BGH, Urteil v. 10.01.2017, 5 StR 532/16, WM 2017, S. 172.

BGH, Urteil v. 13.12.2011, AG 2012, S. 209 („IKB").

BGH, Urteil v. 04.06.2007, II ZR 147/05, ZIP 2007, 1560 („Comroad").

BGH, Urteil v. 09.05.2005, II ZR 287/02, NJW 2005, 2450 („EM-TV").

BGH, Urteil v. 19.07.2004, II Zr 218/03, BGHZ 160, S. 134. („Infomatec").

BGH, Urteil v. 06.11.2003 – 1 StR 24/03, BGHSt 48, S. 373 = DB 2004, S. 64 („Opel")

OLG Braunschweig, Urteil v. 12.01.2016, 7 U 59/14, ZIP 2016, S. 414. („VW ./. Porsche")

OLG München, Urteil v. 03.03.2011 – 2 Ws 87/11, NJW 2011, S. 3664 („SdK")

OLG Frankfurt/M, Urteil v. 15.03.2000 – 1 Ws 22/00, NJW 2001, S. 982 („Prior")

II.C.4

Persönliche Geschäfte und Geschäfte von Führungspersonen

Dr. Christian Wagemann

Inhaltsübersicht

1	Einleitung	1–6
1.1	Entstehungsgeschichte	2
1.2	Normzweck und Struktur von Art. 28 f. der DVO 2017/565/EU	3–5
1.3	Normzweck und Struktur von Art. 19 der VO 2014/596/EU	6
2	Persönliche Geschäfte in Wertpapierfirmen	7–58
2.1	Anwendungsbereich	7–31
2.2	Die Verbotstatbestände nach Art. 29 Abs. 2 bis 4 DVO	32–43
2.3	Die Verbotstatbestände nach Art. 37 Abs. 2 Buchst. a und b DVO	44–48
2.4	Die Organisationspflicht nach Art. 29 Abs. 1 DVO	49–56
2.5	Weitere Organisationspflichten	57
2.6	Rechtsfolgen bei Verstößen	58
3	Persönliche Geschäfte von Führungspersonen in Wertpapierfirmen mit Börsennotierung	59–83
3.1	Anwendungsbereich	60–75
3.2	Handelsverbot	76–77
3.3	Mitteilungspflicht der Führungsperson	78–80
3.4	Veröffentlichungspflicht des Emittenten	81
3.5	Nebenpflichten	82
3.6	Straf- und Bußgeldvorschriften	83
4	Literaturverzeichnis	

1 Einleitung

Das Kapitel enthält eine zusammenfassende Darstellung und Erläuterung der gesetzlichen Bestimmungen, die von Wertpapierfirmen und ihren Mitarbeitern in Bezug auf Geschäfte mit Finanzinstrumenten zu beachten sind.

Diese Bestimmungen sind in Art. 16 Abs. 2 der am 03.01.2018 in Kraft tretenden Richtlinie 2014/65/EU v. 12.06.2014[1] („MiFID") und in Art. 28, 29 der ergänzend hierzu erlassenen Delegierten Verordnung der Kommission 2017/565/EU v. 24.04.2016[2] („DVO") in Bezug auf die organisatorischen Anforderungen an Wertpapierfirmen und die Bedingungen für die Ausübung ihrer Tätigkeit enthalten. Bei Wertpapierfirmen, die zugleich Emittent sind, gelten ferner die Bestimmungen über Geschäfte von Führungspersonen, die in Art. 19 der Verordnung des Rates und des Europäischen Parlaments 2014/596/EU v. 12.06.2014 („MAR", „Marktmissbrauchsverordnung") niedergelegt sind.

1.1 Entstehungsgeschichte

Die Regelungen in Art. 16 MiFID und Art. 28, 29 DVO haben die zuvor für Wertpapierfirmen und Mitarbeiter geltende Bestimmung des § 33b WpHG und das zu Grunde liegende EU-Recht des Art. 13 der Richtlinie 2004/39/EG über Märkte in Finanzinstrumenten und der Art. 11, 12 und 25 der Durchführungsrichtlinie 2006/73/EG ersetzt; dieses Regelungswerk galt seit dem 01.11.2007. § 33b WpHG war die erste *gesetzliche* Regelung speziell zur Überwachung von Mitarbeitergeschäften in Deutschland. Sie verwirklichte die Verpflichtung nach Art. 13 Abs. 2 MiFID zur Schaffung einer besonderen Organisation, die darauf gerichtet ist, die Einhaltung der gesetzlichen Pflichten durch das Unternehmen und seine Beschäftigten sowie die Verhinderung unzulässiger Mitarbeitergeschäfte sicherzustellen. Zuvor existierte auf Grund von § 33 Abs. 1 Nr. 2 WpHG a. F., der Art. 10 Spiegelstrich 1 der Richtlinie 93/22/EWG v. 10.05.1993 über Wertpapierdienstleistungen umsetzte, eine behördliche Aufsichtspraxis, die im Jahr 2000 in der Bekanntmachung über Verhaltensregeln für Mitarbeiter in Bezug auf Mitarbeitergeschäfte („Mitarbeiter-Leitsätze")[3] verlautbart und zum 01.11.2007 aufgehoben wurde. Seither war die Verwaltungspraxis der BaFin zu § 33b WpHG im Rundschreiben 8/2008 (WA) v. 18.08.2008 niedergelegt und findet sich nun im Abschn. BT 2 des Rundschreibens 5/2018 (WA) v. 19.04.2018 („MaComp"). Die Regelungen über Mitarbeitergeschäfte können damit zum historisch gewachsenen „Kernbestand" des europäischen Wertpapieraufsichtsrechts gezählt werden. Dies spiegelt sich auch in der seit 2007 konstanten Regelungsstruktur, bestehend aus einer Vorschrift zum Begriff des persönlichen Geschäfts sowie der Zulässigkeit persönlicher Geschäfte im Allgemeinen und der Zulässigkeit im Besonderen bei Finanzanalysen und Marketingmitteilungen (vgl. Art. 11, 12 und 25 der Richtlinie 2006/73/EG und Art. 28, 29 und 37 DVO).

---

1 ABl. EU Nr. L 173 (2014) S. 349.
2 ABl. EU Nr. L 87 (2017) S. 1.
3 Bekanntmachung des Bundesaufsichtsamtes für das Kreditwesen und des Bundesaufsichtsamtes für den Wertpapierhandel über Anforderungen an Verhaltensregeln für Mitarbeiter der Kreditinstitute und Finanzdienstleistungsinstitute in Bezug auf Mitarbeitergeschäfte v. 07.06.2000, aufgehoben mit Schreiben der BaFin v. 23.10.2007.

Die Regelung über Geschäfte von Führungspersonen nach Art. 19 MAR hat mit Wirkung v. 03. 07. 2016 die 2002 eingeführte und seither mehrfach novellierte Vorschrift des § 15a WpHG ersetzt. Der Gesetzgeber nahm damals Section 16 des US Securities Exchange Act zum Vorbild und beabsichtigte, den Informationsvorsprung, der bei Geschäften in Aktien des Unternehmens genutzt wird, der Öffentlichkeit zugänglich zu machen („Indikatorwirkung") und darüber hinaus dem Anschein eines verbotenen Insiderhandels entgegenzuwirken.[4] Damit griff Deutschland einer entsprechenden Verpflichtung nach Art. 6 Abs. 4 der Marktmissbrauchsrichtlinie 2003/6/EG v. 28. 01. 2003 vor, welche die Mitteilungspflicht als Mittel zur „Verhütung von Marktmissbrauch" und als „wertvolle Information für Anleger" betrachtete.[5] Die Verwaltungspraxis der BaFin zu § 15a WpHG war seit 2005 im Emittentenleitfaden veröffentlicht.

1.2 Normzweck und Struktur von Art. 28 f. der DVO 2017/565/EU

3   Der Normzweck der organisatorischen Anforderungen für persönliche Geschäfte ist vom Gesetzgeber weder in den Erwägungsgründen zu Art. 16 MiFID oder Art. 28 f. DVO konkretisiert. Systematisch handelt es sich um eine spezielle Ausprägung der in Art. 16 Abs. 2 Var. 1 MiFID definierten Legalitäts- und Legalitätskontrollpflicht der Wertpapierfirma (vgl. auch die Aufzählung der Verbote in Art. 29 Abs. 2 DVO).

Strukturell ist zwischen dem Anwendungsbereich der Norm, den Verbotstatbeständen und der Organisationspflicht der Wertpapierfirma zu unterscheiden. Der Anwendungsbereich wird bestimmt durch den Begriff des persönlichen Geschäfts nach Art. 28 DVO, den Begriff der relevanten Tätigkeit nach Art. 29 Abs. 1 DVO und die Ausnahmen nach Abs. 6. Die Verbotstatbestände sind in Abs. 2 bis 4 niedergelegt. Die Mindestanforderungen an die Organisationspflicht sind in Abs. 5 aufgeführt. Besondere Anforderungen für Finanzanalysten (und ähnliche relevanten Personen) sind in Art. 37 Abs. 2 Buchst. a und b vorgesehen.

4   Hervorzuheben ist, dass die Organisationspflicht der Wertpapierfirma im Ausgangspunkt nur für relevante Tätigkeiten nach Art. 29 Abs. 1 DVO gilt, d. h. für Tätigkeiten, die Anlass zu einem Interessenkonflikt geben könnten oder die Zugang zu Insiderinformationen oder anderen vertraulichen Informationen über Kunden oder deren Geschäfte eröffnen. Dies deckt sich mit der bisherigen Regelung in § 33b Abs. 2 WpHG a. F. und der fortgeführten Verwaltungspraxis der BaFin.[6] Auch in der Verwaltungspraxis der BaFin wurden ergänzende Vorkehrungen für Mitarbeitergeschäfte auf der Grundlage von § 25a Abs. 1 KWG nur für sonstige Mitarbeiter, die Zugang zu Insiderinformationen oder sonstigen vertraulichen Informationen über Kunden haben, vorausgesetzt.[7] Viele Wertpapierfirmen haben in der Praxis gleichwohl die in den Mitarbeiter-Leitsätzen aus dem Jahr 2000 angelegte Unterscheidung zwischen Bestimmungen für *alle* Mitarbeiter und für Mitarbeiter *mit besonderen Funktionen* beibehalten,[8] sodass bis heute die in Kapitel B Abschn. I der Mitar-

---

4   RegE 4. FFG, BT-Drs. 14/8017, S. 88.
5   Erwägungsgrund 26 der Marktmissbrauchsrichtlinie 2003/6/EG, ABl. L 96 (2003) S. 16.
6   MaComp BT 2.1 Tz. 3., BT 2.3 Tz. 1.
7   MaComp BT 2.7.
8   BdB, Best-Practice Leitlinien für Wertpapier-Compliance, 2011, III.5, S. 32.

beiter-Leitsätze niedergelegten Mindestanforderungen für alle Mitarbeiter verbreitet sind.[9] Für derartige Mindestanforderungen für alle Mitarbeiter spricht, dass die Wertpapierfirma allgemeine Vorkehrungen treffen muss, um die in Kapitel II der MiFID enthaltenen Bedingungen für die Ausübung der Tätigkeit von Wertpapierfirmen, insb. solche zum Anlegerschutz, einzuhalten (vgl. hierzu unten Rn. 39 ff.).

Fraglich ist, ob neben der Wertpapierfirma auch die Mitglieder der Geschäftsleitung, die 5 Beschäftigten und vertraglich gebundenen Vermittler persönlich Adressat der Verbotstatbestände im Sinne einer Legalitätspflicht sind, wobei dies lediglich im Falle eines Missbrauchs von vertraulichen Informationen über Kunden und deren Geschäfte (z. B. Front- und Parallelrunning) oder bei Verstößen gegen sonstige Verpflichtungen der MiFID (vgl. Buchst. b und c) erheblich ist, da die Verpflichtungen der Marktmissbrauchsverordnung (Buchst. a) ohnehin für jedermann gelten. Praktische Bedeutung kann diese Frage erlangen, wo es um die Geltung von Vorschriften für alle Mitarbeiter geht oder arbeitsrechtlich die Schwere eines vertragswidrigen Verhaltens zu bewerten ist. Grundsätzlich sind die Regelungen zu Mitarbeitergeschäften bisher als Verpflichtung an die Wertpapierfirma gedeutet worden.[10] Eine gegenteilige Andeutung findet sich in der Verwaltungspraxis der BaFin zu § 25a Abs. 1 KWG, wonach Mitarbeiter, die Zugang zu vertraulichen Informationen haben können, „keine Geschäfte tätigen dürfen", die gegen das Insiderhandelsverbot oder die Verhaltens-, Organisations- und Transparenzpflichten des WpHG verstoßen.[11] Für eine solche Einbeziehung spricht auch Art. 16 Abs. 2 MiFID, wo die „Vorschriften für persönliche Geschäfte dieser Personen" den organisatorischen Vorkehrungen als vorgreiflich zu Grunde gelegt werden. Zudem kann zumindest für Mitglieder der Geschäftsleitung die nach dem Organprinzip bestehende Identität mit der Wertpapierfirma herangeführt werden. Für die übrigen Beschäftigten und für die vertraglich gebundenen Vermittler spricht gegen Einbeziehung indes, dass nach dem Konzept der Finanzmarktrichtlinie die Wertpapierfirma das Haftungsdach[12] bereitstellt und als Schuldnerin einer ordnungsgemäßen Erbringung der Wertpapierdienstleistungen auftritt. Dies wird auch in Art. 67 Abs. 3 DVO deutlich, wonach das Missbrauchsverbot sich gegen die Wertpapierfirma richtet und diese „alle angemessenen Maßnahmen zur Verhinderung des Missbrauchs derartiger Informationen durch ihre relevanten Personen" trifft. Insoweit ergeben sich zusammengefasst Beschränkungen für Beschäftigte und vertraglich gebundene Vermittler allein aus Weisungen oder vertraglichen Vereinbarungen im Innenverhältnis gegenüber der Wertpapierfirma.

1.3 Normzweck und Struktur von Art. 19 der VO 2014/596/EU

Die von der Mitteilungs- und Veröffentlichungspflicht angestrebte Transparenz ist – wie 6 schon der Vorläufer des § 15a WpHG – als Maßnahme zur Verhütung von Marktmiss-

---

9 BdB, Best-Practice Leitlinien für Wertpapier-Compliance, 2011, III.6, S. 32 f.
10 Begr. FRUG, BT-Drs. 16/4028, S. 74; *Fett*, in: Schwark/Zimmer, Kapitalmarktrechtskommentar, 4. Aufl. 2010, § 33b Rn. 2; *Göres*, in: Schäfer/Hamann (Hrsg.): Kapitalmarktgesetze, 2. Aufl., 6. Lfg. 04/2012, § 33b Rn. 13; *Zimmermann*, in: Fuchs (Hrsg.): WpHG, 2. Aufl. 2016, § 33b Rn. 2.
11 MaComp BT 2.7.
12 Vgl. unten Rn. 8 ff.

brauch, insb. von Insidergeschäften, sowie als „höchst wertvolle Informationsquelle für Anleger" bestimmt.[13]

Strukturell ist zwischen dem Anwendungsbereich der Norm, der Mitteilungspflicht der Führungsperson, der Veröffentlichungspflicht des Emittenten sowie weiteren Nebenpflichten und Handelsverboten zu unterscheiden. Der Anwendungsbereich bestimmt sich aus dem Begriff des relevanten Emittenten nach Art. 19 Abs. 4 und 10 MAR sowie den in Art. 3 Abs. 1 Nr. 25 und 26 MAR definierten Begriffen der Führungsperson und der eng verbundenen Person. Die Einzelheiten der Mitteilungspflicht ergeben sich aus Abs. 1 und 2 und 6 bis 9; in der Durchführungsverordnung (EU) 2016/523[14] sind darüber hinaus technische Durchführungsstandards im Hinblick auf das Format und die Vorlage für die Meldung und öffentliche Bekanntgabe von Eigengeschäften enthalten. Nebenpflichten sind in Abs. 5 geregelt. Abs. 11 enthält ein Handelsverbot („blackout period"), dessen Ausnahme in Abs. 12 i. V. m. Art. 7 der Delegierten Verordnung (EU) 2016/522[15] geregelt ist. Darüber hinaus ergibt sich für den Emittenten aus § 26 Abs. 2 WpHG die Pflicht zur Übermittlung der veröffentlichten Informationen an das Unternehmensregister und zur Mitteilung der Veröffentlichung an die BaFin. Weitere Erläuterungen zu Art. 19 MAR finden sich in FAQ-Dokumenten der ESMA zur Marktmissbrauchsverordnung („FAQ MAR")[16] und der BaFin zu Eigengeschäften von Führungspersonen („FAQ Eigengeschäfte").[17]

2 Persönliche Geschäfte in Wertpapierfirmen

2.1 Anwendungsbereich

2.1.1 Wertpapierfirma

7   Der Anwendungsbereich der Pflichten nach Art. 28, 29 DVO wird eröffnet durch die Qualifikation des Unternehmens als Wertpapierfirma. Mit dieser Anknüpfung folgt der Begriff des persönlichen Geschäfts einem der konstitutiven Merkmale der MiFID. Da es sich bei Art. 28 DVO um unmittelbar geltendes EU-Recht handelt, ist der Begriff der Wertpapierfirma grundsätzlich europarechtsimmanent definiert.

„Wertpapierfirma" ist jede juristische Person, die im Rahmen ihrer üblichen beruflichen oder gewerblichen Tätigkeit gewerbsmäßig eine oder mehrere Wertpapierdienstleistungen für Dritte erbringt und/oder eine oder mehrere Anlagetätigkeiten ausübt (Art. 4 Abs. 1 Nr. 1 Satz 1 MiFID). Die nach Satz 2 statthafte Einbeziehung natürlicher Personen ergibt sich ergänzend aus dem deutschen Recht, das nach dem Zweiten Finanzmarktnovellierungsgesetz ebenfalls allgemein an den Begriff „Unternehmen" anknüpft (§ 2 Abs. 10 WpHG) und natürliche Personen als Rechtsträger in § 2 Abs. 17 WpHG erwähnt. Lediglich das Finanzkommissions- und das Emissionsgeschäft müssen (wie bisher) durch Kreditinstitute in der

---

13   Erwägungsgrund 58 der MAR.
14   ABl. EU Nr. 88 (2016) S. 19.
15   ABl. EU Nr. 88 (2016) S. 1.
16   ESMA, Questions and Answers on the Market Abuse Regulation, ESMA70-145-11, Stand: 06.07.2017.
17   BaFin, FAQ zu Eigengeschäften von Führungskräften nach Art. 19 der Marktmissbrauchsverordnung (EU) Nr. 596/2014, Stand: 13.09.2017.

Rechtsform der juristischen Person betrieben werden (§ 1 Abs. 1 Satz 2 Nr. 4 und 10, § 2b Abs. 1 KWG). Der Begriff „Wertpapierdienstleistung und Anlagetätigkeit" ergibt sich aus der Aufzählung in Anhang I Abschn. A der MiFID (Art. 4 Abs. 1 Nr. 2 MiFID). Der Begriff „gewerbsmäßig" ist europarechtlich nicht näher bestimmt und folgt dem handelsrechtlichen Gewerbebegriff, d. h. der Betrieb muss auf eine gewisse Dauer angelegt sein und mit der Absicht der Gewinnerzielung verfolgt werden.[18]

Bankaufsichtsrechtlich ist darüber hinaus zu berücksichtigen, dass ein Unternehmen, das als Wertpapierfirma tätig ist, zugleich entweder Kreditinstitut § 1 Abs. 1a Satz 1 KWG ist – wenn es Bankgeschäfte erbringt (vgl. oben) – oder Finanzdienstleistungsinstitut i. S. v. § 1 Abs. 1a Satz 1 KWG. Die Tätigkeit bedarf daher der Erlaubnis der BaFin (§ 32 Abs. 1 KWG), sodass sich der Status und der Tätigkeitsumfang einer Wertpapierfirma formell aus der Erlaubnis und etwaigen Beschränkungen (Abs. 2 Satz 1) ergeben. Nach dem erlaubten Tätigkeitsumfang kann sich die Angemessenheit der Vorkehrungen i. S. v. Art. 29 Abs. 1 Satz 1 DVO richten.

2.1.2 Relevante Personen

Der Begriff „relevante Person" ist definiert für die Zwecke der Delegierten Verordnung der Kommission 2017/565/EU v. 24.04.2016. Er legt den persönlichen Anwendungsbereich der organisatorischen Anforderungen an eine Wertpapierfirma nach Art. 16 MiFID fest. Eine „relevante Person" ist gemäß Art. 2 Nr. 1 DVO eine der folgenden Personen:

1. ein Direktor, ein Gesellschafter oder eine vergleichbare Person, ein Mitglied der Geschäftsleitung oder ein vertraglich gebundener Vermittler der Wertpapierfirma;
2. ein Direktor, ein Gesellschafter oder eine vergleichbare Person oder ein Mitglied der Geschäftsleitung eines vertraglich gebundenen Vermittlers der Wertpapierfirma;
3. ein Angestellter der Wertpapierfirma oder eines vertraglich gebundenen Vermittlers sowie jede andere natürliche Person, deren Dienste der Wertpapierfirma oder einem vertraglich gebundenen Vermittler der Wertpapierfirma zur Verfügung gestellt und von dieser/diesem kontrolliert werden und die an den von der Wertpapierfirma erbrachten Wertpapierdienstleistungen und Anlagetätigkeiten beteiligt ist;
4. eine natürliche Person, die im Rahmen einer Auslagerungsvereinbarung unmittelbar an der Erbringung von Dienstleistungen für die Wertpapierfirma oder deren vertraglich gebundenen Vermittler beteiligt ist, welche der Wertpapierfirma die Erbringung von Wertpapierdienstleistungen und Anlagetätigkeiten ermöglichen.

Der Begriff „relevante Person" deckt sich mit dem gleichnamigen Begriff in Art. 1 Abs. 1 Nr. 3 der MiFID-Durchführungsrichtlinie 2006/73/EG v. 10.08.2006.[19] Auf Ebene des deutschen Rechts wurde dagegen der Begriff „Mitarbeiter" in § 33b Abs. 1 WpHG a. F. verwendet, der teilweise enger gefasst war (vgl. oben Rn. 4).

8

---

18 Begr. RegE Richtlinienumsetzungsgesetz, BT-Drs. 13/7142, S. 102, 62; ferner *Ritz*, in: Just/Voß/Ritz/Becker (Hrsg.): WpHG, 2015, § 2 Rn. 261.
19 ABl. L 241/26.

9 Eingeschlossen sind innerhalb der Wertpapierfirma als „*Direktoren*" oder „*Mitglieder einer Geschäftsleitung*" Einzelkaufleute[20] sowie Geschäftsführer oder Vorstandsmitglieder einer GmbH, AG, GmbH & Co. KG, KGaA oder sonstigen Personenhandelsgesellschaft. Fraglich ist die Einbeziehung von Mitgliedern eines Aufsichtsrats. Die h. M.[21] bejaht die Einbeziehung aus Gründen der Gleichbehandlung, weil bei Unternehmen mit angelsächsischer Unternehmensverfassung auch ein „non-executive director" erfasst wäre. Für dieses Verständnis spricht zudem, dass nach Wortlaut und Systematik des Art. 2 Nr. 1 DVO gleichgültig ist, ob die Person an der Erbringung von Wertpapierdienstleistungen beteiligt ist oder nicht. Da die Anwendung jedoch der Verhütung von Interessenkonflikten, Insidergeschäften und dem Missbrauch von vertraulichen Informationen über Kunden und deren Geschäfte dienen soll, wie sie für eine Wertpapierfirma typisch sind, kann auf eine zumindest theoretische Nähe zu Wertpapierdienstleistungen nicht verzichtet werden. Es erscheint daher vorzugswürdig, Aufsichtsratsmitglieder grundsätzlich nicht in den Anwendungsbereich der Regelungen über persönliche Geschäfte einzubeziehen.

10 „*Gesellschafter*" und „*vergleichbare Personen*", d. h. Anteilseigner oder Inhaber des Unternehmens, sind nach dem Willen des Gesetzgebers ebenfalls eingeschlossen. Hierbei ist jedoch mit der hier h. M.[22] nach Sinn und Zweck vorauszusetzen, dass diese entweder selbst geschäftsführend tätig sind oder sonst Zugang zu Informationen über Wertpapierdienstleistungen innerhalb der Wertpapierfirma haben können. Unter dieser Voraussetzung wird auch die Einbeziehung von stillen Gesellschaftern zu Recht befürwortet.[23] Insgesamt ist bei Auslegung von Art. 2 Nr. 1 Buchst. a DVO ergänzend zur hierarchischen Stellung im Unternehmen auch auf die Rolle und die typische Tätigkeit der Person im Unternehmen abzustellen.

11 Eingeschlossen sind innerhalb einer Wertpapierfirma ferner alle *Angestellten*. Nicht vorausgesetzt wird, dass sie unmittelbar oder mittelbar an der Erbringung von Wertpapierdienstleistungen beteiligt sind (so bereits Art. 2 Abs. 3 Buchst. c der MiFID-Durchführungsrichtlinie 2006/73/EG). Hierin unterscheidet sich Art. 2 Nr. 1 Buchst. b DVO von der bisher geltenden Regelung in § 33b Abs. 1 Nr. 3 WpHG a. F. Eingeschlossen sind daher grundsätzlich auch alle außerhalb von Handel oder Vertrieb tätigen Angestellten, insb. Mitarbeiter der M&A-Abteilung, Rechtsabteilung, des Kreditgeschäfts oder die Vorstandsassistenz, für die bisher auf Grund von § 25a KWG Maßnahmen zur Verhütung von Insidergeschäften zu treffen waren.[24] Als „Angestellte" sind grundsätzlich Arbeitnehmer,

---

20 So bereits Mitarbeiter-Leitsätze, Abschn. A.III. und A.VI.
21 *Baur*, in: Just/Voß/Ritz/Becker (Hrsg.): WpHG, 2015, § 33b Rn. 5; *Fett*, in: Schwark/Zimmer (Hrsg.): Kapitalmarktrechts-Kommentar, 4. Aufl. 2010, § 33b Rn. 4; *Göres*, in: Schäfer/Hamann (Hrsg.): Kapitalmarktgesetze, 2. Aufl., 6. Lfg. 04/2012, § 33b Rn. 17; *Koller*, in: Assmann/Schneider (Hrsg.): WpHG, 6. Aufl. 2012, § 33b Rn. 2; *Zimmermann*, in: Fuchs (Hrsg.): WpHG, 2. Aufl. 2016, § 33b Rn. 8; a. A.; *Meyer/Paetzel*, in: KK-WpHG, 2. Aufl. 2014, § 33b Rn. 25.
22 *Baur*, in: Just/Voß/Ritz/Becker (Hrsg.): WpHG, 2015, § 33b Rn. 5; *Koller*, in: Assmann/Schneider (Hrsg.): WpHG, 6. Aufl. 2012, § 33b Rn. 2; *Meyer/Paetzel*, in: KK-WpHG, 2. Aufl. 2014, § 33b Rn. 25 Fn. 56.
23 *Baur*, in: Just/Voß/Ritz/Becker (Hrsg.): WpHG, § 33b Rn. 5; *Koller*, in: Assmann/Schneider (Hrsg.): WpHG, 6. Aufl. 2012, § 33b Rn. 2.
24 MaComp BT 2.7; *Baur*, in: Just/Voß/Ritz/Becker (Hrsg.): WpHG, § 33b Rn. 4.

Auszubildende, Praktikanten und andere Personen anzusehen, die auf Grund eines Vertragsverhältnisses mit der Wertpapierfirma innerhalb derselben tätig sind, sofern es sich nicht ausnahmsweise um freie Mitarbeiter handelt (vgl. unten zu „anderen natürlichen Personen"). Erfasst sind begrifflich auch Angestellte, deren Arbeitsverhältnis ruht und zu keiner Arbeitsleistung verpflichtet, z. B. bei Elternzeit oder während einer Altersteilzeitregelung. In diesen Fällen ist jedoch bei der Gestaltung angemessener Vorkehrungen in Betracht zu ziehen, die organisatorischen Maßnahmen auf diese Personen nur dann anzuwenden, wenn sie Zutritt zu den Räumlichkeiten oder Zugang zu den Kommunikationssystemen der Wertpapierfirma haben, d. h. an den Informationsflüssen teilhaben (können).

„*Andere natürliche Personen*", die innerhalb der Wertpapierfirma tätig sind, ohne Angestellte zu sein, fallen nur dann in den Anwendungsbereich, wenn sie ihre Dienste der Wertpapierfirma zur Verfügung stellen, von dieser kontrolliert werden und an den von der Wertpapierfirma erbrachten Wertpapierdienstleistungen und Anlagetätigkeiten beteiligt sind. Ausgenommen sind daher Personen, denen Dienste von der Wertpapierfirma zur Verfügung gestellt werden (z. B. Endkunden im Online-Banking oder im direkten Zugang zu einem Börsenplatz, „direct market access"), die als Dienstleister von der Wertpapierfirma – mangels organisatorischer Einbindung[25] – nicht kontrolliert werden (z. B. Gegenparteien, Lieferanten, Werkunternehmer); die zwar organisatorisch eingebunden sind (z. B. Leiharbeitskräfte, Zeitarbeitskräfte, Praktikanten), sich jedoch nicht an der Erbringung von Wertpapierdienstleistungen oder deren Kontrolle beteiligen.[26]

12

Personen außerhalb der Wertpapierfirma sind zum einen dann eingeschlossen, wenn sie für einen *vertraglich gebundenen Vermittler* der Wertpapierfirma tätig sind, sei es als Direktor, Gesellschafter oder eine vergleichbare Person, Mitglied der Geschäftsleitung, Angestellter oder als „andere natürliche Person" (zur Definition dieser vgl. Rn. 9). Vertraglich gebundene Vermittler i. S. v. Art. 4 Abs. 1 Nr. 29 MiFID sind von anderen Personen zu unterscheiden: von Angestellten durch ihre Selbständigkeit (als Handelsvertreter, § 84 Abs. 1 HGB, oder als Handelsmakler, § 93 HGB); von Finanzkommissionären durch ihr Handeln im Namen der Wertpapierfirma (vgl. Art. 29 Abs. 2 Satz 2 MiFID); von Finanzanlagevermittlern i. S. v. § 2 Abs. 6 Nr. 8 KWG durch die gegenständliche Unbeschränktheit der Anlageberatung und Anlagevermittlung; von sonstigen Anlageberatern durch das Bestehen einer unbeschränkten und vorbehaltlosen Haftung der Wertpapierfirma im Verhältnis zum Kunden (sog. Haftungsdach; Art. 4 Abs. 1 Nr. 29, Art. 29 Abs. 2 Satz 1 MiFID, § 2 Abs. 10 Satz 6 KWG). Dem Haftungsdach entspricht, dass die Organisationspflicht zur Verhütung unzulässiger persönlicher Geschäfte die *Wertpapierfirma* und nicht den Vermittler trifft. Die Wertpapierfirma muss die Maßnahmen zur Erfüllung ihrer Organisationspflicht vertraglich vereinbaren. Die (arbeitsrechtliche) Selbständigkeit des als Handelsvertreter tätigen Vermittlers i. S. v. § 84 Abs. 1 Satz 2 HGB wird hierbei in der Regel nicht beeinträchtigt; Selbständigkeit ist gegeben, solange die Person im wesentlichen frei ihre Tätigkeit gestalten und ihre Arbeitszeit bestimmen kann,[27] was bei (partiellen) Restriktionen in Bezug auf persönliche Geschäfte nicht berührt wird.

13

---

25 *Baur*, in: Just/Voß/Ritz/Becker (Hrsg.): WpHG, 2015, § 33b Rn. 7.
26 MaComp BT 2.1 Tz. 1; *Baur*, in: Just/Voß/Ritz/Becker, WpHG, 2015, § 33b Rn. 7; *Meyer/Paetzel*, in: KK-WpHG, 2. Aufl. 2014, § 33b Rn. 29.
27 Zu § 84 Abs. 1 Satz 2 HGB vgl. nur OLG Hamm v. 19.01.2006 – 4 Sa 1959/04 Rn. 85 m. w. N.

14 Außerhalb einer Wertpapierfirma sind zum anderen Personen erfasst, die im Rahmen einer *Auslagerungsvereinbarung* unmittelbar an der Erbringung von Wertpapierdienstleistungen oder Anlagetätigkeiten beteiligt sind. Nicht erforderlich ist, dass das Auslagerungsunternehmen selbst Wertpapierfirma ist,[28] jedoch ergibt sich aus dem Unmittelbarkeitserfordernis, dass es sich bei der ausgelagerten Tätigkeit (zumindest auch) um die Erbringung von Wertpapierdienstleistungen oder Anlagetätigkeiten handelt. Damit ist stets nicht nur eine Auslagerung im Allgemeinen gegeben,[29] sondern auch eine Auslagerung kritischer und wesentlicher betrieblicher Aufgaben i. S. v. Art. 31 DVO. Folglich muss die Auslagerung den in Abs. 2 und Abs. 3 definierten materiellen und formellen Gestaltungserfordernissen genügen, insb. müssen Rechte und Pflichten im Rahmen einer schriftlichen Vereinbarung eindeutig zugewiesen (Abs. 3 Satz 1) und Weisungs-, Kündigungs-, Informations-, Einsichtnahme- und Zugangsrechte der Wertpapierfirma vorbehalten sein (Satz 2). Wegen des Unmittelbarkeitserfordernisses ausgenommen sind Personen, die lediglich beratende, unterstützende oder kontrollierende Tätigkeiten im Auslagerungsunternehmen verrichten, wie z. B. in der Rechts- oder der Compliance-Abteilung, im Controlling, Risikomanagement, Gebäudemanagement oder der IT-Abteilung (vgl. die Aufzählung der Aufgaben in Art. 30 Abs. 2 DVO).

2.1.3 Verbundene Personen

15 Der Begriff „verbundene Person" ist Teil der Definition des persönlichen Geschäfts in Art. 28 DVO, wonach ein Geschäft auch dann persönlich anzusehen ist, wenn eine relevante Person das Geschäft für Rechnung einer verbundenen Person tätigt (Art. 28 Buchst. b DVO). Geschäfte, die eine verbundene Person selbst tätigt, fallen dagegen nicht unter den Begriff „persönliches Geschäft".

Als verbundene Person gilt, wer zu der relevanten Person eine familiäre Bindung oder eine enge Verbindung aufweist.

16 Der Begriff „familiäre Bindung" ist durch die Aufzählung in Art. 2 Nr. 3 Buchst. a DVO/EU definiert: der Ehepartner; der Partner, der dem Ehepartner nach nationalem Recht gleichsteht; abhängige, d. h. unterhaltsberechtigte Kinder oder Stiefkinder; einen Verwandten, der zum Zeitpunkt der Tätigung des betreffenden Geschäfts dem Haushalt dieser Person seit mind. einem Jahr angehört. Die Definition stimmt überein mit der Bestimmung in Art. 3 Abs. 1 Nr. 26 Buchst. a bis c MAR, die für die Veröffentlichungspflicht von Geschäften von Führungskräften maßgeblich ist.

17 Der Begriff „enge Verbindung" ergibt sich aus Art. 2 Abs. 1 Nr. 35 MiFID und wird begründet durch das direkte Halten oder die Kontrolle einer Beteiligung von mind. 20 % der Stimmrechte oder des Kapitals, durch Kontrolle im Sinne des Bilanzrechts (Art. 22 Abs. 1 und 2 der Richtlinie 2013/34/EU v. 26. 06. 2013 – Bilanzrichtlinie) oder durch eine Kontrollverhältnis, das durch eine dritte Person vermittelt wird.

---

28 MaComp BT 2.1 Tz. 2; *Baur*, in: Just/Voß/Ritz/Becker (Hrsg.): WpHG, 2015, § 33b Rn. 8.
29 Vgl. BaFin, Rundschreiben 10/2012 (BA) Mindestanforderungen an das Risikomanagement (MaRisk) v. 14. 12. 2012, AT 9 Tz. 1.

2.1.4 Finanzinstrumente

Der Begriff des persönlichen Geschäfts ist in Art. 28 DVO legal definiert und setzt ein Geschäft mit einem Finanzinstrument voraus. 18

Mit der Anknüpfung an den Begriff des Finanzinstruments folgt der Begriff des persönlichen Geschäfts dem konstitutiven Merkmal der MiFID. Da es sich bei Art. 28 DVO um unmittelbar geltendes EU-Recht handelt, ist der Begriff des Finanzinstruments grundsätzlich gemäß Art. 4 Abs. 1 Nr. 15 MiFID durch die in Anhang I Abschn. C der MiFID aufgeführten Instrumente definiert. Finanzinstrumente sind demnach:

– übertragbare Wertpapiere (Aktien; andere Anteile an Gesellschaften, Personengesellschaften oder anderen Rechtspersönlichkeiten; Schuldverschreibungen oder andere verbriefte Schuldtitel einschließlich Zertifikaten bzw. Hinterlegungsscheinen; sonstige Wertpapiere, die zum Kauf oder Verkauf solcher Wertpapiere berechtigen oder zu einer Barzahlung führen; Art. 4 Abs. 1 Nr. 44 MiFID);
– Geldmarktinstrumente;
– Anteile an Organismen für gemeinsame Anlagen;
– finanzielle Differenzgeschäfte (Contracts for Difference, CFDs);
– Emissionszertifikate;
– Optionen, Terminkontrakte (Futures), Swaps, außerbörsliche Zinstermingeschäfte (Forward Rate Agreement) und andere Derivatkontrakte, sofern diese sich auf eines der vorgenannten Finanzinstrumente als Basiswert beziehen oder auf Waren beziehen und ein Barausgleich vorgesehen ist.

Fraglich ist, inwieweit ergänzend zu Anhang I Abschn. C der MiFID auf die in § 2 Abs. 4 WpHG enthaltene Definition des Finanzinstruments zurückgegriffen werden kann. Dies betrifft in erster Linie die im Anhang I Abschn. C nicht ausdrücklich aufgeführten Instrumente, d. h. Rechte auf Zeichnung von Wertpapieren (insb. mitgliedschaftliche Bezugsrechte auf Aktien und hybride Finanzinstrumente gemäß §§ 186, 203, 221 Abs. 4 AktG sowie Bezugserklärungen nach § 198 Abs. 1 AktG[30]; § 2 Abs. 4 Nr. 6 WpHG) und (seit 2012 ausdrücklich eingeschlossenen) Vermögensanlagen i. S. v. § 1 Abs. 2 VermAnlG (§ 2 Abs. 4 Nr. 7 WpHG). Diese Untergruppen sind jedoch nach h. M. keine Eigenständigkeit des deutschen Rechts, sondern entsprechen im Fall des Rechts auf Zeichnung von Wertpapieren dem europarechtlichen Wertpapierbegriff („sonstige Wertpapiere, die zum Kauf oder Verkauf eines … Wertpapiers berechtigen oder zu einer Barzahlung führen", Art. 4 Abs. 1 Nr. 44 MiFID),[31] im Fall der Vermögensanlage dem europarechtlichen Begriff des Anteils an einem Organismus für gemeinsame Anlagen,[32] sodass eine Verwendung der Begriffe des WpHG zur näheren Bestimmung möglich ist. 19

---

30 *Fuchs*, in: Fuchs (Hrsg.): WpHG, 2. Aufl. 2016, § 2 Rn. 69; *Kumpan*, in: Schwark/Zimmer (Hrsg.): Kapitalmarktrechtskommentar, 4. Aufl. 2010, § 2 Rn. 59; *Voß*, in: Just/Voß/Ritz/Becker (Hrsg.): WpHG, 2015, § 2 Rn. 81.
31 Vgl. *Voß*, in: Just/Voß/Ritz/Becker (Hrsg.): WpHG, 2015, § 2 Rn. 82 f.
32 *Ritz*, in: Just/Voß/Ritz/Becker (Hrsg.): WpHG, 2015, § 2 Rn. 33; *Voß*, in: Just/Voß/Ritz/Becker (Hrsg.): WpHG, 2015, § 2 Rn. 78.

20 Fraglich ist ferner, welche Bedeutung der unmittelbar geltende europarechtliche Wertpapierbegriff in Bezug auf GmbH-, Kommandit- und sonstige Personengesellschaftsanteile hat. Unter der Geltung des § 2 Abs. 1 Nr. 2 WpHG i. d. F. nach dem Finanzmarktrichtlinie-Umsetzungsgesetz von 2007 war die Einbeziehung dieser Rechte strittig, weil der deutsche Gesetzgeber die – bei diesen Gesellschaftsanteilen fehlende – Möglichkeit eines gutgläubigen Erwerbs für eine Qualifikation als Wertpapier voraussetzte.[33] Diese Einschränkung wurde durchweg als europarechtswidrig kritisiert, teilweise sogar abgelehnt,[34] weil das Europarecht bei sonstigen Gesellschaftsanteilen eine Vergleichbarkeit mit Aktien nicht verlange.[35] Im Zusammenhang mit dem 2. Finanzmarktnovellierungsgesetz ist weder eine Bestätigung noch eine Abkehr von der früheren Auffassung erkennbar.[36] Vorzugswürdig ist, dass jedenfalls im Bereich der europaweit einheitlich geltenden Organisationspflichten für Wertpapierfirmen (Art. 21 ff. DVO) der europarechtliche Wertpapierbegriff anzuwenden ist. Für eine Einbeziehung von GmbH-, Kommandit- und sonstigen Personengesellschaftsanteilen kommt es daher darauf an, dass die in Art. 4 Abs. 1 Nr. 44 MiFiD enthaltenen Merkmale der Übertragbarkeit, der Standardisierung und der Handelbarkeit auf Finanzmärkten erfüllt sind.[37] Dies ist zum einen der Fall bei den ohnehin (vgl. oben) eingeschlossenen Vermögensanlagen i. S. v. § 2 Abs. 1 VermAnlG. Inwieweit darüber hinaus auch nicht öffentlich angebotene und gehandelte Gesellschaftsanteile („private equity") einzubeziehen sind, dürfte sich zuverlässig nur nach dem Ausschlussprinzip definieren lassen („einbezogen, sofern nicht die Übertragbarkeit, die gattungsmäßige Bestimmung oder die Handelbarkeit im Einzelfall fehlen"). Das Bedürfnis, solche Finanzinstrumente zu erfassen, ergibt sich, wenn die Wertpapierfirma in die Vermittlung von Gesellschaftsanteilen außerhalb organisierter Märkte involviert ist.

21 Nicht unter den Begriff des Finanzinstruments fallen Geld, Geldforderungen und Zahlungsinstrumente, d. h. Bargeld, Schecks, Termingelder, Tagesgelder, Sparbriefe und andere liquide Mittel, aber auch Devisen, Darlehen und Kontokorrentguthaben, da sie weder in Anhang I Abschn. C aufgezählt sind noch unter den Begriff des Wertpapiers fallen (vgl. „mit Ausnahme von Zahlungsinstrumenten", Art. 4 Abs. 1 Nr. 44 MiFID).[38] Auch Namensschuldverschreibungen fallen nicht in den Anwendungsbereich der MiFID, solange sie nicht öffentlich angeboten werden und damit als Vermögensanlagen i. S. v. § 2 Abs. 1 VermAnlG qualifizieren.[39] Als Geldmarktinstrumente eingeschlossen sind dagegen kurzfristige Schuldscheindarlehen und Schatzwechsel, insb. Commercial Papers (CP) von In-

---

33 BT-Drs. 16/4028 S. 54; *Fuchs*, in: Fuchs (Hrsg.): WpHG, 2. Aufl. 2016, § 2 Rn. 15; *Roth*, in: KK-WpHG, 2. Aufl. 2014, § 2 Rn. 49.
34 *Assmann*, in: Assmann/Schneider (Hrsg.): WpHG, 6. Aufl. 2012, § 2 Rn. 16 f.; *Roth*, in: KK-WpHG, 2. Aufl. 2014, § 2 Rn. 49.
35 Vgl. *Ritz*, in: Just/Voß/Ritz/Becker (Hrsg.): WpHG, 2015, § 2 Rn. 28 m. w. N.
36 RegE 2. FiManoG, BT-Drs. 10/10936 S. 221.
37 *Assmann*, in: Assmann/Schneider (Hrsg.): WpHG, 6. Aufl. 2012, § 2 Rn. 7 ff.; *Ritz*, in: Just/Voß/Ritz/Becker (Hrsg.): WpHG, 2015, § 2 Rn. 9 ff.; *Roth*, in: KK-WpHG, 2. Aufl. 2014, § 2 Rn. 23, 49.
38 *Assmann*, in: Assmann/Schneider (Hrsg.): WpHG, 6. Aufl. 2012, § 2 Rn. 37; *Ritz*, in: Just/Voß/Ritz/Becker (Hrsg.): WpHG, 2015, § 2 Rn. 9, 47.
39 *Ritz*, in: Just/Voß/Ritz/Becker (Hrsg.): WpHG, 2015, § 2 Rn. 38; *Roth*, in: KK-WpHG, 2. Aufl. 2014, § 2 Rn. 65.

dustrieunternehmen und Certificates of Deposits (CD) von Kreditinstituten und sonstige Instrumente mit im wesentlichen gleichen Merkmalen, sofern ihr Wert jederzeit bestimmt werden kann, es sich nicht um Derivate handelt und ihre Fälligkeit bei der Emission maximal 397 Tage beträgt (Art. 4 Abs. 1 Nr. 17 MiFID i. V. m. Art. 11 DVO).

Keine Finanzinstrumente sind ferner betroffen, wenn der Mitarbeiter (entgeltliche) *Nebentätigkeiten* außerhalb seiner dienstlichen Aufgabenstellung wahrnimmt, die einen Interessenkonflikt begründen können, z. B. bei Unternehmen eines Kunden oder bei einem Emittenten von Finanzinstrumenten, in deren Vertrieb oder Vermittlung der Mitarbeiter bei der Wertpapierfirma involviert ist. Eine Verpflichtung der Wertpapierfirma zur Verhütung von Interessenkonflikten aus Nebentätigkeiten ergibt sich eventuell jedoch aus den allgemeinen organisatorischen Anforderungen, wonach relevante Personen, wenn sie mehrerer Funktionen bekleiden, diese ordentlich, ehrlich und professionell erfüllen müssen (Art. 21 Abs. 1 Buchst. g DVO). Eine solche Doppelfunktion muss die Wertpapierfirma gegen sich gelten lassen, wenn der Mitarbeiter die Nebentätigkeit auf Veranlassung oder im Interesse der Wertpapierfirma wahrnimmt. Ob auch rein private Nebentätigkeiten der Wertpapierfirma zurechenbar sind, erscheint fraglich, da sich die Verpflichtung der relevanten Person auf die Überlassung von Arbeitskraft in der Betriebsorganisation bzw. die Erbringung einer Dienstleistung beschränkt. Auch bei Fehlen einer kapitalmarktrechtlichen Pflicht bleibt es der Firma unbenommen, Nebentätigkeiten aus anerkannten arbeitsrechtlichen Gründen zu beschränken, insb. um wettbewerbliche Nachteile oder eine Beeinträchtigung der Arbeitsleistung zu verhüten. 22

Vom Anwendungsbereich der Organisationspflicht in Bezug auf persönliche Geschäfte zu unterscheiden ist die risikoangemessene Ausgestaltung der Kontrollmaßnahmen im Hinblick auf bestimmte *Geschäftstypen*. Auch wenn das Risiko eines unzulässigen persönlichen Geschäfts fehlt, sind diese nicht bereits begrifflich, sondern wegen Besonderheiten ausgenommen, die sich aus der inneren Struktur des Finanzinstruments oder den Umständen, unter denen sie typischerweise gehandelt werden, ergeben (vgl. hierzu unten Rdn. 29 und 35). 23

2.1.5 Der „persönliche" Bezug von Geschäften

Nach der Legaldefinition des persönlichen Geschäfts in Art. 28 DVO gilt ein Geschäft mit einem Finanzinstrument als „persönlich", wenn es von einer relevanten Person oder für eine relevante Person getätigt wird und zusätzlich mind. eines der folgenden Kriterien erfüllt: 24

a) die relevante Person handelt außerhalb ihres Aufgabenbereichs, für den sie im Rahmen ihrer beruflichen Tätigkeit zuständig ist;
b) das Geschäft erfolgt für Rechnung einer der folgenden Personen:
   i. der relevanten Person;
   ii. einer Person, zu der sie eine familiäre Bindung oder enge Verbindungen hat;
   iii. einer Person, bei der die relevante Person ein direktes oder indirektes wesentliches Interesse am Ausgang des Geschäfts hat, wobei das Interesse nicht in einer Gebühr oder Provision für die Abwicklung des Geschäfts besteht.

25 Erfasst sind demnach alle Geschäfte, die die relevante Person *selbst außerhalb ihres Aufgabenbereichs* tätigt, und zwar ungeachtet des Begünstigten. Ob dies bei Geschäften für Dritte auch dann gilt, wenn sie außerhalb der Wertpapierfirma getätigt werden (und nicht zugleich unter Buchst. b fallen, z. B. bei einer entgeltlichen Nebentätigkeit als Vermögensverwalter), ist nach dem Wortlaut fraglich. Gegen eine Einbeziehung außerbetrieblicher Geschäfte könnte angeführt werden, dass Verhalten außerhalb des Unternehmens grundsätzlich nicht dem Weisungsrecht des Arbeitgebers (vgl. § 106 GewO) unterliegt. Jedoch haben auch Arbeitnehmer oder Dienstschuldner gemäß § 241 Abs. 1 BGB die Nebenpflicht zur Rücksichtnahme auf die Rechte, Rechtsgüter und Interessen ihres Vertragspartners.[40] Auch ein außerdienstliches Verhalten eines Arbeitnehmers kann die berechtigten Interessen des Arbeitgebers oder anderer Arbeitnehmer beeinträchtigen, wenn es einen Bezug zur dienstlichen Tätigkeit hat, etwa wenn der Arbeitgeber oder andere Arbeitnehmer sich staatlichen Ermittlungen ausgesetzt sehen oder in der Öffentlichkeit mit der Straftat in Verbindung gebracht werden.[41] Dieses Risiko ist bei außerbetrieblichen Geschäften wegen der Möglichkeit eines Verdachts eines verbotenen Insidergeschäfts oder des Missbrauchs vertraulicher Kundeninformationen gegeben. Auch bliebe andernfalls nur ein schmaler Anwendungsbereich, weil die innerbetriebliche Vornahme von Geschäften außerhalb der dienstlichen Aufgabenstellung wegen fehlender Zutritts- oder Zugriffsrechte regelmäßig stark eingeschränkt oder ausgeschlossen ist. Aus diesem Grund erscheint es vorzugswürdig, dass auch außerbetriebliche Geschäfte der relevanten Person für Dritte weiterhin der Organisationsvorschrift des Art. 28 DVO unterliegen.[42]

26 Gemäß der Aufzählung unter Buchst. b sind – unabhängig vom Tätigkeitsbereich – alle selbst getätigten Geschäfte erfasst, an denen die relevante Person ein hinreichendes *eigenes wirtschaftliches Interesse* aufweist. Die Bedeutung dieser Variante ist gering, da eine relevante Person Geschäfte für sich selbst oder für Familienmitglieder oder Verwandte regelmäßig außerhalb der dienstlichen Aufgabenstellung und damit im Anwendungsbereich von Buchst. a tätigt (insb. soweit ein für jedermann zugängliches Online-Banking genutzt wird). Die Variante soll in erster Linie unterbinden, dass Mitarbeiter, die einen nur intern verfügbaren Zugang zu Ordererfassungssystemen haben, sich der Überwachung persönlicher Geschäfte durch eine „Flucht in die eigene Aufgabenstellung" entziehen können. Dies zeigt sich auch darin, dass bei Geschäften für Dritte die Annahme eines eigenen wirtschaftlichen Interesses ausscheidet, solange es lediglich in einer Gebühr oder Provision für die Abwicklung des Geschäfts besteht.

27 Ein persönlicher Bezug fehlt mithin bei allen Geschäften, die die relevante Person *selbst innerhalb ihres Aufgabenbereichs* für die Firma oder Dritte (insb. Kunden) tätigt, zu denen weder ein enge Beziehung noch ein eigenes wirtschaftliches Interesse besteht. Hierunter fallen neben Geschäften für die Erbringung von Wertpapierdienstleistungen auch Geschäfte für eigene Zwecke des Unternehmens, z. B. zur Erprobung einer neuen elektronischen Datenverarbeitung vorgenommen werden.

---

40 BAG v. 28.10.2010 – 2 AZR 293/09 Rn. 19 m. w. N.
41 BAG v. 28.10.2010 – 2 AZR 293/09 Rn. 19.
42 MaComp BT 2.2 Tz. 1; *Koller*, in: Assmann/Schneider (Hrsg.): WpHG, 6. Aufl. 2012, § 33b Rn. 7; *Meyer/Paetzel*, in: KK-WpHG, 2. Aufl. 2014, § 33b Rn. 37.

Die *von Dritten getätigten* Geschäfte sind nur dann erfasst, wenn sie für die relevante Person erfolgen, da nur dann die erste in Art. 28 DVO genannte Voraussetzung („von einer relevanten Person oder für eine relevante Person") erfüllt ist. Nach bisher h. M.[43] sind Geschäfte von Dritten für Rechnung oder im Namen der relevanten Person nur dann einzubeziehen, wenn zudem der Dritte das Geschäft mit Wissen oder auf Veranlassung der relevanten Person vornimmt. Anders als nach § 33b Abs. 2 Nr. 1 WpHG a. F. setzt Art. 28 DVO jedoch kein Geschäft „durch Mitarbeiter für eigene Rechnung", sondern lediglich für eine relevante Person und deren Rechnung voraus. Eine Zurechnung nach rein wirtschaftlichen Gesichtspunkten könnte daher in Betracht gezogen werden (z. B. bei Gemeinschaftsdepots von Ehepartnern), doch spricht dagegen, dass Art. 29 Abs. 1 bis 5 DVO stets die relevante Person als Urheber des Geschäfts benennt. Zudem würde eine Einbeziehung angestrebt werden, die der europäische Gesetzgeber ausdrücklich bisher nur bei der Offenlegung von Geschäften von Führungskräften eines Emittenten (Art. 19 MAR) voraussetzt. Eine derartige Ausweitung der Organisationspflicht ist daher abzulehnen und an der h. M. festzuhalten.

28

2.1.6 Nicht erfasste Geschäftstypen

Der Begriff „persönliches Geschäft" ist grundsätzlich nicht vom Geschäftstyp und dessen Risikogehalt abhängig.

29

Eine Ausnahme bilden die in Art. 29 Abs. 6 DVO genannten Geschäfte, die nicht in den Anwendungsbereich der Organisationspflicht nach Abs. 1 bis 5 fallen. Diese Ausnahmen bestanden bereits nach der bisher geltenden Regelung in § 33b Abs. 7 WpHG a. F. Ausgenommen sind zum einen persönliche Geschäfte im Rahmen einer *Finanzportfolioverwaltung mit Ermessensspielraum*, sofern vor Abschluss des Geschäfts keine diesbezügliche Kommunikation zwischen dem Verwalter und der relevanten Person oder der Person, für deren Rechnung das Geschäft getätigt wird, stattfindet (Buchst. a). Fraglich ist, ob neben Vermögensverwaltungen zu Gunsten der relevanten Person oder eines Dritten, der von der relevanten Person vertreten wird, auch Vermögensverwaltungen erfasst sind, die die relevante Person als Portfolioverwalter für andere tätigt. Dem Wortlaut nach ist dies möglich. Dagegen spricht jedoch der Normzweck, nur risikofreie Geschäfte auszunehmen,[44] bei denen es keine Kontakte zwischen der Sphäre der relevanten Person und der des Verwalters gibt (vgl. auch § 33b Abs. 7 Nr. 1 WpHG a. F.: „dem Mitarbeiter oder demjenigen besteht, für dessen Rechnung dieser handelt"). Ebenfalls ausgenommen sind Geschäfte mit Anteilen von *Organismen für gemeinsame Anlagen von Wertpapieren* (OGAW) (Buchst. b Var. 1). Alternative Investmentfonds (AIF), d. h. Investmentvermögen, die keine OGAWs darstellen (§ 1 Abs. 3 KAGB), sind dagegen nur dann ausgenommen, wenn sie der Aufsicht eines EU-Mitgliedstaats unterliegen, ein gleich hohes Maß an Risikostreuung wie ein OGAW aufweisen und weder die relevante Person noch eine andere Person, für deren Rechnung das Geschäft vorgenommen wird, an der Geschäftsleitung beteiligt ist (Buchst. b Var 2).

---

43 MaComp BT 2.2 Tz. 1; ferner *Baur*, in: Just/Voß/Ritz/Becker (Hrsg.): WpHG, 2015, § 33b Rn. 10; *Meyer/Paetzel*, in: KK-WpHG, 2. Aufl. 2014, § 33b Rn. 35.
44 *Baur*, in: Just/Voß/Ritz/Becker (Hrsg.): WpHG, 2015, § 33b Rn. 25.

30 Über die gesetzliche Regelung hinaus ebenfalls ausgenommen sind in der Verwaltungspraxis der BaFin bisher Anlagen nach dem Vermögensbildungsgesetz und andere vertraglich vereinbarte Ansparpläne.[45] Für diese abstrakt-generelle Ausnahme spricht, dass durch die einmalige Festlegung bei einem (gebundenen) längerfristigen Investitionshorizont die Verwendung von Insiderinformationen praktisch ausgeschlossen ist.[46] Entfallen ist seit 2011 dagegen die ehemals gestattete Ausnahme zu Gunsten von Schuldverschreibungen, die von einem Mitgliedstaat der Europäischen Union oder der Europäischen Freihandelsgemeinschaft (EFTA) ausgegeben wurden.[47]

31 Soweit Art. 28, 29 DVO oder die Verwaltungspraxis Ausnahmen nicht vorsehen, kann die Wertpapierfirma bei der Gestaltung angemessener Maßnahmen einzelne Geschäftstypen risikoorientiert ausnehmen (vgl. hierzu unten unter Rn. 35, 53).

2.2 Die Verbotstatbestände nach Art. 29 Abs. 2 bis 4 DVO

32 Die Verbotstatbestände nach Art. 29 Abs. 2 bis 4 DVO gehen teilweise über die in § 33b Abs. 3 WpHG a. F. enthaltenen Verbotstatbestände hinaus. So verweist Art. 29 Abs. 2 Buchst. a DVO auf sämtliche Pflichten der Marktmissbrauchsverordnung, also auch auf das Verbot der Marktmanipulation nach Art. 12, 15 MAR. Der in Buchst. c enthaltene Verweis auf sämtliche Pflichten der MiFID stimmt dagegen mit der vormaligen Einbeziehung von Verstößen gegen die Verhaltens-, Organisations- und Transparenzpflichten im 6. Abschn. des WpHG (§ 33 Abs. 3 Nr. 1 Buchst. a WpHG a. F.) überein. Ein indirekte Beschränkung auf das Insiderhandelsverbot und auf MiFID ergibt sich jedoch daraus, dass Vorkehrungen gemäß Art. 29 Abs. 1 DVO nur für solche Personen vorzuhalten sind, deren Tätigkeit Anlass zu einem Interessenkonflikt geben könnte oder die Zugang zu Insiderinformationen haben.[48]

2.2.1 Verletzung von Pflichten nach VO 596/2014/EU

33 Von der Wertpapierfirma zu verhindern sind gemäß Art. 29 Abs. 2 Buchst. a DVO persönliche Geschäfte, mit denen gegen Pflichten nach der Marktmissbrauchsverordnung verstoßen wird. Zu erörtern sind an dieser Stelle Merkmale und Besonderheiten der Tatbestände, die bei der Errichtung *allgemeiner* organisatorischer Vorkehrungen für persönliche Geschäfte berücksichtigt werden können.

34 Ein Verstoß gegen Pflichten nach der Marktmissbrauchsverordnung ist grundsätzlich bei jedem persönlichen Geschäft *möglich*, wenn das Finanzinstrument in den von Art. 2 Abs. 1 MAR definierten Anwendungsbereich fällt. Dies ist gegeben, wenn (i) das Finanzinstrument auf einem geregelten Markt oder einem multilateralen Handelssystem gehandelt wird, zum Handel dort zugelassen ist oder für deren Handel ein Zulassungsantrag gestellt ist, (ii)

---

45 MaComp BT 2.6.
46 *Baur*, in: Just/Voß/Ritz/Becker (Hrsg.): WpHG, 2015, § 33b Rn. 25; *Meyer/Paetzel*, in: KK-WpHG, 2. Aufl. 2014, § 33b Rn. 74; a. A.; *Zimmermann*, in: Fuchs (Hrsg.): WpHG, 2. Aufl. 2016, § 33b Rn. 44.
47 BaFin, Neufassung des Rundschreibens 4/2010 (WA) – MaComp – v. 09. 06. 2011.
48 MaComp BT 2.3 Tz. 1.

das Finanzinstrument auf einem organisierten Handelssystem gehandelt wird oder (iii) der Kurs oder Wert von einem unter (i) oder (ii) genannten Finanzinstrument abhängt oder sich darauf auswirkt. Hervorzuheben ist, dass Geschäfte unabhängig davon, ob sie innerhalb oder außerhalb eines Handelsplatzes ausgeführt werden, eingeschlossen sind (Art. 2 Abs. 3 MAR).

Ausgeschlossen ist bei persönlichen Geschäften ein Verstoß gegen Pflichten nach der Marktmissbrauchsverordnung folglich bei Finanzinstrumenten, die nicht auf organisierten Märkten gehandelt werden und dort auch nicht zum Handel zugelassen sind. Darüber hinaus können bestimmte Geschäftstypen risikoorientiert ausgenommen werden. Hierunter fallen zum einen die nach Art. 29 Abs. 2 DVO ohnehin ausgenommenen Geschäfte im Rahmen einer Finanzportfolioverwaltung und mit Organismen für gemeinsame Anlagen (OGAW) unter den dort genannten Voraussetzungen (vgl. oben Rn. 29). Ebenfalls ausgenommen werden können Finanzinstrumente, die Indizes oder ein Portfolio (Basket) von Einzelwerten nachbilden, wenn keiner der Einzelwerte 20 % des Gesamtvolumens des Indizes oder des Portfolios übersteigt (arg. Art. 19 Abs. 1a MAR),[49] sowie Anlagen nach dem Vermögensbildungsgesetz und vertraglich vereinbarte Ansparpläne.[50] Außerdem ausgenommen sind Geschäfte, die gemäß vorhergehenden Weisungen aufeinander folgend ausgeführt werden, sofern diese Weisungen unverändert fortbestehen oder lediglich ablaufen oder widerrufen werden, ohne dass die zuvor erworbenen Finanzinstrumente zugleich veräußert werden.[51] Aus organisatorischer Sicht können diese Ausnahmen im Rahmen der angemessenen Vorkehrungen für persönliche Geschäfte, d. h. in Richtlinien, Schulungen und Monitoring-Maßnahmen, entsprechend berücksichtigt werden (vgl. unten Rn. 53).

35

Besonders *exponiert* sind relevante Personen, die innerhalb der Wertpapierfirma regelmäßigen Zugang zu Insiderinformationen i. S. v. Art. 7 MAR haben. Dieser Personenkreis wird i. d. R. identisch sein mit den Bereichen einer Wertpapierfirma, in denen Zugang zu sog. compliance-relevanten Informationen i. S. v. MaComp AT 6.1. (Insiderinformationen oder andere vertrauliche Informationen) besteht und in denen zur Erfassung und Überwachung der Weitergabe dieser Informationen besondere organisatorische Vorkehrungen zu treffen sind.[52] Zu diesen Bereichen zählen regelmäßig insb. Mitarbeiter der folgenden Geschäfts- und Funktionsbereiche: Compliance; Wertpapierkonsortialgeschäft; Wertpapierhandel; Abwicklungsabteilung; Firmenkundenabteilung; Mandatsbetreuungen; Anlageabteilungen für Privatkunden; M&A-Abteilung; Research.[53] Darüber hinaus sind bei Wertpapierfirmen, die Finanzinstrumente i. S. v. Art. 2 Abs. 1 MAR emittieren, insb. auch Mitglieder des Leitungs- und Aufsichtsorgans, der Investor Relations- und der Treasury-Abteilung und der Finanzbuchhaltung besonders exponiert in Bezug auf Informationen, die die Wertpapierfirma betreffen. Zusammengefasst handelt es sich um Bereiche, bei denen Kenntnisse über die im Emittentenleitfaden in Abschn. IV aufgeführten Sachverhalte,[54] die im Falle ihres öffentlichen Bekanntwerdens geeignet sind, den Kurs/Börsenpreis eines

---

49 Früher a. A. BdB, Best-Practice Leitlinien für Wertpapier-Compliance, 2011, III.3, S. 31, 30.
50 MaComp BT 2.6.
51 Erwägungsgrund 42 der DVO.
52 MaComp AT 6.1 Tz. 3.
53 Mitarbeiter-Leitsätze, Abschn. A.IV.
54 BaFin, Emittentenleitfaden, 4. Aufl. 2013, Stand: 28. 04. 2009, Abschn. IV.2.2.4, S. 52.

Finanzinstruments (eines Kunden oder der Wertpapierfirma selbst) erheblich zu beeinflussen. In diesen Bereichen sind regelmäßig zusätzliche organisatorische Vorkehrungen für persönliche Geschäfte zu treffen (vgl. unten Rn. 53).

2.2.2 Missbrauch vertraulicher Informationen über Kunden oder deren Geschäfte

36 Von der Wertpapierfirma zu verhindern sind gemäß Art. 29 Abs. 2 Buchst. b DVO persönliche Geschäfte, die mit dem Missbrauch oder der vorschriftswidrigen Weitergabe von vertraulichen Informationen über Kunden und über Geschäfte, die mit oder für Kunden getätigt werden, einhergehen. Der Begriff „vertrauliche Information" war nach bisherigem Verständnis eng auszulegen und dahin zu verstehen, dass es sich um Informationen handelt, die Insiderinformationen vergleichbar sind.[55] Die inhaltliche Nähe der Begriffe zeigt sich auch darin, dass MaComp AT 6.1 beide Begriffe unter dem Oberbegriff „compliancerelevante Information" zusammenfasst und auf diese Weise eine einheitliche Grundlage für die organisatorischen Vorkehrungen zur Verhütung von Interessenkonflikten schafft.

37 Zu den vertraulichen Informationen rechnet nach MaComp AT 6.1 insb. die Kenntnis von Kundenaufträgen, soweit diese durch den Abschluss von Eigengeschäften des Unternehmens oder von persönlichen Geschäften zum Nachteil des Kunden verwendet werden (insb. zum Vor-, Mit- oder Gegenlaufen).[56]

Ein Vor- oder Mitlaufen, das nicht bereits ein Insidergeschäft darstellt, kann gegeben sein, wenn die relevante Person ein persönliches Geschäft aus Anlass einer Kundenorder ausführt, z. B. weil sie eine besonders hohe Meinung von dem Kunden oder dessen Anlageverhalten hat. Zu einer Benachteiligung des Kunden kommt es, wenn infolgedessen die Kundenorder verzögert oder zu schlechteren Konditionen ausgeführt wird, was jedoch in liquiden Märkten i. d. R. nicht der Fall ist.

Ein Gegenlaufen ist insb. gegeben, wenn die relevante Person in Kenntnis einer limitierten Kundenorder durch ein gezieltes Gegengeschäft das Limit „abschöpft", d. h. dem Kunden die Gelegenheit nimmt, den Verkauf zu einem noch höheren Kurs bzw. den Kauf zu einem noch geringeren Kurs zu tätigen, worin die Benachteiligung des Kunden und damit der Missbrauch der vertraulichen Information liegt.

38 Das Verbot des Vor-, Mit- oder Gegenlaufens ist im Rahmen der angemessenen Vorkehrungen für persönliche Geschäfte, d. h. in Richtlinien, Schulungen und Monitoring-Maßnahmen, entsprechend zu berücksichtigen (vgl. unten Rn. 53).

---

55 Begr. FRUG, BT-Drs. 16/4028, S. 61; *Baur*, in: Just/Voß/Ritz/Becker (Hrsg.): WpHG, 2015, § 33b Rn. 14; *Koller*, in: Assmann/Schneider (Hrsg.): WpHG, 6. Aufl. 2012, § 33b Rn. 9.

56 Vgl. bereits Mitarbeiter-Leitsätze, Abschn. B.I.2; ferner *Koller*, in: Assmann/Schneider (Hrsg.): WpHG, 6. Aufl. 2012, § 31c Rn. 6, § 33b Rn. 9; *Rothenhöfer*, in: Kümpel/Wittig (Hrsg.): Bank- und Kapitalmarktrechtskommentar, 4. Aufl. 2011, Rn. 3.410; *Zimmermann*, in: Fuchs (Hrsg.): WpHG, 2. Aufl. 2016, § 33b Rn. 22.

2.2.3 Verletzung von Pflichten der Wertpapierfirma nach RL 2014/65/EU

Von der Wertpapierfirma zu verhindern sind gemäß Art. 29 Abs. 2 Buchst. c DVO Geschäfte, die mit einer Pflicht kollidieren oder kollidieren könnten, die der Wertpapierfirma nach MiFID erwächst. Dieser schon in Art. 12 RL 2006/73/EG enthaltene Verbotstatbestand wurde in § 33b Abs. 3 Nr. 1 WpHG a. F. dahin konkretisiert, dass die Verhaltens-, Organisations- und Transparenzpflichten im 6. Abschnitt des WpHG zu befolgen waren. Dementsprechend sind nunmehr die in Kapitel II der MiFID enthaltenen Bedingungen für die Ausübung der Tätigkeit von Wertpapierfirmen heranzuziehen, dort insb. Art. 23 (Interessenkonflikte), Art. 27 (Bestmögliche Ausführung) und Art. 28 (Bearbeitung von Kundenaufträgen). 39

Auf dieser Grundlage hat die Wertpapierfirma in der Praxis Richtlinien aufzustellen. Diese können sich inhaltlich an Kapitel B Abschn. I der früheren Mitarbeiter-Leitsätze („Allgemeine Bestimmungen für alle Mitarbeiter") orientieren, deren Regeln nach Sinn und Zweck einschlägig sind. Sie zielen darauf ab, dass Geschäfte von relevanten Personen und von Kunden nach gleichen Grundsätzen bearbeitet werden und bei Interessenkonflikten das Kundeninteresse und das Eigeninteresse der Wertpapierfirma Vorrang haben vor dem Interesse der relevanten Person. Von diesem Grundsatz aus ergeben sich weitere Spezialregeln: 40

– Verbot der Disposition gegen Institutsbestände;[57]
– Uhrzeitgerechte und über neutrale Stellen geführte Ordererteilungen;[58]
– Teilnahme an Repartierungen nach gleichen Grundsätzen, Ausschluss von „Friends and Family"-Programmen;[59]
– Marktgerechte Kurse und Bedingungen;[60]
– Verbot der Beteiligung an Geschäften im Drittinteresse;[61]
– Verbot von Geschäften mit Finanzinstrumenten, an deren Erstellung, Strukturierung oder Vertrieb die relevante Person selbst beteiligt ist oder vor geraumer Zeit war (üblich sind Sperrfristen von sechs Monaten);
– Verbot der Ausnutzung von erkennbar falschen Feststellungen (sog. Mispricing).[62]

Darüber hinaus werden Verbote und Zustimmungsvorbehalte vorgeschlagen im Hinblick auf Verhalten, das gegenüber der Wertpapierfirma einen Loyalitätskonflikt begründen kann, das aber nicht als Verstoß gegen Bedingungen für die Ausübung des Wertpapiergeschäfts in Betracht kommt. Dies gilt z. B. für die Beteiligung an Investmentclubs und vergleichbaren Vereinigungen, die Geschäfte in Wertpapieren, Derivaten oder vergleich-

---

57 Mitarbeiter-Leitsätze, Abschn. B.I.3.
58 Mitarbeiter-Leitsätze, Abschn. B.I.4.
59 Mitarbeiter-Leitsätze, Abschn. B.I.5.
60 Mitarbeiter-Leitsätze, Abschn. B.I.6.
61 Mitarbeiter-Leitsätze, Abschn. B.I.7.
62 *Göres,* in: Schäfer/Hamann (Hrsg.): Kapitalmarktgesetze, 2. Aufl., 6. Lfg. 04/2012, § 33b Rn. 71.

bare Anlagen tätigen,[63] ferner für die Tätigung taggleicher Geschäft (sog. Daytrading)[64] sowie für Geschäfte, die nicht der Vermögensanlage dienen.[65]

41 Diese (oder etwaige andere gleichwertige) Bestimmungen sind im Rahmen der angemessenen Vorkehrungen für persönliche Geschäfte, d.h. in Richtlinien, Schulungen und Monitoring-Maßnahmen, entsprechend zu berücksichtigen (vgl. unten Rn. 53).

2.2.4 Verbotene Empfehlung und Verleitung anderer

42 Im Rahmen der Vorkehrungen für persönliche Geschäfte ist gemäß Art. 29 Abs. 3, 4 DVO von der Wertpapierfirma auch zu verhindern, dass die relevante Person außerhalb ihres regulären Beschäftigungsverhältnisses oder Dienstleistungsvertrags anderen Personen Geschäfte empfiehlt oder sie durch Weitergabe von Informationen oder Meinungen zu Geschäften verleitet, die – wenn die relevante Person sie selbst tätigte – gegen die Verbotstatbestände des Art. 29 Abs. 2 DVO, des Art. 37 Abs. 2 Buchst. a oder b oder des Art. 67 Abs. 3 verstießen.

43 Die Wertpapierfirma muss damit gegenüber relevanten Personen ein besonderes Vertraulichkeitsgebot schaffen, das neben dem Verbot der Weitergabe von Informationen auch das Verbot der (privaten) Kundgabe von Meinungen oder Empfehlungen zu Wertpapiergeschäften einschließt, wenn dies im Zusammenhang dem Vorliegen einer Insiderinformation oder einer vertraulichen Information über Kunden oder deren Geschäfte auf Seiten der relevanten Person steht. Ein allgemeines Verbot der (privaten) Kundgabe von Meinungen oder Empfehlungen von Wertpapiergeschäften kann auf Abs. 3 und 4 dagegen nicht gestützt werden und kommt allenfalls (arbeitsrechtlich) als Wettbewerbsverbot in Betracht (vorausgesetzt dass die Meinungskundgabe als Teil eines Handelsgewerbes oder geschäftsmäßig erfolgt[66]).

2.3 Die Verbotstatbestände nach Art. 37 Abs. 2 Buchst. a und b DVO

44 Zusätzliche Verbotstatbestände sind in Art. 37 Abs. 2 Buchst. a und b DVO enthalten und von Wertpapierfirmen zu beachten, soweit sie auf eigene Verantwortung oder auf Verantwortung eines Mitglieds ihrer Gruppe Finanzanalysen erstellen oder erstellen lassen, die am Anschluss daran unter den Kunden der Wertpapierfirma oder in der Öffentlichkeit verbreitet werden sollen oder aller Wahrscheinlichkeit nach verbreitet werden (Art. 37 Abs. 1 DVO).

45 Der sachliche Anwendungsbereich wird zum einen vom Begriff „Finanzanalyse" nach Art. 36 Abs. 1 bestimmt und eingegrenzt. Finanzanalysen sind alle Analysen oder andere

---

63 Mitarbeiter-Leitsätze, Abschn. B.I.6; *Göres*, in: Schäfer/Hamann (Hrsg.): Kapitalmarktgesetze, 2. Aufl., 6. Lfg. 04/2012, § 33b Rn. 72; *Stahlke*, in: Krimphove/Kruse (Hrsg.): MaComp, 2013, BT 2 Rn. 25.
64 *Göres*, in: Schäfer/Hamann (Hrsg.): Kapitalmarktgesetze, 2. Aufl., 6. Lfg. 04/2012, § 33b Rn. 70.
65 Mitarbeiter-Leitsätze, Abschn. B.I.2; *Fitz/Müller*, ComplRechtspraktiker 2017, 72, 76; *Stahlke*, in: Krimphove/Kruse (Hrsg.): MaComp, 2013, BT 2 Rn. 25.
66 Vgl. § 60 Abs. 1 HGB, der analog auf alle Arbeitnehmer angewendet wird (st. Rspr., zuletzt BAG v. 17.10.2012 – 10 AZR 809/11 Rn. 13).

Informationen, (i) in denen für ein oder mehrere Finanzinstrumente oder die Emittenten von Finanzinstrumenten explizit oder implizit eine Anlagestrategie empfohlen oder vorgeschlagen wird, (ii) die als „Finanzanalysen" oder Ähnliches bezeichnet oder beschrieben oder als objektive und unabhängige Erläuterung der in der Empfehlung enthaltenen Punkte dargestellt werden und (iii) die keine Anlageberatung i. S. v. Art. 4 Abs. 1 Nr. 4 MiFID wären, würden sie einem Kunden gegenüber abgegeben werden. Zum anderen ist der sachliche Anwendungsbereich des Tatbestands des Art. 37 Abs. 2 Buchst. a dadurch erweitert, dass auch Geschäfte im Namen anderer Personen, einschließlich der Wertpapierfirma, eingeschlossen sind.

Der persönliche Anwendungsbereich wird im Hinblick auf die Wertpapierfirma dadurch eingegrenzt, dass diese die Finanzanalyse auf eigene Verantwortung oder auf Verantwortung eines Mitglieds ihrer Gruppe Finanzanalysen erstellt oder erstellen lässt. Ausgenommen sind daher nach Art. 37 Abs. 3 Wertpapierfirmen, welche die von einer anderen Person erstellten Finanzanalysen an die Öffentlichkeit oder ihre Kunden weitergeben, sofern die weiteren dort genannten Bedingungen erfüllt sind. Im Hinblick auf die relevante Person ist der persönliche Anwendungsbereich gemäß Abs. 2 Buchst. a und b dann eröffnet, wenn die relevante Person (i) an der Erstellung von Finanzanalysen beteiligt ist (Finanzanalyst) oder (ii) den wahrscheinlichen Zeitplan oder den Inhalt einer Finanzanalyse kennt und diese für die Öffentlichkeit oder für Kunden nicht zugänglich ist und aus den öffentlich verfügbaren Informationen nicht ohne Weiteres abgeleitet werden kann. 46

Die Tatbestände in Abs. 2 Buchst. a und b verpflichten die Wertpapierfirma, zu gewährleisten, dass relevante Personen persönliche Geschäfte, Geschäfte für die Wertpapierfirma oder Geschäfte für Dritte nur dann tätigen, wenn eine der drei folgenden Fallgruppen eröffnet ist: (i) Die relevante Person handelt als Marktmacher in gutem Glauben und im normalen Verlauf des „Market-Making" (Buchst. a Alt. 1). (ii) Die relevante Person führt einen unaufgeforderten Kundenauftrag aus, sofern die Empfänger der Finanzanalyse ausreichend Gelegenheit hatten, auf diese zu reagieren (Buchst. a Alt. 2). (iii) Die relevante Person tätigt ein den aktuellen Empfehlungen der Finanzanalyse zuwiderlaufendes persönliches Geschäft mit Finanzinstrumenten, auf die sich die Finanzanalyse bezieht, sofern dies außergewöhnliche Umstände rechtfertigen und eine vorherige Genehmigung der Rechts- oder der Compliance-Abteilung erteilt worden ist (Buchst. b). Damit besteht weiterhin die bisher in § 33b Abs. 5 Nr. 1 WpHG a. F. enthaltene Ausnahme zu Gunsten des Market Making. Unverändert ist auch der Vorrang des Empfängers der Finanzanalyse vor sonstigen Kunden der Wertpapierfirma in Bezug auf Geschäfte mit Finanzinstrumenten, auf die sich die Finanzanalyse bezieht, sowie das Verbot gegenläufiger persönlicher Geschäfte (vgl. § 33b Abs. 5 Nr. 2 WpHG a. F.). Da das Verbot gegenläufiger Geschäfte nur für *aktuelle* Empfehlungen gilt, sind Empfehlungen ausgenommen, die wieder zurückgezogen wurden oder abgelaufen sind. Verneint wird die Aktualität einer Empfehlung ferner, wenn diese von der Entwicklung überholt wurde oder die Marktteilnehmer ausreichend Gelegenheit hatten, sie zu befolgen.[67] Auch kann nur eine bereits veröffentlichte Empfehlung aktuell sein, weshalb persönliche Geschäfte in Kenntnis einer noch nicht veröffentlichten Empfehlung stets zu 47

---

67 Baur, in: Just/Voß/Ritz/Becker (Hrsg.): WpHG, 2015, § 34 Rn. 31; Koller, in: Assmann/Schneider (Hrsg.): WpHG, 6. Aufl. 2012, § 33b Rn. 7.

verhindern sind. Persönliche Geschäfte im Einklang mit der aktuellen Empfehlung können dagegen unter in Fall (ii) genannten Voraussetzungen zugelassen werden.

48 Diese (oder etwaige andere) Bestimmungen sind im Rahmen der angemessenen Vorkehrungen für persönliche Geschäfte, d. h. in Richtlinien, Schulungen und Monitoring-Maßnahmen, entsprechend zu berücksichtigen (vgl. unten Rn. 53).

2.4 Die Organisationspflicht nach Art. 29 Abs. 1 DVO

49 Die Vorschrift des Art. 29 Abs. 1 richtet eine Organisationspflicht gegen die Wertpapierfirma (vgl. ausführlich oben Rn. 5). Zu unterscheiden ist zwischen obligatorischen Maßnahmen gemäß Abs. 5 sowie weiteren angemessenen Vorkehrungen i. S. v. Abs. 1, die die Wertpapierfirma im Einzelfall risikobasiert zu treffen hat.[68] Hervorzuheben ist, dass die Organisationspflicht gemäß Art. 29 Abs. 1 DVO auf Vorkehrungen für solche relevanten Personen beschränkt ist, deren Tätigkeit Anlass zu einem Interessenkonflikt geben könnte oder die Zugang zu Insiderinformationen oder zu anderen vertraulichen Informationen über Kunden oder über Geschäfte, die mit oder für Kunden getätigt werden, haben.[69]

2.4.1 Obligatorische Organisationsmaßnahmen

50 Gemäß Art. 29 Abs. 5 ist die Wertpapierfirma verpflichtet, den relevanten Personen die Verbote und die von der Wertpapierfirma getroffenen Maßnahmen zur Kenntnis zu geben (Buchst. a) und Vorkehrungen zu treffen, dass sie von jedem persönlichen Geschäft unverzüglich Kenntnis erlangt (sei es durch Mitteilung der relevanten Person oder andere Verfahren; Buchst. b); darüber hinaus sind diese Geschäfte zusammen mit einer Erlaubnis bzw. einem Verbot festzuhalten (Buchst. c).

Die Pflicht zur Kenntnisgabe erfüllt die Wertpapierfirma, indem sie zum einen interne Regelwerke bereitstellt, anhand deren sich die Mitarbeiter mit den Regeln vertraut machen können.[70] Zum anderen muss die Wertpapierfirma durch geeignete (und dokumentierte) Hinweise bei Begründung des Arbeitsverhältnisses und später durch Schulungsmaßnahmen in regelmäßigen Abständen während des Arbeitsverhältnisses auf die Kenntnisnahme hinwirken.[71]

Um Kenntnis von persönlichen Geschäften zu erlangen, können die gemäß MaComp BT 2.4 anerkannten Verfahren herangezogen werden:

---

68 *Koller,* in: WpHG, 2. Aufl. 2010, § 33b Rn. 13; *Rothenhöfer,* in: Kümpel/Wittig (Hrsg.): Bank- und Kapitalmarktrechtskommentar, 4. Aufl. 2011, Rn. 3.427; *Zimmermann,* in: Fuchs (Hrsg.): WpHG, 2. Aufl. 2016, § 33b Rn. 31, 33 ff.
69 MaComp BT 2.3 Tz. 1.
70 *Meyer/Paetzel,* in: KK-WpHG, 4. Aufl. 2014, § 33b Rn. 48.
71 *Baur,* in: Just/Voß/Ritz/Becker (Hrsg.): WpHG, 2015, § 33b Rn. 17; *Meyer/Paetzel,* in: KK-WpHG, 4. Aufl. 2014, § 33b Rn. 50.

II.C.4 Persönliche Geschäfte und Geschäfte von Führungspersonen

- Übersendung von Zweitschriften über getätigte Geschäfte durch das konto- oder depotführende Unternehmen;
- unaufgeforderte, unverzügliche Anzeige getätigter Mitarbeitergeschäfte durch die Mitarbeiter i. V. m. einer regelmäßigen Vollständigkeitserklärung;
- Einführung eines Zustimmungsvorbehalts für Mitarbeiter.

Das sog. Stichprobenverfahren wird von der BaFin nicht mehr anerkannt, nachdem das auf europäischer Ebene seit jeher vorgesehene Erfordernis einer „unverzüglichen" Kenntnisgabe über die Durchführungsverordnung unmittelbar gilt.[72] Jede der zugelassenen Maßnahmen ist grundsätzlich einzeln ausreichend, kann aber mit anderen kumuliert werden. Sie müssen grundsätzlich durch eine von den Geschäfts-, Handels- und Abwicklungsabteilungen unabhängige Stelle wahrgenommen werden (MaComp BT 2.4 Tz. 1).

Die Dokumentation der Geschäfte muss so erfolgen, dass die Einhaltung der gesetzlichen Vorgaben im Rahmen der Prüfung nach § 78 WpHG nachvollzogen werden kann (vgl. MaComp BT 2.4 Tz. 3).

Als obligatorische Organisationsmaßnahme in Bezug auf Auslagerungsunternehmen ist das Auslagerungsunternehmen zu verpflichten, persönliche Geschäfte aller relevanten Personen festzuhalten und der Wertpapierfirma auf Verlangen zu liefern (Art. 29 Abs. 5 UAbs. 2). Nach bisheriger Verwaltungspraxis der BaFin entfällt diese Verpflichtung, wenn das Auslagerungsunternehmen selbst eine Wertpapierfirma ist (MaComp BT 2.4 Tz. 2). Gehören die Wertpapierfirma und das Auslagerungsunternehmen einer Gruppe an, kann die Pflicht bei einem Unternehmen der Gruppe zentralisiert werden (MaComp BT 2.4 Tz. 2). *51*

Nach der Verwaltungspraxis der BaFin rechnet zu den obligatorischen Maßnahmen auch die Einrichtung einer Stelle im Unternehmen, die mit der Festlegung und regelmäßigen Überprüfung des als „relevant" eingestuften Personenkreises betraut ist und die vom Unternehmen über das Vorliegen von Interessenkonflikten und Insiderinformationen im Unternehmen zu informieren ist (MaComp BT 2.3 Tz. 2). Hierfür wird üblicherweise auf automatisierte EDV-Lösungen zurückgegriffen, d. h. Datenbanken, die diese Informationen speichern und einen Abgleich mit den angezeigten Mitarbeitergeschäften gestatten. Die zentrale Stelle hat sodann die angezeigten Transaktionen im Hinblick auf die Einhaltung der Verbotstatbestände zu kontrollieren. Die Gestaltung der Kontrollen, insb. die Bestimmung der typischen Szenarien eines verbotenen Verhaltens, der Anknüpfungsmerkmale und der Kontrollhäufigkeit, liegt im pflichtgemäßen Ermessen der Wertpapierfirma.[73] *52*

2.4.2 Fakultative Organisationsmaßnahmen

Art. 29 DVO enthält keine Beispiele für fakultative Maßnahmen. Es erscheint jedoch sachgerecht, bis auf weiteres auf die in MaComp BT 2.3 Tz. 4 i. V. m. AT 6.2 Tz 3 exemplarisch aufgeführten Maßnahmen zurückzugreifen. Danach kommen u. a. folgende Maßnahmen in Betracht: *53*

---

72 BaFin, Konsultation 15/2017 (WA) – MaComp, Rundschreiben v. 02.11.2017.
73 Vgl. Beispiele bei *Stahlke*, in: Krimphove/Kruse (Hrsg.): MaComp, 2013, BT 2 Rn. 25.

– Einrichtung von Vertraulichkeitsbereichen (sog. Chinese Walls), d.h. die räumliche Trennung von Funktionsbereichen mit möglichem Zugang zu Insiderinformationen bzw. bestimmten Typen von Insiderinformationen (etwa in Bezug auf Kunden oder die Wertpapierfirma selbst), die Schaffung von Zutrittsbeschränkungen und die Regelung von Zugriffsberechtigungen;
– Vorkehrungen für bereichsüberschreitenden Informationsfluss (Wall Crossing);
– Führen einer Beobachtungsliste (Watch List);
– Führen einer Sperrliste (Restricted List).

Zudem können die in Kapitel B Abschn. I der früheren Mitarbeiter-Leitsätze enthaltenen Bestimmungen herangezogen werden, sofern diese nicht ohnehin auf alle Mitarbeiter angewendet werden (vgl. oben Rn. 40).[74] In Betracht kommen ferner die in Kapitel B Abschn. II für „Mitarbeiter mit besonderen Funktionen" empfohlenen Maßnahmen:
– Zustimmungserfordernis für die Übernahme von Vollmachten für Konten und Depots Dritter;[75]
– Handelsverbote und Haltefristen.[76]

Fakultative Maßnahmen dieser Art sind insb. zu ergreifen für Mitarbeiter, die im Hinblick auf Verstöße gegen die Marktmissbrauchsverordnung exponiert sind (vgl. oben Rn. 35) und die im Vertrieb von Finanzinstrumenten gegenüber Kunden tätig sind (vgl. oben Rn. 39). Umgekehrt kann von fakultativen Maßnahmen auch bei relevanten Personen abgesehen werden, soweit bestimmten Typen von persönlichen Geschäften das Risiko eines Verstoßes gegen einen Verbotstatbestand nach Art. 29 Abs. 2 bis 4 fehlt (vgl. oben Rn. 35).

Für die Anwendung der fakultativen Maßnahmen wird üblicherweise auf eine automatisierte EDV-Lösung zurückgegriffen, um den Abgleich der Bestandsdaten gegenüber den Transaktionsdaten vorzunehmen.

2.4.3 Arbeitsrechtliche Gestaltung

54 Die Organisationspflicht ist gegenüber den relevanten Personen mittels arbeitsrechtlicher Instrumente umzusetzen (insb. in Bezug auf die nicht unmittelbar geltenden Verbote des Art. 29 Abs. 2 Buchst. b und c, vgl. oben Rn. 4).[77] Bei der Gestaltung ist zu prüfen, welche Pflichten eingeführt werden können, auf welcher Grundlage dies geschehen kann und ob Mitbestimmungsrechte zu beachten sind.[78]

---

74 BdB, Best-Practice-Leitlinien für Wertpapier-Compliance, 2011, Abschn. B.III.6; *Baur*, in: Just/Voß/Ritz/Becker (Hrsg.): WpHG, 2015, § 33b Rn. 22; *Meyer/Paetzel*, in: KK-WpHG, 2. Aufl. 2014, § 33b Rn. 60.
75 Mitarbeiter-Leitsätze, Abschn. B.I.2.
76 Mitarbeiter-Leitsätze, Abschn. B.I.3.
77 *Baur*, in: Just/Voß/Ritz/Becker (Hrsg.): WpHG, 2015, § 33b Rn. 2; *Fett*, in: Schwark/Zimmer (Hrsg.): Kapitalmarktrechtskommentar, 4. Aufl. 2010, § 33b Rn. 20; *Göres,* in: Schäfer/Hamann (Hrsg.): Kapitalmarktgesetze, 2. Aufl., 6. Lfg, 04/2012, § 33b Rn. 1.
78 *Rolshoven,* in: Renz/Hense (Hrsg.): Wertpapier-Compliance in der Praxis, 2010, Kap. II.25 Rn. 7.

II.C.4 Persönliche Geschäfte und Geschäfte von Führungspersonen

Unproblematisch ist die Verdeutlichung von Pflichten, die sich ohnehin aus dem Gesetz ergeben, wofür weder eine besondere Rechtsgrundlage noch die Mitwirkung des Betriebsrats erforderlich ist.[79] Grundsätzlich ausgeschlossen ist demgegenüber die Regelung von Privatverhalten, sofern es nicht den betrieblichen Bereich stört oder eine bereits bestehende Nebenpflicht konkretisiert.[80] Ein solcher betrieblicher Bezug ist bei persönlichen Geschäften insoweit zu bejahen, als mögliche Interessenkonflikte der relevanten Person im betrieblichen Bereich wurzeln und es ihr aufgrund der Loyalitätspflicht obliegt, die Erfüllung der Organisationspflicht des Arbeitgebers zu unterstützen (vgl. auch oben Rn. 25).

55

Als Rechtsgrundlage sind grundsätzlich der Arbeitsvertrag, das Direktionsrecht oder die Betriebsvereinbarung in Betracht zu ziehen,[81] wobei das Direktionsrecht i. d. R. vorzuziehen ist, weil es auch leitende Angestellte erfasst, eine jederzeitige einseitige Änderung zulässt und gegenüber der Regelung durch Arbeitsvertrag einen geringeren Aufwand erfordert. Das Direktionsrecht wird im Zusammenhang mit persönlichen Geschäften zur Regelung der betrieblichen Ordnung (§ 106 Satz 2 GewO) eingesetzt. Von der Rechtsgrundlage zu unterscheiden ist die äußere Gestaltung des innerbetrieblichen Regelungsvorhabens, d. h. ob eine für alle Personen und Bereiche geltende Richtlinie oder verschiedene Regelungen für verschiedene Mitarbeitergruppen geschaffen werden. Die bessere Zugänglichkeit, auch im Hinblick auf aufsichtliche Prüfungen, spricht für eine Zusammenfassung in einem Dokument.

Ein Mitbestimmungsrecht des Betriebsrats besteht i. d. R. auf Grund von § 87 Abs. 1 Nr. 1 BetrVG (Betriebsordnung und Verhalten im Betrieb), soweit die Richtlinie über die bestehenden gesetzlichen Verpflichtungen des Mitarbeiters hinaus Verbote, Gebote oder Zustimmungserfordernisse begründet. Soweit für die Überwachung von persönlichen Geschäften EDV-Lösungen verwendet werden, ist zudem der Mitbestimmungstatbestand nach § 87 Abs. 1 Nr. 6 BetrVG (technische Einrichtungen zur Überwachung des Arbeitnehmerverhaltens) eröffnet.[82] Für das Mitbestimmungsrecht spricht, dass der Gesetzesvorbehalt der Art. 28 f. DVO dem Arbeitgeber einen Gestaltungsspielraum belässt und innerhalb eines gesetzlich eingeschränkten Gestaltungsspielraums das Mitbestimmungsrecht bestehen bleibt.[83]

56

Datenschutzrechtlich ergibt sich die Zulässigkeit der Datenerhebung und -verarbeitung im Zusammenhang mit Überwachungsmaßnahmen grundsätzlich aus § 26 Abs. 1 Satz 1 BDSG, wonach eine Erhebung, Verarbeitung oder Nutzung zulässig ist, soweit dies für die Durchführung des Beschäftigungsverhältnisses erforderlich ist.[84] Maßnahmen zur Überwachung von persönlichen Geschäften sind erforderlich zur Durchführung eines Beschäfti-

---

79 *Rolshoven,* in: Renz/Hense (Hrsg.): Wertpapier-Compliance in der Praxis, 2010, Kap. II.25 Rn. 10; *Müller-Bonanni/Sagan,* in: BB-Spezial 05.2008, S. 28, 29.
80 BAG v. 28. 10. 2010 – 2 AZR 293/09 Rn. 19 m. w. N.
81 Vgl. *Rolshoven,* in: Renz/Hense (Hrsg.): Wertpapier-Compliance in der Praxis, 2010, Kap. II.25 Rn. 16 ff.
82 A.A. *Fett,* in: Schwark/Zimmer (Hrsg.): Kapitalmarktrechtskommentar, 4. Aufl. 2010, § 33b Rn. 20; *Zimmermann,* in: Fuchs (Hrsg.): WpHG, 2. Aufl. 2016, § 33b Rn. 42.
83 Vgl. BAG v. 07. 02. 2012 – 1 ABR 63/10 Rn. 27; 11. 12. 2012 – 1 ABR 78/11 Rn. 47.
84 *Baur,* in: Just/Voß/Ritz/Becker (Hrsg.): WpHG, 2015, § 33b Rn. 24; *Göres,* in: Schäfer/Hamann (Hrsg.): Kapitalmarktgesetze, 2. Aufl., 6. Lfg. 04/2012, § 33b Rn. 74.

gungsverhältnisses, weil die Wertpapierfirma auf andere Weise die Organisationspflicht nach Art. 28 f. DVO während der Durchführung des Beschäftigungsverhältnisses nicht erfüllen kann.

2.5 Weitere Organisationspflichten

57 Außerhalb des Anwendungsbereichs von Art. 28, 29 DVO kann sich eine Pflicht der Wertpapierfirma zu Vorkehrungen gegen unzulässige persönliche Geschäfte aus § 25a Abs. 1 KWG ergeben, wonach ein Institut über eine ordnungsgemäße Geschäftsorganisation verfügen muss, die die Einhaltung der vom Institut zu beachtenden gesetzlichen Bestimmungen und der betriebswirtschaftlichen Notwendigkeiten gewährleistet. Ferner besteht das allgemeine Gebot zur Verhütung von Interessenkonflikten (§ 80 Abs. 1 Satz 2 Nr. 2 WpHG). Hierauf kann sich die Wertpapierfirma z. B. bei Geschäftsbereichen und/oder Personengruppen stützen, die ein erhöhtes Risiko von Rechtsverstößen oder Interessenkonflikten im Umgang mit Zahlungsinstrumenten oder aufgrund von Nebentätigkeiten aufweisen (wo es jeweils an einem Bezug zu Finanzinstrumenten fehlt, vgl. Rn. 21, 22).

2.6 Rechtsfolgen bei Verstößen

58 Ein Verstoß gegen die Organisationspflicht nach Art. 28, 29 DVO ist nicht als Ordnungswidrigkeit ausgewiesen (vgl. § 120 WpHG).[85] In Betracht kommt jedoch eine Haftung der Wertpapierfirma wegen einer Verletzung der Aufsichtspflicht i. S. v. § 130 Abs. 1 OWiG.[86] Voraussetzung dafür ist eine Zuwiderhandlung gegen Pflichten, die die Wertpapierfirma als Inhaberin treffen und deren Verletzung mit Strafe oder Geldbuße bedroht ist. Dies kann zum einen bei Sonderdelikten i. S. v. § 120 WpHG der Fall sein (z. B. bei fehlenden oder nicht geeigneten Vorkehrungen zur Ausführung und Weiterleitung von Kundenaufträgen, § 120 Abs. 8 Nr. 50 WpHG), aber auch bei Jedermannsdelikten, sofern die Zuwiderhandlung im Zusammenhang mit der Betriebs- und Unternehmensführung erfolgt ist,[87] z. B. bei Insiderhandel oder Marktmanipulation.[88]

Die Vorkehrungen nach Art. 28, 29 DVO sind ferner Gegenstand der Regelprüfung nach § 89 Abs. 1 Nr. 5 Buchst. c WpHG; sie können zudem Gegenstand einer Sonderprüfung nach § 88 Abs. 1 Nr. 5 Buchst. c WpHG oder einer Anordnung der BaFin nach § 6 WpHG sein. Besteht der Verdacht, dass ein persönliches Geschäft gegen das Insiderhandels- oder das Marktmanipulationsverbot verstoßen hat, hat die Wertpapierfirma eine Mitteilung an die BaFin als zuständige Behörde nach Art. 16 Abs. 2 MAR abzugeben (oder nach § 10 Abs. 1 WpHG bei Verstößen gegen die EU-Leerverkaufsverordnung).

---

[85] So bereits § 39 WpHG a. F., vgl. *Meyer/Paetzel*, in: KK-WpHG, 2. Aufl. 2014, § 33b Rn. 76.
[86] *Göres*, in: Schäfer/Hamann (Hrsg.): Kapitalmarktgesetze, 2. Aufl., 6. Lfg. 04/2012, § 33b Rn. 90; *Meyer/Paetzel*, in: KK-WpHG, 2. Aufl. 2014, § 33b Rn. 76; *Vogel*, in: Assmann/Schneider (Hrsg.): WpHG, 2. Aufl. 2012, § 39 Rn. 62; *Zimmermann*, in: Fuchs (Hrsg.): WpHG, 2. Aufl. 2016, § 33b Rn. 5.
[87] BT-Drs. 16/3656, S. 14; *Bohnert/Krenberger/Krumm*, OWiG, 4. Aufl. 2016, § 130 Rn. 29; *Ziegler*, in: Blum/Gassner/Seith (Hrsg.): OWiG, 2016, § 130 Rn. 57.
[88] *Hohnel*, in: Hohnel (Hrsg.): Kapitalmarktstrafrecht, 2013, 2. Teil P. Rn. 17.

Zivilrechtlicher Schadensersatz wegen Verstoßes gegen Art. 28, 29 DVO scheidet aus, weil eine spezialgesetzliche Anspruchsgrundlage nicht existiert und darüber hinaus die Vorschriften – wie bereits § 33b WpHG a. F.[89] – dem Schutz der Allgemeinheit dienen und deshalb kein Schutzgesetz i. S. v. § 823 Abs. 2 BGB darstellen.

Der relevanten Person drohen bei einem Verstoß gegen das Insiderhandels- oder Marktmanipulationsverbot strafrechtliche Sanktionen nach § 119 WpHG. Auch ohne Vorliegen einer Straftat ist die Wertpapierfirma darüber hinaus zu arbeitsrechtlichen Maßnahmen befugt, sei es dass sie nach den internen Regelwerken die Stornierung eines Geschäfts selbst vornehmen oder den Abschluss eines Gegengeschäfts verlangen kann; zusätzlich kommen disziplinarische Maßnahmen oder der Verfall einbehaltener Bonuszahlungen in Betracht.[90]

Praxis-Tipp:

1. **Einrichtung einer unabhängigen Stelle** – Die Wertpapierfirma muss eine vom Handel und Vertrieb unabhängige Stelle bestimmen, die mit der Überwachung der persönlichen Geschäfte dauerhaft betraut ist. Dies wird i. d. R. die Compliance-Funktion sein.

2. **Regelwerk für Mitarbeiter** – Als Grundlage der organisatorischen Maßnahmen ist ein Regelwerk für Mitarbeiter zu erstellen, das einen leicht verständlichen Zugang zum persönlichen und gegenständlichen Anwendungsbereich sowie den Verpflichtungen für persönliche Geschäfte verschafft. Es ist den Mitarbeitern zur Kenntnis zu bringen (z. B. durch Schulungen). Das Regelwerk ist routinemäßig zu überprüfen, z. B. um Zweifelsfragen aus der Anwendungspraxis aufzugreifen und klarzustellen.

3. **Berücksichtigung des Wertpapierbegriffs nach MiFID** – Es ist der europarechtliche Wertpapierbegriff zu berücksichtigen. GmbH-, Kommandit- und sonstige Personengesellschaftsanteile sind deshalb unter den Voraussetzungen der Übertragbarkeit, der Standardisierung und der Handelbarkeit auf Finanzmärkten einzubeziehen.

4. **Risikobasierte Staffelung von Finanzinstrumenten** – Bei der Gestaltung der organisatorischen Vorkehrungen empfiehlt sich, dass bestimmte Geschäftstypen von vornherein nicht erfasst (Rn. 29 f.) und weitere Geschäftstypen risikoorientiert von den organisatorischen Vorkehrungen ausgenommen werden (Rn. 35).

5. **Risikobasierte Staffelung von Mitarbeitergruppen** – Es können Mitarbeitergruppen gebildet werden, auf die nach der Risikogeneigtheit ihres Aufgabenfelds unterschiedliche organisatorische Vorkehrungen angewendet werden. Auf einer ersten Stufe ist zu analysieren, ob z. B. Mitglieder des Aufsichtsorgans oder Gesellschafter als relevante Personen einzubeziehen sind (Rn. 9). Sodann ist zwischen Maßnahmen für alle Mitarbeiter und für Mitarbeiter mit relevanten Tätigkeiten zu unterscheiden (Rn. 4). Mitarbeiter mit relevanten Tätigkeiten können auf einer weiteren Stufe

---

[89] *Fett*, in: Schwark/Zimmer (Hrsg.): Kapitalmarktrechtskommentar, 4. Aufl. 2010, § 33b WpHG Rn. 3; *Göres*, in: Schäfer/Hamann (Hrsg.): Kapitalmarktgesetze, 2. Aufl., 6. Lfg. 04/2012, § 33b WpHG Rn. 3; *Meyer/Paetzel*, in: KK-WpHG, 2. Aufl. 2014, § 33b Rn. 79; *Zimmermann*, in: Fuchs (Hrsg.): WpHG, 2. Aufl. 2016, § 33b Rn. 6.
[90] *Meyer/Paetzel*, in: KK-WpHG, 2. Aufl. 2014, § 33b Rn. 80.

danach unterschieden werden, ob sie in besonders hohem Maße exponiert sind, Zugang zu Insiderinformationen zu erhalten (Rn. 35). Schließlich müssen besondere organisatorische Maßnahmen für Personen außerhalb der Wertpapierfirma (vertragliche gebundene Vermittler; Auslagerungsunternehmen) vorgesehen werden (Rn. 13 f.).

3 Persönliche Geschäfte von Führungspersonen in Wertpapierfirmen mit Börsennotierung

59 Bei Wertpapierfirmen, die zugleich Emittent von börsennotierten Aktien oder Schuldinstrumenten sind, gelten zusätzlich die in Art. 19 MAR enthaltenen Bestimmungen über Geschäfte von Führungspersonen. Diese Vorschriften sind Gegenstand nachfolgender Erläuterungen, soweit eine solche Wertpapierfirma zusätzliche *organisatorische Vorkehrungen* treffen muss, um die an sie gerichteten Veröffentlichungs- und Nebenpflichten einzuhalten, und hierbei den verbleibenden *Bewertungs-* und *Gestaltungsspielraum* pflichtgemäß wahrzunehmen hat. Hervorzuheben ist, dass auch die von der Mitteilungspflicht erfasste Führungsperson bereits vor Entstehen der Mitteilungspflicht (sanktionsbewehrte) Nebenpflichten zu erfüllen hat.

3.1 Anwendungsbereich

3.1.1 Emittenten

60 Der Anwendungsbereich der Mitteilungspflicht ist für Führungspersonen von Emittenten (und in enger Beziehung zu ihnen stehenden Personen) eröffnet (Art. 19 Abs. 1 Satz 1 MAR). Der Begriff „Emittent" ist gemäß Art. 19 Abs. 4 MAR beschränkt auf Emittenten, die

- für ihre Finanzinstrumente eine Zulassung zum Handel an einem geregelten Markt oder auf einem multilateralen Handelssystem (MTF) oder einem organisierten Handelssystem (OTF) *erhalten* haben oder
- eine Zulassung zum Handel an einem geregelten Markt oder auf einem MTF *beantragt* haben.

Hat ein Dritter an einem MTF oder OTF für ein Finanzinstrument eine Handelszulassung erwirkt (vgl. Art. 16 Abs. 8 MiFID), ist der Anwendungsbereich nur dann eröffnet, wenn der Emittent den Dritten beauftragt oder die Zulassung genehmigt hat.[91] Eine Differenzierung des räumlichen Anwendungsbereichs erfolgt erst im Hinblick auf die für die Entgegennahme der Meldungen zuständigen Behörde in Abhängigkeit von der Registrierung des Emittenten, seinem Herkunftsstaat oder dem Handelsplatz (Art. 19 Abs. 2 UAbs. 2 MAR).

Der Begriff „Emittent" bezeichnet eine juristische Person des privaten oder öffentlichen Rechts, die Finanzinstrumente (vgl. oben Rn. 18 ff.) emittiert oder deren Emission vorschlägt (Art. 3 Abs. 1 Nr. 21 MAR). Eingeschlossen sind daher neben Aktien begebenden

---

91 BaFin, FAQ Eigengeschäfte, Nr. II.1, S. 2.

Gesellschaften (SE; AG; KGaA) auch GmbHs, die Schuldtitel emittieren (z. B. Zertifikate).[92] Erfasst sind auch Organismen für gemeinsame Anlagen („OGA")[93] oder Körperschaften oder Anstalten des öffentlichen Rechts.

3.1.2 Personen, die Führungsaufgaben wahrnehmen

Der persönliche Anwendungsbereich erstreckt sich auf Personen, die Führungsaufgaben wahrnehmen (Art. 19 Abs. 1 Satz 1 Alt. 1 MAR). Darunter fallen gemäß Art. 3 Abs. 1 Nr. 25 MAR: 61

– Angehörige eines Verwaltungs-, Leitungs- oder Aufsichtsorgans;
– eine sonstige höhere Führungskraft, die regelmäßig Zugang zu Insiderinformationen mit direktem oder indirektem Bezug zu diesen Unternehmen hat und befugt ist, unternehmerische Entscheidungen über zukünftige Entwicklungen und Geschäftsperspektiven dieses Unternehmens zu treffen.

Zur ersten Gruppe von Führungspersonen gehören Personen, die nach deutschem Recht einem Vorstand oder Aufsichtsrat einer AG oder SE angehören oder Geschäftsführer einer GmbH sind. Bei Wahl des monistischen Systems sind bei einer SE die Mitglieder des *boards* erfasst.[94] Gesellschafter sind nur dann erfasst, wenn sie – wie z. B. bei einer KGaA (§ 278 Abs. 2 AktG i. V. m. §§ 161 Abs. 2, 114 ff., 125 ff. HGB, § 283 AktG) – von Rechts wegen als Mitglieder des Leitungsorgans angesehen werden oder aufgrund der konkreten Gesellschaftsverfassung (z. B. als GmbH-Gesellschafterversammlung) im Einzelfall Aufgaben der Geschäftsführung oder der Beaufsichtigung wahrnehmen;[95] letzteres gilt auch für Beiräte.[96] Darüber hinaus können auch Angehörige von Leitungsorganen einer juristischen Person des öffentlichen Rechts erfasst sein. Im Übrigen ist zu berücksichtigen, dass der Gesetzgeber keine Änderungen der bisherigen Rechtslage nach § 15a Abs. 2 WpHG a. F. beabsichtigt hat.[97] Wie bisher führt weiterhin auch eine fehlerhafte Bestellung zu einer Mitteilungspflicht.[98] Nicht erfasst sind dagegen die Mitglieder von Organen einer Mutter- oder Tochtergesellschaft.[99] 62

Zur zweiten Personengruppe gehörte nach bisher h. M. zu § 15a WpHG a. F. ein nur kleiner Personenkreis, weil der Gesetzgeber lediglich berücksichtigen wollte, dass in wenigen Mitgliedstaaten auch Personen unterhalb des Verwaltungs-, Leitungs- oder Aufsichtsorgans über ähnliche Entscheidungsbefugnisse verfügen.[100] Da der Gesetzgeber keine Ände- 63

---

92 Anders früher § 15a Abs. 1 WpHG a. F.: „Emittenten von Aktien".
93 BaFin, FAQ Eigengeschäfte, Nr. II.11, S. 7.
94 *Neusüß*, in: Just/Voß/Ritz/Becker (Hrsg.): WpHG, 2015, § 15a Rn. 21.
95 Vgl. BaFin, FAQ Eigengeschäfte, Nr. II.3, S. 3; *Stegmaier*, in: Meyer/Veil/Rönnau (Hrsg.): Handbuch zum Marktmissbrauchsrecht, 2018, § 19 Rn. 15 und 19.
96 BaFin, FAQ Eigengeschäfte, Nr. II.3, S. 3.
97 BaFin, FAQ Eigengeschäfte, Nr. II.2, S. 3.
98 *Neusüß*, in: Just/Voß/Ritz/Becker (Hrsg.): WpHG, 2015, § 15a Rn. 18; *Stegmaier*, in: Meyer/Veil/Rönnau (Hrsg.): Handbuch zum Marktmissbrauchsrecht, 2018, § 19 Rn. 15.
99 *Neusüß*, in: Just/Voß/Ritz/Becker (Hrsg.): WpHG, 2015, § 15a Rn. 18; *Pfüller*, in: Fuchs (Hrsg.): WpHG, 2. Aufl. 2016, § 15a Rn. 53, 57.
100 CESR, Advice on the Second Set of Level 2 Implementing Measures for the Market Abuse Directive, August 2003, CESR/03-212c, Tz. 40 ff.

rung dieser Rechtslage angestrebt hat (vgl. oben), ist davon weiterhin auszugehen, dass eine Qualifikation als Führungsperson entfällt, wenn deren Entscheidung von der Zustimmung des Vorstands abhängt.[101] Nicht eingeschlossen sind ferner Prokuristen, weil diese zu keinen wesentlichen unternehmerischen Entscheidungen berufen sind.[102] Typischerweise als Führungspersonen erfasst sind demgegenüber Generalbevollmächtigte und Mitglieder eines erweiterten Vorstands.[103] In diesem Rahmen hat der Emittent im Rahmen seiner organisatorischen Vorkehrungen zur Erfüllung seiner Pflichten nach Art. 19 MAR im Einzelfall (ggf. wiederkehrend) zu prüfen, bis zu welcher Hierarchiestufe unternehmerische Entscheidungen über zukünftige Entwicklungen und Geschäftsperspektiven möglich sind.

3.1.3 Personen, die in enger Beziehung zu Führungspersonen stehen

64 Der Anwendungsbereich erstreckt sich ferner auf Personen, die zu Führungspersonen in enger Beziehung zu stehen (Art. 19 Abs. 1 Satz 1 Alt. 2 MAR). Der Begriff „eng verbundene Person" ist in Art. 3 Abs. 1 Nr. 26 MAR legal definiert.

65 Eng verbundene Personen sind gemäß Buchst. a bis c zum einen *Ehepartner* (und nach nationalem Recht einem Ehepartner gleichgestellte Personen), *unterhaltsberechtigte Kinder* sowie *Verwandte*, die zum Zeitpunkt des Geschäfts seit mind. einem Jahr demselben Haushalt angehören. Eingeschlossen sind damit minderjährige Kinder ohne eigenes Einkommen sowie volljährige Kinder bis zum Ende ihrer schulischen oder ersten beruflichen Ausbildung (§§ 1601 ff. BGB).[104] Nicht eingeschlossen ist eine Person, zu der keine Verwandtschaft besteht und mit der die Führungsperson außerhalb des Ehe- oder Lebenspartnerschaftstandes in demselben Haushalt lebt (z. B. Lebensgefährte, Haushaltshilfe). Mit dem Tod der Führungsperson endet die enge Verbindung, sodass eine Erbschaft seitens der Führungsperson kein meldepflichtiges Geschäft darstellt.[105]

66 Als eng verbunden gilt außerdem gemäß Buchst. d eine juristische Person, Treuhand oder Personengesellschaft („*Gesellschaft*"),
- deren Führungsaufgaben durch eine Person, die Führungsaufgaben wahrnimmt, oder eine in Nr. 26 Buchst. a bis c genannte Person wahrgenommen werden;
- die direkt oder indirekt von einer solchen Person kontrolliert wird;
- die zu Gunsten einer solchen Person gegründet wurde oder deren wirtschaftliche Interessen weitgehend denen einer solchen Person entsprechen.

Für die erste Gruppe ist kennzeichnend, dass die Führungsperson (oder eine andere eng verbundene Person) Führungsaufgaben bei der Gesellschaft wahrnimmt. Der Emittent ist als Gesellschaft ausgenommen, sodass Eigengeschäfte des Emittenten (z. B. der Erwerb

---

101 BaFin, Emittentenleitfaden, 4. Aufl. 2013, Abschn. V.1.2.1, S. 73.
102 *Neusüß*, in: Just/Voß/Ritz/Becker (Hrsg.): WpHG, 2015, § 15a Rn. 26.
103 BaFin, Emittentenleitfaden, 4. Aufl. 2013, Abschn. V.1.2.1, S. 74.
104 BaFin, Emittentenleitfaden, 4. Aufl. 2013, Abschn. V.1.2.1, S. 74.
105 BaFin, FAQ Eigengeschäfte, Nr. IV.9, S. 13.

eigener Aktien) nicht meldepflichtig sind.[106] Nach einschränkender Auslegung der ESMA ist für die Zurechnung über die Wahrnehmung von Führungsaufgaben hinaus erforderlich, dass die Führungsperson (oder eine andere natürliche Person, die zu ihr in enger Verbindung steht) Geschäfte mit relevanten Finanzinstrumenten tätigt oder auf solche Einfluss nimmt.[107] Damit sind sog. Doppelmandate, die sich auf eine Aufsichtsratstätigkeit (z. B. Aufsichtsrat bei X AG und Y AG) oder die Rolle eines non-executive director beschränken, nicht erfasst; bei sonstigen Doppelmandaten (z. B. Aufsichtsrat bei X AG, Vorstand bei Y AG) wäre auf den Umfang der geschäftsführenden Tätigkeit im Einzelfall abzustellen. Die BaFin scheint gleichwohl an ihrer bisherigen (engeren) Auffassung festzuhalten, wonach bei Wahrnehmung einer Führungsaufgabe die juristische Person nur dann eng verbunden ist, wenn die Führungsperson zusätzlich sich einen signifikanten wirtschaftlichen Vorteil verschaffen kann.[108]

Die zweite Personengruppe wird dadurch bestimmt, dass die Führungsperson die Gesellschaft direkt oder indirekt kontrolliert. Der Begriff der Kontrolle ist nicht näher definiert. Nach Auffassung der BaFin liegt eine Kontrolle jedenfalls dann vor, wenn die Mehrheit der Stimmrechte oder Gesellschaftsanteile gehalten wird oder ein Beherrschungs- und Gewinnabführungsvertrag geschlossen wurde (§ 1 Abs. 8 KWG analog i. V. m. § 290 HGB).[109] Bei mehrstufigen Gesellschaftsverhältnissen ist es für eine Mitteilungspflicht notwendig, dass die Kontrollschwelle bei der potenziell mitteilungspflichtigen Gesellschaft mittelbar oder unmittelbar durch die natürliche Person überschritten wird.[110]

Unter die dritte Gruppe fallen z. B. Treuhandgesellschaften, die aus steuerlichen oder haftungsrechtlichen Gesichtspunkten im wirtschaftlichen Interesse der Führungsperson (oder einer eng verbundenen Person) errichtet wurden.

Jedenfalls bei der zweiten und dritten Personengruppe i. S. v. Art. 3 Abs. 1 Nr. 26 Buchst. d MAR (zur ersten Personengruppe vgl. oben Rn. 66) ist die von der BaFin fortgeführte Verwaltungspraxis zu § 15a Abs. 3 Satz 2 WpHG a. F. zu berücksichtigen, wonach ein Geschäft der Gesellschaft der Führungsperson (oder der eng verbundenen Person) einen signifikanten eigenen wirtschaftlichen Vorteil sichern muss.[111] Die Auslegung verfolgt eine teleologische Reduktion im Hinblick darauf, dass die Einbeziehung eng verbundener Personen eine Umgehung der Mitteilungspflichten erschweren soll, die dort ausgeschlossen ist, wo die Führungsperson sich keinen Vorteil verschaffen *kann*.[112] Einen eigenen nen-

67

---

106 BaFin, FAQ Eigengeschäfte, Nr. II.7, S. 5; *Stegmaier*, in: Meyer/Veil/Rönnau (Hrsg.): Handbuch zum Marktmissbrauchsrecht, 2018, § 19 Rn. 33.
107 ESMA, FAQ MAR, Question Q7.7.
108 BaFin, FAQ Eigengeschäfte, Nr. II.9, S. 6, wo ESMA, FAQ MAR, Question Q7.7 lediglich als Fundstelle „näherer Einzelheiten" referenziert wird; zust. *Semrau*, in: Klöhn (Hrsg.): Marktmissbrauchsverordnung, 2018, Art. 19 Rn. 41; krit. *Stegmaier*, in: Meyer/Veil/Rönnau (Hrsg.): Handbuch zum Marktmissbrauchsrecht, 2018, § 19 Rn. 36; bisher zu § 15a Abs. 2 WpHG a. F. BaFin, Emittentenleitfaden, 4. Aufl. 2013, Abschn. V.1.2.4, S. 75; *Neusüß*, in: Just/Voß/Ritz/Becker (Hrsg.): WpHG, 2015, § 15a Rn. 26.
109 BaFin, Emittentenleitfaden, 4. Aufl. 2013, Abschn. V.1.2.6, S. 76.
110 BaFin, Emittentenleitfaden, 4. Aufl. 2013, Abschn. V.1.2.6, S. 76.
111 BaFin, FAQ Eigengeschäfte, Nr. II.10, S. 6.
112 BaFin, Emittentenleitfaden, 4. Aufl. 2013, Abschn. V.1.2.6, S. 75.

nenswerten wirtschaftlichen Vorteil kann die Person jedenfalls dann erzielen, wenn die Person an der Gesellschaft mit 50 % oder mehr beteiligt ist oder ihr 50 % oder mehr der Gewinne zugerechnet werden.[113] Generell ausgenommen sind daher gemeinnützige Gesellschaften und Einrichtungen.[114]

3.1.4 Anteile; Schuldtitel; Emissionszertifikate; Derivate

68 Der Anwendungsbereich der Mitteilungspflicht der Führungsperson erstreckt sich nur auf Finanzinstrumente der in Art. 19 Abs. 1 Satz 1 MAR genannten Art, d. h.
– Anteile oder Schuldtitel des Emittenten;
– Derivate oder andere Finanzinstrumente, die mit Anteilen oder Schuldtiteln des Emittenten verbunden sind;
– Emissionszertifikate und darauf beruhende Auktionsobjekte oder deren damit verbundenen Finanzinstrumente.

69 Im Unterschied zu § 15a WpHG a. F. sind neben Aktien und darauf bezogenen Finanzinstrumenten auch Schuldtitel, Emissionszertifikate und darauf bezogene Finanzinstrumente eingeschlossen. Der Begriff „Schuldtitel", den die Marktmissbrauchsverordnung selbst nicht definiert, ist Teil des Begriffs „übertragbare Wertpapiere" i. S. v. Art. 4 Abs. 1 Nr. 44 Buchst. b MiFID und schließt die dort und in § 2 Abs. 1 Nr. 3 WpHG aufgeführten Finanzinstrumente ein, d. h. Genussscheine, Inhaberschuldverschreibungen, Orderschuldverschreibungen, Hinterlegungsscheine sowie strukturierte Schuldverschreibungen (Zertifikate und strukturierte Finanzprodukte i. S. v. Art. 4 Abs. 1 Nr. 47 und 48 MiFID).

Anteile oder Aktien an einem Organismus für gemeinsame Anlagen („OGA") sind erfasst, wenn die Risikoposition gegenüber den Anteilen oder Schuldtiteln des Emittenten 20 % der vom OGA gehaltenen Vermögenswerte übersteigt (Art. 19 Abs. 1a Satz 1 Buchst. a MAR; vgl. Art. 56 Nr. 1 der Verordnung 2016/1011/EU).[115] Gleiches gilt auch für andere Finanzinstrumente, die eine Risikoposition gegenüber einem Portfolio von Vermögenswerten darstellen, bei denen die Risikoposition gegenüber den Anteilen oder Schuldtiteln des Emittenten 20 % der Vermögenswerte des Portfolios übersteigt (Art. 19 Abs. 1a Satz 1 Buchst. b MAR).[116] Solche Anteile oder Aktien an OGAs und solche Finanzinstrumente, die eine Risikoposition gegenüber einem Portfolio von Vermögenswerten darstellen, sind jedoch ausgenommen, wenn die Führungsperson (oder die eng verbundene Person) die Anlagezusammensetzung bzw. die Risikoposition nicht kennt und nicht kennen kann und kein Grund zu der Annahme besteht, dass die Schwellenwerte überschritten werden (Art. 19 Abs. 1a Satz 1 Buchst. c MAR); bei Verfügbarkeit von einschlägigen Informationen müssen die Personen alle zumutbaren Anstrengungen unternehmen, um diese Informationen zu erhalten (Art. 19 Abs. 1a Satz 2 MAR).

---

113 BaFin, FAQ Eigengeschäfte, Nr. II.10, S. 6.
114 BaFin, FAQ Eigengeschäfte, Nr. II.8, S. 5; *Stegmaier*, in: Meyer/Veil/Rönnau (Hrsg.): Handbuch zum Marktmissbrauchsrecht, 2018, § 19 Rn. 34.
115 BaFin, FAQ Eigengeschäfte, Nr. II.11, S. 7.
116 BaFin, FAQ Eigengeschäfte, Nr. II.11, S. 8.

Andere Finanzinstrumente als Anteile, Schuldtitel oder Emissionszertifikate sind nach dem eindeutigen Wortlaut von Art. 19 Abs. 1a Satz 2 MAR lediglich dann erfasst, wenn sie als Derivate oder auf andere Weise mit Anteilen, Schuldtiteln oder Emissionszertifikaten eines Emittenten *verbunden* sind. Finanzielle Differenzgeschäfte (vgl. oben Rn. 18 ff.) fallen daher nicht in den Anwendungsbereich. Nicht erfasst sind ferner Geldmarktinstrumente i. S. v. Art. 4 Abs. 1 Nr. 17 MiFID i. V. m. Art. 11 DVO, d. h. üblicherweise auf dem Geldmarkt gehandelte Gattungen von Instrumenten wie Schatzanweisungen (Treasury Bills), Einlagenzertifikate (Certificates of Deposits) und Commercial Papers mit Ausnahme von Zahlungsinstrumenten. Sie sind gekennzeichnet durch im Wesentlichen gleiche Merkmale und die Eigenschaften, dass ihr Wert jederzeit bestimmt werden kann, es sich nicht um Derivate handelt und ihre Fälligkeit bei der Emission maximal 397 Tage beträgt (Art. 11 DVO, § 2 Abs. 2 WpHG). Hierzu gehören z. B. auch kurzfristige Schuldscheindarlehen und Schatzwechsel.[117] Die frühere in § 2 Abs. 2 WpHG a. F. vorgesehene Ausnahme von Instrumenten, die als Schuldverschreibungen zugleich den Wertpapierbegriff erfüllten und damit auch dann, wenn sie auf dem Geldmarkt gehandelt wurden, in Deutschland als Schuldtitel galten,[118] ist nunmehr auch im deutschen Recht entfallen.

70

Über Art. 19 Abs. 1 Satz 1 MAR hinaus muss es sich jeweils um ein Finanzinstrument handeln, das in den Anwendungsbereich der Verordnung nach Art. 2 Abs. 1 MAR fällt. Hat z. B. eine Aktiengesellschaft nur für ihre Aktie eine Zulassung zum Handel erwirkt, fallen sonstige Schuldtitel nicht in den Anwendungsbereich.[119] Eine solche Ausweitung würde über den Zweck des Art. 19 MAR, d. h. die Verhütung von Marktmissbrauch und Insidergeschäften,[120] hinausgehen. Auch Art. 19 Abs. 4 MAR bezweckt lediglich eine Einschränkung des Anwendungsbereichs auf Emittenten, die an der Herbeiführung einer Zulassung selbst aktiv mitgewirkt haben (vgl. oben Rn. 60 ff.).

71

3.1.5 Eigengeschäft

Die Mitteilungspflicht erstreckt sich gemäß Art. 19 Abs. 1 Satz 1 MAR auf „jedes Eigengeschäft" einer Führungsperson (oder eng verbundenen Person) mit einem erfassten Finanzinstrument (vgl. oben Rn. 18 ff.), wobei Eigengeschäfte des Emittenten ausgenommen sind (vgl. oben Rn. 66). Als Geschäft ist das Zustandekommen des schuldrechtlichen Verpflichtungsgeschäfts anzusehen; der dingliche Vollzug ist nur dann maßgeblich, wenn das Erfüllungsgeschäft vom Eintritt bestimmter Bedingungen abhängt.[121] Bei interessewahrenden Orders soll auf die Ordererteilung gegenüber der Bank abzustellen sein.[122]

72

---

117 *Fuchs*, in: Fuchs (Hrsg.): WpHG, 2. Aufl. 2016, § 2 Rn. 37; *Kumpan*, in: Schwark/Zimmer (Hrsg.): Kapitalmarktrechtskommentar, 4. Aufl. 2010, § 2 Rn. 32.
118 Vgl. *Fuchs*, in: Fuchs (Hrsg.): WpHG, 2. Aufl. 2016, § 2 Rn. 37; *Kumpan*, in: Schwark/Zimmer (Hrsg.): Kapitalmarktrechtskommentar, 4. Aufl. 2010, § 2 Rn. 32.
119 BaFin, FAQ Eigengeschäfte, Nr. II.11, S. 7; *Stegmaier*, in: Meyer/Veil/Rönnau (Hrsg.): Handbuch zum Marktmissbrauchsrecht, 2018, § 19 Rn. 46.
120 Erwägungsgrund 58 der MAR.
121 BaFin, FAQ Eigengeschäfte, Nr. IV.1 und 2, S. 10 f.
122 BaFin, FAQ Eigengeschäfte, Nr. IV.3, S. 12.

73 Der Begriff des Eigengeschäfts wird im Sinne der angestrebten größeren Transparenz[123] weit ausgelegt. Eine nicht abschließende Aufzählung von Geschäftstypen enthält Art. 19 Abs. 7 MAR:

- das Verpfänden oder Verleihen von Finanzinstrumenten durch oder im Auftrag einer Führungsperson (oder einer mit ihr eng verbundenen Person);
- von Personen, die gewerbsmäßig Geschäfte vermitteln oder ausführen, oder einer anderen Person im Auftrag einer Führungsperson (oder einer mit ihr eng verbundenen Person) unternomme Geschäfte, auch wenn dabei ein Ermessen ausgeübt wird;
- Geschäfte im Sinne der Richtlinie 2009/138/EG des Europäischen Parlaments und des Rates, die im Rahmen einer Lebensversicherung getätigt werden, wenn
  - der Versicherungsnehmer eine Führungsperson (oder eine mir ihr eng verbundene Person) ist,
  - der Versicherungsnehmer das Investitionsrisiko trägt und
  - der Versicherungsnehmer über die Befugnis oder das Ermessen verfügt, Investitionsentscheidungen in Bezug auf spezifische Instrumente im Rahmen dieser Lebensversicherung zu treffen oder Geschäfte in Bezug auf spezifische Instrumente für diese Lebensversicherung auszuführen.

Weitere Beispiele für Eigengeschäfte sind in Art. 10 Abs. 2 der Delegierten Verordnung (EU) 2016/522 genannt:

- Erwerb, Veräußerung, Leerverkauf, Zeichnung oder Austausch;
- Annahme oder Ausübung einer Aktienoption, einschließlich der Führungskräften oder Arbeitnehmern im Rahmen ihres Vergütungspakets gewährten Aktienoptionen, und die Veräußerung von Anteilen, die aus der Ausübung einer Aktienoption resultieren;
- Eingehen oder Ausüben von Aktienswaps;
- Geschäfte mit oder im Zusammenhang mit Derivaten, einschließlich Geschäften mit Barausgleich;
- Abschluss von Differenzkontrakten über ein Finanzinstrument des betreffenden Emittenten oder über Emissionszertifikate oder darauf beruhenden Auktionsobjekten;
- Erwerb, Veräußerung oder Ausübung von Rechten, einschließlich von Verkaufs- und Kaufoptionen, sowie Optionsscheine;
- Zeichnung einer Kapitalerhöhung oder Schuldtitelemission;
- Geschäfte mit Derivaten und Finanzinstrumenten im Zusammenhang mit einem Schuldtitel des betreffenden Emittenten, einschließlich Kreditausfallswaps;
- an Bedingungen geknüpfte Geschäfte bei Eintritt dieser Bedingungen und tatsächliche Ausführung der Geschäfte;
- automatische und nicht automatische Umwandlung eines Finanzinstruments in ein anderes Finanzinstrument, einschließlich des Austauschs von Wandelschuldverschreibungen in Aktien;
- getätigte oder erhaltene Zuwendungen und Spenden sowie entgegengenommene Erbschaften;

---

123 Erwägungsgrund 58 der MAR.

- ausgeführte Geschäfte mit an einen Index gekoppelten Produkten, Wertpapierkörben und Derivaten, sofern nach Art. 19 der Verordnung (EU) Nr. 596/2014 eine Meldung vorgeschrieben ist;
- Geschäfte, die mit Anteilen an Investitionsfonds ausgeführt werden, darunter alternative Investmentfonds (AIF) gemäß Art. 1 der Richtlinie 2011/61/EU des Europäischen Parlaments und des Rates, sofern nach Art. 19 der Verordnung (EU) Nr. 596/2014 eine Meldung vorgeschrieben ist;
- Geschäfte, die vom Verwalter eines AIF ausgeführt werden, in den die Person, die Führungsaufgaben wahrnimmt, oder eine eng mit ihr verbundene Person investiert hat, sofern nach Art. 19 der Verordnung (EU) Nr. 596/2014 eine Meldung vorgeschrieben ist;
- Geschäfte, die von einem Dritten im Rahmen eines einzelnen Portfolioverwaltungs- oder Vermögensverwaltungsmandats im Namen oder zugunsten einer Person, die Führungsaufgaben wahrnimmt, oder einer eng mit ihr verbundenen Person ausgeführt werden;
- Leihgeschäfte mit Anteilen oder Schuldtiteln des Emittenten oder mit Derivaten oder anderen damit verbundenen Finanzinstrumenten.

Hervorzuheben ist, dass Geschäfte, die ehemals gemäß § 15a WpHG a. F. als nicht meldepflichtig galten, unter Art. 19 Abs. 1 MAR eingeschlossen sind. Dazu gehören getätigte oder erhaltene Zuwendungen und Spenden und entgegengenommene Erbschaften (Art. 10 Abs. 2 Buchst. k MAR), der Erhalt von Bezugsrechten (zusätzlich zu Kauf, Verkauf oder Ausübung von Bezugsrechten)[124] sowie Geschäfte im Rahmen von Aktienvergütungsprogrammen einschließlich Aktienzuteilungen, und zwar unabhängig davon, ob die berechtigte Person einen Handlungsspielraum bei der Zuteilung hat oder nicht (es sei denn, dass die Zuwendung unter einer noch nicht eingetretenen aufschiebenden Bedingung steht).[125] Eine Erbschaft ist als entgegengenommen anzusehen, wenn entweder der Erbe die Annahme erklärt hat oder die Ausschlagungsfrist von sechs Wochen nach Kenntnis eines Erben vom Erbfall (§ 1944 BGB) abgelaufen ist.[126] Die Auseinandersetzung einer Erbengemeinschaft stellt ebenfalls eine meldepflichtige Zuwendung dar.[127] Eine Schenkung hat der Meldepflichtige erhalten, sobald die Leistung an ihn bewirkt wurde (vgl. § 518 Abs. 2 BGB), d. h. die Einbuchung der Finanzinstrumente im Depot erfolgt ist.[128]

74

3.1.6 Bagatellgrenze

Die Mitteilungspflicht gilt für Geschäfte, die getätigt werden, nachdem innerhalb eines Kalenderjahres ein Gesamtvolumen von 5.000 € erreicht worden ist (Art. 19 Abs. 8 Satz 1 MAR). Die Geschäfte der Führungsperson und die Geschäfte eng verbundener Personen sind nicht zusammenzurechnen.[129] Sind vor Erreichen des Schwellenwerts Geschäfte getätigt worden, muss nur das Geschäft mitgeteilt werden, mit dem der Schwellenwert über-

75

---

124 BaFin, FAQ Eigengeschäfte, Nr. II.14, S. 8.
125 ESMA, FAQ MAR, Question 7.5; BaFin, FAQ Eigengeschäfte, Nr. II.11, S. 7.
126 BaFin, FAQ Eigengeschäfte, Nr. IV.7, S. 13.
127 BaFin, FAQ Eigengeschäfte, Nr. IV.7, S. 13 und Nr. IX.5, S. 29.
128 BaFin, FAQ Eigengeschäfte, Nr. IV.10, S. 14.
129 BaFin, FAQ Eigengeschäfte, Nr. III.1, S. 10.

schritten wird, sowie alle nachfolgenden Geschäfte.[130] Freiwillige Meldungen vor Überschreiten des Schwellenwerts sind möglich.[131]

3.2 Handelsverbot

76 Für eine Führungsperson eines Emittenten besteht während eines geschlossenen Zeitraums von 30 Kalendertagen vor Veröffentlichung eines obligatorischen Zwischenberichts oder Jahresabschlussberichts ein Handelsverbot nach Art. 19 Abs. 11 MAR, dessen Geltungsbereich sich von dem der Mitteilungspflicht nach Art. 19 Abs. 1 MAR teilweise unterscheidet. Das Handelsverbot gilt nur für Führungspersonen, nicht für eng verbundene Personen. Dabei ist jedoch einschränkend zu berücksichtigen, dass in gegenständlicher Hinsicht neben Eigengeschäften in Anteilen, Schuldtiteln oder darauf bezogenen Derivaten, die die Führungsperson selbst direkt tätigt, auch *indirekt* getätigte Geschäfte oder Geschäfte für *Dritte* eingeschlossen sind, und zwar ungeachtet, ob der Dritte als eng verbundene Person anzusehen ist. Infolgedessen können im Einzelfall auch Geschäfte von eng verbundenen Personen Gegenstand des Verbots sein,[132] wobei allerdings, da sich das Verbot an die Führungsperson richtet und der Verhütung von Insiderhandel zu dienen bestimmt ist, ein etwaiges wirtschaftlichen Interesse allein nicht ausreicht, sondern eine aktive Mitveranlassung vorauszusetzen ist.[133] Geschäfte, die die Führungsperson als Organ oder Vertreter des Emittenten tätigt, gelten nicht als Geschäfte für Dritte.[134]

77 Das Handelsverbot setzt die „Ankündigung" – d. h. die Veröffentlichung[135] – eines Finanzberichts voraus, zu der der Emittent gemäß den Vorschriften des jeweiligen Handelsplatzes (z. B. Halbjahresbericht im Freiverkehr der FWB[136]) oder dem nationalen Recht (Jahres- oder Halbjahresfinanzbericht von Inlandsemittenten, § 114 Abs. 1 Satz 1, § 115 Abs. 1 Satz 1 WpHG) verpflichtet ist. Ausgenommen sind daher u. a. Quartalsmitteilungen im Prime Standard der FWB wegen ihres eingeschränkten Umfangs (§ 50 Abs. 2 Börsenordnung FWB) sowie Quartalsfinanzberichte, weil sie freiwillig sind (vgl. § 50 Abs. 6 Börsenordnung FWB).[137] Die Frist endet am Tag der Veröffentlichung.[138] Veröffentlicht der Emittent einen vorläufigen Jahresfinanzbericht, der bereits alle wesentlichen Informationen enthält, besteht das Handelsverbot nur einmal vor Veröffentlichung des vorläufigen Berichts.[139] Das Handelsverbot gilt nicht für die Erfüllung eines vor Beginn des Handelsver-

---

130 BaFin, FAQ Eigengeschäfte, Nr. III.2, S. 10.
131 BaFin, FAQ Eigengeschäfte, Nr. III.3, S. 10.
132 BaFin, FAQ Eigengeschäfte, Nr. VI.1, S. 16.
133 Weitergehend *Stegmaier*, in: Meyer/Veil/Rönnau (Hrsg.): Handbuch zum Marktmissbrauchsrecht, 2018, § 20 Rn. 7: „nachweislich in Stellvertretung oder im Auftrag der Führungskraft für deren Rechnung".
134 BaFin, FAQ Eigengeschäfte, Nr. VII.4, S. 20.
135 ESMA, FAQ MAR, Question Q7.2., S. 15; *Stegmaier*, in: Meyer/Veil/Rönnau (Hrsg.): Handbuch zum Marktmissbrauchsrecht, 2018, § 20 Rn. 14.
136 § 21 Abs. 1 Buchst. b der Allgemeinen Geschäftsbedingungen der Deutsche Börse AG für den Freiverkehr an der FWB, Stand: 21. 04. 2017; ferner BaFin, FAQ Eigengeschäfte, Nr. VI.5, S. 18.
137 BaFin, FAQ Eigengeschäfte, Nr. VI.3 und VI.4, S. 17.
138 ESMA, FAQ MAR, Question Q7.2, S. 15.
139 ESMA, FAQ MAR, Question Q7.2, S. 15.

botszeitraums unbedingt geschlossenen schuldrechtlichen Geschäfts.[140] Die Gestattung einer Ausnahme vom Handelsverbot gemäß Art. 19 Abs. 12 MAR muss vom Emittenten im konkreten Fall vorgenommen werden[141] und ist tatbestandlich auf (Not-)Verkäufe sowie die Teilnahme an Belegschaftsaktienprogrammen, Arbeitnehmersparplänen, die Abnahme von Pflichtaktien oder die Ausübung von Bezugsberechtigungen beschränkt.

3.3 Mitteilungspflicht der Führungsperson

3.2.1 Adressat der Mitteilung

Die Mitteilungspflicht muss gegenüber der zuständigen Behörde erfüllt werden (Art. 19 Abs. 1 Satz 1 MAR). In der Bundesrepublik Deutschland ist die BaFin die zuständige Behörde i. S. v. Art. 2 Abs. 1 Nr. 12 i. V. m. Art. 22 MAR. Meldungen sind gemäß Art. 19 Abs. 2 UAbs. 2 MAR bei der BaFin vorzunehmen, wenn der Emittent (oder der Teilnehmer am Markt für Emissionszertifikate) in Deutschland registriert ist.[142] Ist der Emittent nicht in einem EU-Mitgliedstaat registriert, erfolgt die Meldung bei der BaFin, wenn Deutschland als Herkunftsmitgliedstaat im Einklang mit Art. 2 Abs. 1 Buchst. i der Richtlinie 2004/109/EC anzusehen ist.[143] Hilfsweise – z. B. wenn der Emittent ein Wahl des Herkunftsmitgliedstaats versäumt hat – erfolgt die Meldung bei der Behörde des Handelsplatzes (Art. 19 Abs. 2 UAbs. 2 MAR). 78

Nach Art. 19 Abs. 1 Satz 1 MAR sind von der Führungsperson Meldungen an den Emittenten und an die zuständige Behörde vorzunehmen. Die BaFin gestattet – wie unter § 15a WpHG a. F. –, dass der Emittent im Zuge der Veröffentlichung die Meldung an die BaFin vornimmt.[144]

3.2.2 Inhalt und Form der Mitteilung

Die Mitteilung hat das jeweils mitteilungspflichtige Eigengeschäft (vgl. oben Rn. 72 ff.)[145] unter Angabe der in Art. 19 Abs. 6 MAR und den im amtlichen Meldeformular nach der Durchführungsverordnung (EU) 2016/523 genannten Details wiederzugeben. In der Meldung besonders hervorzuheben ist die Art des Eigengeschäfts, sei es unter Verwendung der Beispiele in Art. 10 Abs. 2 der Delegierten Verordnung (EU) 2016/522, der Geschäftstypen in Art. 19 Abs. 7 MAR oder durch Verweis auf eine Teilnahme an Belegschaftsaktienprogrammen (Art. 19 Abs. 6 Buchst. e MAR).[146] Bei Teilausführungen, die am selben Tag und am selben Geschäftsort abgeschlossen werden, sind das aggregierte Volumen und der aggregierte Durchschnittspreis anzugeben; ansonsten sind zwei Meldungen oder eine Meldung unter Trennung der Angaben zu Emittenten und/oder zum Geschäft vorzunehmen.[147] Bei unentgeltlichen Zuwendungen (z. B. Erbschaften, Schenkungen) sind der Preis und das 79

---

140 BaFin, FAQ Eigengeschäfte, Nr. VI.6, S. 18.
141 BaFin, FAQ Eigengeschäfte, Nr. VII.3, S. 19.
142 BaFin, FAQ Eigengeschäfte, Nr. IV.6, S. 13.
143 BaFin, FAQ Eigengeschäfte, Nr. IV.6, S. 13.
144 BaFin, FAQ Eigengeschäfte, Nr. IV.5, S. 12.
145 BaFin, FAQ Eigengeschäfte, Nr. IV.1, S. 11.
146 Nr. 4b des amtlichen Meldeformulars, Anhang zur Durchführungsverordnung (EU) 2016/523.
147 BaFin, FAQ Eigengeschäfte, Nr. X.4, S. 27.

Volumen mit „0" und die Stückzahl der Finanzinstrumente unter „Art des Geschäfts" anzugeben.[148] Das Meldeformular kann, aber muss nicht unterschrieben und datiert sein.[149] Die Übermittlung der Meldung der Führungsperson an die BaFin hat die Führungsperson entweder selbst durch Telefax vorzunehmen oder durch einen Dritten, insb. einen sog. Veröffentlichungsdienstleister, vornehmen zu lassen.[150] Bei Einschaltung eines Veröffentlichungsdienstleisters verhält es sich in der Regel so, dass die Führungsperson lediglich die Meldung an den Emittenten gemäß Art. 19 Abs. 1 MAR bewirkt und der Emittent sodann über den Veröffentlichungsdienstleister die Meldung an die BaFin nach Art. 19 Abs. 1 MAR, die Veröffentlichung nach Abs. 3 sowie die Speicherung im Unternehmensregister und die Veröffentlichungsbestätigung nach § 26 Abs. 2 WpHG bewirkt.[151] Die BaFin hat bisher davon abgesehen, für Meldungen die Nutzung eines elektronischen Hilfsmittels i. S. v. Art. 2 Abs. 2 der Durchführungsverordnung (EU) 2016/523 vorauszusetzen.

3.2.3 Frist der Mitteilung

80 Die Meldungen der Führungsperson sind unverzüglich und spätestens drei Geschäftstage nach dem Datum des Geschäfts vorzunehmen (Art. 19 Abs. 1 UAbs. 2 MAR). Die Frist und Fristbeginn für Meldungen durch die Führungsperson decken sich mit der Frist und dem Fristbeginn für die Veröffentlichung der Meldung durch den Emittenten (Art. 19 Abs. 3 UAbs. 2 MAR), was in der Praxis eine enge Abstimmung zwischen Führungsperson und Emittent im Vorfeld eines Geschäfts sinnvoll macht. Bei der Berechnung der Frist ist der Tag des Eigengeschäfts nicht mitzurechnen (analog § 31 Abs. 1 VwVfG, § 187 Abs. 1 BGB). „Geschäftstage" und „Arbeitstage" i. S. d. Art. 19 Abs. 1 UAbs. 3, Abs. 2 UAbs. 2 und Abs. 3 UAbs. 1 MAR sind Wochentage, die kein Sonnabend, Sonntag oder Feiertag in Hessen oder Nordrhein-Westfalen sind.[152]

3.4 Veröffentlichungspflicht des Emittenten

81 Der Emittent ist nach Art. 19 Abs. 3 UAbs. 1 MAR verpflichtet, dass die an ihn übermittelte Meldung der Führungsperson (oder der mit ihr eng verbundenen Person) veröffentlicht wird. Die Veröffentlichung muss unverzüglich und spätestens drei Geschäftstage nach dem Geschäft erfolgen. Sie muss darüber hinaus die Bestimmungen nach Art. 17 Abs. 10 MAR i. V. m. Art. 2 Abs. 1 der Durchführungsverordnung (EU) 2016/1055 v. 29.06.2016 erfüllen, d. h. sie muss nicht diskriminierend an eine möglichst breite Öffentlichkeit, unentgeltlich und zeitgleich in der gesamten EU über ein Medienbündel verbreitet werden. Die Veröffentlichung der Meldung geschieht in der Form, die gemäß Art. 19 Abs. 1 MAR i. V. m. der Durchführungsverordnung (EU) 2016/523 vorgeschrieben ist, d. h. in Gestalt des amtlichen Meldeformulars.[153]

---

148 BaFin, FAQ Eigengeschäfte, Nr. IV.8, S. 13, Nr. IV.11, S. 14 und Nr. XI.5, S. 27.
149 BaFin, FAQ Eigengeschäfte, Nr. VIII.8, S. 23.
150 BaFin, FAQ Eigengeschäfte, Nr. VIII.5, S. 19.
151 BaFin, FAQ Eigengeschäfte, Nr. VIII.5, S. 19.
152 BaFin, FAQ Eigengeschäfte, Nr. IV.4, S. 12.
153 BaFin, FAQ Eigengeschäfte, Nr. VIII.1, S. 20.

Inlandsemittenten, MTF-Emittenten oder OTF-Emittenten (§ 2 Abs. 14 bis 16 WpHG) sind außerdem gemäß § 26 Abs. 2 WpHG verpflichtet, die veröffentliche Meldung dem Unternehmensregister zur Speicherung zu übermitteln und der BaFin die Veröffentlichung mitzuteilen. Den Emittenten trifft keine Pflicht, die veröffentlichten Meldungen auf seiner Website für einen bestimmten Zeitraum zu veröffentlichen (vgl. Art. 17 Abs. 1 UAbs. 2 MAR).

Die Übermittlungen nach Art. 19 Abs. 2 UAbs. 1 MAR und § 26 Abs. 2 WpHG kann der Emittent durch einen Dritten, insb. einen sog. Veröffentlichungsdienstleister, bewirken. Den Emittenten trifft dann eine Organisations- und Überwachungspflicht, d.h. er muss sicherstellen und kontrollieren, dass bei der Einschaltung des Dritten die Pflichten ordnungsgemäß erfüllt werden.[154]

3.5 Nebenpflichten

Der Emittent ist verpflichtet, eine Liste der Führungspersonen und der eng verbundenen Personen zu führen (Art. 19 Abs. 5 UAbs. 1 Satz 2 MAR). Die Liste muss die Person eindeutig identifizieren, wofür grundsätzlich der Name als Erkennungsmerkmal genügt,[155] und im Übrigen richtig und vollständig sein (§ 120 Abs. 15 Nr. 20 WpHG). In der Praxis empfiehlt sich eine Gruppierung der relevanten Personen nach Führungsperson, Familienmitgliedern und juristischen Personen.

82

Ferner ist der Emittent verpflichtet, Führungspersonen von ihren Verpflichtungen im Rahmen von Art. 19 MAR schriftlich in Kenntnis zu setzen (Art. 19 Abs. 5 UAbs. 1 Satz 1 MAR); Führungspersonen sind ihrerseits verpflichtet, die zu ihnen in enger Beziehung stehenden Personen schriftlich von deren Verpflichtungen in Kenntnis zu setzen (UAbs. 2). Da die schriftliche Form, die nicht definiert ist, hier lediglich Beweisfunktion hat, erscheint es vorzugswürdig, eine Übermittlung in elektronischer Form ausreichen zu lassen, sofern der Nachweis der Versendung auch später noch möglich ist.[156] Eine (schriftliche) Anerkennung der Rechtspflichten durch die Führungsperson ist nicht vorausgesetzt (im Gegensatz dazu vgl. Art. 18 Abs. 2 UAbs. 1 MAR). Vorgaben für den Inhalt der Unterrichtung (z.B. ein Mustertext) bestehen nicht; der Text muss richtig und vollständig sein (§ 120 Abs. 15 Nr. 19 WpHG) und kann in diesem Rahmen vom Emittenten selbst gestaltet werden. In der Praxis empfiehlt sich eine größere Ausführlichkeit zum Begriff der eng verbundenen Person, der meldepflichtigen Finanzinstrumente und Geschäftstypen, dem Handelsverbot sowie der Pflicht der Führungsperson zur Unterrichtung eng verbundener Personen. Die Führungsperson ist verpflichtet, das Unterrichtungsschreiben für mind. 5 Jahre aufzubewahren (§ 120 Abs. 15 Nr. 21 WpHG).

---

154 BaFin, FAQ Eigengeschäfte, Nr. IV.5, S. 12.
155 BaFin, FAQ Eigengeschäfte, Nr. V.1, S. 13.
156 Vgl. BaFin, FAQ zu Insiderlisten nach Art. 18 der Marktmissbrauchsverordnung (EU) Nr. 596/2014, Nr. III.2, S. 4; Stegmaier, in: Meyer/Veil/Rönnau (Hrsg.): Handbuch zum Marktmissbrauchsrecht, 2018, § 19 Rn. 101.

3.6 Straf- und Bußgeldvorschriften

83 Verstöße gegen Pflichten nach Art. 19 MAR stellen bei vorsätzlicher oder leichtfertiger Begehung in den Fällen, die in § 120 Abs. 15 Nr. 17 bis 22 WpHG aufgezählt sind, eine Ordnungswidrigkeit dar. Sie können gegenüber einer natürlichen Person mit Geldbuße von bis zu 500.000 € geahndet werden (§ 120 Abs. 18 Satz 1 WpHG), gegenüber einer juristischen Person oder Personenvereinigung mit Geldbuße von bis zu 1 Mio. € (§ 120 Abs. 18 Satz 2 Nr. 3 WpHG). Darüber hinaus kann ein Eigengeschäft – auch bei Einhaltung der Pflichten nach Art. 19 MAR – als Insiderhandel strafbar sein (§ 119 Abs. 3 Nr. 1 WpHG). Die BaFin macht Entscheidungen über Maßnahmen oder Sanktionen, die wegen Verstoßes nach Art. 14 oder 19 MAR erlassen wurden, unverzüglich nach Unterrichtung der natürlichen oder juristischen Person, gegen die die Maßnahme oder Sanktion verhängt wurde, auf ihrer Internetseite für die Dauer von fünf Jahren bekannt (§ 125 Abs. 1 Satz 1, Abs. 5 WpHG).

Praxis-Tipp:

1. **Nebenpflichten = Hauptpflichten** – Für die Organisation des Emittenten sind die Nebenpflichten praktisch Hauptpflichten! Ein Emittent sollte daher den Pflichten zur listenmäßigen Erfassung der Führungspersonen, der Übersendung von Unterrichtungsschreiben und deren Aufbewahrung ausreichend Sorgfalt widmen. Dabei sind auch Vorkehrungen zu treffen für eine Aktualisierung bei einem Wechsel im Kreis der Führungspersonen.

2. **Mustervorlagen** – Ein Unterrichtungsschreiben an eine Führungsperson sollte mit Mustervorlagen für die weitere Unterrichtung etwaiger eng verbundener Personen versehen sein, wobei idealerweise eine Mustervorlage für eng verbundene natürliche Personen und eng verbundene juristische Personen beizufügen ist.

3. **Enge Abstimmung** – Der Emittent und die Führungspersonen sollten darauf hinwirken, dass meldepflichtige Personen ein Geschäft der für die Entgegennahme der Mitteilung zuständigen Stelle des Emittenten ankündigen, noch ehe es zu dessen Durchführung gekommen ist, um die rechtzeitige und fehlerfreie Vornahme einer Veröffentlichung zu unterstützen.

4. **Unterrichtung eines Vermögensverwalters** – Emittenten sollten Führungspersonen besonders darauf hinweisen, dass ihnen Geschäfte, die ein Vermögensverwalter tätigt, unmittelbar als eigene zugerechnet werden. Sie sollten aus diesem Grund organisatorische Vorkehrungen treffen, sei es um die Vornahme von erfassten Geschäften zu unterbinden oder um dem Vermögensverwalter deren rechtzeitige Mitteilung zu ermöglichen.

5. **Genehmigungspflichten** – Emittenten sollten vorsehen, dass Führungspersonen ihre Eigengeschäfte nur nach Genehmigung durch ein Mitglied des Leitungsorgans und/oder einer Fachabteilung tätigen, um das Vorliegen von Informationen auszuschließen, die als Insiderinformation wahrgenommen werden können, oder sonstigen Reputationsrisiken vorzubeugen.

4 Literaturverzeichnis

Assmann/Schneider (Hrsg.): Wertpapierhandelsgesetz, 6. Aufl., Köln 2012.

Blum/Gassner/Seith (Hrsg.): Ordnungswidrigkeitengesetz, Baden-Baden 2016.

Bohnert/Krenberger/Krumm (Hrsg.): Ordnungswidrigkeitengesetz, 4. Aufl., München 2016.

Fuchs (Hrsg.): Wertpapierhandelsgesetz, 2. Aufl., München 2016.

Hohnel (Hrsg.): Kapitalmarktstrafrecht, München 2013.

Just/Voß/Ritz/Becker (Hrsg.): Wertpapierhandelsgesetz, München 2015.

Klöhn (Hrsg.): Marktmissbrauchsverordnung, München 2018.

Hirte/Möllers (Hrsg.): Kölner Kommentar zum WpHG, 2. Aufl., Köln 2014.

Kümpel/Wittig (Hrsg.): Bank- und Kapitalmarktrechtskommentar, 4. Aufl., Köln 2011.

Meyer/Veil/Rönnau (Hrsg.): Handbuch zum Marktmissbrauchsrecht, München 2018.

Renz/Hense (Hrsg.): Wertpapier-Compliance in der Praxis, Berlin 2010.

Schäfer/Hamann (Hrsg.): Kapitalmarktgesetze, 2. Aufl., 7. Aktualisierung, Stuttgart 2013.

Schwark/Zimmer (Hrsg.): Kapitalmarktrechts-Kommentar, 4. Aufl., München 2010.

II.C.5

M&A-Transaktionen

Dr. Tobias Nikoleyczik und Dr. Bernd Graßl

Inhaltsübersicht

1	Einleitung	1–2
2	Begleitung von M&A-Transaktionen	3–18
2.1	Best Practice: Ablauf einer M&A-Transaktion und Aufgaben des Compliance-Beauftragten	4
2.2	Mandatsgewinnung	5–8
2.3	Planung und Durchführung	9–15
2.4	Veröffentlichung	16–17
2.5	Transaktionsende	18
3	Fazit	19
4	Literaturverzeichnis	

1 Einleitung

Die Beratung von Unternehmen im Bereich Mergers & Acquisitions (M&A) gehört zum Kerngeschäft von Kreditinstituten und Wertpapierdienstleistungsunternehmen, die im Geschäftsfeld des Investmentbankings tätig sind.

Regelmäßig beinhalten gerade Transaktionen aus diesen Geschäftsfeldern Informationen, die für die an der Transaktion beteiligten Kunden der Investmentbank einen besonderen Vertraulichkeitswert haben und die zudem ein erhebliches Beeinflussungspotenzial für den Börsen- oder Marktpreis der Finanzinstrumente dabei beteiligter Emittenten besitzen. Aufgrund der damit einhergehenden Gefahr von Marktmanipulationen und Insiderhandel kommt dem **Schutz der Informationen aus der Transaktion** eine herausragende Bedeutung zu.

Vor dem Hintergrund ggf. auftretender **Interessenkonflikte** unterliegen derartige Transaktionen zudem nicht nur der besonderen Aufmerksamkeit der dabei beteiligten Kunden der Investmentbank, sondern auch der medialen Beachtung einer Öffentlichkeit, die sich kritisch mit der Bearbeitung etwaiger Interessenkonflikte auseinandersetzt.

Ausgehend von typischen Verfahrensabläufen solcher Transaktionen in der Praxis erläutert der Beitrag ausgewählte **Tätigkeitsfelder des Compliance-Beauftragten** einer Investmentbank bei der beratenden Begleitung von Transaktionen im Bereich M&A. Unter Verweis auf die in diesem Handbuch versammelten Beiträge zum Marktmissbrauchsrecht, zu Interessenkonflikten sowie zu den Verhaltens- und Organisationspflichten nennt der Beitrag die vom Compliance-Beauftragten einer Investmentbank in der jeweiligen Transaktionsphase zu berücksichtigenden rechtlichen Grundlagen und gibt Anregungen zu deren Umsetzung in der Praxis.

Außerhalb der Betrachtung bleiben die vom Compliance-Beauftragten des Kunden der Investmentbank im Rahmen der sog. Emittenten- oder Corporate Compliance zu erfüllenden Aufgaben.[1] Gleichfalls nicht Gegenstand dieses Beitrages sind die bei der Beratung des M&A-Geschäfts typischerweise von der Rechtsabteilung der Investmentbank oder von Rechtsanwaltskanzleien im Auftrag des Kunden wahrzunehmenden Aufgaben. Diese wurden nur dann erwähnt, wenn Schnittstellen zu Aufgaben des Compliance-Beauftragten bestehen oder dies für die Darstellung des typischen Ablaufes einer Transaktion als sinnvoll erschien.

2 Begleitung von M&A-Transaktionen

M&A-Abteilungen von Investmentbanken bieten ihren Kunden eine Betreuung u. a. beim **Erwerb und der Veräußerung von Unternehmen**, bei **öffentlichen Übernahmen** sowie bei der **Verschmelzung von Unternehmen** an. Nach einem weit verstandenen Begriff von M&A fasst man hierunter zudem vielfältige weitere **Beratungsleistungen**, etwa im Hinblick auf die Entwicklung von Wettbewerbsstrategien, die Bewertung von Unternehmensportfolien, die Analyse von Kapitalstrukturen, die Konzeptionierung von Unternehmenssi-

---

1 Ausführliche Darstellung dazu etwa von *Umnuß*, in: Corporate Compliance Checklisten, 11. Kapitel (M&A).

cherungen und -nachfolgen sowie Fragen im Bereich der Corporate Governance. Die vorliegende Darstellung der Einbeziehung des Compliance-Beauftragten in die einschlägigen Aspekte des M&A-Geschäfts beschränkt sich dabei auf die erstgenannten Tätigkeitsfelder des M&A-**Transaktionsberatungsgeschäfts** auf dem Markt für Unternehmen, Unternehmensteile und Beteiligungen. Dieses folgt in der Praxis einem mehrphasigen Ablauf, der im folgenden Schaubild stark vereinfachend wiedergegeben wird. Dabei werden den in der Praxis typischerweise anzutreffenden Phasen der Transaktion mögliche **Aufgabenfelder des Compliance-Beauftragten** einer Investmentbank zugeordnet und erläutert.

2.1 Best Practice: Ablauf einer M&A-Transaktion und Aufgaben des Compliance-Beauftragten

Tab. 1: M&A-Transaktion

Phase der Transaktion	Mandatsgewinnung	Planung und Durchführung	Veröffentlichung	Transaktionsende
Aufgaben von: M&A-Kunde bzw. M&A-Abteilung nebst Rechtsberatern	– Auswahl der Investmentbank, ggf. im Rahmen eines sog. Beauty Contests – Erstellung sog. Pitchbooks – Transaktionsdokumentation (sog. Deal Logging) – Vertraulichkeitsvereinbarung – Zusammenstellung Transaktionsteam Investmentbank – Erstellung Aktions- und Zeitplan	– Mandatsvereinbarung mit Investmentbank – Vorfeldvereinbarungen wie sog. Letter of Intent, Memorandum of Understanding – Due Diligence – Unternehmensbewertung – Unternehmenskaufvertrag – Ggf. Finanzierungsbestätigung gem. § 13 WpÜG – Aktualisierung Deal Logging	– Ggf. Ad-hoc-Mitteilung gem. Art. 17 MAR – Ggf. Mitteilungen nach WpÜG	– Sog. Closing[2] – Integration – Archivierung Unterlagen

---

[2] Zeitpunkt nach Vertragsschluss, an dem alle Bedingungen für die Übertragung des Unternehmens eingetreten sind, vgl. *Umnuß*, in: Corporate Compliance Checklisten, 11. Kapitel, Rn. 125.

Phase der Transaktion	Mandatsgewinnung	Planung und Durchführung	Veröffentlichung	Transaktionsende
Aufgaben von:				
Compliance-Beauftragter	– Konfliktklärung – Beurteilung sog. Pitchbooks – Beobachtungsliste – Insiderliste – Sog. Wall Crossing – Prüfung von Mitteilungspflichten, §§ 33 ff. WpHG	– Umgang mit Interessenkonflikten – Schutz von Informationen nebst entsprechender: – Kontrolltätigkeiten – Maßnahmen bei Verletzung der Vertraulichkeit	– Aussprache und Überwachung von Restriktionen – Beurteilung von Fallstudien	– Aufhebung von Restriktionen

2.2 Mandatsgewinnung

2.2.1 Konfliktklärung

In der Praxis des M&A-Geschäfts werden der Compliance-Beauftragte wie auch interne und externe Rechtsanwälte regelmäßig bereits zum Zeitpunkt der Mandatsakquise in die beabsichtigte Transaktion miteinbezogen. Empfehlenswert ist eine frühzeitige Einbindung vor allem vor dem Hintergrund der **Identifizierung und Vermeidung potenziell miteinander in Konflikt stehender Mandate**. So gebietet schon eine ggf. **vertraglich vereinbarte Exklusivität** der Beratung eines Kunden in Bezug auf ein Transaktionsobjekt, dass die Investmentbank in der Lage ist, hiermit ggf. konkurrierende Mandatsbemühungen anderer Abteilungen des eigenen Hauses zu erkennen und zu vermeiden. Mit der durch das Finanzmarktrichtlinie-Umsetzungsgesetz in den Kreis der **Wertpapiernebendienstleistungen nach § 2 Abs. 9 Nr. 3 WpHG (n. F.)**[3] aufgenommenen Beratung von Unternehmen über die Kapitalstruktur, die industrielle Strategie sowie die Beratung und das Angebot von Dienstleistungen bei Unternehmenskäufen und Unternehmenszusammenschlüssen, sind vor diesem Hintergrund, sofern daneben auch Wertpapierdienstleistungen erbracht werden, zudem die einschlägigen Regelungen für Wertpapierdienstleistungsunternehmen zu berücksichtigen, namentlich diejenigen in §§ 63 ff. WpHG. Insofern muss die M&A-Abteilung in die Lage versetzt werden, schon vor dem im Zuge der Mandatsakquise möglichen Empfang vertraulicher Informationen entscheiden zu können, ob sie sich um das Mandat bewerben möchte oder ob nicht andererseits der Empfang vertraulicher Informationen sogar dazu führen kann, dass ein Konflikt im Hinblick auf konkurrierende Mandate erst entsteht.

---

3   Dazu *Assmann*, in: Assmann/Schneider (Hrsg.): WpHG, 6. Aufl., § 2 Rn. 181 f. (zu § 2 Abs. 9 Nr. 3 WpHG a. F.).

6 **Organisatorisch** umgesetzt werden kann ein solcher auf die Aufdeckung, Analyse und ggf. Eskalation von potenziell miteinander in Konflikt stehenden M&A-Mandaten gerichteter Prozess etwa durch den Einsatz von **Dokumentationssystemen zur Erfassung von Transaktionen**, mittels deren der Compliance-Beauftragte neben der Bereichsleitung frühzeitige Kenntnis der Mandate erhält, um die sich der Geschäftsbereich aktuell bewirbt (sog. Deal Logging).[4]

In der Praxis kann der geschilderte Zweck erreicht werden, wenn **mind. folgende Informationen** aus der M&A-Transaktion in ein derartiges Dokumentationssystem aufgenommen werden:

- **Name des Kunden** sowie ggf. dessen Konzernzugehörigkeiten
- **Zielgesellschaft** (sofern einschlägig) sowie deren Konzernzugehörigkeiten
- **Kurzbeschreibung** der Transaktion
- **Branche**, in der sich die Transaktion abspielt
- **Rolle der Investmentbank** nebst der im Rahmen der Transaktion von ihr angebotenen Produkte
- Sämtliche Mitglieder des **Transaktionsteams** der Investmentbank, inklusive etwaiger Teamtrennungsvereinbarungen (dazu unter 3.3.)
- Voraussichtliches **Abschlussdatum** der Transaktion
- **Exklusivitätsvereinbarungen**
- Dokumentation der Analyse von **Interessenkonflikten**

Mit dem Einsatz eines solchen Dokumentationssystems wird es dem Compliance-Beauftragten gleichzeitig ermöglicht, frühzeitig Maßnahmen zu ergreifen, die dem **Schutz von Insiderinformationen** dienen, die dem Transaktionsteam schon in einer frühen Phase der Transaktion befugt weitergegeben werden können und deren Vertraulichkeit nach Art. 14, 7 ff. MAR zu gewährleisten ist.

2.2.2 Beobachtungsliste und Insiderliste

7 Weiter hat der Compliance-Beauftragte vor dem Hintergrund der sich insb. aus § 25a Abs. 1 und 4 KWG und § 63 WpHG ergebenden organisatorischen Pflichten bereits in der Phase der Mandatsanbahnung sicherzustellen, dass die wesentlichen Transaktionsparameter vollständig auf der Beobachtungsliste (Watch-List)[5] und der Insiderliste nach Art. 18 MAR dokumentiert werden.

Mit dem internen Beschluss zur Durchführung der M&A-Transaktion durch einen Unternehmenskunden, der Emittent i. S. d. Art. 7 Abs. 1 lit. a) MAR ist, und mithin mit dem Vorliegen von Insiderinformationen, trifft auch diesen die Verpflichtung zur Öffnung eines neuen (anlassbezogenen) Abschnitts der Insiderliste.[6] Zur Erfüllung seiner **Aufklärungspflichten nach Art. 18 Abs. 2 MAR** verlangt der Unternehmenskunde dann eine schriftliche Bestätigung der M&A-Abteilung, die aus den Rechts- und Verwaltungsvorschriften

---

4 Vgl. *Meyer/Paetzel/Will*, in: Kölner Kommentar WpHG, § 33 Rn. 152, 185.
5 Zu diesem Instrument *Meyer/Paetzel/Will*, in: Kölner Kommentar WpHG, § 33 Rn. 181.
6 *Franke/Grenzebach*, in: Hauschka (Hrsg.) Corporate Compliance Handbuch, § 17 Rn. 62 ff.

erwachsenden Pflichten schriftlich anzuerkennen und sich der Sanktionen bewusst zu sein, die bei Insidergeschäften und unrechtmäßiger Offenlegung von Insiderinformationen Anwendung finden.[7] Bei der Beantwortung derartiger Schreiben bietet sich wiederum die Einbeziehung des Compliance-Beauftragten der Investmentbank an, der, soweit erforderlich, die Mitarbeiter des M&A-Transaktionsteams im Auftrag des Unternehmenskunden entsprechend belehren kann.[8]

Werden im Laufe der Mandatsanbahnung und dann im weiteren Transaktionsfortgang zusätzliche Mitarbeiter der Investmentbank in das Transaktionsteam aufgenommen, sind die Beobachtungsliste (Watch-List) und die Insiderliste wie auch das Dokumentationssystem zur Erfassung von Transaktionen stets entsprechend zu aktualisieren. Dies gilt im besonderen Maße in den Fällen, in denen Mitarbeiter anderer Vertraulichkeitsbereiche, deren Expertise im Rahmen der M&A-Transaktion benötigt wird, mittels eines **sog. Wall Crossings** in das Transaktionsteam integriert werden.[9]

Schließlich sollte der Compliance-Beauftragte mit Hilfe eines entsprechenden Informationssystems[10] und in Abstimmung mit der Rechtsabteilung bereits in dieser Phase der Transaktion prüfen, ob aufgrund der sich abzeichnenden Transaktionsstruktur **Mitteilungspflichten nach §§ 33 ff. WpHG** in Betracht kommen. Dies kann etwa dann gegeben sein, wenn im Vorfeld eines geplanten Übernahmeangebots eine Beteiligung an einer börsennotierten Gesellschaft aufgebaut werden soll und sich der investierende Kunde beim Erwerb von Aktien der Zielgesellschaft der Investmentbank bedient.[11]

8

2.3 Planung und Durchführung

2.3.1 Umgang mit Interessenkonflikten und Schutz von Informationen

Hat der auf die Analyse möglicher Interessenkonflikte gerichtete Prozess zu dem Ergebnis geführt, dass eine Annahme des Mandats erfolgen kann, ist die M&A-Abteilung autorisiert, eine Mandatsvereinbarung mit dem Kunden abzuschließen. Aus der Sicht des Compliance-Beauftragten interessante Konstellationen können sich in der anschließenden Phase der Transaktionsplanung dann ergeben, wenn diese Analyse ergeben hat, dass neben den **organisatorischen Vorkehrungen** nach § 25a Abs. 1 und 4 KWG bzw. § 63 Abs. 2 Satz 2 Nr. 2 WpHG gesonderte Bemühungen erforderlich erscheinen, die auf die **Vermeidung von Interessenkonflikten zielen**[12] bzw. **dem Schutz von Informationen aus der Transaktion dienen.**

9

Solche Maßnahmen kommen in einem M&A-Kontext etwa dann in Betracht, wenn die Investmentbank im Rahmen einer Transaktion die **Interessen mehrerer Kunden vertreten** möchte. Solche Gestaltungen treten z. B. auf, wenn Finanzierungen für mehrere Bieter angeboten werden sollen, die am Erwerb desselben Zielunternehmens oder Teilen eines

10

---

7   Vgl. dazu *Semrau*, in: Klöhn, Marktmissbrauchsverordnung, Art. 18 Rn. 41 ff.
8   Vgl. dazu *Semrau*, in: Klöhn, Marktmissbrauchsverordnung, Art. 18, Rn. 47 f.
9   Dazu *Meyer/Paetzel/Will*, in: Kölner Kommentar WpHG, § 33 Rn. 181, 177 f.
10 *Faust*, in: Schimansky/Bunte/Lwowski, Bankrechts-Handbuch, 5. Aufl., § 109 Rn. 181.
11 Ausführlich *Meyer/Kiesewetter*, in: WM 2009, S. 340 ff.
12 Weiterführend etwa *Möllers*, in: Kölner Kommentar WpHG, § 31 Rn. 133.

solchen interessiert sind. Praxisrelevant wird dies ferner im Rahmen der Erbringung von Beratungsdienstleistungen, etwa bei der Beratung eines Unternehmensverkäufers bei gleichzeitiger Zurverfügungstellung der Finanzierung für potenzielle Bieter.

In derartigen Konstellationen der Vertretung mehrerer Kunden kommt dem Compliance-Beauftragten der Investmentbank die Aufgabe zu, die hierbei zu beachtenden Verhaltens- und Organisationsregeln zu formulieren und deren Einhaltung zu überwachen. Als eine Basismaßnahme zum **Schutz vertraulicher Kundeninformationen** hat sich dabei in der Praxis die Bildung mehrerer, voneinander **strikt separierter Transaktionsteams** etabliert (sog. Treeing). In der Praxis hilfreich kann es sein, wenn der Compliance-Beauftragte mittels einer E-Mail die Mitarbeiter der jeweiligen Transaktionsteams auf die Tatsache der Teamseparierung, das Erfordernis der strikten Trennung von Kundeninformationen sowie die personelle Besetzung ihres jeweiligen Transaktionsteams hinweist. Die praxisnahe **Umsetzung von Teamtrennungskonzepten** sollte zudem die Aspekte der folgenden, nicht abschließenden Checkliste berücksichtigen:

- Ist der Geschäftsbereich unter Berücksichtigung seiner **organisatorischen und personellen Gegebenheiten** überhaupt in der Lage, getrennte Transaktionsteams aufzustellen und Informationsschranken zwischen ihnen zu errichten?
- Ist eine ausreichende **räumliche Trennung** der Mitarbeiter verschiedener Teams gegeben?
- Spiegelt sich die Teamtrennungskonzeption auch in den **Zugriffsrechten** auf Akten und IT-Laufwerke wider?
- Ist sichergestellt, dass die **Neuaufnahme von Teammitgliedern** in einem geordneten Verfahren, ggf. unter Einbindung von Compliance, erfolgt?
- Erfolgt eine nachvollziehbare **Dokumentation** des im Einzelfall gewählten Teamtrennungskonzeptes?

11 Weitere Aufgaben kann der Compliance-Beauftragte vor dem Hintergrund der bei der Vertretung mehrerer Kunden immanenten **potenziellen Interessenkonflikte** übernehmen. So sollte der Compliance-Beauftragte in Zusammenarbeit mit der Rechtsabteilung und dem Geschäftsbereich darauf achten, dass die Kunden im gebotenen Umfang über die **Tatsache der Mehrkundenvertretung** aufgeklärt werden. In der Praxis üblich ist daher, dass etwa beim Angebot von Finanzierungen für mehrere Bieter diese darauf hingewiesen werden, dass die Investmentbank gedenkt, konkurrierenden Kunden Finanzierungslösungen anzubieten. Bestätigt der Kunde im weiteren Verlauf sein Einverständnis mit dieser Vorgehensweise, hat er aber Rückfragen, wie die Investmentbank die ihr überlassenen Kundeninformationen und seine Anonymität zu schützen gedenkt, bietet sich wiederum die Einschaltung des Compliance-Beauftragten an, der die in obiger Checkliste beschriebenen Maßnahmen erläutern kann.

Erbringt die Investmentbank neben der Zurverfügungstellung der Finanzierung noch Beratungsdienstleistungen, etwa für den Unternehmensverkäufer, so sind unter dem Gesichtspunkt des Umganges mit Interessenkonflikten Vorkehrungen dafür zu treffen, dass die Investmentbank durch die Erbringung der Finanzierungsdienstleistungen nicht an einer unparteiischen Beratung des Unternehmensverkäufers gehindert ist. In einer solchen Konstellation hat der Compliance-Beauftragte in Zusammenarbeit mit der Rechtsabteilung zunächst darauf zu achten, dass der Unternehmensverkäufer vor Beginn des Verkaufsprozesses eindeutig sein Einverständnis mit der Zurverfügungstellung von Finanzierungsmitteln für mehrere Bieter erklärt hat. Sodann sind klare Regelungen in Bezug auf die Informationsflüsse zwischen dem M&A-Team und der Finanzierungsabteilung zu vereinbaren. Sämtliche Bieter sollten spätestens im Rahmen der Finanzierungszusage schriftlich instruiert werden, dass die Investmentbank den marktüblichen Standards zur Informationskontrolle entspricht und dass ihr demgemäß die Informationen, die sie als M&A-Beraterin des Unternehmensverkäufers erlangt hat, nicht ohne dessen Autorisierung in ihrer Rolle als Finanzier auf der Käuferseite zur Verfügung stehen oder in irgendeiner Art und Weise von ihr dem Bieter zugänglich gemacht werden.

Weitere Details zu den angesprochenen marktüblichen **Standards des Informationsschutzes** im Rahmen von M&A-Transaktionen können der folgenden Checkliste entnommen werden:

– Trägt die **Größe des Transaktionsteams** dem sog. Need-to-know Prinzip[13] Rechnung bzw. birgt schon die (zu große Anzahl) von Teammitgliedern und eingebundenen externen Dienstleistern eine Gefahr für die Vertraulichkeit der Information?
– Werden die Mitarbeiter auf die Einhaltung sog. **Clean Desk Regelungen**[14] mittels entsprechender Trainings hingewiesen, etwa darauf, dass nach Büroschluss vertrauliche Unterlagen verschlossen aufzubewahren sind?
– Sind **Akten und Dateien** mit dem Hinweis versehen, dass nur Mitglieder des jeweiligen Transaktionsteams **Zugriff** haben dürfen?
– Empfiehlt sich die Verwendung von **Codes oder Projektkennwörtern** zur vertraulichen Umschreibung der Transaktion?
– Sind die Mitarbeiter hinreichend dafür sensibilisiert, dass sie vor dem **Versand von E-Mails** mit Transaktionsbezug deren Verteilerkreis kritisch prüfen?
– Gibt es einen etablierten Prozess, der festlegt, wie bei **fehlversendeten E-Mails** zu verfahren ist?
– Wird beim **Einsatz externer Dritter** geprüft, ob diese hinreichende Vorkehrungen zum Schutz von Informationen vorhalten?

Dem ordnungsgemäßen und nachvollziehbaren Umgang mit Interessenkonflikten unter Einschluss von Reputationsaspekten kommt eine besondere Bedeutung auch dann zu, wenn ein M&A-Kunde die Bank zur Beratung bei einem sog. **unfreundlichen Übernahmeversuch** beauftragen möchte. Als unfreundliche Übernahmen gelten Konstellationen, in denen ein oder mehrere Investoren ohne Einverständnis des Managements des Zielunternehmens einen größeren Anteil an dessen Kapital erwerben. Vor der Annahme solcher Mandate erfolgt in der Praxis der M&A-Beratung regelmäßig ein intensivierter **Klärungs- und Genehmigungsprozess** des Geschäftsbereiches. Aus der Sicht von Compliance bedarf es in diesen Konstellationen einer besonderen Prüfung, ob Geschäftsbeziehungen mit dem Zielunternehmen bestehen und ob ggf. Mitglieder des M&A-Transaktionsteams hieraus vertrauliche Informationen zum Zielunternehmen erhalten haben. Ferner sollte abgeklärt

---

13 Dazu *Meyer/Paetzel/Will*, in: Kölner Kommentar WpHG § 33 Rn. 177.
14 Dazu *Meyer/Paetzel/Will*, in: Kölner Kommentar WpHG § 33 Rn. 176.

werden, ob Interessenkonflikte aus etwaigen personellen Verflechtungen zwischen beratender Investmentbank und dem Zielunternehmen resultieren, etwa durch die Wahrnehmung von Beirats- oder Aufsichtsratstätigkeiten durch Bankmitarbeiter.

Welche Verfahrensweise bei der Identifizierung und Handhabung ggf. aufgetretener **Interessenkonflikte** im Rahmen des jeweiligen M&A-Mandats schließlich gewählt wurde, ist aus Dokumentationsgründen angemessen **aufzuzeichnen**. Organisatorisch umgesetzt werden kann dies in der Praxis durch die bereits erwähnten Dokumentationssysteme zur Erfassung von Transaktionen, die in einem separaten Abschnitt die Maßnahmen zum Interessenkonfliktmanagement beschreiben sollten. Dokumentiert werden können dort auch die seitens des Compliance-Beauftragten ergriffenen Maßnahmen, wie etwa die Umsetzung von Teamtrennungskonzepten.

2.3.2 Kontrolltätigkeiten

14   Vor dem Hintergrund des Verbots gemäß Art. 14 lit. a), 8 MAR, Insidergeschäfte zu tätigen, etwa in Kenntnis einer Übernahmeplanung, sowie gemäß Art. 14 lit. c) MAR, Insiderinformationen unrechtmäßig offenzulegen, hat sich der Compliance-Beauftragte im weiteren Verlauf der Durchführung der Transaktion davon zu überzeugen, dass die in der M&A-Abteilung angefallenen Informationen in dieser verblieben sind und nicht etwa in andere Geschäftsbereiche weitergegeben wurden. Gegenstand entsprechender **Kontrollen** sollten daher etwa die Geschäfte des **Eigenhandels** der Bank und die **Mitarbeitergeschäfte** sein.[15] In Betracht kommt weiter die Beobachtung von zur Veröffentlichung anstehenden **Finanzanalysen** im Hinblick darauf, ob diesen ausschließlich öffentlich zugängliche Informationen und keine aus der noch unveröffentlichten M&A-Transaktion zugrunde liegen. In den Gegenstand der laufenden Betrachtung einbezogen werden sollten schließlich die öffentlich zugänglichen **Börsen- und Marktaktivitäten** in Bezug auf die Finanzinstrumente und dabei beteiligter Emittenten, also etwa die Entwicklung der Handelsvolumina und des Börsen- oder Marktpreises sowie ggf. aufkommende Gerüchte zur M&A-Transaktion in den Medien.

2.3.3 Maßnahmen bei Verletzung der Vertraulichkeit

15   Zeigen sich im Rahmen dieser Beobachtungen Auffälligkeiten, kann dies daran liegen, dass vertrauliche Informationen an Dritte gelangt sind (**Leakage**). Gründe hierfür können zum einen eine unbeabsichtigte Weitergabe der Information sein, etwa infolge einer irrtümlich an den falschen Kreis von Adressaten gesendeten E-Mail. Daneben spielen aber auch die Vertraulichkeit bewusst verletzende Verhaltensweisen eine Rolle. So etwa das von taktischen Erwägungen getriebene absichtliche Lancieren einer vertraulichen Information in den Medien oder die Weitergabe einer Information, um eine Insiderstraftat zu begehen.

Erwägenswert ist es, die Mitarbeiter der M&A-Abteilung auf das **Verhalten im Falle der Verletzung der Vertraulichkeit** besonders zu sensibilisieren. Dies kann mittels der Durchführung von Trainings durch den Compliance-Beauftragten geschehen. Weiter kommt die Abfassung einer entsprechenden Richtlinie in Betracht, die neben der Darstel-

---

15   *Faust*, in: Schimansky/Bunte/Lwowski, Bankrechts-Handbuch, 5. Aufl. 2017, § 109 Rn. 170.

lung der allgemeinen Regeln zum Schutz von vertraulichen Informationen Antworten auf die Fragen der folgenden nicht abschließenden Checkliste geben sollte:
- Sind **Kriterien** definiert, bei deren Vorliegen vom Verdacht der Weitergabe von Informationen ausgegangen wird (z. B.: hinreichend konkrete Spekulation in den Medien, entsprechende Kundenbeschwerde)?
- Werden die Mitarbeiter angehalten, bei Anzeichen hierfür ihren **Vorgesetzten und Compliance zu informieren**?
- Besteht innerhalb der Compliance-Funktion ein Verfahrensablauf, der eine Überprüfung dieser Anzeichen im Rahmen einer internen **Untersuchung** gewährleistet?
- Sofern sich im Rahmen der internen Untersuchung Schwachstellen im Hinblick auf die **Organisationspflichten** insb. nach § 25a Abs. 1 und 4 KWG und § 63 WpHG zeigen, ist sichergestellt, dass diese in einem geordneten Verfahren behoben werden?
- Wird geprüft, ob **Anzeigepflichten** gegenüber Aufsichtsbehörden bestehen (z. B. nach § 23 WpHG)?

2.4 Veröffentlichung

2.4.1 Aussprache und Überwachung von Restriktionen

Mit der bevorstehenden Veröffentlichung der M&A-Transaktion sollte eine weitere enge Abstimmung zwischen dem M&A-Transaktionsteam und dem Compliance-Beauftragten einhergehen. In der Praxis üblich ist es daher, den Compliance-Beauftragten etwa **24 oder 48 Stunden vor Transaktionsveröffentlichung** bezüglich des genauen Zeitpunkts der Bekanntmachung zu informieren. Dies versetzt die Compliance-Funktion in die Lage, **interne Handlungseinschränkungen** in Bezug auf die Finanzinstrumente der Emittenten vorzubereiten, die von der M&A-Transaktion tangiert sind. Solche internen Handlungseinschränkungen werden typischerweise mit öffentlicher Bekanntmachung der Transaktion ausgesprochen, wenn der Geschäftsbereich an einer bedeutenden Transaktion als M&A-Dienstleister mitwirkt. Eine entsprechende Verpflichtung kann sich aus einschlägigen kapitalmarktrechtlichen Regelungen und aus vertraglichen Verpflichtungen ergeben oder daraus resultieren, dass sich die Investmentbank aus Gründen des Reputationsschutzes Selbstbeschränkungen auferlegt. Im M&A-Kontext sollen Selbstbeschränkungen der beratenden Investmentbank beispielsweise verhindern, dass von ihr durchgeführte Geschäfte einen Einfluss auf die Preisbildung im Rahmen einer laufenden M&A-Transaktion nehmen können. In der Praxis des M&A-Geschäfts betreffen solche Einschränkungen, deren Bandbreite von bloßen Auflagen bis zu einem Verbot reichen kann, etwa folgende **Aktivitäten in den Finanzinstrumenten der von der M&A-Transaktion tangierten Emittenten**:
- Handel für eigene Rechnung des Kreditinstituts
- Wertpapierleihgeschäfte für eigene Rechnung des Kreditinstituts
- Aktive Einwerbung von Kundenaufträgen
- Veröffentlichung von Finanzanalysen
- Mitarbeitergeschäfte
- Swap-Transaktionen durch eigene Aktivitäten des Kreditinstituts

Die Einschränkungen werden auf der **Sperrliste** (Restricted List) bankintern kommuniziert und ihre Einhaltung mittels geeigneter Überwachungsprozesse überprüft.[16]

2.4.2 Sonstiges

17 Neben dem Zeitpunkt der öffentlichen Bekanntmachung der M&A-Transaktion sollten dem Compliance-Beauftragten zudem die wesentlichen **Bedingungsparameter für den erfolgreichen Abschluss** der Transaktion, wie beispielsweise ausstehende kartellrechtliche Genehmigungen, und das **mutmaßliche Abschlussdatum** mitgeteilt werden. Dies versetzt den Compliance-Beauftragten in die Lage, den Fortgang der M&A-Transaktion zwischen der Veröffentlichung und dem Transaktionsende nachzuvollziehen, was etwa im Hinblick auf die Aufhebung von Restriktionen von Bedeutung ist.

2.5 Transaktionsende

18 Spätestens mit Beendigung der Transaktion hebt der Compliance-Beauftragte die auf der Sperrliste kommunizierten **internen Handlungseinschränkungen** in Bezug auf die Finanzinstrumente der von der Transaktion tangierten Emittenten wieder auf.

Transaktionsrelevante Unterlagen, die im Rahmen der Entstehung, Abwicklung und Beendigung des Mandates einer **Archivierungs- oder Aufbewahrungspflicht** unterliegen, sind im Einklang mit den einschlägigen Gesetzen und internen Vorschriften aufzubewahren. Unter dem in 2.3.1. erörterten Aspekt des **Schutzes der Information** aus der M&A-Transaktion ist aus Sicht des Compliance-Beauftragten darauf zu achten, dass keine Informationen in persönlichen Akten- oder Computerverzeichnissen von Teammitgliedern verbleiben, sondern eine zugriffsgeschützte zentrale Aufbewahrung der Transaktionsdaten erfolgt.

3 Fazit

19 Der Compliance-Beauftragte der Investmentbank kann vielfältige Aufgabenstellungen im Rahmen von M&A-Transaktionen übernehmen. Im Vordergrund stehen dabei in der Praxis seine auf die Minimierung von Interessenkonflikten und des unkontrollierten Informationstransfers zielenden Tätigkeiten.

Der Compliance-Beauftragte bewegt sich hierbei stets in einem Spannungsfeld, das einerseits durch die Beratung des die Transaktion durchführenden Geschäftsbereichs und andererseits durch entsprechende Kontrolltätigkeiten gekennzeichnet ist.

Maßgebliche Erfolgskriterien seiner Transaktionsbegleitung sind neben der geschäftsbereichsspezifischen Expertise, die Etablierung von Verfahrensabläufen, die seine frühzeitige und vollständige Information sicherstellen und klare Aufgabenzuweisungen im weiteren Transaktionsverlauf vorsehen.

---

16 Dazu *Meyer/Paetzel/Will*, in: Kölner Kommentar WpHG, § 33 Rn. 183 f.

4 Literaturverzeichnis

Assmann/Schneider: Wertpapierhandelsgesetz Kommentar, 6. Aufl., Köln 2012.

Hauschka/Moosmayer/Lösler: Corporate Compliance: Handbuch der Haftungsvermeidung im Unternehmen, 3. Aufl., München 2016.

Hirte/Möllers: Kölner Kommentar zum WpHG, 2. Aufl., Köln 2014.

Klöhn: Marktmissbrauchsverordnung, München 2018.

Meyer/Kiesewetter: Rechtliche Rahmenbedingungen des Beteiligungsaufbaus im Vorfeld von Unternehmensübernahmen, in: WM 2009, S. 340–349.

Umnuß: Corporate Compliance Checklisten, 3. Aufl., München 2017.

Schimansky/Bunte/Lwowski: Bankrechts-Handbuch, 5. Aufl., München 2017.

II.C.6

Ad-hoc-Publizität

Dr. Ulrich L. Göres

Inhaltsübersicht

1	Einleitung	1–3
2	Anwendungsbereich der Veröffentlichungspflicht von Insiderinformationen	4–15
2.1	Emittent von Finanzinstrumenten	4
2.2	Notierung an geregeltem Markt/OTF/MTF	5
2.3	Insiderinformation, die den Emittenten unmittelbar betrifft	6–7
2.4	So bald wie mögliche Veröffentlichung	8
2.5	Vorübergehende Befreiung von der Ad-hoc-Pflicht, Art. 17 Abs. 4 MAR	9–14
2.6	Aufschub zur Wahrung der Stabilität des Finanzsystems	15
3	Unberechtigte Inanspruchnahme der Befreiung	16
4	Art und Weise der Veröffentlichung einer Insiderinformation	17–23
4.1	Form, Inhalt und Aufbau der Vorabmitteilung an die BaFin und die Geschäftsführungen der Handelsplätze, an denen ihre Finanzinstrumente zum Handel zugelassen oder in den Handel einbezogen sind	18
4.2	Form, Inhalt und Aufbau der Veröffentlichung nach Art. 17 Abs. 1, 7 oder 8 MAR	19–23
5	Best Practice	24–26
5.1	Anstehende Veröffentlichung von Jahresabschluss- und/oder Quartalszahlen	25
5.2	Sonstige den Emittenten unmittelbar betreffende Sachverhalte	26
6	Folgen von Pflichtverletzungen	27–31
6.1	Öffentlich-rechtliche Sanktionen	27–28
6.2	Bekanntmachungspflichten zu getroffenen Maßnahmen und Sanktionen	29
6.3	Schadensersatzhaftung	30–31
7	Literaturverzeichnis	

1 Einleitung

Für Emittenten von Finanzinstrumenten gilt seit Anfang Juli 2016 ein neues Rechtsregime. Die bisher in § 15 WpHG geregelte Ad-hoc-Publizitätspflicht ist nun in Art. 17 der unmittelbar geltenden europäischen Marktmissbrauchsverordnung (Market Abuse Regulation – MAR) 596/2014 geregelt.

Art. 17 der MAR wird durch die Durchführungsverordnung (EU) 2016/1055 der Kommission v. 29. 06. 2016 zur Festlegung technischer Durchführungsstandards hinsichtlich der technischen Mittel für die angemessene Bekanntgabe von Insiderinformationen und für den Aufschub der Bekanntgabe von Insiderinformationen gemäß Verordnung (EU) Nr. 596/2014 des Europäischen Parlaments und des Rates[1] sowie die §§ 3 bis 9 der Verordnung zur Konkretisierung von Anzeige-, Mitteilungs- und Veröffentlichungspflichten nach dem Wertpapierhandelsgesetz (Wertpapierhandelsanzeigeverordnung – WpAV)[2] im Hinblick auf die einzelnen inhaltlichen, formalen und zeitlichen Komponenten weiter konkretisiert. Auch wenn der von der BaFin herausgegebene Emittentenleitfaden[3] auf Grund der grundlegenden Neufassung des WpHG durch das zweite Finanzmarktnovellierungsgesetz veraltet ist, können die darin enthaltenen Hinweise weiterhin zum besseren Verständnis herangezogen werden.

Zweck der Ad-hoc-Publizität ist es, einen gleichen Informationsstand der Marktteilnehmer durch eine schnelle und gleichmäßige Unterrichtung des Marktes zu erreichen. Es soll verhindert werden, dass sich unangemessene Börsen- oder Marktpreise infolge fehlerhafter oder unvollständiger Informationsunterrichtung des Marktes bilden und so die Funktionsfähigkeit des Kapitalmarktes gestärkt wird. Ferner soll im Interesse aller Anleger eine größtmögliche Chancengleichheit und Transparenz hergestellt werden.[4]

Darüber hinaus stellt die Ad-hoc-Publizität des Art. 17 MAR eine insiderrechtliche Präventivmaßnahme dar, mit der verhindert werden soll, dass ein Insider im Sinne des Art. 7 MAR von seinem Informationsvorsprung über einen noch nicht öffentlich bekannten, kurserheblichen Sachverhalt profitieren kann. Durch die unverzügliche Veröffentlichung der Insiderinformation soll dem Insiderhandel der Boden entzogen werden.

Nach den Angaben der BaFin haben die börsennotierten Emittenten im Jahr 2016 insgesamt 1.755 (2015: 1.434; 2014: 1.564) Ad-hoc-Mitteilungen veröffentlicht.[5] Während die Zahl der Ad-hoc-Meldungen bis Mitte 2016 zunächst zurückging, stieg sie in der zweiten Jahreshälfte stark an. Dies ist darauf zurückzuführen, dass die MAR die Pflicht zur Veröffentlichung von Insiderinformationen gesetzlich erweitert hat. Mit der steigenden Zahl von Ad-hoc-Meldungen hat sich auch die Zahl der Befreiungsmeldungen erheblich erhöht (2016: 403 gegenüber 2015: 324 und 2014: 325). Auch die Zahl der Verwaltungsverfahren, bei denen Anhaltspunkte für Verstöße gegen die Veröffentlichungspflicht verfolgt wurden, wuchs 2016 im Vorjahresvergleich. Der Fokus lag dabei vorrangig auf den MTF-Emitten-

---

1 ABl. L 173/47 ff. v. 30. 06. 2016.
2 Wertpapierhandelsanzeigeverordnung v. 13. 12. 2004 (BGBl. I S. 3376), die zuletzt durch Art. 1 der Verordnung v. 02. 11. 2017 (BGBl. I S. 3727) geändert worden ist.
3 Dieser ist abrufbar unter www.bafin.de in der Fassung v. 22. 07. 2013.
4 *Geibel/Schäfer*, in: Schäfer/Hamann, KMG, § 15 Rn. 1.
5 BaFin Jahresbericht 2016, S. 182 f.

ten. Diese müssen erstmals gesetzliche Transparenzpflichten wie die Veröffentlichung von Insiderinformationen erfüllen. Dazu haben sie nicht nur zahlreiche europäische Regelungen aus der MAR sowie die Delegierte Verordnung (EU) 2016/522 und die Durchführungsverordnung (EU) 2016/1055 zu beachten, sondern weiterhin auch nationale Vorschriften des WpHG und der WpAV.

Die Beachtung der Ad-hoc-Pflicht ist ausschließlich (Geschäftsführungs-)Aufgabe des Vorstands, auch wenn die fragliche Information eine Entscheidung des Aufsichtsrates betrifft.[6]

2 Anwendungsbereich der Veröffentlichungspflicht von Insiderinformationen

2.1 Emittent von Finanzinstrumenten

4   Nach Art. 17 Abs. 1 Unterabs. 1 MAR ist ein Emittent verpflichtet, der Öffentlichkeit Insiderinformationen, die ihn unmittelbar betreffen, so bald wie möglich bekannt zu geben. „Emittent" ist nach Art. 3 Abs. 1 Nr. 21 MAR eine juristische Person des privaten oder öffentlichen Rechts, die Finanzinstrumente emittiert oder deren Emission vorschlägt, wobei der Emittent im Fall von Hinterlegungsscheinen, die Finanzinstrumente repräsentieren, der Emittent des repräsentierten Finanzinstruments ist. Erfasst werden sämtliche Emittenten aus Deutschland, der EU sowie Drittstaaten, sofern sie eine „juristische Person des privaten oder öffentlichen Rechts" darstellen. Ausgeschlossen sind nach dem Wortlaut damit insb. Personenhandelsgesellschaften, die ein Finanzinstrument emittiert haben.

Wie zuvor gezeigt, sind Emittenten von „Finanzinstrumenten" erfasst. Zur Definition verweist Art. 3 Abs. 1 Nr. 1 MAR auf Art. 4 Abs. 1 Nr. 15 der Richtlinie 2014/65/EU (MiFID II). Dieser wiederum verweist auf den Anhang I Abschn. C der Richtlinie 2014/65/EU, wonach der Begriff der Finanzinstrumente „übertragbare Wertpapiere, Geldmarktinstrumente, Anteile an OGAWs, Optionen, Futures, Swaps, FRAs und alle anderen Derivatekontrakte in Bezug Wertpapiere, Währungen, Zinssätze oder -erträge, finanzielle Indizes oder Messgrößen, die effektiv geliefert oder bar abgerechnet werden können" umfasst. Damit wird der gesamte Bereich der Aktien, Anleihen, Genussscheinen sowie das gesamte Spektrum an Mezzaninen Finanzinstrumenten erfasst.[7]

2.2 Notierung an geregeltem Markt/OTF/MTF

5   Art. 17 Abs. 1 Unterabs. 3 MAR definiert, welche Emittenten zur Ad-hoc-Publizitätspflicht verpflichtet sind. Erfasst sind hiernach „Emittenten, die für ihre Finanzinstrumente eine Zulassung zum Handel an einem geregelten Markt in einem EU-Mitgliedsstaat beantragt oder erhalten haben, bzw. im Falle von Instrumenten, die nur auf einem multilateralen oder organisierten Handelssystem (Multilateral Trading Facility – MTF bzw. Organized Trading Facility – OTF) gehandelt werden, für Emittenten, die für ihre Finanzinstrumente eine Zulassung zum Handel auf einem MTF oder OTF in einem Mitgliedstaat erhalten haben

---

6   *Lutter*, Information und Vertraulichkeit im Aufsichtsrat, 3. Aufl. Rn. 401, 591, 655; in: BGH, in: WM 2009, S. 1233, 1238.
7   *Schäfer*, in: Marsch-Barner/Schäfer (Hrsg.): Handbuch börsennotierte AG, 4. Aufl. 2018, Ad-hoc-Publizität, Rn. 15.12.

oder die für ihre Finanzinstrumente eine Zulassung zum Handel auf einem MTF in einem Mitgliedstaat beantragt haben." Die deutsche Fassung geht hier trotz der bereits erfolgten Korrektur weiterhin über die englische Fassung der MAR hinaus. Letztere erfasst bei ausschließlich auf einem MTF oder OTF gehandelten Finanzinstrument nur solche, deren Handel der Emittent genehmigt hat und nicht auch diejenigen, für die eine Zulassung „erhalten" wurde.

§ 2 Abs. 8 Nr. 8 WpHG definiert das „multilaterale Handelssystem" (MTF)[8] und § 2 Abs. 8 Nr. 9 WpHG das „organisierte Handelssystem" (OTF).[9] Ergänzt werden diese Definitionen durch die des MTF-Emittenten in § 2 Abs. 15 WpHG und die des OTF-Emittenten in § 2 Abs. 16 WpHG.

Durch die Erstreckung der Ad-hoc-Publizitätspflicht auf Finanzinstrumente, die auf einem MTF oder einem OTF gehandelt werden, wird diese erheblich ausgeweitet.[10] Verstärkt wird dies noch dadurch, dass gemäß § 48 Abs. 3 Satz 2 des BörsG nunmehr auch der Freiverkehr als multilaterales Handelssystem „gilt" und daher ebenfalls der Ad-hoc-Publizitätspflicht und damit auch den Schadensersatzregelungen nach den §§ 97 und 98 WpHG unterliegt.[11]

2.3 Insiderinformation, die den Emittenten unmittelbar betrifft

Nach Art. 17 Abs. 1 Unterabs. 1 MAR müssen per Ad-hoc-Veröffentlichung nur solche Insiderinformationen veröffentlicht werden, die den Emittenten unmittelbar betreffen. Art. 17 MAR enthält selbst keine Definition des Begriffs der Insiderinformation, sondern erklärt die Definition des Art. 7 Abs. 1 MAR für anwendbar.

6

Für Warenderivate und Emissionszertifikate enthält die MAR jeweils einen eigenen Insiderinformationsbegriff. Insiderinformationen können außerdem Informationen sein, die mit der Ausführung von Aufträgen in Bezug auf Finanzinstrumente zusammenhängen. Aufgrund des Erfordernisses der unmittelbaren Betroffenheit des Emittenten lösen Informationen, die nur das Finanzinstrument selbst betreffen, in der Regel keine Ad-hoc-Publizitätspflicht aus.

Die Insiderinformation muss den Emittenten selbst betreffen. Hierbei kann es sich um Umstände handeln, die im Tätigkeitsbereich des Emittenten eingetreten sind (sog. unternehmensinterne Umstände) als auch um solche, die außerhalb des Tätigkeitsbereichs des Emittenten eintreten (sog. unternehmensexterne oder „von außen" kommende Umstände). Nicht erforderlich ist, dass die jeweiligen Umstände, die den Emittenten selbst betreffen, bereits eingetreten sind. Es reicht vielmehr aus, wenn mit hinreichender Wahrscheinlichkeit davon ausgegangen werden kann, dass sie in Zukunft eintreten werden. Aus Sicht der BaFin reicht hierfür eine Wahrscheinlichkeit von 50 % + x aus.

---

8   Für das BörsG ist die Definition des MTF in § 2 Abs. 6 BörsG enthalten.
9   Für das BörsG ist die Definition des OTF in § 2 Abs. 7 BörsG enthalten.
10 *Kumpan*, in: DB 2016, S. 2039, 2040; *Scholz*, in: NZG 2016, S. 1286, 1287; *Schäfer*, in: Marsch-Barner/Schäfer (Hrsg.): Handbuch börsennotierte AG, 4. Aufl. 2018, Ad-hoc-Publizität, Rn. 15.14.
11 BT-Drs. 18/10936, S. 251.

1031

Zu den klassischen Vorgängen gehören Entscheidungen der Geschäftsleitung oder die Akte anderer Organe des Emittenten. Ferner können hierzu unternehmensbezogene Handlungen von Angestellten zählen oder Vorgänge, die sich im betrieblichen Bereich des Unternehmens zugetragen haben, wie etwa eine für das Unternehmen bedeutende Erfindung (z. B. im Industrieunternehmen), massive Unterschlagungen oder Veruntreuungen, Betriebsunfälle etc.

7 Gegenüber den unternehmensinternen Umständen betreffen nur wenige von „außen" kommende Umstände den Emittenten unmittelbar. Beispiele für einen eventuell publizitätspflichtigen Sachverhalt sind die Mitteilung der Abgabe eines Angebots zur Übernahme gegenüber der Zielgesellschaft im Rahmen einer Unternehmenstransaktion oder die Mitteilung des Großaktionärs über die Durchführung eines Squeeze-out-Verfahrens gegenüber dem Emittenten. Demgegenüber betreffen nach den Empfehlungen des Komitees der europäischen Aufsichtsbehörden (CESR) folgende Insiderinformationen den Emittenten nur mittelbar[12]:

- allgemeine Marktstatistiken, Zinssatzentwicklungen, Zinssatzentscheidungen,
- zukünftig zu veröffentlichende Rating-Ergebnisse, Research-Studien, Empfehlungen oder Vorschläge, die den Wert der börsennotierten Finanzinstrumente betreffen,
- Entscheidungen der Regulierungsbehörden bezüglich der Besteuerung, der Regulierung, des Schuldenmanagements oder über Regeln der Marktaufsicht,
- Entscheidungen über die Regeln der Indexzusammensetzung und -berechnung,
- Kauf- und Verkaufsaufträge in den Finanzinstrumenten des Emittenten.

Zu beachten ist, dass eine den Emittenten nur mittelbar betreffende Insiderinformation zwar nicht veröffentlichungspflichtig ist, aber dennoch das Insiderhandelsverbot nach Art. 7 MAR auslöst, weil sie ein erhebliches Preisbeeinflussungspotenzial besitzt.[13]

2.4 So bald wie mögliche Veröffentlichung

8 Nach Art. 17 Abs. 1 Unterabs. 1 MAR muss der unmittelbar betroffene Emittent der Öffentlichkeit „so bald wie möglich" informieren. Was unter dem Begriff „so bald wie möglich" zu verstehen ist, ist in der MAR nicht weiter geregelt. Auch fehlt es an einem ausdrücklichen Verschuldenselement.

Indes ist ein Emittent einem Dritten nach § 97 Abs. 1 WpHG zum Ersatz des durch die Unterlassung entstandenen Schadens nur dann verpflichtet, wenn er es unterlassen hat, die ihn unmittelbar betreffende Insiderinformation „unverzüglich", d. h. „ohne schuldhaftes Zögern" im Sinne des § 121 BGB zu veröffentlichen. § 120 Abs. 15 Nr. 6, Nr. 9, Nr. 10 und Nr. 11 WpHG setzt für eine Ordnungswidrigkeit voraus, das eine Insiderinformation „vorsätzlich oder leichtfertig nicht rechtzeitig" veröffentlicht worden ist. Insofern ist davon

---

12 CESR's Advice on Level 2 Implementing Measures for the proposed Market Abuse Directive, CESR/02-089d, Rn. 36; BaFin-Emittentenleitfaden, Punkt IV.2.2.2, S. 51.
13 BaFin-Emittentenleitfaden, Punkt IV.2.2.2, S. 52.

auszugehen, dass die Veröffentlichungspflicht zu erfolgen hat, sobald der Emittent eine angemessene Frist für eine Analyse der Situation zur Verfügung gehabt hat.[14]

2.5 Vorübergehende Befreiung von der Ad-hoc-Pflicht, Art. 17 Abs. 4 MAR

Von der grundsätzlich gemäß Art. 17 Abs. 1 MAR bestehenden Emittentenpflicht, ihn unmittelbar betreffende Insiderinformation bald möglichst zu veröffentlichen, statuiert Art. 17 Abs. 4 MAR allgemein eine Ausnahme. Art. 17 Abs. 5 MAR enthält eine weitere für einem Spezialfall. 9

Nach Art. 17 Abs. 4 MAR kann ein Emittent „auf eigene Verantwortung die Offenlegung von Insiderinformationen aufschieben" wenn bestimmte Voraussetzungen in ihrer Gänze erfüllt sind. Wenn ein Emittent die Befreiungsmöglichkeit in Anspruch nehmen möchte, ist er verpflichtet, selbst zu überprüfen, ob und bis wann die o. g. Voraussetzungen erfüllt sind und eine Entscheidung hierüber herbeizuführen. Die BaFin geht davon aus, dass für die Selbstbefreiung ein Beschluss des geschäftsführenden Organs erfolgen muss ist.[15]

2.5.1 Schutz der berechtigten Interessen des Emittenten

Die unverzügliche Offenlegung muss geeignet sein, die berechtigten Interessen des Emittenten zu beeinträchtigen. 10

Der Begriff der berechtigten Interessen wird durch Erwägungsgrund 50 der MAR, durch ESMA-Leitlinien v. 20.10.2016[16] als auch durch § 6 WpAV konkretisiert. Die Frage, wann ein berechtigtes Interesse vorliegt, ist demnach das Ergebnis einer Abwägung zwischen dem Transparenzbedürfnis der Marktteilnehmer und den Gründen des Emittenten für eine verzögerte Ad-hoc-Mitteilung einer solchen Insiderinformation. Als Beispiele nennen die MAR-Leitlinien[17] die folgenden nicht erschöpfenden Umstände:
– Der Emittent führt Verhandlungen, deren Ergebnis durch die unverzügliche Bekanntgabe wahrscheinlich gefährdet würde. Beispiele für solche Verhandlungen sind solche über Fusionen, Übernahmen, Aufspaltungen und Spin-offs, Erwerb oder Veräußerung wesentlicher Vermögenswerte oder Unternehmenszweige, Umstrukturierungen und Reorganisationen.
– Die finanzielle Überlebensfähigkeit des Emittenten ist stark und unmittelbar gefährdet – auch wenn er noch nicht unter das geltende Insolvenzrecht fällt –, und die unverzügliche Bekanntgabe von Insiderinformationen würde die Interessen der vorhandenen und potenziellen Aktionäre erheblich beeinträchtigen, indem der Abschluss der Verhandlungen gefährdet würde, die eigentlich zur Gewährleistung der finanziellen Erholung des Emittenten gedacht sind.

---

14 *Klöhn*, in: AG 2016, S. 423, 430; *Schäfer*, in: Marsch-Barner/Schäfer (Hrsg.): Handbuch börsennotierte AG, 4. Aufl. 2018, Ad-hoc-Publizität, Rn. 15.21.
15 BaFin-Emittentenleitfaden, Punkt IV.3, S. 59.
16 Diese MAR-Leitlinien sind abrufbar unter: https://www.esma.europa.eu/system/files_force/library/esma-2016-1478_de.pdf (letzter Abruf am 05.07.2018).
17 MAR-Leitlinien, Punkt 5.1, S. 4.

- Der Emittent hat ein Produkt entwickelt oder eine Erfindung getätigt, und die unverzügliche Offenlegung dieser Information würde aller Wahrscheinlichkeit nach die Rechte des geistigen Eigentums des Emittenten gefährden.
- Der Emittent plant den Erwerb oder Verkauf einer wesentlichen Beteiligung an einem anderen Unternehmen, und die Offenlegung dieser Information würde aller Wahrscheinlichkeit nach die Durchführung dieses Plans gefährden.
- Ein zuvor angekündigtes Geschäft unterliegt der Genehmigung durch eine staatliche Behörde, wobei diese Genehmigung von weiteren Anforderungen abhängt, und die unverzügliche Offenlegung dieser Anforderungen wird sich aller Wahrscheinlichkeit nach auf die Fähigkeit des Emittenten, diese Anforderungen zu erfüllen, auswirken und somit den Erfolg des Geschäfts letztendlich verhindern.

11   Ferner kann gemäß der MAR-Leitlinien[18] ein berechtigtes Interesse des Emittenten bestehen, wenn es um mehrstufige Entscheidungsprozesse wie z. B. bei Maßnahmen der Geschäftsleitung des Emittenten geht, für deren Wirksamkeit nach innerstaatlichem Recht oder den Statuten des Emittenten noch die Zustimmung eines anderen Organs (z. B. des Aufsichtsrats) erforderlich ist. Voraussetzung ist indes, dass die unverzügliche Offenlegung der Insiderinformation die korrekte Bewertung von dieser durch das Publikum gefährden und der Emittent dafür gesorgt hat, dass die endgültige Entscheidung so schnell wie möglich getroffen wird. Damit soll gewährleistet werden, dass nicht durch eine vorherige Veröffentlichung die Entscheidungsfreiheit und die Funktionsfähigkeit des Organs Aufsichtsrat präjudiziert oder sonst durch Reaktionen und Diskussionen außerhalb und innerhalb des Unternehmens belastet wird. Hierdurch wird insb. die Entscheidungsautonomie des Aufsichtsrats gestärkt, was gerade auch im Hinblick darauf, dass die Funktion des Aufsichtsrats unter dem Gesichtspunkt einer guten Corporate Governance in den letzten Jahren gestärkt worden ist, zu begrüßen ist.[19] Die ESMA nimmt in ihren MAR-Leitlinien daher an, dass in solchen Fällen ein Aufschub der Veröffentlichung grundsätzlich im berechtigten Interesse des Emittenten sowie der Anleger möglich ist.

2.5.2 Keine Irreführung der Öffentlichkeit

12   Eine eigenverantwortliche Befreiung durch den Emittenten setzt darüber hinaus voraus, dass die Öffentlichkeit durch die Aufschiebung nicht irregeführt wird. Der Umstand, dass die noch nicht veröffentlichte Information vom Kapitalmarkt bei der Preisbildung noch nicht berücksichtigt werden kann, muss dabei notwendigerweise außer Betracht bleiben, weil dies eine dem Aufschub der Veröffentlichung immanente Folge ist und ein Aufschub sonst nie in Betracht käme.[20] Maßgeblich ist, ob im Markt schon konkrete Informationen „gehandelt" werden, sodass ein weiteres Schweigen des Emittenten dazu in die Irre führt. Eine Irreführung liegt nach den MAR-Leitlinien[21] mind. bei folgenden Umständen vor:

---

18   MAR-Leitlinien, Punkt 5.1, Buchstabe c., S. 5.
19   BaFin-Emittentenleitfaden, Punkt IV.3.1, S. 60.
20   *Frowein*, in: Habersack/Mülbert/Schlitt (Hrsg.): Handbuch der Kapitalmarktinformation, § 10, Rn. 110; *Simon*, Der Konzern 2005, S. 13, 20.
21   MAR-Leitlinien, Punkt 5.2, Buchstaben a. – c., S. 5 f.

– Die Insiderinformationen, deren Offenlegung der Emittent aufzuschieben beabsichtigt, unterscheiden sich wesentlich von der früheren öffentlichen Ankündigung des Emittenten hinsichtlich des Gegenstands, auf den sich die Insiderinformationen beziehen, oder
– Die Insiderinformationen, deren Offenlegung der Emittent aufzuschieben beabsichtigt, betreffen die Tatsache, dass die finanziellen Ziele des Emittenten aller Wahrscheinlichkeit nach nicht erreicht werden, wobei diese Ziele zuvor öffentlich bekanntgegeben worden waren, oder
– Die Insiderinformationen, deren Offenlegung der Emittent aufzuschieben beabsichtigt, stehen im Gegensatz zu den Markterwartungen, wobei diese Erwartungen auf Signalen beruhen, die der Emittent zuvor an den Markt gesendet hatte, z. B. durch Interviews, Roadshows oder jede andere Art der vom Emittenten organisierten oder genehmigten Kommunikation.

Der Emittent sollte daher Fragen z. B. der Presse über einen kursrelevanten Sachverhalt, der auf Grund der Befreiungsmöglichkeit noch nicht veröffentlicht worden ist, grundsätzlich nicht inhaltlich beantworten, darf aber gleichzeitig keine Aussagen treffen, die nicht tatsächlich zutreffen, sodass es in der Regel nur den Ausweg geben wird, keinen Kommentar zu geben. Das Verfolgen einer sog. „no-comment policy" sieht die BaFin in diesem Zusammenhang nicht als Irreführung an.[22]

2.5.3 Gewährleistung der Vertraulichkeit der Insiderinformation

Dritte Voraussetzung für eine eigenverantwortliche Befreiung von der Ad-hoc-Publizitätspflicht durch den Emittenten ist nach Art. 17 Abs. 4 Unterabs. 1 lit. c) MAR, dass der Emittent die „Geheimhaltung der Informationen sicherstellen kann". Sofern bei einem Aufschub die Vertraulichkeit dieser Insiderinformationen nicht mehr gewährleistet ist, muss der Emittent gemäß Art. 17 Abs. 7 Unterabs. 1 MAR die Öffentlichkeit so schnell wie möglich über diese Insiderinformationen informieren.

13

Um beurteilen zu können, ob die Vertraulichkeit der Insiderinformationen während des Aufschubs gewährleistet ist, hat der Emittent geeignete Kontrollen zu etablieren. Aus den Rechtsvorschriften ergeben sich hinsichtlich der zu treffenden Maßnahmen keine konkreten Anforderungen. Diese sind nach den Umständen des Einzelfalles zu treffen. Es empfiehlt sich jedoch, die Ad-hoc-Kommission oder die dafür zuständige Stelle mit der regelmäßigen Überwachung der Informationsdienste, die ohnehin abonniert sind, zu beauftragen, sodass durchgesickerte Informationen auffallen würden.

Auch wenn mit der Neufassung des § 7 WpAV darauf verzichtet wurde, in der WpAV konkrete Kontrollen des Emittenten während des Aufschubs zu statuieren, so ist dem jeweiligen Emittenten während der Zeit, in der er die Befreiung beansprucht, zu empfehlen, den Zugang zur Insiderinformation zu kontrollieren. Dabei hat er wirksame Vorkehrungen dafür treffen, dass nur Personen, für die die Information zur Wahrnehmung ihrer Aufgaben beim Emittenten unerlässlich ist, Zugang zu dieser Insiderinformation erhalten (sog. Need-

---

22 BaFin-Emittentenleitfaden, Punkt IV. 3.2, S. 61.

to-know Prinzip).[23] Notwendig ist weiter, dass die Aufklärung und Belehrung der Empfänger der Information über ihre insiderrechtlichen Pflichten und die Sanktionen im Zusammenhang mit der Aufnahme in ein Insiderverzeichnis nach Art. 18 MAR erfolgen, sowie schließlich Vorkehrungen zur unmittelbaren Veröffentlichung gemäß Art. 17 Abs. 7 MAR für den Fall getroffen werden, dass die Vertraulichkeit nicht mehr gewährleistet ist, damit diese „so schnell wie möglich" erfolgen kann. Dies ist gemäß Art. 17 Abs. 7 Unterabs. 2 MAR insb. dann der Fall, wenn ein Gerücht auf eine bislang nicht veröffentlichte Insiderinformation Bezug nimmt und ausreichend präzise ist, sodass zu vermuten ist, dass die Vertraulichkeit nicht mehr gesichert ist. Hierbei ist es unerheblich, wie dieses Gerücht in den Markt gelangt ist.

2.5.5 Nachholung der Ad-hoc-Publizitätspflicht

14 Sofern die Voraussetzungen für einen Aufschub der Veröffentlichung nicht (mehr) vorliegen, ist sie nach Art. 17 Abs. 7 Unterabs. 1 „so schnell wie möglich" nachzuholen. Die Veröffentlichung hat hierbei in derselben Art und Weise zu erfolgen wie die Ad-hoc-Publizität nach Art. 17 Abs. 1 Unterabs. 2 MAR.

Zusätzlich ist der Emittent gemäß Art. 17 Abs. 4 Unterabs. 3 MAR dazu verpflichtet, die zuständige Behörde unmittelbar nach der Ad-hoc-Veröffentlichung über den Aufschub der Offenlegung zu informieren. Ferner hat er schriftlich zu erläutern, inwieweit die vorgenannten Bedingungen für den Aufschub erfüllt waren. § 7 WpAV verlangt darüber hinaus, dass diese Mitteilung alle Zeitpunkte, an denen der Fortbestand der Gründe überprüft wurde (§ 7 WpAV Nr. 1), sowie den Vor- und Familiennamen sowie die Geschäftsanschriften und Rufnummern aller Personen, die an der Entscheidung über die Befreiung beteiligt waren (§ 7 Nr. 1 WpAV), umfasst.

2.6 Aufschub zur Wahrung der Stabilität des Finanzsystems

15 Art. 17 Abs. 5 MAR enthält – wie zuvor beschrieben – einen Sondertatbestand für einen Aufschub der Ad-hoc-Publizitätspflicht, wenn es sich bei dem Emittenten um ein Kredit- oder Finanzinstitut handelt. Ausweislich des Erwägungsgrunds 52 der MAR soll hierdurch verhindert werden, dass „sich Liquiditätskrisen von Finanzinstituten aufgrund eines plötzlichen Abgangs von Mitteln zu Solvenzkrisen entwickeln". Nach dieser Vorschrift kann der Emittent die Offenlegung der Insiderinformationen aufschieben, sofern diese „das Risiko birgt, dass die finanzielle Stabilität des Emittenten und des Finanzsystems untergraben wird, der Aufschub der Veröffentlichung im öffentlichen Interesse ist, die Geheimhaltung der Informationen gewährleistet werden kann, und die zuständige Behörde dem Aufschub auf der Grundlage zugestimmt hat, dass die vorgenannten Bedingungen erfüllt sind." Dies soll insb. dann gelten, wenn die grundsätzlich vorhandene Ad-hoc-Publizitätspflicht „im Zusammenhang mit einem zeitweiligen Liquiditätsproblem und insb. in Bezug auf den

---

23 *Frowein*, in: Mülbert/Habersack/Schlitt (Hrsg.): Handbuch der Kapitalmarktinformation, § 10, Rn. 114; *Veith*, in: NZG 2005, S. 254, 257. Vgl. zum Need-to-know Prinzip, *Schimansky/Bunte/Lwowski/Eisele*, Bankrechtshandbuch § 109 Rn. 141; *Koller*, in: Assmann/Schneider, § 33, Rn. 11. MaComp, AT 6.2 Nr. 3b).

Bedarf an zeitweiliger Liquiditätshilfe seitens einer Zentralbank oder eines letztinstanzlichen Kreditgebers" existiert. Anders als bei Art. 17 Abs. 4 lit. b) MAR nimmt es der Gesetzgeber billigend in Kauf, dass es durch den Aufschub der Offenlegung von sog. „systemrelevanten Insiderinformationen" durchaus zu einer „Irreführung der Öffentlichkeit" kommen kann, solange die zuständige Behörde diesem Aufschub zugestimmt hat.

Art. 17 Abs. 6 MAR beschreibt das hierfür einzuhaltende Verfahren. Hiernach hat der Emittent die „zuständige Behörde vor dem Aufschub von seiner Absicht in Kenntnis zu setzen, die Offenlegung der Insiderinformationen aufzuschieben." Entsprechende Nachweise für die Erfüllung der Aufschubvoraussetzungen i. S. d. Art. 17 Abs. 5 lit. a) bis d) MAR sind beizufügen. Sofern die zuständige Behörde dem eingereichten Aufschub der Veröffentlichung nicht zustimmt, muss der Emittent die Insiderinformationen „unverzüglich" offenlegen, Art. 17 Abs. 6 Unterabs. 3 MAR. Vor der Entscheidung hört die BaFin als zuständige Behörde ggf. die nationale Zentralbank, also die Bundesbank, an.

3 Unberechtigte Inanspruchnahme der Befreiung

Wer die Befreiung unberechtigt beansprucht, läuft Gefahr, Marktmanipulation durch pflichtwidriges Verschweigen von Angaben über bewertungserhebliche Umstände zu begehen. *16*

Ein Verstoß durch das Verschweigen bewertungserheblicher Umstände kann nur von Personen begangen werden, denen selbst eine eigenständige Offenlegungspflicht obliegt oder die unternehmensintern für die Erfüllung einer gesetzlichen Veröffentlichungspflicht des Emittenten zuständig sind.

Eine Befreiung wird auch dann unberechtigt beansprucht, wenn die Voraussetzungen der Befreiung nachträglich entfallen sind und die Ad-hoc-Mitteilung nicht unverzüglich nachgeholt wird. Der Emittent ist dabei selbst verantwortlich, den richtigen Zeitpunkt für seine Ad-hoc-Mitteilung zu bestimmen, und trägt das Risiko der Fehleinschätzung. Die Entscheidung über die Inanspruchnahme einer Befreiung stellt damit hohe Anforderungen an die Eigenverantwortung der Emittenten und ihrer Organmitglieder.

insb. im Hinblick auf eine potenzielle Nachfrage der Aufsichtsbehörden oder auf eine Überprüfung durch externe Wirtschaftsprüfer sind die Erwägungen bei einer Inanspruchnahme der Selbstbefreiung nach Art. 17 Abs. 4 MAR, nähere Angaben zu dem in diesem Kontext durchlaufenen Entscheidungsprozess, sowie zu dem während der Befreiung gemachten Angaben detailliert schriftlich zu dokumentieren. Es empfiehlt sich insb., in einer Ad-hoc-Prozessbeschreibung auch die Bedingungen darzulegen, unter denen eine Befreiung erfolgen kann, welche unternehmensinternen Entscheidungsträger daran mitzuwirken haben und welche Mindestanforderungen bei der Dokumentation zu beachten sind.

4 Art und Weise der Veröffentlichung einer Insiderinformation

Die konkreten Schritte zur Veröffentlichung einer Ad-hoc-pflichtigen Insiderinformation ergeben sich aus Art. 17 Abs. 1 Unterabs. 2 MAR. Hiernach hat der Emittent sicherzustellen, „dass die Insiderinformationen in einer Art und Weise veröffentlicht werden, die es der Öffentlichkeit ermöglicht, schnell auf sie zuzugreifen und sie vollständig, korrekt und *17* rechtzeitig zu bewerten." Die Durchführungsverordnung (EU) 2016/1055 enthält die Einzelheiten. Gemäß Erwägungsgrund 1 dieser Durchführungsverordnung 2016/1055 „sollten die Insiderinformationen allen Kategorien von Anlegern in der EU unentgeltlich, zeitlich und möglichst schnell offengelegt und darüber hinaus auch den Medien offen gelegt werden, die für eine Weiterleitung an die Öffentlichkeit sorgen."

Die Anforderungen wurden durch das 2. FiMaNoG als § 26 WpHG ins deutsche Gesetz implementiert. Verpflichteter zur Übermittlung von Insiderinformationen sind gemäß § 26 Abs. 1 WpHG „Inlandsemittenten, MTF-Emittenten oder OTF-Emittenten" i. S. v. § 2 Abs. 14 bis 16 WpHG. Das Veröffentlichungsverfahren setzt sich gemäß § 26 Abs. 1 WpHG aus den folgenden Schritten zusammen:

– Die nach § 26 Abs. 1 WpHG Verpflichteten haben die Insiderinformationen vor ihrer Veröffentlichung der BaFin und den Geschäftsführungen der Handelsplätze, an denen ihre Finanzinstrumente zum Handel zugelassen oder in den Handel einbezogen sind, mitzuteilen. Ziel ist es, allen Handelsplätzen eine Entscheidung über eine etwaig erforderliche Handelsaussetzung zu geben.

– Im Anschluss sind die verpflichteten Emittenten zur Veröffentlichung der Insiderinformation verpflichtet. Die Einzelheiten ergeben sich aus § 26 Abs. 1 WpHG i. V. m. § 3a WpAV. Hiernach sind die zur Veröffentlichung bestimmten Informationen Medien zuzuleiten, einschließlich solcher, bei denen davon ausgegangen werden kann, dass sie die Information in der gesamten EU und in den übrigen Vertragsstaaten des Abkommens über den Europäischen Wirtschaftsraum verbreiten. Die Einzelheiten der Veröffentlichung ergeben sich aus § 3 Abs. 2–4, § 3b und ihre Mitteilung aus § 3c WpAV.

– Unverzüglich nach ihrer Veröffentlichung ist diese gemäß § 26 Abs. 1 2. Halbs. WpHG dem Unternehmensregister i. S. d. § 8b des HGB zur Speicherung zu übermitteln.

Eine Ad-hoc-Mitteilung und die damit verbundenen Schritte kann der Emittent entweder selbst oder über einen der am Markt vorhandenen professionellen Dienstleister in diesem Bereich vornehmen. Angesichts der recht umfassenden Pflichten wird in der Praxis in der Regel auf einen entsprechend spezialisierten Dienstleister zurückgegriffen. In der Regel bedienen sich die Emittenten Dienstleister wie bspw. der Deutschen Gesellschaft für Ad-hoc-Publizität [DGAP], Equity Story AG, euro adhoc, Business Wire und Hugin, einer Tochtergesellschaft der NYSE Euronext), da diese mit den Einzelheiten hinsichtlich der formalen Anforderungen, der Abfolge der einzelnen Schritte des Verfahrens, der erforderlichen Kanäle für die Veröffentlichung etc. bestens vertraut sind. Der Emittent muss in diesen Fällen nur noch den Text einer Ad-hoc-Mitteilung erstellen und den Zeitpunkt der Veröffentlichung dieser bestimmen. Der Emittent muss aber auch bei der Nutzung eines solchen Service in der Lage sein, auf Anforderung der BaFin für einen Zeitraum von sechs Jahren einen Nachweis über die Einzelheiten des durchgeführten Verfahrens inklusive der verwandten Sicherheitsmaßnahmen für die Übersendung an die Medien mitzuteilen.

4.1 Form, Inhalt und Aufbau der Vorabmitteilung an die BaFin und die Geschäftsführungen der Handelsplätze, an denen ihre Finanzinstrumente zum Handel zugelassen oder in den Handel einbezogen sind

Die Vorabmitteilung muss gemäß § 8 WpAIV den Wortlaut der vorgesehenen Veröffentlichung, den vorgesehenen Zeitpunkt der Veröffentlichung und einen verantwortlichen Ansprechpartner beim Emittenten mit Telefonnummer enthalten. Die Mitteilung hat nach § 9 Abs. 1 Satz 1 WpAIV grundsätzlich schriftlich per Telefax zu erfolgen.   18

Wenn der Emittent eine vorübergehende Befreiung von der Veröffentlichung nach Art. 17 Abs. 4 Unterabs. 1 MAR in Anspruch genommen hat, ist er gemäß Art. 17 Abs. 4 Unterabs. 3 MAR unmittelbar nach der Veröffentlichung dazu verpflichtet, die BaFin als zuständige Behörde über den Aufschub der Offenlegung zu informieren und die Erfüllung der in Art. 17 Abs. 4 Unterabs. 1 lit. a) bis c) MAR festgelegten Bedingungen schriftlich zu erläutern. Weitere Bedingungen enthält Art. 4 der Durchführungsverordnung (EU) 2016/1055.

4.2 Form, Inhalt und Aufbau der Veröffentlichung nach Art. 17 Abs. 1, 7 oder 8 MAR

Form, Inhalt und Aufbau der Veröffentlichung nach Art. 17 Abs. 1, 7 oder 8 MAR richten sich im Wesentlichen nach der WpAV.   19

4.1.1 Inhalt der Veröffentlichung nach Art. 17 Abs. 1, 7 oder 8 MAR

Die Anforderungen an den Inhalt der Veröffentlichung nach Art. 1, 7 oder 8 MAR werden nach Art. 2 der Durchführungsverordnung (EU) 2016/1055 i. V. m. § 4 WpAV detailliert geregelt. Der Emittent muss insb. diverse formale Angaben (z. B. Überschrift, Schlagwort, Angaben zum Emittenten und zum betroffenen Finanzinstrument) bei der Abfassung der Veröffentlichung nach Art. 17 Abs. 1, 7 oder 8 MAR beachten.   20

Art. 17 Abs. 1 Unterabs. 2 Satz 2 MAR sieht vor, dass „Emittenten die Veröffentlichung von Insiderinformationen nicht mit der Vermarktung ihrer Tätigkeiten verbinden dürfen." Die Veröffentlichung ist gemäß § 4 Abs. 1 WpAV hierbei kurz zu fassen. Damit fällt die jetzige Rechtslage hinter die frühere des § 15 Abs. 2 WpHG a. F. zurück, wonach sonstige Angaben, die die Voraussetzungen der Ad-hoc-Pflicht offensichtlich nicht erfüllten, nicht veröffentlicht werden durften. Aber auch nach der neuen Rechtslage dürften zusätzliche Angaben zu Werbe- oder Marketingzwecken im Rahmen einer Veröffentlichung nach Art. 17 1, 7 oder 8 MAR unzulässig sein.

Bei einer erheblichen Veränderung einer bereits veröffentlichten Information muss der Emittent eine erneute, als „Aktualisierung einer Veröffentlichung von Insiderinformationen nach Art. 17 MAR" gekennzeichnete Veröffentlichung durchführen und dabei die speziellen Anforderungen des § 4 Abs. 2 WpAV beachten.

Ferner müssen unwahre Informationen, die veröffentlicht worden sind, in einer als „Berichtigung einer Veröffentlichung von Insiderinformation nach Art. 17 MAR" gekennzeichneten Mitteilung korrigiert werden. Hierbei sind die spezifischen Anforderungen des § 4 Abs. 3 WpAV zu berücksichtigen, d. h. es ist darin insb. die wahre Information mitzuteilen.

4.1.2 Verfahren der Veröffentlichung

21 Die Anforderungen an die Veröffentlichung der Mitteilung ergeben sich aus Art. 2 und 3 der Durchführungsverordnung (EU) 2016/1055 i. V. m. §§ 3a bis 3c WpAV. Danach sind die Insiderinformationen „mittels technischer Mittel bekannt zu geben, die gewährleisten, dass Insiderinformationen nichtdiskriminierend an eine breite Öffentlichkeit, unentgeltlich und zeitgleich in der gesamten Union verbreitet werden. Die Insiderinformationen sind hierbei an Medien zu übermitteln, bei denen die Öffentlichkeit vernünftigerweise davon ausgeht, dass sie die Information im gesamten EU/EWR-Raum verbreiten".

Bei der Übermittlung der Information an die Medien muss dafür gesorgt sein, dass die „Vollständigkeit, Integrität und Vertraulichkeit der Informationen" gewährleistet sind.

Ferner müssen eventuelle Ausfälle oder eine eventuelle Unterbrechung unverzüglich behoben werden. Eine normale E-Mail oder Versendung als pdf-Datei genügt hierfür nicht, sondern es sind ggf. weitere geeignete Maßnahmen zur sicheren Verbindung bzw. Übertragung erforderlich.

Außerdem müssen Emittenten gemäß Art. 17 Abs. 1 Unterabs. 2 Satz 3 MAR alle Insiderinformationen, die sie der Öffentlichkeit mitteilen müssen, auf ihrer Webseite veröffentlichen und sie dort während eines Zeitraums von mind. fünf Jahren zeigen. Nähere Einzelheiten enthält Art. 3 der Durchführungsverordnung (EU) 2016/1055.

4.1.3 Sprache der Ad-hoc-Veröffentlichung

22 Die Sprache der Veröffentlichung ist in § 3b WpAV geregelt. Grundsätzlich kann davon ausgegangen werden, dass sofern die Veröffentlichung in deutscher Sprache erfolgt bzw. idealerweise zusätzlich in Englisch, die Anforderungen des § 3b WpAV in der Regel erfüllt sind.

4.1.4 Übermittlung der Insiderinformation an das Unternehmensregister

23 Die Insiderinformation ist gemäß § 26 Abs. 1 WpHG unverzüglich nach ihrer Veröffentlichung dem Unternehmensregister i. S. d. § 8b des HGB zur Speicherung zu übermitteln und zwar ausschließlich in elektronischer Form (Datenfernübertragung) in bestimmten Dateiformaten, die der Bundesanzeiger Verlag als Träger des Unternehmensregisters vorgibt.[24] Die Übermittlung kann auch mithilfe von Formularen im Internet erfolgen, die der Betreiber zur Verfügung stellt.

5 Best Practice

24 In der Praxis existieren in vielen der Ad-hoc-pflichtigen Unternehmen sog. Ad-hoc- Kommissionen oder Ad-hoc-Task Forces, die für den Fall des möglichen Vorliegens einer Ad-hoc-pflichtigen Information die Entscheidung darüber ob diese veröffentlicht werden wird und wenn ja, in welcher Form, vorbereiten bzw. direkt entscheiden. Diesem Gremium gehören in der Regel ständige Vertreter der Abteilungen Recht, Unternehmenskommunika-

---

24 Nähere Informationen sind unter www.unternehmensregister.de verfügbar.

tion (Investor Relations) und Compliance an, wobei jedes ständige Mitglied den Teilnehmerkreis durch Hinzuziehung der in den potenziell Ad-hocpflichtigen Sachverhalt maßgeblich involvierten Fachabteilung, wie z. B. Finance bei der Veröffentlichung von Zahlen, oder der Beteiligungsabteilung bei Akquisitionen oder der Veräußerung von Beteiligungen erweitern kann.

Dieser Ad-hoc-Kommission kann die Erstellung des Textes der Ad-hoc-Mitteilung, inklusive der internationalen Wertpapierkennnummern (sog. ISINs) der vom Emittenten ausgegebenen Aktien und Schuldverschreibungen, die zum Handel an einem inländischen organisierten Markt zugelassen sind oder für die eine solche Zulassung beantragt ist, sowie der Börse und das Handelssegment, für das die Zulassung besteht oder beantragt wurde, zugewiesen werden (Dies geschieht in der Regel federführend durch Investor Relations in enger Abstimmung mit Recht und Compliance), die Erstellung einer Selbstbefreiungsmitteilung (Dies geschieht in der Regel federführend durch Recht und/oder Compliance, während die Überwachung der Selbstbefreiungsvoraussetzungen grundsätzlich bei Compliance liegt.) und der notwendigen Dokumentation.

Unterschieden wird grundsätzlich zwischen regelmäßig wiederkehrenden Fallgestaltungen wie bspw. der anstehenden Veröffentlichung von Jahresabschluss- und/oder Quartalszahlen und sonstigen den Emittenten unmittelbar betreffenden Sachverhalten wie bspw. Beteiligungserwerbe oder -veräußerungen. Das Datum der Bekanntgabe von Quartalszahlen, das für börsennotierte Emittenten in der Regel auf den Webseiten der Emittenten bereits im Jahresfinanzkalender bekannt gegeben worden ist, ist noch nicht kursrelevant, sondern vielmehr die Zahlen als solche.[25]

5.1 Anstehende Veröffentlichung von Jahresabschluss- und/oder Quartalszahlen

Für den Fall der anstehenden Veröffentlichung von Jahresabschluss- und/oder Quartalszahlen kann folgendes Prozedere gewählt werden: Die für die Konsolidierung des jeweiligen Finanzabschlusses zuständige Abteilung informiert Compliance über den bevorstehenden Beginn der Ermittlung und der Konsolidierung der Geschäftszahlen. Der Finanzvorstand (Chief Financial Officer = CFO) informiert Compliance über den Zeitpunkt, zu dem aus seiner Sicht das Zahlenwerk vor der Weiterleitung an den Gesamtvorstand in seiner vorläufigen Version feststeht, um Compliance die Einberufung der Ad-hoc-Kommission zu ermöglichen. Parallel dazu sollten die in die Erstellung des jeweiligen Finanzabschlusses involvierten Mitarbeiter über die mögliche Insiderrelevanz der anstehenden Geschäftszahlen und die daraus resultierenden Insiderverbote (Art. 8 ff. MAR) schriftlich informiert werden. Eine Aufnahme der involvierten Mitarbeiter auf die Watch List (Beobachtungsliste)[26] erfolgt zu diesem Zeitpunkt noch nicht. Nach Zuleitung der finalisierten vorläufigen Geschäftszahlen an die Ad-hoc-Kommission evaluiert diese, ob die vorläufigen Zahlen Ad-hoc-pflichtig sind und prüft, ob und zu welchem Zeitpunkt die Voraussetzungen für die Selbstbefreiung von der Veröffentlichungspflicht nach Art. 17 Abs. 4 und 5 MAR gegeben sind. Dieser Entscheidungsvorschlag wird dem Chief Executive Officer (CEO) und dem

---

25 BGH, in: WM 2009, S. 1233, 1241.
26 Siehe hierzu MaComp AT 6.2 Nr. 3c).

CFO, zugeleitet. Denkbar ist auch, dass dieser an den Gesamtvorstand geht, wobei dies angesichts der Eilbedürftigkeit nicht die Regel sein dürfte. Aufbauend auf der Entscheidungsvorlage entscheiden der CEO und der CFO über die Ad-hoc-Publizität und die Selbstbefreiung. Die Entscheidung über die Selbstbefreiung ist notwendig, da bereits mit der Kenntnisnahme des insiderrelevanten Zahlenwerks durch den CFO die Ad-hoc-Publizitätspflicht entsteht und daher bereits ab diesem Zeitpunkt von der Möglichkeit zur Selbstbefreiung, also vor der Befassung des Gesamtvorstands, Gebrauch gemacht werden muss. Während der Zeit der Selbstbefreiung empfiehlt es sich, die Medienberichterstattung eng zu verfolgen. Sofern Medien (Presse, Radio etc.) während des Zeitraums der Selbstbefreiung über den Emittenten unter Angabe von konkreten Geschäftszahlen berichten oder Gerüchte über Geschäftszahlen im Markt kursieren und diese Informationen Zweifel daran wecken, ob die Vertraulichkeit innerhalb des Emittenten gewahrt worden ist, hat gemäß Art. 17 Abs. 7 Unterabs. 2 MAR eine Veröffentlichung der Insiderinformation zu erfolgen.

5.2 Sonstige den Emittenten unmittelbar betreffende Sachverhalte

26 Für die sonstigen Sachverhalte empfiehlt es sich festzulegen, dass die federführende Fachabteilung Compliance unmittelbar im Vorfeld einer den jeweiligen Sachverhalt betreffenden Vorstandsvorlage informiert, sodass Compliance – wie im Fall der Geschäftszahlen auch – die Ad-hoc-Kommission einberufen kann. Auch hier sollte die Ad-hoc-Kommission einen Entscheidungsvorschlag ausarbeiten bzgl. der Ad-hoc-Publizität bzw. der Selbstbefreiung. Im Falle einer potenziell erheblichen Kursrelevanz wird ein Beschluss hinsichtlich der Wahrnehmung des Rechts auf Selbstbefreiung oder der unmittelbaren Ad-hoc-Veröffentlichung durch den Vorstand im Rahmen der Vorstandsentscheidung zu der betreffenden Vorlage gefasst. Die Einholung des Votums der Ad-hoc-Kommission vor der Beschlussfassung des Vorstands sollte daher zwingend vor der Beschlussfassung des Vorstands mit dieser Vorlage erfolgen.

6 Folgen von Pflichtverletzungen
6.1 Öffentlich-rechtliche Sanktionen
6.1.1 Ordnungswidrigkeiten

27 Verletzt ein Verpflichteter vorsätzlich oder leichtfertig seine Verhaltenspflichten aus Art. 17 MAR kann dies mit einer Geldbuße geahndet werden. Hierzu hat die BaFin Leitlinien zur Festsetzung von Geldbußen im Bereich des WpHG (WpHG-Bußgeldleitlinien II) veröffentlicht.[27]

Bei der Bemessung der Bußgelder sind die jeweiligen Tatumstände zu berücksichtigen. Hierzu zählen gemäß der WpHG-Bußgeldleitlinien II die Verspätungsdauer, das Ausmaß der Unrichtigkeit der ad-hoc zu veröffentlichenden Insiderinformation, das Ausmaß der Unvollständigkeit der ad-hoc zu veröffentlichenden Insiderinformation, die Kapitalmarktbetroffenheit/Auswirkung der Zuwiderhandlung auf den Kapitalmarkt (u. a. Börsenumsätze, Streubesitz, tatsächlicher Kursverlauf), der Gegenstand der Ad-hoc-Mitteilung (z. B.

---

27 Diese sind i.d. Fassung vom Februar 2017 abrufbar unter: www.bafin.de.

Personalveränderung, Ergebniskennzahlen, Insolvenz) sowie die Notwendigkeit von Verwaltungszwang. Je nach Art und Schwere des Verstoßes sind in § 120 WpHG gestaffelte Maximalbeträge der möglichen Bußgelder normiert.

Mit einer Geldbuße kann nach § 120 Abs. 15 Nr. 6 bis 11 WpHG i. V. m. Art. 17 MAR belegt werden, wer entgegen Art. 17 Abs. 1 Unterabs. 1 oder Art. 17 Abs. 2 Unterabs. 1 MAR eine Insiderinformation nicht, nicht richtig, nicht vollständig, nicht in der vorgeschriebenen Weise oder nicht rechtzeitig bekannt gibt (§ 120 Abs. 15 Nr. 6 WpHG), entgegen Art. 17 Abs. 1 Unterabs. 2 Satz 1 MAR eine Veröffentlichung nicht sicherstellt (§ 120 Abs. 15 Nr. 7 WpHG), entgegen Art. 17 Abs. 1 Unterabs. 2 Satz 2 MAR die Veröffentlichung einer Insiderinformation mit einer Vermarktung seiner Tätigkeiten verbindet (§ 120 Abs. 15 Nr. 8 WpHG), entgegen Art. 17 Abs. 1 Unterabs. 2 Satz 3 eine Insiderinformation nicht, nicht richtig, nicht vollständig, nicht in der vorgeschriebenen Weise oder nicht rechtzeitig veröffentlicht oder nicht mind. fünf Jahre lang auf der betreffenden Webseite anzeigt (§ 120 Abs. 15 Nr. 9 WpHG), entgegen Art. 17 Abs. 4 Unterabs. 3 Satz 1 die zuständige Behörde nicht, nicht richtig, nicht vollständig, nicht in der vorgeschriebenen Weise oder nicht rechtzeitig über den Aufschub einer Offenlegung informiert oder den Aufschub einer Offenlegung nicht, nicht richtig, nicht vollständig, nicht in der vorgeschriebenen Weise oder nicht rechtzeitig erläutert (§ 120 Abs. 15 Nr. 10 WpHG) oder entgegen Art. 17 Abs. 8 Satz 1 eine Insiderinformation nicht, nicht richtig, nicht vollständig, nicht in der vorgeschriebenen Weise oder nicht rechtzeitig veröffentlicht (§ 120 Abs. 15 Nr. 11 WpHG). Die Geldbuße kann nach § 120 Abs. 18 Satz 1 WpHG bis zu 1 Mio. € betragen. Gegenüber einer juristischen Person oder Personenvereinigung kann eine höhere Geldbuße verhängt werden, wobei diese in den Fällen des § 120 Abs. 15 Nr. 6 bis 11 WpHG gemäß § 120 Abs. 18 Satz 2 Nr. 2 WpHG den höheren der Beträge von 2,5 Mio. € und 2 % des Gesamtumsatzes, den die juristische Person oder Personenvereinigung im der Behördenentscheidung vorangegangenen Geschäftsjahr erzielt hat, nicht überschreiten darf. Über die genannten Beträge hinaus kann die Ordnungswidrigkeit gemäß § 120 Abs. 18 Satz 3 WpHG mit einer Geldbuße bis zum Dreifachen des aus dem Verstoß gezogenen wirtschaftlichen Vorteils geahndet werden. Der wirtschaftliche Vorteil umfasst erzielte Gewinne und vermiedene Verluste und kann geschätzt werden, § 120 Abs. 18 Satz 4 WpHG.

Die Verfolgung der Ordnungswidrigkeiten bei Verstößen gegen Art. 17 MAR verjährt gemäß § 120 Abs. 26 WpHG in drei Jahren.

6.1.2 Marktmanipulation

Die Verletzung von Verhaltenspflichten nach Art. 17 MAR kann zusätzlich auch den Tatbestand der Marktmanipulation gemäß Art. 15 MAR erfüllen.[28]

28

6.2 Bekanntmachungspflichten zu getroffenen Maßnahmen und Sanktionen

Neben den vorgenannten Bußgeldtatbeständen wurden in § 125 WpHG aus generalpräventiven Erwägungen weitreichende Bekanntmachungspflichten der BaFin zu Maßnahmen

29

---

28 Siehe hierzu *Schäfer*, in: Marsch-Barner/Schäfer (Hrsg.): Handbuch börsennotierte AG, 4. Aufl. 2018, Ad-hoc-Publizität, Rn. 15.*51*.

und Sanktionen wegen Verstößen gegen Art. 17 MAR eingeführt. Die Voraussetzungen eines Aufschubs, einer Anonymisierung oder eines Absehens von einer Veröffentlichung sind in § 125 Abs. 3 WpHG geregelt.

6.3 Schadensersatzhaftung

6.3.1 Schadensersatzhaftung des Emittenten

30 Für unterlassene Veröffentlichungen von Insiderinformationen ist ein Emittent unter den Voraussetzungen des § 97 WpHG und für die Veröffentlichung unwahrer Insiderinformationen gemäß 98 WpHG (bisher §§ 37b, 37c WpHG a. F.) zu Schadensersatz aus WpHG verpflichtet. Ferner ergibt sich aus dem geänderten § 48 Abs. 3 des BörsG, dass der Freiverkehr ein multilaterales Handelssystem darstellt, sodass Emittenten, welche die Einbeziehung ihrer Finanzinstrumente in den Freiverkehr beantragt oder genehmigt haben, ebenfalls den Schadensersatzregelungen nach den §§ 97 und 98 WpHG unterliegen.[29] Daneben bleiben Schadensersatzansprüche, die auf anderen Rechtsgrundlagen beruhen, insb. auf Grund von Verträgen oder vorsätzlichen unerlaubten Handlungen gemäß §§ 97 Abs. 4 und 98 Abs. 4 WpHG, hiervon unberührt, § 26 Abs. 3 WpHG.

6.3.2 Schadensersatzhaftung des Vorstands

31 Eine Haftung des Vorstands nach den §§ 97, 98 WpHG kommt nicht in Betracht, da der Emittent Adressat der darin normierten Haftung ist.

Hingegen ist eine Haftung des Vorstands gegenüber Anlegern wegen Verletzung der Vorschriften zur Veröffentlichung von Insiderinformationen nach dem WpHG nach § 826 BGB wegen vorsätzlicher sittenwidriger Schädigung denkbar.

---

29 BT-Drs. 18/10936, S. 251.

7 Literaturverzeichnis

Assmann/Schneider (Hrsg.): WpHG, 6. Aufl., Köln 2012

Habersack/Mülbert/Schlitt (Hrsg.): Handbuch der Kapitalmarktinformation, 2. Aufl., München 2013.

Marsch-Barner/Schäfer (Hrsg.): Handbuch börsennotierte AG, 4. Aufl. 2018.

Simon: Die neue Ad-hoc-Publizität, in: Der Konzern 2005, S. 13–22.

II.C.7

Mitteilungspflichten (§§ 33 ff. WpHG)

Dr. Sven H. Schneider und Dr. Lucina Berger

Inhaltsübersicht

1	Einleitung	1–6
2	Rechtliche Grundlagen	7
3	Mitteilungspflichten bezüglich Stimmrechten aus Aktien (§§ 33, 34 WpHG)	8–40
3.1	Erfasste Meldepflichtige	9–11
3.2	Erfasste Emittenten	12–15
3.3	Erfasste Wertpapiere	16–20
3.4	Meldeschwellen	21–34
3.5	Arten der Schwellenberührung	35–37
3.6	Dauer der Schwellenberührung	38–40
4	Zurechnungsvorschriften (§ 34 WpHG)	41–90
4.1	Grundlagen der Zurechnung	41–42
4.2	Die einzelnen Zurechnungsvorschriften	43–75
4.3	Gesetzlich besonders geregelte Ausnahmen von der Berücksichtigung von Stimmrechten	76–90
5	Mitteilungspflichten bezüglich bestimmter Instrumente (§ 38 WpHG)	91–93
6	Mitteilungspflichten bei Zusammenrechnung (§ 39 WpHG)	94
7	Einzelheiten zu Mitteilungen nach §§ 33, 38 und § 39 WpHG	95–105
7.1	Inhalt	95–96
7.2	Adressat, Form und Sprache	97–99
7.3	Frist	100–103
7.4	Absender	104–105
8	Folgen der Stimmrechtsmeldung	106–108
9	Compliance-Pflichten des Meldepflichtigen	109–114
10	Rechtsfolgen bei unterlassener oder falscher Stimmrechtsmeldung	115–128
10.1	Anordnungen der BaFin	115
10.2	Bußgeld	116
10.3	Rechtsverlust	117–128
11	Literaturverzeichnis	

II.C.7 Mitteilungspflichten (§§ 33 ff. WpHG)

1 Einleitung

Zur **Gewährleistung ausreichender Beteiligungstransparenz** müssen Kapitalmarktteilnehmer börsennotierte Aktiengesellschaften und die BaFin informieren, sobald sie bestimmte prozentuale Schwellenwerte der Stimmrechte der Aktiengesellschaft berühren. *1*

Kreditinstitute sind von diesen Pflichten **in besonderer Weise betroffen**. Eine Vielzahl von Bankgeschäften kann dazu führen, dass Kreditinstitute oder deren Konzernunternehmen in wesentlichem Umfang börsennotierte Aktien oder bestimmte darauf bezogene Finanzinstrumente (insb. *Call Optionen*) halten und dadurch die Pflicht zur Abgabe von Mitteilungen entsteht. *2*

„Gehalten" werden nicht nur Stimmrechte aus Aktien und darauf bezogene Instrumente, die dem Kreditinstitut **gehören**, sondern auch solche, die ihm aufgrund spezieller Vorschriften **zugerechnet** werden, obwohl die Aktien oder Instrumente einem Dritten gehören. *3*

Insb. bei den **folgenden Geschäften** kann es zum Halten von börsennotierten Aktien oder darauf bezogenen Instrumenten durch Kreditinstitute oder deren Konzernunternehmen kommen: *4*

- Erwerb für eigene strategische Zwecke
- Finanzkommissionsgeschäfte für Kunden
- Eigenhandel mit Kunden einschließlich Market-Making-Geschäften
- Wertpapierleihgeschäfte und Pensionsgeschäfte
- Halten als Sicherheit, vor allem im Rahmen der Kreditvergabe
- Platzierung von Aktien im Rahmen von Börsengängen und Kapitalerhöhungen von Kunden (Emissionsgeschäft bzw. Platzierungsgeschäft)
- Vermögensverwaltung für Kunden
- Verwaltung von Sondervermögen oder fremdverwalteten Investmentaktiengesellschaften durch konzernangehörige Kapitalverwaltungsgesellschaften
- Stimmrechtsvollmachten von Depotkunden für Hauptversammlungen
- Abrechnung und Abwicklung (Clearing und Settlement) von Wertpapiergeschäften
- Treuhandgeschäfte mit Wertpapieren, bei denen das Kreditinstitut Eigentümer der Wertpapiere wird

Darüber hinaus sind Kreditinstitute oft selbst börsennotiert und dann wie alle anderen börsennotierten Aktiengesellschaften **als Emittent** von den Mitteilungspflichten betroffen.

Die Verletzung von Mitteilungspflichten kann **wesentliche nachteilige Rechtsfolgen** haben. Dazu gehören nicht nur Bußgelder, sondern auch und vor allem der drohende Verlust der mit den betroffenen Aktien verbundenen Rechte, insb. von Dividendenrechten und Stimmrechten. *5*

Neben den hier zu behandelnden Mitteilungspflichten in Bezug auf börsennotierte Aktien gibt es auch bei **nicht börsennotierten Aktien** bestimmte Pflichten zur Mitteilung des Aktienbesitzes, wenn bestimmte Beteiligungsschwellen berührt werden. U. a. hat ein Unternehmen, sobald ihm mehr als der vierte Teil der Aktien einer Aktiengesellschaft mit Sitz im Inland gehört, dies der Gesellschaft unverzüglich schriftlich mitzuteilen (§ 20 Abs. 1 AktG). Diese und die weiteren in § 20 AktG geregelten Pflichten finden keine *6*

1049

Anwendung für Aktien eines börsennotierten Emittenten (§ 20 Abs. 8 AktG). Die aktienrechtlichen Pflichten sind nicht Gegenstand dieses Beitrags und bleiben im Folgenden unberücksichtigt.[1]

2 Rechtliche Grundlagen

7 Die **Mitteilungspflichten** beruhen auf europarechtlichen Vorgaben. Es sind deshalb sowohl europäische als auch deutsche Vorschriften bedeutsam. Dazu gehören insb. folgende Bestimmungen:
- §§ 33 ff. WpHG (Wertpapierhandelsgesetz)
- §§ 12 ff. WpAV (Wertpapierhandelsanzeigeverordnung)
- §§ 2 ff. TranspRLDV (Transparenzrichtlinie-Duchführungsverordnung)
- Europäische Transparenzrichtlinie 2004/109/EG und Transparenzrichtlinie-Änderungsrichtlinie 2013/50/EU (TRL-ÄndRL)

Mit dem am 26.11.2015 in Kraft getretenen Gesetz zur Umsetzung der Transparenzrichtlinie-Änderungsrichtlinie 2013/50/EU (TRL-ÄndRL-UmsG) haben die kapitalmarktrechtlichen Mitteilungspflichten einige bedeutsame Änderungen erfahren. Erklärtes Ziel der Änderungen war eine einfachere Erfüllung der Mittteilungspflichten und eine Erleichterung des Informationszugangs für Anleger.[2] Mit der einhergehenden Erweiterung der Sanktionsbefugnisse wird eine abschreckende Wirkung verfolgt.[3]

Weitere, jedoch für die §§ 33 ff. WpHG weniger einschneidende, Neuerungen brachten das erste Finanzmarktnovellierungsgesetz v. 30.06.2016 (1. FiMaNoG) und das zweite Finanzmarktnovellierungsgesetz v. 23.06.2017 (2. FiMaNoG) mit sich. Auf Grundlage des 2. FiMaNoG wurde die Reihenfolge und Zählung der Paragraphen im WpHG geändert.[4]

Zur Klärung von rechtlichen Fragen, die die Gesetzesänderungen mit sich brachten, hat die BaFin eine Liste häufiger Fragen herausgegeben, die laufend aktualisiert wird.[5] Wann die BaFin den in sehr weiten Teilen überholten Emittentenleitfaden in einer überarbeiteten Fassung veröffentlichen wird, ist derzeit nicht bekannt.

3 Mitteilungspflichten bezüglich Stimmrechten aus Aktien (§§ 33, 34 WpHG)

8 Jeder, der als sog.
- „Meldepflichtiger"
- an einem Emittenten, für den die Bundesrepublik Deutschland der Herkunftsstaat ist,
- bestimmte Prozentschwellen der Stimmrechte
- durch Erwerb, Veräußerung oder auf sonstige Weise

---

1 Siehe zu den aktienrechtlichen Pflichten z.B. *Bayer*, in: Münchener Kommentar AktG, Band 1, 4. Aufl. 2016, § 20 Rn. 1 ff.
2 Vgl. *Roth*, in: GWR 2015, S. 485.
3 Vgl. BT-Drs. 18/5010, S. 37.
4 Diese Änderung ist am 03.01.2018 in Kraft getreten und führte u. a. dazu, dass der frühere § 21 WpHG zu § 33 WpHG geworden ist, vgl. BGBl. 2017 I Nr. 39, S. 28.
5 Abrufbar unter http://www.bafin.de (letzer Abruf am 03.04.2018).

- erreicht, überschreitet oder unterschreitet,
- und zwar unter Beachtung der Zurechnungsvorschriften in § 34 WpHG

hat dies
- dem Emittenten und gleichzeitig der BaFin
- unverzüglich, spätestens innerhalb von vier Handelstagen
- mitzuteilen.

3.1 Erfasste Meldepflichtige

„Meldepflichtiger" kann jede natürliche Person, juristische Person oder sonstiger Rechtsträger sein, der **Träger von Rechten und Pflichten** sein kann. Der Begriff ist also denkbar weit gefasst und hat keine eingrenzende Funktion.[6] 9

Meldepflichtige können deshalb u. a. sein:
- Natürliche Personen, unabhängig davon, ob sie „Unternehmen" im Sinne des Gesellschaftsrechts sind, also auch Privatpersonen
- Juristische Personen, z. B. Aktiengesellschaften, auch in der Form der Europäischen Gesellschaft (SE), und Gesellschaften mit beschränkter Haftung sowie Staaten, Gebietskörperschaften und andere rechtsfähige Gebilde des öffentlichen Rechts (etwa Staatsfonds, rechtsfähige Anstalten des öffentlichen Rechts, nicht aber Bundesministerien)
- Personengesellschaften, z. B. Offene Handelsgesellschaften, Kommanditgesellschaften, auch in der Form der GmbH & Co. KG, sowie Partnerschaftsgesellschaften und Gesellschaften bürgerlichen Rechts in Form der Außengesellschaft
- Stiftungen
- Genossenschaften
- Wirtschaftliche Vereine, insb. Versicherungsvereine auf Gegenseitigkeit, und Idealvereine
- Kapitalverwaltungsgesellschaften und Investmentaktiengesellschaften
- Europäische Wirtschaftliche Interessenvereinigungen (EWIV)

Demgegenüber können **nicht Meldepflichtige** sein: 10
- Konzerne und Unternehmensgruppen (als solche; meldepflichtig kann aber die einzelne Konzerngesellschaft bzw. Gruppengesellschaft sein und die Konzernmutter kann Meldungen für ihre Konzerngesellschaften abgeben)
- Familien; meldepflichtig kann nur die einzelne natürliche Person sein
- Gesellschaften bürgerlichen Rechts in Form der Innengesellschaft
- von Kapitalverwaltungsgesellschaften verwaltete Sondervermögen nach dem Kapitalanlagegesetzbuch; meldepflichtig sind je nach Ausgestaltung die Kapitalverwaltungsgesellschaft, die Trägerin des Sondervermögens ist, und/oder die Anleger
- Gütergemeinschaften

---

6 Weiterführend etwa *Hirte*, in: Kölner Kommentar WpHG, 2. Aufl. 2014, § 21 Rn. 129 ff.

- Erbengemeinschaften; zu nennen sind sämtliche Mitglieder der Erbengemeinschaft als Gesamthandgemeinschaft
- Bruchteilsgemeinschaften; meldepflichtig kann nur der Bruchteilseigentümer in Höhe seines Bruchteilseigentums sein.

Die Eigenschaft als Meldepflichtiger wird nicht durch einen **Ausschluss der Verfügungsbefugnis** aufgehoben. Dies betrifft insb. die Insolvenzverwaltung und Testamentsvollstreckung.[7]

11 Meldepflichtiger können auch alle Personen im Ausland sein, die Träger von Rechten und Pflichten sein können. Die Stimmrechtsmeldepflichten finden also **auch im Ausland Anwendung**. Die Fähigkeit ausländischer Institutionen, Träger von Rechten und Pflichten zu sein, ist oft schwer zu bestimmen (z. B. bei *Trusts* oder staatsnahen Einrichtungen).[8]

3.2 Erfasste Emittenten

12 Die deutschen Stimmrechtsmitteilungspflichten **gelten nur** für Stimmrechte an Emittenten, deren Aktien zum Handel an einem organisierten Markt zugelassen sind (§ 33 Abs. 2 WpHG) *und* für die die Bundesrepublik Deutschland der Herkunftsstaat ist (§ 2 Abs. 13 WpHG). Dazu gehören folgende Unternehmen:
- Emittenten von bestimmten Schuldtiteln oder Aktien, die ihren Sitz im Inland haben und deren Wertpapiere zum Handel an einem organisierten Markt im Inland oder in der EU oder im EWR zugelassen sind.
- Emittenten von bestimmten Schuldtiteln oder Aktien, die ihren Sitz in einem Drittstaat haben und deren Wertpapiere zum Handel an einem organisierten Markt im Inland zugelassen sind und die die Bundesrepublik Deutschland als Herkunftsstaat nach § 4 Abs. 1 WpHG gewählt haben.
- Emittenten, die andere Finanzinstrumente begeben und deren Finanzinstrumente zum Handel an einem organisierten Markt im Inland zugelassen sind und die die Bundesrepublik Deutschland als Herkunftsstaat nach § 4 Abs. 2 WpHG gewählt haben.
- Emittenten von Wertpapieren, die die Bundesrepublik Deutschland als Herkunftsstaat wählen können und deren Finanzinstrumente zum Handel an einem Organisierten Markt im Inland zugelassen sind, solange sie nicht wirksam einen Herkunftsmitgliedstaat gewählt haben.

13 Diese Definition beruht auf europarechtlichen Vorgaben und soll dafür sorgen, dass innerhalb der EU immer genau eine Rechtsordnung auf die Stimmrechtsmeldepflichten bezüglich eines Emittenten anwendbar ist. In allen Mitgliedsländern gibt es **vergleichbare Regelungen**. Für Emittenten mit Sitz in einem anderen Mitgliedsstaat gelten deshalb in der

---

7 Vgl. § 24 WpHG sowie näher dazu *Zimmermann*, in: Fuchs (Hrsg.): WpHG, 2. Aufl. 2016, § 21 Rn. 15. Insb. beim Testamentsvollstrecker ist strittig, ob die Erfüllungszuständigkeit (vollständig) auf den Testamentsvollstrecker übergeht, vgl. dazu etwa *Schürnbrand*, in: Emmerich/Habersack (Hrsg.): Aktien- und GmbH-Konzernrecht, 8. Aufl. 2016, § 21 WpHG Rn. 3 m. w. N.

8 Vgl. *Zimmermann*, in: Fuchs (Hrsg.): WpHG, 2. Aufl. 2016, § 21 Rn. 13.

Regel vergleichbare Stimmrechtsmeldepflichten nach dem Recht des entsprechenden Sitzstaates.

Organisierter Markt ist ein in der EU oder im EWR betriebenes oder verwaltetes, durch staatliche Stellen genehmigtes, geregeltes und überwachtes multilaterales System, das die Interessen einer Vielzahl von Personen am Kauf und Verkauf von dort zum Handel zugelassenen Finanzinstrumenten innerhalb des Systems und nach festgelegten Bestimmungen in einer Weise zusammenbringt oder das Zusammenbringen fördert, die zu einem Vertrag über den Kauf dieser Finanzinstrumente führt (§ 2 Abs. 11 WpHG). Dazu gehört in Deutschland der **regulierte Markt** (§§ 32 ff. BörsG), aber **nicht der Freiverkehr** (§ 48 BörsG).[9] 14

Eine Mitteilungspflicht kann auch bei erstmaliger Zulassung von Aktien des Emittenten an einem organisierten Markt entstehen. Ein Meldepflichtiger, dem im Zulassungszeitpunkt 3 % oder mehr der Stimmrechte zustehen, muss ebenfalls eine Stimmrechtmeldung abgeben (§ 33 Abs. 2 WpHG).[10] Dies muss bei einem **IPO** beachtet werden.[11] 15

3.3 Erfasste Wertpapiere

Die Meldpflicht bezieht sich auf **Stimmrechte aus Aktien des Emittenten**. Nicht entscheidend ist, ob die vom Meldepflichtigen gehaltenen Aktien zum Handel an einem organisierten Markt zugelassen sind (oder werden sollen). Vielmehr reicht es aus, wenn nur eine bestimmte Gattung – wie z. B. die stimmrechtslosen Vorzugsaktien – zum Handel an einem organisierten Markt zugelassen sind.[12] 16

Unerheblich ist auch, ob die Aktien **Inhaberaktien** oder **Namensaktien** sind. Bei Namensaktien kommt es nicht auf die Eintragung im **Aktienregister** an, entscheidend ist die Stellung als „wahrer" Aktionär. Außerdem spielt bei Namensaktien keine Rolle, ob sie **vinkuliert** sind; dies ist aber ggfls. für den Zeitpunkt des Rechtserwerbs durch Einzelrechtsübertragung von Bedeutung, weil dieser grundsätzlich erst mit Zustimmung der Gesellschaft eintritt.[13] 17

Auch auf die **(Giro-)sammelverwahrung** der Aktien kommt es nicht an. Das Miteigentum an der (Giro-)sammelurkunde entspricht für Zwecke der §§ 33 ff. WpHG dem Alleineigentum.[14] 18

Eine Besonderheit besteht bei **Zertifikaten, die Aktien vertreten**, insb. **American Depositary Receipts**. Die Stimmrechte aus den Aktien werden (ausschließlich) bei dem Inhaber des Zertifikats berücksichtigt, nicht (auch) bei der die Zertifikate ausgebenden Bank, obwohl ihr treuhänderisch die Aktien gehören, auf welche sich die Zertifikate beziehen (§ 33 Abs. 1 Satz 2 WpHG). Die Bank darf die Stimmrechte aus diesen Aktien nicht für ihre Meldpflicht berücksichtigen. Der Zertifikateinhaber gilt als Inhaber der Stimmrechte, als 19

---

9   Vgl. *Baum*, in: Kölner Kommentar WpHG, 2. Aufl. 2014, § 2 Rn. 231.
10 Vgl. *Zimmermann*, in: Fuchs (Hrsg.): WpHG, 2. Aufl. 2016, § 21 Rn. 56.
11 Vgl. *Tautges*, in: WM 2017, S. 513.
12 Vgl. *Hirte*, in: Kölner Kommentar WpHG, 2. Aufl. 2014, § 21 Rn. 102.
13 Vgl. *Schneider*, in: Assmann/Schneider (Hrsg.): WpHG, 6. Aufl. 2012, § 21 Rn. 55.
14 Vgl. *Zimmermann*, in: Fuchs (Hrsg.): WpHG, 2. Aufl. 2016, § 21 Rn. 34.

wäre er Eigentümer der Aktien (also nach § 33 Abs. 1 Satz 1 WpHG); die Stimmrechte werden ihm somit nicht nur aufgrund einer Zurechnung wegen „Halten-für-Rechnung" (§ 34 Abs. 1 Satz 1 Nr. 2 WpHG) durch die zertifikateausgebende Bank zugerechnet.[15]

20 Instrumente, die keine Aktien sind, aber einen schuldrechtlichen Anspruch auf Lieferung von Aktien des Emittenten gewähren (z. B. Optionen, Wandelschuldverschreibungen), sind außerhalb des Anwendungsbereichs des § 33 Abs. 3 WpHG im Rahmen von §§ 33, 34 WpHG **nicht zu berücksichtigen**. Es kann aber eine Mitteilungspflicht nach § 38 WpHG bestehen.[16]

3.4 Meldeschwellen

3.4.1 Relevante Schwellen

21 Die Meldepflicht wird bei Berührung der **Meldeschwellen** 3%, 5%, 10%, 15%, 20%, 25%, 30%, 50% und 75% ausgelöst. Bei Instrumenten gilt die Meldeschwelle von 3% nicht. Der Stimmrechtsanteil ergibt sich aus der Anzahl der **Stimmrechte des Meldepflichtigen** („**Zähler**") im Verhältnis zur **Gesamtzahl der Stimmrechte aus Aktien des Emittenten** („**Nenner**").

22 Das Überschreiten der 10%-Schwelle kann zu der weitergehenden Pflicht führen, dem Emittenten die **mit dem Erwerb der Stimmrechte verfolgten Ziele** und die **Herkunft der für den Erwerb verwendeten Mittel** mitzuteilen (§ 43 WpHG). Dies soll hier nicht weiter vertieft werden, ist aber im Rahmen der konzernweiten Compliance zu beachten.

3.4.2 Berechnung des Stimmrechtsanteils: Zähler

23 Im **Zähler** sind die vom Meldepflichtigen **gehaltenen** Stimmrechte aus Aktien zu berücksichtigen. Dazu gehören Stimmrechte aus Aktien, die dem Meldepflichtigen **gehören**. Außerdem sind Stimmrechte mitzuzählen, die dem Meldepflichtigen zwar nicht gehören, ihm aber von dritter Seite nach § 34 WpHG **zuzurechnen** sind.

24 Aktien gehören dem Meldepflichtigen, sobald und solange ihm das **Eigentum** an den Aktien – bzw. bei (giro-)sammelverwahrten Aktien der entsprechende Miteigentumsanteil am Sammelbestand – zusteht. Entscheidend ist also im Grundsatz die **dingliche Rechtslage**.[17] Der Eigentumserwerb erfolgt bei girosammelverwahrten Aktien in der Regel mit Gutschrift im Depot durch die darin zum Ausdruck kommende Einräumung des mittelbaren Eigenbesitzes durch die Depotbank (sog. *Settlement*). Seit dem Inkrafttreten des TRL-ÄndRL-UmsG gilt gemäß § 33 Abs. 3 WpHG als „gehören" i. S. d. § 33 Abs. 1 Satz 1 WpHG bereits „das Bestehen eines auf die Übertragung von Aktien gerichteten unbedingten und ohne zeitliche Verzögerung zu erfüllenden Anspruchs oder einer entsprechenden Verpflichtung". Die Meldepflicht wird danach in bestimmten Fällen bereits mit dem

---

15 Vgl. *Zimmermann*, in: Fuchs (Hrsg.) WpHG, 2. Aufl. 2016, § 22 Rn. 58; vgl. auch *v. Bülow*, in: Kölner Kommentar, WpHG, 2. Aufl. 2014, § 22 Rn. 126, der aber einen Fall der Zurechnung nach § 22 Abs. 1 Satz 1 Nr. 2 WpHG annimmt.
16 Vgl. *Kumpan*, in: Baumbach/Hopt (Hrsg.): HGB, 37. Aufl. 2016, § 21 WpHG Rn. 7.
17 *Zimmermann*, in: Fuchs (Hrsg.): WpHG, 2. Aufl. 2016, § 21 Rn. 28 ff.

Abschluss des auf einen Erwerb bzw. eine Veräußerung von Stimmrechten gerichteten Kausalgeschäfts ausgelöst.[18] „Ohne zeitliche Verzögerung" nimmt die BaFin z.B. bei einem börslichen Erwerb mit Abwicklung im Effektengiroverkehr innerhalb von bis zu drei Tagen (T+3) nach Abschluss des Kaufvertrages an. Das gilt auch dann, wenn sich der Vollzug unbeabsichtigt verzögert (wobei bei längeren Verzögerungen eine Abstimmung mit der BaFin empfohlen wird).[19] Die früher in diesen Fällen erforderliche separate Meldung eines Instruments kann in den Fällen des § 33 Abs. 3 WpHG unterbleiben.

Unerheblich ist in aller Regel, ob der Meldepflichtige die wirtschaftlichen Chancen und Risiken aus den ihm gehörenden Aktien trägt oder ob die Aktien nur vorübergehend übertragen wurden. Deshalb muss ein Kreditinstitut vorbehaltlich der in § 36 Abs. 3 WpHG genannten Ausnahmen insb. auch Stimmrechte aus Aktien berücksichtigen, die

– das Kreditinstitut als Finanzkommissionär nur vorübergehend und auf fremde Rechnung hält
– das Kreditinstitut in Pension genommen hat
– das Kreditinstitut im Rahmen einer Wertpapierleihe als Entleiher übereignet bekommen hat.

25

Abweichungen von der zivilrechtlichen dinglichen Rechtslage können bei **Kapitalverwaltungsgesellschaften** bestehen. Abhängig von den Anlagebedingungen stehen die von einer Kapitalverwaltungsgesellschaft verwalteten Vermögensgegenstände des Sondervermögens im Eigentum der Kapitalverwaltungsgesellschaft oder im Miteigentum der Anleger (§ 92 Abs. 1 Satz 1 KAGB). Bei der Miteigentumslösung gehören die Aktien den Anlegern also dinglich. Die Stimmrechte aus den Aktien müssten deshalb bei den Anlegern nach § 33 Abs. 1 Satz 1 WpHG berücksichtigt werden. § 1 Abs. 3 WpHG sieht jedoch vor, dass Anteile und Aktien an offenen Investmentvermögen im Sinne des § 1 Abs. 4 KAGB in bestimmten Fällen unberücksichtigt bleiben.[20] Meldepflichtig ist in diesem Fall allein die Kapitalverwaltungsgesellschaft. Die Meldepflicht der Kapitalverwaltungsgesellschaft erfolgt bei ihr gehörenden Stimmrechtsaktien unmittelbar aus § 33 Abs. 1 WpHG, bei im Miteigentum der Anleger stehenden Stimmrechtsaktien werden ihr diese über § 34 Abs. 1 Satz 1 Nr. 6 WpHG zugerechnet.

26

Eine Ausnahme von der dinglichen Rechtslage kann außerdem in dem für Kreditinstitute wichtigen Fall gelten, dass **Aktien als Sicherheit** übertragen werden (siehe dazu unten).

27

3.4.3 Berechnung des Stimmrechtsanteils: Nenner

Den **Nenner** bildet die Gesamtzahl der Stimmrechte aus Aktien des Emittenten. Diese ergibt sich in der Regel aus dem aktienrechtlichen Grundkapital.

28

---

18 So u.a.: *Kumpan,* in: Baumbach/Hopt (Hrsg.): HGB, 37. Aufl. 2016, § 21 WpHG Rn. 3; *Schürnbrand,* in: Emmerich/Habersack (Hrsg.): Aktien- und GmbH-Konzernrecht, 8. Aufl. 2016, § 21 WpHG Rn. 12; BT-Drs. 18/5010, S. 44.
19 Vgl. BaFin FAQs, Stand: 28.11.2016, Frage 21.
20 Ausführlich zu den durch das TRL-ÄndRL-UmsG und das 1. FiMaNoG herbeigeführten Änderungen der Mitteilungspflichten bei Investmentvermögen: *Dietrich,* in: ZIP 2016, S. 1612–1619; vgl. auch BaFin FAQs, Stand: 28.11.2016, Fragen 31, 31a.

29 Um die Ermittlung der Gesamtzahl der Stimmrechte zu erleichtern, hat nach § 41 WpHG jeder Inlandsemittent bei einer Zu- oder Abnahme von Stimmrechten, die Gesamtzahl der Stimmrechte und das Datum der Wirksamkeit der Zu- oder Abnahme unverzüglich, spätestens innerhalb von zwei Handelstagen, zu veröffentlichen. Der Meldepflichtige hat nach dem Wortlaut der gesetzlichen Regelungen für die Zwecke der Berechnung seines Stimmrechtsanteils die letzte Veröffentlichung des Emittenten zugrunde zu legen (§ 12 Abs. 3 WpAV). Vor der Neufassung des § 26a WpHG (seit dem 03.01.2018 § 41 WpHG) im Rahmen des TRL-ÄndRL-UmsG bestand die Veröffentlichungspflicht des Emittenten zum Ende eines jeden Kalendermonats. Mit der neuen Fristenregelung werden die Schwierigkeiten, die nach § 26a WpHG a.F. bei Änderung der Gesamtrechtsstimmzahl während des Monats bestanden, beseitigt.[21]

3.4.4 Berechnung des Stimmrechtsanteils: Sonderfälle

30 Stimmrechte sind auch zu berücksichtigen, wenn sie einem **allgemeinen Stimmverbot** (etwa nach § 44 WpHG, § 59 WpÜG oder § 67 Abs. 2 Satz 2 und 3 AktG) oder **Stimmverbot im Einzelfall** (insb. nach § 136 AktG) unterliegen.[22]

Ruhende Stimmrechte aus **eigenen Aktien** muss der Emittent, der seine eigenen Aktien hält, für Zwecke der §§ 33, 34 WpHG nach herrschender Meinung nicht im Zähler berücksichtigen; in Betracht kommt aber eine spezielle Meldepflicht nach § 40 Abs. 1 Satz 2 WpHG.[23] In Bezug auf Stimmrechtsanteile aus eigenen Aktien hat die BaFin ihre früher umstrittene Verwaltungspraxis geändert, nach der Mutterunternehmen Stimmrechte aus eigenen Aktien stets im Zähler berücksichtigen mussten. Nunmehr verweist die BaFin für diese Fälle ebenfalls lediglich auf die spezielle Meldepflicht nach § 40 Abs. 1 Satz 2 WpHG.[24] Im Nenner sind eigene Aktien stets zu berücksichtigen.[25]

31 Nicht zu berücksichtigen sind **stimmrechtslose Vorzugsaktien**. Etwas Anderes gilt, sobald die Stimmrechte aus den Aktien aufleben. Dazu kann es etwa kommen, wenn in einem Jahr der für die Vorzugsaktien vorgesehene Vorzugsbetrag nicht oder nicht vollständig gezahlt und der Rückstand im nächsten Jahr nicht neben dem vollen Vorzug dieses Jahres nachgezahlt wird (§ 140 Abs. 2 Satz 1 AktG).[26]

32 Bei einer **(regulären) Kapitalerhöhung** und **Kapitalerhöhung aus genehmigtem Kapital** werden die Stimmrechte aus den neuen Aktien im Zähler und – nach Maßgabe des Vorgesagten zu § 41 WpHG – im Nenner berücksichtigt, sobald die Kapitalerhöhung durch Eintragung ihrer Durchführung im Handelsregister wirksam geworden ist. Auf die Verbrie-

---

21 Vgl. *Schürnbrand*, in: Emmerich/Habersack (Hrsg.): Aktien- und GmbH-Konzernrecht, 8. Aufl. 2016, § 26a WpHG Rn. 2.
22 Siehe *Hirte*, in: Kölner Kommentar WpHG, 2. Aufl. 2014, § 21 Rn. 76 f.
23 Vgl. *Schneider*, in: Assmann/Schneider (Hrsg.): WpHG, 6. Aufl. 2012, § 21 Rn. 61; a. A. zum alten Recht vor Einführung von § 26 Abs. 1 Satz 2 WpHG noch *Schneider*, in: Assmann/Schneider (Hrsg.): WpHG, 4. Aufl., § 21 Rn. 34.
24 Vgl. BaFin Journal Dezember 2014, S. 5 f.; ausführlich zur Änderung der Verwaltungspraxis der BaFin: *Krause*, in: AG 2015 S. 553 ff.
25 Weiterführend *Schneider*, in: Assmann/Schneider (Hrsg.): WpHG, 6. Aufl. 2012, § 21 Rn. 56 ff.
26 Vgl. *Hirte*, in: Kölner Kommentar WpHG, 2. Aufl. 2014, § 21 Rn. 85.

fung kommt es nicht an. Die neuen Aktien entstehen direkt beim Erstzeichner, also ohne Zwischenerwerb des Emittenten. Erstzeichner ist im Regelfall ein Kreditinstitut, das die Kapitalerhöhung als **Emissionsunternehmen** nach § 186 Abs. 5 AktG begleitet. Nach dem Inkrafttreten des TRL-ÄndRL-UmsG hat die BaFin ihre Verwaltungspraxis insoweit geändert, als dass § 36 Abs. 3 Nr. 1 WpHG nunmehr auf diese Fälle Anwendung findet, wenn der Erwerbszweck ausschließlich die Abrechnung und Abwicklung des Geschäfts ist und die maximale Halteperiode von drei Tagen nach Eintragung der Kapitalerhöhung ins Handelsregister nicht überschritten wird.[27]

Bei einer **Kapitalerhöhung aus bedingtem Kapital** entstehen die neuen Aktien nicht erst mit Eintragung im Handelsregister, sondern schon durch Ausgabe an die Aktionäre (§ 201 AktG). Die neuen Aktien sind – nach Maßgabe des Vorgesagten zu § 41 WpHG – schon ab diesem Zeitpunkt zu berücksichtigen. Als Ausgabe gilt in der Regel die Gutschrift der neuen Aktien im Depot des Aktionärs.[28]   33

Eine **Kapitalherabsetzung** wird mit Eintragung des Kapitalherabsetzungsbeschlusses oder, wenn die Einziehung der Aktien nachfolgt, mit der Einziehung der Aktien wirksam. Ab dem entsprechenden Zeitpunkt sind die Stimmrechte aus den betroffenen Aktien nicht mehr in Zähler und Nenner zu berücksichtigen.[29]   34

3.5 Arten der Schwellenberührung

Meldeschwellen können durch **Erwerb, Veräußerung oder auf sonstige Weise** berührt werden.   35

Die Tatbestandsalternative „**auf sonstige Weise**" ist in allen Fällen der Berührung einer Meldeschwelle ohne Erwerb oder Veräußerung von Aktien durch den Meldepflichtigen erfüllt. Dies betrifft insb. folgende Fälle: 36
– Änderung der Gesamtzahl der Stimmrechte des Emittenten ohne entsprechende Änderung der vom Meldepflichtigen gehaltenen Stimmrechte
– Änderung der Zurechnung von Stimmrechten nach § 34 WpHG
– Aufleben von Stimmrechten aus vom Meldepflichtigen gehaltenen Vorzugsaktien
– Wegfall oder (Wieder-)aufleben der Ausnahmen nach § 36 WpHG
– Aufleben des Stimmrechts von Vorzugsaktien ohne Stimmrecht

Die Änderung der Gesamtzahl der Stimmrechte **ohne entsprechende Anpassung der Stimmrechte** des Meldepflichtigen kann sich z.B. bei einer Kapitalerhöhung beim Emittenten ergeben, an der der Meldepflichtige nicht *pro rata* teilnimmt. Die dadurch eintretende „Verwässerung" der Beteiligung des Aktionärs kann zu einer Meldepflicht führen.[30]   37

---

27 Zum Ganzen *Zimmermann*, in: Fuchs (Hrsg.): WpHG, 2. Aufl. 2016, § 21 Rn. 48.
28 Vgl. *Zimmermann*, in: Fuchs (Hrsg.): WpHG, 2. Aufl. 2016, § 26a Rn. 5.
29 So u.a.: *Zimmermann*, in: Fuchs (Hrsg.): WpHG, 2. Aufl. 2016, § 21 Rn. 52 f.; *Schneider*, in: Assmann/Schneider (Hrsg.): WpHG, 6. Aufl. 2012, § 21 Rn. 38.
30 Vgl. *Hirte*, in: Kölner Kommentar WpHG, 2. Aufl. 2014, § 21 Rn. 125.

3.6 Dauer der Schwellenberührung

38 Auf die Dauer der Schwellenberührung kommt es grundsätzlich nicht an. Auch das nur **kurzfristige Überschreiten** von Meldeschwellen löst also eine Mitteilungspflicht aus.[31]

39 Eine Ausnahme lässt die BaFin für **untertägige Schwellenberührungen** zu, die am gleichen Tag wieder rückgängig gemacht werden.[32] Dann muss keine Mitteilung erfolgen. Diese Unterscheidung ist besonders für Finanzdienstleister wichtig und eröffnet **Gestaltungsspielräume**: Erwirbt etwa eine Bank an einem Handelstag ein größeres Aktienpaket als Kommissionär und überschreitet dadurch eine Meldeschwelle, so besteht eine Mitteilungspflicht, es sei denn, der Kommittent enthält noch am Erwerbstag einen unbedingten und ohne zeitliche Verzögerung zu erfüllenden Anspruch auf Übertragung der Aktien nach § 33 Abs. 3 WpHG.

Mit dem TRL-ÄndRL-UmsG wurden die Mitteilungspflichten für Emissionsbanken geändert. Stimmrechte einer Emissionsbank sind, mit der Maßgabe, dass sie ausschließlich zur Abrechnung und Abwicklung für höchstens drei Handelstage gehalten werden, bei der Berechnung des Stimmrechtsanteils nicht zu berücksichtigen, wenn sie zum Zwecke eines Börsengangs, einer Kapitalerhöhung oder einer Umplatzierung von Aktien einer bereits börsennotierten Gesellschaft lediglich vorübergehend gehalten werden. Die BaFin wertet die Zeichnung neuer Aktien durch ein Emissionsunternehmen als ein Halten von Aktien i. S. d. § 36 Abs. 3 Nr. 1 WpHG, sodass Emissionsunternehmen oder -konsortien diese nicht mehr bei der Stimmrechtsmitteilung berücksichtigen müssen.[33]

40 Werden an einem Tag zu verschiedenen Zeitpunkten mehrere Schwellen in die gleiche Richtung berührt (z. B. Überschreitung von 3 % um 13.00 Uhr und von 5 % um 14.00 Uhr), so reicht eine Meldung unter Berücksichtigung der **Stimmrechtsanzahl am Ende des Tages** aus.[34]

4 Zurechnungsvorschriften (§ 34 WpHG)

4.1 Grundlagen der Zurechnung

41 Für die Mitteilungspflichten sind neben den Stimmrechten aus dem Meldepflichtigen gehörenden Aktien auch Stimmrechte zu berücksichtigen, die dem Meldepflichtigen zuzurechnen sind. Das Gesetz erfasst dadurch Fallgestaltungen, bei denen der Meldepflichtige **Einfluss** auf die Ausübung von Stimmrechten aus Aktien hat, die ihm nicht gehören. Die Zurechnungstatbestände sind im Gesetz **abschließend** in § 34 Abs. 1 und 2 WpHG geregelt.

42 Dabei gilt in der Regel der „**Grundsatz der kumulativen Zurechnung**". Dieselben Stimmrechte können danach sowohl beim Eigentümer der Aktien zu berücksichtigen sein als auch bei einem oder mehreren Dritten aufgrund von Zurechnungsbestimmungen.[35] Mit

---

31 Siehe *Schneider*, in: Assmann/Schneider (Hrsg.): WpHG, 6. Aufl. 2012, § 21 Rn. 24.
32 Differenzierend *Schneider*, in: Assmann/Schneider (Hrsg.): WpHG, 6. Aufl. 2012, § 21 Rn. 26.
33 Vgl. BaFin FAQs, Stand: 28. 11. 2016, Frage 33; weiterführend: *Meyer*, in: BB 2016, S. 771 ff.
34 Anders *Schneider*, in: Assmann/Schneider (Hrsg.): WpHG, 6. Aufl. 2012, § 21 Rn. 26.
35 Vgl. *Schneider*, in: Assmann/Schneider (Hrsg.): WpHG, 6. Aufl. 2012, § 22 Rn. 15; *v. Bülow*, in: Kölner Kommentar WpHG, 2. Aufl. 2014, § 22 Rn. 30.

dem TRL-ÄndRL-UmsG hat der Gesetzgeber zwei neue Zurechnungstatbestände eingeführt.

4.2 Die einzelnen Zurechnungsvorschriften

4.2.1 Tochterunternehmen

Zuzurechnen sind Stimmrechte aus Aktien, die einem **Tochterunternehmen** des Meldepflichtigen gehören (§ 34 Abs. 1 Satz 1 Nr. 1 WpHG). **Tochterunternehmen** sind Unternehmen, die als Tochterunternehmen im Sinne des § 290 HGB gelten oder auf die ein beherrschender Einfluss ausgeübt werden kann, ohne dass es auf die Rechtsform oder den Sitz ankommt (§ 35 Abs. 1 WpHG). Ob ein beherrschender Einfluss vorliegt, bestimmt sich nach den Grundsätzen von § 17 AktG.[36] Stimmrechte des Tochterunternehmens werden dem Meldepflichtigen **in voller Höhe** zugerechnet (§ 34 Abs. 1 Satz 3 WpHG). 43

Ausnahmen von der Zurechnung beim Mutterunternehmen finden sich in § 35 Abs. 2 bis 4 WpHG. Vor dem TRL-ÄndRL-UmsG waren diese Ausnahmen in § 34 Abs. 3a WpHG und im KAGB verankert. Die Zusammenführung dieser Normen in § 35 WpHG führt dabei grundsätzlich zu keinen inhaltlichen Änderungen.[37] Es gelten weiterhin folgende Ausnahmen von der Zurechnung beim Mutterunternehmen, sofern nicht die Rückausnahme nach § 35 Abs. 5 WpHG eingreift: 44

– Ein Wertpapierdienstleistungsunternehmen wird hinsichtlich seiner Beteiligungen im Rahmen einer Finanzportfolioverwaltung nicht als Tochterunternehmen angesehen (§ 35 Abs. 2 WpHG), soweit die Stimmrechte, die mit den betreffenden Aktien verbunden sind, unabhängig vom Mutterunternehmen oder nur weisungsgebunden ausgeübt werden oder aber durch geeignete Vorkehrungen sichergestellt ist, dass die Finanzportfolioverwaltung unabhängig erfolgt. In diesem Fall werden etwa die von einer *Asset-Management*-Tochtergesellschaft eines Mutter-Kreditinstituts für Vermögensverwaltungskunden verwalteten Aktien nicht dem Mutter-Kreditinstitut zugerechnet. Eine Zurechnung bei der *Asset-Management*-Tochtergesellschaft findet aber weiterhin statt (nach § 35 Abs. 1 Satz 1 Nr. 6 WpHG).

– Unter ähnlichen Voraussetzungen gilt eine Kapitalverwaltungsgesellschaft hinsichtlich der von ihr gehaltenen Stimmrechte nicht als Tochterunternehmen (35 Abs. 3 WpHG). Dadurch kann eine Zurechnung dieser Stimmrechte bei der Muttergesellschaft der Kapitalverwaltungsgesellschaft vermieden werden.

– § 35 Abs. 4 WpHG normiert unter vergleichbaren Anforderungen wie bei Wertpapierdienstleistungsunternehmen und Kapitalverwaltungsgesellschaften eine Ausnahme für Unternehmen mit Sitz in einem Drittstaat, das einer aufsichtsrechtlichen Erlaubnis bedürfte, wenn es seinen Sitz oder seine Hauptverwaltung im Inland hätte. Die nach § 35 Abs. 4 Nr. 1 WpHG erforderliche Gleichwertigkeit der Anforderungen mit denen nach § 35 Abs. 2 oder 3 WpHG ist in § 8 TranspRLDV näher geregelt.

---

36 Vgl. *Schürnbrand*, in: Emmerich/Habersack (Hrsg.): Aktien- und GmbH-Konzernrecht, 8. Aufl. 2016, § 22a WpHG Rn. 5.
37 Vgl. BaFin FAQs, Stand: 28. 11. 2016, Frage 30.

45 Die Voraussetzungen der Anwendbarkeit der Ausnahmen sind vergleichbar. Dazu gehört insb. die **Unabhängigkeit** des Wertpapierdienstleistungsunternehmens bzw. der Kapitalverwaltungsgesellschaft von dem Mehrheitsgesellschafter hinsichtlich der Ausübung der Stimmrechte. Die Voraussetzungen sind komplex und im Einzelfall zu prüfen.[38]

4.2.2 Für-Rechnung-Halten

46 Zuzurechnen sind dem Meldepflichtigen Stimmrechte aus Aktien, die einem Dritten gehören und von diesem Dritten **für Rechnung des Meldepflichtigen** gehalten werden (§ 34 Abs. 1 Satz 1 Nr. 2 WpHG).

47 Dies erfasst in erster Linie **fremdnützige Vollrechts-Treuhandstrukturen**. Dabei hält ein (Verwaltungs-)Treuhänder Eigentum an Aktien für einen Treugeber. Der Treugeber trägt die wirtschaftlichen Chancen und Risiken aus den Aktien. Der Treuhänder übt die Stimmrechte aus den Aktien nach Weisung des Treuhänders aus. Die Meldepflicht trifft den Treugeber als dem wirtschaftlichen Eigentümer und „wahren" Herrn der Stimmrechtsausübung.

48 Neben dem Treugeber muss nach dem **Grundsatz der kumulativen Zurechnung** auch der Treuhänder als Eigentümer die Stimmrechte aus den Aktien bei sich berücksichtigen (nach § 33 Abs. 1 Satz 1 WpHG), wenn nicht die Ausnahme nach § 36 Abs. 3 Nr. 2 WpHG anwendbar ist.[39]

49 Für Kreditinstitute ist dies insb. im Zusammenhang mit Wertpapierleihen bedeutsam. Früher hatte die BaFin bei der Zurechnung zwischen der einfachen Wertpapierleihe, bei dem die Stimmrechte dem Verleiher zuzurechnen sein sollten, und der Kettenwertpapierleihe, bei der keine Zurechnung mehr beim Verleiher erfolgen sollte, sobald die Aktien an den Entleiher übertragen wurden, unterschieden. Nach einer gegenläufigen Entscheidung des BGH[40] hat die BaFin diese Differenzierung aufgegeben. Eine Stimmrechtszurechnung beim Verleiher ist danach im Einzelfall zu prüfen und kann insb. nur erfolgen, wenn dieser nach der vertraglichen Vereinbarung Einfluss auf die Stimmrechtsausübung des Entleihers nehmen kann.[41]

– Bei der üblichen Ketten-Wertpapierleihe erfolgt nach Auffassung der BaFin keine Zurechnung mehr beim Verleiher, sobald die Aktien an den Entleiher übertragen wurden – und zwar unabhängig davon, ob der Entleiher die Aktien an einen Dritten weiter übertragen hat. Meldepflichten können ggf. für den Verleiher wegen Schwellenunterschreitung und für den Entleiher wegen Schwellenüberschreitung aus § 33 Abs. 1 WpHG entstehen. Wegen des Rückübertragungsanspruchs muss der Verleiher nach § 38 WpHG eine Mitteilung machen.[42]

---

38 Weiterführend *Schneider*, in: Assmann/Schneider (Hrsg.): WpHG, 6. Aufl. 2012, § 22 Rn. 45 ff. (zu Vermögensverwaltern).
39 *Zimmermann*, in: Fuchs (Hrsg.): WpHG, 2. Aufl. 2016, § 22 Rn. 46.
40 Vgl. BGH v. 16.03.2009 – II ZR 302/06 in: NZG 2009, S. 585, 589.
41 Vgl. *Schürnbrand*, in: Emmerich/Habersack (Hrsg.): Aktien- und GmbH-Konzernrecht, 8. Aufl. 2016, § 22 WpHG Rn. 11; *Merkner*, in: AG 2012, S. 200.
42 Vgl. *Bayer*, in: Münchener Kommentar AktG, Bd. 1, 4. Aufl. 2016, § 22 WpHG Rn. 25.

– Dies gilt grundsätzlich auch bei Wertpapierleihen zur Erfüllung von „Mehrzuteilungen" beim „Greenshoe"-Verfahren im Rahmen eines Börsengangs.[43] Während die Emissionsbanken in der Regel nicht meldepflichtig sind, da der Nichtberücksichtigungstatbestand des § 36 Abs. 2 WpHG eingreift, müssen Altaktionäre den Rücklieferungsanspruch als Instrument melden, wenn eine Meldeschwelle berührt oder überschritten wird. Bei Platzierung der Aktien entfällt die Zurechnung beim Altaktionär. Die Konsortialbank muss den Altaktionär hierüber informieren, damit er ggf. das Unterschreiten einer Meldeschwelle mitteilen kann.

Kein Fall des „Für-Rechnung-Haltens" ist das normale **Depotgeschäft deutscher Kreditinstitute**. Bei der Depotverwahrung von Aktien ist der Depotinhaber Eigentümer der Aktien und muss die entsprechenden Stimmrechte deshalb nach § 33 Abs. 1 Satz 1 WpHG berücksichtigen (und nicht nach § 34 Abs. 1 Satz 1 Nr. 2 WpHG). 50

Ausreichend soll nach Ansicht der BaFin auch sein, wenn der Treuhänder zwar nicht zur Ausübung der Stimmrechte nach Weisung des Treugebers verpflichtet ist, die Stimmrechtsausübung aber **im objektiven Interesse** des Treugebers erfolgen muss. Dieser Ansicht sind die herrschende Literatur und jüngst auch der Bundesgerichtshof[44] zu Recht nicht gefolgt. Eine Zurechnung kommt nach höchstrichterlicher Rechtsprechung nur in Betracht, wenn der Treugeber **Einfluss auf die Ausübung der Stimmrechte** durch den Treuhänder hat. 51

4.2.3 Einem Dritten als Sicherheit übertragen

Zugerechnet werden Stimmrechte aus Aktien, die einem Dritten **als Sicherheit übertragen** wurden (§ 34 Abs. 1 Satz 1 Nr. 3 WpHG). 52

Nach dem ebenfalls durch das TRL-ÄndRL-UmsG neu eingeführten § 34 Abs. 1 Satz 1 Nr. 8 WpHG sind Aktien dem Meldepflichtigen zuzurechnen, die bei dem Meldepflichtigen als Sicherheit verwahrt werden, sofern der Meldepflichtige die Stimmrechte hält und die Absicht bekundet, diese Stimmrechte auszuüben. § 34 Abs. 1 Satz 1 Nr. 3 WpHG gilt als lex specialis für den Fall der Sicherungsübertragung, während § 34 Abs. 1 Satz 1 Nr. 8 WpHG die generelle Sicherungsverwahrung erfasst. Von dem zuvor für diese Zurechnungsnorm geltenden Grundsatz der alternativen Zurechnung wurde Abstand genommen.[45] Danach ist der Sicherungsnehmer gemäß § 33 Abs. 1 Satz 1 Nr. 8 WpHG mitteilungspflichtig, während sich eine Meldepflicht des Sicherungsgebers regelmäßig aus § 34 Abs. 1 Satz 1 Nr. 3 WpHG ergibt.[46] Inhaltliche Änderungen bei der Zurechnungssystematik sollen hiermit nicht einhergehen.[47] Der genaue Anwendungsbereich des § 34 Abs. 1 Satz 1 Nr. 8 WpHG ist allerdings unklar, weshalb abzuwarten bleibt, welche Fälle künftig unter § 34 Abs. 1 Satz 1 Nr. 8 WpHG fallen. 53

---

43 Zum Greenshoe Verfahren nach der TRL-ÄndRL auch *Tautges*, in: WM 2017, S. 514.
44 Dazu: BGH v. 16.03.2009 – II ZR 302/06 in: NZG 2009, S. 585, 589.
45 Vgl. BT-Drs 18/5010, S. 45; BaFin FAQs, Stand: 28.11.2016, Frage 28.
46 Vgl. *Burgard/Heimann*, in: WM 2015, S. 1448; *Franke/Schulenburg*, in: Umnuß (Hrsg.): Corporate Compliance Checklisten, 3. Aufl. 2017, Kapitel 3 Rn. 152.
47 Vgl. BT-Drs. 18/5010, S. 45; *Schürnbrand*, in: Emmerich/Habersack (Hrsg.): Aktien- und GmbH-Konzernrecht, 8. Aufl. 2016, § 22 WpHG Rn. 21.

54 Keine Anwendung findet die Zurechnungsvorschrift bei der **Verpfändung** von Aktien.[48] Der Verpfänder und Sicherungsgeber bleibt Eigentümer der Aktien und muss die Stimmrechte nach § 33 Abs. 1 Satz 1 WpHG berücksichtigen. Dem Sicherungsnehmer sind die Stimmrechte jedenfalls vor Eintritt des Verwertungsfalls in der Regel nicht zuzurechnen.

4.2.4 Nießbrauch

55 Zugerechnet werden Stimmrechte aus Aktien, an denen zugunsten des Meldepflichtigen ein **Nießbrauch** bestellt ist (§ 34 Abs. 1 Satz 1 Nr. 4 WpHG). In der Praxis spielt diese Vorschrift keine bedeutende Rolle.

4.2.5 Durch Willenserklärung erwerbbar

56 Zuzurechnen sind Stimmrechte aus Aktien, die der Meldepflichtige durch eine **Willenserklärung** erwerben kann (§ 34 Abs. 1 Satz 1 Nr. 5 WpHG).

57 Die Zurechnungsnorm erfasst die – in der Praxis seltenen – **dinglichen Optionen**, bei denen der Meldepflichtige als Optionsinhaber ohne weitere Mitwirkung des Optionsverpflichteten das Eigentum an Aktien des Optionsverpflichteten erwerben kann.[49]

58 Auch beim Verkauf von Aktien, deren **aufschiebend bedingte Übereignung** nur noch vom Willen des Käufers abhängt (z. B. Kaufpreiszahlung), werden die Stimmrechte schon vor Kaufpreiszahlung (auch) beim Käufer zugerechnet.

59 Nicht erfasst sind demgegenüber nach Ansicht der BaFin und der herrschenden Literaturmeinung **schuldrechtliche Ansprüche** auf Lieferung von Aktien, also insb. **schuldrechtliche Optionen, Wandelschuldverschreibungen** und **Optionsanleihen**.[50] Erfasst werden können solche Lieferansprüche aber von § 38 WpHG.

4.2.6 Bevollmächtigung

60 Zuzurechnen sind Stimmrechte aus Aktien, die dem Meldepflichtigen **anvertraut** sind oder aus denen der Meldepflichtige die Stimmrechte als **Bevollmächtigter** ausüben kann, sofern er die Stimmrechte aus diesen Aktien nach eigenem Ermessen ausüben kann, wenn keine besonderen Weisungen des Aktionärs vorliegen (§ 34 Abs. 1 Satz 1 Nr. 6 WpHG). Der Meldepflichtige muss dabei als selbständiger Vertreter handeln und darf nicht in abhängiger Stellung zum Aktionär stehen.[51] Eine Verfügungsbefugnis über die Aktien ist nicht erforderlich.[52] Im Übrigen sind Aktien dem Meldepflichtigen anvertraut, wenn er zur Wahrnehmung der Vermögensinteressen des Aktionärs im Hinblick auf die Aktien ver-

---

48 Vgl. *Schilha*, in: Bürgers/Körber (Hrsg.) AktG, 4. Aufl. 2017, Anh. § 22/§ 22 WpHG Rn. 7; *Zimmermann*, in: Fuchs (Hrsg.): WpHG, 2. Aufl. 2016, § 22 Rn. 7.
49 Vgl. *v. Bülow*, in: Kölner Kommentar WpHG, 2. Aufl. 2014, § 22 Rn. 137 f.
50 Vgl. *v. Bülow*, in: Kölner Kommentar WpHG, 2. Aufl. 2014, § 22 Rn. 127; BGH v. 29. 07. 2014 – II ZR 353/12, NZG 2014, 985, 989.
51 Siehe *Schneider*, in: Assmann/Schneider (Hrsg.): WpHG, 6. Aufl. 2012, § 22 Rn. 118.
52 Vgl. *Schneider*, in: Assmann/Schneider (Hrsg.): WpHG, 6. Aufl. 2012, § 22 Rn. 118.

pflichtet ist.⁵³ Der Meldepflichtige kann die Stimmrechte als Bevollmächtigter ausüben, wenn er ohne Weisungsgebundenheit zur Stimmrechtsausübung berechtigt ist. In vielen Fällen sind ihm die Aktien dann auch „anvertraut", denknotwendig ist dies aber nicht.⁵⁴ Bei entsprechender Untervollmacht können sowohl der Unterbevollmächtigte als auch der Erstbevollmächtigte meldepflichtig sein.⁵⁵

Bei Kreditinstituten führt dies u. a. zu einer Zurechnung von Aktien aus **individuellen Vermögensverwaltungsmandaten**, wenn die Vermögensverwaltung die Stimmrechtsausübung im eigenen Ermessen umfasst. Das gleiche gilt bei der **kollektiven Vermögensverwaltung**, also beim *Asset Management* von (offenen oder geschlossenen) Fonds. Zu beachten ist, dass für Kapitalverwaltungsgesellschaften für die von ihnen aufgelegten Sondervermögen unter Umständen Spezialregelungen gelten.⁵⁶   61

Die von Depotkunden an Kreditinstitute nach § 135 AktG erteilten **Stimmrechtsvollmachten zur Vertretung in der Hauptversammlung** führen grundsätzlich nicht zur Zurechnung der entsprechenden Stimmrechte beim bevollmächtigten Kreditinstitut.⁵⁷ Denn das Kreditinstitut darf nur aufgrund einer ausdrücklichen Weisung des Aktionärs, entsprechend eigenen Abstimmungsvorschlägen oder entsprechend den Vorschlägen des Vorstands oder des Aufsichtsrats (oder für den Fall voneinander abweichender Vorschläge entsprechend den Vorschlägen des Aufsichtsrats) abstimmen (§ 135 Abs. 1 Satz 4 AktG). Die Möglichkeit des Kreditinstituts, von seinem im Vorfeld gemachten Abstimmungsvorschlag abzuweichen, wenn es den Umständen nach annehmen darf, dass der Aktionär bei Kenntnis der Sachlage die abweichende Ausübung des Stimmrechts billigen würde (§ 135 Abs. 3 Satz 1 Halbsatz 2 AktG), soll nach Behördenansicht kein ausreichendes Ermessen für eine Zurechnung der Stimmrechte begründen. Das muss auch bei einer – unter den gleichen Voraussetzungen zulässigen (§ 135 Abs. 4 Satz 2 AktG) – Abweichung von den Vorschlägen des Vorstands bzw. Aufsichtsrats gelten. Nicht abschließend geklärt ist, ob es dennoch zur Zurechnung kommt, wenn im Hinblick auf „Nebenabstimmungen", also nicht in der Tagesordnung genannte Abstimmungen wie etwa solche zum Verfahren, ein „Restermessen" des Kreditinstituts besteht.   62

Wird eine Stimmrechtsvollmacht, die dem Bevollmächtigten Ermessen bei der Stimmrechtsausübung gewährt und deshalb zur Zurechnung der Stimmrechte bei diesem führt, **nur zur Ausübung der Stimmrechte für eine Hauptversammlung** erteilt, so sieht das Gesetz eine Erleichterung der Mitteilungspflichten vor. Der Bevollmächtigte müsste bei Schwellenüberschreitung infolge der Zurechnung kurz hintereinander zwei Mitteilungen abgeben: Die erste Mitteilung bei Schwellenüberschreitung infolge der Einräumung der Vollmacht und die zweite Mitteilung nach Ende der Hauptversammlung wegen Schwellenunterschreitung infolge Erlöschens der Vollmacht. Nach einer gesetzlichen Ausnahme ist es in diesem Fall ausreichend, wenn die Mitteilung lediglich bei Erteilung der Vollmacht   63

---

53 Vgl. *Schürnbrand*, in: Emmerich/Habersack (Hrsg.): Aktien- und GmbH-Konzernrecht, 8. Aufl. 2016, § 22 Rn. 17.
54 Vgl. *Schneider*, in: Assmann/Schneider (Hrsg.): WpHG, 6. Aufl. 2012, § 22 Rn. 120.
55 Vgl. *Heinrich*, in: Heidel (Hrsg.): Aktienrecht und Kapitalmarktrecht, 4. Aufl. 2014, § 22 Rn. 15.
56 Vgl. *v. Bülow*, in: Kölner Kommentar WpHG, 2. Aufl. 2012, § 22 Rn. 169.
57 Vgl. *Zimmermann*, in: Fuchs (Hrsg.): WpHG, 2. Aufl. 2016, § 22 Rn. 77; *Bayer*, in: Münchener Kommentar AktG, Bd. 1, 4. Aufl. 2016, § 22 WpHG Rn. 40.

abgegeben wird (§ 34 Abs. 3 Satz 1 WpHG). Die Mitteilung muss dann allerdings die Angabe enthalten, wann die Hauptversammlung stattfindet und wie hoch nach Erlöschen der Vollmacht oder des Ausübungsermessens der Stimmrechtsanteil sein wird, der dem Bevollmächtigten zugerechnet wird (§ 34 Abs. 3 Satz 2 WpHG). Dies kann insb. im Rahmen von Vermögensverwaltungsmandaten bedeutsam sein, wenn eine Vollmacht zur Ausübung der Stimmrechte besteht und diese nicht von § 135 AktG erfasst wird.

4.2.7 Vereinbarung

64 Der mit dem TRL-ÄndRL-UmsG eingeführte § 34 Abs. 1 Satz 1 Nr. 7 WpHG erfasst den Fall, dass ein Meldepflichtiger Stimmrechte aus Aktien aufgrund einer Vereinbarung ausüben darf, die eine zeitweilige Übertragung der Stimmrechte ohne die damit verbundenen Aktien gegen Gegenleistung vorsieht. Da in Deutschland allerdings nach § 8 Abs. 5 AktG das Abspaltungsverbot gilt und eine Trennung von Aktie und Stimmrecht nicht möglich ist, hat diese Zurechnungsnorm lediglich Bedeutung, wenn es um Vereinbarungen nach ausländischem Recht geht.[58] Der Zurechnungstatbestand wurde gleichwohl zur vollständigen Umsetzung der TRL-ÄndRL aufgenommen, um sicherzustellen, dass eine Zurechnung bei einer nach ausländischem Recht teilweise möglichen Abspaltung von Aktie und Stimmrecht möglich ist.[59]

4.2.8 Sicherungsverwahrung

Zu dem ebenfalls durch das TRL-ÄndRL-UmsG neu eingeführten § 34 Abs. 1 Satz 1 Nr. 8 WpHG siehe bereits oben.

4.2.9 Acting in Concert

65 Einem Meldepflichtigen werden Stimmrechte eines Dritten zugerechnet, mit dem der Meldepflichtige oder sein Tochterunternehmen sein Verhalten in Bezug auf den Emittenten abstimmt (*Acting in Concert*) (§ 34 Abs. 2 Satz 1 Halbsatz 1 WpHG), und zwar auf Grund einer Vereinbarung oder in sonstiger Weise. Kein *Acting in Concert* liegt bei Vereinbarungen in Einzelfällen vor (§ 34 Abs. 2 Satz 1 Halbsatz 2 WpHG).

66 Eine Abstimmung „aufgrund einer Vereinbarung" erfasst **Stimmbindungsverträge**, Gesellschaftsverträge u. ä. Erforderlich ist eine solche bindende Vereinbarung aber wegen der Tatbestandsalternative „in sonstiger Weise" nicht.[60] Ein *Acting in Concert* kann vielmehr schon bei einer rechtlich nicht bindenden Übereinkunft gleichgerichteten Abstimmungsverhaltens (*Gentlemens' Agreement*) vorliegen, d. h. weder der rechtsgeschäftliche Bindungswille noch die rechtliche Durchsetzbarkeit des Inhalts der Abstimmung sind erforderlich.[61] Nicht ausreichend ist allerdings unbewusstes Parallelverhalten.

---

58 Vgl. BaFin FAQs, Stand: 28.11.2016, Frage 27; *Söhner,* in: ZIP 2015, S. 2454.
59 Vgl. BT-Drs. 18/5010, S. 45.
60 Vgl. *Schneider,* in: Assmann/Schneider (Hrsg.): WpHG, 6. Aufl. 2012, § 22 Rn. 173.
61 Dazu: BGH v. 18.09.2006 – II ZR 137/05, BB 2006, 2432, 2434.

Ein **abgestimmtes Verhalten** setzt voraus (§ 34 Abs. 2 Satz 2 WpHG)[62], dass der Meldepflichtige oder sein Tochterunternehmen und der Dritte, also mind. zwei Personen, mit dem Ziel einer dauerhaften und erheblichen Änderung der unternehmerischen Ausrichtung des Emittenten 67

– sich über die Ausübung von Stimmrechten verständigen oder
– in sonstiger Weise zusammenwirken.

Eine **Verständigung über die Ausübung von Stimmrechten** ist die bewusste gegenseitige Verabredung über ein abstimmungsrelevantes Verhalten. Die tatsächliche Ausübung von Stimmrechten ist unerheblich. Ausreichend ist der Wille der sich auf ein gemeinsames Abstimmverhalten verständigenden Personen. Dagegen ist der bloße Meinungsaustausch oder die Beratung der Aktionäre untereinander nicht erfasst, solange es zu keiner gemeinsamen Willensbildung kommt.[63] Es erfolgt auch keine Zurechnung bei faktischem (also nicht auf einer Absprache beruhendem) Parallelverhalten in der Hauptversammlung, wenn die Stimmrechtsausübung nicht koordiniert wird.[64] 68

Ein **Zusammenwirken in sonstiger Weise** muss auf konkrete, im Zeitpunkt der Verabredung bereits bestimmbare Ziele und die zu deren Umsetzung erforderlichen Schritte gerichtet sein.[65] 69

Ziel muss die dauerhafte und erhebliche **Änderung der unternehmerischen Ausrichtung**, also die vom Vorstand des Emittenten festgelegte Unternehmenspolitik einschließlich Art und Weise ihrer Umsetzung (z. B. Unternehmensgeschäftsfelder, Finanzierungsstruktur) sein.[66] Die Einflussnahme muss daher über die festgelegte Unternehmenspolitik hinausgehen und darf nicht nur zur Erhaltung des Status quo dienen. Zudem dürfen die angestrebten Änderungen nur unter großen Aufwand wieder rückgängig gemacht werden können, z. B. Neuausrichtung des Unternehmens durch entsprechende M&A-Transaktion. Entscheidend ist dabei die subjektive Zielrichtung.[67] Eines ausreichenden Einflusspotenzials der an der Verhaltensabstimmung Beteiligten, um tatsächlich die beabsichtigte Änderung herbeiführen zu können, bedarf es nicht.

Nicht abschließend geklärt ist, ob – so die wohl herrschende Meinung – das abgestimmte Verhalten sich stets (auch) auf die Stimmrechtsausübung oder die Geschäftspolitik des Emittenten beziehen muss, oder ob auch ein **abgestimmter Parallelerwerb** von Aktien des Emittenten bzw. das koordinierte Halten oder Veräußern solcher Aktien bereits für sich genommen erfasst sein kann.[68] In früheren Fällen zu einer alten Gesetzesfassung und im letzten veröffentlichten Emittentenleitfaden vertrat die Behörde die Ansicht, dass ein koor- 70

---

62 Ausführlich dazu auch *Zimmermann*, in: Fuchs (Hrsg.): WpHG, 2. Aufl. 2016, § 22 Rn. 88 ff.
63 Vgl. *Schneider*, in: Assmann/Schneider (Hrsg.): WpHG, 6. Aufl. 2012, § 22 Rn. 174.
64 Vgl. *Zimmermann*, in: Fuchs (Hrsg.): WpHG, 2. Aufl. 2016, § 22 Rn. 92 und 97.
65 Vgl. *Zimmermann*, in: ZIP 2009, S. 58.
66 Vgl. *Zimmermann*, in: ZIP 2009, S. 58.
67 Dazu: *Zimmermann*, in: ZIP 2009, S. 58.
68 Dafür (koordinierter Parallelerwerb für sich genommen ausreichend): *Schneider*, in: Assmann/Schneider (Hrsg.): WpHG, 6. Aufl. 2012, § 22 Rn. 185; *Berger/Filgut*, AG 2004, 592, 594 ff.; wohl auch RegE Risikobegrenzungsgesetz, BT-Drs. 15/7438, S. 11; dagegen (Parallelerwerb alleine nicht ausreichend): Bericht des Finanzausschusses, BT-Drs. 16/9821, S. 15; *Zim-*

dinierter Parallelerwerb allein nicht ausreiche, sondern ein über den Erwerb hinausgehendes gemeinsames Interesse verfolgt werden müsse.[69]

71 Im Falle eines *Acting in Concert* erfolgt eine (wechselseitige) Zurechnung der Stimmrechte **in voller Höhe** bei allen beteiligten Personen.[70] Dies soll nach Ansicht der BaFin in einem Stimmrechtspool selbst dann für alle Poolmitglieder gelten, wenn ein Mitglied den Pool aufgrund der vertraglichen Vereinbarungen beherrschen kann.[71]

4.2.10 Sonderfall: Kettenzurechnung

72 Zur Zurechnung kann es auch durch kombinierte Anwendung der Zurechnungsvorschriften kommen (**Kettenzurechnung**).

73 Gesetzlich ausdrücklich geregelt ist dies für den Fall, dass einem Tochterunternehmen des Meldepflichtigen, Stimmrechte nach § 34 Abs. 1 Satz 1 Nr. 2 bis 8 oder Abs. 2 WpHG zugerechnet werden. In diesem Fall erfolgt eine **volle Zurechnung** dieser Stimmrechte auch beim Meldepflichtigen als Mutterunternehmen (§ 34 Abs. 1 Satz 2 und Abs. 2 Satz 3 WpHG).

74 Im Übrigen fehlt es an einer gesetzlichen Regelung. Nach wohl richtiger Ansicht in der Literatur kommt eine Kettenzurechnung dennoch immer dann in Betracht, wenn **indirekter Einfluss auf die Stimmrechte** besteht.[72]

75 Dies kann etwa in folgendem **Beispiel** der Fall sein:

> **Beispiel:**
> Die A, eine GmbH, hält 4 % der Stimmrechte an einer Emittentin E und ist dementsprechend zu einer Stimmrechtsmitteilung verpflichtet. Treuhänder B hält für Treugeber C alle Anteile an A und übt die Stimmrechte an A nach den Weisungen von C aus. Eine Zurechnung der Stimmrechte bei C sieht der Wortlaut des Gesetzes nicht ausdrücklich vor. C hat aber über B faktisch Einfluss auf A und damit auch auf die von A gehaltenen Stimmrechte an E. Wenn C nicht schon – trotz fehlender Gesellschafterstellung – Mutterunternehmen von A ist (sog. „mehrfache einstufige Abhängigkeit" i. S. v. § 17 AktG), so kommt jedenfalls eine Zurechnung nach § 34 Abs. 1 Satz 1 Nr. 2 WpHG analog in Betracht. Die BaFin hat sich zu dieser Fallkonstellation bislang nicht allge-

---

     mermann, in: Fuchs (Hrsg.): WpHG, 2. Aufl. 2016, § 22 Rn. 95 f.; *v. Bülow*, in: Kölner Kommentar WpHG, 2. Aufl. 2014, § 22 Rn. 236; *Gätsch/Schäfer*, in: NZG 2008, S. 848.

69 Siehe etwa die Pressemitteilung der BaFin zum Fall „Beiersdorf AG" aus dem Jahr 2004, dazu *Schneider*, in: WM 2006, S. 1324; früherer Emittentenleitfaden 2013, VIII.2.8.1.2.

70 Vgl. *v. Bülow*, in: Kölner Kommentar WpHG, 2. Aufl. 2014, § 22 Rn. 240.

71 So die *BaFin* in der mittlerweile veralteten Fassung des Emittentenleitfadens 2013, VIII.2.5.8.2 (S. 147); zustimmend: *Wackerbarth*, in: Münchener Kommentar AktG, Bd. 6, 3. Aufl. 2011, § 30 WpÜG Rn. 60; ablehnend: *Veil*, in: Schmidt/Lutter (Hrsg.) AktG Anh. § 22, 3. Aufl. 2015, § 22 WpHG Rn. 44; *v. Bülow*, in: Kölner Kommentar WpHG, 2. Aufl. 2014, § 22 Rn. 242; *Schürnbrand*, in: Emmerich/Habersack (Hrsg.): Aktien und GmbH-Konzernrecht, 8. Aufl. 2016, § 22 WpHG Rn. 31.

72 *Zimmermann*, in: Fuchs (Hrsg.): WpHG, 2. Aufl. 2016, § 22 Rn. 15; *Schneider*, in: Assmann/Schneider (Hrsg.): WpHG, 6. Aufl. 2012, § 22 Rn. 21.

> mein geäußert, ist aber bei der Zurechnung in solchen Fällen wohl deutlich zurückhaltender.

4.3 Gesetzlich besonders geregelte Ausnahmen von der Berücksichtigung von Stimmrechten

Es gibt verschiedene **Ausnahmen** von der Berücksichtigung von Stimmrechten, die insb. für Kreditinstitute von Bedeutung sind. 76

4.3.1 Handelsbestand

Nicht berücksichtigt im Zähler werden Stimmrechte aus Aktien, die ein Kreditinstitut oder Wertpapierdienstleistungsunternehmen mit Sitz in der EU oder im EWR im **Handelsbestand** hält und dabei sicherstellt, dass die Stimmrechte nicht ausgeübt und nicht anderweitig genutzt werden, um auf die Geschäftsführung des Emittenten Einfluss zu nehmen (§ 36 Abs. 1 WpHG). 77

Das Wertpapierdienstleistungsunternehmen muss Inhaber der Aktien sein. Greift die Ausnahme bei diesem, kommt auch eine **Zurechnung** der Stimmrechte bei Dritten, etwa dem Mutterunternehmen des Wertpapierdienstleistungsunternehmens, nicht mehr in Betracht. 78

Die Ausnahme gilt nur für die Aktien im Handelsbestand und nur solange diese nicht mehr als **5 % der Stimmrechte** des Emittenten betragen. Werden mehr als 5 % der Stimmrechte im Handelsbestand gehalten, sind die Stimmrechte im Handelsbestand vollumfänglich zu berücksichtigen. Näheres zur Berechnung regelt § 36 Abs. 8 WpHG, der auf die entsprechenden EU-Verordnungen verweist.[73] 79

Der Begriff des Handelsbestands ist für Zwecke des Wertpapierhandelsgesetzes **nicht gesetzlich definiert**. Eine überzeugende einheitliche Auslegung gibt es bislang nicht. Einigkeit besteht, dass der Handelsbestand abzugrenzen ist vom Anlagebestand und sonstigen Beständen, etwa dem Vorsorgewertpapierbestand.[74] Aktien in diesen Beständen können nicht zum Handelsbestand gehören. 80

Aus der fehlenden Zuordnung zu diesen Beständen ergibt sich aber nicht schon automatisch die Zuordnung zum Handelsbestand. Hierfür müssen zusätzlich bestimmte **objektive und subjektive Kriterien** zugleich erfüllt sein[75]: 81

– Die Aktien müssen der Erbringung von Wertpapierdienstleistungen im weiteren Sinne, also insb. einschließlich des Eigenhandels und der Wertpapierleihe, zu dienen bestimmt sein.

---

73 Vgl. auch: BaFin FAQs, Stand: 28.11.2016, Frage 32.
74 Vgl. *Schneider*, in: Assmann/Schneider (Hrsg.): WpHG, 6. Aufl. 2012, § 23 Rn. 7.
75 Dazu ausführlich *Zimmermann*, in: Fuchs (Hrsg.): WpHG, 2. Aufl. 2016, § 23 Rn. 9 ff.

– Der Meldepflichtige muss außerdem festlegen, ob und welche Aktien dem Handelsbestand zuzuordnen sind (Zweckbestimmung).
– Darüber hinaus muss der Meldepflichtige bestimmen, dass nicht beabsichtigt ist, die Stimmrechte auszuüben oder anderweitig zur Beeinflussung der Geschäftsführung des Emittenten zu nutzen.

82 Die Zuordnung zum Handelsbestand ist zu **dokumentieren**. Die Compliance muss entsprechend organisiert sein. Außerdem kann nur bei entsprechender Compliance-Organisation sichergestellt werden, dass die Stimmrechte aus den Aktien im Handelsbestand nicht ausgeübt werden.

4.3.2 Stabilisierungszwecke

Mit dem TRL-ÄndRL-UmsG wurde als weitere Ausnahme zur Stimmrechtsberücksichtigung § 23 Abs. 1a WpHG eingeführt (seit dem 03.01.2018 § 36 Abs. 2 WpHG). Danach bleiben Stimmrechte aus Aktien unberücksichtigt, die gemäß der Verordnung (EG) Nr. 2273/2003 zu Stabilisierungszwecken erworben wurden, wenn der Aktieninhaber sicherstellt, dass die Stimmrechte aus den betreffenden Aktien nicht ausgeübt und nicht anderweitig genutzt werden, um auf die Geschäftsführung des Emittenten Einfluss zu nehmen. Die Ausnahme wird insb. bei der Zeichnung neuer Aktien durch ein Emissionsunternehmen oder Emissionskonsortium relevant.[76]

4.3.3 Clearing und Settlement

83 Stimmrechte bleiben im Zähler unberücksichtigt, wenn die betreffenden Aktien ausschließlich für den Zweck der **Abrechnung und Abwicklung** von Geschäften für höchstens drei Handelstage gehalten werden, selbst wenn die Aktien auch außerhalb eines organisierten Marktes gehandelt werden (§ 36 Abs. 3 Nr. 1 WpHG).

84 Diese Ausnahme für Clearing- und Settlement-Geschäfte ist für **Kreditinstitute** bedeutsam. Abrechnung ist die Be- oder Verrechnung der gegenseitigen Verpflichtungen von Marktteilnehmern aus Wertpapiergeschäften. Abwicklung ist der Vollzug einer Transaktion durch Übertragung der Wertpapiere und Erbringung der Gegenleistung.[77]

85 Die Ausnahme ist nur anwendbar, wenn die Aktien „**ausschließlich**" zur Abrechnung und Abwicklung gehalten werden. Es dürfen keine anderen Motive hinzukommen, etwa Sicherungs- oder Anlagezwecke oder eine Unterstützung von Kundentransaktionen. Deshalb findet die Ausnahme insb. keine Anwendung beim Erwerb von Aktien im Rahmen der Begleitung einer Kapitalerhöhung.[78]

---

76 Vgl. auch: BaFin FAQs, Stand: 28.11.2016, Frage 33.
77 Vgl. *Zimmermann*, in: Fuchs (Hrsg.): WpHG, 2. Aufl. 2016, § 23 Rn. 15.
78 Vgl. *Heinrich*, in: Heidel (Hrsg.) Aktienrecht, 4. Aufl. 2014, § 23 Rn. 6.

4.3.4 Wertpapierverwahrung

Stimmrechte, die eine mit der **Verwahrung** der entsprechenden Aktien betraute Stelle nur aufgrund von Weisungen, die schriftlich oder über elektronische Hilfsmittel erteilt wurden, ausüben darf, werden beim Verwahrer im Zähler nicht berücksichtigt (§ 36 Abs. 3 Nr. 2 WpHG).

86

Die Ausnahme greift nach Ansicht der BaFin nur zugunsten von Unternehmen, die bei einer Tätigkeit in Deutschland einer Erlaubnis für das **Depotgeschäft** bedürften.[79] Für deutsche Kreditinstitute ist die Ausnahme nur von geringer Bedeutung. In Deutschland wird das verwahrende Kreditinstitut regelmäßig nicht Eigentümer der Aktien, sondern nur (mittelbarer) Fremdbesitzer der verwahrten Aktien.[80] Die Ausnahme ist deshalb insb. für ausländische Depotbanken wichtig, die im Rahmen ihrer Verwahrtätigkeit Eigentum an den verwahrten Aktien erlangen. Dazu gehören etwa Depotbanken ausländischer Fonds. Diese Banken brauchen die Stimmrechte aus den verwahrten Aktien nicht zu berücksichtigen, wenn die weiteren Voraussetzungen der Ausnahme erfüllt sind.

87

Ungeklärt ist, ob die Ausnahme auch (analog) Anwendung findet, wenn eine Depotbank für einen Dritten die **Mehrheit der Anteile an einem Meldepflichtigen** verwahrt. Der Dritte wird dadurch zum Mutterunternehmen des Meldepflichtigen und wird selbst mitteilungspflichtig. Aber gilt dies auch für die Depotbank, weil ihr formal die Mehrheit der Anteile an dem Meldepflichtigen gehört? Das kann nicht richtig sein und sollte über eine entsprechende Anwendung von § 36 Abs. 3 Nr. 2 WpHG gelöst werden.

88

4.3.5 Währungsbehörden

Die in § 36 Abs. 4 WpHG normierte Ausnahme gilt für Stimmrechte aus Aktien, die die Währungsbehörden zur Verfügung gestellt bekommen oder die sie bereitstellen, wenn der Herkunftsstaat des Emittenten Deutschland ist, es sich bei den Transaktionen um kurzfristige Geschäfte handelt und die Stimmrechte aus den betreffenden Aktien nicht ausgeübt werden. Ziel der Regelung ist die Erleichterung der Aufgaben für die Mitglieder des Europäischen Systems der Zentralbanken.[81]

4.3.6 Market Making

Eine speziell für Finanzdienstleister bedeutsame Ausnahme betrifft das *Market Making* (§ 36 Abs. 5 WpHG).

89

Für die Meldeschwellen von 3 % und 5 % bleiben Stimmrechte aus solchen Aktien im Zähler unberücksichtigt, die von einem *Market Maker* in dieser Eigenschaft erworben werden, wenn er

90

---

79 Vgl. der (veraltete) Emittentenleitfaden der BaFin, VIII.2.6.4 (S. 159).
80 Vgl. *Zimmermann*, in: Fuchs (Hrsg.): WpHG, 2. Aufl. 2014, § 23 Rn. 16.
81 Vgl. *Schürnbrand*, in: Emmerich/Habersack (Hrsg.): Aktien- und GmbH-Konzernrecht, 8. Aufl. 2016, § 23 WpHG Rn. 6.

- eine Zulassung nach der Richtlinie 2004/39/EG hat,
- nicht in die Geschäftsführung des Emittenten eingreift und keinen Einfluss auf ihn dahingehend ausübt, die betreffenden Aktien zu kaufen oder den Preis der Aktien zu stützen und
- der BaFin unverzüglich, spätestens innerhalb von vier Handelstagen mitteilt, dass er hinsichtlich der betreffenden Aktien als Market Maker tätig ist.

Market Maker ist eine **Person**, die an einem Markt dauerhaft anbietet, Finanzinstrumente im Wege des Eigenhandels zu selbst gestellten Preisen zu kaufen oder zu verkaufen.[82]

5 Mitteilungspflichten bezüglich bestimmter Instrumente (§ 38 WpHG)

91 Es besteht nicht nur eine Mitteilungspflicht für Stimmrechte aus Aktien, die dem Meldepflichtigen gehören, oder die ihm nach § 34 WpHG zugerechnet werden. Unabhängig davon besteht zur Erhöhung der Transparenz eine **eigenständige Mitteilungspflicht** für die von einem Meldepflichtigen gehaltenen **Instrumente**, die ihrem Inhaber entweder bei Fälligkeit ein unbedingtes Recht auf Erwerb von Aktien eines Emittenten, für den die Bundesrepublik Deutschland der Herkunftsstaat ist, oder ein Ermessen in Bezug auf sein Recht auf Erwerb dieser Aktien verleihen (§ 38 Abs. 1 Satz 1 Nr. 1 WpHG). Eine Mitteilungspflicht besteht auch für Inhaber von Instrumenten, die sich auf Aktien beziehen und eine vergleichbare wirtschaftliche Wirkung haben wie die übrigen meldepflichtigen Instrumente, unabhängig davon, ob sie einen Anspruch auf physische Lieferung einräumen oder nicht (§ 38 Abs. 1 Satz 1 Nr. 2 WpHG).

92 Der Begriff der Instrumente nach § 38 Abs. 1 WpHG ist inhaltlich unverändert zu dem zuvor verwendeten Begriff der Finanzinstrumente in § 38 Abs. 1 WpHG a. F. Unter Instrumenten mit ähnlicher wirtschaftlicher Wirkung sollen vor allem Optionen, Terminkontrakte und Differenzgeschäfte fallen.[83] Unerheblich ist, ob das Instrument einen Anspruch auf eine physische Lieferung gewährt. Erfasst werden auch Instrumente, die lediglich einen Anspruch auf einen Barausgleich einräumen (cash settled options).[84] In § 38 Abs. 2 WpHG findet sich eine Liste möglicher meldepflichtiger Instrumente, die allerdings nicht abschließend ist. Separate Listen meldepflichtiger Instrumente werden vielmehr von der ESMA (European Securities and Market Authority) bzw. der BaFin geführt, ständig aktualisiert und je nach Entwicklung auf dem Markt angepasst. Fällt ein Instrument unter einen in § 38 Abs. 2 WpHG genannten Begriff, müssen für das Auslösen einer Meldepflicht immer auch die Voraussetzungen des § 38 Abs. 1 WpHG erfüllt sein.[85] Betroffen sind außerdem nur Instrumente, die sich auf bereits ausgegebene Aktien beziehen, wobei die Börsennotierung

---

82 Vgl. *Schneider*, in: Assmann/Schneider (Hrsg.): WpHG, 6. Aufl. 2012, § 23 Rn. 55.
83 Vgl. BaFin FAQs, Stand: 28.11.2016, Frage: 40.
84 Vgl. BaFin FAQs, Stand 28.11.2016, Frage: 39; *Weidemann*, in: NZG 2016, S. 609; die Berechnung des Stimmrechtsanteils bei ausschließlich einen Barausgleich vorsehenden Instrumenten regelt § 38 Abs. 3 Satz 2 WpHG.
85 Vgl. *Schürnbrand*, in: Emmerich/Habersack (Hrsg.): Aktien- und GmbH-Konzernrecht, 8. Aufl. 2016, § 25 WpHG Rn. 4.

und die Fungibilität keine Rolle spielen.[86] Weiterhin sollen Wandelschuldversschreibungen regelmäßig nicht von § 38 WpHG erfasst werden, da die betroffenen Aktien zum Zeitpunkt des Erwerbs der Wandelschuldverschreibung zumeist noch nicht bestehen.[87]

Nach geänderter Verwaltungspraxis der BaFin fallen unter „mittelbare Inhaber" nicht mehr nur Mutterunternehmen und Treugeber, sondern auch Fälle einer Verhaltensabstimmung nach § 34 Abs. 2 WpHG und einer Bevollmächtigung nach § 34 Abs. 1 Satz 1 Nr. 6 WpHG.

Es gelten **dieselben Schwellenwerte** wie bei den Pflichten nach § 33 WpHG, jedoch **mit Ausnahme der 3%-Schwelle**.

Die im Zusammenhang mit den Stimmrechtsmitteilungspflichten nach § 33 WpHG anwendbaren **Ausnahmen** von der Berücksichtigung von Stimmrechten gemäß § 36 WpHG gelten entsprechend. Ungeachtet des Wegfalls von § 38 Abs. 1 Satz 3 Halbsatz 2 WpHG a. F. gilt weiterhin der Grundsatz, dass Stimmrechte, die gleichzeitig unter mehrere Meldetatbestände fallen, nur einmal bei der Berechnung zu berücksichtigen sind.

93

6 Mitteilungspflichten bei Zusammenrechnung (§ 39 WpHG)

§ 39 WpHG normiert darüber hinaus eine Meldepflicht für Inhaber von Stimmrechten und Instrumenten, wenn die **Summe der nach § 33 WpHG und § 38 WpHG gehaltenen Stimmrechte** die in § 33 Abs. 1 Satz 1 genannten Schwellen mit Ausnahme der Schwelle von 3 % erreicht, überschreitet oder unterschreitet.[88] Anders als nach bisheriger Rechtslage ist der aggregierte Gesamtbestand von Stimmrechten und Instrumenten separat auszuweisen. Wenn der aggregierte Gesamtbestand die relevanten Schwellen erreicht, überschreitet oder unterschreitet, ist eine Mitteilung nach § 39 WpHG selbst dann erforderlich, wenn keine Mitteilungspflicht nach § 33 oder § 38 WpHG besteht.

94

7 Einzelheiten zu Mitteilungen nach §§ 33, 38 und § 39 WpHG

7.1 Inhalt

Der erforderliche **Inhalt der Mitteilungen** ist durch eine Verordnung im Einzelnen geregelt (§ 12 Abs. 1 WpAV). Nach § 12 Abs. 1 WpAV ist das in der Anlage zur WpAV zu findende Formular verbindlich zu verwenden. Das Formular steht auf der Internetseite der BaFin in deutscher und englischer Sprache zum Abruf zur Verfügung. Es ist insb. in komplizierteren Fällen empfehlenswert, Stimmrechtsmitteilungen rechtzeitig im Vorfeld mit der BaFin abzustimmen.

95

Ein Meldepflichtiger, der eine Mitteilung abgegeben hat, muss auf Verlangen der BaFin oder des Emittenten das Bestehen der mitgeteilten Beteiligung nachweisen. Die entspre-

96

---

[86] Vgl. *Schürnbrand*, in: Emmerich/Habersack (Hrsg.): Aktien- und GmbH-Konzernrecht, 8. Aufl. 2016, § 25 WpHG Rn. 5.

[87] Sind die Aktien bereits ausgegeben oder hat der Emittent ein Wahlrecht, welche Aktien er bei Ausübung der Option liefert ist davon auszugehen, dass Wandelschuldverschreibungen dem § 25 WpHG unterfallen, vgl. dazu *Schürnbrand*, in: Emmerich/Habersack (Hrsg.): Aktien- und GmbH-Konzernrecht, 8. Aufl. 2016, § 25 Rn. 6; *Korkmaz*, in: WM 2017, S. 226.

[88] Vgl. BT-Drs. 18/5010, S. 46; zur neuen Systematik auch *Tautges*, in: WM 2017, S. 512 ff.

chenden Informationen müssen deshalb für einen ausreichenden Zeitraum **im Compliance-System gespeichert** werden.

7.2 Adressat, Form und Sprache

97 Mitteilungen müssen vom Meldepflichtigen sowohl gegenüber dem **Emittenten** als auch gegenüber der **BaFin** abgegeben werden.

Die Abgabe gegenüber der BaFin kann **per Post** (Bundesanstalt für Finanzdienstleistungsaufsicht, Postfach 50 01 54, 60391 Frankfurt am Main) oder **per Fax** (Fax-Nr.: +49 (0)228 4108-3119) erfolgen (§ 14 WpAV).

98 Eine **mündliche Mitteilung** oder Mitteilung per **(einfacher) E-Mail** reicht nicht aus. Dies gilt auch für ein per (einfacher) E-Mail übersandtes eingescanntes Schreiben, selbst wenn dieses unterzeichnet wurde. Ausreichend wäre eine mit einer qualifizierten elektronischen Signatur nach dem Signaturgesetz versehene E-Mail, weil diese der Schriftform entspricht (§ 126a Abs. 1 BGB). Dieses Verfahren ist aber bislang nicht üblich.

99 Die Mitteilung muss in **deutscher** oder **englischer Sprache** erfolgen (§ 16 WpAV). Bei einer Mitteilung in englischer Sprache ist keine Übersetzung erforderlich.

7.3 Frist

100 Die Mitteilung muss unverzüglich (d. h., ohne schuldhaftes Zögern), spätestens innerhalb von **4 Handelstagen** nach Schwellenberührung erfolgen.

101 **Handelstage** sind alle Kalendertage, die nicht Sonnabende, Sonntage oder zumindest in einem Bundesland landeseinheitliche gesetzlich anerkannte Feiertage sind (§ 47 Abs. 1 WpHG). Die BaFin hat im Internet einen Kalender der Handelstage zur Verfügung gestellt (vgl. § 47 Abs. 2 WpHG).[89] Seit der Umsetzung der TRL-ÄndRL wird zwischen aktiver und passiver Schwellenberührung unterscheiden.[90]

102 Die Frist **beginnt** bei einer aktiven Schwellenberührung mit dem Zeitpunkt, zu dem der Meldepflichtige Kenntnis davon hat oder nach den Umständen haben musste, dass sein Stimmrechtsanteil die genannten Schwellen erreicht, überschreitet oder unterschreitet (§ 33 Abs. 1 Satz 3 WpHG). Bei Kreditinstituten wird in der Regel davon auszugehen sein, dass sie bereits am Tag der Schwellenberührung Kenntnis haben müssen. Es wird nunmehr unwiderleglich **vermutet**, dass der Meldepflichtige zwei Handelstage nach dem Erreichen, Überschreiten oder Unterschreiten der genannten Schwellen Kenntnis hat (§ 33 Abs. 1 Satz 4 WpHG). Den Fristbeginn bei einer passiven Schwellenberührung regelt § 33 Abs. 1 Satz 5 WpHG. Danach beginnt die Frist, sobald der Meldepflichtige von der Schwellenberührung Kenntnis erlangt, spätestens jedoch mit der Veröffentlichung des Emittenten nach § 26a Abs. 1 WpHG. Mit der Änderung des § 41 Abs. 1 Satz 1 WpHG muss ein Emittent eine Änderung der Gesamtstimmrechtsanzahl unverzüglich, spätestens nach zwei Handelstagen melden und somit nicht mehr erst am Ende eines Kalendermonats. Die Verschärfung

---

[89] Abrufbar unter http://www.bafin.de.
[90] Vgl. BaFin FAQs, Stand: 28.11.2016, Fragen: 23, 24, 25; *Kumpan,* in: Baumbach/Hopt (Hrsg.) Kommentar zum HGB, 37. Aufl. 2016, § 21 WpHG Rn. 4.

dieser Meldefrist ist damit auch für den Fristbeginn bei einer passiven Schwellenberührung zu beachten.[91]

Bei der Fristberechnung wird der Tag der Schwellenberührung **nicht mitgerechnet**.[92] Bei Fristüberschreitung am Montag muss die Meldung also spätestens am Freitag abgegeben werden (unter Berücksichtigung des „Unverzüglichkeits"-Kriteriums aber unter Umständen schon früher). *103*

7.4 Absender

Mitteilungen sind grundsätzlich **vom Meldepflichtigen selbst** abzugeben.[93] *104*

In Betracht kommt auch die Meldung durch einen **bevollmächtigten Dritten**. Jedenfalls auf Verlangen der BaFin sollte eine schriftliche Vollmacht vorgelegt werden können. Zu beachten ist, dass die Vollmacht vor Abgabe der Mitteilung erteilt worden sein muss. Bei Mitteilung durch einen vollmachtlosen Vertreter besteht das Risiko einer Unwirksamkeit der Mitteilung. Dies gilt selbst bei nachträglicher Genehmigung durch den vertretenen Meldepflichtigen nach § 177 BGB, weil die Mitteilung als einseitig amtsempfangsbedürftige geschäftsähnliche Handlung grundsätzlich nicht mit Rückwirkung genehmigt werden kann.

In einem **Konzern**, für den ein Konzernabschluss aufgestellt werden muss (vgl. §§ 290, 340 i HGB), kann die Mitteilung von Tochterunternehmen auch durch das Mutterunternehmen erfolgen (§ 37 WpHG). Einer gesonderten Bevollmächtigung des Mutterunternehmens bedarf es nicht. Dieses kann bei der Mitteilung für das Tochterunternehmen auch im eigenen Namen handeln. Dadurch wird die konzernweite Compliance erleichtert. *105*

8 Folgen der Stimmrechtsmeldung

Die Stimmrechtsmitteilungen sind von den Inlandsemittenten unverzüglich, spätestens drei Handelstage nach Zugang der Mitteilung zu **veröffentlichen** (§ 40 Abs. 1 Satz 1 Halbsatz 1 WpHG). Die Veröffentlichung ist auch der BaFin mitzuteilen (§ 40 Abs. 2 WpHG). *106*

Außerdem sind die Mitteilungen unverzüglich, jedoch nicht vor ihrer Veröffentlichung dem **Unternehmensregister** (§ 8b HGB) zur Speicherung zu übermitteln (§ 40 Abs. 1 Satz 1 Halbsatz 2 WpHG). Die Veröffentlichung muss in dem als Anlage zu § 15 WpAV vorgesehenen Format erfolgen. Die Veröffentlichung kann (nur) auf Englisch erfolgen, wenn der Emittent die Mitteilung in englischer Sprache erhalten hat (§ 16 WpAV). *107*

Die veröffentlichten Stimmrechtsmeldungen werden von der BaFin in einer **Online-Datenbank** zu Verfügung gestellt.[94] Die Datenbank ist nicht immer aktuell. Die Angaben sollten deshalb im Zweifel durch die aus dem Unternehmensregister verfügbaren Informationen überprüft werden. *108*

---

91 Vgl. *Brellochs*, in: AG 2016, S. 160; eine beispielhafte Aufzählung möglicher Fälle einer passiven Schwellenberührung findet sich bei: *Söhner*, in: ZIP 2015, S. 2453.
92 *Zimmermann*, in: Fuchs (Hrsg.): WpHG, 2. Aufl. 2014, § 21 Rn. 87.
93 Vgl. *Zimmermann*, in: Fuchs (Hrsg.): WpHG, 2. Aufl. 2014, § 21 Rn. 57.
94 Abrufbar unter http://www.bafin.de.

9 Compliance-Pflichten des Meldepflichtigen

109 Die ordnungsgemäße Erfüllung der Mitteilungspflichten ist nur möglich, wenn der zuständigen Abteilung im Unternehmen rechtzeitig alle erforderlichen Informationen zur Verfügung stehen. Diese Informationen müssen von verschiedenen Stellen, die wegen der Zurechnungsvorschriften auch außerhalb der Gesellschaft liegen können, zusammengetragen werden. Erforderlich ist deshalb die Einrichtung eines den ganzen Konzern umfassenden und darüber hinausreichenden **taggenauen konzernweiten Compliance-Informationssystems**.

110 Dafür besteht nicht nur ein tatsächliches Bedürfnis. Nach Ansicht der herrschenden Literatur müssen Unternehmen über die Einhaltung ihrer Meldepflichten hinaus rechtzeitig ein Informationssystem einrichten.[95] Danach besteht also bereits im Vorfeld eine über den Einzelfall hinausgehende **konzernweite Compliance-Organisationspflicht**. Eine Verletzung der „Pflicht" ist zwar für sich genommen nicht sanktionsbewehrt, kann aber bei Verstoß gegen eine Meldepflicht im konkreten Einzelfall die Haftung mit auslösen oder verschärfen.

111 Zur Durchsetzung der Informationsanforderungen des Meldepflichtigen im Einzelfall stehen diesem nach richtiger Ansicht **zivilrechtliche Auskunftsansprüche** gegen Dritte zu, aus deren Aktien dem Meldepflichtigen Stimmrechte zuzurechnen sind oder sein könnten. Verweigert der Dritte die Informationserteilung, muss der Meldepflichtige von diesen Auskunftsansprüchen Gebrauch machen und kann sich grundsätzlich nicht darauf berufen, der Dritte habe ihm die Auskunft verweigert. Notfalls ist der Auskunftsanspruch vor den Zivilgerichten durchzusetzen. In Betracht kommt auch, die BaFin zu bitten, dem Dritten die Auskunftserteilung durch Verwaltungsakt aufzugeben. Beides kann allerdings (insb. im Ausland) in der praktischen Durchführung zu erheblichen Schwierigkeiten führen.[96] Dritte sind jedoch, selbst wenn sie mit dem Meldepflichtigen in einem Konzern verbunden sind, nach herrschender Meinung grundsätzlich nicht schon kraft Gesetzes zur **Teilnahme an einem konzernweiten Compliance-Informationssystem des Meldepflichtigen** verpflichtet.

112 Im **Vertragskonzern** kann der Meldepflichtige das abhängige Tochterunternehmen zur Teilnahme an seinem Compliance-Informationssystem anweisen. Das gleiche gilt bei faktisch konzernierten oder bloß abhängigen Tochtergesellschaften in der Rechtsform einer GmbH aufgrund der Einflussnahmemöglichkeit über die Gesellschafterversammlung. Von der Weisungsmöglichkeit muss der Meldepflichtige zur Erfüllung seiner aufsichtsrechtlichen Pflichten Gebrauch machen.

113 Bei der faktisch konzernierten oder bloß abhängigen Tochter-Aktiengesellschaft und bei unabhängigen Dritten hat der Meldepflichtige keine Möglichkeit – und deshalb auch **keine aufsichtsrechtliche „Pflicht"** –, die Teilnahme an seinem Compliance-Informationssys-

---

[95] Vgl. *Hirte*, in: Kölner Kommentar WpHG, 2. Aufl. 2014, § 21 Rn. 178; *Schneider*, in: Assmann/Schneider (Hrsg.): WpHG, 6. Aufl. 2012, § 21 Rn. 144; für die Einzelgesellschaft auch *Zimmermann*, in: Fuchs (Hrsg.): WpHG, 2. Aufl. 2016, § 21 Rn. 84.

[96] Zum Ganzen *Zimmermann*, in: Fuchs (Hrsg.): WpHG, 2. Aufl. 2014, § 22 Rn. 20; *Schneider*, in: Assmann/Schneider (Hrsg.): WpHG, 6. Aufl. 2012, § 22 Rn. 25 ff.; gegen einen solchen Auskunftsanspruch *v. Bülow*, in: Kölner Kommentar WpHG, 2. Aufl. 2014, § 22 Rn. 54.

tem zu verlangen. Bislang nicht geklärt ist, ob der Meldepflichtige deshalb bei der faktisch konzernierten Tochter-Aktiengesellschaft, die die Teilnahme am konzernweiten Compliance-Informationssystem verweigert, auf den Abschluss eines Beherrschungsvertrages drängen oder sonst ein Weisungsrecht „schaffen" muss (etwa durch formwechselnde Umwandlung der Tochtergesellschaft in eine GmbH). Richtigerweise besteht eine solche Pflicht wohl nicht, weil sie einen zu starken hoheitlichen Eingriff in die Organisationsautonomie des Meldepflichtigen hinsichtlich der Organisation „seiner" Unternehmensgruppe bedeuten würde. In Betracht kommt allenfalls eine Einflussnahme über den Aufsichtsrat, soweit dies gesellschaftsrechtlich zulässig ist.

Zu der **Aufbau- und Ablauforganisation** eines konzernweiten Compliance-Informationssystems gehören u. a. die folgenden Punkte: *114*

– Bestimmung einer für die Erfüllung der Meldepflichten zuständigen zentralen „Meldestelle" im Konzern (z. B. Compliance-Abteilung, Rechtsabteilung, Beteiligungsmanagement).

– Ermittlung der konzerninternen und konzernexternen „operativen Wirkungseinheiten", in denen Informationen über Stimmrechte, die einer Konzerngesellschaft gehören bzw. einer oder mehreren Konzerngesellschaften zugerechnet werden, anfallen können.

– Festlegung von Informations- und Weisungsrechten der Meldestelle gegenüber den operativen Wirkungseinheiten zur Sicherstellung der Teilnahme am Informationssystem (soweit gesellschaftsrechtlich möglich).

– Einrichtung von – teilweise automatisierten – Verfahren zur dauernden Ermittlung der gehaltenen Stimmrechte und Überwachung der Auslösung von Meldepflichten (unter Berücksichtigung der Ausnahmen von der Berücksichtigung von Stimmrechten) für die verschiedenen Konzerngesellschaften.

– Festlegung von – teilweise automatisierten – Verfahren zur Erstellung von Stimmrechtsmeldungen (inklusive Nachmeldungen und Korrekturmeldungen) für die verschiedenen Konzerngesellschaften.

– Bevollmächtigung der Meldestelle zur Abgabe von Mitteilungen für andere Konzerngesellschaften (soweit unter Berücksichtigung von § 37 WpHG erforderlich).

– Ordnungsgemäße Dokumentation von Aufbau und Ablauf des Informationssystems.

10 Rechtsfolgen bei unterlassener oder falscher Stimmrechtsmeldung

10.1 Anordnungen der BaFin

Die BaFin kann dem Meldepflichtigen durch **Verwaltungsakt** die Abgabe einer Stimmrechtsmitteilung an den Emittenten **aufgeben**.[97] *115*

Außerdem kann die BaFin dem Emittenten die Veröffentlichung einer Stimmrechtsmeldung durch Verwaltungsakt **untersagen**, wenn diese nicht den gesetzlichen Anforderungen entspricht.

---

97 Vgl. *Hirte*, in: Kölner Kommentar WpHG, 2. Aufl. 2014, § 21 Rn. 193.

10.2 Bußgeld

116 **Ordnungswidrig** handelt, wer vorsätzlich oder leichtfertig entgegen § 33 Abs. 1 Satz 1 oder 2, § 33 Abs. 2, § 38 Abs. 1 Satz 1 WpHG, § 39 Abs. 1 Satz 1 WpHG oder § 38 Abs. 2 WpHG eine Mitteilung nicht, nicht richtig, nicht vollständig, nicht in der vorgeschriebenen Weise oder nicht rechtzeitig macht (§ 120 Abs. 2 Nr. 2d), e) WpHG). Ebenso handelt ordnungswidrig, wer entgegen § 40 Abs. 1 Satz 1 oder 2 eine Veröffentlichung nicht, nicht richtig, nicht vollständig, nicht in der vorgeschriebenen Weise oder nicht rechtzeitig vornimmt oder nicht oder nicht rechtzeitig nachholt (§ 120 Abs. 2 Nr. 4a) und b). Die Ordnungswidrigkeit kann mit einer Geldbuße bis zu zwei Mio. € (§ 120 Abs. 17 Satz 1 WpHG) geahndet werden. Bei juristischen Person kann darüber hinaus eine Geldbuße bis zu zehn Mio. € oder in Höhe von 5 % des erzielten Gesamtumsatzes des vorangegangenen Geschäftsjahrs (§ 120 Abs. 17 Satz 2 WpHG) festgesetzt werden.

10.3 Rechtsverlust

117 Die in der Praxis am meisten gefürchtete Rechtsfolge bei Verstoß gegen die Mitteilungspflichten ist ein Ruhen der mit den Aktien verbundenen Rechte (**vorübergehender Rechtsverlust**). Zuständig ist insoweit nicht die BaFin, sondern die **Zivilgerichte**, vor denen ein Rechtsverlust oft von Minderheitsaktionären im Rahmen von Anfechtungsklagen vorgebracht wird.

10.3.1 Voraussetzung des Rechtsverlusts

118 Das Ruhen der Rechte tritt zunächst nach § 44 Abs. 1 WpHG ein, wenn ein Meldepflichtiger eine **Mitteilungspflicht nach § 33 Abs. 1 oder Abs. 2 WpHG** verletzt. Kommt der Meldepflichtige seinen Pflichten nach § 38 Abs. 1 oder § 39 Abs. 1 nicht nach, so tritt der Rechtsverlust für Aktien desselben Emittenten ein, die dem Meldepflichtigen gehören (§ 44 Abs. 2 WpHG).

119 Nach herrschender Meinung in der Literatur setzt ein Ruhen der Rechte **Verschulden**, also **vorsätzliches** oder **fahrlässiges Fehlverhalten**, des Meldepflichtigen voraus.[98] Fahrlässig handelt, wer die im Verkehr erforderliche Sorgfalt außer Acht lässt (§ 276 Abs. 2 BGB). An einem fahrlässigen Verstoß gegen eine Mitteilungspflicht kann es fehlen, wenn der Meldepflichtige durch eine ordnungsgemäße Compliance-Organisation alles getan hat, um Verstöße gegen die Mitteilungspflichten zu vermeiden (**Haftungsvermeidung durch Organisation**). Teil einer ordnungsgemäßen Compliance-Organisation ist deshalb auch ein Berichtswesen, das den Aufbau und Ablauf der Organisation darstellt und die Erfüllung der Compliance-Pflichten in der Vergangenheit belegt.

120 Ist der Meldepflichtige eine Gesellschaft oder sonstige juristische Person, die nicht selbst schuldhaft handeln kann, kommt es auf die **Zurechnung** des Verschuldens der für die Gesellschaft handelnden natürlichen Personen an. Auf welche natürlichen Personen es dabei ankommt, ist bislang nicht abschließend geklärt.

---

98 Vgl. *Kremer/Oesterhaus*, in: Kölner Kommentar WpHG, 2. Aufl. 2014, § 28 Rn. 35 f.; *Schneider*, in: Assmann/Schneider (Hrsg.): WpHG, 6. Aufl. 2012, § 28 Rn. 20.

10.3.2 Betroffene Aktien

Von einem Rechtsverlust betroffen sein können Rechte aus Aktien, die dem Meldepflichtigen, der gegen die Mitteilungspflichten verstoßen hat, **gehören**, oder die ihm nach § 34 Abs. 1 WpHG zuzurechnen sind. *121*

Der Rechtsverlust bei Aktien, die einem Tochterunternehmen des Meldepflichtigen gehören, kann **unabhängig von einem Fehlverhalten des Tochterunternehmens** eintreten (**konzernweiter Rechtsverlust**). In diesem Fall drohen Schadensersatzansprüche des Tochterunternehmens gegen das Mutterunternehmen.[99] Schon aus diesem Grund ist eine konzernweite Compliance erforderlich. *122*

Gemäß § 44 Abs. 2 WpHG kann ein Rechtsverlust bei Verletzung der Pflichten nach §§ 38, 39 WpHG nur bei Aktien eintreten, die dem Meldepflichtigen gehören.[100] *123*

10.3.3 Betroffene Rechte

Ein Rechtsverlust betrifft **alle Vermögens- und Verwaltungsrechte** aus den Aktien. Dazu gehören insb. (aber keineswegs nur) das **Dividendenrecht**, das Recht auf Anteil am Liquidationserlös und Bezugsrechte aus einer Kapitalerhöhung gegen Einlagen sowie das **Stimmrecht**, das Recht zur Teilnahme an der Hauptversammlung einschließlich des Antragsrechts, das Auskunftsrecht und die Befugnis zur Anfechtung von Hauptversammlungsbeschlüssen. Nicht erfasst ist das **Mitgliedschaftsrecht** als solches. Die Stellung als Aktionär bleibt also bestehen.[101] *124*

10.3.4 Ausnahme vom Rechtsverlust

Ausnahmsweise gehen der Dividendenanspruch (§ 58 Abs. 4 AktG) und der Anspruch auf Teilhabe am Liquidationserlös (§ 271 AktG) nicht verloren, wenn die Mitteilung nicht vorsätzlich unterlassen wurde und **nachgeholt** worden ist (§ 44 Abs. 1 Satz 2 WpHG). Die Nachholung muss **unverzüglich** erfolgen, nachdem der Verstoß festgestellt wurde. Auch für die Nachholung von Mitteilungen sollte die Compliance-Organisation standardisierte Verfahren bereithalten. *125*

10.3.5 Dauer des Rechtsverlusts

Der Rechtsverlust **beginnt** mit dem Verstoß gegen die Mitteilungspflicht. Er besteht für die Zeit, für welche die Mitteilungspflichten nicht erfüllt werden. Er kann also erst **enden**, wenn der Meldepflichtige die Mitteilungen gemacht hat.[102] Nach der – in der Literatur zu *126*

---

99 Vgl. *Zimmermann*, in: Fuchs (Hrsg.): WpHG, 2. Aufl. 2014, § 28 Rn. 28.
100 Vgl. *Schürnbrand,* in: Emmerich/Habersack (Hrsg.): Aktien- und GmbH-Konzernrecht, 8. Aufl. 2016, § 28 WpHG Rn. 15.
101 Eingehend *Kremer/Oesterhaus*, in: Kölner Kommentar WpHG, 2. Auf. 2014, § 28 Rn. 56 ff.; *Schneider*, in: Assmann/Schneider (Hrsg.): WpHG, 6. Aufl. 2012, § 28 Rn. 24 ff.
102 Vgl. *Zimmermann*, in: Fuchs (Hrsg.): WpHG, 2. Aufl. 2014, § 28 Rn. 19.

Recht kritisierten[103] – Auffassung der BaFin setzt dies eine ordnungsgemäße Nachholung **aller unterlassenen oder unrichtigen Mitteilungen** voraus. Dies kann je nach Fallgestaltung zahlreiche, unter Umständen Jahre zurückreichende Mitteilungen erfordern. Die dafür erforderlichen Informationen kann nur ein entsprechendes Compliance-Informationssystem zur Verfügung stellen, das die konzernweiten Transaktionsdaten ausreichend lange speichert.

127 Wurden die Mitteilungspflichten vorsätzlich oder grob fahrlässig verletzt und bezieht sich die Verletzung auf die Höhe des Stimmrechtsanteils, leben die ruhenden Rechte nicht sofort bei Nachholung der Stimmrechtsmitteilungen wieder auf, sondern erst **sechs Monate** danach (§ 44 Abs. 1 Satz 3 WpHG). Die Nachholung von Mitteilungen erst kurz vor einer Hauptversammlung kann also zu spät sein, um das Bestehen der Dividenden- und Stimmrechte während der Hauptversammlung sicherzustellen. Die sechsmonatige „Straffrist" gilt aber aufgrund einer **Bagatellregelung** nicht, wenn die Abweichung bei der Höhe der in der vorangegangenen unrichtigen Mitteilung angegebenen Stimmrechte weniger als 10 % des tatsächlichen Stimmrechtsanteils beträgt und keine Mitteilung über eine Schwellenberührung unterlassen wird (§ 44 Abs. 1 Satz 4 WpHG).

128 Die (begrenzte) Reichweite der Bagatellgrenze zeigt folgendes **Beispiel**: Ein Aktionär teilt nach Erwerb von 11 % der Stimmrechte eines Emittenten das Überschreiten der 10 %-Schwelle mit. In der Mitteilung gibt er grob fahrlässig eine Beteiligung von 12 % an. Nachdem er seinen Fehler wenige Tage später bemerkt, gibt er eine Korrekturmitteilung ab. In diesem Fall endet der Rechtsverlust mit der Korrekturmeldung. Die Abweichung der in der ersten Mitteilung angegebenen Beteiligung (12 %) von der tatsächlichen Beteiligung (11 %) beträgt 1 %-Punkt und damit weniger als 10 % des tatsächlichen Stimmanteils (1,1 %-Punkte). Hätte der Meldepflichtige versehentlich zunächst eine Beteiligung von 13 % mitgeteilt, wäre die Bagatellgrenze überschritten, und der Rechtsverlust würde noch sechs Monate nach Korrektur des Fehlers fortdauern.

---

103 Siehe zur Kritik *Zimmermann*, in: Fuchs (Hrsg.): WpHG, 2. Aufl. 2014, § 28 Rn. 20; *Schneider/Schneider*, in: ZIP 2006, S. 496 f.

11 Literaturverzeichnis

Assmann/Schneider (Hrsg.): Wertpapierhandelsgesetz Kommentar, 6. Aufl., Köln 2012.

Baumbach/Hopt (Hrsg.): Handelsgesetzbuch Kommentar, 37. Aufl., München 2016.

Berger/Filgut: „Acting in Concert" nach § 30 Abs 2 WpÜG, in: AG 2004, *S. 592–603.*

Brellochs: Die Neuregelung der kapitalmarktrechtlichen Beteiligungspublizität – Anmerkungen aus Sicht der M&A- und Kapitalmarktpraxis, in: AG 2016, *S. 157–170.*

Burgard/Heimann: Beteiligungspublizität nach dem Regierungsentwurf eines Gesetzes zur Umsetzung der Transparenzrichtlinie-Änderungsrichtlinie, in: WM 2015, *S. 1445–1453.*

Bürgers/Körber (Hrsg.): Aktiengesetz Kommentar, 4. Aufl., Heidelberg 2017.

DAV-Handelsrechtsausschuss: Stellungnahme zum Regierungsentwurf eines Gesetzes zur Umsetzung der Transparenzrichtlinie-Änderungsrichtlinie, in: NZG 2015, *S. 1069–1072.*

Dietrich: Änderungen bei der wertpapierhandelsrechtlichen Beteiligungstransparenz im Zusammenhang mit Investmentvermögen, in: ZIP 2016, *S. 1612–1619.*

Emmerich/Habersack (Hrsg.): Aktien- und GmbH-Konzernrecht, 8. Aufl., München 2016.

Fuchs (Hrsg.): Wertpapierhandelsgesetz Kommentar, 2. Aufl., München 2016.

Gätsch/Schäfer: Abgestimmtes Verhalten nach § 22 Abs. II WpHG und § 30 Abs. II WpÜG in der Fassung des Risikobegrenzungsgesetzes, in: NZG 2008, *S. 846–851.*

Goette/Habersack (Hrsg.): Münchener Kommentar zum Aktiengesetz, Band 1, 4. Aufl., München 2016.

Goette/Habersack (Hrsg.): Münchener Kommentar zum Aktiengesetz, Band 6, 3. Aufl., München 2011.

Heidel (Hrsg.): Aktienrecht und Kapitalmarktrecht, 4. Aufl., Baden-Baden 2014.

Hirte/Möllers (Hrsg.): Kölner Kommentar zum WpHG, 2. Aufl., Köln 2014.

Korkmaz: Wandelschuldverschreibungen bei der Übernahme börsennotierter Gesellschaften, in: WM 2017, *S. 222–227.*

Krause: Eigene Aktien bei Stimmrechtsmitteilung und Pflichtangebot, in: AG 2015, *S. 553–559.*

Merkner: Das Damoklesschwert des Rechtsverlusts – Vorschlag für eine Neufassung von § 28 WpHG, in: AG 2012, *S. 199–209.*

Meyer: Erleichterungen im Recht der Stimmrechtsmitteilungen bei Aktienemissionen, in: BB 2016, *S. 771–775.*

Renz/Rippel: Die Unterschiede zwischen Theorie und Praxis – Vergleich der gesetzlichen Lage der Informationspflichten gem. § 21 ff. WpHG und der Umsetzung durch den Emittentenleitfaden der BaFin, in: BKR 2009, *S. 265–272.*

Roth: Das Gesetz zur Umsetzung der Transparenzrichtlinie-Änderungsrichtlinie, in: GWR 2015, S. 485–489.

Schmidt/Lutter (Hrsg.): Aktiengesetz Kommentar, 3. Aufl., Köln 2015.

Schneider/Schneider: Der Rechtsverlust gemäß § 28 WpHG bei Verletzung der kapitalmarktrechtlichen Meldepflichten – zugleich eine Untersuchung zu § 20 Abs. 7 AktG und § 59 WpÜG, in: ZIP 2006, 493–500.

Schneider: Acting in Concert – ein kapitalmarktrechtlicher Zurechnungstatbestand, in: WM 2006, S. 1321–1327.

Söhner: Die Umsetzung der Transparenzrichtlinie III, in: ZIP 2015, S. 2451–2459.

Szesny/Kuthe: Kapitalmarkt Compliance, Heidelberg 2014.

Tautges: Stimmrechtsmitteilungen (§§ 21 ff. WpHG) im Aktienemissionsgeschäft nach dem Gesetz zur Umsetzung der Transparenzrichtlinie-Änderungsrichtlinie, in: WM 2017, S. 512–517.

Umnuß (Hrsg.):> Corporate Compliance Checklisten, 3. Aufl., München 2017.

Weidemann: „Hidden Ownership" und §§ 21 ff. WpHG – status quo?, in: NZG 2016, S. 605–609.

Zimmermann: Die kapitalmarktrechtliche Beteiligungstransparenz nach dem Risikobegrenzungsgesetz, in: ZIP 2009, S. 57–64.

D

Arbeitsrecht und Personalwesen

II.D.1

Compliance- und Unternehmensrichtlinien

Dr. Petra Schaffner und Dr. Richard Mayer-Uellner

Inhaltsübersicht

1	Unternehmensinterne Regelwerke als wesentlicher Bestandteil der Unternehmensorganisation	1–5
2	Compliance- und Unternehmensrichtlinien: Ein Beispiel für eine Systematik von Regelwerken	6–8
3	Erscheinungsformen von Compliance- und Unternehmensrichtlinien	9–25
3.1	Regelungsgehalt	10–13
3.2	Regelungsbereich	14
3.3	Betriebliche Mitbestimmung	15–16
3.4	Reichweite	17–19
3.5	Verbindlichkeit	20–22
3.6	Hierarchie	23–24
3.7	Regelungsgegenstand	25
4	Kapitalmarktbezogene Praxisbeispiele für Compliance- und Unternehmensrichtlinien	26–40
4.1	Leitfaden zur kapitalmarktrechtlichen Compliance	27–33
4.2	Defense Manual	34–40
5	Der Lebenszyklus von Compliance- und Unternehmensrichtlinien	41–68
5.1	Analyse des Status quo	42
5.2	Erstellung einer Richtlinie	43–49
5.3	Implementierung einer Richtlinie	50–67
5.4	Verwaltung der Richtlinien	68
6	Ergebnis und Ausblick	69
7	Literaturverzeichnis	

1 Unternehmensinterne Regelwerke als wesentlicher Bestandteil der Unternehmensorganisation

Compliance- und sonstige Unternehmensrichtlinien sind unternehmensinterne Regelwerke und als solche ein wesentlicher Bestandteil der Gesamtorganisation eines Unternehmens.[1]

Die Unternehmensorganisation wird zuvorderst durch die Rechtsform des Unternehmensträgers und das damit einhergehende zwingende und dispositive Organisationsrecht (Handels- und Gesellschaftsrecht, Recht der öffentlichen Unternehmen usw.) bestimmt.[2] Nicht minder prägend sind die Unternehmensverfassung (Satzung, Gesellschaftsvertrag) und das Konzernrecht, das zur Anwendung gelangt, wenn ein Unternehmen nicht nur aus einem, sondern aus mehreren im Sinne von § 15 AktG miteinander verbundenen Rechtsträgern besteht. Die vorgenannten Regelungen beantworten bereits zahlreiche grundlegende Fragen der Unternehmensorganisation, beispielsweise wer das Unternehmen zu leiten hat, wer die Unternehmensleitung bestimmt und wer die Unternehmensleitung zu überwachen hat.[3] Hierbei handelt es sich um Fragen, die klassischerweise der Corporate Governance zugeordnet werden.[4]

Weitere Fragen der Unternehmensorganisation im Sinne der Corporate Governance werden in Geschäftsordnungen für die Unternehmensleitung (geschäftsführende Gesellschafter, Vorstand, Geschäftsführung) und etwaige weitere Organe und Gremien (Aufsichtsrat, Beirat und sonstige Überwachungs-, Entscheidungs- oder Beratungsgremien) geregelt. Aber auch Gesellschaftervereinbarungen, Stimmbindungsverträge u. ä. können Ausstrahlungswirkung auf die Governance-Struktur des Unternehmens haben. Weitere Aspekte der Gesamtorganisation eines Unternehmens können sich aus dem Betriebsverfassungsrecht und etwaigen Betriebsvereinbarungen und Tarifverträgen ergeben.

Auf den ersten Blick eher betriebswirtschaftlich und weniger juristisch geprägte Aspekte sind

- die Aufbau- und die Ablauforganisation,
- die Berichtsstrukturen,
- allgemein formuliert: unternehmensinterne Prozesse,
- unterschiedliche Rechtsbeziehungen zu den einzelnen Stakeholdern sowie
- alle weiteren unternehmensbezogenen Beziehungen zwischen den jeweiligen Individuen im Sinne des sog. vertragstheoretischen Organisationskonzepts.[5]

Unternehmensinterne Regelwerke, insb. Compliance- und Unternehmensrichtlinien, fügen sich in dieses Regelungsgeflecht ein und bringen in diesem Rahmen einen Mehrwert, der ganz unterschiedlicher Natur sein kann:[6] Sie können eine Unternehmenskultur in die

---

1 Vgl. *Mössner/Reus*, in: CCZ 2013, S. 54.
2 Vgl. *Leible*, in: Michalski et al., GmbHG, 3. Aufl. 2017, Syst. 2 Rn. 150.
3 Vgl. *Leible*, in: Michalski et al., GmbHG, 3. Aufl. 2017, Syst. 2 Rn. 150.
4 Vgl. *Koch*, in: Hüffer/Koch, AktG, 13. Aufl. 2018, § 76 Rn. 37.
5 Das vertragstheoretische Organisationskonzept nimmt an, „*dass sich die gesamte Organisation und ihre Umweltbeziehungen in Vertragsbeziehungen zwischen Individuen desaggregieren lassen*", *Ebers/Gotsch*, in: Kieser/Ebers, Organisationstheorien, 7. Aufl. 2014, S. 208.
6 Siehe zu den folgenden Punkten im Einzelnen bei *Stork*, in: CB 2013, S. 89.

einzelnen Organisationseinheiten transportieren, unternehmensweite Standards setzen und dadurch die organisatorische Komplexität im Unternehmen reduzieren, die unternehmensinterne Kontrolle erleichtern, beispielsweise indem Spielräume gesetzlicher Vorgaben für das Unternehmen maßgeschneidert und einheitlich ausgefüllt werden, sie können juristisch und vor allem sprachlich komplexe Regelungen in eine für die Mitarbeiter verständliche Sprache transferieren oder aber dokumentieren, dass die Organisation und Überwachung des Unternehmens in allgemein sorgfältiger Weise erfolgt. Der größte Mehrwert unternehmensinterner Regelwerke besteht allerdings in der enormen Arbeitserleichterung, denn eine alternative Art und Weise, das Unternehmen zu organisieren, bestünde insb. darin, den Mitarbeitern Einzelweisungen zu erteilen. Ab einer gewissen Unternehmensgröße stößt dies auf faktische Grenzen.

2 Compliance- und Unternehmensrichtlinien: Ein Beispiel für eine Systematik von Regelwerken

6 Unternehmensinterne Regelwerke sind in ganz unterschiedlichen rechtlichen und organisatorischen Zusammenhängen zu finden; dementsprechend gibt es eine große Bandbreite an unterschiedlichen Bezeichnungen für sie. Sehr allgemein gehaltene, interne Verhaltensregeln werden etwa – in Anlehnung an Sec. 406 des Sarbanes-Oxley Act 2002 – als „Code of Ethics" bezeichnet.[7] Ebenso gebräuchlich erscheint für ein solches Regelwerk die Bezeichnung als „Code of Conduct".[8] Weitere Bezeichnungen für ähnliche Verhaltensregelungen reichen von „Verhaltenskodex" (Adidas) über „Ethik- und Verhaltenskodex" (Fresenius Medical Care) und „Business Conduct Guidelines" (Infineon) bis „Corporate Compliance Policy" (Bayer). Inhaltlich beziehen sich die genannten Regelwerke auf ethische Grundsätze, mehr oder weniger konkrete Verhaltensregeln als Ausfluss gesetzlicher Bestimmungen und ggf. interne Compliance-Strukturen. Aus der konkreten Bezeichnung unternehmensinterner Regelwerke lassen sich allenfalls teilweise und nur graduell inhaltliche Unterschiede ableiten – ob sich beispielsweise die Regelungen eines „Code of Ethics" tatsächlich auf die generische Darstellung ethischer Grundsätze beschränken oder bereits konkretere compliancebezogene Verhaltensmaßstäbe enthalten, die man eher in einem „Ethik- und Verhaltenscodex" erwarten würde.

7 Da in einem Unternehmen in aller Regel unterschiedliche Regelungsarten vorzufinden sind – sei es im Hinblick auf die Hierarchie, die Reichweite, den Regelungsbereich oder sonstige Aspekte[9] – sollte, etwa in sprachlicher Hinsicht, eine unternehmensweite Regelungssystematik festgelegt und diese auch eingehalten werden. So kann mit einer Differenzierung zwischen „ComplianceRichtlinien" und „Unternehmensrichtlinien" z. B. zum Ausdruck gebracht werden, ob sich ein Regelwerk mit Compliance im Sinne von *„Einhaltung der gesetzlichen Bestimmungen und der unternehmensinternen Richtlinien"*[10] oder in erster

---

7 Bspw. der „Code of Ethics" von Infineon.
8 Bspw. der „Code of Conduct" von Henkel. Zu typischen Regelungen in einem Code of Conduct siehe *Benkert*, in: Schulz, Compliance-Management im Unternehmen, 1. Aufl. 2017, 2. Kap. Rn. 16 ff.
9 Siehe zu den Erscheinungsformen im Einzelnen unter Ziffer 3.
10 Ziff. 4.1.3 S. 1 DCGK i. d. F. v. 07.02.2017.

Linie mit anderen unternehmerischen Aspekten, beispielsweise dem Controlling, befasst. Gleichwohl sind Unternehmensrichtlinien zugleich Gegenstand der Compliance, d. h. die Geschäftsleitung ist angehalten, auch für deren Einhaltung zu sorgen.

Sprachlich ist des Weiteren zu beachten, dass unternehmensinterne „Richtlinien" in aller Regel nicht in einem europarechtlichen Sinne zu verstehen sind, wonach Richtlinien noch der Umsetzung in unmittelbar geltende Regelungen bedürften.[11] In einem durch einen einzelnen Rechtsträger betriebenen Unternehmen kommt eine solche „zweistufige" Umsetzung kaum vor. Soll ein Regelwerk dagegen für mehrere Konzerngesellschaften gelten, kann sich eine derartige Umsetzung anbieten, etwa um den einzelnen Auslandsgesellschaften zu ermöglichen, speziellen Anforderungen der einzelnen Jurisdiktionen gerecht zu werden.[12] Dann werden jedoch meist Begriffe wie „Konzernrichtlinien", „Konzernstandards" oder ähnliche Bezeichnungen verwandt, um diesen Aspekt zu verdeutlichen.[13]

8

3 Erscheinungsformen von Compliance- und Unternehmensrichtlinien

Compliance- und Unternehmensrichtlinien können, wie jedes weitere unternehmensinterne Regelwerk, ganz unterschiedliche Erscheinungsformen haben. Im Einzelnen lassen sie sich, teils auf einzelne Regelungen einer Richtlinie abgestellt, nach den folgenden Kriterien kategorisieren:

9

3.1 Regelungsgehalt

In Bezug auf den Regelungsgehalt von Compliance- und Unternehmensrichtlinien gibt es aus der maßgeblichen Perspektive der Adressaten drei Kategorien.[14]

10

Keinen wirklichen Regelungsgehalt haben Richtlinien, die sich darauf beschränken, bestehende gesetzliche oder vertragliche Pflichten des Adressaten inhaltlich (idealerweise in einer für die Adressaten verständlichen Sprache) zu wiederholen und zu erläutern oder aber Absichtserklärungen, Compliance-Bekenntnisse oder ähnliche nicht regelnde Äußerungen zu treffen. Letztgenanntes ist beispielsweise in einem Code of Ethics regelmäßig der Fall.

11

Der Regelungsgehalt kann sich ferner darauf beschränken, bereits bestehende Pflichten zu konkretisieren. Ein Beispiel sind Vorgaben dazu, wie Ermessensspielräume im Rahmen der gesetzlichen Pflicht zur Rechnungslegung auszufüllen sind. Aber auch alle weiteren unternehmensinternen Prozesse, mittels derer der unternehmerische und organisatorische Gestaltungsspielraum ausgefüllt wird, fallen in diese Kategorie. Ein weiteres, ganz zentrales Beispiel ist das Weisungsrecht des Arbeitgebers gemäß §§ 106 GewO, 315 BGB, wonach der Arbeitgeber *„Inhalt, Ort und Zeit der Arbeitsleistung nach billigem Ermessen näher bestimmen"* kann. Derartige Bestimmungen, d. h. Konkretisierungen der Arbeitspflichten, können per Einzelweisung oder per Regelwerk erfolgen.

12

---

11 Vgl. Art. 288 AEUV.
12 Siehe hierzu unter Ziffer 5.3.2.
13 Siehe *Mössner/Reus*, in: CCZ 2013, S. 54, 56, wonach EnBW im Einzelnen zwischen Konzernrichtlinien, Konzernstandards und Konzerngrundsätzen unterscheidet.
14 Siehe auch *Schreiber*, in: NZA-RR 2010, S. 617 f.

13 Der Regelungsgehalt von Compliance- und Unternehmensrichtlinien kann darüber hinaus darin bestehen, gänzlich neue Regelungen zu schaffen. Eine Pflicht zur Meldung von Compliance-Verstößen ist beispielsweise nach überwiegender Ansicht nicht als Haupt- oder Nebenpflicht im Arbeitsvertrag angelegt. Eine solche Pflicht lässt sich daher nicht auf Basis von §§ 106 GewO, 315 BGB, sondern allenfalls individualvertraglich oder durch eine Betriebsvereinbarung implementieren.[15] Anderes gilt freilich für ein Hinweisgebersystem, das lediglich die Möglichkeit zur Meldung von Compliance-Verstößen eröffnet, aber keine diesbezügliche Pflicht begründet.

3.2 Regelungsbereich

14 Kategorisiert man Compliance- und Unternehmensrichtlinien anhand des Regelungsbereichs, gibt es zunächst Richtlinien, die betriebliche Sachverhalte regeln. Derartige Regelungsbereiche sind der Normalfall. Jedoch gibt es vereinzelt Richtlinien, die außerbetriebliche Sachverhalte betreffen. Dies ist auf der Grundlage des bereits erwähnten Weisungsrechts möglich, wenn das regelungsgegenständliche außerbetriebliche Verhalten das betriebliche Verhalten beeinflussen kann.[16] Beispiele sind Regelungen zum privaten Umgang mit Arbeitskollegen sowie Nebentätigkeitsverbote.[17]

3.3 Betriebliche Mitbestimmung

15 An den Regelungsgehalt und den Regelungsbereich anknüpfend kann des Weiteren danach differenziert werden, inwieweit die einzelnen Regelungen von Compliance- und Unternehmensrichtlinien die Mitbestimmungsrechte eines etwaig bestehenden Betriebsrats nach dem Betriebsverfassungsgesetz („*BetrVG*") berühren.

Eine betriebliche Mitbestimmung besteht regelmäßig gemäß § 87 Abs. 1 Nr. 1 BetrVG in Bezug auf *„Fragen der Ordnung des Betriebs und des Verhaltens der Arbeitnehmer im Betrieb"*. Hiervon erfasst sind Regelungen zum sog. Ordnungsverhalten. Regelungen zum sog. Arbeitsverhalten sind demgegenüber solche, die bestehende Arbeitspflichten konkretisieren; sie unterliegen nicht der betrieblichen Mitbestimmung.[18]

Auch § 87 Abs. 1 Nr. 6 BetrVG wird regelmäßig von Compliance- und Unternehmensrichtlinien berührt. Demnach hat der Betriebsrat, *„soweit eine gesetzliche oder tarifliche Regelung nicht besteht"*, ein Mitbestimmungsrecht in Bezug auf die *„Einführung und Anwendung von technischen Einrichtungen, die dazu bestimmt"*[19] *sind, das Verhalten oder die Leistung der Arbeitnehmer zu überwachen"*. Hiervon erfasst ist beispielsweise die IT-basierte Überwachung des betrieblichen Wertpapierhandels.[20] Weitere Beispiele sind die

---

15 Vgl. *Fahrig*, in: NJOZ 2010, S. 975, 976; *Hohmuth*, in: BB 2014, S. 3061, 3063.
16 *Fahrig*, in: NJOZ 2010, S. 975, 977; *Pelz*, in: Hauschka et al., Corporate Compliance, 3. Aufl. 2016, § 20 Rn. 6; *Schreiber*, in: NZA-RR 2010, S. 617, 618.
17 *Gaul/Ludwig*, in: Renz/Hense, Organisation der Wertpapier-Compliance-Funktion, 2012, S. 210 ff. Rn. 22.
18 *Mengel*, in: Hauschka et al., Corporate Compliance, 3. Aufl. 2016, § 39 Rn. 71 f.
19 Lesart des BAG: *„objektiv und unmittelbar dazu geeignet"*, vgl. BAG, Beschluss v. 09.09.1975 – 1 ABR 20/74, in: NJW 1976, S. 261, 262.
20 *Borgmann*, in: NZA 2003, S. 352, 356.

Überwachung der Internetnutzung und die Auswertung von am Computer durchgeführten Schulungen.[21] Eine betriebliche Mitbestimmung in Bezug auf Schulungen kann sich aber auch aus § 98 BetrVG ergeben.

Keine betriebliche Mitbestimmung auf Basis der vorgenannten Regelungen des BetrVG besteht in Bezug auf Regelungen zu rein außerbetrieblichen Sachverhalten[22] und in Bezug auf unternehmensinterne Regelwerke, wenn sie entweder keinen Regelungsgehalt aufweisen oder, wie zuvor erwähnt, allein die Arbeitspflicht betreffen.

16

3.4 Reichweite

Compliance- und Unternehmensrichtlinien lassen sich auch hinsichtlich ihrer Reichweite kategorisieren. Die größte Reichweite besteht bei einer Geltung für den gesamten Unternehmensverbund. Weitere Gestaltungsmöglichkeiten, in welchen die Reichweite über einen einzelnen Rechtsträger hinausgeht, bestehen beispielsweise in der Geltung für ein bestimmtes Land, einen bestimmten Geschäftsbereich oder für alle Rechtsträger, bezüglich derer eine Mehrheitsbeteiligung im Sinne von § 16 AktG besteht.

17

Derartige Differenzierungen bieten sich etwa an, wenn ein Regelungsgegenstand in einem Land einer speziellen Regelung bedarf (lokale Compliance-Regelungen), wenn die rechtsträgerübergreifende Umsetzung eine Mehrheitsbeteiligung erforderlich macht oder wenn die Geltung für bestimmte Rechtsträger des Unternehmensverbunds schlicht keinen Sinn ergibt. Soll beispielsweise ein unternehmensinternes Regelwerk über die Rechnungslegung die Erstellung des Konzernabschlusses erleichtern, indem es einheitliche Vorgaben zu den im Einzelnen bestehenden Spielräumen macht, ist eine Geltung dieses Regelwerks für nicht zu konsolidierende Gesellschaften nicht erforderlich.

Auch innerhalb eines einzelnen Rechtsträgers kann die Reichweite von Compliance- und Unternehmensrichtlinien unbeschränkt sein oder aber begrenzt werden, beispielsweise in geografischer, personeller, funktionaler oder zeitlicher Hinsicht.[23] Ein Verhaltenskodex gilt regelmäßig für alle Mitarbeiter eines Rechtsträgers, während die Geltung einer Antikorruptionsrichtlinie z. B. auf die Einkaufs- und die Vertriebsabteilung beschränkt sein kann.

18

Die Reichweite hat Auswirkungen auf die Ausgestaltung einer Richtlinie, beispielsweise auf ihren tatsächlichen Regelungsumfang: Denn eine größere Reichweite verlangt in der Tendenz einen niedrigeren Regelungs- bzw. Detaillierungsgrad (und umgekehrt).[24] Die Reichweite und der Adressatenkreis sind auch entscheidend für die Sprache: Ist das Regelwerk in deutscher oder englischer oder der jeweiligen Landessprache und ist es in juristischer, technischer oder einer für den Laien verständlichen Sprache verfasst?

19

---

21 Für eine umfangreiche Auflistung weiterer Beispiele wird verwiesen auf *Kania*, in: EK ArbR, 18. Aufl. 2018, § 87 BetrVG Rn. 62; *Werner*, in: BeckOK Arbeitsrecht, Rolfs/Giesen/Kreikebohm/Udsching, 48. Ed., Stand: 01.06.2018, § 87 BetrVG Rn. 95.
22 *Mengel*, in: Hauschka et al., Corporate Compliance, 3. Aufl. 2016, § 39 Rn. 73.
23 Vgl. *Stork*, in: CB 2013, S. 89, 90.
24 Vgl. *Stork*, in: CB 2013, S. 89, 90: „Prozesstiefe".

3.5 Verbindlichkeit

20 Inwieweit Compliance- und Unternehmensrichtlinien für ihre Adressaten verbindlich sind, ergibt sich zunächst aus ihrem Regelungsgehalt. Absichtserklärungen und ähnliche Äußerungen im Rahmen unternehmensinterner Regelwerke begründen keine unmittelbaren Verpflichtungen, sondern sind vielmehr als Selbstverpflichtung im Sinne einer guten Corporate Governance aufzufassen. Wiederholungen und Erläuterungen bestehender Pflichten enthalten verbindliche Aussagen; ihre Verbindlichkeit basiert aber nicht auf dieser Richtlinie, sondern auf einer anderen Rechtsgrundlage. Konkretisierungen von bestehenden Pflichten enthalten ebenfalls verbindliche Regelungen, die sich derart detailliert erst durch die Konkretisierung selbst ergeben. Eine Verbindlichkeit weisen des Weiteren unternehmensinterne Regelungen auf, die neue Pflichten wirksam begründen.

21 Im Hinblick auf die Verbindlichkeit kann auch danach differenziert werden, ob Compliance- und Unternehmensrichtlinien für den einzelnen Mitarbeiter „unmittelbar" verbindlich sind oder ob sie, ähnlich den EU-Richtlinien, noch einer Umsetzung durch die Geschäftsleitung oder eine sonstige per Delegation befugte Person oder Personengruppe bedürfen. Konzernrichtlinien richten sich z. B. regelmäßig an die Geschäftsleitungen der einzelnen Rechtsträger des Unternehmensverbunds, welche verbindliche Regelungen für die Mitarbeiter dieser Rechtsträger aus den Richtlinien-Vorgaben erst entwickeln müssen. In Bezug auf weitere Einzelheiten wird auf die Ausführungen unter Ziffer 5.3 zur Implementierung von Compliance- und Unternehmensrichtlinien im Unternehmensverbund verwiesen.

22 Die Verbindlichkeit ist primär relevant für die Frage, inwieweit Arbeitnehmer verpflichtet sind, sich an die Vorgaben des unternehmensinternen Regelwerks zu halten. Auf den speziellen Aspekt der arbeitsrechtlichen Implementierung wird noch gesondert eingegangen.[25] Sekundär richtet sich danach auch, ob im Fall der Zuwiderhandlung arbeitsrechtliche Konsequenzen, insb. Abmahnungen, zulässig sind.

3.6 Hierarchie

23 Unternehmensinterne Regelwerke, z. B. Compliance-Richtlinien, lassen sich des Weiteren hierarchisch sortieren. An der Spitze steht in aller Regel ein für das gesamte Unternehmen geltender Verhaltenskodex.[26] Wenn es weitere unternehmensinterne Regelwerke für mehrere im Sinne von § 15 AktG miteinander verbundene Rechtsträger gibt, stehen diese in der Hierarchie in der Regel unter dem Verhaltenskodex und über den unternehmensinternen Regelungen der einzelnen Rechtsträger.

24 Innerhalb eines einzelnen Rechtsträgers lässt sich die Regelungshierarchie weitgehend frei gestalten, wobei die Aufbau- sowie die Ablauforganisation zu berücksichtigen sind. Unternehmensinterne Regelwerke, die von der Geschäftsleitung erlassen wurden,[27] sind beispielsweise regelmäßig höherrangiger als solche, die von anderen Personen oder Gremien erstellt und verabschiedet wurden.

---

25 Siehe hierzu unter Ziffer 5.3.1.
26 Siehe zum Begriff des Verhaltenskodex unter Ziffer 2.
27 Sprachlich kann dies z. B. durch die Bezeichnung „Richtlinie des Vorstands" kenntlich gemacht werden.

3.7 Regelungsgegenstand

Eine weitere Kategorisierung ist schließlich anhand des Regelungsgegenstands möglich. Zum Repertoire der gängigen Compliance-Richtlinien gehören z. B. Regelwerke zur Vermeidung von Korruption, Geldwäsche, Kartellrechtsverstößen und datenschutzrechtlichen Verstößen.[28] Folgt man der unter Ziffer 2 dargestellten sprachlichen Differenzierung zwischen Compliance- und sonstigen Unternehmensrichtlinien, so können als Beispiele für Unternehmensrichtlinien solche zur Nutzung von Dienstwagen, zur Rechnungslegung oder zur EDV-Nutzung genannt werden.

25

4 Kapitalmarktbezogene Praxisbeispiele für Compliance- und Unternehmensrichtlinien

Bei kapitalmarktorientierten Unternehmen besteht aufgrund ihres hohen Regulierungsgrades und ihres Öffentlichkeitsbezugs ein besonders starkes Bedürfnis nach unternehmensinternen Regelwerken. Nachfolgend sollen Beispiele für in der Praxis typische Compliance- bzw. Unternehmensrichtlinien dargestellt werden, nämlich zum einen Leitfäden zur kapitalmarktrechtlichen Compliance und zum anderen Regelwerke zur Abwehr „feindlicher" Verhaltensweisen von Investoren (sog. „Defense Manuals").

26

4.1 Leitfaden zur kapitalmarktrechtlichen Compliance

4.1.1 Begriff der kapitalmarktrechtlichen Compliance

Unter kapitalmarktrechtlicher Compliance ist die Einhaltung sämtlicher gesetzlicher Verpflichtungen zu verstehen, die kapitalmarktorientierte Unternehmen einzuhalten haben. Zumeist geht es dabei um Verpflichtungen, die aus der Börsenzulassung der Wertpapiere des Emittenten resultieren.[29] Praxisrelevante gesetzliche Regelwerke in diesem Zusammenhang sind in erster Linie die Europäische Marktmissbrauchsverordnung („*MAR*")[30] und das Wertpapierhandelsgesetz („*WpHG*").

27

Im Sinne der vorstehend beschriebenen sprachlichen Differenzierung zwischen Compliance- und Unternehmensrichtlinien[31] stellt ein unternehmensinternes Regelwerk, das sich mit der Einhaltung kapitalmarktrechtlicher Verpflichtungen beschäftigt, eine Compliance-Richtlinie dar. In der Praxis übliche Bezeichnungen für entsprechende Regelwerke sind beispielsweise „Leitfaden zur kapitalmarktrechtlichen Compliance" oder „Richtlinien zum Kapitalmarktrecht".

---

28 Vgl. *Pauthner/Stephan*, in: Hauschka et al., Corporate Compliance, 3. Aufl. 2016, § 16 Rn. 177.
29 Vgl. *Krause,* in: CCZ 2014, S. 248 ff.; Bezeichnung als Emittenten-Compliance *Racky/Fehn-Claus*, in: Szesny/Kuthe, Kapitalmarkt Compliance, 1. Aufl. 2014, Kapitel 3, Rn. 5.
30 Verordnung (EU) Nr. 596/2014 des Europäischen Parlaments und des Rates v. 16.04.2014 über Marktmissbrauch und zur Aufhebung der Richtlinie 2003/6/EG des Europäischen Parlaments und des Rates und der Richtlinien 2003/124/EG, 2003/125/EG und 2004/72/EG der Kommission – Marktmissbrauchsverordnung.
31 Siehe hierzu unter Ziffer 2.

4.1.2 Regelungsgegenstand und Adressaten

28 Eine kapitalmarktrechtliche Compliance-Richtlinie sollte sämtliche kapitalmarktrechtlichen Bestimmungen abdecken, die für den Emittenten relevant sind und zu deren Einhaltung er verpflichtet ist. Dies gilt nicht nur für Emittenten, deren Wertpapiere im regulierten Markt notiert sind, sondern auch für Freiverkehrsemittenten, da ihre kapitalmarktrechtlichen Pflichten seit Geltung der MAR erheblich ausgeweitet wurden.[32] Typische Regelungsgegenstände von kapitalmarktrechtlichen Compliance-Richtlinien sind in materieller Hinsicht insb.:[33]

- Führung von Insiderlisten,
- Ad hoc-Publizität,
- Verbot der Weitergabe von Insiderinformationen,
- Insiderhandelsverbot,
- Verbot der Marktmanipulation,
- Eigengeschäfte von Führungskräften (sog. „Directors' Dealings"),
- Beteiligungspublizität (Stimmrechtsmitteilungen etc.),
- Regelpublizität (Jahresfinanzberichte etc.).

29 Adressaten der kapitalmarktrechtlichen Compliance-Richtlinie sind zunächst alle Mitarbeiter, die für die Einhaltung der kapitalmarktrechtlichen Pflichten durch das Unternehmen verantwortlich sind. Daneben richtet sie sich an Mitarbeiter, in deren Tätigkeitsbereich kapitalmarktrechtliche Vorschriften verstärkt zur Anwendung kommen; beispielsweise wenn eine erhöhte Wahrscheinlichkeit besteht, dass Insiderinformationen im Sinne von Art. 7 MAR auftreten. Schließlich gelten zahlreiche Pflichten auch für Unternehmensangehörige selbst: So müssen alle Personen, die Führungsaufgaben im Sinne von Art. 3 Abs. 1 Nr. 25 MAR wahrnehmen (sog. „Directors"), Eigengeschäfte in Finanzinstrumenten des Emittenten melden; dies umfasst insb. die Vorstands- und Aufsichtsratsmitglieder. Ebenso müssen alle Mitarbeiter, denen Insiderinformationen zur Kenntnis gelangen, die Insiderhandelsvorschriften einhalten.

4.1.3 Regelungsgehalt und Regelungsbereiche

30 Der Regelungsgehalt der kapitalmarktrechtlichen Compliance-Richtlinie besteht zu wesentlichen Teilen darin, die anwendbaren kapitalmarktrechtlichen Vorschriften darzustellen und für die Adressaten verständlich zu machen. Dabei wird der Inhalt der einschlägigen Bestimmungen in einer für den juristischen Laien verständlichen Form wiedergegeben und anhand praktischer Beispiele erläutert. Insoweit fehlt der Richtlinie ein eigenständiger Regelungsgehalt im oben erläuterten Sinne.[34] Daneben stellen die Richtlinien aber auch konkrete Vorgaben im Hinblick auf Organisation, Prozesse und Zuständigkeiten auf, um ein rechtskonformes Verhalten sicherzustellen: Beispielsweise finden sich häufig detaillierte Verfahrensregelungen zum Umgang mit Insiderinformationen, insb. zur Identifizie-

---

32 Hierzu ausführlich *Rubner/Pospiech*, in: GWR 2016, S. 228 ff.
33 Siehe hierzu auch unter Teil II Unterabschnitt C: Markttransaktionen.
34 Siehe hierzu unter Ziffer 3.1.

rung und Erfassung, der Weiterleitung an die verantwortlichen Stellen sowie der rechtlichen Bewertung, ob tatsächlich eine Insiderinformation vorliegt und wie diese zu behandeln ist.[35] Solche Vorgaben gehen über die bloße Wiederholung gesetzlicher Vorschriften hinaus. Zumeist beschränken sie sich aber auf die Konkretisierung bereits bestehender Pflichten. So stellen sie im Hinblick auf die betroffenen Mitarbeiter häufig nur eine Konkretisierung des Arbeitsverhältnisses dar.[36] Im Hinblick auf die Vorstandsmitglieder präzisieren sie weitestgehend die gesetzliche Verpflichtung, für die Einhaltung der kapitalmarktrechtlichen Pflichten des Emittenten zu sorgen (§ 93 AktG).[37]

Ganz überwiegend regeln kapitalmarktrechtliche Compliance-Richtlinien betriebliche Sachverhalte. Ein Beispiel für einen häufig geregelten außerbetrieblichen Aspekt ist der Erwerb von Wertpapieren oder anderen Finanzinstrumenten des Emittenten, den Mitarbeiter als Privatpersonen tätigen. *31*

4.1.4 Reichweite und Verbindlichkeit

Die Reichweite der kapitalmarktrechtlichen Compliance-Richtlinie erstreckt sich in erster Linie auf den Emittenten selbst. Tochterunternehmen werden nur einbezogen, soweit kapitalmarktrechtliche Regelungen auch für diese bzw. ihre Mitarbeiter relevant sind. Beispielsweise können Insiderinformationen, an die diverse gesetzliche Vorschriften anknüpfen, auch innerhalb von Tochterunternehmen entstehen, insb. wenn diese bedeutende Geschäftsbereiche betreiben.[38] Ist ein Tochterunternehmen selbst Emittent von Finanzinstrumenten, auf die die MAR oder das WpHG anwendbar ist, gilt Folgendes: Als personenverschiedene Emittenten sind beide Gesellschaften jeweils selbst zur Einhaltung der kapitalmarktrechtlichen Vorschriften verpflichtet. Die Tochter kann die Einhaltung auch nicht auf die Konzernmutter abwälzen. Vor diesem Hintergrund empfiehlt es sich, für beide Emittenten jeweils eigene Richtlinien aufzustellen. *32*

Im Hinblick auf die Verbindlichkeit der kapitalmarktrechtlichen Richtlinien ist zu differenzieren: Die kapitalmarktrechtlichen Vorschriften sind bereits kraft Gesetzes für ihre jeweiligen Adressaten verbindlich. Dies gilt auch, soweit die Richtlinien gesetzliche Pflichten konkretisieren. Sofern weitere Regelungen der Richtlinien verbindliche Wirkung für ihre jeweiligen Adressaten haben sollen, wird dies teils durch arbeitsvertragliche Weisungen, teils durch Betriebsvereinbarungen und in Einzelfällen auch durch arbeitsvertragliche Regelungen erreicht.[39] *33*

---

35 Zu den Besonderheiten des Aufbaus einer Emittenten-Compliance Organisation *Racky/Fehn-Claus*, in: Szesny/Kuthe, Kapitalmarkt Compliance, 1. Aufl. 2014, Kapitel 3, Rn. 22 ff.
36 Siehe hierzu unter Ziffer 3.1.
37 Vgl. *Racky/Fehn-Claus*, in: Szesny/Kuthe, Kapitalmarkt Compliance, 1. Aufl. 2014, Kapitel 3, Rn. 13.
38 Vgl. *Wendel*, in: CCZ 2008, S. 41, 43.
39 Zur Implementierung von Compliance-Richtlinien siehe unter Ziffer 5.3.

4.2 Defense Manual

4.2.1 Begriff des Defense Manual

34 Im Hinblick auf kapitalmarktrechtliche Angelegenheiten halten viele kapitalmarktorientierte Unternehmen nicht nur Compliance-Richtlinien vor, sondern verfügen auch über diesbezügliche Unternehmensrichtlinien. Ein praxisrelevantes Beispiel hierfür sind die sog. Defense Manuals. Dabei handelt es sich um Leitfäden zur Abwehr „feindlicher" Handlungsweisen von Investoren.[40] Das häufigste Beispiel sind Leitfäden börsennotierter Unternehmen zur Vorbereitung auf und den Umgang mit – nicht mit dem Zielunternehmen abgestimmten – Übernahmeversuchen nach dem Wertpapiererwerbs- und Übernahmegesetz („*WpÜG*").[41] Ebenso wird der Begriff für Abwehrpläne und -konzepte börsennotierter Unternehmen gegen Attacken von Leerverkäufern (sog. „Short Attack")[42] verwendet.[43]

Defense Manuals zielen nicht in erster Linie darauf ab, die Einhaltung gesetzlicher Vorschriften sicherzustellen, sondern Vorgaben aufzustellen, die eine angemessene Reaktion des Unternehmens, beispielsweise auf einen Übernahmeversuch oder eine Short Attack, ermöglichen. Im Sinne der eingangs getroffenen Unterscheidung[44] ist ein Defense Manual deshalb als Unternehmensrichtlinie einzuordnen.

4.2.2 Regelungsgegenstand und Adressaten

35 Der Regelungsgegenstand von Defense Manuals besteht im Wesentlichen darin, die Organe und Mitarbeiter des Unternehmens durch organisatorische Vorkehrungen und Handlungsvorgaben auf die beschriebenen Sondersituationen vorzubereiten.[45] Zu diesem Zweck enthält es neben einer Beschreibung der rechtlichen Rahmenbedingungen regelmäßig Verhaltensregeln und -empfehlungen, Maßnahmenkataloge, Zeitpläne, Entwürfe von Mitteilungen, Benachrichtigungen, Erklärungen etc. sowie Listen mit Kontaktpersonen. Darüber hinaus werden Verantwortlichkeiten definiert und festgelegt. Die Organisation und Koordination der Verteidigung wird regelmäßig einem sog. Defense Team bzw. Panel oder Committee als verantwortlicher Stelle übertragen.[46] Dieses besteht aus Mitarbeitern verschiedener Bereiche und Mitgliedern des Vorstands sowie externen Beratern (insb. Investmentbanken, Rechts- und Kommunikationsberater).[47]

36 Adressaten des Defense Manuals sind neben den Mitgliedern des Defense Teams alle Mitarbeiter des Unternehmens, die im Zusammenhang mit der Verteidigung tätig werden; darüber hinaus ist es auch von den externen Beratern zu beachten.

---

40 Vgl. *Bunz*, in: NZG 2014, S. 1049, 1052.
41 Hierzu *Strehle*, in: Meyer-Sparenberg/Jäckle, Beck'sches M&A-Handbuch, 1. Aufl. 2017, § 58 Rn. 9.
42 Zu Angriffen von Leerverkäufern ausführlich *Schockenhoff/Culmann*, in: AG 2016, S. 517 ff.
43 *Graßl/Nikoleyczik*, in: AG 2017, S. 49, 59.
44 Siehe hierzu unter Ziffer 2.
45 Vgl. zur Aufgabe eines Defense Manuals im Zusammenhang mit feindlichen Übernahmen *Strehle*, in: Meyer-Sparenberg/Jäckle, Beck'sches M&A-Handbuch, 1. Aufl. 2017, § 58 Rn. 9.
46 Vgl. *Bunz*, in: NZG 2014, S. 1049, 1052.
47 Vgl. *Graßl/Nikoleyczik*, in: AG 2017, S. 49, 59.

4.2.3 Regelungsgehalt und Regelungsbereiche

Das Defense Manual schafft durch die Zuweisung von Verantwortlichkeiten und Handlungsvorgaben neue Regeln für die Mitarbeiter und Berater. Größtenteils sind diese aber bereits vertraglich bzw. gesetzlich angelegt. Insoweit handelt es sich um eine Konkretisierung bestehender Rechte bzw. Pflichten.[48] Beispielsweise stellen die an die internen Mitglieder des Defense Teams gerichteten Vorgaben zu großen Teilen eine Konkretisierung arbeitsrechtlicher Pflichten dar. Die an die Mitglieder des Vorstands gerichteten Regelungen konkretisieren im Wesentlichen die gesetzliche Pflicht des Vorstands, die Geschäfte der Gesellschaft mit der Sorgfalt eines ordentlichen und gewissenhaften Geschäftsleiters und zum Wohle der Gesellschaft zu führen (§ 93 AktG).

37

Üblicherweise werden im Defense Manual auch die rechtlichen Rahmenbedingungen beschrieben bzw. es wird auf einschlägige gesetzliche Rechte und Pflichten (z. B. die Neutralitätspflicht des Vorstands gemäß § 33 WpÜG oder die Verpflichtung der Verwaltung zur Abgabe einer Stellungnahme zu dem Übernahmeangebot nach § 27 WpÜG) hingewiesen. Teile des Defense Manuals ließen sich somit auch als Compliancerichtlinie einordnen.[49]

Die im Defense Manual aufgestellten Vorgaben betreffen ausschließlich den betrieblichen Bereich; den privaten Bereich der Adressaten betreffende Regeln sind weder üblich noch geboten.

38

4.2.4 Reichweite und Verbindlichkeit

Adressaten des Defense Manuals sind alle mit der Abwehr befassten Personen. Dies sind in erster Linie Mitarbeiter des Emittenten selbst; denkbar ist aber auch eine Einbeziehung der Mitarbeiter von Tochterunternehmen.

39

Die aufgestellten Verhaltensregeln erschöpfen sich größtenteils in bloßen Handlungsempfehlungen, denen keine Verbindlichkeit zukommt. Soweit verbindliche Handlungsvorgaben aufgestellt werden sollen, ist zwischen Vorstandsmitgliedern, Mitarbeitern und externen Beratern zu unterscheiden. Wie schon beschrieben[50] sind Vorstandsmitglieder kraft Gesetzes verpflichtet, die Geschäfte der Gesellschaft mit der Sorgfalt eines ordentlichen und gewissenhaften Geschäftsleiters zu führen. Dies beinhaltet auch die Vorbereitung auf und den angemessenen Umgang mit Übernahmeversuchen oder Short Attacks.[51] Im Hinblick auf Mitarbeiter des Unternehmens kann die Verbindlichkeit der Vorgaben des Defense Manuals durch arbeitsvertragliche Weisungen herbeigeführt werden. Im Fall externer Berater besteht ebenfalls ein vertragliches Direktionsrecht (vgl. §§ 665, 675 BGB).

40

5 Der Lebenszyklus von Compliance- und Unternehmensrichtlinien

Die Einführung von Compliance- und Unternehmensrichtlinien erfolgt regelmäßig in drei Schritten, namentlich in (1.) der Analyse des Status quo, insb. des Bedarfs für ein solches

41

---

48 Siehe hierzu unter Ziffer 3.1.
49 Siehe hierzu unter Ziffer 2.
50 Siehe hierzu unter Ziffer 4.2.3.
51 Vgl. Vorstandspflicht zur Übernahmeprophylaxe *v. Falkenhausen*, in: NZG 2007, S. 97, 98.

unternehmensinternes Regelwerk, (2.) der Festlegung der Inhalte und der Erstellung der Richtlinie, sofern ein Bedarf festgestellt worden ist, sowie (3.) der Implementierung derselben.[52] Da die Regelungsgegenstände von Compliance- und Unternehmensrichtlinien nicht statisch, sondern vielmehr ständig im Fluss sind, tritt bei Betrachtung des gesamten Lebenszyklus neu implementierter Richtlinien ein vierter, sich regelmäßig wiederholender Schritt hinzu: (4.) Die Verwaltung der Richtlinien, die beispielsweise eine turnusmäßige Überprüfung der Aktualität der Richtlinien umfasst und unter Umständen darin endet, dass eine Richtlinie außer Kraft gesetzt wird.

5.1 Analyse des Status quo

42 Im Rahmen der Analyse des Status quo steht die Frage im Vordergrund, inwieweit es einer neuen Compliance- oder Unternehmensrichtlinie bedarf. Das Bedürfnis nach einer Compliance-Richtlinie ergibt sich regelmäßig aus einem bestimmten Anlass, etwa aus

- einem Compliance-Vorfall im Unternehmen,
- dem Wunsch, spezifische Haftungsrisiken zu minimieren,
- neuen rechtlichen Anforderungen (infolge einer Börsennotierung, einer neuen Rechtslage),
- einer neuen Best Practice, der man genügen möchte,
- neuen politischen Anforderungen mit Auswirkungen auf das Unternehmen,
- neuen Anforderungen eines Geschäftspartners oder
- Gründen des Marketings oder der Reputation.

Soweit ein Compliance-Management-System gänzlich neu aufgebaut werden muss, kann nicht punktuell auf einen der vorgenannten Anlässe reagiert werden. In einem solchen Fall bedarf es vielmehr einer umfassenden unternehmensspezifischen Compliance-Risikoanalyse.[53]

Das Bedürfnis nach sonstigen Unternehmensrichtlinien, die sich nicht unmittelbar mit der Compliance befassen, ergibt sich zuvorderst aus betriebswirtschaftlichen Aspekten, etwa dem eingangs erwähnten Mehrwert, die organisatorische Komplexität zu reduzieren. So kann es z. B. darum gehen, unternehmensweite Standards im internen Berichtswesen zu setzen, um eine Vielzahl unterschiedlicher Berichte einfacher konsolidieren und auswerten zu können. Ein weiteres, häufig vorkommendes Beispiel ist eine Richtlinie zur dienstlichen und privaten Nutzung von Dienstwagen, um den Verwaltungsaufwand zu begrenzen. Eine betriebswirtschaftliche Motivation steht auch hinter dem unter Ziffer 4.2 beschriebenen Defense Manual.

Für Compliance- sowie für sonstige Unternehmensrichtlinien gilt gleichermaßen: Bringen die Erstellung und die Implementierung einer Richtlinie keinen Mehrwert im eingangs

---

52 Diese Aufteilung ist nicht zwingend. Nach einer Aufteilung von *Stork*, in: CB 2013, S. 89 lässt sich die Einführung einer unternehmensinternen Richtlinie etwa „in eine Vorbereitungs-, Inhalts-, Abstimmungs- und Implementierungsphase" unterteilen.
53 Vgl. *Stork*, in: CB 2013, S. 89, 90.

erläuterten Sinn,[54] ist das Bedürfnis nach einem unternehmensinternen Regelwerk zu verneinen. Compliance- und Unternehmensrichtlinien sind kein Selbstzweck.

5.2 Erstellung einer Richtlinie

5.2.1 Vorfragen

Bevor der Text eines unternehmensinternen Regelwerks auf Basis der vorgenannten Analyse effizient erstellt werden kann, sind einige Vorfragen zu klären, insb.: 43

- sachlicher Umfang des regelungsbedürftigen Regelungsgegenstands
- inhaltliche Vorgaben (Gesetze, Industrie- und Marktstandards)
- geografische, personelle, funktionale, zeitliche Reichweite
- zeitliche Vorgaben (etwa auf Grund von Zusagen gegenüber Behörden)
- organisatorische und fachliche Verantwortlichkeiten

Vorbehaltlich einer bestehenden Delegation, etwa im Rahmen einer Organisationsrichtlinie,[55] ist die Geschäftsleitung dafür zuständig, über die vorgenannten Fragen zu entscheiden. Sind alle Vorfragen geklärt, bietet es sich an, die Eckpunkte der geplanten Richtlinie zusammenzufassen,[56] insb. um bereits in diesem Stadium der Richtlinienerstellung einen etwaigen verdeckten Dissens der beteiligten Akteure aufzudecken.

5.2.2 Darstellung und Gliederung

Die Darstellung und die Gliederung der Richtlinie sollten sich an den bestehenden Regelwerken auf derselben Hierarchieebene, besser noch: an den Vorgaben einer Organisationsrichtlinie, orientieren. Dies schafft Regelungsklarheit im Sinne einer sorgfältigen Organisation des Unternehmens.[57] 44

Eine sorgfältige Darstellung beginnt mit einer systematischen Bezeichnung des Regelwerks („Konzernrichtlinie", „Richtlinie des Vorstands" etc.) und geht weiter mit einer übersichtlichen und wiederkehrenden Gestaltung des Deckblatts inklusive des Titels, der geografischen, personellen, funktionalen und zeitlichen Geltung, der Version und des Stands dieser Version. Zu empfehlen ist des Weiteren ein Impressum, das die Autoren, die Verantwortlichkeiten und die Angaben zur Freigabe und zur nächsten turnusmäßigen Überprüfung usw. nennt.

Über eine einheitliche Darstellung hinausgehend sollten die Grundstrukturen der Gliederung vereinheitlicht werden. Eine Organisationsrichtlinie könnte beispielsweise vorgeben, dass jedes unternehmensinterne Regelwerk mit einer kurzen Darstellung des Mehrwerts,

---

54 Siehe hierzu unter Ziffer 1, letzter Absatz.
55 Gewissermaßen eine Richtlinie über Richtlinien.
56 Vgl. den Vorschlag von *Stork*, in: CB 2013, S. 89, 91.
57 Vgl. *Mössner/Reus*, in: CCZ 2013, S. 54, die ebenfalls einen Zusammenhang zwischen Transparenz und klaren Prozessen einerseits und der Organisationsverantwortung andererseits sehen.

ggf. nebst Risikobewertung, zu beginnen hat.[58] Dem könnte ein Abschnitt zum Geltungsbereich folgen. Auch die Entscheidung, ob, wo und wie Definitionen angegeben werden, könnte eine Organisationsrichtlinie festlegen. Dies dient nicht zuletzt einem unternehmensweit einheitlichen Sprachgebrauch. Ein gewisser Gestaltungsspielraum sollte allerdings in dem Abschnitt verbleiben, der die spezifischen Regelungen enthält.

5.2.3 Einbeziehen des Betriebsrats

45   Unterliegt die geplante Richtlinie der betrieblichen Mitbestimmung, sollte der zuständige Betriebsrat[59] rechtzeitig einbezogen werden, denn eine einseitige Implementierung des Regelwerks auf der Grundlage des Weisungsrechts gemäß §§ 106 GewO, 315 BGB scheidet in diesem Fall aus. Erforderlich gemäß § 87 BetrVG ist vielmehr eine Einigkeit zwischen der Geschäftsleitung und dem Betriebsrat, die entweder in einer Betriebsvereinbarung oder einer formlosen Regelungsabrede münden kann; kommt eine Einigung nicht zustande, so kann diese durch einen Spruch der Einigungsstelle ersetzt werden.[60]

5.2.4 Einbeziehen weiterer Stakeholder

46   Die jeweils fachlich Verantwortlichen sollten das Unternehmen und den vom Regelwerk betroffenen Bereich so gut kennen, dass sie sich in die Lage der Adressaten versetzen können. Unter dieser Annahme ist die Einbeziehung weiterer Stakeholder in fachlicher Hinsicht nicht zwingend erforderlich. Es kann aber gleichwohl sinnvoll sein, einzelne Adressaten des Regelwerks in die Erstellung einzubeziehen. Dies führt zunächst zu einem gewissen Mehraufwand, letztlich aber zu einem maßgeschneiderten und praxistauglichen Ergebnis, das auf diese Weise nicht zuletzt auf eine größere Akzeptanz bei den Adressaten der Richtlinie stößt.[61]

5.2.5 Clearing-Prozess

47   Es ist zu empfehlen, dass eine organisatorisch verantwortliche Einheit vor der Beschlussfassung durch die Geschäftsleitung einen Clearing-Prozess durchführt, der insb. die Prüfung beinhaltet, ob die Richtlinie etwaige formale Vorgaben (etwa zur Darstellung und Gliederung) wahrt und inhaltlich im Einklang mit allen weiteren (gleich- und höherrangigen) unternehmensinternen Regelwerken steht.

Diese Aufgabe könnte einer organisatorischen Einheit zugewiesen werden, die die Verwaltung der unternehmensinternen Regelwerke (auch: Regelungs- oder Richtlinienmanage-

---

58   Vgl. dazu die Einleitung von Regierungs- bzw. Gesetzesentwürfen: A. Problem und Ziel, B. Lösung, C. Alternative, D. Finanzielle Auswirkungen auf die öffentlichen Haushalte, E. Sonstige Kosten.
59   Zur Abgrenzung der Zuständigkeiten des Gesamt- und des Konzernbetriebsrats siehe *Reinhard*, in: NZA 2016, S. 1233, 1239; dazu auch *Schreiber*, in: NZA-RR 2010, S. 617, 622.
60   *Kania*, in: EK ArbR, 18. Aufl. 2018, § 87 BetrVG Rn. 1, 3.
61   *Mössner/Reus*, in: CCZ 2013, S. 54, 58; siehe auch *Stork*, in: CB 2013, S. 89, 91 in Bezug auf die Konsultation des Bereichs Recht/Compliance, der Business Stakeholder, des Betriebsrats und der externen Berater.

ment) insgesamt wahrnimmt. Eine solche Abteilung hat in Bezug auf formale Vorgaben die nötige Erfahrung und für inhaltliche Prüfungen den erforderlichen Überblick über die bestehende Regelungslandschaft. Nach einer anderen Einordnung lassen sich mit einem zentralen Richtlinienmanagement „*drei wesentliche Ziele*"[62] verfolgen, nämlich (i) unternehmensweite Transparenz sowie Verbindlichkeit, (ii) eine Verringerung rechtlicher Risiken, insb. im Hinblick auf die Organisationspflicht der Geschäftsleitung, und (iii) eine Steigerung der Effizienz der Regelungslandschaft.

5.2.6 Beschlussfassung durch die Geschäftsleitung

Die Erstellung einer Richtlinie endet in inhaltlicher Hinsicht grundsätzlich mit einem Beschluss der Geschäftsleitung. Diese entscheidet nicht zuletzt über die finale Fassung der Richtlinie. Es handelt sich gewissermaßen um den Übergang zur Implementierung. Bezüglich der weiteren Aspekte der Implementierung wird auf die Ausführungen unter Ziffer 5.3 verwiesen. *48*

5.2.7 Formale Freigabe

Es ist zu empfehlen, die Erstellung einer Richtlinie mit einer formalen Freigabe, etwa durch eine organisatorische Einheit, die die Verwaltung der unternehmensinternen Regelwerke insgesamt wahrnimmt, abzuschließen. Damit ist nicht zuletzt sichergestellt, dass etwaige spontane Änderungen im Rahmen der Beschlussfassung formal und inhaltlich geprüft werden können und die finalen Fassungen aller Richtlinien an einer zentralen Stelle auffindbar sind. *49*

5.3 Implementierung einer Richtlinie

5.3.1 Implementierung auf arbeitsrechtlicher Ebene

Unter der Annahme, dass sich die Richtlinie an einzelne oder alle Mitarbeiter des Unternehmens richtet und sie einen eigenen Regelungsgehalt aufweist, bedarf ihre Implementierung einer arbeitsrechtlichen Grundlage. *50*

In Betracht kommt eine Implementierung auf der Grundlage einer Weisung des Arbeitgebers. Nach diesem sog. Direktionsrecht gemäß §§ 106 GewO, 315 BGB ist eine jederzeitige einseitige Einführung, Anpassung und Änderung der Richtlinie möglich. Ein Nachteil dieser Möglichkeit besteht allerdings darin, dass sich auf dieser Grundlage keine gänzlich neuen Pflichten für die Arbeitnehmer implementieren, sondern sich nur bereits bestehende Pflichten konkretisieren lassen.[63] Ein Hinweisgebersystem ließe sich z. B. nur dann auf der Grundlage des Direktionsrechts implementieren, wenn auf eine Pflicht zur Meldung von Compliance-Verstößen verzichtet wird.[64] *51*

---

62 Zu den Zielen des Richtlinien-Managements der EnBW im Einzelnen *Mössner/Reus*, in: CCZ 2013, S. 54, 55.
63 Siehe zu dieser Abgrenzung die Ausführungen unter Ziffer 3.1.
64 Vgl. *Fahrig*, in: NJOZ 2010, S. 975, 976; *Hohmuth*, in: BB 2014, S. 3061, 3063.

52 Eine weitere Möglichkeit bringt die individualvertragliche Implementierung, die insb. den Vorteil hat, dass sich hiermit auch gänzlich neue Pflichten implementieren lassen. Im Vergleich zum Direktionsrecht besteht allerdings der Nachteil, dass die Einführung, Anpassung und Änderung stets Einigkeit voraussetzt. Außerdem besteht keine Kollektivlösung, weshalb diese Möglichkeit einen hohen Verwaltungsaufwand mit sich bringt.

53 Gibt es einen Betriebsrat, kann die Implementierung einer Richtlinie des Weiteren per Betriebsvereinbarung erfolgen. Dieser Weg vereint Vorteile der beiden vorgenannten Möglichkeiten: Es besteht eine Kollektivlösung wie beim Direktionsrecht, denn Betriebsvereinbarungen werden mit dem Betriebsrat geschlossen und gelten nach § 77 Abs. 4 Satz 1 BetrVG „*unmittelbar und zwingend*"; und im Hinblick auf den Regelungsgehalt bestehen dieselben Freiheiten wie bei der individualvertraglichen Implementierung, d. h. es können auch gänzlich neue Pflichten implementiert werden. Es verbleibt allerdings der Nachteil, dass eine einseitige Anpassung oder Änderung auch in diesem Fall nicht durchführbar ist. Ferner sind die Geschäftsleitung und leitende Angestellte von der vorgenannten Kollektivlösung nicht erfasst, sodass insoweit auf eine andere Möglichkeit zurückgegriffen werden muss.[65]

54 Wie die Implementierung auf arbeitsrechtlicher Ebene im Einzelfall erfolgen soll, hängt, wie die vorgenannten Vor- und Nachteile belegen, von vielen Faktoren ab. Der für das Unternehmen einfachste Weg ist regelmäßig die Implementierung per Direktion. Daher sollte stets mit der nötigen Sorgfalt geprüft werden, ob die betreffende Richtlinie tatsächlich neue Pflichten begründet. Ist dies der Fall, kann beispielsweise erwogen werden, diese neubegründeten Pflichten, etwa die Pflicht zur Meldung von Compliance-Verstößen, zu streichen, um die betriebliche Mitbestimmung zu vermeiden. Ist die betriebliche Mitbestimmung bei der Implementierung einer Richtlinie demgegenüber als gegeben anzusehen, ist bei der Abwägung zwischen einer individualvertraglichen Implementierung und einer Betriebsvereinbarung insb. von Bedeutung, für wie viele Mitarbeiter die neue Richtlinie gilt. Soll eine neue Vertriebsrichtlinie nur für die fünf Vertriebsmitarbeiter, nicht aber für die weiteren 100 Mitarbeiter eines Unternehmens gelten, hält sich der Verwaltungsaufwand der individualvertraglichen Lösung noch in Grenzen. Denkbar ist allerdings auch, dass eine Richtlinie auf weitaus mehr Akzeptanz stößt, wenn sie gleichwohl per Betriebsvereinbarung implementiert wird. Das Argument der Akzeptanz führt nicht zuletzt dazu, dass auch dann, wenn kein betriebliches Mitbestimmungsrecht besteht, erwogen werden sollte, den Betriebsrat informell einzubeziehen, wohingegen die Implementierung auf der Grundlage von §§ 106 GewO, 315 BGB erfolgt.

5.3.2 Implementierung im Unternehmensverbund

55 Ist die Reichweite einer Richtlinie auf einen Rechtsträger beschränkt, bedarf die Implementierung in gesellschaftsrechtlicher Hinsicht nur eines bereits erwähnten Beschlusses der Geschäftsleitung oder einer per Delegation zuständigen Stelle.[66]

---

65 Vgl. *Pelz*, in: Hauschka et al., Corporate Compliance, 3. Aufl. 2016, § 20 Rn. 6.
66 Siehe hierzu unter Ziffer 5.2.6.

Soll eine Richtlinie demgegenüber für mehrere verbundene Unternehmen gelten, kann die Geschäftsleitung der (Zwischen-)Holding das nicht ohne weiteres für die Tochter- und Enkelgesellschaften mitentscheiden. Es bedarf eines Beschlusses innerhalb jedes Rechtsträgers. In aller Regel wird dies zwischen den Geschäftsleitungen der einzelnen Rechtsträger abgestimmt und erfolgt insoweit einvernehmlich. Gänzlich frei sind die Geschäftsleitungen der Tochter- und Enkelgesellschaften in ihren Entscheidungen indessen nie, da ihnen, wenn sie sich der Konzernleitung per Regelwerk widersetzen, personelle Konsequenzen drohen. Des Weiteren bestehen verschiedene Möglichkeiten der Durchsetzung, die jedoch nur in Ausnahmefällen zur Anwendung gelangen.

Durchsetzungsmöglichkeiten können in Form von gesellschafts-/konzernrechtlichen Weisungsrechten bestehen. Ferner kann mit allen Rechtsträgern des Unternehmensverbunds vereinbart werden, dass zu bestimmten Themen unternehmensweite Regelwerke erstellt werden, die umzusetzen sind. Es bietet sich an, diese Vereinbarung in derselben Gestalt zu treffen wie später die unternehmensweiten Regelwerke selbst. Inhaltlich könnte eine solche Organisationsrichtlinie neben der Umsetzungsverpflichtung auch Prozesse zur Abstimmung, Möglichkeiten der Abweichung im Einzelfall usw. festhalten, um auch in diesem Rahmen für Transparenz zu sorgen.

5.3.2.1 Umsetzung in einer Tochter-GmbH

Soll eine Richtlinie in einer Tochter-GmbH umgesetzt werden, steht der Gesellschafterversammlung, mithin der Muttergesellschaft, gemäß § 37 Abs. 1 GmbHG ein Weisungsrecht gegenüber der Geschäftsführung der Tochtergesellschaft zu. In der Praxis wird hiervon in unterschiedlichem Maße Gebrauch gemacht. Das Wissen um dieses Mittel sowie um die Möglichkeit personeller Konsequenzen reicht in aller Regel aus, um ein Regelwerk unternehmensweit zu implementieren.

56

5.3.2.2 Umsetzung in einer Tochter-AG

Soll die Richtlinie in einer Tochter-AG umgesetzt werden, kommt der Muttergesellschaft aufgrund der Unabhängigkeit des Vorstands der Tochter-AG bei der Leitung der Gesellschaft grundsätzlich kein Weisungsrecht zu. Ferner sind die personellen Konsequenzen für den Vorstand, der sich der Konzernleitung widersetzt, mediatisiert: Eine Muttergesellschaft kann den Vorstand der Tochter-AG nicht selbst abberufen. Sie ist vielmehr auf eine Mitwirkung des Aufsichtsrats der Tochter-AG angewiesen, deren Mitglieder die Muttergesellschaft allerdings in der Hauptversammlung der Tochter-AG bestellt. Aber auch hier gilt: Eine abgestimmte und einvernehmliche Umsetzung ist die Regel.

57

5.3.2.3 Umsetzung auf Basis eines Beherrschungsvertrags

Besteht ein Beherrschungsvertrag zwischen der (Zwischen-)Holding und der Tochtergesellschaft, so kommt der (Zwischen-)Holding gemäß § 308 Abs. 1 Satz 1 AktG ein Weisungsrecht zu, das insb. zur Implementierung von Richtlinien genutzt werden kann. Soweit die Geschäftsleitung der (Zwischen-)Holding Weisungen erteilt, hat sie gemäß § 309 Abs. 1 AktG *„die Sorgfalt eines ordentlichen und gewissenhaften Geschäftsleiters anzuwenden"*.

58

Demnach dürfen insb. keine rechtswidrigen Weisungen erteilt werden.[67] Wird gleichwohl eine rechtswidrige Weisung erteilt und entsteht der Tochtergesellschaft dadurch ein adäquat kausaler Schaden, so hat diese gemäß § 309 Abs. 2 AktG einen Anspruch gegen die (Zwischen-)Holding auf Ersatz dieses Schadens. Allerdings gilt auch hier, dass in aller Regel nicht auf das Instrument der Weisung zurückgegriffen werden muss, sondern in der Rechtswirklichkeit im Vorfeld eine Abstimmung erfolgt.

5.3.2.4 Internationale Umsetzung

59 Soweit eine Umsetzung in Auslandsgesellschaften nicht auf freiwilliger Basis erfolgt, ist nach ausländischem Gesellschaftsrecht zu prüfen, inwieweit Weisungen oder ähnliche Einflussmöglichkeiten bestehen oder aber personelle Konsequenzen gezogen werden können. Denn für die Beziehung zwischen einer herrschenden und einer abhängigen Gesellschaft gilt grundsätzlich das Gesellschaftsrecht der abhängigen Gesellschaft, d. h. die Gesellschafter müssen sich nach dem Recht des Staates richten, in dem sie Gesellschafter sind.[68]

5.3.2.5 Multilaterale Rahmenverträge

60 Um eine freiwillige unternehmensweite Umsetzung von Regelwerken mit standardisierten Prozessen zu verknüpfen, empfiehlt es sich, Organisationsrichtlinien zu schaffen.

5.3.3 Betriebswirtschaftliche Aspekte

61 Unternehmensinterne Regelwerke (sowie Compliance im Allgemeinen) sind auf operativen Organisationsebenen häufig der Kritik ausgesetzt, sie seien zu bürokratisch, zu umfangreich, zu kompliziert. Soweit diese Ebene nicht schon im Rahmen der Erstellung des Regelwerks einbezogen und „abgeholt" worden ist, sollte spätestens bei der Implementierung behutsam vorgegangen werden. Ein zentraler betriebswirtschaftlicher Aspekt ist z. B. die Unternehmenskultur und in diesem Rahmen der „Tone from the Top". Gemeint ist die von der Geschäftsleitung ausgehende Botschaft,[69] die sich, in betriebswirtschaftlichen Kategorien gedacht, der Personalführung oder der Unternehmenskommunikation zuordnen lässt. Das vorgenannte „Abholen" des mittleren Managements ermöglicht in diesem Sinne einen abgestimmten „Tone from the Middle", der die wirkungsvolle Implementierung unterstützt.[70]

5.3.4 Technische Aspekte

62 Nicht zu unterschätzen sind die technischen Aspekte der Umsetzung einer Richtlinie. Ist beispielsweise eine Funktionstrennung, etwa von Rechnungsprüfung und Zahlungsfreigabe, nach einem Regelwerk vorgesehen, so sollte dies in einem IT-unterstützten Prozess

---

67 Zum Meinungsstand siehe *Altmeppen*, in: MüKo, AktG, 4. Aufl. 2015, § 309 Rn. 68 ff.
68 *Altmeppen*, in: MüKo, AktG, 4. Aufl. 2015, Einl. §§ 291 ff. Rn. 39 ff.
69 Vgl. *Moosmayer*, in: Moosmayer, Compliance, 3. Aufl. 2015, Abschn. D Rn. 144.
70 Vgl. *Moosmayer*, in: Moosmayer, Compliance, 3. Aufl. 2015, Abschn. D Rn. 149.

verankert sein, der sich nicht ohne weiteres umgehen lässt. Ein weiteres Beispiel ist die Hinweisgeberrichtlinie, die nach dem aktuellen Stand der Praxis eine Telefonhotline und/oder ein (anonymes) E-Mail-Postfach vorsieht; diese technischen Aspekte sind unternehmensintern zu installieren oder aber es wird, wie bei vielen Compliance-Themen, auf externe Anbieter zurückgegriffen. Hier ist es hilfreich, wenn die juristischen Berater Erfahrung in der Zusammenarbeit mit kompetenten IT-Dienstleistern haben.

5.3.5 Organisatorische Aspekte

Abhängig von der Reichweite der Richtlinie ist diese in die jeweilige Landessprache zu übersetzen. Dies ergibt sich teilweise aus nationalem Recht einzelner Länder und im Übrigen aus der Pflicht zur sorgfältigen Organisation des Unternehmens.[71] Weiterer organisatorischer Aufwand besteht etwa hinsichtlich der Vorbereitung der Bekanntgabe, wenn dies z. B. in größerem Umfang gleichzeitig erfolgen soll. Auch Einweisungen, Schulungen und ein etwaiger Q&A-Katalog sind in dieser Phase vorzubereiten.   63

5.3.6 Bekanntmachung gegenüber den Adressaten

Sodann ist die Richtlinie bekannt zu machen. Die Art der Bekanntmachung richtet sich insb. nach der Art der arbeitsrechtlichen Implementierung. Eine auf der Grundlage des Direktionsrechts implementierte Richtlinie muss beispielsweise bekanntgemacht werden, um Geltung zu erhalten. Dies kann mit einem Aushang oder über das Intranet – nach Möglichkeit auf einer auf den einzelnen Mitarbeiter angepassten, übersichtlichen Seite – erfolgen. Die Bekanntmachung sollte nachweisbar dokumentiert werden. Auch hier hilft ein IT-basierter Prozess, etwa ein Fenster, das sich beim Starten des Computers öffnet, in dem die einzelnen Adressaten ihre Kenntnisnahme mit einem Mausklick bestätigen müssen.   64

Betriebsvereinbarungen bedürfen für ihre Geltung keiner Bekanntmachung. Allerdings besteht die Ordnungsvorschrift des § 77 Abs. 2 Satz 3 BetrVG. Demnach hat der Arbeitgeber Betriebsvereinbarungen an geeigneter Stelle, d. h. so auszulegen, dass alle Arbeitnehmer ohne Schwierigkeiten Kenntnis über den Inhalt erhalten können.[72]   65

Bei einer individualvertraglichen Implementierung erfolgt die Kenntniserlangung durch den einzelnen Arbeitnehmer in aller Regel im Rahmen des Vertragsschlusses. Soweit zulässigerweise mit einer dynamischen Bezugnahme-Klausel auf die jeweilige Fassung einer Richtlinie gearbeitet wird,[73] bedarf es einer Bekanntmachung wie im Fall der Implementierung per Direktionsrecht, sodass insoweit auf die obigen Ausführungen verwiesen werden kann.   66

---

71 Vgl. etwa § 93 Abs. 1 Satz 1 AktG und § 43 Abs. 1 GmbHG.
72 *Kania*, in: EK ArbR, 18. Aufl. 2018, § 77 BetrVG Rn. 23.
73 Siehe dazu BAG, Urt. v. 11.02.2009 – 10 AZR 222/08, in: NZA 2009, S. 428 ff.

5.3.7 Einweisung, Schulungen, Q&A

67 Ist das Regelwerk bekannt gemacht und in Kraft getreten, folgen Einweisungen und Schulungen. Ferner ist der ggf. veröffentlichte Q&A-Katalog laufend zu aktualisieren.

5.4 Verwaltung der Richtlinien

68 Ist eine Richtlinie einmal in Kraft getreten, bedeutet dies nicht, dass die Arbeit damit getan ist. Es sollte regelmäßig geprüft werden, ob eine Aktualisierung erforderlich ist. Je nach Regelungsgegenstand erscheint (vorbehaltlich besonderer Vorkommnisse) eine Überprüfung im Ein- bis Drei-Jahres-Turnus durch das oben erwähnte Regelungs- oder Richtlinienmanagement als sachgerecht. Dieser Turnus sollte in der einzelnen Richtlinie oder aber in der oben erwähnten Organisationsrichtlinie festgelegt sein.

Um einen Anreiz bzw. eine gewisse Kontrolle zu schaffen, könnte die Geltung auch von Beginn an auf drei Jahre beschränkt sein; die erlassende Stelle wäre gezwungen, sich mit der Richtlinie wenigstens alle drei Jahre zu befassen.[74]

Weitere Aspekte der Verwaltung von Richtlinien bestehen z. B. in dem laufenden Abgleich mit weiteren neuen oder erneuerten Richtlinien, in der laufenden redaktionellen Anpassung, wenn sich z. B. Bezeichnungen der Abteilungen ändern, oder in der Beantwortung einzelner Anfragen, da diese Abteilung naturgemäß einen Überblick über die gesamte unternehmensinterne Regelungslandschaft hat.

6 Ergebnis und Ausblick

69 Die Bedeutung von sowie die Anforderungen an Compliance- und Unternehmensrichtlinien nehmen stetig zu. Mehrere risikobasiert erlassene und aufeinander abgestimmte Compliance-Richtlinien können sich zu einem effizienten Compliance-Management-System verdichten. Idealerweise werden solche Richtlinien nicht nur in die bestehende Aufbau- und Ablauforganisation und die Unternehmensprozesse eingebettet, sondern auch mit Funktionen wie dem Risikomanagement oder einer Revision verzahnt. Nachdem mit den letzten Änderungen des Deutschen Corporate Governance Kodex die Bedeutung eines Compliance-Management-Systems weiter betont und einzelne Compliance-Maßnahmen herausgestellt wurden, hat der Bundesgerichtshof jüngst entschieden, dass ein effizientes Compliance-Management auch bei der Bußgeldbemessung durchaus von Bedeutung ist.[75] Ein solches ist ohne angemessene und gut implementierte Compliance- und Unternehmensrichtlinien kaum denkbar. Diese können somit nicht nur zu einer effizienten Unternehmensorganisation, sondern auch zur Etablierung und Stärkung der gewünschten Unternehmenskultur und letztlich zur Verringerung von Haftungsrisiken für das Unternehmen, die Mitglieder der Organe und die Mitarbeiter auf allen Organisationsebenen beitragen.

---

74 Siehe zu diesem Vorschlag *Stork*, in: CB 2013, S. 89, 93.
75 Vgl. BGH, Urt. v. 09.05.2017 – 1 StR 265/16, BeckRS 2017, 114578.

7 Literaturverzeichnis

Altmeppen, in: Goette et al. (Hrsg.): Münchener Kommentar zum Aktiengesetz, München, 4. Aufl. 2015.

Benkert: Einführung eines Code of Conduct, in: Schulz (Hrsg.): Compliance-Management im Unternehmen, Frankfurt am Main 2017, S. 51–68.

Borgmann: Ethikrichtlinien und Arbeitsrecht, in: Neue Zeitschrift für Arbeitsrecht (NZA) 2003, S. 352–357.

Bunz: Vorbereitungs- und Reaktionsmöglichkeiten börsennotierter Unternehmen auf Shareholder Activism, in: Neue Zeitschrift für Gesellschaftsrecht (NZG) 2014, S. 1049–1053.

Ebers/Gotsch: Institutionenökonomische Theorien der Organisation, in: Kieser/Ebers (Hrsg.): Organisationstheorien, Stuttgart, 7. Aufl. 2014, S. 195–255.

Fahrig: Verhaltenskodex und Whistleblowing im Arbeitsrecht, in: Neue Juristische Online-Zeitschrift (NJOZ) 2010, S 975–979.

Gaul/Ludwig: Compliance und arbeitsrechtliche Implementierung, in: Renz/Hense (Hrsg.): Organisation der Wertpapier-Compliance-Funktion, Berlin 2012, S. 207–268.

Graßl/Nikoleyczik: Shareholder Activism und Investor Activism, in: Die Aktiengesellschaft (AG) 2017, S. 49–60.

Hohmuth: Die arbeitsrechtliche Implementierung von Compliance-Pflichten, in: Betriebs Berater (BB) 2014, S. 3061–3066.

Kania, in: Müller-Glöge et al. (Hrsg.): Erfurter Kommentar zum Arbeitsrecht, München, 18. Aufl. 2018.

Koch, in: Hüffer/Koch (Hrsg.): Aktiengesetz, München, 13. Aufl. 2018.

Krause: Kapitalmarktrechtliche Compliance: neue Pflichten und drastisch verschärfte Sanktionen nach der EU-Marktmissbrauchsverordnung, in: Corporate Compliance Zeitschrift (CCZ) 2014, S. 248–260.

Leible: Systematische Darstellung 2, in: Michalski et al. (Hrsg.): Kommentar zum Gesetz betreffend die Gesellschaften mit beschränkter Haftung (GmbH-Gesetz), München, 3. Aufl. 2017, Band 1.

Mengel: § 39. Arbeitsrechtliche Implementierung und Durchsetzung von Compliance-Systemen und Ethikregeln im Unternehmen, in: Hauschka et al. (Hrsg.): Corporate Compliance, München, 3. Aufl. 2016, S. 1228–1270.

Moosmayer, in: Moosmayer, Compliance, München, 3. Aufl. 2015.

Mössner/Reus: Praxisbeitrag: Richtlinien-Management als wichtige Aufgabe der Compliance, in: Corporate Compliance Zeitschrift (CCZ) 2013, S. 54–60.

Pauthner/Stephan: § 16. Compliance-Management-Systeme für Unternehmensrisiken im Wirtschaftsstrafrecht, in: Hauschka et al. (Hrsg.): Corporate Compliance, München, 3. Aufl. 2016, S. 404–456.

Pelz: § 20. Personalorganisation und Arbeitsstrafrecht, in: Hauschka et al. (Hrsg.): Corporate Compliance, München, 3. Aufl. 2016, S. 547–578.

Racky/Fehn-Claus: Aufbau einer kapitalmarktbezogenen Compliance-Organisation bei Emittenten, in: Szesny/Kuthe (Hrsg.): Kapitalmarkt Compliance, Heidelberg, 1. Aufl. 2014, S. 31–53.

Reinhard: Mitbestimmungsrechte des Betriebsrats bei der Implementierung von Unternehmens-, insb. Verhaltensrichtlinien, in: Neue Zeitschrift für Arbeitsrecht (NZA) 2016, S. 1233–1241.

Rubner/Pospiech: Die EU-Marktmissbrauchsverordnung – verschärfte Anforderungen an die kapitalmarktrechtliche Compliance auch für den Freiverkehr, in: Gesellschafts- und Wirtschaftsrecht (GWR) 2016, S. 228–230.

Schockenhoff/Culmann: Rechtsschutz gegen Leerverkäufer?, in: Die Aktiengesellschaft (AG) 2016, S. 517–529.

Schreiber: Implementierung von Compliance-Richtlinien, in: NZA-Rechtsprechungs-Report Arbeitsrecht (NZA-RR) 2010, S. 617–623.

Stork: Step-by-step: Die Einführung von Richtlinien im Unternehmen, in: Compliance Berater (CB) 2013, S. 89–93.

Strehle: § 58. Öffentliche Übernahmen aus Sicht der Zielgesellschaft, in: Meyer-Sparenberg/Jäckle (Hrsg.): Beck'sches M&A-Handbuch, München, 1. Aufl. 2017, S. 1273–1305.

v. Falkenhausen: Unternehmensprophylaxe – Die Pflichten des Vorstands der Zielgesellschaft, in: Neue Zeitschrift für Gesellschaftsrecht (NZG) 2007, S. 97–100.

Wendel: Kapitalmarkt Compliance in der Praxis – Anforderungen an die Organisation in börsennotierten Unternehmen zur Erfüllung insiderrechtlicher Pflichten, in: Corporate Compliance Zeitschrift (CCZ) 2008, S. 41–49.

Werner, in: Rolfs et al. (Hrsg.): BeckOK Arbeitsrecht, München, 48. Edition, Stand: 01.06.2018.

II.D.2

Antikorruptions-Compliance für Banken

Dr. David Pasewaldt

Inhaltsübersicht

1	Einleitung	1
2	Rechtliche Grundlagen	2
3	Straftatbestände zu Zuwendungen an Amtsträger (§§ 331 ff. StGB)	3–35
3.1	§§ 331 und 333 StGB (Vorteilsannahme und Vorteilsgewährung)	7–26
3.2	§§ 332 und 334 StGB (Bestechlichkeit und Bestechung)	27–31
3.3	Zuwendungen an ausländische Amtsträger	32–35
4	Bestechlichkeit und Bestechung von Mandatsträgern (§ 108e StGB)	36–40
5	Bestechlichkeit und Bestechung im geschäftlichen Verkehr (§ 299 StGB)	41–49
5.1	Angestellter oder Beauftragter	44
5.2	Sozialadäquanz	45–46
5.3	Unrechtsvereinbarung	47
5.4	Keine Rechtfertigung durch Geschäftsherrengenehmigung	48–49
6	Bestechlichkeit und Bestechung im Gesundheitswesen (§§ 299a, 299b StGB)	50
7	Begünstigungen von Mitgliedern von Betriebsverfassungsorganen (§ 119 Abs. 1 Nr. 3 BetrVG)	51–55
8	Besondere Regeln zur Annahme von Vorteilen im Arbeits-, Dienst- und Wertpapierhandelsrecht	56–58
9	Steuerliche Aspekte bei Zuwendungen	59–60
10	Korruptionsstraftaten als Vortaten für Geldwäsche	61
11	Richtlinien und Best Practice	62–67
12	Literaturverzeichnis	

1 Einleitung

Geschenke, Einladungen und Bewirtungen sind in der Finanzbranche ebenso weit verbreitet wie in der Industrie und anderen Sektoren des Wirtschaftslebens. Sie können einer Pflege bestehender Kontakte oder einer Anbahnung neuer Geschäftsbeziehungen dienen und in rechtlicher Hinsicht zulässig sein. Vor dem Hintergrund einer zunehmenden **Verschärfung des deutschen Korruptionsstrafrechts**,[1] einer andauernd strikten Verfolgungspraxis deutscher Behörden und Gerichte auch im Bankensektor und der unter bestimmten Voraussetzungen auch für deutsche Banken, Finanzinstitute und für sie handelnde Einzelpersonen geltenden Korruptionsgesetze ausländischer Staaten – namentlich der US-amerikanische **Foreign Corrupt Practices Act (FCPA)** von 1977 und der britische **UK Bribery Act** von 2010 –, können sich Geschenke, Einladungen und Bewirtungen mitunter aber auch als Fallstricke erweisen und entsprechende Vorwürfe nach sich ziehen.

Eine besondere Unsicherheit existiert dabei im Bereich der öffentlichen Verwaltung, zu deren Vertretern in der Finanzwelt häufig Kontakt besteht. Zurückzuführen ist diese Unsicherheit zum einen auf die – im Vergleich zur Privatwirtschaft vergleichsweise – niedrige Schwelle zur Strafbarkeit, denn auf dem Gebiet des öffentlichen Sektors kann bereits das bloße Gewähren (Anbieten oder Versprechen) oder Annehmen (Fordern oder Sichversprechenlassen) einer Zuwendung eine Strafbarkeit wegen Vorteilsgewährung (§ 333 StGB) und Vorteilsannahme (§ 331 StGB) begründen; eine Verständigung zwischen dem Gebenden und dem Nehmenden in dem Sinne, dass die Gewährung der Zuwendung im Gegenzug für eine (pflichtwidrige) Diensthandlung des Nehmenden erfolgt (sog. Unrechtsvereinbarung), ist darüber hinaus nicht erforderlich. Zum anderen weisen die Begriffe des (Europäischen) „Amtsträgers" und des „für den öffentlichen Dienst besonders Verpflichteten", die den Anwendungsbereich dieser Straftatbestände eröffnen, sowie deren Auslegung durch Behörden und Gerichte keine hinreichenden Konturen auf, um eine Einordnung in der Praxis in jedem Fall zweifelsfrei zu ermöglichen. Und schließlich geben weder das Gesetz noch die Rechtsprechung einheitliche Wertgrenzen für Geschenke und Einladungen vor, bei deren Beachtung ein Risiko von Vorwürfen sicher ausgeschlossen werden könnte. Diese Unwägbarkeiten betreffen sowohl Kreditinstitute, die selbst der öffentlichen Verwaltung angehören (etwa Sparkassen und Landesbanken) als auch die öffentliche Hand als Bezieher von Finanzdienstleistungen: Bund, Länder und Kommunen treten als Kreditnehmer auf, kommunale Unternehmen organisieren sich durch öffentlich-private Partnerschaften (Public Private Partnerships), berufsständische Versorgungswerke suchen Anlagemöglichkeiten für die durch sie verwalteten Beiträge ihrer Mitglieder. Hinzukommen ausländi-

---

1 Zuletzt etwa durch das zum 01.09.2014 in Kraft getretene 48. Strafrechtsänderungsgesetz (BGBl. 2014 I, S. 410 ff.), mit dem insb. die Strafbarkeit wegen Abgeordnetenbestechung (§ 108e StGB) ausgedehnt wurde, das am 26.11.2015 in Kraft getretene Gesetz zur Bekämpfung der Korruption (BGBl. 2015 I, S. 2025 ff.), mit dem eine Ausdehnung der Strafbarkeit wegen Bestechlichkeit und Bestechung im geschäftlichen Verkehr (§ 299 StGB) und eine Ausweitung der Vorschriften zur Amtsträgerkorruption (§§ 331 ff. StGB) einhergingen, sowie das am 04.06.2016 in Kraft getretene Gesetz zur Bekämpfung der Korruption im Gesundheitswesen (BGBl. 2016 I, S. 1254 ff.), mit dem neue Straftatbestände zur Bestechung und Bestechlichkeit im Gesundheitswesen (§§ 299a, 299b StGB) neu in das StGB aufgenommen wurden. Siehe dazu auch das Kapitel I.9 „Strafrechtliche Aspekte der Compliance in Kreditinstituten" von Jürgen Wessing, Heiner Hugger, Heiko Ahlbrecht und David Pasewaldt in diesem Buch.

sche Staatsfonds und Kreditinstitute, denen in der Finanzkrise ab dem Jahr 2007 staatliche Hilfe gewährt wurde und an denen der Bund seither beteiligt ist. In all diesen Fällen kann ein in der Privatwirtschaft weit verbreitetes „Marketing", namentlich Einladungen zu Essen oder Veranstaltungen, eine Übernahme von Reisekosten, Geschenke, Sponsoring oder eine entgeltliche Beratung außerhalb der dienstlichen Aufgabenstellung schnell zu Korruptionsvorwürfen führen. Entsprechende Ermittlungsverfahren, die für die betroffenen Institute häufig mit Durchsuchungen und Berichterstattungen in der Presse einhergehen, und im schlimmsten Fall mit Anklagen und öffentlichen Hauptverhandlungen gegen involvierte Einzelpersonen enden, sind in der Praxis keine Seltenheit mehr.

Abseits des öffentlichen Sektors, also beim Umgang zwischen Vertretern nichtöffentlicher Finanzinstitute mit anderen Vertretern aus der Privatwirtschaft, ist das Risiko strafrechtlicher Vorwürfe zwar geringer. Denn die hier insb. geltenden Tatbestände der Bestechlichkeit und Bestechung im geschäftlichen Verkehr (§ 299 StGB) erfordern stets eine Verständigung (Unrechtsvereinbarung) zwischen dem Gebenden und Nehmenden in dem Sinne, dass die Zuwendung im Gegenzug für eine unlautere Bevorzugung im Wettbewerb oder für eine Pflichtverletzung des Nehmers gegenüber seinem Anstellungsunternehmen erfolgen soll. Zudem legen Behörden und Gerichte im privaten Sektor bei der Bewertung „sozialadäquater" – und somit korruptionsstrafrechtlich nicht zu beanstandender – Zuwendungen tendenziell einen großzügigeren Maßstab an als auf dem Gebiet der öffentlichen Verwaltung. Gleichwohl drohen auch hier Korruptionsvorwürfe und Ermittlungsverfahren, die für betroffene Finanzinstitute ebenfalls die genannten negativen Folgen mit sich bringen können.

Dieses Kapitel gibt einen Überblick über im Rahmen einer Antikorruptions-Compliance von Banken zu berücksichtigte Vorschriften unter Beachtung der zu ihnen ergangenen Rechtsprechung. Zudem werden Hinweise zur Umsetzung dieser rechtlichen Vorgaben in der Praxis gegeben.

2 Rechtliche Grundlagen

2   Die rechtlichen Grundlagen zu Zuwendungen folgen aus unterschiedlichen Teilen der Rechtsordnung, namentlich dem Strafrecht, dem öffentlichen Dienstrecht, dem Arbeitsrecht sowie dem Einkommens- und Sozialversicherungsrecht. In diesen Rechtsgebieten existieren insb. folgende Verbotstatbestände mit unterschiedlichen Anwendungsbereichen und unterschiedlicher Reichweite:

- Straftatbestände zu Zuwendungen an **Amtsträger** (§§ 331 ff. StGB) (dazu nachstehend 3);
- Bestechlichkeit und Bestechung von **Mandatsträgern** (§ 108e StGB) (dazu nachstehend 4);
- Bestechlichkeit und Bestechung im **geschäftlichen Verkehr** (§ 299 StGB) (dazu nachstehend 5);
- Bestechlichkeit und Bestechung im **Gesundheitswesen** (§§ 299a, 299b StGB) (dazu nachstehend 6);
- Begünstigung von **Betriebsratsmitgliedern** (§ 119 Abs. 1 Nr. 3 Var. 2 BetrVG) (dazu nachstehend 7).

Die Voraussetzungen und Rechtsfolgen dieser Tatbestände werden nachfolgende dargestellt.

3 Straftatbestände zu Zuwendungen an Amtsträger (§§ 331 ff. StGB)

Die Straftatbestände zu Zuwendungen im öffentlichen Sektor, also insb. an Amtsträger, sind in den §§ 331 ff. StGB geregelt. Diese Tatbestände dienen dem Schutz der Lauterkeit des öffentlichen Dienstes und des Vertrauens der Allgemeinheit in diese Lauterkeit.[2]

Die §§ 331 ff. StGB differenzieren zwischen **aktiven und passiven Tatbeständen**:
- Die §§ 331 (Vorteilsannahme) und 332 StGB (Bestechlichkeit) enthalten die passiven Tatbestände zur strafrechtlichen Haftung insb. von Amtsträgern für das Fordern, Sichversprechenlassen und Annehmen von Vorteilen.
- Die §§ 333 (Vorteilsgewährung) und 334 StGB (Bestechung) enthalten die aktiven Tatbestände zur strafrechtlichen Haftung jeglicher natürlicher Personen für das Anbieten, Versprechen und Gewähren von Vorteilen insb. an Amtsträger.

Bei den §§ 331 und 332 StGB handelt es sich um **Sonderdelikte**, da sie nur von Personen begangen werden können, die zum Tatzeitpunkt eine Stellung insb. als Amtsträger innehaben.[3] Die §§ 333 und 334 StGB sind demgegenüber sog. **Jedermannsdelikte**, die jede natürliche Person begehen kann; nur der Begünstigte muss jeweils die Sondereigenschaft (insb. als Amtsträger) aufweisen.[4]

Die §§ 331 und 333 StGB enthalten die **Grundtatbestände** mit niedrigeren Strafandrohungen, nämlich die Tatbestände des Gewährens und der Annahme von (unzulässigen) Vorteilen (siehe nachstehend 3.1). Die §§ 332 und 334 StGB enthalten hingegen **Qualifikationstatbestände** zu diesen Grundtatbeständen mit höheren Strafandrohungen, nämlich die Tatbestände der Bestechlichkeit und Bestechung (siehe nachstehend 3.2).

3.1 §§ 331 und 333 StGB (Vorteilsannahme und Vorteilsgewährung)

Nach § 333 Abs. 1 StGB macht sich eine natürliche Person wegen des aktiven Tatbestands der **Vorteilsgewährung** strafbar, die insb. einem (Europäischen) Amtsträger für die Dienstausübung einen (unzulässigen) Vorteil für diesen oder einen Dritten anbietet, verspricht oder gewährt. Das angedrohte Strafmaß beträgt in diesen Fällen Freiheitsstrafe bis zu drei Jahre oder Geldstrafe.

Nach § 331 Abs. 1 StGB macht sich insb. ein (Europäischer) Amtsträger wegen des passiven Tatbestands der **Vorteilsannahme** strafbar, der für die Dienstausübung einen (unzulässigen) Vorteil für sich oder einen Dritten fordert, sich versprechen lässt oder annimmt. Das

---

2 BGHSt 10, 241; 15, 96 f.; 39, 45 f.; 47, 22, 25; *Korte*, in: Münchener Kommentar zum StGB, § 331 Rn. 7; *Fischer*, in: StGB, § 331 Rn. 2 m. w. N.
3 *Heger*, in: Lackner/Kühl, StGB. § 331 Rn 2; *Fischer*, in: StGB, § 331 Rn. 4 und § 332 Rn. 2, jeweils m. w. N.
4 *Korte*, in: Münchener Kommentar zum StGB, § 333 Rn. 6; *Fischer*, in: StGB, § 333 Rn. 2 und § 334 Rn. 2.

angedrohte Strafmaß beträgt in diesen Fällen ebenfalls Freiheitsstrafe bis zu drei Jahre oder Geldstrafe.

3.1.1 Amtsträger

8   Der Begriff „Amtsträger" wird im deutschen Korruptionsstrafrecht weit verstanden. Gemäß der **Legaldefinition in § 11 Abs. 1 Nr. 2 StGB** umfasst er jede Person, die nach deutschem Recht
 – Beamter oder Richter ist (Buchst. a),
 – in einem sonstigen öffentlich-rechtlichen Amtsverhältnis steht (Buchst. b) oder
 – sonst dazu bestellt ist, bei einer Behörde oder bei einer sonstigen Stelle oder in deren Auftrag Aufgaben der öffentlichen Verwaltung unbeschadet der zur Aufgabenerfüllung gewählten Organisationsform wahrzunehmen (Buchst. c).

In der Praxis bereitet dieses **weite Begriffsverständnis** mitunter Schwierigkeiten bei der Abgrenzung zwischen Zuwendungen an Vertreter der öffentlichen Verwaltung, mit den zu ihnen geltenden strengeren Vorschriften insb. der Vorteilsgewährung (§ 333 StGB) und Vorteilsannahme (§ 331 StGB), und Vertretern der Privatwirtschaft, mit den für sie geltenden – weniger strengen – Vorschriften der §§ 299 ff. StGB (dazu nachstehend 5).[5]

9   Beispiele für Amtsträger aufgrund eines „sonstigen öffentlich-rechtlichen Amtsverhältnisses" (i. S. v. § 11 Abs. 1 Nr. 2 Buchst. b StGB) sind:
 – Notare;[6]
 – Minister der Bundesregierung und der Landesregierungen;[7]
 – Parlamentarische Staatssekretäre.[8]

10 Mitunter herausfordernd ist demgegenüber die Einordnung von Personen, die sonst dazu bestellt sind, „bei einer Behörde oder bei einer sonstigen Stelle oder in deren Auftrag Aufgaben der öffentlichen Verwaltung unbeschadet der zur Aufgabenerfüllung gewählten Organisationsform wahrzunehmen" (i. S. v. § 11 Abs. 1 Nr. 2 Buchst. c). Darunter können zunächst Angestellte von rechtsfähigen **Körperschaften und Anstalten des öffentlichen Rechts** fallen, wie etwa:

---

5   *Rönnau*, in: Achenbach/Ransiek/Rönnau, Handbuch Wirtschaftsstrafrecht, Teil 3, Kap. 2, Rn. 11.
6   § 1 Bundesnotarordnung (BNotO) („Als unabhängige Träger eines öffentlichen Amtes werden […] in den Ländern Notare bestellt."); *Fischer*, in: StGB, § 11 Rn. 16.
7   § 1 Bundesministergesetz (BminG) („Die Mitglieder der Bundesregierung stehen nach Maßgabe dieses Gesetzes zum Bund in einem öffentlich-rechtlichen Amtsverhältnis."), § 1 Ministergesetz Baden-Württemberg („Die Mitglieder der Regierung stehen nach Maßgabe dieses Gesetzes zum Land in einem öffentlich-rechtlichen Amtsverhältnis."); siehe auch *Fischer*, in: StGB, § 11 Rn. 16.
8   § 1 Abs. 3 Gesetz über die Rechtsverhältnisse der Parlamentarischen Staatssekretäre (ParlStG) („Die Parlamentarischen Staatssekretäre stehen nach Maßgabe dieses Gesetzes zum Bund in einem öffentlich-rechtlichen Amtsverhältnis."); *Fischer*, in: StGB, § 11 Rn. 16.

- öffentliche Sparkassen;[9]
- Landesbanken (als Sparkassenzentral-, Staats- und Kommunalbanken);[10]
- Bundesanstalt für Finanzdienstleistungsaufsicht (BaFin);[11]
- Kreise und Gemeinden;[12]
- gesetzliche Krankenkassen;[13]
- berufsständische Versorgungswerke;[14]
- öffentlich-rechtliche Rundfunkanstalten;[15]
- Krankenhäuser.[16]

Darüber hinaus wird die Schwelle des Amtsträgerbegriffs in der Praxis vor allem dort häufig überschritten, wo die öffentliche Verwaltung die Erfüllung ihrer Aufgaben der öffentlichen Daseinsvorsorge an **privatrechtliche Unternehmen** delegiert hat. Beispiele hierfür sind die zahlreichen kommunalen Versorgungs-, Entsorgungs- und Verkehrsbetriebe, die oft in der Rechtsform einer GmbH oder AG organisiert sind. Ob Vertreter solcher Privatrechtssubjekte als Amtsträger zu qualifizieren sind, hängt nach ständiger Rechtsprechung des Bundesgerichtshofs (BGH) insb. davon ab, ob das betreffende Unternehmen bei einer Gesamtbetrachtung als „verlängerter Arm des Staates" erscheint.[17] Selbst eine Alleininhaberschaft der öffentlichen Hand soll dafür aber nicht ausreichen. Vielmehr muss das privatrechtliche Unternehmen organisatorisch an eine Behörde angebunden sein (etwa durch einen entsprechenden Vertrag) und muss die Tätigkeit inhaltlich mit typischerweise behördlicher Tätigkeit vergleichbar sein. Maßgeblich für die Beurteilung soll dabei auch sein, wie das Unternehmen „in der Öffentlichkeit wahrgenommen wird".[18] Eine **Ähnlichkeit mit einer behördlichen Tätigkeit** ist von der Rechtsprechung bisher namentlich wegen folgender Anhaltspunkte bejaht worden:

11

---

9   BGHSt 31, 264, 271 („die Tätigkeit der öffentlichen Sparkassen [ist] aus der Staatsgewalt abgeleitet [...] und [dient] staatlichen Zwecken", was sich „aus dem öffentlichen Auftrag [ergebe], den den Sparkassen erteilt ist und der vornehmlich darin [bestehe], den Sparsinn zu fördern und zur sicheren Anlage von Ersparnissen und anderen Geldern Gelegenheit zu geben"); siehe auch *Fischer*, in: StGB, § 11 Rn. 22b.
10 BGHSt 31, 264, 271; OLG Hamm NJW 1981, 694; *Fischer*, in: StGB, § 11 Rn. 22b.
11 Vgl. dazu BGH Beschluss v. 14.06.2016 (VI ZR 327/15), Rn. 19 (zitiert nach Juris); siehe auch *Saliger,* in: Kindhäuser, StGB, § 11 Rn. 29.
12 BGH NJW 2016, 1398, 1399 ff. (zum Angestellten eines städtischen Schulamts); siehe auch BGH NStZ-RR 2007, 309, 310 (zum Angestellten eines städtischen Tiefbauamts).
13 BGH NJW 2012, 2530, 2531; dazu *Sahan*, in: ZIS 2012, S. 386 ff.
14 BGHSt 54, 39 (Versorgungswerk für Rechtsanwälte als Körperschaft des öffentlichen Rechts); *Fischer*, in: StGB, § 11 Rn. 19a und 22b.
15 BGHSt 54, 202; *Radtke*, in: Münchener Kommentar zum StGB, § 11 Rn. 70; *Fischer*, in: StGB, § 11 Rn. 19a m.w.N.
16 OLG Karlsruhe NJW 1983, 352; *Fischer*, in: StGB, § 11 Rn. 19a.
17 BGHSt 43, 370; 45, 16, 19; 46, 310, 312 f.; 49, 214, 219; 50, 299, 303; *Fischer*, in: StGB, § 11 Rn. 22a m.w.N.
18 BGHSt 49, 214, 217.

- soziale Zielsetzung im Gesellschaftsvertrag;[19]
- finanzielle Abhängigkeit von staatlichen Zuwendungen („notorisch defizitär");[20]
- staatliche Steuerungsmöglichkeit (insb. bei personeller Vertretung von Ministerien in Verwaltungsrat von Banken[21] und staatlichen Einzelvorgaben für die Geschäftsführung[22]);
- monopolartige Stellung (Unternehmen tritt gegenüber Bürgern zumindest „faktisch monopolartig" auf[23]);
- Anschluss- und Benutzungszwang für Abnehmer;[24]
- Zwangsmitgliedschaft.[25]

Hingegen sprechen nach der Rechtsprechung u. a. folgende **Anhaltspunkte gegen die Ähnlichkeit mit einer behördlichen Tätigkeit**:
- Wettbewerb mit anderen privaten Unternehmen;[26]
- Sperrminorität eines privaten Gesellschafters an dem Unternehmen;[27]
- Verzicht der öffentlichen Hand auf einen Beherrschungsvertrag zugunsten lediglich einer Aktionärsstellung samt entsprechender Mitwirkungsrechte.[28]

12 Keine Amtsträger sind hingegen Abgeordnete von Volksvertretungen des Bundes, der Länder, Gemeinden und Gemeindeverbände. Für Sie gilt vielmehr der Tatbestand der Bestechlichkeit und Bestechung von Mandatsträgern nach § 108e StGB (dazu nachstehend 4). Nach der Rechtsprechung werden kommunale Mandatsträger nur dann zu Amtsträgern, wenn sie über die politische Willensbildung hinaus konkrete Verwaltungsfunktionen ausüben.[29] Nicht unter den Amtsträgerbegriff fallen ferner Beschäftigte kirchlicher Stellen und Religionsgemeinschaften[30] sowie Soldaten der Bundeswehr.[31]

13 Für den Zuwendenden ist es also – vor allem bei Geschenken und Einladungen an Vertreter privatwirtschaftlicher Unternehmen – oft nicht ohne weiteres erkennbar, ob er es mit einem Amtsträger im Sinne des deutschen Korruptionsstrafrechts zu tun hat. Vor diesem Hintergrund sollten Mitarbeiter in entsprechenden Richtlinien angehalten werden, in Zweifelsfäl-

---

19 BGHSt 43, 370, 375; NJW 2001, 3062, 3064 (Treuhand Liegenschaftsgesellschaft).
20 BGHSt 45, 16, 19 (Flughafen Frankfurt); OLG Düsseldorf CCZ 2008, 76, 77 (Rheinbahn).
21 BGHSt 53, 6.
22 BGH NJW 2001, 3062, 3064.
23 BGHSt 53, 6 ff.; 56, 97 ff.
24 BGH NStZ 2004, 380, 381, mit Anm. *Krehl*, in: StV 2005, S. 325 ff.
25 BGH NJW 2009, 3248, 3249 (Versorgungswerk).
26 BGHSt 45, 16, 19 (Flughafen Frankfurt); siehe auch *Bauer*, in: HRRS 2011, S. 410 ff.
27 BGHSt 50, 299, 303 ff. („Kölner Müllskandal"); *Fischer*, in: StGB, § 11 Rn. 23.
28 BGHSt 49, 214 ff. (Deutsche Bahn).
29 BGH NJW 2006, 2050, 2054; *Radtke*, in: Münchener Kommentar zum StGB, § 11 Rn. 82; *Fischer*, in: StGB, § 11 Rn. 16.
30 BGHSt 37, 191, 193; *Radtke*, in: Münchener Kommentar zum StGB, § 11 Rn. 65; *Fischer*, in: StGB, § 11 Rn. 19a und 23c.
31 *Fischer*, in: StGB, § 11 Rn. 23c; siehe aber § 48 Abs. 1 Wehrstrafgesetz (WStG) („Für die Anwendung der Vorschriften des Strafgesetzbuches über [...] Vorteilsannahme und Bestechlichkeit [...] stehen den Offizieren und Unteroffizieren den Amtsträgern und ihr Wehrdienst dem Amt gleich.").

len die Rechts- oder Compliance-Abteilung einzubinden, damit dort eine Einschätzung vorgenommen werden kann.

3.1.2 Europäische Amtsträger

Nach der am 26.11.2015 durch das Gesetz zur Bekämpfung der Korruption[32] in Kraft getretenen Neuregelung erfassen die §§ 331 ff. StGB neben „Amtsträgern" nun jeweils ausdrücklich auch **„Europäische Amtsträger"**. Zudem enthält **§ 11 Abs. 1 Nr. 2a StGB** seither eine Legaldefinition des Begriffs des „Europäischen Amtsträgers", der neben Mitgliedern von Institutionen und Organen der Europäischen Union – etwa der Europäischen Kommission und der Europäischen Zentralbank – u. a. Beamte und sonstige Bedienstete der Europäischen Union sowie Personen umfasst, die mit der Wahrnehmung von Aufgaben der Europäischen Union beauftragt sind.[33]

14

Mit diesen Änderungen wurden die früheren Regelungen des **EU-Bestechungsgesetz**es[34] (EUBestG) zur Gleichstellung insb. von Beamten und sonstigen Bediensteten der Europäischen Union mit Amtsträgern „nach deutschem Recht" in das StGB überführt. Doch gehen diese Änderungen über das EUBestG hinaus, da eine Gleichstellung seither nicht mehr nur für die qualifizierten Tatbestände der Bestechung (§ 334 StGB) und Bestechlichkeit (§ 332 StGB) gelten, sondern auch für die Grundtatbestände der Vorteilsgewährung (§ 333 StGB) und Vorteilsannahme (§ 331 StGB).

3.1.3 Vorteil

Das deutsche Korruptionsstrafrecht geht zudem von einem **weiten Begriff** eines „Vorteils" aus. Als solcher gilt jede Leistung des Zuwendenden, die den Amtsträger oder einen Dritten **materiell oder immateriell** in seiner wirtschaftlichen, rechtlichen oder auch nur persönlichen Lage objektiv besserstellt und auf die er keinen begründeten Anspruch hat.[35]

15

Einen Vorteil können grundsätzlich also insb. Geschenke, Bewirtungen und Einladungen zu Veranstaltungen darstellen.[36] Solche materiellen Vorteile sind in der Praxis besonders relevant. Allerdings kann ein Vorteil auch in dem Abschluss eines Beratervertrags oder eines Vertrags über den Austausch sonstiger Dienstleistungen bestehen (und zwar insb. selbst dann, wenn die vereinbarten gegenseitigen Leistungen gleichwertig sind[37]). Ferner ist von der Rechtsprechung auch schon bei immateriellen Zuwendungen wie der Befriedi-

---

[32] Gesetz zur Bekämpfung der Korruption v. 20.11.2015, BGBl. 2015 I, 2025 ff.
[33] Dazu etwa *Radtke*, in: Münchener Kommentar zum StGB, § 11 Rn. 106; *Fischer*, in: StGB, § 11 Rn. 24.
[34] Gesetz zu dem Protokoll v. 27.09.1996 zum Übereinkommen über den Schutz der finanziellen Interessen der Europäischen Gemeinschaften (EU-Bestechungsgesetz – EUBestG) v. 10.09.1998 (BGBl. 1998 II, S. 2340 ff.).
[35] BGHSt 47, S. 295 ff; *Fischer*, in: StGB, § 331 Rn. 11 ff. m.w.N.; *Rönnau*, in: Achenbach/Ransiek/Rönnau, Handbuch Wirtschaftsstrafrecht, Teil 3, Kap. 2, Rn. 26.
[36] *Fischer*, in: StGB, § 331 Rn. 11c.
[37] BGHSt 31, 264, 279 f.; BGH, in: wistra 2003, S. 303, 304; BGH, NStZ 2008, 216, 217; BGH, in: wistra 2011, S. 391 ff.; *Fischer*, in: StGB, § 331 Rn. 12 m.w.N.

gung des Ehrgeizes, der Eitelkeit oder des Geltungsbedürfnisses des Zuwendungsempfängers ein Vorteil bejaht worden.[38]

3.1.4 Sozialadäquanz

16 Keine Anwendung finden die Tatbestände der Vorteilsgewährung (§ 331 StGB) und Vorteilsannahme (§ 333 StGB) auf **sozialadäquate Zuwendungen**.[39] Als sozialadäquat können solche Zuwendungen angesehen werden, die der Höflichkeit oder Gefälligkeit entsprechen und sowohl **sozial üblich als auch allgemein gebilligt** sind.[40] Sie müssen – auch unter dem Gesichtspunkt des bezweckten Schutzes der Lauterkeit des öffentlichen Diensts und des Vertrauens der Allgemeinheit in diese Lauterkeit (dazu oben 3) – im Hinblick auf den konkreten Anlass angebracht erscheinen, wie beispielsweise geringwertige Aufmerksamkeiten aus Anlass von Jubiläen oder persönlichen Feiertagen sowie eine gelegentliche (angemessene) Bewirtung.[41]

Bei Fällen mit **Auslandsbezug**, insb. bei Zuwendungen an ausländische Amtsträger, stellt sich die Frage, inwieweit entsprechende **ausländische Sitten und Gebräuche** bei der Beurteilung der Sozialadäquanz zu berücksichtigen sind.[42]

17 Allerdings kennen weder das Gesetz noch die Rechtsprechung einen „**Bagatellvorbehalt**" in dem Sinne, dass Zuwendungen allein aufgrund ihres Werts oder Gegenstands keine Vorteile wären. Insb. deutsche Gerichte sind sehr zurückhaltend mit solchen Wertgrenzen und entscheiden eher im Einzelfall unter Berücksichtigung aller relevanten Umstände. Die Kommentarliteratur ist solchen **Wertgrenzen** gegenüber etwas aufgeschlossener. Dort schlagen einige Stimmen 30 €[43] oder 50 €[44] als Maximalbeträge für sozialadäquate Zuwendungen vor, während andere diese Wertgrenze für Amtsträger mit zwischen 5 und 10 €[45] sogar noch deutlich niedriger ansetzen.

Werden mehrere Zuwendungen in einem Zusammenhang oder innerhalb kurzer Abstände gewährt (angeboten oder versprochen) oder angenommen (gefordert oder sich versprechen gelassen) und könnte eine einzelne Zuwendung als sozialadäquat angesehen werden, neigen deutsche Behörden und Gerichte zu einer **Gesamtschau**, bei der sie die Zuwendungen wegen ihres Gesamtwerts für nicht mehr sozialadäquat erachten könnten. So hat der BGH beispielsweise in einer Entscheidung aus dem Jahr 2010 die Verurteilung eines Amtsträgers, der sich über einen Zeitraum von etwa zwei Jahren u. a. zu insgesamt 14 Mittagessen

---

38 BGHSt 14, 123, 128; 35, 128, 136; siehe dazu auch *Fischer*, in: StGB, § 331 Rn. 11e m. w. N.
39 *Rönnau*, in: Achenbach/Ransiek/Rönnau, Handbuch Wirtschaftsstrafrecht, Teil 3, Kap. 2, Rn 27.
40 Dazu allgemein BGHSt 23, S. 228 ff.; siehe auch *Fischer*, in: StGB, § 331 Rn. 25 ff. m. w. N.
41 *Fischer*, in: StGB, § 331 Rn. 25 m. w. N.
42 Dazu *Fischer*, in: StGB. § 299 Rn. 23a; siehe auch *Rönnau*, in: Achenbach/Ransiek/Rönnau, Handbuch Wirtschaftsstrafrecht, Teil 3, Kap. 2, Rn. 29 m. w. N.
43 Etwa *Fischer*, in: StGB, § 331 Rn. 26a für „Geschenke ohne besonderen Anlass".
44 *Rosenau*, in: Satzger/Schmitt/Widmaier/Rosenau, StGB, § 331 Rn. 16; noch weiter etwa *Heine/Eisele*, in: Schönke/Schröder, StGB, § 331 Rn. 40.
45 *Korte*, in: Münchener Kommentar zum StGB, § 331 Rn. 114; siehe auch *Heger*, in: Lackner/Kühl, StGB, § 331 Rn. 14.

im Wert von zum Teil lediglich etwa 33 € hatte einladen lassen, wegen Vorteilsnahme bestätigt.[46]

Die Frage der Sozialadäquanz von Zuwendungen erfordert also ein **Werturteil**, bei dem auch die Art des konkreten Verwaltungshandelns zu berücksichtigen ist: So werden deutsche Behörden und Gerichte bei Betriebsprüfern, Steuerfahndern, Staatsanwälten und Polizisten als Beamten der Eingriffsverwaltung sowie bei Sonderprüfern der BaFin oder der Bundesbank (§ 44 Abs. 1 KWG) innerhalb eines Über- und Untergeordnetenverhältnisses zu einem eher strengeren Maßstab neigen. Hingegen wird man etwa einem Geschäftsführer eines großen kommunalen Versorgungsunternehmens, das (noch) zur öffentlichen Verwaltung zählt aber sich auch mit Gewinnerzielungsabsicht betätigt, auch ein großzügigeres Geschäftsessen gestatten.

3.1.5 Tathandlungen

Ein Vorteil gilt als gewährt (i. S. v. § 333 StGB) und angenommen (i. S. v. § 331 StGB), wenn der Amtsträger den Vorteil entweder selbst in Empfang nimmt oder wenn der Vorteil mit dem Einverständnis des Amtsträgers an einen Dritten gelangt, für den er bestimmt ist.[47] Es genügt im Rahmen der §§ 331, 333 StGB jedoch, dass der Vorteil dem Amtsträger nur angeboten oder versprochen wurde oder der Amtsträger den Vorteil nur fordert oder sich versprechen lässt. 18

3.1.6 Für die Dienstausübung

Der Vorteil muss für die Dienstausübung gewährt (angeboten oder versprochen) oder angenommen (gefordert oder sich versprechen gelassen) werden, also nicht etwa im privaten Kontext, sondern in Bezug auf Handlungen, durch die ein Amtsträger im öffentlichen Dienst die ihm übertragenen Aufgaben wahrnimmt.[48] 19

Eine in diesem Zusammenhang besonders praxisrelevante Fallgruppe ist die Teilnahme von Amtsträgern an **repräsentativen öffentlichen Veranstaltungen**, etwa in den Bereichen Sport oder Kultur. Der hohe Stellenwert solcher Teilnahmen wird grundsätzlich als legitim erachtet. Denn zum einen ist eine Ausübung öffentlicher Ämter ab einem bestimmten Rang auf öffentliche Wahrnehmung angewiesen. Zum anderen können sich Unternehmen bei solchen Veranstaltungen als „guter Unternehmensbürger" zeigen, der sich dem Gemeinwohl verpflichtet sieht und den Repräsentanten des Staats nahe steht. 20

Wichtige Leitlinien sind insoweit einem Urteil des BGH aus dem Jahr 2008[49] („**WM-Tickets**") zu entnehmen. In dieser Entscheidung stellte das Gericht zunächst klar, dass die Zulässigkeit einer Teilnahme an derartigen Veranstaltungen keiner formalen Betrachtungsweise zugänglich ist. Weder begründe eine Verwendung von Begrifflichkeiten wie „allgemeine Klimapflege" für sich genommen eine Strafbarkeit wegen Vorteilsgewährung und Vorteilsannahme, noch sei eine solche Strafbarkeit allein deshalb ausgeschlossen, weil die 21

---

46 BGHSt 56, 97 ff.
47 *Fischer*, in: StGB, § 331 Rn. 20 und § 333 Rn. 4.
48 *Fischer*, in: StGB, § 331 Rn. 6; *Kuhlen*, in: Kindhäuser/Neumann/Paeffgen, StGB, § 333 Rn. 6.
49 BGHSt 53, 6 ff. m. w. N.; dazu auch *Acker/Ehling*, in: BB 2012, S. 2517 ff.

Veranstaltung in sozialadäquate Handlungen, wie beispielsweise ein **Sponsoringkonzept** und ein entsprechendes Einladungskonzept eingebettet ist.[50] Entscheidend für die Zulässigkeit solcher Veranstaltungen soll vielmehr sein, ob mit der Einladung des Amtsträgers „das Ziel verfolgt wird, mit dem Vorteil auf die künftige Dienstausübung Einfluss zu nehmen oder die vergangene Dienstausübung zu honorieren", was nach einer „Gesamtschau sämtlicher Umstände" unter Berücksichtigung insb. folgender Indizien zu beurteilen sei:[51]

- die Stellung des Amtsträgers;
- die Beziehung des Zuwendenden zu den dienstlichen Aufgaben des Amtsträgers;
- die Vorgehensweise beim Anbieten, Versprechen und Gewähren von Vorteilen (insb. eine „Heimlichkeit" des Vorgehens);
- die Art, der Wert und die Zahl solcher Vorteile.

22 Darüber hat der BGH anerkannt, dass eine Strafbarkeit wegen Vorteilsgewährung (und Vorteilsannahme) hinsichtlich solcher Vorteile ausscheidet, die einem Amtsträger nur als Mittel zur Erfüllung seiner dienstlichen Aufgaben gewährt werden; eine vorteilhafte Dienstausübung sei kein Vorteil, der einem Amtsträger „für die Dienstausübung" gewährt werde.[52]

23 Nach diesen Grundsätzen spricht gegen die Gewährung eines Vorteils „für die Dienstausübung", wenn **dienstliche Berührungspunkte** zwischen dem Zuwendenden und dem Amtsträger gänzlich ausgeschlossen werden können.[53] Allenfalls ein geringes Risiko von Vorwürfen wegen angeblicher Vorteilsgewährung und Vorteilsannahme bergen ferner reine **fachbezogene Veranstaltungen**, da man in diesen Fällen davon ausgehen können wird, dass der Vorteil nur Mittel zur Erfüllung dienstlicher Aufgaben sein soll. Zusätzliche im Rahmen solcher Veranstaltungen gewährte Vorteile – wie etwa eine Bewirtung oder ein kulturelles Rahmenprogramm – sollten jedoch moderat sein und im Rahmen der Sozialadäquanz (dazu oben 3.1.4) bleiben, um den fachlichen Charakter der Veranstaltung im Übrigen nicht in Zweifel zu ziehen. Fernliegend erscheint die Gewährung eines Vorteils „für die Dienstausübung" ferner, wenn ein Amtsträger ausschließlich zur **Wahrung von Repräsentationsaufgaben** eingeladen wird, die in seiner dienstlichen Aufgabenstellung begründet liegen – was allerdings einen nachvollziehbaren Bezug zwischen Amt und Veranstaltung erfordert.[54] Zudem muss der Amtsträger zumindest einer begrenzten Öffentlichkeit bekannt sein und über eine gewisse Reputation verfügen.[55] Regelmäßig wird es sich um eine Veranstaltung mit herausgehobenem Aufmerksamkeitswert handeln[56] und ein Publikum anwesend sein.[57] Da die Repräsentation das Ziel ist, bleiben dienstliche Angelegenheiten bei der Auswahl unberücksichtigt; der Amtsträger wird allein wegen seiner „protokollarischen Wertigkeit" oder „persönlichen Bekanntschaft" eingeladen.[58]

---

50 BGHSt 53, 6, 8 f.
51 BGHSt 53, 6, 17 m. w. N.
52 BGHSt 53, 6, 18 m. w. N.
53 BGH NStZ-RR 2007, 309 ff.; dazu auch *Hoven*, in: NStZ 2013, S. 617 ff.
54 *Trüg*, in: NJW 2009, S. 196, 198.
55 *Paster/Sättele*, in: NStZ 2008, S. 366, 373.
56 BGHSt 53, 6, 20 („einzigartiges sportliches Großereignis").
57 BGHSt 53, 6, 20 („öffentliches Auftreten der Empfänger").
58 BGHSt 53, 6, 19.

Um den Anschein von „Heimlichkeit" zu vermeiden, sollten Einladungen stets an die **Dienstadresse** des Amtsträgers gesandt werden.[59] Einladungen von Amtsträgern **mit Begleitung** sind nicht generell ausgeschlossen und kommen insb. in Betracht, wo der gesellschaftliche Umgang dies gebietet, wie etwa bei formellen Abendveranstaltungen.

3.1.7 Keine Dienstherrengenehmigung

Nach den §§ 331 Abs. 3 StGB und 333 Abs. 3 StGB ist das Gewähren (Anbieten oder Versprechen) und Annehmen (Fordern oder Sichversprechenlassen) eines Vorteils nicht strafbar, wenn die zuständige Behörde im Rahmen ihrer Befugnisse entweder die Annahme vorher genehmigt hat oder der Empfänger unverzüglich bei ihr Anzeige erstattet und sie die Annahme genehmigt (sog. **Dienstherrengenehmigung**). Eine solche Genehmigung hat die (örtlich und sachlich) zuständige Behörde zu erteilen. Dies ist bei Beamten grundsätzlich die vorgesetzte Dienstbehörde, bei Angestellten und Arbeitern des öffentlichen Diensts der öffentliche Arbeitgeber und bei privatrechtlich organisierten Unternehmen der staatlichen Daseinsvorsorge der Arbeitgeber.[60] Ferner kann eine solche Genehmigung – ausdrücklich oder konkludent – für die Annahme eines bestimmten Vorteils oder generell für die Annahme bestimmter Arten von Vorteilen erteilt werden.

In diesem Zusammenhang sind die zahlreichen **Verwaltungsvorschriften** und **Rundschreiben** des Bundes[61] und der Länder[62] sowie interne Verwaltungsvorschriften einzelner Behörden zu beachten, die Grundsätze über die Annahme von Geschenken, Einladungen und Bewirtungen enthalten.[63] Unter dem Begriff der allgemeinen oder stillschweigend erteilten Zustimmung sind in solchen Regelwerken oft geringwertige Zuwendungen bis zu einer bestimmten Wertgrenze anerkannt, wobei gelegentlich auch Höchstgrenzen für jedes Kalenderjahr bestimmt sind. Eine stillschweigende Genehmigung für Beschäftigte der Bundesverwaltung gilt etwa

– „bei der Annahme von geringfügigen Aufmerksamkeiten bis zu einem Wert von 25,– Euro",
– „bei der Teilnahme an Bewirtungen durch Private aus Anlass oder bei Gelegenheit dienstlicher Handlungen, Besprechungen, Besichtigungen oder dergleichen, wenn sie üblich und angemessen sind oder wenn sie ihren Grund in den Regeln des Verkehrs und der Höflichkeit haben, denen sich auch Angehörige des öffentlichen Dienstes unter Berücksichtigung ihrer besonderen Verpflichtung zur objektiven Amtsführung nicht entziehen können, ohne gegen gesellschaftliche Formen zu verstoßen. Dies gilt nicht,

---

59 Vgl. BGHSt 53, 6, 20.
60 *Korte*, in: Münchener Kommentar zum StGB, § 331 Rn. 179; *Fischer*, in: StGB, § 331 Rn. 34 m. w. N.
61 Rundschreiben zum Verbot der Annahme von Belohnungen oder Geschenken in der Bundesverwaltung v. 08.11.2004 (Abschn. IV.), abrufbar unter http://www.verwaltungsvorschriften-im-internet.de/bsvwvbund_08112004_DI32101701.htm (letzter Abruf am 26.05.2018).
62 Siehe etwa die Verwaltungsvorschriften für Beschäftigte des Landes Hessen über die Annahme von Belohnungen und Geschenken v. 18.06.2012, abrufbar auf der Internetseite des Hessischen Innenministeriums unter https://verwaltung.hessen.de/irj/HMdI_Internet?cid=a0acf7360304dce009e7642fe858dc16 (letzter Abruf am 26.05.2018).
63 Etwa *Heine/Eisele*, in: Schönke/Schröder, StGB, § 331 Rn. 40.

wenn die Bewirtung nach Art und Umfang einen nicht unerheblichen Wert darstellt, wobei sich der Maßstab im Einzelfall auch an der amtlichen Funktion der Beschäftigten ausrichtet",

- „bei Bewirtungen anlässlich allgemeiner Veranstaltungen, an denen Beschäftigte im dienstlichen Auftrag oder mit Rücksicht auf die durch die Wahrnehmung ihrer Aufgaben auferlegten gesellschaftlichen Verpflichtungen teilnehmen (z. B. Einführung und/oder Verabschiedung von Amtspersonen, offizielle Empfänge), wenn der Rahmen des allgemein Üblichen und Angemessenen nicht überschritten wird" und
- „bei geringfügigen Dienstleistungen, die die Durchführung eines Dienstgeschäftes erleichtern oder beschleunigen (z. B. Abholung mit einem Wagen vom Bahnhof)".[64]

3.2 §§ 332 und 334 StGB (Bestechlichkeit und Bestechung)

27 Die §§ 332 und 334 StGB unterscheiden ebenfalls zwischen einem aktiven und einem passiven Tatbestand:
- Nach § 334 Abs. 1 Satz 1 StGB macht sich eine natürliche Person wegen des aktiven Tatbestands der **Bestechung** strafbar, die einem deutschen Amtsträger einen Vorteil für diesen oder einen Dritten dafür anbietet, verspricht oder gewährt, dass er eine Diensthandlung vorgenommen hat oder künftig vornehme und dadurch seine Dienstpflichten verletzt hat oder verletzen würde. Das angedrohte Strafmaß ist Freiheitsstrafe von drei Monaten bis zu fünf Jahren oder – in **besonders schweren Fällen der Bestechung** – Freiheitsstrafe von einem Jahr bis zu zehn Jahren (§ 335 Abs. 1 Nr. 1 Buchst. b StGB).
- Nach § 332 Abs. 1 Satz 1 StGB macht sich ein deutscher Amtsträger wegen des passiven Tatbestands der **Bestechlichkeit** strafbar, der einen Vorteil für sich oder einen Dritten dafür fordert, sich versprechen lässt oder annimmt, dass er eine Diensthandlung vorgenommen hat oder künftig vornehme und dadurch seine Dienstpflichten verletzt hat oder verletzen würde. Das angedrohte Strafmaß ist Freiheitsstrafe von sechs Monaten bis zu fünf Jahren oder – in **besonders schweren Fällen der Bestechlichkeit** – Freiheitsstrafe von einem Jahr bis zu zehn Jahren (§ 335 Abs. 1 Nr. 1 Buchst. a StGB).

Wie vorstehend dargelegt (siehe oben 3), stellen die §§ 332 und 334 StGB Qualifikationstatbestände zu den Grundtatbeständen der §§ 331 und 333 StGB dar, von denen sie sich einerseits durch die zusätzliche Voraussetzung (dazu 3.2.1) und andererseits durch eine Beschränkung hinsichtlich des Rechtfertigungsgrunds der Dienstherrengenehmigung (dazu 3.2.2) unterscheiden.

3.2.1 Für eine Verletzung von Dienstpflichten

28 Es muss eine sog. **Unrechtsvereinbarung** zwischen dem Zuwendenden und dem Amtsträger im Sinne einer Verständigung darüber vorliegen, dass der Vorteil für eine Diensthandlung gewährt (angeboten oder versprochen) wird, durch der der Amtsträger seine Dienstpflichten verletzt hat oder verletzen würde.

---

64 Rundschreiben zum Verbot der Annahme von Belohnungen oder Geschenken in der Bundesverwaltung v. 08. 11. 2004 (Fn. 61).

Ein Amtsträger verletzt seine Dienstpflichten, wenn die von ihm vorgenommene Diensthandlung gegen ein Gesetz, eine Dienstvorschrift, eine Verwaltungsrichtlinie oder eine spezielle dienstliche Anordnung verstößt.[65] Darüber hinaus verletzt ein Amtsträger seine Dienstpflichten, wenn er den Vorteil bei einer im Rahmen einer **Ermessensentscheidung** notwendigen Abwägung berücksichtigt, selbst wenn die Diensthandlung selbst gegen kein Gesetz, keine Dienstvorschrift, keine Verwaltungsrichtlinie und keine spezielle dienstliche Anordnung verstößt.[66]

29

Vor dem Hintergrund dieser Verknüpfung des Vorteils mit einer pflichtwidrigen Diensthandlung ist das Risiko von Vorwürfen wegen Bestechung und Bestechlichkeit im Zusammenhang mit Geschenken, Einladungen und Bewirtungen geringer als das Risiko von Vorwürfen wegen Vorteilsgewährung und Vorteilsannahme, für die keine entsprechende Verknüpfung erforderlich ist. Auch ist in der Rechtsprechung anerkannt, dass die Grenzen der Bestechung und Bestechlichkeit bei Amtsträgern mit „weitem" Aufgabenbereich, namentlich in Führungspositionen mit wenig konkreten Dienstaufgaben, seltener erreicht werden als bei Amtsträgern mit „engerem" Aufgabenbereich und konkreteren Dienstaufgaben.[67] Ignoriert werden kann das Risiko von Vorwürfen der Bestechung und Bestechlichkeit damit aber keineswegs. Denn die Rechtsprechung legt an die Konkretheit der (pflichtwidrigen) Diensthandlung keinen strengen Maßstab an. Es genügt vielmehr, dass der Amtsträger „in eine bestimmte Richtung tätig werden soll und die ins Auge gefasste Diensthandlung dabei nach ihrem sachlichen Gehalt mind. in groben Umrissen erkennbar und festgelegt" ist.[68] Vor diesem Hintergrund besteht ein Risiko von Vorwürfen der Bestechung und Bestechlichkeit etwa dort, wo Amtsträger Entscheidungen zugunsten von Kreditinstituten treffen, wie beispielsweise über den Bezug von Finanzdienstleistungen, und im Zusammenhang mit solchen Entscheidungen Mitarbeiter eines Kreditinstituts Zuwendung an solche Amtsträger gemacht haben.

30

3.2.2 Keine Rechtfertigung durch Dienstherrengenehmigung

Im Gegensatz zu den §§ 331 und 333 StGB führt eine Genehmigung der Annahme des Vorteils durch die zuständige Behörde zu keiner Rechtfertigung im Rahmen der §§ 332 und 334 StGB.[69]

31

3.3 Zuwendungen an ausländische Amtsträger

3.3.1 Ausländische und internationale Bedienstete, § 335a StGB

Bei Zuwendungen an ausländische Amtsträger gelten die §§ 331 ff. StGB nicht unmittelbar, weil Amtsträger im Sinne dieser Tatbestände nach der Definition in § 11 Abs. 1 Nr. 2 StGB

32

---

65 *Heger*, in: Lackner/Kühl, StGB, § 332 Rn. 3; *Korte*, in: Münchener Kommentar zum StGB, § 332 Rn. 23; *Fischer*, in: StGB, § 332 Rn. 8 m.w.N.
66 *Korte*, in: Münchener Kommentar zum StGB, § 332 Rn. 30; *Fischer*, in: StGB, § 332 Rn. 9a m.w.N.
67 Etwa BGHSt 32, 290, 292; in: wistra 2000, S. 97; siehe dazu auch *Fischer*, in: StGB, § 332 Rn. 6 m.w.N.
68 BGHSt 39, S. 46 f.; NStZ 2005, 214 f.; *Fischer*, in: StGB, § 332 Rn. 5 m.w.N.
69 *Heger*, in: Lackner/Kühl, StGB, § 332, Rn. 7; *Fischer*, in: StGB, § 332 Rn. 9a und § 334 Rn. 4.

nur solche sind, deren Stellung sich nach deutschem Recht ergibt (siehe 3.1.1). Zu beachten ist insoweit jedoch die durch das Gesetz zur Bekämpfung der Korruption[70] am 26.11.2015 neu eingeführte Gleichstellungsregel des § 335a StGB für „ausländische und internationale Bedienstete". Danach werden insb. Bedienstete ausländischer Staaten und internationaler Organisationen für die Straftatbestände zur Amtsträgerkorruption Amtsträgern nach deutschem Recht gleichgestellt, wenn sich die Tat auf eine „künftige Diensthandlung" bezieht.

Diese Änderungen zielten auf eine Überführung früherer Gleichstellungsregelungen insb. des Gesetzes zur Bekämpfung internationaler Bestechung[71] (IntBestG) in das StGB ab. Doch gehen diese Neuregelungen über das IntBestG hinaus, da sie nicht nur für den aktiven Straftatbestand der Bestechung (§ 334 StGB), sondern nunmehr auch für den passiven Straftatbestand der Bestechlichkeit (§ 332 StGB) gelten (das IntBestG begründete vormals ausschließlich eine Strafbarkeit des Zuwendenden). Zudem ist ein Zusammenhang mit dem internationalen geschäftlichen Verkehr – anders als noch im IntBestG – nicht mehr erforderlich.

Infolge dieser Änderungen können nun grundsätzlich weltweit (auch) Amtsträger von deutschen Strafverfolgungsbehörden nach deutschem Korruptionsstrafrecht belangt werden, wenn sie einen Vorteil als Gegenleistung für die mit einer künftigen Diensthandlung einhergehende Verletzung einer Amtspflicht annehmen.

3.3.2 Ausländische Korruptionsgesetze

33 Zudem sind bei Zuwendungen an ausländische Amtsträger, ebenso wie bei Zuwendungen in der Privatwirtschaft, geltende ausländische Korruptionsgesetze zu berücksichtigen. Bestechung und Bestechlichkeit insb. von Amtsträgern ist in den meisten ausländischen Rechtsordnungen ebenfalls unter Strafe gestellt. Zahlreiche Staaten haben sich zur Einführung entsprechender Straftatbestände in völkerrechtlichen Übereinkommen verpflichtet.[72] Über Bestechung und Bestechlichkeit hinaus existiert in manchen Ländern – anders als in Deutschland – auch ein Straftatbestand des **Trading in Influence** (auch: **Traffic of Influence** oder **Influence Peddling**). Dieser Tatbestand stellt nicht Zuwendungen an Amtsträger als Gegenleistung für eine von diesem begangene (oder unterlassene) pflichtwidrige Diensthandlung unter Strafe, sondern Zuwendungen an eine einem Amtsträger nahe stehende Person als Gegenleistung für die Bereitschaft dieser Person, auf die Diensthandlung eines ihr nahestehenden Amtsträgers pflichtwidrig Einfluss zu nehmen.[73] Ein Risiko von Korruptionsvorwürfen durch ausländische Behörden und Gerichte besteht vor diesem

---

70 Gesetz zur Bekämpfung der Korruption v. 20.11.2015 (Fn. 32).
71 Gesetz zu dem Übereinkommen v. 17.12.1997 über die Bekämpfung der Bestechung ausländischer Amtsträger im internationalen Geschäftsverkehr (Gesetz zur Bekämpfung internationaler Bestechung – IntBestG) v. 10.09.1998 (BGBl. 1998 II, S. 2327 ff.).
72 Siehe etwa das OECD-Abkommen über die Bekämpfung der Bestechung ausländischer Amtsträger im internationalen Geschäftsverkehr v. 17.12.1997, das Übereinkommen des Europarats gegen Korruption v. 27.01.1999 sowie das UN-Übereinkommen gegen Korruption v. 31.10.2003.
73 Siehe etwa OECD, A Glossary of International Criminal Standards, 2008, S. 29 f., abrufbar unter http://www.oecd.org/daf/anti-bribery/corruptionglossaryofinternationalcriminalstandards.htm (letzter Abruf am 26.05.2018).

Hintergrund insb. im Zusammenhang mit Einladungen im Bereich des Lobbying, zumal über die Abgrenzung zwischen erlaubten Einladungen und strafbarem Verhalten in diesem Bereich allein die (innere) Absicht des Einladenden hinsichtlich eines korrupten Verhaltens („*corrupt intent*") entscheiden soll.[74]

3.3.3 Foreign Corrupt Practices Act (FCPA)

Entsprechendes gilt für die Strafbarkeitsvoraussetzungen des US-amerikanischen **Foreign Corrupt Practices Act (FCPA)**.[75] Dieser enthält verschiedene Tatbestände zur Bestechung von Amtsträgern im internationalen Geschäftsverkehr,[76] der ähnlich weit ausgelegt wird. Eine Abgrenzung zwischen bloßer Vorteilsgewährung und Bestechung – auf der Grundlage eines Verständnisses nach deutschem Recht – tritt dabei in den Hintergrund. Ausschlaggebend für eine Strafbarkeit soll vielmehr die Absicht des Zuwendenden sein, den Empfänger zu einem „Missbrauch" seiner Amtsstellung zu verleiten; auf die Beeinflussung einer konkreten Vergabeentscheidung soll es nicht ankommen: 34

> "The FCPA applies (…) to payments intended to induce or influence a foreign official to use his or her position 'in order to assist … in obtaining or retaining business for or with, or directing business to, any person.' This requirement is known as the 'business purpose test' and is broadly interpreted."[77]

Für eine Anwendbarkeit des FCPA auf Einzelpersonen und Unternehmen auch außerhalb des Staatsgebiets der USA genügen bereits vergleichsweise geringe Berührungspunkte. Beispielsweise unterliegt der US-amerikanischen Strafgewalt danach jeder, der im Zusammenhang mit einer Bestechungszahlung eine Handlung auf US-amerikanischem Hoheitsgebiet vornimmt oder durch einen Gehilfen vornehmen lässt, wofür bereits eine US-Dollar-Überweisung, eine E-Mail oder ein Telefonat ausreichen können.[78] Darüber hinaus unterliegt dem FCPA jede juristische Person unabhängig vom Handlungsort, deren Aktien an einer US-amerikanischen Börse gelistet sind.[79]

---

74 OECD (Fn. 73), S. 30; siehe dazu auch *Wessing*/Dann, Deutsch-Amerikanische Korruptionsverfahren, § 2 Rn. 61.
75 Englische Originalfassung abrufbar auf der Internetseite des US-Justizministeriums (Department of Justice, DOJ) unter https://www.justice.gov/sites/default/files/criminal-fraud/legacy/2012/11/14/fcpa-english.pdf (letzter Abruf am 26.05.2018).
76 § 78dd-1 FCPA (*prohibited foreign trade practices by issuers*), § 78dd-2 FCPA (*prohibited foreign trade practices by domestic concerns*) und § 78dd-3 FCPA (prohibited foreign trade practices by persons other than issuers or domestic concerns). Siehe zu den „Anti-Bribery Regeln des FCPA" auch *Wessing*/Dann, Deutsch-Amerikanische Korruptionsverfahren, § 2 Rn. 54 f.
77 Siehe dazu den *Resource Guide to the U.S. Foreign Corrupt Practices Act* des US-amerikanischen Justizministeriums (*Department of Justice*, DOJ) und der US-amerikanischen Wertpapieraufsichtsbehörde (*Securities Exchange Commission*, SEC) v. 12.11.2012, S. 12, abrufbar unter https://www.justice.gov/sites/default/files/criminal-fraud/legacy/2015/01/16/guide.pdf (letzter Abruf am 26.05.2018).
78 *Resource Guide to the U.S. Foreign Corrupt Practices Act* (Fn. 77), S. 11.
79 *Resource Guide to the U.S. Foreign Corrupt Practices Act* (Fn. 77), S. 10 f.

3.3.4 UK Bribery Act

35 Auch der am 01.07.2011 in Kraft getretene **UK Bribery Act**[80] enthält zunächst drei verschiedene Straftatbestände insb. für Einzelpersonen bei Korruption im öffentlichen und privaten Bereich[81]: Aktive Bestechung (*offences of bribing another person*[82]), passive Bestechung (*offences relating to being bribed*[83]) und Bestechung ausländischer Amtsträger (*bribery of foreign public officials*[84]). Darüber hinaus wurde mit dem UK Bribery Act ein vierter Tatbestand zur Strafbarkeit ausschließlich von Unternehmen für die unterlassene Verhinderung von Bestechung eingeführt (*failure of commercial organisations to prevent bribery*[85]). Danach können sich Unternehmen strafbar machen, wenn eine diesem Unternehmen nahestehende Person (*associated person*) eine andere Person im privaten oder öffentlichen Sektor besticht und dabei zugunsten des Unternehmens handelt. Eine solche Strafbarkeit von Unternehmen scheidet allerdings aus, wenn das Unternehmen beweisen kann, dass es **angemessene Prozesse** (*adequate procedures*) eingeführt hat, um Korruption zu verhindern.[86] Worin solche angemessenen Prozesse bestehen, konkretisieren vom britischen Justizministerium veröffentlichte Leitlinien zum UK Bribery Act, in denen die entsprechenden Anforderungen in **sechs Prinzipien** geordnet sind:[87]

(1) angemessene Prozesse (*proportionate procedures*),

(2) Engagement der obersten Führungskräfte (*top-level-commitment*),

(3) Risikoanalyse (*risk assessment*),

(4) sorgfältige Prüfung aller für das Unternehmen tätigen Personen (*due diligence*),

(5) Kommunikation, einschließlich Schulungen (*communication, including training*) und

(6) Überwachung und Weiterentwicklung (*monitoring and review*).[88]

Der Straftatbestand der unterlassenen Verhinderung von Bestechung nach § 7 UK Bribery Act gilt dabei nicht nur für Unternehmen mit Sitz in Großbritannien, sondern für alle

---

80 Englische Originalfassung abrufbar auf der Internetseite des britischen Justizministeriums unter http://www.legislation.gov.uk./ukpga/2010/23/pdfs/ukpga_20100023_en.pdf (letzter Abruf am 26.05.2018).

81 Allgemein zu den Voraussetzungen und Rechtsfolgen der Strafvorschriften des UK Bribery Act etwa *Hugger/Röhrich*, in: BB 2010, S. 2643 ff.; siehe auch *Hugger/Pasewaldt*, in: RIW 2018, S. 115 ff.; *dies.*, in: Nietsch (Hrsg.): Unternehmenssanktionen im Umbruch, S. 135, 143 f.

82 § 1 UK Bribery Act.

83 § 2 UK Bribery Act.

84 § 6 UK Bribery Act.

85 § 7(1) UK Bribery Act.

86 § 7(2) UK Bribery Act.

87 „*UK Bribery Act 2010 – Guidance about procedures which relevant commercial organisations can put into place to prevent persons associated with them from bribing (§ 9 of the Bribery Act 2010)*", abrufbar über die Internetseite des britischen Justizministeriums unter https://www.gov.uk/government/uploads/system/uploads/attachment_data/file/181762/bribery-act-2010-guidance.pdf (letzter Abruf am 26.05.2018), S. 20 ff.

88 Im Wesentlichen gelten damit insoweit entsprechende Anforderungen wie für die unternehmensinternen Aufsichtsmaßnahmen, die im deutschen Recht nach der sog. Fünf-Stufen-Lehre (dazu etwa *Rogall*, in: Karlsruher Kommentar zum OWiG, § 130 Rn. 42 und 53 ff.) erforderlich sind, um Vorwürfe einer ordnungswidrigen Aufsichtspflichtverletzung (§§ 130, 9 OWiG) zu vermeiden, die im Einzelfall zu Geldbußen gegen Führungskräfte von bis zu 1 Mio. € und zu Unterneh-

Unternehmen weltweit, die zumindest einen Teil ihrer Geschäftstätigkeit in Großbritannien ausüben.[89] Nach den Leitlinien des britischen Justizministeriums zum UK Bribery Act sollen Gerichte insoweit anhand eines *„common sense approach"* beurteilen, ob ein ausländisches Unternehmen einen Teil seines Geschäfts in Großbritannien ausführt.[90]

4 Bestechlichkeit und Bestechung von Mandatsträgern (§ 108e StGB)

Nach der bis zum 01.09.2014 geltenden Rechtslage war die Bestechung (deutscher) Abgeordneter und Abgeordneter des Europäischen Parlaments grundsätzlich nur in Form des Stimmenkaufs und Stimmenverkaufs bei Wahlen und Abstimmungen im Europäischen Parlament oder in einer Volksvertretung des Bundes, der Länder, der Gemeinden oder der Gemeindeverbände nach § 108e StGB (a. F.)[91] strafbar.[92] Mit der an diesem Tag in Kraft getretenen Neufassung von § 108e StGB[93] wurde die Bestechung und Bestechlichkeit deutscher Amtsträger umfassender unter Strafe gestellt.[94] 36

§ 108e StGB enthält ebenfalls einen aktiven und einen passiven Tatbestand: 37
- Nach § 108e Abs. 2 StGB macht sich eine natürliche Person wegen des aktiven Tatbestands der **Bestechung von Mandatsträgern** strafbar, die einem Mitglied einer Volksvertretung des Bundes oder der Länder[95] einen ungerechtfertigten Vorteil dafür gewährt (anbietet oder verspricht), dass es bei der Wahrnehmung seines Mandats eine Handlung im Auftrag oder auf Weisung vornehme oder unterlasse. Das angedrohte Strafmaß beträgt in diesen Fällen Freiheitsstrafe bis zu fünf Jahren oder Geldstrafe.
- Nach § 108e Abs. 1 StGB macht sich ein Mitglied einer solchen Volksvertretung wegen des passiven Tatbestands der **Bestechlichkeit von Mandatsträgern** strafbar, das einen ungerechtfertigten Vorteil für sich oder einen Dritten dafür annimmt (fordert oder sich

---

mensgeldbußen von bis zu 10 Mio. € oder mehr, soweit es zur Abschöpfung eines höheren wirtschaftlichen Vorteils erforderlich ist (§§ 30, 17 Abs. 4 OWiG), führen können.

89 Siehe § 7(5)(b) UK Bribery Act: *„any (...) corporate (wherever incorporated) which carries on a business, or part of a business, in any part of the United Kingdom"*.
90 Leitlinien zum UK Bribery Act (Fn. 87), Rn. 36; ausführlich dazu auch *Hugger/Pasewaldt*, in: RIW 2018, S. 115 ff.; *dies.*, in: Nietsch (Hrsg.): Unternehmenssanktionen im Umbruch, S. 135, 144 f.
91 Der Straftatbestand des § 108e StGB lautete bis zum 01.09.2014 noch „Abgeordnetenbestechung".
92 Zu der bereits früheren Strafbarkeit der Bestechung ausländischer und internationaler Abgeordneter im Zusammenhang mit internationalem geschäftlichen Verkehr nach dem Gesetz zur Bekämpfung internationaler Bestechung (IntBestG) etwa *Fischer*, in: StGB, § 108e Rn. 13.
93 Eingeführt durch das 48. Strafrechtsänderungsgesetz zur Erweiterung des Straftatbestands der Abgeordnetenbestechung, BGBl. 2014 I, S. 410 ff.
94 Diese Änderung diente der Umsetzung internationaler Vorgaben, die im Strafrechtsübereinkommen des Europarates über Korruption v. 27.01.1999 und dem Übereinkommen der Vereinten Nationen gegen Korruption v. 31.10.2003 enthalten sind.
95 Den Mitgliedern einer Volksvertretung des Bundes oder der Länder werden insb. Mitglieder einer Volksvertretung einer kommunalen Gebietskörperschaft, Mitglieder der Bundesversammlung, Mitglieder des Europäischen Parlaments, Mitglieder einer parlamentarischen Versammlung einer internationalen Organisation und Mitglieder eines Gesetzgebungsorgans eines ausländischen Staates gleichgestellt (§ 108e Abs. 3 StGB).

versprechen lässt), dass es bei der Wahrnehmung seines Mandats eine Handlung im Auftrag oder auf Weisung vornehme oder unterlasse. Das angedrohte Strafmaß beträgt ebenfalls Freiheitsstrafe bis zu fünf Jahren oder Geldstrafe.

38 Der ungerechtfertigte Vorteil muss nach einer konkreten „Unrechtsvereinbarung" zwischen dem Zuwendenden und dem Mandatsträger gerade dafür zugewendet werden, dass der Mandatsträger sich in einer bestimmten Weise verhält, also im Auftrag oder auf Weisung des Zuwendenden handelt.[96] Zuwendungen, die für Handlungen gewährt werden, die durch die innere Überzeugung des Mandatsträgers motiviert und nicht durch die Vorteilsgewährung beeinflusst sind, sowie Zuwendungen zur allgemeinen „Klimapflege" oder „Stimmungspflege" sind nach § 108e StGB – im Gegensatz zu den Tatbeständen der Vorteilsgewährung (§ 333 StGB) und Vorteilsannahme (§ 331 StGB) – also nicht strafbar.[97]

39 Nicht erfasst werden außerdem nachträgliche Zuwendungen, die für bereits vorgenommene Handlungen vereinbart werden.[98] Für eine Strafbarkeit soll es allerdings ausreichen, wenn der Mandatsträger den Vorteil vor Vornahme der Handlung fordert oder sich versprechen lässt, auch wenn er ihn erst nach Vornahme der Handlung oder gar nicht annimmt oder die Handlung – entgegen der Unrechtsvereinbarung – gar nicht vornimmt.

40 Ferner liegt nach § 108e Abs. 4 Satz 1 StGB insb. dann kein ungerechtfertigter Vorteil vor, „wenn die Annahme des Vorteils im Einklang mit den für die Rechtsstellung des Mandatsträgers maßgeblichen Vorschriften steht". Gemeint sind damit insb. das Abgeordnetengesetz oder die Verhaltensregeln für Mitglieder des Deutschen Bundestags.[99] Keinen ungerechtfertigten Vorteil stellen zudem etwa „eine nach dem Parteiengesetz oder entsprechenden Gesetzen zulässige Spende" (§ 108e Abs. 4 Satz 2 StGB) oder Vorteile dar, deren Annahme anerkannten parlamentarischen Gepflogenheiten entspricht.[100]

5 Bestechlichkeit und Bestechung im geschäftlichen Verkehr (§ 299 StGB)

41 Für Zuwendungen an Angestellte und Beauftragte in der Privatwirtschaft gelten die Tatbestände der Bestechung und Bestechlichkeit im geschäftlichen Verkehr,[101] die ebenfalls zwischen der aktiven und passiven Seite unterscheiden:
– Nach § 299 Abs. 2 StGB macht sich eine natürliche Person wegen des aktiven Tatbestands der **Bestechung im geschäftlichen Verkehr** strafbar, die im geschäftlichen Verkehr einem Angestellten oder Beauftragten eines Unternehmens einen Vorteil für

---

96 Dazu *Fischer*, in: StGB, § 108e Rn. 34 ff.; *Kühl*, in: Lackner/Kühl, StGB, § 108e, Rn. 3; m.w.N.
97 *Fischer*, in: StGB, § 108e Rn. 34; *Müller*, in: Münchener Kommentar zum StGB, § 108e Rn. 37.
98 *Fischer*, in: StGB, § 108e Rn. 35 („Dankeschön-Vorteile"); siehe auch *Müller*, in: Münchener Kommentar zum StGB, § 108e Rn. 37.
99 Dazu etwa *Fischer*, § 108e Rn. 40 ff.
100 Dazu etwa *Fischer*, in: StGB, § 108e Rn. 43 ff.; *Müller*, in: Münchener Kommentar zum StGB, § 108e Rn. 101.
101 Auch: „Angestelltenbestechung", siehe etwa *Rönnau*, in: Achenbach/Ransiek/Rönnau, Handbuch Wirtschaftsstrafrecht, Teil 3, Kap. 2, Rn. 2. Zu dem darüber hinaus geltenden allgemeinen Verbot einer Annahme von Vorteilen nach dem arbeitsrechtlichen sog. Schmiergeldverbot siehe nachstehend 8.

diesen oder einen Dritten als Gegenleistung dafür anbietet, verspricht oder gewährt, dass er bei dem Bezug von Waren oder Dienstleistungen

- im inländischen oder ausländischen Wettbewerb ihn oder einen anderen in unlauterer Weise bevorzuge (Nr. 1) oder
- ohne Einwilligung des Unternehmens eine Handlung vornehme oder unterlasse, durch die der Angestellte oder Beauftragte seine Pflichten gegenüber dem Unternehmen verletzen würde (Nr. 2).

Das angedrohte Strafmaß ist in diesen Fällen Freiheitsstrafe bis zu drei Jahren oder Geldstrafe oder – in **besonders schweren Fällen der Bestechung im geschäftlichen Verkehr** – Freiheitsstrafe von drei Monaten bis zu fünf Jahren (§ 300 StGB).

- Nach § 299 Abs. 1 StGB macht sich ein Angestellter oder Beauftragter eines Unternehmens wegen des passiven Tatbestands der **Bestechlichkeit im geschäftlichen Verkehr** strafbar, der einen solchen Vorteil für sich oder einen Dritten fordert, sich versprechen lässt oder annimmt. Das angedrohte Strafmaß ist ebenfalls Freiheitsstrafe bis zu drei Jahren oder Geldstrafe oder – in **besonders schweren Fällen der Bestechlichkeit im geschäftlichen Verkehr** – Freiheitsstrafe von drei Monaten bis zu fünf Jahren (§ 300 StGB).

Die Tatbestände der Bestechung und Bestechlichkeit im geschäftlichen Verkehr wurden zum 26.11.2015 durch das Gesetz zur Bekämpfung der Korruption[102] ausgedehnt. Bis dahin hat eine Strafbarkeit nach § 299 StGB vorausgesetzt, dass der Täter sich einen Vorteil als Gegenleistung für eine unlautere Bevorzugung im Wettbewerb (als „Nehmer") versprechen lässt, fordert oder annimmt oder (als „Geber") anbietet, verspricht oder gewährt (sog. „**Wettbewerbsmodell**"[103]).

42

Seit der Neufassung erfasst der Tatbestand darüber hinaus solche Vorteile, die einem Angestellten oder Beauftragten eines Unternehmens ohne Einwilligung dieses Unternehmens als Gegenleistung für die Verletzung einer gegenüber diesem Unternehmen bestehenden Pflicht gewährt werden (sog. „**Geschäftsherrenmodell**"[104]).[105]

43

Die Pflicht gegenüber dem Unternehmen kann dabei insb. aus dem Gesetz oder aus Vertrag folgen, etwa aus ergänzenden arbeitsrechtlichen Regelungen in Form von unternehmensinternen Richtlinien. Allerdings ist nicht jede aus dem Rechtsverhältnis zwischen dem Angestellten oder Beauftragten und dem Unternehmen resultierende Pflicht ausreichend. Vielmehr muss die jeweilige Pflicht den Bezug von Waren oder Dienstleistungen betreffen. Folglich genügt ein Verstoß gegen Compliance-Regelungen des Unternehmens, den der Angestellte oder Beauftragte allein durch die Annahme des Vorteils begeht – etwa weil er

---

102 Gesetz zur Bekämpfung der Korruption v. 20.11.2015 (Fn. 32).
103 Dazu *Dannecker*, in: Kindhäuser/Neumann/Paeffgen, StGB, § 299 Rn. 5 f.; siehe auch *Fischer*, in: StGB, § 299 Rn. 21 („wettbewerbsbezogene Korruption").
104 Dazu *Dannecker*, in: Kindhäuser/Neumann/Paeffgen, StGB, § 299 Rn. 5 und 7; siehe auch *Fischer*, in: StGB, § 299 Rn. 33 („pflichtverletzende Korruption").
105 Grundlegend zur Neufassung von § 299 StGB durch das Gesetz zur Bekämpfung der Korruption und der Ausdehnung auf das sog. Geschäftsherrenmodell etwa *Dannecker/Schröder*, in: ZRP 2015, S. 48 ff.

den Vorteil wegen seines Werts nicht hätte annehmen dürfen –, für eine Strafbarkeit nicht aus.

5.1 Angestellter oder Beauftragter

44 § 299 StGB gilt für Zuwendungen an Angestellte[106] oder Beauftragte eines Unternehmens.[107] Nicht erfasst bleiben damit Zuwendungen an Betriebsinhaber und an sonstige Personen, die in eigenem Namen und für eigene Rechnung handeln.[108] Bei Banken und sonstigen Finanzinstituten betrifft dies im Wesentlichen Kunden, die natürliche Personen sind. Geschäftskunden sind allerdings meist Unternehmen in der Rechtsform der GmbH oder Aktiengesellschaft oder eine Personenhandelsgesellschaft. Geschäftsführer einer GmbH sind Angestellte der Gesellschaft,[109] Vorstandsmitglieder einer Aktiengesellschaft und einzelne geschäftsführende Personengesellschafter einer Personengesellschaft deren Beauftragte.[110]

5.2 Sozialadäquanz

45 Wie die Tatbestände der Vorteilsgewährung und Vorteilsannahme (dazu oben 3.1) gilt auch § 299 StGB nicht für sozialadäquate Zuwendungen. Insoweit ist anerkannt, dass die Grenzen der **Sozialadäquanz im geschäftlichen Verkehr weiter** zu ziehen sind als im Bereich der öffentlichen Verwaltung.[111] Von einer Strafbarkeit ausgenommen bleiben sollen namentlich Vorteile, die so gering sind, „dass bei vernünftiger Betrachtung nicht der Eindruck entstehen kann, dass der Nehmer sich dem Geber durch die Annahme der Zuwendung verpflichtet fühlt".[112]

Wie im Bereich des öffentlichen Sektors kommt es damit auch in der Privatwirtschaft nicht auf eine bestimmte Wertgrenze an, sondern auf eine Eignung zur sachwidrigen Beeinträch-

---

106 Dazu *Fischer*, in: StGB, § 299 Rn. 11 und 14 m. w. N.; *Heger*, in: Lackner/Kühl, StGB, § 299, Rn. 2.
107 Dazu *Fischer*, in: StGB, § 299 Rn. 11 und 15; *Krick*, in: Münchener Kommentar zum StGB, § 299 Rn. 5 m. w. N.
108 Dazu *Fischer*, in: StGB, § 299 Rn. 12 f. m. w. N. (auch zum geschäftsführenden Alleingesellschafter einer GmbH); siehe auch *Dannecker*, in: Kindhäuser/Neumann/Paeffgen, StGB, § 299 Rn. 25 und 44.
109 *Fischer*, in: StGB, § 299 Rn. 14; *Krick*, in: Münchener Kommentar zum StGB, § 299 Rn. 8 m. w. N.
110 *Fischer*, in: StGB, § 299 Rn. 13 und 16; *Krick*, in: Münchener Kommentar zum StGB, § 299 Rn. 8 m. w. N.
111 *Fischer*, in: StGB, § 299 Rn. 29; *Dannecker,* in: Kindhäuser/Neumann/Paeffgen, StGB, § 299 Rn. 58 m. w. N.
112 Statt vieler *Dannecker*, in: Kindhäuser/Neumann/Paeffgen, StGB, § 299 Rn. 58 m. w. N.

tigung des Zuwendungsempfängers bei einer **Gesamtschau** unter Berücksichtigung insb. folgender Umstände des Einzelfalls:[113]
- der betroffene Geschäftsbereich;
- die Stellung und die Lebensumstände der Beteiligten;
- der Wert und die Art und Weise der Zuwendung.

Zuwendungen im geschäftlichen Verkehr sind vor diesem Hintergrund bei Vorliegen folgender Umstände eher unbedenklich: *46*

- Bestehen einer langjährigen Geschäftsbeziehung, in der keine nennenswerten Auswahlentscheidungen (mehr) zu treffen sind;
- Einladungen an eine größere Zahl von Personen;
- Einladungen zu fachbezogenen Veranstaltungen;
- besondere Veranlassung der Zuwendung (und nicht Teil einer Serie häufiger Zuwendungen);
- Zuwendung ist an den Unternehmensinhaber gerichtet oder von dem Vorgesetzten des Angestellten oder Beauftragten genehmigt;
- Unternehmensinhaber hat selbst einen Nutzen davon, dass der Angestellte oder Beauftragte die Zuwendung erhält.

5.3 Unrechtsvereinbarung

Da der Vorteil bei § 299 StGB im Gegenzug für eine unlautere Bevorzugung im Wettbewerb oder eine Pflichtverletzung gegenüber dem Unternehmen des Zuwendungsempfängers angeboten, versprochen oder gewährt (oder gefordert, sich versprechen lassen oder angenommen) werden muss, setzt eine Strafbarkeit – wie bei den Tatbeständen der Bestechung (§ 333 StGB) und Bestechlichkeit (§ 331 StGB) (dazu oben 3.2) – in jedem Fall eine entsprechende sog. **Unrechtsvereinbarung** voraus.[114] *47*

Im Verhältnis zu Angestellten und Beauftragten im geschäftlichen Verkehr sind deshalb solche Zuwendungen zulässig, die etwa als Dank für vergangene Handlungen (selbst wenn diese z. B. eine unlautere Bevorzugung im Wettbewerb darstellen) gewährt werden, soweit sie tatsächlich als eine solche Anerkennung und nicht zugleich als Anreiz für eine künftige Bevorzugung erfolgen oder sie nicht ihrerseits bereits Gegenstand einer früheren Unrechtsvereinbarung waren.[115]

5.4 Keine Rechtfertigung durch Geschäftsherrengenehmigung

Eine Strafbarkeit wegen einer Pflichtverletzung gegenüber dem Unternehmen (§ 299 Abs. 1 Nr. 2, Abs. 2 Nr. 2 StGB) scheidet aus, wenn das Unternehmen vorab eingewilligt hat. Für eine wirksame Einwilligung soll dabei erforderlich sein, dass das Unternehmen vorab *48*

---

113 *Dannecker,* in: Kindhäuser/Neumann/Paeffgen, StGB, § 299 Rn. 59 m. w. N.
114 Ausführlich dazu *Dannecker,* in: Kindhäuser/Neumann/Paeffgen, StGB, § 299 Rn. 64 ff.; siehe auch *Heger,* in: Lackner/Kühl, StGB, § 299 Rn. 5.
115 *Fischer,* in: StGB, § 299 Rn. 22; *Krick,* in: Münchener Kommentar zum StGB, § 299 Rn. 25 m. w. N.

sowohl das Fordern, Sichversprechenlassen oder Annehmen des Vorteils als auch die Verbindung des Vorteils mit der pflichtwidrigen Handlung des Angestellten oder Beauftragten – im Sinne einer „Unrechtsvereinbarung" (dazu oben 5.3) – gestattet.[116]

49 In der Tatbestandsvariante der unlauteren Bevorzugung (§ 299 Abs. 1 Nr. 1, Abs. 2 Nr. 1 StGB) soll eine Einwilligung des Geschäftsherrn eine Strafbarkeit hingegen nicht ausschließen.[117] Allerdings soll aus einer Verheimlichung des Vorteils gegenüber dem Geschäftsherrn des Angestellten oder Beauftragten ein „besonderer Handlungsunwert" folgen können[118] und es besteht ein Risiko, dass Behörden und Gerichte eine solche Heimlichkeit als Indiz für eine „Unrechtsvereinbarung" werten könnten.

6 Bestechlichkeit und Bestechung im Gesundheitswesen (§§ 299a, 299b StGB)

50 Durch das am 04.06.2016 in Kraft getretene Gesetz zur Bekämpfung der Korruption im Gesundheitswesen[119] wurden mit den § 299a StGB (Bestechlichkeit im Gesundheitswesen) und § 299b StGB (Bestechung im Gesundheitswesen) zudem zwei weitere Straftatbestände in das StGB aufgenommen.

Hintergrund dieser Gesetzesänderung war eine Entscheidung des BGH v. 29.03.2012,[120] nach der niedergelassene Vertragsärzte weder „Amtsträger" im Sinne der §§ 331 ff. StGB noch „Beauftragte" im Sinne von § 299 StGB sind. Eine Strafbarkeit wegen eines Korruptionsdelikts im Zusammenhang mit Zuwendungen an niedergelassene Vertragsärzte, um ihr Verhalten in einer bestimmten Weise zu beeinflussen, war damit generell ausgeschlossen, was von vielen als eine nicht akzeptable „Strafbarkeitslücke" kritisiert wurde.[121] Dieser Kritik ist der Gesetzgeber mit den neuen §§ 299a, 299b StGB nachgekommen:[122]

– Nach § 299b StGB macht sich eine natürliche Person wegen des aktiven Tatbestands der **Bestechung im Gesundheitswesen** strafbar, die einem Angehörigen eines bestimmten Heilberufs im Zusammenhang mit dessen Berufsausübung einen Vorteil für diesen oder einen Dritten dafür anbietet, verspricht oder gewährt, dass er insb. bei der Verordnung oder Bezug von Arznei- oder Hilfsmitteln oder von Medizinprodukten ihn oder einen anderen im inländischen oder ausländischen Wettbewerb in unlauterer Weise bevorzuge. Das angedrohte Strafmaß beträgt in diesen Fällen Freiheitsstrafe bis zu drei Jahren oder Geldstrafe oder – in **besonders schweren Fällen** – Freiheitsstrafe von drei Monaten bis zu fünf Jahren (§ 300 StGB).

---

116 *Dannecker*, in: Kindhäuser/Neumann/Paeffgen, StGB, § 299 Rn. 96 m. w. N.; *Heine/Eisele*, in: Schönke/Schröder, StGB, § 299 Rn. 30 m. w. N.
117 *Fischer*, in: StGB, § 299 Rn. 42; *Dannecker*, in: Kindhäuser/Neumann/Paeffgen, StGB, § 299 Rn. 97 und 130 m. w. N.
118 *Dannecker*, in: Kindhäuser/Neumann/Paeffgen, StGB, § 299 Rn. 23.
119 BGBl. 2016 I, S. 1254 f.
120 BGHSt 57, 202 ff.; dazu auch *Schröder*, in: NZWiSt 2015, S. 321 ff.; *Tsambikakis*, in: medstra 2016, S. 131 ff.
121 Instruktiv dazu etwa *Dannecker*, in: ZRP 2013, S. 37, 39 ff.; siehe auch *Rönnau*, in: Achenbach/Ransiek/Rönnau, Handbuch Wirtschaftsstrafrecht, Teil 3, Kap. 2, Rn. 20; *Radtke*, in: Münchener Kommentar zum StGB, § 11 Rn. 72.
122 Siehe dazu den Gesetzentwurf der Bundesregierung v. 21.10.2015, BT-Drs. 18/6446.

– Nach § 299a StGB macht sich ein solcher Angehöriger eines Heilberufs wegen des passiven Tatbestands der **Bestechlichkeit im Gesundheitswesen** strafbar, der einen Vorteil für sich oder einen Dritten dafür fordert, sich versprechen lässt oder annimmt, dass er insb. bei der Verordnung oder Bezug von Arznei- oder Hilfsmitteln oder von Medizinprodukten ihn oder einen anderen im inländischen oder ausländischen Wettbewerb in unlauterer Weise bevorzuge. Das angedrohte Strafmaß beträgt in diesen Fällen ebenfalls Freiheitsstrafe bis zu drei Jahren oder Geldstrafe oder – in **besonders schweren Fällen** – Freiheitsstrafe von drei Monaten bis zu fünf Jahren (§ 300 StGB).

Da diese Tatbestände für Finanzinstitute wie insb. Banken in der Praxis eine eher untergeordnete Rolle spielen, wird auf eine nähere Darstellung verzichtet.[123]

7 Begünstigungen von Mitgliedern von Betriebsverfassungsorganen (§ 119 Abs. 1 Nr. 3 BetrVG)

Zuwendungen an Mitglieder von Betriebsverfassungsorganen können ebenfalls Strafbarkeitsvorwürfe nach sich ziehen und waren bereits mehrfach Anlass für entsprechende Ermittlungsverfahren deutscher Staatsanwaltschaften. Zu beachten sind in diesem Zusammenhang die Tatbestände der Begünstigung von Mitgliedern betrieblicher Mitbestimmungsorgane nach § 119 Abs. 1 Nr. 3 Var. 2 BetrVG[124] sowie nach den §§ 42 Nr. 3, 44 Abs. 1 Nr. 2 EBRG. 51

Ein wichtiger Unterschied dieser Straftatbestände gegenüber insb. Tatbeständen zu Zuwendungen an Amtsträger (§§ 331 ff. StGB) und den Tatbeständen der Bestechung und Bestechlichkeit im geschäftlichen Verkehr (§ 299 StGB) ist es, dass sie **nur die aktive Begünstigung unter Strafe** stellen;[125] die (passive) Annahme der Begünstigung ist für das Mitglied des Mitbestimmungsorgans als sog. notwendige Teilnahme[126] straflos. 52

Ähnlich wie der Tatbestand der Vorteilsgewährung (§ 333 StGB) verbietet insb. § 119 Abs. 1 Nr. 3 Var. 2 BetrVG die Begünstigungen von Mitgliedern eines Betriebsverfassungsorgans **„um ihrer Tätigkeit willen"**. Da die Vorschrift in der Praxis eine untergeordnete Rolle spielt,[127] gelten die Konturen des Straftatbestands und wesentliche Aspekte seiner praktischen Anwendung mitunter als nicht hinreichend geklärt. Da § 119 Abs. 1 Nr. 3 53

---

123 Grundlegend zu den §§ 299a, 299b StGB etwa *Tsambikakis*, in: medstra 2016, S. 131 ff.; siehe auch *Schröder*, in: NZWiSt 2015, S. 321 ff. (Teil 1) und 361 ff. (Teil 2).
124 Grundlegend dazu etwa *Pasewaldt*, in: ZIS 2007, S. 75, 79 f.; siehe auch *Joecks*, in: Münchener Kommentar zum StGB, § 119 BetrVG Rn. 28 ff.
125 Dazu *Schemmel/Slowinski*, in: BB 2009, S. 830.
126 LG Braunschweig Urt. v. 22. 02. 2008 (6 KLs 20/07) Rn. 358 (zitiert nach Juris): „Eine Handlung des begünstigten Betriebsrates, die sich lediglich darauf beschränkt, die ihm vom Arbeitgeber angebotene Begünstigung entgegen zu nehmen, ist daher straflos"; dazu auch *Joecks*, in: Münchener Kommentar zum StGB, § 119 Rn. 37; *Dzida/Mehrens*, in: NZA 2013, S. 753, 757; *Rieble/Klebeck*, in: NZA 2006, 758, 767; *Pasewaldt*, in: ZIS 2007, S. 75, 80.
127 Vorwürfe einer Begünstigung etwa von Betriebsratsmitgliedern gehen häufig mit weiteren – schwerwiegenderen – Vorwürfen einher (etwa wegen Untreue, § 266 StGB, oder Betrugs, § 263 StGB), weshalb entsprechende Verfahren in der Praxis häufig aus Opportunitätsgründen auf diese schwerwiegenderen Vorwürfe beschränkt werden, siehe etwa BGHSt 55, 288, 297 (Beschränkung „aus verfahrensökonomischen Gründen").

Var. 2 BetrVG dem Erhalt des Vertrauens in die Lauterkeit der im fremden Interesse der Arbeitnehmer errichteten betrieblichen Mitbestimmung dient,[128] erscheint eine Orientierung an der Auslegung des Tatbestands der Vorteilsgewährung geboten.

54 Unter dem **Gesichtspunkt der Sozialadäquanz** können Geschenke, Einladungen und Bewirtungen etwa von Betriebsratsmitgliedern demnach zulässig sein, wenn sie als sozial üblich als auch allgemein gebilligt erscheinen, etwa weil sie dem Gebot der vertrauensvollen Zusammenarbeit und dem Meinungsaustausch sowie dem Dialog zwischen Arbeitgeber und Arbeitnehmern[129] dienen. **Einladungen zu Essen** wird man vor diesem Hintergrund insb. als zulässig erachten können, wenn sie dem Erscheinungsbild eines Arbeitsessens entsprechen: in der Regel ein Frühstück oder ein Mittagessen, ein Abendessen hingegen nur aus begründetem Anlass, und grundsätzlich in größerer Runde mit anderen Mitgliedern des Betriebsverfassungsorgans, jedenfalls ohne private Begleitung und in angemessenem Umfeld. Wird nur ein einzelnes Betriebsratsmitglied eingeladen, sollte dies – da der Natur des Betriebsrats als Kollektivorgan – nachvollziehbar begründet sein und dokumentiert werden.

55 Entsprechend den von der Rechtsprechung zum Tatbestand der Vorteilsgewährung aufgestellten Grundsätzen (dazu oben 3.1.3) wird man ferner solche Zuwendungen grundsätzlich als zulässig erachten können, die dazu dienen, die dem Betriebsverfassungsorgan zufallenden Aufgaben der Mitbestimmung zu erfüllen. Beispielhaft zu nennen sind in diesem Zusammenhang namentlich Einladungen zu fachbezogenen Veranstaltungen, etwa zu Fortbildungen von Mitgliedern eines Betriebsrats, wie sie von Gewerkschaften in vielfältiger Weise angeboten werden.[130] In Betracht kommen zudem Veranstaltungen, an denen Mitglieder in Vertretung für die Arbeitnehmerschaft Repräsentationsaufgaben gegenüber dem Arbeitgeber oder Dritten wahrnimmt. In beiden Fällen ist aber darauf zu achten, dass im Rahmen solcher Veranstaltungen gewährte Zuwendungen – namentlich eine Bewirtung, Unterkunft oder eine Erstattung von Reisekosten – moderat sind und keinen Anlass dazu bieten, an dem fachlichen und aufgabenbezogenen Charakter der Veranstaltung im Übrigen zu zweifeln.

8 Besondere Regeln zur Annahme von Vorteilen im Arbeits-, Dienst- und Wertpapierhandelsrecht

56 Mitarbeitern von Banken ist die Annahme von Vorteilen allgemein nach dem sog. Schmiergeldverbot untersagt, und zwar auch dann, wenn der Tatbestand der Bestechlichkeit im geschäftlichen Verkehr nach § 299 Abs. 1 StGB (dazu oben 5) nicht erfüllt ist. Dieses **allgemeine Schmiergeldverbot** ergibt sich nach der Rechtsprechung stillschweigend aus dem Arbeitsvertrag. Es verbietet jedem Arbeitnehmer, bei der Ausführung von vertrag-

---

128 *Joecks*, in: Münchener Kommentar zum StGB, § 119 BetrVG Rn. 28; *Pasewaldt*, in: ZIS 2007, S. 75, 79 m. w. N.
129 Vgl. § 2 Abs. 1 BetrVG („Arbeitgeber und Betriebsrat arbeiten […] vertrauensvoll und im Zusammenwirken mit den im Betrieb vertretenen Gewerkschaften und Arbeitgebervereinigungen zum Wohl der Arbeitnehmer und des Betriebs zusammen.").
130 Dazu etwa *Annuß*, in: Richardi, Betriebsverfassungsgesetz, § 119 Rn. 24; *Joecks*, in: Münchener Kommentar zum StGB, § 119 Rn. 32; *Rieble*, in: CCZ 2008, S. 121, 126.

lichen Aufgaben Vorteile entgegenzunehmen, die dazu bestimmt oder auch nur geeignet sind, ihn in seinem geschäftlichen Verhalten zugunsten Dritter zu beeinflussen.[131] Auf eine Schädigung des Arbeitgebers kommt es dabei nicht an, weil der Verstoß bereits in der mit der Annahme eines solchen Vorteils „zu Tage getretenen Einstellung des Arbeitnehmers [liegt], unbedenklich eigene Vorteile bei der Erfüllung von Aufgaben wahrnehmen zu wollen, obwohl er sie allein im Interesse des Arbeitgebers durchzuführen hat".[132] Für Beamte und Angestellte des öffentlichen Diensts, für die außerdem der Straftatbestand der Vorteilsannahme nach § 331 StGB (dazu oben 3.1) gilt, bestehen vergleichbare Regelungen in den Beamtengesetzen[133] und in den Tarifverträgen des öffentlichen Diensts.[134]

Eine ähnliche Regelung besteht ferner für **Mitarbeiter von Wertpapierdienstleistungsunternehmen**, die an der Erstellung einer Finanzanalyse beteiligt sind: Solche Mitarbeiter dürfen bestimmte Zuwendungen[135] von Personen, die ein „wesentliches Interesse" an der Finanzanalyse haben, nicht annehmen, und Wertpapierdienstleistungsunternehmen müssen dies mit organisatorischen Vorkehrungen gewährleisten (§ 5a Abs. 2 Nr. 2 Finanzanlayseverordnung – FinAnV). Vor dem Hintergrund des für Angestellte ohnehin geltenden sog. Schmiergeldverbots dürfte die Regelung eine eher geringe Bedeutung für Geschenke, Einladungen und Bewirtungen haben. Einen eigenen Regelungscharakter entfaltet die Vorschrift allerdings dort, wo eine Zustimmung des Arbeitgebers für unbeachtlich gehalten wird oder auch fachbezogene Veranstaltungen (etwa Reisen zu Investorenkonferenzen) als verbotene Zuwendungen betrachtet werden.   *57*

Ob Geschenke und Einladungen an Mitarbeiter zudem unter das allgemeine Verbot von Zuwendungen im Zusammenhang mit Wertpapierdienstleistungen nach § 70 WpHG fallen, ist umstritten.[136] Soweit dies bejaht wird und ein Zusammenhang besteht, ist dem Mitarbeiter ebenso wie dem Wertpapierdienstleistungsunternehmen als Arbeitgeber die Annahme untersagt. Als zulässiger Vertriebsanreiz kämen Geschenke und Einladungen in diesem Fall nur noch unter den Voraussetzungen von Qualitätsverbesserung und Offenlegung in Betracht.[137]   *58*

---

131 BAG ZTR 2002, 45 f.; LAG Mainz Urt. v. 16.01.2009 (9 Sa 572/08), juris (außerordentliche Kündigung wegen Annahme von Vorteilen [u.a.]), dazu auch *Passarge*, PharmR 2011, 80 ff.; siehe auch LAG Rheinland-Pfalz Urt. v. 26.02.2016 (1 Sa 358/15), juris (Verstoß gegen das Schmiergeldverbot ist regelmäßig Grund für fristlose Kündigung des Arbeitnehmers).
132 BAG ZTR 2002, 45 f.
133 Etwa § 71 Abs. 1 Satz 1 BBG („Beamtinnen und Beamte dürfen, auch nach Beendigung des Beamtenverhältnisses, keine Belohnungen, Geschenke oder sonstigen Vorteile für sich oder einen Dritten in Bezug auf ihr Amt fordern, sich versprechen lassen oder annehmen. Ausnahmen bedürfen der Zustimmung der obersten oder der letzten obersten Dienstbehörde.").
134 Etwa § 3 Abs. 2 Satz 1 TVöD („Die Beschäftigten dürfen von Dritten Belohnungen, Geschenke, Provisionen oder sonstige Vergünstigungen in Bezug auf ihre Tätigkeit nicht annehmen.").
135 Im Sinne von § 70 WpHG.
136 Bejahend etwa *Rozok*, in: Clouth/Lang, MiFID-Praktikerhandbuch, S. 230; ablehnend etwa *Koller*, in: Assmann/Schneider (Hrsg.): WpHG, § 31d Rn. 2 m. w. N (noch zu § 31d WpHG a. F.).
137 Siehe dazu das Kapitel II.B.2 „Zuwendungen im Wertpapierrecht" von Dr. Barbara Roth und Dr. Denise Blessing in diesem Buch.

9 Steuerliche Aspekte bei Zuwendungen

59 Geschenke, Einladungen und Bewirtungen können auf der Seite des Empfängers eine Lohnsteuer- und Sozialversicherungspflicht auslösen. Zum steuer- und sozialversicherungspflichtigen Arbeitslohn zählen alle Vorteile, die für eine Beschäftigung im privaten oder öffentlichen Dienst gewährt werden.[138] Erfasst wird demnach jeder **geldwerte Vorteil**, der durch das individuelle Beschäftigungsverhältnis in der Weise veranlasst ist, dass ein Arbeitnehmer ihn „vernünftigerweise als Frucht seiner Leistung für den Arbeitgeber ansehen muss".[139] Als Sachbezüge bleiben Geschenke, Einladungen und Bewirtungen allerdings außer Ansatz, wenn sie zusammen mit sonstigen Sachbezügen im Kalendermonat insgesamt 44 € nicht übersteigen.[140] Nicht zu berücksichtigen sind ferner solche Einladungen, die nicht als Arbeitslohn erscheinen, sondern als Arbeitsverrichtung im Sinne einer „notwendige[n] Begleiterscheinung betriebsfunktionaler Zielsetzung".[141] Ausgenommen sind schließlich Geschenke, Einladungen und Bewirtungen, die bereits vom Zuwendenden pauschaliert versteuert worden sind.[142]

60 Bei Zuwendungen sowohl an Amtsträger als auch in der Privatwirtschaft ist ferner das in § 4 Abs. 5 Satz 1 Nr. 10 Satz 1 EStG geregelte **Betriebsausgabenabzugsverbot** zu beachten. Nach dieser Regelungen dürfen Banken[143] die Aufwendungen für Zuwendungen von Vorteilen steuerlich insb. dann nicht gewinnmindernd geltend machen, wenn „die Zuwendung der Vorteile eine rechtswidrige Handlung darstellt, die den Tatbestand eines Strafgesetzes (…) verwirklicht".

Wurden Aufwendungen für entsprechende Zuwendungen dennoch in Steuererklärungen einer Bank gewinnmindernd geltend gemacht und wird dies nachträglich erkannt, kann dies eine Pflicht auslösen, dies unverzüglich den Finanzbehörden anzuzeigen und die erforderliche Richtigstellung vorzunehmen (§ 153 Abs. 1 Satz 1 Nr. 1 AO). Die Verletzung einer solchen **Berichtigungspflicht** kann unter bestimmten Voraussetzungen den Vorwurf einer Steuerhinterziehung durch Unterlassen (§ 370 Abs. 1 Nr. 2 AO) begründen.

10 Korruptionsstraftaten als Vortaten für Geldwäsche

61 Zu beachten ist ferner, dass die Straftatbestände der Bestechlichkeit und Bestechung von Mandatsträgern (§ 108e StGB[144]), der Bestechlichkeit (§ 332 StGB) und Bestechung (§ 334

---

138 Siehe § 19 Abs. 1 Nr. 1 EStG, § 14 Abs. 1 SGB IV.
139 BFH NJW 1997, 216 = BStBl. II 1996, 545.
140 § 8 Abs. 2 Satz 11 EStG, § 3 Abs. 1 Verordnung über die sozialversicherungsrechtliche Beurteilung von Zuwendungen des Arbeitgebers als Arbeitsentgelt (Sozialversicherungsentgeltverordnung – SvEV).
141 BFH BB 1997, 79 = BStBl. II 1997, 97.
142 Siehe § 37b EStG, § 1 Abs. 1 Satz 1 Nr. 14 SvEV. Siehe zum Abzugsverbot für unentgeltliche Zuwendungen nach § 4 Abs. 5 Satz 1 Nr. 1 EStG auch BFH DStR 2017, 1255 = BStBl. II 2017, 892.
143 Nach § 8 Abs. 1 Satz 1 KStG gilt § 4 Abs. 5 Satz 1 Nr. 10 Satz 1 EStG auch für Körperschaften.
144 § 108e StGB wurde aufgenommen in den Vortatenkatalog der Geldwäsche (§ 261 StGB) durch das 48. Strafrechtsänderungsgesetz zur Erweiterung des Straftatbestands der Abgeordnetenbestechung (Fn. 93), siehe § 261 Abs. 1 Satz 2 Nr. 2 Buchst. a StGB.

StGB)[145] sowie – in Fällen der gewerbsmäßigen oder bandenmäßigen Begehung – der Bestechlichkeit und Bestechung im geschäftlichen Verkehr (§ 299 StGB)[146] **taugliche Vortaten** des Straftatbestands der Geldwäsche nach § 261 StGB sind. Vor diesem Hintergrund können sich Mitarbeiter von Banken wegen Geldwäsche strafbar machen, die etwa die Herkunft einer Bargeldzahlung verschleiern, die ein Kunde als Vorteil im Sinne einer dieser Vortaten erhalten hat.

11 Richtlinien und Best Practice

Ein Kreditinstitut muss über eine **ordnungsgemäße Geschäftsorganisation** verfügen, das die Einhaltung der von ihm zu beachtenden gesetzlichen Bestimmungen gewährleistet (§ 25a Abs. 1 Satz 1 KWG). Unabhängig davon kommt bei Verstößen insb. gegen Korruptionsstraftatbestände eine persönliche Haftung vor allem von Mitgliedern der Geschäftsleitung nach den §§ 130, 9 OWiG in Betracht. Wer als Betriebsinhaber Aufsichtsmaßnahmen unterlässt, die eine betriebsbezogene Straftat (oder Ordnungswidrigkeit) verhindert oder wesentlich erschwert hätte, begeht eine Ordnungswidrigkeit, die für die betroffene Einzelperson mit einer Geldbuße von bis zu 1 Mio. € geahndet werden kann. Darüber hinaus sind in einem solchen Fall straf- und ordnungswidrigkeitenrechtliche Sanktionen gegen das betroffene Kredit- oder sonstige Finanzinstitut möglich, namentlich die Festsetzung einer Unternehmensgeldbuße nach § 30 OWiG – die im Einzelfall bis zu 10 Mio. € oder sogar mehr betragen kann, wenn dies erforderlich ist, um einen höheren wirtschaftlichen Vorteil abzuschöpfen (§ 17 Abs. 4 OWiG) – oder eine Einziehungsanordnung nach den §§ 73 ff. StGB, 29a OWiG.[147]

62

Banken treffen vor diesem Hintergrund betriebliche Maßnahmen, um Gesetzesverstöße im Zusammenhang mit Geschenken, Einladungen und Bewirtungen zu verhindern. Dabei haben sie grundsätzlich die Wahl zwischen verschiedenen Formen geeigneter betrieblicher Maßnahmen. Weit verbreitet sind in der Praxis entsprechende Richtlinien („**Gifts and Entertainment Policy**") und Rundschreiben, die als Ausfluss seines Direktionsrechts einseitige Weisungen des Arbeitgebers darstellen und oft um entsprechende Präsenzschulungen oder sog. Online-Trainings ergänzt werden. Gegenüber arbeitsvertraglichen Regelungen, wie insb. formularmäßigen Anlagen und Zusatzvereinbarungen, haben solche Richtlinien den Vorzug größerer Flexibilität. Eine arbeitsvertragliche Regelung über Geschenke, Einladungen und Bewirtungen ist zudem insoweit nicht erforderlich, als es um die Einhaltung von Gesetzestreue geht, die der Arbeitnehmer aufgrund seiner arbeitsvertraglichen Treuepflicht ohnehin schuldet und die damit dem Weisungsrecht des Arbeitgebers unterliegt.[148]

63

---

145 Jeweils auch in Verbindung mit § 335a StGB, also bei Zuwendungen an ausländische Amtsträger, siehe § 261 Abs. 1 Satz 2 Nr. 2 Buchst. a StGB.
146 § 299 StGB wurde aufgenommen in den Vortatenkatalog der Geldwäsche (§ 261 StGB) durch das Gesetz zur Bekämpfung der Korruption (Fn. 32), siehe § 261 Abs. 1 Satz 2 Nr. 4 Buchst. a StGB.
147 Siehe dazu auch das Kapitel „Strafrechtliche Aspekte der Compliance in Kreditinstituten" von Jürgen Wessing, Heiner Hugger, Heiko Ahlbrecht und David Pasewaldt in diesem Buch.
148 Dazu etwa *Mengel/Hagemeister*, in: BB 2007, S. 1386, 1387.

64 Regelungen über Geschenke, Einladungen und Bewirtungen unterliegen nicht der **Mitbestimmung**, soweit mit ihnen nur auf bestehende gesetzliche Pflichten hingewiesen wird.[149] Mitbestimmungspflichtig sein können dagegen Regelungen zum sog. Ordnungsverhalten am Arbeitsplatz (§ 87 Abs. 1 Satz 1 BetrVG), wie beispielsweise standardisierte Meldeverfahren in der Form einer computergestützten Erfassung von Geschenken, Einladungen und Bewirtungen.

65 Wesentlicher Inhalt einer solchen Richtlinie ist es, relevante Mitarbeiter über bestehende gesetzliche Pflichten aufzuklären und auf diese hinzuweisen. In welcher Ausführlichkeit dies geschieht, ist grundsätzlich eine Ermessensfrage des Kreditinstituts als Arbeitgeber. Üblich sind eine wörtliche Wiedergabe einschlägiger Vorschriften ebenso wie ein Anführen von Grundsätzen, die diese Vorschriften paraphrasieren (etwa „Weder die Gewährung von Geschenken, Einladungen und Bewirtungen noch ihre Annahme darf den Anschein einer unredlichen Entscheidungsbeeinflussung begründen."). Empfehlenswert ist dabei stets eine Hervorhebung der besonderen gesetzlichen Schranken für Zuwendungen an Amtsträger. Zudem sollten allgemeine Hinweise in Richtlinien durch praktische Verhaltensregeln und Prozesse ergänzt werden, wie beispielsweise eine Festlegung von **Wertgrenzen für genehmigungsfreie Zuwendungen**. Bei der Bestimmung solcher Wertgrenzen sollten Banken, neben steuerlichen Aspekten (dazu oben 9), für sie relevante ausländische Korruptionsgesetze berücksichtigen und eine Festlegung unternehmensweit einheitlicher Wertgrenzen erwägen.

66 Ferner können in Richtlinien für einzeln zu benennende Zuwendungen **Freistellungen** enthalten (z. B. Kugelschreiber, Notizblöcke, Erinnerungsgegenstände aus Anlass einer abgeschlossenen Transaktion [„Tombstone"]) und für andere Zuwendungen ein **generelles Verbot** aussprechen (z. B. Bargeld, Gutscheine, Unterhaltung mit erotischem Inhalt). Sinnvoll erscheinen schließlich interne **Genehmigungserfordernisse** für Zuwendungen an bestimmte Empfänger (etwa Amtsträger oder Betriebsräte) oder für Zuwendungen mit einem anderweitig besonderen Korruptionsrisiko (etwa Zuwendungen an Geschäftspartner in Ländern mit einem besonders hohen Korruptionsindex[150]). Als Genehmigender kommen dabei wegen besonderer Sachnähe der jeweilige Vorgesetzte oder, jedenfalls auch, wegen besonderer Rechtskenntnis die Rechts- oder Compliance-Abteilung in Betracht.

67 Vermieden werden sollte in Richtlinien allerdings die Fehlvorstellung, eine Zulässigkeit von Zuwendungen könnte anhand von Wertgrenzen und entsprechenden Genehmigungserfordernissen generell ungeachtet einer Berücksichtigung der Umstände des Einzelfalls beurteilt werden. Ziel sollte es vielmehr sein, Mitarbeiter für Korruptionsrisiken zu sensibilisieren und sie zu ermutigen, die Rechts- oder Compliance-Abteilung des Unternehmens beim Vorliegen entsprechender Anhaltspunkte („red flags") auch unabhängig von Wertgrenzen und Genehmigungserfordernissen anzusprechen und in relevante Vorgänge einzubinden. Vor diesem Hintergrund sollten Richtlinien stets auch einen entsprechenden **Ansprechpartner der Rechts- und Compliance-Abteilung** benennen.

---

149 *Mengel/Hagemeister*, in: BB 2007, S. 1386, 1392.

150 Siehe dazu den seit 1995 von Transparency International jährlich veröffentlichen *Corruption Perception Index*, abrufbar unter https://www.transparency.org/research/cpi/overview (letzter Abruf am 26. 05. 2018).

12 Literaturverzeichnis

Achenbach/Ransiek/Rönnau: Handbuch Wirtschaftsstrafrecht, 4. Aufl., Heidelberg 2015.

Acker/Ehling: Einladung in die Business-Lounge? – Strafbarkeitsrisiko bei Vergabe oder Annahme von Einladungen im geschäftlichen Verkehr, in: BB 2012, S. 2517–2522.

Assmann/Schneider (Hrsg.): Wertpapierhandelsgesetz, 6. Aufl., Köln 2012.

Bauer: Public Private Partnership und Amtsträgerbegriff, in: HRRS 2011, S. 410–425.

Clouth/Lang: MiFID-Praktikerhandbuch, Köln 2007.

Dannecker: Die Straflosigkeit der Korruption niedergelassener Vertragsärzte als Herausforderung für den Gesetzgeber, in: ZRP 2013, S. 37–41.

Dannecker/Schröder: Neuregelung der Bestechlichkeit und Bestechung im geschäftlichen Verkehr: Entgrenzte Untreue oder wettbewerbskonforme Stärkung des Geschäftsherrnmodells?, in: ZRP 2015, S. 48–51.

Dzida/Mehrens: Straf- und haftungsrechtliche Risiken im Umgang mit dem Betriebsrat, in: NZA 2013, S. 753–758.

Fischer: Kommentar zum Strafgesetzbuch, 65. Aufl., München 2018.

Hoven: Der Wechsel von Amtsträgern in die Privatwirtschaft – Gedanken zur Vorteilsannahme nach § 331 StGB am Beispiel Eckart v. Klaedens, in: NStZ 2013, S. 617–621.

Hugger/Pasewaldt: Strafverfolgung und interne Untersuchungen bei Korruptionsverdacht – Entwicklungen und Tendenzen in den USA, Großbritannien und Deutschland, in: Nietsch: Unternehmenssanktionen im Umbruch: Unternehmensstrafrecht, Embargo-Compliance und Korruptionsbekämpfung, Baden-Baden 2016.

Hugger/Pasewaldt: UK Bribery Act und Korruptionsermittlungen britischer Strafverfolgungsbehörden, in: RIW 2018, S. 115–120.

Hugger/Röhrich: Der neue UK Bribery Act und seine Geltung für deutsche Unternehmen, in: BB 2010, S. 2643–2647.

Joecks/Miebach: Münchener Kommentar zum Strafgesetzbuch, Band 5, 3. Aufl., München 2018.

Kindhäuser/Neumann/Paeffgen: Kommentar zum Strafgesetzbuch, Band 1 und 2, 5. Aufl., Baden-Baden 2017. S. 325–328.

Lackner/Kühl: Strafgesetzbuch, 29. Aufl., München 2018.

Mengel/Hagemeister: Compliance und arbeitsrechtliche Implementierung im Unternehmen, in: BB 2007, S. 1386–1393.

Mitsch: Karlsruher Kommentar zum Gesetz über Ordnungswidrigkeiten, 5. Aufl., München 2018.

Pasewaldt: Straftaten gegen Betriebsverfassungsorgane und ihre Mitglieder gem. § 119 BetrVG, in: ZIS 2007, S. 75–81.

Passarge: Aktuelle Entwicklungen und Tendenzen im Bereich Health Care Compliance – unter besonderer Berücksichtigung mittelständischer Unternehmen, in: PharmR 2011, S. 80–85.

Paster/Sättele: Alles, was das Leben verschönern kann, in: NStZ 2008, S. 366–374.

Richardi: Betriebsverfassungsgesetz mit Wahlordnung, 16. Aufl., München 2018.

Rieble: Gewerkschaftsbestechung?, in: CCZ 2008, S. 121–130.

Rieble/Klebeck: Strafrechtliche Risiken der Betriebsratsarbeit, in: NZA 2006, S. 758–769.

Sahan: Zur Strafbarkeit niedergelassener Vertragsärzte wegen Bestechlichkeit, in: ZIS 2012, S. 386–389.

Satzger/Schluckebier/Widmaier: Strafgesetzbuch, 3. Aufl., Köln 2017.

Schemmel/Slowinski: Notwendigkeit von Criminal Compliance im Bereich der Betriebsratstätigkeit, in: BB 2009, S. 830–833.

Schönke/Schröder: Strafgesetzbuch, 29. Aufl., München 2014.

Schröder: Korruptionsbekämpfung im Gesundheitswesen durch Kriminalisierung von Verstößen gegen berufsrechtliche Pflichten zur Wahrung der heilberuflichen Unabhängigkeit: Fünf Thesen zu den §§ 299a, 299b StGB des Regierungsentwurfs v. 29. 07. 2015, in: NZWiSt 2015, S. 321–333 (Teil 1) und 361–365 (Teil 2).

Trüg: Vorteilsgewährung durch Übersendung von WM-Gutscheinen – Schützt Sponsoring vor Strafe?, in: NJW 2009, S. 196–198.

Tsambikakis: Kommentierung des Gesetzes zur Bekämpfung der Korruption im Gesundheitswesen, in: medstra 2016, S. 131–141.

Wessing/Dann: Deutsch-Amerikanische Korruptionsverfahren, München 2013.

II.D.3

Die Regulierung von Vergütungsstrukturen in Kreditinstituten

Kathrin Berberich und Peggy Hachenberger

Inhaltsübersicht

1	Einleitung...	1–6
2	Rechtsgrundlage...	7–12
2.1	Anforderung an Vergütungssysteme (§ 25a Abs. 1 Satz 3 Nr. 6 und Abs. 5 KWG)...	7–12
3	BT 8 MaComp – Anforderungen an Vergütungssysteme im Zusammenhang mit der Erbringung von Wertpapierdienstleistungen und Wertpapiernebendienstleistungen..	13–38
3.1	Anwendungsbereich.......................................	13–16
3.2	Formelle Kriterien für die Konzeption und Überwachung von Vergütungssystemen..	17–27
3.3	Inhaltliche Kriterien für die Konzeption von Vergütungssystemen.........	28–38
4	Instituts-Vergütungsverordnung (InstitutsVergV) – Aufsichtsrechtliche Anforderungen an Vergütungssysteme von Kreditinstituten..............	39–97
4.1	Anwendungsbereich der InstitutsVergV i. d. F. ab 04. 08. 2017...........	41–47
4.2	Begriff der Vergütung......................................	48–55
4.3	Angemessenheit der Vergütung und der Vergütungssysteme............	56–97
5	Literaturverzeichnis	

1 Einleitung

Als eine Ursache der Finanzmarktkrise in 2008 wurde von den Aufsichtsbehörden eine Vergütungspolitik, die in den Finanzunternehmen Fehlanreize gesetzt hat, ausgemacht. Um dies künftig zu verhindern, wurden diverse Regeln, auch das Regelwerk des Corporate Governance-Leitfadens des Baseler Ausschusses für die Organe in der Leitung und in der Aufsicht der Unternehmen im Finanzmarktsektor überarbeitet und teilweise verschärft oder sogar ganz neu gefasst.

Über die Nachbesserungsziele, z. B. der Notwendigkeit einer angemessenen und nachhaltigen Qualifizierung der Mitglieder der Leitungs- und Aufsichtsgremien, aber auch der Überprüfung des Engagements der Mitglieder in Leitungs- und Aufsichtsgremien insb. in zeitlicher Hinsicht hinaus, widmete man der Frage der Regulierung zukünftiger Vergütungssysteme im Finanzmarktsektor besondere Aufmerksamkeit.

Der Finanzstabilitätsrat (FSB) hatte bereits in 2009 Prinzipien und Standards herausgegeben, zu deren umgehender Umsetzung sich die G20-Staaten verpflichtet hatten. In der EU wurden diese Vorgaben im Rahmen der sog. CRD III-Richtlinienänderung aufgegriffen, präzisiert und zum Teil auch verschärft. Deutschland hat diese Richtlinienvorgaben mit dem Gesetz über die aufsichtsrechtlichen Anforderungen an die Vergütungssysteme von Instituten und Versicherungsunternehmen und mit der Verordnung über die aufsichtsrechtlichen Anforderungen an Vergütungssysteme von Instituten (Instituts-Vergütungsverordnung – InstitutsVergV) zum Jahresende 2010 umgesetzt, sodass sie ab 2011 mit Rückwirkung auf Zahlungen für das Jahr 2010 ihre Wirkung entfalten konnten.

Die neuen Regeln enthalten aufsichtsrechtliche Vorgaben und Überprüfungsmechanismen für die Vergütungssysteme der Institute und sollen krisenverursachenden Fehlanreizen bei der Entlohnung im Finanzsektor entgegen wirken. Demnach sollen die Vergütungssysteme auf langfristige Institutsziele gerichtet sein; Anreize zur Eingehung unverhältnismäßig hoher Risiken sollen vermieden werden.

Um keine überzogenen Anforderungen an weniger komplexe bzw. kleine Institute zu stellen, unterscheidet die Instituts-Vergütungsverordnung zwischen allgemeinen Anforderungen an die Vergütungssysteme, die für alle Institute gelten und besonderen Anforderungen, die sich nur an bedeutende Institute ab einer bestimmten Größenordnung richten. Ein weiterer Gedanke dieser Regulierung war, dass mit einem gerechten Vergütungssystem auch verbunden sein muss, dass Erfolge belohnt, aber auch Misserfolge angemessen sanktioniert werden.

Nach einer mehrmonatigen Konsultations- und Vorbereitungsphase ist am 04. 08. 2017 eine novellierte Instituts-Vergütungsverordnung in Kraft getreten. „Mit der Überarbeitung wurden in erster Linie die Anforderungen der Leitlinien der Europäischen Bankenaufsichtsbehörde EBA für eine solide Vergütungspolitik[1] in deutsches Recht umgesetzt, die die Vergütungsregeln der europäischen Eigenmittelrichtlinie und -verordnung CRD IV und CRR konkretisieren", erklärt die Bundesanstalt für Finanzdienstleistungsaufsicht (BaFin).

---

[1] Leitlinien für eine solide Vergütungspolitik gemäß Art. 74 Abs. 3 und Art. 75 Abs. 2 der Richtlinie 2013/36/EU und Angaben gemäß Art. 450 der Verordnung (EU) Nr. 575/2013.

Flankierend dazu überarbeitet die BaFin derzeit ihre Auslegungshilfe zur Instituts-Vergütungsverordnung.

2 Rechtsgrundlage
2.1 Anforderung an Vergütungssysteme (§ 25a Abs. 1 Satz 3 Nr. 6 und Abs. 5 KWG)

7   Abs. 1 Satz 3 Nr. 6 (ursprünglich Nummer 4) wurde mit dem Gesetz über die aufsichtsrechtlichen Anforderungen an die Vergütungssysteme von Instituten und Versicherungsunternehmen v. 21.07.2010 in § 25a KWG eingefügt. Damit wurden internationale Prinzipien und Standards für eine Vergütungspolitik umgesetzt, um zukünftig Fehlentwicklungen entgegenzuwirken, wie man sie während der Finanzmarktkrise in den Jahren 2008 und 2009 beobachtet hat. Es sollen Vergütungsstrukturen geschaffen werden, die keine Fehlanreize für übermäßige Risiken setzen sollen. Als kritisch haben sich insb. kurzfristige Parameter, die einseitig Erfolg belohnen, ohne Misserfolg zu sanktionieren herausgestellt.[2]

8   Mit der Ergänzung von § 25a KWG im Jahr 2010 wurde des Weiteren die Umsetzung der vergütungsrelevanten Bestandteile der Richtlinie des Europäischen Parlaments und des Rates zur Änderung der Richtlinien 2006/48/EG und 2006/49/EG vorweggenommen, die sich zum Zeitpunkt des Gesetzgebungsverfahrens im fortgeschrittenen Entwurfsstadium befand und die FSB-Standards weitgehend übernahmen. Die Richtlinie 2010/76/EU-CRD III ist im Dezember 2010 in Kraft getreten.

9   Im Dezember 2010 hat der Ausschuss der Europäischen Bankenaufsichtsbehörden (comittee of european banking supervisors – CEBS – seit Januar 2011: european banking authority – EBA) eine Leitlinie zur Vergütungspolitik veröffentlicht.[3] Die Leitlinie zur Vergütungspolitik steht in unmittelbarem Zusammenhang mit der CRD III-Richtlinie, in der CEBS und EBA explizit zur Ausarbeitung von detaillierten Vorgaben aufgefordert wurden. Die Regelungen der CRD III zu den Vergütungspraktiken gingen weitgehend in der an ihre Stelle tretenden Richtlinie 2013/36/EU v. 26.06.2013 (CRD IV) auf. Die neuen Vorgaben der CRD IV zur Vergütung werden in Deutschland im Wesentlichen durch die am 01.01.2014 in Kraft tretenden Änderungen des § 25a KWG und die Instituts-Vergütungsverordnung umgesetzt.

10 Die Ergänzung von § 25a KWG verfolgt die Schaffung angemessener und transparenter Vergütungssysteme, die auf eine nachhaltige Entwicklung des Instituts zielen. Nach Nummer 6 von § 25a Abs. 1 Satz 3 KWG umfasst dies für eine ordnungsgemäße Geschäftsorganisation ein erforderliches Risikomanagement sowie entsprechende Vergütungssysteme für Geschäftsleiter und Mitarbeiter.

Ein Vergütungssystem berücksichtigt sowohl die inhaltliche als auch die organisatorische und prozessuale Gestaltung aller vom Unternehmen zu erbringenden finanziellen oder finanziell bewertbaren Leistungen für die Arbeitsleistung von Geschäftsleitern und Mitarbeitern. Die InstitutsVergV ergänzt insoweit die in § 2 Abs. 2 KWG vorgesehenen instituts-

---
2   Vgl. Begründung Regierungsentwurf v. 31.03.2010 Bundestagsdrucksache 17/1291, Abschn. A.
3   Guidelines und remunerations policies and practices v. 10.12.2010.

internen Regelungen zur Vergütung sowie deren Umsetzung und Anwendung durch das Institut.

2.1 BT 8 MaComp

Am 11.06.2013 veröffentlichte die europäische Wertpapier- und Marktaufsichtsbehörde ESMA (European Securities and Markets Authority) Leitlinien zu Vergütungsgrundsätzen und -verfahren, die auf der Richtlinie über Märkte für Finanzinstrumente MiFID (Markets in Financial Intruments Directive) basieren und zum 30.01.2014 in Kraft getreten sind. Die BaFin hat die Vorgaben der Leitlinien in ihrem Rundschreiben 4/2010 (WA) – MaComp[4] in die deutsche Verwaltungspraxis umgesetzt. Die Regelungen sollen verhindern, dass bei der Vergütung Fehlanreize entstehen, die dazu führen könnten, dass Mitarbeiter nicht im Kundeninteresse oder nach den Wohlverhaltensregeln des Wertpapierhandelsgesetzbuches handeln. Im Fokus der Regularien stehen die Vorgaben zur Gestaltung variabler Vergütungskomponenten.

11

BT 8 MaComp vervollständigt die bereits umfangreich bestehenden aufsichtsrechtlichen Vergütungsregelungen, die u.a. im KWG und der InstitutsVergV festgeschrieben sind. Während diese aufsichtsrechtlichen Regelwerke im Wesentlichen das Solvenzrecht betreffen und verhindern sollen, dass systemische Risiken für das jeweilige Institut entstehen, haben die Vergütungsregeln des BT 8 MaComp eine andere Zielrichtung: sie konzentrieren sich auf vergütungsbezogene Risiken, die für das Kundeninteresse bestehen. Die Regelungen des Moduls BT 8 MaComp bestehen z.T. neben den bisherigen Normen, ohne dass es zu wechselseitigen Beschränkungen käme; z.T. ergänzen sie sie um zusätzliche Vorgaben. Sollte es doch zu einem Konflikt kommen, tritt BT 8 MaComp hinter die anderen Regelungen (KWG, InstitutsVergV) zurück.

12

3 BT 8 MaComp – Anforderungen an Vergütungssysteme im Zusammenhang mit der Erbringung von Wertpapierdienstleistungen und Wertpapiernebendienstleistungen

3.1 Anwendungsbereich

Von den Anforderungen des BT 8 MaComp betroffen ist die Vergütung, die an sog. relevante Personen gewährt wird. Dies sind Personen, die die Wertpapierdienstleistungen und Wertpapiernebendienstleistungen oder das allgemeine Verhalten des Wertpapierdienstleistungsunternehmens maßgeblich beeinflussen und mitgestalten können, vor allem im Hinblick auf Kundeninteressen, und deren Vergütung unangemessene Anreize bieten kann, nicht im Interesse des Kunden zu handeln.

13

---

4 Mindestanforderungen an die Compliance-Funktion und die weiteren Verhaltens-, Organisations- und Transparenzpflichten nach §§ 31 ff. WpHG für Wertpapierdienstleistungsunternehmen.

Relevante Personen im Sinne von BT 8.1 Tz. 2 MaComp sind:
- Personen, die die erbrachten Wertpapierdienstleistungen, Wertpapiernebendienstleistungen oder das Verhalten des Wertpapierdienstleistungsunternehmens maßgeblich beeinflussen können,
- Mitarbeiter im Bereich Vertrieb mit Kundenkontakt (wie Anlageberater, Außendienstmitarbeiter, vertraglich gebundene Vermittler)
- sonstige Mitarbeiter, die an der Erbringung von Wertpapier- oder Wertpapiernebendienstleistungen beteiligt sind
- Personen, die Vertriebsmitarbeiter kontrollieren und Druck ausüben können (z. B. Vorgesetzte oder Vertriebsbeauftragte)
- Finanzanalysten
- im Einzelfall ggf. auch weitere Mitarbeiter bei maßgeblicher Einflussmöglichkeit der Bereiche Beschwerdeabwicklung, Schadensbearbeitung, Kundenbindung und Produktentwicklung
- ggf. Mitarbeiter der Compliance-Funktion[5]

14 Vergütung im Sinne des BT 8 MaComp erfasst jede Form direkter oder indirekter Zahlungen oder Leistungen von Wertpapierdienstleistungsunternehmen an relevante Personen, die an der Erbringung von Wertpapierdienst- oder Wertpapiernebendienstleistungen für Kunden beteiligt sind. Sie kann sowohl finanzieller als auch nichtfinanzieller Art sein.

Vergütung im Sinne von BT 8.1 Tz. 3 MaComp
- finanzieller Art: Barmittel, Aktien, Optionen, Gewährung oder Übernahme von Krediten, Pensionszusagen, Vergütungen durch Dritte z. B. im Rahmen von Gewinnbeteiligungsmodellen, Gehaltserhöhungen etc.
- nichtfinanzieller Art: Beförderungen, Krankenversicherung, Zulagen für Kraftfahrzeuge, private Nutzung dienstlicher Mobiltelefone, großzügige Spesenkonten, Seminare an exotischen Orten etc.

15 Nicht als Vergütung im Sinne von BT 8 MaComp gelten finanzielle oder nicht finanzielle Leistungen jeweils einschließlich der Leistungen für die Altersversorgung, die vom Unternehmen aufgrund einer allgemeinen, ermessensunabhängigen und unternehmensweiten Regelung gewährt werden und die keine Risiken für die Einhaltung der Wohlverhaltensregeln und die Vermeidung von Interessenkonflikten begründen.

Hierzu zählen insb. Rabatte, betriebliche Versicherungs- und Sozialleistungen sowie die Beiträge zur gesetzlichen Rentenversicherung und zur betrieblichen Altersversorgung im Sinne des Betriebsrentengesetzes.

16 BT 8 MaComp findet keine Anwendung auf Tarifvergütungen.

---

5 Siehe BT 1.3.3.4 Tz. 6 – zu den Mitarbeitern der Compliance-Funktion gehören der (WpHG)Compliance-Beauftragte, sein Stellvertreter sowie die Mitarbeiter der Marktfolge Passiv bzw. der Kontrolle/Depotverwaltung, die die Ex-Post-Kontrollen im Anwendungsbereich des WpHG durchführen.

Die Vorschriften des BT 8 MaComp sind nicht anzuwenden auf Vergütungen, die
- durch Tarifvertrag vereinbart sind,
- im Geltungsbereich eines Tarifvertrages durch Vereinbarung der Arbeitsvertragsparteien über die Anwendung der tarifvertraglichen Regelungen vereinbart sind oder
- aufgrund eines Tarifvertrages in einer Betriebs- oder Dienstvereinbarung vereinbart sind.

3.2 Formelle Kriterien für die Konzeption und Überwachung von Vergütungssystemen

Ein Wertpapierdienstleistungsunternehmen hat in Abstimmung mit seinem Interessenkonflikt- und Risikomanagement ein angemessenes Vergütungssystem einzurichten, dass u. a. auch darauf ausgerichtet ist, sicherzustellen, dass Kundeninteressen durch die Vergütung relevanter Personen kurz-, mittel- oder langfristig nicht beeinträchtigt werden. *17*

Die Geschäftsleitung ist verantwortlich für *18*
- die angemessene Ausgestaltung und Umsetzung des Vergütungssystems der Mitarbeiter,
- die Vermeidung vergütungsbezogener Risiken,
- den Umgang mit Restrisiken,
- die Festsetzung (= Bemessung) der Vergütung einzelner relevanter Personen.

Nach BT 8.2.1 Tz. 2 MaComp trägt die Geschäftsleitung die Letztverantwortung – und zwar im Rahmen ihres unternehmerischen Ermessens – d. h. sie kann bei Meinungsverschiedenheiten über die Ausgestaltung und Umsetzung die Entscheidung nicht delegieren.

Ferner stellt BT 8.2.1 Tz. 2 ebenso wie BT 8.3.1 Tz. 4 MaComp auf den Einzelfall ab. Aus beiden Regelungen lässt sich ableiten, dass das Augenmerk bei der Konzeption eines Vergütungssystems auch auf die „einzelfallgerechte Vergütungsbemessung" und die Letztverantwortung der Geschäftsleitung/des Aufsichtsorgans zu richten ist.

Mit der Umsetzung von Vergütungssystemen sind geeignete Stellen zu betrauen. Dabei enthalten die MaComp zur Frage der Zuständigkeit für die Einrichtung/Ausgestaltung und Umsetzung der Vergütungssysteme sowie für die Bemessung der variablen Vergütung im Einzelfall keine konkreten Vorgaben. Die Unternehmen sind daher grundsätzlich frei, wie die Zuständigkeiten festgelegt werden. In der Praxis ist es üblich, dass der Vorstand über die Einrichtung/Ausgestaltung des Vergütungssystems für die Mitarbeiter entscheidet. Je nach Organisation vor Ort sind für die Bemessung der variablen Vergütung im Einzelfall unterhalb des Vorstands teilweise zentrale Stellen (z. B. Personal- oder Marketingbereich), teilweise (dezentral) die unmittelbar verantwortlichen Führungskräfte zuständig. *19*

BT 8.2.1 Tz. 7 MaComp betont die Notwendigkeit effektiver Kontrollhandlungen durch den operativen Bereich zur Einhaltung der wertpapieraufsichtsrechtlichen Anforderungen (zu denen auch die für die Vergütung relevanten kundenschützenden Anforderungen gehören). Dies ist nicht neu, die Notwendigkeit ergibt sich bereits aus AT 6 Tz. 2 MaComp. Damit kann auf die bereits bestehenden Kontrollhandlungen und ihre Ergebnisse zurückgegriffen werden. Zu regeln ist lediglich die Weiterleitung der Information über festgestellte Verstöße an die für die Bemessung der Vergütung jeweils zuständige Stelle. *20*

21 Eine Erweiterung der bisherigen Verpflichtungen resultiert allerdings daraus, wonach die Ergebnisse der Kontrollhandlungen auch unter Vergütungsaspekten bewertet werden müssen.[6]

22 Die Compliance-Funktion (in der Regel der Compliance-Beauftragte) steht der für die Bemessung der variablen Vergütung zuständigen Stelle dabei als Ansprechpartner (ausschließlich) beratend zur Verfügung.

23 Bei Meinungsverschiedenheiten hinsichtlich der Konsequenzen für die variable Vergütung im Falle des Vorliegens von Verstößen gegen kundenschützende Anforderungen, also einschließlich die Entscheidung, ob und inwieweit eine Minderung bis hin zu einem Entfallen der variablen Vergütung geboten ist, trägt die Geschäftsleitung im Einzelfall die Letztverantwortung.

24 Für das Vergütungssystem der Mitglieder der Geschäftsleitung ist das Verwaltungs- oder Aufsichtsorgan verantwortlich.

25 Wertpapierdienstleistungsunternehmen müssen ihr Vergütungssystem schriftlich dokumentieren und regelmäßig überprüfen. Dabei ist eine anlassbezogene Überprüfung sinnvoll.[7] Es empfiehlt sich, die erforderliche regelmäßige Überprüfung nach MaComp mit der jährlichen Prüfung nach InstitutsVergV zusammen vorzunehmen.

26 Relevante Personen müssen im Voraus und in verständlicher Weise über die Kriterien zur Festsetzung der Höhe ihrer Vergütung sowie über die Stufen und den Zeitplan ihrer Leistungsbeurteilung schriftlich informiert werden.[8] Die von Wertpapierdienstleistungsunternehmen für die Leistungsbeurteilung relevanter Personen verwendeten Kriterien (z. B. auch die Gewichtung von Kriterien, Ermessensausübung durch die Geschäftsleitung, Geltung konzernweiter Prozesse) müssen dokumentiert und für diese zugänglich und verständlich sein. Die Institute müssen also in der Lage sein, die Ermittlung der variablen Vergütung für den Betroffenen und ggf. Dritte nachträglich nachvollziehbar zu machen.

27 Zudem haben Wertpapierdienstleistungsunternehmen eine Prüfung vorzunehmen, ob mit neuen Produkten bzw. Dienstleistungen vergütungsbezogene Risiken im Sinne von BT 8 MaComp verbunden sind und zwar bevor neue Produkte bzw. Dienstleistungen eingeführt und zur Anwendung kommen. Das Prüfungsergebnis ist zu dokumentieren.[9]

3.3 Inhaltliche Kriterien für die Konzeption von Vergütungssystemen

28 Das Vergütungssystem hat unterschiedliche Faktoren und Risiken umfassend zu berücksichtigen.[10]

---

6 Siehe BT 8.2.1 Tz. 7 MaComp.
7 So bereits grundsätzlich Musterorganisationsanweisung des DGRV „Wertpapier- und Depotgeschäft" – kurz MOA.
8 BT 8.2.1 Tz. 4 MaComp.
9 BT 8.2.1 Tz. 5 MaComp.
10 BT 8.3 Tz. 1 MaComp.

II.D.3 Die Regulierung von Vergütungsstrukturen in Kreditinstituten

So wird verlangt,
- die Funktionen relevanter Personen,
- die Art der angebotenen Produkte oder die Vertriebsmethode sowie auch
- die Risiken, die sich für die Einhaltung der Wohlverhaltensregelungen und die Vermeidung von Interessenkonflikten ergeben können,

zu identifizieren und zu berücksichtigen.

Mit diesen umfassenden Anforderungen wird der Gestaltungsspielraum für die Umsetzung erheblich eingeengt. *29*

BT 8.3 Tz. 2 MaComp stellt die Anforderung auf, dass das Vergütungssystem nicht unnötig komplex sein darf, was in gewisser Weise im Widerspruch zu den in BT 8.3 Tz. 1 MaComp genannten umfassenden inhaltlichen Kriterien steht. Dennoch ist bei der erforderlichen umfassenden Einbeziehung von Risiken und Faktoren[11] eine zu große Komplexität zu vermeiden und einen einfachen und transparenten Vergütungsansatz zu finden, um dieser Anforderung möglichst Genüge zu tun. *30*

Die Vergütungssysteme dürfen keine Anreize setzen, die relevante Personen veranlassen können, ihre persönlichen Interessen oder die Interessen des Wertpapierdienstleistungsunternehmens zum potenziellen Nachteil von Kunden über die Kundeninteressen zu stellen. Die Auslegung von BT 8.3.1 Tz. 1 MaComp ist im Lichte des § 33 Abs. 1 Satz 1 Nr. 3 WpHG i. V. m. § 13 WpDVerOV[12] vorzunehmen. Danach geht es nicht darum, die Entstehung von Interessenkonflikten zu verhindern, sondern wirksame Maßnahmen zu ergreifen, um eine Beeinträchtigung von Kundeninteressen durch Interessenkonflikte zu vermeiden. So sind im Ergebnis auch BT 8.2.1 Tz. 1 und BT 8.3.2 MaComp zu verstehen, wonach die ausschließliche Verwendung quantitativer Kriterien bei einer variablen Vergütung als Interessenkonflikt bewertet wird und zur Wahrung der Kundeninteressen das Erfordernis von geeigneten, insb. qualitativen Kriterien neben den quantitativen aufgestellt wird. *31*

Klarstellend ist vorgesehen[13], dass variable Vergütungselemente grundsätzlich einen legitimen Bestandteil erfolgsorientierter Vergütungssysteme bei Einhaltung der in BT 8 MaComp enthaltenen Voraussetzungen darstellen. Genau genommen beinhalten erfolgsorientierte Vergütungssysteme immer variable Elemente. Wird auf solche gänzlich verzichtet, gibt es auch keine Erfolgsorientierung. *32*

Besteht die Vergütung aus einer variablen und einer fixen Vergütungskomponente, müssen beide in einem angemessenen Verhältnis zueinander stehen. Damit werden die für den Wertpapierbereich geltenden Regelungen des KWG und der InstitutsVergV bestätigt. *33*

---

11 Nach BT 8.3 Tz. 1 MaComp.
12 Verordnung zur Konkretisierung der Verhaltensregeln und Organisationsanforderungen für Wertpapierdienstleistungsunternehmen (Wertpapierdienstleistungs-Verhaltens- und Organisationsverordnung) (Anmerkung HR: WpDVerOV ist aktuell geändert worden und ist final veröffentlicht, ist dies berücksichtigt?).
13 BT 8.3.1 Tz. 2 MaComp.

34 Variable Vergütungsbestandteile müssen grundsätzlich flexibel handhabbar sein, damit wird die Notwendigkeit einer sog. Malusregelung im Vergütungssystem[14] angesprochen, die Raum für eine angemessene Reaktion im Einzelfall lässt. Diese muss die Berücksichtigung individuell vorwerfbarer Verstöße von den kundenschutzdienenden Anforderungen bei der Bemessung der Vergütung bis hin zum vollständigen Wegfall der variablen Vergütungskomponente ermöglichen.

35 Die Festsetzung der variablen Vergütung darf nicht ausschließlich nach quantitativen Kriterien erfolgen. Die Vergütungssysteme müssen geeignete Kriterien definieren. Geeignet sind insb. qualitative Kriterien, die die relevanten Personen darin bestärken, im Interesse des Kunden zu handeln.

BT 8 MaComp nennt Beispiele für qualitative Kriterien:[15]
- die Einhaltung von rechtlichen Vorschriften (speziell der Wohlverhaltensregeln, insb. – soweit relevant – die ordnungsgemäße Durchführung der Geeignetheits- bzw. Angemessenheitsprüfung) und von internen Verfahren;
- die faire Behandlung von Kunden, die z. B. – quantitativ gemessen – durch eine sehr geringe Anzahl begründeter Beschwerden über einen langen Zeitraum gekennzeichnet sein kann;
- die Kundenzufriedenheit.

36 Zudem nennt BT 8 MaComp Beispiele für gute Vorgehensweisen[16] bei der Verwendung und Bemessung variabler Vergütungskomponenten; diese Beispiele entsprechen „Kann"-Konkretisierungen[17] und damit Empfehlungen, bei denen es sich um unverbindliche Vorschläge oder Handlungsalternativen handelt. Ihre Nicht-Umsetzung kann daher nicht zu einer Beanstandung im Rahmen der Prüfung führen. Dies bedeutet, dass sich das Wertpapierdienstleistungsunternehmen auch für eine anderweitige (WpHG-konforme) Umsetzung entscheiden kann.

37 BT 8 MaComp nennt auch Beispiele für schlechte Vorgehensweisen[18], die in der Regel unzulässig sind. Dabei haben diese nur eine eingeschränkte Aussagekraft, da sie jeweils nur einen einzelnen Aspekt eines Vergütungssystems, nämlich ausschließlich das quantitative Kriterium im Sinne der MaComp bzw. einen Teil hiervon beleuchten.

38 Schließlich enthält BT 8 MaComp Beispiele für schlechte Vorgehensweisen, die stets unzulässig sind.[19] Auch diese Beispiele haben nur eine eingeschränkte Aussagekraft, da entweder der Bezug zur variablen Vergütung nicht erkennbar ist oder sie jeweils nur einen einzelnen Aspekt eines Vergütungssystems beleuchten.

---

14 Siehe BT 8.3.1 Tz. 4 MaComp.
15 BT 8.3.2 Tz. 3 MaComp.
16 BT 8.3.3 Tz. 1 MaComp.
17 i. S. v. AT 1 Tz. 6 MaComp.
18 BT 8.3.3 Tz. 2 MaComp.
19 BT 8.3.3 Tz. 3 MaComp.

4 Instituts-Vergütungsverordnung (InstitutsVergV) – Aufsichtsrechtliche Anforderungen an Vergütungssysteme von Kreditinstituten

Am 27.06 2016 veröffentlichte die Europäische Bankenaufsichtsbehörde EBA Leitlinien für eine solide Vergütungspolitik[20], die seit 01.01.2017 gelten.[21] Die darin enthaltenen Klarstellungen machten eine Überarbeitung der am 01.01.2014 in Kraft getretenen Fassung der InstitutsVergV und der Auslegungshilfe der BaFin zur InstitutsVergV erforderlich.

Die BaFin hatte am 18.08.2016 einen ersten Entwurf einer Überarbeitung der InstitutsVergV und eine deutlich umfangreichere Auslegungshilfe (als die bisherige Fassung v. 01.01.2014) zur Konsultation, nach Abschluss des Konsultationsverfahrens am 19.01.2017 einen nochmal überarbeiteten Entwurf der InstitutsVergV vorgelegt. Nach Vornahme weiterer Veränderungen ist nun am 04.08.2017 eine novellierte InstitutsVergV in der Fassung v. 25.07.2017 in Kraft getreten; die Auslegungshilfe zur Institutsvergütungsverordnung der BaFin wird derzeit noch überarbeitet.

4.1 Anwendungsbereich der InstitutsVergV i. d. F. ab 04.08.2017

Die InstitutsVergV gilt für alle Institute im Sinne des § 1 Abs. 1b und § 53 Abs. 1 KWG und für die Vergütungssysteme sämtlicher Mitarbeiter gemäß § 5 Abs. 1 Arbeitsgerichtsgesetz[22] dieser Institute. In den Mitarbeiterbegriff der InstitutsVergV werden nunmehr auch Geschäftsleiter einbezogen[23]; daneben gibt es auch weiterhin gesonderte Regelungen, die nur für Geschäftsleiter gelten.[24]

Besondere Regelungen der InstitutsVergV gelten ausschließlich für sog. bedeutende Institute. Ein Institut ist bedeutend, wenn seine Bilanzsumme im Durchschnitt zu den jeweiligen Stichtagen der letzten drei abgeschlossenen Geschäftsjahre 15 Milliarden € erreicht oder überschritten hat und es auf der Grundlage einer Risikoanalyse eigenverantwortlich feststellt, dass es bedeutend ist.[25]

Als Mitarbeiter im Sinne der InstitutsVergV gelten alle natürlichen Personen, deren sich das Institut bei dem Betreiben von Bankgeschäften oder der Erbringung von Finanzdienstleistungen, insb. aufgrund eines Arbeits-, Geschäftsbesorgungs- oder Dienstverhältnisses, bedient, oder die im Rahmen einer Auslagerungsvereinbarung mit einem gruppenangehöri-

---

20 Gemäß Art. 74 Abs. 3 und Art. 75 Abs. 2 der Richtlinie 2013/36/EU und Angaben gemäß Art. 450 der Verordnung (EU) Nr. 575/2013 (EBA/GL/2015/22).
21 Und die Vorgängerleitlinien der CEBS v. 10.12.2010 abgelöst haben.
22 Arbeitnehmer i. S. v. § 5 Abs. 1 ArbGG sind alle Arbeiter und Angestellte sowie die zu ihrer Berufsausbildung Beschäftigten. Als Arbeitnehmer gelten auch die in Heimarbeit Beschäftigten und ihnen Gleichgestellte sowie sonstige Personen, die wegen ihrer wirtschaftlichen Unselbständigkeit als arbeitnehmerähnliche Personen anzusehen sind. Als Arbeitnehmer gelten nicht in Betrieben einer juristischen Person oder einer Personengesamtheit Personen, die kraft Gesetzes, Satzung oder Gesellschaftsvertrag allein oder als Mitglied des Vertretungsorgans zur Vertretung der juristischen Person oder Personengesamtheit berufen sind.
23 Siehe § 2 Abs. 7 InstitutsVergV.
24 Z.B. §§ 3 und 10 InstitutsVergV.
25 § 17 Abs. 1 InstitutsVergV.

gen Auslagerungsunternehmen unmittelbar an Dienstleistungen für das Institut beteiligt sind, um Bankgeschäfte zu betreiben oder Finanzdienstleistungen zu erbringen.[26]

Somit sind zunächst alle Personen umfasst, die als Mitarbeiter oder Dienstleister für das Institut Tätigkeiten im Zusammenhang mit mind. einem Bankgeschäft nach § 1 Abs. 1 KWG oder einer Finanzdienstleistung nach § 1 Abs. 1a KWG erbringen.

Entsprechend dem Sinn und Zweck der InstitutsVergV wird im Übrigen empfohlen, in den persönlichen Anwendungsbereich auch die Personen aufzunehmen, die für das Institut Tätigkeiten im Zusammenhang mit dem Eigengeschäft gemäß WpHG erbringen. § 2 Abs. 3 Satz 2 WpHG definiert das Eigengeschäft als Anschaffung und Veräußerung von Finanzinstrumenten für eigene Rechnung, die keine Dienstleistung für andere darstellt. Zielrichtung der InstitutsVergV ist es, keine Anreize zu schaffen, finanzielle Risiken einzugehen. Finanzielle Risiken sind gerade im Eigengeschäft allerdings denkbar.

44 Nicht dem persönlichen Anwendungsbereich der Verordnung unterliegen Handelsvertreter i. S. v. § 84 Abs. HGB[27]; ebenso wenig Mitarbeiter des Instituts oder ihrer Tochtergesellschaften, die ausschließlich mit der Vermittlung von Immobilien oder Versicherungen betraut sind.

45 Verantwortlich für die angemessene Ausgestaltung des Vergütungssystems der Mitarbeiter nach Maßgabe der Vorgaben des § 25a Abs. 1 Nr. 6 i. V. m Abs. 5 KWG und der InstitutsVergV ist die Geschäftsleitung[28]. Die Geschäftsleitung unterrichtet das Aufsichtsorgan: Erforderlich ist eine jährliche Information des Aufsichtsorgans über die Ausgestaltung des Mitarbeiter-Vergütungssystems nebst Einräumung eines Auskunftsrechtes gegenüber der Geschäftsleitung.

Hinweis:
Ergeben sich keine Änderungen, kann bei der aktuellen Berichterstattung auf vorangegangene Informationen im Wege einer Nichtänderungsanzeige verwiesen werden.[29]

46 Die Kontrolleinheiten[30] sind im Rahmen ihrer Aufgaben bei der Ausgestaltung und der Überwachung der Vergütungssysteme angemessen zu beteiligen.[31]

47 Für die Ausgestaltung des Vergütungssystems der Geschäftsleitung ist allein das Aufsichtsorgan verantwortlich.[32] Dies geschieht nach Maßgabe des § 25a Abs. 5 i. V. m. § 25d Abs. 12 KWG und der InstitutsVergV.

---

26 § 2 Abs. 7 InstitutsVergV.
27 A.a.O.
28 Gemäß § 3 Abs. 1 Satz 1 InstitutsVergV.
29 Vgl. hierzu auch die Auslegungshilfe der BaFin zur InstitutsVergV v. 01.01.2014.
30 Kontrolleinheiten i. S. d. InstitutsVergV sind diejenigen Organisationseinheiten unterhalb der Geschäftsleitung, die die geschäftsinitiierenden Organisationseinheiten, insb. die Bereiche Markt und Handel, überwachen; ebenso dazu zählen die Bereiche Marktfolge und Risikocontrolling; weitere Kontrolleinheiten sind die Einheiten mit Compliance-Funktion, die Interne Revision und der Bereich Personal; vgl. § 2 Abs. 11 InstitutsVergV.
31 § 3 Abs. 3 InstitutsVergV.
32 § 3 Abs. 2 InstitutsVergV.

4.2 Begriff der Vergütung

Der Vergütungsbegriff der InstitutsVergV ist weit gefasst[33], danach ist oder sind Vergütungen sämtliche finanzielle Leistungen und Sachbezüge, gleich welcher Art, einschließlich Leistungen für die Altersversorgung sowie Leistungen von Dritten, die ein Mitarbeiter im Hinblick auf seine berufliche Tätigkeit bei dem Institut erhält. 48

Mit der überarbeiteten InstitutsVergV i. d. F. ab 04. 08. 2017 erfolgt eine Neudefinition der Vergütung für alle Institute, es gibt nur noch zwei Kategorien: „fixe Vergütung" und „variable Vergütung". Es ist jede Vergütung entweder als fixe oder als variable Vergütung einzuordnen. Die bisherige (dritte) Kategorie der „Nichtvergütung" – institutsweite und ermessensunabhängige Leistungen – wurde gestrichen. Das hat Relevanz für Leistungen, die insb. für den Bereich der Sozialkataloge oder sonstige freiwillige Leistungen typisch sind. Hier wird nun eine Umrechnung dieser Leistungen in Entgelt erforderlich. Die Folgen werden ein Stück weit gemildert, indem Sachbezüge, die nach dem Einkommensteuergesetz (EStG) nicht als Einkünfte aus nichtselbständiger Arbeit anzusehen sind oder die Grenze des § 8 Abs. 2 Satz 11 EStG (44 €) nicht überschreiten, außer Ansatz bleiben.[34] 49

Generell ausgeschlossen vom Anwendungsbereich der InstitutsVergV[35] ist jedoch unverändert eine tariflich veranlasste Vergütung.[36] D. h., Vergütungen, die auf Basis eines Tarifvertrages gezahlt werden, unterfallen nicht dem sachlichen Anwendungsbereich der InstitutsVergV – es gelten die Ausführungen bezgl. BT 8 MaComp.[37] Darauf, ob die Tarifvergütung fix oder flexibel gezahlt wird, kommt es aufgrund der gesetzlich eindeutigen Regelung nicht an. Auch eine tarifliche Variabilisierung ist Teil der Tarifvergütung. Der Gesetzgeber ist bei Abschlüssen der Tarifvertragsparteien davon ausgegangen, dass diese ausgewogene und allgemeine Regelungen treffen, die keine Anreize zur Eingehung finanzieller Risiken schaffen. 50

Im Umkehrschluss gehören nicht zu den tariflichen Vergütungen Entgeltleistungen, die nicht in Anwendung tariflicher Regelungen erbracht werden, wie z. B. übertarifliche Sonderzahlungen oder fixe übertarifliche Lohnzulagen, die aufgrund der Leistung, Funktion oder aufgrund der Marktverhältnisse vor Ort erbracht werden.

Die InstitutsVergV enthält nun eine ausführliche Definition von fixer Vergütung. Mit der fixen Vergütung sollen in erster Linie Berufserfahrung, Verantwortung, Ausbildungsniveau, Kompetenz und Kenntnisse honoriert werden. 51

Es ist in einem ersten Schritt betrieblich stets zu klären, welche Vergütungsbestandteile als fix einzuordnen sind.

---

33 § 2 Abs. 1 InstitutsVergV.
34 § 2 Abs. 1 Satz 2 InstitutsVergV.
35 mit Ausnahme von § 16 Abs. 1 Satz 1 Nr. 1 und 3 InstitutsVergV – im Rahmen der Offenlegungspflichten ist die gesamte fixe/variable Vergütung zu berücksichtigen, unabhängig davon, ob sie auf Basis eines Tarifvertrages oder aufgrund sonstiger Vereinbarungen gezahlt wird.
36 § 1 Abs. 4 InstitutsVergV.
37 Siehe Ausführungen unter 3.1 a. E.

Fixe Vergütung im Sinne der InstitutsVergV[38] ist der Teil der Vergütung,
1. dessen Gewährung und Höhe keinem Ermessen unterliegt,
2. dessen Gewährung und Höhe dem Mitarbeiter keine Anreize für eine Risikoübernahme bieten,
3. bei dem die Voraussetzungen für die Gewährung und Höhe vorher festgelegt wurden,
4. bei dem die Voraussetzungen für die Gewährung und Höhe transparent für den Mitarbeiter sind,
5. dessen Gewährung und Höhe dauerhaft sind,
6. der nicht einseitig vom Institut verringert, ausgesetzt oder aufgehoben werden kann und
7. der nicht leistungsabhängig oder sonst vom Eintritt zuvor vereinbarter Bedingungen abhängig ausgestaltet ist.

52 Als fixe Vergütung gelten auch finanzielle Leistungen oder Sachbezüge, die auf einer vorher festgelegten allgemeinen, ermessensunabhängigen und institutsweiten Regelung beruhen, die nicht leistungsabhängig sind, keine Anreize für eine Risikoübernahme bieten und entweder einen Großteil der Mitarbeiter oder Mitarbeiter, die vorab festgelegte Kriterien erfüllen, begünstigen, sowie Zahlungen in Erfüllung gesetzlicher Verpflichtungen.[39]

53 § 2 Abs. 6 Nr. 5 InstitutsVergV unterbindet bei Vergütungen, die nicht dauerhaft geleistet werden, die Zuordnung zur Fixvergütung. Um unangemessene Ergebnisse zu vermeiden und in Umsetzung der EBA-Richtlinie[40] wird eine Sonderregelung für Auslands- und Funktionszulagen getroffen[41], indem auch Zulagen als fixe Vergütung eingeordnet werden, die
1. an ins Ausland entsandte Mitarbeiter für die Dauer ihres Auslandsaufenthaltes entweder im Hinblick auf die dortigen Lebenshaltungskosten sowie die dortige Steuerlast gezahlt werden oder um die vertraglich vereinbarte fixe Vergütung an das für eine vergleichbare Tätigkeit im jeweiligen Markt übliche Vergütungsniveau anzupassen (Auslandszulage), oder
2. an Mitarbeiter im Hinblick auf eine vorübergehend übernommene anspruchsvollere Aufgabe, Funktion oder organisatorische Verantwortung gezahlt werden (Funktionszulage).

Diese Zulagen müssen zudem folgende Voraussetzungen erfüllen, um als fixe Vergütung zu gelten:
1. die Zulage wird auf Grundlage einer einheitlichen institutsweiten Regelung in vergleichbaren Fällen ermessensunabhängig an alle betroffenen Mitarbeiter geleistet;
2. die Höhe der Zulage basiert auf vorbestimmten Kriterien und
3. der Anspruch auf die Leistung der Zulage steht unter der auflösenden Bedingung des Wegfalls des jeweiligen Grundes ihrer Gewährung.

---

38 § 2 Abs. 6 Satz 1 InstitutsVergV.
39 § 2 Abs. 6 Satz 2 InstitutsVergV.
40 Leitlinien für eine solide Vergütungspolitik gemäß Art. 74 Abs. 3 und Art. 75 Abs. 2 der Richtlinie 2013/36/EU und Angaben gemäß Art. 450 der Verordnung (EU) Nr. 575/2013.
41 § 2 Abs. 6 Satz 3,4 InstitutsVergV.

Damit gilt als variable Vergütung im Sinne der InstitutsVergV der Teil der Vergütung, der nicht fix ist im Sinne von § 2 Abs. 6 InstitutsVergV.[42]   *54*

Hierzu gehört die ergebnisabhängige Vergütung, erfolgs- oder leistungsabhängige Vergütung, freiwillige Leistungen, Sonderzahlungen im freien oder billigen Ermessen, periodisch neu verhandelte Zuwendungen (befristete Zusagen mit dem wesentlichen Merkmal „nicht dauerhaft").

Sind die Anforderungen an fixe Vergütung nicht erfüllt oder ist eine eindeutige Zuordnung eines Vergütungsbestandteils zur fixen Vergütung nicht möglich, gilt dieser Bestandteil als variable Vergütung.[43]   *55*

4.3 Angemessenheit der Vergütung und der Vergütungssysteme

Eine variable Vergütung, die keine Rücksicht darauf nimmt, ob sie unter Inkaufnahme von Risiken, unter Verletzung von Kundeninteressen oder unter Vernachlässigung anderer Pflichten erzielt wurde, kann Fehlanreize auslösen. Dies wollen die Regelungen zur Angemessenheit des Vergütungssystems[44] vermeiden. Das Erfordernis der „angemessenen Ausgestaltung der Vergütungssysteme" im Sinne der InstitutsVergV dient der Absicherung einer sorgfältigen Risikosteuerung seitens der Kreditinstitute.   *56*

Das Vergütungssystem darf für Geschäftsleiter und Mitarbeiter keine Anreize zur Eingehung unverhältnismäßig hoher Risikopositionen setzen[45] und die Vergütungssystematik darf der Überwachungsfunktion von Kontrolleinheiten und des für die Risikosteuerung zuständigen Mitglieds der Geschäftsleitung nicht zuwiderlaufen.[46]   *57*

Dabei sind insb. die nachstehend erläuterten Gesichtspunkte sicherzustellen.

4.3.1 Das Vergütungssystem darf das Entstehen operationeller Risiken nicht begünstigen

Die Auslegungshilfe der BaFin spricht im Rahmen des § 5 InstitutsVergV eine Vergütungssystematik im Vertrieb als problematisch an, die ausschließlich auf die Erreichung von Absatzzielen abstellt und qualitative Kriterien wie das Kundeninteresse und die Kundenzufriedenheit vernachlässigt.[47]   *58*

Der Hinweis in der Auslegungshilfe der BaFin v. 01.01.2014 ist wohl so zu verstehen, dass die BaFin davon ausgeht, dass vergütungsrelevante Ziele, die auf Umsatz/Absatz von Produkten gerichtet sind, vergütungssystematisch einer Gegensteuerung über qualitative (kundenorientierte) Kriterien bedürfen. Derartige Zielsetzungen beinhalten quantitative Einschätzungen der Kundenbedarfe und werden benötigt, um die im Markt realisierbaren Erträge und Deckungsbeiträge planbar zu machen. Sie sind für eine betriebswirtschaftlich zuverlässige Ertragsplanung und -steuerung von Bedeutung und von nicht gering zu schät-   *59*

---

42 § 2 Abs. 3 InstitutsVergV.
43 § 2 Abs. 3 Satz 2 InstitutsVergV.
44 Insb. über § 5 Abs. 1 und 2 InstitutsVergV.
45 § 5 Abs. 1 Nr. 1 InstitutsVergV.
46 § 5 Abs. 1 Nr. 2 InstitutsVergV.
47 Auslegungshilfe zur InstitutsVergV der BaFin v. 01.01.2014, S. 5.

zender Bedeutung für die Steuerung der Liquidität und Eigenmittel. Deshalb kommen sie auch bei der Mitarbeitersteuerung als Vergütungsziele zum Einsatz.

60 Damit bleibt eine entsprechende Vertriebssteuerung weiterhin zulässig. Dies gilt grundsätzlich auch für hieran anknüpfende variable Vergütungsbestandteile, sofern sie zur Wahrung der Kundeninteressen um wirksame und angemessene qualitative Kriterien ergänzt werden.

61 Die novellierte InstitutsVergV enthält nun jedoch Konkretisierungen für die Ausgestaltung variabler Vergütung im Vertrieb.

62 Danach sind die variablen Vergütungssysteme des Instituts entsprechend den aufsichtsrechtlichen Anforderungen an die Wahrung der Kundeninteressen um qualitative Kriterien zur Bemessung variabler Vergütungen zu ergänzen.

63 Insoweit waren bereits Prämissen/Einschränkungen anlässlich der am 21.03.2016 in Kraft getretenen Wohnimmobilienkreditrichtlinie[48] zu beachten, womit § 5 Abs. 1 InstitutsVergV erweitert wurde, mit denen die Vergütung im Kontext der Beratung und des Vertriebs von Immobiliar-Verbraucherdarlehensverträgen reguliert wird.

64 Die Regelungen unter § 5 InstitutsVergV wurden erneut ergänzt, sie beziehen sich auf die Vergütungssystematik gegenüber Geschäftsleitern bzw. Mitarbeitern, die die Verbraucher bei Immobiliarkrediten beraten. Hierunter fallen Beratungen zu Immobiliar-Verbraucherdarlehensverträgen und zulässige Koppelungsgeschäfte, insb. Zahlungs- oder Sparkonten ausschließlich zur Ansammlung von Kapital oder eine einschlägige Versicherung.[49]

65 Gemäß Neufassung von § 5 Abs. 1 Nr. 3 bis 5 InstitutsVergV sind Vergütungssysteme angemessen ausgestaltet, wenn sie Verbraucherrechte und -interessen berücksichtigen; insb. dürfen nicht ausschließlich quantitative Vergütungsparameter verwendet werden, sofern unmittelbar Verbraucherinteressen betroffen sind.[50] Die Regelung will verhindern, dass über ein Vergütungssystem Anreize gesetzt werden, die geeignet sind, eine Beratungsleistung und/oder Produktempfehlung zu erschweren, die den vorstehend beschriebenen Anforderungen entspricht. Es ist im Rahmen des Vergütungssystems neben quantitativen Kriterien die Aufnahme qualitativer Malusregelungen erforderlich.

Die Vergütungssysteme dürfen des Weiteren nicht der Einhaltung der Verpflichtung zuwiderlaufen, bei der Erbringung von Beratungsleistungen nach § 511 BGB im besten Interesse des Darlehensnehmers zu handeln; insb. darf die Vergütung nicht an Absatzziele in Bezug auf Immobiliar-Verbraucherdarlehensverträge gemäß § 491 Abs. 3 BGB gekoppelt sein.[51] § 511 BGB verpflichtet den Berater, den Verbraucher, der einen Immobilienkredit aufnimmt, ordnungsgemäß zu informieren und eine Empfehlung auszusprechen, die dem Bedarf des Kunden, seiner persönlichen und finanziellen Situation sowie seinen Zielen und Präferenzen Rechnung trägt. Schließlich darf die Vergütung der für die Prüfung der Kreditwürdigkeit zuständigen Mitarbeiter nicht von der Zahl oder dem Anteil der geneh-

---

[48] Gesetz zur Umsetzung der Wohnimmobilienkreditrichtlinie und zur Änderung handelsrechtlicher Vorschriften v. 16.03.2016, Art. 5 Abs. 2b.
[49] Uu den Begrifflichkeiten und Einzelheiten vgl. BVR-Leitfaden zur Umsetzung der gesetzlichen Neuregelungen im Verbraucherkreditbereich, S. 143–146.
[50] § 5 Abs. 1 Nr. 3 InstitutsVergV.
[51] § 5 Abs. 1 Nr. 4 InstitutsVergV.

migten Anträge auf Abschluss eines Immobiliar-Verbraucherdarlehensvertrages gemäß § 491 Abs. 3 BGB abhängen.[52] Immobiliar-Verbraucherdarlehensverträge gemäß § 491 Abs. 3 BGB sind entgeltliche Darlehensverträge zwischen einem Unternehmen als Darlehensgeber und einem Verbraucher als Darlehensnehmer, die (1) durch ein Grundpfandrecht oder eine Reallast besichert sind oder (2) für den Erwerb oder die Erhaltung des Eigentumsrecht an Grundstücken, an bestehenden oder zu errichtenden Gebäuden oder für den Erwerb oder die Erhaltung von grundstücksgleichen Rechten bestimmt sind.

Auf diesem Weg wird der umfassende Schutz der Kundeninteressen auch vergütungstechnisch sichergestellt und ausgeschlossen, dass allein durch Erreichen quantitativer Zielgrößen eine Erhöhung der variablen Vergütung herbeigeführt werden kann. Die Reglungen unter § 5 Abs. 1 Nr. 4 und 5 InstitutsVergV geben über einen Zusatz zu erkennen, dass eine Beeinträchtigung von Verbraucherinteressen in Bezug oder bei Abschluss von Immobiliar-Verbraucherdarlehensverträgen dann anzunehmen ist, wenn die Vergütung des Beraters oder des Mitarbeiters, der die entsprechende Kreditwürdigkeit des Verbrauchers prüft, an Absatzziele gekoppelt ist bzw. von Zahl oder Anteil der genehmigten Immobiliar-Verbraucherdarlehensverträgen abhängt. Dabei geht die BaFin davon aus, dass sich dieser der Wohnimmobilienkreditrichtlinie zu entnehmende Grundgedanke für den gesamten Vertrieb verallgemeinern lasse und weist darauf hin, dass speziell im Zusammenhang mit dem Vertrieb von Wohnimmobilienkrediten streng dem Wortlaut der Richtlinie zu folgen ist, wonach die Vergütung für die Erbringung von Beratungsleistungen nach § 511 BGB nicht an Absatzziele gekoppelt und nicht von der Zahl oder dem Anteil der genehmigten Anträge abhängen darf.[53]

66

In diesem Kontext ist die Regelung der InstitutsVergV zu sehen, dass die Vergütungssysteme nicht der Überwachungsfunktion der Kontrolleinheiten[54] und des für die Risikosteuerung zuständigen Mitglieds der Geschäftsleitung zuwiderlaufen dürfen[55]; d. h., die Vergütungskriterien der Kontrolleinheiten dürfen nicht mit denen der zu kontrollierenden Funktion gleichlaufen, sofern aus dem Gleichlauf ein Interessenkonflikt entstehen kann. Gleichlaufende Parameter sind also grundsätzlich möglich, solange nicht die Gefahr eines Interessenkonflikts besteht. Gleichlaufende Parameter sind mithin ein Indiz für einen Interessenkonflikt, der widerlegt werden kann. Ein Interessenkonflikt liegt jedoch nicht bereits dann vor, wenn die Vergütung auch im Bereich der Kontrolleinheit an allgemeinen kollektiven Größen auf Gesamtbankebene ausgerichtet wird, die keinen konkreten Bezug zu dem Tätigkeitsfeld der Kontrolleinheit haben. Dies ist der Fall bei hinreichend umfassenden Parametern, wie z. B. Gesamtbankparametern, die den Anforderungen an die Risikosteuerung entsprechen. Dies gilt auch, wenn bei auskömmlicher Lage des Instituts, auch im

67

---

52 § 5 Abs. 1 Nr. 5 InstitutsVergV.
53 Auslegungshilfe zur Institutsvergütungsverordnung zum Entwurf der InstitutsVergV v. 18. 08. 2016 der BaFin, S. 10 f.
54 Kontrolleinheiten i. S. d. InstitutsVergV sind diejenigen Organisationseinheiten unterhalb der Geschäftsleitung, die die geschäftsinitiierenden Organisationseinheiten, insb. die Bereiche Markt und Handel, überwachen; ebenso dazu zählen die Bereiche Marktfolge und Risikocontrolling; weitere Kontrolleinheiten sind die Einheiten mit Compliance-Funktion, die Interne Revision und der Bereich Personal; vgl. § 2 Abs. 11 InstitutsVergV.
55 § 5 Abs. 1 Nr. 2 InstitutsVergV.

Bereich der Kontrolleinheiten gegen Ende der Leistungsperiode eine Ermessenstantieme, also eine Leistung festgelegt wird, auf die zuvor – weder dem Grunde noch der Höhe nach – Anspruch bestand. Die Festlegung der Höhe unterliegt dem arbeitsrechtlichen Maßregelungsverbot und den bürgerlich-rechtlichen Grundsätzen zur angemessenen Ermessensausübung.

4.3.2 Negative Erfolgsbeiträge müssen sich auf die Höhe des variablen Vergütungsanspruches auswirken[56]

68 Soweit Vergütungsparameter festgelegt wurden, auf deren Grundlage die tatsächlichen Leistungen/Erfolge von Geschäftsleitern, Mitarbeitern oder Organisationseinheiten gemessen werden, müssen diese auch im Fall der Verfehlung Konsequenzen haben. Das heißt, dass dann eine Minderung bis hin zum Wegfall des variablen Vergütungsanspruchs eintritt. Insoweit hat die Regelung unter § 5 Abs. 2 InstitutsVergV klarstellenden Charakter und steht in Konnex zu § 5 Abs. 1 Nr. 1, Abs. 6 und § 8 InstitutsVergV.

69 Der notwendige Bezug zum Erfolg auf Gesamtbankebene wird in der Regel durch die bankseitige Planung und Festlegung von Auszahlungsparametern gewährleistet sein. Auch bei Ermessensleistungen, über die unterjährig entschieden wird, wird bankseitig regelmäßig die Erreichung wirtschaftlicher Zielgrößen geprüft und bei der Bemessung berücksichtigt. Sofern des Weiteren bei variablen Vergütungsbestandteilen auf den Zielerreichungsgrad eines Bereiches oder von Einzelpersonen abgestellt wird, ist der im Rahmen der Regelung des § 5 Abs. 2 InstitutsVergV angestrebten Erfolgsvariabilität automatisch Rechnung getragen. Bei einer Kriterien gestützten Beurteilungssystematik spricht vieles dafür, bei der Vergütungsbemessung der Unterschreitung maßgeblicher Zielgrößen für einen Bereich oder eine Stelle (z. B. Unterschreitung der untersten Stufe der Planungsgrößen) Rechnung zu tragen und die variable Vergütung je nach dem Ergebnis der Bewertung angemessen zu mindern oder zu streichen. Die BaFin betont ausdrücklich[57], dass die realistische Möglichkeit bestehen muss, dass die variable Vergütung vollständig abgeschmolzen wird.

4.3.3 Keine Anreize zur Eingehung unverhältnismäßig hoher Risiken, das heißt, keine signifikante Abhängigkeit von variabler Vergütung[58]

70 Nach den Erfahrungen der Bankenkrise haben sich signifikante Abhängigkeiten der Mitarbeiter von hohen Boni insb. dann als problematisch erwiesen, wenn der Mitarbeiter auf diese Boni existenziell angewiesen ist und die Eingehung von Risiken durch den Bonus belohnt wird. Signifikante Abhängigkeiten sind nicht zu erwarten, wenn die fixen Gehaltsbestandteile den Marktgepflogenheiten entsprechen und dementsprechend die Existenz auskömmlich absichern.

71 Zudem dürfen einzelvertraglich für den Fall der Beendigung der Tätigkeit keine Ansprüche auf Leistungen begründet werden und diese Ansprüche selbst bei negativen Erfolgsbeiträ-

---

56 § 5 Abs. 2 InstitutsVergV.
57 Auslegungshilfe zur InstitutsVergV der BaFin v. 01.01.2014, S. 6.
58 § 5 Abs. 3 Nr. 1 InstitutsVergV.

gen oder bei Fehlverhalten der Höhe nach unverändert bleiben; also einzelvertraglich Abfindungen zugesichert werden, die in der Höhe unabhängig von Misserfolg oder Fehlverhalten sind.[59]

4.3.4 Verbot bzw. Einschränkung von Garantien bei variabler Vergütung[60]

Eine garantierte variable Vergütung ist nur im Rahmen der Aufnahme eines Dienst- oder Arbeitsverhältnisses und längstens für ein Jahr zulässig unter der Voraussetzung, dass die unmittelbar vorangegangene Tätigkeit des Mitarbeiters nicht in derselben Gruppe erfolgte, sowie unter der Bedingung, dass zum Zeitpunkt der Auszahlung die Eigenmittel- und Liquiditätsanforderungen sowie die Anforderungen an die Risikotragfähigkeit des Instituts erfüllt sind. Die Regelung in § 5 Abs. 6 Nr. 3 InstitutsVergV flankiert die Untersagungsmöglichkeiten für die Auszahlung variabler Vergütungsbestandteile, die § 45 Abs. 1 Satz 1 Nr. 4 und Abs. 2 Satz 1 Nr. 5a KWG der BaFin an die Hand gibt, mit einer Prüfungspflicht vor Auszahlung auf Institutsebene.

72

4.3.5 Angemessenes Verhältnis von fixer und variabler Vergütung

Soweit ein Mitarbeiter oder Geschäftsleiter nicht nur fixe, sondern auch variable Vergütungsbestandteile erhält, müssen diese in einem angemessenen Verhältnis zueinander stehen.[61] Das Verhältnis zwischen fixer und variabler Vergütung ist angemessen, wenn einerseits keine signifikante Abhängigkeit des Mitarbeiters von der variablen Vergütung besteht, die variable Vergütung aber andererseits einen wirksamen Verhaltensanreiz setzen kann.[62] Soweit keine variablen Bestandteile vergütet werden, müssen die fixen Bestandteile die Funktion und die Qualifikation angemessen berücksichtigen. Fest steht, dass die fixe Vergütung adäquat sein muss und dem entsprechen sollte, was nicht zuletzt in Ansehung der Größe des Hauses und des Geschäftsmodells sowie der Region branchen- bzw. sektorüblich ist.

73

Das Institut hat eine angemessene Obergrenze für die variable Vergütung im Verhältnis zur fixen Vergütung festzulegen.[63] Soweit anwendbar ist bei der Festlegung der Obergrenze § 25a Abs. 5 KWG zu beachten. Nach § 25a Abs. 5 Satz 2 KWG darf die variable Vergütung vorbehaltlich eines Beschlusses der Anteilseigner oder Eigentümer jeweils 100 % der fixen Vergütung (jährliche Fixvergütung) für jeden einzelnen Mitarbeiter oder Geschäftsleiter nicht übersteigen.

74

Dabei kann auf höchstens 25 % des Gesamtwertes der variablen Vergütung ein angemessener Diskontierungssatz angewendet werden, sofern dieser Anteil in Instrumenten gezahlt wird, die für mind. fünf Jahre zurückbehalten werden[64]. Im Zusammenhang mit der Zurückbehaltung darf ein Anspruch oder eine Anwartschaft auf den in Instrumenten zurück-

---

59 § 5 Abs. 3 Nr. 2 InstitutsVergV.
60 § 5 Abs. 6 InstitutsVergV.
61 § 6 Abs. 1 Satz 1 InstitutsVergV.
62 § 6 Abs. 1 Satz 2 InstitutsVergV.
63 § 6 Abs. 2 Satz 1 InstitutsVergV.
64 § 6 Abs. 2 Satz 3 InstitutsVergV.

behaltenen Vergütungsanteil erst nach Ablauf des Zurückbehaltungszeitraumes entstehen und während des Zurückbehaltungszeitraums lediglich ein Anspruch auf fehlerfreie Ermittlung des noch nicht zu einer Anwartschaft oder einem Anspruch erwachsenen Teils dieses Teils der variablen Vergütung bestehen, nicht aber auf diesen Teil der variablen Vergütung selbst[65].

75 Hinweis: Die Zurückbehaltung von variablen Gehaltsbestandteilen ist verbindlich nur für bedeutende Institute geregelt[66] und gilt nach der Aufsichtspraxis der BaFin zwecks Begrenzung des Verwaltungsaufwandes auch dort nur im Bereich der Risikoträger mit einem variablen Vergütungsbestandteil von mehr als 50.000 €.[67]

76 Sofern von der Option auf Überschreitung der Obergrenze für variable Vergütung (100 % vom jährlichen Fixum) Gebrauch gemacht wird[68], muss das Institut Nachweise[69] insb. dafür erbringen können, dass die Fähigkeit zur Erbringung der Eigenmittelverpflichtungen nicht beeinträchtigt wird. Generell gilt: je höher die Größenordnung der Tantiemen, desto höher der Anspruch an das Vorhandensein nachhaltiger und steuerungswirksamer Vergütungsgrundsätze.

4.3.6 Voraussetzungen für die Festsetzung des Gesamtbetrages der variablen Vergütung und die Erdienung zurückbehaltener Vergütungsbestandteile[70]

77 Gemäß § 7 Abs. 1 InstitutsVergV hat die Festsetzung des Gesamtbetrages der variablen Vergütung in einem formalisierten, transparenten und nachvollziehbaren Prozess unter angemessener und ihrem Aufgabenbereich entsprechender Beteiligung der Kontrolleinheiten zu erfolgen. In Verbindung mit § 7 Abs. 2 InstitutsVergV ergibt sich, dass die Kontrolleinheiten in den Prozess der Prüfung der Zahlungsvoraussetzungen mehrfach – nämlich zum jeweiligen Zahlungs- und Zuteilungszeitpunkt einzelner Anteile der variablen Vergütung einzubinden sind. Die Verantwortlichkeiten gemäß § 3 InstitutsVergV gelten entsprechend.[71]

Bei der Festsetzung des Gesamtbetrages sind die Risikotragfähigkeit, die mehrjährige Kapitalplanung und die Ertragslage des Instituts zu berücksichtigen; zudem ist sicherzustellen, dass das Instituts und die Gruppe in der Lage ist, eine angemessen Eigenmittel- und

---

65 § 6 Abs. 3 InstitutsVergV.
66 Abschn. 3, § 20 InstitutsVergV.
67 § 18 Abs. 1 InstitutsVergV.
68 gemäß § 25a Abs. 5 KWG können die Anteilseigner, Eigentümer, Mitglieder oder die Träger des Instituts über die Billigung einer höheren variablen Vergütung als 100 %, die 200 % für jeden einzelnen Mitarbeiter oder Geschäftsleiter nicht überschreiten darf, beschließen.
69 nach § 6 Abs. 4 InstitutsVergV.
70 § 7 InstitutsVergV.
71 nach § 3 InstitutsVergV ist die Geschäftsleitung für die angemessene Ausgestaltung der Vergütungssysteme der Mitarbeiter, die keine Geschäftsleiter sind, verantwortlich; für die Ausgestaltung der Vergütungssysteme der Geschäftsleiter ist das Verwaltungs- oder Aufsichtsorgan zuständig; die Kontrolleinheiten sind im Rahmen ihrer Aufgaben bei der Ausgestaltung und der Überwachung der Vergütungssysteme angemessen zu beteiligen.

Liquiditätsausstattung und die kombinierten Kapitalpuffer-Anforderungen gemäß § 10i KWG dauerhaft aufrechtzuerhalten oder wiederherzustellen.[72]

Dies führt dazu, dass vor Zusage einer variablen Vergütung geprüft werden muss, ob die in § 7 InstitutsVergV benannten aufsichtsrechtlichen Anforderungen an die Kapital- und Liquiditätsausstattung erfüllt werden können. In diesem Fall kann die Zusage erfolgen mit der Folge, dass das Institut zivilrechtlich gegenüber dem Mitarbeiter gebunden wird, bei Erfüllung der vereinbarten Vergütungsparameter zu leisten. Der Anspruch des Mitarbeiters wurde bislang allein durch den vertraglichen Vergütungsvorbehalt gemäß § 45 KWG beschränkt (und in den bedeutenden Instituten durch die zusätzlichen Bemessungs- und Auszahlungsregularien für Risikoträger). 78

§ 7 Abs. 2 InstitutsVergV beschränkt die Möglichkeit variabler Vergütungen nun jedoch zusätzlich: eine Ermittlung und eine Erdienung von variabler Vergütung darf nur erfolgen, wenn und soweit die Kapital- und Liquiditätsanforderungen[73] zu den jeweiligen Zeitpunkten gewährleistet sind. Nach der Auslegungshilfe[74] untersagt die BaFin den Instituten also bereits die Ermittlung eines Gesamtbetrages, wenn die „Kriterien für die Eingriffsschwelle" der BaFin gemäß § 45 KWG greifen.[75] Damit wird laut Wortlaut der Verordnung eine erneute Prüfung der Kapital- und Liquiditätsausstattung des Instituts zum Auszahlungszeitpunkt der variablen Vergütung erforderlich. 79

Schließlich stellt § 7 Abs. 2 Satz 2 InstitutsVergV klar, dass ein späterer Ausgleich für eine Verringerung der variablen Vergütung nicht zulässig ist. 80

4.3.7 Die Risikoadjustierung der variablen Vergütung darf nicht eingeschränkt oder aufgehoben werden[76]

Die Risikoadjustierung der variablen Vergütung darf seitens des Instituts nicht durch Absicherungs- oder sonstige Gegenmaßnahmen eingeschränkt oder aufgehoben werden. Insb. dürfen keine Instrumente oder Methoden angewendet werden, durch die Anforderungen der InstitutsVergV umgangen werden. 81

Zielrichtung dieser Regelung ist es, private „Hedging"-Strategien, bspw. über Versicherungen, zu verhindern. Denn diese würden dem erwünschten Steuerungseffekt der variablen Vergütung (Risikovermeidung) entgegen wirken. Interne Ergebnismanipulationsmöglichkeiten umfassen demgegenüber beispielsweise Gefälligkeitsentscheidungen im bilateralen Leistungsbewertungsprozess.[77]

Zur Unterbindung solcher Maßnahmen sind angemessene Compliance-Strukturen zu bilden, um Absicherungs- oder sonstige Gegenmaßnahmen seitens der Mitarbeiter oder Geschäftsleiter zur Einschränkung oder Aufhebung der Risikoadjustierung der Vergütung zu verhindern. Angemessene Compliance-Strukturen bestehen insb. in der Verpflichtung der 82

---

72 § 7 Abs. 1 Satz 3 InstitutsVergV.
73 gemäß § 7 Abs. 1 Satz 3 InstitutsVergV.
74 Im Entwurf v. 18.08.2016 zu § 7 InstitutsVergV.
75 A.a.O., genannt werden explizit § 45 Abs. 2 Nr. 5a und 6 KWG.
76 § 8 InstitutsVergV.
77 Auslegungshilfe zur InstitutsVergV der BaFin v. 01.01.2014, S. 7.

Geschäftsleiter/Mitarbeiter, keine persönlichen Absicherungsmaßnahmen oder sonstige Sicherungsmaßnahmen zu treffen, um die Risikoorientierung ihrer Vergütung einzuschränken oder aufzuheben.[78] Entsprechende Verpflichtungen für Geschäftsleiter und Mitarbeiter sollten in den Vergütungsgrundsätzen des Instituts festgehalten werden.[79] Daneben verlangt die BaFin zumindest stichprobenartig die Überprüfung der Einhaltung der Verpflichtungserklärungen durch die Compliance-Funktion.[80]

4.3.7 Zusätzliche Anforderungen an die Vergütung der Mitarbeiter in Kontrolleinheiten[81]

83   Die Vergütung der Mitarbeiter der Kontrolleinheiten muss so ausgestaltet sein, dass eine angemessene qualitative und quantitative Personalausstattung ermöglicht wird. Bei der Ausgestaltung der Vergütung ist sicherzustellen, dass der Schwerpunkt auf dem fixen Vergütungsbestandteil liegt. Während bisher die variable Vergütung 50 % unterschreiten musste, geht die BaFin[82] nun wohl davon aus, dass maximal ein Drittel der Vergütung variabel sein darf.

Eine ausschließlich fixe Vergütung der Mitarbeiter in Kontrolleinheiten ist zulässig.

4.3.8 Besondere Regelungen (ausschließlich) für die Vergütung im Bereich der Geschäftsleitung[83]

84   Das Verwaltungs- oder Aufsichtsorgan ist[84] verpflichtet, bei der Festsetzung der Vergütung des einzelnen Geschäftsleiters dafür zu sorgen, dass die Vergütung in einem angemessenen Verhältnis zu Aufgaben und Leistungen des Geschäftsleiters sowie zur Lage des Kreditinstitutes steht und die übliche Vergütung nicht ohne besondere Gründe übersteigt. Damit ist seitens des Verordnungsgebers rechtsformunabhängig eine Anlehnung an die Regelung des § 87 Abs. 1 AktG beabsichtigt.[85]

85   Dabei sollen variable Vergütungen mit einer mehrjährigen Bemessungsgrundlage (mind. drei Jahre[86]) verknüpft werden und für außerordentliche Entwicklungen eine Begrenzungsmöglichkeit vorsehen.[87] Die „Soll-Regelung" ist dabei im Kontext der Generalnorm des § 25a Abs. 1 Satz 3 Nr. 6 KWG zu interpretieren („angemessen, transparent und auf eine nachhaltige Entwicklung des Instituts ausgerichtet"). Damit soll ein rein an kurzfristigen Ergebnissen orientiertes Handeln verhindert werden.

---

78   § 8 Abs. 2 Satz 2 InstitutsVergV.
79   gemäß § 11 InstitutsVergV hat das Institut in seinen Organisationsrichtlinien Grundsätze zu den Vergütungssystemen festzulegen.
80   Auslegungshilfe zur InstitutsVergV der BaFin v. 01.01.2014, S. 7.
81   § 9 InstitutsVergV.
82   Auslegungshilfe in der Entwurfsfassung v. 18.08.2016 zu § 9 InstitutsVergV.
83   § 10 InstitutsVergV.
84   nach § 10 Abs. 1 InstitutsVergV.
85   Auslegungshilfe zur InstitutsVergV der BaFin v. 01.01.2014, S. 7 f.
86   Auslegungshilfe zur InstitutsVergV der BaFin v. 01.01.2014, S. 8.
87   § 10 Abs. 2 InstitutsVergV.

Zu beachten ist zudem das formulierte Schriftlichkeitserfordernis[88], d. h. es besteht die Verpflichtung zu einer abschließenden Festlegung der Vergütung (aller Vergütungsbestandteile) im Dienstvertrag sowie bei allen Änderungen. Dies gilt auch für die sog. Ermessenstantieme, über die ein Aufsichtsorgan beschließt.

86

4.3.9 Besondere Anforderungen für bedeutende Institute

Bedeutende Institute haben gemäß § 18 InstitutsVergV eine Risikoanalyse zur Identifikation sog. Risikoträger durchzuführen und somit zu ermitteln, ob sie Mitarbeiter haben, deren Tätigkeiten einen wesentlichen Einfluss auf das Gesamtrisikoprofil haben.

87

Die für die Risikoanalyse zu verwendenden Kriterien bestimmen sich nach der Delegierte-Verordnung (EU) Nr. 604/2014[89] in Bezug auf qualitative und angemessene quantitative Kriterien zur Ermittlung der Mitarbeiterkategorien, deren berufliche Tätigkeit sich wesentlich auf das Risikoprofil eines Instituts auswirkt. Die Risikoanalyse ist schriftlich oder elektronisch zu dokumentieren und regelmäßig zu aktualisieren.

Die Vergütungssysteme der Risikoträger müssen einem Risikoausrichtungsprozess (§§ 19, 20, 22 InstitutsVergV) unterzogen werden. Dieser besteht aus der Leistungs- und Risikomesseng (§ 18 Abs. 3–5 InstitutsVergV), der Ermittlung der variablen Vergütung (§ 19 InstitutsVergV) sowie der Auszahlung (§§ 20, 22 InstitutsVergV); wobei die §§ 20 und 22 InstitutsVergV nur auf ermittelte variable Vergütungen von mehr als 50.000 € anzuwenden sind.[90] Auf jeder Stufe des Risikoausrichtungsprozesses ist die variable Vergütung um die aktuellen und die zukünftigen eingegangenen Risiken zu bereinigen und an diese anzupassen. Ein Institut muss sicherstellen, dass die Anreize zur Risikoeingehung durch die Anreize zur Risikosteuerung ausgeglichen werden.[91]

88

Das Institut muss unter Verwendung einer mehrjährigen Rahmenstruktur den Zeithorizont des Risikos und die Leistungsmessung am Geschäftszyklus des Instituts ausrichten. Es hat eine Bemessungsphase und eine Auszahlungsphase von jeweils angemessener Länge festzulegen, dabei ist zwischen der Vergütung, die direkt ausgezahlt werden soll, und der Vergütung, die erst nach Zurückbehaltungszeitraum und Sperrfrist ausgezahlt werden soll, zu unterscheiden. Die Bemessungsphase und die Auszahlungsphase müssen der Geschäftstätigkeit und der Stellung der Risikoträgerkategorie bzw. in Ausnahmefällen des einzelnen Risikoträgers Rechnung tragen.[92]

89

§ 18 Abs. 5 InstitutsVergV enthält die Vorgabe, dass negative Erfolgsbeiträge des Risikoträgers, seiner Organisationseinheit und ein negativer Gesamterfolg des Instituts und ggf. der Gruppe zwingend zu einer Abschmelzung, in schwerwiegenden Fällen sogar zu einer

90

---

88 § 10 Abs. 4 InstitutsVergV.
89 Delegierte-Verordnung (EU) Nr. 604/2014 v. 04.03.2014 zur Ergänzung der Richtlinie 2013/36/EU des Europäischen Parlaments und des Rates im Hinblick auf technische Regulierungsstandards in Bezug auf qualitative und angemessene quantitative Kriterien zur Ermittlung der Mitarbeiterkategorien, deren berufliche Tätigkeit sich wesentlich auf das Risikoprofil eines Instituts auswirkt.
90 § 18 Abs. 1 InstitutsVergV.
91 Auslegungshilfe in der Entwurfsfassung v. 18.08.2016 zu § 18 InstitutsVergV.
92 A.a.O.

vollständigen Streichung der variablen Vergütung führen müssen. Der vollständige Verlust der variablen Vergütung muss in jedem Fall eintreten, wenn der Geschäftsleiter oder Risikoträger an einem Verhalten, dass für das Institut zu erheblichen Verlusten geführt hat, beteiligt oder dafür verantwortlich war oder wenn der Geschäftsleiter oder Risikoträger externe oder interne Regelungen in Bezug auf Eignung und Verhalten nicht erfüllt hat.[93]

Die BaFin[94] nennt unter Verweis auf die CEBS-Leitlinien neben einer individuellen Zielverfehlung zudem weitere Malus-Kriterien für das Abschmelzen oder Streichen der variablen Vergütung, wie z. B. eine signifikante Veränderung in der ökonomischen oder regulatorischen Kapitalausstattung des Instituts, ein signifikantes Versagen des Risikomanagements auf Ebene des Instituts und/oder der Organisationseinheit, in der die betroffene Person tätig ist, ein signifikanter Rückgang der finanziellen Leistungsfähigkeit des Instituts und/oder der Organisationseinheit, in der die betroffene Person tätig ist sowie Fehlverhalten oder schwerere Fehler der betroffenen Person.

91 Die §§ 19 bis 22 InstitutsVergV enthalten Regelungen zur Einhaltung systematischer Vorgaben für die variable Vergütung:
– es ist eine grundsätzlich dreigliedrige Berücksichtigung der Ebenen Gesamtbank/Organisationseinheit (operative Einheit/Geschäftsbereich)/Mitarbeiter bei der Bemessung des Erfolgsbeitrages zu berücksichtigen; dabei ist ein angemessener Betrachtungszeitraum von mind. einem Jahr, bei Risikoträgern von mind. drei Jahren zugrunde zu legen;
– die Ermittlung des individuellen Erfolgsbeitrages hat anhand quantitativer und qualitativer Zielparameter angemessen zu erfolgen; bei sitten- und pflichtwidrigem Verhalten muss sich die Höhe der variablen Vergütung verringern;
– es sollen Zielparameter zur Anwendung gelangen, die dem Ziel eines nachhaltigen Erfolges Rechnung tragen; dabei sind vor allem eingegangene Risiken, deren Laufzeiten sowie Kapital- und Liquiditätskosten zu berücksichtigen und Nachhaltigkeit zu verbürgen und zwar für die Ermittlung des Gesamterfolges des Instituts, der jeweiligen Organisationseinheit und, sofern machbar, auch auf individueller Ebene.

92 § 20 InstitutsVergV enthält Zurückbehaltungs- und Rückforderungsregelungen der variablen Vergütung von Risikoträgern, das heißt, das die variable Vergütung teilweise direkt (upfront) ausbezahlt und teilweise zurückbehalten (deferred) wird. Die BaFin weist darauf hin, dass Malus- und Clawback-Vereinbarungen explizite Ex-post-Risikoadjustierungswerkzeuge sind, bei denen das Institut selbst die Vergütung der Risikoträger mittels dieser Werkzeuge anpasst.[95]

93 Die Auszahlung eines erheblichen Teils, mind. aber von 40 %, der variablen Vergütung eines Risikoträgers ist über einen Zurückbehaltungszeitraums von mind. drei Jahren zu strecken. Abhängig von der Stellung, den Aufgaben und den Tätigkeiten eines Risikoträgers sowie von der Höhe der variablen Vergütung und der Risiken, die ein Risikoträger

---

93 § 18 Abs. 5 Satz 3 InstitutsVergV.
94 Auslegungshilfe zur InstitutsVergV der BaFin v. 01.01.2014, S. 12 f.
95 Auslegungshilfe in der Entwurfsfassung v. 18.08.2016 zu § 20 InstitutsVergV.

begründen kann, erhöhen sich die Untergrenzen des zurückzubehaltenden Anteils der variablen Vergütung auf bis zu 60 %.[96]

Bei Risikoträgern, die Geschäftsleiter sind oder der nachgelagerten Führungsebene angehören, beträgt der zurückzubehaltende Anteil 60 % und der Zurückbehaltungszeitraum fünf Jahre.[97]

Gemäß § 20 Abs. 3 InstitutsVergV hat jedes Institut in seinen Organisationsrichtlinien einen Schwellenwert für die jährlich variable Vergütung eines Risikoträgers in angemessener Höhe festzulegen; dieser darf 500.000 € nicht übersteigen.

Während des Zurückbehaltungszeitraums 94
1. darf der Anspruch auf den zurückbehaltenen Teil der variablen Vergütung lediglich zeitanteilig entstehen;
2. besteht lediglich ein Anspruch auf fehlerfreie Ermittlung bezüglich des noch nicht zu einer Anwartschaft oder einen Anspruch erwachsenen Teils der variablen Vergütung, nicht aber auf den Teil der Vergütung selbst, und
3. es erfolgt eine nachträgliche Überprüfung, ob die ursprüngliche Ermittlung der variablen Vergütung gemäß § 19 InstitutsVergV auch rückblickend noch zutreffend erscheint; im Fall einer negativen Abweichung des Überprüfungsergebnisses ist die zurückbehaltene variable Vergütung entsprechend zu reduzieren.[98]

Der zurückbehaltene Vergütungsanteil ist auf das Niveau abzuschmelzen, auf das er gemäß § 19 InstitutsVergV festgesetzt worden wäre, wenn bei der ursprünglichen Vergütungsermittlung der nachträglich bekannt gewordene Misserfolg und/oder das nachträglich realisierte Risiko bereits hätte berücksichtigt werden können.

Der Zurückbehaltungszeitraum beginnt in dem Zeitpunkt, wenn der direkt auszubezahlende 95
(upfront) Anteil der variablen Vergütung ausbezahlt wird. Der erste zurückbehaltene Anteil kann frühestens zwölf Monate nach dem Beginn des Zurückbehaltungszeitraums erdient werden. Der Zurückbehaltungszeitraum endet, wenn die ermittelte variable Vergütung erdient oder der Betrag im Rahmen der Malusprüfung auf null reduziert worden ist

Die zurückbehaltene Vergütung wird entweder vollständig am Ende des Zurückbehaltungszeitraums erdient oder gemäß § 20 Abs. 4 Nr. 1 InstitutsVergV über verschiedene Zahlungen im Verlauf des Zurückbehaltungszeitraums gestreckt.

Keinesfalls darf eine Erdienung häufiger als einmal pro Jahr erfolgen, damit eine angemessene Risikoprüfung vor Anwendung der Ex-Post-Risikoadjustierung sichergestellt ist.

Schließlich hat das Institut in den Fällen des § 18 Abs. 5 Satz 3 Nr. 1 und 2 InstitutsVergV 96
(vollständiger Verlust der variablen Vergütung) auf Grundlage entsprechender Vereinbarungen mit dem Risikoträger eine bereits ausgezahlte variable Vergütung zurückzufordern und Ansprüche auf die Auszahlung variabler Vergütung zum Erlöschen zu bringen.[99] Dies gilt auf Basis einer periodengerechten Zuordnung des negativen Erfolgsbeitrags zu einem

---

96 § 20 Abs. 1 Satz 1 und 2 InstitutsVergV.
97 § 20 Abs. 2 InstitutsVergV.
98 § 20 Abs. 4 InstitutsVergV.
99 § 20 Abs. 6 S. 1 InstitutsVergV.

Bemessungszeitraum mind. für einen Zeitraum, der mit der Auszahlung des nicht zurückbehaltenen Anteils der variablen Vergütung beginnt und zwei Jahre nach Ablauf der Zurückbehaltungsfrist für den zuletzt erdienten Vergütungsbestandteil endet.[100]

97 § 23 InstitutsVergV sieht für bedeutende Institute die Bestellung eines Vergütungsbeauftragten vor.

---

100 § 20 Abs. 6 Satz 2 InstitutsVergV.

5 Literaturverzeichnis

Auslegungshilfe der BaFin zur InstitutsVergV v. 01.01.2014.

Auslegungshilfe zur Institutsvergütungsverordnung zum Entwurf der InstitutsVergV v. 18.08.2016 der BaFin.

Begründung Regierungsentwurf zur InstitutsVergV v. 31.03.2010 Bundestagsdrucksache 17/1291, Abschn. A.

BVR-Leitfaden zur Umsetzung der gesetzlichen Neuregelungen im Verbraucherkreditbereich v. 16.03.2016.

Delegierte-Verordnung (EU) Nr. 604/2014 v. 04.03.2014 zur Ergänzung der Richtlinie 2013/36/EU des Europäischen Parlaments und des Rates.

Gesetz zur Umsetzung der Wohnimmobilienkreditrichtlinie und zur Änderung handelsrechtlicher Vorschriften v. 16.03.2016.

Guidelines und remunerations policies and practices v. 10.12.2010.

Institutsvergütungsverordnung v. 06.10.2010 in der Fassung v. 25.07.2017 KWG – Gesetz über das Kreditwesen.

Leitlinie für eine solide Vergütungspolitik gem. Art. 74 Abs. 3 und Art. 75 Abs. 2 der Richtlinie 2013/36/EU und Angaben gemäß Art. 450 der Verordnung (EU) Nr. 575/2013.

Mindestanforderungen an Compliance und die weiteren Verhaltens-, Organisations- und Transparenzpflichten nach §§ 31 ff. WpHG für Wertpapierdienstleistungsunternehmen (MaComp) v. 07.01.2014.

Musterorganisationsanweisung des DGRV „Wertpapier- und Depotgeschäft" – kurz MOA Verordnung zur Konkretisierung der Verhaltensregeln und Organisationsanforderungen für Wertpapierdienstleistungsunternehmen (Wertpapierdienstleistungs-Verhaltens- und Organisationsanforderungen).

Teil III

Interne Revision und Compliance

III.1

Verhältnis von Wertpapier-Compliance zu anderen Funktionen des Risikomanagements

Dr. Lars Röh und Dr. Robert Oppenheim

Inhaltsübersicht

1	Einleitung．．．	1–4
2	Ausgangspunkt: Das „Three lines of defence"-Modell ．．．．．．．．．．．．．．．．．	5–9
3	Rechtliche Grundlagen ．．．．．．．．．．．．．．．．．．．．．．．．．．．．．．．．．．．．．．	10–33
3.1	Compliance, Risikomanagement und Interne Revision als aufsichtsrechtliche Kategorien．．．	10–23
3.2	Gesetzliches Rangverhältnis zwischen Wertpapier-Compliance, MaRisk-Compliance, Risikomanagement und Interner Revision ．．．．．．．．．．．．．．．	24–33
4	Best Practice．．．	34–49
4.1	Berichtslinien．．．	35–37
4.2	Überwachungsmittel und -verfahren ．．．．．．．．．．．．．．．．．．．．．．．．．．．．．	38–43
4.3	Sonderfall: Wertpapier-Compliance und Recht ．．．．．．．．．．．．．．．．．．．．．	44–49
5	Literaturverzeichnis	

1 Einleitung

War die wertpapieraufsichtsrechtliche Compliance-Funktion noch vor zehn Jahren in den Augen von Vorständen, Rechtsabteilung und Interner Revision regelmäßig eine zu vernachlässigende Größe, hat sie seitdem erheblich an bankinterner Wahrnehmung gewonnen. Wesentlicher Katalysator für die wachsende *management attention* waren neben der globalen Finanzkrise[1] die europäische Finanzmarktgesetzgebung und die Aufsichtspraxis der BaFin.[2] Nachdem die Investment Services Directive (ISD) 1993[3] (umgesetzt durch das WpHG 1995, mit dem die Vorschrift des § 33 WpHG a. F. (nunmehr § 63 WpHG) geschaffen wurde) erstmalig die Implementierung angemessener Compliance-Vorkehrungen in einem Wertpapierdienstleistungsunternehmen vorgeschrieben hatte, wurde der Compliance-Funktion in der MiFID I 2004[4] (umgesetzt durch das FRUG 2007[5], insb. in Gestalt des § 12 WpDVerOV a. F.)[6] eine deutlichere Kontur gegeben. In Folge der MiFID I-Umsetzung hat die BaFin ihr Verständnis der Anforderungen an die Compliance-Funktion in den MaComp 2010[7] niedergelegt (AT 6) und seitdem fest in ihrem Aufsichtsprogramm verankert. Den vorläufigen Schlusspunkt dieser Entwicklung bildet die MiFID II 2014[8] (umgesetzt durch das 2. FiMaNoG 2017[9]), deren Umsetzung die gesetzlichen Regelungen zur Wertpapier-Compliance aus dem Wertpapierhandelsgesetz (WpHG) herausgelöst und auf die europäische Ebene (Art. 22 Delegierte VO (EU) 2017/565) verlagert hat.[10]

Mit dieser dynamischen Entwicklung steht die Wertpapier-Compliance indes nicht allein. Auch andere Kontrollfunktionen sind in der jüngeren Vergangenheit regulatorisch „aufgerüstet" worden. Treiber war auch hier die unter dem Eindruck der globalen Finanzkrise

---

1 Zur Bedeutung einer wirksamen Compliance-Funktion für die Corporate Governance von Banken als Konsequenz aus der internationalen Finanzkrise *Mülbert*, ECGI Law Working Paper, No. 130/2009, S. 22 f.
2 Siehe den instruktiven Überblick bei *Gebauer/Niermann*, in: Hauschka/Moosmayer/Lösler (Hrsg.): Corporate Compliance, 3. Aufl. 2016, § 48 Rn. 10 ff.
3 Richtlinie 93/22/EWG des Rates v. 10.05.1993 über Wertpapierdienstleistungen.
4 Richtlinie 2004/39/EG des Europäischen Parlaments und des Rates v. 21.04.2004 über Märkte für Finanzinstrumente, zur Änderung der Richtlinien 85/611/EWG und 93/6/EWG des Rates und der Richtlinie 2000/12/EG des Europäischen Parlaments und des Rates und zur Aufhebung der Richtlinie 93/22/EWG des Rates.
5 Gesetz zur Umsetzung der Richtlinie über Märkte für Finanzinstrumente und der Durchführungsrichtlinie der Kommission (Finanzmarktrichtlinie-Umsetzungsgesetz, BGBl. I 2007, S. 1330).
6 Zu den Auswirkungen der MiFID I auf die Compliance-Funktion siehe *Röh*, in: BB 2008, S. 398 ff.
7 Mindestanforderungen an die Compliance-Funktion und die weiteren Verhaltens-, Organisations- und Transparenzpflichten nach §§ 63 ff. WpHG für Wertpapierdienstleistungsunternehmen (MaComp), BaFin-Rundschreiben 5/2018 v. 19.04.2018, zuletzt geändert am 09.05.2018, GZ: WA 31-Wp 2002-2017/0011. Die MaComp sind im Internet unter www.bafin.de abrufbar.
8 Richtlinie 2014/65/EU des Europäischen Parlaments und des Rates v. 15.05.2014 über Märkte für Finanzinstrumente sowie zur Änderung der Richtlinien 2002/92/EG und 2011/61/EU.
9 Zweites Gesetz zur Novellierung von Finanzmarktvorschriften auf Grund europäischer Rechtsakte (Zweites Finanzmarktnovellierungsgesetz – 2. FiMaNoG), BGBl. I 2017, S. 1693.
10 Zu den erweiterten Aufgabenbereichen der Compliance-Funktion unter der Geltung der MiFID II siehe *Röh/Zingel*, in: CB 2014, S. 429 ff.

stehende internationale und europäische Bankenregulierung.[11] Paradigmatisch hierfür ist die MaRisk-Compliance, die – basierend auf Empfehlungen der EBA – durch die MaRisk 2017[12] sowie die Umsetzung der CRD IV[13] in den Kanon der bankaufsichtsrechtlichen Organisationspflichten aufgenommen wurde.[14] War die Wertpapier-Compliance also zunächst ein aufsichtsrechtlicher Solitär, ist sie heute eingebettet in ein ausdifferenziertes bankinternes Kontrollsystem.

3   Damit bleiben die Fragen, die sich in der 1. Aufl. mit Blick auf die Aufwertung der Compliance-Funktion durch die MiFID I gestellt haben, unverändert aktuell: Wie ist die Wertpapier-Compliance-Funktion von anderen Kontrolleinheiten des Risikomanagements abzugrenzen? Welche Aufgaben hat die Wertpapier-Compliance, welche die MaRisk-Compliance, welche die Interne Revision? Wer berichtet an wen? Gibt es ein Rangverhältnis zwischen Wertpapier-Compliance und Interner Revision, oder stehen beide Kontrolleinheiten nebeneinander? Ferner geht es um materielle Organisationsanforderungen: Sind die von der Wertpapier-Compliance einzurichtenden Funktionen und Verfahren identisch mit denen der MaRisk-Compliance und der Internen Revision? Wie ist zu überwachen: von Wertpapier-Compliance, MaRisk-Compliance und Interner Revision gleichförmig oder unterschiedlich? Besondere Beachtung verdient zudem das Verhältnis von Wertpapier-Compliance und Rechtsabteilung. Dies ist vor allem für kleinere Institute von Bedeutung, bei denen häufig der Wunsch besteht, die beiden Einheiten zusammenzulegen.

4   Diesen Fragen soll, ausgehend vom Modell der drei Verteidigungslinien, in dem folgenden Beitrag nachgegangen werden.

---

11 Streng genommen ist statt von „Wertpapier-Compliance" oder dem ebenfalls häufig verwendeten Begriff „WpHG-Compliance" neuerdings von **„MiFID-Compliance"** zu sprechen: Die wertpapieraufsichtsrechtliche Compliance-Funktion beschränkt sich weder nur auf Wertpapiere (der Begriff der „Finanzinstrumente", auf die sich von der Compliance-Funktion zu überwachende Wertpapierdienstleistungen beziehen, ist weiter und umfasst z. B. auch nicht verbriefte Derivate, § 2 Abs. 4 Nr. 4 WpHG), noch gibt es seit dem 03.01.2018 im WpHG länger eine gesetzliche Bestimmung, die sich mit Compliance befasst (§ 33 Abs. 1 Satz 2 Nr. 1 WpHG a. F. wurde durch das 2. FiMaNoG aufgehoben). Der Begriff „Wertpapier-Compliance" soll gleichwohl aufgrund seiner weiten Verbreitung, die nicht zuletzt im Titel dieses Buches ihren Niederschlag gefunden hat, sowie seines Bezugs zu dem (ebenfalls unscharfen) Terminus der „Wertpapierdienstleistung" im Folgenden beibehalten werden.
12 Mindestanforderungen an das Risikomanagement – MaRisk, Rundschreiben 09/2017 (BA) v. 27.10.2017, GZ: A 54-FR 2210-2017/0002, abrufbar im Internet unter www.bafin.de.
13 Richtlinie 2013/36/EU des Europäischen Parlaments und des Rates v. 26.06.2013 über den Zugang zur Tätigkeit von Kreditinstituten und die Beaufsichtigung von Kreditinstituten und Wertpapierfirmen, zur Änderung der Richtlinie 2002/87/EG und zur Aufhebung der Richtlinien 2006/48/EG und 2006/49/EG.
14 Beispielhaft *Renz/Rohe*, in: Die Bank 2014, S. 38: „Die CRD IV (Capital Requirements Directive) greift in das deutsche Kreditwesengesetz (KWG) ein und schafft so über die Mindestanforderungen an das Risikomanagement (MaRisk) eine neue erweiterte Compliance-Funktion."

2 Ausgangspunkt: Das „Three lines of defence"-Modell

Das Modell der drei Verteidigungslinien ist ein vom Basel Committee on Banking Supervision anerkanntes Modell zur Steuerung des Risikomanagements eines Instituts.[15] Auch die Europäische Bankenaufsichtsbehörde (European Banking Authority – **EBA**) legt das Modell ihren Leitlinien zur Internen Governance für die Identifizierung der für das Risikomanagement verantwortlichen Funktionen zugrunde.[16] Das Modell bildet damit den theoretischen Ordnungsrahmen ab, innerhalb dessen das Verhältnis von Wertpapier-Compliance zu anderen Kontrolleinheiten eines Instituts zu klären ist.[17]

Die **erste Verteidigungslinie** besteht aus der Selbstkontrolle der Geschäftsbereiche. Demnach haben sich die einzelnen Geschäftsbereiche selbst fortlaufend auf ein gesetzeskonformes Verhalten hin zu kontrollieren. Als **zweite Verteidigungslinie** wird die prozessbegleitende Überwachung durch nicht-operative Unternehmenseinheiten (Risikocontrolling, Compliance, Recht, Personal, Finanzen etc.) bezeichnet. Diese sollen Risiken in den Geschäftsbereichen der ersten Verteidigungslinie erkennen und durch geeignete Verfahren und Prozesse bestmöglich vermeiden. Die Interne Revision bildet die **dritte Verteidigungslinie**. Sie hat die eingeführten Verfahren unabhängig auf ihre Wirksamkeit hin zu überprüfen.[18]

Das nachfolgende Schaubild soll das Modell noch einmal verdeutlichen:

```
            /\
           /  \
          / Interne Revision \   Dritte Verteidigungslinie
         /____\
        /      \
       / Risikocontrolling, Recht, Compliance \   Zweite Verteidigungslinie
      /_____\
     /          \
    / Selbstkontrolle der Geschäftsbereiche \   Erste Verteidigungslinie
   /_____\
```

Abb. 1: Schaubild Three lines of defence

---

15 Basel Committee on Banking Supervision, Principles of the Sound Management of Operational Risk, Juni 2011, Principle 13; das Modell ist ursprünglich vom Institute of Internal Auditors (IIA) entwickelt worden, IIA (Institute of Internal Auditors), Position Paper, The lines of defense in effective risk management and control, January 2013, passim; vgl. auch *Scholz-Fröhling*, in: Preuße/Zingel (Hrsg.): WpDVerOV, 2015, § 12 Rn. 47 ff.
16 European Banking Authority, Final Report, Guidelines on Internal Governance, EBA/GL/2017/11 v. 26.09.2017, S. 9.
17 Siehe zu Überlegungen auf internationaler Ebene, das Modell um eine **vierte Verteidigungslinie** (die externe Überprüfung der Wirksamkeit der ersten drei Verteidigungslinien durch Aufsichtsbehörden und Abschlussprüfer) zu erweitern, *Arndorfer/Minto*, The "four lines of defence model" for financial institutions, FSI Occasional Paper No. 11, Dezember 2015, S. 11 ff.
18 Vgl. *Wiesemann*, BaFin, Interne Revision: Erwartungen der Bankenaufsicht, 04.03.2014, abrufbar unter https://www.bafin.de/SharedDocs/Veroeffentlichungen/DE/Fachartikel/2014/fa_bj_1403_interne_revision.html (letzter Abruf am 05.07.2018). Basel Committee on Banking Supervision, The internal audit function in banks, Juni 2012, Principle 13.

8 Die drei Verteidigungslinien zusammen bilden das **Risikomanagement** eines Unternehmens. Daher ist ein Austausch untereinander zwar durchaus gewollt, eine Verschiebung der Verantwortung von einer Verteidigungslinie auf eine andere allerdings nicht möglich.[19] Daraus folgt, dass mit der Compliance-Funktion betraute Mitarbeiter grundsätzlich nicht gleichzeitig die von ihnen überwachten Aufgaben wahrnehmen dürfen. Auch eine Zusammenlegung der Compliance-Funktion mit der Internen Revision ist in diesem Modell ausgeschlossen, da die Interne Revision als dritte Verteidigungslinie die Effektivität der von der Compliance-Funktion auf der Ebene der zweiten Verteidigungslinie aufgestellten Prozesse unabhängig zu kontrollieren hat.[20]

9 Eine Zusammenlegung der einer Verteidigungslinie zugeordneten verschiedenen Bereiche (z. B. Compliance und Recht oder Compliance und Risikocontrolling, die beide der zweiten Verteidigungslinie angehören, vgl. hierzu Rn. 28 und Rn. 44 ff.) schließt das Modell hingegen nicht aus.

3 Rechtliche Grundlagen

3.1 Compliance, Risikomanagement und Interne Revision als aufsichtsrechtliche Kategorien

10 Will man jenseits der konzeptionellen Verortung von Compliance im Modell der drei Verteidigungslinien das normative Verhältnis von Wertpapier-Compliance zu MaRisk-Compliance, Interner Revision und Risikomanagement bestimmen, muss man sich zunächst Klarheit darüber verschaffen, aus welchen Rechtsquellen sich diese Kontrollfunktionen speisen. Hieraus können dann Erkenntnisse für ein mögliches Rangverhältnis gewonnen werden.

3.1.1 Rechtsquellen für die Wertpapier-Compliance

3.1.1.1 Art. 22 Delegierte VO (EU) 2017/565

11 Die einschlägigen Rechtsvorschriften, aus denen der Normanwender die regulatorischen Anforderungen an die Wertpapier-Compliance ablesen konnte, waren bislang § 33 Abs. 1 WpHG und § 12 WpDVerOV. Dies hat sich mit Umsetzung der MiFID II geändert.

12 Die „alte" Vorschrift des § 33 WpHG ist zwar ihrer äußeren Gestalt nach in § 80 WpHG n. F. erhalten geblieben. Sie ist jedoch um einen zentralen Baustein „entkernt": Die Vorgabe in § 33 Abs. 1 Satz 2 Nr. 1 WpHG a. F., angemessene Grundsätze aufzustellen, Mittel vorzuhalten, um Verfahren einzurichten, die darauf ausgerichtet sind, dass das Wertpapierdienstleistungsunternehmen und seine Mitarbeiter den Verpflichtungen des WpHG nachkommen, und eine dauerhafte, wirksame und unabhängige Compliance-Funktion einzurichten, ist weggefallen. Dasselbe gilt für § 12 WpDVerOV a. F. Eine inhaltlich gleichgerichtete Anforderung ergibt sich nunmehr aus Art. 22 Delegierte VO (EU) 2017/565, auf den in § 80 Abs. 1 Satz 3 WpHG ergänzend verwiesen wird.

---

19 *Hannemann/Schneider/Weigl*, MaRisk, 4. Aufl. 2013, S. 408.
20 European Banking Authority, Final Report, Guidelines on Internal Governance, EBA/GL/2017/11 v. 26.09.2017, S. 10.

3.1.1.2 Verweis auf § 25a KWG in § 80 WpHG

Der durch das 2. FiMaNoG geschaffene § 80 Abs. 1 Satz 1 WpHG n. F. enthält wie die Vorgängervorschrift des § 33 Abs. 1 Satz 1 WpHG einen Verweis auf die Vorschrift des § 25a Abs. 1 (und § 25e) KWG, womit die dort niedergelegten organisatorischen Pflichten für Institute und Wertpapierdienstleistungsunternehmen gleichermaßen gelten. Formal betrachtet bedürfte es hinsichtlich der Anforderungen in § 25a KWG eines solchen Verweises nicht, weil jedes Wertpapierdienstleistungsunternehmen eine Dienstleistung erbringt, die es zugleich als Kreditinstitut oder Finanzdienstleistungsinstitut nach dem KWG qualifiziert und damit dem Anwendungsbereich des § 25a KWG unterwirft.[21] Der Zweck des Verweises ist demnach ein anderer: Der Gesetzgeber wollte für die Schnittmenge derjenigen organisatorischen Anforderungen, die für Wertpapierdienstleistungsunternehmen und für Kreditinstitute identisch sind (insb. hinsichtlich des Risikomanagements), keine Doppelregelung schaffen.[22] Der bislang in § 33 Abs. 1 Satz 1 WpHG a. F. enthaltene Verweis auf § 25a Abs. 2 KWG wurde hingegen gestrichen, da dort keine in der MiFID II vorgesehenen Organisationspflichten enthalten sind.[23]

13

Wertpapierdienstleistungsunternehmen unterliegen somit hinsichtlich aller von ihnen erbrachten Finanzdienstleistungen den organisatorischen Anforderungen des § 25a Abs. 1 KWG, der sie zu einer „bankaufsichtsrechtlichen Compliance" verpflichtet, die nunmehr in der MaRisk-Compliance konkretisiert ist und als deren spezielle Ausprägung die Wertpapier-Compliance angesehen werden kann.

14

Beispiel:
Nach Auffassung der BaFin haben auch Kredit- oder Finanzdienstleistungsinstitute, die keine Wertpapierdienstleistungsunternehmen im Sinne von § 2 Abs. 10 WpHG sind, das Verbot von Insidergeschäften nach Art. 14 Verordnung (EU) Nr. 596/2014 im Rahmen der allgemeinen organisatorischen Anforderungen nach § 25a Abs. 1 KWG zu beachten. Daher können auch Mitarbeiter in den Bereichen M&A oder der Rechtsabteilung von entsprechenden Vorkehrungen und Kontrollen zur Vermeidung von Insider-

---

21 Siehe zur Anwendung des § 25a KWG auf Institute i. S. v. § 1 Abs. 1b KWG (= Kreditinstitute und Finanzdienstleistungsinstitute) *Langen*, in: Schwennicke/Auerbach, KWG, 3. Aufl. 2016, § 25a Rn. 12. Hinsichtlich des Verweises auf § 25e KWG, der Anforderungen bei der Einschaltung vertraglich gebundener Vermittler regelt, gilt dies nur eingeschränkt. Die Vorschrift gilt nur für sog. CRR-Kreditinstitute und Wertpapierhandelsunternehmen. CRR-Kreditinstitute sind solche Institute, die das Einlagen- oder Kreditgeschäft betreiben (§ 1 Abs. 3d Satz 1 KWG i. V. m. Art. 4 Abs. 1 Nr. 1 CRR). Wertpapierhandelsunternehmen sind nur solche Unternehmen, die bestimmte Bankgeschäfte bzw. Finanzdienstleistungen erbringen (§ 1 Abs. 3d Satz 4 KWG).
22 Begründung RegE des FRUG, BT-Drs. 16/4018, S. 70; abweichend die BaFin in AT 7 MaComp: „Der Verweis in § 80 Abs. 1 Satz 1 WpHG auf §§ 25a Abs. 1, 25e KWG stellt klar, dass deren Anforderungen auch für die Erbringung von Wertpapierdienstleistungen Anwendung finden. Für den Bereich der Wertpapierdienstleistungen gelten die Vorgaben in § 80 Abs. 1 WpHG und Art. 22 DV neben den Vorgaben in §§ 25a Abs. 1 und 25e KWG einschließlich der Konkretisierungen durch die MaRisk." Kritisch zu der vom Gesetzgeber gewählten Verweisungstechnik *Fuchs*, in: Fuchs, WpHG, 2. Aufl., 2016, § 33 Rn. 11.
23 Gesetzesentwurf der Bundesregierung, Entwurf eines Zweiten Finanzmarktnovellierungsgesetzes – 2. FiMaNoG, zu Nummer 80 (§ 80).

> geschäften betroffen sein, obwohl sie keinen Bezug zu der Erbringung von Wertpapierdienstleistungen haben.[24]

15 § 25a KWG ist damit die aufsichtsrechtliche Basisnorm auch für die Wertpapier-Compliance, die eine spezifische Form der „bankaufsichtsrechtlichen Compliance" darstellt.[25]

3.1.1.3 MaComp

16 Wenn auch keine Rechtsquelle im formalen Sinne, so sind doch die Mindestanforderungen an Compliance (MaComp)[26] der BaFin in die rechtlichen Rahmenbedingungen einzubeziehen. Dies liegt nicht zuletzt daran, dass Verlautbarungen der BaFin wie die MaComp (aber auch die Mindestanforderungen an das Risikomanagement (MaRisk)[27], dazu sogleich) aus Sicht der Institute einen quasi-gesetzlichen Charakter haben. Die MaComp bezogen sich (ohne dass dies eine ausdrückliche Erwähnung findet) auf Art. 6 der Durchführungsrichtlinie 2006/73/EG zur MiFID I, also die Konkretisierung der Wertpapier-Compliance-Funktion. Die letzten Änderungen der MaComp gehen auf die Umsetzung der MiFID II im WpHG und der Delegierten VO zu den Organisationspflichten der MiFID II zurück (bspw. in Bezug auf die Anforderungen zur Product Governance).[28]

3.1.2 Rechtsquellen für die MaRisk-Compliance

17 Die MaRisk-Compliance ist im Vergleich zur Wertpapier-Compliance eine junge Disziplin. Angestoßen durch eine Empfehlung der EBA im Jahr 2011[29] und gestützt auf die Pflicht zur Sicherstellung einer ordnungsgemäßen Geschäftsorganisation (§ 25a Abs. 1 Satz 1 KWG), hatte die BaFin zunächst im Jahr 2012 in AT 4.4.2 MaRisk die Vorgabe aufgenommen, dass Institute über eine (allgemeine) Compliance-Funktion verfügen müssen. Der Gesetzgeber zog dann im Zuge des CRD IV-Umsetzungsgesetzes[30] nach und verankerte die Einrichtung einer Compliance-Funktion als bankaufsichtsrechtliche Pflicht in § 25a Abs. 1 Satz 3 Nr. 1c) KWG.[31]

18 Während die Wertpapier-Compliance auf die Einhaltung der Vorgaben aus der MiFID II thematisch begrenzt ist, zielt die Compliance-Funktion des KWG auf die Einhaltung der für das Institut „wesentlichen rechtlichen Regelungen und Vorgaben" (AT 4.4.2 Tz. 1 Ma-

---

24 MaComp, BT 2.7. Zu Mitarbeitergeschäften im Einzelnen siehe in diesem Buch Kapitel II.C.4 *Wagemann*, Persönliche Geschäfte und Geschäfte von Führungspersonen.
25 In diesem Sinne auch *Langen*, in: Schwennicke/Auerbach, KWG, 3. Aufl. 2016, § 25a Rn. 13.
26 Vgl. bereits Fn. 7.
27 Vgl. bereits Fn. 13.
28 Anschreiben der BaFin zur MaComp v. 19.04.2018, abrufbar im Internet unter www.bafin.de.
29 European Banking Authority, Guidelines on Internal Governance in der Fassung v. 27.09.2011, die zwischenzeitlich aktualisiert wurde, vgl. Fn. 16.
30 Gesetz zur Umsetzung der Richtlinie 2013/36/EU über den Zugang zur Tätigkeit von Kreditinstituten und die Beaufsichtigung von Kreditinstituten und Wertpapierfirmen und zur Anpassung des Aufsichtsrechts an die Verordnung (EU) Nr. 575/2013 über Aufsichtsanforderungen an Kreditinstitute und Wertpapierfirmen v. 28.08.2013, BGBl. I, S. 3395.
31 Siehe zur Entwicklungsgeschichte *Renz/Rohe*, in: Die Bank, 2014, S. 38 f.

Risk). Zu diesem Zweck muss die MaRisk-Compliance-Funktion die wesentlichen rechtlichen Regelungen und Vorgaben identifizieren, deren Nichteinhaltung das Vermögen des Instituts gefährden kann (AT 4.4.2 Tz. 2).[32] Sodann muss sie auf die Implementierung wirksamer Verfahren zur Einhaltung dieser Regeln und auf entsprechende Kontrollen hinwirken (AT 4.4.2 Tz. 1 Satz 2). Schließlich hat sie die Geschäftsleitung zukunftsbezogen hinsichtlich der Einhaltung dieser Regeln zu beraten und zu unterstützen (AT 4.4.2 Tz. 1 Satz 3). Die Geschäftsleiter bleiben jedoch für die Einhaltung rechtlicher Regeln und Vorgaben letztverantwortlich (AT 4.4.2 Tz. 1 Erl.).

Hierzu gehören zwar auch die Anforderungen der MiFID II. Das bedeutet allerdings nicht, dass die Wertpapier-Compliance in der Compliance-Funktion des KWG aufgeht.[33] Noch unter Geltung der Compliance-Verpflichtung nach § 33 Abs. 1 WpHG a. F. stellte die BaFin fest, dass trotz KWG-Compliance „alle sonstigen Vorgaben zur Compliance-Funktion, die sich aus anderen Aufsichtsgesetzen ergeben (insb. § 33 WpHG in Verbindung mit dem Rundschreiben „MaComp" [...])", unberührt bleiben (Erläuterungen zu den MaRisk, AT 4.4.2 Tz. 1). Was diese etwas unscharfe Beschreibung der BaFin für die Abgrenzung der thematischen Zuständigkeiten von Wertpapier-Compliance und MaRisk-Compliance bedeutet, ist nicht immer ganz klar.[34] Zweifelsfälle treten insb. dann auf, wenn es um kapitalmarktrechtliche Themen geht, die außerhalb der MiFID II angesiedelt sind.

19

Beispiel:
Wer soll für die Überwachung der sich aus der EMIR[35] ergebenden Pflichten eines Instituts zuständig sein? Intuitiv würde man diese Aufgabe der Wertpapier-Compliance zuweisen. Dagegen spricht allerdings, dass nach Art. 22 Delegierte VO (EU) 2017/565 die Wertpapier-Compliance-Funktion nur für die Überwachung der sich aus der MiFID II ergebenden Pflichten zuständig ist. Die EMIR-Pflichten gehören hierzu nicht. Es spricht viel dafür, das Verhältnis von Wertpapier-Compliance und MaRisk-Compliance in der Weise zu interpretieren, dass den MaRisk eine „Auffangfunktion" zukommt. Ihre Zuständigkeit greift demnach immer dann, wenn eine Spezialzuständigkeit anderer Überwachungsfunktionen (wie der Wertpapier-Compliance, des Geldwäsche- oder des Datenschutzbeauftragten oder neuerdings des Beauftragten für den Schutz von Finanzinstrumenten und Kundengeldern („Single Officer", § 81 Abs. 5 WpHG)) nicht gegeben ist. Dementsprechend wäre im Beispielsfall für die EMIR-Überwachung die MaRisk-Compliance zuständig. Letztlich dürfte es indes im organisatorischen Gestaltungsermessen der Geschäftsleitung liegen, hier auch eine andere Aufgabenzuweisung vorzunehmen und die EMIR-Überwachung der Wertpapier-Compliance zuzuweisen. In der Praxis dürften somit beide Modelle zulässig sein.

20

---

32 Zu diesem Legal Inventory *Boldt/Büll/Voss*, in: CCZ 2013, S. 248, 249 f.; *Büll*, in: CB 2014, S. 419, 422.
33 So auch *Mülbert/Wilhelm*, in: ZHR 178 (2014), S. 502, 525.
34 Vgl. hierzu *Scholz-Fröhling*, in: Preuße/Zingel (Hrsg.): WpDVerOV, 2015, § 12 Rn. 11 ff.; *Krimphove*, in: Krimphove/Kruse, MaComp 2013, AT 7 Rn. 14 ff.; *Fuchs*, in: Fuchs (Hrsg.): WpHG, 2. Aufl. 2016, § 33 Rn. 11.
35 Verordnung (EU) Nr. 648/2012 des Europäischen Parlaments und des Rates v. 04.07.2012 über OTC-Derivate, zentrale Gegenparteien und Transaktionsregister.

> Dasselbe gilt für die organisatorische Aufstellung von Wertpapier- und MaRisk-Compliance: Eine zentrale Organisationseinheit für alle Compliance-Bereiche ist ebenso zulässig wie eine dezentral aufgestellte Compliance-Funktion, die nach den Vorgaben der MiFID II und der KWG-Compliance-Funktion unterscheidet.[36] Nach den MaRisk 2017 ist allerdings die MaRisk-Compliance-Funktion in einem von den Bereichen Markt und Handel unabhängigen Bereich anzusiedeln (AT 4.4.2 Tz. 3 MaRisk). Systemrelevante Institute haben für die Compliance-Funktion stets eine eigenständige Organisationseinheit unmittelbar unterhalb der Geschäftsleiterebene einzurichten (AT 4.4.2 Tz. 4 MaRisk).

3.1.3 Rechtsquellen für die Interne Revision

3.1.3.1 § 25a KWG und MaRisk

21 Die Rechtsquellen für die Interne Revision sind ebenfalls die Vorschrift des § 25a Abs. 1 KWG sowie die MaRisk, die unter BT 2 einen eigenen Abschnitt zur Ausgestaltung der Internen Revision enthalten.[37]

3.1.3.2 Art. 24 Delegierte VO (EU) 2017/565

22 Art. 24 Delegierte VO (EU) 2017/565 enthält konkrete Aufgabenzuweisungen für die Interne Revision (dort bezeichnet als „Innenrevision"), die als eine von den übrigen Funktionen und Tätigkeiten der Wertpapierfirma getrennte und unabhängige Funktion gebildet wird. Für deutsche Wertpapierdienstleistungsunternehmen ist dies nicht neu. Als Institute im Sinne des KWG hatten sie schon bislang die Anforderungen von § 25a KWG sowie die detaillierten Regelungen der MaRisk zur Ausgestaltung der Internen Revision zu beachten.

3.1.3.3 Sonstige

23 Interessante Aussagen zur Funktion der Internen Revision aus bankaufsichtsrechtlicher Sicht enthält darüber hinaus das vom Baseler Ausschuss für Bankenaufsicht im Februar 2006 veröffentlichte Papier „Enhancing corporate governance for banking organisations".[38] Auch die Leitlinien der EBA zur Internen Governance[39] enthalten Empfehlungen zur Ausgestaltung der Internen Revision, die die Institute zu beachten haben.

---

36 BaFin, Protokoll zur Sitzung des Fachgremiums MaRisk am 24.04.2013 in Bonn, S. 4, abrufbar unter www.bafin.de; dem folgend *Mülbert/Wilhelm*, in: ZHR 178 (2014), S. 502, 526.

37 Siehe dazu, dass außerhalb der Kreditwirtschaft die Interne Revision mangels gesetzlicher Vorgaben als eine primär betriebswirtschaftlich begründete delegierte Führungsfunktion angesehen wird, die erst mit den durch das KonTraG in das Aktiengesetz aufgenommenen Regelungen zum Überwachungssystem (§ 91 Abs. 2 AktG) i. V. m. dem Deutschen Corporate Governance Kodex (DCGK) einen rechtlichen Rahmen erhalten hat, *Eulerich*, in: ZIR 2012, S. 192 ff.; *Obermayr*, in: Hauschka/Moosmayer/Lösler (Hrsg.): Corporate Compliance, 3. Aufl. 2016, § 44 Rn. 6 ff.

38 Abrufbar im Internet unter www.bis.org; ausführlich hierzu *Mülbert*, in: BKR 2006, S. 349 ff.

39 EBA/GL/2017/11 v. 26.09.2017, S. 46 ff; vgl. auch die deutsche Fassung der Leitlinien zur internen Governance v. 15.03.2018, abrufbar im Internet unter www.eba.europa.eu.

3.2 Gesetzliches Rangverhältnis zwischen Wertpapier-Compliance, MaRisk-Compliance, Risikomanagement und Interner Revision

3.2.1 Ausgangspunkt: Wertpapier-Compliance, MaRisk-Compliance und Interne Revision als Teil des Risikomanagements

Die Bestandsaufnahme der Rechtsquellen von Wertpapier-Compliance, MaRisk-Compliance und Interner Revision hat ergeben, dass die drei Kontrolleinheiten mit der Vorschrift des § 25a Abs. 1 KWG einen gemeinsamen gesetzlichen Bezugspunkt haben. Ein Rangverhältnis ist damit indes noch nicht festgelegt. Ein solches lässt sich über den Begriff des „Risikomanagements" herleiten, als dessen Teilfunktionen sich Wertpapier-Compliance, MaRisk-Compliance und Interne Revision erweisen.

24

Eine einheitliche Definition des Begriffs **Risikomanagement** gibt es nicht.[40] Nach Art. 25a Abs. 1 Satz 3 Nr. 3 KWG hat das Risikomanagement eines Instituts folgende Elemente zu enthalten:

- eine Geschäfts- und Risikostrategie (Nr. 1),
- ein Risikotragfähigkeitsverfahren (Nr. 2),
- die Einrichtung eines internen Kontrollverfahrens mit einem internen Kontrollsystem (**IKS**) *und* einer Internen Revision, wobei das IKS neben angemessenen aufbau- und ablauforganisatorischen Regelungen (lit. a) und einer CRD IV-konformen Risikosteuerung (lit. b) auch eine Risikocontrolling-Funktion und eine Compliance-Funktion zu umfassen hat (Nr. 3),
- eine angemessene personelle und technisch-organisatorische Ausstattung (Nr. 4),
- ein angemessenes Notfallkonzept (Nr. 5) und
- ein angemessenes Vergütungssystem (Nr. 6).

Art. 23 Delegierte VO (EU) 2017/565 liegt nur auf den ersten Blick ein anderes Verständnis zu Grunde. Dessen Abs. 2 Unterabs. 1 verlangt neben Compliance-Funktion und Interner Revision („Innenrevision") die Einrichtung einer unabhängigen sog. „Risikomanagement-Funktion". Diese ist u. a. zuständig für die Festlegung der Strategien und Verfahren, mit denen Risiken erfasst und gesteuert werden sollen, sowie deren ständige Überwachung. Die beschriebenen Aufgaben decken sich mit denen der **Risikocontrolling-Funktion**, die in der Systematik des § 25a Abs. 1 Satz 3 Nr. 3 lit. c KWG ein Teil des allgemeinen Risikomanagements bildet. Die europäische Regulierung kennt den Begriff „Risikocontrolling" nicht, sondern verwendet einheitlich die Formulierung „Risikomanagement". So beruht die Aufnahme der in § 25a Abs. 1 Satz 3 Nr. 3 lit. c KWG genannten Risikocontrolling-Funktion auf Art. 76 Abs. 5 CRD IV. Obwohl auch in der deutschen Übersetzung der Richtlinie von „Risikomanagementfunktion" die Rede ist, hat der deutsche Gesetzgeber bei Umsetzung der CRD IV den Begriff „Risikocontrolling-Funktion" gewählt. So entspricht die Risiko*management*-Funktion im Sinne von Art. 23 Delegierte VO (EU) 2017/565 der Risiko*controlling*-Funktion des § 25a Abs. 1 Satz 3 Nr. 3 KWG.

25

---

[40] So *Hannemann/Schneider/Weigl*, Mindestanforderungen an das Risikomanagement (MaRisk), 4. Aufl. 2013, S. 22; *Braun*, in: Boos/Fischer/Schulte-Mattler, KWG, CRR-VO (EU), 5. Aufl. 2016, § 25a KWG Rn. 93.

```
                    Risikomanagement
                   (§ 25a Abs. 1 Satz 3 KWG)
   ┌──────────────┬──────────────────┬──────────────┐
Geschäfts- und   Risikotragfähigkeit   Internes Kontrollverfahren   Weitere (Nr. 4
Risikostrategie (Nr. 1)  (Nr. 2)              (Nr. 3)              bis 6)
                                    ┌────────────┬────────────┐
                          Internes Kontrollsystem      Interne Revision
                                 (IKS)
   ┌──────────────┬──────────────────┬──────────────┐
Aufbau- und ablauforganisatorische   Risikosteuerung (Nr. 3 b)   Risikocontrolling und Compliance-
Regelungen (Nr. 3 a)                                              Funktion (Nr. 3 c)
```

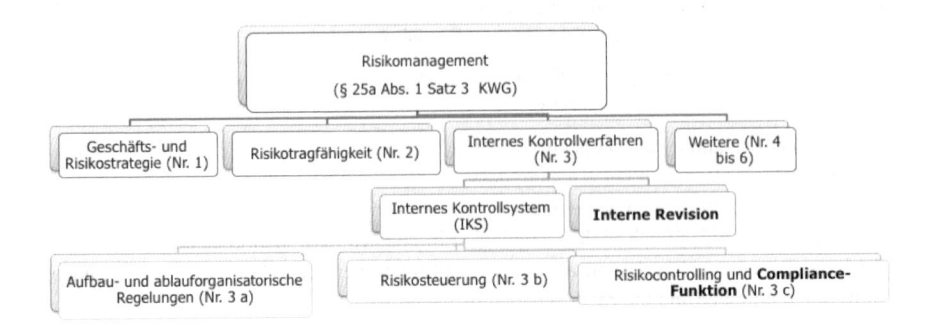

Abb. 2: Schaubild Risikomanagement

Aus dieser gesetzlichen Funktionszuweisung ergeben sich folgende Ableitungen für das Verhältnis von Interner Revision zur MaRisk- und Wertpapier-Compliance:

3.2.2 Compliance unterliegt Überwachung durch Interne Revision

26 MaRisk-/Wertpapier-Compliance und Interne Revision sind sämtlich Bestandteile eines ordnungsgemäßen Risikomanagements.[41] Nur die beiden Compliance-Funktionen sind Unterfunktionen des IKS (siehe AT 7 Tz. 2 MaComp für die Wertpapier-Compliance und § 25a Abs. 1 Satz 3 Nr. 3 lit. c) KWG für die MaRisk-Compliance). Als Bestandteile des IKS, zu denen die Interne Revision nicht gehört, unterliegen die Compliance-Funktionen der Überwachung durch die Interne Revision.[42]

3.2.3 Organisatorische Trennung von Wertpapier-/MaRisk-Compliance und Interner Revision

27 Aus diesem Grund und um eine effektive Kontrolle der Internen Revision zu gewährleisten, kommt eine organisatorische Zusammenlegung der Internen Revision mit den Compliance-Funktionen grundsätzlich nicht in Betracht. Bezogen auf das „Modell der drei Verteidigungslinien" entspricht dies dem grundsätzlichen Verbot der organisatorischen Vermischung von 2. (Compliance) und 3. (Revision) Verteidigungslinie.

---

41 Siehe auch *Mülbert/Wilhelm*, in: ZHR 178 (2014), S. 503, 521, 523, die Compliance als „rechtliches Risikomanagement" bezeichnen und ein „kombiniertes Risiko- und Compliance-Management" empfehlen; vgl. *Mülbert*, in: BKR 2006, S. 349, 358; ähnlich der Baseler Ausschuss, Enhancing corporate governance for banking organisations, der die Compliance-Funktion als Unterfall der „internal control functions" und damit ebenfalls als Element des Risikomanagements ansieht, *Gößmann* in: Hadding/Hopt/Schimansky (Hrsg.): Verbraucherschutz im Kreditgeschäft – Compliance in der Kreditwirtschaft, Bankrechtstag 2008, S. 179, 185; *Hense/Renz,* in: CCZ 2008, S. 181, 185: „Damit ist Compliance ein qualitatives Risikomanagement [...]".

42 BT 1.3.3.2 Tz. 2 MaComp; *Fuchs*, in: Fuchs (Hrsg.): WpHG, 2. Aufl., 2016, § 33 Rn. 37; *Birnbaum/Kütemeier*, in: WM 2011, S. 293, 296; zum umfassenden Prüfungsansatz vgl. auch *Braun*, in: Boos/Fischer/Schulte-Mattler, KWG, CRR-VO (EU), 5. Aufl. 2016, § 25a KWG Rn. 578.

3.2.3.1 MaRisk-Compliance

Für die MaRisk-Compliance gilt die Inkompatibilität mit der Internen Revision ausnahmslos. So kann nach Ansicht der BaFin die MaRisk-Compliance zwar an andere Kontrolleinheiten wie den Geldwäschebeauftragten oder das Risikocontrolling angebunden werden, nicht aber an die Interne Revision (Erläuterungen der BaFin zu AT 4.4.2 Tz. 3 MaRisk).[43] Die strikte organisatorische Trennung von Compliance und Interner Revision entspricht auch dem europäischen[44] und internationalen[45] bankaufsichtsrechtlichen *Common Sense* sowie der allgemeinen Meinung in der Literatur.[46] 28

3.2.3.2 Wertpapier-Compliance

Dasselbe gilt für die Wertpapier-Compliance, die ebenfalls einem strikten Trennungsprinzip folgt (BT 1.3.3.2 Tz. 2 MaComp). Allenfalls „unter bestimmten Umständen" sei es nach Ansicht der BaFin zulässig, dieselbe Person für Compliance und Interne Revision vorzusehen (BT 1.3.3.2 Tz. 3 MaComp). Wann solche Umstände gegeben sein können, konkretisiert die Aufsicht nicht. Die MaRisk enthalten diese Ausnahme gar nicht. Für die Praxis ist daher zu empfehlen, Compliance und Interne Revision strikt voneinander zu trennen.[47] 29

Die strikte Trennung von Compliance und Interner Revision schließt allerdings eine Zusammenarbeit der beiden Kontrollbereiche nicht aus. Zur Vermeidung von „Doppelarbeiten" sollte vielmehr auf Erkenntnisse der jeweils anderen Kontrolleinheit zurückgegriffen werden, wobei Compliance sich bei ihren Überwachungshandlungen nicht ausschließlich auf die Prüfungsergebnisse der Internen Revision stützen darf.[48] Die BaFin empfiehlt zudem, dass andere Kontrolleinheiten ihre Prüfungshandlungen mit denen der Compliance-Funktion koordinieren (BT 1.2.1.2 Tz. 7 MaComp). 30

3.2.3.3 Compliance ist nicht der „verlängerte Arm" der Internen Revision

Allerdings gilt das Trennungsprinzip auch in umgekehrter Richtung: § 25a Abs. 1 Satz 3 Nr. 3 lit. c KWG begreift – ebenso wie AT 4.3 Tz. 1 MaRisk und AT 7 Tz. 2 MaComp – Compliance als eine eigenständige (unabhängige) Funktion innerhalb des IKS eines Insti- 31

---

43 Auch eine Anbindung an das Vorstandssekretariat ist möglich, vgl. DSGV, Mindestanforderungen an das Risikomanagement, Interpretationsleitfaden, Version 5.1, Februar 2014, S. 360.
44 EBA/GL/2017/11 v. 26.09.2017, S. 47 Tz. 159.
45 Basel Committee on Banking Supervision, Compliance and the compliance function in banks, April 2005, Principle 8, Tz. 45.
46 *Braun*, in: Boos/Fischer/Schulte-Mattler (Hrsg.): KWG, CRR-VO (EU), 5. Aufl. 2016, § 25a KWG Rn. 436; *Langen*, in: Schwennicke/Auerbach, KWG, 3. Aufl. 2016, § 25a Rn. 87; *Gebauer/Niermann*, in: Hauschka/Moosmayer/Lösler (Hrsg.): Corporate Compliance, 3. Aufl. 2016, § 48 Rn. 64; *Lang/Renz*, in: Schäfer/Sethe/Lang (Hrsg.): Handbuch der Vermögensverwaltung, 2. Aufl. 2016, § 16 Rn. 94; *Boldt/Büll/Voss*, in: CCZ 2013, S. 248, 253.
47 So auch für die MaRisk-Compliance DSGV, Mindestanforderungen an das Risikomanagement, Interpretationsleitfaden, Version 5.1, Februar 2014, S. 360.
48 BaFin, BT 1.2.2 MaComp; *Faust*, in: Schimansky/Bunte/Lwowski (Hrsg.): Bankrechts-Handbuch, 5. Aufl. 2017, § 109 Rn. 112c; DSGV, Mindestanforderungen an das Risikomanagement, Interpretationsleitfaden, Version 5.1, Februar 2014, S. 360; Hannemann/Schneider/Weigl (Hrsg.): MaRisk, 4. Aufl. 2013, S. 408.

tuts. Auch Art. 22 Abs. 2 Delegierte VO (EU) 2017/565 verlangt für Wertpapierfirmen die Errichtung einer „permanente[n] und wirksame[n], unabhängig arbeitende[n] Compliance-Funktion", der ein eigenständiger Aufgabenbereich zugewiesen wird und die eine eigene Berichtslinie an den Vorstand besitzt (Art. 22 Abs. 2 lit. c Delegierte VO (EU) 2017/565; zu Berichtspflichten entsprechend auch AT 4.4.2 Tz. 3 MaRisk).

32 Der geforderten Unabhängigkeit der Compliance-Funktion entspricht es, diese nicht als spezialgesetzlich ausgestalteten Unterfall und damit als bloßen „verlängerten Arm" der Internen Revision anzusehen. Für ein solches Verständnis gibt es keine gesetzliche Grundlage.

3.2.3.4 Organisatorische Anbindung auf Ebene der 2. Verteidigungslinie

33 Eine Anbindung der MaRisk-/Wertpapier-Compliance-Funktion an das Risikocontrolling ist zulässig (BaFin, Erläuterungen zur MaRisk, AT 4.4.2 Tz. 3; BT 1.3.3.2 Tz. 1 MaComp.).[49] Eine entsprechende Vorschrift findet sich im ErwG 37 der Delegierten VO (EU) 2017/565, wonach es nicht zwangsläufig die Unabhängigkeit der einzelnen Personen gefährdet, wenn „Risikomanagement und Compliance-Funktion in der Hand einer Person" liegen. Die Zulässigkeit einer Anbindung an andere Funktionen der 2. Verteidigungslinie lässt sich hingegen nicht pauschal bejahen. So wird die Anbindung an den Geldwäschebeauftragten als zulässig angesehen[50], die Vereinigung von Compliance-Beauftragtem und Datenschutz-Beauftragtem in einer Person generell nicht praktiziert und dürfte auch aufgrund der unterschiedlichen Schutzrichtungen beider Funktionen aufsichtsrechtlich problematisch sein.[51]

4 Best Practice

34 Mit Blick auf die eingangs aufgeworfenen Fragen lassen sich aus diesem Befund folgende praktischen Schlussfolgerungen ziehen:

4.1 Berichtslinien

35 Die Frage „Wer berichtet an wen?" lässt sich anhand der gesetzlichen Anforderungen im folgenden Dreischritt beantworten:

36 – Sowohl Interne Revision als auch Wertpapier-/MaRisk-Compliance haben separate Berichtspflichten gegenüber der Geschäftsleitung, die sie eigenständig erfüllen müssen:

Die Interne Revision hat zeitnah einen Quartalsbericht über die von ihr seit dem Stichtag des letzten Quartalsberichts durchgeführten Prüfungen zu verfassen und zeitnah der Geschäftsleitung und dem Aufsichtsorgan vorzulegen (BT 2.4 Tz. 4 MaRisk). Bei schwerwie-

---

[49] Siehe zu den hiermit verbundenen praktischen Herausforderungen *Boldt/Büll/Voss*, in: CCZ 2013, S. 248, 252 f.
[50] *Braun*, in: Boos/Fischer/Schulte/Mattler (Hrsg.): KWG, CRR-VO (EU), 5. Aufl. 2016, § 25a KWG, Rn. 436.
[51] Differenzierend für die MaRisk-Compliance-Funktion *Boldt/Büll/Voss*, in: CCZ 2013, S. 248, 252: „zumindest nicht ausgeschlossen und institutsspezifisch zu hinterfragen".

genden Feststellungen gegen Geschäftsleiter, ist der Geschäftsleitung unverzüglich Bericht zu erstatten. Diese hat unverzüglich den Vorsitzenden des Aufsichtsorgans sowie die Aufsichtsinstitutionen zu unterrichten (BT 2.4 Tz. 5 MaRisk). Der Vorsitzende des Aufsichtsorgans kann zudem unter Einbeziehung der Geschäftsleitung direkt bei dem Leiter der Internen Revision Auskünfte einholen (AT 4.4.3 Tz. 2 MaRisk).[52] Entsprechende Berichtspflichten für die Innenrevision (allerdings weniger detailliert) enthält auch Art. 24 lit. c Delegierte VO (EU) 2017/565.

Die MaRisk-Compliance-Funktion hat mind. jährlich sowie anlassbezogen der Geschäftsleitung über ihre Tätigkeit Bericht zu erstatten. Die Berichte sind auch an das Aufsichtsorgan und die Interne Revision weiterzuleiten (AT 4.4.2 Tz. 7 MaRisk). Eine entsprechende Berichtspflicht für die Wertpapier-Compliance enthält Art. 22 Abs. 2 lit. c Delegierte VO (EU) 2017/565 sowie BT 1.2.2 MaComp (zum Inhalt der Compliance-Berichte vgl. dort Tz. 6). Die Übermittlung der Compliance-Berichte an das Aufsichtsorgan erfolgt jedoch grundsätzlich über die Geschäftsleitung (BT 1.2.2 Tz. 3 MaComp).

Die Berichtslinien der Internen Revision und von MaRisk-/Wertpapier-Compliance verlaufen unabhängig voneinander bzw. parallel zueinander.

– Aufgrund der „Allzuständigkeit" der Internen Revision für die Kontrolle sämtlicher Unternehmensbereiche (AT 4.4.3 Tz. 3 MaRisk) ist ihr ein vollständiges und uneingeschränktes Informationsrecht einzuräumen (AT 4.3.3 Tz. 4 MaRisk). Die Informationsverpflichtung gilt damit auch für die Compliance-Funktion, die der Internen Revision zusätzlichen ihren Compliance-Bericht regelmäßig zur Verfügung zu stellen hat (AT 4.4.2 Tz. 7 MaRisk). Dies gilt auch für die Wertpapier-Compliance, obwohl dies in den MaComp nicht explizit verlangt wird. Es entspricht aber den Aufgaben und der Rolle der Internen Revision.

– Die Berichtspflicht von Wertpapier- und MaRisk-Compliance an die Interne Revision verläuft jedoch nicht in einer „Einbahnstraße". Vielmehr ergibt sich aus der vom Vorstand abgeleiteten umfassenden Überwachungszuständigkeit, dass auch die Interne Revision dem Compliance-Beauftragten über compliance-relevante Umstände zu berichten hat, sofern sie hierüber im Rahmen ihrer eigenen Prüfungs- und Kontrolltätigkeit Kenntnis erlangt hat. Dies sah bereits Ziff. 4.2 letzter Satz der „alten" Compliance-Richtlinie des BAWe aus dem Jahre 1999 so vor.

Insgesamt ergibt sich somit für das Berichtswesen am Beispiel der Wertpapier-Compliance folgendes Zuständigkeitsgefüge:

37

---

52 Kritisch hierzu *Langen*, in: Schwennicke/Auerbach, 3. Aufl. 2016, § 25a Rn. 97a.

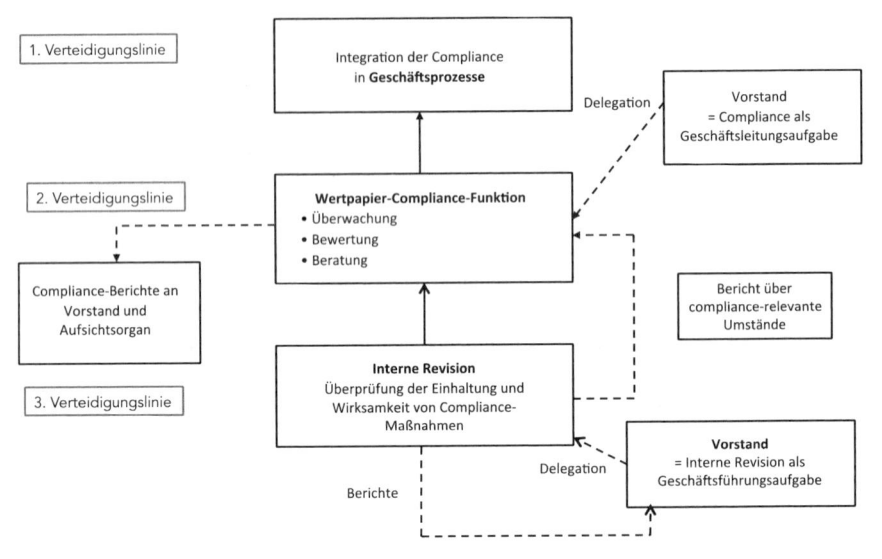

Abb. 3: Berichtslinien Compliance – Interne Revision – Geschäftsleitung

4.2 Überwachungsmittel und -verfahren

38 Was die einzusetzenden Überwachungsmittel und -verfahren anbetrifft, lässt sich allgemein feststellen, dass die Compliance-Funktionen unmittelbar in die Prozesse des Instituts eingebunden sind und daher einen „zeitnahen Ansatz" verfolgen, während die Interne Revision sämtliche Aktivitäten und Prozesse prozessunabhängig und „zeitlich nachgelagert" überprüft.[53]

4.2.1 Interne Revision

39 Der Revisionsprozess ist zudem bankaufsichtsrechtlich detailliert „durchdefiniert", wie sich aus dem nachfolgenden, an BT 2.3 MaRisk orientierten Schaubild ergibt:

---

53 Hannemann/Schneider/Weigl, MaRisk, 4. Aufl. 2013, S. 407; *Faust*, in: Schimansky/Bunte/Lwowski (Hrsg.): Bankrechts-Handbuch, 5. Aufl. 2017, § 109 Rn. 112c.

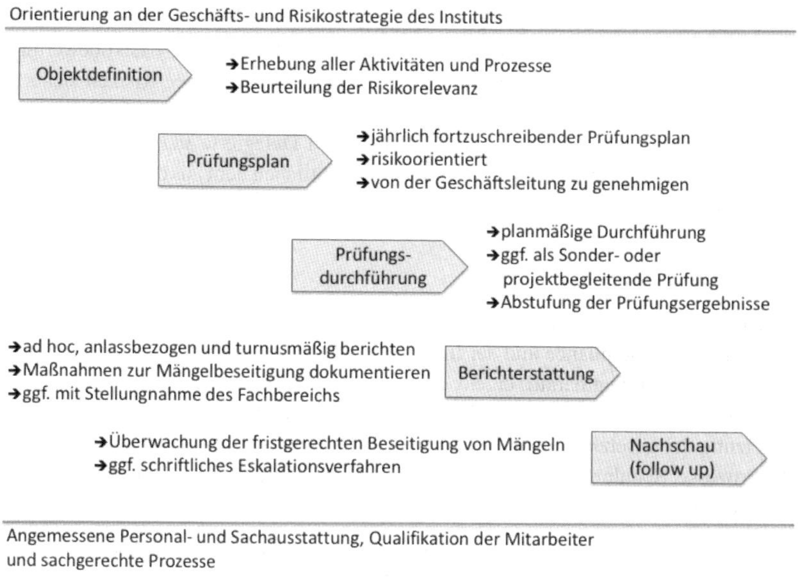

```
Orientierung an der Geschäfts- und Risikostrategie des Instituts
```

Objektdefinition	→ Erhebung aller Aktivitäten und Prozesse → Beurteilung der Risikorelevanz
Prüfungsplan	→ jährlich fortzuschreibender Prüfungsplan → risikoorientiert → von der Geschäftsleitung zu genehmigen
Prüfungs- durchführung	→ planmäßige Durchführung → ggf. als Sonder- oder projektbegleitende Prüfung → Abstufung der Prüfungsergebnisse
→ ad hoc, anlassbezogen und turnusmäßig berichten → Maßnahmen zur Mängelbeseitigung dokumentieren → ggf. mit Stellungnahme des Fachbereichs	Berichterstattung
→ Überwachung der fristgerechten Beseitigung von Mängeln → ggf. schriftliches Eskalationsverfahren	Nachschau (follow up)

```
Angemessene Personal- und Sachausstattung, Qualifikation der Mitarbeiter
und sachgerechte Prozesse
```

Abb. 4: Revisionsprozess
Quelle: DSGV, Mindestanforderungen an das Risikomanagement, Interpretationsleitfaden, Version 5.1, Februar 2014

4.2.2 Wertpapier-Compliance

Für die Wertpapier-Compliance enthält die MaComp konkrete Anforderungen an die Erfüllung der Überwachungsaufgaben. Grundlage der regelmäßigen Überwachungshandlungen ist ein schriftlicher Überwachungsplan, der auf alle Bereiche der Wertpapierdienstleistungen und -nebendienstleistungen unter Berücksichtigung des Risikogehalts der Geschäftsbereiche zu erstrecken ist (BT 1.3.2.1 Tz. 1 MaComp). Der Überwachungsplan der Compliance-Funktion ist dabei nicht identisch mit dem von der Internen Revision aufzustellenden Prüfungsplan, was schon aus der gewählten unterschiedlichen Begrifflichkeit deutlich wird.[54] Während der Prüfungsplan sich auf sämtliche Aktivitäten und Prozesse des Instituts bezieht (BT 2.3 Tz. 1 MaRisk), ist der Überwachungsplan lediglich darauf ausgerichtet, ob den Vorgaben des WpHG entsprochen wird (BT 1.3.2.1 Tz. 2 MaComp). Beiden Plänen kommt gleichwohl im Rahmen der jeweils vorzunehmenden Überwachungshandlungen von Compliance und Interner Revision eine hohe Bedeutung zu.[55]

40

Art. 22 Abs. 2 Unterabs. 2 Delegierte VO (EU) 2017/565 verpflichtet die Wertpapier-Compliance, zukünftig auf gesetzlicher Basis ein risikobasiertes Überwachungsprogramm zu erstellen, das alle Bereiche der Wertpapierdienstleistungen, Anlagetätigkeiten sowie der

41

---

54 *Schäfer*, in: Krimphove/Kruse (Hrsg.): MaComp, 2013, BT 1 Rn. 683; *ders.*, in: BKR 2011, S. 45, 56; *Zingel*, in: BKR 2010, S. 500, 504.
55 *Schäfer*, in: Krimphove/Kruse (Hrsg.): MaComp, 2013, BT 1 Rn. 684; *ders.*, BKR 2011, S. 45, 56; kritisch hingegen *Zingel*, in: BKR 2010, S. 500, 504.

relevanten Nebendienstleistungen der Wertpapierfirma berücksichtigt. Das Überwachungsprogramm soll Prioritäten festlegen, die anhand der Compliance-Risikobewertung bestimmt werden, um eine umfassende Überwachung der Compliance-Risiken sicherzustellen. Ziel ist eine Vermeidung solcher Risiken, die sich aus einer Missachtung der MiFID-Vorgaben ergeben können (Art. 22 Abs. 1 Unterabs. 1 Delegierte VO (EU) 2017/565). Das Überwachungsprogramm entspricht damit im Wesentlichen dem aus den MaComp bekannten Überwachungsplan.

4.2.3 MaRisk-Compliance

42 Die laufende Überwachungstätigkeit der MaRisk-Compliance-Funktion ist im Vergleich zur Wertpapier-Compliance und der Internen Revision weniger intensiv. Der Schwerpunkt der Überwachung liegt darauf, eigenverantwortlich sicherzustellen, dass in den Geschäftsbereichen auf der 1. Verteidigungslinie wirksame Verfahren implementiert sind, die eine Umsetzung der gesetzlichen Anforderungen gewährleisten (z.B. durch ablauforganisatorische Prozesse, Schulungen von Mitarbeitern etc.).[56] Dies gilt insb. für die Implementierung neuer gesetzlicher Anforderungen.[57]

43 Die Verfahren auf der 1. Verteidigungslinie hat die MaRisk-Compliance-Funktion regelmäßig auf ihre Wirksamkeit hin zu bewerten und hierüber an die Aufsichtsorgane zu berichten. Vor-Ort-Prüfungen oder die Erstellung eines jährlichen Überwachungsplans, wie sie die MaComp für die Wertpapier-Compliance vorsehen, sind demgegenüber nicht erforderlich.

4.3 Sonderfall: Wertpapier-Compliance und Recht

44 Eine weiterhin in der Praxis diskutierte Frage ist, ob die Wertpapier-Compliance-Funktion und die Rechtsabteilung zu einem gemeinsamen Bereich „Recht und Compliance" zusammengefasst werden können bzw. sollten. Die bisherige Praxis der Institute war bis zur Veröffentlichung der MaComp uneinheitlich und überwiegend davon geprägt, dass die Wertpapier-Compliance-Funktion der Rechtsabteilung angegliedert war und dem Leiter Recht disziplinarisch unterstand. Heute ist überwiegend eine organisatorische Trennung von Recht und Compliance anzutreffen.[58]

45 Dies liegt vor allem daran, dass BaFin und EBA mittlerweile als Regelfall die Trennung von Recht und Compliance ansehen, von dem nur aus Gründen der Verhältnismäßigkeit/Proportionalität abgewichen werden kann.[59] Nach Ansicht der BaFin kommt eine solche Anbindung bei größeren Unternehmen oder solchen mit komplexen Aktivitäten

---

56 *Lang/Renz*, in: Schäfer/Sethe/Lang (Hrsg.): Handbuch der Vermögensverwaltung, 2. Aufl. 2016, § 16 Rn. 93; *Boldt/Büll/Voss*, in: CCZ 2013, S. 248, 251.
57 *Büll*, in: CB 2014, S. 419, 422 f.
58 Vgl. *Schäfer*, in: Krimphove/Kruse (Hrsg.): MaRisk, 2013, BT 1 Rn. 794, wonach eine Kombination von Compliance und Rechtsabteilung „meist in Form der Anbindung von Compliance" geschehe und „die Leitung des Rechtsbereichs dem Compliance-Beauftragten i. d. R. übergeordnet" sei; auch *Früh*, in: CCZ 2010, S. 121, der eine Kombination in der Praxis als „selten" bezeichnet.
59 EBA/GL/2017/11 v. 26.09.2017, S. 51; MaComp BT 1.3.3.3 Tz. 1.

(hierzu gehört das Betreiben von Eigenhandel, Emissionsgeschäften und bestimmten Wertpapiernebendienstleistungen gemäß § 2 Abs. 3 lit. a Nr. 3, Nr. 5 oder Nr. 6 WpHG in nicht erheblichem Umfang) grundsätzlich nicht in Betracht (BT 1.3.3.3 Tz. 2 MaComp). Die Entscheidung über eine Kombination von Wertpapier-Compliance und Rechtsabteilung ist jedenfalls „prüfungstechnisch nachvollziehbar" zu dokumentieren (BT 1.3.3.3 Tz. 3 MaComp).

Als möglicher Grund für eine organisatorische Zusammenfassung beider Funktionen könnte angeführt werden, dass angesichts immer komplexer werdender aufsichts*rechtlicher* Anforderungen dem Risiko fehlender Gesetzeskonformität nur dann entgegengetreten werden kann, wenn Compliance auch auf juristische Expertise im Hause unmittelbar zugreifen kann.[60] Befürworter einer Anbindung meinen, Compliance sei „im Kern rechtliche Tätigkeit, sodass inhaltlich Überschneidungen" bestünden.[61] Die organisatorische Zusammenlegung mit der Rechtsabteilung unter einer einheitlichen Leitung würde diese Verzahnung verbessern können.[62] 46

Zwingend sind diese Argumente indes nicht, und sie haben auch die Aufsichtsbehörden nicht überzeugen können (siehe oben Rn. 45).[63] Denn auch ohne organisatorische Anbindung lässt sich ein – ggf. gegenüber anderen Unternehmensbereichen bevorzugter – Zugriff von Compliance auf das Know-how der Rechtsabteilung sicherstellen, wenn dies in Dienstanweisungen entsprechend niedergelegt und dann auch so gelebt wird. Zudem ist zu berücksichtigen, dass die originäre und ausschließliche Aufgabe von Compliance darin besteht, einen unternehmensinternen Gesetzesvollzug bestmöglich zu gewährleisten. Dies deckt sich nicht (oder jedenfalls nicht vollständig) mit der Aufgabenzuweisung an die Rechtsabteilung.[64] Diese hat sich auch als unternehmensinterne Dienstleistungs- und Beratungseinheit zu verstehen, die auch im operativen Geschäft unterstützend rechtsberatend tätig wird. Insoweit ist eine Verzahnung von Recht und Compliance immer auch mit einem latenten Interessenkonflikt zwischen der geschäftsbegleitenden Beratung des Unternehmens und dem Überwachungsauftrag verbunden und schon deshalb kritisch zu sehen.[65] Diese Problematik wird insb. dann virulent, wenn der Compliance-Beauftragte (CB) dem Leiter der Rechtsabteilung, sofern dieser zugleich den Bereich „Recht und Compliance" 47

---

60 In diesem Sinne auch *Gößmann*, in: Hadding/Hopt/Schimansky (Hrsg.): Verbraucherschutz im Kreditgeschäft – Compliance in der Kreditwirtschaft, Bankrechtstag 2008, S. 179, 185.
61 *Engelhart*, in: ZIP 2010, S. 1836 f.; *Rodewald/Unger*, in: BB 2007, S. 1629, 1630; *Lösler*, in: WM 2010, S. 1917, 1920; kritisch dagegen *Schäfer*, in: Krimphove/Kruse (Hrsg.): MaComp, 2013, BT 1 Rn. 796; *Birnbaum/Kütemeier*, in: WM 2011, S. 293, 294.
62 Ebenfalls für eine gemeinsame organisatorische Anbindung *Früh*, in: CCZ 2010, S. 121, 126.
63 Deutlich *Birnbaum/Kütemeier*, in: WM 2011, S. 293, 294.
64 Zu den unterschiedlichen Schwerpunkten der Tätigkeit von Recht und Compliance *Schäfer*, in: Krimphove/Kruse, MaComp, 2013, BT 1 Rn. 798; *ders.*, in: BKR 2011, S. 45, 51; *Faust*, in: Schimansky/Bunte/Lwowski (Hrsg.): Bankrechts-Handbuch, 5. Aufl. 2017, § 109 Rn. 112a (Rechtsabteilung berät primär einzelfallbezogen, Compliance hingegen prozessbezogen).
65 Ebenso *Schäfer*, in: Krimphove/Kruse (Hrsg.): MaComp, 2013, BT 1 Rn. 800; *Birnbaum/Kütemeier*, in: WM 2011, S. 293, 294, 297; *Meyer/Ullrich/Will*, in: Kölner Kommentar zum WpHG, 2. Aufl. 2014, § 33 Rn. 117.

leitet, disziplinarisch unterstellt ist.[66] Eine Berichtslinie vom CB zum Leiter Recht wurde zwar bislang als akzeptabel angesehen, solange im Falle einer Personalunion von Rechts- und Compliance-Leitung Äußerungen des Leiters in seiner Eigenschaft als Mitglied der Rechtsabteilung als solche kenntlich gemacht werden.[67] Dies dürfte jedoch heute im Lichte des Unabhängigkeitsgebots der Compliance-Funktion nicht länger haltbar bzw. allenfalls im Ausnahmefall mit gesonderter Begründung möglich sein.[68]

48   Aus diesem Grund lässt sich nur bei kleineren Instituten, die auf ein beschränktes Personaltableau zurückgreifen können, eine Zusammenführung von Recht und Compliance in einer Organisationseinheit gut begründen. Hierbei müssen die von der EBA aufgestellten Kriterien zum Proportionalitätsgrundsatz berücksichtigt werden.[69] Bei größeren Unternehmen bzw. solchen mit komplexen Geschäften ist eine Zusammenlegung hingegen regelmäßig nicht sachgerecht.[70]

49   Befürwortet ein Institut die strikte organisatorische Trennung von Recht und Compliance, ist sicherzustellen, dass Compliance über ausreichende eigene juristische Ressourcen verfügt, um bank- und wertpapieraufsichtsrechtlich zutreffende juristische Einschätzungen als Grundlage für eine angemessene Risikoerkennung und -beseitigung abgeben zu können. Auch im Falle einer organisatorischen Trennung von Recht und Compliance ist ein gegenseitiger Informationsaustausch regelmäßig sinnvoll und empfehlenswert.[71]

---

66   Anders zu beurteilen wäre wohl der umgekehrte Fall, dass der Wertpapier-Compliance-Beauftragte zugleich Leiter des Bereichs ist, dem die Rechtsabteilung (mit nicht-personenidentischem Leiter) und die Wertpapier-Compliance-Abteilung zugewiesen sind (ggf. auf einer Ebene mit anderen Beauftragtenfunktionen wie dem Datenschutz und der Geldwäsche). Derartige Modelle sind zwar nach Kenntnis der Autoren in der Praxis diskutiert, aber letztlich nicht umgesetzt worden.
67   *Securities Industry and Financial Markets Association*, White Paper on the Role of Compliance, 2005, S. 8.
68   *Faust*, in: Schimansky/Bunte/Lwowski (Hrsg.): Bankrechts-Handbuch, 5. Aufl. 2017, § 109 Rn. 112a.
69   Vgl. EBA/GL/2017/11 v. 26.09.2017, S. 17.
70   *Meyer/Ullrich/Will*, in: Kölner Kommentar zum WpHG, 2. Aufl. 2014, § 33 Rn. 117; *Boldt/Büll/Voss*, in: CCZ 2013, S. 248, 251 f.
71   *Faust*, in: Schimansky/Bunte/Lwowski (Hrsg.): Bankrechts-Handbuch, 5. Aufl. 2017, § 109 Rn. 112a.

5 Literaturverzeichnis

Arndorfer/Minto: The „four lines of defence model" for financial institutions, in: FSI Occasional Paper No. 11, Dezember 2015.

Basel Committee on Banking Supervision (BCBS): Compliance and the compliance function in banks, April 2005.

Basel Committee on Banking Supervision (BCBS): Enhancing corporate governance for banking organisations, Februar 2006.

Basel Committee on Banking Supervision (BCBS): Principles of the Sound Management of Operational Risk, Juni 2011.

Basel Committee on Banking Supervision (BCBS): The internal audit function in banks, Juni 2012.

Birnbaum/Kütemeier: In der Diskussion – die MaComp, in: WM 2011, S. 293–299.

Boldt/Büll/Voss: Implementierung einer Compliance-Funktion in einer mittelständischen Bank unter Berücksichtigung der neuen Mindestanforderungen an das Risikomanagement (MaRisk), in: CCZ 2013, S. 248–254.

Boos/Fischer/Schulte-Mattler (Hrsg.): KWG, CRR-VO (EU), 5. Aufl., München 2016.

Büll: Step-by-step: Die Implementierung der Compliance-Funktion nach AT 4.4.2 MaRisk, CB 2014, S. 419–424.

Bundesanstalt für Finanzdienstleistungsaufsicht (BaFin): Protokoll der Sitzung des Fachgremiums MaRisk am 24.04.2013 in Bonn, https://www.bafin.de/SharedDocs/Downloads/DE/Protokoll/dl_protokoll_130424_FG_marisk.html (letzter Abruf am 14.11.2017).

Bundesanstalt für Finanzdienstleistungsaufsicht (BaFin): Rundschreiben 05/2018 (WA) – Mindestanforderungen an die Compliance-Funktion und die weiteren Verhaltens-, Organisations- und Transparenzpflichten nach §§ 63 ff. WpHG für Wertpapierdienstleistungsunternehmen (MaComp) v. 19.04.2018, geändert am 09.05.2018.

Bundesanstalt für Finanzdienstleistungsaufsicht (BaFin): Rundschreiben 09/2017 (BA) – Mindestanforderungen an das Risikomanagement (MaRisk) v. 27.10.2017.

Deutscher Sparkassen- und Giroverband (DSGV): Mindestanforderungen an das Risikomanagement. Interpretationsleitfaden, Version 5.1, Februar 2014.

Engelhart: Die neuen Compliance-Anforderungen der BaFin (MaComp), in: ZIP 2010, S. 1832–1841.

Eulerich: Die regulatorischen Grundlagen des Three-Lines-of-Defense-Modells, in: ZIR 2012, S. 192–201.

European Banking Authority (EBA): Final Report, Guidelines on Internal Governance, EBA/GL/2017/11 v. 26.09.2017; deutsche Sprachfassung der Leitlinien v. 15.03.2018.

European Banking Authority (EBA): Guidelines on Internal Governance (GL44) v. 27.09.2011.

Früh: Legal & Compliance – Abgrenzung oder Annäherung (am Beispiel einer Bank), in: CCZ 2010, S. 121–126.

Fuchs (Hrsg.): Wertpapierhandelsgesetz (WpHG) – Kommentar, 2. Aufl., München 2016.

Hadding/Hopt/Schimansky (Hrsg.): Verbraucherschutz im Kreditgeschäft – Compliance in der Kreditwirtschaft. Bankrechtstag 2008, Berlin 2009.

Hannemann/Schneider/Weigl: Mindestanforderungen an das Risikomanagement (MaRisk), 4. Aufl., Stuttgart 2013.

Hauschka/Moosmayer/Lösler (Hrsg.): Corporate Compliance – Handbuch der Haftungsvermeidung im Unternehmen, 3. Aufl., München 2016.

Hense/Renz: Die Wandlung der Compliance-Funktion in Wertpapierdienstleistungsunternehmen unter besonderer Beachtung der neuen Berichtspflicht an das Senior-Management, in: CCZ 2008, S. 181–185.

Hirte/Möllers (Hrsg.): Kölner Kommentar zum WpHG, 2. Aufl., Köln 2014.

Institute of Internal Auditors (IIA): Position Paper, The lines of defense in effective risk management and control, Januar 2013.

Krimphove/Kruse (Hrsg.): MaComp. Mindestanforderungen an die Compliance-Funktion und die weiteren Verhaltens-, Organisations- und Transparenzpflichten nach §§ 31 ff. WpHG für Wertpapierdienstleistungsunternehmen, München 2013.

Lösler: Die Mindestanforderungen an Compliance und die weiteren Verhaltens-, Organisations- und Transparenzpflichten nach §§ 31 ff. WpHG (MaComp), in: WM 2010, S. 1917–1923.

Mülbert: Bankenaufsicht und Corporate Governance – Neue Organisationsanforderungen im Finanzdienstleistungsbereich, in: BKR 2006, S. 349–360.

Mülbert: Corporate Governance of Banks after the Financial Crisis – Theory, Evidence, Reforms, in: ECGI Law Working Paper No. 130/2009.

Mülbert/Wilhelm: Risikomanagement und Compliance im Finanzmarktrecht – Entwicklung der aufsichtsrechtlichen Anforderungen, in: ZHR 178 (2014), S. 502–546.

Preuße/Zingel (Hrsg.): WpDVerOV – Wertpapierdienstleistungs-Verhaltens- und Organisationsverordnung, Berlin 2015.

Renz/Rohe: MaRisk und MaComp: Die neue Compliance-Organisation in Banken, in: Die Bank 2014, S. 38–43.

Rodewald/Unger: Kommunikation und Krisenmanagement im Gefüge der Corporate Compliance-Organisation, in: BB 2007, S. 1629–1635.

Röh: Compliance nach der MiFID – zwischen höherer Effizienz und mehr Bürokratie, in: BB 2008, S. 398–411.

Röh/Zingel: Compliance nach der MiFID II, in: CB 2014, S. 429–434.

Schäfer: Die MaComp und das Erfordernis der Unabhängigkeit, Wirksamkeit und Dauerhaftigkeit von Compliance, in: BKR 2011, S. 45–57.

Schäfer/Sethe/Lang (Hrsg.): Handbuch der Vermögensverwaltung, 2. Aufl., München 2016.

Schimansky/Bunte/Lwowski (Hrsg.): Bankrechts-Handbuch, 5. Aufl., München 2017.

Schwennicke/Auerbach (Hrsg.): Kreditwesengesetz (KWG) mit Zahlungsdiensteaufsichtsgesetz (ZAG) und Finanzkonglomerate-Aufsichtsgesetz (FKAG), 3. Aufl., München 2016.

Securities Industry and Financial Markets Association (SIFMA): White Paper on the Role of Compliance, Oktober 2005.

Wiesemann (BaFin): Interne Revision: Erwartungen der Bankenaufsicht, 04.03.2014, https://www.bafin.de/SharedDocs/Veroeffentlichungen/DE/Fachartikel/2014/fa_bj_1403_interne_revision.html (letzter Abruf am 05.07.2018).

Zingel: Stellung und Aufgaben von Compliance nach den MaComp, in: BKR 2010, S. 500–504.

III.2

Prüfungshandlungen im Rahmen der Wertpapier-Compliance durch die Interne Revision unter dem MiFID II Regime

Oliver Welp

Inhaltsübersicht

1	Einleitung.	1–18
2	Rechtsgrundlagen/Regulierungsrahmen.	19–23
3	Disclaimer	24
4	Ausgewählte Prüfungsaktivitäten.	25–251
4.1	Compliance-Funktion (Wertpapier-Compliance)	30–47
4.2	Beauftragter für den Schutz von Finanzinstrumenten (Verwahrungssicherheitsbeauftragter)	48–53
4.3	Anlegerschutz.	54–227
4.4	Corporate Governance.	228–251

III.2 Prüfungshandlungen im Rahmen der Wertpapier-Compliance durch die Interne Revision

1 Einleitung

Wertpapier-Compliance – eine besondere Herausforderung für die **Interne Revision (IR)**? Mit dem MiFID II Regime stellt sich diese Frage erneut und aufgrund der Regelungstiefe vielschichtiger als bisher. 1

Mit der MiFID II und den nachfolgenden Regulierungen insb. den Mindestanforderungen an Compliance ist zumindest der grobe Rahmen für das Tätigkeitsfeld der Interne Revision (IR) abgesteckt.

Mit der Umsetzung der europäischen Finanzmarktrichtlinie (MiFID II) durch das zweite Gesetz zur Novellierung von Finanzmarktvorschriften auf Grund europäischer Rechtsakte (Zweites Finanzmarktnovellierungsgesetz – zweite FinMaNoG) erfolgt eine umfassende Überarbeitung des Wertpapierhandelsgesetzes (WpHG). 2
In der delegierten Verordnung (EU) 2017/565 der Kommission v. 25.04.2016 finden sich in Art. 24 Ausführungen zum Revisionsprogramm, Empfehlungen und Feststellungen sowie zu Berichten. Für die IR ergeben sich hieraus keine wesentlichen Änderungen zum bisherigen Rahmen.

Somit ändert sich aktuell nichts an der organisatorischen Pflicht zur Einrichtung einer funktionsfähigen und angemessenen IR nach § 25a Abs. 1 und 4 Kreditwesengesetz. 3

Mit der europäischen Finanzmarktrichtlinie und dem ergänzenden MiFID II Regulierungsregime (siehe Nr. 2 Rechtsgrundlagen/Regulierungsrahmen), den durch das zweite FinMaNoG erneut erweiterten gesetzlichen Vorgaben des WpHG, erhalten die betroffenen Kreditinstitute zwar einen erweiterten Regelungsrahmen, das europäische Parlament einschließlich der europäischen Aufsicht lassen jedoch bewusst einen Freiraum, der durch die Geschäftsleitung im Rahmen der Vorgaben zum Risikomanagementsystem des Finanzinstituts, deren Bestandteil Compliance letztendlich ist, genutzt und ausgefüllt werden muss. 4

Aufgrund der intensiven Regulierungsdichte und den sich daraus ergebenden regulatorischen Anforderungen an die Wertpapierfirmen sollte – und dies ist ein positiver Aspekt – dieser Freiraum intensiv, in abhängig zum jeweiligen Geschäftsmodell, genutzt werden. Auf der anderen Seite entwickelt sich aus diesem Freiraum leider eine bestimmte Ungewissheit in den jeweiligen Wertpapierfirmen, die MiFID II im Sinne des nationalen Gesetzgebers bzw. der Aufsicht umgesetzt zu haben. Dieses Gefühl wird noch „befeuert" durch eine divergierende Umsetzung bzw. Auslegung der europäischen Vorgaben auf nationaler Ebene, verspätete oder fehlende Stellungnahmen zur Umsetzung durch die Aufsicht. 5

> **Praxis-Tipp:**
> Hier empfiehlt es sich, anhand einer intensiven Abstimmung in und mit den berufsständischen Verbänden und Vertretungen je nach Art des Finanzinstituts einen praktikablen „Mittelweg" i. R. der Umsetzung der MiFID II Anforderungen, als auch bei der späteren Einhaltung, zu finden.

Für die IR bietet der direkte Austausch mit dem Deutschen Institut für Interne Revision e. V. (DIIR) sowie in dessen Arbeitskreisen, als auch mit anderen Instituten bzw. Verbänden (z. B. dem Bundesverband Investment und Asset Management e. V. [BVI] etc.) eine 6

1195

Möglichkeit i. R. der Umsetzung von MIFID II anhand eines Informationsaustausches unter Beachtung des Unabhängigkeitsgrundsatzes zu unterstützen und die mögliche prüferische Vorgehensweise (z. B. i. R. des Prüfungsprogramms) zu diskutieren.

7   Erst mit der Definition des Compliance-Verständnis auf Unternehmensebene unter Einbezug der genannten Möglichkeit eines unternehmensspezifischen Freiraums erhält die IR neben den gesetzlichen und aufsichtsrechtlichen Vorgaben, die Möglichkeit, einen vollständigen unternehmensspezifischen (und somit risikoorientierten) Prüfungsplan für Compliance zu entwickeln.

8   Quelle dieses Compliance-Verständnis sollte in Kreditinstituten die Gesamtbankstrategie sein. Aus dieser hat sich ein Compliance-Verständnis des Unternehmens ablesen bzw. ableiten zu lassen, ergänzt durch spezifische Organisations-Regelwerke und Risikomanagementbeschreibungen.

9   Im Idealfall ist aus der Unternehmensstrategie bzw. der Risikomanagementbeschreibung ebenfalls die Abgrenzung von Funktionen der Überwachungs- bzw. Kontrolleinheiten (Controlling, Compliance, IR, Recht) ersichtlich.

10 Bezüglich der Frage nach einer Herausforderung durch die Wertpapier-Compliance für die IR ist festzuhalten, dass mit der Erweiterung des WpHGs durch das zweite FinMaNoG i. R. der Umsetzung der europäischen Vorgaben zur Finanzmarktrichtlinie eine erneute Ergänzung und Veränderung des Prüfungsfokus der IR einhergeht.

11 Eine Erweiterung ergibt sich durch die unter MiFID II in den Organisationseinheiten anzupassenden Prozesse und Veränderungen im Bereich des Anlegerschutzes, der Marktstruktur und Markttransparenz, der Product Governance sowie Compliance und Corporate Governance.

12 Veränderungen ergeben sich i. W. durch
    – eine Erweiterung des Anwendungsbereichs,
    – Ergänzungen bei der Erlaubnisvoraussetzung,
    – eine Verschärfung der Organisationsanforderungen,
    – die Überarbeitung des Anlegerschutzes (Wohlverhaltensregeln),
    – den Marktzugang aus Drittstaaten durch Errichtung von Zweigniederlassungen,
    – die Befugniserweiterung der zuständigen Aufsicht (z. B. Produktverbot) einschließlich entsprechender Sanktionsmöglichkeiten,
    – die Regulierung von Datenbereitstellungsdiensten.

13 Um die mit der MiFID II im Bereich der Wertpapier-Compliance zusätzlich resultierenden Prüfungsaufgaben zu berücksichtigen, hat die IR ein umfassendes Prüfungsprogramm zu erstellen. Das MiFID II Regime wurde zum 03.01.2018 wirksam (Inkrafttreten der Finanzmarktrichtlinie). Es ist sicherzustellen, dass ein entsprechend erweiterter Prüfungsplan umgesetzt wird.

14 Es bestehen Zweifel, dass zum 03.01.2018 alle MiFID-Anforderungen vollumfänglich bzw. optimal durch die Wertpapierfirmen umgesetzt worden sind. Dies hängt von unterschiedlichen Faktoren ab (interne Fehler in der Aufsetzung des Projektes), Unterschätzung des Projektes MiFID II und dessen Auswirkungen auf die jeweilige Wertpapierfirma

(Stichwort Gesamtbanksteuerung), aber in wesentlichen Teilen auch von der zum Teil verspäteten Veröffentlichung von Verordnungen, Leitfäden, Fragen und Antwortdokumenten und Kommentaren.

Hierbei darf man nicht unbetrachtet lassen, dass die Finanzbranche trotz der Verschiebung der Inkraftsetzung der MiFID II um ein Jahr von einer Vielzahl an Umsetzungen von komplexen Gesetzen, Verordnung etc. betroffen ist. Diese führt bzw. führte zu einer maximalen Belastung der zuständigen Mitarbeiter. Insb. bei kleineren Wertpapierfirmen besteht trotz „Einkauf" externer Berater oder Mitarbeiter unter dem Aspekt einer Anzahl an regulatorischen Anforderungen, dem gegebenen Zeitrahmen und Ressourcen das Risiko, dass die vollständige MiFID II Umsetzung zeitlich und ressourcenmäßig schlicht nicht darstellbar ist. 15

Nicht unerwähnt bleiben darf, dass einige EU-Vorgaben, die im Verlauf der „MiFID II Entstehung" bereits durch den nationalen Gesetzgeber bzw. die Aufsicht im Vorgriff auf die Einführung von MiFID II in nationales Recht umgesetzt wurden, in Teilen in Divergenz zum finalen MiFD Reglement stehen. Hierdurch wird eine Lösungsfindung i. R. der Umsetzung nicht erleichtert. 16

In den Fällen zeitlicher Verzögerungen ist sicherzustellen, dass im Vorfeld die Geschäftsleitung der Wertpapierfirmen über die Berichterstattung des verantwortlichen Projektteams und durch die IR i. R. ihrer Berichterstattung zur Projektprüfung und/oder -begleitung informiert wurde. 17

> **Praxis-Tipp:**
>
> Für die IR empfiehlt sich in regelmäßigen zeitlichen Abständen eine Statuserhebung vorzunehmen und diese mit den Angaben zur Umsetzung und Berichterstattung zu vergleichen. Ziel ist die Sicherstellung einer zeitnahen und vollständigen Information der Geschäftsleitung. Aufgrund der gesetzlichen und aufsichtsrechtlichen Relevanz der MiFID II ist dies von besonderer Bedeutung.
>
> Anzumerken ist, dass durch die Aufsicht i. R. aufsichtsrechtlicher Prüfungen in den Wertpapierfirmen keine prüferische Übergangsfrist für die Anwendung der MiFID II zum Tragen kommt. Ggf. besteht die Möglichkeit i. R. der aufsichtsrechtlichen WpHG-Prüfung in 2018 durch den Wirtschaftsprüfer (WP), den Prüfungszeitraum bis zum 31. 12. 2017 zu begrenzen. Diese würde bedeuten, dass die Umsetzung und Einhaltung der MiFID II Anforderungen durch den WP erst in 2019 Prüfungsgegenstand wäre.

Unverändertes Ziel der IR ist es, die Kontrollmechanismen innerhalb eines Unternehmens auf ihre Angemessenheit und vor allem Wirksamkeit zu prüfen und zu beurteilen. 18

2 Rechtsgrundlagen/Regulierungsrahmen

Das MiFID II Regulierungsregime lässt sich im Wesentlichen in drei Level unterteilen. Level I stellt die Kernregulierung zur MiFID II dar. Auf Level II und III finden sich die Durchführungsverordnungen und -richtlinien sowie Leitlinien und „Questions and Answers" (Q&A) der ESMA. 19

20 Bei der Übersicht handelt es sich um eine Grobübersicht. Im Rahmen der Umsetzung erscheint eine Unterteilung bzw. Zuweisung zu den einzelnen Artikeln zur Richtlinie und Verordnung (Level I) sinnvoll.

Aufgrund der stetig wachsenden Informationen und Aktualisierungen empfiehlt sich eine regelmäßige Recherche der Website der ESMA (insb. https://www.esma.europa.eu/questions-and-answers)

21 Neben den Vorgaben der Finanzmarkrichtlinie und dessen weiterem Regelungswerk sind im Rahmen von Wertpapier-Compliance-Prüfungen im Wesentlichen die Vorgaben
– des Wertpapierhandelsgesetz (WpHG) und die sie konkretisierende
– Wertpapierdienstleistungs-Verhaltens- und Organisationsverordnung (WpDVerOV),
– die WpHG-Mitarbeiteranzeigeverordnung (WpHGMaAnzV),
– die Wertpapierdienstleistungs-Prüfungsverordnung (WpDPV) sowie die Mindestanforderungen an Compliance (MaComp) zu berücksichtigen.

22 Zur Lokalisierung und Sicherstellung der Vollständigkeit der jeweiligen Prüfungsobjekte und -felder ist i. R. einer risikoorientierten Prüfungsplanung neben diesem erweiterten Anforderungskreis des WpHG, die Dokumente der Tabelle 1 „MiFID Regulierungsregime" zu beachten.

23 Die Organisationspflichten (Schwerpunkt Anlegerschutz) ergeben sich nach Anpassung durch das zweite FinMaNoG aus dem 11. Abschnitt „Verhaltenspflichten, Organisationspflichten, Transparenzpflichten" des WpHG neue Fassung (n. F.).

III.2 Prüfungshandlungen im Rahmen der Wertpapier-Compliance durch die Interne Revision

Tab. 1: MiFID II Regulierungsregime

Level I Richtlinie Kern MiFID II	Level II Dokumente Durchführungsverordnungen & -richtlinien	Level III Dokumente Leitlinien & Q&A ESMA
Richtlinie über Märkte für Finanzinstrumente (Finanzmarktrichtlinie)	Del. Verordnung – **2017/565** (Ergänzung der Richtlinie 2014/65/EU des Europäischen Parlaments und des Rates in Bezug auf die organisatorischen Anforderungen an Wertpapierfirmen und die Bedingungen für die Ausübung ihrer Tätigkeit sowie in Bezug auf die Definition bestimmter Begriffe für die Zwecke der genannten Richtlinie) – **2017/566** (Ergänzung der Richtlinie 2014/65/EU des Europäischen Parlaments und des Rates über Märkte für Finanzinstrumente durch technische Regulierungsstandards für das Verhältnis zwischen nicht ausgeführten Verträgen und Geschäften zur Verhinderung marktstörender Handelsbedingungen) – **2017/569** (Ergänzung der Richtlinie 2014/65/EU des Europäischen Parlaments und des Rates durch technische Regulierungsstandards für die Aussetzung des Handels und den Ausschluss von Finanzinstrumenten vom Handel) – **2017/570** (Ergänzung der Richtlinie 2014/65/EU des Europäischen Parlaments und des Rates über Märkte für Finanzinstrumente durch technische Regulierungsstandards zur Bestimmung des in Bezug auf die Liquidität maßgeblichen Markts hinsichtlich Benachrichtigungen über vorübergehende Handelseinstellungen)	Guidelines – Leitlinien zu komplexen Schuldtiteln und strukturierten Einlagen **ESMA/2015/1787** – Leitlinien zu Querverkäufen **ESMA/2016/574** – Relating to the provision of CFDs and other speculative products to retail investors under MiFID **ESMA/2016/1165** – Guidelines on specific notions under MiFID II related to the management body of market operators and data reporting services providers **ESMA/2016/1437** – Guidelines on the calibration, publication and reporting of trading halts **ESMA/2016/1440** – Transaction reporting, order record keeping and clock synchronisation under MiFID II **ESMA/2016/1452** Corrected on 07/08/2017 – Guidelines on MiFID II product governance requirements **ESMA35-43-620**

1199

Level I Richtlinie	Level II Dokumente	Level III Dokumente
Kern MiFID II	Durchführungsverordnungen & -richtlinien	Leitlinien & Q&A ESMA
	– **2017/571** (Ergänzung der Richtlinie 2014/65/EU des Europäischen Parlaments und des Rates durch technische Regulierungsstandards für die Zulassung, die organisatorischen Anforderungen und die Veröffentlichung von Geschäften für Datenbereitstellungsdienste) – **2017/573** (Ergänzung der Richtlinie 2014/65/EU des Europäischen Parlaments und des Rates über Märkte für Finanzinstrumente durch technische Regulierungsstandards für Anforderungen zur Sicherstellung gerechter und nichtdiskriminierender Kollokationsdienste und Gebührenstrukturen) – **2017/574** (Ergänzung der Richtlinie 2014/65/EU des Europäischen Parlaments und des Rates durch technische Regulierungsstandards für den Grad an Genauigkeit von im Geschäftsverkehr verwendeten Uhren) – **2017/575** (Ergänzung der Richtlinie 2014/65/EU des Europäischen Parlaments und des Rates über Märkte für Finanzinstrumente durch technische Regulierungsstandards bezüglich der Daten, die Ausführungsplätze zur Qualität der Ausführung von Geschäften veröffentlichen müssen) – **2017/576** (Ergänzung der Richtlinie 2014/65/EU des Europäischen Parlaments und des Rates durch technische Regulierungsstandards für die jährliche Veröffentlichung von Informationen durch Wertpapierfirmen zur Identität von Handelsplätzen und zur Qualität der Ausführung)	– Guidelines for the assessment of knowledge and competence **ESMA71-1154262120-153** – Kalibrierung von Notfallsicherungen und Veröffentlichung von Handelseinstellungen gemäß MiFID II **ESMA70-872942901-63**

III.2 Prüfungshandlungen im Rahmen der Wertpapier-Compliance durch die Interne Revision

Level I Richtlinie	Level II Dokumente	Level III Dokumente
Kern MiFID II	Durchführungsverordnungen & -richtlinien	Leitlinien & Q&A ESMA
	– **2017/578** (Ergänzung der Richtlinie 2014/65/EU des Europäischen Parlaments und des Rates über Märkte für Finanzinstrumente durch technische Regulierungsstandards zur Angabe von Anforderungen an Market-Making-Vereinbarungen und -Systeme) – **2017/584** (Ergänzung der Richtlinie 2014/65/EU des Europäischen Parlaments und des Rates durch technische Regulierungsstandards zur Festlegung der organisatorischen Anforderungen an Handelsplätze) – **2017/588** (Ergänzung der Richtlinie 2014/65/EU des Europäischen Parlaments und des Rates durch technische Regulierungsstandards für das Tick-Größen-System für Aktien, Aktienzertifikate und börsengehandelte Fonds) – **2017/589** (Ergänzung der Richtlinie 2014/65/EU des Europäischen Parlaments und des Rates durch technische Regulierungsstandards zur Festlegung der organisatorischen Anforderungen an Wertpapierfirmen, die algorithmischen Handel betreiben) – **2017/592** (Ergänzung der Richtlinie 2014/65/EU des Europäischen Parlaments und des Rates durch technische Regulierungsstandards für die Anwendung von Positionslimits für Warenderivate) – **2017/592** (techn. Regulierungsstandard) – **C(2016) 3917** final (Ergänzung der Richtlinie 2014/65/EU des Europäischen Parlaments und des Rate über Märkte für Fi-	**Questions and Answers** – On MiFID II and MiFIR commodity derivatives topics **ESMA70-872942901-28** – On MiFID II and MiFIR investor protection and intermediaries topics **ESMA35-43-349** – On MiFID II and MiFIR market structures topics

Level I Richtlinie	Level II Dokumente	Level III Dokumente
Kern MiFID II	Durchführungsverordnungen & -richtlinien	Leitlinien & Q&A ESMA
	nanzinstrumente durch technische Regulierungsstandards zur Präzisierung der Angaben, die von Wertpapierfirmen, Marktbetreibern und Kreditinstituten zu übermitteln sind) – **C(2016)4407 final** (Ergänzung der Verordnung (EU) Nr. 600/2014 des Europäischen Parlaments und des Rates durch technische Regulierungsstandards für die zur Registrierung von Drittlandfirmen erforderlichen Angaben und das Format dieser Informationen für Kunden – **C(2016) 4417 final** (Ergänzung der Richtlinie 2014/65/EU techn. Regulierungsstandards in Bezug auf Informationen und Anforderung für die Zulassung von Wertpapierfirmen – ITS 4: Draft implementing technical standards on position reporting (Article 58(5) of MiFID II) -Revised ESMA draft MiFID ITS – position reporting of commodity derivatives **ESMA70-872942901-3**	**ESMA70-872942901-38** – Relating to the provision of CFDs and other speculative products to retail investors under MiFID **ESMA/2016/1165**
	Del. Richtlinie – **2017/593** (Ergänzung der Richtlinie 2014/65/EU des Europäischen Parlaments und des Rates im Hinblick auf den Schutz der Finanzinstrumente und Gelder von Kunden, Produktüberwachungspflichten und Vorschriften für die Entrichtung bzw. Gewährung oder Entgegennahme von Gebühren, Provisionen oder anderen monetären oder nicht-monetären Vorteilen)	

III.2 Prüfungshandlungen im Rahmen der Wertpapier-Compliance durch die Interne Revision

Level I Richtlinie	Level II Dokumente	Level III Dokumente
Kern MiFID II	Durchführungsverordnungen & -richtlinien	Leitlinien & Q&A ESMA
	Durchführungsverordnung – 2016/824 (Festlegung technischer Durchführungsstandards in Bezug auf den Inhalt und das Format der Beschreibung der Funktionsweise multilateraler Handelssysteme und organisierter Handelssysteme sowie die Benachrichtigung der Europäischen Wertpapier- und Marktaufsichtsbehörde gemäß der Richtlinie 2014/65/EU des Europäischen Parlaments und des Rates über Märkte für Finanzinstrumente)	**OPINION** – Determining third-country trading venues for the purpose of position limits under MiFID II **ESMA70-156-112** – On ancillary activity – market size calculation (up-date of 6 July 2017) **ESMA70-156-165**
	Guidelines – Guidelines on the calibration of circuit breakers and the publication and reporting of trading halts under MiFID II **ESMA70-872942901-17**	**Consultation Paper** – Guidelines on specific notions under MiFID II related to the management body of market operators and data reporting services providers **ESMA/2016/1437** – Joint ESMA and EBA Guidelines on the assessment of the suitability of members of the management body and key function holders under Directive 2013/36/EU and Directive 2014/65/EU **ESMA/2016/1529** – Guidelines on certain aspects of the MiFID II suitability requirements **ESMA35-43-748**
		FAQs on MiFID II – Interim Transparency Calculations **ESMA50-164-677**

1203

Level I Richtlinie	Level II Dokumente	Level III Dokumente
Kern MiFID II	**Durchführungsverordnungen & -richtlinien**	**Leitlinien & Q&A ESMA**
Verordnung über Märkte für Finanzinstrumente (MiFIR)	**Del. Verordnung** – **2016/2021** (Ergänzung der Verordnung (EU) Nr. 600/2014 des Europäischen Parlaments und des Rates über Märkte für Finanzinstrumente im Hinblick auf technische Regulierungsstandards für den Zugang im Zusammenhang mit Referenzwerten) – **2017/567** (Ergänzung der Verordnung (EU) Nr. 600/2014 des Europäischen Parlaments und des Rates im Hinblick auf Begriffsbestimmungen, Transparenz, Portfoliokomprimierung und Aufsichtsmaßnahmen zur Produktintervention und zu den Positionen) – **2017/568** (Ergänzung der Richtlinie 2014/65/EU des Europäischen Parlaments und des Rates durch technische Regulierungsstandards für die Zulassung von Finanzinstrumenten zum Handel an geregelten Märkten) – **2017/572** (Ergänzung der Verordnung (EU) Nr. 600/2014 des Europäischen Parlaments und des Rates im Hinblick auf technische Regulierungsstandards für die Festlegung der angebotenen Vor- und Nachhandelsdaten und des Disaggregationsniveaus der Daten) – **2017/577** (Ergänzung der Verordnung (EU) Nr. 600/2014 des Europäischen Parlaments und des Rates über Märkte für Finanzinstrumente durch technische Regulierungsstandards für den Mechanismus zur Begrenzung des Volumens und die Bereitstellung von Informationen für Transparenz- und andere Berechnungen)	**Guidelines** – Transaction reporting, order record keeping and clock synchronisation under MiFID II **ESMA/2016/1452**

III.2 Prüfungshandlungen im Rahmen der Wertpapier-Compliance durch die Interne Revision

Level I Richtlinie	Level II Dokumente	Level III Dokumente
Kern MiFID II	Durchführungsverordnungen & -richtlinien	Leitlinien & Q&A ESMA
	– **2017/579** (Ergänzung der Verordnung (EU) Nr. 600/2014 des Europäischen Parlaments und des Rates über Märkte für Finanzinstrumente durch technische Regulierungsstandards in Bezug auf unmittelbare, wesentliche und vorhersehbare Auswirkungen von Derivatekontrakten innerhalb der Union und die Verhinderung der Umgehung von Vorschriften und Pflichten) – **2017/580** (Ergänzung der Verordnung (EU) Nr. 600/2014 des Europäischen Parlaments und des Rates durch technische Regulierungsstandards für die Aufzeichnung einschlägiger Daten über Aufträge für Finanzinstrumente) – **2017/581** (Ergänzung der Verordnung (EU) Nr. 600/2014 des Europäischen Parlaments und des Rates durch technische Regulierungsstandards für den Clearing-Zugang im Zusammenhang mit Handelsplätzen und zentralen Gegenparteien) – **2017/582** (Ergänzung der Verordnung (EU) Nr. 600/2014 des Europäischen Parlaments und des Rates durch technische Regulierungsstandards zur Festlegung der Clearingpflicht für über geregelte Märkte gehandelte Derivate und Zeitrahmen für die Annahme zum Clearing) – **2017/583** (Ergänzung der Verordnung (EU) Nr. 600/2014 des Europäischen Parlaments und des Rates über Märkte für Finanzinstrumente durch technische Regulierungsstandards zu den Transparenzanforderungen für Handelsplätze und Wertpapierfirmen in Bezug auf Anleihen, strukturierte Finanzprodukte, Emissionszertifikate und Derivate)	

Level I Richtlinie	Level II Dokumente	Level III Dokumente
Kern MiFID II	Durchführungsverordnungen & -richtlinien	Leitlinien & Q&A ESMA
	– **2017/585** (Ergänzung der Verordnung (EU) Nr. 600/2014 des Europäischen Parlaments und des Rates im Hinblick auf technische Regulierungsstandards für die Datenstandards und -formate für die Referenzdaten für Finanzinstrumente und die technischen Maßnahmen in Bezug auf die von der ESMA und den zuständigen Behörden zu treffenden Vorkehrungen)	
	– **2017/586** (Ergänzung der Richtlinie 2014/65/EU des Europäischen Parlaments und des Rates durch technische Regulierungsstandards für den Informationsaustausch zwischen den zuständigen Behörden im Rahmen der Zusammenarbeit bei der Überwachung, bei Überprüfungen vor Ort und bei Ermittlungen)	
	– **2017/587** (Ergänzung der Verordnung (EU) Nr. 600/2014 des Europäischen Parlaments und des Rates über Märkte für Finanzinstrumente durch technische Regulierungsstandards mit Transparenzanforderungen für Handelsplätze und Wertpapierfirmen in Bezug auf Aktien, Aktienzertifikate, börsengehandelte Fonds, Zertifikate und andere vergleichbare Finanzinstrumente und mit Ausführungspflichten in Bezug auf bestimmte Aktiengeschäfte an einem Handelsplatz oder über einen systematischen Internalisierer)	
	– **2017/590** (Ergänzung der Verordnung (EU) Nr. 600/2014 des Europäischen Parlaments und des Rates durch technische Regulierungsstandards für die Meldung von Geschäften an die zuständigen Behörden)	

III.2 Prüfungshandlungen im Rahmen der Wertpapier-Compliance durch die Interne Revision

Level I Richtlinie	Level II Dokumente	Level III Dokumente
Kern MiFID II	Durchführungsverordnungen & -richtlinien	Leitlinien & Q&A ESMA
	– COMMISSION DELEGATED REGULATION (EU) No …/… of XXX supplementing Regulation (EU) No 600/2014 of the European Parliament and of the Council on markets in financial instruments with regard to package orders – Draft RTS on package orders for which there is a liquid market ESMA70-872942901-21 **Regulatory technical standards** – Draft on indirect clearing arrangements under EMIR and MiFIR ESMA/2016/725	**OPINION** – Determining third-country trading venues for the purpose of transparency under MiFID II/MiFIR ESMA70-154-165 **Questions and Answers** – On MiFID II and MiFIR transparency topics ESMA70-872942901-35 – On MiFID II and MiFIR market structures topics ESMA70-872942901-38 – On MiFIR data reporting ESMA70-1861941480-56 **Consultation Paper** – The trading obligation for derivatives under MiFR ESMA70-156-71

1207

3 Disclaimer

24 Die folgenden Ausführungen enthalten Informationen, die aus öffentlichen Quellen stammen, die für verlässlich gehalten werden. Es wird jedoch weder eine Garantie für die Richtigkeit dieser Informationen übernommen, noch stellen diese Ausführungen eine vollständige Darstellung oder Zusammenfassung der Thematiken bzw. Prüfungsaktivitäten dar. Die Ausführungen sind als Meinung des Verfassers zu betrachten und decken sich nicht notwendigerweise mit der Meinung des Arbeitsgebers.

Quellenhinweis: Die Ausführungen wurden aus den unter Punkt 2 „Rechtsgrundlagen" genannten Dokumenten erarbeitet.

4 Ausgewählte Prüfungsaktivitäten

25 Die folgenden Ausführungen zu Prüfungshandlungen der IR beziehen sich auf ausgewählte Prüfungsfelder im Zusammenhang mit MiFID II, die i. R. der Wertpapier-Compliance (die nicht notwendigerweise Gegenstand des Aufgabengebiets der Compliance-Funktion [COF] sein müssen) zu berücksichtigen sind. Es werden Themen, die verstärkt in den aufsichtsrechtlichen Fokus stehen, dargestellt. Eine vollständige Abhandlung zu den Themen ist nicht gegeben. Ziel ist die Darstellung möglicher Prüfungshandlungen. Die jeweilige IR hat aufgrund der Vielschichtigkeit der Änderungen und Anpassung durch MiFID II eine umfassende Überarbeitung ihrer Prüfungsprogramms vorzunehmen. Hierzu sollen die Ausführungen Anregungen bieten. Aufgrund der Anzahl an Änderungen kann hier nur ein kleiner Einblick gegeben werden. Des Weiteren ist anzumerken, dass aufgrund der komplexen Änderungen sich mögliche praxisbezogene Prüfungshandlungen erst im Lauf der Zeit entwickeln werden, da in Teilen noch Vorgaben zur Umsetzung bzw. aufsichtsrechtliche Auslegung zur MiFID II fehlen.

26 Fokusthemen des Beitrages sind Ausführungen
- zu Anforderungen an die Wertpapier-Compliance
- zum Beauftragten für den Schutz von Finanzinstrumenten
- zum Anlegerschutz
  - Kundenkategorisierung
  - Kundeninformationen
  - Dienstleistungsarten
  - Anlageberatung (Geeignetheits-/Angemessenheitsprüfung)
  - Finanzportfolioverwaltung
  - Vereinbarungen mit Privatkunden
  - Zuwendungen
  - Gesprächsaufzeichnung
  - Kostentransparenz
  - Regelungen zur bestmöglichen Ausführung (Best Execution)
  - Produkt Governance
- zur Corporate Governance

III.2 Prüfungshandlungen im Rahmen der Wertpapier-Compliance durch die Interne Revision

Vorwort

Aufgrund der umfassenden Anforderungen aus der MIFID II ist in Abhängigkeit zum Dienstleistungsspektrum und dem Produktuniversum des betroffenen Finanzinstituts eine institutsspezifische Betroffenheits- und Abweichungsanalyse vorzunehmen. Diese liegt in der Regel (i. d. R.) in der Verantwortung des MiFID II Projektteams mit Einbindung der verschiedenen Fachbereiche. Für die IR stellt sich nun die Frage, ob sie i. R. der Anpassung ihres Prüfungsprogramms auf diese Analyse abstellt oder eine eigene Analyse vornimmt.

Die Beantwortung dieser Frage hängt von verschiedenen Faktoren ab. Hier sind die Aktivitäten und letztendlich auch das vorhandene Know-how des Projektteams zu nennen, das Vertrauen in die involvierten Mitarbeiter der Fachbereiche, aber auch der Aspekt der Unabhängigkeit der IR darf hier bedingt durch die regulatorische Dimension der Finanzmarktrichtlinie nicht unbetrachtet gelassen werden. Mit von Belang ist, ob die Umsetzung der MiFID II mit Unterstützung von externen Beratern (Wirtschaftsprüfer, Consultant etc.) vorgenommen wurde und letztendlich, ob die benötigten Kapazitäten der IR für die Thematik MiFID II ausreichend sind, um eine eigene Analyse vorzunehmen.

> **Praxis-Tipp:**
>
> Aufgrund der Wichtigkeit der Thematik sollten insofern entsprechende Ressourcen der IR zur Verfügung stehen, eine eigene Betroffenheits- und Abweichungsanalyse unter dem Aspekt „Prüfungsprogramm", zumindest eine Kombination aus Übernahme der Analysen des Projektes unter Verifizierung ausgewählter Schwerpunkte durch die IR, vorgenommen werden.
>
> Hier empfiehlt sich eine Matrix zwecks Gegenüberstellung des Soll-Zustands, bestehend aus den gesetzlichen/aufsichtsrechtlichen Anforderungen, der Aufzählung der zu berücksichtigenden Paragrafen einschließlich der entsprechenden Dokumenten, der Betroffenheitsanalyse (betreffen die Anforderungen überhaupt das Finanzinstitut z. B. aufgrund des Dienstleistungs- und Produktuniversums) sowie möglicher Hintergrundinformationen mit dem Ist-Zustand.
>
> Hieran schließt sich die Vornahme der Abweichungsanalyse und der Feststellung eines sich hieraus möglicherweise ergebenden Handlungsbedarfs.

Nr.	Teil 1 Anlegerschutz	MiFID II. / MiFIR	Delegated Act	WpHG	WpDVerOV	ESMA Guidelines / Q&A	Betroffenheits-analyse	Hintergrund-informationen	Abweichungs-analyse	Handlungs-bedarf
	A. Compliance und Internes Kontrollsystem									
	I. Anforderungen an die Compliance-Organisation (Wertpapier-Compliance)									
1	Überblick									
2	Rechtliche Grundlagen	Art. 16. Abs. 2	DVO	§ 80 Abs. 1.13	§ 12	Stand: 31.7. keine				
			Art. 9 Abs. 6 MiFID II-DRL							
3	3. Inhaltliche Grundlagen									
4	a) Anforderungen an die Compliance-Funktion									
5	b) Neue Aufgabenzuweisungen									
6	aa) Beteiligung bei Product Governance									
7	bb) Einbindung in das Beschwerdemanagement									
8	cc) Ausnahmen vom Handelsverbot von Finanzanalysen									
9	**II. Beauftragter für den Schutz von Finanzinstrumenten und Kundengeldern ("Single Officer")**									
10	1. Rechtsgrundlagen	Stand 31.7. keine	Art. 7 MiFID II-DRL	§ 81 Abs. 5	§ 10	Stand: 31.7. keine				
11	2. Einordnung und Hintergrund									
12	3. Ernennung									
13	4. Stellung im Institut									
14	5. Ausstattung									
15	6. Aufgaben und Verantwortungsbereich									
16	**III. Umgang mit Interessenskonflikten**									
17	1. Rechtliche Grundlagen	Art. 16 Abs. 3 Unterabs. 1.4.5 Art. 23 Abs. 1	Art. 25, 27, Art. 33–43 MiFID II-DVO	§ 63 Abs. 2 Nr. 1.2 § 80 Abs. 1 Satz 2 Nr. 2	Stand: 31.7 keine	Stand: 31.7. keine				
18	2. Organisationspflichten im Zusammenhang mit Interessenskonflikten gem. § 80 Abs. 1 Satz 2 Nr. 2 WpHG-E									
19	3. Weitere Organisationspflichten gem. § 80 Abs. 1 Satz 2 Nr. 4 WpHG-E									

Abb. 1: Beispiel Leitfaden MiFID II – IR

4.1 Compliance-Funktion (Wertpapier-Compliance)

4.1.1 Rechtsgrundlage

> **Verordnungen/Richtlinien/Gesetze:**
> - Art. 16 Abs. 2 Finanzmarktrichtlinie (MiFID II)
> - Delegierte Verordnung 2017/565 Durchführungsverordnung (DVO) Art. 22, 26–27, 37
> - Delegierte Richtlinie 2017/593 Durchführungsrichtlinie (DRL) Art. 9 Abs. 6 und 7, 10 Abs. 6 und 8
> - § 80 Wertpapierhandelsgesetz (WpHG) n. F.
> - § 12 Wertpapierdienstleistungs-Verhaltens- und Organisationsverordnung (WpDVeroV)

30

Aus den obengenannten rechtlichen Grundlagen ergeben sich für die COF selbst Anforderungen zu einer intensiveren Beteiligung bei der Product Governance, Einbindung in das Beschwerdemanagement und i. R. von Genehmigungen bei Ausnahmen vom Handelsverbot für Finanzanalysten. *31*

Hingegen lassen die Vorgaben zur Ausgestaltung (Strategie/Verfahren, Berücksichtigung der Geschäftsaktivitäten nach Art und Umfang, Überwachung, Beratung, mind. jährliche Berichterstattung) einer COF keine wesentlichen Änderungen versus WpHG a. F. erkennen. *32*

Entsprechend § 80 Abs. 1 WpHG n. F. sind unverändert angemessene Vorkehrungen zu treffen, um die Kontinuität und Regelmäßigkeit der Wertpapierdienstleistungen und Wertpapiernebendienstleistungen zu gewährleisten; hierzu zählt eine funktionsfähige COF. Anzumerken ist, dass nunmehr alle Bereiche (vormals alle wesentlichen Bereiche) der Wertpapierdienstleistungen in den Kontrollplan einzubeziehen sind. *33*

Detaillierte Anforderungen zur Einhaltung der Vorschriften zur COF finden sich in Art. 22 DVO. Hier finden sich Anforderungen zur Einrichtung der COF, zur Überwachungs-/Beratungstätigkeit, Befugnisse, Ressourcen, Fachkenntnisse, Berichterstattung und Überwachungsprogramm. *34*

4.1.2 Stichwort Produktüberwachungsprozess (Bestandteil Product Governance)

Aus der Durchführungsrichtlinie (2017/593) ist zu entnehmen, dass die COF intensiver als bisher in den Produktüberwachungsprozess einzubinden ist. *35*

– Die COF hat über die Entwicklung und regelmäßige Überprüfung der Produktüberwachungsvorkehrungen zu wachen, damit jegliches Risiko von Verstößen gegen Art. 9 und 10 DRL erkannt wird. Dies gilt sowohl für Firmen, die Finanzinstrumente (FIN) konzipieren, als auch für Firmen, die diese vertreiben. Insb. ist die Frage des Umgang möglicher Interessenkonflikte i. R. des Produktfreigabeverfahrens (Stichwort Hintergrund Gebührenstruktur) zu stellen.

– Es besteht eine Informationspflicht i. R. der Compliance-Berichte über die von der Wertpapierfirma konzipierten FIN und zu Informationen über die Vertriebsstrategie.

4.1.3 Stichwort Beschwerdemanagement

36 Die DVO (Erwägungsgrund 38) sieht die Einrichtung einer Beschwerdemanagementfunktion vor, welche unter Berücksichtigung des Grundsatzes der Verhältnismäßigkeit von der COF ausgeübt werden kann. Die Prozessabläufe für die Abwicklung von Beschwerden und Berücksichtigung von Beschwerden als Quelle relevanter Informationen fallen mit in ihre Zuständigkeit bzw. in ihr Aufgabengebiet. Entsprechende Prozesse sind nach einer Bewertung in das Überwachungsprogramm der COF aufzunehmen.

37 Die COF der Wertpapierfirmen hat die Daten bezüglich der Beschwerden und deren Abwicklung zu prüfen, um sicherzustellen, dass alle Risiken und Probleme ermittelt und behoben werden (Stichwort auswertbare Beschwerdedatenbank).

38 Im Rahmen der Produktüberwachungspflichten ist eine Zusammenfassung der erhaltenen Beschwerden (zum konzipierten FIN und/oder zum vertriebenen FIN) zu berücksichtigen (DRL Erwägungsgrund 20).

39 Sowohl über die Abwicklung von Beschwerden als auch über die ergriffenen oder zu ergreifenden Abhilfemaßnahmen ist durch die COF weiterhin Bericht zu erstatten.

> **Praxis-Tipp/Anmerkung:**
>
> Zur Umsetzung der Anforderungen an das Beschwerdemanagement ist auch die zukünftige Verwaltungspraxis der Aufsicht zu berücksichtigen. Mit dem Rundschreiben „Mindestanforderungen an das Beschwerdemanagement" der BaFin v. 04.05.2018 hat diese ihre Verwaltungspraxis im Umgang der Kreditinstitute mit Kundenbeschwerden dargelegt. Es ist anzumerken, dass es zu zahlreichen Überschneidungen mit anderen regulatorischen Anforderungen kommt.

4.1.4 Stichwort Interessenkonflikte

40 Art. 23 MiFID II sieht unverändert vor, dass Wertpapierfirmen alle geeigneten Vorkehrungen treffen, um Interessenkonflikte zwischen ihnen selbst, einschließlich ihrer Geschäftsleitung, ihren Beschäftigten und vertraglich gebundenen Vermittlern oder anderen Personen, die mit ihnen direkt oder indirekt durch Kontrolle verbunden sind, und ihren Kunden oder zwischen ihren Kunden untereinander zu erkennen, zu vermeiden oder zu regeln.

41 § 80 WpHG Abs. 2 WpHG n. F. erweitert den betroffenen Personenkreis möglicher Interessenkonflikte (Geschäftsleitung, Mitarbeiter, verbundene Vermittler, direkt/indirekt verbundene Personen und Unternehmen, Kunden) = Pflicht Interessenkonflikte zu erkennen, zu vermeiden bzw. den Umgang mit ihnen zu regeln. Dieser Anwendungskreis wurde namentlich um die Annahme von Zuwendungen (also nicht wie bisher, begrenzt auf über marktübliche hinausgehende Provisionen) und Vergütungsstruktur oder sonstige Anreize erweitert. Die COF hat nunmehr die Geschäftsleitung im Vorfeld der Genehmigung der Vergütungsgrundsätze zu beraten.

42 Des Weiteren ist festzustellen, dass der bisherige „Schwerpunkt" einer Offenlegung von Interessenkonflikten sich zu einer grundsätzlichen Vermeidung verlagert hat.

Es reicht zukünftig nicht mehr aus, die Interessenkonflikte stur in einer Policy offenzulegen, sondern gesetzliches bzw. aufsichtsrechtliches Ziel ist es, dass diese in den Firmen soweit wie möglich zu verringern sind. Hierzu sind verstärkt organisatorische und administrative Maßnahmen zu ergreifen. Die Offenlegung stellt nunmehr die „Ultima ratio" dar, d. h. erst wenn keine Maßnahmen ergriffen werden können, kann eine Offenlegung erfolgen. In dieser Offenlegung ist darauf hinzuweisen, dass die Vorkehrungen nicht ausreichen, um einen Konflikt auszuschließen. Auch eine genaue und verständliche Beschreibung des Interessenkonfliktes ist vorzunehmen.

4.1.5 Stichwort Genehmigungen von Ausnahmen vom Handelsverbot für Finanzanalysten

Entsprechend Art. 37 Abs. 2 DVO dürfen Finanzanalysten und andere relevante Personen, die den wahrscheinlichen Zeitplan oder Inhalt einer Finanzanalyse kennen, die für die Öffentlichkeit oder für Kunden nicht zugänglich ist, persönliche oder in Namen einer anderen Person Geschäfte (Stichwort Mitarbeitergeschäfte) vornehmen, sofern die Empfänger der Finanzanalyse ausreichend Zeit zu einer Reaktion haben. *43*

Hiervon abzugrenzen sind persönliche Geschäfte, die einer aktuellen Empfehlung der Wertpapierfirma zuwiderlaufen. Finanzanalysten und relevante Personen, die an einer Erstellung von Finanzanalysen beteiligt sind, dürfen entsprechende zuwiderlaufende persönliche Transaktionen grundsätzlich nicht vornehmen. Außer es handelt sich um außergewöhnliche Umstände (diese müssen ausführlich dargelegt und dokumentiert werden) und sowohl die Rechtsabteilung als auch die COF der Wertpapierfirma stimmen einer Ausführung i. R. einer Genehmigung zu. *44*

4.1.6 Mitarbeiterqualifikationen

Firmen sollten sicherstellen, dass Mitarbeiter, die einschlägige Dienstleistungen erbringen, über die notwendigen Kenntnisse und Kompetenzen verfügen, um die relevanten regulatorischen und rechtlichen Anforderungen sowie die geschäftsethischen Standards einzuhalten. Nunmehr werden Sachkundeanforderungen für sog. Vertriebsmitarbeiter (Mitarbeiter die Kundeninformationen über Wertpapier-(neben-)dienstleistungen erbringen, Vermögensverwalter, Mitarbeit im Zusammenhang mit der Product Governance erbringen) i. S. d. WpHGs gestellt. *45*

Die ESMA Leitlinien für die Beurteilung von Kenntnissen und Kompetenzen sehen vor, dass die Einhaltung dieser Leitlinien mit Hilfe der COF beurteilt und überprüft wird (Verweis auf § 25 Abs. 9 MiFID II). *46*

Hierzu sind durch die COF Aussagen im Compliance-Bericht zur gesamtumfänglichen Kontrollumgebung für Wertpapierdienstleistungen und Anlagetätigkeiten gegenüber der Geschäftsleitung vorzunehmen.

4.1.7 Mögliche Prüfungshandlungen „COF" IR

47 **Compliance-Funktion:**
Wie bereits erwähnt, sind m. E. aus den Anforderungen der MiFID II keine wesentlichen Neuerungen im Kontrollvorgehen und -verfahren zur COF ableitbar.
Um Dopplungen zu vermeiden, verweise ich hier auf die Ausführung in der ersten Auflage dieses Buches.
Änderungen ergaben sich jedoch im Aufgabenumfang. Diese i. R. der „Stichworte" genannten Erweiterungen sind von der IR zu berücksichtigen und entsprechend im Prüfungsplan mit aufzunehmen.
Für alle Erweiterungen gilt: Wurde der Kontrollplan (Überwachungsprogramm) bzgl. der Aufgabenerweiterung der COF entsprechend angepasst? Der Kontrollplan legt Prioritäten fest, die anhand der Compliance-Risikobewertung bestimmt werden, sodass die umfassende Überwachung der Compliance-Risiken sichergestellt wird.
Insgesamt gilt die Frage der rechtzeitigen, angemessenen und vollständigen Darstellung der neuen Prozesse in den Organisationsanweisungen.

Stichwort Produktüberwachungsprozess:
- Prüfungsaspekte/-fragen der IR ergeben sich i. R. der Einbindung der COF in den Produktüberwachungsprozess auf zwei Ebenen.
- Wurde die **Überwachungsfunktion** durch die COF zum Genehmigungsprozess wirksam und regelmäßig wahrgenommen und in welcher Art (Verweis DRL)?
- Ist die COF ihrer **Berichtspflicht** zum Produktüberwachungsprozess in angemessener Weise nachgekommen? – In den Berichten sind systematisch Informationen über die von der Wertpapierfirma konzipierten und empfohlenen FIN aufzunehmen, insb. über die Vertriebsstrategie sowie eine Zusammenfassung bei Vorliegen von Beschwerden i. R. der Produktüberwachungspflichten.
Verantwortlich für den Compliance-Bericht ist die COF, allerdings wird sie bei der Erstellung Informationen aus den Fachbereichen benötigen, um die Berichtpflichten zum Produktüberwachungsprozess wahrnehmen zu können.
- Wurden entsprechende Zuständigkeiten zur Informationslieferung definiert? Wurde im Vorfeld mit den Fachbereichen besprochen, welche Art und in welchem Umfang Informationen benötigt werden?
Anmerkung! Sofern Geschäftsjahr und Kalenderjahr übereinstimmen, sind entsprechende Bestandteile erstmal im Bericht Anfang 2019 aufzunehmen.

Stichwort Beschwerdemanagement:
- Wie und in welcher Art hat die COF eine Beurteilung zum Beschwerdemanagement auf Basis eines risikoorientierten Kontrollplans vorgenommen und dokumentiert?
- Wurde das Beschwerdemanagement in die COF integriert oder nicht (Beachtung des Verhältnismäßigkeitsgrundsatz)?
- Wurden wirksame (=dauerhafte) und transparente Grundsätze für die unverzügliche Bearbeitung von Kundenbeschwerden erstellt? Wurden diese von der **Geschäftsleitung** bestätigt?
- Wurden die Kunden über die Verfahren zur Beschwerdebearbeitung informiert (Grundsätze zum Beschwerdemanagement, Kontaktangaben Beschwerdemanagement-Funktion)? Wie erfolgte die Information (persönlich auf Verlangen des Kunden oder mit Bestätigung des Beschwerdeeingangs und/oder allgemein z. B. über die Website der Wertpapierfirma [DVO])?

– Wurde beachtet, dass die Beschwerden nunmehr von **allen** Kunden zu berücksichtigen sind ([potenzielle] Privatkunden, professionelle Kunden und geeignete Gegenpartei)? Achtung! Nur die Kundenbeschwerden von Privatkunden sind weiterhin meldepflichtig (Verweis Fachinformationsblatt zum Mitarbeiter- und Beschwerderegister nach § 87 WpHG der BaFin).
– Ist die COF ihrer Pflicht zur Ad hoc-Information gegenüber der Geschäftsleitung im Falle von erheblichen Risiken für die Wertpapierfirma (z. B. aus Beschwerden) gerecht geworden? In welcher Art?

Hinweis: Divergenz zwischen Informationen zu Beschwerden i. R. der Anlageberatung von Privatkunden an die BaFin (nationale Vorgabe) und EU-Vorgabe, dass sämtliche (wertpapieraufsichtsrechtlich relevanten) Beschwerden (d. h. nicht nur i. R. der Anlageberatung) von sämtlichen Kunden (also nicht nur Privatkunden) an die Aufsicht zu melden sind.

Stichwort Interessenkonflikte:
– Wurden die Interessenkonfliktgrundsätze entsprechend der Product Governance Anforderungen angepasst? Angemessen und vollständig? Information bei Neukunden sichergestellt?
– Ist sichergestellt und in welcher Form, dass die Geschäftsleitung mind. einmal jährlich bei unterjährigen Änderungen der Grundsätze einen schriftlichen Bericht erhält?
– Wurden i. R. der Offenlegung nicht nur die allgemeine Herkunft und Art des Interessenkonflikts offengelegt, sondern erfolgte auch eine eindeutige Darstellung der zur Risikobegrenzung der Beeinträchtigung des Kundeninteresses unternommenen Maßnahmen?

Stichwort Genehmigungen von Ausnahmen vom Handelsverbot für Finanzanalysten:
– Wie erfolgt eine Einbindung der COF in den Erstellungsprozess von Empfehlungen im Hinblick auf diesen Empfehlungen zuwiderlaufende persönliche Geschäfte der Finanzanalysten?
– Erfolgt eine rechtzeitig Meldung der persönlichen Geschäfte durch die Finanzanalysten?
– Wurde im Vorfeld ein „Ausnahmekatalog" definiert, nachdem derartige persönliche Geschäfte durch die COF und die Rechtsabteilung genehmigt werden können? Durch wen? Sachgerecht?
– Liegen für entsprechende Ausnahmegenehmigungen ausführliche und nachvollziehbare außergewöhnliche Umstände vor? Wurden diese angemessen dokumentiert?

Stichwort Mitarbeiterqualifikationen:
– Wurde durch die COF eine Beurteilung bzgl. der Einhaltung der ESMA-Leitlinien (Verweis Art. 25 MiFID II) bzw. der entsprechenden nationalen Anforderungen (WpHGMaAnzV) vorgenommen?
  – Einbindung in den jährlichen Compliance-Bericht sichergestellt?
– Wurden die inhaltlichen Vorgaben der ESMA in Bezug auf Kenntnisse und Kompetenzen beachtet?
  – Kenntnisse der Hauptmerkmale und Risiken der Anlageprodukte, die das Unternehmen anbietet (auch Steuerfragen und Transaktionskosten)
  – Kenntnisse der Hauptmerkmale und des Umfangs der erbrachten Wertpapierdienstleistungen oder Nebendienstleistungen
  – Kenntnisse der Gesamttransaktionskosten für den Kunden in Bezug auf Anlageprodukte
  – Kenntnisse über das Funktionieren der Finanzmärkte und welche Auswirkungen diese auf den Wert und Preis des Produktes haben
  – Kenntnisse über die Auswirkungen von Wirtschaftskennzahlen und nationalen/regionalen/globalen Ereignissen auf die Märkte
  – Wissen über Marktmissbrauch

- Bewertung von Daten aus Prospekten, Jahresabschlüssen und Finanzinformationen
- Wissen über Marktstrukturen und Bewertungsgrundsätze

4.2 Beauftragter für den Schutz von Finanzinstrumenten (Verwahrungssicherheitsbeauftragter)

4.2.1 Rechtsgrundlage

48 | **Verordnungen/Richtlinien/Gesetze:**
- Delegierte Richtlinie 2017/593 DRL Art. 7
- § 81 Abs. 5 WpHG n. F.
- § 10 WpDVerOV

4.2.2 Anforderungen

49 Der Verwahrungssicherheitsbeauftragte („single Beauftragte") ist Bestandteil der Anforderungen an die Sicherung und dem Schutz von Kundenvermögen (Safeguarding of Client Assets). Wesentliches Ziel ist lt. der BaFin (siehe Präsentation BaFin v. 25. 06. 2016/Safeguarding of Client Assets)
- Schutz der Vermögenswerte der Kunden vor den Folgen einer Insolvenz des Wertpapierdienstleistungsunternehmens (WPDLU) selbst und weiterer Institute in der Verwahrkette.
- Schutz der Kunden vor dem Verlust oder einer freiwilligen Aufgabe ihrer Vermögensrechte.

50 Art. 7 DRL sieht vor, dass die Wertpapierfirmen die spezielle Verantwortung für Angelegenheiten, die die Einhaltung der Verpflichtungen der Firmen in Bezug auf den Schutz der FIN und Gelder von Kunden betreffen, auf einen einzelnen, ausreichend befähigten und befugten Beauftragten übertragen. Es bleibt den Mitgliedstaaten überlassen, ob Beauftragte diese Verantwortung i. R. einer Vollbeschäftigung oder i. R. weiterer Verantwortlichkeiten wahrnehmen, dies liegt in der Entscheidung der Wertpapierfirma.

51 Das Aufgabenspektrum liegt in der Überwachung der einzelnen Aspekte zum Schutze der Vermögenswerte von Kunden wie
- die korrekte und vollständige Dokumentation der für Kunden gehaltenen Werte (Differenzierung nach Kunden, Prüfpfad, Verfügbarkeit [Informationsquelle Behörden, Insolvenzverwalter und Verantwortliche für die Abwicklung von Finanzinstituten]),
- die getrennte Aufbewahrung (getrennte Bestände Institut und Kunden),
- der Schutz vor Aneignung durch Dritte (Thema Sicherungs-, Pfand- oder Aufrechnungsrechte),
- Vorkehrungen gegen unbefugte Verwendung (Maßnahmen zum Schutz [Vereinbarung mit Kunden, Beobachtung Lieferfähigkeit einschließlich unverzügliche Anforderung nicht gelieferter Wertpapiere]),

– die Reduzierung von Risiken in der Verwahrkette (Sorgfaltsanforderung an Drittverwahrer, Berücksichtigung Sachkenntnis/Marktreputation Dritter, Diversifikation der Verwahrer),
– die Regulierung von Wertpapierfinanzierungsgeschäften (Abschluss und Verwendung [„vereinbarter Zweck"]) entsprechender Geschäfte, korrekte Sicherheitenverwaltung) und
– die Regulierung von Finanzsicherheiten in der Form der Vollrechtsübertragung (Beachtung von Verboten bei Kleinanlegern [= Einstufung Privatkunde], Verwendung von Finanzsicherheiten in Form von Vollrechtsübertragungen).

Praxis-Tipp:

52

Sofern keine Einschränkung dieser Möglichkeit durch die Mitgliedsstaaten vorgenommen wird (aktuell für Deutschland nicht ersichtlich), bietet sich eine Anbindung an die Compliance-Organisation an.

Ob entsprechende Verantwortlichkeiten als weiterer Bestandteil dem Compliance-Beauftragten zugewiesen werden oder ob die Stelle eines „Verwahrungssicherheitsbeauftragten" gebildet wird, hängt vom Volumen der vorhandenen Vermögensportfolien und den hieraus resultierten Verwahrungsprozessen und -aktivitäten ab.

Mit den neuen Anforderungen der MiFID II verbindet sich an vielen Stellen für das Management die Frage, ob entsprechende Dienstleistungen (in diesem Fall das Verwahrgeschäft für Kundenvermögen) unter dem Aspekt betriebswirtschaftlicher und aufsichtsrechtlicher Kosten im Verhältnis zu den möglichen Erträgen aufrechterhalten werden können. Diese Frage stellt sich umso intensiver, je kleiner die jeweiligen Institute sind.

4.2.3 Mögliche Prüfungshandlungen „Verwahrungssicherheitsbeauftragter" IR

Verwahrungssicherheitsbeauftragter:

53

– Wurde durch die Wertpapierfirma ein Verwahrungssicherheitsbeauftragter nach § 81 Abs. 5 WpHG n. F. bestellt?
  – Ist dieser Vollzeit oder mit weiteren Aufgaben befasst? Sachgerecht?
  – Wie ist die organisatorische Ansiedlung (eigener Bereich, COF)?
– Wurden basierend auf den Anforderungen des § 10 WpDVerOV durch den Beauftragten entsprechende Kontrollhandlungen und Abstimmungsaktivitäten vorgenommen, bzw. wurden diese von ihm auf Ordnungsmäßigkeit kontrolliert?
– Wurden die Anforderungen gemäß § 10 WpDVerOV von der Wertpapierfirma beachtet? Wurden Feststellungen durch den Beauftragten an die Geschäftsleitung, die COF und die IR kommuniziert?

4.3 Anlegerschutz

4.3.1 Rechtsgrundlagen

54 **Verordnungen/Richtlinien/Gesetze:**

Kundenkategorisierung
– Art. 30 MiFID II, Anhang
– Delegierte Verordnung 2017/565 DVO Art. 45, 71
– § 67 WpHG n. F.
– § 2 WpDVerOV

Kundeninformationen
– Art. 24 Abs. 3 und 4 MiFID II
– Delegierte Verordnung 2017/565 DVO Art. 44–49
– §§ 63 Abs. 6 und 7 WpHG n. F.

Anlageberatung (Geeignetheits- bzw. Angemessenheitsprüfung)
– Art. 24 Abs. 4a und 7, Art. 25 Abs. 2 und 3, 6 MiFID II, Erwägungsgrund 72, 82, 84, 87, 88
– Delegierte Verordnung 2017/565 DVO Art. 9, 54–56 und 59, Erwägungsgrund 84, 87, 88
– §§ 2 Abs. 8 Nr. 10, 63 Abs. 10, 11, 64 Abs. 4 WpHG n. F.
– §§ 6 Abs. 2, 8 WpDVerOV

Vermögensverwaltung
– Art. 4 Abs. 1 Nr. 8, Art. 24 Abs. 8, Art. 25 Abs. 2, 6 MiFID II
– Delegierte Verordnung 2017/565 DVO Art. 47 Abs. 2 und 3, Art. 54 Abs. 1 und 2, Art. 60–62
– Delegierte Richtlinie 2017/593 [DRL] Art. 12–13
– §§ 2 Abs. 8 Nr. 7, 64 Abs. 7 WpHG n. F.
– § 6 Abs. 1, § 7 WpDVerOV

Zuwendungen
– Art. 24 Abs. 7–9 und 11 MiFID II
– Delegierte Verordnung 2017/565 DVO Art. 40
– Delegierte Richtlinie 2017/593 DRL Art. 11–13
– §§ 64 Abs. 5 und 7, 70 WpHG n. F.
– §§ 6,7 WpDVerOV

Sprachaufzeichnung
– Art. 16 Abs. 7 MiFID II
– Delegierte Verordnung 2017/565 DVO Art. 76
– § 83 WpHG n. F., Erwägungsgrund
– § 9 Abs. 2 WpDVerOV

Kostentransparenz
– Art. 24 Abs. 4,7–9 und 11 MiFID II
– Delegierte Verordnung 2017/565 DVO Art. 50 f., Anhang II
– Delegierte Richtlinie 2017/593 [DRL] Art. 11 Abs. 5
– §§ 63 Abs. 7, 9 Satz 1, 64 Abs. 7 und 70 WpHG n. F.

Regelungen zur bestmöglichen Ausführung
– Art. 24 und 27 MiFID II
– Delegierte Verordnung 2017/565 DVO Art. 64–68
– Delegierte Verordnung C(2016) 3333 final (Regulierungsstandard [RTS 27])
– Delegierte Verordnung C(2016) 3337 final (RTS 28)
– § 82 WpHG n. F.

Product Governance
– Art. 16 Abs. 3 Nr. 2–7, Art. 24 Abs. 2 MiFID II
– Delegierte Richtlinie 2017/593 [DRL] Art. 9 f.
– §§ 63 Abs. 4–5, 80 Abs. 9–13, 81 Abs. 4–5 WpHG n. F.
– §§ 11, 12. WpDVerOV
– Konsultationspapier ESMA („Draft guidelines on MiFID II product governance requirements" v. 05. 10. 2016)

4.3.2 Kundenkategorisierung

4.3.2.1 Kurzüberblick

Kundenkategorisierung MiFID II.

Kundenkategorie		
Privatkunden	**Professionelle Kunden**	**Geeignete Gegenpartei**
Geborene = Privatkunden, die nicht als prof. Kunde oder geeignete Gegenpartei zu qualifizieren sind (§ 67 Abs. 3 WpHG n.F.).	Geborene = gesetzlich fixierte Kriterien (§ 67 Abs. 2 WpHG n.F.) ■ Wertpapierdienstleistungsunternehmen ■ sonstige zugelassene/beaufsichtigte Finanzinstitute ■ Versicherungsgesellschaften ■ Organismen für gemeinsame Anlage und ihre Verwaltungsgesellschaften (KVGen) ■ Pensionsfonds/ihre Verwaltungsgesellschaften ■ Börsenhändler/Warenderivatehändler ■ Sonstige institutionelle Anleger ■ Nationale/regionale Regierungen, sowie Stellen der öffentlichen Schuldenverwaltung auf nationaler oder regionaler Ebene ■ Zentralbanken Nicht o. g. Unternehmen bei Erfüllung von mind. zwei der genannten Kriterien*: ■ 20 Mio. EUR Bilanzsumme ■ 40 Mio. EUR Umsatzerlöse ■ 2 Mio. EUR Eigenmittel *Hinweis an den Kunden am Anfang der Geschäftsbeziehung, dass sie als prof. Kunden eingestuft sind und die Möglichkeit einer Änderung besteht. Informiert ein prof. Kunden nicht über Änderungen, die seine Einstufung beeinflussen können, begründet eine darauf beruhende fehlerhafte Einstufung kein Pflichtverstoß.	Geborene = gesetzlich fixierte Kriterien: Teilmenge prof. Kunden (§ 67 Abs. 4 WpHG n.F.) Gekorene = prof. Kunden nach § 67 Abs. 2 Nr. 2 WpHG n.F.) Unternehmen, die auf **Unternehmensebene** mind. zwei der folgenden Kriterien erfüllen: ■ 20 Mio. EUR Bilanzsumme ■ 40 Mio. EUR Umsatzerlöse ■ 2 Mio. EUR Eigenmittel Unternehmen mit Sitz in einem anderen EU-Mitgliedsstaat/EWR-Staat aufgrund Recht des Herkunftsstaates. Voraussetzung in beiden Fällen ist die ausdrückliche Zustimmung des Kunden
Gekorene = Prof. Kunden/geeignete Gegenparteien können mit dem Institut eine schriftl. Vereinbarung treffen, dass Sie im allgemeinen oder für bestimmte Finanzinstrumente als Privatkunden einzustufen sind (§ 67 Abs. 5 WpHG n.F.). Der Kunde ist hierüber zu informieren. Die Vereinbarung über die Änderung bedarf der Schriftform.	**Gekorene:** Institut kann eine geeignete Gegenpartei (§ 68 Abs. 1 WpHG n.F.) als prof. Kunden einstufen. Kunde ist hierüber zu informieren. Auf **Antrag** (§ 67 Abs. 6 WpHG n.F.) eines **Privatkunden*** oder **Einstufung** durch ein Institut unter Beachtung mind. zwei der folgenden Kriterien: ■ Jährlich im Quartalsdurchschnitt 10 Geschäfte mit erheblichem Umfang ■ Finanzinstrumentenportfolio (Bankguthaben, Finanzinstrumente) > 500 TEUR ■ Mind. ein Jahr in einem Beruf am Kapitalmarkt, der entsprechende Kenntnisse voraussetzen lässt. *Schriftlicher Hinweis bzgl. des Verlustes der Schutzvorschriften des WpHG für Privatkunden. Schriftliche Kenntnisbestätigung durch den Kunden.	

Abb. 2: Kundenkategorisierung MiFID II

4.3.2.2 Anforderungen

56 Die Wertpapierfirmen unterrichten Neu- und Altkunden bei einer Neueinstufung gemäß der Richtlinie 2014/65/EU über ihre Einstufung als Kleinanleger, professioneller Kunde oder geeignete Gegenpartei gemäß dieser Richtlinie.

57 Bei Einstufungen von Kunden vor 01.11.2007 auf Grundlagen eines angemessenen Bewertungsverfahrens hat die Einstufung nach dem 01.11. Bestand. Die Kunden sind jedoch über die Voraussetzungen der Einstufung nach § 67 Abs. 2 und 5 WpHG n. F. zu informieren.

Bei Personengesellschaften und Kapitalgesellschaften, die die Kriterien des § 67 Abs. 2 Satz 2 Nr. 2 WpHG n. F. nicht erfüllen, ist es für die Änderung der Einstufung nach § 67 Abs. 6 Satz 3 WpHG ausreichend, wenn die in § 67 Abs. 6 Satz 3 Nr. 1 oder 3 WpHG n. F. genannten Kriterien durch eine von der Gesellschaft benannte Person erfüllt werden, die dazu befugt ist, die von der Änderung der Einstufung umfassten Geschäfte im Namen der Gesellschaft zu tätigen (Verweis § 2 WpDVeroV).

58 Die Wertpapierfirma ist gegenüber Geeigneten Gegenparteien nicht an § 63 Abs. 1, 3 bis 7, 9, 10 WpHG n. F. (bestmögliches Interesse der Kunden, Vergütungsthematik, Zielmarkt, Informationen redlich nicht irreführend, rechtzeitige und angemessene Kundeninformationen, Kenntnisse und Erfahrung), § 64 Abs. 3, 5 WpHG n. F. (Kenntnisse und Erfahrungen, Anlageziele, Thema Honorar-Anlageberatung) und Abs. 7 WpHG n. F. (Zuwendungsthematik), § 69 Abs. 1 WpHG n. F. (Regelungen unverzügliche Auftragsausführung), § 70 WpHG n. F. (Zuwendungen und Gebühren), § 82 WpHG n. F. (Bestmögliche Ausführung), § 83 Abs. 2 WpHG n. F. (Aufzeichnungspflicht/Vereinbarungen) und § 87 Abs. 1 und 2 WpHG n. F. (Sachkunde Mitarbeiter) gebunden.

59 Art. 30 MiFID II sieht die Einstufung von Kunden als geeignete Gegenpartei vor, ohne Beachtung der Auflagen des Art. 24 mit Ausnahme der Abs. 4 und 5, des Art. 25 mit Ausnahme von Abs. 6, des Art. 27 und des Art. 28 Abs. 1 genügen zu müssen. Die Ausnahmen sind zu beachten.

4.3.2.3 Mögliche Prüfungshandlungen „Kundenkategorisierung" IR

60 **Kundenkategorisierung:**
Insgesamt ergeben sich keine wesentlichen Neuerungen zum Kategorisierungsprozess selbst. Aufsichtsrechtlich tritt die Kundenkategorisierung in den Fokus, da sie ein wesentlicher Indikator für eine Vielzahl von Anforderungen ist (Vereinbarkeit des FIN mit dem Zielmarkt, Ausführung von Dienstleistung [beratungsfreies Geschäft], Geeignetheitserklärung, Kundeninformationspflichten).

Es ist festzustellen, dass zukünftig auch gegenüber professionellen Kunden und ggf. geeigneten Gegenparteien Anforderungen gelten, die bisher nur für Privatkunden galten, z. B. Kundeninformationspflichten und Berichtspflichten.

Somit ist durch die IR ein Augenmerk auf ordnungsgemäße und angemessene Kategorisierungsprozesse zu legen. Als auch, ob die erweiterten Anforderungen für professionelle Kunden und geeignete Gegenpartei beachtet werden.

– Regelwerk (Grundsätze, Verfahren, Maßnahmen) zur Kundeneinstufung

III.2 Prüfungshandlungen im Rahmen der Wertpapier-Compliance durch die Interne Revision

- Eindeutige Regelungen zur Einstufung als „geborene" Kunden auf der gesetzlichen Grundlage; insb. bei professionellen Kunden und geeignete Gegenpartei (als Teilmenge der prof. Kunden)
- Regelungen zur Einstufung der Bestandskunden; Beachtung der Übergangsfristen
- Regelungen zur Änderung der Einstufung (Opting-up und Opting-down-Verfahren) von Kunden („gekorene"), die den strengen Anforderungen nach WpHG, WpDVerOV genügen
- Einhaltung der Formvorschriften, Informations- und Dokumentationspflichten
- Folgen aus der unterschiedlichen aufsichtsrechtlichen Behandlung der Kundengruppen (z. B. Informationspflichten, Angemessenheits- oder Geeignetheitsprüfung)

4.3.3 Kundeninformationen

4.3.3.1 Kurzüberblick

Informations-, Aufklärung- und Dokumentationspflichten - MiFID II.
61

- Information zu Interessenkonflikte, soweit die organisatorischen Vorkehrungen nicht ausreichen eine Beeinträchtigung zu verhindern - hierbei ist die Kundeneinstufung zu berücksichtigen - Achtung! Offenlegung = Ultima Ratio
- Informationen zu den vorgeschlagenen Anlagestrategien unter Berücksichtigung Zielmarkt
  - geeignete Leitlinien zur Anlage in FINs/Anlagestrategie
  - FINs für Privatkunden oder Prof. Kunden bestimmt ist
  - Warnhinweise zu Risiken der FINs/Anlagestrategien
- Informationen aller Kosten/Nebenkosten
  - Kosten Wertpapierdienstleistungsunternehmen
  - Kosten FINs (empfohlen/vermarktet)
  - Kosten, die nicht einem Marktrisiko zugrunde liegen
  - Kostenwirkung auf die Rendite (Gesamt-(neben-)kosten, Kostenspitzen/-schwankungen, eigene Beschreibung)
    - Kostenaufstellung (Einzelpositionen) auf Kundenanforderung (mind. jährlich)
  - Zahlungsmöglichkeiten

Informations-, Aufklärung- und Dokumentationspflichten - MiFID II. - Fort.

- Zusätzliche Informationen:
  - Anlageberatung sich auf Basis einer umfangreichen oder eher beschränkten Analyse von FINs stützt
  - Enge Palette an FINs insbesondere wenn eine Verbindung zum WPDLU besteht, welche die Beratung durchführt
  - ob eine regelmäßig Beurteilung bzgl. der Geeignetheit des empfohlenen FINs erfolgt
  - Anforderung an Kundeninformation (Auszug)
    - Hinweis zur Mindestschriftgröße (gleiche wie bei allg. Hinweisen)
    - Aushändigung der Info.-Unterlagen in der gleichen Sprache (außer Kunde stimmt Mehrsprachigkeit zu)
  - Informationspflicht bei Neu-/Altkunden bei einer Neueinstufung
    - Abstufung von geeigneter Gegenpartei zu Privatkunden/professionellen Kunden
    - Abstufung von professionellen Kunden zu Privatkunden

4.3.3.2 Anforderungen

62 MiFID II schreibt vor, dass eine Wertpapierfirma bei der Erbringung von Wertpapierdienstleistungen oder ggf. Nebendienstleistungen für ihre Kunden ehrlich, redlich und professionell im bestmöglichen Interesse ihrer Kunden handelt.

63 Wie bisher müssen alle Informationen, einschließlich Marketing-Mitteilungen, die die Wertpapierfirma an Kunden oder potenzielle Kunden richtet, redlich, eindeutig und nicht irreführend sein. Marketing-Mitteilungen müssen eindeutig als solche erkennbar sein. Die Information hat rechtzeitig zu erfolgen (Abhängigkeit Kundenkategorisierung und Dienstleistung).

64 Die Informationen umfassen Aussagen über die Wertpapierfirma, die Dienstleistungen, FIN und vorgeschlagene Anlagestrategien. Für Privatkunden und professionelle Kunden gilt nun ein analoger Informationsumfang, nur i. R. der geeigneten Gegenpartei bestehen noch geringfügige Abweichungen.

65 Die Informationen können in standardisierter Form zur Verfügung gestellt werden.
   – Anlageberatung
     – Beratung unabhängig oder nicht
     – umfangreiche oder beschränkte Analyse von FIN
     – Anbieten einer regelmäßige Beurteilung der Eignung von FIN, die empfohlen wurden
   – Informationen zu FIN und Anlagestrategien
     – geeignete Leitlinien und Warnhinweise zu den verbundenen Risiken
     – Angabe, ob FIN für Privatkunden oder professionelle Kunden bestimmt sind
       – Berücksichtigung des Zielmarktes
   – Informationen zu Kosten und Nebenkosten
     – Kosten der Wertpapier-(neben-)dienstleistung
     – Beratungskosten
     – Kosten des empfohlenen bzw. vermarkteten Produktes
     – Zahlungsmöglichkeiten des Kunden
     – Zahlungen durch Dritte
     – Kosten, die nicht durch Marktrisiko verursacht werden, sind zusammenzufassen
       – Aufstellung nach Posten, wenn Kunde dies wünscht
       – ansonsten mind. jährliche Aufstellung
     – jährliche Ex-post-Informationen über alle (angefallenen) Kosten und Nebenkosten
       – sowohl in Bezug auf FIN als auch die Wertpapier-(neben-)dienstleistung (empfohlene/angebotene)
       – ob dem Kunden das KID/KIID (Key Investor Information Document/wesentliche Anlegerinformationen) zur Verfügung gestellt wurde
       – laufende Geschäftsbeziehung innerhalb des Geschäftsjahres

- Informationen über die Kundeneinstufung
  - Privatkunde, professioneller Kunde oder geeignete Gegenpartei
  - Information auf dauerhaften Datenträger (papiergebundene Informationen, andere dauerhafte Datenträger nur unter Beachtung Art. 3 DVO)
- Allgemeine Anforderungen an Kundeninformationen
  - rechtzeitige Informationsübermittlung vor Vertragsschluss oder (Neben-)Dienstleistungserbringung (z. B. Bedingungen des Vertrages)
    - Informationen sind auf einem dauerhaften Datenträger oder auf einer Website (die nicht als dauerhafter Datenträger betrachtet wird) zur Verfügung zu stellen, sofern die in Art. 3 Abs. 2 DVO (u. a. ausdrückliche Zustimmung) genannten Voraussetzungen erfüllt sind
- Informationen zum Schutz von Kundenfinanzinstrumenten und Kundengeldern
  - Informationen zur Verwahrung der Gelder und FIN (Drittverwahrung)
    - Haftung der Wertpapierfirma nach dem anwendbaren nationalen Recht für Unterlassungen durch den Dritten
  - Informationen zur Sammelverwahrung
- deutliche Risikoinformation, wenn eine Trennung von Eigen- und Fremdbestand beim Drittverwahrer aufgrund dessen nationalem Recht nicht möglich ist
- Information, wenn Gelder oder FIN unter die Rechtsvorschriften eines Drittlandes fallen
- Information über bestehende Sicherungs- oder Pfandrechte der Wertpapierfirma; ggf. über entsprechende Rechte des Drittverwahrers
- bei Wertpapierfinanzierungsgeschäften muss dem Kunden rechtzeitig vor der Verwendung der betreffenden Instrumente auf einem dauerhaften Datenträger klare, vollständige und zutreffende Informationen über die Rechte und Pflichten der Wertpapierfirma in Bezug auf die Verwendung der betreffenden FIN und die Bedingungen für ihre Rückgabe sowie über die damit verbundenen Risiken gegen werden

Bei zertifizierten Altersvorsorge- und Basisrentenverträgen im Sinne des Altersvorsorgeverträge-Zertifizierungsgesetzes gilt die Informationspflicht nach § 63 Abs. 7 Nr. 2 WpHG n. F. (Allgemeine Informationen hinsichtlich aller Kosten und Nebenkosten) durch Bereitstellung des individuellen Produktinformationsblattes nach § 7 des Altersvorsorgeverträge-Zertifizierungsgesetzes als erfüllt. Dem Kunden sind auf Nachfrage die Informationen zu den Kosten und Nebenkosten zur Verfügung zu stellen (ausdrücklicher Hinweis auf dieses Recht). 66

Wird einem Kunden ein standardisiertes Informationsblatt nach § 64 Abs. 2 Satz 2 WpHG n. F. (Anlageberatung/Finanzportfolioverwaltung in Anteilen oder Aktien an geschlossenen Publikums-AIF) zur Verfügung gestellt, sind dem Kunden die Informationen hinsichtlich aller Kosten und Nebenkosten nach Satz 4 und 5 unverlangt unter Verwendung einer formalisierten Kostenaufstellung zur Verfügung zu stellen. 67

Wird eine Wertpapierdienstleistung zusammen mit einer anderen Dienstleistung oder einem Produkt als Teil eines Pakets oder als Bedingung für dieselbe Vereinbarung bzw. dasselbe Paket angeboten, informiert die Wertpapierfirma den Kunden darüber, ob die 68 verschiedenen Bestandteile getrennt voneinander gekauft werden können, und erbringt für jeden Bestandteil einen getrennten Nachweis über Kosten und Gebühren.

69 Bei der Aufstellung der Anforderungen für Informationen zu FIN in Bezug auf § 24 Abs. 4 Buchstabe b MiFID II sind ggf. Informationen über die Struktur des Produkts unter Berücksichtigung der durch die Europäische Union vorgeschriebenen standardisierten Informationen einzubeziehen.

70 Die DVO beinhaltet detaillierte Hinweise zu der Art und Form sowie dem Umfang an Informationen (Art. 44 DVO).

4.3.3.3 Mögliche Prüfungshandlungen „Kundeninformationen" IR

71 **Kundeninformationen:**
- Benennung einer verantwortlichen Stelle für Kontrollen im Zusammenhang mit Kundeninformationen?
- Wie erfolgt der Erstellungsprozess von Kundeninformationen? Einbindung Fachbereiche? Vollständiges Anlageuniversum?
- Anpassung der Organisationsanweisungen?
- Sind die Informationen redlich, eindeutig und nicht irreführend?
- Wurden die Informationen zu den Grundsätzen im Umgang mit den Interessenkonflikten (Privatkunden) unaufgefordert zur Verfügung gestellt?
- Wurde beachtet, dass die allgemeinen Anforderungen an Kundeninformationen künftig auch für professionelle Kunden und zum großen Teil gegenüber geeignete Gegenpartei gelten (Ausnahme Kundeninformation zu Interessenkonflikten)?
- Wurden bei den Informationen die neuen Bestandteile und Darstellungsformen beachtet (Name der Wertpapierfirma auf sämtlichen Informationen, Vorgaben zur Schriftgröße [einheitlich und lesbar], grafische Gestaltung von Risikohinweisen, durchgängig einheitliche Sprache, Vorgaben bei Simulation einer früheren Wertentwicklung, Vorgaben bei Angaben zur künftigen Wertentwicklung)?
- Werden beim Drittbezug von Informationen, zur Weiterleitung an die Kunden, die Sorgfaltspflichten analog eigenerstelltes Material eingehalten?
  - Wurden mit dem Fremdanbieter Zusicherungsvereinbarungen getroffen, dass dieser die gesetzlichen Vorgaben mit Blick auf das Schutzniveau des Adressatenkreises beachtet?
- Wurden folgende Unterlagen den Kunden zur Verfügung gestellt:
  - Informationen über die Bank und ihre Dienstleistungen,
  - Information über Kosten und Nebenkosten der Bank bei der Erbringung von Wertpapier-(neben-)dienstleistungen,
  - Informationen über Zuwendungen,
  - Ausführungsgrundsätze der Bank,
  - Informationen zum Schutz von Kundenfinanzierungsinstrumenten und Kundengeldern;
  - Information über den Umgang der Bank mit möglichen Interessenkonflikten,
  - Informationen zur Anlageberatung,
  - Sonderbedingungen für Wertpapiergeschäfte,
  - Basisinformationen über Wertpapiere und weitere Kapitalanlagen
- Wurden die Informationen zu den Vertragsbedingungen allen Kundenkategorien rechtzeitig zur Verfügung gestellt?

III.2 Prüfungshandlungen im Rahmen der Wertpapier-Compliance durch die Interne Revision

– Wurde die Erweiterung der Informationsbestandteile zu FIN beachtet (Angabe, ob für Privatkunden oder professionelle Kunden bestimmt, Wertentwicklung des FIN unter verschiedenen Marktbedingungen, Risiken im Zusammenhang mit der Insolvenz des Emittenten, Hindernisse und Beschränkungen bei der Veräußerung des FIN, Informationen über bestehende Garantie oder Kapitalschutz)?

4.3.4 Dienstleistungsarten
4.3.4.1 Kurzüberblick

Dienstleistungsarten - MiFID II. 72

- § 57 WphG n.F., Delegierte Verordnung (EU) 2017/565 vom 25.4.2016 Abschnitt 2 und 3
- Beratungsfreies Geschäft mit Angemessenheitstest
- Beratungsfreies Geschäft in nicht komplexen FIN
  - ergänzende Kriterien an nichtkomplexe FINs
- Anlageberatung / unabhängige Anlageberatung (Honoraranlage)
  - organisatorische, funktionale und personelle Trennung von provisionsgestützter und Honoraranlageberatung (Zuwendungsverbot)
  - Erbringung beider Formen an demselben Kunden - ausführlich Darlegung des Umfangs beider Dienstleistungsformen
  - Unterscheidung enge/keine Beziehung zum der die Beratung durchführenden WPDLU
  - Hinweis bei regelmäßiger Eignungsbeurteilung (Umfang, Hinweis auf Änderungen, Zugang/Informationsform)
  - Hinweis auf Auswahlverfahren bei unabhängiger Anlageberatung
  - Informationseinholung bei Umschichtungen bzgl. bestehender Investitionen des Kunden (Nutzen/Kostenvergleich der Umschichtung)
- Finanzportfolioverwaltung

4.3.4.2 Anlageberatung/Geeignetheits- bzw. Angemessenheitsprüfung
4.3.4.2.1 Kurzüberblick

Eignungsbeurteilung und Angemessenheit - MiFID II 73

(§ 55 Abs. 10 WpHG n.F., Delegierte Verordnung (EU) 2017/565 vom 25.4.2016 Abschnitt 3 Art. 54)

Bei der Durchführung informiert WPDLU den Kunden wozu die Eignungsbeurteilung dienen soll — Der Kunde steht im Mittelpunkt

Geeignetheitserklärung (Eignungsbeurteilung)

Umfang Kundenangaben – Ausrichtung an Geeignetheit einer Empfehlung
- Empfehlung entspricht Anlagezielen des Kunden
- Anlagerisiken finanziell tragbar
- Anlagerisikoverständnis auf Basis Kenntnisse/Erfahrungen

Angemessenheit

Kenntnisse und Erfahrungen mit dem angebotenen Finanzinstrument – einzuholende Angaben:
- Arten der Finanzinstrumente, mit denen der Kunde vertraut ist
- Art, Umfang, Häufigkeit und Zeitraum zurückliegender Geschäfte
- Ausbildung, gegenwärtige bzw. frühere berufliche Tätigkeiten

Eignungsbeurteilung und Angemessenheit - MiFID II. - Forts.

- Bei **Dienstleistungen** ggü. prof. Kunden werden die erforderlichen Kenntnisse und Erfahrungen vorausgesetzt (entsprechend des jew. Einstufungsumfangs - Dienstleistung, FINs)
- Bei Anlageberatung ggü. prof. Kunden gilt dies weiterhin analog
- **Aufzeichnung** des Ergebnisses der Angemessenheitsbeurteilung
  - ggf. Hinweis das Dienstleistung/FIN für Kunden ungeeignet ist
    - ob auf Anweisung des Kunden dennoch Transaktion durchgeführt wurde
  - ggf. Hinweis, das der Kunde nicht die erforderlichen Angaben gemacht hat und die Durchführung der Angemessenheitsprüfung nicht möglich war
    - ob auf Anweisung des Kunden dennoch Transaktion durchgeführt wurde

4.3.4.2.2 Anforderungen

74 Gemäß § 2 Abs. 8 Nr. 10 WpHG n. F. liegt eine Anlageberatung bei Abgabe einer persönlichen Empfehlung an Kunden oder deren Vertreter, die sich auf Geschäfte mit bestimmten FIN (Kauf, Verkauf, Zeichnung, Tausch, Rückkauf, Halten oder Übernahme eines bestimmten FIN, Ausübung bzw. Nichtausübung eines mit einem bestimmten FIN einhergehenden Rechts) beziehen, vor, wenn die Empfehlung auf einer Prüfung der persönlichen Umstände des Anlegers beruht oder durch die Wertpapierfirma als für ihn geeignet dargestellt wird. Sie muss gegenüber dem Kunden oder Vertreter geäußert werden und nicht ausschließlich über Informationsverbreitungskanäle oder für die Öffentlichkeit bekannt gegeben werden. Die persönliche Empfehlung wird u. a. definiert durch Art. 9 DVO.

75 § 63 Abs. 10 WpHG n. F. beschreibt den Prüfungsprozess „persönliche Umstände".

76 **Kurzüberblick Kundenangaben - MiFID II.**

- § 55 Abs. 10 WpHG n.F., Delegierte Verordnung (EU) 2017/565 vom 25.4.2016 Abschnitt 3 Art. 54
- Wertpapierdienstleister muss "laufend" über ein „Kundenbild" verfügen, **Strategien und Verfahren** zur Pflege zweckdienlicher und aktueller Informationen über Kunden
- Kundenangaben in Abhängigkeit von
  - Kundeneinstufung
  - Dienstleistungsart (Anlageberatung, Finanzportfolioverwaltung, beratungsfreies Geschäft, reines Ausführungsgeschäft)
- Bedeutung – korrekte Handhabung
  - Für die Durchführung der Geeignetheitserklärung i. R. einer Anlageberatung bzw. Angemessenheit
  - Für Empfehlungen in der Anlageberatung und Finanzportfolioverwaltung

Vom Kunden sind Informationen über Kenntnisse und Erfahrungen in Bezug auf Geschäfte mit bestimmten Arten von FIN oder Wertpapierdienstleistungen einzuholen, soweit diese Informationen erforderlich sind, um die **Angemessenheit** der FIN oder Wertpapierdienstleistungen für den Kunden beurteilen zu können. Sind verbundene Dienstleistungen oder Produkte i. S. § 63 Abs. 9 WpHG n. F. Gegenstand des Kundenauftrages, muss das Wertpapierdienstleistungsunternehmen beurteilen, ob das gesamte verbundene Geschäft für den Kunden angemessen ist. 77

Kommt die Wertpapierfirma zu dem Ergebnis, dass aufgrund der Information das FIN nicht angemessen es, so hat es den Kunden darauf hinzuweisen. 78

Machen die Kunden oder potenziellen Kunden die genannten Angaben nicht oder machen sie unzureichende Angaben zu ihren Kenntnissen und Erfahrungen, warnt sie die Wertpapierfirma, dass sie nicht in der Lage ist zu beurteilen, ob die in Betracht gezogene Wertpapierdienstleistung oder das in Betracht gezogene Produkt für sie angemessen ist. Dieser Hinweis kann in standardisierter Form erfolgen. 79

I. R. der **Angemessenheitsprüfung** sind vom Kunden Informationen über die finanziellen Verhältnisse, einschließlich seiner Fähigkeit, Verluste zu tragen und über seine Anlageziele, einschließlich seiner Risikotoleranz einzuholen (Verweis § 64 Abs. 3 WpHG n. F.), um ein FIN oder Wertpapierdienstleistung empfehlen zu können. 80

Das Ergebnis der **Angemessenheitsprüfung**, ein möglicher Kundenhinweis bei fehlender Angemessenheit (ggf. den Kundenwunsch, das Geschäft trotzdem auszuführen) und bei unzureichenden Kundeninformationen, der Hinweis, dass eine Angemessenheitsprüfung nicht vorgenommen werden kann sowie ggf. ob die Wertpapierfirma dem Wunsch den Kunden auf Fortführung der Transaktion nachgekommen ist, ist entsprechend zu dokumentieren. 81

I. R. der Anlageberatung ist der Kunden darüber zu informieren (Verweis §§ 63 Abs. 7, 64 Abs. 1 WpHG n. F.), ob 82
– diese unabhängig erbracht wird (Honorar-Anlageberatung),
– sich die Beratung auf eine umfangreiche oder eher begrenzte Analyse von FIN stützt und
– dem Kunden regelmäßig eine Beurteilung der Geeignetheit der empfohlenen FIN zur Verfügung gestellt wird.

Information zu FIN und vorgeschlagenen Anlagestrategien müssen geeignete Leitlinien und Warnhinweise zu den mit einer Anlage in diesen FIN oder mit diesen Anlagestrategien verbundenen Risiken und zu der Frage umfassen, ob die FIN für Kleinanleger oder professionelle Kunden bestimmt sind. 83

Des Weiteren sind dem Kunden i. R. der Anlageberatung vor Abschluss des Geschäftes, je nach FIN, ein leicht verständliches Informationsblatt auszuhändigen, für die kein Basisinformationsblatt nach der Verordnung (EU) Nr. 1286/2014 v. 26.11.2014 (Basisinformationsblätter für verpackte Anlageprodukte für Kleinanleger und Versicherungsanlageprodukte/PRIIP – hierzu zählen insb. Investmentfonds, kapitalbildende Lebensversicherungen und Zertifikate) erstellt werden muss. 84

85 Für OGAW-Fonds, EU-Alternative Investmentfonds (AIF) etc. sind die besonderen Ausführungen zu den Bestandteilen der Informationsblättern zu beachten (siehe § 64 Abs. 2 WpHG n. F.).

86 Die Angaben in den Informationsblättern dürfen weder unrichtig noch irreführend sein und müssen mit den Angaben des Prospekts vereinbar sein. Für Aktien, die zum Zeitpunkt der Anlageberatung an einem organisierten Markt gehandelt werden, kann anstelle des Informationsblattes ein standardisiertes Informationsblatt verwendet werden.

87 Wie bisher gelten die Pflichten nach § 63 Abs. 10 WpHG n. F. nicht, wenn Geschäfte in Aktien, Schuldverschreibungen, Geldmarktinstrumente, Anteilen in Organismen für gemeinsame Anlage in Wertpapieren (OGAW), strukturierte Einlagen und andere **nicht komplexen FIN** auf Veranlassung des Kunden erfolgen (Verweis § 63 Abs. 11 WpHG n. F.). Diese Produkte werden an einem organisierten Markt gehandelt, dürfen keine Derivate enthalten, die Strukturen müssen verständlich sein und die Dienstleistung darf nicht auf Basis eines Darlehns erbracht werden (bereits eingeräumte Dispolinien sind hiermit nicht gemeint).

88 Besonderer Aspekt, der Kunde wird ausdrücklich darüber informiert, dass keine Angemessenheitsprüfung i. S. § 63 Abs. 10 WpHG n. F. vorgenommen wird.

89 Die Wertpapierfirma informiert ihre Kunden und potenzielle Kunden in verständlicher Form, dass die **Eignungsbeurteilung** dazu dienen soll, es ihr zu ermöglichen, im besten Interesse des Kunden zu handeln. Wertpapierfirmen, die eine regelmäßige Eignungsbeurteilung vornehmen, überprüfen die Eignung der abgegebenen Empfehlungen mind. einmal jährlich (Verweis Art. 54 Abs. 13 DVO).

90 Weiterhin gilt, wenn eine Wertpapierfirma für einen professionellen Kunden eine Wertpapierdienstleistung erbringt, so ist sie berechtigt, davon auszugehen, dass der Kunde in Bezug auf die Produkte, Geschäfte und Dienstleistungen, für die er als professioneller Kunde eingestuft ist, über die erforderlichen Kenntnisse und Erfahrungen (**Angemessenheitsprüfung**) verfügt. Des Weiteren gilt, dass davon auszugehen ist, dass etwaige mit dem Vorgang einhergehende Anlagerisiken für den Kunden seinen Anlagezielen entsprechend finanziell tragbar (**Geeignetheitsprüfung**) sind.

III.2 Prüfungshandlungen im Rahmen der Wertpapier-Compliance durch die Interne Revision

Geeignetheitserklärung (Eignungsbericht) Anlageberatung - MiFID II.

- § 55 Abs. 10 WpHG n.F., Delegierte Verordnung (EU) 2017/565 vom 25.4.2016 Abschnitt 3 Art. 54)
- Das bisherige Beratungsprotokoll zur **Anlageberatung für Privatkunden** wird durch eine schriftliche Geeignetheitserklärung (Eignungsbericht) vor Geschäftsabschluss ersetzt.
- Mindestinhalt:
  - Nennung der Beratung
  - Erläuterung zu Präferenzen, Anlageziele und zur Abstimmung der Beratung auf diese Kundenmerkmale
    - Zielen,
    - persönliche Umstände hinsichtlich Anlagedauer,
    - Kenntnisse und Erfahrungen sowie
    - Risikobereitschaft und Verlusttragfähigkeit
  - = passt die Empfehlung i. R. der Beratung zum Kundenprofil
- Hinweis im Eignungsbericht (wenn erforderlich), dass der Privatkunde die Bestimmungen aus der Dienstleistung oder FIN regelmäßig überprüfen lässt = im Ergebnis regelmäßige Einholung/Überprüfung der o.g. Kundenmerkmale

Geeignetheitserklärung (Eignungsbericht) - Anlageberatung MiFID II. - Fort.

- Mindestinhalte/Bestandteile (nicht abschließend):
  - Präferenzen
  - Freitextfelder (vermutlich aber nicht zwingend wie beim Beratungsprotokoll)
  - Empfehlungen, die i. R. der Beratung gegeben wurden
  - Informationen zum empfohlenen FINs (Chancen, Risiken, Vor- und Nachteile, Kosten Zuwendungen, Zielmarktkriterien)
  - Erläuterungen zum Beratungsprozess
  - Hinweis auf Notwendigkeit zur laufenden Überwachung durch Kunden
  - Erläuterungen zu in die Beratung einbezogene Dokumente
  - ggf. Änderungen in Bezug auf die Eignung (sofern regelmäßige Prüfung durch WPDLU i. R. der Anlageberatung angeboten wird)
- Referenzierung auf frühere Eignungsberichte möglich,
  - bei **regelmäßigen** Eignungsbeurteilungen und -berichten: Anschlussbericht darf sich nur auf Veränderungen hinsichtlich der Dienstleistung bzw. FIN und/oder Umstände des Kunden beziehen
  - sämtliche Einzelheiten des ersten Berichts werden nicht nochmal aufgeführt

Geeignetheitserklärung (Eignungsbericht) - Anlageberatung MiFID II. - Fort.

- es besteht keine Verzichtsmöglichkeit
- Aushändigung nach **Abschluss** der Beratung oder **vor Geschäftsdurchführung**
- Ausnahmen für Fernmündlich vorgesehen
  - Kunde der Übermittlung nach Geschäftsabschluss zugestimmt hat
  - Einräumung der Option den Geschäftsabschluss zu verschieben
  - ausdrückliche Zustimmung zur Geschäftsausführung vor Übermittlung des Eignungsberichts
  - zukünftig vermutlich kein Rücktrittsrecht mehr (s. 55 Abs. 11 WpHG n.F.)

92 Eine Wertpapierfirma, die Anlageberatung erbringt, muss dem Privatkunden auf einem dauerhaften Datenträger vor Vertragsschluss eine Erklärung über die **Geeignetheit** der Empfehlung (Geeignetheitserklärung) zur Verfügung stellen (vormals Beratungsprotokoll). Näheres regelt Art. 54 Abs. 12 DVO.

93 Der Umfang dieser Prüfungen variiert entsprechend den Wertpapierdienstleistungen, auf welche sie sich beziehen, und die Prüfungen weisen unterschiedliche Funktionen und Merkmale auf.

94 Von der Wertpapierfirma sind angemessene Schutzmechanismen vorzusehen, um sicherzustellen, dass dem Kunden keine Verluste daraus entstehen, dass in der Geeignetheitserklärung die persönliche Empfehlung unzutreffend oder unfair dargestellt wird, einschließlich der Frage, wie sich die abgegebene Empfehlung für den Kunden eignet.

95 Bestandteilen der **Geeignetheitserklärung** sind
 – die Beschreibung und Erläuterung der erbrachten Beratung,
 – die Präferenzen, Anlageziele und die sonstigen Merkmale des Kunden,
 – insb. Informationen, wie die Dienstleistung darauf abgestimmt wurde.

96 Bei fernmündlichem Geschäftsabschluss, der die vorherige Übermittlung der Geeignetheitserklärung nicht erlaubt, gelten grundsätzlich die bisherigen Anforderungen. Die Geeignetheitserklärung darf ausnahmsweise unmittelbar **nach** dem Vertragsschluss zur Verfügung gestellt werden, wenn
 – der Kunde zugestimmt hat, dass ihm die Geeignetheitserklärung unverzüglich nach Vertragsschluss zur Verfügung gestellt wird und
 – dem Kunden angeboten wird, die Ausführung des Geschäfts zu verschieben, damit der Kunde die Möglichkeit hat, die Geeignetheitserklärung zuvor zu erhalten;
 – verzichtet der Kunde hierauf, kann das Geschäft ausgeführt werden.
Das bisherige einwöchige Rücktrittsrecht entfällt.

97 Die Wertpapierfirma stellt dem Kunden geeignete Berichte über die erbrachten Dienstleistungen mittels eines dauerhaften Datenträgers zur Verfügung. Diese Berichte enthalten regelmäßige Mitteilungen an die Kunden, in denen der Art und der Komplexität der jeweiligen FIN sowie der Art der für den Kunden erbrachten Dienstleistung Rechnung getragen wird, und ggf. die Kosten, die mit den im Namen des Kunden durchgeführten Geschäften und den erbrachten Dienstleistungen verbunden sind.

98 Nach der ersten Dienstleistungserbringung darf nur auf Veränderungen hinsichtlich der betreffenden Dienstleistungen bzw. FIN und/oder die Umstände des Kunden Bezug genommen werden (Art. 54 Abs. 12 DVO), während sämtliche Einzelheiten des ersten Berichts nicht noch einmal aufzuführen sind.

99 Für **Honorar-Anlageberatung** gelten zusätzliche Anforderungen gemäß § 64 Abs. 5 WpHG n. F. Es ist eine ausreichende Palette von FIN i. R. der Analyse zu berücksichtigen. Diese Produkte müssen nach Art und Emittenten hinreichend gestreut sein. Das Anlageuniversum darf nicht auf die Eigenemissionen der Wertpapierfirma oder auf einen, mit diesem in enger Verbindung stehenden, Emittenten begrenzt sein.

III.2 Prüfungshandlungen im Rahmen der Wertpapier-Compliance durch die Interne Revision

Ein besonderer Aspekt ist das grundsätzliche Verbot der Annahme von Zuwendungen. Die Dienstleistung wird ausschließlich durch den Kunden vergütet. Nur wenn ein FIN ohne Zuwendung nicht erhältlich ist, dürfen die Zuwendungen unter Information an den Kunden, angenommen werden, müssen jedoch vollständig und so schnell wie nach vernünftigen Ermessen möglich, an den Kunden ausgekehrt werden. *100*

Bei Eigenemissionen als Bestandteil der Honorar-Anlageberatung muss der Kunde darüber informiert werden, *101*

– dass die Wertpapierfirma selbst Anbieter oder Emittent ist
– dass eine enge Verbindung oder eine sonstige wirtschaftliche Verflechtung zum Anbieter oder Emittenten besteht
– dass ein eigenes Gewinninteresse oder das Interesse eines mit ihm verbundenen oder wirtschaftlich verflochtenen Emittenten oder Anbieters an dem Geschäftsabschluss besteht.

Festpreisgeschäfte i. R. der Honorar-Anlageberatung auf Basis von FIN Dritter sind nicht statthaft (nur FIN deren Anbieter oder Emittent die Wertpapierfirma selbst ist). *102*

Werden sowohl die Anlageberatung und die Honorar-Anlageberatung als Dienstleistung angeboten, sind von der Wertpapierfirma angemessene Organisationsanforderungen und Kontrollen vorzusehen, um sicherzustellen, dass sowohl die Formen der einzelnen Beratungsleistungen als auch die Berater deutlich voneinander getrennt werden, sodass seitens der übrigen Anlageberatung kein Einfluss auf die unabhängige Honorar-Anlageberatung ausgeübt werden kann. *103*

Anlageberatung (Geeignetheits- und Angemessenheitsprüfung): *104*

Anlageberatung

– Wurden i. R. der Anlageberatung im Zusammengang mit der Geeignetheitsprüfung auch die Kosten (Produktkosten) und Komplexität der FIN (nur wenn die Berücksichtigung der persönlichen Umstände zu gleichwertigen FIN führt) berücksichtigt? (Diese Pflicht besteht nur, für die von der Wertpapierfirma angebotenen Wertpapierdienstleistungen und FIN.)
– Wurde bei einer Umschichtung eine Kosten-Nutzen-Analyse durchgeführt? Wurden hierbei die bestehenden Investitionen des Kunden berücksichtigt? Überwiegen die Vorteile der Umschichtung (immer dann, wenn Kundenwunsch oder mit der Umschichtung, die gewünschte Portfoliooptimierung erreicht werden kann)? Wurde die Analyse angemessen dokumentiert? Wurde eine Begründung mit in die Geeignetheitserklärung aufgenommen? Wurden die erforderlichen Informationen zum FIN (sowohl Verkauf/Kauf) eingeholt?
– Wurden vom Kunden Angaben zu seiner Verlusttragfähigkeit (Anlagerisiken können tatsächlich finanziell getragen werden) i. R. der Informationseinholung zu den finanziellen Verhältnissen eingeholt?
– Wurden die Vorgaben zu Kundeninformationen (Anlageberatung, Honorar-Anlageberatung) vollständig und rechtzeitig erbracht? Wurde i. R. der Honorar-Anlagenberatung der erweiterten Anforderung an eine konkretisierte Erläuterung, ob und warum eine Anlageberatung unabhängig oder nicht erfolgt, Rechnung getragen?
– Wurden die Kunden über den Umfang (umfangreich/beschränkt) der Analyse von FIN i. R. der Anlageberatung informiert? Ggf. über bestehende enge Beziehungen zu Anbietern/Emittenten?
– Wurde eine geschäftspolitische Entscheidung bzgl. der Anbietung regelmäßiger Eignungsbeurteilungen getroffen?

1231

- Haben die Kunden i. R. regelmäßiger Eignungsbeurteilungen Informationen über Häufigkeit/Umfang der Beurteilung, inwieweit die zusammengetragenen Informationen einer erneuten Beurteilung unterliegen und wie eine erneute Empfehlung kommuniziert wird, erhalten?
- Wurde beachtet, dass die vorhergehenden Ausführungen auch für professionelle Kunden i. R. der Anlageberatung gelten? (Die Ausführungen gelten nicht für die Dienstleistung der Finanzportfolioverwaltung.)
- Wurden die Organisationsanweisungen angepasst?

Geeignetheitserklärung (gilt unverändert nur für die Dienstleistung der Anlageberatung und für Privatkunden)

- Beinhaltet die Geeignetheitserklärung (Ablösung Beratungsprotokoll) die Benennung der erbrachten Beratung sowie Erläuterungen wie diese auf Präferenzen, Anlageziele und sonstigen Kundenmerkmale abgestimmt wurde? (Das Beratungsprotokoll hatte mehr das Ziel, den Verlauf des Beratungsgesprächs zu dokumentieren, als das Ergebnis der Geeignetheitsprüfung darzulegen.)
- Wurde eine Geeignetheitserklärung auch im Falle der Empfehlung „Halten" erstellt und an den Kunden gegeben?
- Wurde im Falle einer bestehenden Sprachaufzeichnungspflicht auch eine Geeignetheitserklärung zur Verfügung gestellt?
- Wurden die erforderlichen Kundenangaben als Bestandteil der Nachvollziehbarkeit der Geeignetheitsprüfung eingeholt und dokumentiert?
- Sind die Bestandteile der Geeignetheitserklärung angemessen und vollständig (u. a. Anlagehorizont – Abstimmung an Product Governance-Verfahren, Telefongespräch, Art der Empfehlung)?
- Wurde beachtet, dass einige Punkte aus dem Beratungsprotokoll nicht mehr erforderlich sind (Anlass der Anlageberatung, Dauer des Gesprächs, Beraterunterschrift, Erfahrung in Fremdwährungen, Ausbildung und gegenwärtige/relevante frühere berufliche Tätigkeiten des Kunden – aber Achtung die Orderinitiative ist auf dem Orderticket zu dokumentieren)?
- Wurde eine geschäftspolitische Entscheidung bzgl. der Einforderung einer Empfangsbestätigung getroffen (es besteht keine Pflicht zur Einholung)?
- Wurde die Geeignetheitserklärung rechtzeitig (vor Vertragsabschluss) dem Kunden zur Verfügung gestellt? (Achtung! Wesentliche Änderung zum Beratungsprotokoll – hier erfolgte Aushändigung unverzüglich nach Beratung. Bei der Geeignetheitserklärung reicht es aus, diese vor Annahme der Order zur Verfügung zustellen. Hieraus kann sich jedoch die Frage nach der Aktualität der Kundenangaben im Falle einer größeren zeitlichen Differenz zwischen Anlageberatung und Orderaufgabe bzw. -annahme ergeben.)
- Wurden die Ausnahmebedingungen für eine Übergabe der Erklärung „unmittelbar nach dem Vertragsabschluss" beachtet?

4.3.5 Finanzportfolioverwaltung

4.3.5.1 Anforderungen

105 Eine Finanzportfolioverwaltung liegt vor bei der Verwaltung eines in einzelnen oder in mehreren FIN angelegten Vermögens auf Einzelkundenbasis mit Entscheidungsspielraum (Verweis § 2 Abs. 8 Nr. 7 WpHG n. F.).

106 Analog der Anlageberatung holt die Wertpapierfirma i. R. der Finanzportfolioverwaltung die notwendigen Informationen über die Kenntnisse und Erfahrung des Kunden oder potenziellen Kunden im Anlagebereich in Bezug auf den speziellen Produkttyp oder den speziellen Typ der Dienstleistung, seine finanziellen Verhältnisse, einschließlich seiner

Fähigkeit Verluste zu tragen, und seine Anlageziele, einschließlich seiner Risikotoleranz, ein.

Dem Vermögensverwalter ist es untersagt, monetäre Zuwendungen von Dritten i. R. der Finanzportfolioverwaltung anzunehmen. Nichtmonetäre Vorteile dürfen angenommen werden, wenn es sich um geringfügige Vorteile handelt, die Zuwendung die Leistungsqualität gegenüber dem Kunden verbessert, die Zuwendung nach Art und Höhe (im Gesamtverhältnis zu Gewährung des [einzelnen] Dritten) verhältnismäßig sind und die Zuwendung vor Leistungserbringung offengelegt wird. Diese Offenlegung kann in generischer Form erfolgen. *107*

Eine Wertpapierfirma, die Finanzportfolioverwaltung oder unabhängige Honorar-Anlageberatung erbringt, muss durch entsprechende Grundsätze sicherstellen, dass alle monetären Zuwendungen, die im Zusammenhang mit der Finanzportfolioverwaltung oder unabhängigen Honorar-Anlageberatung von Dritten oder von für Dritte handelnden Personen angenommen werden, dem jeweiligen Kunden zugewiesen und an diesen weitergegeben werden (Erwägungsgrundsatz 8 WpHG n. F.). *108*

Monetäre Zuwendungen sind analog der Anlageberatung, im vollen Umfang und so schnell wie nach vernünftigen Ermessen, an den Kunden auszukehren. Das Wertpapierdienstleistungsunternehmen muss den Kunden über die ausgekehrten monetären Zuwendungen unterrichten. *109*

Erbringt eine Wertpapierfirma Finanzportfolioverwaltung oder hat es den Kunden nach § 64 Abs. 1 Nr. 3 WpHG n. F. darüber informiert, dass es die Geeignetheit der empfohlenen FIN regelmäßig beurteilt, so müssen die regelmäßigen Berichte gegenüber Privatkunden nach § 63 Abs. 12 WpHG n. F. insb. eine Erklärung darüber enthalten, wie die Anlage den Präferenzen, den Anlagezielen und den sonstigen Merkmalen des Kunden entspricht (Verweis § 64 Abs. 8 WpHG n. F.). *110*

Der Kunden ist neben den Allgemeinen Kundeninformationen über die *111*
– Art und Weise sowie Häufigkeit der Bewertung der FIN im Kundenportfolio;
– Einzelheiten zur etwaigen Zulässigkeit einer Delegation der Vermögensverwaltung mit Ermessensspielraum in Bezug auf alle oder einen Teil der FIN oder Gelder im Kundenportfolio;
– Art der FIN, die in das Kundenportfolio aufgenommen werden können und die Art der Geschäfte, die mit diesen Instrumenten ausgeführt werden können, einschließlich Angabe etwaiger Einschränkungen;
– Managementziele, das bei der Ausübung des Ermessens durch den Verwalter zu beachtende Risikoniveau und etwaige spezifische Einschränkungen dieses Ermessens zu informieren.

Zur Bewertung der Dienstleistung der Wertpapierfirma ist i. R. der Finanzportfolioverwaltung eine angemessene Bewertungs- und Vergleichsmethode auf Basis der Anlageziele des Kunden und der Art der im Portfolio enthaltenen FIN festzulegen. *112*

Zur Erbringung der Finanzportfolioverwaltung sind die analog der Anlageberatung vorgesehenen Angemessenheits- und Geeignetheitsprüfungen durchzuführen. Die Wertpapierfirmen legen den Umfang der von Kundenseite einzuholenden Informationen unter Berück- *113* sichtigung aller Merkmale der gegenüber diesen Kunden zu erbringenden Finanzportfolioverwaltung fest. Entsprechend sind von Kunden die analogen Kundenangaben zur Anlageberatung einzuholen (siehe u. a. Art. 54 bis DVO).

114 Wertpapierfirmen müssen i. R. der Beratungs- oder Finanzportfolioverwaltung geeignete Strategien und Verfahren zur Pflege zweckdienlicher und aktueller Informationen über Kunden anwenden und gegenüber Dritten (z. B. Aufsicht) darlegen können.

115 Verweigert der Kunden entsprechende Angaben oder sind diese nicht zu erhalten, darf die Wertpapierfirma kein Handelsgeschäft empfehlen (Verweis Art. 54 Abs. 8 DVO). Wie bisher besteht die Möglichkeit, den Kunden die Strategien bzw. Portfolioarten einschließlich entsprechender Risikoaufklärungen (sofern in Abhängig von den Kenntnissen und Erfahrungen des Kunden erforderlich) darzulegen. Dem Kunden obliegt die eigenverantwortliche Entscheidung ggf. eine Strategie bzw. Portfolio auszuwählen (ohne Empfehlung der Wertpapierfirma!).

116 Ansonsten gilt, ist die Dienstleistung bzw. das FIN nicht geeignet, darf kein Handelsgeschäft empfohlen bzw. geschlossen werden (Verweis Art. 54 Abs. 10 DVO).

117 Bei Umschichtungen i. R. der Anlageberatung oder Finanzportfolioverwaltung um ein bestehendes Instrument zu ändern, müssen die Wertpapierfirmen über die bestehenden Investitionen des Kunden sowie die empfohlenen Neuinvestitionen Informationen einholen, um im Anschluss eine Kosten-Nutzen-Analyse durchzuführen. Dies dient der Darlegung der Vorteile gegenüber den Kosten einer Umschichtung (Verweis Art. 54 Abs. 11 DVO).

118 Es besteht i. R. der Finanzportfolioverwaltung eine Berichtspflicht von drei Monaten, außer es besteht für den Kunden ein Online-Zugang über den er auf aktuelle Portfolioaufstellungen zugreifen und die Wertpapierfirma einen Zugriff innerhalb eines Quartals nachweisen kann. I. R. von kreditfinanzierten Portfolien besteht weiterhin eine monatliche Berichtspflicht. Möchte der Kunden Informationen über ausgeführte Geschäfte jeweils einzeln erhalten, so ist diesem mind. jährlich eine periodische Aufstellung zusätzlich zur Verfügung zu stellen.

119 Die Berichtsbestandteile für die Finanzportfolioverwaltung blieben unverändert.

120 **Praxis-Tipp:**

Auf eine korrekte Gebührendarstellung ist zu achten (angefallenen Gebühren und Entgelte, mind. aufgeschlüsselt in Gesamtverwaltungsgebühren und Gesamtkosten im Zusammenhang mit der Leistungserbringung).

121 Eine besondere Berichtspflichten i. R. der Finanzportfolioverwaltung besteht, wenn der Gesamtwert des zu Beginn des jeweiligen Berichtszeitraums zu beurteilenden Portfolios um 10% (Verlust-Trigger) fällt sowie anschließend bei jedem **Wertverlust** in 10%-Schritten (auf Basis der vorhergehenden Verlustmeldung bzw. dem zu dieser Meldung zur Berechnung zugrundeliegenden Portfoliogesamtwertes) und zwar spätestens am Ende des Geschäftstags, an dem der Schwellenwert überschritten wird oder falls der Schwellenwert an einem geschäftsfreien Tag überschritten wird, am Ende des folgenden Geschäftstags.

> **Praxis-Tipp:**
> Wertpapierfirmen, die ein Kleinanlegerkonto führen, das Positionen bei **kreditfinanzierten FIN oder Geschäften mit Eventualverbindlichkeiten** umfasst, informieren den Kunden, wenn der Ausgangswert des betreffenden FIN um 10 % fällt sowie anschließend bei jedem Wertverlust in 10 %-Schritten. Die Berichterstattung sollte lt. Art. 62 Abs. 2 DVO für jedes FIN einzeln erfolgen, sofern mit dem Kunden nichts anderes vereinbart wird, und findet spätestens am Ende des Geschäftstags statt, an dem der Schwellenwert überschritten wird oder falls der Schwellenwert an einem geschäftsfreien Tag überschritten wird, zum Abschluss des folgenden Geschäftstags.

122

Die Wertpapierfirma vereinbart mit den Kunden im Vermögensverwaltungsvertrag oder in den allgemeinen Geschäftsbedingungen die von der Firma veranschlagte Analysegebühr und die zeitlichen Abstände, in denen die spezielle Analysegebühr während des Jahres von den Kundenmitteln einbehalten wird (s. Pkt. 4.3.6 Zuwendungen).

123

4.3.5.2 Vereinbarungen mit Privatkunden und professionellen Kunden

Die Wertpapierfirmen haben entsprechend Art. 58 DVO mit den Kunden (Privatkunden und professionelle Kunden) eine schriftliche Vereinbarung zu treffen, in denen wesentliche Rechte und Pflichten niedergelegt werden. Dies gilt weiterhin nicht für geeignete Gegenparteien.

124

Dies umfasst

125

- eine Beschreibung der Dienstleistungen sowie ggf. Art und Umfang der vorzunehmenden Anlageberatung;
- bei Portfolioverwaltungsdienstleistungen, die ggf. erworbenen und verkauften Arten von FIN sowie die Arten von Geschäften, die im Auftrag des Kunden ggf. durchgeführt werden, ebenso wie alle **verbotenen FIN bzw. Geschäfte** (Restriktionen);
- eine Beschreibung der Hauptmerkmale zur Verwahrung und Verwaltung von FIN einschließlich Depotverwahrung und verbundene Dienstleistungen (Anhang I Abschn. B Abs. 1 MiFID II) einschließlich der Bedingungen, unter denen Wertpapierfinanzierungsgeschäfte für den Kunden mit einer Rendite einhergehen.

> **Vertragliche Kundenvereinbarungen:**
> - Wurde der Erweiterung der Anforderungen an Kundenvereinbarungen Rechnung getragen (nunmehr auch für professionelle Kunden)?
> - Beachtung der erweiterten Anforderungen zu Rahmenvereinbarungen zum Depotgeschäft und zur Finanzportfolioverwaltung?
> - Wurden ggf. Anpassungen für Bestandkunden vorgenommen (kein Bestandsschutz)?
> - Wird eine regelmäßige Beurteilung der Geeignetheit (mind. jährlich) angeboten (geschäftspolitische Entscheidung)? Wenn ja, wurde mit dem Kunden eine schriftliche Rahmenvereinbarung getroffen, die eine Dienstleistungsbeschreibung sowie ggf. Art und Umfang der Anlageberatung enthält?
> - Wurde die Häufigkeit der Beurteilung an das Risikoprofil des Kunden und der Art der FIN ausgerichtet?

126

- Wurden die vertraglichen Bestandteile (wesentliche Rechte und Pflichten der Vertragsparteien, Hauptmerkmal der Dienstleistung, Bedingungen Wertpapierfinanzierungsgeschäfte mit Kundenwertpapieren) zum Depotgeschäft (Verwahrung/Verwaltung von FIN für andere, Depotverwahrung etc.) eingehalten?
- Erfolgen in den Vereinbarungen zur Finanzportfolioverwaltung Angaben zur Dienstleistung selbst, die ggf. erworbenen und verkauften Arten von FIN sowie die Arten von Geschäften, die im Auftrag des Kunden ggf. durchgeführt werden, ebenso wie alle verbotenen FIN bzw. Geschäfte (Restriktionen)?
- Wurden die Aufbewahrungsfristen beachtet (Dauer der Geschäftsbeziehung, aktuell ist die bisherige Aufbewahrungsfrist von fünf Jahren entfallen – m. E. handelt es sich hier um einen Fehler – ich empfehle daher weiterhin eine Aufbewahrungsfrist von fünf Jahren nach Geschäftsbeendigung einzuhalten)?
- Wurden die Organisationsanweisungen angepasst?
- Wurden die Vereinbarungen angepasst einschließlich der Ausstellungsprozesse?

4.3.5.3 Mögliche Prüfungshandlungen „Finanzportfolioverwaltung" IR

Finanzportfolioverwaltung (Vermögensverwaltung):
Unser Ausführungen bzw. Prüfungsfragen unter Pkt. 4.3.4.2.1 „Mögliche Prüfungshandlungen Anlageberatung (Geeignetheits-/Angemessenheitsprüfung) IR" gelten für folgende Themenbereiche i. R. der Finanzportfolioverwaltung analog:
- Kundenangaben insb. zur Verlusttragfähigkeit
- Berücksichtigung von Kosten und Komplexität
- Umschichtung
- Geeignetheits-/Angemessenheitsprüfung (Achtung Geeignetheitserklärung nicht)

Zusätzliche Fragen ergeben sich zu:
- Wurden die Bedingungen zur Annahme nichtmonetärer Zuwendungen (geringfügige Vorteile, Leistungsqualität wird verbessert, Zuwendung verhältnismäßig und Offenlegung vor Leistungserbringung) beachtet?
- Wurden monetären Zuwendung an die Kunden, so schnell wie nach vernünftigen Ermessen, ausgekehrt? Erfolgte eine Unterrichtung über die Auskehrung an den Kunden?
- Wurden die Berichte zur Vermögensverwaltung um Aussagen, wie die Anlagen den Präferenzen, den Anlagezielen und sonstigen Merkmalen des Kunden entsprechen, ergänzt?
- Wurden den Kunden neben den Allgemeinen Kundeninformationen auch Informationen über die Häufigkeit der Bewertung, die Art und FIN die berücksichtig werden können sowie Angaben zu Restriktionen zur Verfügung gestellt?
- Welche Bewertungs- und Vergleichsmethode wurde festgelegt? Sachgerecht?
- Wurden Aussagen zu einem Verlust-Trigger als besondere Berichtspflicht i. R. der Finanzportfolioverwaltung mit aufgenommen (Informationstrigger gegenüber dem Kunden bei 10 % Verlust vom Portfoliowert zu Beginn des jeweiligen Berichtszeitraums, sowie bei jedem weiteren Verlust von 10 % auf den vorangegangenen Portfoliowert)?
- Wurden aktiv bei fehlenden Kundenangaben oder Verweigerung durch den Kunden keine Empfehlungen zu Handelsgeschäften/Dienstleistungen ausgesprochen?
- Wurden Analysekonten zu Verwaltung der ggf. vereinbarten Analysegebühren eingerichtet. Wurden entsprechende Bestimmungen beachtet (Verweis Pkt. 4.3.6 „Zuwendungen insb. Pkt. 4.3.6.3 „Exkurs Bereitstellung von Analyse durch Dritte")?

4.3.6 Zuwendungen

4.3.6.1 Kurzüberblick

Zuwendungen – MiFID II.
127

- § 60 WpHG n.F., Kapitel IV Art. 11 Delegierte Verordnung (EU) 2017/593 vom 7.4.2016
- WPDLU dürfen keine Zuwendungen (Provisionen, Gebühren oder sonstige Geldleistungen) annehmen oder an Dritte gewähren, außer
  – die Qualität der erbrachten Dienstleistung verbessert sich und ist im besten Interesse des Kunden - Nachweisverpflichtung - **das bisherige Verfahren reicht nicht mehr** -
  – Zuwendungsoffenlegung ggü. dem Kunden, sofern nicht genau bestimmbar muss die Art und Weise der Berechnung dem Kunden unmissverständlich offengelegt werden
    - tatsächlicher Betrag muss nachträglich offengelegt werden
    - bei laufendem Zuwendungsbezug muss mind. jährlich individuell der Kunde über die tatsächliche Höhe unterrichtet werden
- Kunde muss über Verfahren zur Auskehrung informiert werden

Zuwendungen – MiFID II. - Fort.

- I. R. der Finanzportfolioverwaltung dürfen keine Zuwendungen von/für Dritte(n) angenommen und behalten werden
  – monetäre Zuwendungen sind nach vernünftigen Ermessen schnellsten und vollständig auszukehren
- Ausnahme: nicht monetäre Vorteile dürfen behalten werden, wenn es sich um kleinere nichtmonetäre Vorteile handelt und:
  – diese geeignet sind die Qualität der erbrachten Wertpapier-(neben-)-dienstleistung zu verbessern (Gesamthöhe der Gewährung pro Unternehmensgruppe ist zu berücksichtigen)
  – deren Umfang vertretbar und verhältnismäßig ist und nicht vermuten lassen, dass das bestmögliche Kundeninteresse hierdurch beeinträchtigt wird
  – unmißverständliche Offenlegung gegenüber dem Kunden vor Dienstleistungserbringung ggü. dem Kunden (generischen [allgemeingültigem Sinn] Beschreibung)

4.3.6.2 Anforderungen

Die MiFID II versteht unter Zuwendungen Gebühren, Provisionen oder andere monetäre und nichtmonetäre Vorteile von Dritten oder für Dritte, insb. von Emittenten oder Produktanbietern. *128*

Grundsätzlich gilt, dass alle Gebühren, Provisionen oder anderen monetären Vorteile, die durch einen Dritten gezahlt oder gewährt werden, in Abhängigkeit zur erbrachten Dienstleistung, ggf. Vereinbarung mit dem Kunden (Kundenauftrag) und Offenlegung durch die Wertpapierfirma, in vollem Umfang an die Kunden, sobald wie möglich nach Eingang dieser Zahlungen, zu erstatten sind. Der Wertpapierfirma ist grundsätzlich nicht gestattet, etwaige Zahlungen von Dritten von den Gebühren, die der Kunde der Wertpapierfirma schuldet, abzuziehen. *129*

Aufgrund der nationalen Gesetzgebung dürfen Wertpapierfirmen im Zusammenhang mit der Erbringung von Wertpapier-(neben-)dienstleistungen keine Zuwendungen annehmen oder gewähren, die nicht Kunde dieser Dienstleistung sind oder im Auftrag des Kunden tätig werden (Verweis § 70 Abs. 1 WpHG n. F.). *130*

131 Hiervon ausgenommen sind Zuwendungen,
 – die die Qualität der erbachten Dienstleistung verbessert und dem Grundsatz des bestmöglichen Kundeninteresses nicht entgegensteht und
 – die Existenz, Art und Umfang der Zuwendung, sofern diese nicht genau bezifferbar ist, deren Berechnungsformel unmissverständlich dem Kunden vor Dienstleistungserbringung offengelegt wird,
 – sofern die Zuwendung zunächst nicht bestimmbar ist und die Berechnungsformeln offengelegt wurde, ist im Nachgang der tatsächliche Zuwendungsbetrag dem Kunden mitzuteilen (bei fortlaufenden Zuwendungen mind. einmal jährlich individuell über die tatsächliche Höhe der Zuwendungen).

132 Die Wertpapierfirma muss nachweisen können, dass jegliche erhaltene oder gewährte Zuwendung dazu bestimmt ist, die Qualität der jeweiligen Dienstleistung für den Kunden zu verbessern (Änderung vom „Vermutungs- zum Nachweisgrundsatz").

133 Zuwendung im Kundenauftrag dürfen durch die Wertpapierfirma angenommen werden.

134 Gebühren und Entgelte, die die Erbringung von Wertpapierdienstleistungen erst ermöglichen oder dafür notwendig sind und die ihrer Art nach nicht geeignet sind, die Erfüllung der Pflicht nach § 63 Abs. 1 WpHG n. F. zu gefährden, sind von dem Verbot der Zuwendungsannahme ausgenommen. Zum Nachweis muss die Wertpapierfirma die Gebühren, die nur den Kosten für die Geschäftsausführung entsprechen, für jede Wertpapierdienstleistung ausweisen (§ 70 Abs. 6 WpHG n. F.). Die Gewährung jeder anderen Zuwendung oder die Erbringung jeder anderen Dienstleistung durch dieselbe Wertpapierfirma für eine andere Wertpapierfirma, welche ihren Sitz in der EU hat, ist mit einer separat erkennbaren Gebühr auszuweisen.

135 Die Offenlegung von geringfügigen, nichtmonetären (vormals geldwerte Vorteile) Zuwendungen (z. B. generische Information zu FIN, Konferenzen, Seminare, geringfügige Bewirtung etc.) können in Form einer generischen Beschreibung erfolgen. Andere nichtmonetäre Zuwendungen sind der Höhe nach anzugeben und separat (Zuwendungsregister) offenzulegen. (Verweis § 70 Abs. 4 WpHG n. F.).

136 Der Kunde ist über die Auskehrungsverfahren und -prozesse zu informieren.

137 Für die Honorar-Anlageberatung und Finanzportfolioverwaltung gelten besondere Anforderungen zur Zuwendungsthematik.
 – Die Dienstleistung der unabhängigen Honorar-Anlageberatung darf allein durch den Kunden vergütet werden. Es dürfen keinerlei nichtmonetäre Zuwendungen von einem Dritten, der nicht Kunde dieser Dienstleistung ist oder von dem Kunden dazu beauftragt worden ist, angenommen werden.
 – Monetäre Zuwendungen dürfen nur angenommen werden, wenn das empfohlene/in gleicherweise geeignete FIN nicht ohne Zuwendungen erhältlich ist. In diesem Fall sind die monetären Zuwendungen so schnell wie nach vernünftigem Ermessen möglich, nach Erhalt und in vollem Umfang an den Kunden auszukehren.

138 Im Zusammenhang mit der Finanzportfolioverwaltung dürfen keine Zuwendungen von Dritten oder für Dritte handelnder Personen angenommen und behalten werden. Abweichend dürfen nichtmonetäre Zuwendungen nur angenommen werden,

III.2 Prüfungshandlungen im Rahmen der Wertpapier-Compliance durch die Interne Revision

- wenn es sich um geringfügige nichtmonetäre Zuwendung handelt,
- die Zuwendung der Qualitätsverbesserung dient,
- hinsichtlich des Umfangs (Achtung! Die Gesamthöhe, der von einem Dritten gewährten Zuwendungen, ist zu berücksichtigen) vertretbar und verhältnismäßig ist und
- gegenüber dem Kunden vor Erbringung der Finanzportfolioverwaltung unmissverständlich offengelegt wird.

Die Offenlegung kann in Form einer generischen Beschreibung erfolgen. *139*

Monetären Zuwendungen im Zusammenhang mit einer Finanzportfolioverwaltung (sofern Erwerb nicht ohne Zuwendung möglich ist) sind, so schnell wie nach vernünftigem Ermessen möglich, nach Erhalt und in vollem Umfang an den Kunden auszukehren. *140*

Der Kunden ist über die ausgekehrten Zuwendungen zu unterrichten. *141*

4.3.6.3 Exkurs Bereitstellung von Analysen durch Dritte

Zuwendungen – MiFID II. - Fort. *142*

- Die Bereitstellung von Analysen durch Dritte ggü. dem WPDLU ist keine Zuwendung, wenn:
  - Zahlung aus eigenen Mitteln
  - Zahlungen durch ein vom WPDLU kontrolliertes Analysekonto, wenn
    - mit spezieller Analysegebühr vom Kunden finanziert
    - WPDLU mit dem Kunden ein Analysebudget als Bestandteil eines Analysekontos festlegt und dieses regelmäßig Bewertungen unterzieht
    - WPDLU ist für Analysekonto haftbar
    - das WPDLU die Qualität der Analysen regelmäßig anhand belastbarer Qualitätskriterien bewertet, ob dieses zu besseren Anlageentscheidungen beiträgt
  - Bei Nutzung eines Analysekontos muss das WPDLU
    - vor Erbringung der Wertpapierdienstleistung Kunden Informationen über die für Analysen veranschlagten Mittel und die Höhe der geschätzten Gebühren,
    - sowie jährlich pro Kunden endfallende Gesamtkosten für Analysen Dritter übermitteln
    - schriftliche Grundsätze aufstellen und an die Kunden übermitteln

Zuwendungen – MiFID II. - Fort.

- auf Anforderung des Kunden/der BaFin Zusammenstellung:
  - der von einem Analysekonto vergüteten Anbietern
  - innerhalb eines Zeitraums gezahlter Gesamtbetrag an einen Anbieter
  - die erhaltenen Vorteile und Dienstleistungen
  - Gegenüberstellung Analysebudget und den gezahlten Gesamtbetrag des Analysekontos

Wertpapierfirmen müssen über Systeme, Kontrollen und Verfahren zur Identifizierung und Bewältigung von Interessenkonflikten verfügen, die bei der Erbringung von Wertpapierdienstleistungen für einen Wertpapierkunden zur Teilhabe bei einer neuen Emission entstehen, wenn die Wertpapierfirma Provisionen, Gebühren oder jegliche finanziellen oder nichtfinanziellen Vorteile in Bezug auf das Einrichten der Emission erhält (Verweis Art. 41 DVO). *143*

4.3.6.4 Mögliche Prüfungshandlungen „Zuwendungen" IR

144

Zuwendungen:
Auch unter MiFID II ist es den Wertpapierfirmen grundsätzlich weiterhin verboten Zuwendungen von Dritten anzunehmen bzw. zu gewähren; außer bei Vorliegen bestimmter Voraussetzungen. Diese Voraussetzungen blieben zur MiFID I. unverändert. Allerding ist es teilweise zu Konkretisierungen und Ergänzungen im Bereich Offenlegung und Voraussetzungen zur Qualitätsverbesserung gekommen:

- Wurde beachtet, dass die Zuwendungsanforderungen nunmehr auch i. R. von strukturierten Einlagen gelten?
- Wurden je nach Konstellation die drei bekannten Fallgruppen beachtet (Zuwendung wird von dem oder an den Kunden gewährt bzw. in dessen Auftrag, Gebühren und Entgelte, die eine Erbringung von Wertpapierdienstleistungen erst ermöglichen, der Qualitätsverbesserung dienen und offengelegt werden)?
- Die Voraussetzungen zur Annahme wurden verstärkt. Wurden diese Veränderungen beachtet? (Es muss eine zusätzliche oder höherwertige Wertpapier-(neben-)-dienstleistung für den Kunden vorliegen.)
- kontinuierliche Erfüllung sichergestellt?
- (Anlageberatung auf Basis einer breiten FIN Palette, Angebot einer laufenden Beurteilung, Bereitstellung von Hilfsmitteln etc. [Verweis § 6 Abs. 2 WpDVerOV]. Die Zuwendung muss im angemessenen Verhältnis zur Dienstleistung stehen, dass sie nicht der Wertpapierfirma, den Gesellschaftern oder Mitarbeitern ohne konkreten Vorteil für den Kunden zugutekommt und bei laufenden Zuwendungen muss gewährleistet sein, dass auch ein laufender Vorteil für den Kunden besteht. Achtung! Wie bisher ist bei der Erfüllung der Qualitätsverbesserung nicht auf den einzelnen Kunden abzustellen, sondern auf eine kundengruppenbezogene Sichtweise.)
- Damit von Dritten erhaltene Analysen keine Zuwendungen darstellen, müssen bestimmte Voraussetzungen (Zahlung der Analysen Dritter aus eigenen Mitteln der Wertpapierfirma, Zahlung von einem separaten Analysenkonto) erfüllt sein. Sind diese gegeben?
- Liegt ein Zuwendungsverzeichnis vor? Wurde aufgezeichnet, wie die Qualität verbessert wurde und wie sichergestellt wurde, im bestmöglichen Interesse des Kunden zu handeln (Regelungen zu möglichen Interessenkonflikten)?
- Wurden die Zuwendungen in Abhängigkeit zur Art (monetäre/nicht monetäre) richtig, vollständig und zeitgerecht offengelegt? (Achtung! Monetäre Zuwendung sind nunmehr auch Bestandteil der neuen Kostentransparenzvorschriften [Verweis Pkt. 4.3.8].)
- Wurden i. R. nichtmonetärer Zuwendungen in geringfügige und sonstige nichtmonetäre Zuwendungen unterschieden? Wurden die unterschiedlichen Offenlegungspflichten beachtet (geringfügige nichtmonetäre Zuwendungen = generische Beschreibung, sonstige = Offenlegung der Höhe und separat)?
- Sofern die Offenlegung vor Dienstleistungserbringung nicht möglich bzw. genau bezifferbar war, wurden die Zuwendungen nachträglich dem Kunden genau gegenüber offengelegt?
- Wurde die Übermittlung der Kundeninformation zur Offenlegung von Zuwendungen aufgezeichnet?
  - bei Informationen zu Zuwendungen i. R. der Kostentransparenz gilt die Verpflichtung als erfüllt
- Wurden auch die Bestandkunden über die Änderungen im Zusammenhang mit der Zuwendungsthematik informiert?

III.2 Prüfungshandlungen im Rahmen der Wertpapier-Compliance durch die Interne Revision

4.3.7 Sprachaufzeichnung
4.3.7.1 Kurzüberblick

Sprachaufzeichnung - MiFID II.

- Geschäfte eigene Rechnung, Dienstleistungen in Bezug auf **Annahme, Übermittlung und Ausführung** von Kundenaufträgen
- § 72 Abs. 3 WpHG n.F., Abschnitt 8 Art. 76 Delegierte Verordnung (EU) 2017/565 vom 25.4.2016
- WPDLU hat zum Zwecke der Beweissicherung - Inhalte des Telefongesprächs und der elektronischen Kommunikation aufzuzeichnen
- Mindestinhalt: Risiken, Ertragschancen und Ausgestaltung des FIN
- WPDLU ist berechtigt, hierzu personenbezogene Daten zu erheben, zu verarbeiten und zu nutzen
- Vorgaben gelten unabhängig, ob es zu einem Geschäftsabschluss kommt oder nicht
- Aufzeichnungen sind gegen nachträgliche Verfälschung und unbefugten Zugriff zu schützen - WPDLU muss einen oder mehrere Mitarbeiter benennen, die Auswertungen unter bestimmten Voraussetzungen (berechtigtes Interesse) vornehmen dürfen

Sprachaufzeichnung - MiFID II. - Fort.

- wirksame schriftliche Grundsätze für Telefonaufzeichnung und elektronische Kommunikation
- wirksame Aufsicht und Kontrolle der Strategien und Verfahren zur Aufzeichnung (verantwortlich Leitungsorgan)
  - Durchführung von Tests einschl. entsprechender Gespräche (Art. 76 Abs. 6)
- periodische Beurteilung hinsichtlich der Wirksamkeit der Strategien und Verfahren
- Offenlegung der Verfahren auf Anforderungen gegenüber BaFin
- es sind alle Geräte zu berücksichtigen, mit denen Mitarbeiter entsprechende Kommunikationen i. R. ihrer Diensttätigkeit für das WPDLU führen
- private Endgeräte der Mitarbeiter dürfen entsprechend genutzt werden, wenn die Kommunikation ebenfalls aufgezeichnet werden und der Mitarbeiter der Aufzeichnung zugestimmt hat.
- Übersicht ("Register") der Telefongeräte und elektronischer Kommunikation mit der entsprechende Wertpapierdienstleistungen durchgeführt werden

Sprachaufzeichnung - MiFID II. - Fort.

- über die Aufzeichnung von Telefongesprächen sind sowohl Alt- als auch Neukunden und die Mitarbeiter zu informieren
  - Information über Aufzeichnung
  - Aufzeichnung stehen auf Anfrage fünf Jahre, bei entsprechender Intervention der BaFin sieben Jahre zur Verfügung
- wurden die Kunden nicht vorab informiert oder hat der Kunde einer Aufzeichnung der fernmündlichen/elektronischen Kommunikation widersprochen, dürfen durch das WPDLU keine hierauf beruhende Wertpapierdienstleistungen i. S. der Annahme, Weiterleitung und Ausführung von Kundenaufträgen durchgeführt werden
- erteilt Kunde Auftrag i. R. eines persönlichen Gesprächs ist dies zu dokumentieren ("Orderzettel")
- WPDLU muss auf Anforderung des Kunden entsprechende Aufzeichnungen zur Verfügung stellen
- Aufbewahrungsfrist ab Erstellungsdatum, Vernichtung ist zu dokumentieren

4.3.7.2 Anforderungen

146 Die Wertpapierfirma hat gemäß § 83 Abs. 3 WpHG n. F. beim Handel für eigene Rechnung getätigte Geschäfte und bei der Erbringung von Dienstleistungen, die sich auf die Annahme, Übermittlung und Ausführung von Kundenaufträgen beziehen, für Zwecke der Beweissicherung, die Inhalte der Telefongespräche und der elektronischen Kommunikation aufzuzeichnen.

147 Die Wertpapierfirma hat entsprechende Grundsätze für Aufzeichnungen über Telefongespräche und elektronische Kommunikation festzulegen, umzusetzen und aufrechtzuerhalten (Verweis Art. 76 DVO). Inhalt dieser Grundsätze sind Angaben zu den Telefongesprächen und der elektronischen Kommunikation für die Aufzeichnungsanforderungen bestehen und Angaben zu den einzuhaltenden Verfahren und zu ergreifenden Maßnahmen, sofern eine Aufzeichnung nicht möglich ist (außergewöhnliche Umstände); diese sind zu dokumentieren.

148 Die Verfahren und die Aufzeichnungen selbst sind bzgl. der Wirksamkeit zu prüfen. Es ist ein Register über die zur Aufzeichnung genutzten Telefonanschlüsse und Mitarbeiter zu führen.

149 Insb. sind mögliche Ausführungen zu Risiken, Ertragschancen oder Ausgestaltung von FIN oder Wertpapierdienstleistungen aufzuzeichnen. Personenbezogene Daten dürfen erhoben, verarbeitet und genutzt werden.

150 Eine Aufzeichnungspflicht besteht auch, wenn es zu keinem Geschäftsabschluss kommt.

151 Eine Aufzeichnungspflicht besteht für alle elektronisch genutzten Kommunikationsinstrumente bzw. -kanäle (Telefon, Mobilfunk, E-Mail, Fax etc.).

152 Die (potenziellen) Kunden (Alt-/Neukunden) sowie die Mitarbeiter sind vorab über eine Aufzeichnung zu informieren, und dass eine Kopie der Aufzeichnungen über diese Gespräche und Kommunikation mit dem Kunden über einen Zeitraum von fünf Jahren und, sofern seitens der zuständigen Behörde gewünscht, über einen Zeitraum von sieben Jahren zur

Verfügung stehen wird. Der Aufbewahrungszeitraum für eine Aufzeichnung beginnt mit ihrem Erstellungszeitpunkt.

Die Aufzeichnungen sind gegen Änderungen bzw. Verfälschungen zu schützen. *153*

Wurde eine Unterrichtung versäumt oder hat ein Kunde einer Aufzeichnung widersprochen, so dürfen keine Wertpapierdienstleistungen, die i. R. dieser Kommunikation beschlossen wurde, von der Wertpapierfirma ausgeführt werden. *154*

4.3.7.3 Mögliche Prüfungshandlungen „Gesprächsaufzeichnung" IR

Gesprächsaufzeichnung: *155*
- Wurde der Anwendungskreis beachtet (Kommunikation im Zusammenhang mit dem Depot-A-Geschäft und Eigenhandel, Erbringung von Dienstleistungen [Annahme, Übermittlung, Geschäftsausführung]) unabhängig, ob es zu einem Abschluss eines Geschäftes gekommen ist?
- Wurden sämtlich bekannte elektronische Kommunikationsmedien eingebunden bzw. beachtet (Mobilfunk, VoIP, Social Media [Facebook, WhatsApp, Instagram etc.], E-Mail, Fax, Reuters, Bloomberg etc.)? Wurden ggf. durch die Wertpapierfirma bestimmte elektronische Kommunikationsmedien ausgeschlossen?
- Wurden die Teile des Bratungsgesprächs aufgenommen, in denen die Anleger über Risiken, die Risikoklasse des FIN, die Ertragschancen oder die Ausgestaltung des FIN beraten werden?
- Welche Gespräche werden nicht aufgezeichnet (z. B. Terminvereinbarungen)? Ist dies sachgerecht?
- Wurden auch interne Gespräche aufgezeichnet, sofern diese im Zusammenhang mit dem Depot-A-Geschäft und Eigenhandel, Erbringung von Dienstleistungen [Annahme, Übermittlung, Geschäftsausführung] stehen? (Mögliche Konstellation Vertrieb Vorort – Orderaufgabe an die Zentrale, interne Weiterleitung von Kundenfragen zu FIN oder Beratung, telefonische Auftragsweiterleitung bei Störung im Orderroutingsystem etc.)
- Erfolgt eine Aufzeichnung der Gespräche im Zusammenhang mit dem beratungsfreien Geschäft – spätestens bei Ordererteilung, Zusammenfassung des Geschäftsabschlusses mit dem Hinweis, dass keine Beratung erfolgt ist?
- Welche organisatorischen Möglichkeiten wurden in der Wertpapierfirma zur Gesprächsaufzeichnung getroffen (ausgehende, eingehende Kommunikation – nur an Wertpapierspezialisten, Annahme „allgemein unter Weiterleitung an Spezialisten, Aufzeichnung wird durch eine Telefonwahl durch den Kunden gesteuert, manueller Start durch Mitarbeiter etc.)?
- Besteht die Möglichkeit entsprechende Geschäfte als MiFID-relevant zu kennzeichnen?

Organisation
- Wurde daran gedacht, dass i. R. der Aufzeichnung von Depot-A-Geschäften sich die Aufbewahrungsfristen nunmehr von drei Monaten auf fünf Jahre erweitert hat (vormals Sollvorschrift MaRisk nunmehr Pflicht)?
- Ist sichergestellt, dass der Kunde nach Aufforderung eine Kopie der Kommunikation erhalten kann und erhält?
- Wurden die Aufzeichnung gegen unbeabsichtigte Veränderungen bzw. Manipulation geschützt?
- Sind die Aufzeichnungen für Befugte leicht zugänglich und verfügbar, dass z. B. eine Kopie auf Kundenwunsch erstellt werden kann? (Achtung: Eine schriftliche Abschrift ist nicht zulässig.)
- Liegt ein Löschkonzept zwecks Regelung der Löschung von Telefongesprächen, elektronischer Kommunikation nach der Aufbewahrungsfrist vor?

- Wurden Kontrollprozesse zur Sicherstellung der Qualität, Genauigkeit und Vollständigkeit der Aufzeichnungen installiert? Kommt die Geschäftsleitung ihrer Kontrollverpflichtung nach?
- Ist sichergestellt, dass ggf. auch Kommunikationen z. B. über Datenlieferanten, Social Media etc. auf einen dauerhaften Datenträger gesichert werden, sofern von der Wertpapierfirma als Medium zugelassen?
- Gibt es Regelungen zur Nutzung privater Endgeräte? Wenn ja, sind diese sachgerecht, arbeitsrechtlich vertretbar und werden die analogen Anforderungen wie bei dienstlichen Geräten beachtet?
- Wurden schriftliche Grundsätze zur Aufzeichnung von Telefongesprächen bzw. elektronischer Kommunikation (Art der aufzuzeichnenden Gespräche, Art der internen Telefongespräche bzw. Kommunikation, Beschreibung der Notfallmaßnahmen, sofern Aufzeichnungssystem ausfällt) erstellt? Sachgerecht (u. a. technologieneutral)?
- Liegt eine Aufstellung von der Bank zugelassener elektronischer Kommunikationsmedien vor (mögliche Bestandteile: Telefonbezeichnung und -art [Fest/Mobil], Name Mitarbeiter und Personalnummer)?
- Wurden die Kunden über die Aufzeichnung, dem Recht eine Kopie der Aufzeichnung anzufordern, über die allgemeine Aufbewahrungsfrist von fünf Jahren und eine mögliche Erweiterung auf max. sieben Jahre auf Anweisung der BaFin informiert?
- Ist sichergestellt, dass sofern der Kunde der Aufzeichnung widerspricht, für diesen keine Geschäfte i. R. elektronischer Kommunikation abgeschlossen werden?
- Wurden die betroffenen Mitarbeiter über die Aufzeichnung der genannten Telefongespräche informiert? (Eine Zustimmung durch den Betriebsrat ist nicht erforderlich.)
- Wurden die strengen Regelungen (Ansiedlung an COF möglich. Mitarbeiter müssen explizit genannt werden. Eine [leistungsbezogene] Überwachung der Mitarbeiter ist auszuschließen) i. R. möglicher Auswertung zum Schutz der aufgezeichneten Daten und der bestimmungsgemäßen Verwendungen beachtet?
- Können Anfragen der BaFin zu den Strategien, zu Verfahren sowie zur Aufsicht der Geschäftsleitung i. R. der elektronischen Kommunikation schlüssig und kurzfristig beantwortet werden?

4.3.8 Kostentransparenz

4.3.8.1 Anforderungen

156 Das WpHG n. F. sieht vor, dass die Wertpapierfirma u. a. über alle Kosten und Nebenkosten den Kunden Informationen zur Verfügung stellt (Verweis § 63 Abs. 7 WpHG n. F.). Die Informationen können in standardisierter Form zur Verfügung gestellt werden.

157 Hierbei ist zu unterscheiden in Dienstleistungskosten, diese sind immer offenzulegen und Produktkosten.

Bestandteile der **Dienstleistungskosten** sind entsprechend der BaFin
- einmalige (Anfang-/End-)Kosten z. B. Eröffnungs-, Wechsel- oder Beendigungskosten
- fortlaufende Kosten z. B. Gebühren für Anlageberatung und Finanzportfolioverwaltung, Verwahrungskosten
- Transaktionskosten z. B. Brokerkosten, Transaktionssteuern und Aufgabeaufschläge
- Sonstige Nebendienstleistungskosten z. B. Researchkosten (Achtung siehe Pkt. 4.3.6.3 Bereitstellung von Analysen) Anforderungen, Verwahrungskosten (z. B. Drittverwahrung)

> **Praxis-Tipp:**
>
> Achtung bei der Verpflichtung nach EU-Recht dem Kunden ein OGAW- oder PRIIPS-Kundeninformationsdokument (KIID) zur Verfügung zu stellen, bestehen ergänzende Regelungen bzw. Anforderungen zur Offenlegung gegenüber Kunden. Im Zusammenhang mit der Offenlegung von Produktkosten und -nebenkosten, die nicht mit unter die OGAW-KIID fallen, berechnen die Wertpapierfirmen diese Kosten und legen sie beispielsweise durch Kontaktaufnahme mit OGAW-Verwaltungsgesellschaften offen.

158

Bestandteile der **Produktkosten** sind entsprechend der BaFin

159

– einmalige (Anfang-/End-)Kosten (auf dem/im Produktpreis) z. B. Strukturierungskosten, Vertriebsgebühren

– Fortlaufende (aus dem „Produktwert" entnommene) Kosten z. B. Managementfee, Performancefee

– Produktimmanente Transaktionskosten z. B. Brokerkosten, Währungskosten

Die Offenlegung von Kosten, Nebenkosten und Gebühren umfasst Informationen

160

– in Bezug auf Kosten und Nebenkosten für die Wertpapier-(neben-)dienstleistung einschließlich evtl. Beratungskosten;

– zu Kosten der FIN, die dem Kunden empfohlen oder an ihn vermarktet werden;

– alle Kosten und Nebenkosten im Zusammenhang mit der Konzeption und Verwaltung der FIN;

– zu Zahlungsmöglichkeiten des Kunden einschließlich etwaiger Zahlungen durch Dritte.

Kosten/Nebenkosten, die nicht durch ein Marktrisiko (Kosten für Absicherung, Marginnachforderung etc.) verursacht werden, müssen separat in zusammengefasster Weise dargestellt werden. Hiermit soll der Kunde die Gesamtkosten als auch die kumulative Wirkung der Kosten auf die Rendite verstehen können. Die Darstellungsform ist nicht vorgeschrieben (Text, Tabelle, Grafik). Es muss jedoch eine Erläuterung enthalten sein und die Kostenfluktuation und -spitzen müssen für den Kunden erkennbar sein.

161

Auf Kundenwunsch ist eine detaillierte Aufstellung nach einzelnen Positionen aufgegliedert, zur Verfügung zu stellen.

162

Eine Wertpapierfirma muss für jede Wertpapierdienstleistung, durch die Aufträge von Kunden ausgeführt werden, separate Gebühren ausweisen, die nur den Kosten für die Ausführung des Geschäfts entsprechen. Erbringt die Wertpapierfirma i. R. der Auftragsausführung für eine andere Wertpapierfirma Dienstleistungen werden die Gebühren separat erkennbar ausgewiesen.

163

Werden Gesamtpakete (verschiedene Dienstleistungen und andere Produkte) angeboten, muss die Wertpapierfirma den Kunden darüber informieren, ob die einzelnen Bestandteile auch getrennt voneinander bezogen werden können, und dem Kunden für jeden Bestandteil getrennt Kosten und Gebühren nachweisen.

164

Gegenüber professionellen Kunden kann sich die Wertpapierfirma auf eine beschränkte Anwendung der Anforderungen von Art. 50 DVO einigen (Opt-out-Methode), jedoch nicht wenn Anlageberatung bzw. Finanzportfolio als Dienstleistung erbracht wird.

165

166 Auch für geeignete Gegenpartei können Vereinbarungen für eine beschränkte Anwendung der Anforderungen von Art. 50 DVO getroffen werden, jedoch nicht, wenn der Dienstleistung ein FIN mit einem eingebetteten Derivat zugrundliegt und die geeignete Gegenpartei beabsichtigt dieses FIN ihren Kunden anzubieten. Allerdings ist hier auch eine Einschränkung i. R. der Anlageberatung oder Finanzportfolioverwaltung möglich.

167 Die Offenlegung der Kosten hat ex-ante, also rechtzeitig vor Kundenbindung und Dienstleistungserbringung, und ex-post, zumindest jährlich, während der gesamten Produktlebensdauer zu erfolgen.

168 I. R. der Ex-ante-Offenlegung, also vor Dienstleistungserbringung, ist die Berechnung für Produktkosten in generischer Form, für die Dienstleistungskosten die personalisierte Angaben (tatsächliche Kosten, ersatzweise Schätzungen) darzulegen. Die Wertpapierfirma hat grundsätzlich vor Anlageempfehlung oder Anbietung eines FIN auf Basis von Vergangenheitszahlen (alternativ einer Schätzung) einen prozentualen und absoluten Ausweis der erwarteten Kosten vorzunehmen, dies gilt auf für den beratungsfreien Vertrieb. Die Berechnung kann anhand eines beispielhaften Anlagebetrages erfolgen.

169 Ex-ante sind im Falle einer Finanzportfolioverwaltung lediglich die Dienstleistungskosten offenzulegen.

170 Die Ex-post-Offenlegung setzt eine fortlaufende Kundenbeziehung, den fortlaufenden Erhalt von Zuwendungen oder nicht exakt bezifferbare Zuwendungen und die Vermarktung, Empfehlung von FIN voraus.

171 Bei einmaligen Dienstleistungen besteht keine Verpflichtung zur Ex-post-Offenlegung

Tab. 2: Ex-post-Offenlegung Anwendungsfälle

Dienstleistungsarten	Ausführung von Aufträgen	Finanzportfoliomanagement	Anlageberatung
Voraussetzung Offenlegungspflicht (Dienstleistungsumfang)	Fortlaufende Kundenbeziehung (Wertpapierhandelskonto) nicht bei vereinzelten Aufträgen	immer	Immer, bei fortlaufender Beratung Nicht bei vereinzelten Beratungen
Frequenz Grundregel regelmäßig, zumindest jährlich	einmal jährlich die Gesamtkosten/Kunden individualisiert	einmal jährlich die Gesamtkosten/Kunden individualisiert	einmal jährlich die Gesamtkosten/Kunden individualisiert
Offenlegungsdauer	Laufzeit der Anlage (anlagebezogen) Während der Zeit des Zuwendungserhalts	Laufzeit der Anlage (anlagebezogen) Während der Zeit des Zuwendungserhalts	Laufzeit der Anlage (anlagebezogen) Während der Zeit des Zuwendungserhalts

III.2 Prüfungshandlungen im Rahmen der Wertpapier-Compliance durch die Interne Revision

Dienstleistungsarten	Ausführung von Aufträgen	Finanzportfoliomanagement	Anlageberatung
	Einmalig zur Konkretisierung der Ex-ante-Angaben		
Art der Offenlegung	Dienstleistungs- + Produktkosten in Klassen unterteilt	Dienstleistungs- + Produktkosten in Klassen unterteilt	Dienstleistungs- + Produktkosten in Klassen unterteilt
Ausweis/Deutschland	Euro und Cent und Prozent	Euro und Cent und Prozent	Euro und Cent und Prozent
	Bei Fremdwährung Angabe des Wechselkurses und ggf. angefallene Umrechnungskosten	Bei Fremdwährung Angabe des Wechselkurses und ggf. angefallene Umrechnungskosten	Bei Fremdwährung Angabe des Wechselkurses und ggf. angefallene Umrechnungskosten
Einbindung Dritter in die Dienstleistungserbringung Stichwort Zuwendungen/Interessenkonflikt	Kosten Dritter i. R. des Dienstleistungsprozesses sind vom Auftraggeber mit den eigenen Kosten zu aggregieren und offenzulegen (Art. 50 Abs. 7 DVO)	Kosten Dritter i. R. des Dienstleistungsprozesses sind vom Auftraggeber mit den eigenen Kosten zu aggregieren und offenzulegen (Art. 50 Abs. 7 DVO)	Kosten Dritter i. R. des Dienstleistungsprozesses sind vom Auftraggeber mit den eigenen Kosten zu aggregieren und offenzulegen (Art. 50 Abs. 7 DVO)
	Im Falle von Zuwendungen, die von Dritten gezahlt werden	Im Falle von Zuwendungen, die von Dritten gezahlt werden	Im Falle von Zuwendungen, die von Dritten gezahlt werden
	„Kosten… davon durch Zahlungen Dritter" – Ausweis erfolgt als Dienstleistungskosten	„Kosten… davon durch Zahlungen Dritter" – Ausweis erfolgt als Dienstleistungskosten	„Kosten… davon durch Zahlungen Dritter" – Ausweis erfolgt als Dienstleistungskosten

Zur Offenlegung der Kosten empfiehlt sich eine tabellarische Übersicht (siehe Anhang II DVO) unterteilt in anfängliche Kosten („Initial costs"), laufende Kosten („Ongoing costs") und Ausstiegskosten („Exit costs"). 172

173 Anhang II DVO

Kosten und Gebühren

Festgestellte Kosten, die einen Teil der den Kunden mitzuteilenden Kosten bilden sollen ([1])

Tabelle 1 — Alle Kosten und Nebenkosten, die für die Wertpapierdienstleistung(en) und/oder Nebendienstleistungen, die für den Kunden erbracht wurden, in Rechnung gestellt wurden und einen Teil des mitzuteilenden Betrags bilden sollen

Mitzuteilende Kostenpunkte		Beispiele:
Einmalige Kosten im Zusammenhang mit der Erbringung einer Wertpapierdienstleistung	Alle Kosten und Gebühren, die der Wertpapierfirma am Anfang und am Ende der erbrachten Wertpapierdienstleistung gezahlt wurden.	Depotgebühr, Kündigungsgebühr und Umstellungskosten ([1]).
Fortlaufende Kosten im Zusammenhang mit der Erbringung einer Wertpapierdienstleistung	Alle fortlaufenden Kosten und Gebühren, die der Wertpapierfirma hinsichtlich der für den Kunden erbrachten Dienstleistungen gezahlt werden.	Verwaltungsgebühren, Beratungshonorar, Depotgebühren.
Alle Kosten im Zusammenhang mit Geschäften, die im Zuge der Erbringung einer Wertpapierdienstleistung eingeleitet wurden	Alle Kosten und Gebühren im Zusammenhang mit Geschäften, die von der Wertpapierfirma oder anderen Parteien ausgeführt wurden.	Maklerprovisionen ([2]), an den Vermögensverwalter gezahlte Bei- und Austrittsgebühren, Plattformgebühren, Aufschläge (im Transaktionspreis enthalten), Stempelsteuer, Transaktionssteuer und Wechselgebühren.
Alle Kosten im Zusammenhang mit Nebendienstleistungen	Alle Kosten und Gebühren im Zusammenhang mit Nebendienstleistungen, die in den oben genannten Kosten nicht enthalten sind.	Forschungskosten. Verwahrungsgebühren.
Nebenkosten.		Leistungsprämien

([1]) Die Umstellungskosten sind als Kosten (falls zutreffend) zu verstehen, die den Anlegern entstehen wenn sie von einer Wertpapierfirma zu einer anderen Wertpapierfirma wechseln.
([2]) Maklerprovisionen sind als Kosten zu verstehen, die von Wertpapierfirmen für die Ausführung von Aufträgen in Rechnung gestellt werden.

Tabelle 2 — Alle Kosten und Nebenkosten im Zusammenhang mit dem Finanzinstrument, welches einen Teil des mitzuteilenden Betrages bilden soll

	Mitzuteilende Kostenpunkte	Beispiele:
Einmalige Kosten	Alle Kosten und Gebühren (im Preis des Finanzinstruments enthalten oder zusätzlich zu dessen Preis), die dem Produktlieferanten zu Anfang oder am Ende der Investition in das Finanzinstrument gezahlt werden.	Vorläufige Verwaltungsgebühren, Strukturierungsbeiträge ([1]), Vertriebsgebühr.
Fortlaufende Kosten	Alle fortlaufenden Kosten und Gebühren im Zusammenhang mit der Verwaltung des Finanzprodukts, die während der Investition in das Finanzinstrument vom Wert des Finanzinstruments abgezogen werden.	Verwaltungsgebühren, Dienstleistungskosten, Tauschgebühren, Kosten und Steuern für Wertpapierleihe, Finanzierungskosten.

([1]) Es sollte beachtet werden, dass bestimmte Kostenpunkte in beiden Tabellen erscheinen, aber nicht doppelt vorhanden sind, da sie sich jeweils auf die Kosten des Produkts und die Kosten der Dienstleistung beziehen. Beispiele dafür sind Verwaltungsgebühren (in Tabelle 1 bezieht sich dies auf Verwaltungsgebühren, die von einer Wertpapierfirma, die ihren Kunden Portfoliomanagement als Dienstleistung anbietet, berechnet wird, während es sich in Tabelle 2 auf Verwaltungsgebühren bezieht, die ein Vermögensverwalter seinen Anlegern berechnet) und Maklerprovisionen (in Tabelle 1 wird sich hierbei auf Provisionen bezogen, die einer Wertpapierfirma entstehen wenn diese im Auftrag ihrer Kunden handelt, während sich Tabelle 2 auf Provisionen bezieht, die von Wertpapierfonds gezahlt werden wenn im Auftrag des Fonds gehandelt wird).

Mitzuteilende Kostenpunkte		Beispiele:
Alle Kosten im Zusammenhang mit den Geschäften	Alle Kosten und Gebühren, die infolge von Erwerb und Veräußerung von Anlagen entstehen.	Maklerprovisionen, vom Fonds gezahlte Bei- und Austrittsgebühren, im Transaktionspreis enthaltene Aufschläge, Stempelsteuer, Transaktionssteuer und Wechselgebühren.
Nebenkosten.		Leistungsprämien

(¹) Strukturierungsbeiträge sind als Gebühren zu verstehen, die von Herstellern strukturierter Wertpapierprodukte für das Strukturieren der Produkte in Rechnung gestellt werden. Diese können ein breiteres Spektrum an Dienstleistungen des Herstellers abdecken.

Alle Angaben sind dem Kunden mittels eines dauerhaften Datenträgers oder auf einer Website zur Verfügung zu stellen (Verweis Art. 46 Abs. 3 DVO). *174*

Zu Regelungen bzgl. Annahme bzw. Zahlungen von Gebühren und Provisionen (Stichwort Interessenkonflikt) verweisen ich auf die vorangegangen Ausführungen bzw. § 64 Abs. 5 WpHG n. F. *175*

4.3.8.2 Mögliche Prüfungshandlungen „Kostentransparenz" IR

Ex-ante und Ex-post-Kostentransparenz: *176*
Die bisherigen allgemeinen Informationen über die Kosten und Gebühren reichen nunmehr mit MiFID II nicht aus. Achtung die bisherige Regelung bei Geschäftsabschlüssen über das Telefon gilt nicht mehr. Kunden sind entsprechende Kosteninformation ohne Ausnahme vor Kundenbindung oder Dienstleistungserbringung (keine Möglichkeit einer nachträglichen Zurverfügungstellung) zur Verfügung zustellen. Ggf. hat die Wertpapierfirma eine geschäftspolitische Entscheidung im Hinblick der Annahme entsprechender Geschäfte zu treffen, bis ggf. eine Abhilfe durch die ESMA erfolgt.

Ex-ante
– Wurden die Anforderungen an die Kostentransparenz für die Anlageberatung, beratungsfreies Geschäft und Vermögensverwaltung beachtet?
– Wurden die Kosteninformationen über die gesamte Haltedauer zur Verfügung gestellt?
– Wurden die Bestandteile der Kosteninformation (Einstiegs-, laufende und Ausstiegskosten beachtet)? (Darstellung der Kosten des vorangegangenen Kalenderjahres einschließlich Erwerbs- und Veräußerungskosten.)
– Wird der Kostenbegriff beachtet?
– Beinhaltet die Kosteninformation die Gesamtkosten in aggregierter Form (Aufrechnung zu Posten-/Kostenarten)?
– Vorgaben zum Ausweis beachtet (Geldbetrag [EUR] und Prozentsatz (als Basis empfiehlt sich ein Anlagebetrag in üblicher Höhe oder der Verkaufspreis))?
– Sind die eigenen Dienstleistungskosten und die anderer Dienstleister als auch die Produktkosten enthalten?
– Wurden bei Eigenemissionen Produktkosten an Datenlieferanten zur Verfügung gestellt zwecks Vertriebs an Kunden anderer Häuser (Dritte benötigen entsprechende Kosten zwecks Information ihrer Kunden – ansonsten vermutlich eingeschränkte Vertriebsmöglichkeit)?
– Werden Zahlungen Dritter (monetäre Zuwendungen) in den Kosteninformationen berücksichtigt (Gesamtkosten und separat)?
– Darstellung der Fremdwährungskosten in angemessener Form?

- Erfolgte eine Darstellung der Auswirkung der Gesamt-/Nebenkosten auf die Rendite, zeigen der voraussichtlichen Kostenspitzen und -schwankungen?
- Wie erfolgte die Zurverfügungstellung der Informationen (dauerhaften Datenträger, Website)? Wurden die Information vor Kundenbindung und Dienstleistungserbringung erteilt?
- Zeitpunkt der Übergabe nachvollziehbar bzw. dokumentiert?

Ex-post
- Liegen die Voraussetzungen für eine Ex-post-Information vor?
- Werden alle tatsächlichen Kosten des laufenden Jahres in Bezug auf das FIN als auch der erbrachten Dienstleistung dem Kunden ausgewiesen?
- Liegt auch hier eine Darstellung der Wirkung der Gesamtkosten auf die Rendite der Anlage vor?
- Wurden mit professionellen Kunden und geeigneten Gegenpartei Opt-out-Vereinbarungen getroffen und die Bedingungen hierfür entsprechend beachtet?

Strategie/Entscheidungen/Organisation
- Grds. Entscheidung, zu welchem Zeitpunkt die Ex-ante-Informationen i. R. der Anlageberatung erfolgen?
- Wie ist bei Depoteröffnung Neukunden zu Verfahren, wenn noch keine Umsätze vorliegen?
- Geschäftspolitische Entscheidung „Telefongeschäfte"?
- Anpassung Organisationsanweisungen?

4.3.9 Regelungen zur bestmöglichen Ausführung (Best Execution)

4.3.9.1 Kurzüberblick

177 **Ausführungsgrundsätze - MiFID II.**

- § 71 WpHG n.F., Abschnitt 5 Art. 64 Delegierte Verordnung (EU) 2017/565 vom 25.4.2016
- WPDLU darf keine Vergütung, einen Rabatt oder nichtmonetären Vorteil i. R. der Auftragsausführung durch den ausgewählten Handelsplatz annehmen, wenn dies einen Verstoß gegen Anforderungen zu Interessenkonflikten darstellen würde
- jährliche Veröffentlichung je Gattung der fünf Handelsplätze durch WPDLU
  - die am wichtigsten sind,
  - bei den Ausführungen von Kundenaufträgen im Vorjahr erfolgen
  - und Informationen über die erreichte Ausführungsqualität.
- Handelsplätze und systematische Internalisieren für jedes FINs, das einer Handelspflicht unterliegt mind. einmal jährlich Informationen über Ausführungsqualität veröffentlichen
- ......
- zu Gesamtentgelten für Privatkunden gehören
  - Gebühren und Entgelte des Ausführungsplatzes
  - Kosten für Clearing und Abwicklung
  - sonstige Entgelte die an Dritte gezahlt werden

4.3.9.2 Anforderungen

178 Aus Art. 27 MiFID ergibt sich eine Konkretisierung (Aufzählung Gebührenarten) für die Ausführungen im Zusammenhang mit Privatkunden. Alle Kosten, die dem Kunden i. R. der Ausführung entstehen, sind einschließlich der Gebühren des Ausführungsplatzes, Clearing-

und Abwicklungsgebühren und sonstigen Gebühren, die Dritten gezahlt wurden, die an der Ausführung des Auftrags beteiligt sind, zu berücksichtigen.

Bei gleichwertigen Ausführungsplätzen entsprechend der Ausführungsgrundsätze (Best Execution Policy) sind die Provisionen der Wertpapierfirma und die Kosten der Ausführung an den einzelnen in Frage kommenden Plätzen im Interesse der Erzielung des bestmöglichen Ergebnisses in diese Bewertung einzufließen (Verweis Art. 27 Abs. 1 Satz 3 MiFID II). *179*

Aus der Finanzmarktrichtlinie ist eine Erweiterung der Definition Ausführungsplätze ablesbar (Handelsplätze, systematische Internalisierer, Marktmacher oder Liquiditätsgeber oder Einrichtungen, die in einem Drittland eine vergleichbare Funktion ausüben). *180*

Bei der Ausführung von Aufträgen und Handel mit OTC-Produkten hat die Wertpapierfirma die Redlichkeit des dem Kunden angebotenen Preises anhand von Marktdaten, die bei der Festlegung des Preises herangezogen wurden, zu überprüfen. *181*

Es besteht eine Pflicht zur gebührenfreien Veröffentlichung der Ausführungsqualität. Dies betrifft Handelsplätze und systematische Internalisierer und andere Ausführungsplätze (siehe RTS 27). Eine Wertpapierfirma hat, wie bisher, dem Kunden mitzuteilen, wo der Auftrag ausgeführt wurde. Die Mitgliedstaaten schreiben vor, dass Wertpapierfirmen, die Kundenaufträge ausführen, einmal jährlich für jede Klasse von FIN die fünf Handelsplätze, die ausgehend vom Handelsvolumen am wichtigsten sind, auf denen sie Kundenaufträge im Vorjahr ausgeführt haben und Informationen über die erreichte Ausführungsqualität zusammenfassen und veröffentlichen. *182*

Praxis-Tipp:

Wertpapierfirmen haben den RTS 28 zu berücksichtigen. Dieser umfasst Anforderungen an eine ordnungsgemäße und vollständige Kundeninformation, somit u. a. Aussagen
– zu den Klassen der FIN, die zu unterscheiden sind,
– zum Namen des Ausführungsplatzes und Identifier und
– zur Darstellung des Ordervolumens aller ausgeführten Aufträge; Unterscheidung nach Privat- und professionellen Kunden.

183

In den Fokus der Überwachungshandlungen zur Effizienz der Vorkehrungen zur Auftragsausführung und Ausführungspolitik tritt verstärkt eine auf Ausführungsdaten der Ausführungsplätze basierende Bewertung der Ausführungsqualität (insb. des bestmöglichen Ergebnisses). *184*

Des Weiteren ist gemäß § 82 Abs. 1 WpHG n. F. nunmehr eine regelmäßige Kontrolle der Ausführungsgrundsätze im Hinblick bestmöglicher Ergebnisse vorzusehen. *185*

I. R. der Erstellung der Ausführungsgrundsätze sind durch die Wertpapierfirmen die erweiterten Inhaltsanforderungen zu berücksichtigen. Diese finden sich in Art. 66 DVO. *186*

187 Die Informationen über die Ausführungsgrundsätze müssen klar, ausführlich und auf eine für den Kunden verständliche Weise erläutern, wie das Wertpapierdienstleistungsunternehmen die Kundenaufträge ausführt.

4.3.9.3 Mögliche Prüfungshandlungen „bestmögliche Ausführung" IR

188 **Bestmögliche Ausführung:**
- Wurde die erweitere Kostendefinition in Bezug auf die bestmögliche Ausführung für Privatkunden beachtet?
- Wurden i. R. der Bewertung „bestmögliche Ausführung" bei gleichwertigen Ausführungsplätzen, die Provisionen der Wertpapierfirma und die Kosten der Ausführungen an den einzelnen Plätzen mit berücksichtigt?
- Wurde i. R. der Marktanalyse zur bestmöglichen Ausführung die erweiterte Definition für Ausführungsplätze zugrunde gelegt?
- Erfolgt eine Preisprüfung (Redlichkeit) bei OTC-Produkten?
- Erfolgte die Veröffentlichung der fünf Handelsplätze, die ausgehend vom Handelsvolumen am wichtigsten sind (einmal jährlich für jede Klasse von FIN) und zu der erreichten Ausführungsqualität? (Beachtung des RTS 28 i. R. entsprechender Kundeninformationen.)
- Sind die Informationen zu den Ausführungsgrundsätzen für den Kunden verständlich und sachgerecht?
- Erfolgt eine regelmäßige Kontrolle der Ausführungsqualität in Bezug aus das bestmögliche Ergebnis?

4.3.10 Product Governance

189

1. Phase Datensammlung* und Systemerfassung

2. Phase Zielmarktkriterien (ESMA Kriterien)**

3. Phase Ausprägungen zu den Zielmarktkriterien festlegen

4. Phase Kriterien für Vertriebsstrategie, -märkte und -kanäle festlegen

* Daten
– Produkttyp
– juristische Form
– Name der Firma
– Standort, Region/Land
– FIN-Klasse, Underlying
– Managementtyp
– Branche
– Währung
– Region
– Vertrieb

** ESMA Kriterien
– Kundengattung
– Kenntnisse und Erfahrungen
– finanzielle Verhältnisse und Verlusttragfähigkeit
– Risikotoleranz und Risiko/Ertragsverhältnis
– Anlageziele
– Kundenbedürfnis

Produkt-Steckbrief-Product Governance/OliverWelp 20.7.2017 ©

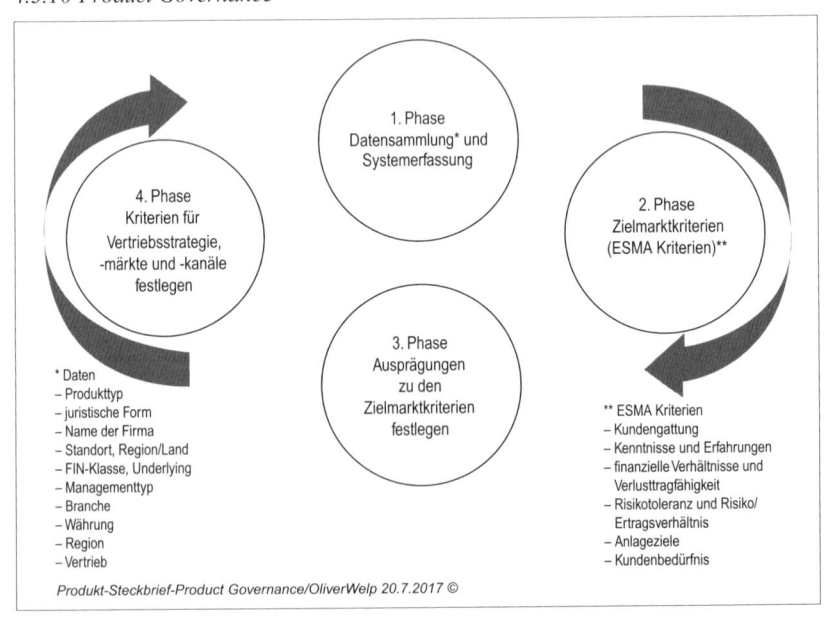

Abb. 3: Verfahren „Produkt-Steckbrief"-Bestandteil Product Goverance MiFID II

4.3.10.1 Anforderungen

Unter dem Begriff Product Governance werden alle Maßnahmen verstanden, die vom Produzenten (Emittent)/Konzepteur und dem Distributor (Vertrieb) entsprechender FIN anzuwenden sind (Verweis ESMA Stellungnahme zu strukturierten Produkten). Hierbei eingeschlossen sind das Richtlinienwesen, das Interne Kontrollsystem und Verfahren und Prozesse. *190*

§ 63 Abs. 4–5 WpHG n. F. sehen vor, dass der Produzent, welcher FIN zum Verkauf an Kunden konzipiert, sicherstellen muss, dass diese FIN so ausgestaltet sind, dass *191*
– sie den Bedürfnissen eines bestimmten Zielmarktes im Sinne des § 80 Abs. 9 WpHG n. F. entsprechen und
– die Strategie für den Vertrieb der FIN mit diesem Zielmarkt vereinbar ist.

Der Produzent muss zumutbare Schritte unternehmen, um zu gewährleisten, dass das FIN an den bestimmten Zielmarkt vertrieben wird. *192*

Mit der Einführung der Product Governance in der Finanzbranche entstehen für den Produzenten von FIN und dem Distributor zukünftig die Pflicht, ihre Produkte auch nach der Emission und dem Vertrieb zu beobachten, um ggf. bei auftretenden Risiken zum Schutz der Kunden Maßnahmen ergreifen zu können. Die Product Goverance gilt jedoch nicht nur für Produzenten, sondern auch für den Distributor, also für die Wertpapierfirmen die entsprechende Produkte an ihre Kunden vertreiben. *193*

Eine Wertpapierfirma muss die von ihr angebotenen oder empfohlenen FIN verstehen. Es muss deren Vereinbarkeit mit den Bedürfnissen der Kunden, denen gegenüber es Wertpapierdienstleistungen erbringt, beurteilen, auch unter Berücksichtigung des in § 80 Abs. 9 WpHG n. F. genannten Zielmarktes, und sicherstellen, dass es FIN nur anbietet oder empfiehlt, wenn dies im Interesse der Kunden liegt. *194*

Neben der Festlegung eines Zielmarktes für jedes Produkt und der Zuordnung der vorhandenen Kundenprofile, sind auch Vertriebsstrategien zu entwickeln. Der Produzent hat für die von ihm emittierten FIN, die in Frage kommenden Kundengruppen zu bestimmen, um sicherzustellen, dass die Produkte nur geeigneten Kunden angeboten werden. Entspricht das Produkt nicht (mehr) der Zielmarktdefinition sind Gegenmaßnahmen vorzunehmen. Der Distributor hat eine Vertriebsstrategie analog zu erstellen. *195*

Ein Produzent, der FIN konzipiert, hat dem Distributor sämtliche erforderlichen und sachdienlichen Informationen zu dem FIN und dem Produktfreigabeverfahren nach § 80 Abs. 9 Satz 1 WpHG n. F. einschließlich des nach § 80 Abs. 9 Satz 2 WpHG n. F. bestimmten Zielmarkts, zur Verfügung zu stellen. *196*

Vertreibt ein Distributor FIN oder empfiehlt er diese, ohne sie zu konzipieren, muss er über angemessene Vorkehrungen verfügen, um sich die genannten Informationen vom konzipierenden Produzenten zu verschaffen und die Merkmale sowie den Zielmarkt des FIN zu verstehen. *197*

Zur Entwicklung eines Art „Produkt-Steckbriefs" einschließlich der Zielmarktdefinition müssen Daten zu den Produkten erhoben werden. Die Datenerhebung kann mit unter ein *198*

Problem darstellen, insb. bei schwer identifizierbaren Produkten, da nicht alle Daten einfach zu beschaffen sind.

199 Datenlieferanten werden entsprechende Daten automatisiert zur Verfügung stellen, die von der Wertpapierfirma in ihre Beurteilungsprozesse bzw. -systemen berücksichtigt werden. Hierzu werden die Produzenten die entsprechenden Merkmale melden. I. R. schwer identifizierbarer Produkte müssen manuelle Recherche- und Kontrollprozesse vorgesehen werden.

200 Jedes Produkt muss einem Zielmarkt zugeordnet werden (siehe Abb. 3: „Produkt-Steckbrief"). Bestimmt wird dieser Zielmarkt durch Kriterien mit entsprechenden Ausprägungsgraden. Die ESMA Kriterien (welche optional um andere Kriterien erweitert werden können) stellen im Grunde „Fragen" an den Produzenten und Distributor, für welche Kundengattung soll das Produkt gelten, welche Kenntnisse und Erfahrungen sind erforderlich um das FIN zu verstehen etc.

201 Um hier Antworten geben zu können, sind zu den Kriterien entsprechende Ausprägungsgrade zu definieren, die sich durch Schwellenwerte voneinander abgrenzen. Hierbei ist zu berücksichtigen, dass nicht nur festgelegt werden muss, für wen das Produkt geeignet ist, sondern auch für welchen Kundenkreis nicht (negativer Zielmarkt/Verweis ESMA Leitlinien zu den Produktüberwachungsanforderungen der MiFID II v. 05. 02. 2018).

202 **Praxis-Tipp:**

Achtung! Der Zielmarkt stellt lediglich einen standardisierten Indikator für die Geeignetheit eines FIN für ein(e) „Kundenprofil/-gruppe" dar. Es ersetzt nicht die individuelle Prüfung (Angemessenheits-/Geeignetheitsprüfung), ob das FIN für einen bestimmten Kunden tatsächlich geeignet ist.

203 Der durch den Produzenten vorgegebene Zielmarkt stellt jedoch keine Ultima Ratio dar. Der Distributor kann das Produkt auch außerhalb des vorgegebenen positiven Zielmarktes an Kunden vertreiben. Der Distributor muss jedoch die Ausnahme (bzw. Abweichung) begründen, dokumentieren und dem Produzenten mitteilen. Dieser Hinweis dient dazu, dass der Produzent die Definition des Zielmarktes überprüft und ggf. anpasst.

Hiervon abweichend (i. R. der Portfolioverwaltung, Portfolioansatz Anlageberatung, Hedging und Diversifizierung) muss der Distributor dem Konzepteur Verkäufe außerhalb des positiven Zielmarktes nicht melden, wenn diese Verkäufe der Diversifizierung und dem Hedging dienen und im Hinblick auf das Gesamtrisiko für den Kunden geeignet sind. Produktverkäufe in den negativen Zielmarkt müssen dem Konzepteur stets gemeldet und dem Kunden gegenüber offengelegt werden.

204 Grundsätzlich ist davon auszugehen, dass die Distributoren die Zielmarktdefinition der Produzenten als Grundlage für die Erstellung eigener, auf Basis der Kenntnisse der vorhandenen bzw. vorgesehenen Kundenstrukturen, verfeinerter Zielmarktdefinitionen verwenden.

Hieraus können sich grundsätzlich folgende Sachverhalte ergeben: 205
- Der Vertrieb erstellt anhand seiner „eigenen" Kriterien (Berücksichtigung ESMA) eine Zielmarktdefinition, die ausschließlich dem Zielmarkt des Vertriebs entspricht. Folge: Der Vertrieb hat den Produzenten hierüber zu informieren.
- Es werden nur Fremdprodukte vertrieben, deren Zielmarktdefinition mit denen des Produzenten übereinstimmen bzw. leicht angepasst werden kann.

Die erste Variante setzt voraus, dass der Distributor bereit und in der Lage ist, einen entsprechenden Aufwand zur Klassifizierung zu betreiben. Im zweiten Fall wird eine entsprechende Vorgehensweise zu einer Reduzierung des Angebots an FIN des jeweiligen Distributors führen. 206

Anzumerken ist, dass die ESMA erlaubt, dass Produzent und Distributor ihre jeweiligen Zielmärkte in einem gemeinsamen Verfahren festlegen. 207

Die Frage, was die Aufsicht unter einer Vertriebsstrategie erwartet, ist nicht leicht zu beantworten, da es bisher keine entsprechenden Definitionen gibt. Aufgrund der m. E. analogen Zielsetzung der Product Governance in der Finanzbranche mit der der Industrie, würde ich ähnliche Bestandteile bzw. Aussagen erwarten. Welches Produkt soll an welchen **Zielkunden**, auf welchen **Märkten**, anhand welcher **Vertriebskanäle**, zu welchem **Preis** vertrieben werden? 208

Dies allein würde aufsichtsrechtlich im Hinblick des Anlegerschutzes m. E. keinen Bestand haben. Die jeweiligen Vertriebsstrategien müssen auf die jeweiligen Zielmarktkriterien abgestimmt sein. Ein wichtiger Punkt sind hier auch die Außeneinflüsse (z. B. Regionen mit geringerem Bildungsstand, hoher Arbeitslosigkeit etc. – aus der Vertriebsstrategie zu dieser Region sollte zunächst eine risikoaverse Vertriebspolitik hervorgehen). 209

Es besteht die Möglichkeit, einzelne „Produkt-Steckbriefe"/Zielmärkte zu Produktgruppen zusammen zufassen, hiermit lassen sich Aufwände in den sich anschließenden Überwachungsprozessen reduzieren (Achtung! MiFID Grundsatz Ausdifferenzierung beachten). 210

Praxis-Tipp:

Als ein möglicher Indikator für die Gruppenzusammenfassung bietet sich erneut der Zielmarkt an. Dieser stellt einen wichtigen Kompass i. R. der Product Goverance i. S. des Anlegerschutzes dar.

211

Mit der MiFID II geht die Erweiterung des bisherigen Produktgenehmigungsverfahrens einher. Dieses wird zukünftig um Prüfungshandlungen zum Zielmarkt, der Vertriebsstrategie sowie durch Stresstests erweitert. 212

Gemäß § 80 Abs. 9 WpHG n. F. hat die Wertpapierfirma die FIN konzipiert ein Verfahren für die Freigabe jedes einzelnen FIN und jede wesentliche Anpassung bestehender FIN zu unterhalten, zu betreiben und zu überprüfen, bevor das FIN an Kunden oder andere WPDLU vermarktet oder vertrieben wird (Produktfreigabeverfahren). 213

Die Produktprüfungen (Produzent/Distributor) nach § 80 Abs. 10–13 WpHG n. F. innerhalb dieses Produktfreigabeverfahrens haben sicherzustellen, dass 214

- im „Produkt-Steckbrief" entsprechende ESMA-Kriterien berücksichtigt und der Zielmarkt festgelegt wurde,
- der „Produkt-Steckbrief"/Zielmarkt und die vorgesehene Vertriebsstrategie zueinander passen.

215 Im Anschluss hat ein Produkttest zu erfolgen, der beweisen soll, dass das Produkt für den ausgewählten Markt auch unter besonderen Szenarien dem Anlegerschutz gerecht wird.

216 Des Weiteren sind kontinuierliche, als auch Ad-hoc-Produktüberprüfungen (Produktwiederauflage, Ereignisse mit Auswirkungen auf Kredit-, Währungs-, Zins-, Markt-, Liquiditätsrisiken) vorzusehen. Aufgrund der aktuell fehlenden Vorgaben, sind durch die Emittenten Schwellen festzulegen, ab wann Ereignisse entsprechende Auswirkungen auf das Produkt haben könnten.

217 Für die kontinuierliche Überwachung sind entsprechende Prüfungsturnusse festzulegen. Hier gilt: Je geringer das Risiko, desto weiter die Zeitspanne der Kontrollen.

218 Mit diesen Produktfreigabeverfahren soll sichergestellt werden, dass das Produkt dem Zielmarkt sowie der Vertriebsstrategie entspricht.

219 Beurteilungsfaktoren sind hier
- die verfolgte Anlagestrategie,
- das potenzielle Risiko und
- die Renditeerwartung.

220 Als Ergebnis muss die Antwort sein, ob die Zweckbestimmung des Produktes weiterhin Gültigkeit hat.

221 Insb. der Vertrieb steht bzgl. der Überprüfung des Zielmarktes in der Pflicht. Wer, wenn nicht der Vertrieb, hat grundsätzlich die erforderlichen Informationen zu den Kunden. Somit besteht für den Vertrieb die Aufgabe, den Zielmarkt des Herstellers, insb. im Hinblick der Kundenzielgruppe, als auch die Vertriebsstrategie in Bezug auf den bestehenden Zielmarkt (u. a. Märkte und Vertriebskanäle) zu verifizieren.

222 **Praxis-Tipp:**

Sowohl Hersteller als auch Vertrieb haben entsprechende Produktüberwachungsprüfungen vorzunehmen und sich gegenseitig bei Abweichung zwecks Vornahme von Anpassungen zu unterrichten.

Maßnahmen können eine Anpassung an das Produkt sein oder letztendlich, dass das Produkt vom Markt genommen wird.

Auf nationaler Ebene bestehen hierzu unterschiedliche Auslegungen – unverzügliche Informationspflicht oder auf Nachfrage des Produzenten.

Aus den ESMA Leitlinien zu den Produktüberwachungsanforderungen der MiFID II v. 05.02.2018 lässt sich unter TZ 58 eine Verpflichtung zur Informationsbereitstellung ablesen; eine Zeitangabe findet sich nicht.

Welche Dokumentationsplichten bestehen? Aus den Anforderungen der MiFID II an die Product Governance lässt sich eine Pflicht zur Protokollierung und Berichterstattung des Produktgenehmigungs- und -überprüfungsverfahrens ablesen.

223

Die Geschäftsleiter haben den Produktüberwachungsprozess wirksam zu überwachen. Sie haben sicherzustellen, dass die Compliance-Berichte an die Geschäftsleiter systematisch Informationen über die von der Wertpapierfirma konzipierten und empfohlenen FIN enthalten, insb. über die Vertriebsstrategie. Auf Verlangen sind die Compliance-Berichte der BaFin zur Verfügung zu stellen. (Verweis § 81 Abs. 4–5 WpHG n. F.)

224

4.3.10.2 Exkurs „Auswirkungen in Bezug auf Dienstleistungsarten"

I. R. von **beratungsfreien Geschäften** und **Ausführungsgeschäften** in nicht komplexen FIN ist aufgrund des Charakters dieser Geschäftsarten i. d. r. ein vollständiger Zielmarktabgleich mit Kundenprofilen nicht möglich. In diesen Fällen erwartet die Aufsicht eine besondere Berücksichtigung der vom Produzenten festgelegten Vertriebsstrategien. Sofern vom Produzenten als Vertriebskanal die Beratung vorgesehen ist, dürfte ein Vertrieb schwierig werden bzw. es Bedarf zumindest ein sehr aussagekräftige Argumentation und Dokumentation.

225

Dienstleistungen im Zusammenhang mit der **Anlageberatung** oder **Finanzportfolioverwaltung** für ein Portfolio haben das Ziel, eine Rendite auf das gesamte Portfolio zu erwirtschaften. Die Fokussierung auf das „Ganze" nicht auf ein einzelnes FIN steht im Mittelpunkt der Dienstleistung. Diesen Aspekt vorausgeschickt, heißt das in Bezug auf die Zielmarktdefinition, dass Transaktionen außerhalb des Zielmarktes zulässig sind, sofern das Portfolio als Ganzes für den Kunden geeignet ist (Ein Abweichungshinweis an den Produzenten ist hierbei nicht erforderlich). Der Zielmarkt ist im Vertrieb an geeignete Gegenparteien nicht zu berücksichtigen.

226

4.3.10.3 Mögliche Prüfungshandlungen „Product Governance" I. R.

Distributor

– Wurden i. R. des Fremdproduktvertriebs geeignete Verfahren eingerichtet und aufrechterhalten, um die WpHG-Anforderungen einhalten zu können? Sachgerecht und angemessen? (Abgleich, ob Vertriebsstrategie des Produzenten [Vertrieb im Wege Anlageberatung, beratungsfreien Geschäft mit Angemessenheitsprüfung, beratungsfreien Geschäft ohne Angemessenheitsprüfung] dem bestimmten Zielmarkt entspricht.)
– u. a. Offenlegung, Bewertung der Eignung und Angemessenheit von Zuwendungen
– Umgang Interessenkonflikte
– Wurden vom Produzenten ausreichend Informationen zum FIN vor Vertrieb eingeholt? (Bestandteil des Produktfreigabeverfahrens – je komplexer das FIN umso mehr Informationen)
– Wurden bei Produzenten, die nicht dem WpHG unterliegen (z. B. KVGen, Aktiengesellschaften oder Staaten) öffentlich zugängliche Informationen zum FIN genutzt (verständlich, zuverlässig, Einklang regulatorische Anforderungen)?
– Sind Verfahren zur Sicherstellung, dass die FIN mit dem Zielmarkt vereinbar sind, vorhanden? Wirksam?

227

1257

- Sind die Kriterien (Kundenkategorie, Kenntnisse und/oder Erfahrungen bzgl. des FIN, Verlusttragfähigkeit des Kunden, Risiko-/Renditeprofil des Kunden, Anlageziele/-horizont, ggf. Kundenspezifika) der Kunden zur Bestimmung eines Zielmarktes sachgerecht und angemessen?
- Wurden diesen Kriterien weiter unterteilt (Zuweisung Ausprägung z. B. Privatkunde, professioneller Kunde, Firmenkunden, Vermögensaufbau, Rentenabsicherung, ethische Fonds etc.)?
- Liegt eine Vertriebsstrategie vor? (Aussagen, ob nur eigene Emissionen, nur Fremdprodukte oder eine Kombination aus beiden vertrieben werden sollen – Abhängigkeit zu den aus einer entsprechenden Entscheidung resultierenden Pflichten)?
- Wurden i. R. der Vertriebsstrategie (Anlageberatung, beratungsfreies Geschäft mit/ohne Angemessenheitsprüfung) den Kundenprofilen/-gruppen interne Zielmärkte zugewiesen, um diese den Zielmärkten der Fremdprodukte abstimmen können?
- Ist sichergestellt, dass vom Produzenten die Daten für die Zielmarktbestimmung veröffentlicht wurden (Datenlieferanten z. B. WM-Datenservice)? Wurden diese Daten entsprechend intern berücksichtigt?
  - Welche Maßnahmen (Kontaktaufnahme Produzenten, Festlegung des Zielmarktes anhand eigener Zielmarktkriterien) wurden ergriffen im Falle, dass Daten nicht veröffentlicht wurden? (z. B. bei Staats- und Unternehmensanleihen/-aktien – diese Produkthersteller unterliegen nicht der MiFID II)
- Wurde i. R. der Anlageberatung/Vermögensverwaltung geprüft, ob die Zielmarktbestimmung des Produzenten den gesetzlichen Anforderungen entspricht? Wurde diese Kontrolle aussagekräftig dokumentiert?
- Erfolgte die Prüfung des Zielmarktkriteriums „Kenntnisse/Erfahrungen" im Falle von beratungsfreien Geschäften? (z. B. automatischer Abgleich Kundenstammdaten vs. WM-Stammdaten im Hinblick der erforderlichen Kenntnisse/Erfahrung.)
- Wurden die Produktkästen (Produktklassen unterteilt in verschiedene Kenntnis-/Erfahrungsstufen [Basis, erweitert, umfangreiche, Spezialkenntnisse] z. B. der WM ordnungsgemäß berücksichtigt?
  - Wie wurde sichergestellt, dass die vorhandenen oder avisierten Kundenprofile diesen Kenntnissen/Erfahrungen entsprechen? Welche Erfahrungen/Kenntnisse des Kunden werden je Produktkasten von der Wertpapierfirma erwartet? Welche „Halbwertzeit" in Bezug auf notwendige Erfahrungen/Kenntnisse zwischen einem Ersterwerb eines FIN, auf das reflektiert wird, und der vorgesehenen Dienstleistung wurde festgelegt? Sachgerecht und angemessen?
  - Wurden die hierauf abgestuften i. R. einer möglichen FIN-Risikoaufklärung erforderlichen Kundeninformationen berücksichtigt?
  - Erfolgen i. R. beratungsfreier Geschäfte die erforderlichen (verstärkten) Warnhinweise an die Kunden, wenn diese nicht über die notwendigen Erfahrungen/Kenntnisse (Abweichung Produktkasten Kundeneinstufung versus Produktkasten gewünschtes FIN) verfügen oder entsprechende Kundenangaben verweigern? (FIN dürfen vom Kunden erworben werden.)
- Liegt eine Bestätigung und Nachweis des Produzenten (z. B. KVG) vor, dass die FIN entsprechende Produktfreigabeverfahren durchlaufen haben und Gegenstand des Produktüberwachungsverfahrens sind?
- Wer ist für das Produktfreigabeverfahren in der Wertpapierfirma zuständig? (Ordnungsgemäße Prozesse, Rückstau, Zuständigkeit vs. Interessenkonflikte.)
- Liegen Verfahren (z. B. Vertriebsvorgaben) vor, die eine Beeinträchtigung (wirtschaftliche/finanzielle Eigeninteressen, z. B. werden nur Produkte angeboten, die eine höhere Marge erwirtschaften) von Kundeninteressen verhindern?

- Wurde vom Produzenten ein negativer Zielmarkt (Kunden/-gruppen, für die der Erwerb des FIN nicht vereinbar ist) bestimmt? Wurde dieser vom Distributor i. R. der Dienstleistungserbringung beachtet?
- Wurden außerhalb des positiven Zielmarktes Dienstleistung erbracht?
- Wurde die Entscheidung/Empfehlung außerhalb des positiven Zielmarktes zu beraten, in der Geeignetheitserklärung aussagekräftig begründet?
- Erfolgte eine Meldung an den Produzenten bzgl. der Beratung außerhalb des positiven Zielmarktes? In welcher Form, wann und wie dokumentiert?
- Wie wurden sichergestellt, dass der Kunden i. R. beratungsfreier Geschäfte einen Warnhinweis erhält, dass er mit dem gewählten FIN im negativen Zielmarkt liegt? Wie dokumentiert? (Kunden kann FIN dennoch erwerben.)

Produzent

- Wurde im Falle, dass die Wertpapierfirma FIN zum Verkauf konzipiert, ein Verfahren zur Freigabe jedes FIN eingerichtet? Erfolgen die Prüfungen zur Einhaltung der Anforderungen regelmäßig?
- Wurden die Freigabeprozesse rechtzeitig vor Vermarktung entsprechender FIN durchgeführt?
- Wurde jedem FIN ein (positiver/negativer) Zielmarkt für Endkunden zugewiesen? Wurden diese Informationen an Datenlieferanten zwecks Veröffentlichung (bei WM Bestandteil der Abfrage zur ISIN) weitergeleitet?
- Wurden bei der Zielmarktfestlegung die ESMA-Kriterien beachtet (siehe Abb. 3: Produkt-Steckbrief)?
- Wie und auf welcher Basis wurde die Unterteilung (Ausprägung der Zielmarktkriterien) vorgenommen? Nachvollziehbar und sachgerecht?
- Wurden bei dem Risikoprofil alle relevanten Risiken des FIN bewertet? Wie erfolgt die Berechnung dieser Risikokennziffern (z. B. PRIIP-Verordnung)?
- Wurde die Durchführung von Interessenkonfliktanalysen gewährleistet? Beinhalten diese, ob das FIN dazu führt, dass Endkunden benachteiligt werden, wenn die Wertpapierfirma eine Gegenposition zu der Position übernimmt, die zuvor von ihr gehalten wurde oder eine Position übernimmt, die gegensätzlich zu der Position ist, welche sie nach Verkauf des Produkts zu halten beabsichtigt?
- Wurde geprüft, ob das FIN den Bedürfnissen, Merkmalen und Zielen des Zielmarktes entspricht?
- Wurden die Kosten und Gebühren im Hinblick auf eine Vereinbarkeit mit den Bedürfnissen, Zielen und Merkmalen des Zielmarktes, dass die Gebühren die erwartete Rendite nicht aufzehren und die Gebührenstruktur hinreichend transparent sind, geprüft?
- Wurde eine Szenarioanalyse (Stresstest) durchgeführt? Beinhaltet dieser Stresstest die Risiken des FIN im Hinblick auf ein schlechtes Ergebnis beim Endkunden und die Umstände unter denen dieses Ergebnis eintreten kann (Verschlechterung der Marktbedingungen, an der Produktkonzipierung Mitwirkende kommen in finanzielle Schwierigkeiten/Gegenparteirisiko, Lebensfähigkeit/Wirtschaftlichkeit des FIN, unerwartet hohe Nachfrage des FIN)? Wurden die Ergebnisse dokumentiert?
- Wurde die Vertriebsstrategie gegenüber den Distributoren kommuniziert?
- Wurde vor Auflage geprüft, ob seitens der Aufsicht ein Vertriebsverbot besteht (Stichwort Gefahr für die Stabilität des Finanzmarktes)?
- Erfolgt regelmäßig (mind. einmal jährlich) die Prüfung, ob das Produktfreigabeverfahren (noch) belastbar und zweckmäßig ist?
- Wurden anlassbezogene Überprüfung des FIN erforderlich (u. a. überschreiten von Schwellen, (In-)Solvenz eines beteiligten Dritten [Garantie, Basiswert])?

Allgemein
- Wurden die Pflichten zu den Anforderungen der Geeignetheits-/Angemessenheitsprüfung neben den Anforderungen zur Product Governance beachtet?
- Wurde der ergänzte FIN-Kreis (strukturierte Einlagen, börsengehandelte Derivate) beachtet?
- Wie überwacht die Geschäftsleitung den Produktfreigabeprozess?
- Ist gewährleistet, dass die am Vertrieb beteiligten Mitarbeiter und Beauftragten über die erforderliche Sachkunde (Verständnis zu Risiko, Merkmale des FIN) verfügen?
- Wie ist die Zuständigkeit bzgl. der Verantwortung für die Durchführung des Produktfreigabeverfahrens geregelt (liegt in der Organisationsverantwortung der einzelnen Wertpapierfirmen – z. B. Vertriebssteuerung, Recht, Finanzen, Organisation, Compliance)? Werde diese ihrer Aufgabe gerecht (prüfen, analysieren, und bewerten)?
- Wie ist der Prozess organisiert (Gremium, Umlaufverfahren oder Kombination)?
- wurden die Ergebnisse revisionssicher dokumentiert?
- Wie ist die COF in den Informationsfluss i. R. des Produktfreigabeverfahrens eingebunden, sofern nicht bereits beratend oder unterstützend aktiv? Sachgerecht und wirksam?
  - mind. Bestandteile der Information (Angaben zum freizugebenden Produkt, identifizierter Zielmarkt, Vertriebsstrategie, mögliche Interessenskonflikte, Resultat des Produktfreigabeverfahrens)
- Kommt die COF ihrer Überwachungsaufgabe i. R. der Produktfreigabevorkehrungen regelmäßig, vollständig und wirksam nach? (Stichwort Risikoerkennung)
- Enthalten die Compliance-Berichte die erforderlichen Ausführungen zu den von der Wertpapierfirma konzipierten FIN und der Vertriebsstrategie?
- Erfolgt durch die Wertpapierfirma i. R. der regelmäßigen Produktüberwachung der Einbezug von Ereignissen, die wesentliche Auswirkungen auf das potenzielle Risiko für den Zielmarkt haben könnten? Entspricht das FIN noch den Bedürfnissen des Zielmarktes?
- Wie ist der Inhalt des Produktfreigabeverfahrens?
  - Wurde ein bestimmter Zielmarkt an Endkunden festgelegt und an Datenlieferanten (z. B. WM-Datenservice) gemeldet?
  - Wurde eine Interessenkonfliktanalyse durchgeführt?
  - Wurde die Kosten- und Gebührenstruktur bezogen auf Kundeninteressen des FIN geprüft?
  - Ist eine Szenarioanalyse durchgeführt?
  - Wurden Produktinterventionen mit Blick auf das angedachte FIN geprüft?
  - Entspricht die beabsichtigte Vertriebsstrategie dem bestimmten Zielmarkt?

4.4 Corporate Governance

228 Aus den neuen Anforderungen der Finanzmarktrichtlinie und deren Umsetzung lässt sich eine Stärkung der Corporate Governance i.W. in den Bereichen der COF (Verweis Pkt. 4.1 COF), einer gestärkten Vergütungspolitik und strengere Anforderung an die Leitungs- und Kontrollorgane ableiten.

4.4.1 Rechtsgrundlagen

229 **Verordnungen/Richtlinien/Gesetze:**
- Art. 9 Abs. 3, 16, 23, 24 MiFID II
- delegierte Verordnung 2017/565 DVO Art. 25, 27

- §§ 81, 63 Abs. 3 WpHG n. F.
- Leitlinien zu Vergütungsgrundsätzen und Verfahren (ESMA)
- Leitlinien für solide Vergütungspolitiken unter Berücksichtigung der OGAW-Richtlinie (ESMA)
- Institutsvergütungsverordnung (InstitutsVergV)
- Mindestanforderungen an Compliance (MaComp)
- Mindestanforderungen an das Risikomanagement von Kapitalverwaltungsgesellschaften (KVGen) (KAMaRisk)
- Kapitalanlagegesetzbuch (KAGB)
- Kreditwesengesetz (KWG)

Anmerkungen: Die ESMA-Leitlinien werden durch die Vergütungsregeln der MiFID II i. V. m. der DVO ersetzt. Sie sind somit als Auslegungshilfe zu betrachten.

4.4.2 Anforderungen

4.4.2.1 Definition Leitungsorgan

Auszug Richtlinie 2013/36/EU v. 26. 06. 2013 – Definition „Leitungsorgan"   *230*

„Unter einem Leitungsorgan sollte ein Organ zu verstehen sein, das Führungs- und Aufsichtsaufgaben wahrnimmt. In Mitgliedstaaten mit einem dualistischen System wird die Aufsichtsfunktion von einem gesonderten Aufsichtsrat ohne Führungsaufgaben wahrgenommen, wohingegen die Geschäftsführung von einem gesonderten Vorstand (Geschäftsleitung) wahrgenommen wird, der für das tägliche Geschäft des Unternehmens verantwortlich und rechenschaftspflichtig ist. Dem entsprechend sind den verschiedenen Einheiten innerhalb des Leitungsorgans unterschiedliche Aufgaben zugewiesen.

Zu den Aufgaben nicht geschäftsführender Mitglieder des Leitungsorgans (Aufsichtsorgan)   *231* eines Instituts sollte gehören, die Strategie des Instituts konstruktiv zu kritisieren, um dadurch zu deren Weiterentwicklung beizutragen; sorgfältig zu prüfen, inwieweit die Geschäftsleitung vereinbarte Ziele verwirklicht; sich davon zu überzeugen, dass Finanzinformationen korrekt und die Finanzkontrollen und Risikomanagementsysteme solide und vertretbar sind; Gestaltung und Anwendung der Vergütungspolitik des Instituts sorgfältig prüfen und objektive Stellungnahmen zur Mittelausstattung, Einstellungen und Verhaltensregeln abgeben.

Bei der internen Aufgabenverteilung stellen die Wertpapierfirmen sicher, dass die Ge-   *232* schäftsleitung sowie ggf. das Aufsichtsorgan, die Verantwortung dafür tragen, dass die Wertpapierfirma ihre in der Richtlinie 2014/65/EU festgelegten Pflichten erfüllt."

MiFID II verlangt eine Unternehmensführung in einer Art und Weise wahrzunehmen, die   *233* die Integrität des Marktes wahrt und die Interessen der Kunden fördert. Hierzu hat die Geschäftsleitung einer Wertpapierfirma die Umsetzung der Unternehmensführungsregelungen in Abhängigkeit von Art, Umfang und Komplexität der Geschäftstätigkeit festzulegen, zu überwachen und ist für sie rechenschaftspflichtig. I. R. dieser Regelungen ist eine umsichtige Unternehmensführung zu gewährleisten und auf eine Aufgabentrennung in der Wertpapierfirma und die Vorbeugung von Interessenkonflikten zu achten.

Eine Wertpapierfirma sieht angemessene Strategien und Verfahren vor, die ausreichen, um   *234* sicherzustellen, dass die Firma, ihre Geschäftsleitung, Beschäftigte und vertraglich gebundenen Vermittler den Verpflichtungen gemäß Unternehmensführungsregeln, sowie den einschlägigen Vorschriften für persönliche Geschäfte dieser Personen nachkommen und somit Interessenkonflikte ausgeschlossen werden (siehe hierzu Pkt. 4.1.3).

235 Die Geschäftsleitung verfügt als Ganzes über Kenntnisse, Fähigkeiten und Erfahrung zum Geschäft sowie zum Hauptrisiko der Wertpapierfirma. Hieraus leitet sich die Verpflichtung für die Festlegung, die Annahme und die Überwachung einer Firmenpolitik hinsichtlich der angebotenen und erbrachten bzw. gelieferten Dienstleistungen, Anlagetätigkeiten, Produkte und Geschäfte in Einklang mit der Risikotoleranz der Firma und den Besonderheiten und Bedürfnissen der Kunden der Firma, denen diese angeboten und für die diese erbracht bzw. geliefert werden, ab.

236 In einem dualistischen System, wie in Deutschland, findet eine Überwachung der Firmenpolitik und dessen Umsetzung durch das Aufsichtsorgan statt. Die Wertpapierfirma hat sicherzustellen, dass das Aufsichtsorgan regelmäßig schriftliche Berichte zu den Themen Compliance, Risikomanagement und IR erhält.

237 Für den Einsatz von Mitarbeitern mit den erforderlichen Fähigkeiten, Kenntnissen und Erfahrungen ist die Geschäftsleitung verantwortlich.

4.4.2.2 Vergütungspolitik

238 Die Geschäftsleitung hat Vergütungsgrundsätze für Personen aufzusetzen, die an der Erbringung von Wertpapierdienstleistungen oder Wertpapiernebendienstleistungen für Kunden beteiligt sind. Hierbei ist sie durch die COF zu beraten. Diese müssen ausgerichtet sein auf
   – eine verantwortungsvolle Unternehmensführung,
   – die faire Behandlung der Kunden und
   – die Vermeidung von Interessenkonflikten im Verhältnis zu den Kunden.

239 Die Vergütungssysteme werden in Deutschland bereits durch das KWG, die InstitutsVergV sowie KAGB reguliert. Die ESMA-Leitlinien für KVGen wurden von der BaFin in den MaComp berücksichtigt, die KAMaRisk gelten analog.

240 Die deutsche Umsetzung der Vergütungsregeln der MiFID II und der DVO werden zusätzlich zur Vergütungsregulierung nach KWG, KAGB und InstitutsVergV gelten; im Konfliktfall gehen die nationalen Regelungen vor.

241 Für AIF-KVGen und OGAW-KVGen gelten die MaComp sofern diese Unternehmen die Finanzportfolioverwaltung, die Anlageberatung, das Depotgeschäft bezüglich Investmentanteilen oder die Anlagevermittlung (nur AIF-KVGen § 20 Abs. 3 Nr. 5 KAGB) betreiben sowie zusätzlich § 37 Abs. 1 und Abs. 2 KAGB. Gegenüber den Vergütungsregeln der MiFID II dürften die § 37 Abs. 1 und Abs. 2 KAGB i. V. m. Anhang II AIFMD vorgehen.

242 Unter Vergütung wird jede Form direkter oder indirekter Zahlungen oder Zuwendungen (hierzu zählen auch Abfindungen und ggf. Zulagen) von Wertpapierfirmen an relevante Personen (Personen, die die erbrachte Dienstleistung und/oder das Verhalten des Unternehmens maßgeblich beeinflussen können, einschließlich der Personen, die als Mitarbeiter im Bereich Vertrieb mit Kundenkontakt [Frontoffice], als Außendienstmitarbeiter und/oder als

sonstige Mitarbeiter an der Erbringung von Wertpapier- und/oder Nebendienstleistungen beteiligt sind) die an der Erbringung von Wertpapier- und/oder Nebendienstleistungen für Kunden beteiligt sind, verstanden.

Hierzu führt § 63 Abs. 3 WpHG n. F. aus, dass eine Wertpapierfirma sicherstellen muss, dass es die Leistung seiner Mitarbeiter nicht in einer Weise vergütet oder bewertet, die mit seiner Pflicht, im bestmöglichen Interesse der Kunden zu handeln, kollidiert. Hervorzuheben ist das Verbot, durch Vorgaben von Verkaufszielen Anreize zu setzen, einem Privatkunden ein bestimmtes FIN zu empfehlen, obwohl dies nicht in seinem Interesse ist (siehe hierzu analog Art. 24 Abs. 10 MiFID II). 243

Praxis-Tipp:

In den Dokumenten zur Vergütungspolitik/-struktur wird abweichend vom Privatkunden oder Kunden gesprochen (MiFID II = Kleinanleger, DVO = Kunden, WpHG = Privatkunde). Hieraus jedoch eine unterschiedliche Behandlung der Kunden nach Klassifizierung abzuleiten, ist falsch. Im Rahmen der Portfolioverwaltung, als auch der Anlageberatung gilt für alle Kunden unabhängig einer jeweiligen Klassifizierung, der Grundsatz einer anlegerrechten Verwaltung bzw. Beratung.

Hierzu ist den Leitlinien zu entnehmen, dass diese die Erbringung von Dienstleistungen für Privatkunden betreffen. Soweit zutreffend, sollten sie auch bei Dienstleistungen für professionelle Anleger zur Anwendung kommen. 244

Durch die Geschäftsleitung sind Vorgaben für Grundsätze und Verfahren festzulegen, die die Phasen des Entstehungs- und Umsetzungsprozesses berücksichtigt. 245

Der Art. 25 Abs. 3 DVO sieht vor, dass der Vorstand (Geschäftsleitung) der Wertpapierfirma die Vergütungsgrundsätze nach Beratung mit der COF zu genehmigen hat. Die Geschäftsleitung der Wertpapierfirma ist für die Umsetzung der Vergütungsgrundsätze sowie für die Überwachung der Compliance-Risiken in Bezug auf die Grundsätze verantwortlich. 246

Praxis-Tipp:

In der InstitutsVergV wird entgegen der DVO nicht von einer Genehmigung der Vergütungsgrundsätze gesprochen.

Entsprechend der InstitutsVergV ist das Verwaltungs- oder Aufsichtsorgan für die angemessene Ausgestaltung der Vergütungssysteme der Geschäftsleiter und Geschäftsleiterinnen nach Maßgabe des § 25a Abs. 1 Nummer 6 in Verbindung mit Abs. 5 des KWG verantwortlich. Es besteht die Notwendigkeit der Zuständigkeitsregelung zwischen Geschäftsleitung und Verwaltungs- oder Aufsichtsorgan. Es besteht ein Anhörungs- und Auskunftsrecht des Verwaltungs- oder Aufsichtsorgans.

Des Weiteren ist vorgesehen, dass das Verwaltungs- oder Aufsichtsorgan für außerordentliche Entwicklungen eine Begrenzungsmöglichkeit vereinbart. Im Rahmen der Anforderungen an die Vergütung von Geschäftsleitern hat er bei der Feststellung für ein angemessenes Verhältnis zu Aufgaben und Leistungen zu sorgen unter Berücksich- 247 tigung der Lage des Instituts und das die Vergütung nicht ohne besondere Gründe eine übliche Vergütung übersteigt.

248 Die Vergütung darf nicht ausschließlich oder vorwiegend auf quantitativen wirtschaftlichen Kriterien beruhen. Der Schwerpunkt ist auf qualitative Faktoren (z. B. erzielte Anlagerendite, sehr geringe Anzahl von Beschwerden über einen längeren Zeitraum etc.) zu legen, die eine faire Behandlung des Kunden und die Qualität der erbrachten Dienstleistung widerspiegeln.

249 Des Weiteren hat das Management angemessene und umfangreiche Kontrollhandlungen zu den Themen strategische Ziele und deren Eignung, Wirksamkeit der Unternehmensführungsregelungen, Angemessenheit der Firmenpolitik und Produktüberwachungsprozesse (Informationen zum Produktüberwachungsprozess sind im Compliance-Bericht mitaufzunehmen) vorzunehmen. Bestehen Mängel sind diese unverzüglich zu beseitigen

250 Die Finanzmarktrichtlinie sieht Anforderungen an die Zusammensetzung der Organe, den Leumund, die Kenntnisse, die Fähigkeiten und Erfahrungen vor.

4.4.3 Mögliche Prüfungsschwerpunkte Corporate Governance

251 **Corporate Governance:**
- Sofern nicht durch geltendes Recht eine Aufteilung der Zuständigkeit zwischen Leitungs- und Aufsichtsorgan geben ist, wurde eine vorgenommen? In welcher Art?
- Wird das Aufsichtsorgan ausreichend über die Wertpapierfirma informiert?
- Hat die Geschäftsleitung die Unternehmensführungsregelungen in Abhängigkeit von Art, Umfang und Komplexität der Geschäftstätigkeit festgelegt, überwacht und ist für sie rechenschaftspflichtig?
- Wurden durch die Geschäftsleitung angemessene Strategien und Verfahren erlassen, die ausreichen, um sicherzustellen den Verpflichtungen gemäß Unternehmensführungsregeln, sowie den einschlägigen Vorschriften für persönliche Geschäfte dieser Personen nachzukommen?
- Wurde der Einsatz von Mitarbeitern mit den erforderlichen Fähigkeiten, Kenntnissen und Erfahrungen durch die Geschäftsleitung sichergestellt?
- Wie, auf welcher Informationsbasis, durch wen erfolgte unter Einbezug der COF die Erstellung der Vergütungsgrundsätze?
- Sind aus den Vergütungsgrundsätzen Interessenkonflikte zu Lasten des Kundeninteresses ableitbare (negative Anreize, vorwiegend quantitative wirtschaftliche Kriterien)?
- Wurden hierbei die nationalen Gesetze und Verordnungen (InstitutsVergV, MaComp etc.) beachtet? Wurde eine Abweichungsanalyse zwischen nationalen und europäischen Anforderungen vorgenommen? Wurden mögliche Abweichungen im Hinblick auf mögliche Auswirkungen auf die Wertpapierfirma analysiert?
- Werden alle betroffenen Personen in den Anwendungsbereich einbezogen?
- Wurden in den Anweisungen die möglichen Vergütungsarten aufgenommen? Sind diese korrekt?
- Hat die Geschäftsleitung angemessene und umfangreiche Kontrollhandlungen zum Vergütungssystem sichergestellt? In welcher Art? Zuständigkeit? Beachtung der Berichtspflicht?

Anhang

Synopse

Norbert Haak

Die folgenden Tabellen beinhalten Aufstellungen über die

1. Umsetzung der Richtlinie 2014/65 (Spalte 3) gegenüber der Richtlinie 2004/39/EG Spalte 1) sowie den zu der Richtlinie 2014/65/EU ergangenen Verordnungen (Level II) (Spalte 4) und den Umsetzungsstand im Wertpapierhandelsgesetz (Spalte 5) nach dem II. Finanzmarktnovellierungsgesetz.
2. Grundlagen zur Umsetzung der Richtlinie 2004/39/EG (Spalte 2)
3. Umsetzung der Verordnung 600/2014 (Spalte 2) gegenüber der Richtlinie 2004/39/EG (Spalte 1) sowie den zu der Verordnung ergangenen Verordnungen (Level II) (Spalte 3).
4. Aufstellung aller aktuellen Dokumente die Grundlage für die Synopse gewesen sind.

Stand 19.09.2017

Teil 1

Umsetzung der Richtlinie 2014/65 (Spalte 3) gegenüber der Richtlinie 2004/39/EG Spalte 1) sowie den zu der Richtlinie 2014/65/EU ergangenen Verordnungen (Level II) (Spalte 4) und den Umsetzungsstand im Wertpapierhandelsgesetz (Spalte 5) nach dem II. Finanzmarktnovellierungsgesetz.

Umsetzung der Richtlinie 2014/65 (Spalte 3) gegenüber der Richtlinie 2004/39/EG Spalte 1).

Umsetzung der Richtlinie 2004/39/EG Spalte 1 durch RL 2006/73; der VO 1287/2006 und der Gesetzesbegründung zum Finanzmarkt-Richtlinie-Umsetzungsgesetz (FRUG BT-Drs.16/4028)

Umsetzung den zu der Richtlinie 2014/65/EU ergangenen Verordnungen (Level II) (Spalte 4) und den Umsetzungsstand im Wertpapierhandelsgesetz (Spalte 5) nach dem II. Finanzmarktnovellierungsgesetz.

(Sortiert nach Spalte 3)

Synopse

Richtlinie 2004/39/EG Spalte 1	Richtlinie 2006/73/EU Verordnung 1287/2006 BtDrs. 16/4028 Spalte 2	Richtlinie 2014/65/EU Spalte 3	Verordnungen zu RL 2014/65/EU Spalte 4	Umsetzung der Richtlinie 2014/65 durch Finanzmarktnovellierungsgesetz Spalte 5
Art. 01 Abs. 01		Art. 01 Abs. 01		
Art. 01 Abs. 02		Art. 01 Abs. 03		
		Art. 01 Abs. 04		§ 096 WpHG
		Art. 01 Abs. 05		§ 003 Abs. 03 Satz 1 WpHG
		Art. 02 Abs. 01	0565/2017 Art. 004	§ 003 Abs. 01 WpHG
Art. 02 Abs. 01 Buchst. a		Art. 02 Abs. 01 Buchst. a		§ 003 Abs. 01 Nr. 04 WpHG
Art. 02 Abs. 01 Buchst. b		Art. 02 Abs. 01 Buchst. b		
Art. 02 Abs. 01 Buchst. c		Art. 02 Abs. 01 Buchst. c		
Art. 02 Abs. 01 Buchst. d		Art. 02 Abs. 01 Buchst. d		§ 003 Abs. 01 Nr. 11 WpHG
Art. 02 Abs. 01 Buchst. e		Art. 02 Abs. 01 Buchst. e		§ 003 Abs. 01 Nr. 15 WpHG
Art. 02 Abs. 01 Buchst. f		Art. 02 Abs. 01 Buchst. f		
Art. 02 Abs. 01 Buchst. g		Art. 02 Abs. 01 Buchst. g		§ 003 Abs. 01 Nr. 05 WpHG
Art. 02 Abs. 01 Buchst. h	§ 02a Abs. 01 Nr. 14 WpHG	Art. 02 Abs. 01 Buchst. i		§ 003 Abs. 01 Nr. 18 WpHG

Richtlinie 2004/39/EG Spalte 1	Richtlinie 2006/73/EU Verordnung 1287/2006 BtDrs. 16/4028 Spalte 2	Richtlinie 2014/65/EU Spalte 3	Verordnungen zu RL 2014/65/EU Spalte 4	Umsetzung der Richtlinie 2014/65 durch Finanzmarktnovellierungsgesetz Spalte 5
Art. 02 Abs. 01 Buchst. k	§ 02a Abs. 01 Nr. 12 WpHG	Art. 02 Abs. 01 Buchst. i		§ 003 Abs. 01 Nr. 08 WpHG
Art. 02 Abs. 01 Buchst. i	§ 02a Abs. 01 Nr. 09 WpHG	Art. 02 Abs. 01 Buchst. j		§ 003 Abs. 01 Satz 02 und 03 WpHG
		Art. 02 Abs. 01 Buchst. j		§ 003 Abs. 01 Satz 02 WpHG
		Art. 02 Abs. 01 Buchst. j		§ 003 Abs. 04 WpHG
Art. 02 Abs. 01 Buchst. j	§ 02a Abs. 01 Nr. 11 WpHG	Art. 02 Abs. 01 Buchst. k		
Art. 02 Abs. 01 Buchst. m		Art. 02 Abs. 01 Buchst. l		
Art. 02 Abs. 01 Buchst. n		Art. 02 Abs. 01 Buchst. m		§ 003 Abs. 01 Nr. 16 WpHG
		Art. 02 Abs. 01 Buchst. n		
		Art. 02 Abs. 01 Buchst. o		
Art. 02 Abs. 02		Art. 02 Abs. 02		
		Art. 02 Abs. 03		
Art. 02 Abs. 03		Art. 02 Abs. 04	0592/2017	
Art. 03 Abs. 01		Art. 03 Abs. 01		

Synopse

Richtlinie 2004/39/EG Spalte 1	Richtlinie 2006/73/EU Verordnung 1287/2006 BtDrs. 16/4028 Spalte 2	Richtlinie 2014/65/EU Spalte 3	Verordnungen zu RL 2014/65/EU Spalte 4	Umsetzung der Richtlinie 2014/65 durch Finanzmarktnovellierungsgesetz Spalte 5
		Art. 03 Abs. 01 Buchst. d		§ 003 Abs. 01 Nr. 09 WpHG
		Art. 03 Abs. 01 Buchst. e		§ 003 Abs. 01 Nr. 10 WpHG
Art. 03 Abs. 02		Art. 03 Abs. 02		§ 003 Abs. 03 Satz 02 WpHG
		Art. 03 Abs. 03		
		Art. 03 Abs. 04		
Art. 04 Abs. 01 Unterabs. 01		Art. 03 Abs. 05		
Art. 04 Abs. 01 Unterabs. 02		Art. 04 Abs. 01 Nr. 01	0565/2017 Art. 005	
		Art. 04 Abs. 01 Nr. 02	0565/2017 Art. 006	
		Art. 04 Abs. 01 Nr. 02	0565/2017 Art. 007	
Art. 04 Abs. 01 Nr. 03		Art. 04 Abs. 01 Nr. 02	0565/2017 Art. 008	
Art. 04 Abs. 01 Nr. 04	2006/73 Art. 52	Art. 04 Abs. 01 Nr. 03		
Art. 04 Abs. 01 Nr. 05		Art. 04 Abs. 01 Nr. 04	0565/2017 Art. 009	
		Art. 04 Abs. 01 Nr. 05		

Richtlinie 2004/39/EG	Richtlinie 2006/73/EU Verordnung 1287/2006 BtDrs. 16/4028	Richtlinie 2014/65/EU	Verordnungen zu RL 2014/65/EU	Umsetzung der Richtlinie 2014/65 durch Finanzmarktnovellierungsgesetz
Spalte 1	Spalte 2	Spalte 3	Spalte 4	Spalte 5
Art. 04 Abs. 01 Nr. 06		Art. 04 Abs. 01 Nr. 06		§ 002 Abs. 08 Nr. 02 Buchst. a WpHG
Art. 04 Abs. 01 Nr. 08		Art. 04 Abs. 01 Nr. 07		
Art. 04 Abs. 01 Nr. 09		Art. 04 Abs. 01 Nr. 08		
Art. 04 Abs. 01 Nr. 10	§ 31a WpHG	Art. 04 Abs. 01 Nr. 09		
Art. 04 Abs. 01 Nr. 11	§ 31a WpHG	Art. 04 Abs. 01 Nr. 10		
Art. 04 Abs. 01 Nr. 12	§ 31a WpHG	Art. 04 Abs. 01 Nr. 11		
Art. 04 Abs. 01 Nr. 16		Art. 04 Abs. 01 Nr. 13	0565/2017 Art. 077	§ 002 Abs. 46 WpHG
Art. 04 Abs. 01 Nr. 17	§ 02 Abs. 02b i. V. m. Abs. 01; 01 a und 02 WpHG	Art. 04 Abs. 01 Nr. 14		
		Art. 04 Abs. 01 Nr. 15		
		Art. 04 Abs. 01 Nr. 16		
Art. 04 Abs. 01 Nr. 19		Art. 04 Abs. 01 Nr. 17	0565/2017 Art. 011	§ 002 Abs. 02 WpHG
Art. 04 Abs. 01 Nr. 13		Art. 04 Abs. 01 Nr. 18		§ 002 Abs. 21 WpHG
Art. 04 Abs. 01 Nr. 07	2006/1287 Art. 21; § 02 Abs. 10 WpHG	Art. 04 Abs. 01 Nr. 20		§ 002 Abs. 08 Nr. 02 Buchst. b WpHG

Synopse

Richtlinie 2004/39/EG Spalte 1	Richtlinie 2006/73/EU Verordnung 1287/2006 BtDrs. 16/4028 Spalte 2	Richtlinie 2014/65/EU Spalte 3	Verordnungen zu RL 2014/65/EU Spalte 4	Umsetzung der Richtlinie 2014/65 durch Finanzmarktnovellierungsgesetz Spalte 5
		Art. 04 Abs. 01 Nr. 20	0565/2017 Art. 012	
		Art. 04 Abs. 01 Nr. 20	0565/2017 Art. 013	
		Art. 04 Abs. 01 Nr. 20	0565/2017 Art. 014	
		Art. 04 Abs. 01 Nr. 20	0565/2017 Art. 015	
		Art. 04 Abs. 01 Nr. 20	0565/2017 Art. 016	
		Art. 04 Abs. 01 Nr. 20 Unterabs. 02	0565/2017 Art. 017	§ 002 Abs. 08 Satz 3 bis 05 WpHG
Art. 04 Abs. 01 Nr. 14	§ 02 Abs. 05 WpHG	Art. 04 Abs. 01 Nr. 21		§ 002 Abs. 08 Nr. 08 WpHG
Art. 04 Abs. 01 Nr. 15	§ 02 Abs. 03 Nr. 08 WpHG	Art. 04 Abs. 01 Nr. 22		§ 002 Abs. 08 Nr. 09 WpHG
		Art. 04 Abs. 01 Nr. 23		
		Art. 04 Abs. 01 Nr. 24		§ 002 Abs. 22 WpHG
		Art. 04 Abs. 01 Nr. 25		§ 002 Abs. 23 WpHG
Art. 04 Abs. 01 Nr. 22		Art. 04 Abs. 01 Nr. 26		
Art. 04 Abs. 01 Nr. 23		Art. 04 Abs. 01 Nr. 27		

Richtlinie 2004/39/EG	Richtlinie 2006/73/EU Verordnung 1287/2006 BtDrs. 16/4028	Richtlinie 2014/65/EU	Verordnungen zu RL 2014/65/EU	Umsetzung der Richtlinie 2014/65 durch Finanzmarktnovellierungsgesetz
Spalte 1	Spalte 2	Spalte 3	Spalte 4	Spalte 5
Art. 04 Abs. 01 Nr. 24		Art. 04 Abs. 01 Nr. 28		
Art. 04 Abs. 01 Nr. 25		Art. 04 Abs. 01 Nr. 29		
Art. 04 Abs. 01 Nr. 26		Art. 04 Abs. 01 Nr. 30		§ 002 Abs. 24 WpHG
Art. 04 Abs. 01 Nr. 27		Art. 04 Abs. 01 Nr. 31		
Art. 04 Abs. 01 Nr. 28		Art. 04 Abs. 01 Nr. 32		§ 002 Abs. 25 WpHG
Art. 04 Abs. 01 Nr. 29		Art. 04 Abs. 01 Nr. 33		§ 002 Abs. 26 WpHG
		Art. 04 Abs. 01 Nr. 34		§ 002 Abs. 27 WpHG
Art. 04 Abs. 01 Nr. 31		Art. 04 Abs. 01 Nr. 35		§ 002 Abs. 28 WpHG
Art. 04 Abs. 01 Nr. 30		Art. 04 Abs. 01 Nr. 35 Buchst. b		
		Art. 04 Abs. 01 Nr. 38	0565/2017 Art. 018	§ 002 Abs. 29 WpHG
		Art. 04 Abs. 01 Nr. 39	0565/2017 Art. 019	§ 080 Abs. 02 Satz 01 WpHG
		Art. 04 Abs. 01 Nr. 40		§ 002 Abs. 08 Nr. 02 Buchst. d WpHG
		Art. 04 Abs. 01 Nr. 40		§ 002 Abs. 44 WpHG

Synopse

Richtlinie 2004/39/EG Spalte 1	Richtlinie 2006/73/EU Verordnung 1287/2006 BtDrs. 16/4028 Spalte 2	Richtlinie 2014/65/EU Spalte 3	Verordnungen zu RL 2014/65/EU Spalte 4	Umsetzung der Richtlinie 2014/65 durch Finanzmarktnovellierungsgesetz Spalte 5
Art. 04 Abs. 01 Nr. 18	§ 02 Abs. 01 WpHG	Art. 04 Abs. 01 Nr. 41	0565/2017 Art. 020	§ 002 Abs. 30 WpHG
		Art. 04 Abs. 01 Nr. 44		§ 002 Abs. 31 WpHG
		Art. 04 Abs. 01 Nr. 45		§ 002 Abs. 32 WpHG
		Art. 04 Abs. 01 Nr. 46		§ 002 Abs. 33 WpHG
		Art. 04 Abs. 01 Nr. 47		§ 002 Abs. 34 WpHG
		Art. 04 Abs. 01 Nr. 48		§ 002 Abs. 35 WpHG
		Art. 04 Abs. 01 Nr. 49		§ 002 Abs. 03 WpHG
		Art. 04 Abs. 01 Nr. 49		§ 002 Abs. 36 WpHG
		Art. 04 Abs. 01 Nr. 50		§ 002 Abs. 45 WpHG
		Art. 04 Abs. 01 Nr. 51		§ 002 Abs. 37 WpHG
		Art. 04 Abs. 01 Nr. 52		§ 002 Abs. 38 WpHG
		Art. 04 Abs. 01 Nr. 53		§ 002 Abs. 39 WpHG
		Art. 04 Abs. 01 Nr. 54		
Art. 04 Abs. 01 Nr. 20		Art. 04 Abs. 01 Nr. 55		§ 002 Abs. 17 WpHG

Richtlinie 2004/39/EG Spalte 1	Richtlinie 2006/73/EU Verordnung 1287/2006 BtDrs. 16/4028 Spalte 2	Richtlinie 2014/65/EU Spalte 3	Verordnungen zu RL 2014/65/EU Spalte 4	Umsetzung der Richtlinie 2014/65 durch Finanzmarktnovellierungsgesetz Spalte 5
Art. 04 Abs. 01 Nr. 21	§ 02 Abs. 09 WpHG	Art. 04 Abs. 01 Nr. 56		§ 002 Abs. 18 WpHG
		Art. 04 Abs. 01 Nr. 57		§ 002 Abs. 41 WpHG
		Art. 04 Abs. 01 Nr. 58		§ 002 Abs. 20 WpHG
		Art. 04 Abs. 01 Nr. 60		§ 002 Abs. 42 WpHG
		Art. 04 Abs. 01 Nr. 61		§ 002 Abs. 47 WpHG
		Art. 04 Abs. 01 Nr. 62		§ 002 Abs. 43 WpHG
		Art. 04 Abs. 01 Nr. 63		§ 002 Abs. 40 WpHG
Art. 04 Abs. 02		Art. 04 Abs. 02		
Art. 05 Abs. 01		Art. 05 Abs. 01		
Art. 05 Abs. 02	§ 02a Abs. 01 Nr. 13 WpHG	Art. 05 Abs. 02		§ 003 Abs. 01 Nr. 13 WpHG
Art. 05 Abs. 03		Art. 05 Abs. 03		
Art. 05 Abs. 04		Art. 05 Abs. 04		
Art. 06 Abs. 01		Art. 06 Abs. 01		
Art. 06 Abs. 02		Art. 06 Abs. 02		

Synopse

Richtlinie 2004/39/EG	Richtlinie 2006/73/EU Verordnung 1287/2006 BtDrs. 16/4028	Richtlinie 2014/65/EU	Verordnungen zu RL 2014/65/EU	Umsetzung der Richtlinie 2014/65 durch Finanzmarktnovellierungsgesetz
Spalte 1	Spalte 2	Spalte 3	Spalte 4	Spalte 5
Art. 06 Abs. 03		Art. 06 Abs. 03		
Art. 07 Abs. 01		Art. 07 Abs. 01		
Art. 07 Abs. 02		Art. 07 Abs. 02		
Art. 07 Abs. 03		Art. 07 Abs. 03		
Art. 07 Abs. 04		Art. 07 Abs. 04 und 05		
Art. 08 Buchst. a		Art. 08 Buchst. a		
Art. 08 Buchst. b		Art. 08 Buchst. b		
Art. 08 Buchst. c		Art. 08 Buchst. c		
Art. 08 Buchst. d		Art. 08 Buchst. d		
Art. 08 Buchst. e		Art. 08 Buchst. e		
Art. 09 Abs. 01		Art. 09 Abs. 01 und 03		§ 081 Abs. 01 bis 03 WpHG
Art. 09 Abs. 03		Art. 09 Abs. 03		
Art. 09 Abs. 02		Art. 09 Abs. 05		

Richtlinie 2004/39/EG Spalte 1	Richtlinie 2006/73/EU Verordnung 1287/2006 BtDrs. 16/4028 Spalte 2	Richtlinie 2014/65/EU Spalte 3	Verordnungen zu RL 2014/65/EU Spalte 4	Umsetzung der Richtlinie 2014/65 durch Finanzmarktnovellierungsgesetz Spalte 5
Art. 09 Abs. 04		Art. 09 Abs. 06		
Art. 10 Abs. 01		Art. 10 Abs. 01		
Art. 10 Abs. 02		Art. 10 Abs. 02		
Art. 10 Abs. 06		Art. 10 Abs. 03		
Art. 10 Abs. 03		Art. 11 Abs. 01		
Art. 10 Abs. 04		Art. 11 Abs. 02		
Art. 10 Abs. 05		Art. 11 Abs. 03		
Art. 10 Abs. 06		Art. 11 Abs. 04		
Art. 10a Abs. 01		Art. 12 Abs. 01		
Art. 10a Abs. 02		Art. 12 Abs. 02		
Art. 10a Abs. 03		Art. 12 Abs. 03		
Art. 10a Abs. 04		Art. 12 Abs. 04		
Art. 10a Abs. 05		Art. 12 Abs. 05		
Art. 10a Abs. 06		Art. 12 Abs. 06		

Synopse

Richtlinie 2004/39/EG Spalte 1	Richtlinie 2006/73/EU Verordnung 1287/2006 BtDrs. 16/4028 Spalte 2	Richtlinie 2014/65/EU Spalte 3	Verordnungen zu RL 2014/65/EU Spalte 4	Umsetzung der Richtlinie 2014/65 durch Finanzmarktnovellierungsgesetz Spalte 5
Art. 10a Abs. 07		Art. 12 Abs. 07		
Art. 10a Abs. 08		Art. 12 Abs. 08 und 09		
Art. 10b Abs. 01		Art. 13 Abs. 01		
Art. 10b Abs. 02		Art. 13 Abs. 02		
Art. 10b Abs. 03		Art. 13 Abs. 03		
Art. 10b Abs. 04		Art. 13 Abs. 04		
Art. 10b Abs. 05		Art. 13 Abs. 05		
Art. 11		Art. 14		
Art. 12		Art. 15		
Art. 13 Abs. 01		Art. 16 Abs. 01	0565/2017 Art. 027	
Art. 13 Abs. 02	2006/73 Art. 01; Art. 06; Art. 09; bis 15; § 33 Abs. 01 Satz 02 Nr. 01 WpHG	Art. 16 Abs. 02	0565/2017 Art. 022	
		Art. 16 Abs. 02	0565/2017 Art. 025	

1279

Richtlinie 2004/39/EG Spalte 1	Richtlinie 2006/73/EU Verordnung 1287/2006 BtDrs. 16/4028 Spalte 2	Richtlinie 2014/65/EU Spalte 3	Verordnungen zu RL 2014/65/EU Spalte 4	Umsetzung der Richtlinie 2014/65 durch Finanzmarktnovellierungsgesetz Spalte 5
		Art. 16 Abs. 02	0565/2017 Art. 026	
		Art. 16 Abs. 02	0565/2017 Art. 028	
		Art. 16 Abs. 02	0565/2017 Art. 029	
		Art. 16 Abs. 02	0565/2017 Art. 030	
		Art. 16 Abs. 02	0565/2017 Art. 032	
		Art. 16 Abs. 02 bis 10	0565/2017 Art. 021	
Art. 13 Abs. 03	2006/73 Art. 01; 21 bis 22; 25; § 33 Abs. 01 Satz 02 Nr. 03 WpHG	Art. 16 Abs. 03	0565/2017 Art. 033	
		Art. 16 Abs. 03	0565/2017 Art. 034	
		Art. 16 Abs. 03	0565/2017 Art. 037	
		Art. 16 Abs. 03	0565/2017 Art. 038	
		Art. 16 Abs. 03	0565/2017 Art. 039	
		Art. 16 Abs. 03	0565/2017 Art. 040	

Richtlinie 2004/39/EG Spalte 1	Richtlinie 2006/73/EU Verordnung 1287/2006 BtDrs. 16/4028 Spalte 2	Richtlinie 2014/65/EU Spalte 3	Verordnungen zu RL 2014/65/EU Spalte 4	Umsetzung der Richtlinie 2014/65 durch Finanzmarktnovellierungsgesetz Spalte 5
		Art. 16 Abs. 03	0565/2017 Art. 041	
		Art. 16 Abs. 03	0565/2017 Art. 042	
		Art. 16 Abs. 03	0565/2017 Art. 043	
		Art. 16 Abs. 03 Unterabs. 01		§ 080 Abs. 01 Nr. 02 WpHG
		Art. 16 Abs. 03 Unterabs. 02 bis 06		§ 080 Abs. 09 bis 11 WpHG
		Art. 16 Abs. 03 Unterabs. 04 Satz 01		
		Art. 16 Abs. 03 Unterabs. 04 Satz 01		
Art. 13 Abs. 04	2006/73 Art. 01; § 33 Abs. 01 Satz 02 Nr. 02 WpHG	Art. 16 Abs. 04		
Art. 13 Abs. 05	2006/73 Art. 01	Art. 16 Abs. 05	0565/2017 Art. 023	
		Art. 16 Abs. 05	0565/2017 Art. 024	
		Art. 16 Abs. 05 Unterabs. 01	0565/2017 Art. 030	

| Richtlinie 2004/39/EG | Richtlinie 2006/73/EU Verordnung 1287/2006 BtDrs. 16/4028 | Richtlinie 2014/65/EU | Verordnungen zu RL 2014/65/EU | Umsetzung der Richtlinie 2014/65 durch Finanzmarktnovellierungsgesetz |
Spalte 1	Spalte 2	Spalte 3	Spalte 4	Spalte 5
		Art. 16 Abs. 05 Unterabs. 01	0565/2017 Art. 032	
		Art. 16 Abs. 05 Unterabs. 03		§ 080 Abs. 01 Nr. 04 WpHG
Art. 13 Abs. 06	2006/73 Art. 01; 23; 51; 2006/1287 Art. 07; 08; § 34 Abs. 01 WpHG	Art. 16 Abs. 06	0565/2017 Art. 035	§ 083 Abs. 01 WpHG
		Art. 16 Abs. 06	0565/2017 Art. 072	§ 083 Abs. 03 WpHG
		Art. 16 Abs. 06	0565/2017 Art. 074	§ 084 Abs. 01 WpHG
		Art. 16 Abs. 06	0565/2017 Art. 075	
		Art. 16 Abs. 06 Unterabs. 07		§ 083 Abs. 07 WpHG
		Art. 16 Abs. 07	0565/2017 Art. 076	§ 083 Abs. 03 WpHG
		Art. 16 Abs. 07 Unterabs. 09		§ 083 Abs. 06 WpHG
		Art. 16 Abs. 07 Unterabs. 09		§ 083 Abs. 08 WpHG
Art. 13 Abs. 07	2006/73 Art. 01; 16; 17; 19; 20	Art. 16 Abs. 08		

Synopse

Richtlinie 2004/39/EG	Richtlinie 2006/73/EU Verordnung 1287/2006 BtDrs. 16/4028	Richtlinie 2014/65/EU	Verordnungen zu RL 2014/65/EU	Umsetzung der Richtlinie 2014/65 durch Finanzmarktnovellierungsgesetz
Spalte 1	Spalte 2	Spalte 3	Spalte 4	Spalte 5
Art. 13 Abs. 08	2006/73 Art. 01; 16; 18; 20; § 34a Abs. 01 WpHG	Art. 16 Abs. 09		§ 084 Abs. 04 WpHG
		Art. 16 Abs. 10		§ 084 Abs. 07 WpHG
Art. 13 Abs. 09		Art. 16 Abs. 11		
Art. 13 Abs. 10		Art. 16 Abs. 12	0593/2017	
		Art. 17 Abs. 02 Satz 01		§ 080 Abs. 02 WpHG
		Art. 17 Abs. 02 Unterabs. 05 und 06		§ 080 Abs. 03 WpHG
		Art. 17 Abs. 03		§ 080 Abs. 04 WpHG
		Art. 17 Abs. 04		§ 080 Abs. 05 WpHG
		Art. 17 Abs. 05		§ 077 WpHG
		Art. 17 Abs. 06		§ 078 WpHG
		Art. 17 Abs. 07 Buchst. a bis c	0578/2017	
		Art. 17 Abs. 07 Buchst. a und d	0589/2017	

Richtlinie 2004/39/EG Spalte 1	Richtlinie 2006/73/EU Verordnung 1287/2006 BtDrs. 16/4028 Spalte 2	Richtlinie 2014/65/EU Spalte 3	Verordnungen zu RL 2014/65/EU Spalte 4	Umsetzung der Richtlinie 2014/65 durch Finanzmarktnovellierungsgesetz Spalte 5
Art. 14 Abs. 01		Art. 18 Abs. 01		§ 072 Abs. 01 WpHG
Art. 14 Abs. 02	§ 31f Abs. 02 WpHG	Art. 18 Abs. 02		§ 072 Abs. 01 WpHG
Art. 14 Abs. 04	§ 31f Abs. 01 Nr. 01 WpHG	Art. 18 Abs. 03		§ 072 Abs. 01 WpHG
		Art. 18 Abs. 04		§ 072 Abs. 01 WpHG
		Art. 18 Abs. 05		§ 072 Abs. 01 WpHG
Art. 14 Abs. 05		Art. 18 Abs. 05		§ 072 Abs. 02 bis 04 WpHG
		Art. 18 Abs. 06		§ 072 Abs. 01 WpHG
		Art. 18 Abs. 07		§ 072 Abs. 01 WpHG
Art. 14 Abs. 06	§ 31f Abs. 02 WpHG	Art. 18 Abs. 08		§ 072 Abs. 02 bis 04 WpHG
Art. 14 Abs. 07		Art. 18 Abs. 09		
		Art. 18 Abs. 10		
		Art. 18 Abs. 11 Unterabs. 03	0824/2016	§ 072 Abs. 02 bis 04 WpHG
		Art. 19		§ 074 WpHG
Art. 14 Abs. 01	§ 31f Abs. 01 Nr. 02 WpHG	Art. 19 Abs. 01		

Synopse

Richtlinie 2004/39/EG Spalte 1	Richtlinie 2006/73/EU Verordnung 1287/2006 BtDrs. 16/4028 Spalte 2	Richtlinie 2014/65/EU Spalte 3	Verordnungen zu RL 2014/65/EU Spalte 4	Umsetzung der Richtlinie 2014/65 durch Finanzmarktnovellierungsgesetz Spalte 5
Art. 14 Abs. 04		Art. 19 Abs. 02		
Art. 14 Abs. 05		Art. 19 Abs. 03		
Art. 14 Abs. 03	§ 37 Abs. 01 WpHG	Art. 19 Abs. 04		§ 095 WpHG
		Art. 19 Abs. 05		
		Art. 20		§ 074 WpHG
Art. 16 Abs. 01		Art. 21 Abs. 01		
Art. 16 Abs. 02		Art. 21 Abs. 02		
Art. 17 Abs. 01		Art. 22		
		Art. 23	0565/2017 Art. 027	§ 063 WpHG
		Art. 23	0565/2017 Art. 033	
		Art. 23	0565/2017 Art. 034	
		Art. 23	0565/2017 Art. 038	
		Art. 23	0565/2017 Art. 039	
		Art. 23	0565/2017 Art. 040	

Richtlinie 2004/39/EG Spalte 1	Richtlinie 2006/73/EU Verordnung 1287/2006 BtDrs. 16/4028 Spalte 2	Richtlinie 2014/65/EU Spalte 3	Verordnungen zu RL 2014/65/EU Spalte 4	Umsetzung der Richtlinie 2014/65 durch Finanzmarktnovellierungsgesetz Spalte 5
		Art. 23	0565/2017 Art. 041	
		Art. 23	0565/2017 Art. 042	
		Art. 23	0565/2017 Art. 043	
Art. 18 Abs. 01	2006/73 Art. 22; § 33 Abs. 01 Satz 02 Nr. 03 WpHG	Art. 23 Abs. 01		§ 080 Abs. 01 Nr. 02 WpHG
Art. 18 Abs. 02	§ 31 Abs. 01 Nr. 02 WpHG	Art. 23 Abs. 02		§ 063 Abs. 02 WpHG
		Art. 23 Abs. 03		§ 063 Abs. 02 Satz 02 WpHG
Art. 18 Abs. 03		Art. 23 Abs. 04		
		Art. 24	0565/2017 Art. 027	§ 063 WpHG
		Art. 24	0565/2017 Art. 038	
		Art. 24	0565/2017 Art. 039	
		Art. 24	0565/2017 Art. 040	
		Art. 24	0565/2017 Art. 041	
		Art. 24	0565/2017 Art. 042	

Synopse

Richtlinie 2004/39/EG Spalte 1	Richtlinie 2006/73/EU Verordnung 1287/2006 BtDrs. 16/4028 Spalte 2	Richtlinie 2014/65/EU Spalte 3	Verordnungen zu RL 2014/65/EU Spalte 4	Umsetzung der Richtlinie 2014/65 durch Finanzmarktnovellierungsgesetz Spalte 5
Art. 19 Abs. 01	2006/73 Art. 26; 39; 44; 45; 47 bis 49	Art. 24	0565/2017 Art. 043	
		Art. 24 Abs. 01	0565/2017 Art. 058	§ 063 Abs. 01 WpHG
		Art. 24 Abs. 01	0565/2017 Art. 064	
		Art. 24 Abs. 01	0565/2017 Art. 065	
		Art. 24 Abs. 01	0565/2017 Art. 067	
		Art. 24 Abs. 02	0565/2017 Art. 068	§ 063 Abs. 04 und 05 WpHG
Art. 19 Abs. 02	2006/73 Art. 24; 27	Art. 24 Abs. 03	0565/2017 Art. 036	
		Art. 24 Abs. 03	0565/2017 Art. 044	
Art. 19 Abs. 03	2006/73 Art. 28; 29; 30 bis 34	Art. 24 Abs. 04	0565/2017 Art. 045	§ 063 Abs. 07 WpHG
		Art. 24 Abs. 04	0565/2017 Art. 046	
		Art. 24 Abs. 04	0565/2017 Art. 047	
		Art. 24 Abs. 04	0565/2017 Art. 048	
		Art. 24 Abs. 04	0565/2017 Art. 049	

Richtlinie 2004/39/EG Spalte 1	Richtlinie 2006/73/EU Verordnung 1287/2006 BtDrs. 16/4028 Spalte 2	Richtlinie 2014/65/EU Spalte 3	Verordnungen zu RL 2014/65/EU Spalte 4	Umsetzung der Richtlinie 2014/65 durch Finanzmarktnovellierungsgesetz Spalte 5
		Art. 24 Abs. 04	0565/2017 Art. 050	
		Art. 24 Abs. 04	0565/2017 Art. 051	
		Art. 24 Abs. 04	0565/2017 Art. 052	
		Art. 24 Abs. 04	0565/2017 Art. 053	
		Art. 24 Abs. 04	0565/2017 Art. 061	
		Art. 24 Abs. 04	0565/2017 Art. 065	§ 064 Abs. 01 WpHG
		Art. 24 Abs. 04 Buchst. a		§ 063 Abs. 07 Satz 03 Nr. 01 WpHG
		Art. 24 Abs. 04 Buchst. b		
		Art. 24 Abs. 04 Buchst. c		§ 063 Abs. 07 Satz 03 Nr. 02 WpHG
		Art. 24 Abs. 04 Zweiter Unterabs.		§ 063 Abs. 07 Satz 04 WpHG
		Art. 24 Abs. 05		§ 063 Abs. 07 Satz 01 Zweiter HS WpHG
Art. 19 Abs. 09		Art. 24 Abs. 06		§ 063 Abs. 08 WpHG

Synopse

Richtlinie 2004/39/EG Spalte 1	Richtlinie 2006/73/EU Verordnung 1287/2006 BtDrs. 16/4028 Spalte 2	Richtlinie 2014/65/EU Spalte 3	Verordnungen zu RL 2014/65/EU Spalte 4	Umsetzung der Richtlinie 2014/65 durch Finanzmarktnovellierungsgesetz Spalte 5
		Art. 24 Abs. 07	0565/2017 Art. 053	§ 064 Abs. 05 WpHG
		Art. 24 Abs. 09		§ 070 Abs. 01 und 02 WpHG
		Art. 24 Abs. 09 Unterabs. 02		§ 070 Abs. 03 WpHG
		Art. 24 Abs. 10		§ 063 Abs. 03 WpHG
		Art. 24 Abs. 11		§ 063 Abs. 09 WpHG
		Art. 24 Abs. 12 Unterabs. 05		§ 064 Abs. 06 WpHG
Art. 19 Abs. 10		Art. 24 Abs. 13	0593/2017	
Art. 19 Abs. 10		Art. 24 Abs. 14		§ 063 WpHG
		Art. 25		
		Art. 25 Abs. 01		
Art. 19 Abs. 04	2006/73 Art. 35; 37	Art. 25 Abs. 02	0565/2017 Art. 054	§ 087 Abs. 02 WpHG
		Art. 25 Abs. 02	0565/2017 Art. 055	§ 064 Abs. 03 WpHG
Art. 19 Abs. 05	2006/73 Art. 36; 37	Art. 25 Abs. 03	0565/2017 Art. 055	
		Art. 25 Abs. 03	0565/2017 Art. 056	§ 063 Abs. 10 WpHG

1289

Richtlinie 2004/39/EG	Richtlinie 2006/73/EU Verordnung 1287/2006 BtDrs. 16/4028	Richtlinie 2014/65/EU	Verordnungen zu RL 2014/65/EU	Umsetzung der Richtlinie 2014/65 durch Finanzmarktnovellierungsgesetz
Spalte 1	Spalte 2	Spalte 3	Spalte 4	Spalte 5
Art. 19 Abs. 06	2006/73 Art. 38	Art. 25 Abs. 04	0565/2017 Art. 057	§ 063 Abs. 11 WpHG
Art. 19 Abs. 07	2006/73 Art. 39; § 34 Abs. 01 WpHG	Art. 25 Abs. 05	0565/2017 Art. 056	
		Art. 25 Abs. 05	0565/2017 Art. 058	
		Art. 25 Abs. 05	0565/2017 Art. 073	
Art. 19 Abs. 08	2006/73 Art. 40; 41; 42; 43	Art. 25 Abs. 06	0565/2017 Art. 059	
		Art. 25 Abs. 06	0565/2017 Art. 060	
Art. 17 Abs. 01		Art. 22		
		Art. 25 Abs. 06	0565/2017 Art. 061	
		Art. 25 Abs. 06	0565/2017 Art. 062	
		Art. 25 Abs. 06	0565/2017 Art. 063	
		Art. 25 Abs. 06 Satz 01 und 02		
		Art. 25 Abs. 06 Satz 03 und 04		

Synopse

Richtlinie 2004/39/EG Spalte 1	Richtlinie 2006/73/EU Verordnung 1287/2006 BtDrs. 16/4028 Spalte 2	Richtlinie 2014/65/EU Spalte 3	Verordnungen zu RL 2014/65/EU Spalte 4	Umsetzung der Richtlinie 2014/65 durch Finanzmarktnovellierungsgesetz Spalte 5
		Art. 25 Abs. 06 Satz 05		
		Art. 25 Abs. 06 Unterabs. 01		§ 063 Abs. 12 Satz 01 und 02 WpHG
		Art. 25 Abs. 06 Unterabs. 02 und 03		§ 064 Abs. 04 WpHG
		Art. 25 Abs. 06 Unterabs. 04		§ 064 Abs. 08 WpHG
Art. 19 Abs. 09		Art. 25 Abs. 07		§ 066 WpHG
		Art. 25 Abs. 07		§ 083 Abs. 12 WpHG
Art. 19 Abs. 10		Art. 25 Abs. 07		§ 088 Abs. 10 WpHG
Art. 20	§ 31e WpHG	Art. 25 Abs. 08		
Art. 21 Abs. 01	2006/73 Art. 44; § 33a Abs. 01 WpHG	Art. 26	0565/2017 Art. 064	
		Art. 27 Abs. 01		
		Art. 27 Abs. 01 Unterabs. 02		§ 082 Abs. 03 Satz 04 WpHG
		Art. 27 Abs. 03		§ 082 Abs. 10 bis 11 WpHG

Richtlinie 2004/39/EG	Richtlinie 2006/73/EU Verordnung 1287/2006 BtDrs. 16/4028	Richtlinie 2014/65/EU	Verordnungen zu RL 2014/65/EU	Umsetzung der Richtlinie 2014/65 durch Finanzmarktnovellierungsgesetz
Spalte 1	Spalte 2	Spalte 3	Spalte 4	Spalte 5
Art. 21 Abs. 02		Art. 27 Abs. 04		
Art. 21 Abs. 03	2006/73 Art. 46; § 33a Abs. 05 WpHG	Art. 27 Abs. 05	0565/2017 Art. 066	
		Art. 27 Abs. 05 Unterabs. 02		§ 082 Abs. 06 Satz 02 WpHG
		Art. 27 Abs. 05 Unterabs. 03		§ 082 Abs. 05 Satz 02 WpHG
		Art. 27 Abs. 06		§ 082 Abs. 09 WpHG
Art. 21 Abs. 04	2006/73 Art. 46	Art. 27 Abs. 07	0565/2017 Art. 066	§ 082 Abs. 01 WpHG
Art. 21 Abs. 05	§ 33a Abs. 05 WpHG	Art. 27 Abs. 08		
Art. 21 Abs. 06		Art. 27 Abs. 09		
		Art. 27 Abs. 10 Unterabs. 01 Buchst. a	0575/2017	
		Art. 27 Abs. 10 Unterabs. 01 Buchst. b	0576/2017	
		Art. 28	0565/2017 Art. 070	
Art. 22 Abs. 01	2006/73 Art. 47; 48; 49	Art. 28 Abs. 01	0565/2017 Art. 067	

Richtlinie 2004/39/EG Spalte 1	Richtlinie 2006/73/EU Verordnung 1287/2006 BtDrs. 16/4028 Spalte 2	Richtlinie 2014/65/EU Spalte 3	Verordnungen zu RL 2014/65/EU Spalte 4	Umsetzung der Richtlinie 2014/65 durch Finanzmarktnovellierungsgesetz Spalte 5
		Art. 28 Abs. 01	0565/2017 Art. 068	
Art. 22 Abs. 02	2006/1287 Art. 31; 32; § 31c Abs. 02 WpHG	Art. 28 Abs. 01 Unterabs. 02		§ 068 Abs. 01 Nr. 02 WpHG
		Art. 28 Abs. 02		§ 068 Abs. 02 WpHG
Art. 22 Abs. 03		Art. 28 Abs. 03		
Art. 23 Abs. 01		Art. 29 Abs. 01		
Art. 23 Abs. 02		Art. 29 Abs. 02		
Art. 23 Abs. 03		Art. 29 Abs. 03		
Art. 23 Abs. 04		Art. 29 Abs. 04		
Art. 23 Abs. 05		Art. 29 Abs. 05		
Art. 23 Abs. 06		Art. 29 Abs. 06		
		Art. 30	0565/2017 Art. 071	
Art. 24 Abs. 01	§ 31b Abs. 01 WpHG	Art. 30 Abs. 01		§ 068 WpHG
Art. 24 Abs. 02	§ 31a Abs. 04 Satz 01 WpHG	Art. 30 Abs. 02		

Richtlinie 2004/39/EG	Richtlinie 2006/73/EU Verordnung 1287/2006 BtDrs. 16/4028	Richtlinie 2014/65/EU	Verordnungen zu RL 2014/65/EU	Umsetzung der Richtlinie 2014/65 durch Finanzmarktnovellierungsgesetz
Spalte 1	Spalte 2	Spalte 3	Spalte 4	Spalte 5
Art. 24 Abs. 03	2006/73 Art. 50	Art. 30 Abs. 03		§ 067 Abs. 04 Satz 02 Nr. 01
		Art. 30 Abs. 03 Unterabs. 02		§ 067 Abs. 04 Satz 02 Nr. 02
Art. 24 Abs. 04		Art. 30 Abs. 04		§ 067 Abs. 04 Satz 02 Nr. 01
Art. 24 Abs. 05		Art. 30 Abs. 05		
Art. 26 Abs. 01	§ 31f Abs. 01 Nr. 03 WpHG	Art. 31 Abs. 01		
		Art. 31 Abs. 02	0565/2017 Art. 081	
		Art. 31 Abs. 02	0565/2017 Art. 082	
Art. 26 Abs. 02		Art. 31 Abs. 02 und 03		§ 073 WpHG
		Art. 31 Abs. 04		
		Art. 32		
		Art. 32 Abs. 01 und 02	0565/2017 Art. 080	
		Art. 32 Abs. 02	0569/2017	
		Art. 32 Abs. 05	1005/2017	
		Art. 33		§ 076 WpHG

Synopse

Richtlinie 2004/39/EG Spalte 1	Richtlinie 2006/73/EU Verordnung 1287/2006 BtDrs. 16/4028 Spalte 2	Richtlinie 2014/65/EU Spalte 3	Verordnungen zu RL 2014/65/EU Spalte 4	Umsetzung der Richtlinie 2014/65 durch Finanzmarktnovellierungsgesetz Spalte 5
Art. 31 Abs. 01		Art. 34 Abs. 01		
Art. 31 Abs. 02		Art. 34 Abs. 02		
Art. 31 Abs. 03		Art. 34 Abs. 03	0565/2017 Art. 078	
		Art. 34 Abs. 03	0565/2017 Art. 079	
Art. 31 Abs. 04		Art. 34 Abs. 04		
Art. 31 Abs. 05		Art. 34 Abs. 06		
Art. 31 Abs. 06		Art. 34 Abs. 07		
Art. 31 Abs. 07		Art. 34 Abs. 08 und 09		
		Art. 34 Abs. 08 Unterabs. 03	1018/2017	
Art. 32 Abs. 10		Art. 35 Abs 11 und 12		
Art. 32 Abs. 01		Art. 35 Abs. 01		
Art. 32 Abs. 02		Art. 35 Abs. 02		
Art. 32 Abs. 03		Art. 35 Abs. 03		
Art. 32 Abs. 04		Art. 35 Abs. 04		

Richtlinie 2004/39/EG Spalte 1	Richtlinie 2006/73/EU Verordnung 1287/2006 BtDrs. 16/4028 Spalte 2	Richtlinie 2014/65/EU Spalte 3	Verordnungen zu RL 2014/65/EU Spalte 4	Umsetzung der Richtlinie 2014/65 durch Finanzmarktnovellierungsgesetz Spalte 5
Art. 32 Abs. 05		Art. 35 Abs. 05		
Art. 32 Abs. 06		Art. 35 Abs. 06		
Art. 32 Abs. 07	§ 09 Abs. 01 WpHG; § 36a Abs. 02 WpHG	Art. 35 Abs. 08		§ 090 Abs. 01 WpHG
Art. 32 Abs. 08		Art. 35 Abs. 09		
Art. 32 Abs. 09		Art. 35 Abs. 10		
Art. 32 Abs. 10		Art. 35 Abs. 11 und 12		
		Art. 35 Abs. 11 Unterabs. 03	1018/2017	
Art. 33 Abs. 01		Art. 36 Abs. 01		
Art. 33 Abs. 02		Art. 36 Abs. 02		
Art. 34 Abs. 01		Art. 37 Abs. 01		
Art. 34 Abs. 02		Art. 37 Abs. 02 -		
Art. 35 Abs. 01		Art. 38 Abs. 01		
Art. 35 Abs. 02		Art. 38 Abs. 02		

Synopse

Richtlinie 2004/39/EG	Richtlinie 2006/73/EU Verordnung 1287/2006 BtDrs. 16/4028	Richtlinie 2014/65/EU	Verordnungen zu RL 2014/65/EU	Umsetzung der Richtlinie 2014/65 durch Finanzmarktnovellierungsgesetz
Spalte 1	Spalte 2	Spalte 3	Spalte 4	Spalte 5
Art. 36 Abs. 01		Art. 44 Abs. 01		
Art. 36 Abs. 02		Art. 44 Abs. 02		
Art. 36 Abs. 03		Art. 44 Abs. 03		
Art. 36 Abs. 04		Art. 44 Abs. 04		
Art. 36 Abs. 05		Art. 44 Abs. 05		
Art. 36 Abs. 06		Art. 44 Abs. 06		
Art. 37 Abs. 01		Art. 45 Abs. 01 und 08		
Art. 37 Abs. 02		Art. 45 Abs. 07 Unterabs. 02		
Art. 38 Abs. 01		Art. 46 Abs. 01		
Art. 38 Abs. 02		Art. 46 Abs. 02		
Art. 38 Abs. 03		Art. 46 Abs. 03		
Art. 39		Art. 47 Abs. 01		
		Art. 48		§ 072 Abs. 01 WpHG
		Art. 48 Abs. 02 bis 09		

1297

Richtlinie 2004/39/EG	Richtlinie 2006/73/EU Verordnung 1287/2006 BtDrs. 16/4028	Richtlinie 2014/65/EU	Verordnungen zu RL 2014/65/EU	Umsetzung der Richtlinie 2014/65 durch Finanzmarktnovellierungsgesetz
Spalte 1	Spalte 2	Spalte 3	Spalte 4	Spalte 5
		Art. 48 Abs. 09		§ 072 Abs. 02 bis 04 WpHG
		Art. 48 Abs. 12 Buchst. a und f	0578/2017	
		Art. 48 Abs. 12 Buchst. a, c und g	0584/2017	
		Art. 48 Abs. 12 Buchst. b	0566/2017	
		Art. 48 Abs. 12 Buchst. d	0573/2017	
		Art. 48 Abs. 12 Buchst. e	0570/2017	
		Art. 49		§ 072 Abs. 01 WpHG
		Art. 49 Abs. 03 und 04	0588/2017	
		Art. 50 Abs. 02 Unterabs. 03	0574/2017	
Art. 40 Abs. 01	2006/1287 Art. 35; 36; 37;	Art. 51 Abs. 01		
Art. 40 Abs. 02	2006/1287 Art. 37;	Art. 51 Abs. 02		
Art. 40 Abs. 03		Art. 51 Abs. 03		
Art. 40 Abs. 04		Art. 51 Abs. 04		

Synopse

Richtlinie 2004/39/EG Spalte 1	Richtlinie 2006/73/EU Verordnung 1287/2006 BtDrs. 16/4028 Spalte 2	Richtlinie 2014/65/EU Spalte 3	Verordnungen zu RL 2014/65/EU Spalte 4	Umsetzung der Richtlinie 2014/65 durch Finanzmarktnovellierungsgesetz Spalte 5
Art. 40 Abs. 05		Art. 51 Abs. 05		
Art. 40 Abs. 06		Art. 51 Abs. 06		
		Art. 51 Abs. 06 Unterabs. 03	0568/2017	
Art. 41 Abs. 01		Art. 52 Abs. 01	0565/2017 Art. 080	
Art. 41 Abs. 02		Art. 52 Abs. 02	0565/2017 Art. 080	
		Art. 52 Abs. 02 Unterabs. 10	0569/2017	
Art. 42 Abs. 01		Art. 53 Abs. 01	1005/2017	
Art. 42 Abs. 02		Art. 53 Abs. 02		
Art. 42 Abs. 03		Art. 53 Abs. 03		
Art. 42 Abs. 04	§ 37 Abs. 01 WpHG	Art. 53 Abs. 04		
Art. 42 Abs. 05		Art. 53 Abs. 05		
Art. 42 Abs. 06		Art. 53 Abs. 06		
Art. 42 Abs. 07		Art. 53 Abs. 07		

Richtlinie 2004/39/EG	Richtlinie 2006/73/EU Verordnung 1287/2006 BtDrs. 16/4028	Richtlinie 2014/65/EU	Verordnungen zu RL 2014/65/EU	Umsetzung der Richtlinie 2014/65 durch Finanzmarktnovellierungsgesetz
Spalte 1	Spalte 2	Spalte 3	Spalte 4	Spalte 5
Art. 43 Abs. 01		Art. 54 Abs. 01		
		Art. 54 Abs. 02	0565/2017 Art. 081	
		Art. 54 Abs. 02	0565/2017 Art. 082	
Art. 43 Abs. 02		Art. 54 Abs. 02 und 03		
Art. 46 Abs. 01		Art. 55 Abs. 01		
Art. 46 Abs. 02		Art. 55 Abs. 02		
Art. 47		Art. 56		§ 056 WpHG
		Art. 57 Abs. 01		§ 054 Abs. 01 bis 05 WpHG
		Art. 57 Abs. 01 bis 05		§ 055 WpHG
		Art. 57 Abs. 06		§ 054 Abs. 01 bis 05 WpHG
		Art. 57 Abs. 11 bis 14		§ 057 WpHG
		Art. 58	0591/2017	
		Art. 58 Abs. 01	0565/2017 Art. 083	
		Art. 58 Abs. 05	1093/2017	

Richtlinie 2004/39/EG	Richtlinie 2006/73/EU Verordnung 1287/2006 BtDrs. 16/4028	Richtlinie 2014/65/EU	Verordnungen zu RL 2014/65/EU	Umsetzung der Richtlinie 2014/65 durch Finanzmarktnovellierungsgesetz
Spalte 1	Spalte 2	Spalte 3	Spalte 4	Spalte 5
		Art. 58 Abs. 07	0953/2017	
		Art. 59		§ 06 Abs. 01 WpHG
		Art. 60		§ 06 Abs. 01 WpHG
		Art. 61		§ 06 Abs. 01 WpHG
		Art. 61 Abs. 02	0571/2017 Kap. I	
		Art. 61 Abs. 05	1110/2017	
		Art. 62		§ 06 Abs. 01 WpHG
		Art. 63		§ 06 Abs. 01 WpHG
		Art. 64		§ 058 WpHG
		Art. 64 Abs. 01	0565/2017 Art. 084	
		Art. 64 Abs. 01	0565/2017 Art. 085	
		Art. 64 Abs. 01	0565/2017 Art. 086	
		Art. 64 Abs. 01	0565/2017 Art. 087	
		Art. 64 Abs. 01	0565/2017 Art. 088	

Richtlinie 2004/39/EG	Richtlinie 2006/73/EU Verordnung 1287/2006 BtDrs. 16/4028	Richtlinie 2014/65/EU	Verordnungen zu RL 2014/65/EU	Umsetzung der Richtlinie 2014/65 durch Finanzmarktnovellierungsgesetz
Spalte 1	Spalte 2	Spalte 3	Spalte 4	Spalte 5
		Art. 64 Abs. 01	0565/2017 Art. 089	
		Art. 64 Abs. 01 bis 02	0571/2017 Kap. III	
		Art. 64 Abs. 03 bis 05	0571/2017 Kap. II	
		Art. 65		§ 059 WpHG
		Art. 65 Abs. 01	0565/2017 Art. 084	
		Art. 65 Abs. 01	0565/2017 Art. 085	
		Art. 65 Abs. 01	0565/2017 Art. 086	
		Art. 65 Abs. 01	0565/2017 Art. 087	
		Art. 65 Abs. 01	0565/2017 Art. 088	
		Art. 65 Abs. 01	0565/2017 Art. 089	
		Art. 65 Abs. 04 bis 06	0571/2017 Kap. III	
		Art. 66	0571/2017 Kap. II	§ 060 WpHG
		Art. 66 Abs. 02 bis 04	0571/2017 Kap. II	

Synopse

Richtlinie 2004/39/EG	Richtlinie 2006/73/EU Verordnung 1287/2006 BtDrs. 16/4028	Richtlinie 2014/65/EU	Verordnungen zu RL 2014/65/EU	Umsetzung der Richtlinie 2014/65 durch Finanzmarktnovellierungsgesetz
Spalte 1	Spalte 2	Spalte 3	Spalte 4	Spalte 5
Art. 48 Abs. 01		Art. 67 Abs. 01		
Art. 48 Abs. 02		Art. 67 Abs. 02		
Art. 48 Abs. 03		Art. 67 Abs. 03		
Art. 49	§ 06 Abs. 02 WpHG	Art. 68		
Art. 50 Abs. 01		Art. 69 Abs. 01		
Art. 50 Abs. 02		Art. 69 Abs. 02		
		Art. 69 Abs. 02 Buchst. a		§ 06 Abs. 03 Satz 01 WpHG
		Art. 69 Abs. 02 Buchst. d		§ 07 Abs. 02 WpHG
		Art. 69 Abs. 02 Buchst. e		§ 06 Abs. 13 WpHG
		Art. 69 Abs. 02 Buchst. f		§ 06 Abs. 08 WpHG
		Art. 69 Abs. 02 Buchst. j		§ 06 Abs. 03 Satz 02 Nr. 03 und 04 WpHG
		Art. 69 Abs. 02 Buchst. k		§ 06 Abs. 06 WpHG
		Art. 69 Abs. 02 Buchst. o		§ 09 WpHG
		Art. 69 Abs. 02 Buchst. p		§ 09 WpHG

Richtlinie 2004/39/EG	Richtlinie 2006/73/EU Verordnung 1287/2006 BtDrs. 16/4028	Richtlinie 2014/65/EU	Verordnungen zu RL 2014/65/EU	Umsetzung der Richtlinie 2014/65 durch Finanzmarktnovellierungsgesetz
Spalte 1	Spalte 2	Spalte 3	Spalte 4	Spalte 5
		Art. 69 Abs. 02 Buchst. q		§ 06 Abs. 02 Satz 03 WpHG
		Art. 69 Abs. 02 Buchst. r		§ 07 Abs. 01 WpHG
		Art. 69 Abs. 02 Buchst. t		§ 06 Abs. 02 Satz 04 WpHG
Art. 51 Abs. 01		Art. 70 Abs. 01 und 02		§ 120 Abs. 09 WpHG
		Art. 70 Abs. 03 Buchst. b		
Art. 51 Abs. 02		Art. 70 Abs. 05		
		Art. 70 Abs. 06 Buchst. a		§ 06 Abs. 09 WpHG
		Art. 70 Abs. 06 Buchst. e		§ 06 Abs. 10 WpHG
		Art. 70 Abs. 06 Buchst. f, g und h		§ 120 Abs. 08 WpHG
		Art. 71		§ 126 WpHG
Art. 51 Abs. 03		Art. 71 Abs. 01		
Art. 51 Abs. 04		Art. 71 Abs. 04		
Art. 51 Abs. 05		Art. 71 Abs. 05		
Art. 51 Abs. 06		Art. 71 Abs. 06		

Richtlinie 2004/39/EG Spalte 1	Richtlinie 2006/73/EU Verordnung 1287/2006 BtDrs. 16/4028 Spalte 2	Richtlinie 2014/65/EU Spalte 3	Verordnungen zu RL 2014/65/EU Spalte 4	Umsetzung der Richtlinie 2014/65 durch Finanzmarktnovellierungsgesetz Spalte 5
Art. 50 Abs. 01		Art. 71 Abs. 07	1111/2017	
		Art. 72 Abs. 01		
		Art. 73 Abs. 02		§ 058 WpHG
		Art. 73 Abs. 02		§ 059 WpHG
		Art. 73 Abs. 02		§ 060 WpHG
Art. 52 Abs. 01		Art. 74 Abs. 01		
Art. 52 Abs. 02		Art. 74 Abs. 02		
		Art. 74 Abs. 02		
Art. 53 Abs. 01		Art. 75 Abs. 01		
Art. 53 Abs. 02		Art. 75 Abs. 02		
Art. 53 Abs. 03		Art. 75 Abs. 03		
Art. 54 Abs. 01		Art. 76 Abs. 01		
Art. 54 Abs. 02	§ 08 Abs. 01 Nr. 04 WpHG	Art. 76 Abs. 02		

Richtlinie 2004/39/EG	Richtlinie 2006/73/EU Verordnung 1287/2006 BtDrs. 16/4028	Richtlinie 2014/65/EU	Verordnungen zu RL 2014/65/EU	Umsetzung der Richtlinie 2014/65 durch Finanzmarktnovellierungsgesetz
Spalte 1	Spalte 2	Spalte 3	Spalte 4	Spalte 5
Art. 54 Abs. 03		Art. 76 Abs. 03		
Art. 54 Abs. 04	§ 08 Abs. 01 Nr. 02 WpHG	Art. 76 Abs. 04		
Art. 54 Abs. 05	§ 08 Abs. 01 Nr. 03 WpHG	Art. 76 Abs. 05		
Art. 55 Abs. 01		Art. 77 Abs. 01		
Art. 55 Abs. 02		Art. 77 Abs. 02		
Art. 56 Abs. 01	§ 07 Abs. 01 WpHG	Art. 79 Abs. 01		
Art. 56 Abs. 02	2006/1287 Art. 16; § 07 Abs. 02a WpHG	Art. 79 Abs. 02	0565/2017 Art. 090	§ 018 Abs. 03 WpHG
Art. 56 Abs. 03	§ 07 Abs. 01 WpHG	Art. 79 Abs. 03		
		Art. 79 Abs. 03 Unterabs. 01		§ 018 Abs. 03 WpHG
		Art. 79 Abs. 03 Unterabs. 03		§ 018 Abs. 05 WpHG
Art. 56 Abs. 04		Art. 79 Abs. 04		
		Art. 79 Abs. 05		§ 018 Abs. 08 WpHG
		Art. 79 Abs. 06		§ 017 Abs. 03 WpHG

Richtlinie 2004/39/EG Spalte 1	Richtlinie 2006/73/EU Verordnung 1287/2006 BtDrs. 16/4028 Spalte 2	Richtlinie 2014/65/EU Spalte 3	Verordnungen zu RL 2014/65/EU Spalte 4	Umsetzung der Richtlinie 2014/65 durch Finanzmarktnovellierungsgesetz Spalte 5
Art. 56 Abs. 05		Art. 79 Abs. 07		§ 017 Abs. 02 WpHG
Art. 56 Abs. 06		Art. 79 Abs. 08		
Art. 57 Abs. 01		Art. 79 Abs. 09	0988/2017	
Art. 57 Abs. 02	§ 07 Abs. 04 Satz 04 WpHG	Art. 80 Abs. 01		
		Art. 80 Abs. 02		
Art. 57 Abs. 03		Art. 80 Abs. 03		§ 018 Abs. 06 WpHG
		Art. 80 Abs. 03 Unterabs. 03	0586/2017	
		Art. 80 Abs. 04	0980/2017	
Art. 58 Abs. 01	2006/1287 Art. 15;	Art. 81 Abs. 01		
Art. 58 Abs. 02	§ 07 Abs. 04 Satz 06 WpHG	Art. 81 Abs. 02		
Art. 58 Abs. 03		Art. 81 Abs. 03		
Art. 58 Abs. 04		Art. 81 Abs. 04	0980/2017	
Art. 58 Abs. 05		Art. 81 Abs. 05		

Richtlinie 2004/39/EG	Richtlinie 2006/73/EU Verordnung 1287/2006 BtDrs. 16/4028	Richtlinie 2014/65/EU	Verordnungen zu RL 2014/65/EU	Umsetzung der Richtlinie 2014/65 durch Finanzmarktnovellierungsgesetz
Spalte 1	Spalte 2	Spalte 3	Spalte 4	Spalte 5
Art. 58a		Art. 82		
Art. 59		Art. 83		
Art. 60 Abs. 01		Art. 84 Abs. 01		
Art. 60 Abs. 02		Art. 84 Abs. 02		
Art. 60 Abs. 03		Art. 84 Abs. 03		
Art. 60 Abs. 04		Art. 84 Abs. 04	0981/2017	
Art. 61 Abs. 01		Art. 85 Abs. 01		
Art. 61 Abs. 02		Art. 85 Abs. 02		
Art. 62 Abs. 01	§ 36a Abs. 03 und 04 WpHG	Art. 86 Abs. 01		
Art. 62 Abs. 02	§ 36a Abs. 02 WpHG	Art. 86 Abs. 02		§ 090 Abs. 05 WpHG
Art. 62 Abs. 03	§ 36a Abs. 05 WpHG	Art. 86 Abs. 03		
Art. 62 Abs. 04	§ 36a Abs. 06 WpHG	Art. 86 Abs. 04		
Art. 62a Abs. 01		Art. 87 Abs. 01		
Art. 62a Abs. 02		Art. 87 Abs. 02		

Synopse

Richtlinie 2004/39/EG	Richtlinie 2006/73/EU Verordnung 1287/2006 BtDrs. 16/4028	Richtlinie 2014/65/EU	Verordnungen zu RL 2014/65/EU	Umsetzung der Richtlinie 2014/65 durch Finanzmarktnovellierungsgesetz
Spalte 1	Spalte 2	Spalte 3	Spalte 4	Spalte 5
Art. 63 Abs. 01		Art. 88 Abs. 01		
Art. 63 Abs. 02		Art. 88 Abs. 02		
Anhang I		Art. 95		§ 137 WpHG
		Anhang I		
		Anhang I Abschn. A Abs. 09		§ 002 Abs. 08 Nr. 09 WpHG
		Anhang I Abschn. B Abs. 01		§ 002 Abs. 09 Nr. 01 WpHG
		Anhang I Abschn. C Abs. 04	0565/2017 Art. 010	
		Anhang I Abschn. C Abs. 04 bis 10		§ 002 Abs. 03 Nr. 01 und 02 WpHG
		Anhang I Abschn. C Abs. 06 und 10		
		Anhang I Abschn. C Abs. 11		§ 002 Abs. 04 WpHG
		Anhang II		§ 067 Abs. 02 WpHG
Anhang II	§ 31a WpHG			
Anhang I Abschn. A Nr. 05	§ 02 Abs. 03 Nr. 09 WpHG			
Anhang I Abschn. B	§ 02 Abs. 03a Nr. 01 bis 07 WpHG			

1309

Richtlinie 2004/39/EG	Richtlinie 2006/73/EU Verordnung 1287/2006 BtDrs. 16/4028	Richtlinie 2014/65/EU	Verordnungen zu RL 2014/65/EU	Umsetzung der Richtlinie 2014/65 durch Finanzmarktnovellierungsgesetz
Spalte 1	Spalte 2	Spalte 3	Spalte 4	Spalte 5
Anhang I Abschn. A Nr. 08	§ 02 Abs. 03 Nr. 08 WpHG			
Anhang I Abschn. C Nr. 04 bis 10	§ 02 Abs. 02 WpHG			
Anhang III 4. Abs. 02 bis 04	§ 31a Abs. 06 WpHG			
Anhang III 1.	§ 31a Abs. 07 WpHG			
Art. 02 Abs. 01	§ 02a Abs. 01 Nr. 03 WpHG			
Art. 02 Abs. 01 Buchst. I	§ 02a Abs. 01 Nr. 08 WpHG			
Art. 02 Abs. 01 Buchst. I Buchst. d	§ 02a Abs. 01 Nr. 10 WpHG			
Art. 04 Abs. 01 Nr. 02	2006/1287 Art. 38; 39;			
Art. 04 Abs. 01 Nr. 04	§ 02 Abs. 03 Nr. 09 WpHG			
Art. 04 Abs. 01 Nr. 20 Buchst. a	§ 02 Abs. 08 WpHG			
Art. 05 Abs. 05				
Art. 13 Abs. 05 Unterabs. 01	2006/73 Art. 13; bis 15; § 33 Abs. 02 WpHG			

Synopse

Richtlinie 2004/39/EG	Richtlinie 2006/73/EU Verordnung 1287/2006 BtDrs. 16/4028	Richtlinie 2014/65/EU	Verordnungen zu RL 2014/65/EU	Umsetzung der Richtlinie 2014/65 durch Finanzmarktnovellierungsgesetz
Spalte 1	Spalte 2	Spalte 3	Spalte 4	Spalte 5
Art. 13 Abs. 05 Unterabs. 02	2006/73 Art. 07			
Art. 13 Abs. 05 Unterabs. 05	2006/73 Art. 08			
Art. 14	§ 31f WpHG			
Art. 14 Abs. 02 Unterabs. 01	§ 31f Abs. 01 Nr. 02 WpHG			
Art. 14 Abs. 02 Unterabs. 02	§ 31f Abs. 01 Nr. 06 WpHG			
Art. 17 Abs. 02				
Art. 18	2006/73 Art. 21			
Art. 19 Abs. 02	§ 31 Abs. 02 WpHG			
Art. 19 Abs. 03	§ 31 Abs. 03 WpHG			
Art. 19 Abs. 04	§ 31 Abs. 04 WpHG			
Art. 19 Abs. 06	§ 31 Abs. 07 WpHG			
Art. 19 Abs. 08	§ 31 Abs. 08 WpHG			
Art. 21 Abs. 03 Unterabs. 02	§ 33a Abs. 06 WpHG			
Art. 21 Abs. 03 Unterabs. 03	§ 33a Abs. 05 Satz 02 WpHG			

1311

Richtlinie 2004/39/EG Spalte 1	Richtlinie 2006/73/EU Verordnung 1287/2006 BtDrs. 16/4028 Spalte 2	Richtlinie 2014/65/EU Spalte 3	Verordnungen zu RL 2014/65/EU Spalte 4	Umsetzung der Richtlinie 2014/65 durch Finanzmarktnovellierungsgesetz Spalte 5
Art. 22	§ 31c WpHG			
Art. 22 Abs. 01	§ 31c Abs. 01 Nr. 01 und 02 WpHG			
Art. 23	§ 02a Abs. 01 Nr. 03 WpHG			
Art. 24	§ 31a WpHG			
Art. 24 Abs. 03	§ 31a Abs. 04 Satz 02 WpHG			
Art. 24 Abs. 03 Unterabs. 01 Satz 02	§ 31a Abs. 04 Nr. 02 WpHG			
Art. 24 Abs. 04 Unterabs. 02	§ 31a Abs. 04 Satz 02 WpHG			
Art. 25 Abs. 01				
Art. 25 Abs. 02	2006/1287 Art. 13; 14; § 34 Abs. 01 WpHG			
Art. 25 Abs. 03	2006/1287 Art. 11; 13; 14; § 09 Abs. 01 WpHG			
Art. 25 Abs. 03 Unterabs. 02	2006/1287 Art. 09; 10; § 09 Abs. 03 WpHG			

Synopse

Richtlinie 2004/39/EG Spalte 1	Richtlinie 2006/73/EU Verordnung 1287/2006 BtDrs. 16/4028 Spalte 2	Richtlinie 2014/65/EU Spalte 3	Verordnungen zu RL 2014/65/EU Spalte 4	Umsetzung der Richtlinie 2014/65 durch Finanzmarktnovellierungsgesetz Spalte 5
Art. 25 Abs. 04				
Art. 25 Abs. 05	2006/1287 Art. 12; § 09 Abs. 03 WpHG			
Art. 25 Abs. 06	§ 09 Abs. 01 und 03 WpHG			
Art. 25 Abs. 07				
Art. 27	2006/1287 Art. 30; 32 bis 34;			
Art. 27 Abs. 01	2006/1287 Art. 22			
Art. 27 Abs. 01				
Art. 27 Abs. 01 Unterabs. 01 Satz 01	§ 32a Abs. 01 Satz 01 WpHG			
Art. 27 Abs. 01 Unterabs. 01 Satz 02	§ 32a Abs. 01 Satz 02 WpHG			
Art. 27 Abs. 01 Unterabs. 02				
Art. 27 Abs. 01 Unterabs. 03	§ 32a Abs. 02 WpHG			

Richtlinie 2004/39/EG	Richtlinie 2006/73/EU Verordnung 1287/2006 BtDrs. 16/4028	Richtlinie 2014/65/EU	Verordnungen zu RL 2014/65/EU	Umsetzung der Richtlinie 2014/65 durch Finanzmarktnovellierungsgesetz
Spalte 1	Spalte 2	Spalte 3	Spalte 4	Spalte 5
Art. 27 Abs. 01 Unterabs. 04	2006/1287 Art. 23; § 32b Abs. 01 WpHG			
Art. 27 Abs. 02				
Art. 27 Abs. 02 Satz 01	§ 32b Abs. 01 WpHG			
Art. 27 Abs. 02 Satz 02	§ 32b Abs. 02 WpHG			
Art. 27 Abs. 03	2006/1287 Art. 29			
Art. 27 Abs. 03 Satz 01	§ 32a Abs. 01 Satz 03 WpHG			
Art. 27 Abs. 03 Satz 02	§ 32a Abs. 03 WpHG			
Art. 27 Abs. 03 Unterabs. 03	§ 32c Abs. 01 WpHG			
Art. 27 Abs. 03 Unterabs. 04 und 05	§ 32c Abs. 02 Nr. 01 bis 03 WpHG			
Art. 27 Abs. 03 Unterabs. 04	2006/1287 Art. 26			
Art. 27 Abs. 03 Unterabs. 05	2006/1287 Art. 25			
Art. 27 Abs. 03 Unterabs. 06 Satz 01	§ 32c Abs. 03 WpHG			

Synopse

Richtlinie 2004/39/EG	Richtlinie 2006/73/EU Verordnung 1287/2006 BtDrs. 16/4028	Richtlinie 2014/65/EU	Verordnungen zu RL 2014/65/EU	Umsetzung der Richtlinie 2014/65 durch Finanzmarktnovellierungsgesetz
Spalte 1	Spalte 2	Spalte 3	Spalte 4	Spalte 5
Art. 27 Abs. 03 Unterabs. 06 Satz 02	§ 32c Abs. 04 WpHG			
Art. 27 Abs. 04				
Art. 27 Abs. 05				
Art. 27 Abs. 05 Satz 01	§ 32d Abs. 01 WpHG			
Art. 27 Abs. 05 Satz 02	§ 32d Abs. 02 Nr. 01 bis 03 WpHG			
Art. 27 Abs. 06	2006/1287 Art. 25			
Art. 27 Abs. 07				
Art. 28	2006/1287 Art. 27; 28; 30; 32; 33; 34;			
Art. 28 Abs. 01	2006/1287 Art. 29; § 31h Abs. 01 WpHG			
Art. 28 Abs. 02	§ 31h Abs. 02 Satz 01 WpHG			
Art. 28 Abs. 03	§ 31h Abs. 03 WpHG			

Richtlinie 2004/39/EG	Richtlinie 2006/73/EU Verordnung 1287/2006 BtDrs. 16/4028	Richtlinie 2014/65/EU	Verordnungen zu RL 2014/65/EU	Umsetzung der Richtlinie 2014/65 durch Finanzmarktnovellierungsgesetz
Spalte 1	Spalte 2	Spalte 3	Spalte 4	Spalte 5
Art. 29	2006/1287 Art. 17; 30; 32; 33; 34;			
Art. 29 Abs. 01	2006/1287 Art. 29; § 31g Abs. 01 WpHG			
Art. 29 Abs. 01 Satz 02	§ 31 g Abs. 05 Satz 02 WpHG			
Art. 29 Abs. 02	2006/1287 Art. 18; 19; 20; § 31 g Abs. 02 WpHG			
Art. 29 Abs. 03	§ 31 g Abs. 02 WpHG			
Art. 30	2006/1287 Art. 27 bis 30; 32 bis 34			
Art. 30 Abs. 01	§ 31 g Abs. 03 WpHG			
Art. 30 Abs. 01 Satz 01 und 02	§ 31 g Abs. 03 WpHG			
Art. 30 Abs. 02	§ 31 g Abs. 04 WpHG			
Art. 30 Abs. 03	§ 31 g Abs. 04 WpHG			

Richtlinie 2004/39/EG Spalte 1	Richtlinie 2006/73/EU Verordnung 1287/2006 BtDrs. 16/4028 Spalte 2	Richtlinie 2014/65/EU Spalte 3	Verordnungen zu RL 2014/65/EU Spalte 4	Umsetzung der Richtlinie 2014/65 durch Finanzmarktnovellierungsgesetz Spalte 5
Art. 31 Abs. 01 Unterabs. 02	§ 31 Abs. 10 WpHG; § 36a Abs. 01 WpHG			
Art. 32	§ 36a Abs. 01 WpHG			
Art. 34 Abs. 03				
Art. 41 Abs. 01 Unterabs. 02 Satz 02	§ 07 Abs. 05 Satz 03 WpHG			
Art. 41 Abs. 02 Satz 01	§ 07 Abs. 05 Satz 03 WpHG; § 40b Satz 02 WpHG			
Art. 41 Abs. 02 Satz 02	§ 07 Abs. 01 Satz 03 WpHG			
Art. 42 Abs. 06 Unterabs. 02 Satz 02	§ 07 Abs. 05 Satz 03 WpHG			
Art. 44	2006/1287 Art. 17; 30; 32; 33; 34;			
Art. 44 Abs. 01	2006/1287 Art. 29			
Art. 44 Abs. 02	2006/1287 Art. 18; 19; 20;			
Art. 44 Abs. 03				

Richtlinie 2004/39/EG Spalte 1	Richtlinie 2006/73/EU Verordnung 1287/2006 BtDrs. 16/4028 Spalte 2	Richtlinie 2014/65/EU Spalte 3	Verordnungen zu RL 2014/65/EU Spalte 4	Umsetzung der Richtlinie 2014/65 durch Finanzmarktnovellierungsgesetz Spalte 5
Art. 45	2006/1287 Art. 27; 28; 30; 32 bis 34			
Art. 45 Abs. 01	2006/1287 Art. 29			
Art. 45 Abs. 02				
Art. 45 Abs. 03				
Art. 50 Abs. 02 Buchst. j und k	§ 04 Abs. 02 Satz 02 WpHG			
Art. 50 Abs. 02 Buchst. m	§ 04 Abs. 11 WpHG			
Art. 51	§ 39 WpHG			
Art. 58	§ 09 Abs. 03 WpHG			
Art. 58 Abs. 02 Satz 03	§ 07 Abs. 04 Satz 08 WpHG			
Art. 64 Abs. 02	§ 31 g Abs. 02 und 04; Abs. 05 Satz 02 WpHG			
Art. 02 Abs. 01 Buchst. l		–		
Art. 05 Abs. 05		–		
Art. 15		–		

Richtlinie 2004/39/EG Spalte 1	Richtlinie 2006/73/EU Verordnung 1287/2006 BtDrs. 16/4028 Spalte 2	Richtlinie 2014/65/EU Spalte 3	Verordnungen zu RL 2014/65/EU Spalte 4	Umsetzung der Richtlinie 2014/65 durch Finanzmarktnovellierungsgesetz Spalte 5
Art. 16 Abs. 03		–		
Art. 17 Abs. 02		–		
Art. 34 Abs. 3		–		
Art. 64		–		
Art. 64a		–		
Art. 65		–		
Art. 66	§ 02a Abs. 03 WpHG	–		
Art. 67		–		
Art. 68		–		
Art. 69		–		
Art. 70		–		
Art. 71		–		
Art. 72		–		
Art. 73		–		

Teil 2

Umsetzung der Verordnung 600/2014 (Spalte 2) gegenüber der Richtlinie 2004/39/EG (Spalte 1) sowie den zu der Verordnung 600/2014 ergangenen Verordnungen (Level II) (Spalte 3).
Sortiert nach Spalte 2

Richtlinie 2004/39/EG Spalte 1	Verordnung 2014/600/EU Spalte 2	Verordnungen zu RL 2014/65/EU Level II Spalte 3
	Art. 01 Abs. 06	0583/2017 Art. 14
	Art. 01 Abs. 07	0583/2017 Art. 15
	Art. 01 Abs. 08	0583/2017
	Art. 02 Abs. 01 Nr. 17 Buchst. b	0567/2017 Art. 01 bis 05
	Art. 02 Abs. 02	0567/2017
Art. 44 Abs. 01	Art. 03 Abs. 01, 02 und 03	
Art. 29 Abs. 01	Art. 03 Abs. 01, 02 und 03	
Art. 44 Abs. 01	Art. 03 Abs. 01, 02 und 03	
	Art. 03 Abs. 01 und 02	0587/2017 Art. 03
Art. 29 Abs. 02	Art. 04 Abs. 01, 02 und 03	
Art. 44 Abs. 02	Art. 04 Abs. 01, 02 und 03	
Art. 44 Abs. 02	Art. 04 Abs. 01, 02 und 03	
	Art. 04 Abs. 01 Buchst. a	0587/2017 Art. 04
	Art. 04 Abs. 01 Buchst. b	0587/2017 Art. 05 bis 06
	Art. 04 Abs. 01 Buchst. c	0587/2017 Art. 07
	Art. 04 Abs. 01 Buchst. d	0587/2017 Art. 08
Art. 29 Abs. 03	Art. 04 Abs. 06	0587/2017
Art. 44 Abs. 03	Art. 04 Abs. 06	
Art. 44 Abs. 03	Art. 04 Abs. 06	
	Art. 05 Abs. 09	0577/2017
Art. 30 Abs. 01	Art. 06 Abs. 01 und 02	
Art. 45 Abs. 01	Art. 06 Abs. 01 und 02	
Art. 45 Abs. 01	Art. 06 Abs. 01 und 02	

Richtlinie 2004/39/EG Spalte 1	Verordnung 2014/600/EU Spalte 2	Verordnungen zu RL 2014/65/EU Level II Spalte 3
	Art. 06 Abs. 01	0587/2017 Art. 12
	Art. 06 Abs. 01	0587/2017 Art. 14
Art. 30 Abs. 02	Art. 07 Abs. 01	0587/2017 Art. 15
Art. 45 Abs. 02	Art. 07 Abs. 01	
Art. 45 Abs. 02	Art. 07 Abs. 01	
Art. 45 Abs. 03	Art. 07 Abs. 02	0587/2017
Art. 30 Abs. 03	Art. 07 Abs. 02	
Art. 45 Abs. 03	Art. 07 Abs. 02	
	Art. 08 Abs. 01 – 02	0583/2017 Art. 02
	Art. 08 Abs. 04	0583/2017 Art. 05
	Art. 09 Abs. 01 Buchst. a	0583/2017 Art. 03 bis 04
	Art. 09 Abs. 01 Buchst. b	0583/2017 Art. 05
	Art. 09 Abs. 01 Buchst. c	0583/2017 Art. 06
	Art. 09 Abs. 01 und 02	0583/2017 Art. 13
	Art. 09 Abs. 05	0583/2017 Art. 16
	Art. 10 Abs. 01	0583/2017 Art. 07
	Art. 11 Abs. 01	0583/2017 Art. 13
	Art. 11 Abs. 01 Buchst. c	0583/2017 Art. 10
	Art. 11 Abs. 01 Buchst. a	0583/2017 Art. 09
	Art. 11 Abs. 01 und 03	0583/2017 Art. 08
	Art. 11 Abs. 03	0583/2017 Art. 11
	Art. 11 Abs. 04	0583/2017
	Art. 13 Abs. 01	0567/2017 Art. 06 bis 11
	Art. 13 Abs. 02	0567/2017
	Art. 12 Abs. 02 Unterabs. 03	0572/2017
Art. 27 Abs. 01	Art. 14 Abs. 01 bis 05	

Richtlinie 2004/39/EG	Verordnung 2014/600/EU	Verordnungen zu RL 2014/65/EU Level II
Spalte 1	Spalte 2	Spalte 3
	Art. 14 Abs. 01	0587/2017 Art. 09
	Art. 14 Abs. 03	0587/2017 Art. 10
	Art. 14 Abs. 02 und 04	0587/2017 Art. 11
Art. 27 Abs. 02	Art. 14 Abs. 06	
	Art. 14 Abs. 07	0587/2017
	Art. 15 Abs. 01	0567/2017 Art. 06 bis 11
	Art. 15 Abs. 01	0567/2017 Art. 12 bis 13
	Art. 15 Abs. 01 bis 03	0567/2017 Art. 14
Art. 27 Abs. 03	Art. 15 Abs. 01 bis 04	
	Art. 15 Abs. 05	0567/2017
Art. 27 Abs. 04	Art. 16	
Art. 27 Abs. 05	Art. 17 Abs. 01	
Art. 27 Abs. 06	Art. 17 Abs. 02	0567/2017 Art. 15
Art. 27 Abs. 07	Art. 17 Abs. 03	0567/2017
	Art. 18 Abs. 06	0567/2017 Art. 16
	Art. 18 Abs. 08	0567/2017 Art. 06 bis 11
	Art. 19 Abs. 02 bis 03	0567/2017
Art. 28 Abs. 01	Art. 20 Abs. 01	0587/2017 Art. 13
	Art. 20 Abs. 01 und 02	0587/2017 Art. 12
	Art. 20 Abs. 01 und 02	0587/2017 Art. 15
Art. 28 Abs. 02	Art. 20 Abs. 02	
Art. 28 Abs. 03	Art. 20 Abs. 03	0587/2017
	Art. 21 Abs. 01 und 05	0583/2017 Art. 07
	Art. 21 Abs. 01	0583/2017 Art. 12
	Art. 21 Abs. 04	0583/2017 Art. 08
	Art. 21 Abs. 05	0583/2017

Richtlinie 2004/39/EG	Verordnung 2014/600/EU	Verordnungen zu RL 2014/65/EU Level II
Spalte 1	Spalte 2	Spalte 3
	Art. 22 Abs. 01	0583/2017 Art. 13
	Art. 22 Abs. 01	0587/2017 Art. 17 und 18
	Art. 22 Abs. 04	0577/2017
	Art. 22 Abs. 04	0583/2017
	Art. 22 Abs. 04	0587/2017
	Art. 23 Abs. 01	0587/2017 Art. 02
	Art. 23 Abs. 01	0587/2017
Art. 25 Abs. 01	Art. 24	
Art. 25 Abs. 02	Art. 25 Abs. 01	
	Art. 25 Abs. 03 Unterabs. 04	0580/2017
Art. 25 Abs. 03	Art. 26 Abs. 01–02	
Art. 25 Abs. 04	Art. 26 Abs. 03	
Art. 25 Abs. 05	Art. 26 Abs. 07	
Art. 25 Abs. 06	Art. 26 Abs. 08	
Art. 25 Abs. 07	Art. 26 Abs. 09	
	Art. 26 Abs. 09 Unterabs. 03	0590/2017
	Art. 27 Abs. 03 Unterabs. 03	0585/2017
	Art. 28 Abs. 05	0579/2017
	Art. 29 Abs. 03	0582/2017
	Art. 31 Abs. 04	0567/2017 Art. 17–18
	Art. 32 Abs. 06	2020/2016
	Art. 35 Abs. 06	0581/2017
	Art. 36 Abs. 06	0581/2017
	Art. 37 Abs. 04 Unterabs. 03	2021/2016
	Art. 40 Abs. 02	0567/2017 Art. 19
	Art. 40 Abs. 08	0567/2017

Richtlinie 2004/39/EG	Verordnung 2014/600/EU	Verordnungen zu RL 2014/65/EU Level II
Spalte 1	Spalte 2	Spalte 3
	Art. 41 Abs. 02	0567/2017 Art. 20
	Art. 42 Abs. 02	0567/2017 Art. 21
	Art. 42 Abs. 07	0567/2017
	Art. 45	0567/2017 Art. 22
	Art. 45 Abs. 10	0567/2017
	Art. 46 Abs. 07	2022/2016

Teil 3

Aufstellung aller aktuellen Dokumente die Grundlage für die Synopse gewesen sind.
Stand 19. 09. 2017

Richtlinie 2014/65/EU des Europäischen Parlaments und des Rates v. 15. 05. 2014 über Märkte für Finanzinstrumente sowie zur Änderung der Richtlinien 2002/92/EG und 2011/61/EU L 173 v. 12. 06. 2014

Berichtigung der Richtlinie 2014/65/EU des Europäischen Parlaments und des Rates v. 15. 05. 2014 über Märkte für Finanzinstrumente sowie zur Änderung der Richtlinien 2002/92/EG und 2011/61/EU L 74 v. 18. 03. 2015

Berichtigung der Richtlinie 2014/65/EU des Europäischen Parlaments und des Rates v. 15. 05. 2014 über Märkte für Finanzinstrumente sowie zur Änderung der Richtlinien 2002/92/EG und 2011/61/EU L 188 v. 13. 07. 2016

Berichtigung der Richtlinie 2014/65/EU des Europäischen Parlaments und des Rates v. 15. 05. 2014 über Märkte für Finanzinstrumente sowie zur Änderung der Richtlinien 2002/92/EG und 2011/61/EU L 273 v. 08. 10. 2016

Berichtigung der Richtlinie 2014/65/EU des Europäischen Parlaments und des Rates v. 15. 05. 2014 über Märkte für Finanzinstrumente sowie zur Änderung der Richtlinien 2002/92/EG und 2011/61/EU L 64 v. 10. 03. 2017

VERORDNUNG (EU) Nr. 909/2014 DES EUROPÄISCHEN PARLAMENTS UND DES RATES v. 23. 07. 2014 zur Verbesserung der Wertpapierlieferungen und -abrechnungen in der Europäischen Union und über Zentralverwahrer sowie zur Änderung der Richtlinien 98/26/EG und 2014/65/EU und der Verordnung (EU) Nr. 236/2012 L 257 v. 28. 08. 2014

RICHTLINIE 2006/73/EG DER KOMMISSION v. 10. 08. 2006 zur Durchführung der Richtlinie 2004/39/EG des Europäischen Parlaments und des Rates in Bezug auf die organisatorischen Anforderungen an Wertpapierfirmen und die Bedingungen für die Ausübung ihrer Tätigkeit sowie in Bezug auf die Definition bestimmter Begriffe für die Zwecke der genannten Richtlinie L 241 v. 02. 09. 2006

VERORDNUNG (EG) Nr. 1287/2006 DER KOMMISSION v. 10. 08. 2006 zur Durchführung der Richtlinie 2004/39/EG des Europäischen Parlaments und des Rates betreffend die Aufzeichnungspflichten für Wertpapierfirmen, die Meldung von Geschäften, die Markttransparenz, die Zulassung von Finanzinstrumenten zum Handel und bestimmte Begriffe im Sinne dieser Richtlinie L 241 v. 02. 09. 2006

DURCHFÜHRUNGSVERORDNUNG (EU) 2016/824 DER KOMMISSION v. 25. 05. 2016 zur Festlegung technischer Durchführungsstandards in Bezug auf den Inhalt und das Format der Beschreibung der Funktionsweise multilateraler Handelssysteme und organisierter Handelssysteme sowie die Benachrichtigung der Europäischen Wertpapier- und Marktaufsichtsbehörde gemäß der Richtlinie 2014/65/EU des Europäischen Parlaments und des Rates über Märkte für Finanzinstrumente L 137/10 v. 26. 05. 2016

RICHTLINIE (EU) 2016/1034 DES EUROPÄISCHEN PARLAMENTS UND DES RATES v. 23. 06. 2016 zur Änderung der Richtlinie 2014/65/EU über Märkte für Finanzinstrumente L 175 v. 30. 06. 2016

DELEGIERTE VERORDNUNG (EU) 2017/565 DER KOMMISSION v. 25. 04. 2016 zur Ergänzung der Richtlinie 2014/65/EU des Europäischen Parlaments und des Rates in Bezug auf die organisatorischen Anforderungen an Wertpapierfirmen und die Bedingungen für die Ausübung ihrer Tätigkeit sowie in Bezug auf die Definition bestimmter Begriffe für die Zwecke der genannten Richtlinie L 87 v. 31. 03. 2017

DELEGIERTE VERORDNUNG (EU) 2017/566 DER KOMMISSION v. 18. 05. 2016 zur Ergänzung der Richtlinie 2014/65/EU des Europäischen Parlaments und des Rates über Märkte für Finanzinstrumente durch technische Regulierungsstandards für das Verhältnis zwischen nicht ausgeführten Verträgen und Geschäften zur Verhinderung marktstörender Handelsbedingungen L 87 v. 31. 03. 2017

DELEGIERTE VERORDNUNG (EU) 2017/568 DER KOMMISSION v. 24. 05. 2016 zur Ergänzung der Richtlinie 2014/65/EU des Europäischen Parlaments und des Rates durch technische Regulierungsstandards für die Zulassung von Finanzinstrumenten zum Handel an geregelten Märkten L 87 v. 31. 03. 2017

Berichtigung der Delegierten Verordnung (EU) 2017/568 der Kommission v. 24. 05. 2016 zur Ergänzung der Richtlinie 2014/65/EU des Europäischen Parlaments und des Rates durch technische Regulierungsstandards für die Zulassung von Finanzinstrumenten zum Handel an geregelten Märkten L 183 v. 14. 07. 2017

DELEGIERTE VERORDNUNG (EU) 2017/569 DER KOMMISSION v. 24. 05. 2016 zur Ergänzung der Richtlinie 2014/65/EU des Europäischen Parlaments und des Rates durch technische Regulierungsstandards für die Aussetzung des Handels und den Ausschluss von Finanzinstrumenten vom Handel L 87 v. 31. 03. 2017

DELEGIERTE VERORDNUNG (EU) 2017/570 DER KOMMISSION v. 26. 05. 2016 zur Ergänzung der Richtlinie 2014/65/EU des Europäischen Parlaments und des Rates über Märkte für Finanzinstrumente durch technische Regulierungsstandards zur Bestimmung des in Bezug auf die Liquidität maßgeblichen Markts hinsichtlich Benachrichtigungen über vorübergehende Handelseinstellungen L 87 v. 31.03.2017

DELEGIERTE VERORDNUNG (EU) 2017/571 DER KOMMISSION v. 02.06.2016 zur Ergänzung der Richtlinie 2014/65/EU des Europäischen Parlaments und des Rates durch technische Regulierungsstandards für die Zulassung, die organisatorischen Anforderungen und die Veröffentlichung von Geschäften für Datenbereitstellungsdienste L 87 v. 31.03.2017

DELEGIERTE VERORDNUNG (EU) 2017/573 DER KOMMISSION v. 06.06.2016 zur Ergänzung der Richtlinie 2014/65/EU des Europäischen Parlaments und des Rates über Märkte für Finanzinstrumente durch technische Regulierungsstandards für Anforderungen zur Sicherstellung gerechter und nichtdiskriminierender Kollokationsdienste und Gebührenstrukturen L 87 v. 31.03.2017

Berichtigung der Delegierten Verordnung (EU) 2017/573 der Kommission v. 06.06.2016 zur Ergänzung der Richtlinie 2014/65/EU des Europäischen Parlaments und des Rates über Märkte für Finanzinstrumente durch technische Regulierungsstandards für Anforderungen zur Sicherstellung gerechter und nichtdiskriminierender Kollokationsdienste und Gebührenstrukturen L 179 v. 12.07.2017

DELEGIERTE VERORDNUNG (EU) 2017/574 DER KOMMISSION v. 07.06.2016 zur Ergänzung der Richtlinie 2014/65/EU des Europäischen Parlaments und des Rates durch technische Regulierungsstandards für den Grad an Genauigkeit von im Geschäftsverkehr verwendeten Uhren L 87 v. 31.03.2017

DELEGIERTE VERORDNUNG (EU) 2017/575 DER KOMMISSION v. 08.06.2016 zur Ergänzung der Richtlinie 2014/65/EU des Europäischen Parlaments und des Rates über Märkte für Finanzinstrumente durch technische Regulierungsstandards bezüglich der Daten, die Ausführungsplätze zur Qualität der Ausführung von Geschäften veröffentlichen müssen L 87 v. 31.03.2017

DELEGIERTE VERORDNUNG (EU) 2017/576 DER KOMMISSION v. 08.06.2016 zur Ergänzung der Richtlinie 2014/65/EU des Europäischen Parlaments und des Rates durch technische Regulierungsstandards für die jährliche Veröffentlichung von Informationen durch Wertpapierfirmen zur Identität von Handelsplätzen und zur Qualität der Ausführung L 87 v. 31.03.2017

Berichtigung der Delegierten Verordnung (EU) 2017/576 der Kommission v. 08.06.2016 zur Ergänzung der Richtlinie 2014/65/EU des Europäischen Parlaments und des Rates durch technische Regulierungsstandards für die jährliche Veröffentlichung von Informationen durch Wertpapierfirmen zur Identität von Handelsplätzen und zur Qualität der Ausführung L 235 v. 13.09.2017

DELEGIERTE VERORDNUNG (EU) 2017/578 DER KOMMISSION v. 13.06.2016 zur Ergänzung der Richtlinie 2014/65/EU des Europäischen Parlaments und des Rates über Märkte für Finanzinstrumente durch technische Regulierungsstandards zur Angabe von Anforderungen an Market-Making-Vereinbarungen und -Systeme L 87 v. 31.03.2017

Berichtigung der Delegierten Verordnung (EU) 2017/578 der Kommission v. 13.06.2016 zur Ergänzung der Richtlinie 2014/65/EU des Europäischen Parlaments und des Rates über

Märkte für Finanzinstrumente durch technische Regulierungsstandards zur Angabe von Anforderungen an Market-Making-Vereinbarungen und -Systeme L 209 v. 12.08.2017

DELEGIERTE VERORDNUNG (EU) 2017/584 DER KOMMISSION v. 14.07.2016 zur Ergänzung der Richtlinie 2014/65/EU des Europäischen Parlaments und des Rates durch technische Regulierungsstandards zur Festlegung der organisatorischen Anforderungen an Handelsplätze L 87 v. 31.03.2017

DELEGIERTE VERORDNUNG (EU) 2017/586 DER KOMMISSION v. 14.07.2016 zur Ergänzung der Richtlinie 2014/65/EU des Europäischen Parlaments und des Rates durch technische Regulierungsstandards für den Informationsaustausch zwischen den zuständigen Behörden im Rahmen der Zusammenarbeit bei der Überwachung, bei Überprüfungen vor Ort und bei Ermittlungen L 87 v. 31.03.2017

DELEGIERTE VERORDNUNG (EU) 2017/588 DER KOMMISSION v. 14.07.2016 zur Ergänzung der Richtlinie 2014/65/EU des Europäischen Parlaments und des Rates durch technische Regulierungsstandards für das Tick-Größen-System für Aktien, Aktienzertifikate und börsengehandelte Fonds L 87 v. 31.03.2017

Berichtigung der Delegierten Verordnung (EU) 2017/588 der Kommission v. 14.07.2016 zur Ergänzung der Richtlinie 2014/65/EU des Europäischen Parlaments und des Rates durch technische Regulierungsstandards für das Tick-Größen-System für Aktien, Aktienzertifikate und börsengehandelte Fonds L 178 v. 11.07.2017

DELEGIERTE VERORDNUNG (EU) 2017/589 DER KOMMISSION v. 19.07.2016 zur Ergänzung der Richtlinie 2014/65/EU des Europäischen Parlaments und des Rates durch technische Regulierungsstandards zur Festlegung der organisatorischen Anforderungen an Wertpapierfirmen, die algorithmischen Handel betreiben L 87 v. 31.03.2017

Berichtigung der Delegierten Verordnung (EU) 2017/589 v. 19.07.2016 zur Ergänzung der Richtlinie 2014/65/EU des Europäischen Parlaments und des Rates durch technische Regulierungsstandards zur Festlegung der organisatorischen Anforderungen an Wertpapierfirmen, die algorithmischen Handel betreiben L 197 v. 28.07.2017

DELEGIERTE VERORDNUNG (EU) 2017/591 DER KOMMISSION v. 01.12.2016 zur Ergänzung der Richtlinie 2014/65/EU des Europäischen Parlaments und des Rates durch technische Regulierungsstandards für die Anwendung von Positionslimits für Warenderivate L 87 v. 31.03.2017

DELEGIERTE VERORDNUNG (EU) 2017/592 DER KOMMISSION v. 01.12.2016 zur Ergänzung der Richtlinie 2014/65/EU des Europäischen Parlaments und des Rates durch technische Regulierungsstandards zur Festlegung der Kriterien, nach denen eine Tätigkeit als Nebentätigkeit zur Haupttätigkeit gilt L 87 v. 31.03.2017

DELEGIERTE RICHTLINIE (EU) 2017/593 DER KOMMISSION v. 07.04.2016 zur Ergänzung der Richtlinie 2014/65/EU des Europäischen Parlaments und des Rates im Hinblick auf den Schutz der Finanzinstrumente und Gelder von Kunden, Produktüberwachungspflichten und Vorschriften für die Entrichtung bzw. Gewährung oder Entgegennahme von Gebühren, Provisionen oder anderen monetären oder nicht-monetären Vorteilen L 87 v. 31.03.2017

Berichtigung der Delegierten Richtlinie (EU) 2017/593 der Kommission v. 07.04.2016 zur Ergänzung der Richtlinie 2014/65/EU des Europäischen Parlaments und des Rates im Hinblick auf den Schutz der Finanzinstrumente und Gelder von Kunden, Produktüberwachungspflichten und Vorschriften für die Entrichtung bzw. Gewährung oder Entgegennahme von Gebühren, Provisionen oder anderen monetären oder nicht-monetären Vorteilen L 210 v. 15.08.2017

DURCHFÜHRUNGSVERORDNUNG (EU) 2017/953 DER KOMMISSION v. 06.06.2017 zur Festlegung technischer Durchführungsstandards im Hinblick auf das Format und den Zeitpunkt der Positionsmeldungen von Wertpapierfirmen und Marktbetreibern von Handelsplätzen gemäß der Richtlinie 2014/65/EU des Europäischen Parlaments und des Rates über Märkte für Finanzinstrumente L 144 v. 07.06.2017

DURCHFÜHRUNGSVERORDNUNG (EU) 2017/980 DER KOMMISSION v. 07.06.2017 zur Festlegung technischer Durchführungsstandards für die Standardformulare, Muster und Verfahren für die Zusammenarbeit der zuständigen Behörden bei der Überwachung, den Überprüfungen vor Ort und den Ermittlungen und für den Informationsaustausch zwischen den zuständigen Behörden gemäß der Richtlinie 2014/65/EU des Europäischen Parlaments und des Rates L 148 v. 10.06.2017

DURCHFÜHRUNGSVERORDNUNG (EU) 2017/981 DER KOMMISSION v. 07.06.2017 zur Festlegung technischer Durchführungsstandards für die Standardformulare, Muster und Verfahren zur Konsultation anderer zuständiger Behörden vor einer Zulassung gemäß der Richtlinie 2014/65/EU des Europäischen Parlaments und des Rates L 148 v. 10.06.2017

DURCHFÜHRUNGSVERORDNUNG (EU) 2017/988 DER KOMMISSION v. 06.06.2017 zur Festlegung technischer Durchführungsstandards für Standardformulare, Muster und Verfahren für die Zusammenarbeit in Bezug auf Handelsplätze, deren Geschäfte in einem Aufnahmemitgliedstaat von wesentlicher Bedeutung sind L 149 v. 13.06.2017

DURCHFÜHRUNGSVERORDNUNG (EU) 2017/1005 DER KOMMISSION v. 15.06.2017 zur Festlegung technischer Durchführungsstandards in Bezug auf Format und Zeitpunkt der Mitteilungen und der Veröffentlichung der Aussetzung des Handels und des Ausschlusses von Finanzinstrumenten gemäß der Richtlinie 2014/65/EU des Europäischen Parlaments und des Rates über Märkte für Finanzinstrumente L 153 v. 16.06.2017

DELEGIERTE VERORDNUNG (EU) 2017/1018 DER KOMMISSION v. 29.06.2016 zur Ergänzung der Richtlinie 2014/65/EU des Europäischen Parlaments und des Rates über Märkte für Finanzinstrumente durch technische Regulierungsstandards zur Präzisierung der Angaben, die von Wertpapierfirmen, Marktbetreibern und Kreditinstituten zu übermitteln sind L 155 v. 17.06.2017

Berichtigung der Delegierten Verordnung (EU) 2017/1018 der Kommission v. 29.06.2016 zur Ergänzung der Richtlinie 2014/65/EU des Europäischen Parlaments und des Rates über Märkte für Finanzinstrumente durch technische Regulierungsstandards zur Präzisierung der Angaben, die von Wertpapierfirmen, Marktbetreibern und Kreditinstituten zu übermitteln sind L 210 v. 15.08.2017

DURCHFÜHRUNGSVERORDNUNG (EU) 2017/1093 DER KOMMISSION v. 20.06.2017 zur Festlegung technischer Durchführungsstandards im Hinblick auf das Format der Positionsberichte von Wertpapierfirmen und Marktbetreibern L 158 v. 21.06.2017

DURCHFÜHRUNGSVERORDNUNG (EU) 2017/1110 DER KOMMISSION v. 22.06.2017 zur Festlegung technischer Durchführungsstandards für die Standardformulare, Muster und Verfahren für die Zulassung von Datenbereitstellungsdiensten und die damit zusammenhängenden Mitteilungen gemäß der Richtlinie 2014/65/EU des Europäischen Parlaments und des Rates über Märkte für Finanzinstrumente L 162 v. 23.06.2017

DURCHFÜHRUNGSVERORDNUNG (EU) 2017/1111 DER KOMMISSION v. 22.06.2017 zur Festlegung technischer Durchführungsstandards zu den Verfahren und Formularen für die Übermittlung von Informationen über Sanktionen und Maßnahmen im Einklang mit der Richtlinie 2014/65/EU des Europäischen Parlaments und des Rates L 162 v. 23.06.2017

VERORDNUNG (EU) Nr. 600/2014 DES EUROPÄISCHEN PARLAMENTS UND DES RATES v. 15.05.2014 über Märkte für Finanzinstrumente und zur Änderung der Verordnung (EU) Nr. 648/2012 L 173 v. 12.06.2014

Berichtigung der Verordnung (EU) Nr. 600/2014 des Europäischen Parlaments und des Rates v. 15.05.2014 über Märkte für Finanzinstrumente und zur Änderung der Verordnung (EU) Nr. 648/2012 L 6 v. 10.01.2015

Berichtigung der Verordnung (EU) Nr. 600/2014 des Europäischen Parlaments und des Rates v. 15.05.2014 über Märkte für Finanzinstrumente und zur Änderung der Verordnung (EU) Nr. 648/2012 L 270 v. 15.10.2015

VERORDNUNG (EU) 2016/1033 DES EUROPÄISCHEN PARLAMENTS UND DES RATES v. 23.06.2016 zur Änderung der Verordnung (EU) Nr. 600/2014 über Märkte für Finanzinstrumente, der Verordnung (EU) Nr. 596/2014 über Marktmissbrauch und der Verordnung (EU) Nr. 909/2014 zur Verbesserung der Wertpapierlieferungen und -abrechnungen in der Europäischen Union und über Zentralverwahrer L 175 v. 30.06.2016

DELEGIERTE VERORDNUNG (EU) 2016/2020 DER KOMMISSION v. 26.05.2016 zur Ergänzung der Verordnung (EU) Nr. 600/2014 des Europäischen Parlaments und des Rates über Märkte für Finanzinstrumente im Hinblick auf technische Regulierungsstandards für Kriterien zur Entscheidung über die Auferlegung der Handelspflicht für der Clearingpflicht unterliegende Derivate L 313 v. 19.11.2016

DELEGIERTE VERORDNUNG (EU) 2016/2021 DER KOMMISSION v. 02.06.2016 zur Ergänzung der Verordnung (EU) Nr. 600/2014 des Europäischen Parlaments und des Rates über Märkte für Finanzinstrumente im Hinblick auf technische Regulierungsstandards für den Zugang im Zusammenhang mit Referenzwerten L 313 v. 19.11.2016

DELEGIERTE VERORDNUNG (EU) 2016/2022 DER KOMMISSION v. 14.07.2016 zur Ergänzung der Verordnung (EU) Nr. 600/2014 des Europäischen Parlaments und des Rates durch technische Regulierungsstandards für die zur Registrierung von Drittlandfirmen erforderlichen Angaben und das Format von Informationen für Kunden L 313 v. 19.11.2016

Berichtigung der Delegierten Verordnung (EU) 2016/2022 der Kommission v. 14.07.2016 zur Ergänzung der Verordnung (EU) Nr. 600/2014 des Europäischen Parlaments und des Rates durch technische Regulierungsstandards für die zur Registrierung von Drittlandfirmen erforderlichen Angaben und das Format von Informationen für Kunden L 25 v. 31.01.2017

DELEGIERTE VERORDNUNG (EU) 2017/567 DER KOMMISSION v. 18.05.2016 zur Ergänzung der Verordnung (EU) Nr. 600/2014 des Europäischen Parlaments und des Rates im Hinblick auf Begriffsbestimmungen, Transparenz, Portfoliokomprimierung und Aufsichtsmaßnahmen zur Produktintervention und zu den Positionen L 87 v. 31.03.2017

DELEGIERTE VERORDNUNG (EU) 2017/572 DER KOMMISSION v. 02.06.2016 zur Ergänzung der Verordnung (EU) Nr. 600/2014 des Europäischen Parlaments und des Rates im Hinblick auf technische Regulierungsstandards für die Festlegung der angebotenen Vor- und Nachhandelsdaten und des Disaggregationsniveaus der Daten L 87 v. 31.03.2017

DELEGIERTE VERORDNUNG (EU) 2017/577 DER KOMMISSION v. 13.06.2016 zur Ergänzung der Verordnung (EU) Nr. 600/2014 des Europäischen Parlaments und des Rates über Märkte für Finanzinstrumente durch technische Regulierungsstandards für den Mechanismus zur Begrenzung des Volumens und die Bereitstellung von Informationen für Transparenz- und andere Berechnungen L 87 v. 31.03.2017

DELEGIERTE VERORDNUNG (EU) 2017/579 DER KOMMISSION v. 13.06.2016 zur Ergänzung der Verordnung (EU) Nr. 600/2014 des Europäischen Parlaments und des Rates über Märkte für Finanzinstrumente durch technische Regulierungsstandards in Bezug auf unmittelbare, wesentliche und vorhersehbare Auswirkungen von Derivatekontrakten innerhalb der Union und die Verhinderung der Umgehung von Vorschriften und Pflichten L 87 v. 31.03.2017

DELEGIERTE VERORDNUNG (EU) 2017/580 DER KOMMISSION v. 24.06.2016 zur Ergänzung der Verordnung (EU) Nr. 600/2014 des Europäischen Parlaments und des Rates durch technische Regulierungsstandards für die Aufzeichnung einschlägiger Daten über Aufträge für Finanzinstrumente L 87 v. 31.03.2017

DELEGIERTE VERORDNUNG (EU) 2017/581 DER KOMMISSION v. 24.06.2016 zur Ergänzung der Verordnung (EU) Nr. 600/2014 des Europäischen Parlaments und des Rates durch technische Regulierungsstandards für den Clearing-Zugang im Zusammenhang mit Handelsplätzen und zentralen Gegenparteien L 87 v. 31.03.2017

Berichtigung der Delegierten Verordnung (EU) 2017/581 der Kommission v. 24.06.2016 zur Ergänzung der Verordnung (EU) Nr. 600/2014 des Europäischen Parlaments und des Rates durch technische Regulierungsstandards für den Clearing-Zugang im Zusammenhang mit Handelsplätzen und zentralen Gegenparteien L 209 v. 12.08.2017

DELEGIERTE VERORDNUNG (EU) 2017/582 DER KOMMISSION v. 29.06.2016 zur Ergänzung der Verordnung (EU) Nr. 600/2014 des Europäischen Parlaments und des Rates durch technische Regulierungsstandards zur Festlegung der Clearingpflicht für über geregelte Märkte gehandelte Derivate und Zeitrahmen für die Annahme zum Clearing L 87 v. 31.03.2017

DELEGIERTE VERORDNUNG (EU) 2017/583 DER KOMMISSION v. 14.07.2016 zur Ergänzung der Verordnung (EU) Nr. 600/2014 des Europäischen Parlaments und des Rates über Märkte für Finanzinstrumente durch technische Regulierungsstandards zu den Transparenzanforderungen für Handelsplätze und Wertpapierfirmen in Bezug auf Anleihen, strukturierte Finanzprodukte, Emissionszertifikate und Derivate L 87 v. 31.03.2017

DELEGIERTE VERORDNUNG (EU) 2017/585 DER KOMMISSION v. 14.07.2016 zur Ergänzung der Verordnung (EU) Nr. 600/2014 des Europäischen Parlaments und des Rates im Hinblick auf technische Regulierungsstandards für die Datenstandards und -formate für die Referenzdaten für Finanzinstrumente und die technischen Maßnahmen in Bezug auf die von der ESMA und den zuständigen Behörden zu treffenden Vorkehrungen L 87 v. 31.03.2017

DELEGIERTE VERORDNUNG (EU) 2017/587 DER KOMMISSION v. 14.07.2016 zur Ergänzung der Verordnung (EU) Nr. 600/2014 des Europäischen Parlaments und des Rates über Märkte für Finanzinstrumente durch technische Regulierungsstandards mit Transparenzanforderungen für Handelsplätze und Wertpapierfirmen in Bezug auf Aktien, Aktienzertifikate, börsengehandelte Fonds, Zertifikate und andere vergleichbare Finanzinstrumente und mit Ausführungspflichten in Bezug auf bestimmte Aktiengeschäfte an einem Handelsplatz oder über einen systematischen Internalisierer L 87 v. 31.03.2017

Berichtigung der Delegierten Verordnung (EU) 2017/587 der Kommission v. 14.07.2016 zur Ergänzung der Verordnung (EU) Nr. 600/2014 des Europäischen Parlaments und des Rates über Märkte für Finanzinstrumente durch technische Regulierungsstandards mit Transparenzanforderungen für Handelsplätze und Wertpapierfirmen in Bezug auf Aktien, Aktienzertifikate, börsengehandelte Fonds, Zertifikate und andere vergleichbare Finanzinstrumente und mit Ausführungspflichten in Bezug auf bestimmte Aktiengeschäfte an einem Handelsplatz oder über einen systematischen Internalisierer L 228 v. 02.09.2017

DELEGIERTE VERORDNUNG (EU) 2017/590 DER KOMMISSION v. 28.07.2016 zur Ergänzung der Verordnung (EU) Nr. 600/2014 des Europäischen Parlaments und des Rates durch technische Regulierungsstandards für die Meldung von Geschäften an die zuständigen Behörden L 87 v. 31.03.2017

Stichwortverzeichnis

Die **fettgedruckten** Zahlen und Buchstaben verweisen auf die Kapitel und Unterkapitel, die Zahlen nach dem Komma auf die Randnummer(n).

A

Abfindung **III.2**, 242

Absicherung **III.2**, 161

Abweichung **III.2**, 203
– Analyse **III.2**, 28

Ad-hoc
– Ad-hoc-Bericht **I.4**, 51
– Ad-hoc-Produktüberprüfungen **III.2**, 216
– Ad-hoc-Publizität **II.C.6**, 2
– Ad-hoc-Publizitätspflicht **II.C.1**, 23

Adressat **II.A.4**, 51, 65, 82

AIF *siehe* Fonds, EU-Alternative Investmentfonds (AIF)

Aktienrückkaufprogramme **II.C.3**, 68

Aktualisierung **II.A.4**, 24, 60, 78, 88

Allgemeine Organisatorische Anforderungen für Wertpapierdienstleistungsunternehmen (AT) **I.8**, 6

Allgemeinverfügungen **II.B.10**, 29

Altersvorsorge **III.2**, 66

Amtsträger **II.D.2**, 8
– europäischer **II.D.2**, 14

Analyse **III.2**, 27
– Analysegebühr **III.2**, 123
– beschränkte **III.2**, 65

Änderung **III.2**, 57

Anforderungen **II.A.2**, 46; **II.A.3**, 33 ff.; **III.2**, 45
– an Vergleiche **II.B.10**, 36
– inhaltliche **II.A.2**, 17 ff., 48

Angaben
– irreführende **II.B.10**, 17
– personalisierte **III.2**, 168

Angebot
– Lockvogelangebot **II.B.10**, 30
– nicht prospektpflichtiges **II.B.10**, 42
– prospektpflichtiges **II.B.10**, 41

Angemessenheit **III.2**, 77
– Prüfung **II.A.5**, 5, 9, 11 f., 15 ff.; **III.2**, 80

Anlage
– Empfehlungen **II.B.7**, 3
– Grundsätze **II.A.7**, 2, 31
  – Anlagerichtlinie **II.A.7**, 8
  – Anlagestrategie **II.A.7**, 8
  – Basisstrategie **II.A.7**, 11
– Horizont **II.A.6**, 50
– Produkt **II.A.4**, 9
– Strategie **III.2**, 64, 83
– Strategieempfehlungen **II.B.7**, 3
– Vermittlung **III.2**, 241
– Ziele **III.2**, 58

Anlageberatung **II.A.5**, 1, 4 ff., 11 f., 25; **II.B.7**, 69; **III.2**, 65
– Geeignetheits-/Angemessenheitsprüfung **III.2**, 26
– Honorar-Anlageberatung **II.B.2**, 1; **III.2**, 58, 82, 99
  – unabhängige **III.2**, 103
– Portfolio-Anlageberatung **II.A.6**, 98
– telefonische **II.A.5**, 26

Anlageprodukte, verpackte **II.A.4**, 8

Anleger
– Anlegerinformationen, wesentliche **II.A.4**, 27 ff., 42 ff.

- Anlegerschutz **II.A.1**, 1; **III.2**, 12
- Kleinanleger **II.A.4**, 13; **III.2**, 56, 244

Anreize **III.2**, 41

Anteile in Organismen für gemeinsame Anlage in Wertpapieren (OGAW) **III.2**, 87

Anwendungsbereich **II.A.4**, 29, 50, 63, 81
- sachlicher **II.A.4**, 8

Anzeige- und Meldepflichten **I.9**, 19; **II.B.3**, 26, 43, 60, 68, 75, 84

Äquivalenzprüfung **II.C.1**, 28

AT *siehe* Allgemeine Organisatorische Anforderungen für Wertpapierdienstleistungsunternehmen (AT)

Aufbauorganisation **I.3**, 35

Aufbewahrung **III.2**, 51
- Pflichten **II.B.10**, 34, 37

Aufschub Nachhandelstransparenz **II.B.4**, 39 ff.

Aufsicht
- Aufsichtsratspflichten, Ausweitung der **I.1**, 17
- Maßnahmen **I.9**, 75
- Organ **I.1**, 16; **III.2**, 232
- Pflicht **I.9**, 5 f.

Aufstellung, periodische **III.2**, 118

Aufzeichnung **III.2**, 147
- Pflicht **II.A.5**, 26 ff.; **II.B.9**, 42, 92; **II.B.10**, 34, 37; **III.2**, 58, 150

Ausdifferenzierung **III.2**, 210

Ausführung
- bestmögliche, Regelungen zur *siehe* Best Execution
- Geschäfte **III.2**, 225
- Grundsätze **II.C.2**, 8, 10; **III.2**, 185
- Plätze **II.C.1**, 17
- Qualität **II.C.1**, 2; **III.2**, 182, 184

Auskehrungsverfahren und -prozesse **III.2**, 136

Auskunfteien **II.B.9**, 17 ff.

Auslagerung **II.B.8**, 39, 43 f., 65, 93, 95, 109
- Compliance-Funktion **I.8**, 68

Auslegungen gesetzlicher Bestimmungen durch die Aufsichtsbehörde **I.8**, 5

Ausnahmen von der Vorhandelstransparenz **II.B.4**, 12 ff.

Ausschuss der Europäischen Aufsichtsbehörden für das Versicherungswesen und die betriebliche Altersversorgung (EIOPA) **I.6**, 30

Aussetzung **II.C.1**, 29

Ausweis **III.2**, 171

B

Bankgeheimnis **II.B.9**, 2

Baseler Ausschuss für Bankenaufsicht (BCBS 239) **I.4**, 68; **I.6**, 42

Basisinformationsblatt, Inhalte **II.A.4**, 19 f.

Beauftragte **II.B.8**, 56; **III.2**, 50
- für den Schutz von Finanzinstrumenten **III.2**, 26

Beeinflussung, unzulässige **II.B.10**, 16

Befreiung, eigenverantwortliche **II.C.6**, 12

Befugnisse, notwendige **I.1**, 24

Behörde, zuständige **II.A.4**, 17, 32, 52, 66

Bekanntmachungspflichten **II.C.6**, 29

Belästigung, unzumutbare **II.B.10**, 19

Benutzungsschonfrist **II.B.10**, 4

Beratung
- Aufgabe **II.A.1**, 41
- Falschberatung **II.A.5**, 5
- Kosten **III.2**, 65
- Leistungen **III.2**, 103
- Protokoll **III.2**, 92

Bereitstellung **II.A.4**, 33
- des Basisinformationsblatts **II.A.4**, 18

Bericht
- Berichterstattung **III.2**, 17, 32

– Berichtslinie **III.1**, 31, 47
– Pflicht **III.2**, 118

Berichtigungspflicht **II.D.2**, 60

Beschwerde **II.B.3**, 46; **III.2**, 36
– Datenbank **III.2**, 37
– Management **III.2**, 31, 36 ff.
– Managementfunktion **III.2**, 36

Besondere Anforderungen nach §§ 63 ff. WpHG (BT) **I.8**, 6

Best Execution **II.C.1**, 15; **II.C.2**, 1; **III.2**, 26, 178 ff., 184 ff.
– Best Execution Policy **II.C.2**, 10; **III.2**, 179

Bestandsprodukte **II.A.6**, 19

Bestandsprovisionen **II.B.2**, 12, 16

Bestechung und Bestechlichkeit **II.D.2**, 27
– Bestechlichkeitsdelikte **I.9**, 63
– im geschäftlichen Verkehr **II.D.2**, 41
– von Mandatsträgern **II.D.2**, 37

Beteiligung
– der Kontrolleinheiten **II.D.3**, 77
– Transparenz **II.C.7**, 1

Betriebsausgabenabzugsverbot **II.D.2**, 60

Betroffenheits- und Abweichungsanalyse **III.2**, 27

Beurteilungsprozesse **III.2**, 199

Bewertung **I.4**, 33; **III.2**, 111
– Bewertungs- und Vergleichsmethode **III.2**, 112
– Verfahren **III.2**, 57

Bewirtung **II.D.2**, 15
– geringfügige **III.2**, 135

Bezugsrechte **II.C.4**, 74

Black list **II.B.10**, 18

Blockorder **II.A.7**, 16, 27

Bonitäts- bzw. Risikoprüfung **I.9**, 33

Börsenaufsicht **I.6**, 19

Brexit **II.B.9**, 10

Bribery Act *siehe* UK Bribery Act

BT *siehe* Besondere Anforderungen nach §§ 63 ff. WpHG (BT)

Bundesanstalt für Finanzdienstleistungsaufsicht (BaFin) **I.6**, 10

Bußgeld **II.C.7**, 5

Business Judgment Rule **I.9**, 38

C

CAKID *siehe* Client Asset Key Information Document (CAKID)

Cash-Management **II.B.8**, 10

CCP *siehe* Gegenpartei, zentrale (CCP – Central Counterparties)

Chinese Walls **II.B.7**, 53

Clearing- und Abwicklungsgebühren **III.2**, 178

Clearingpflicht **II.C.1**, 33

Client Asset Key Information Document (CAKID) **II.B.8**, 37, 67, 83, 93

Client Assets **II.B.8**, 29, 58 ff.

CMS *siehe* Compliance, Compliance Management System (CMS)

Code of Conduct **II.D.1**, 6

Code of Ethics **II.D.1**, 6

Cold Calling **II.B.10**, 29

Compliance **I.3**, 1; **II.A.7**, 14; **III.1**, 1; **III.2**, 1
– Basis-Compliance **I.1**, 75 ff.
– Beauftragte **II.B.3**, 77
– Bericht **I.8**, 43; **II.A.6**, 103
– Cockpit **I.4**, 66 ff.
– Compliance Management System (CMS) **I.4**, 59
– Compliance Officer **I.9**, 17
– Controlling **III.2**, 9
– Erfolg **I.4**, 62
– Funktion **I.3**, 4, 13, 18; **I.7**, 24 ff.; **II.C.1**, 35
– IKS-Compliance **I.5**, 5
– Checklisten **I.5**, 31
– integrierte **I.1**, 79 ff.; **I.4**, 50
– Komitee **I.1**, 85

1335

- Kosten **I.2**, 5
- Kultur **I.2**, 10; **I.4**, 62
- Mindestanforderungen an die Compliance-Funktion (MaComp) **I.3**, 6; **II.B.1**, 179; **II.B.8**, 42 f., 65; **III.2**, 21, 239
- Risiko **I.2**, 20; **I.3**, 18; **I.4**, 50; **II.A.1**, 2
- Strategie **I.1**, 13
- Systeme **I.9**, 1
- Überwachung **I.4**, 14
- Verstöße **I.9**, 67
- Wertpapier-Compliance **III.1**

Compliance- und Risikobericht, integrierter **I.4**, 54

Compliance-Funktion
- Dauerhaftigkeit **I.8**, 55
- Kombination **I.8**, 60
- organisatorische Anforderungen **I.8**, 48
- Stellung **I.8**, 63
- Unabhängigkeit **I.8**, 58

Compliance-Mentoren, dezentrale **I.1**, 45

Compliance-Verantwortung
- horizontale **I.1**, 10
- vertikale **I.1**, 12

Consultation Paper **III.2**, 23

Corporate Governance **II.D.1**, 3; **III.2**, 26, 228, 230 ff., 245 f., 248 ff.

Corporate Governance Kodex
- deutscher **I.7**, 38 ff.
- für Genossenschaften **I.7**, 41

COSO Enterprise Risk Management System (COSO ERM) **I.3**, 14

CSDR *siehe* Europäische Verordnung über Wertpapierzentralverwahrer (CSDR)

D

Daten
- Archivierung **II.B.9**, 73 ff.
  - Hash-Wert **II.B.9**, 74
  - qualifizierte elektronische Signatur **II.B.9**, 75
  - Verifikationsdaten **II.B.9**, 81
- Datenschutz **II.B.9**, 1 ff.

- Datenträger **III.2**, 65
- Erhebung **III.2**, 198
- Lieferanten **III.2**, 199
- personenbezogene **II.B.9**, 5; **III.2**, 149
- Transfer **II.B.9**, 10

Datenverarbeitung, individuelle **I.4**, 68

Daueraufgabe **II.A.6**, 5

Deal Logging **II.C.5**, 6

Defense
- Defense Team **II.D.1**, 35
- Manuals **II.D.1**, 34

Deferral **II.B.4**, 39

Delegierte Richtlinie **II.B.8**, 1, 3, 85, 110

Delegierte Verordnung **II.B.1**, 7; **II.B.8**, 1, 3, 43, 85

Delegierter Rechtsakt **I.6**, 25; **II.B.8**, 1, 4, 16, 22 f., 50

Depot
- Bekanntmachung **II.B.8**, 49
- Geschäft **II.B.8**, 1, 8 ff., 49, 51 f., 63, 140; **III.2**, 241
- Gesetz **II.B.8**, 5 ff., 46
- Inhaber **II.B.8**, 7, 26 f., 90
- Repotrecht **II.B.8**, 7, 12 ff.

Derivat **II.C.1**, 23; **III.2**, 166
- handelsplatzpflichtiges **II.C.1**, 17
- Markt **II.C.1**, 33

Derogation **II.C.1**, 28

Design **II.B.10**, 9 ff.

Deutsche Kreditwirtschaft (DK) **II.C.1**, 9

Deutsches Institut für Interne Revision e. V. (DIIR) **III.2**, 6

Dienstausübung **II.D.2**, 19

Dienstherrengenehmigung **II.D.2**, 25

Dienstleistung **II.A.2**, 2 ff.; **III.2**, 27
- Arten **III.2**, 26, 74 f., 77 ff., 92 ff.
- grenzüberschreitende **I.10**, 32 ff.
- Informationen über die Bank und ihre **II.A.2**, 1
- Informationen über sich und seine **II.A.2**, 2
- Kosten **III.2**, 157

– Nebendienstleistung **III.2**, 62
– Kosten **III.2**, 157
– Verkehr **I.10**, 32

Direktionsrecht **I.1**, 23

Disclaimer **III.2**, 24

Distributor **II.A.6**, 16; **III.2**, 190

Diversifizierung **II.B.8**, 101

Dokumentation **II.A.2**, 47; **III.2**, 51
– Abläufe **II.A.2**, 48
– Pflicht **I.9**, 39

Dritthandelsplatz **II.C.1**, 30, 34

Drittstaaten **III.2**, 12
– Handelsplatz **II.C.1**, 28

Drittverwahrer **III.2**, 65

Durchführungsrichtlinie **III.2**, 30

Durchführungsstandard, technischer **I.6**, 26

Durchführungsverordnung (DVO) **III.2**, 30, 65

Durchgriffsrecht **I.1**, 23

DVO *siehe* Durchführungsverordnung (DVO)

E

EBA *siehe* European Banking Authority (EBA)

Eigenemissionen **III.2**, 101

Eigengeschäft **II.C.1**, 6, 27; **II.C.4**, 72

Eigenhandel **II.C.1**, 6

Eigenkapital-Finanzinstrumente **II.C.1**, 5

Eignung
– Beurteilung **III.2**, 89
– fachliche **II.B.3**, 15

Einfluss, wesentlicher **II.D.3**, 87

Einladungen **II.D.2**, 15

Einlagen **II.B.8**, 97
– Geschäft **II.B.8**, 32 f., 76, 78, 97 ff., 107
– strukturierte **II.A.4**, 9; **III.2**, 87

Einstufung **III.2**, 51, 57
– Grundsätze **II.A.3**, 23 ff.

Einwilligung **II.B.9**, 7
– vor Telefonwerbung **II.B.10**, 21

EIOPA *siehe* Ausschuss der Europäischen Aufsichtsbehörden für das Versicherungswesen und die betriebliche Altersversorgung (EIOPA)

Emittent **II.C.4**, 60; **II.C.6**, 4; **II.C.7**, 6; **III.2**, 190

Empfehlung **II.A.5**, 1, 4, 11, 13, 23 f.; **II.B.7**, 15; **III.2**, 74
– Empfehlungs- und Verleitungsverbot **II.C.3**, 12, 90
– persönliche **III.2**, 74

Entgelte **III.2**, 134

Entscheidung
– eigenverantwortliche **III.2**, 115
– Entscheidungsspielraum **III.2**, 105

Entstehungs- und Umsetzungsprozesses **III.2**, 245

Erbschaft **II.C.4**, 74

Erforderlichkeitsgrundsatz **II.B.9**, 8

Ermessen **III.2**, 100

Erstellung **II.B.7**, 42
– Zeitpunkt **III.2**, 152

Erwägungsgrund **II.B.8**, 53

ESFS *siehe* Europäisches System für die Finanzaufsicht (ESFS)

ESMA *siehe* Europäische Wertpapier- und Marktaufsichtsbehörde (ESMA)

EuGH *siehe* Europäischer Gerichtshof (EuGH)

EU-Richtlinie **I.6**, 24

Europäische Verordnung über Wertpapierzentralverwahrer (CSDR) **II.B.8**, 15, 17

Europäische Wertpapier- und Marktaufsichtsbehörde (ESMA) **I.6**, 30; **II.B.8**, 22, 28 f., 52, 58 ff., 72, 86, 94, 106 ff., 123, 126, 128, 132; **III.2**, 23
– ESMA/BaFin **II.C.1**, 9
– ESMA-Opinion **II.C.1**, 28
– Kriterien **III.2**, 200
– Leitlinien **I.6**, 33

1337

Europäischer Gerichtshof (EuGH) **II.B.8**, 4, 9

Europäisches System für die Finanzaufsicht (ESFS) **I.6**, 30

European Banking Authority (EBA) **I.6**, 30

EU-Verordnung **I.6**, 24

EU-Vorgaben **III.2**, 16

Eventualverbindlichkeiten **III.2**, 122

Ex-post **III.2**, 65

F

FAQs **III.2**, 23

Festpreisgeschäfte **III.2**, 102

Financial Stability Board **I.6**, 38 f.

Finanzanalyse **II.B.7**, 10; **II.C.5**, 14

Finanzanalyst **III.2**, 31, 44

Finanzinstrument **II.C.4**, 18
– liquides oder nicht-liquides **II.C.1**, 10

Finanzkontrolle **III.2**, 231

Finanzmarktnovellierungsgesetz, Zweites **III.2**, 2

Finanzmarktnovellierungsgesetz (FinMaNoG) **III.2**, 2

Finanzmarktrichtlinie **III.2**, 180

Finanzportfolioverwaltung **II.A.7**; **III.2**, 26, 105

Finanzprodukte, strukturierte (structured finance products) **II.C.1**, 5

Finanzsicherheiten **II.B.8**, 13, 73, 110 ff., 114, 119 ff.

Flash Crash **II.B.5**, 1, 16

Fonts
– EU-Alternative Investmentfonds (AIF) **III.2**, 85
– Fondsgesellschaften **II.A.3**, 5
– Investmentfonds **II.A.4**, 9
– OGAW-Fonds **III.2**, 85

Foreign Corrupt Practices Act (FCPA) **II.D.2**, 34

Form **II.A.2**, 8, 16, 28, 38
– generischer **III.2**, 168

Front- und Parallelrunning **II.C.4**, 5

G

G20 **I.6**, 38 f.

Garant
– Haftung **I.4**, 11
– Pflicht **I.9**, 18

Gebot der Verständlichkeit **II.B.10**, 36

Gebühren **III.2**, 58, 128
– Arten **III.2**, 178
– Darstellung **III.2**, 120
– Struktur **III.2**, 35

Geeignetheit **III.2**, 82
– Erklärung **III.2**, 96
– Geeignetheits- bzw. Angemessenheitsprüfung **III.2**, 74 f., 77 ff., 92 ff.
– Prüfung **II.A.5**, 5 ff., 16, 24; **II.A.6**, 108; **III.2**, 90

Geeignetheitsprüfung **II.A.6**, 108 f.

Gegenpartei
– geeignete **II.A.3**, 8 ff.; **III.2**, 59
– zentrale (CCP – Central Counterparties) **II.C.1**, 33

Geldkonten **II.B.8**, 31 ff., 72, 74, 76, 81, 97, 113

Geldmarktinstrumente **III.2**, 87

Geldwäsche **II.B.9**, 59 ff.; **II.D.2**, 61
– Aufzeichnungspflichten **II.B.9**, 64
– Best Practice **II.B.9**, 94
– Datenschutz **II.B.9**, 69
– Geldwäschegesetz **II.B.9**, 59
– Identifizierung **II.B.9**, 61
– Transparenzregister **II.B.9**, 67

Genehmigung **III.2**, 43 f.

Genossenschaftsbank **I.7**, 41

Gesamtpaket **III.2**, 164

Geschäft
– abgesprochenes (negotiated trading) **II.C.1**, 32
– außerbörsliches **II.C.1**, 7

- beratungsfreien **III.2**, 225
- persönliches **II.C.4**, 2, 24
Geschäfte von Führungspersonen **II.C.4**, 2
Geschäfts- und Risikostrategie **I.7**, 21 ff.
Geschäftsabschluss **III.2**, 150
- Echtzeitpunkt **II.C.1**, 29
Geschäftsherrenhaftung **I.9**, 3, 21
Geschäftsleitung **II.D.3**, 18; **III.2**, 40, 235
- effektive Kontrolle **II.A.6**, 101
Gespräch **III.2**, 152
Gesprächsaufzeichnung **III.2**, 26
Gestattungsverfahren **II.A.4**, 83
Gewinninteresse **III.2**, 101
Gewinnspiele **II.B.10**, 26
Gruppen- oder Konzernstrukturen **I.4**, 50
Gruppenzusammenfassung **III.2**, 211
Guidelines **III.2**, 23

H

Handel
- algorithmischer **II.B.5**, 3
- Aussetzung **II.C.1**, 23
- Geschäft **III.2**, 116
- Pflichten **II.C.1**, 30, 32 ff.
- Überwachungsstelle **I.6**, 19
- Verbot **II.B.7**, 64; **II.C.4**, 76
Handelsplatz **II.C.1**, 16
- Börse (MTF oder OTF) **II.C.1**, 18
- MTF **II.C.1**, 30
- Pflicht **II.C.1**, 30
- trading venues **II.C.1**, 16
Handelssystem, organisiertes **II.C.1**, 1
Handlung
- geschäftliche **II.B.10**, 16
- legitime **II.C.3**, 47
Hausmeinung **II.A.7**, 12 f., 30
Herabstufung **II.A.3**, 17
Heraufstufung **II.A.3**, 22
Herkunftsangaben, geografische **II.B.10**, 3

Hinterlegung **II.A.4**, 85, 87
Hinweisgebersysteme **I.9**, 73
Hochfrequenzhandel **II.B.5**, 4, 6, 9 f.

I

IKS *siehe* Internes Kontrollsystem (IKS)
„in erheblichem Umfang"-Test **II.C.1**, 11
„in systematischer Weise häufig"-Test **II.C.1**, 11
Incentives **II.B.2**, 21
Indikator **III.2**, 202
Informationen
- nachträgliche **II.A.2**, 9
- produktspezifische **II.A.2**, 27
- vertrauliche **II.C.4**, 4
Informationsbarrieren **II.B.7**, 53
Informationsorganisation, interne **I.1**, 33
Informationspflicht **II.A.2**, 1, 6, 25; **II.B.8**, 66; **III.2**, 35
Informationsverbreitungskanäle **III.2**, 74
Inhaber von Schüsselfunktionen **II.B.3**, 28
Insider **II.A.7**, 22 ff.
- Information **II.B.9**, 49; **II.C.3**, 18, 29; **II.C.4**, 4; **II.C.5**, 6; **II.C.6**, 6
- Liste **II.C.3**, 106; **II.C.5**, 7
- Verzeichnisse **II.B.9**, 47 ff.
  - Best Practice **II.B.9**, 93
  - Marktmissbrauchsverordnung **II.B.9**, 48
Institutsvergütungsverordnung (Instituts-VergV) **III.2**, 229, 239
Interessen
- berechtigte **II.C.6**, 10
- bestmögliche **III.2**, 58
Interessenkonflikt **I.8**, 21; **II.A.1**, 20; **II.A.6**, 30; **II.A.7**, 1, 26 f., 31; **II.B.1**, 6, 8, 27; **II.B.2**, 3, 6, 33, 38; **II.B.7**, 30; **II.C.4**, 4; **III.2**, 35
- Management im Kundeninteresse **I.1**, 52
- Steuerung **II.B.1**, 6

1339

Internalisierer **II.C.1**, 6; **III.2**, 180
Internationale Organisation der Wertpapieraufsichtsbehörden (IOSCO) **I.6**, 40 f.; **II.B.8**, 21 ff., 94, 108
Interne Revision (IR) **III.1**; **III.2**, 1
Internes Kontrollsystem (IKS) **I.2**, 22; **I.3**, 13; **I.7**, 24 ff.; **II.A.1**, 2; **III.2**, 190
internes Kontrollverfahren **I.5**, 15; **I.8**, 27
Intra-day-Preisinformationen **II.C.1**, 18
IOSCO *siehe* Internationale Organisation der Wertpapieraufsichtsbehörden (IOSCO)
IR *siehe* Interne Revision (IR)
Irreführung
– durch Unterlassen **II.B.10**, 17
– Verbot **II.B.10**, 17

J

Jahreszins, effektiver **II.B.10**, 31

K

KAGB *siehe* Kapitalanlagegesetzbuch (KAGB)
KAMaRisk *siehe* Risikomanagement, Mindestanforderungen an das Risikomanagement von Kapitalverwaltungsgesellschaften (KAMaRisk)
Kapitalanlagegesetzbuch (KAGB) **III.2**, 239
Kapitalaufschläge **I.2**, 18
Kausalität, alternative **I.9**, 12
Kennzeichenrecht **II.B.10**, 3
Key Performance Indikatoren (KPI) **I.4**, 61
Key-Information-Document/Key-Investor-Information-Document (KID/KIID) **II.A.4**, 6; **III.2**, 65
Kollegialorgan **I.9**, 7 ff.
Kommissionshandel **II.C.1**, 27
Kommunikation
– elektronischen **III.2**, 146

– Fernkommunikation **II.B.10**, 15
– fernmündliche **III.2**, 96
Kompetenzen **I.1**, 9; **III.2**, 45
Konferenzen **III.2**, 135
Konfliktklärung **II.C.5**, 5 f.
Kontrolle
– Funktion **II.A.1**, 1
– Handlung **II.A.3**, 27
– Instrument **I.8**, 12
– Umfeld **II.A.1**, 28
Konzept **II.A.6**, 15; **III.2**, 190
Korrespondenzdienstleistungsverkehr **I.10**, 33
Korruptionsdelikte **I.9**, 57
Kosten **III.2**, 65
– Aufstellung **III.2**, 67
– ex-ante-Kosteninformation **II.A.2**, 10
– Fluktuation **III.2**, 161
– fortlaufende **III.2**, 157
– Gesamtkostenangabe **II.A.2**, 10
– Information **II.A.2**, 9 ff.
– Kosten- (und Zuwendungs)report **II.A.2**, 9
– Kosten- und Gebührenstruktur **II.A.6**, 30
– Kosten-Nutzen-Analyse **III.2**, 117
– Transparenz **III.2**, 26, 156 f., 159 ff.
KPI *siehe* Key Performance Indikatoren (KPI)
Kreditentscheidungen, automatisierte **II.B.9**, 13 ff.
Kreditwürdigkeitsprüfung **I.9**, 33
Krise, ressortübergreifende **I.9**, 9
Kriterien **III.2**, 57, 248
Kunde **III.2**, 65
– Alt-/Neukunde **III.2**, 152
– Einstufung **III.2**, 65
– Endkunde **II.A.6**, 25
– Information **II.A.2**, 17 ff.; **III.2**, 26, 62 ff.
– Informationsdokument **III.2**, 158
– Interessen **II.B.1**, 34; **II.D.3**, 17

– Kategorisierung **II.C.1**, 30; **III.2**, 26, 56 ff.
– Kundenauftrag **III.2**, 129
– Kundenbesuche **I.10**, 8
– Kundenschutz **II.B.8**, 1, 49, 53, 55 ff., 78, 93, 139, 141
– Kundenwunsch **III.2**, 81
– Portfolio **III.2**, 111
– potenzieller **III.2**, 106
– Privatkunde, professioneller Kunde oder geeignete Gegenpartei **III.2**, 65
– professioneller **II.A.3**, 4 ff.; **III.2**, 90
– Zielgruppe **III.2**, 221
– Zielkunde **III.2**, 208

Kundenfinanzinstrumente und Kundengelder **III.2**, 65

Kundenvermögen, Schutz von **II.B.8**, 22

Kunsturhebergesetz **II.B.10**, 13

Kursstabilisierungsmaßnahmen **II.C.3**, 71

L

Leakage **II.C.5**, 15

Lebensversicherungspolicen **II.A.4**, 9

Lebenszyklus **II.A.6**, 3
– Produkte **II.A.6**, 11

Lederspray-Fall **I.9**, 7, 9, 15

Legalitätspflicht **I.7**, 4

Legitimität **I.1**, 61

Leitlinien **III.2**, 23

Leitungsorgan **III.2**, 230 ff.
– Leitungs- und Kontrollorgane **III.2**, 228

Letztverantwortung **II.D.3**, 18

Leumund **III.2**, 250

Liste der Führungspersonen **II.C.4**, 82

Logo **II.B.10**, 3

Lohnsteuer **II.D.2**, 59

Löschungspflicht **II.B.9**, 24

M

MaComp *siehe* Compliance, Mindestanforderungen an die Compliance-Funktion (MaComp)

Managementziele **III.2**, 111

Manufacturers **II.A.6**, 12

Marginnachforderung **III.2**, 161

MaRisk *siehe* Risikomanagement, Mindestanforderungen an das Risikomanagement der Kreditinstitute (MaRisk)

Marke **II.B.10**, 3
– Dauerüberwachung **II.B.10**, 5
– Markenschutz **II.B.10**, 4
– Markensymbole **II.B.10**, 5
– Unbewusste Nutzung von Marken Dritter **II.B.10**, 8

Market Maker **II.C.1**, 17

Marketing **II.B.10**, 1
– Mitteilungen **III.2**, 63

Markets in Financial Instruments Directive (MiFID) **III.1**, 1 ff., 11, 13, 16, 18 ff.
– MiFID I **II.C.1**, 1
– MiFID II **I.2**, 3; **II.A.1**, 1; **II.C.1**, 1; **III.2**, 30
    – Durchführungsrichtlinie (DRL) **III.2**, 30

Markets in Financial Instruments Regulation (MiFIR) **II.C.1**, 1

Markt **II.C.1**, 10; **III.2**, 208, 221
– geregelter (Börse) **II.C.1**, 7, 30
– Infrastruktur **II.C.1**, 35
– Kommunikation **II.B.10**, 2
– Liquidität **II.C.1**, 9 f.
– Manipulation **II.A.7**, 22, 25, 30; **II.C.3**, 7; **II.C.6**, 28
– Manipulationsverbot **II.C.3**, 131
– Missbrauch **I.9**, 1; **II.C.1**, 23; **II.C.4**, 6
– Primärmarkt **II.C.1**, 9
    – Ausnahme **II.C.1**, 9
– Risiko **III.2**, 65, 161
– Sondierungen **II.C.3**, 85
– Struktur **III.2**, 11
– Transparenz **II.C.1**, 9; **III.2**, 11

– Usancen **I.6**, 21
– Zugangsform **I.10**, 3, 23, 39
Marktmissbrauchsverordnung (MAR) **I.2**, 3
Maßnahme, organisatorische **II.B.7**, 5
Mehrkundenvertretung **II.C.5**, 11
Meldung
– Beschwerden **II.B.3**, 9
– Meldehierarchie **II.B.4**, 50 f., 53 ff.
– Meldewesen **II.B.6**, 2 f.
MiFID *siehe* Markets in Financial Instruments Directive (MiFID)
MiFIR *siehe* Markets in Financial Instruments Regulation (MiFIR)
Mitarbeiter **III.2**, 41
– Geschäfte **II.C.4**, 2
– in der Anlageberatung **II.B.3**, 29
– in der Finanzportfolioverwaltung **II.B.3**, 62
– Mitarbeiter- und Beschwerderegister **II.B.3**, 43
– Qualifikation **III.2**, 45 f.
– Register **II.B.3**, 9
Mitarbeiteranzeigeverordnung **III.2**, 21
Mitteilungspflicht **II.C.1**, 21; **II.C.4**, 78; **II.C.7**, 7
Monitoring **II.A.6**, 30, 69 ff.
Multilateral Trading Facility (MTF) **II.C.1**, 4, 8

N

Nachhandelstransparenz **II.C.1**, 2
– Eigenkapitalinstrumente **II.B.4**, 32 f.
– Nichteigenkapitalinstrumente **II.B.4**, 34 f.
– Pflicht **II.C.1**, 24, 28
Nebenkosten **III.2**, 67, 160
Nebenstrafrecht **I.1**, 88
NEK-Instrument **II.C.1**, 1, 5, 27, 29
Nettodarlehensbetrag **II.B.10**, 33
Neue-Produkte-Prozess (NPP) **II.A.6**, 9
Neuinvestitionen **III.2**, 117

Nichteigenkapital-Finanzinstrument *siehe* NEK-Instrument
Nutzung, blickfangartige **II.B.10**, 7

O

Offenlegung **III.2**, 42
– Dauer **III.2**, 171
– Pflicht **II.B.1**, 167; **II.B.2**, 27
Öffnungsklauseln **I.8**, 8
OPINION **III.2**, 23
Opt-Out-Methode **III.2**, 165
Ordervolumen **III.2**, 183
Ordnungswidrigkeitengesetz (OWiG) **I.1**, 88
Organ **III.2**, 230
Organisationspflicht **II.B.7**, 10; **II.C.4**, 49
Organised Trading Facilitiy (OTF) **II.C.1**, 4
Over The Counter (OTC)
– OTC-Derivat **II.A.4**, 9
– OTC-Geschäft **II.C.1**, 7, 28

P

Pass, europäischer **I.10**, 38
Patente **II.B.10**, 9 ff.
Person
– der Zeitgeschichte **II.B.10**, 13
– eng verbundene **II.C.4**, 64
– Führungspersonen **II.C.4**, 62
– relevante **II.C.4**, 8; **II.D.3**, 14; **III.2**, 44
– verbundene **II.C.4**, 15
Personalressourcen **I.4**, 65
Personengesellschaften **III.2**, 57
Persönlichkeitsrecht, allgemeines **II.B.10**, 13
Pfand- oder Aufrechnungsrecht **III.2**, 51
Point of Sale **II.A.6**, 2
Portfolioarten **III.2**, 115
Prämienrisiko **II.A.5**, 1
Preis **III.2**, 208

PRIIP *siehe* Verordnung über Basisinformationsblätter für verpackte Anlageprodukte für Kleinanleger und Versicherungsanlageprodukte (PRIIP)

Prioritätsgrundsatz **II.B.10**, 4

Privatautonomie **II.C.1**, 28

Product Governance **II.A.6**, 1; **III.2**, 11, 26, 190 ff., 203 ff., 212 ff., 223 ff.
- professioneller Kunde **II.A.6**, 26

Produkt **III.2**, 90
- Freigabeverfahren **II.A.5**, 6, 13, 31; **II.A.6**, 4; **III.2**, 35, 196, 213
- Genehmigungsverfahren **III.2**, 212
- Hersteller **II.A.6**, 12
- Information **II.A.2**, 1
- Informationsblatt **II.A.4**, 62 f., 65 ff., 69, 71 ff.; **III.2**, 66
- Kosten **III.2**, 159
- Lebensdauer **III.2**, 167
- Marken **II.B.10**, 3
- Portfolio
  - aktive **II.A.6**, 88
  - passive **II.A.6**, 89
- Steckbrief **III.2**, 198
- Überwachungspflicht **III.2**, 38
- Überwachungsprozess **III.2**, 35
- Wert **III.2**, 159

Projekt **III.2**, 27

Proportionalität, doppelte **I.1**, 11

Proportionalitätsprinzip **I.8**, 30

Prospekt, Zusammenfassung **II.A.4**, 46, 48, 50 ff., 55 ff., 59 ff.

Provision **III.2**, 128

Prozess
- Analyse **I.3**, 22
- formalisierter, transparenter und nachvollziehbarer **II.D.3**, 77

Prüfung **II.A.5**, 13; **III.2**, 74
- Fokus **III.2**, 10
- Organisations- und Verhaltenspflichten **II.B.8**, 47
- Prüfungsfelder **III.2**, 25

- Prüfungsplan **III.2**, 7
- Prüfungsprogramm **III.2**, 27

Prüfungsberichtsverordnung (PrüfBV) **II.B.8**, 49

Q

Qualifikationsanforderungen **II.A.7**, 10

Qualitätsverbesserung **II.B.2**, 10

Questions and Answers (Q&A) **III.2**, 23

Quotes **II.C.1**, 1
- Anfragen („request for quote") **II.C.1**, 18
- Kursofferte **II.C.1**, 15

R

Rabatte/Discounts **II.C.1**, 18

Rechnung, eigene **III.2**, 146

Recht
- am eigenen Bild **II.B.10**, 13
- am eigenen Namen **II.B.10**, 13

Rechtsabteilung **II.B.8**, 65; **III.1**; **III.2**, 44

Rechtsgrundlage **II.A.4**, 27

Referenzdaten **II.C.1**, 2
- Meldung **II.C.1**, 16

Registrierungspflicht **II.C.1**, 2

Regulation
- Identifizierung **I.1**, 86
- regulatorisch **III.2**, 45
- Regulierungsregime **III.2**, 19

Regulierungsstandard, technischer **I.6**, 26

Rendite **III.2**, 125, 161
- Erwartung **III.2**, 219

Reporting **I.3**, 19; **II.A.6**, 106; **II.A.7**, 2, 7, 9, 17 ff., 31
- Reportinggespräch **II.A.7**, 7

Repräsentanz **I.10**, 30 f.

Reputation **II.B.8**, 93
- Schaden **II.A.1**, 10

Request for Quote-System **II.C.1**, 18

Ressortverantwortung **I.9**, 8

Ressourcen, notwendige **I.1**, 31

Restricted List **II.C.5**, 16
Review-Prozess **II.A.6**, 76
Revisionsprogramm **III.2**, 2
Richtlinie **II.D.1**; **III.2**, 20
- Bedarfsanalyse **II.D.1**, 42
- Bekanntmachung **II.D.1**, 64 ff.
- betriebliche Mitbestimmung **II.D.1**, 15
- Clearing-Prozess **II.D.1**, 47
- Freigabe **II.D.1**, 49
- Implementierung
  - Betriebsvereinbarung **II.D.1**, 53
  - Direktionsrecht **II.D.1**, 51
  - individualvertraglich **II.D.1**, 52
  - Konzern **II.D.1**, 55 ff.
- Management **II.D.1**, 47
- Schulungen **II.D.1**, 67
- Wesen **III.2**, 190

Risiko **II.A.5**, 19
- Analyse **I.2**, 23; **I.8**, 37; **II.A.1**, 28
  - zur Identifikation sog. Risikoträger **II.D.3**, 87
- Berichterstattung **I.4**, 68
- Bewertung **I.3**, 19
- Controlling **III.1**, 6, 9, 24 f., 28, 33
- Früherkennungssystem **I.7**, 18
- Gesamtrisikoindikator **II.A.6**, 47
- Gesamtrisikoprofil **II.D.3**, 87
- Identifikation **I.3**, 19, 21
- Indikatoren **I.3**, 27
- Management **I.2**, 5; **I.3**, 13, 15; **I.9**, 49; **II.B.8**, 65; **III.1**, 2, 5, 8, 10 ff., 21 ff.
- Matrix **I.4**, 54
- Niveau **III.2**, 111
- operationelles **I.3**, 16 f.
- Risikodatenaggregation **I.4**, 68
- Risikomanagementsystem **I.7**, 17; **III.2**, 4, 231
- Risiko-Rendite-Profil **II.A.6**, 46
- Steuerung **I.3**, 19, 36
- Toleranz **III.2**, 106
- Überwachung **I.3**, 19

Risikomanagement
- integriertes **I.3**, 19

- Mindestanforderungen an das Risikomanagement der Kreditinstitute (MaRisk) **I.3**, 8, 12; **I.7**, 20; **I.9**, 41; **II.B.8**, 41 ff., 45 f.
  - MaRisk-Compliance **III.1**
  - MaRisk-Novelle **I.3**, 8
- Mindestanforderungen an das Risikomanagement von Kapitalverwaltungsgesellschaften (KAMaRisk) **III.2**, 239

Rufnummernanzeige **II.B.10**, 23
Rundschreiben **II.B.10**, 34; **II.D.2**, 26

S

Sachkunde **II.A.6**, 61; **II.B.3**, 12, 31, 56 f., 64 f., 71, 79; **II.B.8**, 93; **III.2**, 58
Sachverhalte, grenzüberschreitende **II.A.4**, 15
Sachverständige **II.B.7**, 1
Safeguarding **III.2**, 49
Sammelverwahrung **III.2**, 65
Sanktionen **II.A.4**, 25, 45, 61, 79, 89
Schaden
- Schadensersatz **II.B.8**, 54; **II.C.6**, 30
- Schadensszenario **I.3**, 30

Schenkung **II.C.4**, 74
Schlüsselkontrolle **I.2**, 22
Schnittstelle **I.2**, 23
Schuldscheindarlehen **II.A.4**, 9
Schuldverschreibungen **III.2**, 87
Schutz **III.2**, 50
- der Finanzinstrumente und Gelder von Kunden **II.B.8**
- Funktion **II.A.1**, 7
- Hindernisse, absolute **II.B.10**, 4
- Niveau **II.A.3**, 3, 16, 18
- Richtungen von WpHG und KWG **I.1**, 4

Schutzrechte, nichtregistrierte **II.B.10**, 5
Schwellenwert **III.2**, 121
- Tests **II.C.1**, 10
Scoring-Verfahren **II.B.9**, 25
- Auskunftspflichten **II.B.9**, 31 ff.

- Best Practice **II.B.9**, 90
- Zulässigkeit **II.B.9**, 26 ff.

Securities Financing Transactions (SFT) **II.B.8**, 122 ff.

Securities Financing Transactions Regulation (SFTR) **II.B.8**, 15

Security Entitlement **II.B.8**, 36, 89

Sekundärmarkt **II.C.1**, 9

Selbsteinstufung (Self Assessment) **I.3**, 23; **I.8**, 9

Seminare **III.2**, 135

SFT *siehe* Securities Financing Transactions (SFT)

SFTR *siehe* Securities Financing Transactions Regulation (SFTR)

Short Attack **II.D.1**, 34

SI *siehe* Systematische Internalisierung (SI)

Sicherheitsmaßnahmen **I.2**, 23

Sicherung **III.2**, 51
- Maßnahme **I.2**, 6, 17, 19 f.

Single Officer **II.B.8**, 1, 50 f., 55 ff.

Smart Order Routing **II.C.2**, 23

SMART-Methode **I.4**, 63

Soft Law **I.6**, 22

Sollzinssatz **II.B.10**, 33

Sorgfaltspflicht, informationelle **I.1**, 38

Sozialadäquanz **II.D.2**, 16, 45, 54

Sparkassen und Landesbanken **I.7**, 42

Spenden **II.C.4**, 74

Sponsoring **II.D.2**, 21

Sprachaufzeichnung **III.2**, 146 ff.

Sprache **II.A.4**, 22, 42, 57, 77

SREP *siehe* Supervisory Review and Evaluation Process (SREP)

SRI *siehe* Summary Risk Indicator (SRI)

Statuserhebung **III.2**, 17

Stichprobenprüfung **II.A.5**, 31

Stimmrechtsmeldung **II.C.7**, 106 ff.

Straf- und Bußgeldvorschriften **II.C.4**, 83

Stresstest **II.A.6**, 30, 59; **III.2**, 212

Summary Risk Indicator (SRI) **II.A.6**, 47

Supervisory Review and Evaluation Process (SREP) **I.2**, 11, 18

Systematische Internalisierung (SI) **II.C.1**, 1, 25
- Nebenpflichten **II.C.1**, 3
- Regulierung **II.C.1**, 5
- Transparenzregime **II.C.1**, 25

Szenarioanalyse **II.A.6**, 30

T

TARGET2-Securities **II.B.8**, 34

Target Market **II.A.6**, 4

Telefongespräche **III.2**, 146

Three Lines of Defense **I.2**, 21; **III.1**, 5 ff.

Title Transfer Collateral Arrangement (TTCA) **II.B.8**, 110 ff.

Traded on a trading venue **II.B.4**, 31

Transaktion
- Kosten **III.2**, 157, 159
- Meldungen **II.C.1**, 16
- Reporting **II.B.6**; **II.C.1**, 16

Transformation **II.B.9**, 84 ff.
- Best Practice **II.B.9**, 95

Transparenz **II.B.2**, 10; **II.B.7**, 19
- ex-ante **II.A.2**, 9
- Grundsatz **II.B.9**, 9
- Pflicht **II.B.4**, 1

Treeing **II.C.5**, 10

Treuhand
- Charakter **II.B.8**, 101
- Gelder **II.B.8**, 105
- Vermögen **II.B.8**, 32, 97, 104

Trigger **III.2**, 121

U

Übergangsfrist **III.2**, 17

Übernahme, öffentliche **II.C.5**, 3

Überschneidungen in den Pflichtenkreisen **I.1**, 68

Überwachung **II.A.1**, 9
- Aufgabe **I.8**, 36
- Programm **III.2**, 34
- Prozess **III.2**, 210
- System **I.9**, 1
- Überwachungs- und Bewertungsanforderungen **I.5**, 2

UK Bribery Act **II.D.2**, 35

Umschichtungen **III.2**, 117

Umstände, persönliche **III.2**, 75

Unabhängigkeit **I.1**, 9; **II.B.7**, 54

Unrechtsvereinbarung **I.9**, 60, 65; **II.D.2**, 28, 47

Unternehmen
- Erwerb und Veräußerung **II.C.5**, 3
- kapitalmarktorientiertes **I.7**, 38
- Kennzeichen **II.B.10**, 3
- Organisation **II.D.1**, 2
- Tochterunternehmen **I.10**, 24
- Unternehmensgruppe **II.B.8**, 96

Unternehmensführung **III.2**, 233
- Regeln **III.2**, 234

Unterrichtung **II.C.4**, 82

Untersagungsverfügungen **II.B.10**, 29

Urheberrecht **II.B.10**, 12

V

Verantwortung, Gesamtverantwortung **I.9**, 9

Verbandsgeldbuße **I.9**, 29

Verbraucher
- Darlehensverträge **II.B.10**, 30
- Kredite **II.B.10**, 30 ff.
- Kreditrichtlinie **II.B.10**, 30
- Verbraucherrechte und -interessen berücksichtigen **II.D.3**, 65

Verbreitung **II.B.7**, 42

Verdachtsmeldungen **II.C.3**, 196

Vereinbarungen mit Privatkunden **III.2**, 26, 124

Verfälschungen **III.2**, 153

Verfügbarkeit, zeitliche **II.B.3**, 21

Verfügbarkeitsrecherche **II.B.10**, 8

Verfügung, einstweilige **II.B.10**, 8

Vergütung **II.D.3**, 14; **III.2**, 58, 228
- Ansatz **II.D.3**, 30
- Begriff **II.D.3**, 48
- Grundsätze **III.2**, 229
- Parameter **II.D.3**, 68
- Struktur **III.2**, 41
- Vergüzungssystem **I.7**, 30
- angemessenes **II.D.3**, 17

Vergütungsanspruch, Minderung bis hin zum Wegfall des variablen **II.D.3**, 68

Verhaltenspflichten **II.A.5**, 1, 13 ff.

Verhältnis
- angemessenes **II.D.3**, 33
- finanzielles **III.2**, 106

Verlust **III.2**, 121
- Schwellen **II.A.7**, 20

Vermittler **I.10**, 9; **III.2**, 41

Vermögen
- Anlageinformationsblätter **II.A.4**, 80 ff., 87 ff.
- Verwalter **III.2**, 107
- Verwaltungsvertrag **II.A.7**, 7, 16, 20
- Werte **III.2**, 51

Veröffentlichung **II.A.4**, 43, 56, 76, 85, 87
- Basisinformationsblatt **II.A.4**, 23
- Pflicht **II.C.4**, 81

Verordnung über Basisinformationsblätter für verpackte Anlageprodukte für Kleinanleger und Versicherungsanlageprodukte (PRIIP) **II.A.4**, 8
- Basisinformationsblätter **II.A.4**, 6 ff., 12 f., 15 ff., 22 ff.
- Hersteller **II.A.4**, 16
- Verordnung **II.A.4**, 7

Verordnung über den Einsatz von Mitarbeitern in der Anlageberatung, als Vertriebsmitarbeiter, in der Finanzportfolioverwaltung, als Vertriebsbeauftragte oder als Compliance- Beauftragte und über die Anzeigepflichten nach § 87 des

Wertpapierhandelsgesetzes (WpHGMaAnz) **III.2**, 21
Verteidigungslinie **III.1**, 5 f., 8 f., 27, 33, 42 f.
Vertragslaufzeit **II.B.10**, 33
Vertragsschluss **III.2**, 96
Vertrauensgrundsatz **I.9**, 4
Vertrieb **III.2**, 190
- Beauftragter **II.B.3**, 70
- Kanal **III.2**, 208, 221
- Mitarbeiter **II.B.3**, 55
- Politik **III.2**, 209
- Strategie **II.A.6**, 37; **III.2**, 35, 195, 209
- Verbot **II.C.1**, 22
- Vertriebsstelle **II.A.6**, 16
- Vorgaben **II.A.6**, 110
Verwahrer, Zentralverwahrer **II.B.8**, 10, 15, 35, 79, 81, 89
Verwahrung **II.B.8**, 5, 9 ff., 24, 30, 32, 41, 44, 46, 50, 52, 63, 66, 77, 80, 87, 93, 102, 140
- Kette **II.B.8**, 10; **III.2**, 49
- Prozesse **III.2**, 52
- Unterverwahrer **II.B.8**, 10, 50, 81, 92
- Verwahrstellenfunktion **II.B.8**, 1, 50, 63, 83, 140
Verwaltung **II.B.8**, 9 ff., 30, 32, 41, 44, 46, 52, 63, 87, 139 f.
- Gesellschaften **III.2**, 158
- Sicherheiten **II.B.8**, 10
- Vorschriften **II.D.2**, 26
Verwendungsverbot **II.C.3**, 12, 40
Vorfilter **II.A.6**, 2
Vorhandelstransparenz **II.B.4**, 1 ff.; **II.C.1**, 2
- Eigenkapitalinstrumente **II.B.4**, 8 f., 22 ff.
- Nichteigenkapitalinstrumente **II.B.4**, 10 f., 25 ff.
- Pflicht **II.C.1**, 25, 27
Vorkehrungen für angemessene Maßnahmen **II.B.1**, 81

Vorstand **III.2**, 230
- Haftung **II.C.6**, 31
- Organisations- und Leitungspflicht **I.7**, 6
Vorteil **I.9**, 59; **II.D.2**, 15
- Annahme **II.D.2**, 7
- Gewährung **II.D.2**, 7
- nichtmonetärer **III.2**, 107

W
Waiver **II.B.4**, 12; **II.C.1**, 25
Wall Crossing **II.B.1**, 126; **II.B.7**, 58; **II.C.5**, 7
Warnhinweise **III.2**, 83
Warnmeldungen **II.C.3**, 208
Watch-List **II.C.5**, 7
Weisungsabhängigkeit, disziplinäre und fachliche **I.1**, 28
Weiterbildung **II.B.3**, 36
Weitergabe **II.B.7**, 50
- Verbot **II.C.3**, 12, 76
Werbung
- bausparexterne Laienwerbung **II.B.10**, 29
- Briefwerbung **II.B.10**, 25
- Missstände **II.B.10**, 29
- mittels elektronischer Post **II.B.10**, 24
- Telefonwerbung **II.B.10**, 20 ff.
- vergleichende **II.B.10**, 27
- Werbemitteilung **II.B.7**, 12, 67
Werktitel **II.B.10**, 3
Wertgrenzen **II.D.2**, 17
Wertpapier **II.A.4**, 9
- Dienstleistungen **III.2**, 62
- Dienstleistungsunternehmen **II.C.1**, 1
- Finanzierungsgeschäft **III.2**, 51, 65
- Firma **III.2**, 14, 56, 101
  - organisatorischen Anforderungen **I.8**, 3
- (Neben-)Dienstleistungen **II.B.7**, 26; **III.2**, 65, 130

1347

Wertpapierdienstleistungs-Prüfungsverordnung (WpDPV) **II.B.8**, 3, 47, 50 ff.; **III.2**, 21

Wertpapierdienstleistungs-Verhaltens- und -Organisationsverordnung (WpDVerOV) **II.B.8**, 3, 75 f., 87, 90, 94, 100, 108; **III.2**, 21, 30

Wertpapierhandelsgesetz (WpHG n. F) **III.2**, 57
- Informationseinholungspflicht **II.B.9**, 34 ff.

Wertrechte **II.A.4**, 9

Wertverlust **III.2**, 121

Wettbewerbsrecht **II.B.10**, 14

Wirksamkeit **I.1**, 9

Wirtschaftsprüfer **II.B.8**, 47; **III.2**, 28

Wissenszurechnung **I.1**, 41

Wohlverhaltensregeln **II.A.1**, 12

Z

Zahlung, indirekte **III.2**, 242

Zahlungsdiensterichtlinie **II.B.10**, 30

Zertifikate **II.C.1**, 5

Zielmarkt **II.A.6**, 4; **III.2**, 58
- Definition **III.2**, 195

Zinsrisiko **II.A.5**, 1

Zugang, direkter elektronischer **II.B.5**, 5

Zugriffsrecht **II.C.5**, 10

Zulagen **III.2**, 242

Zustimmung **III.2**, 65

Zuverlässigkeit **II.B.3**, 19, 37 f., 41, 59, 67, 74, 83

Zuwendungen **II.A.2**, 1, 8 ff.; **II.A.7**, 28; **II.B.2**; **II.C.1**, 18; **III.2**, 26, 41
- Register **III.2**, 135
- sozialadäquate **II.D.2**, 16

Zweckbestimmung **II.B.8**, 32; **III.2**, 220

Zweigstelle **I.10**, 25 ff.